Esta Bíblia é um presente para

De

Em

Continuem unidos comigo,
e eu continuarei unido com vocês.
João 15:4

Bíblia da garota cristã

THOMAS NELSON
BRASIL®

RIO DE JANEIRO, 2023

Publicada originalmente em inglês sob o título *God Girl Bible*, por Revell, uma divisão da Baker Publishing Group. Grand Rapids, Michigan, EUA.

Publisher	*Omar de Souza*
Editor de aquisição	*Samuel Coto*
Editor de conteúdo	*Aldo Menezes*
Equipe de produção	
Tradução	*Valéria Lamim Delgado Fernandes*
Copidesque	*Valquíria Silva Rocha*
Revisão	*Daila Fanny Pinho Eugenio, Jéssica Caroline, Luiz Antônio Werneck Maia*
Projeto gráfico	*Sonia Peticov*
Diagramação	*Aldair Dutra de Assis*
Impressão	*RR Donnelley (China)*

DADOS INTERNACIONAIS DE CATALOGAÇÃO NA PUBLICAÇÃO (CIP)

B477

Bíblia da garota cristã / [Org.]. Thomas Nelson Brasil. - 1. ed. - Rio de Janeiro: Thomas Nelson Brasil, 2019.
1504 p.; 14x21 cm

ISBN 978-85-7167-072-3 (capa aquarela)
ISBN 978-85-7167-102-7 (capa tecido)
ISBN 978-85-7167-103-4 (capa glitter)
ISBN 978-65-5217-399-7 (capa laranja e rosa)
ISBN 978-65-5689-779-0 (capa roxa com colagem)

1. Bíblia 2. Cristianismo. 3. Vida cristã — garota. 4. Escola dominical. 5. Estudo bíblico. I. Título.

CDD: 220.7

Bibliotecária responsável: Aline Graziele Benitez CRB-1/3129

Thomas Nelson Brasil é uma marca licenciada à Vida Melhor Editora LTDA.

Rua da Quitanda, 86, sala 601A– Centro
Rio de Janeiro – RJ – CEP 20091-005
Tel.: (21) 3175-1030
www.thomasnelson.com.br
Printed in China.

Sumário

Recursos adicionais

Livros do Antigo e Novo Testamento

Ordem numérica e alfabética

O *itálico* indica livros do Novo Testamento.

Uma mensagem de Hayley DiMarco

Querida Garota de Deus, em João 15:4, Jesus diz que, para dar fruto, o ramo precisa estar unido com a planta. Esta ideia de união é o que inspira a *Bíblia da garota cristã*. Estou muito animada com esta Bíblia, pelo que ela vai significar para sua vida em Cristo. O uso da *Nova Tradução na Linguagem de Hoje*, uma versão precisa e clara, com todos os devocionais e recursos úteis que fiz, tornarão sua jornada pelas Escrituras uma experiência única. Na seção **Começando**, vou falar um pouco sobre todas as coisas que incluí para ajudá-la a aplicar a Palavra de Deus na sua vida. Agora, só quero lhe dizer que esta vai ser uma experiência incrível com a Bíblia.

Você já abriu a Bíblia e não soube por onde começar? Já fez algumas perguntas importantes na vida para as quais sabia que a Bíblia podia ter a resposta, mas não soube onde procurar? Quero dizer que a entendo perfeitamente. Mas também sei que a Palavra de Deus realmente tem as respostas para todos os seus problemas e, se você estiver pronta para estudá-la de verdade, a fim de que ela se torne parte de sua caminhada diária, você vai ficar fascinada. Então, mãos à obra, e veja como a *Bíblia da garota cristã* vai mudar seu modo de aprender sobre Deus, conversar com ele, amá-lo e servi-lo.

Sua irmã em Cristo,
Hayley DiMarco

Continuem unidos comigo, e eu continuarei unido com vocês. Pois, assim como o ramo só dá uvas quando **está unido** com a planta, assim também vocês só podem dar fruto se ***ficarem unidos comigo.***
João 15:4

Começando

A Garota de Deus quer o que todas as outras meninas querem: amar e ser amada. Ela quer aceitação e risadas. Quer paz e esperança. Mas sua vida, como a de todas as outras, não é perfeita. É confusa e solitária, estressante e difícil. Porém, uma coisa a distingue das outras, uma coisa torna sua vida incrivelmente diferente das demais: seu coração, que está propenso às coisas do Alto, algo maior que ela, lhe dá força e esperança. Ela descobriu a verdade, e a verdade é que Deus vive. Ele vive no céu e dentro dela. Ela o chama de Pai, Deus e de sua salvação.

Por causa disso, a Garota de Deus quer ouvi-lo mais do que a qualquer outro. Ela quer que as palavras dele cheguem aos seus ouvidos. Ela quer as respostas dele, e não as do mundo. E, por causa disso, ela sabe que a Palavra de Deus, a Bíblia, nunca pode estar longe de seu pensamento.

Como uma Garota de Deus, você não pode viver sem a **Palavra de Deus**. Não pode saber quem você é ou qual é seu propósito neste mundo sem abrir as páginas do livro do Senhor e conhecer os pensamentos, os caminhos e a voz dele. A Bíblia é a resposta para todos os seus medos e todas as suas perguntas. Sem ela, você leva a vida por sua conta e risco, improvisando e até brincando de ser Deus. Se você acredita em alguma coisa que contradiz o que está escrito na Bíblia, então você está destinada ao fracasso. Problemas surgem em seu caminho. Mas, quando você examina sua vida de acordo com o que o Senhor lhe disse no livro dele, então pode ter mais certeza de que vai encontrar o sucesso no caminho de Deus.

Às vezes, a leitura da Bíblia pode ser maçante. Por onde começar? O que ela significa? Como você encontra as respostas de que precisa? É um mistério. Mas o mistério é bonito e, com certeza, vence o tédio. O mistério de Deus é algo que você continuará a descobrir por toda a vida; então não se preocupe se não entender tudo agora. Você não está sozinha nesta luta; mas isso não significa que você nunca conseguirá aquilo de que precisa nem encontrará as respostas sem as quais não pode viver. Significa apenas que, como todas as coisas boas da vida, dá trabalho ler a Bíblia. Mas o esforço para ler e entender a Palavra de Deus é o melhor investimento que você fará, com o melhor retorno, não só para seu espírito, mas também para suas emoções e sua vida diária.

Então, por onde começar?

O que fazer agora que você tem esta Bíblia em suas mãos? A resposta é diferente de pessoa para pessoa, e isso significa que não há um modo definido para ler a Bíblia, nem um plano perfeito, nem regras ou regulamentos. Mas, às vezes, parece que seria *mais fácil se houvesse* um plano, um guia prático que lhe dissesse *exatamente* o que fazer e quando fazer. Você não encontrará isso aqui, mas quero lhe dar um pouco de inspiração e algumas ideias sobre como se apropriar da Palavra de Deus e como mergulhar nela para que você não dê de cara com a parede e comece a dizer: "Eu não sei por onde começar".

A verdade é que existem milhares de lugares para começar e muitas maneiras de estudar. Não vou lhe dizer todos, mas sim alguns para você começar, porque a melhor maneira de fazer algo tão grande é dando um passo de cada vez. Estas são apenas dicas e sugestões, e não regras, para você dar o pontapé em seu tempo de estudo.

Ao longo da *Bíblia da garota cristã*, você vai encontrar recursos: notas, ideias, direções que irão ajudá-la a mergulhar mais fundo e entender melhor como as Escrituras se aplicam à sua vida diária, porque elas realmente se aplicam! Vou examinar aqui todos estes elementos para que você entenda o que tem pela frente e, mais adiante, vou sugerir outras maneiras para começar a leitura a fim de que você encontre o que precisa para hoje. Pronta para começar?

A Bíblia da garota cristã

Esta *Bíblia da garota cristã* tem por objetivo ajudá-la a ler a Palavra de Deus e torná-la parte de sua vida. Segue uma visão geral de todas as coisas que você encontrará aqui para que saiba o que e onde procurar.

Introdução: Cada livro da Bíblia tem uma introdução. Essa seção, com estilo devocional, lhe dá um rápido contexto do livro e de seu autor. Ela a ajuda a reconhecer o tema principal daquele livro da Bíblia e aplicá-lo à sua vida. A introdução também traz algumas informações panorâmicas, como quem o escreveu e quando e onde ele foi escrito. Este material irá ajudá-la a entender o que há de fundamental no livro e dar-lhe uma rápida visão geral, a fim de que você saiba o que está para ler. Também pode ser uma referência útil depois que você tiver lido o livro.

As informações panorâmicas abrangem coisas deste tipo:

- ***Autor:*** Quem escreveu o livro ou participou dele. Também pode incluir quem o editou ou compilou, o que significa que o autor não testemunhou a história, mas escreveu o que alguém que a viveu lhe disse, ou reuniu os textos para ele.
- ***Data:*** Aproximadamente quando o livro foi escrito. Não sabemos a data exata de grande parte deles, mas podemos dar um palpite baseado em fatos ou informações.
- ***Local:*** Onde os livros foram escritos nem sempre é exato também, por isso muitos desses lugares são prováveis, mas não definitivos.
- ***Público-alvo:*** Muitos autores dizem que estão escrevendo para alguém, mas alguns não dizem. Então, essa informação será específica em alguns casos e muito genérica em outros.
- ***Ponto essencial:*** Um tipo de resumo do livro. Ele lhe dá o tema e a ajuda a entender o que está acontecendo no texto.
- ***Coisas para procurar:*** Essa seção tem por objetivo ajudá-la a saber por onde começar a estudar o livro. Há algumas coisas para você procurar e alguns lugares que servem de ponto de partida para sua pesquisa, mas isso não é tudo — é apenas uma sugestão e um lugar para mergulhar de cabeça. Use essa seção para se envolver com o livro e aproveitá-lo ao máximo.

Fatos, termos e versículos que você deve saber: Essa é uma pequena lista de versículos importantes em cada livro, além de alguns fatos e termos básicos que devem facilitar seu estudo e compreensão do livro. Seria bom saber e memorizar os versículos e guardá-los no coração para quando precisar deles.

"Conheça" ou "Saiba": Esses devocionais estão espalhados por toda a Bíblia. Eles têm por objetivo ajudá-la a aplicar em sua vida o que você lê. No final desta Bíblia, você pode consultar devocionais específicos por tema na seção *Ajuda rápida*.

Orações: Essas orações já existem há séculos, e são muito especiais para mim. Eu me deparei com elas há um tempo e as leio desde então. Grande parte delas está baseada em orações dos puritanos (uma comunidade de cristãos ingleses, que viveram no século 16), encontradas na internet e em livros. Eu as reescrevi para que você não fique empacada por causa da linguagem antiga. Essas orações são maravilhosas porque usam a Palavra de Deus e a transformam em oração. Todas elas estão baseadas nas Escrituras, por isso você não estará orando do modo como acha que deve orar, mas estará orando a verdade. Ao lê-las, coloque-as em prática. Fale-as em voz alta para Deus. Concorde e aprenda com elas. Use-as como o primeiro passo para ler e estudar a Bíblia. Elas são ótimas para você começar seu tempo com Deus pela manhã.

Pergunte a si mesma: Essa seção é curta e objetiva. Consiste apenas de perguntas para levá-la a pensar na Bíblia e em como ela se encaixa em sua vida. Essa é sua chance de ser honesta consigo mesma e de ir mais longe em sua caminhada espiritual, mais do que nunca. Se você não tiver certeza sobre algumas das respostas, tudo bem. Examine a Bíblia para que possa encontrar as respostas para essas perguntas.

Histórias de Garotas de Deus: Em toda a Bíblia, você encontrará histórias de meninas e mulheres incríveis que amaram a Deus. Esses perfis são escritos como devocionais para contar-lhe um pouco da história de cada uma, mas também para inspirá-la. Você pode ler as histórias de maneira a iniciar seu momento devocional ou como forma de mergulhar mais fundo no estudo e na pesquisa da Palavra de Deus.

Glossário da Garota de Deus: No final desta Bíblia há um pequeno glossário de alguns dos termos básicos que aparecerão durante a leitura. Para obter um estudo mais completo, sugiro que você use um dicionário bíblico, mas este é um ótimo lugar para começar a entender algumas palavras *difíceis*.

***Ajuda* rápida — onde encontrar coisas na Bíblia:** A seção *Ajuda rápida* é uma espécie de índice remissivo ou de concordância da *Bíblia da garota cristã*. Você pode consultar temas específicos (tipo: fracasso, esperança, medo) e ver onde encontrará versículos relacionados aos temas. Aqui não há tantos versículos como em uma chave bíblica, mas essa seção lhe permitirá começar com alguns versículos fundamentais de que você precisa neste momento de sua vida.

Autoexame espiritual: Você pode usar essa lista para ver se há alguma coisa em sua vida que precisa de alguma mudança, e depois ir para o guia de *Ajuda rápida* e encontrar respostas na Bíblia.

Planos de leitura da Bíblia: Esses planos irão ajudá-la a saber quando e o que ler. Escolha um plano e saiba exatamente o que você vai ler hoje e amanhã. Muitas pessoas gostam de ler a Bíblia inteira em um ano. Eu não acho que você precisa fazer isso agora, mas entendo que você deva ler a Bíblia inteira pelo menos uma vez em algum momento da vida. Esses planos irão ajudá-la a encontrar um ponto de partida e um caminho para seguir. Dê uma olhada.

Índice remissivo: Esse índice de assuntos irá direcioná-la a todas as seções úteis — devocionais, histórias de Garotas de Deus, seção *Pergunte a si mesma* e orações — que tratam de assuntos e temas importantes.

Obediência e graça

Eu me recuso a rejeitar a graça de Deus. Pois, se é por meio da lei que as pessoas são aceitas por Deus, então a morte de Cristo não adiantou nada!

Gálatas 2:21

Quando o assunto é a Palavra de Deus, há duas linhas de pensamento muito perigosas. Uma é a de que sua salvação depende de que você faça tudo o que a Bíblia diz. Isso se chama legalismo, e é errado. A salvação não vem de outra coisa senão da morte e da ressurreição de Jesus Cristo. Quando você entrega sua vida a ele e o torna seu Senhor, então você é salva. Ponto. Fim de papo.

A outra linha de pensamento diz que, por causa da graça ou da grande bondade de Deus, somos livres para violar as regras, porque sua graça nunca acaba e ele nos perdoará de tudo. Então, por que se preocupar? É mais ou menos assim que a pessoa pensa: "Quero mesmo cometer este pecado, e já que é difícil demais dizer não, vou fazer isso e depois pedir perdão". Esse modo de pensar é tão ruim quanto o legalismo e passa a ser um estilo de vida contraditório à Palavra de Deus. A graça de Deus não é barata e não deve ser tratada com abuso ou usada como uma brecha para o pecado.

A verdade sobre a graça de Deus e a salvação que ele oferece é que você não precisa cumprir todas as leis para ser salva ou continuar salva, mas que o ame e receba o que ele fez por você. É deste amor que brota sua obediência à Palavra de Deus. Somente o próprio Deus lhe dá poder para cumprir a lei. As pessoas que a tentam cumpri-la por conta própria vão falhar; é impossível conseguir isso sozinho. Mas, com a ajuda do Espírito Santo, você pode ser fiel.

A lei é ineficaz para salvar e transformar você, mas, ao se apaixonar cada vez mais por Deus, você verá que está se assemelhando à imagem de Cristo. Isso acontece por causa do Espírito Santo em você. Ao se tornar mais parecida com

Jesus, você, naturalmente, amará mais a Palavra de Deus. Desejará cada vez mais essa mensagem que lhe dá vida. Vai querer saber mais sobre aquele a quem ama, para que ele possa ser seu único Senhor, e verá que obedecer à lei de Deus se tornará seu prazer, não uma obrigação.

Durante a leitura da Palavra de Deus, lembre-se da mensagem do evangelho. Repita-a para si mesma. Lembre-se da vida, da morte, do sepultamento e da ressurreição de Cristo. E saiba que somente este sacrifício inigualável pode salvá-la. Sua vida é um milagre. O fato de que sua mente está se abrindo para a vida de Cristo em você é um milagre. Seu Deus estendeu a mão e tocou-a; por causa disso, você é diferente. Se você não se sente assim nem acredita ser diferente, então dedique um tempo à leitura da Palavra de Deus. Ao conhecer o Senhor e sua bondade insondável, quando você estava morta por causa de suas transgressões, ele lhe deu vida junto com Cristo (veja Efésios 2:5).

Nada pode impedi-la de ter a salvação a não ser sua própria decisão de não aceitá-la. Ela está à sua disposição hoje: aceite-a, e sua vida será transformada para sempre. O que você não podia fazer antes, fará hoje. De agora em diante, estará livre daquilo que a dominava ontem. Deus promete salvá-la, tudo o que você tem de fazer é crer.

Se você não tem certeza se está salva ou não, não deixe para depois. Comece hoje a perceber a bondade incrível de Deus, oferecida gratuitamente a você.

> Antigamente, por terem desobedecido a Deus e por terem cometido pecados, vocês estavam espiritualmente mortos. Naquele tempo vocês seguiam o mau caminho deste mundo e faziam a vontade daquele que governa os poderes espirituais do espaço, o espírito que agora controla os que desobedecem a Deus. De fato, todos nós éramos como eles e vivíamos de acordo com a nossa natureza humana, fazendo o que o nosso corpo e a nossa mente queriam. Assim, porque somos seres humanos como os outros, nós também estávamos destinados a sofrer o castigo de Deus. Mas a misericórdia de Deus é muito grande, e o seu amor por nós é tanto, que, quando estávamos espiritualmente mortos por causa da nossa desobediência, ele nos trouxe para a vida que temos em união com Cristo. Pela graça de Deus vocês são salvos. Por estarmos unidos com Cristo Jesus, Deus nos ressuscitou com ele para reinarmos com ele no mundo celestial. Deus fez isso para mostrar, em todos os tempos do futuro, a imensa grandeza da sua graça, que é nossa por meio do amor que ele nos mostrou por meio de Cristo Jesus. Pois pela graça de Deus vocês são salvos por meio da fé. Isso não vem de vocês, mas é um presente dado por Deus. A salvação não é o resultado dos esforços de vocês; portanto, ninguém pode se orgulhar de tê-la. Pois foi Deus quem nos fez o que somos agora; em nossa união com Cristo Jesus, ele nos criou para que fizéssemos as boas obras que ele já havia preparado para nós.
>
> Efésios 2:1-10

Notas sobre os devocionais

A *Bíblia da garota cristã* é uma Bíblia devocional. Ela enfatiza mais a dedicação de seu tempo e sua mente a Deus do que o estudo. Você não pode conhecer a Deus nem ouvir a voz dele se não passar tempo com ele. Quanto mais tempo você passar com Deus, mais sentirá a presença dele em sua vida. Na verdade, se você se sente perdida, desanimada, deprimida, como se Deus não estivesse ao seu lado ou como se você não fosse boa o suficiente, então tente investir mais tempo na presença dele. Conforto, paz e até as respostas para seus problemas podem ser encontrados nos momentos que você passa com ele.

Com isso em mente, quero compartilhar com você algo que mudou minha vida devocional. Chama-se "vigília matinal". Muitas pessoas chamam-na de momento de reflexão ou devocional, mas eu chamo de vigília matinal porque, todas as manhãs, levanto-me para esperar a fim de ver o que Deus vai fazer e dizer. Para mim, é um dever e um privilégio me levantar cedo para dedicar minha máxima energia e meu tempo a ele. Garanto que, se você estiver a fim de aceitar o desafio, *a vigília matinal mudará sua vida*.

Segue o trecho de um livro antigo intitulado *A escola da obediência*, de Andrew Murray. É uma ótima explicação da vigília matinal, e aposto que, depois de ler, você ficará mais animada do que nunca para passar tempo com Deus e descobrir o que ele tem reservado para sua vida.

> Você me diz que há muitos cristãos que se contentam com dez ou quinze minutos. Há sim, mas é óbvio que você, por via de regra, não os considera cristãos fortes... Cristo pediu grandes sacrifícios a seus discípulos; ele talvez tenha pedido poucos a você até o momento. Mas agora, ele permite, pede, anseia que você faça alguns. Os sacrifícios fortalecem os homens. Os sacrifícios, admiravelmente, ajudam-nos a ir para longe do mundo e da satisfação própria e elevar-nos ao céu. Não tente reduzir o limite de tempo da vigília matinal para menos de meia hora. A impossibilidade de encontrar tempo está fora de cogitação. Dez minutos a menos de sono, dez minutos a menos de trabalho ou de diversão, dez minutos a menos de aulas. Como é fácil quando o coração é reto e tem fome de conhecer perfeitamente a Deus e sua vontade!
>
> Se você acha que não sente a necessidade de tanto tempo... Deus pode, com graça, atraí-lo mais tarde à vigília matinal. Mas não se comprometa com ela a menos que você sinta o coração instigado pela determinação de fazer um sacrifício e tenha tempo integral para uma relação íntima com Deus. Mas, se você estiver pronto para isso, pedimos que se junte a nós. O fato de separar um tempo como esse ajuda a despertar o sentimento de: "Tenho um grande trabalho para fazer e preciso de tempo para ele". Isso fortalece em seu coração esta convicção: se quero passar o dia sem pecar, devo ter tempo para me aproximar de Deus. Isso dará um novo propósito ao seu estudo bíblico enquanto você encontra tempo entre a leitura da Palavra, a reflexão, e se curva com humildade para a obra oculta do Espírito Santo, esperando até o momento de ter uma percepção real da vontade de Deus para você mediante a Palavra. E, pela graça de Deus, isso pode ajudá-lo a começar este hábito de intercessão *específica e definitiva* no qual a Igreja, sem dúvida, se sustenta em tempos de necessidade.
>
> Alunos, vocês não sabem se, no futuro, seu tempo pode ser mais limitado, suas circunstâncias, mais desfavoráveis, sua seriedade cristã, mais fraca! Agora é o tempo aceitável. Hoje, enquanto o Espírito Santo ainda está falando. Ouçam o convite de seus irmãos em todas as terras e não tenham medo de tomar a firme decisão de passar pelo menos meia hora a cada manhã a sós com Deus.

Garota de Deus, eu a incentivo a considerar o benefício de praticar a vigília matinal. Se seu relacionamento com Deus não é tão bom quanto você deseja, então comece com isso. Acorde com Deus em mente, encontre-se com ele, gire seu dia em torno dele e ouça a voz dele. Use esta Bíblia para ajudá-la nisso. Leia um devocional, consulte os versículos, siga a voz de Deus e descubra o que ele tem para você hoje. Se você estiver disposta a negar sua carne e se levantar diante do mundo, verá que ele encherá sua vida de verdade e de esperança. É a melhor coisa que você pode fazer com seu tempo, eu garanto!

Ótimas ferramentas de estudo da Bíblia

Quando você estiver pronta para mergulhar na Palavra de Deus e descobrir o que ele tem para sua vida, você estará pronta para o estudo. Há centenas de recursos disponíveis para você criar seus próprios estudos, e eu recomendo que os use para aproveitar mais seu tempo de estudo da Bíblia. Procure por ferramentas na livraria de sua cidade, na biblioteca de sua igreja ou na internet. Elas podem parecer maçantes agora, mas lhes dê uma chance e veja se você não encontra uma ou duas que realmente lhe abram um mundo totalmente novo.

Concordância (ou chave) bíblica: Este é um livro que toda Garota de Deus deve ter. Concordância é uma lista de temas (como: redenção, esperança, justificação, salvação) e das referências bíblicas em que você pode encontrar tais palavras. Digamos, por exemplo, que você tenha uma dúvida sobre namoro e não faça a menor ideia de onde começar. Você pode consultar os temas "amor", "sexo", "casamento", "homens" ou "mulheres". Cada referência irá levá-la a versículos que podem lhe dar as respostas que você procura ou pelo menos lançar um pouco de luz em sua direção. À medida que você vai juntando esses versículos, a verdade torna-se cada vez mais clara.

Dicionário bíblico: Ter um ou dois bons dicionários bíblicos por perto é essencial para compreender melhor a Palavra de Deus. Às vezes, quando consulto uma palavra, ela me leva a muitas direções e me ensina muito mais do que teria aprendido se só tivesse lido e entendido o versículo, sem ter, de fato, os detalhes. Não tenha medo de dizer "Eu não sei o que essa palavra significa". Pegue um dicionário e comece a dissecar os versículos para entender tudo e aproveitá-los ao máximo.

Comentário: Comentário bíblico é um livro que explica as Escrituras. Alguns dão inúmeros detalhes sobre cada versículo e a história por trás de todos eles, e outros lhe dão apenas o suficiente para começar a compreender o que está sendo dito. Existem literalmente centenas de comentários bíblicos por aí, por isso pode ser difícil encontrar o certo para você, mas vale a pena procurar. A melhor coisa a fazer é dar uma olhada em alguns e compará-los. Veja qual faz mais sentido e fala sua língua. É bom recorrer aos comentários quando você ficar estagnada e simplesmente não entende o que determinado versículo ou seção diz. Os comentários não são a Bíblia, ou seja, não são perfeitos, mas são um bom ponto de partida e podem ajudá-la a ir mais fundo para descobrir o significado da Palavra de Deus.

Enciclopédia bíblica: É bom ter este tipo de livro quando você quer estudar a história da Bíblia. Ele lhe dá uma grande noção do modo como as pessoas viviam e agiam nos tempos bíblicos. É uma enciclopédia dedicada totalmente aos acontecimentos e fatos bíblicos. E pode, de fato, lançar muita luz sobre as palavras que você está lendo.

Listas de versículos: Sou apaixonada por listas de versículos. Não têm nada a ver com as que você compra ou baixa da internet, mas com as que você mesma faz. Você escolhe um tema sobre o qual quer saber o que a Palavra de Deus diz, por exemplo, como lidar com meninas ruins, e depois anota todos os versículos que, em sua opinião, estão relacionados com esse tema. Uma vez que você não encontrará "meninas ruins" como tópico em uma concordância, você pode criar sua própria lista de versículos relacionada a esse tema. Tenho listas específicas sobre estresse, preocupação, medo, aconselhamento de outras pessoas e descanso. Você verá muitas delas na seção **Ajuda rápida**. Guarde a sua em um caderno ou em um arquivo no computador e vá acrescentando versículos toda vez que ler algo que se encaixa neste tópico. Logo você terá sua própria lista de referências com seus versículos favoritos relacionados aos tópicos que você tem interesse. Esta é uma ótima maneira de encontrar rapidamente versículos fundamentais para você e para a vida das pessoas ao seu redor. Isso a ajuda a memorizar as Escrituras e a manter a verdade ao seu alcance.

Métodos de leitura

Eu sei que a Bíblia pode ser um livro cansativo. Ela pode levar você a dizer: "Eu não sei por onde começar". Há tanta coisa nela, então, o que você precisa ler hoje? Para ajudá-la a ver como aplicar a Bíblia à sua vida, compilei alguns métodos de leitura que podem auxiliá-la a escolher um caminho e se manter nele. Dê uma olhada nestes métodos e veja se algum deles parece bom para começar seu próximo estudo da Palavra de Deus.

Livro por livro

Uma maneira de iniciar a leitura da Bíblia é escolher um livro e lê-lo do começo ao fim. Isso é especialmente bom se você nunca leu o livro antes. Antes de mergulhar fundo na escolha de determinadas seções e partes, é melhor ter uma ideia de toda a história. Então, escolha um livro e o leia e, depois, releia-o. Quanto mais vezes você ler o mesmo livro, mais irá conhecê-lo. Você pode até decidir ler um livro várias vezes durante uma semana ou um mês, e estará bem familiarizada com ele depois disso.

Não tenha pressa ao ler cada livro. Na verdade, você talvez queira ler cada um desta forma:

- Leia o livro inteiro de uma só vez (se não conseguir, faça o possível, mas não se demore muito nisso).
- Leia-o inteiro novamente e, dessa vez, anote todas as histórias importantes, parábolas etc., que puder memorizar.
- Faça uma lista de versículos para o livro, sublinhando todos os versos importantes e registrando os melhores em um caderno reservado para suas anotações, livro por livro.
- Faça cartões para se lembrar. Escolha alguns versículos que você deseja memorizar e anote-os em cartões que você possa carregar consigo. Quanto

mais você memorizar, mais rápido terá as respostas para as questões de sua vida.

- Releia o livro e, dessa vez, sublinhe todos os mandamentos com uma cor e todas as promessas com outra. Você talvez queira fazer uma lista de mandamentos e de promessas em seu diário também.
- Faça um resumo do livro. Você pode usar a introdução e as informações gerais presentes ao início de cada livro desta Bíblia para ajudá-la a escrever um parágrafo que o resuma. Isso irá ajudá-la a aprender coisas sobre o livro e também a ter uma referência rápida à qual recorrer quando quiser rever seus estudos.

Quando estiver pronta, comece de novo com outro livro e faça a mesma coisa. Caso você não saiba por qual começar, aqui estão algumas dicas úteis.

Se você é *nova convertida* e quer entender quem é seu Deus, o significado da vida e o que é mais importante saber neste momento, aqui estão algumas ideias para sua leitura:

Sua pergunta	Livro para ler
Quem é Jesus?	Mateus, Marcos, Lucas e João
Qual é o significado da vida?	Romanos
O que é liberdade em Cristo?	Gálatas
O que é a graça e a bondade de Deus?	Efésios
Qual é a origem de nossa fé?	Gênesis, Êxodo

Se você for *mais velha na fé*, talvez tenha outras perguntas:

Sua pergunta	Livro para ler
Como fazer o que é certo?	1João
Por que Deus deixa coisas ruins acontecerem?	Salmos
Onde encontro sabedoria?	Provérbios
Como lidar com o sofrimento?	Lamentações, Jó, Filipenses
O que é fé?	Hebreus
Qual é a diferença entre fé e obras?	Tiago, 1João
O significa amar?	1Coríntios, Mateus

A Bíblia toda

Outra forma de ler a Bíblia é começar pelo início e ler tudo. Mas isso pode deixá-la um pouco presa em capítulos do Antigo Testamento que requerem maior entendimento e estudo. Se você for nova convertida, talvez queira misturar mais as coisas e ler alguns capítulos do Antigo Testamento, depois alguns capítulos do Novo Testamento e continuar indo para frente e para trás. Ou talvez você queira mergulhar em Mateus, o primeiro livro do Novo Testamento, e ler até Apocalipse antes de ir para o Antigo Testamento. Às vezes, este é o melhor ponto de partida de uma Garota de Deus recém-convertida.

Estudo por tópicos

Essa é uma de minhas maneiras favoritas de estudo, e a que parece me manter mais focada. O que se deve fazer é escolher um tema que deseja estudar. Você talvez tenha dúvidas sobre determinado tema ou queira mais informações sobre ele. Muitas vezes, eu estudo assuntos que são frutos de conversas que tenho com as pessoas. Por exemplo, se alguém me diz algo com que não concordo ou que não entendo, recorro à Palavra de Deus para descobrir o que ela tem a dizer sobre o assunto.

Para começar, você escolhe um tema, tipo "obediência" ou "pecado", pega sua concordância e consulta todos os versículos sobre o tema. Se você ler um versículo que a faz pensar em outra coisa sobre o mesmo tema, mas com outra abordagem, você procura esta palavra em seu dicionário ou concordância e segue nesta direção.

Aqui está uma sugestão: consulto a palavra *amor* e, enquanto leio, vejo a palavra *humildade*, então faço um estudo sobre humildade e vejo como ela está relacionada com amor. Enquanto isso, vejo a palavra *orgulho*, então eu a estudo. Logo, estou examinando toda a Bíblia e reunindo todos os tipos de coisas boas que me ensinarão o que Deus quer que eu saiba sobre o amor.

Essa é uma maneira divertida de estudar porque é como resolver um mistério. Requer trabalho e tempo, mas é interessante e desafiador, e traz resultados.

Estudo indutivo

O método de estudo indutivo implica considerar as Escrituras por meio da observação, da interpretação e da aplicação. Ele a ajuda a entender a Bíblia, passando dos detalhes para a aplicação geral desses detalhes. Neste método, é importante que você observe todos os fatos em cada seção das Escrituras que você lê — não as coisas que imagina estar acontecendo ou o que acha que as pessoas estejam sentindo, mas apenas os fatos. É uma ótima maneira de se aprofundar mais e realmente extrair tudo o que você pode de um versículo.

Veja como fazer um estudo indutivo simples:

1. Escolha uma pequena seção das Escrituras, talvez de três a dez versículos.

2. Examine a passagem. Pergunte-se:

- Quem? (Quem está escrevendo?)
- O quê? (Do que se trata?)
- Quando? (Quando foi escrito?)
- Onde? (Onde se passa?)
- Por quê? (Por que está sendo escrito?)

3. Em seguida, faça estas perguntas para si mesma:
- Quais são os mandamentos nesta seção?
- Quais são as promessas?
- Quais são as palavras e ideias repetidas?
- O que posso aprender sobre Deus, Jesus, o Espírito Santo, a humanidade e sobre mim mesma?

4. Depois de fazer todas essas perguntas, a mais importante que resta é: "O que tudo isso quer dizer?". Nesta etapa, gosto de tentar parafrasear o que li e escrever um pequeno devocional sobre o assunto. Quando você aprende alguma coisa, é sempre bom tentar escrevê-la com suas próprias palavras para que ela comece a fazer parte de você.

5. Faça. Agora você precisa decidir como isso vai mudar sua vida. Como vai aplicar o que leu e torná-lo uma parte de quem você é? Se houver algo específico que você possa fazer, como servir a uma pessoa hoje ou dizer a ela que você a ama, anote e planeje-se para fazê-lo.

Paráfrase

Esta é uma ótima maneira de entender a Bíblia e ensiná-la aos outros também. Leia uma seção, cerca de três a dez versículos, e, em seguida, pegue um pedaço de papel e escreva uma paráfrase do que você leu – ou seja, escreva com suas próprias palavras. Às vezes, você pode até tentar escrever um devocional sobre o tema. Ao fazer isso, você aprende melhor e se torna mais capaz de falar sobre o tema e explicá-lo não somente para si mesma, mas para outras pessoas.

Planos de leitura da Bíblia

Você pode usar um plano de leitura simples da Bíblia que apresente exatamente os versículos que você deve ler todos os dias. Você pode fazer isso com toda a Bíblia em um ano ou fazer um estudo da vida de Jesus ou do ministério de Paulo. Siga os planos disponíveis no final desta Bíblia ou procure *on-line* para saber o que você está lendo e que direção está tomando a cada dia. Mas não leia simplesmente para dizer que leu – leia para aprender. Sublinhe, faça anotações e memorize durante o processo, e você tornará a Palavra de Deus parte de sua vida diária.

Ouvir a voz de Deus é mais do que apenas brincar de "uni-duni-tê" pelas páginas da Bíblia. Tem a ver com buscar conscientemente a verdade e as respostas para todas as dúvidas que você talvez tenha sobre sua vida neste mundo e o papel de Deus nela. Eu lhe dei apenas algumas maneiras para começar a dar atenção à voz de Deus e entender o que ele quer de você. Há outras maneiras de observar as Escrituras. A questão é que você precisa encontrar uma forma *que a faça querer* realizar o trabalho. Então, informe-se, pesquise e encontre um jeito de estudar que a faça se levantar de manhã e querer **se aprofundar mais!**

Prefácio para a Nova Tradução na Linguagem de Hoje

Em 1973, a Sociedade Bíblica do Brasil (SBB) lançou a 1ª edição do Novo Testamento da Tradução na Linguagem de Hoje (TLH). Quinze anos depois, em 1988, a SBB lançou a Bíblia completa desta tradução, com o nome de Bíblia na Linguagem de Hoje (BLH). Até este momento, a SBB só havia trabalhado em revisões de uma tradução já existente, a tradução de João Ferreira de Almeida. A BLH, portanto, foi a primeira tradução completa da Bíblia feita por iniciativa da SBB. E isso ocorreu em resposta a uma recomendação das igrejas, após ampla consulta junto a elas.

A consulta junto às igrejas havia demonstrado um reconhecimento generalizado de que se fazia necessária uma tradução bíblica apropriada ao desafio evangelístico que a realidade espiritual brasileira impunha. Tendo como objetivo principal a evangelização do povo brasileiro, esta tradução deveria ser adequada ao nível educacional médio da população. Por isso, após anos de dedicado trabalho de especialistas nas línguas originais e na Língua Portuguesa, produziu-se uma tradução com linguagem de fácil compreensão, a Tradução na Linguagem de Hoje.

A exemplo do que acontece com todas as traduções novas, a TLH foi bem aceita por muitos, rejeitada por alguns, e vista com desconfiança por outros. Mas, apesar disso, mais e mais, ano após ano, a TLH vem se afirmando como a tradução bíblica para a evangelização. Primeiro, porque um bom número de igrejas adotou o texto da TLH em suas campanhas evangelísticas. Segundo, nos últimos dez anos a SBB produziu mais de 500 milhões de seleções bíblicas, que foram distribuídas em parceria com as igrejas; só nos últimos 5 anos, uma média de 170 milhões por ano. Visto que o texto bíblico da maioria dessas seleções é tirado da TLH, pode-se dizer que foi este texto que grandemente impulsionou o crescimento das igrejas no Brasil.

Sendo uma entidade que serve todas as igrejas, a SBB, imediatamente após o lançamento da Bíblia na Linguagem de Hoje, passou a receber, classificar e analisar inúmeras sugestões, enviadas de todas as partes, no sentido de aprimorar a tradução para o uso mais eficiente e amplo das igrejas. Por outro lado, a própria Comissão de Tradução sentiu que a TLH poderia ser melhorada ainda mais. E, por fim, também as mudanças pelas quais a Língua Portuguesa havia passado desde o lançamento da TLH recomendavam uma revisão dessa tradução. Por tudo isso, a SBB submeteu a TLH a uma profunda revisão através de sua Comissão de Tradução e, depois de 12 anos desde o lançamento da Bíblia completa, lança a Nova Tradução na Linguagem de Hoje (NTLH).

Os princípios seguidos nesta revisão foram os mesmos que nortearam o trabalho da primeira edição desta tradução. Diferente da tradução de Almeida, que foi norteada pelos princípios de tradução de "equivalência formal", a NTLH orientou-se pelos princípios de tradução de "equivalência funcional". Ao reproduzir o sentido dos textos originais, Almeida também procura reproduzir a forma dos textos originais, que muitas vezes é diferente do português simples e natural e, assim, requer um domínio da Língua Portuguesa que está acima da média da população brasileira. A NTLH, por sua vez, ao reproduzir também e efetivamente o sentido dos textos originais hebraico, aramaico e grego, expressa esse sentido de maneira simples e natural, assim como a maioria da população brasileira fala. Portanto, a Nova Tradução na Linguagem de Hoje continua sendo especialmente adequada ao trabalho de evangelização e é também muito apropriada para a leitura devocional em família, inclusive para as crianças.

Mesmo seguindo os princípios que orientaram a primeira edição da TLH, a revisão foi tão profunda que é justificável designar o texto resultante como Nova Tradução na Linguagem de Hoje (NTLH). Como destaques dessa revisão, aparecem os seguintes: (1) O Novo Testamento foi totalmente revisado, tanto do ponto de vista de uma leitura profunda do texto original grego, como do ponto de vista da Língua Portuguesa. (2) Revisão semelhante, mas a partir do texto hebraico, recebeu o livro dos Salmos, com especial atenção à poesia. (3) Simplificou-se ainda mais uma série de construções gramaticais, aplicando-as ao texto de toda a Bíblia. (4) Aceitou-se mudar a designação do nome de Deus no Antigo Testamento de "Deus Eterno" ou "Eterno" para "SENHOR Deus", "Deus, o SENHOR," ou simplesmente "SENHOR". Assim, a NTLH, agora, aproxima-se, neste particular, do texto da tradução de Almeida, Revista e Atualizada, e do texto da maioria das demais traduções bíblicas em Língua Portuguesa. Esta revisão sozinha afetou perto de 7 mil passagens do Antigo Testamento. (5) Uma série de textos que apareciam no rodapé da BLH, agora, na NTLH, voltaram ao texto da Bíblia. Isso refere-se, por exemplo, aos títulos originais dos Salmos, às vezes, difíceis de compreender, os quais aparecem traduzidos no início do respectivo Salmo em tipo itálico (*inclinado*). Também, no Novo Testamento, algumas passagens que não se encontram em alguns dos melhores e mais antigos manuscritos gregos mesmo assim aparecem, agora, traduzidas entre colchetes ([ ]; ver, por exemplo, Mateus 6:13b). (6) Finalmente, acolheu- se uma série de sugestões encaminhadas à Comissão de Tradução por parte de fiéis das mais diversas igrejas.

A Nova Tradução na Linguagem de Hoje (NTLH) foi lançada em 2000, e a SBB continuou a acolher as sugestões que lhe foram encaminhadas. Em 2005, quando foi publicada a Bíblia de Estudo NTLH, o texto bíblico sofreu pequenas alterações e ajustes em poucos versículos. Agora, novas mudanças foram feitas no texto bíblico, incorporando as alterações previstas na reforma ortográfica da Língua Portuguesa.

Está aí, portanto, para o uso das igrejas, para o uso individual, familiar e geral, a Nova Tradução na Linguagem de Hoje. Sendo a expressão da Palavra de Deus na linguagem simples do povo, a Comissão de Tradução da SBB pede a Deus e deseja que muitos a recebam com alegria e tenham em sua vida a experiência do salmista: "A tua *palavra é lâmpada para guiar* os meus passos, é luz que ilumina o meu caminho" (Salmo 119:105). E Deus conceda também que muitos a utilizem em suas atividades de adoração, evangelização, educação e pregação, "como a espada que o Espírito Santo lhes dá" (Efésios 6:17).

Outubro de 2008

Antigo Testamento

Gênesis

Conheça o começo

No começo Deus criou os céus e a terra.
Gênesis 1:1

Autor ♥ Moisés
Data ♥ Por volta do século 15 a.C.
Local ♥ O deserto do Sinai
Público-alvo ♥ Os filhos de Deus

No começo, Deus. No meio, Deus. E, no fim, Deus. Ao ler a Bíblia, você verá que a verdadeira história é Deus: tudo o que ele é, tudo o que ele faz e tudo o que ele ama. No começo, o Senhor criou os céus e a terra e tudo o que vive neles. Seu caráter é tão generoso e tão amoroso que ele deu aos seres humanos e aos animais tudo aquilo de que precisavam para ter vida e amor. E, mesmo o primeiro homem e a primeira mulher tendo feito uma confusão no jardim, Deus, mesmo assim, não deixou de amá-los.

Gênesis é como um grande romance de aventura. Aqueles que viveram no início dos tempos passaram para a história. Ao ler Gênesis, observe quantas vezes Deus livra seu povo dos pecados. Veja que ele é um Deus justo que não pode tolerar o mal, mas, muitas vezes, usa os pecados das pessoas para levá-las à salvação. Leia sobre as alianças que o Senhor fez com seu povo, promessas que ele nunca quebrou e nunca quebrará.

Ponto essencial
O objetivo de Gênesis é contar a história do povo de Deus. O livro nos ensina sobre a natureza, a onipotência e a onipresença de Deus e mostra como ele fez sua aliança com Abraão. Gênesis apresenta a história dos filhos de Deus e prova a fidelidade de Deus ao seu povo.

Conhecer esta história é muito importante para a vida da Garota de Deus. Algumas pessoas dizem que, se você não conhecer a história de seu povo, então é certo que repetirá os erros dele em sua vida. Então, use as palavras de Gênesis e as leia como a história de seu povo, o povo de fé. Saiba mais sobre a vida dessas pessoas e, o mais importante, sobre Deus e como ele interage com o povo dele. Invista o tempo que quiser enquanto examina as histórias. Saiba que não são contos de fadas, mas a verdade, e aprenda mais sobre o Senhor que considera você propriedade dele.

Gênesis é o fundamento de toda a Escritura; o livro apresenta o cenário para o restante da Bíblia. A antiga aliança entre Deus e o homem foi atualizada pela nova aliança com a vida, a morte e a ressurreição de Jesus, e nós agora olhamos para o Antigo Testamento através das lentes do Novo. Mas a Bíblia *toda* é valiosa e importante ainda hoje. Olhe para ela à luz de Jesus, e o Antigo Testamento ganhará vida e significará mais do que você imaginou ser possível.

Coisas para procurar

- A história da criação e do primeiro pecado (veja Gênesis 1—3)
- A história de Noé (veja Gênesis 6:9—9:29)
- A história da vida de Abraão (veja Gênesis 11:27—25:11)
- O surgimento das doze tribos de Israel (veja Gênesis 29:32—30:24; 35:18; 48:1-20)
- As alianças de Deus (veja Gênesis 8:20—9:17; 12:1-3; 15:1-20; 17:1-22; 22:15-18; 26:2-5; 28:13-15; 50:24)

Fatos, termos e versículos que você deve saber

- **Aliança:** Um acordo formal feito entre duas pessoas ou grupos de pessoas, ao qual as partes têm a obrigação de cumprir.
- **Aliança abraâmica:** A aliança feita entre Deus e Abraão, por meio da qual Deus prometeu dar a ele muitos descendentes e torná-los seu povo (veja Gênesis 12:1-3; 15:18; 22:15-18). O sinal dessa aliança é a circuncisão (veja Gênesis 17:11-12).
- **Aliança noética:** A aliança que Deus fez com Noé, por meio da qual o Senhor prometeu nunca mais inundar a terra (veja Gênesis 9:11).
- **Oferta:** Aquilo que é oferecido a Deus como ato de adoração. Pode ser alimento, animal ou dinheiro.
- **Pecado:** Qualquer coisa que você faça que vá contra o que Deus ordenou na Bíblia. O pecado também é conhecido como desobediência.
- **Sacrifício:** Devolver a Deus o que ele deu; uma dádiva oferecida a Deus no altar, seja como símbolo de adoração ou como expiação pelo pecado. No Antigo Testamento, o sacrifício também se referia a uma oferta que envolvia derramamento de sangue.

No começo Deus criou os céus e a terra.
(Gênesis 1:1)

Depois o SENHOR disse: — Não é bom que o homem viva sozinho. Vou fazer para ele alguém que o ajude como se fosse a sua outra metade.
(Gênesis 2:18)

Como sinal desta aliança que estou fazendo para sempre com vocês e com todos os animais, vou colocar o meu arco nas nuvens. O arco-íris será o sinal da aliança que estou fazendo com o mundo.
(Gênesis 9:12-13)

A criação do Universo e da raça humana

1 No começo Deus criou os céus e a terra.
2 A terra era um vazio, sem nenhum ser
vivente, e estava coberta por um mar pro-
fundo. A escuridão cobria o mar, e o Espí-
rito de Deus se movia por cima da água.
3 Então Deus disse:
— Que haja luz!
E a luz começou a existir. 4 Deus viu que
a luz era boa e a separou da escuridão.
5 Deus pôs na luz o nome de "dia" e na
escuridão pôs o nome de "noite". A noi-
te passou, e veio a manhã. Esse foi o pri-
meiro dia.
6 Então Deus disse:
— Que haja no meio da água uma divi-
são para separá-la em duas partes!
7 E assim aconteceu. Deus fez uma divi-
são que separou a água em duas partes:
uma parte ficou do lado de baixo da divi-
são, e a outra parte ficou do lado de cima.
8 Nessa divisão Deus pôs o nome de "céu".
A noite passou, e veio a manhã. Esse foi
o segundo dia.
9 Aí Deus disse:
— Que a água que está debaixo do céu
se ajunte num só lugar a fim de que apa-
reça a terra seca!
E assim aconteceu. 10 Deus pôs na parte
seca o nome de "terra" e nas águas que se
haviam ajuntado ele pôs o nome de "ma-
res". E Deus viu que o que havia feito era
bom. 11 Em seguida ele disse:
— Que a terra produza todo tipo de ve-
getais, isto é, plantas que deem sementes
e árvores que deem frutas!
E assim aconteceu. 12 A terra produziu
todo tipo de vegetais: plantas que dão se-
mentes e árvores que dão frutas. E Deus
viu que o que havia feito era bom. 13 A noi-
te passou, e veio a manhã. Esse foi o ter-
ceiro dia.
14 Então Deus disse:
— Que haja luzes no céu para separa-
rem o dia da noite e para marcarem os
dias, os anos e as estações! 15 Essas luzes
brilharão no céu para iluminar a terra.
E assim aconteceu. 16 Deus fez as duas
grandes luzes: a maior para governar o
dia e a menor para governar a noite. E fez
também as estrelas. 17 Deus pôs essas lu-
zes no céu para iluminarem a terra, 18 para
governarem o dia e a noite e para sepa-
rarem a luz da escuridão. E Deus viu que
o que havia feito era bom. 19 A noite pas-
sou, e veio a manhã. Esse foi o quarto dia.
20 Depois Deus disse:
— Que as águas fiquem cheias de todo
tipo de seres vivos, e que na terra haja
aves que voem no ar!
21 Assim Deus criou os grandes mons-
tros do mar, e todas as espécies de seres
vivos que em grande quantidade se mo-
vem nas águas, e criou também todas as
espécies de aves. E Deus viu que o que ha-
via feito era bom. 22 Ele abençoou os seres
vivos do mar e disse:
— Aumentem muito em número e en-
cham as águas dos mares! E que as aves
se multipliquem na terra!
23 A noite passou, e veio a manhã. Esse
foi o quinto dia.
24 Então Deus disse:
— Que a terra produza todo tipo de
animais: domésticos, selvagens e os que
se arrastam pelo chão, cada um de acor-
do com a sua espécie!
E assim aconteceu. 25 Deus fez os ani-
mais, cada um de acordo com a sua es-
pécie: os animais domésticos, os selva-
gens e os que se arrastam pelo chão. E
Deus viu que o que havia feito era bom.
26 Aí ele disse:
— Agora vamos fazer os seres huma-
nos, que serão como nós, que se parece-
rão conosco. Eles terão poder sobre os
peixes, sobre as aves, sobre os animais
domésticos e selvagens e sobre os ani-
mais que se arrastam pelo chão.
27 Assim Deus criou os seres humanos;
ele os criou parecidos com Deus. Ele os
criou homem e mulher 28 e os abençoou,
dizendo:
— Tenham muitos e muitos filhos; es-
palhem-se por toda a terra e a dominem.
E tenham poder sobre os peixes do mar,
sobre as aves que voam no ar e sobre os
animais que se arrastam pelo chão. 29 Para
vocês se alimentarem, eu lhes dou todas
as plantas que produzem sementes e
todas as árvores que dão frutas. 30 Mas,
para todos os animais selvagens, para as
aves e para os animais que se arrastam
pelo chão, dou capim e verduras como
alimento.
E assim aconteceu. 31 E Deus viu que
tudo o que havia feito era muito bom. A
noite passou, e veio a manhã. Esse foi o
sexto dia.

2 Assim terminou a criação do céu, e da
terra, e de tudo o que há neles. 2 No
sétimo dia Deus acabou de fazer todas

Eva

Leia a história desta Garota de Deus em Gênesis 2:18—4:2 e 4:25.

O SENHOR Deus é a nossa luz e o nosso escudo. Ele ama e honra os que fazem o que é certo e lhes dá tudo o que é bom.

Salmos 84:11

Alguma vez chegou a pensar que Deus pode esconder algo de você? Um presente maravilhoso que você quer ou merece? Quando sente inveja da vida das pessoas à sua volta ou se queixa da vida, você acusa Deus de omitir coisas. Seu subconsciente avalia a situação e lhe envia um sinal de desaprovação, como se Deus tivesse sido injusto e cruel com você. E como a primeira mulher que existiu, você é tentada a jogar tudo fora e a dar uma mordida no "fruto" só para ver o que o Senhor está escondendo.

Quando sua vida não é tudo o que "deveria ser", é fácil passar de seguidora a líder. Em vez de esperar que Deus lhe dê exatamente aquilo de que precisa, quando necessário, você elabora uma lista de todas as coisas das quais acha que precisa e faz todo o possível para correr atrás delas. Mas já pensou que essas coisas que Deus lhe tem recusado, ele as recusa para seu bem? Talvez se você as tivesse, elas a destruiriam emocional, física ou até espiritualmente.

Quando você acha que Deus não está sendo bom ou a está impedindo de ter o que você quer, é fácil rejeitar o domínio dele em sua vida e começar a pensar que os mandamentos dele são perda de tempo. Sabia que o pecado ganha força quando você está cheia de ressentimento? O ressentimento, no início, tenta convencê-la de que nada é mais importante do que conseguir o que você quer, e ele finge que o castigo pelo pecado não se compara à sensação incrível de realmente ter o que se deseja. Nesses momentos de engano, você vacila. Perde o rumo. Esquece o caráter de seu Deus e cai.

Eva não conhecia o caráter de Deus o suficiente para confiar nele. E ela não foi a única: você pode ser vítima de sua própria ignorância quando não estuda a Palavra de Deus. Como uma Garota de Deus, não deixe que a ignorância seja uma desculpa. Você tem de correr atrás de conhecimento e se esforçar para ter fé para confiar nele, seja qual for a tentação. O contentamento é uma coisa boa — não, é uma coisa incrível! Quando você descobrir que é da natureza de Deus lhe dar exatamente aquilo que você precisa, no momento certo, você ficará livre de seus pensamentos sofridos e de seus medos. Ele proverá. Ele *proveu*. E assim que você perceber que tudo o que ele dá é para seu bem, você será livre *para viver a vida ao máximo*.

as coisas e descansou de todo o trabalho que havia feito. 3 Então abençoou o sétimo dia e o separou como um dia sagrado, pois nesse dia ele acabou de fazer todas as coisas e descansou. 4 E foi assim que o céu e a terra foram criados.

O jardim do Éden

Quando o SENHOR Deus fez o céu e a terra, 5 não haviam brotado nem capim nem plantas, pois o SENHOR ainda não tinha mandado chuvas, e não havia ninguém para cultivar a terra. 6 Mas da terra saía uma corrente de água que regava o chão. 7 Então, do pó da terra, o SENHOR formou o ser humano. O SENHOR soprou no nariz dele uma respiração de vida, e assim ele se tornou um ser vivo.

8 Depois o SENHOR Deus plantou um jardim na região do Éden, no Leste, e ali pôs o ser humano que ele havia formado. 9 O SENHOR fez com que ali crescessem árvores lindas de todos os tipos, que davam frutas boas de se comer. No meio do jardim ficava a árvore que dá vida e também a árvore que dá o conhecimento do bem e do mal.

10 No Éden nascia um rio que regava o jardim e que, saindo dali, se dividia, formando quatro rios. 11 O primeiro é o Pisom, que rodeia a região de Havilá, onde há ouro. 12 O ouro dessa região é puro, e ali também há um perfume raro e pedras preciosas. 13 O segundo rio se chama Giom; ele dá volta por toda a região de Cuche. 14 O terceiro rio é o Tigre, que passa a leste da Assíria. E o quarto rio é o Eufrates.

15 Então o SENHOR Deus pôs o homem no jardim do Éden, para cuidar dele e nele fazer plantações. 16 E o SENHOR deu ao homem a seguinte ordem:

— Você pode comer as frutas de qualquer árvore do jardim, 17 menos da árvore que dá o conhecimento do bem e do mal. Não coma a fruta dessa árvore; pois, no dia em que você a comer, certamente morrerá.

18 Depois o SENHOR disse:

— Não é bom que o homem viva sozinho. Vou fazer para ele alguém que o ajude como se fosse a sua outra metade.

19 Depois que o SENHOR Deus formou da terra todos os animais selvagens e todas as aves, ele os levou ao homem para que pusesse nome neles. E eles ficaram com o nome que o homem lhes deu. 20 Ele pôs nomes nas aves e em todos os animais domésticos e selvagens. Mas para Adão não se achava uma ajudadora que fosse como a sua outra metade.

21 Então o SENHOR Deus fez com que o homem caísse num sono profundo. Enquanto ele dormia, Deus tirou uma das suas costelas e fechou a carne naquele lugar. 22 Dessa costela o SENHOR formou uma mulher e a levou ao homem. 23 Então o homem disse:

"Agora sim!
Esta é carne da minha carne
e osso dos meus ossos.
Ela será chamada de 'mulher'
porque Deus a tirou do homem."

24 É por isso que o homem deixa o seu pai e a sua mãe para se unir com a sua mulher, e os dois se tornam uma só pessoa.

25 Tanto o homem como a sua mulher estavam nus, mas não sentiam vergonha.

A desobediência do primeiro casal

3 A cobra era o animal mais esperto que o SENHOR Deus havia feito. Ela perguntou à mulher:

— É verdade que Deus mandou que vocês não comessem as frutas de nenhuma árvore do jardim?

2 A mulher respondeu:

— Podemos comer as frutas de qualquer árvore, 3 menos a fruta da árvore que fica no meio do jardim. Deus nos disse que não devemos comer dessa fruta, nem tocar nela. Se fizermos isso, morreremos.

4 Mas a cobra afirmou:

— Vocês não morrerão coisa nenhuma! 5 Deus disse isso porque sabe que, quando vocês comerem a fruta dessa árvore, os seus olhos se abrirão, e vocês serão como Deus, conhecendo o bem e o mal.

6 A mulher viu que a árvore era bonita e que as suas frutas eram boas de se comer. E ela pensou como seria bom ter entendimento. Aí apanhou uma fruta e comeu; e deu ao seu marido, e ele também comeu. 7 Nesse momento os olhos dos dois se abriram, e eles perceberam que estavam nus. Então costuraram umas folhas de figueira para usar como tangas.

8 Naquele dia, quando soprava o vento suave da tarde, o homem e a sua mulher ouviram a voz do SENHOR Deus, que estava passeando pelo jardim. Então se esconderam dele, no meio das árvores. 9 Mas o SENHOR Deus chamou o homem e perguntou:

DEVOCIONAL

Texto para leitura: **Gênesis 3:1-13**

Conheça a si mesma

Quando uma pessoa a deixa louca, quem é mais culpada: ela ou você? Afinal, se ela não tivesse feito o que fez, você não precisaria ficar louca da vida. Ou se uma pessoa tenta você a fazer algo que sabe que não deve fazer, mas mesmo assim faz, de quem é a culpa? Onde está a culpa? A verdade é que, ao primeiro sinal de problema, a mente humana normalmente procura alguém para culpar. A mente é como um superdetetive: sempre vai ao fundo das coisas, sempre tenta descobrir quem começou e quem é responsável pela confusão em que nos metemos.

Portanto, não é de surpreender que a culpa tenha sido a primeira resposta para a confusão espiritual em que as pessoas se meteram. Adão e Eva culparam outros em vez de assumirem a responsabilidade. A culpa foi da serpente? Eles teriam mordido o fruto se a serpente não estivesse lá? É difícil dizer. Mas, de qualquer modo, apontar o dedo para o problema "real" não surtiu o resultado que eles esperavam.

Ao culpar os outros por suas trapalhadas ou sofrimentos, você perde a única coisa que pode ajudá-la: assumir a responsabilidade. Assumir a responsabilidade pelas coisas que diz, faz e pensa é o primeiro passo na vida de fé. Ao confessar seu pecado e aceitar a Cristo, você está assumindo a responsabilidade e, de repente, algo incrível acontece: ele assume a responsabilidade por você também. Pronto! Você encontrou tudo o que queria ao fazer o que não queria: aceitar a responsabilidade por sua própria vida. Se Adão e Eva não tivessem tentado tirar o foco de si mesmos, a vida teria sido diferente para eles? Nunca saberemos, mas o que sabemos é que culpar os outros não agrada a Deus.

— Onde é que você está?
10 O homem respondeu:
— Eu ouvi a tua voz, quando estavas passeando pelo jardim, e fiquei com medo porque estava nu. Por isso me escondi.
11 Aí Deus perguntou:
— E quem foi que lhe disse que você estava nu? Por acaso você comeu a fruta da árvore que eu o proibi de comer?
12 O homem disse:
— A mulher que me deste para ser a minha companheira me deu a fruta, e eu comi.
13 Então o SENHOR Deus perguntou à mulher:
— Por que você fez isso?
A mulher respondeu:
— A cobra me enganou, e eu comi.

O castigo

14 Então o SENHOR Deus disse à cobra:
— Por causa do que você fez você será castigada. Entre todos os animais só você
receberá esta maldição: de hoje em diante você vai andar se arrastando pelo chão
e vai comer o pó da terra. 15 Eu farei com
que você e a mulher sejam inimigas uma da outra, e assim também serão inimigas a sua descendência e a descendência dela. Esta esmagará a sua cabeça, e você picará o calcanhar da descendência dela.
16 Para a mulher Deus disse:
— Vou aumentar o seu sofrimento na gravidez, e com muita dor você dará à luz filhos. Apesar disso, você terá desejo de estar com o seu marido, e ele a dominará.
17 E para Adão Deus disse o seguinte:
— Você fez o que a sua mulher disse e comeu a fruta da árvore que eu o proibi de comer. Por causa do que você fez, a terra será maldita. Você terá de trabalhar duramente a vida inteira a fim de que a terra produza alimento suficiente para você.
18 Ela lhe dará mato e espinhos, e você
terá de comer ervas do campo. 19 Terá de

DEVOCIONAL

Texto para leitura: **Gênesis 3**

Conheça a si mesma

O mundo talvez diga que a você é a vítima. Você foi ferida, maltratada, rejeitada e abandonada, e é por isso que tem problemas, vícios e acontecimentos dramáticos em sua vida. Mas, ao acreditar que sua vida é atrapalhada por causa de algo que fugiu ao seu controle, você abre mão do poder que tanto deseja ter sobre ela. Enquanto estiver ocupada culpando alguém por seus problemas, você nunca será livre. Jamais terá controle e nunca assumirá a responsabilidade por si mesma.

Faz parte do processo de se tornar uma Garota de Deus a escolha de não fugir de coisas que irão torná-la mais santa e feliz; ou seja: ser honesta sobre sua responsabilidade em sua vida confusa, não importa quem tenha começado a confusão. Isso se chama confissão, e a confissão é algo bom. Ela purifica a alma porque vai ao fundo do que está acontecendo em você, sem se preocupar com o que outra pessoa fez ou deixou de fazer. A confissão concorda com Deus e com a Palavra dele sobre o pecado e diz: "Você é santo e eu quero ser santa também". Ela diz: "Não importa o que os outros façam ou fizeram, eu estou do lado de Deus e levo uma vida que lhe agrada, porque sei que essa é a vontade dele". E ao fazer isso, você terá toda a proteção e esperança de que precisa. Não aceite a tendência de evitar a confissão honesta, como fizeram as primeiras pessoas ou como faz o mundo à sua volta. A confissão pode machucar, e é provável que pareça totalmente desconfortável e até perigosa, mas a verdade é que trata-se da coisa mais segura e mais saudável que você pode fazer. Confessar é bom para a alma e prova que você não é de si mesma, mas de Deus.

trabalhar no pesado e suar para fazer com
que a terra produza algum alimento; isso
até que você volte para a terra, pois dela
você foi formado. Você foi feito de terra
e vai virar terra outra vez.
20 O homem pôs na sua mulher o nome
de Eva por ser ela a mãe de todos os se-
res humanos. 21 E o SENHOR Deus fez rou-
pas de peles de animais para Adão e a sua
mulher se vestirem.

Adão e Eva são expulsos do jardim

22 Então o SENHOR Deus disse o seguinte:
— Agora o homem se tornou como um
de nós, pois conhece o bem e o mal. Ele
não deve comer a fruta da árvore da vida
e viver para sempre.
23 Por isso o SENHOR Deus expulsou
o homem do jardim do Éden e fez com
que ele cultivasse a terra da qual havia
sido formado. 24 Deus expulsou o homem
e no lado leste do jardim pôs os *queru-
bins e uma espada de fogo que dava vol-
tas em todas as direções. Deus fez isso
para que ninguém chegasse perto da ár-
vore da vida.

Caim e Abel

4 Adão teve relações com Eva, a sua mu-
lher, e ela ficou grávida. Eva deu à luz
um filho e disse:
— Com a ajuda de Deus, o SENHOR, tive
um filho homem.
E ela pôs nele o nome de Caim. 2 Depois
teve outro filho, chamado Abel, irmão de
Caim. Abel era pastor de ovelhas, e Caim
era agricultor.
3 O tempo passou. Um dia Caim pegou
alguns produtos da terra e os ofereceu a
Deus, o SENHOR. 4 Abel, por sua vez, pegou
o primeiro carneirinho nascido no seu re-
banho, matou-o e ofereceu as melhores
partes ao SENHOR. O SENHOR ficou conten-
te com Abel e com a sua oferta, 5 mas rejei-
tou Caim e a sua oferta. Caim ficou furioso
e fechou a cara. 6 Então o SENHOR disse:
— Por que você está com raiva? Por
que anda carrancudo? 7 Se tivesse feito

o que é certo, você estaria sorrindo; mas
você agiu mal, e por isso o pecado está na
porta, à sua espera. Ele quer dominá-lo,
mas você precisa vencê-lo.
8 Aí Caim disse a Abel, o seu irmão:
— Vamos até o campo.
Quando os dois estavam no campo,
Caim atacou Abel, o seu irmão, e o matou.
9 Mais tarde o SENHOR perguntou a
Caim:
— Onde está Abel, o seu irmão?
— Não sei — respondeu Caim. — Por
acaso eu sou o guarda do meu irmão?
10 Então Deus disse:
— Por que você fez isso? Da terra, o
sangue do seu irmão está gritando, pedin-
do vingança. 11 Por isso você será amaldi-
çoado e não poderá mais cultivar a terra.
Pois, quando você matou o seu irmão, a
terra abriu a boca para beber o sangue
dele. 12 Quando você preparar a terra para
plantar, ela não produzirá nada. Você vai
andar pelo mundo sempre fugindo.
13 Caim disse a Deus, o SENHOR:
— Eu não vou poder aguentar esse cas-
tigo tão pesado. 14 Hoje tu estás me ex-
pulsando desta terra. Terei de andar pelo
mundo sempre fugindo e me escondendo
da tua presença. E qualquer pessoa que
me encontrar vai querer me matar.
15 Mas o SENHOR respondeu:
— Isso não vai acontecer. Pois, se al-
guém matar você, serão mortas sete pes-
soas da família dele, como vingança.
Em seguida o SENHOR pôs um sinal em
Caim para que, se alguém o encontrasse,
não o matasse. 16 Então Caim saiu da pre-
sença do SENHOR e foi morar na região de
Node, que fica a leste do Éden.

Os descendentes de Caim

17 Caim e a sua mulher tiveram um filho
e lhe deram o nome de Enoque. Mais tar-
de Caim construiu uma cidade e a chamou
de Enoque, o nome do seu filho. 18 Eno-
que foi pai de Irade, que foi pai de Meu-
jael, que foi pai de Metusael, que foi pai
de Lameque.
19 Lameque teve duas mulheres: uma
delas se chamava Ada, e a outra, Zilá.
20 Ada teve um filho chamado Jabal, que
foi o antepassado dos que criam gado e
vivem em barracas. 21 Jabal tinha um ir-
mão chamado Jubal, que foi o antepas-
sado de todos os músicos que tocam *lira
e flauta. 22 Zilá, por sua vez, teve um filho
chamado Tubalcaim, que era ferreiro e
fazia objetos de bronze e de ferro. Tubal-
caim tinha uma irmã chamada Naama.
23 Certo dia Lameque disse às suas mu-
lheres:

"Ada e Zilá, escutem-me;
mulheres de Lameque, marquem
bem
o que eu digo.
Matei um homem porque me feriu,
matei um moço porque me
machucou.
24 Se são mortas sete pessoas
para pagar pela morte de Caim,
então, se alguém me matar,
serão mortas setenta e sete
pessoas
da família do assassino."

Sete e Enos

25 Adão e a sua mulher tiveram outro
filho. Ela disse:
— Deus me deu outro filho para ficar
em lugar de Abel, que foi morto por Caim.
E pôs nele o nome de Sete.
26 Sete foi pai de um filho e o chamou
de Enos. Foi nesse tempo que o nome *SE-
NHOR começou a ser usado no culto de
adoração a Deus.

Os descendentes de Adão

1Crônicas 1.1-4

5 Esta é a lista dos descendentes de
Adão.
Quando criou os seres humanos, Deus
os fez parecidos com ele. 2 Deus os criou
homem e mulher, e os abençoou, e lhes
deu o nome de "humanidade".
3 Com a idade de cento e trinta anos,
Adão foi pai de um filho que era pareci-
do com ele; e pôs nele o nome de Sete.
4 Depois disso Adão viveu mais oitocen-
tos anos. Ele foi pai de outros filhos e fi-
lhas 5 e morreu com novecentos e trinta
anos de idade.
6 Quando Sete completou cento e cinco
anos, nasceu o seu filho Enos. 7 Depois dis-
so Sete viveu mais oitocentos e sete anos.
Ele foi pai de outros filhos e filhas 8 e mor-
reu com novecentos e doze anos de idade.
9 Quando Enos tinha noventa anos, nas-
ceu o seu filho Cainã. 10 Depois disso Enos
viveu mais oitocentos e quinze anos. Ele
foi pai de outros filhos e filhas 11 e morreu
com novecentos e cinco anos de idade.
12 Quando Cainã tinha setenta anos, o
seu filho Maalalel nasceu. 13 Depois disso
Cainã viveu mais oitocentos e quarenta

anos. Ele foi pai de outros filhos e filhas 14 e morreu com novecentos e dez anos de idade.

15 Quando Maalalel tinha sessenta e cinco anos, nasceu o seu filho Jarede. 16 Depois disso Maalalel viveu mais oitocentos e trinta anos. Ele foi pai de outros filhos e filhas 17 e morreu com oitocentos e noventa e cinco anos de idade.

18 Jarede tinha cento e sessenta e dois anos quando o seu filho Enoque nasceu. 19 Depois disso Jarede viveu mais oitocentos anos. Ele foi pai de outros filhos e filhas 20 e morreu com novecentos e sessenta e dois anos de idade.

21 Quando Enoque tinha sessenta e cinco anos, o seu filho Matusalém nasceu. 22 Depois disso Enoque viveu em comunhão com Deus durante trezentos anos e foi pai de outros filhos e filhas. 23 Enoque viveu trezentos e sessenta e cinco anos. 24 Ele viveu sempre em comunhão com Deus e um dia desapareceu, pois Deus o levou.

25 Quando Matusalém tinha cento e oitenta e sete anos, o seu filho Lameque nasceu. 26 Depois disso Matusalém viveu mais setecentos e oitenta e dois anos. Ele foi pai de outros filhos e filhas 27 e morreu com novecentos e sessenta e nove anos de idade.

28 Quando Lameque tinha cento e oitenta e dois anos, foi pai de um filho 29 e disse:

— O SENHOR Deus amaldiçoou a terra, e por isso o nosso trabalho é pesado; mas este menino vai trazer descanso para nós.

E Lameque pôs no filho o nome de Noé. 30 Depois disso Lameque viveu mais quinhentos e noventa e cinco anos. Ele foi pai de outros filhos e filhas 31 e morreu com setecentos e setenta e sete anos de idade.

32 Depois que completou quinhentos anos de idade, Noé foi pai de três filhos: Sem, Cam e Jafé.

A maldade da raça humana

6 Quando as pessoas começaram a se espalhar pela terra e tiveram filhas, 2 os filhos de Deus viram que essas mulheres eram muito bonitas. Então escolheram as que eles quiseram e casaram com elas. 3 Aí o SENHOR Deus disse:

— Não deixarei que os seres humanos vivam para sempre, pois são mortais. De agora em diante eles não viverão mais do que cento e vinte anos.

4 Havia gigantes na terra naquele tempo e também depois, quando os filhos de Deus tiveram relações com as filhas dos homens e estas lhes deram filhos. Esses gigantes foram os heróis dos tempos antigos, homens famosos.

5 Quando o SENHOR viu que as pessoas eram muito más e que sempre estavam pensando em fazer coisas erradas, 6 ficou muito triste por haver feito os seres humanos. O SENHOR ficou tão triste e com o coração tão pesado, 7 que disse:

— Vou fazer desaparecer da terra essa gente, que criei, e também todos os animais, os seres que se arrastam pelo chão e as aves, pois estou muito triste porque os criei.

8 Mas o SENHOR Deus aprovava o que Noé fazia.

A barca de Noé

9-10 Esta é a história de Noé. Ele foi pai de três filhos: Sem, Cam e Jafé. Noé era um homem direito e sempre obedecia a Deus. Entre os homens do seu tempo, Noé vivia em comunhão com Deus. 11 Para Deus todas as outras pessoas eram más, e havia violência por toda parte. 12 Deus olhou para o mundo e viu que estava cheio de pecado, pois todas as pessoas só faziam coisas más.

13 Deus disse a Noé:

— Resolvi acabar com todos os seres humanos. Eu os destruirei completamente e destruirei também a terra, pois está cheia de violência. 14 Pegue madeira boa e construa para você uma grande barca. Faça divisões nela e tape todos os buracos com piche, por dentro e por fora. 15 As medidas serão as seguintes: cento e trinta e três metros de comprimento por vinte e dois de largura por treze de altura. 16 Faça uma cobertura para a barca e deixe um espaço de meio metro entre os lados e a cobertura. Construa três andares na barca e ponha uma porta num dos lados. 17 Vou mandar um dilúvio para cobrir a terra, a fim de destruir tudo o que tem vida; tudo o que há na terra morrerá. 18 Mas com você eu vou fazer uma *aliança. Portanto, entre na barca e leve com você a sua mulher, os seus filhos e as suas noras. 19-20 Também leve para dentro da barca um macho e uma fêmea de todas as espécies de aves, de todas as espécies de animais e de todas as espécies de seres que se arrastam pelo chão, a fim de conservá-los vivos. 21 Ajunte e leve todo

DEVOCIONAL

Texto para leitura: **Gênesis 6**

Conheça a Deus

Os mandamentos de Deus nem sempre fazem sentido. Parecem irreais, arriscados e insanos às vezes. Construir uma arca no meio da cidade? Gastar seu dinheiro com os pobres? Dar o outro lado da face quando pessoas más machucam você? Orar por pessoas que a perseguem? Às vezes, as coisas que Deus pede para você fazer vão doer e podem até fazê-la parecer louca. Mas você precisa decidir agora, antes de chegar a hora, se vai fazer o que ele diz, por mais louco que seja ou pareça, ou se vai passar tudo por seu filtro do "bom senso".

Você retrocede quando usa o bom senso ou o padrão mundano de certo e errado como a última palavra sobre o que vai fazer ou pensar. Confiar nos próprios sentimentos é rejeitar a mente de Deus e dizer que sua mente merece mais respeito e adoração. Como uma Garota de Deus, seu último filtro deve ser sempre a Palavra, e não as ideias do mundo. Você precisa se perguntar: "O que estão me pedindo para fazer condiz com a Palavra de Deus? Parece loucura, mas é bíblico?". Se sim, então a pergunta é: "Estou a fim de fazer mesmo assim?".

Talvez não tenha feito sentido algum para Noé nem para sua família construir uma arca onde não havia nenhum acúmulo de água, mas tudo isso fazia parte do plano de Deus. A fé pode significar que você precisa fazer algumas coisas que o mundo considera loucura. Devolva o pacote de chiclete ao funcionário que se esqueceu de cobrar por ele. Diga a verdade quando todo mundo estiver dizendo mentiras. Ore quando os outros estiverem em pânico. A fé nem sempre faz sentido, mas o que faz sentido é a confiança em Deus. Não importa o que ele quer que você faça, você pode ter certeza de que é para o bem.

tipo de comida para que você e os ani-
mais tenham o que comer.
22 E Noé fez tudo conforme Deus havia
mandado.

O dilúvio

7 Depois o SENHOR Deus disse a Noé:
— Entre na barca, você e toda a sua
família, pois eu tenho visto que você é a
única pessoa que faz o que é certo. 2 Leve
junto com você sete casais de cada espé-
cie de animal *puro e um casal de cada es-
pécie de animal *impuro. 3 Leve também
sete casais de cada espécie de ave para
que se conservem as espécies que exis-
tem na terra. 4 Pois daqui a sete dias eu
vou fazer chover durante *quarenta dias
e quarenta noites*. Assim vou acabar com
todos os seres vivos que criei.
5 E Noé fez tudo conforme o que o SE-
NHOR Deus havia mandado. 6 Noé tinha
seiscentos anos de idade quando as águas
do dilúvio cobriram a terra. 7 A fim de es-
capar do dilúvio, ele entrou na barca jun-
to com os seus filhos, a sua mulher e as
suas noras. 8 Os animais puros e os im-
puros, os que se arrastam pelo chão e as
aves 9 entraram com Noé na barca de dois
em dois, macho e fêmea, como Deus havia
mandado. 10 Sete dias depois, as águas do
dilúvio começaram a cobrir a terra.
11 Nesse tempo Noé tinha seiscentos
anos. No dia dezessete do segundo mês,
se arrebentaram todas as fontes do gran-
de mar, e foram abertas as janelas do céu,
12 e caiu chuva sobre a terra durante qua-
renta *dias e quarenta* noites. 13 Nesse mes-
mo dia Noé e a sua mulher entraram na
barca junto com os seus filhos Sem, Cam
e Jafé e as suas mulheres. 14 Com eles en-
traram animais de todas as espécies: os
domésticos e os selvagens, os que se ar-
rastam pelo chão e as aves. 15 Todos os

animais entraram com Noé na barca, de
dois em dois. 16 Entraram machos e fê-
meas de cada espécie, de acordo com o
que Deus havia mandado Noé fazer. Aí o
SENHOR fechou a porta da barca.
17 O dilúvio durou quarenta dias. A água
subiu e levantou a barca, e ela começou a
boiar. 18 A água foi subindo, e a barca con-
tinuou a boiar. 19 A água subiu tanto, que
cobriu todas as montanhas mais altas da
terra. 20 E depois ainda subiu mais sete
metros. 21 Morreram todos os seres vivos
que havia na terra, isto é, as aves, os ani-
mais domésticos, os animais selvagens,
os animais que se arrastam pelo chão e
os seres humanos. 22 Morreu tudo o que
havia na terra, tudo o que tinha vida e res-
pirava. 23 Somente Noé e os que estavam
com ele na barca ficaram vivos. O resto
foi destruído, isto é, os seres humanos, os
animais domésticos, os animais selvagens
e os que se arrastam pelo chão e as aves.
24 Só cento e cinquenta dias depois é que
a água começou a baixar.

O fim do dilúvio

8 Então Deus lembrou de Noé e de to-
dos os animais que estavam com ele
na barca. Deus fez com que um vento so-
prasse sobre a terra, e a água começou a
baixar. 2 As fontes do grande mar e as ja-
nelas do céu se fecharam. Parou de chover,
3 e durante cento e cinquenta dias a água
foi baixando pouco a pouco. 4 No dia de-
zessete do sétimo mês, a barca parou na
região montanhosa de Ararate. 5 A água
continuou a baixar, até que no primeiro
dia do décimo mês apareceram os picos
das montanhas.
6 No fim de quarenta dias, Noé abriu a
janela que havia feito na barca 7 e soltou
um corvo, que ficou voando de um lado
para outro, esperando que a terra secasse.
8 Depois Noé soltou uma pomba a fim de
ver se a terra já estava seca; 9 mas a pom-
ba não achou lugar para pousar porque a
terra ainda estava toda coberta de água.
Aí Noé estendeu a mão, pegou a pomba
e a pôs dentro da barca.
10 Noé esperou mais sete dias e sol-
tou a pomba de novo. 11 Ela voltou à tar-
dinha, trazendo no bico uma folha ver-
de de oliveira. Assim Noé ficou sabendo
que a água havia baixado. 12 E ele esperou
mais sete dias e de novo soltou a pomba,
e dessa vez ela não voltou.
13 Quando Noé tinha seiscentos e um
anos, as águas que estavam sobre a ter-
ra secaram. No dia primeiro do primeiro
mês, Noé tirou a cobertura da barca e viu
que a terra estava secando. 14 No dia vin-
te e sete do segundo mês, a terra estava
bem seca. 15 Aí Deus disse a Noé:
16 — Saia da barca junto com a sua mu-
lher, os seus filhos e as suas noras. 17 Faça
sair também todos os animais que estão
com você, isto é, as aves, os animais do-
mésticos, os animais selvagens e os que se
arrastam pelo chão. Que eles se espalhem
por toda parte e tenham muitas crias para
encherem a terra.
18 Assim Noé e a sua mulher saíram da
barca, junto com os seus filhos e as suas
noras. 19 Também saíram todos os animais
e as aves, em grupos, de acordo com as
suas espécies.

Noé constrói um altar

20 Noé construiu um altar para oferecer
*sacrifícios a Deus, o SENHOR. Ele pegou
aves e animais *puros, um de cada espé-
cie, e os queimou como sacrifício no al-
tar. 21 O cheiro dos sacrifícios agradou ao
SENHOR, e ele pensou assim: "Nunca mais
vou amaldiçoar a terra por causa da raça
humana, pois eu sei que desde a sua ju-
ventude as pessoas só pensam em coisas
más. 22 Também nunca mais destruirei to-
dos os seres vivos, como fiz desta vez. En-
quanto o mundo existir, sempre haverá
semeadura e colheita, frio e calor, verão
e inverno, dia e noite."

Deus faz uma aliança com Noé

9 Deus abençoou Noé e os seus filhos,
dizendo o seguinte:
— Tenham muitos filhos, e que os seus
descendentes se espalhem por toda a ter-
ra. 2 Todos os animais selvagens, todas as
aves, todos os animais que se arrastam
pelo chão e todos os peixes terão medo
e pavor de vocês. Todos eles serão domi-
nados por vocês. 3 Vocês podem comer
os animais e também as verduras; eu os
dou para vocês como alimento. 4 Mas uma
coisa que vocês não devem comer é carne
com sangue, pois no sangue está a vida.
5 Eu acertarei as contas com cada ser hu-
mano e com cada animal que matar al-
guém. 6 O ser humano foi criado pareci-
do com Deus, e por isso quem matar uma
pessoa será morto por outra.
7 — Tenham muitos filhos, e que os

descendentes de vocês se espalhem por
toda a terra.
8 Deus também disse a Noé e aos seus
filhos:
9 — Agora vou fazer a minha *aliança
com vocês, e com os seus descendentes,
10 e com todos os animais que saíram da
barca e que estão com vocês, isto é, as
aves, os animais domésticos e os animais
selvagens, sim, todos os animais do mun-
do. 11 Eu faço a seguinte aliança com vo-
cês: prometo que nunca mais os seres vi-
vos serão destruídos por um dilúvio. E
nunca mais haverá outro dilúvio para des-
truir a terra. 12 Como sinal desta aliança
que estou fazendo para sempre com vo-
cês e com todos os animais, 13 vou colocar
o meu arco nas nuvens. O arco-íris será
o sinal da aliança que estou fazendo com
o mundo. 14 Quando eu cobrir de nuvens
o céu e aparecer o arco-íris, 15 então eu
lembrarei da aliança que fiz com vocês e
com todos os animais. E assim não haverá
outro dilúvio para destruir todos os seres
vivos. 16 Quando o arco-íris aparecer nas
nuvens, eu o verei e lembrarei da aliança
que fiz para sempre com todos os seres
vivos que há no mundo. 17 O arco-íris é o
sinal da aliança que estou fazendo com
todos os seres vivos que vivem na terra.

Noé e os seus filhos

18 Os filhos de Noé, que saíram da bar-
ca com ele, foram Sem, Cam e Jafé (Cam
foi o pai de Canaã.). 19 Esses três foram os
filhos de Noé, e os descendentes deles se
espalharam pelo mundo inteiro.
20 Noé era agricultor; ele foi a primeira
pessoa que fez uma plantação de uvas.
21 Um dia Noé bebeu muito vinho, ficou
bêbado e se deitou nu dentro da sua bar-
raca. 22 Cam, o pai de Canaã, viu que o seu
pai estava nu e saiu para contar aos seus
dois irmãos. 23 Então Sem e Jafé pegaram
uma *capa, puseram sobre os seus pró-
prios ombros, foram andando de costas e
com a capa cobriram o seu pai, que estava
nu. E, a fim de não verem o pai nu, eles fi-
zeram isso olhando para o lado. 24 Quando
Noé acordou depois da bebedeira, soube
do que Cam, o filho mais moço, havia fei-
to. 25 *Aí Noé disse* o seguinte:

"Maldito seja Canaã!
Ele será escravo dos seus irmãos,
um escravo miserável."

26 E Noé disse mais:

"Bendito seja o SENHOR, Deus de
Sem,
e que Canaã seja seu escravo.
27 Deus faça com que Jafé tenha
domínio
sobre muitas terras,
e que os seus descendentes morem
nos acampamentos de Sem.
E que Canaã seja escravo de Jafé."

28 Depois do dilúvio Noé viveu mais tre-
zentos e cinquenta anos 29 e morreu quan-
do tinha novecentos e cinquenta anos de
idade.

Os descendentes dos filhos de Noé

1Crônicas 1.5-23

10 São estes os descendentes de Sem,
Cam e Jafé, os filhos de Noé. Aos
três nasceram filhos depois do dilúvio.
2 Os filhos de Jafé foram Gomer, Mago-
gue, Madai, Javã, Tubal, Meseque e Tirás.
3 Os filhos de Gomer foram Asquenaz, Ri-
fate e Togarma. 4 Os descendentes de Javã
foram os povos de Elisá, Espanha, Chipre
e Rodes. 5 Esses foram os descendentes
de Jafé; eles moram no litoral e nas ilhas,
cada povo e cada família na sua própria
terra, com a sua própria língua.
6 Os filhos de Cam foram Cuche, Egi-
to, Líbia e Canaã. 7 Os filhos de Cuche fo-
ram Sebá, Havilá, Sabtá, Raamá e Sabteca.
Os filhos de Raamá foram Sabá e Dedã.
8 Cuche foi pai de Ninrode, o primeiro
grande conquistador do mundo. 9 Com a
ajuda de Deus, o SENHOR, ele se tornou
um caçador famoso, e é por isso que se
diz: "Seja igual a Ninrode, que com a aju-
da do SENHOR foi um grande caçador."
10 No começo faziam parte do seu reino
as cidades de Babilônia, Ereque e Acade,
todas as três em Sinar. 11 Daquela região
Ninrode foi para a Assíria e ali construiu
as cidades de Nínive, Reobote-Ir, Calá 12 e
Resém, que fica entre Nínive e a grande
cidade de Calá.
13 Os descendentes de Egito foram os
povos da Lídia, Anam, Leabe, Naftu, 14 Pa-
trus, Caslu e de Creta, de quem os filisteus
descendem.
15 Canaã foi pai de dois filhos: Sidom, o
mais velho, e Hete. 16 De Canaã também
descendem os jebuseus, os amorreus, os
girgaseus, 17 os heveus, os arquitas, os si-
neus, 18 os arvaditas, os zemareus e os ha-
mateus. 19 O território dos cananeus se es-
tendeu para o sul desde Sidom até Gerar,

perto de Gaza; e para o leste foi até So-
doma, Gomorra, Admá e Zeboim, perto
de Lasa. [20] Esses foram os descendentes
de Cam, cada povo e cada família na sua
própria terra, com a sua própria língua.
[21] Sem, o irmão mais velho de Jafé, foi
o pai de todos os hebreus. [22] Os filhos de
Sem foram Elão, Assur, Arpaxade, Lude
e Arã. [23] Os filhos de Arã foram Uz, Hul,
Géter e Más. [24] Arpaxade foi o pai de Selá,
e Selá foi o pai de Éber. [25] Éber foi pai de
dois filhos: um se chamava Pelegue por-
que no seu tempo os povos do mundo fo-
ram divididos; o seu irmão se chamava
Joctã. [26] Joctã foi pai de Almodá, Selefe,
Hazar-Mavé, Jera, [27] Adonirão, Uzal, Di-
cla, [28] Obal, Abimael, Sabá, [29] Ofir, Havilá e
Jobabe. Todos estes foram filhos de Joc-
tã. [30] Eles viveram nas terras que vão des-
de a região de Mesa até Sefar, na região
montanhosa do Leste. [31] Estes foram os
descendentes de Sem, cada povo e cada
família na sua própria terra, com a sua
própria língua.
[32] São essas as famílias dos filhos de
Noé, nação por nação, de acordo com as
várias linhas de descendentes. Depois do
dilúvio todas as nações da terra descen-
deram de Noé.

A torre de Babel

11 Naquele tempo todos os povos fa-
lavam uma língua só, todos usavam
as mesmas palavras. [2] Alguns partiram do
Oriente e chegaram a uma planície em Si-
nar, onde ficaram morando. [3] Um dia dis-
seram uns aos outros:
— Vamos, pessoal! Vamos fazer tijolos
queimados!
Assim, eles tinham tijolos para cons-
truir, em vez de pedras, e usavam piche,
em vez de massa de pedreiro. [4] Aí disse-
ram:
— Agora vamos construir uma cida-
de que tenha uma torre que chegue até
o céu. Assim ficaremos famosos e não se-
remos espalhados pelo mundo inteiro.
[5] Então o SENHOR desceu para ver a ci-
dade e a torre que aquela gente estava
construindo. [6] O SENHOR disse assim:
— Essa gente é um povo só, e todos
falam uma só língua. Isso que eles estão
fazendo é apenas o começo. Logo serão
capazes de fazer o que quiserem. [7] Vamos
descer e atrapalhar a língua que eles fa-
lam, a fim de que um não entenda o que
o outro está dizendo.
[8] Assim, o SENHOR os espalhou pelo
mundo inteiro, e eles pararam de cons-
truir a cidade. [9] A cidade recebeu o nome
de Babel, pois ali o SENHOR atrapalhou
a língua falada por todos os moradores
da terra e dali os espalhou pelo mundo
inteiro.

Os descendentes de Sem

1Crônicas 1.24-27

[10] São estes os descendentes de Sem.
Dois anos depois do dilúvio, quando Sem
tinha cem anos, nasceu o seu filho Arpa-
xade. [11] Depois disso Sem viveu mais qui-
nhentos anos e foi pai de outros filhos e
filhas.
[12] Quando tinha trinta e cinco anos, Ar-
paxade foi pai de um filho chamado Selá.
[13] Depois disso Arpaxade viveu mais qua-
trocentos e três anos e foi pai de outros
filhos e filhas.
[14] Quando Selá tinha trinta anos, nasceu
o seu filho Éber. [15] Depois disso Selá viveu
mais quatrocentos e três anos e foi pai de
outros filhos e filhas.
[16] Quando Éber tinha trinta e quatro
anos, nasceu o seu filho Pelegue. [17] De-
pois disso Éber viveu mais quatrocentos
e trinta anos e foi pai de outros filhos e
filhas.
[18] Quando tinha trinta anos, Pelegue foi
pai de um filho chamado Reú. [19] Depois
disso Pelegue viveu mais duzentos e nove
anos e foi pai de outros filhos e filhas.
[20] Quando Reú tinha trinta e dois anos,
nasceu o seu filho Serugue. [21] Depois dis-
so Reú viveu mais duzentos e sete anos e
foi pai de outros filhos e filhas.
[22] Quando Serugue tinha trinta anos,
nasceu o seu filho Naor. [23] Depois disso
Serugue viveu mais duzentos anos e foi
pai de outros filhos e filhas.
[24] Quando Naor tinha vinte e nove anos,
nasceu o seu filho Tera. [25] Depois disso
Naor viveu mais cento e dezenove anos
e foi pai de outros filhos e filhas.
[26] Depois que completou setenta anos
de idade, Tera foi pai de três filhos: Abrão,
Naor e Harã.

Os descendentes de Tera

[27] São estes os descendentes de Tera,
que foi o pai de Abrão, de Naor e de Harã.
Harã foi o pai de Ló. [28] Tera ainda vivia
quando o seu filho Harã morreu na Babi-
lônia, na cidade de Ur, onde havia nascido.
[29] Abrão casou com Sarai, e Naor casou

Sara

Leia a história desta Garota de Deus em Gênesis 11:27—12; 16; 18:1-15; 21:1-13 e 1Pedro 3:5-6.

Sara foi assim; ela obedecia a Abraão e o chamava de "meu senhor". Você será agora sua filha se praticar o bem e não tiver medo de nada.

1Pedro 3:6

O que deixa você com medo de praticar o bem? Há algo que você teme que a impede de fazer o que é preciso? Chame-o de medo, de timidez, de dúvida — qualquer que seja a razão, você está com medo do resultado e, por isso, não pratica o bem que deveria. Mas Deus deixa claro que a Garota de Deus não aceita que o medo a impeça de ser obediente. Afinal, medo é, na verdade, receio de ser julgada pelos outros. Porém, o que os outros podem fazer para você? É claro que você não vive para agradar às pessoas; você quer agradar a Deus. Então, crie coragem, continue forte e saia por aí para se tornar uma filha de Sara — talvez com medo, mas decidida a criar coragem e confiar que, se foi Deus quem ordenou, ele irá ajudá-la a obedecer.

A obediência à autoridade pode ser uma das coisas mais difíceis de se fazer, mas não é por ser difícil que ela se torna menos exigente. Falar de Jesus aos não cristãos pode afligir o coração da maioria das meninas, mas isso não significa que você não deve falar de Jesus. O que você sempre deve dizer a si mesma quando estiver com medo de obedecer a Deus é que aquilo que você teme não pode matá-la. É uma grande e velha mentira do inimigo para convencê-la de que seus pontos fracos significam algo, e que aquilo que a assusta, muito possivelmente, é a pior coisa que poderia lhe acontecer. Mas a verdadeira pergunta é: Deus lhe promete destruição quando você faz as coisas que ele ordena ou ele promete bem-aventurança? A resposta sempre é bem-aventurança. Mesmo que ela venha em meio ao sofrimento, o resultado sempre será bênção.

Sentimentos nunca podem ser motivos para a desobediência. Eles não são pretextos para o pecado. A maneira que a Garota de Deus se sente ao fazer o que Deus ordena é, na verdade, irrelevante para ela, porque não vive para si mesma, mas para o serviço de seu Deus. Para se tornar uma filha de Sara, você deve, sem medo, praticar o bem que Deus quer de você, e, então, poderá ter certeza de que sua vida será abençoada.

com Milca. Milca e Iscá eram filhas de
Harã. 30 Sarai não tinha filhos, pois era
estéril.
31 Tera saiu da cidade de Ur, na Babilô-
nia, para ir até a terra de Canaã, e levou
junto o seu filho Abrão, o seu neto Ló, que
era filho de Harã, e a sua nora Sarai, que
era mulher de Abrão. Eles chegaram até
Harã e ficaram morando ali. 32 E Tera mor-
reu em Harã, com a idade de duzentos e
cinco anos.

Deus chama Abrão

12 Certo dia o SENHOR Deus disse a
Abrão:
— Saia da sua terra, do meio dos seus
parentes e da casa do seu pai e vá para
uma terra que eu lhe mostrarei. 2 Os seus
descendentes vão formar uma grande na-
ção. Eu o abençoarei, o seu nome será fa-
moso, e você será uma bênção para os ou-
tros. 3 Abençoarei os que o abençoarem e
amaldiçoarei os que o amaldiçoarem. E
por meio de você eu abençoarei todos os
povos do mundo.
4 Abrão tinha setenta e cinco anos quan-
do partiu de Harã, como o SENHOR havia
ordenado. E Ló foi com ele. 5 Abrão levou
a sua mulher Sarai, o seu sobrinho Ló, fi-
lho do seu irmão, e todas as riquezas e
escravos que havia conseguido em Harã.
Quando chegaram a Canaã, 6 Abrão atra-
vessou o país até que chegou a Siquém,
um lugar santo, onde ficava a árvore sa-
grada de Moré. Naquele tempo os cana-
neus viviam nessa região. 7 Ali o SENHOR
apareceu a Abrão e disse:
— Eu vou dar esta terra aos seus des-
cendentes.
Naquele lugar Abrão construiu um altar
a Deus, o SENHOR, pois ali o SENHOR ha-
via aparecido a ele. 8 Depois disso Abrão
foi para a região montanhosa que fica
a leste da cidade de Betel e ali armou o
seu acampamento. Betel ficava a oeste
do acampamento, e a cidade de Ai ficava
a leste. Também nesse lugar Abrão cons-
truiu um altar e adorou o SENHOR. 9 Dali
ele foi andando de um lugar para outro,
sempre na direção sul da terra de Canaã.

Abrão no Egito

10 Naquele tempo houve em Canaã uma
fome tão grande, que Abrão foi morar por
algum tempo no Egito. 11 Quando ia che-
gando ao Egito, Abrão disse a Sarai, a sua
mulher:

Pergunte a si mesma...

Eu ouvi o chamado de Deus para fazer algo?
Existe algo que a Palavra de Deus ordena e que eu não fiz?
Estou a fim de fazer tudo o que sua Palavra pede?
Eu disse "nunca vou fazer isso" para alguma coisa?
Quem eu deixo controlar a direção de minha vida?
Se eu tivesse de escolher entre a fama sem Deus ou uma vida normal com ele, qual seria minha escolha?
O que me assusta quando penso no que Deus poderia me pedir para fazer?
Quais são as três coisas que sei que Deus quer que eu faça, mas não fiz?
Por que eu não as fiz?
O que a Palavra de Deus diz sobre as pessoas que obedecem aos mandamentos dele?

— Escute! Você é uma mulher muito
bonita, 12 e, quando os egípcios a virem,
vão dizer: "Essa aí é a mulher dele." Por
isso me matarão e deixarão que você viva.
13 Diga, então, que você é minha irmã. As-
sim, por sua causa, eles me deixarão viver
e me tratarão bem.
14 Quando Abrão chegou ao Egito, os
egípcios viram que Sarai, a sua mulher,
era, de fato, muito bonita. 15 Alguns altos
funcionários do rei do Egito também a
viram e contaram a ele como era linda
aquela mulher. Por isso ela foi levada para
o palácio do rei.
16 Por causa dela o rei tratou bem Abrão
e lhe deu ovelhas, bois, jumentos, escra-
vos e escravas, jumentas e camelos. 17 Mas,
por causa de Sarai, o SENHOR Deus cas-
tigou o rei e a sua família com doenças
horríveis. 18 Por isso o rei mandou chamar
Abrão e perguntou:
— Por que você me fez uma coisa des-
sas? Por que não me disse que ela é a sua
mulher? 19 Você disse que ela era sua irmã,
e por isso eu casei com ela. Portanto, aqui
está a sua mulher; saia daqui com ela!

20 Então o rei deu ordem, e os seus guar-
das levaram Abrão para fora do Egito, jun-
to com a sua mulher e com todas as coisas
que eram dele.

Abrão e Ló se separam

13 Abrão saiu do Egito com a sua mu-
lher e com tudo o que tinha e foi
para o sul de Canaã. E Ló, o seu sobrinho,
foi com ele. 2 Abrão era muito rico; tinha
gado, prata e ouro. 3 Ele foi de um lugar
para outro até chegar à cidade de Betel; e
dali foi para o lugar que fica entre Betel e
Ai, onde já havia acampado antes. 4 Abrão
chegou ao altar que ele havia construído
e adorou a Deus, o SENHOR.

5 Ló, que ia com Abrão, também leva-
va ovelhas, cabras, gado, empregados e
a sua família. 6 Não havia pastos que des-
sem para os dois ficarem juntos, pois eles
tinham muitos animais. 7 Por isso os ho-
mens que cuidavam dos animais de Abrão
brigavam com os que tomavam conta dos
animais de Ló. E nesse tempo os cananeus
e os perizeus ainda estavam vivendo ali.
8 Um dia Abrão disse a Ló:

— Nós somos parentes chegados, e não
é bom que a gente fique brigando, nem
que os meus empregados briguem com
os seus. 9 Vamos nos separar. Escolha! A
terra está aí, toda ela. Se você for para a
esquerda, eu irei para a direita; se você
for para a direita, eu irei para a esquerda.

10 Ló olhou em volta e viu que o vale do
Jordão, até chegar à cidade de Zoar, tinha
bastante água. Era como o Jardim do SE-
NHOR ou como a terra do Egito. O vale era
assim antes de o SENHOR haver destruí-
do as cidades de Sodoma e de Gomorra.
11 Ló escolheu todo o vale do Jordão e foi
na direção leste. E assim os dois se sepa-
raram. 12 Abrão ficou na terra de Canaã,
e Ló foi morar nas cidades do vale. Ló foi
acampando até chegar a Sodoma, 13 onde
vivia uma gente má, que cometia pecados
horríveis contra o SENHOR.

Promessa de Deus a Abrão

14 Depois que Ló foi embora, o SENHOR
Deus disse a Abrão:

— De onde você está, olhe bem para o
norte e *para o sul, para o leste* e para o
oeste. 15 Eu vou dar a você e aos seus des-
cendentes, para sempre, toda a terra que
você está vendo. 16 Farei com que os seus
descendentes sejam tantos como o pó da
terra. Assim como ninguém pode contar
os grãozinhos de pó, assim também não
será possível contar os seus descenden-
tes. 17 Agora vá e ande por esta terra, de
norte a sul e de leste a oeste, pois eu a
darei a você.

18 Assim, Abrão desarmou o seu acam-
pamento e foi morar perto das árvores
sagradas de Manre, na cidade de Hebrom.
E ali Abrão construiu um altar para Deus,
o SENHOR.

Abrão liberta Ló

14 Nesse tempo Anrafel era rei de Si-
nar, Arioque era rei de Elasar, Que-
dorlaomer era rei de Elão, e Tidal era rei
de Goim. 2 Esses quatro fizeram guerra
contra os seguintes reis: Bera, de Sodoma;
Birsa, de Gomorra; Sinabe, de Admá; Se-
meber, de Zeboim; e contra o rei de Bela,
cidade que também se chamava Zoar. 3 Es-
ses cinco reis juntaram os seus exércitos
no vale de Sidim, onde fica o mar Morto.
4 O rei Quedorlaomer os havia dominado
por doze anos, mas no décimo terceiro
ano eles se revoltaram contra ele. 5 No dé-
cimo quarto ano Quedorlaomer e os seus
aliados derrotaram os *refains em Astero-
te-Carnaim, os zuzins em Hã, os emins em
Savé-Quiriataim 6 e os horeus nas monta-
nhas de Seir, perseguindo-os até El-Parã,
onde começa o deserto. 7 Depois voltaram
até Cades, que naquele tempo se chama-
va En-Mispate. Eles arrasaram a terra dos
amalequitas e derrotaram os amorreus
que viviam em Hazazão-Tamar. 8 Então
os reis de Sodoma, de Gomorra, de Admá,
de Zeboim e de Bela saíram com os seus
exércitos para o vale de Sidim a fim de
lutar 9 contra os reis de Elão, de Goim, de
Sinar e de Elasar. Eram quatro reis contra
cinco. 10 Acontece que o vale de Sidim era
cheio de buracos em que havia piche; e,
quando tentaram fugir da batalha, os reis
de Sodoma e de Gomorra caíram nesses
buracos. Mas os outros reis fugiram para
as montanhas. 11 Os quatro reis pegaram
todo o mantimento e os objetos de valor
que havia em Sodoma e em Gomorra e fo-
ram embora. 12 Ló, o sobrinho de Abrão,
vivia em Sodoma e por isso também foi
levado *como prisioneiro*. E levaram tam-
bém tudo o que era dele.

13 Mas um homem escapou e foi contar
tudo a Abrão, o hebreu, que morava per-
to das árvores sagradas que pertenciam
a Manre, o amorreu. Manre e os seus ir-
mãos Escol e Aner eram aliados de Abrão.

14 Quando Abrão ficou sabendo que o seu
sobrinho tinha sido levado como prisio-
neiro, reuniu os seus homens treinados
para a guerra, todos eles nascidos na sua
casa. Eram trezentos e dezoito ao todo.
Abrão foi com eles, perseguindo os quatro
reis até a cidade de Dã. 15 Ali Abrão dividiu
os seus homens em dois grupos, atacou os
inimigos de noite e os derrotou. Ele conti-
nuou a persegui-los até Hoba, que fica ao
norte da cidade de Damasco, 16 e trouxe
de volta tudo o que os inimigos haviam
levado. Abrão trouxe também o seu sobri-
nho Ló, e tudo o que era dele, e também
as suas mulheres, e o resto da sua gente.

Melquisedeque abençoa Abrão

17 Depois de haver derrotado Quedor-
laomer e os outros reis, Abrão estava vol-
tando para casa quando o rei de Sodoma
foi encontrar-se com ele no vale de Savé,
também chamado de vale do Rei. 18 E Mel-
quisedeque, que era rei de Salém e sacer-
dote do Deus Altíssimo, trouxe pão e vi-
nho. 19 Melquisedeque abençoou Abrão,
dizendo:

"Abrão seja abençoado
pelo Deus Altíssimo,
que criou o céu e a terra!
20 Seja louvado o Deus Altíssimo,
que entregou os inimigos de você
nas suas mãos!"

Aí Abrão deu a Melquisedeque a déci-
ma parte de tudo o que havia trazido de
volta.
21 Depois o rei de Sodoma disse a Abrão:
— Fique com as coisas e me devolva
somente as pessoas.
22 Mas Abrão respondeu:
— Eu levanto a mão diante do SENHOR,
o Deus Altíssimo, criador do céu e da ter-
ra, 23 e juro que não ficarei com nada do
que é seu, nem um fio de linha ou uma
tira de sandália. Assim você nunca pode-
rá dizer: "Eu fiz com que Abrão ficasse
rico." 24 Não quero nada para mim, a não
ser a comida que os meus empregados co-
meram. Mas os meus aliados Aner, Escol
e Manre podem ficar com a parte deles.

Deus faz uma aliança com Abrão

15 Depois disso Abrão teve uma visão,
e nela o SENHOR lhe disse:
— Abrão, não tenha medo. Eu o pro-
tegerei de todo perigo e lhe darei uma
grande recompensa.
2 Abrão respondeu:
— Ó SENHOR, meu Deus! De que vale
a tua recompensa se eu continuo sem fi-
lhos? Eliézer, de Damasco, é quem vai her-
dar tudo o que tenho. 3 Tu não me deste
filhos, e por isso um dos meus emprega-
dos, nascido na minha casa, será o meu
herdeiro.
4 Então o SENHOR falou de novo e disse:
— O seu próprio filho será o seu her-
deiro, e não o seu empregado Eliézer.
5 Aí o SENHOR levou Abrão para fora e
disse:
— Olhe para o céu e conte as estrelas
se puder. Pois bem! Será esse o número
dos seus descendentes.
6 Abrão creu em Deus, o SENHOR, e por
isso o SENHOR o aceitou. 7 O SENHOR dis-
se também:
— Eu sou Deus, o SENHOR; eu o tirei da
Babilônia, da cidade de Ur, a fim de lhe
dar esta terra para ser sua propriedade.
8 — Ó SENHOR, meu Deus! — disse
Abrão. — Como posso ter certeza de que
esta terra será minha?
9 O SENHOR respondeu:
— Traga para mim uma vaca, uma ca-
bra e uma ovelha, todas de três anos, e
também uma rolinha e um pombo.

Pergunte a si mesma...

O bom senso e o conhecimento adquirido em livros só vão fazer você chegar até aqui. Aquilo em que você acredita, por fim, precisa ser provado para que possa se tornar real. Você tem de passar por algumas provações para provar para si mesma e para Deus que Cristo sempre será a primeira coisa em que você vai pensar, e não a última. Pergunte a si mesma:

Em que eu quase sempre confio: na fé ou no bom senso?
Minha fé tem sido provada e comprovada como parte de minha essência?
Tenho medo de que minha fé seja provada ou estou pronta para permanecer firme no conhecimento de que Deus é quem ele diz ser, não importa o que esteja acontecendo à minha volta?

DEVOCIONAL

Texto para leitura: **Gênesis 15:1-6**

Conheça a verdadeira felicidade

A única maneira de ficar de bem com Deus é crer nele. Foi a fé que tornou Abrão justo aos olhos de Deus. Foi a fé que o levou a fazer o que Deus lhe tinha ordenado. E é a fé que lhe dará o poder de Deus ao seu lado.

As pessoas que não creem não recebem as dádivas de Deus. Crer — não duvidar, não suspeitar, não ter medo, mas acreditar — é a carta branca que você tem para deixar Deus trabalhar em sua vida. Já que você possui livre-arbítrio, pode optar por não crer e não receber as dádivas de Deus em sua vida. Pode escolher por não ouvir a voz dele, não servir a ele e não amá-lo. Esse privilégio é seu. Mas você também pode optar por crer, como creu Abrão, e receber de Deus mais daquilo de que precisa, pois ele conhece todas as suas necessidades. Abrão poderia ter duvidado das promessas de Deus, afinal, elas eram absurdas, mas ele escolheu crer nelas mesmo assim. E milhares de anos depois, Abraão ainda é conhecido por sua fé.

Durante o tempo que Jesus andou nesta terra, ele curou todos os que foram até ele crendo que poderiam ser curados e libertados dos pecados. Se não tivessem fé em Jesus, não teriam encontrado o que esperavam. Como uma Garota de Deus, sua fé a define e estabelece seus limites. Você será abençoada na proporção exata de sua fé. Quer mais fé? Então você precisa conhecer mais a Deus para que possa crer, confiar e esperar que ele cumprirá as coisas que prometeu. Você precisa crer que a Palavra de Deus é verdadeira, relevante e prática para sua vida no dia a dia, antes de poder crescer em sua fé. Então, pense naquilo em que você crê: isso condiz com o que Deus diz? Não deixe que o mundo lhe conte uma mentira que parece ser de Deus, quando, na verdade, é apenas pecado disfarçado de retidão. Vá atrás da verdade como se sua vida dependesse dela, e você será recompensada por sua fé.

10 Abrão levou esses animais para o
SENHOR, cortou-os pelo meio e colo-
cou as metades uma em frente à outra,
em duas fileiras; porém as aves ele não
cortou. 11 Então os urubus começaram
a descer sobre os animais mortos, mas
Abrão os enxotava. 12 Quando começou a
anoitecer, Abrão caiu num sono profun-
do. De repente, ficou com medo, e o pa-
vor tomou conta dele. 13 Então o SENHOR
disse:

— Fique sabendo, com certeza, que
os seus descendentes viverão num país
estrangeiro; ali serão escravos e serão
maltratados durante quatrocentos anos.
14 Mas eu castigarei a nação que os es-
cravizar. E os seus descendentes, Abrão,
sairão livres, levando muitas riquezas.
15 Você terá uma velhice abençoada, mor-
rerá em paz, será sepultado e irá se reunir
com os seus antepassados no *mundo dos
mortos. 16 Depois de quatro *gerações, os
seus descendentes voltarão para cá; pois
eu não expulsarei os amorreus até que
eles se tornem tão maus, que mereçam
ser castigados.

17 A noite caiu, e veio a escuridão. De re-
pente, apareceu um braseiro, que soltava
fumaça, e uma tocha de fogo. E o brasei-
ro e a tocha passaram pelo meio dos ani-
mais partidos. 18 Nessa mesma ocasião o
SENHOR Deus fez uma *aliança com Abrão.
Ele disse:

— Prometo dar aos seus descendentes
esta terra, desde a fronteira com o Egito
até o rio Eufrates, 19 incluindo as terras
dos queneus, dos quenezeus, dos cadmo-
neus, 20 dos heteus, dos perizeus, dos *re-
fains, 21 dos amorreus, dos cananeus, dos
girgaseus e dos jebuseus.

Agar e Ismael

16 Sarai, a mulher de Abrão, não lhe
tinha dado filhos. Ela possuía uma
escrava egípcia, que se chamava Agar. 2 Um
dia Sarai disse a Abrão:
— Já que o SENHOR Deus não me dei-
xa ter filhos, tenha relações com a minha
escrava; talvez assim, por meio dela, eu
possa ter filhos.
Abrão concordou com o plano de Sa-
rai, 3 e assim ela lhe deu Agar para ser sua
*concubina. Isso aconteceu quando já fa-
zia dez anos que Abrão estava morando
em Canaã. 4 Abrão teve relações com Agar,
e ela ficou grávida. Quando descobriu que
estava grávida, Agar começou a olhar com
desprezo para Sarai, a sua dona. 5 Aí Sarai
disse a Abrão:
— Por sua culpa Agar está me despre-
zando. Eu mesma a entreguei nos seus
braços; e, agora que sabe que está grá-
vida, ela fica me tratando com desprezo.
Que o SENHOR Deus julgue quem é culpa-
do, se é você ou se sou eu!
6 Abrão respondeu:
— Está bem. Agar é sua escrava, você
manda nela. Faça com ela o que quiser.
Aí Sarai começou a maltratá-la tanto,
que ela fugiu. 7 Mas o Anjo do SENHOR a
encontrou no deserto, perto de uma fonte
que fica no caminho de Sur, 8 e perguntou:
— Agar, escrava de Sarai, de onde você
vem e para onde está indo?
— Estou fugindo da minha dona — res-
pondeu ela.
9 Então o Anjo do SENHOR deu a seguin-
te ordem:
— Volte para a sua dona e seja obedien-
te a ela em tudo.
10 E o Anjo do SENHOR disse também:

"Eu farei com que o número
dos seus descendentes seja
grande;
eles serão tantos, que ninguém
poderá contá-los.
11 Você está grávida, e terá um filho,
e porá nele o nome de Ismael,
pois o SENHOR Deus ouviu o seu
grito de aflição.
12 Esse filho será
como um jumento selvagem;
ele lutará contra todos,
e todos lutarão contra ele.
E ele viverá longe de todos
os seus parentes."

13 Então Agar deu ao SENHOR este nome:
"O Deus que Vê." Isso porque ele havia fa-
lado com ela, e ela havia perguntado a si
mesma: "Será verdade que eu vi Aquele
que Me Vê?" 14 É por isso que esse poço,
que fica entre Cades e Berede, é chama-
do de "Poço Daquele que Vive e Me Vê".
15 Agar deu um filho a Abrão, e ele pôs
no menino o nome de Ismael. 16 Abrão ti-
nha oitenta e seis anos quando Ismael
nasceu.

A aliança e a circuncisão

17 Quando Abrão tinha noventa e nove
anos, o SENHOR Deus apareceu a
ele e disse:
— Eu sou o Deus Todo-Poderoso. Viva
uma vida de comunhão comigo e seja
obediente a mim em tudo. 2 Eu farei a mi-
nha *aliança com você e lhe darei muitos
descendentes.
3 Então Abrão se ajoelhou, encostou o
rosto no chão, e Deus lhe disse:
4 — Eu faço com você esta aliança: pro-
meto que você será o pai de muitas na-
ções. 5 Daqui em diante o seu nome será
Abraão e não Abrão, pois eu vou fazer
com que você seja pai de muitas nações.
6 Farei com que os seus descendentes
sejam muito numerosos, e alguns de-
les serão reis. 7 A aliança que estou fa-
zendo para sempre com você e com os
seus descendentes é a seguinte: eu serei
para sempre o Deus de você e o Deus dos
seus descendentes. 8 Darei a você e a eles
a terra onde você está morando como es-
trangeiro. Toda a terra de Canaã será para
sempre dos seus descendentes, e eu serei
o Deus deles.
9 Deus continuou:
— Você, Abraão, será fiel à minha alian-
ça, você e os seus descendentes, para
sempre. 10 Pela aliança que estou fazen-
do com você e com os seus descendentes,
todos os homens entre vocês deverão ser
*circuncidados. 11 A circuncisão servirá
como sinal da aliança que há entre mim
e vocês. 12 De hoje em diante vocês cir-
cuncidarão todos os meninos oito dias
depois de nascidos, e também os escravos
que nascerem nas casas de vocês, e os que
forem comprados de estrangeiros. 13 Tan-
to uns como outros deverão ser circunci-
dados, sem falta. Esse será um sinal que
vai ficar no seu corpo para mostrar que a
minha aliança com vocês é para sempre.
14 Quem não for circuncidado não poderá

morar no meio de vocês, pois não respei-
tou a minha aliança.
15 Depois Deus disse a Abraão:
— De hoje em diante não chame mais
a sua mulher de Sarai, mas de Sara. 16 Eu
a abençoarei e darei a você um filho, que
nascerá dela. Sim, eu a abençoarei, e ela
será mãe de nações; e haverá reis entre
os seus descendentes.
17 Abraão se ajoelhou, encostou o rosto
no chão e começou a rir ao pensar assim:
"Por acaso um homem de cem anos pode
ser pai? E será que Sara, com os seus no-
venta anos, poderá ter um filho?" 18 Então
Abraão disse a Deus o seguinte:
— Quem dera que Ismael vivesse aben-
çoado por ti!
19 Mas Deus respondeu:
— O que eu disse foi que Sara, a sua
mulher, lhe dará um filho. E você o cha-
mará de Isaque. Eu manterei a minha
aliança com ele e com os seus descenden-
tes, para sempre. 20 Também ouvi o seu
pedido a respeito de Ismael; e eu o aben-
çoarei e lhe darei muitos filhos e muitos
descendentes. Ele será pai de doze prín-
cipes, e eu farei com que os descenden-
tes dele sejam uma grande nação. 21 Mas
a minha aliança eu manterei com Isaque,
o seu filho, que Sara dará à luz nesta mes-
ma época, no ano que vem.
22 Quando acabou de falar com Abraão,
Deus subiu e o deixou. 23 Naquele mesmo
dia Abraão fez como Deus havia manda-
do. Ele circuncidou o seu filho Ismael e
todos os outros homens da sua casa, in-
cluindo os escravos nascidos na sua casa
e os que tinham sido comprados de es-
trangeiros. 24 Abraão tinha noventa e nove
anos quando foi circuncidado, 25 e o seu
filho Ismael tinha treze. 26 Os dois foram
circuncidados no mesmo dia. 27 E foram
circuncidados também todos os escravos
de Abraão, tanto os nascidos na sua casa
como os que tinham sido comprados de
estrangeiros.

Deus promete um filho a Abraão

18 O SENHOR Deus apareceu a Abraão
no bosque sagrado de Manre. Era a
hora mais quente do dia, e Abraão estava
sentado na entrada da sua barraca. 2 Ele
olhou para cima e viu três homens, de pé
na sua frente. Quando os viu, correu ao
encontro deles. Ajoelhou-se, encostou o
rosto no chão 3 e disse:
— Senhores, se eu mereço a sua
atenção, não passem pela minha humil-
de casa sem me fazerem uma visita. 4 Vou
mandar trazer água para lavarem os pés,
e depois os senhores descansarão aqui
debaixo da árvore. 5 Também vou trazer
um pouco de comida, e assim terão for-
ças para continuar a viagem. Os senhores
me honraram com a sua visita; portanto,
deixem que eu os sirva.
Eles responderam:
— Está bem, nós aceitamos.
6 Abraão correu para dentro da barraca
e disse a Sara:
— Depressa! Pegue uns dez quilos de
farinha e faça pão.
7 Em seguida ele correu até onde estava
o gado, escolheu um bom bezerro novo e
o entregou a um dos empregados, que o
preparou para ser comido. 8 Abraão pegou
coalhada, leite e a carne preparada e pôs
tudo diante dos visitantes. Ali, debaixo
da árvore, ele mesmo serviu a comida e
ficou olhando. 9 Então eles perguntaram:
— Onde está Sara, a sua mulher?
— Está na barraca — respondeu
Abraão.
10 Um deles disse:
— No ano que vem eu virei visitá-lo ou-
tra vez. E nessa época Sara, a sua mulher,
terá um filho.
Sara estava atrás dele, na entrada da
barraca, escutando a conversa. 11 Abraão
e Sara eram muito velhos, e Sara já havia
passado da idade de ter filhos. 12 Por isso
riu por dentro e pensou assim:
— Como poderei ter prazer sexual ago-
ra que eu e o meu senhor estamos velhos?
13 Então o SENHOR perguntou a Abraão:
— Por que Sara riu? Por que disse
que está velha demais para ter um filho?
14 Será que para o SENHOR há alguma coisa
impossível? Pois, como eu disse, no ano
que vem virei visitá-lo outra vez. E nessa
época Sara terá um filho.
15 Ao escutar isso, Sara ficou com medo
e quis negar.
— Eu não estava rindo — disse ela.
Mas o SENHOR respondeu:
— Não é verdade; você riu mesmo.

Abraão pede em favor de Sodoma

16 Depois os visitantes se levantaram e
foram para um lugar de onde podiam ver
a cidade de Sodoma. E Abraão os acompa-
nhou para lhes mostrar o caminho. 17 Aí o
SENHOR Deus disse a si mesmo: "Não vou
esconder de Abraão o que pretendo fazer.

DEVOCIONAL

Texto para leitura: **Gênesis 18:16-33**

Conheça a Deus

Oração é contato direto com Deus. Não é meditação nem contemplação, mas uma troca de ideias com o Deus que tem poder para fazer tudo o que você poderia pedir. Nossas orações podem ficar repetitivas e chatas. Mas as orações que você vê na Bíblia são totalmente diferentes. Quando esses homens e mulheres de Deus oravam, eles eram incansáveis, não passivos. Eles suplicavam, rogavam e pediam várias e várias vezes. Abraão não desistiu de pedir a Deus que livrasse a cidade de Sodoma da destruição (veja Gênesis 18:20-33). Moisés suplicou a Deus (veja Êxodo 32:11). Ana chorava tanto que o sacerdote chegou a pensar que ela estava bêbada (veja 1Samuel 1:9-15). O rei Ezequias e o profeta Isaías pediram a ajuda de Deus (veja 2Crônicas 32:20). Paulo caiu de joelhos na presença de Deus (veja Efésios 3:14).

É na oração que você suplica o que deseja àquele que pode fazer qualquer coisa.

Oração é acesso livre ao Criador do mundo, à disposição de todos os que fazem de Jesus o Senhor de suas vidas. E a Palavra de Deus diz que você pode ter certeza de que ele ouve suas orações e responderá de acordo com a vontade dele (veja 1João 5:14-15). Ele ouve suas súplicas. Na verdade, ele as espera. Quando Jesus contou a parábola da viúva e do juiz, ele disse que deveríamos "[gritar] por socorro dia e noite" (Lucas 18:2-8).

Então, torne sua oração efetiva. Não tenha medo de pedir aquilo de que precisa, sabendo que Deus responde às orações. Seja qual for a resposta, tenha certeza de que é o melhor para você. Só não deixe de orar. É na oração que está o poder. Seja persistente. Seja franca. Fale com Deus como a única pessoa que *pode*. E você verá que ele é, de fato, aquele que *fará*.

18 Os seus descendentes se tornarão uma
nação grande e poderosa, e por meio dele
eu abençoarei todas as nações da terra.
19 Eu o escolhi para que ele mande que os
seus filhos e os seus descendentes obedeçam aos meus ensinamentos e façam o
que é correto e justo. Se eles obedecerem,
farei por Abraão tudo o que prometi."
20 Aí o SENHOR disse a Abraão:
— Há terríveis acusações contra Sodoma e Gomorra, e o pecado dos seus moradores é muito grave.
21 Preciso descer
até lá para ver se as acusações que tenho
ouvido são verdadeiras ou não.
22 Então dois dos visitantes saíram, indo
na direção de Sodoma; porém Abraão ficou ali com Deus, o SENHOR.
23 Abraão chegou um pouco mais perto e perguntou:
— Será que vais destruir os bons junto com os maus?
24 Talvez haja cinquenta
pessoas direitas na cidade. Nesse caso,
vais destruir a cidade? Será que não a
perdoarias por amor aos cinquenta bons?
25 Não é possível que mates os bons junto com os maus, como se todos tivessem
cometido os mesmos pecados. Não faças
isso! Tu és o juiz do mundo inteiro e por
isso agirás com justiça.
26 O SENHOR Deus respondeu:
— Se eu achar cinquenta pessoas direitas em Sodoma, perdoarei a cidade inteira
por causa delas.
27 Abraão voltou a dizer:
— Perdoa o meu atrevimento de continuar falando contigo, pois tu és o Senhor,
e eu sou um simples mortal.
28 Pode acontecer que haja apenas quarenta e cinco
pessoas direitas. Destruirás a cidade por
causa dessa diferença de cinco?
Deus respondeu:
— Se eu achar quarenta e cinco, não
destruirei a cidade.
29 Abraão continuou:
— E se houver somente quarenta bons?

— Por amor a esses quarenta, não des-
truirei a cidade — Deus respondeu.
30 Abraão disse:
— Não fiques zangado comigo, Senhor,
por eu continuar a falar. E se houver só
trinta?
Deus respondeu:
— Se houver trinta, eu perdoarei a ci-
dade.
31 Abraão tornou a insistir:
— Estou sendo atrevido, mas me
perdoa, Senhor. E se houver somente
vinte?
— Por amor a esses vinte, não destrui-
rei a cidade — Deus respondeu.
32 Finalmente Abraão disse:
— Não fiques zangado, Senhor, pois
esta é a última vez que vou falar. E se
houver só dez?
— Por causa desses dez, não destruirei
a cidade — Deus respondeu.
33 Quando o SENHOR Deus acabou de fa-
lar com Abraão, ele foi embora, e Abraão
voltou para casa.

Sodoma, cidade de pecado

19 Estava anoitecendo quando os dois
anjos chegaram a Sodoma.
Ló estava sentado perto do portão de
entrada da cidade. Quando viu os anjos,
levantou-se e foi recebê-los. Ajoelhou-se,
encostou o rosto no chão 2 e disse:
— Senhores, estou aqui para servi-
-los; por favor, aceitem o meu convite e
venham se hospedar na minha casa. Os
senhores podem lavar os pés e passar a
noite ali. Depois se levantarão bem cedo
e continuarão a sua viagem.
Eles disseram:
— Não; nós vamos passar a noite na
praça.
3 Mas Ló insistiu tanto, que eles aceita-
ram e foram com ele para a sua casa. Ló
mandou preparar um bom jantar e assar
pães sem fermento. E os visitantes janta-
ram. 4 Mas, antes que eles fossem dormir,
todos os homens de Sodoma, tanto os mo-
ços como os velhos, cercaram a casa. 5 Eles
chamaram Ló e perguntaram:
— Onde estão os homens que entra-
ram na sua casa esta noite? Traga-os aqui
fora para nós, pois queremos ter relações
com eles.
6 Ló saiu para falar com os homens. Ele
fechou bem a porta 7 e disse:
— Por favor, meus amigos, não cometam
esse crime! 8 Prestem atenção! Tenho duas
filhas que ainda são virgens. Vou trazê-
-las aqui fora para vocês. Façam com elas
o que quiserem. Porém não façam nada
com esses homens, pois são meus hós-
pedes, e eu tenho o dever de protegê-los.
9 Mas eles responderam:
— Saia da nossa frente!
E diziam uns aos outros:
— Esse homem é estrangeiro e quer
mandar em nós!
Depois, virando-se para Ló, disseram:
— Pois agora vamos fazer com você
pior ainda do que íamos fazer com os
seus hóspedes.
Os homens de Sodoma se atiraram con-
tra Ló e chegaram perto da porta para
arrombá-la. 10 Mas os visitantes pegaram
Ló, e o puxaram para dentro da casa, e fe-
charam a porta. 11 Em seguida eles fizeram
que os homens, tanto os moços como os
velhos, que estavam do lado de fora, fi-
cassem cegos; e assim não conseguiram
encontrar a porta.

Ló sai de Sodoma

12 Então os visitantes disseram a Ló:
— Tem mais gente sua aqui? Pegue os
seus filhos, as suas filhas, os seus genros
e outros parentes que você tiver na cida-
de e tire todos daqui, 13 pois nós vamos
destruir este lugar. O SENHOR Deus tem
ouvido as terríveis acusações que há con-
tra essa gente e por isso nos mandou para
destruirmos Sodoma.
14 Então Ló saiu e foi falar com os ho-
mens que iam casar com as suas filhas.
Ele disse:
— Arrumem-se depressa e saiam daqui
porque o SENHOR vai destruir a cidade!
Mas eles pensaram que Ló estivesse
brincando.
15 De madrugada os anjos insistiram
com Ló, dizendo:
— Arrume-se depressa, pegue a sua
mulher e as suas duas filhas e saia da-
qui, para que vocês não morram quando
a cidade for destruída.
16 E, como ele estava demorando, os an-
jos pegaram pela mão Ló, a sua mulher e
as suas filhas e os levaram para fora da
cidade, pois o SENHOR teve compaixão de
Ló. 17 Então um dos anjos disse a Ló:
— Agora corra e salve a sua vida! Não
olhe para trás, nem pare neste vale. Fuja
para a montanha; se não, você vai morrer.
18 Mas Ló respondeu:
— Senhor, não me obrigue a fazer isso,

por favor! 19 O senhor me fez um grande
favor e teve pena de mim, salvando a mi-
nha vida. Mas a montanha fica muito lon-
ge daqui, e a destruição vai me alcançar
e acabar comigo antes que eu chegue lá.
20 Está vendo aquela cidadezinha ali? Ela
fica perto. Deixe que eu fuja para lá a fim
de salvar a minha vida. Veja que é uma
cidade bem pequena.
21 Então o anjo disse:
— Está bem; concordo. Eu não destrui-
rei aquela cidade. 22 Agora vá depressa,
pois eu não poderei fazer nada enquanto
você não chegar lá.
Ló tinha dito que a cidade era bem pe-
quena, e por isso ela recebeu o nome de
Zoar.

A destruição de Sodoma e de Gomorra

23 Ló chegou a Zoar depois que o sol já
havia saído. 24 De repente, lá do céu, o SE-
NHOR Deus fez chover fogo e enxofre so-
bre Sodoma e Gomorra. 25 Ele destruiu es-
sas duas cidades, e também todo o vale e
os seus moradores, e acabou com todas
as plantas e árvores daquela região. 26 E
aconteceu que a mulher de Ló olhou para
trás e virou uma estátua de sal.
27 No dia seguinte Abraão se levantou
de madrugada e foi até o lugar onde ha-
via falado com Deus, o SENHOR. 28 Abraão
olhou na direção de Sodoma, de Gomorra
e de todo o vale e viu que da terra subia
fumaça, como se fosse a fumaça de uma
grande fornalha. 29 Foi assim que Deus
destruiu as cidades do vale. Mas ele pen-
sou em Abraão e fez com que Ló escapas-
se da destruição das cidades onde havia
morado.

A origem dos moabitas e dos amonitas

30 Ló teve medo de ficar morando em
Zoar e por isso foi para as montanhas,
junto com as duas filhas. Ali os três vi-
viam numa caverna. 31 Certo dia a filha
mais velha disse à mais nova:
— O nosso pai já está ficando velho, e
não há nenhum outro homem nesta re-
gião. Assim não podemos casar e ter fi-
lhos, como é costume em toda parte. 32 Ve-
nha cá, vamos dar vinho a papai até que
fique bêbado. Então nós nos deitaremos
com ele e assim teremos filhos dele.
33 Naquela mesma noite elas deram vi-
nho ao pai, e a filha mais velha teve rela-
ções com ele. Mas ele estava tão bêbado,
que não percebeu nada. 34 No dia seguinte
a filha mais velha disse à irmã:
— Eu dormi ontem à noite com papai.
Vamos embebedá-lo de novo hoje à noi-
te, e você vai dormir com ele. Assim, nós
duas teremos filhos com ele e conserva-
remos a sua descendência.
35 Nessa noite tornaram a dar vinho ao
pai, e a filha mais nova teve relações com
ele. De novo ele estava tão bêbado, que
não percebeu nada. 36 Assim, as duas fi-
lhas de Ló ficaram grávidas do próprio
pai. 37 A mais velha teve um filho, a quem
deu o nome de Moabe. Ele foi o pai dos
moabitas de hoje. 38 A mais nova também
teve um filho e pôs nele o nome de Ben-
-Ami. Ele foi o pai dos amonitas de hoje.

Abraão e Abimeleque

20 Abraão saiu de Manre, foi para o
sul do país de Canaã e ficou moran-
do entre Cades e Sur. Mais tarde, quando
estava morando em Gerar, 2 Abraão dizia
que Sara era sua irmã. Então Abimeleque,
rei de Gerar, mandou que trouxessem Sara
para o seu palácio. 3 Mas de noite, num so-
nho, Deus apareceu a Abimeleque e disse:
— Você vai ser castigado com a mor-
te porque a mulher que mandou buscar
é casada.
4 Abimeleque ainda não havia tocado
em Sara e por isso disse:
— Senhor, eu estou inocente! Será que
vais destruir a mim e ao meu povo? 5 O
próprio Abraão disse que Sara é irmã
dele, e ela disse a mesma coisa. O que eu
fiz foi de boa fé e não sou culpado.
6 No sonho Deus respondeu:
— Eu sei que você fez tudo de boa fé.
Portanto, para que você não pecasse con-
tra mim, eu não deixei que você tocasse
nela. 7 Agora devolva a mulher ao mari-
do dela. Ele é *profeta e orará para que
você não morra. Mas, se a mulher não for
devolvida, eu estou avisando que certa-
mente você morrerá, você e todos os seus.
8 No dia seguinte Abimeleque levantou-
-se bem cedo, chamou todos os seus ser-
vidores e lhes contou o que havia acon-
tecido. E eles ficaram com muito medo.
9 Em seguida Abimeleque chamou Abraão
e disse:
— Veja o que você fez! Que mal eu lhe
causei para que você fizesse cair sobre
mim e sobre o meu país a culpa de um
pecado tão grande? Isso não é coisa que

se faça. 10 O que é que você estava pensando quando fez isso?

11 Abraão respondeu:

— Eu pensei que neste lugar ninguém respeitasse a Deus e que me matariam para ficar com a minha mulher. 12 Além disso Sara é, de fato, minha irmã, mas só por parte de pai. Sendo assim, eu pude casar com ela. 13 Quando Deus me tirou da casa do meu pai e me fez andar por terras estrangeiras, eu disse a Sara: "Em todo lugar aonde formos, faça-me o favor de dizer que sou seu irmão."

14 Então Abimeleque devolveu Sara a Abraão. Além disso lhe deu ovelhas, bois, escravos e escravas. 15 E disse:

— Olhe, Abraão, aí estão as minhas terras. More onde quiser.

16 E Abimeleque disse a Sara o seguinte:

— Estou dando ao seu irmão onze quilos e meio de prata para que os que estão com você saibam que você está inocente. Assim, todos saberão que você não fez nada de errado.

17-18 Por causa do que tinha acontecido com Sara, a mulher de Abraão, o SENHOR Deus havia feito com que nenhuma das mulheres do palácio de Abimeleque pudesse ter filhos. Aí Abraão orou em favor de Abimeleque, e Deus o curou. E também curou a mulher dele e as suas escravas, e assim puderam ter filhos novamente.

O nascimento de Isaque

21 De acordo com a sua promessa, o SENHOR Deus abençoou Sara. 2 Ela ficou grávida e, na velhice de Abraão, lhe deu um filho. O menino nasceu no tempo que Deus havia marcado, 3 e Abraão pôs nele o nome de Isaque. 4 Quando Isaque tinha oito dias, Abraão o *circuncidou, como Deus havia mandado. 5 Quando Isaque nasceu, Abraão tinha cem anos. 6 Então Sara disse:

— Deus me deu motivo para rir. E todos os que ouvirem essa história vão rir comigo.

7 E disse também:

— Quem diria a Abraão que Sara daria de mamar? No entanto, apesar de ele estar velho, eu lhe dei um filho.

8 O menino cresceu e foi desmamado. E, no dia em que o menino foi desmamado, Abraão deu uma grande festa.

Agar e Ismael são mandados embora

9 Certo dia Ismael, o filho de Abraão e da egípcia Agar, estava brincando com Isaque, o filho de Sara. 10 Quando Sara viu isso, disse a Abraão:

— Mande embora essa escrava e o filho dela, pois o filho dessa escrava não será herdeiro junto com Isaque, o meu filho.

11 Abraão ficou muito preocupado com isso, pois Ismael também era seu filho. 12 Mas Deus disse:

— Abraão, não se preocupe com o menino, nem com a sua escrava. Faça tudo o que Sara disser, pois você terá descendentes por meio de Isaque. 13 O filho da escrava é seu filho também, e por isso farei com que os descendentes dele sejam uma grande nação.

14 No dia seguinte Abraão se levantou de madrugada e deu para Agar comida e um *odre cheio de água. Pôs o menino nos ombros dela e mandou que fosse embora. E Agar foi embora, andando sem direção pelo deserto de Berseba. 15 Quando acabou a água do odre, ela deixou o menino debaixo de uma arvorezinha 16 e foi sentar-se a uns cem metros dali. Ela estava pensando: "Não suporto ver o meu filho morrer." Ela ficou ali sentada, e o menino começou a chorar.

17 Deus ouviu o choro do menino; e, lá do céu, o Anjo de Deus chamou Agar e disse:

— Por que é que você está preocupada, Agar? Não tenha medo, pois Deus ouviu o choro do menino aí onde ele está. 18 Vamos! Levante o menino e pegue-o pela mão. Eu farei dos seus descendentes uma grande nação.

19 Então Deus abriu os olhos de Agar, e ela viu um poço. Ela foi, encheu o odre de água e deu para Ismael beber.

20 Protegido por Deus, o menino cresceu. Ismael ficou morando no deserto de Parã e se tornou um bom atirador de flechas. 21 E a sua mãe arranjou uma mulher egípcia para ele.

Abraão e Abimeleque

22 Por esse tempo Abimeleque foi conversar com Abraão. Ficol, comandante do seu exército, foi com ele. Abimeleque disse a Abraão:

— Deus está com você em tudo o que você faz. 23 Portanto, aqui neste lugar, jure por Deus que não vai enganar nem a mim, nem aos meus filhos, nem aos meus descendentes. Eu tenho sido sincero com você; por isso prometa que será sincero

comigo e fiel a esta terra em que está
morando.
24 — Eu juro — disse Abraão.
25 Abraão fez uma reclamação a Abime-
leque por causa de um poço que os em-
pregados de Abimeleque haviam toma-
do à força.
26 Abimeleque explicou:
— Não sei quem fez isso. Você nunca
me falou nada, e esta é a primeira vez que
estou ouvindo falar desse assunto.
27 Aí Abraão pegou algumas ovelhas e
alguns bois e deu a Abimeleque, e os dois
fizeram um trato. 28 Abraão separou sete
ovelhinhas do seu rebanho, 29 e Abimele-
que perguntou:
— Por que você separou estas sete ove-
lhinhas?
30 Abraão respondeu:
— Elas são um presente para você. Ao
receber estas sete ovelhinhas, você esta-
rá concordando que fui eu quem cavou
este poço.
31 Por isso aquele lugar ficou sendo cha-
mado de Berseba, pois ali os dois fizeram
um juramento.
32 Depois de fazerem esse trato em Ber-
seba, Abimeleque e Ficol voltaram para
a Filisteia. 33 Abraão plantou uma árvore
em Berseba e ali adorou o SENHOR, o Deus
Eterno. 34 E Abraão ficou morando muito
tempo na Filisteia.

Deus põe Abraão à prova

22 Algum tempo depois Deus pôs
Abraão à prova. Deus o chamou
pelo nome, e ele respondeu:
— Estou aqui.
2 Então Deus disse:
— Pegue agora Isaque, o seu filho, o
seu único filho, a quem você tanto ama,
e vá até a terra de Moriá. Ali, na monta-
nha que eu lhe mostrar, queime o seu fi-
lho como *sacrifício.
3 No dia seguinte Abraão se levantou de
madrugada, arreou o seu jumento, cortou
lenha para o sacrifício e saiu para o lugar
que Deus havia indicado. Isaque e dois
empregados foram junto com ele. 4 No
terceiro dia, Abraão viu o lugar, de lon-
ge. 5 Então disse aos empregados:
— Fiquem aqui com o jumento. Eu e o
menino vamos ali adiante para adorar a
Deus. Daqui a pouco nós voltamos.
6 Abraão pegou a lenha para o sacrifício
e pôs nos ombros de Isaque. Pegou uma
faca e fogo, e os dois foram andando jun-
tos. 7 Daí a pouco o menino disse:
— Pai!
Abraão respondeu:
— Que foi, meu filho?
Isaque perguntou:
— Nós temos a lenha e o fogo, mas
onde está o carneirinho para o sacrifício?
8 Abraão respondeu:
— Deus dará o que for preciso; ele vai
arranjar um carneirinho para o sacrifício,
meu filho.
E continuaram a caminhar juntos.
9 Quando chegaram ao lugar que Deus
havia indicado, Abraão fez um altar e
arrumou a lenha em cima dele. Depois
amarrou Isaque e o colocou sobre o altar,
em cima da lenha. 10 Em seguida pegou a
faca para matá-lo. 11 Mas nesse instante,
lá do céu, o Anjo do SENHOR o chamou,
dizendo:
— Abraão! Abraão!
— Estou aqui — respondeu ele.
12 O Anjo disse:
— Não machuque o menino e não lhe
faça nenhum mal. Agora sei que você
*teme a Deus, pois não me negou o seu
filho, o seu único filho.
13 Abraão olhou em volta e viu um car-
neiro preso pelos chifres, no meio de uma
moita. Abraão foi, pegou o carneiro e o
ofereceu como sacrifício em lugar do seu
filho. 14 Abraão pôs naquele lugar o nome
de "O SENHOR Deus dará o que for preci-
so." É por isso que *até hoje o povo diz:
"Na sua montanha o SENHOR Deus dá o
que é preciso."
15 Mais uma vez o Anjo do SENHOR, lá do
céu, chamou Abraão 16 e disse:
— Porque você fez isso e não me negou
o seu filho, o seu único filho, eu juro pelo
meu próprio nome — diz Deus, o SENHOR
— que abençoarei você ricamente. 17 Fa-
rei com que os seus descendentes sejam
tão numerosos como as estrelas do céu
ou os grãos de areia da praia do mar; e
eles vencerão os inimigos. 18 Por meio dos
seus descendentes eu abençoarei todas
as nações do mundo, pois você fez o que
eu mandei.
19 Abraão voltou para o lugar onde esta-
vam os seus empregados, e foram todos
juntos para Berseba, onde Abraão ficou
morando.

Os descendentes de Naor

20 Algum tempo depois Abraão recebeu

DEVOCIONAL

Texto para leitura: **Gênesis 22:1-14**

Conheça a si mesma

Deus é o doador de todas as coisas boas e perfeitas, mas o que acontece quando aquilo que ele lhe deu é tão bom a ponto de você começar a pensar que é mais importante do que qualquer outra coisa no mundo, até mesmo que ele? Os seres humanos têm a tendência de dar ao presente o mesmo tipo de adoração e honra que devem ser dadas ao doador.

Abraão não esperava ter um filho. Então, quando Deus lhe deu Isaque, teria sido fácil apaixonar-se muito e até de forma obsessiva por seu filho. E quando Deus exigiu que Abraão matasse aquele a quem ele amava, como teria sido fácil dizer: "Sem chance!". Mas provou sua fé em Deus quando se recusou a ceder ao desejo de proteger o menino a quem tanto amava e, em vez disso, fez o que Deus lhe pediu. Não foram muitos os que sentiram, como Abraão, esse tipo de angústia causado pela obediência. Mas, no final, essa obediência trouxe mais glória do que a angústia poderia roubar.

A obediência nem sempre é confortável; para dizer a verdade, a verdadeira obediência exige algo dos obedientes. Exige total confiança na sabedoria, no poder e no amor daquele que sabe o que é melhor, e exige a determinação implacável de fazer o que tem de ser feito para provar que obedecer é muito melhor do que se rebelar.

Se Deus não está exigindo algo de você, então você não está ouvindo, Garota de Deus. Por obediência, o que você poderia fazer neste exato momento que a levaria para mais perto do Senhor a quem você ama, e para uma vida de fé mais profunda? Para ouvir, vire as páginas da Bíblia. Estude a lei de Deus e faça da bondade dele parte de sua própria essência. Ame o que não é amado, ajude o necessitado, obedeça à autoridade, ofereça perdão, dê o outro lado do rosto, humilhe-se, e ele a exaltará. Obedeça a Deus hoje e encontre uma recompensa muito maior do que você já imaginou que poderia ser sua. Nada é mais gratificante para a vida de uma Garota de Deus do que obedecer ao seu Senhor.

a notícia de que Naor, o seu irmão, tinha
oito filhos, nascidos de Milca, a sua mu-
lher. 21 O primeiro que nasceu foi Uz; de-
pois vieram os seus irmãos Buz e Que-
muel, que foi o pai de Arã; 22 depois nas-
ceram Quesede, Hazo, Pildas, Jidlafe e Be-
tuel. 23 Este Betuel foi o pai de Rebeca. São
esses os oito filhos que Milca deu a Naor,
o irmão de Abraão. 24 Reúma, a *concubi-
na de Naor, lhe deu os seguintes filhos:
Teba, Gaã, Taás e Maacá.

A morte e o sepultamento de Sara

23 Sara viveu cento e vinte e sete anos.
2 Ela morreu na cidade de Hebrom,
também chamada Quiriate-Arba, na terra
de Canaã. E Abraão chorou a sua morte.
3 Depois saiu do lugar onde estava o corpo
e foi falar com os heteus. Ele disse:
4 — Eu sou um estrangeiro que mora
no meio de vocês. Portanto, me vendam
um pedaço de terra para que eu possa
sepultar a minha mulher.
5 Os heteus responderam:
6 — Escute, senhor! O senhor é para nós
um chefe poderoso. Sepulte a sua mulher
na melhor sepultura que tivermos. Ne-
nhum de nós se negará a dar-lhe a sua
sepultura.
7 Aí Abraão se levantou, se curvou dian-
te dos heteus 8 e disse:
— Se vocês querem que eu sepulte a
minha mulher aqui, por favor, peçam a
Efrom, filho de Zoar, 9 que me venda a

caverna de Macpela, que fica na divisa
das suas terras. Eu pagarei o preço to-
tal e assim serei dono de uma sepultura
neste lugar.
10 Efrom estava assentado ali entre eles,
no lugar de reunião, perto do portão da
cidade. Ele falou em voz alta, para que to-
dos pudessem escutar:
11 — De jeito nenhum, meu senhor. Es-
cute! Eu lhe dou o terreno de presente e
também a caverna que fica nele. A minha
gente é testemunha de que eu estou lhe
dando o terreno de presente, para que o
senhor possa sepultar a sua mulher.
12 Mas Abraão tornou a se curvar dian-
te dos heteus 13 e disse a Efrom, de modo
que todos pudessem ouvir:
— Escute, por favor! Eu quero com-
prar o terreno. Diga qual é o preço, que
eu pago. E depois sepultarei a minha mu-
lher ali.
14 Efrom respondeu:
15 — Escute, meu senhor! O terreno
vale quatrocentas barras de prata. O que
é isso entre nós dois? Vá e sepulte ali a
sua mulher.
16 Abraão concordou e pesou a quan-
tidade de prata que Efrom havia sugeri-
do diante de todos, isto é, quatro quilos e
meio, de acordo com o peso comum usa-
do pelos negociantes. 17 Assim, Abraão se
tornou dono da propriedade de Efrom em
Macpela, a leste de Manre, isto é, do terre-
no da caverna e de todas as árvores, até a
divisa da propriedade. 18 Todos os heteus
que estavam naquela reunião foram tes-
temunhas dessa compra.
19 Depois disso Abraão sepultou Sara, a
sua mulher, na caverna do terreno de Ma-
cpela, a leste de Manre, lugar também co-
nhecido pelo nome de Hebrom e que fica
na terra de Canaã. 20 Assim, o terreno que
pertencia aos heteus e também a caverna
que havia ali passaram a ser proprieda-
de de Abraão, para servir como lugar de
sepultamento.

Uma esposa para Isaque

24 Abraão já estava bem velho, e o SE-
NHOR Deus o havia abençoado em
tudo. 2 Um dia ele chamou o seu emprega-
do mais antigo, que tomava conta de tudo
o que ele tinha, e disse:
— Ponha a mão por baixo da minha
coxa e faça um juramento. 3 Jure pelo SE-
NHOR, o Deus do céu e da terra, que você
não deixará que o meu filho Isaque case
com nenhuma mulher deste país de Ca-
naã, onde estou morando. 4 Vá até a minha
terra e escolha no meio dos meus paren-
tes uma esposa para Isaque.
5 O empregado perguntou:
— E o que é que eu faço se a moça não
quiser vir comigo? Devo levar o seu fi-
lho de volta para a terra de onde o se-
nhor veio?
6 Abraão respondeu:
— Não! Não faça o meu filho voltar
para lá, de jeito nenhum! 7 O SENHOR, o
Deus do céu, me tirou da casa do meu pai
e da terra dos meus parentes e jurou que
daria esta terra aos meus descendentes.
Ele vai enviar o seu Anjo para guiá-lo, e
assim você conseguirá arranjar uma mu-
lher para o meu filho. 8 Se a moça não qui-
ser vir, você ficará livre deste juramento.
Porém não leve o meu filho de volta para
lá, de jeito nenhum.
9 Então o empregado pôs a mão por bai-
xo da coxa de Abraão e jurou que faria o
que ele havia ordenado. 10 Em seguida o
empregado pegou dez camelos de Abraão
e uma porção de presentes e foi até a ci-
dade onde Naor havia morado, na Me-
sopotâmia. 11 Quando o empregado che-
gou, fez os camelos se ajoelharem perto
do poço, fora da cidade. Era de tardinha,
a hora em que as mulheres vinham bus-
car água. 12 Aí ele orou assim:
— Ó SENHOR, Deus do meu patrão
Abraão, faze com que tudo dê certo e sê
bondoso para o meu patrão. 13 Eu estou
aqui perto do poço aonde as moças da
cidade vêm para tirar água. 14 Vou dizer a
uma delas: "Por favor, abaixe o seu pote
para que eu beba um pouco de água." Se
ela disser assim: "Beba, e eu vou dar água
também para os seus camelos", que seja
essa a moça que escolheste para o teu
*servo Isaque. Se isso acontecer, ficarei
sabendo que foste bondoso para o meu
patrão.
15 Ele nem havia acabado a oração,
quando Rebeca veio, carregando o seu
pote no ombro. Ela era filha de Betuel,
que era filho de Milca e de Naor, o irmão
de Abraão. 16 Rebeca era uma linda moça,
ainda virgem; nenhum homem havia to-
cado nela. Ela desceu até o poço, encheu
o seu pote e subiu. 17 Então o empregado
de Abraão foi correndo se encontrar com
ela e disse:
— Por favor, deixe que eu beba um pou-
co da água do seu pote.

18 — O senhor pode beber — respon-
deu ela.
E rapidamente abaixou o pote e o segu-
rou enquanto ele bebia. 19 Depois de lhe
dar de beber, a moça disse:
— Vou tirar água também para os seus
camelos e lhes darei de beber o quanto
quiserem.
20 Rapidamente ela despejou a água no
bebedouro e correu várias vezes ao poço
a fim de tirar água para todos os came-
los. 21 Enquanto isso o homem, sem dizer
nada, ficou observando a moça para saber
se o SENHOR Deus havia ou não abençoa-
do a sua viagem.
22 Quando os camelos acabaram de be-
ber, o homem pegou uma argola de ouro,
que pesava seis gramas, e colocou no na-
riz dela. E também lhe deu duas pulseiras
de ouro, que pesavam mais de cem gra-
mas. 23 Em seguida perguntou:
— Por favor, diga quem é o seu pai. Será
que na casa dele há lugar para os meus
homens e eu passarmos a noite?
24 Ela respondeu:
— Eu sou filha de Betuel, filho de Milca
e de Naor. 25 Na nossa casa há lugar para
dormir e também bastante palha e capim
para os camelos.
26 Então o homem se ajoelhou e adorou
a Deus, o SENHOR. 27 Ele disse:
— Bendito seja o SENHOR, o Deus de
Abraão, o meu patrão! Pois foi fiel e bon-
doso com ele, guiando-me diretamente
até a casa dos seus parentes.
28 A moça foi correndo para a casa da
sua mãe e contou o que havia acontecido.
29-30 Rebeca tinha um irmão chamado La-
bão, o qual viu a argola no nariz da irmã
e as pulseiras nos seus braços e a ouviu
contar o que o homem tinha dito para ela.
Labão saiu correndo e foi buscar o empre-
gado de Abraão, que havia ficado de pé,
ao lado dos camelos, ali perto do poço.
31 Labão disse:
— Venha comigo, homem abençoado
por Deus, o SENHOR. Por que você está aí
fora? Já preparei a casa e também o lugar
para os camelos.
32 Então o homem entrou na casa. Labão
tirou a carga dos camelos e lhes deu palha
e capim. Depois trouxe água para que o
empregado de Abraão e os seus compa-
nheiros lavassem os pés. 33 Quando trou-
xeram a comida, o homem disse:
— Eu não vou comer enquanto não dis-
ser o que tenho para dizer.
— Fale — disse Labão.
34 Então ele disse o seguinte:
— Eu sou empregado de Abraão. 35 O
SENHOR Deus abençoou muito o meu pa-
trão, e ele ficou rico. O SENHOR lhe deu
rebanhos de ovelhas e cabras, gado, pra-
ta, ouro, escravos e escravas, camelos e
jumentos. 36 Sara, a sua mulher, mesmo
depois de velha, deu um filho ao meu pa-
trão, e o filho herdará tudo o que o pai
tem. 37 O meu patrão me fez jurar que eu
faria o que ele ordenasse e me disse: "Não
deixe que o meu filho case com nenhuma
mulher deste país de Canaã, onde estou
morando. 38 Vá até o lugar onde mora a
família do meu pai e no meio dos meus
parentes escolha uma mulher para ele."
39 Então eu lhe perguntei: "E o que é que
eu faço se a moça não quiser vir comigo?"
40 Ele me respondeu: "Eu tenho obedecido
fielmente a Deus, o SENHOR. Ele enviará o
seu Anjo para estar com você, e tudo dará
certo. No meio da minha gente, na família
do meu pai, você escolherá uma mulher
para o meu filho. 41 Se você falar com os
meus parentes, e eles não quiserem dar a
moça, então você ficará livre do juramen-
to que me fez."
42 — E foi assim que hoje cheguei ao
poço e disse a Deus o seguinte: "Ó SE-
NHOR, ó Deus de Abraão, o meu patrão,
eu peço que aquilo que vou fazer dê certo.
43 Eu estou aqui ao lado do poço. Quando
uma moça vier tirar água, eu vou pedir
que me dê de beber da água do seu pote.
44 Se ela concordar e também se oferecer
para tirar água para os meus camelos, que
seja essa a que escolheste para ser mu-
lher do filho do meu patrão." 45 Eu nem
havia acabado de fazer essa oração em si-
lêncio, quando Rebeca veio com um pote
no ombro, desceu até o poço e tirou água.
Aí eu disse: "Dê-me um pouco de água,
por favor." 46 Ela abaixou depressa o seu
pote e disse: "Pode beber, e vou dar de
beber também aos seus camelos." Então
eu bebi, e ela deu água também aos ca-
melos. 47 Em seguida perguntei: "Quem é
o seu pai?" Ela respondeu: "Eu sou filha
de Betuel, filho de Milca e de Naor." Então
coloquei uma argola no nariz dela e duas
pulseiras nos seus braços. 48 Eu me ajoe-
lhei e adorei a Deus. E louvei o SENHOR,
o Deus de Abraão, o meu patrão, que me
guiou diretamente aos seus parentes a
fim de que eu levasse a filha do irmão do

Rebeca

Leia a história desta Garota de Deus em Gênesis 24:11-67; 25:19-28; 26:6-11; 26:34—27 e Romanos 9:9-12.

Todas as coisas são feitas de acordo com o plano e com a decisão de Deus. De acordo com a sua vontade e com aquilo que ele havia resolvido desde o princípio, Deus nos escolheu para sermos o seu povo, por meio da nossa união com Cristo.

Efésios 1:11

Na vida de uma Garota de Deus não existe esse negócio de coincidência ou pura sorte. Não há acontecimentos inesperados, nem eventos casuais que pareçam ter uma ligação, mas que dependem apenas da sorte. Deus está sempre trabalhando na vida de seus filhos para que possam saber que nada acontece a menos que ele permita. A mão todo-poderosa de Deus está sempre em sua vida, preparando-a e cuidando das coisas para você. Quando você se dispõe a apenas esperar nele e a confiar que a vontade dele é a melhor para você, pode ter certeza de que ele lhe dará apenas aquilo que você precisa para esta vida.

Quando o servo de Abraão pediu a Deus para que o levasse a uma jovem que não só lhe desse da água do poço para beber, mas aos seus camelos também, não foi por acaso que, um segundo depois, Rebeca se aproximou e fez tudo o que o servo tinha pedido em oração. A resposta à oração do servo foi óbvia, e aquela era a mulher que se casaria com Isaque. Rebeca não esperava encontrar o amor de sua vida quando foi ao poço naquele dia. Ela não planejava chamar a atenção do servo. Ela só estava sendo a mulher boa e generosa que era e, por causa disso, se encontrou com um homem que a amaria pelo resto da vida.

Você não tem como saber como será o dia de amanhã, muito menos o resto de sua vida. Mas uma coisa é certa: se você se lembrar de que tudo o que faz é para Deus, pode ter certeza de que, na hora certa, ele cuidará para que você tenha o que precisa. Rebeca não estava planejando a própria vida, mas vivendo em sintonia com o Pai. Pense no exemplo dela e viva sua vida hoje com o objetivo de agradar a Deus para que, um dia, ele lhe traga o amor que você deseja.

meu patrão para o seu filho. 49 Agora, digam se vocês vão ser bondosos e sinceros com o meu patrão; se não, digam também, para que eu resolva o que fazer.

50 Labão e Betuel responderam:

— Tudo isso vem de Deus, o SENHOR, e por isso não podemos dizer nada, nem a favor nem contra. 51 Aqui está Rebeca; leve-a com você. Que ela seja a mulher do filho do seu patrão, como o SENHOR Deus já disse.

52 Quando o empregado de Abraão ouviu essas palavras, ajoelhou-se, encostou o rosto no chão e adorou a Deus, o SENHOR. 53 Em seguida pegou vários objetos de prata e de ouro e vestidos e os deu a Rebeca. E também deu presentes caros ao irmão e à mãe dela. 54 Então ele e os seus companheiros comeram e beberam, e passaram a noite ali. No outro dia de manhã, quando se levantaram, o empregado disse:

— Deixem que eu volte para a casa do meu patrão.

55 Mas o irmão e a mãe de Rebeca disseram:

— É melhor que ela fique com a gente alguns dias, talvez uns dez, e depois poderá ir.

56 Mas o empregado respondeu:

— Não me façam ficar aqui. O SENHOR Deus fez com que a minha viagem desse certo; deixem que eu volte para a casa do meu patrão.

57 Então eles disseram:

— Vamos chamar Rebeca para ver o que ela diz.

58 Eles chamaram a moça e lhe perguntaram:

— Você quer ir com este homem?

— Quero — respondeu ela.

59 Aí deixaram que Rebeca e a mulher que havia sido sua babá fossem com o empregado de Abraão e os seus companheiros. 60 E abençoaram Rebeca, dizendo:

> "Que você, nossa irmã,
>   seja mãe de milhões!
> Que os seus descendentes
>   conquistem
>   as cidades dos seus inimigos!"

61 *Então Rebeca e as suas* empregadas se prepararam, montaram os camelos e seguiram o empregado de Abraão. E assim eles foram embora.

62 Isaque tinha vindo ao deserto onde ficava o "Poço Daquele que Vive e Me Vê", pois morava no sul de Canaã. 63 Ele havia saído à tardinha para dar um passeio pelo campo, quando viu que vinham vindo camelos. 64 Rebeca também olhou e, quando viu Isaque, desceu do camelo 65 e perguntou ao empregado:

— Quem é aquele homem que vem andando pelo campo na nossa direção?

— É o meu patrão — respondeu ele.

Aí ela pegou o véu e cobriu o rosto.

66 O empregado contou a Isaque tudo o que havia feito. 67 Então Isaque levou Rebeca para a barraca onde Sara, a sua mãe, havia morado, e ela se tornou a sua mulher. Isaque amou Rebeca e assim foi consolado depois da morte da sua mãe.

Outros descendentes de Abraão

25 Abraão casou com outra mulher, que se chamava Quetura, 2 e ela lhe deu os seguintes filhos: Zinrã, Jocsã, Medã, Midiã, Isbaque e Sua. 3 Jocsã foi o pai de Seba e de Dedã. Os descendentes de Dedã foram os assureus, os letuseus e os leumeus. 4 Os filhos de Midiã foram Efa, Éfer, Enoque, Abida e Elda. Todos esses foram descendentes de Quetura.

5 Abraão deixou tudo o que tinha para Isaque, 6 mas deu presentes para os filhos das suas *concubinas. E, antes de morrer, separou-os de Isaque e mandou que fossem morar na terra do Oriente.

A morte de Abraão

7 Abraão viveu cento e setenta e cinco anos. 8 Ele morreu bem velho e foi reunir-se com os seus antepassados no *mundo dos mortos. 9 Os seus filhos Isaque e Ismael o sepultaram na caverna de Macpela, que fica a leste de Manre, no campo de Efrom, que era filho de Zoar, o heteu. 10 Este era o campo que Abraão havia comprado dos heteus; Abraão e Sara foram sepultados ali. 11 Depois da morte de Abraão, Deus abençoou Isaque, o filho dele, que morava perto do "Poço Daquele que Vive e Me Vê".

Os descendentes de Ismael

1Crônicas 1.28-33

12 Ismael, o filho de Abraão e de Agar, a escrava egípcia de Sara, foi pai dos seguintes filhos, 13 por ordem de nascimento: Nebaiote, o filho mais velho, e em seguida Quedar, Abdeel, Mibsão, 14 Misma, Dumá, Massá, 15 Hadade, Tema, Jetur, Nafis e Quedemá. 16 São esses os doze filhos de Ismael; as suas terras e os seus

acampamentos receberam os nomes de-
les. Cada um era chefe da sua própria
tribo. 17 Ismael tinha cento e trinta e sete
anos quando morreu, indo reunir-se as-
sim com os seus antepassados no *mundo
dos mortos. 18 Os descendentes de Ismael
viveram na região que fica entre Havilá e
Sur, a leste do Egito, ao longo da estrada
que vai para a Assíria. Eles viviam separa-
dos dos outros descendentes de Abraão.

O nascimento de Esaú e de Jacó

19 Esta é a história de Isaque, filho de
Abraão. 20 Isaque tinha quarenta anos
quando casou com Rebeca, filha de Be-
tuel e irmã de Labão. Eles eram arameus e
moravam na Mesopotâmia. 21 Rebeca não
podia ter filhos, e por isso Isaque orou a
Deus, o SENHOR, em favor dela. O SENHOR
ouviu a oração dele, e Rebeca ficou grávi-
da. 22 Na barriga dela havia gêmeos, e eles
lutavam um com o outro. Ela pensou as-
sim: "Por que está me acontecendo uma
coisa dessas?" Então foi perguntar a Deus,
o SENHOR, 23 e ele respondeu:

"No seu ventre há duas nações;
você dará à luz dois povos inimigos.
Um será mais forte do que o outro,
e o mais velho será dominado
pelo mais moço."

24 Chegou o tempo de Rebeca dar à luz,
e ela teve dois meninos. 25 O que nasceu
primeiro era vermelho e peludo como um
casaco de pele; por isso lhe deram o nome
de Esaú. 26 O segundo nasceu agarrando
o calcanhar de Esaú com uma das mãos,
e por isso lhe deram o nome de Jacó. Isa-
que tinha sessenta anos quando Rebeca
teve os gêmeos.

Esaú vende os seus direitos e filho mais velho

27 Os meninos cresceram. Esaú gostava
de viver no campo e se tornou um bom
caçador. Jacó, pelo contrário, era um ho-
mem sossegado, que gostava de ficar em
casa. 28 Isaque amava mais Esaú porque
gostava de comer da carne dos animais
que ele caçava. Rebeca, por sua vez, pre-
feria Jacó.

29 Um dia, quando Jacó estava cozinhan-
do um ensopado, Esaú chegou do campo,
muito cansado, 30 e foi dizendo:

— Estou morrendo de fome. Por favor,
me deixe comer dessa coisa vermelha aí
(Por isso puseram em Esaú o nome de
Edom.).

31 Jacó respondeu:

— Sim, eu deixo; mas só se você passar
para mim os seus direitos de filho mais
velho.

32 Esaú disse:

— Está bem. Eu estou quase morrendo;
que valor têm para mim esses direitos de
filho mais velho?

33 — Então jure primeiro — disse Jacó.
Esaú fez um juramento e assim passou
a Jacó os seus direitos de filho mais ve-
lho. 34 Aí Jacó lhe deu pão e o ensopado.
Quando Esaú acabou de comer e de be-
ber, levantou-se e foi embora. Foi assim
que ele desprezou os seus direitos de fi-
lho mais velho.

Isaque na terra dos filisteus

26 Naquela região houve uma época
de falta de alimentos, como tinha
acontecido antes, no tempo de Abraão. Por
isso Isaque foi até a cidade de Gerar, onde
vivia Abimeleque, o rei dos filisteus. 2 Ali o
SENHOR Deus apareceu a Isaque e disse:

— Não vá para o Egito. Fique na terra
que eu vou lhe mostrar. 3 Por enquanto
fique morando neste lugar, e eu estarei
com você e o abençoarei. Darei aos seus
descendentes todas estas terras e assim
cumprirei o juramento que fiz a Abraão,
o seu pai. 4 Farei com que os seus descen-
dentes sejam tão numerosos quanto as
estrelas do céu e lhes darei todas estas
terras. Por meio dos seus descendentes
eu abençoarei todas as nações do mundo,
5 pois Abraão me obedeceu e cumpriu as
minhas ordens, os meus mandamentos,
as minhas *leis e os meus ensinamentos.

6 Assim, Isaque ficou morando em Ge-
rar. 7 Quando os homens do lugar lhe fi-
zeram perguntas sobre a sua mulher, ele
disse que ela era sua irmã. Rebeca era
muito bonita, e Isaque tinha medo de di-
zer que ela era a sua mulher, pois pensava
que os homens do lugar o matariam para
ficarem com ela.

8 Isaque ficou ali muito tempo. Um dia
Abimeleque, o rei dos filisteus, olhou por
uma janela e viu Isaque acariciando Rebe-
ca, a sua mulher. 9 Então Abimeleque man-
dou chamar Isaque e perguntou:

— Ela é a sua mulher, não é verdade?
Por que você disse que ela era sua irmã?

— É que eu pensei que me matariam se
eu dissesse que ela era a minha mulher
— respondeu Isaque.

10 Aí Abimeleque disse:

— Por que você nos fez isso? Um de nós
poderia facilmente ter ido para a cama
com ela, e você teria feito com que a culpa
caísse sobre nós.
11 Então Abimeleque mandou a todo
o seu povo o seguinte aviso: "Se alguém
tratar mal este homem ou a sua mulher,
será morto."
12 Naquele ano Isaque fez plantações
ali e colheu cem vezes mais do que se-
meou, pois o SENHOR Deus o abençoou.
13 Ele foi enriquecendo cada vez mais e se
tornou muito rico e poderoso. 14 Isaque ti-
nha tantas ovelhas e cabras, tanto gado e
tantos empregados, que os filisteus aca-
baram ficando com inveja dele. 15 Por isso
eles entupiram com terra todos os poços
que os empregados de Abraão, o pai de
Isaque, haviam cavado no tempo em que
Abraão ainda estava vivo. 16 Até que um
dia Abimeleque disse a Isaque:
— Vá embora da nossa terra. Você ficou
muito mais poderoso do que nós.
17 Isaque saiu dali, armou as suas barra-
cas no vale de Gerar e ficou morando ali
por algum tempo. 18 Ele tornou a abrir os
poços que haviam sido cavados no tem-
po de Abraão e que os filisteus haviam ta-
pado depois da sua morte. E Isaque pôs
nos poços os mesmos nomes que o seu
pai havia posto.
19 Um dia os empregados de Isaque es-
tavam no vale abrindo um poço e acha-
ram uma mina de água. 20 Os pastores de
Gerar discutiram com os pastores de Isa-
que, afirmando que a água era deles. Por
isso Isaque deu a esse poço o nome de
"Discussão".
21 Depois os empregados de Isaque
abriram outro poço e por causa dele tam-
bém houve discussão. Então Isaque pôs
nele o nome de "Inimizade".
22 Isaque saiu dali e abriu outro poço.
E, como não houve discussão por causa
desse, ele o chamou de "Lugar Espaço-
so". Ele disse:
— Agora o SENHOR Deus nos deu um
lugar espaçoso para viver nesta terra, e
aqui vamos ficar à vontade.
23 Dali Isaque foi para Berseba. 24 Naque-
la noite o SENHOR apareceu a ele e disse:
— *Eu sou o Deus de* Abraão, o seu pai.
Não tenha medo, pois eu estou com você.
Por causa do meu *servo Abraão, eu aben-
çoarei você e farei com que os seus des-
cendentes sejam muitos.
25 Isaque construiu um altar ali e
adorou a Deus, o SENHOR. Ele armou as
suas barracas naquele lugar, e ali os seus
empregados cavaram outro poço.

Isaque e Abimeleque fazem um trato

26 Certo dia Abimeleque saiu de Gerar e
foi conversar com Isaque. Com ele foram
o seu amigo Auzate e Ficol, o comandan-
te do seu exército. 27 Isaque perguntou:
— Por que é que vocês vieram falar co-
migo, se têm ódio de mim e até me expul-
saram da sua terra?
28 Eles responderam:
— Agora nós sabemos que o SENHOR
Deus está com você e pensamos que de-
veríamos fazer um trato com você, *sela-
do com juramento. O trato é este: 29 Você
não nos fará nenhum mal, assim como
nós não fizemos nenhum mal a você. Nós
fomos bondosos para você e deixamos
que fosse embora em paz. Agora está cla-
ro que o SENHOR o tem abençoado.
30 Então Isaque preparou um banquete,
e todos eles comeram e beberam. 31 No dia
seguinte eles se levantaram bem cedo e
fizeram o trato, e cada um fez o seu jura-
mento. Isaque se despediu deles, e eles
foram embora como seus amigos.
32 Nesse mesmo dia os empregados de
Isaque foram dar-lhe a notícia de que ha-
viam encontrado água no poço que esta-
vam cavando. 33 Isaque pôs nesse poço o
nome de Seba, e por isso *até hoje o nome
daquela cidade é Berseba.

As mulheres de Esaú

34 Quando tinha quarenta anos, Esaú ca-
sou com Judite, filha de Beeri, e com Base-
mate, filha de Elom, duas moças heteias.
35 Essas duas mulheres amarguraram a
vida de Isaque e de Rebeca.

Isaque abençoa Jacó

27 Isaque já estava bem velho e ha-
via ficado cego. Um dia ele chamou
Esaú, o seu filho mais velho, e disse:
— Meu filho!
— Estou aqui, pai — respondeu ele.
2 O pai lhe disse:
— Você está vendo que estou velho e
um dia desses vou morrer. 3 Pegue o seu
arco e as suas flechas, vá até o campo e
cace um animal. 4 Prepare uma comida sa-
borosa, como eu gosto, e traga aqui para
mim. Depois de comer, eu lhe darei a mi-
nha bênção, antes de morrer.
5 Acontece que Rebeca escutou o que

Isaque disse a Esaú. Por isso, quando ele
saiu para caçar, 6 ela disse a Jacó:
— Escutei agora mesmo uma conversa
do seu pai com o seu irmão Esaú. O seu
pai disse assim: 7 "Vá caçar um animal e
prepare uma comida saborosa para mim.
Depois de comer, eu lhe darei a minha
bênção na presença de Deus, o SENHOR,
antes de morrer." 8 Agora, meu filho —
continuou Rebeca — escute bem e faça
o que eu vou dizer. 9 Vá ao lugar onde es-
tão os nossos animais e traga dois cabri-
tos dos melhores. Eu vou preparar uma
comida saborosa, como o seu pai gosta,
10 e você vai levá-la para ele comer. De-
pois o seu pai vai abençoar você, antes
que ele morra.
11 Aí Jacó disse à mãe:
— O meu irmão é muito peludo, e eu
não. 12 Se o meu pai me apalpar e desco-
brir que sou eu, ele vai saber que eu es-
tou tentando enganá-lo. Então ele vai me
amaldiçoar em vez de me abençoar.
13 Mas a mãe respondeu:
— Nesse caso, que a maldição caia
sobre mim, meu filho. Faça exatamen-
te o que eu disse: vá e traga os cabritos
para mim.
14 Jacó foi, pegou os cabritos e os levou
à mãe, e ela preparou uma comida sabo-
rosa, como Isaque gostava. 15 Depois ela
pegou a melhor roupa de Esaú, que estava
guardada em casa, e com ela vestiu Jacó.
16 Com a pele dos cabritos ela cobriu as
mãos e o pescoço de Jacó, que não tinha
pelos. 17 Depois entregou a Jacó a comida
gostosa e o pão que ela havia feito.
18 Então Jacó foi até onde o pai estava
e disse:
— Pai!
— Aqui estou — respondeu ele. —
Quem é você, meu filho?
19 — Eu sou Esaú, o seu filho mais ve-
lho — disse Jacó. — Já fiz o que o senhor
mandou. Levante-se, por favor; sente-se,
coma da carne do animal que cacei e de-
pois me abençoe.
20 Aí Isaque perguntou:
— Mas como foi que você achou a caça
tão depressa, meu filho?
Jacó respondeu:
— O SENHOR, seu Deus, me ajudou.
21 Então Isaque disse a Jacó:
— Chegue mais perto para que eu pos-
sa apalpar você. Assim vou saber se você
é Esaú mesmo ou não.
22 Jacó chegou perto de Isaque, e ele o
apalpou e disse:
— A sua voz é a voz de Jacó, mas as
mãos parecem as mãos de Esaú.
23 Assim, Isaque não reconheceu que
era Jacó, pois as suas mãos estavam pe-
ludas como as de Esaú, e por isso ele o
abençoou. 24 Mas, antes de abençoá-lo,
perguntou mais uma vez:
— Você é mesmo o meu filho Esaú?
— Sou, sim — respondeu Jacó.
25 Então o pai disse:
— Traga a carne da caça para que eu
coma. Depois eu o abençoarei.
Jacó serviu a comida ao seu pai e tam-
bém trouxe vinho. Isaque comeu, e bebeu,
26 e depois disse:
— Venha cá, meu filho, e me dê um beijo.
27 Jacó chegou perto e beijou o pai.
Quando sentiu o cheiro da roupa que
Jacó estava usando, Isaque o abençoou
e disse assim:

"Ah! O cheiro do meu filho
é como o cheiro de um campo
que o SENHOR Deus abençoou.
28 Meu filho, que Deus lhe dê
o orvalho do céu;
que os seus campos produzam
boas colheitas
e fartura de trigo e vinho.
29 Que nações sejam dominadas por
você,
e que você seja respeitado pelos
povos.
Que você mande nos seus parentes,
e que os descendentes da sua mãe
o tratem com respeito.
Malditos sejam aqueles
que o amaldiçoarem,
e que sejam abençoados
os que o abençoarem!"

Esaú pede a bênção do pai

30 Isaque acabou de dar a bênção, e Jacó
ia saindo, quando Esaú chegou, vindo da
caçada. 31 Ele também fez uma comida
gostosa e levou para o pai. Aí disse:
— Levante-se, por favor, coma da caça
que eu matei e depois me abençoe.
32 Então Isaque perguntou:
— Quem é você?
— Eu sou Esaú, o seu filho mais velho.
33 Isaque ficou agitado e começou a tre-
mer muito. E disse:
— Então quem foi que caçou um animal
e trouxe para mim? Eu comi antes que

você chegasse e dei àquele homem a mi-
nha bênção. Ele é quem será abençoado.
34 Quando Esaú ouviu isso, deu um grito
cheio de amargura e disse:
— Meu pai, dê a sua bênção para mim
também!
35 Porém Isaque respondeu:
— O seu irmão veio, me enganou e fi-
cou com a bênção que era sua.
36 Esaú disse:
— Esta é a segunda vez que ele me en-
gana. Foi com razão que puseram nele o
nome de Jacó. Primeiro ele me tirou os
direitos de filho mais velho e agora tirou
a bênção que era minha. Pai, será que o
senhor não guardou nenhuma bênção
para mim?
37 Isaque respondeu:
— Eu já dei a Jacó autoridade sobre
você e fiz com que todos os parentes de
Jacó sejam escravos dele. Também disse
que ele terá muito trigo e muito vinho.
Agora não posso fazer nada por você,
meu filho.
38 Porém Esaú insistiu:
— Será que o senhor tem só uma bên-
ção? Abençoe também a mim, meu pai.
E começou a chorar alto.
39 Então Isaque disse:

"Você viverá longe de terras boas
e longe do orvalho que cai do céu.
40 Você viverá pela sua espada
e será empregado do seu irmão.
Porém, quando você se revoltar,
se livrará dele."

Jacó vai para a Mesopotâmia

41 Esaú ficou com ódio de Jacó porque
o seu pai tinha dado a ele a bênção. En-
tão pensou assim: "O meu pai vai morrer
logo. Quando acabarem os dias de luto,
vou matar o meu irmão."
42 Rebeca ficou sabendo do plano de
Esaú e mandou chamar Jacó. Ela disse:
— Escute aqui! O seu irmão Esaú está
planejando se vingar de você; ele quer
matá-lo. 43 Por isso, meu filho, preste aten-
ção. Vá agora mesmo para a casa de La-
bão, o meu irmão, que mora em Harã.
44 Fique algum tempo lá com ele, até que
passe o ódio do seu irmão, 45 e ele esque-
ça aquilo que você lhe fez. Nessa ocasião
eu mandarei alguém para trazer você de
volta. Não quero perder os meus dois fi-
lhos num dia só!
46 Depois Rebeca foi falar com Isaque
e disse:
— Estou aborrecida da vida por causa
dessas mulheres heteias com quem Esaú
casou. Se Jacó também casar com uma
dessas heteias, será melhor que eu morra.
28 Então Isaque chamou Jacó e o aben-
çoou. E lhe deu a seguinte ordem:
— Não case com nenhuma moça daqui
de Canaã. 2 Apronte-se e vá para a Meso-
potâmia. Fique na casa do seu avô Betuel
e case com uma das filhas do seu tio La-
bão. 3 Que o Deus Todo-Poderoso o aben-
çoe e lhe dê muitos descendentes para
que de você saiam muitas nações! 4 Que
ele abençoe você e os seus descendentes,
como abençoou Abraão, para que sejam
donos desta terra onde você tem vivido
como estrangeiro, terra que Deus deu a
Abraão!
5 Foi assim que Isaque mandou que Jacó
fosse morar na Mesopotâmia, na casa de
Labão, que era filho de Betuel, o arameu,
e irmão de Rebeca, a mãe de Esaú e de
Jacó.

Esaú casa com uma filha de Ismael

6 Esaú ficou sabendo que Isaque havia
abençoado Jacó e o havia mandado para a
Mesopotâmia a fim de casar ali. Também
soube que, quando o pai o havia abençoa-
do, tinha mandado que não casasse com
nenhuma mulher do país de Canaã. 7 E fi-
cou sabendo que, obedecendo ao pai e à
mãe, Jacó havia ido para a Mesopotâmia.
8 Então Esaú compreendeu que o seu pai
não via com bons olhos as mulheres de
Canaã. 9 Por isso foi até a casa de Ismael,
filho de Abraão, e casou com Maalate, fi-
lha de Ismael e irmã de Nebaiote.

O sonho de Jacó em Betel

10 Jacó saiu de Berseba a fim de ir para
Harã. 11 De tardinha ele chegou a um lugar
sagrado e passou a noite ali. Pegou uma
pedra daquele lugar para servir como tra-
vesseiro e se deitou ali mesmo para dor-
mir. 12 Então Jacó sonhou. Ele viu uma es-
cada que ia da terra até o céu, e os anjos
de Deus subiam e desciam por ela. 13 O
SENHOR Deus estava ao lado dele e disse:
— Eu sou o SENHOR, o Deus do seu avô
Abraão e o Deus de Isaque, o seu pai. Da-
rei a você e aos seus descendentes esta
terra onde você está deitado. 14 Os seus
descendentes serão tantos como o pó da
terra. Eles se espalharão de norte a sul e
de leste a oeste, e por meio de você e dos
seus descendentes eu abençoarei todos os

povos do mundo. 15 Eu estarei com você e
o protegerei em todos os lugares aonde
você for. E farei com que você volte para
esta terra. Eu não o abandonarei até que
cumpra tudo o que lhe prometi.
16 Quando Jacó acordou, disse assim:
"De fato, o SENHOR Deus está neste lu-
gar, e eu não sabia disso." 17 Aí ficou com
medo e disse: "Este lugar dá medo na gen-
te. Aqui é a casa de Deus, aqui fica a por-
ta do céu!"
18 Jacó se levantou bem cedo, pegou a
pedra que havia usado como travesseiro
e a pôs de pé como um pilar. Depois der-
ramou azeite em cima para dedicá-la a
Deus. 19 Naquele lugar havia uma cidade
que antes se chamava Luz, mas Jacó mu-
dou o seu nome para Betel. 20 Ali Jacó fez
a Deus a seguinte promessa: "Se tu fo-
res comigo e me guardares nesta viagem
que estou fazendo; se me deres roupa e
comida; 21 e se eu voltar são e salvo para
a casa do meu pai, então tu, ó SENHOR,
serás o meu Deus. 22 Esta pedra que pus
como pilar será a tua casa, ó Deus, e eu te
entregarei a décima parte de tudo quan-
to me deres."

O encontro com Raquel

29 Jacó continuou a sua viagem e che-
gou à terra do Oriente. 2 De repen-
te, ele olhou e viu no campo um poço; em
volta dele estavam três pastores, cada um
com as suas ovelhas e cabras. A água para
os animais era tirada desse poço, que era
tapado com uma grande pedra. 3 Quando
todos os pastores se ajuntavam ali com
os seus animais, então tiravam a pedra
para dar água às ovelhas e cabras. Depois
tornavam a pôr a pedra na boca do poço.
4 Jacó perguntou aos pastores:
— De onde são vocês, meus amigos?
— Somos de Harã — responderam eles.
5 Em seguida perguntou:
— Vocês conhecem Labão, filho de
Naor?
— Conhecemos, sim — disseram.
6 — Ele vai bem? — perguntou Jacó.
Eles responderam:
— Sim, vai bem. Olhe! Raquel, a filha
dele, vem vindo aí com as ovelhas.
7 Então Jacó disse:
— Ainda é dia, e é muito cedo para re-
colher as ovelhas. Por que vocês não lhes
dão água e as levam de volta para pastar?
8 Eles responderam:
— Não podemos. Temos de esperar que
todas as ovelhas e cabras estejam aqui e
a pedra seja tirada da boca do poço. Aí
daremos água para elas.
9 Jacó ainda estava falando com eles
quando Raquel, que era pastora de ove-
lhas, chegou com os animais do seu pai.
10 Logo que Jacó a viu com as ovelhas e
cabras do seu tio Labão, ele foi, e tirou a
pedra da boca do poço, e deu água para
os animais. 11 Depois ele beijou Raquel e,
muito emocionado, começou a chorar.
12 E disse:
— Eu sou parente do seu pai; sou filho
de Rebeca.
Raquel foi correndo contar tudo ao pai.
13 Ele ouviu as novidades a respeito do seu
sobrinho e logo saiu correndo. Quando
encontrou Jacó, Labão o abraçou, e beijou,
e o levou para casa. Jacó lhe contou tudo o
que havia acontecido, 14 e aí Labão disse:
— Sim, de fato, você é da minha própria
carne e sangue.

Jacó casa com Leia e com Raquel

Jacó ficou na casa do seu tio um mês
inteiro. 15 Aí Labão disse:
— Não está certo você trabalhar de gra-
ça para mim só porque é meu parente.
Quanto você quer ganhar?
16 Acontece que Labão tinha duas filhas.
A mais velha se chamava Leia, e a mais
moça, Raquel. 17 Leia tinha olhos meigos,
mas Raquel era bonita de rosto e de cor-
po. 18 Como Jacó estava apaixonado por
Raquel, respondeu:
— Trabalharei sete anos para o senhor
a fim de poder casar com Raquel.
19 Labão disse:
— Eu prefiro dá-la a você em vez de a
um estranho. Fique aqui comigo.
20 Assim, Jacó trabalhou sete anos para
poder ter Raquel. Mas, porque ele a ama-
va, esses anos pareceram poucos dias.
21 Quando passaram os sete anos, Jacó
disse a Labão:
— Dê-me a minha mulher. O tempo
combinado já passou, e eu quero casar
com ela.
22 Labão deu uma festa de casamento e
convidou toda a gente do lugar. 23 Mas na-
quela noite Labão pegou Leia e a entregou
a Jacó, e ele teve relações com ela 24 (La-
bão tinha dado a sua escrava Zilpa a Leia
para ser escrava dela.). 25 Só na manhã se-
guinte Jacó descobriu que havia dormido
com Leia. Por isso foi reclamar com La-
bão. Ele disse:

— Por que o senhor me fez uma coisa
dessas? Eu trabalhei para ficar com Ra-
quel. Por que foi que o senhor me enga-
nou?
26 Labão respondeu:
— Aqui na nossa terra não é costume
a filha mais moça casar antes da mais ve-
lha. 27 Espere até que termine a semana de
festas do casamento. Aí, se você prometer
que vai trabalhar para mim outros sete
anos, eu lhe darei Raquel.
28 Jacó concordou, e, quando terminou
a semana de festas do casamento de Leia,
Labão lhe deu a sua filha Raquel como
esposa 29 (Labão tinha dado a sua escra-
va Bila a Raquel para ser escrava dela.).
30 Jacó também teve relações com Raquel;
e ele amava Raquel muito mais do que
amava Leia. E ficou trabalhando para La-
bão mais sete anos.

Os filhos de Jacó

31 Quando o SENHOR Deus viu que Jacó
desprezava Leia, fez com que ela pudes-
se ter filhos, mas Raquel não podia ter fi-
lhos. 32 Leia ficou grávida e deu à luz um
filho; e pôs nele o nome de Rúben. Ela
explicou assim:
— O SENHOR viu que eu estava triste,
mas agora o meu marido vai me amar.
33 Leia ficou grávida outra vez e teve ou-
tro filho, a quem deu o nome de Simeão.
E disse:
— O SENHOR ouviu que eu era despre-
zada e por isso me deu mais este filho.
34 Leia engravidou ainda outra vez e
teve mais um filho, a quem chamou de
Levi, pois disse assim:
— Agora o meu marido ficará mais uni-
do comigo, pois já lhe dei três filhos.
35 Leia ficou grávida mais uma vez e
teve outro filho. A esse deu o nome de
Judá e disse:
— Desta vez louvarei a Deus, o SENHOR.
Depois disso não teve mais filhos.
30 Quando Raquel percebeu que não
podia ter filhos, ficou com inveja da
sua irmã Leia e disse ao marido:
— Dê-me filhos; se não, eu morro!
2 Jacó ficou zangado com Raquel e disse:
— Você está pensando que eu sou
Deus? É ele quem não deixa você ter
filhos.
3 Então Raquel disse:
— Aqui está a minha escrava Bila; te-
nha relações com ela. Quando ela tiver
um filho, será como se fosse meu. Desse
modo eu serei mãe por meio dela.
4 Assim, Raquel deu a Jacó a sua escrava
Bila para ser sua *concubina, e ele teve re-
lações com ela. 5 Bila ficou grávida e deu a
Jacó um filho. 6 Então Raquel disse:
— Este menino vai se chamar Dã por-
que Deus foi justo comigo. Ele ouviu a mi-
nha oração e me deu um filho.
7 Bila ficou grávida outra vez e deu a
Jacó outro filho. 8 Aí Raquel disse:
— O nome deste menino será Nafta-
li porque lutei muito contra minha irmã
e venci.
9 Quando Leia percebeu que não ia ter
mais filhos, deu a sua escrava Zilpa a Jacó
para ser sua concubina. 10 E Zilpa deu a
Jacó um filho. 11 Então Leia disse:
— Que sorte! Este menino vai se cha-
mar Gade.
12 Depois Zilpa deu a Jacó outro filho,
13 e Leia disse:
— Como sou feliz! Agora as mulheres
dirão que sou feliz. Por isso o menino se
chamará Aser.
14 Um dia, no tempo da colheita do tri-
go, Rúben foi ao campo. Ali achou umas
mandrágoras e as levou para Leia, a sua
mãe. Quando Raquel viu isso, disse a Leia:
— Por favor, dê-me algumas das man-
drágoras que o seu filho trouxe.
15 Leia respondeu:
— Será que você acha que tomar o meu
marido de mim ainda é pouco? Agora vai
querer tomar também as mandrágoras
que o meu filho me deu?
Aí Raquel disse:
— Vamos fazer uma troca: você me dá
as mandrágoras, e eu deixo que você dur-
ma com Jacó esta noite.
16 De tardinha, quando Jacó chegou do
campo, Leia foi encontrar-se com ele e
disse:
— Esta noite você vai dormir comigo
porque eu paguei para isso com as man-
drágoras que o meu filho achou.
Naquela noite Jacó teve relações com
ela. 17 Deus ouviu a oração de Leia, e ela
ficou grávida e deu a Jacó um quinto filho.
18 Então Leia disse:
— Este menino se chamará Issacar, pois
Deus me recompensou por ter dado a mi-
nha escrava ao meu marido.
19 Depois Leia engravidou pela sexta
vez e deu a Jacó mais um filho. 20 E disse:
— Deus me deu um belo presente.

Agora o meu marido vai ficar comigo por-
que lhe dei seis filhos.
Por isso ela pôs nele o nome de Ze-
bulom.
21 Por último Leia teve uma filha e lhe
deu o nome de Dina.
22 Então Deus lembrou de Raquel. Ele
ouviu a sua oração e fez com que ela pu-
desse ter filhos. 23 Ela engravidou e deu à
luz um filho. Então disse:
— Deus não deixou que eu continuasse
envergonhada por não ter filhos. 24 Que o
SENHOR Deus me dê mais um filho.
Por isso ela pôs nele o nome de José.

Jacó e Labão fazem um trato

25 Depois do nascimento de José, Jacó
disse a Labão:
— Deixe-me voltar para a minha terra.
26 Dê-me os meus filhos e as minhas mu-
lheres, que eu ganhei trabalhando para o
senhor, e eu irei embora. O senhor sabe
muito bem quanto eu o tenho servido.
27 Labão respondeu:
— Fique comigo, por favor, pois por
meio de adivinhações fiquei sabendo que
o SENHOR Deus está me abençoando por
causa de você. 28 Diga quanto quer ganhar,
que eu pagarei.
29 Então Jacó disse:
— O senhor sabe como tenho trabalha-
do e como tenho cuidado dos seus ani-
mais. 30 Antes de eu chegar, o senhor ti-
nha pouco, mas depois tudo aumentou
muito. E Deus tem abençoado o senhor
em todos os lugares por onde eu tenho
andado. Mas agora preciso cuidar da mi-
nha própria família.
31 — Quanto você quer que eu lhe pa-
gue? — insistiu Labão.
Jacó respondeu:
— Não quero salário. Eu continuarei
a cuidar das suas ovelhas se o senhor
concordar com a proposta que vou fazer.
32 Hoje vou passar por todo o seu reba-
nho a fim de separar para mim todos os
carneirinhos pretos e todos os cabritos
malhados e com manchas. É só isso que
eu quero como salário. 33 No futuro será
fácil o senhor saber se eu tenho sido ho-
nesto. Na hora de conferir o meu salário,
se houver no meu rebanho carneirinhos
que não sejam pretos e cabritos que não
sejam malhados ou não tenham manchas,
o senhor saberá que fui eu que roubei.
34 Labão concordou, dizendo:
— Está bem. Aceito a sua proposta.
35 Mas naquele mesmo dia Labão sepa-
rou para si todos os cabritos que tinham
listas ou manchas, todas as cabras malha-
das e as manchadas ou que tinham algum
branco e todos os carneirinhos pretos. Ele
os entregou aos seus filhos para cuidarem
deles 36 e se afastou de Jacó a uma distân-
cia de três dias de viagem. E Jacó ficou
cuidando dos outros animais de Labão.
37 Então Jacó pegou galhos verdes de
choupo, de amendoeira e de plátano e
descascou-os, fazendo aparecer listas
brancas. 38 Ele pôs esses galhos na frente
dos animais, nos bebedouros onde iam
beber. Ele fez isso porque eles cruzavam
quando iam beber. 39 E, como cruzavam
diante dos galhos, as ovelhas davam crias
listadas, com manchas e malhadas.
40 Jacó separou as ovelhas dos bodes e
fez com que olhassem na direção dos ani-
mais listados e dos animais pretos do re-
banho de Labão. Assim, Jacó foi formando
o seu próprio rebanho, separando-o dos
animais de Labão.
41 Quando os animais fortes estavam
cruzando, Jacó punha os galhos das ár-
vores na frente deles nos bebedouros, e
assim eles cruzavam perto dos galhos.
42 Mas na frente dos animais fracos Jacó
não punha os galhos. Por isso os animais
fracos ficavam para Labão, e os mais for-
tes ficavam para Jacó. 43 Desse modo ele fi-
cou muito rico e chegou a ter muitas ove-
lhas e cabras, escravos, escravas, camelos
e jumentos.

Jacó foge de Labão

31 Jacó ficou sabendo que os filhos
de Labão andavam dizendo o se-
guinte:
— Jacó está tirando tudo o que é do
nosso pai. É às custas do nosso pai que
ele está ficando rico.
2 Jacó também notou que Labão já não
se mostrava tão amigo como antes. 3 En-
tão o SENHOR Deus disse a Jacó:
— Volte para a terra dos seus pais,
onde estão os seus parentes. Eu estarei
com você.
4 Aí Jacó mandou chamar Raquel e Leia
para que viessem ao campo, onde ele es-
tava com as suas ovelhas e cabras. 5 Quan-
do chegaram, ele disse:
— Tenho reparado que o pai de vocês já
não se mostra tão meu amigo como antes;
mas o Deus do meu pai tem estado comi-
go. 6 Vocês sabem muito bem que tenho

me esforçado muito, trabalhando para o pai de vocês. 7 Mas ele me tem enganado e já mudou o meu salário umas dez vezes. Porém Deus não deixou que ele me prejudicasse. 8 Quando ele dizia: "Os cabritos com manchas serão o seu salário", aí as fêmeas tinham crias manchadas. E, quando ele dizia: "Os cabritos listados serão o seu salário", aí as crias saíam todas listadas. 9 Foi assim que Deus tirou os rebanhos do pai de vocês e os deu a mim.

10 — Um dia, quando os animais estavam no tempo do cruzamento, eu tive um sonho. Eu vi que os bodes que cobriam as fêmeas eram listados, malhados e manchados. 11 O Anjo de Deus me chamou pelo nome, e eu respondi: "Aqui estou." 12 Então ele continuou: "Veja! Todos os bodes que estão cruzando são listados, malhados e manchados. Eu estou fazendo com que isso aconteça porque tenho visto o que Labão está fazendo com você. 13 Eu sou o Deus que apareceu a você em Betel, onde você me dedicou uma pedra, derramando azeite sobre ela, e onde você me fez uma promessa. Agora prepare-se, saia desta terra e volte para a terra onde você nasceu."

14 Então Raquel e Leia responderam:

— Não sobrou nada para herdarmos do nosso pai. 15 Ele nos trata como se fôssemos estrangeiras. Ele até nos vendeu e depois gastou todo o dinheiro que recebeu como pagamento. 16 Toda a riqueza que Deus tirou do nosso pai é nossa e dos nossos filhos. Portanto, faça tudo o que Deus mandou.

17-18 Jacó se preparou para voltar a Canaã, onde morava Isaque, o seu pai. Fez com que os seus filhos e as suas mulheres montassem os camelos, ajuntou tudo o que tinha e partiu, levando todos os animais que havia conseguido com o seu trabalho na Mesopotâmia. 19 Labão, o pai de Raquel, havia ido para outro lugar a fim de cortar a lã das suas ovelhas; e, enquanto ele estava fora, Raquel roubou as imagens dos deuses da casa dele. 20 Foi assim que Jacó, sem avisar que ia embora, enganou Labão, o arameu, 21 fugindo com *tudo o que* tinha. Atravessou o rio Eufrates e foi na direção da região montanhosa de Gileade.

Labão vai atrás de Jacó

22 Três dias depois Labão ficou sabendo que Jacó havia fugido. 23 Ele reuniu os seus parentes e foi atrás de Jacó. Sete dias depois, Labão alcançou Jacó na região montanhosa de Gileade. 24 Naquela noite Deus apareceu num sonho a Labão, o arameu, e disse:

— Cuidado! Não faça nada a Jacó.

25 Labão alcançou Jacó na região montanhosa de Gileade, onde ele estava acampado. E Labão e os seus parentes acamparam no mesmo lugar. 26 Aí Labão disse a Jacó:

— Por que foi que você me enganou, levando as minhas filhas como se fossem prisioneiras de guerra? 27 Por que você me enganou, fugindo desse jeito, sem me dizer nada? Se você tivesse falado comigo, eu teria preparado uma festa alegre de despedida, com canções acompanhadas de pandeiros e de *liras. 28 Você nem me deixou beijar os meus netos e as minhas filhas. O que você fez foi coisa de gente sem juízo. 29 Eu poderia ter feito muito mal a vocês, mas na noite passada o Deus do seu pai me disse assim: "Cuidado! Não faça nada a Jacó." 30 Eu sei que você foi embora porque tinha saudades de casa. Mas por que foi que você roubou as imagens dos deuses da minha casa?

31 Jacó respondeu:

— Eu fiquei com medo, pois pensei que o senhor ia me tirar as suas filhas à força. 32 Mas, se o senhor achar as suas imagens com alguém aqui, essa pessoa será morta. Os nossos parentes são testemunhas: se o senhor encontrar aqui qualquer coisa que seja sua, pode levar.

Acontece que Jacó não sabia que Raquel havia roubado as imagens.

33 Labão entrou na barraca de Jacó, depois na de Leia e depois na das duas escravas, porém não encontrou as suas imagens. Então foi para a barraca de Raquel. 34 Aí ele procurou em toda parte, porém não achou nada, pois Raquel havia posto as imagens numa sela de camelo e estava sentada em cima. 35 Ela disse ao pai:

— O senhor não fique zangado comigo por eu não me levantar, mas é que estou menstruada.

Foi assim que Labão procurou as suas imagens, sem as encontrar.

36 Aí Jacó ficou zangado. Ele disse a Labão:

— O que foi que eu fiz de errado? Qual foi a *lei que eu quebrei para o senhor me perseguir com tanta raiva? 37 Agora que

mexeu em todas as minhas coisas, será
que encontrou alguns objetos que são
seus? Pois ponha esses objetos aqui, na
frente dos meus parentes e dos seus, para
que eles julguem qual de nós dois está
com a razão. 38 Durante os vinte anos que
trabalhei para o senhor, as suas ovelhas e
as suas cabras nunca tiveram abortos, e
eu não comi um só carneiro do seu reba-
nho. 39 Nunca lhe trouxe os animais que as
feras mataram, mas eu mesmo pagava o
prejuízo. O senhor me cobrava qualquer
animal que fosse roubado de dia ou de
noite. 40 A minha vida era assim: de dia o
calor me castigava, e de noite eu morria
de frio. E quantas noites eu passei sem
dormir! 41 Fiquei vinte anos na sua casa.
Trabalhei catorze anos para conseguir as
suas duas filhas e seis anos para conse-
guir os seus animais. E, ainda por cima,
o senhor mudou o meu salário umas dez
vezes. 42 Se o Deus dos meus antepassa-
dos — o Deus de Abraão, o Deus a quem
Isaque *temia — não tivesse estado comi-
go, o senhor teria me mandado embora
com as mãos vazias. Mas Deus viu o meu
sofrimento e o trabalho que tive e ontem
à noite ele resolveu a questão.

Jacó e Labão fazem um trato

43 Labão respondeu a Jacó assim:
— Estas filhas são minhas, os netos são
meus, estes animais são meus, e tudo o
que você está vendo é meu. Agora, como
não posso fazer nada para ficar com as
minhas filhas e com os filhos que elas ti-
veram, 44 estou disposto a fazer um tra-
to com você. Vamos fazer aqui um mon-
tão de pedras para que lembremos des-
se trato.
45 Então Jacó pegou uma pedra e a pôs
de pé como se fosse um pilar. 46 Depois
disse aos seus parentes que ajuntassem
e amontoassem pedras. Eles fizeram um
montão de pedras e depois tomaram uma
refeição ali do lado dele. 47 Labão pôs na-
quele lugar o nome de Jegar-Saaduta, e
Jacó o chamou de Galeede. 48 Depois La-
bão disse:
— Este montão de pedras servirá para
que nós dois lembremos desse trato.
Foi por isso que aquele lugar recebeu
o nome de Galeede. 49 E também teve o
nome de Mispa porque Labão disse:
— Que o SENHOR Deus fique nos vi-
giando quando estivermos separados um
do outro! 50 Se você maltratar as minhas
filhas ou se você casar com outras mulhe-
res, mesmo que eu não saiba o que está
acontecendo, lembre que Deus está nos
vigiando. 51 Aqui estão as pedras e o pi-
lar que coloquei entre nós dois. 52 O mon-
tão de pedras e o pilar são para lembrar-
mos desse trato. Eu nunca passarei para
lá deste pilar para atacá-lo, e você não
passará para cá deste montão de pedras
e deste pilar para me atacar. 53 O Deus de
Abraão e o Deus de Naor será juiz en-
tre nós.
Então Jacó fez um juramento em nome
do Deus a quem Isaque, o seu pai, *temia.
54 Ele ofereceu um animal em *sacrifício ali
na montanha e convidou os seus paren-
tes para uma refeição. Naquela noite eles
comeram e dormiram ali na montanha.
55 Na manhã seguinte Labão se levantou
bem cedo, beijou as suas filhas e os seus
netos e os abençoou. E depois foi embo-
ra, voltando para a sua terra.

Jacó faz planos para o encontro com Esaú

32 Jacó estava continuando a sua via-
gem quando alguns anjos de Deus
foram encontrar-se com ele. 2 Quando Jacó
os viu, disse:
— Este é o acampamento de Deus.
Por isso pôs naquele lugar o nome de
Maanaim.
3 Jacó mandou mensageiros para a re-
gião de Seir, também chamada de Edom,
a fim de se encontrarem com Esaú 4 e lhe
darem esta mensagem: "Eu, Jacó, estou às
suas ordens para servi-lo. Durante todo
esse tempo morei com Labão. 5 Tenho
gado, jumentos, ovelhas, cabras, escravos
e escravas. Estou mandando este recado
ao senhor, esperando ser bem recebido."
6 Os mensageiros voltaram e disseram:
— Estivemos com Esaú, o seu irmão.
Ele já vem vindo para se encontrar com o
senhor. E vem com quatrocentos homens.
7 Quando Jacó ouviu isso, teve muito
medo e ficou preocupado. Então dividiu
em dois grupos a gente que estava com
ele e também as ovelhas, as cabras, o gado
e os camelos. 8 Ele pensou que, se Esaú
viesse e atacasse um grupo, o outro po-
deria escapar.
9 Depois Jacó fez esta oração:
— Ouve-me, ó SENHOR, Deus do meu
avô Abraão e de Isaque, o meu pai! Tu
me mandaste voltar para a minha ter-
ra e para os meus parentes, prometendo
que tudo correria bem para mim. 10 Eu,

DEVOCIONAL

Texto para leitura: **Gênesis 32:9-12**

Conheça a Deus

Se você quiser mais fé, então vai precisar de mais oração. Ao orar, você aprende a confiar no Deus que responde à oração. É como um exercício. Quanto mais peso você levanta, mais forte seu corpo fica; quanto mais você ora, mais forte sua fé fica. Ignorar o chamado de Deus à oração leva à fraqueza espiritual e ao fracasso. Se você quiser mais confiança, se quiser mais esperança, mais fé e mais força, então precisa de mais oração. Você não pode deixar que ela ocupe um lugar secundário em sua vida. Ela precisa ser a parte mais importante de seu dia. Ela dá o tom de sua vida. Sem ela, sua fé é inútil e fraca.

Quando você ama uma pessoa, você quer passar tempo ao lado dela e conversar com ela, e quando precisa de alguma coisa dessa pessoa, você se comunica para lhe pedir o que precisa. Oração é seu meio de comunicar-se com Deus. É a maneira de você se conectar, a maneira de entrar na presença dele e conhecer seu caráter. É o modo como sua vida passa, de fato, a ter significado, porque, ao orar pelos outros, você pode transformar a vida deles. E enquanto as pessoas têm a vida transformada, sua confiança em Deus aumenta e a vida delas melhora. É uma situação em que as duas partes ganham.

A oração é algo poderoso nas mãos de uma Garota de Deus. Nunca subestime a força e a capacidade que a oração tem de transformar não só sua vida, mas a vida das pessoas por quem você ora. A disposição de Jacó de recorrer a Deus em suas necessidades trouxe ajuda divina para toda a família. E suas orações podem servir para ajudar não só você, mas as pessoas à sua volta também.

teu *servo, não mereço toda a bondade
e fidelidade com que me tens tratado.
Quando atravessei o rio Jordão, eu tinha
apenas um bastão e agora estou voltan-
do com estes dois grupos de pessoas e
animais. 11 Ó SENHOR, eu te peço que me
salves do meu irmão Esaú. Tenho medo
de que ele venha e me mate e também
as mulheres e as crianças. 12 Lembra que
prometeste que tudo me correria bem e
que os meus descendentes seriam como
a areia da praia, tantos que ninguém po-
deria contar.

13 Naquela noite Jacó dormiu ali. Depois
ele escolheu alguns dos seus animais para
dar de presente a Esaú. 14 Escolheu duzen-
tas cabras e vinte bodes, duzentas ovelhas
e vinte carneiros, 15 trinta camelas com as
suas crias, que ainda mamavam, quarenta
vacas e dez touros, e vinte jumentas e dez
jumentos. 16 Jacó dividiu esses animais em
grupos e pôs um empregado para tomar
conta de cada grupo. E deu esta ordem:

— Vocês vão na frente, deixando um
espaço entre os grupos.

17 Jacó disse ao primeiro empregado:

— Quando o meu irmão Esaú se encon-
trar com você, ele vai perguntar: "Quem é
o seu patrão? Aonde você vai? E de quem
são esses animais que você vai levando?"
18 Então responda assim: "Estes animais
são do seu criado Jacó. São um presente
que ele está enviando ao seu patrão Esaú.
E ele também vem vindo aí atrás."

19 Também ao segundo, e ao terceiro, e
a todos os outros que tomavam conta dos
grupos, Jacó disse:

— Quando vocês se encontrarem com
Esaú, digam a mesma coisa. 20 E não es-
queçam de dizer isto: "O seu criado Jacó
vem vindo aí atrás."

É que Jacó estava pensando assim:
"Vou acalmar Esaú com os presentes que
irão na minha frente. E, quando nos en-
contrarmos, talvez ele me perdoe." 21 Des-
se modo Jacó mandou os presentes na

frente e passou aquela noite no acam-
pamento.

A luta de Jacó em Peniel

22 Naquela mesma noite Jacó se levan-
tou e atravessou o rio Jaboque, levando
consigo as suas duas mulheres, as suas
duas *concubinas e os seus onze filhos.
23 Depois que as pessoas passaram, Jacó
fez com que também passasse tudo o que
era seu; 24 mas ele ficou para trás, sozinho.
Aí veio um homem que lutou com ele
até o dia amanhecer. 25 Quando o homem
viu que não podia vencer, deu um golpe
na junta da coxa de Jacó, de modo que
ela ficou fora do lugar. 26 Então o homem
disse:
— Solte-me, pois já está amanhecendo.
— Não solto enquanto o senhor não me
abençoar — respondeu Jacó.
27 Aí o homem perguntou:
— Como você se chama?
— Jacó — respondeu ele.
28 Então o homem disse:
— O seu nome não será mais Jacó. Você
lutou com Deus e com os homens e ven-
ceu; por isso o seu nome será Israel.
29 — Agora diga-me o seu nome — pe-
diu Jacó.
O homem respondeu:
— Por que você quer saber o meu
nome?
E ali ele abençoou Jacó.
30 Então Jacó disse:
— Eu vi Deus face a face, mas ainda
estou vivo.
Por isso ele pôs naquele lugar o nome
de Peniel. 31 O sol nasceu quando Jacó es-
tava saindo de Peniel, e ele ia mancando
por causa do golpe que havia levado na
coxa. 32 *Até hoje os descendentes de Is-
rael não comem o músculo que fica na
junta da coxa, pois foi nessa parte do cor-
po que ele recebeu o golpe.

Jacó se encontra com Esaú

33 *Quando Jacó viu que Esaú vinha*
chegando com os seus quatrocen-
tos homens, dividiu os seus filhos em gru-
pos, que ficaram com Leia, com Raquel
e com as duas escravas. 2 As escravas e
os seus filhos ficaram na frente, depois
Leia com os seus filhos e por último Ra-
quel e José. 3 Depois Jacó passou e ficou na
frente; sete vezes ele se ajoelhou e encos-
tou o rosto no chão, até que chegou perto
de Esaú. 4 Porém Esaú saiu correndo ao
encontro de Jacó e o abraçou; ele pôs os
braços em volta do seu pescoço e o beijou.
E os dois choraram. 5 Quando Esaú olhou
em volta e viu as mulheres e as crianças,
perguntou:
— Quem são esses que estão com você?
— São os filhos que Deus, na sua bon-
dade, deu a este seu criado — respon-
deu Jacó.
6 Então as escravas e os seus filhos che-
garam perto de Esaú e se curvaram na
frente dele. 7 Depois vieram Leia e os seus
filhos e também se curvaram. Por último
José e Raquel vieram e se curvaram.
8 Depois Esaú perguntou:
— E o que são aqueles grupos que en-
contrei pelo caminho?
Jacó respondeu:
— Por meio deles pensei em ganhar a
boa vontade do senhor.
9 Aí Esaú disse:
— Eu já tenho bastante, meu irmão; fi-
que com o que é seu.
10 Mas Jacó insistiu:
— Não recuse. Se é que mereço um
favor seu, aceite o meu presente. Para
mim, ver o seu rosto é como ver o rosto
de Deus, pois o senhor me recebeu tão
bem. 11 Por favor, aceite este presente que
eu trouxe para o senhor. Deus tem sido
bom para mim e me tem dado tudo o que
preciso.
E Jacó insistiu até que Esaú aceitou.
12 Então Esaú disse:
— Bem, vamos embora; eu vou na
frente.
13 Jacó respondeu:
— Meu patrão, o senhor sabe que as
crianças são fracas, e eu tenho de pensar
nas ovelhas e vacas com crias. Se forem
forçados a andar depressa demais, nem
que seja por um dia só, todos os animais
poderão morrer. 14 É melhor que o meu
patrão vá na frente deste seu criado. Eu
vou atrás devagar, conforme o passo dos
animais e dos meninos, até que chegue a
Edom, onde o senhor mora.
15 Esaú disse:
— Então deixe que alguns dos meus
empregados fiquem com você para acom-
panhá-lo.
Jacó respondeu:
— Não é preciso. Eu só quero conquis-
tar a amizade do meu patrão.
16 Naquele dia Esaú voltou pelo mesmo
caminho para a região de Edom. 17 Jacó,

por sua vez, foi para Sucote. Ali construiu
uma casa para si e abrigos para o gado.
Por isso puseram naquele lugar o nome
de Sucote.
18 Assim, Jacó voltou da Mesopotâmia
para Canaã; ele chegou são e salvo à ci-
dade de Siquém e armou o seu acampa-
mento ali perto. 19 Por cem barras de prata
comprou terras dos filhos de Hamor, o pai
de Siquém, e nelas armou o seu acampa-
mento. 20 Ali ele construiu um altar e pôs
nele o nome de El, o Deus de Israel.

Dina é desonrada

34 Certa vez Dina, a filha de Jacó e de
Leia, foi fazer uma visita a algumas
moças daquele lugar. 2 Hamor, o heveu, que
era chefe daquela região, tinha um filho
chamado Siquém. Este viu Dina, pegou-a
e a forçou a ter relações com ele. 3 E ele a
achou tão atraente, que se apaixonou por
ela e procurou fazer com que ela o amas-
se. 4 Depois disse ao seu pai:
— Peça esta moça em casamento para
mim.
5 Jacó ficou sabendo que Siquém havia
desonrado a sua filha Dina. Porém, como
os seus filhos estavam no campo com o
gado, não disse nada até que eles volta-
ram para casa. 6 Enquanto isso, Hamor, o
pai de Siquém, foi falar com Jacó. 7 Quan-
do os filhos de Jacó chegaram do campo
e souberam do caso, ficaram indignados
e furiosos, pois Siquém havia feito uma
coisa vergonhosa em Israel, desonran-
do a filha de Jacó. Isso era uma coisa que
não se devia fazer. 8 Mas Hamor lhes disse:
— O meu filho Siquém está apaixona-
do pela filha de vocês. Eu peço que vocês
deixem que ela case com ele. 9 Fiquemos
parentes; nós casaremos com as filhas
de vocês, e vocês casarão com as nossas.
10 Fiquem aqui com a gente, morando na
nossa região. Comprem terras onde qui-
serem e façam negócios por aqui.
11 Depois Siquém disse ao pai e aos ir-
mãos de Dina:
— Façam este favor para mim, e eu lhes
darei o que quiserem. 12 Peçam os presen-
tes que quiserem e digam quanto querem
que eu pague pela moça, mas deixem que
ela case comigo.
13 Como Siquém havia desonrado a irmã
deles, os filhos de Jacó foram falsos na
resposta que deram a ele e ao seu pai Ha-
mor. 14 Eles disseram assim:
— Não podemos deixar que a nossa
irmã case com um homem que não te-
nha sido *circuncidado, pois isso seria
uma vergonha para nós. 15 Só podemos
aceitar com esta condição: que vocês fi-
quem como nós, quer dizer, que todos os
seus homens sejam circuncidados. 16 Aí,
sim, vocês poderão casar com as nos-
sas filhas, e nós casaremos com as fi-
lhas de vocês. Nós viveremos no meio
de vocês, e seremos todos um povo só.
17 Mas, se vocês não aceitarem a nossa
condição e não quiserem ser circuncida-
dos, nós iremos embora e levaremos a
nossa irmã.
18 Hamor e o seu filho Siquém concorda-
ram com a condição. 19 Sem perda de tem-
po, o moço foi circuncidado, pois estava
apaixonado pela filha de Jacó. E Siquém
era a pessoa mais respeitada na família
do seu pai.
20 Depois Hamor e o seu filho Siquém
foram até o portão da cidade, onde eram
tratados os negócios, e disseram aos mo-
radores da cidade:
21 — Essa gente é amiga. Vamos deixar
que eles fiquem morando e negociando
aqui, pois há terras que chegam para eles.
Nós poderemos casar com as filhas deles,
e eles poderão casar com as nossas. 22 Mas
eles só concordam em viver entre nós e
se tornar um só povo com a gente se acei-
tarmos esta condição: todos os nossos ho-
mens precisam ser circuncidados, como
eles são. 23 E será que não ficaremos com
todo o gado deles e com tudo o que eles
têm? É só aceitarmos a condição, e eles
ficarão morando entre nós.
24 Todos os homens maiores de idade
concordaram com Hamor e com o seu fi-
lho Siquém e foram circuncidados. 25 Três
dias depois, quando os homens sentiam
fortes dores, dois filhos de Jacó, Simeão e
Levi, irmãos de Dina, pegaram as suas es-
padas, entraram na cidade sem ninguém
notar e mataram todos os homens. 26 E
Hamor e Siquém também foram mortos.
Em seguida Simeão e Levi tiraram Dina
da casa de Siquém e saíram. 27 Depois da
matança os outros filhos de Jacó rouba-
ram as coisas de valor que havia na cida-
de para se vingar da desonra da sua irmã.
28 Eles levaram as ovelhas e as cabras, o
gado, os jumentos e tudo o que havia na
cidade e no campo. 29 Tiraram das casas
todas as coisas de valor e levaram como
prisioneiras as mulheres e as crianças.
30 Então Jacó disse a Simeão e a Levi:

— Vocês me puseram numa situação
difícil. Agora os cananeus, os perizeus e
todos os moradores destas terras vão fi-
car com ódio de mim. Eu não tenho mui-
tos homens. Se eles se ajuntarem e me
atacarem, a minha família inteira será
morta.
31 Mas eles responderam:
— Nós não podíamos deixar que a nos-
sa irmã fosse tratada como uma pros-
tituta.

Bênção em Betel

35 Deus disse a Jacó:
— Apronte-se, vá para Betel e fi-
que morando lá. Em Betel construa um
altar e o dedique a mim, o Deus que lhe
apareceu quando você estava fugindo do
seu irmão Esaú.
2 Então Jacó disse à sua família e a todos
os que estavam com ele:
— Joguem fora todas as imagens dos
deuses estrangeiros que vocês têm. *Pu-
rifiquem-se e vistam roupas limpas.
3 Aprontem-se, que nós vamos para Betel.
Ali vou fazer um altar dedicado ao Deus
que me ajudou no tempo da minha afli-
ção e que tem estado comigo em todos os
lugares por onde tenho andado.
4 Eles entregaram as imagens dos deu-
ses estrangeiros que tinham e os brin-
cos que usavam nas orelhas. E Jacó en-
terrou tudo debaixo da árvore sagrada
que fica perto de Siquém. 5 Quando eles
foram embora, Deus fez com que os mora-
dores das cidades vizinhas ficassem com
um medo terrível, e por isso eles não per-
seguiram Jacó.
6 Assim, Jacó e toda a sua gente chega-
ram a Luz, cidade que também é conhe-
cida pelo nome de Betel e que fica na ter-
ra de Canaã. 7 Ali ele construiu um altar
e pôs naquele lugar o nome de "O Deus
de Betel" porque ali Deus havia apareci-
do a ele, quando estava fugindo do seu
irmão. 8 Naquele lugar morreu Débora, a
mulher que havia sido babá de Rebeca.
Ela foi sepultada debaixo da árvore sa-
grada que fica ao sul de Betel. E puseram
naquele lugar o nome de "Árvore Sagrada
das Lágrimas".
9 Quando Jacó voltou da Mesopotâmia,
Deus lhe apareceu outra vez e o aben-
çoou, 10 dizendo:

"Você se chama Jacó,
porém esse não será mais o seu nome;
agora o seu nome será Israel."

Assim, Deus pôs nele o nome de Israel.
11 E disse também:

"Eu sou o Deus Todo-Poderoso.
Tenha muitos filhos
e muitos descendentes.
Uma nação e muitos povos
sairão de você,
e entre os seus descendentes
haverá reis.
12 A terra que dei a Abraão e a
Isaque
darei também a você
e depois a darei
aos seus descendentes."

13 Quando acabou de falar com Jacó,
Deus subiu e foi embora daquele lugar.
14 Então Jacó pegou uma pedra e a colo-
cou como pilar no lugar onde Deus havia
falado com ele. Ele a separou para Deus,
derramando vinho e azeite em cima. 15 E
pôs naquele lugar o nome de Betel.

A morte de Raquel

16 Jacó e a sua família saíram de Betel;
e, quando estavam chegando perto de
Efrata, Raquel começou a sentir dores
de parto. E o parto foi difícil. 17 Quando
as dores estavam no ponto mais forte, a
parteira disse:
— Não tenha medo; você vai ter outro
filho homem.
18 Porém ela estava morrendo. E, antes
de dar o último suspiro, chamou o meni-
no de Benoni. Mas o pai pôs nele o nome
de Benjamim.
19 Assim, Raquel morreu e foi sepultada
na beira do caminho de Efrata, que agora
se chama Belém. 20 Jacó pôs sobre a sepul-
tura uma pedra como pilar, e ela marca o
lugar da sepultura *até hoje. 21 Depois Jacó
saiu dali e armou o seu acampamento do
outro lado da torre de Éder.

Os filhos de Jacó

1Crônicas 2.1-2

22 Um dia, quando Jacó estava morando
naquele lugar, o seu filho Rúben teve rela-
ções com Bila, que era *concubina de Jacó.
Quando ele soube disso, ficou furioso.
Os filhos de Jacó eram doze. 23 Os que
teve com Leia foram Rúben (o filho mais
velho de Jacó), Simeão, Levi, Judá, Issacar
e Zebulom. 24 Com Raquel ele teve José e
Benjamim. 25 Com Bila, a escrava de Ra-
quel, ele teve Dã e Naftali. 26 Com Zilpa,
a escrava de Leia, ele teve Gade e Aser.

Esses filhos de Jacó nasceram na Meso-
potâmia.

A morte de Isaque

27 Jacó foi morar com Isaque, o seu pai,
em Manre, a cidade que também se cha-
ma Arba e que fica perto de Hebrom, onde
Abraão e Isaque haviam morado. 28 Aos
cento e oitenta anos de idade, 29 quando
já era muito velho, Isaque morreu, indo
reunir-se assim com os seus antepassa-
dos no *mundo dos mortos. E os seus fi-
lhos Esaú e Jacó o sepultaram.

Os descendentes de Esaú

1Crônicas 1.34-37

36 São estes os descendentes de Esaú,
também chamado de Edom. 2 Esaú
casou com duas mulheres do país de Ca-
naã, isto é, com Ada, filha de Elom, o he-
teu; e com Oolibama, filha de Aná e neta
de Zibeão, o heveu. 3 Esaú casou também
com Basemate, filha de Ismael e irmã de
Nebaiote. 4 Ada foi mãe de Elifaz, Basema-
te foi mãe de Reuel, 5 e Oolibama foi mãe
de Jeús, Jalã e Corá. Esses foram os filhos
de Esaú que nasceram quando ele estava
morando na terra de Canaã.

6 Depois Esaú foi para outro lugar com
as suas mulheres, os seus filhos, as suas
filhas e toda a gente da sua casa, sepa-
rando-se assim do seu irmão Jacó. Esaú
levou consigo todas as suas ovelhas e ca-
bras, todo o seu gado e tudo o que havia
conseguido no país de Canaã. 7 Esaú saiu
dali porque a terra em que ele e Jacó es-
tavam morando era pequena demais para
os dois; eles tinham muito gado e por isso
não podiam ficar juntos. 8 Portanto, Esaú,
também chamado de Edom, foi morar na
região montanhosa de Seir.

9 Segue a lista dos descendentes de
Esaú, o antepassado dos edomitas, que
vivem na região montanhosa de Edom,
também chamada de Seir. 10-13 Ada, mu-
lher de Esaú, teve um filho chamado Eli-
faz; os filhos de Elifaz foram cinco: Temã,
Omar, Zefo, Gaetã e Quenaz. Com a sua
*concubina Timna, Elifaz teve Amaleque.

Basemate, outra mulher de Esaú, teve
um filho chamado Reuel; e Reuel foi pai
de quatro filhos: Naate, Zera, Sama e Miza.

14 Esaú tinha outra mulher chamada Oo-
libama, filha de Aná e neta de Zibeão. Os
filhos dela foram Jeús, Jalã e Corá.

15 Segue a lista das tribos que descen-
dem de Esaú. De Elifaz, o filho mais velho
de Esaú, descendem as seguintes tribos:
Temã, Omar, Zefo, Quenaz, 16 Corá, Gaetã
e Amaleque. Estes foram descendentes
de Ada, mulher de Esaú.

17 De Reuel descendem as seguintes
tribos: Naate, Zera, Sama e Miza. Estes
foram descendentes de Basemate, outra
mulher de Esaú.

18 De Esaú com sua outra mulher cha-
mada Oolibama, filha de Aná, descen-
dem as seguintes tribos: Jeús, Jalã e Corá.
19 Todas essas tribos são descendentes de
Esaú.

Os descendentes de Seir

1Crônicas 1.38-42

20-21 As primeiras tribos que moraram
na terra de Edom eram descendentes de
Lotã, Sobal, Zibeão, Aná, Disom, Eser e
Disã, todos eles filhos de Seir, o horeu.

22 Lotã foi o pai dos grupos de famílias
de Hori e de Homã. Lotã tinha uma irmã
chamada Timna.

23 Sobal foi o antepassado dos grupos
de famílias de Alvã, Manaate, Ebal, Sefô
e Onã.

24 Zibeão foi pai de dois filhos: Aías e
Aná. Este foi o Aná que descobriu as fon-
tes de água quente no deserto, quando es-
tava tomando conta dos jumentos do pai.
25-26 Aná foi o pai de Disom, que foi o pai
dos grupos de famílias de Hendã, Esbã,
Itrã e Querã. Aná também foi pai de uma
filha chamada Oolibama.

27 Eser foi o pai dos grupos de famílias
de Bilã, Zaavã e Acã.

28 Disã foi o pai dos grupos de famílias
de Uz e Arã.

29-30 São estas, portanto, as tribos dos
horeus na terra de Edom: Lotã, Sobal, Zi-
beão, Aná, Disom, Eser e Disã.

Os reis de Edom

1Crônicas 1.43-54

31-39 Os seguintes reis governaram a ter-
ra de Edom, um depois do outro, no tem-
po em que Israel ainda não tinha rei:

Belá, filho de Beor, da cidade de Dinaba.

Jobabe, filho de Zera, de Bosra.

Husã, da região de Temã.

Hadade, filho de Bedade, da cidade de
Avite. Ele derrotou os midianitas numa
batalha na terra de Moabe.

Samlá, da cidade de Masreca.

Saul, de Reobote-do-Rio-Eufrates.

Baal-Hanã, filho de Acbor.

Hadade, da cidade de Paú (o nome da

mulher dele era Meetabel, filha de Matrede e neta de Me-Zaabe).

40-43 De Esaú vieram as seguintes tribos edomitas: Timna, Alva, Jetete, Oolibama, Elá, Pinom, Quenaz, Temã, Mibsar, Magdiel e Irão. A região em que morava cada uma dessas tribos recebeu o nome da sua tribo.

José e os seus irmãos

37 Jacó ficou morando na terra de Canaã, onde o seu pai tinha vivido. 2 Esta é a história da família de Jacó.

Quando José era um jovem de dezessete anos, cuidava das ovelhas e das cabras, junto com os seus irmãos, os filhos de Bila e de Zilpa, que eram mulheres do seu pai. E José contava ao pai as coisas erradas que os seus irmãos faziam.

3 Jacó já era velho quando José nasceu e por isso ele o amava mais do que a todos os seus outros filhos. Jacó mandou fazer para José uma *túnica longa, de mangas compridas. 4 Os irmãos viam que o pai amava mais a José do que a eles e por isso tinham ódio dele e eram grosseiros quando falavam com ele.

5 Certa vez José teve um sonho e o contou aos seus irmãos. Aí é que ficaram com mais raiva dele 6 porque ele disse assim:

— Escutem, que eu vou contar o sonho que tive. 7 Sonhei que estávamos no campo amarrando feixes de trigo. De repente, o meu feixe ficou de pé, e os feixes de vocês se colocaram em volta do meu e se curvavam diante dele.

8 Então os irmãos perguntaram:

— Quer dizer que você vai ser nosso rei e que vai mandar em nós?

E ficaram com mais ódio dele ainda por causa dos seus sonhos e do jeito que ele os contava.

9 Depois José sonhou outra vez e contou também esse sonho aos seus irmãos. Ele disse assim:

— Eu tive outro sonho. Desta vez o sol, a lua e onze estrelas se curvaram diante de mim.

10 Quando José contou esse sonho ao pai e aos irmãos, o pai o repreendeu e disse:

— O que quer dizer esse sonho que você teve? Por acaso a sua mãe, os seus irmãos e eu vamos nos ajoelhar diante de você e encostar o rosto no chão?

11 Os irmãos de José tinham inveja dele, mas o seu pai ficou pensando no caso.

José é vendido e levado para o Egito

12 Um dia os irmãos de José levaram as ovelhas e as cabras do seu pai até os pastos que ficavam perto da cidade de Siquém. 13 Então Jacó disse a José:

— Venha cá. Vou mandar você até Siquém, onde os seus irmãos estão cuidando das ovelhas e das cabras.

— Estou pronto para ir — respondeu José.

14 Jacó disse:

— Vá lá e veja se os seus irmãos e os animais vão bem e me traga notícias.

Então dali, do vale de Hebrom, Jacó mandou que José fosse até Siquém, e ele foi. Quando chegou lá, 15 ele foi andando pelo campo. Aí um homem o viu e perguntou:

— O que você está procurando?

16 — Estou procurando os meus irmãos — respondeu José. — Eles estão por aí, em algum pasto, cuidando das ovelhas e das cabras. O senhor sabe aonde foram?

17 O homem respondeu:

— Eles já foram embora daqui. Eu ouvi quando disseram que iam para Dotã.

Aí José foi procurar os seus irmãos e os achou em Dotã. 18 Eles viram José de longe e, antes que chegasse perto, começaram a fazer planos para matá-lo. 19 Eles disseram:

— Lá vem o sonhador! 20 Venham, vamos matá-lo agora. Depois jogaremos o corpo num poço seco e diremos que um animal selvagem o devorou. Assim, veremos no que vão dar os sonhos dele.

21 Quando Rúben ouviu isso, quis salvá-lo dos seus irmãos e disse:

— Não vamos matá-lo. 22 Não derramem sangue. Vocês podem jogá-lo neste poço, aqui no deserto, mas não o machuquem.

Rúben disse isso porque planejava salvá-lo dos irmãos e mandá-lo de volta ao pai. 23 Quando José chegou ao lugar onde os seus irmãos estavam, eles arrancaram dele a *túnica longa, de mangas compridas, que ele estava vestindo. 24 Depois o pegaram e o jogaram no poço, que estava vazio e seco. 25 E sentaram-se para comer. De repente, viram que ia passando uma *caravana de ismaelitas que vinha de Gileade e ia para o Egito. Os seus camelos estavam carregados de perfumes e de *especiarias. 26 Aí Judá disse aos irmãos:

DEVOCIONAL

Texto para leitura: **Gênesis 37**

Conheça a Deus

Se você acha que está começando a ficar deprimida, pode deter a depressão antes que ela se aprofunde e assuma o controle de sua vida. Só é preciso tomar uma decisão: a de não pensar nela. Impossível, você diz? Não, não, não. É possível.

Para não ter pensamentos depressivos, quando perceber que eles estão aparecendo, pense em outra coisa. Quando você orar, não sofra com sua tristeza; apenas converse com Deus e diga: "Que a tua vontade seja feita", e então mantenha seu foco em outra coisa. Às vezes, a oração pode ser apenas uma desculpa para você se revolver em sua dor e angústia, e isso não é certo. Não finja estar orando quando o que você está fazendo, na verdade, é se preocupando. Deixe sua oração fazer você se lembrar de quem é Deus, não de quais são seus problemas. O que parece maior: aquilo que está mais perto de você ou que está lá longe? Quanto mais perto, maior; então traga Deus para mais perto, concordando com ele, adorando-o e louvando-o, e coloque suas preocupações lá longe, recusando-se a olhar para elas, mesmo em oração. Saiba que Deus conhece sua situação, portanto, peça-lhe para se mostrar a você, para que você encontre a verdade, e não a mentira da depressão.

A mente deprimida não confia que Deus é quem ele diz ser e nem que ele fará o que disse que faria. Você pode se queixar das depressões mais comuns da vida, mas precisa saber o que é a verdade e confiar nela. A Palavra de Deus confirma que a fé deve passar por cima dos sentimentos. Hebreus 11:1 diz que a fé "é a certeza de que vamos receber as coisas que esperamos"; em outras palavras, não devemos ser controladas pelo que sentimos. Pode parecer que tudo está perdido, mas, para um cristão de verdade, tudo está perdido só quando perdemos a fé em Deus. E a verdade é que nada — nem anjos ou governantes, nem demônios ou homens maus, nem provações ou sofrimento — pode nos afastar dele (veja Romanos 8:38-39). Nada será para nossa destruição, mas é para o bem e tudo pode ser usado para o bem se você, como José, estiver disposta a confiar que Deus não deixaria algo acontecer se ele não fosse fazer algo incrível com isso.

Mesmo que tudo pareça escuro agora, tenha a vida de José como exemplo. É claro que pode haver causas física para sua depressão, mas, para tirar seus pensamentos da escuridão, você deve se esforçar, primeiro, para colocar sua mente em Deus. Lembre-se de que Jesus veio para libertá-la, não apenas do salário do pecado, mas das correntes do pecado também.

— O que vamos ganhar se matarmos o
nosso irmão e depois escondermos a sua
morte? 27 Em vez de o matarmos, vamos
vendê-lo a esses ismaelitas. Afinal de contas ele é nosso irmão, é do nosso sangue.
Os irmãos concordaram. 28 Quando al-
guns negociantes midianitas passaram
por ali, os irmãos de José o tiraram do
poço e o venderam aos ismaelitas por vinte barras de prata. E os ismaelitas levaram José para o Egito.

29 Quando Rúben voltou ao poço e viu
que José não estava lá dentro, rasgou as
suas roupas em sinal de tristeza. 30 Ele vol-
tou para o lugar onde os seus irmãos estavam e disse:

— O rapaz não está mais lá! E agora o que é que eu vou fazer?

31 Então os irmãos mataram um cabri-
to e com o sangue mancharam a túnica
de José. 32 Depois levaram a túnica ao pai
e disseram:

— Achamos isso aí. Será que é a túnica
do seu filho?
33 Jacó a reconheceu e disse:
— Sim, é a túnica do meu filho! Certa-
mente algum animal selvagem o despe-
daçou e devorou.
34 Então, em sinal de tristeza, Jacó ras-
gou as suas roupas e vestiu roupa de luto.
E durante muito tempo ficou de luto pelo
seu filho. 35 Todos os seus filhos e filhas
tentaram consolá-lo, mas ele não quis ser
consolado e disse:
— Vou ficar de luto por meu filho até
que vá me encontrar com ele no *mundo
dos mortos.
E continuou de luto por seu filho José.
36 Enquanto isso, os midianitas venderam
José a Potifar, oficial e capitão da guarda
do rei do Egito.

Judá e Tamar

38 Por esse tempo Judá se separou dos
seus irmãos e foi morar na casa de
um homem chamado Hira, que era da ci-
dade de Adulã. 2 Ali Judá ficou conhecendo
a filha de um cananeu chamado Sua. Judá
casou com ela, 3 e ela lhe deu um filho, a
quem ele chamou de Er. 4 Ela ficou grávi-
da outra vez e teve outro filho, a quem
ela deu o nome de Onã. 5 Depois ela teve
mais um filho, em quem ela pôs o nome
de Selá. Judá estava em Quezibe quando
esse menino nasceu.
6 Judá casou Er, o seu filho mais velho,
com uma mulher chamada Tamar. 7 O SE-
NHOR Deus não gostava da vida perversa
que Er levava e por isso o matou. 8 Então
Judá disse a Onã:
— Vá e tenha relações com a viúva do
seu irmão. Assim, você cumprirá o seu
dever de cunhado para que o seu irmão
tenha descendentes por meio de você.
9 Ora, Onã sabia que o filho que nasces-
se não seria considerado como seu. Por
isso, cada vez que tinha relações com a
viúva do seu irmão, ele deixava que o es-
perma caísse no chão para que o seu ir-
mão não tivesse descendentes por meio
dele. 10 O SENHOR ficou desgostoso com
o que Onã estava fazendo e o matou
também. 11 Então Judá disse a Tamar, a
sua nora:
— Volte para a casa do seu pai e con-
tinue viúva até que o meu filho Selá fi-
que adulto.
Ele disse isso porque tinha medo que
Selá fosse morto, como havia acontecido
com os seus irmãos. Assim, Tamar foi mo-
rar na casa do pai dela.
12 Passado algum tempo, a mulher de
Judá morreu. Quando acabou o luto, Judá
foi até Timnate, onde estavam cortando
a lã das suas ovelhas. E o seu amigo Hira,
de Adulã, foi com ele. 13 Alguém contou a
Tamar que o seu sogro ia a Timnate a fim
de cortar a lã das suas ovelhas. 14 Então
ela trocou de roupa, deixando de lado
as suas roupas de viúva, cobriu o rosto
com um véu e se disfarçou. Em segui-
da foi e se sentou perto da entrada da
cidade de Enaim, que fica no caminho
para Timnate. Ela fez isso porque sabia
muito bem que Selá já era homem feito,
mas Judá não havia mandado que ele ca-
sasse com ela.
15 Quando Judá a viu, pensou que era
uma prostituta, pois ela estava com o ros-
to coberto. 16 Ele foi falar com ela na bei-
ra do caminho, sem saber que era a sua
nora. Ele disse:
— Você quer ir para a cama comigo?
Ela perguntou:
— Quanto é que você me paga?
17 Ele respondeu:
— Eu lhe mando um cabrito do meu
rebanho.
— Está bem — disse ela. — Mas deixe
alguma coisa comigo como garantia de
que você vai mandar o cabrito.
18 Judá perguntou:
— O que você quer que eu deixe?
Ela respondeu:
— O seu *sinete com o cordão e tam-
bém o bastão que você tem na mão.
Então Judá entregou os objetos. Ele
teve relações com ela, e ela ficou grávi-
da. 19 Tamar voltou para casa, tirou o véu
e vestiu as suas roupas de viúva.
20 Mais tarde Judá mandou o seu amigo
Hira levar o cabrito e trazer de volta os
objetos que havia deixado com ela, mas
Hira não a encontrou. 21 Ele perguntou aos
homens de Enaim se sabiam onde estava
a prostituta que costumava ficar na bei-
ra da estrada.
— Aqui não esteve nenhuma prostitu-
ta — foi a resposta deles.
22 Hira voltou e disse a Judá:
— Não encontrei a mulher. E os ho-
mens do lugar disseram que ali nunca
havia estado nenhuma prostituta.
23 Então Judá disse:
— Pois ela que fique com as minhas

coisas. Assim, ninguém vai zombar de
nós. Eu mandei o cabrito, mas você não
encontrou a mulher.
24 Passados uns três meses, foram di-
zer a Judá:
— A sua nora agiu como prostituta e
agora está grávida.
Aí Judá disse:
— Tragam essa mulher para fora a fim
de ser queimada!
25 Quando a estavam tirando da sua
casa, ela mandou dizer ao seu sogro:
"Quem me engravidou foi o dono destas
coisas. Examine e veja de quem são o si-
nete com o cordão e o bastão." 26 Judá re-
conheceu as coisas e disse:
— Ela tem mais razão do que eu; pois
prometi casá-la com o meu filho Selá, mas
não cumpri a promessa.
E nunca mais teve relações com ela.
27 Na hora de Tamar dar à luz, descobri-
ram que ia ter gêmeos. 28 Quando ela esta-
va no trabalho de parto, um dos gêmeos
pôs uma das mãos para fora. A parteira
pegou uma fita vermelha e amarrou na
mão dele. E disse:
— Este saiu primeiro.
29 Mas ele puxou a mão, e o irmão gê-
meo nasceu primeiro. Então a parteira
disse:
— Como você abriu caminho!
E puseram nele o nome de Peres.
30 Depois nasceu o outro, o que estava
com a fita vermelha amarrada na mão, e
ele recebeu o nome de Zera.

José na casa de Potifar

39 José foi levado para o Egito, onde os
ismaelitas o venderam a um egíp-
cio chamado Potifar, um oficial que era o
capitão da guarda do palácio. 2 O SENHOR
Deus estava com José. Ele morava na casa
do seu dono e ia muito bem em tudo. 3 O
dono de José viu que o SENHOR estava com
ele e o abençoava em tudo o que fazia. 4 As-
sim, José ganhou a simpatia do seu dono,
que o pôs como seu ajudante particular.
Potifar deu a José a responsabilidade de
cuidar da sua casa e tomar conta de tudo
o que era seu. 5 Dali em diante, por cau-
sa de José, o SENHOR abençoou o lar do
egípcio e também tudo o que ele tinha
em casa e no campo. 6 Potifar entregou
nas mãos de José tudo o que tinha e não
se preocupava com nada, a não ser com
a comida que comia.
José era um belo tipo de homem e
simpático. 7 Algum tempo depois, a mu-
lher do seu dono começou a cobiçar José.
Um dia ela disse:
— Venha, vamos para a cama.
8 Ele recusou, dizendo assim:
— Escute! O meu dono não precisa se
preocupar com nada nesta casa, pois eu
estou aqui. Ele me pôs como responsá-
vel por tudo o que tem. 9 Nesta casa eu
mando tanto quanto ele. Aqui eu posso
ter o que quiser, menos a senhora, pois
é mulher dele. Sendo assim, como pode-
ria eu fazer uma coisa tão imoral e pecar
contra Deus?
10 Todos os dias ela insistia que ele fos-
se para a cama com ela, mas José não
concordava e também evitava estar per-
to dela. 11 Mas um dia, como de costume,
ele entrou na casa para fazer o seu tra-
balho, e nenhum empregado estava ali.
12 Então ela o agarrou pela *capa e disse:
— Venha, vamos para a cama.
Mas ele escapou e correu para fora, dei-
xando a capa nas mãos dela. 13 Quando
notou que, ao fugir, ele havia deixado a
capa nas suas mãos, 14 a mulher chamou
os empregados da casa e disse:
— Vejam só! Este hebreu, que o meu
marido trouxe para casa, está nos insul-
tando. Ele entrou no meu quarto e quis
ter relações comigo, mas eu gritei o mais
alto que pude. 15 Logo que comecei a gri-
tar bem alto, ele fugiu, deixando a sua
capa no meu quarto.
16 Ela guardou a capa até que o dono
de José voltou. 17 Aí contou a mesma his-
tória, assim:
— Esse escravo hebreu, que você trou-
xe para casa, entrou no meu quarto e quis
abusar de mim. 18 Mas eu gritei bem alto, e
ele correu para fora, deixando a sua capa
no meu quarto. 19 Veja só de que jeito o
seu escravo me tratou!
Quando ouviu essa história, o dono de
José ficou com muita raiva. 20 Ele agar-
rou José e o pôs na cadeia onde ficavam
os presos do rei. E José ficou ali. 21 Mas o
SENHOR estava com ele e o abençoou, de
modo que ele conquistou a simpatia do
carcereiro. 22 Este pôs José como encarre-
gado de todos os outros presos, e era ele
quem mandava em tudo o que se fazia na
cadeia. 23 O carcereiro não se preocupava
com nada do que estava entregue a José,
pois o SENHOR estava com ele e o aben-
çoava em tudo o que fazia.

José explica dois sonhos

40 Passado algum tempo, o rei do Egito foi ofendido por dois dos seus servidores, isto é, o chefe dos copeiros, que era encarregado de servir vinho, e o chefe dos padeiros. 2 O rei ficou furioso com os dois 3 e mandou que fossem postos na cadeia que ficava na casa do capitão da guarda, no mesmo lugar onde José estava preso. 4 Eles ficaram muito tempo ali, e o capitão deu a José a tarefa de cuidar deles.

5 Certa noite, ali na cadeia, o copeiro e o padeiro tiveram um sonho cada um. E cada sonho queria dizer alguma coisa. 6 Quando José veio vê-los de manhã, notou que estavam preocupados. 7 Então perguntou:

— Por que vocês estão com essa cara tão triste hoje?

8 Eles responderam:

— Cada um de nós teve um sonho, e não há ninguém que saiba explicar o que esses sonhos querem dizer.

— É Deus quem dá à gente a capacidade de explicar os sonhos — disse José. — Vamos, contem o que sonharam.

9 Então o chefe dos copeiros contou o seu sonho. Ele disse:

— Sonhei que na minha frente havia uma *parreira 10 que tinha três galhos. Assim que as folhas saíam, apareciam as flores, e estas viravam uvas maduras. 11 Eu estava segurando o copo do rei; espremia as uvas no copo e o entregava ao rei.

12 José disse:

— A explicação é a seguinte: os três galhos são três dias. 13 Daqui a três dias o rei vai mandar soltá-lo. Você vai voltar ao seu trabalho e servirá vinho ao rei, como fazia antes. 14 Porém, quando você estiver muito bem lá, lembre de mim e por favor tenha a bondade de falar a meu respeito com o rei, ajudando-me assim a sair desta cadeia. 15 A verdade é que foi à força que me tiraram da terra dos hebreus e me trouxeram para o Egito; e mesmo aqui no Egito não fiz nada para vir parar na cadeia.

16 Quando o chefe dos padeiros viu que a explicação era boa, disse:

— Eu também tive um sonho. Sonhei que estava carregando na cabeça três cestos de pão. 17 No cesto de cima havia todo tipo de comidas assadas que os padeiros fazem para o rei. E as aves vinham e comiam dessas comidas.

18 José explicou assim:

— O seu sonho quer dizer isto: os três cestos são três dias. 19 Daqui a três dias o rei vai soltá-lo e vai mandar cortar a sua cabeça. Depois o seu corpo será pendurado num poste de madeira, e as aves comerão a sua carne.

20 Três dias depois o rei comemorou o seu aniversário, oferecendo um banquete a todos os seus funcionários. Ele mandou soltar o chefe dos copeiros e o chefe dos padeiros e deu ordem para que viessem ao banquete. 21-22 E aconteceu exatamente o que José tinha dito: o rei fez com que o copeiro voltasse ao seu antigo trabalho de servir vinho ao rei e mandou que o padeiro fosse executado. 23 Porém o chefe dos copeiros não lembrou de José; esqueceu dele completamente.

José explica os sonhos do rei

41 Dois anos se passaram. Um dia o rei do Egito sonhou que estava de pé na beira do rio Nilo. 2 De repente, saíram do rio sete vacas bonitas e gordas, que começaram a comer o capim da beira do rio. 3 Logo em seguida saíram do rio outras sete vacas, feias e magras, que foram ficar perto das primeiras vacas, na beira do rio. 4 E as vacas feias e magras engoliram as bonitas e gordas.

Aí o rei acordou. 5 Mas tornou a dormir e teve outro sonho. Desta vez ele viu sete espigas de trigo que saíam de um mesmo pé; elas eram boas e cheias de grãos. 6 Depois saíram sete espigas secas e queimadas pelo vento quente do deserto 7 e elas engoliram as sete espigas cheias e boas.

O rei acordou: tinha sido um sonho. 8 De manhã ele estava muito preocupado e por isso mandou chamar todos os adivinhos e todos os sábios do Egito. O rei contou os seus sonhos, mas nenhum dos sábios foi capaz de dar a explicação. 9 Então o chefe dos copeiros disse ao rei:

— Chegou a hora de confessar um erro que cometi. 10 Um dia o senhor ficou com raiva de mim e do chefe dos padeiros e nos mandou para a cadeia, na casa do capitão da guarda. 11 Certa noite cada um de nós teve um sonho, e cada sonho queria dizer uma coisa. 12 Lá na cadeia estava com a gente um moço hebreu, que era escravo do capitão da guarda. Contamos a esse moço os nossos sonhos, e ele explicou o que queriam dizer. 13 E tudo deu certo, exatamente como ele havia falado.

Eu voltei para o meu serviço, e o padeiro
foi enforcado.
14 Então o rei mandou chamar José, e
foram depressa tirá-lo da cadeia. Ele fez
a barba, trocou de roupa e se apresentou
ao rei. 15 Então o rei disse:
— Eu tive um sonho que ninguém con-
seguiu explicar. Ouvi dizer que você é ca-
paz de explicar sonhos.
16 — Isso não depende de mim — res-
pondeu José. — É Deus quem vai dar uma
resposta para o bem do senhor, ó rei.
17 Aí o rei disse:
— Sonhei que estava de pé na beira do
rio Nilo. 18 De repente, saíram do rio sete
vacas bonitas e gordas, que começaram
a comer o capim da beira do rio. 19 Depois
saíram do rio outras sete vacas, mas es-
tas eram feias e magras. Em toda a minha
vida eu nunca vi no Egito vacas tão feias
como aquelas. 20 E as vacas feias e magras
engoliram as bonitas e gordas, 21 mas nem
dava para notar isso, pois elas continua-
vam tão feias como antes. Então eu acor-
dei. 22 Depois tive outro sonho. Eu vi sete
espigas de trigo boas e cheias de grãos,
as quais saíam de um mesmo pé. 23 De-
pois saíram sete espigas secas e queima-
das pelo vento quente do deserto 24 e elas
engoliram as sete espigas cheias e boas.
Eu contei os sonhos aos adivinhos, mas
nenhum deles foi capaz de explicá-los.
25 Então José disse ao rei:
— Os dois sonhos querem dizer a mes-
ma coisa. Por meio deles Deus está dizen-
do ao senhor o que ele vai fazer. 26 As sete
vacas bonitas são sete anos, e as sete es-
pigas boas também são. Os dois sonhos
querem dizer uma coisa só. 27 As sete va-
cas magras e feias que saíram do rio de-
pois das bonitas e também as sete espigas
secas e queimadas pelo vento quente do
deserto são sete anos em que vai faltar
comida. 28 É exatamente como eu disse:
Deus mostrou ao senhor, ó rei, o que ele
vai fazer. 29 Virão sete anos em que vai ha-
ver muito alimento em todo o Egito. 30 De-
pois virão sete anos de fome. 31 E a fome
será tão terrível, que ninguém lembrará
do tempo em que houve muito alimen-
to no Egito. 32 A repetição do sonho quer
dizer que Deus resolveu fazer isso e vai
fazer logo.
33 E José continuou:
— Portanto, será bom que o senhor, ó
rei, escolha um homem inteligente e sábio
e o ponha para dirigir o país. 34 O rei tam-
bém deve escolher homens que ficarão
encarregados de viajar por todo o país
para recolher a quinta parte de todas as
colheitas, durante os sete anos em que
elas forem boas. 35 Durante os anos bons
que estão chegando, esses homens ajun-
tarão todo o trigo que puderem e o guar-
darão em armazéns nas cidades, sendo
tudo controlado pelo senhor. 36 Assim, o
mantimento servirá para abastecer o país
durante os sete anos de fome no Egito, e
o povo não morrerá de fome.

José como governador do Egito

37 O conselho de José agradou ao rei e
aos seus funcionários. 38 E o rei lhes disse:
— Não poderíamos achar ninguém me-
lhor para dirigir o país do que José, um
homem em quem está o Espírito de Deus.
39 Depois virou-se para José e disse:
— Deus lhe mostrou tudo isso, e assim
está claro que não há ninguém que te-
nha mais capacidade e sabedoria do que
você. 40 Você vai ficar encarregado do meu
palácio, e todo o meu povo obedecerá às
suas ordens. Só eu terei mais autoridade
do que você, pois sou o rei. 41 Neste mo-
mento eu o ponho como governador de
todo o Egito.
42 Então o rei tirou do dedo o seu *anel-
-sinete e o colocou no dedo de José. Em
seguida mandou que o vestissem com
roupas de linho fino e pôs uma corrente
de ouro no pescoço dele. 43 Depois fez com
que José subisse no carro reservado para
a maior autoridade do Egito depois do rei
e mandou que os seus homens fossem na
frente dele, gritando: "Abram caminho!"
Assim, José foi posto como governador de
todo o Egito. 44 O rei disse a José:
— Eu sou o rei, mas sem a sua licen-
ça ninguém poderá fazer nada em toda
a terra do Egito.
45-46 O rei pôs em José o nome de Zafe-
nate Paneia e lhe deu como esposa Ase-
nate, filha de Potífera, que era sacerdote
da cidade de Heliópolis.
José tinha trinta anos quando entrou
para o serviço do rei do Egito. Ele saiu
da presença do rei e viajou por todo o
Egito. 47 Durante os sete anos de fartura
a terra produziu cereais em grande quan-
tidade. 48 E José ajuntou todos os cereais
e os guardou em armazéns nas cidades,
ficando em cada cidade os cereais colhi-
dos nos campos vizinhos. 49 José ajuntou

DEVOCIONAL

Texto para leitura: **Gênesis 41:38-57**

Conheça a Deus

Uma das coisas mais difíceis que você fará na vida será continuar ligada em Deus nos momentos bons. Os maus momentos sempre a levam a ficar de joelhos. Você precisa de tanta ajuda e proteção quando os tempos ficam difíceis que corre o mais rápido possível para Deus. Mas cuidado com os momentos bons: eles podem enfraquecer sua fé e levá-la para outra direção.

Toda vez que tiver um momento de sucesso, você precisa se lembrar conscientemente de devolver tudo a Deus para lhe dar o crédito e os agradecimentos e, em seguida, seguir em frente. Você não pode se concentrar em seus sucessos mais do que deve se concentrar em seus fracassos. Contudo, gaste sua energia com Deus, e você verá sua fé aumentar. Quando vierem os maus momentos, pense neles como uma bênção disfarçada, porque eles fazem seu coração se lembrar daquele que faz com que todas as coisas trabalhem juntas para o bem daqueles que o amam. As tribulações fazem você se lembrar de que não pode fazer nada neste mundo sem o Senhor. Então, seja grata e feliz nos maus momentos, sabendo sempre que eles também passarão enquanto você descansa debaixo da mão delicada do Salvador.

tanto mantimento, que desistiu de pe-
sar, pois não dava mais: parecia a areia
da praia do mar.
50 Antes de começarem os anos de fome,
José teve dois filhos com a sua mulher
Asenate. 51 Pôs no primeiro o nome de Ma-
nassés e explicou assim: "Deus me fez es-
quecer todos os meus sofrimentos e toda
a família do meu pai." 52 No segundo filho
pôs o nome de Efraim e disse: "Deus me
deu filhos no país onde tenho sofrido."
53 Então acabaram-se os sete anos de
fartura no Egito, 54 e, como José tinha dito,
começaram os sete anos de fome. Nos ou-
tros países o povo passava fome, mas em
todo o Egito havia o que comer. 55 Quan-
do os egípcios começaram a passar fome,
foram pedir alimentos ao rei. Ele disse:
— Vão falar com José e façam o que
ele disser.
56 Quando a fome aumentou no país
inteiro, José abriu todos os armazéns e
começou a vender cereais aos egípcios.
57 E de todos os países vinha gente ao Egi-
to para comprar cereais de José, pois no
mundo inteiro havia uma grande falta de
alimentos.

Os irmãos de José vão até o Egito

42 Quando Jacó soube que havia man-
timentos no Egito, disse aos filhos:
— Por que vocês estão aí de braços cru-
zados? 2 Ouvi dizer que no Egito há man-
timentos. Vão até lá e comprem cereais
para não morrermos de fome.
3 Então os dez irmãos de José por par-
te de pai foram até o Egito para comprar
mantimentos. 4 Mas Jacó não deixou que
Benjamim, o irmão de José por parte de
pai e de mãe, fosse com eles; ele tinha
medo de que lhe acontecesse alguma des-
graça. 5 Os filhos de Jacó foram comprar
mantimentos junto com outras pessoas,
pois em todo o país de Canaã havia fome.
6 Como governador do Egito, era José
quem vendia cereais às pessoas que vi-
nham de outras terras. Quando os irmãos
de José chegaram, eles se ajoelharam na
frente dele e encostaram o rosto no chão.
7 Logo que José viu os seus irmãos, ele os
reconheceu, mas fez de conta que não os
conhecia. E lhes perguntou com voz dura:
— Vocês, de onde vêm?
— Da terra de Canaã — responderam.
— Queremos comprar mantimentos.
8 José reconheceu os seus irmãos, mas
eles não o reconheceram. 9 Então José
lembrou dos sonhos que tinha tido a res-
peito deles e disse:
— Vocês são espiões que vieram para
ver os pontos fracos do nosso país.

Pergunte a si mesma...

Quando a vida ficar difícil, pergunte a si mesma:

Quem está no controle de minha vida: outras pessoas ou Deus?
O que estou a fim de suportar para provar a Deus que eu o amo?
Eu acredito que Deus ainda é Deus mesmo quando as coisas à minha volta me dizem o contrário?
Como posso agir hoje, quando as coisas estão ruins, para aproveitar ao máximo esta provação?

10 Eles responderam:
— De modo nenhum, senhor. Nós, os
seus criados, viemos para comprar man-
timentos. 11 Somos filhos de um mesmo
pai. Nós não somos espiões, senhor! So-
mos gente honesta.
12 — Não acredito — disse José. — Vo-
cês vieram para ver os pontos fracos do
nosso país.
13 Eles disseram:
— Nós moramos em Canaã. Somos ao
todo doze irmãos, filhos do mesmo pai.
Mas um irmão desapareceu, e o mais
novo está neste momento com o nos-
so pai.
14 José respondeu:
— É como eu disse: vocês são espiões.
15 E o jeito de provar que vocês estão di-
zendo a verdade é este: enquanto o ir-
mão mais moço de vocês não vier para
cá, vocês não sairão daqui. Isso eu juro
pela vida do rei! 16 Um de vocês irá buscá-
-lo, mas os outros ficarão presos até que
fique provado se estão ou não dizendo
a verdade. Se não estão, é que vocês são
espiões. Juro pela vida do rei!
17 E os pôs na cadeia por três dias. 18 No
terceiro dia José disse a eles:
— Eu sou uma pessoa que *teme a
Deus. Vou deixar que vocês fiquem vivos,
mas com uma condição. 19 Se, de fato, são
pessoas honestas, que um de vocês fique
aqui na cadeia, e que os outros voltem
para casa, levando mantimentos para
matar a fome das suas famílias. 20 Depois
tragam aqui o seu irmão mais moço. Isso
provará se vocês estão ou não dizendo a
verdade; e, se estiverem, não serão mor-
tos.
Eles concordaram 21 e disseram uns aos
outros:
— De fato, nós agora estamos sofrendo
por causa daquilo que fizemos com o nos-
so irmão. Nós vimos a sua aflição quando
pedia que tivéssemos pena dele, porém
não nos importamos. Por isso agora é a
nossa vez de ficarmos aflitos.
22 E Rúben disse assim:
— Eu bem que disse que não maltra-
tassem o rapaz, mas vocês não quiseram
me ouvir. Por isso agora estamos pagan-
do pela morte dele.
23 Eles não sabiam que José estava en-
tendendo o que diziam, pois ele tinha es-
tado falando com eles por meio de um in-
térprete. 24 José saiu de perto deles e co-
meçou a chorar. Quando pôde falar ou-
tra vez, voltou, separou Simeão e mandou
que fosse amarrado na presença deles.

Os irmãos de José voltam para Canaã

25 José mandou que os empregados en-
chessem de mantimentos os sacos que os
irmãos haviam trazido e que devolves-
sem o dinheiro de cada um, colocando-
-o nos sacos de mantimentos. E também
que lhes dessem comida para a viagem. E
assim foi feito. 26 Os irmãos de José carre-
garam os jumentos com os mantimentos
que haviam comprado e foram embora.
27 Quando chegaram ao lugar onde iam
passar a noite, um deles abriu um saco
para dar comida ao seu animal e viu que
o seu dinheiro estava ali na boca do saco
de mantimentos. 28 Ele disse aos irmãos:
— Vejam só! O meu dinheiro está aqui
no meu saco de mantimentos! Eles de-
volveram!
Todos ficaram muito assustados e, tre-
mendo de medo, perguntavam uns aos
outros:
— O que será isso que Deus fez com
a gente?
29 Quando chegaram a Canaã, contaram
a Jacó, o seu pai, tudo o que havia aconte-
cido com eles. E disseram:
30 — Aquele homem, o governador do
Egito, tratou a gente com brutalidade e
nos acusou de termos ido ao seu país
como espiões. 31 Nós respondemos: "So-
mos homens honestos; não somos es-
piões. 32 Somos ao todo doze irmãos, fi-
lhos do mesmo pai. Mas um dos nossos

irmãos desapareceu, e o mais novo está neste momento com o nosso pai em Canaã." 33 O governador respondeu: "Eu tenho um jeito de descobrir se vocês são homens honestos. Um de vocês ficará aqui comigo, e os outros vão voltar, levando um pouco de mantimento para as suas famílias, que estão passando fome. 34 Mas tragam aqui para mim o seu irmão mais novo. Assim, eu ficarei sabendo que vocês não são espiões, mas homens honestos. Aí entregarei o irmão de vocês, e vocês poderão ficar aqui negociando."

35 Aconteceu que, quando despejaram os mantimentos, cada um achou na boca do saco um saquinho com o seu dinheiro. Quando eles e o seu pai viram o dinheiro, ficaram com medo. 36 Então Jacó disse:

— Vocês querem que eu perca todos os meus filhos? José não está com a gente, e Simeão também não está. Agora vocês querem levar Benjamim, e quem sofre com tudo isso sou eu!

37 Aí Rúben disse ao pai:

— Deixe que eu tome conta de Benjamim; eu o trarei de volta para o senhor. Se não trouxer, o senhor pode matar os meus dois filhos.

38 Jacó respondeu:

— O meu filho não vai com vocês. José, o irmão dele, está morto, e só ficou Benjamim. Alguma coisa poderia acontecer com ele na viagem que vão fazer, e assim vocês matariam de tristeza este velho.

Os irmãos de José voltam ao Egito

43 A fome continuava muito grande em Canaã. 2 Quando as famílias de Jacó e dos seus filhos comeram todo o mantimento que tinha sido trazido do Egito, Jacó disse aos filhos:

— Voltem ao Egito e comprem mais um pouco de alimento para nós.

3 Mas Judá lembrou:

— Aquele homem deixou bem claro que, se o nosso irmão não fosse junto com a gente, ele não nos receberia. 4 Se o senhor deixar que ele vá, nós iremos comprar mantimentos para o senhor. 5 Se o senhor não deixar, não iremos. Aquele homem disse assim: "Eu só os receberei se vocês trouxerem o seu irmão mais novo."

6 Jacó disse:

— Por que vocês fizeram cair tamanha desgraça sobre mim? Por que foram dizer ao tal homem que tinham outro irmão?

7 Eles responderam:

— Aquele homem fez muitas perguntas a respeito de nós e da nossa família. Ele perguntou: "O pai de vocês ainda está vivo? Vocês têm mais um irmão?" Nós tivemos de responder às perguntas dele. Por acaso podíamos adivinhar que ele ia pedir que levássemos o nosso irmão?

8 Aí Judá disse ao pai:

— Deixe o rapaz por minha conta. Nós partiremos agora mesmo, e assim ninguém morrerá: nem nós, nem o senhor, nem os nossos filhinhos. 9 Eu fico responsável por Benjamim. Se eu não o trouxer de volta são e salvo, o senhor poderá pôr a culpa em mim. Serei culpado diante do senhor pelo resto da minha vida. 10 Se não tivéssemos demorado tanto, já teríamos ido e voltado duas vezes.

11 Então o pai disse:

— Já que não existe outro jeito, façam o seguinte: ponham nos sacos alguns presentes para aquele homem. Levem os melhores produtos desta terra: um pouco de bálsamo, um pouco de mel, *especiarias, nozes e amêndoas. 12 Levem também o dinheiro em dobro, pois vocês precisam devolver a quantia que foi encontrada na boca dos sacos de mantimentos que vocês trouxeram. Deve ter havido algum engano. 13 Levem o irmão de vocês e vão depressa encontrar-se outra vez com aquele homem. 14 Que o Deus Todo-Poderoso faça com que ele tenha pena de vocês e deixe que o seu outro irmão e Benjamim voltem para casa. Quanto a mim, se tenho de perder os meus filhos, o que é que eu posso fazer?

15 Assim, os filhos de Jacó pegaram os presentes e o dinheiro em dobro e foram para o Egito, levando Benjamim. Logo que chegaram, foram falar com José. 16 Quando José viu que Benjamim estava com eles, disse ao funcionário administrador da sua casa:

— Leve esses homens até a minha casa. Mate um animal e prepare tudo, pois eles vão almoçar comigo hoje, ao meio-dia.

17 O administrador cumpriu a ordem e levou os irmãos até a casa de José. 18 Quando chegaram lá, eles ficaram com medo e disseram uns aos outros:

— Trouxeram a gente para cá por causa do dinheiro que da outra vez foi colocado de volta nos sacos de mantimentos. Com certeza eles vão nos atacar, vão tomar de nós os nossos jumentos e obrigar a gente a trabalhar como escravos.

19 Assim que chegaram à porta da casa, disseram ao administrador:

20 — Por favor, senhor! Já viemos aqui uma vez para comprar mantimentos. 21 Porém, quando chegamos ao lugar onde íamos passar a noite, abrimos os sacos de mantimentos, e na boca dos sacos cada um encontrou o seu dinheiro, sem faltar nada. Trouxemos esse dinheiro de volta 22 e também temos mais dinheiro aqui para comprar mantimentos. Nós não sabemos quem colocou o dinheiro nos sacos de mantimentos.

23 Aí o administrador respondeu:

— Fiquem tranquilos, não tenham medo. O Deus de vocês e do seu pai deve ter posto o dinheiro nos sacos de mantimentos para vocês, pois eu recebi o dinheiro que pagaram.

O administrador trouxe Simeão ao lugar onde eles estavam. 24 Depois os levou para dentro da casa, deu água para lavarem os pés e também deu de comer aos jumentos. 25 Os irmãos prepararam os presentes que iam entregar a José quando ele viesse ao meio-dia, pois já sabiam que iam almoçar ali. 26 Quando José chegou à sua casa, eles lhe entregaram os presentes que haviam trazido, se ajoelharam na frente dele e encostaram o rosto no chão. 27 José perguntou como iam passando e depois disse:

— E como vai o pai de vocês, aquele velho de quem me falaram? Ele ainda vive?

28 Eles responderam:

— O seu humilde criado, o nosso pai, ainda está vivo e vai passando bem.

29 José olhou em volta e, quando viu Benjamim, o seu irmão por parte de pai e mãe, disse:

— É esse o irmão mais moço de vocês, de quem me falaram? Que Deus o abençoe, meu filho!

30 Ao ver o seu irmão, José ficou tão emocionado, que teve vontade de chorar. Então foi para o seu quarto e ali chorou. 31 Quando conseguiu se controlar, lavou o rosto e saiu. E disse:

— Sirvam o almoço.

32 Serviram o almoço a José numa mesa e aos seus irmãos em outra. E havia ainda outra mesa para os egípcios que estavam ali, pois estes, por motivos religiosos, eram proibidos de comer junto com os israelitas. 33 Os irmãos se sentaram de frente para José. Eles foram colocados por ordem de idade, desde o mais velho até o mais moço. Quando viram isso, eles começaram a olhar uns para os outros, muito admirados. 34 Serviram a eles da mesma comida que foi servida a José e deram a Benjamim cinco vezes mais comida do que aos outros. E eles beberam com José até ficarem alegres.

O copo de José

44 Depois disso José deu ao administrador da sua casa a seguinte ordem:

— Encha de mantimento os sacos que esses homens trouxeram, o quanto puderem carregar, e ponha na boca dos sacos o dinheiro de cada um. 2 E, na boca do saco de mantimentos que pertence ao irmão mais moço, ponha o meu copo de prata, junto com o dinheiro que ele pagou pelo seu mantimento.

O administrador fez tudo como José havia mandado. 3 De manhã bem cedo os irmãos de José saíram de viagem, com os seus jumentos. 4 Quando eles já tinham saído da cidade, mas ainda não estavam longe, José disse ao seu administrador:

— Vá depressa atrás daqueles homens e, quando os alcançar, diga o seguinte: "Por que vocês pagaram o bem com o mal? 5 Por que roubaram o copo de prata do meu patrão? Ele usa esse copo para beber e para adivinhar as coisas. Vocês cometeram um crime."

6 Quando o administrador os alcançou e disse o que José havia ordenado, 7 eles responderam:

— Por que o senhor está falando desse jeito? Nós não seríamos capazes de fazer uma coisa dessas! 8 Nós lhe trouxemos de volta do país de Canaã o dinheiro que encontramos na boca dos sacos de mantimentos de cada um de nós. Então por que iríamos roubar prata ou ouro da casa do seu patrão? 9 Se o senhor encontrar o copo com algum de nós, ele será morto, e nós ficaremos seus escravos.

10 O administrador disse:

— Concordo com vocês, mas só aquele com quem estiver o copo é que será meu escravo; os outros poderão ir embora.

11 Então eles puseram depressa os sacos de mantimentos no chão, e cada um abriu o seu. 12 O administrador de José procurou em cada saco de mantimentos, começando pelo do mais velho até o do mais moço; e o copo foi encontrado na boca do saco

de mantimentos de Benjamim. 13 Então os irmãos rasgaram as suas roupas em sinal de tristeza, colocaram de novo as cargas em cima dos jumentos e voltaram para a cidade.

14 Quando Judá e os seus irmãos chegaram à casa de José, ele ainda estava ali. Eles se ajoelharam na frente dele e encostaram o rosto no chão. 15 Aí José perguntou:

— Por que foi que vocês fizeram isso? Vocês não sabiam que um homem como eu é capaz de adivinhar as coisas?

16 Judá respondeu:

— Senhor, o que podemos falar ou responder? Como podemos provar que somos inocentes? Deus descobriu o nosso pecado. Aqui estamos e somos todos seus escravos, nós e aquele com quem estava o copo.

17 José disse:

— De jeito nenhum! Eu nunca faria uma coisa dessas! Só aquele que estava com o meu copo é que será meu escravo. Os outros podem voltar em paz para a casa do pai.

Judá pede em favor de Benjamim

18 Então Judá chegou perto de José e disse:

— Senhor, me dê licença para lhe falar com franqueza. Não fique aborrecido comigo, pois o senhor é como se fosse o próprio rei. 19 O senhor perguntou: "Vocês têm pai ou outro irmão?" 20 Nós respondemos assim: "Temos pai, já velho, e um irmão mais moço, que nasceu quando o nosso pai já estava velho. O irmão do rapazinho morreu. Agora ele é o único filho da sua mãe que está vivo, e o seu pai o ama muito." 21 Aí o senhor nos disse para trazer o rapazinho porque desejava vê-lo. 22 Nós respondemos que ele não podia deixar o seu pai, pois, se deixasse, o seu pai morreria. 23 Mas o senhor disse que, se ele não viesse, o senhor não nos receberia.

24 — Quando chegamos à nossa casa, contamos ao nosso pai tudo o que o senhor tinha dito. 25 Depois ele nos mandou voltar para comprarmos mais mantimentos. 26 Nós respondemos: "Não podemos ir; não seremos recebidos por aquele homem se o nosso irmão mais moço não for com a gente. Nós só vamos se o nosso irmão mais moço for junto." 27 Então o nosso pai disse: "Vocês sabem que a minha mulher Raquel me deu dois filhos. 28 Um deles já me deixou; eu nunca mais o vi. Deve ter sido despedaçado por animais selvagens. 29 E, se agora vocês me tirarem este também, e alguma desgraça acontecer com ele, vocês matarão de tristeza este velho."

30-31 — Agora, senhor — continuou Judá — se eu voltar para casa sem o rapaz, logo que o meu pai perceber isso, vai morrer. A vida dele está ligada com a vida do rapaz, e nós seríamos culpados de matar de tristeza o nosso pai, que está velho. 32 E tem mais: eu garanti ao meu pai que seria responsável pelo rapaz. Eu disse assim: "Se eu não lhe trouxer o rapaz de volta, serei culpado diante do senhor pelo resto da minha vida." 33 Por isso agora eu peço ao senhor que me deixe ficar aqui como seu escravo em lugar do rapaz. E permita que ele volte com os seus irmãos. 34 Como posso voltar para casa se o rapaz não for comigo? Eu não quero ver essa desgraça cair sobre o meu pai.

José conta quem é

45 José não conseguiu mais controlar a sua emoção diante dos seus empregados, de modo que gritou:

— Saiam todos daqui!

Por isso nenhum dos empregados estava ali quando José contou aos irmãos quem ele era. 2 Ele começou a chorar tão alto, que os egípcios ouviram, e a notícia chegou até o palácio do rei. 3 José disse aos irmãos:

— Eu sou José. O meu pai ainda está vivo?

Quando os irmãos ouviram isso, ficaram tão assustados, que não puderam responder nada. 4 E José disse:

— Cheguem mais perto de mim, por favor.

Eles chegaram, e ele continuou:

— Eu sou o seu irmão José, aquele que vocês venderam a fim de ser trazido para o Egito. 5 Agora não fiquem tristes nem aborrecidos com vocês mesmos por terem me vendido a fim de ser trazido para cá. Foi para salvar vidas que Deus me enviou na frente de vocês. 6 Já houve dois anos de fome no mundo, e ainda haverá mais cinco anos em que ninguém vai preparar a terra, nem colher. 7 Deus me enviou na frente de vocês a fim de que ele, de um modo maravilhoso, salvasse a vida de vocês aqui neste país e garantisse

DEVOCIONAL

Texto para leitura: **Gênesis 45:1-8**

Conheça o amor

Quando as pessoas tentarem destruí-la, Garota de Deus, não se preocupe. Você não pode mais olhar para a vida pela perspectiva do mundo; você precisa olhar para ela pela perspectiva de Deus. Por que ele deixaria algo ruim acontecer se não fosse para seu bem? Olhe para a vida de José, cujos irmãos o odiavam e o venderam como escravo; que foi colocado na prisão injustamente, mas que nunca deixou de confiar em Deus. Os planos de Deus nem sempre são como os nossos.

Eles talvez pareçam não ter nada a ver com os nossos, e até soem perigosos, mas sempre são os melhores. Ninguém deve esperar pela própria destruição, mas, quando parecer que o mundo está obcecado pelo seu fim, não surte. Confie em Deus e busque-o para ter conforto. Tenha fé e saiba que ele age para que todas as coisas trabalhem juntas para o bem daqueles que o amam.

Quando a vida lhe der surpresas, não se preocupe, pois Deus está na retaguarda. Você precisa saber que, como José, pode se colocar acima de pessoas ruins e vencer mediante a fé naquele que põe a lua e as estrelas em seu devido lugar. Você, filha do Deus vivo, está protegida, por mais trágica que seja a situação. Não importa o que façam, você continuará na direção certa se confiar que Deus resolve tudo no final. Quando o mundo atacar, lembre-se de José. Todas aquelas coisas tinham de acontecer com ele — até mesmo a escravidão e a prisão — para que chegasse à posição de poder na qual precisava estar a fim de salvar sua família e muitas outras pessoas. O sofrimento não é algo com que você deve se preocupar, mas pode ser algo a que se apegar quando sua vontade é apenas que a vontade de Deus seja feita.

que teriam descendentes. 8 Portanto, não
foram vocês que me mandaram para cá,
mas foi Deus. Ele me pôs como o mais alto
ministro do rei. Eu tomo conta do palácio
dele e sou o governador de todo o Egito.
9 — Agora voltem depressa para casa
e digam ao meu pai que o seu filho José
manda lhe dizer o seguinte: "Deus me fez
governador de todo o Egito. Venha me ver
logo; não demore. 10 O senhor morará na
região de Gosém e assim ficará perto de
mim — o senhor, os seus filhos, os seus
netos, as suas ovelhas, as suas cabras, o
seu gado e tudo o que é seu. 11 A fome ain-
da vai durar mais cinco anos, e em Gosém
eu *darei mantimentos ao senhor*, à sua fa-
mília e aos seus animais. Assim não lhes
faltará nada."
12 José continuou:
— Todos vocês e Benjamim, o meu ir-
mão, podem ver que sou eu mesmo, José,
quem está falando. 13 Contem ao meu pai
como sou poderoso aqui no Egito, con-
tem tudo o que têm visto. Vão depressa
e tragam o meu pai para cá.
14 José abraçou o seu irmão Benjamim e
começou a chorar. E, abraçado com José,
Benjamim também chorou. 15 Então, ainda
chorando, José abraçou e beijou cada um
dos seus irmãos. Depois disso os irmãos
começaram a falar com ele.
16 A notícia de que os irmãos de José ti-
nham vindo chegou até o palácio do rei do
Egito, e ele e os seus servidores ficaram
contentes com isso. 17 O rei disse a José:
— Diga aos seus irmãos que carreguem
os animais e voltem para a terra de Canaã.
18 E me tragam o pai *deles e as famílias* de-
les. Eu lhes darei as melhores terras que
há no Egito, e eles comerão o que este
país produz de melhor. 19 Que os seus ir-
mãos levem daqui do Egito carretas para

trazerem as mulheres, as crianças peque-
nas e também o pai deles. 20 E não se preo-
cupem por deixarem para trás as coisas
que têm, pois o melhor que há na terra
do Egito será deles.
21 Os filhos de Jacó fizeram isso. José
lhes deu carretas, como o rei havia man-
dado, e mantimento para a viagem.
22 Também lhes deu roupas novas, mas a
Benjamim deu trezentas barras de pra-
ta e cinco mudas de roupas. 23 Para o pai,
José mandou dez jumentos carregados
das melhores coisas do Egito e dez ju-
mentos carregados de trigo, pão e outros
mantimentos para a viagem. 24 Os irmãos
se despediram, e na hora de partir José
aconselhou:
— Não briguem pelo caminho.
25 Eles saíram do Egito e, quando chega-
ram a Canaã, foram à casa de Jacó, o seu
pai. 26 Então lhe disseram:
— José está vivo! Ele é o governador
de todo o Egito!
Jacó quase desmaiou e não podia acre-
ditar. 27 Porém, quando lhe contaram tudo
o que José tinha dito, e quando viu as
carretas que havia mandado para levá-
-lo para o Egito, Jacó ficou muito anima-
do. 28 E disse:
— Já chega! O meu filho José ainda está
vivo. Quero vê-lo antes de eu morrer.

Jacó e a sua família vão para o Egito

46 Jacó partiu com tudo o que tinha
e foi até Berseba, onde ofereceu
*sacrifícios ao Deus de Isaque, o seu pai.
2 Naquela noite Deus falou com ele numa
visão e o chamou assim:
— Jacó, Jacó!
— Eu estou aqui — respondeu ele.
3 Deus disse:
— Eu sou Deus, o Deus do seu pai. Não
tenha medo de ir para o Egito, pois ali eu
farei com que os seus descendentes se
tornem uma grande nação. 4 Eu irei para
o Egito com você e trarei os seus descen-
dentes de volta para esta terra. E, quan-
do você morrer, José estará ao seu lado.
5 Então Jacó partiu de Berseba. Nas car-
retas que o rei do Egito havia mandado,
os filhos de Jacó levaram o pai, as esposas
deles e os seus filhos pequenos. 6 Jacó e
todos os seus foram para o Egito, levando
o seu gado e todas as coisas que haviam
conseguido em Canaã. 7 Jacó levou consigo
todos os seus descendentes, isto é, filhos
e filhas, netos e netas.

8 Os israelitas que foram para o Egito,
isto é, Jacó e os seus descendentes, são
os seguintes: Rúben, o filho mais velho
de Jacó, 9 e os filhos de Rúben: Enoque,
Palu, Hezrom e Carmi. 10 Simeão e os seus
filhos Jemuel, Jamim, Oade, Jaquim, Zoar e
Saul, que era filho de uma mulher de Ca-
naã. 11 Levi e os seus filhos Gérson, Coate
e Merari. 12 Judá e os seus filhos Selá, Pe-
res e Zera (Os outros dois filhos, Er e Onã,
haviam morrido em Canaã.). Os filhos de
Peres foram Hezrom e Hamul. 13 Issacar e
os seus filhos Tolá, Puá, Jasube e Sinrom.
14 Zebulom e os seus filhos Serede, Elom
e Jaleel. 15 Esses foram os filhos que Leia
deu a Jacó na Mesopotâmia, além da sua
filha Dina. Os descendentes de Jacó e Leia
eram trinta e três.
16 Gade e os seus filhos Zifião, Hagui,
Suni, Esbom, Eri, Arodi e Areli. 17 Aser e
os seus filhos Imna, Isva, Isvi e Berias e a
irmã deles, que se chamava Sera. Os filhos
de Berias eram Héber e Malquiel. 18 Es-
ses dezesseis foram os descendentes de
Jacó e Zilpa, a escrava que Labão deu à
sua filha Leia.
19 Raquel, mulher de Jacó, lhe tinha
dado dois filhos: José e Benjamim. 20 Os
filhos de José com Asenate foram Manas-
sés e Efraim, que nasceram no Egito. Ase-
nate era filha de Potífera, sacerdote da
cidade de Heliópolis. 21 Os filhos de Ben-
jamim foram Belá, Bequer, Asbel, Gera,
Naamã, Eí, Rôs, Mupim, Hupim e Arde.
22 Esses catorze foram os descendentes
de Jacó e Raquel.
23 Dã e o seu filho Husim. 24 Naftali e
os seus filhos Jazeel, Guni, Jezer e Silém.
25 Esses sete foram os descendentes de
Jacó e Bila, a escrava que Labão deu à sua
filha Raquel.
26 Ao todo foram para o Egito sessenta
e seis descendentes diretos de Jacó, sem
contar as mulheres dos seus filhos. 27 Os
dois filhos de José nasceram no Egito. As-
sim, foi de setenta o total de pessoas da
família de Jacó que foram para o Egito.

A chegada ao Egito

28 Jacó mandou que Judá fosse na frente
para pedir a José que viesse encontrá-los
em Gosém. Quando eles chegaram, 29 José
mandou aprontar o seu carro e foi para
Gosém a fim de se encontrar com o pai.
Quando se encontraram, José o abraçou e
chorou abraçado com ele por muito tem-
po. 30 Então Jacó disse:

— Já posso morrer, agora que já vi você
e sei que está vivo!
31 Depois José disse aos irmãos e à fa-
mília do pai:
— Eu vou falar com o rei do Egito e vou
lhe dar a notícia de que os meus irmãos e
os parentes do meu pai, que moravam em
Canaã, vieram para ficar comigo. 32 Vou di-
zer ao rei que vocês são criadores de ove-
lhas e cabras e cuidam de gado. Direi que
trouxeram as suas ovelhas, o gado e tudo
o que têm. 33 Quando o rei lhes perguntar
qual é a profissão de vocês, 34 digam que a
vida inteira vocês têm sido criadores de
ovelhas, como foram os seus antepassa-
dos. Assim, vocês poderão ficar morando
na região de Gosém, pois os egípcios de-
testam os pastores de ovelhas.
47 Então José foi dar a notícia ao rei.
Ele disse:
— O meu pai e os meus irmãos vieram
da terra de Canaã e estão na região de Go-
sém com as suas ovelhas e cabras, o seu
gado e tudo o que têm.
2 Depois levou cinco dos seus irmãos e
os apresentou ao rei. 3 O rei perguntou:
— Qual é o trabalho de vocês?
Eles responderam:
— Senhor, nós somos criadores de ove-
lhas, como foram os nossos antepassados.
4 Viemos morar neste país porque na terra
de Canaã não há pastos para os animais,
e a fome lá está terrível. Por favor, dei-
xe que a gente fique morando na região
de Gosém.
5 O rei disse a José:
— Agora que o seu pai e os seus irmãos
vieram ficar com você, 6 a terra do Egito
está às ordens deles. Dê a eles a região
de Gosém, que é a melhor do país, para
que fiquem morando lá. E, se na sua opi-
nião houver entre eles homens capazes,
ponha-os como chefes dos que cuidam
do meu gado.
7 Depois José levou Jacó, o seu pai, e o
apresentou ao rei. Jacó deu a sua bênção
ao rei, 8 e este perguntou:
— Qual é a sua idade?
9 Jacó respondeu:
— Já estou com cento e trinta anos
de idade e sempre tenho andado de um
lado para outro. A minha vida tem pas-
sado rapidamente, e muitos anos foram
difíceis. E eu não tenho conseguido viver
tanto quanto os meus antepassados, que
tiveram uma vida tão dura como a que
eu tive.
10 Jacó deu a sua bênção ao rei e foi em-
bora. 11 E José deu ao pai e aos irmãos ter-
ras na melhor região do Egito, perto da
cidade de Ramessés, como o rei havia
ordenado. Essas terras se tornaram pro-
priedade deles, e eles ficaram morando
ali. 12 José dava mantimentos ao pai, aos
irmãos e aos parentes, conforme as ne-
cessidades de cada família.

José como governador do Egito

13 Não havia alimento em lugar nenhum,
e a fome aumentava cada vez mais. Os
moradores do Egito e de Canaã ficaram
fracos de tanto passar fome. 14 O povo
comprava mantimentos, e José ajuntava
todo o dinheiro e o levava para o palácio.
15 Quando acabou todo o dinheiro do Egito
e de Canaã, os egípcios foram falar com
José. Eles disseram:
— Por favor, nos dê comida! Não nos
deixe morrer só porque o nosso dinhei-
ro acabou!
16 José respondeu:
— Se vocês não têm mais dinheiro, tra-
gam o seu gado, que eu trocarei por man-
timento.
17 Os egípcios levaram a José cavalos,
ovelhas, cabras, bois e jumentos, e em tro-
ca ele lhes deu mantimento durante todo
aquele ano. 18 O ano passou, e no ano se-
guinte foram dizer a José:
19 — Senhor, não podemos esconder o
fato de que o nosso dinheiro acabou e que
os nossos animais agora são seus. Não te-
mos mais nada para entregar a não ser
os nossos corpos e as nossas terras. Não
deixe a gente morrer. Compre a nós e as
nossas terras em troca de alimentos. Se-
remos escravos do rei, e ele será dono das
nossas terras. Dê-nos mantimento para
que possamos viver e também sementes
para plantarmos, e assim a terra não se
tornará um deserto.
20 Então José comprou todas as terras
do Egito para o rei. Todos os egípcios tive-
ram de vender as suas terras, pois a fome
era terrível. Assim, a terra ficou sendo do
rei, 21 e José fez dos egípcios escravos no
país inteiro. 22 José só não comprou as ter-
ras dos sacerdotes. Eles não tiveram de
vendê-las, pois o rei lhes dava certa quan-
tidade de alimentos; e assim eles tinham
o que comer.
23 Então José disse ao povo:
— Agora vocês e as suas terras são do
rei, pois eu os comprei para ele. Peguem

aqui sementes para semearem nos cam-
pos. 24 Do que colherem, deem a quinta
parte ao rei; usem as outras quatro par-
tes para semear e para alimentar vocês,
os seus filhos e as pessoas que moram
com vocês.
25 Eles responderam:
— O senhor salvou a nossa vida e tem
sido bom para nós. Seremos escravos do
rei.
26 Assim, José fez uma *lei que existe *até
hoje. A lei é a seguinte: em todo o Egito
a quinta parte das colheitas pertence ao
rei. Só as terras dos sacerdotes não fica-
ram para o rei.

O último pedido de Jacó

27 Os israelitas ficaram vivendo no Egi-
to, na região de Gosém, onde compraram
terras e tiveram muitos filhos. 28 Jacó vi-
veu dezessete anos no Egito, chegando
à idade de cento e quarenta e sete anos.
29 Quando sentiu que ia morrer, Jacó man-
dou chamar o seu filho José e disse:
— Se lhe posso pedir um favor, ponha
a mão por baixo da minha coxa e jure que
será fiel e honesto comigo nisto que vou
pedir: não me sepulte no Egito. 30 Quando
eu morrer, tire o meu corpo do Egito e me
coloque na sepultura dos meus antepas-
sados, a fim de que eu descanse com eles.
José respondeu:
— Eu farei o que o senhor está pedindo.
31 — Então jure — disse Jacó.
José jurou, e aí Jacó se inclinou sobre a
cabeceira da cama e orou.

Jacó abençoa José e os seus filhos

48 Algum tempo depois disseram a
José que o seu pai estava doente.
Então José foi visitá-lo, levando consigo
os seus dois filhos, Efraim e Manassés.
2 Alguém foi dizer a Jacó:
— O seu filho José veio visitá-lo.
Jacó fez um esforço e se sentou na
cama. 3 Aí disse a José:
— *O Deus Todo-*Poderoso me apare-
ceu na cidade de Luz, lá na terra de Ca-
naã, e me abençoou. 4 Ele me disse: "Eu
farei com que você tenha muitos filhos,
e os seus descendentes formarão mui-
tas nações. Eu darei esta terra aos seus
descendentes para ser propriedade de-
les para sempre."
5 E Jacó continuou dizendo a José:
— Agora, os seus filhos Efraim e Ma-
nassés, que nasceram aqui no Egito antes
de eu vir para cá, esses dois me perten-
cem. Efraim e Manassés são meus tan-
to como Rúben e Simeão. 6 Se você tiver
outros filhos, eles serão seus e, por se-
rem irmãos de Efraim e de Manassés, te-
rão parte na herança deles. 7 Estou fazen-
do isso por causa de Raquel, a sua mãe.
Nós estávamos voltando da Mesopotâ-
mia, quando, para minha infelicidade, ela
morreu no país de Canaã, pouco antes de
chegarmos a Efrata. Eu a sepultei ali, na
beira do caminho (Efrata é agora conhe-
cida como Belém.).
8 Quando Jacó viu os filhos de José, per-
guntou:
— E esses, quem são?
9 — São os filhos que Deus me deu aqui
no Egito — respondeu José.
Jacó disse:
— Ponha-os perto de mim para que eu
lhes dê a minha bênção.
10 Por causa da velhice a vista de Jacó
estava fraca, e ele não podia ver bem. José
levou os rapazes para perto dele, e ele os
abraçou e beijou. 11 Jacó disse a José:
— Eu pensei que nunca mais ia ver
você, e agora Deus me deixou ver até os
seus filhos.
12 Então José tirou os dois do colo do
seu pai, ajoelhou-se e encostou o ros-
to no chão. 13 Em seguida pegou Efraim
com a mão direita e Manassés com a mão
esquerda e fez com que ficassem perto
de Jacó. Dessa maneira Efraim ficou do
lado esquerdo de Jacó, e Manassés, do
seu lado direito. 14 Jacó estendeu os bra-
ços e cruzou-os, pondo a mão direita so-
bre a cabeça de Efraim, embora fosse o
mais moço, e a mão esquerda sobre a ca-
beça de Manassés, que era o mais velho.
15 Em seguida deu a sua bênção a José,
dizendo assim:

"Ó Deus, a quem os meus pais
Abraão e Isaque serviram,
abençoa estes rapazes.
Abençoa-os, ó Deus,
tu que me tens guiado como um
pastor
durante toda a minha vida até
hoje.
16 Que os abençoe o Anjo
que me tem livrado de todo mal!
Que o meu nome seja lembrado
por meio deles
e também o nome dos meus pais
Abraão e Isaque!

Que eles tenham muitos filhos
e muitos descendentes neste
mundo!"

17 José não gostou quando viu o seu pai
colocar a mão direita sobre a cabeça de
Efraim; por isso pegou a mão dele para
tirá-la da cabeça de Efraim e colocá-la so-
bre a de Manassés. 18 E explicou:
— Não, pai; assim não. Este aqui é o fi-
lho mais velho; ponha a mão direita so-
bre a cabeça dele.
19 Mas Jacó não quis e disse:
— Eu sei, filho, eu sei. Os descendentes
de Manassés também serão um grande
povo. Mas o irmão mais moço será mais
importante do que ele, e os seus descen-
dentes formarão muitas nações.
20 Desse modo Jacó os abençoou naque-
le dia, dizendo:
— Os israelitas usarão os nomes de vo-
cês para dar a bênção. Eles vão dizer as-
sim: "Que Deus faça com você como fez
com Efraim e com Manassés."
Dessa maneira Jacó pôs Efraim antes
de Manassés. 21 Aí disse a José:
— Como você está vendo, eu vou mor-
rer. Mas Deus estará com vocês e os le-
vará de volta para a terra dos seus ante-
passados. 22 Eu dou Siquém a você e não
aos seus irmãos. Siquém é aquela região
que tomei dos amorreus, lutando com a
minha espada e o meu arco.

Jacó abençoa os seus doze filhos

49 Jacó chamou os seus filhos e disse:
— Fiquem em volta de mim, e
eu lhes direi o que vai acontecer com vo-
cês no futuro.

2 "Fiquem reunidos em volta de mim
para ouvir, filhos de Jacó;
escutem o que diz Israel, o seu pai.

3 "Rúben, você é o meu filho mais
velho.
Você é a minha força,
o primeiro fruto do meu vigor,
o mais orgulhoso e o mais forte
dos meus filhos.
4 Você é violento como a correnteza,
porém não será o mais importante,
pois dormiu com a minha
*concubina,
desonrando assim a cama do seu pai.

5 "Simeão e Levi são irmãos;
com as suas armas praticam
violências.
6 Não estarei presente
quando fizerem planos,
não tomarei parte nas suas
reuniões,
pois no seu furor mataram homens
e por brincadeira aleijaram touros.
7 Maldito seja o furor deles,
pois é violento!
Maldita seja a sua ira, pois é cruel!
Eu os dividirei na terra de Israel,
eu os espalharei no meio do seu
povo.

8 "Judá, os seus irmãos o louvarão
e se curvarão na sua frente.
Você segurará os inimigos
pelo pescoço.
9 O meu filho Judá é como um
leãozinho
quando mata a sua vítima;
ele se agacha e se deita como um
leão
e como uma leoa.
Quem tem a coragem de mexer com
ele?
10 Judá vai segurar o *cetro de rei,
e os seus descendentes
sempre governarão.
As nações lhe trarão presentes,
os povos lhe obedecerão.
11 Ele amarra o seu jumentinho
numa *parreira,
na melhor parreira que há.
Ele lava as suas roupas no vinho,
lava a sua *capa no vinho cor de
sangue.
12 Os seus olhos estão vermelhos
de beber vinho,
os seus dentes estão brancos
de beber leite.

13 "Zebulom morará no litoral,
onde haverá portos para navios.
A sua fronteira chegará até Sidom.

14 "Issacar é como um jumento forte,
deitado entre as suas cargas.
15 Quando viu que o país era bom
e agradável para descansar,
ele se abaixou para que colocassem
a carga nas suas costas
e, sem reclamar, trabalhou
como um escravo.

16 "Dã governará a sua própria
gente;
será como as outras *tribos de
Israel.

[17] Dã será como uma cobra
na beira da estrada,
como uma serpente venenosa no
caminho,
que morde a pata do cavalo,
fazendo cair para trás
o seu cavaleiro.

[18] "Ó SENHOR, meu Deus, espero que
me salves!

[19] "Gade será atacado por um bando
de ladrões,
mas depois ele os perseguirá.

[20] "A terra de Aser produzirá
bons alimentos,
dará alimentos que só reis merecem.

[21] "Naftali é como uma *corça solta
que tem lindos filhotes.

[22] "José é como uma planta
perto de uma fonte;
ela dá muita fruta,
e os seus galhos sobem pelo muro.
[23] Os inimigos o atacam com
violência
e o perseguem com os seus arcos
e flechas.
[24] Porém o seu arco ficou firme,
e os seus braços continuaram fortes
pela força do Poderoso de Jacó,
pelo nome do Pastor, a Rocha de
Israel.
[25] O Deus do seu pai ajudará José,
o Todo-Poderoso lhe dará bênçãos
—
bênçãos do alto céu,
bênçãos de águas que ficam
debaixo da terra,
bênçãos de muitos animais
e muitos filhos,
[26] bênçãos de cereais e de flores,
bênçãos de montanhas antigas,
coisas deliciosas dos montes eternos.
Que todas essas bênçãos estejam
sobre a cabeça de José,
sobre a testa daquele que foi
escolhido
entre os seus irmãos.

[27] "Benjamim é como um lobo feroz;
de manhã devorará a vítima
e de tarde repartirá as sobras."

[28] São essas as doze tribos de Israel, e
foram essas as palavras que o pai disse
aos seus filhos quando os abençoou; a
cada um deu uma bênção especial.

A morte e o sepultamento de Jacó

[29] Então Jacó deu aos filhos a seguin-
te ordem:
— Eu estou para morrer e me reunir
com o meu povo no *mundo dos mortos.
Sepultem-me onde estão sepultados os
meus antepassados, na caverna que fica
nas terras de Efrom, o heteu, [30] em Mac-
pela, a leste de Manre, no país de Canaã.
Abraão comprou de Efrom essa caverna e
o terreno onde ela fica, para ser a sepultu-
ra da família. [31] Ali estão sepultados Abraão
e Sara, a sua mulher; Isaque e a sua mulher
Rebeca; e ali eu sepultei Leia. [32] O terreno
e a caverna foram comprados dos heteus.
[33] Quando acabou de dar essa ordem
aos filhos, Jacó deitou-se de novo na cama
e morreu, indo reunir-se assim com o seu
povo no mundo dos mortos.

50 José se atirou sobre o pai, choran-
do e beijando o seu rosto.
[2] Ele deu ordem aos médicos que es-
tavam ao seu serviço para embalsama-
rem o corpo do seu pai, e assim eles fize-
ram. [3] Gastaram quarenta dias para fazer
isso, o tempo normal para embalsamar
um corpo. E os egípcios ficaram de luto
setenta dias.
[4] Quando passou o tempo do luto, José
falou com os altos funcionários do palá-
cio do rei do Egito. Ele disse:
— Façam o favor de levar ao rei a se-
guinte mensagem: [5] "Quando o meu pai
estava para morrer, ele me fez jurar que
eu o sepultaria no túmulo que ele mes-
mo preparou no país de Canaã. Por favor,
deixe-me ir sepultar o meu pai, que de-
pois eu voltarei."
[6] O rei respondeu:
— Vá e sepulte o seu pai, como ele fez
você jurar que faria.
[7] E assim José foi sepultar o seu pai.
Com ele foram as autoridades ligadas ao
rei, os altos funcionários do palácio e to-
dos os líderes do Egito. [8] Foram também
as famílias de José, dos seus irmãos e de
Jacó. Deixaram na terra de Gosém somen-
te as crianças pequenas, as ovelhas, as ca-
bras e o gado. [9] Também foram homens a
cavalo e em carretas, de modo que o gru-
po era muito grande. [10] Quando chegaram
a Atade, que fica a leste do rio Jordão, fi-
zeram uma cerimônia de sepultamento
num terreiro onde o trigo é malhado. Ali
choraram muito alto durante sete dias.
[11] Quando os moradores de Canaã viram
tanta gente chorando, disseram: "Como é

impressionante o choro desses egípcios!"
Por isso puseram naquele lugar o nome
de Abel-Misraim.
12 Assim, os filhos de Jacó fizeram com
o seu pai tudo o que ele havia ordenado.
13 Eles levaram o seu corpo até Canaã e
o sepultaram na caverna de Macpela, a
leste de Manre, no terreno que Abraão
havia comprado de Efrom, o heteu, para
ser a sepultura da família. 14 Depois do se-
pultamento, José voltou para o Egito com
os irmãos e com todos os que o haviam
acompanhado.

Final da história de José

15 Depois da morte do pai, os irmãos de
José disseram:
— Talvez José tenha ódio de nós e vá
se vingar de todo o mal que lhe fizemos.
16 Então mandaram dizer a José:
— Antes que o seu pai morresse, 17 ele
mandou que pedíssemos a você o seguinte:
"Por favor, perdoe a maldade e o pecado
dos seus irmãos, que o maltrataram." Por-
tanto, pedimos que perdoe a nossa malda-
de, pois somos *servos do Deus do seu pai.
Quando recebeu essa mensagem, José
chorou. 18 Depois os próprios irmãos vie-
ram, se curvaram diante dele e disseram:
— Aqui estamos; somos seus criados.
19 Mas José respondeu:
— Não tenham medo; eu não posso me
colocar no lugar de Deus. 20 É verdade que
vocês planejaram aquela maldade con-
tra mim, mas Deus mudou o mal em bem
para fazer o que hoje estamos vendo, isto
é, salvar a vida de muita gente. 21 Não te-
nham medo. Eu cuidarei de vocês e dos
seus filhos.
Assim, ele os acalmou com palavras ca-
rinhosas, que tocaram o coração deles.
22 José ficou morando no Egito, ele e a
família do seu pai. José viveu cento e dez
anos 23 e chegou a ver os netos de Efraim.

DEVOCIONAL

Texto para leitura: **Gênesis 50:15-21**

Conheça a verdadeira felicidade

O bem pode resultar do mal que os outros planejam. Não limite sua vida ao pensar que, quando coisas ruins acontecem, você está arruinada ou que a situação fugiu do controle. Coisas ruins nem sempre significam que você chegou ao fim. As pessoas podem fazer planos para magoá-la, mas ninguém pode machucá-la, a menos que você deixe. Seu modo de pensar sobre quem está, afinal, no controle de sua vida e na utilidade das provações decidirá o quanto elas a machucam. Você pode ser atacada de todos os lados, ficar sem saída e ser ferida, mas, se confiar que Deus é quem ele diz ser, e decidir que nada é mais importante do que agradá-lo, então você não será destruída, apenas ficará mais forte.

O sofrimento edifica a vida da Garota de Deus; e não a derruba. Ela sabe que o sofrimento pode levar à pura alegria porque edifica sua perseverança e caráter. Ela sabe que é por meio do sofrimento que sua fé é provada, e sua força, intensificada. A resistência, e não a comodidade, a deixa mais forte. Por isso, considere a adversidade como apenas uma parte de seu treinamento. Quando você olhar para a vida por essa perspectiva, ninguém poderá controlá-la nem prejudicá-la. Quando você é serva de Deus, e somente de Deus, ninguém mais lhe dirá o que fazer, como agir ou como se sentir.

A provação serve apenas para torná-la melhor. Então, coloque-se acima de sua natureza humana, que choraminga, se queixa e rejeita as provações, e firme-se na natureza de Deus, que sabe tudo, vê tudo e, no final, controla *tudo. Ao permanecer firme* na rocha sólida de sua salvação, você vencerá qualquer coisa que o mundo atirar contra você. E aquilo que os outros planejarem para o mal, o Senhor usará para o bem.

Ele também pegou no colo, como membros da família, os filhos do seu neto Maquir, que era filho de Manassés.
24 Certo dia José disse aos irmãos:
— Eu vou morrer logo, mas estou certo de que Deus virá ajudá-los e os levará deste país para a terra que ele jurou dar a Abraão, a Isaque e a Jacó.
25 Então José pediu à sua gente que fizesse um juramento. Ele disse:
— Estou certo de que Deus virá ajudar vocês. Quando isso acontecer, levem o meu corpo com vocês.
26 José morreu com cento e dez anos. O seu corpo foi embalsamado e posto num caixão, no Egito.

Êxodo

Acalme-se

Vocês não terão de fazer nada: o *S*ENHOR* *lutará por vocês.*
Êxodo 14:14

Autor ♥ Moisés
Data ♥ Provavelmente por volta do século 15 a.C.
Local ♥ O deserto do Sinai
Público-alvo ♥ Os filhos de Deus

O livro de Êxodo está cheio de encontros incríveis de pessoas com Deus. Neste livro, vemos a jornada dos israelitas quase trezentos anos depois da morte de José. Eles cresciam em número e levavam uma boa vida no Egito — tanto é assim que o novo faraó teve medo de que superassem os egípcios. Então, para garantir que isso não acontecesse, ele os fez escravos. Ele foi ainda mais longe e tentou fazer com que todos os bebês do sexo masculino nascidos de mulheres israelitas fossem mortos. Mas, quando os israelitas começaram a clamar de angústia, Deus ouviu seu povo e foi ao seu socorro, libertando-o do cativeiro.

Êxodo significa "saída" ou "partida", e este livro mostra o momento em que Deus vem para resgatar seu povo. Das pragas, passando pela divisão do mar Vermelho, ao maná vindo do céu, Deus esteve com os israelitas a cada passo do caminho. Ele foi incrivelmente real para esse povo, uma vez que era óbvio que ninguém além de Deus poderia realizar tais milagres. Mas Êxodo também nos mostra que, não importa o quanto Deus tivesse se revelado, o povo, ainda assim, conseguiu rejeitá-lo. Vai entender!

Este livro enfatiza o relacionamento com Deus, incluindo nisso um aspecto muito importante: a obediência. Este é um livro da lei, mas o termo *lei* usado aqui significa *instrução*. A lei é a ajuda de Deus para nossa vida. Ele dá aos seus filhos as instruções de que precisam para levar a melhor vida possível. Em Êxodo, ele faz promessas ao seu povo e, em troca, pede obediência às suas instruções.

Ponto essencial
O livro de Êxodo é a história do livramento do povo de Deus que era escravo no Egito, e de sua jornada à terra prometida.

O livro de Êxodo não trata apenas do livramento que Deus dá ao seu povo, mas também do fato de Deus vir e viver bem ali, entre eles. Deus está sempre presente na vida de sua filha, guiando-a e protegendo-a por meio de seu Espírito Santo. É fácil olhar para a vida dos israelitas e rir da desobediência e das queixas deles, mas olhe para sua própria vida: quantas vezes Deus se mostrou a você, e ainda assim você questionou o amor, a presença e a provisão dele? Nós mudamos mesmo ao longo dos séculos ou também exigimos mais dele para que possamos crer?

Durante a leitura de Êxodo, observe quantas vezes Deus se mostra para seu povo. Observe todas as coisas que ele faz para provar não só o amor por seu povo, mas a justiça para aqueles que se colocam contra ele.

Coisas para procurar

- As dez pragas contra o Egito (veja Êxodo 7:14—12:30)
- A divisão do mar Vermelho (veja Êxodo 14:13—15:21)
- Os dez mandamentos (veja Êxodo 20:1-17)
- O bezerro de ouro (veja Êxodo 32)

Termos que você deve saber

Adultério: Relações sexuais com uma pessoa com a qual não se é casado.

Aliança mosaica: A aliança dada a Moisés no monte Sinai, incluindo os dez mandamentos. O sinal dessa aliança deveria ser a observância do sábado (veja Êxodo 31:13). Também é conhecida como aliança do Sinai.

Arão: Irmão de Moisés, que foi seu assistente para falar em seu nome (veja Êxodo 4:16) e também o primeiro sumo sacerdote.

Arca: "A arca da aliança" ou "a arca que contém as palavras de minha promessa" era um recipiente em forma de caixa usado para guardar e levar as duas tábuas da aliança — os dez mandamentos.

Festa da Colheita: Uma festa de um dia para comemorar o fim da colheita. Nessa festa, os israelitas ofereciam dois pães e dez animais em sacrifício. Também conhecida como "Festa das Semanas", "o dia dos primeiros frutos" ou "Pentecostes".

O Senhor Deus é a minha bandeira: um dos nomes de Deus (veja Êxodo 17:15).

Lei: As instruções de Deus para o seu povo sobre como levar uma vida que o honra e o ama.

Páscoa: Também conhecida como "Festa dos Pães sem Fermento" (veja Êxodo 12:17), é uma importante festa judaica que relembra o Anjo do Senhor passando pelas casas dos israelitas, quando ele matou os primogênitos dos egípcios. Durante a festa, somente pão sem fermento (pão ázimo) era permitido na casa.

Trono de misericórdia: A tampa de ouro da arca da aliança, também conhecida como propiciatório, que significa "lugar de propiciação" ou seja, remoção da ira. Ele aponta para a dádiva salvadora de Cristo.

Os sofrimentos dos israelitas no Egito

1 São estes os nomes dos filhos de Jacó
que foram com ele para o Egito, cada
um com a sua família: 2 Rúben, Simeão,
Levi, Judá, 3 Issacar, Zebulom, Benjamim,
4 Dã, Naftali, Gade e Aser. 5 Os descenden-
tes diretos de Jacó eram setenta pessoas ao
todo. José, o outro filho, já estava no Egito.
6 Mais tarde José e todos os seus irmãos
morreram, e também todos os outros
daquela *geração. 7 Mas os descendentes
de Jacó, os israelitas, tiveram muitos fi-
lhos e aumentaram tanto, que se torna-
ram poderosos. E eles se espalharam por
todo o Egito.
8 Depois o Egito teve um novo rei que
não sabia nada a respeito de José. 9 Ele
disse ao seu povo:
— Vejam! O povo de Israel é forte e
está aumentando mais depressa do que

nós. 10 Em caso de guerra, eles poderiam
se unir com os nossos inimigos, lutariam
contra nós e sairiam do país. Precisamos
achar um jeito de não deixar que eles se
tornem ainda mais numerosos.

11 Por isso os egípcios puseram feitores
para maltratar os israelitas com traba-
lhos pesados. E assim os israelitas cons-
truíram as cidades de Pitom e Ramessés,
onde o rei do Egito guardava as colhei-
tas de cereais. 12 Porém quanto mais os
egípcios maltratavam os israelitas, tan-
to mais eles aumentavam. Os egípcios fi-
caram com medo deles 13 e os tornaram
escravos, tratando-os com brutalidade.
14 Fizeram com que a vida deles se tor-
nasse amarga, obrigando-os a fazer traba-
lhos pesados na fabricação de tijolos, nas
construções e nas plantações. Em todos
os serviços que os israelitas faziam, eles
eram tratados com crueldade.

15 O rei do Egito deu a Sifrá e a Puá, que
eram parteiras das mulheres israelitas, a
seguinte ordem:

16 — Quando vocês forem ajudar as mu-
lheres israelitas nos seus partos, façam o
seguinte: se nascer um menino, matem;
mas, se nascer uma menina, deixem que
viva.

17 Porém as parteiras *temiam a Deus
e não fizeram o que o rei do Egito havia
mandado. Pelo contrário, deixaram que os
meninos vivessem. 18 Então o rei mandou
chamar as parteiras e perguntou:

— Por que vocês estão fazendo isso?
Por que estão deixando que os meninos
vivam?

19 Elas responderam:

— É que as mulheres israelitas não são
como as egípcias. Elas dão à luz com fa-
cilidade, e as crianças nascem antes que
a parteira chegue.

20-21 As parteiras temiam a Deus, e por
isso ele foi bom para elas e fez com que
tivessem as suas próprias famílias.

E o povo de Israel aumentou e se tor-
nou muito forte. 22 Então o rei deu a se-
guinte ordem a todo o seu povo:

— Joguem no rio Nilo todos os meninos
israelitas que nascerem, mas deixem que
todas as meninas vivam.

O nascimento de Moisés

2 Um homem e uma mulher da *tribo de
Levi casaram. 2 A mulher ficou grávida
e deu à luz um filho. Ela viu que o meni-
no era muito bonito e então o escondeu
durante três meses. 3 Como não podia es-
condê-lo por mais tempo, ela pegou uma
cesta de *junco, tapou os buracos com *be-
tume e piche, pôs nela o menino e deixou
a cesta entre os juncos, na beira do rio. 4 A
irmã do menino ficou de longe, para ver
o que ia acontecer com ele.

5 A filha do rei do Egito foi até o rio e
estava tomando banho enquanto as suas
empregadas passeavam ali pela margem.
De repente, ela viu a cesta no meio da
moita de juncos e mandou que uma das
suas escravas fosse buscá-la. 6 A princesa
abriu a cesta e viu um bebê chorando. Ela
ficou com muita pena dele e disse:

— Este é um menino israelita.

7 Então a irmã da criança perguntou à
princesa:

— Quer que eu vá chamar uma mu-
lher israelita para amamentar e criar esta
criança para a senhora?

8 — Vá — respondeu a princesa.

Então a moça foi e trouxe a própria mãe
do menino. 9 Aí a princesa lhe disse:

— Leve este menino e o crie para mim,
que eu pagarei pelo seu trabalho.

A mulher levou o menino e o criou.
10 Quando ele já estava grande, ela o levou
à filha do rei, que o adotou como filho. Ela
pôs nele o nome de Moisés e disse:

— Eu o tirei da água.

Moisés foge do Egito

11 Moisés já era homem feito. Um dia ele
saiu para visitar o seu povo e viu como
os israelitas eram obrigados a fazer tra-
balhos pesados. Viu também um egípcio
batendo num israelita, um patrício seu.
12 Moisés olhou para os lados e, vendo que
não havia ninguém ali, matou o egípcio e
escondeu o corpo na areia. 13 No dia se-
guinte voltou e viu dois israelitas brigan-
do. Então perguntou ao que maltratava
o outro:

— Por que você está batendo no seu
patrício?

14 O homem respondeu:

— Quem pôs você como nosso chefe ou
nosso juiz? Você está querendo me matar
como matou o egípcio?

Então Moisés ficou com medo e pen-
sou: "Já descobriram o que eu fiz." 15-
16 Quando o rei do Egito soube do que
Moisés havia feito, quis matá-lo; porém
ele fugiu e foi morar na terra de Midiã.

Jetro, o sacerdote de Midiã, tinha sete
filhas. Certo dia, quando Moisés estava

Joquebede

Leia a história desta Garota de Deus em Êxodo 2:1-10; 6:20 e Números 26:59.

Como não podia escondê-lo por mais tempo, ela pegou uma cesta de junco, tapou os buracos com betume e piche, pôs nela o menino e deixou a cesta entre os juncos, na beira do rio.

Êxodo 2:3

Se você ama alguém, deixe-o livre. É um clichê por uma razão: faz parte da vida. Por séculos isso aconteceu e, por séculos, é verdade que amar, em parte, é ser capaz de se afastar. Quando deu à luz Moisés, Joquebede sabia que ele era especial. Assim, no momento em que o faraó ordenou que todos os meninos fossem mortos, ela escondeu Moisés para protegê-lo. Mas, quando ele ficou grande demais para ser escondido, foi preciso fazer algo, e abrir mão dele foi a resposta. Deve ter sido difícil para ela colocar o filho a quem amava em uma cesta e oferecer-lhe a outra mulher, mas, uma vez que era a única chance que ele tinha de sobreviver, ela fez o que tinha de fazer.

Você terá momentos na vida em que se verá diante de duas opções: apegar-se firmemente a alguém que você deveria deixar ir ou confiar essa pessoa a Deus e deixá-la ir embora. A escolha é fácil quando seu coração é dominado pelo desejo de agradar a Deus, e não a si mesma. Quando você sabe que pode confiar em Deus e que não pode se apegar ao que nunca foi seu em primeiro lugar, pode então tomar posse do que é verdadeiramente seu: uma fé inabalável no Deus que dá e que tira (veja Jó 1:21). Deixar ir é algo que dói, sem dúvida, mas se apegar machuca mais do que apenas você: machuca quem você ama. Se você realmente ama uma pessoa, precisa saber quando deixá-la ir e quando segurá-la firme.

sentado perto de um poço, elas vieram tirar água e encheram os bebedouros para dar de beber às ovelhas e às cabras do seu pai. 17 Então chegaram alguns pastores e começaram a enxotar as moças dali. Porém Moisés se levantou, e as defendeu, e deu água aos animais. 18 Quando elas voltaram ao lugar onde o seu pai estava, ele perguntou:

— Por que é que vocês voltaram tão cedo hoje?

19 Elas responderam:

— Um egípcio nos defendeu dos pastores, tirou água para nós e ainda deu água para os nossos animais.

20 — E onde está ele? — perguntou Jetro. — Por que vocês o deixaram lá? Vão chamá-lo para que venha jantar com a gente.

21 Depois Jetro convidou Moisés para ficar morando ali, e ele aceitou. Então Jetro lhe deu a sua filha Zípora em casamento. 22 Quando ela teve um filho, Moisés pôs nele o nome de Gérson e disse:

— Sou hóspede em terra estrangeira.

23 Alguns anos depois o rei do Egito morreu, mas os israelitas continuaram gemendo por causa da sua escravidão. Eles gritavam pedindo socorro, e os seus pedidos chegaram até Deus. 24 Deus ouviu os gemidos deles e lembrou da *aliança que havia feito com Abraão, com Isaque e com Jacó. 25 Deus viu a escravidão dos israelitas e ficou preocupado com eles.

Deus fala com Moisés

3 Moisés cuidava das ovelhas e das cabras de Jetro, o seu sogro, o sacerdote de Midiã. Um dia Moisés levou o rebanho para o outro lado do deserto e foi até o monte Sinai, o monte sagrado. 2 Ali o Anjo do SENHOR apareceu a ele numa chama de fogo no meio de um espinheiro. Moisés viu que o espinheiro estava em fogo, porém não se queimava. 3 Então pensou: "Que coisa esquisita! Por que será que o espinheiro não se queima? Vou chegar mais perto para ver."

4 Quando o SENHOR Deus viu que Moisés estava chegando mais perto para ver melhor, ele o chamou do meio do espinheiro e disse:

— Moisés! Moisés!

— Estou aqui — respondeu Moisés.

5 Deus disse:

— Pare aí e tire as sandálias, pois o lugar onde você está é um lugar sagrado.

E Deus continuou:

6 — Eu sou o Deus dos seus antepassados, o Deus de Abraão, o Deus de Isaque e o Deus de Jacó.

Aí Moisés cobriu o rosto porque ficou com medo de olhar para Deus.

7 Então o SENHOR disse:

— Eu tenho visto como o meu povo está sendo maltratado no Egito; tenho ouvido o seu pedido de socorro por causa dos seus feitores. Sei o que estão sofrendo. 8 Por isso desci para libertá-los do poder dos egípcios e para levá-los do Egito para uma terra grande e boa. É uma terra boa e rica, onde moram os cananeus, os heteus, os amorreus, os perizeus, os heveus e os jebuseus. 9 De fato, tenho ouvido o pedido de socorro do meu povo e tenho visto como os egípcios os maltratam. 10 Agora venha, e eu o enviarei ao rei do Egito para que você tire de lá o meu povo, os israelitas.

11 Moisés perguntou a Deus:

— Quem sou eu para ir falar com o rei do Egito e tirar daquela terra o povo de Israel?

12 Deus respondeu:

— Eu estarei com você. Quando você tirar do Egito o meu povo, vocês vão me adorar neste monte, e isso será uma prova de que eu o enviei.

13 Porém Moisés disse:

— Quando eu for falar com os israelitas e lhes disser: "O Deus dos seus antepassados me enviou a vocês", eles vão me perguntar: "Qual é o nome dele?" Aí o que é que eu digo?

14 Deus disse:

— Eu Sou Quem Sou.

E disse ainda:

— Você dirá o seguinte: "Eu Sou me enviou a vocês. 15 O SENHOR, o Deus dos seus antepassados, o Deus de Abraão, o Deus de Isaque e o Deus de Jacó, me enviou a vocês. Este é o seu nome para sempre, e assim ele será lembrado por vocês em todos os tempos."

16 Depois Deus disse:

— Vá, reúna os líderes do povo de Israel e diga que eu, o SENHOR, o Deus dos seus antepassados, o Deus de Abraão, o Deus de Isaque e o Deus de Jacó, apareci a você e ordenei que lhes dissesse: "Tenho visto a sua situação e sei o que os egípcios estão fazendo com vocês. 17 Eu resolvi tirá-los do Egito, onde estão sendo

maltratados. E vou levá-los para uma ter-
ra boa e rica, a terra dos cananeus, dos
heteus, dos amorreus, dos perizeus, dos
heveus e dos jebuseus."
18 — O meu povo ouvirá o que você vai
dizer. Depois você e os líderes do povo
de Israel irão falar com o rei do Egito.
Digam a ele: "O SENHOR, o Deus dos he-
breus, apareceu a nós. Agora deixe-nos
ir para o deserto, a uma distância de três
dias de viagem, para oferecer *sacrifícios
ao SENHOR, nosso Deus." 19 Eu sei que, se o
rei do Egito não for obrigado, ele não dei-
xará vocês irem embora. 20 Por isso eu vou
usar o meu poder e fazer coisas terríveis
para castigar os egípcios. Depois disso
o rei deixará que vocês saiam do Egito.
21 — Eu farei com que os egípcios res-
peitem vocês. E, quando vocês saírem,
não irão de mãos vazias. 22 Cada mulher
israelita deverá pedir às mulheres egíp-
cias que estiverem morando na casa dela
ou que sejam suas vizinhas que lhe deem
objetos de prata e de ouro e roupas com
que vocês vestirão os seus filhos e as suas
filhas. E assim vocês tomarão as riquezas
dos egípcios.

O poder de Moisés para fazer milagres

4 Aí Moisés respondeu a Deus, o SE-
NHOR:
— Mas os israelitas não vão acreditar
em mim, nem vão dar atenção ao que eu
falar e vão dizer que o SENHOR não me
apareceu.
2 Então o SENHOR perguntou:
— O que é isso que você tem na mão?
— Um bastão — respondeu Moisés.
3 Deus disse:
— Jogue-o no chão.
Ele jogou, e o bastão virou uma cobra.
E Moisés fugiu dela.
4 Aí o SENHOR ordenou a Moisés:
— Estenda a mão e pegue a cobra pelo
rabo.
Moisés estendeu a mão e pegou a cobra
pelo rabo, e de novo ela virou um bastão
na mão dele.
5 Então o SENHOR disse:
— Faça isso para provar aos israelitas
que o SENHOR, o Deus dos seus antepas-
sados, o Deus de Abraão, o Deus de Isaque
e o Deus de Jacó, apareceu a você.
6 E o SENHOR continuou:
— Agora ponha a mão no peito.
Moisés obedeceu. E, quando tirou a
mão do peito, ela estava leprosa, branca
como a neve.
7 — Ponha outra vez a mão no peito —
ordenou Deus, o SENHOR.
Ele pôs a mão no peito novamente. E,
quando a tirou, ela estava tão boa como
o resto do corpo.
8 Então o SENHOR lhe disse:
— Se com o primeiro milagre os israe-
litas não acreditarem em você e não se
convencerem, então com o segundo vão
acreditar. 9 Mas, se com esses dois mila-
gres ainda não crerem e não quiserem ou-
vir o que você disser, tire água do rio Nilo
e derrame no chão, que ela virará sangue.
10 Moisés respondeu ao SENHOR:
— Ó Senhor, eu nunca tive facilidade
para falar, nem antes nem agora, depois
que começaste a falar comigo. Quando
começo a falar, eu sempre me atrapalho.
11 Porém o SENHOR lhe disse:
— Quem dá a boca ao ser humano?
Quem faz com que ele seja surdo ou
mudo? Quem lhe dá a vista ou faz com
que fique cego? Sou eu, Deus, o SENHOR.
12 Agora vá, pois eu o ajudarei a falar e lhe
direi o que deve dizer.
13 Aí Moisés pediu:
— Não, Senhor. Por favor, manda ou-
tra pessoa.
14 Então o SENHOR ficou irritado com
Moisés e disse:
— Por acaso Arão, o *levita, não é seu
irmão? Eu sei que ele tem facilidade para
falar. Além disso, ele está vindo para se
encontrar com você e vai ficar contente
ao vê-lo. 15 Você falará com Arão e lhe dirá
o que ele deve dizer. Eu os ajudarei a falar
e direi o que vocês devem fazer. 16 Arão fa-
lará ao povo em seu lugar. Ele será o seu
representante e falará ao povo por você.
E você será como Deus para ele, explican-
do o que ele deve dizer. 17 Leve este bas-
tão porque é com ele que você vai fazer
os milagres.

Moisés volta para o Egito

18 Então Moisés voltou para a casa de
Jetro, o seu sogro, e disse:
— Deixe que eu volte para visitar os
meus parentes no Egito. Quero ver se eles
ainda vivem.
— Vá em paz — respondeu Jetro.
19 Quando Moisés ainda estava na re-
gião de Midiã, o SENHOR Deus lhe tinha
dito:

DEVOCIONAL

Texto para leitura: **Êxodo 4:1-17**

Saiba como se comunicar

Timidez não é desculpa para o pecado. Só porque você não *se sente* capaz de tentar amar e servir aos outros não significa que pode desobedecer ao chamado de Deus. Nada deve impedi-la de estender a mão para o mundo à sua volta — nem sua tendência de ter medo da rejeição ou de achar que todos a odeiam, tampouco seu medo de situações sociais — nada é maior do que o Deus que ordena que você vá.

Isso deveria ser uma boa notícia para a menina tímida, não algo que possa fazê-la surtar. Significa que, ao contrário da crença popular, você não precisa ser controlada por sua timidez. Você não precisa entrar em pânico nem ficar com medo das pessoas, porque Deus promete ajudá-la a fazer as coisas que ele lhe diz para fazer. O povo de Deus é chamado a ter compaixão e empatia, tratar os outros como gostaria de ser tratado, ensinar, pregar e compartilhar a verdade com os outros; sim, até com estranhos. Isso significa que se a timidez a está impedindo de cumprir essas ordens em sua vida, então ela a está levando a pecar, e, por isso, não deve ser obedecida. Você é uma Garota de Deus — você serve ao único e verdadeiro Deus, e não ao deus do medo. Aí está sua liberdade!

A cura para seu medo é o amor do Pai. Quando sua vontade é a de Deus, nada que alguém diga ou faça pode prejudicá-la, e essa é a fonte de sua confiança. Você está verdadeiramente livre quando diz ser uma Garota de Deus em vez de uma menina tímida, e quando escolhe a vontade dele em vez da sua!

— Volte para o Egito, pois todos os que
queriam matá-lo já morreram.
20 Então Moisés fez com que a sua mu-
lher e os seus filhos montassem um ju-
mento e começou com eles a sua viagem
de volta para o Egito. Moisés tinha na mão
o bastão que Deus havia mandado que
ele levasse.
21 E mais uma vez o SENHOR disse a Moi-
sés:
— Eu lhe dei poder para fazer muitos
milagres. Quando você voltar para o Egi-
to, esteja pronto para fazê-los diante do
rei daquela terra. Mas eu vou fazer com
que ele fique teimoso e não deixe o povo
de Israel sair de lá. 22 Então você lhe dirá
que eu, o SENHOR, digo o seguinte: "Israel
é o meu primeiro filho. 23 Já lhe disse que
deixe o meu filho sair a fim de me adorar.
Mas você não deixou, e por isso eu vou
matar o seu filho mais velho."
24 Durante a viagem para o Egito, num
lugar onde Moisés e a sua família estavam
passando a noite, o SENHOR se encontrou
com Moisés e procurou matá-lo. 25 Aí Zípo-
ra, a sua mulher, pegou uma pedra afiada,
cortou o *prepúcio do seu filho e com ele
tocou o pé de Moisés. E disse:
— Você é um marido de sangue para
mim.
26 Ela disse isso por causa da *circun-
cisão. E assim o SENHOR deixou Moisés
viver.
27 Nesse meio tempo o SENHOR disse a
Arão:
— Vá se encontrar com Moisés no de-
serto.
Ele foi, e se encontrou com Moisés no
monte sagrado, e o beijou. 28 Moisés con-
tou a Arão tudo o que o SENHOR tinha dito
quando havia mandado que ele voltasse
para o Egito e falou também dos milagres
que Deus tinha ordenado que ele fizes-
se. 29 Aí Moisés e Arão foram para o Egito
e reuniram todos os líderes do povo de
Israel. 30 Arão contou-lhes tudo o que o
SENHOR Deus tinha dito a Moisés, e em
seguida Moisés fez os milagres diante

do povo. 31 Todos acreditaram e, quando souberam que o SENHOR tinha vindo até eles e tinha visto como estavam sendo maltratados, eles se curvaram e adoraram a Deus.

Moisés e Arão falam com o rei do Egito

5 Depois Moisés e Arão foram falar com o rei do Egito e disseram:

— O SENHOR, o Deus do povo de Israel, disse: "Deixe que o meu povo vá ao deserto a fim de fazer ali uma festa em minha honra."

2 — Quem é o SENHOR? — perguntou o rei. — Por que devo ouvi-lo e deixar que o povo de Israel vá ao deserto? Eu não conheço o SENHOR e não vou deixar que os israelitas saiam daqui.

3 Moisés e Arão responderam:

— O Deus dos hebreus veio falar conosco. Por isso deixe-nos viajar três dias pelo deserto a fim de oferecermos *sacrifícios ao SENHOR, nosso Deus. Se não formos, ele nos matará com doenças e na guerra.

4 Aí o rei do Egito disse a Moisés e a Arão:

— Por que vocês estão atrapalhando o trabalho do povo? Façam com que aqueles escravos voltem ao trabalho!

5 Ele disse também:

— Agora que há tantos israelitas no país, vocês querem que eles deixem de trabalhar?

6 Naquele mesmo dia o rei deu aos feitores e aos chefes de turmas a seguinte ordem:

7 — Daqui em diante vocês não vão mais dar palha ao povo, para fazer tijolos. Que eles mesmos ajuntem a palha. 8 Mas vocês exijam que eles façam a mesma quantidade de tijolos, nem um tijolo a menos. São uns preguiçosos e é por isso que gritam: "Vamos oferecer sacrifícios ao nosso Deus!" 9 Façam essa gente trabalhar mais duro ainda e os mantenham ocupados, a fim de que não tenham tempo de ouvir mentiras.

10 Então os feitores e os chefes de turmas saíram e foram dizer ao povo o seguinte:

— O rei disse que não vai mais fornecer palha a vocês. 11 Ele manda que vocês vão ajuntar palha onde puderem achar. Mas terão de continuar fazendo a mesma quantidade de tijolos.

12 Por isso o povo se espalhou por toda a terra do Egito, ajuntando a palha que sobrava das colheitas. 13 Os feitores forçavam os israelitas a fazer todos os dias a mesma quantidade de tijolos que costumavam fazer quando recebiam palha. 14 Os feitores batiam nos israelitas chefes de turmas que haviam sido encarregados do trabalho e perguntavam:

— Por que vocês não estão fazendo a mesma quantidade de tijolos que faziam antes?

15 Então os israelitas chefes de turmas foram se queixar ao rei. Eles disseram:

— Por que é que o senhor nos trata assim, nós que somos seus empregados? 16 Agora não nos dão mais palha, mas exigem que continuemos fazendo tijolos! Além disso batem em nós; no entanto, os seus feitores é que são os culpados.

17 Mas o rei respondeu:

— Vocês são uns preguiçosos e não querem trabalhar. É por isso que estão me pedindo que os deixe ir oferecer sacrifícios a Deus, o SENHOR. 18 Voltem ao trabalho. Vocês não receberão palha, mas terão de fazer a mesma quantidade de tijolos.

19 Os israelitas chefes de turmas viram que estavam numa situação difícil, quando lhes foi dito que fizessem todos os dias a mesma quantidade de tijolos que faziam antes. 20 Depois de falarem com o rei, eles se encontraram com Moisés e Arão, que os estavam esperando, 21 e lhes disseram:

— O SENHOR Deus está vendo o que vocês estão fazendo e os castigará; pois, por causa de vocês, o rei e os seus funcionários estão com ódio de nós. Vocês deram a eles um motivo para nos matarem!

Moisés fala de novo com Deus

22 Moisés falou outra vez com Deus, o SENHOR. Ele disse:

— Ó Senhor, por que tratas tão mal este povo? Por que me mandaste para cá? 23 Pois, desde que vim falar em teu nome com o rei do Egito, ele tem maltratado este povo. E tu não fizeste nada para ajudá-los.

6 Então o SENHOR Deus respondeu a Moisés:

— Agora você verá o que vou fazer com o rei do Egito. Eu vou obrigá-lo a deixar que o meu povo vá embora. Sim, eu o forçarei a expulsar os israelitas do seu país.

Deus chama Moisés

2 Deus disse a Moisés:

— Eu sou o SENHOR. 3 Eu apareci a

Abraão, a Isaque e a Jacó como o Deus Todo-Poderoso, porém não deixei que me conhecessem pelo meu nome de *SENHOR. 4 Fiz uma *aliança com eles e prometi dar-lhes a terra de Canaã, onde tinham vivido como estrangeiros. 5 Agora eu ouvi os gemidos dos israelitas, que estão sendo escravizados pelos egípcios, e lembrei da aliança que fiz com eles. 6 Portanto, diga aos israelitas o seguinte: "Eu sou o SENHOR. Vou livrá-los da escravidão do Egito. Estenderei o braço poderoso para fazer cair sobre os egípcios um castigo horrível e salvarei vocês. 7 Farei com que vocês sejam o meu povo e eu serei o seu Deus. Vocês ficarão sabendo que eu sou o SENHOR, seu Deus, o Deus que os vai livrar da escravidão no Egito. 8 Eu os levarei para a terra que jurei que daria a Abraão, a Isaque e a Jacó. E eu darei essa terra para ser propriedade de vocês. Eu sou o SENHOR."

9 Moisés repetiu essas palavras aos israelitas, mas eles não quiseram ouvi-lo, pois estavam desanimados por causa da dureza da sua escravidão.

10 Então o SENHOR disse a Moisés:

11 — Vá dizer a Faraó, rei do Egito, que deixe que os israelitas saiam do país.

12 Porém Moisés respondeu ao SENHOR:

— Se até os israelitas não querem me dar atenção, o rei também não vai querer. Eu não tenho facilidade para falar.

13 No entanto o SENHOR ordenou que Moisés e Arão dissessem aos israelitas e a Faraó, rei do Egito, que eles dois tinham ordem para tirar do país o povo de Israel.

Os antepassados de Moisés e Arão

14 Esta é a lista dos grupos de famílias dos antepassados de Moisés e Arão:

Rúben, o primeiro filho de Jacó, foi pai de quatro filhos: Enoque, Palu, Hezrom e Carmi. São esses os grupos de famílias de Rúben. 15 Simeão foi pai de seis filhos: Jemuel, Jamim, Oade, Jaquim, Zoar e Saul, filho de uma mulher cananeia. São esses os grupos de famílias de Simeão. 16 Levi foi pai de três filhos: Gérson, Coate e Merari. Levi viveu cento e trinta e sete anos. 17 Gérson foi pai de dois filhos: Libni e Simei, e eles tiveram muitos descendentes. 18 São estes os filhos de Coate: Anrão, Isar, Hebrom e Uziel. Coate viveu cento e trinta e três anos. 19 Merari foi pai de dois filhos: Mali e Musi. São esses os grupos de famílias de Levi, com os seus descendentes.

20 Anrão casou com Joquebede, sua tia por parte de pai, e ela lhe deu dois filhos: Arão e Moisés. Anrão viveu cento e trinta e sete anos. 21 Isar foi pai de três filhos: Corá, Nefegue e Zicri. 22 Uziel também foi pai de três filhos: Misael, Elzafã e Sitri. 23 Arão casou com Eliseba, filha de Aminadabe e irmã de Nasom. Ela lhe deu quatro filhos: Nadabe, Abiú, Eleazar e Itamar. 24 Corá foi pai de três filhos: Assir, Elcana e Abiasafe. São esses os grupos de famílias de Corá. 25 Eleazar, filho de Arão, casou com uma das filhas de Putiel, e ela lhe deu um filho, chamado Fineias. São esses os chefes das famílias e dos grupos de famílias da *tribo de Levi.

26 Arão e Moisés foram os que receberam do SENHOR Deus esta ordem: "Tirem do Egito as tribos de Israel." 27 Foram eles que falaram com Faraó, rei do Egito, a fim de tirar de lá os israelitas.

Deus fala com Moisés

28 Quando o SENHOR falou com Moisés, no Egito, 29 ele disse:

— Eu sou o SENHOR. Diga a Faraó, rei do Egito, tudo o que vou dizer a você.

30 Porém Moisés respondeu:

— Ó SENHOR, eu não tenho facilidade para falar. Como é que o rei vai me ouvir?

7 Então o SENHOR Deus disse a Moisés:

— Vou fazer com que você seja como Deus para o rei; e Arão, o seu irmão, falará por você como *profeta. 2 Você dirá a Arão tudo o que eu mandar, e ele falará com o rei, pedindo que deixe os israelitas saírem da terra dele. 3 Mas eu vou fazer com que o rei fique teimoso e farei muitos milagres e coisas espantosas no Egito. 4 O rei não vai ouvir vocês. Porém eu farei com que caia sobre ele um castigo terrível e levarei para fora do Egito os meus exércitos, isto é, o povo de Israel. 5 Quando eu levantar a mão contra os egípcios e tirar do meio deles os israelitas, os egípcios ficarão sabendo que eu sou o SENHOR.

6 Moisés e Arão fizeram tudo como o SENHOR havia mandado. 7 Quando falaram com o rei do Egito, Moisés tinha oitenta anos, e Arão, oitenta e três.

Arão e o bastão

8 O SENHOR Deus disse a Moisés e a Arão:

9 — Se o rei do Egito mandar que vocês façam um milagre, você, Moisés, dirá

a Arão que pegue o bastão e o jogue no chão na frente do rei. O bastão virará uma cobra.

10 Aí Moisés e Arão foram se encontrar com o rei e fizeram como o SENHOR havia mandado. Arão jogou o bastão diante do rei e dos seus funcionários, e o bastão virou uma cobra. 11 Então o rei mandou vir os sábios e os mágicos, e com a sua mágica eles fizeram a mesma coisa. 12 Cada um deles jogou a sua vara de mágico no chão, e elas viraram cobras. Porém o bastão de Arão engoliu as varas de mágico deles. 13 No entanto, como o SENHOR tinha dito, o rei continuou teimando e não atendeu o pedido de Moisés e Arão.

A primeira praga: a água vira sangue

14 Então o SENHOR Deus disse a Moisés:

— O rei está teimando e não quer deixar o povo sair do Egito. 15 Vá procurá-lo amanhã cedo, quando ele for até o rio Nilo. Pegue o bastão que virou cobra e espere o rei na beira do rio. 16 E diga-lhe o seguinte: "O SENHOR, o Deus dos hebreus, me mandou dizer-lhe que deixasse o povo dele ir embora para adorá-lo no deserto. Porém até agora o senhor não obedeceu à ordem de Deus. 17 Portanto, Deus lhe diz que, por causa daquilo que ele vai fazer agora, o senhor vai saber que ele é Deus, o SENHOR. Ó rei, agora eu vou bater na água do rio com este bastão que estou segurando, e a água vai virar sangue. 18 Os peixes que estão no rio vão morrer, e o rio vai cheirar tão mal, que os egípcios terão nojo de beber água dele."

19 E o SENHOR disse também a Moisés:

— Diga a Arão que pegue o bastão e estenda a mão sobre os rios, os canais, os poços e os reservatórios, para que as suas águas virem sangue. Assim, haverá sangue até nas tigelas de madeira e nas jarras de pedra.

20 Moisés e Arão fizeram como o SENHOR havia mandado. Na frente do rei e dos seus funcionários, Arão levantou o bastão e bateu no rio, e a água virou sangue. 21 Os peixes morreram, e o rio cheirou tão mal, que os egípcios não podiam beber água dele. E em todo o Egito houve sangue. 22 Porém, com as suas artes, os mágicos do Egito fizeram a mesma coisa. E assim o rei continuou teimando. Como o SENHOR tinha dito, ele não atendeu o pedido de Moisés e Arão. 23 Pelo contrário, ele voltou para o seu palácio, sem se preocupar com o que havia acontecido. 24 Todos os egípcios cavaram buracos na beira do rio para beber água limpa, pois não podiam beber da água do rio.

25 E passaram sete dias, depois que o SENHOR Deus bateu nas águas do rio.

A segunda praga: as rãs

8 Depois o SENHOR Deus disse a Moisés:

— Vá falar com o rei e diga que o SENHOR está dizendo a ele o seguinte: "Deixe que o meu povo saia do país a fim de me adorar. 2 Se você não deixar, eu castigarei o seu país, cobrindo-o de rãs. 3 O rio Nilo ficará cheio de rãs, e elas sairão dele e entrarão no palácio do rei, no seu quarto, na sua cama, nas casas dos seus funcionários e do seu povo e até dentro dos fornos e das bacias de amassar pão. 4 As rãs pularão em cima de você, do seu povo e de todos os seus funcionários."

5 O SENHOR Deus disse ainda a Moisés:

— Diga a Arão que estenda o bastão sobre os rios, os canais e os poços e faça com que as rãs saiam das águas e cubram a terra do Egito.

6 Aí Arão estendeu a mão sobre as águas do Egito, e as rãs saíram das águas e cobriram todo o país. 7 Porém os mágicos, com as suas artes, fizeram a mesma coisa; eles também trouxeram rãs sobre a terra do Egito.

8 Então o rei mandou chamar Moisés e Arão e lhes disse:

— Peçam ao SENHOR Deus que livre a mim e o meu povo dessas rãs, e eu deixarei que o seu povo vá e ofereça *sacrifícios a ele.

9 Moisés respondeu:

— Terei muito prazer em levar o seu pedido. Diga quando é que o senhor quer que eu peça a Deus em seu favor, em favor dos seus funcionários e do seu povo, para que as rãs sumam do seu palácio e das casas e fiquem somente no rio.

10 O rei respondeu:

— *Orem por* mim amanhã.

E Moisés disse:

— Ó rei, vou fazer como pediu, e assim o senhor ficará sabendo que não há outro deus como o SENHOR, nosso Deus. 11 O senhor, os seus funcionários e o seu povo ficarão livres das rãs; só no rio Nilo é que haverá rãs.

12 Moisés e Arão saíram do palácio do rei. Depois Moisés pediu ao SENHOR Deus que retirasse as rãs que ele havia

mandado contra o rei. 13 E o SENHOR aten-
deu o seu pedido: as rãs que estavam nas
casas, nos quintais e nos campos morre-
ram. 14 Os egípcios fizeram muitos montes
de rãs, e um cheiro horrível se espalhou
pelo país inteiro. 15 Quando o rei viu que
as rãs tinham morrido, continuou teiman-
do, como o SENHOR tinha dito, e não aten-
deu o pedido de Moisés e Arão.

A terceira praga: os piolhos

16 O SENHOR Deus disse a Moisés:
— Diga a Arão que bata na terra com
o bastão para que em todo o Egito o pó
vire piolhos.
17 E Arão bateu na terra com o bastão,
e todo o pó do Egito virou piolhos, que
cobriram as pessoas e os animais. 18 Os
mágicos tentaram fazer aparecer piolhos,
mas não conseguiram. E as pessoas e os
animais continuaram cobertos de piolhos.
19 Então os mágicos disseram ao rei:
— Foi Deus quem fez isso!
Mas o rei continuou teimando, como o
SENHOR tinha dito, e não atendeu o pedi-
do de Moisés e Arão.

A quarta praga: as moscas

20 O SENHOR Deus disse a Moisés:
— Amanhã cedo, quando o rei for até
a beira do rio, vá falar com ele e diga-lhe
que eu, o SENHOR, digo o seguinte: "Deixe
que o meu povo saia do país a fim de me
adorar. 21 Se você não deixar, eu mandarei
moscas para castigar você, os seus funcio-
nários e o seu povo. As casas dos egípcios
ficarão cheias de moscas, e o chão ficará
coberto com elas. 22 Mas naquele dia se-
pararei a região de Gosém, onde mora o
meu povo, para que ali não haja moscas.
Assim, você ficará sabendo que eu, o SE-
NHOR, estou aqui neste país. 23 Farei dife-
rença entre o meu povo e o seu povo. Este
milagre vai acontecer amanhã."
24 Assim fez Deus, o SENHOR, e entra-
ram grandes enxames de moscas no pa-
lácio do rei e nas casas dos seus funcio-
nários. E, por causa das moscas, houve
muito prejuízo no Egito inteiro.
25 Então o rei chamou Moisés e Arão e
disse:
— Vão oferecer sacrifícios ao seu Deus,
porém façam isso aqui mesmo, no Egito.
26 Moisés respondeu:
— Isso não daria certo, pois os ani-
mais que oferecemos em sacrifício ao
SENHOR, nosso Deus, são sagrados para
os egípcios. Se eles virem a gente matar
os animais que eles adoram, com certe-
za nos matarão a pedradas. 27 Nós temos
de caminhar três dias pelo deserto até
chegarmos ao lugar onde vamos oferecer
sacrifícios ao SENHOR, nosso Deus, como
ele mesmo nos ordenou.
28 Então o rei disse:
— Se vocês não forem muito longe, eu
os deixarei ir ao deserto oferecer sacri-
fícios ao SENHOR, seu Deus. Orem tam-
bém por mim.
29 Moisés respondeu:
— Logo que eu sair daqui, vou orar a
Deus para que estes enxames de moscas
deixem o senhor, os seus funcionários e
o seu povo. Mas o senhor não deve nos
enganar outra vez, proibindo que o povo
vá oferecer sacrifícios a Deus, o SENHOR.
30 Então Moisés saiu do palácio e orou
a Deus, o SENHOR. 31 O SENHOR fez o que
Moisés havia pedido: ele fez com que as
moscas deixassem o rei, os seus funcioná-
rios e o seu povo. Não ficou uma só mos-
ca. 32 Mas ainda dessa vez o rei continuou
teimando e não deixou o povo ir.

A quinta praga: a morte dos animais

9 O SENHOR Deus disse a Moisés:
— Vá falar com o rei e diga que o SE-
NHOR, o Deus dos hebreus, diz o seguinte:
"Deixe que o meu povo saia do país a fim
de me adorar. 2 Pois, se você não deixar
e continuar impedindo que ele vá, 3 eu o
castigarei com uma doença horrível, que
atacará todos os seus animais, isto é, os
cavalos, os jumentos, os camelos, o gado,
as ovelhas e as cabras. 4 Farei diferença
entre os animais dos israelitas e os dos
egípcios, e não morrerá nenhum animal
dos israelitas. 5 Eu, o SENHOR, marquei um
prazo: farei isso amanhã."
6 No dia seguinte o SENHOR fez como ti-
nha dito, e todos os animais dos egípcios
morreram; porém não morreu nenhum
dos animais dos israelitas. 7 O rei mandou
ver o que havia acontecido e foi informa-
do de que não havia morrido nenhum ani-
mal dos israelitas. Apesar disso o rei con-
tinuou teimando e não deixou o povo ir.

A sexta praga: os tumores

8 Então o SENHOR Deus disse a Moisés
e a Arão:
— Peguem punhados de cinza de um
forno, e que Moisés jogue essa cinza
para o ar diante do rei do Egito. 9 Ela se

espalhará como um pó fino sobre toda
a terra do Egito, e em todos os lugares a
cinza produzirá tumores que se abrirão
em úlceras nas pessoas e nos animais.
10 Assim, Moisés e Arão pegaram cinza
e ficaram de pé na frente do rei. Moisés
jogou a cinza para cima, e ela produziu tu-
mores, que viraram úlceras nas pessoas e
nos animais. 11 Os mágicos não puderam
aparecer diante de Moisés porque eles e
todos os outros egípcios estavam cober-
tos de tumores. 12 Porém o SENHOR Deus
fez com que o rei continuasse teiman-
do. E, como o SENHOR tinha dito a Moi-
sés, o rei não atendeu o pedido de Moi-
sés e Arão.

A sétima praga: a chuva de pedra

13 O SENHOR Deus disse a Moisés:
— Amanhã cedo vá se encontrar com
o rei e diga-lhe que o SENHOR, o Deus
dos hebreus, diz o seguinte: "Deixe que
o meu povo saia do país a fim de me ado-
rar. 14 Pois desta vez eu vou fazer todas as
minhas pragas caírem sobre você, sobre
os seus funcionários e sobre o seu povo,
para que você fique sabendo que em todo
o mundo não há ninguém como eu. 15 Se
eu tivesse atacado você e o seu povo com
doenças, você já teria sido completamen-
te destruído. 16 Mas estou deixando que
você viva para mostrar a você o meu po-
der e para fazer com que o meu nome seja
conhecido no mundo inteiro. 17 Você ainda
continua orgulhoso e não quer deixar o
meu povo ir. 18 Porém amanhã a esta hora
eu vou fazer cair uma chuva de pedra tão
forte como nunca houve igual em toda a
história do Egito. 19 Portanto, agora man-
de recolher o seu gado e tudo o que você
tem no campo. Se as pessoas e os animais
que estiverem no campo não forem para
casa, quando cair a chuva de pedra, todos
eles morrerão."
20 Alguns funcionários do rei ficaram
com medo daquilo que o SENHOR tinha
dito e levaram os seus escravos e os seus
animais para os abrigos. 21 Mas os que
não deram atenção ao que o SENHOR ti-
nha dito deixaram os seus escravos e os
seus animais nos campos.
22 Então o SENHOR Deus disse a Moisés:
— Levante a mão para o céu, e cairá
chuva de pedra em toda a terra do Egito.
Cairá sobre o povo, sobre os animais e so-
bre todas as plantas do campo.
23 Moisés levantou o bastão para o céu,
e o SENHOR mandou trovões, chuva de pe-
dra e raios sobre o país. Ele fez cair 24 uma
pesada chuva de pedra sobre todo o Egi-
to, e a chuva e os raios caíram sem parar.
Essa foi a pior tempestade que o Egito já
teve em toda a sua história. 25 Em todo o
Egito a chuva de pedra acabou com tudo
o que estava no campo, incluindo as pes-
soas e os animais. Destruiu todas as plan-
tas e quebrou todas as árvores. 26 Somente
na região de Gosém, onde estavam os is-
raelitas, a chuva de pedra não caiu.
27 Então o rei mandou chamar Moisés
e Arão e disse:
— Desta vez eu pequei. O SENHOR Deus
é justo; eu e o meu povo somos culpados.
28 Orem ao SENHOR. Chega de trovões e de
chuva de pedra! Eu os deixarei ir; vocês
não precisam esperar mais.
29 Moisés respondeu:
— Quando sair da cidade, eu levanta-
rei as mãos em oração a Deus, o SENHOR.
Os trovões vão parar, e não haverá mais
chuva de pedra. Isso para que o senhor, ó
rei, fique sabendo que a terra é de Deus.
30 Mas eu sei que o senhor e os seus fun-
cionários ainda não *temem a Deus, o SE-
NHOR.
31 O linho e a *cevada foram destruídos,
pois a cevada já estava com espigas, e o
linho estava em flor. 32 Porém o trigo e o
centeio não foram destruídos, pois ainda
não haviam brotado.
33 Depois de ter estado com o rei, Moi-
sés saiu da cidade e levantou as mãos em
oração a Deus, o SENHOR. Aí os trovões, a
chuva e a chuva de pedra pararam. 34-35 Po-
rém, quando o rei viu que tinha parado
de chover e que não trovejava mais, nem
caía chuva de pedra, ele tornou a pecar.
Ele e os seus funcionários continuaram
teimando. E, como o SENHOR tinha dito
por meio de Moisés, o rei não deixou que
os israelitas fossem embora.

A oitava praga: os gafanhotos

10 O SENHOR Deus disse a Moisés:
— Vá falar com o rei, pois eu fiz
com que ele e os seus funcionários con-
tinuassem teimando, para que eu pudes-
se fazer esses milagres no meio deles. 2 E
também para que você pudesse contar
aos seus filhos e aos seus netos como
eu zombei dos egípcios e quantas coisas
espantosas fiz no meio deles. Assim vo-
cês ficarão sabendo que eu sou Deus, o
SENHOR.

3 Moisés e Arão foram falar com o rei
do Egito e lhe disseram:
— O SENHOR, o Deus dos hebreus, diz
isto: "Até quando você vai continuar não
querendo se humilhar diante de mim?
Deixe que o meu povo saia do país a fim de
me adorar. 4 Se não, amanhã eu vou trazer
gafanhotos para o seu país. 5 O chão não
poderá mais ser visto, pois eles cobrirão a
terra do Egito. Eles comerão tudo o que a
chuva de pedra não destruiu e até as árvo-
res que sobraram. 6 Eles encherão as suas
casas, as casas de todos os seus funcioná-
rios e de todo o seu povo. E essa desgraça
será pior do que tudo o que os seus pais e
os seus antepassados já viram!"
Moisés disse isso e saiu do palácio. 7 En-
tão os funcionários do palácio disseram
ao rei:
— Até quando esse sujeito vai ser um
perigo para nós? Deixe que os homens
vão embora, para adorarem o SENHOR, o
Deus deles. Por acaso o senhor não sabe
que o Egito está arrasado?
8 Aí Moisés e Arão foram levados de
novo até a presença do rei, e este lhes
disse:
— Vocês podem ir adorar o SENHOR,
seu Deus. Mas eu quero saber quem é
que vai.
9 Moisés respondeu:
— Iremos todos nós, com as nossas
crianças e os nossos velhos. Levaremos os
nossos filhos e filhas, as nossas ovelhas e
cabras e o nosso gado, pois temos de dar
uma festa em honra de Deus, o SENHOR.
10 Então o rei disse:
— Pois que o SENHOR vá com vocês!
Mas não vou deixar, de jeito nenhum, que
vocês levem as suas mulheres e os seus
filhos! É claro que vocês estão planejan-
do uma revolução. 11 Não! Somente os ho-
mens podem ir adorar ao SENHOR, se é
isso o que vocês querem.
E Arão e Moisés foram expulsos da pre-
sença do rei.
12 Aí o SENHOR Deus disse a Moisés:
— Estenda a mão sobre o Egito para
que venham gafanhotos. Eles virão e co-
merão todas as plantas da terra, tudo o
que a chuva de pedra não destruiu.
13 Moisés estendeu o bastão sobre o Egi-
to, e o SENHOR mandou do Leste um vento
que soprou sobre o país o dia inteiro e a

DEVOCIONAL

Texto para leitura: **Êxodo 10:1-2**

Conheça a Deus

Quando você se deparar com probabilidades impossíveis, pense nelas como uma oportunidade para Deus se revelar. Nada do que acontece na vida da Garota de Deus é um fracasso; tudo é uma oportunidade. A adversidade é algo bom quando você a usa para se voltar para o único Deus que pode salvá-la.

Não deixe que situações terríveis, pessoas teimosas ou com raiva a impeçam de crer que Deus pode e irá fazer o que quiser nesta terra. Afinal, ele é Todo-Poderoso e sempre está presente, lembra? A vontade de Deus, por fim, vence. Mesmo que os momentos pareçam difíceis, você pode ter certeza de que ele ainda é Deus e está no controle.

Então, não tenha medo daquilo que os outros temem. Apenas olhe para a provação como uma oportunidade para de fazer o que ele faz melhor: realizar milagres. Quando você olha para o mundo por essa perspectiva, nada pode desanimá-la, nada pode assustá-la, porque você tem certeza de algo: da presença e do poder de Deus. Relaxe e deixe toda a preocupação para os outros que não conhecem a Deus. Você é uma Garota de Deus e você é filha do Rei. A mão de Deus está sempre em você para protegê-la e guiá-la. *Olhe para ele, confie* nele e tenha certeza de que nada acontece sem a permissão final dele. Por causa disso, você pode ter certeza de que será capaz de superar qualquer situação difícil.

noite inteira. Quando amanheceu, o ven-
to tinha trazido os gafanhotos. 14 Eles se
espalharam sobre todo o Egito e invadi-
ram toda aquela região em quantidades
enormes, como nunca havia acontecido
antes e nunca mais acontecerá. 15 Eles co-
briram de tal maneira o chão, que este
ficou preto. Devoraram toda a vegetação
e todas as frutas das árvores que haviam
sobrado da chuva de pedra. Em todo o
Egito não sobrou nada verde nas árvo-
res e nas plantas.
16 Então o rei mandou chamar imediata-
mente Moisés e Arão e lhes disse:
— Eu pequei contra o SENHOR, seu
Deus, e contra vocês. 17 Agora peço que
perdoem o meu pecado ainda esta vez e
que orem ao SENHOR, seu Deus, para que
ele tire de mim este castigo terrível.
18 Moisés saiu do palácio e orou a Deus,
o SENHOR. 19 Aí o SENHOR fez soprar um
vento oeste muito forte, que levantou os
gafanhotos e os jogou no mar Vermelho; e
não ficou um só gafanhoto em todo o Egi-
to. 20 Porém o SENHOR fez com que o rei
continuasse teimando, e este não deixou
que os israelitas fossem embora.

A nona praga: a escuridão

21 Então o SENHOR Deus disse a Moisés:
— Levante a mão para o céu a fim de
que em todo o Egito haja uma escuridão
tão grossa, que possa até ser tocada.
22 Moisés levantou a mão para o céu, e
durante três dias uma grande escuridão
cobriu todo o Egito. 23 Os egípcios não po-
diam ver uns aos outros, e naqueles dias
ninguém saiu de casa. Porém em todas as
casas dos israelitas havia claridade.
24 Aí o rei mandou chamar Moisés e lhe
disse:
— Vocês podem ir adorar a Deus, o SE-
NHOR. Levem também as suas mulheres e
os seus filhos, mas as ovelhas, as cabras e
o gado ficarão aqui.
25 Moisés respondeu:
— Nesse caso o senhor deveria nos dar
os animais para oferecermos em *sacrifí-
cio e queimarmos em honra do SENHOR,
nosso Deus. 26 Nós não queremos isso. Nós
vamos levar também os nossos animais,
e não ficará nenhum, pois temos de es-
colher alguns para usá-los na adoração
a Deus, o SENHOR. Enquanto não chegar-
mos lá, não saberemos quais os animais
que deveremos oferecer em sacrifício ao
SENHOR.
27 Porém o SENHOR fez com que o rei
continuasse teimando, e este não deixou
que os israelitas saíssem do Egito. 28 O rei
disse a Moisés:
— Saia da minha presença e nunca
mais apareça aqui! Pois, no dia em que
tornar a me ver, você morrerá!
29 — O senhor está certo — respondeu
Moisés. — Nunca mais eu o verei.

Moisés anuncia a décima praga

11 O SENHOR Deus disse a Moisés:
— Vou mandar só mais um casti-
go sobre o rei do Egito e sobre o seu povo.
Depois disso ele os deixará ir. Na verdade
ele expulsará todos vocês. 2 Porém agora
diga aos israelitas, homens e mulheres,
que peçam aos seus vizinhos e vizinhas
joias de prata e de ouro.
3 E o SENHOR fez com que os egípcios
respeitassem os israelitas. De fato, os fun-
cionários do rei e todo o povo considera-
vam Moisés um grande homem.
4 Então Moisés disse ao rei:
— O SENHOR Deus diz: "Perto da meia-
-noite eu vou passar pelo Egito, 5 e no país
inteiro morrerá o filho mais velho de cada
família, desde o filho do rei, que é o her-
deiro do trono, até o filho da escrava que
trabalha no moinho; morrerá também a
primeira cria dos animais. 6 Em todo o
Egito haverá gritos de dor, como nunca
houve antes e nunca mais haverá. 7 Mas,
entre os israelitas, nem mesmo um ca-
chorro latirá para uma pessoa ou um ani-
mal. E assim vocês ficarão sabendo que
o SENHOR faz diferença entre os egípcios
e os israelitas."
8 E Moisés continuou:
— Então todos estes seus funcionários
virão me procurar e se ajoelharão diante
de mim, pedindo que eu vá embora e leve
todo o meu povo. Depois disso eu sairei.
Moisés saiu muito zangado da presen-
ça do rei. 9 Então o SENHOR Deus disse a
Moisés:
— O rei não vai dar atenção a vocês
para que eu possa fazer coisas espanto-
sas no Egito.
10 Moisés e Arão fizeram todas essas
coisas espantosas diante do rei do Egito.
Porém o SENHOR fez com que o rei conti-
nuasse teimando, e este não deixou que
os israelitas saíssem do país.

A Páscoa

12 O SENHOR Deus falou com Moisés
e Arão no Egito. Ele disse:

DEVOCIONAL

Texto para leitura: **Êxodo 12:6**

Conheça a si mesma

Desde a cruz, já não é mais preciso fazer sacrifício por nossos pecados (veja Hebreus 10:18). Hoje, sacrifício para uma Garota de Deus está associado a abrir mão de algo que é importante para ela, e faz parte do modo como adora a Deus. Quando os israelitas foram ordenados a sacrificar um cordeiro para a Páscoa, eles deveriam escolher um que fosse especial, sem defeitos, ou seja, perfeito. Esse pequeno cordeiro perfeito deveria ser cuidado pela família por quatro dias e, em seguida, abatido. Então, por que Deus não lhes disse que qualquer animal velho serviria? Por que ele simplesmente não pediu que matassem um pombo ou um rato? Porque o sacrifício não tinha só a ver com matar o animal, mas também com as pessoas que precisavam do animal e talvez até o amassem, abrindo mão daquilo de que precisavam e amavam. Sacrifício não tem a ver com abrir mão de coisas fáceis; tem a ver com abrir mão do que é difícil de se desfazer.

Muitas vezes, dizemos que estamos abrindo mão de coisas ou fazendo sacrifícios para Deus quando, na verdade, não estamos, como dizer que não vamos namorar sem ter permissão dos pais para isso. Nesse caso, dizer que abrir mão de namorar é seu sacrifício para Deus não é, tecnicamente, verdade, já que você não tinha mesmo permissão para namorar. Mas abrir mão de sonhar acordada ou pensar em namoro seria um grande sacrifício se isso fosse quase impossível para você sem a ajuda de Deus. Então, seja o que for que você queira abandonar por Deus, veja se isso é seu antes de entregá-lo. Em outras palavras, se abrir mão de alguma coisa dói e lhe fará falta, então esse é um sacrifício válido.

Ao abrir mão de algo por Deus, você também precisa ter certeza de que não está abrindo mão de um pecado. Escolher não pecar não é sacrifício. Lembre-se do cordeiro: ele deveria ser sem defeito, um símbolo de pureza. Não sujo e impuro, um símbolo de pecado. Sacrifício tem a ver com abrir mão do que é bom, não do que é mau. Abrir mão do que é mau ou pecaminoso é arrependimento, não sacrifício, e é uma exigência diária.

Embora o sacrifício não seja mais uma exigência, muitos o usam como uma forma de negar sua natureza pecaminosa e de praticar o autocontrole. Se há algo bom em sua vida, do qual você esteja disposta a abrir mão para provar seu amor por Deus, então isso é sacrifício. Missionários em todo o mundo renunciam diariamente o conforto de uma casa para servir a Deus mais fielmente. Seja o que for que você esteja se sentindo chamada a renunciar, faça-o por amor a Deus, e seu sacrifício terá valor.

2 — Este mês será para vocês o primei-
ro mês do ano. 3 Diga a todo o povo israe-
lita o seguinte: no dia dez deste mês cada
pai de família escolherá um carneirinho
ou um cabrito para a sua família, isto é,
um animal para cada casa. 4 Se a família
for pequena demais para comer o animal
inteiro, então o dono da casa e o seu vi-
zinho mais próximo o comerão juntos,
repartindo-o de acordo com o número
de pessoas e a quantidade que cada um
puder comer. 5 O animal deverá ser um
carneirinho ou um cabrito sem defeito,
de um ano. 6 Vocês o guardarão até o dia
catorze deste mês, e na tarde desse dia
todo o povo israelita matará os animais.
7 Pegarão um pouco do sangue e o passa-
rão nos batentes dos lados e de cima das
portas das casas onde os animais vão ser
comidos. 8 Nessa noite a carne deverá ser

assada na brasa e comida com *pães sem
fermento e com ervas amargas. 9 A carne
não deverá ser comida crua nem cozida;
o animal inteiro, incluindo a cabeça, as
pernas e os miúdos, será assado na bra-
sa. 10 Não deixem nada para o dia seguin-
te e queimem o que sobrar. 11 Já vestidos,
calçados e segurando o bastão, comam
depressa o animal. Esta é a *Páscoa de
Deus, o SENHOR.

12 — Nessa noite eu passarei pela terra
do Egito e matarei todos os primeiros fi-
lhos, tanto das pessoas como dos animais.
E castigarei todos os deuses do Egito. Eu
sou o SENHOR. 13 O sangue nos batentes
das portas será um sinal para marcar as
casas onde vocês moram. Quando estiver
castigando o Egito, eu verei o sangue e en-
tão passarei por vocês sem parar, para que
não sejam destruídos por essa praga. 14 Co-
memorem esse dia como festa religiosa
para lembrar que eu, o SENHOR, fiz isso.
Vocês e os seus descendentes devem co-
memorar a Festa da Páscoa para sempre.

A Festa dos Pães sem Fermento

15 — Durante sete dias vocês comerão
*pão sem fermento. Por isso, no primei-
ro dia tirem o fermento das suas casas.
Pois qualquer pessoa que comer pão fei-
to com fermento, desde o primeiro até o
sétimo dia, será expulsa do meio do povo
de Israel. 16 No primeiro dia e também no
sétimo, façam uma reunião para adorar
a Deus. Nenhum trabalho será feito nes-
ses dias, a não ser para preparar comida.
17 Comemorem a *Festa dos Pães sem Fer-
mento no aniversário do dia em que eu
tirei do Egito as *tribos do povo de Israel.
Essa comemoração será uma *lei perma-
nente, que passará de pais a filhos. 18 Des-
de a tarde do dia catorze do primeiro mês
até a tarde do dia vinte e um do mesmo
mês, o pão que vocês comerem será feito
sem fermento. 19 Durante esses sete dias
não haverá fermento nas suas casas, pois
quem comer pão com fermento, seja um
estrangeiro que estiver vivendo no país,
seja um israelita, será expulso do meio
do povo de Israel. 20 Portanto, nesses dias
não comam nada que tenha fermento. Em
todas as suas casas só será comido pão
sem fermento.

A primeira Páscoa

21 Moisés mandou chamar todos os lí-
deres do povo e disse:

— Escolham carneiros ou cabritos e os
matem para que todas as famílias israe-
litas possam comemorar a *Páscoa. 22 Pe-
guem um galho de *hissopo e o molhem
no sangue que estiver na bacia e passem
nos batentes dos lados e de cima da por-
ta das suas casas. E que ninguém saia de
casa durante toda a noite. 23 Quando o SE-
NHOR passar para matar os egípcios, verá
o sangue ali nos batentes e não deixará
que o Anjo da Morte entre nas suas ca-
sas para matá-los. 24 Vocês e os seus des-
cendentes devem obedecer a essa ordem
para sempre. 25 Quando entrarem na terra
que o SENHOR lhes dará, como prometeu,
vocês deverão continuar realizando essa
cerimônia religiosa. 26 Quando os seus fi-
lhos perguntarem: "O que quer dizer essa
cerimônia?", 27 vocês responderão: "É o
*sacrifício da Páscoa em honra do SENHOR
Deus, pois no Egito ele passou pelas ca-
sas dos israelitas e não parou. O SENHOR
matou os egípcios, mas não matou as nos-
sas famílias."

Então os israelitas se ajoelharam e ado-
raram a Deus, o SENHOR. 28 Depois foram
e fizeram tudo o que ele havia ordenado
a Moisés e Arão.

A décima praga: a morte dos primeiros filhos dos egípcios

29 À meia-noite, o SENHOR Deus matou
os filhos mais velhos de todas as famílias
do Egito, desde o filho do rei, que era o
herdeiro do trono, até o filho do prisio-
neiro que estava na cadeia; e matou tam-
bém a primeira cria dos animais. 30 Na-
quela noite o rei, os seus funcionários e
todos os outros egípcios saíram da cama.
É que em todo o Egito havia gente cho-
rando e gritando, pois em todas as casas
havia um filho morto. 31 Nessa mesma noi-
te o rei mandou chamar Moisés e Arão e
lhes disse:

— Saiam daqui, vocês e todos os outros
israelitas! Deixem o meu país. Vão adorar
a Deus, o SENHOR, como vocês pediram.
32 Peguem as suas ovelhas e cabras e o seu
gado e vão embora. E peçam a Deus que
me abençoe.

33 Os egípcios insistiram com os israe-
litas para que saíssem do país o mais de-
pressa possível. Eles diziam:

— Se vocês não saírem, todos nós mor-
reremos!

34 Assim, cada família israelita pegou a
massa de *pão sem fermento, pôs numa

Pergunte a si mesma...

Quais são as três coisas sem as quais não consigo viver?
Qual delas eu poderia renunciar por Deus?
São coisas boas ou são ruins para mim?
Se são ruins, renunciá-las é sacrifício ou meu arrependimento?

bacia, embrulhou a bacia num pano e car-
regou no ombro. 35 Os israelitas fizeram
como Moisés havia ordenado e pediram
aos egípcios joias de prata e de ouro e
roupas. 36 O SENHOR Deus fez com que os
egípcios dessem de boa vontade aos is-
raelitas tudo o que eles pediam. Assim
o povo de Israel tomou as riquezas dos
egípcios.

Os israelitas saem do Egito

37 Os israelitas saíram a pé de Ramessés
e foram para Sucote. Eram mais ou menos
seiscentos mil homens, sem contar as mu-
lheres, as crianças e os velhos. 38 Com eles
foram muitas outras pessoas, e também
muitas ovelhas e cabras, e muito gado.
39 Os israelitas fizeram pão sem fermento
com a massa que haviam levado do Egito,
pois os egípcios os haviam expulsado do
país tão de repente, que eles não tinham
tido tempo de preparar comida, nem de
preparar massa com fermento. 40 Os is-
raelitas tinham vivido no Egito quatro-
centos e trinta anos. 41 No dia em que ter-
minaram os quatrocentos e trinta anos,
todas as *tribos do povo de Deus, o SE-
NHOR, saíram do Egito. 42 Essa foi a noite
em que o SENHOR ficou vigiando para tirá-
-los do Egito. Ela é dedicada ao SENHOR
para sempre, como a noite que deverá ser
comemorada por todos os israelitas.

As leis a respeito da Páscoa

43 O SENHOR Deus disse a Moisés e a
Arão:
— Esta é a *lei para a *Páscoa: nenhum
estrangeiro poderá comer a refeição da
Páscoa. 44 Porém todo escravo compra-
do poderá comer dela depois de ser
*circuncidado. 45 Os estrangeiros, tanto
os que estiverem de passagem como os
que estiverem vivendo no país, vivendo
de salário, não poderão tomar essa re-
feição. 46 Ela deverá ser comida na casa
onde foi preparada: não será tirada dali.
E não quebrem nenhum osso do animal.
47 Todo o povo de Israel deve comemorar
essa festa religiosa. 48 Não poderão tomar
parte nela os homens que não tiverem
sido circuncidados. Porém, se algum es-
trangeiro estiver morando com vocês e
quiser comemorar a Páscoa em honra do
SENHOR, vocês deverão primeiro circunci-
dá-lo e também todos os outros homens
e meninos da sua família. Depois ele po-
derá tomar parte na comemoração e será
como se fosse uma pessoa nascida em Is-
rael. 49 A mesma lei será para os israelitas
nascidos no país e para os estrangeiros
que vivem entre vocês.
50 Todos os israelitas obedeceram e fi-
zeram o que o SENHOR havia ordenado a
Moisés e a Arão. 51 Naquele dia o SENHOR
tirou do Egito as *tribos do povo de Israel.

O primeiro filho é separado para Deus

13 O SENHOR Deus disse a Moisés:
2 — Separe para mim todo pri-
meiro filho. Todo primeiro filho homem
dos israelitas e todo primeiro filhote ma-
cho dos animais domésticos são meus.

A Festa dos Pães sem Fermento

3 Moisés disse ao povo:
— Lembrem deste dia, o dia em que vo-
cês saíram do Egito, onde eram escravos.
Este é o dia em que o SENHOR os tirou de
lá pelo seu grande poder. Portanto, não
comam pão feito com fermento. 4 Vocês
estão saindo do Egito neste dia, no pri-
meiro mês, o mês de *abibe. 5 O SENHOR
jurou aos seus antepassados que daria a
vocês a terra dos cananeus, dos heteus,
dos amorreus, dos heveus e dos jebuseus.
É uma terra boa e rica. Quando ele os le-
var para aquela terra, vocês deverão co-
memorar essa festa religiosa no primei-
ro mês de cada ano. 6 Durante sete dias
vocês comerão *pão sem fermento; e no
sétimo dia haverá uma festa religiosa em
honra do SENHOR. 7 Nesses sete dias vo-
cês comerão pão sem fermento. Em toda
a sua terra não deverá haver fermento,
nem pão feito com fermento. 8 Nesse dia
vocês contarão aos seus filhos que estão
fazendo isso por causa daquilo que o SE-
NHOR fez por vocês quando saíram do Egi-
to. 9 Essa festa será como um sinal para

vocês, como se fosse uma coisa amarrada
na mão ou na testa, e os ajudará a lem-
brarem de recitar e de estudar a *lei de
Deus, o SENHOR; pois com grande poder
ele os tirou do Egito. 10 Portanto, come-
morem essa festa religiosa no dia certo,
todos os anos.

O primeiro filho

11 — O SENHOR Deus fará com que vo-
cês entrem na terra dos cananeus, con-
forme ele jurou a vocês e aos seus ante-
passados. Quando ele lhes der essa terra,
12 vocês darão ao SENHOR todo primeiro fi-
lho homem. Todo primeiro filhote macho
também pertencerá a ele. 13 Mas, se quise-
rem ficar com o primeiro filhote macho
de uma jumenta, ofereçam a Deus um car-
neiro; se não quiserem, quebrem o pes-
coço do jumentinho. Fiquem com todo
primeiro filho homem de vocês, pagando
por ele o preço determinado. 14 No futu-
ro, quando os seus filhos perguntarem o
que isso quer dizer, vocês responderão:
"Com grande poder o SENHOR nos tirou
do Egito, onde éramos escravos. 15 Quando
o rei do Egito teimou em não nos deixar
sair, o SENHOR matou todos os primeiros
filhos no Egito, tanto das pessoas como
dos animais. É por isso que oferecemos
ao SENHOR em *sacrifício todo primeiro
filhote macho. Mas pagamos o preço de-
terminado para ficar com os nossos pri-
meiros filhos. 16 Isso será como uma lem-
brança, como alguma coisa amarrada nas
mãos ou na testa. E nos fará lembrar que
com o seu grande poder o SENHOR nos
tirou do Egito."

A coluna de nuvem e a coluna de fogo

17 Quando o rei deixou que o povo is-
raelita saísse do Egito, Deus não os le-
vou pelo caminho que vai pelo país dos
filisteus, embora fosse o mais curto. Deus
pensou assim: "Não quero que os israeli-
tas mudem de ideia e voltem para o Egi-
to, quando virem que terão de guerrear."
18 Por isso Deus fez com que o povo des-
se uma volta pelo caminho do deserto, na
direção do mar Vermelho. Os israelitas
saíram do Egito armados para guerrear.
19 Moisés levou o corpo de José, pois José
havia feito os israelitas jurarem que fa-
riam isso. Ele tinha dito: "Quando Deus os
libertar, levem daqui o meu corpo."
20 Os israelitas saíram de Sucote e acam-
param em Etã, onde começa o deserto.
21 Durante o dia o SENHOR ia na frente
deles numa coluna de nuvem, para lhes
mostrar o caminho. Durante a noite ele ia
na frente deles numa coluna de fogo, para
iluminar o caminho, a fim de que pudes-
sem andar de dia e de noite. 22 A coluna de
nuvem sempre ia adiante deles durante o
dia, e a coluna de fogo ia durante a noite.

Os israelitas atravessam o mar Vermelho

14 O SENHOR Deus disse a Moisés:
2 — Diga aos israelitas que vol-
tem e acampem em frente de Pi-Hairo-
te, entre Migdol e o mar Vermelho, perto
de Baal-Zefom. 3 Assim o rei do Egito vai
pensar que os israelitas estão andando
sem rumo, perdidos no deserto. 4 Eu farei
com que o rei continue teimoso e persiga
vocês. Então eu derrotarei o rei e o seu
exército, mostrando assim o meu poder.
E os egípcios ficarão sabendo que eu sou
Deus, o SENHOR.

E os israelitas obedeceram.

5 Quando contaram ao rei do Egito
que os israelitas tinham fugido, ele e os
seus funcionários mudaram de ideia e
disseram:

— Vejam só o que fizemos! Deixamos
que os nossos escravos, os israelitas, fu-
gissem de nós!

6 Então o rei mandou preparar o seu
carro de guerra e o seu exército. 7 Ele saiu
com todos os carros de guerra, incluindo
os seiscentos melhores, que eram coman-
dados pelos seus oficiais. 8 O SENHOR fez
com que Faraó, rei do Egito, continuas-
se teimando, e ele foi atrás dos israelitas,
que estavam saindo de maneira vitorio-
sa. 9 Os egípcios, com todos os seus ca-
valos, carros de guerra e cavaleiros, saí-
ram atrás dos israelitas e os alcançaram
onde eles estavam acampados, na beira
do mar Vermelho, perto de Pi-Hairote e
de Baal-Zefom.

10 Quando os israelitas viram o rei e o
seu exército marchando contra eles, fi-
caram apavorados e gritaram pedindo a
ajuda de Deus, o SENHOR. 11 E disseram
a Moisés:

— Será que não havia sepulturas no
Egito? Por que você nos trouxe para mor-
rermos aqui no deserto? Veja só o que
você fez, nos tirando do Egito! 12 O que foi
que lhe dissemos no Egito? Pedimos que
nos deixasse em paz, trabalhando como
escravos para os egípcios. Pois é melhor

ser escravo dos egípcios do que morrer
aqui no deserto!
13 Porém Moisés respondeu:
— Não tenham medo. Fiquem firmes
e vocês verão que o SENHOR vai salvá-
-los hoje. Nunca mais vocês vão ver es-
ses egípcios. 14 Vocês não terão de fazer
nada: o SENHOR lutará por vocês.
15 O SENHOR disse a Moisés:
— Por que você está me pedindo aju-
da? Diga ao povo que marche. 16 Levan-
te o bastão e o estenda sobre o mar. A
água se dividirá, e os israelitas poderão
passar em terra seca, pelo meio do mar.
17 Eu farei com que os egípcios fiquem ain-
da mais teimosos, e eles entrarão no mar
atrás dos israelitas. E eu ficarei famoso
quando derrotar o rei do Egito, todo o
seu exército, os seus carros de guerra e
os seus cavaleiros. 18 Quando eu derro-
tar os egípcios, eles saberão que eu sou
Deus, o SENHOR.
19 Então o Anjo de Deus, que ia na fren-
te dos israelitas, mudou de lugar e pas-
sou para trás. Também a coluna de nu-
vem saiu da frente deles e foi para trás,
20 ficando entre os egípcios e os israelitas.
A nuvem era escura para os egípcios, po-
rém iluminava o povo de Israel. Assim,
durante a noite inteira, o exército egípcio
não conseguiu chegar perto dos israelitas.
21 Moisés estendeu a mão sobre o mar, e
Deus, o SENHOR, com um vento leste mui-
to forte, fez com que o mar recuasse. O
vento soprou a noite inteira e fez o mar
virar terra seca. As águas foram dividi-
das, 22 e os israelitas passaram pelo mar
em terra seca, com muralhas de água nos
dois lados. 23 Os egípcios os perseguiram e
foram atrás deles até o meio do mar com
todos os seus cavalos, carros de guerra e
cavaleiros. 24 Logo antes de amanhecer,
da coluna de fogo e de nuvem o SENHOR
olhou para o exército dos egípcios e fez
com que eles ficassem apavorados. 25 Os
carros de guerra andavam com grande
dificuldade, pois Deus fez com que as ro-
das ficassem atoladas. Então os egípcios
disseram:
— Vamos fugir dos israelitas! O SENHOR
está lutando a favor deles e contra nós.
26 Então o SENHOR Deus disse a Moisés:
— Estenda a mão sobre o mar para que
as águas voltem e cubram os egípcios, os
seus carros de guerra e os seus cavaleiros.
27 Moisés estendeu a mão sobre o mar,
e, quando amanheceu, o mar voltou ao
normal. Os egípcios tentaram escapar das
águas, porém o SENHOR os jogou dentro
do mar. 28 As águas voltaram e cobriram
os carros de guerra, os cavaleiros e todo o
exército egípcio que havia perseguido os
israelitas no mar. E não sobrou nenhum
egípcio com vida. 29 Mas os israelitas atra-
vessaram o mar em terra seca, com mu-
ralhas de água nos dois lados.
30 Naquele dia o SENHOR salvou o povo
de Israel dos egípcios, e os israelitas os
viram mortos na praia. 31 Quando viram
o poder com que o SENHOR havia derro-
tado os egípcios, os israelitas o *temeram.
E creram em Deus, o SENHOR, e no seu
*servo Moisés.

A Canção de Moisés

15 Então Moisés e os israelitas canta-
ram esta canção a Deus, o SENHOR:

Cantarei ao SENHOR
porque ele conquistou
uma vitória maravilhosa;
ele jogou os cavalos e os cavaleiros
dentro do mar.
2 O SENHOR é o meu forte defensor;
foi ele quem me salvou.
Ele é o meu Deus, e eu o louvarei.
Ele é o Deus do meu pai,
e eu cantarei a sua grandeza.
3 O SENHOR é um guerreiro;
o seu nome é *SENHOR.

4 Ele jogou no mar o exército egípcio
e os seus carros de guerra;
os seus melhores oficiais se
afogaram
no mar Vermelho.
5 O mar profundo os cobriu;
como uma pedra eles foram até o
fundo.

6 A tua mão direita, ó SENHOR,
tem um poder terrível;
ela despedaça o inimigo.
7 Como é maravilhosa a tua vitória!
Derrotas os teus inimigos
e com a tua *ira furiosa
tu os queimas como se fossem
palha.
8 Tu sopraste, e as águas se
amontoaram;
as ondas se levantaram como
muralhas,
e o fundo do mar ficou duro como
gelo.

9 Os inimigos disseram:
“Nós iremos atrás deles
e os alcançaremos;
pegaremos todas as coisas
que são deles
e ficaremos com tudo o que
quisermos.
Com as nossas espadas
nós os mataremos.”
10 Porém tu, ó SENHOR, sopraste,
e os egípcios se afogaram;
afundaram como chumbo no mar
bravo.

11 Não há outro deus como tu,
ó SENHOR!
Quem é santo e majestoso como tu?
Quem pode fazer os milagres
e as maravilhas que fazes?
12 Estendeste a mão direita,
e a terra engoliu
os que nos perseguiam.

13 Por causa do teu amor
tu guiaste o povo que salvaste;
com o teu grande poder
tu os levaste para a tua terra santa.
14 Os povos ouviram falar do que
fizeste
e estão tremendo de medo.
Os filisteus ficaram apavorados.
15 Os chefes dos edomitas
estão assustados,
os poderosos moabitas
perderam a coragem,
e todos os cananeus estão
tremendo.
16 O medo e o terror caíram sobre
eles.
Eles viram o teu grande poder
e ficaram parados
como se fossem pedras
até que tivesse passado o teu povo,
o povo que livraste da escravidão.
17 Tu levarás o teu povo
para viver no teu *monte,
o lugar, ó Senhor,
que escolheste para morar,
o Templo que tu mesmo
construíste.
18 O SENHOR Deus será rei
para todo o sempre!

A Canção de Míriam

19 Os israelitas atravessaram o mar em
terra seca. Porém, quando os carros de
guerra dos egípcios, com os seus cavalos
e cavaleiros, entraram no mar, o SENHOR
Deus fez com que as águas voltassem e
os cobrissem.
20 A *profetisa Míriam, que era irmã de
Arão, pegou um pandeiro, e todas as mu-
lheres a acompanharam, tocando pandei-
ro e dançando. 21 E Míriam cantou para
elas assim:

Cantem ao SENHOR
porque ele conquistou
uma vitória *gloriosa;
ele jogou os cavalos e os cavaleiros
dentro do mar.

As águas amargas

22 Aí Moisés levou o povo de Israel do
mar Vermelho para o deserto de Sur. Eles
caminharam três dias no deserto e não
acharam água. 23 Então chegaram a um
lugar chamado Mara, porém não pude-
ram beber a água dali porque era amar-
ga. Por isso aquele lugar era chamado de
Mara. 24 O povo reclamou com Moisés e
perguntou:
— O que vamos beber?
25 Então Moisés, em voz alta, pediu so-
corro a Deus, o SENHOR, e o SENHOR lhe
mostrou um pedaço de madeira. Moisés
jogou a madeira na água, e a água ficou
boa de beber.
Foi nesse lugar que o SENHOR Deus deu
*leis aos israelitas e os pôs à prova. 26 Ele
disse:
— Se vocês prestarem atenção no
que eu digo, se fizerem o que é certo e
se guardarem os meus mandamentos,
eu não os castigarei com nenhuma das
doenças que mandei contra os egípcios.
Eu sou o SENHOR, que cura vocês.
27 Depois os israelitas chegaram a Elim,
onde havia doze fontes de água e seten-
ta palmeiras. E acamparam ali, perto da
água.

O maná e as codornas

16 O povo de Israel saiu de Elim e foi
para o deserto de Sim, que fica en-
tre Elim e o monte Sinai. Chegaram ali no
dia quinze do segundo mês depois da sua
saída do Egito. 2 Ali, no deserto, todos eles
começaram a reclamar contra Moisés e
Arão, 3 dizendo assim:
— Teria sido melhor que o SENHOR ti-
vesse nos matado no Egito! Lá, nós po-
díamos pelo menos nos sentar e comer
carne e outras comidas à vontade. Vocês
nos trouxeram para este deserto a fim de
matar de fome toda esta multidão.

4 O SENHOR Deus disse a Moisés:
— Agora eu vou fazer chover do céu
pão para vocês. E o povo deverá sair, e
cada um deverá juntar uma porção que
dê para um dia. Assim eu os porei à pro-
va para saber se eles vão obedecer às mi-
nhas ordens. 5 No sexto dia deverão jun-
tar e preparar o dobro do que costumam
juntar nos outros dias.
6 Então Moisés e Arão disseram ao
povo:
— Hoje à tarde vocês ficarão sabendo
que foi o SENHOR Deus quem os tirou do
Egito. 7 Amanhã de manhã vocês verão a
*glória do SENHOR, pois o SENHOR ouviu
as reclamações de vocês contra ele. Foi
contra ele, e não contra nós, que vocês
reclamaram; pois, afinal de contas, quem
somos nós?
8 E Moisés continuou:
— É Deus, o SENHOR, quem vai lhes dar
carne para comerem de tarde e pão à von-
tade de manhã, pois o SENHOR ouviu vo-
cês reclamando contra ele. As suas recla-
mações são contra ele e não contra nós;
pois, afinal de contas, quem somos nós?
9 Aí Moisés disse a Arão:
— Diga a todo o povo que venha e fique
diante de Deus, o SENHOR, pois ele ouviu
as reclamações deles.
10 Enquanto Arão estava falando a todo
o povo, eles olharam para o deserto, e,
de repente, a glória do SENHOR apare-
ceu numa nuvem. 11 E o SENHOR disse a
Moisés:
12 — Eu tenho ouvido as reclamações
dos israelitas. Diga-lhes que hoje à tarde,
antes de escurecer, eles comerão carne. E

DEVOCIONAL

Texto para leitura: **Êxodo 16:1-3**

Conheça a verdadeira felicidade

Há momentos em que você odeia sua vida? Foi o que aconteceu com os israelitas no deserto. "Estamos fartos dessa comida", eles se queixaram. "Precisamos de carne." Sério? Deus acabou de tirar vocês da escravidão, e vocês já vão reclamar? Que coisa! O que acontece? De nosso ponto de vista, tudo parece tão louco, não é? Reclamar depois do que Deus tinha acabado de fazer?

Mas as coisas realmente mudaram? Afinal, queixar-se de algo na vida, como de ter um nariz grande ou de não ser popular, não é o mesmo que acusar Deus, que lhe dá tudo que você tem, de não lhe dar o suficiente? Sabia que tudo que acontece com você tem de passar por Deus para chegar até você? Isso faz dele um tirano? Talvez sim, se você não tiver uma visão global da situação.

A verdade é que Deus tem um propósito para tudo em sua vida. E ele promete fazer todas as coisas trabalharem juntas para o seu bem. Todas as suas dores, seus sofrimentos e seu vazio ele usará para o bem, se você fizer apenas uma coisa: confiar nele. Você pode confiar que o lugar em que está na vida agora é exatamente onde deveria? Tudo o que ele dá ou tira é para seu bem. Mesmo que pareça exatamente o contrário, não acredite em seus sentimentos; confie em Deus. Ao fazer isso, você encontrará uma vida cheia de esperança e propósito. Você não ficará vagando pelo deserto escuro e seco, mas encontrará sua terra prometida, o lugar em que pode ser contente, não importa o que aconteça.

Você está cansada de ser infeliz? Você quer vitória? Então, escolha isso. Escolha confiar em Deus e acreditar que sua vida está sob o controle dele, por mais perdida que você se sinta. Creia na Palavra de Deus quando ela diz: "Pois sabemos que todas as coisas trabalham juntas para o bem daqueles que amam a Deus" (Romanos 8:28).

amanhã de manhã comerão pão à vontade. Aí ficarão sabendo que eu, o SENHOR, sou o Deus deles.

13 À tarde apareceu um grande bando de codornas; eram tantas, que cobriram o acampamento. E no dia seguinte, de manhã, havia orvalho em volta de todo o acampamento. 14 Quando o orvalho secou, por cima da areia do deserto ficou uma coisa parecida com escamas, fina como a geada no chão. 15 Os israelitas viram aquilo e não sabiam o que era. Então perguntaram uns aos outros:

— O que é isso?

Moisés lhes disse:

— Isso é o alimento que o SENHOR está mandando para vocês comerem. 16 Esta é a ordem que ele deu: "Cada um de vocês deverá juntar o que for necessário para comer, de acordo com o número de pessoas que houver na família, dois litros por pessoa."

17 E assim fizeram os israelitas. Uns pegaram mais, e outros, menos. 18 Quando mediram, aconteceu que os que haviam pegado muito não tinham demais; e não faltava nada para os que haviam pegado pouco. Cada um havia pegado exatamente o necessário para comer.

19 Então Moisés lhes disse:

— Ninguém deverá guardar nada para o dia seguinte.

20 Mas alguns não obedeceram à ordem de Moisés e guardaram uma parte daquele alimento. E no dia seguinte o que tinha sido guardado estava cheio de bichos e cheirava mal. Aí Moisés ficou muito irritado com eles. 21 Todas as manhãs cada um pegava o necessário para comer naquele dia, pois o calor do sol derretia o que ficava no chão.

22 No sexto dia pegaram o dobro, isto é, quatro litros para cada pessoa. Os líderes do povo foram e contaram a Moisés o que estava acontecendo. 23 E Moisés lhes disse:

— Amanhã é dia de descanso, o sábado santo, separado para Deus, o SENHOR. Por isso o SENHOR deu a seguinte ordem: "Os que quiserem assar esse alimento no forno, que assem; e os que quiserem cozinhar, que cozinhem. E guardem para o dia seguinte o que sobrar."

24 Conforme a ordem de Moisés, todos guardaram para o dia seguinte o que havia sobrado. E não cheirou mal, nem criou bicho. 25 Moisés disse:

— Comam isto hoje, pois é sábado, o dia de descanso separado para Deus, o SENHOR. Neste dia vocês não acharão no campo nada de comer. 26 Recolham esse alimento durante seis dias; porém no sétimo dia, que é o dia de descanso, não haverá alimento no chão.

27 No sétimo dia algumas pessoas saíram para pegar o alimento, porém não acharam nada. 28 Então o SENHOR Deus disse a Moisés:

— Até quando vocês vão desobedecer às minhas ordens e às minhas *leis? 29 Lembrem que eu, o SENHOR, dei a vocês um dia de descanso e foi por isso que no sexto dia eu lhes dei alimento para dois dias. No sétimo dia fiquem todos onde estiverem; ninguém deverá sair de casa.

30 Assim, o povo não trabalhou no sétimo dia.

31 Os israelitas deram àquele alimento o nome de *maná. Ele era parecido com uma sementinha branca e tinha gosto de bolo de mel. 32 Moisés disse:

— O SENHOR Deus mandou que fossem guardados dois litros de maná para que, no futuro, os nossos descendentes possam ver o alimento que ele nos deu para comermos no deserto, quando nos tirou do Egito.

33 Então Moisés disse a Arão:

— Pegue uma vasilha, ponha nela dois litros de maná e coloque-a na presença de Deus, o SENHOR, a fim de ser guardada para os nossos descendentes.

34 Arão fez como o SENHOR havia ordenado a Moisés e colocou a vasilha diante da *arca da aliança para que ficasse guardada ali. 35 Durante quarenta anos os israelitas tiveram maná para comer, até que chegaram a uma terra habitada, isto é, até que chegaram à fronteira de Canaã.

36 A porção de maná para cada pessoa era a décima parte da medida padrão, que tinha vinte litros.

Água da rocha em Refidim

Números 20.1-13

17 O povo de Israel saiu do deserto de Sim, caminhando de um lugar para outro, de acordo com as ordens de Deus, o SENHOR. Eles acamparam em Refidim, mas ali não havia água para beber. 2 Então reclamaram contra Moisés e lhe disseram:

— Dê-nos água para beber.

Moisés respondeu:

— Por que vocês estão reclamando? Por que estão pondo o SENHOR à prova?

3 Mas o povo estava com muita sede e continuava reclamando e gritando contra Moisés. Eles diziam:

— Por que você nos tirou do Egito? Será que foi para nos matar de sede, a nós, aos nossos filhos e às nossas ovelhas e cabras?

4 Então Moisés clamou pedindo a ajuda de Deus, o SENHOR. Ele disse:

— O que é que eu faço com este povo? Mais um pouco, e eles vão querer me matar a pedradas.

5 O SENHOR disse a Moisés:

— Escolha entre eles alguns líderes e passe com eles na frente do povo. Leve também o bastão com o qual você bateu no rio Nilo. 6 Eu estarei diante de você em cima de uma rocha, ali no monte Sinai. Bata na rocha, e dela sairá água para o povo beber.

E Moisés fez isso na presença dos líderes do povo de Israel.

7 Então deram àquele lugar os nomes de Massá e de Meribá, pois os israelitas reclamaram contra Moisés e puseram o SENHOR à prova, perguntando:

— O SENHOR está com a gente ou não?

Guerra contra os amalequitas

8 Os amalequitas vieram e atacaram os israelitas em Refidim. 9 Então Moisés deu a Josué a seguinte ordem:

— Escolha alguns homens e amanhã cedo vá com eles lutar por nós contra os amalequitas. Eu ficarei no alto do monte, segurando o bastão de Deus.

10 Josué fez o que Moisés havia ordenado e foi combater os amalequitas. Enquanto isso, Moisés, Arão e Hur subiram até o alto do monte. 11 Quando Moisés ficava com os braços levantados, os israelitas venciam. Porém, quando ele abaixava os braços, eram os amalequitas que venciam. 12 Quando os braços de Moisés ficaram cansados, Arão e Hur pegaram uma pedra e a puseram perto dele para que Moisés se sentasse. E os dois, um de cada lado, seguravam os braços de Moisés. Desse modo os seus braços ficaram levantados até o pôr do sol. 13 E assim Josué derrotou completamente os amalequitas.

14 Então o SENHOR Deus disse a Moisés:

— Escreva um relatório dessa vitória a fim de que ela seja lembrada. Diga a Josué que eu vou destruir completamente os amalequitas.

15 Moisés construiu um altar e lhe deu o seguinte nome: "O SENHOR Deus é a minha bandeira." 16 Depois disse:

— Segurem bem alto a bandeira do SENHOR! O SENHOR combaterá para sempre os amalequitas!

Jetro visita Moisés

18 Jetro, o sacerdote de Midiã e sogro de Moisés, soube de tudo o que Deus havia feito por Moisés e pelo povo de Israel. E soube também como o SENHOR havia tirado do Egito os israelitas. 2 Então ele foi para o lugar onde Moisés estava, levando Zípora, a mulher de Moisés. Moisés havia mandado Zípora e os dois filhos dela para a casa de Jetro. 3 O nome de um deles era Gérson, pois Moisés tinha dito: "Sou hóspede em terra estrangeira." 4 O nome do outro era Eliézer, pois Moisés tinha dito: "O Deus do meu pai me ajudou e não deixou que eu fosse morto pelo rei do Egito."

5 Jetro, o sogro de Moisés, foi com a mulher e os dois filhos de Moisés para o deserto onde Moisés estava acampado, no monte sagrado. 6 Ele havia mandado um recado a Moisés, dizendo que estava chegando, com a mulher e os filhos dele. 7 Então Moisés saiu para se encontrar com Jetro, curvou-se em sinal de respeito e o beijou. Cada um perguntou ao outro se ia bem de saúde, e depois eles entraram na barraca de Moisés. 8 Ele contou ao sogro tudo o que o SENHOR Deus, por causa do seu amor pelo povo de Israel, tinha feito com o rei do Egito e com os egípcios. Falou também a respeito das dificuldades que o povo havia tido no caminho e como o SENHOR os havia socorrido. 9 Jetro ficou muito contente com tudo o que o SENHOR havia feito pelo povo de Israel, tirando-o do Egito. 10 E disse:

— Louvado seja o SENHOR Deus, que libertou vocês das mãos dos egípcios e do seu rei! 11 Agora sei que o SENHOR é mais poderoso do que todos os deuses, pois livrou os israelitas do poder dos egípcios, quando eles os trataram com tanto desprezo.

12 Em seguida Jetro trouxe uma oferta para ser completamente queimada e animais para serem mortos como *sacrifício a Deus. Arão e todos os líderes do povo

de Israel foram com ele para comer a re-
feição sagrada.

Moisés escolhe ajudantes

Deuteronômio 1.9-18

13 No dia seguinte Moisés sentou-se
para julgar as questões do povo e fi-
cou ocupado desde a manhã até a noite.
14 Quando Jetro viu tudo o que Moisés es-
tava fazendo, perguntou:
— Por que você está agindo assim? Por
que está resolvendo sozinho os proble-
mas do povo, com todas essas pessoas
em pé ao seu redor, desde a manhã até
a noite?
15 Moisés respondeu:
— Eu tenho de fazer isso porque as
pessoas vêm falar comigo para saber o
que Deus quer. 16 Quando duas pessoas
têm uma questão, elas vêm falar comi-
go para que eu resolva quem está certo.
E explico os mandamentos e as *leis de
Deus a todos.
17 Então Jetro disse:
— O que você está fazendo não está
certo. 18 Desse jeito você vai ficar cansa-
do demais, e o povo também. Isso é muito
trabalho para você fazer sozinho. 19 Agora
escute o meu conselho, e Deus o ajuda-
rá. Está certo que você represente o povo
diante de Deus e também que leve a ele
os problemas deles. 20 Você deve ensinar-
-lhes as leis de Deus e explicar o que de-
vem fazer e como devem viver. 21 Mas você
deve escolher alguns homens capazes e
colocá-los como chefes do povo: chefes
de mil, de cem, de cinquenta e de dez.
Devem ser homens que *temam a Deus,
que mereçam confiança e que sejam ho-
nestos em tudo. 22 Serão eles que sempre
julgarão as questões do povo. Os casos
mais difíceis serão trazidos a você, mas
os mais fáceis eles mesmos poderão re-
solver. Assim será melhor para você, pois
eles o ajudarão nesse trabalho pesado.
23 Se você fizer isso, e se for essa a ordem
de Deus, você não ficará cansado, e todas
essas pessoas poderão ir para casa com
as suas questões resolvidas.
24 Moisés aceitou o conselho de Jetro 25 e
escolheu homens capazes entre todos os
israelitas. Ele os colocou como chefes de
mil, de cem, de cinquenta e de dez. 26 Eles
sempre julgaram as questões do povo, re-
solvendo as mais fáceis e trazendo para
Moisés as mais difíceis.
27 Então Moisés se despediu de Jetro, e
Jetro voltou para casa.

A aliança feita ao pé do monte Sinai

Êxodo 24.1-8

19 1-2 Os israelitas partiram de Refidim.
E, no dia primeiro do terceiro mês
depois de terem saído do Egito, chega-
ram ao deserto do Sinai. Eles armaram o
acampamento ao pé do monte Sinai. 3 E
Moisés subiu o monte para se encontrar
com Deus.
E do monte o SENHOR Deus o chamou
e lhe disse:
— Diga aos descendentes de Jacó, os is-
raelitas, o seguinte: 4 "Vocês viram com os
seus próprios olhos o que eu, o SENHOR,
fiz com os egípcios e como trouxe vocês
para perto de mim como se fosse sobre
as asas de uma águia. 5 Agora, se me obe-
decerem e cumprirem a minha *aliança
vocês serão o meu povo. O mundo intei-
ro é meu, mas vocês serão o meu povo,
escolhido por mim. 6 Vocês são um povo
separado somente para mim e me servi-
rão como sacerdotes." É isso o que você
dirá aos israelitas.
7 Então Moisés foi, chamou os líderes do
povo e contou tudo o que o SENHOR lhe
havia ordenado. 8 Então todos responde-
ram ao mesmo tempo:
— Nós faremos tudo o que o SENHOR
ordenou.
E Moisés levou essa resposta ao
SENHOR.
9 Ele disse a Moisés:
— Eu vou falar com você numa nuvem
escura para que o povo possa ouvir a nos-
sa conversa e para que, daqui em diante,
sempre confie em você.
Moisés contou a Deus, o SENHOR, o que
o povo havia respondido, 10 e o SENHOR
lhe disse:
— Vá falar ao povo e mande que eles
passem o dia de hoje e de amanhã *pu-
rificando-se para me adorar. Eles devem
lavar as suas roupas 11 e se aprontar para
depois de amanhã. Nesse dia eu descerei
sobre o monte Sinai, onde todo o povo po-
derá me ver. 12 Marque limites em volta da
montanha, para que o povo não passe dali,
e diga-lhes que não subam o monte, nem
cheguem perto dele. Se alguma pessoa pu-
ser o pé nele, deverá ser morta. 13 Ninguém
deverá tocar nessa pessoa; ela será mor-
ta a pedradas ou com flechas. Isso deve
ser feito tanto com pessoas como com

DEVOCIONAL

Texto para leitura: **Êxodo 19:1-6**

Conheça a Deus

Você já leu a Bíblia um milhão de vezes e, ainda assim, nada. "*O que significa tudo isso? Onde está Deus quando preciso dele? Por que me sinto tão vazia? Não estou percebendo alguma coisa?*" Então, de repente, você obedece a Deus de alguma forma e... pronto! Esse mesmo versículo que você leu cem vezes significa alguma coisa. Por que você não o entendia antes?

Bom, é simples: é uma questão de ação. Quando você lê a Palavra de Deus e, então, pratica o que ela lhe diz para fazer, acontece algo engraçado: Deus lhe mostra mais da verdade. Ele a abençoa, como diz sua Palavra. Se você não está encontrando Deus e quer algo mais, então pense em fazer o que quer que Deus ordene. Faça o que ele está lhe pedindo, e você encontrará mais dele do que já encontrou antes. A obediência, a arte de simplesmente fazer, coloca você cara a cara com Deus. Você só terá essa conexão que deseja quando fizer o que ele diz. Depois de dar esse primeiro passo e fazer o que ele está lhe dizendo, essa tal de obediência ficará cada vez mais fácil. O Senhor não é um tirano que lhe diz para fazer algo só para puni-la e destruir sua vida. Não, ele lhe pede para fazer coisas para que sua vida seja melhor. Não espere o pior como resultado da obediência; acredite no melhor. A Palavra de Deus promete isso. Não espere mais um minuto; faça o que Deus está lhe pedindo hoje, e você conhecerá mais de Deus do que está conhecendo neste exato momento.

animais. Porém, quando a trombeta tocar,
o povo poderá subir o monte.
[14] Então Moisés desceu do monte e
mandou que o povo se purificasse para
adorar a Deus. E todos lavaram as suas
roupas. [15] Aí Moisés disse:
— Fiquem prontos para depois de amanhã e até lá não tenham relações sexuais.
[16] Na manhã do terceiro dia houve trovoadas e relâmpagos, uma nuvem escura apareceu no monte, e ouviu-se um som muito forte de trombeta. E todo o povo que estava no acampamento tremeu de
medo. [17] Moisés os levou para fora do
acampamento a fim de se encontrarem com Deus, e eles ficaram parados ao pé do
monte. [18] Todo o monte Sinai soltava fumaça, pois o SENHOR havia descido sobre ele no meio do fogo. A fumaça subia como se fosse a fumaça de uma fornalha, e todo o
povo tremia muito. [19] O som da trombeta
foi ficando cada vez mais forte. Moisés falou, e Deus respondeu no barulho do tro-
vão. [20] O SENHOR desceu no alto do monte
Sinai e chamou Moisés para que fosse até
lá. Moisés subiu, [21] e o SENHOR lhe disse:
— Desça e avise ao povo que não passe os limites para chegar perto a fim de me ver. Se passarem, muitos deles mor-
rerão. [22] Avise também os sacerdotes que
eles devem se purificar a fim de poderem chegar perto de mim. Se não se purificarem, eu os matarei.
[23] Moisés disse a Deus, o SENHOR:
— O povo não poderá subir o monte, pois tu nos mandaste respeitar este monte como lugar sagrado e mandaste também marcar limites em volta dele.
[24] Então o SENHOR respondeu:
— Desça e depois volte com Arão. Porém os sacerdotes e o povo não devem passar os limites a fim de subir até o lugar onde estou. Se fizerem isso, eu os matarei.
[25] Aí Moisés desceu até o lugar onde o
povo estava e contou o que Deus tinha dito.

Os dez mandamentos

Deuteronômio 5.1-21

20 Deus falou, e foi isto o que ele disse:
[2] — Meu povo, eu, o SENHOR, sou
o seu Deus. Eu o tirei do Egito, a terra onde você era escravo.

> **Pergunte a si mesma...**
>
> Pergunte a si mesma até que ponto você conhece bem os dez mandamentos e obedece a eles:
>
> Posso listar os dez mandamentos de cor?
> Quantos deles violei?
> Há algum que eu não entenda bem?
> O que eu posso fazer para resolver isso?
> O que Jesus tem a dizer sobre cada um desses mandamentos?

3 — Não adore outros deuses; adore somente a mim.
4 — Não faça imagens de nenhuma coisa que há lá em cima no céu, ou aqui embaixo na terra, ou nas águas debaixo da
terra. 5 Não se ajoelhe diante de ídolos, nem os adore, pois eu, o SENHOR, sou o seu Deus e não tolero outros deuses. Eu castigo aqueles que me odeiam, até os
seus bisnetos e trinetos. 6 Porém sou bondoso com aqueles que me amam e obedecem aos meus mandamentos e abençoo os seus descendentes por milhares de *gerações.
7 — Não use o meu nome sem o respeito que ele merece; pois eu sou o SENHOR, o Deus de vocês, e castigo aqueles que desrespeitam o meu nome.
8 — Guarde o sábado, que é um dia san-
to. 9 Faça todo o seu trabalho durante seis
dias da semana; 10 mas o sétimo dia da semana é o dia de descanso, dedicado a mim, o SENHOR, seu Deus. Não faça nenhum trabalho nesse dia, nem você, nem os seus filhos, nem as suas filhas, nem os seus escravos, nem as suas escravas, nem os seus animais, nem os estrangeiros que
vivem na terra de vocês. 11 Em seis dias eu, o SENHOR, fiz o céu, a terra, o mar e tudo o que há neles, mas no sétimo dia descansei. Foi por isso que eu, o SENHOR, abençoei o sábado e o separei para ser um dia santo.
12 — Respeite o seu pai e a sua mãe, para que você viva muito tempo na terra que estou lhe dando.
13 — Não mate.
14 — Não cometa adultério.
15 — Não roube.
16 — Não dê testemunho falso contra ninguém.
17 — Não cobice a casa de outro homem. Não cobice a sua mulher, os seus escravos, o seu gado, os seus jumentos ou qualquer outra coisa que seja dele.

O povo fica com medo

Deuteronômio 5.23-33

18 O povo ouviu os trovões e o som da trombeta e viu os relâmpagos e a fumaça que saía do monte. Então eles tremeram
de medo e ficaram de longe. 19 E disseram a Moisés:
— Se você falar, nós ouviremos; mas, se Deus falar conosco, nós seremos mortos.
20 Então Moisés respondeu:
— Não tenham medo, pois Deus só quer pôr vocês à prova. Ele quer que vocês continuem a *temê-lo a fim de que não pequem.
21 E o povo ficou em pé de longe, e somente Moisés chegou perto da nuvem escura onde Deus estava.

Leis a respeito dos altares

22 Então o SENHOR ordenou que Moisés dissesse aos israelitas o seguinte:
— Vocês viram que lá do céu eu lhes
falei. 23 Não façam deuses de prata ou de ouro para adorá-los ao mesmo tempo que
vocês adoram a mim. 24 Façam um altar de terra para mim e em cima dele ofereçam as suas ovelhas e os seus bois como *sacrifícios que serão completamente queimados e como ofertas de paz. Eu separarei lugares para que neles vocês me adorem, e nesses lugares eu me encontrarei
com vocês e os abençoarei. 25 Se fizerem um altar de pedras para mim, não usem pedras cortadas com ferramentas. Pois na construção do meu altar não poderão ser usadas pedras cortadas com ferramen-
tas. 26 Não façam o meu altar com degraus; porque, se fizerem, a nudez de vocês vai aparecer ali.

Leis a respeito dos escravos

Deuteronômio 15.12-18

21 Deus ordenou a Moisés que desse aos israelitas estas *leis:
2 — Se você comprar um escravo israelita, ele deverá trabalhar seis anos para você. Mas no sétimo ano ele ficará livre,
sem ter de pagar nada. 3 Se ele era solteiro quando se tornou seu escravo, não

DEVOCIONAL

Texto para leitura: **Êxodo 20:1-17**

Conheça o amor

Às vezes, as pessoas que você tem mais dificuldade em amar são as que estão mais próximas de você. É mais fácil amar as pessoas que só se vê à distância, mas as que se vê de perto podem ser sem graça, até insensíveis. A verdade é que todas nós somos assim quando se olha de perto. Ninguém é perfeito, e quanto mais perto você chega, mais vê essas imperfeições. É por isso que os pais podem ser tão problemáticos. Você não apenas vê suas rugas e sente seus cheiros desagradáveis, mas tem de lidar com suas fraquezas emocionais, espirituais e psicológicas. Quando eles lhe dizem o que fazer, pode ser difícil respeitá-los, não girar os olhos ou rir, mas e daí? Deus sabia disso, não sabia? "Respeite o seu pai e a sua mãe" (Êxodo 20:12). O mandamento era tão importante que foi parar na lista dos dez principais.

Seus pais lhe foram dados para torná-la mais forte. E embora eles possam, às vezes, fazer isso com exemplo santo e discernimento, em outras, eles fazem por acaso. Não importa o que seus pais façam, a resposta mais espiritual que você deve dar-lhes é honra e respeito, tão somente pela posição que têm como seus pais. Saber disso pode ajudá-la a deixar de ver tudo que vem deles como loucura ou coisa de gente velha, e começar a pensar nas atitudes deles como a direção de Deus. Toda vez que você desiste do que quer fazer para realizar o que seus pais exigem, você aumenta sua força espiritual e mostra para Deus e para o mundo que os desejos do Senhor são mais importantes para você do que os seus próprios. Fazer o que Deus quer significa fazer o que seus pais querem — simples assim. Então, a menos que eles estejam lhe pedindo para pecar, a Garota de Deus tem de obedecer, e disso virá a santidade.

levará a mulher quando for embora. Mas,
se era casado, então poderá levar a mu-
lher. 4 Se o dono do escravo lhe der uma
mulher, e ela der à luz filhos e filhas, a
mulher e os filhos serão do dono, e o es-
cravo irá embora sozinho. 5 Se o escravo
disser que ama a sua mulher, os seus fi-
lhos e o seu dono e não quiser ser pos-
to em liberdade, 6 então o dono o levará
ao lugar de adoração. Ali ele o encostará
na porta ou no batente da porta e furará
a orelha dele com um furador. Então ele
será seu escravo por toda a vida.

7 — Se um homem vender a sua filha
para ser escrava, ela não ficará livre como
ficam os escravos do sexo masculino. 8 Se
um homem a comprar e disser que quer
casar com ela, mas depois não gostar
dela, ele terá de vendê-la novamente ao
pai dela. O seu dono não poderá vendê-
-la a estrangeiros, pois ele não agiu di-
reito com ela. 9 Se alguém comprar uma
escrava para fazê-la casar com seu filho,
deverá tratá-la como se fosse sua filha.
10 Se um homem casar com uma segunda
mulher, deverá continuar a dar à primei-
ra a mesma quantidade de alimentos e
de roupas e os mesmos direitos que ela
possuía antes. 11 Se ele não cumprir essas
três coisas, ela poderá sair livre, sem ter
de pagar nada.

Leis a respeito da violência

12 — Deverá ser morto todo aquele que
ferir uma pessoa de modo que ela morra.
13 Porém, se foi apenas um acidente, não
tendo havido intenção de matar, então
aquele que matou deverá fugir para um
lugar que eu escolherei e ali ele ficará li-
vre. 14 Mas, se um homem ficar com raiva
e matar outro de propósito, deverá ser
morto, ainda que ele tenha fugido para o
meu altar a fim de se salvar.

15 — Quem bater no pai ou na mãe será
morto.

16 — Quem levar à força uma pessoa
para vendê-la ou para ficar com ela como
escrava será morto.
17 — Quem amaldiçoar o pai ou a mãe
será morto.
18 — Se durante uma briga um homem
ferir o outro com uma pedra ou com um
soco, ele não será castigado se aquele que
foi ferido não morrer. Mas, se este ficar
de cama, 19 e mais tarde se levantar, e co-
meçar a andar fora da casa com a ajuda
de uma bengala, então aquele que o feriu
terá de pagar o tempo que o outro per-
deu e também as despesas do tratamento.
20-21 — Se alguém ferir a pauladas o seu
escravo, e ele morrer na hora, o que bateu
será castigado. Mas, se o escravo morrer
só um ou dois dias depois, o dono não
será castigado. Pois a perda do escravo
já é um castigo para o dono. Essa *lei vale
também para as escravas.
22 — Se alguns homens estiverem bri-
gando e ferirem uma mulher grávida,
e por causa disso ela perder a criança,
mas sem maior prejuízo para a sua saúde,
aquele que a feriu será obrigado a pagar
o que o marido dela exigir, de acordo com
o que os juízes decidirem. 23 Mas, se a mu-
lher for ferida gravemente, o castigo será
vida por vida, 24 olho por olho, dente por
dente, mão por mão, pé por pé, 25 queima-
dura por queimadura, ferimento por feri-
mento, machucadura por machucadura.
26-27 — Se alguém ferir o olho do seu es-
cravo, e ele perder a vista, o escravo terá
de ser libertado como pagamento pelo
olho perdido. E, se alguém quebrar um
dente do seu escravo, ele terá de ser liber-
tado como pagamento pelo dente. Essa lei
vale também para as escravas.

Casos de acidente

28 — Se um boi chifrar um homem ou
uma mulher, e a pessoa morrer, o boi de-
verá ser morto a pedradas, e ninguém
comerá a sua carne. Mas o dono do boi
não será castigado. 29 Porém, se o boi ti-
nha o costume de chifrar as pessoas, e o
seu dono sabia disso e não o prendeu, e o
boi matar algum homem ou alguma mu-
lher, o boi será morto a pedradas. E o seu
dono também será morto. 30 No entanto,
se deixarem que o dono pague uma mul-
ta para salvar a sua vida, então ele terá
de pagar tudo o que for exigido. 31 Se um
boi matar um menino ou uma menina, o
dono será julgado por esta mesma *lei.
32 Se um boi chifrar um escravo ou uma es-
crava, o dono receberá como pagamento
trinta barras de prata, e o boi será mor-
to a pedradas.
33 — Se alguém tirar a tampa de um
poço ou se cavar um poço e não o tapar,
e nele cair um boi ou um jumento, 34 essa
pessoa terá de pagar ao dono o preço do
animal. Ela fará o pagamento em dinhei-
ro, porém o animal morto será seu. 35 Se
o boi de um homem ferir o boi de outro,
e o boi que foi ferido morrer, o boi vivo
será vendido, e o dinheiro será repartido
entre os dois homens; e o boi morto será
dividido também entre os dois. 36 Porém,
se o boi já era conhecido como boi chifra-
dor, e o seu dono não o prendeu, ele dará
ao outro homem um boi vivo, mas o boi
morto será seu.

Leis a respeito de roubos e prejuízos

22 — Se alguém roubar um boi ou
uma ovelha e matar ou vender o
animal, pagará cinco bois por um boi e
quatro ovelhas por uma ovelha. 2-4 Quem
roubou deverá pagar por aquilo que rou-
bou. Se não tiver com que pagar, então
deverá ser vendido como escravo para
pagar por aquilo que roubou. Se o animal
roubado, seja boi, jumento ou ovelha, for
encontrado vivo com a pessoa que o rou-
bou, ela pagará dois por um.
— Se um ladrão for apanhado rouban-
do de noite uma casa e for morto, quem
o matar não será culpado pela morte do
ladrão. Mas, se isso acontecer durante o
dia, ele será culpado de assassinato.
5 — Se alguém deixar que os seus ani-
mais pastem num campo ou numa plan-
tação de uvas, ou se os largar para come-
rem as colheitas de outras pessoas, esse
alguém pagará com o melhor do seu pró-
prio campo ou com o melhor da sua pró-
pria plantação de uvas.
6 — Se alguém acender uma fogueira
no seu campo, e o fogo pegar nos espi-
nheiros e se espalhar pelo campo de ou-
tro homem e destruir os feixes de trigo ou
as plantações que já estiverem maduras,
aquele que acendeu a fogueira pagará to-
dos os prejuízos.
7 — Se alguém receber de outra pessoa
dinheiro ou objetos para serem guarda-
dos, e isso for roubado da sua casa, o la-
drão, se for achado, pagará o dobro. 8 Mas,
se o ladrão não for encontrado, o dono da
casa será levado ao lugar de adoração e

ali deverá jurar que não roubou o que lhe
foi dado para guardar.
9 — Se uma pessoa ficar com um boi,
um jumento, uma ovelha, roupas ou qual-
quer coisa perdida, e aparecer alguém di-
zendo que é o dono, o caso deverá ser le-
vado até o lugar de adoração. Aquele que
Deus declarar culpado pagará ao dono
o dobro.
10 — Se alguém entregar um animal
para o seu vizinho tomar conta, seja ju-
mento, boi, ovelha ou outro animal qual-
quer, e o animal morrer ou ficar aleijado,
ou se for roubado sem que ninguém veja
o roubo, 11 o homem que tomou conta de-
verá jurar em nome de Deus, o SENHOR,
que não roubou o animal. Se o animal não
tiver sido roubado, o dono aceitará o ju-
ramento, e o outro não precisará pagar
nada. 12 Porém, se, de fato, o animal tiver
sido roubado, então o outro terá de pagar
ao dono pelo animal. 13 Se o animal tiver
sido morto por animais selvagens, o outro
terá de trazer como prova o que sobrou e
não pagará nada pelo animal morto.
14 — Se alguém pedir emprestado um
animal, e este ficar doente ou morrer
quando o seu dono não estiver presen-
te, quem pediu emprestado deverá pa-
gar o preço dele. 15 Mas, se isso acontecer
quando o dono estiver presente, o outro
não precisará pagar nada. Se o animal ti-
ver sido alugado, só será pago o aluguel.

Leis morais e religiosas

16 — Se um homem seduzir uma virgem
que não estava com casamento contra-
tado, ele pagará o dote da moça e casará
com ela. 17 Porém, se o pai dela não quiser
que a moça case com ele, então ele paga-
rá ao pai uma quantia em dinheiro, de
acordo com o preço de uma noiva virgem.
18 — Mate toda mulher que fizer feiti-
çaria.
19 — Quem tiver relações sexuais com
um animal será morto.
20 — Condene à morte toda pessoa
que oferecer *sacrifícios a qualquer ou-
tro deus e não somente a mim, o SENHOR.
21 — Não maltratem, nem persigam um
estrangeiro que estiver morando na ter-
ra de vocês. Lembrem que vocês foram
estrangeiros no Egito. 22 Não maltratem
as viúvas nem os órfãos. 23 Se vocês os
maltratarem, eu, o SENHOR, os atenderei
quando eles pedirem socorro. 24 Eu ficarei
*irado e matarei vocês na guerra. As suas
mulheres ficarão viúvas, e os seus filhos
ficarão órfãos.
25 — Se você emprestar dinheiro a al-
gum pobre do meu povo, não faça como o
agiota, que cobra juros. 26 Se você receber
a *capa do seu vizinho como garantia de
uma dívida, devolva-a antes que anoiteça.
27 Pois a capa é a única coisa que ele tem
com que se cobrir quando dorme, para
esquentar o corpo. Sem a capa, ele não
tem nada com que se cobrir. Quando ele
clamar a mim pedindo ajuda, eu o aten-
derei, pois sou bondoso.
28 — Não rogue pragas contra Deus e
não amaldiçoe nenhuma das autorida-
des do seu povo.
29 — Traga-me no tempo certo as ofer-
tas de cereais, de vinho e de azeite.
— Entregue-me o seu primeiro filho.
30 Entregue-me o primeiro filhote das
suas vacas e das suas ovelhas. Deixe que
o primeiro filhote macho fique com a mãe
sete dias; porém, no oitavo dia, ofereça-
-o a mim.
31 — Vocês são um povo separado para
mim; por isso não comam a carne de ani-
mais que tenham sido mortos por animais
selvagens; deem essa carne aos cães.

Justiça e honestidade

23 — Não espalhe notícias falsas e não
minta no tribunal para ajudar al-
guém. 2 Não siga a maioria quando ela faz
o que é errado e não dê testemunho falso
para ajudar a maioria a torcer a justiça.
3 Não faça injustiça, nem mesmo para fa-
vorecer o pobre.
4 — Se você vir o boi ou o jumento do
seu inimigo andando perdido, leve-o de
volta para ele. 5 Se o jumento dele cair de-
baixo da carga, não o deixe ali, mas ajude
o dono a pôr o animal de pé.
6 — Quando um pobre comparecer ao
tribunal, não cometa injustiça contra ele.
7 Não faça acusações falsas, nem conde-
ne à morte uma pessoa inocente. Pois eu
condenarei aquele que fizer essas coisas
más. 8 Não aceite dinheiro para torcer a
justiça, pois esse dinheiro faz com que as
pessoas fiquem cegas e não vejam o que
é direito, prejudicando assim a causa da-
queles que são inocentes.
9 — Não maltratem os estrangeiros que
moram no meio de vocês. Vocês sabem
como eles sofrem por serem estrangeiros,
pois vocês foram estrangeiros no Egito.

O sétimo ano e o sétimo dia

10 — Durante seis anos você semeará as suas terras e colherá o que elas produzirem. 11 Porém no sétimo ano deixe que a terra descanse e não colha nada que crescer nela. Mas os pobres poderão comer o que crescer ali, e os animais selvagens comerão o que sobrar. Faça isso também com as suas plantações de uvas e de azeitonas.

12 — Trabalhe seis dias por semana, mas no sétimo dia não faça nenhum trabalho para que os seus escravos, os seus animais e os estrangeiros que trabalham para você possam descansar.

13 — Deem atenção a tudo o que eu, o SENHOR, tenho dito a vocês. Não façam orações a outros deuses, nem mesmo falem os nomes deles.

As três grandes festas

Êxodo 34.18-26;
Deuteronômio 16.1-17

14 — Três vezes por ano vocês comemorarão uma festa em minha honra. 15 No mês de *abibe, o mês em que vocês saíram do Egito, comemorem a *Festa dos Pães sem Fermento como eu ordenei. Durante os sete dias da festa não comam pão feito com fermento. Que ninguém venha me adorar sem trazer uma oferta.

16 — Comemorem a *Festa da Colheita logo que vocês começarem a colher o que plantaram.

— Comemorem a *Festa das Barracas no outono, quando vocês colherem as uvas e as frutas dos pomares. 17 Três vezes por ano, nessas três festas, todos os homens devem vir adorar a mim, o SENHOR Deus.

18 — Quando vocês oferecerem um animal em *sacrifício a mim, não me tragam pão feito com fermento. A gordura dos animais mortos nos sacrifícios, durante as minhas festas, deverá ser queimada *no mesmo dia*.

19 — Todos os anos tragam à casa do SENHOR, seu Deus, os primeiros cereais que colherem.

— Não cozinhem um cabrito ou um carneirinho no leite da sua própria mãe.

Promessas e avisos

20 — Eu enviarei um anjo adiante de vocês para protegê-los na viagem e para levá-los ao lugar que lhes preparei. 21 Deem atenção e obedeçam ao anjo. Não se revoltem contra ele, pois ele age em meu nome e não perdoará revoltas. 22 Se vocês lhe obedecerem e fizerem tudo o que ele mandar, eu lutarei contra todos os inimigos de vocês. 23 O meu anjo irá adiante de vocês e os levará até a terra dos amorreus, dos heteus, dos perizeus, dos cananeus, dos heveus e dos jebuseus. E eu destruirei todos esses povos. 24 Não se curvem diante dos deuses deles, nem os adorem, e não sigam os seus costumes religiosos. Destruam os deuses deles e quebrem as colunas do deus *Baal. 25 Se vocês adorarem a mim, o SENHOR, seu Deus, eu os abençoarei, dando-lhes comida e água, e tirarei de vocês todas as doenças. 26 Na terra de vocês nenhuma mulher terá aborto, nem ficará sem ter filhos. E eu darei a vocês uma vida longa.

27 — Farei com que os povos que são contra vocês tenham medo de mim. Farei com que haja confusão entre os povos contra quem vocês vão lutar e farei com que os inimigos fujam de vocês. 28 Farei com que os seus inimigos fiquem apavorados. E, quando vocês forem avançando, eu expulsarei os heveus, os cananeus e os heteus. 29 Não os expulsarei num ano só; se eu fizesse isso, a terra ficaria deserta, e os animais selvagens se tornariam numerosos demais, prejudicando vocês. 30 Pelo contrário, eu expulsarei esses povos pouco a pouco, até que vocês se tornem mais numerosos e tomem posse da terra. 31 Farei com que os limites da terra de vocês vão desde o golfo de Ácaba até o rio Eufrates e do mar Mediterrâneo até o deserto. Eu lhes darei poder para dominarem os povos daquelas terras, e vocês irão avançando e os expulsando. 32 Não façam nenhum *acordo com eles, nem com os seus deuses. 33 Não deixem que esses povos vivam na terra de vocês. Se deixarem, eles farão com que vocês pequem contra mim. Se vocês adorarem os deuses deles, isso será uma armadilha mortal para vocês.

A aliança de Deus com o povo de Israel

24 O SENHOR Deus disse a Moisés:

— Você, Arão, Nadabe, Abiú e setenta líderes do povo de Israel, subam o monte e venham até a minha presença. E, quando ainda estiverem um pouco longe, ajoelhem-se para me adorar. 2 Só você, Moisés, chegará perto de mim; os outros, não. E o povo não deverá subir o monte.

3 Moisés foi e contou ao povo tudo o que
o SENHOR tinha dito e todos os manda-
mentos que ele tinha dado. Então os is-
raelitas responderam todos juntos:
— Nós faremos tudo o que o SENHOR
ordenou.
4 Então Moisés escreveu todas as *leis
de Deus, o SENHOR. No dia seguinte, de
manhã, ele construiu um altar ao pé do
monte e colocou ali doze colunas de pe-
dra, uma para cada *tribo das doze tribos
do povo de Israel. 5 Aí Moisés mandou que
alguns moços queimassem animais em
*sacrifício ao SENHOR e matassem touros
como ofertas de paz. 6 Moisés pôs a me-
tade do sangue dos animais em bacias e
derramou a outra metade no altar. 7 De-
pois pegou o livro da *aliança, onde es-
tavam escritos os mandamentos do SE-
NHOR, e o leu em voz alta para o povo.
Eles disseram:
— Nós obedeceremos a Deus, o SE-
NHOR, e faremos tudo o que ele mandar.
8 Então Moisés pegou o sangue das ba-
cias, borrifou o povo com ele e disse:
— Este é o sangue que *sela a aliança
que o SENHOR fez com vocês quando deu
todos esses mandamentos.
9 Moisés, Arão, Nadabe, Abiú e setenta
líderes do povo de Israel subiram o mon-
te 10 e viram o Deus de Israel. Debaixo dos
pés dele havia alguma coisa parecida com
um piso feito de *safiras, azul como o céu.
11 Deus não matou esses líderes de Israel;
eles viram a Deus e depois comeram e be-
beram juntos.

Moisés no monte Sinai

12 O SENHOR Deus disse a Moisés:
— Suba o monte onde eu estou e fique
aqui, pois eu vou lhe dar as placas de pe-
dra que têm as *leis e os mandamentos
que escrevi, a fim de que você os ensi-
ne ao povo.
13 Moisés e Josué, o seu auxiliar, se
aprontaram, e Moisés começou a subir
o monte sagrado. 14 Então Moisés disse
aos líderes:
— Esperem aqui até nós voltarmos.
Arão e Hur ficarão com vocês. Quem ti-
ver alguma questão para resolver deverá
falar com eles.
15 Então Moisés subiu o monte Sinai, e
uma nuvem cobriu o monte. 16-17 A *gló-
ria do SENHOR desceu sobre o monte, e
para os israelitas a luz parecia um fogo
que queimava lá no alto. A nuvem cobriu
o monte durante seis dias, e no sétimo
dia o SENHOR, lá da nuvem, chamou Moi-
sés. 18 Moisés entrou no meio da nuvem.
E ficou ali no monte quarenta dias e qua-
renta noites.

As ofertas para a Tenda Sagrada

Êxodo 35.4-9

25 O SENHOR Deus disse a Moisés:
2 — Diga aos israelitas que me
deem uma oferta. Receba as ofertas que
eles quiserem dar de bom coração. 3 Essas
ofertas podem ser ouro, prata ou bronze;
4 fios de lã azul, *púrpura e vermelha; li-
nho fino; tecido feito de pelos de cabra;
5 peles de carneiro tingidas de vermelho
e peles finas; madeira de acácia; 6 azei-
te para lamparinas; *especiarias para a
preparação do azeite de *ungir e para o
incenso de cheiro agradável; 7 pedras de
ônix e outras pedras de valor para serem
colocadas no *manto sacerdotal e no *pei-
toral do *Grande Sacerdote. 8 Os israeli-
tas deverão fazer uma *Tenda Sagrada
para mim a fim de que eu possa morar
no meio deles.
9 — E você, Moisés, faça a Tenda e todos
os seus móveis de acordo com o modelo
que eu vou lhe mostrar.

A arca da aliança

Êxodo 37.1-9

10 — Diga aos israelitas que façam uma
*arca de madeira de acácia, de um me-
tro e dez de comprimento por sessenta
e seis centímetros de largura e sessen-
ta e seis de altura. 11 Revistam de ouro
puro essa caixa, por dentro e por fora. E
em toda a volta coloquem um remate de
ouro. 12 Façam também quatro argolas de
ouro e ponham nos quatro pés, ficando
duas argolas de cada lado. 13 Façam cabos
de madeira de acácia e revistam de ouro.
14 Enfiem os cabos nas argolas nos lados
da arca, para que ela possa ser carregada.
15 Os cabos ficarão nas argolas da arca e
não serão tirados dela. 16 Eu lhe darei as
duas placas de pedra, onde estão escri-
tos os mandamentos; e você porá essas
placas na arca.
17 — Faça também uma tampa de ouro
puro, de um metro e dez de comprimento
por sessenta e seis centímetros de largu-
ra. 18 Faça dois *querubins de ouro bati-
do, 19 um para cada ponta da tampa. Isso
deve ser feito de modo que os querubins
formem uma só peça com a tampa. 20 Os

querubins ficarão de frente um para o ou-
tro, olhando para a tampa. As suas asas
ficarão abertas, cobrindo a tampa. 21 Co-
loque dentro da arca as duas placas de
pedra que eu vou lhe dar e ponha a tam-
pa na arca. 22 Ali eu me encontrarei com
você e, de cima da tampa, do meio dos
dois querubins, eu lhe darei as minhas
*leis para o povo de Israel.

A mesa dos pães da Presença de Deus

Êxodo 37.10-16

23 — Você deverá fazer também uma
mesa de madeira de acácia, com as se-
guintes medidas: oitenta e oito centíme-
tros de comprimento por quarenta e qua-
tro de largura e sessenta e seis de altura.
24 Revista de ouro puro a mesa e coloque
um remate de ouro em volta dela. 25 Em
volta da mesa faça um friso de quatro de-
dos de largura e um remate de ouro em
volta do friso. 26 Faça também quatro ar-
golas de ouro e ponha nos quatro can-
tos, perto dos quatro pés. 27 Perto do fri-
so deverão ser colocadas as argolas por
onde passam os cabos para se carregar a
mesa. 28 Esses cabos deverão ser feitos de
madeira de acácia e revestidos de ouro.
A mesa será carregada por esses cabos.
29 Faça os pratos, os copos, as taças e as
jarras que serão usados para as ofertas de
vinho. Tudo isso deverá ser feito de ouro
puro. 30 A mesa será colocada na frente da
*arca da aliança, e em cima da mesa es-
tarão sempre os pães sagrados que são
oferecidos a mim.

O candelabro

Êxodo 37.17-24

31 — Faça um *candelabro de ouro puro.
A sua base e a sua haste deverão ser de
ouro batido. As flores que enfeitarão o
candelabro, com os seus botões e as suas
pétalas, formarão uma só peça com ele.
32 Dos seus lados sairão seis braços, três
de um lado e três do outro. 33 Cada um dos
seis braços deverá ter três flores com o
formato de flor de amendoeira, com os
seus botões e as suas pétalas.
34 — A haste do candelabro deverá ter
quatro flores com o formato de flor de
amendoeira, com os seus botões e as
suas pétalas. 35 Debaixo de cada um dos
três pares de braços deverá haver um bo-
tão de amendoeira. 36 Os botões, os bra-
ços e o candelabro deverão formar uma
só peça de ouro puro batido. 37 Faça sete
lamparinas para o candelabro e coloque-
-as na parte de cima, de maneira que ilu-
minem a frente dele. 38 As tesouras de
cortar os pavios das lamparinas e os cin-
zeiros deverão ser de ouro puro. 39 Use
trinta e quatro quilos de ouro puro para
fazer o candelabro e todas as peças que
o acompanham.
40 — E tenha o cuidado de fazer tudo de
acordo com o modelo que eu lhe mostrei
no monte.

A Tenda da Presença de Deus

Êxodo 36.8-38

26 O Senhor disse a Moisés:
— Faça a parte de dentro da
*Tenda Sagrada com dez cortinas de te-
cido feito de linho fino e de fios de lã azul,
*púrpura e vermelha. Nessas cortinas se-
rão bordadas figuras de *querubins. 2 Cada
cortina deverá ter doze metros e meio de
comprimento por um metro e oitenta de
largura. 3 Costure cinco delas umas nas
outras, formando assim uma só peça. Faça
a mesma coisa com as outras cinco. 4 Po-
nha laçadas de tecido azul na beirada de
fora da última cortina de cada uma das
duas peças de cortinas. 5 Faça cinquenta
laçadas para a beirada da primeira cor-
tina da primeira peça e cinquenta para
a beirada da última cortina da segunda
peça, de modo que as laçadas fiquem de
frente umas para as outras. 6 Faça tam-
bém cinquenta prendedores de ouro e
com eles junte os dois jogos de cortinas
para que formem uma só peça.
7 — Faça uma cobertura para a Tenda,
com onze pedaços de pano feito de pe-
los de cabra. 8 Os pedaços deverão ter o
mesmo tamanho, medindo treze metros
e trinta de comprimento por um metro e
oitenta de largura. 9 Costure cinco peda-
ços uns nos outros, formando uma peça,
e os outros seis, formando outra peça, fi-
cando o sexto pedaço dobrado na parte
da frente da Tenda. 10 Ponha cinquenta
laçadas na beirada do último pedaço da
primeira peça e cinquenta laçadas na bei-
rada da outra peça. 11 Faça também cin-
quenta prendedores de bronze e passe
esses prendedores nas laçadas, juntan-
do assim as duas peças uma com a outra
para que formem uma cobertura só. 12 A
metade da cortina que sobrar ficará pen-
durada na parte de trás da Tenda. 13 Os
quarenta e cinco centímetros que sobra-
rem de cada lado do comprimento das

cortinas ficarão de um lado e do outro
para cobrir a Tenda.
14 — Faça mais uma cobertura, de pe-
les de carneiro tingidas de vermelho; e
em cima desta coloque outra cobertura,
feita de peles finas.
15 — Faça também armações de madei-
ra de acácia para a Tenda. 16 Cada uma das
armações terá quatro metros e quarenta e
cinco de comprimento por sessenta e sete
centímetros de largura. 17 Cada armação
terá dois encaixes para juntar uma à ou-
tra. Você fará isso com todas as armações
da Tenda. 18 Faça vinte armações para o
lado sul 19 e ponha debaixo dessas vinte
armações quarenta bases de prata, duas
debaixo de cada armação, para firmarem
os seus dois encaixes. 20 Faça também vin-
te armações para o lado norte 21 e quaren-
ta bases de prata, duas para cada arma-
ção. 22 Para o lado de trás da Tenda, o lado
oeste, você fará seis armações 23 e mais
duas armações para os cantos da Tenda.
24 Essas armações dos cantos deverão ser
juntadas na base, formando uma só peça
até a primeira argola que fica na parte de
cima. As duas armações que formam os
dois cantos deverão ser colocadas desse
jeito. 25 Portanto, haverá oito armações
com as suas dezesseis bases de prata,
duas debaixo de cada armação.
26 — Faça quinze travessas de madeira
de acácia, cinco para as armações de um
lado da Tenda, 27 cinco para as armações
do outro lado e cinco para as armações
do lado oeste, na parte de trás. 28 A traves-
sa do centro passará a meia altura entre
as armações, de um lado da Tenda até o
outro. 29 Revista de ouro essas armações
e ponha nelas argolas de ouro, por onde
passarão os cabos, que também deverão
ser revestidos de ouro. 30 Arme a Tenda
de acordo com o modelo que eu lhe mos-
trei no monte.
31 — Faça uma cortina de tecido feito de
linho fino e de fios de lã azul, púrpura e
vermelha e bordada com figuras de que-
rubins. 32 Pendure essa cortina em quatro
postes de madeira de acácia revestidos
de ouro, que terão prendedores de ouro
e serão fixados em quatro bases de pra-
ta. 33 Pendure a cortina debaixo dos pren-
dedores e atrás da cortina ponha a *arca
da aliança, onde estão as duas placas de
pedra. A cortina separará o *Lugar Santo
do *Lugar Santíssimo. 34 Ponha a tampa
na arca da aliança, no Lugar Santíssimo.
35 Fora do Lugar Santíssimo ponha a mesa
no lado norte da Tenda e coloque o *can-
delabro no lado sul.
36 — Para a entrada da Tenda faça uma
cortina de tecido feito de linho fino e de
fios de lã azul, púrpura e vermelha e en-
feitada com bordados. 37 Para segurarem
essa cortina, faça cinco postes de madeira
de acácia revestidos de ouro e com pren-
dedores de ouro. E faça cinco bases de
bronze para os postes.

O altar para os sacrifícios queimados
Êxodo 38.1-7

27 O SENHOR disse a Moisés:
— Faça um altar de madeira de
acácia. Ele será quadrado, medindo dois
metros e vinte de comprimento por dois
metros e vinte de largura e um metro e
trinta de altura. 2 Nos quatro cantos po-
nha quatro pontas, que formarão uma só
peça com o altar, que deverá ser revesti-
do de bronze. 3 Faça vasilhas para reco-
lher a gordura e as cinzas e faça pás, ba-
cias, garfos e braseiros; todas essas pe-
ças serão feitas de bronze. 4 Faça também
uma grelha de bronze em forma de rede
e nos seus cantos ponha quatro argolas
de bronze. 5 Coloque essas argolas debai-
xo da beirada do altar, de maneira que
a grelha chegue até a metade da altura
do altar. 6 Para carregar o altar, faça ca-
bos de madeira de acácia e revista-os de
bronze. 7 Esses cabos deverão ser enfia-
dos nas argolas, de um lado e do outro
do altar, quando este tiver de ser carre-
gado. 8 Esse altar, feito de madeira, será
oco, de acordo com o modelo que eu lhe
mostrei no monte.

O pátio da Tenda da Presença de Deus
Êxodo 38.9-20

9 — Faça para a *Tenda Sagrada um pá-
tio cercado de cortinas de linho fino. No
lado sul as cortinas deverão ter quarenta
e quatro metros de comprimento. 10 Elas
serão sustentadas por vinte postes e vin-
te bases feitos de bronze. Os ganchos dos
postes e os suportes das cortinas serão de
prata. 11 Faça a mesma coisa no lado nor-
te do pátio. 12-13 O pátio terá vinte e dois
metros de largura; portanto, nos lados
oeste e leste as cortinas deverão ter vin-
te e dois metros de comprimento. Para
sustentarem as cortinas, haverá dez pos-
tes e dez bases. 14-15 Cada lado da entrada

DEVOCIONAL

Texto para leitura: **Êxodo 27:20-21**

Conheça o amor

A luz é um símbolo de Deus e da piedade. Antes de criar os mares repletos de criaturas, a terra em que cresciam plantas e as primeiras pessoas, Deus acendeu a luz.

"Então Deus disse: — Que haja luz! E a luz começou a existir" (Gênesis 1:3). A luz está sempre associada à bondade. A Bíblia diz que Deus se cobre de luz (veja Salmos 104:2), e 1João 1:5 diz que ele é luz. A Palavra de Deus é uma luz que nos ajuda a ver por onde andamos (veja Salmos 119:105). E o evangelho é considerado luz para um mundo moribundo (veja 2Coríntios 4:4).

Deus quer que seu povo viva na luz. Ele quer que a luz continue acesa continuamente. Houve um tempo em que vivíamos na escuridão, mas, quando conhecemos Jesus, as luzes se acenderam e tudo o que estava escondido veio à tona. Como uma Garota de Deus, você não pode se permitir voltar para a escuridão. Ela é o oposto da luz. É na escuridão que o mal se esconde, se move de mansinho e dá o bote. O pecado se oculta no escuro, mas, quando a luz brilha em nossa vida, ele não pode mais se esconder. E é por isso que a luz deve sempre estar acesa.

Garota de Deus, você também é uma luz para o mundo, revelando a verdade para aqueles que estão perdidos e brilhando a luz sobre o que as pessoas fazem em segredo (veja Mateus 5:14). Mas se você apaga sua luz, esconde-a ou se envergonha dela, então você se rende à escuridão. Você precisa confiar que é da verdade que este mundo precisa, e o mundo encontra essa verdade na luz.

Não se esconda mais, Garota de Deus. Chega de momentos de "luz apagada" em que você faz o que nunca faria se as luzes estivessem acesas. Promova a luz ao orar, estudar e procurar oportunidades para trazer seus pecados para a luz.

terá cortinas de seis metros e sessenta
de comprimento, com três postes e três
bases. 16 Na entrada do pátio haverá uma
cortina de oito metros e oitenta de com-
primento. Faça essa cortina de tecido feito
de linho fino e de fios de lã azul, *púrpura
e vermelha e enfeitada com bordados. A
cortina será sustentada por quatro pos-
tes e quatro bases. 17 Todos os postes em
volta do pátio deverão ser unidos por su-
portes de prata. Os seus ganchos serão de
prata, e as suas bases serão de bronze.
18 O pátio terá quarenta e quatro metros
de comprimento por vinte e dois de lar-
gura; a altura das cortinas será de dois
metros e vinte. As cortinas serão de li-
nho fino, e as bases, de bronze. 19 Todos
os objetos usados no serviço da Tenda,
as estacas da Tenda e as estacas do pátio
serão de bronze.

O azeite para o candelabro

Levítico 24.1-4

20 — Moisés, mande que os israelitas
lhe tragam o melhor azeite para o *can-
delabro, a fim de que ele possa ser aceso
todas as tardes. 21 Arão e os seus filhos co-
locarão o candelabro na *Tenda da Minha
Presença, do lado de fora da cortina que
está na frente da *arca da aliança. O azeite
ficará ali queimando na minha presença,
desde a tarde até de manhã. Essa ordem
deverá ser obedecida para sempre pelos
israelitas e pelos seus descendentes.

As roupas dos sacerdotes

Êxodo 39.1

28 O SENHOR disse a Moisés:
— Mande chamar o seu irmão
Arão e os filhos dele, Nadabe, Abiú, Elea-
zar e Itamar. Separe-os do povo de Israel

para que me sirvam como sacerdotes. 2 Faça roupas de sacerdote para o seu irmão a fim de darem a ele dignidade e beleza. 3 Chame todas as pessoas a quem eu dei habilidade e mande que façam as roupas de Arão, para que ele seja consagrado como meu sacerdote. 4 Mande que façam um *peitoral, um *manto sacerdotal, uma sobrepeliz, uma *túnica bordada, uma *mitra e um cinto. Essas pessoas farão roupas de sacerdote para o seu irmão Arão e os filhos dele, a fim de que eles me sirvam como sacerdotes. 5 Esses artesãos deverão usar fios de lã azul, *púrpura e vermelha, fios de ouro e linho fino.

O manto sacerdotal
Êxodo 39.2-7

6 — Os artesãos farão o *manto sacerdotal de fios de lã azul, *púrpura e vermelha, de linho fino e de fios de ouro e o enfeitarão com bordados. 7 Nas duas pontas do manto haverá duas alças que deverão ser presas nos dois lados do manto. 8 O cinto que passará pela cintura do manto para prendê-lo será feito dos mesmos materiais do manto, formando com ele uma só peça. 9 Pegue duas pedras de *ágata e grave nelas os nomes dos filhos de Jacó, 10 seis nomes numa pedra e seis nomes na outra, por ordem de idade. 11 Escolha um bom ourives para gravar nas duas pedras os nomes dos filhos de Jacó e para montar as pedras em engastes de ouro. 12 Coloque essas duas pedras nas alças do manto sacerdotal para representarem as doze *tribos do povo de Israel. Assim, Arão levará nos ombros esses nomes para que eu, o SENHOR, sempre lembre do meu povo. 13 Faça dois engastes de ouro 14 e duas correntes de ouro puro entrelaçadas em forma de cordão, que você prenderá nos engastes.

O peitoral
Êxodo 39.8-21

15 — Faça um *peitoral, que o *Grande Sacerdote usará para descobrir a vontade de Deus. Como o *manto sacerdotal, o peitoral também será feito de fios de lã azul, *púrpura e vermelha e de linho fino enfeitado com bordados. 16 O peitoral será quadrado e dobrado em dois. Terá um palmo de comprimento e um palmo de largura. 17 Coloque nele quatro carreiras de pedras preciosas. Na primeira carreira ponha um rubi, um *topázio e uma *granada. 18 Na segunda carreira ponha uma esmeralda, uma *safira e um diamante. 19 A terceira carreira terá uma turquesa, uma *ágata e uma *ametista. 20 A quarta carreira terá um *berilo, um ônix e um *jaspe. As pedras deverão ser montadas em engastes de ouro. 21 Em cada uma dessas doze pedras será gravado o nome de um dos filhos de Jacó para representar as doze *tribos de Israel. 22 Com fios de ouro puro trançados faça cordões para o peitoral. 23 Faça também duas argolas de ouro e as prenda nas pontas da parte de cima do peitoral. 24 Passe os dois cordões de ouro nas duas argolas 25 e prenda as duas pontas dos cordões nos dois engastes de ouro do peitoral, que serão presos nas duas alças do manto, na parte da frente. 26 Faça outras duas argolas de ouro, que serão presas nas duas pontas de baixo do peitoral, na borda do lado de dentro do manto. 27 Faça ainda mais duas argolas de ouro e prenda-as nas pontas das duas alças do manto, em baixo, na frente dele, perto da costura e acima do cinto. 28 Com um cordão azul prenda as argolas do peitoral nas argolas do manto, para que o peitoral fique preso acima do cinto e não se solte.

29 — Quando entrar no *Lugar Santo, Arão usará esse peitoral, gravado com os nomes das tribos do povo de Israel para que eu, o SENHOR, sempre lembre do meu povo. 30 Ponha o *Urim e o Tumim no peitoral para que estejam em cima do coração de Arão quando ele estiver na minha presença. Nessas ocasiões Arão deverá usar o peitoral para que ele possa saber o que eu quero que o povo de Israel faça.

As outras roupas dos sacerdotes
Êxodo 39.22-31

31 — A sobrepeliz, roupa que vai por cima do *manto sacerdotal, será tecida inteiramente de fios de lã azul. 32 Nela haverá uma abertura para passar a cabeça. Essa abertura será rematada com uma tira de malha para que não se rasgue. 33-34 Em volta de toda a barra coloque aplicações em forma de romãs, feitas de fios de lã azul, *púrpura e vermelha. Entre uma romã e outra ponha sininhos de ouro. 35 Arão deverá usar essa sobrepeliz quando estiver servindo como sacerdote, tanto quando estiver na minha presença no *Lugar Santo como quando sair dele.

Nessas ocasiões, o som dos sininhos será
ouvido, e Arão não será morto.
36 — Faça também uma placa de ouro
puro e grave nela a seguinte frase: "Sepa-
rado para o SENHOR." 37 Amarre essa placa
na frente da *mitra, com um cordão de lã
azul. 38 Arão deverá usá-la na testa para
que eu, o SENHOR, aceite todas as ofer-
tas que os israelitas me trouxerem, e para
que eles não sejam culpados se comete-
rem algum erro ao oferecê-las a mim.
39 — Você tecerá para o sacerdote uma
*túnica de linho fino, uma mitra de linho
fino e um cinto bordado.
40 — Para os filhos de Arão faça túnicas,
cintos e mitras a fim de lhes darem digni-
dade e beleza. 41 Com essas roupas vista
o seu irmão Arão e os filhos dele. Depois
consagre-os e dedique-os, derramando
azeite na cabeça deles, para que me sir-
vam como sacerdotes. 42 Faça calções de
linho para cobrir a nudez deles, calções
que vão da cintura até as coxas. 43 Arão e
os seus filhos deverão usá-los sempre que
entrarem na *Tenda da Minha Presença
ou quando chegarem perto do altar para
servirem como sacerdotes no Lugar San-
to. Deste modo eles não se arriscarão a
morrer por mostrarem a sua nudez. Arão
e os seus descendentes obedecerão a essa
ordem para sempre.

Ordenação dos sacerdotes

Levítico 8.1-36

29 O SENHOR disse a Moisés:
— A fim de separar Arão e os
seus filhos como sacerdotes para o meu
serviço, faça o seguinte: pegue um touro
novo e dois carneiros sem defeito. 2 Pegue
farinha de trigo e faça alguns *pães com
azeite e outros sem azeite, todos sem fer-
mento. Faça também alguns pães achata-
dos e passe azeite em cima. 3 Ponha tudo
isso numa cesta e ofereça a mim quando
você fizer o *sacrifício do touro novo e dos
dois carneiros.
4 — Traga Arão e os filhos dele para a
entrada da *Tenda da Minha Presença e
mande que eles se lavem. 5 Depois vista
Arão com as suas roupas de sacerdote,
isto é, a *túnica, o *manto sacerdotal, a
sobrepeliz, o *peitoral e o cinto que pas-
sa pela cintura do manto. 6 Ponha nele a
*mitra e amarre nela a placa sagrada em
que estão gravadas as palavras "Separa-
do para o SENHOR". 7 Em seguida ponha
na cabeça dele o azeite de ungir.
8 — Traga os filhos de Arão e vista túni-
cas neles. 9 Ponha faixas em volta da sua
cintura e mitra na sua cabeça. É assim que
você consagrará Arão e os seus filhos. Ele
e os seus descendentes deverão me servir
para sempre como sacerdotes.
10 — Traga também o touro novo para
a frente da Tenda da Minha Presença, e
Arão e os seus filhos porão as mãos na
cabeça dele. 11 Mate o touro ali na minha
presença, na entrada da Tenda. 12 Depois
pegue o sangue do touro e, com o dedo,
ponha sobre as pontas do altar e derra-
me o resto na base do altar. 13 Em seguida
queime no altar, como oferta para mim, as
seguintes partes do animal: toda a gordu-
ra que cobre os miúdos, a melhor parte
do fígado, os dois rins e a gordura que os
cobre. 14 Mas queime fora do acampamen-
to a carne do animal, o couro e as tripas.
Essa é uma oferta para tirar os pecados
dos sacerdotes.
15 — Depois pegue um dos carneiros,
e Arão e os seus filhos porão as mãos na
cabeça dele. 16 Mate o carneiro, pegue o
sangue e com ele borrife os quatro lados
do altar. 17 Corte o carneiro em pedaços,
lave os miúdos e as pernas traseiras e po-
nha em cima da cabeça e dos outros peda-
ços. 18 Queime o carneiro inteiro em cima
do altar como uma oferta de alimento. O
cheiro dessa oferta me agrada.
19 — Depois pegue o outro carneiro, e
Arão e os seus filhos porão as mãos na
cabeça dele. 20 Mate esse carneiro e po-
nha uma parte do sangue dele na ponta
da orelha direita de Arão e na ponta da
orelha direita dos seus filhos. Também
ponha o sangue sobre o dedo polegar da
mão direita deles e sobre o dedão do pé
direito; e com o resto do sangue borrife os
quatro lados do altar. 21 Pegue um pouco
do sangue que está no altar e o azeite de
ungir e com eles borrife Arão, e as suas
roupas, e os seus filhos, e as roupas deles.
Então ele, os seus filhos e as roupas de
todos eles estarão separados para mim.
22 Esse carneiro é oferecido para a *orde-
nação dos sacerdotes. Retire a gordura
desse carneiro, o rabo, a gordura que co-
bre os miúdos, a melhor parte do fígado,
os dois rins com a gordura que os cobre
e a coxa direita.
23 — Da cesta de pães sem fermento que
foram oferecidos a mim, pegue um pão de
cada tipo: um pão feito com azeite, outro

pão sem azeite e um pão achatado. 24 Ponha esses pães nas mãos de Arão e dos filhos dele e faça com que eles os separem para mim como oferta especial. 25 Depois pegue os pães das suas mãos e queime em cima do altar, como alimento oferecido a mim. O cheiro dessa oferta me agrada. 26 Pegue o peito do carneiro e o separe para mim como oferta especial. Essa parte do animal ficará para você.

27 — Na cerimônia de ordenação de um sacerdote, o peito e a coxa do carneiro deverão ser separados para mim como oferta especial e deverão ser dados para os sacerdotes. 28 As ofertas de paz dos israelitas serão feitas assim, para sempre. O peito e a coxa do animal pertencem aos sacerdotes. Essa é a oferta do povo para mim, o SENHOR.

29 — Depois da morte do sacerdote Arão, as suas roupas passarão para os seus filhos, e eles as usarão quando forem ordenados. 30 O filho de Arão que ficar no lugar dele como sacerdote e que entrar na Tenda da Minha Presença para servir no *Lugar Santo deverá usar essas roupas sete dias.

31 — A carne do carneiro usado na ordenação de Arão e dos seus filhos deverá ser cozida num lugar sagrado. 32 Na entrada da Tenda da Minha Presença eles deverão comer essa carne com o pão que ficar na cesta. 33 Quando eles forem ordenados, comerão o que foi oferecido como sacrifício para tirar os seus pecados. Somente os sacerdotes poderão comer esse alimento, pois ele é sagrado. 34 Por isso a carne ou o pão que não forem comidos naquele mesmo dia deverão ser queimados. Não deverão ser comidos, pois são sagrados.

35 — Conforme eu mandei, faça durante sete dias as cerimônias para ordenar Arão e os seus filhos. 36 Cada dia ofereça um touro novo como sacrifício para conseguir o perdão dos pecados de todos. Com um sacrifício para tirar pecados você *purificará o altar e depois o ungirá a fim de torná-lo santo. 37 Faça isso todos os dias, durante sete dias. Então o altar ficará completamente santo, e qualquer pessoa ou coisa que tocar nele sofrerá por causa do poder da sua santidade.

As ofertas de todos os dias

Números 28.1-8

38 — Todos os dias, e para sempre, sacrifique dois carneirinhos de um ano. 39 Sacrifique um deles de manhã e o outro à tarde. 40 Junto com o primeiro carneirinho ofereça um quilo de farinha de trigo misturada com um litro de azeite. E, como oferta, derrame um litro de vinho. 41 À tarde ofereça outro carneirinho e junto com ele a mesma quantidade de farinha, azeite e vinho, como de manhã. Essa é uma oferta de alimento trazida para mim, o SENHOR, e o seu cheiro me agrada. 42 E essa oferta a ser queimada deve ser oferecida para sempre na minha presença, na entrada da *Tenda da Minha Presença. Ali eu me encontrarei com o meu povo e falarei com você. 43 Ali me encontrarei com o povo de Israel, e a minha *glória fará com que esse lugar fique santo. 44 Eu farei com que a Tenda e o altar fiquem santos e separarei Arão e os seus filhos para me servirem como sacerdotes. 45 Morarei no meio do povo de Israel e serei o Deus deles. 46 Eles ficarão sabendo que eu, o SENHOR, sou o Deus que os tirou do Egito para morar entre eles. Eu sou o SENHOR, o Deus deles.

O altar de queimar incenso

Êxodo 37.25-28

30 O SENHOR Deus disse a Moisés:

— Faça também um altar de madeira de acácia para queimar incenso em cima dele. 2 Esse altar será quadrado, medindo quarenta e cinco centímetros de comprimento por quarenta e cinco de largura; e terá noventa centímetros de altura. Nos quatro cantos haverá pontas, que formarão uma só peça com o altar. 3 A tampa, os quatro lados e as pontas deverão ser revestidos de ouro puro. E ponha um remate de ouro em volta do altar. 4 Ponha também duas argolas de ouro debaixo do remate, uma de cada lado. Por dentro dessas argolas passarão os cabos com que se carregará o altar. 5 Esses cabos deverão ser feitos de madeira de acácia e revestidos de ouro. 6 Ponha o altar em frente da cortina que ficará diante da *arca da aliança. Ali eu me encontrarei com você. 7 De manhã, quando Arão for cuidar das lamparinas, ele deverá queimar incenso cheiroso. 8 Ao anoitecer, quando for acender as lamparinas, ele deverá fazer a mesma coisa. Essa oferta de incenso continuará para sempre, de *geração em geração. 9 Nesse altar não ofereçam incenso comum, nem animais, nem cereais e não derramem ofertas de vinho

sobre ele. 10 Uma vez por ano Arão fará
uma cerimônia de *purificação do altar,
pondo nas suas quatro pontas o sangue
do animal sacrificado para tirar os peca-
dos do povo. Isso deverá ser feito para
sempre, uma vez por ano. Esse altar de-
verá ser completamente santo, separado
para mim, o SENHOR.

O imposto para a Tenda da Presença de Deus

11 O SENHOR Deus disse a Moisés:
12 — Quando você fizer a contagem do
povo, cada israelita me pagará uma cer-
ta quantia pela sua vida, para que não
lhe aconteça nenhum desastre enquan-
to a contagem estiver sendo feita. 13 Cada
pessoa que for contada deverá pagar a
quantia de prata exigida, pesada de acor-
do com a tabela oficial. Esse pagamento
é para mim, o SENHOR. 14 Quem for con-
tado, isto é, cada homem de vinte anos
para cima, pagará essa quantia. 15 Quan-
do pagarem pela sua vida, o rico não pre-
cisará pagar mais do que a quantia exi-
gida, nem o pobre pagará menos. 16 Você
receberá do povo de Israel essa prata e a
usará para o serviço da *Tenda da Minha
Presença. Esse imposto será o pagamen-
to pela vida dos israelitas, e eu lembrarei
de protegê-los.

A pia de bronze

Êxodo 38.8

17 O SENHOR Deus disse a Moisés:
18 — Faça uma pia de bronze com a base
também de bronze. Coloque a pia entre
a *Tenda e o altar e ponha água dentro
dela. 19 Arão e os seus filhos usarão essa
água para lavar as mãos e os pés, 20 antes
de entrarem na Tenda ou antes de che-
garem perto do altar para apresentar a
oferta de alimento. Assim eles não serão
mortos. 21 Eles deverão lavar as mãos e
os pés para que não morram. Essa é uma
*lei que deverá ser obedecida para sem-
pre por eles e pelos seus descendentes.

O azeite de ungir

22 O SENHOR Deus disse a Moisés:
23-25 — Escolha as *especiarias mais
cheirosas para fazer o azeite sagrado de

DEVOCIONAL

Texto para leitura: **Êxodo 30**

Conheça o amor

Você pode encontrar Deus mesmo nas coisas chatas, como nas dimensões do altar e no censo a ser realizado. Mas não espere encontrá-lo ali antes de fazer sua lição de casa. Deus a chama para se levantar e começar a andar, e, às vezes, é só quando você dá um passo que ele elucida o que você faz. Quando você tem um trabalho maçante ou chato para fazer, é preciso olhar para ele como algo que vai desenvolver seu caráter, porque, quando estiver disposta a fazer as coisas chatas da vida com boa atitude, você será transformada, e o mesmo acontecerá com o trabalho que você faz. Você não pode olhar para nada como sendo inferior a você, porque isso seria se colocar até acima do próprio Jesus. Quando ele lavou os pés dos discípulos, fez o trabalho mais "indigno" que havia.

É preciso inspiração para fazer as coisas chatas do início ao fim. Não pense nem por um minuto que os grandes homens e mulheres de Deus da história *tinham trabalhos interessantes e* gloriosos para fazer todos os dias. Era exatamente o contrário: aquelas tarefas chatas, difíceis e enfadonhas às quais eles se dedicaram todos os dias foram as que os fizeram brilhar e entrar na história para sempre. Quando você deixa Deus fazer algo por meio de sua vida, ele sempre a transforma em algo bonito. Então, não evite as atividades maçantes e chatas que você tem de fazer. Seja como Cristo e mergulhe de cabeça nas coisas difíceis, sabendo que Deus a chamou para fazer sua obra e, por causa disso, ele fará uma obra incrível em você.

*ungir, seguindo a arte dos perfumistas.
Em três litros e meio de azeite misture
o seguinte: seis quilos de *mirra líquida,
três quilos de canela, três quilos de *cana
cheirosa e seis quilos de cássia, tudo pe-
sado de acordo com a tabela oficial. 26 Use
esse azeite para ungir a *Tenda da Minha
Presença, a *arca da aliança, 27 a mesa e
todo o seu equipamento, o *candelabro
e o seu equipamento, o altar de queimar
incenso, 28 o altar de queimar ofertas, jun-
to com todo o seu equipamento, e a pia
com o seu suporte. 29 Assim você consa-
grará todas essas coisas, e elas ficarão
completamente santas. E qualquer pes-
soa ou coisa que tocar nelas sofrerá por
causa do poder da sua santidade. 30 Você
ungirá também Arão e os filhos dele e os
separará para me servirem como sacer-
dotes. 31 Diga ao povo de Israel o seguin-
te: "Esse azeite de ungir deverá ser usa-
do para sempre no meu serviço religio-
so. 32 Não deverá ser usado no corpo de
quem não for sacerdote. E vocês não de-
verão usar a fórmula desse azeite para
qualquer outra mistura igual a essa. Esse
azeite é sagrado e assim ele deverá ser
tratado. 33 Qualquer pessoa que preparar
um azeite igual a esse ou usá-lo em quem
não for sacerdote deverá ser expulsa do
meio do meu povo."

O incenso sagrado

34-35 O SENHOR Deus disse a Moisés:
— Faça o incenso sagrado conforme a
arte dos perfumistas. Misture, em partes
iguais, as seguintes *especiarias cheiro-
sas: *benjoim, *ônica, resina medicinal e
incenso puro. E ponha sal a fim de con-
servá-lo puro e santo.
36 — Moa uma parte desse incenso até
que vire um pó bem fino. Depois leve-o
para dentro da *Tenda da Minha Presença,
onde eu me encontrarei com você, e colo-
que-o diante da *arca da aliança. Conside-
rem esse incenso como uma coisa muito
sagrada. 37 Quando fizerem incenso para
vocês mesmos, não usem a fórmula do in-
censo sagrado. Esse incenso é uma coisa
sagrada, dedicada a mim. 38 Se alguém fi-
zer incenso igual a esse para usá-lo como
perfume, deverá ser expulso do meio do
meu povo.

Deus escolhe operários especializados
Êxodo 35.30—36.1

31 O SENHOR Deus disse a Moisés:
2 — Eu escolhi Bezalel, filho de
Uri e neto de Hur, da *tribo de Judá, 3 e
o enchi com o meu Espírito. Eu lhe dei
inteligência, competência e habilidade
para fazer todo tipo de trabalho artísti-
co; 4 para fazer desenhos e trabalhar em
ouro, prata e bronze; 5 para lapidar e mon-
tar pedras preciosas; para entalhar ma-
deira; e para fazer todo tipo de artesana-
to. 6 Escolhi Aoliabe, filho de Aisamaque,
da tribo de Dã, para trabalhar com ele.
Dei também capacidade a todos os ho-
mens habilidosos para fazerem todas as
seguintes coisas que eu mandei: 7 a *Tenda
da Minha Presença, a *arca da aliança e a
sua tampa, todos os objetos da Tenda, 8 a
mesa com as suas vasilhas, o *candelabro
de ouro puro com todo o seu equipamen-
to, o altar de queimar incenso, 9 o altar de
queimar as ofertas, junto com todo o seu
equipamento, a pia com o seu suporte,
10 as roupas de tecido fino, as roupas sa-
gradas que os sacerdotes Arão e os seus
filhos usarão quando servirem como sa-
cerdotes, 11 o azeite de *ungir e o incenso
cheiroso para o *Lugar Santo. Todas es-
sas coisas deverão ser feitas exatamente
como eu ordenei.

Sábado, o dia de descanso

12 O SENHOR Deus mandou que Moisés
13 dissesse ao povo de Israel o seguinte:
— Guardem o sábado, o meu dia de
descanso, pois é um sinal de união entre
mim e vocês para sempre, a fim de mos-
trar que eu, o SENHOR, os separei para
serem o meu próprio povo. 14 Portanto,
guardem o dia de descanso porque ele
é sagrado para vocês. Quem não o guar-
dar, mas trabalhar nesse dia, deverá ser
morto. 15 Vocês têm seis dias para traba-
lhar, porém o sétimo dia é o dia solene de
descanso, separado para mim. Quem fi-
zer qualquer serviço nesse dia deverá ser
morto. 16 O povo de Israel deverá guardar
esse dia como um sinal da *aliança. 17 É um
sinal de união para sempre entre mim e o
povo de Israel porque eu, o SENHOR, fiz o
céu e a terra em seis dias e no sétimo dia
parei de trabalhar e descansei.
18 Quando Deus acabou de falar com
Moisés no monte Sinai, entregou a ele as
duas placas de pedra onde o próprio Deus
havia escrito os mandamentos.

O bezerro de ouro
Deuteronômio 9.7-29

32 O povo viu que Moisés estava de-
morando muito para descer do

monte. Então eles se reuniram em volta de Arão e lhe disseram:

— Não sabemos o que aconteceu com Moisés, aquele homem que nos tirou do Egito. Portanto, faça para nós deuses que vão à nossa frente.

2 Arão lhes disse:

— Tirem os brincos de ouro que as suas mulheres, os seus filhos e as suas filhas estão usando e tragam para mim.

3 Então os israelitas tiraram das orelhas os brincos de ouro e os trouxeram a Arão. 4 Ele pegou os brincos, derreteu-os, derramou o ouro dentro de um molde e fez um bezerro de ouro. Então disseram:

— Povo de Israel, estes são os nossos deuses, que nos tiraram do Egito!

5 Arão construiu um altar diante do bezerro de ouro e anunciou ao povo:

— Amanhã haverá uma festa em honra de Deus, o SENHOR.

6 No dia seguinte, de manhã cedo, eles trouxeram alguns animais para serem queimados como *sacrifício e outros para serem comidos como ofertas de paz. Depois o povo sentou-se para comer e beber e se levantou para se divertir.

7 Então o SENHOR Deus disse a Moisés:

— Desça depressa porque o seu povo, o povo que você tirou do Egito, pecou e me rejeitou. 8 Eles já deixaram o caminho que eu mandei que seguissem; fizeram um bezerro de ouro fundido, e o adoraram, e lhe ofereceram sacrifícios. Estão dizendo que estes são os deuses deles, os deuses que os tiraram do Egito. 9 Eu conheço este povo e sei que é muito teimoso. 10 Agora não tente me impedir, pois vou descarregar a minha *ira sobre esta gente e vou acabar com eles. Depois farei de você e dos seus descendentes uma grande nação.

11 Porém Moisés fez um pedido ao SENHOR, seu Deus. Ele disse:

— Ó SENHOR, por que ficaste assim tão irado com o teu povo, que tiraste do Egito com grande poder e força? 12 Por que deixar que os egípcios venham a dizer que tiraste o teu povo do Egito para matá-lo nos montes e destruí-lo completamente? Não fiques assim irado; muda de ideia e não faças cair sobre o teu povo essa desgraça. 13 Lembra dos teus *servos Abraão, Isaque e Jacó. Lembra do juramento que fizeste de lhes dar tantos descendentes quantas estrelas há no céu. Lembra também que prometeste que darias aos seus descendentes toda aquela terra para ser propriedade deles para sempre.

14 Então o SENHOR Deus mudou de ideia e não fez cair sobre o seu povo a desgraça que havia prometido.

15 Moisés desceu do monte, carregando as duas placas de pedra com os mandamentos escritos nos dois lados de cada pedra. 16 O próprio Deus havia feito as placas e tinha gravado nelas os mandamentos.

17 Josué ouviu o povo gritando e disse a Moisés:

— Estou ouvindo um barulho de guerra no acampamento.

18 Moisés disse:

— Não parece um barulho de vitória, nem um grito de derrota; o que estou ouvindo é gente cantando.

19 Quando Moisés chegou perto do acampamento, viu o bezerro de ouro e o povo, que estava dançando, e ficou furioso. Ali, ao pé do monte, ele jogou no chão as placas de pedra que estava carregando e quebrou-as. 20 Então pegou o bezerro de ouro que eles haviam feito, queimou-o no fogo e o moeu até virar pó e espalhou o pó na água. Em seguida mandou que o povo de Israel bebesse daquela água. 21 E Moisés disse a Arão:

— O que é que esta gente lhe fez, para que você a levasse a cometer esse pecado tão horrível?

22 Arão respondeu:

— Não fique com raiva de mim. Você sabe como este povo está sempre pronto para fazer o mal. 23 Eles me disseram: "Não sabemos o que aconteceu com Moisés, aquele homem que nos tirou do Egito. Portanto, faça para nós deuses que sejam os nossos líderes." 24 Aí eu mandei que quem tivesse enfeites de ouro os tirasse e me desse. Joguei aqueles enfeites no fogo, e saiu este bezerro!

25 Moisés viu que Arão havia deixado o povo completamente sem controle, fazendo assim que os seus inimigos zombassem deles. 26 Então ficou na entrada do acampamento e disse:

— Quem estiver do lado de Deus, o SENHOR, que chegue até aqui!

Então todos os *levitas se reuniram em volta de Moisés, 27 e ele disse:

— O SENHOR, o Deus do povo de Israel, manda que cada um de vocês pegue a sua

espada e vá pelo acampamento, de ponta a ponta, matando os seus parentes, os seus amigos e os seus vizinhos.
28 Os levitas obedeceram à ordem de
Moisés e mataram naquele dia mais ou
menos três mil homens. 29 Moisés disse
aos levitas:

— Hoje vocês mataram os seus filhos e os seus irmãos e assim se consagraram como sacerdotes para o serviço de Deus, o SENHOR. E, porque vocês fizeram isso, Deus lhes deu hoje uma bênção.

30 No dia seguinte Moisés disse ao povo:
— Vocês cometeram um pecado horrível. Porém agora vou subir outra vez o monte para falar com o SENHOR. Talvez eu consiga que ele perdoe o pecado de vocês.
31 Moisés voltou para o lugar onde o SENHOR estava e disse:
— Este povo cometeu um pecado terrível. Eles fizeram um deus de ouro e o adoraram.
32 Por favor, perdoa o pecado deles!
Porém, se não quiseres perdoar, então tira o meu nome do teu livro, onde escreveste os nomes dos que são teus.
33 Então o SENHOR disse a Moisés:
— Riscarei do meu livro todos os que pecaram contra mim.
34 Agora vá e leve o
povo para o lugar que eu mandei. Lembre que o meu Anjo guiará você. Porém já está chegando o tempo em que vou castigar este povo pelo seu pecado.
35 Por isso o SENHOR Deus castigou os
israelitas com uma doença, pois eles haviam obrigado Arão a fazer o bezerro de ouro.

Deus manda o povo de Israel sair do monte Sinai

33 O SENHOR Deus disse a Moisés:
— Saiam deste lugar, você e o povo que você tirou do Egito, e vão para a terra que eu jurei dar a Abraão, a Isaque, a Jacó e aos seus descendentes.
2 Eu mandarei um anjo para guiar você e expulsarei os cananeus, os amorreus, os heteus, os perizeus, os heveus e os jebuseus.
3 Vocês irão para uma terra boa e rica. Porém eu não irei, pois vocês são um povo teimoso, e eu os poderia destruir no caminho.
4 Quando Moisés deu essa mensagem
aos israelitas, eles começaram a chorar, e
ninguém usou as suas joias.
5 Então o SENHOR mandou que Moisés dissesse a eles:
— Vocês são um povo teimoso. Se eu fosse junto com vocês, mesmo que fosse por apenas um momento, eu os destruiria completamente. Agora tirem as suas joias, e eu vou resolver o que fazer com vocês.
6 Assim, depois que os israelitas saíram
do monte Sinai, não usaram mais joias.

A Tenda da Presença de Deus

7 Sempre que o povo de Israel acampava, Moisés costumava armar a *Tenda Sagrada a certa distância fora do acampamento. Ela era chamada de "Tenda da Presença de Deus", e quem quisesse consultar o SENHOR ia até lá.
8 Quando Moisés
saía para ir à Tenda, o povo ficava na porta das suas barracas olhando Moisés até que ele entrasse.
9 Depois que ele entrava, uma coluna de nuvem descia e parava na porta da Tenda; e da nuvem o SENHOR falava com Moisés.
10 Logo que o povo via
a coluna de nuvem na porta da Tenda, todos se ajoelhavam.
11 O SENHOR Deus falava com Moisés face a face, como alguém que conversa com um amigo. Depois Moisés voltava para o acampamento. Porém Josué, filho de Num, o moço que era o auxiliar de Moisés, ficava na Tenda.

Deus promete estar com o seu povo

12 Moisés disse a Deus, o SENHOR:
— É verdade que me mandaste guiar este povo para aquela terra, porém não me disseste quem é que irá comigo. Disseste que me conheces bem e que estás contente comigo.
13 Agora, se isso é assim
mesmo, fala-me dos teus planos para que eu possa te servir e continuar a te agradar. Lembra que escolheste esta nação para ser tua.
14 Deus disse:
— Eu irei com você e lhe darei a vitória.
15 Então Moisés respondeu:
— Se não fores com o teu povo, não nos faças sair deste lugar.
16 Como é que
os outros povos poderão saber que estás contente com o teu povo e comigo, se não fores conosco? A tua presença é que mostrará que somos diferentes dos outros povos da terra.
17 O SENHOR Deus disse a Moisés:
— Vou atender o seu pedido porque conheço você bem, e você conseguiu a minha aprovação.
18 Aí Moisés suplicou:
— Por favor, deixa que eu veja a tua *glória.
19 Deus respondeu:
— Eu farei com que todo o meu brilho passe diante de você e direi qual é o meu

nome sagrado. Eu sou o *SENHOR e terei
compaixão de quem eu quiser e terei mi-
sericórdia de quem eu desejar.
20 E disse ainda:
— Não vou deixar que você veja o meu
rosto, pois ninguém pode ver o meu ros-
to e continuar vivo. 21 Mas aqui há um lu-
gar perto de mim, onde você poderá ficar
em cima de uma rocha. 22 Quando a minha
glória passar, eu porei você numa racha-
dura da rocha e o cobrirei com a minha
mão até que eu passe. 23 Depois tirarei a
mão, e você me verá pelas costas, porém
não verá o meu rosto.

As novas placas da Lei

Deuteronômio 10.1-5

34 O SENHOR Deus disse a Moisés:
— Corte duas placas de pedra
iguais àquelas que você quebrou, e eu es-
creverei nelas as mesmas palavras que
estavam nas primeiras. 2 Amanhã cedo
esteja pronto para subir o monte Sinai
a fim de se encontrar comigo ali no alto
do monte. 3 Ninguém deverá subir com
você; ninguém deverá estar em qualquer
parte do monte. As ovelhas, as cabras e
o gado não deverão ficar pastando per-
to do monte.
4 Então Moisés cortou outras duas pla-
cas de pedra, iguais às primeiras, e, no
dia seguinte, como o SENHOR havia or-
denado, ele se levantou bem cedo e su-
biu o monte Sinai, levando consigo as
duas placas.
5 O SENHOR desceu numa nuvem, fi-
cou ali com Moisés e disse qual era o
seu nome, isto é, o *SENHOR. 6 Então Deus
passou diante de Moisés e disse em voz
alta:
— Eu sou o SENHOR, o Deus Eterno! Eu
tenho compaixão e misericórdia, não fico
*irado com facilidade, e a minha fidelida-
de e o meu amor são tão grandes, que não
podem ser medidos. 7 Cumpro a minha
promessa a milhares de *gerações e per-
doo o mal e o pecado. Porém não deixo
de castigar os seus filhos e até os netos,
os bisnetos e os trinetos pelos pecados
dos pais.
8 Moisés se ajoelhou, encostou o rosto
no chão e adorou a Deus. 9 Ele disse:
— Ó Senhor, se estás, de fato, contente
comigo, eu te peço que vás conosco. Este
povo é teimoso, mas perdoa o nosso pe-
cado e a nossa maldade e aceita-nos como
o teu povo.

A renovação da aliança

Êxodo 23.14-19;
Deuteronômio 7.1-11; 16.1-17

10 O SENHOR Deus disse a Moisés:
— Eu estou fazendo agora uma *alian-
ça com o seu povo. Na presença deles fa-
rei maravilhas como nunca foram feitas
em toda a terra e em nenhuma nação.
Todo o povo verá que milagres eu, o SE-
NHOR, posso fazer, pois vou realizar uma
coisa terrível em favor de vocês. 11 Obe-
deçam às *leis que estou dando a vocês
hoje. Conforme vocês forem avançando,
eu expulsarei os amorreus, os cananeus,
os heteus, os perizeus, os heveus e os je-
buseus. 12 Não façam nenhum *acordo com
os moradores da terra para onde vocês
vão, pois isso poderia ser uma armadi-
lha mortal para vocês. 13 Pelo contrário,
derrubem os altares deles, destruam as
colunas do deus *Baal e cortem os postes
da deusa *Aserá.
14 — Não adorem nenhum outro deus,
pois eu, o SENHOR, me chamo Deus Exi-
gente e exijo que vocês adorem somente
a mim. 15 Não façam acordos com os mo-
radores da terra que vai ser de vocês. Nos
seus cultos eles adoram deuses pagãos e
lhes oferecem *sacrifícios. Eles vão con-
vidar vocês para as suas reuniões religio-
sas, e vocês poderão ficar tentados a co-
mer os alimentos que eles oferecem aos
seus deuses. 16 Os filhos de vocês pode-
riam casar com mulheres estrangeiras, e
elas fariam com que vocês fossem infiéis
a mim e adorassem os deuses pagãos que
elas adoram.
17 — Não façam deuses de metal, nem
os adorem.
18 — Comemorem a *Festa dos Pães sem
Fermento. Como lhes ordenei, comam
*pão sem fermento durante sete dias no
mês de *abibe, que é o tempo certo, pois
foi nesse mês que vocês saíram do Egito.
19 — Todo primeiro filho é meu e tam-
bém o primeiro filhote macho dos ani-
mais domésticos. 20 Mas, se vocês quise-
rem ficar com o primeiro filhote macho
de uma jumenta, ofereçam-me um carnei-
ro; se não quiserem, quebrem o pescoço
do jumentinho. Para ficarem com todo
primeiro filho de vocês, paguem o preço
determinado.
— Ninguém deverá aparecer diante de
mim sem trazer uma oferta.
21 — Vocês têm seis dias para trabalhar,

porém não trabalhem no sétimo dia, nem
mesmo no tempo de arar ou de fazer
a colheita.
22 — Comemorem a *Festa da Colhei-
ta quando começarem a fazer a primeira
colheita do trigo. E comemorem a *Festa
das Barracas no outono, quando vocês
colherem as suas frutas.
23 — Três vezes por ano todos os ho-
mens israelitas deverão ir adorar a mim,
o SENHOR, o Deus do povo de Israel. 24 Eu
vou expulsar as outras nações que estão
diante de vocês e assim aumentarei o seu
território; então ninguém tentará con-
quistar a terra de vocês durante as três
festas, quando vocês vierem me adorar.
25 — Quando me oferecerem um ani-
mal em sacrifício, não tragam pão feito
com fermento, nem guardem para o dia
seguinte o que sobrar do animal ofereci-
do na *Festa da Páscoa.
26 — Todos os anos levem à casa do SE-
NHOR, seu Deus, os primeiros cereais que
vocês colherem.
— Não cozinhem um cabrito ou um
carneirinho no leite da sua própria mãe.
27 O SENHOR Deus disse ainda a Moisés:
— Escreva essas palavras porque é com
base nelas que estou fazendo uma aliança
com você e com o povo de Israel.
28 Moisés ficou ali com Deus, o SENHOR,
quarenta dias e quarenta noites e durante
esse tempo não comeu nem bebeu nada.
Ele escreveu nas placas de pedra as pa-
lavras da aliança, isto é, os dez manda-
mentos.

Moisés desce do monte Sinai

29 Quando Moisés desceu do monte Si-
nai, carregando as duas placas da *alian-
ça, o seu rosto estava brilhando, pois ele
havia falado com Deus. Mas ele não sabia
disso. 30 Arão e todo o povo ficaram com
medo de chegar perto de Moisés quan-
do viram o seu rosto brilhando. 31 Porém
Moisés os chamou, e Arão e todos os lí-
deres do povo chegaram perto dele, e ele
falou com todos. 32 Depois disso todo o
povo de Israel se reuniu em volta de Moi-
sés, e ele lhes entregou todas as *leis que
o SENHOR Deus lhe tinha dado no monte
Sinai. 33 Quando Moisés acabou de falar
com eles, ele cobriu o rosto com um véu.
34 Sempre que entrava na *Tenda Sagrada
para falar com o SENHOR, Moisés tirava o
véu. Quando saía, ele contava ao povo de
Israel tudo o que Deus lhe havia mandado
dizer, 35 e o povo via que o seu rosto con-
tinuava brilhando. Porém Moisés cobria
de novo o rosto com o véu até que entra-
va de novo na Tenda para falar com Deus.

O sábado

35 Moisés reuniu todo o povo de Is-
rael e lhe disse:
— É isto o que o SENHOR mandou vocês
fazerem: 2 vocês têm seis dias para traba-
lhar, porém o sétimo dia deve ser sagra-
do, um dia solene dedicado ao SENHOR.
Qualquer pessoa que fizer algum trabalho
nesse dia deverá ser morta. 3 No sábado,
nem mesmo acendam fogo nas suas casas.

Ofertas para a Tenda Sagrada

Êxodo 25.1-9

4 Moisés disse a todo o povo de Israel:
— É isto o que o SENHOR ordenou: 5 fa-
çam uma oferta ao SENHOR. Quem qui-
ser fazer isso deverá trazer uma oferta
de ouro, prata ou bronze; 6 fios de lã azul,
*púrpura e vermelha; linho fino; tecido
feito de pelos de cabra; 7 peles de carnei-
ro tingidas de vermelho e peles finas; ma-
deira de acácia; 8 azeite para lamparinas;
*especiarias para a preparação do azeite
de *ungir e para o incenso de cheiro agra-
dável; 9 pedras de ônix e outras pedras
de valor para serem colocadas no *man-
to sacerdotal e no *peitoral do *Grande
Sacerdote.

Objetos para a Tenda Sagrada

Êxodo 39.32-43

10 — Todos os homens habilidosos de-
verão vir e fazer tudo o que o SENHOR
mandou, 11 isto é, a *Tenda, as suas cober-
turas (a de dentro e a de fora), os prende-
dores, as armações, as travessas, os pos-
tes e as bases; 12 a *arca da aliança, os seus
cabos de madeira, a sua tampa e a cortina
para separar o *Lugar Santíssimo do *Lu-
gar Santo; 13 a mesa, os seus cabos e todo
o seu equipamento; os pães oferecidos a
Deus; 14 o *candelabro e o seu equipamen-
to; as lamparinas com o seu azeite; 15 o al-
tar de queimar incenso e os seus cabos;
o azeite de *ungir; o incenso cheiroso; a
cortina para a entrada da Tenda; 16 o altar
de queimar as ofertas e a sua grelha de
bronze; os cabos e o resto do equipamen-
to do altar; a pia com o seu suporte; 17 a
cortina do pátio, os seus postes e as suas
bases; a cortina da entrada do pátio; 18 as
estacas e as cordas da Tenda, e as estacas
e as cordas do pátio; 19 e as roupas que os

DEVOCIONAL

Texto para leitura: **Êxodo 35:4-9**

Conheça a si mesma

Há algo de que você não consegue se desfazer? Se alguém lhe pedisse para abrir mão disso, você conseguiria? Aquilo de que você não consegue abrir mão é o que você tem de abandonar. Quando alguma coisa que você tem se torna a mais importante de sua vida, isso beira a idolatria. Ídolo é qualquer coisa com a qual você fica obcecada, da qual você precisa, sem a qual não consegue viver. A única coisa sem a qual você realmente não pode viver, que não seja comida e água, é a presença de Deus em sua vida. E quando as coisas ofuscam essa necessidade ou até tentam preenchê-la, o perigo está por perto.

Deus pediu aos israelitas que abrissem mão de algo por ele. Você acha que ele quis dizer "aquilo de que vocês menos gostam" ou "aquilo de que vocês realmente não gostam, usam ou querem"? Ou você acha que ele estava procurando algo importante que eles realmente amavam ou julgavam "necessário"? Observe as coisas que aparecem na lista de Êxodo 35:5: ouro, prata, bronze. Você acha que essas coisas eram importantes para o povo? Valiam algo? Sim. Na verdade, todas as coisas dessa lista eram muito valiosas na época e difíceis de renunciar. Por que você acha que Deus pediu essa contribuição? Por que ele queria que seus seguidores abrissem mão do que amavam e até do que precisavam?

Talvez porque essas coisas pareçam tão importantes a ponto de poderem facilmente começar a substituir Deus em nossa vida. Pense naquilo de que você realmente precisa. Que coisas são essenciais? Ar, água, comida, abrigo. Todo o resto é oportunidade para uma adoração inapropriada.

Observe as coisas em sua vida e veja o que você adora. Sem o que você não consegue viver ou do que não consegue se desfazer? Pense no que essa coisa significa e como ela poderia suprir algumas de suas necessidades as quais Deus quer suprir — conforto, necessidades físicas, esperança ou alegria. Em que sentido você adora coisas em vez de adorar a Deus, e como você mudará isso para salvar sua alma?

sacerdotes usarão quando servirem no
Lugar Santo, isto é, as roupas sagradas
de Arão e dos seus filhos.

O povo traz ofertas

20 Então o povo de Israel foi para casa,
21 e todos os que, de fato, queriam *vol-
taram trazendo uma oferta* para o SE-
NHOR, a fim de que a *Tenda da Presen-
ça de Deus, o SENHOR, fosse construída.
Eles trouxeram tudo o que era necessário
para a adoração e para fazer as roupas
dos sacerdotes. 22 Vieram homens e mu-
lheres, todos com muita boa vontade, e
trouxeram fivelas, brincos, anéis, pulsei-
ras e todo tipo de objetos de ouro. E es-
sas ofertas foram dedicadas ao SENHOR.
23 E também trouxeram como oferta linho
fino, fios de lã azul, *púrpura e vermelha,
tecido feito de pelos de cabra, peles de
carneiro tingidas de vermelho e peles fi-
nas. 24 Todos os que podiam dar trouxe-
ram prata e bronze *como* oferta ao SE-
NHOR, e também os que tinham madeira
de acácia que podia ser usada para qual-
quer trabalho. 25 Todas as mulheres habi-
lidosas trouxeram o que haviam feito: fios
de linho fino e fios de lã azul, púrpura e
vermelha. 26 Elas também fizeram tecidos
de pelos de cabra. 27 Os líderes trouxeram
pedras de ônix e outras pedras de valor
para serem colocadas no *manto sacer-
dotal e no *peitoral do *Grande Sacerdo-
te. 28 E trouxeram também *especiarias e

o azeite para as lamparinas, para *ungir
e para o incenso cheiroso. 29 Todos os is-
raelitas trouxeram de muita boa vontade
as suas ofertas a Deus, o SENHOR, para o
trabalho que ele, por meio de Moisés, ha-
via ordenado que fosse feito.

Artesanato para a Tenda da Presença de Deus

Êxodo 31.1-11

30 Moisés disse ao povo de Israel:
— O SENHOR Deus escolheu Bezalel, fi-
lho de Uri e neto de Hur, da *tribo de Judá.
31 Deus o encheu com o seu Espírito e lhe
deu inteligência, competência e habili-
dade para fazer todo tipo de trabalho ar-
tístico; 32 para fazer desenhos e trabalhar
em ouro, prata e bronze; 33 para lapidar e
montar pedras preciosas; para entalhar
madeira; e para fazer todo tipo de artesa-
nato. 34 O SENHOR deu a Bezalel e a Aolia-
be, filho de Aisamaque, da tribo de Dã, o
*dom de ensinar os outros. 35 Ele lhes deu
habilidade para fazerem todos os traba-
lhos de gravador e de desenhista, para te-
cerem linho fino e fios de lã azul, *púrpura
e vermelha e para fazerem outros tecidos.
Eles têm habilidade para todo tipo de tra-
balho e para fazer desenhos.

36 — Bezalel, Aoliabe e todos os ou-
tros homens a quem o SENHOR deu
habilidade e inteligência e que conhecem
tudo o que é preciso para construir a *Ten-
da Sagrada, deverão fazer tudo como o
SENHOR ordenou.

As ofertas do povo

2 Moisés chamou Bezalel, Aoliabe e to-
dos os outros homens a quem o SENHOR
tinha dado habilidade e que tinham boa
vontade para ajudar, e disse-lhes que co-
meçassem a trabalhar. 3 Eles receberam
de Moisés as ofertas que os israelitas ha-
viam trazido para construir a *Tenda Sa-
grada. E todas as manhãs o povo de Is-
rael continuava a trazer a Moisés as suas
ofertas. 4 Então os artesãos que estavam
fazendo o trabalho 5 foram falar com Moi-
sés. Eles disseram o seguinte:
— O povo está trazendo muito mais do
que é necessário para o trabalho que o
SENHOR mandou fazer.
6 Então Moisés ordenou que em todo o
acampamento ninguém mais trouxesse
ofertas para a Tenda Sagrada. E assim o
povo não trouxe mais nada. 7 Pois o ma-
terial que tinham ajuntado era suficiente
para todo o trabalho que devia ser feito e
ainda sobrava.

A construção da Tenda da Presença de Deus

Êxodo 26.1-37

8 E assim os homens mais habilidosos
entre os trabalhadores fizeram a *Tenda
da Presença do SENHOR. Eles a fizeram
com dez cortinas de tecido feito de linho
fino e de fios de lã azul, *púrpura e ver-
melha. Nessas cortinas estavam bordadas
figuras de *querubins. 9 Todas as cortinas
eram do mesmo tamanho, medindo doze
metros e meio de comprimento por um
metro e oitenta de largura. 10 Eles costu-
raram cinco delas umas nas outras, for-
mando assim uma só peça; e fizeram a
mesma coisa com as outras cinco. 11 Fo-
ram colocadas laçadas de tecido azul na
beirada de fora da última cortina de cada
uma das duas peças de cortinas. 12 Puse-
ram cinquenta laçadas na beirada da
primeira cortina da primeira peça e cin-
quenta na beirada da última cortina da
segunda peça, de modo que as laçadas
ficaram de frente umas para as outras.
13 Os dois jogos de cortinas foram presos
um no outro por meio de cinquenta pren-
dedores de ouro, de modo que formavam
uma só peça.
14 De onze pedaços de pano feito de pe-
los de cabra fizeram uma cobertura para
a Tenda. 15 E fizeram todos os pedaços do
mesmo tamanho, isto é, todos tinham tre-
ze metros e trinta de comprimento por
um metro e oitenta de largura. 16 Costu-
raram cinco pedaços uns nos outros, for-
mando uma peça, e os outros seis, for-
mando outra peça. 17 Foram colocadas
cinquenta laçadas na beirada do último
pedaço da primeira peça e cinquenta la-
çadas na beirada da outra peça. 18 Depois
fizeram cinquenta prendedores de bron-
ze para prenderem as duas peças uma na
outra a fim de que formassem uma cober-
tura só. 19 Fizeram mais uma cobertura, de
peles de carneiro tingidas de vermelho;
e em cima desta colocaram outra cober-
tura, feita de peles finas.
20 Prepararam também armações de
madeira de acácia a fim de formarem as
paredes da Tenda. 21 Cada uma das arma-
ções media quatro metros e quarenta e
cinco de altura por sessenta e sete cen-
tímetros de largura. 22 Em cada armação
havia dois encaixes para juntarem uma

à outra. Todas as armações tinham esses
encaixes. 23 Fizeram vinte armações para
o lado sul 24 e debaixo dessas vinte arma-
ções puseram quarenta bases de prata,
duas debaixo de cada armação, para fir-
marem os seus dois encaixes. 25 E para o
lado norte da Tenda fizeram vinte arma-
ções 26 e quarenta bases de prata, duas
para cada armação. 27 Para o lado de trás
da Tenda, o lado oeste, fizeram seis ar-
mações 28 e mais duas armações para os
cantos. 29 Essas armações dos cantos fo-
ram juntadas na base, formando uma só
peça até a primeira argola que ficava na
parte de cima. As duas armações que for-
mavam os dois cantos foram colocadas
desse jeito. 30 Assim, havia oito armações
e dezesseis bases de prata, duas para cada
armação.
31 Em seguida prepararam quinze tra-
vessas de madeira de acácia; cinco para
as armações de um lado da Tenda, 32 cinco
para as armações do outro lado e cinco
para as armações do lado oeste, na parte
de trás. 33 A travessa do centro passava
a meia altura entre as armações, de um
lado da Tenda até o outro. 34 Revestiram
de ouro essas armações e puseram ne-
las argolas de ouro, por onde passavam
os cabos, que também foram revestidos
de ouro.
35 Fizeram também uma cortina de teci-
do feito de linho fino e de fios de lã azul,
púrpura e vermelha e bordada com figu-
ras de querubins. 36 Para segurarem essa
cortina, foram feitos quatro postes de
madeira de acácia revestidos de ouro; os
prendedores das cortinas eram de ouro,
e as quatro bases dos seus postes eram
de prata. 37 Para a entrada da Tenda foi
feita uma cortina de tecido feito de linho
fino e de fios de lã azul, púrpura e verme-
lha e enfeitada com bordados. 38 Para se-
gurarem essa cortina, foram feitos cinco
postes, com prendedores, e revestiram de
ouro a parte de cima dos postes e os su-
portes das cortinas. E foram feitas cinco
bases de bronze para os postes.

A arca da aliança

Êxodo 25.10-22

37 Bezalel fez a *arca da aliança de ma-
deira de acácia; a arca media um
metro e dez de comprimento por sessenta
e seis centímetros de largura e sessenta
e seis de altura. 2 Ele a revestiu de ouro
puro por dentro e por fora e pôs em toda
a volta um remate de ouro. 3 Fez quatro
argolas de ouro e as colocou nos quatro
pés da arca, ficando duas argolas de cada
lado. 4 Ele fez cabos de madeira de acácia
e os revestiu de ouro. 5 Depois enfiou os
cabos nas argolas nos dois lados da arca,
para que pudesse ser carregada.
6 Bezalel fez uma tampa de ouro puro
de um metro e dez de comprimento por
sessenta e seis centímetros de largura.
7 Ele fez dois *querubins de ouro batido,
8 um para cada ponta da tampa. Ele os fez
de tal modo, que formavam uma só peça
com a tampa. 9 Os querubins ficavam de
frente um para o outro, olhando para a
tampa, e as suas asas abertas cobriam a
tampa.

A mesa dos pães da Presença de Deus

Êxodo 25.23-30

10 Bezalel fez uma mesa de madeira de
acácia, com as seguintes medidas: oitenta
e oito centímetros de comprimento por
quarenta e quatro de largura e sessen-
ta e seis de altura. 11 Ele revestiu de ouro
puro a mesa e colocou um remate de ouro
em volta dela. 12 Também fez em volta da
mesa um friso de quatro dedos de largura
e pôs um remate de ouro em volta do fri-
so. 13 Fez quatro argolas de ouro e as pôs
nos quatro cantos, perto dos quatro pés.
14 Perto do friso estavam as argolas por
onde passavam os cabos que eram usa-
dos para se carregar a mesa. 15 Ele fez os
cabos de madeira de acácia e os revestiu
de ouro. 16 Fez também de ouro puro as
vasilhas para a mesa, isto é, os pratos, os
copos, as taças e as jarras que eram usa-
dos para as ofertas de vinho.

O candelabro

Êxodo 25.31-40

17 Bezalel fez de ouro puro batido o
*candelabro, a sua base e a sua haste. As
flores que enfeitavam o candelabro, com
os seus botões e as suas pétalas, forma-
vam uma só peça com ele. 18 Dos seus la-
dos saíam seis braços, três de um lado e
três do outro. 19 Cada um dos seis braços
tinha três flores com o formato de flor
de amendoeira, com os seus botões e as
suas pétalas.
20 A haste do candelabro tinha quatro
flores com o formato de flor de amendoei-
ra, com os seus botões e as suas pétalas.
21 Havia um botão de amendoeira debai-
xo de cada um dos três pares de braços.

22 Os botões, os braços e o candelabro formavam uma só peça de ouro puro batido. 23 Bezalel também fez sete lamparinas para o candelabro; as tesouras de cortar os pavios das lamparinas e os cinzeiros eram de ouro puro. 24 Ele usou trinta e quatro quilos de ouro puro para fazer o candelabro e todas as peças que o acompanhavam.

O altar de queimar incenso

Êxodo 30.1-10

25 Bezalel fez um altar de madeira de acácia para queimar incenso em cima dele. O altar era quadrado, medindo quarenta e cinco centímetros de comprimento por quarenta e cinco de largura; e tinha noventa centímetros de altura. As pontas, nos quatro cantos, formavam uma só peça com o altar. 26 Bezalel revestiu de ouro puro a tampa, os quatro lados e as pontas e colocou um remate de ouro em volta do altar. 27 Também fez duas argolas de ouro e as colocou debaixo do remate, uma de cada lado. Por dentro das argolas passavam os cabos que eram usados para carregar o altar. 28 Os cabos foram feitos de madeira de acácia e revestidos de ouro.

O azeite de ungir e o incenso

Êxodo 30.22-38

29 Bezalel preparou o azeite sagrado de *ungir e o incenso puro de cheiro agradável, misturado como perfume.

O altar para os sacrifícios queimados

Êxodo 27.1-8

38 Para os *sacrifícios que eram completamente queimados, Bezalel fez um altar de madeira de acácia. O tampo do altar era quadrado, medindo dois metros e vinte de comprimento por dois metros e vinte de largura; e o altar media um metro e trinta de altura. 2 Bezalel fez quatro pontas para os quatro cantos do altar. Essas quatro pontas formavam uma só peça com o altar. E ele o revestiu todo de bronze. 3 Fez também todas as peças para serem usadas no altar, isto é, as vasilhas, as pás, as bacias, os garfos e os braseiros. Todas essas peças foram feitas de bronze. 4 *Ele fez uma grelha de bronze* em forma de rede e a colocou debaixo da beirada do altar, de modo que a grelha chegava até a metade da altura do altar. 5 Fez quatro argolas para os quatro cantos da grelha, para enfiar nelas os cabos. 6 Os cabos foram feitos de madeira de acácia e revestidos de bronze. 7 Depois Bezalel enfiou os cabos nas argolas nos dois lados do altar. O altar foi feito de madeira e era oco.

A pia de bronze

Êxodo 30.17-21

8 Com os espelhos de bronze das mulheres que faziam serviços na entrada da *Tenda da Presença de Deus, Bezalel fez a pia e a sua base.

O pátio da Tenda da Presença de Deus

Êxodo 27.9-19

9 Para a *Tenda da Presença de Deus, Bezalel fez um pátio cercado de cortinas de linho fino. No lado sul as cortinas tinham quarenta e quatro metros de comprimento. 10 Elas eram sustentadas por vinte postes de bronze com bases também de bronze. Os ganchos dos postes e os suportes das cortinas eram de prata. 11 Bezalel fez a mesma coisa no lado norte do pátio. 12-13 O pátio tinha vinte e dois metros de largura; portanto, nos lados oeste e leste as cortinas tinham vinte e dois metros de comprimento. Para sustentarem as cortinas, havia dez postes e dez bases; os ganchos e os suportes eram de prata. A entrada do pátio ficava no lado leste. 14-15 De cada lado da entrada havia cortinas de seis metros e sessenta de comprimento, com três postes e três bases para sustentarem as cortinas. 16 Todas as cortinas que ficavam em volta do pátio eram de linho fino. 17 As bases das colunas eram de bronze, e os ganchos, os suportes e a parte de cima dos postes eram de prata. E todos os postes em volta do pátio eram unidos por suportes de prata. 18 A cortina da entrada do pátio era de tecido feito de linho fino e de fios de lã azul, *púrpura e vermelha, enfeitada com bordados. O comprimento dessa cortina era de oito metros e oitenta, e a altura, de dois metros e vinte, como as cortinas do pátio. 19 Ela era sustentada por quatro postes com bases de bronze. Os ganchos, a parte de cima dos postes e os suportes eram de prata. 20 Todas as estacas da Tenda e do pátio eram de bronze.

Os metais usados na Tenda da Presença de Deus

21 A seguir vem a lista da quantidade dos metais usados na *Tenda da Presença de Deus, onde estavam guardadas as duas placas de pedra, com os dez

mandamentos. Moisés mandou fazer a lis-
ta, e ela foi preparada pelos *levitas diri-
gidos por Itamar, filho do sacerdote Arão.
22 Bezalel, filho de Uri e neto de Hur, da
*tribo de Judá, fez tudo o que o SENHOR
havia ordenado a Moisés. 23 O seu ajudan-
te foi Aoliabe, filho de Aisamaque, da tri-
bo de Dã. Aoliabe era gravador, desenhis-
ta e tecia linho fino e fios de lã azul, *púr-
pura e vermelha.
24 Todo o ouro que havia sido oferecido
ao SENHOR para a Tenda Sagrada pesava
mil quilos, de acordo com a tabela oficial.
25 A prata da contagem do povo pesava
três mil quatrocentos e trinta quilos, de
acordo com a tabela oficial. 26 Essa quan-
tia foi igual ao total pago por todos os ho-
mens alistados na contagem do povo; e
cada homem pagava a importância exi-
gida, pesada de acordo com a tabela ofi-
cial. Foram alistados na contagem seis-
centos e três mil quinhentos e cinquenta
homens de vinte anos para cima. 27 Foram
usados três mil e quatrocentos quilos de
prata para fazer as cem bases da Tenda
Sagrada e da cortina, isto é, trinta e qua-
tro quilos para cada base. 28 Com os trin-
ta quilos de prata que sobraram, Bezalel
fez os cabos, os ganchos para os postes
e a parte de cima dos postes. 29 O bronze
que foi oferecido a Deus dava um total de
dois mil quatrocentos e vinte e cinco qui-
los. 30 Com isso Bezalel fez as bases para a
entrada da Tenda da Presença de Deus; o
altar de bronze com a sua grelha, também
de bronze; todos os objetos para o altar,
31 para as bases que ficavam em volta do
pátio e para a entrada do pátio; e todas
as estacas para a Tenda e para o pátio que
ficava em volta da Tenda.

As roupas dos sacerdotes

Êxodo 28.1-5

39 Com fios de lã azul, *púrpura e ver-
melha foram feitas as roupas sa-
gradas que os sacerdotes deveriam usar
quando servissem no *Lugar Santo. As rou-
pas de sacerdote para Arão foram feitas
como o SENHOR havia ordenado a Moisés.

O manto sacerdotal

Êxodo 28.6-14

2 Fizeram o *manto sacerdotal de fios de
lã azul, *púrpura e vermelha, de linho fino
e de fios de ouro. 3 Fizeram lâminas finas
de ouro batido, que foram cortadas em
fios para serem tecidos com o linho fino
e com os fios de lã azul, púrpura e ver-
melha. 4 Fizeram duas alças para o man-
to, as quais foram presas nos seus dois
lados. 5 O cinto, que passava pela cintura
do manto, formava uma só peça com ele
e era feito dos mesmos materiais, como o
SENHOR havia ordenado a Moisés. 6 As pe-
dras de *ágata foram preparadas e mon-
tadas em engastes de ouro. E, com muita
habilidade, gravaram nas pedras os no-
mes dos filhos de Jacó. 7 Colocaram es-
sas pedras nas alças do manto sacerdo-
tal para representarem as doze *tribos
do povo de Israel, como o SENHOR havia
ordenado a Moisés.

O peitoral

Êxodo 28.15-30

8 O *peitoral foi feito como o *manto
sacerdotal. Eles o fizeram de fios de lã
azul, *púrpura e vermelha e de linho fino
enfeitado com bordados. 9 O peitoral era
quadrado e dobrado em dois. Media um
palmo de comprimento por um palmo de
largura. 10 Nele foram colocadas quatro
carreiras de pedras preciosas. Na primei-
ra puseram um rubi, um *topázio e uma
*granada; 11 na segunda carreira puseram
uma esmeralda, uma *safira e um diaman-
te; 12 na terceira puseram uma turquesa,
uma *ágata e uma *ametista; 13 e na quar-
ta, um *berilo, um ônix e um *jaspe. Essas
pedras foram montadas em engastes de
ouro. 14 Em cada uma dessas pedras es-
tava gravado o nome de um dos filhos de
Jacó, para representar as doze *tribos de
Israel. 15 Com fios de ouro puro trançados
fizeram cordões para o peitoral. 16 Fize-
ram também duas argolas de ouro e as
prenderam nas pontas da parte de cima
do peitoral. 17 Passaram os dois cordões
de ouro nas duas argolas 18 e prenderam
as duas pontas dos cordões nos dois en-
gastes de ouro do peitoral, que foram pre-
sos nas duas alças do manto, na parte da
frente. 19 Fizeram outras duas argolas de
ouro e as prenderam nas duas pontas de
baixo do peitoral, na borda do lado de
dentro do manto. 20 Fizeram mais duas
argolas de ouro e as prenderam nas pon-
tas das duas alças do manto, embaixo, na
frente dele, perto da costura e acima do
cinto. 21 Como o SENHOR havia ordenado a
Moisés, com um cordão azul eles prende-
ram as argolas do peitoral nas argolas do
manto para que o peitoral ficasse preso
acima do cinto e não se soltasse.

As outras roupas dos sacerdotes
Êxodo 28.31-43

22 A sobrepeliz, roupa que vai por cima
do *manto sacerdotal, era tecida inteira-
mente de fios de lã azul. 23 No meio dela
havia uma abertura para a cabeça. Essa
abertura era rematada com uma tira de
malha para que não se rasgasse. 24 Em vol-
ta de toda a barra da sobrepeliz coloca-
ram aplicações em forma de romãs, feitas
de linho fino e de fios de lã azul, *púrpura
e vermelha. 25 Fizeram também sininhos
de ouro puro e os puseram entre uma
romã e outra. 26 Desse modo a barra da so-
brepeliz ficou enfeitada com uma carreira
de sininhos intercalados com romãs, da
seguinte maneira: um sininho, uma romã,
outro sininho, outra romã, conforme o SE-
NHOR havia ordenado a Moisés.

27 Fizeram *túnicas de linho para Arão
e os seus filhos, 28 e a *mitra, os chapéus,
os calções de linho 29 e o cinto tecido de
linho fino e de fios de lã azul, púrpura e
vermelha, enfeitado com bordados, con-
forme o SENHOR havia ordenado a Moisés.
30 Fizeram ainda de ouro puro uma placa
para a coroa sagrada e nela gravaram a
seguinte frase: "Separado para o SENHOR."
31 E amarraram a placa com um cordão de
lã azul, para prendê-la na parte de cima
da mitra, como o SENHOR havia ordena-
do a Moisés.

O final do trabalho
Êxodo 35.10-19

32 Todo o trabalho da *Tenda da Presen-
ça de Deus foi acabado. Os israelitas fize-
ram tudo como o SENHOR havia ordenado
a Moisés. 33 Eles levaram a Moisés a Tenda
e todo o seu equipamento, os prendedo-
res, as armações, as travessas, os postes e
as bases. 34 Levaram a cobertura de peles
de carneiro tingidas de vermelho, a co-
bertura de peles finas, a cortina que sepa-
rava o *Lugar Santíssimo do *Lugar Santo,
35 a *arca da aliança com as placas de pe-
dra, os cabos e a tampa da arca. 36 Leva-
ram a mesa e todo o seu equipamento; os
pães oferecidos a Deus; 37 o *candelabro
de ouro puro, as suas lamparinas, todo o
seu equipamento e o azeite para as lam-
parinas. 38 Levaram o altar de ouro, o azei-
te de *ungir, o incenso cheiroso, a cortina
da entrada da Tenda, 39 o altar de bronze
com a sua grelha, os seus cabos e todo o
seu equipamento; e a pia com o seu su-
porte. 40 Levaram as cortinas do pátio, os
seus postes e as suas bases; a cortina da
entrada do pátio e as suas cordas; as esta-
cas da Tenda e todo o equipamento para
ser usado nela. 41 Levaram as roupas vis-
tosas para os sacerdotes usarem no Lu-
gar Santo, isto é, as roupas sagradas do
sacerdote Arão e dos seus filhos.

42 Os israelitas fizeram todo o trabalho
como o SENHOR havia ordenado a Moi-
sés. 43 Moisés examinou cada coisa e viu
que eles tinham feito tudo de acordo com
o que o SENHOR havia ordenado. Então
Moisés os abençoou.

A consagração da Tenda da Presença de Deus

40 O SENHOR Deus disse a Moisés:
2 — No dia primeiro do primeiro
mês, arme a *Tenda da Presença de Deus.
3 Coloque na Tenda a *arca da aliança,
onde estão guardadas as placas com os
dez mandamentos; e ponha a cortina na
frente da arca. 4 Ponha dentro da Tenda a
mesa e coloque em ordem as coisas que
estão sobre ela. Ponha dentro da Tenda o
*candelabro e monte as lamparinas. 5 Po-
nha o altar de ouro para queimar incenso
na frente da arca da aliança e pendure a
cortina na entrada da Tenda. 6 E na frente
da Tenda coloque o altar de queimar os
*sacrifícios. 7 Ponha a pia entre a Tenda e
o altar e encha com água. 8 Depois arme o
pátio ao redor da Tenda e pendure a cor-
tina na sua entrada.

9 — Então pegue o azeite de *ungir e
unja a Tenda e tudo o que estiver nela;
desse modo, você a separará para mim,
e ela ficará sagrada. 10 Depois você ungi-
rá o altar das ofertas a ser completamen-
te queimadas e todos os seus utensílios;
assim o altar ficará separado para mim
e será muito sagrado. 11 Do mesmo jeito
você ungirá a pia com o seu suporte e a
separará para mim.

12 — Leve Arão e os filhos dele para a
entrada da Tenda e mande que se lavem.
13 Vista Arão com as suas roupas de sacer-
dote, unja-o e o separe para mim a fim de
que me sirva como sacerdote. 14 Traga os
filhos dele e vista neles as *túnicas. 15 Em
seguida você os ungirá, como ungiu o pai
deles, para que me sirvam como sacerdo-
tes. Isso fará com que sejam sacerdotes
para sempre.

16 Moisés fez tudo como o SENHOR havia
ordenado. 17 E assim, no dia primeiro do
primeiro mês, quase um ano depois que

os israelitas saíram do Egito, a Tenda da
Presença de Deus foi armada. 18 Moisés
colocou as bases, as armações e as tra-
vessas e levantou os postes. 19 Ele esten-
deu a cobertura sobre a Tenda e colocou
a cobertura de fora por cima dela, como o
SENHOR havia ordenado. 20 Depois pegou
as duas placas de pedra e as colocou den-
tro da arca da aliança. Enfiou os cabos nas
argolas da arca e colocou a tampa nela.
21 Então pôs a arca na Tenda e, como o SE-
NHOR havia ordenado, pendurou a cortina
entre o *Lugar Santo e o *Lugar Santíssi-
mo para que ninguém pudesse ver a arca.
22 Moisés pôs a mesa na Tenda, no lado
norte, do lado de fora da cortina, 23 e colo-
cou sobre ela os pães oferecidos a Deus, o
SENHOR, como ele havia ordenado. 24 Moi-
sés pôs o candelabro na Tenda, no lado
sul, em frente da mesa 25 e ali, na pre-
sença do SENHOR, ele acendeu as lam-
parinas, como o SENHOR havia ordena-
do. 26 Pôs o altar de ouro na Tenda, em
frente da cortina, 27 e queimou o incenso
cheiroso, como o SENHOR havia ordena-
do. 28 Pendurou a cortina na entrada da
Tenda 29 e ali, em frente da cortina, co-
locou o altar para as ofertas que seriam
completamente queimadas. Em cima do
altar ele apresentou as ofertas a serem
queimadas e as ofertas de cereais, como
o SENHOR havia ordenado. 30 Pôs a pia en-
tre a Tenda e o altar e a encheu com água.
31 Nela Moisés, Arão e os filhos de Arão
lavavam os pés 32 todas as vezes que en-
travam na Tenda ou iam até o altar, como
o SENHOR havia ordenado. 33 Moisés ar-
mou o pátio em volta da Tenda e do altar
e pendurou a cortina na entrada do pá-
tio. E assim ele terminou todo o trabalho.

A nuvem cobre a Tenda
Números 9.15-23

34 Então a nuvem cobriu a *Tenda, e ela
ficou cheia da *glória de Deus, o SENHOR;
35 por isso Moisés não pôde entrar nela.
36 Os israelitas levavam o seu acampa-
mento de um lugar para outro somente
quando a nuvem se levantava de cima da
Tenda. 37 Mas, se a nuvem não se levanta-
va, os israelitas não saíam dali até o dia
em que ela se levantava. 38 Em todas as
suas viagens, eles podiam ver, durante o
dia, a nuvem da presença do SENHOR em
cima da Tenda; e, durante a noite, viam o
fogo queimando em cima dela.

Levítico

Seja santa

Eu sou o SENHOR. Dediquem-se a mim, o Deus de vocês, e sejam completamente fiéis a mim, pois eu sou santo.
Levítico 11:44

Autor ♥ Provavelmente Moisés
Data ♥ Provavelmente por volta do século 15 a.C.
Local ♥ Provavelmente o deserto do Sinai
Público-alvo ♥ Os israelitas

Jesus não é seu camarada. Quem chega à conclusão de que Deus é apenas mais um amigo está redondamente enganado. É óbvio que Deus a ama; ele a salvou e está sempre envolvido em sua vida. Mas ele é muito mais do que só mais um amigo.

O livro de Levítico pode ser uma leitura muito difícil. Trata-se de um monte de leis, coisas que os israelitas tinham de fazer ou não para não desagradar a Deus. E o que eles têm a ver com você? Por que você tem de se preocupar com este velho livro?

Levítico é um lembrete do que significa ser "amigo" de um Deus santo. Deus ordena que seu povo seja santo e separado. Isso significava que os israelitas tinham de praticar o bem e ser diferentes do restante do mundo que não adorava a Deus. Eles precisavam se esforçar para preservar sua pureza e obedecer a todas as leis para que fossem aceitáveis na presença de Deus.

Ponto essencial

Levítico foi escrito para ensinar o povo a levar uma vida pura e santa diante de Deus. É uma lista de leis à que os israelitas precisavam obedecer — não para serem salvos, mas para serem puros e aceitáveis ao Senhor,, e permanecerem no relacionamento com ele. O livro ensina-nos o quanto Deus é santo e mostra-nos a honra e o respeito que lhe são devidos. Embora não tenhamos mais de obedecer a essas regras, Levítico ainda nos ajuda a entender perfeitamente as exigências feitas ao povo que servia o Deus santo.

Mas, uma vez que Jesus veio, muita coisa mudou. Você ainda não pode se aproximar de Deus quando está cheia de pecado e suja, mas agora você tem Jesus. O sacrifício dele a libertou do pecado. Ao se aproximar de Deus, nunca se esqueça da dádiva maravilhosa da cruz. O simples fato de saber o que ele lhe deu deveria levá-la a viver em santa reverência e temor a ele. Você não precisa mais se esforçar tanto como os israelitas antes da chegada de Jesus, mas também não pode esquecer o que significa estar diante de um Deus santo que não pode tolerar o pecado e cuja presença deve ser levada a sério.

Durante a leitura deste livro, pense no que Deus quer de seu povo, e no quanto era e ainda é importante que sejamos separados e santos. Mesmo não tendo as mesmas restrições que os israelitas tinham em Levítico, ainda temos a exigência da santidade e da obediência. Descubra o poder de conhecer a Deus como o ser santo que ele é, e nunca, nunca, se esqueça do maior sacrifício já feito: a morte do Filho de Deus. Ao considerar tudo o que ele tem feito por você, como não se prostrar com o rosto em terra perante a presença de Deus? O Santo fez de você propriedade dele. Nunca se esqueça do que isso significa em sua vida e em sua adoração.

Coisas para procurar

- Os diversos tipos de ofertas: o holocausto (veja Levítico 1:3-17), a oferta de cereal (veja Levítico 2), a oferta de comunhão (veja Levítico 3), a oferta pelo pecado sem intenção (veja Levítico 4; 5:14-19) e a oferta pelo pecado (veja Levítico 6:1-7).

Termos e versículos que você deve saber

- **Festas:** Momentos de adoração coletiva programados com frequência para o povo de Israel.
- **Impuro:** Quem ou o que não era apto para a adoração cerimonial; contaminado, profano, sujo, imundo ou moralmente inaceitável. O Antigo Testamento ensina o que Deus considera impuro, ou seja, não espiritualmente puro.
- **Levitas:** Descendentes de Levi separados como trabalhadores religiosos. Eles tinham de servir ao nome do Senhor para sempre (veja Deuteronômio 18:1-8).

Cada um respeite a sua mãe e o seu pai, e todos guardem o sábado. Eu sou o Senhor, *o Deus de vocês.*
(Levítico 19:3)

Morarei no meio de vocês, na minha Tenda Sagrada, e nunca os abandonarei. Estarei sempre com vocês; vocês serão o meu povo, e eu serei o seu Deus.
(Levítico 26:11-12)

Fiquem de pé na presença das pessoas idosas e as tratem com todo o respeito; e honrem a mim, o Deus de vocês. Eu sou o Senhor.
(Levítico 19:32)

1 O Senhor Deus chamou Moisés e de
dentro da *Tenda Sagrada mandou
2 que ele desse aos israelitas as seguintes *leis a respeito dos *sacrifícios:

Animais completamente queimados no altar

Quando um homem oferecer um animal
em *sacrifício a Deus, o Senhor, ele poderá escolhê-lo do seu gado ou do seu rebanho de ovelhas e cabras.
3 Se ele oferecer
um animal do seu gado para ser completamente queimado no altar, então deverá ser um touro sem defeito. Para que o
Senhor o aceite, o homem levará o touro
até a entrada da *Tenda Sagrada.
4 Ali ele
porá a mão na cabeça do animal a fim de
que seja aceito como sacrifício para conseguir o perdão dos seus pecados.
5 O homem matará o touro ali na frente da Tenda Sagrada, e os sacerdotes, que são descendentes de Arão, oferecerão ao Senhor
o sangue do animal e depois borrifarão
com ele os quatro lados do altar que está
na frente da Tenda.
6 Em seguida o homem
tirará o couro do animal e depois cortará
o corpo em pedaços.
7 Os sacerdotes acenderão fogo em cima do altar, arrumarão a
lenha sobre o fogo
8 e colocarão sobre ela

DEVOCIONAL

Texto para leitura: **Levítico 1:1-2**

Conheça a Deus

Imagine entregar a Deus algo de que você precisa ou que ama, por todas as manhãs e todas as noites. Esse era o sistema sob o qual os israelitas viviam. Diariamente, a comunidade ofertava coisas como alimentos, grãos e animais (veja Números 28:1-8).

A oferta pela culpa ou pelo pecado era feita para purificar as pessoas de todos os pecados que tinham cometido antes do sacrifício. Havia também o holocausto, no qual queimavam animais inteiros até virarem cinzas. Essa oferta representava sua dedicação total a Deus, dando-lhe tudo o que possuíam. A terceira oferta era a de comunhão. Essa era, basicamente, uma refeição em família, na qual todos tinham comunhão uns com os outros e com Deus.

Vamos observar um pouco mais de perto estas três coisas: você tem o perdão dos pecados, a dedicação total àquele que perdoou os pecados e, depois, a comunhão. Esse padrão ainda existe hoje. O sacrifício de Jesus é sua oferta pela culpa, mas esse sacrifício foi necessário apenas uma vez — o perdão total, de uma vez por todas. Tudo o que é preciso para receber o perdão é que você confesse seus pecados, arrependa-se e aceite o sangue de Cristo como tudo aquilo de que você precisa. Em seguida, vem sua dedicação completa e, depois, a comunhão com Deus.

Se você fosse completamente santa como Deus é, então não haveria separação a ser superada entre vocês dois. Mas, uma vez que não é isso que acontece, alguma coisa precisou ser feita para uni-los, e foi o sacrifício de Jesus. Ele é seu único sacrifício. Ele é tudo de que você precisa para ser santa aos olhos de Deus. Você não necessita mais levar seus melhores itens ao altar para se aproximar de Deus; agora você tem total acesso a ele por causa de sua posição em Cristo. Durante a leitura de Levítico, pense no quanto Deus exige daqueles que o adoram.

os pedaços do touro, a cabeça e a gordura
que cobre os intestinos. 9 O homem lava-
rá os miúdos e as pernas do animal, que
também serão queimados no altar. O sa-
cerdote queimará o touro todo como um
sacrifício que tem um cheiro agradável a
Deus, o SENHOR.

10 Se o homem oferecer em sacrifício a
Deus um carneiro ou um cabrito, o ani-
mal deverá ser um macho sem defeito.
11 O homem matará o animal na presen-
ça do SENHOR no lado norte do altar, e
os sacerdotes borrifarão os quatro lados
do altar com o sangue. 12 Em seguida ele
cortará o animal em pedaços, e o sacer-
dote os colocará, junto com a cabeça e a
gordura que cobre os intestinos, no fogo
que está em cima do altar. 13 O dono do
animal lavará os miúdos e as pernas, e
estes também serão oferecidos em sacri-
fício. O animal todo será queimado como
um sacrifício que tem um cheiro agradá-
vel ao SENHOR.

14 Se a oferta queimada que o homem
oferece ao SENHOR for uma ave, então ele
deverá trazer uma rolinha ou um pom-
binho. 15 O sacerdote levará a ave para
o altar, tirará a cabeça e a queimará no
altar. Em seguida deixará o sangue da
ave escorrer no lado do altar. 16 Depois
tirará o papo com o que estiver dentro
e o jogará no monte de cinzas que fica
no lado leste do altar. 17 Então pegará a
ave pelas asas e a abrirá, sem a partir
em duas partes, e a queimará no altar. A
ave toda será queimada como um sacrifí-
cio que tem um cheiro agradável a Deus,
o SENHOR.

Ofertas de cereais

2 Quando um homem oferecer cereais ao SENHOR Deus, deverá moer o cereal, tirando dele a melhor farinha. Depois de misturar azeite e incenso na farinha, 2 ele a entregará aos sacerdotes, que são descendentes de Arão. Um dos sacerdotes pegará um punhado da farinha com o azeite e o incenso e o queimará no altar para lembrar que a oferta toda é dada a Deus. É uma oferta de alimento que tem um cheiro agradável ao SENHOR. 3 O resto da oferta de cereais é dos sacerdotes, que são descendentes de Arão; é a parte mais sagrada, pois foi tirada da oferta dada a Deus, o SENHOR.

4 Se a oferta de cereais forem *pães assados no forno, eles deverão ser feitos da melhor farinha, mas sem fermento. Os pães podem ser grandes, feitos de farinha misturada com azeite, ou então pequenos e achatados, passando-se um pouco de azeite por cima.

5 Se a oferta forem pães assados na grelha, eles deverão ser feitos de farinha misturada com azeite, mas sem fermento. 6 Quando fizer a oferta, o homem deverá partir o pão em pedaços e derramar azeite em cima.

7 Se a oferta forem pães assados na frigideira, eles deverão ser feitos de farinha misturada com azeite.

8 Apresente a Deus, o SENHOR, essas ofertas de cereais; entregue ao sacerdote, e ele as levará ao altar. 9 Ele pegará uma pequena parte da oferta e a queimará no altar para lembrar que a oferta toda é dada a Deus. É uma oferta de alimento que tem um cheiro agradável ao SENHOR. 10 O resto da oferta de cereais é dos sacerdotes, que são descendentes de Arão; é a parte mais sagrada, pois foi tirada da oferta dada a Deus, o SENHOR.

11 Nenhuma oferta de cereais será preparada com fermento; nem fermento nem mel deverão ser usados em nenhuma oferta apresentada a Deus, o SENHOR. 12 Ofereça ao SENHOR os cereais que forem colhidos primeiro; mas essa oferta não será queimada no altar. 13 Tempere com sal todas as ofertas de cereais, pois o sal representa a *aliança que Deus fez com o seu povo. Toda oferta de cereais deverá ser temperada com sal. 14 Quando a primeira parte da colheita de cereais for oferecida a Deus, o SENHOR, leve grãos de espigas verdes, esmagados e torrados no fogo. 15 Ponha azeite e incenso em cima dessa oferta. 16 Aí o sacerdote queimará no altar uma parte dessa oferta de cereais, junto com o azeite e o incenso, para lembrar que a oferta toda é dada a Deus, o SENHOR.

Ofertas de paz

3 Quando um homem apresentar a Deus, o SENHOR, uma oferta de paz, se o animal for tirado do gado, poderá ser um touro ou uma vaca, mas precisará ser sem defeito. 2 Em frente da *Tenda Sagrada o homem porá a mão na cabeça do animal e o matará. Os sacerdotes, que são descendentes de Arão, borrifarão os quatro lados do altar com o sangue. 3 E um dos sacerdotes apresentará ao SENHOR como uma oferta de alimento toda a gordura que cobre os miúdos, 4 os dois rins com a gordura que os cobre e também a melhor parte do fígado, que ele tirará junto com os rins. 5 Os sacerdotes queimarão tudo isso no altar, junto com a oferta queimada que foi posta em cima da lenha que está no altar. É uma oferta de alimento que tem um cheiro agradável a Deus, o SENHOR.

6 Se o homem oferecer a Deus, o SENHOR, um animal do seu rebanho como oferta de paz, o animal poderá ser macho ou fêmea, mas precisará ser sem defeito. 7 Se a oferta ao SENHOR for um carneirinho, 8 o homem porá a mão na cabeça do animal e o matará em frente da Tenda Sagrada. Os sacerdotes, que são descendentes de Arão, borrifarão os quatro lados do altar com o sangue. 9 Um dos sacerdotes apresentará ao SENHOR como uma oferta de alimento a gordura do animal, o rabo inteiro, que será cortado bem perto da espinha, a gordura que cobre os miúdos, 10 os dois rins e a gordura que os cobre e também a melhor parte do fígado, que ele tirará junto com os rins. 11 E o sacerdote queimará tudo isso no altar como uma oferta de alimento a Deus, o SENHOR.

12 Se a oferta ao SENHOR for um cabrito, 13 o homem porá a mão na cabeça do animal e o matará em frente da Tenda Sagrada. Os sacerdotes, que são descendentes de Arão, borrifarão os quatro lados do altar com o sangue. 14 Um dos sacerdotes apresentará ao SENHOR como uma oferta de alimento a gordura que cobre os miúdos do animal, 15 e os dois rins, e a gordura que os cobre, e também a melhor parte

do fígado, que ele tirará junto com os rins.
16 E o sacerdote queimará tudo isso no al-
tar como uma oferta de alimento que tem
um cheiro agradável. Toda a gordura per-
tence a Deus, o SENHOR. 17 Por isso os is-
raelitas, em todos os lugares onde mo-
rarem, não comerão nem a gordura nem
o sangue. Essa é uma *lei que deverá ser
obedecida para sempre por vocês e pelos
seus descendentes.

O sacrifício pelos pecados do Grande Sacerdote

4 O SENHOR Deus mandou que Moisés
2 dissesse aos israelitas o que deveria
fazer a pessoa que, sem querer, quebras-
se uma das *leis do SENHOR e fizesse o
que é proibido.
3 Se o *Grande Sacerdote cometer um
pecado, tornando assim o povo culpa-
do, ele, para tirar o pecado, oferecerá a
Deus, o SENHOR, um touro novo sem de-
feito. 4 Ele levará o animal até a entrada
da *Tenda Sagrada, porá a mão na cabeça
do animal e o matará ali na presença do
SENHOR. 5 Em seguida pegará uma parte
do sangue do animal e a levará para den-
tro da Tenda. 6 Ali ele molhará um dedo no
sangue e na presença do SENHOR borrifa-
rá o sangue sete vezes em frente da cor-
tina do *Lugar Santo. 7 Depois, ainda na
presença do SENHOR, ele porá um pouco
do sangue nas pontas do altar que está
dentro da Tenda, onde o incenso sagrado
é queimado. O resto do sangue ele derra-
mará na base do altar onde os *sacrifícios
são queimados, em frente da Tenda. 8 O
sacerdote tirará toda a gordura do ani-
mal, isto é, a gordura dos miúdos, 9 os dois
rins e a gordura que os cobre e também a
melhor parte do fígado, que ele tirará jun-
to com os rins, 10 do mesmo jeito que se
tira tudo isso do touro sacrificado como
uma oferta de paz. E o sacerdote quei-
mará tudo no altar de ofertas queimadas.
11 Mas ele pegará o couro do animal, a car-
ne toda, a cabeça, as pernas, os miúdos e
também os intestinos, 12 e os levará para
fora do acampamento, até um lugar *puro,
onde são jogadas as cinzas, e ali queimará
o animal todo em cima da lenha.

O sacrifício pelos pecados do povo

Números 15.22-26

13 Pode acontecer que o povo todo, sem
querer, quebre uma das *leis de Deus, o
SENHOR, fazendo o que é proibido. Nesse
caso, se forem culpados, sem saber que
pecaram, 14 logo que reconhecerem que
pecaram, levarão um touro novo para ofe-
recer em *sacrifício a fim de tirar o peca-
do e o apresentarão em frente da *Tenda
Sagrada. 15 Ali, na presença do SENHOR,
os líderes porão as mãos na cabeça do
animal e o matarão. 16 Depois o *Grande
Sacerdote levará uma parte do sangue do
animal para dentro da Tenda. 17 Ele mo-
lhará o dedo no sangue e na presença do
SENHOR borrifará o sangue sete vezes em
frente da cortina, no *Lugar Santo. 18 De-
pois, ainda na presença do SENHOR, ele
porá um pouco do sangue nas pontas do
altar que está dentro da Tenda; o resto
do sangue ele derramará na base do al-
tar onde os sacrifícios são queimados, em
frente da Tenda. 19 Em seguida ele tira-
rá toda a gordura do animal, e queimará
essa gordura no altar, 20 e fará com esse
animal o mesmo que fez com aquele que
ele ofereceu para tirar o seu próprio pe-
cado. O sacerdote oferecerá esse sacrifício
para conseguir o perdão de pecados, e o
povo será perdoado. 21 Por fim, como fez
com o outro touro novo, o sacerdote leva-
rá esse touro novo para fora do acampa-
mento e o queimará. Essa é a oferta para
tirar o pecado do povo.

O sacrifício pelo pecado de uma autoridade

22 Se um homem que ocupa uma posi-
ção de autoridade quebrar, sem querer,
uma das *leis de Deus e for culpado de
fazer aquilo que o SENHOR, nosso Deus,
mandou que não se fizesse, 23 logo que for
avisado do pecado que cometeu, ele trará
como sua oferta a Deus um bode sem de-
feito. 24 O homem porá a mão na cabeça do
animal e na presença do SENHOR o matará
no lado norte do altar, onde são mortos
os animais que são queimados. Esta é a
oferta para tirar o seu pecado. 25 Então o
sacerdote molhará o dedo no sangue do
animal, e o porá nas pontas do altar onde
os animais são queimados, e derramará o
resto do sangue na base do altar. 26 Como
no caso da oferta de paz, toda a gordura
do bode será queimada no altar. Assim, o
sacerdote oferecerá o sacrifício para con-
seguir o perdão de pecados, e o homem
será perdoado.

O sacrifício pelos pecados de uma pessoa

27 Se uma pessoa do povo, sem que-
rer, quebrar uma das *leis de Deus e for

culpada de fazer aquilo que o SENHOR
proibiu, 28 logo que for avisada de que co-
meteu o pecado, trará como sua oferta a
Deus uma cabra sem defeito, para tirar o
pecado que cometeu. 29 A pessoa porá a
mão na cabeça do animal e o matará no
lado norte do altar, onde são mortos os
animais que são queimados em *sacrifício.
30 O sacerdote molhará o dedo no sangue
do animal, e o porá nas pontas do altar
onde os animais são queimados, e der-
ramará o resto do sangue na base do al-
tar. 31 Depois ele tirará toda a gordura do
animal e queimará essa gordura no altar,
como costuma fazer com a oferta de paz.
O cheiro dessa oferta é agradável a Deus,
o SENHOR. Assim, o sacerdote oferecerá o
sacrifício para conseguir o perdão de pe-
cados, e a pessoa será perdoada.

32 Se uma pessoa trouxer uma ovelha
como oferta para tirar o seu pecado, o
animal deverá ser sem defeito. 33 Essa pes-
soa porá a mão na cabeça da ovelha e no
lado norte do altar, onde são mortos os
animais que são queimados, ela matará a
ovelha como um sacrifício para tirar o seu
pecado. 34 O sacerdote molhará o dedo no
sangue da ovelha, e o porá nas pontas do
altar onde os animais são queimados, e
derramará o resto do sangue na base do
altar. 35 Como costuma fazer com a oferta
de paz, o sacerdote tirará toda a gordura
da ovelha e queimará essa gordura no al-
tar, em cima das ofertas que foram quei-
madas em sacrifício a Deus, o SENHOR.
Assim, o sacerdote oferecerá o sacrifício
para conseguir o perdão de pecados, e a
pessoa será perdoada.

Casos em que é preciso oferecer sacrifício

5 Os casos em que é preciso oferecer *sa-
crifício são os seguintes:

Se alguém for chamado como testemu-
nha, mas não disser aquilo que viu ou que
ouviu falar, então será culpado e merece-
rá castigo.

2 Se alguém, por descuido, tocar em
qualquer coisa *impura, como, por exem-
plo, o corpo morto de um animal impu-
ro, seja selvagem ou doméstico, ou de um
animal que se arrasta pelo chão, então
essa pessoa ficará impura também e será
culpada.

3 Se alguém, por descuido, tocar numa
coisa impura que venha de uma pes-
soa, seja o que for, ele ficará impuro e,
logo que perceber o que fez, ficará sen-
do culpado.

4 Se alguém, sem pensar no que está di-
zendo, jurar que vai fazer alguma coisa,
seja boa ou má — um desses juramentos
que a gente faz sem pensar — então será
culpado logo que compreender o que fez.

5 Portanto, quando alguém for culpado
de qualquer uma dessas coisas, deverá
confessar o seu pecado 6 e trazer a Deus,
o SENHOR, um animal como sacrifício para
tirar a culpa do pecado que cometeu. O
animal deve ser uma ovelha ou uma ca-
bra, e o sacerdote oferecerá o animal em
sacrifício para conseguir o perdão do pe-
cado que a pessoa cometeu.

7 Se alguém não tiver recursos para
comprar uma ovelha ou uma cabra, en-
tão apresentará a Deus, o SENHOR, duas
rolinhas ou dois pombinhos como oferta
para tirar a culpa do pecado que come-
teu. Uma das aves será o sacrifício para
tirar pecados, e a outra será uma oferta
a ser completamente queimada. 8 A pes-
soa entregará as duas aves ao sacerdote,
e este oferecerá primeiro a ave que é o
sacrifício para tirar pecados. O sacerdo-
te quebrará o pescoço dela, sem tirar a
cabeça, 9 e borrifará o lado do altar com
uma parte do sangue. Depois deixará o
sangue da ave escorrer na base do altar.
Esta é a oferta para tirar pecados. 10 Em
seguida o sacerdote oferecerá a outra ave
como uma oferta que será completamente
queimada, conforme a *lei manda. Assim,
o sacerdote oferecerá esse sacrifício para
conseguir o perdão de pecados, e a pes-
soa será perdoada.

11 Se alguém não tiver recursos para
comprar duas rolinhas ou dois pombi-
nhos, então trará um quilo da melhor fa-
rinha como sua oferta para tirar pecados.
Não deverá misturar azeite ou incenso
com a farinha, pois é uma oferta para ti-
rar pecados. 12 O sacerdote receberá des-
sa pessoa a farinha, pegará um punhado
e o queimará no altar, em cima das ofer-
tas de alimento apresentadas a Deus, o
SENHOR. Isso lembra que a oferta toda é
dada a Deus. É um sacrifício para tirar
pecados. 13 Assim, o sacerdote oferecerá
esse sacrifício para conseguir o perdão
do pecado que a pessoa cometeu, e ela
será perdoada. E, como no caso das ofer-
tas de cereais, o resto da farinha será do
sacerdote.

Sacrifícios para tirar a culpa de pecados

14 O SENHOR Deus deu a Moisés as se-
guintes ordens:
15 Se alguém, sem querer, cometer o pe-
cado de não entregar as ofertas sagradas
que pertencem a Deus, o SENHOR, então,
para pagar a dívida, a pessoa precisará
trazer um carneiro sem defeito para ofe-
recer ao SENHOR. O preço do animal será
calculado de acordo com a tabela de pre-
ços usada no santuário. O animal é um
*sacrifício para tirar a culpa da pessoa.
16 Além disso, a pessoa precisará entregar
ao sacerdote a oferta sagrada que deixou
de pagar, mais um quinto. O sacerdote pe-
gará o carneiro que é dado para tirar a
culpa e o oferecerá como sacrifício para
conseguir o perdão do pecado que a pes-
soa cometeu; assim, ela será perdoada.
17 Se alguém, sem querer, pecar e deso-
bedecer a qualquer uma das *leis de Deus,
o SENHOR, fazendo o que é proibido, ele
será considerado culpado e deverá ser
castigado. 18 E, para tirar a sua culpa, ele
levará um carneiro sem defeito ao sacer-
dote. O valor do animal será calculado de
acordo com a tabela de preços usada no
santuário. O sacerdote oferecerá o ani-
mal como sacrifício para conseguir o per-
dão do pecado que a pessoa cometeu sem
querer, e ela será perdoada. 19 Ela é culpa-
da de ter pecado contra o SENHOR, e essa
oferta é para tirar a sua culpa.
6 O SENHOR Deus deu a Moisés estas or-
dens para o povo de Israel:
2 Para tirar a sua culpa, precisará fazer
uma oferta o homem que pecar e ofen-
der a Deus, o SENHOR, nos seguintes ca-
sos: se ficar com aquilo que alguém lhe
entregou para guardar; se não devolver o
que alguém deixou como garantia de pa-
gamento de uma dívida; se roubar algu-
ma coisa de alguém; se usar de violência
contra qualquer pessoa; 3 se jurar que não
achou um objeto perdido quando, de fato,
achou; ou se fizer contra alguém qualquer
outra coisa parecida com estas. 4 Para fi-
car livre da sua culpa, quem cometer um
desses pecados deverá devolver aquilo
que pertence ao outro, ou dar de volta
o depósito, ou devolver aquilo que ga-
nhou por meios violentos, ou entregar
ao dono o objeto perdido que achou, 5 ou
acertar qualquer outra coisa a respeito
da qual jurou falso. No dia em que ofe-
recer o *sacrifício para tirar a sua culpa,
ele entregará ao outro o valor total daqui-
lo que roubou, mais um quinto. 6 E ofere-
cerá um carneiro sem defeito como sa-
crifício para tirar a sua culpa. O valor do
animal será calculado de acordo com a
tabela usada no santuário. 7 O sacerdote
oferecerá a Deus, o SENHOR, o sacrifício
para conseguir o perdão de pecados, e o
homem será perdoado de qualquer peca-
do que tiver cometido.

Ofertas completamente queimadas

8 O SENHOR Deus mandou que Moisés
9 desse a Arão e aos seus filhos as seguin-
tes *leis a respeito das ofertas que são
completamente queimadas:
A oferta que é completamente queima-
da precisará ficar no altar a noite toda, e
durante esse tempo o fogo do altar deve-
rá ficar aceso. 10 Depois que o fogo quei-
mar todo o *sacrifício, o sacerdote, vestido
com calções de linho e uma *túnica tam-
bém de linho, tirará as cinzas e as colo-
cará ao lado do altar. 11 Depois trocará de
roupa e levará as cinzas para um lugar
*puro, fora do acampamento.
12 O fogo do altar nunca se apagará; de-
verá ficar sempre aceso. Todas as manhãs
o sacerdote porá lenha no fogo, arruma-
rá em cima a oferta que vai ser comple-
tamente queimada e queimará a gordura
das ofertas de paz. 13 O fogo nunca se apa-
gará no altar; deverá ficar sempre aceso.

Ofertas de cereais

14 São estas as *leis a respeito das ofer-
tas de cereais.
Os sacerdotes apresentarão a Deus, o
SENHOR, as ofertas de cereais, em fren-
te do altar. 15 Um dos sacerdotes pegará
um punhado da farinha com o azeite e o
incenso que foram misturados com ela
e o queimará no altar para lembrar que
a oferta toda é dada a Deus. O cheiro da
oferta é agradável ao SENHOR. 16 Os sacer-
dotes, que são descendentes de Arão, fi-
carão com o resto da oferta de cereais.
Com a farinha da oferta eles farão *pão
sem fermento e comerão o pão num lu-
gar sagrado, no pátio da *Tenda Sagrada.
17 Não usarão fermento para fazer esse
pão. Essa parte das ofertas de cereais, que
fica para os sacerdotes, pertence a Deus e
por isso é muito sagrada, como também
são sagradas as ofertas para tirar peca-
dos e as ofertas para tirar culpas. 18 Todos
os homens que sejam descendentes de

Arão têm para sempre o direito de comer
desse pão. É a parte que lhes pertence
das ofertas de alimento dadas a Deus, o
SENHOR. Mas acontecerá uma desgraça a
qualquer outra pessoa que tocar nessas
ofertas, pois são sagradas.

Oferta na ordenação dos sacerdotes

19 O SENHOR Deus deu a Moisés 20 as
seguintes *leis a respeito da *ordenação
dos descendentes de Arão para serem
sacerdotes:

Quando um sacerdote for ordenado,
oferecerá a Deus, o SENHOR, um quilo de
farinha, como se faz na oferta diária de
cereais. Uma metade será oferecida de
manhã, e a outra metade, à tarde. 21 A fari-
nha deverá ser bem misturada com azei-
te, e o pão deverá ser assado numa gre-
lha. Depois o pão será partido em peda-
ços, e o sacerdote o apresentará a Deus
como uma oferta de cereais. O cheiro des-
sa oferta é agradável ao SENHOR. 22 Esta
é uma *lei que vale para sempre: todo
descendente de Arão que servir como
*Grande Sacerdote fará a mesma coisa.
Essa oferta será completamente quei-
mada como *sacrifício a Deus, o SENHOR.
23 Nenhuma parte de qualquer oferta de
cereais apresentada por um sacerdote
poderá ser comida; a oferta toda será
queimada.

Oferta para tirar pecados

24 O SENHOR Deus mandou que Moisés
25 desse a Arão e aos seus filhos as seguin-
tes *leis a respeito da oferta para tirar pe-
cados:

O animal usado no *sacrifício para ti-
rar pecados deverá ser morto na pre-
sença de Deus, o SENHOR, no lado nor-
te do altar, onde são mortos os animais
que são queimados em sacrifício a Deus.
Essa oferta é muito sagrada. 26 O sacerdo-
te que oferecer o animal comerá a carne
num lugar sagrado, no pátio da *Tenda
Sagrada. 27 Mas acontecerá uma desgra-
ça a qualquer outra pessoa que tocar na
carne do animal, pois a oferta é sagrada.
Se, por acaso, cair sangue do animal na
roupa de alguém, ela deverá ser lavada
num lugar santo. 28 Deverá ser quebrada
qualquer panela de barro em que a carne
do animal for cozida; se a carne for cozi-
da numa panela de metal, a panela deverá
ser esfregada e lavada com água. 29 Qual-
quer homem que seja de uma família de
sacerdotes poderá comer da carne desse
sacrifício; é uma coisa muito sagrada. 30 Se
o sangue do animal sacrificado para tirar
pecados for levado para dentro da Tenda
Sagrada a fim de conseguir o perdão de
pecados, a carne desse animal não pode-
rá ser comida, mas será toda queimada.

Oferta para tirar culpas

7 São estas as *leis a respeito da oferta
para tirar as culpas das pessoas. Essa
oferta é muito sagrada. 2 Neste *sacrifício o
animal será morto no lado norte do altar,
no lugar onde se matam os animais que
são queimados; o sangue será borrifado
nos quatro lados do altar. 3 Toda a gordura
do animal será queimada em sacrifício a
Deus; serão queimados também o rabo,
a gordura que cobre os miúdos, 4 os dois
rins, a gordura que os cobre e a melhor
parte do fígado. 5 O sacerdote queimará
tudo isso no altar como oferta de alimen-
to a Deus, o SENHOR. Esta é a oferta para
tirar as culpas, 6 e todo homem que seja
de uma família de sacerdotes poderá co-
mer dela. Deverá ser comida num lugar
sagrado, pois é uma oferta muito sagrada.

7 A lei da oferta para tirar pecados e
da oferta para tirar culpas é a mesma: a
carne do animal pertence ao sacerdote
que oferece o sacrifício para conseguir
o perdão de pecados. 8 Antes de oferecer
um animal que vai ser completamente
queimado, o sacerdote tirará o couro, que
será seu. 9 Todas as ofertas de cereais as-
sadas no forno, na frigideira ou na grelha
são do sacerdote que as oferece a Deus.
10 Mas toda oferta de cereais que não é
cozida, seja ela preparada com azeite ou
sem azeite, pertence a todos os sacerdo-
tes; cada um receberá a sua parte.

As ofertas de paz

11 São estas as *leis para as ofertas de
paz que são apresentadas a Deus, o SE-
NHOR.

12 Se o *sacrifício é de gratidão a Deus,
então, além do animal que é sacrificado,
a pessoa oferecerá também *pães feitos
de farinha misturada com azeite, mas
sem fermento; ou pães achatados, feitos
sem fermento, passando-se um pouco
de azeite por cima; ou pães grandes, fei-
tos de farinha bem misturada com azei-
te. 13 Além disso, com essa oferta de paz
feita para agradecer a Deus, a pessoa ofe-
recerá pão feito com fermento. 14 Desses

pães ela apresentará um pão de cada tipo
como oferta especial a Deus, o SENHOR; e
eles pertencerão ao sacerdote que borri-
far o altar com o sangue do animal. 15 Toda
a carne do animal deverá ser comida no
mesmo dia em que for oferecida em sa-
crifício; não poderá sobrar nada para o
dia seguinte.

16 Se alguém trouxer uma oferta de paz
para pagar uma promessa ou se a trouxer
por vontade própria, não será preciso que
a carne seja toda comida no dia em que
se faz a oferta; o que sobrar poderá ser
comido no dia seguinte. 17 Mas, se no ter-
ceiro dia ainda sobrar carne, então ela de-
verá ser queimada. 18 Quem comer a car-
ne dessa oferta no terceiro dia não será
aceito por Deus, e a oferta que fez não
vale. Essa carne é *impura, e quem a co-
mer merecerá castigo. 19 Se a carne tocar
em qualquer coisa impura, então deve-
rá ser queimada; não poderá ser comida.

Qualquer pessoa que estiver *pura
poderá comer a carne da oferta de paz;
20 mas, se alguém que estiver impuro co-
mer, então será expulso do meio do povo.
21 E quem tocar em qualquer coisa impura,
seja uma impureza humana ou um animal
impuro, e depois comer a carne do sacrifí-
cio de paz, será expulso do meio do povo.

A gordura e o sangue

22 O SENHOR Deus mandou que Moisés
23 dissesse ao povo o seguinte:

Não comam gordura de gado, de car-
neiros e de cabritos. 24 A gordura de um
animal que tiver morte natural ou que
for morto por animais selvagens não po-
derá ser comida, mas poderá ser usada
para outros fins. 25 Será expulsa do meio
do povo qualquer pessoa que comer a
gordura de um animal que for sacrifica-
do a Deus, o SENHOR, como oferta de ali-
mento. 26 Em todos os lugares onde mo-
rarem, os israelitas estarão proibidos de
comer o sangue de animais ou de aves.
27 Quem comer sangue será expulso do
meio do povo.

A parte dos sacerdotes

28 O SENHOR Deus mandou que Moisés
29 desse ao povo as seguintes *leis:

Quando alguém apresentar o seu *sacri-
fício de paz, deverá oferecer ao SENHOR
parte do sacrifício como oferta especial.
30 Com as próprias mãos ele dará a Deus
essa oferta de alimento; o peito do animal
e a gordura que cobre o peito serão apre-
sentados ao SENHOR como oferta espe-
cial. 31 O sacerdote queimará a gordura
no altar, mas o peito pertencerá aos sa-
cerdotes. 32 A coxa direita do animal mor-
to como oferta de paz será do sacerdote
33 que oferece a Deus o sangue e a gordu-
ra do animal. 34 O peito e a coxa do ani-
mal são uma oferta especial que o SENHOR
toma dos israelitas e dá aos sacerdotes,
que são descendentes de Arão. Eles terão
direito para sempre a essas partes das
ofertas de paz.

35 São essas as partes dos animais ofe-
recidos em sacrifício a Deus, o SENHOR,
que pertencem a Arão e aos seus descen-
dentes, a partir do dia em que foram es-
colhidos para servirem como sacerdo-
tes. 36 No dia em que o SENHOR os *orde-
nou como sacerdotes, ele mandou que
os israelitas dessem a eles essas partes
dos sacrifícios. É uma lei que deverá ser
obedecida para sempre por vocês e pelos
seus descendentes.

37 São essas, portanto, as leis a respeito
das ofertas que são completamente quei-
madas, das ofertas de cereais, das ofertas
para tirar pecados, das ofertas para tirar
culpas, das ofertas da ordenação dos sa-
cerdotes e das ofertas de paz. 38 O SENHOR
deu essas leis a Moisés no monte Sinai, no
deserto, na ocasião em que Moisés man-
dou que o povo de Israel oferecesse os
seus sacrifícios a Deus, o SENHOR.

A ordenação de Arão e dos seus filhos

Êxodo 29.1-37

8 O SENHOR Deus disse a Moisés:
2 — Leve Arão e os filhos dele até a
entrada da *Tenda Sagrada. Pegue as rou-
pas sacerdotais, o azeite de *ungir, o tou-
ro novo da oferta para tirar pecados, dois
carneiros e uma cesta cheia de *pães fei-
tos sem fermento. 3 E mande que o povo
todo se reúna em frente da Tenda.

4 Moisés fez o que o SENHOR mandou, e
o povo todo se reuniu em frente da Tenda.
5 Aí Moisés lhes disse:

— Vou fazer agora o que o SENHOR
mandou.

6 Moisés fez com que Arão e os seus
filhos chegassem perto dele e mandou
que se lavassem. 7 Depois ele vestiu Arão
com a *túnica, prendeu-a com o cinto e
por cima colocou a sobrepeliz. Em segui-
da pôs o *manto sacerdotal em Arão e o
prendeu em volta da cintura com o cinto.

8 Colocou também o *peitoral e nele pôs o *Urim e o Tumim. 9 Pôs também a *mitra na cabeça de Arão e na parte da frente da mitra colocou a placa de ouro que era o sinal da *ordenação de Arão como sacerdote. Tudo isso Moisés fez como o SENHOR havia mandado.

10 Em seguida Moisés pegou o azeite sagrado, e ungiu a Tenda Sagrada e tudo o que havia lá dentro, e dessa maneira separou tudo para o serviço de Deus. 11 Sete vezes ele borrifou o altar com o azeite, ungindo assim o altar e todos os seus objetos; ungiu também a pia e a sua base, para dedicá-las a Deus.

12 Depois Moisés derramou o azeite sagrado na cabeça de Arão e assim o ordenou como sacerdote. 13 Em seguida fez com que os filhos de Arão chegassem perto dele. Moisés os vestiu com as túnicas, prendeu-as com os cintos e colocou as mitras na cabeça deles, conforme o SENHOR havia mandado.

14 Então Moisés pegou o bezerro da oferta para tirar pecados, e Arão e os seus filhos puseram as mãos na cabeça do animal. 15 Moisés matou o bezerro, pegou uma parte do sangue e com o dedo pôs o sangue nas quatro pontas do altar. Assim, ele *purificou o altar. Em seguida derramou o resto do sangue na base do altar. Dessa maneira Moisés dedicou e purificou o altar. 16 Depois ele pegou a gordura dos miúdos, a melhor parte do fígado, os rins com a gordura que os cobria e queimou tudo no altar. 17 Levou o resto do animal, incluindo o couro, a carne e as tripas, e queimou tudo num lugar fora do acampamento, conforme o SENHOR havia mandado.

18 Depois Moisés pegou o carneiro que ia ser morto para a oferta queimada, e Arão e os seus filhos puseram as mãos na cabeça do animal. 19 Moisés matou o carneiro e com o sangue borrifou os quatro lados do altar. 20-21 Ele cortou o animal em pedaços, lavou os miúdos e as pernas traseiras e queimou a cabeça, a gordura e todo o resto do carneiro no altar, como o SENHOR havia mandado. Essa oferta queimada, uma oferta de alimento para o SENHOR, produziu um cheiro agradável ao SENHOR.

22 Aí Moisés pegou o outro carneiro, o animal para a ordenação dos sacerdotes, e Arão e os seus filhos puseram as mãos na cabeça do carneiro. 23 Moisés matou o animal e com o dedo pôs uma parte do sangue na ponta da orelha direita de Arão, no dedo polegar da mão direita e no dedão do pé direito. 24 Depois ele fez com que os filhos de Arão chegassem mais perto e pôs sangue na ponta da orelha direita deles, no dedo polegar da mão direita e no dedão do pé direito. Em seguida com o resto do sangue borrifou os quatro lados do altar. 25 Pegou a gordura, o rabo, a gordura que cobria os miúdos, a melhor parte do fígado, os dois rins com a gordura que os cobria e a coxa direita. 26 Pegou também um pão da cesta cheia de pães sem fermento que tinham sido oferecidos a Deus, o SENHOR, um pão feito com azeite e um pão pequeno e colocou os três pães sobre a gordura e sobre a coxa direita. 27 Moisés pôs tudo isso nas mãos de Arão e dos seus filhos e apresentou como oferta especial ao SENHOR. 28 Depois pegou tudo isso das mãos deles e queimou no altar, em cima da oferta queimada, como uma oferta de ordenação ao sacerdócio. Foi uma oferta de alimento apresentada ao SENHOR e produziu um cheiro agradável a Deus. 29 Em seguida Moisés pegou o peito do animal e o apresentou ao SENHOR como oferta especial. Moisés ficou com essa parte do carneiro, conforme o SENHOR havia mandado.

30 Moisés pegou uma parte do azeite sagrado e uma parte do sangue que estava no altar e os borrifou sobre Arão e a sua roupa e sobre os filhos de Arão e as suas roupas. Assim, ele dedicou ao serviço de Deus Arão e a sua roupa e os filhos de Arão e as suas roupas.

31 Moisés disse a Arão e aos seus filhos:

— Levem a carne até a entrada da Tenda Sagrada e ali cozinhem e comam a carne junto com o pão que está na cesta das ofertas feitas para a ordenação. Façam isso conforme as ordens que Deus mandou que eu desse a vocês. 32 Queimem a carne e o pão que sobrarem. 33 Fiquem sete dias ali em frente da Tenda, até se completarem os dias da ordenação ao sacerdócio. São sete dias ao todo. 34 Fizemos hoje o que o SENHOR Deus mandou a fim de conseguir o perdão dos pecados de vocês. 35 Fiquem sete dias e sete noites em frente da Tenda Sagrada. Obedeçam a tudo o que o SENHOR mandou a fim de

que não morram. Foi isso o que Deus me
mandou dizer.
36 Arão e os seus filhos fizeram tudo o
que o SENHOR havia mandado por meio
de Moisés.

Arão oferece sacrifícios

9 Passaram os sete dias da *ordenação,
e no dia seguinte Moisés chamou Arão
e os seus filhos, e as autoridades do povo
de Israel 2 e disse a Arão:
— Pegue dois animais sem defeito, isto
é, um bezerro para ser morto como ofer-
ta para tirar pecados e um carneiro para
ser oferecido como um *sacrifício que é
completamente queimado, e apresente-os
a Deus, o SENHOR. 3 Depois mande o povo
pegar os seguintes animais: um bode para
ser sacrificado como oferta para tirar pe-
cados; um bezerro e um carneirinho, os
dois de um ano e sem defeito, para se-
rem sacrificados como uma oferta que é
completamente queimada; 4 e também um
touro e um carneiro para serem sacrifica-
dos como oferta de paz. Mande que eles
sacrifiquem esses animais ao SENHOR,
junto com a oferta de cereais misturada
com azeite. Eles precisam fazer isso por-
que o SENHOR vai aparecer a eles hoje.
5 O povo trouxe até a entrada da *Tenda
Sagrada tudo o que Moisés havia manda-
do, e todos se reuniram ali na presença de
Deus, o SENHOR. 6 Moisés disse:
— O SENHOR Deus mandou que vocês
fizessem isso a fim de que a *glória dele
apareça a vocês.
7 Depois Moisés disse a Arão:
— Vá até o altar e ofereça o sacrifício
para tirar pecados e o sacrifício que é
completamente queimado, a fim de que
Deus perdoe os seus pecados e os da sua
família. Pois foi isso o que o SENHOR man-
dou fazer.
8 Arão chegou perto do altar e matou o
bezerro como sacrifício para tirar o seu
próprio pecado. 9 Os seus filhos levaram
o sangue do animal para ele. Ele molhou
o dedo no sangue, pôs nas quatro pon-
tas do altar e derramou o resto do san-
gue na base do altar. 10 Depois queimou no
altar a gordura, os rins e a melhor parte
do fígado, conforme o SENHOR havia or-
denado a Moisés. 11 E num lugar fora do
acampamento Arão queimou a carne e o
couro do animal.
12 Em seguida Arão matou o carneiro
para a oferta que ia ser completamente
queimada. Os seus filhos lhe levaram o
sangue do animal, e ele o borrifou nos
quatro lados do altar. 13 Depois lhe entre-
garam a cabeça e as outras partes do ani-
mal, e ele as queimou no altar. 14 Então
lavou os miúdos e as pernas do carneiro
e os queimou também, em cima do resto
da oferta queimada.
15 Depois Arão apresentou as ofertas do
povo. Pegou primeiro o bode do sacrifí-
cio para tirar o pecado do povo, matou-o
e ofereceu a Deus, como tinha feito com
a oferta para tirar o seu próprio pecado.
16 Em seguida pegou o animal que ia ser
morto para a oferta que é completamente
queimada e o ofereceu a Deus, conforme
mandava a *lei. 17 Apresentou a oferta de
cereais, pegou um punhado de farinha e
queimou no altar (Isso ele ofereceu além
da oferta que era completamente quei-
mada todas as manhãs.). 18 Arão matou
o touro e o carneiro a serem apresenta-
dos como a oferta de paz do povo. Os fi-
lhos lhe levaram o sangue, e ele o borrifou
nos quatro lados do altar. 19 Eles lhe leva-
ram também a gordura dos dois animais,
o rabo, a gordura que cobre os miúdos,
os rins e a melhor parte dos fígados, 20 e
Arão colocou tudo isso em cima do peito
dos animais e levou ao altar. Queimou a
gordura no altar, 21 mas o peito e as coxas
direitas dos animais Arão apresentou a
Deus, o SENHOR, como uma oferta espe-
cial reservada para os sacerdotes, confor-
me Moisés tinha mandado.
22 Depois que Arão ofereceu todos esses
sacrifícios, ele estendeu as mãos sobre o
povo, e o abençoou, e então desceu os de-
graus do altar. 23 Ele e Moisés entraram na
Tenda Sagrada; quando saíram para aben-
çoar o povo, a glória do SENHOR apareceu
a todo o povo. 24 De repente, saiu fogo da
presença de Deus, o SENHOR, e devorou
a oferta queimada e a gordura que esta-
vam no altar. Ao verem isso, os israelitas
deram gritos de alegria, ajoelharam-se e
encostaram o rosto no chão.

A morte de Nadabe e Abiú

10 Nadabe e Abiú, filhos de Arão, pe-
garam cada um o seu queimador de
incenso, colocaram incenso dentro, pu-
seram fogo e apresentaram a Deus, o SE-
NHOR, como oferta. Mas não fizeram isso
de acordo com as *leis de Deus, e por isso
ele não aceitou a oferta. 2 De repente, saiu
fogo da presença do SENHOR e os matou;

e assim os dois morreram ali onde Deus estava. 3 E Moisés disse a Arão:

— Foi isso o que o SENHOR quis dizer quando disse: "Os que chegam perto de mim devem respeitar a minha santidade, e o meu povo deve me honrar."

Mas Arão não disse nada.

4 Então Moisés chamou Misael e Elzafã, filhos de Uziel, tio de Arão, e disse:

— Tirem o corpo dos seus dois parentes da frente da *Tenda Sagrada e levem para fora do acampamento.

5 Eles foram, pegaram os corpos pelas *túnicas com que estavam vestidos e os levaram para fora do acampamento, como Moisés tinha ordenado.

6 Depois Moisés disse a Arão e aos seus filhos Eleazar e Itamar:

— Todos os outros israelitas podem ficar de luto pelas mortes que o fogo do SENHOR causou. Mas vocês não deixem de pentear os cabelos, nem rasguem as suas roupas em sinal de luto. Se fizerem isso, vocês morrerão, e o SENHOR ficará *irado com todo o povo. 7 Não se afastem da entrada da Tenda Sagrada, para que não morram, pois vocês foram *ordenados com o azeite sagrado de Deus, o SENHOR.

E os três fizeram o que Moisés mandou.

Leis para os sacerdotes

8 O SENHOR Deus disse a Arão:

9 — Nem você nem os seus filhos podem entrar na *Tenda Sagrada depois de terem bebido vinho ou cerveja; se fizerem isso, morrerão. Todos os seus descendentes também deverão obedecer a essa *lei. 10 Vocês devem estar em condições de fazer diferença entre o que é e o que não é sagrado, e entre o que é *impuro e o que é *puro. 11 E devem ensinar aos israelitas todas as leis que eu, o SENHOR, dei a eles por meio de Moisés.

12 E Moisés disse a Arão e a Eleazar e Itamar, os dois filhos de Arão que ainda estavam vivos:

— Peguem a farinha da oferta de cereais que sobrou das ofertas de alimento apresentadas a Deus, o SENHOR, e façam com ela *pães sem fermento. E comam esses pães perto do altar, pois são uma coisa muito sagrada. 13 Comam os pães num lugar sagrado, pois é a parte do alimento oferecido a Deus que pertence a vocês e aos seus filhos. Foi isso o que o SENHOR me ordenou. 14 Vocês e as suas famílias têm o direito de comer o peito e a coxa que são apresentados ao SENHOR como oferta especial. Essa parte das ofertas de paz feitas pelos israelitas pertence a vocês e aos seus filhos. Comam isso num lugar puro. 15 Os israelitas trarão para Deus como oferta especial a coxa e o peito do animal na hora em que a gordura for queimada como alimento oferecido ao SENHOR. Essas partes do animal pertencem a vocês e aos seus descendentes para sempre, conforme o SENHOR ordenou.

16 Depois Moisés perguntou onde estava o bode que seria sacrificado como oferta para tirar pecados e ficou sabendo que já tinha sido queimado. Ele ficou muito zangado com Eleazar e Itamar e perguntou:

17 — Por que vocês não comeram num lugar sagrado a oferta feita para tirar pecados? É uma oferta muito sagrada, e o SENHOR a deu a vocês a fim de que a oferecessem na presença de Deus para conseguir o perdão dos pecados do povo. 18 Já que o sangue do animal sacrificado não foi levado para dentro da Tenda Sagrada, ali é que vocês deveriam ter comido a oferta, conforme a ordem que eu dei.

19 Arão respondeu:

— O povo apresentou hoje a Deus, o SENHOR, a oferta para tirar pecados e as ofertas que são completamente queimadas, mas mesmo assim me aconteceram essas coisas terríveis. Portanto, se eu tivesse comido hoje a oferta para tirar pecados, será que o SENHOR teria gostado?

20 E Moisés ficou satisfeito com a resposta de Arão.

Os animais puros e os impuros

Deuteronômio 14.3-20

11 O SENHOR Deus deu a Moisés e a Arão 2 as seguintes *leis para os israelitas:

Vocês poderão comer a carne de qualquer animal 3 que tem casco dividido e que rumina. 4-6 Mas não poderão comer camelos, coelhos selvagens ou lebres, pois esses animais ruminam, mas não têm casco dividido. Para vocês esses animais são *impuros. 7 É proibido comer carne de porco. Para vocês o porco é impuro, pois tem o casco dividido, mas não rumina. 8 Não comam nenhum desses animais, nem mesmo toquem neles quando estiverem mortos. Todos eles são impuros.

9 Vocês poderão comer qualquer peixe que tem barbatanas e escamas, 10 mas não poderão comer os animais que vivem na

DEVOCIONAL

Texto para leitura: **Levítico 11:44-45**

Conheça a Deus

Sete vezes no livro de Levítico Deus ordena que sejamos santos porque ele é santo (veja Levítico 11:44-45; 19:2; 20:7,26; 21:8; 22:32). Santidade não é algo para ser observado a distância. Não é um objetivo inatingível nem uma coisa que você pode evitar por causa da generosa bondade derramada sobre você. A bondade de Deus não a isenta da santidade, mas lhe ajuda a ser santa. A bondade, ou graça, não deve ser reservada para o pecado uma vez ou outra, mas deve ser aceita como a mão de Deus sobre sua vida, dando-lhe a capacidade de fazer o que é santo, em vez de ser escrava do pecado. A bondade de Deus traz misericórdia e perdão, porém, de modo igualmente importante, traz a ajuda de Deus. Você não pode levar uma vida santa sem o Espírito Santo ao seu lado. E é com a ajuda desse Espírito que você tem a capacidade de fazer o que Deus ordena para você ser santa. Se a santidade parece um objetivo totalmente inatingível, é porque você tentou obtê-la com suas próprias forças. Não podemos alcançá-la pela carne. Nenhum ato de força pode exibi-la. Mas você pode, por livre e espontânea vontade, alcançar e aceitar a dádiva da bondade de Deus e de seu Espírito Santo, e, por meio dessa dádiva, obter força e capacidade para ser santa.

A Garota de Deus não pode ignorar a ideia da santidade como se fosse um objetivo inatingível, um objetivo que é melhor ser ignorado do que buscado, por causa de sua incapacidade de ser perfeita. A santidade é para quem quiser, Garota de Deus, e você pode começar a tê-la hoje, se estiver disposta a confiar que Deus será sua força, e que não é por meio de seu próprio poder, mas por meio do Espírito Santo de Deus, que você pode se tornar santa.

água e que não têm barbatanas nem escamas. Esses animais são impuros para vo-
cês; 11 não comam nenhum deles e, mes-
mo quando eles estiverem mortos, não
toquem neles. 12 Qualquer animal que vive
na água e que não tem barbatanas nem
escamas é impuro.

13 Também são impuras as seguintes
aves: águias, urubus, águias-marinhas,
14 açores, falcões, 15 corvos, 16 avestruzes,
corujas, gaivotas, gaviões, 17 mochos, cor-
vos-marinhos, íbis, 18 gralhas, pelicanos,
abutres, 19 cegonhas, garças e poupas; e
também morcegos.

20 É impuro todo inseto que anda e que
voa; 21 mas vocês poderão comer os inse-
tos que têm pernas e que saltam. 22 Pode-
rão comer toda espécie de gafanhotos e
grilos. 23 Mas todos os outros insetos que
andam e que voam são impuros.

24-28 Ficará impuro até o pôr do sol
quem tocar nos seguintes animais depois
de mortos: todos os animais com cascos,
mas que não têm o casco dividido e não
ruminam, e todos os animais de quatro
pés que andam sobre as plantas dos pés.
Se alguém pegar o corpo de qualquer um
deles, terá de lavar a roupa que estiver
vestindo e ficará impuro até o pôr do sol.
Esses animais são impuros para vocês.

29-30 Dos animais que se arrastam pelo
chão são impuros os seguintes: todas as
espécies de lagartos, lagartixas, ratos, tou-
peiras e camaleões. 31 Ficará impuro até
o pôr do sol quem tocar nesses animais
depois de mortos. 32 E, se o corpo de qual-
quer um desses animais cair em cima de
alguma coisa, essa coisa ficará impura.
Isso inclui qualquer objeto de madeira,
tecido, couro ou saco, ou qualquer outra
coisa. Para *purificar esse objeto, será
preciso colocá-lo na água, mas ele ficará
impuro até o pôr do sol. 33 E, se o corpo
de um desses animais cair num pote de
barro, tudo o que estiver dentro do pote
se tornará impuro; será preciso quebrar

o pote. 34 E, se a água daquele pote cair
em cima de qualquer comida, essa comi-
da ficará impura. E qualquer líquido que
estiver no pote ficará impuro também.
35 Se o corpo de um desses animais cair
sobre alguma coisa, ela ficará impura. Se
for um forno ou um fogão de barro, então
ele se tornará impuro e deverá ser que-
brado; 36 se for uma fonte ou uma caixa de
água, a água ali dentro continuará pura,
mas quem tocar no corpo ficará impuro.
37 Se o corpo de um desses animais cair
em cima de sementes que vão ser plan-
tadas, elas continuarão *puras; 38 mas, se
as sementes estiverem de molho na água,
e o corpo cair na água, então elas se tor-
narão impuras.
39 Se um animal que se pode comer ti-
ver morte natural, a pessoa que tocar no
corpo ficará impura até o pôr do sol. 40 E,
se alguém comer a carne desse animal,
deverá lavar a roupa que estiver vestin-
do e ficará impuro até o pôr do sol; e, se
alguém carregar o corpo do animal, pre-
cisará lavar a roupa e ficará impuro até
o pôr do sol.
41 É proibido comer qualquer animal
que se arrasta pelo chão; esses animais
são impuros. 42 É proibido comer qualquer
um deles, tanto aqueles que se arrastam
como aqueles que andam com quatro pa-
tas ou mais. 43 Não fiquem impuros e no-
jentos por comerem qualquer um desses
animais. 44 Eu sou o SENHOR. Dediquem-se
a mim, o Deus de vocês, e sejam comple-
tamente fiéis a mim, pois eu sou santo.
Não fiquem impuros por causa de qual-
quer animal que se arrasta pelo chão.
45 Eu sou o SENHOR, que os trouxe do Egi-
to a fim de ser o Deus de vocês. Portanto,
sejam santos, pois eu sou santo.
46 São essas as leis a respeito dos ani-
mais e das aves, de todos os animais que
vivem na água e de todos os animais que
se arrastam pelo chão. 47 Elas mostram
a diferença entre o que é puro e o que é
impuro, entre os animais que podem ser
comidos e os que não podem ser comidos.

Purificação da mulher depois do parto

12 O SENHOR Deus deu a Moisés as se-
guintes *leis 2 para o povo de Israel:
Quando uma mulher der à luz um fi-
lho, ficará *impura sete dias, como acon-
tece durante a menstruação. 3 No oitavo
dia o menino será *circuncidado. 4 Depois
disso, por causa da perda de sangue, ela
ficará impura por mais trinta e três dias.
Durante esse tempo ela não poderá to-
car em nada sagrado, nem poderá ir até
a *Tenda Sagrada.
5 Se der à luz uma filha, a mulher ficará
impura catorze dias, como acontece du-
rante a menstruação. Depois disso, por
causa da perda de sangue, ela ficará im-
pura por mais sessenta e seis dias.
6 Depois desse tempo de *purificação,
seja no caso de um filho ou de uma fi-
lha, a mulher irá até a entrada da Ten-
da Sagrada e entregará ao sacerdote um
carneirinho de um ano como oferta que
é completamente queimada e um pom-
binho ou uma rolinha como oferta para
tirar pecados. 7 O sacerdote apresentará
a oferta ao SENHOR a fim de conseguir o
perdão dos pecados da mulher, e assim
ela ficará *pura. Esta é a *lei a respeito da
mulher que dá à luz.
8 Se não tiver recursos para oferecer
um carneirinho, a mulher levará ao sa-
cerdote duas rolinhas ou dois pombinhos;
uma das aves será a oferta que é comple-
tamente queimada, e a outra será a oferta
para tirar pecados. Por meio dessas ofer-
tas o sacerdote conseguirá o perdão dos
pecados da mulher, e ela ficará pura.

Leis a respeito de doenças da pele

13 O SENHOR Deus deu a Moisés e a
Arão as seguintes *leis:
2 Se uma pessoa tiver na pele uma in-
chação, tumor ou mancha que vai viran-
do uma doença contagiosa, essa pessoa
será levada a Arão, o sacerdote, ou a um
dos sacerdotes, que são filhos de Arão. 3 O
sacerdote examinará a pele, e, se os pelos
da mancha se tornaram brancos, e se pa-
recer que a ferida ficou mais funda do que
a pele, então é uma doença contagiosa; o
sacerdote declarará que a pessoa é *im-
pura. 4 Mas, se a mancha for branca, e se
não parecer que ficou mais funda do que
a pele, e se os pelos do lugar não se torna-
ram brancos, então o sacerdote fará com
que a pessoa fique no isolamento sete
dias. 5 No sétimo dia o sacerdote a exami-
nará de novo e, se na sua opinião a man-
cha não se espalhou, mas continua como
estava, então ele mandará que a pessoa
fique no isolamento mais sete dias. 6 No
sétimo dia ele examinará a pessoa outra
vez; se a mancha estiver desaparecendo
e se não tiver se espalhado na pele, então
é só um tumor sem importância. A pessoa

lavará a roupa que estiver vestindo, e o
sacerdote declarará que está *pura. 7 Mas,
se depois disso a mancha se espalhar na
pele, então a pessoa irá outra vez falar
com o sacerdote. 8 Ele a examinará e, se
a mancha tiver se espalhado, declarará
que a pessoa está impura; é um caso de
doença contagiosa.
9 Quando alguém tiver uma doença con-
tagiosa da pele, deve ser levado ao sacer-
dote. 10 Este o examinará, e, se houver na
pele um tumor branco, e os pelos do lugar
estiverem brancos também, e houver uma
ferida aberta no lugar, 11 então é um caso
crônico de doença contagiosa. Aí o sacer-
dote declarará que o doente está impuro e
não fará com que ele fique no isolamento,
pois não há dúvida de que ele é impuro.
12 Se o sacerdote achar que a doença se
espalhou pelo corpo inteiro, da cabeça
aos pés, 13 então ele examinará o doen-
te. Se, de fato, a doença se espalhou pelo
corpo todo, e a pele se tornou branca, en-
tão o homem está puro, e o sacerdote o
declarará puro. 14 Porém, quando apare-
cer uma ferida aberta na pele do doente,
ele estará impuro. 15 O sacerdote o exami-
nará outra vez e, se encontrar uma feri-
da aberta, então declarará que a pessoa
está impura. Uma ferida aberta é sinal de
doença contagiosa. 16 Mas, quando a feri-
da sarar e se tornar branca, a pessoa se
apresentará ao sacerdote, 17 que a exami-
nará. Se a ferida se tornou branca, então a
pessoa está pura, e o sacerdote declarará
que está pura.
18 Se alguém tiver um furúnculo que sa-
rou, 19 e ali aparecer um lugar inchado e
branco ou uma mancha avermelhada, a
pessoa se apresentará ao sacerdote. 20 Ele
a examinará e, se parecer que a ferida fi-
cou mais funda do que a pele, e os pelos
do lugar se tornaram brancos, então ele
declarará que a pessoa está impura. É um
caso de doença contagiosa que começou
no furúnculo. 21 Mas, se o sacerdote des-
cobrir que os pelos não estão brancos e
que a ferida não está mais funda do que
a pele, mas já se tornou branca, então
ele mandará a pessoa ficar no isolamen-
to sete dias. 22 Se a mancha se espalhou, é
um caso de doença contagiosa, e o sacer-
dote declarará que a pessoa está impura.
23 Mas, se a mancha não se espalhou, mas
continua como estava, então é somente a
cicatriz que o furúnculo deixou na pele.
Portanto, o sacerdote declarará que a pes-
soa está pura.
24 Se alguém se queimar, e no lugar
queimado a ferida virar uma mancha
avermelhada ou branca, 25 o sacerdote
examinará a mancha. Se os pelos do lu-
gar se tornaram brancos, e a ferida ficou
mais funda do que a pele, é uma doença
contagiosa que começou com a queima-
dura, e o sacerdote declarará que a pes-
soa está impura. 26 Porém, se o sacerdote
descobrir que os pelos na ferida não es-
tão brancos, e que a ferida não está mais
funda do que a pele, e a sua cor está cla-
ra, o sacerdote mandará a pessoa ficar
no isolamento sete dias. 27 No sétimo dia
o sacerdote a examinará, e, se a mancha
tiver se espalhado, então é uma doença
contagiosa, e o sacerdote declarará que a
pessoa está impura. 28 Porém, se a mancha
não se espalhou, mas continua como esta-
va, e a sua cor está clara, então é uma in-
chação causada pela queimadura. Aí o sa-
cerdote declarará que a pessoa está pura,
pois se trata somente de uma cicatriz que
a queimadura deixou.
29 Quando um homem ou uma mulher
tiver uma doença da pele na cabeça ou no
queixo, 30 o sacerdote examinará a pele. Se
parecer que a ferida ficou mais funda do
que a pele, e, se os cabelos dali estiverem
amarelos e forem poucos, é uma doença
contagiosa, e o sacerdote declarará que
a pessoa está impura. 31 Se o sacerdote
achar que a ferida não ficou mais funda
do que a pele, e, se não houver nela cabe-
los escuros, então ele mandará a pessoa
ficar no isolamento sete dias. 32 No séti-
mo dia ele a examinará; se a doença não
tiver se espalhado e no lugar não houver
cabelos amarelados, e, se a ferida não fi-
cou mais funda do que a pele, 33 então a
pessoa rapará a cabeça ou o queixo, sem
cortar os cabelos da parte doente. O sa-
cerdote mandará que ela fique no isola-
mento mais sete dias 34 e no sétimo dia
examinará a pele. Se a doença não tiver
se espalhado e, se não parecer que ficou
mais funda do que a pele, o sacerdote de-
clarará que a pessoa está pura. Ela lava-
rá a roupa que estiver vestindo e estará
pura. 35 Mas, se depois disso a infecção se
espalhar, 36 então o sacerdote examinará
a pessoa. Se ele verificar que, de fato, a
infecção se espalhou, não é preciso que
ele procure cabelos amarelados; a pessoa

está impura. 37 Mas, se na opinião do sa-
cerdote a infecção não se espalhou, e ali
estiverem crescendo cabelos escuros, en-
tão a infecção sarou. A pessoa está pura,
e o sacerdote declarará que ela está pura.
38 Quando um homem ou uma mulher
tiver manchas brancas na pele, 39 o sacer-
dote examinará a pessoa. Se as manchas
forem de um branco pálido, é uma coi-
sa sem importância. A pessoa está pura.
40-41 Se um homem perder cabelos da
parte de trás da cabeça ou da parte da
frente, ele se torna calvo ou meio calvo,
mas não fica impuro. 42 Mas, se na parte
pelada da cabeça aparecer uma mancha
cor de rosa, é uma doença contagiosa. 43 O
sacerdote examinará o homem, e, se des-
cobrir uma mancha cor de rosa, como as
que aparecem na pele, 44 é uma doença
contagiosa. O homem está impuro, e o sa-
cerdote declarará que está impuro por
causa da infecção na cabeça.
45 Uma pessoa que sofrer de uma doen-
ça contagiosa da pele deverá vestir rou-
pas rasgadas, deixar os cabelos sem pen-
tear, cobrir o rosto da boca para baixo e
gritar: "Impuro, impuro!" 46 Enquanto so-
frer de uma doença contagiosa, a pessoa
continuará impura e precisará morar so-
zinha, fora do acampamento.

Leis a respeito de mofo

47 Quando aparecer mofo numa roupa
feita de lã ou de linho, 48 ou num tecido de
linho ou de lã, ou num pedaço de couro,
ou num objeto feito de couro, 49 se a man-
cha for esverdeada ou avermelhada, então
é mofo e deve ser mostrado ao sacerdote.
50 O sacerdote examinará o objeto mofado
e o colocará durante sete dias num lugar
separado. 51 No sétimo dia ele examina-
rá a mancha, e, se ela se tiver espalha-
do, então o mofo é contagioso, e a roupa,
ou o tecido, ou o couro, ou o objeto feito
de couro está *impuro, 52 e o sacerdote o
queimará. É mofo contagioso e deverá ser
destruído pelo fogo.
53 Mas, se o sacerdote examinar a roupa,
ou o tecido, ou o objeto de couro e desco-
brir que a mancha não se espalhou, 54 en-
tão mandará lavar o objeto em que está
a mancha e o colocará durante mais sete
dias num lugar separado. 55 Depois exa-
minará o objeto outra vez, e, se a mancha
não mudou de cor, mesmo que não se te-
nha espalhado, então ele está impuro e
precisa ser queimado. É mofo contagioso,
esteja na parte da frente ou na parte de
trás do objeto. 56 Mas, se o sacerdote des-
cobrir que a mancha perdeu a cor depois
de ter sido lavada, então ele rasgará aque-
la parte da roupa, do couro ou do tecido.
57 Mas, se depois disso o mofo aparecer de
novo, então é mofo contagioso, e o objeto
deve ser queimado. 58 Se o objeto for lava-
do, e a mancha desaparecer, então deve
ser lavado mais uma vez e aí estará *puro.
59 São essas as *leis a respeito do mofo
em roupa feita de lã ou de linho, ou em
tecidos, ou em objetos de couro, a fim de
se poder dizer se estão puros ou impuros.

Cerimônias de purificação

14 O SENHOR Deus deu a Moisés 2 as
seguintes *leis a respeito da ceri-
mônia de *purificação das pessoas que
sararam de doenças contagiosas da pele:
A pessoa será levada ao sacerdote, 3 e
este sairá com ela do acampamento e a
examinará. Se a pessoa tiver sarado, 4 o sa-
cerdote mandará trazer duas aves *puras,
um pedaço de madeira de cedro, lã tingi-
da de vermelho e um galho de *hissopo.
5 O sacerdote mandará que matem uma
das aves em cima de um pote de barro
cheio de água tirada de uma fonte. 6 De-
pois ele pegará a outra ave, o pedaço de
madeira de cedro, a lã tingida de verme-
lho e o hissopo e os mergulhará no san-
gue da ave que foi morta. 7 Em seguida
borrifará com o sangue sete vezes a pes-
soa que está sendo purificada e declarará
que ela está pura. Depois disso o sacer-
dote soltará no campo a ave viva. 8 Aí a
pessoa deverá lavar a roupa que estiver
vestindo, rapar todos os cabelos e pelos
e tomar um banho; então estará pura. De-
pois entrará no acampamento, mas deve-
rá ficar sete dias fora da sua barraca. 9 No
sétimo dia ela deverá rapar de novo a ca-
beça, a barba, as sobrancelhas e todos os
outros pelos do corpo, lavar a roupa que
estiver vestindo e tomar um banho; en-
tão estará pura.
10 No dia seguinte a pessoa pegará dois
carneirinhos e uma ovelhinha de um ano
de idade, todos sem defeito. Para a ofer-
ta de cereais ela pegará três quilos de fa-
rinha misturada com azeite e mais um
quarto de litro de azeite. 11 O sacerdote
levará a pessoa e as suas ofertas até a en-
trada da *Tenda Sagrada e ali, na presença
de Deus, o SENHOR, 12 pegará um dos car-
neirinhos e o azeite, e os oferecerá como

sacrifício para tirar culpas. É uma oferta especial ao SENHOR e pertence ao sacerdote. 13 Depois matará o carneirinho num lugar sagrado, onde são mortos os animais das ofertas para tirar culpas e das ofertas que são completamente queimadas. O sacerdote deverá fazer isso porque a oferta para tirar culpas é como a oferta para tirar pecados: é uma coisa muito sagrada e pertence ao sacerdote. 14 O sacerdote pegará um pouco do sangue do animal e com o dedo o passará na ponta da orelha direita, no dedo polegar da mão direita e no dedão do pé direito da pessoa que está sendo purificada. 15 Depois derramará uma parte do azeite na palma da sua mão esquerda, 16 molhará um dedo da mão direita no azeite e o borrifará sete vezes ali na presença do SENHOR. 17 Em seguida porá com o dedo um pouco de azeite na pessoa que está sendo purificada, nos mesmos lugares em que pôs o sangue do animal, isto é, na ponta da orelha direita, no dedo polegar da mão direita e no dedão do pé direito. 18 O resto do azeite ele derramará na cabeça da pessoa. Assim, na presença do SENHOR, o sacerdote conseguirá o perdão dos pecados daquela pessoa.

19 Depois o sacerdote oferecerá o sacrifício para tirar pecados, conseguindo com isso o perdão dos pecados da pessoa que está sendo purificada. Em seguida ele matará o animal para a oferta que vai ser completamente queimada 20 e o oferecerá no altar, junto com a oferta de cereais. Assim, o sacerdote conseguirá o perdão dos pecados daquela pessoa, e ela estará pura.

21 Se a pessoa for pobre e não puder pagar tudo, ela levará ao sacerdote um carneirinho para a oferta para tirar culpas, que é uma oferta especial dedicada ao SENHOR e que pertence ao sacerdote. Levará só um quilo de farinha misturada com azeite e mais um quarto de litro de azeite 22 e duas rolinhas ou dois pombinhos, conforme as suas posses. Uma das aves será a oferta para tirar pecados, e a outra será a oferta que vai ser completamente queimada. 23 No oitavo dia do tempo da sua purificação, a pessoa levará tudo isso até a entrada da Tenda Sagrada e entregará ao sacerdote. Então ali na presença do SENHOR 24 o sacerdote pegará o carneirinho e o azeite e os oferecerá ao SENHOR como uma oferta especial que pertence ao sacerdote. 25 Em seguida matará o carneirinho, pegará um pouco do sangue do animal e com o dedo o colocará na ponta da orelha direita, no dedo polegar da mão direita e no dedão do pé direito da pessoa que está sendo purificada. 26 Depois derramará uma parte do azeite na palma da sua mão esquerda 27 e com um dedo da mão direita borrifará o azeite sete vezes ali na presença de Deus, o SENHOR. 28 Então, com o dedo, porá um pouco do azeite na pessoa que está sendo purificada, nos mesmos lugares em que pôs o sangue do animal, isto é, na ponta da orelha direita, no dedo polegar da mão direita e no dedão do pé direito. 29 O resto do azeite ele derramará na cabeça da pessoa e assim na presença do SENHOR conseguirá o perdão dos pecados dela. 30 Depois, conforme as posses dessa pessoa, o sacerdote oferecerá as duas rolinhas ou os dois pombinhos. 31 Uma das aves será a oferta para tirar pecados, e a outra será a oferta que vai ser completamente queimada. Assim, na presença de Deus, o SENHOR, o sacerdote conseguirá o perdão dos pecados da pessoa que está sendo purificada. 32 Esta é a *lei para a purificação das pessoas que sararam de uma doença contagiosa da pele, mas que não têm recursos para comprar tudo o que a lei exige.

Mofo nas casas

33 O SENHOR Deus deu a Moisés e a Arão 34 as seguintes *leis a respeito de mofo nas casas. Essas leis deviam ser obedecidas depois que o povo de Israel tivesse entrado na terra de Canaã, que Deus lhes daria para ser deles.

Quando Deus fizer aparecer mofo na casa de alguém, 35 o dono irá falar com o sacerdote e dirá que descobriu mofo na sua casa. 36 Antes de ir examiná-la, o sacerdote mandará que tirem tudo da casa; se não, tudo o que estiver lá dentro será considerado *impuro. Depois o sacerdote irá até a casa 37 e examinará o mofo. Se houver manchas esverdeadas ou avermelhadas nas paredes, e, se parecer que entraram nas paredes, 38 então o sacerdote sairá da casa e a deixará fechada sete dias. 39 No sétimo dia ele voltará e examinará a casa de novo. Se descobrir que as manchas se espalharam pelas paredes, 40 mandará que tirem as pedras em que está o mofo e as joguem fora da cidade, num lugar impuro. 41 Mandará raspar as

paredes de dentro da casa, e o reboco ras-
pado será levado para um lugar impuro
fora da cidade. 42 Depois colocarão pedras
novas no lugar das que foram tiradas e
rebocarão de novo a casa.
43 Se, depois de se fazer tudo isso, apa-
recer mofo na casa outra vez, 44 o sacerdo-
te a examinará. Se as manchas se tiverem
espalhado pelas paredes, é mofo conta-
gioso, e a casa está impura. 45 Ela será der-
rubada, e as pedras, a madeira e o reboco
serão levados para um lugar impuro fora
da cidade. 46 Quem entrar na casa durante
os sete dias em que estiver fechada fica-
rá impuro até o pôr do sol. 47 E, se nesse
tempo alguém se deitar na casa ou comer
ali dentro, deverá lavar a roupa que es-
tiver vestindo.
48 Mas, se o sacerdote voltar, e examinar
a casa depois de rebocada, e não encon-
trar mofo nas paredes, ele declarará que
ela está *pura, pois o mofo desapareceu
completamente. 49 A fim de *purificar a
casa, o sacerdote pegará duas aves, um
pedaço de madeira de cedro, lã tingida de
vermelho e um galho de *hissopo 50 e ma-
tará uma das aves em cima de um pote de
barro cheio de água tirada de uma fonte.
51 Depois pegará a outra ave, o pedaço de
madeira de cedro, a lã tingida de verme-
lho e o hissopo, e os mergulhará primeiro
no sangue da ave que foi morta e depois
na água fresca, e borrifará a casa sete ve-
zes. 52 Assim, ele purificará a casa com o
sangue da ave, a água fresca, a ave viva, o
pedaço de madeira de cedro, o hissopo e
a lã tingida de vermelho. 53 Depois levará
a ave viva para fora da cidade e a soltará
no campo. Assim, o sacerdote fará a ceri-
mônia de purificação, e a casa ficará pura.
54-56 São essas as leis para todas as doen-
ças contagiosas da pele e da cabeça; para
inchações, tumores e manchas na pele;
para o mofo na roupa e nas casas. 57 Elas
servem para se saber quando alguma coi-
sa é impura ou é pura. São essas as leis
para todos esses casos.

Leis a respeito de impurezas no homem

15 O Senhor Deus deu a Moisés e a
Arão as seguintes *leis 2 para o povo
de Israel:
Quando um homem tiver um corrimen-
to no membro, ele ficará *impuro, 3 tanto
se o corrimento vazar do membro como
se o corrimento parar nele. De um jei-
to ou do outro o homem ficará impuro.

Pergunte a si mesma...

O que significa ser santa?
De que maneira eu sou santa?
Quais são algumas das maneiras pelas quais posso praticar a santidade?
O que o Novo Testamento diz sobre santidade? (Veja 1Tessalonicenses 3:13; 4:7; Hebreus 12:14; 1Pedro 1:15-16; 2:5).

4 Qualquer cama em que ele se deitar e
tudo aquilo em que se assentar ficarão
impuros. 5 Se alguém tocar na cama dele
6 ou se sentar onde ele se sentou, essa
pessoa deverá lavar a roupa que estiver
vestindo e tomar um banho; e ficará im-
pura até o pôr do sol. 7 E quem tocar no
homem que tem o corrimento deverá la-
var a roupa que estiver vestindo e tomar
um banho; e ficará impuro até o pôr do
sol. 8 Se o homem que tem o corrimen-
to cuspir numa pessoa que está *pura,
essa pessoa deverá lavar a roupa que es-
tiver vestindo e tomar um banho; e ficará
impura até o pôr do sol. 9 Qualquer sela
que o homem montar se tornará impura.
10 Quem tocar naquilo em que o homem se
sentou ficará impuro até o pôr do sol. Se
alguém pegar naquilo em que o homem
se sentou, deverá lavar a roupa que esti-
ver vestindo e tomar um banho; e ficará
impuro até o pôr do sol. 11 Se o homem
que tem o corrimento tocar numa pes-
soa sem primeiro lavar as mãos, então
aquela pessoa deverá lavar a roupa que
estiver vestindo e tomar um banho; e fi-
cará impura até o pôr do sol. 12 Qualquer
pote de barro que o homem pegar deverá
ser quebrado; se for de madeira, deverá
ser lavado.
13 Quando o homem sarar, precisará es-
perar sete dias para se *purificar. Passado
esse tempo, deverá lavar a roupa que esti-
ver vestindo e tomar um banho em água
de uma fonte; então ficará *puro. 14 No oi-
tavo dia ele deverá pegar duas rolinhas ou
dois pombinhos, ir até a entrada da *Ten-
da Sagrada e, ali na presença de Deus, o
Senhor, entregar as aves ao sacerdote.
15 Este as oferecerá como *sacrifício, uma
delas como oferta para tirar pecados, e

a outra como oferta que será completamente queimada. Assim, na presença do SENHOR, o sacerdote fará a cerimônia de purificação, e o homem ficará puro.

16 Quando um homem tiver perda de esperma, deverá tomar um banho e ficará impuro até o pôr do sol. 17 Qualquer roupa ou pedaço de couro em que cair esperma deverá ser lavado e ficará impuro até o pôr do sol. 18 Depois que um homem e uma mulher tiverem relações, os dois deverão tomar um banho e ficarão impuros até o pôr do sol.

Leis a respeito de impurezas na mulher

19 Quando uma mulher tiver a sua menstruação, ficará *impura sete dias. Quem tocar nela durante esse tempo ficará impuro até o pôr do sol. 20 Qualquer cama em que ela se deitar e qualquer coisa em que se sentar ficarão impuras. 21-23 Quem tocar na cama em que ela se deitou ou naquilo em que ela se sentou deverá lavar a roupa que estiver vestindo e tomar um banho; e ficará impuro até o pôr do sol. 24 E o homem que tiver relações com a mulher durante a menstruação ficará impuro sete dias; e qualquer cama em que ele se deitar ficará impura.

25 A mulher que tiver hemorragia ou que continuar menstruada além do tempo normal ficará impura como durante a menstruação. 26 Qualquer cama em que ela se deitar e qualquer coisa em que se sentar durante esse tempo ficarão impuras. 27 E quem tocar na cama ou naquilo em que ela se sentou ficará impuro e deverá lavar a roupa que estiver vestindo e tomar um banho; e ficará impuro até o pôr do sol. 28 Quando a hemorragia parar, ela deverá esperar sete dias e então estará *pura. 29 No oitavo dia ela pegará duas rolinhas ou dois pombinhos, irá até a entrada da *Tenda Sagrada e entregará as aves ao sacerdote. 30 Este as oferecerá como sacrifício, uma delas como oferta para tirar pecados, e a outra como oferta que será completamente queimada. Assim, na presença de Deus, o SENHOR, o sacerdote fará a cerimônia de *purificação, e a mulher ficará *pura.

31 Essas *leis são para livrar os israelitas das suas impurezas, a fim de que não morram por tornarem impura a Tenda Sagrada, que fica no meio do acampamento.

32 São essas as leis a respeito do homem que ficar impuro por causa de corrimento no membro ou de perda de esperma; 33 da mulher durante a menstruação; e do homem que tiver relações com uma mulher menstruada.

O Dia do Perdão

16 Depois que os dois filhos de Arão foram mortos quando apresentavam a Deus, o SENHOR, uma oferta de incenso que não estava de acordo com a *lei, o SENHOR falou de novo com Moisés. 2 Ele disse:

— Diga ao seu irmão Arão que não é a qualquer hora que ele pode entrar no *Lugar Santíssimo, que fica atrás da cortina da *Tenda Sagrada. Se ele entrar, morrerá, pois é ali que eu apareço numa nuvem acima da tampa da *arca da aliança, que é o lugar onde os pecados são perdoados. 3 Arão só poderá entrar no Lugar Santíssimo depois de ter matado um touro novo como oferta para tirar pecados e um carneiro como oferta que será completamente queimada. 4 Antes de entrar, Arão tomará um banho e vestirá as roupas sacerdotais, todas feitas de linho, isto é, os calções, a *túnica e o cinto; e na cabeça ele colocará a *mitra, também feita de linho.

5 E Deus deu a Moisés as seguintes leis para o *Dia do Perdão:

O povo de Israel entregará a Arão dois bodes para a oferta para tirar pecados e um carneiro para a oferta que será completamente queimada. 6 Arão pegará o touro novo da sua própria oferta para tirar pecados e com ela conseguirá o perdão dos seus próprios pecados e dos da sua família. 7 Depois levará os dois bodes até a entrada da Tenda Sagrada. Ali, na presença de Deus, o SENHOR, 8 Arão tirará a sorte entre os dois bodes, usando duas pedras, uma com o nome do SENHOR, e a outra com o nome de Azazel. 9 O bode que pertence ao SENHOR será morto por Arão como oferta para tirar pecados, 10 e o bode que pertence a Azazel será oferecido vivo ao SENHOR. Depois Arão mandará esse bode para o deserto, a fim de conseguir o perdão dos pecados do povo.

11 Arão pegará o touro novo da sua oferta para tirar pecados e com ela conseguirá o perdão dos seus próprios pecados e dos da sua família. Depois de matar o touro, 12 Arão pegará um queimador de incenso cheio de brasas tiradas do altar que está na presença de Deus, o SENHOR, e dois punhados de incenso cheiroso bem moído

e entrará no Lugar Santíssimo. 13 Ali, na
presença do SENHOR, ele porá o incenso
no fogo para que a fumaça cubra a tampa
da arca da aliança. Assim, Arão não mor-
rerá. 14 Ele pegará um pouco do sangue do
touro novo e com o dedo borrifará a par-
te da tampa que dá para o leste; depois
borrifará o sangue sete vezes em frente
da arca da aliança.
15 Em seguida Arão matará o bode do
*sacrifício para tirar os pecados do povo,
levará o sangue para dentro do Lugar
Santíssimo e borrifará com ele a tampa da
arca e em frente da arca, como fez com o
sangue do touro novo. 16 Assim, Arão *pu-
rificará o Lugar Santíssimo de todos os
pecados, faltas e impurezas do povo de
Israel. E fará a mesma coisa para purifi-
car a Tenda Sagrada, que fica no meio do
povo *impuro. 17 Enquanto Arão estiver no
Lugar Santíssimo para fazer a cerimônia
de purificação, ninguém deverá entrar na
Tenda. Depois que Arão conseguir o per-
dão dos seus próprios pecados, dos peca-
dos da sua família e dos do povo, 18 então
sairá da Tenda, irá até o altar que está em
frente dela e fará a cerimônia da purifica-
ção do altar. Pegará um pouco do sangue
do touro novo e do sangue do bode e o
porá nas quatro pontas do altar. 19 Com o
dedo borrifará o sangue sete vezes sobre
o altar, e assim o purificará das impure-
zas dos israelitas, e o dedicará ao servi-
ço de Deus.
20 Quando Arão terminar a cerimônia da
purificação do Lugar Santíssimo, da Ten-
da Sagrada e do altar, então pegará o bode
para Azazel, 21 porá as mãos na cabeça do
animal e confessará todas as culpas e fal-
tas e todos os pecados dos israelitas. As-
sim, Arão passará para a cabeça do bode
os pecados do povo e então mandará o
bode para o deserto. Será escolhido um
homem para levar o animal, 22 e ele o sol-
tará no deserto. Assim, o bode irá para
um lugar onde não mora ninguém, levan-
do os pecados do povo.
23 Em seguida Arão entrará na Tenda,
tirará as roupas de sacerdote que havia
vestido antes de entrar no Lugar Santís-
simo e as deixará ali. 24 Naquele lugar sa-
grado ele tomará um banho e, depois de
se vestir, sairá para apresentar a Deus a
sua própria oferta, que será completa-
mente queimada, e a oferta do povo, que
também será completamente queimada.
Assim, ele conseguirá o perdão dos seus
próprios pecados e dos pecados do povo.
25 E queimará no altar a gordura do animal
oferecido em sacrifício para tirar pecados.
26 O homem que tiver levado o bode
para o deserto deverá lavar a roupa que
estiver vestindo e tomar um banho an-
tes de entrar de novo no acampamento.
27 Depois de terminados o sacrifício
para tirar os pecados do povo e a ceri-
mônia da purificação do Lugar Santíssi-
mo, feita com o sangue do touro novo e do
bode, os corpos desses dois animais serão
levados para um lugar fora do acampa-
mento, e o couro, a carne e as tripas serão
queimados. 28 O homem que os queimar
deverá lavar a roupa que estiver vestin-
do e tomar um banho antes de entrar de
novo no acampamento.

A comemoração do Dia do Perdão

Levítico 23.26-32

29 A seguinte *lei deverá ser obedecida
para sempre:
No dia dez do sétimo mês todos os is-
raelitas e os estrangeiros que moram no
meio do povo não comerão nada o dia in-
teiro e não farão nenhum trabalho, 30 pois
nesse dia será feito o *sacrifício para con-
seguir o perdão dos pecados do povo. As-
sim, o povo ficará *puro na presença de
Deus, o SENHOR. 31 Este é um dia especial
e será para sempre um dia em que nin-
guém comerá nada, nem trabalhará. 32 O
*Grande Sacerdote que for *ungido e *or-
denado para tomar o lugar do pai vestirá
as roupas sacerdotais de linho 33 e fará a
cerimônia para *purificar o *Lugar Santís-
simo, a *Tenda Sagrada, o altar, os sacer-
dotes e todo o povo. 34 Essa lei será obe-
decida para sempre, e uma vez por ano
haverá a cerimônia para conseguir o per-
dão dos pecados de todo o povo.
E tudo foi feito como o SENHOR havia
ordenado a Moisés.

O lugar onde sacrifícios serão oferecidos

17 O SENHOR Deus mandou Moisés
2 dar a Arão, aos filhos de Arão e a
todo o povo de Israel as seguintes *leis:
3 Se um israelita matar um boi, ou um
carneirinho, ou um cabrito dentro ou
fora do acampamento 4 e não levar o ani-
mal até a entrada da *Tenda Sagrada para
oferecê-lo como *sacrifício a Deus, o SE-
NHOR, esse homem será expulso do meio
do povo de Israel. Ele é culpado; é como

se tivesse matado uma pessoa. 5 Portanto,
os israelitas, em vez de matarem os ani-
mais no campo, deverão levá-los ao sa-
cerdote, em frente da Tenda Sagrada. Ali
matarão os animais e os apresentarão ao
SENHOR como oferta de paz. 6 O sacerdote
borrifará com o sangue o altar que fica em
frente da Tenda Sagrada e ali queimará a
gordura do animal. O cheiro dessa oferta
é agradável ao SENHOR. 7 Daqui em diante
e para sempre, os israelitas nunca mais
oferecerão sacrifícios aos demônios do
deserto; pois, se fizerem isso, estarão sen-
do infiéis a Deus.
8 Todos os israelitas e todos os estran-
geiros que vivem no meio do povo de Is-
rael apresentarão ao SENHOR as suas ofer-
tas que são completamente queimadas
ou qualquer outro sacrifício 9 somente na
entrada da Tenda Sagrada e em nenhum
outro lugar. Quem desobedecer será ex-
pulso do meio do povo.

Proibição de comer sangue

10 Se um israelita ou um estrangeiro que
vive no meio do povo de Israel comer san-
gue, Deus ficará contra ele e o expulsará
do meio do povo. 11 Pois a vida de todo
ser vivente está no sangue. É por isso que
Deus mandou que o sangue dos animais
oferecidos como *sacrifício fosse derra-
mado no altar a fim de conseguir o per-
dão dos pecados do povo. Pois é o sangue,
isto é, a vida, que tira os pecados. 12 Por
isso o SENHOR diz que nenhum israelita
e nenhum estrangeiro que vive no meio
do povo podem comer sangue.
13 Quando um israelita ou um estran-
geiro que vive no meio do povo caçar um
animal ou uma ave que se pode comer, ele
deverá deixar que o sangue corra para o
chão e depois deverá cobri-lo com terra.
14 A vida de todo ser vivente está no san-
gue, e é por isso que Deus diz aos israeli-
tas que não comam o sangue de nenhum
animal, pois o sangue é a vida. Quem co-
mer sangue será expulso do meio do povo
de Israel.
15 Qualquer um, seja israelita ou estran-
geiro, que comer a carne de um animal
que tenha tido morte natural ou que te-
nha sido morto por outros animais deverá
lavar a roupa que estiver vestindo e to-
mar um banho; e ficará *impuro até o pôr
do sol. Depois ficará *puro de novo. 16 Mas,
se não lavar a roupa e se não tomar um
banho, essa pessoa será castigada.

Relações sexuais proibidas

18 O SENHOR Deus mandou Moisés 2 di-
zer aos israelitas o seguinte:
— Eu sou o SENHOR, o Deus de vocês.
3 Não sigam os costumes do povo do Egito,
onde vocês moravam, nem os costumes
do povo de Canaã, a terra para onde eu os
estou levando. Não vivam de acordo com
as *leis desses povos. 4 Pelo contrário, obe-
deçam às minhas leis e guardem os meus
mandamentos. Eu sou o SENHOR, o Deus
de vocês. 5 Se obedecerem às minhas leis
e guardarem os meus mandamentos, vo-
cês viverão. Eu sou o SENHOR.
6 O SENHOR Deus deu as seguintes or-
dens para os homens de Israel:
Não tenha relações sexuais com uma
mulher que seja sua parenta. 7 Não te-
nha relações com a sua mãe; isso seria
uma vergonha para o seu pai e também
para a sua mãe. 8 Não tenha relações com
qualquer outra mulher que pertença ao
seu pai. 9 Não tenha relações com a sua
irmã, seja por parte de pai e de mãe ou
somente por parte de pai; e não importa
que ela tenha sido criada na mesma casa
ou em outra. 10 Não tenha relações com a
sua neta; isso seria uma vergonha para
você. 11 Não tenha relações com a sua irmã
por parte somente de pai, pois ela é irmã
mesmo. 12-13 Não tenha relações com a sua
tia, seja por parte de pai ou por parte de
mãe. 14 Não tenha relações com a mulher
do seu tio por parte de pai, pois ela é sua
tia. 15 Não tenha relações com a sua nora.
16 Não tenha relações com a sua cunhada;
isso seria uma vergonha para o seu irmão.
17 Não tenha relações com a filha ou a neta
de uma mulher com quem você já teve re-
lações; é possível que ela seja sua parenta,
e isso seria uma imoralidade. 18 Não case
com a sua cunhada, irmã da sua esposa,
enquanto esta estiver viva. Isso criaria
inimizade entre as duas irmãs.
19 Não tenha relações com uma mulher
durante a menstruação. 20 Não tenha rela-
ções com a mulher de outro homem; isso
torna você *impuro. 21 Nenhum pai deve-
rá entregar o filho ou a filha para servir
o deus *Moloque. Isso seria *profanar o
santo nome de Deus, o SENHOR. 22 Nenhum
homem deverá ter relações com outro ho-
mem; Deus detesta isso. 23 Ninguém, ho-
mem ou mulher, deverá ter relações com
um animal; isso é uma imoralidade, e a
pessoa fica impura.

DEVOCIONAL

Texto para leitura: **Levítico 18:1-5**

Conheça a Deus

O mundo ou Deus: qual será? Como é fácil ouvir as ideias do mundo e se alinhar a elas, aceitando que são certas e até boas. Mas o mundo sempre teve um padrão diferente do de Deus. O que é moralmente incentivado em uma sociedade merece ser castigado em outra. Até os padrões de pureza para a água potável de sua cidade podem ser mais rigorosos ou brandos que os da cidade vizinha. Mas a Palavra de Deus diz que você não deve viver de acordo com os padrões estabelecidos, seja no Egito, em Canaã ou na China, mas se lembrar de que você é uma cidadã do reino dos céus. Viva de acordo com esses padrões. Você não pode deixar que os padrões do mundo se infiltrem na verdade das Escrituras.

Não pense que só porque você ouviu algo a vida toda isso tem de ser verdade. É pura preguiça. Você precisa aprender os padrões de Deus e provar tudo de acordo com a Palavra dele. Descubra o que o deixa feliz e o que ele tem a dizer sobre as decisões em sua vida. A Palavra de Deus deixa claro o padrão de conduta para uma Garota de Deus, e, embora grande parte da lei do Antigo Testamento tenha sido cumprida pela vida de Cristo e, portanto, já não se aplica mais à sua vida, ainda há muita coisa em suas páginas para ser observada à luz da cruz.

Entenda as exigências de Deus para a vida de um cristão e seus requisitos para a fé. Veja do que Jesus a livrou e o quanto você deve a ele por isso. Valorize a história de nossa fé e a dádiva da bondade de Deus. Leia o Antigo Testamento pelas lentes do Novo Testamento, considerando o modo como a vida deste lado da cruz é diferente da vida antes de Jesus. E leve em conta a Palavra de Deus como um todo enquanto você conclui o que significa ser uma Garota de Deus. A verdade do Antigo Testamento não foi rejeitada, mas se cumpriu na vida de Cristo. Saiba o que isso significa ao ler sua Bíblia. Estude a Palavra de Deus e faça dela seu modo de vida, e você será abençoada.

24 E Deus disse ao povo de Israel:
— Não façam nenhuma dessas coisas,
pois vocês ficarão impuros, como ficaram
impuros os povos que eu vou expulsar da
terra que vai ser de vocês. 25 Os pecados
daqueles povos fizeram com que a terra
onde eles moravam ficasse impura; por
isso eu castiguei aquela terra, e ela está
expulsando os seus moradores. 26 Mas
vocês todos, tanto os israelitas como os
estrangeiros que vivem no meio de vocês, obedeçam às minhas leis e aos meus
mandamentos e não cometam nenhuma
dessas imoralidades. 27 Pois foram esses
os pecados que os homens que moravam
naquela terra cometeram, e por isso ela
ficou impura. 28 Portanto, que não aconteça que vocês façam a terra ficar impura e que ela os expulse, como fez com os
povos que moravam lá. 29 Quem cometer
um desses pecados será expulso do meio
do povo de Israel. 30 Obedeçam a todos
os meus mandamentos e não imitem os
costumes imorais dos povos que moravam naquela terra antes de vocês. Não
se tornem impuros. Eu sou o SENHOR, o
Deus de vocês.

Outras leis

19 O SENHOR Deus mandou Moisés
2 dizer ao povo de Israel o seguinte:
— Sejam santos, pois eu, o SENHOR, o
Deus de vocês, sou santo. 3 Cada um respeite a sua mãe e o seu pai, e todos guardem o sábado. Eu sou o SENHOR, o Deus
de vocês.
4 — Não adorem ídolos, nem façam

deuses de metal. Eu sou o SENHOR, o Deus de vocês.

5 — Quando matarem um animal para uma oferta de paz, façam como eu mandei, e assim eu aceitarei a oferta. 6 A carne deverá ser comida no dia em que o animal for morto ou então no dia seguinte. Mas, se sobrar carne para o terceiro dia, ela deverá ser queimada, 7 pois ficou *impura. Se alguém comer a carne nesse dia, eu não aceitarei a oferta, 8 e a pessoa que comeu deverá ser castigada, pois *profanou aquilo que para mim é sagrado. Essa pessoa será expulsa do meio do povo de Israel.

9 — Quando fizerem a colheita do trigo, não colham as espigas dos pés que ficam na beira do campo, nem voltem atrás para pegar as espigas que não tiverem sido colhidas. 10 E não façam uma segunda colheita nas plantações de uvas, para colher os cachos que ficaram, nem voltem atrás para catar os cachos que tiverem caído no chão. Deixem isso para os pobres e para os estrangeiros. Eu sou o SENHOR, o Deus de vocês.

11 — Não roube, não minta e não engane os outros. 12 Não faça juramentos falsos em meu nome, pois isso é profanar o meu nome. Eu sou o SENHOR.

13 — Não explore, nem roube os outros. Não segure até o dia seguinte o pagamento do trabalhador diarista. 14 Não amaldiçoe um surdo, nem ponha na frente de um cego alguma coisa que o faça tropeçar. Tenha respeito para comigo, o seu Deus. Eu sou o SENHOR.

15 — Quando julgar alguma causa, não seja injusto; não favoreça os humildes, nem procure agradar os poderosos. Julgue todas as causas com justiça. 16 Não ande espalhando mentiras no meio do povo, nem faça uma acusação falsa que possa causar a morte de alguém. Eu sou o SENHOR.

17 — Não guarde ódio no coração contra outro israelita, mas corrija-o com franqueza para que você não acabe cometendo um pecado por causa dele. 18 Não se vingue, nem guarde ódio de alguém do seu povo, mas ame os outros como você ama a você mesmo. Eu sou o SENHOR.

19 — Obedeçam às minhas *leis. Não cruzem animais domésticos de espécies diferentes. Não semeiem tipos diferentes de semente no mesmo campo. Não vistam roupas feitas de tipos diferentes de tecidos.

20 — Se um homem tiver relações com uma escrava que já foi prometida para ser a *concubina de outro homem, mas que ainda não foi comprada, nem posta em liberdade, o homem e a escrava serão castigados, mas não serão mortos, pois ela ainda não estava em liberdade. 21 Nesse caso, para tirar a sua culpa, o homem deverá apresentar como oferta a Deus, o SENHOR, um carneiro, que ele levará até a entrada da *Tenda Sagrada. 22 Ali, na presença do SENHOR, o sacerdote oferecerá o carneiro a Deus e assim conseguirá o perdão do pecado que o homem cometeu.

23 — Quando vocês estiverem morando na terra de Canaã e plantarem árvores frutíferas, não comam as frutas que as árvores derem nos primeiros três anos; essas frutas são impuras. 24 No quarto ano as frutas serão dedicadas a mim, o SENHOR, como oferta de louvor. 25 No quinto ano vocês poderão comer as frutas, e assim as árvores produzirão cada vez mais. Eu sou o SENHOR, o Deus de vocês.

26 — Não comam carne em que houver sangue. Não procurem adivinhar o futuro, nem façam feitiçarias. 27 Não cortem o cabelo dos lados da cabeça, nem aparem a barba. 28 Quando chorarem a morte de alguém, não se cortem, nem façam marcas no corpo. Eu sou o SENHOR.

29 — Não desonrem as suas filhas entregando-as para serem prostitutas nos templos pagãos. Isso encheria a terra de idolatria e de pecado. 30 Guardem o sábado, que é um dia sagrado, e respeitem o lugar onde sou adorado. Eu sou o SENHOR.

31 — Não procurem a ajuda dos que invocam os espíritos dos mortos e dos que adivinham o futuro. Isso é pecado e fará com que vocês fiquem impuros. Eu sou o SENHOR, o Deus de vocês.

32 — Fiquem de pé na presença das pessoas idosas e as tratem com todo o respeito; e honrem a mim, o Deus de vocês. Eu sou o SENHOR.

33 — Não maltratem os estrangeiros que vivem na terra de vocês. 34 Eles devem ser tratados como se fossem israelitas; amem os estrangeiros, pois vocês foram estrangeiros no Egito e devem amá-los como vocês amam a vocês mesmos. Eu sou o SENHOR, o Deus de vocês.

35 — Não prejudiquem os outros, usan-
do medidas falsas de comprimento, peso
ou capacidade. 36 Usem balanças certas,
pesos certos e medidas certas. Eu sou o
SENHOR, o Deus de vocês. Eu os tirei do
Egito.
37 — Obedeçam às minhas leis e aos
meus mandamentos. Eu sou o SENHOR.

Castigos para vários pecados

20 O SENHOR Deus mandou Moisés
2 dizer ao povo de Israel o seguinte:
— Se um israelita ou um estrangeiro
que vive no meio do povo de Israel sepa-
rar um dos seus filhos para servir o deus
*Moloque, ele deverá ser morto a pedra-
das pelo povo. 3 Eu ficarei contra esse
homem e o expulsarei do meio do povo.
Por haver dado um dos seus filhos para
o serviço de Moloque, ele tornou *impu-
ra a *Tenda Sagrada, o lugar onde moro,
e *profanou o meu santo nome. 4 E, se o
povo não reclamar contra o que esse ho-
mem fez e não o matar, 5 eu mesmo fica-
rei contra ele e contra a sua família. Eu o
expulsarei do meio do povo, junto com
todos os que seguirem o exemplo dele e
adorarem o deus Moloque.
6 — Se alguém procurar a ajuda dos que
invocam os espíritos dos mortos e dos
que adivinham o futuro, eu ficarei con-
tra essa pessoa por causa desse pecado
e a expulsarei do meio do povo. 7 Dedi-
quem-se completamente a mim e sejam
santos, pois eu sou o SENHOR, o Deus de
vocês. 8 Obedeçam às minhas *leis. Eu sou
o SENHOR, e eu os separei dos outros po-
vos para que vocês sejam somente meus.
9 — A pessoa que amaldiçoar o pai ou
a mãe será morta; e ela será responsável
pela sua própria morte, pois amaldiçoou
o pai ou a mãe.
10 — Se um homem cometer adultério
com a mulher de outro, ele e a mulher
deverão ser mortos. 11 Se um homem ti-
ver relações com uma das mulheres do
pai, ele estará desonrando o pai, e ele e
a mulher deverão ser mortos; eles serão
responsáveis pela sua própria morte. 12 Se
um homem tiver relações com a nora, os
dois deverão ser mortos por causa desse
ato imoral; eles serão responsáveis pela
sua própria morte. 13 Se um homem tiver
relações com outro homem, os dois deve-
rão ser mortos por causa desse ato nojen-
to; eles serão responsáveis pela sua pró-
pria morte. 14 Se um homem casar com
uma mulher e também com a mãe dela,
isso é uma imoralidade grave, e os três
deverão ser queimados vivos; essa imo-
ralidade precisa ser eliminada do meio
do povo. 15 Se um homem tiver relações
com um animal, os dois deverão ser mor-
tos. 16 Se uma mulher tiver relações com
um animal, os dois deverão ser mortos;
eles serão responsáveis pela sua própria
morte.
17 — Se um homem casar com a irmã,
seja por parte só de pai ou por parte de
pai e mãe, os dois deverão ser expulsos
publicamente do meio do povo. É uma
vergonha um homem casar com a irmã;
ele merece castigo. 18 Se um homem ti-
ver relações com uma mulher durante a
menstruação, os dois deverão ser expul-
sos do meio do povo. Os dois ficaram im-
puros, pois quebraram as leis da pureza a
respeito da menstruação. 19 Se um homem
tiver relações com a tia, os dois merecem
castigo, pois são parentes. 20 E o homem
que tiver relações com a tia envergonha
o tio. O homem e a tia merecem castigo;
eles nunca terão filhos. 21 Se um homem
tiver relações com a cunhada, ele enver-
gonha o irmão. É uma imoralidade, e os
dois morrerão sem terem filhos.
22 — Obedeçam às minhas leis e aos
meus mandamentos a fim de que a terra
para onde eu os estou levando, a terra que
vai ser de vocês, não os expulse. 23 Não
imitem os costumes dos povos que eu vou
expulsar dali, conforme vocês forem to-
mando posse da terra. Eu fiquei aborreci-
do com eles por causa das coisas imorais
que faziam. 24 Mas já prometi que vou dar
aquela terra a vocês, e vocês possuirão
uma terra boa e rica. Eu sou o SENHOR, o
Deus de vocês; eu os separei dos outros
povos. 25 Portanto, façam diferença entre
animais e aves *puros e *impuros. Sou eu
quem decide se um animal, ou uma ave,
ou um animal que se arrasta pelo chão é
impuro ou não; e eu proibi que vocês co-
messem qualquer coisa impura, para que
também não ficassem impuros. 26 Sejam
santos, pois eu, o SENHOR, sou santo. E
eu os separei dos outros povos para que
vocês sejam somente meus.
27 — Qualquer homem ou mulher que
invocar os espíritos dos mortos ou prati-
car feitiçarias deverá ser morto a pedra-
das. Essa pessoa será responsável pela
sua própria morte.

Leis para os sacerdotes

21 O SENHOR Deus mandou Moisés dizer o seguinte aos sacerdotes, que são descendentes de Arão:

— Que nenhum sacerdote fique *impuro por tocar no corpo de um parente morto, 2 a não ser no caso de parentes chegados, isto é, a mãe, o pai, o filho, a filha, o irmão 3 ou a irmã solteira que more com ele. 4 Que ele não fique impuro por causa da morte de uma irmã casada.

5 — Os sacerdotes não podem rapar a cabeça, aparar a barba ou cortar-se em sinal de luto. 6 Eles serão completamente fiéis ao seu Deus e não deverão *profanar o nome de Deus. Eles apresentam os *sacrifícios que são ofertas de alimento para Deus, o SENHOR; portanto, devem ser fiéis a Deus. 7 Eles são separados para o serviço de Deus e por isso não podem casar com uma prostituta ou com uma mulher que não seja virgem ou com uma mulher divorciada. 8 O sacerdote apresenta a Deus as ofertas de alimento, e por isso o povo deve considerá-lo santo. Eu, o SENHOR, sou santo e escolhi o povo de Israel para que seja santo.

9 — Se a filha de um sacerdote se desonrar, virando prostituta, ela estará envergonhando o pai e deverá ser queimada viva.

10 — O *Grande Sacerdote foi *ordenado como sacerdote quando o azeite sagrado foi derramado na sua cabeça e quando vestiu as roupas sacerdotais; por isso ele não deve deixar de pentear os cabelos e não deve rasgar as roupas em sinal de luto. 11 Ele não pode tocar num morto, mesmo que seja o seu pai ou a sua mãe. Isso o tornaria impuro, 12 e, quando entrasse de novo na *Tenda Sagrada, ele a tornaria impura. Eu sou o SENHOR. 13 O Grande Sacerdote só poderá casar com uma virgem; 14 ele não pode casar com uma viúva, ou uma mulher divorciada, ou uma prostituta, ou qualquer outra mulher que não seja virgem. Ele pode casar somente com uma virgem israelita 15 a fim de que os seus descendentes sejam *puros. Eu sou o SENHOR, e eu o ordenei *como sacerdote*.

16 O SENHOR Deus disse a Moisés o seguinte:

17 — Diga a Arão que nenhum descendente dele que tiver algum defeito físico poderá me apresentar as ofertas de alimento. Essa *lei valerá para sempre. 18 Nenhum homem com defeito físico poderá apresentar as ofertas: seja cego, aleijado, com defeito no rosto ou com o corpo deformado; 19 ninguém com uma perna ou braço quebrado; 20 ninguém que seja corcunda ou anão; ninguém que tenha doença nos olhos ou que tenha sarna ou outra doença da pele; e ninguém que seja castrado. 21 Nenhum descendente do sacerdote Arão que tiver algum defeito poderá me apresentar as ofertas de alimento; se ele for defeituoso, estará proibido de oferecer o meu alimento. 22 Esse homem poderá comer dessas ofertas, tanto as que são sagradas como as que são muito sagradas; 23 mas ele não poderá chegar perto da cortina do *Lugar Santíssimo, nem chegar perto do altar, pois tem um defeito e tornaria impuras essas duas coisas. Eu sou o SENHOR, e eu as dediquei a mim.

24 Foi isso o que Moisés disse a Arão, aos filhos de Arão e a todo o povo de Israel.

A santidade das ofertas

22 O SENHOR Deus mandou Moisés 2 dizer a Arão e aos seus filhos o seguinte:

— Tratem com todo o respeito as ofertas sagradas que o povo de Israel dedica a mim, o SENHOR, para que não *profanem o meu santo nome. Eu sou o SENHOR. 3 Se qualquer descendente de vocês estiver *impuro quando apresentar as ofertas sagradas que o povo de Israel dedica a mim, esse homem nunca mais poderá servir como sacerdote. Essa *lei estará em vigor para sempre. Eu sou o SENHOR.

4 — Nenhum descendente de Arão que tiver uma doença contagiosa da pele ou tiver um corrimento no membro poderá comer das ofertas sagradas até que fique *puro outra vez. Um sacerdote ficará impuro se tocar em qualquer coisa que ficou impura por ter tocado num morto. Ele ficará impuro se tiver perda de esperma 5 ou se tocar num animal impuro ou numa pessoa impura. 6 Ele ficará impuro até o pôr do sol e só poderá comer das ofertas sagradas depois de tomar um banho. 7 Depois do pôr do sol ele estará puro e poderá comer das ofertas sagradas, pois elas são a sua comida. 8 Ele não poderá comer um animal que tenha tido morte natural ou que tenha sido morto por animais selvagens. Se ele comer, ficará impuro. Eu sou o SENHOR.

9 — Todos os sacerdotes obedecerão às
leis que eu dei; se desobedecerem, serão
culpados de pecado e morrerão. Eu sou
o SENHOR, e os dediquei a mim.
10 — Somente o sacerdote e as pessoas
da sua família poderão comer das ofertas
sagradas. Os hóspedes e os empregados
do sacerdote não poderão comer dessas
ofertas. 11 Mas os escravos do sacerdote,
tanto os que ele comprou como os que
nascerem na sua casa, poderão comer
dessas ofertas. 12 Se a filha do sacerdote
casar com um homem que não for sacer-
dote, ela não poderá comer das ofertas
sagradas. 13 Se ela for viúva ou divorcia-
da, e não tiver filhos, e voltar a morar na
casa dos pais, como no tempo da sua mo-
cidade, então terá o direito de comer das
ofertas sagradas. Só os sacerdotes e os
membros das suas famílias têm o direito
de comer dessas ofertas.
14 — A pessoa que não tiver esse direito,
mas, por engano, comer das ofertas, de-
verá pagar ao sacerdote o valor da oferta,
mais um quinto. 15 Os sacerdotes não dei-
xarão que as ofertas sagradas que o povo
apresenta a Deus, o SENHOR, sejam profa-
nadas. 16 Eles não permitirão que as ofer-
tas sejam comidas por pessoas que não
têm esse direito. Se essas pessoas come-
rem, serão culpadas e deverão ser casti-
gadas. Eu sou o SENHOR, e faço com que
as ofertas fiquem sagradas.

Leis a respeito dos animais oferecidos como sacrifício

17 O SENHOR Deus mandou que Moisés
18 desse a Arão, aos filhos de Arão e a todo
o povo de Israel as seguintes *leis:
Quando um israelita ou um estrangei-
ro que vive no meio do povo apresentar
em *sacrifício ao SENHOR Deus um ani-
mal que vai ser completamente queima-
do, seja para pagar uma promessa, seja
uma oferta feita por vontade própria, 19 o
animal deverá ser um macho sem defei-
to. Assim, a oferta será aceita. O animal
poderá ser um touro ou um carneiro ou
um bode, 20 mas deverá ser sem defeito.
Se um animal defeituoso for oferecido,
Deus não aceitará a oferta. 21 Se alguém
apresentar uma oferta de paz, seja para
pagar uma promessa, seja uma oferta fei-
ta por vontade própria, o animal deverá
ser sem defeito a fim de que a oferta seja
aceita. Poderá ser um touro novo, ou uma
ovelha, ou uma cabra, mas não poderá ter
defeito. 22 Não ofereçam ao SENHOR um
animal cego, ou aleijado, ou defeituoso;
ou um animal que tenha úlceras, sarna ou
outras doenças da pele. Um animal nes-
sas condições não deverá ser apresenta-
do ao SENHOR como oferta de alimento.
23 Vocês poderão apresentar como oferta
feita por vontade própria um touro ou um
carneirinho com defeito, mas não pode-
rão apresentá-lo como oferta para pagar
uma promessa. 24 Não ofereçam ao SE-
NHOR qualquer animal que tiver os tes-
tículos machucados, esmagados, arran-
cados ou cortados. Isso não é permitido
na terra de Israel. 25 E também não acei-
tem de um estrangeiro um animal nes-
sas condições, para o apresentar a Deus
como oferta de alimento. Esses animais
são defeituosos, e Deus não os aceitará.
26 E o SENHOR Deus disse também a
Moisés:
27 — Quando nascer um bezerro, um
carneiro ou um cabrito, ele ficará com a
mãe sete dias; do oitavo dia em diante o
animal poderá ser apresentado a Deus, o
SENHOR, como oferta de alimento. 28 Não
matem no mesmo dia para os oferecerem
em sacrifício uma vaca e o seu bezerro,
uma ovelha e o seu carneirinho ou uma
cabra e o seu cabritinho. 29 Quando apre-
sentarem uma oferta de gratidão a mim,
o SENHOR Deus, sigam as leis a respeito
dos sacrifícios a fim de que eu os aceite.
30 Comam a oferta toda no mesmo dia e
não deixem sobrar nada para o dia se-
guinte. Eu sou o SENHOR.
31 — Obedeçam às minhas leis. Eu sou o
SENHOR. 32 Não façam nada que *profane
o meu santo nome. Que todo o povo de
Israel confesse que eu sou santo! Eu sou
o SENHOR, e dediquei vocês a mim. 33 Eu
os tirei do Egito para ser o Deus de vocês.
Eu sou o SENHOR.

As festas religiosas

23 O SENHOR Deus mandou que Moi-
sés 2 desse aos israelitas as seguin-
tes *leis a respeito das festas religiosas
mais importantes, quando o povo se reú-
ne para adorar o SENHOR:

O Sábado

3 Vocês têm seis dias para trabalhar,
mas o sétimo dia é o dia sagrado de des-
canso, quando todos deverão se reunir
para adorar a Deus. Não façam nenhum
trabalho nesse dia. Em todos os lugares

onde os israelitas morarem, o sábado é
um dia dedicado a Deus, o SENHOR.

A Festa da Páscoa e a Festa dos Pães sem Fermento

Êxodo 12.1-20; Números 28.16-25;
Deuteronômio 16.1-8

4 São estas as festas religiosas, quan-
do o povo deverá se reunir para adorar a
Deus, o SENHOR. Cada uma destas festas
será realizada na data marcada.
5 A *Festa da Páscoa, comemorada em
honra de Deus, o SENHOR, começa ao pôr
do sol no dia catorze do primeiro mês.
6 No dia quinze desse mês começa a
*Festa dos Pães sem Fermento, em honra
de Deus, o SENHOR. Durante os sete dias
dessa festa o pão que vocês comerem de-
verá ser feito sem fermento. 7 No primeiro
dia dessa festa ninguém trabalhará, e to-
dos deverão se reunir para adorar a Deus.
8 Durante esses sete dias apresentem ao
SENHOR ofertas de alimento e no sétimo
dia reúnam-se para adorar a Deus. Nesse
dia ninguém deverá trabalhar.

A Festa da Primeira Colheita

9 O SENHOR Deus mandou Moisés 10 di-
zer ao povo de Israel o seguinte:
— Quando vocês entrarem na terra que
eu lhes estou dando e fizerem a primei-
ra colheita de trigo, levem ao sacerdote
um feixe do que colherem. 11 No dia que
vem depois do sábado, o sacerdote apre-
sentará esse feixe de trigo a Deus, o SE-
NHOR, para que ele aceite vocês. 12 Nesse
mesmo dia apresentem ao SENHOR como
uma oferta que vai ser completamente
queimada um carneirinho de um ano, sem
defeito. 13 E apresentem como oferta de
alimento dois quilos de farinha mistu-
rada com azeite. O cheiro dessa oferta é
agradável ao SENHOR. Apresentem tam-
bém como oferta de bebida um litro de
vinho. 14 Não comam espigas de trigo ver-
des, nem espigas torradas, nem pão, até o
dia em que apresentarem a oferta a Deus.
Em todos os lugares onde morarem, vocês
e os seus descendentes deverão obedecer
a essa *lei para sempre.

A Festa da Colheita

Números 28.26-31;
Deuteronômio 16.9-12

15 — Contem sete semanas a partir do
dia em que oferecerem a Deus o primei-
ro feixe de trigo que foi colhido. 16 No dia
seguinte, isto é, cinquenta dias depois
que ofereceram esse feixe, apresentem a
Deus, o SENHOR, outra oferta da colheita
de cereais. 17 Cada família deverá apresen-
tar dois pães feitos com a melhor farinha
e com fermento. Cada pão deverá pesar
dois quilos. Esses pães são uma oferta a
Deus, o SENHOR, tirada da melhor parte
da colheita de trigo. 18 Junto com os pães
ofereçam sete carneirinhos de um ano,
sem defeito, um touro novo e dois carnei-
ros. Esses animais deverão ser apresen-
tados ao SENHOR como uma oferta que
vai ser completamente queimada, junto
com as ofertas de trigo e de vinho. O chei-
ro dessa oferta de alimento é agradável
ao SENHOR. 19 Ofereçam também um bode
para tirar pecados e dois carneirinhos de
um ano como oferta de paz. 20 O sacerdo-
te oferecerá ao SENHOR os dois carneiri-
nhos, junto com os pães, como uma oferta
especial. Essa é uma oferta sagrada que
pertence aos sacerdotes. 21 Nesse dia nin-
guém deverá trabalhar, e todos se reu-
nirão para adorar a Deus. Em todos os
lugares onde morarem, vocês e os seus
descendentes deverão obedecer a essa
*lei para sempre.
22 — Quando fizerem a colheita do tri-
go, não colham as espigas dos pés que fi-
cam na beira do campo, nem voltem atrás
para pegar as espigas que não tiverem
sido colhidas. Deixem essas espigas para
os pobres e para os estrangeiros. Eu sou
o SENHOR, o Deus de vocês.

A Festa do Ano Novo

Números 29.1-6

23 O SENHOR Deus mandou Moisés 24 di-
zer ao povo de Israel o seguinte:
— O dia primeiro do sétimo mês é um
dia sagrado de descanso, festejado com
toques de trombetas; e todos deverão se
reunir para adorar a Deus. 25 Não traba-
lhem nesse dia e apresentem a Deus, o
SENHOR, ofertas de alimento.

O Dia do Perdão

Levítico 16.29-34

26 O SENHOR Deus disse a Moisés:
27 — O dia dez do sétimo mês é o dia em
que os pecados do povo são perdoados.
Nesse dia ninguém deverá comer nada,
e todos deverão apresentar a Deus, o SE-
NHOR, ofertas de alimento. 28 Ninguém tra-
balhará nesse dia, pois é o dia em que é
apresentado ao SENHOR, o Deus de vocês,
o *sacrifício para conseguir o perdão dos

pecados do povo. 29 Qualquer pessoa que
comer alguma coisa no *Dia do Perdão
será expulsa do meio do povo. 30 E, se al-
guém trabalhar nesse dia, eu mesmo des-
truirei essa pessoa. 31 Não façam nenhum
trabalho nesse dia; em todos os lugares
onde morarem, vocês e os seus descen-
dentes deverão obedecer a essa *lei para
sempre. 32 Desde o pôr do sol do dia nove
até o pôr do sol do dia dez, esse será con-
siderado um dia sagrado de descanso, e
nele ninguém deverá comer nada.

A Festa das Barracas

Números 29.12—30.1

33 O SENHOR Deus deu a Moisés 34 as se-
guintes *leis para o povo de Israel:
O dia quinze do sétimo mês é o dia em
que começa a *Festa das Barracas. Essa
festa em honra de Deus, o SENHOR, du-
rará sete dias. 35 No primeiro dia haverá
uma reunião sagrada, e ninguém deverá
trabalhar. 36 Em cada um dos sete dias da
festa apresentem a Deus, o SENHOR, ofer-
tas de alimento. No oitavo dia todos se
reunirão para adorar a Deus e para lhe
apresentarem ofertas de alimento. É dia
de uma reunião sagrada, e nele ninguém
trabalhará.
37 (São essas as festas religiosas em que
o povo se reunirá para adorar a Deus, o
SENHOR. Nessas festas serão apresenta-
das ao SENHOR ofertas de alimento, ofer-
tas que são completamente queimadas,
ofertas de cereais, *sacrifícios e ofertas de
vinho. Cada festa será realizada na data
marcada. 38 Além dos sábados, que serão
guardados em honra de Deus, o SENHOR,
façam também essas festas e apresentem
essas ofertas além das ofertas de costu-
me, das ofertas para pagar promessas
e das ofertas que são apresentadas por
vontade própria ao SENHOR.)
39 Depois de terminadas as colheitas,
haverá uma festa em honra de Deus, o SE-
NHOR. Essa festa começará no dia quinze
do sétimo mês e irá até o dia vinte e dois.
No primeiro dia e no oitavo ninguém de-
verá trabalhar. 40 No primeiro dia o povo
colherá frutas das melhores árvores, cor-
tará folhas de palmeiras e galhos de vá-
rios tipos de árvores cheias de folhas, e
durante sete dias todos farão uma festa
em honra do SENHOR, o Deus de vocês.
41 E para sempre, no sétimo mês de cada
ano, o povo fará essa festa de sete dias.
42 Durante os sete dias todos os israelitas
morarão em cabanas feitas de galhos de
árvores 43 a fim de que eles e os seus des-
cendentes lembrem sempre que Deus
fez com que o povo morasse em barra-
cas, quando os tirou do Egito. Ele é o SE-
NHOR, o Deus de vocês.
44 Foi assim que Moisés deu ao povo
de Israel as leis a respeito das festas que
eles deviam fazer em honra de Deus, o
SENHOR.

O candelabro

Êxodo 25.31-40; 27.20-21

24 O SENHOR Deus disse a Moisés o
seguinte:
2 — Diga aos israelitas que lhe tragam o
melhor azeite, para manter sempre aceso
o *candelabro que está na *Tenda Sagrada.
3 Todas as tardes Arão acenderá o cande-
labro e o manterá aceso a noite toda, ali
na presença de Deus, o SENHOR, do lado
de fora da cortina que fica em frente da
*arca da aliança. Essa *lei deverá ser obe-
decida por vocês e pelos seus descenden-
tes para sempre. 4 Arão cuidará dos pavios
das lamparinas do candelabro de ouro
puro, para que fiquem sempre acesas na
presença do SENHOR.

O pão sagrado

5 Doze pães, cada um pesando dois qui-
los, deverão ser feitos da melhor farinha
6 e postos na mesa de ouro puro que fica
na presença de Deus, o SENHOR. Os pães
deverão ser arrumados em duas pilhas,
seis pães em cada pilha. 7 Em cima das
duas pilhas será colocado incenso puro
para lembrar que todos os pães são ofere-
cidos ao SENHOR como oferta de alimento.
8 Todos os sábados, para sempre, o *Gran-
de Sacerdote colocará os pães em ordem
na mesa, na presença de Deus, o SENHOR.
Esses pães representam a aliança eterna
dos israelitas com o SENHOR 9 e pertence-
rão para sempre aos sacerdotes, que são
descendentes de Arão. Os pães são muito
sagrados, pois são uma oferta de alimento
dada ao SENHOR; por isso os sacerdotes
os comerão num lugar sagrado.

Pecado e castigo

10-11 Havia entre os israelitas um ho-
mem que era filho de um egípcio casado
com uma mulher israelita. Ela se chama-
va Selomite e era filha de Dibri, da *tribo
de Dã. Certo dia no acampamento, numa
briga com um israelita, esse homem *blas-
femou contra o nome de Deus, o SENHOR,

DEVOCIONAL

Texto para leitura: **Levítico 24:15-16**

Saiba como se comunicar

Muitas leis encontradas no Antigo Testamento não são mais necessárias. Muitos dos mandamentos não são mais ordenados. Grande parte da lei do Antigo Testamento é história antiga deste lado da cruz, mas alguns mandamentos nunca serão removidos. Alguns pecados sempre serão pecados, e este é um deles: blasfemar contra o nome do Senhor.

Embora a pena de morte não seja mais o castigo pelo pecado na vida do cristão, blasfemar contra o nome do Senhor ainda é pecado. Quando você usa o nome de Deus com raiva, frustração, dor ou até como exclamação, isso é um pecado feio. Antes de Cristo, era tão feio que, diferente de muitos outros pecados mencionados, não havia sacrifício algum para ele. O castigo era a morte. Isso mostra o que é um pecado feio e inaceitável aos olhos de Deus.

O nome de Deus deve ser honrado e respeitado, não usado como maldição. Como uma Garota de Deus, você deve deixar evidente sua fé para todos, e a blasfêmia contra o nome divino prova sua desobediência. Não deixe que o nome de Deus seja usado em vão. Livre-se de todo esse tipo de conversa e honre a Deus ao honrar o nome dele. Dê a Deus o respeito que ele merece.

e o amaldiçoou. Levaram o homem a Moi-
sés 12 e o deixaram preso até que o SE-
NHOR dissesse o que deviam fazer. 13 O SE-
NHOR Deus disse a Moisés:
14 — Leve esse homem para fora do
acampamento. As pessoas que o ouvi-
ram blasfemar contra mim colocarão as
mãos na cabeça dele, e depois o povo todo
o matará a pedradas. 15 E diga ao povo:
“Quem amaldiçoar o seu Deus pagará por
esse pecado 16 e será morto a pedradas
por todo o povo. Não importa que seja
israelita ou um estrangeiro que mora no
meio de vocês; quem blasfemar contra o
nome do SENHOR Deus será morto.
17 — “Aquele que matar uma pessoa
será morto. 18 Quem matar um animal
doméstico de outra pessoa dará ao dono
outro animal do mesmo valor, um animal
pelo outro. 19 Se alguém ferir outra pessoa,
farão com ele a mesma coisa que ele fez:
20 quebradura por quebradura, olho por
olho, dente por dente. Ele será ferido do
mesmo jeito que feriu o outro. 21 Quem
matar um animal doméstico de outra pes-
soa dará ao dono outro animal. Quem ma-
tar uma pessoa será morto. 22 A *lei é a
mesma para os estrangeiros que moram
no meio de vocês e para os israelitas. Eu
sou o SENHOR, o Deus de vocês.”

23 Então Moisés disse tudo isso aos is-
raelitas. Aí eles pegaram o homem que
havia amaldiçoado o nome de Deus e o
levaram para fora do acampamento. E ali
o mataram a pedradas. Assim, eles fize-
ram aquilo que o SENHOR havia ordena-
do a Moisés.

O Sétimo Ano

Deuteronômio 15.1-11

25 O SENHOR Deus falou com Moisés
no monte Sinai 2 e mandou que ele
desse ao povo de Israel as seguintes *leis:
Quando vocês entrarem na terra que
o SENHOR Deus lhes vai dar, deixem que
de sete em sete anos a terra descanse, em
honra do SENHOR. 3 Durante seis anos se-
meiem os seus campos, podem as *parrei-
ras e colham as uvas. 4 Mas o sétimo ano
será um ano de descanso sagrado para
a terra, um descanso dedicado a Deus, o
SENHOR. Nesse ano ninguém semeará o
seu campo, nem podará as suas parreiras.
5 Ninguém colherá o trigo que crescer por
si mesmo, nem podará as parreiras, nem
colherá as uvas. Será um ano de descan-
so completo para a terra. 6 Os campos não
serão semeados, mas mesmo assim pro-
duzirão o bastante para alimentar todos
os israelitas, os seus escravos e as suas

escravas, os seus empregados, os estran-
geiros que vivem no meio do povo 7 e tam-
bém os animais domésticos e os animais
selvagens. Tudo o que a terra produzir
servirá de alimento.

O Ano da Libertação

8 Contem sete semanas de anos, isto é,
sete anos vezes sete, o que dá um total
de quarenta e nove anos. 9 Então, no dia
dez do sétimo mês, que é o *Dia do Per-
dão, mandem um homem tocar trombeta
por todo o país. 10 Pois esse ano, que vem
depois de cada quarenta e nove anos, é o
ano sagrado da libertação, em que vocês
anunciarão liberdade a todos os mora-
dores do país. Nesse ano todos os que ti-
verem sido vendidos como escravos vol-
tarão livres para as suas famílias, e to-
dos os campos que tiverem sido vendidos
voltarão a pertencer ao primeiro dono.
11 Nesse ano ninguém semeará os seus
campos, nem colherá o trigo que crescer
por si mesmo, nem podará as *parreiras,
nem colherá as uvas, 12 pois o Ano da Li-
bertação é sagrado para o povo, e nele to-
dos se alimentarão somente daquilo que
a terra produzir por si mesma.

13 No Ano da Libertação todas as ter-
ras que tiverem sido vendidas voltarão
a pertencer ao primeiro dono. 14 Na ven-
da ou na compra de terras, não explorem
os outros. 15-16 O preço será calculado na
base do Ano da Libertação; pois o que se
vende não são, de fato, as terras, mas as
colheitas que elas produzem. Portanto, o
comprador descontará do preço o núme-
ro de colheitas desde o último Ano da Li-
bertação; e o vendedor calculará o preço
na base dos anos de colheita que ainda
faltam até o seguinte Ano da Libertação.
Se ainda forem muitos anos, o preço su-
birá; se forem poucos, o preço baixará.
17 Que ninguém explore os outros; que to-
dos *temam a Deus, pois ele é o SENHOR,
nosso Deus.

A questão do Sétimo Ano

18 Obedeçam a todas as *leis e manda-
mentos de Deus para que vivam em segu-
rança na terra que vai ser de vocês. 19 Ela
produzirá as suas colheitas, haverá bas-
tante comida para todos, e todos viverão
em segurança. 20 Mas alguém é capaz de
perguntar como é que haverá comida du-
rante o sétimo ano, quando ninguém vai
semear nem fazer a colheita. 21 A resposta
é que Deus abençoará a terra, e no sexto
ano ela produzirá colheitas que serão su-
ficientes para três anos. 22 Quando vocês
semearem os seus campos no oitavo ano,
estarão comendo daquilo que colheram
no sexto ano, e haverá bastante para co-
merem até a colheita do nono ano.

Leis a respeito de propriedades

23 A terra é de Deus; portanto, ela não
será para sempre daquele que a comprar.
Deus é o dono dela, e para ele nós somos
estrangeiros que moram por um pouco
de tempo na terra dele. 24 Assim, quando
um terreno for vendido, o seu antigo dono
será o primeiro a ter o direito de tornar
a comprá-lo.

25 Se um israelita ficar pobre e precisar
vender uma parte das suas terras, o seu
parente mais chegado deve tornar a com-
prar o que ele vendeu. 26 Mas, se ele não
tiver um parente que compre as terras, é
possível que mais tarde ele mesmo fique
rico outra vez, podendo assim tornar a
comprar o terreno que vendeu. 27 Ele des-
contará o valor das colheitas que o terre-
no tiver produzido desde o último Ano
da Libertação e calculará o preço a pagar,
tendo como base os anos de colheita que
ainda faltarem até o seguinte Ano da Li-
bertação. E assim ele será novamente o
dono do terreno. 28 Mas, se ele não tiver o
suficiente para tornar a comprar o terre-
no, então este ficará pertencendo ao com-
prador até o seguinte Ano da Libertação.
Nesse ano o terreno voltará a pertencer
ao primeiro dono.

29 Se um homem vender uma casa que
fica numa cidade protegida por mura-
lhas, ele terá o direito de tornar a com-
prar a casa até um ano depois da venda.
30 Mas, se dentro de um ano ele não com-
prá-la, então ela pertencerá ao compra-
dor e aos seus descendentes para sempre.
Nem mesmo no Ano da Libertação a casa
voltará a ser do primeiro dono. 31 Porém
as casas que ficam em cidades sem mu-
ralhas são como os terrenos; o primeiro
dono tem o direito de tornar a comprar
a casa, e no Ano da Libertação ela volta a
ser do primeiro dono.

32 Os *levitas têm sempre o direito de
tornar a comprar as suas casas que ficam
nas cidades onde moram. 33 Mas, se um
levita vender a sua casa numa dessas ci-
dades e não tornar a comprá-la, então no
Ano da Libertação a casa volta a ser dele;

pois as casas das cidades onde os levitas
moram serão sua propriedade perma-
nente no meio do povo de Israel. 34 Mas
os campos em volta das cidades onde os
levitas moram não podem ser vendidos;
eles pertencem aos levitas para sempre.

Leis a respeito dos pobres

35 Se um israelita que mora perto de
você ficar pobre e não puder sustentar-
-se, então você tem o dever de tomar con-
ta dele. Ajude-o como se ele fosse um es-
trangeiro que mora no meio do povo, a
fim de que ele continue a morar perto de
você. 36 Não cobre juros sobre o dinheiro
que você lhe emprestar. Respeite a ordem
de Deus para que esse homem continue
a morar perto de você. 37 Não cobre juros
sobre o que você lhe emprestar, nem tire
lucro dos alimentos que você lhe vender.
38 É isso o que o SENHOR, nosso Deus, nos
manda fazer. Foi ele quem nos tirou do
Egito para nos dar a terra de Canaã e para
ser o nosso Deus.

Leis a respeito dos escravos

39 Se um israelita que mora perto de
você ficar tão pobre, que chegue a ponto
de ter de se vender a você para ser seu
escravo, não o faça trabalhar como escra-
vo. 40 Trate-o como se ele fosse um empre-
gado ou um estrangeiro que mora com
você. Ele trabalhará para você até o Ano
da Libertação, 41 e nesse ano ele e os seus
filhos irão embora e voltarão para a sua
própria família e para as terras dos seus
antepassados. 42 Os israelitas são escravos
do SENHOR Deus, que os tirou do Egito;
eles não deverão ser vendidos como es-
cravos. 43 Portanto, não os trate com cruel-
dade, mas respeite a ordem de Deus.

44 Se precisarem de escravos ou escra-
vas, vocês poderão comprá-los dos povos
vizinhos do seu país. 45 Também poderão
comprar os filhos dos estrangeiros que
moram no meio de vocês. Essas crianças
que nascerem na terra de Israel poderão
ser compradas como escravos, 46 e os seus
donos poderão deixá-los como herança
aos filhos, a quem esses escravos deve-
rão servir a vida inteira. Mas um israeli-
ta não pode ter outro israelita como es-
cravo, nem pode tratá-lo com crueldade.

47 Pode acontecer que um estrangeiro
que vive no meio do povo fique rico e que
um vizinho israelita fique pobre e se ven-
da como escravo a esse estrangeiro ou
a alguém da família dele. 48 Nesse caso,
depois de vendido, o israelita tem o di-
reito de ser comprado de novo. Um ir-
mão, 49 um tio, um primo ou outro paren-
te chegado poderá comprá-lo. Ou, se ga-
nhar bastante dinheiro, ele mesmo pode-
rá comprar a sua liberdade. 50 Ele e o ho-
mem que o comprou combinarão o preço
que deverá ser pago, de acordo com o nú-
mero de anos desde o ano em que ele se
vendeu até o seguinte Ano da Libertação.
O cálculo será feito tendo como base o sa-
lário que um empregado recebe. 51 Se ain-
da faltarem muitos anos até o Ano da Li-
bertação, ele pagará uma parte maior do
dinheiro que recebeu quando se vendeu;
52 mas, se faltarem poucos anos, a parte
será menor. 53 O dono o tratará como se
ele fosse um empregado que é contratado
para trabalhar por ano. Não deixem que
o dono o trate com crueldade.

54 E, se o homem não for libertado por
nenhum desses modos, então no seguin-
te Ano da Libertação ele e os seus filhos
ficarão livres. 55 Pois os israelitas são es-
cravos de Deus, que os tirou do Egito. Ele
é o SENHOR, o Deus deles.

Obediência e bênçãos

Deuteronômio 7.12-24; 28.1-14

26 O SENHOR Deus disse ao povo de
Israel:

— Não façam nenhum ídolo ou ima-
gem, nem coluna sagrada ou pedra com
figuras gravadas para adorar. Não adorem
nenhum deles; eu, o SENHOR, sou o Deus
de vocês. 2 Guardem o sábado, o meu dia,
e respeitem o lugar onde sou adorado. Eu
sou o SENHOR.

3 — Se vocês obedecerem às minhas
*leis e aos meus mandamentos, fazendo
tudo o que eu ordeno, 4 eu mandarei chu-
va no tempo certo, a terra produzirá co-
lheitas, e as árvores darão frutas. 5 As co-
lheitas serão tão grandes, que vocês ainda
estarão colhendo cereais quando chegar o
tempo de colher uvas e estarão colhendo
uvas quando chegar o tempo de semear
os campos. Haverá bastante comida para
todos, e vocês viverão em segurança na
sua terra.

6 — Eu darei paz à terra de vocês. Todos
dormirão sossegados, e ninguém os as-
sustará, pois farei desaparecer da terra os
animais selvagens e acabarei com as guer-
ras. 7 Vocês vencerão os seus inimigos e os
matarão; 8 cinco de vocês derrotarão cem

deles, e cem de vocês derrotarão dez mil.
Todos eles serão mortos. 9 Eu abençoarei
vocês e lhes darei muitos filhos. Cumpri-
rei as promessas da *aliança que fiz com
vocês. 10 As colheitas serão tão grandes,
que vocês precisarão jogar fora o trigo
velho para terem lugar onde guardar o
novo. 11 Morarei no meio de vocês, na mi-
nha *Tenda Sagrada, e nunca os abando-
narei. 12 Estarei sempre com vocês; vocês
serão o meu povo, e eu serei o seu Deus.
13 Eu sou o SENHOR, o Deus de vocês. Eu os
tirei do Egito para que vocês não fossem
escravos dos egípcios. Eu os livrei da es-
cravidão e os fiz andar de cabeça erguida.

Desobediência e castigos
Deuteronômio 28.15-68

14 — Porém, se vocês não obedecerem a
todos os meus mandamentos, 15 se rejei-
tarem as minhas *leis, se desprezarem as
minhas ordens e se quebrarem a *aliança
que fiz com vocês, 16 então eu os castiga-
rei. Mandarei desastres, e doenças, e fe-
bres que abalam a saúde e enfraquecem
o corpo. Não adiantará nada semear os
campos, pois os inimigos é que comerão
as colheitas. 17 Ficarei contra vocês e dei-
xarei que sejam derrotados pelos inimi-
gos. Eles os dominarão, e vocês fugirão
mesmo quando ninguém os perseguir.

18 — Porém, se nem assim vocês me
obedecerem, mas continuarem a pecar,
eu mandarei um castigo sete vezes pior.
19 Acabarei com o seu poder, de que vo-
cês se orgulham; não mandarei chuva, e o
chão ficará duro como ferro. 20 Não adian-
tará nada vocês trabalharem e se cansa-
rem; os campos não produzirão colheitas,
e as árvores não darão frutas.

21 — E, se ainda assim vocês teimarem
em pecar, em me rejeitar e em desobede-
cer aos meus mandamentos, eu manda-
rei um castigo sete vezes pior. 22 Manda-
rei para o meio de vocês animais selva-
gens que matarão os seus filhos, acabarão
com o seu gado e matarão tanta gente,
que não haverá ninguém para andar pe-
las estradas.

23 — E, se mesmo com isso vocês não
voltarem para mim, mas continuarem a
me desafiar, 24 eu ficarei contra vocês e
por causa dos seus pecados mandarei um
castigo sete vezes pior. 25 Ordenarei que
povos inimigos os ataquem; e assim vo-
cês serão castigados por terem quebrado
a aliança que fiz com vocês. E, se vocês
se ajuntarem nas cidades para escapa-
rem dos inimigos, eu farei com que vo-
cês sejam atacados por doenças graves,
e os inimigos os prenderão. 26 Por causa
do meu castigo, a comida será tão pouca,
que bastará um forno para dez donas de
casa assarem pão, e cada pessoa recebe-
rá uma porção tão pequena de comida,
que ninguém conseguirá matar a fome.

27 — E, se nem assim vocês me obede-
cerem, mas continuarem a me desafiar,
28 cheio de *ira eu ficarei contra vocês e
por causa dos seus pecados mandarei
um castigo sete vezes pior. 29 Haverá tan-
ta falta de comida, que vocês devorarão
os seus próprios filhos. 30 Eu ficarei tão
irado com vocês, que destruirei os luga-
res onde vocês adoram deuses pagãos,
quebrarei os altares em que é queimado
incenso e jogarei os corpos de vocês em
cima dos ídolos caídos. 31 Destruirei as ci-
dades e as deixarei em ruínas; derrubarei
os seus templos e não aceitarei os *sacri-
fícios que vocês me oferecerem. 32 Arra-
sarei tão completamente a terra em que
vocês moram, que os inimigos que vierem
morar nela ficarão espantados. 33 Eu farei
com que haja guerra, e vocês serão espa-
lhados pelas outras nações; na terra de
vocês não haverá moradores, e as cidades
ficarão em ruínas. 34 Assim, a terra terá os
seus anos de descanso. Enquanto estiver
sem moradores e vocês estiverem espa-
lhados pelas nações estrangeiras, a terra
terá os seus anos de descanso; 35 pois ela
não descansou durante o tempo em que
vocês moraram nela.

36 — Quanto aos que continuarem vivos
em terras estrangeiras, eu farei com que
eles fiquem com tanto medo, que até mes-
mo o som de folhas caindo no chão os fará
fugir; fugirão como se viessem inimigos
atrás deles e cairão sem que ninguém os
persiga. 37 Uns cairão em cima dos outros,
como se estivessem combatendo, mes-
mo que não haja inimigos por perto. E,
quando os inimigos chegarem, vocês não
terão forças para lutar contra eles. 38 Vo-
cês morrerão em terras estrangeiras e ali
serão sepultados. 39 Os que ficarem vivos
naquelas terras serão finalmente destruí-
dos pelos seus próprios pecados e pelos
pecados dos seus antepassados.

40 — Mas os descendentes de vocês
confessarão os seus pecados e também
os pecados dos seus antepassados, isto é,

daqueles que foram infiéis a mim e desobedeceram às minhas ordens, 41 fazendo com que eu ficasse contra eles e os espalhasse pelos países dos seus inimigos. Portanto, se eles se arrependerem das suas ideias e dos seus costumes pagãos e se aceitarem o castigo pelos seus pecados, 42 então eu lembrarei das alianças que fiz com Jacó e com Isaque e com Abraão e lembrarei também da *Terra Prometida.

43 — Mas, enquanto os descendentes de vocês estiverem espalhados por terras estrangeiras, a Terra Prometida ficará deserta e terá os seus anos de descanso. Os seus descendentes desobedeceram às minhas leis e desprezaram os meus mandamentos; por isso pagarão pelos seus pecados. 44 Mas, mesmo quando estiverem em terras estrangeiras, eu não os abandonarei, nem os destruirei, pois não quebrarei a aliança que fiz com eles. Eu sou o SENHOR, o Deus deles. 45 Pelo contrário, eu lembrarei da aliança que fiz com os seus antepassados, quando os tirei do Egito a fim de ser o seu Deus, mostrando assim o meu poder às outras nações. Eu sou Deus, o SENHOR.

46 São esses os mandamentos, as leis e as ordens que o SENHOR Deus deu aos israelitas por meio de Moisés, no monte Sinai.

Pessoas e coisas dedicadas a Deus

27 O SENHOR Deus deu a Moisés 2 as seguintes *leis para o povo de Israel:

Quando uma pessoa que foi separada para o serviço do SENHOR Deus quiser ficar livre do seu compromisso, ela pagará um preço certo, 3 de acordo com a tabela oficial.

Os homens de vinte a sessenta anos de idade pagarão cinquenta barras de prata, 4 e as mulheres da mesma idade pagarão trinta. 5 Os jovens de cinco a vinte anos de idade pagarão vinte barras de prata, e as jovens pagarão dez. 6 Os meninos de um mês a cinco anos pagarão cinco barras de prata, e as meninas pagarão três. 7 Os homens de sessenta anos para cima pagarão quinze barras de prata, e as mulheres pagarão dez. 8 Se a pessoa for pobre e não puder pagar a quantia marcada, ela irá falar com o sacerdote, e ele cobrará o que a pessoa puder pagar.

9 Quando alguém promete a Deus, o SENHOR, um animal que pode ser oferecido em *sacrifício, esse animal é considerado sagrado 10 e não poderá ser trocado por outro, seja melhor ou pior. Mas, se houver troca, então os dois animais pertencem ao SENHOR.

11 Se o animal for *impuro, isto é, um dos animais que o SENHOR não aceita, então o dono o levará ao sacerdote 12 para que ele veja quanto vale. O sacerdote dará o preço de acordo com a condição do animal. 13 Se o dono quiser tornar a comprar o animal, ele pagará o preço, mais um quinto.

14 Quando alguém dedicar a sua casa a Deus, o SENHOR, o sacerdote fará a avaliação da casa de acordo com a sua condição e dará o preço. 15 Se o dono quiser tornar a comprar a casa, pagará o preço, mais um quinto.

16 Se alguém oferecer para o serviço de Deus, o SENHOR, uma parte dos terrenos que recebeu do pai, o sacerdote fará a avaliação do terreno de acordo com a quantidade de sementes necessária para semeá-lo, na base de cinquenta barras de prata por cem quilos de *cevada. 17 Se ele dedicar o terreno a Deus no Ano da Libertação, o terreno valerá o preço máximo; 18 mas, se for depois do Ano da Libertação, o sacerdote calculará o seu valor, tendo como base os anos que ainda faltarem para o seguinte Ano da Libertação, e assim o preço será mais baixo. 19 Se o dono do terreno quiser tornar a comprá-lo, ele pagará o preço calculado, mais um quinto. 20 Mas, se não quiser tornar a comprá-lo ou se outra pessoa o comprar, ele perderá o direito de tornar a comprá-lo. 21 No Ano da Libertação, quando o terreno ficar livre, ele será oferecido para o serviço de Deus, o SENHOR; é um terreno sagrado que pertence aos sacerdotes.

22 Se alguém oferecer para o serviço de Deus, o SENHOR, um terreno que comprou, 23 o sacerdote calculará o valor do terreno, tendo como base os anos que ainda faltarem para o Ano da Libertação. Nesse mesmo dia o homem pagará o preço total e oferecerá o dinheiro para o serviço do SENHOR. 24 No seguinte Ano da Libertação o terreno voltará a pertencer ao seu dono, isto é, ao homem que o recebeu como herança.

25 Todos os preços serão calculados de acordo com a tabela oficial; a barra padrão, o siclo, vale vinte geras.

26 A primeira cria das vacas, ovelhas ou cabras pertence a Deus, o SENHOR.

Portanto, ninguém poderá oferecê-la ao SENHOR, pois já pertence a ele. [27]Mas a primeira cria de um animal impuro poderá ser comprada de novo; deverá ser pago o preço da tabela, mais um quinto. Se não for comprada de novo, a cria poderá ser vendida pelo preço da tabela.

[28]Ninguém poderá vender ou tornar a comprar uma coisa, seja pessoa, animal ou terreno, que tiver sido dedicada para ser usada somente no serviço de Deus, o SENHOR. É uma coisa sagrada e pertence completamente ao SENHOR. [29]Nem mesmo uma pessoa que tenha sido dedicada assim poderá ser comprada de novo; ela será morta.

[30]A décima parte das colheitas, tanto dos cereais como das frutas, pertence a Deus, o SENHOR, e será dada a ele. [31]Se o dono quiser tornar a comprar alguma porção dessa décima parte, pagará o preço marcado, mais um quinto.

[32]De cada dez animais domésticos um pertence a Deus, o SENHOR. Quando o dono contar o seu gado e as suas ovelhas e cabras, cada décimo animal pertencerá ao SENHOR, [33]qualquer que seja a condição do animal. O dono não poderá trocar um animal por outro. Mas, se houver troca, então os dois animais pertencem ao SENHOR e não poderão ser comprados de novo.

[34]Foram esses os mandamentos que o SENHOR Deus deu a Moisés, no monte Sinai, para o povo de Israel.

Números

Creia na verdade

— Eu tenho ouvido as reclamações dos israelitas. Até quando vou aguentar esse povo mau, que vive reclamando contra mim? Diga a essa gente o seguinte: "Juro pela minha vida que darei o que vocês me pediram. Sou eu, o Senhor*, quem está falando."*
Números 14:27-28

Autor Provavelmente Moisés e outros
Data Por volta do século 15 a.C.
Local As campinas de Moabe
Público-alvo Os filhos de Deus

Queixa é descrença — a descrença de que Deus é quem ele diz ser e de que ele está bem vivo em sua vida. Quando você se queixa, está criticando as coisas que Deus lhe deu. É uma atitude limitada e ingênua agir como se Deus tivesse, de alguma forma, privado você de algo que deveria ter recebido, mas é comum. Os israelitas foram libertos da escravidão e estavam livres para entrar na terra prometida, mas, quando a vida ficou difícil e o deserto ficou quente, eles se queixaram. Começaram a duvidar da fidelidade e do amor de Deus e resolveram cuidar das coisas com as próprias mãos. Mas quando Deus ouviu suas lamúrias, ele não ficou feliz. Na verdade, decidiu dar-lhes exatamente o que temiam; é como se fosse uma profecia, que se cumpriu de um jeito ou de outro. O mesmo acontece hoje: acredite nas coisas negativas que este mundo despeja, e você se verá carregando essas mesmas coisas; mas acredite no poder e na verdade da Palavra de Deus, e você encontrará tudo o que promete esta Bíblia em suas mãos.

Ponto essencial
Números conta o que aconteceu pouco antes de os israelitas entrarem na terra prometida.

É fácil ser enganada por aquilo que você vê, e é fácil acreditar que as coisas são o que parecem. Porém, como é triste crer mais no que se pode ver do que no Deus que você não pode ver. Quando ele lhe der uma visão das coisas que estão por vir, quando lhe mostrar um caminho que você tem de tomar, não se surpreenda ao ser testada ao longo dessa jornada. E não saia correndo na direção contrária quando chegar o momento do teste, mas permaneça firme em sua fé e apegue-se ao título de Garota de Deus. Mesmo que tudo no mundo diga que ele está errado ou ausente, seu coração e sua mente precisam se agarrar com firmeza à verdade de que ele está sempre certo e sempre presente.

Coisas para procurar

- As exigências dos israelitas (veja Números 11)
- O ciúme de Míriam e de Arão (veja Números 12)
- A história dos espiões (veja Números 13)

Termos e versículos que você deve saber

Censo: Uma contagem das pessoas, normalmente em preparação para a guerra ou tributação.

Nazireus: Homens ou mulheres "dedicados" ou "consagrados". Eles eram separados, às vezes antes do nascimento, para o serviço de Deus. Não podiam beber vinho, cortar o cabelo nem chegar perto de um cadáver. Veja as histórias de Sansão, Samuel, João Batista e Paulo.

Resgate: A soma paga para libertar alguém da escravidão ou do cativeiro, também conhecido como redenção. Jesus pagou o resgate por nós ao morrer na cruz, o que nos libertou do pecado e do medo da morte.

Que o SENHOR os abençoe e os guarde; que o SENHOR os trate com bondade e misericórdia; que o SENHOR olhe para vocês com amor e lhes dê a paz.

(Números 6:24-26)

— Porém não sejam rebeldes contra o SENHOR e não tenham medo do povo daquela terra.

(Números 14:9)

A primeira contagem do povo

1 No segundo ano depois da saída dos israelitas do Egito, no dia primeiro do segundo mês, o SENHOR Deus falou com Moisés no deserto do Sinai, na *Tenda Sagrada. Ele disse:
2 — Você e Arão devem fazer a contagem do povo de Israel por grupos de famílias e por famílias. 3 Façam a lista de todos os homens de vinte anos para cima, isto é, todos os que já têm idade para o serviço militar. 4 Vocês chamarão um chefe de grupo de famílias de cada *tribo para ajudá-los. 5-16 São estes os nomes dos homens que vão ajudar vocês:

Tribo	*Chefe de Grupo de Famílias*
Rúben	Elisur, filho de Sedeur
Simeão	Selumiel, filho de Zurisadai
Judá	Nasom, filho de Aminadabe
Issacar	Netanel, filho de Zuar
Zebulom	Eliabe, filho de Helom
Efraim	Elisama, filho de Amiúde
Manassés	Gamaliel, filho de Pedasur
Benjamim	Abidã, filho de Gideoni
Dã	Aiezer, filho de Amisadai
Aser	Pagiel, filho de Ocrã
Gade	Eliasafe, filho de Deuel
Naftali	Aira, filho de Enã

Esses foram os chefes de tribo escolhidos no meio do povo de Israel para representar os seus grupos de famílias.

17-18 Então, no dia primeiro do segundo mês, Moisés e Arão, junto com esses doze homens, reuniram todo o povo e fizeram a contagem por grupos de famílias e por famílias, registrando nome por nome os

homens de vinte anos para cima. 19 Assim,
a contagem no deserto do Sinai foi feita
como o SENHOR havia ordenado a Moisés.
20-21 Os homens de vinte anos para cima,
que tinham idade para o serviço militar,
foram registrados pelo seu nome, cada
um no seu grupo de famílias e na sua fa-
mília. Começaram pela tribo de Rúben, o
filho mais velho de Jacó. A soma total das
tribos foi a seguinte:
Da tribo de Rúben, quarenta e seis mil
e quinhentos homens.
22-23 Da tribo de Simeão, cinquenta e
nove mil e trezentos homens.
24-25 Da tribo de Gade, quarenta e cinco
mil seiscentos e cinquenta.
26-27 Da tribo de Judá, setenta e quatro
mil e seiscentos.
28-29 Da tribo de Issacar, cinquenta e
quatro mil e quatrocentos.
30-31 Da tribo de Zebulom, cinquenta e
sete mil e quatrocentos.
32-33 Da tribo de Efraim, quarenta mil e
quinhentos.
34-35 Da tribo de Manassés, trinta e dois
mil e duzentos.
36-37 Da tribo de Benjamim, trinta e cin-
co mil e quatrocentos.
38-39 Da tribo de Dã, sessenta e dois mil
e setecentos.
40-41 Da tribo de Aser, quarenta e um mil
e quinhentos.
42-43 Da tribo de Naftali, cinquenta e três
mil e quatrocentos.
44-46 A soma total de todos os homens de
vinte anos para cima, que tinham idade
para o serviço militar, foi de seiscentos e
três mil quinhentos e cinquenta.

Os levitas

47 Mas os *levitas não foram registrados
com as outras *tribos, 48 pois o SENHOR ti-
nha dito a Moisés o seguinte:
49 — Quando você fizer a contagem dos
homens com idade para o serviço militar,
deixe de fora os homens da tribo de Levi.
50 Mas ponha os levitas para cuidarem da
*Tenda Sagrada e de todos os seus mó-
veis e objetos. Eles carregarão a Tenda e
todo o seu equipamento, farão ali o ser-
viço religioso e acamparão ao redor dela.
51 *Quando a Tenda tiver de* ser transpor-
tada, os levitas a desarmarão e, quando
for preciso acampar de novo, eles a ar-
marão outra vez. Quem não for levita e
chegar perto da Tenda deverá ser morto.
52 Os outros israelitas ficarão cada um no
seu próprio acampamento, perto da sua
própria bandeira, de acordo com o seu
grupo. 53 Mas os levitas acamparão ao re-
dor da Tenda para guardá-la a fim de que
ninguém chegue perto, e assim eu não fi-
que *irado com o povo de Israel.
54 E o povo fez tudo como o SENHOR ha-
via ordenado a Moisés.

A ordem das tribos no acampamento

2 O SENHOR Deus disse a Moisés e a Arão
o seguinte:
2 — Quando os israelitas armarem o
acampamento, cada um ficará perto da
bandeira do seu grupo e do estandarte
do seu grupo de famílias. Eles acampa-
rão em volta da *Tenda Sagrada e de fren-
te para ela.
3-4 — Do lado leste acamparão os exér-
citos que marcham debaixo da bandeira
da *tribo de Judá. O exército de Judá tem
setenta e quatro mil e seiscentos homens,
e o chefe é Nasom, filho de Aminadabe.
5-6 Ao lado deles acampará o exército da
tribo de Issacar. Esse exército tem cin-
quenta e quatro mil e quatrocentos ho-
mens, e o chefe é Netanel, filho de Zuar.
7-8 Acampará com eles também o exército
da tribo de Zebulom. Esse exército tem
cinquenta e sete mil e quatrocentos ho-
mens, e o chefe é Eliabe, filho de Helom.
9 O grupo de Judá, num total de cento e oi-
tenta e seis mil e quatrocentos homens,
marchará primeiro.
10-11 — Do lado sul acamparão os exér-
citos que marcham debaixo da bandei-
ra da tribo de Rúben. O exército de Rú-
ben tem quarenta e seis mil e quinhen-
tos homens, e o seu chefe é Elisur, filho
de Sedeur. 12-13 Ao lado deles acampará o
exército da tribo de Simeão. Esse exérci-
to tem cinquenta e nove mil e trezentos
homens, e o chefe é Selumiel, filho de Zu-
risadai. 14-15 Acampará com eles também
o exército da tribo de Gade. Esse exérci-
to tem quarenta e cinco mil seiscentos e
cinquenta homens, e o chefe é Eliasafe,
filho de Deuel. 16 O grupo de Rúben, num
total de cento e cinquenta e um mil qua-
trocentos e cinquenta homens, marchará
em segundo lugar.
17 — Entre os primeiros dois grupos e
os dois últimos, marcharão os *levitas, le-
vando a Tenda. Os grupos marcharão na
mesma ordem em que acamparem, cada
um no seu lugar, seguindo a sua bandeira.
18-19 — Do lado oeste acamparão os

exércitos que marcham debaixo da ban-
deira da tribo de Efraim. O exército de
Efraim tem quarenta mil e quinhentos ho-
mens, e o chefe é Elisama, filho de Amiú-
de. 20-21 Ao lado deles acampará o exército
da tribo de Manassés. Esse exército tem
trinta e dois mil e duzentos homens, e
o chefe é Gamaliel, filho de Pedasur. 22-
23 Acampará com eles também o exérci-
to da tribo de Benjamim. Esse exército
tem trinta e cinco mil e quatrocentos ho-
mens, e o chefe é Abidã, filho de Gideoni.
24 O grupo de Efraim, num total de cento
e oito mil e cem homens, marchará em
terceiro lugar.

25-26 — Do lado norte acamparão os
exércitos que marcham debaixo da ban-
deira da tribo de Dã. O exército de Dã tem
sessenta e dois mil e setecentos homens,
e o chefe é Aiezer, filho de Amisadai. 27-
28 Ao lado deles acampará o exército da
tribo de Aser. Esse exército tem quarenta
e um mil e quinhentos homens, e o chefe
é Pagiel, filho de Ocrã. 29-30 Acampará com
eles também o exército da tribo de Nafta-
li. Esse exército tem cinquenta e três mil
e quatrocentos homens, e o chefe é Aira,
filho de Enã. 31 O grupo de Dã, num total
de cento e cinquenta e sete mil e seiscen-
tos homens, marchará por último.

32 O número total dos homens de Israel
registrados nos exércitos, grupo por gru-
po, foi de seiscentos e três mil quinhen-
tos e cinquenta. 33 Como o SENHOR havia
ordenado a Moisés, os levitas não foram
contados com os outros israelitas.

34 Assim, o povo de Israel fez tudo como
o SENHOR havia ordenado a Moisés. Eles
acamparam, cada grupo debaixo da sua
própria bandeira, e cada israelita co-
meçou a marchar com o seu grupo de
famílias.

Os filhos de Arão

3 Eram estes os descendentes de Arão e
de Moisés no tempo em que o SENHOR
falou com Moisés no monte Sinai. 2 Os no-
mes dos filhos de Arão são os seguintes:
Nadabe, o mais velho; depois Abiú, Eleazar
e Itamar. 3 Eles foram *ungidos e *ordena-
dos para servir como sacerdotes. 4 Porém
Nadabe e Abiú foram mortos quando, no
deserto do Sinai, estavam oferecendo a
Deus, o SENHOR, fogo que não era sagrado.
Eles não tinham filhos, e por isso Eleazar
e Itamar serviram como sacerdotes du-
rante a vida de Arão.

Os serviços dos levitas

5 O SENHOR Deus disse a Moisés:
6 — Mande chamar a *tribo de Levi e
ponha os seus membros para ajudarem
Arão, o sacerdote, no serviço religioso.
7 Eles farão tudo o que for necessário na
*Tenda Sagrada e estarão a serviço dos
sacerdotes e de todo o povo. 8 Cuidarão
de todos os móveis e objetos da Tenda e
cumprirão as suas obrigações para com
os israelitas no serviço religioso. 9 A úni-
ca responsabilidade dos *levitas é servir
Arão e os seus descendentes. 10 Mas você
ordenará a Arão e aos seus descendentes
que cuidem somente dos seus serviços
como sacerdotes. Qualquer outro homem
que tentar fazer esse serviço será conde-
nado à morte.

11 O SENHOR Deus disse mais a Moisés:
12-13 — Os levitas agora são meus. Quan-
do matei os primeiros filhos dos egípcios,
eu separei para mim todos os primeiros
filhos de cada família israelita e as primei-
ras crias dos animais. E agora, em vez de
ter os primeiros filhos do povo de Israel,
eu tenho os levitas. Eles são meus. Eu sou
Deus, o SENHOR.

A contagem dos levitas

14 No deserto do Sinai o SENHOR Deus
mandou que Moisés 15 registrasse os *levi-
tas por grupos de famílias e por famílias,
todos os do sexo masculino da idade de
um mês para cima. 16 E Moisés os contou
como o SENHOR havia mandado. 17 Levi
tinha três filhos: Gérson, Coate e Merari,
18-20 que foram os antepassados dos gru-
pos de famílias que têm os nomes deles.
Gérson tinha dois filhos: Libni e Simei.
Coate tinha quatro filhos: Anrão, Isar, He-
brom e Uziel. E Merari tinha dois filhos:
Mali e Musi. Eles são os antepassados das
famílias levitas que têm os nomes deles.

21 O grupo de famílias de Gérson era
formado pelas famílias de Libni e de Si-
mei. 22 O número total das pessoas do sexo
masculino, contadas uma por uma, da ida-
de de um mês para cima, foi de sete mil e
quinhentas. 23 Esse grupo acampava atrás
da *Tenda, no lado oeste. 24 Eliasafe, filho
de Lael, era o chefe desse grupo de famí-
lias. 25 Os gersonitas cuidavam da Tenda,
da sua cobertura de dentro, da cobertu-
ra de fora, das cortinas da entrada, 26 das
cortinas do pátio que fica ao redor da
Tenda e do altar e das cortinas da porta
do pátio e das suas cordas.

DEVOCIONAL

Texto para leitura: **Números 3:44-51**

Conheça a verdadeira felicidade

Pecar é tão fácil quanto cair de uma bicicleta. Você não precisa pecar, mas é sua tendência; na verdade, todos nós temos essa tendência. É por isso que Deus diz que ninguém tem a aprovação dele, ninguém é justo e todos se desviaram e ficaram aquém da glória de Deus (veja Romanos 3:10-12). E, por isso, foi preciso pagar um preço para se ter a vida de volta, assim como um resgate pago a um sequestrador. O pecado a sequestra e a torna escrava e cativa dele. O pecado grita seu nome e diz: "Qual é! Eu vou te fazer feliz". Mas, assim que você se volta para ele, ele a agarra e a acorrenta, fazendo com que seja quase impossível se livrar.

Mas há como sair destas correntes, e isso se chama redenção, o resgate de sua alma. Quando você aceita Jesus como seu Senhor, seu resgate é pago, e você fica livre. Isso significa que você não só está livre do castigo do pecado, mas do cativeiro dele também. O pecado não tem mais poder sobre você (veja Romanos 6:14). Então, você não precisa continuar a dizer sim para ele, ceder ou ser fraca por causa dele. Deus a libertou. Ele não a salva só para lhe dar um bilhete de ida para o céu, mas também para libertá-la. A única razão pela qual você continua a lutar contra o mesmo pecado, contra o qual lutou antes de sua redenção, é que você escolhe voltar para ele, como uma esposa maltratada volta para o marido violento. Não é certo nem bom. Não faz sentido algum; você foi liberta, então por que voltar para o lugar de tormento? Você não precisa! Volte para Deus e seja livre.

27 O grupo de famílias de Coate era for-
mado pelas famílias de Anrão, Isar, He-
brom e Uziel. 28 O número total das pes-
soas do sexo masculino, da idade de um
mês para cima, foi de oito mil e seiscen-
tas; e essas pessoas tinham de cuidar da
Tenda. 29 Esse grupo de famílias, isto é, os
coatitas, acampava no lado sul da Tenda.
30 O chefe desse grupo era Elisafã, filho de
Uziel. 31 Eles cuidavam da *arca da aliança,
da mesa, do *candelabro, dos altares, dos
utensílios do *Lugar Santo e da cortina da
entrada do *Lugar Santíssimo. Eles cuida-
vam de todos esses serviços.

32 O líder dos chefes dos levitas era
Eleazar, filho do sacerdote Arão. Ele era
o chefe dos que faziam o serviço religio-
so no Lugar Santo.

33 O grupo de famílias de Merari era for-
mado pelas famílias de Malí e Musi. 34 O
número total das pessoas do sexo mas-
culino, da idade de um mês para cima,
foi de seis mil e duzentas. 35 O chefe do
grupo de famílias de Merari era Zuriel,
filho de Abiail. Os meraritas acampavam
no lado norte da Tenda 36 e cuidavam das
tábuas da Tenda, das vigas, das colunas,
das bases e de todos os seus utensílios.
37 Cuidavam também das colunas que fi-
cavam no pátio ao redor da Tenda e das
suas bases, estacas e cordas.

38 Moisés, Arão e os filhos de Arão
acampavam em frente da Tenda, no lado
leste. Eles cuidavam dos serviços religio-
sos no Lugar Santo para o povo de Israel.
Porém, se qualquer outro homem tentas-
se fazer esse serviço, devia ser condena-
do à morte.

39 Como o SENHOR havia ordenado, Moi-
sés e Arão fizeram uma lista de todos os
levitas do sexo masculino, da idade de um
mês para cima, conforme os grupos de
famílias; o total foi de vinte e dois mil.

Os levitas ficam no lugar dos primeiros filhos

40 O SENHOR Deus disse a Moisés:
— Registre todos os primeiros filhos
israelitas do sexo masculino, de um mês
para cima, pois todos eles são meus.

41 Porém no lugar deles eu ponho todos
os *levitas para serem meus. Eu sou Deus,
o SENHOR. Ponha também os animais dos
levitas no lugar de todas as primeiras
crias dos animais dos outros israelitas.
42 Como o SENHOR havia ordenado, Moi-
sés registrou todos os primeiros filhos
dos israelitas. 43 O total dos que foram
contados, de um mês para cima, foi de
vinte e dois mil duzentos e setenta e três.
44 Depois o SENHOR Deus disse a Moisés:
45 — Ponha os levitas no lugar de todos
os primeiros filhos dos outros israelitas e
os animais dos levitas, no lugar dos ani-
mais dos outros israelitas. Os levitas se-
rão meus. Eu sou Deus, o SENHOR. 46 Como
os primeiros filhos dos israelitas são du-
zentos e setenta e três a mais do que os
levitas, você deve pagar por eles. 47-48 Você
pagará cinco barras de prata por pessoa e
entregará esse dinheiro a Arão e aos seus
filhos (De acordo com a tabela oficial, a
barra de prata, o siclo, vale vinte geras.).
49 Então Moisés pegou o dinheiro, 50 isto
é, quinze quilos e meio de prata, 51 e en-
tregou a Arão e aos seus filhos, conforme
o SENHOR havia mandado.

Os deveres dos coatitas

4 O SENHOR Deus disse a Moisés:
2 — Faça a contagem dos *levitas
descendentes de Coate, por grupos de
famílias e por famílias. 3 E registre todos
os homens de trinta a cinquenta anos de
idade que tiverem capacidade para tra-
balhar na *Tenda Sagrada. 4 O serviço dos
coatitas na Tenda é o de cuidar das coisas
santíssimas.
5 — Quando o acampamento for de-
sarmado, Arão e os seus filhos entrarão
na Tenda, tirarão a cortina que está em
frente da *arca da aliança e cobrirão a
arca com ela. 6 Eles porão em cima dela
uma coberta feita de peles finas e sobre
essa coberta estenderão um pano azul;
e depois enfiarão os cabos nas argolas
da arca.
7 — Eles estenderão um pano azul em
cima da mesa onde são colocados os pães
oferecidos ao SENHOR e colocarão sobre
ela os pratos, as taças de incenso, as ta-
ças das ofertas e os jarros para as ofertas
de vinho. Em cima da mesa sempre de-
verá haver pão. 8 Depois estenderão por
cima de tudo isso um pano vermelho. E
por cima desse pano colocarão a coberta
feita de peles finas; em seguida enfiarão
os cabos nas argolas da mesa.
9 — Pegarão um pano azul e cobrirão
o *candelabro com as suas lamparinas,
as tesouras de cortar pavios de lampa-
rinas, os apagadores e as vasilhas neces-
sárias para distribuir o azeite. 10 Depois
embrulharão tudo isso numa coberta feita
de peles finas e colocarão sobre os cabos
para carregar. 11 Em cima do altar de ouro
estenderão um pano azul e por cima co-
locarão uma coberta feita de peles finas.
Em seguida enfiarão os cabos nas argolas
do altar. 12 Depois pegarão todos os obje-
tos usados no *Lugar Santo, embrulharão
num pano azul, cobrirão com uma cober-
ta feita de peles finas e os colocarão sobre
os cabos para carregá-los.
13 — Eles tirarão as cinzas do altar e es-
tenderão por cima dele um pano verme-
lho. 14 Colocarão sobre ele todos os ob-
jetos usados no serviço do altar: os bra-
seiros, os garfos, as pás e as bacias. E por
cima estenderão uma coberta feita de pe-
les finas. Em seguida colocarão os cabos
nas argolas do altar. 15 Quando o acampa-
mento for desarmado, os descendentes de
Coate virão para pegar os objetos sagra-
dos somente depois que Arão e os seus
filhos tiverem acabado de cobrir a Tenda
e todos os seus objetos. O grupo de famí-
lias de Coate não deverá tocar nos objetos
sagrados; se fizerem isso, eles morrerão.
— São essas as coisas da Tenda que o
grupo de famílias de Coate deverá levar.
16 — Eleazar, filho do sacerdote Arão,
será o responsável pela Tenda e pelo azei-
te das lamparinas, pelo incenso, pelas
ofertas de cereais e pelo azeite de *ungir.
Será ele mesmo o responsável pela Ten-
da e por todos os seus objetos.
17 O SENHOR Deus disse a Moisés e a
Arão:
18 — Não deixem que as famílias de Coa-
te morram 19 por chegarem perto desses
objetos sagrados. Para evitar que isso
aconteça, Arão e os seus filhos entrarão
na Tenda e dirão a cada homem o que fa-
zer e o que carregar. 20 Porém os coatitas
não deverão entrar, nem por um instante,
para ver as coisas santas; se fizerem isso,
eles morrerão.

Os deveres dos gersonitas

21 O SENHOR Deus disse ainda a Moisés:
22 — Faça a contagem dos descendentes
de Gérson, por grupos de famílias e por

famílias. 23 E registre todos os homens de trinta a cinquenta anos de idade que tiverem capacidade para trabalhar na *Tenda Sagrada. 24 O serviço dos gersonitas é trabalhar na Tenda e carregar cargas. 25 Eles levarão a Tenda, as coberturas de dentro e de fora, a coberta de peles finas e a cortina da entrada. 26 Levarão também as cortinas do pátio, a cortina da porta do pátio que está ao redor da Tenda e do altar, as suas cordas e todos os objetos que precisam para o seu trabalho. 27 Todo o serviço dos gersonitas, o que eles deverão levar e fazer, estará debaixo das ordens de Arão e dos seus filhos. Estes darão ordens a respeito de tudo o que eles devem carregar. 28 É esse o serviço que o grupo de famílias de Gérson fará na Tenda; o serviço será dirigido por Itamar, filho do sacerdote Arão.

Os deveres dos meraritas

29 O SENHOR disse também a Moisés:

— Faça a contagem dos descendentes de Merari, por famílias e por grupos de famílias, 30 e registre todos os homens de trinta a cinquenta anos de idade que tiverem capacidade para trabalhar na *Tenda Sagrada. 31 O que terão de levar, de acordo com o serviço deles na Tenda, é o seguinte: as tábuas, os cabos, as colunas e as bases da Tenda; 32 as colunas do pátio que fica ao redor da Tenda, as suas bases, as estacas e as cordas, com todos os seus objetos e com tudo o que pertence ao seu serviço. Entregue a cada homem uma lista das coisas que ele deve levar. 33 É essa a responsabilidade do grupo de famílias de Merari, de acordo com o serviço deles na Tenda. Esse serviço será dirigido por Itamar, filho do sacerdote Arão.

A contagem dos levitas

34-48 Conforme o SENHOR havia ordenado, Moisés, Arão e os líderes do povo fizeram a contagem dos três grupos de famílias *levitas, isto é, de Coate, de Gérson e de Merari. Eles fizeram isso por grupos menores de famílias e por famílias e registraram todos os homens de trinta a cinquenta anos de idade que tinham capacidade para trabalhar na *Tenda Sagrada. O número de coatitas foi de dois mil setecentos e cinquenta homens; de gersonitas, dois mil seiscentos e trinta; e de meraritas, três mil e duzentos. O total de todos eles foi de oito mil quinhentos e oitenta homens.

49 Os nomes desses homens foram colocados numa lista, como o SENHOR havia ordenado a Moisés. E Moisés disse a cada um qual seria a sua tarefa ou qual a carga que devia carregar. A contagem foi feita de acordo com as instruções que o SENHOR tinha dado a Moisés.

As pessoas impuras

5 O SENHOR Deus disse a Moisés:

2 — Mande que os israelitas expulsem do acampamento todos os que têm uma doença contagiosa da pele, todos os que têm corrimento no membro e todos os que estão *impuros por terem tocado em algum morto. 3 Mande para fora do acampamento os que estão impuros, sejam homens ou mulheres, para que não tornem impuro o lugar onde eu moro.

4 Os israelitas fizeram como o SENHOR havia ordenado a Moisés, isto é, expulsaram todas essas pessoas do acampamento.

O pagamento por prejuízos

5 O SENHOR Deus disse ainda a Moisés:

6 — Diga aos israelitas o seguinte: se um homem ou uma mulher prejudicar alguém, essa pessoa estará ofendendo ao SENHOR e por isso será culpada. 7 Terá de confessar o pecado, devolver tudo e pagar mais um quinto para a pessoa que foi prejudicada. 8 Mas, se essa pessoa morreu e não existe parente chegado que receba o pagamento, então o culpado deverá pagar ao SENHOR, e o pagamento será do sacerdote. Além desse pagamento, também será entregue o carneiro que o sacerdote oferecerá em *sacrifício para conseguir o perdão do pecado dessa pessoa. 9 Todas as ofertas especiais que os israelitas entregam ao SENHOR pertencem ao sacerdote a quem elas forem apresentadas. 10 Cada sacerdote ficará com as ofertas sagradas que lhe forem apresentadas.

Como saber se a esposa é fiel ou não

11 O SENHOR Deus disse a Moisés:

12 — Fale com os israelitas e diga o seguinte: pode acontecer que uma mulher se desvie e seja infiel ao marido 13 e tenha relações sexuais com outro homem, tornando-se assim *impura. O marido não sabe disso, pois não houve testemunhas, e ela não foi apanhada no ato; 14 mesmo assim ele fica desconfiado. Pode acontecer também que o marido fique desconfiado, embora a mulher não tenha cometido

adultério. 15 Em qualquer desses dois casos o homem levará a sua mulher ao sacerdote. E levará também a oferta de um quilo de farinha de *cevada. Mas o sacerdote não porá azeite nem incenso em cima dessa farinha, pois é uma oferta de um marido desconfiado, isto é, uma oferta para descobrir a verdade.

16 — O sacerdote levará a mulher para a frente e a colocará diante do altar de Deus, o SENHOR. 17 Ele derramará água santa num jarro de barro, e pegará um pouco de terra do chão da *Tenda Sagrada, e porá na água. 18 E, com a mulher ainda em frente do altar, o sacerdote soltará os cabelos dela e porá nas suas mãos a oferta de farinha de cevada, que é a oferta por causa de ciúme. O sacerdote terá na mão o jarro de água amarga, que traz maldição.

19 — Então o sacerdote fará com que a mulher concorde com o seguinte juramento dito por ele: "Se você, estando debaixo da autoridade do seu marido, não teve relações com outro homem, nem cometeu com outro homem nenhum ato que a tenha tornado impura, então que nada lhe aconteça quando beber esta água amarga que traz maldição. 20 Mas, se você foi infiel e assim se tornou impura, 21 que o SENHOR Deus faça do seu nome uma maldição no meio do seu povo, e que os seus órgãos sexuais sequem, e a sua barriga fique inchada. 22 Que esta água entre no seu estômago e faça com que fique inchado, e os seus órgãos sexuais sequem." Então a mulher responderá: "Que assim seja!"

23 — Aí o sacerdote escreverá essas maldições numa tira de couro e em seguida lavará as palavras para dentro da água amarga. 24 Depois fará com que a mulher beba a água amarga que traz maldição. E a mulher sentirá dentro de si fortes dores. 25 Porém antes o sacerdote pegará da mão da mulher a oferta de cereais feita por causa de ciúmes; ele levantará a oferta na presença de Deus, o SENHOR, e a trará ao altar. 26 Então pegará um punhado da oferta de cereais e a queimará em cima do altar para lembrar que é dada a Deus. Finalmente fará com que a mulher beba a água; 27 e, se, de fato, a mulher cometeu adultério e ficou impura, a água entrará nela, e ela sentirá fortes dores. A sua barriga ficará inchada, e os seus órgãos sexuais secarão. E ela será amaldiçoada no meio do seu povo. 28 Porém, se a mulher não cometeu adultério e for inocente, então ficará livre do castigo e poderá ter filhos.

29 — Essa é a *lei para os casos em que uma mulher casada comete adultério, e o marido fica desconfiado, 30 ou em que um homem, sem motivo, fica desconfiado da mulher. Ele deverá levar a mulher até o altar de Deus, o SENHOR, e o sacerdote fará o que essa lei manda. 31 O marido ficará livre da culpa; mas, se a mulher for culpada, sofrerá o castigo.

Leis para os nazireus

6 O SENHOR Deus disse a Moisés:

2 — Fale com os israelitas e diga o seguinte: qualquer homem ou mulher que fizer uma promessa especial de ser *nazireu e dedicar-se ao serviço do SENHOR Deus, 3 não deverá beber vinho nem cerveja. Não deverá beber nenhum tipo de vinho, nem qualquer outra bebida feita de suco de uvas; não comerá uvas frescas nem passas. 4 Enquanto for nazireu, não comerá nada que venha da *parreira, nem mesmo as sementes ou as cascas das uvas.

5 — Durante todo o tempo do seu voto de nazireu, não deverá cortar o cabelo, nem fazer a barba. Até acabar o tempo que ele separou para se dedicar ao serviço de Deus, ele se dedicará somente ao SENHOR e deixará crescer completamente o cabelo. 6-7 O seu cabelo é um sinal da sua dedicação ao serviço de Deus. Por isso ele não deve se tornar *impuro, chegando perto de algum morto, mesmo que seja o corpo do seu pai, ou da sua mãe, ou do seu irmão, ou da sua irmã. 8 Enquanto for nazireu, ele está separado para o serviço de Deus, o SENHOR.

9 — Se alguém morrer de repente perto dele e fizer com que o seu cabelo de nazireu fique impuro, então sete dias depois ele deverá rapar a cabeça e fazer a barba e assim ficará puro. 10 No oitavo dia deverá trazer duas rolas ou dois pombinhos para o sacerdote na entrada da *Tenda Sagrada. 11 O sacerdote apresentará um deles como oferta para tirar pecados e o outro como oferta que vai ser completamente queimada, para conseguir o perdão do pecado que cometeu quando chegou perto do morto. Naquele mesmo dia o nazireu dedicará de novo o seu cabelo.

12 Então dedicará de novo ao serviço de
Deus, o SENHOR, o seu tempo como nazi-
reu. Esse tempo em que o seu cabelo se
tornou impuro não será contado. E, como
oferta para tirar a culpa, ele trará um car-
neirinho de um ano.
13 — A *lei para o nazireu, quando che-
gar o fim do tempo da sua dedicação ao
serviço de Deus, será esta: ele irá até a
porta da Tenda 14 e entregará a Deus, o
SENHOR, três animais sem defeito, isto é,
um carneirinho de um ano como *sacrifí-
cio que vai ser completamente queimado,
uma ovelhinha de um ano como sacrifício
para tirar pecados e um carneiro como
oferta de paz. 15 Ele também oferecerá
uma cesta de *pães feitos sem fermento,
isto é, pães grandes de farinha mistura-
da com azeite e pães pequenos e achata-
dos, com um pouco de azeite passado por
cima; e também apresentará as ofertas de
cereais e as ofertas de vinho.
16 — O sacerdote apresentará tudo isso
diante de Deus, o SENHOR, e oferecerá o
seu sacrifício para tirar pecados e a oferta
que será completamente queimada. 17 Ele
apresentará ao SENHOR o carneiro como
oferta de paz e também oferecerá a ces-
ta de pães feitos sem fermento. Ele dará
ainda as ofertas de cereais e as ofertas
de vinho. 18 Na porta da Tenda o nazireu
rapará a cabeça, pegará o cabelo e o co-
locará no fogo onde está sendo queimada
a oferta de paz.
19 — Então, depois que o quarto diantei-
ro do carneiro estiver assado, o sacerdo-
te o pegará e colocará nas mãos do nazi-
reu, junto com dois pães tirados da cesta,
um grande e um pequeno (Isso será fei-
to depois que o nazireu rapar a cabeça.).
20 Depois o sacerdote apresentará essas
coisas como uma oferta especial a Deus,
o SENHOR. São uma oferta sagrada para
o sacerdote junto com o peito e a coxa
do carneiro, que, pela lei, pertencem ao
sacerdote. Depois disso o nazireu pode-
rá beber vinho.
21 — Essa é a lei para quem faz o voto
de dedicar-se como nazireu ao serviço
de Deus, o SENHOR. Porém, se um nazi-
reu prometer uma oferta além do *que o
seu voto de nazireu* exige, então deverá
cumprir o que prometeu.

A bênção do sacerdote

22 O SENHOR Deus disse a Moisés:
23 — Fale com Arão e com os seus filhos
e diga-lhes que abençoem o povo de Is-
rael do seguinte modo:

24 "Que o SENHOR os abençoe e os
guarde;
25 que o SENHOR os trate com
bondade e misericórdia;
26 que o SENHOR olhe para vocês
com amor e lhes dê a paz."

27 E Deus disse:
— Assim, Arão e os seus filhos pedirão
as minhas bênçãos para o povo de Israel,
e eu os abençoarei.

As ofertas dos chefes das tribos

7 No dia em que Moisés acabou de armar
a *Tenda Sagrada, ele a *ungiu e a dedi-
cou ao serviço de Deus, junto com todos
os objetos da Tenda e do altar. 2 Então os
chefes dos grupos de famílias, que eram
líderes das *tribos do povo de Israel, os
mesmos homens que estavam cuidando
da contagem do povo, 3 trouxeram as suas
ofertas a Deus, o SENHOR, isto é, seis carro-
ças cobertas e doze bois. Cada dois chefes
ofereceram uma carroça, e cada um deles,
um boi; e puseram tudo na frente da Ten-
da. 4 O SENHOR disse a Moisés:
5 — Receba as carroças e os bois a fim
de serem usados para o serviço da Tenda;
e dê essas ofertas aos *levitas, a cada um
de acordo com o serviço que faz.
6 Então Moisés deu aos levitas as carro-
ças e os bois. 7 Aos descendentes de Gér-
son ele deu duas carroças e quatro bois,
de acordo com o serviço que faziam. 8 Aos
descendentes de Merari, também de acor-
do com o serviço deles, Moisés deu quatro
carroças e oito bois. Esse serviço era diri-
gido por Itamar, filho do sacerdote Arão.
9 Porém Moisés não deu aos descendentes
de Coate nem carroças nem bois, pois os
objetos sagrados de que eles cuidavam
tinham de ser carregados nos ombros.
10 Os chefes também trouxeram as ofer-
tas para comemorar a dedicação do al-
tar ao serviço de Deus. Quando eles já es-
tavam prontos para apresentar as suas
ofertas no altar, 11 o SENHOR Deus disse
a Moisés:
— *Os chefes*, cada um no seu próprio
dia, deverão apresentar as suas ofertas
para a dedicação do altar ao meu serviço.
12-83 Os doze chefes apresentaram as
suas ofertas na seguinte ordem: no pri-
meiro dia o chefe da tribo de Judá, Na-
som, filho de Aminadabe; no segundo dia

o chefe da tribo de Issacar, Netanel, filho
de Zuar; no terceiro dia o chefe da tribo
de Zebulom, Eliabe, filho de Helom; no
quarto dia o chefe da tribo de Rúben, Eli-
sur, filho de Sedeur; no quinto dia o che-
fe da tribo de Simeão, Selumiel, filho de
Zurisadai; no sexto dia o chefe da tribo
de Gade, Eliasafe, filho de Deuel; no séti-
mo dia o chefe da tribo de Efraim, Elisa-
ma, filho de Amiúde; no oitavo dia o che-
fe da tribo de Manassés, Gamaliel, filho
de Pedasur; no nono dia o chefe da tribo
de Benjamim, Abidã, filho de Gideoni; no
dia dez o chefe da tribo de Dã, Aiezer, fi-
lho de Amisadai; no dia onze o chefe da
tribo de Aser, Pagiel, filho de Ocrã; no dia
doze o chefe da tribo de Naftali, Aira, fi-
lho de Enã.

As ofertas que cada um trouxe eram
iguais: uma bandeja de prata pesando
um quilo e meio; uma bacia de prata pe-
sando oitocentos gramas, segundo a ta-
bela oficial (a bandeja e a bacia estavam
cheias de farinha de trigo misturada com
azeite, para a oferta de cereais); um prato
de ouro pesando cento e quinze gramas,
cheio de incenso; um touro novo, um car-
neiro e um carneirinho de um ano para
serem completamente queimados; um
bode como oferta para tirar pecados; e,
como oferta de paz, dois bois, cinco car-
neiros, cinco bodes e cinco carneirinhos
de um ano.

84-85 O total de todas as ofertas feitas pe-
los chefes do povo de Israel para a ceri-
mônia da dedicação do altar ao serviço
de Deus foi o seguinte: doze bandejas de
prata e doze bacias de prata, num peso
total de vinte e sete quilos e meio; 86 doze
pratos de ouro pesando um quilo trezen-
tos e oitenta gramas (os pratos estavam
cheios de incenso); 87 como ofertas a se-
rem completamente queimadas, doze tou-
ros novos, doze carneiros e doze carneiri-
nhos de um ano, junto com as ofertas de
cereais *que acompanham* essas ofertas;
como ofertas para tirar pecados, doze bo-
des; 88 e, como ofertas de paz, vinte e qua-
tro bois, sessenta carneiros, sessenta bo-
des e sessenta carneirinhos de um ano.

89 Quando Moisés entrou na Tenda Sa-
grada para falar com o SENHOR, ouviu a
voz de Deus falando com ele de cima da
tampa da *arca da aliança, do meio dos
dois *querubins (Era assim que Deus fa-
lava com Moisés.).

As lamparinas do candelabro

8 O SENHOR Deus disse a Moisés:
2 — Fale com Arão e diga-lhe o se-
guinte: quando você colocar as sete lam-
parinas no *candelabro, faça com que as
lamparinas iluminem o espaço em frente
do candelabro.

3 E Arão fez assim: colocou as lampari-
nas de modo que iluminassem o espaço
em frente do candelabro, como o SENHOR
havia ordenado a Moisés. 4 O candelabro
era de ouro batido: a sua base, as suas
flores, tudo era de ouro batido, de acordo
com o modelo que o SENHOR havia mos-
trado a Moisés.

A purificação e a dedicação dos levitas

5 O SENHOR Deus disse a Moisés:
6 — Separe os *levitas dos outros israe-
litas e *purifique-os. 7 Para purificá-los,
faça o seguinte: borrife sobre eles a água
da purificação. Eles devem rapar todo o
corpo e lavar as suas roupas. Assim, fi-
carão purificados. 8 Então pegarão um
touro novo, com a oferta de cereais, feita
da melhor farinha misturada com azei-
te. E você pegará outro touro novo como
oferta para tirar pecados. 9 Em seguida
você reunirá todo o povo de Israel e fará
com que os levitas fiquem em frente da
*Tenda Sagrada. 10 Então o povo de Israel
porá as mãos sobre a cabeça dos levitas,
11 e aí Arão separará os levitas para mim
como uma oferta especial dos israelitas.
Assim, os levitas poderão fazer o meu ser-
viço. 12 Os levitas colocarão as mãos sobre
a cabeça dos dois touros. Um deles será

Pergunte a si mesma...

O problema é que o pecado pode ser divertido. E isso pode dificultar a vontade de abrir mão dele. Pergunte a si mesma:

Quais são meus pecados favoritos?
O que eu tenho mais dificuldade de parar de fazer?
O que o sacrifício de Jesus fez para me livrar do pecado? (Veja Romanos 6:6-7,18; Efésios 1:7; 1João 5:18).
Que pecados vou decidir deixar de lado hoje?

oferecido como oferta para tirar pecados,
e o outro, como oferta que será completa-
mente queimada para purificar os levitas.
13 — Separe os levitas como uma oferta
especial para mim, e que Arão e os seus
filhos sejam os chefes deles. 14 Separe os
levitas dos outros israelitas a fim de que
sejam meus. 15 Depois que você purificar
e separar os levitas, eles estarão prepara-
dos para trabalhar na Tenda. 16 Eles foram
separados do meio dos israelitas, para
serem meus, em lugar dos filhos mais
velhos do povo de Israel. Eles são meus.
17 Quando matei todos os primeiros filhos
dos egípcios, eu separei para mim o fi-
lho mais velho de cada família israelita e
a primeira cria de cada animal. 18 Agora
estou ficando com os levitas em lugar de
todos os primeiros filhos dos israelitas.
19 Agora entrego os levitas a Arão e aos
seus filhos como uma oferta dos israeli-
tas a fim de trabalharem na Tenda para o
povo de Israel, para conseguirem o per-
dão dos pecados e para protegerem os is-
raelitas de alguma desgraça, se chegarem
muito perto do *Lugar Santo.
20 Assim, Moisés, Arão e todo o povo de
Israel cumpriram tudo o que o SENHOR
havia ordenado a Moisés a respeito dos
levitas. 21 Os levitas se purificaram e la-
varam as suas roupas, e Arão os separou
como uma oferta especial ao SENHOR e
fez a cerimônia da purificação para eles.
22 O povo fez tudo o que o SENHOR havia
ordenado a Moisés a respeito dos levitas.
Assim, eles foram escolhidos para traba-
lhar na Tenda Sagrada, dirigidos por Arão
e pelos seus filhos.
23 O SENHOR Deus disse a Moisés:
24 — A *lei a respeito dos levitas é esta:
com a idade de vinte e cinco anos cada
levita começará o seu trabalho na Tenda
Sagrada 25 e aos cinquenta anos deixará de
trabalhar. 26 Depois dessa idade os levitas
poderão ajudar os seus companheiros no
trabalho deles na Tenda, porém não se-
rão responsáveis por nenhum serviço. É
assim que você deverá organizar o servi-
ço dos levitas.

A segunda Páscoa

9 *No primeiro mês do* segundo ano de-
pois da saída do povo de Israel do Egi-
to, o SENHOR falou com Moisés no deserto
do Sinai. Ele disse:
2-3 — No dia catorze deste mês, come-
çando ao anoitecer, o povo de Israel deve
comemorar a *Festa da Páscoa, de acor-
do com todas as *leis e ordens a respei-
to dela.
4 Portanto, Moisés mandou que os is-
raelitas comemorassem a Páscoa. 5 Eles a
comemoraram no dia catorze do primei-
ro mês, ao pôr do sol, no deserto do Sinai.
Os israelitas fizeram tudo o que o SENHOR
havia ordenado a Moisés.
6 Porém alguns homens se tornaram
*impuros porque tocaram num morto e
por isso não puderam comemorar a Pás-
coa naquele dia. Eles foram falar com
Moisés e Arão 7 e disseram:
— Estamos impuros porque tocamos
num morto. Será que não vamos poder
apresentar a nossa oferta ao SENHOR
com os outros israelitas, no dia que já foi
marcado?
8 Então Moisés respondeu:
— Esperem, que eu vou falar com o SE-
NHOR para saber o que ele quer que vo-
cês façam.
9 Aí o SENHOR disse a Moisés:
10 — Diga aos israelitas o seguinte: se
algum de vocês ou dos seus descenden-
tes estiver impuro por haver tocado num
morto ou se estiver longe, viajando, mes-
mo assim poderá comemorar a Páscoa em
honra de Deus, o SENHOR. 11 Vocês a come-
morarão um mês depois, no dia catorze
do segundo mês, quando anoitecer. Nes-
sa ocasião vocês comerão o animal com
*pães sem fermento e com ervas amargas.
12 Não deixem sobrar nada da comida para
o dia seguinte e não quebrem nenhum
osso do animal. Façam a comemoração
de acordo com todas as leis da Páscoa.
13 Mas pode acontecer que alguém esteja
puro e não esteja viajando; se essa pessoa
não comemorar a Páscoa, será expulsa do
meio do povo, pois não me apresentou a
oferta no tempo certo. E será castigada
por causa do seu pecado.
14 — Se algum estrangeiro que mora no
meio de vocês quiser comemorar a Pás-
coa, terá de obedecer às leis e às ordens
a respeito dessa festa. A mesma lei será
para todos, tanto para os nascidos no país
como para os estrangeiros.

A nuvem sobre a Tenda Sagrada

Êxodo 40.34-38

15 No dia em que foi armada a *Tenda
Sagrada, veio uma nuvem e a cobriu. De
noite a nuvem parecia fogo. 16 Era sempre
assim: de dia a nuvem cobria a Tenda e de

noite parecia fogo. 17 Quando a nuvem se levantava de cima da Tenda, os israelitas começavam a caminhar. No lugar onde a nuvem parava, aí eles acampavam. 18 Eles começavam a caminhar ou acampavam de acordo com a ordem de Deus, o SENHOR. E ficavam acampados ali durante o tempo em que a nuvem estava parada sobre a Tenda. 19 Quando ela ficava muito tempo sobre a Tenda, os israelitas obedeciam à ordem do SENHOR e não saíam dali. 20 Às vezes a nuvem ficava poucos dias sobre a Tenda; assim, conforme a ordem do SENHOR, eles continuavam acampados ou começavam a caminhar. 21 Às vezes a nuvem ficava parada somente desde a tarde até a manhã do dia seguinte; quando ela se levantava de manhã, eles começavam a caminhar. Sempre que a nuvem se levantava, fosse de dia ou fosse de noite, os israelitas começavam a caminhar. 22 Mas, se ela ficava sobre a Tenda dois dias, ou um mês, ou mesmo um ano, enquanto estivesse parada, os israelitas continuavam acampados e não começavam a caminhar. Porém, quando ela se levantava, eles partiam. 23 De acordo com a ordem do SENHOR, eles acampavam ou começavam a caminhar. Os israelitas faziam isso obedecendo ao que o SENHOR ordenava por meio de Moisés.

As trombetas de prata

10 O SENHOR Deus disse a Moisés o seguinte:

2 — Faça duas trombetas de prata batida. Com elas você chamará o povo para se reunir e dará o sinal de partida do acampamento. 3 Quando forem tocadas as duas trombetas, todo o povo se reunirá com você na entrada da *Tenda Sagrada. 4 Porém, quando uma só for tocada, apenas os chefes dos grupos de famílias se reunirão com você. 5 Quando tocarem sons curtos e fortes, as *tribos acampadas a leste deverão começar a sair. 6 Quando tocarem pela segunda vez sons curtos e fortes, as tribos que estão ao sul começarão a sair. O sinal para partida serão toques curtos e fortes; 7 mas, para reunir o povo, deverão ser dados toques longos. 8 Os encarregados de tocar as trombetas serão os sacerdotes, que são descendentes de Arão.

— A seguinte *lei será obedecida para sempre pelos israelitas. 9 Quando vocês estiverem em guerra no seu próprio país, defendendo-se de um inimigo que os atacou, toquem o sinal para a batalha com essas trombetas. Eu, o SENHOR, o Deus de vocês, os ajudarei e os livrarei dos seus inimigos. 10 Também nas ocasiões de alegria, isto é, nas *Festas da Lua Nova e nas outras festas religiosas, vocês deverão tocar as trombetas quando apresentarem os *sacrifícios que serão completamente queimados e as ofertas de paz. Então eu os ajudarei. Eu sou o SENHOR, o Deus de vocês.

Os israelitas partem do Sinai

11 No segundo ano depois que o povo saiu do Egito, no dia vinte do segundo mês, a nuvem se levantou de cima da *Tenda Sagrada. 12 Nesse dia os israelitas começaram a caminhar, partindo assim do deserto do Sinai; e a nuvem parou no deserto de Parã.

13 Assim, pela primeira vez, eles começaram a caminhar, conforme a ordem que o SENHOR tinha dado a Moisés. 14 Primeiro saíram os que eram da bandeira da *tribo de Judá, grupo por grupo, comandados por Nasom, filho de Aminadabe. 15 Netanel, filho de Zuar, comandava a tribo de Issacar; 16 e Eliabe, filho de Helom, comandava a tribo de Zebulom.

17 Então a Tenda foi desarmada, e os *levitas dos grupos de famílias de Gérson e de Merari partiram, levando a Tenda.

18 Depois saíram aqueles que eram da bandeira levada pela tribo de Rúben, grupo por grupo, comandados por Elisur, filho de Sedeur. 19 Selumiel, filho de Zurisadai, comandava a tribo de Simeão, 20 e Eliasafe, filho de Deuel, comandava a tribo de Gade.

21 Em seguida saíram os levitas do grupo de famílias de Coate, carregando os objetos sagrados. E, quando chegaram ao outro acampamento, a Tenda já estava armada.

22 Então saíram aqueles que eram da bandeira da tribo de Efraim, grupo por grupo, comandados por Elisama, filho de Amiúde. 23 Gamaliel, filho de Pedasur, comandava a tribo de Manassés; 24 e Abidã, filho de Gideoni, comandava a tribo de Benjamim.

25 Depois, atrás de todas as outras tribos, saíram aqueles que eram da bandeira da tribo de Dã, grupo por grupo, comandados por Aiezer, filho de Amisadai. 26 Pagiel, filho de Ocrã, comandava a tribo de Aser, 27 e Aira, filho de Enã, comandava

a tribo de Naftali. 28 Os israelitas come-
çaram a caminhar nesta ordem, grupo
por grupo.

Moisés convida Hobabe a acompanhá-los

29 Moisés disse ao seu cunhado Hobabe,
filho de Jetro, o midianita:

— Nós estamos saindo para o lugar que
o SENHOR disse que nos daria. Ele prome-
teu que faria do povo de Israel uma nação
rica; portanto, venha com a gente, e re-
partiremos com você as coisas boas que
conseguirmos.

30 Hobabe respondeu:

— Não. Eu vou voltar para a minha ter-
ra e para a minha família.

31 — Por favor, não faça isso — disse
Moisés. — Você conhece o deserto e sabe
onde podemos acampar; você poderia ser
o nosso guia. 32 Se você vier com a gente,
nós repartiremos com você todas as bên-
çãos que o SENHOR nos der.

Deus dirige o povo

33 E assim os israelitas partiram do Si-
nai, o monte de Deus, o SENHOR, e ca-
minharam durante três dias. A *arca da
aliança do SENHOR ia sempre na frente
deles a fim de marcar o lugar de acam-
par. 34 Quando partiam, a nuvem do SE-
NHOR ficava por cima deles durante o dia.
35 Sempre que a arca partia, Moisés di-
zia assim: "Ó SENHOR Deus, levanta-te e
espalha os teus inimigos! E que fujam da
tua frente os que te odeiam!" 36 E, sem-
pre que a arca parava, Moisés dizia assim:
"Ó SENHOR Deus, volta para ficar com os
milhares de famílias do povo de Israel!"

O povo reclama em Taberá

11 Por estarem passando por muitas
dificuldades, os israelitas começa-
ram a se queixar a Deus, o SENHOR. Quan-
do o SENHOR ouviu as suas reclamações,
ficou *irado e fez cair fogo em cima deles.
O fogo queimou no meio deles e destruiu
uma ponta do acampamento. 2 Então o
povo gritou, pedindo socorro a Moisés;
Moisés orou ao SENHOR, e o fogo se apa-
gou. 3 Aí puseram naquele lugar o nome
de Taberá porque ali o fogo do SENHOR
havia queimado no meio *deles.*

Moisés escolhe setenta ajudantes

4 Havia estrangeiros viajando com os is-
raelitas. Eles estavam com muita vontade
de comer carne, e até mesmo os israelitas
começaram a reclamar, dizendo:

— Ah, se tivéssemos um pouco de
carne para comer! 5 No Egito comíamos
quanto peixe queríamos, e era de graça.
E que saudades dos pepinos, dos melões,
das verduras, das cebolas e dos alhos!
6 Mas agora acabaram-se as nossas for-
ças. Não há mais nada para comer, e a úni-
ca coisa que vemos é esse *maná!

7 (O maná era parecido com pequenas
sementes brancas, meio amareladas.
8-9 Ele caía durante a noite, com o orva-
lho. No dia seguinte de manhã, o povo ia
apanhá-lo em volta do acampamento. Eles
o moíam em moinhos ou o socavam em
pilões, cozinhavam numa panela e faziam
pães achatados que tinham gosto de pão
assado com azeite.)

10 Então Moisés ouviu o choro do povo.
Cada família chorava na entrada da sua
barraca. O SENHOR ficou muito *irado. E
Moisés também ficou aborrecido 11 e dis-
se a Deus, o SENHOR:

— Por que me tens tratado tão mal?
Por que estás aborrecido comigo? Por
que me deste um trabalho tão pesado de
dirigir todo este povo? 12 Eu não fiz este
povo, nem dei à luz esta gente! Por que
me pedes que faça como uma babá e os
carregue no colo como criancinhas para
a terra que juraste dar aos seus antepas-
sados? 13 Onde poderia eu conseguir car-
ne para dar a todo este povo? Eles vêm
chorar perto de mim e dizem que que-
rem comer carne. 14 Eu sozinho não posso
cuidar de todo este povo; isso é demais
para mim! 15 Se vais me tratar desse jeito,
tem pena de mim e mata-me! Se gostas
de mim, não deixes que eu continue so-
frendo deste jeito!

16 O SENHOR Deus respondeu a Moisés:

— Reúna para mim setenta homens,
que você sabe que são líderes, entre os
mais respeitados do povo de Israel; leve-
-os até a *Tenda Sagrada e fique ali com
eles. 17 Então eu descerei e falarei com
você ali; tirarei uma parte do Espírito que
lhe dei e darei a eles, para que o ajudem
no pesado trabalho de cuidar do povo. As-
sim, você não precisará fazer isso sozinho.
18 *Agora diga* ao povo o seguinte: "Purifi-
quem-se para amanhã; vocês vão comer
carne. O SENHOR ouviu vocês chorando
e dizendo que queriam carne e que pas-
savam bem no Egito. Por isso o SENHOR
lhes dará carne, e vocês a comerão. 19 E
não comerão só um dia, nem dois, nem

DEVOCIONAL

Texto para leitura: **Números 11:10-15**

Conheça a si mesma

A reação humana ao fracasso normalmente é o desespero. Aquela sensação de que não há como consertar a bagunça em que você se meteu é o que faz você parecer como Moisés e dizer: "Está tudo acabado. Eu também poderia desistir agora". Mas você não pode deixar que o desespero a vença. Você precisa perceber que não há nada de especial em seu drama. Perder a oportunidade de fazer algo certo é uma coisa realmente comum, que acontece com todos nós. Se você ignorar isso e achar que algo muito diferente aconteceu com você, é provável que vá se afundar no poço do desespero sem saber como sair dele — ou até estará disposta a permanecer lá. A solução se encontra nas palavras de Jesus para seus discípulos, que estavam desanimados com o destino que teriam na vida. Ele disse: "Levantem-se, e vamos embora" (Mateus 26:46a). Jesus não deixou que os discípulos se revolvessem no erro. Ele lhes pediu, em essência, que superassem as coisas e seguissem em frente.

Então, o que vem a seguir em sua vida? O que Jesus a está chamando para superar, e como ele a chama para prosseguir? Se você se afundar em seu passado e se recusar a seguir em frente, você se envolve com seu fracasso mais uma vez. Somente quando você obedece e prossegue é que diminui a dor e a força de seu fracasso no passado. Na verdade, ele ainda é um fracasso no presente até que você se levante e o supere.

Se você não sabe o que vem a seguir em sua vida, então que seja isto, e somente isto: confiar em Jesus completamente e orar sempre. Por fim, saiba que ele age para que todas as coisas trabalhem juntas para o bem — até mesmo seus fracassos (veja Romanos 8:28). Ao fazer essas coisas, você deixa o fracasso e segue em frente, não para trás.

cinco, nem dez, nem vinte, 20 mas duran-
te um mês inteiro, até que saia pelos seus
narizes, e vocês ficarem com nojo. Pois
vocês rejeitaram o SENHOR, que está no
meio de vocês, e se queixaram, dizendo
que nunca deveriam ter saído do Egito."
21 Moisés disse:
— Estou levando seiscentos mil ho-
mens, e tu dizes que vais dar a essa gente
carne para comer o mês inteiro? 22 Onde
haveria tantas ovelhas e vacas para matar
a fim de que todos ficassem satisfeitos?
Será que todos os peixes do mar juntos
poderiam alimentar essa gente?
23 Porém o SENHOR Deus respondeu a
Moisés:
— Será que eu tenho tão pouco poder?
Agora mesmo você verá se o que eu disse
vai acontecer ou não.
24 Então Moisés saiu e contou ao povo
o que o SENHOR tinha dito. Ele reuniu
setenta líderes do povo e os pôs ao re-
dor da Tenda. 25 Aí o SENHOR desceu na
nuvem e falou com ele. Deus tirou uma
parte do Espírito que tinha dado a Moi-
sés e deu aos setenta líderes. Quando o
Espírito veio sobre eles, eles começaram
a falar alto como *profetas; porém isso
durou pouco tempo.
26 Dois dos setenta líderes ficaram no
acampamento e não foram até a Tenda
Sagrada. Um se chamava Eldade, e o ou-
tro, Medade. O Espírito veio sobre eles,
e eles também começaram a falar alto
como profetas. 27 Então um rapaz foi cor-
rendo contar que Eldade e Medade es-
tavam *profetizando no acampamento.
28 Aí Josué, filho de Num, que desde a sua
mocidade era auxiliar de Moisés, foi logo
dizendo:
— Moisés, meu chefe, não deixe que
eles façam isso!

29 Moisés respondeu:
— Por que você está preocupado com
os meus direitos, quando eu é que deveria
estar? Eu gostaria que o SENHOR desse o
seu Espírito a todo o seu povo e fizesse
com que todos fossem profetas!
30 Depois Moisés e os setenta líderes do
povo de Israel voltaram para o acampa-
mento.

Deus manda codornas

31 De repente, o SENHOR mandou um
vento que trouxe do mar bandos de co-
dornas. Elas caíram no acampamento e
em volta, em todas as direções, a uma dis-
tância de uns trinta quilômetros; e cobri-
ram o chão em montes de quase um me-
tro de altura. 32 Assim, todo aquele dia,
toda aquela noite e todo o dia seguinte o
povo trabalhou catando codornas; nin-
guém juntou menos de mil quilos. E espa-
lharam as codornas ao redor do acampa-
mento para secar. 33 Quando ainda havia
muita carne para comer, o SENHOR ficou
*irado com o povo e os castigou com uma
terrível epidemia, que matou muita gente.
34 Por isso puseram naquele lugar o nome
de Quibrote-Ataavá, que quer dizer "As
Sepulturas do Desejo"; pois ali foram se-
pultadas as pessoas que estavam loucas
de vontade de comer carne.
35 Depois os israelitas foram até Haze-
rote e acamparam ali.

O castigo de Míriam

12 Moisés havia casado com uma mu-
lher da Etiópia, e Míriam e Arão
começaram a criticá-lo por causa disso.
2 Eles disseram:
— Será que o SENHOR tem falado so-
mente por meio de Moisés? Será que não
tem falado também por meio de nós?
E o SENHOR ouviu o que eles disseram
3 (Moisés era um homem humilde, o mais
humilde do mundo.).
4 Logo em seguida o SENHOR disse a
Moisés, a Arão e a Míriam:
— Vocês três aí, vão para a *Tenda Sa-
grada.
Eles foram, 5 e o SENHOR desceu na
coluna de nuvem e ficou na entrada da
Tenda. Depois chamou Arão e Míriam e,
quando eles chegaram, 6 Deus disse:
— Agora escutem o que vou dizer.
Quando há *profetas entre vocês, eu
apareço a eles em visões e falo com eles
em sonhos. 7 Com o meu *servo Moisés é
diferente, pois eu o coloquei como res-
ponsável por todo o meu povo. 8 Pois eu
falo com ele face a face, claramente, e não
por meio de comparações; ele até já viu a
minha forma! Como é que vocês se atre-
vem a falar contra o meu servo Moisés?
9 E aí o SENHOR Deus foi embora muito
*irado com eles. 10 Assim que Deus saiu,
a nuvem que estava sobre a Tenda desa-
pareceu. No mesmo instante Míriam foi
atacada por uma terrível doença da pele,
que ficou branca como a neve. Arão olhou
para Míriam e viu que, de fato, ela esta-
va atacada por aquela doença. 11 Aí Arão
disse a Moisés:
— Por favor, chefe, eu lhe peço que não
nos faça sofrer o castigo por causa desse
pecado que cometemos num momento
de loucura. 12 Não deixe que Míriam seja
como um aborto que nasce com metade
do corpo destruído.
13 Então Moisés orou assim a Deus, o
SENHOR:
— Ó Deus, eu te peço que a cures!
14 E o SENHOR respondeu a Moisés:
— Se o pai de Míriam tivesse cuspido
no rosto dela, ela teria ficado humilhada
durante sete dias. Então que ela seja ex-
pulsa do acampamento e fique lá fora sete
dias; depois será trazida de volta.
15 Assim, Míriam ficou sete dias fora do
acampamento. E o povo não partiu dali
enquanto ela não foi trazida de novo para
o acampamento.
16 Depois disso, o povo saiu de Hazerote
e acampou no deserto de Parã.

Os espiões

Deuteronômio 1.19-33

13 O SENHOR Deus disse a Moisés:
2 — Mande alguns homens para
espionar a terra de Canaã, a terra que eu
vou dar aos israelitas. Em cada *tribo es-
colha um homem que seja líder.
3 Do deserto de Parã Moisés enviou
os espiões, de acordo com as ordens de
Deus, o SENHOR. Todos eram chefes de
tribos do povo de Israel. 4-15 São estes os
seus nomes:

Tribo	*Chefe*
Rúben	Samua, filho de Zacur
Simeão	Safate, filho de Hori
Judá	Calebe, filho de Jefoné
Issacar	Igal, filho de José
Efraim	Oseias, filho de Num
Benjamim	Palti, filho de Rafu

Míriam

Leia a história desta Garota de Deus em Êxodo 2:1-10; 15:20-21; Números 12:1-15 e 20:1.

Moisés havia casado com uma mulher da Etiópia, e Míriam e Arão começaram a criticá-lo por causa disso. Eles disseram: – Será que o SENHOR *tem falado somente por meio de Moisés? Será que não tem falado também por meio de nós? E o* SENHOR *ouviu o que eles disseram.*

Números 12:1-2

Não importa o quanto uma pessoa esteja perto de Deus nem o quanto seja sábia — ela não está imune ao pecado. Alguns dos maiores homens e mulheres de Deus viram-se diante do fato de que, regiamente, cometeram erros. E Míriam é uma delas. Míriam, irmã de Moisés, a que viu a mãe colocá-lo naquela cesta no rio para ser encontrado pela filha do faraó, cresceu e se tornou uma profetisa agraciada por Deus para revelar ao povo os pensamentos do Senhor. Ela amava a Deus e lhe servia bem, mas também pecou. Seu ciúme e suas queixas foram ouvidos por Deus, e, por causa disso, ela sofreu (veja Números 12:1-15).

Como Míriam, todos nós temos a tendência de nos admirar mais do que deveríamos. É fácil olhar à sua volta e perguntar: "Por que Deus usa essas pessoas quando estou tão disposta a ser usada?". Mas a queixa que você expressa não é tanto contra pessoas quanto o é contra Deus. Como uma Garota de Deus, você deve tomar cuidado ao criticar Deus. E também deve estar ciente de que seu pecado não é novidade alguma. Quando pecar, seja rápida para confessar e afastar-se do pecado, mas não deixe que ele se torne o fim de sua história. Não deixe que o pecado seja aquilo pelo que você será mais lembrada. Para isso, siga em frente com fé e obediência. Ouça o que Deus quer; leia a Palavra de Deus e faça dela parte de seu dia, de agora em diante. Não olhe para trás, a não ser que seja para se identificar com outros pecadores. Olhe para frente e mantenha os olhos no prêmio, o próprio Jesus, e sua vida será muito útil para o Rei.

Zebulom	Gadiel, filho de Sodi
Manassés	Gadi, filho de Susi
Dã	Amiel, filho de Gemali
Aser	Setur, filho de Micael
Naftali	Nabi, filho de Vofsi
Gade	Geuel, filho de Maqui

16 São esses os nomes dos homens que
Moisés mandou espionar a terra. Ele mu-
dou o nome de Oseias, filho de Num, para
Josué.
17 Quando Moisés os mandou espionar
a terra de Canaã, disse a esses homens
o seguinte:
— Vão pela região sul e subam pelas
montanhas. 18 Vejam bem que terra é essa.
Vejam também se o povo que mora nela
é forte ou fraco, se são poucos ou muitos.
19 Vejam se a terra onde esse povo mora é
boa ou ruim, se as suas cidades têm mura-
lhas ou não. 20 Examinem também a qua-
lidade da terra, se é boa para plantar ou
não. Vejam se há matas. Tenham coragem
e tragam algumas frutas da terra (Estava
na época da primeira colheita de uvas.).
21 Assim, os homens saíram e espiona-
ram a terra desde o deserto de Zim até
Reobe, perto da subida de Hamate. 22 Eles
subiram pela região sul e foram até He-
brom. Ali viviam Aimã, Sesai e Talmai,
descendentes de uma raça de gigantes
chamados *anaquins (Hebrom tinha sido
construída sete anos antes de Zoã, no Egi-
to.). 23 Depois chegaram ao vale de Escol
e ali cortaram um galho de uma *parreira
com um cacho de uvas, que dois homens
carregaram pendurado numa vara. Eles
pegaram também romãs e figos 24 (Cha-
maram aquele lugar de "vale de Escol"
por causa do cacho de uvas que eles ha-
viam cortado ali.).
25 Depois de espionarem a terra quaren-
ta dias, 26 eles voltaram a Cades, no deser-
to de Parã, onde estavam Moisés, Arão e
todo o povo de Israel. E contaram a eles
e a todo o povo o que tinham visto e mos-
traram as frutas que haviam trazido da
terra. 27 Eles disseram a Moisés:
— Nós fomos até a terra aonde você
nos enviou. De fato, ela é boa e rica, como
se pode ver por estas frutas. 28 *Mas os que
moram lá são* fortes, e as cidades são mui-
to grandes e têm muralhas. Além disso,
vimos ali os descendentes dos gigantes.
29 Os amalequitas moram na região sul da
terra. Os heteus, os jebuseus e os amor-
reus moram nas montanhas. Os cananeus
vivem perto do mar Mediterrâneo e na
beira do rio Jordão.
30 Aí o povo começou a reclamar contra
Moisés, mas Calebe os fez calar e disse:
— Vamos atacar agora e conquistar
a terra deles; nós somos fortes e vamos
conseguir isso!
31 Porém os outros que tinham ido com
ele disseram:
— Não. Não podemos atacar aquela
gente, pois é mais forte do que nós.
32 Assim, espalharam notícias falsas en-
tre os israelitas a respeito da terra que
haviam espionado. Eles disseram:
— Aquela terra não produz o suficien-
te nem para alimentar os seus morado-
res. E os homens que vimos lá são mui-
to altos. 33 Também vimos ali gigantes, os
descendentes de Anaque. Perto deles nós
nos sentíamos tão pequenos como gafa-
nhotos; e, para eles, também parecíamos
gafanhotos.

A revolta do povo

14 Então, naquela noite, todo o povo
gritou e chorou. 2 Todos os israe-
litas reclamaram contra Moisés e Arão
e disseram:
— Seria melhor se tivéssemos morrido
no Egito ou mesmo neste deserto! 3 Por
que será que o SENHOR Deus nos trouxe
para esta terra? Nós vamos ser mortos na
guerra, e as nossas mulheres e os nossos
filhos vão ser presos. Seria bem melhor
voltarmos para o Egito!
4 E diziam uns aos outros:
— Vamos escolher outro líder e volte-
mos para o Egito!
5 Então Moisés e Arão se ajoelharam
e encostaram o rosto no chão diante de
todo o povo. 6 E Josué, filho de Num, e Ca-
lebe, filho de Jefoné, dois dos líderes que
haviam espionado a terra, rasgaram as
suas roupas em sinal de tristeza 7 e dis-
seram ao povo:
— A terra que fomos espionar é muito
boa mesmo. 8 Se o SENHOR Deus nos aju-
dar, ele fará com que entremos nela e nos
dará aquela terra, uma terra boa e rica.
9 Porém não sejam rebeldes contra o SE-
NHOR e não tenham medo do povo daque-
la terra. Nós os venceremos com facilida-
de. O SENHOR está com a gente e derrotou
os deuses que os protegiam. Portanto, não
tenham medo.
10 Apesar disso o povo ameaçou matá-
-los a pedradas, mas, de repente, todos

DEVOCIONAL

Texto para leitura: **Números 14:17-19**

Conheça a Deus

Deus promete punir aqueles que praticam o mal. Isso é um alívio quando você é vítima do mal, mas e quando você é a vítima do castigo? Quando os pais pecam, esses pecados podem influenciar as gerações posteriores. Assim, se um dos pais serve ao ídolo da embriaguez, você vê esse padrão se repetir por gerações. O pecado parece ser transmitido pelo DNA, mas não precisa ser assim com você.

Como uma Garota de Deus, você não é mais escrava do pecado. Você não é mais controlada pelo poder do pecado. Embora alguns filhos possam continuar nos caminhos pecaminosos dos pais, condenados para sempre a uma vida de escravidão, você, Garota de Deus, agora está livre. Jesus veio para libertar os cativos, e isso inclui até você, que era cativa dos pecados de sua família. Talvez você não tenha percebido que é livre, e talvez esteja vivendo sob o engano de que os pecados de seus pais serão seus, mas isso é bobagem. O preço por esses pecados em seu DNA foi pago. Você não está mais vivendo sob a maldição, pois "Cristo, tornando-se maldição por nós, nos livrou da maldição imposta pela lei" (Gálatas 3:13a).

Ao ler o Antigo Testamento, você também precisa levar em conta o Novo Testamento. Sim, Deus amaldiçoa os filhos dos pecadores, mas também oferece liberdade da maldição a todos aqueles que estão dispostos a se arrepender e a fazer de Jesus o Senhor de sua vida. Se há um pecado comum em sua família, confesse-o como se ele fosse seu, e depois prometa a Deus que você se desviará dele e nunca irá cometê-lo. Tenha certeza de que, ao fazer isso, você será liberta da maldição e receberá uma nova vida na área em que sua família antes era cativa.

viram a *glória do SENHOR aparecer sobre
a *Tenda Sagrada.

Moisés pede em favor do povo

11 O SENHOR Deus disse a Moisés:
— Até quando este povo vai me rejeitar? Até quando não vão crer em mim, embora eu tenha feito tantos milagres
entre eles? 12 Vou mandar uma epidemia
para acabar com eles, porém farei com que os descendentes de você sejam um povo maior e mais forte do que eles.
13 Mas Moisés respondeu ao SENHOR:
— Com o teu poder tiraste do Egito esta gente. Quando os egípcios souberem do
que vais fazer com este povo, 14 eles contarão isso aos moradores desta terra. Estes já sabem que tu, ó SENHOR Deus, estás com a gente e que és visto claramente quando a tua nuvem para sobre nós. E sabem também que vais adiante de nós numa coluna de nuvem de dia e numa
coluna de fogo de noite. 15 Se matares o
teu povo, as nações que ouviram falar a
respeito da tua fama vão dizer 16 que mataste o teu povo no deserto porque não pudeste levá-lo para a terra que prometeste dar a ele.
17 Agora, Senhor, eu te peço
que mostres o teu poder e que faças o
que prometeste quando disseste: 18 "Eu,
o SENHOR, tenho paciência e muita compaixão; eu perdoo a maldade e o pecado, porém não trato o culpado como se fosse inocente. Eu faço com que o castigo dos pecados dos pais caia sobre os seus descendentes, até os bisnetos e trinetos."
19 E
agora eu te peço, ó Deus, que perdoes o pecado deste povo, de acordo com a tua grande misericórdia, como já tens feito desde o Egito até aqui.
20 O SENHOR Deus disse:
— Já que você pediu, eu perdoo. 21 Mas,
pela minha vida e pela minha presença *gloriosa que enche toda a terra, juro que

22 nenhum desses homens viverá para entrar naquela terra. Eles viram a minha *glória e os milagres que fiz no Egito e no deserto. No entanto dez vezes puseram à prova a minha paciência e não quiseram me obedecer. 23 Eles nunca entrarão na terra que jurei dar aos seus antepassados. Nenhum daqueles que me abandonaram verá aquela terra. 24 Mas o meu *servo Calebe tem um espírito diferente e sempre tem sido fiel a mim. Por isso eu farei com que ele entre na terra que espionou, e os seus descendentes vão possuir aquela terra. 25 Agora os amalequitas e os cananeus estão morando nos vales; portanto, amanhã voltem e vão para o deserto, na direção do golfo de Ácaba.

Deus castiga o povo

26 O SENHOR Deus disse a Moisés e a Arão:

27 — Eu tenho ouvido as reclamações dos israelitas. Até quando vou aguentar esse povo mau, que vive reclamando contra mim? 28 Diga a essa gente o seguinte: "Juro pela minha vida que darei o que vocês me pediram. Sou eu, o SENHOR, quem está falando. 29 Vocês serão mortos, e os corpos de vocês serão espalhados pelo deserto. Vocês reclamaram contra mim, e por isso nenhum de vocês que tem vinte anos de idade ou mais entrará naquela terra. 30 Eu jurei que os faria morar lá, mas nenhum de vocês entrará naquela terra, a não ser Calebe, filho de Jefoné, e Josué, filho de Num. 31 Vocês disseram que os seus filhos seriam presos, mas eu vou levar esses filhos para a terra que vocês rejeitaram, e ali será o lar deles. 32 Porém vocês morrerão, e os corpos de vocês ficarão neste deserto, 33 onde os seus filhos vão caminhar quarenta anos. Vocês foram infiéis, e por isso eles vão sofrer, até que todos vocês morram aqui. 34 Quarenta anos vocês vão sofrer por causa dos seus pecados, conforme os quarenta dias que vocês espionaram a terra, um ano para cada dia. Vocês vão saber o que é ficar contra mim. 35 É isto o que vou fazer com todo este povo mau que se revoltou contra mim: todos vocês morrerão e serão destruídos neste deserto. Eu, o SENHOR, falei."

36-37 Os homens que Moisés havia mandado para espionar a terra trouxeram más informações a respeito dela. E, quando voltaram, fizeram com que o povo reclamasse contra Moisés. Por isso o SENHOR fez com que fossem atacados por uma doença, e eles morreram. 38 Dos doze homens que foram espionar a terra, somente Josué e Calebe ficaram vivos.

Os israelitas são derrotados

Deuteronômio 1.41-46

39 Os israelitas ficaram muito tristes quando Moisés contou o que o SENHOR tinha dito. 40 De manhã bem cedo, começaram a entrar na região montanhosa. Eles diziam:

— Agora estamos prontos para ir até o lugar que o SENHOR nos havia prometido. De fato, nós pecamos.

41 Porém Moisés respondeu:

— Então por que vocês estão querendo desobedecer à ordem de Deus, o SENHOR? Isso não vai dar certo. 42 Não entrem na região montanhosa. O SENHOR não está com vocês, e os seus inimigos vão derrotá-los. 43 Os amalequitas e os cananeus estão ali para enfrentá-los e matá-los na batalha. O SENHOR não estará com vocês, pois vocês o abandonaram.

44 Mesmo assim os israelitas teimaram em querer entrar na região montanhosa, mas nem a *arca da aliança de Deus, o SENHOR, nem Moisés saíram do acampamento. 45 Então os amalequitas e os cananeus que moravam naquela região montanhosa atacaram, e derrotaram os israelitas, e os perseguiram até Horma.

Leis a respeito de ofertas e de sacrifícios

15 O SENHOR Deus deu a Moisés 2 as seguintes ordens, que deveriam ser obedecidas quando os israelitas entrassem na terra que ele ia dar para eles.

3 Um touro, ou um carneiro, ou uma ovelha, ou um cabrito poderão ser apresentados ao SENHOR como oferta que será completamente queimada, ou como *sacrifício para pagar uma promessa, ou ainda como oferta feita por vontade própria, ou como oferta que será entregue nas festas religiosas nos dias marcados. O cheiro dessas ofertas é agradável ao SENHOR. 4-5 Aquele que apresentar ao SENHOR uma ovelha ou um cabrito como oferta para ser completamente queimada deverá trazer *também* com cada animal um quilo de farinha fina misturada com um litro e um quarto de azeite e também um litro de vinho. 6 Com cada carneiro que for oferecido, será apresentada uma oferta de cereais de dois quilos de farinha fina misturada com um litro de azeite, e será

Pergunte a si mesma...

O pecado familiar é uma realidade. São maus hábitos, obsessões e vícios passados de geração a geração. Pergunte a si mesma:

Vejo algum pecado quando olho para minha família?
Eu tenho um problema com a mesma coisa?
Já confessei o pecado por mim e por minha família?
Como posso quebrar o ciclo do pecado familiar?

trazido também 7 um litro e um quarto de
vinho. O cheiro desses sacrifícios é agra-
dável ao SENHOR. 8 Quando vocês oferece-
rem um touro novo como oferta que será
completamente queimada, ou como ofer-
ta especial para pagar uma promessa, ou,
ainda, como oferta de paz, 9 deverão apre-
sentar também com o touro uma oferta
de cereais de três quilos de farinha fina
misturada com um litro e três quartos de
azeite 10 e também um litro e três quartos
de vinho. O cheiro desse sacrifício é agra-
dável a Deus, o SENHOR.
11 É assim que se deverá fazer com to-
dos os touros, carneiros, ovelhas e cabri-
tos. 12 Quando for oferecido mais do que
um animal, as ofertas que vêm junto com
eles deverão ser aumentadas de acordo
com o número dos animais. 13 Todos os is-
raelitas farão isso quando trouxerem as
ofertas de alimento que têm um cheiro
agradável ao SENHOR. 14 No caso dos es-
trangeiros que estiverem morando com
vocês, seja só por algum tempo, seja para
sempre, eles farão o mesmo que vocês
quando eles apresentarem a Deus, o SE-
NHOR, uma oferta de alimento, que tem
um cheiro agradável a Deus. 15 A mesma
*lei será para vocês e para os estrangei-
ros que moram com vocês. Esta é uma lei
que valerá para sempre para os seus des-
cendentes. Diante do SENHOR a lei será
a mesma tanto para vocês como para os
estrangeiros. 16 A mesma lei e o mesmo
regulamento serão para vocês e para eles.
17 O SENHOR Deus deu a Moisés 18 as
seguintes ordens, que deveriam ser
obedecidas quando os israelitas entras-
sem na terra que ele ia dar para eles.
19 Quando vocês comerem o alimento que
a terra produz, deverão separar uma par-
te como oferta especial para o SENHOR.
20 Quando vocês fizerem pão, o primei-
ro pão feito da farinha nova deverá ser
apresentado a Deus como oferta especial.
21 Vocês e os seus descendentes darão ao
SENHOR essa oferta especial de pão.
22 Pode acontecer que alguém, sem que-
rer, peque e desobedeça a algum desses
mandamentos que o SENHOR deu a Moi-
sés. 23 Nesses casos, começando no dia em
que o SENHOR deu todos esses manda-
mentos a Moisés e por todas as *gerações
futuras, deverá ser feito o seguinte: 24 Se
por ignorância o povo cometer um peca-
do, então apresentará um touro novo, que
será completamente queimado como sa-
crifício de cheiro agradável ao SENHOR, e
também as ofertas de cereais e de vinho.
Também deverá ser oferecido um bode
para tirar o pecado. 25 O sacerdote apre-
sentará o sacrifício em favor de todos os
israelitas, para conseguir o perdão dos
pecados deles, e eles serão perdoados;
pois, sem quererem, cometeram um peca-
do e apresentaram ao SENHOR uma oferta
para tirar o pecado e também uma ofer-
ta de alimento. 26 Todos os israelitas e os
estrangeiros que moram no meio de vo-
cês serão perdoados, pois foi um erro que
todo o povo cometeu sem querer.
27 Se alguma pessoa pecar sem querer,
oferecerá uma cabra de um ano como
oferta para tirar o pecado. 28 O sacerdo-
te apresentará no altar o sacrifício para
conseguir o perdão do pecado que essa
pessoa cometeu sem querer, e ela será
perdoada. 29 A lei é a mesma para quem
pecar sem querer, tanto para os israelitas
como para os estrangeiros que moram no
meio de vocês.
30 Mas quem pecar de propósito, tanto
o israelita de nascimento como o estran-
geiro, será culpado de ofender a Deus, o
SENHOR. Essa pessoa será morta, 31 pois
rejeitou o que o SENHOR disse e desobe-
deceu ao seu mandamento porque quis.
Essa pessoa será responsável pela sua
própria morte.

O homem que não respeitou o sábado

32 Quando os israelitas ainda estavam
no deserto, encontraram um homem ca-
tando lenha no sábado. 33 Os que o viram

fazendo isso o levaram até o lugar onde
estavam Moisés, Arão e todo o povo. 34 De-
pois puseram alguns homens para guar-
dá-lo, pois ainda não sabiam o que fazer
com ele. 35 Aí o SENHOR Deus disse a Moi-
sés:
— Esse homem deve ser morto; que
todo o povo o mate a pedradas fora do
acampamento!
36 Então, como o SENHOR havia ordena-
do a Moisés, levaram o homem para fora
do acampamento, e todo o povo atirou
pedras nele até que ele morreu.

Os pingentes das capas

37 O SENHOR Deus disse a Moisés:
38 — Diga aos israelitas que eles e os
seus descendentes ponham pingentes nas
pontas das suas *capas; e em cada pin-
gente ponham um cordão azul. 39 Quan-
do vocês virem esses pingentes, lembra-
rão de todos os mandamentos do SENHOR.
E também praticarão esses mandamen-
tos e não serão infiéis, seguindo os dese-
jos do coração de vocês e dos seus olhos.
40 Os pingentes farão com que vocês lem-
brem de todos os meus mandamentos e
os sigam em tudo. Assim, vocês serão um
povo separado só para mim. 41 Eu sou o
SENHOR, o Deus que os tirou do Egito para
ser o Deus de vocês. Eu sou o SENHOR, o
Deus de vocês.

A revolta de Corá, Datã e Abirão

16 1-2 Corá, filho de Isar, do grupo de fa-
mílias *levitas de Coate, teve o atre-
vimento de se revoltar contra Moisés. Ele
se juntou com três homens da *tribo de
Rúben. Dois deles eram filhos de Eliabe e
se chamavam Datã e Abirão; o outro era
Om, filho de Pelete. E Corá também cha-
mou mais duzentos e cinquenta israeli-
tas de fama, que eram líderes escolhidos
pelo povo. 3 Eles foram juntos falar com
Moisés e Arão e disseram:
— Agora chega! Todo o povo perten-
ce a Deus, o SENHOR. Cada um deles é
de Deus, e o SENHOR está no meio deles.
Então por que vocês querem mandar no
povo de Deus?
4 Quando Moisés ouviu isso, ajoelhou-
-se, encostou o rosto no chão 5 e disse o
seguinte a Corá e a todos os seus segui-
dores:
— Amanhã cedo o SENHOR Deus nos
mostrará quem é dele e quem foi separa-
do para o seu serviço. Deus fará com que
chegue até o seu altar aquele a quem ele
escolheu. 6-7 Amanhã cedo vocês e os seus
seguidores pegarão os queimadores de
incenso, colocarão brasas e incenso neles
e os levarão para o altar. Então veremos
qual de nós o SENHOR escolheu. E agora
chega, levitas!
8 Moisés disse também a Corá:
— Agora escutem, levitas! 9 O Deus de
Israel os separou do resto do povo para
poderem chegar perto dele, para faze-
rem o seu serviço na *Tenda do SENHOR
e para realizarem as cerimônias em favor
do povo. Será que isso não basta para vo-
cês? 10 Deus deu a você e a todos os ou-
tros levitas esse privilégio, e agora vocês
estão querendo também ser sacerdotes?
11 Quando vocês reclamam contra Arão,
na verdade é contra o SENHOR que você
e os seus seguidores estão se revoltando.
12 Então Moisés mandou chamar Datã e
Abirão, filhos de Eliabe, mas eles respon-
deram aos mensageiros:
— Nós não vamos! 13 Será que não bas-
ta você nos ter tirado de uma terra boa e
rica a fim de nos fazer morrer neste de-
serto? E além disso ainda quer mandar
em nós? 14 Na verdade você não nos trou-
xe para uma terra boa e rica, nem nos deu
campos e plantações de uvas para serem
nossa propriedade; e ainda por cima está
querendo nos enganar. Nós não vamos!
15 Então Moisés ficou muito zangado e
disse a Deus, o SENHOR:
— Não aceites as ofertas desses ho-
mens. Eu nunca prejudiquei a nenhum
deles, nem tirei deles nem mesmo um
jumento!
16 Aí Moisés disse a Corá:
— Amanhã você e os seus duzentos e
cinquenta seguidores venham até a Tenda
Sagrada. Arão também estará ali. 17 Cada
um de vocês pegará o seu queimador de
incenso, colocará incenso nele e o leva-
rá até o altar.
18 Assim, cada homem pegou o seu quei-
mador de incenso, pôs brasas e incenso
nele, e todos ficaram na entrada da Tenda
Sagrada com Moisés e Arão. 19 Então Corá
reuniu *todo o povo*, e eles ficaram diante
de Moisés e Arão na entrada da Tenda.
De repente, a *glória do SENHOR apare-
ceu a todo o povo, 20 e o SENHOR disse a
Moisés e a Arão:
21 — Saiam do meio dessa gente, pois eu
vou acabar com eles agora mesmo.

22 Mas Moisés e Arão se ajoelharam,
encostaram o rosto no chão e disseram:
— Ó Deus, tu dás vida a todos. Será que
por causa do pecado de uma só pessoa
vais ficar *irado com todo o povo?
23 Então o SENHOR respondeu a Moisés:
24 — Diga ao povo que saia de perto das
barracas de Corá, Datã e Abirão.
25 Aí Moisés saiu e, junto com os líde-
res do povo, foi para onde estavam Datã
e Abirão. 26 E Moisés disse ao povo:
— Afastem-se das barracas desses ho-
mens maus e não toquem em nada que
seja deles; se não, vocês também serão
destruídos por causa dos pecados deles.
27 Aí o povo se afastou das barracas de
Corá, Datã e Abirão.
Datã e Abirão saíram e ficaram na en-
trada da sua barraca, com as suas mulhe-
res e filhos. 28 Então Moisés disse ao povo:
— Eu vou dizer como vocês vão ficar
sabendo que não fui eu quem resolveu
fazer tudo isso. Fiz todas essas coisas por-
que o SENHOR mandou. 29 Se estes homens
tiverem morte natural como todos os ou-
tros, sem nenhum castigo de Deus, então
o SENHOR não me enviou. 30 Mas, se ele
fizer acontecer alguma coisa fora do co-
mum, e se a terra se abrir e engolir essa
gente com tudo o que eles têm, e eles des-
cerem vivos para o *mundo dos mortos,
vocês ficarão sabendo que estes homens
rejeitaram o SENHOR.
31 E aconteceu que, assim que Moisés
acabou de falar, a terra se abriu debaixo
deles 32 e os engoliu com as suas famílias,
junto com todos os seguidores de Corá e
tudo o que eles tinham. 33 Assim, desce-
ram vivos para o mundo dos mortos, eles
e tudo o que possuíam. A terra os cobriu,
e eles desapareceram. 34 Ao ouvirem os
gritos deles, todos os israelitas que esta-
vam ali saíram correndo e gritando:
— A terra vai engolir a gente também!
35 Então o SENHOR enviou fogo e matou
os duzentos e cinquenta homens que ha-
viam oferecido incenso.

Os queimadores de incenso

36 Aí o SENHOR Deus disse a Moisés:
37 — Diga a Eleazar, filho do sacerdote
Arão, que pegue os queimadores de in-
censo do meio dos restos do incêndio e
espalhe para longe as brasas que ainda
estiverem neles, pois os queimadores de
incenso são sagrados. 38 Eles ficaram sa-
grados quando foram oferecidos no altar
do SENHOR. Portanto, pegue os queimado-
res de incenso desses homens que foram
mortos por causa dos seus pecados e de-
les faça folhas finas de metal. E com essas
folhas prepare uma cobertura para o altar.
Isso será um aviso para o povo de Israel.
39 Então o sacerdote Eleazar pegou os
queimadores de incenso de metal que os
homens que tinham sido mortos haviam
trazido e mandou que deles fossem feitas
folhas de metal para cobrir o altar. 40 Con-
forme o SENHOR tinha dito a Moisés, isso
ficou sendo um aviso para os israelitas a
fim de que nenhuma pessoa que não seja
descendente de Arão venha a queimar in-
censo diante do SENHOR e seja castigada,
como aconteceu com Corá e com os seus
seguidores.

Arão salva o povo

41 Mas no dia seguinte todos os israeli-
tas começaram a reclamar contra Moisés
e Arão, dizendo assim:
— Vocês mataram o povo de Deus, o
SENHOR!
42 Depois que todos se reuniram para
protestar contra Moisés e Arão, eles se
viraram para a *Tenda Sagrada e viram
que a nuvem a estava cobrindo. Então a
*glória do SENHOR apareceu. 43 Moisés e
Arão foram até a frente da Tenda, 44 e o
SENHOR disse a Moisés:
45 — Saiam do meio desse povo, pois
vou destruí-lo agora mesmo!
Aí Moisés e Arão se ajoelharam e en-
costaram o rosto no chão. 46 E Moisés dis-
se a Arão:
— Pegue o seu queimador de incenso,
ponha nele algumas brasas do altar e jo-
gue incenso em cima delas. E vá depres-
sa até o lugar onde o povo está e ofere-
ça o *sacrifício para conseguir o perdão
dos pecados deles. Depressa! A *ira do SE-
NHOR apareceu, e já começou a epidemia!
47 Então Arão pegou o queimador de in-
censo, conforme Moisés havia mandado, e
correu para o meio do povo. Quando viu
que a epidemia já havia começado, Arão
jogou o incenso nas brasas e ofereceu o
sacrifício para conseguir o perdão dos pe-
cados do povo. 48 Com isso a epidemia pa-
rou, e Arão ficou de pé entre os vivos e os
mortos. 49 Naquela epidemia morreram
catorze mil e setecentas pessoas, fora as
que morreram na revolta de Corá. 50 Quan-
do acabou a epidemia, Arão voltou para
a entrada da Tenda, onde Moisés estava.

O bastão de Arão

17 O SENHOR Deus disse a Moisés:
2 — Diga aos israelitas que cada
um dos chefes de *tribo lhe traga um bas-
tão; serão doze bastões ao todo. Escreva
o nome de cada chefe no seu próprio bas-
tão 3 e depois escreva o nome de Arão no
bastão que representa a tribo de Levi. Ha-
verá um bastão para cada chefe de tribo.
4 Você colocará os bastões na *Tenda Sa-
grada, em frente da *arca da aliança, onde
eu me encontro com vocês. 5 Aí o bastão
do homem que eu escolher vai brotar. As-
sim farei com que parem as reclamações
que esses israelitas fazem contra mim.
6 Então Moisés falou com os israelitas, e
cada um dos seus chefes lhe deu um bas-
tão, um para cada tribo, doze ao todo. E
entre os bastões estava aquele que tinha
o nome de Arão. 7 Moisés pôs os bastões
na Tenda, em frente da arca da aliança de
Deus, o SENHOR.
8 No dia seguinte Moisés entrou na
Tenda e viu que o bastão com o nome de
Arão, que representava a tribo de Levi,
havia brotado. E tinha brotos, flores e
amêndoas maduras. 9 Aí Moisés tirou da
presença do SENHOR todos os bastões e
levou aos israelitas. Eles viram o que ha-
via acontecido, e cada chefe pegou o seu
bastão.
10 O SENHOR Deus disse a Moisés:
— Ponha de novo o bastão com o nome
de Arão em frente da arca da aliança. Ele
ficará ali como um aviso para os israeli-
tas rebeldes. Assim, eles vão parar de re-
clamar contra mim e não serão mortos.
11 E Moisés fez como o SENHOR havia
mandado.
12 Aí o povo de Israel disse a Moisés:
— Estamos perdidos! Vamos morrer!
Sim, todos nós vamos morrer! 13 Aque-
le que chegar perto da arca do SENHOR
morrerá! É, sim, todos nós vamos morrer!

Deveres dos sacerdotes e dos levitas

18 O SENHOR Deus disse a Arão:
— Você, os seus filhos e os ou-
tros membros da *tribo de Levi serão res-
ponsáveis pelos erros cometidos no ser-
viço da *Tenda Sagrada. Porém somente
você e os seus filhos sofrerão por causa
dos erros cometidos no seu serviço de
sacerdotes. 2 Traga os outros membros da
tribo de Levi, a que você também perten-
ce, para ajudarem você e os seus filhos no
serviço da Tenda. 3 Eles, os *levitas, farão
os serviços que você mandar e farão tam-
bém o serviço da Tenda. Mas eles não de-
verão chegar perto dos objetos sagrados
que estão no *Lugar Santo ou no altar. Se
eles fizerem isso, vocês morrerão, e eles
também. 4 Os levitas trabalharão com você
e farão todo o serviço da Tenda. Porém
nenhuma pessoa estranha deverá traba-
lhar com vocês. 5 Somente você e os seus
filhos serão os encarregados dos servi-
ços do Lugar Santo e do altar. Assim, eu
não ficarei *irado de novo com o povo de
Israel. 6 Entre os israelitas eu escolhi os
seus parentes, os levitas, como oferta
para vocês, os sacerdotes. Os levitas são
separados para mim a fim de fazer os ser-
viços da Tenda Sagrada. 7 Mas você e os
seus filhos farão o trabalho de sacerdo-
tes, cuidando das coisas do altar e das que
estão no *Lugar Santíssimo. Vocês serão
responsáveis por essas coisas porque eu
lhes dei o direito de serem sacerdotes.
Porém morrerá qualquer estranho que
chegar perto das coisas sagradas.

O sustento dos sacerdotes

8 O SENHOR Deus disse a Arão:
— Agora estou lhe dando todas as ofer-
tas especiais que forem trazidas a mim e
que não forem queimadas como *sacri-
fício. Eu dou essas ofertas a você e aos
seus descendentes como aquela parte a
que vocês têm direito para sempre. 9 Das
coisas mais sagradas e que não forem
queimadas você receberá o seguinte: as
ofertas de cereais, as ofertas para tirar
pecados e as ofertas para tirar a culpa.
Tudo o que for trazido a mim como ofer-
ta sagrada pertence a você e aos seus fi-
lhos. 10 Você comerá essas coisas num lu-
gar sagrado, e somente os homens pode-
rão comê-las. E serão uma coisa sagrada
para você.
11 — Além disso, serão suas também
todas as ofertas especiais apresentadas
pelos israelitas, as quais estou dando a
você, aos seus filhos e às suas filhas, para
sempre. Todos os seus parentes que esti-
verem *puros poderão comer dessas coi-
sas. 12 Estou dando a você o melhor dos
primeiros produtos da terra e que os is-
raelitas me trazem, isto é, o melhor azei-
te, o melhor vinho e o melhor trigo. 13 Os
primeiros produtos da terra que as pes-
soas trouxerem para mim serão de você.
Todos os seus parentes que estiverem pu-
ros poderão comer dessas coisas.

14 — Tudo o que na terra de Israel for dedicado somente para o serviço do SENHOR Deus pertence a você.

15 — Todo primeiro filho dos israelitas e toda primeira cria dos animais que os israelitas oferecerem a mim pertencem a você. Mas o primeiro filho e a primeira cria dos animais *impuros voltarão, mediante pagamento, a ser da pessoa que os ofereceu. 16 O pagamento pelos meninos será feito a você quando eles tiverem um mês de idade, e o preço serão cinco barras de prata (Segundo a tabela oficial, a barra de prata, o siclo, vale vinte geras.). 17 Mas a primeira cria das vacas, das ovelhas ou das cabras não poderá ser comprada pela pessoa que a ofereceu; ela pertence a mim e deve ser oferecida em sacrifício. Borrife o sangue dela no altar e queime a gordura como oferta de alimento, pois isso produzirá um cheiro que me agrada. 18 A carne dela será sua, assim como o peito e a coxa direita das ofertas especiais são seus.

19 — Estou dando a você, aos seus filhos e às suas filhas, para sempre, todas as ofertas especiais que os israelitas me oferecerem. Esta é uma aliança de sal que faço com você e com os seus descendentes e ela nunca deverá ser quebrada.

20 O SENHOR Deus disse a Arão:

— Você não terá terras nem propriedades em Israel, como os outros israelitas têm. No meio dos israelitas, eu sou a sua propriedade, a parte que você vai receber.

A parte dos levitas

21 O SENHOR disse:

— Eu dou aos *levitas todos os *dízimos que o povo de Israel me oferece. Isso é o pagamento pelo serviço de cuidar da *Tenda Sagrada. 22 E nunca mais os outros israelitas devem chegar perto da Tenda porque isso seria um pecado que causaria a morte deles. 23 Mas os levitas farão o trabalho da Tenda e serão responsáveis pelos erros que cometerem; essa *lei é para sempre e valerá também para os seus descendentes. Os levitas não terão nenhuma propriedade em Israel, 24 pois eu lhes dei, para serem propriedade deles, os dízimos que os israelitas me apresentam como oferta especial. Foi por isso que eu lhes disse que não teriam propriedades em Israel.

Os dízimos e os levitas

25 O SENHOR Deus ordenou a Moisés 26 que dissesse aos *levitas o seguinte:

— Quando receberem dos israelitas os *dízimos que Deus lhes dá para serem de vocês, vocês darão a décima parte desses dízimos como oferta especial a Deus. 27 Essa oferta especial é como se fosse a oferta que o fazendeiro faz do primeiro cereal e do primeiro vinho. 28 Assim, de todos os dízimos que receberem dos israelitas, vocês darão também uma oferta especial que pertence a Deus, o SENHOR. Vocês deverão entregá-la ao sacerdote Arão. 29 Das ofertas que vocês receberem deem a melhor parte para mim. 30 Depois que me derem a melhor parte, vocês poderão ficar com o resto, como faz o fazendeiro que, depois de dar a sua oferta, fica com o que sobra. 31 Vocês e as suas famílias poderão comer em qualquer lugar o que sobrar, pois é o pagamento que vocês recebem. 32 Comendo assim, vocês não estarão cometendo pecado se antes separarem o melhor para o SENHOR. E não *profanem as ofertas sagradas dos israelitas, comendo alguma delas antes que a melhor parte seja oferecida a mim. Se desobedecerem, morrerão.

A água da purificação

19 O SENHOR Deus mandou que Moisés e Arão 2 dessem aos israelitas a seguinte ordem:

— Tragam uma novilha vermelha sem defeito e que ainda não tenha trabalhado na lavoura 3 e entreguem ao sacerdote Eleazar. Ela deverá ser levada para fora do acampamento e será morta ali na frente dele. 4 Então Eleazar pegará o sangue e com o dedo o borrifará sete vezes na direção da entrada da *Tenda Sagrada. 5 Em seguida a novilha será queimada na frente dele. Serão queimados o couro, a carne, o sangue e as tripas. 6 O sacerdote pegará um pedaço de madeira de cedro, um galho de *hissopo e lã tingida de vermelho e os jogará no fogo em que a novilha estiver sendo queimada. 7 Aí ele lavará a roupa que estiver vestindo e tomará um banho e depois poderá entrar no acampamento. Mas ficará *impuro até o pôr do sol. 8 Aquele que queimar a novilha também lavará a roupa que estiver vestindo e tomará um banho, mas ficará impuro até o pôr do sol. 9 Um homem que esteja *puro ajuntará as cinzas da novilha e as colocará fora do acampamento, num lugar puro. Ali elas serão guardadas pelo povo de Israel para serem usadas na preparação da água que tira a impureza das pessoas. Essa cerimônia serve para tirar pecados. 10 Aquele que ajuntar as cinzas deverá lavar a roupa que estiver vestindo, mas ficará impuro até o pôr do sol. Essa *lei será para sempre, tanto para os israelitas como para os estrangeiros que moram com vocês.

Contato com defuntos

11 — Quem tocar em algum defunto ficará *impuro sete dias. 12 No terceiro dia e no sétimo essa pessoa deverá se *purificar com a água da purificação e ficará *pura. Mas, se ela não se purificar no terceiro dia e no sétimo, não ficará pura. 13 Toda pessoa que tocar num defunto e não se purificar ficará impura porque a água da purificação não foi jogada sobre ela. Ela faz com que a *Tenda de Deus, o SENHOR, fique impura. Essa pessoa não pertencerá mais ao povo de Israel.

14 — Se alguém morrer numa barraca, quem entrar nela ou estiver nela ficará impuro sete dias. 15 O pote ou jarro que estiver aberto ou destampado ficará impuro. 16 Se no campo alguém tocar numa pessoa que foi morta ou teve morte natural, ou tocar em qualquer osso de gente ou numa sepultura, ficará impuro sete dias.

17 — Para purificarem essa pessoa que ficou impura, vocês deverão pegar as cinzas da novilha vermelha que foi queimada como oferta para tirar o pecado, deverão colocá-las dentro de um pote e derramar água limpa em cima. 18 No caso de alguém ter tocado num defunto, um homem que esteja puro pegará um galho de *hissopo, molhará naquela água e com ela borrifará a barraca e todas as coisas e pessoas que estiverem ali dentro. Se alguém tiver tocado em osso de gente ou numa sepultura, deverá ser borrifado com a água da purificação por uma pessoa que esteja pura. 19 No terceiro dia e no sétimo quem estiver puro borrifará água sobre a pessoa impura. No sétimo dia a pessoa ficará pura. Ela deverá lavar a roupa que estiver vestindo, e tomará um banho, e ao pôr do sol ficará pura.

20 — No entanto, quem estiver impuro e não se purificar ficará impuro porque a água da purificação não foi borrifada nele. Essa pessoa fez com que a Tenda do SENHOR ficasse impura e por isso essa pessoa será expulsa do meio do povo de Israel. 21 Vocês deverão obedecer a essa lei para sempre. A pessoa que borrifar a água da purificação deverá lavar a roupa que estiver vestindo. E quem tocar na água ficará impuro até o pôr do sol. 22 Tudo o que uma pessoa impura tocar ficará impuro; e quem tocar nessa pessoa também ficará impuro até o pôr do sol.

A morte de Míriam e a água de Meribá

Êxodo 17.1-7

20 No primeiro mês todo o povo de Israel foi para o deserto de Zim e acampou em Cades. Ali Míriam morreu e foi sepultada.

2 Naquele lugar não havia água; por isso o povo se reuniu e começou a reclamar contra Moisés e Arão. 3 Eles diziam:

— Teria sido melhor se tivéssemos morrido na frente de Deus, o SENHOR, com os nossos companheiros, os outros israelitas! 4 Por que você trouxe o povo do SENHOR para este deserto? Será que foi para morrermos junto com os nossos animais? 5 Por que você nos trouxe do Egito para este lugar terrível, onde não há cereais, nem figueiras, nem *parreiras, nem romãs? E além de tudo não há água para beber!

6 Então Moisés e Arão saíram dali, onde o povo estava, e foram para a porta da *Tenda Sagrada. Eles se ajoelharam, encostaram o rosto no chão, e a *glória do SENHOR apareceu. 7 E o SENHOR disse a Moisés:

8 — Pegue o bastão que está em frente da *arca da aliança, e depois você e Arão reúnam o povo. E na frente de todos eles deem ordem à rocha, e dela sairá água. Assim, vocês tirarão água da rocha e darão de beber ao povo e também aos animais.

9 Então, como Deus havia ordenado, Moisés pegou o bastão que estava diante de Deus, o SENHOR. 10 Moisés e Arão reuniram o povo em frente da rocha, e Moisés disse:

— Agora escute, gente rebelde! Será que vamos ter de fazer sair água desta rocha para vocês?

11 Moisés levantou a mão, bateu na rocha duas vezes com o bastão, e saiu muita água. E o povo e os animais beberam.

12 Porém o SENHOR disse a Moisés e a Arão:

— Vocês não tiveram fé suficiente para fazer com que o povo de Israel reconhecesse o meu santo poder e por isso vocês

DEVOCIONAL

Texto para leitura: **Números 20:2-5**

Conheça a Deus

Deus nunca faz nenhuma estupidez. O que ele faz pode parecer loucura aos olhos humanos à primeira vista, mas ele sempre tem um plano. E, ao se queixar de suas circunstâncias, você não está confiando na sabedoria, na bondade e no amor de Deus.

Mesmo estando livres da escravidão dos egípcios, os israelitas ainda se perguntavam se Deus os tinha salvado com o intuito de matá-los. Mesmo depois de terem visto tantos milagres (só a divisão do mar Vermelho já deveria ter sido prova suficiente de que a mão de Deus estava sobre a vida deles), eles ainda não tinham certeza se Deus poderia protegê-los e salvá-los.

Quando sua vida parecer sem esperança e seu mundo for um deserto estéril, lembre-se dos israelitas. Lembre-se de que eles só podiam ver o dia de hoje, não o amanhã nem o dia seguinte. Eles não sabiam o que Deus tinha reservado. E não estavam considerando que o melhor de Deus é muito melhor do que qualquer coisa que o mundo poderia ter oferecido.

Mesmo que você tenha de viver no deserto por um tempo, confie em Deus. Afinal, qual é o tamanho de sua fé se você só confia no Senhor quando está no jardim ou no alto de uma montanha? A confiança tem valor apenas quando é praticada diante da adversidade. Toda provação pela qual você passa é sua chance de crescer na fé e na confiança. Use-a — não a perca, queixando-se do lugar em que você está ou do que lhe está sendo dito para fazer, como fizeram os israelitas. Talvez, se eles tivessem aprendido a confiar antes, aquela primeira geração teria conseguido entrar na terra prometida. Em vez disso, ela vagou pelo resto da vida só para deixar a terra da promessa para seus filhos (veja Números 14:22). Não cometa esse mesmo erro. Aprenda a confiar hoje.

não vão levá-los para a terra que prometi dar a eles.

13 Isso aconteceu em Meribá, onde o povo de Israel reclamou contra Deus, o SENHOR, e onde Deus lhes deu uma prova do seu santo poder.

O rei de Edom não deixa que os israelitas passem

14 Da cidade de Cades, Moisés enviou alguns mensageiros que foram dizer ao rei de Edom o seguinte:

— Esta mensagem é dos seus parentes, as *tribos de Israel. O senhor conhece todas as dificuldades que temos tido
15 e sabe como os nossos antepassados foram para o Egito, onde vivemos muitos anos. Os egípcios maltrataram os nossos antepassados e a nós,
16 e por isso pedimos a Deus, o SENHOR, que nos socorresse. Ele ouviu o nosso pedido e mandou um anjo que nos tirou do Egito. Agora estamos na cidade de Cades, na fronteira do seu país.
17 Por favor, deixe-nos passar pela sua terra. Nós e o nosso gado não sairemos da estrada, nem entraremos nos campos ou nas plantações de uvas de vocês. E não beberemos água dos poços. Enquanto estivermos no seu país, ficaremos na estrada principal.

18 Porém o rei de Edom respondeu:

— Nós não vamos deixar que vocês passem pelo nosso país. Se tentarem fazer isso, marcharemos contra vocês e os atacaremos.

19 Então o povo de Israel disse:

— Ficaremos na estrada principal e, se nós ou os nossos animais beberem água de vocês, pagaremos o preço dela. Somente queremos passar a pé.

20 O rei de Edom respondeu:

— Não. Vocês não passarão!
Aí os edomitas vieram com um exér-
cito poderoso para atacar o povo de Is-
rael. 21 Assim, os edomitas não deixaram
que os israelitas passassem pelo seu país,
e por isso os israelitas foram por outro
caminho.

A morte de Arão

22 Todo o povo de Israel saiu da cidade
de Cades e chegou até o monte Hor, 23 na
fronteira de Edom. Ali o SENHOR Deus dis-
se a Moisés e a Arão:
24 — Arão não entrará na terra que eu
prometi dar aos israelitas. Ele vai morrer
porque, no caso da água de Meribá, vocês
se revoltaram contra as minhas ordens.
25 Traga Arão e Eleazar, o filho dele, e man-
de que subam o monte Hor. 26 Depois tire
as roupas de Arão e vista em Eleazar. Arão
vai morrer ali.
27 Moisés fez como o SENHOR havia
mandado. Eles subiram o monte Hor
diante de todo o povo. 28 Moisés tirou as
roupas de sacerdote que Arão vestia e pôs
em Eleazar. E Arão morreu bem no alto
do monte. Depois Moisés e Eleazar des-
ceram dali. 29 Quando o povo soube que
Arão havia morrido, todos ficaram de luto
trinta dias.

A derrota do rei de Arade

21 O rei cananeu de Arade, que mo-
rava na região sul de Canaã, soube
que o povo de Israel vinha pelo caminho
de Atarim. Ele atacou os israelitas e levou
alguns deles como prisioneiros. 2 Então
o povo de Israel prometeu a Deus, o SE-
NHOR, o seguinte:
— Se fizeres com que derrotemos este
povo, nós destruiremos completamente
as suas cidades.
3 O SENHOR ouviu o pedido do povo de
Israel e os ajudou a derrotar os cananeus.
Assim, os israelitas os destruíram e tam-
bém destruíram as suas cidades. E deram
àquele lugar o nome de Horma.

A cobra de bronze

4 Então os israelitas saíram do monte
Hor pelo caminho que vai até o golfo de
Ácaba, *para dar a volta em redor* da re-
gião de Edom. Mas no caminho o povo
perdeu a paciência 5 e começou a falar
contra Deus e contra Moisés. Eles diziam:
— Por que Deus e Moisés nos tiraram
do Egito? Será que foi para morrermos no
deserto, onde não há pão nem água? Já
estamos cansados desta comida horrível!
6 Aí o SENHOR Deus mandou cobras ve-
nenosas que se espalharam no meio do
povo; e elas morderam e mataram mui-
tos israelitas. 7 Então o povo foi falar com
Moisés e disse:
— Nós pecamos, pois falamos contra
Deus, o SENHOR, e contra você. Peça a
Deus que tire essas cobras que estão no
meio da gente.
Moisés orou ao SENHOR em favor do
povo, 8 e ele disse:
— Faça uma cobra de metal e pregue
num poste. Quem for mordido deverá
olhar para ela e assim ficará curado.
9 Então Moisés fez uma cobra de bron-
ze e pregou num poste. Quando alguém
era mordido por uma cobra, olhava para
a cobra de bronze e ficava curado.

Do monte Hor até o vale dos moabitas

10 Aí os israelitas partiram e acampa-
ram em Obote. 11 Depois saíram de Obote
e acamparam nas ruínas de Abarim, no
deserto, a leste do território de Moabe.
12 E partiram dali e acamparam no vale de
Zerede. 13 Dali eles saíram e acamparam na
margem norte do rio Arnom, no deserto
que vai até o território dos amorreus (O
rio Arnom é a divisa do território de Moa-
be com o dos amorreus.). 14 É por isso que
O Livro das Batalhas do SENHOR Deus diz
assim: "...a cidade de Vaebe, na região de
Sufa, e os vales; o rio Arnom 15 e a descida
dos vales que vão até a cidade de Ar, na
direção da fronteira com Moabe." 16 Dali
eles foram para um lugar chamado Beer,
onde o SENHOR disse a Moisés:
— Reúna o povo, e eu darei água a
todos.
17 Então o povo de Israel cantou esta
canção:

"Ó poço, faça brotar a sua água,
e nós a saudaremos com uma
canção!
18 Este poço foi cavado pelos líderes,
foi aberto pelos chefes do povo,
com os seus bastões de comando
e com os seus bordões."

Do deserto eles foram para Mata-
na. 19 De Matana foram para Naaliel, de
Naaliel para Bamote 20 e de Bamote para
o vale que fica no território de Moabe,
abaixo do pico do monte Pisga, de onde
se avista o deserto.

Vitória contra Seom e Ogue

Deuteronômio 2.26—3.11

21 Então o povo de Israel mandou men-
sageiros para dizerem a Seom, o rei dos
amorreus, o seguinte:
22 — Deixe-nos passar pelo seu país.
Não passaremos pelos campos, nem pelas
plantações de uvas. Não beberemos água
dos poços; caminharemos somente pela
estrada principal até sairmos do seu país.
23 Porém Seom não deixou que o povo
de Israel passasse pelo seu país. Pelo con-
trário, ele reuniu toda a sua gente e saiu
para enfrentar o povo de Israel no deser-
to. Seom foi até Jasa e combateu contra
os israelitas. 24 Mas na batalha eles mata-
ram à espada muitos amorreus e toma-
ram a terra deles, desde o rio Arnom até
o rio Jaboque, na fronteira com o país de
Amom, na qual havia muralhas. 25 Assim,
os israelitas tomaram todas essas cidades
dos amorreus e ficaram morando nelas,
isto é, em Hesbom e nos povoados que
ficavam ao seu redor. 26 Hesbom era a ci-
dade onde morava Seom, o rei dos amor-
reus. Ele tinha lutado contra o antigo rei
moabita que havia tomado toda a sua ter-
ra até o rio Arnom. 27 É por isso que os
poetas dizem assim:

"Venham a Hesbom,
a cidade do rei Seom!
Ela será construída de novo,
a cidade de Seom será bem
construída.
28 Pois saiu fogo de Hesbom,
saiu uma chama da cidade do rei
Seom.
O exército foi o fogo que destruiu
a cidade de Ar, em Moabe,
e devorou os montes do alto
Arnom.
29 Ai de vocês, moradores de Moabe!
Adoradores do deus Quemos,
vocês estão perdidos!
O seu deus deixou
que os seus soldados fugissem
e que as suas filhas fossem
entregues
para serem escravas de Seom,
o rei dos amorreus.
30 Mas agora acabou o poder de
Hesbom;
de Hesbom até Dibom,
tudo está destruído.
Nofa está em ruínas,
e o fogo chegou até Medeba."

31 Assim, os israelitas ficaram morando
na terra dos amorreus. 32 Depois Moisés
mandou gente para espionar a cidade de
Jazer. Em seguida conquistaram os po-
voados que ficavam ao redor de Jazer e
expulsaram todos os amorreus que mo-
ravam ali.
33 Então os israelitas voltaram e subi-
ram pelo caminho de Basã. E Ogue, rei
de Basã, saiu para atacá-los em Edrei. 34 O
SENHOR Deus disse a Moisés:
— Não tenha medo dele, pois vou en-
tregar nas suas mãos o rei, o seu povo e
a sua terra. E você deverá fazer com ele o
mesmo que fez com Seom, o rei dos amor-
reus, que morava em Hesbom.
35 Assim, os israelitas mataram Ogue,
os seus filhos e todo o seu povo; não
escapou ninguém. E tomaram a terra
deles.

Balaque envia mensageiros a Balaão

22 Os israelitas partiram e acamparam
nas planícies de Moabe, a leste do
rio Jordão e na altura de Jericó, que fica-
va no outro lado do rio.
2 Quando o rei de Moabe, Balaque, fi-
lho de Zipor, soube de tudo o que os is-
raelitas haviam feito com os amorreus,
3 ficou apavorado com os israelitas por-
que eles eram muitos. De fato, o povo de
Moabe ficou com muito medo dos israe-
litas. 4 Os moabitas disseram aos chefes
dos midianitas:
— Agora essa multidão vai devorar
tudo ao redor de nós, como um boi que
come a grama do pasto.
Então o rei Balaque 5 mandou chamar
Balaão, filho de Beor, que estava em Pe-
tor, perto do rio Eufrates, no território
de Amave. Os mensageiros foram dizer
o seguinte a Balaão: "Um povo inteiro
saiu do Egito, está espalhado por toda a
terra e agora veio morar perto de mim.
6 Eu lhe peço que venha logo para amal-
diçoar esse povo, pois eles são mais po-
derosos do que eu. Talvez assim eu pos-
sa derrotá-los e expulsá-los daqui. Eu sei
que, quando você abençoa alguém, esse
alguém fica abençoado e, se você amaldi-
çoa, fica amaldiçoado."
7 Então os chefes moabitas e midianitas
foram, levando consigo dinheiro para pa-
gar as maldições. Eles chegaram ao lugar
onde Balaão estava e entregaram a men-
sagem de Balaque. 8 Balaão respondeu o
seguinte:

— Fiquem aqui esta noite, e amanhã
eu contarei a vocês o que o SENHOR me
disser.
Então os chefes moabitas ficaram com
Balaão. 9 Deus veio falar com ele e per-
guntou:
— Quem são esses homens que estão
com você?
10 Balaão respondeu:
— Balaque, o rei dos moabitas, me
mandou dizer 11 que um povo inteiro saiu
do Egito e está espalhado por toda a ter-
ra. Balaque quer que eu vá agora mesmo
e amaldiçoe essa gente, para ver se assim
pode derrotá-los e expulsá-los.
12 Deus disse a Balaão:
— Não vá com eles, nem amaldiçoe o
povo de Israel, pois é um povo abençoado.
13 De manhã Balaão se levantou e dis-
se aos chefes que Balaque tinha enviado:
— Voltem para a sua terra, pois o SE-
NHOR não está deixando que eu vá com
vocês.
14 Então eles voltaram e foram falar com
Balaque. E disseram:
— Balaão não quis vir com a gente.
15 Aí Balaque mandou-lhe outros chefes,
mais numerosos e mais importantes do
que os primeiros. 16 Eles foram falar com
Balaão e disseram:
— Eu, Balaque, filho de Zipor, peço-lhe
que venha logo até aqui! 17 Como paga-
mento eu lhe darei muitas riquezas e tudo
o mais que você quiser. Por favor, venha e
me faça o favor de amaldiçoar este povo.
18 Balaão respondeu:
— Mesmo que Balaque me desse todo
o ouro e toda a prata do seu palácio, eu
não poderia fazer coisa alguma, grande
ou pequena, que fosse contra as ordens
do SENHOR, meu Deus. 19 Mas agora peço
que vocês também fiquem aqui esta noite
para que eu possa saber se o SENHOR tem
mais alguma coisa para me dizer.
20 Durante a noite o SENHOR Deus apa-
receu a Balaão e disse:
— Já que esses homens vieram chamá-
-lo, apronte-se e vá com eles. Mas faça
apenas o que eu disser.
21 Portanto, no dia seguinte Balaão se
aprontou, pôs os arreios na sua jumenta
e foi com os chefes moabitas.

Balaão, a jumenta e o anjo

22 Deus ficou *irado porque Balaão foi.
Balaão ia montado na sua jumenta, e dois
dos seus empregados o acompanhavam.
De repente, o Anjo do SENHOR se pôs na
frente dele no caminho, para barrar a
sua passagem. 23 Quando a jumenta viu
o Anjo parado no caminho, com a sua es-
pada na mão, saiu da estrada e foi para
o campo. Aí Balaão bateu na jumenta e a
trouxe de novo para a estrada. 24 Então
o Anjo do SENHOR ficou numa parte es-
treita do caminho, entre duas plantações
de uvas, onde havia um muro de pedra
de cada lado. 25 Quando a jumenta viu o
Anjo, ela se encostou no muro, apertan-
do o pé de Balaão. Por isso Balaão ba-
teu de novo na jumenta. 26 Depois o Anjo
do SENHOR foi adiante e ficou num lugar
mais estreito ainda, onde não havia jei-
to de se desviar nem para a direita nem
para a esquerda. 27 A jumenta viu o Anjo e
se deitou no chão. Balaão ficou com tanta
raiva, que surrou a jumenta com a vara.
28 Aí o SENHOR fez a jumenta falar, e ela
disse a Balaão:
— O que foi que eu fiz contra você? Por
que é que você já me bateu três vezes?
29 Ele respondeu:
— Foi porque você caçoou de mim. Se
eu tivesse uma espada na mão, mataria
você agora mesmo!
30 Então a jumenta disse a Balaão:
— Por acaso não sou a sua jumenta, em
que você tem montado toda a sua vida?
Será que tenho o costume de fazer isso
com você?
— Não — respondeu ele.
31 Aí o SENHOR Deus fez com que Ba-
laão visse o Anjo, que estava no caminho
com a espada na mão. Balaão se ajoelhou
e encostou o rosto no chão. 32 O Anjo do
SENHOR disse:
— Por que você bateu três vezes na ju-
menta? Eu é que vim como se fosse seu
inimigo, para fazer você voltar, pois você
não devia estar fazendo esta viagem.
33 Mas a sua jumenta me viu e se desviou
três vezes de mim. Se ela não tivesse fei-
to isso, eu já teria matado você, e ela te-
ria ficado viva.
34 Então Balaão disse ao Anjo:
— Eu pequei. Não sabia que o senhor
estava no caminho para me fazer parar.
Porém, se agora o senhor acha que não
devo continuar a viagem, eu voltarei para
casa.
35 O Anjo respondeu:
— Vá com esses homens; mas você fala-
rá somente aquilo que eu lhe disser.

Assim, Balaão foi com os chefes envia-
dos por Balaque.

Balaque recebe Balaão

36 Quando Balaque soube que Balaão es-
tava chegando, foi encontrar-se com ele
em Ar, uma cidade que fica na beira do
rio Arnom, na fronteira de Moabe. 37 Ba-
laque perguntou:
— Por que você não quis vir quando
mandei chamá-lo da primeira vez? Será
que você estava pensando que eu não po-
deria lhe pagar bem?
38 Balaão respondeu:
— Mas eu estou aqui com o senhor, não
é? Porém não posso dizer nada por minha
própria conta; só posso dizer o que Deus
ordenar e nada mais.
39 Assim, Balaão foi com Balaque para a
cidade de Huzote, 40 onde Balaque ofere-
ceu em *sacrifício touros e ovelhas e deu
uma parte da carne a Balaão e aos chefes
que estavam com ele.

A primeira profecia de Balaão

41 No dia seguinte de manhã, Balaque
levou Balaão a Bamote-Baal, de onde Ba-
laão podia ver uma parte do povo de Is-
rael.

23 Então Balaão disse a Balaque:
— Construa aqui sete altares e
prepare para mim sete touros novos e
sete carneiros.
2 Balaque fez como Balaão tinha dito,
e os dois ofereceram em *sacrifício um
touro novo e um carneiro em cada altar.
3 Aí Balaão disse a Balaque:
— Fique aí perto da sua oferta queima-
da, que eu vou até ali. Talvez o SENHOR
venha encontrar-se comigo, e eu direi a
você tudo o que ele me ordenar.
Depois Balaão subiu sozinho até o alto
de um monte. 4 Ali Deus se encontrou com
Balaão, e este lhe disse:
— Construí sete altares e sobre cada
um ofereci um touro novo e um carneiro.
5 O SENHOR Deus disse a Balaão o que
ele deveria dizer e o mandou voltar e en-
tregar a mensagem a Balaque. 6 Assim, Ba-
laão voltou e encontrou Balaque ainda
perto da sua oferta queimada, ele junto
com os chefes moabitas.
7 Aí Balaão fez esta *profecia:

"Balaque, rei de Moabe,
me fez vir da Síria;
das montanhas do Leste
ele me mandou chamar.
'Venha — ele me disse
— e me faça o favor de amaldiçoar
o povo de Israel!
Sim, amaldiçoe os israelitas!'
8 Como posso amaldiçoar aquele
que Deus não amaldiçoou?
Como posso condenar aquele
que o SENHOR não condenou?
9 Do alto das rochas, na montanha,
eu vejo o povo de Israel.
Eles vivem sozinhos
e acham que são diferentes
dos outros povos.
10 Os descendentes de Jacó
são como a poeira;
são tantos, que não podem
ser contados.
Gostaria de terminar a minha vida
como alguém que pertence
ao povo de Deus;
quero morrer em paz
como as pessoas honestas."

11 Então Balaque disse a Balaão:
— O que foi que você me fez? Eu o man-
dei chamar para amaldiçoar os meus ini-
migos, mas você somente os abençoou.
12 E ele respondeu:
— Eu posso dizer apenas aquilo que o
SENHOR me ordena.

A segunda profecia de Balaão

13 Aí Balaque disse a Balaão:
— Venha comigo para outro lugar, de
onde você poderá ver somente alguns is-
raelitas. Amaldiçoe dali essa gente, por
favor.
14 Balaque o levou até o campo de Zo-
fim, no alto do monte Pisga. Ali construiu
sete altares e em cima de cada altar ofe-
receu em *sacrifício um touro novo e um
carneiro.
15 Então Balaão disse a Balaque:
— Fique aqui perto da sua oferta quei-
mada, e eu irei até ali para me encontrar
com Deus, o SENHOR.
16 O SENHOR se encontrou com Balaão e
disse o que ele deveria dizer e o mandou
voltar até o lugar onde Balaque estava, a
fim de entregar-lhe a mensagem. 17 As-
sim, Balaão voltou e encontrou Balaque
ainda perto da sua oferta queimada, ele
junto com os chefes moabitas. Balaque
perguntou o que o SENHOR lhe tinha dito,
18 e Balaão fez esta *profecia:

"Venha, Balaque, filho de Zipor,
e escute o que vou dizer.

19 Deus não é como os homens,
que mentem;
não é um ser humano,
que muda de ideia.
Quando foi que Deus prometeu
e não cumpriu?
Ele diz que faz e faz mesmo.
20 Recebi ordem para abençoar;
ele abençoou,
e eu não posso mudar nada.
21 Vejo que no futuro do povo de
Israel
não há desgraça nem sofrimentos.
O SENHOR, seu Deus, está com eles,
e o povo está gritando
que o SENHOR é o seu Rei.
22 Deus os tirou do Egito;
ele tem a força de um touro
selvagem.
23 A feitiçaria e a adivinhação
não valem nada
contra o povo de Israel.
Agora todos dirão
a respeito desse povo:
'Vejam só o que Deus tem feito!'
24 Israel se levanta como uma leoa
e se firma como um leão.
Ele não descansa
até que tenha devorado a presa
e bebido o sangue das suas
vítimas."

25 Então Balaque disse a Balaão:
— Se você não pode amaldiçoar o povo
de Israel, pelo menos não o abençoe.
26 Balaão respondeu:
— Eu já não disse que só posso fazer o
que o SENHOR ordenar?

A terceira profecia de Balaão

27 Então Balaque disse a Balaão:
— Venha comigo, que eu vou levá-lo a
outro lugar. Talvez Deus queira que de lá
você amaldiçoe os israelitas.
28 Aí Balaque levou Balaão até o alto do
monte Peor, no lado que dá para o deser-
to. 29 Balaão disse a Balaque:
— Construa para mim aqui sete alta-
res e me prepare sete touros novos e sete
carneiros.
30 Balaque fez como Balaão havia orde-
nado e *ofereceu em *sacrifício um* touro
novo e um carneiro em cada altar.

24 Desta vez Balaão viu que o SENHOR
queria mesmo que ele abençoasse
o povo de Israel. Por isso não foi, como
antes, procurar sinais para saber qual era
a vontade de Deus. Pelo contrário, ele se
virou para o deserto 2 e viu o povo de Is-
rael acampado *tribo por tribo. O Espíri-
to de Deus tomou conta de Balaão, 3 e ele
fez esta *profecia:

"Esta é a mensagem de Balaão,
filho de Beor,
são estas as palavras do homem
que pode ver claramente
4 e que pode ouvir o que Deus
está dizendo.
Eu caio, os meus olhos se abrem,
e eu tenho uma visão
do Deus Todo-Poderoso.
5 Como é bonito o acampamento
do povo de Israel!
Como são belas as suas barracas!
6 Elas parecem filas de palmeiras,
são como jardins na beira dos rios,
como *aloés plantados
por Deus, o SENHOR,
ou como cedros perto das águas.
7 Israel terá muita água para beber
e para regar as suas sementeiras.
O seu rei será mais poderoso
do que Agague,
e o seu reino será famoso.
8 Deus tirou os israelitas do Egito
e luta por eles como um touro
selvagem.
Eles devoram as nações inimigas,
quebram os ossos dos seus
soldados
e os matam com as suas flechas.
9 Israel é como um leão poderoso:
quando está dormindo, ninguém
tem
coragem para acordá-lo.
Quem abençoar o povo de Israel
será abençoado;
e quem o amaldiçoar
será amaldiçoado."

10 Aí Balaque ficou com muita raiva de
Balaão. Com uma das mãos deu um soco
na outra em sinal de ódio e disse:
— Eu o chamei para amaldiçoar os
meus inimigos, mas nestas três vezes
você só os abençoou. 11 Agora vá embo-
ra para a sua casa. Prometi pagar bem
a você, porém o SENHOR Deus não está
deixando que você receba o pagamento.
12 Então Balaão respondeu:
— Eu disse aos seus mensageiros que,
13 mesmo que você me desse toda a sua
prata e todo o seu ouro, eu não poderia

desobedecer à ordem de Deus, o SENHOR.
Eu disse que não faria nada por minha
própria conta e somente diria aquilo que
o SENHOR me ordenasse.

As últimas profecias de Balaão

14 Balaão disse a Balaque:

— Agora vou voltar para o meu próprio povo; mas, antes de ir, quero avisá-lo do que os israelitas vão fazer com o seu povo no futuro.

15 Então ele fez esta *profecia:

"Esta é a mensagem de Balaão,
filho de Beor,
são estas as palavras do homem
que pode ver claramente,
16 que pode ouvir o que Deus
está dizendo
e receber o conhecimento
que vem do Altíssimo.
Eu caio, os meus olhos se abrem,
e eu tenho uma visão
do Deus Todo-Poderoso.
17 Olho para o futuro
e vejo o povo de Israel.
Um rei, como uma estrela brilhante,
vai aparecer naquela nação;
como um cometa ele virá de Israel.
Ele derrotará os chefes dos
moabitas
e acabará com esse povo orgulhoso.
18 Ele conquistará os inimigos
de Israel, os edomitas,
e fará que a terra deles
seja sua propriedade.
O povo de Israel mostrará
a sua força.
19 Dos descendentes de Jacó
sairá o dominador
que acabará com os que ficarem
com vida nas cidades."

20 Aí, em sua visão, Balaão viu os amalequitas e fez esta profecia:

"Amaleque era o povo mais
poderoso
de todos,
mas no fim será destruído
para sempre."

21 Balaão viu também os queneus e fez esta profecia:

"O lugar onde vocês moram é
seguro,
o seu ninho está colocado na rocha.
22 Mas vocês serão destruídos
quando a Assíria os levar
como prisioneiros."

23 Balaão fez mais esta profecia:

"Quem são estes povos
reunidos no Norte?
24 De Chipre virão os inimigos
nos seus navios;
eles conquistarão a Assíria e Héber,
mas depois eles mesmos
serão destruídos para sempre."

25 Depois Balaão se aprontou e voltou para casa. E Balaque também foi embora.

O povo de Israel adora Baal-Peor

25 Quando os israelitas estavam acampados no vale das Acácias, os ho-
mens começaram a ter relações com as
mulheres moabitas. 2 Elas convidavam o
povo para as festas em que eram feitos
*sacrifícios aos seus deuses. E os israeli-
tas tomavam parte nos seus banquetes e
adoravam os seus deuses. 3 Assim, os is-
raelitas se reuniram para adorar o deus
Baal-Peor, e por isso o SENHOR Deus ficou
muito *irado com eles 4 e disse a Moisés:

— Reúna os chefes do povo de Israel e os enforque diante de mim em plena luz do dia. Assim, a minha ira contra o povo de Israel acabará.

5 Moisés disse aos chefes:

— Cada um de vocês mate os homens da sua *tribo que foram adorar o deus Baal-Peor.

6 Moisés e todo o povo estavam cho-
rando em frente da *Tenda do SENHOR.
Então um dos israelitas levou uma mu-
lher midianita para dentro da sua barraca
na presença de Moisés e de toda a gente.
7 Quando Fineias, filho de Eleazar e neto
do sacerdote Arão, viu isso, levantou-se
e saiu da reunião. Ele pegou uma lança,
8 seguiu o homem, entrou na barraca e en-
fiou a lança na barriga dele e da mulher. E
assim acabou a epidemia que havia entre
os israelitas 9 e que já havia matado vinte
e quatro mil pessoas.

10 Então o SENHOR Deus disse a Moisés:

11 — Fineias fez com que terminasse a
minha ira contra o povo de Israel. Fineias
é como eu: não tolera a adoração de ou-
tros deuses além de mim. Por causa do
que Fineias fez, eu, na minha ira, não des-
truí os israelitas. 12 Portanto, diga-lhe que
faço agora com ele uma aliança de amiza-
de. 13 Ele e os seus descendentes sempre

serão sacerdotes porque ele não deixou
que os israelitas adorassem outro deus
além de mim e assim conseguiu que fos-
sem perdoados.
14 O israelita que foi morto com a mi-
dianita se chamava Zinri; ele era filho de
Salu e chefe de uma família da tribo de Si-
meão. 15 A mulher midianita que foi mor-
ta se chamava Cosbi; ela era filha de Zur,
chefe de um grupo de famílias midianitas.
16 O SENHOR ordenou a Moisés:
17 — Ataquem e matem os midianitas.
18 Eles prejudicaram vocês, pois os enga-
naram, levando-os a adorar o ídolo de
Peor, e também os enganaram no caso
de Cosbi, filha do chefe midianita, que foi
morta no tempo da epidemia que houve
no monte Peor.

A segunda contagem do povo

26 Depois da epidemia, o SENHOR dis-
se a Moisés e a Eleazar, filho do sa-
cerdote Arão, o seguinte:
2 — Façam a contagem de todos os ho-
mens israelitas de vinte anos para cima,
família por família, isto é, todos os que já
têm idade para o serviço militar.
3-4 Moisés e Eleazar obedeceram e reu-
niram todos os homens com idade para
prestar serviço militar. Eles se reuniram
nas planícies de Moabe, na beira do rio
Jordão, na altura de Jericó, que ficava no
outro lado do rio.
São estes os israelitas que saíram do
Egito:
5 A *tribo de Rúben (Rúben era o filho
mais velho de Jacó): os grupos de famí-
lias de Enoque, Palu, 6 Hezrom e Carmi.
7 Desses grupos de famílias foram conta-
dos quarenta e três mil setecentos e trinta
homens. 8 Os descendentes de Palu eram
Eliabe 9 e os seus filhos Nemuel, Datã e
Abirão (Datã e Abirão foram escolhidos
pelo povo. Eles se revoltaram contra Moi-
sés e Arão e se juntaram com os segui-
dores de Corá, na revolta contra Deus, o
SENHOR. 10 A terra se abriu e os engoliu, e
eles morreram com Corá e os seus segui-
dores. O fogo matou duzentos e cinquen-
ta homens, e isso serviu como um aviso
para o povo. 11 Mas os filhos de Corá não
foram mortos.).
12 A tribo de Simeão: os grupos de fa-
mílias de Nemuel, Jamim, Jaquim, 13 Zera
e Saul. 14 Desses grupos de famílias fo-
ram contados vinte e dois mil e duzen-
tos homens.
15 A tribo de Gade: os grupos de famílias
de Zefom, Hagui, Suni, 16 Ozni, Eri, 17 Aro-
de e Areli. 18 Desses grupos de famílias fo-
ram contados quarenta mil e quinhentos
homens.
19-21 A tribo de Judá: os grupos de famí-
lias de Selá, Peres, Zera, Hezrom e Hamul
(Dois filhos de Judá, isto é, Er e Onã, ha-
viam morrido em Canaã.). 22 Desses gru-
pos de famílias foram contados setenta e
seis mil e quinhentos homens.
23 A tribo de Issacar: os grupos de fa-
mílias de Tolá, Puva, 24 Jasube e Sinrom.
25 Desses grupos de famílias foram con-
tados sessenta e quatro mil e trezentos
homens.
26 A tribo de Zebulom: os grupos de fa-
mílias de Serede, Elom e Jaleel. 27 Desses
grupos de famílias foram contados ses-
senta mil e quinhentos homens.
28 As tribos de Manassés e Efraim, que
eram filhos de José.
29 A tribo de Manassés: Maquir, filho de
Manassés, era pai de Gileade, e os seguin-
tes grupos de famílias são descendentes
de Gileade: 30 os grupos de famílias de Ie-
zer, Heleque, 31 Asriel, Siquém, 32 Semida e
Héfer. 33 Zelofeade, filho de Héfer, não ti-
nha filhos; somente filhas. Os nomes das
filhas de Zelofeade eram: Macla, Noa, Ho-
gla, Milca e Tirza. 34 Desses grupos de fa-
mílias foram contados cinquenta e dois
mil e setecentos homens.
35 A tribo de Efraim: os grupos de fa-
mílias de Sutela, Bequer e Taã. 36 O gru-
po de famílias de Erã descendia de Su-
tela. 37 Desses grupos de famílias foram
contados trinta e dois mil e quinhentos
homens. São esses os grupos de famílias
descendentes de José.
38 A tribo de Benjamim: os grupos de fa-
mílias de Belá, Asbel, Airão, 39 Sufã e Hufã.
40 Os grupos de famílias de Arde e Naamã
eram descendentes de Belá. 41 Desses gru-
pos de famílias foram contados quarenta
e cinco mil e seiscentos homens.
42 A tribo de Dã: o grupo de famílias de
Suão, 43 que tinha sessenta e quatro mil e
quatrocentos homens.
44 A tribo de Aser: os grupos de famí-
lias de Imna, Isvi e Berias. 45 Os grupos
de famílias de Héber e Malquiel são des-
cendentes de Berias. 46 A filha de Aser se
chamava Sera. 47 Desses grupos de famí-
lias foram contados cinquenta e três mil
e quatrocentos homens.

48 A tribo de Naftali: os grupos de fa-
mílias de Jazeel, Guni, 49 Jezer e Silém.
50 Desses grupos de famílias foram con-
tados quarenta e cinco mil e quatrocen-
tos homens.
51 O número total dos homens israelitas
era de seiscentos e um mil setecentos e
trinta homens.
52 O SENHOR Deus disse a Moisés:
53 — Divida a terra entre as tribos, con-
forme o tamanho delas. 54-56 Divida por
*sorteio e dê as partes maiores para as
tribos maiores; e as partes menores, para
as tribos menores.

Os levitas

57 A *tribo de Levi era formada pelos
grupos de famílias de Gérson, Coate e
Merari. 58 Os grupos de famílias de Libni,
Hebrom, Mali, Musi e Corá eram descen-
dentes de Levi. Coate era o pai de Anrão.
59 A mulher de Anrão era Joquebede, fi-
lha de Levi; ela havia nascido no Egito.
Joquebede deu a Anrão dois filhos: Arão
e Moisés, e uma filha, chamada Míriam.
60 Arão tinha quatro filhos: Nadabe, Abiú,
Eleazar e Itamar. 61 Porém Nadabe e Abiú
morreram quando ofereceram a Deus, o
SENHOR, fogo que não era sagrado. 62 Fo-
ram contados vinte e três mil *levitas do
sexo masculino, de um mês de idade para
cima. Eles foram contados separadamen-
te dos outros israelitas porque não rece-
beram nenhuma propriedade em Israel.
63 São esses os que foram contados por
Moisés e pelo sacerdote Eleazar, que fize-
ram a contagem dos israelitas nas planí-
cies de Moabe, na beira do rio Jordão, na
altura de Jericó, que ficava no outro lado
do rio. 64 Entre esses da segunda conta-
gem não havia nenhum dos que tinham
sido contados por Moisés e pelo sacerdo-
te Arão, quando fizeram a primeira con-
tagem dos israelitas no deserto do Sinai.
65 O SENHOR Deus tinha dito que todos
eles certamente morreriam no deserto;
e todos morreram, menos Calebe, filho
de Jefoné, e Josué, filho de Num.

As filhas de Zelofeade

27 Na *tribo de Manassés havia cin-
co irmãs que se chamavam Macla,
Noa, Hogla, Milca e Tirza. Eram filhas de
Zelofeade e descendentes diretas de Hé-
fer, Gileade, Maquir, Manassés e José. 2 Elas
foram falar com Moisés, com o sacerdote
Eleazar, com as autoridades e com todo o
povo, na entrada da *Tenda Sagrada. Elas
disseram:
3 — O nosso pai morreu no deserto e
não deixou filhos homens. Ele não esta-
va entre os seguidores de Corá, que se
revoltaram contra Deus, o SENHOR, mas
morreu por causa do seu próprio peca-
do. 4 Não é justo que o nome do nosso pai
desapareça do meio do seu grupo de fa-
mílias só porque não teve nenhum filho
homem. Dê uma propriedade para nós
entre os parentes do nosso pai.
5 Moisés levou o caso delas ao SENHOR,
6 e o SENHOR disse:
7 — O que as filhas de Zelofeade estão
pedindo é justo. Você deve dar a elas uma
propriedade entre os parentes do seu pai.
A herança do pai deve passar para elas.
8 Diga ao povo de Israel que, quando um
homem morrer sem deixar um filho ho-
mem, a filha deverá herdar a proprieda-
de dele. 9 E, se não tiver filhas, então a sua
propriedade deverá ser dada aos irmãos
dele. 10 Porém, se ele não tiver irmãos, a
sua propriedade deverá ser dada aos ir-
mãos do seu pai. 11 Se também o pai dele
não tiver irmãos, a sua propriedade de-
verá ser dada ao parente mais chegado
da sua família, para que tome posse dela.
Os israelitas devem obedecer a essa *lei
como eu, o SENHOR, tenho ordenado a
você, Moisés.

Josué, o novo líder do povo

Deuteronômio 31.1-8

12 O SENHOR Deus disse a Moisés:
— Suba esta serra de Abarim e veja a
terra que estou dando aos israelitas. 13 De-
pois de a ter visto, você morrerá, como
aconteceu com o seu irmão Arão, 14 por-
que vocês dois se revoltaram contra a mi-
nha ordem no deserto de Zim. Quando
todo o povo se queixava contra mim em
Meribá, vocês não quiseram reconhecer
diante deles o meu santo poder (Meribá
é uma fonte que existe em Cades, no de-
serto de Zim.).
15 Então Moisés disse o seguinte:
16 — Ó SENHOR Deus, que dás vida a to-
dos, indica um homem que possa guiar o
povo 17 e comandá-lo na batalha, para que
a tua gente não seja como ovelhas que
não têm pastor.
18 O SENHOR disse a Moisés:
— Chame Josué, filho de Num, que é
um homem competente, e ponha as mãos
sobre ele; 19-20 assim, você estará dando

a ele uma parte da sua autoridade, para
que todo o povo de Israel obedeça a ele.
Faça com que ele fique diante do sacer-
dote Eleazar e diante de todo o povo e
ali você o apresentará como aquele que
vai ficar no seu lugar. 21 Ele dependerá do
sacerdote Eleazar, que lhe ensinará a mi-
nha vontade por meio do *Urim e do Tu-
mim. Deste modo Eleazar guiará Josué e
todo o povo de Israel em tudo o que tive-
rem de fazer.

22 Moisés obedeceu à ordem de Deus,
o SENHOR. Ele fez com que Josué ficasse
em frente do sacerdote Eleazar e diante
de todo o povo. 23 Como o SENHOR havia
ordenado, Moisés pôs as mãos sobre a ca-
beça de Josué e o tornou o seu sucessor.

As ofertas de cada dia

Êxodo 29.38-46

28 O SENHOR Deus disse a Moisés:
2 — Mande que os israelitas tra-
gam para mim, no tempo certo, as ofer-
tas de alimento que têm um cheiro que
me agrada.

3 — São estas as ofertas de alimento
que devem ser apresentadas todos os
dias e para sempre: dois carneirinhos
de um ano, sem defeito. 4 Um deles será
oferecido de manhã, e o outro, à tarde.
5 Junto com cada carneirinho, será ofere-
cido um quilo da melhor farinha de trigo
misturada com um litro de azeite. 6 Esse
*sacrifício será completamente queima-
do e deverá ser oferecido todos os dias.
É uma oferta de alimento, de cheiro agra-
dável a Deus, o SENHOR, que foi apresen-
tada pela primeira vez no monte Sinai.
7 Junto com cada carneirinho, será ofe-
recido um litro de vinho. Esse vinho de-
verá ser derramado no *Lugar Santo, em
honra do SENHOR. 8 À tarde será ofereci-
do o outro carneirinho, e, junto com ele,
a mesma quantidade de farinha, azeite e
vinho, como de manhã. Essa é uma oferta
de alimento trazida para mim, o SENHOR,
e o seu cheiro me agrada.

As ofertas dos sábados

9 — No sábado serão oferecidos dois
carneirinhos de um ano, sem defeito,
junto com dois quilos da melhor farinha
misturada com azeite, como oferta de
cereais, e também uma oferta de vinho.
10 Essa oferta completamente queimada
será oferecida todo sábado, além da ofer-
ta que é completamente queimada todos
os dias e entregue junto com a oferta de
vinho que a acompanha.

As ofertas da Festa da Lua Nova

11 — No princípio de cada mês deem a
mim, o SENHOR, uma oferta que será com-
pletamente queimada. Essa oferta será
de dois touros novos, um carneiro e sete
carneirinhos de um ano, todos sem defei-
to. 12 Com cada touro novo, ofereçam três
quilos da melhor farinha misturada com
azeite. Com cada carneiro, ofereçam dois
quilos de farinha misturada com azeite
13 e, com cada carneirinho, um quilo. Es-
sas ofertas completamente queimadas
são ofertas de alimento e têm um chei-
ro agradável a mim, o SENHOR. 14 A ofer-
ta de vinho é assim: dois litros de vinho
com cada touro novo, um litro e meio com
cada carneiro e um litro com cada carnei-
rinho. São essas as ofertas que serão com-
pletamente queimadas no dia primeiro de
cada mês, durante o ano inteiro. 15 Além
do *sacrifício que é completamente quei-
mado e que é oferecido todos os dias e
além da oferta de vinho, ofereçam tam-
bém ao SENHOR um bode, para tirar os
pecados do povo.

As ofertas da Festa da Páscoa — Pães sem Fermento

Êxodo 12.1-13; Levítico 23.5-8;
Deuteronômio 16.1-2

16 — A *Festa da Páscoa, comemorada
em honra do SENHOR Deus cai no dia ca-
torze do primeiro mês. 17 No dia quinze
desse mês haverá festa. Durante sete dias
vocês comerão *pães feitos sem fermen-
to. 18 No primeiro dia dessa festa ninguém
trabalhará; todos se reunirão para adorar
a Deus. 19 Ofereçam ao SENHOR um *sacri-
fício que será completamente queimado,
como oferta de alimento. Essa oferta será
de dois touros novos, um carneiro e sete
carneirinhos de um ano, todos sem de-
feito. 20 Com cada touro novo, ofereçam
três quilos da melhor farinha mistura-
da com azeite. Com cada carneiro, ofere-
çam dois quilos de farinha misturada com
azeite 21 e, com cada carneirinho, um qui-
lo. 22 Ofereçam também a Deus um bode
como sacrifício para tirar os pecados do
povo. 23 Vocês oferecerão essas coisas,
além do sacrifício que é completamente
queimado todas as manhãs. 24 Assim, vo-
cês oferecerão ao SENHOR cada dia, du-
rante sete dias, uma oferta de alimento

DEVOCIONAL

Texto para leitura: **Números 28:26-31**

Conheça a si mesma

Aroma é algo maravilhoso. Ele pode influenciar seu humor, suas emoções e seus pensamentos. Sentir um cheiro é algo tão poderoso que pode levar você a experimentar as mesmas sensações que teve da última vez que o sentiu. Bons aromas normalmente nos acalmam, e alguns dizem que certos aromas até ajudam em nossa concentração. Mas eles também podem ser desagradáveis. Muitos fazem você correr na direção contrária. Eles podem acertar você como um tapa na cara e fazê-la ter vontade de pôr a mão no nariz e na boca para se proteger.

Na esfera espiritual, pense na obediência a Deus como um aroma bom que ele adora sentir. Amor, bondade, altruísmo e capacidade de se doar e de servir a todos são aromas suaves para Deus. E é isso que ele procura na vida de seus filhos. Mas o pecado é um mau cheiro que o faz virar o rosto e ignorar até as orações do malcheiroso (veja Provérbios 28:9). Qual é o aroma de sua vida? Ele chega ao Senhor no céu como um aroma delicioso ou como um mau cheiro de dar náuseas?

Se você não tem certeza, então observe seus pensamentos e suas ações. Eles correspondem à Palavra de Deus ou estão em conflito? Uma vida em conflito é um aroma desagradável. Mas uma vida dedicada a agradar a Deus e descobrir do que ele gosta e não gosta é um aroma suave. Que você possa descobrir o que agrada a Deus e fazer isso. Que ele se encante com a fragrância de suas ações, em vez de se afastar delas.

que tem cheiro agradável a ele. Ofereçam
isso, além do sacrifício que é completa-
mente queimado todos os dias e além da
oferta de vinho. 25 No sétimo dia vocês se
reunirão para adorar a Deus, e ninguém
trabalhará.

As ofertas da Festa da Colheita

Levítico 23.15-22

26 — Vocês terão outra festa, chamada
"*Festa da Colheita" ou "Festa das Sema-
nas". No primeiro dia dessa festa, quando
oferecerem a Deus, o SENHOR, a nova co-
lheita de cereais, vocês se reunirão para
o adorar, e ninguém trabalhará. 27 Ofere-
çam ao SENHOR um *sacrifício que será
completamente queimado, que tem um
cheiro agradável a ele. Esse sacrifício será
de dois touros novos, um carneiro e sete
carneirinhos de um ano, todos sem de-
feito. 28 Com cada touro novo, ofereçam
três quilos da melhor farinha mistura-
da com azeite. Com cada carneiro, ofe-
reçam dois quilos de farinha misturada
com azeite 29 e, com cada carneirinho, um
quilo. 30 Tragam também um bode como
sacrifício para tirar os pecados do povo.
31 Tragam isso e também a oferta de vinho,
o sacrifício que é completamente quei-
mado todos os dias e a oferta de cereais.

As ofertas da Festa do Ano Novo

Levítico 23.23-25

29 O SENHOR deu a Moisés as seguin-
tes ordens para o povo de Israel:
— No dia primeiro do sétimo mês vo-
cês se reunirão para adorar o SENHOR, e
ninguém trabalhará. Nesse dia as trombe-
tas tocarão. 2 Ofereçam a Deus, o SENHOR,
um *sacrifício que será completamente
queimado, que tem um cheiro agradável a
ele. Esse sacrifício será de um touro novo,
um carneiro e sete carneirinhos de um
ano, todos sem defeito. 3 Com cada tou-
ro novo, ofereçam três quilos da melhor
farinha misturada com azeite. Com cada
carneiro, ofereçam dois quilos de farinha
misturada com azeite 4 e, com cada carnei-
rinho, um quilo. 5 Ofereçam a Deus tam-
bém um bode como sacrifício para tirar

os pecados do povo. 6 Tragam isso, além da oferta que é completamente queimada em sacrifício no primeiro dia do mês, junto com a sua oferta de cereais, e além da oferta que é completamente queimada todos os dias, junto com a oferta de cereais e a oferta de vinho que a acompanha. Essas ofertas de alimento têm um cheiro agradável ao SENHOR.

As ofertas do Dia do Perdão

Levítico 23.26-32

7 — No dia dez do sétimo mês vocês se reunirão para adorar a Deus. Nesse dia não comam nada e não trabalhem. 8 Deem a Deus, o SENHOR, uma oferta que será completamente queimada em *sacrifício e que tem um cheiro agradável a ele. Esse sacrifício será de um touro novo, um carneiro e sete carneirinhos de um ano, todos sem defeito. 9 Com cada touro novo, ofereçam três quilos da melhor farinha misturada com azeite. Com cada carneiro, ofereçam dois quilos de farinha misturada com azeite 10 e, com cada carneirinho, um quilo. 11 Ofereçam também um bode como sacrifício para tirar os pecados, além do bode que é oferecido para *purificar o povo e além do sacrifício que é queimado e que é oferecido todos os dias, junto com a oferta de cereais e a oferta de vinho que o acompanha.

As ofertas da Festa das Barracas

Levítico 23.33-44

12 — No dia quinze do sétimo mês vocês se reunirão para adorar a Deus. Essa festa em honra do SENHOR Deus deverá durar sete dias. 13 No primeiro dia da festa tragam ao SENHOR uma oferta de alimento que tem um cheiro agradável a ele. Essa oferta será de treze touros novos, dois carneiros e catorze carneirinhos de um ano, todos sem defeito. 14 Com cada touro novo, ofereçam três quilos da melhor farinha misturada com azeite. Com cada carneiro, ofereçam dois quilos de farinha misturada com azeite 15 e, com cada carneirinho, um quilo, junto com as ofertas de vinho que acompanham essa oferta. 16 Ofereçam também um bode como *sacrifício para tirar os pecados do povo. Ofereçam isso, além do sacrifício que é completamente queimado todos os dias, junto com a oferta de cereais e a oferta de vinho que o acompanha.

17 — No segundo dia ofereçam doze touros novos, dois carneiros e catorze carneirinhos de um ano, todos sem defeito. 18-19 Junto com eles, deem também as outras ofertas que são exigidas para o primeiro dia.

20 — No terceiro dia ofereçam onze touros novos, dois carneiros e catorze carneirinhos de um ano, todos sem defeito. 21-22 Junto com eles, deem também as outras ofertas que são exigidas para o primeiro dia.

23 — No quarto dia ofereçam dez touros novos, dois carneiros e catorze carneirinhos de um ano, todos sem defeito. 24-25 Junto com eles, deem também as outras ofertas que são exigidas para o primeiro dia.

26 — No quinto dia ofereçam nove touros novos, dois carneiros e catorze carneirinhos de um ano, todos sem defeito. 27-28 Junto com eles, deem também as outras ofertas que são exigidas para o primeiro dia.

29 — No sexto dia ofereçam oito touros novos, dois carneiros e catorze carneirinhos de um ano, todos sem defeito. 30-31 Junto com eles, deem também as outras ofertas que são exigidas para o primeiro dia.

32 — No sétimo dia ofereçam sete touros novos, dois carneiros e catorze carneirinhos de um ano, todos sem defeito. 33-34 Junto com eles, deem também as outras ofertas que são exigidas para o primeiro dia.

35 — No oitavo dia vocês se reunirão para adorar a Deus, e ninguém trabalhará. 36 Ofereçam a Deus, o SENHOR, um sacrifício que será completamente queimado, como uma oferta de alimento que tem um cheiro agradável a ele. Essa oferta será de um touro novo, um carneiro e sete carneirinhos de um ano, todos sem defeito. 37-38 Junto com eles, deem também as outras ofertas que são exigidas para o primeiro dia.

39 — São essas as *leis a respeito dos sacrifícios que são completamente queimados, das ofertas de cereais, das ofertas de vinho e das ofertas de paz que vocês devem dar a Deus, o SENHOR, nas datas marcadas para as festas. Essas coisas vocês devem oferecer a Deus e mais as ofertas que vocês prometerem ou as ofertas que fizerem por vontade própria.

40 Assim, Moisés disse aos israelitas tudo o que o SENHOR lhe havia ordenado.

Promessas e juramentos

30 Moisés disse aos chefes das *tribos
dos israelitas o seguinte:
— O que o SENHOR Deus ordenou é
isto: 2 Quando alguém prometer dar al-
guma coisa ao SENHOR ou jurar que fará
ou deixará de fazer qualquer coisa, deve-
rá cumprir a palavra e fazer tudo o que
tiver prometido.
3 — Quando uma moça que ainda esti-
ver morando na casa do seu pai prometer
dar alguma coisa a Deus, o SENHOR, ou ju-
rar que fará ou deixará de fazer qualquer
coisa, 4 se o pai, sabendo disso, não disser
nada, então ela deverá fazer tudo o que
prometeu ou jurou. 5 Mas, se o pai, logo
que souber disso, a proibir de cumprir o
que havia prometido, então ela não pre-
cisará cumprir a sua palavra. O SENHOR
a perdoará, pois o pai não a deixou cum-
prir o que ela havia prometido.
6 — Se uma moça solteira prometer al-
guma coisa a Deus, sabendo o que está
fazendo ou sem pensar, ou jurar que fará
ou deixará de fazer qualquer coisa, e de-
pois casar, 7 e, se o marido, sabendo disso,
não disser nada, então ela deverá fazer
tudo o que prometeu ou jurou. 8 Mas, se
o marido, logo que souber disso, a proibir
de cumprir o que tinha prometido, então
ela não precisará cumprir a sua palavra.
O SENHOR a perdoará.
9 — Tanto as viúvas como as divorcia-
das deverão dar o que prometeram a
Deus, o SENHOR, e cumprir o que juraram
que fariam ou deixariam de fazer.
10 — Se uma mulher casada prometer
alguma coisa a Deus ou jurar que fará
ou deixará de fazer qualquer coisa, 11 e,
se o marido, sabendo disso, não disser
nada, então ela deverá cumprir tudo o
que prometeu ou jurou. 12 Mas, se o ma-
rido, logo que souber disso, a proibir de
cumprir o que prometeu, então ela não
precisará cumprir a sua palavra. O SE-
NHOR a perdoará, pois o marido não a
deixou cumprir o que ela havia prome-
tido. 13 O marido tem o direito de confir-
mar ou de anular qualquer promessa ou
juramento que ela tenha feito. 14 Mas, se
até o dia seguinte o marido não disser
nada a ela a respeito do assunto, então
ela deverá fazer tudo o que prometeu ou
jurou. O marido confirmou o juramen-
to, pois não disse nada a ela logo que
soube do caso. 15 Porém, se mais tarde o
marido anular o que ela prometeu, será
ele o castigado, e não ela.
16 São esses os regulamentos que o SE-
NHOR deu a Moisés a respeito de promes-
sas feitas por moças solteiras e por mu-
lheres casadas.

A batalha contra os midianitas

31 O SENHOR Deus disse a Moisés:
2 — Mande que os israelitas se
vinguem do mal que os midianitas lhes
fizeram. Depois disso você vai morrer.
3 Então Moisés disse ao povo:
— Preparem homens para a batalha,
ataquem os midianitas e se vinguem deles
pelo que fizeram contra Deus, o SENHOR.
4 Cada *tribo deve mandar mil soldados
para esta guerra.
5 Assim, dos milhares de israelitas fo-
ram mandados de cada tribo mil solda-
dos armados, doze mil ao todo. 6 Moisés
mandou esses soldados para a batalha,
debaixo do comando de Fineias, filho do
sacerdote Eleazar, que levou também os
objetos sagrados e as cornetas para dar
os sinais. 7 Eles atacaram os midianitas,
como o SENHOR havia ordenado a Moi-
sés, e mataram todos os homens. 8 Entre
os mortos estavam Evi, Requém, Zur, Hur
e Reba, os cinco reis midianitas. Também
mataram à espada Balaão, filho de Beor.
9 Os israelitas levaram presas as mu-
lheres e as crianças dos midianitas. Pega-
ram também as suas ovelhas e cabras, o
seu gado e todos os seus bens. 10 Incendia-
ram todas as cidades onde os midianitas
moravam e queimaram todos os acam-
pamentos. 11 Eles pegaram o que haviam
tomado dos midianitas e também os pri-
sioneiros e os animais 12 e levaram tudo
a Moisés, ao sacerdote Eleazar e ao povo
de Israel, que estavam acampados nas
planícies de Moabe, perto do rio Jordão,
na altura de Jericó, que ficava no outro
lado do rio.

A volta do exército israelita

13 Moisés, o sacerdote Eleazar e todas as
autoridades do povo saíram do acampa-
mento e foram ao encontro do exército.
14 Moisés ficou muito zangado com os ofi-
ciais que haviam voltado da batalha, isto
é, os comandantes dos batalhões e das
companhias. 15 Moisés perguntou:
— Por que vocês deixaram vivas todas
as mulheres? 16 Lembrem que foram as
mulheres que, seguindo os conselhos de

Balaão, fizeram com que os israelitas fos-
sem infiéis a Deus, o SENHOR, adorando
o deus Baal-Peor. Foi por isso que houve
uma epidemia no meio do povo de Deus.
17 Agora matem todos os meninos e todas
as mulheres que não forem virgens. 18 Mas
deixem viver todas as meninas e as moças
que forem virgens; elas pertencem a vo-
cês. 19 Agora todos os que tiverem matado
alguém ou que tiverem tocado em algum
morto devem ficar fora do acampamento
sete dias. No terceiro dia e no sétimo, vo-
cês e as prisioneiras devem se *purificar.
20 Purifiquem também todas as roupas,
todos os objetos feitos de couro, tudo o
que é feito de pelos de cabra e tudo o que
é feito de madeira.

21 Então o sacerdote Eleazar disse aos
homens que tinham voltado da batalha:

— A *lei que o SENHOR Deus ordenou a
Moisés é esta: 22-23 Tudo o que o fogo não
destrói, como ouro, prata, bronze, ferro,
estanho e chumbo, deverá ser purifica-
do pelo fogo. Mas tudo o que o fogo pode
destruir será purificado com água. 24 No
sétimo dia, para se purificarem, vocês de-
verão lavar as roupas que estiverem ves-
tindo. Depois disso vocês poderão entrar
no acampamento.

A divisão das coisas tomadas dos midianitas

25 O SENHOR Deus disse a Moisés:

26 — Você, com a ajuda do sacerdote
Eleazar e das autoridades do povo, faça
uma lista de tudo o que foi tomado na ba-
talha, incluindo as pessoas e os animais.
27 Divida em duas partes iguais o que foi
tomado: uma parte para os soldados e a
outra para o resto do povo. 28 Da parte que
pertence aos soldados que estiveram na
batalha, separe um imposto para Deus,
o SENHOR: uma pessoa de cada quinhen-
tas e a mesma coisa quanto aos bois, ju-
mentos, ovelhas e cabras. 29 Pegue esse
imposto e entregue ao sacerdote Eleazar,
como oferta ao SENHOR. 30 Da parte que
pertence ao povo, pegue um de cada cin-
quenta, tanto de pessoas como de bois,
de jumentos, de ovelhas, de cabras e de
qualquer outro animal, e dê aos *levitas,
que cuidam da *Tenda do SENHOR.

31 Moisés e Eleazar fizeram o que o SE-
NHOR havia ordenado.

32-35 Esta é a lista do que foi tomado pe-
los soldados, sem contar o que eles pega-
ram para si mesmos: seiscentas e setenta
e cinco mil ovelhas e cabras, setenta e
dois mil bois e vacas, sessenta e um mil
jumentos e trinta e duas mil pessoas. 36-
40 A metade que ficou para os soldados
foi de trezentas e trinta e sete mil e qui-
nhentas ovelhas e cabras, das quais seis-
centas e setenta e cinco foram o impos-
to para Deus, o SENHOR; trinta e seis mil
bois e vacas para os soldados, dos quais
setenta e dois foram o imposto para o SE-
NHOR; trinta mil e quinhentos jumentos
para os soldados, dos quais sessenta e um
foram o imposto para Deus; e dezesseis
mil virgens para os soldados, das quais
trinta e duas foram o imposto para Deus.
41 Assim, Moisés deu a Eleazar o imposto
como uma oferta especial a Deus, o SE-
NHOR, como o SENHOR havia ordenado.

42-46 A parte do povo foi igual à parte dos
soldados, isto é, trezentas e trinta e sete
mil e quinhentas ovelhas e cabras, trinta
e seis mil bois e vacas, trinta mil e qui-
nhentos jumentos e dezesseis mil virgens.
47 Como o SENHOR havia ordenado, dessa
metade que pertencia ao povo, Moisés pe-
gou um de cada cinquenta, tanto de pes-
soas como de animais, e deu aos levitas,
que cuidavam da Tenda Sagrada.

A oferta dos oficiais

48 Os oficiais do exército, isto é, os co-
mandantes dos batalhões e das compa-
nhias, foram falar com Moisés 49 e disse-
ram:

— Contamos os soldados que estão de-
baixo do nosso comando, e não está fal-
tando nenhum. 50 Assim trouxemos o que
cada um pegou: objetos de ouro, corren-
tinhas, pulseiras, anéis, brincos e cola-
res. Nós os oferecemos a Deus, o SENHOR,
como pagamento pela nossa vida, para
que ele nos proteja.

51 Moisés e o sacerdote Eleazar recebe-
ram todas essas joias de ouro. 52 O peso
total do ouro que foi separado e ofereci-
do a Deus, o SENHOR, pelos oficiais foi de
cento e noventa e um quilos. 53 Os que não
eram oficiais ficaram com as coisas que
tiraram dos inimigos. 54 Assim, Moisés e o
sacerdote Eleazar receberam o ouro dos
oficiais e o levaram para a *Tenda Sagra-
da a fim de que o SENHOR protegesse o
povo de Israel.

As tribos que ficaram a leste do rio Jordão

Deuteronômio 3.12-22

32 As *tribos de Rúben e de Gade ti-
nham gado em grande quantidade.

Quando viram que a terra de Jazer e a ter-
ra de Gileade eram boas para a criação de
gado, 2 foram falar com Moisés, com o sa-
cerdote Eleazar e com as autoridades do
povo. Eles disseram o seguinte:
3-4 — Esta região que o SENHOR Deus
conquistou para os israelitas, isto é, as
cidades de Atarote, Dibom, Jazer, Ninra,
Hesbom, Eleal, Sebã, Nebo e Beom, é terra
boa para a criação de gado. E nós temos
muito gado. 5 Se o senhor está contente
com a gente, então nos dê essa terra para
ser nossa propriedade e não nos faça ir
para o outro lado do rio Jordão.
6 Porém Moisés disse às tribos de Gade
e de Rúben:
— Vocês querem ficar aqui enquanto
os seus patrícios vão para a guerra? 7 Será
que vocês querem desanimar o povo de
Israel para que não entre na terra que o
SENHOR lhe está dando? 8 Os pais de vocês
fizeram a mesma coisa quando os enviei
de Cades-Barneia para espionar esta ter-
ra. 9 Eles chegaram até o vale de Escol e
viram a terra; mas, quando voltaram, de-
sanimaram o povo para que não entrasse
na terra que o SENHOR lhe estava dando.
10 — Então, naquele dia, o SENHOR fi-
cou muito *irado e disse: 11 "Os homens
que vieram do Egito, de vinte anos para
cima, deixaram de ser fiéis a mim, e por
isso juro que eles não verão a terra que
prometi dar a Abraão, a Isaque e a Jacó."
12 Somente Calebe, filho de Jefoné, o que-
nezeu, e Josué, filho de Num, continuaram
fiéis ao SENHOR. 13 O SENHOR ficou irado
com o povo de Israel e os fez andar pelo
deserto quarenta anos, até que morres-
se toda a gente daquele tempo, isto é, o
povo que havia desagradado a Deus, o SE-
NHOR. 14 E agora vocês, raça de gente pe-
cadora, estão tomando o lugar dos seus
pais a fim de aumentar ainda mais a ira
do SENHOR contra o povo de Israel. 15 Se
vocês não quiserem segui-lo, ele abando-
nará novamente todo o povo no deserto, e
eles serão destruídos por causa de vocês.
16 Mas a gente das tribos de Rúben e
de Gade chegou perto de Moisés e disse:
— Nós mesmos vamos construir aqui
currais para as nossas ovelhas e vacas e
também cidades para as nossas famílias.
17 Depois estaremos prontos para marchar
para a guerra na frente dos nossos patrí-
cios israelitas, até fazê-los tomar posse
da terra que será deles. Porém as nossas
famílias ficarão aqui nas cidades cerca-
das de muralhas e assim estarão a salvo
dos moradores da terra. 18 Não voltaremos
para as nossas casas até que todos os ou-
tros israelitas tomem posse da terra que
será deles. 19 Não tomaremos posse de ne-
nhuma propriedade no meio deles no ou-
tro lado do rio Jordão, pois receberemos a
nossa parte aqui, a leste do Jordão.
20 Aí Moisés respondeu:
— Se vocês vão fazer isso, então na
presença de Deus, o SENHOR, preparem-
-se para a batalha. 21 E que todos os seus
homens armados atravessem o rio Jor-
dão debaixo das ordens do SENHOR, até
que os nossos inimigos sejam expulsos
diante dele, 22 e nós conquistemos a ter-
ra. Depois vocês poderão voltar porque
já terão cumprido a sua obrigação para
com Deus, o SENHOR, e para com os seus
patrícios israelitas. E o SENHOR reconhe-
cerá esta terra a leste do rio Jordão como
propriedade de vocês. 23 Porém, se vocês
não cumprirem o que estão prometen-
do, estarão pecando contra o SENHOR. E
fiquem sabendo que vocês serão castiga-
dos por causa dos seus próprios pecados.
24 Construam as cidades para as suas famí-
lias e façam currais para as suas ovelhas
e vacas. E cumpram o que prometeram.
25 Os homens de Gade e de Rúben dis-
seram a Moisés o seguinte:
— Nós faremos o que o senhor mandar.
26 As nossas crianças, as nossas mulheres,
as nossas ovelhas, as nossas cabras e todo
o gado ficarão aqui nas cidades de Gilea-
de. 27 Mas todos nós estamos prontos para
a guerra. Conforme a sua ordem, atraves-
saremos o Jordão e batalharemos, debai-
xo do comando do SENHOR Deus.
28 Então Moisés deu ordens a respei-
to dos homens das tribos de Rúben e de
Gade ao sacerdote Eleazar, a Josué, filho
de Num, e aos chefes das famílias das tri-
bos dos israelitas. 29 Ele disse assim:
— Debaixo do comando de Deus, o SE-
NHOR, os homens de Gade e de Rúben de-
verão atravessar com vocês o rio Jordão,
cada um armado para a batalha. Quan-
do vocês tiverem conquistado as terras
que ficam no lado oeste do Jordão, deem
a região de Gileade para ser propriedade
deles. 30 Porém, se eles não atravessarem
armados o rio Jordão, junto com vocês,
então deverão receber a parte deles na
terra de Canaã.

31 Os homens de Gade e de Rúben res-
ponderam:
— Senhor, nós faremos o que o SENHOR
Deus ordenou. 32 Debaixo do comando
dele atravessaremos o Jordão, armados,
e lutaremos na terra de Canaã; e assim
as terras deste lado do rio Jordão serão
nossa propriedade.
33 Então Moisés deu às tribos de Gade e
de Rúben e a uma metade da tribo de Ma-
nassés, filho de José, a região de Seom, o
rei dos amorreus, e a região de Ogue, rei
de Basã, junto com as cidades e as terras
que havia em redor delas. 34 Os homens
da tribo de Gade construíram de novo as
cidades de Dibom, Atarote, Aroer, 35 Ata-
rote-Sofã, Jazer, Jogbeá, 36 Bete-Ninra e
Bete-Harã. Construíram muralhas ao re-
dor delas e também currais. 37 Os homens
de Rúben construíram de novo Hesbom,
Eleal, Quiriataim, 38 Nebo, Baal-Meom (al-
guns nomes foram mudados) e Sibma. E
deram outros nomes às cidades que eles
construíram de novo.
39 O grupo de famílias de Maquir, filho
de Manassés, foi para Gileade, e a con-
quistou, e expulsou os amorreus que es-
tavam ali. 40 Portanto, Moisés deu Gilea-
de ao grupo de famílias de Maquir, e eles
moraram ali. 41 Jair, descendente de Ma-
nassés, foi e conquistou alguns povoados
dos amorreus e os chamou de "povoados
de Jair". 42 Noba foi e conquistou a cidade
de Quenate e os seus povoados. E pôs o
nome nela de Noba, que era o nome dele
mesmo.

Do Egito até Moabe

33 São estas as caminhadas dos is-
raelitas que saíram do Egito, gru-
po por grupo, debaixo das ordens de Moi-
sés e Arão. 2 Moisés ia anotando os nomes
dos lugares de onde partiam, de acordo
com as ordens de Deus, o SENHOR. E são
estas as caminhadas conforme os luga-
res de partida:
3 O povo de Israel saiu do Egito no dia
quinze do primeiro mês do ano, um dia
depois da primeira *Páscoa. Eles saíram
de Ramessés de maneira vitoriosa, e to-
dos os egípcios os viram. 4 Os egípcios es-
tavam sepultando os seus primeiros fi-
lhos que o SENHOR havia matado. Assim,
o SENHOR mostrou que era mais podero-
so do que os deuses do Egito. 5 Depois de
saírem de Ramessés, os israelitas acam-
param em Sucote. 6 Saíram de Sucote e
acamparam em Etã, que está na beira do
deserto. 7 Saíram de Etã e voltaram a Pi-
-Hairote, que fica a leste de Baal-Zefom, e
acamparam perto de Migdol. 8 Saíram de
Pi-Hairote e passaram pelo meio do mar
Vermelho e chegaram ao deserto de Sur.
Caminharam três dias no deserto e acam-
param em Mara. 9 Dali foram para Elim e
acamparam ali. Em Elim havia doze fon-
tes de água e setenta palmeiras. 10 Saíram
de Elim e acamparam perto do golfo de
Suez. 11 Partiram dali e acamparam no de-
serto de Sim. 12 Dali foram até Dofca, onde
acamparam. 13 Partiram de Dofca e acam-
param em Alus. 14 Depois de Alus, acam-
param em Refidim. Porém ali não havia
água para o povo beber.
15-37 Na caminhada de Refidim até o
monte Hor, eles acamparam nos seguin-
tes lugares: deserto do Sinai, Quibrote-
-Ataavá, Hazerote, Ritma, Rimom-Peres,
Libna, Rissa, Queelata, monte Sefer, Hara-
da, Maquelote, Taate, Tera, Mitca, Hasmo-
na, Moserote, Benê-Jaacã, Hor-Hagidgade,
Jotbatá, Abrona, Eziom-Geber, deserto de
Zim, isto é, Cades, e o monte Hor, que fica
na fronteira da terra de Edom.
38 Por ordem de Deus, o SENHOR, o sa-
cerdote Arão subiu o monte Hor. E mor-
reu ali, no dia primeiro do quinto mês,
quarenta anos depois que os israelitas ti-
nham saído do Egito. 39 Arão tinha cento e
vinte e três anos de idade quando morreu.
40 Então o rei cananeu de Arade, que
morava na região sul da terra de Ca-
naã, soube que os israelitas estavam
chegando.
41-49 Do monte Hor até as planícies de
Moabe, os israelitas acamparam nos se-
guintes lugares: Salmona, Punom, Obote,
ruínas de Abarim, que ficavam na frontei-
ra com Moabe, Dibom-Gade, Almom-Di-
blataim, serra de Abarim, que fica perto
do monte Nebo, e planícies de Moabe, en-
tre Bete-Jesimote e o vale das Acácias, no
lado leste do rio Jordão, na altura de Jeri-
có, que ficava no outro lado do rio.

Deus manda expulsar os cananeus

50 Nas planícies de Moabe, junto ao rio
Jordão, na altura de Jericó, que ficava no
outro lado do rio, o SENHOR mandou que
Moisés desse 51 aos israelitas as seguin-
tes ordens:
— Quando vocês atravessarem o rio
Jordão e entrarem na terra de Canaã,
52 expulsem todos os moradores daquela

terra. Destruam todos os seus ídolos de
metal e de pedra e todos os seus lugares
de adoração. 53 Tomem posse da terra e
morem nela porque eu a estou dando a
vocês. 54 Repartam a terra, por *sorteio,
entre as *tribos e os grupos de famílias.
Aos grupos de famílias mais numerosos
deem uma parte maior; e aos grupos me-
nos numerosos deem uma parte menor.
55 Porém, se vocês não expulsarem os
moradores do país, os que ficarem serão
para vocês como espinhos nos seus olhos
e como ferrões nas suas costas e trarão
problemas para vocês na terra em que
vocês morarem. 56 E farei com vocês tudo
o que eu havia pensado fazer com eles.

As fronteiras do país

34 O Senhor Deus mandou que Moi-
sés 2 desse aos israelitas as seguin-
tes ordens:

— Quando entrarem em Canaã, a ter-
ra que estou dando a vocês, as fronteiras
serão estas:

3 — A fronteira do Sul irá desde o deser-
to de Zim ao longo da fronteira de Edom.
No Leste ela começará na ponta sul do
mar Morto. 4 Depois voltará para o sul, na
direção da subida de Acrabim, e passará
por Zim até chegar a Cades-Barneia. Em
seguida passará por Hazar-Adar até che-
gar a Azmom 5 e de Azmom até o ribeirão
que faz fronteira com o Egito e terminará
no mar Mediterrâneo.

6 — A fronteira do Oeste será o mar Me-
diterrâneo.

7 — A fronteira do Norte irá desde o
mar Mediterrâneo até o monte Hor 8 e
dali até a subida de Hamate e depois até
Zedade. 9 De Zedade, essa fronteira do
Norte seguirá até Zifrom e acabará em
Hazar-Enã.

10 — A fronteira do Leste irá desde Ha-
zar-Enã até Sefã 11 e de Sefã até Ribla, que
fica a leste de Aim. Dali a fronteira des-
cerá pelo leste do lago da Galileia 12 e se-
guirá pelo rio Jordão até terminar no mar
Morto.

— Essas serão as quatro fronteiras do
país de vocês.

13 Então Moisés deu estas ordens aos
israelitas:

— Esta é a terra que vocês vão repartir
por *sorteio, este é o país que o Senhor
Deus mandou dar às nove *tribos e meia.
14-15 Isso porque as duas tribos e meia, isto
é, as tribos de Gade e de Rúben e metade
da tribo de Manassés, já receberam, por
grupos de famílias, a terra que pertence a
elas, no lado leste do rio Jordão, na altura
de Jericó, que ficava no outro lado do rio.

Os líderes responsáveis pela divisão da terra

16 O Senhor Deus disse a Moisés:

17 — O sacerdote Eleazar e Josué, fi-
lho de Num, vão repartir a terra entre o
povo. 18 Escolham também um chefe de
cada *tribo para ajudar a dividi-la.

19-28 Os homens que devem ser chama-
dos são os seguintes:

Tribo	*Chefe*
Judá	Calebe, filho de Jefoné
Simeão	Samuel, filho de Amiúde
Benjamim	Elidade, filho de Quislom
Dã	Buqui, filho de Jogli
José (isto é, Manassés)	Haniel, filho de Éfode
Efraim	Quemuel, filho de Siftã
Zebulom	Elisafã, filho de Parnaque
Issacar	Paltiel, filho de Azã
Aser	Aiude, filho de Selomi
Naftali	Pedael, filho de Amiúde

29 São esses os homens que o Senhor
mandou repartir a terra de Canaã entre
os israelitas.

As cidades dos levitas

35 Nas planícies de Moabe, perto do
rio Jordão, na altura de Jericó, que
ficava no outro lado do rio, o Senhor dis-
se a Moisés o seguinte:

2 — Mande que os israelitas, das terras
que vão receber, deem aos *levitas algu-
mas cidades onde estes possam morar
e também terras de pastagens ao redor
delas. 3 Essas cidades serão dos levitas, e
eles morarão nelas. As terras ao seu re-
dor serão para o gado, para as ovelhas e
as cabras e para os outros animais. 4 Os
pastos ficarão em volta de toda a cida-
de, numa distância de quatrocentos e cin-
quenta metros a partir da muralha. 5 Todo
o terreno formará um quadrado de nove-
centos metros de cada lado, isto é, medirá
a mesma coisa a leste e a oeste, ao norte e
ao sul. A cidade ficará no meio, e os pas-
tos ficarão em volta.

6 — Deem aos levitas seis cidades para
fugitivos. Se um homem, sem querer ou
por engano, matar alguém, poderá fugir
para uma dessas cidades. Além dessas,
vocês darão aos levitas quarenta e duas

cidades. 7 Portanto, o total será de qua-
renta e oito cidades, todas elas com pas-
tos ao seu redor. 8 O número de cidades
de levitas em cada *tribo será determina-
do pelo tamanho do seu território, isto é,
dos territórios maiores será escolhido um
número maior de cidades, e dos territó-
rios menores, menor número de cidades.

As cidades para fugitivos

Deuteronômio 19.1-13; Josué 20.1-9

9 O SENHOR Deus mandou que Moisés
10 dissesse ao povo de Israel o seguinte:
— Quando vocês atravessarem o rio
Jordão para entrar em Canaã, 11 deverão
escolher algumas cidades para fugitivos,
onde poderá ficar morando qualquer ho-
mem que, sem querer ou por engano, te-
nha matado alguém. 12 Ali ele ficará a sal-
vo do parente da vítima que estiver pro-
curando vingança e não morrerá sem ter
sido julgado em público. 13 Escolham seis
cidades para fugitivos, 14 três a leste do rio
Jordão e três na terra de Canaã. 15 Essas
seis cidades serão de refúgio, tanto para
os israelitas como para os estrangeiros
que moram com vocês, seja só por algum
tempo, seja para sempre. Quem tiver ma-
tado alguém sem querer ou por engano
poderá ficar refugiado ali.

16-18 — Se um homem ferir uma pessoa
com um objeto de ferro, ou com uma pe-
dra, ou com um pau e causar a morte des-
sa pessoa, ele é culpado pelo crime e será
condenado à morte. 19 Quando o parente
mais chegado do morto encontrar o as-
sassino, deverá matá-lo.

20 — Se um homem empurrar o outro
com ódio ou jogar alguma coisa contra
ele com má intenção, e ele morrer; 21 ou
se um homem esmurrar um inimigo, e
este morrer, o culpado será morto, pois
é um assassino. Quando o parente mais
chegado do falecido encontrar o assassi-
no, deverá matá-lo.

22 — Mas pode acontecer que alguém,
sem querer, empurre o companheiro que
não era seu inimigo; ou atire, sem má in-
tenção, alguma coisa contra ele. 23 Pode
acontecer também que alguém, sem ver,
atire uma pedra que venha a cair em cima
de alguém e cause a sua morte. Porém
os dois não eram inimigos, e quem ma-
tou não fez isso de propósito. 24 Nesses
casos o povo julgará a favor do que ma-
tou sem querer e não a favor do homem
que era responsável por vingar a morte
do seu parente. 25 O povo deverá proteger
o homem que matou sem querer, não dei-
xando que ele seja morto pelo parente do
homem que morreu. O povo o fará voltar
à cidade de refúgio para onde havia fugi-
do, e ali o assassino ficará até a morte do
*Grande Sacerdote, que foi *ungido com
azeite sagrado. 26 Mas, se em qualquer
tempo o homem que matou alguém sair
da cidade de refúgio para onde havia fu-
gido, 27 e o responsável por vingar a mor-
te do seu parente o encontrar, ele poderá
matá-lo e não será culpado por essa mor-
te. 28 O homem que matou alguém deverá
ficar na sua cidade de refúgio até a morte
do Grande Sacerdote, mas depois pode-
rá voltar para a sua casa. 29 Essas ordens
serão uma *lei para vocês e os seus des-
cendentes, em todos os lugares onde vo-
cês morarem.

30 — Quem matar uma pessoa será con-
denado à morte, conforme o que duas ou
mais testemunhas disserem; uma teste-
munha só não basta para condenar al-
guém à morte. 31 A vida de um criminoso
condenado à morte não pode ser compra-
da com dinheiro. Ele será morto. 32 Tam-
bém não aceitem dinheiro para libertar
aquele que tiver fugido para uma cidade
de refúgio e que quiser voltar para a sua
terra antes da morte do Grande Sacerdo-
te. 33 Portanto, não *profanem com crimes
de sangue a terra onde vocês vivem, pois
os assassinatos profanam o país. E a única
maneira de se fazer a cerimônia de *pu-
rificação da terra onde alguém foi mor-
to é pela morte do assassino. 34 Não tor-
nem *impura a terra onde vocês vão mo-
rar, pois eu também estou no meio dela.
Eu, o SENHOR, vivo no meio dos israelitas.

A herança das mulheres casadas

36 Os chefes de família dos grupos de
famílias de Gileade, descendentes
diretos de Maquir, Manassés e José, foram
falar com Moisés e com os outros che-
fes de famílias israelitas. Eles disseram
a Moisés:

2 — O SENHOR Deus ordenou que o se-
nhor distribuísse a terra ao povo por *sor-
teio. Ele também ordenou que o senhor
desse a propriedade do nosso parente Ze-
lofeade às suas filhas. 3 Porém, se elas ca-
sarem com homens de outra *tribo israe-
lita, a terra que foi dada a elas deixará de
pertencer à nossa tribo e passará a ser da
tribo daqueles com quem elas casarem.

Assim irá diminuindo a parte que nos foi
dada por sorteio. 4 Porém, quando chegar
o Ano da Libertação, a terra delas ficará definitivamente para a tribo daqueles
com quem elas casaram e não será mais
nossa.

5 Então Moisés, conforme a ordem do
SENHOR, respondeu aos israelitas o seguinte:

— Os homens da tribo de José têm razão. A ordem do SENHOR para as filhas
de Zelofeade é esta: 6 Elas podem casar
com quem quiserem, contanto que seja
com um homem de uma das famílias da
tribo do seu pai. 7 Desse modo as terras
dos israelitas não passarão de uma tribo
para outra. Pois os israelitas devem ficar
ligados cada um à terra da tribo dos seus
pais. 8 Todas as moças que tiverem terras
numa tribo israelita deverão casar com alguém da família da tribo do seu pai. 9 Desse modo cada israelita herdará a terra dos
seus antepassados, e ela não passará de
uma tribo para outra. Cada tribo continuará ligada à sua própria terra.

10-11 Então Macla, Tirza, Hogla, Milca e
Noa, filhas de Zelofeade, fizeram como o
SENHOR havia ordenado a Moisés e casaram com filhos dos seus tios paternos.
12 Elas casaram dentro dos grupos de famílias da tribo de Manassés, filho de José,
e as suas terras ficaram na tribo do pai
delas.

13 Foram essas as *leis e os mandamentos que o SENHOR deu ao povo de Israel
por meio de Moisés nas planícies de Moabe, perto do rio Jordão, na altura de Jericó, que ficava no outro lado do rio.

Deuteronômio

Lembre-se do que Deus tem feito

Se vocês obedecerem aos mandamentos do SENHOR, nosso Deus, que hoje eu estou dando a vocês, e o amarem, e andarem no caminho que ele mostra, e cumprirem todas as suas leis e todos os seus mandamentos, vocês viverão muito tempo na terra que vão invadir e que vai ser de vocês. E Deus os abençoará e lhes dará muitos descendentes.
Deuteronômio 30:16

Autor Provavelmente Moisés
Data Fim do século 15 a.C.
Local As campinas ao leste do rio Jordão
Público-alvo Os israelitas

Você não é cristã só porque seus pais são. Você precisa ter sua própria fé e, para que isso aconteça, precisa saber em que você crê e por que crê nisso. Quando os israelitas estavam para entrar na terra prometida, Moisés estava quase morrendo. Essa nova geração de israelitas não estava presente quando Moisés recebeu os dez mandamentos. Esses israelitas não estavam familiarizados com a aliança e os mandamentos de Deus, e era preciso ensinar novamente tudo o que Deus tinha feito por eles e o que Deus queria deles.

Ponto essencial
Os israelitas estavam para entrar na terra prometida sem Moisés. Antes disso, ele quis lhes dar uma última lição sobre as leis de Deus. Essas leis são apresentadas para ajudar o povo a levar uma vida feliz e santa, ensinando-o os melhores caminhos por onde deveriam seguir.

Deuteronômio é o testemunho de Moisés sobre a lei de Deus. Ele queria que essa nova geração soubesse como era importante se lembrar de tudo o que tinha acontecido com seu povo na terra do Egito e no êxodo, e ele queria prepará-la para honrar o compromisso que os israelitas tinham assumido com o Senhor assim que atravessassem o rio para entrar na terra prometida. Deuteronômio pode ser um testemunho para você, hoje, enquanto se lembra de tudo o que Deus tem feito, e crê em tudo o que ele fará um dia. O chamado de Deus para sua vida não é tão diferente do chamado que ele fez aos israelitas há muito tempo: ame o Senhor, seu Deus, e siga as direções dadas por ele; obedeça aos mandamentos, decretos e ordenanças do Senhor, e, então, ele irá abençoá-la.

Coisas para procurar

- Os dez mandamentos (veja Deuteronômio 5)
- Mandamentos para que se ame a Deus (veja Deuteronômio 6)
- A misericórdia de Deus para com seu povo (veja Deuteronômio 9)
- Ensinos sobre obediência (veja Deuteronômio 10:12—12:1,28; 13:4 e muitos outros)

Amonitas: Os descendentes de Ben-Ami, que era filho de Ló e de sua filha mais nova (veja Gênesis 19:30-38). Eles não deram assistência alguma aos israelitas quando esses saíram do Egito (veja Deuteronômio 23:3-4).

Edomitas: Edom foi o nome dado a Esaú, irmão de Jacó, que abriu mão de sua herança por uma tigela de sopa. Seus descendentes, os edomitas, recusaram-se a deixar Israel passar por sua terra (veja Números 20:14-21).

El: Uma palavra hebraica que significa Deus.

Moabitas: Os descendentes de Moabe, que era filho de Ló e de sua filha mais velha (veja Gênesis 19:30-38). Eles também não deram assistência alguma aos israelitas quando estes saíram do Egito (veja Deuteronômio 23:3-4).

Termos e versículos que você deve saber

— Então respondi: "Não se assustem, nem tenham medo dessa gente. Pois o SENHOR, nosso Deus, vai adiante de nós e ele combaterá por nós. Ele fará a mesma coisa que vocês o viram fazer em nosso favor no Egito e também no deserto. Vocês viram como o nosso Deus nos levou pelo deserto".

(Deuteronômio 1:29-31)

— Lá vocês procurarão o SENHOR, seu Deus, e o encontrarão, se o buscarem com todo o coração e com toda a alma.

(Deuteronômio 4:29)

— Portanto, amem o SENHOR, nosso Deus, com todo o coração, com toda a alma e com todas as forças.

(Deuteronômio 6:5)

— Todos os anos juntem uma décima parte de todas as colheitas.

(Deuteronômio 14:22)

O PRIMEIRO DISCURSO DE MOISÉS
1.1—4.43

Introdução

1 Neste livro estão os discursos que Moisés fez ao povo de Israel no deserto que fica a leste do rio Jordão. Os israelitas estavam no vale do rio Jordão, perto da cidade de Sufe. De um lado ficava a cidade de Parã, e do outro, as cidades de Tofel, Labã, Hazerote e Di-Zaabe. 2 (Do monte Sinai até a cidade de Cades-Barneia são onze dias de viagem, pelo caminho que atravessa a região montanhosa de Edom.)

3 Já fazia quarenta anos que o povo de Israel tinha saído do Egito, e no primeiro dia do décimo primeiro mês Moisés disse ao povo tudo o que o SENHOR Deus havia mandado que ele falasse. 4 Isso aconteceu depois que Moisés derrotou Seom, o rei dos amorreus, que morava na cidade de Hesbom, e Ogue, rei de Basã, que morava em Astarote e em Edrei. 5 Quando os israelitas estavam no território de

Moabe, no lado leste do rio Jordão, Moi-
sés começou a explicar ao povo a *lei de
Deus. Moisés disse:
6 — Quando estávamos ao pé do mon-
te Sinai, o SENHOR, nosso Deus, nos falou
assim: "Vocês já ficaram bastante tempo
neste lugar. 7 Agora saiam daqui e vão ca-
minhando na direção da região monta-
nhosa dos amorreus e de todas as regiões
vizinhas no vale do rio Jordão, e na dire-
ção das montanhas, da planície de Judá,
da região sul e da costa do mar Mediter-
râneo. Tomem posse de toda a terra de
Canaã até os montes Líbanos, no Norte,
e até o grande rio Eufrates, no Leste. 8 Aí
está a terra que eu estou dando a vocês.
Eu, o SENHOR, jurei a Abraão, a Isaque e a
Jacó, os antepassados de vocês, que daria
essa terra a eles e aos seus descendentes.
Portanto, vão e tomem posse dela."

Moisés escolhe ajudantes

Êxodo 18.13-26

9 Em seguida Moisés disse ao povo:
— Quando ainda estávamos ao pé do
monte Sinai, eu lhes disse: "Eu sozinho
não posso cuidar de vocês. 10 O SENHOR,
nosso Deus, fez com que vocês aumentas-
sem em número, e hoje são tantos como
as estrelas do céu. 11 E que o SENHOR, o
Deus dos nossos antepassados, faça com
que vocês sejam um povo ainda mil ve-
zes maior do que são agora e que ele os
abençoe, como prometeu! 12 Mas como é
que eu posso, sozinho, aguentar a carga
pesada de resolver todas as causas e to-
das as questões que aparecem no meio
do povo? 13 Portanto, de cada *tribo esco-
lham homens sábios, inteligentes e com-
petentes, para que eu os ponha como che-
fes de vocês."
14 E Moisés continuou:
— Vocês responderam que seria bom
fazer o que eu tinha dito. 15 Por isso peguei
os líderes de cada tribo, homens sábios
e competentes, e os coloquei como seus
chefes. Alguns eram responsáveis por mil
homens; outros, por cem; outros, por cin-
quenta; e outros, por dez. Além desses,
escolhi também outras autoridades para
cada tribo. 16 Naquela mesma ocasião dei
a seguinte ordem aos juízes: "Julguem

DEVOCIONAL

Texto para leitura: **Deuteronômio 1:1-5**

Conheça a si mesma

Os israelitas levaram quarenta anos para fazer uma viagem que deveria ter levado onze dias. Quarenta anos! Dá para imaginar? Parece impossível, não é? Mas e você? Quanto tempo você leva para aprender o que Deus quer lhe ensinar? Já foi testada várias vezes na mesma coisa? Passa pelas mesmas provações com frequência? Se você disser para si mesma: "Isso ainda acontece comigo!", então talvez seja hora de considerar que você está vagando pelo deserto por causa de sua desobediência, e só vai sair dele quando entender — quando passar no teste.

Olhe para sua vida. Se há algo que você não pode deixar para trás, passar por cima ou abandonar de vez, então talvez seja hora de encarar isso pela perspectiva da Palavra de Deus. Descubra como você poderia agir mais como uma menina que concorda com as Escrituras e menos como uma que concorda com seu lado pecaminoso. Converse com Deus. Pergunte a ele que lição você precisa aprender para que possa deixar de peregrinar no deserto. Assim que você se dispuser a tentar as coisas à maneira de Deus, em vez de insistir em seu próprio caminho, será levada à sua terra prometida. Então, pare de perguntar: "Por que eu?" e comece a perguntar: "O que precisa *ser transformado em mim?*" Deixe a Palavra de Deus ser seu guia, e escolha não deixar que suas emoções, seus desejos ou seus sonhos mostrem o caminho.

todas as causas com justiça, seja entre dois israelitas, seja entre um israelita e um estrangeiro que vive no meio do povo. 17 Sejam honestos e justos nas suas decisões. Tratem todos de modo igual, tanto os humildes como os poderosos. Não tenham medo de ninguém, pois a sentença que vocês derem virá de Deus. Se algum caso for muito difícil para vocês, tragam para mim, que eu o julgarei."

18 — E assim naquele tempo eu lhes dei ordens a respeito de todas as coisas que vocês deviam fazer.

Espiões israelitas na terra de Canaã
Números 13.1-33

19 Moisés disse também ao povo:

— Nós obedecemos à ordem do SENHOR, nosso Deus, e partimos do monte Sinai. Vocês viram como era grande e perigoso aquele deserto que atravessamos, quando fomos para a região montanhosa dos amorreus. Finalmente chegamos à cidade de Cades-Barneia. 20 Ali eu disse a vocês: "Agora estamos na região montanhosa dos amorreus, a terra que o nosso Deus nos está dando. 21 Portanto, vão e tomem posse dessa terra que está diante de vocês, como o SENHOR, o Deus dos nossos antepassados, mandou. Não tenham medo, nem se assustem." 22 Aí todos vocês chegaram perto de mim e disseram: "Seria bom que mandássemos na frente de nós alguns homens para espionarem a terra e trazerem informações a respeito do caminho que devemos seguir e das cidades que vamos encontrar lá." 23 Eu concordei com a ideia e escolhi doze homens, um de cada *tribo. 24 Eles foram até a região montanhosa e chegaram ao vale de Escol. Depois de verem o que havia no vale, 25 eles voltaram, trazendo algumas frutas que encontraram lá. E nos contaram que a terra que o SENHOR, nosso Deus, nos estava dando era boa.

26 — Mas vocês desobedeceram à ordem do SENHOR e não quiseram tomar posse da terra. 27 Em vez disso, ficaram nas suas barracas, queixando-se e dizendo: "O SENHOR está com ódio de nós; ele nos trouxe do Egito para sermos derrotados e mortos pelos amorreus. 28 Que terra é essa que temos de conquistar? Nós ficamos com medo quando os nossos espiões disseram que o povo dessa terra é mais numeroso e mais forte do que nós, e que as suas cidades são enormes e protegidas por muralhas que chegam até o céu! E disseram também que viram gigantes lá!"

29 — Então respondi: "Não se assustem, nem tenham medo dessa gente. 30 Pois o SENHOR, nosso Deus, vai adiante de nós e ele combaterá por nós. Ele fará a mesma coisa que vocês o viram fazer em nosso favor no Egito 31 e também no deserto. Vocês viram como o nosso Deus nos levou pelo deserto, como um pai leva o seu filho, e nos guiou o tempo todo até que chegamos a este lugar."

32 — Mas mesmo assim vocês não confiaram no SENHOR, 33 que sempre ia adiante de vocês, na coluna de fogo durante a noite e na coluna de nuvem durante o dia. Ele fazia isso para mostrar o lugar onde vocês deviam armar o acampamento e para indicar o caminho que deviam seguir.

Deus castiga os israelitas
Números 14.26-45

34 Moisés continuou:

— Quando o SENHOR Deus ouviu as queixas que vocês estavam fazendo, ele ficou *irado e fez este juramento: 35 "Vocês, israelitas, são um povo mau. Por isso nenhum de vocês que é adulto verá a boa terra que eu prometi dar aos seus antepassados. 36 Somente Calebe, filho de Jefoné, verá essa terra. Calebe foi sempre fiel e obediente a mim, o SENHOR, e por isso darei a ele e aos seus descendentes a terra por onde ele andou."

37 — E foi por causa de vocês que o SENHOR ficou irado comigo também e me disse: "Você também não vai entrar na *Terra Prometida. 38 O seu ajudante, Josué, filho de Num, é que vai entrar. Anime-o, pois ele vai comandar o povo de Israel na conquista da terra."

39 — Depois Deus disse a todos nós: "Os seus filhos são crianças e não sabem a diferença entre o que é certo e o que é errado. E vocês estavam pensando que eles iam cair nas mãos dos inimigos. Mas eles, os seus filhos, entrarão na Terra Prometida. Eu lhes darei essa terra, e eles serão donos dela. 40 Agora continuem caminhando pelo deserto na direção do golfo de Ácaba."

41 — Então vocês responderam: "Moisés, nós pecamos contra Deus, o SENHOR. Mas agora estamos resolvidos a obedecer às ordens do nosso Deus e atacar o inimigo." Aí cada um de vocês se aprontou

para a batalha, pensando que seria fácil
conquistar a região montanhosa. 42 Mas
o SENHOR mandou que eu dissesse a vo-
cês: "Não vão lá, nem entrem em nenhum
combate, pois eu não irei com vocês, e os
seus inimigos os derrotarão." 43 Porém vo-
cês não me deram atenção; pelo contrá-
rio, ficaram cheios de orgulho, desobe-
deceram às ordens de Deus, o SENHOR, e
invadiram a região montanhosa. 44 Aí os
amorreus que moravam naquela região
saíram contra vocês, como um enxame
de abelhas bravas. Vocês fugiram, e os
amorreus os perseguiram até o territó-
rio de Edom e os derrotaram na cidade
de Horma. 45 Então vocês voltaram e cla-
maram pedindo ajuda ao SENHOR, mas
ele não lhes deu atenção, nem os aten-
deu. 46 E depois disso ficamos muito tem-
po em Cades.

Os israelitas no deserto

2 Moisés disse ao povo:
— Então continuamos a viagem
pelo deserto na direção do golfo de Áca-
ba, conforme o SENHOR Deus me havia
ordenado. E por muito tempo caminha-
mos sem rumo pela região montanhosa
de Edom. 2 Então o SENHOR me disse: 3 "Já
faz muito tempo que vocês andam por aí
sem rumo. Agora vão na direção do nor-
te." 4 E Deus ordenou que eu lhes disses-
se: "Vocês vão passar pelo país de Edom,
que é dos seus parentes, os descendentes
de Esaú. Eles ficarão com medo de vocês,
mas tomem cuidado 5 para não provoca-
rem uma luta com eles. Eu não darei a vo-
cês nem mesmo um pedacinho da terra
deles, pois foi aos descendentes de Esaú
que eu dei o território de Edom. 6 Vocês
poderão comprar deles a comida e a água
que precisarem."

7 — Lembrem que o SENHOR, nosso
Deus, abençoou tudo o que vocês fizeram.
Ele não esqueceu vocês durante os qua-
renta anos em que caminharam por esse
enorme deserto. Ele sempre cuidou de
vocês, dando-lhes tudo o que precisavam.

8 — Assim rodeamos o país de Edom,
deixando o caminho que vai de Elate e
Eziom-Geber até o mar Morto e seguindo
o caminho que vai até o deserto de Moa-
be. 9 E o SENHOR Deus me disse: "Não ata-
que os moabitas, que são descendentes de
Ló, nem entre em luta com eles. Eu dei a
eles a cidade de Ar e não darei a você ne-
nhuma parte do país deles."

10 (Antigamente uma raça numerosa de
gigantes fortes, chamados emins, vivia
em Ar. Eles eram tão altos como os *ana-
quins, outra raça de gigantes. 11 Tanto os
anaquins como os emins eram conhecidos
como *refains; mas os moabitas os chama-
vam de emins. 12 Naquele tempo os horeus
viviam em Edom, mas os descendentes de
Esaú os expulsaram dali, acabaram com
eles e ficaram morando no seu território.
Os descendentes de Esaú fizeram a mes-
ma coisa que os israelitas fizeram mais
tarde, quando estes tomaram posse da
terra que o SENHOR lhes tinha dado.)

13 — Depois atravessamos o riacho de
Zerede, conforme Deus havia manda-
do. 14 Isso foi trinta e oito anos depois
de termos saído de Cades-Barneia. Du-
rante esses anos aconteceu aquilo que o
SENHOR nos tinha dito: morreram todos
os homens daquela *geração que tinham
idade para ir à guerra. 15 O SENHOR ficou
contra eles e os foi matando, até que não
sobrou mais nenhum deles no acampa-
mento dos israelitas.

16 — Depois da morte de todos aque-
les homens, 17 o SENHOR Deus me disse:
18 "Passe hoje pela cidade de Ar, na fron-
teira com Moabe. 19 Quando chegar à ter-
ra dos amonitas, que são descendentes
de Ló, não os ataque, nem entre em luta
com eles. Eu entreguei a eles a terra de
Amom e não darei a você nenhuma parte
do país deles."

20 (Essa região é conhecida também
como a terra dos refains, uma raça de gi-
gantes que antigamente moravam ali; os
amonitas os chamavam de zanzumins.
21 Havia muitos deles, e eram altos e for-
tes, como os anaquins. Deus destruiu os
zanzumins, e os amonitas ocuparam a re-
gião e ficaram morando ali. 22 Deus havia
feito a mesma coisa em favor dos edo-
mitas, que são descendentes de Esaú:
ele acabou com os horeus, e os edomi-
tas ocuparam a terra deles e ali moram
*até hoje. 23 Os cretenses fizeram a mesma
coisa: eles saíram da ilha de Creta, inva-
diram a terra dos avins, no litoral do mar
Mediterrâneo, e foram na direção do sul
até a cidade de Gaza. Os cretenses acaba-
ram com os avins e ficaram morando nas
cidades deles.)

24 — Depois que atravessamos o país de
Moabe, Deus nos disse: "Continuem avan-
çando e atravessem o rio Arnom, pois eu

deixarei que vocês derrotem Seom, o rei
dos amorreus, que mora na cidade de
Hesbom. Lutem contra Seom e tomem
posse da terra dele." 25 E Deus me disse:
"De hoje em diante eu vou fazer com que
todos os povos do mundo tenham medo
de você. Você será famoso, e, quando ou-
virem falar a seu respeito, todos ficarão
tão assustados, que tremerão de medo."

Os israelitas derrotam o rei Seom

Números 21.21-30

26 E Moisés continuou, dizendo:
— Depois, quando estávamos no de-
serto de Quedemote, mandei que alguns
mensageiros levassem ao rei Seom, que
morava na cidade de Hesbom, um trata-
do de paz, com as seguintes condições:
27 "Pedimos licença para passar pelo seu
país. Prometemos andar somente pela
estrada, sem sair dela; 28 e também pa-
garemos pela comida e pela bebida que
precisarmos. A única coisa que quere-
mos é licença para passarmos pelo seu
país 29 até chegarmos ao rio Jordão. Então
atravessaremos o rio para entrar na terra
que o SENHOR, nosso Deus, nos está dan-
do. Os descendentes de Esaú, que moram
em Edom, e os moabitas, que moram em
Ar, já nos deram licença para passarmos
pelos países deles." 30 Mas o rei Seom não
deixou, pois o SENHOR, nosso Deus, fez
com que Seom ficasse teimoso e rebelde.
Deus fez isso para que nós pudéssemos
derrotar o rei Seom e conquistar a terra
dele, que é nossa até hoje.
31 — Então o SENHOR Deus me disse:
"Veja! Eu vou deixar que você derrote
Seom; ataque-o imediatamente e tome
posse da terra dele." 32 Seom saiu com o
seu exército para lutar contra nós na ci-
dade de Jasa. 33 O SENHOR, nosso Deus, nos
deu a vitória, e nós derrotamos Seom, os
seus filhos e todo o seu exército. 34 Além
disso conquistamos e destruímos todas as
suas cidades e matamos todos os homens,
mulheres e crianças. Não escapou nin-
guém. 35 Mas ficamos com o gado e com
os objetos de valor que encontramos nas
cidades. 36 O SENHOR, nosso Deus, deixou
que conquistássemos todas as cidades,
desde Aroer, que fica perto do vale do rio
Arnom, e desde a cidade que está no vale,
até a região de Gileade. Nós conquistamos
todas as cidades, mesmo as que tinham
muralhas altas e fortes. 37 Não invadimos
a terra dos amonitas, nem as cidades que
ficam nas margens do rio Jaboque, nem as
que ficam na região montanhosa, nem os
outros lugares que o SENHOR, nosso Deus,
havia proibido.

Os israelitas derrotam o rei Ogue

Números 21.33-35

3 Moisés continuou:
— Depois fomos na direção do nor-
te até a região de Basã. E Ogue, rei de
Basã, saiu com o seu exército para lutar
contra nós na cidade de Edrei. 2 Mas o SE-
NHOR Deus me disse: "Não tenha medo,
pois eu farei com que você derrote Ogue
e o seu exército, e você vai tomar posse
da terra dele. Você será vitorioso, como
foi contra Seom, o rei dos amorreus, que
morava em Hesbom."
3 — O SENHOR, nosso Deus, fez com que
derrotássemos Ogue e todo o seu exérci-
to, e nós matamos todos, sem deixar nin-
guém vivo. 4 Também conquistamos todas
as cidades de Argobe, a terra da região de
Basã que pertencia a Ogue. Eram ao todo
sessenta cidades, 5 todas elas protegidas
por muralhas altas e com portões refor-
çados. Conquistamos também muitas ci-
dades que não tinham muralhas. 6 Nós as
destruímos completamente e matamos
todos os homens, mulheres e crianças,
como tínhamos feito na guerra contra
Seom, rei de Hesbom. 7 Mas ficamos com
o gado e com os objetos de valor que en-
contramos nas cidades.
8 — Foi assim que conquistamos na-
quele tempo as terras daqueles dois reis
amorreus na região a leste do rio Jordão,
desde o rio Arnom até o monte Hermom.
9 (Os sidônios chamam o monte Hermom
de Siriom, e os amorreus o chamam de
Senir.) 10 Conquistamos todas as cidades
do planalto e toda a região de Gileade e
de Basã, até as cidades de Salca e Edrei,
na parte leste de Basã.
11 (Ogue, rei de Basã, foi o último rei da
raça de gigantes chamados *refains. A sua
cama, feita de ferro, media quatro metros
de comprimento por um metro e oitenta
de largura, de acordo com a medida usa-
da naquele tempo. A cama ainda está na
cidade de Rabá, no país de Amom.)

As tribos israelitas a leste do Jordão

Números 32.1-42

12 Moisés continuou:
— Depois que tomamos posse da re-
gião a leste do rio Jordão, dei às *tribos
de Rúben e de Gade a região que fica ao

norte de Aroer, na beira do vale do rio Ar-
nom, e também metade da região monta-
nhosa de Gileade, com as cidades dali. 13 E
para uma metade da tribo de Manassés
dei o resto de Gileade e toda a região de
Basã, onde Ogue havia sido rei, isto é, a
terra de Argobe.

(Toda a região de Basã era conhecida
como a terra dos *refains. 14 Jair, que era
descendente de Manassés, conquistou
toda a região de Argobe, isto é, Basã, até
a fronteira com Gesur e Maacá. Ele pôs o
seu nome nas cidades dali, e *até hoje elas
são conhecidas como as cidades de Jair.)

15 — Eu dei a região de Gileade ao gru-
po de famílias de Maquir. 16 E para as tri-
bos de Rúben e de Gade dei o território
que vai desde a região de Gileade na di-
reção do sul até o vale do rio Arnom; a
divisa fica no meio do vale. Para o norte
as suas terras vão até o rio Jaboque, que
fica na fronteira com a terra dos amoni-
tas. 17 Para o oeste o seu território vai até
o rio Jordão, desde o lago da Galileia, no
Norte, até o mar Morto, no Sul, e até o pé
do monte Pisga, no Leste.

18 — Foi nessa ocasião que dei às tribos
de Rúben e de Gade e à metade leste da
tribo de Manassés a seguinte ordem: "O
SENHOR, nosso Deus, lhes deu essas ter-
ras a leste do rio Jordão, e vocês toma-
ram posse delas. Agora, que os homens
peguem as suas armas e atravessem o rio
Jordão na frente dos seus patrícios para
ajudá-los a tomar posse das terras deles.
19 Mas as mulheres, as crianças e o gado
— e eu sei que vocês têm muito gado —
ficarão aqui nas cidades que já dei a vo-
cês. 20 Ajudem os seus patrícios até que
eles acabem de tomar posse das terras
que o SENHOR, nosso Deus, está dando
a eles a oeste do rio Jordão e até que es-
tejam morando ali em paz, como vocês
estão nas suas terras. Aí vocês poderão
voltar e morar na terra que eu lhes dei
aqui, a leste do Jordão."

21 — Também falei com Josué e disse:
"Você viu o que o SENHOR Deus fez com
aqueles dois reis, Seom e Ogue. Pois é isso
mesmo o que ele fará com os reis de to-
das as terras que vocês vão invadir. 22 Não
tenham medo deles, pois o SENHOR, seu
Deus, combaterá por vocês."

Deus não deixará Moisés entrar em Canaã

23 — Nessa ocasião eu também orei a
Deus, o SENHOR, dizendo: 24 "Ó SENHOR,
meu Deus, eu sei que começaste a mos-
trar a tua grandeza e o teu poder a mim,
teu *servo. Pois não existe outro deus no
céu ou na terra que possa fazer coisas tão
grandes e maravilhosas como tu tens fei-
to! 25 Peço-te, pois, que me deixes atraves-
sar o rio Jordão e ver a boa terra que fica
no outro lado, a bela região montanhosa
e os montes Líbanos."

26 — Mas por causa de vocês o SENHOR
estava *irado comigo e não atendeu o meu
pedido. Pelo contrário, ele disse: "Chega!
Não fale mais nisso! 27 Suba o monte Pis-
ga e lá de cima olhe para o norte e para o
sul, para o leste e para o oeste. Olhe bem
toda a terra, pois você não vai atravessar
o rio Jordão. 28 Dê conselhos a Josué; ani-
me-o e encoraje-o, pois ele vai comandar
o povo de Israel na conquista desta terra
que você está vendo."

29 — Então paramos no vale que fica
perto da cidade de Bete-Peor.

Moisés aconselha o povo a ser obediente

4 Depois Moisés disse ao povo de Israel:
— Obedeçam a todas as *leis e a to-
das as ordens que eu estou dando a vocês
agora, para que vivam e tomem posse da
terra que o SENHOR, o Deus dos nossos
antepassados, vai dar a vocês. 2 Não acres-
centem nada à lei que lhes estou dando,
nem tirem dela uma só palavra. Guardem
todos os mandamentos do SENHOR, nosso
Deus. 3 Vocês mesmos viram o que o SE-
NHOR fez perto do monte Peor, como ma-
tou todas as pessoas do nosso povo que
ali adoraram o deus *Baal. 4 Mas aqueles
que continuaram fiéis a Deus, o SENHOR,
ainda estão vivos.

5 — Como o SENHOR, meu Deus, me or-
denou, eu lhes tenho ensinado as leis e os
mandamentos que vocês deverão guardar
na terra que vão invadir e que vai ser de
vocês. 6 Portanto, obedeçam fielmente a
todas essas leis, e assim os outros povos
verão que vocês são sábios e inteligentes.
Quando ouvirem falar dessas leis, eles di-
rão: "Como é sábio e inteligente o povo
dessa grande nação!"

7 — Nenhuma outra grande nação tem
um deus que fique tão perto do seu povo
como o SENHOR, nosso Deus, fica perto de
nós. Ele nos ouve todas as vezes que pedi-
mos a sua ajuda. 8 E será que existe outra
grande nação que tenha mandamentos
e ensinamentos tão direitos como essa
lei que estou lhes dando hoje? 9 Portanto,

tenham cuidado e sejam fiéis para que
nunca esqueçam as coisas que viram. E
contem aos seus filhos e netos 10 o que
aconteceu no monte Sinai naquele dia em
que vocês estiveram na presença do SE-
NHOR, nosso Deus, quando ele me disse:
"Reúna esse povo na minha presença para
que escutem o que vou dizer, a fim de que
aprendam a *temer-me a vida inteira e as-
sim ensinem os seus filhos."
11 — Então vocês foram e ficaram ao
pé do monte Sinai, que estava comple-
tamente coberto de escuridão e de nu-
vens negras. Em cima do monte havia um
fogo, e as suas chamas subiam até o céu.
12 Do meio do fogo o SENHOR Deus falou
com vocês; vocês ouviram a voz dele, mas
não viram ninguém; só escutaram a voz.
13 Deus lhes anunciou a *aliança que es-
tava fazendo com vocês e mandou que
obedecessem aos dez mandamentos, que
depois escreveu em duas placas de pedra.
14 E ao mesmo tempo o SENHOR mandou
que eu lhes ensinasse as leis e os manda-
mentos que vocês devem seguir na terra
que vão invadir e que vai ser de vocês.

Aviso contra a adoração de ídolos

15 Moisés continuou:
— Quando o SENHOR, nosso Deus, falou
com vocês do meio do fogo no monte Si-
nai, vocês não viram a forma de ninguém.
Portanto, tenham todo o cuidado 16 e não
cometam o erro de fazer imagens para
adorar. Não façam nenhuma imagem que
sirva de ídolo, seja em forma de homem,
ou de mulher, 17 ou de animal, ou de ave,
18 ou de animal que se arrasta pelo chão,
ou de peixe. 19 E, quando olharem para o
céu, não caiam na tentação de adorar o
sol, a lua ou as estrelas. Pois o SENHOR,
nosso Deus, repartiu o sol, a lua e as es-
trelas entre os outros povos, para que eles
os adorem. 20 Mas vocês são o povo que o
SENHOR tirou do Egito, aquela fornalha
acesa, para serem somente dele, como,
de fato, são. 21 Por causa de vocês o SE-
NHOR Deus ficou *irado comigo e jurou
que eu nunca atravessaria o rio Jordão,
nem entraria na boa terra que o SENHOR,
nosso Deus, lhes está dando. 22 Eu não vou
atravessar o rio Jordão; vou morrer aqui
mesmo. Mas vocês vão atravessá-lo e to-
mar posse daquela boa terra. 23 Tenham
o cuidado de não esquecerem a *aliança
que o SENHOR, nosso Deus, fez com vo-
cês. Obedeçam à sua ordem e não façam
nenhuma imagem para adorar. 24 Pois o
SENHOR, nosso Deus, é um fogo destrui-
dor; ele não tolera outros deuses.
25 — E mesmo depois de muitos anos
na terra de Canaã, quando vocês já es-
tiverem velhos e tiverem filhos e netos,
não cometam o erro de fazer ídolos. Para
Deus isso é um pecado grave, e ele ficará
irado com vocês. 26 Chamo o céu e a terra
como testemunhas contra vocês: se ado-
rarem ídolos, vocês desaparecerão logo
da terra que vai ser de vocês no outro
lado do rio Jordão. Vocês viverão pouco
tempo naquela terra e logo serão comple-
tamente destruídos. 27 O SENHOR Deus os
espalhará pelas nações estrangeiras, onde
poucos de vocês ficarão vivos. 28 Naquelas
nações vocês adorarão deuses feitos de
madeira e de pedra, que não veem, nem
ouvem, não comem, nem cheiram. 29 Lá
vocês procurarão o SENHOR, seu Deus, e
o encontrarão, se o buscarem com todo o
coração e com toda a alma. 30 E, no futuro,
quando estiverem em dificuldades, e tudo
isso acontecer, então se vocês voltarem
para o SENHOR, nosso Deus, e obedece-
rem aos seus mandamentos, 31 ele não os
abandonará. Ele é Deus misericordioso e
não os destruirá, nem esquecerá a alian-
ça que fez com os nossos antepassados e
que jurou cumprir.
32 — Estudem o passado, toda a histó-
ria desde a criação da humanidade. Ca-
minhem pelo mundo inteiro e perguntem
se alguém já viu ou ouviu falar de haver
acontecido alguma coisa tão impressio-
nante como esta. 33 Será que já houve al-
guém que, depois de ter ouvido um deus
falando do meio do fogo, ainda conti-
nuasse vivo, como aconteceu com vocês?
34 Será que já houve um deus que resol-
veu ir tirar do meio de outra nação um
povo para ser completamente dele, como
o SENHOR, nosso Deus, fez com vocês? Vo-
cês viram como ele mostrou o seu poder
e a sua força; viram como ele, por meio
de pragas e milagres maravilhosos, de
guerras e feitos espantosos, tirou vocês
do Egito. 35 Deus deixou que vocês vissem
tudo isso para que soubessem que o SE-
NHOR é Deus; não há nenhum outro deus,
a não ser ele. 36 Para ensiná-los, Deus fa-
lou do céu, e na terra ele lhes mostrou um
grande fogo, e do meio desse fogo falou
com vocês. 37 Deus amou os nossos ante-
passados e por isso escolheu vocês; e ele
mesmo, com a sua grande força, os tirou

DEVOCIONAL

Texto para leitura: **Deuteronômio 4:29-31**

Saiba como se comunicar

Você acha difícil se conectar com Deus e ouvir a voz dele? Não se preocupe! Isso já é esperado. O Senhor quer ver quanta energia você vai investir para encontrá-lo e conhecê-lo. Ele está interessado na busca. Portanto, não desista só porque você se dedicou a um momento devocional e não ganhou nada com isso. Você tem de provar para Deus que está empenhada em conhecê-lo, e, para isso, é preciso tempo e persistência.

Deus promete que você irá encontrá-lo, mas diz que será preciso energia — na verdade, toda a energia que seu coração tiver para dar. Você corre atrás de Deus de todo o coração ou isso ocupa apenas um lugarzinho de seu coração? Leva tempo para se concentrar, por isso, não desista quando seu coração não se concentrar de imediato. Você precisa continuar a conduzi-lo e trazê-lo de volta para Deus.

Muita gente só busca o Senhor para ter direção: "Que caminho é melhor para mim?" Mas Deus está mais preocupado em que você o conheça do que em fazer com que receba o que deseja ou para onde você quer ir. Então, se você está tendo dificuldade para ouvi-lo, não desista. Apenas confie que, se for persistente em seu desejo de conhecê-lo, irá encontrá-lo.

do Egito. 38 Depois foi na frente de vocês,
expulsando povos que eram mais nume-
rosos e mais poderosos do que vocês, e
assim deu a vocês as terras daquelas na-
ções, onde vocês estão morando agora.
39 — Fiquem sabendo agora e nunca es-
queçam isto: somente o SENHOR é Deus
lá em cima no céu e aqui embaixo na ter-
ra. Não há outro deus. 40 Portanto, obede-
çam a todas as suas *leis que eu lhes estou
dando hoje. Assim vocês e os seus des-
cendentes serão felizes e viverão muitos
anos na terra que o SENHOR, nosso Deus,
lhes está dando para sempre.

As cidades para fugitivos

Josué 20.1-9

41 Depois Moisés escolheu três cidades
no lado leste do rio Jordão 42 para onde
poderia fugir qualquer homem que, sem
querer ou por engano, tivesse matado al-
guém de quem não tinha ódio. Em qual-
quer uma dessas cidades esse homem es-
taria seguro, e ninguém poderia matá-lo.
43 Para a *tribo de Rúben, Moisés escolheu
Bezer, no deserto, no planalto; para a tri-
bo de Gade, ele escolheu Ramote, na re-
gião de Gileade; e, para a tribo de Manas-
sés do Leste, ele escolheu Golã, na região
de Basã.

O SEGUNDO DISCURSO DE MOISÉS
4.44—28.68

Introdução

44 Moisés deu ao povo de Israel a *lei
de Deus, 45 com os seus mandamentos,
ordens e ensinamentos. Isso foi depois
que os israelitas tinham saído do Egito
46 e haviam chegado ao vale que fica per-
to de Bete-Peor, na região a leste do rio
Jordão. Essa terra era de Seom, o rei dos
amorreus, que morava em Hesbom. Moi-
sés e os israelitas derrotaram Seom 47 e
tomaram posse da sua terra. E fizeram a
mesma coisa com Ogue, rei de Basã. As-
sim os israelitas invadiram e ocuparam as
terras desses dois reis amorreus, a leste
do rio Jordão. 48 As terras deles iam desde
a cidade de Aroer, que fica perto do vale
do rio Arnom, no Sul, até o monte Siriom
(isto é, o monte Hermom), no Norte. 49 Fa-
zia parte delas a região a leste do rio Jor-
dão até o mar Morto, no Sul, e até o pé do
monte Pisga, no Leste.

Os dez mandamentos

Êxodo 20.1-17

5 Moisés mandou que o povo se reunis-
se e falou assim:
— Povo de Israel, preste atenção nas

*leis e nos mandamentos que estou dan-
do a vocês hoje. Aprendam essas leis e
façam tudo para cumpri-las. 2 O SENHOR,
nosso Deus, fez uma *aliança conosco no
monte Sinai. 3 Não foi com os nossos pais
que ele fez essa aliança, mas foi conosco,
foi com todos os que hoje estamos aqui
vivos. 4 Do meio do fogo ali no monte o
SENHOR Deus falou com vocês face a face.
5 Vocês ficaram com medo do fogo e não
subiram o monte; por isso eu me colo-
quei entre o SENHOR Deus e vocês. E ele
disse: 6 "Meu povo, eu, o SENHOR, sou o
seu Deus. Eu o tirei do Egito, a terra onde
você era escravo.
7 — "Não adore outros deuses; adore
somente a mim.
8 — "Não faça imagens de nenhuma coi-
sa que há lá em cima no céu, ou aqui em-
baixo na terra, ou nas águas debaixo da
terra. 9 Não se ajoelhe diante de ídolos,
nem os adore, pois eu, o SENHOR, sou o
seu Deus e não tolero outros deuses. Eu
castigo aqueles que me odeiam e casti-
go também os seus descendentes, até os
seus bisnetos e trinetos. 10 Porém sou bon-
doso com aqueles que me amam e obe-
decem aos meus mandamentos e aben-
çoo os seus descendentes por milhares
de *gerações.
11 — "Não use o meu nome sem o res-
peito que ele merece, pois eu sou o SE-
NHOR, o Deus de vocês, e castigo aqueles
que desrespeitam o meu nome.
12 — "Guarde o sábado, que é um dia
santo, como eu, o SENHOR Deus, mandei.
13 Faça todo o seu trabalho durante seis
dias da semana; 14 mas o sétimo dia da
semana é o dia de descanso, dedicado a
mim, o seu Deus. Não faça nenhum tra-
balho nesse dia, nem você, nem os seus
filhos, nem as suas filhas, nem os seus es-
cravos, nem as suas escravas, nem os seus
animais, nem os estrangeiros que vivem
na terra de você. Assim como você des-
cansa, os seus escravos também devem
descansar. 15 Lembre que você foi escravo
no Egito e que eu, o SENHOR, seu Deus, o
tirei de lá com a minha força e com o meu
poder. É por isso que eu mando que você
guarde o sábado.
16 — "Respeite o seu pai e a sua mãe,
como eu, o seu Deus, estou ordenando,
para que você viva muito tempo, e tudo
corra bem para você na terra que estou
lhe dando.
17 — "Não mate.
18 — "Não cometa adultério.
19 — "Não roube.
20 — "Não dê testemunho falso contra
ninguém.
21 — "Não cobice a mulher de outro ho-
mem. Não cobice nada que seja de outro
homem: a sua casa, as suas terras, os seus
escravos, os seus animais ou qualquer ou-
tra coisa que seja dele."
22 E Moisés disse:
— São esses os mandamentos que o SE-
NHOR Deus deu ao povo de Israel quando
todos estavam ao pé do monte Sinai. Do
meio do fogo e das nuvens negras ele fa-
lou em voz alta e deu somente esses man-
damentos e nenhum outro mais. Depois
os escreveu em duas placas de pedra e
deu para mim.

O povo fica com medo
Êxodo 20.18-21

23 E Moisés continuou, dizendo:
— O fogo queimava no alto do mon-
te, e vocês ouviram a voz falar do meio
da escuridão. Então os chefes das *tribos
e as outras autoridades chegaram per-
to de mim 24 e me disseram: "O SENHOR,
nosso Deus, nos mostrou a sua *glória e o
seu poder, e nós o ouvimos falar do meio
do fogo. Hoje nós vimos que é possível
Deus falar com uma pessoa e ela conti-
nuar viva. 25 Porém não queremos arriscar
a vida outra vez. Esse grande fogo pode
nos destruir, e, se nós ouvirmos a voz do
SENHOR, nosso Deus, sem dúvida morre-
remos. 26 Nunca houve alguém que conti-
nuasse a viver depois de ter ouvido, como
nós ouvimos, o Deus vivo falando do meio
do fogo. 27 Moisés, volte para o monte e es-
cute o que o SENHOR Deus quer dizer, e
depois venha e nos conte tudo aquilo que
ele disser. Nós ouviremos com atenção e
obedeceremos."
28 — O SENHOR ouviu o que vocês dis-
seram quando estavam falando comigo e
me disse: "Eu ouvi o que o povo lhe falou,
e tudo o que disseram está certo. 29 Como
seria bom se eles sempre pensassem as-
sim, e me respeitassem, e sempre obede-
cessem a todos os meus mandamentos!
Assim tudo daria certo para eles e para
os seus descendentes para sempre. 30 Vá,
Moisés, e mande que o povo volte para
as suas barracas. 31 Mas você fique aqui
comigo, e eu lhe direi todas as *leis, or-
dens e mandamentos. Ensine-os ao povo

a fim de que eles obedeçam a todas es-
sas leis na terra que eu lhes estou dando
para ser deles."
32 — Povo de Israel, faça tudo para cum-
prir todas as leis que o SENHOR, nosso
Deus, lhe deu. Nunca deixe de fazer exa-
tamente o que Deus manda 33 e nunca se
desvie do caminho que ele lhe mostra. As-
sim tudo correrá bem para todos vocês,
e vocês viverão muitos anos na terra que
vão possuir.

O grande mandamento

6 Moisés disse ao povo:
— São esses os mandamentos e as
*leis que o SENHOR, nosso Deus, mandou
que eu ensinasse a vocês. Portanto, obe-
deçam a esses mandamentos na terra em
que vão entrar e que vão possuir. 2 *Te-
mam o SENHOR, nosso Deus, vocês, os
seus filhos e os seus netos, e cumpram
sempre todos os mandamentos e leis que
eu lhes estou dando e assim vocês vive-
rão muitos anos. 3 Povo de Israel, tenha o
cuidado de cumprir a lei de Deus. Então,
conforme disse o SENHOR, o Deus dos nos-
sos antepassados, tudo correrá bem para
vocês, e vocês se tornarão numerosos na-
quela terra boa e rica onde vão viver.
4 — Escute, povo de Israel! O SENHOR, e
somente o SENHOR, é o nosso Deus. 5 Por-
tanto, amem o SENHOR, nosso Deus, com
todo o coração, com toda a alma e com
todas as forças. 6 Guardem sempre no co-
ração as leis que eu lhes estou dando hoje
7 e não deixem de ensiná-las aos seus fi-
lhos. Repitam essas leis em casa e fora de
casa, quando se deitarem e quando se le-
vantarem. 8 Amarrem essas leis nos bra-
ços e na testa, para não as esquecerem;
9 e as escrevam nos batentes das portas
das suas casas e nos seus portões.

Aviso contra a desobediência

10 Moisés continuou:
— O SENHOR, nosso Deus, jurou aos
nossos antepassados Abraão, Isaque e
Jacó que daria essa terra a vocês. É uma
terra onde há grandes e ricas cidades, que
vocês não construíram; 11 há casas cheias
de objetos de valor, que vocês não ajun-
taram; poços de água, que vocês não ca-
varam; e plantações de uvas e de azeito-
nas, que vocês não plantaram. Quando
o SENHOR os levar para essa terra, e vo-
cês tiverem comida à vontade, 12 tenham
o cuidado de não esquecerem Deus, que
os tirou do Egito, onde vocês eram escra-
vos. 13 *Temam o SENHOR, seu Deus, sir-
vam somente a ele e jurem só pelo nome
dele. 14 Não adorem outros deuses, os deu-
ses dos povos vizinhos. 15 Pois o SENHOR,
nosso Deus, está com vocês e ele não to-
lera outros deuses. Se vocês os adorarem,
o SENHOR ficará *irado com vocês e des-
truirá vocês completamente.
16 — Não ponham à prova o SENHOR,
seu Deus, como o puseram à prova em
Massá. 17 Obedeçam cuidadosamente a to-
dos os mandamentos e *leis que ele lhes
deu. 18 Façam aquilo que Deus acha bom
e certo, e assim tudo correrá bem para
vocês, e vocês entrarão e tomarão pos-
se da boa terra que o SENHOR jurou dar
aos nossos antepassados. 19 E, conforme
prometeu, ele expulsará todos os inimi-
gos que vocês enfrentarem.
20 — No futuro os seus filhos pergun-
tarão: "Por que foi que o SENHOR, nosso
Deus, nos deu estes mandamentos e estas
leis?" 21 Aí vocês responderão: "Nós éra-
mos escravos do rei do Egito, mas o SE-
NHOR, com o seu grande poder, nos tirou
de lá. 22 Nós vimos com os nossos próprios
olhos os grandes milagres e as coisas es-
pantosas que Deus fez contra os egípcios
e contra o seu rei e toda a gente do seu
palácio. 23 E Deus nos tirou do Egito para
nos trazer aqui e nos dar esta terra, como
havia jurado aos nossos antepassados.
24 Ele nos mandou obedecer a todas es-
tas leis e sempre temer o SENHOR, nosso
Deus. Se fizermos isso, ele nos guardará
de todo mal, como tem feito até hoje, e
tudo sempre correrá bem para nós. 25 E, se
tivermos o cuidado de obedecer a todas
estas leis que o SENHOR, nosso Deus, nos
deu, a nossa vida agradará a ele."

O povo escolhido por Deus

Êxodo 34.10-16

7 Moisés disse ao povo:
— O SENHOR, nosso Deus, fará com
que vocês entrem na terra que vão pos-
suir e ele mesmo expulsará os povos que
vocês enfrentarem. Conforme vocês fo-
rem avançando, Deus derrotará sete po-
vos que são mais numerosos e mais po-
derosos do que vocês. São eles: os heteus,
os girgaseus, os amorreus, os cananeus,
os perizeus, os heveus e os jebuseus. 2 O
SENHOR entregará esses povos nas suas
mãos, e vocês os atacarão e destruirão
completamente. Não façam nenhum

*acordo de paz com eles, nem tenham
pena deles. 3 Não casem com essa gente,
nem vocês, nem os seus filhos ou as suas
filhas, 4 pois esses povos farão com que
os seus filhos rejeitem a Deus e adorem
outros deuses. Aí o SENHOR Deus ficará
*irado com vocês e os destruirá de uma
vez. 5 Portanto, derrubem os altares des-
ses povos, quebrem as colunas do deus
*Baal, cortem os postes da deusa *Aserá
e queimem todas as imagens. 6 Pois vocês
são o povo escolhido pelo SENHOR, nosso
Deus; entre todos os povos da terra ele
escolheu vocês para serem somente dele.
7 — O SENHOR Deus os amou e escolheu,
não porque vocês são mais numerosos
do que outros povos; de fato, vocês são
menos numerosos do que qualquer ou-
tro povo. 8 Mas o SENHOR os amou e com
a sua força os livrou do poder de Faraó,
o rei do Egito, onde vocês eram escravos.
Ele fez isso para cumprir o juramento
que tinha feito aos nossos antepassados.
9 Lembrem que o SENHOR, nosso Deus, é
o único Deus. Ele é fiel e mantém a sua
*aliança. Ele continua a amar, por mil *ge-
rações, aqueles que o amam e obedecem
aos seus mandamentos, 10 porém castiga
de uma vez os que o rejeitam. Ele não de-
mora em castigá-los e destruí-los. 11 Obe-
deçam, pois, às *leis e aos mandamentos
que hoje eu estou dando a vocês e façam
tudo o que eu mando.

Bênçãos para os obedientes

Levítico 26.3-13;
Deuteronômio 28.1-14

12 — Se vocês derem atenção a essas
*leis e as cumprirem fielmente, o SENHOR,
nosso Deus, manterá a sua *aliança e con-
tinuará a amá-los, conforme prometeu
aos nossos antepassados. 13 Ele os ama-
rá, e abençoará, e fará com que se tor-
nem mais e mais numerosos. Ele lhes
dará muitos filhos, boas colheitas de ce-
reais, uvas e azeitonas e muitas crias de
gado e de ovelhas. Deus lhes dará todas
essas bênçãos na terra que ele vai lhes
dar, conforme o juramento que fez aos
nossos antepassados. 14 Vocês serão o
povo mais abençoado do mundo. Todos
terão filhos, e todos os seus animais te-
rão crias. 15 O SENHOR Deus os protege-
rá de toda enfermidade e nunca os cas-
tigará com as terríveis doenças com que
castigou os egípcios, como vocês bem sa-
bem. Pelo contrário, ele mandará essas
doenças para os povos que odeiam vocês.
16 Acabem com todos os povos que o SE-
NHOR, nosso Deus, entregar nas mãos de
vocês. Não tenham pena deles, nem ado-
rem os seus deuses, pois isso seria uma
armadilha mortal para vocês.
17 — Não fiquem pensando assim: "Es-
tes povos são mais numerosos do que
nós; como poderemos derrotá-los?" 18 Não
tenham medo deles; lembrem daquilo
que o SENHOR, nosso Deus, fez com o rei
do Egito e com todo o seu povo. 19 Lem-
brem das pragas, dos milagres e das coi-
sas espantosas que vocês viram e não es-
queçam o grande poder com que o SE-
NHOR os tirou do Egito. Pois o SENHOR,
nosso Deus, fará com esses povos, de
quem vocês estão com medo, a mesma
coisa que fez com os egípcios. 20 Deus fará
com que esses povos fujam apavorados e
destruirá os que escaparem e se escon-
derem de vocês.
21 — Portanto, não tenham medo de-
les, pois com vocês está o SENHOR, nosso
Deus, o Deus que é forte e causa medo.
22 Pouco a pouco ele irá expulsando os
povos que vocês enfrentarem. Mas vo-
cês não irão destruí-los todos de uma
vez; se fizessem isso, o número dos ani-
mais selvagens aumentaria, e eles seriam
um grande perigo. 23 O SENHOR vai entre-
gar os inimigos nas mãos de vocês e vai
deixá-los tão apavorados, que eles serão
destruídos. 24 Deus também entregará nas
suas mãos os reis desses povos. Vocês os
matarão, e ninguém lembrará nem do
nome deles. Vocês derrotarão todos os
seus inimigos; ninguém poderá resistir.
25 Queimem todas as imagens dos deuses
desses povos. Não cobicem a prata e o
ouro que estão nas imagens, nem fiquem
com eles, pois isso seria uma armadilha
mortal para vocês. Para o SENHOR, nosso
Deus, adorar ídolos é uma coisa nojenta.
26 Não levem nenhum ídolo para dentro
de suas casas, pois a maldição que está
sobre o ídolo estará também sobre vo-
cês. Detestem e odeiem com todo o co-
ração os ídolos, pois o ídolo é uma coisa
amaldiçoada.

A terra a ser conquistada

8 Moisés disse ao povo:
— Tenham o cuidado de obedecer
a todas as *leis que hoje eu estou dando a
vocês, para que vocês vivam e se tornem
mais numerosos, e entrem e tomem posse

da terra que o SENHOR Deus jurou dar aos nossos antepassados. 2 Lembrem como o nosso Deus guiou vocês pelo deserto esses quarenta anos. Durante essa longa caminhada, Deus os humilhou e os pôs à prova para saber se estavam resolvidos ou não a obedecer aos seus mandamentos. 3 Ele os deixou passar fome e depois lhes deu para comer o *maná, uma comida que nem vocês nem os seus antepassados conheciam. Deus fez isso para que soubessem que o ser humano não vive só de pão, mas vive de tudo o que o SENHOR Deus diz. 4 Durante esses quarenta anos as roupas que vocês vestiam não ficaram gastas, e os seus pés não ficaram inchados. 5 Fiquem sabendo que o SENHOR, nosso Deus, os corrige como um pai corrige o filho. 6 Obedeçam, pois, aos seus mandamentos, vivam de acordo com os seus ensinamentos e *temam o SENHOR, seu Deus. 7 Pois ele os está levando para uma terra boa, cheia de rios, e ribeirões, e de fontes que jorram água pelos vales e pelas montanhas. 8 É uma terra que produz trigo e *cevada, uvas, figos e romãs, azeite e mel. 9 É uma terra onde nunca faltará comida ou qualquer outra coisa para vocês, uma terra onde as pedras têm ferro e as montanhas têm minas de cobre. 10 Vocês terão toda a comida que precisarem e louvarão o SENHOR, nosso Deus, pela boa terra que lhes deu.

Aviso contra o orgulho

11 — Nunca esqueçam o SENHOR, nosso Deus, e tenham o cuidado de obedecer aos seus mandamentos e às suas *leis, que hoje eu estou dando a vocês. 12 Naquela terra vocês terão toda a comida que quiserem; construirão casas boas, onde morarão; 13 o seu gado e os seus rebanhos aumentarão; vocês ajuntarão mais prata e ouro e terão tudo de sobra. 14 Então, tomem cuidado para não ficarem orgulhosos e esquecerem o SENHOR, nosso Deus, que os tirou do Egito, onde vocês eram escravos. 15 Ele os levou por aquele enorme e perigoso deserto, cheio de cobras venenosas e de escorpiões, e onde não havia água. Mas no deserto Deus fez sair água da rocha bruta, para vocês beberem, 16 e lhes deu para comer o *maná, uma comida que os seus antepassados não conheciam. Ele fez tudo isso para humilhá-los e para fazê-los passar por provas a fim de abençoá-los mais tarde.

17 — Portanto, não pensem que foi com a sua própria força e com o seu trabalho que vocês conseguiram todas essas riquezas. 18 Lembrem do SENHOR, nosso Deus, pois é ele quem lhes dá força para poderem conseguir riquezas. Vocês estão vendo que assim ele está cumprindo a *aliança feita por meio de juramento com os nossos antepassados. 19 Mas, se vocês esquecerem o SENHOR, e adorarem e servirem outros deuses, eu aviso hoje que vocês certamente morrerão. 20 Se não obedecerem ao SENHOR, nosso Deus, então vocês morrerão, como vão morrer os povos que Deus vai destruir na presença de vocês.

A desobediência do povo

9 Moisés disse ao povo:

— Escute, ó povo de Israel! Hoje vocês vão atravessar o rio Jordão e vão tomar posse de uma terra que pertence a povos mais numerosos e mais poderosos do que vocês. As cidades deles são enormes e são protegidas por muralhas que chegam até o céu. 2 Vocês já ouviram falar dos *anaquins, uma raça de gigantes fortes que moram naquela terra; pois todos dizem: "Ninguém pode derrotar os anaquins." 3 Mas fiquem certos de que o SENHOR, nosso Deus, vai hoje na frente de vocês como um fogo que devora tudo. Ele derrotará e destruirá os povos dessa terra, e assim, conforme o SENHOR Deus prometeu, vocês irão expulsá-los e matá-los depressa.

4 — Mas, depois que o SENHOR, nosso Deus, tiver expulsado esses povos da presença de vocês, não fiquem pensando assim: "Deus nos trouxe aqui e nos deu esta terra porque somos bons." Não é por isso; mas Deus vai expulsar esses povos da presença de vocês porque eles são maus. 5 Vocês não vão tomar posse da terra porque são bons e honestos. É por causa da maldade desses povos que Deus vai expulsá-los e também porque o SENHOR, nosso Deus, quer cumprir o que prometeu aos nossos antepassados Abraão, Isaque e Jacó. 6 Portanto, fiquem certos de que Deus lhes está dando esta boa terra não porque vocês sejam bons; pelo contrário, vocês são gente teimosa.

7 — Nunca esqueçam que no deserto vocês provocaram tanto a Deus, o SENHOR, que ele ficou *irado com vocês. Desde que saíram do Egito até chegarem

aqui, vocês têm se revoltado contra Deus.
8 Até mesmo no monte Sinai vocês o pro-
vocaram, e ele ficou tão irado, que pen-
sou em destruí-los. 9 Eu subi o monte para
receber de Deus as duas placas de pedra,
nas quais estava escrita a *aliança que ele
fez com vocês. Fiquei ali no monte qua-
renta dias e quarenta noites e durante
todo aquele tempo não comi, nem bebi
nada. 10 O SENHOR Deus me deu as duas
placas de pedra. Ele mesmo tinha escri-
to nelas tudo o que tinha dito a vocês do
meio do fogo, quando estavam reunidos
ao pé do monte.
11 — Foi no fim daqueles quarenta dias
que o SENHOR Deus me deu as duas pla-
cas da aliança. 12 Aí ele me disse: "Desça
logo daqui e volte para onde está o povo
que você tirou do Egito, pois eles já co-
meteram um pecado grave. Bem depres-
sa deixaram de seguir as minhas ordens e
já fizeram um ídolo de metal para adorar.
13 Eu sei — Deus continuou — que este
povo é teimoso. 14 Portanto, não procure
me impedir, pois vou destruí-los, e assim
ninguém lembrará mais que existiram. E
de você, Moisés, e dos seus descendentes
farei uma nação maior e mais poderosa
do que a deles."
15 E Moisés continuou:
— Aí eu desci do monte, do qual su-
biam chamas de fogo. Levava comigo as
duas placas de pedra, as placas da aliança.
16 Quando cheguei perto de vocês, vi que
haviam pecado contra o SENHOR, nosso
Deus, e que bem depressa haviam dei-
xado de seguir as suas ordens. Vi o be-
zerro de metal que vocês haviam feito
para adorar. 17 Então, na presença de vo-
cês, joguei as placas de pedra no chão e
as quebrei. 18 Depois me ajoelhei diante
de Deus, o SENHOR, e fiquei ali quarenta
dias e quarenta noites com o rosto en-
costado no chão. Como havia feito antes,
não comi nem bebi nada durante aque-
le tempo. Agi dessa maneira porque vo-
cês pecaram contra o SENHOR, fazendo o
que ele condena e provocando a sua ira.
19 Eu estava com medo da ira e do furor
de Deus; ele estava tão irado, que pensa-
va em destruí-los. Porém mais uma vez
Deus atendeu o meu pedido. 20 Ele esta-
va irado também com Arão e pensou em
matá-lo; por isso orei também em favor
de Arão. 21 Aí peguei o bezerro de metal,
aquele objeto nojento que vocês tinham
feito, e o joguei no fogo. Depois o quebrei
em pedaços, moí tudo até virar pó e atirei
o pó no ribeirão que corria monte abaixo.
22 — Vocês provocaram, de novo, a ira
do SENHOR Deus, em Taberá, em Massá e
em Quibrote-Ataavá. 23 E também o pro-
vocaram em Cades-Barneia, quando ele
mandou que tomassem posse da terra
que lhes estava dando. Vocês não con-
fiaram em Deus, mas se revoltaram con-
tra ele e desobedeceram à sua ordem.
24 Desde o dia em que eu os conheci, vo-
cês sempre foram rebeldes contra Deus,
o SENHOR!

Moisés ora em favor do povo

25 E Moisés continuou, dizendo:
— Quarenta dias e quarenta noites fi-
quei ajoelhado, com o rosto encostado
no chão, na presença de Deus, o SENHOR,
pois ele tinha dito que iria destruí-los. 26 E
orei assim ao SENHOR: "Ó SENHOR, meu
Deus! Eu te peço que não destruas o teu
povo, o teu povo escolhido, que com a tua
força e com o teu poder livraste do Egito.
27 Lembra dos teus *servos Abraão, Isa-
que e Jacó e não dês atenção à teimosia,
à maldade e ao pecado deste povo. 28 Pois,
se destruíres o teu povo, os egípcios vão
dizer que não pudeste levá-lo para a ter-
ra que lhe prometeste. Dirão também que
odeias este povo e por isso o levaste ao
deserto para matá-lo. 29 Mas eles são o teu
povo, o teu povo escolhido, que tiraste do
Egito com a tua força e com o teu gran-
de poder."

As novas placas da lei

Êxodo 34.1-9

10 Moisés disse ao povo:
— Depois disso o SENHOR Deus
me disse: "Corte duas placas de pedra,
iguais às primeiras, e faça também uma
*arca de madeira. Então venha se encon-
trar comigo no monte, 2 e eu escreverei
nas placas aquilo que escrevi naquelas
que você quebrou. Depois ponha as pla-
cas na arca."
3 — Eu fiz uma arca de madeira de acá-
cia, cortei duas placas de pedra iguais às
primeiras e subi o monte, levando-as co-
migo. 4 Aí Deus, o SENHOR, conforme havia
feito antes, escreveu nelas os dez man-
damentos, os mesmos que tinha dado a
vocês quando falou do meio do fogo no
alto do monte, naquele dia em que vo-
cês estavam reunidos na presença dele.

O SENHOR me entregou as placas, 5 e eu desci do monte. Conforme ele havia ordenado, coloquei as placas na arca que eu havia feito, e elas ainda estão ali.

6 (Os israelitas partiram dos poços de Benê-Jacã e foram até Mosera. Ali Arão morreu e foi sepultado, e o seu filho Eleazar ficou no lugar dele como sacerdote. 7 Depois o povo foi para Gudgoda e dali para Jotbatá, uma região onde há muitos ribeirões. 8 Foi naquela ocasião que o SENHOR Deus escolheu a *tribo de Levi para que os homens dessa tribo levassem a arca da aliança, servissem como sacerdotes e abençoassem o povo em nome de Deus, o SENHOR. E eles ainda continuam fazendo tudo isso. 9 Portanto, a tribo de Levi não recebeu terras em Canaã, como as outras tribos receberam. Conforme a promessa do SENHOR Deus, o que essa tribo recebeu foi o direito de os homens servirem como sacerdotes de Deus.)

10 E Moisés continuou, dizendo ao povo:

— Eu fiquei no monte quarenta dias e quarenta noites, como na primeira vez. Mais uma vez o SENHOR Deus atendeu o meu pedido e não acabou com vocês. 11 E mandou que eu fosse e os guiasse, para que entrassem e tomassem posse da terra que ele havia jurado dar aos nossos antepassados.

O que Deus exige

12 — Povo de Israel, escute o que o SENHOR Deus exige de você. Ele quer que vocês o *temam e sigam todas as suas ordens; quer que o amem e que o sirvam com todo o coração e com toda a alma. 13 Obedeçam a todas as *leis de Deus que eu estou dando a vocês hoje, para o seu bem. 14 Os mais altos céus são de Deus, o SENHOR; a ele pertencem a terra e tudo o que nela existe. 15 Mas o amor dele pelos antepassados de vocês foi tão grande, que de todos os povos do mundo ele escolheu vocês, e até o dia de hoje vocês são o seu povo escolhido. 16 Portanto, sejam obedientes a Deus e deixem de ser teimosos. 17 Pois o SENHOR, nosso Deus, está acima de todos os deuses e autoridades. Ele é grande, poderoso e causa medo. Ele trata a todos igualmente e não aceita presentes para torcer a justiça. 18 Ele defende os direitos dos órfãos e das viúvas; ele ama os estrangeiros que vivem entre nós e lhes dá comida e roupa. 19 Amem esses estrangeiros, pois vocês foram estrangeiros no Egito. 20 Temam o SENHOR, nosso Deus, e adorem somente a ele; fiquem ligados com ele e jurem somente pelo seu nome. 21 Louvem a Deus; ele é o nosso Deus. Vocês viram com os seus próprios olhos as grandes e espantosas coisas que Deus fez em favor de vocês. 22 Quando os nossos antepassados foram para o Egito, eram somente setenta pessoas; mas agora, por causa das bênçãos do SENHOR, nosso Deus, vocês são tantos como as estrelas do céu.

A grandeza de Deus

11 Moisés disse ao povo:

— Amem o SENHOR, nosso Deus, e sempre obedeçam às suas *leis, aos seus mandamentos e às suas ordens. 2 Pensem hoje na grandeza de Deus e naquilo que aprenderam a respeito do seu poder e da sua força. Foram vocês, e não os seus filhos, que viram e conheceram tudo isso. 3 Lembrem dos milagres e de tudo o que o SENHOR Deus fez no Egito contra Faraó, rei do Egito, e contra toda aquela nação. 4 Vocês viram o que Deus fez com o exército dos egípcios e com os seus cavalos e carros de guerra, quando estavam perseguindo vocês. O SENHOR fez com que as águas do mar Vermelho os cobrissem e afogassem, e assim acabou com eles para sempre. 5 Vocês viram o que Deus fez no deserto, durante a viagem até este lugar, 6 e também o que fez com Datã e Abirão, filhos de Eliabe, da *tribo de Rúben. Na presença de todos a terra se abriu e engoliu os dois, junto com as suas famílias, barracas, empregados e animais. 7 E vocês mesmos viram todos os grandes milagres que o SENHOR Deus fez.

As bênçãos da Terra Prometida

8 — Portanto, obedeçam a todas as *leis que hoje estou dando a vocês a fim de que sejam fortes e possam invadir a terra para onde estão indo e tomar posse dela. 9 Assim vocês viverão muitos anos naquela terra boa e rica que o SENHOR Deus jurou dar aos nossos antepassados e aos seus descendentes. 10 A terra que vai ser de vocês não é como o Egito, de onde saíram. Ali, depois de semearem a terra, vocês precisavam trabalhar muito para regar o chão, como se fosse uma horta. 11 Porém a terra que vocês vão possuir é uma terra de montes e vales, onde nunca falta chuva. 12 O SENHOR, nosso Deus, cuida daquela terra e nunca a esquece,

DEVOCIONAL

Texto para leitura: **Deuteronômio 11:26-32**

Conheça o amor

Amor e medo são arqui-inimigos na vida da Garota de Deus. São bênção e maldição, totalmente opostas. Enquanto estavam reunidos perto da terra de Siquém, os filhos de Israel viram o monte das bênçãos (Gerizim) e o das maldições (Ebal), e Deus lhes deu uma escolha entre os dois. A escolha diante deles era obediência ou desobediência. Se obedecessem a Deus, então as bênçãos seriam suas, e, se escolhessem o contrário, receberiam a maldição.

Hoje você tem a mesma opção: pode escolher entre desobediência (medo) ou obediência (amor), e uma vem com maldição, enquanto a outra vem com bênção. Na maioria das vezes, o medo promete proteção e finge ser fruto da sabedoria, mas a verdade é que ele é um ladrão. Ele rouba sua paz e esperança, e enfraquece sua vontade. Mas o amor lhe dá toda a esperança, paz e felicidade que você poderia ter. O medo leva à escravidão; o amor leva à liberdade. O inimigo diz que o amor é perigoso e a deixa vulnerável. E quando você aceita essa mentira, escolher o amor parece ser uma opção perigosa. Mas a Garota de Deus não precisa se proteger do que Deus lhe diz para fazer. O chamado de Deus ao amor deve ser obedecido, seja qual for o preço. Quando você toma decisões por medo ou autoproteção, é como se estivesse empurrando Deus para fora do trono e se sentando no lugar dele, com as mãos no quadril em um gesto totalmente desafiador.

O medo nunca deve ser um meteorologista para a sua ação, dizendo quando o tempo está bom para você fazer isso ou aquilo. Isso inclui o medo de perder algo que você ama, e o medo de amar alguém de quem você nem gosta. Se você confiar no Senhor e em sua Palavra, o medo nunca será seu mestre, mas sim a Palavra de Deus. Aprenda a verdade sobre como amar do jeito de Deus em 1Coríntios 13. Este tipo de amor não é defeituoso. É um amor que não ama por causa daquilo que você ganha com isso. Estude a Palavra de Deus, busque a verdade e faça dela parte de seu ser, e você estará livre da escravidão do medo.

desde o começo até o fim do ano. [13] Por-
tanto, se vocês obedecerem às leis que
eu lhes estou dando hoje, e se amarem
o SENHOR, nosso Deus, e o servirem com
todo o coração e com toda a alma, [14] então
ele dará as chuvas no tempo certo, tan-
to as chuvas do outono como as da pri-
mavera. Assim haverá boas colheitas de
cereais, de uvas e de azeitonas, [15] e have-
rá pastos para o gado. Vocês terão toda a
comida que precisarem. [16] Tenham cui-
dado, não deixem que o seu coração seja
enganado; não abandonem a Deus para
adorar e servir outros deuses. [17] Se fize-
rem isso, Deus ficará *irado com vocês e
não mandará chuvas. Aí a terra não pro-
duzirá colheitas, e em pouco tempo vocês
desaparecerão da boa terra que o SENHOR
está dando a vocês.

[18] — Lembrem desses mandamentos
e os guardem no seu coração. Amarrem
essas leis nos braços e na testa, para que
não as esqueçam, [19] e não deixem de ensi-
ná-las aos seus filhos. Repitam essas leis
em casa e fora de casa, quando se deita-
rem e quando se levantarem, [20] e as es-
crevam nos batentes das portas das suas
casas e nos seus portões. [21] Assim vocês e
os seus descendentes viverão muitos anos
na terra que o SENHOR Deus jurou dar aos
nossos antepassados. Enquanto o mundo
existir, vocês viverão naquela terra.

[22] — Portanto, obedeçam a todas as
leis que eu lhes estou dando. Amem o

SENHOR, nosso Deus, sigam todos os seus mandamentos e fiquem ligados com ele. 23 Se fizerem isso, Deus expulsará todas essas nações, e vocês tomarão posse de uma terra que pertence a povos mais numerosos e mais poderosos do que vocês. 24 Será de vocês toda a terra por onde andarem, desde o deserto, no Sul, até os montes Líbanos, no Norte; desde o rio Eufrates, no Leste, até o mar Mediterrâneo, no Oeste. 25 Vocês nunca serão derrotados, pois o SENHOR, nosso Deus, cumprirá o que prometeu e fará com que todos os povos daquela terra fiquem apavorados com vocês.

Bênção e maldição

26 E Moisés disse ao povo:

— Hoje vou deixar que vocês escolham se querem bênção ou maldição. 27 Vocês receberão a bênção se obedecerem às *leis do SENHOR, nosso Deus, que estou dando a vocês hoje; 28 ou receberão a maldição, se não obedecerem às suas leis, mas rejeitarem os mandamentos que eu lhes estou dando hoje e adorarem outros deuses que vocês não conheciam. 29 Quando o SENHOR Deus os levar para a terra que vão possuir, vocês anunciarão a bênção no monte Gerizim e a maldição no monte Ebal. 30 (Esses dois montes ficam na terra dos cananeus, a oeste do rio Jordão, na região do vale do Jordão. Ficam perto da cidade de Gilgal, não longe das árvores sagradas de Moré.)

31 — Agora vocês vão atravessar o rio Jordão e tomar posse da terra que o SENHOR, nosso Deus, lhes está dando. Portanto, depois de invadirem a terra e começarem a morar lá, 32 tenham o cuidado de obedecer a todas as leis e mandamentos que hoje eu estou dando a vocês.

O lugar para a adoração a Deus

12 Moisés disse ao povo:

— São estas as *leis e os mandamentos a que vocês deverão obedecer todo o tempo que viverem na terra que o SENHOR, o Deus dos nossos antepassados, vai dar a vocês. 2 Depois de expulsarem os povos daquela terra, arrasem completamente todos os lugares onde eles adoram os seus deuses, tanto nas montanhas como nas colinas e debaixo das árvores que dão sombra. 3 Derrubem os altares, quebrem as colunas do deus *Baal, cortem os postes da deusa *Aserá e queimem todas as imagens, para que ninguém lembre mais dos deuses daqueles povos.

4 — Não adorem o SENHOR, nosso Deus, do jeito que aqueles povos adoram os seus deuses. 5 No território de uma das *tribos, o SENHOR Deus escolherá o lugar onde vai morar e onde o povo vai adorá-lo. Vocês irão lá 6 e ali oferecerão em *sacrifício os animais que são queimados no altar e também apresentarão outros sacrifícios. Para esse lugar trarão a décima parte dos animais e das colheitas, as contribuições, as ofertas prometidas, as ofertas feitas por vontade própria e as primeiras crias das vacas e das ovelhas. 7 Ali, na presença do SENHOR, nosso Deus, vocês e as suas famílias comerão da carne dos sacrifícios e ficarão alegres porque Deus abençoou todo o trabalho de vocês.

8 — Até agora cada um tem feito tudo como quer; mas, quando chegarem lá, não vai ser assim. 9 Vocês ainda não entraram na terra que o SENHOR, nosso Deus, lhes está dando, a terra onde vão viver em paz. 10 Quando atravessarem o rio Jordão e começarem a morar na terra que o SENHOR vai dar a vocês, ele os protegerá de todos os inimigos, e vocês viverão em paz. 11 Então o nosso Deus escolherá o lugar onde ele será adorado, e para lá vocês levarão tudo o que estou ordenando, isto é, os animais que são queimados no altar e os outros sacrifícios, a décima parte dos animais e das colheitas, as contribuições e todas as outras ofertas prometidas a Deus. 12 Na presença do SENHOR, nosso Deus, todos se alegrarão: vocês, os seus filhos e as suas filhas, os seus escravos e as suas escravas e os *levitas que estiverem morando nas cidades onde vocês vivem. Eles não receberão terras em Canaã, como as outras tribos vão receber.

13 — Portanto, não ofereçam sacrifícios em qualquer lugar que quiserem, 14 mas somente no lugar que o SENHOR Deus escolher no território de uma das tribos. Ali vocês oferecerão sacrifícios e farão todas as outras coisas que tenho ordenado. 15 Porém, quando vocês quiserem comer carne, poderão comer os seus animais em qualquer lugar onde vocês estiverem morando. Vocês poderão comer tantos animais quantos o SENHOR, nosso Deus, lhes der. Todos vocês, quer estejam *puros ou *impuros, poderão comê-los,

como comeriam carne de *gazela ou de
veado. 16 Mas não comam o sangue dos
animais; o sangue deve ser despejado no
chão, como se fosse água.
17 — Os sacrifícios oferecidos a Deus
não podem ser comidos nos lugares onde
vocês vão morar. A décima parte dos ce-
reais, do vinho e do azeite; as primeiras
crias das vacas e das ovelhas; as ofertas
prometidas; as ofertas feitas por vontade
própria e qualquer outra oferta 18 todos
esses sacrifícios e ofertas vocês poderão
comer somente no lugar que o SENHOR,
nosso Deus, escolher. Ali na presença de
Deus todos comerão da carne dos sacrifí-
cios: vocês, os seus filhos e as suas filhas,
os seus escravos e as suas escravas e os
levitas que estiverem morando nas cida-
des onde vocês vivem. E todos se alegra-
rão porque Deus abençoou todo o traba-
lho de vocês. 19 Lembrem de cuidar dos
levitas durante todo o tempo em que vo-
cês viverem naquela terra.
20 — O SENHOR, nosso Deus, cumprirá a
sua promessa e aumentará o território de
vocês. Então poderão comer carne sem-
pre que quiserem. 21 E, se estiverem lon-
ge do lugar que o SENHOR tiver escolhido
para nele ser adorado, vocês poderão fa-
zer o que eu ordenei: ali onde estiverem
morando, poderão matar vacas e ovelhas
que Deus lhes tiver dado e comer carne
à vontade. 22 Todas as pessoas, tanto as
que estão puras como as que estão im-
puras, poderão comer carne desses ani-
mais, como comeriam carne de gazela ou
de veado. 23 Mas não comam o sangue: a
vida está no sangue, e vocês não devem
comer carne com vida. 24 Não comam san-
gue; despejem o sangue no chão, como se
fosse água. 25 Obedeçam a essa lei e façam
o que o SENHOR Deus acha certo, e assim
vocês e os seus descendentes serão fe-
lizes. 26 As coisas dedicadas ao SENHOR
Deus e as ofertas prometidas devem ser
levadas para o lugar que ele escolher, 27 e
ali no altar do SENHOR devem ser ofere-
cidos os animais que são completamente
queimados. E ofereçam também em sacri-
fício os outros animais; despejem o san-
gue em cima do altar e comam a carne.
28 Obedeçam fielmente a todas essas leis
que eu estou dando a vocês e façam tudo
o que o SENHOR, nosso Deus, acha bom e
certo; assim vocês e os seus descenden-
tes serão felizes para sempre.

A adoração de deuses pagãos

29 Moisés continuou, dizendo:
— O SENHOR, nosso Deus, acabará com
os povos da terra que vocês vão invadir e
que vai ser de vocês. 30 Portanto, quando
estiverem morando lá, não imitem aque-
la gente. Não sigam a religião deles, nem
adorem os seus deuses, pois isso seria um
pecado mortal. 31 Não adorem o SENHOR,
nosso Deus, do jeito que aqueles povos
adoram os seus deuses, pois ele odeia e
detesta tudo o que esses povos fazem nas
suas reuniões religiosas. Eles até chegam
a oferecer a esses deuses os filhos e as
filhas para serem queimados em sacri-
fício no altar.
32 — Obedeçam a todas as *leis que eu
estou dando a vocês, sem acrescentar
nem tirar nada.
13 — Se aparecer no meio de vocês
um *profeta ou alguém que expli-
que sonhos, dizendo que vai acontecer
um milagre ou outra coisa espantosa, 2 e,
se acontecer aquilo que ele disse, então
ele vai procurar levá-los a adorar e servir
deuses que vocês não conheciam. 3 Mas
não deem atenção a esse profeta ou a essa
pessoa que explica sonhos. Pois é assim
que o SENHOR, nosso Deus, vai pôr vocês
à prova, para ver se, de fato, o amam com
todo o coração e com toda a alma. 4 Sigam
as *leis do SENHOR, nosso Deus; *temam
a Deus, obedeçam aos seus mandamen-
tos e deem atenção a tudo o que ele diz.
Adorem somente a Deus e fiquem liga-
dos com ele. 5 E o profeta ou o explica-
dor de sonhos que procurou levá-los a
se revoltarem contra Deus será morto.
Pois ele procurou desviá-los do caminho
indicado pelo SENHOR, o Deus que livrou
vocês do Egito, onde eram escravos. Ma-
tem esse falso profeta e assim tirarão o
mal do meio do povo.
6 — Talvez chegue perto de você o seu
irmão, ou o seu filho, ou a sua filha, ou
a sua querida esposa, ou o seu melhor
amigo, procurando em segredo levá-lo a
adorar outros deuses que nem você nem
os seus antepassados adoravam. 7 Essa
pessoa pode procurar levá-lo a adorar
os deuses de povos vizinhos ou de povos
que vivem longe, em lugares distantes.
8 Não deixe que essa pessoa o convença,
nem escute o que ela disser. Não tenha dó
nem piedade dela e não procure protegê-
-la. 9 Mate essa pessoa a pedradas; atire a

primeira pedra, e, depois, que todos os
outros atirem pedras também. 10 Assim
vocês matarão essa pessoa, pois procurou
fazer vocês abandonarem o SENHOR, nos-
so Deus, que os livrou do Egito, onde eram
escravos. 11 Todo o povo de Israel sabe-
rá do que aconteceu; todos ficarão com
medo, e ninguém vai querer fazer uma
coisa tão má como essa no meio do povo.
12 — Quando vocês estiverem morando
nas cidades da terra que o SENHOR, nos-
so Deus, vai lhes dar, talvez vocês ouçam
dizer 13 que em certa cidade alguns ho-
mens perversos levaram os moradores
a adorar deuses que vocês nunca adora-
ram. 14 Aí vocês deverão examinar o caso
com todo o cuidado. Se ficar provado
que, de fato, foi cometido um pecado tão
grave no meio do povo de Israel, 15 então
vocês deverão matar à espada todos os
moradores daquela cidade. Matem tam-
bém os animais e arrasem a cidade. 16 De-
pois peguem todos os objetos de valor
que encontrarem, amontoem na praça e
queimem tudo e também a cidade, como
oferta ao SENHOR, nosso Deus. Vai ficar
só um montão de ruínas, e nunca mais
será construída uma cidade naquele lu-
gar. 17 Não guardem para vocês nada do
que for condenado à destruição. Assim o
SENHOR deixará de ficar *irado e terá pena
de vocês. Deus terá compaixão e, como
jurou aos nossos antepassados, fará com
que vocês aumentem em número. 18 O SE-
NHOR, nosso Deus, fará isso se vocês de-
rem atenção às suas ordens, se obede-
cerem a todas as suas leis que eu estou
dando a vocês hoje e se fizerem aquilo
que ele acha bom.

Contra o luto pagão

14 Moisés disse ao povo:
— Vocês são filhos do SENHOR,
nosso Deus. Portanto, quando chorarem
a morte de alguém, não se cortem, nem
rapem a cabeça, como os outros povos
fazem. 2 Pois vocês são o povo escolhido
pelo SENHOR, nosso Deus; entre todos os
povos da terra ele os escolheu para serem
somente dele.

Os animais puros e os impuros

Levítico 11.1-47

3 — Não comam nada que seja *impu-
ro. 4 Vocês podem comer a carne dos se-
guintes animais: vacas, carneiros, cabri-
tos, 5 veados, *gazelas, *corços, cabritos
selvagens, antílopes, carneiros selvagens
e gamos. 6 Todos esses animais têm o cas-
co dividido em dois, e ruminam, e podem
ser comidos. 7 Mas nenhum animal deve
ser comido, a não ser que tenha o casco
dividido e que rumine. Portanto, não co-
mam camelos, lebres ou coelhos selva-
gens, pois ruminam, mas não têm o casco
dividido. Para vocês esses animais são im-
puros. 8 Não comam carne de porco. Para
vocês os porcos são impuros porque têm
o casco dividido, mas não ruminam. Não
comam nenhum desses animais, nem to-
quem neles quando estiverem mortos.
9 — Vocês podem comer qualquer peixe
que tenha barbatanas e escamas, 10 mas
não podem comer peixes que não tenham
barbatanas nem escamas. Para vocês es-
ses peixes são impuros.
11 — Vocês podem comer qualquer ave
*pura, 12 porém não comam as seguintes
aves: águias, urubus, águias marinhas,
13 açores, falcões, 14 corvos, 15 avestruzes,
corujas, gaivotas, gaviões, 16 mochos, íbis,
gralhas, 17 pelicanos, abutres, corvos mari-
nhos, 18 cegonhas, garças e poupas; e tam-
bém morcegos.
19 — Todos os insetos que voam são im-
puros; vocês não podem comê-los. 20 Mas
podem comer todos os insetos puros.
21 — Não comam qualquer animal que
tenha tido morte natural. Vocês podem
dar o animal aos estrangeiros que moram
nas cidades de vocês ou podem vendê-lo
a outros estrangeiros. Mas vocês não o
podem comer, pois são o povo escolhido
pelo SENHOR, nosso Deus.
— Não cozinhem um cabrito ou um
carneirinho no leite da sua própria mãe.

A lei dos dízimos

22 — Todos os anos juntem uma décima
parte de todas as colheitas 23 e levem até
o lugar que o SENHOR, nosso Deus, tiver
escolhido para nele ser adorado. Ali, na
presença do SENHOR, nosso Deus, comam
aquela décima parte dos cereais, do vi-
nho e do azeite e também a primeira cria
das vacas e das ovelhas. Façam isso para
aprender a *temer a Deus para sempre.
24 Mas, se o lugar de adoração ficar muito
longe, e for impossível levar até lá a dé-
cima parte das colheitas com que Deus
os abençoou, 25 então façam isto: ven-
dam aquela parte das colheitas, levem o
dinheiro até o lugar de adoração que o
SENHOR tiver escolhido 26 e ali comprem

Pergunte a si mesma...

Você dá o dízimo? Você acha que 10% é muito para dar ao Deus que deu tudo para você em primeiro lugar? Dizimar é essencial para a Garota de Deus. O dízimo ensina à sua alma e prova ao seu coração que Deus é mais importante do que bens. Mas você já pensou no que tem mais valor para você? Seu tempo.

Você dá seu tempo para Deus da mesma forma que dá seu dinheiro? Você talvez não tenha muito dinheiro, mas todos nós temos a mesma quantidade de tempo em um dia: 24 horas. Quanto de seu tempo você dá para Deus? 10%? 5%? 2%? 1%? Dê mais de seu tempo a Deus, e você verá que terá mais tempo para fazer o que precisa ser feito. Esta é a lei do dízimo: dê, e você terá de volta.

A Garota de Deus faz do Senhor a sua vida. Ele é seu foco, e tudo em sua vida é para glorificá-lo. Então, por que ela não daria aquilo que é mais precioso de tudo — seu tempo — para aquele a quem adora? Comece a praticar o dízimo de seu tempo hoje, e você crescerá na fé e na esperança a cada minuto que renunciar por Deus.

tudo o que quiserem comer: carne de
vaca ou de carneiro, vinho, cerveja ou
qualquer outra coisa que desejarem. E
ali, na presença do SENHOR, nosso Deus,
vocês e as suas famílias comam essas coi-
sas e se divirtam à vontade.
27 — Porém não esqueçam os *levitas
que moram nas cidades de vocês. Eles não
receberão terras em Canaã, como as ou-
tras *tribos. 28 De três em três anos jun-
tem a décima parte das colheitas daque-
le ano e guardem nas cidades onde vo-
cês moram. 29 Essa comida é para os levi-
tas, pois eles não têm terras próprias; é
também para os estrangeiros, os órfãos e
as viúvas que moram nas cidades de vo-
cês. Assim todos eles terão toda a comi-
da que precisarem. Façam isso para que
o SENHOR, nosso Deus, abençoe todo o
trabalho de vocês.

O Sétimo Ano

Levítico 25.1-7

15 Moisés disse ao povo:
— De sete em sete anos todas as
dívidas serão perdoadas. 2 Isso será feito
assim: quem tiver emprestado dinheiro a
outro israelita perdoará a dívida. Ele não
exigirá pagamento, pois o SENHOR Deus
declara que a dívida foi perdoada. 3 Vo-
cês podem exigir que os estrangeiros pa-
guem, mas devem perdoar as dívidas dos
seus patrícios israelitas.
4 — O SENHOR, nosso Deus, os aben-
çoará ricamente na terra que lhes vai dar.
Portanto, não haverá nenhum israelita
pobre, 5 se todos derem atenção ao que o
SENHOR ordena e obedecerem a todos os
mandamentos que hoje eu estou dando
a vocês. 6 Conforme prometeu, o SENHOR
Deus os abençoará: vocês emprestarão a
muitos povos, mas não tomarão empres-
tado de ninguém; terão domínio sobre
muitos povos, mas não serão dominados
por ninguém.
7 — Se houver um israelita pobre em
qualquer cidade da terra que o SENHOR,
nosso Deus, vai dar a vocês, tenham pena
dele e o ajudem. 8 Sejam generosos e em-
prestem todo o dinheiro que ele precisar.
9 Se isso acontecer quando estiver perto o
sétimo ano, o ano em que as dívidas são
perdoadas, talvez você pense em não aju-
dar o necessitado. Afaste esse mau pen-
samento e ajude o seu patrício israelita;
se não, ele gritará a Deus contra você, e
você será culpado de pecado. 10 Não dê
com tristeza no coração, mas seja genero-
so com ele; assim o SENHOR, nosso Deus,
abençoará tudo o que você planejar e
tudo o que fizer.
11 — Sempre haverá pobres e necessi-
tados no meio do povo, e por isso eu or-
deno que vocês sejam generosos com to-
dos eles.

Os escravos

Êxodo 21.1-11

12 — Se um israelita, seja homem ou
mulher, for vendido a você como escra-
vo, ele será o seu escravo seis anos; no
sétimo ano você lhe dará a liberdade. 13 E,
quando ele for embora, não o deixe ir sem
lhe dar alguma coisa. 14 Seja generoso com
as bênçãos que o SENHOR Deus derramou
sobre você: dê ao escravo ovelhas, cereais
e vinho. 15 Lembre que você foi escravo no
Egito e que o SENHOR, nosso Deus, o tirou

de lá. É por isso que eu estou dando essa ordem a você hoje.

16 — Mas talvez o escravo goste tanto de você e da sua família e se sinta tão bem na sua casa, que não queira ir embora. 17 Nesse caso você deve levá-lo para a porta da casa e furar a orelha dele com um furador. Então ele será seu escravo por toda a vida. E faça o mesmo com a escrava que quiser ficar. 18 Não fique aborrecido quando você precisar dar a liberdade ao seu escravo. Afinal de contas, ele foi seu escravo seis anos, ganhando metade do que se paga a um empregado. Faça o que eu mando, e o SENHOR Deus abençoará tudo o que você fizer.

A primeira cria de vacas e de ovelhas

19 — A primeira cria das vacas e das ovelhas, se for macho, pertence ao SENHOR, nosso Deus. Portanto, não usem no trabalho essas crias das vacas e não cortem a lã dessas crias das ovelhas. 20 Todos os anos levem esses animais para o lugar de adoração escolhido por Deus, o SENHOR, e ali, na presença de Deus, vocês e as suas famílias comam a carne deles. 21 Porém, se um desses animais tiver algum defeito, se for cego, ou aleijado, ou tiver outro defeito grave, não poderá ser oferecido em *sacrifício ao SENHOR. 22 A carne desse animal deverá ser comida em casa; todos vocês, tanto os que estão *puros como os que estão *impuros, poderão comer a carne desses animais defeituosos como se comessem carne de *gazela ou de veado. 23 Porém não comam o sangue; despejem o sangue no chão, como se fosse água.

A Festa da Páscoa — Pães sem Fermento

Êxodo 12.1-20; Levítico 23.5-8; Números 28.16-25

16 Moisés disse ao povo:

— Comemorem a *Festa da Páscoa em honra de Deus, no mês de *abibe, pois foi numa noite desse mês que o SENHOR, nosso Deus, tirou vocês do Egito. 2 Vão ao lugar que o SENHOR tiver escolhido para nele ser adorado e ali ofereçam em *sacrifício a ele um animal tirado do seu rebanho de ovelhas e do seu gado para a Festa da Páscoa. 3 Durante a semana da festa não comam pão feito com fermento; comam somente *pão feito sem fermento, pois era assim o pão que vocês comeram quando saíram às pressas do Egito. É esse pão, chamado "pão do sofrimento", que vocês deverão comer durante a festa, para que nunca esqueçam o dia em que saíram do Egito. 4 Durante os sete dias da festa ninguém em todo o país deverá ter fermento em casa. E o animal que tiver sido morto no primeiro dia da festa será comido na noite daquele mesmo dia, não devendo sobrar nada para o dia seguinte.

5-6 — Os animais oferecidos em sacrifício na Páscoa deverão ser mortos em um lugar só, isto é, no lugar de adoração escolhido pelo SENHOR, nosso Deus. Em nenhum outro lugar da terra que Deus lhes está dando, vocês poderão matar os animais. Matem os animais ao pôr do sol, pois foi nessa hora que vocês saíram do Egito. 7 Cozinhem e comam o animal ali no lugar de adoração escolhido por Deus e na manhã seguinte voltem para casa. 8 Nos seis dias seguintes só poderá ser comido pão sem fermento. E no sétimo dia haverá uma reunião especial em honra do SENHOR, nosso Deus. Nesse dia vocês não trabalharão.

A Festa da Colheita

Êxodo 34.22; Levítico 23.15-21; Números 28.26-31

9 — Sete semanas depois de começarem a colher os cereais, 10 comemorem a *Festa da Colheita, em honra do SENHOR, nosso Deus. Ofereçam a ele o que quiserem, de acordo com as bênçãos que Deus tiver dado a vocês. 11 E na presença de Deus, no lugar que ele tiver escolhido para nele ser adorado, todos deverão festejar e se alegrar: vocês, os seus filhos e as suas filhas, os seus escravos e as suas escravas e os *levitas, os estrangeiros, os órfãos e as viúvas que moram nas cidades onde vocês vivem. 12 Não esqueçam que vocês foram escravos no Egito; obedeçam fielmente a essas *leis.

A Festa das Barracas

Levítico 23.33-43; Números 29.12-38

13 — Depois de separarem os cereais da palha e de espremerem todas as uvas, comemorem a *Festa das Barracas durante sete dias. 14 Todos devem festejar alegremente: vocês, os seus filhos e as suas filhas, os seus escravos e as suas escravas e os *levitas, os estrangeiros, os órfãos e as viúvas que moram nas cidades onde vocês vivem. 15 Festejem durante sete dias

em honra do SENHOR, nosso Deus, no lu-
gar que ele tiver escolhido para nele ser
adorado. Fiquem contentes e alegres, pois
o SENHOR lhes dará boas colheitas e aben-
çoará tudo o que vocês fizerem.
16 — São estas as três ocasiões em que
todo homem israelita deverá apresentar-
-se na presença de Deus, no lugar que ele
tiver escolhido para nele ser adorado: a
*Festa da Páscoa, a *Festa da Colheita e a
Festa das Barracas. Que ninguém vá sem
levar alguma coisa para oferecer a Deus;
17 porém cada um deve fazer a sua oferta
de acordo com as bênçãos que o SENHOR,
nosso Deus, lhe tiver dado.

Os deveres dos juízes

Êxodo 23.1-9

18 — Nas cidades que o SENHOR, nosso
Deus, lhes der, vocês devem escolher juí-
zes e outras autoridades para cada *tribo.
Eles julgarão todos com justiça e honesti-
dade. 19 Não serão injustos nas suas sen-
tenças; tratarão todos igualmente e não
aceitarão *suborno. O suborno faz com
que homens sábios e honestos fiquem ce-
gos e deem sentenças injustas. 20 Sejam
honestos; sejam sempre corretos para
que vivam e tomem posse da terra que o
SENHOR, nosso Deus, está dando a vocês.

Contra a idolatria

21 Moisés continuou, dizendo:
— Quando vocês construírem um al-
tar para adorar a Deus, o SENHOR, não
coloquem perto dele um poste da deusa
*Aserá 22 ou uma coluna do deus *Baal. O
SENHOR, nosso Deus, detesta esses ído-
los pagãos.

17 — Não ofereçam em *sacrifício ao
SENHOR, nosso Deus, um touro ou
uma ovelha que tenha defeitos; Deus de-
testa isso.
2 — É possível que, em alguma das ci-
dades que o SENHOR, nosso Deus, vai dar
a vocês, um homem ou uma mulher pe-
que contra Deus *e quebre a *aliança feita*
com ele, 3 isto é, adore outros deuses, ou
o sol, ou a lua, ou as estrelas, desobede-
cendo assim à *lei de Deus. 4 Se souberem
que alguém está fazendo isso, examinem
o caso com todo o cuidado. Se ficar pro-
vado que, de fato, foi cometido um peca-
do tão grave no meio do povo de Israel,
5 levem a pessoa culpada, seja homem ou
mulher, para fora da cidade e a matem
a pedradas. 6 Mas é preciso haver pelo
menos duas testemunhas para que uma
pessoa seja condenada à morte; ninguém
pode ser morto se houver somente uma
testemunha. 7 As testemunhas serão as
primeiras a jogarem pedras no condena-
do; depois todos os outros devem atirar
pedras também. Matem essa pessoa e as-
sim tirarão o mal do meio do povo.

Julgamento de casos difíceis

8 — Pode acontecer que numa cidade
apareça um caso tão difícil, que o juiz do
lugar não possa resolvê-lo. Pode ser um
caso de assassinato, ou questão de pro-
priedade, ou caso de violência, ou outra
questão qualquer. Quando isso aconte-
cer, vão até o lugar escolhido por Deus, o
SENHOR, para nele ser adorado 9 e apre-
sentem o caso aos sacerdotes *levitas e
ao juiz que estiver resolvendo as ques-
tões naquele tempo. Eles julgarão o caso
e darão a sua decisão. 10 Vocês farão tudo
o que eles mandarem, obedecendo a to-
das as suas instruções. 11 Aceitem a de-
cisão deles, sigam as suas instruções e
cumpram rigorosamente as ordens que
eles derem. 12 Mas, se houver alguém tão
orgulhoso, que não queira obedecer à
decisão do sacerdote ou do juiz, esse al-
guém será morto, e assim vocês tirarão
o mal do meio do povo de Israel. 13 Quan-
do souberem do que aconteceu, todos fi-
carão com medo, e ninguém mais fará a
mesma coisa.

Os deveres do rei

14 — Depois que vocês entrarem na ter-
ra que o SENHOR, nosso Deus, está dan-
do a vocês e tomarem posse dela e de-
pois que tiverem morado lá algum tem-
po, vocês vão querer um rei para os go-
vernar, como os reis das nações vizinhas.
15 O homem que escolherem para ser o rei
deve ser indicado por Deus, o SENHOR.
Não pode ser estrangeiro; somente um
israelita pode ser escolhido como rei. 16 O
rei não deverá ter muitos cavalos no seu
exército e também não mandará homens
ao Egito para comprarem cavalos, pois o
SENHOR já disse a vocês que nunca mais
voltariam para o Egito. 17 O rei não deverá
ter muitas mulheres, pois isso o levaria a
abandonar a Deus. E também não ajunta-
rá para si muita prata e ouro.
18 — Quando o rei começar a gover-
nar, mandará fazer uma cópia da *lei de
Deus que está no livro guardado pelos

sacerdotes *levitas. 19 Ele deverá ficar com
essa cópia e todos os dias da sua vida lerá
a lei, para que aprenda a *temer o SENHOR,
nosso Deus, e para que sempre obedeça
fielmente a todas as leis e a todos os man-
damentos. 20 Se fizer isso, ele não irá pen-
sar que é mais do que os outros e cumpri-
rá fielmente todas as leis. Assim reinará
muitos anos, e os seus descendentes se-
rão reis de Israel por muito tempo.

Direitos dos levitas e dos sacerdotes

18 Moisés disse ao povo:
— A *tribo de Levi não receberá
terras em Canaã, como as outras tribos.
Portanto, os sacerdotes *levitas recebe-
rão a sua parte dos *sacrifícios oferecidos
a Deus. 2 Eles não terão terras; conforme
o SENHOR Deus prometeu, a parte dessa
tribo é o direito de os homens servirem
como sacerdotes do SENHOR.

3 — Quando alguém oferecer touros ou
bodes em sacrifício a Deus, os sacerdotes
receberão o quarto dianteiro, as queixa-
das e o bucho. 4 Receberão também o que
for colhido ou preparado primeiro, sejam
cereais, ou vinho, ou azeite, ou lã. 5 Pois
o SENHOR, nosso Deus, os escolheu entre
todas as tribos de Israel para que eles e
os seus descendentes o sirvam como sa-
cerdotes para sempre.

6 — Se um levita que estiver morando
numa das cidades de Israel desejar ir ao
lugar de adoração escolhido pelo SENHOR
Deus, poderá ir quando quiser. 7 Ele ser-
virá como sacerdote do SENHOR, nosso
Deus, como fazem os outros levitas que
estão ali. 8 E receberá a mesma quantida-
de de alimentos que os outros sacerdotes
recebem; além disso, poderá ficar com
tudo o que a sua família mandar.

Condenação de costumes pagãos

9 — Quando vocês tomarem posse da
terra que o SENHOR, nosso Deus, está dan-
do a vocês, não imitem os costumes no-
jentos dos povos de lá. 10 Não ofereçam os
seus filhos em *sacrifício, queimando-os
no altar. Não deixem que no meio do povo
haja adivinhos ou pessoas que tiram sor-
tes; não tolerem feiticeiros, 11 nem quem
faz despachos, nem os que invocam os
espíritos dos mortos. 12 O SENHOR Deus
detesta os que praticam essas coisas no-
jentas e por isso mesmo está expulsando
da terra esses povos, enquanto vocês vão
tomando posse dela. 13 Em todas as coisas
sejam fiéis ao SENHOR, nosso Deus.

Deus promete enviar outro profeta

14 Moisés disse ao povo:
— Os povos da terra que vai ser de vo-
cês seguem os conselhos dos que adivi-
nham o futuro e dos que tiram sortes;
mas o SENHOR, nosso Deus, não quer
que vocês façam isso. 15 Do meio de vo-
cês Deus escolherá para vocês um *profe-
ta que será parecido comigo, e vocês vão
lhe obedecer. 16 Lembrem que naquele dia
em que estavam reunidos ao pé do monte
Sinai, vocês oraram ao SENHOR assim: "Ó
Deus, não nos obrigues a ouvir de novo a
tua voz, nem a ver outra vez este grande
fogo, para que não morramos." 17 Então o
SENHOR me disse: "Esse pedido do povo é
justo. 18 Do meio deles escolherei para eles
um profeta que será parecido com você.
Darei a esse profeta a minha mensagem,
e ele dirá ao povo tudo o que eu ordenar.
19 Eu castigarei quem não obedecer às or-
dens que esse profeta der em meu nome."

Profetas falsos

20 E Moisés continuou dizendo ao povo:
— O SENHOR disse também: "Se um
*profeta tiver o atrevimento de dar uma
mensagem em meu nome, quando eu
não lhe tiver dito nada, ou se ele falar em
nome de outros deuses, deverá ser mor-
to." 21 Mas vocês vão ficar pensando assim:
"Como é que vamos saber que aquilo que
o profeta diz não é mensagem de Deus, o
SENHOR?" 22 Fiquem sabendo que, se um
profeta falar em nome de Deus, mas se o
que disser não acontecer, então o que dis-
se não foi mensagem de Deus. Esse profe-
ta foi atrevido, e vocês não precisam ter
medo dele.

As cidades para fugitivos

Números 35.9-29

19 Moisés disse ao povo:
— O SENHOR, nosso Deus, vai
acabar com os povos que moram na ter-
ra que ele vai dar a vocês. Vocês os ex-
pulsarão e ficarão morando nas cidades
e nas casas deles. 2-3 Então dividam o país
em três partes e em cada uma delas es-
colham uma cidade para onde seja fácil
fugir. E qualquer homem que tenha ma-
tado alguém poderá ir para uma daquelas
cidades, e ali ninguém poderá matá-lo.

4 — *Se um homem*, sem querer ou por
engano, matar alguém que não era seu
inimigo, poderá fugir para uma dessas
cidades, onde ninguém poderá matá-lo.
5 Por exemplo, dois companheiros entram

DEVOCIONAL

Texto para leitura: **Deuteronômio 18:21-22**

Conheça a Deus

Você sempre teve certeza de que estava fazendo exatamente o que Deus queria e, então, parou porque uma porta se fechou em sua cara? Deus lhe pediria para fazer algo que ele sabia que não daria certo? Ou será que essa não foi a voz de Deus, mas sim suas próprias esperanças? O que é mais possível: que você ouviu errado ou que ele mentiu? Como você sabe quando é a voz de Deus e quando é apenas sua fantasia?

Talvez seja preciso tempo. Se o que você acha que está ouvindo estiver de acordo com as Escrituras, se você vê as portas abertas enquanto segue em frente, e se outras pessoas, na verdade, concordam com o que você está ouvindo, então talvez seja a voz de Deus. Mas e se for só uma histeria coletiva ou grandes esperanças? Como você pode realmente saber que está ligada a Deus? Parece que a única resposta é olhar para a Palavra dele. O que a Palavra de Deus ordena? O que ela diz para você fazer, Garota de Deus? Apegue-se a isso, e você terá a certeza de que estará fazendo a vontade do Senhor. E se, por algum motivo, uma porta na qual você estava batendo não se abrir, não culpe a voz de Deus nem a natureza pecaminosa de quem a deteve, mas culpe sua incapacidade de ouvir a Palavra de Deus falar mais alto que seus próprios desejos. Não se torture por causa de seu erro. Preste atenção ao som de sua carne *versus* a voz de Deus para que, da próxima vez, você reconheça-a mais rapidamente.

no mato para cortar lenha. Um deles, ao
cortar uma árvore, dá um golpe tão forte
com o machado, que o ferro salta do cabo
e bate no companheiro, e ele morre. En-
tão aquele homem irá para uma dessas
cidades, e ali ninguém poderá matá-lo.
6 Ora, se houvesse somente uma cidade
para fugitivos, ela poderia estar tão lon-
ge, que o parente encarregado de vingar
aquela morte teria tempo de pegar aque-
le que matou o companheiro. E o parente
estaria tão furioso, que mataria o homem,
embora este não merecesse a morte, pois
foi sem querer que matou o companheiro.
7 Portanto, eu ordeno que escolham três
cidades para fugitivos.

8 — Se o SENHOR, nosso Deus, lhes der
mais terras, conforme jurou aos nossos
antepassados, e der a vocês toda a ter-
ra que prometeu a eles, 9 então escolham
mais três cidades para fugitivos. (Deus lhes
dará mais terras se vocês obedecerem a
todos os mandamentos que estou dando
a vocês hoje, se amarem o SENHOR, nosso
Deus, com todo o coração e se nunca se
desviarem dos caminhos que ele mostra.)
10 Se escolherem mais essas cidades para
fugitivos, então não morrerá nenhum ho-
mem inocente na terra que o SENHOR Deus
lhes está dando, e vocês não serão culpa-
dos da morte de homens inocentes.

11 — Mas pode acontecer que um ho-
mem tenha ódio de outro. Ele fica de to-
caia e ataca e mata o inimigo. Aí ele vai
para uma dessas cidades a fim de não ser
morto. 12 Nesse caso, os líderes da cidade
em que ele mora mandarão buscá-lo e o
entregarão ao parente encarregado de
vingar aquela morte, e o criminoso será
morto. 13 Não tenham dó nem piedade. Ti-
rem do meio de Israel o criminoso a fim
de que tudo corra bem para vocês.

As divisas

14 — Não mudem de lugar os marcos de
divisa do terreno do vizinho. Elas foram
colocadas há muito tempo na terra que o
SENHOR, nosso Deus, está dando a vocês.

As testemunhas

15 — Quando alguém for acusado de ter
cometido um crime, seja qual for, uma
testemunha não basta; é preciso ter pelo

menos duas testemunhas para confirmar uma acusação. 16 Se uma testemunha falsa acusar alguém de ter cometido um crime, 17 o acusador e o acusado irão ao lugar de adoração e ali apresentarão o caso aos sacerdotes e aos juízes que estiverem julgando naquele tempo. 18 Estes examinarão o caso com todo o cuidado, e, se for provado que o homem deu testemunho falso contra o seu patrício israelita, 19 será condenado, e o castigo dele será o mesmo que ele queria para o outro. Assim vocês tirarão o mal do meio do povo. 20 Todo o povo de Israel saberá do que aconteceu; todos ficarão com medo, e ninguém se atreverá a praticar uma ação tão má no meio do povo. 21 Não tenham dó nem piedade; o castigo será vida por vida, olho por olho, dente por dente, mão por mão, pé por pé.

Leis de guerra

20 Moisés disse ao povo:

— Quando vocês saírem para combater os inimigos e virem que eles têm mais soldados do que vocês e que têm muitos cavalos e carros de guerra, não fiquem com medo deles. Pois o SENHOR, nosso Deus, que os livrou do Egito, está com vocês. 2 Antes de começarem o combate, o sacerdote ficará na frente dos soldados e dirá: 3 "Israelitas, escutem o que estou dizendo! Vocês estão aqui para lutar contra os inimigos. Não se assustem, não se apavorem, não fiquem com medo, 4 pois o SENHOR, nosso Deus, está com vocês para lutar ao seu lado e salvá-los do inimigo." 5 Depois disso os oficiais dirão: "Se houver aqui um homem que acabou de construir a sua casa, mas não teve tempo de morar nela, então que volte para casa. Se não, pode acontecer que ele morra na batalha e outro homem venha a morar na casa. 6 E, se houver aqui um homem que plantou uma *parreira, mas ainda não colheu as uvas, então que volte para casa. Se não, pode acontecer que ele morra na batalha e outro homem colha as uvas. 7 E, se houver aqui um homem que já contratou casamento, mas ainda não casou, então que volte para casa. Se não, pode acontecer que ele morra na luta e outro homem case com a mulher."

8 — E os oficiais dirão também: "Se houver aqui um homem tímido e medroso, então que volte para casa. Se não, pode acontecer que os outros soldados fiquem com medo também." 9 E, quando os oficiais acabarem de falar, serão escolhidos os chefes das tropas para comandarem os soldados.

10 — Antes de atacarem uma cidade, façam uma proposta de paz. 11 Se os moradores da cidade aceitarem a proposta e se entregarem a vocês, então eles serão seus escravos e farão trabalhos forçados. 12 Porém, se eles não se entregarem, mas começarem a lutar, então cerquem a cidade, 13 e Deus a entregará nas mãos de vocês. Matem à espada todos os homens, 14 mas fiquem com as mulheres, as crianças, os animais e todos os objetos de valor que encontrarem na cidade. O SENHOR, nosso Deus, lhes dará o que era do inimigo, e vocês usarão tudo para o seu próprio bem. 15 Façam isso com todas as cidades que ficam fora da terra onde vocês vão morar.

16 — Mas, quando conquistarem as cidades que ficam na terra que o SENHOR, nosso Deus, está dando a vocês, matem todos os moradores. 17 Conforme Deus mandou, acabem com todos estes povos: os heteus, os amorreus, os cananeus, os perizeus, os heveus e os jebuseus. 18 Matem todos, para que eles não ensinem vocês a imitar as cerimônias nojentas que praticam quando adoram os seus deuses. Isso seria um pecado grave contra o SENHOR, nosso Deus.

19 — Pode acontecer que vocês fiquem cercando uma cidade muito tempo e que demorem a conquistá-la. Nesse caso, não derrubem as árvores frutíferas que houver ali. Comam dos frutos, mas não cortem as árvores; será que elas são seus inimigos, para que vocês as destruam? 20 Mas podem derrubar as outras árvores, as que não são frutíferas; e usem os troncos no cerco da cidade até que seja conquistada.

Crimes de morte

21 Moisés disse ao povo:

— Quando vocês estiverem vivendo na terra que o SENHOR, nosso Deus, lhes está dando, pode acontecer que encontrem no campo o corpo de um homem assassinado e não se descubra quem foi que o matou. 2 Nesse caso, os líderes e os juízes irão medir a distância entre o lugar onde o corpo foi descoberto e as cidades em redor. 3 Aí os líderes da cidade que ficar mais perto do lugar onde estava o corpo pegarão uma bezerra que ainda não tenha sido usada no trabalho.

4 Levarão o animal para um vale onde haja
um ribeirão que nunca seca e onde a terra
nunca foi arada nem semeada, e ali que-
brarão o pescoço do animal. 5 Os sacer-
dotes *levitas também irão até lá, pois o
SENHOR, nosso Deus, os escolheu para o
servirem, para darem a bênção em nome
do SENHOR e para decidirem todos os ca-
sos de violência. 6 Os líderes da cidade que
ficar mais perto do lugar onde o corpo
foi encontrado lavarão as mãos por cima
do animal morto 7 e dirão: "Nós não ma-
tamos esse homem, nem sabemos quem
foi que matou. 8 Portanto, ó SENHOR Deus,
perdoa o teu povo de Israel, o povo que
livraste do Egito. Não culpes o teu povo
pela morte desse homem inocente." As-
sim o povo não será culpado por aquela
morte. 9 Portanto, se fizerem aquilo que
o SENHOR acha certo, vocês estarão tiran-
do do meio do povo a culpa pela morte de
um homem inocente.

Prisioneiras de guerra

10 — Quando o SENHOR, nosso Deus, fi-
zer com que vocês vençam os inimigos,
e vocês levarem alguns prisioneiros de
guerra, 11 pode ser que um de vocês veja
entre eles uma mulher bonita. Se você
gostar dela e quiser casar com ela, 12 le-
ve-a para casa, onde ela, em sinal de luto,
rapará a cabeça, cortará as unhas 13 e tro-
cará de roupa. Ela morará na sua casa e
ficará de luto um mês pela morte do pai
e da mãe. Depois você pode casar com
ela. 14 Porém, se mais tarde você não gos-
tar mais dela, deixe que vá embora livre.
Você não poderá vendê-la, nem maltra-
tá-la, pois você a humilhou, forçando-a a
casar com você.

Os direitos do primeiro filho

15 — Pode acontecer que um homem
tenha duas mulheres e ele goste mais de
uma do que da outra. Cada uma delas lhe
dá um filho, mas o que nasce primeiro é
filho da mulher de quem ele gosta menos.
16 Quando esse homem distribuir os seus
bens entre os filhos, não poderá mostrar
preferência pelo filho da mulher mais que-
rida, dando-lhe os direitos de primeiro fi-
lho. 17 O pai deverá dar os direitos de pri-
meiro filho ao filho da mulher de quem
gosta menos, pois é o primeiro, e os seus
direitos devem ser respeitados; ele rece-
berá duas vezes mais do que os outros.

Filhos desobedientes

18 — Pode ser que um homem tenha
um filho teimoso e rebelde, que não obe-
dece aos pais, nem mesmo depois de ser
castigado. 19 Então os pais devem levá-lo
aos líderes da cidade e no lugar de jul-
gamento na praça pública 20 eles dirão:
"O nosso filho é teimoso e rebelde; ele
não nos obedece, gasta dinheiro à toa e é
beberrão." 21 Aí todos os homens daque-
la cidade o matarão a pedradas, e assim
vocês tirarão o mal do meio do povo. To-
dos saberão do que aconteceu e ficarão
com medo.

Diversas leis

22 Moisés disse ao povo:
— Se alguém for morto por ter come-
tido um crime, e o corpo for pendurado
num poste de madeira, 23 não deixem que
o corpo fique ali durante a noite. É preci-
so sepultá-lo antes do pôr do sol, pois um
corpo pendurado assim faz a maldição de
Deus cair sobre a terra. Sepultem o corpo,
para que não fique *impura a terra que o
SENHOR, nosso Deus, lhes está dando para
ser de vocês.

22 — Se a vaca ou o carneiro de um
israelita fugir do dono, e você vir o
animal andando solto, não faça de conta

> **Uma oração por...**
>
> **Um bom coração**
>
> Se eu pudesse te pedir um presente, seria o espírito de bondade. Outros pedem fama, fortuna, joias e palácio. Peço tão somente um espírito bondoso. Outros querem grandeza e poder, mas eu te peço um espírito fraternal. Outros querem beleza, mas eu peço tão somente um rosto amável.
>
> Que eu nunca fira o coração de algum de teus filhos mais frágeis. Ajuda-me a *fazer as* pequenas coisas deixadas ao esquecimento, mas que, silenciosamente, ajudam sem querer. Assim como Moisés ignorava que sua face resplandecia, dá-me o brilho inconsciente de uma vida que não conhece o rancor, mas ama todas as pessoas porque são filhas de meu Pai, que as amou o suficiente para enviar seu Filho para salvá-las.
>
> Amém.

que não viu; leve-o de volta ao dono. 2 Se o dono morar longe ou se você não souber quem é, leve o animal para casa e fique com ele até que o dono venha procurá-lo; então entregue-o a ele. 3 Faça o mesmo com o jumento, a roupa ou qualquer outra coisa que você achar e que for de outro israelita. Não faça de conta que não sabe de nada.

4 — Se o jumento ou o boi que é de outro israelita cair na estrada, e você vir o animal caído ali, não faça de conta que não viu; ajude o dono a pôr o animal de pé.

5 — As mulheres não podem usar roupa de homem, nem os homens usar roupa de mulher; o SENHOR, nosso Deus, detesta as pessoas que fazem isso.

6 — Se você encontrar um ninho numa árvore ou caído no chão, e a mãe estiver lá com os filhotes ou com os ovos, não pegue a mãe; 7 leve os filhotes, mas deixe a mãe sair voando a fim de que tudo corra bem para você, e você viva muitos anos.

8 — Quando você construir uma casa, coloque uma grade de madeira em volta do terraço. Assim você não será culpado se alguém cair dali e morrer.

9 — Não plante na sua plantação de uvas qualquer outra coisa; se você fizer isso, estará proibido de aproveitar tanto as uvas como aquilo que as outras plantas produzirem. Você terá de entregar tudo aos sacerdotes.

10 — Não ponha juntos um boi e um jumento para puxarem o arado.

11 — Não vista roupa feita de tecido de lã e de linho misturados.

12 — Ponha pingentes nas quatro pontas da *capa que você usa.

Pureza sexual e casamento

13 — Pode acontecer que um homem case e, depois de ter tido relações com a mulher, não queira mais saber dela. 14 Aí começa a caluniá-la e a dizer mentiras contra ela, afirmando que não era virgem quando casaram. 15 Nesse caso, os pais da moça irão falar com os líderes da cidade e no lugar de julgamento na praça pública mostrarão o lençol com as manchas de sangue que provam que a moça era virgem quando casou. 16 E o pai dirá aos líderes: "Dei minha filha em casamento a este homem, mas ele não quis saber mais dela 17 e começou a caluniá-la, dizendo que ela não era virgem quando casaram. Pois vejam aqui a prova de que minha filha era virgem!" E os pais estenderão o lençol em frente dos líderes. 18 Então estes pegarão o homem, lhe darão chicotadas 19 e o farão pagar uma multa de cem barras de prata. Essa quantia será dada ao pai da moça. O homem será castigado assim porque caluniou uma virgem israelita. Além disso, ela continuará sendo sua mulher, e ele nunca poderá mandá-la embora.

20 — Mas, se for provado que a moça não era virgem, 21 aí os líderes a levarão para perto da porta da casa do pai, e os homens da cidade a matarão a pedradas. Ela fez uma coisa vergonhosa no meio do povo de Israel: antes de casada e enquanto ainda vivia na casa do pai, ela teve relações com um homem. Assim vocês tirarão o mal do meio do povo de Israel.

22 — Se um homem casado for encontrado na cama com a esposa de outro, os dois serão mortos, o homem e a mulher. Assim vocês tirarão o mal do meio do povo de Israel.

23 — Se numa cidade for encontrado um homem tendo relações com uma moça que tenha casamento contratado com outro homem, 24 levem os dois para fora da cidade e ali os matem a pedradas. A moça deve morrer porque não gritou pedindo socorro, e o homem, porque desonrou uma moça prometida a outro. Assim vocês tirarão o mal do meio do povo de Israel. 25 Mas, se foi no campo que o homem forçou a moça, então só ele será morto. 26 Não façam nada com a moça, pois não merece a morte. O caso dela é como o de um homem que é morto por outro: a vítima não tem culpa do crime. 27 O homem forçou a moça no campo; ela gritou pedindo socorro, mas não havia ninguém para socorrê-la.

28 — Se um homem forçar uma virgem que ainda não tenha casamento contratado, e o caso for descoberto, 29 então o homem pagará ao pai da moça cinquenta barras de prata, que é o preço de uma virgem. Ele a forçou, e por isso ela será sua esposa, e ele nunca poderá mandá-la embora.

30 — Nenhum homem terá relações com nenhuma das mulheres do seu pai, pois isso seria uma vergonha para o pai.

Pessoas que não podem fazer parte do povo de Deus

23 Moisés disse ao povo:
— Nenhum homem castrado ou

que tenha o membro cortado poderá fa-
zer parte do povo de Deus, o SENHOR.
2— Nenhum filho ilegítimo fará parte
do povo do SENHOR, nem ele nem os seus
descendentes até dez *gerações.
3— Nenhum amonita ou moabita, até
a décima geração, fará parte do povo de
Deus, o SENHOR. Eles ficarão de fora 4por-
que, quando vocês estavam saindo do Egi-
to, eles não lhes deram comida nem água.
E também porque pagaram Balaão, filho
de Beor, da cidade de Petor, na Mesopo-
tâmia, para amaldiçoar vocês. 5Mas o SE-
NHOR, nosso Deus, não atendeu o pedido
de Balaão; pelo contrário, Deus virou a
maldição em bênção porque ama vocês.
6Nunca façam coisa alguma para o bem
ou proveito desses povos.
7— Não desprezem os edomitas, pois
eles são seus parentes; nem desprezem
os egípcios, pois vocês viveram como es-
trangeiros na terra deles. 8Dos netos em
diante, os descendentes dos edomitas e
dos egípcios que morarem na terra de vo-
cês poderão fazer parte do povo de Deus.

Limpeza no acampamento

9— Quando estiverem acampados du-
rante uma guerra, procurem evitar qual-
quer coisa que os torne *impuros. 10Se
durante a noite alguém ficar impuro
por causa da perda de esperma, sairá do
acampamento de manhã. 11À tarde toma-
rá um banho e ao pôr do sol poderá voltar
ao acampamento.
12— Arranjem um lugar fora do acam-
pamento onde poderão fazer necessida-
de. 13Junto com as suas armas levem uma
pá e, antes de fazer necessidade, cavem
um buraco e depois cubram as fezes com
terra.
14— O SENHOR, nosso Deus, está pre-
sente no acampamento com vocês, para
protegê-los e para fazer com que vocês
derrotem os inimigos. Portanto, conser-
vem o acampamento *puro a fim de que
Deus não *encontre nele nenhuma coisa*
que o ofenda, para que ele não os aban-
done e vá embora.

Diversas leis

15— Se um escravo fugir do dono e vier
pedir que você lhe dê proteção, não o en-
tregue ao dono. 16Ele deverá ficar moran-
do em qualquer cidade israelita que qui-
ser e não poderá ser maltratado.
17— Nenhum israelita, mulher ou
homem, praticará a prostituição nos
templos pagãos. 18O dinheiro ganho des-
se modo não poderá ser levado ao Tem-
plo do SENHOR para pagamento de uma
promessa feita ao SENHOR, nosso Deus.
Deus detesta esse dinheiro.
19— Não cobrem juros quando empres-
tarem dinheiro, comida ou qualquer ou-
tra coisa a um israelita. 20Vocês poderão
cobrar juros dos estrangeiros; mas não
cobrem de outro israelita, para que o SE-
NHOR, nosso Deus, abençoe tudo o que vo-
cês fizerem na terra que vai ser de vocês.
21— Quando você fizer uma promes-
sa ao SENHOR, nosso Deus, não demore
a cumpri-la. Deus exige que a promessa
seja cumprida; e é pecado deixar de fazer
aquilo que você prometeu. 22Não é peca-
do deixar de fazer uma promessa a Deus;
23mas, se você, por vontade própria, fizer
uma promessa, então deverá cumpri-la
sem falta.
24— Quando estiver andando num ca-
minho que atravessa a plantação de uvas
de outro israelita, você poderá comer to-
das as uvas que quiser, porém não carre-
gue uvas num cesto. 25E, quando estiver
atravessando o campo de trigo ou de *ce-
vada que pertence a outro israelita, você
poderá comer todas as espigas que puder
colher com as mãos; porém não use uma
foice para colher as espigas.

A mulher divorciada

24 Moisés disse ao povo:
— Pode acontecer que um ho-
mem case, mas depois de algum tempo
não goste mais da esposa porque há nela
alguma coisa que não agrada a ele. Nesse
caso ele deve preparar um documento de
divórcio, entregá-lo à esposa e mandá-la
embora. 2Ela irá, e então poderá aconte-
cer que case com outro homem 3e que
este também não goste mais dela e se di-
vorcie; ou então poderá acontecer que
ele morra. 4Em qualquer um desses ca-
sos, o primeiro marido não poderá casar
de novo com essa mulher; ela é *impura
para ele. Casar de novo com ela seria uma
ofensa contra Deus, o SENHOR. Portanto,
não deixem que se cometa um pecado tão
grave assim na terra que o SENHOR, nosso
Deus, lhes está dando para ser de vocês.

Diversas leis

5— Um homem que tenha casado há
pouco tempo ficará livre por um ano
do serviço militar e de qualquer outro

serviço público. Ele tem o direito de ficar em casa um ano, fazendo com que a sua esposa se sinta feliz.

6 — Quando você emprestar alguma coisa a alguém, não aceite como garantia de pagamento as duas pedras de moinho que ele usa para moer o trigo e não pegue nem mesmo só a pedra de cima; pois, se ele não tiver as duas, não poderá moer o trigo e assim morrerá de fome.

7 — Se alguém raptar outro israelita e obrigá-lo a ser seu escravo ou o vender, esse criminoso será morto. Assim vocês tirarão o mal do meio do povo de Israel.

8 — Se você ficar com uma doença contagiosa da pele, siga com todo o cuidado as instruções dos sacerdotes *levitas. Obedeça a todas as ordens que eu dei a eles. 9 Não esqueça aquilo que o SENHOR, nosso Deus, fez com Míriam quando estávamos saindo do Egito.

10 — Quando você emprestar alguma coisa a outro israelita, e ele prometer como garantia de pagamento a *capa de dormir, não entre na casa dele a fim de pegar a capa, 11 mas espere lá fora até que ele a traga para você. 12 Se ele for pobre, não fique com a capa durante a noite; 13 devolva-a ao dono antes do pôr do sol, para que a use como cobertor. Ele ficará agradecido, e você terá feito aquilo que o SENHOR, nosso Deus, acha certo.

14 — Não explore o empregado pobre e humilde, que é pago por dia, seja ele israelita ou um estrangeiro que mora na cidade onde você vive. 15 Pague o salário dele no mesmo dia, antes do pôr do sol, pois ele é pobre e espera ansioso pelo dinheiro. Se você não pagar, ele gritará a Deus, o SENHOR, contra você, e você será culpado de pecado.

16 — Os pais não serão mortos por causa de crimes cometidos pelos filhos, nem os filhos por causa de crimes cometidos pelos pais; uma pessoa será morta somente como castigo pelo crime que ela mesma cometeu.

17 — Respeitem os direitos dos órfãos e dos estrangeiros que moram nas cidades de vocês. Não aceitem como garantia de pagamento de uma dívida a roupa da viúva a quem vocês emprestaram alguma coisa. 18 Lembrem que vocês foram escravos no Egito e que o SENHOR, nosso Deus, os tirou dali. Por isso eu exijo que obedeçam a essa *lei.

19 — Pode acontecer que na colheita do trigo ou da *cevada você esqueça de pegar um feixe de espigas; nesse caso, não volte para pegá-lo, mas deixe-o lá no campo para os estrangeiros, para os órfãos e para as viúvas. Assim o SENHOR, nosso Deus, abençoará tudo o que você fizer. 20 Na colheita das azeitonas, depois que você sacudir as oliveiras, não volte para pegar as azeitonas que ficaram nas árvores; deixe-as para os estrangeiros, para os órfãos e para as viúvas. 21 E faça só uma colheita de uvas nas suas plantações; as uvas que ficarem nos pés serão deixadas para os estrangeiros, para os órfãos e para as viúvas. 22 Lembrem que vocês foram escravos no Egito; é por isso que eu exijo que obedeçam a essa lei.

25 — Quando dois israelitas tiverem uma questão, levem o caso para ser julgado pelos juízes. Um dos dois será julgado culpado, e o outro, inocente. 2 Se o culpado for condenado a receber chicotadas, o juiz o fará deitar-se no chão, e na sua presença o homem será chicoteado, recebendo o número de chicotadas que ele merece, de acordo com o crime que cometeu. 3 O máximo que alguém pode receber são quarenta chicotadas; mais do que isso seria humilhar um israelita em público.

4 — Não amarre a boca do boi quando ele estiver pisando o trigo.

O dever de casar com a viúva do irmão

5 Moisés disse ao povo:

— Se dois irmãos morarem juntos, e um deles morrer e deixar a esposa sem filhos, a viúva só deverá casar de novo com alguém que seja da família do morto. O irmão do falecido deve casar com a viúva, cumprindo assim o dever de cunhado. 6 O primeiro filho que ela lhe der será considerado filho do falecido, para que o seu nome não desapareça de Israel. 7 Mas, se o cunhado não quiser casar com a viúva, ela irá ao lugar de julgamento para falar com os líderes da cidade. Ela dirá: "Meu cunhado não quer cumprir o seu dever, casando comigo; ele não quer que o nome do seu irmão fique vivo em Israel." 8 Aí os líderes devem chamar o homem e procurar fazê-lo mudar de ideia. Mas, se ele insistir, dizendo que não quer casar com a cunhada, 9 ela chegará perto dele e ali na presença dos líderes tirará uma das sandálias dele, cuspirá no seu rosto e dirá: "É assim que se faz com o homem que não dá ao seu irmão descendentes em Israel." 10 E dali em diante a família dele será chamada de "família do homem que foi descalçado."

Outras leis

11 — Quando dois homens estiverem lutando, a esposa de um deles não deve chegar e agarrar o membro do outro, a fim de ajudar o marido. 12 Não tenham dó nem piedade; cortem a mão da mulher que fizer isso.

13 — Não levem na bolsa dois pesos diferentes, um maior do que o outro, 14 nem tenham em casa duas medidas diferentes, uma maior do que a outra. 15 Usem pesos e medidas certos, para que vocês vivam muito tempo na terra que o SENHOR, nosso Deus, lhes está dando. 16 Ele detesta todos aqueles que fazem essas coisas desonestas.

Ordem para destruir os amalequitas

17 — Lembrem daquilo que os amalequitas fizeram quando vocês estavam saindo do Egito. 18 Eles não *temeram a Deus e, quando vocês estavam cansados e desanimados, eles os atacaram de surpresa e mataram os mais fracos, que estavam vindo atrás dos outros. 19 Portanto, quando o SENHOR, nosso Deus, lhes tiver dado a terra que vai ser de vocês e tiver feito com que derrotem todos os inimigos ao seu redor, acabem com os amalequitas. Matem todos, para que ninguém lembre mais deles. Não esqueçam essa ordem!

As ofertas das colheitas

26 Moisés disse ao povo:

— Vocês vão tomar posse da terra que o SENHOR, nosso Deus, está dando a vocês. Depois de morarem lá algum tempo, 2 cada um deve pegar a primeira parte de todas as colheitas produzidas pela terra que o SENHOR Deus lhe deu, deve colocá-la num cesto e levar para o *lugar que Deus tiver escolhido* para nele ser adorado. 3 Vá falar com o sacerdote que estiver servindo naquele dia e diga: "Declaro hoje que estou morando na terra que o SENHOR, nosso Deus, prometeu dar aos nossos antepassados." 4 Aí o sacerdote pegará o cesto e o colocará na frente do altar do SENHOR, nosso Deus. 5 Então, na presença do SENHOR, você fará esta declaração: "O meu antepassado foi um arameu que não tinha lugar certo onde morar. Ele foi com a família para o Egito, e ali eles moraram como estrangeiros. Quando chegaram lá, eram poucos, mas aumentaram em número e se tornaram um povo grande e forte. 6 Os egípcios nos maltrataram e nos obrigaram a fazer trabalhos pesados. 7 Então oramos, pedindo socorro ao SENHOR, o Deus dos nossos antepassados. Ele nos atendeu e viu a nossa aflição, a nossa miséria e como éramos perseguidos. 8 Com a sua força e com o seu poder ele fez milagres, maravilhas e coisas espantosas, e nos tirou do Egito, 9 e nos trouxe até esta terra que nos deu, uma terra boa e rica. 10 E agora, ó SENHOR Deus, eu te ofereço a primeira parte das colheitas da terra que me deste."

— Depois, coloque a oferta diante do SENHOR, nosso Deus, e ajoelhe-se na sua presença. 11 Fique alegre por causa de todas as coisas boas que o SENHOR deu a você e à sua família e faça uma festa com os *levitas e com os estrangeiros que moram onde você vive.

Os dízimos

12 — De três em três anos junte a décima parte das colheitas daquele ano e dê aos *levitas, aos estrangeiros, aos órfãos e às viúvas que moram na sua cidade, para que tenham toda a comida que precisarem. 13 Depois, na presença do SENHOR, nosso Deus, você dirá o seguinte: "Entreguei aos levitas, aos estrangeiros, aos órfãos e às viúvas a parte das minhas colheitas que pertence a ti. Obedeci a todos os teus mandamentos; não deixei de cumprir nenhum deles e fiz tudo o que mandaste a respeito do *dízimo. 14 Não comi nenhuma porção do dízimo quando estava de luto, não levei nenhuma parte para fora da cidade quando estava *impuro, nem dei nenhuma parte como oferta pelos mortos. Fiz tudo o que mandaste, ó SENHOR, meu Deus, e obedeci à tua ordem. 15 Olha do céu, onde moras, ó Deus, e abençoa-nos, o teu povo de Israel, e abençoa esta terra boa e rica que nos deste, conforme prometeste aos nossos antepassados."

Israel, o povo de Deus

16 Moisés disse ao povo:

— Hoje o SENHOR, nosso Deus, está mandando que vocês obedeçam a esses mandamentos; portanto, cumpram as suas *leis com todo o coração e com toda a alma. 17 Hoje vocês afirmaram que o SENHOR é o seu Deus e prometeram andar sempre nos caminhos dele, obedecendo às suas leis e aos seus mandamentos e fazendo tudo o que ele mandar. 18 E hoje o SENHOR Deus declara que, conforme prometeu, vocês são o povo que é somente dele, e ele manda que vocês obedeçam a todos os seus mandamentos. 19 Assim ele vai abençoá-los, dando-lhes mais fama, *glória e honra do que a qualquer outro povo que ele criou. E, conforme ele disse, vocês serão o seu povo escolhido, o povo que é somente dele.

Preparativos para a entrada em Canaã

27 Moisés, junto com as autoridades de Israel, deu ao povo as seguintes ordens:

— Obedeçam a todos esses mandamentos que hoje eu estou dando a vocês. 2 Depois de atravessarem o rio Jordão e entrarem na terra que o SENHOR, nosso Deus, está dando a vocês, levantem pedras grandes, pintem com cal 3 e escrevam nelas todas essas *leis e mandamentos. Vocês vão entrar na terra boa e rica que o SENHOR, o Deus dos nossos antepassados, está dando a vocês, conforme prometeu. 4 Quando isso acontecer, e vocês estiverem no outro lado do rio Jordão, levantem estas pedras no monte Ebal, como estou mandando hoje, e as pintem com cal. 5 Construam ali um altar ao SENHOR, nosso Deus, usando pedras que não tenham sido cortadas com ferramentas. 6 Escolham pedras brutas para construírem o altar e sobre ele ofereçam ao SENHOR *sacrifícios que serão completamente queimados 7 e ofertas de paz. Comam dos sacrifícios e alegrem-se ali na presença de Deus, o SENHOR. 8 Nas pedras pintadas escrevam com cuidado todas as palavras da lei de Deus.

9 Então Moisés, junto com os sacerdotes *levitas, disse a todos os israelitas:

— Povo de Israel, fique quieto e preste atenção! Hoje vocês se tornaram o povo do SENHOR, nosso Deus. 10 Portanto, obedeçam a tudo o que ele mandar e cumpram todos os mandamentos e todas as *leis que eu* estou dando a vocês hoje.

As maldições

11 Nesse mesmo dia Moisés disse ao povo de Israel:

12 — Depois que tiverem atravessado o rio Jordão, vocês serão abençoados do alto do monte Gerizim. Ficarão nesse monte as seguintes *tribos: Simeão, Levi, Judá, Issacar, José e Benjamim. 13 As maldições serão ditas do monte Ebal, e ali ficarão as seguintes tribos: Rúben, Gade, Aser, Zebulom, Dã e Naftali. 14 Os *levitas falarão bem alto a todo o povo, assim:

15 — "Maldito seja aquele que fizer imagens de pedra, de madeira ou de metal, para adorá-las em segredo; o SENHOR detesta a idolatria!" E o povo responderá: "*Amém!"

16 — "Maldito seja aquele que desrespeitar o pai ou a mãe!" E o povo responderá: "Amém!"

17 — "Maldito seja aquele que mudar de lugar os marcos de divisa do terreno do vizinho!" E o povo responderá: "Amém!"

18 — "Maldito seja aquele que fizer um cego errar o caminho!" E o povo responderá: "Amém!"

19 — "Maldito seja aquele que não respeitar os direitos dos estrangeiros, dos órfãos e das viúvas!" E o povo responderá: "Amém!"

20 — "Maldito seja aquele que tiver relações com uma das mulheres do pai, pois isso é uma vergonha para o pai!" E o povo responderá: "Amém!"

21 — "Maldito seja aquele que tiver relações com um animal!" E o povo responderá: "Amém!"

22 — "Maldito seja aquele que tiver relações com a irmã, seja irmã por parte de pai e mãe ou somente por parte de pai!" E o povo responderá: "Amém!"

23 — "Maldito seja aquele que tiver relações com a sogra!" E o povo responderá: "Amém!"

24 — "Maldito seja aquele que matar outro israelita à traição!" E o povo responderá: "Amém!"

25 — "Maldito seja aquele que receber dinheiro para matar uma pessoa inocente!" E o povo responderá: "Amém!"

26 — "Maldito seja aquele que não obedecer a essas *leis de Deus!" E o povo responderá: "Amém!"

Bênçãos para os obedientes

Levítico 26.3-13;
Deuteronômio 7.12-24

28 Moisés disse ao povo:

— Se vocês derem atenção a tudo o que o SENHOR, nosso Deus, está dizendo a vocês e se obedecerem fielmente

a todos os seus mandamentos que eu lhes
estou dando hoje, Deus fará com que se-
jam mais poderosos do que qualquer ou-
tra nação do mundo. 2 Obedeçam ao SE-
NHOR Deus, e ele lhes dará todas estas
bênçãos:
3 — Deus os abençoará nas cidades e
nos campos.
4 — Deus os abençoará dando-lhes mui-
tos filhos, boas colheitas e muitas crias de
gado e de ovelhas.
5 — Deus os abençoará com boas co-
lheitas de trigo e de *cevada e com mui-
ta comida.
6 — Deus os abençoará em tudo o que
fizerem.
7 — Quando os inimigos atacarem, o
SENHOR Deus os destruirá na presença
de vocês. Eles atacarão juntos, em or-
dem, mas fugirão para todos os lados,
em desordem.
8 — O SENHOR, nosso Deus, abençoará
vocês em tudo o que fizerem e lhes dará
tanto trigo, que os seus depósitos ficarão
cheios. Ele os abençoará ricamente na ter-
ra que está dando a vocês.
9 — Se obedecerem a todas as *leis do
SENHOR, nosso Deus, e cumprirem todas
as suas ordens, ele fará com que sejam o
seu único povo, o povo escolhido, como
prometeu com juramento a vocês. 10 To-
dos os outros povos do mundo verão que
vocês pertencem a Deus, o SENHOR, e te-
rão medo de vocês. 11 Ele lhes dará mui-
tos filhos, muitos animais e boas colheitas
na terra que está dando a vocês, de acor-
do com o juramento que fez aos nossos
antepassados. 12 Deus abrirá o céu, onde
guarda as suas ricas bênçãos, e lhes dará
chuvas no tempo certo e assim abençoará
o trabalho que vocês fizerem. Vocês em-
prestarão a muitas nações, porém não
tomarão emprestado de ninguém. 13 Se
obedecerem fielmente a todos os man-
damentos do SENHOR Deus que hoje eu
estou dando a vocês, ele fará com que fi-
quem no primeiro lugar entre as nações
e não no último; e fará também com que

DEVOCIONAL

Texto para leitura: **Deuteronômio 28:1-14**

Conheça a Deus

Obedecer à Palavra de Deus pode parecer não só impossível, mas muito doloroso. Dizer não para as coisas que você realmente quer é uma dor terrível, o que explica por que muitas pessoas, na verdade, não fazem isso. Afinal, por que você não pode ter o que quer quando bem entender? Mas a vontade de Deus e a sua podem sobreviver juntas?

Deuteronômio 28 deveria ser sua inspiração. Deus promete muito para as pessoas que obedecem a ele, e não aos seus próprios desejos. É claro que ao lado de Jesus temos a bondade de Deus, que nos dá o perdão de todos os nossos pecados, mas a pergunta é esta: o que é melhor, o perdão do que você fez de errado ou a lista de bênçãos de Deuteronômio 28?

Obedecer à Palavra de Deus claramente oferece muita coisa, muito mais do que fazer o que você quer e depois pedir perdão. Isso se chama baratear a graça, e só serve para provar como você realmente ama pouco o doador dessa graça. Afinal, o que mostra mais seu amor: escolher fazer o que Deus *diz ou insistir com teimosia em fazer o que você quer*, toda vez que quiser, porque "ele perdoa mesmo"? A obediência é claramente a recompensa mais gratificante dentre as duas coisas. Se você não tiver certeza, passe um tempo considerando as bênçãos da obediência — não a dificuldade, mas a recompensa. Em vez de escravidão, obediência é liberdade. Faça um simples ato de obediência e alcance a recompensa. A obediência deveria ser sua amiga, não uma inimiga que você teme e quer evitar. Faça o que Deus lhe diz para fazer, e você verá que o que ele diz é verdade.

a fama de vocês sempre cresça e nunca diminua. 14 Não se desviem desses mandamentos que hoje eu estou dando a vocês, nem para um lado nem para o outro, e nunca adorem nem sirvam outros deuses.

Castigos para os desobedientes
Levítico 26.14-46

15 — Porém, se vocês não derem atenção ao que o SENHOR, nosso Deus, está mandando e não obedecerem às suas leis e aos seus mandamentos que lhes estou dando hoje, vocês serão castigados com as seguintes maldições:

16 — Deus os amaldiçoará nas cidades e nos campos.

17 — Deus os amaldiçoará dando-lhes pequenas colheitas de trigo e de *cevada e pouco alimento.

18 — Deus os amaldiçoará dando-lhes poucos filhos, colheitas pequenas e poucas crias de gado e de ovelhas.

19 — Deus os amaldiçoará em tudo o que fizerem.

20 — Se vocês abandonarem o SENHOR e começarem a praticar maldades, ele fará cair sobre vocês maldição, confusão e castigo. Ele os amaldiçoará em tudo o que fizerem e acabará logo com vocês. 21 O SENHOR os castigará com doenças e mais doenças, até que todos morram na terra que vão invadir e que vai ser de vocês. 22 Ele os castigará com doenças contagiosas, infecções, inflamações e febres; mandará secas e ventos muito quentes; e fará com que pragas ataquem as plantas. Essas desgraças continuarão até que vocês morram. 23 Não haverá chuva, e o chão ficará duro como ferro. 24 Em vez de chuva, o SENHOR Deus mandará pó e areia sobre a terra, até que vocês sejam destruídos. 25 O SENHOR fará com que sejam derrotados pelos inimigos. Vocês atacarão juntos, em ordem, mas fugirão para todos os lados, em desordem. Todos os povos do mundo ficarão espantados quando souberem do que aconteceu com vocês. 26 Vocês morrerão, e o corpo de vocês servirá de comida para as aves e para os animais ferozes, e ninguém os enxotará. 27 O SENHOR Deus castigará vocês com tumores, *como fez com os egípcios*; vocês sofrerão de úlceras, chagas e coceiras sem cura. 28 O SENHOR os castigará, fazendo com que fiquem loucos, cegos e confusos. 29 Ao meio-dia vocês andarão sem rumo, como um cego apalpando o caminho. Vocês fracassarão em tudo o que fizerem, serão perseguidos e explorados a vida inteira, e não haverá ninguém que os socorra.

30 — Você contratará casamento, mas outro homem terá relações com a moça; você construirá uma casa, mas não morará nela; plantará uma *parreira, mas não colherá as uvas. 31 Você verá o seu gado sendo morto, mas não comerá da carne. Verá outros levarem embora os seus jumentos, e estes não serão devolvidos. Os inimigos levarão as suas ovelhas, e não haverá ninguém para socorrê-lo.

32 — Na presença de vocês, estrangeiros pegarão os seus filhos e as suas filhas e os levarão embora como escravos. Vocês morrerão de saudade deles, mas não poderão fazer nada para trazê-los de volta. 33 Estrangeiros virão e levarão os cereais que com tanto trabalho vocês plantaram e colheram. Todos os dias vocês serão maltratados e perseguidos 34 e ficarão loucos por causa dos maus tratos que vão receber. 35 O SENHOR Deus os castigará com tumores incuráveis nas pernas; da ponta dos pés até a cabeça, o corpo de vocês ficará coberto de feridas que nunca saram.

36 — O SENHOR Deus levará todos vocês, junto com o rei que tiverem escolhido, para um país estrangeiro, que nem vocês nem os seus antepassados conheciam. Ali vocês adorarão deuses de madeira e de pedra. 37 Os povos dos países para onde o SENHOR os levar ficarão espantados quando souberem do que aconteceu com vocês. Eles falarão mal e zombarão de vocês.

38 — Vocês plantarão muitas sementes, mas a colheita será pequena porque os gafanhotos acabarão com tudo. 39 Vocês farão plantações de uvas e cuidarão delas, mas não colherão as uvas, nem beberão do vinho, pois os bichos acabarão com as plantas. 40 No país inteiro haverá muitas oliveiras, mas vocês não terão azeite para se *ungirem, pois as azeitonas cairão das árvores antes de ficarem maduras. 41 Vocês terão filhos e filhas, mas estrangeiros os levarão como prisioneiros. 42 Os gafanhotos destruirão todas as árvores e todas as plantas da terra de vocês.

43 — Os estrangeiros que moram no meio de vocês ficarão cada vez mais poderosos, ao passo que vocês ficarão cada vez mais fracos. 44 Eles emprestarão a vocês, mas não tomarão emprestado de

vocês; eles ficarão no primeiro lugar en-
tre as nações, e vocês ficarão no último.

Fim do segundo discurso de Moisés

45 Moisés disse ao povo:
— Todas essas maldições cairão so-
bre vocês e os perseguirão até os des-
truírem completamente. Pois vocês não
deram atenção ao que o SENHOR, nosso
Deus, disse e não obedeceram às *leis e
aos mandamentos que deu a vocês. 46 Es-
sas desgraças serão para sempre a pro-
va de que Deus castigou vocês e os seus
descendentes. 47 O SENHOR lhes dará tudo
o que é bom; mas, se vocês não o servi-
rem com alegria e gratidão, 48 serão escra-
vos dos inimigos que o SENHOR mandará
contra vocês. Vocês os servirão com fome
e com sede, sem roupa e precisando de
tudo. Deus tratará vocês com crueldade
até os destruir.
49 — O SENHOR Deus fará vir contra
vocês, de longe, lá do fim do mundo, um
povo estrangeiro que fala uma língua que
vocês não entendem. Eles os atacarão
como uma águia. 50 São gente cruel, que
não respeita os velhos, nem tem pena dos
moços. 51 Eles vão devorar todo o seu gado
e todas as suas colheitas, e vocês morre-
rão de fome. Eles não deixarão para vo-
cês nem cereais, nem vinho, nem azeite,
nem crias de vacas e de ovelhas. 52 Cer-
carão as cidades onde vocês moram, até
que caiam as muralhas altas e fortes em
que vocês confiavam. Todas as cidades
da terra que o SENHOR, nosso Deus, lhes
deu serão cercadas pelo inimigo. 53 O cer-
co será terrível. Os moradores das cidades
ficarão tão desesperados, que comerão os
próprios filhos que Deus lhes deu. 54-55 A
situação será tão terrível, que não haverá
nada para comer. Até o homem mais edu-
cado e carinhoso ficará tão desesperado,
que comerá os próprios filhos, e será tão
mau, que não repartirá a carne com os
irmãos, nem com a sua querida mulher,
nem com os outros filhos. 56-57 A situação
será tão terrível, que até a mulher mais
delicada e carinhosa, que nunca precisou
andar a pé quando saía de casa, ficará tão
desesperada, que comerá, às escondidas,
seu bebê recém-nascido e a placenta tam-
bém. Ela será tão má, que não dará ne-
nhum pedaço para o seu querido marido,
nem para os outros filhos.
58 — Se vocês não cumprirem todas as
leis que estão escritas neste livro e se não
respeitarem o nome do SENHOR, nosso
Deus, esse nome que é *glorioso e cau-
sa medo, 59 então ele castigará vocês e
os seus descendentes com pragas e com
doenças terríveis e demoradas. 60 Ele os
castigará com as mesmas doenças com
que castigou os egípcios, doenças que não
têm cura e que deixam vocês com tan-
to medo. 61 O SENHOR mandará também
doenças e pragas que não estão escritas
neste *Livro da Lei e os destruirá. 62 Vo-
cês, que já foram tão numerosos como
as estrelas do céu, ficarão um punhado
de gente porque não obedeceram às or-
dens do SENHOR, nosso Deus. 63 E assim
como o SENHOR tinha prazer em aben-
çoá-los e fazer com que aumentassem em
número, assim também terá prazer em
castigá-los e destruí-los. Vocês serão ar-
rancados da terra que vão invadir e que
vai ser de vocês.
64 — O SENHOR Deus os espalhará por
todos os países, de uma ponta do mun-
do à outra. Ali vocês adorarão deuses
de madeira e de pedra, que nem vocês
nem os seus antepassados conheciam.
65 E também nesses países vocês não te-
rão sossego nem paz; o SENHOR fará com
que fiquem cheios de aflição, desespero
e medo. 66 A vida de vocês estará sempre
em perigo; dia e noite o medo os acom-
panhará, e vocês ficarão desesperados da
vida. 67 Vocês terão tanto medo e verão
coisas tão terríveis, que de manhã dirão:
"Tomara que já fosse noite!" E ao cair a
noite dirão: "Quem dera que já fosse dia!"
68 O SENHOR Deus os fará voltar em navios
para o Egito, ainda que ele tenha dito que
vocês nunca mais iriam para lá. Ali vocês
procurarão vender-se como escravos e es-
cravas aos seus inimigos, os egípcios, mas
ninguém vai querer comprá-los.

O TERCEIRO DISCURSO DE MOISÉS
29.1—30.20

Deus faz uma nova aliança com o povo

29 São estas as condições da *aliança
que o SENHOR Deus mandou que
Moisés fizesse com os israelitas quando
estavam na terra de Moabe, além da alian-
ça que havia feito com eles no monte Sinai.
2 Moisés mandou reunir todo o povo.
Então lhes disse:
— Quando vocês estavam no Egito, vi-
ram o que o SENHOR fez com o rei e os
seus oficiais e com todo o país. 3 Vocês

viram as pragas, os milagres e as outras coisas espantosas que ele fez. 4 Mas até o dia de hoje o SENHOR não deixou que vocês percebessem, ouvissem ou entendessem tudo o que viram. 5 Durante quarenta anos ele os guiou pelo deserto; nesse tempo todo não ficaram gastas as roupas que vocês vestiam, nem as sandálias que calçavam. 6 Vocês não tinham pão para comer, nem vinho ou cerveja para beber, mas Deus lhes deu tudo o que precisavam, a fim de que ficassem sabendo que ele é o SENHOR, nosso Deus. 7 Quando chegamos aqui em Moabe, aconteceu que Seom, rei de Hesbom, e Ogue, rei de Basã, saíram com os seus exércitos para lutar contra nós. Nós os derrotamos, 8 ficamos com as terras deles e as repartimos entre as *tribos de Rúben e de Gade e metade da tribo de Manassés. 9 Portanto, cumpram todas as condições desta aliança para que tudo o que fizerem dê certo.

10 — Hoje todos vocês estão aqui na presença do SENHOR, nosso Deus: os chefes das tribos, os líderes e as autoridades, todos os homens, 11 as crianças e as mulheres, todos os estrangeiros que moram no acampamento, até os que cortam lenha e os que carregam água. 12 Vocês estão aqui para prometer que vão cumprir a aliança que o SENHOR, nosso Deus, jurou que ia fazer. Ele está fazendo esta aliança com vocês hoje 13 para que sejam o seu povo escolhido, e para que ele seja o Deus de vocês, conforme lhes prometeu e conforme o juramento que fez aos nossos antepassados Abraão, Isaque e Jacó. 14 A aliança selada com o juramento de Deus não é feita somente com vocês 15 que estão reunidos hoje aqui na presença do SENHOR, nosso Deus; é feita também com todos os seus descendentes que ainda vão nascer.

16 — Vocês lembram da nossa vida no Egito e lembram também dos países que atravessamos. 17 Vocês viram os ídolos nojentos que os povos daqueles países adoram, as imagens de madeira, de pedra, de prata e de ouro. 18 Portanto, que nenhum de vocês, quer seja homem, mulher, família ou tribo, abandone o SENHOR, nosso Deus, para adorar os deuses daqueles povos. Isso seria como uma planta que brota e cresce e dá frutas amargas e venenosas. 19 Que ninguém aqui ouça este juramento e depois diga a si mesmo que tudo vai bem e que nenhum mal lhe acontecerá, mesmo que continue na sua maldade! Isso causaria a destruição de todos, tanto dos bons como dos maus. 20 O SENHOR Deus não perdoará quem fizer isso; pelo contrário, descarregará a sua *ira e o seu furor sobre ele e o castigará com todas as maldições que estão escritas neste livro, e ninguém lembrará mais dele. 21 O SENHOR o separará das tribos de Israel e o castigará, conforme todas as maldições que estão na aliança que vem escrita neste *Livro da Lei de Deus.

22 — No futuro os seus descendentes e os estrangeiros que virão de países distantes verão os resultados dos desastres e das doenças que o SENHOR vai mandar a esta nação. 23 O país ficará um deserto, todo coberto de enxofre e de sal. Não haverá plantações nem colheitas, e nenhuma erva crescerá ali. O país vai ficar como as cidades de Sodoma e Gomorra, de Admá e Zeboim, que o SENHOR Deus destruiu quando ficou irado e furioso com elas. 24 Portanto, no futuro os outros povos perguntarão: “Por que Deus fez isso com este país? Por que ficou tão irado e furioso?” 25 E a resposta será: “Deus fez isso porque este povo quebrou a aliança que o SENHOR, o Deus dos seus antepassados, fez com eles quando os tirou do Egito. 26 Eles se ajoelharam diante de outros deuses e os adoraram, deuses cujo amor eles não haviam sentido, deuses que Deus não havia indicado para serem adorados pelo seu povo. 27 O SENHOR Deus ficou irado com este povo e por isso castigou o país deles com todas as maldições escritas neste livro. 28 Ele ficou tão irado, tão furioso, que os arrancou da terra onde moravam e os jogou noutra terra, onde estão morando agora.”

29 — Há coisas que não sabemos, e elas pertencem ao SENHOR, nosso Deus; mas o que ele revelou, isto é, a sua *Lei, é para nós e para os nossos descendentes, para sempre. Ele fez isso a fim de que obedecêssemos a todas as suas leis.

Promessas de bênçãos no futuro

30 Moisés disse ao povo:

— Eu já anunciei a vocês as bênçãos e as maldições que Deus prometeu mandar. Quando ele fizer cair sobre vocês os castigos, e vocês estiverem espalhados por todas as nações onde o SENHOR, nosso Deus, os tiver jogado, vocês lembrarão daquelas bênçãos e maldições. 2 Portanto, se vocês e os seus descendentes se voltarem arrependidos para Deus e com todo o coração e com toda a alma obedecerem ao que ele manda fazer, conforme as ordens que hoje eu estou dando a vocês, 3 então o SENHOR, nosso Deus, terá pena de vocês. Ele os reunirá de todos os países por onde os tiver espalhado e os trará de volta à pátria. 4 Mesmo que vocês estejam espalhados até os cantos mais distantes do mundo, o SENHOR, nosso Deus, os reunirá e os fará voltar 5 para a terra que os antepassados de vocês tinham possuído. Ela será de vocês, e Deus os abençoará ainda mais do que abençoou os seus antepassados. 6 O SENHOR, nosso Deus, dará a vocês e aos seus descendentes corações dispostos a obedecer, a fim de que o amem com todo o coração e com toda a alma e assim continuem a viver naquela terra. 7 Com aquelas maldições o SENHOR Deus castigará todos os inimigos, todos os que odeiam e perseguem vocês, 8 e vocês obedecerão de novo a Deus, o SENHOR, e cumprirão todos os seus mandamentos que hoje eu estou dando a vocês. 9 Então Deus os abençoará em tudo o que fizerem e lhes dará muitos filhos, muitos animais e boas colheitas. Deus novamente terá prazer em fazê-los prosperar, como fez com os seus antepassados. 10 Isso ele fará se vocês obedecerem ao SENHOR, nosso Deus, se cumprirem todas as suas *leis e todos os seus mandamentos que estão escritos neste *Livro da Lei de Deus e se voltarem com todo o coração e com toda a alma para o SENHOR, nosso Deus.

11 — Os mandamentos que hoje estou dando a vocês não são difíceis de entender, nem de cumprir. 12 Não estão lá em cima, no céu, de modo que vocês perguntem: "Quem subirá até o céu a fim de nos trazer os mandamentos, para os ouvirmos e cumprirmos?" 13 Nem estão do outro lado do mar, de modo que perguntem: "Quem atravessará o mar a fim de nos trazer os mandamentos, para os ouvirmos e cumprirmos?" 14 Pelo contrário, os mandamentos estão aqui com vocês; vocês os guardam no coração e podem recitá-los e por isso devem cumpri-los.

A vida ou a morte

15 — Hoje estou deixando que vocês escolham entre o bem e o mal, entre a vida e a morte. 16 Se vocês obedecerem aos mandamentos do SENHOR, nosso Deus, que hoje eu estou dando a vocês, e o amarem, e andarem no caminho que ele mostra, e cumprirem todas as suas *leis e todos os seus mandamentos, vocês viverão muito tempo na terra que vão invadir e que vai ser de vocês. E Deus os abençoará e lhes dará muitos descendentes. 17-18 Porém eu lhes afirmo hoje mesmo que, se abandonarem a Deus e não quiserem obedecer e se caírem na tentação de adorar e servir outros deuses, nesse caso vocês serão completamente destruídos e não viverão muito tempo na terra que estão para possuir no outro lado do rio Jordão. 19 Neste dia chamo o céu e a terra como testemunhas contra vocês. Eu lhes dou a oportunidade de escolherem entre a vida e a morte, entre a bênção e a maldição. Escolham a vida, para que vocês e os seus descendentes vivam muitos anos. 20 Amem o SENHOR, nosso Deus, obedeçam ao que ele manda e fiquem ligados com ele. Assim vocês continuarão a viver e viverão muitos anos na terra que o SENHOR Deus jurou que daria aos nossos antepassados Abraão, Isaque e Jacó.

Josué fica no lugar de Moisés

31 Moisés continuou dizendo ao povo de Israel:

2 — Já estou com cento e vinte anos e não posso mais dar conta do meu trabalho. Além disso, o SENHOR Deus me disse que eu não vou atravessar o rio Jordão. 3 O SENHOR, nosso Deus, irá na frente de vocês e destruirá os povos que encontrarem, e vocês tomarão posse da terra. E, conforme o SENHOR ordenou, Josué os comandará. 4 Deus destruirá aqueles povos como destruiu Seom e Ogue, os reis dos amorreus, e a terra deles. 5 Deus entregará esses povos nas suas mãos, e vocês devem tratá-los exatamente de acordo com as ordens que lhes dei. 6 Sejam fortes e corajosos; não se assustem, nem tenham medo deles, pois é o SENHOR, nosso Deus, quem irá com vocês. Ele não os deixará, nem abandonará.

7 Depois Moisés chamou Josué e, na presença de todo o povo, lhe disse:

— Seja forte e corajoso, pois você vai comandar este povo na conquista da terra que o SENHOR jurou que daria aos nossos antepassados. 8 O SENHOR Deus irá na sua frente; ele mesmo estará com você e não o deixará, não o abandonará. Não se assuste, nem tenha medo.

Pergunte a si mesma...

Como você toma decisões sobre a vida? Pense nisso por um minuto e pergunte a si mesma:

- Eu sigo as direções de Deus?
- Quando eu tenho uma escolha importante para fazer, até onde confio na Palavra de Deus?
- Há vezes em que eu escolho não ouvir Deus antes de tomar uma decisão? Se sim, por quê?
- Eu sou sempre fiel a Deus em minhas escolhas?

Leitura da Lei

9 Moisés escreveu esta *Lei e a entre-
gou aos líderes do povo e aos sacerdotes
*levitas que levavam a *arca da aliança de
Deus, o SENHOR. 10 E Moisés lhes deu a se-
guinte ordem:
— De sete em sete anos, no ano mar-
cado para perdoar as dívidas, leiam esta
Lei durante a *Festa das Barracas. 11 To-
dos os israelitas deverão estar presen-
tes para adorar o SENHOR Deus no lugar
que ele tiver escolhido. Ali, na presença
do povo, leiam a Lei em voz alta. 12 Reú-
nam todo o povo — homens, mulheres,
crianças e os estrangeiros que moram nas
cidades onde vocês vivem — para que ou-
çam a leitura, aprendam a Lei, *temam o
SENHOR, nosso Deus, e obedeçam fielmen-
te a tudo o que a Lei manda. 13 Assim os
seus descendentes que ainda não conhe-
cerem a Lei de Deus também ouvirão a
leitura e aprenderão a temer o SENHOR,
nosso Deus, durante todo o tempo em que
viverem na terra que fica do outro lado do
rio Jordão e que vai ser do povo de Israel.

As últimas ordens dadas a Moisés e a Josué

14 O SENHOR Deus disse a Moisés:
— Está chegando o dia da sua morte.
Chame Josué, e vocês dois vão até a *Ten-
da Sagrada. Ali darei as minhas ordens
a Josué.

Então Moisés e Josué foram, 15 e ali na
Tenda Sagrada o SENHOR Deus apareceu
numa coluna de nuvem, que estava para-
da perto da entrada da Tenda. 16 E o SE-
NHOR disse a Moisés:
— Você vai morrer logo, e então este
povo se tornará infiel, indo atrás dos deu-
ses da terra em que vão entrar. Eles me
abandonarão e assim quebrarão a *aliança
que fiz com eles. 17 Quando isso acontecer,
eu ficarei *irado com eles e os abandona-
rei; e, por não terem a minha ajuda, eles
serão destruídos. Virão tantos desastres
e tantas dificuldades, que eles dirão: "Nós
estamos sofrendo tudo isso porque o nos-
so Deus não está conosco." 18 Naquele dia
eu certamente os abandonarei, pois fi-
zeram muitas maldades e adoraram ou-
tros deuses.
19 — Agora escreva esta canção e ensine
aos israelitas. Mande que eles a aprendam
de cor, pois ela será minha testemunha
contra eles. 20 Eu levarei o meu povo para
aquela terra boa e rica que jurei dar aos
antepassados deles. Ali eles terão tudo o
que precisarem e ficarão ricos. Então vão
me abandonar e adorar outros deuses,
quebrando assim a aliança que fiz com
eles. 21 Por isso serão castigados com des-
graças e dificuldades, e esta canção será
minha testemunha contra eles, pois os
seus descendentes continuarão a cantá-
-la. Eu sei muito bem o que este povo está
pensando; mesmo antes de levá-los para
a terra que jurei dar a eles, eu sei muito
bem o que estão planejando fazer lá.
22 Naquele mesmo dia Moisés escreveu
a canção e a ensinou ao povo de Israel.
23 O SENHOR falou com Josué, filho de
Num, e lhe disse:
— Seja forte e corajoso. Você coman-
dará o povo na conquista da terra que
prometi dar a eles, e eu estarei com você.

O Livro da Lei de Deus

24 Moisés escreveu com cuidado num li-
vro todas as palavras da *Lei de Deus 25 e
depois o entregou aos *levitas encarrega-
dos de levar a *arca da aliança de Deus, o
SENHOR. Moisés lhes disse:
26 — Ponham este *Livro da Lei de Deus
ao lado da arca da aliança do SENHOR,
nosso Deus, para que fique ali como tes-
temunha contra o povo. 27 Eu sei que essa
gente é rebelde e teimosa. Se eles se re-
voltaram contra o SENHOR Deus enquan-
to eu ainda vivia, quanto mais depois que
eu morrer! 28 Reúnam aqui na minha pre-
sença todos os líderes das *tribos e as ou-
tras autoridades para que eu lhes diga to-
das essas coisas. Chamarei o céu e a terra
como testemunhas contra eles, 29 pois sei

que depois da minha morte eles se entregarão ao pecado e não obedecerão às minhas ordens. Então chegará o dia em que serão castigados, pois os seus pecados farão com que Deus fique *irado com eles.

A Canção de Moisés

30 Em seguida, na presença de todo o povo de Israel, Moisés recitou em voz alta, do começo ao fim, esta canção:

32 Escutem, ó céu e terra,
e deem atenção às minhas palavras.
2 Que o meu ensino seja como a chuva
que cai mansamente sobre a terra;
que as minhas palavras sejam como o orvalho
que se espalha sobre as plantas.

3 Eu louvarei o nome do SENHOR.
Anunciem a grandeza do nosso Deus!
4 O SENHOR é a nossa rocha;
ele é perfeito e justo em tudo o que faz.
Ele é fiel e correto
e julga com justiça e honestidade.

5 Mas o seu povo se entregou ao pecado
e por isso eles não merecem ser filhos dele.
São gente pecadora e má.
6 Povo sem juízo e sem sabedoria,
é assim que tratam o SENHOR Deus?
Ele é o seu Pai, que os criou;
foi ele quem fundou e firmou a nação de vocês.

7 Lembrem do passado, daquilo que aconteceu há muitos anos.
Perguntem aos seus pais o que foi que aconteceu
e peçam aos velhos que lhes contem o que se passou.
8 Quando o Altíssimo separou os povos
e deu a cada *povo as suas terras,*
ele marcou as fronteiras das nações,
dando a cada uma o seu próprio deus.
9 Mas escolheu Israel para ser o seu povo;
os descendentes de Jacó pertencem ao SENHOR.

10 Deus os encontrou perdidos no deserto,
numa região onde viviam animais ferozes.
Chegou perto, cuidou deles
e os protegeu como se fossem a menina dos seus olhos.
11 Como a águia ensina os filhotes a voar
e com as asas estendidas os pega quando estão caindo,
assim o SENHOR Deus cuida do seu povo.
12 Ele os guiou sozinho,
sem a ajuda de outro deus.

13 O SENHOR deixou que o seu povo dominasse as montanhas,
e eles se alimentaram das plantações dos campos.
Deu-lhes mel de abelhas nos rochedos
e fez com que as oliveiras produzissem em terreno cheio de pedras.
14 Alimentou-os com leite de vaca e de cabra,
deu-lhes a carne dos melhores carneirinhos, carneiros e bodes,
o melhor trigo e o vinho mais fino.

15 O povo escolhido ficou rico,
mas se revoltou contra Deus.
Enriqueceu, progrediu, ficou satisfeito,
mas abandonou a Deus, o seu Criador,
e rejeitou o seu protetor e Salvador.
16 Com os seus deuses falsos eles provocaram a Deus,
adoraram ídolos nojentos,
e por isso ele ficou *irado.
17 Ofereceram *sacrifícios aos demônios,
a deuses falsos que não haviam adorado antes,
novos deuses que os seus *antepassados* não conheciam.
18 Esqueceram o seu protetor;
desprezaram o seu Pai e Criador.

19 O SENHOR Deus viu isso, ficou *irado
e rejeitou os seus filhos e filhas.
20 Ele disse: "Eu os abandonarei
e então verei o que vai acontecer com eles,
pois são um povo rebelde,
são filhos desobedientes.

21 Com as suas imagens provocaram
a minha ira,
e fiquei com ciúmes dos seus
deuses falsos.
Portanto, eu farei com que eles
fiquem
com ciúmes de um povo
que não é nação;
e, com gente sem juízo, eu
provocarei
a ira deles.
22 A minha ira se acenderá como
fogo
e acabará com tudo o que há na
terra;
ela queimará até o *mundo dos
mortos
e incendiará as bases das
montanhas.

23 "Farei cair sobre eles desgraças
sem fim
e os ferirei com muitos sofrimentos.
24 A fome os matará,
febres e doenças sem cura os
destruirão.
Mandarei animais selvagens para
atacá-los
e cobras venenosas para picá-los.
25 Fora de casa morrerão na guerra
e dentro de casa morrerão de medo.
Serão mortos os moços e as moças,
as crianças e os velhos também.
26 Eu os poderia ter espalhado pelo
mundo inteiro,
e todos os esqueceriam.
27 Porém eu não queria que os
seus inimigos zombassem e
mentissem,
dizendo que haviam derrotado o
meu povo,
afirmando que não fui eu, o SENHOR
Deus, quem os destruiu."

28 Israel é um povo sem juízo,
um povo que não entende nada.
29 Se eles fossem sábios,
entenderiam por que foram
derrotados,
saberiam qual a razão do seu
castigo.
30 Por que foi que mil deles fugiram
de um só inimigo,
e dez mil foram perseguidos por
dois?
Foi porque o seu protetor os
abandonou;
o SENHOR Deus os vendeu aos
inimigos.

31 Os deuses dos nossos inimigos
não são tão poderosos como o
nosso Deus;
os próprios inimigos dizem isso.
32 Eles são tão maus
como a gente de Sodoma e
Gomorra;
são como *parreiras que dão uvas
que não prestam,
uvas amargas e venenosas;
33 são como vinho feito de veneno
de cobra,
do veneno mortal das serpentes.

34 Deus lembra daquilo que os
inimigos fizeram
e espera o tempo certo para
castigá-los.
35 Deus se vingará; ele acertará
contas com eles.
Virá o tempo em que os inimigos
cairão;
o dia da desgraça deles está
chegando depressa.

36 O SENHOR Deus terá pena do seu
povo
quando vir que eles estão fracos.
Ele salvará aqueles que o servem,
pois todos eles foram derrotados.
37 Então ele perguntará ao seu povo:
"Onde estão os seus deuses?
Onde está o protetor em quem
vocês confiavam?
38 Vocês lhes ofereciam *sacrifícios
e lhes davam animais e vinho.
Pois que agora eles os ajudem,
que eles venham socorrê-los!

39 "Saibam todos que eu, somente
eu, sou Deus;
não há outro deus além de mim.
Eu mato e eu faço viver;
eu firo e eu curo.
Ninguém pode me impedir de fazer
o que quero.
40 Agora levanto a mão para o céu
e juro pela minha vida eterna que
farei isto:
41 Afiarei a minha espada brilhante
e começarei a fazer justiça.
Vou me vingar dos meus inimigos
e castigar os que me odeiam.
42 As minhas flechas ficarão
manchadas de sangue,

e a minha espada matará os meus
inimigos.
Não escapará nenhum dos que
lutam contra mim;
até os prisioneiros serão mortos."

43 Que todas as nações louvem o
povo de Deus!
Deus se vingará dos que mataram
os seus *servos.
Ele se vingará dos seus inimigos
e perdoará os pecados do seu povo.

44 Moisés e Josué, filho de Num, recitaram essa canção inteira na presença do povo.

As últimas ordens de Moisés

45 Moisés acabou de ensinar ao povo de
Israel toda a *lei de Deus 46 e então disse:
— Pensem bem em tudo o que lhes ensinei hoje e mandem que os seus filhos obedeçam a tudo o que está escrito nesta Lei de Deus. 47 Não pensem que esta
Lei não vale nada; pelo contrário, é ela que lhes dará vida. Se vocês obedecerem a esta Lei, viverão muitos anos na terra que estão para possuir no outro lado do rio Jordão.
48 Naquele mesmo dia o SENHOR Deus
disse a Moisés:
49 — Vá até a serra de Abarim, aqui na
terra de Moabe, e suba o monte Nebo, na altura de Jericó, que fica do outro lado do rio. Lá de cima você verá a terra de Canaã,
que estou dando ao povo de Israel. 50 Você
vai morrer ali no monte, como Arão, o seu
irmão, morreu no monte Hor. 51 Vocês dois
foram infiéis a mim diante do povo de Israel. Quando estavam perto das fontes de Meribá, não longe da cidade de Cades, no deserto de Zim, vocês dois me desres-
peitaram. 52 Por isso você verá de longe a
terra que eu estou dando aos israelitas, porém não entrará nela.

A bênção das tribos

33 Antes de morrer, Moisés, *homem de Deus*, deu esta bênção ao povo
de Israel. 2 Ele disse:

O SENHOR Deus veio do monte
Sinai;
ele surgiu como o sol por cima de
Edom
e do monte Parã brilhou sobre o
seu povo.
Com ele vieram milhares de anjos,
e à sua direita havia fogo.

3 O SENHOR ama o seu povo
e protege os que são dele.
Eles ficam sentados diante dele
e aprendem as suas *leis.
4 Moisés lhes deu a Lei de Deus,
o mais rico tesouro do povo de
Israel.
5 O SENHOR Deus se tornou Rei do
povo escolhido,
quando as *tribos e os seus chefes
se reuniram.

6 Moisés disse isto a respeito da tribo
de Rúben:

"Que Rúben viva e nunca morra!
Que o seu povo seja sempre
numeroso!"

7 A respeito da tribo de Judá foi isto o
que Moisés disse:

"Ó Deus, ouve a oração de Judá
e junta aquela tribo novamente ao
teu povo.
Luta a favor deles, ó Deus,
e ajuda-os na luta contra os seus
inimigos."

8 A respeito da tribo de Levi ele disse:

"Ó Deus, tu deste o Tumim e o *Urim
aos teus *servos que escolheste.
Tu os puseste à prova em Massá
e perto das fontes de Meribá
discutiste com eles.
9 Eles são mais dedicados a ti
do que aos seus próprios pais
e do que aos seus irmãos e filhos.
Eles obedecem às tuas leis
e cumprem a tua *aliança.
10 Eles ensinarão todas as tuas leis
ao povo,
queimarão incenso na tua presença
e no teu altar oferecerão
*sacrifícios.
11 Ó Deus, abençoa a tribo de Levi
e faze com que ela seja cada vez
mais forte.
Que tudo o que eles fazem seja
agradável a ti!
Acaba com os seus inimigos
para que nunca mais se levantem."

12 Moisés disse a respeito da tribo de
Benjamim:

"O SENHOR Deus ama a tribo de
Benjamim
e sempre a guardará.

Deus cuidará deles o dia inteiro,
e eles viverão debaixo da sua
proteção."

13 A respeito da tribo de José ele disse:

"Que o SENHOR Deus abençoe as
terras de José,
dando-lhes muitas chuvas do céu
e fontes das profundezas da terra!
14 Que Deus dê a essas terras frutas
amadurecidas pelo sol
e as abençoe com boas colheitas!
15 Que os montes antigos produzam
ricas colheitas!
16 Que Deus abençoe a terra e tudo o
que há nela,
dando-lhe tudo o que é bom!
Que o Deus que apareceu no
espinheiro em fogo
seja sempre bondoso para com
eles!
Que todas essas bênçãos venham
sobre a tribo de José,
pois ele foi o mais importante dos
seus irmãos!
17 Ele tem a beleza de um touro
novo
e chifres como os de um boi
selvagem.
Os seus chifres são os milhares de
pessoas da tribo de Manassés
e os milhares e milhares da tribo de
Efraim.
Com eles José ataca os seus
inimigos
e os persegue pelo mundo inteiro."

18 A respeito das tribos de Zebulom e de
Issacar foi isto o que Moisés disse:

"Que Zebulom fique rico no
comércio com outros países,
e Issacar enriqueça negociando
dentro do país!
19 Eles convidam os povos para
virem à sua montanha
e ali oferecem os sacrifícios
aceitáveis a Deus.
Eles aproveitam os enormes
recursos do mar
e as riquezas das suas praias."

20 A respeito da tribo de Gade ele disse:

"Bendito seja Deus, que aumentou
as terras de Gade!
O povo de Gade espera como um
leão
para arrancar do inimigo um braço
ou mesmo a cabeça.
21 Eles ficaram com a melhor parte
da *Terra Prometida;
foi-lhes dada a parte que cabe ao
chefe.
Obedeceram às leis e aos
mandamentos do SENHOR,
quando os líderes do povo se
reuniram."

22 A respeito da tribo de Dã ele disse:

"Dã é como um leãozinho
que vive saltando na terra de Basã."

23 A respeito da tribo de Naftali ele disse:

"Deus abençoou ricamente o povo
de Naftali;
as suas terras vão desde o lago da
Galileia até o Sul."

24 A respeito da tribo de Aser ele disse:

"De todas as tribos Aser é a mais
abençoada.
Que o povo de Aser seja muito
querido pelas outras tribos,
e que nas suas terras haja muitas
oliveiras!
25 Que as suas cidades sejam
protegidas com portões de
ferro,
e que os seus moradores vivam
sempre em paz!"

26 Povo de Israel, não há outro deus
como o nosso Deus!
Forte e majestoso, ele atravessa os
céus
e, montado sobre as nuvens, ele
vem nos socorrer.
27 O Deus Eterno é o nosso protetor;
ele sempre nos protege com os seus
braços.
Na nossa presença Deus expulsou
os inimigos
e mandou que os destruíssemos.
28 O povo de Israel vive sempre
seguro,
vive em paz numa terra que produz
cereais e vinho,
onde o orvalho rega o chão.

29 Povo de Israel, como você é feliz!
Não há ninguém como você,
o povo que o SENHOR Deus salvou.
Ele é o seu *escudo e a sua espada,
para dar proteção e vitória a você.

Israel, os seus inimigos se
ajoelharão pedindo
misericórdia,
e você tomará posse das suas
terras.

A morte de Moisés

34 Moisés foi das planícies de Moabe
até o monte Nebo e subiu ao alto
do monte Pisga, na altura de Jericó, que
ficava no outro lado do rio. Dali o SENHOR
Deus lhe mostrou toda a terra de Canaã,
isto é, o território de Gileade até a cidade
de Dã, no Norte; 2 o território das *tribos
de Naftali, Efraim e Manassés do Oeste; o
território de Judá até o mar Mediterrâneo,
no Oeste; 3 a região sul e a planície que vai
de Zoar até Jericó, a cidade das palmeiras.
4 E Deus disse a Moisés:

— Eu jurei a Abraão, a Isaque e a Jacó
que daria esta terra aos descendentes deles.
Estou deixando que você a veja com
os seus próprios olhos, mas você não vai
entrar nela.

5 Assim Moisés, *servo do SENHOR Deus,
morreu na terra de Moabe, conforme o
SENHOR tinha dito. 6 Deus o sepultou ali,
num vale que fica em frente da cidade de
Bete-Peor. Até hoje ninguém sabe onde
ele foi sepultado. 7 Moisés tinha cento e
vinte anos quando morreu, mas ainda enxergava
bem e tinha boa saúde. 8 Ali nas
planícies de Moabe os israelitas choraram
a morte de Moisés trinta dias, até terminar
o tempo de luto.

9 Moisés havia escolhido Josué, filho
de Num, para ficar no seu lugar. Ele pôs
as mãos sobre a cabeça de Josué, que assim
ficou cheio de sabedoria. Os israelitas
obedeceram a Josué e cumpriram todas
as *leis que o SENHOR Deus lhes tinha
dado por meio de Moisés.

10 Nunca mais apareceu em Israel um
*profeta como Moisés, com quem o SENHOR
falava face a face. 11 Nunca houve
ninguém que fizesse maravilhas e milagres
como aqueles que Moisés, obedecendo
à ordem do SENHOR, fez no Egito contra
o seu rei, os seus oficiais e todo o seu
povo. 12 Nunca houve outro profeta que
fizesse os milagres e as coisas espantosas
que Moisés fez com grande poder na
presença do povo de Israel.

Josué

Seja forte e corajosa

— Não tenham medo; não percam a coragem. Sejam fortes e corajosos porque o SENHOR *fará isso com todos os inimigos que vocês enfrentarem.*
Josué 10:25

Autor ♥ Desconhecido
Data ♥ Desconhecida
Local ♥ Desconhecido
Público-alvo ♥ O povo de Deus, os israelitas

Deus sempre cumpre suas promessas. Porém, quando ele diz que fará algo, mas não o faz de imediato, esperando um, dois ou quarenta anos, pode ser fácil começar a duvidar da promessa. Quando Deus faz uma promessa, ele não dá uma data exata de entrega —, mas a Garota de Deus sabe que pode confiar nele de qualquer maneira, e isso faz toda a diferença do mundo.

Quando os israelitas deixaram o Egito, Deus prometeu que iria levá-los a uma terra grande e boa. (veja Êxodo 3:8). Era tudo com que eles tinham sonhado: uma terra que fosse sua, onde não lhes fosse dito mais o que fazer e quando fazê-lo, e onde pudessem ter sua própria casas e proteger sua família dos inimigos de Deus. Mas foram necessários quarenta anos de peregrinação em uma terra de ninguém para que esse sonho se cumprisse.

Essa promessa poderia ter se cumprido mais cedo? Com toda a certeza. Na verdade, os israelitas contribuíram muito para que a promessa demorasse a se cumprir. Sua desconfiança, desobediência e descrença no poder e na proteção de Deus protelaram o cumprimento da promessa. Deus queria dar-lhes liberdade e a terra, mas todos reagiram com medo — todos, menos dois, e Josué foi um desses. Ele viu os gigantes que viviam na terra, mas teve certeza de que Deus daria a Israel o poder de esmagá-los (veja Números 14:6-9).

Ponto essencial

Os israelitas entram na terra prometida sob o comando de Josué. Eles fazem algo que, aparentemente, parecia impossível. Mas em meio a tudo, vemos que, na verdade, não são eles que fazem isso, mas sim Deus. Veja todas as coisas impossíveis que ele fará com um povo disposto a obedecê-lo.

As promessas de Deus nem sempre são claras, mas você pode confiar nelas. E a maior promessa de Deus para você, Garota de Deus, é que ele irá amá-la e continuará a tê-la como sendo dele, se você o fez seu Senhor. Assim como Josué, você pode tomar posse das promessas que todos os demais deixaram passar por causa da dúvida. Com o poder de Deus ao seu lado, Josué conduziu seu povo para subjugar aqueles que provavelmente eram poderosos demais para serem conquistados. Quando você tem medo de fazer o que Deus lhe ordenou, precisa saber que ele lhe dará o poder para fazê-lo. Aí você, assim como os israelitas liderados por Josué, encontrará o resto que está prometido para aqueles que confiam e obedecem (veja Josué 21:44).

Coisas para procurar

- As promessas de Deus sobre a terra prometida (veja Josué 1:13-15; 10:40; 11:23; 21:44-45; 22:4; 23:9-15)
- A realização da aliança de Deus (veja Josué 1:7-8; 8:30-35; 22:5; 23:6,15-16; 24:1-28)
- A travessia do rio Jordão (veja Josué 3)
- A destruição de Jericó (veja Josué 6)

Termos e versículos que você deve saber

- **Jericó:** A grande cidade murada que os israelitas conquistaram dando voltas em torno dela como Deus lhes tinha ordenado. Os únicos habitantes que sobreviveram ao ataque foram Raabe e sua família.
- **Jerusalém:** A cidade central de Israel e capital do reino do sul de Judá. O nome significa "lugar de paz".
- **Terra prometida:** A terra que Deus prometeu a Abraão e aos seus descendentes em Gênesis 15:18-21.

Os sacerdotes que levavam a arca ficaram parados no seco, no meio do rio Jordão. E ficaram ali até que todo o povo acabou de passar.
(Josué 3:17)

O SENHOR Deus disse a Josué: – Olhe! Eu estou entregando a você a cidade de Jericó, o seu rei e os seus corajosos soldados.
(Josué 6:2)

– Até quando vão ficar esperando para tomar posse da terra que o SENHOR, o Deus dos seus antepassados, deu a vocês?
(Josué 18:3)

– Obedeçam com muito cuidado ao mandamento e à lei que Moisés, servo do SENHOR, lhes deu. Amem o SENHOR, o Deus de vocês, façam a vontade dele, obedeçam aos seus mandamentos, fiquem ligados com ele e o sirvam com todo o coração e com toda a alma.
(Josué 22:5)

O SENHOR Deus fez com que os moradores dessas cidades teimassem em lutar contra o povo de Israel, para que, assim, fossem completamente destruídos e mortos sem dó nem piedade. O SENHOR havia ordenado isso a Moisés.
(Josué 11:20)

Josué fica no lugar de Moisés

1 Depois que Moisés, *servo do SENHOR,
morreu, Deus disse ao ajudante de
Moisés, chamado Josué, filho de Num:
2 — O meu servo Moisés está morto.
Agora você e todo o povo de Israel se pre-
parem para atravessar o rio Jordão e en-
trar na terra que vou dar a vocês. 3 Como
disse a Moisés, eu lhes darei toda a terra
que pisarem. 4 Os limites dessa terra serão
os seguintes: ao sul, o deserto; e, ao nor-
te, os montes Líbanos; a leste, o grande
rio Eufrates e toda a terra dos heteus; e,
a oeste, o mar Mediterrâneo. 5 Você nunca
será derrotado. Eu estarei com você como
estive com Moisés. Nunca o abandonarei.
6 Seja forte e corajoso porque você vai co-
mandar este povo quando eles tomarem
posse da terra que prometi aos antepas-
sados deles. 7 Seja forte e muito corajo-
so. Tome cuidado e viva de acordo com
toda a *Lei que o meu servo Moisés lhe
deu. Não se desvie dela em nada e você
terá sucesso em qualquer lugar para onde
for. 8 Fale sempre do que está escrito no
*Livro da Lei. Estude esse livro dia e noi-
te e se esforce para viver de acordo com
tudo o que está escrito nele. Se fizer isso,
tudo lhe correrá bem, e você terá suces-
so. 9 Lembre da minha ordem: "Seja forte
e corajoso! Não fique desanimado, nem
tenha medo, porque eu, o SENHOR, seu
Deus, estarei com você em qualquer lu-
gar para onde você for!"

Preparativos para atravessar o rio Jordão

10 Então Josué ordenou aos líderes is-
raelitas:
11 — Vão pelo meio do acampamento,
dando esta ordem ao povo: "Arranjem co-
mida porque daqui a três dias vocês vão
atravessar o rio Jordão para tomar pos-
se da terra que o SENHOR, nosso Deus,
lhes dará."
12 E Josué disse às *tribos de Rúben, de
Gade e de Manassés do Leste:
13 — Lembrem da ordem de Moisés,
*servo do SENHOR: "O SENHOR, nosso
Deus, dará esta terra a vocês para mo-
rarem nela e ali viverem em segurança.
14 As suas mulheres, as crianças e o gado
ficarão aqui na terra que Moisés lhes deu
a leste do rio Jordão. Mas que os homens
peguem as suas armas e atravessem o
rio na frente dos seus irmãos israelitas e
estejam prontos para ajudá-los na bata-
lha! 15 Eles tomarão posse da terra que o
SENHOR, nosso Deus, lhes dará e ficarão
morando nela. Quando isso acontecer, vo-
cês voltarão para viver na terra que Moi-
sés, servo de Deus, deu a vocês aqui, a
leste do Jordão."
16 Então eles responderam a Josué:
— Faremos tudo o que você mandou e
iremos aonde nos enviar. 17 Assim como
sempre obedecemos a Moisés, também
obedeceremos a você. Que o SENHOR, seu
Deus, esteja com você como esteve com
Moisés! 18 Quem se revoltar e desobedecer
a qualquer ordem sua será morto. Acima
de tudo seja forte e corajoso!

Josué envia espiões a Jericó

2 Do acampamento do vale das Acácias,
Josué mandou secretamente dois es-
piões com a seguinte ordem:
— Examinem bem a terra, especial-
mente a cidade de Jericó.
Então eles foram, entraram na casa de
uma prostituta chamada Raabe e se hos-
pedaram ali. 2 E chegou aos ouvidos do rei
de Jericó a seguinte notícia:
— Alguns israelitas chegaram aqui de
noite para espionar a terra.
3 Então o rei mandou para Raabe o se-
guinte recado:
— Os homens que estão na sua casa
vieram para espionar toda a terra! Traga
esses dois para fora!
4 Mas Raabe já os havia escondido. Ela
respondeu aos mensageiros do rei:
— É verdade que alguns homens vie-
ram à minha casa, mas eu não sabia de
onde eram. 5 Quando já estava escuro, e o
portão da cidade ia ser fechado, eles saí-
ram. Eu não sei para onde foram. Mas, se
vocês forem depressa atrás deles, ainda
poderão pegá-los.
6 Acontece que Raabe tinha levado os
espiões ao terraço e os havia escondido
debaixo das varas de linho amontoadas
ali.
7 Os mensageiros do rei foram e, logo
que saíram da cidade, o portão foi fecha-
do. Eles procuraram os espiões até o lu-
gar onde a estrada atravessa o rio Jordão.
8 Antes que os espiões fossem dormir,
Raabe subiu ao terraço e disse a eles:
9 — Eu sei que o SENHOR deu esta ter-
ra a vocês, os israelitas. Para dizer a ver-
dade, todos nós estamos morrendo de
medo. 10 Soubemos que o SENHOR secou
o mar Vermelho diante de vocês quan-
do saíram do Egito. Também ficamos

Raabe

Leia a história desta Garota de Deus em Josué 2; 6:15-25; Mateus 1:5; Hebreus 11:31 e Tiago 2:25.

Agora já não existe nenhuma condenação para as pessoas que estão unidas com Cristo Jesus.

Romanos 8:1

Deus usa pessoas imperfeitas, *ufa*! Ao longo da história, ele usou pessoas como você para entregar sua mensagem, ir para a batalha, dar à luz profetas e até dar à luz seu próprio Filho. Ele usa pessoas imperfeitas porque é só isso que existe neste mundo. Todo ser humano é imperfeito, falho e bom para pecar. Então, você pode ter certeza de que seu pecado não a desqualifica para o serviço mais do que o pecado dos outros. Ele não a impede de ser salva e também não a impede de mudar o mundo. Olhe para a linhagem da família de Davi, a linhagem que, um dia, traria Jesus, e você verá que ela estava cheia de pessoas fracas e imperfeitas. E Raabe era uma delas. Mesmo sendo prostituta e gentia (alguém que não era israelita), ela creu no Deus de Israel e, por causa disso, foi abençoada para se tornar mãe de Boaz e bisavó de Jessé (veja Mateus 1:5). Então, muitas gerações depois de Jessé, veio Jesus. Que posição nobre para uma mulher de vida complicada! Quando ela decidiu confiar em Deus, e não em homens, seus pecados foram perdoados.

Deus precisa usar pessoas imperfeitas se quiser usar pessoas, porque não existem pessoas perfeitas, nem agora nem nunca, a não ser o próprio Jesus. Quando sua imperfeição levá-la a crer que Deus não pode usá-la, lembre-se de todas as pessoas que ele usou antes de você. Ainda que ele não possa suportar o pecado, no momento em que você se afasta de seu pecado e se volta para Deus, você passa a estar muito qualificada para ser usada por ele. Como uma Garota de Deus, você não pode ter medo do castigo ou da condenação por seus pecados, mas pode saber que quando está disposta, ele está pronto para usá-la, e você pode fazer grandes coisas para o reino.

sabendo como, a leste do rio Jordão, vo-
cês mataram Seom e Ogue, os reis dos
amorreus, e destruíram os seus exércitos.
[11] Quando ouvimos essas coisas, perde-
mos a coragem e todos nós ficamos com
muito medo por causa de vocês. O Deus
de vocês, o SENHOR, é Deus lá em cima
no céu e aqui em baixo na terra. [12] Então
agora jurem em nome do SENHOR e pro-
metam que vão ser bons para a minha fa-
mília porque eu também tratei vocês com
bondade. Para isso peço que me deem um
sinal que não deixe dúvida. [13] Salvem o
meu pai, a minha mãe, os meus irmãos e
as minhas irmãs e as famílias deles. Não
deixem que nos matem.
[14] Os homens responderam:
— Nós prometemos. E, se não cum-
prirmos a nossa palavra, nós é que de-
veremos morrer, e não você! Se você não
contar a ninguém o que estamos fazendo,
fique certa de que cumpriremos a nossa
promessa. Quando o SENHOR nos der esta
terra, seremos bons para você e mostrare-
mos que somos homens de palavra.
[15] Raabe morava numa casa construída
na muralha da cidade. Por isso ela pôde
fazer os espiões descerem pela janela,
usando uma corda. [16] Ela disse:
— Vão para as montanhas. Se não, os
homens que estão procurando vocês vão
achá-los. Escondam-se lá três dias, até
que eles voltem. Depois vocês podem ir
embora.
[17] Os espiões disseram:
— Cumpriremos o juramento que você
nos pediu que fizéssemos, mas com as se-
guintes condições: [18] quando invadirmos
a sua terra, amarre este cordão verme-
lho na janela de onde você nos fez descer.
Junte, dentro da sua casa, o seu pai, a sua
mãe, os seus irmãos e todos os parentes
do seu pai. [19] Se alguém sair da casa, será
culpado da sua própria morte, e nós não
seremos responsáveis. Mas, se alguém
que estiver com você for ferido dentro de
casa, a culpa será nossa. [20] E, se você con-
tar o que estamos fazendo, não seremos
obrigados a cumprir o nosso juramento.
[21] Raabe respondeu:
— Eu concordo.
Então ela deixou que eles fossem em-
bora. E Raabe amarrou o cordão verme-
lho na janela.
[22] Os espiões foram para as montanhas
e se esconderam lá três dias enquanto os
soldados do rei os procuravam por toda
aquela região. Os soldados não acharam
ninguém e voltaram para Jericó. [23] Aí os
dois espiões desceram da montanha, atra-
vessaram o rio Jordão e foram se encon-
trar com Josué. Contaram tudo o que ha-
via acontecido [24] e terminaram assim:
— Estamos certos de que o SENHOR nos
deu toda esta terra. Todo mundo aqui está
morrendo de medo de nós.

A travessia do rio Jordão

3 Josué e todo o povo de Israel se levan-
taram de madrugada, saíram do acam-
pamento do vale das Acácias e foram até
o rio Jordão. Antes de atravessarem o rio,
eles acamparam ali. [2] Três dias depois os
líderes passaram pelo meio do acampa-
mento, [3] dizendo ao povo:
— Quando vocês virem os sacerdotes
*levitas carregando a *arca da aliança do
SENHOR, nosso Deus, arrumem as suas
coisas e sigam a arca. [4] Assim vocês fica-
rão sabendo para onde ir, pois nunca pas-
saram por esse caminho. Porém não che-
guem perto da arca; fiquem longe dela
mais ou menos um quilômetro.
[5] Josué disse ao povo:
— *Purifiquem-se porque amanhã o
SENHOR fará grandes coisas entre vocês.
[6] Depois disse aos sacerdotes:
— Peguem a arca da aliança e vão na
frente do povo.
E eles fizeram o que Josué mandou.
[7] Aí o SENHOR disse a Josué:
— Por causa daquilo que vou fazer
hoje, todo o povo de Israel vai saber que
você é um grande homem. Eles saberão
que, assim como estive com Moisés, tam-
bém estarei com você. [8] Dê aos sacerdotes
que estão carregando a arca a seguinte
ordem: "Quando chegarem ao rio, parem
dentro da água, perto da margem."
[9] Então Josué disse ao povo:
— Venham cá e prestem atenção na-
quilo que o SENHOR, nosso Deus, vai di-
zer. [10] Pelo que vai acontecer, vocês fica-
rão sabendo que o Deus vivo está entre
vocês e que sem falta expulsará os cana-
neus, os heteus, os heveus, os perizeus,
os girgaseus, os amorreus e os jebuseus.
[11] A arca da aliança do Senhor de toda a
terra vai atravessar o rio Jordão na frente
de vocês. [12] Agora escolham doze homens,
um de cada *tribo de Israel. [13] Quando os
sacerdotes que estão carregando a arca
da aliança do SENHOR Deus, o Senhor de
toda a terra, puserem os pés dentro da

água, o Jordão vai parar de correr, e as águas da parte de cima ficarão amontoadas num lugar.

14-15 Era o tempo da colheita, e as águas do rio haviam coberto as margens. Foi nessa ocasião que o povo saiu do acampamento para atravessar o Jordão. Os sacerdotes iam na frente, levando a arca da aliança. Quando chegaram ao Jordão e puseram os pés dentro da água, 16 ela parou de correr e ficou amontoada na parte de cima do rio até Adã, cidade que fica ao lado de Sartã. Na parte de baixo, o rio secou completamente até o mar Morto. Então o povo passou para o outro lado, perto de Jericó. 17 Enquanto os israelitas atravessavam, pisando terra seca, os sacerdotes que levavam a arca ficaram parados no seco, no meio do rio Jordão. E ficaram ali até que todo o povo acabou de passar.

As doze pedras comemorativas

4 Quando todo o povo de Israel acabou de atravessar o rio Jordão, o SENHOR disse a Josué:

2 — Escolha doze homens, um de cada *tribo, 3 e dê esta ordem: "Peguem doze pedras do meio do rio Jordão, do lugar onde os sacerdotes ficaram parados. Levem essas pedras e coloquem onde acamparem hoje à noite."

4 Então Josué chamou os doze homens que havia escolhido 5 e disse:

— Passem adiante da *arca da aliança do SENHOR, o Deus de vocês, e sigam até o meio do Jordão. Cada um ponha no ombro uma pedra, uma para cada tribo de Israel. 6 Essas pedras ajudarão o povo a lembrar daquilo que o SENHOR tem feito. No futuro, quando os seus filhos perguntarem o que essas pedras querem dizer, 7 vocês contarão que as águas do Jordão pararam de correr no dia em que a arca da aliança atravessou o rio. Essas pedras farão com que o povo de Israel lembre sempre desse dia.

8 Os homens fizeram o que Josué mandou. Como o SENHOR Deus tinha dito a Josué, eles pegaram do meio do rio Jordão doze pedras, uma para cada tribo de Israel, e as levaram e colocaram no acampamento.

9 Josué também pôs doze pedras no meio do Jordão, no lugar onde os sacerdotes que carregavam a arca haviam parado. Essas pedras ainda estão lá. 10 Os sacerdotes ficaram parados no meio do Jordão até que foi feito tudo o que o SENHOR, por meio de Moisés, havia mandado Josué falar ao povo.

Então o povo se apressou e atravessou o rio. 11 Quando todos já haviam passado, a arca da aliança e os sacerdotes também passaram e ficaram na frente do povo. 12 Os homens das tribos de Rúben, de Gade e de Manassés do Leste atravessaram antes do resto do povo, prontos para a batalha, conforme Moisés tinha dito. 13 Mais ou menos quarenta mil homens preparados para guerrear marcharam diante de Deus, o SENHOR, indo para o lado da planície de Jericó. 14 Naquele dia o SENHOR fez com que o povo de Israel ficasse sabendo que Josué era um grande homem. E, durante a vida de Josué, eles o respeitaram assim como haviam respeitado a Moisés.

15 E o SENHOR Deus disse a Josué:

16 — Mande sair do rio Jordão os sacerdotes que estão carregando a arca da aliança.

17 Josué fez isso. 18 E, depois que os sacerdotes saíram do Jordão e pisaram a terra seca, o rio começou a correr de novo e cobriu as margens como antes.

19 O povo atravessou o Jordão no dia dez do primeiro mês e acampou em Gilgal, a leste de Jericó. 20 Ali Josué fez um monumento com as doze pedras que havia tirado do Jordão. 21 E disse ao povo de Israel:

— Quando no futuro os filhos perguntarem aos pais o que estas pedras querem dizer, 22 vocês explicarão que o povo de Israel atravessou o rio Jordão em terra seca. 23 O SENHOR, o Deus de vocês, secou o Jordão para vocês atravessarem, assim como secou o mar Vermelho para nós passarmos. 24 Por causa disso todos os povos da terra vão conhecer o poder do SENHOR, o Deus de vocês, e vocês o respeitarão para sempre.

5 Todos os reis amorreus do lado oeste do rio Jordão e todos os reis cananeus que viviam no litoral do mar Mediterrâneo ficaram sabendo que o SENHOR havia secado o Jordão para o povo de Israel passar. E, como o povo de Israel estava chegando, eles ficaram com medo e perderam toda a coragem.

A circuncisão em Gilgal

2 O SENHOR Deus disse a Josué:

— Prepare algumas facas de pedra e faça uma segunda cerimônia de *circuncisão no meio do povo.

3 Josué fez as facas e circuncidou os israelitas no monte da Circuncisão. 4 Ele fez isso porque todos os homens que tinham idade para guerrear quando saíram do Egito haviam morrido pelo caminho, no deserto. 5 Todos os homens que saíram do Egito tinham sido circuncidados, mas isso não foi feito com nenhum dos que nasceram durante a viagem pelo deserto. 6 O povo de Israel havia andado quarenta anos pelo deserto. Durante esse tempo todos os homens que saíram do Egito em idade de guerrear tinham morrido porque haviam desobedecido a Deus, o SENHOR. Deus tinha dito que não ia deixá-los ver a terra boa e rica que ele havia jurado dar aos seus antepassados. 7 Mas os filhos, que tomaram o lugar dos pais, não haviam sido circuncidados durante a viagem pelo deserto. Esta foi a nova *geração que Josué circuncidou.

8 A nação inteira ficou acampada até que sararam todos os que foram circuncidados. 9 E o SENHOR disse a Josué:

— Hoje eu tirei de vocês a vergonha de terem sido escravos no Egito.

Foi por isso que chamaram aquele lugar de Gilgal. E este nome continua *até hoje.

10 Os israelitas estavam acampados em Gilgal, na planície em volta da cidade de Jericó, e ali comemoraram a *Páscoa na noite do dia catorze do primeiro mês. 11 No dia seguinte comeram alimentos daquela terra: cereais torrados e *pão sem fermento. 12 Depois disso os israelitas não tiveram mais o *maná porque ele parou de cair do céu. Desse ano em diante, eles começaram a comer os alimentos da terra de Canaã.

O comandante do exército de Deus

13 Josué estava perto da cidade de Jericó. De repente, viu um homem com uma espada na mão parado na sua frente. Josué chegou perto dele e perguntou:

— Você é do nosso exército ou é inimigo?

14 — Não sou nem uma coisa nem outra — respondeu ele. — Estou aqui como comandante do exército de Deus, o SENHOR.

Josué ajoelhou-se, encostou o rosto no chão e o adorou. E disse:

— Estou às suas ordens, meu senhor. O que quer que eu faça?

15 O comandante do exército do SENHOR respondeu:

— Tire as sandálias porque a terra que você está pisando é santa.

E Josué obedeceu.

A conquista de Jericó

6 Os portões da cidade de Jericó estavam muito bem fechados, para não deixar que os israelitas entrassem. Ninguém podia entrar, nem sair da cidade.

2 O SENHOR Deus disse a Josué:

— Olhe! Eu estou entregando a você a cidade de Jericó, o seu rei e os seus corajosos soldados. 3 Agora você e os soldados israelitas marcharão em volta da cidade uma vez por dia, durante seis dias. 4 Na frente da *arca da aliança, irão sete sacerdotes, cada um levando uma corneta de chifre de carneiro. No sétimo dia você e os seus soldados marcharão sete vezes em volta da cidade, e os sacerdotes tocarão as cornetas. 5 Quando eles derem um toque longo, todo o povo gritará bem alto, e então a muralha da cidade cairá. Aí cada um avançará diretamente para a cidade.

6 Josué chamou os sacerdotes e disse:

— Carreguem a arca da aliança, e na frente fiquem sete sacerdotes levando cornetas.

7 E disse ao povo:

— Comecem a marchar em volta da cidade! E que os soldados marchem na frente da arca da aliança de Deus, o SENHOR!

8 Então, seguindo as ordens de Josué, os sete sacerdotes ficaram na frente da arca e começaram a tocar as cornetas. 9 Os soldados iam na frente dos sacerdotes que tocavam cornetas, e um grupo de guardas seguia a arca. Durante esse tempo as cornetas tocavam. 10 Mas Josué tinha dado ordem ao povo para não gritar, nem fazer barulho até que ele mandasse. 11 Aí Josué ordenou que os sacerdotes dessem uma volta ao redor da cidade, carregando a arca da aliança. Depois voltaram ao acampamento e passaram a noite lá.

12 No dia seguinte Josué se levantou de madrugada, e os sacerdotes carregaram a arca. 13 Os sete sacerdotes que levavam as sete cornetas iam na frente, tocando sem parar. Os soldados iam na frente deles, e um grupo de guardas seguia a arca. As cornetas não paravam de tocar. 14 No segundo dia marcharam de novo uma vez em volta da cidade e voltaram ao acampamento. E fizeram isso durante seis dias.

15 No sétimo dia levantaram-se de madrugada e marcharam em volta da cidade

DEVOCIONAL

Texto para leitura: **Josué 6:1-21**

Conheça a Deus

Você está diante de uma batalha que tem de lutar? Você tem uma grande provação pela frente que não sabe ao certo como vai vencer? Então, dê uma olhada na Palavra de Deus para obter ajuda. Observe a vida do povo de Israel. Em quase todos os casos, tudo o que Israel fez foi batalhar por batalhar, pois era o próprio Deus que lutava de verdade. Quando você se levantar, começar a se mexer e se puser a fazer o que tem de fazer, então Deus fará o que ele faz: vencer a batalha.

Quando você vê algo que precisa ser feito, não pode se sentar no sofá e esperar que Deus o faça. Você é chamada a participar, como os israelitas que andavam ao redor de Jericó. Você precisa se mover e confiar que, ao se mexer, Deus faz milagres. Por que Deus pedia repetidamente aos israelitas que saíssem com fé e fizessem coisas que, no final, ele mesmo faria por eles? Era um teste de fé. Mexer-se, agir, fazer o que Deus chama a Garota de Deus a fazer prova que você confia e crê nele. Você precisa saber que Deus faz a obra por meio de sua vida, mas isso acontece quando começa a trabalhar. Então, mesmo que o trabalho que tem pela frente pareça ridículo ou assustador, levante-se e comece a se mexer para ver a mão de Deus em ação.

sete vezes no mesmo dia. Foi só nesse dia
que deram sete voltas em redor da cida-
de. [16] Na sétima volta, quando os sacerdo-
tes acabaram de tocar as cornetas, Josué
disse ao povo:
— Gritem agora! O SENHOR Deus está
entregando Jericó a vocês! [17] A cidade
deve ser destruída, junto com tudo o que
há nela, como oferta para Deus. Somente
ficará viva a prostituta Raabe e a sua fa-
mília porque ela escondeu os nossos es-
piões. [18] Mas não peguem em nada daqui-
lo que vai ser destruído. Se ficarem com
qualquer coisa que eu mandei destruir,
vocês vão trazer desgraça e destruição
ao acampamento israelita. [19] Mas os ob-
jetos de prata, ouro, bronze e ferro serão
separados para o SENHOR e colocados no
seu tesouro.
[20] Então os sacerdotes tocaram as cor-
netas. Logo que o povo ouviu este som,
gritou com toda a força, e a muralha caiu.
Aí todos subiram, entraram na cidade e a
tomaram. [21] E mataram, com as suas es-
padas, todos os que estavam na cidade:
homens e mulheres, crianças e velhos.
Também mataram os bois, as ovelhas e
os jumentos.

[22] Depois Josué disse aos dois homens
que haviam servido como espiões:
— Entrem na casa de Raabe, a pros-
tituta, e tragam a família dela para fora,
conforme vocês prometeram.
[23] Eles foram e fizeram sair Raabe, o seu
pai, a sua mãe, os seus irmãos e o resto da
família. Tiraram todas as pessoas da casa
e as puseram do lado de fora do acampa-
mento israelita. [24] Então incendiaram a ci-
dade e queimaram tudo o que havia nela,
menos os objetos de ouro, prata, bronze e
ferro. Essas coisas foram colocadas no te-
souro da casa de Deus, o SENHOR. [25] Josué
deixou que Raabe, a prostituta, e todos os
seus parentes ficassem vivos porque ela
havia escondido os espiões que ele havia
mandado a Jericó. E os descendentes dela
vivem no meio do povo de Israel *até hoje.
[26] Nessa ocasião Josué amaldiçoou a ci-
dade em nome de Deus, dizendo:

— Quem tentar construir de novo
 esta cidade de Jericó
será amaldiçoado pelo SENHOR!
Quem puser os alicerces
perderá o filho mais velho!
Quem colocar os portões
perderá o filho mais moço!

27 Assim o SENHOR Deus esteve com Jo-
sué, e a fama de Josué se espalhou por
todo o país.

O pecado de Acã

7 Deus havia ordenado ao povo de Israel
que ninguém guardasse nada do que
era para ser destruído, mas a ordem foi
desobedecida. Acã escondeu algumas coi-
sas, e por isso o SENHOR ficou muito *irado
com os israelitas. Acã era filho de Carmi,
descendente de Zabdi e descendente de
Zera, da *tribo de Judá.
2 Josué enviou alguns homens da cida-
de de Jericó até Ai, cidade que fica a leste
de Betel, perto de Bete-Avém. Ele man-
dou que fossem ver a terra. Eles foram e
examinaram bem a cidade. 3 Então volta-
ram e deram a Josué o seguinte relatório:
— Não é preciso que todo mundo vá.
Mande só dois ou três mil homens ata-
carem Ai porque existe pouca gente lá.
4 Assim foram mais ou menos três mil.
Porém os homens de Ai fizeram os israe-
litas recuarem 5 e mataram uns trinta e
seis. E eles perseguiram os israelitas des-
de o portão da cidade até as pedreiras,
matando-os na descida. Então o povo fi-
cou completamente desanimado e perdeu
toda a coragem.
6 Em sinal de tristeza, Josué rasgou a
sua roupa e se jogou no chão, com o rosto
em terra, na frente da *arca da aliança de
Deus, o SENHOR. Os líderes de Israel fize-
ram a mesma coisa e ficaram ali com Jo-
sué até de tarde. E fizeram como ele: tam-
bém jogaram terra na cabeça para mos-
trar que estavam tristes. 7 E Josué disse:
— Ó SENHOR, meu Deus! Afinal de con-
tas, por que fizeste este povo atravessar
o rio Jordão? Foi para nos entregares aos
amorreus, e eles nos matarem? Por que
não ficamos do outro lado do Jordão? 8 Se-
nhor, peço desculpas, mas já que Israel
fugiu do inimigo, o que posso dizer? 9 Os
cananeus e todos os outros moradores
desta terra vão saber disso. Eles nos cer-
carão e nos matarão a todos. E neste caso
o que farás em favor do teu grande nome?
10 O SENHOR Deus respondeu a Josué:
— Levante-se! Por que é que você está
aí desse jeito, com a cara no chão? 11 O
povo de Israel pecou. Eles quebraram a
*aliança que haviam feito comigo, a alian-
ça que eu mandei que guardassem. Fica-
ram com algumas coisas que eu mandei
que fossem destruídas. Eles roubaram
essas coisas, mentiram por causa de-
las e as colocaram no meio da bagagem
deles. 12 É por isso que os israelitas não
podem enfrentar o inimigo. Fogem dele
porque agora eles mesmos estão conde-
nados à destruição. Se vocês não destruí-
rem o que roubaram, eu não continua-
rei com vocês. 13 Levante-se e vá *santifi-
car o povo. Diga que se *purifiquem para
amanhã porque eu, o SENHOR, o Deus de
Israel, digo isto: "Israelitas, vocês estão
guardando algumas coisas que eu man-
dei destruir. Enquanto não se livrarem
delas, vocês não poderão enfrentar os
inimigos. 14 Amanhã vocês se apresenta-
rão, tribo por tribo, e haverá *sorteio. A
tribo que eu indicar virá à frente, grupo
de famílias por grupo de famílias. Aí o
grupo de famílias que eu indicar virá à
frente, família por família. Finalmente a
família que eu indicar virá à frente, ho-
mem por homem. 15 Então aquele que o
sorteio indicar que ficou com essas coisas
será queimado: ele, a sua família e tudo
o que possui. O que esse homem fez foi
terrível: ele quebrou a aliança que o meu
povo fez comigo."
16 Então Josué se levantou de madru-
gada e fez o povo de Israel se apresen-
tar, tribo por tribo. O sorteio indicou a
tribo de Judá. 17 Em seguida mandou que
se apresentassem os grupos de famílias
da tribo de Judá, e o grupo de Zera foi in-
dicado. Aí chamou o grupo de Zera, fa-
mília por família; e a família de Zabdi foi
indicada. 18 Finalmente chamou a família
de Zabdi, homem por homem, e Acã foi
indicado. Acã era filho de Carmi, descen-
dente de Zabdi, descendente de Zera, da
tribo de Judá.
19 E Josué disse a Acã:
— Agora, meu filho, confesse a verda-
de diante do SENHOR, o Deus de Israel.
Conte-me o que você fez; não procure es-
conder nada.
20 Acã respondeu:
— Sim, eu pequei contra o SENHOR, o
Deus de Israel. Vou contar o que fiz. 21 En-
tre as coisas que pegamos, vi uma bela
*capa da Babilônia; vi também duzentas
barras de prata e uma barra de ouro que
pesava mais ou menos meio quilo. Fiquei
com tanta vontade de ter aquelas coisas,
que guardei para mim. Estão escondidas,
enterradas na minha barraca, e a prata
está por baixo.

22 Então Josué mandou que alguns ho-
mens fossem depressa até a barraca; e
eles, de fato, acharam as coisas enterradas
e a prata por baixo. 23 Tiraram as coisas da
barraca, e levaram a Josué e a todos os is-
raelitas, e puseram tudo na presença de
Deus, o SENHOR. 24 Aí Josué e todo o povo
de Israel pegaram Acã, a prata, a capa, a
barra de ouro, os seus filhos e filhas, os
seus bois, jumentos, ovelhas, a sua bar-
raca e tudo o que ele tinha e os levaram
para o vale da Desgraça. 25 E Josué disse:

— Por que é que você fez essa desgraça cair sobre nós? Agora o SENHOR Deus vai fazer a desgraça cair sobre você!

Em seguida o povo todo matou Acã a
pedradas. Eles apedrejaram e queima-
ram a sua família e tudo o que ele tinha.
26 E puseram em cima dele um montão de
pedras, que está naquele lugar até agora.
É por isso que até hoje o nome daquele
lugar é vale da Desgraça.

Então a ira do SENHOR passou.

A destruição de Ai

8 O SENHOR Deus disse a Josué:

— Não tenha medo! Seja corajoso!
Marche com todos os seus soldados con-
tra a cidade de Ai. Eu farei com que der-
rotem o rei de lá. O povo de Ai, a sua cida-
de e as suas terras serão de vocês. 2 Vocês
vão fazer com essa cidade o que fizeram
com Jericó, mas desta vez todos os obje-
tos e o gado vão ficar para vocês. Prepa-
rem-se para atacar a cidade de surpresa
e por trás.

3 Então Josué e todos os soldados se
prepararam para marchar contra Ai. Ele
escolheu trinta mil homens corajosos e os
enviou de noite 4 com estas ordens:

— Escondam-se do outro lado da ci-
dade. Não fiquem muito longe e estejam
prontos para atacar. 5 Eu e os meus solda-
dos vamos avançar na direção da cidade.
Quando os soldados de Ai saírem contra
nós, vamos fugir como na primeira vez.
6 Eles vão sair atrás de nós, afastando-se

DEVOCIONAL

Texto para leitura: **Josué 8:1-8**

Conheça a si mesma

Se Deus prometesse ajudá-la a fazer algo que parecesse impossível, da mesma forma que prometeu ajudar os israelitas a conquistarem Jericó e Ai, você sairia com confiança e faria o que ele disse ou duvidaria da capacidade de Deus de cumprir sua promessa? Fazer as coisas que Deus pede pode parecer totalmente impossível. "Ande em volta da cidade e as muralhas ruirão? Entre na terra, e eu vou tirá-la dos atuais habitantes e dá-la a você?" Os israelitas provavelmente acharam difícil acreditar que tudo o que Deus lhes tinha dito para fazer poderia, de fato, ser feito, mas a história prova que ele cumpriu o prometido. Deus nunca deixou de cumprir sua promessa ou fazer coisas pelas pessoas que fizeram o que ele ordenou.

Deus nunca ordenaria que você fizesse algo que não possa ser feito. Sabendo disso, tenha certeza de que ele vai ajudá-la a fazer tudo o que ele pedir, a fim de que você tenha sucesso. Então, se há algo em sua vida que parece impossível ou que você sabe que deveria fazer, mas parece que não consegue, saiba que você não está sozinha. Deus promete ajudá-*la. Você só precisa invocá-lo e confiar que ele* responderá. Então, mexa-se com confiança. Dê o primeiro passo, ande, passe pela porta — não espere, mas siga em frente. Sua vida pode mudar para melhor hoje. Você pode se afastar de tudo o que a aborrece ou a deixa abatida. A liberdade pode ser sua, mas você precisa se mexer. Passe pela porta; ela está aberta. Tire as algemas; Deus a libertou. Hoje, receba sua vida de volta ao entregá-la a Deus. E lembre-se de que você pode fazer tudo por meio de Cristo que a fortalece (veja Filipenses 4:13).

da cidade. Vão pensar que estamos fugin-
do deles como na primeira vez. 7 Então vo-
cês sairão dos esconderijos e tomarão a
cidade. O SENHOR, nosso Deus, entregará
Ai a vocês. 8 Depois que tomarem a cidade,
ponham fogo nela, como o SENHOR man-
dou. São essas as minhas ordens.

9 Assim Josué enviou os soldados, e eles
foram se esconder a oeste de Ai, entre Ai e
Betel. Mas Josué passou a noite no acam-
pamento. 10 Levantou-se de madrugada e
reuniu os soldados. Ele e os líderes de Is-
rael marcharam na frente do povo na di-
reção de Ai. 11 Os soldados que iam com
Josué marcharam na direção do portão
principal da cidade e acamparam no lado
norte. Havia um vale entre eles e Ai. 12 Jo-
sué reuniu uns cinco mil homens e os pôs
em esconderijos a oeste, entre Ai e Betel.
13 Os soldados estavam colocados assim
para a batalha: o acampamento principal,
ao norte da cidade; e os outros, a oeste. E
Josué passou a noite no vale.

14 O rei de Ai agiu depressa quando viu
os israelitas. Ele e todos os seus soldados
saíram de madrugada e foram lutar con-
tra os israelitas no mesmo lugar de an-
tes, em frente do vale do Jordão. Ele não
sabia que ia ser atacado por trás. 15 Josué
e os seus soldados fingiram que estavam
sendo derrotados e fugiram para o deser-
to. 16 Todos os homens de Ai tinham sido
convocados para ir atrás dos israelitas; e,
enquanto perseguiam Josué, iam se afas-
tando cada vez mais da cidade. 17 Todos os
homens de Ai saíram atrás dos israelitas,
e a cidade ficou aberta, sem ninguém para
defendê-la.

18 Então o SENHOR disse a Josué:

— Aponte a sua lança na direção de Ai,
pois vou dar esta cidade a você.

E Josué obedeceu. 19 Quando ele levan-
tou a mão, os homens que estavam es-
condidos se levantaram depressa, cor-
reram, tomaram a cidade e em seguida
puseram fogo nela. 20 Quando os homens
de Ai olharam para trás, viram a fumaça,
que subia para o céu. Porém não puderam
fugir para lado nenhum porque os israe-
litas que haviam corrido para o deserto
deram meia-volta e os atacaram. 21 Josué
e os seus soldados viram que os outros ti-
nham tomado a cidade e posto fogo nela.
Então deram meia-volta e começaram a
matar os homens de Ai. 22 Os israelitas que
estavam na cidade também saíram para
atacar os homens de Ai. Esses homens
foram completamente cercados e mortos
pelos israelitas; 23 só ficou vivo o rei de Ai,
que foi preso e levado a Josué.

24 Os israelitas mataram todos os inimi-
gos em campo aberto, no deserto onde
haviam sido perseguidos. Depois volta-
ram para Ai e mataram os que estavam
lá. 25 Nesse dia foram mortos todos os mo-
radores de Ai — doze mil pessoas. 26 Jo-
sué continuou a apontar a lança na dire-
ção de Ai e não a abaixou até que todas
as pessoas da cidade foram mortas. 27 Os
israelitas ficaram com as coisas que pe-
garam na cidade, como o SENHOR havia
ordenado que Josué fizesse. 28 Josué in-
cendiou Ai, que virou um montão de ruí-
nas para sempre, como se pode ver *até
hoje. 29 Ele enforcou o rei de Ai numa ár-
vore e o deixou ali até de tarde. Ao pôr do
sol mandou que tirassem o corpo e o jo-
gassem no portão de entrada da cidade.
E o cobriram com um montão de pedras,
que está naquele lugar até hoje.

A leitura da Lei

30 Nessa ocasião Josué construiu no
monte Ebal um altar ao SENHOR, o Deus
de Israel. 31 Ele seguiu as ordens que Moi-
sés, *servo do SENHOR, tinha dado aos is-
raelitas, como está escrito na *Lei de Moi-
sés: "Faça um altar de pedras brutas, que
não foram cortadas com ferramentas." So-
bre esse altar apresentaram ao SENHOR
ofertas que foram completamente quei-
madas e ofertas de paz. 32 Ali, na frente do
povo, Josué copiou em pedras a lei que
Moisés tinha escrito. 33 E todos os israe-
litas, com os seus líderes, autoridades e
juízes e também todos os estrangeiros
que viviam no meio deles ficaram de um
lado e de outro da *arca da aliança. E ou-
tros ficaram de frente para os sacerdo-
tes *levitas que carregavam a arca. Me-
tade do povo ficou em frente do monte
Gerizim, e a outra metade, em frente do
monte Ebal. Moisés, servo do SENHOR, ti-
nha dado ordem para o povo se colocar
nessa posição na hora de receber a bên-
ção. 34 Então Josué leu em voz alta toda a
lei, com as bênçãos e as maldições, como
estão escritas no *Livro da Lei. 35 Cada um
dos mandamentos de Moisés foi lido por
Josué para toda a multidão de israelitas e
para as mulheres, crianças e estrangeiros
que viviam entre eles. Nenhuma palavra
deixou de ser lida.

O acordo de paz com os gibeonitas

9 Todos os reis que viviam a oeste do rio Jordão, tanto os das montanhas como os das planícies, e também os reis de todo o litoral do mar Mediterrâneo até o Líbano ficaram sabendo disso. Estes eram os reis dos heteus, dos amorreus, dos cananeus, dos perizeus, dos heveus e dos jebuseus. 2 E todos eles se reuniram para guerrear contra Josué e o povo de Israel.

3 Quando os moradores da cidade de Gibeão, que eram heveus, ouviram falar do que Josué tinha feito com Jericó e com Ai, 4 resolveram enganá-lo. Pegaram comida e carregaram os seus jumentos com sacos velhos e com *odres rasgados e remendados, cheios de vinho. 5 Calçaram sandálias velhas e remendadas e vestiram roupas bem gastas. E levaram para comer pão seco e bolorento. 6 Eles foram até o acampamento de Gilgal e disseram a Josué e a todos os homens de Israel:

— Nós estamos chegando de um país que fica bem longe daqui. Façam um *acordo de paz com a gente.

7 Porém os homens de Israel disseram:

— Pode ser que vocês morem aqui por perto. Como é que podemos fazer um acordo de paz com vocês?

8 — Estamos prontos para ser seus empregados! — responderam eles.

— Quem são vocês? De onde vêm? — perguntou Josué.

9 Os gibeonitas responderam:

— Nós, os seus criados, somos de um país que fica muito longe e viemos até aqui porque ouvimos falar do SENHOR, seu Deus. Ouvimos as notícias de tudo o que ele fez no Egito. 10 E também soubemos o que fez com os dois reis amorreus a leste do rio Jordão; a Seom, rei de Hesbom, e a Ogue, rei de Basã, que vivia em Astarote. 11 Os nossos líderes e toda a nossa gente nos mandaram preparar comida para viajar. Eles nos mandaram encontrar com vocês e dizer: "Estamos prontos para ser seus empregados! Façam um acordo de paz com a gente." 12 E vejam só o nosso pão! Estava quentinho quando saímos de casa no começo da viagem. Mas olhem! Agora está seco e bolorento. 13 Quando enchemos de vinho estes odres, eles eram novos. Mas vejam! Agora estão rasgados. As nossas roupas e as nossas sandálias estão gastas por causa da longa viagem que fizemos.

14 Os homens de Israel aceitaram a comida deles, porém não pediram conselho a Deus, o SENHOR. 15 Josué fez um acordo de paz com os gibeonitas, prometendo que não seriam mortos. E os líderes do povo de Israel juraram que cumpririam a sua palavra.

16 Três dias depois de feito o acordo, descobriram que aquela gente morava perto. 17 Tanto assim que os israelitas saíram do acampamento e três dias depois chegaram às cidades onde os gibeonitas viviam, isto é, Gibeão, Cefira, Beerote e Quiriate-Jearim. 18 Porém, por causa do juramento que os seus líderes tinham feito aos gibeonitas em nome do SENHOR, o Deus de Israel, os israelitas não os mataram. E por isso todo o povo reclamou contra os líderes, 19 mas eles explicaram assim:

— Nós juramos em nome do SENHOR, o Deus de Israel, e agora não podemos fazer nada contra os gibeonitas. 20 Por causa da nossa promessa temos de deixá-los viver; se não, Deus nos castigará. 21 Deixem que eles vivam; mas terão de cortar lenha e carregar água para nós.

Foi isso o que os líderes disseram.

22 Então Josué chamou os gibeonitas e perguntou:

— Por que vocês nos enganaram, afirmando que vinham de longe, quando vivem aqui mesmo? 23 E, já que vocês fizeram isso, de agora em diante vão viver debaixo do castigo de Deus. É do povo gibeonita que sairão sempre os escravos para cortar madeira e carregar água para a casa do meu Deus.

24 Eles responderam:

— Fizemos isso porque ficamos sabendo que o SENHOR, seu Deus, havia ordenado ao seu *servo Moisés que entregasse toda esta terra aos israelitas. E também ordenou a vocês que, conforme fossem avançando, matassem todos os seus moradores. Fizemos isso porque ficamos com muito medo de vocês, medo de sermos mortos. 25 Agora estamos nas suas mãos; faça de nós o que achar melhor.

26 Josué protegeu os gibeonitas e não deixou que fossem mortos. 27 Mas, daquele dia em diante, ele os obrigou a serem carregadores de água e rachadores de lenha para o povo de Israel e para o altar de Deus, o SENHOR. E *até hoje eles continuam fazendo isso, trabalhando no lugar escolhido por Deus para a sua adoração.

A derrota dos amorreus

10 Adoni-Zedeque, rei de Jerusalém,
ouviu dizer que Josué havia tomado
e destruído completamente a cidade de
Ai e matado o seu rei. E ouviu dizer que
o mesmo havia acontecido com Jericó e
o seu rei. Também soube que os gibeoni-
tas tinham feito um *acordo de paz com
os israelitas e que viviam entre eles. 2 Os
moradores de Jerusalém ficaram com mui-
to medo, pois a cidade de Gibeão era tão
grande como qualquer outra governada
por um rei. E era maior ainda do que Ai, e
os seus homens eram soldados corajosos.
3 Então Adoni-Zedeque enviou mensagei-
ros a Hoão, rei de Hebrom, e a Pirã, rei de
Jarmute, e a Jafia, rei de Laquis, e a Debir,
rei de Eglom, com a seguinte mensagem:
4 — Venham me ajudar a atacar Gibeão
porque o povo de lá fez um acordo de paz
com Josué e com o povo de Israel.
5 E esses cinco reis amorreus — de Jeru-
salém, Hebrom, Jarmute, Laquis e Eglom
— ajuntaram-se com todos os seus exér-
citos e cercaram e atacaram a cidade de
Gibeão.
6 Os gibeonitas então mandaram dizer a
Josué no acampamento de Gilgal:
— Não abandone a gente! Venha de-
pressa nos ajudar e salvar! Todos os reis
amorreus que moram nas montanhas se
ajuntaram contra nós!
7 Então Josué e todo o seu exército par-
tiram de Gilgal. 8 E o SENHOR Deus lhe dis-
se:
— Não fique com medo desses reis,
pois eu já lhe dei a vitória. Nenhum de-
les será capaz de resistir.
9 Josué saiu de Gilgal e marchou a noi-
te toda, subindo sempre. Ele atacou de
surpresa. 10 E o SENHOR Deus fez com que
os inimigos ficassem apavorados quando
viram os exércitos de Israel. Assim os is-
raelitas os derrotaram completamente
em Gibeão e os perseguiram na descida
de Bete-Horom, combatendo até Azeca e
Maquedá. 11 E, enquanto eles fugiam dos
israelitas, correndo na descida de Bete-
-Horom até Azeca, o SENHOR jogou do céu
grandes pedras de gelo sobre os inimigos,
e eles foram mortos. E morreram mais
pessoas com essa chuva de pedras do que
no combate com os israelitas.
12 No dia em que o SENHOR deu a vitó-
ria aos israelitas na luta contra os amor-
reus, Josué falou com ele. E, na presença
dos israelitas, disse:

"Sol, fique parado sobre Gibeão!
Lua, pare sobre o vale de Aijalom!"
13 O sol ficou parado,
e a lua também parou,
até que o povo se vingou dos seus
inimigos.

Estas palavras estão escritas no *Livro
do Justo*.
O sol ficou parado no meio do céu e
atrasou a sua descida por quase um dia
inteiro. 14 Nunca tinha havido e nunca
mais houve um dia como este, um dia
em que o SENHOR obedeceu à voz de um
homem. Isso aconteceu porque o SENHOR
combatia a favor de Israel.
15 Depois disso Josué e o seu exército
voltaram ao acampamento de Gilgal.
16 Os cinco reis escaparam e se esconde-
ram na caverna de Maquedá, 17 mas foram
descobertos. E Josué ficou sabendo que
estavam escondidos lá.
18 Então disse:
— Rolem algumas pedras grandes até
a entrada da caverna e ponham alguns
guardas. 19 Mas não fiquem lá. Persigam
os inimigos e ataquem os que ficarem
para trás. Não deixem que eles voltem
para as suas cidades porque o SENHOR,
nosso Deus, já os entregou a vocês para
serem mortos.
20 Josué e os soldados de Israel os mata-
ram até acabar com quase todos eles. Os
que escaparam ficaram dentro das suas
cidades protegidas por muralhas. 21 Então
todos os soldados de Israel voltaram sãos
e salvos para o acampamento de Maque-
dá, onde Josué estava. E ninguém tinha co-
ragem de dizer nada contra os israelitas.
22 Depois Josué disse:
— Tirem as pedras da entrada da ca-
verna e tragam aqui os cinco reis.
23 E isso foi feito. Tiraram da caverna
os reis de Jerusalém, Hebrom, Jarmute,
Laquis e Eglom 24 e os levaram a Josué.
Josué chamou os homens de Israel e or-
denou aos oficiais do exército que tinham
ido com ele:
— Venham aqui e ponham os pés no
pescoço destes reis.
Eles fizeram isso. 25 Aí Josué disse:
— Não tenham medo; não percam a co-
ragem. Sejam fortes e corajosos porque o
SENHOR fará isso com todos os inimigos
que vocês enfrentarem.
26 Então Josué matou os reis e os pen-
durou em cinco postes de madeira. E eles

ficaram pendurados ali até o anoitecer. 27 Ao pôr do sol, Josué mandou que eles fossem tirados dos postes e jogados na caverna onde se haviam escondido. E puseram na entrada grandes pedras, que estão lá *até hoje.

Outras vitórias de Josué

28 Nesse mesmo dia Josué atacou e tomou Maquedá. Matou o rei e todos os moradores da cidade; ninguém ficou vivo. Ele fez com o rei de Maquedá o mesmo que havia feito com o rei de Jericó.

29 Em seguida Josué e o seu exército foram de Maquedá até a cidade de Libna e atacaram. 30 O SENHOR Deus também deu aos israelitas a vitória sobre essa cidade e sobre o seu rei. Eles mataram todos os moradores e fizeram com o rei de Libna o mesmo que haviam feito com o rei de Jericó.

31 Josué e o seu exército foram de Libna a Laquis. Eles cercaram e atacaram a cidade. 32 No segundo dia de combate, o SENHOR deu aos israelitas a vitória sobre a cidade de Laquis. E, como haviam feito em Libna, também em Laquis mataram todas as pessoas. 33 Então Horã, rei de Gezer, saiu para ajudar Laquis. Porém Josué derrotou o rei de Gezer e o seu povo; não deixou ninguém vivo.

34 Depois Josué e o seu exército foram de Laquis até Eglom. Eles cercaram e atacaram a cidade 35 e a tomaram no mesmo dia. E mataram todos, como haviam feito em Laquis.

36 Aí Josué e o seu exército subiram de Eglom até a cidade de Hebrom. Atacaram 37 e tomaram a cidade de Hebrom. Mataram o rei e todos os moradores de Hebrom e das cidades vizinhas. Josué mandou que destruíssem completamente a cidade, como tinham feito com Eglom. Ninguém ficou vivo.

38 Então Josué e o seu exército voltaram e atacaram Debir. 39 Tomaram a cidade, o seu rei *e também todas as cidades* vizinhas, matando todas as pessoas dali. Josué fez com Debir e com o seu rei o mesmo que havia feito com Hebrom e Libna e com os seus reis.

40 Assim Josué conquistou toda aquela terra. Derrotou os reis que moravam nas montanhas, na região sul, nas planícies e ao pé das montanhas. Ele não deixou ninguém vivo; todos foram mortos. Era isso o que o SENHOR, o Deus de Israel, havia mandado. 41 Josué os derrotou desde Cades-Barneia até Gaza e toda a região de Gosém até Gibeão. 42 O SENHOR, o Deus de Israel, lutava pelo seu povo, e por isso Josué dominou todos esses reis e as suas terras numa só guerra. 43 Depois disso Josué e o seu exército voltaram para o acampamento de Gilgal.

A derrota de Jabim e os seus aliados

11 Essas coisas chegaram aos ouvidos de Jabim, rei de Hazor. E ele mandou mensageiros aos seguintes reis: a Jobabe, rei de Madom; aos reis de Sinrom e Acsafe; 2 aos reis da região montanhosa, ao norte; aos do vale do Jordão, ao sul do lago da Galileia; e aos da planície e do litoral, perto de Dor. 3 Também enviou mensageiros aos cananeus dos dois lados do rio Jordão, aos amorreus, aos heteus, aos perizeus, aos jebuseus da região montanhosa e aos heveus, que viviam ao pé do monte Hermom, na terra de Mispa. 4 Eles foram com todos os seus soldados — um exército com tantos homens quantos são os grãos de areia da praia do mar. Tinham também muitos cavalos e carros de guerra. 5 Todos esses reis juntaram os seus soldados e acamparam perto do riacho de Merom, para lutar contra o povo de Israel.

6 O SENHOR Deus disse a Josué:

— Não fique com medo deles. Amanhã, a esta mesma hora, eu matarei toda essa gente para Israel. Você aleijará os cavalos deles e queimará os seus carros.

7 Assim Josué e todos os seus soldados atacaram de surpresa perto do riacho de Merom, 8 e o SENHOR Deus deu a vitória aos israelitas. Eles atacaram os inimigos e os perseguiram até a grande Sidom e Misrefote-Maim e até o vale de Mispa, a leste. Continuaram a lutar até matarem todos os inimigos. 9 Josué fez como o SENHOR havia mandado: aleijou os cavalos deles e queimou os seus carros de guerra.

10 Então Josué voltou, tomou a cidade de Hazor e matou o seu rei. Nesse tempo Hazor era o mais poderoso de todos esses reinos. 11 Os israelitas mataram todos os moradores, e a cidade foi queimada. 12 Josué tomou todas essas cidades e os seus reis. Matou todos, conforme a ordem de Moisés, *servo do SENHOR. 13 Mas os israelitas não queimaram nenhuma das cidades construídas sobre ruínas, a não ser Hazor, que Josué incendiou. 14 Os israelitas ficaram com todos os objetos de valor e

DEVOCIONAL

Texto para leitura: **Josué 11:16-20**

Conheça a Deus

Quando seus inimigos são impiedosos e simplesmente não recuam, não tenha tanta pressa em surtar. É óbvio que não tem graça ser atacada e ridicularizada. Não é nada gostoso ter inimigos. Mas, uma vez que você procurou a paz, uma vez que amou seus inimigos e nada mudou, uma vez que você se humilhou e fez as coisas do jeito de Deus, e não de seu jeito, e os inimigos ainda estão atrás de você, é possível que você queira pensar que os ataques podem fazer parte do plano dele. Deus não quer machucar você, mas sim ensiná-la.

Sempre temos algo a aprender nas provações da vida, e essa situação não é exceção. O que você vai aprender com um inimigo impiedoso? Como sua fé vai aumentar, e não a raiva e a amargura? Descubra qual reação às suas provações agrada a Deus, e não à sua carne. Quando você crê que Deus permite pessoas ruins em sua vida por uma razão, você tira o poder que elas têm de machucá-la e, em vez disso, permite que ele a molde. Então, não tenha medo de seus inimigos, mas confie que Deus lhe mostrará o caminho da justiça no modo que você reage a eles.

Nesta vida, você vai ter inimigos. Vai topar com pessoas que a odeiam e cujo objetivo é castigá-la por qualquer coisa que as incomoda, mas tenha ânimo: Deus ainda é Deus, e ninguém, nem mesmo uma pessoa ruim, pode tirar o poder dele de sua vida.

com o gado dessas cidades. Mas todas as
pessoas foram mortas; não ficou ninguém
vivo. 15 O SENHOR tinha dado essas ordens
ao seu servo Moisés; Moisés as deu a Josué, e Josué obedeceu. Ele fez tudo o que o SENHOR havia mandado Moisés fazer.

Mais vitórias de Josué

16 Josué tomou toda aquela terra, isto é,
a região montanhosa de Judá, toda a região sul, toda a terra de Gosém, as planícies de Judá, o vale do Jordão e também a região montanhosa e as planícies do litoral de Israel.
17 Essa região ia desde o
monte Halaque, perto de Seir, até Baal-Gade, no vale do Líbano, ao pé do monte Hermom. Josué matou todos os reis desses lugares
18 nas guerras que fez por longo tempo contra eles.
19 Nenhuma dessas
cidades fez *acordos de paz com Israel, a não ser *Gibeão*, onde moravam alguns heveus. As outras cidades foram tomadas na guerra.
20 O SENHOR Deus fez com que
os moradores dessas cidades teimassem em lutar contra o povo de Israel, para que, assim, fossem completamente destruídos e mortos sem dó nem piedade. O SENHOR havia ordenado isso a Moisés.
21 Nessa ocasião Josué foi e acabou com
os gigantes *anaquins que viviam nas montanhas: em Hebrom, Debir, Anabe e em toda a região montanhosa de Judá e de Israel. Josué acabou completamente com eles e destruiu as suas cidades.
22 Nenhum dos anaquins ficou na terra de Israel. Somente alguns continuaram a viver nas cidades de Gaza, Gate e Asdode.
23 Como o SENHOR havia ordenado a Moisés, Josué tomou a terra e a deu aos israelitas para ser propriedade deles. Ele dividiu a terra e deu uma parte a cada *tribo.
E assim a guerra acabou.

Os reis vencidos por Moisés

12 O povo de Israel havia derrotado
os reis que moravam a leste do rio
Jordão e ocupado as suas terras. Essas terras iam desde o vale do Arnom, subindo o vale do Jordão, até o monte Hermom. Os reis que os israelitas derrotaram são citados em seguida.
2 O primeiro foi Seom, o
rei dos amorreus, que vivia em Hesbom.

O reino dele começava em Aroer, na beira
do vale do Arnom e na metade do vale, e
ia até o rio Jaboque, na divisa da região
de Amom. Esse reino ia até a metade de
Gileade. 3 Do lado leste do vale do Jordão,
o reino de Seom começava no lago da Ga-
lileia na direção de Bete-Jesimote, a les-
te do mar Morto, e ia até o sul, ao pé do
monte Pisga.

4 Os israelitas também derrotaram
Ogue, rei de Basã, que foi um dos últimos
*refains. Ele morava em Astarote e Edrei.
5 Do reino dele faziam parte o monte Her-
mom, Salca e toda a região de Basã, até
a divisa com os gesuritas e maacatitas, e
também metade de Gileade, até as terras
de Seom, rei de Hesbom. 6 Moisés e o povo
de Israel os derrotaram. Moisés, *servo
do SENHOR, deu as terras desses reis às
*tribos de Rúben, de Gade e de Manas-
sés do Leste.

Os reis vencidos por Josué

7 Josué e o povo de Israel derrotaram
todos os reis das terras que ficam a oes-
te do rio Jordão, desde Baal-Gade, no vale
do Líbano, até o monte Halaque, na dire-
ção de Seir. Josué dividiu essas terras en-
tre as tribos, para serem delas para sem-
pre. 8 Faziam parte dessas terras a região
montanhosa, a planície, o vale do Jordão,
a subida das montanhas, o deserto e a re-
gião sul. Nessa terra moravam os heteus,
os amorreus, os cananeus, os perizeus, os
heveus e os jebuseus. 9-24 Foram derrota-
dos os reis das seguintes cidades: Jericó,
Ai (perto de Betel), Jerusalém, Hebrom,
Jarmute, Laquis, Eglom, Gezer, Debir, Ge-
der, Horma, Arade, Libna, Adulã, Maque-
dá, Betel, Tapua, Héfer, Afeca, Lasarom,
Madom, Hazor, Sinrom-Merom, Acsafe,
Taanaque, Megido, Quedes, Jocneão (na
região do Carmelo), Dor (no litoral), Goim
(na Galileia) e Tirza — ao todo trinta e
um reis.

As terras ainda *não conquistadas*

13 Quando Josué já estava bem velho,
o SENHOR disse:
— Você já está muito velho, e ainda há
muita terra para ser conquistada. 2 Fal-
ta conquistar a região dos filisteus e dos
gesuritas. 3 (Essa terra, que vai desde o
riacho de Sior, na divisa do Egito, até a
divisa de Ecrom, no Norte, pertencia aos
cananeus; os governadores dos filisteus
viviam nas cidades de Gaza, Asdode,
Asquelom, Gate e Ecrom.) Falta conquis-
tar a terra de Avim, 4 no Sul, toda a ter-
ra dos cananeus e Meara (que pertencia
aos sidônios), até Afeca, na divisa com os
amorreus. 5 Também falta a terra dos ge-
balitas; e, na direção do leste, todo o Líba-
no, desde Baal-Gade, ao pé do monte Her-
mom, até a subida de Hamate. 6 Finalmen-
te, faltam todos os sidônios que vivem na
região montanhosa entre os montes Lí-
banos e Misrefote-Maim. Eu expulsarei
essa gente conforme o povo de Israel for
avançando. Divida desde já a terra para
que o povo de Israel fique dono dela como
mandei antes. 7 Portanto, reparta essa ter-
ra entre as outras nove *tribos e a meta-
de oeste da tribo de Manassés. Essa terra
será dessas tribos.

As terras das tribos a leste do Jordão

8 As *tribos de Rúben e de Gade e a ou-
tra metade da tribo de Manassés haviam
recebido as suas terras, que ficam a leste
do rio Jordão. Era isso que Moisés, *ser-
vo do SENHOR, lhes tinha dado. 9 As suas
terras iam desde Aroer, na beira do vale
do Arnom, e desde a cidade que ficava no
meio daquele vale, até Dibom, incluindo
todo o planalto de Medeba. 10 Faziam par-
te das suas terras todas as cidades go-
vernadas por Seom, o rei dos amorreus,
que reinava em Hesbom, e iam até a di-
visa com os amonitas. 11 As suas terras
incluíam ainda Gileade e a região onde
os gesuritas e os maacatitas moravam e
também todo o monte Hermom e toda
a região de Basã até Salca. 12 Incluíam fi-
nalmente o reino de Ogue. Ogue, que foi
o último dos *refains, reinava em Astaro-
te e em Edrei. Moisés tinha derrotado e
expulsado esse povo. 13 Mas os gesuritas
e os maacatitas não foram expulsos; eles
ainda vivem no meio do povo de Israel.

14 Porém Moisés não tinha dado terras
à tribo de Levi. As propriedades dos *le-
vitas eram os alimentos trazidos a Deus,
o SENHOR, como oferta, conforme ele ha-
via ordenado a Moisés.

As terras da tribo de Rúben

15 Moisés tinha dado uma parte da ter-
ra às famílias da *tribo de Rúben, para ser
propriedade delas. 16 Essas terras iam des-
de Aroer, na beira do vale do Arnom, e
desde a cidade que ficava no meio do vale,
até Medeba e todo o planalto ao seu redor.
17 Incluíam Hesbom e todas as cidades do

planalto, isto é, Dibom, Bamote-Baal, Be-
te-Baal-Meom, 18 Jasa, Quedemote, Mefaa-
te, 19 Quiriataim, Sibma e Zerete-Saar, no
monte do vale. 20 Também Bete-Peor, a su-
bida do monte Pisga, Bete-Jesimote, 21 to-
das as outras cidades do planalto e todas
as cidades de Seom, o rei dos amorreus,
que reinou em Hesbom. Moisés havia der-
rotado o reino de Seom e os príncipes de
Midiã: Evi, Requém, Zur, Hur e Reba. To-
dos esses viviam nessa terra e reinavam
dominados por Seom. 22 Entre os que fo-
ram mortos pelo povo de Israel estava Ba-
lião, o adivinho, filho de Beor. 23 A oeste a
divisa da tribo de Rúben era o rio Jordão.
Estas foram as cidades e povoados dados
às famílias da tribo de Rúben, para serem
propriedade delas.

As terras da tribo de Gade

24 Moisés também tinha dado uma par-
te da terra às famílias da *tribo de Gade,
para ser propriedade delas. 25 As suas ter-
ras incluíam Jazer, todas as cidades de Gi-
leade e metade da terra dos amonitas até
Aroer, que fica a leste de Rabá. 26 Iam de
Hesbom até Ramá-Mispa e Betonim e de
Maanaim até a divisa de Lo-Debar. 27 No
vale do Jordão, incluíam as cidades de Be-
te-Arã, Bete-Ninra, Sucote e Zafom e tam-
bém o resto do reino de Seom, rei de Hes-
bom. A oeste o limite das terras de Gade
era o rio Jordão, até o lago da Galileia, no
Norte. 28 Estas foram as cidades e povoa-
dos dados às famílias da tribo de Gade,
para serem propriedade delas.

As terras da tribo de Manassés do Leste

29 Moisés tinha dado uma parte da terra
às famílias de uma das metades da *tribo
de Manassés, para ser propriedade de-
las. 30 As suas terras começavam na ci-
dade de Maanaim e incluíam toda a re-
gião de Basã, que pertencia ao rei Ogue,
e também todas as sessenta cidades que
eram de Jair, em Basã. 31 Incluíam a meta-
de da região de Gileade, Astarote e Edrei,
cidades do reino de Ogue, em Basã. Essas
terras foram dadas às famílias de meta-
de dos descendentes de Maquir, filho de
Manassés.

32 Assim Moisés, nas planícies de Moa-
be, tinha dividido a terra que ficava a
leste da cidade de Jericó e do rio Jordão.
33 Mas ele não deu nenhuma parte da ter-
ra à tribo de Levi, para ser propriedade
dela. Moisés disse aos membros dessa
tribo que o SENHOR, o Deus de Israel, era
a propriedade deles.

A divisão da terra de Canaã

14 São estas as terras que o povo de
Israel recebeu em Canaã.
Eleazar, o sacerdote, e Josué, filho de
Num, e os chefes das famílias das *tribos
de Israel fizeram a divisão. 2 Como o SE-
NHOR havia ordenado a Moisés, a divisão
das terras das nove tribos e meia foi feita
por *sorteio. 3 Moisés tinha dado uma par-
te da terra às duas tribos e meia que fica-
ram a leste do rio Jordão, mas os *levitas
não receberam terras. 4 Os descendentes
de José estavam divididos em duas tribos:
Manassés e Efraim. Não foi dado nenhum
pedaço de terra aos levitas, mas eles ti-
nham cidades para morar e também pas-
tos para o seu gado e os seus rebanhos.
5 O povo de Israel dividiu a terra como o
SENHOR havia ordenado a Moisés.

Josué dá Hebrom a Calebe

6 O povo da *tribo de Judá foi falar com
Josué em Gilgal. Calebe, filho de Jefoné,
do povo quenezeu, disse a Josué:
— Você sabe o que o SENHOR disse a
Moisés, homem de Deus, em Cades-Bar-
neia, a respeito de você e de mim. 7 Eu ti-
nha quarenta anos quando Moisés, *servo
do SENHOR, me enviou de Cades-Barneia
para espionar a terra. E eu dei um rela-
tório que sabia que era verdadeiro. 8 Os
homens que foram comigo espalharam o
medo no meio do povo, mas eu obedeci
fielmente ao SENHOR, meu Deus. 9 Naque-
le dia Moisés me fez a seguinte promes-
sa: "Calebe, você obedeceu fielmente ao
SENHOR, meu Deus. Por isso fique certo
de que você e os seus filhos serão donos
para sempre de toda a terra que pisarem."
10 E Calebe continuou:
— Agora veja! Faz quarenta e cinco
anos que o SENHOR Deus disse essas coi-
sas a Moisés. Isso foi no tempo em que o
povo de Israel atravessava o deserto; e
o SENHOR me tem conservado com vida
até hoje. Olhe para mim! Estou com oi-
tenta e cinco anos 11 e me sinto tão for-
te hoje como no dia em que Moisés me
mandou espionar a terra. Ainda tenho
bastante força para combater na guerra
e para fazer o que for preciso. 12 Agora me
dê essa região montanhosa que o SENHOR
me prometeu quando os meus compa-
nheiros e eu demos o relatório. Naquele

tempo dissemos a você que os gigantes
*anaquins estavam lá, morando em gran-
des cidades cercadas de muralhas. Se o
SENHOR estiver comigo, eu os expulsarei,
como ele prometeu.
13 Então Josué abençoou a Calebe, filho
de Jefoné, e lhe deu a cidade de Hebrom
para ser sua propriedade. 14 *Até hoje
Hebrom pertence aos descendentes de
Calebe, filho de Jefoné, do povo quene-
zeu, porque ele obedeceu fielmente ao
SENHOR, o Deus de Israel. 15 Antes disso
Hebrom era chamada de Quiriate-Arba.
Arba havia sido o maior dos anaquins.
Então houve paz na terra.

As terras da tribo de Judá

15 As famílias da *tribo de Judá rece-
beram uma parte da terra com os
seguintes limites: ao sul as terras iam até
a divisa de Edom e até o deserto de Zim.
2 Começavam bem no sul do mar Morto
3 e iam em direção ao sul, desde a subida
de Acrabim até chegar a Zim. Partindo da
região sul, a divisa subia a Cades-Barneia,
passava por Hezrom, ia até Adar e rodeava
Carca. 4 Continuava até Azmom e seguia o
ribeirão, na divisa do Egito, até o mar Me-
diterrâneo, onde terminava. Estas eram
as divisas da tribo de Judá, ao sul.
5 A leste a divisa era o mar Morto, até o
ponto onde o rio Jordão desemboca. Ao
norte a divisa começava ali, 6 seguia até
Bete-Hogla e passava ao norte de Bete-
-Arabá. Daí subia até a pedra de Boã (Boã
era filho de Rúben). 7 Depois, começando
no vale da Desgraça, ia até Debir e volta-
va para o norte na direção de Gilgal, que
fica em frente da subida de Adumim, no
sul do vale. Em seguida continuava até as
fontes de Semes e depois até a fonte de
Rogel. 8 Daí atravessava o vale de Ben-Hi-
nom, no sul da montanha dos jebuseus,
onde fica a cidade de Jerusalém. Depois
a divisa seguia até o alto da montanha
que fica em frente do vale de Hinom, no
lado oeste, *no fim do vale dos Gigantes*, ao
norte. 9 Partindo do alto da montanha, ia
até as fontes de Neftoa e daí até as cida-
des vizinhas do monte Efrom. Aí voltava
na direção de Baalá (ou Quiriate-Jearim)
10 e rodeava Baalá pelo oeste até o mon-
te Seir. Então passava pelo lado norte do
monte Jearim (ou Quesalom), descia até
Bete-Semes e ia além de Timna. 11 Daí a di-
visa seguia pelas subidas das montanhas
ao norte de Ecrom, voltava até Siquerom,
passava o monte Baalá, saindo em Jâm-
nia e terminando no mar Mediterrâneo.
12 A oeste a divisa era o litoral do mar
Mediterrâneo.
Estas eram as divisas da terra das fa-
mílias da tribo de Judá.

Calebe conquista Hebrom e Debir

Juízes 1.11-15

13 Como o SENHOR havia ordenado a Jo-
sué, uma parte da terra do povo de Judá
foi dada a Calebe, filho de Jefoné. Josué
lhe deu Hebrom, que era a cidade de
Arba, o pai de Anaque. 14 Calebe expul-
sou dali os três filhos de Anaque, isto é,
Sesai, Aimã e Talmai. 15 De lá foi atacar o
povo que vivia em Debir, cidade que antes
se chamava Quiriate-Sefer. 16 Calebe disse:
— Eu darei minha filha Acsa em casa-
mento ao homem que conseguir conquis-
tar a cidade de Quiriate-Sefer.
17 Otoniel conquistou a cidade. Ele era
filho de Quenaz, o irmão de Calebe. En-
tão Calebe lhe deu sua filha Acsa em ca-
samento. 18 Quando Acsa foi morar com
Otoniel, ela insistiu com ele que pedisse
ao pai dela algumas terras. Acsa foi para
o lugar onde Calebe estava, e, quando ela
desceu do jumento, o seu pai perguntou:
— O que é que você quer?
19 — Eu quero um presente! — respon-
deu ela. — Já que o senhor me deu uma
terra seca, me dê também algumas fon-
tes de água.
Então Calebe lhe deu as fontes que fica-
vam nas terras altas e nas baixas.

As cidades da tribo de Judá

20 As terras que as famílias da *tribo
de Judá receberam como sua proprie-
dade são citadas em seguida. 21 Bem no
sul, perto da divisa de Edom, elas rece-
beram as cidades de Cabzeel, Éder, Jagur,
22 Quiná, Dimona, Adada, 23 Quedes, Azor,
Itnã, 24 Zife, Telém, Bealote, 25 Hazor-Hada-
ta, Queriote-Hezrom (ou Hazor), 26 Amã,
Sema, Molada, 27 Hazar-Gada, Hesmom,
Bete-Palete, 28 Hazar-Sual, Berseba, Bizio-
tia, 29 Baalá, Iim, Ezém, 30 Eltolade, Quesil,
Horma, 31 Ziclague, Madmana, Sansana,
32 Lebaote, Silim, Aim e Rimom. Ao todo
vinte e nove cidades, mais os povoados
vizinhos.
33 As cidades na planície foram Estaol,
Zora, Asnate, 34 Zanoa, En-Ganim, Tapua,
Enã, 35 Jarmute, Adulã, Socó, Azeca, 36 Saa-
raim, Aditaim, Gedera e Gederotaim. Ao

todo catorze cidades, mais os povoados
vizinhos.
37 Também receberam as cidades de
Zenã, Hadasa, Migdal-Gade, 38 Dileã, Mis-
pa, Jocteel, 39 Laquis, Boscate, Eglom, 40 Ca-
bom, Laamas, Quitlis, 41 Gederote, Bete-
-Dagom, Naama e Maquedá. Ao todo de-
zesseis cidades, mais os povoados vizi-
nhos.
42 As famílias de Judá também recebe-
ram Libna, Eter, Asã, 43 Ifta, Asnate, Nezi-
be, 44 Queila, Aczibe e Maressa. Ao todo
nove cidades, mais os povoados vizinhos.
45 Receberam ainda Ecrom com os seus
povoados e aldeias 46 e todas as cidades e
povoados perto de Asdode, desde Ecrom
até o mar Mediterrâneo.
47 Receberam as cidades de Asdode e
Gaza, com os seus povoados e aldeias, que
iam até o ribeirão na divisa do Egito e até
o litoral do mar Mediterrâneo.
48 Na região montanhosa, as cidades de
Samir, Jatir, Socó, 49 Daná, Quiriate-Sana
(ou Debir), 50 Anabe, Estemoa, Anim, 51 Go-
sém, Holom e Gilo. Ao todo onze cidades,
mais os povoados vizinhos.
52 As famílias de Judá também recebe-
ram Arabe, Dumá, Esã, 53 Janim, Bete-Ta-
pua, Afeca, 54 Hunta, Quiriate-Arba (ou He-
brom) e Zior. Ao todo nove cidades, mais
os povoados vizinhos.
55 Receberam as cidades de Maom, Car-
melo, Zife, Jutá, 56 Jezreel, Jocdeão, Zanoa,
57 Caim, Gibeá e Timna. Ao todo dez cida-
des, mais os povoados vizinhos.
58 Receberam ainda Halul, Bete-Zur, Ge-
dor, 59 Maarate, Bete-Anote e Eltecom. Ao
todo seis cidades, mais os povoados vi-
zinhos.
60 Receberam também Quiriate-Baal (ou
Quiriate-Jearim) e Rabá: duas cidades,
mais os povoados vizinhos.
61 No deserto, Bete-Arabá, Midim, Se-
caca, 62 Nibsã, a "Cidade do Sal" e a Fon-
te de Gedi. Ao todo seis cidades, mais os
povoados vizinhos.
63 Mas o povo de Judá não conseguiu ex-
pulsar os jebuseus que moravam em Je-
rusalém; *até hoje eles moram ali com o
povo de Judá.

As terras das tribos de Efraim e de Manassés do Oeste

16 As terras que foram dadas aos des-
cendentes de José iam desde o rio
Jordão, perto da cidade de Jericó, até o
deserto. De Jericó elas continuavam pela
região montanhosa até a cidade de Be-
tel. 2 De Betel a divisa ia até a cidade de
Luz, chegando a Atarote, onde viviam os
arquitas. 3 Daí seguia para o oeste, na di-
visa com os jafletitas, até a região de Be-
te-Horom-de-Baixo. Então ia até Gezer e
terminava no mar Mediterrâneo.
4 As *tribos de Manassés e Efraim, des-
cendentes de José, receberam essas ter-
ras como sua propriedade.

As terras da tribo de Efraim

5 As terras das famílias da *tribo de
Efraim são citadas em seguida. A sua di-
visa a leste era a cidade de Atarote-Adar,
até Bete-Horom-de-Cima. 6 Dali ia até o
mar Mediterrâneo. Micmeta ficava ao nor-
te. A leste a divisa voltava até a cidade de
Taanate-Siló e passava além dela, a leste,
indo até Janoa. 7 Daí descia até as cidades
de Atarote e Naarate. Chegava até Jericó e
terminava no rio Jordão. 8 Para o oeste a
divisa ia da cidade de Tapua ao riacho de
Caná e terminava no mar Mediterrâneo.
Estas foram as terras dadas às famílias
da tribo de Efraim para serem proprie-
dade delas. 9 A tribo de Efraim também
recebeu alguns povoados e aldeias que
estavam dentro das terras da tribo de
Manassés. 10 Porém os cananeus que vi-
viam em Gezer não foram expulsos. Eles
continuam a viver no meio dos efraimitas
*até hoje, mas são obrigados a trabalhar
como escravos.

As terras da tribo de Manassés do Oeste

17 Uma parte da terra foi dada à *tri-
bo de Manassés, por ser ele o filho
mais velho de José. Maquir, pai de Gilea-
de, era o filho mais velho de Manassés
e era soldado. Ele recebeu as regiões de
Gileade e de Basã. 2 As outras famílias da
tribo de Manassés também receberam
terras. Foram as famílias de Abiezer, He-
leque, Asriel, Siquém, Héfer e Semida. Es-
tes eram filhos de Manassés, que era filho
de José. 3 Zelofeade era filho de Héfer, neto
de Gileade, bisneto de Maquir e trineto de
Manassés. Zelofeade não tinha filhos; só
filhas. Os nomes delas eram Macla, Noa,
Hogla, Milca e Tirza. 4 Elas foram falar com
o sacerdote Eleazar, com Josué e com os
líderes e disseram:
— O SENHOR Deus ordenou que Moisés
desse não só aos nossos parentes do sexo
masculino, mas também a nós uma par-
te da terra para ser nossa propriedade.

E, como o SENHOR havia mandado, elas também receberam terras para serem sua propriedade. 5 Assim Manassés recebeu a região de Gileade e Basã, no lado leste do rio Jordão, e recebeu também dez partes no lado oeste. 6 Isso porque tanto as suas filhas como os seus filhos receberam terras. A região de Gileade foi dada aos outros descendentes de Manassés.

7 As terras da tribo de Manassés iam desde as terras da tribo de Aser até a cidade de Micmeta, a leste de Siquém. A divisa dessas terras ia para o sul até onde morava o povo de En-Tapua. 8 A terra de Tapua pertencia à tribo de Manassés, mas a cidade de Tapua, na divisa, era dos descendentes de Efraim. 9 De En-Tapua a divisa descia até o ribeirão de Caná. As cidades ao sul do ribeirão eram da tribo de Efraim, embora estivessem entre as cidades dos descendentes de Manassés. A divisa das terras de Manassés continuava pelo lado norte do ribeirão e terminava no mar Mediterrâneo. 10 A tribo de Efraim ficava no Sul, e a de Manassés, no Norte, indo as suas terras até o mar Mediterrâneo. As terras da tribo de Manassés iam até as de Aser, no Norte, e até as de Issacar, no Leste. 11 Nas terras das tribos de Issacar e de Aser, a cidade de Bete-Sã e os povoados vizinhos eram da tribo de Manassés. Também faziam parte da tribo de Manassés os moradores de Ibleão e as cidades de Dor (no litoral), Endor, Taanaque, Megido e os povoados vizinhos. 12 Mas o povo de Manassés não conseguiu expulsar os moradores dessas cidades, e por isso os cananeus continuaram a morar nelas. 13 E, mesmo quando os israelitas se tornaram fortes, não expulsaram todos os cananeus, mas os obrigaram a trabalhar para eles.

As tribos de Efraim e de Manassés do Oeste pedem mais terras

14 As famílias das *tribos de José disseram a Josué:

— Por que é que você nos deu só uma parte da terra para ser nossa propriedade? Nós somos muitos porque o SENHOR nos tem abençoado.

15 Josué respondeu:

— Se vocês são muitos, e a região montanhosa de Efraim é pequena demais para vocês, então tomem uma parte da terra dos perizeus e dos *refains, na floresta, e limpem o terreno.

16 Eles disseram:

— A região montanhosa não dá para nós. E além disso os cananeus que vivem na planície têm carros de ferro, tanto os que moram na cidade de Bete-Sã e nos povoados vizinhos como os do vale de Jezreel.

17 Então Josué disse aos descendentes de Efraim e de Manassés:

— De fato, vocês são muitos e muito fortes. Vocês não terão só uma parte. 18 A região montanhosa será de vocês. Embora seja uma floresta, vocês limparão o terreno e ficarão com ele de ponta a ponta. Pois vocês expulsarão os cananeus, embora eles tenham carros de ferro e sejam fortes.

A divisão do resto da terra

18 Agora a terra já estava conquistada. Então todo o povo de Israel se reuniu na cidade de Siló, e armaram ali a *Tenda Sagrada. 2 Sete *tribos ainda não tinham recebido as suas terras. 3 Nessa ocasião Josué disse ao povo de Israel:

— Até quando vão ficar esperando para tomar posse da terra que o SENHOR, o Deus dos seus antepassados, deu a vocês? 4 Escolham três homens de cada tribo, e eu os mandarei andar por toda esta terra. Eles farão por escrito uma descrição das terras que gostariam de ter como sua propriedade e depois voltarão para falar comigo. 5 Esses homens dividirão a terra em sete partes. A tribo de Judá ficará nas suas terras, no Sul, e os descendentes de José nas suas, no Norte. 6 Tragam a descrição da terra dividida em sete partes. Então eu farei o *sorteio para consultar o SENHOR, nosso Deus, por vocês. 7 Os *levitas não receberão, como os outros, uma parte da terra porque a parte deles é servir como sacerdotes de Deus, o SENHOR. As tribos de Gade, de Rúben e de Manassés do Leste já receberam as suas terras a leste do rio Jordão, terras que foram dadas por Moisés, *servo do SENHOR.

8 E os homens saíram para fazer a descrição daquela terra, depois de receberem de Josué esta ordem:

— Andem por toda esta terra, façam por escrito uma descrição dela e depois voltem para falar comigo. Então, aqui em Siló, eu farei o sorteio para consultar o SENHOR Deus por vocês.

9 Assim os homens foram, andaram por toda aquela terra e fizeram uma descrição

DEVOCIONAL

Texto para leitura: **Josué 18:1-10**

Conheça a si mesma

Por quanto tempo você ainda vai se preocupar com algo que o Senhor já lhe deu? Por quanto tempo você vai se estressar com sua salvação ou acreditar que você é "má demais" para ser perdoada? Apegar-se à disciplina ou à punição para "cumprir pena" como uma criminosa comum é descrença. Rejeitar as promessas de Deus porque você acredita "não ser digna" de recebê-las não é confiar em Deus. Ele quer sua fé e sua confiança, mas, se você não abandonar seus medos e dúvidas, nunca será livre.

Deus deu a terra aos israelitas, mas sete tribos não conseguiram tomar posse dela. Elas simplesmente perderam tempo ao tentar ganhar a terra que Deus já lhes tinha dado. Ei! Para nós, hoje, isso é loucura, mas, na época, fazia todo o sentido do mundo. E as coisas em que você acredita sobre si e sobre seu Deus podem fazer sentido para você, mas não deixe se enganar por seus sentimentos — se essas coisas não estiverem de acordo com a Palavra de Deus, então estão erradas. Não dá para chegar a lugar algum brincando de Deus, e é isso que você faz quando insiste em que as promessas de Deus não se aplicam à sua vida por causa de seu passado ou mesmo de seu presente. As promessas de Deus sempre são verdadeiras e, se quiser fazer parte delas, só precisa crer. A terra é sua, e tudo o que vem com ela — liberdade, segurança e esperança —, mas só quando você chegar e se apropriar dela. Sua salvação exige algo de você, mas é algo simples: deixe de lado qualquer julgamento que tem sobre si mesma e aceite o perdão de Deus. Isso pode parecer um desafio difícil, mas é um que você, com certeza, pode enfrentar.

dela num livro. Eles a dividiram em sete
partes e prepararam uma lista das cida-
des. Depois voltaram ao acampamento
de Siló, onde Josué estava. [10] Então Josué
fez o sorteio para consultar o SENHOR por
eles e deu a cada tribo do povo de Israel
uma parte da terra.

As terras da tribo de Benjamim

[11] As famílias da *tribo de Benjamim re-
ceberam terras que ficavam entre a tribo
de Judá e as tribos de José.

[12] No Norte a sua divisa começava no rio
Jordão. Daí subia pelo lado norte de Jeri-
có, na direção oeste, seguindo pela região
montanhosa até o deserto de Bete-Avém.
[13] Então ia para o sul na direção da cida-
de de Luz, até a subida de Luz (também
chamada de Betel). Daí descia para Ata-
rote-Adar, na montanha que fica ao sul de
Bete-Horom-de-Baixo.

[14] Dali a divisa ia noutra direção e, do
lado oeste da montanha que fica em
frente de Bete-Horom, virava para o sul,
indo até a cidade de Quiriate-Baal (ou
Quiriate-Jearim), que é da tribo de Judá.
Esta era a divisa a oeste.

[15] No Sul a divisa começava na ponta de
Quiriate-Jearim e dali ia para o oeste até
as fontes de Neftoa. [16] Daí descia até o fim
da montanha que está em frente do vale
de Ben-Hinom, na ponta norte do vale
dos Gigantes. A divisa seguia para o sul
pelo vale de Hinom, no sul da subida dos
jebuseus, até a fonte de Rogel. [17] Virava
para o norte, indo até a fonte de Semes,
e daí a Gelilote, do outro lado da subida
de Adumim. Então descia até a pedra de
Boã (Boã era filho de Rúben), [18] passava
ao norte da subida defronte do vale do
Jordão e depois descia até o vale. [19] Se-
guia para o norte da subida de Bete-Hogla
e terminava na ponta sul do rio Jordão,
isto é, na baía onde este rio desemboca
no mar Morto. Esta era a divisa no Sul.

[20] O rio Jordão era a divisa a leste.

São estas as divisas das terras que as
famílias da tribo de Benjamim receberam
como sua propriedade.

21 As cidades que pertenciam às famí-
lias da tribo de Benjamim eram Jericó,
Bete-Hogla, Emeque-Quesis, 22 Bete-Ara-
bá, Zemaraim, Betel, 23 Avim, Pará, Ofra,
24 Quefar-Amonai, Ofni e Gaba. Ao todo
doze cidades, mais os povoados vizinhos.
25 Também eram da tribo de Benja-
mim as cidades de Gibeão, Ramá, Beero-
te, 26 Mispa, Cefira, Mosa, 27 Requém, Ir-
peel, Tarala, 28 Zela, Elefe, Jebus (ou Jeru-
salém), Gibeá e Quiriate-Jearim. Ao todo
catorze cidades, mais os seus povoados.
São estas as terras que as famílias da
tribo de Benjamim receberam como sua
propriedade.

As terras da tribo de Simeão

19 A segunda distribuição de terras
foi feita para as famílias da *tribo
de Simeão. A sua parte ficava no meio das
terras da tribo de Judá. 2 Eram da tribo de
Simeão as cidades de Berseba, Seba, Mo-
lada, 3 Hazar-Sual, Balá, Ezém, 4 Eltolade,
Betul, Horma, 5 Ziclague, Bete-Marcabo-
te, Hazar-Susa, 6 Bete-Lebaote e Saruém.
Ao todo treze cidades, mais os povoados
vizinhos.
7 Também eram dessa tribo Aim, Ri-
mom, Eter e Asã. Ao todo quatro cidades
com os seus povoados.
8 Pertenciam ainda à tribo de Simeão
todos os povoados vizinhos dessas cida-
des até Baalate-Ber, isto é, Ramá do Sul.
Estas foram as terras que as famílias da
tribo de Simeão receberam como sua pro-
priedade. 9 A parte da tribo de Simeão foi
tirada das terras de Judá. As terras da-
das a Judá eram grandes demais para essa
tribo, de modo que a de Simeão recebeu
parte delas.

As terras da tribo de Zebulom

10 A terceira distribuição de terras foi
feita para as famílias da *tribo de Zebu-
lom. Elas receberam terras que iam até
Saride. 11 A *sua divisa subia na direção*
oeste até Marala, passava por Dabasete
e chegava ao riacho que fica a leste de
Jocneão. 12 Do outro lado de Saride, se-
guia para o leste até a divisa com Quis-
lote-Tabor, passava por Daberate e, su-
bindo, chegava até Jafia. 13 Continuava na
direção leste até Gate-Hefer e Ete-Cazim,
virando para o lado de Neia, pelo cami-
nho de Rimom. 14 No Norte a divisa vira-
va para o lado de Hanatom, terminando
no vale de Iftael. 15 Das terras de Zebulom
também faziam parte Catate, Naalal, Sin-
rom, Idala e Belém. Ao todo doze cidades,
mais os seus povoados. 16 Essas cidades e
povoados estavam nas terras que as famí-
lias da tribo de Zebulom receberam como
sua propriedade.

As terras da tribo de Issacar

17 A quarta distribuição de terras foi fei-
ta para as famílias da *tribo de Issacar.
18 As suas terras incluíam as cidades de
Jezreel, Quesulote, Suném, 19 Hafaraim,
Seom, Anacarate, 20 Rabite, Quisião, Ebes,
21 Remete, En-Ganim, En-Hada e Bete-Pa-
sês. 22 A divisa passava por Tabor, Saazima
e Bete-Semes, terminando no rio Jordão.
Faziam parte das terras de Issacar dezes-
seis cidades, mais os seus povoados. 23 Es-
sas cidades e os seus povoados estavam
nas terras que as famílias da tribo de Is-
sacar receberam como sua propriedade.

As terras da tribo de Aser

24 A quinta distribuição de terras foi fei-
ta para as famílias da *tribo de Aser. 25 Es-
sas terras incluíam as cidades de Helcate,
Hali, Betém, Acsafe, 26 Alameleque, Amade
e Misal. No lado oeste a divisa chegava ao
monte Carmelo e Sior-Libnate. 27 Depois
virava para o leste até Bete-Dagom, pas-
sava por Zebulom e pelo vale de Iftael e
ia para o norte até Bete-Emeque e Neiel.
Continuava para o norte até as cidades de
Cabul, 28 Ebrom, Reobe, Hamom e Caná,
chegando até a grande Sidom. 29 A divisa
então virava para o lado de Ramá, chegan-
do a Tiro, a cidade cercada de muralhas.
Daí virava para o lado de Hosa e termi-
nava no mar Mediterrâneo. Das terras de
Aser também faziam parte Maalabe, Ac-
zibe, 30 Umá, Afeca e Reobe. Ao todo vin-
te e duas cidades, mais os seus povoados.
31 Essas cidades e os seus povoados esta-
vam nas terras que as famílias da tribo de
Aser receberam como sua propriedade.

As terras da tribo de Naftali

32 A sexta distribuição de terras foi feita
para as famílias da *tribo de Naftali. 33 A
sua divisa começava em Helefe, desde o
carvalho de Zaananim, e ia de Adami-Ne-
quebe e Jabneel até Lacum, terminando
no rio Jordão. 34 A divisa virava para o oes-
te e ia até Aznote-Tabor; daí seguia até
Hucoque, chegando até Zebulom ao sul,
até Aser a oeste e até Judá a leste, no rio
Jordão. 35 As cidades protegidas por mu-
ralhas eram Zidim, Zer, Hamate, Racate,

Quinerete, 36 Adamá, Ramá, Hazor, 37 Que-
des, Edrei, En-Hazor, 38 Irom, Migdalel, Ho-
rém, Bete-Anate e Bete-Semes. Ao todo
dezenove cidades, mais os seus povoados.
39 Essas cidades e os seus povoados esta-
vam nas terras que as famílias da tribo de
Naftali receberam como sua propriedade.

As terras da tribo de Dã

40 A sétima distribuição de terras foi fei-
ta para as famílias da *tribo de Dã. 41 As
suas terras incluíam as cidades de Zora,
Estaol, Ir-Semes, 42 Saalabim, Aijalom, Itla,
43 Elom, Timna, Ecrom, 44 Elteque, Gibe-
tom, Baalate, 45 Jeúde, Benê-Beraque, Ga-
te-Rimom, 46 Me-Jarcom, Racom e as ter-
ras que ficam em frente da cidade de Jope.
47 Quando os descendentes de Dã perde-
ram as suas terras, eles foram a Laís e
a atacaram. Tomaram a cidade e mata-
ram os seus moradores. Então tomaram
posse da terra e passaram a morar nela.
Mudaram o nome da cidade de Laís para
Dã, que era o nome do fundador da tribo.
48 Essas cidades e os seus povoados esta-
vam nas terras que as famílias da tribo
de Dã receberam como sua propriedade.

As terras de Josué

49 Quando os israelitas acabaram de fa-
zer a divisão da terra, deram a Josué, filho
de Num, uma parte para ser sua proprie-
dade. 50 Como o SENHOR tinha ordenado,
deram a Josué a cidade que ele havia pe-
dido. Essa cidade ficava na região monta-
nhosa de Efraim e se chamava Timnate-
-Sera. Josué construiu a cidade de novo e
passou a morar nela.

51 O sacerdote Eleazar, Josué e os chefes
das famílias das *tribos de Israel fizeram
a divisão da terra. Para fazerem essa divi-
são, consultaram o SENHOR, por *sorteio,
na entrada da *Tenda Sagrada, em Siló.
E assim acabaram de repartir a terra.

As cidades para fugitivos

Números 35.6-28; Deuteronômio
4.41-43; 19.1-13

20 O SENHOR Deus ordenou a Josué:
2 — Diga ao povo de Israel: "Es-
colham algumas cidades para fugitivos.
Eu falei dessas cidades a vocês por meio
de Moisés. 3 A pessoa que, sem querer ou
por engano, matar alguém poderá fugir
para uma dessas cidades, para escapar do
parente da vítima, que está procurando
vingança. 4 O fugitivo irá ao lugar de jul-
gamento na entrada da cidade e explicará
aos líderes o que aconteceu. Então elas o
deixarão ficar na cidade e lhe darão um
lugar para morar ali. 5 O povo da cidade
não entregará o fugitivo ao parente que
está procurando vingança. Eles protege-
rão o fugitivo porque matou alguém sem
querer e não por ódio. 6 O fugitivo fica-
rá na cidade até ser julgado na presença
do povo dali e até que morra o *Grande
Sacerdote que estiver servindo naquele
tempo. Aí poderá voltar para a sua cida-
de, a cidade de onde fugiu."

7 Como cidades para fugitivos escolhe-
ram Quedes, na Galileia, na região mon-
tanhosa de Naftali; Siquém, na região
montanhosa de Efraim; e Quiriate-Arba
(ou Hebrom), na região montanhosa de
Judá. 8 A leste do rio Jordão, no planalto
a leste de Jericó, no deserto, escolheram
Bezer, da *tribo de Rúben; Ramote, em Gi-
leade, da tribo de Gade; e Golã, em Basã,
da tribo de Manassés. 9 Estas foram as ci-
dades para fugitivos escolhidas para todo
o povo de Israel e para todos os estran-
geiros que moravam no meio dos israe-
litas. Qualquer pessoa que, sem querer,
matasse alguém podia encontrar prote-
ção nessas cidades. Essa pessoa não po-
dia ser morta pelo parente que procurava
vingança. Ela era julgada ali na presença
do povo da cidade.

As cidades dos levitas

1Crônicas 6.54-81

21 1-2 Os chefes das famílias dos *levitas
foram até a cidade de Siló, na ter-
ra de Canaã. Ali falaram com o sacerdote
Eleazar, com Josué, filho de Num, e com
os chefes das famílias de todas as *tribos
de Israel. Eles disseram:

— O SENHOR Deus ordenou, por meio
de Moisés, que nos dessem cidades para
morar e também pastos ao redor delas
para o nosso gado.

3 E os israelitas, obedecendo à ordem
de Deus, o SENHOR, deram das suas terras
cidades e pastos para os levitas.

4 As famílias dos coatitas foram as pri-
meiras a receber cidades. Os levitas que
eram descendentes do sacerdote Arão re-
ceberam treze cidades das tribos de Judá,
Simeão e Benjamim. 5 Os outros coatitas
receberam dez cidades das famílias das
tribos de Efraim e de Dã e da metade oes-
te da tribo de Manassés.

6 Os gersonitas receberam treze cidades
das famílias das tribos de Issacar, Aser,

Naftali e da metade da tribo de Manas-
sés que estava em Basã, a leste do Jordão.
7 As famílias dos meraritas receberam
doze cidades das tribos de Rúben, Gade
e Zebulom.
8 O povo de Israel, por meio de *sorteio,
separou para os levitas essas cidades e os
pastos ao redor delas, como o SENHOR ha-
via ordenado por meio de Moisés.
9 São citadas a seguir as cidades das tri-
bos de Judá e de Simeão que foram dadas
10 aos descendentes de Arão que eram do
grupo de famílias de Coate, filho de Levi.
As terras dos coatitas foram as primei-
ras a serem sorteadas. 11 Deram a essas
famílias a cidade de Quiriate-Arba (Arba
foi o pai de Anaque), que é Hebrom, na
região montanhosa de Judá, e os pastos
ao seu redor. 12 Mas os campos em volta
da cidade e os seus povoados tinham sido
dados a Calebe, filho de Jefoné, como sua
propriedade.
13 Aos descendentes de Arão deram He-
brom com os seus pastos. Esta era uma
das cidades para os fugitivos que tives-
sem matado alguém. Deram também as
cidades de Libna, 14 Jatir, Estemoa, 15 Ho-
lom, Debir, 16 Aim, Jutá e Bete-Semes, com
os seus pastos. Ao todo nove cidades das
tribos de Judá e de Simeão. 17 Da tribo de
Benjamim deram quatro cidades: Gibeão,
Geba, 18 Anatote e Almom. 19 Ao todo foram
dadas treze cidades com os seus pastos
aos sacerdotes, que eram descendentes
de Arão.
20 Para as outras famílias coatitas, que
eram levitas, eles deram algumas cidades
da tribo de Efraim. 21 Essas famílias rece-
beram Siquém e os seus pastos na região
montanhosa de Efraim. Siquém era uma
das cidades para os fugitivos que tives-
sem matado alguém. Os coatitas recebe-
ram também Gezer, 22 Quibzaim e Bete-
-Horom, com os seus pastos. Ao todo qua-
tro cidades. 23 Da tribo de Dã eles recebe-
ram quatro cidades: Elteque, Gibetom,
24 Aijalom e Gate-Rimom, com os seus pas-
tos. 25 Da metade oeste da tribo de Manas-
sés eles receberam duas cidades: Taana-
que e Gate-Rimom, com os seus pastos.
26 Essas famílias coatitas receberam ao
todo dez cidades com os seus pastos.
27 Os gersonitas, que eram outra família
de levitas, receberam da metade leste da
tribo de Manassés a cidade de Golã, em
Basã, com os seus pastos. Esta era uma
das cidades para os fugitivos que tives-
sem matado alguém. Os gersonitas rece-
beram também a cidade de Beesterá com
os seus pastos. 28 Da tribo de Issacar eles
receberam quatro cidades: Quisião, Dabe-
rate, 29 Jarmute e En-Ganim, com os seus
pastos. 30 Da tribo de Aser eles receberam
quatro cidades: Misal, Abdom, 31 Helcate e
Reobe, com os seus pastos. 32 Da tribo de
Naftali receberam a cidade de Quedes, na
Galileia, com os seus pastos. Quedes era
uma cidade para os fugitivos que tives-
sem matado alguém. Os gersonitas rece-
beram também Hamote-Dor e Cartã, com
os seus pastos. Ao todo três cidades. 33 As
várias famílias dos gersonitas receberam
ao todo treze cidades com os seus pastos.
34 Os outros levitas, isto é, as famí-
lias meraritas, receberam da tribo de
Zebulom quatro cidades: Jocneão, Car-
tá, 35 Dimna e Naalal, com os seus pas-
tos. 36 Da tribo de Rúben eles receberam
quatro cidades: Bezer, Jasa, 37 Quedemote
e Mefaate, com os seus pastos. 38 Da tri-
bo de Gade eles receberam Ramote, em
Gileade, com os seus pastos. Ramote era
uma das cidades para os fugitivos que ti-
vessem matado alguém. Os meraritas re-
ceberam também Maanaim, 39 Hesbom e
Jazer, com os seus pastos. Ao todo quatro
cidades. 40 Esses levitas, isto é, as várias
famílias meraritas, receberam doze ci-
dades ao todo.
41 Das terras dos israelitas foram da-
das aos levitas, ao todo, quarenta e oito
cidades com os seus pastos. 42 Cada uma
dessas cidades tinha pastos ao seu redor.

O povo de Israel toma posse da terra

43 Assim o SENHOR Deus deu aos israeli-
tas toda a terra que havia prometido aos
seus antepassados. E, quando tomaram
posse da terra, eles passaram a morar
nela. 44 O SENHOR lhes deu paz com os po-
vos vizinhos, conforme havia prometido
aos seus antepassados. Nenhum dos ini-
migos conseguiu resistir, pois o SENHOR
deu ao povo de Israel a vitória sobre eles.
45 O SENHOR cumpriu todas as boas pro-
messas que havia feito ao povo de Israel.

A volta das tribos de Rúben, de Gade e de Manassés do Leste

22 Então Josué reuniu o povo das *tri-
bos de Rúben, de Gade e de Manas-
sés do Leste 2 e disse:
— Vocês têm feito tudo o que Moi-
sés, *servo do SENHOR, mandou e têm

obedecido a todas as minhas ordens tam-
bém. 3 Durante todo esse tempo, até hoje,
vocês não abandonaram os seus irmãos
israelitas. Vocês têm obedecido com cui-
dado aos mandamentos do SENHOR. 4 Ago-
ra o SENHOR, o Deus de vocês, deu aos
seus irmãos israelitas a paz, como havia
prometido. Voltem, pois, para a terra que
vocês conquistaram do outro lado do rio
Jordão, a terra que Moisés, servo do SE-
NHOR, lhes deu. 5 Obedeçam com muito
cuidado ao mandamento e à *lei que Moi-
sés, servo do SENHOR, lhes deu. Amem o
SENHOR, o Deus de vocês, façam a vontade
dele, obedeçam aos seus mandamentos,
fiquem ligados com ele e o sirvam com
todo o coração e com toda a alma.

6 Aí Josué os abençoou e se despediu
deles. E eles voltaram para casa.

7 Moisés tinha dado terras a leste do
rio Jordão, em Basã, a uma das metades
da tribo de Manassés. Mas para a outra
metade Josué tinha dado terras a oeste
do rio, junto com as outras tribos. Quan-
do Josué se despediu deles, abençoou-
-os 8 e disse:

— Vocês estão voltando para casa muito ricos, com muito gado, prata, ouro, bronze, ferro e grande quantidade de roupas. Repartam com os seus irmãos israelitas aquilo que vocês tomaram dos inimigos.

9 Então o povo das tribos de Rúben, de Gade e de Manassés do Leste voltou para casa. Eles deixaram os outros israelitas em Siló, na terra de Canaã, e foram para Gileade, a terra deles, que haviam conquistado conforme o SENHOR tinha ordenado por meio de Moisés.

O altar na beira do Jordão

10 Quando chegaram a Gelilote, do lado oeste do rio Jordão, as duas *tribos e meia construíram ali um altar grande, que podia ser visto de longe.

11 Os israelitas das outras tribos ouviram falar disso e comentavam:

— Escutem! O povo das tribos de Rúben, de Gade e de Manassés do Leste construiu um altar em Gelilote, do nosso lado do rio Jordão!

12 Quando o povo de Israel ouviu isso, todos se reuniram em *Siló* para fazer guerra contra eles.

13 Então o povo de Israel enviou Fineias, filho do sacerdote Eleazar, à terra de Gileade, para falar com o povo das tribos de Rúben, de Gade e de Manassés do Leste.
14 Junto com Fineias foram dez líderes, um
de cada uma das tribos de Israel. 15 Eles
foram até a terra de Gileade para falar
com o povo de Rúben, de Gade e de Ma-
nassés do Leste. Eles disseram:

16 — Todo o povo de Deus reunido man-
dou dizer isto: "Por que vocês fizeram
essa traição contra o Deus de Israel? Por
que se revoltaram contra o SENHOR, cons-
truindo vocês mesmos esse altar? Será
que não estão mais seguindo o SENHOR?
17 Vocês não lembram do pecado cometi-
do em Peor, quando o SENHOR castigou o
seu povo? Nós ainda estamos sofrendo
por causa disso. Será que aquele pecado
não bastava? 18 Será que agora vão deixar
de seguir o SENHOR? Se hoje vocês se re-
voltarem contra o SENHOR, amanhã ele
ficará *irado com todo o povo de Israel.
19 Agora, se acham que a terra de vocês
é *impura, então passem para cá, para
a terra de Deus, o SENHOR, onde está a
*Tenda Sagrada em que ele mora. Peçam
um pedaço de terra aqui do nosso lado.
Porém não se revoltem contra o SENHOR
nem contra nós, construindo vocês mes-
mos outro altar além do altar do SENHOR,
nosso Deus. 20 Lembrem que Acã, filho de
Zera, não quis obedecer ao mandamento
a respeito das coisas que deviam ser des-
truídas, e todo o povo de Israel foi casti-
gado por causa disso. E Acã não foi o úni-
co que morreu por causa do seu pecado."

21 Então o povo das tribos de Rúben, de Gade e de Manassés do Leste respondeu aos chefes das famílias de Israel:

22 — Deus é o Poderoso! Ele é o SENHOR!
Deus é o Poderoso! Ele é o SENHOR! Ele
sabe por que fizemos isso, e fiquem sa-
bendo vocês também. Se nós nos revolta-
mos e se não fomos fiéis ao SENHOR, não
nos deixem continuar a viver. 23 Nós não
construímos o nosso altar para oferecer
*sacrifícios a serem completamente quei-
mados, nem para colocar sobre ele ofer-
tas de cereais ou ofertas de paz. Que o SE-
NHOR mesmo nos castigue se construímos
este altar para desobedecer a ele! 24 Pelo
contrário, fizemos isso porque ficamos
com medo de que um dia os descenden-
tes de vocês venham a dizer aos nossos:
*"Que ligação vocês têm com o SENHOR, o
Deus de Israel?* 25 *O* SENHOR *pôs o rio Jor-*
dão como divisa entre nós e vocês, tribos
de Rúben e de Gade. Vocês não têm nada

Uma oração de...

Necessidade

Assim como o sol está cheio de luz, o mar está cheio de água, o céu está cheio de glória, eu oro para que meu coração esteja cheio de ti. Todo o amor é em vão se não estiveres agindo dentro de mim, regenerando-me por teu poder, dando-me olhos para ver Jesus, mostrando-me as realidades do mundo invisível. Dá-me de ti mesmo sem medida, como uma fonte intacta, como riqueza inesgotável.

Odeio minha frieza, minha pobreza, meu vazio, minha visão imperfeita, meu serviço deficiente, minhas orações que não são orações, meus louvores que não louvam. Não me deixes te entristecer ou resistir. Vem como poder para me livrares de todo o desejo deste mundo, para reinares como Rei de meu coração e para me guardares como tua. Vem como mestre levando-me a toda a verdade, enchendo-me de todo o entendimento. Vem como amor para que eu possa te adorar e te amar como meu tudo. Vem como alegria para habitares e te moveres em mim e para me avivares.

Vem como luz, iluminando as Escrituras, moldando-me de acordo com tuas leis. Vem como santificador, fazendo com que meu corpo, minha alma e meu espírito sejam inteiramente teus. Vem como ajudador, abençoando-me e guardando-me com teu poder e direcionando todos os meus passos. Vem como aquele que me dá beleza, trazendo ordem em meio à confusão, graça em meio ao caos. Engrandece tua glória em mim e me torna um perfume suave.

Amém.

a ver com Deus, o SENHOR." E assim os
descendentes de vocês poderiam fazer
com que os nossos descendentes deixassem de adorar o SENHOR.
26 Por isso o altar
que construímos não foi para apresentar
ofertas a serem completamente queimadas, nem para oferecer sacrifícios.
27 Pelo
contrário, queríamos que fosse um sinal
para nós, e para vocês, e para os nossos
descendentes depois de nós. Seria um
sinal para adorarmos o SENHOR com as
nossas ofertas a serem completamente
queimadas, com sacrifícios de animais e
com ofertas de paz. Isso foi feito para evitar que um dia os seus descendentes venham a dizer aos nossos: "Vocês não têm
nenhuma ligação com o SENHOR."
28 Nós
pensamos que, se um dia isso acontecer,
os nossos descendentes poderão dizer:
"Vejam! Os nossos antepassados fizeram
um altar igual ao altar de Deus, o SENHOR.
Ele não foi construído a fim de apresentarmos ofertas a serem completamente
queimadas nem sacrifícios de animais,
mas a fim de ser um sinal para nós e para
vocês."
29 Nunca tivemos a intenção de nos
revoltar contra o SENHOR, nem pensamos
em deixar de segui-lo. Nós não iríamos
construir um altar para apresentar ofertas a serem completamente queimadas ou
ofertas de cereais, nem para oferecer sacrifícios de animais. Nunca faríamos outro altar além do altar do SENHOR, nosso
Deus, que fica em frente da Tenda onde
ele mora.

30 O sacerdote Fineias, os líderes do
povo e os chefes das famílias de Israel
que estavam com ele ouviram o que disse o povo das tribos de Rúben, de Gade e
de Manassés do Leste e ficaram satisfeitos.
31 E Fineias, filho do sacerdote Eleazar, disse ao povo de Rúben, de Gade e
de Manassés:

— Agora sabemos que o SENHOR está
entre nós, pois vocês não se revoltaram
contra ele. Vocês salvaram o povo de Israel do castigo do SENHOR.

32 Então Fineias e os líderes deixaram
a gente de Rúben e de Gade na região de
Gileade, voltaram para a terra de Canaã
e contaram tudo ao povo de Israel.
33 O
que disseram agradou aos israelitas. Então eles louvaram a Deus e não pensaram
mais em fazer guerra, nem em destruir a
terra onde a gente de Rúben e de Gade
estava morando.
34 E a gente das tribos
de Rúben e de Gade chamou o altar de
"Testemunha" porque disseram: "É uma
testemunha entre nós de que o SENHOR
é Deus."

Josué fala ao povo

23 O SENHOR Deus deixou que o povo
de Israel vivesse em paz com os inimigos ao seu redor. Passou muito tempo,
e Josué ficou bem velho.
2 Ele chamou todo
o povo de Israel, os conselheiros, os líderes, os juízes e os oficiais e disse:

— Eu já estou velho. 3 Vocês viram tudo o que o SENHOR, nosso Deus, fez com todas essas nações por causa de vocês. O SENHOR tem lutado a favor de vocês. 4 Escutem! Eu distribuí entre as *tribos, para serem propriedade delas, as terras das nações que ainda não foram conquistadas. Assim também distribuí as terras das nações que já foram vencidas, desde o rio Jordão, a leste, até o mar Mediterrâneo, a oeste. 5 O SENHOR, nosso Deus, fará com que essas nações fujam de vocês e as expulsará para longe. Vocês tomarão posse das terras dessas nações, como o SENHOR, nosso Deus, prometeu. 6 Por isso se esforcem para obedecer fielmente a tudo o que está escrito no *Livro da Lei de Moisés. Não desprezem nenhuma parte desta Lei 7 para que assim não se misturem com esses povos que ainda vivem entre vocês. Também não falem os nomes dos seus deuses, nem jurem por eles; não os adorem, nem se curvem diante deles. 8 Fiquem ligados a Deus, o SENHOR, como vocês têm ficado até agora. 9 O SENHOR expulsou povos grandes e fortes para longe, e até agora ninguém conseguiu resistir a vocês. 10 Um só israelita pode fazer fugirem mil inimigos porque o SENHOR, nosso Deus, está lutando por vocês, como prometeu. 11 Por isso amem somente o SENHOR, nosso Deus. 12 Mas, se vocês não forem fiéis a ele, e fizerem amizade com os povos que ainda estão aí, e casarem com essa gente, 13 podem ficar certos de que ele não expulsará mais esses povos do meio de vocês. Pelo contrário, eles se tornarão perigosos para vocês, como se fossem precipícios, armadilhas, chicotes nas costas ou espinhos nos olhos. E isso continuará até que vocês desapareçam desta boa terra que o SENHOR, nosso Deus, lhes deu.

14 — Agora o dia da minha morte está perto. Todos vocês sabem, no seu coração e no seu íntimo, que o SENHOR, nosso Deus, lhes deu todas as coisas boas que havia prometido. Ele cumpriu tudo; não falhou em nada. 15-16 Sim, o SENHOR, nosso Deus, fez com que acontecessem todas as coisas boas que lhes tinha prometido. Mas, se vocês adorarem outros deuses e se curvarem diante deles, então ele ficará *irado e castigará vocês. Porque, se vocês fizerem isso, quebrarão a *aliança que o SENHOR Deus mandou que cumprissem. E logo não ficará nenhum de vocês nesta boa terra que ele lhes deu.

A despedida de Josué

24 Depois Josué reuniu em Siquém todas as *tribos de Israel.

Chamou os conselheiros, os líderes, os juízes e os oficiais de Israel, e eles se apresentaram diante de Deus. 2 Então Josué disse a todo o povo:

— O SENHOR, o Deus de Israel, diz isto: "Há muito tempo, os antepassados de vocês viviam no outro lado do rio Eufrates e adoravam outros deuses. Tera, um desses antepassados, era pai de Abraão e de Naor. 3 Porém eu tirei Abraão da terra que está do outro lado do Eufrates e fiz com que ele andasse por toda a terra de Canaã. Eu lhe dei muitos descendentes: a Abraão eu dei Isaque 4 e a Isaque dei Jacó e Esaú. A Esaú eu dei, para ser sua propriedade, a região montanhosa de Seir; porém Jacó e os seus filhos desceram até o Egito. 5 Depois enviei Moisés e Arão e fiz uma grande destruição no Egito. Nessa ocasião tirei vocês de lá. 6 Fiz com que os seus antepassados saíssem do Egito, e eles chegaram até o mar Vermelho. Mas os egípcios os perseguiram até o mar, com carros de guerra e cavaleiros. 7 Então os israelitas me pediram socorro, e eu fiz com que uma escuridão os escondesse dos egípcios. E mandei que o mar caísse em cima dos egípcios e os cobrisse. Vocês viram o que eu fiz com o Egito. Depois vocês viveram no deserto por muito tempo.

8 — "Então eu os levei para a terra dos amorreus que moravam a leste do rio Jordão. Os amorreus os atacaram, mas eu dei a vitória a vocês. Vocês tomaram posse da terra deles, e eu os destruí diante de vocês. 9 Aí o rei de Moabe, Balaque, filho de Zipor, fez guerra contra Israel. Balaque mandou buscar Balaão, filho de Beor, e pediu que ele amaldiçoasse vocês. 10 Mas eu não quis ouvir Balaão, e assim ele os abençoou, e eu os salvei das mãos de Balaque. 11 Vocês atravessaram o rio Jordão e chegaram até a cidade de Jericó. Os homens de Jericó lutaram contra vocês, e depois também os amorreus, os perizeus, os cananeus, os heteus, os girgaseus, os heveus e os jebuseus. Eu fiz com que vocês vencessem a todos. 12 Antes de vocês chegarem, expulsei os dois reis amorreus, fazendo com que eles fugissem

apavorados. Não foi nem pelas espadas
nem pelos arcos e flechas de vocês que
eles foram expulsos. 13 Eu dei a vocês uma
terra em que vocês nunca haviam traba-
lhado e cidades que não haviam construí-
do. E vocês estão vivendo nessas cidades
e comendo uvas e azeitonas de *parreiras
e oliveiras que não plantaram."
14 Josué terminou, dizendo:
— Portanto, agora *temam a Deus, o SE-
NHOR. Sejam seus *servos sinceros e fiéis.
Esqueçam os deuses que os seus ante-
passados adoravam na Mesopotâmia e no
Egito e sirvam o SENHOR. 15 Mas, se vocês
não querem ser servos do SENHOR, de-
cidam hoje a quem vão servir. Resolvam
se vão servir os deuses que os seus ante-
passados adoravam na terra da Mesopo-
tâmia ou os deuses dos amorreus, na ter-
ra de quem vocês estão morando agora.
Porém eu e a minha família serviremos a
Deus, o SENHOR.
16 O povo respondeu:
— Nunca poderíamos pensar em aban-
donar o SENHOR para servir outros deu-
ses! 17 Foi o SENHOR, nosso Deus, quem
tirou a nós e aos nossos pais da escravi-
dão na terra do Egito. E vimos as grandes
coisas que ele fez. Ele nos guardou pelos
caminhos por onde andamos e no meio
dos países por onde passamos. 18 Confor-
me íamos avançando, o SENHOR ia expul-
sando todos aqueles povos e até os amor-
reus que moravam nesta terra. Portanto,
nós também serviremos o SENHOR, pois
ele é o nosso Deus.
19 Josué disse ao povo:
— Vocês não podem servir o SENHOR,
pois ele é Deus Santo e não tolera aque-
les que adoram outros deuses. Ele não
perdoará os pecados e as maldades de
vocês. 20 Se abandonarem a Deus, o SE-
NHOR, e adorarem deuses estrangeiros,
ele se voltará contra vocês e os castigará.
Ele os destruirá, embora antes tenha sido
bom para vocês.
21 O povo respondeu:
— Que isso não aconteça! O que nós
queremos é servir a Deus, o SENHOR.
22 Então Josué disse:
— Vocês mesmos são testemunhas de
que escolheram servir o SENHOR.
— Sim, somos testemunhas! — respon-
deram eles.
23 E Josué continuou:
— Então joguem fora os deuses estran-
geiros que estão com vocês e prometam
que serão fiéis ao SENHOR, o Deus de Israel.
24 O povo disse a Josué:
— Serviremos o SENHOR, nosso Deus,
e obedeceremos aos seus mandamentos.
25 Assim naquele dia Josué fez um *acor-
do para o povo e ali em Siquém lhes deu
*leis e regulamentos. 26 Josué os escreveu
no *Livro da Lei de Deus. Em seguida pe-
gou uma grande pedra e a colocou ali de-
baixo da árvore sagrada, no lugar onde
adoravam a Deus, o SENHOR. 27 E disse a
todo o povo:
— Olhem para esta pedra! Ela será nos-
sa testemunha. Ela ouviu todas as pala-
vras que o SENHOR nos tem falado. E tam-
bém será testemunha contra vocês, para
evitar que abandonem ao seu Deus.
28 Então Josué mandou o povo embora,
cada um para a sua propriedade.

A morte de Josué e de Eleazar
Juízes 2.6-9

29 Depois disso, com a idade de cento e
dez anos, morreu Josué, filho de Num e
*servo do SENHOR. 30 Ele foi sepultado na
sua propriedade, em Timnate-Sera, na re-
gião montanhosa de Efraim, no lado norte
do monte Gaás.
31 O povo de Israel serviu a Deus, o SE-
NHOR, enquanto Josué viveu. E também
depois da sua morte, enquanto viveram
os líderes que sabiam de tudo o que Deus
havia feito pelo povo de Israel.
32 O corpo de José, que os israelitas ti-
nham trazido do Egito, foi sepultado em
Siquém, no pedaço de terra que Jacó ha-
via comprado dos filhos de Hamor, pai de
Siquém, por cem barras de prata. Os des-
cendentes de José receberam essa terra
como herança.
33 Eleazar, filho de Arão, também mor-
reu e foi sepultado em Gibeá, na região
montanhosa de Efraim. Essa cidade tinha
sido dada ao seu filho Fineias.

Juízes

Volte para Deus

O SENHOR ficou muito irado com o povo de Israel e deixou que eles fossem atacados e roubados por povos vizinhos. Ele entregou os israelitas nas mãos dos inimigos que viviam ao redor, e por isso eles não puderam mais resistir.
Juízes 2:14

Autor ♥ Desconhecido
Data ♥ Desconhecida
Local ♥ Desconhecido
Público-alvo ♥ O povo de Deus, os israelitas

Alerta é algo que acontece em sua vida para chamar sua atenção. Tempos difíceis podem provir do mundo, de suas escolhas pecaminosas e até de Deus, mas o remédio para eles sempre é a presença de Deus. Provações e sofrimentos nunca devem levar você a surtar ou desistir, mas devem ser um momento para confiar em Deus e em sua Palavra a fim de descobrir que direção tomar. De onde quer que venha esse desvio ou barreira, o simples ajuste de sua bússola irá fazê-la voltar ao caminho certo.

Não importa quantas vezes você peque, Deus lhe dará uma saída. Durante toda a história de Israel, é possível ver um povo ora com fé, ora com descrença. Muitas vezes, eles se desviavam do caminho, olhando apenas para o que podiam ver, em vez de olharem para a mão invisível de Deus. Mas a beleza da história é que você começa a ver a mão do Senhor agindo na vida de outras pessoas, e aprende sobre a natureza de Deus e seu amor por seus filhos com o que você vê milhares de anos mais tarde. Mesmo nunca tendo poupado os israelitas das consequências das ações deles, Deus sempre estava disposto a enviar-lhes ajuda. No livro de Juízes, você vê exatamente isso: ajuda, na forma de homens e mulheres que liderariam os israelitas na batalha e também iriam orientá-los, trabalhando como juízes de verdade e líderes do governo. Eles foram a resposta de Deus à fraqueza e súplicas por ajuda de Israel, e foram provas de que Deus nunca está longe de seu povo nem se faz surdo aos clamores dos seus.

Ponto essencial
No livro de Juízes, você vê a bondade de Deus e a rebeldia de seu povo. Com o passar do tempo, os israelitas iriam perambular, se queixar e se esquecer de Deus, mas ele foi fiel às suas promessas e sempre os livrou. O povo precisava de juízes para ter ajuda e proteção, e este livro é a história desses homens e mulheres corajosos que serviram a Deus e ao seu povo.

Quando sua vida sofrer um desvio e você estiver em um lugar que nunca imaginou estar, não perca a esperança: Deus está por perto e pronto para levá-la de volta. Talvez você não saiba hoje como mudar sua vida e se aproximar mais do Deus que a ama, mas, ao ler a Palavra de Deus, você verá que não está sozinha. Milhões de pessoas antes de você deram as costas para ele, e muitas tiveram força para mudar de atitude e acertar as coisas. Você só precisa estar disposta a clamar a Deus, confessar seus pecados a ele e, aí, esperar que o Senhor faça o que só ele pode fazer: livrá-la de seu pecado e da confusão em que você se meteu.

Coisas para procurar

- A explicação do motivo pelo qual os juízes eram necessários (veja Juízes 2:6—3:6)
- A história de Débora (veja Juízes 4:4—5:31)
- A história de Gideão (veja Juízes 6:11—8:32)

Versículos que você deve saber

O SENHOR lhes dava um líder e o ajudava. Enquanto esse líder vivia, o SENHOR salvava o povo dos seus inimigos. Ele tinha pena dos israelitas porque eles sofriam na escravidão.

(Juízes 2:18)

— Assim verei se os israelitas seguirão fielmente os meus caminhos, como os seus antepassados seguiram.

(Juízes 2:22)

Então os israelitas pediram outra vez socorro ao SENHOR, e ele mandou outro homem para libertá-los.

(Juízes 3:15)

A derrota de Adoni-Bezeque

1 Depois que Josué morreu, o povo de
Israel perguntou a Deus, o SENHOR:
— Qual das nossas *tribos vai ser a pri-
meira a atacar os cananeus?
2 O SENHOR respondeu:
— O povo de Judá vai primeiro porque
eu lhe dei a terra.
3 Então o povo de Judá disse ao povo
de Simeão:
— Vamos juntos à terra que nos foi
dada e lutemos contra os cananeus. De-
pois iremos juntos à terra que for dada
a vocês.
Assim as tribos de Simeão 4 *e de Judá*
foram guerrear juntas. E o SENHOR Deus
lhes deu a vitória sobre os cananeus e os
perizeus, e eles mataram dez mil homens
em Bezeque. 5 Nesse lugar encontraram
Adoni-Bezeque e lutaram contra ele. E
eles derrotaram os cananeus e os peri-
zeus. 6 Adoni-Bezeque fugiu, mas eles o
perseguiram e prenderam. E cortaram os
polegares das suas mãos e os dedões dos
seus pés. 7 Então Adoni-Bezeque disse:
— Eu mandei cortar os polegares das
mãos e os dedões dos pés de setenta reis,
e eles apanhavam migalhas debaixo da
minha mesa. Agora Deus fez comigo o
mesmo que eu fiz com eles.
Então levaram Adoni-Bezeque para a
cidade de Jerusalém, e ele morreu ali.

A conquista de Jerusalém e Hebrom

8 Os homens de Judá atacaram Jerusa-
lém e a conquistaram. Mataram os seus
moradores e puseram fogo na cidade.
9 Depois foram lutar contra os cananeus
que moravam nas montanhas, no deser-
to do Sul e nas planícies de Judá. 10 Tam-
bém atacaram os cananeus que mora-
vam na cidade de Hebrom, que antes era
chamada de Quiriate-Arba. E venceram
Sesai, Aimã e Talmai, que eram filhos de
Anaque.

A conquista de Debir

Josué 15.13-19

11 Dali marcharam contra os morado-
res de Debir, que também era chamada
de Quiriate-Sefer. 12 Então Calebe disse:

— Eu darei a minha filha Acsa em ca-
samento ao homem que conseguir tomar
Quiriate-Sefer.
13 Otoniel conquistou a cidade. Ele era
filho de Quenaz, o irmão mais novo de
Calebe. Então Calebe lhe deu a sua filha
Acsa em casamento. 14 Quando Acsa foi
morar com Otoniel, ela insistiu com ele
que pedisse ao pai dela algumas terras.
Acsa foi para o lugar onde Calebe estava,
e, quando ela desceu do jumento, o seu
pai perguntou:
— O que é que você quer?
15 — Eu quero um presente! — respon-
deu ela. — Já que o senhor me deu uma
terra seca, me dê também algumas fon-
tes de água.
Então Calebe lhe deu as fontes que fica-
vam nas terras altas e nas baixas.

As vitórias das tribos de Judá e Benjamim

16 Os descendentes do sogro de Moisés,
que era queneu, saíram com o povo de
Judá e foram de Jericó, a cidade das pal-
meiras, para o deserto de Judá, que fica ao
sul de Arade. E ali viveram com os ama-
lequitas.
17 O povo de Judá e o de Simeão se jun-
taram e atacaram os cananeus da cidade
de Zefate. Em nome de Deus, eles destruí-
ram completamente a cidade e mudaram
o seu nome para Horma.
18 Eles não tomaram Gaza, Asquelom e
Ecrom e os seus territórios vizinhos. 19 O
SENHOR Deus ajudou o povo de Judá, e
eles conquistaram a região das monta-
nhas. Mas não puderam expulsar os mo-
radores do litoral porque estes tinham
carros de ferro. 20 Como Moisés havia
mandado, a cidade de Hebrom foi dada
a Calebe. E ele pôs para fora dali os três
filhos de Anaque. 21 Mas o povo da *tribo
de Benjamim não expulsou os jebuseus
que moravam na cidade de Jerusalém.
E os jebuseus dali vivem com o povo de
Benjamim *até hoje.

As tribos de José conquistam Betel

22-23 O povo das *tribos de José, isto é,
Efraim e Manassés, também saiu. Eles
atacaram a cidade de Betel, que antiga-
mente era chamada de Luz. E o SENHOR os
ajudou. Eles mandaram espiões à cidade;
24 estes viram um homem que ia saindo e
lhe disseram:
— Como podemos entrar na cidade?
Diga, e não mataremos você.
25 Então ele mostrou a entrada. Eles en-
traram e mataram todos os moradores
da cidade, menos aquele homem e toda
a sua família. 26 Então ele foi para a ter-
ra dos heteus, construiu ali uma cidade
e lhe deu o nome de Luz. E esse é o seu
nome *até hoje.

Povos que não foram expulsos

27 A *tribo de Manassés não expulsou
o povo que morava nas cidades de Bete-
-Sã, Taanaque, Dor, Ibleão, Megido e nos
seus povoados. Os cananeus continuaram
a viver nelas. 28 Quando os israelitas fica-
ram mais fortes, obrigaram os cananeus
a trabalhar para eles, mas não expulsa-
ram todos.
29 A tribo de Efraim não expulsou os ca-
naneus que moravam na cidade de Gezer,
e assim os cananeus ficaram vivendo ali
com eles.
30 A tribo de Zebulom não expulsou o
povo que vivia nas cidades de Quitrom
e Naalol. Os cananeus viveram com eles,
mas eram obrigados a trabalhar para eles.
31 A tribo de Aser não expulsou o povo
que vivia nas cidades de Aco, Sidom, Ala-
be, Aczibe, Helba, Afeca e Reobe. 32 O povo
de Aser viveu com os cananeus que mo-
ravam ali, pois eles não tinham sido ex-
pulsos.
33 A tribo de Naftali não expulsou o
povo que morava nas cidades de Bete-Se-
mes e Bete-Anate. Os cananeus viveram
com o povo de Naftali, mas eram obriga-
dos a trabalhar para eles.
34 Os amorreus forçaram a tribo de Dã
a se retirar para as montanhas e não os
deixavam descer ao vale. 35 Os amorreus
ficaram vivendo nas montanhas de Heres,
em Aijalom e em Saalabim, mas o povo da
tribo de José os dominou e os forçou a tra-
balhar para eles. 36 As terras dos amorreus
começavam na subida do Escorpião e em
Sela e iam na direção norte.

O Anjo do SENHOR em Boquim

2 O Anjo do SENHOR foi de Gilgal a Bo-
quim e disse aos israelitas:
— Eu tirei vocês da terra do Egito e os
trouxe à terra que havia prometido aos
seus pais. Eu disse: "Nunca quebrarei a
*aliança que fiz com vocês. 2 Não façam
nenhum *acordo com os moradores desta
terra. Pelo contrário, derrubem os altares
deles." Mas vocês não fizeram o que eu
disse. Em vez disso, vejam o que fizeram!

3 Agora eu digo que não tirarei este povo do caminho de vocês. Eles serão seus inimigos, e os deuses deles vão ser tentações para vocês.

4 Quando o Anjo terminou de falar, todo o povo de Israel começou a chorar. 5 Por isso aquele lugar é chamado de Boquim. E ali eles ofereceram *sacrifícios a Deus, o SENHOR.

A morte de Josué

6 Josué mandou embora todo o povo de Israel, e cada homem foi tomar conta do seu pedaço de terra. 7 O povo de Israel serviu a Deus, o SENHOR, enquanto Josué viveu. Depois que ele morreu, eles ainda continuaram a servir o SENHOR enquanto viveram os líderes que tinham visto tudo o que o SENHOR havia feito por Israel.

8 Josué, filho de Num, *servo do SENHOR, morreu com a idade de cento e dez anos. 9 Ele foi sepultado no seu próprio pedaço de terra, em Timnate-Heres, na região montanhosa de Efraim, ao norte do monte Gaás. 10 Todas as pessoas daquela *geração também morreram e os seus filhos esqueceram o SENHOR e as coisas que ele havia feito pelo povo de Israel.

O povo de Israel abandona o SENHOR

11 Então o povo de Israel pecou contra Deus, o SENHOR, adorando os deuses dos cananeus. 12 Eles deixaram de adorar o SENHOR, o Deus dos seus antepassados, que os havia tirado do Egito. Começaram a seguir outros deuses, os deuses dos povos que viviam ao seu redor. Eles adoraram esses deuses e assim fizeram o SENHOR ficar muito *irado. 13 Abandonaram a Deus, o SENHOR, e adoraram *Baal e *Astarote. 14 O SENHOR ficou muito irado com o povo de Israel e deixou que eles fossem atacados e roubados por povos vizinhos. Ele entregou os israelitas nas mãos dos inimigos que viviam ao redor, e por isso eles não puderam mais resistir. 15 Sempre que saíam para lutar, o SENHOR ficava contra eles, como tinha dito. Assim eles ficaram numa situação muito difícil.

16 Então o SENHOR Deus deu ao povo de Israel líderes fortes, chamados juízes, que os salvaram dos que os atacavam e roubavam. 17 Mas eles não deram atenção a esses líderes. Continuaram a desprezar a Deus e a adorar outros deuses. Os pais deles haviam obedecido aos mandamentos do SENHOR, mas eles não obedeceram. 18 O SENHOR lhes dava um líder e o ajudava. Enquanto esse líder vivia, o SENHOR salvava o povo dos seus inimigos. Ele tinha pena dos israelitas porque eles sofriam na escravidão. 19 Mas, quando o líder morria, eles voltavam a viver como antes e se tornavam ainda piores do que os seus pais. Iam atrás de outros deuses, e os serviam, e adoravam. Teimavam em continuar nos seus maus caminhos. 20 Por isso o SENHOR Deus ficou muito irado com o povo de Israel e disse:

— Esta nação quebrou a *aliança que eu mandei que os seus antepassados guardassem. E, porque eles não me têm obedecido, 21 não expulsarei mais desta terra nenhuma das nações que Josué deixou quando morreu. 22 Assim verei se os israelitas seguirão fielmente os meus caminhos, como os seus antepassados seguiram.

23 Assim o SENHOR não expulsou logo da terra as nações que ele não tinha entregado a Josué, mas deixou que ficassem ali.

Povos que ficaram em Canaã

3 O SENHOR Deus deixou alguns povos na terra para pôr à prova os israelitas que não haviam tomado parte nas guerras de Canaã. 2 Ele fez isso somente para ensinar todos os israelitas a guerrear, especialmente aqueles que nunca haviam estado numa batalha. 3 Os povos que ficaram na terra foram: os moradores das cinco cidades dos filisteus, todos os cananeus, os sidônios e os heveus que viviam nos montes Líbanos, desde o monte Baal-Hermom até a subida de Hamate. 4 Eles ficaram para pôr à prova o povo de Israel a fim de que o SENHOR visse se eles iam ou não obedecer aos mandamentos que lhes tinha dado por meio de Moisés. 5 Assim o povo de Israel ficou morando no meio dos cananeus, dos heteus, dos amorreus, dos perizeus, dos heveus e dos jebuseus. 6 E os israelitas casaram com essa gente e adoraram os seus deuses.

Otoniel

7 O povo de Israel esqueceu o SENHOR, seu Deus. Pecou contra ele e adorou os deuses dos cananeus e os postes da deusa *Aserá. 8 Por isso o SENHOR ficou muito *irado com Israel e deixou que Cuchã-Risataim, rei da Mesopotâmia, os conquistasse. E o povo de Israel foi dominado por ele durante oito anos. 9 Então os israelitas

pediram socorro ao SENHOR, e ele man-
dou um homem para libertá-los. Esse ho-
mem foi Otoniel, filho de Quenaz, o irmão
mais novo de Calebe. 10 Ele foi guiado pelo
Espírito de Deus, o SENHOR, e se tornou o
líder de Israel. Otoniel foi para a guerra, e
o SENHOR fez com que ele vencesse o rei
da Mesopotâmia. 11 Depois disso Otoniel
ainda viveu quarenta anos, e durante todo
esse tempo a terra de Israel ficou em paz.

Eúde

12 Depois da morte de Otoniel, o povo
de Israel pecou outra vez contra Deus,
o SENHOR. Por causa disso o SENHOR fez
com que Eglom, rei de Moabe, ficasse
mais forte do que eles. 13 Eglom se jun-
tou com os amonitas e os amalequitas, e
eles atacaram Israel e tomaram Jericó, a
cidade das palmeiras. 14 O povo de Israel
foi dominado por Eglom durante dezoito
anos. 15 Então os israelitas pediram outra
vez socorro ao SENHOR, e ele mandou ou-
tro homem para libertá-los. Foi Eúde, fi-
lho de Gera, da *tribo de Benjamim. Eúde
era canhoto. O povo de Israel mandou-
-o levar o pagamento dos impostos para
Eglom, rei de Moabe. 16 Então Eúde fez um
grande punhal, de mais ou menos meio
metro de comprimento. Ele amarrou o
punhal debaixo da roupa, do lado direi-
to, 17 e foi levar os impostos a Eglom, que
era muito gordo. 18 Depois de entregá-los,
Eúde mandou embora os carregadores.
19 Mas ele voltou do lugar onde estavam
as imagens de pedra, perto de Gilgal, e
disse ao rei:

— Ó rei, tenho uma informação secre-
ta para lhe dar.

Então o rei ordenou que todos os ou-
tros saíssem da sala. E todos saíram.

20 O rei estava sentado na sua sala de
verão, no terraço. Eúde chegou perto dele
e disse:

— Tenho um recado de Deus para o
senhor.

O rei se levantou. 21 Então Eúde, com
a mão esquerda, tirou o punhal que es-
tava no seu lado direito e o enterrou na
barriga de Eglom. 22 O punhal entrou até
o cabo, e a gordura o cobriu porque Eúde
não o tirou da barriga do rei. E a ponta do
punhal apareceu entre as suas pernas.
23 Em seguida Eúde trancou as portas, saiu
pela janela 24 e foi embora. Aí os empre-
gados chegaram e viram que as portas
estavam trancadas. Então pensaram que
o rei tinha ido ao banheiro. 25 Esperaram
muito tempo, mas, como ele não abria a
porta, pegaram a chave e a abriram. E o
rei estava morto, caído no chão.

26 Enquanto eles estavam esperando,
Eúde fugiu. Passou pelas imagens de pe-
dra e foi para Seirá. 27 Quando chegou lá,
nas montanhas de Efraim, ele tocou uma
corneta de chifre de carneiro para chamar
os homens de Israel para a luta. Ele os
guiou montanha abaixo, 28 dizendo:

— Sigam-me. O SENHOR Deus deu a
vocês a vitória sobre os inimigos, os
moabitas.

Então os israelitas o seguiram e toma-
ram o lugar onde os moabitas costuma-
vam atravessar o rio Jordão. E não dei-
xaram ninguém atravessar. 29 Nessa ba-
talha eles mataram mais ou menos dez
mil soldados moabitas, todos fortes e va-
lentes. E nem um escapou. 30 Assim os is-
raelitas derrotaram Moabe naquele dia.
E houve paz na terra de Israel durante
oitenta anos.

Sangar

31 O líder seguinte foi Sangar, filho de
Anate. Ele matou seiscentos filisteus com
um ferrão de tocar bois. E assim ele tam-
bém libertou o povo de Israel.

Débora e Baraque

4 Depois que Eúde morreu, o povo de
Israel pecou novamente contra Deus,
o SENHOR. 2 Por isso o SENHOR deixou que
eles fossem conquistados por Jabim, rei de
Canaã, que governava a cidade de Hazor.
O comandante do seu exército era Sísera,
que morava em Harosete-Hagojim. 3 Jabim
tinha novecentos carros de ferro. Duran-
te vinte anos ele maltratou o povo de Is-
rael sem dó nem piedade. Então o povo
de Israel pediu socorro a Deus, o SENHOR.

4 Débora, mulher de Lapidote, era *pro-
fetisa. Era também juíza dos israelitas na-
quele tempo. 5 Havia uma palmeira en-
tre Ramá e Betel, na região montanho-
sa de Efraim. Débora sentava-se debaixo
dela, e os israelitas vinham até ali para
que ela julgasse as questões que eles tra-
ziam. 6 Ela mandou chamar Baraque, fi-
lho de Abinoão, que estava na cidade de
Quedes, no território da *tribo de Nafta-
li, e lhe disse:

— O SENHOR, o Deus de Israel, está lhe
dando esta ordem: "Escolha dez mil ho-
mens das tribos de Naftali e Zebulom e

Débora

Leia a história desta Garota de Deus em Juízes 4:4—5:31.

Quando alguém está querendo aprender, o conselho de uma pessoa experiente vale mais do que anéis de ouro ou joias de ouro puro.

Provérbios 25:12

Você precisa de alguém que lhe fale a verdade sem medo, alguém que não tenha medo de ofendê-la ou perder sua amizade, mas que irá olhá-la nos olhos e dizer o que precisa ser dito quando as coisas estão estranhas. Como uma Garota de Deus, você necessita de alguém que falará a Palavra de Deus para você e não se calará por causa de suas queixas ou mesmo de sua rejeição. Essa pessoa fará com que você se lembre de sua natureza humana e reconheça o pecado na área em que você talvez esteja perto demais para enxergá-lo, e ele irá amá-la o suficiente para correr o risco de você não gostar dele neste processo.

Quando os israelitas pecaram e seguiram outros deuses, Deus (com D maiúsculo) permitiu que eles andassem de um lado para outro na ignorância por um tempo, mas, quando se arrependeram, ele lhes enviou juízes como Débora. Esses juízes ouviriam os problemas do povo e, em seguida, os ensinavam e admoestavam, levando-os de volta à verdade. Débora tinha um relacionamento íntimo com Deus e, por causa disso, pôde ajudar seu povo a entender as coisas.

Em sua vida, você precisa encontrar uma Débora, alguém que esteja ligado a Deus e pronto para ajudá-la a compreender sua fé. Quem expõe a Palavra de Deus para as pessoas, repreendendo-as, corrigindo-as e fazendo com que se lembrem dos mandamentos de Deus, normalmente é odiado ou, no mínimo, evitado. Ninguém quer ter seus pecados apontados, mas a menina sábia ignora a dor na busca da verdade. Ainda que a verdade doa, ela prefere sentir a ferroada da admoestação a conviver com a agonia do pecado do qual não se arrependeu. Quando os outros a corrigirem, você precisa resistir à vontade de argumentar. Engula o orgulho — ele só quer afastá-la da verdade. Aceite a correção com alegria, sabendo que ela só lhe fará bem e irá transformá-la na mulher que você deve ser.

os leve ao monte Tabor. 7 Eu vou trazer Sí-
sera, o comandante do exército de Jabim,
até o rio Quisom para lutar contra você.
Ele virá com seus carros de ferro e solda-
dos, mas eu farei com que você o vença."
8 Então Baraque disse a Débora:
— Só irei se você for comigo. Se você
não for, eu também não irei.
9 Ela respondeu:
— Está bem! Eu vou com você. Mas
você não ficará com as honras da vitória,
pois o SENHOR Deus entregará Sísera nas
mãos de uma mulher.
E Débora foi com Baraque para Que-
des. 10 Baraque convocou as tribos de Ze-
bulom e Naftali para a cidade de Quedes,
e dez mil homens o seguiram. E Débora
foi com ele.
11 Acontece que Héber, o queneu, havia
se separado dos outros queneus, os des-
cendentes de Hobabe, cunhado de Moisés.
Ele havia armado as suas barracas perto
do carvalho de Zaananim, que não ficava
longe de Quedes.
12 Avisaram Sísera que Baraque, filho
de Abinoão, havia subido ao monte Ta-
bor. 13 Então ele mandou vir os seus no-
vecentos carros de ferro e todos os seus
homens e os fez ir de Harosete-Hagojim
até o rio Quisom.
14 Então Débora disse a Baraque:
— Vá agora porque é hoje que o SE-
NHOR lhe dará a vitória sobre Sísera. O
SENHOR está com você!
Então Baraque desceu do monte Tabor
com os seus dez mil homens. 15 Quando
Baraque apareceu com o seu exército, o
SENHOR fez com que houvesse uma gran-
de confusão no meio dos soldados e dos
carros de Sísera. Aí Sísera desceu do seu
carro e fugiu a pé. 16 Mas Baraque perse-
guiu os carros e o exército até Harosete-
-Hagojim. Todo o exército de Sísera foi
destruído; ninguém escapou.
17 Porém Sísera fugiu para a barraca de
Jael, mulher de Héber, o queneu. Ele fez
isso porque Jabim, rei de Hazor, estava em
paz com a família de Héber. 18 Jael saiu da
barraca para encontrar Sísera e lhe disse:
— Entre, meu senhor. Entre na minha
barraca. Não tenha medo.
Então ele entrou, e Jael o cobriu com
um tapete. 19 E Sísera pediu a ela:
— Por favor, me dê um pouco de água
porque estou com muita sede.
Ela abriu um *odre de leite e lhe deu
de beber. Depois cobriu Sísera de novo.
20 E ele disse:
— Fique na porta da barraca e, se algu-
ma pessoa vier e perguntar se há alguém
aqui, diga que não.
21 Sísera estava muito cansado e caiu
num sono profundo. Aí Jael pegou um
martelo e uma estaca da barraca, entrou
de mansinho e fincou a estaca na cabeça
dele, na fonte. A estaca atravessou a cabe-
ça e entrou na terra. E ele morreu.
22 Quando Baraque chegou, perseguin-
do Sísera, Jael saiu para encontrá-lo e
disse:
— Venha cá, e eu lhe mostro o homem
que você está procurando.
Então Baraque foi com ela e encontrou
Sísera no chão, morto, com a estaca atra-
vessada na cabeça.
23 Naquele dia Deus fez com que os is-
raelitas derrotassem Jabim, o rei cananeu.
24 E eles continuaram atacando Jabim cada
vez mais, até acabarem com ele.

A Canção de Débora e Baraque

5 Naquele dia Débora e Baraque, filho
de Abinoão, cantaram assim:

2 Louvem a Deus, o SENHOR!
Os israelitas resolveram lutar,
e o povo se apresentou
alegremente!
3 Ouçam, reis!
Prestem atenção, governadores!
Eu tocarei música e cantarei
ao SENHOR, o Deus de Israel!

4 Ó SENHOR Deus, quando saíste das
montanhas de Seir,
quando vieste da região de Edom,
a terra tremeu, e as chuvas caíram
do céu.
Sim, caiu muita água das nuvens.
5 As montanhas tremeram diante do
SENHOR, o Deus do monte Sinai,
diante do SENHOR, o Deus de Israel.

6 Nos dias de Sangar, filho de Anate,
nos dias de Jael,
as estradas estavam desertas,
e os viajantes usavam os desvios.
7 Nas cidades de Israel não havia
ninguém;
elas ficaram vazias até que você,
Débora, veio,
para ser mãe de Israel.
8 Os israelitas escolheram novos
deuses,
e então houve guerra no país.

E dos quarenta mil homens de
Israel
nenhum carregava *escudo ou
lança!
9 O meu coração está com os
comandantes de Israel,
com o povo que se ofereceu
alegremente.
Louvem a Deus, o SENHOR!
10 Falem disso, vocês que montam
jumentos brancos,
sentados nas suas selas,
e os que viajam a pé.
11 Escutem! A multidão barulhenta
em volta dos poços
está falando das vitórias do
SENHOR,
das vitórias do povo de Israel!
Então o povo do SENHOR desceu
para as suas cidades.

12 Levante-se, Débora, levante-se!
Levante-se! Cante uma canção!
Levante-se!
Marche, Baraque, filho de Abinoão,
e leve presos os que o prenderam!

13 Então os que tinham fé foram
para onde estavam os seus
chefes,
e o povo de Deus, o SENHOR, pronto
para lutar,
foi encontrar-se com Baraque.
14 Eles saíram de Efraim e foram
para o vale,
atrás da *tribo de Benjamim e do
seu povo.
De Maquir desceram os
comandantes,
e de Zebulom vieram os oficiais.
15 Os chefes de Issacar foram com
Débora.
Sim, a tribo de Issacar foi, e
Baraque também.
Eles o seguiram até o vale.
Mas a tribo de Rúben estava
dividida;
eles discutiram e não foram.
16 Por que resolveram ficar lá com
as ovelhas?
Será que foi para ouvir os pastores
chamarem o rebanho?
Sim, a tribo de Rúben estava
dividida;
eles discutiram e não foram.
17 A tribo de Gade ficou a leste do
rio Jordão,
e a tribo de Dã, nas pastagens.
A tribo de Aser parou perto do mar
e ficou na beira das praias.
18 Mas o povo de Zebulom e de
Naftali
arriscou a sua vida no campo de
batalha.

19 Os reis vieram e lutaram
em Taanaque, perto do riacho de
Megido.
Os reis de Canaã lutaram,
mas não tomaram dos inimigos
nenhuma prata.
20 Até as estrelas lutaram:
enquanto caminhavam pelo céu,
elas lutaram contra Sísera.
21 Os inimigos foram arrastados por
uma enchente do rio Quisom,
o velho rio Quisom.
Eu marcharei, marcharei com
firmeza!
22 Então os cavalos galoparam e
galoparam,
socando a terra com os seus cascos.

23 "Amaldiçoem a cidade de Meroz",
diz o Anjo do SENHOR;
"amaldiçoem, amaldiçoem os seus
moradores,
pois eles não vieram ajudar o
SENHOR,
não vieram como soldados para
lutar por ele."

24 A mais feliz das mulheres é Jael,
a mulher de Héber, o queneu.
Ela é a mais feliz das mulheres que
vivem em barracas.
25 Sísera pediu água, porém ela lhe
deu leite;
trouxe nata para ele numa linda
taça.
26 Pegou a estaca com uma das mãos
e a marreta com a outra.
Deu um golpe em Sísera e esmagou
a sua cabeça;
furou e quebrou a sua cabeça em
pedaços.
27 Ele caiu de joelhos,
tombou e ficou estendido a seus
pés.
A seus pés ele caiu de joelhos e
tombou;
ele caiu morto no chão.

28 A mãe de Sísera olhou pela janela
da sua casa;

olhou bem, pela grade da janela, e
disse:
"Por que o seu carro demora tanto
para chegar?
Por que os seus cavalos andam tão
devagar?"
29 As suas acompanhantes mais
sábias respondiam,
e ela repetia para si mesma:
30 "Eles devem estar dividindo as
coisas que tomaram:
uma ou duas moças para cada
soldado,
roupas luxuosas para Sísera
e panos bordados para o pescoço
da rainha."

31 Assim, ó SENHOR Deus, morram
todos os teus inimigos,
porém que os teus amigos brilhem
como a forte luz do sol nascente!

E houve paz no país durante quarenta anos.

Gideão

6 O povo de Israel pecou contra Deus, o SENHOR, e por isso ele deixou que o povo de Midiã os dominasse durante sete anos. 2 Os israelitas se escondiam dos midianitas em cavernas e em outros lugares seguros nas montanhas porque os midianitas eram mais fortes do que eles. 3 Todas as vezes que os israelitas semeavam, os midianitas vinham com os amalequitas e os povos do deserto e os atacavam. 4 Acampavam na terra e destruíam as suas colheitas até o sul, perto de Gaza. Não deixavam nada para os israelitas viverem — nem ao menos uma ovelha, uma vaca ou um jumento. 5 Chegavam com o seu gado e as suas barracas e eram tão numerosos como gafanhotos. Eles e os seus camelos eram tantos, que nem dava para contar. Vinham para destruir a terra, 6 e o povo de Israel não podia com eles. Então os israelitas pediram socorro a Deus, o SENHOR.

7 Quando eles oraram ao SENHOR por causa dos midianitas, 8 ele mandou um *profeta, que lhes disse:

— Assim diz o SENHOR, o Deus de Israel: "Eu tirei vocês da escravidão do Egito. 9 Eu os livrei dos egípcios e dos que lutaram contra vocês aqui, nesta terra. Expulsei os seus inimigos e dei a vocês a terra deles. 10 Eu disse que sou o SENHOR, o Deus de vocês, e que vocês não deviam adorar os deuses dos amorreus, que viviam nesta terra. Mas vocês não quiseram me ouvir."

11 Então o Anjo do SENHOR veio e sentou-se debaixo de um carvalho que havia perto do povoado de Ofra. Esse carvalho pertencia a Joás, que era da família de Abiezer. O seu filho, Gideão, estava malhando trigo no tanque de pisar uvas, escondido, para que os midianitas não o encontrassem. 12 Então o Anjo do SENHOR apareceu a ele e disse:

— Você é corajoso, e o SENHOR está com você!

13 Gideão respondeu:

— Se o SENHOR Deus está com o nosso povo, por que está acontecendo tudo isso com a gente? Onde estão aquelas coisas maravilhosas que os nossos antepassados nos contaram que o SENHOR costumava fazer quando nos trouxe do Egito? Ele nos abandonou e nos entregou aos midianitas.

14 Então o SENHOR Deus ordenou a Gideão:

— Vá com toda a sua força e livre o povo de Israel dos midianitas. Sou eu quem está mandando que você vá.

15 Gideão respondeu:

— Senhor, como posso libertar Israel? A minha família é a mais pobre da *tribo de Manassés, e eu sou a pessoa menos importante da minha família.

16 Mas o SENHOR disse:

— Você pode fazer isso porque eu o ajudarei. Você esmagará todos os midianitas como se eles fossem um só homem.

17 Gideão respondeu:

— Se tu estás contente comigo, então dá-me uma prova de que és tu mesmo que estás falando. 18 E, por favor, não vás embora até que eu te traga uma oferta.

— Eu ficarei aqui até você voltar! — disse Deus.

19 Então Gideão entrou, cozinhou um cabrito e fez *pão sem fermento com mais ou menos dez quilos de farinha. Pôs a comida numa cesta e pôs o caldo numa panela. Levou tudo e entregou ao Anjo do SENHOR, que estava debaixo do carvalho.
20 Então o Anjo ordenou:

— Ponha a carne e o pão nesta pedra e derrame o caldo em cima.

Gideão fez o que ele mandou. 21 Em seguida o Anjo estendeu o bastão que tinha na mão e tocou com a sua ponta a carne e o pão. Então saiu fogo da pedra e

DEVOCIONAL

Texto para leitura: **Juízes 6:33-40**

Conheça a Deus

Você está esperando um sinal de Deus? Você acredita que deve fazer alguma coisa, mas ainda está esperando provas? Cuidado para não exigir que o Senhor lhe prove que ele existe. O único sinal de que você precisa é o sinal da Palavra dele. O que ele diz nela é verdade e não precisa de mais provas. Se Deus está lhe pedindo, por meio de sua Palavra, para fazer algo, então você precisa fazê-lo no momento em que ele lhe pedir. Exigir primeiro algum tipo de sinal é baratear a Palavra de Deus.

Em Juízes 6, o Senhor aparece a Gideão várias vezes e lhe diz o que quer que ele faça. Mas Gideão pede um sinal, uma garantia de que o que Deus disse para ser feito é, de fato, o que o Senhor quer que Gideão faça. As palavras de Deus para Gideão não foram suficientes; ele, como muitos de nós, precisava de um milagre. Por causa de seu medo ou dúvida, Gideão precisava de mais, e, embora o Senhor, em sua bondade, tenha lhe dado um sinal, Gideão não fez outra coisa senão protelar o que lhe foi ordenado.

Grande parte dos pedidos de sinais é fruto do medo — medo de estar errado ou de fazer o que Deus pediu. O medo não vem de Deus, mas sim do inimigo. A coisa mais poderosa que Satanás pode fazer para destruir a vida de um cristão é convencê-lo de que a Palavra de Deus precisa ser provada, respaldada e sustentada com sinais de que é, realmente, a direção certa a ser tomada. Mas, como uma Garota de Deus, você não deve ter dúvida de que seguir a Palavra de Deus é a direção certa para sua vida. Portanto, não demore mais e não aja com o mesmo medo que Gideão sentiu. Se você foi chamada pela Palavra de Deus a fazer algo, então comece a fazê-lo.

queimou a carne e o pão. E o Anjo desapa-
receu. 22 Aí Gideão compreendeu que era
mesmo o Anjo do SENHOR que ele tinha
visto. E disse, apavorado:
— Ai de mim, SENHOR, meu Deus! Eu vi
o Anjo do SENHOR face a face!
23 Mas o SENHOR respondeu:
— Não fique com medo. Tudo está bem.
Você não morrerá.
24 Gideão construiu ali um altar para
Deus, o SENHOR, e o chamou de "O SE-
NHOR é paz". E *até hoje esse altar está
em Ofra, cidade que pertence às famílias
de Abiezer.
25 Naquela noite o SENHOR disse a
Gideão:
— Leve o touro que pertence a seu pai
e outro touro de sete anos e derrube o al-
tar do deus *Baal que é do seu pai e tam-
bém o poste da deusa *Aserá que está
ao seu lado. 26 Nesse lugar alto e seguro,
faça para o SENHOR, seu Deus, um altar de
pedras bem arrumadas. Depois pegue o
segundo touro e a madeira do poste de
Aserá arrancado e queime tudo no altar
como *sacrifício.
27 Gideão levou dez dos seus emprega-
dos e fez o que o SENHOR tinha dito. Po-
rém, como estava com medo da sua famí-
lia e do povo da cidade, em vez de fazer
isso de dia, fez de noite.
28 De madrugada, quando os homens
da cidade se levantaram, acharam o altar
de *Baal e o poste da deusa Aserá derru-
bados e o segundo touro queimado no
altar que tinha sido construído ali. 29 E
perguntavam:
— Quem será que fez isso?
Procuraram saber e descobriram que
tinha sido Gideão, filho de Joás. 30 Então
disseram a Joás:
— Traga o seu filho aqui para ser mor-
to porque ele derrubou o altar de Baal e
o poste da deusa Aserá.
31 Mas Joás disse a todos os que estavam
ali reunidos contra ele:

— Vocês estão defendendo Baal? Quem
o defender será morto antes do amanhe-
cer. Se Baal é deus, que ele mesmo se de-
fenda. O altar dele é que foi derrubado.
32 Daquele dia em diante, Gideão pas-
sou a ser chamado de Jerubaal, pois Joás
tinha dito: "Que Baal mesmo se defenda.
O altar dele é que foi derrubado."
33 Então todos os midianitas, os ama-
lequitas e os povos do deserto se junta-
ram, e atravessaram o rio Jordão, e acam-
param no vale de Jezreel. 34 E o Espírito
do SENHOR dominou Gideão. Ele tocou
uma corneta feita de chifre de carnei-
ro, e os homens do grupo de famílias de
Abiezer foram juntar-se a ele. 35 Gideão
enviou também mensageiros para cha-
mar os homens das *tribos de Manassés,
de Aser, de Zebulom e de Naftali. E eles
também foram se juntar a ele.
36 Então Gideão disse:
— Ó Deus, tu disseste que queres me
usar para libertar o povo de Israel. 37 Pois
bem. Vou pôr um pouco de lã no lugar
onde malhamos o trigo. Se de manhã o
orvalho tiver molhado somente a lã, e o
chão em volta dela estiver seco, então po-
derei ficar certo de que tu realmente me
usarás para libertar Israel.
38 O que ele disse aconteceu. Na manhã
seguinte Gideão se levantou, espremeu a
lã, e dela saiu água que deu para encher
uma tigela. 39 Então ele pediu a Deus:
— Não fiques zangado comigo. Mas dei-
xa que eu fale só mais uma vez. Deixa, por
favor, que eu faça mais uma prova com a
lã. Que desta vez a lã fique seca, e que haja
orvalho somente no chão em volta dela!
40 E Deus fez isso naquela noite. A lã fi-
cou seca, e o chão em volta ficou coberto
de orvalho.

Gideão derrota os midianitas

7 Jerubaal, isto é, Gideão, e todos os ho-
mens que estavam com ele se levanta-
ram de madrugada e foram acampar perto
da fonte de Harode. O acampamento dos
midianitas ficava no vale, no lado norte,
perto do monte Moré.
2 O SENHOR Deus disse a Gideão:
— *Você tem* gente demais, e por isso
não posso deixar que vocês derrotem
os midianitas. Se eu deixasse, vocês po-
deriam pensar que venceram sem a mi-
nha ajuda. 3 Anuncie ao povo o seguinte:
"Quem estiver com medo, que saia do
monte Gilboa e volte para casa."
Gideão anunciou, e vinte e dois mil ho-
mens voltaram. Mas dez mil ficaram.
4 E o SENHOR disse a Gideão:
— Ainda é gente demais. Leve todos
até as águas, e ali eu separarei os que irão
com você. Se eu disser que um homem
deve ir com você, ele irá. Se disser que
outro não deve ir, ele não irá.
5 Aí Gideão fez com que os homens des-
cessem até as águas. E o SENHOR Deus
lhe disse:
— Todos os homens que lamberem a
água com a língua, como fazem os cachor-
ros, devem ser separados dos que se ajoe-
lharem para beber.
6 Trezentos homens juntaram água
nas mãos e lamberam. Todos os outros
se ajoelharam para beber. 7 Aí o SENHOR
disse a Gideão:
— Com estes trezentos homens que
lamberam a água, eu libertarei vocês e
lhes darei a vitória sobre os midianitas.
Diga aos outros que voltem para casa.
8 Então Gideão mandou todos os ou-
tros israelitas para casa, menos aqueles
trezentos. Mas estes ficaram com toda a
comida e todas as cornetas. O acampa-
mento dos midianitas estava abaixo de-
les, no vale.
9 Naquela noite o SENHOR Deus disse
a Gideão:
— Levante-se e ataque o acampamento
dos midianitas. Eu já dei a vitória a você.
10 Mas, se você estiver com medo de ata-
car, desça até o acampamento deles. Leve
junto Purá, o seu ajudante. 11 Você vai ou-
vir o que eles estão dizendo e então terá
coragem para atacar o acampamento.
Gideão e Purá desceram até bem perto
do acampamento inimigo. 12 Os midiani-
tas, os amalequitas e os povos do deserto
estavam espalhados no vale, como uma
nuvem de gafanhotos. Eles e os seus ca-
melos eram tantos como os grãos de areia
da praia do mar. 13 Quando Gideão chegou,
ouviu um homem contando o seu sonho
a um amigo. Ele dizia:
— Eu sonhei que um pão de *cevada ro-
lou para dentro do nosso acampamento.
Veio e bateu numa barraca. Ela caiu, vi-
rou no avesso e ficou estendida no chão.
14 O amigo respondeu:
— É a espada de Gideão, o israelita, o
filho de Joás! Isso quer dizer que Deus
entregou a ele o nosso povo e todo o nos-
so exército!

15 Quando Gideão ouviu esse sonho e
entendeu o que ele queria dizer, ajoelhou-
-se e adorou a Deus. Então voltou para o
acampamento israelita e disse:
— Levantem-se! O SENHOR Deus entre-
gou o exército dos midianitas nas mãos
de vocês!
16 Gideão separou os trezentos em três
grupos e deu a cada homem uma corneta
de chifre de carneiro e um jarro com uma
tocha dentro. 17 E disse:
— Olhem para mim! E, quando eu che-
gar perto do acampamento inimigo, fa-
çam o que eu fizer. 18 Quando eu e o meu
grupo tocarmos as cornetas, então vocês,
que estarão cercando o acampamento, to-
quem as cornetas e gritem: "Pelo SENHOR
e por Gideão!"
19 Um pouco antes da meia-noite, na
hora de ser trocada a guarda, Gideão e
os seus cem homens chegaram bem per-
to do acampamento. Então tocaram as
cornetas e quebraram os jarros que le-
vavam. 20 Os três grupos tocaram as cor-
netas e quebraram os jarros. Eles segura-
vam a tocha na mão esquerda e a corneta
na direita e gritavam: "Uma espada pelo
SENHOR e por Gideão!" 21 E cada um ficou
parado no seu lugar em volta do acam-
pamento. Então todo o exército inimigo
fugiu, gritando. 22 Enquanto os trezentos
homens tocavam as cornetas, o SENHOR
Deus fez com que os homens do acampa-
mento atacassem uns aos outros com as
suas espadas. Eles fugiram na direção de
Zererá e foram a Bete-Sita e até a divisa
de Abel-Meolá, perto de Tabate.
23 Então os homens das *tribos de Nafta-
li, de Aser e das duas metades da tribo de
Manassés foram chamados e perseguiram
os midianitas. 24 Gideão enviou mensagei-
ros para dizerem a todos os que moravam
na região montanhosa de Efraim:
— Desçam e lutem contra os midiani-
tas. Defendam o rio Jordão e os seus ria-
chos até Bete-Bara e não deixem os mi-
dianitas atravessarem.
Então os homens de Efraim foram e de-
fenderam o rio Jordão e os seus riachos
até Bete-Bara. 25 Eles prenderam Orebe e
Zeebe, os dois chefes midianitas. Mata-
ram Orebe na pedra de Orebe e mataram
Zeebe no seu tanque de pisar uvas. Conti-
nuaram a perseguir os midianitas e leva-
ram a cabeça de Orebe e a de Zeebe para
Gideão, que estava a leste do rio Jordão.

A derrota final dos midianitas

8 Os homens da *tribo de Efraim disse-
ram a Gideão:
— Por que você não nos chamou quan-
do foi lutar contra os midianitas? Por que
fez isso com a gente?
E tiveram uma discussão muito forte
com Gideão. 2 Mas ele lhes disse:
— O que eu fiz com os midianitas não
é nada comparado com o que vocês fize-
ram. Até aquilo que o menor dos homens
de Efraim fez tem mais valor do que aqui-
lo que todos os homens do grupo de fa-
mílias de Abiezer fizeram. 3 Deus entre-
gou Orebe e Zeebe, os chefes midianitas,
a vocês. Que foi que eu fiz, que possa ser
comparado com isso?
Quando Gideão disse isso, os homens
de Efraim ficaram menos zangados.
4 Gideão e os seus trezentos homens
foram até o rio Jordão e o atravessaram.
Eles estavam muito cansados, mas conti-
nuaram a perseguir o inimigo. 5 Então Gi-
deão fez aos homens da cidade de Sucote
o seguinte pedido:
— Estou perseguindo os chefes midia-
nitas Zeba e Salmuna, e os meus homens
estão muito cansados. Por favor, deem co-
mida para eles.
6 Mas os chefes de Sucote responderam:
— Por que devemos dar comida para
o seu exército? Você ainda não prendeu
Zeba e Salmuna!
7 Aí Gideão disse:
— Está bem. Mas, quando o SENHOR me
entregar Zeba e Salmuna, eu rasgarei a
carne de vocês com os espinhos das plan-
tas do deserto.
8 Gideão foi a Penuel e fez o mesmo pe-
dido aos homens dali. Mas os homens de
Penuel lhe deram a mesma resposta que
os homens de Sucote tinham dado. 9 Aí
Gideão disse:
— Quando eu voltar são e salvo, derru-
barei esta torre!
10 Zeba e Salmuna estavam em Carcor
com seu exército. De todo o exército dos
povos do deserto, restavam apenas quin-
ze mil homens. Cento e vinte mil tinham
sido mortos. 11 Gideão foi pelo caminho
que rodeava o deserto, a leste de Noba e
Jogbeá, e atacou de surpresa o exército
inimigo. 12 Zeba e Salmuna, os dois che-
fes midianitas, fugiram. Mas ele os per-
seguiu e os prendeu. E o exército inteiro
foi derrotado.

13 Gideão, filho de Joás, voltou da bata-
lha pela subida de Heres. 14 Prendeu um
moço de Sucote e lhe fez perguntas. Então
o rapaz escreveu para Gideão os nomes
dos setenta e sete chefes e líderes de Su-
cote. 15 Aí Gideão foi falar com os homens
de Sucote e disse:

— Vocês lembram de quando me des-
prezaram? Vocês disseram que não iam
dar comida para o meu exército cansado
porque eu ainda não tinha prendido Zeba
e Salmuna. Muito bem, aqui estão eles!

16 Então pegou espinhos das plantas
do deserto e com eles castigou os che-
fes de Sucote. 17 Também derrubou a tor-
re de Penuel e matou os homens daque-
la cidade.

18 Aí perguntou a Zeba e Salmuna:

— Com quem se pareciam os homens
que vocês mataram em Tabor?

E eles responderam:

— Pareciam com você. Todos tinham
jeito de príncipe.

19 Gideão disse:

— Eles eram meus irmãos, filhos da mi-
nha mãe. Juro pelo SENHOR Deus que, se
vocês não os tivessem matado, eu tam-
bém não mataria vocês.

20 E disse a Jéter, o seu filho mais velho:

— Levante-se e mate-os.

Mas o rapaz não tirou a sua espada. Ele
estava com medo, pois ainda era muito
novo. 21 Então Zeba e Salmuna disseram
a Gideão:

— Venha você mesmo nos matar por-
que para isso é preciso ter coragem de
homem.

Aí Gideão matou Zeba e Salmuna e pe-
gou os enfeites em forma de meia-lua que
estavam no pescoço dos seus camelos.

22 Os homens de Israel disseram a Gi-
deão:

— Você nos salvou dos midianitas. Por-
tanto, seja nosso governador. E, depois de
você, o seu filho e o seu neto.

23 Gideão respondeu:

— Eu não serei governador de vocês, e
o meu filho também não. O SENHOR Deus
é quem será o governador de vocês.

24 E continuou:

— Mas vou fazer um pedido: cada um
me dê um dos brincos que tirou dos ven-
cidos.

Os midianitas usavam argolas de ouro
nas orelhas porque eram gente do de-
serto.

25 Os homens de Gideão responderam:

— Nós os daremos com prazer a você.

Então estenderam uma *capa, e cada
um pôs nela os brincos que tinha tomado
dos midianitas. 26 Os brincos de ouro que
Gideão pediu pesaram quase trinta quilos.
Isso fora os enfeites, os colares e as rou-
pas de *púrpura que os chefes de Midiã
usavam. E sem contar também os enfei-
tes que estavam no pescoço dos seus ca-
melos. 27 Com o ouro Gideão fez um ídolo
e o colocou em Ofra, a sua cidade. Então
todos os israelitas abandonaram a Deus
e iam lá para adorar o ídolo. E isso foi
uma armadilha para Gideão e a sua gente.

28 Os midianitas foram derrotados pelos
israelitas e por muito tempo deixaram de
ser uma ameaça para eles. E a terra ficou
em paz durante quarenta anos enquanto
Gideão viveu.

A morte de Gideão

29 Gideão voltou e ficou morando na sua
própria casa. 30 Ele foi pai de setenta fi-
lhos, pois tinha muitas mulheres. 31 Ele
também teve uma *concubina em Siquém,
e ela lhe deu um filho. Gideão pôs nele o
nome de Abimeleque.

32 Gideão, filho de Joás, morreu bem ve-
lho e foi sepultado no túmulo de Joás, o
seu pai, em Ofra, a cidade do grupo de fa-
mílias de Abiezer.

33 Depois que Gideão morreu, o povo
de Israel abandonou a Deus novamente
e adorou os deuses dos cananeus. Eles
adotaram Baal-Berite como o seu deus.
34 Não serviram por muito tempo ao SE-
NHOR Deus, que os havia livrado de todos
os inimigos que viviam ao redor deles. 35 E
também não foram agradecidos à família
de Gideão por tudo de bom que ele havia
feito para o povo de Israel.

Abimeleque

9 Abimeleque, filho de Gideão, foi à ci-
dade de Siquém, onde viviam todos os
parentes da sua mãe. Ele pediu 2 que eles
perguntassem aos homens de Siquém:

— O que é que vocês preferem: ser go-
vernados pelos setenta filhos de Gideão
ou por um só homem? Lembrem que Abi-
meleque é do mesmo sangue de vocês.

3 Então os parentes da sua mãe falaram
sobre isso com os homens de Siquém, e
eles resolveram seguir Abimeleque por-
que era parente deles. 4 Deram a ele oito-
centos gramas de prata tirados do templo

de Baal-Berite. Com essa prata Abimele-
que contratou alguns homens ordinários
para o seguirem. 5 Abimeleque foi para a
casa do seu pai em Ofra e ali, em cima de
uma só pedra, ele matou os seus setenta
irmãos, os filhos de Gideão. Mas Jotão, o
filho mais moço, se escondeu e por isso
não foi assassinado. 6 Então todos os ho-
mens de Siquém e de Bete-Milo se reu-
niram na árvore sagrada de Siquém e ali
fizeram de Abimeleque o seu rei.

7 Quando Jotão soube disso, subiu até o
alto do monte Gerizim e gritou para eles:

— Homens de Siquém, me escutem, e
Deus escutará vocês!

8 Aí Jotão disse:

— Uma vez as árvores resolveram pro-
curar um rei para elas. Então disseram à
oliveira: "Seja o nosso rei." 9 E a oliveira
respondeu: "Para governar vocês, eu teria
de parar de dar o meu azeite, usado para
honrar os deuses e os seres humanos."

10 — Aí as árvores pediram à figueira:
"Venha ser o nosso rei." 11 Mas a figueira
respondeu: "Para governar vocês, eu teria
de parar de dar os meus figos tão doces."

12 — Então as árvores disseram à *par-
reira: "Venha ser o nosso rei." 13 Mas a par-
reira respondeu: "Para governar vocês, eu
teria de parar de dar o meu vinho, que
alegra os deuses e os seres humanos."

14 — Aí todas as árvores pediram ao es-
pinheiro: "Venha ser o nosso rei." 15 E o
espinheiro respondeu: "Se vocês querem
mesmo me fazer o seu rei, venham e fi-
quem debaixo da minha sombra. Se vocês
não fizerem isso, sairá fogo do espinheiro
e queimará os cedros do Líbano."

16 E Jotão continuou:

— Será que vocês foram sinceros e ho-
nestos quando fizeram de Abimeleque
um rei? E será que vocês trataram Gideão
e a sua família com decência e de acor-
do com o que ele merecia? 17 Lembrem
que o meu pai lutou por vocês. Ele arris-
cou a vida para salvá-los dos midianitas.
18 Mas hoje vocês estão contra a família
do meu pai. Vocês mataram os seus se-
tenta filhos em cima de uma só pedra! E
depois fizeram do seu filho Abimeleque,
que é filho de uma escrava, o rei de Si-
quém. Fizeram isso somente porque ele é
parente de vocês. 19 Agora, se o que vocês
fizeram hoje com Gideão e a sua família
foi sincero e honesto, então sejam feli-
zes com Abimeleque, e que ele seja feliz
com vocês! 20 Mas, se não, que de Abime-
leque saia fogo e queime os homens de
Siquém e de Bete-Milo! E que saia fogo
dos homens de Siquém e de Bete-Milo e
queime Abimeleque!

21 Aí Jotão fugiu e foi viver em Beer por-
que estava com medo do seu irmão Abi-
meleque.

A revolta de Gaal

22 Abimeleque governou o povo de Is-
rael durante três anos. 23 Então Deus fez
com que Abimeleque e os homens de Si-
quém se odiassem. E eles se revoltaram
contra Abimeleque. 24 Isso aconteceu para
que Abimeleque e os homens de Siquém,
que o haviam ajudado a matar os setenta
filhos de Gideão, pagassem pelo seu cri-
me. 25 Os moradores de Siquém puseram
homens escondidos no alto das monta-
nhas para matar Abimeleque. Eles assal-
tavam todos os que passavam por aque-
le caminho. E Abimeleque soube disso.

26 Gaal, filho de Ebede, foi com os seus
irmãos para Siquém, e os homens dali
confiaram nele. 27 Eles foram até as suas
plantações, apanharam uvas e prepara-
ram vinho. Então fizeram uma festa. De-
pois entraram no templo do seu deus, co-
meram, beberam e amaldiçoaram Abi-
meleque.

28 Aí Gaal disse:

— Por que estamos sendo dominados
por Abimeleque? Que tipo de homens so-
mos nós, os homens de Siquém? E quem
é ele? É o filho de Gideão. No entanto, Ze-
bul recebe ordens dele. Por que devemos
ser dominados por ele? Sejam fiéis ao seu
antepassado Hamor, pai de Siquém. 29 Ah!
Se eu fosse o líder deste povo! Expulsaria
Abimeleque e diria: "Já que o seu exército
é tão grande, então saia e lute!"

30 Zebul, o governador da cidade, ficou
com muita raiva quando soube o que
Gaal tinha dito. 31 E mandou mensagei-
ros a Abimeleque, que estava em Arumá,
para dizerem a ele:

— Gaal, filho de Ebede, e os seus ir-
mãos vieram a Siquém e estão atiçando
o povo da cidade contra você. 32 Por isso
faça o seguinte: durante a noite você e os
seus homens saiam e se escondam nos
campos. 33 Amanhã levantem-se ao nas-
cer do sol e ataquem de surpresa a cida-
de. E, quando Gaal e os seus homens saí-
rem para lutar, ataquem com tudo o que
vocês tiverem!

34 Então Abimeleque e todos os seus homens saíram durante a noite e se esconderam fora de Siquém, divididos em quatro grupos. 35 Gaal se levantou e foi para o portão da cidade. Aí Abimeleque e os seus homens saíram de onde estavam escondidos. 36 Quando Gaal os viu, disse a Zebul:

— Veja! Vem gente descendo do alto das montanhas!

Mas Zebul respondeu:

— Não são homens. São as sombras das montanhas.

37 Porém Gaal disse:

— Veja! Vem gente descendo bem na nossa frente, e um grupo vem vindo da árvore sagrada.

38 Então Zebul disse:

— Onde foi parar toda a sua conversa? Não foi você quem perguntou por que devíamos servir Abimeleque? Pois são estes os homens de quem você estava caçoando. Saia agora e lute contra eles.

39 Aí Gaal saiu na frente dos homens de Siquém e lutou contra Abimeleque. 40 Abimeleque o atacou, e Gaal fugiu. Muitos homens caíram feridos, até perto do portão da cidade. 41 Então Abimeleque voltou para Arumá, e Zebul foi até Siquém e expulsou de lá Gaal e os seus irmãos.

42 No dia seguinte o povo de Siquém saiu para os campos. E Abimeleque ficou sabendo disso. 43 Então ele dividiu os seus homens em três grupos e os deixou escondidos no campo, esperando. Quando Abimeleque viu o povo saindo da cidade, saiu de onde estava escondido e os matou. 44 Abimeleque e o seu grupo atacaram de surpresa e tomaram conta do portão da cidade. Os outros dois grupos atacaram o povo que estava nos campos e mataram todos. 45 Abimeleque combateu os homens da cidade o dia todo. Tomou a cidade e matou os seus moradores. Então destruiu a cidade e espalhou sal no chão.

46 Quando os chefes de Torre de Siquém souberam disso, foram todos para a fortaleza do templo de Baal-Berite para ficar em segurança. 47 Mas Abimeleque soube que eles estavam reunidos lá. 48 Aí subiu o monte Salmom com os seus homens. Pegou um machado, cortou um galho de árvore e o pôs no ombro. Disse aos homens para fazerem depressa a mesma coisa. 49 E cada um deles cortou um galho de árvore. Depois eles seguiram Abimeleque e fizeram uma pilha de galhos encostados na fortaleza. Em seguida puseram fogo nos galhos e queimaram a fortaleza com toda a gente dentro. Assim morreram todos os moradores de Torre de Siquém, mais ou menos mil homens e mulheres.

50 Depois Abimeleque foi a Tebes, cercou a cidade e a conquistou. 51 Em Tebes havia uma forte torre. Todos os homens e mulheres e os líderes da cidade correram e entraram nela. Fecharam as portas e foram para o terraço. 52 Abimeleque avançou, atacou a torre e chegou até a porta, para pôr fogo nela. 53 Mas uma mulher jogou uma pedra de moinho na cabeça dele e quebrou o seu crânio. 54 Aí ele chamou depressa o moço que carregava as suas armas e disse:

— Tire a sua espada e me mate. Não quero que digam que fui morto por uma mulher.

Então o rapaz tirou a espada e o matou. 55 Quando os israelitas viram que Abimeleque estava morto, voltaram todos para casa.

56 E assim Deus castigou Abimeleque pelo crime que havia cometido contra o seu pai — o crime de matar os seus setenta irmãos. 57 E, como castigo pela maldade dos homens de Siquém, Deus fez com que eles sofressem. E assim aconteceu o que Jotão, filho de Gideão, tinha dito que ia acontecer quando os amaldiçoou.

Tolá e Jair

10 Depois de Abimeleque, Tolá, filho de Puá e neto de Dodo, veio libertar o povo de Israel. Ele era da *tribo de Issacar e morava na cidade de Samir, na região montanhosa de Efraim. 2 Tolá foi líder de Israel durante vinte e três anos. Depois morreu e foi sepultado em Samir.

3 Em seguida apareceu Jair, da terra de Gileade. Jair foi líder de Israel durante vinte e dois anos. 4 Ele tinha trinta filhos, que montavam trinta jumentos. Os seus filhos tinham trinta cidades na região de Gileade. Elas são chamadas *até hoje de "cidades de Jair". 5 Jair morreu e foi sepultado em Camom.

Os amonitas escravizam o povo de Israel

6 E mais uma vez os israelitas pecaram contra Deus, o SENHOR. Adoraram o deus *Baal de várias cidades, a deusa *Astarote e também os deuses da Síria, de Sidom, de Moabe, de Amom e dos filisteus. Eles abandonaram o SENHOR e deixaram de

adorá-lo. 7 Então ele ficou muito *irado
com os israelitas e deixou que sofres-
sem nas mãos dos filisteus e dos amoni-
tas. 8 Naquele mesmo ano eles derrotaram
os israelitas e os escravizaram. Durante
dezoito anos eles escravizaram todos os
israelitas que viviam em Gileade, a leste
do rio Jordão, na terra dos amorreus. 9 Os
amonitas também atravessaram o rio Jor-
dão para lutar contra as *tribos de Judá,
de Benjamim e de Efraim. E assim Israel
passava por uma grande aflição.
10 Então os israelitas pediram socorro a
Deus, o SENHOR, orando assim:
— Nosso Deus, nós pecamos contra ti
porque te deixamos e adoramos os deu-
ses dos cananeus.
11 E o SENHOR respondeu:
— No passado os egípcios, os amor-
reus, os amonitas, os filisteus, 12 os sidô-
nios, os amalequitas e os maonitas escra-
vizaram vocês, e vocês me pediram so-
corro. E eu os salvei deles. 13 Mas assim
mesmo vocês me abandonaram e adora-
ram outros deuses. Por isso eu não vou
mais ajudá-los. 14 Agora peçam socorro
aos deuses que vocês escolheram. Que
eles os ajudem quando vocês estiverem
em dificuldades!
15 Mas o povo de Israel respondeu:
— De fato, nós pecamos. Faze de nós
o que quiseres. Mas salva-nos hoje, por
favor.
16 Então eles jogaram fora os seus deu-
ses estrangeiros e adoraram a Deus, o SE-
NHOR. E ele teve pena deles por causa da
situação difícil em que estavam.
17 Então o exército amonita veio e acam-
pou em Mispa. 18 E os chefes e o povo de
Gileade combinaram que o homem que
comandasse os israelitas na luta contra
os amonitas seria o chefe dos morado-
res de Gileade.

Jefté

11 Jefté, da região de Gileade, era um
soldado valente. O seu pai se cha-
mava Gileade, e a sua mãe era uma pros-
tituta. 2 A esposa de Gileade também teve
filhos. Quando cresceram, eles expulsaram
Jefté, dizendo:
— Você não vai herdar nada do nosso
pai porque é filho de outra mulher.
3 Jefté fugiu dos seus irmãos e foi mo-
rar na terra de Tobe. Lá alguns homens
ordinários se juntaram a ele, e andavam
juntos.
4 Algum tempo depois os amonitas fo-
ram guerrear contra o povo de Israel.
5 Quando isso aconteceu, os chefes de Gi-
leade foram buscar Jefté na terra de Tobe
6 e disseram:
— Venha com a gente e seja o nosso
chefe na guerra contra os amonitas.
7 Jefté respondeu:
— Eu sei que vocês me odeiam; e
odeiam tanto, que me fizeram sair da casa
do meu pai. Como é que vocês vêm me pe-
dir ajuda, agora que estão em dificuldade?
8 — Nós viemos falar com você porque
queremos que comande todo o povo de
Gileade na luta contra os amonitas! —
responderam eles.
9 Jefté disse:
— Se me levarem de volta para casa
a fim de lutar contra os amonitas, e se o
SENHOR Deus me der a vitória, eu serei o
governador de vocês. Está certo?
10 Eles responderam:
— Sim. Nós faremos como você diz. O
SENHOR é a nossa testemunha.
11 Aí Jefté foi com os chefes de Gileade, e
o povo o colocou como governador e che-
fe. E em Mispa, na presença do SENHOR,
Jefté fez o povo jurar que faria tudo o que
havia sido dito.
12 Então Jefté enviou mensageiros ao rei
dos amonitas. Os mensageiros disseram:
— O que é que vocês têm contra mim?
Por que invadiram o meu país?
13 O rei dos amonitas respondeu:
— Quando os israelitas saíram do Egi-
to, tomaram a minha terra, desde o rio
Arnom até os rios Jaboque e Jordão. Ago-
ra, sem luta, vocês devem devolver a mi-
nha terra.
14 Jefté mandou outros mensageiros ao
rei dos amonitas 15 com a seguinte res-
posta:
— O povo de Israel não tomou a terra
de Moabe nem a terra de Amom. 16 Quan-
do os israelitas saíram do Egito, foram
pelo deserto até o golfo de Ácaba e daí
até Cades. 17 Eles mandaram mensagei-
ros ao rei dos edomitas, pedindo licen-
ça para passar pelas suas terras, mas ele
não deixou. Então os israelitas pediram a
mesma coisa ao rei de Moabe, porém ele
também não deixou. Por isso os israelitas
ficaram em Cades.
18 — Eles foram pelo deserto. Rodea-
ram a terra dos edomitas e dos moabitas
e chegaram até a parte leste de Moabe, no

outro lado do rio Arnom. Acamparam ali,
mas não atravessaram o rio porque esta-
va na fronteira de Moabe. 19 Aí os israeli-
tas mandaram mensageiros a Seom, o rei
amorreu de Hesbom, e pediram licença
para atravessar aquele país a fim de po-
derem chegar à sua terra. 20 Mas Seom não
deixou. Levou todo o seu exército, acam-
pou em Jasa e atacou o povo de Israel.
21 Mas o SENHOR, o Deus de Israel, fez com
que os israelitas derrotassem Seom e to-
dos os seus homens. E assim os israeli-
tas conquistaram toda a terra que era dos
amorreus. 22 Tomaram toda a terra dos
amorreus: desde o rio Arnom, ao Sul, até
o rio Jaboque, ao Norte; e, desde o de-
serto, a Leste, até o rio Jordão, a Oeste.
23 Assim, foi o SENHOR, o Deus de Israel,
quem expulsou os amorreus para o seu
povo, os israelitas. 24 E agora vocês que-
rem tentar tomar a terra de volta? Podem
ficar com tudo o que Quemos, o deus de
vocês, lhes deu.

Mas nós vamos ficar com tudo o que o
SENHOR, nosso Deus, conquistou para nós.
25 Você pensa que é melhor do que Bala-
que, filho de Zipor, que era rei de Moabe?
Será que alguma vez ele desafiou Israel?
Quando foi que ele guerreou contra nós?
26 Durante trezentos anos o povo de Is-
rael morou em Hesbom e Aroer. Morou
também nas cidades vizinhas e em todas
as outras cidades das margens do rio Ar-
nom. Por que foi que vocês não tomaram
essas cidades de volta durante todo esse
tempo? 27 Não! Eu não fiz nada de erra-
do contra vocês. Vocês é que fazem mal,
querendo lutar contra mim. O SENHOR é
o juiz. Ele decidirá hoje entre os israeli-
tas e os amonitas.

28 Mas o rei dos amonitas não quis ou-
vir a mensagem que Jefté havia mandado.
29 Então o Espírito do SENHOR dominou
Jefté, e ele atravessou Gileade e Manas-
sés e voltou para Mispa, em Gileade. Dali
foi para Amom 30 e prometeu ao SENHOR
o seguinte:

— Se fizeres com que eu vença os amo-
nitas, 31 eu queimarei em *sacrifício aquele
que sair primeiro da minha casa para me
encontrar quando eu voltar da guerra. Eu
o oferecerei em sacrifício a ti.

32 Então Jefté atravessou o rio para lu-
tar contra os amonitas, e o SENHOR lhe
deu a vitória. 33 Ele derrotou os amonitas
desde Aroer até perto de Minite — vinte
cidades ao todo — e continuou até Abel-
-Queramim. Houve uma grande matança,
e os israelitas derrotaram os amonitas.

A filha de Jefté

34 Quando Jefté voltou para a sua casa,
em Mispa, a sua filha saiu ao seu encon-
tro, dançando e tocando pandeiro. Era fi-
lha única; ele não tinha mais nenhuma fi-
lha ou filho. 35 Quando Jefté a viu, ficou de-
sesperado, rasgou as suas roupas e disse:

— Ah! Minha filha! Você está partindo
o meu coração! Por que tem de ser você
quem me vai fazer sofrer? Eu fiz uma pro-
messa a Deus, o SENHOR, e não posso vol-
tar atrás.

36 Ela respondeu:

— Se o senhor fez uma promessa ao
SENHOR Deus, faça de mim o que prome-
teu. Pois o SENHOR Deus deixou que o se-
nhor se vingasse dos nossos inimigos, os
amonitas.

37 E continuou:

— Só peço uma coisa: deixe que eu vá
com as minhas amigas pelos montes e
chore durante dois meses porque nunca
chegarei a ser mãe.

38 E o pai deixou que ela fosse por dois
meses. Então ela e as suas amigas saíram
pelas montanhas, chorando porque ela
nunca chegaria a ser mãe. 39 Depois dos
dois meses, ela voltou para o pai. E ele
fez o que havia prometido a Deus. Assim
ela morreu virgem. Daí veio o costume de
as mulheres israelitas 40 saírem durante
quatro dias, todos os anos, para chorar
pela filha de Jefté, o gileadita.

Jefté e a tribo de Efraim

12 Os homens da *tribo de Efraim se
reuniram para lutar. Eles atraves-
saram o rio Jordão para o lado de Zafom
e disseram a Jefté:

— Por que é que você saiu para com-
bater os amonitas e não nos chamou para
irmos também? Por causa disso nós va-
mos queimar a sua casa com você dentro!

2 Mas Jefté respondeu:

— Eu e o meu povo tínhamos uma bri-
ga séria com os amonitas. Chamei vocês,
mas vocês não me livraram deles. 3 Quan-
do vi que vocês não iam me ajudar, ar-
risquei a vida e fui combater contra eles.
E o SENHOR Deus me deu a vitória. En-
tão por que é que vocês vêm agora lutar
contra mim?

4 Aí Jefté juntou todos os homens de

Gileade. Eles guerrearam contra os ho-
mens de Efraim e os derrotaram. Fize-
ram isso porque os efraimitas tinham
dito: "Vocês, gileaditas que moram nas
terras de Efraim e de Manassés, são de-
sertores de Efraim."
5 Para não deixar que os efraimitas pas-
sassem, os gileaditas tomaram os lugares
onde o rio Jordão podia ser atravessado.
Quando algum efraimita que estava ten-
tando escapar pedia para atravessar o rio,
os homens de Gileade perguntavam:
— Você é efraimita?
Se ele respondia que não, 6 eles o man-
davam dizer a palavra "Chibolete". Mas,
se ele dizia "Sibolete" porque não podia
falar direito a palavra, então o agarravam
e matavam ali mesmo, na beira do rio Jor-
dão. Naquela ocasião foram mortos qua-
renta e dois mil efraimitas.
7 Jefté, o gileadita, governou Israel du-
rante seis anos. Então morreu e foi se-
pultado na sua cidade natal, em Gileade.

Ibsã, Elom e Abdom

8 Depois de Jefté, Ibsã, da cidade de Be-
lém, governou o povo de Israel. 9 Ele ti-
nha trinta filhos e trinta filhas. Deixou que
as trinta filhas casassem com rapazes de
fora do seu grupo de famílias e trouxe
trinta moças de fora para casarem com
os seus filhos. Ibsã governou Israel sete
anos. 10 Então morreu e foi sepultado em
Belém.
11 Depois de Ibsã, Elom, que era da *tri-
bo de Zebulom, governou Israel dez anos.
12 Então morreu e foi sepultado em Aija-
lom, na terra de Zebulom.
13 Depois de Elom, Abdom governou o
povo de Israel. Ele era filho de Hilel, da
cidade de Piratom. 14 Abdom tinha qua-
renta filhos e trinta netos, que montavam
setenta jumentos. Ele governou Israel oito
anos. 15 Então morreu e foi sepultado em
Piratom, que fica na terra de Efraim, na
região montanhosa dos amalequitas.

O nascimento de Sansão

13 Os israelitas pecaram outra vez
contra Deus, o SENHOR, e por isso
ele deixou que sofressem quarenta anos
nas mãos dos filisteus.
2 Havia um homem chamado Manoá,
que era da cidade de Zora e pertencia à
*tribo de Dã. A sua mulher não podia ter
filhos. 3 O Anjo do SENHOR apareceu a ela
e disse:
— Você não podia ter filhos e por isso
nunca foi mãe. Mas agora você ficará
grávida e terá um filho. 4 Não tome vinho
nem cerveja e não coma nenhuma comi-
da proibida 5 porque você ficará grávida e
dará à luz um filho. Não corte nunca o ca-
belo dele, pois ele será consagrado a Deus
como *nazireu desde o dia do seu nasci-
mento. Ele vai começar a livrar o povo de
Israel do poder dos filisteus.
6 Então a mulher procurou o marido e
disse:
— Um homem de Deus falou comigo.
Ele parecia um anjo de Deus, e isso me
deixou apavorada. Eu não perguntei de
onde ele vinha, e ele não me disse como
se chamava. 7 Mas prometeu que eu fica-
rei grávida e que terei um filho. E mandou
que eu não beba vinho nem cerveja e não
coma nenhuma comida proibida, pois o
menino será dedicado a Deus como na-
zireu por toda a vida.
8 Então Manoá orou ao SENHOR, di-
zendo:
— Ó meu Deus, peço que mandes de
volta o homem de Deus que enviaste, para
ele nos dizer o que devemos fazer com o
menino quando nascer.
9 Deus fez o que Manoá pediu: o Anjo
apareceu de novo à sua mulher quando
ela estava sentada no campo. E o mari-
do não estava por perto. 10 Então ela cor-
reu depressa para o lugar onde ele esta-
va e disse:
— O homem que falou comigo outro
dia apareceu novamente.
11 Manoá se levantou e seguiu a mulher.
Foi até onde estava o homem e pergun-
tou:
— Você é o homem que falou com a
minha mulher?
— Sim! — respondeu ele.
12 Então Manoá disse:
— Quando acontecer o que você falou,
como é que o menino deverá agir? O que
deverá fazer?
13 O Anjo do SENHOR respondeu:
— A sua mulher deve fazer tudo o que
eu já disse a ela. 14 Não vai comer nada
que seja feito de uvas. Não vai tomar nem
vinho nem cerveja e não vai comer ne-
nhuma comida proibida. Ela deve fazer
tudo o que eu disse.
15-16 Manoá não sabia que aquele era o
Anjo do SENHOR. E disse:
— Por favor, não vá embora ainda.

Espere, que nós vamos cozinhar um cabrito para você.
— Se eu ficar, não comerei a sua comida! — respondeu o Anjo. — Mas, se você quiser prepará-la, então queime-a como oferta ao SENHOR.
17 Manoá disse:
— Qual é o seu nome? Nós precisamos saber para poder prestar-lhe uma homenagem quando acontecer aquilo que você disse.
18 — Por que você quer saber o meu nome? — perguntou o Anjo. — O meu nome é um mistério.
19 Então Manoá pegou o cabrito e cereais e os ofereceu numa pedra ao SENHOR, o Deus dos mistérios.
20 Enquanto as chamas subiam do altar, Manoá e a sua mulher viram o Anjo do SENHOR subir para o céu, no meio das chamas. Aí se ajoelharam e encostaram
o rosto no chão. 21 Manoá e a sua mulher
nunca mais viram o Anjo. E Manoá compreendeu que aquele homem era o Anjo
do SENHOR. 22 Então disse à mulher:
— Nós vamos morrer porque vimos Deus!
23 Porém ela respondeu:
— Se o SENHOR nos quisesse matar, não teria aceitado nossas ofertas. Ele não nos teria mostrado tudo isso, nem falado todas essas coisas.
24 A mulher de Manoá deu à luz um filho
e pôs nele o nome de Sansão. O menino
cresceu, e o SENHOR o abençoou. 25 San-
são estava no campo de Dã, entre Zora e Estaol, quando começou a sentir que o Espírito do SENHOR o dirigia.

O casamento de Sansão

14 Sansão desceu até a cidade de Tim-
na e ali viu uma moça filisteia. 2 Vol-
tou para casa e disse ao seu pai e à sua mãe:
— Eu vi em Timna uma jovem filisteia. Peçam essa moça para mim porque eu quero casar com ela.
3 Mas o seu pai e a sua mãe responderam:
— Por que é que você foi procurar mulher no meio dos filisteus, aquela gente que não pratica a *circuncisão? Será que você não podia achar mulher no meio dos nossos parentes ou entre o nosso povo?
Mas Sansão disse ao seu pai:
— É aquela a moça que eu quero. É dela que eu gosto.
4 O seu pai e a sua mãe não sabiam que era o SENHOR Deus que estava orientando Sansão para fazer aquilo. Deus estava procurando uma oportunidade para atacar os filisteus, que naquele tempo dominavam o povo de Israel.
5 Sansão desceu com os seus pais até a cidade de Timna. Quando estavam passando pelas plantações de uvas de Timna, um leão novo veio rugindo para cima
dele. 6 Mas o Espírito do SENHOR fez com
que Sansão ficasse forte. Com as suas próprias mãos, Sansão despedaçou o leão, como se fosse um cabrito. Porém não contou nem ao seu pai nem à sua mãe o que havia feito.
7 Então ele foi conversar com a moça e
gostou dela. 8 Poucos dias depois Sansão
voltou lá para casar com ela. Saiu da estrada para dar uma olhada no leão que havia matado. E ficou espantado ao ver um enxame de abelhas e mel dentro do
corpo do animal morto. 9 Então tirou mel
com as mãos e saiu comendo. Foi até onde estavam o seu pai e a sua mãe e lhes deu um pouco. E eles comeram. Porém Sansão não lhes contou que havia tirado o mel do corpo do leão.
10 O pai de Sansão foi à casa da moça, e Sansão deu um banquete ali, como era o
costume dos moços. 11 Quando os filisteus
o viram, trouxeram trinta rapazes para
festejar com ele. 12-13 E Sansão lhes disse:
— Eu tenho uma adivinhação para vocês. Aposto trinta *túnicas de linho puro e trinta roupas finas que, antes de se passarem os sete dias da festa de casamento, vocês não me darão a resposta.
Eles responderam:
— Diga qual é a adivinhação.
14 Sansão disse:

"Do que come saiu comida,
e do forte saiu doçura."

Três dias depois eles ainda não haviam encontrado a resposta para a adivinhação.
15 No quarto dia disseram à mulher de Sansão:
— Dê um jeito de fazer o seu marido dar a resposta da adivinhação. Se você não fizer isso, nós vamos pôr fogo na casa do seu pai e vamos queimar você junto. Vocês só nos convidaram para poder nos roubar, não foi?
16 Aí a mulher de Sansão lhe disse, chorando:

— Você não me ama! Você me odeia!
Você deu uma adivinhação aos meus ami-
gos e não me contou a resposta!
— Eu não contei nem para o meu pai
nem para a minha mãe! — respondeu
ele. — Por que acha que eu iria contar
para você?
17 Então ela chorou durante os outros
dias da festa. No sétimo dia, como a mu-
lher não parava de insistir, ele disse a res-
posta. E ela contou aos seus amigos. 18 As-
sim, no sétimo dia, antes de anoitecer, os
homens da cidade disseram a Sansão:

"Que coisa é mais doce do que o mel?
E o que é mais forte do que o leão?"

Sansão respondeu:
— Se vocês não tivessem conversado
com a minha mulher, não saberiam ago-
ra a resposta.
19 Então o Espírito do SENHOR fez com
que Sansão ficasse forte, e ele desceu até
Asquelom e ali matou trinta homens. Ti-
rou as roupas finas que eles vestiam e as
deu aos rapazes que tinham respondi-
do à adivinhação. Depois voltou para a
casa do seu pai, furioso com o que havia
acontecido.
20 E a mulher de Sansão foi dada ao ho-
mem que tinha sido o seu padrinho de
casamento.

15 Algum tempo depois, durante a co-
lheita do trigo, Sansão foi visitar a
sua mulher e levou para ela um cabrito.
E disse ao pai dela:
— Quero entrar no quarto da minha
mulher.
Mas o pai não deixou 2 e respondeu:
— Eu pensei que você a odiava, e por
isso a dei em casamento ao seu amigo.
Mas a irmã menor é ainda mais bonita.
Se você quiser, pode ficar com ela.
3 Sansão disse:
— Desta vez eu não sou responsável
pelo que fizer com os filisteus.
4 *Então caçou trezentas* raposas, amar-
rou-as duas a duas pelos rabos e pren-
deu em cada par de rabos uma tocha. 5 Pôs
fogo nas tochas e soltou as raposas nas
plantações de trigo dos filisteus. E o fogo
queimou não só o trigo que já havia sido
colhido, mas também o que ainda estava
nas plantações. Também os bosques de
oliveiras foram queimados. 6 E os filisteus
perguntaram:
— Quem foi que fez isso?

Pergunte a si mesma...

Fraquezas. Todos nós as temos — aquelas coisas que parecem nos vencer todas as vezes. É perigoso quando estamos diante daquilo a que é difícil resistir, por isso devemos evitar até a tentação. Como um alcoólatra que fica longe dos bares, você deve evitar aquelas coisas que enfraquecem suas defesas contra o pecado. Sansão foi fraco no amor; ele cedeu à vontade de Dalila para não perdê-la, mas ela usou a fraqueza de Sansão contra ele. Você já fez besteira por amor? Pergunte a si mesma sobre sua fraqueza e como se proteger nessa área:

Onde minha fé é fraca?
O que preciso evitar para continuar forte?
Há pessoas em minha vida que querem me levar à tentação?
Como posso evitar falar sobre minhas fraquezas com as pessoas erradas?

E ficaram sabendo que Sansão tinha
feito aquilo porque o seu sogro havia to-
mado a mulher dele e dado ao seu ami-
go. Então os filisteus foram e queimaram
viva a mulher de Sansão e a família dela.
7 Aí Sansão disse:
— Então é assim que vocês fazem? Pois
eu juro que não descansarei até que pa-
guem por isso!
8 E atacou furiosamente, matando mui-
tos deles. Depois saiu de lá e foi para a ca-
verna da rocha de Etã.

Sansão derrota os filisteus

9 Os filisteus foram, acamparam em
Judá e atacaram a cidade de Leí. 10 Os ho-
mens de Judá perguntaram aos filisteus:
— Por que foi que vocês nos atacaram?
E eles responderam:
— Viemos até aqui para prender San-
são e fazer com ele o mesmo que ele fez
com a gente.
11 Então três mil homens de Judá foram
falar com Sansão na caverna da rocha de
Etã. E disseram:
— Você não sabe que os filisteus man-
dam em nós? Por que você foi fazer aquilo?

— Eu fiz com eles o que eles fizeram
comigo! — respondeu Sansão.
12 — Nós viemos até aqui para amar-
rar e entregar você aos filisteus! — dis-
seram eles.
Sansão respondeu:
— Prometam que vocês não me ma-
tarão.
13 — Prometemos! — disseram eles. —
Nós vamos somente amarrar você e en-
tregar aos filisteus. Não vamos matá-lo.
Então o amarraram com duas cordas
novas e o fizeram sair da caverna. 14 Quan-
do Sansão chegou a Leí, os filisteus, gri-
tando, vieram encontrá-lo. Mas o Espí-
rito do SENHOR fez com que Sansão fi-
casse forte. E ele arrebentou as cordas
que amarravam os seus braços e as suas
mãos, como se fossem fios de linha quei-
mados. 15 Encontrou por ali uma queixa-
da de jumento que ainda não estava seca.
Pegou a queixada e com ela matou mil ho-
mens. 16 Aí começou a cantar assim:

"Com a queixada de um jumento,
matei mil homens.
Com a queixada de um jumento,
fiz montões e montões de corpos."

17 Depois jogou fora a queixada. E aque-
le lugar foi chamado de "monte da Quei-
xada".
18 Sansão ficou com muita sede e fez
esta oração a Deus, o SENHOR:
— Tu me deste esta grande vitória. Será
que agora vais deixar que eu morra de
sede e caia nas mãos desta gente que não
pratica a *circuncisão?
19 Então, na cidade de Leí, Deus abriu
um buraco, e dele saiu água. Sansão be-
beu daquela água e sentiu-se bem melhor.
Aquela fonte foi chamada de En-Hacoré e
existe *até hoje.
20 Sansão governou o povo de Israel vin-
te anos, na época em que os filisteus do-
minavam aquela terra.

Sansão em Gaza

16 Dali Sansão foi até a cidade de Gaza.
Lá viu uma prostituta e teve rela-
ções com ela. 2 O povo de Gaza soube que
Sansão estava lá. Então eles cercaram o
lugar e ficaram a noite toda esperando
Sansão no portão da cidade. Ficaram em
silêncio, pensando:
— Vamos esperar o amanhecer. Então
nós o matamos.
3 Mas Sansão ficou deitado somente até
a meia-noite. Depois se levantou e arran-
cou o portão da cidade, com os batentes
e as trancas. Pôs tudo nos ombros e car-
regou para o alto do monte que está em
frente da cidade de Hebrom.

Sansão e Dalila

4 Depois disso Sansão se apaixonou por
uma mulher chamada Dalila, que morava
no vale de Soreque. 5 Então os governado-
res das cinco cidades dos filisteus foram
falar com ela. Eles disseram assim:
— Dê um jeito de Sansão contar a você
por que ele é tão forte e como é que o po-
deremos dominar, amarrar e deixar sem
defesa. Se você fizer isso, cada um de nós
lhe dará mil e cem barras de prata.
6 Então Dalila pediu a Sansão:
— Por favor, me conte o segredo da sua
força. Se alguém quiser amarrar você e
deixar sem defesa, o que é que ele deve
fazer?
7 Sansão respondeu:
— Se me amarrarem com sete cordas
de arco, novas, que ainda não secaram, eu
ficarei fraco e serei como qualquer um.
8 Aí os governadores dos filisteus trou-
xeram para Dalila sete cordas de arco, no-
vas, que ainda não estavam secas, e ela
amarrou Sansão. 9 Dalila havia deixado
alguns homens escondidos, esperando
no outro quarto. Então gritou:
— Sansão! Os filisteus estão chegando!
E ele arrebentou as cordas de arco,
como se fossem fios de linha queimada.
Assim eles continuaram sem saber qual
era o segredo da força de Sansão. 10 Então
Dalila lhe disse:
— Até agora você mentiu e caçoou de
mim. Por favor, me diga como é que al-
guém pode amarrar você.
11 Sansão respondeu:
— Se me amarrarem com cordas novas,
que nunca foram usadas, ficarei fraco e
serei como qualquer um.
12 Aí Dalila pegou cordas novas e amar-
rou os braços dele. Depois gritou:
— Sansão! Os filisteus estão chegando!
Os homens estavam novamente escon-
didos, esperando no outro quarto. Mas
Sansão arrebentou as cordas como se fos-
sem fios de linha.
13 E Dalila disse:
— Você continua mentindo e caçoan-
do de mim. Diga como é que alguém pode
amarrar você.
Ele respondeu:

— Se você tecer num tear as sete tran-
ças do meu cabelo e prendê-las com um
prego grande de madeira, eu ficarei fraco
e serei como qualquer um.
14 Então Dalila fez com que Sansão dor-
misse. Quando ele adormeceu, ela pegou
e teceu as sete tranças dele num tear e
prendeu-as com um prego grande de ma-
deira. Depois gritou:
— Sansão! Os filisteus estão chegando!
Mas ele se levantou, arrancou o prego
e tirou o cabelo do tear. 15 Então ela disse:
— Por que você diz que me ama se isso
não é verdade? Você me fez de boba três
vezes e até agora não me contou por que
é tão forte.
16 E ela continuou a perguntar isso to-
dos os dias. Sansão ficou tão cansado com
a insistência dela, que já não aguentava
mais. 17 E acabou lhe contando a verdade:
— O meu cabelo nunca foi cortado! —
disse ele. — Eu fui dedicado a Deus como
*nazireu desde que nasci. Se o meu cabelo
for cortado, perderei a minha força, fica-
rei fraco e serei como qualquer um.
18 Quando Dalila percebeu que ele tinha
dito a verdade, mandou o seguinte recado
aos governadores filisteus:
— Voltem de novo. Agora ele me dis-
se a verdade.
Então eles vieram e trouxeram o di-
nheiro. 19 Ela fez com que Sansão dormis-
se no seu colo. Em seguida chamou um
homem, e ele cortou as sete tranças de
Sansão. Aí Dalila começou a provocá-lo,
mas ele havia perdido a sua força. 20 Ela
gritou:
— Sansão! Os filisteus estão chegando!
Ele se levantou e pensou: "Eu me livra-
rei como sempre." Sansão não sabia que
o SENHOR o havia abandonado. 21 Os filis-
teus o pegaram e furaram os seus olhos.
Então o levaram para Gaza e o prende-
ram com correntes de bronze. E o puse-
ram para trabalhar na prisão, virando um
moinho. 22 Mas o seu cabelo começou a
crescer de novo.

A morte de Sansão

23 Os governadores filisteus se reuniram
para fazer uma festa e oferecer um grande
*sacrifício ao seu deus Dagom. Eles can-
tavam: "O nosso deus entregou o nosso
inimigo Sansão nas nossas mãos!"
24 E o povo, quando viu Sansão, cantou
louvores ao deus Dagom, assim: "O nosso
deus entregou nas nossas mãos o inimigo
que destruía a nossa terra e matava mui-
tos dos nossos."
25 E, no meio daquela alegria, disseram:
— Chamem Sansão, para ele nos di-
vertir.
Trouxeram Sansão para fora da cadeia
e se divertiram à custa dele. Depois o co-
locaram entre as colunas do templo. 26 En-
tão Sansão pediu ao rapaz que o guiava
pela mão:
— Deixe-me tocar nas colunas que sus-
tentam o templo para que eu possa me
encostar nelas.
27 O templo estava cheio de homens e
mulheres. Os cinco governadores filisteus
estavam lá. Havia no terraço mais ou me-
nos três mil homens e mulheres olhando
para Sansão e se divertindo à custa dele.
28 E Sansão orou ao SENHOR, dizendo:
— Ó SENHOR, meu Deus, peço que lem-
bres de mim. Por favor, dá-me força só
mais esta vez. Deixa que eu, de uma só
vez, me vingue dos filisteus, por terem
furado os meus olhos.
29 Então agarrou as duas colunas do
meio, que sustentavam o templo. Com a
mão direita numa coluna e a esquerda na
outra, jogou todo o seu peso contra elas
30 e gritou:
— Que eu morra com os filisteus!
Em seguida deu um empurrão com
toda a força, e o templo caiu sobre os go-
vernadores e todas as outras pessoas. E
assim Sansão matou mais gente na sua
morte do que durante a sua vida.
31 Os irmãos de Sansão e toda a sua fa-
mília foram buscar o seu corpo. Eles o le-
varam e sepultaram entre Zora e Estaol,
no túmulo de Manoá, o seu pai.
Sansão havia governado o povo de Is-
rael durante vinte anos.

Mica e os seus ídolos

17 Havia um homem chamado Mica,
que morava na região montanhosa
de Efraim. 2 Ele disse à sua mãe:
— Quando roubaram aquelas suas mil
e cem barras de prata, a senhora amal-
diçoou o ladrão. Eu ouvi a senhora fazer
isso. Sabe de uma coisa? A prata está co-
migo. Fui eu que roubei.
A sua mãe disse:
— Que o SENHOR abençoe você, meu
filho!
3 Então ele devolveu à sua mãe as mil e
cem barras de prata. E ela disse:
— Meu filho, para tirar a maldição de

cima de você, vou dar esta prata como
oferta ao SENHOR. Ela será usada para fa-
zer um ídolo de madeira, folheado a pra-
ta. Por isso eu devolvo agora esta prata
a você.
4 Mas o filho tornou a devolver a pra-
ta à sua mãe. Então ela pegou duzentas
barras de prata e entregou a um ourives.
Ele fez um ídolo de madeira e o folheou
com a prata. E o ídolo foi colocado na casa
de Mica.
5 Mica fez uma capela. Ele fez outros
ídolos e também uma roupa de sacerdo-
te. Separou um dos seus filhos para ser o
seu sacerdote. 6 Naquele tempo não ha-
via rei em Israel, e cada um fazia o que
bem queria.
7 Um rapaz estava passando uns tempos
na cidade de Belém de Judá. Ele era *levi-
ta. 8 Esse moço saiu de Belém, procuran-
do um lugar para morar. E, viajando pela
região montanhosa de Efraim, chegou à
casa de Mica. 9 E Mica lhe perguntou:
— De onde você vem?
E o moço respondeu:
— Eu sou levita, de Belém, da região de
Judá, e estou procurando um lugar para
morar.
10 — Fique comigo — disse Mica — e
seja o meu conselheiro e sacerdote. Eu lhe
darei dez barras de prata por ano, roupa
e comida.
11 Então o jovem levita concordou em fi-
car com Mica e ficou sendo como um filho
para ele. 12 Assim Mica o escolheu para ser
o seu sacerdote, e o rapaz ficou morando
na sua casa. 13 E Mica disse:
— Eu sei que agora o SENHOR Deus fará
com que tudo corra bem para mim, pois
tenho um levita como sacerdote.

Mica e a tribo de Dã

18 Naquele tempo não havia rei em
Israel. E a *tribo de Dã estava pro-
curando uma terra para morar, terra que
fosse só deles. Isso porque até aquela oca-
sião eles não tinham recebido a parte da
terra que devia ser deles, embora as ou-
tras tribos de Israel já tivessem recebido
a sua parte. 2 Então o povo de Dã escolheu
cinco homens de valor entre todas as fa-
mílias da tribo. *Eles foram* mandados das
cidades de Zora e Estaol para espiar e co-
nhecer a terra. Foram para a região mon-
tanhosa de Efraim e ficaram na casa de
Mica. 3 Enquanto estavam lá, perceberam,
pelo jeito de o jovem *levita falar, que ele
não era dali. Então chegaram perto dele
e perguntaram:
— O que é que você está fazendo aqui?
Quem trouxe você para cá?
4 Ele respondeu:
— Eu fiz um trato com Mica. Ele me
paga para ser sacerdote dele.
5 Aí disseram ao moço:
— Então pergunte a Deus se nós se-
remos bem sucedidos na nossa viagem.
6 O sacerdote respondeu:
— Não se preocupem. O SENHOR Deus
estará com vocês nesta viagem.
7 Então os cinco homens saíram dali e
foram para a cidade de Laís. Chegando lá,
viram que o povo daquele lugar vivia em
segurança, como os sidônios. Eram pací-
ficos e calmos e não tinham brigas com
ninguém. Eles tinham tudo o que preci-
savam. Moravam longe dos sidônios e vi-
viam afastados dos outros povos. 8 Quan-
do os cinco homens voltaram para Zora e
Estaol, a sua gente perguntou o que eles
haviam descoberto. 9 E eles responderam:
— Vamos atacar! Nós vimos a terra, e
ela é muito boa! Não fiquem aí parados!
Vão depressa e tomem a terra! 10 Lá vocês
vão ver que o povo não desconfia de nada.
A terra deles é grande e tem tudo o que
é preciso. E Deus a está dando a vocês.
11 Então seiscentos homens da tribo de
Dã saíram de Zora e Estaol, prontos para
a luta. 12 Subiram e acamparam a oeste da
cidade de Quiriate-Jearim, na região de
Judá. É por isso que aquele lugar é chama-
do *até hoje de "Campo de Dã". 13 Dali fo-
ram para a região montanhosa de Efraim
e chegaram à casa de Mica.
14 Aqueles cinco homens que haviam
ido espiar a terra ao redor de Laís disse-
ram aos seus companheiros:
— Vocês sabiam que numa dessas ca-
sas há um ídolo de madeira folheado a
prata? Há também outros ídolos e uma
roupa de sacerdote. O que vocês acham
que devemos fazer?
15 Então eles entraram na casa de Mica,
onde morava o jovem levita, e o cumpri-
mentaram. 16 Enquanto isso, os seiscentos
soldados da tribo de Dã estavam esperan-
do no portão, prontos para combater. 17 Os
cinco espiões entraram na casa, pegaram
o ídolo de madeira folheado a prata, os
outros ídolos e a roupa de sacerdote. O
sacerdote tinha ficado no portão com os
seiscentos soldados armados. 18 Quando

os homens entraram na casa de Mica e
pegaram os objetos sagrados, o sacerdo-
te perguntou:
— O que vocês estão fazendo?
19 Eles responderam:
— Fique quieto. Não diga nada. Venha
com a gente e seja o nosso sacerdote e
conselheiro. Você não gostaria de ser o
sacerdote de uma tribo inteira, em vez
de ser sacerdote de apenas uma família?
20 O sacerdote ficou muito contente, pe-
gou os objetos sagrados e foi com os es-
piões e os soldados. 21 Eles deram meia-
-volta, puseram na frente as crianças, o
gado e os seus bens e partiram. 22 Já esta-
vam longe quando os vizinhos de Mica,
que haviam sido chamados para lutar, al-
cançaram os homens da tribo de Dã. 23 Es-
tes, ao ouvirem os gritos dos que vinham
atrás deles, deram meia-volta e pergun-
taram a Mica:
— O que é que há? Para que toda essa
gente?
24 Ele respondeu:
— Vocês ainda me perguntam o que é
que há? Vocês me tomaram os deuses que
eu fiz e o meu sacerdote e foram embora!
O que foi que sobrou para mim?
25 Os homens de Dã disseram:
— É melhor você não falar mais nada
porque estes homens podem ficar zanga-
dos e acabar atacando vocês. Nesse caso
você e toda a sua família morreriam.
26 Depois de dizerem isso, os homens de
Dã partiram. Mica viu que eles eram mais
fortes; então voltou para casa.
27 Os homens da tribo de Dã levaram as
coisas que Mica havia feito e também o
sacerdote dele. Aí foram e atacaram Laís,
aquela cidade de povo pacífico e calmo.
Mataram os seus moradores e queima-
ram a cidade. 28 Não havia ninguém para
salvar aquela gente, pois Laís ficava longe
de Sidom, e eles não tinham contato com
outros povos. A cidade ficava no vale, per-
to de Bete-Reobe. A tribo de Dã construiu
de novo Laís e ficou morando ali. 29 Deram
à cidade o nome de Dã porque assim se
chamava o fundador da tribo, que era fi-
lho de Jacó. 30 E os homens de Dã levanta-
ram o ídolo para adorá-lo. Jônatas, filho
de Gérson e neto de Moisés, foi sacerdote
da tribo de Dã. Ele e os seus descenden-
tes foram sacerdotes da tribo de Dã até
que o povo foi levado como prisioneiro
para fora da sua terra. 31 E o ídolo feito por
Mica ficou com eles durante todo o tem-
po em que a casa de Deus esteve em Siló.

O levita e a sua concubina

19 Naqueles dias em que Israel não
tinha rei, um *levita foi morar bem
longe, na região montanhosa de Efraim.
Ele arranjou uma jovem de Belém de Judá
para ser a sua *concubina. 2 Porém ela bri-
gou com ele e voltou para a casa do seu
pai, em Belém. E ficou lá durante quatro
meses. 3 Então o homem resolveu ir a Be-
lém atrás dela, para tentar convencê-la a
voltar. Ele foi com o seu empregado e le-
vou dois jumentos. E a moça o recebeu
na casa do seu pai. Quando o pai da moça
viu o levita, recebeu-o com alegria 4 e in-
sistiu para que ficasse na sua casa. E ele
ficou ali três dias. Assim o casal tomou as
suas refeições e passou as noites ali. 5 No
quarto dia eles se levantaram cedo e se
aprontaram para ir embora. Mas o pai da
moça disse ao levita:
— Coma alguma coisa antes de ir e as-
sim você se sentirá melhor. Você pode ir
mais tarde.
6 Então os dois homens se sentaram, e
comeram, e beberam juntos. Aí o pai da
moça disse:
— Por favor, fique mais uma noite e
divirta-se.
7 O homem se levantou para sair, mas o
pai da moça insistiu muito que ele ficas-
se. E assim o levita passou outra noite ali.
8 No quinto dia, bem cedo, ele se levantou
para ir, mas o pai da moça pediu:
— Por favor, coma alguma coisa. Espe-
re até mais tarde.
E os dois homens comeram juntos.
9 Quando o homem, a moça e o empre-
gado iam saindo, o pai disse:
— Olhe! Agora já é quase noite. É me-
lhor você ficar para passar a noite aqui.
Logo vai ficar escuro. Fique aqui e divirta-
-se. Amanhã você poderá se levantar cedo
e viajar de volta para casa.
10-11 Mas o levita não quis passar lá mais
outra noite e partiu de viagem com a sua
concubina, levando dois jumentos arrea-
dos. Já era quase noite quando chegaram
perto da cidade de Jebus, isto é, Jerusa-
lém. Então o empregado disse ao patrão:
— Por que não paramos e passamos a
noite nesta cidade dos jebuseus?
12 Mas o patrão respondeu:
— Não vamos parar numa cidade onde
o povo não é israelita. Vamos continuar

até Gibeá. 13 É melhor a gente andar mais
um pouco e passar a noite em Gibeá ou
Ramá.
14 Então passaram pela cidade de Je-
bus e continuaram a viagem. O sol já se
havia escondido quando eles chegaram
a Gibeá, cidade da *tribo de Benjamim.
15 Aí saíram da estrada para passar a noi-
te na cidade. O levita chegou e se sentou
na praça. Mas ninguém o convidou para
dormir na sua casa.
16 E aconteceu que passou por ali um
velho que estava voltando do seu trabalho
na roça. Ele era da região montanhosa de
Efraim, mas estava morando em Gibeá. O
povo dali era da tribo de Benjamim. 17 O
velho viu o viajante na praça e perguntou:
— De onde você é? Para onde vai?
18 O levita respondeu:
— Eu estou viajando de Belém de Judá
para bem longe, para a região montanho-
sa de Efraim, onde moro. Fui a Belém e
agora estou voltando para casa, mas nin-
guém me ofereceu hospedagem para esta
noite. 19 Nós temos alimento e palha para
os jumentos, e pão e vinho para mim, para
a minha concubina e para o meu empre-
gado. Temos tudo o que precisamos.
20 O velho disse:
— Venham comigo; vocês serão bem
recebidos na minha casa. Eu cuidarei de
vocês. Por favor, não passem a noite na
praça.
21 Então ele os levou para a sua casa e
deu de comer aos jumentos. Os seus hós-
pedes lavaram os pés, comeram e bebe-
ram.
22 Enquanto eles conversavam alegre-
mente, alguns homens imorais daquela
cidade cercaram a casa e começaram a
bater na porta. E disseram ao velho:
— Traga para fora o homem que está
na sua casa! Nós queremos ter relações
com ele.
23 Aí o velho saiu e disse:
— Não, meus amigos! Por favor, não fa-
çam essa coisa tão má e tão imoral! Este
homem é meu hóspede. 24 Olhem! Estão
aqui a minha filha virgem e a concubina
dele. Eu vou pôr as duas para fora, e vo-
cês poderão fazer com elas o que quise-
rem. Mas não façam essa coisa horrível
com este homem!
25 Mas eles não quiseram ouvi-lo. Então
o levita pegou a sua concubina, a pôs para
fora e a entregou a eles. E eles a forçaram,
e abusaram dela a noite toda, e só a dei-
xaram de manhã.
26 Ao amanhecer a mulher veio e caiu na
frente da casa onde o seu marido estava.
E ficou ali até clarear o dia. 27 De manhã o
marido se levantou para continuar a via-
gem. Quando abriu a porta, achou a sua
concubina caída em frente da casa, com
as mãos na soleira da porta. 28 Aí lhe disse:
— Levante-se! Vamos embora!
Porém não teve resposta. Então pôs o
corpo dela atravessado sobre o jumento
e seguiu viagem para casa. 29 Quando che-
gou lá, entrou, pegou uma faca e cortou o
corpo da concubina em doze pedaços. De-
pois mandou um pedaço para cada uma
das doze tribos de Israel. 30 E todos os que
viam isso diziam:
— Nunca vimos uma coisa assim! Nun-
ca houve uma coisa igual a essa, desde
o tempo em que os israelitas saíram do
Egito! Pensem! O que vamos fazer agora?

Planos para castigar os moradores de Gibeá

20 Por causa disso todo o povo de Is-
rael, desde Dã, no Norte, até Ber-
seba, no Sul, e Gileade, no Leste, se reuniu
em Mispa. Eles se reuniram na presença
de Deus, o SENHOR, como se fossem uma
só pessoa. 2 Os chefes de todas as *tribos
de Israel estavam presentes nessa reunião
do povo de Deus. Havia quatrocentos mil
homens a pé, treinados para a guerra. 3 E
o povo de Benjamim soube que todos os
outros israelitas haviam subido até Mis-
pa e que eles queriam saber como aquele
crime havia sido cometido.
4 Então o *levita, marido da mulher as-
sassinada, explicou:
— Cheguei com a minha *concubina
a Gibeá, no território da tribo de Ben-
jamim, para passar a noite. 5 Os homens
de Gibeá vieram de noite e cercaram a
casa. Eles queriam me matar. Em vez dis-
so abusaram da minha concubina, e ela
morreu. 6 Então eu peguei o corpo dela,
cortei em pedaços e mandei um pedaço
para cada uma das doze tribos de Israel.
Aquela gente cometeu um crime horrível
no meio do nosso povo. 7 Todos vocês que
estão aqui são israelitas. Vamos resolver
agora o que fazer.
8 Todo o povo de Israel se levantou ao
mesmo tempo e disse:
— Nenhum de nós, nem os que mo-
ram em casas, nem os que moram em

barracas, voltará para casa. 9 Vamos escolher alguns homens para atacar Gibeá. 10 A décima parte dos homens de Israel vai arranjar comida para os que vão lutar. Os outros vão castigar os moradores de Gibeá pelo crime horrível que cometeram em Israel.

11 Então todo o povo de Israel se reuniu como se fosse uma só pessoa para atacar a cidade de Gibeá. 12 As tribos israelitas mandaram que mensageiros fossem por toda a tribo de Benjamim e dissessem:

— Que crime horrível vocês cometeram! 13 Exigimos que vocês nos entreguem agora esses homens imorais para que nós os matemos. Assim tiraremos esse mal do meio do povo de Israel.

Mas o povo de Benjamim não deu atenção aos outros israelitas. 14 Eles saíram de todas as suas cidades e foram para Gibeá a fim de lutar contra o resto do povo de Israel. 15 Naquele dia eles convocaram das suas cidades vinte e seis mil soldados. Depois os moradores de Gibeá reuniram mais setecentos homens especialmente escolhidos, 16 que eram canhotos. Qualquer um deles podia atirar com *funda uma pedra num fio de cabelo, sem nunca errar. 17 E os outros israelitas que iam lutar contra a tribo de Benjamim reuniram quatrocentos mil soldados treinados.

A guerra contra a tribo de Benjamim

18 Os israelitas foram ao lugar de adoração, em Betel, e ali perguntaram a Deus:

— Qual das nossas *tribos atacará primeiro a tribo de Benjamim?

E o SENHOR respondeu:

— A tribo de Judá.

19 Na manhã seguinte os israelitas subiram e acamparam perto da cidade de Gibeá. 20 Saíram para combater contra a tribo de Benjamim e puseram os soldados em posição de ataque, de frente para a cidade. 21 Então o exército de Benjamim saiu da cidade. E, antes de terminar o dia, eles mataram vinte e dois mil soldados israelitas. 22-23 Aí o povo de Israel foi para o lugar de adoração e, na presença do SENHOR, chorou até a tarde. E eles perguntaram ao SENHOR:

— Devemos ir combater outra vez os nossos irmãos da tribo de Benjamim?

E Deus respondeu:

— Sim.

Então o exército israelita se animou de novo. E eles puseram os seus soldados em posição de combate novamente, no mesmo lugar em que haviam lutado no dia anterior. 24 Os israelitas marcharam contra a tribo de Benjamim pela segunda vez. 25 E pela segunda vez os soldados de Benjamim saíram de Gibeá. E dessa vez mataram dezoito mil soldados israelitas treinados. 26 Então todo o povo de Israel subiu de novo até Betel para chorar. Ficaram ali na presença de Deus, o SENHOR, e não comeram nada até a tarde. E apresentaram ao SENHOR ofertas que foram completamente queimadas e *sacrifícios de paz. 27 Eles fizeram uma pergunta ao SENHOR. (Acontece que naqueles dias a *arca da aliança estava ali em Betel. 28 E Fineias, filho de Eleazar e neto de Arão, estava encarregado de cuidar dela.) A pergunta que eles fizeram foi esta:

— Devemos sair mais uma vez para combater os nossos irmãos da tribo de Benjamim ou devemos desistir?

O SENHOR respondeu:

— Combatam porque amanhã eu farei com que vocês os derrotem.

29 Então os israelitas puseram alguns soldados escondidos em volta de Gibeá. 30 No terceiro dia marcharam de novo contra o exército da tribo de Benjamim. Os seus soldados ficaram em posição de batalha, de frente para Gibeá, como tinham feito antes. 31 Os soldados de Benjamim saíram para combater e se afastaram da cidade. Como haviam feito antes, começaram a matar algumas pessoas na estrada de Betel, na estrada de Gibeá e em campo aberto. Mataram mais ou menos trinta israelitas. 32 E diziam:

— Nós já os derrotamos, como das outras vezes.

Mas os israelitas disseram:

— Vamos recuar e fazer com que eles se afastem da cidade e venham para as estradas.

33 Então a maior parte do exército israelita saiu dali e tornou a se juntar em Baal-Tamar. Mas os homens que cercavam a cidade saíram de repente dos lugares onde estavam escondidos na planície de Gibeá. 34 Dez mil dos melhores soldados israelitas atacaram Gibeá, e o combate foi duro. Os benjamitas não imaginavam que iam ser destruídos. 35 O SENHOR Deus fez com que os israelitas derrotassem o exército de Benjamim. E naquele dia os israelitas mataram vinte e cinco mil e cem inimigos.

36 Então os benjamitas compreenderam
que estavam vencidos.

A vitória dos israelitas

Os israelitas tinham se retirado durante
a luta contra os benjamitas porque con-
fiavam nos homens que haviam colocado
escondidos em volta de Gibeá. 37 Esses ho-
mens avançaram depressa na direção de
Gibeá, espalharam-se e mataram todas as
pessoas da cidade. 38 O exército israelita
e os homens que estavam escondidos ti-
nham combinado um sinal: quando vis-
sem uma grande nuvem de fumaça su-
bindo da cidade, 39 os israelitas que esta-
vam fora, no campo de batalha, deviam
dar meia-volta e atacar. Até aquele mo-
mento os benjamitas já haviam matado
uns trinta israelitas e diziam:
— Sim. Já os derrotamos, como das ou-
tras vezes.
40 Então o sinal apareceu: uma nuvem
de fumaça começou a subir da cidade.
Os benjamitas olharam para trás e fica-
ram muito espantados quando viram a
cidade inteira pegando fogo. 41 Então os
homens de Israel deram meia-volta, e os
benjamitas ficaram apavorados porque
viram que iam ser destruídos. 42 Eles fu-
giram e correram na direção do deserto,
mas não puderam escapar. Foram cerca-
dos pela maior parte do exército israelita
e também pelos soldados que vinham da
cidade e foram destruídos. 43 Os israelitas
cercaram os inimigos, e os perseguiram
sem parar até um lugar a leste de Gibeá,
e os iam matando pelo caminho. 44 Dezoi-
to mil dos melhores soldados benjami-
tas foram mortos. 45 Os outros fugiram
na direção do deserto, para a rocha de
Rimom. Cinco mil foram mortos nas es-
tradas. Os israelitas perseguiram o resto
e assim mataram mais dois mil homens.
46 Ao todo vinte e cinco mil benjamitas fo-
ram mortos naquele dia, todos eles sol-
dados valentes.
47 Porém seiscentos homens fugiram
para o deserto, para a rocha de Rimom,
e ficaram lá quatro meses. 48 Os israeli-
tas atacaram o resto dos benjamitas e os
mataram, tanto homens como animais,
e destruíram tudo o que encontraram. E
queimaram todas as cidades da região.

Esposas para a tribo de Benjamim

21 O povo de Israel havia feito em Mis-
pa este juramento a Deus:
— Nenhum de nós deixará que um
homem da *tribo de Benjamim case com
uma das nossas filhas.
2 O povo foi a Betel e ficou ali na pre-
sença de Deus até a tarde. Eles choraram
amargamente, em voz alta, 3 dizendo:
— Ó SENHOR, Deus de Israel, por que
aconteceu isso? Por que está faltando
uma das nossas tribos?
4 O povo se levantou bem cedo na ma-
nhã seguinte e construiu ali um altar.
Apresentaram ofertas que foram com-
pletamente queimadas e *sacrifícios de
paz. 5 E perguntaram:
— De todas as tribos de Israel, quem
foi que não subiu para aquela reunião
na presença do SENHOR Deus, em Mispa?
Eles tinham feito um juramento muito
sério: quem faltasse à reunião em Mispa
seria morto.
6 O povo de Israel teve muita pena dos
seus irmãos da tribo de Benjamim e disse:
— Hoje Israel perdeu uma das suas tri-
bos. 7 O que faremos para arranjar espo-
sas para os que ficaram? Pois juramos ao
SENHOR que não daríamos a eles nenhu-
ma das nossas filhas.
8 Então perguntaram:
— De todas as tribos de Israel, quem
não compareceu diante do SENHOR em
Mispa?
E ficaram sabendo que, de Jabes-Gi-
leade, ninguém havia tomado parte na
reunião. 9 Quando fizeram a chamada do
povo, ninguém de Jabes-Gileade estava lá.
10 Então todos concordaram em mandar
para lá doze mil homens, dos mais cora-
josos, com estas ordens:
— Vão e matem os moradores de Jabes-
-Gileade, tanto homens como mulheres e
crianças. 11 Façam isto: matem todos os
homens e todas as mulheres que não fo-
rem virgens.
12 E eles encontraram quatrocentas vir-
gens em Jabes-Gileade e as levaram ao
acampamento de Siló, que fica na terra
de Canaã.
13 Então todos concordaram em mandar
mensageiros aos benjamitas, na rocha de
Rimom, para fazer uma proposta de paz.
14 Aí os benjamitas voltaram e receberam
aquelas quatrocentas moças de Jabes-Gi-
leade. Porém não havia moças em núme-
ro suficiente para todos. 15 Então o povo
ficou com pena dos benjamitas, pois pela
vontade do SENHOR estava faltando uma

das tribos de Israel. 16 Aí os chefes do povo de Israel disseram:

— Não há mais mulheres na tribo de Benjamim. O que vamos fazer para arranjar esposas para os que ficaram? 17 O povo de Israel não deve perder uma das suas doze tribos. Temos de achar um jeito de a tribo de Benjamim não acabar. 18 Porém não podemos deixar que eles casem com as nossas filhas.

Eles falavam isso porque o povo de Israel havia amaldiçoado quem deixasse um benjamita casar com a sua filha. 19 Então disseram:

— A festa anual do SENHOR, na cidade de Siló, está perto.

(Siló fica ao norte de Betel, ao sul de Lebona e a leste da estrada que vai de Betel a Siquém.)

20 E os chefes do povo de Israel disseram aos benjamitas:

— Vão, escondam-se nas plantações de uvas 21 e fiquem vigiando. Durante a festa, quando as moças de Siló saírem dançando, vocês também saiam das plantações de uvas. E cada um agarre uma das moças e leve embora para a terra de Benjamim. 22 Assim, quando os pais ou irmãos delas vierem se queixar, nós poderemos dizer: "Por favor, deixem que elas fiquem, pois na batalha contra Jabes-Gileade não conseguimos mulheres para todos os benjamitas. E vocês não serão culpados de quebrarem a promessa, pois não deram as suas filhas a eles: elas foram roubadas."

23 E assim fizeram os benjamitas. Cada um deles escolheu uma esposa entre as moças que estavam dançando e a levou embora. Então voltaram para a sua terra, construíram de novo as suas cidades e ficaram morando ali. 24 Enquanto isso, os outros israelitas saíram, e cada um voltou para a sua tribo, a sua família e as suas terras.

25 Naquele tempo não havia rei em Israel, e cada um fazia o que bem queria.

Rute

Não tenha medo

– Onde a senhora for, eu irei; e onde morar, eu também morarei. O seu povo será o meu povo, e o seu Deus será o meu Deus.
Rute 1:16

Autor ♥ Desconhecido
Data ♥ Desconhecida
Local ♥ Desconhecido
Público-alvo ♥ O povo de Deus

Não importa o quanto as coisas fiquem ruins, você pode ter certeza de que acontecerá o que Deus quer que aconteça. Muitas vezes, Deus leva os seus a fazer o que precisam ao deixá-los sofrer. Noemi mudou-se para Moabe porque sua família sofria com a fome, e a fome também foi o motivo de Jacó e seus filhos irem para o Egito. Mesmo que o cenário parecesse o pior possível, tudo, no final, fazia parte do plano de Deus.

Em meio às provações, você nunca sabe o que vai acontecer, mas, se você só se concentrar nas partes ruins da vida, então só verá coisas ruins. Quando você puder ver suas provações e seus sofrimentos apenas como um passo fundamental para onde você deve ir, então nada pode se deter em seu caminho. Assim, em vez de se concentrar em ficar livre do desânimo, das preocupações ou da solidão — no sentido de se esvaziar delas —, concentre-se em *se encher*. Encha-se de amor, alegria, serviço e sacrifício. Encha-se de Deus. Um exemplo de humildade é quando os cristãos são presos e espancados por causa de sua fé. Eles não podem ficar "livres" de muitas coisas deprimentes e opressivas, muito piores que a maioria das provações que podemos enfrentar. Então, como eles passam por tudo isso quando acham que não podem escapar de suas circunstâncias? Eles *se enchem* das promessas de Deus. Cantam e oram com alegria e com gratidão para que sejam amados pelo Deus do Universo. São fiéis a Deus e à sua Palavra.

Ponto essencial
Este livro é a história da vida de Rute, que perdeu o marido e seguiu a sogra, não só deixando sua terra natal, mas adotando a fé da sogra também. É também a história de um parente resgatador (um parente próximo que é responsável por cuidar das mulheres que não têm a proteção de outros homens), Boaz, que salva as duas mulheres e lhes dá um novo lar. E é uma história de redenção, fazendo eco ao amor de Deus não apenas por seu povo, mas por qualquer pessoa que o invoque.

Se você deixar que as provações se tornem maiores do que Deus, elas sempre se transformarão em algo maior do que aquilo que você pode enfrentar sozinha. Mas as Escrituras prometem que Deus não é um observador distante, mas um participante ativo. Ele tem planos para a vida de seus filhos, como tinha para Rute, e tudo o que você precisa fazer é confiar nele o suficiente para descobrir quais são os planos dele.

Rute não fazia parte da família da fé. Ela não conhecia o Deus de Noemi, mas preferiu confiar nele e assumir o compromisso de seguir Noemi para sua terra natal. Mesmo não sabendo o que lhe aconteceria, Rute não abriria mão da devoção à sua sogra nem do povo e do Deus dela. Por causa da fidelidade corajosa de Rute, Deus traria Davi e depois Jesus de sua linhagem. E é por causa disso que você está lendo sobre ela hoje.

Embora o medo e a dúvida possam envolvê-la às vezes, e tudo parecer perdido, tenha coragem, Garota de Deus — O Senhor está no controle e permite o sofrimento para um propósito. Se você estiver disposta a confiar nele, um dia verá esse propósito. Apenas apegue-se à verdade e rejeite os pecados da preocupação e do medo, e você estará livre para levantar voo.

Coisas para procurar

- A história de Boaz, o parente resgatador (veja Rute 2)
- Como Deus une Rute e Boaz (veja Rute 3:1—4:12)

Termos e versículos que você deve saber

Moabita: Os descendentes de Moabe, que era filho de Ló e de sua filha mais velha (veja Gênesis 19:30-38). Eles também não deram assistência alguma aos israelitas quando estes saíram do Egito (veja Deuteronômio 23:3-4).

– Faça o seguinte: lave-se, ponha perfume e vista o seu melhor vestido. Depois vá até o lugar onde Boaz está trabalhando, mas não o deixe saber que você está ali, até que ele acabe de comer e de beber.

(Rute 3:3)

Porém Rute respondeu: – Não me proíba de ir com a senhora, nem me peça para abandoná-la! Onde a senhora for, eu irei; e onde morar, eu também morarei. O seu povo será o meu povo, e o seu Deus será o meu Deus.

(Rute 1:16)

Boaz respondeu: – Que o SENHOR a abençoe, minha filha! Você está mostrando maior lealdade à família do seu sogro naquilo que está fazendo agora do que naquilo que fez pela sua sogra. Pois você não foi procurar um homem mais moço, fosse rico ou fosse pobre.

(Rute 3:10)

Elimeleque e a sua família em Moabe

1 No tempo em que Israel era governa-
do por juízes, houve uma grande fome
naquele país. Por isso um homem de Be-
lém, cidade da região de Judá, foi com a
sua mulher e os seus dois filhos morar por
algum tempo num país chamado Moabe.
2 O nome desse homem era Elimeleque,
e o da sua mulher, Noemi. Os dois filhos
se chamavam Malom e Quiliom. Essa fa-
mília era de Efrata, um povoado que fi-
cava perto de Belém de Judá. Eles foram
para Moabe e ficaram morando ali. 3 Al-
gum tempo depois, Elimeleque morreu, e

Noemi ficou com os dois filhos, 4 que casa-
ram com moças moabitas. O nome de uma
delas era Orfa, e o da outra, Rute. Quan-
do já fazia quase dez anos que estavam
morando ali, 5 Malom e Quiliom também
morreram. E Noemi ficou só, sem os filhos
e sem o marido.

A volta para Belém

6 Um dia Noemi soube que o SENHOR ti-
nha ajudado o seu povo, dando-lhe boas
colheitas. Então ela se aprontou para sair
de Moabe com as suas noras. 7 Elas saíram
a fim de voltar para Judá, mas no caminho
8 Noemi disse às noras:
— Voltem para casa e fiquem com as
suas mães. Que o SENHOR seja bom para
vocês, assim como vocês foram boas para
mim e para os falecidos! 9 O SENHOR per-
mita que vocês casem de novo e cada uma
tenha o seu lar!
Então Noemi se despediu das suas no-
ras com um beijo. Porém elas começaram
a chorar alto 10 e disseram:
— Não! Nós não voltaremos. Nós ire-
mos com a senhora e ficaremos com o
seu povo.
11 Mas Noemi respondeu:
— Voltem, minhas filhas. Por que que-
rem ir comigo? Vocês acham que eu ain-
da poderei ter filhos para casarem com
vocês? 12 Voltem para casa porque já es-
tou muito velha para casar de novo. Pois,
ainda que eu tivesse esperança de casar
outra vez ou mesmo que casasse esta noi-
te e chegasse a ter filhos, 13 será que vo-
cês iriam esperar até que eles crescessem
para vocês casarem com eles? É claro que
não, minhas filhas! O SENHOR está contra
mim, e isso me deixa muito triste, pois vo-
cês também estão sofrendo.
14 Aí elas começaram a chorar alto outra
vez. Então Orfa se despediu da sua sogra
com um beijo e voltou para o seu povo.
Mas Rute ficou.
15 — Veja! — disse Noemi. — A sua
cunhada voltou para o seu povo e para
os seus deuses. Volte você também para
casa com ela.
16 Porém Rute respondeu:
— Não me proíba de ir com a senho-
ra, nem me peça para abandoná-la! Onde
a senhora for, eu irei; e onde morar, eu
também morarei. O seu povo será o meu
povo, e o seu Deus será o meu Deus.
17 Onde a senhora morrer, eu morre-
rei também e ali serei sepultada. Que o
SENHOR me castigue se qualquer coisa, a
não ser a morte, me separar da senhora!
18 Como Noemi viu que Rute estava
mesmo resolvida a ir com ela, não disse
mais nada. 19 E elas continuaram a viagem
até Belém.
Quando chegaram lá, toda a cidade fi-
cou agitada por causa delas. E as mulhe-
res perguntavam:
— Esta é a Noemi?
20 Porém ela respondia:
— Não me chamem de Noemi, a Feliz.
Chamem de Mara, a Amargurada, por-
que o Deus Todo-Poderoso me deu mui-
ta amargura. 21 Quando saí daqui, eu tinha
tudo, mas o SENHOR me fez voltar sem
nada. Então, por que me chamar de Feliz,
se o Deus Todo-Poderoso me fez sofrer e
me deu tanta aflição?
22 E foi assim que Noemi voltou de Moa-
be, com Rute, a sua nora moabita. Elas
chegaram a Belém quando a colheita de
*cevada estava começando.

Rute vai catar espigas

2 Noemi tinha um parente chamado
Boaz, que era um homem rico e mui-
to importante. Ele era da família de Eli-
meleque, o marido de Noemi.
2 Um dia Rute disse a Noemi:
— Deixe que eu vá até as plantações
para catar as espigas que ficam caídas no
chão. Talvez algum trabalhador me dei-
xe ir atrás dele, catando as espigas que
forem caindo.
— Vá, minha filha! — respondeu
Noemi.
3 Então Rute foi ao campo e andava
atrás dos trabalhadores, catando as es-
pigas que caíam. E por acaso ela entrou
numa plantação que era de Boaz, um pa-
rente de Elimeleque.
4 Nisso Boaz chegou de Belém e disse
aos trabalhadores:
— Que o SENHOR esteja com vocês!
— Que o SENHOR o abençoe! — respon-
deram eles.
5 Aí Boaz perguntou ao chefe dos tra-
balhadores:
— Quem é aquela moça ali?
6 Ele respondeu:
— É a moabita que veio de Moabe com
Noemi. 7 Ela me pediu que a deixasse ir
atrás dos trabalhadores, catando as espi-
gas que fossem caindo. E assim ela está
trabalhando desde cedo até agora e só

Rute

Leia sobre ela no livro de Rute e Mateus 1:5.

Pois sabemos que todas as coisas trabalham juntas para o bem daqueles que amam a Deus, daqueles a quem ele chamou de acordo com o seu plano.

Romanos 8:28

Quando a vida parece ter acabado, quando alguém que você ama se foi e você não tem para onde ir, o que fazer? Afundar-se na cama e morrer ou levantar-se e agir? Para Rute, a resposta era óbvia: ela se levantaria e seguiria em frente. Seu destino estava ligado ao da sogra, e, por mais difícil que fosse, Rute não iria embora. Então, em vez de permanecer com sua família em casa, onde as coisas eram conhecidas e seguras, ela decidiu deixar Moabe com Noemi. Esta viagem seria assustadora. Como elas sobreviveriam? O que fariam? Mas Rute aceitou Noemi e seu Deus como sendo seus e não olhou para trás. Essa confiança em um Deus que ela mal conhecia e a vontade de fazer o que sua sogra lhe pedisse deram a Rute uma vida completamente nova.

Quando tudo parecer perdido, quando seus sonhos tiverem sido destruídos e você quiser saber qual será o próximo passo, seus olhos provavelmente vão estar naquilo que você perdeu, mas a única maneira de seguir em frente é confiar no Deus que nunca irá decepcioná-la. Você vai enfrentar momentos na vida em que fazer a coisa certa parecerá perda de tempo, e seguir a Deus, em vez de seguir seus sentimentos, parecerá impossível, mas você precisa encontrar forças para rejeitar seus sentimentos e seguir com fé, mesmo que esta fé pareça muito menos convincente do que suas emoções. Rute é um bom exemplo de uma menina que, sem medo, fez o que tinha de fazer mesmo sem saber o que aconteceria em seguida. Agora seu nome está escrito para que todos se lembrem dela como antepassada de Jessé e parte da raiz de Davi, que é a linhagem de Cristo (veja Mateus 1:5). Você nunca sabe a que sua dor cederá, mas pode saber que algo bom vai aparecer quando você colocar sua fé no Deus que nunca falha.

parou um pouco para descansar debai-
xo do abrigo.
8 Então Boaz disse a Rute:
— Escute, minha filha. Não vá catar es-
pigas em nenhuma outra plantação. Fique
aqui e trabalhe perto das minhas empre-
gadas. 9 Preste atenção e fique com elas
no campo onde vão cortar espigas. Eu dei
ordem aos empregados para não mexe-
rem com você. Quando ficar com sede,
beba da água que os empregados tirarem
para beber.
10 Aí Rute ajoelhou-se, encostou o rosto
no chão e disse:
— Por que é que o senhor reparou em
mim e é tão bom para mim, que sou es-
trangeira?
11 Boaz respondeu:
— Eu ouvi falar de tudo o que você fez
pela sua sogra desde que o seu marido
morreu. E sei que você deixou o seu pai,
a sua mãe e a sua pátria e veio viver en-
tre gente que não conhecia. 12 Que o SE-
NHOR a recompense por tudo o que você
fez. Que o SENHOR, o Deus de Israel, cuja
proteção você veio procurar, lhe dê uma
grande recompensa.
13 Rute disse a Boaz:
— O senhor está sendo muito bom para
mim. O senhor me dá ânimo, falando co-
migo com tanta bondade, pois eu mereço
menos do que uma das suas empregadas.
14 Na hora do almoço, Boaz disse a Rute:
— Venha aqui, pegue um pedaço de pão
e molhe no vinho.
Então ela sentou-se ao lado dos traba-
lhadores, e Boaz lhe deu *cevada torrada.
Ela comeu até ficar satisfeita, e ainda so-
brou. 15 Quando Rute se levantou para ir
de novo catar espigas, Boaz ordenou aos
empregados:
— Deixem que ela apanhe espigas até
no meio dos feixes e não a aborreçam.
16 Tirem também algumas espigas dos fei-
xes e deixem cair para que ela possa apa-
nhar. E não briguem com ela.
17 E assim Rute catou espigas no campo
até de tarde. Depois debulhou os grãos
das espigas que havia apanhado, e es-
tes pesaram quase vinte e cinco quilos.
18 Pegou a cevada, voltou para a cidade e
mostrou à sua sogra o quanto havia ca-
tado. Também lhe deu a comida que ti-
nha sobrado do almoço. 19 Então Noemi
perguntou:
— Onde é que você foi catar espigas
hoje? Onde foi que você trabalhou? Que
Deus abençoe o homem que se interes-
sou por você!
Aí Rute contou a Noemi que havia tra-
balhado na plantação de um homem cha-
mado Boaz. 20 E Noemi disse:
— Que o SENHOR abençoe Boaz, que
sempre tem sido bom, tanto para os que
estão vivos como para os que já morreram!
Noemi continuou:
— Esse homem é nosso parente chega-
do e um dos responsáveis por nós.
21 Então Rute disse:
— Além de tudo isso, ele disse que eu
posso continuar trabalhando com os seus
empregados até acabar a colheita.
22 Noemi respondeu:
— É bom que você vá com as emprega-
das dele, minha filha. Pois, se fosse traba-
lhar na plantação de outro homem, você
poderia ser humilhada.
23 Assim Rute trabalhou com as empre-
gadas de Boaz e catou espigas até termi-
nar a colheita da cevada e do trigo. E con-
tinuou morando com a sua sogra.

A bondade de Boaz

3 Um dia Noemi disse a Rute:
— Minha filha, preciso arranjar um
marido para você, a fim de que você te-
nha um lar. 2 Você lembra que Boaz, o ho-
mem que a deixou trabalhar com as suas
empregadas, é um dos nossos parentes?
Pois bem! Esta noite ele vai debulhar a
*cevada. 3 Faça o seguinte: lave-se, ponha
perfume e vista o seu melhor vestido. De-
pois vá até o lugar onde Boaz está traba-
lhando, mas não o deixe saber que você
está ali, até que ele acabe de comer e de
beber. 4 Quando Boaz for dormir, olhe bem
onde ele vai se deitar. Então vá, levante
a coberta dos pés dele e deite-se ali. Ele
dirá o que você deve fazer.
5 Rute respondeu:
— Vou fazer tudo o que a senhora disse.
6 Ela foi ao lugar onde debulhavam as
espigas e fez tudo o que a sua sogra ha-
via mandado. 7 Quando Boaz acabou de
comer e de beber, ficou um pouco alegre
e foi dormir perto de um monte de ceva-
da. Então Rute veio de mansinho, levan-
tou a coberta dos pés dele e se deitou ali.
8 No meio da noite ele acordou de repen-
te, sentou-se e ficou muito admirado de
encontrar uma mulher deitada perto dos
seus pés.
9 Ele perguntou:
— Quem é você?

— Eu sou Rute, a sua empregada! —
respondeu ela. — O senhor é nosso pa-
rente chegado e por isso tem o dever de
me proteger.
10 Boaz respondeu:
— Que o SENHOR a abençoe, minha fi-
lha! Você está mostrando maior lealdade
à família do seu sogro naquilo que está fa-
zendo agora do que naquilo que fez pela
sua sogra. Pois você não foi procurar um
homem mais moço, fosse rico ou fosse po-
bre. 11 Agora, minha filha, não tenha medo.
Na cidade toda gente sabe que você é uma
mulher direita. Vou fazer tudo o que me
pede. 12 De fato, sou seu parente chegado
e sou responsável por você. Mas aconte-
ce que há um homem que também é seu
parente e até mais chegado do que eu.
13 Fique aqui o resto da noite, e de ma-
nhã nós veremos se ele quer ser respon-
sável por você. Se ele quiser, muito bem;
mas, se não quiser, prometo por Deus, o
SENHOR, que ficarei com essa responsa-
bilidade. Agora deite-se e durma de novo.
14 Então Rute passou o resto da noite
deitada aos pés dele. Enquanto ainda es-
tava escuro, ela se levantou para não ser
vista, pois Boaz não queria que ninguém
soubesse que uma mulher havia ido lá.
15 Então Boaz disse:
— Tire a sua *capa e estenda no chão.
Ela estendeu, e ele despejou na capa
uns vinte quilos de cevada e a ajudou a
pôr no ombro. Aí Rute voltou para a ci-
dade.
16 Quando ela chegou a casa, a sua so-
gra perguntou:
— Como foram as coisas, minha filha?
Rute contou tudo o que Boaz tinha feito
por ela. E disse ainda:
17 — Ele também me deu toda esta ceva-
da e disse: "Não volte para casa sem levar
alguma coisa para a sua sogra."
18 Então Noemi disse:
— Agora, minha filha, tenha paciência e
espere para ver o que vai acontecer. Pois
Boaz não vai descansar enquanto não re-
solver esse assunto, ainda hoje.

Boaz casa com Rute

4 Boaz foi até a praça que ficava ao lado
do portão da cidade e sentou-se ali.
Nesse momento apareceu o parente mais
chegado de Elimeleque, aquele de quem
Boaz havia falado. E Boaz lhe disse:
— Meu amigo, venha aqui e sente-se.
Ele foi e sentou-se.
2 Então Boaz chamou dez pessoas im-
portantes da cidade e disse:
— Sentem-se aqui.
Eles se sentaram, 3 e Boaz disse ao seu
parente:
— Noemi voltou do país de Moabe e
está querendo vender as terras que eram
do nosso parente Elimeleque. 4 Então eu
resolvi conversar com você sobre este as-
sunto. Agora, se você quiser, compre es-
sas terras na presença das autoridades
do nosso povo e dos homens que estão
sentados aqui. Mas, se não quiser, diga,
pois o direito de comprar essas terras é
primeiro seu e depois, meu.
O homem respondeu:
— Eu compro as terras.
5 Aí Boaz disse:
— Se você comprar as terras de Noemi,
também terá de casar com Rute, a viúva
moabita, para que as terras fiquem com
a família do falecido.
6 Então o homem respondeu:
— Nesse caso, não vou usar o meu di-
reito de comprar as terras, pois correria
o risco de prejudicar a minha própria he-
rança. Use você o meu direito; eu prefiro
não fazer isso. 7-8 Compre você as terras.
Em seguida tirou a sandália e deu a
Boaz. (Antigamente, em Israel, para fe-
char um negócio de compra ou troca de
propriedades, uma pessoa entregava à
outra a sua sandália.)
9 Aí Boaz disse às autoridades e a todo
o povo:
— Hoje vocês são testemunhas de que
eu comprei de Noemi tudo o que era de
Elimeleque, e de Quiliom, e de Malom.
10 Também casarei com Rute, a moabita,
viúva de Malom, para que a propriedade
continue com a família do falecido. Assim
o nome de Malom será sempre lembrado
no meio deste povo e na sua cidade natal.
Hoje vocês são testemunhas disso.
11 Todos responderam:
— Sim, nós somos testemunhas.
E as autoridades disseram a Boaz:
— O SENHOR faça com que essa mu-
lher, que veio para o seu lar, seja como
Raquel e Leia, que deram muitos filhos a
Jacó, tornando-se assim as mães da na-
ção israelita! Que você seja rico e famo-
so em Belém-Efrata! 12 Que os filhos que
o SENHOR lhe der neste casamento façam
com que a sua família seja como a família
de Peres, filho de Judá e de Tamar!
13 Então Boaz levou Rute para casa, para
ser a sua mulher. Eles tiveram relações,

e o SENHOR deu a Rute a bênção de ficar
grávida, e ela deu à luz um filho. 14 E as
mulheres disseram a Noemi:
— Louvado seja o SENHOR, que lhe deu
hoje um neto para cuidar de você! Que
este menino venha a ser famoso em Is-
rael! 15 Que ele seja um consolo para o seu
coração e lhe dê segurança na velhice! A
sua nora, a mãe do menino, a ama; e ela
vale para você mais do que sete filhos.

16 Noemi pegou o menino no colo e cui-
dou dele. 17 Ao vê-lo, as mulheres da vizi-
nhança diziam:
— Nasceu um filho para Noemi!
E lhe deram o nome de Obede.
Obede veio a ser o pai de Jessé, que foi
o pai do rei Davi.

18-22 Os antepassados de Davi, desde Pe-
res, são estes: Peres, Esrom, Rão, Amina-
dabe, Nasom, Salmom, Boaz, Obede e Jessé.

1Samuel

Esteja acima

Mas o SENHOR disse: — Não se impressione com a aparência nem com a altura deste homem. Eu o rejeitei porque não julgo como as pessoas julgam. Elas olham para a aparência, mas eu vejo o coração.
1Samuel 16:7

Autor ♥ Desconhecido
Data ♥ Desconhecida
Local ♥ Desconhecido
Público-alvo ♥ O povo de Deus, os israelitas

Alguns dos momentos mais difíceis de sua vida podem ser os melhores. Suas provações e sofrimentos provam quem é você: uma menina que correrá para Deus ou que correrá de Deus quando as coisas ficarem difíceis. Quando você corre para ele, acaba de joelhos, o que não parece ser algo tão maravilhoso, mas, no final, a recompensa é incrível. Do chão, é mais fácil olhar para Deus lá em cima e, milagrosamente, encontrar o consolo de que você precisa. Durante este processo, você não só descobre quem ele é, mas quem você é: uma filha do Deus vivo.

Davi, cuja história começa aqui em 1Samuel, é um bom exemplo do sofrimento estressante e tenso de transformar um menino em um homem de fé forte e poderoso. O tempo em que passou fugindo de Saul não o destruiu, mas fez dele um homem que entendia o agir de Deus em sua vida. O mesmo pode se aplicar à Garota de Deus: ela cresce na fé quando não procura o caminho mais fácil e não passa todo o seu tempo sonhando acordada com uma boa vida ou se lamentando de sua vida infeliz. A Garota de Deus olha para todas as coisas que aparecem em seu caminho como oportunidades de ficar mais forte, e não como razões para ter medo ou se preocupar. É preciso muito exercício para que seus músculos fiquem mais fortes, e é preciso muita fé para que sua confiança aumente.

Ponto essencial
O livro de 1Samuel é a história da vida do rei Saul, do momento em que foi escolhido para ser rei à sua trágica queda. Saul foi o primeiro rei dos israelitas depois da época dos juízes.

Quando você é jovem, a vida é cheia de energia , mas ela é passageira. Quem você é hoje não é quem vai ser amanhã, e isso se dá por causa dos testes e provações que você vai enfrentar agora. Esses vão transformá-la em vítima ou vencedora. E aí, o que vai ser?

Se você não quiser ser a vítima, então não fuja com medo da próxima vez que o sofrimento bater à sua porta. Encare-o bem nos olhos e saiba que ele chegou como uma chance para você fazer seu exercício espiritual. Olhe para a vida das pessoas que vieram antes de você, como Davi. As melhores pessoas da história tiveram de ser provadas e mostraram-se fiéis antes de fazer o que fizeram em nome de Deus. Portanto, não deixe que sua dor seja em vão, mas se volte para o Senhor e prometa confiar nele toda vez que a tempestade surgir.

Coisas para procurar

- A história de Ana (veja 1Samuel 1:1—2:10, 18–21)
- O chamado de Samuel (veja 1Samuel 3)

Termos e versículos que você deve saber

- **Glorioso Deus de Israel:** *Netsah Yisrael* — também traduzido em outras Bíblias como "Glória de Israel" ou "Força de Israel" — é outro nome do Senhor (veja 1Samuel 15:29).

- **Senhor Todo-Poderoso:** *Yahweh Tsebaoth* — também traduzido como "Senhor dos Exércitos" — descreve Deus como líder e comandante de todos os exércitos do mundo, tanto espiritual como terreno (*exércitos* pode significar também anjos bons ou maus ou as estrelas do céu).

E fez esta promessa solene: — Ó Senhor Todo-Poderoso, olha para mim, tua serva! Vê a minha aflição e lembra de mim! Não esqueças a tua serva! Se tu me deres um filho, prometo que o dedicarei a ti por toda a vida e que nunca ele cortará o cabelo.

(1Samuel 1:11)

Davi respondeu: — Você vem contra mim com espada, lança e dardo. Mas eu vou contra você em nome do Senhor Todo-Poderoso, o Deus dos exércitos israelitas, que você desafiou. Hoje mesmo o Senhor Deus entregará você nas minhas mãos.

(1Samuel 17:45-46)

Então o Senhor veio e ficou ali. E, como havia feito antes, disse: — Samuel, Samuel! — Fala, pois o teu servo está escutando! — respondeu Samuel.

(1Samuel 3:10)

Então disse a Davi: — Você está certo, e eu estou errado. Você tem sido muito bom para mim enquanto que eu lhe tenho feito muito mal. Hoje você mostrou o quanto é bom para mim, pois não me matou, embora o Senhor me tivesse entregado a você. Será que alguém, depois de pegar o seu inimigo, o deixa ir embora são e salvo? Que o Senhor o abençoe pelo que você fez por mim hoje!

(1Samuel 24:17-19)

— Não se impressione com a aparência nem com a altura deste homem. Eu o rejeitei porque não julgo como as pessoas julgam. Elas olham para a aparência, mas eu vejo o coração.

(1Samuel 16:7)

— O que é que o Senhor Deus prefere? Obediência ou oferta de sacrifícios? É melhor obedecer a Deus do que oferecer-lhe em sacrifício as melhores ovelhas.

(1Samuel 15:22)

Os pais de Samuel

1 Havia um homem da *tribo de Efraim, chamado Elcana, que vivia na cidade de Ramá, na região montanhosa de Efraim. Ele era filho de Jeroão, neto de Eliú, bisneto de Toú e trineto de Zufe. 2 Elcana tinha duas mulheres, Ana e Penina. Penina tinha filhos, porém Ana não tinha. 3 Todos os anos Elcana saía da sua cidade e ia a Siló a fim de adorar e oferecer *sacrifícios ao SENHOR Todo-Poderoso. Hofni e Fineias, os filhos de Eli, eram sacerdotes do SENHOR Deus, em Siló. 4 Cada vez que Elcana oferecia o seu sacrifício, ele dava uma parte para Penina e outra para todos os seus filhos e filhas. 5 Mas para Ana ele dava duas vezes mais. Elcana a amava muito, embora o SENHOR não permitisse que ela tivesse filhos. 6 Penina, sua rival, provocava e humilhava Ana porque o SENHOR não permitia que ela tivesse filhos. 7 Isso acontecia ano após ano. Sempre que iam ao santuário do SENHOR, Penina irritava tanto Ana, que ela ficava só chorando e não comia nada. 8 Um dia o seu marido Elcana lhe perguntou:

— Ana, por que você está chorando? Por que não come? Por que está sempre triste? Por acaso, eu não sou melhor para você do que dez filhos?

Ana pede a Deus um filho

9 Certa vez eles estavam em Siló e tinham acabado de comer. Eli, o sacerdote, estava sentado na sua cadeira, na porta da *Tenda Sagrada. 10 Aí Ana se levantou aflita e, chorando muito, orou a Deus, o SENHOR. 11 E fez esta promessa solene:

— Ó SENHOR Todo-Poderoso, olha para mim, tua *serva! Vê a minha aflição e lembra de mim! Não esqueças a tua serva! Se tu me deres um filho, prometo que o dedicarei a ti por toda a vida e que nunca ele cortará o cabelo.

12 Ana continuou orando ao SENHOR durante tanto tempo, que Eli começou a prestar atenção nela 13 e notou que os seus lábios se mexiam, porém não saía nenhum som. Ana estava orando em silêncio, mas Eli pensou que ela estava bêbada 14 e disse:

— Até quando você vai ficar embriagada? Veja se para de beber!

15 — Senhor, — respondeu ela —, eu não estou bêbada. Não bebi nem vinho nem cerveja. Estou desesperada e estava orando, contando a minha aflição ao SENHOR. 16 Não pense que sou uma mulher sem moral. Eu estava orando daquele jeito porque sou muito infeliz e sofredora.

17 Então Eli disse:

— Vá em paz. Que o Deus de Israel lhe dê o que você pediu!

18 — Que o senhor sempre pense bem de mim! — respondeu ela. E saiu. Então comeu alguma coisa e já não estava tão triste.

O nascimento de Samuel

19 Na manhã seguinte Elcana e a sua família se levantaram cedo e adoraram a Deus, o SENHOR. Aí voltaram para casa, em Ramá. Elcana teve relações com a sua esposa Ana, e o SENHOR respondeu à oração dela. 20 Ela ficou grávida e, no tempo certo, deu à luz um filho. Pôs nele o nome de Samuel e explicou:

— Eu pedi esse filho a Deus, o SENHOR.

21 Elcana e a sua família foram a Siló para oferecer ao SENHOR o *sacrifício anual e o sacrifício especial que ele havia prometido. 22 Ana, porém, não foi. Ela disse ao marido:

— Assim que o menino for desmamado, eu o levarei ao santuário de Deus, o SENHOR, para que ele fique lá toda a sua vida.

23 Elcana respondeu:

— Faça o que achar melhor. Fique em casa até que ele seja desmamado. E o SENHOR faça com que, de fato, se cumpra a promessa que você fez.

Então Ana ficou em casa e amamentou o filho.

24 Depois que ele foi desmamado, ela o levou a Siló. Levou também um touro de três anos, dez quilos de farinha e um *odre cheio de vinho. Samuel era muito novo quando a sua mãe o levou à casa do SENHOR, em Siló. 25 Os pais de Samuel ofereceram o touro em sacrifício e levaram o menino para Eli. 26 Ana disse:

— Meu senhor, juro pela sua vida que sou aquela mulher que o senhor viu aqui de pé, orando. 27 Eu pedi esta criança a Deus, o SENHOR, e ele me deu o que pedi. 28 Por isso agora eu estou dedicando este menino ao SENHOR. Enquanto ele viver, pertencerá ao SENHOR.

Então eles adoraram a Deus ali.

A oração de Ana

2 Então Ana orou assim:

O SENHOR Deus encheu o meu
coração de alegria;

Ana

Leia a história desta Garota de Deus em 1Samuel 1:1—2:10, 18-21.

E, quando pedem, não recebem porque os seus motivos são maus. Vocês pedem coisas a fim de usá-las para os seus próprios prazeres.

Tiago 4:3

Durante anos, Ana viveu triste, suplicando a Deus um bebê e sendo atormentada por Penina, uma menina má que havia em sua vida. Seus dias eram cheios de lágrimas. Ela implorava a Deus o tempo todo para que ouvisse suas orações e lhe desse um filho, mas nada acontecia até o dia fatídico em que ela, de repente, agiu como se aquilo não tivesse a ver com ela, mas sim com ele. Quando disse que entregaria o bebê a Deus, ela, finalmente, conseguiu o que pediu. Nesse momento, em vez de se apegar à sua obsessão por ter um filho, ela voltou sua atenção para a atitude de servir a Deus e prometeu entregar o menino para que ele servisse ao Senhor todos os dias da vida. Esse presente, esse sonho que Ana tinha, ela prometeu entregar assim que o recebesse. Nossa, dá para imaginar?

A grande lição a ser encontrada aqui é que o poder da oração é liberado quando a menina que ora muda o foco de seu coração em si própria para focar em Deus. Muitas vezes, você pede coisas por puro egoísmo: "Eu, eu, eu". E isso acontece porque você quer as coisas que este mundo lhe diz que você deveria querer, e não as coisas que Deus quer. Quando esse é seu foco, a oração é inútil; e você não tem o que quer, porque o Senhor não responde às orações egoístas. Ele conhece seus motivos, que significam muito para ele.

Quando sua vida de oração for fraca e inútil, pense em seus motivos. Você está orando para que sua vida seja melhor ou para que sua fé seja mais forte? O objetivo de sua oração nunca deve ser seu próprio prazer. Quando isso acontece, de acordo com Tiago 4:3, você não recebe o que pede. Quando o foco de Ana deixou de ser servir à sua própria necessidade para servir a Deus, Deus trocou o não, que tinha dado como resposta, por sim. Às vezes, deixar de ser obcecada por si mesma para ser concentrada em Deus mudará suas orações completamente. As coisas que você achava que eram imprescindíveis não serão mais importantes, ou talvez você só ganhe um motivo para justificar o que quer. De qualquer maneira, suas orações se tornarão mais eficazes quando você começar a orar pela vontade de Deus, e não pela sua própria. Se você quer conhecer a vontade do Senhor, olhe para a Palavra de Deus. Ao fazer isso, suas orações começarão a *mudar, e o mesmo* acontecerá com as respostas de Deus.

por causa do que ele fez, eu ando de cabeça erguida.
Estou rindo dos meus inimigos
e me sinto feliz, pois Deus me ajudou.
2 Ninguém é santo como o SENHOR;
não existe outro deus além dele,
e não há nenhum protetor como o nosso Deus.
3 Não fiquem contando vantagens
e não digam mais palavras orgulhosas.
Pois o SENHOR é Deus que conhece
e julga tudo o que as pessoas fazem.
4 Os arcos dos soldados fortes estão quebrados,
mas os soldados fracos se tornam fortes.
5 Os que antes estavam fartos agora se empregam para ganhar comida,
mas os que tinham fome agora estão satisfeitos.
A mulher que não podia ter filhos deu à luz sete filhos,
mas a que possuía muitos filhos ficou sem nenhum.

6 O SENHOR Deus é quem tira a vida e quem a dá.
É ele quem manda a pessoa para o *mundo dos mortos
e a faz voltar de lá.
7 Ele faz com que alguns fiquem pobres e outros, ricos;
rebaixa uns e eleva outros.
8 Deus levanta os pobres do pó
e tira da miséria os necessitados.
Ele faz com que os pobres sejam companheiros dos príncipes
e os põe em lugares de honra.
Os alicerces da terra são de Deus, o SENHOR;
ele construiu o mundo sobre eles.

9 Ele protege a vida dos que são fiéis a ele,
mas deixa que os maus desapareçam na escuridão,
pois ninguém vence pela sua própria força.
10 Os inimigos de Deus, o SENHOR, serão destruídos;
ele trovejará do céu contra eles.
O SENHOR julgará o mundo inteiro;
ele dará poder ao seu rei
e dará a vitória a esse rei que ele escolheu.

11 Então Elcana voltou para a sua casa,
em Ramá. Mas o menino Samuel ficou em
Siló, no serviço de Deus, o SENHOR, como
ajudante do sacerdote Eli.

Os filhos de Eli

12 Os filhos do sacerdote Eli não pres-
tavam e não se importavam com Deus, o
SENHOR. 13 Eles não obedeciam aos regu-
lamentos a respeito daquilo que os sacer-
dotes tinham o direito de exigir do povo.
Quando um homem estava oferecendo o
seu *sacrifício, o ajudante do sacerdote
vinha com um garfo de três dentes. E, en-
quanto a carne estava cozinhando, 14 ele
enfiava o garfo dentro da panela, e tudo
o que o garfo tirava ficava sendo do sa-
cerdote. Era costume fazer isso todas as
vezes que um israelita ia a Siló para ofe-
recer sacrifícios. 15 Mas, antes mesmo de
a gordura ser tirada da carne e queimada,
os filhos de Eli mandavam que o ajudan-
te do sacerdote fosse e dissesse a quem
estava oferecendo o sacrifício: "Me entre-
gue um pedaço de carne para o sacerdo-
te assar. Ele não vai aceitar de você car-
ne cozida, mas só carne crua." 16 E, se o
homem respondia: "Deixe que a gordura
queime primeiro, depois você pode tirar
o que quiser", o ajudante do sacerdote di-
zia: "Não. Entregue logo essa carne. Se
não, eu a tomarei à força."
17 Assim os filhos de Eli tratavam com
muito desprezo as ofertas trazidas a Deus,
o SENHOR. E para o SENHOR o pecado des-
ses moços era muito grave.

Samuel em Siló

18 Samuel continuava no serviço de
Deus, o SENHOR. Embora ainda fosse me-
nino, vestia um *manto sacerdotal de li-
nho. 19 Ana, a sua mãe, todos os anos fazia
uma *túnica para ele e a levava quando ia
com o seu marido oferecer o *sacrifício
anual. 20 Então Eli abençoava Elcana e a
sua mulher e dizia:
— Que o SENHOR Deus dê a você e a
Ana, a sua mulher, outros filhos para to-
marem o lugar do que foi dedicado a ele!
Depois eles voltavam para casa.
21 E o SENHOR abençoou Ana, e ela teve
mais três filhos e duas filhas. E o meni-
no Samuel crescia no serviço de Deus, o
SENHOR.

Eli e os seus filhos

22 Eli já estava muito velho. Ele ouvia
falar de tudo o que os seus filhos faziam

DEVOCIONAL

Texto para leitura: **1Samuel 2:6-8**

Conheça a verdadeira felicidade

Culpar Satanás por todos os momentos difíceis da vida pode ser fácil; afinal, ele está por aí para fisgar você e todos os filhinhos de Deus. Mas lembre que não foi Satanás que enviou Jesus para a cruz. A crucificação e a morte de Jesus faziam parte do plano de Deus. Então, quando algo bem doloroso acontecer com você, não culpe o inimigo, porque isso fará com que as coisas tenham a ver com ele. Apenas se concentre em quem lhe dará esperança e paz; confie em Deus e faça com que as coisas tenham a ver com ele. Cada ataque e cada ofensa que você sofrer devem ser um trampolim para levá-la para mais perto de Deus, e não para mais perto do inimigo.

Enquanto você estiver observando o mundo desmoronar à sua volta, lembre que Deus está no controle e que dessa adversidade pode vir algo bonito, assim como a salvação veio da cruz sangrenta. Era exatamente isso que Ana estava reconhecendo em sua oração. Não deixe que o inimigo tome o que pode ser uma ferramenta na mão de Deus e o transforme em uma arma para enfraquecer você.

Esteja acima da dor, entre na esfera da santidade e saiba que Deus permite o sofrimento em sua vida para santificá-la, se você preferir o caminho da perfeição ao da adversidade e da queixa. Não deixe que sua dor seja desperdiçada ou usada contra você, mas use-a e aproveite o poder que ela tem de aperfeiçoá-la. Aí, e só aí, você estará livre do poder do inimigo.

aos israelitas e também que eles estavam tendo relações com as mulheres que trabalhavam na entrada da *Tenda Sagrada.
23 Então Eli disse:

— Por que é que vocês estão fazendo essas coisas? Todos me falam do mal que vocês estão praticando. 24 Parem com isso, meus filhos! Eu estou ouvindo o povo do SENHOR Deus dizer coisas terríveis a respeito de vocês! 25 Se uma pessoa peca contra outra, o SENHOR pode defendê-la. Mas quem pode defender aquele que peca contra Deus?

Mas eles não ouviram o pai, pois o SENHOR havia resolvido matá-los.

26 E o menino Samuel continuava a crescer, e tanto o SENHOR como as pessoas gostavam cada vez mais dele.

A profecia contra a família de Eli

27 Então um *profeta procurou Eli e lhe deu esta mensagem de Deus, o SENHOR:

— Eu me revelei ao seu antepassado Arão quando ele e a sua família eram escravos no Egito. 28 Você sabe que eu os escolhi, entre todas as *tribos de Israel, para serem meus sacerdotes, servirem no altar, queimarem incenso e usarem o *manto sacerdotal na minha presença. E dei a eles o direito de ficarem com uma parte dos *sacrifícios queimados no altar. 29 Por que é que vocês olham com tanta ganância para os sacrifícios e ofertas que eu ordenei que me fossem feitos? Eli, por que você honra os seus filhos mais do que a mim, deixando que eles engordem, comendo a melhor parte de todos os sacrifícios que o meu povo me oferece?
30 Eu, o SENHOR, o Deus de Israel, prometi no passado que a sua família e os seus descendentes me serviriam para sempre como sacerdotes. Mas agora eu digo que isso não vai continuar. Pois respeitarei os que me respeitam, mas desprezarei os que me desprezam. 31 Olhe! Está chegando o tempo em que eu matarei todos os moços da sua família e da família do seu pai para que nenhum homem da sua família chegue a ficar velho. 32 Você passará dificuldades e terá inveja de todas as coisas boas que vou dar ao povo de Israel, mas ninguém da sua família chegará

Pergunte a si mesma...

Samuel ensinou aos israelitas que eles, quando pecassem, deveriam admitir o pecado, ou seja, confessá-lo. Depois de você confessar e concordar com Deus que não deveria ter feito o que fez, o próximo passo é o arrependimento — nunca mais cometer esse pecado de novo. Pergunte a si mesma sobre os pecados que você não confessou:

Eu tenho pecados que não consegui confessar?
Eu vou dormir sem confessar os pecados de minha vida?
O que Deus diz sobre o pecado e a confissão? De onde vem o perdão? (Veja 1João 1:9).
Existe algum pecado que confessei, mas do qual não consegui me arrepender?
Se minha resposta for sim, então o que Deus quer que eu faça?

a ficar velho. 33 Deixarei vivo apenas um dos seus descendentes, que será meu sacerdote. Mas ele ficará cego e perderá toda a esperança. E todos os seus outros descendentes morrerão de morte violenta. 34 Hofni e Fineias, os seus dois filhos, morrerão no mesmo dia, e isso será uma prova para você de que o que eu disse é verdade. 35 Escolherei para mim um sacerdote fiel, e ele fará tudo o que eu quero. Darei a ele descendentes que sempre estarão a serviço do rei que eu escolher. 36 E todos os outros descendentes de você que, por acaso, ficarem com vida terão de se curvar diante do rei para pedir dinheiro e comida e implorarão para ajudar os sacerdotes, a fim de terem alguma coisa para comer.

Deus aparece a Samuel

3 Samuel ainda era menino e ajudava Eli na adoração a Deus, o SENHOR. Naqueles dias poucas mensagens vinham do SENHOR, e as visões também eram muito raras. 2 Certa noite Eli, já quase cego, estava dormindo no seu quarto. 3 Samuel dormia na *Tenda Sagrada, onde ficava a *arca da aliança. E a lâmpada de Deus ainda estava acesa. 4 Então o SENHOR Deus chamou:

— Samuel, Samuel!

— Estou aqui! — respondeu ele. 5 Então correu para onde Eli estava e disse:

— O senhor me chamou? Estou aqui.

Mas Eli respondeu:

— Eu não chamei você. Volte para a cama.

E Samuel voltou.

6 Então o SENHOR Deus tornou a chamar Samuel. O menino se levantou, foi aonde estava Eli e disse:

— O senhor me chamou? Estou aqui.

Mas Eli tornou a responder:

— Eu não chamei você, filho. Volte para a cama.

7 Samuel não conhecia o SENHOR pois o SENHOR ainda não havia falado com ele.

8 Aí o SENHOR chamou Samuel pela terceira vez. Ele se levantou, foi aonde Eli estava e disse:

— O senhor me chamou? Estou aqui.

Então Eli compreendeu que era o SENHOR quem estava chamando o menino 9 e ordenou:

— Volte para a cama e, se ele chamar você outra vez, diga: "Fala, ó SENHOR, pois o teu *servo está escutando!"

E Samuel voltou para a cama.

10 Então o SENHOR veio e ficou ali. E, como havia feito antes, disse:

— Samuel, Samuel!

— Fala, pois o teu servo está escutando! — respondeu Samuel.

11 E o SENHOR disse:

— Eu vou fazer com o povo de Israel uma coisa tão terrível, que todos os que ouvirem a respeito disso ficarão apavorados. 12 Naquele dia farei contra Eli tudo o que disse a respeito da família dele, do começo até o fim. 13 Eu lhe disse que ia castigar a sua família para sempre porque os seus filhos disseram coisas más contra mim. Eli sabia que eu ia fazer isso, mas não os fez parar. 14 Por isso, juro à família de Eli que nenhum *sacrifício ou oferta poderá apagar o seu terrível pecado.

15 Samuel ficou na cama até de manhã. Aí se levantou e abriu os portões da área da Tenda Sagrada. Ele estava com medo de falar com Eli sobre a visão que havia tido. 16 Mas Eli o chamou:

— Samuel, meu filho!

— Estou aqui! — respondeu ele.

17 — O que foi que Deus lhe disse? — perguntou Eli. — Não esconda nada de mim. Deus o castigará severamente se você não me contar tudo o que ele disse.

18 Então Samuel contou tudo, sem esconder nada. E Eli disse:

— Ele é Deus, o SENHOR. Que ele faça tudo o que achar melhor!

19 E Samuel cresceu. O SENHOR estava com ele e fazia tudo o que Samuel dizia que ia acontecer. 20 Assim todo o povo de Israel, do Norte ao Sul do país, ficou sabendo que Samuel era, de fato, um *profeta do SENHOR. 21 O SENHOR continuou a aparecer em Siló, onde havia se revelado a Samuel e falado com ele. E a palavra de Samuel era respeitada por todo o povo de Israel.

Os filisteus tomam a arca da aliança

4 Naqueles dias o povo de Israel foi lutar contra os filisteus. Os israelitas acamparam em Ebenézer, e os filisteus, em Afeca. 2 Os filisteus se aprontaram e entraram na luta. Eles venceram os israelitas, matando no campo de batalha mais ou menos quatro mil soldados. 3 Quando aqueles que tinham escapado voltaram ao acampamento, os líderes do povo de Israel disseram:

— Por que é que o SENHOR Deus deixou que os filisteus nos vencessem hoje? Vamos trazer de Siló para cá a *arca da aliança, para que assim o SENHOR esteja no meio de nós e nos salve dos nossos inimigos.

4 Então mandaram mensageiros a Siló para trazerem a arca da aliança do SENHOR Todo-Poderoso, que se assenta no seu trono entre os *querubins. E Hofni e Fineias, os dois filhos de Eli, vieram junto com a arca.

5 Quando a arca chegou, os israelitas gritaram tão alto, que a terra tremeu. 6 Os filisteus ouviram os gritos e disseram:

— Escutem esses gritos no acampamento dos hebreus. O que será que aconteceu?

Quando souberam que a arca da aliança do SENHOR havia chegado ao acampamento hebreu, 7 os filisteus ficaram com medo e disseram:

— Um deus chegou ao acampamento dos israelitas! Ai de nós! Nunca aconteceu uma coisa assim! 8 Ai de nós! Quem poderá nos salvar destes poderosos deuses? São os deuses que atacaram os egípcios com todo tipo de pragas, no deserto. 9 Sejam corajosos, filisteus! Lutem como homens ou seremos escravos dos hebreus, como eles já foram nossos escravos. Lutem como homens!

10 Assim os filisteus lutaram. Os israelitas foram vencidos e fugiram correndo para as suas casas. E houve uma grande matança: trinta mil israelitas foram mortos. 11 Então os filisteus tomaram a arca de Deus, e Hofni e Fineias, os filhos de Eli, foram mortos.

A morte de Eli

12 Um homem da *tribo de Benjamim correu desde o campo de batalha até Siló e chegou lá no mesmo dia. Para mostrar a sua tristeza, ele havia rasgado as suas roupas e posto terra na cabeça. 13 Eli estava sentado numa cadeira, perto da estrada, esperando. Ele estava muito preocupado com a *arca da aliança. Quando o homem deu a notícia, toda a gente da cidade ficou apavorada e começou a chorar alto. 14 Eli ouviu os gritos e perguntou:

— Que barulho é esse?

Então o homem correu para contar as notícias a Eli. 15 Eli estava com noventa e oito anos e completamente cego. 16 O homem disse:

— Eu fugi da batalha e hoje mesmo vim correndo de lá até aqui.

— O que aconteceu, meu filho? — perguntou Eli.

17 — O povo de Israel fugiu dos filisteus! — respondeu o mensageiro. — Foi uma terrível derrota para nós. Além de tudo, os seus filhos Hofni e Fineias foram mortos, e os filisteus tomaram a arca da aliança.

18 Quando ouviu falar na arca, Eli caiu da cadeira para trás, perto do portão da cidade. Ele estava muito velho e gordo. Por isso, quando caiu, quebrou o pescoço e morreu.

Eli foi o líder do povo de Israel quarenta anos.

A morte da mulher de Fineias

19 A nora de Eli, a mulher de Fineias, estava grávida e já quase na época de ter a criança. Quando ela soube que a *arca de Deus havia sido tomada e que o seu sogro e o seu marido tinham morrido, começou a ter as dores de parto e deu à luz. 20 Ela estava morrendo, mas as mulheres que a ajudavam disseram:

— Tenha coragem! Você ganhou um filho.

Ela não se interessou e não respondeu. 21 Mas deu ao menino o nome de Icabô, explicando: "A *glória saiu de Israel." Disse isso, falando da tomada da arca de Deus e da morte do seu sogro e do seu marido. 22 Ela disse:

— A glória saiu de Israel, pois a arca de Deus foi tomada pelos nossos inimigos.

A arca na terra dos filisteus

5 Depois de tomarem a *arca de Deus, os filisteus a levaram de Ebenézer para a cidade de Asdode. 2 Eles a colocaram no templo do seu deus Dagom, perto da sua imagem. 3 No dia seguinte, de manhã, os moradores de Asdode viram que a imagem de Dagom estava caída de cara no chão, na frente da arca da aliança. Então eles pegaram a imagem e a puseram de volta no seu lugar. 4 No dia seguinte, de manhã, viram que ela estava caída de novo na frente da arca. A cabeça e os dois braços da imagem estavam quebrados, caídos na soleira da porta; somente o corpo estava inteiro. 5 É por isso que *até hoje os sacerdotes de Dagom e todos os que o adoram em Asdode não pisam aquele lugar.

6 E o SENHOR Deus castigou duramente o povo de Asdode. Fez com que todo o povo dali e da vizinhança ficasse cheio de tumores. 7 Quando eles viram isso, disseram:

— O Deus de Israel está castigando a nós e ao nosso deus Dagom. Não podemos mais deixar que a arca do Deus de Israel fique aqui.

8 Então mandaram que alguns mensageiros fossem chamar todos os cinco governadores filisteus e lhes perguntaram:

— Que vamos fazer com a arca do Deus de Israel?

— Levem para a cidade de Gate! — responderam eles.

Então os filisteus a levaram para lá. 9 *Mas, depois* que a arca chegou ali, o SENHOR Deus castigou a cidade e pôs medo nos seus moradores. Apareceram tumores em todas as pessoas da cidade, tanto nas mais importantes como nas mais humildes. 10 Então enviaram a arca da aliança para a cidade de Ecrom. Quando a arca chegou lá, o povo começou a gritar:

— Trouxeram a arca do Deus de Israel para cá; eles querem acabar com a gente!

11 Então mandaram que alguns mensageiros dissessem a todos os governadores filisteus:

— Mandem a arca do Deus de Israel de volta ao seu lugar, para que ela não mate a nós e às nossas famílias.

Houve morte e destruição em toda a cidade, por causa do castigo severo de Deus. 12 Os que não morreram ficaram cheios de tumores, e os gritos dos moradores da cidade subiram até o céu.

A volta da arca da aliança

6 Já fazia sete meses que a *arca da aliança estava na terra dos filisteus. 2 Aí eles chamaram os seus sacerdotes e os seus mágicos e perguntaram:

— Que faremos com a arca do SENHOR? Se a mandarmos de volta, o que devemos enviar junto com ela?

3 Eles responderam:

— Se vocês mandarem de volta a arca do Deus de Israel, não a enviem sem uma oferta. Mandem junto uma oferta para pagar pelo pecado de vocês. Assim vocês serão curados e saberão por que motivo ele continuou a castigá-los.

4 — Que oferta devemos mandar? — perguntaram os filisteus.

Os sacerdotes e os mágicos responderam:

— Mandem cinco tumores feitos de ouro e cinco ratos também de ouro, de acordo com o número dos governadores filisteus. Pois os cinco governadores foram atingidos pela mesma praga que caiu sobre vocês. 5 Façam imitações dos tumores e dos ratos que estão destruindo a nossa terra e deem como presente em homenagem ao Deus de Israel. Assim ele talvez pare de castigar vocês, os seus deuses e a sua terra. 6 Por que razão vocês seriam tão teimosos quanto o rei do Egito e os egípcios? Não esqueçam que Deus zombou deles até que eles deixaram os israelitas saírem do Egito. 7 Façam o *seguinte: arranjem* duas vacas que ainda não puxaram carroça e amarrem as duas a uma carroça nova. Depois toquem os bezerros delas para o curral. 8 Então peguem a arca do SENHOR Deus e a coloquem na carroça. Ponham também numa caixa, ao lado da arca, as imitações de ouro que vocês vão mandar ao Deus de Israel como ofertas para pagamento pelos seus pecados. Aí toquem as vacas para a frente e deixem que elas vão para onde quiserem. 9 E prestem atenção. Se a carroça for

na direção da cidade de Bete-Semes, isso
quer dizer que foi o Deus dos israelitas
que nos mandou este grande mal. Mas,
se isso não acontecer, então quer dizer
que não foi ele quem mandou esta praga,
e sim que ela veio por acaso.
10 E os filisteus fizeram o que os seus
sacerdotes e mágicos haviam dito: pega-
ram duas vacas e as amarraram à carroça
e prenderam os bezerros no curral. 11 De-
pois puseram a arca do SENHOR Deus na
carroça, junto com a caixa onde estavam
os ratos e os tumores de ouro. 12 Então as
vacas foram diretamente para a cidade de
Bete-Semes, andando e mugindo, sem se
desviar do caminho. E os cinco governa-
dores filisteus as seguiram até a divisa
de Bete-Semes.
13 O povo de Bete-Semes estava colhen-
do trigo no vale. De repente, eles olharam
e viram a arca da aliança e ficaram muito
alegres. 14 A carroça puxada pelas vacas
chegou até a plantação de Josué, de Be-
te-Semes, e parou perto de uma grande
pedra. Então os moradores dali cortaram
em pedaços a carroça de madeira, mata-
ram as vacas e as queimaram em *sacri-
fício a Deus, o SENHOR. 15 Os *levitas pe-
garam a arca do SENHOR e a caixa com as
imitações de ouro e puseram em cima da
grande pedra. Naquele dia o povo de Be-
te-Semes apresentou ao SENHOR ofertas
que foram completamente queimadas e
também sacrifícios de animais. 16 Os cin-
co governadores filisteus viram isso e no
mesmo dia voltaram para Ecrom.
17 Os filisteus mandaram a Deus, o SE-
NHOR, os cinco tumores de ouro como
oferta em pagamento pelos seus peca-
dos — um por cidade: Asdode, Gaza, As-
quelom, Gate e Ecrom. 18 Mandaram tam-
bém cinco ratos de ouro, de acordo com
o número das cidades governadas pelos
cinco governadores filisteus, isto é, as
cinco cidades protegidas por muralhas
e os povoados que ficavam ao seu redor.
Na plantação de Josué, que era natural
de Bete-Semes, a arca de Deus foi coloca-
da em cima de uma grande pedra, e essa
pedra ainda está ali como prova do que
aconteceu.
19 Setenta homens de Bete-Semes olha-
ram para dentro da arca da aliança, e por
isso o SENHOR os matou. E o povo cho-
rou por causa dessa grande matança que
Deus fez entre eles.

A arca na cidade de Jearim

20 Então os moradores de Bete-Semes
disseram:
— Quem pode ficar diante do SENHOR,
esse Deus tão santo? Para onde manda-
remos a sua *arca a fim de que ele fique
longe de nós?
21 Aí enviaram mensageiros para dize-
rem ao povo da cidade de Jearim:
— Os filisteus devolveram a arca da
aliança do SENHOR. Desçam até aqui e
levem a arca.
7 Então os homens da cidade de Jearim
foram até lá e levaram a *arca do SE-
NHOR. Eles a colocaram na casa de Abina-
dabe, que ficava num morro. E escolhe-
ram e separaram o seu filho Eleazar para
tomar conta dela.

Samuel governa Israel

2 A *arca da aliança ficou na cidade de
Jearim bastante tempo, isto é, mais ou
menos vinte anos. Durante esse tempo
todos os israelitas oravam a Deus, o SE-
NHOR, pedindo ajuda.
3 Samuel disse ao povo de Israel:
— Se vocês querem com todo o coração
voltar a Deus, o SENHOR, joguem fora to-
dos os deuses estrangeiros e as imagens
da deusa *Astarote. Dediquem-se com-
pletamente ao SENHOR e adorem somen-
te a ele. E ele livrará vocês do poder dos
filisteus.
4 Aí os israelitas jogaram fora as suas
várias imagens de *Baal e também as de
*Astarote e adoraram somente a Deus, o
SENHOR.
5 Então Samuel mandou que todos os is-
raelitas se reunissem em Mispa. E prome-
teu que ali oraria por eles ao SENHOR. 6 As-
sim todos eles se reuniram em Mispa. Ti-
raram água e a derramaram em oferta ao
SENHOR, jejuaram o dia todo e disseram:
— Nós pecamos contra Deus, o SENHOR.
E ali em Mispa Samuel julgava e gover-
nava o povo de Israel.
7 Quando os filisteus souberam que os
israelitas haviam se reunido em Mispa, os
cinco governadores filisteus saíram com
os seus homens para atacá-los. Os israeli-
tas souberam disso e ficaram com medo.
8 E disseram a Samuel:
— Não pare de orar ao SENHOR, nosso
Deus, pedindo que ele nos livre do domí-
nio dos filisteus.
9 Então Samuel matou um carneirinho e
queimou todo ele como *sacrifício a Deus,

o SENHOR. Pediu que o SENHOR ajudasse o
povo de Israel, e ele respondeu à sua ora-
ção. 10 Enquanto Samuel estava oferecen-
do o sacrifício, os filisteus avançaram con-
tra os israelitas. Mas o SENHOR os atacou
com fortes trovoadas. Então eles ficaram
em completa confusão e fugiram. 11 Os is-
raelitas saíram de Mispa e perseguiram
os filisteus até Bete-Car, matando-os pelo
caminho. 12 Aí Samuel pegou uma pedra,
pôs entre Mispa e Sem e disse:

— Até aqui o SENHOR Deus nos ajudou.

Por isso deu a ela o nome de Ebenézer.
13 Assim os filisteus foram derrotados, e o
SENHOR Deus não deixou que eles inva-
dissem a terra de Israel enquanto Samuel
viveu. 14 Todas as cidades que os filisteus
haviam tomado, desde Ecrom até Gate, fo-
ram devolvidas ao povo de Israel. Dessa
maneira os israelitas receberam de volta
toda a sua terra. E também houve paz en-
tre os israelitas e os amorreus.

15 Até o fim da sua vida Samuel foi chefe
e juiz do povo de Israel. 16 Todos os anos
ele ia a Betel, Gilgal e Mispa e nesses lu-
gares resolvia as questões que o povo lhe
apresentava. 17 Depois voltava para a sua
casa na cidade de Ramá, onde também
era juiz. E em Ramá Samuel construiu um
altar para Deus, o SENHOR.

O povo pede um rei

8 Quando Samuel ficou velho, pôs os
seus filhos como juízes de Israel. 2 O
seu filho mais velho se chamava Joel, e o
mais novo, Abias. Eles eram juízes na ci-
dade de Berseba. 3 Porém não seguiram
o exemplo do pai. Estavam interessados
somente em ganhar dinheiro, aceitavam
dinheiro por fora e não decidiam os ca-
sos com justiça.

4 Então todos os líderes de Israel se re-
uniram e foram falar com Samuel, em
Ramá. 5 Eles disseram:

— Olhe! Você já está ficando velho, e
os seus filhos não seguem o seu exem-
plo. Por isso, queremos que nos arranje
um rei para nos governar, como acontece
em outros países.

6 Samuel não gostou do pedido deles.
Então orou a Deus, o SENHOR, 7 e ele res-
pondeu assim:

— Atenda o pedido do povo. Não é só
você que eles rejeitaram; eles rejeitaram
a mim como Rei. 8 Desde que eu os trouxe
do Egito, eles sempre me têm abandona-
do e têm adorado outros deuses. Agora
estão fazendo com você o que sempre fi-
zeram comigo. 9 Portanto, atenda o pe-
dido deles. Mas avise essa gente, expli-
cando com toda a clareza como o rei vai
tratá-los.

10 Então Samuel explicou ao povo tudo
o que o SENHOR lhe tinha dito. 11 Ele disse:

— O rei os tratará assim: tomará os fi-
lhos de vocês para serem soldados; porá
alguns para servirem nos seus carros de
guerra, outros na cavalaria e outros para
correrem adiante dos carros. 12 Colocará
alguns deles como oficiais encarregados
de mil soldados, e outros encarregados de
cinquenta. Os seus filhos terão de culti-
var as terras dele, fazer as suas colheitas
e fabricar as suas armas e equipamentos
para os seus carros de guerra. 13 As filhas
de vocês terão de preparar os perfumes
do rei e trabalhar como suas cozinheiras e
padeiras. 14 Ele tomará de vocês os melho-
res campos, plantações de uvas, bosques
de oliveiras e dará tudo aos seus funcio-
nários. 15 Ficará com a décima parte dos
cereais e das uvas, para dar aos funcioná-
rios da corte e aos outros funcionários.
16 Tomará também os empregados de vo-
cês, o melhor gado e os melhores jumen-
tos, para trabalharem para ele. 17 E ficará
com a décima parte dos rebanhos de vo-
cês. E vocês serão seus escravos. 18 Quan-
do isso acontecer, vocês chorarão amar-
gamente por causa do rei que escolhe-
ram, porém o SENHOR Deus não ouvirá
as suas queixas.

19 Mas o povo não se importou com o
aviso de Samuel. Pelo contrário, eles dis-
seram:

— Não adianta. Nós queremos um rei.
20 Queremos ser como as outras nações:
queremos ter um rei para nos governar,
para nos dirigir na guerra e lutar em nos-
sas batalhas.

21 Samuel ouviu o que eles disseram e
então foi e contou tudo a Deus, o SENHOR.
22 Ele respondeu:

— Faça o que eles querem. Dê a eles
um rei.

Aí Samuel pediu a todos os homens de
Israel que voltassem para casa.

Saul se encontra com Samuel

9 Havia um homem chamado Quis, que
era da *tribo de Benjamim. Ele era filho
de Abiel, neto de Zeror, bisneto de Beco-
rate e trineto de Afias. Quis era rico e im-
portante. 2 Tinha um filho jovem e bonito,

chamado Saul. Não havia ninguém mais
bonito do que ele entre todos os israeli-
tas. Além disso era mais alto do que to-
dos. Quando estava no meio do povo, ele
aparecia dos ombros para cima.
3 E aconteceu que algumas jumentas
que pertenciam a Quis, o pai de Saul, se
perderam. Então ele disse a Saul:
— Filho, leve com você um dos nossos
empregados e vá procurar as jumentas.
4 Eles foram por toda a região monta-
nhosa de Efraim e pela terra de Salisa, po-
rém não acharam as jumentas. Então pro-
curaram na terra de Saalim, porém elas
não estavam lá. Aí procuraram no terri-
tório da tribo de Benjamim, mas também
não as encontraram. 5 Quando entraram
na terra de Zufe, Saul disse ao empregado:
— Vamos voltar para casa; se não, em
vez de se preocupar com as jumentas, o
meu pai vai acabar se preocupando com
a gente.
6 O empregado respondeu:
— Espere. Nesta cidade mora um ho-
mem santo que é muito respeitado por-
que tudo o que ele diz acontece. Vamos
falar com ele. Talvez ele possa nos dizer
onde podemos encontrar as jumentas.
7 Saul perguntou:
— Se formos lá, o que vamos levar para
ele? Não há comida nas nossas sacolas,
e não temos nada para lhe dar. Ou será
que temos?
8 O empregado respondeu:
— Tenho uma pequena quantia de pra-
ta que posso dar a ele para que nos con-
te onde poderemos achar as jumentas.
9-11 — É uma boa ideia! — respondeu
Saul. — Vamos.
Então eles foram à cidade onde o ho-
mem santo morava. Quando estavam su-
bindo o morro para chegar à cidade, en-
contraram algumas moças que estavam
saindo para tirar água. Eles perguntaram:
— O *vidente está na cidade?
(Antigamente, quando alguém queria
fazer uma pergunta a Deus, costumava
dizer: "Vamos falar com o vidente." Por-
que naquele tempo os *profetas eram cha-
mados de videntes.)
12 — Ele está, sim! — responderam elas.
— Olhem! Ali vai ele, ali na frente. An-
dem depressa. Ele está entrando na ci-
dade porque o povo vai oferecer hoje um
*sacrifício no altar do monte. 13 Assim que
entrarem na cidade, vocês o encontrarão
antes que ele suba o monte para comer. O
povo não começa a comer antes que ele
chegue lá, pois primeiro ele tem de aben-
çoar o sacrifício. Só depois é que os con-
vidados podem comer. Subam lá agora e
logo vocês o encontrarão.
14 Então eles foram até a cidade. Quan-
do iam entrando, viram Samuel, que saía
para subir até o lugar de adoração.
15 Um dia antes de Saul chegar, o SE-
NHOR Deus tinha dito a Samuel:
16 — Amanhã, a esta hora, eu vou enviar
a você um homem da tribo de Benjamim.
Você o *ungirá para ser o governador do
meu povo de Israel. Ele libertará o povo
do domínio dos filisteus. Eu tenho visto o
sofrimento do meu povo e ouvido os seus
pedidos de ajuda.
17 Quando Samuel viu Saul, o SENHOR
lhe disse:
— Este é o homem de quem lhe falei.
Ele governará o meu povo.
18 Saul foi encontrar-se com Samuel,
perto do portão, e perguntou:
— Por favor, onde mora o vidente?
19 Samuel respondeu:
— Eu sou o vidente. Vá adiante de mim
até o lugar de adoração. Vocês dois vão
jantar comigo hoje. Amanhã cedo eu res-
ponderei a todas as suas perguntas, e en-
tão vocês poderão ir embora. 20 E não se
preocupe com as jumentas que se per-
deram há três dias, pois elas já foram en-
contradas. Afinal, quem é que o povo de
Israel está querendo? Eles querem é você
— você e a família do seu pai.
21 Saul respondeu:
— Eu sou da tribo de Benjamim, a me-
nor de Israel, e a minha família é a me-
nos importante da tribo. Então por que o
senhor está falando comigo desse jeito?
22 Aí Samuel levou Saul e o seu empre-
gado para o salão de festas e pediu que os
dois sentassem à cabeceira da mesa. Ao
redor dessa mesa estavam sentados mais
ou menos trinta convidados. 23 E Samuel
disse ao cozinheiro:
— Traga aquele pedaço de carne que
eu lhe entreguei e pedi para deixar re-
servado.
24 O cozinheiro pegou o melhor pedaço
da perna e o pôs na frente de Saul.
Samuel disse:
— Olhe! Aqui está o pedaço que foi re-
servado para você. Coma-o, pois foi guar-
dado para você comer nesta ocasião em
que convidei o povo.

E assim, naquele dia, Saul jantou com Samuel. 25 Depois os dois desceram do lugar de adoração para a cidade. Aí arrumaram uma cama para Saul no terraço, 26 e ele dormiu ali.

Samuel unge Saul

De madrugada Samuel foi ao terraço e chamou Saul, dizendo:

— Levante-se, que está na hora de ir. Eu vou acompanhar você um pouco.

Saul levantou-se e saiu junto com Samuel para a rua. 27 Quando chegaram à saída da cidade, Samuel disse a Saul:

— Diga ao seu empregado que vá na frente e você espere aqui um instante.

O empregado foi, e Samuel disse a Saul:

— Eu tenho um recado de Deus para você.

10 Samuel tinha levado consigo um frasco de azeite. Ele derramou o azeite na cabeça de Saul, beijou-o e disse:

— O SENHOR Deus está *ungindo você como o chefe do seu povo, o povo de Israel. Você o governará e o livrará de todos os seus inimigos. Esta é a prova de que Deus o escolheu para ser o chefe do seu povo: 2 Hoje, quando você for embora, encontrará dois homens perto do túmulo de Raquel, em Zelza, no território da *tribo de Benjamim. Eles vão contar a você que já foram achadas as jumentas que estavam perdidas. Contarão também que agora o seu pai não está mais preocupado com elas e sim com você; e que ele está dizendo: "Que posso fazer para encontrar meu filho?"

3 — Você deve seguir até chegar à árvore sagrada que fica em Tabor. Ali você vai encontrar três homens que estarão indo a Betel, para lá oferecerem *sacrifício a Deus. Um deles estará carregando três cabritos; o outro, três pães; e o terceiro, um *odre de vinho. 4 Eles vão cumprimentar você e vão lhe oferecer dois pães. E você deve aceitar. 5 Em seguida você irá para o monte de Deus, em Gibeá, onde há um acampamento dos filisteus. Na entrada da cidade vai encontrar um grupo de *profetas descendo o morro, vindos do altar. Eles estarão tocando *harpas, tambores, flautas e *liras. E estarão profetizando. 6 Então o Espírito do SENHOR dominará você, e você vai agir como um profeta junto com eles e ficará uma pessoa diferente. 7 Quando isso acontecer, faça tudo o que tiver de fazer, pois Deus estará com você. 8 Vá na minha frente para Gilgal. Eu me encontrarei com você lá e oferecerei sacrifícios que serão completamente queimados e ofertas de paz. Espere lá sete dias até que eu chegue e diga o que você deve fazer.

9 Deus mudou o coração de Saul no momento em que ele se despediu de Samuel. E naquele dia aconteceu tudo o que Samuel tinha dito. 10 Quando Saul e o seu empregado chegaram a Gibeá, um grupo de profetas o encontrou. O Espírito de Deus tomou conta de Saul, e ele se juntou a eles, agindo como um profeta.

11 Algumas pessoas que o conheciam viram isso e perguntavam:

— O que aconteceu com o filho de Quis? Será que Saul virou profeta?

12 Um homem que morava ali perguntou:

— E os outros? Será que os pais deles são profetas?

Foi assim que surgiu o seguinte ditado: "Será que Saul também virou profeta?"

13 Quando Saul acabou de profetizar, foi para o altar, no monte. 14 O tio de Saul perguntou a ele e ao seu empregado:

— Onde foi que vocês estiveram?

— Estávamos procurando as jumentas! — respondeu Saul. — E, como não as encontramos, fomos falar com Samuel.

15 — E o que foi que ele disse? — perguntou o tio.

16 — Ele nos disse que os animais já haviam sido encontrados! — respondeu Saul. Porém não contou ao tio o que Samuel tinha dito a respeito de ele se tornar rei.

Saul se torna rei de Israel

17 Samuel chamou todo o povo para uma reunião religiosa em Mispa 18 e disse:

— O SENHOR, o Deus de Israel, diz: "Eu tirei vocês do Egito e os livrei dos egípcios e de todos os outros povos que os maltratavam. 19 Eu sou o Deus de vocês, o único que os livra de todos os seus problemas e dificuldades, mas hoje vocês me rejeitaram e pediram que eu lhes desse um rei. Muito bem, então reúnam-se na minha presença, separados por *tribos e por grupos de famílias."

20 Samuel mandou que todas as tribos viessem para perto dele, e o *sorteio indicou a tribo de Benjamim. 21 Então Samuel mandou que as famílias da tribo de Benjamim avançassem, e a família de Matri

foi indicada. Aí os homens da família de
Matri avançaram, e Saul, filho de Quis, foi
indicado. Eles o procuraram, porém não
puderam achá-lo. 22 Então perguntaram a
Deus, o SENHOR:
— Ainda há mais alguém?
— Há, e ele está escondido no meio da
bagagem! — respondeu o SENHOR.
23 Então eles correram e trouxeram
Saul. E ele era o mais alto de todos, apa-
recendo dos ombros para cima no meio
do povo.
24 Samuel disse ao povo:
— Aqui está o homem que o SENHOR
Deus escolheu! Não há ninguém igual a
ele entre nós.
E todo o povo gritou:
— Viva o rei!
25 Samuel explicou ao povo os direitos
e deveres de um rei e os escreveu num
livro, que foi colocado na presença de
Deus, o SENHOR. Aí mandou todos para
casa. 26 Saul também voltou para a sua
casa em Gibeá. Alguns homens corajosos,
que no seu coração sentiram a orientação
de Deus, foram com Saul. 27 Mas algumas
pessoas de mau caráter disseram:
— Como é que este homem vai poder
nos salvar?
E desprezaram Saul e não lhe deram
presentes.

Saul derrota os amonitas

11 Mais ou menos um mês depois,
Naás, o rei dos amonitas, marchou
contra a cidade de Jabes, na terra de Gi-
leade. O exército de Naás cercou a cidade,
e então os homens de Jabes lhe disseram:
— Vamos fazer um *acordo e nós o acei-
taremos como chefe.
2 Naás respondeu:
— Eu faço um acordo, mas com a se-
guinte condição: furarei o olho direito
de todos vocês e assim humilharei todo
o povo de Israel.
3 Os líderes de Jabes disseram:
— Dê-nos sete dias para mandar men-
sageiros por toda a terra de Israel. Se nin-
guém vier nos ajudar, então nos entrega-
remos a você.
4 Os mensageiros chegaram a Gibeá,
onde Saul morava. Quando deram as no-
tícias, o povo começou a chorar de deses-
pero. 5 Naquela hora Saul vinha chegando
do campo com o gado e perguntou:
— O que foi que houve? Por que todos
estão chorando?
Eles lhe contaram o que os mensagei-
ros de Jabes tinham dito. 6 Quando Saul
ouviu isso, o Espírito de Deus o dominou,
e ele ficou furioso. 7 Pegou dois bois, cor-
tou-os em pedaços e mandou-os por meio
de mensageiros a toda a terra de Israel,
com a seguinte mensagem:
— É isso o que acontecerá com os bois
dos que não seguirem Saul e Samuel na
batalha!
O povo de Israel ficou com medo do
que o SENHOR poderia fazer, e então to-
dos vieram, com um só pensamento, para
seguir Saul. 8 Saul os reuniu e os levou de
Bezeque. Havia trezentos mil homens de
Israel e trinta mil de Judá. 9 Eles disseram
aos mensageiros de Jabes:
— Digam ao seu povo que amanhã, an-
tes do meio-dia, vocês receberão socorro.
O povo de Jabes ficou muito alegre
quando recebeu a mensagem. 10 Então
eles disseram aos amonitas:
— Amanhã nós nos entregaremos, e
vocês poderão fazer com a gente o que
quiserem.
11 Na manhã seguinte Saul dividiu os
seus homens em três grupos. Ao amanhe-
cer eles avançaram sobre o acampamento
amonita e o atacaram. Lá pelo meio-dia
já haviam massacrado os inimigos. E os
que escaparam se espalharam, cada um
fugindo para um lado.
12 Então o povo de Israel disse a Samuel:
— Onde estão as pessoas que disseram
que Saul não seria o nosso rei? Traga essa
gente aqui, que nós os mataremos.
13 Mas Saul respondeu:
— Ninguém será morto neste dia por-
que hoje o SENHOR Deus deu a vitória ao
povo de Israel.
14 E Samuel disse ao povo:
— Vamos todos a Gilgal e lá confirma-
remos Saul como nosso rei.
15 Então foram todos a Gilgal e lá, no
lugar sagrado, fizeram de Saul o seu rei.
Ofereceram *sacrifícios de paz, e Saul e
todo o povo de Israel festejaram o acon-
tecimento.

A mensagem de despedida de Samuel

12 Então Samuel disse aos israelitas:
— Eu fiz o que me pediram: dei
a vocês um rei para governá-los. 2 Agora
vocês têm um rei que os guiará. Quanto a
mim, já estou velho, de cabelos brancos, e
os meus filhos estão com vocês. Fui o seu
líder desde a minha mocidade, até hoje.

3 Aqui estou eu. Se fiz alguma coisa errada,
me acusem agora, na presença do SENHOR
Deus e do rei que ele escolheu. Por aca-
so, tomei o boi ou o jumento de alguém?
Enganei ou persegui alguém? Recebi di-
nheiro de alguém para torcer a justiça?
Se fiz alguma dessas coisas, eu devolve-
rei o que tirei.
4 O povo respondeu:
— O senhor não nos enganou, nem nos
perseguiu e não tomou nada de ninguém.
5 Samuel disse:
— O SENHOR e o rei que ele escolheu
são testemunhas de que hoje vocês acha-
ram que estou completamente inocente
de qualquer acusação.
— Sim, o SENHOR é testemunha! — res-
ponderam eles.
6 E Samuel continuou:
— O SENHOR é testemunha, ele que
escolheu Moisés e Arão e trouxe do Egi-
to os antepassados de vocês. 7 Fiquem
agora onde estão, e eu os acusarei dian-
te de Deus, o SENHOR, e os farei lembrar
de todas as coisas poderosas que ele fez
para salvar vocês e os seus antepassados.
8 Quando Jacó e a sua família foram para o
Egito, os egípcios os escravizaram, e eles,
os antepassados de vocês, pediram ajuda
ao SENHOR. Então ele mandou Moisés e
Arão, que os tiraram do Egito e os coloca-
ram nesta terra. 9 Mas os antepassados de
vocês esqueceram o SENHOR, nosso Deus.
Por isso ele deixou que Sísera, o coman-
dante do exército da cidade de Hazor, e os
filisteus e o rei de Moabe lutassem contra
eles e os vencessem. 10 Aí eles gritaram
pedindo ajuda a Deus, o SENHOR, dizen-
do: "Ó Deus, nós pecamos, pois te deixa-
mos e adoramos o deus *Baal de várias
cidades e também *Astarote. Mas agora
livra-nos dos nossos inimigos, e nós te
adoraremos." 11 Então o SENHOR enviou
Gideão, Baraque, Jefté e Samuel, que os
libertaram dos seus inimigos, e assim vo-
cês viveram em segurança. 12 E, quando vi-
ram que o rei Naás, de Amom, ia atacá-los,
vocês rejeitaram o SENHOR, nosso Deus,
como rei e me disseram: "Nós queremos
um rei para nos governar."
13 — Agora, aqui está o rei que vocês
escolheram. Vocês pediram, e o SENHOR
Deus deu esse rei. 14 Tudo correrá bem
para vocês se *temerem o SENHOR, nos-
so Deus, se o adorarem, se o ouvirem, se
obedecerem às suas ordens, e se vocês
e o seu rei o seguirem. 15 Porém, se não
ouvirem o SENHOR e se desobedecerem
às suas ordens, ele ficará contra vocês e
contra o seu rei. 16 Fiquem agora onde es-
tão e vocês verão que coisa maravilhosa
o SENHOR vai fazer. 17 Estamos na época
da seca, e o trigo está sendo colhido, não
é mesmo? Pois eu vou orar, e o SENHOR
vai mandar trovões e chuva. Quando vo-
cês virem isso acontecer, compreenderão
que cometeram um grande pecado contra
Deus, o SENHOR, quando pediram um rei.
18 Aí Samuel orou, e no mesmo dia o
SENHOR mandou trovões e chuva. Então
todo o povo ficou com medo do SENHOR
e de Samuel. 19 Eles disseram a Samuel:
— Por favor, ore por nós ao SENHOR,
seu Deus, e assim nós não morreremos.
Além de todos os nossos pecados, ainda
pecamos ao pedir um rei.
20 — Não fiquem com medo! — respon-
deu Samuel. — Embora vocês tenham
feito uma coisa tão má, não deixem de
adorar o SENHOR, nosso Deus, mas sir-
vam a ele com todo o coração. 21 Não an-
dem atrás de deuses falsos. Eles não po-
dem ajudar, nem salvar vocês, pois não
são verdadeiros. 22 Deus, o SENHOR, pela
honra do seu nome, prometeu que não
vai abandoná-los, pois resolveu fazer com
que vocês sejam o povo dele. 23 Quanto a
mim, não deixarei de orar por vocês, pois
do contrário estaria pecando contra o SE-
NHOR. E eu lhes ensinarei o caminho bom
e direito. 24 Temam o SENHOR e sirvam a
ele fielmente, com todo o coração. Lem-
brem das grandes coisas que ele fez por
vocês. 25 Mas, se vocês continuarem a fa-
zer o mal, certamente tanto vocês como
o seu rei serão destruídos.

Guerra contra os filisteus

13 Saul já era adulto quando se tor-
nou rei e governou o povo de Israel
dois anos. 2 Ele escolheu três mil israelitas
e mandou todos os outros de volta para
casa. Dois mil estavam na cidade de Mic-
más e na região montanhosa de Betel. Mil
homens ficaram com o seu filho Jônatas,
na cidade de Gibeá, no território da *tri-
bo de Benjamim.
3 Jônatas matou o comandante filisteu,
em Geba, e os filisteus ficaram sabendo
disso. Aí Saul mandou mensageiros para
tocarem corneta por todo o país, chaman-
do os hebreus para a guerra. 4 E todo o
povo ouviu esta mensagem: "Saul matou

o comandante dos filisteus, e agora eles estão com ódio dos israelitas." Então o povo respondeu ao chamado e foi juntar-se a Saul, em Gilgal.

5 Os filisteus se reuniram para lutar contra os israelitas. Eles tinham trinta mil carros de guerra, seis mil cavaleiros e tantos soldados quantos os grãos de areia da praia do mar. Foram até Micmás, a leste da cidade de Bete-Avém, e acamparam ali. 6 Os israelitas perceberam que estavam sem saída e numa situação muito difícil. Alguns se esconderam em cavernas e em buracos, e outros, entre rochas, em covas e em poços. 7 Outros ainda atravessaram o rio Jordão e foram para as terras de Gade e de Gileade.

Saul havia ficado em Gilgal, e o povo dali estava apavorado. 8 Seguindo as instruções de Samuel, Saul esperou sete dias, mas Samuel não foi até lá. E o povo começou a abandonar Saul e sair dali. 9 Então Saul lhes disse:

— Tragam os animais para o *sacrifício que é completamente queimado e para as ofertas de paz.

Ele ofereceu o sacrifício, 10 e, quando estava terminando, Samuel chegou. Saul foi ao encontro dele, para o cumprimentar, 11 mas Samuel disse:

— O que foi que você fez?

Saul respondeu:

— Eu percebi que o povo estava me abandonando e indo embora. Você também não veio como havia prometido, e os filisteus já estavam reunidos em Micmás. 12 Aí eu pensei: "Os filisteus vão descer a Gilgal para me atacar, e eu ainda não tentei conseguir a ajuda de Deus, o SENHOR." Então achei que tinha de oferecer o sacrifício.

13 — O que você fez foi uma loucura! — respondeu Samuel. — Você não obedeceu à ordem do SENHOR, nosso Deus. Se tivesse obedecido, ele teria deixado que você e os seus descendentes governassem o povo de Israel para sempre. 14 Mas agora você não continuará a governar. Você desobedeceu ao SENHOR, e por isso ele vai encontrar um homem do tipo que ele quer e o fará chefe deste povo.

15 Aí Samuel saiu de Gilgal e foi embora. Saul, acompanhado pelo resto do povo, também deixou Gilgal e foi para junto dos seus soldados, em Gibeá, no território da tribo de Benjamim. Então ele fez uma contagem dos seus soldados: eram mais ou menos seiscentos homens. 16 Saul, o seu filho Jônatas e os seus homens ficaram em Geba, no território de Benjamim. Os filisteus estavam acampados em Micmás. 17 Os soldados filisteus saíram para patrulhar em três grupos: um grupo foi na direção de Ofra, na terra de Sual, 18 o outro seguiu rumo a Bete-Horom, e o terceiro, na direção do monte de onde se avista o vale de Zeboim e o deserto.

19 Os filisteus haviam proibido os hebreus de fazerem espadas e lanças. Por isso, não havia nenhum ferreiro na terra de Israel. 20 Assim, quando os arados, as enxadas, os machados e as foices dos israelitas precisavam ser amolados, eles os levavam aos filisteus. 21 Estes cobravam caro dos israelitas para afiar machados e ferrões de tocar bois e mais caro ainda para afiar arados e enxadas. 22 Por isso, no dia da batalha, nenhum soldado israelita tinha nem espada nem lança; só Saul e o seu filho Jônatas é que tinham.

23 Os filisteus mandaram um grupo de soldados para defender o desfiladeiro de Micmás.

A vitória de Jônatas

14 Um dia Jônatas disse ao rapaz que carregava as suas armas:

— Vamos até o acampamento filisteu, que está no outro lado do desfiladeiro.

Mas Jônatas não contou ao pai o que ia fazer. 2 Saul estava em Migrom, perto de Gibeá, acampado debaixo de um pé de romã. Com ele estavam mais ou menos seiscentos homens. 3 O sacerdote que usava o *manto sacerdotal era Aías, filho de Aitube e sobrinho de Icabô. (Icabô era filho de Fineias e neto de Eli, que havia sido sacerdote do SENHOR Deus em Siló.) Os homens não sabiam que Jônatas havia saído do acampamento.

4 No desfiladeiro que Jônatas tinha de atravessar para chegar ao acampamento dos filisteus, havia duas grandes pedras, uma de cada lado da passagem. Uma era chamada de Bosês, e a outra, de Senê. 5 Uma estava no lado norte do desfiladeiro, de frente para Micmás, e a outra, no lado sul, de frente para Geba.

6 Jônatas disse ao rapaz que o acompanhava:

— Vamos até o acampamento desses filisteus pagãos. Pode ser que o SENHOR nos ajude. E, se ele nos ajudar, nada

poderá impedi-lo de nos dar a vitória, ain-
da que sejamos poucos.
7 O rapaz respondeu:
— Faça o que achar melhor! Eu estou
com o senhor.
8 — Muito bem! — respondeu Jônatas.
— Vamos até lá e deixemos que aqueles
homens nos vejam. 9 Se eles disserem para
ficarmos parados até que cheguem perto
de nós, nós obedeceremos. 10 Mas, se dis-
serem para irmos até o lugar onde eles
estão, nós iremos, pois isso será o sinal
de que o SENHOR Deus nos deu a vitória.
11 Aí os dois deixaram que os filisteus
os vissem. E estes disseram:
— Vejam! Alguns hebreus estão sain-
do das tocas onde estavam escondidos.
12 Então os soldados filisteus chamaram
Jônatas e o rapaz:
— Subam até aqui! Queremos mostrar
uma coisa a vocês.
Jônatas disse ao rapaz:
— Siga-me, pois o SENHOR Deus deu ao
povo de Israel a vitória sobre os filisteus.
13 Ele subiu engatinhando, e o rapaz o
seguiu. Jônatas ia atacando e derruban-
do os filisteus, e o rapaz os ia matando.
14 Nesse primeiro ataque eles mataram
cerca de vinte homens, em uma área de
mais ou menos mil e duzentos metros
quadrados. 15 Todos os filisteus que es-
tavam no acampamento ficaram apavo-
rados. Os patrulheiros e os soldados do
acampamento tremeram de medo. A ter-
ra também tremeu, e houve uma grande
confusão.

A derrota dos filisteus

16 Os espiões de Saul que estavam em
Gibeá, no território da *tribo de Benja-
mim, viram que os filisteus estavam ton-
tos, correndo para cá e para lá. 17 Então
Saul disse aos seus oficiais:
— Contem os nossos soldados e vejam
quem está faltando.
Eles contaram e descobriram que esta-
vam faltando Jônatas e o rapaz que carre-
gava as suas armas. 18 Aí Saul disse a Aías,
o sacerdote:
— Traga aqui a *arca da aliança.
Ele disse isso porque naquele tempo a
arca ia na frente do povo de Israel.
19 Enquanto Saul falava com o sacerdo-
te, a confusão no acampamento filisteu
aumentava cada vez mais.
Então Saul disse ao sacerdote:
— Você não precisa mais consultar o
SENHOR.
20 Aí ele e os seus homens entraram na
batalha contra os filisteus. Estes, em com-
pleta confusão, estavam lutando uns con-
tra os outros. 21 Os hebreus que haviam
passado para o lado dos filisteus e tinham
ido para o acampamento com eles muda-
ram de lado outra vez e se juntaram com
Saul e Jônatas. 22 Os israelitas que esta-
vam escondidos nas montanhas de Efraim
também souberam que os filisteus esta-
vam fugindo. Eles se reuniram e atacaram
os filisteus, 23 lutando todo o caminho até
além de Bete-Avém. E o SENHOR Deus deu
naquele dia a vitória ao povo de Israel.

Depois da batalha

24 Naquele dia os israelitas estavam fra-
cos de fome porque Saul havia feito este
juramento: "Quem comer qualquer coisa
hoje, antes de eu me vingar dos meus ini-
migos, será amaldiçoado." Por isso, nin-
guém tinha comido nada o dia inteiro.
25 Todos eles chegaram a um bosque e ali
acharam mel por toda parte. 26 As árvores
estavam cheias de mel, mas ninguém co-
meu nada porque eles estavam com medo
do juramento de Saul. 27 Mas Jônatas não
tinha ouvido o seu pai dar a ordem ao
povo. Por isso, estendeu o bastão que ti-
nha na mão, molhou a ponta num favo e
comeu um pouco de mel. E logo se sen-
tiu melhor. 28 Mas um dos homens disse:
— Todos estão fracos de fome porque
o seu pai nos ameaçou, dizendo: "Quem
comer qualquer coisa hoje será amaldi-
çoado!"
29 Então Jônatas respondeu:
— O meu pai fez uma coisa terrível com
o nosso povo. Vejam como estou me sen-
tindo melhor depois de comer um pou-
co deste mel! 30 Teria sido bem melhor
se hoje o nosso povo tivesse comido o
alimento que tomou do inimigo quando
o derrotou. Imaginem quantos filisteus
mais eles teriam matado!
31 Naquele dia os israelitas derrotaram
os filisteus, lutando desde Micmás até Ai-
jalom. A essa altura os israelitas estavam
muito fracos de fome. 32 Por isso, avança-
ram sobre o que haviam tirado dos ini-
migos, isto é, as ovelhas, as vacas e os be-
zerros, e os mataram ali mesmo e come-
ram a carne com o sangue. 33 Aí alguém
foi dizer a Saul:
— Olhe! O povo está pecando contra

Deus, comendo carne sem primeiro deixar escorrer o sangue.

Saul gritou:

— Isso é traição! Rolem aqui para mim uma pedra grande.

34 E ordenou ainda:

— Vão para o meio do povo e digam a eles que tragam aqui o seu gado e as suas ovelhas. E que os matem e os comam aqui. E que não pequem contra Deus, comendo carne com sangue.

Por isso, naquela noite, todos trouxeram o seu gado e o mataram ali. 35 E Saul construiu um altar para o SENHOR Deus, e esse foi o primeiro que ele construiu.

O povo salva Jônatas

36 Aí Saul disse aos seus soldados:

— Vamos descer de noite e atacar os filisteus. Até o amanhecer nós tomaremos tudo o que eles têm e não deixaremos nenhum filisteu vivo.

Eles responderam:

— Faça o que achar melhor.

Mas o sacerdote disse:

— Primeiro vamos consultar a Deus.

37 Aí Saul perguntou a Deus:

— Devo atacar os filisteus? Tu darás a vitória ao povo de Israel?

Mas naquele dia Deus não respondeu nada. 38 Então Saul disse aos oficiais:

— Venham aqui e descubram que pecado foi cometido hoje. 39 Eu prometo pelo SENHOR, o Deus vivo, o Salvador de Israel, que, mesmo que o culpado seja o meu filho Jônatas, eu o matarei.

Mas ninguém respondeu nada. 40 Então Saul ordenou:

— Fiquem todos de um lado. Eu e o meu filho Jônatas ficaremos do outro.

— Faça o que achar melhor! — responderam eles.

41 Então Saul disse ao SENHOR, o Deus de Israel:

— Ó Deus, por que não me respondeste hoje? Ó SENHOR, Deus de Israel, responde por meio do *sorteio. Se a culpa for minha ou de Jônatas, responde pela pedra marcada *Urim; mas, se a culpa for de Israel, o teu povo, responde pela pedra marcada Tumim.

E a resposta indicou Jônatas e Saul e não os soldados. 42 Então Saul disse:

— Façam o sorteio para saber se a culpa é minha ou do meu filho Jônatas.

E Jônatas foi indicado. 43 Então Saul perguntou:

— O que foi que você fez?

— Eu comi um pouco de mel que tirei com a ponta do bastão que eu tinha na mão! — respondeu Jônatas. — E estou aqui, pronto para morrer.

44 — Que Deus me mate se você não for morto! — disse Saul.

45 Mas os soldados responderam:

— Isso, nunca! Jônatas, que deu esta grande vitória ao povo de Israel, não deve morrer. Nós prometemos pelo SENHOR, o Deus vivo, que ele não vai perder nem um fio de cabelo. O que ele fez hoje foi conseguido com a ajuda de Deus.

E assim os soldados salvaram Jônatas da morte.

46 Saul parou de perseguir os filisteus, e eles voltaram para a sua terra.

O reinado e a família de Saul

47 Depois que se tornou o rei de Israel, Saul lutou contra todos os povos vizinhos que eram seus inimigos: os povos de Moabe, de Amom e de Edom, os reis de Zoba e os filisteus. E em toda parte em que lutava era vitorioso. 48 Saul lutou corajosamente e venceu os amalequitas. E defendeu o povo de Israel de todos os ataques.

49 Saul tinha três filhos homens: Jônatas, Isvi e Malquisua. A sua filha mais velha chamava-se Merabe, e a mais nova, Mical. 50 A sua mulher chamava-se Ainoã e era filha de Aimaás. O comandante do exército de Saul era o seu primo Abner, filho de seu tio Ner. 51 Quis, o pai de Saul, e Ner, o pai de Abner, eram filhos de Abiel.

52 Durante toda a sua vida Saul lutou ferozmente contra os filisteus. E, sempre que encontrava um homem forte e valente, ele o alistava no seu exército.

Guerra contra os amalequitas

15 Samuel disse a Saul:

— O SENHOR Deus me mandou *ungir você para ser rei de Israel, o povo dele. Agora escute isto que o SENHOR Todo-Poderoso diz. 2 Ele castigará os amalequitas porque eles lutaram contra os israelitas quando estes vieram do Egito. 3 Vá, ataque os amalequitas e destrua completamente tudo o que eles têm. Não tenha dó nem piedade. Mate todos os homens e mulheres, crianças e bebês, gado e ovelhas, camelos e jumentos.

4 Então Saul convocou o seu exército e em Telaim fez uma contagem dos seus soldados. Havia duzentos mil soldados do

povo de Israel e dez mil de Judá. 5 Aí Saul
e todos os seus soldados foram para a ci-
dade de Amaleque e ficaram esperando
escondidos no leito seco de um rio. 6 Saul
preveniu os queneus:
— Saiam do meio dos amalequitas para
que eu não os mate junto com eles, pois
vocês foram bondosos com os israelitas
quando eles vieram do Egito.
Então os queneus saíram.
7 E Saul derrotou os amalequitas, desde
Havilá até Sur, a leste do Egito. 8 Prendeu
Agague, o rei dos amalequitas, porém ma-
tou todo o povo. 9 Saul e os seus soldados
não mataram Agague; também não ma-
taram as melhores ovelhas, os melhores
touros, bezerros e carneiros e tudo o mais
que era bom. Mas destruíram tudo o que
era imprestável e sem valor.

Saul é rejeitado como rei

10 O SENHOR Deus falou com Samuel:
11 — Eu estou arrependido de ter feito
Saul rei, pois ele me abandonou e deso-
bedeceu às minhas ordens.
Samuel ficou triste com isso e a noite
inteira orou em voz bem alta a Deus, o SE-
NHOR, em favor de Saul. 12 Na manhã se-
guinte, bem cedo, ele saiu para procurar
Saul. Soube que ele tinha ido para a ci-
dade de Carmelo, onde havia construído
um monumento em honra de si mesmo,
e que depois tinha seguido para Gilgal.
13 Samuel encontrou Saul, e este o cum-
primentou, dizendo:
— Que o SENHOR Deus o abençoe, Sa-
muel! Eu obedeci às ordens do SENHOR.
14 E Samuel perguntou:
— Então por que é que estou ouvindo
o mugido de gado e o berro de ovelhas?
15 Saul respondeu:
— Os meus soldados os tomaram dos
amalequitas. Pegaram as melhores ove-
lhas e o melhor gado para oferecer como
*sacrifício ao SENHOR, o Deus de você. E
destruímos completamente o resto.
16 — Espere! — interrompeu Samuel. —
Eu vou lhe contar o que o SENHOR Deus
me disse na noite passada.
— Fale! — disse Saul.
17 E Samuel continuou:
— Você pode pensar que é uma pes-
soa sem importância, mas é o líder das
*tribos de Israel. O SENHOR Deus o *un-
giu como rei do povo de Israel 18 e man-
dou que você fosse e destruísse os ama-
lequitas, essa gente má. E disse para você
lutar até acabar com eles. 19 Então por que
é que você não obedeceu? Por que é que
você teve pressa de ficar com as coisas
do inimigo, fazendo assim uma coisa que
para Deus é errada?
20 — Mas eu obedeci a Deus, o SENHOR!
— respondeu Saul. — Saí como ele me or-
denou, trouxe o rei Agague e matei todos
os amalequitas. 21 Porém os meus solda-
dos não mataram o melhor gado e as me-
lhores ovelhas, que estavam condenados
à destruição. Em vez disso, eles os trou-
xeram aqui para Gilgal a fim de os ofe-
recer como sacrifício ao SENHOR, o Deus
de você.
22 Samuel respondeu:

— O que é que o SENHOR Deus
prefere?
Obediência ou oferta de sacrifícios?
É melhor obedecer a Deus
do que oferecer-lhe em sacrifício as
melhores ovelhas.
23 A revolta contra o SENHOR é tão
grave como a feitiçaria,
e o orgulho é pecado como é
pecado a idolatria.
O SENHOR o rejeitou como rei
porque você rejeitou as ordens
dele.

24 — Eu pequei! — respondeu Saul. —
Desobedeci às ordens de Deus, o SENHOR,
e às instruções que você deu. Fiquei com
medo do povo e fiz o que eles queriam.
25 Mas agora, Samuel, eu peço que perdoe
o meu pecado e volte comigo para que eu
possa adorar o SENHOR.
26 — Eu não voltarei com você! — res-
pondeu Samuel. — Você rejeitou as or-
dens de Deus, o SENHOR, e por isso ele
também o rejeitou como rei de Israel.
27 Então Samuel virou-se para sair. Mas
Saul o segurou pela barra da *capa, e ela
se rasgou. 28 E Samuel disse:
— Hoje Deus rasgou das suas mãos o
Reino de Israel e o deu a alguém que é
melhor do que você. 29 O *glorioso Deus
de Israel não mente, nem muda de ideia.
Ele não é um ser humano e por isso não
se arrepende.
30 — Eu pequei! — repetiu Saul. — Mas
pelo menos me respeite na frente dos lí-
deres e de todo o povo de Israel. Volte
comigo para que eu possa adorar o SE-
NHOR, seu Deus.
31 Então Samuel voltou com ele, e Saul
adorou a Deus, o SENHOR.

32 E Samuel ordenou:
— Tragam aqui o rei Agague.
Tremendo de medo, Agague foi até o
lugar onde Saul estava e disse:
— Como é amargo morrer!
33 Samuel disse:
— Assim como a sua espada fez muitas
mães ficarem sem filhos, agora também a
sua mãe vai ficar sem o seu filho.
Em seguida Samuel cortou Agague em
pedaços, em Gilgal, em frente do altar.
34 Aí Samuel foi para Ramá, e Saul vol-
tou para a sua casa em Gibeá. 35 E nunca
mais Samuel tornou a ver Saul, mas ficou
com muita pena dele. E o SENHOR Deus se
arrependeu de ter colocado Saul como
rei de Israel.

Davi é ungido rei

16 O SENHOR Deus disse a Samuel:
— Até quando você vai conti-
nuar a ter pena de Saul? Eu não quero
mais que ele seja rei de Israel. Encha um
chifre com azeite e leve com você. Depois
vá a Belém, até a casa de um homem cha-
mado Jessé, pois eu escolhi um dos filhos
dele para ser rei.
2 — Como posso fazer isso? — respon-
deu Samuel. — Se Saul souber disso, ele
me mata!
O SENHOR Deus respondeu:
— Leve um bezerro e diga que você foi
lá para oferecer um *sacrifício ao SENHOR.
3 Convide Jessé para o sacrifício, e depois
eu lhe digo o que fazer. Você *ungirá como
rei aquele que eu indicar.
4 Samuel fez o que o SENHOR Deus havia
mandado e foi a Belém. Quando chegou
lá, os líderes da cidade foram tremendo
encontrá-lo e perguntaram:
— A sua visita é de paz?
5 — Sim! — respondeu ele. — Eu vim
oferecer um sacrifício a Deus. *Purifi-
quem-se e venham comigo.

DEVOCIONAL

Texto para leitura: **1Samuel 16:1-13**

Conheça a Deus

Pense em todas as maneiras pelas quais Deus a conduziu. Sua vida foi cheia de momentos em que Deus a tirou de apuros, levou-a à segurança e a impediu de se prejudicar. Foi cheia de encontros divinos que você só reconheceu muito tempo depois. Deus nunca esteve longe, mesmo quando você achava que ele estava. Ele a tirou de encrencas e a afastou da morte.

É fácil olhar para a vida como se ela fosse uma sequência de incidentes estranhos, e ver as pessoas como se elas, e não Deus, estivessem no controle. Mas Deus não é um observador distante que a criou e, então, a deixou para lá. Ele a afasta de coisas que poderiam machucá-la. Está sempre presente e é sempre poderoso. Está ao seu lado para sempre, pedindo que você siga o caminho dele e segure em sua mão. Como uma Garota de Deus, você nunca está realmente sozinha. Se há um abismo entre você e Deus é porque você se recusa a aceitar a mão que ele lhe estende, e não porque ele não esteja interessado em sua vida. Ele está extremamente interessado em tudo o que acontece com você. E ele está sempre pronto para fazer de sua dor e sofrimento algo bonito. Ele é o único que pode.

Davi era antes um menino-pastor humilde, mas tudo em sua vida — até mesmo ser um pastor que defendia o rebanho — foi usado por Deus a fim de prepará-lo para ser rei. A menina que tem os atentos olhos de Deus sobre ela não pode deixar de fazer de sua vida algo surpreendente quando está disposta a considerar o poder, o amor e a mão de Deus em seu viver. Deixe de lado seu desejo de culpar as influências externas por sua situação e, em vez disso, procure as influências de Deus em sua vida. É ele que, afinal de contas, está no controle. E isso é uma coisa boa, mesmo que não pareça agora. No final, você vai ver como ele usou tudo para o bem.

Ele mandou que Jessé e os seus filhos
se purificassem e os convidou para o sa-
crifício.
6 Quando eles chegaram, Samuel viu
Eliabe, um dos filhos de Jessé, e pensou:
— Este homem que está aqui na pre-
sença de Deus, o SENHOR, certamente é
aquele que o SENHOR escolheu.
7 Mas o SENHOR disse:
— Não se impressione com a aparência
nem com a altura deste homem. Eu o re-
jeitei porque não julgo como as pessoas
julgam. Elas olham para a aparência, mas
eu vejo o coração.
8 Então Jessé chamou o seu filho Abi-
nadabe e o levou a Samuel. Mas Samuel
disse:
— Este também não foi escolhido pelo
SENHOR.
9 Aí Jessé trouxe o seu filho Simeia. E
Samuel disse:
— O SENHOR Deus também não esco-
lheu este.
10 Assim Jessé apresentou a Samuel sete
dos seus filhos. E Samuel disse:
— O SENHOR Deus não escolheu ne-
nhum destes.
11 E perguntou a Jessé:
— Você não tem mais nenhum filho?
Jessé respondeu:
— Tenho mais um, o caçula, mas ele
está fora, tomando conta das ovelhas.
— Então mande chamá-lo! — disse Sa-
muel. — Nós não vamos oferecer o sacri-
fício enquanto ele não vier.
12 Aí Jessé mandou buscá-lo. Era um
belo rapaz, saudável e de olhos brilhan-
tes. E o SENHOR disse a Samuel:
— É este mesmo. Unja-o.
13 Samuel pegou o chifre cheio de azeite
e ungiu Davi na frente dos seus irmãos.
E o Espírito do SENHOR dominou Davi e
daquele dia em diante ficou com ele. E
Samuel voltou para Ramá.

Davi e Saul

14 O Espírito do SENHOR saiu de Saul,
e um espírito mau, mandado por Deus,
começou a atormentá-lo. 15 Então os em-
pregados de Saul lhe disseram:
— Sabemos que um espírito mau man-
dado por Deus está atormentando o se-
nhor. 16 Mande, e nós iremos procurar um
homem que saiba tocar *lira. Assim, quan-
do o espírito mau vier sobre o senhor, o
homem tocará a lira, e o senhor ficará
bom de novo.
17 E Saul ordenou:
— Procurem um homem que toque
bem lira e o tragam aqui.
18 Um dos empregados respondeu:
— Jessé, da cidade de Belém, tem um
filho que é bom músico. Ele também é
valente, bom soldado, fala bem, tem boa
aparência, e o SENHOR Deus está com ele.
19 Aí Saul enviou mensageiros com este
recado para Jessé:
— Mande-me o seu filho Davi, aquele
que toma conta das ovelhas.
20 Então Jessé mandou Davi a Saul, e
Davi levou de presente um *odre cheio
de vinho, um cabrito e um jumento carre-
gado de pão. 21 Davi foi e ficou trabalhan-
do para Saul. Este gostou muito de Davi
e o escolheu para carregar as suas armas.
22 E mandou a seguinte mensagem a Jessé:
— Eu gostei de Davi. Deixe que ele fi-
que aqui a meu serviço.
23 Daí em diante, toda vez que o espírito
mau mandado por Deus vinha sobre Saul,
Davi pegava a sua lira e tocava. O espírito
mau saía de Saul, e ele se sentia melhor e
ficava bom novamente.

Golias desafia os israelitas

17 Os filisteus se reuniram para lu-
tar em Socó, uma cidade de Judá.
Acamparam num lugar chamado "Frontei-
ra Sangrenta", entre Socó e Azeca. 2 Saul e
os israelitas se juntaram, acamparam no
vale do Carvalho e se prepararam para
lutar contra os filisteus. 3 Os filisteus pa-
raram no monte que ficava de um lado
do vale, e os israelitas ficaram no monte
do outro lado.
4 Um homem chamado Golias, da cida-
de de Gate, saiu do acampamento filisteu
para desafiar os israelitas. Ele tinha qua-
se três metros de altura 5 e usava um ca-
pacete de bronze e uma *armadura tam-
bém de bronze, que pesava uns sessen-
ta quilos. 6 As pernas estavam protegidas
por caneleiras de bronze, e ele carregava
nos ombros um *dardo, também de bron-
ze. 7 A lança dele era enorme, muito gros-
sa e pesada; a ponta era de ferro e pesa-
va mais ou menos sete quilos. Na frente
dele ia um soldado carregando o seu *es-
cudo. 8 Golias veio, parou e gritou para os
israelitas:
— Por que é que vocês estão aí, em po-
sição de combate? Eu sou filisteu, e vocês
são escravos de Saul! Escolham um dos
seus homens para lutar comigo. 9 Se ele

vencer e me matar, nós seremos escravos de vocês; mas, se eu vencer e matá-lo, vocês serão nossos escravos. 10 Eu desafio agora o exército israelita. Mandem alguém para lutar comigo!

11 Quando Saul e os seus soldados ouviram isso, ficaram apavorados.

Davi no acampamento de Saul

12 Davi era filho de Jessé, do povoado de Efrata, que ficava perto de Belém de Judá. Jessé tinha oito filhos. No tempo em que Saul era rei, Jessé já estava bem idoso. 13 Os seus três filhos mais velhos tinham ido com Saul para a guerra. O primeiro se chamava Eliabe, o segundo, Abinadabe, e o terceiro, Simeia. 14 Davi era o filho mais novo. Enquanto os seus três irmãos mais velhos ficavam com Saul, 15 Davi ia ao acampamento de Saul e voltava a Belém para tomar conta das ovelhas do seu pai.

16 Durante quarenta dias Golias desafiou os israelitas todas as manhãs e todas as tardes. 17 Um dia Jessé disse a Davi:

— Pegue dez quilos de trigo torrado e estes dez pães e vá depressa levar para os seus irmãos no acampamento. 18 Leve também estes dez queijos ao comandante. Veja como os seus irmãos estão passando e traga uma prova de que você os viu e de que eles estão bem. 19 Os seus irmãos, o rei Saul e todos os outros soldados israelitas estão no vale do Carvalho, lutando contra os filisteus.

20 Na manhã seguinte Davi se levantou cedo, deixou alguém encarregado das ovelhas, pegou os mantimentos e foi, como Jessé havia mandado. Ele chegou ao acampamento justamente na hora em que os israelitas, soltando o seu grito de guerra, estavam saindo a fim de se alinhar para a batalha. 21 O exército dos filisteus e o exército dos israelitas tomaram posição de combate, um de frente para o outro. 22 Davi deixou as coisas com o oficial encarregado da bagagem e correu para a frente de batalha. Chegou perto dos seus irmãos e perguntou se estavam bem. 23 Enquanto Davi estava falando com eles, Golias avançou e desafiou os israelitas, como já havia feito antes. E Davi escutou. 24 Quando os *israelitas viram Golias*, fugiram apavorados. 25 Eles diziam:

— Olhem para ele! Escutem o seu desafio! Quem matar esse filisteu receberá uma grande recompensa: o rei lhe dará muitas riquezas, lhe dará sua filha em casamento, e a família do seu pai nunca mais vai ter de pagar nenhum imposto.

26 Então Davi perguntou aos soldados que estavam perto dele:

— O que ganhará o homem que matar esse filisteu e livrar Israel desta vergonha? Afinal de contas, quem é esse filisteu pagão para desafiar o exército do Deus vivo?

27 Aí eles lhe contaram o que ganharia quem matasse Golias. 28 Eliabe, o irmão mais velho de Davi, ouviu-o conversando com os soldados. Então ficou zangado e disse:

— O que é que você está fazendo aqui? Quem é que está tomando conta das suas ovelhas no deserto? Seu convencido! Você veio aqui só para ver a batalha!

29 — O que foi que eu fiz agora? — perguntou Davi. — Será que não posso nem fazer uma pergunta?

30 Então Davi fez a mesma pergunta a outro soldado. E ouviu a mesma resposta.

31 Alguns soldados ouviram o que Davi tinha dito e contaram a Saul. Então ele mandou chamar Davi. 32 Davi chegou e disse a Saul:

— Meu senhor, ninguém deve ficar com medo desse filisteu! Eu vou lutar contra ele.

33 Mas Saul respondeu:

— Você não pode lutar contra esse filisteu. Você não passa de um rapazinho, e ele tem sido soldado a vida inteira!

34 — Meu senhor, — disse Davi — eu tomo conta das ovelhas do meu pai. Quando um leão ou um urso carrega uma ovelha, 35 eu vou atrás dele, ataco e tomo a ovelha. Se o leão ou o urso me ataca, eu o agarro pelo pescoço e o golpeio até matá-lo. 36 Tenho matado leões e ursos e vou fazer o mesmo com esse filisteu pagão, que desafiou o exército do Deus vivo. 37 O SENHOR Deus me salvou dos leões e dos ursos e me salvará também desse filisteu.

— Pois bem! — respondeu Saul. — Vá, e que o SENHOR Deus esteja com você!

38 Então deu a sua própria *armadura para Davi usar. Pôs um capacete de bronze na cabeça dele e lhe deu uma *couraça para vestir. 39 Davi prendeu a espada de Saul num cinto sobre a armadura e tentou andar. Mas não conseguiu porque não estava acostumado a usar essas coisas. Aí disse a Saul:

— Não consigo andar com tudo isto, pois não estou acostumado.

Então Davi tirou tudo. 40 Pegou o seu
bastão, escolheu cinco pedras lisas no ri-
beirão e pôs na sua sacola. Pegou também
a sua *funda e saiu para enfrentar Golias.

Davi mata Golias

41 Golias, o filisteu, começou a caminhar
na direção de Davi. O ajudante que carre-
gava as suas armas ia na frente. Quando
chegou perto de Davi, 42 Golias olhou bem
para ele e começou a caçoar porque Davi
não passava de um rapaz bonito e de boa
aparência. 43 Aí disse a Davi:
— Para que é esse bastão? Você pensa
que eu sou algum cachorro?
Em seguida rogou a maldição dos seus
deuses sobre Davi 44 e o desafiou, dizendo:
— Venha, que eu darei o seu corpo para
as aves e os animais comerem.
45 Davi respondeu:
— Você vem contra mim com espada,
lança e *dardo. Mas eu vou contra você
em nome do SENHOR Todo-Poderoso, o
Deus dos exércitos israelitas, que você
desafiou. 46 Hoje mesmo o SENHOR Deus
entregará você nas minhas mãos; eu o
vencerei e cortarei a sua cabeça. E da-
rei os corpos dos soldados filisteus para
as aves e os animais comerem. Então o
mundo inteiro saberá que o povo de Is-
rael tem um Deus, 47 e todos aqui verão
que ele não precisa de espadas ou de lan-
ças para salvar o seu povo. Ele é vitorioso
na batalha e entregará todos vocês nas
nossas mãos.
48 Então Golias começou novamente a
caminhar na direção de Davi, e Davi cor-
reu rápido na direção da linha de batalha
dos filisteus, para lutar contra ele. 49 En-
fiou a mão na sua sacola, pegou uma pe-
dra e com a *funda a atirou em Golias. A
pedra entrou na testa de Golias, e ele caiu
de cara no chão. 50-51 Então Davi correu,
ficou de pé sobre Golias, tirou a espada
dele da bainha e o matou, cortando com
ela a cabeça dele. *E assim Davi venceu*
Golias e o matou apenas com uma pedra.
Quando os filisteus viram que o seu
herói estava morto, fugiram. 52 Aí os sol-
dados de Israel e de Judá correram atrás
deles, gritando, e os perseguiram até a ci-
dade de Gate e até os portões de Ecrom.
Os filisteus caíram feridos pela estrada de
Saaraim, até Gate e Ecrom. 53 Os israelitas
voltaram da perseguição aos filisteus e le-
varam as coisas do acampamento deles.
54 Davi pegou a cabeça de Golias e a levou
para Jerusalém. Porém as armas de Go-
lias ele guardou na sua própria barraca.

Davi é apresentado a Saul

55 Quando Saul viu Davi saindo para lu-
tar com Golias, perguntou a Abner, o co-
mandante do seu exército:
— Abner, quem é aquele rapaz?
— Meu senhor, juro pela sua vida que
não sei! — respondeu Abner.
56 — Então vá e procure saber! — dis-
se Saul.
57 Assim, quando Davi voltou para o
acampamento, depois de matar Golias,
Abner o levou a Saul. Davi ainda estava
carregando a cabeça de Golias. 58 Saul per-
guntou:
— Rapaz, quem é você?
— Sou filho do seu criado Jessé, da ci-
dade de Belém! — respondeu Davi.

18 Saul e Davi terminaram a sua con-
versa. Jônatas, filho de Saul, come-
çou a sentir uma profunda amizade por
Davi e veio a amá-lo como a si mesmo.
2 Daquele dia em diante Saul levou Davi
para a sua casa e não deixou que voltas-
se para a casa do seu pai. 3 Jônatas e Davi
fizeram um juramento de amizade, pois
Jônatas tinha grande amor por Davi. 4 Ele
tirou a *capa que estava usando e a deu a
Davi. Deu também a sua túnica militar, a
espada, o arco e o cinto. 5 Davi saiu-se bem
em todos os lugares aonde Saul o enviou.
Então Saul o promoveu a comandante do
seu exército. E isso agradou a todo o exér-
cito, inclusive aos outros oficiais.

A inveja de Saul

6 Quando os soldados estavam voltan-
do para casa depois de Davi ter matado
Golias, as mulheres de todas as cidades
de Israel saíram para encontrar o rei Saul.
Elas cantavam canções alegres, dançavam
e tocavam pandeiro e *lira. 7 Alegravam-se
e cantavam assim:
"Saul matou mil; Davi matou dez mil!"
8 E Saul não gostou disso. Ficou muito
zangado e disse:
— Para mim as mulheres deram mil,
mas para Davi deram dez mil. A única coi-
sa que está faltando agora é ele ser rei!
9 E desse dia em diante Saul começou
a ter ciúme de Davi e a desconfiar dele.
10 No dia seguinte, um espírito mau
mandado por Deus dominou Saul, e
ele começou a agir como louco dentro
de casa. Davi estava tocando lira, como

fazia todos os dias, e Saul estava segurando uma lança.

11 Então Saul pensou assim:

— Vou espetar Davi na parede.

E atirou a lança contra ele, duas vezes. Porém nas duas vezes Davi se desviou.

12 O SENHOR estava com Davi e havia abandonado Saul; por isso, Saul tinha medo de Davi. 13 Então Saul o afastou de si, pondo-o como oficial comandante de mil homens. Davi comandava os seus soldados na batalha, 14 e tudo o que fazia dava certo, pois o SENHOR estava com ele. 15 Saul viu o sucesso de Davi e ficou ainda com mais medo dele. 16 Mas em Israel e em Judá todos amavam Davi porque ele era um líder corajoso.

Davi casa com a filha de Saul

17 Então Saul disse a Davi:

— Aqui está Merabe, a minha filha mais velha. Eu a darei em casamento a você, com a condição de que você me sirva como soldado valente e fiel e lute nas batalhas de Deus, o SENHOR.

Saul pensava que desta maneira os filisteus matariam Davi e assim não teria ele mesmo de fazer isso.

18 Davi respondeu:

— Quem sou eu, e quem é a minha família em Israel para que eu seja genro do rei?

19 Mas, quando chegou a época de Merabe ser dada em casamento a Davi, ela foi dada a um homem chamado Adriel, da cidade de Meolá.

20 Porém Mical, a outra filha de Saul, apaixonou-se por Davi. E, quando Saul soube disso, ficou contente. 21 Ele pensou:

— Vou dar Mical em casamento a Davi, e ela servirá como uma armadilha para que ele seja morto pelos filisteus.

Então, pela segunda vez, Saul disse a Davi:

— Você será meu genro.

22 Ele mandou que os seus oficiais conversassem em particular com Davi e dissessem a ele:

— O rei e todos os oficiais gostam de você. Esta é uma boa ocasião para você *casar com a* filha dele.

23 Então eles falaram com Davi, e ele respondeu:

— Ser genro do rei é uma honra grande demais para uma pessoa pobre e sem valor como eu.

24 Os oficiais contaram a Saul o que Davi tinha dito, 25 e ele ordenou que dissessem o seguinte a Davi:

— Tudo o que o rei quer de você em pagamento pela noiva são os *prepúcios de cem filisteus mortos, como vingança contra os inimigos dele.

Saul tinha planejado isso porque assim Davi seria morto pelos filisteus. 26 Os oficiais contaram a Davi o que Saul tinha dito, e ele ficou entusiasmado com a ideia de ser genro do rei. Antes do dia marcado para o casamento, 27 Davi e os seus soldados foram e mataram duzentos filisteus. Aí Davi levou ao rei os prepúcios dos filisteus mortos e os contou na presença dele, para que assim se tornasse seu genro. Então Saul deu a sua filha Mical em casamento a Davi. 28 Saul viu e reconheceu que o SENHOR estava com Davi e que a sua filha Mical o amava. 29 Por isso, ficou com mais medo ainda de Davi e pelo resto da sua vida foi seu inimigo.

30 Todas as vezes que os exércitos filisteus saíam para lutar, Davi conseguia mais vitórias do que todos os outros oficiais de Saul e assim ficou muito famoso.

Saul persegue Davi

19 Saul contou ao seu filho Jônatas e a todos os seus oficiais que ele planejava matar Davi. Mas Jônatas era muito amigo de Davi 2 e por isso lhe disse:

— O meu pai está planejando matar você. Amanhã cedo, tenha cuidado. Esconda-se em algum lugar secreto e fique lá. 3 Eu vou esperar pelo meu pai no campo em que você estiver escondido e vou falar com ele a seu respeito. Se descobrir alguma coisa, eu aviso você.

4 Então Jônatas elogiou Davi para Saul e disse:

— Meu pai, não faça nenhum mal ao seu servidor Davi, pois ele nunca lhe fez nenhum mal. Pelo contrário, tudo o que ele tem feito tem ajudado bastante o senhor. 5 Ele arriscou a própria vida quando matou Golias, e por meio dele o SENHOR Deus conquistou uma grande vitória para Israel. O senhor mesmo viu isso e ficou contente. Então, por que o senhor, meu pai, faria mal a um homem inocente, matando Davi sem nenhuma razão?

6 Saul atendeu o pedido de Jônatas e jurou em nome do SENHOR, o Deus vivo, que Davi não seria morto. 7 Então Jônatas chamou Davi e lhe contou tudo. Aí o

levou a Saul, e Davi continuou a servir o
rei como antes.
8 E novamente houve guerra contra os
filisteus. Davi os atacou e derrotou tão
completamente, que eles fugiram.
9 Um dia um espírito mau mandado
pelo SENHOR dominou Saul. Ele estava
sentado em casa, com a lança na mão, e
Davi estava ali tocando *lira. 10 Saul tentou
espetar Davi na parede com a sua lança,
mas ele se desviou, e a lança ficou fincada
na parede. Então Davi correu e escapou.
11 Naquela mesma noite Saul mandou
alguns homens vigiarem a casa de Davi,
para o matarem na manhã seguinte. Mi-
cal, a mulher de Davi, o avisou:
— Se você não fugir esta noite, amanhã
estará morto.
12 Aí ela desceu Davi por uma janela, e
ele correu e escapou. 13 Então Mical pe-
gou o ídolo protetor do lar e o deitou na
cama. Pôs uma almofada feita de pelo de
cabra na cabeça dele e o cobriu.
14 Quando os homens de Saul foram pe-
gar Davi, Mical disse que ele estava doen-
te. 15 Mas Saul mandou que voltassem lá e
que eles mesmos vissem Davi.
— Tragam Davi aqui na sua cama, e eu
o matarei! — disse Saul.
16 Eles entraram e acharam o ídolo do
lar na cama e a almofada de pelo de ca-
bra na cabeça dele. 17 Então Saul pergun-
tou a Mical:
— Por que você me enganou assim e
deixou o meu inimigo escapar?
Ela respondeu:
— Ele disse que me mataria se eu não
o ajudasse a fugir.
18 Davi escapou, foi para Ramá e contou
a Samuel tudo o que Saul tinha feito con-
tra ele. Depois ele e Samuel foram para a
casa dos *profetas e ficaram lá.
19 Saul ficou sabendo que Davi estava
na casa dos profetas, em Ramá, 20 e man-
dou alguns homens lá para prendê-lo.
Quando eles chegaram, viram um grupo
de profetas profetizando, e Samuel era o
líder. Então o Espírito de Deus dominou
os homens de Saul, e eles também come-
çaram a profetizar. 21 Quando Saul soube
disso, mandou mais mensageiros, e eles
também começaram a profetizar. Então
mandou mensageiros pela terceira vez,
e aconteceu a mesma coisa. 22 Aí o pró-
prio Saul foi a Ramá. Quando chegou a um
poço grande na cidade de Seco, perguntou
onde estavam Samuel e Davi, e lhe disse-
ram que eles estavam na casa dos profe-
tas. 23 Enquanto Saul estava indo para lá,
o Espírito de Deus o dominou também, e
ele foi profetizando por todo o caminho,
até chegar à casa dos profetas. 24 Lá, tirou
a roupa e profetizou na presença de Sa-
muel. E ficou deitado no chão, nu, o dia
inteiro e a noite inteira. E foi assim que
surgiu o seguinte ditado: "Será que Saul
também virou profeta?"

Jônatas ajuda Davi

20 Então Davi fugiu da casa dos *pro-
fetas, em Ramá, foi até o lugar onde
Jônatas estava e disse:
— O que foi que eu fiz? Qual foi o meu
crime? Que mal fiz eu ao seu pai, para ele
querer me matar?
2 Jônatas respondeu:
— Que Deus não permita que você
morra! O meu pai me conta tudo o que
faz, seja importante ou não. Ele não es-
conderia isso de mim. Isso não é bem as-
sim!
3 Mas Davi respondeu:
— O seu pai sabe muito bem o quanto
você gosta de mim. Por isso, resolveu não
deixar que você fique sabendo dos pla-
nos dele, para você não sofrer muito. Eu
juro pela sua vida e pela vida de Deus, o
SENHOR, que estou bem perto da morte!
4 — O que você quer que eu faça? —
perguntou Jônatas.
5 Davi respondeu:
— Amanhã é a *Festa da Lua Nova, e eu
deveria ir sem falta ao jantar do rei. Mas,
se você deixar, eu irei me esconder no
campo até depois de amanhã à noite. 6 Se
o seu pai notar que eu não estou à mesa,
diga que eu pedi a você para me deixar ir
com urgência a Belém, pois está na época
de toda a minha família oferecer lá o *sa-
crifício anual. 7 Se ele disser: "Está bem",
eu estarei salvo. Mas, se ele ficar com rai-
va, então você ficará sabendo que ele está
com más intenções. 8 Peço que você me
faça este favor e cumpra assim a promes-
sa sagrada que me fez. Porém, se eu sou
culpado, mate-me você mesmo! Por que
deixar o seu pai fazer isso?
9 — Nem pense numa coisa dessas! —
respondeu Jônatas. — Se eu soubesse que
o meu pai estava mesmo resolvido a aca-
bar com você, acha que eu não o avisaria?
10 Então Davi perguntou:

— E, se o seu pai responder com raiva,
quem vai me avisar?
11 Jônatas respondeu:
— Venha comigo, vamos até o campo.
Eles foram, 12 e Jônatas disse a Davi:
— Que o SENHOR, o Deus de Israel, seja
nossa testemunha. Amanhã e depois de
amanhã, a esta hora, eu vou fazer algu-
mas perguntas ao meu pai. Se a intenção
dele para com você for boa, eu lhe man-
darei dizer. 13 Mas, se ele tiver a intenção
de fazer alguma coisa contra você, que o
SENHOR Deus me mate se eu não enviar
uma mensagem a você e não deixá-lo ir
embora são e salvo! Que o SENHOR esteja
com você, assim como esteve com o meu
pai! 14 E agora, se eu continuar vivo, cum-
pra a sua promessa sagrada e seja fiel a
mim. Mas, se eu morrer, 15 trate sempre a
minha família com bondade. E, quando o
SENHOR destruir completamente todos os
nossos inimigos, 16 que nós não quebre-
mos a promessa que fizemos um ao ou-
tro. Se você a quebrar, Deus o castigará.
17 Novamente Jônatas fez um juramen-
to de amizade a Davi, pois ele amava Davi
como a si mesmo. 18 E disse a Davi:
— Amanhã é a Festa da Lua Nova, e, se
você não estiver lá, a sua falta será nota-
da. 19 Depois de amanhã a sua falta será
notada ainda mais. Assim vá para o lu-
gar onde você se escondeu da outra vez
e fique atrás do monte de pedras que há
ali. 20 Então eu atirarei três flechas, como
se o monte de pedras fosse um alvo. 21 Aí
direi ao meu empregado para ir buscá-
-las. Se eu disser a ele: "Olhe, as flechas
estão para cá de você, pegue-as" — isso
quer dizer que tudo está bem, e você pode
sair. Eu juro por Deus, o SENHOR, que nes-
se caso você não estará em perigo. 22 Mas,
se disser a ele: "As flechas estão mais para
lá de você" — então fuja, pois o SENHOR
estará mandando que você vá. 23 Quan-
to à promessa que fizemos um ao outro,
o SENHOR Deus nos ajudará a cumpri-la
para sempre.
24 Então Davi se escondeu no campo. O
rei Saul chegou para a Festa da Lua Nova
25 e sentou-se para comer no lugar de cos-
tume, perto da parede. Abner sentou-se
ao lado de Saul, e Jônatas, na sua frente.
Mas o lugar de Davi ficou vazio. 26 Naquele
dia Saul não disse nada porque pensou:
"Deve ter acontecido alguma coisa com
ele, e de certo ele não passou pela ceri-
mônia de *purificação."

Pergunte a si mesma...

As Escrituras pedem que humildemente consideremos os outros superiores a nós mesmos (veja Filipenses 2:3). Humildade não é ter ódio de si mesma nem ser masoquista, mas sim amar os outros da mesma maneira que você se ama. Jônatas amava Davi tanto quanto amava a si mesmo, e foi isso que o definiu como um amigo de verdade. Pergunte a si mesma sobre sua devoção aos seus amigos e familiares:

Eu amo os outros tanto quanto amo a mim mesma?
Estou disposta a renunciar às coisas que quero para que os outros possam ser felizes?
Em que importa considerar outras pessoas tão bem quanto meus próprios desejos?
O que me assusta quando não me defendo e deixo que os outros estejam certos ou tenham o que quero para mim?
Como posso começar a mostrar aos outros que os amo tanto quanto amo a mim mesma?

27 No dia seguinte, o segundo dia da
Festa da Lua Nova, o lugar de Davi con-
tinuava desocupado. Aí Saul perguntou
a Jônatas:
— Por que Davi não veio comer nem
ontem nem hoje?
28 Jônatas respondeu:
— Ele me pediu licença para ir a Belém.
29 Ele me disse: "Deixe-me ir a Belém por-
que a minha família está lá fazendo a festa
do sacrifício, e o meu irmão mandou que
eu também fosse. Se você é meu amigo,
deixe que eu vá ver os meus parentes."
E Jônatas continuou:
— É por isso que ele não está no seu
lugar, à mesa.
30 Então Saul ficou muito zangado com
Jônatas e disse:
— Seu filho de uma mulher à toa! Ago-
ra eu sei que você passou para o lado de
Davi, trazendo desonra para você e para
a sua mãe! 31 Enquanto Davi for vivo, você

não será rei deste país. Vá agora e traga-
-o aqui porque é preciso que ele morra!
32 — Por que é que ele deve morrer?
— perguntou Jônatas. — O que foi que
ele fez?
33 Então Saul atirou a sua lança contra
Jônatas para matá-lo. E assim Jônatas
compreendeu que o seu pai estava mes-
mo resolvido a matar Davi. 34 Jônatas le-
vantou-se furioso da mesa e não comeu
nada naquele dia, o segundo dia da Fes-
ta da Lua Nova. Ele estava muito sentido
porque Saul tinha insultado Davi. 35 Na
manhã seguinte ele foi ao campo a fim de
encontrar Davi, como tinham combinado.
Levou consigo um rapazinho 36 e disse:
— Corra e vá buscar as flechas que eu
atirar.
O rapaz correu, e Jônatas atirou uma
flecha que passou além dele. 37 Quando o
rapaz chegou ao lugar onde a flecha tinha
caído, Jônatas gritou:
— A flecha caiu mais para lá de você!
38 Não fique aí parado! Ande logo!
O rapaz pegou as flechas e voltou para
perto do seu patrão, 39 não sabendo o que
queria dizer tudo aquilo — somente Jôna-
tas e Davi sabiam. 40 Aí Jônatas entregou
as suas armas ao rapaz e mandou que as
levasse de volta para a cidade. 41 Depois
que o rapaz foi embora, Davi saiu de trás
do monte de pedras, jogou-se no chão e
encostou o rosto na terra três vezes. En-
tão eles se beijaram chorando. E a triste-
za de Davi era maior do que a de Jônatas.
42 Aí Jônatas disse a Davi:
— Deus esteja com você! O SENHOR
Deus fará com que você, e eu, e os seus
descendentes, e os meus cumpramos
sempre a promessa sagrada que nós fi-
zemos um ao outro.
Então Davi partiu, e Jônatas voltou para
a cidade.

Davi foge de Saul

21 Davi foi falar com o sacerdote Ai-
meleque, em Nobe. O sacerdote
saiu tremendo para se encontrar com
Davi e disse:
— Por que é que você veio aqui sozi-
nho?
2 Davi respondeu:
— Estou aqui a serviço do rei. Ele or-
denou que eu não deixasse ninguém sa-
ber o que ele me mandou fazer. Por isso,
mandei que os meus soldados fossem en-
contrar-se comigo em certo lugar. 3 Agora
diga: o que é que você tem para comer?
Me dê uns cinco pães ou qualquer outra
coisa que você tiver.
4 O sacerdote disse:
— Eu não tenho pão comum; só pão sa-
grado. Você pode levá-lo, se é que já faz
algum tempo que os seus soldados não
tiveram relações sexuais.
5 Davi respondeu:
— Claro que não tiveram. Nós não es-
tivemos com nenhuma mulher. Os meus
homens sempre se mantêm *puros quan-
do saímos em missão comum. Quanto
mais agora que estamos em missão es-
pecial!
6 Então o sacerdote deu a Davi os pães
sagrados porque ele só tinha os pães que
haviam sido oferecidos a Deus, o SENHOR.
Esses pães tinham sido tirados da mesa
sagrada e trocados por pães frescos.
7 Acontece que Doegue, o edomita, que
era o chefe dos pastores de Saul, estava
ali naquele dia porque tinha de cumprir
um dever religioso.
8 Davi disse a Aimeleque:
— Você tem uma espada ou uma lança
para me dar? Eu não trouxe a minha espa-
da nem outra arma. Por causa das ordens
do rei, eu saí com muita pressa.
9 Aimeleque respondeu:
— Tenho a espada de Golias, o filisteu,
que você matou no vale do Carvalho. Ela
está atrás do *manto sacerdotal, enrola-
da num pano. Leve-a se quiser. É a única
arma que há aqui.
Davi disse:
— Não existe espada melhor do que
essa. Pode me dar.
10 Então Davi saiu, fugindo de Saul, e foi
procurar Aquis, o governador da cidade
de Gate. 11 As autoridades da cidade dis-
seram a Aquis:
— Não há dúvida de que este é Davi, o
rei da terra de Israel. A respeito dele as
mulheres cantavam enquanto dançavam:
"Saul matou mil; Davi matou dez mil!"
12 Davi assustou-se com as palavras
deles e ficou com muito medo de Aquis.
13 Então, na frente de todos eles, fez de
conta que estava louco. Quando tentaram
segurá-lo, ele começou a agir como doido:
rabiscava os portões da cidade e deixava
escorrer saliva pela barba. 14 Então Aquis
disse aos seus oficiais:
— Este homem está louco! Por que
o trouxeram para cá? 15 Será que já não

tenho bastantes loucos em volta de mim?
Por que trazem outro doido para a minha
própria casa, a fim de me aborrecer com
as suas loucuras?

A matança dos sacerdotes

22 Davi fugiu da cidade de Gate e foi
para uma caverna perto da cidade
de Adulã. Quando os seus irmãos e o res-
to da família souberam que ele estava lá,
foram ficar com ele. 2 E todos os homens
que estavam em dificuldades, ou com dí-
vidas, ou insatisfeitos também foram, e
Davi se tornou o chefe deles. Havia com
ele mais ou menos quatrocentos homens.
3 Aí Davi saiu dali, foi para Mispa, em
Moabe, e disse ao rei daquele país:
— Por favor, deixe que o meu pai e a
minha mãe venham para cá e fiquem com
você até que eu saiba o que Deus vai fa-
zer por mim.
4 Davi deixou os pais com o rei de Moa-
be, e eles ficaram ali enquanto Davi esteve
escondido na fortaleza.
5 O *profeta Gade foi para o lugar onde
Davi estava e disse:
— Não fique aqui. Vá logo para a ter-
ra de Judá.
Então Davi saiu e foi para a floresta de
Herete.
6 Saul estava em Gibeá, num morro, sen-
tado debaixo de uma árvore, com a lança
na mão. Todos os seus oficiais estavam
ao redor dele. E lhe contaram que Davi e
os seus homens estavam em certo lugar.
7 Então Saul disse aos seus oficiais:
— Ouçam, homens da *tribo de Benja-
mim! Vocês pensam que Davi lhes dará
campos e plantações de uvas e os fará ca-
pitães e tenentes do seu exército? 8 É por
isso que vocês estão fazendo planos con-
tra mim? Nenhum de vocês me contou
que o meu próprio filho fez um *acordo
com Davi. Ninguém se preocupa comigo.
Ninguém me diz que Davi, um dos meus
próprios homens, está agora mesmo pro-
curando uma oportunidade para me ma-
tar e que foi o meu próprio filho quem o
pôs contra mim!
9 Doegue, do país de Edom, estava ali
com os oficiais de Saul e disse:
— Eu vi quando Davi foi falar com
Aimeleque, filho de Aitube, em Nobe. 10 Ai-
meleque perguntou a Deus, o SENHOR, o
que Davi devia fazer. E também deu a Davi
comida e a espada de Golias, o filisteu.
11 Então o rei Saul mandou chamar
Aimeleque e todos os seus parentes, que
também eram sacerdotes em Nobe, e eles
foram para o lugar onde ele estava. 12 Saul
disse a Aimeleque:
— Escute, Aimeleque!
— Às suas ordens, senhor! — respon-
deu ele.
13 Saul lhe perguntou:
— Por que é que você e Davi se junta-
ram para fazer planos contra mim? Por
que você lhe deu comida e uma espada e
perguntou a Deus o que ele devia fazer?
Agora Davi se virou contra mim e está es-
perando a hora de me atacar.
14 Aimeleque respondeu:
— Davi é o oficial mais fiel que o se-
nhor tem! Ele é o seu próprio genro, ca-
pitão da sua guarda pessoal e muito res-
peitado por todas as autoridades do país.
15 Será que esta foi a primeira vez que eu
perguntei a Deus o que Davi devia fazer?
Claro que não! O senhor não deve acusar
a mim nem ninguém da minha família de
estarmos fazendo planos contra o senhor.
Não sei nada a respeito disso!
16 Então o rei disse:
— Aimeleque, você e os seus parentes
vão morrer.
17 Em seguida disse aos guardas que es-
tavam ali perto:
— Matem os sacerdotes de Deus, o SE-
NHOR! Eles se juntaram com Davi e não
me disseram que ele havia fugido, embora
soubessem disso o tempo todo.
Mas os guardas se recusaram a levan-
tar a mão para matar os sacerdotes do SE-
NHOR. 18 Então Saul disse a Doegue:
— Mate-os você!
E Doegue os matou. Nesse dia ele ma-
tou oitenta e cinco sacerdotes de Deus.
19 Saul também mandou matar todos os
outros moradores de Nobe, a cidade dos
sacerdotes: homens e mulheres, meninos
e criancinhas, o gado, jumentos e ovelhas
— todos foram mortos.
20 Mas Abiatar, um dos filhos de Aimele-
que, escapou e foi para o lugar onde Davi
estava. 21 Ele contou que Saul havia ma-
tado os sacerdotes de Deus, o SENHOR.
22 Então Davi disse a Abiatar:
— Naquele dia, quando vi Doegue lá, eu
sabia que ele não deixaria de contar tudo
a Saul. Assim, eu sou culpado da morte
de todos os seus parentes. 23 Fique comi-
go e não tenha medo. Saul quer matar a
nós dois, mas comigo você estará livre de
perigo.

Davi salva a cidade de Queila

23 Davi soube que os filisteus estavam atacando a cidade de Queila e roubando o trigo que havia sido colhido há pouco. 2 Então perguntou a Deus, o SENHOR:

— Devo ir e atacar os filisteus?

— Sim! — respondeu o SENHOR. — Ataque-os e salve a cidade de Queila.

3 Mas os homens de Davi disseram:

— Nós já estamos com medo de ficar aqui em Judá. Quanto mais de ir a Queila para atacar o exército dos filisteus!

4 Então Davi consultou novamente a Deus, o SENHOR, e ele respondeu:

— Vá a Queila e ataque porque eu lhe darei a vitória sobre os filisteus.

5 Então Davi e os seus homens foram a Queila e atacaram os filisteus. Mataram muitos deles e tomaram os seus rebanhos. E assim Davi salvou os moradores de Queila.

6 Na ocasião em que Abiatar, filho de Aimeleque, escapou e foi se juntar a Davi em Queila, ele levou o *manto sacerdotal.

7 Quando Saul foi avisado de que Davi tinha ido para Queila, disse:

— Deus entregou Davi nas minhas mãos. Ele foi para uma cidade cercada de muralhas, com portões reforçados, e assim caiu numa armadilha.

8 Então Saul chamou todos os soldados para a batalha a fim de marchar contra Queila e cercar Davi e os seus homens.

9 Quando Davi soube que Saul estava planejando atacá-lo, disse ao sacerdote Abiatar:

— Traga aqui o manto sacerdotal para que possamos consultar a Deus.

10 Então Davi disse:

— Ó SENHOR, Deus de Israel, eu, o teu *servo Davi, soube que Saul está planejando vir a Queila para destruí-la por minha causa. 11 Será que os moradores de Queila vão me entregar nas mãos de Saul? Será que Saul virá mesmo, como ouvi dizer? Ó SENHOR, Deus de Israel, peço-te que me respondas!

— Saul virá! — respondeu o SENHOR.

12 — E será que os moradores de Queila vão entregar a mim e também os meus homens a Saul? — perguntou Davi.

— Sim, vão! — respondeu o SENHOR.

13 Então Davi e os seus homens — mais ou menos seiscentos — saíram imediatamente de Queila e seguiram sem rumo certo. Quando Saul ficou sabendo que Davi tinha fugido de Queila, abandonou o seu plano.

Davi na região deserta e montanhosa

14 Davi se escondeu nas fortalezas da região deserta e montanhosa que fica perto de Zife. Saul continuava a procurá-lo todos os dias, mas Deus não entregou Davi a ele. 15 E Davi estava com medo porque Saul tinha saído para matá-lo.

Davi passou a viver em Horesa, no deserto que fica perto de Zife. 16 Jônatas foi encontrar-se com ele ali e lhe deu coragem para confiar na proteção de Deus. 17 Jônatas disse:

— Não tenha medo. Saul, o meu pai, não conseguirá causar-lhe nenhum mal. Você será o rei de Israel, e eu ocuparei o segundo lugar no seu governo. E o meu pai sabe muito bem disso.

18 E ali, na presença de Deus, o SENHOR, os dois renovaram a sua promessa de amizade. Davi ficou em Horesa, e Jônatas voltou para casa.

19 Algumas pessoas de Zife foram a Gibeá e disseram a Saul:

— Davi está escondido na nossa terra, em Horesa, no monte Haquila, ao sul de Jesimom. 20 Nós sabemos que o senhor quer muito prendê-lo. Venha com a gente, que nós lhe entregaremos Davi.

21 Saul respondeu:

— Que o SENHOR abençoe vocês por serem tão bondosos comigo! 22 Vão e se informem novamente. Descubram com certeza onde Davi está e quem o viu ali. Dizem que ele é muito esperto. 23 Descubram exatamente os lugares onde ele se esconde e voltem aqui sem falta. Então irei com vocês e, se ele estiver lá, eu o pegarei ainda que tenha de procurar em toda a terra de Judá.

24 Então eles voltaram para Zife, adiante de Saul. Davi e os seus homens estavam no deserto de Maom, num vale seco ao sul de Jesimom. 25 Saul e os seus soldados foram procurar Davi. Mas Davi ficou sabendo e foi para uma passagem nas rochas do deserto de Maom e ficou ali. Quando Saul soube disso, foi atrás de Davi. 26 Saul e os seus soldados estavam de um lado do monte, e Davi e os seus, do outro. Estes fugiram depressa para escapar de Saul e dos seus soldados, que os estavam cercando para prendê-los. 27 Mas justamente

nesse momento um mensageiro chegou e disse a Saul:

— Volte imediatamente! Os filisteus estão invadindo o país!

28 Então Saul parou de perseguir Davi e foi lutar contra os filisteus. É por isso que aquele lugar é chamado de "Rocha da Separação".

29 Davi saiu e foi para os lugares protegidos da região da fonte de Gedi.

Davi deixa de matar Saul

24 Quando Saul voltou da luta contra os filisteus, soube que Davi estava na região deserta que fica perto da fonte de Gedi. 2 Então escolheu três mil dos melhores soldados de Israel e foi com eles procurar Davi e os seus homens a leste das Rochas dos Cabritos Selvagens. 3 Saul chegou a uma caverna junto de alguns currais de ovelhas, perto da estrada, e entrou ali para satisfazer as suas necessidades. Aconteceu que Davi e os seus homens estavam escondidos mais no fundo da caverna. 4 Então eles disseram a Davi:

— Esta é a sua oportunidade! O SENHOR Deus disse que lhe entregaria o seu inimigo e que você poderia fazer com ele o que quisesse.

Então Davi se arrastou de mansinho até onde estava Saul e cortou um pedaço da *capa dele, sem que ele percebesse. 5 Mas aí a consciência de Davi começou a doer porque ele havia cortado um pedaço da roupa de Saul. 6 Então disse aos seus homens:

— O SENHOR Deus me livre de fazer algum mal ao meu senhor, que ele escolheu como rei! Eu não devo atacá-lo de jeito nenhum porque ele é o rei escolhido pelo SENHOR.

7 Assim Davi convenceu os seus homens de que eles não deviam atacar Saul.

Então Saul levantou-se, saiu da caverna e seguiu o seu caminho. 8 Davi saiu atrás dele e gritou:

— Rei Saul!

Ele virou-se, e Davi, em sinal de respeito, se ajoelhou e encostou o rosto no chão. 9 Então disse:

— Por que é que o senhor dá atenção às pessoas que dizem que eu quero prejudicá-lo? 10 O senhor pode ver por si mesmo que hoje na caverna o SENHOR Deus o entregou a mim. Alguns me disseram que o matasse, mas eu não quis fazer isso. E disse que não levantaria um dedo contra o senhor, pois o SENHOR o escolheu para ser rei. 11 Veja, meu pai, veja o pedaço da sua capa que está na minha mão! Eu cortei o pano, mas não matei o senhor. Isso prova que eu não penso em me revoltar contra o senhor, nem em fazer-lhe nenhum mal. Eu sabia muito bem que o senhor está procurando me matar, mas mesmo assim eu não o ataquei! 12 Que o SENHOR julgue qual de nós dois está errado! E que ele castigue o senhor pelo que fez contra mim, pois eu não vou atacá-lo de jeito nenhum! 13 Como diz o velho ditado: "O mal vem dos maus." Mas eu não lhe farei nenhum mal. 14 Vejam o que o rei de Israel está tentando matar! Vejam só o que ele está caçando: um cachorro morto, uma pulga! 15 O SENHOR Deus vai julgar e decidir qual de nós dois está errado. Que ele me julgue, me defenda e me livre do senhor!

16 Quando Davi acabou de falar, Saul disse:

— É você mesmo, meu filho Davi?

E Saul começou a chorar. 17 Então disse a Davi:

— Você está certo, e eu estou errado. Você tem sido muito bom para mim enquanto que eu lhe tenho feito muito mal. 18 Hoje você mostrou o quanto é bom para mim, pois não me matou, embora o SENHOR me tivesse entregado a você. 19 Será que alguém, depois de pegar o seu inimigo, o deixa ir embora são e salvo? Que o SENHOR o abençoe pelo que você fez por mim hoje! 20 Agora estou certo de que você será rei de Israel e de que durante o seu governo o reino continuará firme. 21 Mas jure em nome do SENHOR que você não acabará com os meus descendentes, e assim o meu nome e o nome da minha família não serão esquecidos.

22 E Davi jurou.

Então Saul foi para casa, e Davi e os seus homens voltaram para a fortaleza.

A morte de Samuel

25 Samuel morreu, e todos os israelitas se juntaram e choraram a morte dele. Então o sepultaram na sua casa, em Ramá.

Davi e Abigail

Depois disso Davi saiu e foi para o deserto de Parã. 2-3 Havia um descendente de Calebe, chamado Nabal, da cidade de Maom, que ganhava a vida na cidade de

Carmelo. Ele era muito rico. Tinha três mil ovelhas e mil cabras. A sua mulher se chamava Abigail. Ela era bonita e inteligente, mas ele era mau e grosseiro.

Nabal estava em Carmelo, cortando a lã das suas ovelhas. 4 Davi estava no deserto e soube disso. 5 Então enviou dez rapazes a Carmelo, com ordem de encontrarem Nabal e o cumprimentarem em nome dele. 6 Mandou que dissessem o seguinte: "Meu caro amigo, Davi lhe manda saudações, desejando tudo de bom para o senhor, a sua família e tudo o que é seu. 7 Ele soube que o senhor está cortando a lã das suas ovelhas e mandou lhe contar que os seus pastores estiveram com a gente, e nós não lhes fizemos nenhum mal. Durante o tempo em que estiveram em Carmelo, não roubamos nada do que era deles. 8 Pergunte, e eles lhe contarão. Davi pede para o senhor nos receber com amizade porque viemos aqui num dia de festa. Assim, por favor, dê o que puder a nós, os seus criados, e ao seu querido amigo Davi."

9 Os homens de Davi foram e deram o recado a Nabal, em nome de Davi. Então ficaram esperando, 10 e Nabal respondeu:

— Davi? Filho de Jessé? Quem é ele? Nunca ouvi falar nele! Hoje em dia há muitos escravos que fogem dos seus donos! 11 O meu pão, a minha água e os animais que matei para dar aos meus empregados eu não darei a homens que eu nem sei de onde vieram!

12 Os homens de Davi voltaram e contaram o que Nabal tinha dito.

13 Então Davi disse:

— Ponham as suas espadas nos cintos!

E todos obedeceram. Davi também pegou a sua espada e saiu com mais ou menos quatrocentos dos seus homens enquanto duzentos ficaram atrás com a bagagem.

14 Um dos empregados de Nabal disse *a Abigail, a mulher de Nabal*:

— A senhora soube? Davi enviou do deserto uns mensageiros com saudações para o nosso patrão, mas ele os tratou mal. 15 No entanto, eles têm sido muito bons para a gente: nunca nos incomodaram e, durante todo o tempo em que estivemos com eles nos campos, eles não roubaram nada que era nosso. 16 Eles nos protegeram dia e noite todo o tempo em que estivemos com eles tomando conta dos nossos rebanhos. 17 Pense nisso e resolva o que fazer. Isso poderá vir a ser um desastre para o nosso patrão e toda a sua família. Ele é tão mau, que ninguém pode falar com ele.

18 Então Abigail pegou depressa duzentos pães, dois *odres cheios de vinho, cinco ovelhas assadas, uns dezessete quilos de trigo torrado, cem cachos de passas e duzentas pastas de figos secos e pôs tudo sobre jumentos. 19 Então disse aos empregados:

— Vão na frente, que eu vou atrás.

Porém não contou nada ao seu marido.

20 Abigail ia montada no seu jumento e, de repente, numa curva, na descida, encontrou Davi e os seus homens, que vinham na sua direção. 21 Davi tinha pensado assim: "De que me adiantou proteger a propriedade desse homem aqui no deserto? Nós não roubamos nada que era dele, e é assim que ele me paga a ajuda que lhe dei? 22 Que Deus me castigue se eu não matar até o último daqueles homens antes do amanhecer!"

23 Quando Abigail viu Davi, desmontou depressa, ajoelhou-se diante dele e encostou o rosto no chão, 24 aos seus pés, dizendo:

— Por favor, senhor! Escute-me! Eu sou a culpada! 25 Por favor, não dê atenção a Nabal, pois ele não vale nada! Ele é exatamente o que seu nome quer dizer: um tolo! Eu mesma não vi os rapazes que o senhor mandou. 26 Foi o SENHOR Deus quem impediu que o senhor se vingasse e matasse os seus inimigos. Agora eu juro, pela sua vida e pela vida do SENHOR, que todos os seus inimigos e todos os que querem prejudicá-lo serão castigados como Nabal. 27 Senhor, faça o favor de aceitar este presente que eu lhe trouxe e o entregue aos seus homens. 28 Perdoe, por favor, qualquer coisa errada que eu tenha feito. O SENHOR Deus fará com que o senhor seja rei e também os seus descendentes, pois o senhor está combatendo o combate dele e o senhor não vai fazer nenhum mal enquanto viver. 29 Se alguém o atacar e tentar matá-lo, o SENHOR, seu Deus, o protegerá como um homem que guarda um tesouro precioso. Mas ele vai jogar longe os seus inimigos, como um homem que atira pedras com a sua *funda. 30 O SENHOR Deus cumprirá todas as coisas boas que lhe prometeu e o fará rei

Abigail

Leia a história desta Garota de Deus em 1Samuel 25.

Quando Abigail viu Davi, desmontou [...] aos seus pés, dizendo:
— Por favor, senhor! Escute-me! Eu sou a culpada!

1Samuel 25:23-24

Onde há pecado, é preciso haver confissão para que haja perdão (veja 1João 1:9). Mas, muitas vezes, as pessoas próximas a você se recusam a confessar seus pecados. Na verdade, elas nem reconhecem que fizeram algo pecaminoso. Continuam a viver felizes nesta ignorância, trazendo dor e sofrimento para todos os que amam. As Escrituras nos mostram vários casos nos quais as pessoas confessam os pecados por causa de quem elas amam. O profeta Esdras viu os pecados de seu povo e os confessou como se tivesse participado deles, mesmo não tendo nada a ver com ele. Abigail correu para Davi e confessou os erros de seu marido em nome dele, mesmo não estando presente quando ele disse o que disse.

Pode ser fácil julgar e ficar ressentida com o que sua família, seus amigos, sua igreja ou até mesmo seu país fazem, mas o que aconteceria se você se levantasse no lugar deles e confessasse o pecado, em vez de apenas condená-lo? Deus foi ofendido — esta é, de fato, a questão. O pecado foi contra ele, e somente contra ele, e a confissão é sua dádiva para o Senhor, não para o ofensor.

Alguns pecados das pessoas que você ama talvez estejam lhe fazendo mal. Elas talvez estejam lhe causando muita dor, mas confessar o pecado delas pode realmente lhe dar alívio. Isso também pode, na verdade, promover algum tipo de mudança espiritual na vida daqueles pelos quais você está orando, ou talvez não, mas, de qualquer forma, onde há pecado, é preciso haver confissão. Quando você tem uma relação forte com alguém que fez o mal, você não tem vontade de chegar e pedir desculpas por essa pessoa? Quando outros pecam, você não assume a culpa deles, mas, como uma filha de Deus, pode se colocar como uma ponte entre a cegueira deles e a grandeza de Deus. Você faz a ponte, que eles não podem fazer, quando ora para que Deus encontre em seu coração o perdão para eles. Assuma um papel ativo na vida daqueles que você ama e faça uma mudança do ressentimento para a oração e o louvor.

de Israel. 31 E, quando isso acontecer, o senhor não terá motivo para se arrepender, ou sentir remorso por haver matado sem razão, ou por ter se vingado por si mesmo. E, quando o SENHOR Deus o abençoar, não esqueça de mim.

32 Davi respondeu:

— Louvado seja o SENHOR, o Deus de Israel, que mandou você hoje para me encontrar! 33 Graças ao que você fez hoje e ao seu juízo, eu deixei de cometer um crime de morte e fui impedido de me vingar por mim mesmo. 34 Que o SENHOR Deus me livre de fazer algum mal a você! Eu juro pelo SENHOR, o Deus de Israel, o Deus vivo, que, se você não tivesse se apressado e não tivesse vindo me encontrar, amanhã cedo todos os homens de Nabal estariam mortos, até os meninos!

35 Então Davi aceitou o que ela havia trazido e disse:

— Volte para casa e não se preocupe. Eu farei o que você quiser.

36 Abigail voltou para o seu marido Nabal, que estava em casa, festejando como um rei. Ele estava bêbado e alegre. Então ela não lhe contou nada. Na manhã seguinte, 37 quando ele não estava mais bêbado, ela lhe contou tudo. Aí ele teve um ataque e ficou completamente paralisado. 38 Uns dez dias depois, a *ira de Deus feriu Nabal, e ele morreu.

39 Quando Davi soube que Nabal havia morrido, disse:

— Louvem a Deus, o SENHOR! Ele me vingou de Nabal, que me insultou. E assim livrou este seu *servo de fazer o mal. O SENHOR castigou Nabal por sua maldade.

Então Davi mandou a Abigail uma proposta de casamento. 40 Os empregados dele foram até Carmelo e disseram:

— Davi nos mandou buscá-la para que a senhora seja sua esposa.

41 Então Abigail ajoelhou-se, encostou o rosto no chão e disse:

— Eu sou escrava de Davi e estou pronta para lavar os pés dos empregados dele.

42 Aí ela se levantou depressa e montou o seu jumento. E, acompanhada por suas cinco empregadas, partiu na companhia dos empregados de Davi e se tornou esposa dele.

43 Davi tinha casado com Ainoã, de Jezreel, e agora Abigail também se tornou sua esposa. 44 Nesse meio tempo Saul tinha dado a sua filha Mical, que tinha sido esposa de Davi, a Palti, filho de Laís, da cidade de Galim.

Outra vez Davi deixa de matar Saul

26 Alguns moradores de Zife foram a Gibeá e contaram a Saul que Davi estava escondido no monte Haquila, em frente de Jesimom. 2 Então Saul partiu imediatamente para o deserto de Zife com três mil dos melhores soldados de Israel a fim de procurar Davi. 3 Eles acamparam no monte Haquila, em frente de Jesimom. Davi estava no deserto e ouviu dizer que Saul tinha vindo atrás dele. 4 Aí enviou alguns espiões e ficou sabendo que Saul, de fato, estava ali. 5 Imediatamente foi até lá e encontrou o lugar onde dormiam Saul e Abner, filho de Ner, comandante do seu exército. Saul dormia dentro do acampamento, e os seus soldados acampavam em volta dele.

6 Então Davi perguntou ao heteu Aimeleque e a Abisai, cuja mãe era Zeruia e cujo irmão era Joabe:

— Quem de vocês vai comigo ao acampamento de Saul?

— Eu vou! — respondeu Abisai.

7 Assim, naquela noite, Davi e Abisai entraram no acampamento de Saul. E o encontraram dormindo no centro do acampamento, com a sua lança fincada no chão, perto da sua cabeça. Abner e os soldados dormiam em volta de Saul. 8 Então Abisai disse a Davi:

— Esta noite Deus colocou o seu inimigo nas suas mãos. Agora deixe que eu atravesse Saul com a lança dele e o espete no chão com um só golpe. Não precisarei dar dois golpes!

9 Mas Davi respondeu:

— Não o mate, pois o SENHOR Deus castigará quem levantar a mão para matar o rei que ele escolheu. 10 Tão certo como o SENHOR Deus está vivo, assim ele mesmo matará Saul, seja quando chegar o seu dia de morrer, seja numa batalha! 11 O SENHOR me livre de levantar a mão contra quem ele escolheu como rei! Vamos pegar o jarro de água e a lança dele e vamos embora.

12 Então Davi pegou a lança e o jarro de água que estavam ao lado da cabeça de Saul e foi embora com Abisai. Ninguém os viu, nem soube o que havia acontecido. E ninguém acordou. Todos estavam dormindo profundamente porque o SENHOR tinha feito com que todos eles caíssem num sono profundo.

13 Aí Davi passou para o outro lado do
vale, foi até o alto do monte, a uma boa
distância deles, 14 e gritou para Abner e
para os soldados de Saul:
— Abner, você está me ouvindo?
— Quem é que está gritando para o rei?
— perguntou Abner.
15 Davi respondeu:
— Você é homem ou não é? Você não
é o melhor soldado de Israel? Então por
que não protegeu o seu chefe, o rei? Agora
mesmo alguém entrou no acampamento
para matar o rei, o seu chefe. 16 Você fa-
lhou, Abner! Eu juro pelo SENHOR, o Deus
vivo, que vocês todos morrerão, pois não
protegeram o seu chefe, que o SENHOR
Deus fez rei. Escutem! Onde está a lança
do rei? Onde está o jarro de água que es-
tava ao lado da cabeça dele?
17 Saul reconheceu a voz de Davi e per-
guntou:
— Davi, é você, meu filho?
— Sim, senhor! — respondeu Davi. 18 —
Por que é que o senhor continua a per-
seguir este seu criado? O que foi que eu
fiz? Qual foi o crime que cometi? 19 Ó rei,
escute o que eu tenho a dizer. Se foi Deus
que fez o senhor se virar contra mim, ele
mudará de ideia se lhe for feita uma ofer-
ta. Mas, se foram certas pessoas que fize-
ram isso, que a maldição de Deus caia so-
bre elas! Pois me expulsaram da terra do
SENHOR Deus para uma terra onde pos-
so adorar somente deuses estrangeiros.
20 Não me deixe ser morto em terra es-
trangeira, longe do SENHOR Deus! Por que
o rei de Israel viria aqui? Para procurar
uma pulga como eu? Por que me caçaria
como se eu fosse um pássaro selvagem?
21 Saul respondeu:
— Eu errei. Volte, meu filho Davi! Nun-
ca mais eu lhe farei nenhum mal, pois esta
noite você respeitou a minha vida. Tenho
sido um louco e cometi um grande erro!
22 Então Davi disse:
— Aqui está a sua lança, senhor. Que
um dos seus homens venha buscá-la! 23 O
SENHOR Deus recompensa aqueles que
são fiéis e corretos. Hoje ele colocou o
senhor nas minhas mãos, mas eu não le-
vantei a mão para matar aquele que Deus
escolheu como rei. 24 Assim como eu hoje
respeitei a sua vida, que o SENHOR faça o
mesmo comigo e me livre de todas as di-
ficuldades!
25 E Saul respondeu a Davi:
— Deus o abençoe, meu filho! Tudo o
que você fizer dará certo!
Então Davi foi embora, e Saul voltou
para casa.

Davi entre os filisteus

27 Davi pensou assim:
— Algum dia Saul vai me matar.
A melhor coisa que posso fazer é fugir
para a terra dos filisteus. Aí Saul deixará
de me procurar em toda a terra de Israel,
e assim eu ficarei livre de perigo.
2 Então Davi e os seus seiscentos ho-
mens foram imediatamente para onde
estava Aquis, filho de Maoque, governa-
dor de Gate. 3 E Davi e os seus homens fi-
caram morando ali em Gate, com as suas
famílias. Estavam com Davi as suas duas
mulheres: Ainoã, de Jezreel, e Abigail, a
viúva de Nabal, de Carmelo. 4 Quando Saul
soube que Davi tinha fugido para Gate,
deixou de procurá-lo.
5 Davi disse a Aquis:
— Se você é meu amigo, me dê uma ci-
dade pequena para eu morar nela. Não é
preciso que eu fique morando com você
na capital.
6 Então Aquis deu a Davi a cidade de
Ziclague. Por isso, *até hoje Ziclague per-
tence aos reis de Judá. 7 Davi morou um
ano e quatro meses na terra dos filisteus.
8 Davi e os seus homens costumavam
atacar os gesuritas, os girzitas e os amale-
quitas que viviam naquela região há mui-
to tempo. Atacavam a terra deles desde
Sur até o Egito. 9 Matavam todos os ho-
mens e mulheres e tomavam as ovelhas, o
gado, os jumentos, os camelos e também
as roupas. Aí Davi voltava para Gate, 10 e
Aquis lhe perguntava:
— Quem foi que você atacou hoje?
E Davi respondia que tinha atacado o
Sul de Judá, ou a tribo de Jerameel, ou a
terra dos queneus. 11 Davi matava todos,
homens e mulheres, para que ninguém
voltasse a Gate e contasse o que ele e os
seus homens faziam. Davi fez isso todo o
tempo em que morou entre os filisteus.
12 Aquis confiava em Davi e dizia:
— Ele é muito odiado pelo seu próprio
povo, os israelitas, e por isso trabalhará
para mim a vida inteira.
28 Algum tempo depois os filisteus
reuniram as suas tropas para lutar
contra Israel. Então Aquis disse a Davi:
— Fique sabendo que você e os seus
homens vão lutar ao meu lado.

2 — Claro que sim! — respondeu Davi.
— Estou aqui para ajudar; você vai ver o
que eu sou capaz de fazer.
— Está bem! — disse Aquis. — Você vai
ser o meu guarda pessoal por toda a vida.

Saul consulta uma adivinha

3 Samuel havia morrido, e todos os is-
raelitas haviam chorado a morte dele e
o haviam sepultado na cidade de Ramá,
onde ele tinha nascido. Saul tinha expul-
sado de Israel todos os médiuns e adi-
vinhos.
4 Os soldados filisteus se reuniram e
acamparam perto da cidade de Suném.
Saul reuniu os israelitas e acampou no
monte Gilboa. 5 Quando Saul viu o exér-
cito dos filisteus, ficou apavorado 6 e per-
guntou a Deus, o SENHOR, o que devia fa-
zer. Mas o SENHOR não respondeu nem
por sonhos, nem pelo *Urim, nem atra-
vés dos *profetas. 7 Então Saul ordenou
aos seus oficiais:
— Procurem uma mulher que seja mé-
dium, e eu irei consultá-la.
— Em Endor há uma médium! — res-
ponderam eles.
8 Então Saul se disfarçou, vestindo rou-
pas diferentes. E, quando escureceu, foi
com dois dos seus homens falar com a tal
mulher. Ele disse:
— Consulte para mim os espíritos e me
diga o que vai acontecer. Eu vou dizer o
nome de um homem, e você vai mandar
subir o espírito dele.
9 A mulher respondeu:
— Com certeza você sabe o que o rei
Saul fez: ele expulsou de Israel os adivi-
nhos e os médiuns. Então por que é que
você está tentando me pegar numa arma-
dilha para que eu seja morta?
10 Aí Saul jurou em nome de Deus, o SE-
NHOR:
— Pelo SENHOR, o Deus vivo, eu pro-
meto que você não será castigada por fa-
zer isso.
11 Então a mulher perguntou:
— Quem é que você quer que eu faça
subir?
— Samuel! — respondeu ele.
12 Quando a mulher viu Samuel, deu um
grito e disse a Saul:
— Por que o senhor me enganou? O
senhor é o rei Saul!
13 — Não tenha medo! — respondeu o
rei. — O que é que você está vendo?

Pergunte a si mesma...

O ocultismo pode ser muito atraente. As artes ocultas podem seduzi-la, oferecendo-lhe uma dose de empolgação. Mas Deus proíbe seu povo de praticar o ocultismo (veja Deuteronômio 18:10-12). Como você se sente com relação ao ocultismo? Pergunte a si mesma:

Fico impressionada com coisas do ocultismo como magia, mediunidade, adivinhação ou feitiços?
O que Deus tem a dizer sobre o envolvimento com esse tipo de coisa?
Eu já fiz alguma destas seguintes coisas: li meu horóscopo, fiz a brincadeira do copo, fui a uma sessão espírita, orei para os mortos, pratiquei feitiçaria, conversei com um médium ou pedi que lessem cartas para mim?
Confessei meu pecado e me arrependi dele?
Algum de meus amigos faz isso?
Eu já disse aos meus amigos que essas coisas não são bíblicas?
Como devo lidar com isso no futuro?

— Estou vendo um espírito subindo da
terra! — disse ela.
14 — Como é o jeito dele? — pergun-
tou Saul.
— É um velho que está subindo! —
respondeu ela. — Ele está todo enrola-
do numa *capa.
Aí Saul entendeu que era Samuel: ajoe-
lhou-se e encostou o rosto no chão, em
sinal de respeito.
15 Então Samuel disse a Saul:
— Por que é que você foi me incomo-
dar? Por que me fez voltar?
Saul respondeu:
— É que estou numa grande dificulda-
de! Os filisteus estão em guerra contra
mim, e Deus me abandonou. Ele não me
responde mais nem por profetas nem por
meio de sonhos. Foi por isso que chamei
o senhor para me dizer o que devo fazer.
16 Samuel disse:
— Por que é que você me chamou, ago-
ra que o SENHOR Deus o abandonou e se
tornou seu inimigo? 17 O SENHOR fez com

você o que ele, por meio de mim, prome-
teu que ia fazer: ele tirou o reino de você e
o deu a outra pessoa, isto é, a Davi. 18 Você
desobedeceu às ordens do SENHOR e não
destruiu completamente os amalequitas
e tudo o que eles tinham. É por isso que o
SENHOR está fazendo isso com você ago-
ra. 19 Ele vai entregar você e o povo de Is-
rael aos filisteus. Amanhã você e os seus
filhos vão estar junto comigo. E o SENHOR
também vai entregar o exército de Israel
aos filisteus.
20 No mesmo instante Saul caiu no chão,
de comprido, apavorado com o que Sa-
muel tinha dito. Ele estava fraco porque
não tinha comido nada todo aquele dia
e toda aquela noite. 21 A mulher chegou
perto dele e, vendo que ele estava apa-
vorado, disse:
— Eu arrisquei a minha vida fazendo o
que o senhor me pediu. 22 Agora, por favor,
faça o que estou pedindo: deixe que eu
lhe traga um pouco de comida. Coma al-
guma coisa para ficar forte e poder viajar.
23 Saul recusou e disse que não ia co-
mer nada. Mas os seus oficiais também
insistiram para que comesse. Finalmen-
te ele concordou. Levantou-se do chão e
sentou-se na cama. 24 Então a mulher ma-
tou depressa um bezerro que estava sen-
do engordado. Pegou também um pouco
de farinha de trigo, amassou e assou al-
guns *pães sem fermento. 25 Aí colocou a
comida diante de Saul e dos seus oficiais,
e eles comeram. E naquela mesma noite
foram embora.

Os filisteus desconfiam de Davi

29 Os filisteus reuniram todas as suas
tropas em Afeca. Enquanto isso, os
israelitas acamparam perto da fonte que
fica no vale de Jezreel. 2 Os cinco governa-
dores filisteus marcharam para lá com as
suas tropas divididas em grupos de cem
e de mil soldados. Davi e os seus homens
marchavam atrás com Aquis. 3 Então os co-
mandantes filisteus perguntaram:
— O que é que estes hebreus estão fa-
zendo aqui?
Aquis respondeu:
— Este é Davi, um oficial de Saul, o rei
de Israel. Ele está comigo já faz algum
tempo, desde que se revoltou contra Saul.
E, desde o dia em que chegou, não o vi fa-
zer nada de errado.
4 Mas os comandantes filisteus ficaram
muito zangados com Aquis e disseram:
— Mande esse homem de volta para a
cidade que você lhe deu. Não deixe que
ele entre na batalha conosco; ele é capaz
de virar contra nós durante a luta. Pois a
melhor maneira de ele conseguir a boa
vontade do seu patrão seria matar os nos-
sos homens. 5 Além disso, este é Davi, a
respeito de quem as mulheres cantavam
enquanto dançavam: "Saul matou mil;
Davi matou dez mil!"
6 Então Aquis chamou Davi e disse:
— Juro pelo SENHOR, o Deus vivo, que
você tem sido fiel a mim e eu ficaria mui-
to contente se você lutasse ao meu lado
nesta batalha. Não encontrei nada de er-
rado em você, desde o dia em que chegou
até hoje. Mas os outros governadores não
gostam de você. 7 Portanto, volte para casa
em paz e não faça nada que possa desa-
gradar a esses governadores.
8 Davi respondeu:
— O que foi que eu fiz de errado? Você
não encontrou em mim nenhuma falta
desde o dia em que comecei a trabalhar
para você. Então por que não posso ir
com você, que é o meu patrão e o meu
rei, para lutar contra os seus inimigos?
9 Aquis respondeu:
— Eu sei disso e o considero tão fiel
quanto um anjo de Deus. Mas os coman-
dantes disseram que você não pode ir lu-
tar conosco. 10 Portanto, amanhã de ma-
nhã, você e os outros que abandonaram
Saul e passaram para o meu lado, levan-
tem-se bem cedo e vão embora logo que
amanhecer.
11 Assim, no dia seguinte, Davi e os seus
homens se levantaram de madrugada a
fim de voltar para a Filisteia. E os filisteus
subiram para Jezreel.

Guerra contra os amalequitas

30 Dois dias depois, Davi e os seus ho-
mens chegaram a Ziclague, a sua
cidade. Enquanto ele havia estado fora,
os amalequitas tinham invadido o Sul da
terra de Judá e atacado Ziclague. Eles quei-
maram a cidade 2 e prenderam todas as
mulheres. Não mataram ninguém, mas
foram embora e levaram todos como pri-
sioneiros. 3 Quando Davi e os seus homens
chegaram, viram que a cidade tinha sido
queimada e que as suas mulheres, os seus
filhos e as suas filhas haviam sido levados
embora. 4 Então Davi e os seus homens
começaram a chorar e choraram até fi-
carem sem forças. 5 As duas mulheres de

Davi, Ainoã, de Jezreel, e Abigail, viúva de
Nabal, da cidade de Carmelo, também ha-
viam sido levadas.
6 Davi ficou então numa situação muito
difícil, pois os seus homens estavam tão
amargurados por ficarem sem os seus fi-
lhos, que falavam até em matá-lo a pedra-
das. Mas o SENHOR, seu Deus, lhe deu co-
ragem. 7 E ele disse ao sacerdote Abiatar,
filho de Aimeleque:

— Traga aqui o *manto sacerdotal para
que possamos consultar a Deus.

E Abiatar trouxe. 8 Então Davi pergun-
tou a Deus, o SENHOR:

— Devo ir atrás desses invasores? Con-
seguirei pegá-los?

Deus respondeu:

— Vá atrás deles. Você os pegará e li-
bertará os prisioneiros.

9 Então Davi e os seus seiscentos ho-
mens saíram, e, quando chegaram ao ri-
beirão de Besor, alguns deles ficaram ali.
10 Davi continuou o seu caminho com qua-
trocentos homens. Os outros duzentos es-
tavam cansados demais para atravessar
o ribeirão e por isso ficaram para trás.

11 Os homens de Davi acharam no cam-
po um rapaz egípcio e o levaram a Davi.
Deram ao rapaz comida, água, 12 figos se-
cos e dois cachos de passas. Ele havia fi-
cado três dias e três noites sem comer,
nem beber. Mas, depois de comer, as suas
forças voltaram. 13 Então Davi perguntou:

— Quem é o seu dono? De onde você é?

— Eu sou egípcio e sou escravo de um
amalequita! — respondeu ele. — O meu
dono me deixou aqui há três dias porque
fiquei doente. 14 Nós invadimos a terra dos
queretitas, a região Sul de Judá e o ter-
ritório do grupo de famílias de Calebe e
queimamos a cidade de Ziclague.

15 Então Davi lhe perguntou:

— Você pode me levar até onde os ama-
lequitas estão?

— Sim, — respondeu ele — se o senhor
prometer em nome de Deus que não me
matará, nem me entregará ao meu dono.

16 Então ele levou Davi. Os amalequitas
estavam espalhados por toda a região, co-
mendo, bebendo e festejando por causa
da grande quantidade de coisas que ha-
viam tomado na terra dos filisteus e na
terra de Judá. 17 No dia seguinte ao ama-
nhecer, Davi os atacou e lutou até o anoi-
tecer. E nenhum deles escapou, a não ser
quatrocentos rapazes que montaram
camelos e fugiram. 18 Davi salvou todos
os que tinham sido levados como prisio-
neiros, incluindo as suas duas mulheres,
e trouxe de volta tudo o que os amalequi-
tas haviam tomado. 19 Não ficou faltando
nada: Davi levou de volta todos os filhos
e todas as filhas dos seus homens e to-
das as coisas, grandes e pequenas, que
os amalequitas haviam tomado. 20 Levou
também todas as ovelhas e todo o gado.
Então os homens de Davi levaram a ele
os seus animais e disseram:

— Estes animais são seus.

21 Aí Davi voltou para o lugar onde esta-
vam os duzentos homens que não tinham
ido com ele e haviam ficado atrás, no ri-
beirão de Besor, por estarem muito can-
sados. Eles saíram ao encontro de Davi e
dos seus homens. Davi chegou perto deles
e os cumprimentou. 22 Mas alguns homens
ordinários e de mau caráter que tinham
ido com Davi disseram:

— Eles não foram conosco; por isso,
não lhes daremos nada do que trouxemos.
Eles podem pegar as suas mulheres e os
seus filhos e ir embora.

23 Mas Davi respondeu:

— Meus irmãos, vocês não podem fazer
isso com o que o SENHOR Deus nos deu!
Ele nos salvou e nos deu a vitória sobre os
inimigos. 24 Ninguém pode concordar com
o que vocês estão dizendo! Tudo deve ser
repartido em partes iguais: quem ficou
atrás com a bagagem deve receber o mes-
mo que aquele que lutou na batalha.
25 Davi fez desta ordem uma *lei. E *até
hoje ela é seguida em Israel.

26 Quando Davi voltou para Ziclague, pe-
gou parte do que havia tomado dos ini-
migos e mandou para os seus amigos, os
líderes de Judá, com esta mensagem:

— Este é um presente para vocês, tira-
do das coisas que nós tomamos dos ini-
migos de Deus, o SENHOR.

27 Davi mandou presentes aos líderes
das seguintes cidades: Betel, Ramá, que
fica ao sul de Judá, Jatir, 28 Aroer, Sifmote,
Estemoa, 29-31 Racal, Horma, Borasã, Atace,
Hebrom; e também às cidades das tribos
dos jerameelitas e dos queneus — todos
os lugares onde Davi e os seus homens
haviam estado.

A morte de Saul e dos seus filhos
1Crônicas 10.1-12

31 Os filisteus lutaram contra os is-
raelitas no monte Gilboa. Muitos

israelitas foram mortos ali, e o resto fugiu. 2 Os filisteus cercaram Saul e os seus filhos e mataram Jônatas, Abinadabe e Malquisua, os filhos de Saul. 3 A luta estava feroz em volta de Saul. Ele foi atingido por flechas inimigas e ficou muito ferido. 4 Então disse ao rapaz que carregava as suas armas:

— Tire a sua espada e me mate para que esses filisteus pagãos não caçoem de mim e me matem.

Mas o rapaz estava muito apavorado e não quis fazer isso. Então Saul pegou a sua própria espada e se jogou sobre ela. 5 Quando viu que Saul estava morto, o rapaz também se jogou sobre a sua própria espada e morreu junto com ele. 6 E assim morreram naquele dia Saul, os seus três filhos, o rapaz e todos os soldados de Saul. 7 Quando os israelitas que moravam no outro lado do vale de Jezreel e a leste do rio Jordão viram que o exército israelita havia fugido e que Saul e os seus filhos tinham sido mortos, abandonaram as suas cidades e fugiram. Então os filisteus foram e ocuparam aquelas cidades.

8 Um dia depois da batalha, quando os filisteus voltaram lá para tirar dos mortos as coisas de valor, acharam os corpos de Saul e dos seus três filhos caídos no monte Gilboa. 9 Então cortaram a cabeça de Saul e tiraram a sua *armadura. Depois mandaram mensageiros com elas para a sua terra, para darem as boas notícias aos seus ídolos e ao povo. 10 Eles puseram as armas de Saul no templo da deusa *Astarote e pregaram o corpo dele na muralha da cidade de Bete-Sã. 11 Quando o povo de Jabes, na região de Gileade, soube do que os filisteus haviam feito com Saul, 12 os seus moradores mais corajosos saíram e marcharam a noite inteira, até chegarem a Bete-Sã. Tiraram da muralha os corpos de Saul e dos seus três filhos, levaram de volta para Jabes e ali os queimaram. 13 Então pegaram os ossos e sepultaram na cidade, debaixo de uma árvore de *tâmaras. E jejuaram sete dias.

2Samuel

Conheça o perdão

Então Davi disse: – Eu pequei contra Deus, o Senhor. Natã respondeu: – O Senhor perdoou o seu pecado.
2Samuel 12:13

Davi foi chamado de homem segundo o coração de Deus (veja 1Samuel 13:14), mas cometeu um pecado terrível ao ter um caso com Bate-Seba e, então, cuidar para que o marido dela fosse morto a fim de encobrir esse pecado. Como um homem segundo o coração de Deus pôde fazer algo assim? E como um Deus justo pôde continuar a abençoá-lo quando tudo o que ele merecia era um tapa na cabeça?

Autor ♥ Desconhecido
Data ♥ Desconhecida
Local ♥ Desconhecido
Público-alvo ♥ O povo de Deus, os israelitas

A resposta começa com a confissão de Davi. Quando o profeta Natã confrontou o rei sobre suas más escolhas, Davi não demorou a confessar todo o pecado (veja 2Samuel 12:13). E o mais importante é que ele reconheceu que, no final, seu pecado era contra o Senhor mais do que contra qualquer pessoa. Davi não se defendeu; ele foi logo à confissão e concordou que ele era totalmente pecador. Essa confissão provou que, mesmo tendo pecado de forma tão terrível, ele ainda amava a Deus e queria o que o Senhor queria.

Logo após a confissão de Davi, o profeta Natã lhe contou que o Senhor havia levado todos os seus pecados, mas isso não significava que Deus deixaria de dar um tapa na cabeça de Davi (veja 2Samuel 12:13-14). O pecado tem consequências, independentemente do quanto você esteja arrependida pelo que fez. Depois de confessar seus pecados a Deus, você pode saber que está perdoada e se sentir livre do castigo que normalmente acompanha o pecado no mundo espiritual. Mas isso não significa que você está livre das consequências que o pecado carrega no mundo físico. O pecado nunca é a melhor escolha, nunca. Mesmo que ele prometa todo tipo de compensação e vantagem, no final, sua recompensa é apenas morte e destruição.

Ponto essencial
O livro de 2Samuel fala sobre a vida do rei Davi, desde a morte de Saul até o reinado de Davi. Deus rejeitou Saul porque ele não lhe obedeceu, e escolheu Davi porque este o amava.

Durante a leitura de 2Samuel, observe de perto a vida de um homem segundo o coração de Deus. Veja como ele viveu e como amava o Senhor. Veja como as escolhas dele afetaram não só sua vida, mas a vida de seus filhos também. E imagine como seu pecado pode provocar a queda de outras pessoas. Como uma Garota de Deus, você não pode deixar que as tentações que você enfrenta a atraiam para o ciclo de pecado no qual você gostava de andar.

Seu coração pode ser segundo o coração de Deus se você desejar fazer o Senhor quer, e você pode descobrir o que é na Palavra de Deus. Estude a vida daqueles que vieram antes e aprenda sobre a vida de fé e o efeito que ela tem sobre aqueles que a cercam.

Coisas para procurar

- A aliança de Deus com Davi (veja 2Samuel 7)
- A história de Davi e Bate-Seba (veja 2Samuel 11—12)
- O cântico de livramento de Davi (veja 2Samuel 22)

Termos e versículos que você deve saber

Aliança davídica: A aliança que Deus fez com Davi de que seu reino continuaria pelas gerações futuras (veja 2Samuel 7:12; 22:51). Essa aliança era considerada incondicional e se cumpriu na vida de Cristo (veja Mateus 1:1; 2:4-6; Lucas 1:30-33).

Ungir: Derramar óleo sobre alguém, como na unção de um rei como símbolo do poder que ele teria (veja Êxodo 29:7; 1Samuel 16:13; Lucas 4:18). Também pode ser uma unção espiritual feita pela presença do Espírito Santo. "Ungido do Senhor" em hebraico é *Messias*.

Davi, vestindo um manto sacerdotal de linho, dançou com todo o entusiasmo em louvor a Deus, o SENHOR. E assim ele e todos os israelitas levaram a arca da aliança para Jerusalém, com gritos de alegria e sons de trombetas.

(2Samuel 6:14-15)

— Eu estava dançando em louvor ao SENHOR, que preferiu me escolher em vez de escolher o seu pai e os descendentes dele e me fez o líder de Israel, o seu povo. Pois eu continuarei a dançar em louvor ao SENHOR e me humilharei ainda mais diante dele. Você pode pensar que eu não sou nada, mas aquelas moças de quem você falou vão me dar muito valor!

(2Samuel 6:21-22)

Então Davi disse: — Eu pequei contra Deus, o SENHOR.

(2Samuel 12:13)

Mas o rei respondeu: — Obrigado, não aceito. Eu vou pagar tudo isso. Eu não vou oferecer ao SENHOR, meu Deus, sacrifícios que não me custaram nada.

(2Samuel 24:24)

Davi recebe a notícia da morte de Saul

1 Depois que Saul morreu, Davi voltou
da sua vitória sobre os amalequitas e
ficou dois dias na cidade de Ziclague. 2 No
dia seguinte chegou um moço que vinha
do acampamento de Saul. Para mostrar
a sua tristeza, ele havia rasgado as suas
roupas e posto terra na cabeça. O moço
foi até o lugar onde Davi estava, ajoelhou-
-se e encostou o rosto no chão em sinal de
respeito. 3 Davi lhe perguntou:

— De onde você está vindo?

— Eu fugi do acampamento israelita! — respondeu ele.

4 — Conte o que foi que aconteceu! — disse Davi.

— O nosso exército fugiu da batalha, e muitos dos nossos homens foram mortos! — disse o moço. — Saul e o seu filho Jônatas também morreram.

5 — Como é que você sabe que Saul e Jônatas estão mortos? — perguntou Davi.

6 E o moço respondeu assim:
— Acontece que eu cheguei, por acaso,
ao monte Gilboa e vi Saul apoiado na sua
lança. Os carros e os cavaleiros inimigos
chegavam cada vez mais perto dele. 7 En-
tão ele se virou, me viu e me chamou. E eu
respondi: "Aqui estou, senhor!" 8 Saul per-
guntou quem eu era, e eu respondi que
era amalequita. 9 Aí ele disse: "Fui feri-
do gravemente e estou morrendo. Venha
aqui e me mate." 10 Então eu subi até o lu-
gar onde ele estava e o matei porque eu
sabia que, logo que caísse no chão, ele
morreria. Aí tirei a coroa da cabeça dele
e a pulseira do seu braço e trouxe para
o senhor.
11 Então Davi rasgou as suas roupas em
sinal de tristeza, e todos os seus soldados
fizeram o mesmo. 12 Choraram, se lamen-
taram e jejuaram até a tarde por Saul, por
Jônatas e por Israel, o povo de Deus, o
SENHOR, pois muitos deles tinham sido
mortos na batalha.
13 Aí Davi perguntou ao moço que tinha
trazido as notícias:
— De onde você é?
— Eu sou amalequita, mas estou mo-
rando aqui na sua terra! — respondeu ele.
14 — Como é que você se atreveu a ma-
tar o rei escolhido por Deus, o SENHOR?
— perguntou Davi.
15 Então chamou um dos seus homens
e ordenou:
— Mate-o!
O homem atacou o amalequita e o ma-
tou. 16 E Davi disse ao amalequita:
— O culpado disso foi você mesmo.
Você se condenou quando confessou
que havia matado o rei escolhido pelo
SENHOR.

Davi chora por Saul e por Jônatas

17 Davi cantou esta lamentação por Saul
e por seu filho Jônatas 18 e ordenou que
fosse ensinada ao povo de Judá. (Esta la-
mentação está escrita no *Livro do Justo*.)

19 Os nossos líderes estão mortos
nos montes de Israel!
Caíram os nossos soldados mais
valentes!
20 Não contem isso na cidade de
Gate
nem nas ruas de Asquelom,
para que as mulheres filisteias não
se alegrem,
nem pulem de contentamento as
filhas dos pagãos.
21 Não caia chuva nem orvalho nos
montes de Gilboa,
e que os seus campos não
produzam mais nada.
Pois ali os *escudos dos guerreiros
valentes estão cobertos de pó,
e o escudo de Saul perdeu o seu
brilho.
22 O arco de Jônatas era mortal,
e a espada de Saul nunca falhava
para derrubar os poderosos e
matar os inimigos.
23 Saul e Jônatas, tão queridos e
maravilhosos;
juntos na vida, juntos na morte!
Eram mais rápidos do que as águias
e mais fortes do que os leões!

24 Mulheres de Israel, chorem por
Saul!
Ele vestia vocês com vestidos de
fina lã vermelha
e as enfeitava com joias de ouro.

25 Os soldados mais valentes caíram
e foram mortos na batalha.
Jônatas está morto nas montanhas.
26 Eu choro por você, meu irmão
Jônatas;
como eu o estimava!
Como era maravilhoso o seu amor
para mim,
melhor ainda do que o amor das
mulheres.
27 Os soldados mais valentes caíram,
e as suas armas não têm mais
utilidade.

Davi é feito rei de Judá

2 Depois disso Davi perguntou a Deus,
o SENHOR:
— Devo ir e governar alguma das ci-
dades de Judá?
— Sim! — o SENHOR respondeu.
— Qual delas? — perguntou ele.
— Hebrom! — foi a resposta.
2 Então Davi foi para Hebrom, levando
consigo as suas duas esposas. Uma era
Ainoã, da cidade de Jezreel, e a outra era
Abigail, viúva de Nabal, da cidade de Car-
melo. 3 Davi também levou os seus sol-
dados com as suas famílias, e eles fica-
ram morando nas cidades vizinhas de He-
brom. 4 Aí os homens de Judá foram a He-
brom e *ungiram Davi como rei de Judá.
Quando Davi soube que os moradores
da cidade de Jabes, da região de Gilea-
de, tinham sepultado Saul, 5 mandou que

Uma oração pelos...

Amigos

Querido Deus de amor, vivo somente em ti. Por favor, acende o fogo do amor em minha alma; ajuda-me a deixar de lado meu "eu" e a pensar nos outros quando me ajoelho diante de ti. Não deixes que eu, de forma egoísta, te guarde só para mim, mas me faz lembrar de levar outros ao teu trono de esperança e cura.

Peço tua bênção, o melhor presente do mundo, para aqueles que me deste, que são tão queridos para mim quanto minha própria alma.

Se eles estiverem muito longe agora, de modo que eu não possa lhes dizer coisas carinhosas hoje, fica perto deles; dá-lhes tua alegria; põe em ordem seu caminho; guarda-os da doença, do sofrimento e do pecado, e que todas as coisas os tragam para mais perto de ti. Se eles estiverem perto de mim, dá-nos sabedoria e graça para sermos verdadeiros ajudadores uns dos outros, servindo-nos com amor o dia todo.

Não deixes que nada se coloque entre nós para ofuscar nossa confiança perfeita, mas ajuda a cada um de nós a amar de forma mais verdadeira, mais firme e mais desinteressada.

E eu oro não só por aqueles a quem eu amo, mas pelos outros: por todos os que estão sós, cansados ou tristes; por todos os que estão se afastando da luz; por todos os que te esqueceram. Senhor, tem piedade deles.

Guarda-me de todos os pensamentos desagradáveis e amargos de que gosto: da inveja, do ciúmes e do orgulho, e dá-me a mente de Cristo para eu me alegrar no último lugar em que as almas amorosas podem servir.

Amém.

alguns homens fossem lá com a seguinte mensagem:

— *Que o* SENHOR *abençoe* vocês por terem feito a caridade de sepultar o nosso rei! 6 Que o SENHOR seja bom e fiel para vocês! Por causa do que fizeram, eu também os tratarei bem. 7 Sejam fortes e valentes! Saul, o rei de vocês, morreu, e o povo de Judá me ungiu como rei deles.

8 O comandante do exército de Saul, Abner, filho de Ner, havia fugido com Isbosete, filho de Saul, para Maanaim, no outro lado do rio Jordão. 9 Lá, Abner fez Isbosete rei das terras de Gileade, Aser, Jezreel, Efraim e Benjamim; na verdade, ele o fez rei de todo o povo de Israel. 10 Isbosete tinha quarenta anos de idade quando começou a reinar em Israel e reinou dois anos. Mas a *tribo de Judá ficou fiel a Davi, 11 e ele a governou em Hebrom sete anos e meio.

Guerra entre o povo de Israel e o de Judá

12 Abner e os oficiais de Isbosete foram de Maanaim para a cidade de Gibeão. 13 Joabe, cuja mãe era Zeruia, e os oficiais de Davi foram encontrá-los perto da represa de Gibeão. Lá todos eles se sentaram, um grupo de um lado da represa e o outro do outro lado. 14 Então Abner disse a Joabe:

— Deixe que alguns dos nossos moços enfrentem alguns dos seus, em uma luta armada.

— Está bem! — respondeu Joabe.

15 Aí doze soldados, representando Isbosete e a *tribo de Benjamim, lutaram contra doze soldados de Davi. 16 Cada um pegou o seu adversário pela cabeça e enfiou a espada no lado dele. E assim todos eles caíram mortos juntos. É por isso que aquele lugar perto da cidade de Gibeão é chamado de "Campo das Espadas".

17 Em seguida houve ali uma violenta batalha, e Abner e os israelitas foram derrotados pelos soldados de Davi. 18 Joabe, Abisai e Asael, os três filhos de Zeruia, estavam lá. Asael, que era tão ligeiro como uma *gazela selvagem, 19 começou a perseguir Abner, correndo atrás dele. 20 Abner olhou para trás e perguntou:

— Asael, é você?

— Sim, sou eu! — respondeu ele.

21 — Pare de me perseguir! — disse Abner. — Corra atrás de um dos soldados e pegue para você as coisas dele.

Porém Asael continuou a persegui-lo.

22 *Mais uma vez* Abner disse:

— Pare de me perseguir! Você está me forçando a matá-lo! Como é que eu poderia, depois, olhar o seu irmão Joabe nos olhos?

23 Porém Asael não parou de persegui-lo. Então Abner deu um golpe para trás

com a sua lança. Ela entrou na barriga de
Asael e saiu pelas costas. Ele caiu morto
no chão, e todos os que chegavam para-
vam no lugar onde ele estava caído.
24 Mas Joabe e Abisai continuaram a
perseguir Abner e, quando o sol estava
se pondo, chegaram ao monte de Amá,
a leste da cidade de Giá, na estrada que
vai para o deserto de Gibeão. 25 Os solda-
dos da tribo de Benjamim se reuniram
novamente em volta de Abner e ficaram
no alto de um morro. 26 Então Abner gri-
tou para Joabe:
— Será que vamos ter de continuar lu-
tando para sempre? Você não vê que, no
fim, não vai sobrar nada, a não ser amar-
gura? Nós somos seus irmãos! Até quan-
do você vai esperar para mandar que os
seus soldados parem de nos perseguir?
27 Joabe respondeu:
— Juro pelo Deus vivo que, se você não
tivesse falado, os meus soldados conti-
nuariam a perseguir vocês até amanhã
cedo.
28 Então Joabe tocou a corneta. Todos
os seus soldados pararam de perseguir
os israelitas, e a luta acabou.
29 Durante toda aquela noite, Abner e
os seus soldados marcharam pelo vale do
Jordão. Atravessaram o rio Jordão e, de-
pois de marcharem toda a manhã do dia
seguinte, chegaram à cidade de Maanaim.
30 Quando Joabe parou a perseguição, re-
uniu todos os seus soldados e viu que es-
tavam faltando dezenove, além de Asael.
31 Porém os soldados de Davi haviam ma-
tado trezentos e sessenta soldados de Ab-
ner, todos eles da tribo de Benjamim. 32 Aí
Joabe e os seus soldados pegaram o cor-
po de Asael e o sepultaram no túmulo da
sua família, em Belém. Então marcharam
durante a noite inteira e, ao amanhecer,
chegaram a Hebrom.

3 Durou muito tempo a guerra entre os
que apoiavam a família de Saul e os
que apoiavam Davi. Davi ia ficando cada
vez mais forte, e a gente de Saul, cada vez
mais fraca.

Os filhos de Davi

2 Os filhos de Davi que nasceram na ci-
dade de Hebrom são estes: o primeiro foi
Amnom, filho de Ainoã, da cidade de Je-
zreel. 3 O segundo foi Quileabe, filho de
Abigail, viúva de Nabal, da cidade de Car-
melo. O terceiro foi Absalão, filho de Maa-
cá, que era filha de Talmai, rei de Gesur.
4 O quarto foi Adonias, filho de Hagite. O
quinto foi Sefatias, filho de Abital. 5 O sex-
to foi Itreão, filho de Eglá, esposa de Davi.
Todos esses filhos de Davi nasceram em
Hebrom.

Abner faz um acordo com Davi

6 Enquanto continuava a luta entre os
que apoiavam a família de Saul e os que
seguiam Davi, Abner ficava cada vez mais
poderoso entre a gente de Saul.
7 Um dia Isbosete, filho de Saul, acusou
Abner de ter tido relações com uma *con-
cubina de Saul chamada Rispa, filha de
Aías. 8 Abner ficou furioso com isso e disse:
— Você pensa que eu sou traidor?
Pensa que passei para o lado da *tribo
de Judá?
E continuou:
— Desde o começo tenho sido fiel à
causa de Saul, o seu pai, aos seus irmãos
e aos seus amigos e tenho evitado que
você seja derrotado por Davi. No entan-
to, hoje você me acusa de ser culpado no
caso dessa mulher! 9-10 O SENHOR Deus
prometeu a Davi que tiraria o reino de
Saul e dos seus descendentes e que torna-
ria Davi rei tanto de Israel como de Judá,
para governar o país inteiro. Que Deus me
mate se eu não fizer que isso aconteça!
11 Isbosete tinha medo de Abner; por
isso, não disse nada.
12 Naquela época Davi estava na cidade
de Hebrom, e Abner lhe mandou mensa-
geiros com o seguinte recado:
— Quem vai governar esta terra? Faça
um *acordo comigo, e eu o ajudarei a le-
var todo o povo de Israel para o seu lado.
13 Davi respondeu:
— Muito bem. Eu farei um acordo com
você, porém com uma condição: quando
vier falar comigo, você vai me trazer Mi-
cal, filha de Saul.
14 Então Davi mandou alguns mensa-
geiros dizerem a Isbosete:
— Entregue-me a minha esposa Mical.
Eu paguei cem *prepúcios de filisteus para
ter o direito de casar com ela.
15 Então Isbosete mandou tirá-la do seu
marido Paltiel, filho de Laís. 16 Paltiel se-
guiu-a chorando pelo caminho, até che-
garem à cidade de Baurim. Aí Abner lhe
ordenou:
— Volte para casa.
E ele voltou.
17 Então Abner foi falar com os líderes
de Israel. Ele disse:

— Há muito tempo que vocês que-
riam que Davi fosse rei de Israel. 18 Esta
é a hora de agir. Lembrem que o SENHOR
disse: "Eu usarei o meu *servo Davi para
salvar Israel, o meu povo, tanto dos filis-
teus como de todos os outros inimigos."
19 Abner falou também com o povo da
*tribo de Benjamim e depois foi a Hebrom
para contar a Davi o que o povo de Benja-
mim e o povo de Israel tinham resolvido.
20 Abner, com vinte homens, foi a He-
brom para se encontrar com Davi, e este
lhe ofereceu uma festa. 21 Abner disse a
Davi:
— Eu irei agora e conquistarei todo o
povo de Israel para o senhor. E eles o acei-
tarão como rei. Aí o senhor terá o que de-
sejava e governará o país inteiro.
Então Davi deixou Abner ir embora
em paz.

Abner é assassinado

22 Pouco tempo depois, Joabe e os ou-
tros oficiais de Davi voltaram de um ata-
que rápido, trazendo muitas coisas que
haviam tomado dos inimigos. Mas Abner
não estava mais em Hebrom com Davi
porque este já o havia deixado ir embo-
ra em paz. 23 Quando Joabe chegou com
os seus soldados, contaram-lhe que Ab-
ner havia ido falar com o rei Davi e que
este o havia deixado ir embora em paz.
24 Então Joabe foi falar com o rei. Ele disse:
— O que foi que o senhor fez? Abner
veio aqui, e o senhor deixou que ele fosse
embora sem mais nem menos? 25 Ele veio
para enganá-lo, para ficar conhecendo to-
dos os lugares aonde o senhor vai e tudo
o que faz. E o senhor sabe disso!
26 Logo que saiu de perto de Davi, Joabe
mandou mensageiros atrás de Abner. Eles
o alcançaram no poço de Sira e o trouxe-
ram de volta. Mas Davi não ficou sabendo
disso. 27 Quando Abner chegou a Hebrom,
Joabe o levou para o lado do portão, como
se quisesse falar com ele em particular, e
enfiou um punhal na barriga dele. Assim
Abner, filho de Ner, foi assassinado por ter
matado Asael, irmão de Joabe. 28 Quando
soube disso, Davi disse:
— O SENHOR Deus sabe que eu e os
meus seguidores não temos nenhuma
culpa no assassinato de Abner. 29 Que o
castigo por esse crime caia sobre Joabe
e toda a sua família! Que nunca faltem na
sua família homens que tenham gonor-
reia ou doença contagiosa de pele, ou que
sejam capazes de fazer somente trabalho
de mulher, ou que sejam mortos em ba-
talha, ou que não tenham o que comer!
30 Assim Joabe e o seu irmão Abisai as-
sassinaram Abner porque ele havia ma-
tado Asael, o irmão deles, na batalha de
Gibeão.
31 Então Davi mandou que Joabe e os
seus soldados chorassem por Abner e
que, em sinal de tristeza, rasgassem as
suas roupas e vestissem roupas de luto.
E no sepultamento o próprio rei Davi ia
caminhando atrás do caixão. 32 Abner foi
sepultado em Hebrom, e o rei chorou alto
perto do seu túmulo. E todo o povo fez
o mesmo.
33 E Davi fez esta lamentação para Abner:

"Por que teria Abner de morrer
como se fosse um louco?
34 As suas mãos não estavam
amarradas,
nem estavam atados os seus pés;
ele morreu como alguém que é
morto por criminosos!"

Então o povo chorou novamente por
Abner.
35 O povo tentou convencer Davi a co-
mer alguma coisa antes que o dia termi-
nasse, mas ele fez este juramento:
— Que Deus me mate se eu comer al-
guma coisa antes que o dia acabe!
36 O povo ouviu isso e gostou. De fato,
o povo gostava de tudo o que o rei fazia.
37 Assim todos os seguidores do rei Davi
e todo o povo de Israel entenderam que
ele não tinha tomado parte no assassinato
de Abner. 38 E ele disse aos seus oficiais:
— Fiquem sabendo que hoje morreu
um grande líder de Israel. 39 Embora eu
seja o rei escolhido por Deus, hoje me
sinto fraco. Os filhos de Zeruia são ho-
mens violentos demais para mim! Que o
SENHOR castigue esses criminosos como
eles merecem!

Isbosete é assassinado

4 Quando Isbosete, filho de Saul, sou-
be que Abner havia sido assassinado
na cidade de Hebrom, perdeu a coragem,
e *todo o povo de Israel* ficou com medo.
2 Havia dois oficiais de Isbosete que co-
mandavam os ataques rápidos ao terri-
tório inimigo. Eles se chamavam Baaná
e Recabe e eram filhos de Rimom, da ci-
dade de Beerote, da *tribo de Benjamim.
(A cidade de Beerote é considerada como

parte do território de Benjamim. 3 Os anti-
gos moradores de Beerote haviam fugido
para a cidade de Gitaim e eles vivem ali
como estrangeiros *até hoje.)
4 Quando Saul e Jônatas foram mortos
em Jezreel, Mefibosete, filho de Jônatas,
tinha cinco anos de idade. Ao chegar a no-
tícia da morte de Saul e de Jônatas, a mu-
lher que cuidava de Mefibosete o pegou e
fugiu. Mas estava com tanta pressa, que o
deixou cair, e ele ficou manco.
5 Recabe e Baaná foram para a casa de
Isbosete e chegaram lá quando ele esta-
va tirando a sua soneca depois do almo-
ço. 6 A mulher que estava na porta penei-
rando trigo havia ficado com sono e es-
tava dormindo. Por isso, Baaná e Recabe
entraram em silêncio, 7 foram ao quarto
onde Isbosete dormia um sono pesado e
o mataram. Então cortaram a cabeça dele
e a levaram consigo. Eles caminharam a
noite toda pelo vale do rio Jordão. 8 Quan-
do chegaram a Hebrom, mostraram a ca-
beça de Isbosete ao rei Davi e disseram:
— Aqui está a cabeça de Isbosete, filho
do seu inimigo Saul, que queria matá-lo.
Hoje o SENHOR Deus vingou o rei, meu
senhor, de Saul e dos seus descendentes.
9-11 Davi respondeu:
— Eu agarrei e mandei matar o mensa-
geiro que foi ao meu encontro na cidade
de Ziclague; pois ele, pensando que es-
tava me dando uma boa notícia, me con-
tou a respeito da morte de Saul. Agora,
juro pelo SENHOR, o Deus vivo, que me
salvou de todos os perigos, que eu cas-
tigarei muito mais os homens traiçoei-
ros que mataram um inocente que estava
dormindo na sua própria casa! Agora vou
me vingar de vocês por terem matado Is-
bosete e vou varrer vocês da face da terra.
12 Então Davi deu ordem, e os seus sol-
dados mataram Recabe e Baaná. Depois
cortaram as mãos e os pés deles e pendu-
raram perto da represa de Hebrom. E pe-
garam a cabeça de Isbosete e sepultaram
no túmulo de Abner, em Hebrom.

Davi é feito rei de Israel e de Judá

1Crônicas 11.1-9; 14.1-7

5 Então todas as *tribos de Israel foram
se encontrar com Davi em Hebrom e
disseram:
— Nós pertencemos ao mesmo povo
que você, ó rei. 2 No passado, quando Saul
era o nosso rei, você comandou o povo de
Israel na batalha. E o SENHOR Deus lhe
disse que você seria comandante e gover-
nador do povo dele.
3 Assim todos os líderes de Israel foram
se encontrar com Davi em Hebrom. Davi
fez um *acordo sagrado com eles, e eles
o *ungiram rei de Israel. 4 Ele tinha trinta
anos de idade quando se tornou rei e rei-
nou quarenta anos. 5 Governou Judá, em
Hebrom, sete anos e meio; e governou Is-
rael e Judá, em Jerusalém, trinta e três anos.
6 O rei Davi e os seus soldados foram
atacar Jerusalém. Os jebuseus, que eram
os moradores da cidade, pensaram que
ele não seria capaz de conquistá-la e por
isso disseram:
— Você nunca entrará aqui. Para fazer
você ficar do lado de fora, bastam os ce-
gos e os aleijados.
7 Mas Davi tomou a fortaleza de *Sião, e
ela passou a ser chamada de "*Cidade de
Davi". A coisa aconteceu assim.
8 Naquele dia Davi disse aos seus sol-
dados:
— Se alguém quiser matar os jebuseus,
aqueles pobres cegos e aleijados, que eu
tanto odeio, então que suba pelo túnel da
água e os ataque.
É por isso que se diz: "Os cegos e os alei-
jados não podem entrar na casa de Deus."
9 Davi ficou morando na fortaleza e a
chamou de Cidade de Davi. Em volta ele
construiu defesas que iam desde o aterro
que ficava no lado leste da cidade até o
palácio. 10 E Davi ia ficando cada vez mais
forte porque o SENHOR, o Deus Todo-Po-
deroso, estava com ele.

Pergunte a si mesma...

Quando você se vê diante de uma grande decisão, o que faz? Faça a si mesma estas perguntas para ver onde Deus se encaixa em suas escolhas:

Quantas vezes tomei uma grande decisão sem consultar primeiro a Deus?
Eu já pedi aos outros para me ajudar a buscar a Deus em grandes decisões?
Eu confio que ouvirei a resposta de Deus às minhas orações?
O que posso fazer para ouvir melhor as sugestões de Deus em minha vida?

11 O rei Hirão, da cidade de Tiro, enviou
embaixadores a Davi. Ele mandou toras
de cedro e também carpinteiros e pedrei-
ros, e eles construíram um palácio para
Davi. 12 E assim Davi entendeu que o SE-
NHOR o havia confirmado como rei de Is-
rael e que, por amor ao seu povo, estava
fazendo o seu reino progredir.
13 Depois que saiu da cidade de Hebrom,
Davi arranjou mais *concubinas e espo-
sas em Jerusalém e com elas teve mais fi-
lhos e filhas. 14 Os filhos de Davi que nas-
ceram em Jerusalém foram: Samua, Soba-
be, Natã, Salomão, 15 Ibar, Elisua, Nefegue,
Jafia, 16 Elisama, Eliada e Elifelete.

Davi derrota os filisteus

1Crônicas 14.8-17

17 Quando os filisteus souberam que
Davi tinha sido *ungido como rei de Is-
rael, o seu exército saiu para prendê-lo.
Quando soube disso, Davi desceu para a
fortaleza. 18 Os filisteus chegaram ao vale
dos Gigantes e o ocuparam. 19 Aí Davi per-
guntou a Deus, o SENHOR:
— Devo lutar contra os filisteus? Tu me
darás a vitória?
— Vá! — disse o SENHOR. — Eu lhe da-
rei a vitória.
20 Então Davi foi até Baal-Perazim e ali
venceu os filisteus. Ele disse:
— Como uma enchente que derruba
tudo, assim o SENHOR abriu uma brecha
no meio dos meus inimigos.
Por isso, aquele lugar é chamado de
Baal-Perazim. 21 Ali os filisteus abando-
naram os seus ídolos, e Davi e os seus sol-
dados os levaram embora. 22 Então os fi-
listeus voltaram para o vale dos Gigantes
e o ocuparam.
23 Mais uma vez Davi consultou o SE-
NHOR, e ele respondeu:
— Não os ataque daqui. Dê a volta,
vá até as amoreiras e ataque por trás.
24 Quando você ouvir o barulho de mar-
cha por cima das amoreiras, fique pronto
para atacar porque isso quer dizer que eu
estou indo na sua frente para derrotar o
exército dos filisteus.
25 Davi fez o que o SENHOR havia man-
dado e obrigou os *filisteus a recuarem*
desde Geba até Gezer.

A arca da aliança é levada para Jerusalém

1Crônicas 13.1-14; 15.25—16.3,37

6 Mais uma vez Davi reuniu os melhores
soldados de Israel, num total de trinta
mil homens. 2 Levou-os à cidade de Baalá,
em Judá, para pegarem a *arca da aliança,
que tem o nome do SENHOR Todo-Podero-
so, que se assenta no seu trono, entre os
*querubins. 3 Colocaram a arca num car-
ro de bois, novo, e a tiraram da casa de
Abinadabe, que ficava num monte. Uzá e
Aiô, filhos de Abinadabe, guiavam o car-
ro 4 que carregava a arca. Aiô caminha-
va na frente. 5 Davi e todos os israelitas
dançavam e cantavam com todas as suas
forças em louvor a Deus, o SENHOR. Eles
tocavam *harpas, *liras, tambores, casta-
nholas e pratos.
6 Quando chegaram ao campo de des-
cascar cereais que pertencia a Nacom, os
bois tropeçaram. Então Uzá estendeu a
mão e segurou a arca da aliança. 7 O SE-
NHOR Deus ficou *irado com Uzá, por sua
falta de respeito, e o matou. E Uzá mor-
reu ali, ao lado da arca. 8 Davi ficou furioso
porque o SENHOR, na sua ira, havia casti-
gado Uzá; assim *até hoje aquele lugar é
chamado de Peres-Uzá.
9 Então Davi ficou com medo de Deus,
o SENHOR, e disse:
— E agora como é que poderei levar
comigo a arca da aliança?
10 Assim Davi resolveu não levar a arca
para a sua cidade de Jerusalém; em vez
disso, ele mudou de direção e a levou para
a casa de Obede-Edom, que era da cida-
de de Gate. 11 A arca da aliança ficou ali
três meses, e o SENHOR abençoou Obede-
-Edom e a sua família.
12 O rei Davi soube que, por causa da
arca, o SENHOR havia abençoado a famí-
lia de Obede-Edom e tudo o que ele ti-
nha. Então tirou a arca da casa de Obe-
de-Edom e, com uma grande festa, a le-
vou para a *Cidade de Davi. 13 Depois que
os homens que carregavam a arca deram
seis passos, Davi ofereceu a Deus em *sa-
crifício um touro e um bezerro gordo.
14 Davi, vestindo um *manto sacerdotal
de linho, dançou com todo o entusiasmo
em louvor a Deus, o SENHOR. 15 E assim
ele e todos os israelitas levaram a arca
da aliança para Jerusalém, com gritos de
alegria e sons de trombetas.
16 Quando a arca estava entrando na ci-
dade, Mical, filha de Saul, olhou pela ja-
nela, viu o rei Davi pulando e dançando
em louvor ao SENHOR. Então sentiu por
ele um profundo desprezo.
17 Levaram a arca e a colocaram no
seu lugar, na barraca que Davi tinha

preparado para ela. Então ele ofereceu a Deus, o SENHOR, sacrifícios que foram completamente queimados e ofertas de paz. 18 Quando acabou de oferecer os sacrifícios e as ofertas, Davi abençoou o povo em nome do SENHOR Todo-Poderoso. 19 Depois deu a cada homem e a cada mulher de Israel um pão, um pedaço de carne assada e passas. Em seguida todos foram para casa.

20 Davi voltou para casa a fim de estar com a sua família, e Mical, filha de Saul, saiu para encontrá-lo. Ela disse:

— Que bela figura fez hoje o rei de Israel! Parecia um sem-vergonha, mostrando o corpo para as empregadas dos seus funcionários!

21 Davi respondeu:

— Eu estava dançando em louvor ao SENHOR, que preferiu me escolher em vez de escolher o seu pai e os descendentes dele e me fez o líder de Israel, o seu povo. Pois eu continuarei a dançar em louvor ao SENHOR 22 e me humilharei ainda mais diante dele. Você pode pensar que eu não sou nada, mas aquelas moças de quem você falou vão me dar muito valor!

23 E Mical, filha de Saul, nunca teve filhos.

A mensagem de Natã para Davi

1Crônicas 17.1-15

7 O rei Davi conseguiu controlar completamente o seu reino, e o SENHOR Deus o livrou de todos os seus inimigos. 2 Um dia Davi disse ao *profeta Natã:

— Veja só! Aqui estou eu, morando numa casa revestida de madeira de cedro, enquanto a *arca da aliança está guardada numa barraca!

3 Natã respondeu:

— Faça tudo o que quiser porque o SENHOR Deus está com você.

4 Mas naquela noite o SENHOR disse a Natã:

5 — Vá e diga ao meu *servo Davi que eu mandei dizer o seguinte: "Não é você a pessoa que deve construir um templo para eu morar nele. 6 Desde que tirei do Egito o povo de Israel e até hoje, eu não tenho morado em nenhum templo. Tenho viajado morando numa barraca. 7 Em todas as minhas viagens com o povo de Israel, nunca perguntei aos líderes que escolhi por que razão eles não construíram para mim um templo revestido de cedro." 8 Portanto, diga ao meu servo Davi que eu, o SENHOR Todo-Poderoso, digo o seguinte: "Eu tirei você do trabalho de cuidar de ovelhas nos campos, para que governasse o meu povo de Israel. 9 Estive com você em todos os lugares por onde tem ido e, conforme você foi avançando, eu o defendi de todos os seus inimigos. Eu farei com que você seja famoso, tão famoso quanto os maiores líderes do mundo. 10-11 Escolhi um lugar para o meu povo de Israel e o fiz morar ali, onde eles viverão em paz. Desde que entraram nesta terra, eles têm sido atacados por povos violentos, mas isso não acontecerá mais. Eu prometo que livrarei você de todos os seus inimigos e que lhe darei descendentes. 12 E, quando você morrer e for sepultado ao lado dos seus antepassados, eu colocarei um dos seus filhos como rei e tornarei forte o reino dele. 13 Será ele quem construirá um templo para mim, e eu farei com que os seus descendentes governem para sempre. 14 Eu serei o pai dele, e ele será meu filho. Quando ele errar, eu o castigarei como um pai castiga seu filho. 15 Porém não retirarei dele o meu amor, como fiz com Saul, para que você pudesse ser rei. 16 Você sempre terá descendentes, e eu farei com que o seu reino dure para sempre. E a sua descendência real nunca terminará."

17 E Natã contou a Davi tudo o que Deus lhe havia revelado.

A oração de agradecimento de Davi

1Crônicas 17.16-27

18 O rei Davi entrou na barraca, sentou-se e orou assim:

— Ó SENHOR, meu Deus, eu não mereço tudo o que fizeste por mim no passado, e a minha família também não merece. 19 E, como se as bênçãos do passado ainda fossem poucas, agora estás fazendo promessas a respeito dos meus descendentes no futuro. E deixaste um homem ver isso, ó SENHOR, meu Deus! 20 O que mais posso te dizer? Tu me conheces, pois sou teu *servo. 21 Era o teu desejo e propósito fazer isso; e tu me deixaste saber de todas essas grandes coisas. 22 Como és grande, ó SENHOR, nosso Deus! Não há ninguém igual a ti; como temos ouvido dizer, somente tu és Deus; não existe outro. 23 Não há nenhuma outra nação na terra como o teu povo de Israel, que libertaste para ser o teu próprio povo. Tu te tornaste famoso e fizeste grandes e maravilhosas coisas por eles. Tu libertaste o teu povo do

Egito e expulsaste as outras nações e os seus deuses conforme o teu povo ia avançando. 24 Ó SENHOR, tu fizeste com que o teu povo de Israel fosse teu para sempre e te tornaste o seu Deus.

25 — E agora, ó SENHOR, nosso Deus, confirma a promessa que fizeste a meu respeito e a respeito da minha família e cumpre o que disseste que ia acontecer. 26 A tua fama será grande, e para sempre as pessoas dirão: "O SENHOR Todo-Poderoso é o Deus de Israel." E tu farás com que sempre haja reis entre os meus descendentes. 27 SENHOR Todo-Poderoso, Deus de Israel! Eu tenho coragem para te fazer esta oração porque revelaste a mim, teu *servo, que farás com que os meus descendentes sejam reis.

28 — E mais. Tu, ó SENHOR, me fizeste esta maravilhosa promessa, e as tuas promessas sempre se cumprem porque tu és Deus. 29 Eu te peço agora que abençoes os meus descendentes para que eles continuem a ter sempre a tua proteção. Tu, ó SENHOR, meu Deus, prometeste isso. Que a tua bênção esteja com os meus descendentes para sempre!

Diversas vitórias de Davi

1Crônicas 18.1-17

8 Algum tempo depois, Davi atacou os filisteus, derrotou-os e acabou com o poder deles naquela região.

2 Ele também derrotou os moabitas. Fez com que se deitassem no chão, mediu-os com uma corda e matou dois terços deles. Assim os moabitas se tornaram escravos de Davi e lhe pagavam impostos.

3 Então Davi atacou o rei de Zoba, Hadadezer, filho de Reobe, quando este foi tomar de novo as terras que ficam perto do rio Eufrates. 4 Davi prendeu mil e setecentos cavaleiros de Hadadezer e vinte mil dos seus soldados da infantaria; também aleijou os cavalos que puxavam os carros, deixando cavalos somente para cem carros. 5 Os sírios de Damasco foram socorrer Hadadezer, e Davi matou vinte e dois mil deles. 6 Em seguida colocou acampamentos militares na terra deles. Davi os dominou, e eles lhe pagavam impostos. O SENHOR Deus *fez com que Davi fosse vitorioso* em todos os lugares aonde ia. 7 Davi tomou dos oficiais de Hadadezer os *escudos de ouro que eles usavam e os levou para Jerusalém. 8 Também levou uma grande quantidade de bronze das cidades de Betá e Berotai, que eram governadas por Hadadezer.

9 O rei Toí, da cidade de Hamate, soube que Davi tinha derrotado todo o exército de Hadadezer. 10 Então enviou o seu filho Jorão para cumprimentar Davi e para lhe dar parabéns por ter vencido Hadadezer. Acontece que Toí havia lutado muitas vezes contra Hadadezer. Jorão levou para Davi objetos feitos de prata, de ouro e de bronze. 11 E o rei Davi os separou para serem usados na adoração ao SENHOR, juntamente com a prata e o ouro que havia tomado dos povos que havia conquistado, 12 isto é, os edomitas, os moabitas, os amonitas, os filisteus e os amalequitas. E fez a mesma coisa com parte do que havia tirado de Hadadezer.

13 Davi se tornou ainda mais famoso quando voltou depois de ter matado dezoito mil edomitas no vale do Sal. 14 Ele colocou acampamentos militares em todo o país de Edom e dominou o povo dali. O SENHOR Deus fez com que Davi fosse vitorioso em todos os lugares aonde ia.

15 Davi governou todo o povo de Israel e fez com que eles fossem sempre tratados com igualdade e justiça. 16 Joabe, cuja mãe era Zeruia, comandava o seu exército. Josafá, filho de Ailude, era o conselheiro do rei. 17 Zadoque, filho de Aitube, e Aimeleque, filho de Abiatar, eram sacerdotes. Seraías era o escrivão. 18 Benaías, filho de Joiada, era o chefe dos queretitas e dos peletitas. E os filhos de Davi eram sacerdotes.

Davi e Mefibosete

9 Certo dia Davi perguntou:

— Será que alguma pessoa da família de Saul ainda está viva? Se está, eu quero fazer alguma coisa boa para essa pessoa, por causa de Jônatas.

2 Havia um empregado chamado Ziba, da família de Saul. Alguém lhe disse que fosse falar com o rei Davi.

— Você é Ziba? — perguntou o rei.

— Sim, sou eu mesmo, às suas ordens! — respondeu ele.

3 E o rei lhe perguntou:

— *Ainda existe* alguém da família de Saul para quem eu possa fazer alguma coisa boa, como prometi a Deus?

Ziba respondeu:

— Sim. Existe um filho de Jônatas. Ele é aleijado dos dois pés.

4 — Onde está ele? — perguntou o rei.

— Na casa de Maquir, filho de Amiel, na cidade de Lo-Debar! — respondeu Ziba.

5 Então o rei Davi mandou buscá-lo.

6 Quando Mefibosete, filho de Jônatas e neto de Saul, chegou, ele ajoelhou-se e encostou o rosto no chão diante de Davi em sinal de respeito. Davi disse:

— Mefibosete!

— Às suas ordens, senhor! — respondeu ele.

7 — Não fique com medo! — disse Davi. — Eu serei bondoso com você por causa de Jônatas, o seu pai. Eu lhe darei de volta todas as terras que pertenciam ao seu avô Saul, e você será sempre bem-vindo à minha mesa.

8 Mefibosete se curvou novamente e respondeu:

— Eu não valho mais do que um cachorro morto! Por que o senhor é tão bondoso comigo?

9 Então o rei chamou Ziba, o empregado de Saul, e disse:

— Eu estou devolvendo a Mefibosete, o neto do seu patrão, tudo o que pertencia a Saul e à sua família. 10 Você, os seus filhos e os seus empregados cultivarão a terra para a família do seu patrão Saul e farão a colheita para que eles tenham comida. Mas Mefibosete comerá sempre à minha mesa.

Ziba tinha quinze filhos e vinte empregados.

11 Ele respondeu:

— Farei tudo o que o senhor mandar.

Daí em diante Mefibosete passou a comer junto com o rei, como se fosse filho dele.

12 Mefibosete tinha um filho pequeno chamado Mica. Todos os que eram da família de Ziba se tornaram empregados de Mefibosete. 13 Assim Mefibosete, que era aleijado dos dois pés, ficou morando em Jerusalém e todos os dias comia junto com o rei.

Davi vence os amonitas e os sírios

1Crônicas 19.1-19

10 Algum tempo depois morreu o rei Naás, do país de Amom, e o seu filho Hanum se tornou rei. 2 E Davi disse:

— Eu serei bondoso com Hanum, assim como Naás, o seu pai, foi bondoso comigo.

Então enviou mensageiros a Hanum para mostrar a sua amizade. Porém, quando os mensageiros chegaram à cidade de Rabá, 3 as autoridades amonitas disseram ao seu rei:

— O senhor pensa que é em honra do seu pai que Davi enviou estes homens para mostrar amizade? É claro que não! Ele os mandou aqui como espiões a fim de conhecerem a cidade, para poderem destruí-la.

4 Então Hanum pegou os mensageiros de Davi, raspou um lado da barba deles, cortou as suas roupas até a altura das nádegas e os mandou embora. 5 Quando Davi soube disso, enviou outros mensageiros para se encontrarem com eles porque eles estavam muito envergonhados. Davi mandou lhes dizer que ficassem na cidade de Jericó e que só voltassem quando as suas barbas tivessem crescido de novo.

6 Os amonitas compreenderam que tinham feito de Davi um inimigo deles. Por isso, contrataram vinte mil soldados sírios das cidades de Bete-Reobe e Zoba. Também contrataram o rei da cidade de Maacá, com mil homens, e doze mil homens da cidade de Tobe. 7 Davi soube disso e enviou contra eles Joabe com todos os melhores soldados do exército israelita. 8 Os amonitas saíram e tomaram posição na entrada da cidade de Rabá enquanto os outros — os sírios de Zoba e de Reobe e os homens de Tobe e Maacá — tomaram posição em campo aberto.

9 Joabe viu que as tropas inimigas os atacariam pela frente e por trás. Então escolheu os melhores soldados de Israel e os colocou de frente para os sírios. 10 Deixou o resto das suas tropas sob o comando do seu irmão Abisai, que as colocou de frente para os amonitas. 11 E Joabe disse a Abisai:

— Se você perceber que os sírios estão me vencendo, venha me ajudar; e, se os amonitas estiverem vencendo você, eu irei ajudá-lo. 12 Seja corajoso! Vamos lutar com firmeza pelo nosso povo e pelas cidades do nosso Deus. E que seja feita a vontade de Deus, o SENHOR!

13 Então Joabe e os seus soldados avançaram para atacar, e os sírios fugiram. 14 Os amonitas viram os sírios fugindo. Então também fugiram de Abisai e voltaram para dentro da cidade. E Joabe parou de lutar contra os amonitas e voltou para Jerusalém.

15 Quando os sírios viram que tinham sido vencidos pelos israelitas, reuniram de novo todas as suas tropas. 16 O rei Hadadezer mandou chamar os sírios que estavam no lado leste do rio Eufrates. Então eles foram até a cidade de Helã. Na frente

deles ia Sobaque, o comandante do exér-
cito de Hadadezer. 17 Quando Davi soube
disso, reuniu as tropas israelitas, atraves-
sou o rio Jordão e marchou para Helã. Lá
os sírios tomaram posição de frente para
os israelitas. A luta começou, 18 e os israe-
litas fizeram os sírios fugir. Davi e os seus
soldados mataram setecentos soldados
que guiavam carros de guerra e quarenta
mil cavaleiros sírios. Feriram também So-
baque, o comandante inimigo, que mor-
reu ali no campo de batalha. 19 Quando
os reis que eram chefiados por Hadade-
zer viram que tinham sido vencidos pelos
israelitas, fizeram paz com eles, ficando
debaixo do seu poder. E os sírios ficaram
com medo de ajudar de novo os amonitas.

Davi e Bate-Seba

11 Na primavera seguinte, época do
ano em que os reis costumam sair
para a guerra, Davi mandou que Joabe, os
seus oficiais e o exército israelita fossem
atacar os inimigos. Eles venceram os amo-
nitas e cercaram a cidade de Rabá. Mas
Davi ficou em Jerusalém.
2 Uma tarde Davi se levantou, depois
de ter dormido um pouco, e foi passear
no terraço do palácio. Dali viu uma mu-
lher muito bonita tomando banho. 3 Aí
ele mandou que descobrissem quem era
aquela mulher e soube que era Bate-Se-
ba, filha de Eliã e esposa de Urias, o he-
teu. 4 Então Davi mandou que alguns men-
sageiros fossem buscá-la. Eles a trouxe-
ram, e Davi teve relações com ela. Bate-
-Seba tinha justamente terminado o seu
ritual mensal de *purificação. Ela voltou
para casa 5 e depois descobriu que esta-
va grávida e mandou um recado a Davi
contando isso.
6 Davi mandou então esta mensagem
a Joabe:
— Mande que Urias, o heteu, venha fa-
lar comigo.
E Joabe obedeceu. 7 Quando Urias che-
gou, Davi perguntou a ele se Joabe e as
tropas estavam bem e como estava indo
a guerra. 8 Depois disse a Urias:
— Vá para casa e descanse um pouco.
Urias saiu, e Davi mandou levar um
presente à casa dele. 9 Mas Urias não foi
para casa; em vez disso, dormiu no portão
do palácio junto com os guardas do rei.
10 Quando Davi soube que Urias não tinha
ido para casa, perguntou-lhe:
— Você acaba de voltar depois de ter
ficado fora muito tempo. Por que não foi
para casa?
11 Urias respondeu:
— Os homens de Israel e de Judá estão
longe, na frente de batalha, e a *arca da
aliança está com eles. O meu comandante
Joabe e os seus oficiais estão acampados
ao ar livre. Como poderia eu ir para casa,
comer e beber e dormir com a minha mu-
lher? Juro por tudo o que é sagrado, que
nunca poderia fazer isso!
12 Então Davi disse:
— Fique aqui o resto do dia. Amanhã
eu o mandarei de volta.
E Urias ficou em Jerusalém naquele dia
e no dia seguinte. 13 Davi convidou-o para
jantar e fez com que ele ficasse bêbado.
Mesmo assim, Urias não foi para casa na-
quela noite. Em vez disso, dormiu no seu
cobertor, no quarto da guarda do palácio.
14 Na manhã seguinte, Davi escreveu
uma carta a Joabe e a mandou por Urias.
15 Davi escreveu o seguinte: "Ponha Urias
na linha de frente, onde a luta é mais

Pergunte a si mesma...

Na primavera, os reis dos tempos antigos iam para a guerra. Mas, em uma dessas ocasiões, o rei Davi enviou seus homens para a batalha, mas ele mesmo ficou para trás. Então, enquanto Davi deveria estar no campo de batalha, ele estava no telhado admirando a esposa de um de seus guerreiros, e isso levou à destruição de sua vida e de sua família. Pergunte a si mesma sobre as vezes em que você fez algo parecido e se meteu em apuros:

- Estive em um lugar onde não deveria estar e acabei fazendo uma confusão?
- Algumas coisas eu não faço porque sou muito preguiçosa. Quais são elas?
- Que tipo de coisas eu faço em meu tempo livre?
- Quanto desse tempo eu gasto com as coisas do céu?
- Como meu tempo poderia ser mais bem aproveitado?

pesada. Depois se retire e deixe que ele
seja morto."
16 Por isso, enquanto estava cercando a
cidade, Joabe mandou Urias para um lu-
gar onde sabia que o inimigo estava mais
forte. 17 As tropas inimigas saíram da ci-
dade, lutaram contra as forças de Joabe e
mataram alguns oficiais de Davi. E Urias
também foi morto.
18 Então Joabe mandou a Davi notícias
da batalha. 19 Ele disse ao mensageiro o
seguinte:
— Se, depois que você contar ao rei
tudo sobre a batalha, 20 ele ficar zangado
e perguntar: "Por que vocês chegaram tão
perto da cidade para lutar com eles? Não
viram que eles poderiam atirar flechas do
alto da muralha? 21 Vocês não lembram
como Abimeleque, filho de Jerubesete,
foi morto? Foi na cidade de Tebes, onde
uma mulher atirou de cima da muralha
uma pedra de moinho e o matou. Então
por que vocês chegaram tão perto da mu-
ralha?" Se o rei perguntar isso, respon-
da: "Urias, seu oficial, também foi morto."
22 Então o mensageiro foi e disse a Davi
o que Joabe tinha mandado. 23 O mensa-
geiro disse assim:
— Os inimigos eram mais fortes do que
nós e saíram para fora da cidade para lu-
tar em campo aberto. Mas nós os forçá-
mos a voltar para o portão da cidade.
24 Então eles atiraram flechas do alto da
muralha contra nós, e alguns dos seus ofi-
ciais foram mortos. E o seu oficial Urias
também morreu.
25 Davi respondeu ao mensageiro:
— Anime Joabe e diga-lhe que não fi-
que preocupado, pois numa batalha nun-
ca se sabe quem vai morrer. Diga-lhe que
ataque com mais força, até conquistar a
cidade.
26 Bate-Seba soube que o marido tinha
morrido e chorou por ele. 27 Depois que
passou o tempo de luto, Davi mandou tra-
zê-la para o palácio. Ela se tornou sua es-
posa e lhe deu um filho. Mas o SENHOR
não gostou do que Davi tinha feito.

O profeta Natã repreende Davi

12 O SENHOR Deus mandou que o *pro-
feta Natã fosse falar com Davi. Natã
foi e disse:
— Havia dois homens que viviam na
mesma cidade: um era rico, e o outro
era pobre. 2 O rico possuía muito gado
e ovelhas, 3 enquanto que o pobre tinha
somente uma ovelha, que ele havia com-
prado. Ele cuidou dela, e ela cresceu na
sua casa, junto com os filhos dele. Ele a ali-
mentava com a sua própria comida, deixa-
va que ela bebesse no seu próprio copo, e
ela dormia no seu colo. A ovelha era como
uma filha para ele. 4 Certo dia um visitan-
te chegou à casa do homem rico. Este não
quis matar um dos seus próprios animais
para preparar uma refeição para o visitan-
te; em vez disso, pegou a ovelha do ho-
mem pobre, matou-a e preparou com ela
uma refeição para o seu hóspede.
5 Então Davi ficou furioso com aquele
homem e disse:
— Eu juro pelo SENHOR, o Deus vivo,
que o homem que fez isso deve ser mor-
to! 6 Ele deverá pagar quatro vezes o que
tirou, por ter feito uma coisa tão cruel!
7 Então Natã disse a Davi:
— Esse homem é você. E é isto o que
diz o SENHOR, o Deus de Israel: "Eu tornei
você rei de Israel e o salvei de Saul. 8 Eu
lhe dei o reino e as mulheres dele; tor-
nei você rei de Israel e de Judá. E, se isso
não bastasse, eu lhe teria dado duas vezes
mais. 9 Por que é que você desobedeceu
aos meus mandamentos e fez essa coi-
sa tão horrível? Você fez com que Urias,
o heteu, fosse morto na batalha; deixou
que os amonitas o matassem e então fi-
cou com a esposa dele! 10 Portanto, porque
você me desobedeceu e tomou a mulher
de Urias, sempre alguns dos seus descen-
dentes morrerão de morte violenta. 11 E
também afirmo que farei uma pessoa da
sua própria família causar a sua desgraça.
Você verá isso quando eu tirar as suas es-
posas e as der a outro homem; e ele terá
relações com elas em plena luz do dia.
12 Você pecou escondido, em segredo, mas
eu farei com que isso aconteça em plena
luz do dia, para todo o povo de Israel ver."
13 Então Davi disse:
— Eu pequei contra Deus, o SENHOR.
Natã respondeu:
— O SENHOR perdoou o seu pecado;
você não morrerá. 14 Mas, porque, fazen-
do isso, você mostrou tanto desprezo pelo
SENHOR, o seu filho morrerá.
15 Aí Natã foi para casa.

A morte do filho de Davi e Bate-Seba

Então o SENHOR fez com que o filho de
Davi e da mulher de Urias ficasse mui-
to doente. 16 Davi orou a Deus para que
a criança sarasse e não quis comer nada.

Entrou no seu quarto e passou a noite in-
teira deitado no chão. 17 Então os funcio-
nários do palácio tentaram fazer Davi se
levantar, mas ele não quis e não comeu
nada com eles. 18 Uma semana depois, a
criança morreu, e os funcionários fica-
ram com medo de dar a notícia a Davi.
Eles disseram:

— Enquanto a criança estava viva, Davi
não respondia quando falávamos com ele.
Como vamos dizer a ele que a criança
morreu? Ele poderá fazer alguma loucura!

19 Quando Davi viu os oficiais cochi-
chando uns com os outros, compreen-
deu que a criança havia morrido. Então
perguntou:

— A criança morreu?

— Morreu! — responderam eles.

20 Então Davi se levantou do chão, to-
mou um banho, penteou os cabelos e tro-
cou de roupa. Depois foi à casa de Deus,
o SENHOR, e o adorou. Quando voltou ao
palácio, pediu comida e comeu logo o que
lhe foi servido.

21 Aí os seus oficiais disseram:

— Nós não entendemos isto. Enquan-
to o menino estava vivo, o senhor chorou
por ele e não comeu; mas, logo que ele
morreu, o senhor se levantou e comeu!

22 — Sim! — respondeu Davi. — En-
quanto o menino estava vivo, eu jejuei e
chorei porque o SENHOR poderia ter pena
de mim e não deixar que ele morresse.
23 Mas agora que está morto, por que je-
juar? Será que eu poderia fazê-lo viver
novamente? Um dia eu irei para o lugar
onde ele está, porém ele nunca voltará
para mim.

O nascimento de Salomão

24 Então Davi consolou a sua esposa
Bate-Seba. Teve relações com ela, e ela
deu à luz um filho, a quem Davi deu o
nome de Salomão. Deus amou o menino
25 e mandou que o *profeta Natã lhe des-
se o nome de Jedidias porque o SENHOR
Deus o amava.

Davi conquista a cidade de Rabá

1Crônicas 20.1-3

26 Enquanto isso, Joabe continuou a
atacar Rabá, a capital do país de Amom.
Quando estava para conquistar a cidade,
27 enviou mensageiros com o seguinte re-
cado para Davi:

— Eu ataquei Rabá e conquistei os
seus reservatórios de água. 28 Reúna ago-
ra o resto dos seus soldados, e o senhor
ataque a cidade, e tome-a. Eu não quero
ficar com a *glória dessa vitória.

29 Então Davi reuniu os seus soldados,
foi até Rabá, atacou a cidade e a con-
quistou.

30 *Moloque, o ídolo que os amonitas
adoravam, tinha uma coroa que pesava
mais ou menos trinta e quatro quilos. A
coroa era de ouro, e nela havia uma pe-
dra preciosa, que Davi tirou e colocou na
sua própria coroa. Levou também de Rabá
muitas coisas de valor. 31 Davi fez o povo
da cidade trabalhar com serras, enxadas
e machados e fabricar tijolos. E fez o mes-
mo em todas as outras cidades de Amom.
Então Davi e os seus soldados voltaram
para Jerusalém.

Amnom e Tamar

13 Absalão, filho de Davi, tinha uma
irmã muito bonita, que se chama-
va Tamar. Outro filho de Davi, chamado
Amnom, apaixonou-se por ela. 2 Ele estava
tão apaixonado, que até ficou doente. Am-
nom pensava que era impossível possuir
a sua meia-irmã; ela era virgem e por isso
não tinha o direito de se encontrar com
nenhum homem. 3 Mas Amnom tinha um
amigo muito esperto, chamado Jonadabe,
filho de Simeia, irmão de Davi. 4 Jonadabe
disse a Amnom:

— Você é filho do rei e, no entanto, cada
dia está mais triste. Diga-me por quê.

— É que estou apaixonado por Tamar,
a irmã de Absalão, o meu irmão por parte
de pai! — respondeu Amnom.

5 Então Jonadabe disse:

— Finja que está doente e vá se deitar.
Quando o seu pai vier, diga a ele: "Por fa-
vor, deixe que a minha irmã Tamar venha
me dar de comer. Que ela prepare a co-
mida aqui onde eu possa vê-la e que ela
mesma me sirva a comida."

6 E Amnom se deitou e fingiu que es-
tava doente.

O rei Davi foi visitá-lo, e Amnom disse:

— Por favor, deixe que Tamar venha e
prepare alguns bolos aqui onde eu possa
vê-la, e que ela mesma os sirva para mim.

7 Então Davi mandou dizer a Tamar, no
palácio:

— Vá à casa de Amnom e prepare algu-
ma comida para ele.

8 Ela foi e o encontrou de cama. Aí pe-
gou um pouco de massa, preparou-a e fez
alguns bolos ali onde ele podia vê-la. En-
tão assou os bolos 9 e os tirou da forma

para Amnom comer. Mas ele não quis e disse:

— Mande todo mundo sair.

Todos saíram. 10 E Amnom disse a Tamar:

— Traga os bolos aqui para a minha cama e sirva-os para mim.

Então ela levou os bolos para ele. 11 Quando os ofereceu a Amnom, ele a agarrou e disse:

— Deite-se comigo, minha irmã!

12 Porém ela respondeu:

— Não, meu irmão! Não me obrigue a fazer isso! Não se faz uma coisa dessas em Israel. Não faça essa loucura! 13 Como eu poderia aparecer depois disso diante dos outros? E você ficaria completamente desmoralizado em Israel. Por favor, fale com o rei, e eu estou certa de que ele me dará a você.

14 Mas Amnom não quis ouvir o que Tamar dizia. E, como era mais forte, ele a forçou e teve relações com ela.

15 Depois teve nojo dela e a odiou ainda mais do que a tinha amado antes. Então disse:

— Saia daqui!

16 Tamar respondeu:

— Não, meu irmão! Você me mandar embora assim é um crime ainda maior do que o que você acaba de cometer!

Mas Amnom não quis escutar o que ela dizia. 17 Chamou o seu empregado particular e disse:

— Tire essa mulher da minha frente! Ponha-a para fora e feche a porta!

18 Então o empregado pôs Tamar para fora e fechou a porta.

Ela estava usando um vestido longo, de mangas compridas — a roupa que as princesas solteiras usavam naquele tempo. 19 Aí ela pôs cinza na cabeça, rasgou o vestido e saiu gritando, cobrindo o rosto com as mãos. 20 O seu irmão Absalão perguntou:

— Amnom fez mal a você? Não conte isso a ninguém, *minha irmã*. Afinal de contas, ele é seu meio-irmão. Não leve isso muito a sério.

Assim Tamar ficou vivendo triste e sozinha na casa de Absalão.

21 Quando o rei Davi soube do que tinha acontecido, ficou furioso. 22 Absalão não disse nem uma palavra a Amnom, mas ficou com ódio dele porque havia forçado a sua irmã Tamar.

23 Dois anos depois, Absalão estava cortando a lã das suas ovelhas em Baal-Hazor, perto da cidade de Efraim, e convidou todos os filhos do rei para irem até lá. 24 Ele foi falar com o rei Davi e disse:

— Meu rei, eu estou cortando a lã das minhas ovelhas. Gostaria que o senhor e os seus funcionários também fossem até lá.

25 Davi respondeu:

— Não, meu filho. Se todos nós fôssemos, daríamos muito trabalho a você.

Absalão insistiu, mas o rei não quis ir e lhe disse que podia ir embora.

26 Mas Absalão disse:

— Está bem. Então deixe que pelo menos o meu irmão Amnom vá.

— Por que motivo ele iria com você? — perguntou o rei.

27 Mas Absalão continuou a insistir, até que por fim Davi deixou que Amnom e todos os seus outros filhos fossem.

Absalão preparou um banquete de rei 28 e deu as seguintes instruções aos seus empregados:

— Prestem atenção em Amnom. Quando ele estiver bêbado, eu darei uma ordem, e vocês o matarão. Não tenham medo, pois a responsabilidade será minha. Sejam corajosos e decididos!

29 Os empregados mataram Amnom, como Absalão havia mandado. Então todos os outros filhos de Davi montaram suas mulas e fugiram.

30 Enquanto eles estavam voltando para casa, Davi recebeu esta notícia: "Absalão matou todos os seus filhos; não escapou nenhum!"

31 Então o rei se levantou, rasgou as suas roupas em sinal de tristeza e se jogou no chão. E todos os servidores dele que estavam ali também rasgaram as suas roupas. 32 Mas Jonadabe, filho de Simeia, irmão de Davi, disse:

— Senhor, eles não mataram todos os seus filhos. Somente Amnom morreu. Pelo jeito de Absalão, a gente podia ver *que ele havia* resolvido fazer isso desde o dia em que Amnom forçou *a sua irmã* Tamar. 33 Por isso, eu não acredito na notícia de que todos os seus filhos morreram; somente Amnom foi morto.

34 Enquanto isso, Absalão fugiu.

Naquele momento o soldado que estava de guarda viu muita gente descendo o monte, na estrada de Horonaim. Ele foi até o lugar onde o rei estava e disse:

— Alguns homens estão descendo o
monte, na estrada de Horonaim.
35 Então Jonadabe disse a Davi:
— São os seus filhos que estão voltan-
do, justamente como eu disse.
36 Logo que ele acabou de dizer isso, os
filhos de Davi entraram. Eles começaram
a chorar alto, e Davi e os seus oficiais tam-
bém choraram muito.
37 Absalão fugiu e foi ficar com o rei da
cidade de Gesur, chamado Talmai, filho de
Amiúde. E por muito tempo Davi chorou
a morte do seu filho Amnom.
38 Absalão ficou três anos em Gesur.
39 Então o rei Davi começou a sentir mui-
ta saudade dele, pois agora já estava con-
formado com a morte de Amnom.

A volta de Absalão

14 Joabe, cuja mãe era Zeruia, soube
que o rei Davi estava sentindo mui-
ta saudade de Absalão. 2 Então mandou
buscar uma mulher esperta que morava
na cidade de Tecoa e disse:
— Finja que está de luto. Vista as suas
roupas de luto e não penteie os cabelos.
Faça de conta que você já está de luto há
bastante tempo. 3 Então vá falar com o rei
e diga a ele o que eu vou dizer a você.
Aí Joabe disse o que ela devia falar.
4 A mulher foi até o lugar onde o rei es-
tava, ajoelhou-se e encostou o rosto no
chão em sinal de respeito e disse:
— Por favor, me ajude, ó rei!
5 — O que é que você quer? — pergun-
tou ele.
Ela respondeu:
— O meu marido morreu; eu sou uma
pobre viúva. 6 Senhor, eu tinha dois filhos.
Um dia eles brigaram no campo. Não ha-
via ninguém para apartar a briga, e um
deles matou o outro. 7 E agora todos os
meus parentes ficaram contra mim. Estão
exigindo que eu entregue a eles o meu fi-
lho porque querem matá-lo, pois ele ma-
tou o seu irmão. Se fizerem isso, eu fica-
rei sem nenhum filho. Eles vão destruir
a minha última esperança e vão deixar o
meu marido sem nenhum filho para man-
ter vivo o seu nome.
8 Davi respondeu:
— *Volte para casa*, que eu cuidarei des-
te assunto.
9 — Senhor, — disse ela — eu e a minha
família aceitaremos a culpa por qualquer
coisa que o senhor fizer. O senhor e a sua
família ficarão inocentes.
10 Então o rei disse:
— Se alguém ameaçar você, traga-o
aqui, e ele nunca mais a incomodará.
11 — Senhor, — disse ela — por favor, ore
ao SENHOR, seu Deus, para que os meus
parentes que planejam vingar a morte do
meu filho não cometam um crime maior
ainda, matando o meu outro filho.
Davi disse:
— Eu juro pelo SENHOR, o Deus vivo,
que ninguém tocará no seu filho.
12 — Senhor, — disse a mulher — deixe-
-me dizer somente mais uma coisa.
— Está bem! — respondeu ele.
13 — Por que o senhor fez uma coisa tão
errada com o povo de Deus? — perguntou
ela. — Ó rei, o senhor não deixou que o
seu filho voltasse do estrangeiro; assim,
com o que acabou de dizer, condenou a si
mesmo. 14 Todos nós morreremos; somos
como a água derramada no chão, que não
pode ser juntada de novo. Mesmo Deus
não traz os mortos de volta à vida, mas
o rei pode dar um jeito de trazer um ho-
mem de volta do estrangeiro. 15 Ó rei, eu
vim falar com o senhor agora porque o
povo me ameaçou. Aí eu pensei: "Vou fa-
lar com o rei, pois tenho a esperança de
que ele atenda o meu pedido." 16 Pensei
que o senhor me atenderia e me salvaria
daquele que está tentando matar o meu
filho e a mim e que quer nos tirar da ter-
ra que Deus deu ao seu povo. 17 Eu, a sua
criada, também pensei que a sua promes-
sa me salvaria, pois o rei é como o anjo de
Deus e sabe tudo. Que o SENHOR, nosso
Deus, esteja com o senhor!
18 — Eu vou lhe fazer uma pergunta —
respondeu o rei, — e você vai me dizer
toda a verdade.
— Pergunte o que quiser, senhor! —
respondeu ela.
19 — Foi Joabe que pôs você nisto, não
foi? — perguntou o rei.
Ela respondeu:
— Digo, por tudo o que é sagrado, que
não há jeito de escapar da sua pergun-
ta. Sim, foi o seu oficial Joabe quem me
disse o que fazer e o que falar. 20 Ele fez
isso para resolver este caso. O senhor é
sábio como o anjo de Deus e sabe tudo o
que acontece.
21 Mais tarde o rei disse a Joabe:
— Eu resolvi fazer o que você quer. Vá
e traga de volta o jovem Absalão.
22 Então Joabe se jogou no chão em fren-
te de Davi em sinal de respeito e disse:

— Deus o abençoe, ó rei! Agora eu sei
que o senhor está satisfeito comigo, pois
atendeu o pedido que eu, o seu criado, fiz.
23 Então Joabe levantou-se, foi à cidade
de Gesur e trouxe Absalão de volta para
Jerusalém. 24 No entanto, o rei deu ordem
para Absalão não morar no palácio.

— Eu não quero vê-lo! — disse ele.

Aí Absalão foi morar na sua própria
casa e não apareceu mais diante do rei.

Absalão faz as pazes com Davi

25 Em Israel não havia ninguém tão fa-
moso por sua beleza como Absalão. Ele
era perfeito da cabeça aos pés. 26 Tinha
muito cabelo, que ele cortava uma vez por
ano, quando ficava muito comprido e pe-
sado. A sua cabeleira pesava mais de dois
quilos, de acordo com a medida real de
pesos. 27 Ele tinha três filhos e uma filha
chamada Tamar, que era muito bonita.
28 Absalão morou dois anos em Jerusa-
lém sem ver o rei. 29 Então mandou buscar
Joabe para lhe pedir que fosse falar com
o rei em favor dele. Mas Joabe não quis
ir. Aí ele mandou buscá-lo de novo, mas
Joabe recusou novamente. 30 Então Absa-
lão disse aos empregados:

— Olhem! O campo de Joabe é pegado
ao meu, e nele há uma plantação de *ceva-
da. Vão lá e ponham fogo no campo dele.

Então eles foram e puseram fogo no
campo de Joabe.

31 Aí Joabe foi à casa de Absalão e per-
guntou:

— Por que os seus empregados puse-
ram fogo no meu campo?

32 Absalão respondeu:

— Eu mandei chamar você. Quero que
você vá dizer ao rei Davi o seguinte: "Afi-
nal de contas, por que foi que eu voltei de
Gesur? Seria melhor ter ficado lá."

E Absalão continuou:

— Eu quero falar com o rei. Se sou
culpado, que ele mande me matar.

33 Então Joabe foi conversar com o rei.
Aí o rei mandou buscar Absalão, e este
veio, ajoelhou-se e encostou o rosto no
chão diante dele. E o rei o beijou.

A revolta de Absalão

15 Depois disso Absalão mandou pre-
parar para si um carro com cavalos
e cinquenta homens para correrem na sua
frente. 2 Ele se levantava cedo e ficava no
portão da cidade, onde a estrada termina-
va. Quando uma pessoa chegava ali com al-
gum caso para o rei Davi resolver, Absalão
a chamava e perguntava de onde era. E,
quando a pessoa respondia: "Senhor, eu
sou de tal *tribo de Israel", 3 Absalão dizia:
"Olhe! A *lei está do seu lado, mas não há
um representante do rei para ouvir o seu
caso." 4 Absalão também dizia: "Ah! Se eu
fosse o juiz aqui! Então qualquer pessoa
que tivesse uma questão ou um pedido
poderia me procurar, e eu faria justiça."
5 E, quando alguém chegava perto de
Absalão para se curvar diante dele, ele
o segurava, abraçava e beijava. 6 Absalão
fazia isso com todos os israelitas que iam
pedir ao rei Davi que fizesse justiça, e as-
sim ele conquistava o coração do povo
de Israel.

7 Quatro anos depois, Absalão disse ao
rei Davi:

— Deixe-me ir à cidade de Hebrom
para pagar uma promessa que fiz a Deus,
o SENHOR. 8 Enquanto estava morando em
Gesur, na Síria, eu prometi que, se o SE-
NHOR me trouxesse de volta a Jerusalém,
eu o adoraria em Hebrom.

9 — Vá em paz! — disse o rei.

Aí Absalão foi a Hebrom. 10 Mas enviou
mensageiros a todas as tribos de Israel,
para dizerem o seguinte:

— Quando vocês ouvirem o toque de
cornetas, digam: "Absalão se tornou rei
em Hebrom!" 11 Duzentos homens saíram
de Jerusalém com Absalão, como convida-
dos; eles não sabiam nada daquele plano
e foram com toda a boa-fé.

12 Enquanto estava oferecendo *sacri-
fícios, Absalão também mandou chamar
Aitofel, da cidade de Gilo. Aitofel era um
dos conselheiros de Davi. Assim a revolta
contra o rei ficou mais forte, e os segui-
dores de Absalão aumentaram.

Davi foge de Jerusalém

13 Então veio um mensageiro e contou
a Davi que os israelitas haviam passado
para o lado de Absalão.

14 Aí Davi disse a todos os seus oficiais
que estavam com ele em Jerusalém:

— Se queremos escapar de Absalão,
temos de fugir logo. Vamos depressa;
se não, ele vai nos alcançar aqui, vai nos
vencer e matar todos os que estiverem
na cidade!

15 — Sim. Nós, os seus servidores, esta-
mos prontos para fazer tudo o que o se-
nhor disser! — responderam eles.

16 Aí o rei saiu acompanhado por toda
a sua família e pelos seus funcionários.

Uma oração por...

Paz nas provações

Querido Deus, todas as vezes que te relacionares comigo, na alegria ou na dor, na luz ou na escuridão, deixa-me ser levada a ti. Não me deixes julgar minha vida como sendo boa ou ruim só porque ela me faz feliz ou me deixa triste, nem por ter ou não ter o que quero. Em vez disso, oro para que tudo o que deixas acontecer em minha vida me aproxime mais de ti, a fim de que, sabendo que tu és perfeito, eu possa estar segura em tudo de que tu ainda me amas perfeitamente; em toda a escuridão, de que tu ainda me iluminas; em cada momento chato, de que tu ainda me usas. E que eu possa ter certeza de que, em toda aflição e todo sofrimento, tu estás me dando vida, assim como me deste vida por meio da morte de teu Filho, nosso Salvador, Jesus Cristo.

Amém.

Deixou somente dez *concubinas para cuidarem do palácio.
17 Quando o rei e todo o seu povo estavam saindo da cidade, pararam na última
casa. 18 Todos os funcionários ficaram de pé diante do rei enquanto os queretitas e os peletitas desfilaram em frente dele. Os seiscentos soldados que o haviam seguido desde a cidade de Gate também passaram diante dele.
19 Então Davi disse a
Itai, o líder deles:

— Por que é que você está indo com a gente? Volte e fique com o novo rei. Você é um estrangeiro, um refugiado que está longe da sua pátria.
20 Você só viveu aqui
pouco tempo. Então por que eu faria você seguir comigo? Eu não sei para onde vou. Volte e leve os seus companheiros. E que o amor e a fidelidade do SENHOR estejam com você!

21 Porém Itai respondeu:

— Ó rei, eu juro, em nome do SENHOR, o Deus vivo, que irei sempre com o senhor aonde quer que for, ainda *que eu morra* por *causa disso.*

22 — Muito bem! — respondeu Davi. — Então passe adiante!

Itai foi em frente com todos os seus homens e os seus dependentes.
23 Enquanto
os seguidores de Davi saíam, o povo chorava alto. O rei atravessou o riacho de Cedrom, e todos os seus homens também, e foram na direção do deserto.

24 Zadoque, o sacerdote, estava com eles, e também os *levitas, carregando a *arca sagrada da aliança. Os levitas colocaram a arca no chão até que todo o povo acabou de sair da cidade. Abiatar também
estava ali.
25 Então o rei disse a Zadoque:

— Leve a arca da aliança de volta para a cidade. Se o SENHOR está satisfeito comigo, um dia ele me deixará voltar para
ver a arca e a casa onde ela fica.
26 Mas, se
ele não está satisfeito, que faça comigo o que quiser!

27 E Davi continuou a falar com Zadoque:

— Olhe! Leve seu filho Aimaás e também Jônatas, filho de Abiatar, e volte em
paz para a cidade.
28 Enquanto isso, eu vou
ficar esperando nos caminhos do deserto, até receber notícias de vocês.

29 Então Zadoque e Abiatar levaram a arca de volta para Jerusalém e ficaram lá.

30 Davi subiu o monte das Oliveiras chorando; ele estava descalço e havia coberto a cabeça em sinal de tristeza. Todos os que o seguiam cobriram a cabeça e
também choravam.
31 Quando contaram
a Davi que Aitofel havia passado para o lado de Absalão, ele disse:

— Ó SENHOR Deus, faze com que os conselhos de Aitofel atrapalhem os planos de Absalão!

32 Quando Davi chegou ao alto do monte, onde havia um lugar de adoração, o seu fiel amigo Husai, da família dos arquitas, foi encontrar-se com ele ali. Husai estava com as roupas rasgadas e tinha posto terra na cabeça em sinal de tristeza.
33 Davi lhe disse:

— Não venha comigo, pois isso não me
ajudará.
34 Mas você poderá me ajudar, fazendo com que os conselhos de Aitofel fiquem sem efeito. Quando voltar à cidade, diga a Absalão: "Ó rei, eu agora vou servir
o senhor como servia o seu pai."
35 Os sacerdotes Zadoque e Abiatar vão estar lá, e você contará a eles tudo o que ouvir no
palácio do rei.
36 Os filhos deles, Aimaás e
Jônatas, vão estar lá também, e você poderá me mandar por eles todas as informações que conseguir.

37 Então Husai, o conselheiro particular de Davi, foi e chegou à cidade justamente quando Absalão estava chegando lá.

Davi e Ziba

16 Davi passou para o outro lado do
monte das Oliveiras e ali se encon-
trou, de repente, com Ziba, o empregado
de Mefibosete. Ele trazia dois jumentos
carregados com duzentos pães, cem ca-
chos de passas, cem cachos de frutas fres-
cas e um *odre cheio de vinho. 2 Então o
rei Davi lhe perguntou:
— O que você vai fazer com tudo isso?
Ziba respondeu:
— Os jumentos são para a família do rei
montar; o pão e as frutas, para os homens
comerem; e o vinho é para eles beberem
quando ficarem cansados no deserto.
3 — Onde está Mefibosete, o neto do seu
patrão Saul? — perguntou o rei.
Ziba respondeu:
— Ele ficou em Jerusalém porque está
convencido de que agora os israelitas vão
devolver a ele o reino do seu avô Saul.
4 O rei disse a Ziba:
— Tudo o que era de Mefibosete é seu.
Ziba respondeu:
— Eu me curvo diante do meu rei e se-
nhor e que eu sempre possa agradá-lo!

Davi e Simei

5 Quando o rei Davi chegou à cidade de
Baurim, Simei, filho de Gera, um dos pa-
rentes de Saul, foi encontrar-se com ele
e começou a amaldiçoá-lo. 6 Simei come-
çou também a jogar pedras em Davi e nos
seus oficiais, apesar de o rei estar rodea-
do pelos seus homens e pelos guardas
pessoais. 7 Ele amaldiçoou Davi e disse:
— Fora daqui, assassino! Criminoso!
8 Você tomou o reino de Saul. O SENHOR
Deus o está castigando por você ter ma-
tado tantas pessoas da família de Saul.
Agora Deus entregou o reino ao seu fi-
lho Absalão, e você está arruinado, seu
assassino!
9 Então Abisai, cuja mãe era Zeruia, dis-
se ao rei:
— Por que o senhor permite que este
cachorro *morto o amaldiçoe*? Deixe que
eu vá lá cortar a cabeça dele!
10 — Vocês, filhos de Zeruia, não têm
nada a ver com isso! — respondeu o rei
a Abisai e ao seu irmão Joabe. — Se foi
o SENHOR Deus quem mandou que este
homem me amaldiçoasse, quem tem o di-
reito de perguntar por que é que ele está
fazendo isso?
11 E Davi disse a Abisai e a todos os seus
oficiais:
— Se o meu próprio filho está tentando
me matar, por que eu ficaria admirado se
este membro da *tribo de Benjamim qui-
sesse fazer o mesmo? Deixem esse ho-
mem em paz. Deixem que ele amaldiçoe
porque foi o SENHOR quem o mandou fa-
zer isso. 12 Pode ser que o SENHOR olhe
para a minha aflição e me dê algumas
bênçãos em lugar destas maldições.
13 Então Davi e os seus homens conti-
nuaram o seu caminho. Simei também ia
ao lado, caminhando pelo monte, amaldi-
çoando e jogando pedras e terra em Davi.
14 O rei e todos os seus homens chega-
ram muito cansados ao rio Jordão e des-
cansaram ali.

Absalão em Jerusalém

15 Absalão e todos os israelitas entraram
em Jerusalém, e Aitofel estava com eles.
16 Quando Husai, o conselheiro particular
de Davi, encontrou Absalão, gritou:
— Viva o rei! Viva o rei!
17 E Absalão perguntou:
— Onde está a sua fidelidade ao seu
amigo? Por que você não foi com ele?
18 Husai respondeu:
— Como é que eu poderia fazer isso?
Eu sou a favor daquele que foi escolhido
por Deus, o SENHOR, por este povo e por
todos os israelitas. Eu ficarei com o se-
nhor. 19 Afinal de contas, a quem eu deve-
ria servir, a não ser o filho do meu che-
fe? Assim como servi o seu pai, eu agora
o servirei.
20 Aí Absalão disse a Aitofel:
— Eu quero o seu conselho. O que de-
vemos fazer?
21 Aitofel respondeu:
— Tenha relações com as *concubinas
do seu pai, aquelas que ele deixou cuidan-
do do palácio. Assim todos em Israel fica-
rão sabendo que você se tornou inimigo
do seu pai, e os seus seguidores ficarão
bem animados.
22 Então armaram uma barraca para Ab-
salão no terraço do palácio, e ali, na fren-
te de todos, ele teve relações com as con-
cubinas *do seu pai*.
23 Naquela época os conselhos *que Aito-*
fel dava eram seguidos como se fossem a
própria palavra de Deus; tanto Davi como
Absalão os seguiam.

Husai atrapalha o conselho de Aitofel

17 Depois Aitofel disse a Absalão:
— Deixe-me escolher doze
mil homens, e eu sairei esta noite para

perseguir Davi. 2 Eu o atacarei enquanto
ele está cansado e desanimado. Ele ficará
com medo, e todos os seus homens fugi-
rão. Então matarei somente o rei 3 e tra-
rei de volta todos os homens dele para o
senhor, como uma esposa que volta para
o seu marido. Já que o senhor quer ma-
tar somente um homem, o resto do povo
será deixado em paz.
4 Absalão achou que esse conselho era
bom, e todos os líderes israelitas também
acharam.
5 Aí Absalão disse:
— Chamem agora Husai, e vamos ouvir
o que ele tem a dizer.
6 Quando Husai chegou, Absalão disse:
— O conselho que Aitofel nos deu é
este; devemos segui-lo? Se não, diga você
o que devemos fazer.
7 Husai respondeu:
— Desta vez o conselho de Aitofel não
é bom. 8 O senhor sabe que o seu pai Davi
e os seus homens são lutadores valentes
e que eles estão furiosos como uma ursa
na floresta, de quem roubaram os filho-
tes. O seu pai é um soldado experiente e
durante a noite ele não fica com os seus
soldados. 9 Agora mesmo ele deve estar
escondido numa caverna ou em algum
outro lugar. Logo que Davi atacar os seus
soldados, todos os que ouvirem falar a
respeito disso dirão que os soldados de
Absalão foram derrotados. 10 Então até os
soldados mais corajosos, mesmo aqueles
que são ferozes como leões, ficarão com
medo. Pois todos em Israel sabem que o
seu pai é um grande soldado e que os ho-
mens que estão com ele são lutadores va-
lentes. 11 O meu conselho é que o senhor
reúna, de uma ponta a outra do país, to-
dos os israelitas, tantos quantos são os
grãos de areia da praia do mar, e que o
senhor mesmo os guie na batalha. 12 Onde
quer que Davi estiver, nós o encontrare-
mos antes mesmo que ele saiba o que está
acontecendo. Assim nem ele nem nenhum
dos seus homens escaparão. 13 Se ele fugir
para dentro de alguma cidade construída
num morro, todo o nosso povo trará cor-
das, arrasará a cidade e não deixará nem
uma pedra lá em cima.
14 Aí Absalão e todos os israelitas dis-
seram:
— O conselho de Husai é melhor do
que o de Aitofel.
O SENHOR Deus havia resolvido que os
bons conselhos de Aitofel não seriam se-
guidos, para que assim o castigo do SE-
NHOR caísse sobre Absalão.

Davi é avisado e foge

15 Então Husai contou aos sacerdotes
Zadoque e Abiatar o conselho que tinha
dado a Absalão e aos líderes israelitas
e também o conselho que Aitofel tinha
dado. 16 E disse:
— Agora mandem depressa uma men-
sagem a Davi dizendo a ele que não pas-
se a noite nos caminhos do deserto. Que
Davi atravesse o rio Jordão imediatamen-
te para que ele e os seus homens não se-
jam todos destruídos!
17 Jônatas e Aimaás estavam esperando
perto da fonte de Rogel porque não que-
riam se arriscar a serem vistos entrando
na cidade. Uma empregada ia lá de vez
em quando e informava sobre o que es-
tava acontecendo; então eles iam contar
ao rei Davi. 18 Mas dessa vez um rapaz os
viu e contou a Absalão. Então Jônatas e
Aimaás foram depressa para a casa de um
certo homem, na cidade de Baurim. Havia
um poço perto da casa, e eles entraram
dentro dele. 19 A esposa do homem pegou
uma coberta, estendeu sobre a boca do
poço e em cima dela espalhou cereais so-
cados para que ninguém pudesse perce-
ber nada. 20 Os oficiais de Absalão chega-
ram lá e perguntaram à mulher:
— Onde estão Aimaás e Jônatas?
— Eles atravessaram o rio! — respon-
deu ela.
Aí os homens os procuraram, mas não
conseguiram achar; então voltaram para
Jerusalém. 21 Depois que eles foram em-
bora, Aimaás e Jônatas saíram do poço e
foram avisar o rei Davi. Contaram o que
Aitofel tinha planejado contra ele e dis-
seram:
— Atravesse o rio depressa!
22 Então Davi e os seus homens começa-
ram a atravessar o rio Jordão e, ao nascer
do dia, todos eles já haviam atravessado.
23 Quando Aitofel viu que o seu conse-
lho não tinha sido seguido, arreou o seu
jumento e voltou para a sua cidade. E, de-
pois de pôr os seus negócios em ordem,
enforcou-se. E foi sepultado no túmulo
do seu pai.
24 Quando Absalão e os seus soldados
atravessaram o rio Jordão, Davi já havia
chegado à cidade de Maanaim. 25 Absa-
lão tinha colocado Amasa no comando

do seu exército, no lugar de Joabe. Ama-
sa era filho de um homem chamado Itra,
o ismaelita; a mãe dele era Abigail, filha
de Naás e irmã de Zeruia, a mãe de Joa-
be. 26 Absalão e os israelitas acamparam
na terra de Gileade.
27 Quando Davi chegou a Maanaim, en-
controu-se com Sobi, filho de Naás, da ci-
dade de Rabá, em Amom; com Maquir,
filho de Amiel, da cidade de Lo-Debar; e
com Barzilai, que era da cidade de Roge-
lim, em Gileade. 28-29 Eles levaram bacias,
vasilhas de barro, camas e também ali-
mentos para Davi e os seus homens. Le-
varam também trigo, *cevada, farinha, fei-
jão, grãos torrados, ervilhas, mel, queijo,
coalhada e algumas ovelhas. Eles sabiam
que, no deserto Davi, e os seus homens
ficariam com fome, com sede e cansados.

A morte de Absalão

18 O rei Davi juntou todos os seus sol-
dados, dividiu-os em grupos de mil
e em grupos de cem e colocou oficiais para
comandá-los. 2 Então mandou que saíssem
em três grupos, um comandado por Joabe,
outro por Abisai, irmão de Joabe (a mãe
deles era Zeruia), e outro por Itai, da cida-
de de Gate. E o rei disse aos seus homens:
— Eu também irei com vocês.
3 Eles responderam:
— O senhor não deve ir. Se formos obri-
gados a fugir ou se os inimigos matarem
a metade do nosso exército, isso não fará
nenhuma diferença para eles. Mas o se-
nhor vale por dez mil de nós. Será melhor
que o senhor fique aqui na cidade e nos
mande socorro.
4 — Eu farei o que vocês acharem me-
lhor! — respondeu o rei.
Então ficou ao lado do portão enquan-
to os seus soldados saíam marchando em
grupos de mil e de cem. 5 Ele deu a seguin-
te ordem a Joabe, Abisai e Itai:
— Se vocês gostam de mim, tratem o
jovem Absalão com delicadeza.
E toda a tropa ouviu Davi dar essa or-
dem a todos os oficiais.
6 O exército de Davi avançou contra os
israelitas no campo e lutou contra eles na
floresta de Efraim. 7 E os soldados de Davi
derrotaram os israelitas. Foi uma derrota
terrível: vinte mil homens foram mortos
naquele dia. 8 A luta se espalhou por toda
aquela região, e morreram mais homens
na floresta do que no campo de batalha.
9 De repente, Absalão se encontrou com
alguns dos soldados de Davi. Absalão ia
montado numa mula, e, ao passar por bai-
xo de um grande carvalho, a sua cabeça
ficou presa nos galhos. A mula continuou
a correr, e Absalão ficou pendurado. 10 Um
dos homens de Davi viu Absalão e disse
a Joabe:
— Eu vi Absalão pendurado num car-
valho!
11 Joabe disse:
— Você viu? Então por que não o ma-
tou ali mesmo? Eu teria dado a você dez
barras de prata e um cinto.
12 Mas o homem respondeu:
— Mesmo que o senhor me desse mil
barras de prata, eu não levantaria um
dedo contra o filho do rei. Nós todos ou-
vimos o rei ordenar ao senhor, a Abisai e
a Itai: "Se vocês gostam de mim, tratem
o jovem Absalão com delicadeza." 13 Se eu
tivesse desobedecido e matado Absalão,
o rei saberia disso — ele sabe de tudo —,
e o senhor não me defenderia.
14 — Não vou perder mais tempo com
você! — disse Joabe.
Então Joabe pegou três lanças e as en-
terrou no peito de Absalão enquanto ele
ainda estava vivo, pendurado no carva-
lho. 15 E dez soldados de Joabe cercaram
Absalão e acabaram de matá-lo.
16 Aí Joabe tocou a corneta a fim de pa-
rar a luta. As suas tropas pararam de per-
seguir os israelitas e voltaram. 17 Eles pe-
garam o corpo de Absalão e o jogaram
numa cova funda na floresta e o cobri-
ram com uma enorme pilha de pedras.
Então todos os israelitas fugiram, cada
um para a sua casa.
18 Quando ainda vivia, Absalão cons-
truiu um monumento para si mesmo no
vale dos Reis porque ele não tinha ne-
nhum filho para manter vivo o seu nome.
E deu o seu próprio nome ao monumento,
que *até hoje é conhecido como o Monu-
mento de Absalão.

Davi chora a morte de Absalão

19 Então Aimaás, filho de Zadoque, dis-
se a Joabe:
— Deixe que eu vá correndo dar ao rei
a notícia de que o SENHOR Deus fez justi-
ça, livrando-o dos seus inimigos.
20 — Não! — respondeu Joabe. — Hoje
você não vai levar nenhuma boa notícia.
Outro dia você poderá fazer isso, mas hoje
não, porque o filho do rei morreu.
21 Então disse ao seu escravo etíope:

— Vá você e diga ao rei o que viu.

O escravo curvou-se diante de Joabe e saiu correndo.

22 Aimaás insistiu:

— Por favor, deixe-me levar as notícias também, não importa o que aconteça.

— Por que você quer fazer isso, meu filho? — perguntou Joabe. — Você não receberá nenhuma recompensa por isso.

23 — Aconteça o que acontecer, eu quero ir! — repetiu Aimaás.

— Então vá! — respondeu Joabe.

Aí ele saiu correndo pela estrada do vale do rio Jordão e passou na frente do escravo etíope.

24 Davi estava sentado entre o portão que dá para fora da cidade e o que dá para dentro. O vigia subiu para o alto da muralha e ficou no terraço do portão. Ele olhou para fora e viu um homem correndo sozinho. 25 Então avisou o rei. E o rei disse:

— Se ele está sozinho, vem trazendo boas notícias.

E o corredor veio chegando.

26 Então o vigia viu outro homem correndo sozinho e gritou para o guarda do portão:

— Veja! Vem vindo outro homem correndo!

— Esse também está trazendo boas notícias! — respondeu Davi.

27 O vigia disse:

— Pelo jeito de correr, o primeiro homem deve ser Aimaás, filho de Zadoque!

— Ele é um bom rapaz — disse o rei — e deve estar trazendo boas notícias.

28 Aimaás gritou para o rei:

— Tudo vai bem!

Então ajoelhou-se diante dele e encostou o rosto no chão, dizendo:

— Que o SENHOR, seu Deus, seja louvado, pois lhe deu a vitória sobre aqueles que se revoltaram contra o senhor.

29 — O jovem Absalão está bem? — perguntou o rei.

Aimaás respondeu:

— No momento em que o seu oficial Joabe me mandou vir, eu vi uma grande agitação, porém não sei dizer o que era.

30 — Fique de lado e espere! — disse o rei.

Ele ficou de lado e esperou.

31 Então o mensageiro etíope chegou e disse ao rei:

— Ó rei, eu tenho boas notícias para o senhor! Hoje o SENHOR Deus lhe deu a vitória sobre todos os que se revoltaram contra o senhor.

32 — E o jovem Absalão está bem? — perguntou o rei.

O mensageiro respondeu:

— Eu gostaria que o que aconteceu com ele acontecesse com todos os inimigos do senhor e com todos os que se revoltam contra o senhor.

33 Então o rei ficou profundamente triste. Subiu à sala que ficava por cima do portão e começou a chorar. Ele andava para lá e para cá e gritava:

— Ó meu filho! Meu filho Absalão! Absalão, meu filho! Eu preferiria ter morrido no seu lugar, meu filho!

Joabe repreende Davi

19 Contaram a Joabe que o rei Davi estava chorando e se lamentando por causa de Absalão. 2 Assim, naquele dia, a alegria da vitória virou tristeza para toda a tropa de Davi porque eles souberam que o rei estava chorando a morte do seu filho. 3 Eles voltaram e entraram na cidade em silêncio, como fazem os soldados que fogem da batalha, envergonhados. 4 O rei havia coberto o rosto e gritava alto:

— Ó meu filho! Meu filho Absalão! Absalão, meu filho!

5 Então Joabe foi à casa do rei e lhe disse:

— Hoje o senhor humilhou os seus soldados, aqueles que salvaram a sua vida, a vida dos seus filhos e filhas e a vida das suas esposas e *concubinas. 6 O senhor odeia os que o amam e ama aqueles que o odeiam. E mostrou que os seus oficiais e os seus soldados não valem nada para o senhor. Eu estou vendo agora que o senhor ficaria muito feliz se hoje Absalão estivesse vivo e todos nós estivéssemos mortos. 7 Vá agora e dê uma palavra de elogio aos seus soldados. Se não fizer isso, eu juro, em nome de Deus, o SENHOR, que amanhã de manhã nenhum deles estará do seu lado. E esse seria o pior desastre de toda a sua vida.

8 Então o rei se levantou e foi sentar-se perto do portão da cidade. Os seus soldados souberam *que* ele estava lá e se reu*niram* todos em volta dele.

Davi começa a volta para Jerusalém

Enquanto isso, todos os israelitas tinham fugido, cada um para a sua casa. 9 E, em todo o país, eles começaram a brigar. Eles diziam:

— O rei Davi nos livrou dos nossos ini-
migos. Ele nos livrou dos filisteus, mas
agora fugiu de Absalão e saiu do país.
10 Nós escolhemos Absalão para ser o nos-
so rei, mas ele morreu na batalha. Então,
por que não tentamos trazer o rei Davi
de volta?

11 O rei Davi soube do que os israelitas
estavam dizendo. Então enviou os sacer-
dotes Zadoque e Abiatar aos líderes de
Judá para perguntarem o seguinte:

— Por que vocês seriam os últimos a
ajudar a trazer o rei de volta ao seu palá-
cio? 12 Vocês são meus parentes, da minha
própria carne e do meu próprio sangue;
por que vocês seriam os últimos a ajudar
a me trazer de volta?

13 Davi também mandou-os dizer a
Amasa:

— Você é meu parente. De agora em
diante, você será o comandante do exér-
cito em lugar de Joabe. Que Deus me mate
se eu não fizer isso!

14 Com essas palavras, o rei ganhou o
coração de todos os homens de Judá, e
eles mandaram lhe dizer que voltasse
com todos os seus oficiais. 15 Davi voltou
e chegou até o rio Jordão. Os homens da
*tribo de Judá foram encontrá-lo em Gil-
gal, para acompanhá-lo na travessia do
rio. 16 Ao mesmo tempo, Simei, o benja-
mita, filho de Gera, da cidade de Baurim,
foi depressa ao rio Jordão para se encon-
trar com o rei Davi. 17 Mil homens da tribo
de Benjamim estavam com Simei. Tam-
bém Ziba, que trabalhava para a família
de Saul, foi ao Jordão com os seus quin-
ze filhos e vinte empregados. Eles che-
garam lá antes do rei 18 e atravessaram o
Jordão para acompanhar a gente do rei
na travessia do rio e fazer tudo o que o
rei quisesse.

Quando o rei estava se aprontando para
atravessar o rio, Simei se jogou no chão,
em frente dele, 19 e disse:

— Ó rei, eu peço que perdoe o mal que
lhe fiz no dia em que o senhor saiu de Je-
rusalém. Esqueça o que eu fiz; nunca mais
pense nisso. 20 Eu sei que fiz uma coisa
errada e é por isso que sou a primeira
pessoa das tribos do Norte a vir encon-
trá-lo hoje.

21 Então Abisai, cuja mãe era Zeruia,
disse:

— Simei deveria morrer por ter amal-
diçoado aquele que Deus escolheu como
rei.

22 Mas Davi disse a Abisai e ao seu ir-
mão Joabe:

— Vocês, filhos de Zeruia, não têm nada
a ver com isso! Vocês estão querendo me
criar problemas? Agora eu sou o rei de Is-
rael, e nenhum israelita será morto hoje.

23 E disse a Simei:

— Eu juro que você não será morto.

24 Mefibosete, o neto de Saul, também
desceu para ir ao encontro do rei. Ele não
havia lavado os pés, nem aparado a bar-
ba, nem lavado as suas roupas desde o dia
em que o rei tinha saído de Jerusalém até
o dia em que voltou vitorioso. 25 Quando
Mefibosete chegou de Jerusalém para se
encontrar com o rei, este lhe perguntou:

— Mefibosete, por que você não foi co-
migo?

26 Ele respondeu:

— Ó rei, o senhor sabe que sou alei-
jado. Eu mandei o meu escravo arrear o
meu jumento, para que eu pudesse mon-
tar e ir com o senhor, mas o meu escravo
me traiu. 27 Ele lhe contou mentiras a meu
respeito. Mas o senhor é como um anjo
de Deus e sabe a verdade; portanto, faça
o que achar melhor. 28 Toda a família do
meu pai merecia ser morta pelo senhor,
mas o senhor me deu o direito de comer
junto com o senhor. Eu não tenho o direi-
to de lhe pedir mais nenhum favor.

29 O rei respondeu:

— Não diga mais nada. Eu resolvi que
a propriedade de Saul será dividida en-
tre você e Ziba.

30 — Que Ziba fique com tudo! — res-
pondeu Mefibosete. — Para mim é sufi-
ciente que o senhor tenha voltado em paz
para casa.

31 Barzilai, da cidade de Rogelim, que fi-
cava na região de Gileade, também tinha
vindo da sua cidade para acompanhar o
rei na travessia do rio Jordão. 32 Barzilai
era bem velho: tinha oitenta anos de ida-
de. Era muito rico e, quando o rei este-
ve em Maanaim, ele o havia sustentado.

33 — Barzilai, — disse o rei — venha
para Jerusalém e fique comigo, que eu o
sustentarei.

34 Mas ele respondeu:

— Eu não vou viver muito mais; por
que iria para Jerusalém com o senhor?
35 Já tenho oitenta anos e não tenho prazer
em mais nada. Não sinto o gosto do que
como ou bebo e já não posso ouvir a voz
dos cantores. Eu seria somente um peso

para o senhor. 36 Não mereço uma recom-
pensa tão grande como essa. Eu irei com o
senhor só até um pouco depois do rio Jor-
dão. 37 Deixe-me voltar para casa e morrer
perto do túmulo dos meus pais. Mas aqui
está Quimã, o meu escravo. Leve-o com o
senhor e faça por ele o que achar melhor.
38 O rei respondeu:
— Eu o levarei comigo e farei por ele
tudo o que você quiser. E farei por você
qualquer coisa que me pedir.
39 Então Davi e toda a sua gente atra-
vessaram o rio Jordão. Ele beijou Barzi-
lai e lhe deu a sua bênção, e Barzilai vol-
tou para casa.

Discussão entre Israel e Judá

40 O rei atravessou o rio acompanhado
por todos os homens de Judá e pela me-
tade dos homens de Israel. Dali foi para
Gilgal, e Quimã seguiu com ele. 41 Então to-
dos os israelitas foram e disseram a Davi:
— Ó rei, por que é que os nossos ir-
mãos, os homens de Judá, se acharam
com o direito de trazer o senhor, a sua
família e a sua gente para este lado do
rio Jordão?
42 Os homens de Judá responderam:
— Nós fizemos isso porque o rei é nos-
so parente. Será que isso é razão para vo-
cês ficarem zangados? Será que o rei pa-
gou pela nossa comida ou nos deu algu-
ma coisa?
43 Os israelitas disseram:
— Nós temos dez vezes mais direito so-
bre o rei Davi do que vocês, embora ele
seja seu parente. Por que é que vocês fize-
ram pouco caso de nós? Afinal de contas,
nós fomos os primeiros a falar de trazer
o rei de volta!
Mas a resposta dos homens de Judá foi
ainda mais violenta do que a dos homens
de Israel.

A revolta de Seba

20 Aconteceu que estava ali um sujeito
ordinário, chamado Seba, filho de
Bicri, da *tribo de Benjamim. Ele tocou a
corneta para reunir o povo e gritou:
— Abaixo Davi! Não temos nada a ver
com ele! Não adianta nada segui-lo! Ho-
mens de Israel, vamos voltar para casa!
2 Então todos os israelitas abandona-
ram Davi e foram com Seba. Mas os ho-
mens de Judá ficaram fiéis a Davi e o se-
guiram desde o rio Jordão até a cidade
de Jerusalém.
3 Davi foi para o seu palácio em
Jerusalém e colocou numa casa guarda-
da por soldados as dez *concubinas que
havia deixado tomando conta do palácio.
Ele lhes deu tudo o que precisavam, po-
rém não teve relações com elas. E elas
foram obrigadas a ficar dentro de casa o
resto da vida vivendo como viúvas.
4 O rei disse a Amasa:
— Convoque todos os homens de Judá
e esteja aqui de volta com eles depois de
amanhã.
5 Amasa saiu para convocar os homens,
porém não voltou no dia que o rei havia
marcado. 6 Então Davi disse a Abisai:
— Seba vai nos dar mais trabalho do
que Absalão. Pegue os meus homens e
vá atrás dele; se não, ele poderá tomar
algumas cidades cercadas de muralhas e
escapar de nós.
7 Então os homens de Joabe, os que-
retitas e os peletitas e os soldados mais
valentes seguiram Abisai. Eles saíram de
Jerusalém para perseguir Seba. 8 Quando
chegaram à pedra grande, na cidade de
Gibeão, Amasa encontrou-se com eles.
Joabe estava vestido com roupa de guerra
e tinha uma espada na bainha, que leva-
va pendurada no cinto. Quando ele avan-
çou, a espada caiu. 9 Então Joabe disse a
Amasa:
— Como vai, meu amigo?
E pegou na barba de Amasa com a mão
direita para beijá-lo. 10 Amasa não repa-
rou que Joabe tinha uma espada na outra
mão. Então Joabe enfiou a espada na bar-
riga de Amasa, e os seus intestinos saíram
e se esparramaram pelo chão. Ele morreu
na mesma hora: Joabe não teve de feri-lo
uma segunda vez.
Em seguida Joabe e o seu irmão Abisai
continuaram a perseguir Seba. 11 Um dos
soldados de Joabe ficou perto do corpo
de Amasa e gritou:
— Todos os que estão do lado de Joabe
e são a favor de Davi, sigam Joabe!
12 O corpo de Amasa ficou estendido
no meio da estrada, coberto de sangue.
O ajudante de Joabe viu que todos es-
tavam parando; então arrastou o corpo
para fora da estrada e estendeu um co-
bertor sobre ele porque todos os que o
viam paravam. 13 Depois que o corpo foi
tirado da estrada, todos foram com Joabe
perseguir Seba.
14 Seba atravessou as terras de todas
as tribos de Israel e foi parar na cidade
de Abel-Bete-Maacá. Todas as pessoas do

grupo de famílias de Bicri se reuniram
e foram com ele para dentro da cidade.
15 Os soldados de Joabe chegaram e cer-
caram a cidade. Eles construíram ram-
pas de terra encostadas nas muralhas e
também começaram a cavar debaixo da
muralha para fazê-la cair. 16 Havia na ci-
dade uma mulher muito esperta. Ela gri-
tou do muro:
— Escutem! Escutem! Digam a Joabe
para vir aqui, que eu quero falar com ele!
17 Joabe foi, e ela perguntou:
— Você é Joabe?
— Sim, sou! — respondeu ele.
— Escute, senhor! — disse ela.
— Estou escutando! — respondeu ele.
18 Então ela disse:
— Antigamente costumavam dizer:
"Vão e peçam conselhos na cidade de
Abel"; e era assim que resolviam os pro-
blemas. 19 A nossa cidade é grande e uma
das mais pacíficas e leais de Israel. Por
que você está tentando destruí-la? Você
quer arrasar o que pertence a Deus, o SE-
NHOR?
20 — Nunca! — respondeu Joabe. — Eu
nunca destruirei, nem arrasarei a sua ci-
dade! 21 O nosso plano não é esse. Um ho-
mem da região montanhosa de Efraim,
chamado Seba, filho de Bicri, começou
uma revolta contra Davi, o nosso rei. En-
treguem só esse homem, e eu irei embora.
— Nós jogaremos a cabeça dele por
cima da muralha para você! — disse ela.
22 Aí ela foi dar o seu conselho ao povo
da cidade. E eles cortaram a cabeça de
Seba e a jogaram por cima do muro para
Joabe. Ele tocou a corneta, reuniu os ho-
mens, e todos deixaram a cidade e volta-
ram para casa. E Joabe voltou para perto
do rei Davi, em Jerusalém.

Os oficiais de Davi

23 Joabe era o comandante do exérci-
to de Israel; Benaías, filho de Joiada, era
o chefe dos queretitas e dos peletitas.
24 Adonirão era responsável pelos ho-
mens condenados a trabalhos forçados;
Josafá, filho de Ailude, era o conselheiro
do rei. 25 Seva era o escrivão. Zadoque e
Abiatar eram os sacerdotes. 26 Ira, da ci-
dade de Jair, também era um dos sacer-
dotes de Davi.

Os descendentes de Saul são mortos

21 Durante o reinado de Davi, houve
uma grande fome, que durou três
anos seguidos. Por isso, Davi consultou a
Deus, o SENHOR, e ele respondeu:
— Saul e a sua família são culpados de
assassinato: ele matou o povo de Gibeão.
2 O povo de Gibeão não era israelita.
Eles eram um pequeno grupo de amor-
reus que os israelitas tinham prometido
proteger; mas Saul havia tentado acabar
com eles por causa do interesse dele pelo
bem do povo de Israel e de Judá.
Então Davi chamou o povo de Gibeão
3 e disse:
— O que posso fazer por vocês? Eu
quero pagar pelo mal que lhes foi feito,
para que assim vocês abençoem o povo
de Deus.
4 Eles responderam:
— A nossa questão com Saul e a sua
família não pode ser resolvida com ouro
nem com prata. E também não queremos
matar nenhum israelita.
— Então, o que é que querem que eu
faça por vocês? — perguntou Davi.
5 Eles responderam:
— Saul quis nos destruir para que não
sobrasse nenhum de nós em nenhum lu-
gar de Israel. 6 Entregue-nos então sete
homens descendentes dele, e nós os en-
forcaremos diante de Deus, o SENHOR, em
Gibeá, a cidade onde nasceu Saul, o rei
escolhido pelo SENHOR.
— Eu entregarei! — respondeu o rei.
7 Mas, por causa do juramento que ele
e Jônatas tinham feito um ao outro, o rei
não deixou que fosse morto Mefibosete,
que era filho de Jônatas e neto de Saul.
8 Porém pegou Armoni e Mefibosete —
os dois filhos que Rispa, filha de Aías, ti-
nha tido de Saul; pegou também os cin-
co filhos que Merabe, filha de Saul, tinha
tido de Adriel, filho de Barzilai, da cida-
de de Meolá. 9 E Davi entregou os sete ao
povo de Gibeão, e eles os enforcaram no
monte, diante do SENHOR. E todos os sete
morreram juntos. Isso aconteceu no fim
da primavera, no começo da colheita da
*cevada.
10 Então Rispa, *concubina de Saul, pe-
gou um pano grosseiro e *com ele* fez um
abrigo sobre uma rocha. E ficou ali desde
o começo da colheita até o dia em que as
chuvas do outono caíram sobre os sete
corpos. E não deixou que as aves se apro-
ximassem deles de dia nem os animais
selvagens de noite.
11 Quando soube o que Rispa tinha fei-
to, 12 Davi foi e tomou dos moradores de

Jabes-Gileade os ossos de Saul e do seu
filho Jônatas. Os moradores de Jabes ha-
viam retirado os corpos da praça de Bete-
-Sã, onde os filisteus os tinham pendura-
do no dia em que mataram Saul no monte
Gilboa. 13 Davi então colocou os ossos de
Saul e de Jônatas junto com os ossos dos
sete homens que haviam sido enforcados.
14 Sepultaram os ossos de Saul e de Jôna-
tas no túmulo de Quis, o pai de Saul, na
cidade de Zela, no território da *tribo de
Benjamim. Tudo o que o rei mandou foi
feito. E depois disso Deus respondeu às
orações do povo pelo seu país.

Batalhas contra os gigantes filisteus

1Crônicas 20.4-8

15 Houve outra guerra entre os filisteus
e Israel. Davi e os seus soldados foram
e lutaram contra os filisteus. Durante a
batalha Davi ficou muito cansado. 16 Um
gigante chamado Isbi-Benobe tinha uma
lança de bronze que pesava mais ou me-
nos cinco quilos e estava usando uma es-
pada nova. Ele pensou que podia matar
Davi. 17 Mas Abisai, cuja mãe era Zeruia,
socorreu Davi, atacou o filisteu e o ma-
tou. Então os soldados de Davi fizeram a
promessa de nunca mais deixar que Davi
saísse com eles para a guerra. Eles dis-
seram:

— O senhor é a esperança de Israel, e
nós não queremos perdê-lo.

18 Depois disso houve outra batalha
contra os filisteus na cidade de Gobe. E
Sibecai, da cidade de Husa, matou um gi-
gante chamado Safe.

19 Houve mais uma batalha contra os fi-
listeus em Gobe, e Elanã, filho de Jair, de
Belém, matou Golias, da cidade de Gate.
O cabo da lança de Golias era da grossura
do eixo de um tear de tecelão.

20 E houve ainda outra batalha em Gate.
Ali havia um gigante, descendente dos an-
tigos gigantes, que tinha seis dedos em
cada mão e em cada pé. 21 Ele desafiou os
israelitas; e Jônatas, filho de Simeia, irmão
de Davi, o matou.

22 Esses quatro eram descendentes dos
gigantes da cidade de Gate e foram mor-
tos por Davi e os seus *soldados.*

O hino de vitória de Davi

Salmo 18

22 Este é o hino que Davi cantou a
Deus, o SENHOR, quando ele o sal-
vou de Saul e de todos os seus inimigos:

2 O SENHOR é a minha rocha, a
minha fortaleza e o meu
libertador.
3 O meu Deus é uma rocha em que
me escondo.
Ele me protege como um *escudo;
ele é o meu abrigo, e com ele estou
seguro.
Deus é o meu Salvador;
ele me protege e me livra da
violência.
4 Eu clamo ao SENHOR pedindo
ajuda,
e ele me salva dos meus inimigos.
Louvem o SENHOR!

5 Estive cercado de perigos de
morte,
e ondas da destruição rolaram
sobre mim.
6 A morte me amarrou com as suas
cordas,
e a sepultura armou a sua
armadilha para me pegar.
7 No meu desespero eu clamei ao
SENHOR;
eu pedi que ele me ajudasse.
No seu templo ele ouviu a minha
voz,
ele escutou o meu grito de socorro.

8 Então a terra tremeu e se abalou,
e as bases dos montes balançaram
e tremeram
porque Deus estava *irado.
9 Do seu nariz saiu fumaça,
e da sua boca saíram brasas e fogo
devorador.
10 Ele abriu o céu e desceu
com uma nuvem escura debaixo
dos pés.
11 Voou nas costas de um *querubim
e viajou rápido nas asas do vento.
12 Ele se cobriu de escuridão;
nuvens grossas, cheias de água,
estavam ao seu redor;
13 com o relâmpago, brasas se
acenderam diante dele.

14 Então o SENHOR trovejou do céu,
e o Altíssimo fez ouvir a sua voz.
15 *Ele* atirou as suas flechas e
espalhou os seus inimigos;
e com o clarão dos seus relâmpagos
ele os fez fugir.
16 Quando o SENHOR repreendeu os
seus inimigos
e, furioso, trovejou contra eles,

o fundo do mar apareceu,
e os alicerces da terra ficaram
descobertos.

17 Lá do alto o SENHOR me estendeu
a mão e me segurou;
ele me tirou do mar profundo.
18 O SENHOR me livrou dos meus
poderosos inimigos,
daqueles que me odiavam.
E todos eles eram fortes demais
para mim.
19 Quando eu estava em dificuldade,
eles me atacaram;
porém o SENHOR Deus me protegeu,
20 me livrou do perigo
e me salvou porque me ama.

21 O SENHOR me recompensa porque
sou honesto;
ele me abençoa porque sou
inocente.
22 Eu tenho feito a vontade do
SENHOR
e nunca cometi o pecado de
abandonar o meu Deus.
23 Eu tenho cumprido todas as suas
*leis
e não tenho desobedecido aos seus
mandamentos.
24 O SENHOR sabe que não cometi
nenhuma falta
e que tenho ficado longe do mal.
25 Assim ele me recompensa porque
sou honesto,
e porque sabe que não sou culpado
de nada.

26 Tu, ó SENHOR Deus, és fiel para os
que são fiéis a ti
e correto com aqueles que são
corretos.
27 Tu és puro para os que são puros,
mas és inimigo dos que são maus.
28 Tu salvas os humildes,
mas humilhas os orgulhosos.
29 Tu, ó SENHOR, és a minha luz;
tu, SENHOR, acabas com a minha
escuridão.
30 Tu me dás força para atacar os
meus inimigos
e poder para vencer as suas
defesas.

31 Este Deus faz tudo perfeito
e cumpre o que promete.
Ele é como um *escudo
para os que procuram a sua
proteção.

32 O SENHOR é o único Deus;
somente Deus é a nossa rocha.
33 Ele é o meu forte refúgio
e me protege aonde quer que eu vá.
34 Ele não me deixa tropeçar
e me põe a salvo nas montanhas.
35 Ele me treina para a batalha
para que eu possa usar os arcos
mais fortes.

36 Tu, ó SENHOR, me deste o escudo
que salva a minha vida;
o teu cuidado me tem feito
prosperar.
37 Tu não tens deixado que os meus
inimigos me peguem,
e eu não caí nenhuma vez.

38 Persigo esses inimigos e acabo
com eles;
não paro até vencê-los.
39 Eu os esmago, e eles não podem
se levantar;
eles caem derrotados aos meus pés.
40 Tu me dás força para a batalha
e fazes com que eu derrote os meus
inimigos.
41 Tu os fazes fugir de mim,
e eu destruo os que me odeiam.
42 Eles procuram socorro, mas não
há ninguém para salvá-los;
chamam o SENHOR, mas ele não
responde.
43 Eu os esmago, e eles viram pó;
eu os piso como se fossem a lama
das ruas.

44 Tu me livras de revoluções no
meio do povo
e me colocas como rei das nações.
Povos que eu não conhecia são
agora meus escravos.
45 Estrangeiros se curvam diante de
mim
e me obedecem quando dou ordens.
46 Eles perdem a coragem
e saem tremendo das suas
fortalezas.

47 O SENHOR Deus vive.
Louvem aquele que é a minha rocha,
anunciem a grandeza do poderoso
Deus que salva a minha vida.
48 Ele me vinga dos meus inimigos,
põe os povos debaixo do meu poder
49 e me livra dos meus adversários.

Tu, ó SENHOR, fazes com que eu
vença os meus inimigos

e me proteges dos homens
violentos.
50 Por isso eu te louvo entre pagãos;
a ti eu canto hinos de louvor.
51 Deus dá grandes vitórias ao seu
rei
e mostra o seu amor a quem ele
escolheu —
a Davi e aos seus descendentes
para sempre.

As últimas palavras de Davi

23 São estas as últimas palavras de Davi, filho de Jessé. Davi foi o homem que Deus tornou importante, que o Deus de Jacó escolheu para ser rei e que compôs as belas canções de Israel. Davi disse:

2 O Espírito do SENHOR fala por
meio de mim,
e a sua mensagem está nos meus
lábios.
3 O Deus de Israel falou,
o protetor de Israel me disse:
"O rei que governa com justiça,
que governa respeitando a vontade
de Deus
4 é como o nascer do sol numa
madrugada sem nuvens,
como o sol que faz a grama brilhar
depois da chuva."

5 É assim que Deus abençoará os
meus descendentes,
pois ele fez uma *aliança eterna
comigo,
uma aliança bem certa e segura.
Isso é tudo o que quero;
será essa a minha vitória,
e eu sei que Deus fará isso.

6 Mas os pagãos são como os
espinhos jogados fora:
ninguém se atreve a pegá-los com
as mãos;
7 para isso é preciso uma
ferramenta de ferro ou de
madeira;
eles serão totalmente queimados
no fogo.

Os soldados famosos de Davi

1Crônicas 11.10-47

8 São estes os nomes dos soldados famosos de Davi: Josebe-Bassebete, de Taquemoni, que era o líder do grupo chamado "Os Três"; com a sua lança ele lutou contra oitocentos homens e matou todos numa batalha.

9 Eleazar, filho de Dodo e neto de Aoí, era um dos famosos "Três". Uma vez ele e Davi desafiaram os filisteus que se haviam reunido para a batalha. Os israelitas se retiraram, 10 mas Eleazar ficou e lutou contra os filisteus até que teve uma câibra tão forte na mão, que não podia largar a espada. O SENHOR Deus conseguiu uma grande vitória nesse dia. Depois que a batalha terminou, os israelitas voltaram até o lugar onde Eleazar estava para tirar a *armadura dos mortos.

11 Em seguida vinha Sama, filho de Agé, o hararita. Os filisteus se juntaram em Leí, onde havia uma plantação de ervilhas. Os israelitas fugiram dos filisteus. 12 Porém Sama ficou na plantação, defendeu-a e matou os filisteus. Nesse dia o SENHOR conseguiu uma grande vitória.

13 Perto do começo do tempo da colheita, três do grupo chamado "Os Trinta" desceram até a caverna de Adulã, onde Davi estava, enquanto um bando de filisteus acampava no vale dos Gigantes. 14 Nessa época Davi se encontrava na fortaleza, e um grupo de filisteus estava na cidade de Belém. 15 Então Davi teve uma vontade e disse:

— Como eu gostaria que alguém me trouxesse um pouco de água do poço que fica perto do portão de Belém!

16 Aí os três soldados famosos passaram pelo acampamento dos filisteus, tiraram água do poço e levaram para Davi. Mas ele não bebeu daquela água; em vez disso, a derramou como uma oferta a Deus, o SENHOR, 17 e disse:

— Ó SENHOR Deus, eu nunca poderia beber desta água! Isso seria o mesmo que beber o sangue destes homens que arriscaram a sua vida para trazê-la!

E assim ele não tomou daquela água.

Foram essas as coisas que os famosos "Três" fizeram.

18 Abisai, irmão de Joabe (a mãe deles era Zeruia), era o líder dos famosos "Trinta". Com a sua lança, ele lutou contra trezentos homens e os matou, ficando famoso entre "Os Trinta". 19 Abisai era o mais famoso dos "Trinta" e se tornou o líder do grupo, mas ele não era tão famoso quanto "Os Três".

20 Benaías, filho de Jeoiada, da cidade de Cabzeel, foi um soldado famoso e praticou

muitos atos de coragem. Ele matou dois grandes guerreiros moabitas. Em um dia de neve, desceu numa cova e matou um leão. 21 Ele matou também um egípcio, um homem enorme, que estava armado com uma lança. Benaías atacou o egípcio com o seu bastão, arrancou a lança da mão dele e o matou com ela. 22-23 Foram essas as coisas que Benaías fez. Ele tinha uma posição de destaque entre "Os Trinta", mas também não foi tão famoso quanto "Os Três". Davi o colocou como chefe da sua guarda pessoal.

24-39 Entre "Os Trinta" estavam: Asael, irmão de Joabe; Elanã, filho de Dodo, de Belém; Sama e Elica, da cidade de Harode; Heles, de Pelete; Ira, filho de Iques, de Tecoa; Abiezer, de Anatote; Mebunai, de Husa; Salmom, o aoíta; Maarai e Helebe, filho de Baaná, da cidade de Netofa; Itai, filho de Ribai, de Gibeá, no território da *tribo de Benjamim; Benaías, de Piratom; Hidai, dos vales de Gaás; Abi-Albom, de Arabá; Azmavete, de Baurim; Eliaba, de Saalbom; os filhos de Jasém; Jônatas; os hararitas Sama e Aião, filho de Sarar; Elifelete, filho de Acasbai, de Maacá; Eliã, filho de Aitofel, de Gilo; Hezro, de Carmelo; Paarai, de Arabe; Igal, filho de Natã, de Zoba; Bani, do território de Gade; Zeleque, de Amom; Naarai, de Beerote, que carregava as armas de Joabe, cuja mãe era Zeruia; Ira e Garebe, de Jatir; e Urias, o heteu.

Houve trinta e sete soldados famosos ao todo.

Davi manda contar o povo

1Crônicas 21.1-8

24 Em outra ocasião, o SENHOR ficou muito *irado com o povo de Israel e levou Davi a prejudicá-los. Deus disse a Davi:

— Vá e faça a contagem do povo de Israel e de Judá.

2 Então Davi deu a Joabe, o comandante do seu exército, a seguinte ordem:

— Vá com os seus oficiais por todas as *tribos de Israel, do Norte ao Sul do país, e faça a contagem do povo. Eu quero saber quantos somos.

3 Mas Joabe respondeu ao rei:

— Que o SENHOR, nosso Deus, faça o povo de Israel cem vezes mais numeroso do que é agora, e que o senhor viva para vê-lo fazer isso! Mas por que o senhor quer fazer essa contagem?

4 Porém o rei fez com que Joabe e os seus oficiais obedecessem à sua ordem; então eles saíram da presença de Davi e partiram para contar o povo de Israel.

5 Atravessaram o rio Jordão e acamparam ao sul de Aroer, a cidade do vale, no território de Gade. Dali foram para o norte até a cidade de Jazer, 6 continuaram até Gileade e chegaram até Cades, terra dos heteus. Então foram a Dã e de Dã viraram a oeste, para Sidom. 7 Depois foram para o sul, para a cidade de Tiro, que era cercada de muralhas, e dali foram a todas as cidades dos heveus e dos cananeus e finalmente até Berseba, na parte sul de Judá. 8 E assim, depois de nove meses e vinte dias, voltaram a Jerusalém, tendo viajado pelo país inteiro. 9 E eles informaram ao rei que o total de homens capazes para o serviço militar era o seguinte: oitocentos mil em Israel e quinhentos mil em Judá.

10 Mas, depois que Davi fez a contagem, a sua consciência começou a doer, e ele disse:

— Ó SENHOR Deus, eu cometi um pecado terrível ao mandar contar o povo. Por favor, perdoa-me! O que fiz foi uma loucura.

11-12 Então o SENHOR disse ao *profeta Gade, o *vidente de Davi:

— Vá e diga a Davi que eu dou a ele o direito de escolher uma de três coisas; aquilo que ele escolher eu farei.

Na manhã seguinte, depois que Davi já se havia levantado, 13 Gade foi falar com ele, contou o que Deus tinha dito e perguntou:

— O que o senhor prefere? Três anos de fome na sua terra, três meses fugindo dos seus inimigos ou três dias de peste na sua terra? Resolva agora e me diga que resposta devo dar a Deus.

14 Davi respondeu:

— Estou desesperado, porém não quero ser castigado por homens. Que seja o SENHOR Deus quem nos castigue, pois ele tem pena de nós!

15 Então o SENHOR mandou que uma peste caísse sobre o povo de Israel, desde a manhã até a hora que ele havia marcado. Do Norte ao Sul do país, morreram setenta mil israelitas. 16 Quando o Anjo do SENHOR já ia destruir Jerusalém, o SENHOR resolveu não castigar mais o povo e disse ao Anjo que estava matando:

— Pare! Já chega!

DEVOCIONAL

Texto para leitura: **2Samuel 24:18-25**

Conheça a Deus

O rei Davi disse: “Eu não vou oferecer ao SENHOR, meu Deus, sacrifícios que não me custaram nada” (2Samuel 24:24). Por quê? Porque para que uma coisa seja um sacrifício, ela precisa custar algo. Não é sacrifício nenhum se não dói em você de alguma forma. Renunciar a algo fácil não a faz santa, mas renunciar àquilo que você não quer é o que a santifica. Olhe para as coisas que você não deixará de lado em sua vida e, então, imagine se elas tivessem de ser sacrificadas ao Senhor.

Para a Garota de Deus, o ato do sacrifício é um ato de purificação. Ele purifica seu coração e o alinha novamente com a vontade de Deus. Quando você não permite que seus desejos naturais controlem suas escolhas, você é livre para obedecer à Palavra de Deus e para adorá-lo. Mas quando você guarda essas coisas que você ama só para si e nunca as entrega a Deus, então você se desviou do caminho.

Como uma Garota de Deus, você precisa aprender a identificar o que ele está lhe pedindo para sacrificar e como ele quer que você lhe obedeça. Seu sacrifício precisa ser oferecido com um coração feliz, e não com ressentimento; do contrário, seria inútil. Pense em seu sacrifício como sua expressão de alegria e amor por seu Pai.

O Anjo do SENHOR estava perto do terreiro de malhar cereais que pertencia a Araúna, o jebuseu.
17 Davi viu o Anjo que estava matando o povo e disse a Deus, o SENHOR:
— Só eu sou culpado. Fui eu que errei. O que foi que essa pobre gente fez? Eu e a minha família é que deveríamos ser castigados por ti.
18 Naquele mesmo dia, Gade foi e disse a Davi:
— Suba até o terreiro de malhar cereais que pertence a Araúna e construa lá um altar para Deus.
19 Davi obedeceu à ordem de Deus, o SENHOR, e foi, como Gade lhe tinha
dito. 20 Araúna olhou para baixo e viu que o rei e os seus oficiais vinham falar com ele. Então se ajoelhou e encostou
o rosto no chão, em frente de Davi, 21 e
perguntou:
— Senhor, por que veio aqui?
Davi respondeu:
— Eu vim para comprar este terreiro e construir nele um altar para Deus, o SENHOR, a fim de que a peste acabe.
22 Então Araúna disse:
— Senhor, pegue tudo o que quiser e ofereça a Deus. Aqui estão os bois para serem queimados como oferta no altar, e aqui as cangas deles; e também as tábuas de debulhar cereais para serem usadas como lenha.
23 Araúna deu tudo isso ao rei e disse:
— Que o SENHOR, seu Deus, aceite a sua oferta!
24 Mas o rei respondeu:
— Obrigado, não aceito. Eu vou pagar tudo isso. Eu não vou oferecer ao SENHOR, meu Deus, *sacrifícios que não me custaram nada.
Então Davi comprou o terreiro de malhar cereais e os bois por cinquenta barras de prata.
25 Ele construiu ali um altar
para Deus, o SENHOR, e apresentou ofertas que foram completamente queimadas e ofertas de paz. O SENHOR respondeu à oração dele, e a peste acabou em Israel.

1Reis

Julgue entre o certo e o errado

E faça aquilo que o SENHOR, seu Deus, manda. Obedeça a todas as suas leis e mandamentos, como estão escritos na Lei de Moisés. Assim você será bem-sucedido aonde quer que for e em tudo o que fizer.
1Reis 2:3

Os livros dos reis foram escritos para mostrar às pessoas por que Deus enviou Judá para o exílio. Embora os israelitas fossem o povo escolhido, nem todos os seus reis eram homens tementes ao Senhor. Alguns se afastaram dele e deixaram de o servir, enquanto outros foram mais fiéis. Ficamos imaginando como Deus teve essa paciência toda com esse bando de homens rebeldes, mas o que você aprende durante a leitura deste livro é que, no final, nenhum homem decide o que Deus vai fazer. Por piores que os homens sejam ou por mais que se esforcem, a vontade de Deus sempre ganha. Pode ser difícil engolir essa ideia quando você vê pessoas más tendo sucesso, e ainda mais difícil quando você as vê recebendo misericórdia e compaixão, mas, ao ler estes livros, você verá o quanto Deus exige de seu povo e também quanta misericórdia ele mostra para que suas promessas sempre permaneçam.

Autor ♥ Desconhecido
Data ♥ 561-538 a.C.
Local ♥ Talvez na Babilônia
Público-alvo ♥ O povo de Deus, os israelitas

Como uma Garota de Deus, você precisa entender que a desobediência nunca fica impune, porque o Senhor é um Deus justo. No entanto, é igualmente importante entender que a pecaminosidade do homem nunca controla as ações de Deus. Quando as pessoas poderosas pervertem o poder e o usam para seu próprio bem, Deus não está com o rosto virado, mas sim permitindo o mal dessas pessoas para promover um bem que, pode ter certeza, faz parte do plano dele. Você talvez pergunte por que Deus usou tantos homens e mulheres pecadores para cumprir seus planos, mas você talvez pergunte com a mesma facilidade onde ele poderia encontrar pessoas perfeitas e sem pecado para usar no lugar daquelas. É claro que ninguém é totalmente justo (veja Romanos 3:10-12), por isso Deus tem de usar pessoas destruídas e pecadoras se quiser usar alguém de verdade.

Ponto essencial
O livro de 1Reis começa onde 2Samuel termina: com a morte de Davi. Ele acompanha a divisão do reino em Judá e Israel. Concentra-se em todos os reis, tanto bons como maus, que reinaram durante esse tempo.

Durante a leitura do livro de 1Reis, veja como a vida dessas grandes pessoas parecia decidir a história, mas também entenda que não eram elas, mas sim Deus quem determinava a direção final para seu povo. Observe como a desobediência deles afetaria sua nação e como o poder de Deus em mostrar misericórdia a quem ele quer é demonstrado o tempo todo. Veja também como os homens e as mulheres que obedeceram a Deus encontraram seu próprio sucesso. Há um só Deus, e é ele quem, no final, decide o modo como as coisas vão seguir, independentemente do coração das pessoas.

Coisas para procurar

- O reinado do rei Salomão (veja 1Reis 2—11)
- A divisão do reino (veja 1Reis 12—22)

O que conhecemos como 1 e 2Reis são, na verdade, partes de um livro que também incluía 1 e 2Samuel.

Os livros de 1 e 2Reis abrangem quase quatrocentos anos de história.

Fatos e versículos que você deve saber

E disse [Deus]: — Já que você pediu sabedoria para governar com justiça, em vez de pedir vida longa, ou riquezas, ou a morte dos seus inimigos, eu darei o que você pediu. Darei a você sabedoria e inteligência, como ninguém teve antes de você, nem terá depois. Mas lhe darei também o que não pediu: durante toda a sua vida, você terá riquezas e honras, mais do que qualquer outro rei. E, se você me obedecer e guardar as minhas leis e os meus mandamentos, como fez Davi, o seu pai, eu lhe darei uma vida longa.

(1Reis 3:11-14)

— E faça aquilo que o SENHOR, seu Deus, manda. Obedeça a todas as suas leis e mandamentos, como estão escritos na Lei de Moisés. Assim você será bem-sucedido aonde quer que for e em tudo o que fizer.

(1Reis 2:3)

A rainha de Sabá ouviu falar da fama de Salomão (ele devia sua fama ao nome do SENHOR) e foi até Jerusalém a fim de pô-lo à prova com perguntas difíceis.

(1Reis 10:1)

Então o SENHOR mandou fogo. E o fogo queimou o sacrifício, a lenha, as pedras, a terra e ainda secou a água que estava na valeta. Quando viram isso, os israelitas se ajoelharam, encostaram o rosto no chão e gritaram: — O SENHOR é Deus! Só o SENHOR é Deus!

(1Reis 18:38-39)

A velhice do rei Davi

1 O rei Davi estava bem velho. Os seus
servidores o cobriam com cobertas,
mas ele não conseguia se aquecer. 2 Por
isso, os seus conselheiros disseram:
— Rei Davi, nós vamos procurar uma
moça para ficar com o senhor e cuidar do
senhor. Ela dormirá ao seu lado e o con-
servará quente.
3 Então procuraram em toda a terra de

Israel uma moça bonita. Em Suném en-
contraram uma jovem chamada Abisague
e a levaram ao rei. 4 Abisague era muito
bonita. Ela servia o rei e cuidava dele, mas
Davi não teve relações com ela.

Adonias tenta ser rei

5-6 Absalão havia morrido. Agora o fi-
lho mais velho de Davi que ainda estava
vivo era Adonias, filho de Davi com Ha-
gite. Adonias era um homem muito bo-
nito. Davi nunca o havia repreendido, e
ele queria muito ser rei. Adonias arran-
jou carros de guerra e cavalos e cinquen-
ta homens que iam a toda parte com ele.
7 Adonias falou com Joabe, que era filho
de uma mulher chamada Zeruia, e com
Abiatar, o sacerdote, e eles concordaram
em ficar do lado dele. 8 Mas o sacerdote
Zadoque e Benaías, filho de Joiada, Natã,
o *profeta, Simei, Reí e os guarda-costas
de Davi não ficaram do lado de Adonias.
9 Um dia Adonias ofereceu ovelhas, tou-
ros e bezerros gordos em *sacrifício, na
pedra da Cobra, perto da fonte de Rogel.
Ele convidou os outros filhos do rei Davi
e os servidores do rei que eram de Judá.
10 Porém não convidou o seu meio-irmão
Salomão, nem Natã, o profeta, nem Be-
naías, nem os guarda-costas de Davi.

Salomão é feito rei

11 Então Natã foi falar com Bate-Seba, a
mãe de Salomão. Natã perguntou:
— Você soube que Adonias, o filho de
Hagite, se fez rei? E o rei Davi não está
sabendo de nada! 12 Vou lhe dar um con-
selho: se você quiser salvar a sua vida e
a vida do seu filho Salomão, 13 vá agora
mesmo falar com o rei Davi e diga o se-
guinte: "Rei Davi, o senhor não jurou que
o meu filho Salomão seria rei em seu lu-
gar e que seria ele quem haveria de sen-
tar no seu trono? Então, como é que Ado-
nias se tornou rei?"
14 E Natã continuou:
— E aí, quando você ainda estiver fa-
lando com o rei, eu vou chegar e confir-
mar a sua história.
15 Então Bate-Seba foi ao quarto de dor-
mir do rei para falar com ele. Davi estava
muito velho, e Abisague, a moça de Su-
ném, estava cuidando dele. 16 Em sinal de
respeito, Bate-Seba se ajoelhou diante do
rei. Então ele perguntou:
— O que você quer?
17 Ela respondeu:

Uma oração de...

Consagração

Deus, tu és bom quando dás e quando tiras, quando o sol brilha e quando a noite cai sobre mim. Tu me amaste antes da fundação do mundo e, com amor, restauraste minha alma. Tu ainda me amas, apesar de meu coração duro, de minha ingratidão e de minha desconfiança. Tua bondade esteve comigo durante mais um ano, conduzindo-me por um deserto cheio de curvas, ajudando-me a avançar, fazendo-me progredir quando penso em desistir. Tua bondade estará comigo no próximo ano também; eu iço a vela e levanto a âncora contigo como o piloto de meu futuro, como foste de meu passado. Eu te agradeço porque cobriste meus olhos para as águas que estão à frente. Se ordenaste tempestades para me provar, tu estarás comigo nelas. Se eu tiver de passar pelas tempestades da perseguição e da tentação, não vou me afogar. Se eu morrer, verei teu rosto mais cedo. Se um final doloroso estiver reservado para mim, dá-me graça suficiente para que minha fé não vacile. Se eu estiver longe de fazer o que amo, não irei reclamar. Por favor, sê glorificado em mim, esteja eu no conforto ou na provação. Como um vaso escolhido, usa-me como fui feita para ser usada.
Amém.

— Rei Davi, o senhor jurou pelo nome
do SENHOR, seu Deus, que o meu filho Sa-
lomão seria o rei em seu lugar e sentaria
no seu trono. 18 Mas Adonias já se tornou
rei, e o senhor não está sabendo disso.
19 Ele ofereceu muitos touros, ovelhas e
bezerros gordos em *sacrifício e convi-
dou os irmãos dele, o sacerdote Abiatar
e Joabe, o comandante do exército, para
a festa. Porém não convidou o seu filho
Salomão. 20 Rei Davi, todo o povo de Is-
rael está esperando que o senhor lhe
diga quem será o rei em seu lugar. 21 Se
não disser, logo que o senhor morrer, eu
e o meu filho Salomão seremos tratados
como traidores.
22 Enquanto Bate-Seba ainda estava fa-
lando, Natã chegou ao palácio. 23 Conta-
ram ao rei que o *profeta Natã estava lá.

Ele entrou, se ajoelhou diante do rei e en-
costou o rosto no chão. 24 Depois disse:
— Rei Davi, por acaso, o senhor anun-
ciou que Adonias é quem será o rei em
seu lugar? 25 Hoje mesmo ele foi oferecer
muitos touros, ovelhas e bezerros gordos
em sacrifício. Convidou todos os filhos
do senhor, convidou Joabe, o comandan-
te do seu exército, e Abiatar, o sacerdo-
te. E agora mesmo eles estão comendo e
bebendo com ele e gritando: "Viva o rei
Adonias!" 26 Mas Adonias não me convi-
dou e não convidou Zadoque, o sacerdote,
nem Benaías, nem Salomão. 27 Será que o
senhor aprovou tudo isso e não contou
pelo menos aos seus conselheiros quem
será o rei em seu lugar?
28 O rei Davi disse:
— Chamem Bate-Seba.
Ela voltou e ficou diante dele. 29 Aí o rei
lhe disse:
— Eu prometo pelo Deus vivo, que me
livrou de todas as aflições, 30 que hoje eu
cumprirei o juramento que fiz a você, em
nome do SENHOR, o Deus de Israel: o ju-
ramento de que o seu filho Salomão seria
o rei em meu lugar.
31 Bate-Seba se ajoelhou, encostou o
rosto no chão e disse:
— Que o meu senhor, o rei Davi, viva
para sempre!
32 Então Davi mandou buscar o sacer-
dote Zadoque, o profeta Natã e Benaías,
filho de Joiada. Quando eles entraram,
33 Davi disse:
— Levem com vocês os funcionários do
meu palácio, façam o meu filho Salomão
montar a minha própria mula e o levem
até a fonte de Giom. 34 Ali Zadoque e Natã
o *ungirão rei de Israel. Depois toquem as
cornetas e gritem: "Viva o rei Salomão!"
35 Em seguida venham atrás dele quando
vier sentar-se no meu trono. Ele será rei
em meu lugar porque eu o escolhi para
governar Israel e Judá.
36 — Assim será feito! — respondeu Be-
naías. — E que o SENHOR, seu Deus, con-
firme isso! 37 E que, assim como o SENHOR
Deus tem estado com o senhor, ele esteja
também com Salomão e faça com que o
reino dele seja ainda maior do que o seu!
38 Então Zadoque, Natã, Benaías, os que-
retitas e os peletitas fizeram Salomão
montar a mula do rei Davi e o acompa-
nharam até a fonte de Giom. 39 Zadoque
levou a vasilha de azeite que havia tirado
da *Tenda da Presença de Deus e ungiu
Salomão. Então tocaram a corneta, e o
povo gritou:
— Viva o rei Salomão!
40 Depois todos foram andando atrás
de Salomão, gritando de alegria e tocan-
do flauta; e faziam tanto barulho, que até
parecia que a terra estava rachando.
41 Adonias e todos os seus convidados
tinham acabado de comer quando ouvi-
ram aquele barulho. Joabe ouviu o som
da corneta e perguntou:
— O que quer dizer essa barulhada na
cidade?
42 Ele ainda estava falando quando che-
gou Jônatas, filho de Abiatar, o sacerdote.
Adonias disse a Jônatas:
— Entre aqui. Você é um homem de va-
lor e deve estar trazendo boas notícias.
43 — Pelo contrário, — respondeu Jô-
natas — o rei Davi tornou Salomão rei.
44 Ele mandou Zadoque, Natã, Benaías, os
queretitas e os peletitas acompanharem
Salomão. Eles fizeram Salomão montar
a mula do rei Davi, 45 e Zadoque e Natã o
ungiram rei, na fonte de Giom. Depois vol-
taram para a cidade, gritando de alegria, e
agora o povo está fazendo um grande al-
voroço. É esse o barulho que vocês estão
ouvindo. 46 Agora Salomão é o rei. 47 E além
disso os funcionários do palácio foram
cumprimentar o rei Davi para dar-lhe os
parabéns. Eles disseram: "Que o seu Deus
faça com que Salomão seja ainda mais fa-
moso do que o senhor, e que o reino dele
seja ainda maior do que o seu!" Aí, o rei
se curvou na cama 48 e orou assim: "Lou-
vado seja o SENHOR, o Deus de Israel, que
hoje colocou um dos meus descendentes
como rei em meu lugar e deixou que eu
vivesse para ver isso!"
49 Então os convidados de Adonias fi-
caram com medo, e se levantaram, e fo-
ram embora, cada um pelo seu caminho.
50 Adonias ficou com muito medo de Sa-
lomão e por isso foi para a Tenda da Pre-
sença de Deus e ficou segurando nas pon-
tas do altar.
51 Contaram ao rei Salomão que Ado-
nias estava com medo dele e que tinha
ido pegar nas pontas do altar e tinha dito:
— Eu quero que o rei Salomão jure hoje
que não mandará me matar à espada.
52 Salomão disse:
— Se ele provar que é um homem de
palavra, eu juro que nem um fio dos seus
cabelos será tocado; mas, se estiver com
más intenções, ele morrerá.

53 Então o rei Salomão mandou buscar
Adonias. Fizeram com que ele descesse
do altar, e ele veio, se ajoelhou diante do
rei e encostou o rosto no chão. E o rei
lhe disse:
— Vá para casa.

Os últimos conselhos de Davi a Salomão

2 Quando estava chegando o dia da mor-
te de Davi, ele deu conselhos ao seu
filho Salomão. Davi disse:
2 — Está chegando o dia da minha mor-
te. Portanto, seja corajoso e seja homem!
3 E faça aquilo que o SENHOR, seu Deus,
manda. Obedeça a todas as suas *leis e
mandamentos, como estão escritos na Lei
de Moisés. Assim você será bem sucedi-
do aonde quer que for e em tudo o que
fizer. 4 Se você obedecer ao SENHOR Deus,
ele cumprirá a promessa que me fez. Ele
me prometeu que os meus descendentes
governariam Israel enquanto obedeces-
sem cuidadosamente e fielmente aos seus
mandamentos, com todo o seu coração e
com toda a sua alma.
5 — Além disso, você sabe o que Joabe,
cuja mãe é Zeruia, me fez. Ele matou os
dois comandantes do exército de Israel,
isto é, Abner, filho de Ner, e Amasa, filho
de Jéter. Você sabe como, em tempo de
paz, ele os matou para vingar as mortes
que eles haviam causado em tempo de
guerra. Joabe matou homens inocentes,
e agora eu sou o responsável pelo que ele
fez e estou sofrendo as consequências.
6 Você sabe o que deve fazer. Não deixe
que ele tenha morte natural.
7 — Mas seja bondoso para os filhos de
Barzilai, que é de Gileade, e deixe que eles
comam à sua mesa, pois foram bons para
mim quando eu estava fugindo do seu ir-
mão Absalão.
Davi continuou:
8 — E não esqueça Simei, filho de Gera,
da cidade de Baurim, no território da *tri-
bo de Benjamim. Ele me amaldiçoou du-
ramente no dia em que fui a Maanaim.
Porém, quando eu me encontrei com ele
perto do rio Jordão, jurei em nome do SE-
NHOR que não o mandaria matar. 9 Mas
você é um homem sábio e não deve deixar
que ele fique sem castigo. Você sabe o que
deve fazer para que ele morra.

A morte de Davi

10 Davi morreu e foi sepultado ao lado
dos seus antepassados na *Cidade de
Davi. 11 Ele foi rei de Israel quarenta anos.
Governou sete anos em Hebrom e trinta e
três anos em Jerusalém. 12 Salomão ficou
no lugar de Davi, o seu pai, como rei, e o
seu governo se fortaleceu muito.

A morte de Adonias

13 Então Adonias, filho de Hagite, foi vi-
sitar Bate-Seba, a mãe de Salomão. Ela
perguntou:
— A sua visita é de amigo?
— É, sim! — respondeu ele.
14 E continuou:
— Eu quero lhe dizer uma coisa.
— Diga! — disse ela.
15 E Adonias disse:
— A senhora sabe que sou eu quem de-
veria ser o rei e que todos esperavam isso
em Israel. Mas as coisas aconteceram de
modo diferente, e o meu irmão se tornou
rei porque essa era a vontade de Deus,
o SENHOR. 16 Agora vou lhe fazer só um
pedido e peço que a senhora me atenda.
— O que você quer? — perguntou Ba-
te-Seba.
17 E ele disse:
— Peça ao rei Salomão que me dê Abi-
sague, a moça de Suném, para ser minha
mulher. Eu sei que Salomão não deixará
de atender um pedido seu.
18 — Está bem! — respondeu ela. — Eu
vou falar com o rei por você.
19 Então Bate-Seba foi falar com o rei
em favor de Adonias. Salomão se levantou
para recebê-la e se inclinou diante dela.
Depois sentou-se no seu trono e mandou
que trouxessem um trono para Bate-Seba,
e ela se sentou do lado direito do rei. 20 Aí
Bate-Seba disse:
— Tenho um pequeno pedido para lhe
fazer. Por favor, não recuse.
E o rei disse:
— Pode pedir, minha mãe. Eu não re-
cusarei.
21 Bate-Seba disse:
— Dê Abisague em casamento ao seu
irmão Adonias.
22 — Por que é que a senhora está pe-
dindo Abisague para Adonias? — per-
guntou Salomão. — A senhora deveria
pedir que eu dê a ele também o reino.
Afinal, Adonias é o meu irmão mais ve-
lho, e o sacerdote Abiatar e Joabe estão
do lado dele!
23 Aí Salomão jurou pelo SENHOR Deus
assim:
— Que Deus me castigue, e em do-
bro, se eu não fizer Adonias pagar com

a vida por ter feito esse pedido! 24 O Se-
nhor Deus me firmou no trono do meu
pai Davi; ele cumpriu a sua promessa e
deu o reino a mim e aos meus descen-
dentes. Juro pelo Deus vivo que Adonias
morrerá hoje mesmo!
25 Então o rei deu ordem a Benaías, e ele
foi, atacou Adonias e o matou.

A morte de Joabe

26 Depois o rei Salomão disse ao sacer-
dote Abiatar:
— Vá para as suas terras em Anato-
te. Você merece morrer, mas eu não vou
mandar matá-lo hoje porque você, quan-
do estava com o meu pai Davi, era o en-
carregado da *arca da aliança e passou
pelas mesmas dificuldades pelas quais o
meu pai passou.
27 Depois Salomão dispensou Abiatar
do serviço de sacerdote de Deus e assim
fez com que acontecesse o que o Senhor
Deus tinha dito em Siló a respeito do sa-
cerdote Eli e dos seus descendentes.
28 Joabe soube do que aconteceu. (Ele
havia passado para o lado de Adonias,
porém não havia passado para o lado de
Absalão.) Então fugiu para a *Tenda da
Presença do Senhor Deus e ficou segu-
rando nas pontas do altar. 29 Contaram ao
rei Salomão que Joabe havia fugido para
a Tenda e estava ao lado do altar. Aí ele
mandou um mensageiro perguntar a Joa-
be por que havia fugido para o altar. Joa-
be respondeu que havia fugido para o Se-
nhor Deus porque estava com medo de
Salomão. Então Salomão mandou que Be-
naías fosse matar Joabe. 30 Benaías foi até
a Tenda de Deus e disse a Joabe:
— O rei mandou você sair daí.
— Não saio! — respondeu Joabe. — Eu
morrerei aqui.
Então Benaías voltou e contou ao rei o
que Joabe tinha dito.
31 Aí Salomão ordenou:
— Faça o que ele disse. Mate-o e sepul-
te-o. Assim nem eu nem os descendentes
do meu pai Davi seremos mais conside-
rados culpados pelo que Joabe fez quan-
do matou homens inocentes. 32 O Senhor
Deus castigará Joabe pelos assassinatos
que cometeu sem o conhecimento do
meu pai Davi. Sem o meu pai saber, Joabe
matou dois homens que eram inocentes
e que eram melhores do que ele: Abner,
comandante do exército de Israel, e Ama-
sa, comandante do exército de Judá. 33 O
castigo pelo assassinato desses dois ho-
mens cairá para sempre sobre Joabe e so-
bre os seus descendentes. Mas o Senhor
sempre dará prosperidade aos descen-
dentes de Davi que forem reis depois dele.
34 Então Benaías foi até a Tenda de Deus
e matou Joabe. Ele foi sepultado na sua
propriedade, em campo aberto. 35 O rei
pôs Benaías como comandante do exér-
cito no lugar de Joabe e colocou o sacer-
dote Zadoque no lugar de Abiatar.

A morte de Simei

36 Depois o rei Salomão mandou buscar
Simei e disse:
— Faça uma casa para você aqui em Je-
rusalém. Fique morando nela e não saia
da cidade. 37 E fique sabendo que, no dia
em que você sair e atravessar o ribeirão
Cedrom, você será morto, e a culpa será
somente sua.
38 — Está bem, ó rei! — respondeu Si-
mei. — Eu prometo fazer o que o senhor
está mandando.
E ele ficou morando em Jerusalém por
muito tempo.
39 Acontece que, três anos depois, dois
escravos de Simei fugiram e foram pro-
curar refúgio com o governador da cida-
de de Gate, que era Aquis, filho de Maacá.
40 Simei ficou sabendo; por isso, selou o
seu jumento e foi até Gate falar com Aquis
a fim de procurar os seus escravos. Ele
os achou e os levou de volta para casa.
41 Quando Salomão soube do que Simei
havia feito, 42 mandou buscá-lo e disse:
— Eu fiz você jurar em nome do Se-
nhor que não sairia de Jerusalém. Eu lhe
avisei que, se fizesse isso, você certamen-
te morreria. Você concordou com isso e
disse que me obedeceria. 43 Então por que
é que você quebrou o seu juramento fei-
to em nome do Senhor e desobedeceu
à minha ordem? 44 Você sabe muito bem
de todo o mal que fez a Davi, meu pai. O
Senhor Deus fará com que a sua malda-
de caia sobre você mesmo, 45 porém me
abençoará e fará com que o reino de Davi
fique seguro para sempre.
46 Aí o rei deu ordem a Benaías, e ele
saiu, atacou Simei e o matou. E assim Sa-
lomão controlou completamente a situa-
ção do seu governo.

Salomão pede sabedoria a Deus
2Crônicas 1.2-13

3 Salomão fez um *acordo com Faraó, rei
do Egito, casando com a sua filha. Ele

a levou para morar na *Cidade de Davi até
que acabasse a construção do seu palácio
e a construção do Templo e das muralhas
em volta de Jerusalém. 2 Ainda não havia
sido construído um templo para Deus, o
SENHOR, e por isso o povo ainda conti-
nuava oferecendo *sacrifícios em vários
altares, nos montes. 3 Salomão amava o
SENHOR e seguia os conselhos de Davi,
seu pai, mas também matava animais e
os oferecia em sacrifício em vários alta-
res, nos montes.

4 Certa vez, Salomão foi a Gibeão ofere-
cer sacrifícios porque naquele lugar esta-
va o altar mais famoso de todos. No pas-
sado ele havia queimado ali mil animais
como sacrifício a Deus. 5 Naquela noite, o
SENHOR Deus apareceu num sonho a Sa-
lomão e perguntou:

— O que você quer que eu lhe dê?

6 Ele respondeu:

— Tu sempre mostraste grande amor
por Davi, meu pai, teu *servo, e ele era
bom, fiel e honesto para contigo. Tu con-
tinuaste a mostrar a ele o teu grande e
constante amor e lhe deste um filho que
hoje governa no lugar dele. 7 Ó SENHOR
Deus, tu deixaste que eu ficasse como rei
no lugar do meu pai, embora eu seja mui-
to jovem e não saiba governar. 8 Aqui es-
tou eu no meio do povo que escolheste
para ser teu, um povo que é tão numero-
so, que nem pode ser contado. 9 Portan-
to, dá-me sabedoria para que eu possa
governar o teu povo com justiça e saber
a diferença entre o bem e o mal. Se não
for assim, como é que eu poderei gover-
nar este teu grande povo?

10 Deus gostou de Salomão ter pedido
isso 11 e disse:

— Já que você pediu sabedoria para go-
vernar com justiça, em vez de pedir vida
longa, ou riquezas, ou a morte dos seus
inimigos, 12 eu darei o que você pediu. Da-
rei a você sabedoria e inteligência, como
ninguém teve antes de você, nem terá de-
pois. 13 Mas lhe darei também o que não
pediu: durante toda a sua vida, você terá
riquezas e honras, mais do que qualquer
outro rei. 14 E, se você me obedecer e guar-
dar as minhas *leis e os meus mandamen-
tos, como fez Davi, o seu pai, eu lhe darei
uma vida longa.

15 Quando acordou, Salomão compreen-
deu que Deus havia falado com ele no
sonho. Então foi para Jerusalém, ficou
diante da *arca da aliança e apresentou a
Deus ofertas de paz e sacrifícios que fo-
ram completamente queimados. Depois
deu uma festa para todas as autoridades.

Salomão julga um caso difícil

16 Certo dia, duas prostitutas apresen-
taram-se diante do rei Salomão, 17 e uma
delas disse:

— Ó rei Salomão! Eu e esta mulher mo-
ramos na mesma casa. Eu dei à luz um
menino, e ela estava lá comigo. 18 Dois dias
depois do nascimento do meu filho, ela
também deu à luz um menino. Somente
nós duas estávamos na casa; não havia
mais ninguém lá. 19 Uma noite, ela rolou
sem querer sobre o seu filho e o sufocou.
20 Então levantou-se durante a noite, en-
quanto eu dormia, pegou o meu filho e o
colocou na cama dela. Depois colocou o
menino morto nos meus braços. 21 No ou-
tro dia de manhã, quando eu me levan-
tei para dar de mamar ao meu filho, vi
que estava morto. Porém, quando repa-
rei bem, percebi que não era o meu filho.

22 Mas a outra mulher disse:

— Não é verdade. Pelo contrário, meu filho é o que está vivo, e o seu é o que está morto!

E a primeira mulher respondeu:

— Não é, não! A criança morta é a sua, e a viva é a minha!

E foi assim que discutiram na frente do rei.

Pergunte a si mesma...

Uma definição de sabedoria é bom senso ou juízo. Qual é a sua? Pergunte a si mesma:

Eu normalmente tomo decisões sábias?
Quais são algumas das decisões sábias que tomei? (Em que eu estava pensando quando tomei essas decisões?)
Quais decisões que tomei não foram tão sábias? (Em que eu estava pensando quando tomei essas decisões?)
Se a sabedoria vem de Deus, então como eu posso ter mais sabedoria?

23 Então o rei Salomão disse:
— Cada uma de vocês diz que a crian-
ça viva é a sua, e que a morta é da outra.
24 Então mandou buscar uma espada e,
quando a trouxeram, 25 disse:
— Cortem a criança viva pelo meio e
deem metade para cada uma destas mu-
lheres.
26 A verdadeira mãe do menino, com o
coração cheio de amor pelo filho, disse:
— Por favor, senhor, não mate o meu
filho! Entregue-o a esta mulher!
Mas a outra disse:
— Podem cortá-lo em dois pedaços! As-
sim ele não será nem meu nem seu.
27 Aí Salomão disse:
— Não matem a criança! Entreguem o
menino à primeira mulher porque ela é
a mãe dele.
28 Todo o povo de Israel soube dessa de-
cisão do rei Salomão, e aí todos sentiram
um grande respeito por ele, pois viram
que Deus lhe tinha dado sabedoria para
julgar com justiça.

Os funcionários de Salomão

4 Salomão foi rei de todo o povo de Is-
rael. 2 Os seus altos funcionários fo-
ram estes:
Sacerdote: Azarias, filho de Zadoque.
3 Escrivães: Eliorefe e Aías, filhos de
Sisá.
Conselheiro do rei: Josafá, filho de
Ailude.
4 Comandante do exército: Benaías, fi-
lho de Joiada.
Sacerdotes: Zadoque e Abiatar.
5 Chefe dos administradores dos distri-
tos: Azarias, filho de Natã.
Conselheiro particular do rei: o sacer-
dote Zabude, filho de Natã.
6 Encarregado dos servidores do palá-
cio: Aisar.
Encarregado dos trabalhadores força-
dos: Adonirão, filho de Abda.
7 Salomão nomeou doze homens como
administradores dos distritos de Israel.
Eles forneciam alimentos dos seus dis-
tritos para o rei e o seu palácio, e cada
um deles tinha o dever de fazer isso du-
rante um mês do ano. 8 São estes os no-
mes desses doze administradores e dos
seus distritos:
Ben-Hur: a região montanhosa de
Efraim.
9 Ben-Dequer: as cidades de Maaz, Saa-
labim, Bete-Semes, Elom e Bete-Hanã.
10 Ben-Hesede: as cidades de Arubote e
Socó e todo o território de Héfer.
11 Ben-Abinadabe, que era casado com
Tafate, filha de Salomão: toda a região de
Dor.
12 Baaná, filho de Ailude: as cidades de
Taanaque, Megido e toda a região que fi-
cava perto de Bete-Sã, perto da cidade de
Sartã, ao sul da cidade de Jezreel, até as
cidades de Abel-Meolá e Jocmeão.
13 Ben-Geber: a cidade de Ramote, na
região de Gileade, e os povoados de Gi-
leade que pertenciam ao grupo de famí-
lias de Jair, descendente de Manassés; e
a região de Argobe, em Basã, onde havia
ao todo sessenta cidades grandes cerca-
das de muralhas e com barras de bronze
nos portões.
14 Ainadabe, filho de Ido: o distrito de
Maanaim.
15 Aimaás, que era casado com Base-
mate, outra filha de Salomão: o territó-
rio de Naftali.
16 Baaná, filho de Husai: a região de
Aser e a cidade de Bealote.
17 Josafá, filho de Parua: o território de
Issacar.
18 Simei, filho de Elá: o território de
Benjamim.
19 Geber, filho de Uri: a região de Gilea-
de, que havia sido governada por Seom, o
rei dos amorreus, e por Ogue, rei de Basã.
No território de Judá também havia um
administrador.

A prosperidade do reino de Salomão

20 O povo de Judá e de Israel era tão nu-
meroso como os grãos de areia da praia
do mar; eles comiam, bebiam e eram mui-
to felizes. 21 Do reino de Salomão faziam
parte todas as nações que havia desde o
rio Eufrates até a terra dos filisteus e até a
fronteira do Egito. Esses reinos pagavam
impostos a Salomão e foram dominados
por ele durante toda a sua vida.
22 Os mantimentos que Salomão pre-
cisava todos os dias eram: três mil qui-
los de farinha de trigo e seis mil quilos
de farinha de outros cereais; 23 dez bois
gordos, vinte bois de pasto e cem carnei-
ros; fora veados, *gazelas, *corços e aves
domésticas.
24 Salomão dominava toda a região a
oeste do rio Eufrates, desde Tifsa, no Eu-
frates, até a cidade de Gaza, no litoral do
mar Mediterrâneo. Todos os reis a oeste
do Eufrates eram dominados por ele, e ele

estava em paz com todos os países vizi-
nhos. 25 Durante a vida de Salomão o povo
de Judá e de Israel viveu em segurança, e
de uma ponta do país à outra cada famí-
lia tinha os seus pés de uvas e de figos.
26 Salomão tinha quatro mil baias para
os cavalos dos seus carros de guerra e
doze mil cavalos de cavalaria. 27 Os seus
doze administradores regionais, cada um
no seu mês, forneciam os alimentos que
Salomão precisava para si mesmo e para
aqueles que comiam no palácio; os ad-
ministradores não deixavam faltar nada.
28 Cada um também fornecia a sua par-
te de *cevada e de palha onde eram ne-
cessárias para os cavalos que puxavam
os carros de guerra e para os animais de
trabalho.
29 Deus deu a Salomão sabedoria, enten-
dimento fora do comum e conhecimentos
tão grandes, que não podiam ser medidos.
30 Salomão era mais sábio do que qual-
quer homem do Oriente ou do Egito. 31 Ele
era mais sábio do que todos os homens:
mais sábio do que Etã, o ezraíta, e do que
Hemã, Calcol e Darda, filhos de Maol. E a
sua fama se espalhou por todos os países
vizinhos. 32 Ele escreveu três mil provér-
bios e compôs mais de mil canções. 33 Fa-
lou de árvores e plantas, desde os cedros
do Líbano até o *hissopo, que cresce nos
muros; ele falou também dos animais, dos
pássaros, dos animais que se arrastam
pelo chão e dos peixes. 34 Reis do mundo
inteiro souberam da sabedoria de Salo-
mão e mandaram pessoas para ouvi-lo.

Salomão prepara a construção do Templo

2Crônicas 2.1-18

5 Hirão, rei de Tiro, sempre havia sido
amigo de Davi. Quando soube que Sa-
lomão era o rei em lugar do seu pai, en-
viou embaixadores a ele. 2 Então Salomão
mandou a Hirão a seguinte mensagem:
3 "Você sabe que Davi, o meu pai, teve
muitas guerras contra as nações ao seu
redor. Por isso, ele nunca pôde construir
um templo dedicado ao SENHOR, seu
Deus, enquanto este não fez com que ele
derrotasse todos os seus inimigos. 4 Mas
agora o SENHOR me deu paz em todas as
fronteiras. Eu não tenho inimigos, e não
há perigo de ataques. 5 Deus prometeu o
seguinte a Davi, o meu pai: 'O seu filho,
que eu vou pôr como rei depois de você,
construirá um templo para mim.' Portan-
to, eu resolvi construir um templo para
a adoração do meu Deus, o SENHOR. 6 Por
isso, mande cortar cedros do Líbano para
mim. Os meus operários trabalharão jun-
to com os seus, e eu pagarei aos seus ope-
rários o quanto você quiser. Como você
sabe, no meio do meu povo não há quem
saiba cortar árvores tão bem como a sua
gente da cidade de Sidom."
7 Quando recebeu a mensagem de Sa-
lomão, o rei Hirão ficou muito contente
e disse:
— Louvado seja hoje o SENHOR, que
deu a Davi um filho cheio de sabedoria
para ficar no lugar dele como rei daque-
la grande nação!
8 Depois mandou dizer a Salomão o se-
guinte:
— Recebi a sua mensagem e vou aten-
der o seu pedido. Vou providenciar os ce-
dros e os pinheiros. 9 Os meus operários
levarão as toras do alto dos montes Líba-
nos até o mar e farão jangadas com elas.
Depois as levarão beirando o litoral até o
lugar que você escolher. Ali os meus ope-
rários desamarrarão as toras, e os seus
operários tomarão conta delas. E eu gos-
taria que você fornecesse a alimentação
para os meus operários.
10 E assim Hirão forneceu a Salomão
toda a madeira de cedro e de pinho que
ele pediu. 11 E cada ano Salomão forneceu
a Hirão duas mil toneladas de trigo e qua-
trocentos mil litros de azeite de oliva puro
para alimentar os homens dele.
12 O SENHOR Deus cumpriu a sua pro-
messa e deu sabedoria a Salomão. Havia
paz entre Hirão e Salomão, e eles fizeram
um *acordo entre si.
13 O rei Salomão convocou em todo o Is-
rael um grupo de trinta mil trabalhadores
forçados 14 e pôs Adonirão como chefe de-
les. Salomão dividiu esses trabalhadores
em três grupos de dez mil homens. Cada
grupo passava um mês no Líbano e dois
meses em casa. 15 Salomão também man-
dou à região montanhosa oitenta mil ho-
mens a fim de cortar pedras e setenta mil
homens para carregá-las. 16 Ele colocou
três mil e trezentos chefes para dirigir o
trabalho deles. 17 Obedecendo às ordens
do rei Salomão, eles cortaram grandes
pedras de boa qualidade para os alicer-
ces do Templo. 18 Os trabalhadores de Sa-
lomão e de Hirão e alguns homens da ci-
dade de Biblos prepararam as pedras e
a madeira para a construção do Templo.

Salomão constrói o Templo

6 Quatrocentos e oitenta anos depois que
o povo de Israel havia saído do Egi-
to, no quarto ano do reinado de Salomão
em Israel, no mês de *zive, o segundo mês,
Salomão começou a construir o Templo.
2 O Templo media vinte e sete metros
de comprimento por nove de largura, por
treze e meio de altura. 3 A sala de entra-
da media quatro metros e meio de com-
primento por nove de largura, isto é, a
mesma largura do santuário. 4 As pare-
des do Templo tinham janelas, que eram
mais estreitas do lado de fora do que do
lado de dentro. 5 Encostados nos lados e
nos fundos do Templo, Salomão construiu
três andares de salas, cada andar medin-
do dois metros e vinte centímetros de al-
tura. 6 As salas do andar de baixo tinham
dois metros e vinte de largura, as do an-
dar do meio tinham dois metros e seten-
ta de largura, e as do andar de cima, três
metros e dez de largura. Em cada andar,
as paredes do Templo eram mais finas do
que as do andar de baixo; assim as salas
se apoiavam nas paredes, evitando que as
vigas entrassem nessas paredes.
7 O Templo foi construído com pedras
que haviam sido preparadas nas pedrei-
ras, para que assim, durante a constru-
ção, não se ouvisse o barulho de martelos,
machados ou qualquer outra ferramenta.
8 A entrada para as salas do andar tér-
reo ficava no lado sul do Templo, e ha-
via escadas para subir ao segundo e ao
terceiro andares. 9 E assim o rei Salomão
terminou a construção do Templo, colo-
cando um forro feito de vigas e tábuas de
cedro. 10 Salomão construiu três andares
de salas encostados nas paredes do Tem-
plo e ligados com elas por meio de vigas
de cedro. Cada andar media dois metros
e vinte centímetros de altura.
11 O SENHOR Deus disse a Salomão:
12 — Se você obedecer a todas as mi-
nhas *leis e mandamentos, eu farei por
você aquilo que prometi a Davi, o seu pai.
13 Viverei entre o meu povo de Israel neste
Templo que você está construindo e nun-
ca os abandonarei.
14 E assim Salomão terminou *a constru-
ção do Templo.*

O acabamento do Templo por dentro

2Crônicas 3.4-14

15 As paredes do Templo foram forradas
por dentro com tábuas de cedro, desde
o chão até o teto, e o assoalho foi feito
de pinho. 16 Na parte de trás do Templo,
foi construída uma sala interna, que foi
chamada de *Lugar Santíssimo. Ela me-
dia nove metros de comprimento e era
separada por uma divisão feita de tábuas
de cedro, que iam desde o chão até o teto.
17 O *Lugar Santo, que ficava em frente ao
Lugar Santíssimo, tinha dezoito metros
de comprimento. 18 A forração de cedro
era enfeitada com entalhes em forma de
cabaças e de flores. Toda a parte de den-
tro da sala era revestida de cedro para
que as pedras das paredes não ficassem
aparecendo.
19 Como já foi dito, na parte de trás do
Templo foi feita uma sala, o Lugar San-
tíssimo, para nela ser colocada a *arca da
aliança de Deus. 20 Essa sala media nove
metros de comprimento por nove de lar-
gura, por nove de altura, e era toda reves-
tida de ouro puro. O altar era revestido
com tábuas de cedro. 21 O lado de dentro
do Templo era revestido de ouro, e na en-
trada do Lugar Santíssimo foram coloca-
das correntes de ouro. Essa sala também
era revestida de ouro. 22 Todo o Templo
por dentro e também o altar do Lugar
Santíssimo eram revestidos de ouro.
23 Foram feitos dois *querubins de ma-
deira de oliveira, os quais foram coloca-
dos no Lugar Santíssimo. Cada um deles
media quatro metros e quarenta de altu-
ra. 24-26 Os dois querubins tinham o mesmo
tamanho e a mesma forma. Cada um tinha
duas asas, e cada asa media dois metros e
vinte e cinco centímetros de comprimen-
to; assim a distância da ponta de uma asa
até a outra era de quatro metros e meio.
27 Os dois querubins foram colocados no
Lugar Santíssimo; eles estavam de asas
estendidas, de maneira que a asa de um
tocava numa parede, e a asa do outro to-
cava na outra parede, e no meio da sala
a asa de um tocava na asa do outro. 28 Os
dois querubins eram folheados a ouro.
29 As paredes do Lugar Santo e do Lugar
Santíssimo eram todas enfeitadas com fi-
guras entalhadas, representando queru-
bins, palmeiras e flores. 30 Até mesmo o
assoalho das duas divisões era revesti-
do de ouro.
31 Na entrada do Lugar Santíssimo foi
colocada uma porta dupla feita de ma-
deira de oliveira; no alto as ombreiras
formavam um arco em ponta. 32 As portas

eram enfeitadas com figuras entalhadas, representando querubins, palmeiras e flores. As portas, os querubins e as palmeiras eram folheados a ouro. 33 Para a entrada do Lugar Santo foram feitos batentes retangulares de madeira de oliveira. 34 Havia duas portas de duas folhas, que eram feitas de pinho 35 e enfeitadas com figuras entalhadas de querubins, palmeiras e flores, que também eram folheadas a ouro.

36 Em frente ao Templo foi construído um pátio interno, fechado por muros que tinham uma carreira de vigas de cedro para cada três carreiras de pedras.

37 Os alicerces do Templo foram colocados no mês de *zive, o segundo mês, no quarto ano do reinado de Salomão. 38 No décimo primeiro ano do reinado de Salomão, no oitavo mês, o mês de *bul, o Templo foi completamente terminado, exatamente como havia sido planejado. Salomão levou sete anos para construí-lo.

O palácio de Salomão

7 Salomão também construiu o seu palácio e levou treze anos para terminá-lo. 2-3 O Salão da Floresta do Líbano media quarenta e quatro metros de comprimento por vinte e dois de largura, por treze e meio de altura. Ele tinha três fileiras de colunas de cedro, havendo quinze colunas em cada fileira, com vigas de cedro que se apoiavam nelas. O teto era de cedro, estendendo-se até as despensas, que eram apoiadas pelas colunas. 4 Nas paredes de cada lado havia três fileiras de janelas. 5 Todas as portas e todas as janelas eram quadradas, e as três fileiras de janelas de cada parede ficavam exatamente em frente às fileiras de janelas da parede do outro lado.

6 O Salão das Colunas media vinte e dois metros de comprimento por treze e meio de largura. Ele tinha um pórtico que era coberto e sustentado por colunas.

7 A Sala do Trono, também chamada de Salão do Julgamento, onde Salomão julgava as questões, era forrada de cedro desde o chão até as vigas.

8 Em outro pátio, atrás da Sala do Trono, ficava a casa onde Salomão morava. A construção era do mesmo estilo das outras. Salomão também fez uma casa do mesmo tipo para a sua esposa, a filha do rei do Egito.

9 Todas essas construções e também o grande pátio foram feitos de pedras escolhidas, desde os alicerces até a beira do telhado. As pedras foram preparadas na pedreira e cortadas sob medida, sendo os lados de dentro e de fora cortados com serras. 10 Os alicerces foram feitos com pedras grandes preparadas na pedreira; algumas tinham três metros e meio de comprimento, e outras, quatro metros e meio de comprimento. 11 Por cima delas, foram colocadas pedras caras, cortadas sob medida, e vigas de cedro. 12 O pátio do palácio, o pátio interno do Templo e a sala de entrada do Templo tinham paredes feitas com uma carreira de vigas de cedro para cada três carreiras de pedras cortadas.

A tarefa de Hurã

13 O rei Salomão mandou buscar um homem chamado Hurã, um artífice que morava na cidade de Tiro e que era especialista em trabalhos de bronze. 14 O seu pai, que já havia morrido, era de Tiro e também havia sido artífice especializado em bronze; a sua mãe era da *tribo de Naftali. Hurã era um artífice inteligente e capaz. Ele aceitou o convite de Salomão e se encarregou de todo o trabalho em bronze.

As duas colunas de bronze

2Crônicas 3.15-17

15 Hurã fundiu duas colunas de bronze, cada uma com oito metros de altura e um metro e setenta de diâmetro, e as colocou na entrada do Templo. 16 Ele fez também dois remates de coluna, cada um com dois metros e vinte de altura, para serem colocados no alto das colunas. 17 O alto de cada coluna era enfeitado com um desenho de correntes entrelaçadas 18 e duas carreiras de romãs feitas de bronze.

19 Os remates das colunas tinham o formato de lírios, mediam um metro e oitenta de altura 20 e foram colocados numa parte redonda que ficava por cima do desenho de correntes. Em cada remate de coluna havia duzentas romãs de bronze colocadas em duas carreiras.

21 Hurã colocou essas duas colunas de bronze na frente da entrada do Templo. A que ficava no lado sul se chamava Jaquim, e a que ficava no lado norte se chamava Boaz. 22 Os remates das colunas em forma de lírios, feitos de bronze, estavam no alto das colunas.

E assim foi terminado o trabalho das colunas.

O tanque de bronze

2Crônicas 4.2-5

23 Hurã fez um tanque redondo de bronze, com dois metros e vinte de profundidade, quatro metros e quarenta de diâmetro e treze metros e vinte de circunferência. 24 Ao redor da borda de fora do tanque havia duas carreiras de cabaças de bronze que haviam sido fundidas todas em uma só peça junto com o tanque. 25 O tanque se apoiava sobre as costas de doze touros de bronze que olhavam para fora: três olhavam para o norte, três olhavam para o oeste, três olhavam para o sul, e três olhavam para o leste. 26 A grossura das paredes do tanque era de quatro dedos. A sua borda era como a borda de um copo, curvando-se para fora como as pétalas de um lírio. A capacidade do tanque era de mais ou menos quarenta mil litros.

As carretas de bronze

27 Hurã fez também dez carretas de bronze. Cada uma media um metro e oitenta de comprimento, um metro e oitenta de largura e um metro e trinta de altura. 28 Elas foram feitas de painéis quadrados, que eram montados em molduras. 29 Nesses painéis havia figuras de leões, touros e *querubins. E, nas molduras acima e abaixo dos leões e dos touros, havia desenhos de espirais em relevo. 30 Cada carreta tinha quatro rodas de bronze, com eixos de bronze. Nos quatro cantos havia apoios de bronze para uma bacia; os apoios eram enfeitados com figuras de espirais em relevo. 31 No alto havia uma guarnição redonda para a bacia. Essa guarnição passava quarenta e cinco centímetros para cima do alto da carreta e dezoito centímetros para baixo, para dentro dela. Ao redor dela havia entalhes. 32 As rodas tinham sessenta e sete centímetros de altura; elas ficavam debaixo dos painéis, e os eixos eram feitos em uma só peça com as carretas. 33 As rodas eram como as rodas de uma carruagem; os seus eixos, bordas, raios e os seus cubos eram todos de bronze. 34 Havia quatro apoios nos cantos, debaixo de cada carreta, os quais formavam uma só peça com a carreta. 35 Havia uma braçadeira de vinte e dois centímetros ao redor do alto de cada carreta; os seus apoios e os painéis formavam uma só peça com a carreta. 36 Os apoios e os painéis eram enfeitados com figuras de querubins, leões e palmeiras, que cobriam todo o espaço que havia; e ao redor dessas figuras havia desenhos em espiral. 37 Foi assim, então, que as carretas foram feitas; todas elas eram iguais, tendo o mesmo tamanho e formato.

38 Hurã fez também dez bacias de bronze, uma para cada carreta. Cada bacia tinha um metro e oitenta de diâmetro, e a sua capacidade era de mais ou menos oitocentos e trinta litros. 39 Ele colocou cinco carretas no lado sul do Templo e as outras cinco no lado norte. O tanque ele colocou no canto sudeste.

Lista resumida dos objetos do Templo

2Crônicas 4.11—5.1

40-45 Hurã fez também caldeirões, pás e bacias e assim terminou todo o trabalho encomendado pelo rei Salomão para o Templo do SENHOR. Esta é a lista do que ele fez:

- duas colunas;
- dois remates em forma de taças, que ficavam em cima das colunas;
- desenhos de correntes entrelaçadas de cada remate;
- quatrocentas romãs de bronze, em duas carreiras de cem, ao redor do desenho de cada remate;
- dez carretas;
- dez bacias;
- um tanque;
- doze touros que sustentavam o tanque;
- caldeirões, pás e bacias.

Todos os objetos destinados ao Templo que Hurã fez para o rei Salomão eram de bronze polido. 46 O rei mandou que tudo fosse feito na fundição, entre Sucote e Sartã, no vale do rio Jordão. 47 Salomão não mandou pesar esses objetos de bronze porque eram muitos, e por isso o seu peso nunca foi calculado.

48 Salomão também mandou fazer para o Templo os seguintes objetos de ouro: o altar; a mesa para os pães oferecidos a Deus; 49 os dez castiçais que ficavam em frente ao *Lugar Santíssimo, cinco no lado sul e cinco no lado norte; as flores, as lamparinas e as tenazes; 50 as taças, as tesouras de cortar pavios de lamparinas, as bacias, os pratos para o incenso e os braseiros; as dobradiças para as portas

do Lugar Santíssimo e para as portas do
Templo que davam para fora. Todos esses
objetos foram feitos de ouro.
51 Quando o rei Salomão terminou todo
o trabalho do Templo, colocou na sala do
tesouro do Templo todas as coisas que
Davi, o seu pai, havia separado para o SE-
NHOR Deus, isto é, a prata, o ouro e ou-
tros objetos.

A arca da aliança é levada para o Templo

2Crônicas 5.2—6.2

8 Aí o rei Salomão convocou todos os
chefes das *tribos e dos grupos de fa-
mílias de Israel para irem encontrar-se
com ele em Jerusalém a fim de levarem
a *arca da aliança de Deus, de *Sião, a *Ci-
dade de Davi, para o Templo. 2 Todos os
israelitas se reuniram durante a *Festa
das Barracas, no mês de *etanim, que é
o sétimo mês. 3 Quando todos os chefes
chegaram, os sacerdotes pegaram a arca
da aliança 4 e a levaram para o Templo. Os
*levitas e os sacerdotes levaram também
a *Tenda da Presença de Deus com todos
os seus equipamentos para o Templo. 5 O
rei Salomão e todo o povo de Israel se
reuniram em frente da arca da aliança e
ofereceram em *sacrifício um grande nú-
mero de ovelhas e touros, tantos que nem
dava para contar. 6 Então os sacerdotes
levaram a arca para dentro do Templo e
a colocaram onde devia ficar, no *Lugar
Santíssimo, debaixo das asas dos *que-
rubins. 7 Pois as suas asas estendidas co-
briam a arca e os seus cabos. 8 As pontas
dos cabos podiam ser vistas por qualquer
pessoa que ficasse diretamente em frente
ao Lugar Santíssimo, mas não podiam ser
vistas de nenhum outro lugar. (Os cabos
ainda estão ali *até hoje.) 9 Dentro da arca
estavam somente as duas placas de pedra
que Moisés havia colocado ali, quando, no
monte Sinai, o SENHOR Deus havia feito
uma aliança com os israelitas depois que
eles saíram do Egito.
10 Quando os sacerdotes estavam sain-
do do *Lugar Santo, uma nuvem encheu
o Templo do SENHOR 11 com a *glória do
SENHOR, e eles não puderam voltar para
dentro a fim de realizar os seus atos de
culto. 12 Aí Salomão disse:

— Tu, ó SENHOR, puseste o sol no
céu
embora tivesses resolvido viver
entre as nuvens escuras.
13 Mas agora eu construí para ti uma
casa,
um lugar onde viverás para sempre.

Salomão fala ao povo

2Crônicas 6.3-11

14 Aí Salomão virou-se, olhou para o
povo, que estava todo de pé, e pediu a
bênção de Deus para todos.
15 Depois disse:
— Bendito seja o SENHOR, o Deus de
Israel! Pois, pelo seu poder, ele cumpriu
a promessa que tinha feito a Davi, o meu
pai, quando lhe disse: 16 "Desde o dia em
que tirei do Egito o meu povo de Israel,
eu não escolhi nenhuma cidade de to-
das as *tribos da terra de Israel para ali
construir um templo a fim de ser adora-
do nele. Mas escolhi você, Davi, para go-
vernar o meu povo."
17 E Salomão continuou:
— Davi, o meu pai, tinha planos de
construir um templo para a adoração
do SENHOR, o Deus de Israel, 18 mas o SE-
NHOR lhe disse: "Você fez bem quando
planejou construir um templo para mim,
19 mas você não o construirá. Será o seu
filho quem construirá o meu Templo." 20 E
agora Deus cumpriu a sua promessa. Eu
fiquei no lugar do meu pai como rei de Is-
rael e construí o Templo para a adoração
do SENHOR, o Deus de Israel. 21 Também
separei no Templo um lugar para colocar
a *arca da aliança, onde estão guardadas
as placas de pedra da aliança que o SE-
NHOR Deus fez com os nossos antepas-
sados quando os tirou do Egito.

Salomão ora a Deus

2Crônicas 6.12-42

22 Então, na presença de todo o povo re-
unido, Salomão foi e ficou em frente do al-
tar. Levantou as mãos para o céu 23 e disse:
— Ó SENHOR, Deus de Israel! Não há
Deus igual a ti em cima no céu nem em-
baixo na terra. Tu cumpres a *aliança que
fizeste com o teu povo e lhes mostras o
teu amor quando eles, com todo o cora-
ção, vivem uma vida de obediência a ti.
24 Pelo teu poder cumpriste a promessa
que fizeste a Davi, o meu pai; no dia de
hoje todas as palavras da tua promessa
foram completamente cumpridas. 25 E
agora, ó SENHOR, Deus de Israel, eu te
peço que cumpras a outra promessa que
fizeste ao meu pai quando lhe disseste
que sempre haveria um descendente dele

governando como rei de Israel, contanto que eles te obedecessem com o mesmo cuidado com que ele obedeceu. 26 Portanto, ó Deus de Israel, faze com que se cumpra aquilo que prometeste a Davi, o meu pai, teu *servo.

27 — Mas será que, de fato, ó Deus, tu podes morar no meio de nós, criaturas humanas, aqui na terra? Tu és tão grande, que não cabes nem mesmo no céu; como poderia este Templo que eu construí ser bastante grande para isso? 28 Ó SENHOR, meu Deus, eu sou teu servo. Escuta a minha oração e atende os pedidos que te faço hoje. 29 Olha de dia e de noite para este Templo, o lugar que escolheste para nele seres adorado. Ouve-me quando eu orar com o rosto virado para este lugar. 30 Escuta as minhas orações e as orações do teu povo quando eles orarem com o rosto virado para cá. Sim, da tua casa no céu, ouve-nos e perdoa-nos.

31 — Quando alguém for acusado de prejudicar outra pessoa e for trazido até o teu altar neste Templo e jurar que é inocente, 32 ó SENHOR, ouve do céu e julga os teus servos. Castiga o culpado como ele merecer e declara que não tem culpa aquele que for inocente, recompensando-o como ele merecer.

33 — Quando, por ter pecado contra ti, o teu povo de Israel for derrotado pelos seus inimigos e, quando ele se virar para ti e vier a este Templo para te louvar e pedir o teu perdão, 34 escuta-o do céu. Perdoa o pecado do teu povo e leva-o de volta para a terra que deste aos seus antepassados.

35 — Quando o céu se fechar, e não chover, porque o teu povo pecou contra ti, e eles se arrependerem e virarem o rosto na direção deste Templo e orarem e te louvarem, depois que os tiveres castigado, 36 escuta-os do céu. Perdoa os pecados do rei e do povo de Israel e ensina-os a fazer o que é direito. Então, ó Deus, faze cair chuva sobre esta tua terra que deste ao teu povo para ser deles para sempre.

37 — Quando nesta terra houver falta de alimentos, ou houver pragas, ou as colheitas forem destruídas por ventos muito quentes ou por bandos de gafanhotos, ou quando o teu povo for atacado pelos seus inimigos, ou quando houver peste ou doença entre o povo, 38 escuta as suas orações. Se alguém do teu povo de Israel, sentindo no seu coração o peso da desgraça, estender as mãos na direção deste Templo e orar, 39 escuta a sua oração. Lá do teu lar no céu, ouve o teu povo, perdoa-o e ajuda-o. Só tu conheces os pensamentos secretos do coração humano. Trata cada pessoa como merecer, 40 para que o teu povo te *tema e te obedeça durante todo o tempo em que eles viverem na terra que deste aos nossos antepassados.

41-42 — Quando um estrangeiro que vive numa terra bem longe daqui ouvir falar da tua fama e das grandes coisas que tens feito pelo teu povo e vier te adorar e orar a ti com o rosto virado para este Templo, 43 ouve a sua oração. Lá do céu, onde vives, escuta-o e faze tudo o que ele te pedir, para que todos os povos da terra possam te conhecer e temer, como faz o teu povo de Israel. Então eles ficarão sabendo que este Templo que eu construí é o lugar onde deves ser adorado.

44 — Quando ordenares que o teu povo saia para a guerra contra os seus inimigos, e o teu povo orar a ti, virados para esta cidade que escolheste e para este Templo que construí em honra do teu nome, 45 escuta do céu as suas orações e os seus pedidos. Ouve-os e dá-lhes a vitória.

46 — Quando eles pecarem contra ti — e não há ninguém que não peque — e na tua *ira deixares que os inimigos deles os derrotem e os levem prisioneiros para alguma terra inimiga, longe ou perto daqui, 47 ouve as orações do teu povo. Se ali, naquela terra, eles se arrependerem e orarem a ti, confessando que foram pecadores e maus, escuta as suas orações, ó SENHOR. 48 Se naquela terra eles verdadeiramente e sinceramente se arrependerem e orarem a ti, virados na direção desta terra que deste aos nossos antepassados, desta cidade que escolheste e deste Templo que construí em honra do teu nome, 49 escuta as orações deles. Do teu lar no céu ouve-os e dá-lhes a vitória. 50 Perdoa os pecados que o teu povo tem cometido contra ti e a sua revolta contra ti e faze com que os seus inimigos os tratem com bondade. 51 Eles são o teu povo que tiraste daquela fornalha acesa, o Egito.

52 — Ó SENHOR, nosso Deus, eu te peço que olhes com simpatia para o teu povo de Israel e para o seu rei e escutes as suas orações sempre que eles te chamarem pedindo ajuda. 53 Tu os escolheste entre

todos os povos para serem o teu povo,
conforme lhes disseste por meio do teu
servo Moisés, quando tiraste do Egito os
nossos antepassados.

Salomão abençoa o povo

54 Depois que Salomão acabou de orar
ao SENHOR Deus, ele se levantou e ficou
em frente do altar, onde havia estado
ajoelhado com as mãos levantadas para
o céu. 55 Então, em voz alta, pediu as bên-
çãos de Deus para todo o povo que estava
reunido ali. Ele disse:
56 — Bendito seja o SENHOR Deus, que
deu paz ao seu povo, como havia prome-
tido! Ele tem cumprido todas as aben-
çoadas promessas que fez por meio do
seu *servo Moisés. 57 Que o SENHOR, nos-
so Deus, esteja conosco assim como es-
teve com os nossos antepassados! Que
ele nunca nos deixe, nem nos abandone!
58 Que Deus nos faça obedientes a ele, para
que sempre vivamos conforme ele quer,
obedecendo a todos os mandamentos,
*leis e ensinos que ele deu aos nossos an-
tepassados! 59 Que o SENHOR, nosso Deus,
lembre sempre desta oração e dos pedi-
dos que eu lhe fiz! Que ele sempre tenha
misericórdia do povo de Israel e do seu
rei, de acordo com o que precisarem! 60 E
assim todas as nações do mundo ficarão
sabendo que somente o SENHOR é Deus e
que não há nenhum outro. 61 Que vocês se-
jam sempre fiéis ao SENHOR, nosso Deus,
obedecendo a todos os seus mandamen-
tos e leis, como fazem hoje!

A inauguração do Templo

2Crônicas 7.4-10

62 Então o rei Salomão e todo o povo
que estava ali ofereceram *sacrifícios a
Deus, o SENHOR. 63 Ele ofereceu em sacri-
fício vinte e dois mil bois e cento e vinte
mil ovelhas como ofertas de paz. E assim
o rei e todo o povo dedicaram o Templo
ao serviço do SENHOR. 64 Naquele mesmo
dia Salomão separou, a fim de ser sagra-
da para Deus, a parte central do pátio que
ficava em frente ao Templo. Ali ele apre-
sentou as ofertas que foram completa-
mente queimadas, as ofertas de cereais
e a gordura dos animais que haviam sido
trazidos como ofertas de paz. Salomão fez
isso porque o altar de bronze era muito
pequeno para todas essas ofertas.
65 Naquela ocasião, ali no Templo, Sa-
lomão e todo o povo de Israel come-
moraram durante sete dias a *Festa das
Barracas. O povo era uma enorme mul-
tidão de pessoas que tinham vindo do
país inteiro, desde a subida de Hamate,
no Norte, até a fronteira do Egito, no Sul.
66 No oitavo dia Salomão mandou o povo
para casa. Todos pediram as bênçãos de
Deus para ele e foram embora, felizes por
causa de todas as coisas boas que o SE-
NHOR Deus tinha dado ao seu *servo Davi
e ao seu povo de Israel.

Deus aparece outra vez a Salomão

2Crônicas 7.11-22

9 Depois que Salomão acabou de cons-
truir o Templo e o palácio real e tudo
mais que havia planejado construir, 2 o
SENHOR Deus apareceu outra vez a ele,
como havia aparecido em Gibeão. 3 O SE-
NHOR lhe disse:
— Eu ouvi a sua oração e o pedido que
você fez na minha presença. Declarei san-
to este Templo, que você construiu como
o lugar onde serei adorado para sempre.
Eu tomarei conta dele e sempre o prote-
gerei. 4 Se você me servir com um cora-
ção sincero e honesto como Davi, o seu
pai, serviu e, se obedecer às minhas *leis
e ordens e fizer tudo o que eu mandar,
5 então eu cumprirei a promessa que fiz
a Davi, o seu pai, quando lhe disse que
Israel sempre seria governado pelos des-
cendentes dele. 6 Mas, se você ou os seus
descendentes deixarem de me seguir, se
desobedecerem às leis e aos mandamen-
tos que eu lhes dei e se adorarem e servi-
rem outros deuses, 7 então eu arrancarei
Israel, o meu povo, da terra que lhe dei.
E também abandonarei este Templo que
separei para ser o lugar onde devo ser
adorado. Aí todos os povos vão desprezar
e zombar de Israel. 8 Este Templo virará
um monte de ruínas, e todos os que pas-
sarem por perto dele ficarão chocados e
espantados e perguntarão: "Por que foi
que Deus fez isto com esta terra e com
este Templo?" 9 E a resposta será: "Foi
porque os israelitas abandonaram o SE-
NHOR, seu Deus, que tirou os antepassa-
dos deles do Egito. Eles seguiram outros
deuses, e os adoraram, e os serviram. Foi
por isso que o SENHOR fez com que toda
esta desgraça caísse sobre eles."

Salomão e Hirão

2Crônicas 8.1-2

10 Salomão levou vinte anos para cons-
truir o Templo e o seu palácio. 11 O rei Hi-
rão, da cidade de Tiro, havia fornecido

a ele toda a madeira de cedro e de pi-
nho e todo o ouro que ele precisou para
esse trabalho. Depois que terminaram as
obras, Salomão deu a Hirão vinte cidades
na região da Galileia. 12 Hirão foi vê-las e
não gostou delas. 13 Aí disse a Salomão:

— Então são estas as cidades que você
me deu, meu irmão?

Por isso, aquela região é chamada *até
hoje de Cabul. 14 Hirão havia mandado
para Salomão mais de quatro mil quilos
de ouro.

Outros trabalhos e construções de Salomão

2Crônicas 8.3-18

15 O rei Salomão usou trabalhadores
forçados para construir o Templo e o seu
próprio palácio, para aterrar o lado les-
te da cidade e para construir as mura-
lhas de Jerusalém. Também usou esses
trabalhadores para reconstruir as cida-
des de Hazor, Megido e Gezer. 16 (Faraó,
rei do Egito, havia atacado e conquista-
do a cidade de Gezer, matando os seus
moradores, que eram cananeus, e pondo
fogo na cidade. Depois o rei do Egito ti-
nha dado Gezer como presente de casa-
mento à sua filha quando ela casou com
Salomão, 17 e Salomão reconstruiu a cida-
de.) Usando os seus trabalhadores força-
dos, Salomão também reconstruiu Bete-
-Horom-de-Baixo, 18 Baalate e Tadmor, no
deserto de Judá. 19 Ainda reconstruiu as
cidades onde armazenava mantimentos,
as cidades onde ficavam os seus cavalos
e carros de guerra e tudo mais que ele
quis construir em Jerusalém, no Líbano
e em outras partes do seu reino. 20-21 Para
esse trabalho forçado, Salomão usou os
descendentes do povo de Canaã que os is-
raelitas não haviam matado quando con-
quistaram o seu país. Entre esses traba-
lhadores forçados estavam amorreus,
heteus, perizeus, heveus e jebuseus. E os
descendentes deles continuam escravos
*até hoje. 22 Nenhum israelita foi obriga-
do a trabalhar como escravo. Os israeli-
tas serviram como soldados, oficiais, co-
mandantes, capitães de carros de guerra
e cavaleiros.

23 Quinhentos e cinquenta oficiais esta-
vam encarregados dos trabalhadores for-
çados que eram usados nas várias cons-
truções de Salomão.

24 Salomão aterrou o lado leste da ci-
dade depois que a sua esposa, a filha do
rei do Egito, se mudou da *Cidade de Davi
para o palácio que Salomão havia cons-
truído para ela.

25 Três vezes por ano Salomão oferecia
*sacrifícios a serem queimados e ofertas
de paz no altar que ele havia construído
para Deus, o SENHOR. Ele também quei-
mava incenso ao SENHOR. E assim Salo-
mão terminou a construção do Templo.

26 O rei Salomão também construiu uma
frota de navios em Eziom-Geber, que fica
perto de Elate, no golfo de Ácaba, no país
de Edom. 27 O rei Hirão mandou alguns
marinheiros competentes da sua frota de
navios para navegarem junto com os ho-
mens de Salomão. 28 Eles foram até a terra
de Ofir e trouxeram para Salomão mais
de catorze mil quilos de ouro.

A visita da rainha de Sabá

2Crônicas 9.1-12

10 A rainha de Sabá ouviu falar da
fama de Salomão e foi até Jerusa-
lém a fim de pô-lo à prova com perguntas
difíceis. 2 Ela chegou com um grande grupo
de servidores e também com camelos car-
regados de *especiarias, pedras preciosas
e uma grande quantidade de ouro. Quando
se encontrou com Salomão, ela lhe fez to-
das as perguntas que pôde imaginar. 3 Ele
respondeu a todas; não houve nenhuma
que fosse difícil demais para ele respon-
der. 4 A rainha de Sabá ouviu a sabedoria
de Salomão e viu o palácio que ele havia
construído. 5 Ela viu a comida que era ser-
vida na mesa dele, viu os apartamentos
dos seus altos funcionários, a organização
do pessoal que trabalhava no palácio e os
uniformes que eles usavam. Viu os empre-
gados que o serviam nas festas e os *sa-
crifícios que ele oferecia no Templo. Isso
tudo a deixou de boca aberta e muito ad-
mirada. 6 Então ela disse ao rei Salomão:

— Tudo aquilo que eu ouvi no meu país
a respeito de você e da sua sabedoria é,
de fato, verdade. 7 Porém eu não pude
acreditar até que vim e vi com os meus
próprios olhos. Acontece que não tinham
me contado nem a metade. A sua sabe-
doria e a sua riqueza são muito maiores
do que ouvi dizer. 8 Como são felizes as
suas esposas! Que sorte têm os seus ser-
vidores, que estão sempre ao seu lado e
têm o privilégio de ouvir os seus sábios
provérbios! 9 Bendito seja o SENHOR, seu
Deus, que ficou tão contente com você,
que o tornou rei de Israel! O amor dele

por Israel é eterno; por isso, ele o tornou rei de Israel, para que você possa manter a *lei e a justiça.

10 Ela entregou ao rei os presentes que havia trazido: mais de quatro mil quilos de ouro e uma grande quantidade de especiarias e pedras preciosas. Nunca mais veio uma quantidade tão grande de especiarias como a que a rainha de Sabá deu a Salomão.

11 (Os navios de Hirão, que haviam trazido ouro da terra de Ofir, também trouxeram de lá uma grande quantidade de madeira de sândalo e pedras preciosas. 12 Salomão usou a madeira para fazer corrimãos para o Templo e para o palácio e também fez *harpas e *liras para os músicos. Foi a primeira vez que se viu essa madeira em Israel, e *até hoje nunca mais se viu ali madeira igual àquela.)

13 O rei Salomão deu à rainha de Sabá tudo o que ela quis e pediu, além de todos os outros presentes de costume. Então a rainha e os seus servidores voltaram para Sabá, a sua terra.

As riquezas de Salomão

2Crônicas 9.13-28

14 Todos os anos o rei Salomão recebia mais ou menos vinte e três mil quilos de ouro, 15 além dos impostos pagos pelos comerciantes, dos lucros do comércio e dos impostos pagos pelos reis árabes e pelos administradores dos vários distritos do país.

16 Salomão fez duzentos grandes *escudos e mandou folhear cada um com quase sete quilos de ouro. 17 Também fez trezentos escudos menores e folheou cada um com quase dois quilos de ouro. Ele mandou colocar todos esses escudos no Salão da Floresta do Líbano.

18 Salomão também mandou fazer um grande trono, revestido de marfim e de ouro puro. 19-20 O trono tinha seis degraus, com a figura de um leão nas pontas de cada degrau, isto é, havia doze leões ao todo. Atrás do trono havia uma figura de cabeça de touro e no lado de cada um dos dois braços do trono havia a figura de um leão. Nunca havia existido em outro reino um trono como esse.

21 Todas as taças que o rei Salomão usava para beber eram de ouro, e todos os objetos do Salão da Floresta do Líbano eram de ouro puro. Não se usou prata porque no tempo de Salomão esse metal era considerado sem valor. 22 Salomão tinha uma frota de navios que viajava junto com a frota de Hirão. Cada três anos a sua frota voltava trazendo ouro, prata, marfim, macacos e micos.

23 O rei Salomão era mais rico e mais sábio do que qualquer outro rei, 24 e pessoas do mundo inteiro queriam ir ouvir a sabedoria que Deus lhe tinha dado. 25 Todos aqueles que chegavam traziam um presente para ele: objetos de prata e de ouro, roupas, armas, *especiarias, cavalos e mulas. E foi assim ano após ano.

26 Salomão ajuntou mil e quatrocentos carros de guerra e doze mil cavalos de cavalaria. Espalhou uma parte deles por várias cidades e deixou o resto em Jerusalém. 27 Em Jerusalém, durante o seu reinado, a prata era tão comum como as pedras, e havia tantos cedros como as figueiras bravas que existem nas planícies de Judá. 28 Os agentes do rei controlavam a importação de cavalos de Musri e da Cilícia 29 e a importação de carros de guerra do Egito. Esses agentes forneciam cavalos e carros de guerra para os reis heteus e sírios, vendendo cada carro por seiscentas barras de prata e cada cavalo por cento e cinquenta barras de prata.

Salomão afasta-se de Deus

11 Salomão amou muitas mulheres estrangeiras. Além da filha do rei do Egito, ele casou com mulheres heteias e com mulheres dos países de Moabe, Amom, Edom e Sidom. 2 Casou com elas, mesmo sabendo que o SENHOR Deus havia ordenado aos israelitas que não casassem com mulheres estrangeiras porque elas fariam com que os corações deles se voltassem para outros deuses. 3 Salomão casou com setecentas princesas e também teve trezentas *concubinas. Elas fizeram com que ele se afastasse de Deus 4 e, quando ele já estava velho, fizeram com que o seu coração se voltasse para deuses estrangeiros. *Ele não foi fiel ao* SENHOR, seu Deus, como Davi, o seu pai, havia sido. 5 Salomão adorou *Astarote, a deusa de Sidom, e *Moloque, o nojento deus de Amom. 6 Ele pecou contra o SENHOR e não foi fiel a ele como Davi, o seu pai, havia sido. 7 Na montanha que ficava a leste de Jerusalém, ele construiu um lugar para a adoração de Quemos, o nojento deus de Moabe, e um lugar para a adoração de Moloque, o nojento deus de Amom. 8 Também construiu

DEVOCIONAL

Texto para leitura: **1Reis 11:1-8**

Conheça o amor

Como uma Garota de Deus, você nunca pode deixar que os meninos sejam mais importantes do que o Senhor. Quando alguma coisa em sua vida se torna mais importante para seu coração do que Deus, ela se chama ídolo. A idolatria arranca Deus do trono de sua vida ao fazer de alguém ou de alguma coisa o foco principal de seu dia. Os meninos nunca devem ser tão importantes a ponto de seu principal pensamento ser conseguir um namorado. Procurar o amor pode rapidamente desviar sua atenção do que, de fato, é importante, principalmente se aquele que você está procurando não ama a Deus do mesmo jeito que você ou não o ama de jeito nenhum. Qualquer amor que você encontrar à custa da devoção a Deus não é saudável nem espiritual nem emocionalmente.

Amar as pessoas é uma coisa boa, mas o verdadeiro amor tem a ver com servir a Deus, e não a si mesma ou aos seus hormônios. Quando amar tem mais a ver com receber do que dar, isso não é amor; é egoísmo. Como uma Garota de Deus, você precisa ter certeza de que o amor que procura é um amor que serve ao Senhor, e não apenas a você. Todo o seu valor e sua esperança devem estar nas mãos de Deus, e não no sonho de conseguir um namorado. Os meninos quase sempre vão decepcioná-la de um jeito ou de outro, mas Deus não. Ao colocar toda a sua fé naquele que nunca falha, você está se preparando para amar do jeito que o Pai a criou: não por necessidade, mas por causa de sua fé naquele que é o amor (veja 1João 4:8).

lugares de adoração, onde todas as suas
mulheres estrangeiras queimavam incen-
so e ofereciam *sacrifícios aos seus pró-
prios deuses.
9-10 O SENHOR, o Deus de Israel, havia
aparecido a Salomão duas vezes e lhe ha-
via ordenado que não adorasse deuses
estrangeiros. Mesmo assim, Salomão não
obedeceu ao SENHOR, mas afastou-se dele.
Por isso, o SENHOR ficou muito *irado com
Salomão 11 e disse:
— Você quebrou a sua *aliança comigo
e desobedeceu aos meus mandamentos;
por isso, eu vou tirar o reino de você e vou
dá-lo a um dos seus oficiais. 12 No entanto,
por amor a Davi, o seu pai, eu não farei
isso enquanto você estiver vivo, mas du-
rante o reinado do seu filho. 13 E não to-
marei dele o reino inteiro, mas deixarei
*que ele fique com uma *tribo, por causa*
do meu *servo Davi e por causa de Jerusa-
lém, que escolhi para ser a minha cidade.

Os inimigos de Salomão

14 O SENHOR Deus fez com que Hadade
se virasse contra Salomão. Hadade era
da família do rei de Edom. 15-16 Muito an-
tes disso, quando Davi tinha conquistado
Edom, Joabe, o comandante do exército
de Israel, havia ido até lá para sepultar os
mortos. Ele e os seus soldados ficaram ali
seis meses e durante esse tempo mata-
ram todos os homens de Edom. 17 Somen-
te escaparam Hadade e alguns escravos
edomitas que pertenciam ao seu pai. Eles
fugiram para o Egito. Naquele tempo Ha-
dade ainda era menino. 18 Eles saíram de
Midiã e foram até Parã, onde alguns ho-
mens se juntaram a eles. Então viajaram
para o Egito e foram falar com Faraó, rei
daquele país. Este deu a Hadade um pe-
daço de terra e uma casa e lhe forneceu
comida. 19 Hadade ganhou a amizade do
rei, e ele lhe deu sua cunhada, a irmã da
rainha Tafnes, *em casamento.* 20 A espo-
sa de Hadade deu à luz um filho, chama-
do Genubate, que foi criado pela rainha
no palácio, onde ele morava com os fi-
lhos do rei.
21 Um dia, no Egito, Hadade ficou saben-
do que Davi tinha morrido e que Joabe, o

comandante do seu exército, também estava morto. Então disse ao rei:

— Deixe que eu volte para a minha terra.

22 E o rei disse:

— Por que você quer voltar? Será que aqui está lhe faltando alguma coisa, e por isso você quer voltar para a sua terra?

— Não me falta nada! — respondeu Hadade. — Mas deixe-me ir.

Então Hadade voltou para a sua terra. E, como rei de Edom, foi um mau e feroz inimigo de Israel.

23 Deus também fez com que Rezom, filho de Eliada, se virasse contra Salomão. Rezom havia fugido do seu patrão, o rei Hadadezer, de Zoba, 24 e tinha se tornado o chefe de uma turma de bandidos. (Isso aconteceu depois que Davi derrotou Hadadezer e matou os sírios, que eram aliados dele.) Rezom e os seus homens foram morar em Damasco e ali eles o fizeram rei da Síria. 25 Rezom foi inimigo de Israel durante toda a vida de Salomão.

A promessa de Deus a Jeroboão

26 Houve outro homem que se virou contra o rei Salomão. Foi Jeroboão, filho de Nebate, que era de Zereda, no território da *tribo de Efraim. Jeroboão era oficial de Salomão, e a sua mãe era uma viúva chamada Zerua. 27 Esta é a história da revolta de Jeroboão:

Salomão estava aterrando o lado leste da cidade de Jerusalém e consertando as muralhas da cidade. 28 Jeroboão era um jovem capaz, e Salomão viu que ele trabalhava com vontade. Então o colocou como encarregado de todos os trabalhadores forçados do território das tribos de Manassés e Efraim. 29 Um dia Jeroboão saiu de Jerusalém em viagem, e o *profeta Aías, de Siló, se encontrou com ele sozinho na estrada, no meio do campo. 30 Então Aías tirou a *capa nova que estava usando, cortou-a em doze pedaços 31 e disse a Jeroboão:

— Fique com dez pedaços porque o SENHOR, o Deus de Israel, está lhe dizendo o seguinte: "Eu vou arrancar o reino da mão de Salomão e vou dar dez tribos a você. 32 Salomão ficará com uma tribo por causa do meu *servo Davi e por causa de Jerusalém, a cidade que escolhi em toda a terra de Israel para ser minha. 33 Vou fazer isso porque Salomão me rejeitou e tem adorado deuses estrangeiros: *Astarote, a deusa de Sidom, Quemos, o deus de Moabe, e *Moloque, o deus de Amom. Salomão tem me desobedecido; ele tem agido de maneira errada e não tem guardado as minhas *leis e as minhas ordens como Davi, o seu pai, guardou. 34 Mas eu não vou tomar de Salomão o reino todo; vou deixar que ele governe enquanto viver. Eu farei isso por causa de Davi, o meu servo, que escolhi e que obedeceu aos meus mandamentos e leis. 35 Do filho de Salomão eu tomarei o reino e darei a você dez tribos. 36 Mas deixarei que o filho de Salomão fique com uma tribo, para que eu sempre tenha um descendente de Davi reinando em Jerusalém, a cidade que escolhi como o lugar onde devo ser adorado. 37 Jeroboão, eu vou fazer de você o rei de Israel, e você vai governar todo o território que quiser. 38 Se você der atenção a todas as minhas ordens e viver de acordo com a minha vontade, fazendo aquilo que eu aprovo e obedecendo às minhas leis e aos meus mandamentos, como fez o meu servo Davi, então eu sempre estarei com você. Eu farei com que você seja o rei de Israel e, como fiz com Davi, certamente farei com que os seus descendentes governem depois de você. 39 Por causa do pecado de Salomão, eu castigarei os descendentes de Davi, mas isso não será para sempre."

40 Por causa disso, Salomão tentou matar Jeroboão, mas ele fugiu para o Egito. Jeroboão ficou com Sisaque, rei do Egito, e morou lá até a morte de Salomão.

A morte de Salomão

2Crônicas 9.29-31

41 Todas as outras coisas que Salomão fez, os seus atos e a sua sabedoria, estão todos registrados na *História de Salomão*. 42 Ele governou quarenta anos em Jerusalém como rei de todo o povo de Israel. 43 Salomão morreu e foi sepultado na *Cidade de Davi, e o seu filho Roboão ficou no lugar dele como rei.

A revolta das tribos do Norte

2Crônicas 10.1-19

12 Roboão foi até Siquém, onde todo o povo de Israel se havia reunido para fazê-lo rei. 2 Jeroboão, filho de Nebate, que havia fugido do rei Salomão e ido para o Egito, soube disso e voltou de lá. 3 O povo das *tribos do Norte mandou buscá-lo, e foram todos juntos falar com Roboão. Eles disseram:

4 — Salomão, o seu pai, nos tratou com
dureza e nos fez carregar cargas pesadas.
Se o senhor tornar essas cargas mais le-
ves e a nossa vida mais fácil, nós seremos
seus servidores.
5 Roboão respondeu:
— Voltem daqui a três dias, e aí eu da-
rei a minha resposta.
Então eles foram embora.
6 O rei Roboão foi falar com os homens
mais velhos, que haviam sido os conse-
lheiros do seu pai, e perguntou:
— Que resposta vocês me aconselham
a dar a este povo?
7 Eles disseram:
— Se o senhor quiser servir bem a este
povo, dê uma resposta favorável ao pedi-
do deles, que eles serão seus servidores
para sempre.
8 Mas Roboão não seguiu o conselho
dos homens mais velhos e foi falar com os
jovens que haviam crescido junto com ele
e que agora eram os seus conselheiros.
9 — Que conselho vocês me dão? —
perguntou ele. — O que é que eu digo a
este povo que está pedindo que eu torne
as suas cargas mais leves?
10 Eles responderam:
— Você deve dizer o seguinte: "O meu
dedinho é mais grosso do que a cintura
do meu pai! 11 Ele fez vocês carregarem
cargas pesadas; eu vou aumentar o peso
ainda mais. Ele castigou vocês com chico-
tes; eu vou surrá-los com correias."
12 Três dias depois, Jeroboão e todo o
povo foram falar de novo com o rei Ro-
boão, como ele havia mandado. 13 O rei
desprezou o conselho dos homens mais
velhos e falou duramente com o povo,
14 como os jovens haviam aconselhado.
Ele disse:
— O meu pai fez vocês carregarem car-
gas pesadas; eu vou aumentar o peso ain-
da mais. Ele castigou vocês com chicotes;
eu vou surrá-los com correias.
15 Assim o rei Roboão não atendeu o
povo. O SENHOR Deus fez com que isso
acontecesse para confirmar aquilo que
ele, por meio do *profeta Aías, de Siló, ti-
nha dito a Jeroboão, filho de Nebate.
16 Quando os israelitas viram que o rei
não ia atender o seu pedido, começaram
a gritar:
— Abaixo Davi e a sua família! O que
foi que eles já fizeram por nós? Homens
de Israel, vamos para casa! Que Roboão
cuide de si mesmo!
E assim os israelitas foram para as suas
casas, 17 deixando Roboão como rei so-
mente do povo que morava no território
da tribo de Judá.
18 Então o rei Roboão mandou que Ado-
nirão, o encarregado dos trabalhadores
forçados, fosse falar com os israelitas,
mas eles o mataram a pedradas. Porém
Roboão saltou depressa para o seu carro
de guerra e fugiu para Jerusalém.
19 Desde aquela época *até hoje, o povo
de Israel, o Reino do Norte, está revolta-
do contra os reis descendentes de Davi.
20 O povo de Israel soube que Jeroboão
havia voltado do Egito. Então eles o con-
vidaram para uma reunião com todo o
povo e o fizeram rei de Israel. Somente
a tribo de Judá ficou fiel aos descenden-
tes de Davi.

A profecia de Semaías
2Crônicas 11.1-4

21 Quando Roboão chegou a Jerusalém,
reuniu cento e oitenta mil dos melhores
soldados das *tribos de Judá e de Benja-
mim, pois tinha a intenção de sair para
lutar contra as tribos do Norte de Israel
e ser o rei delas de novo. 22 Mas o SENHOR
falou ao *profeta Semaías e mandou 23 que
desse a Roboão e a todo o povo das tribos
de Judá e de Benjamim o seguinte reca-
do: 24 "Não ataquem os seus próprios ir-
mãos, o povo de Israel. Voltem todos para
casa! Se tudo aconteceu assim, foi por-
que eu quis."
Então eles obedeceram à ordem de
Deus, o SENHOR, e voltaram para casa.

Jeroboão afasta-se de Deus

25 O rei Jeroboão, de Israel, cercou de
muralhas a cidade de Siquém, na região
montanhosa de Efraim, e morou um pou-
co de tempo ali. Depois saiu e cercou de
muralhas a cidade de Penuel. 26-27 Então
pensou: "Do jeito que as coisas estão, se
o meu povo for a Jerusalém oferecer no
Templo *sacrifícios ao SENHOR Deus, os
corações deles vão cair para o lado de
Roboão, rei de Judá, e eles me matarão."
28 Por isso, ele fez dois touros de ouro
e disse ao seu povo:
— *Já chega de ir* a Jerusalém para ado-
rar a Deus. Povo de Israel, aqui estão os
seus deuses, que tiraram vocês do Egito!
29 Ele colocou um dos touros de ouro
em Betel e o outro em Dã. 30 E assim o
povo pecou, indo adorar em Betel e em
Dã. 31 Jeroboão também construiu lugares

de adoração no alto dos morros e esco-
lheu para sacerdotes homens que não
eram da *tribo de Levi.

A adoração em Betel é condenada

32 Jeroboão também deu ordem para
que houvesse uma festa religiosa no dia
quinze do oitavo mês, como a festa que
se realizava no Reino de Judá. No altar de
Betel ele ofereceu *sacrifícios aos touros
de ouro que havia feito e pôs ali em Be-
tel os sacerdotes que serviam nos lugares
de adoração que ele havia construído nos
morros. 33 No dia quinze do oitavo mês,
dia que ele mesmo havia escolhido, foi
a Betel e ofereceu um sacrifício no altar,
celebrando a festa que havia criado para
o povo de Israel.

13 Por ordem do SENHOR Deus, um
*profeta de Judá foi a Betel e che-
gou ali quando Jeroboão estava diante do
altar para oferecer o *sacrifício. 2 Seguindo
a ordem do SENHOR, o profeta falou assim
contra o altar:
— Ó altar, ó altar! O que o SENHOR Deus
diz é isto: "Vai nascer um descendente de
Davi que se chamará Josias. Em cima de
você, ó altar, ele matará os sacerdotes que
servem nos altares pagãos e que oferecem
sacrifícios em cima de você. Ele também
queimará ossos de gente sobre você."
3 E o profeta continuou:
— Este altar cairá em pedaços, e as
cinzas que estiverem nele se espalharão.
Essa será a prova de que o SENHOR Deus
falou por meio de mim.
4 Quando Jeroboão ouviu isso, apontou
para o profeta e ordenou:
— Prendam este homem!
No mesmo instante, o braço do rei ficou
paralisado, e ele não pôde fazê-lo voltar
à posição normal. 5 E, de repente, o altar
caiu em pedaços, e as cinzas se espalha-
ram pelo chão, como o profeta, em nome
do SENHOR, tinha dito que ia acontecer.
6 Então o rei disse ao profeta:
— Por favor, acalme o SENHOR, seu
Deus, e ore por mim para que ele cure
o meu braço.
O profeta fez o que o rei pediu, e o bra-
ço do rei sarou. 7 Então o rei disse:
— Venha comigo até a minha casa e
coma alguma coisa. Eu vou recompen-
sar você pelo que fez.
8 Mas o profeta respondeu:
— Mesmo que o senhor me desse a me-
tade da sua riqueza, eu não iria com o
senhor e não comeria, nem beberia nada
neste lugar. 9 O SENHOR Deus mandou que
eu não comesse, nem bebesse nada e que
não voltasse para casa pelo mesmo cami-
nho por onde vim.
10 E assim ele não voltou pelo mesmo
caminho por onde tinha ido, mas voltou
por outra estrada.

O velho profeta de Betel

11 Naquele tempo havia um velho *pro-
feta que morava em Betel. Os seus filhos
chegaram e contaram a ele tudo o que o
profeta de Judá tinha feito naquele dia em
Betel e o que tinha dito ao rei Jeroboão.
12 Então o velho profeta perguntou:
— Por onde ele foi embora?
E eles lhe mostraram a estrada. 13 Ele
pediu que os filhos pusessem a sela no
seu jumento, e eles puseram. Então o pro-
feta montou 14 e foi atrás do profeta de
Judá. Ele o encontrou sentado debaixo de
uma árvore sagrada e perguntou:
— Você é o profeta de Judá?
— Sou, sim! — respondeu o homem.
15 — Venha até a minha casa e coma al-
guma coisa comigo — convidou ele.
16 Mas o profeta de Judá respondeu:
— Eu não posso ir até a sua casa, nem
ficar hospedado lá. E também não vou
comer, nem beber nada aqui com você
17 porque o SENHOR Deus mandou que eu
não comesse, nem bebesse nada e que
não voltasse para casa pelo mesmo ca-
minho por onde vim.
18 Então o velho profeta disse:
— Eu também sou profeta como você,
e o SENHOR Deus mandou que um anjo
me dissesse que levasse você até a mi-
nha casa e lhe oferecesse a minha hos-
pitalidade.
Mas ele estava mentindo.
19 Então o profeta de Judá foi com o ve-
lho profeta para a sua casa e comeu uma
refeição com ele. 20 Enquanto estavam
sentados à mesa, a palavra do SENHOR
veio ao velho profeta, 21 e ele gritou para
o profeta de Judá:
— O SENHOR Deus diz que você desobe-
deceu e não fez o que ele mandou. 22 Em
vez disso, voltou e comeu uma refeição
num lugar onde ele havia mandado que
você não comesse. Por causa disso, você
será morto, e o seu corpo não será sepul-
tado no túmulo da sua família.
23 Depois que acabaram de comer, o ve-
lho profeta selou o jumento para o profeta

de Judá, 24 e este foi embora. No caminho, um leão o encontrou e matou. O corpo do profeta ficou jogado na estrada, e o leão e o jumento ficaram parados ali perto dele. 25 Alguns homens passaram por aquele lugar e viram o corpo jogado no caminho e o leão ali do lado. Então foram a Betel e contaram o que tinham visto.

26 Quando o velho profeta soube do que havia acontecido, disse:

— Aquele é o profeta que desobedeceu às ordens de Deus, o SENHOR. Foi por isso que o SENHOR mandou que um leão o atacasse e matasse, conforme tinha dito que ia fazer.

27 Então disse para os filhos:

— Ponham a sela no meu jumento.

Eles fizeram o que o pai pediu. 28 Então o velho foi e achou o corpo do profeta caído no caminho e o jumento e o leão parados perto dele. O leão não havia comido o corpo, nem despedaçado o jumento. 29 Aí o velho profeta pegou o corpo, pôs em cima do jumento e o levou de volta para Betel a fim de chorar sobre ele e sepultá-lo. 30 Ele o sepultou no seu próprio túmulo. Então ele e os seus filhos choraram sobre o corpo do profeta e diziam:

— Ó meu irmão, meu irmão!

31 Depois do sepultamento, o velho disse aos filhos:

— Quando eu morrer, me sepultem neste túmulo e ponham o meu corpo perto do dele. 32 Porque certamente vai se cumprir a ameaça que ele fez por ordem de Deus, o SENHOR, contra o altar de Betel e contra os lugares pagãos de adoração que existem nas cidades da região de Samaria.

Jeroboão continua a pecar

33 Ainda assim o rei Jeroboão não se arrependeu dos seus maus caminhos, mas continuou a escolher para sacerdotes homens de todo tipo a fim de servirem nos altares dos morros. O rei *ordenava como sacerdote desses altares qualquer um que queria ser sacerdote. 34 Esse seu pecado trouxe desgraça e destruição total para a sua família.

A morte do filho de Jeroboão

14 Nesse tempo, o filho do rei Jeroboão, que se chamava Abias, ficou doente. 2 Jeroboão disse à sua mulher:

— Ponha um disfarce para que ninguém possa reconhecer você e vá até Siló, onde mora Aías, o *profeta que disse que eu seria rei deste povo. 3 Leve para ele dez pães, alguns bolos e um jarro de mel. Pergunte o que vai acontecer com o nosso filho, que ele lhe dirá.

4 Então ela foi até a casa de Aías, em Siló. Aías tinha ficado cego por causa da velhice. 5 Mas Deus lhe disse que a mulher de Jeroboão vinha vindo perguntar sobre o filho dela, que estava doente. E Deus disse a Aías o que devia dizer a ela.

A mulher de Jeroboão chegou, fazendo de conta que era outra pessoa. 6 Porém, quando ela vinha entrando pela porta, Aías ouviu o barulho dos seus passos e disse:

— Entre, mulher de Jeroboão. Por que você está fingindo que é outra pessoa? Eu estou encarregado de lhe dar más notícias. 7 Vá dizer a Jeroboão que o SENHOR, o Deus de Israel, manda dizer a ele o seguinte: "Eu escolhi você do meio do povo e o tornei governador do meu povo de Israel. 8 Eu tomei o reino dos descendentes de Davi e dei a você. Mas você não tem sido como o meu *servo Davi, que foi fiel a mim em tudo, que obedeceu aos meus mandamentos e me seguiu com todo o coração, fazendo aquilo que eu aprovo. 9 Você tem pecado muito mais do que todos aqueles que foram reis antes de você. Você me rejeitou e me deixou *irado por ter feito ídolos e imagens de metal para adorar. 10 Por causa disso, eu vou trazer desgraça para a sua família e vou matar todos os seus descendentes do sexo masculino, tanto os jovens como os velhos. Vou varrer a sua família como se varre esterco. 11 As pessoas da sua família que morrerem na cidade serão comidas pelos cachorros e as que morrerem no campo serão comidas pelos urubus. Eu, o SENHOR, falei."

12 E Aías ainda disse o seguinte à mulher de Jeroboão:

— Agora volte para casa. Assim que você entrar na cidade, o seu filho vai morrer. 13 Todo o povo de Israel vai chorar por ele e vai sepultá-lo. O seu filho vai ser a única pessoa da família de Jeroboão que será sepultada porque ele foi o único de quem o SENHOR, o Deus de Israel, se agradou. 14 O SENHOR vai pôr em Israel um rei que acabará com a família de Jeroboão. E já está acontecendo isso. 15 O SENHOR vai castigar o povo de Israel, que vai tremer

de medo como varas verdes. Deus vai ar-
rancar o povo de Israel desta terra boa
que ele deu aos seus antepassados e vai
espalhá-lo para além do rio Eufrates por-
que eles o deixaram irado, fazendo postes
da deusa *Aserá para adorar. 16 Deus vai
abandonar Israel porque Jeroboão pecou
e fez com que o povo de Israel pecasse.
17 Aí a mulher de Jeroboão saiu e vol-
tou para Tirza. Quando ela pôs os pés em
casa, a criança morreu. 18 E todo o povo de
Israel chorou pelo menino e o sepultou,
conforme o SENHOR Deus tinha dito por
meio do seu servo, o profeta Aías.

A morte de Jeroboão

19 Todas as outras coisas que o rei Je-
roboão fez, como guerreou e como go-
vernou, tudo isso está escrito na *História
dos Reis de Israel*. 20 Jeroboão foi rei vinte
e dois anos. Ele morreu e foi sepultado,
e o seu filho Nadabe ficou no lugar dele
como rei.

O reinado de Roboão, de Judá

2Crônicas 11.5—12.16

21 Roboão, filho de Salomão, tinha qua-
renta e um anos de idade quando se tor-
nou rei de Judá. Ele governou dezessete
anos em Jerusalém, a cidade que o SE-
NHOR Deus havia escolhido entre todas
as cidades da terra de Israel como o lu-
gar onde devia ser adorado. A mãe de Ro-
boão se chamava Naama e era do país de
Amom.
22 O povo de Judá pecou contra o SE-
NHOR e deu mais motivos para ele ficar
*irado do que todos os seus antepassa-
dos haviam dado. 23 Eles construíram alta-
res nos morros para a adoração de falsos
deuses e, no alto dos morros e debaixo
de árvores que dão sombra, levantaram
colunas do deus *Baal e postes da deusa
*Aserá para adorar. 24 E havia também ho-
mens e mulheres que serviam como pros-
titutos nesses lugares pagãos de adora-
ção. O povo de Israel fez todas as coisas
vergonhosas que faziam os povos que o
SENHOR Deus havia expulsado da terra,
conforme os israelitas iam avançando
para dentro do país.
25 No quinto ano do reinado de Roboão,
Sisaque, rei do Egito, atacou Jerusalém.
26 Sisaque levou embora todos os tesou-
ros do Templo e do palácio e também
os *escudos de ouro que Salomão havia
feito. 27 Para colocar no lugar deles, o rei
Roboão fez escudos de bronze e os entre-
gou aos oficiais encarregados de guardar
os portões do palácio. 28 Sempre que o rei
ia ao Templo, os guardas usavam os es-
cudos e depois os levavam de volta para
a sala dos guardas.
29 Todas as outras coisas que o rei Ro-
boão fez estão escritas na *História dos
Reis de Judá*. 30 Durante todo esse tempo,
Roboão e Jeroboão estiveram em guerra
um contra o outro. 31 Roboão morreu e foi
sepultado nos túmulos dos reis, na *Cida-
de de Davi, e o seu filho Abias ficou no lu-
gar dele como rei. (A mãe de Roboão se
chamava Naama e era do país de Amom.)

O reinado de Abias, de Judá

2Crônicas 13.1—14.1

15 No ano dezoito do reinado de Je-
roboão, filho de Nebate, em Israel,
Abias se tornou rei de Judá. 2 Ele gover-
nou três anos em Jerusalém. A mãe dele
se chamava Maacá e era filha de Absalão.
3 Abias cometeu os mesmos pecados que
o seu pai havia cometido e não foi fiel em
tudo ao SENHOR, seu Deus, como o seu bi-
savô Davi tinha sido. 4 Mas, por causa de
Davi, o SENHOR, seu Deus, deu a Abias um
filho para governar em Jerusalém depois
dele e para conservar Jerusalém em segu-
rança. 5 O SENHOR fez isso porque Davi ti-
nha feito o que lhe agradava e nunca havia
desobedecido a nenhum dos seus manda-
mentos, a não ser no caso de Urias, o he-
teu. 6 Abias e Jeroboão estiveram sempre
em guerra um contra o outro durante o
reinado de Abias. 7 Todas as outras coisas
que Abias fez estão escritas na *História
dos Reis de Judá*.
8 Abias morreu e foi sepultado na *Ci-
dade de Davi, e o seu filho Asa ficou no
lugar dele como rei.

O reinado de Asa, de Judá

2Crônicas 14.1—16.14

9 No ano vinte do reinado de Jeroboão
em Israel, Asa se tornou rei de Judá 10 e
governou quarenta e um anos em Jerusa-
lém. A sua mãe se chamava Maacá e era
filha de Absalão. 11 Asa fez o que agrada-
va ao SENHOR Deus, como havia feito o
seu antepassado Davi. 12 Asa expulsou do
país todos os que praticavam a prostitui-
ção como parte dos cultos pagãos e reti-
rou todos os ídolos feitos por aqueles que
haviam sido reis antes dele. 13 Ele tirou a
sua mãe Maacá da posição de rainha-mãe

porque ela havia mandado fazer uma figura nojenta para servir como poste da deusa *Aserá. Asa derrubou esse poste e o queimou no vale do Cedrom. 14 Ele não destruiu todos os lugares pagãos de adoração, porém foi fiel ao SENHOR Deus durante toda a sua vida. 15 Asa colocou no Templo todos os objetos que o seu pai havia separado para Deus e também os objetos de prata e de ouro que ele mesmo havia separado.

16 O rei Asa, de Judá, e o rei Baasa, de Israel, estiveram sempre em guerra um contra o outro durante todo o tempo em que ficaram no poder. 17 Baasa invadiu Judá e começou a cercar de muralhas a cidade de Ramá, para assim controlar o movimento na estrada que ia até Jerusalém. 18 Por isso, o rei Asa pegou toda a prata e todo o ouro que haviam ficado no Templo e no palácio e entregou a alguns dos seus servidores, a fim de que levassem para Damasco e entregassem ao rei Ben-Hadade, que era filho de Tabrimom e neto de Heziom. Junto foi a seguinte mensagem: 19 "Vamos ser aliados como eram os nossos pais. Esta prata e este ouro são um presente para você. Retire agora o apoio que você está dando a Baasa, rei de Israel, para que assim ele tenha de tirar os seus soldados do meu território."

20 O rei Ben-Hadade concordou com a proposta de Asa e mandou que os seus comandantes e os seus exércitos atacassem as cidades de Israel. Eles conquistaram as cidades de Ijom, Dã e Abel-Bete-Maacá, a região que fica perto do lago da Galileia, e todo o território de Naftali. 21 Quando o rei Baasa soube do que havia acontecido, parou de construir as muralhas de Ramá e voltou para Tirza.

22 O rei Asa mandou avisar em toda a região de Judá que todos, sem faltar ninguém, deviam ir ajudar a carregar para fora de Ramá as pedras e a madeira que Baasa havia estado usando para construir as muralhas em volta da cidade. Com esse material, Asa cercou de muralhas a cidade de Mispa e também a cidade de Geba, que ficava no território da *tribo de Benjamim.

23 Todas as outras coisas que o rei Asa fez, os seus atos de coragem e as cidades que ele cercou de muralhas, tudo isso está escrito na *História dos Reis de Judá*. Na sua velhice ele foi atacado por uma doença nos pés. 24 Asa morreu e foi sepultado nos túmulos dos reis, na *Cidade de Davi. O seu filho Josafá ficou como rei no lugar dele.

O reinado de Nadabe, de Israel

25 No segundo ano do reinado de Asa em Judá, Nadabe, filho do rei Jeroboão, se tornou rei de Israel. Ele foi rei dois anos. 26 Como havia feito o seu pai antes dele, Nadabe pecou contra Deus e fez com que o povo de Israel também pecasse.

27 Baasa, filho de Aías, da *tribo de Issacar, fez uma conspiração contra Nadabe e o matou no país dos filisteus, em Gibetom, a cidade que Nadabe e o seu exército estavam cercando. 28 Isso aconteceu no terceiro ano do governo do rei Asa em Judá. E assim Baasa ficou no lugar de Nadabe como rei de Israel. 29 Logo que começou a reinar, ele matou as pessoas da família de Jeroboão. E, de acordo com o que o SENHOR Deus tinha dito por meio do seu *servo, o *profeta Aías, de Siló, toda a família de Jeroboão foi morta; não escapou ninguém. 30 Isso aconteceu porque Jeroboão havia feito com que o SENHOR, o Deus de Israel, ficasse *irado com os pecados que ele cometeu e que fez o povo de Israel cometer.

31 Todas as outras coisas que Nadabe fez estão escritas na *História dos Reis de Israel*. 32 O rei Asa, de Judá, e o rei Baasa, de Israel, estiveram em guerra um contra o outro durante todo o tempo em que ficaram no poder.

O reinado de Baasa, de Israel

33 No terceiro ano do reinado de Asa em Judá, Baasa, filho de Aías, se tornou rei de todo o povo de Israel e governou vinte e quatro anos em Tirza. 34 Como o rei Jeroboão havia feito antes dele, Baasa pecou contra o SENHOR Deus e fez com que o povo de Israel também pecasse.

16 O SENHOR Deus falou com o *profeta Jeú, filho de Hanani, e lhe deu esta mensagem a respeito de Baasa: 2 "Você não era ninguém, mas eu fiz com que você se tornasse o chefe do meu povo de Israel. E agora você pecou como Jeroboão e fez o meu povo pecar. Os pecados deles me fizeram ficar *irado, 3 e por isso vou acabar com você e com a sua família, como fiz com Jeroboão. 4 As pessoas da sua família que morrerem na cidade serão comidas pelos cachorros, e aquelas que morrerem nos campos serão comidas pelos urubus."

5 Todas as outras coisas que Baasa fez e
todos os seus atos de coragem estão es-
critos na *História dos Reis de Israel.* 6 Baa-
sa morreu e foi sepultado em Tirza, e o
seu filho Elá ficou como rei no lugar dele.
7 O profeta Jeú deu aquela mensagem
do SENHOR Deus a respeito de Baasa e
da sua família por causa dos pecados que
Baasa havia cometido contra o SENHOR.
Ele fez com que o SENHOR ficasse irado
não somente por causa do mal que prati-
cou, como o rei Jeroboão havia feito antes
dele, mas também porque ele matou toda
a família de Jeroboão.

O reinado de Elá, de Israel

8 No ano vinte e seis do reinado de Asa
em Judá, Elá, filho de Baasa, se tornou rei
de Israel e governou dois anos em Tirza.
9 Zinri, um dos seus oficiais, que coman-
dava a metade dos seus carros de guerra,
fez uma conspiração contra ele.

Certo dia em Tirza, Elá estava se embe-
bedando na casa de Arsa, que era o ad-
ministrador do palácio. 10 Zinri entrou na
casa, matou Elá e ficou no lugar dele como
rei. Isso aconteceu no ano vinte e sete do
reinado de Asa em Judá.
11 Assim que Zinri se tornou rei, matou
todas as pessoas da família de Baasa. To-
dos os seus parentes do sexo masculino e
todos os seus amigos foram mortos. 12 E
assim Zinri matou toda a família de Baasa,
de acordo com aquilo que o SENHOR, por
meio do *profeta Jeú, tinha dito a respei-
to de Baasa. 13 Por terem adorado ídolos
e por terem feito com que o povo de Is-
rael pecasse, Baasa e o seu filho Elá ha-
viam feito o SENHOR, o Deus de Israel, fi-
car *irado. 14 Todas as outras coisas que
Elá fez estão escritas na *História dos Reis
de Israel.*

O reinado de Zinri, de Israel

15 No ano vinte e sete do reinado de Asa
em Judá, Zinri foi rei de todo o povo de Is-
rael, em Tirza, durante sete dias. Os solda-
dos israelitas estavam cercando a cidade
de Gibetom, na terra dos filisteus. 16 Eles
souberam que Zinri havia feito uma cons-
piração contra o rei e que o havia assas-
sinado. Por isso, naquele mesmo dia ali
no acampamento, eles escolheram Onri,
o comandante do exército, como rei de Is-
rael. 17 Onri e todos os seus soldados saí-
ram de Gibetom e foram cercar a cidade
de Tirza. 18 Quando Zinri viu que a cidade
havia sido conquistada, foi para a forta-
leza interna do palácio, pôs fogo no palá-
cio e morreu queimado. 19 Isso aconteceu
por causa dos seus pecados contra Deus,
o SENHOR. Ele seguiu o exemplo de Jero-
boão, que havia sido rei antes dele; Zin-
ri desagradou ao SENHOR por causa dos
seus pecados e por ter feito o povo de Is-
rael pecar. 20 Todas as outras coisas que
Zinri fez e também a sua conspiração es-
tão escritas na *História dos Reis de Israel.*

O reinado de Onri, de Israel

21 O povo de Israel estava dividido em
dois partidos. A metade deles queria fa-
zer de Tibni, filho de Ginate, o seu rei, e
os outros estavam do lado de Onri. 22 Mas
aqueles que estavam a favor de Onri ga-
nharam; Tibni morreu, e Onri se tornou
rei. 23 No ano trinta e um do reinado de
Asa em Judá, Onri se tornou rei de Israel
e governou doze anos. Nos seis primei-
ros anos ele governou em Tirza. 24 Então
comprou o monte de Samaria de um ho-
mem chamado Semer por mais ou menos
setenta quilos de prata. Onri fez defesas
militares no monte, construiu ali uma ci-
dade e a chamou de Samaria, por causa
do nome de Semer, que havia sido o pri-
meiro dono do monte.
25 Onri pecou contra o SENHOR Deus
mais do que todos aqueles que haviam
sido reis antes dele. 26 Como Jeroboão ha-
via feito antes dele, Onri fez com que o
SENHOR, o Deus de Israel, ficasse *irado
por causa dos seus pecados e por fazer o
povo de Israel adorar ídolos. 27 Todas as
outras coisas que Onri fez e todas as suas
realizações estão escritas na *História dos
Reis de Israel.* 28 Onri morreu e foi sepulta-
do em Samaria, e o seu filho Acabe ficou
como rei no lugar dele.

O reinado de Acabe, de Israel

29 No ano trinta e oito do reinado de Asa
em Judá, Acabe, filho de Onri, se tornou
rei de Israel e governou vinte e dois anos
em Samaria. 30 Ele pecou contra o SENHOR
Deus mais do que qualquer um dos que
haviam sido reis antes dele. 31 Não se con-
tentando em pecar como o rei Jeroboão,
Acabe fez pior e casou com Jezabel, filha
de Etbaal, rei de Sidom, e adorou o deus
*Baal. 32 Acabe construiu um templo para
Baal em Samaria, fez para ele um altar
e o colocou no templo. 33 Levantou tam-
bém um poste da deusa *Aserá e assim fez

mais coisas para deixar o SENHOR Deus
*irado do que todos os reis de Israel ha-
viam feito antes dele. 34 Durante o reina-
do de Acabe, Hiel, que era de Betel, re-
construiu a cidade de Jericó. E, como o
SENHOR tinha dito por meio de Josué, fi-
lho de Num, Hiel perdeu Abirão, o seu fi-
lho mais velho, quando colocou os alicer-
ces de Jericó, e perdeu Segube, o seu filho
mais novo, quando colocou os portões.

Elias e a seca

17 Um *profeta chamado Elias, de Tis-
bé, na região de Gileade, disse ao
rei Acabe:
— Em nome do SENHOR, o Deus vivo de
Israel, de quem sou *servo, digo ao senhor
que não vai cair orvalho nem chuva du-
rante os próximos anos, até que eu diga
para cair orvalho e chuva de novo.
2 Então o SENHOR Deus disse a Elias:
3 — Saia daqui, vá para o leste e escon-
da-se perto do riacho de Querite, a leste
do rio Jordão. 4 Você terá água do riacho
para beber; e eu mandei que os corvos
levem comida para você ali.
5 Elias obedeceu à ordem do SENHOR
e foi e ficou morando perto do riacho de
Querite. 6 Ele bebia água do riacho, e os
corvos vinham trazer pão e carne todas
as manhãs e todas as tardes. 7 Mas algum
tempo depois o riacho secou por falta de
chuva.

Elias e a viúva de Sarepta

8 Então o SENHOR Deus disse a Elias:
9 — Apronte-se e vá até a cidade de Sa-
repta, perto de Sidom, e fique lá. Eu man-
dei que uma viúva que mora ali dê comi-
da para você.
10 Então Elias foi para Sarepta. Quan-
do estava chegando ao portão da cidade,
ele encontrou a viúva, que estava catan-
do lenha.
Elias disse a ela:
— Por favor, me dê um pouco de água
para eu beber.
11 Quando ela ia indo buscar a água, ele
a chamou e disse:
— E traga pão também, por favor.
12 Porém ela respondeu:
— Juro pelo seu Deus vivo, o SENHOR,
que não tenho mais pão. Só tenho um pu-
nhado de farinha de trigo numa tigela e
um pouco de azeite num jarro. Estou aqui
catando uns dois pedaços de pau para co-
zinhar alguma coisa para mim e para o
meu filho. Vamos comer e depois morre-
remos de fome.
13 — Não se preocupe! — disse Elias. —
Vá preparar a sua comida. Mas primeiro
faça um pãozinho com a farinha que você
tem e traga-o para mim. Depois prepare o
resto para você e para o seu filho. 14 Pois
o SENHOR, o Deus de Israel, diz isto: "Não
acabará a farinha da sua tigela, nem fal-
tará azeite no seu jarro até o dia em que
eu, o SENHOR, fizer cair chuva."
15 Então a viúva foi e fez como Elias ti-
nha dito. E todos eles tiveram comida
para muitos dias. 16 Como o SENHOR ha-
via prometido por meio de Elias, não fal-
tou farinha na tigela nem azeite no jarro.
17 Algum tempo depois, o filho da viú-
va ficou doente. Ele foi ficando cada vez
pior e acabou morrendo. 18 Então ela dis-
se a Elias:
— Homem de Deus, o que o senhor tem
contra mim? Será que o senhor veio aqui
para fazer com que Deus lembrasse dos
meus pecados e assim provocar a morte
do meu filho?
19 — Dê-me o seu filho! — disse Elias.
Então pegou o menino dos braços da
mãe e o levou para o andar de cima, para
o quarto onde estava morando, e o co-
locou na sua cama. 20 Então orou em voz
alta, assim:
— Ó SENHOR, meu Deus, por que fizes-
te esta coisa tão terrível para esta viúva?
Ela me hospedou, e agora tu mataste o
filho dela!
21 Aí Elias se deitou em cima do menino
três vezes e orou deste modo:
— Ó SENHOR, meu Deus, faze com que
esta criança viva de novo!
22 E o SENHOR Deus respondeu à oração
de Elias. O menino começou a respirar
outra vez e tornou a viver.
23 Elias pegou o menino, e o levou para
baixo, para a sua mãe, e disse:
— Veja! O seu filho está vivo!
24 Então ela disse a Elias:
— Agora eu sei que o senhor é um ho-
mem de Deus e que Deus realmente fala
por meio do senhor!

Elias e os profetas de Baal

18 Algum tempo depois, no terceiro
ano da seca, o SENHOR Deus dis-
se a Elias:
— Vá apresentar-se ao rei Acabe, pois
eu vou mandar chover.

2 Então Elias saiu para se apresentar a Acabe.

A falta de alimentos era muito grande em Samaria, 3 e por isso Acabe mandou chamar Obadias, o administrador do palácio. (Obadias era um fiel adorador do SENHOR Deus 4 e, quando Jezabel estava matando os *profetas do SENHOR, Obadias escondeu cem profetas em dois grupos de cinquenta em cavernas e providenciou comida e água para eles.) 5 Acabe disse a Obadias:

— Vamos dar uma olhada em todas as fontes e em todos os leitos dos riachos da nossa terra a fim de ver se achamos capim suficiente para conservar vivos os cavalos e as mulas. Pois pode ser que a gente não tenha de matar os nossos animais.

6 Eles combinaram que parte da região cada um devia examinar e saíram, cada um para o seu lado.

7 Obadias estava no caminho quando, de repente, se encontrou com Elias. Ele reconheceu Elias e se ajoelhou diante dele, encostou o rosto no chão e perguntou:

— É o senhor mesmo? É o meu senhor Elias?

8 — Sim, eu sou Elias! — respondeu o profeta. — Vá dizer ao seu patrão, o rei, que eu estou aqui.

9 Mas Obadias disse:

— O que foi que eu fiz para o senhor querer me pôr em perigo de ser morto pelo rei Acabe? 10 Juro pelo seu Deus vivo, o SENHOR, que o rei mandou procurá-lo em todos os países da terra. Sempre que um rei mandava dizer que o senhor não estava no país dele, Acabe pedia a esse rei que jurasse que não havia sido possível encontrá-lo. 11 E agora o senhor quer que eu vá lhe dizer que está aqui? 12 Pode ser que logo que eu sair daqui o Espírito do SENHOR o leve para algum lugar desconhecido. Aí, quando eu contar a Acabe que o senhor está aqui, e ele não puder encontrá-lo, ele me matará. Lembre que desde menino eu tenho sido um fiel adorador de Deus, o SENHOR. 13 Por acaso, não lhe contaram que, quando Jezabel estava matando os profetas de Deus, eu escondi cem deles em cavernas, em dois grupos de cinquenta, e providenciei comida e água para eles? 14 Como é então que agora o senhor está me mandando ir dizer ao rei que o senhor está aqui? Ele vai me matar!

15 Elias respondeu:

— Pelo SENHOR Todo-Poderoso, a quem sirvo, eu prometo que hoje vou me apresentar ao rei.

16 Então Obadias foi encontrar-se com Acabe e lhe contou o que havia acontecido. Aí Acabe saiu para se encontrar com Elias. 17 Quando viu o profeta, Acabe disse:

— Então é você que está aí, você, o maior criador de problemas de Israel!

18 — Eu não sou criador de problemas para o povo de Israel! — respondeu Elias. — Você e o seu pai é que são criadores de problemas, pois abandonaram os mandamentos do SENHOR Deus e adoraram as imagens de *Baal. 19 Portanto, ordene agora a todo o povo de Israel que vá encontrar-se comigo no monte Carmelo. Mande também os quatrocentos e cinquenta profetas do deus Baal e os quatrocentos profetas da deusa *Aserá que são sustentados pela rainha Jezabel.

20 Então Acabe chamou todos os israelitas e os profetas de Baal para se reunirem no monte Carmelo. 21 Elias chegou perto do povo e disse:

— Até quando vocês vão ficar em dúvida sobre o que vão fazer? Se o SENHOR é Deus, adorem o SENHOR; mas, se Baal é Deus, adorem Baal!

Porém o povo não respondeu nada.

22 Então Elias disse:

— De todos os profetas de Deus, o SENHOR, eu fui o único que sobrou, mas os profetas de Baal são quatrocentos e cinquenta. 23 Agora tragam dois touros. Que os profetas de Baal matem um deles, cortem em pedaços e ponham em cima da lenha, mas não ponham fogo! Eu farei a mesma coisa com o outro touro. 24 E aí os profetas de Baal vão orar ao seu deus, e eu orarei ao SENHOR. O deus que responder mandando fogo, este é que é Deus.

E todo o povo respondeu:

— Está bem assim!

25 Então Elias disse aos profetas de Baal:

— Já que vocês são tantos, peguem o touro e o preparem primeiro. Orem ao seu deus, porém não ponham fogo na lenha.

26 Os profetas de Baal pegaram o touro que havia sido trazido para eles, e o prepararam, e oraram a Baal desde a manhã até o meio-dia. Eles gritavam assim:

— Ó Baal, responde às nossas orações!

E ficaram dançando em volta do altar

que haviam feito, porém não houve res-
posta.
27 Ao meio-dia, Elias começou a caçoar
deles. Ele dizia:
— Orem mais alto, pois ele é deus!
Pode ser que esteja meditando ou que
tenha ido ao banheiro. Talvez ele tenha
viajado ou talvez esteja dormindo, e vo-
cês terão de acordá-lo!
28 Aí os profetas oraram mais alto e co-
meçaram a se cortar com facas e punhais,
conforme o costume deles, até que o san-
gue começou a correr. 29 Passou o meio-
-dia, e eles continuaram a orar e a gritar
até a hora do *sacrifício da tarde; porém
não se ouviu nenhum som.
30 Então Elias disse ao povo:
— Cheguem para mais perto de mim.
Todos chegaram mais perto de Elias,
e ele começou a consertar o altar do Se-
nhor Deus, que estava derrubado. 31 Ele
pegou doze pedras, uma para cada uma
das doze *tribos que tinham os nomes dos
filhos de Jacó, o homem a quem o Senhor
tinha dado o nome de Israel. 32 Com es-
sas pedras Elias reconstruiu o altar para
a adoração do Senhor. Depois cavou em
volta uma valeta em que cabiam mais ou
menos doze litros de água. 33 Em segui-
da colocou lenha no altar, cortou o touro
em pedaços e os pôs em cima da lenha.
34 Então disse:
— Encham quatro jarras com água e
derramem sobre o animal sacrificado e
sobre a lenha.
Eles fizeram o que Elias estava man-
dando, e ele disse:
— Façam de novo.
E eles fizeram.
— Façam pela terceira vez! — disse
Elias.
E eles fizeram. 35 A água correu em vol-
ta do altar e encheu a valeta.
36 Quando chegou a hora do sacrifício
da tarde, o profeta Elias chegou perto do
altar e orou assim:
— Ó Senhor, Deus de Abraão, de Isa-
que e de Jacó! Prova agora que és o Deus
de Israel, e que eu sou teu *servo, e que
fiz tudo isto de acordo com a tua ordem.
37 Responde-me, ó Senhor, responde-
-me, para que este povo saiba que tu, o
Senhor, és Deus e estás trazendo este
povo de volta para ti!
38 Então o Senhor mandou fogo. E o
fogo queimou o sacrifício, a lenha, as pe-
dras, a terra e ainda secou a água que
estava na valeta. 39 Quando viram isso,
os israelitas se ajoelharam, encostaram
o rosto no chão e gritaram:
— O Senhor é Deus! Só o Senhor é
Deus!
40 Elias ordenou:
— Prendam os profetas de Baal! Não
deixem escapar nenhum!
Todos foram presos, e Elias fez com que
descessem até o riacho de Quisom e ali
os matou.

O fim da seca

41 Então Elias disse ao rei Acabe:
— Agora vá comer, pois eu já estou ou-
vindo o barulho de muita chuva.
42 Enquanto Acabe foi comer, Elias su-
biu até o alto do monte Carmelo. Ali ele
se inclinou até o chão, pôs a cabeça en-
tre os joelhos 43 e disse ao seu ajudante:
— Vá e olhe para o lado do mar.
O ajudante foi e voltou dizendo:
— Não vi nada.
Sete vezes Elias mandou que ele fosse
olhar. 44 Na sétima vez, ele voltou e disse:
— Eu vi subindo do mar uma nuvem
pequena, do tamanho da mão de um ho-
mem.
Então Elias mandou:
— Vá aonde está o rei Acabe e lhe diga
que apronte o carro e volte para casa; se
não, a chuva não vai deixar.
45 Em pouco tempo o céu se cobriu de
nuvens escuras, o vento começou a so-
prar, e uma chuva pesada começou a cair.
Acabe entrou no seu carro e partiu de vol-
ta para Jezreel. 46 O poder do Senhor Deus
veio sobre Elias; ele apertou o seu cinto
e correu na frente de Acabe todo o cami-
nho até Jezreel.

Elias no monte Sinai

19 O rei Acabe contou à sua esposa
Jezabel tudo o que Elias havia fei-
to e como havia matado à espada todos
os *profetas do deus *Baal. 2 Aí ela man-
dou um mensageiro a Elias com o seguin-
te recado:
— Que os deuses me matem, se até
amanhã a esta hora eu não fizer com você
o mesmo que você fez com os profetas!
3 Elias ficou com medo e, para salvar
a vida, fugiu com o seu ajudante para a
cidade de Berseba, que ficava na região
de Judá. Deixou ali o seu ajudante 4 e foi
para o deserto, andando um dia inteiro.
Aí parou, sentou-se na sombra de uma

DEVOCIONAL

Texto para leitura: **1Reis 19:1-8**

Conheça a si mesma

Se você nunca se sentiu deprimida, então você não é um ser humano. É da natureza de uma rocha nunca ficar deprimida, mas você não é uma rocha; você é um ser humano, e os seres humanos têm emoções. São os baixos da vida que lhe dão a capacidade de perceber os altos. Este mundo inclui algumas coisas ruins que são deprimentes. Não fique brava consigo mesma quando essas coisas aparecerem em sua vida e, às vezes, levarem a melhor sobre você.

Elias ficou deprimido nessa história. Parecia que o mundo estava a fim de pegá-lo, e ele não queria ter mais nada a ver com isso. Mas veja como Deus interveio. Ele não deu a Elias alguma grande revelação; ele mandou que Elias fizesse algo simples, mas poderoso: "Levante-se e coma" (1Reis 19:5). Elias não teve uma visão. Ele não viu Deus em toda a sua glória nesse momento. Ele só fez o que Deus mandou.

A depressão não precisa vencer. Se você estiver disposta a fazer o que Deus lhe pedir, no momento em que ele lhe pedir, poderá colocá-la para correr antes que ela se torne um inimigo muito grande para vencer. Se Deus ajudá-la a saber intuitivamente que você precisa fazer algo, como sair da cama e comer, então tem de fazer isso. Quando se levantar e fizer alguma coisa, verá que a depressão começará a se levantar. Você precisa se esforçar para decidir a quem seguirá hoje: a voz da depressão ou a voz de Deus.

árvore e teve vontade de morrer. Então
orou assim:
— Já chega, ó SENHOR Deus! Acaba agora com a minha vida! Eu sou um fracasso, como foram os meus antepassados.
5 Elias se deitou debaixo da árvore e
caiu no sono. De repente, um anjo tocou
nele e disse:
— Levante-se e coma.
6 Elias olhou em volta e viu perto da
sua cabeça um pão assado nas pedras e
uma jarra de água. Ele comeu, e bebeu, e
dormiu de novo. 7 O anjo do SENHOR Deus
voltou e tocou nele pela segunda vez, dizendo:
— Levante-se e coma; se não, você não aguentará a viagem.
8 Elias se levantou, comeu e bebeu, e a
comida lhe deu força bastante para andar quarenta dias e quarenta noites até
o Sinai, o monte sagrado. 9 Ali ele entrou
numa caverna para passar a noite, e, de
repente, o SENHOR Deus lhe perguntou:
— O que você está fazendo aqui, Elias?
10 Ele respondeu:
— Ó SENHOR, Deus Todo-Poderoso, eu sempre tenho servido a ti e só a ti. Mas o povo de Israel quebrou a sua *aliança contigo, derrubou os teus altares e matou todos os teus profetas. Eu sou o único que sobrou, e eles estão querendo me matar!
11 O SENHOR Deus disse:
— Saia e vá ficar diante de mim no alto do monte.
Então o SENHOR passou por ali e mandou um vento muito forte, que rachou os morros e quebrou as rochas em pedaços. Mas o SENHOR não estava no vento. Quando o vento parou de soprar, veio um terremoto; porém o SENHOR não estava no terremoto. 12 Depois do terremoto veio um
fogo, mas o SENHOR não estava no fogo. E depois do fogo veio um sussurro calmo e suave.
13 Quando Elias ouviu o sussurro, cobriu
o rosto com a *capa. Então saiu e ficou na entrada da caverna. E uma voz lhe disse:
— O que você está fazendo aqui, Elias?
14 Ele respondeu:
— Ó SENHOR, Deus Todo-Poderoso, eu

sempre tenho servido a ti e só a ti. Mas o
povo de Israel quebrou a sua aliança con-
tigo, derrubou os teus altares e matou to-
dos os teus profetas. Eu sou o único que
sobrou, e eles estão querendo me matar!
15 Então o SENHOR Deus disse:
— Volte para o deserto que fica perto
de Damasco. Chegando lá, entre na cida-
de e *unja Hazael como rei da Síria. 16 Unja
Jeú, filho de Ninsi, como rei de Israel e
unja Eliseu, filho de Safate, de Abel-Meolá,
como profeta, para ficar em lugar de você.
17 As pessoas que não forem mortas por
Hazael serão mortas por Jeú, e todos os
que escaparem de Jeú serão mortos por
Eliseu. 18 Mas eu deixarei sete mil pessoas
vivas em Israel, isto é, todos aqueles que
não adoraram o deus Baal e não beijaram
a sua imagem.

A chamada de Eliseu

19 Elias saiu e encontrou Eliseu, que es-
tava arando a terra. Na frente dele iam
doze pares de bois, e ele estava arando
com o último par. Elias passou perto de
Eliseu e jogou a sua *capa em cima dele.
20 Então Eliseu largou os seus bois, correu
atrás de Elias e disse:
— Deixe que eu vá beijar o meu pai e
a minha mãe e depois eu irei com você.
Elias respondeu:
— Está bem. Pode ir. Eu não estou im-
pedindo.
21 Aí Eliseu deixou Elias e foi até o lugar
onde estavam os dois bois e matou-os.
Então fez fogo com a madeira da canga e
cozinhou a carne.
Depois deu a carne ao povo, e eles co-
meram. Então saiu, e foi com Elias, e ficou
trabalhando como seu ajudante.

A guerra contra a Síria

20 O rei Ben-Hadade da Síria reuniu
todo o seu exército e, apoiado por
trinta e dois outros reis, com os seus ca-
valos e carros, subiu, e cercou a cidade de
Samaria, e atacou-a. 2 Ele enviou alguns
mensageiros, os quais entraram na cidade
3 e disseram a Acabe, rei de Israel:
— O rei Ben-Hadade exige que o se-
nhor entregue a ele a sua prata e o seu
ouro, as suas mulheres e os seus filhos
mais fortes.
4 Acabe respondeu:
— Diga ao meu patrão, o rei Ben-Ha-
dade, que eu concordo. Eu e tudo o que
tenho somos dele.
5 Mais tarde, os mensageiros voltaram
com outro recado do rei Ben-Hadade. Era
o seguinte:
— Eu lhe mandei uma mensagem exi-
gindo que você me entregasse a sua prata
e o seu ouro, as suas mulheres e os seus
filhos. 6 No entanto, amanhã a esta hora,
eu vou mandar os meus servidores, e eles
vão examinar o seu palácio e as casas dos
seus servidores. Eles vão tirar tudo aqui-
lo que acharem que tem valor.
7 Então o rei Acabe reuniu todos os lí-
deres do país e disse:
— Vocês estão vendo como esse ho-
mem está querendo nos arruinar! Ele
mandou um recado exigindo que eu en-
tregasse as minhas mulheres, os meus fi-
lhos, a minha prata e o meu ouro, e eu
concordei.
8 Os líderes e o povo responderam:
— Não dê atenção a ele; não entregue
nada.
9 Então Acabe respondeu aos mensagei-
ros de Ben-Hadade o seguinte:
— Digam ao meu patrão, o rei, que eu
concordo com tudo o que ele pediu na
primeira vez, porém não posso concor-
dar com o que ele está exigindo agora.
Os mensageiros foram embora e entre-
garam essa resposta. 10 Ben-Hadade tor-
nou a mandar os mensageiros. Eles leva-
ram a seguinte mensagem:
— Que os deuses me matem, se eu não
arrasar Samaria com um exército tão
grande, que, se cada soldado levar dela
um punhado de terra, a cidade vai desa-
parecer!
11 O rei Acabe respondeu:
— Digam ao rei Ben-Hadade que um
verdadeiro soldado se gaba depois de
uma batalha e não antes.
12 Ben-Hadade recebeu a resposta de
Acabe enquanto ele e os outros reis es-
tavam bebendo nas suas barracas. En-
tão deu ordem aos seus soldados para se
aprontarem a fim de atacar a cidade, e
eles se colocaram em posição de batalha.
13 Enquanto isso, um *profeta foi falar
com Acabe, rei de Israel, e lhe disse:
— O SENHOR Deus diz o seguinte: "Você
está vendo todo esse enorme exército?
Pois hoje eu darei a vitória a você, e en-
tão você ficará sabendo que eu sou o
SENHOR."
14 — Quem vai comandar o ataque? —
perguntou Acabe.
O profeta respondeu:

— O SENHOR diz que os jovens ajudan-
tes dos administradores dos distritos é
que devem fazer isso.
— Quem vai comandar a força princi-
pal? — perguntou o rei.
— O senhor, ó rei! — respondeu o pro-
feta.
15 Então o rei mandou chamar os aju-
dantes dos administradores dos distri-
tos, que eram duzentos e trinta e dois. Aí
o rei convocou o exército israelita, que
tinha sete mil homens.
16 O ataque começou ao meio-dia, quan-
do Ben-Hadade e os seus trinta e dois
aliados estavam se embebedando nas
suas barracas. 17 Os jovens ajudantes dos
administradores avançaram primeiro. Al-
guns espiões mandados por Ben-Hadade
contaram a ele que um grupo de soldados
estava saindo de Samaria. 18 Ele ordenou:
— Prendam vivos esses soldados, quer
tenham vindo para lutar, quer tenham
vindo pedir paz.
19 Os ajudantes dos administradores
atacaram primeiro, seguidos pelo exér-
cito israelita, 20 e cada um matou o homem
contra quem lutava. Os sírios fugiram, e
os israelitas os perseguiram, mas Ben-Ha-
dade escapou a cavalo, junto com alguns
soldados da cavalaria. 21 O rei Acabe saiu,
tomou os cavalos e os carros de guerra e
derrotou completamente os sírios.
22 Então o profeta foi falar com o rei
Acabe e disse:
— Volte, fortaleça o seu exército e faça
planos cuidadosos, pois daqui a um ano
o rei da Síria vai atacar de novo.

O segundo ataque dos sírios

23 Os oficiais do rei Ben-Hadade disse-
ram a ele:
— Os deuses dos israelitas são deu-
ses das montanhas, e foi por isso que os
israelitas foram mais fortes do que nós.
Mas, se lutarmos contra eles em lugares
planos, seremos mais fortes do que eles.
24 Portanto, faça o seguinte: tire os trinta
e dois reis do comando e ponha capitães
no lugar deles. 25 Depois forme um exérci-
to tão grande como aquele que o senhor
perdeu e com o mesmo número de cava-
los e carros. Nós lutaremos contra os is-
raelitas nos lugares planos e certamente
seremos mais fortes do que eles.
O rei Ben-Hadade concordou e seguiu o
conselho deles. 26 Um ano depois ele con-
vocou os seus soldados e marchou com
eles para a cidade de Afeca a fim de ata-
car os israelitas. 27 Estes haviam sido con-
vocados e tinham recebido mantimentos;
eles marcharam contra o exército de Ben-
-Hadade e acamparam em dois grupos, de
frente para os sírios. Os israelitas pare-
ciam dois pequenos rebanhos de cabras
comparados com os sírios, que estavam
espalhados por todo o campo.
28 Um *profeta foi falar com o rei Aca-
be e disse:
— O que o SENHOR Deus diz é o seguin-
te: "Os sírios dizem que eu sou um deus
das montanhas e não dos lugares planos;
por isso, eu vou dar a você a vitória so-
bre o enorme exército sírio, e assim você
e o seu povo ficarão sabendo que eu sou
o SENHOR."
29 Durante sete dias os sírios e os is-
raelitas ficaram acampados de frente
uns para os outros. No sétimo dia come-
çou a batalha, e os israelitas, num só dia,
mataram cem mil sírios. 30 O resto fugiu
e entrou na cidade de Afeca, e as mura-
lhas da cidade caíram em cima de vinte
e sete mil deles.
Ben-Hadade também fugiu, e entrou na
cidade, e se escondeu no quarto dos fun-
dos de uma casa. 31 Então os seus oficiais
lhe disseram:
— Nós ouvimos dizer que os reis isra-
elitas são bondosos. Por isso, vamos falar
com o rei de Israel. Vestiremos roupas
feitas de pano grosseiro e amarraremos
cordas no pescoço; talvez assim ele não
mate o senhor.
32 Então eles amarraram roupas feitas
de pano grosseiro na cintura e cordas no
pescoço e foram falar com Acabe. Eles
disseram:
— O seu escravo Ben-Hadade pede que
o senhor não mande matá-lo.
Acabe respondeu:
— Então ele ainda está vivo? Ele é
como se fosse meu irmão!
33 Os oficiais de Ben-Hadade estavam
esperando por um bom sinal e, quando
Acabe falou em "irmão", aproveitaram
logo essa palavra e disseram:
— Sim, senhor, Ben-Hadade é seu ir-
mão!
— Tragam Ben-Hadade aqui para mim!
— ordenou Acabe.
Quando Ben-Hadade chegou, Acabe o
convidou para subir no carro com ele. 34 E
Ben-Hadade lhe disse:
— Eu vou devolver a você as cidades

que o meu pai tomou do seu, e além dis-
so você poderá pôr um centro comercial
em Damasco, como o meu pai fez na ci-
dade de Samaria.

Acabe respondeu:

— Se fizermos esse *acordo, eu deixarei
que você fique livre.

Então Acabe fez o acordo com ele e o
deixou ir embora.

Um profeta condena Acabe

35 Por ordem do SENHOR Deus, um ho-
mem do grupo dos *profetas pediu a um
dos seus companheiros que lhe desse um
soco.

Mas o outro não quis bater nele, 36 e por
isso o profeta disse:

— Você desobedeceu à ordem do SE-
NHOR; por isso, logo que você sair de per-
to de mim, um leão vai matá-lo.

E, logo que o homem saiu, um leão veio
e o matou.

37 Então aquele mesmo profeta foi falar
com outro homem e disse:

— Dê um soco em mim!

E ele lhe deu um soco e o feriu. 38 En-
tão o profeta enrolou um pano no rosto
para se disfarçar e foi ficar na beira do
caminho, esperando que o rei de Israel
passasse por ali. 39 Quando o rei ia pas-
sando, o profeta o chamou com um gri-
to e disse:

— Eu estava lutando na batalha quan-
do um soldado me trouxe um inimigo que
havia sido preso e disse: "Tome conta des-
te homem. Se ele escapar, você pagará
com a vida ou então pagará uma multa
de trinta e cinco quilos de prata." 40 Mas
eu fiquei ocupado com outras coisas, e o
homem escapou.

O rei respondeu:

— Esse é o seu castigo; foi você mesmo
quem deu a sentença.

41 Aí o profeta arrancou depressa o
pano do rosto, e o rei Acabe reconheceu
que era um dos profetas. 42 Então ele dis-
se ao rei:

— Esta é a palavra de Deus, o SENHOR:
"Você deixou que escapasse o homem
que eu havia ordenado que fosse morto;
portanto, você pagará isso com a vida, e
o seu povo será destruído em lugar do
povo dele."

43 Então o rei voltou aborrecido e com
raiva para a sua casa em Samaria.

A plantação de uvas de Nabote

21 Depois disso, aconteceu o seguinte:
Acabe, rei de Samaria, tinha um
palácio em Jezreel. Perto desse palácio
havia uma plantação de uvas que perten-
cia a um homem chamado Nabote. 2 Certo
dia Acabe disse a Nabote:

— Dê-me a sua plantação de uvas.
Ela fica perto do meu palácio, e eu que-
ro aproveitar o terreno para fazer uma
horta. Em troca, eu lhe darei uma plan-
tação de uvas melhor do que a sua ou, se
você preferir, eu pagarei um preço jus-
to por ela.

3 — Esta plantação de uvas é uma he-
rança dos meus antepassados! — respon-
deu Nabote. — Que o SENHOR Deus me
livre de entregá-la ao senhor!

4 Acabe foi para casa aborrecido e com
raiva por causa do que Nabote tinha dito.
Ele se deitou na cama, virado para a pare-
de, e não quis comer nada. 5 Então a sua
esposa Jezabel foi falar com ele e pergun-
tou:

— Por que você está assim aborrecido?
Por que não quer comer?

6 Ele respondeu:

— É por causa do que Nabote me falou.
Eu lhe disse que queria comprar a sua
plantação de uvas ou então, se ele pre-
ferisse, eu lhe daria outra em troca. Mas
Nabote me disse que não me daria a sua
plantação.

7 Então Jezabel disse a Acabe, o seu
marido:

— Afinal de contas, você é o rei ou não
é? Levante-se, anime-se e coma! Eu darei
a você a plantação de uvas de Nabote, o
homem de Jezreel!

8 Então ela escreveu algumas cartas
em nome de Acabe e carimbou-as com o
*anel-sinete dele e as mandou para as au-
toridades e para os líderes de Jezreel. 9 As
cartas diziam o seguinte: "Mandem avisar
que vai haver um dia de jejum, reúnam
todo o povo e ponham Nabote no lugar de
honra. 10 Ponham sentados na frente dele
dois homens de mau caráter para acusa-
rem Nabote de ter amaldiçoado a Deus e
ao rei. Depois levem Nabote para fora da
cidade e o matem a pedradas."

11 Os líderes e as autoridades de Jezreel
fizeram o que Jezabel havia ordenado.
12 Eles mandaram avisar que ia haver um
dia de jejum, reuniram o povo e puseram
Nabote no lugar de honra. 13 Então, diante

do povo, os dois homens de mau caráter
acusaram Nabote de haver amaldiçoado a
Deus e ao rei. E assim ele foi levado para
fora da cidade e morto a pedradas. 14 De-
pois mandaram dizer a Jezabel:
— Nabote foi morto a pedradas.
15 Logo que Jezabel recebeu o recado,
disse a Acabe:
— Nabote morreu. Agora vá e tome
posse da plantação de uvas que ele não
quis vender a você.
16 Logo que soube que Nabote estava
morto, Acabe foi até a plantação de uvas
e tomou posse dela.
17 Então o SENHOR Deus disse a Elias, o
*profeta de Tisbé:
18 — Vá falar com Acabe, rei de Israel,
que mora na cidade de Samaria. Você o
achará em Jezreel, na plantação de uvas
de Nabote. Ele foi até lá para tomar posse
dela. 19 Diga a Acabe que eu, o SENHOR, es-
tou dizendo a ele: "Você mata o homem e
ainda fica com a propriedade dele?" Diga
a Acabe que o que eu estou dizendo é isto:
"No mesmo lugar onde os cachorros lam-
beram o sangue de Nabote, eles lamberão
o seu próprio sangue."
20 Quando Acabe viu Elias, perguntou:
— Você já me achou, meu inimigo?
Elias respondeu:
— Achei, sim, porque você se entregou
completamente a fazer o que o SENHOR
Deus considera errado. 21 Por isso, ele
lhe diz: "Eu vou fazer com que a desgra-
ça caia sobre você. Vou acabar com você e
vou me livrar de todos os homens da sua
família, tanto os jovens como os velhos.
22 Vou fazer com a sua família o mesmo
que fiz com a família do rei Jeroboão, fi-
lho de Nebate, e com a família de Baasa,
filho de Aías. Pois você levou o povo de
Israel a pecar, e isso me provocou e me
fez ficar *irado."
23 Elias continuou, dizendo:
— E, quanto a Jezabel, o SENHOR Deus
diz que os cachorros comerão o seu corpo
na cidade de Jezreel. 24 Os parentes dela
que morrerem na cidade serão comidos
pelos cachorros, e os que morrerem no
campo serão comidos pelos urubus.
25 (Não houve ninguém que tivesse se
entregado tão completamente a fazer
coisas erradas, que não agradam ao SE-
NHOR, como fez Acabe. E tudo ele fez por
sugestão da sua esposa Jezabel. 26 Acabe
cometeu os pecados mais vergonhosos,
adorando ídolos, como haviam feito os
amorreus, o povo que o SENHOR havia ex-
pulsado do país conforme o povo de Israel
tinha ido avançando.)
27 Quando Elias acabou de falar, Acabe
rasgou as suas roupas, jogou-as longe e
vestiu uma roupa de pano grosseiro. Ele
não comia nada, dormia em cima de pa-
nos grosseiros e andava triste e abatido.
28 Então o SENHOR Deus disse ao pro-
feta Elias:
29 — Você viu como Acabe se tem humi-
lhado diante de mim? Já que ele está fa-
zendo isso, não será durante a vida dele
que vou trazer a desgraça que prometi.
Será durante a vida do filho dele que eu
vou fazer cair a desgraça sobre a família
de Acabe.

O profeta Micaías avisa Acabe

2Crônicas 18.2-27

22 Durante os dois anos seguintes
houve paz entre Israel e a Síria.
2 Mas, no terceiro ano, Josafá, rei de Judá,
foi visitar o rei Acabe, de Israel.
3 Acabe perguntou aos seus oficiais:
— Por que é que nós não fizemos nada
para tomar de volta do rei da Síria a cida-
de de Ramote-Gileade? Vocês sabem que
aquela cidade é nossa!
4 Então ele perguntou ao rei Josafá:
— Você vai comigo atacar Ramote?
Josafá respondeu:
— Quando você estiver pronto para a
batalha, eu também estarei; e assim tam-
bém os meus soldados e a minha cava-
laria. 5 Mas primeiro vamos consultar a
Deus, o SENHOR.
6 Aí Acabe mandou chamar os *profetas,
que eram uns quatrocentos, e perguntou:
— Devo atacar a cidade de Ramote ou
não?
Eles responderam:
— Ataque, pois Deus lhe dará a vitória.
7 Mas Josafá perguntou:
— Não existe aqui mais nenhum profe-
ta para nós consultarmos o SENHOR por
meio dele?
8 Acabe respondeu:
— Existe outro, que se chama Micaías,
filho de Inla. Mas eu tenho ódio dele por-
que nunca *profetiza para mim o que é
bom, mas só o que é ruim.
— Não fale desse jeito! — disse Josafá.
9 Então Acabe chamou um oficial e man-
dou que ele fosse imediatamente buscar
Micaías.

10 Os dois reis, usando as suas roupas
reais, estavam sentados nos seus tronos,
numa praça que ficava perto da entrada
do portão de Samaria; e todos os profe-
tas estavam profetizando em frente deles.
11 Um dos profetas, chamado Zedequias,
filho de Quenaana, fez uns chifres de fer-
ro e disse a Acabe:
— O que o SENHOR Deus está dizendo
é isto: "Com estes chifres o senhor luta-
rá contra os sírios e os derrotará com-
pletamente."
12 E todos os profetas profetizaram a
mesma coisa. Eles diziam:
— Marche contra a cidade de Ramote,
que o senhor, ó rei, vencerá. O SENHOR
Deus lhe dará a vitória.
13 Enquanto isso, o oficial que tinha ido
buscar Micaías disse a ele:
— Todos os outros profetas profetiza-
ram que o rei terá sucesso. É melhor que
você faça o mesmo.
14 Porém Micaías respondeu:
— Juro pelo SENHOR, o Deus vivo, que
eu falarei o que ele mesmo mandar!
15 Quando Micaías chegou ao lugar onde
estava o rei Acabe, este perguntou:
— Micaías, o rei Josafá e eu devemos
atacar a cidade de Ramote ou não?
Micaías respondeu:
— Ataque, pois o senhor, ó rei, vencerá.
O SENHOR Deus lhe dará a vitória...
16 Mas Acabe disse:
— Quando você falar comigo em nome
do SENHOR Deus, diga a verdade! Quantas
vezes preciso dizer isso?
17 Micaías respondeu:
— Vejo o exército de Israel espalhado
pelos morros como ovelhas sem pastor.
E o SENHOR Deus diz: "Estes homens não
têm chefe; que eles voltem para casa em
paz."
18 Então Acabe disse a Josafá:
— Eu não disse que para mim ele nun-
ca profetiza coisas boas? Ele sempre diz
alguma coisa ruim!
19 Micaías continuou:
— Agora escute o que o SENHOR Deus
está dizendo! Eu vi o SENHOR sentado no
seu trono no céu, com todos os seus an-
jos à sua direita e à sua esquerda. 20 Ele
perguntou: "Quem enganará Acabe para
que ele vá a Ramote e seja morto lá?" Al-
guns anjos disseram uma coisa, e outros
disseram outra, 21 até que um espírito se
apresentou e disse: "Eu enganarei Acabe."
22 E Deus perguntou: "Como?", e o espírito
respondeu: "Eu irei e farei com que todos
os profetas de Acabe digam mentiras." En-
tão Deus ordenou: "Vá e engane Acabe.
Você conseguirá."
23 E Micaías terminou, dizendo a Acabe:
— O senhor está vendo agora que
Deus fez com que todos estes seus pro-
fetas mentissem. Mas ele resolveu que
vai acontecer uma desgraça com o se-
nhor, ó rei.
24 Então o profeta Zedequias chegou
perto de Micaías, deu um tapa na cara
dele e perguntou:
— Quando foi que o Espírito do SENHOR
saiu de mim e falou com você?
25 — Você descobrirá isso quando en-
trar em algum quarto dos fundos, tentan-
do se esconder! — respondeu Micaías.
26 Aí o rei Acabe deu a seguinte ordem
a um dos seus oficiais:
— Prenda Micaías e o leve a Amom, o
governador da cidade, e ao príncipe Joás.
27 Diga a eles que o joguem na cadeia e
o ponham a pão e água até que eu volte
são e salvo.
28 Micaías exclamou:
— Se o senhor, ó rei, voltar em paz, en-
tão, de fato, o SENHOR Deus não falou por
meio de mim!
E disse também:
— Todos aqui deem atenção àquilo que
eu profetizei!

A morte de Acabe

2Crônicas 18.28-34

29 Assim o rei Acabe, de Israel, e o rei
Josafá, de Judá, foram atacar a cidade de
Ramote-Gileade. 30 Acabe disse a Josafá:
— Quando formos entrar na batalha,
eu vou me disfarçar, mas você use as suas
roupas de rei.
E assim o rei de Israel entrou disfarça-
do na batalha.
31 O rei da Síria havia mandado que os
trinta e dois capitães dos seus carros de
guerra não atacassem ninguém, a não ser
o rei de Israel. 32 Por isso, quando viram o
rei Josafá, pensaram que ele era o rei de
Israel e foram atacá-lo. Mas Josafá gritou,
33 e aí eles viram que aquele não era o rei
de Israel e pararam de atacá-lo. 34 No en-
tanto, um soldado sírio atirou uma flecha
que por acaso atingiu o rei Acabe entre as
juntas da sua *armadura. Então ele gritou
para o condutor do seu carro:

— Fui ferido! Dê a volta e me leve para fora da batalha!

35 Enquanto a batalha ficava cada vez mais forte, seguraram o rei Acabe de pé no seu carro de guerra, de frente para os sírios. O sangue dele escorria do seu ferimento para o fundo do carro, e à tarde ele morreu. 36 Ao pôr do sol, foi dada ao exército dos israelitas a seguinte ordem:

— Que cada homem volte para a sua própria região e para a sua cidade!

37 E assim morreu o rei Acabe. O seu corpo foi levado para Samaria e sepultado. 38 E, quando lavaram o carro dele na represa de Samaria, os cachorros lamberam o seu sangue, e as prostitutas se lavaram naquela água, como o SENHOR Deus tinha dito que ia acontecer.

39 Todas as outras coisas que o rei Acabe fez e também uma descrição do seu palácio enfeitado de marfim e todas as cidades que ele construiu, tudo isso está escrito na *História dos Reis de Israel.* 40 Quando Acabe morreu, o seu filho Acazias ficou no lugar dele como rei.

O reinado de Josafá, de Judá

2Crônicas 20.31—21.1

41 No quarto ano do reinado de Acabe em Israel, Josafá, filho de Asa, se tornou rei de Judá 42 com a idade de trinta e cinco anos. Ele governou em Jerusalém vinte e cinco anos. A sua mãe se chamava Azuba e era filha de Sili. 43 Como Asa, o seu pai, havia feito antes dele, Josafá fez o que o SENHOR Deus considerava certo. 44 Mas os lugares pagãos de adoração não foram destruídos, e neles o povo continuou a oferecer *sacrifícios e a queimar incenso. 45 Josafá viveu em paz com o rei de Israel.

46 Todas as outras coisas que Josafá fez, toda a sua coragem e as suas batalhas estão escritas na *História dos Reis de Judá.* 47 Ele acabou com todos os prostitutos e prostitutas que serviam nos altares pagãos que ainda haviam ficado desde o tempo de Asa, o seu pai.

48 O país de Edom não tinha rei e era governado por um governador nomeado pelo rei de Judá.

49 O rei Josafá construiu grandes navios para navegarem até a terra de Ofir e trazerem ouro; mas eles se quebraram em Eziom-Geber e nunca chegaram a navegar. 50 Então Acazias, filho de Acabe, ofereceu os seus marinheiros para viajarem junto com os marinheiros de Josafá, mas ele não quis.

51 Josafá morreu e foi sepultado nos túmulos dos reis, na *Cidade de Davi, e o seu filho Jeorão ficou no lugar dele como rei.

O reinado de Acazias, de Israel

52 No ano dezessete do reinado de Josafá em Judá, Acazias, filho de Acabe, se tornou rei de Israel e governou dois anos em Samaria. 53 Ele pecou contra Deus, seguindo o mau exemplo do seu pai Acabe, da sua mãe Jezabel e do rei Jeroboão, que havia feito o povo de Israel pecar. 54 Acazias adorou e serviu o deus *Baal e, como o seu pai havia feito antes dele, fez com que o SENHOR, o Deus de Israel, ficasse *irado.

2Reis

Confie na presença de Deus

Eliseu disse: – Não tenha medo, pois aqueles que estão conosco são mais numerosos do que os que estão com eles. Então orou assim: – Ó SENHOR Deus, abre os olhos do meu empregado e deixa que ele veja! Deus respondeu à oração dele. Aí o empregado de Eliseu olhou para cima e viu que ao redor de Eliseu o morro estava coberto de cavalos e carros de fogo.

2Reis 6:16-17

Autor ♥ Desconhecido
Data ♥ 561-538 a.C.
Local ♥ Talvez na Babilônia
Público-alvo ♥ O povo de Deus, os israelitas

Há momentos na vida em que tudo parece perdido. Mas, quando parecer que o cenários é o pior possível, nem sempre esteja tão certa disso. Para a Garota de Deus, a única coisa certa é que Deus está sempre presente e que ela pode confiar nas promessas dele. Se você conhece a Palavra de Deus, então sabe o que ele prometeu aos que o amam. E, embora todos nós nos coloquemos em confusões e nos afastemos dele às vezes, ele sempre será fiel, e sua Palavra sempre será verdadeira.

Em 2Reis, vemos o povo de Deus na mesma confusão encontrada em 1Reis. Eles eram uma nação dividida. Exércitos estrangeiros estavam invadindo e conquistando a terra, e, muitas vezes, tudo parecia perdido. Para o profeta Eliseu, porém, uma coisa era certa: Deus ainda estava no controle. Assim, quando o rei da Síria enviou seu exército para destruir Eliseu, ele pôde descansar na certeza de que Deus lutaria por ele. Embora o olho nu não pudesse ver os exércitos do Senhor em volta deles, o olho espiritual podia, e, por isso, Eliseu orou para que seu servo assustado visse o que os outros não podiam ver.

Ponto essencial

O livro de 2Reis continua a história do reino dividido. Embora muitos dos reis fossem maus e fizessem coisas absurdas, 2Reis mostra que Deus ainda cumpre o que prometeu. Ele não permite que os pecados de seu povo o impeçam de cumprir seus planos.

Quando tudo ao seu redor estiver desabando, olhe para cima. Use seus olhos espirituais para ver a verdade de que Deus está sempre com você, protegendo-a. Tudo o que você tem de fazer é confiar nele. Confie que ele fará o que precisa ser feito para livrá-la. E confie que, por mais dolorosa que a vida fique, o Senhor ainda é onisciente, totalmente bom e está cuidando de tudo.

Durante a leitura de 2Reis, observe a tendência de um povo que luta espiritualmente, mas é, várias vezes, levado de volta para o Pai. Veja como a visão deles era curta quando duvidavam e desviavam os olhos de Deus, e como ele era fiel toda vez que invocavam seu nome. Embora o livro tenha um final muito triste, esse não é o fim da história. Leia-o, como você lê todos os outros livros, à luz do Novo Testamento, lembrando-se de tudo o que Deus fez por seu povo, por mais pecaminoso que esse povo tenha sido.

Coisas para procurar

- Os reis bons (veja 2Reis 9—10; 11:21—12:21; 14:1-22; 15:1-7, 32-38; 18—20; 22:1—23:30)
- Os reis maus (veja 2Reis 3—8; 13; 14:23-29; 15:8-31; 16—17; 21; 23:31—25:30)
- Como até mesmo os reis bons, às vezes, estragavam tudo (veja 2Reis 10:30-31)

Versículos que você deve saber

Quando os sírios atacaram, Eliseu orou assim: — Ó SENHOR Deus, faze com que esses homens fiquem cegos! Deus respondeu à oração de Eliseu e fez com que os sírios ficassem cegos.

(2Reis 6:18)

Os cachorros comerão o corpo de Jezabel perto da cidade de Jezreel. Os seus restos serão espalhados ali como esterco, e assim ninguém poderá dizer: "Esta era Jezabel".

(2Reis 9:36-37)

Mas Jeú não obedeceu de todo o seu coração à Lei do SENHOR, o Deus de Israel, nem abandonou aqueles mesmos pecados que Jeroboão havia feito o povo de Israel cometer no passado.

(2Reis 10:31)

Eu, o SENHOR, o Deus do seu antepassado Davi, escutei a sua oração e vi as suas lágrimas. Eu vou curá-lo.

(2Reis 20:5)

Elias e o rei Acazias

1 Depois da morte do rei Acabe, de Is-
rael, o país de Moabe se revoltou con-
tra Israel.
2 O rei Acazias, que ficou no lugar de
Acabe, caiu do terraço do alto do seu pa-
lácio em Samaria e ficou muito ferido. En-
tão mandou que alguns mensageiros fos-
sem consultar Baal-Zebube, o deus da ci-
dade filisteia de Ecrom, a fim de saber se
ia sarar. 3 Mas um anjo do SENHOR man-
dou que Elias, o *profeta de Tisbé, fosse
encontrar-se com os mensageiros do rei
Acazias e lhes perguntasse assim: "Por
que vocês estão indo consultar Baal-Ze-
bube, o deus de Ecrom? Por acaso, pen-
sam que não há Deus em Israel? 4 Digam
ao rei que o SENHOR Deus diz: 'Você não
vai sarar dos seus ferimentos; você vai
morrer!' "

Elias fez o que Deus havia mandado,
5 e os mensageiros voltaram para o lugar
onde o rei estava. Ele perguntou:

— Por que vocês voltaram?

6 Eles responderam:

— Um homem se encontrou com a gente e disse que voltássemos e disséssemos que o SENHOR manda perguntar o seguinte: "Por que é que você está mandando mensageiros para consultarem Baal-Zebube, o deus de Ecrom? Será que você pensa que não há Deus em Israel? Você não vai sarar dos seus ferimentos; você vai morrer!"

7 — Como era o homem que lhes disse isso? — perguntou o rei.

8 E eles responderam:

— Ele estava usando uma *capa de pele de animais, amarrada com um cinto de couro.

— É Elias, o profeta de Tisbé! — disse o rei.

9 Então mandou que um oficial fosse com cinquenta soldados prender Elias. O oficial o encontrou sentado no alto de um morro e disse:

— Homem de Deus, o rei mandou você descer daí.

10 Elias respondeu:

— Se eu sou um homem de Deus, que venha fogo do céu e mate você e os seus soldados!

No mesmo instante desceu fogo do céu e matou o oficial e os seus soldados.

11 O rei enviou outro oficial com cinquenta soldados. Ele subiu e disse a Elias:

— Homem de Deus, o rei ordenou que você desça daí agora mesmo!

12 Elias respondeu:

— Se eu sou um homem de Deus, que venha fogo do céu e mate você e os seus soldados!

No mesmo instante o fogo de Deus desceu e matou o oficial e os seus soldados.

13 Mais uma vez o rei mandou um oficial com cinquenta soldados. Ele subiu o morro, ajoelhou-se em frente de Elias e pediu:

— Homem de Deus, por favor, não acabe com a minha vida nem com a vida destes cinquenta homens! 14 Os outros dois oficiais e os seus soldados foram mortos pelo fogo do céu; mas tenha dó de mim, por favor!

15 O anjo do SENHOR disse a Elias:

— Desça com ele e não tenha medo.

Então Elias foi junto com o oficial falar com o rei 16 e disse:

— O SENHOR Deus diz assim: "Ó rei, você agiu como se em Israel não houvesse Deus para consultar e mandou mensageiros para consultarem Baal-Zebube, o deus de Ecrom. Por isso, você não vai ficar bom; você vai morrer!"

17 E Acazias morreu, como o SENHOR tinha dito por meio de Elias. Acazias não tinha filhos, e por isso o seu irmão Jorão ficou no lugar dele como rei. Isso aconteceu no segundo ano do reinado de Jeorão, filho de Josafá, rei de Judá.

18 Todas as outras coisas que o rei Acazias fez estão escritas na *História dos Reis de Israel*.

Elias é levado para o céu

2 Chegou o tempo de o SENHOR Deus levar Elias para o céu num redemoinho. Elias saiu de Gilgal junto com Eliseu 2 e no caminho Elias disse:

— Fique aqui porque o SENHOR me mandou ir até Betel.

Mas Eliseu disse:

— Juro pelo SENHOR Deus e pelo senhor que eu não o deixarei.

E assim os dois foram até Betel. 3 Um grupo de *profetas que morava ali foi falar com Eliseu e lhe perguntou:

— Você sabe que hoje o SENHOR vai levar o seu mestre para longe de você?

— Sim, eu sei! — respondeu Eliseu. — Mas não vamos falar nisso.

4 Então Elias disse a Eliseu:

— Fique aqui porque o SENHOR me mandou ir até Jericó.

Mas Eliseu disse:

— Juro pelo SENHOR Deus e pelo senhor que eu não o deixarei.

E assim os dois foram até Jericó.

5 Um grupo de profetas que morava ali foi falar com Eliseu e perguntou:

— Você sabe que hoje o SENHOR vai levar o seu mestre para longe de você?

— Sim, eu sei! — respondeu Eliseu. — Mas não vamos falar nisso.

6 Aí Elias disse a Eliseu:

— Fique aqui porque o SENHOR me mandou ir até o rio Jordão.

Mas Eliseu disse:

— Juro pelo SENHOR Deus e pelo senhor que não o deixarei.

Então eles saíram, 7 e cinquenta profetas os seguiram até o rio Jordão. Elias e Eliseu pararam perto do rio, e os profetas ficaram olhando de longe. 8 Aí Elias tirou a sua *capa, enrolou-a e bateu com ela na água. A água se abriu, e ele e Eliseu passaram para o outro lado, andando em terra seca. 9 Ali Elias disse a Eliseu:

— Diga o que você quer que eu faça
por você antes que eu seja levado embora.
Eliseu disse:
— Quero receber como herança duas
vezes mais poder do que os outros pro-
fetas vão receber.
10 Elias disse:
— Esse pedido é difícil de atender. Mas
você receberá o que está me pedindo se
me vir quando eu estiver sendo levado
para longe. Se você não me vir, não re-
ceberá.
11 E assim foram andando e conversan-
do. De repente, um carro de fogo puxa-
do por cavalos de fogo os separou um do
outro, e Elias foi levado para o céu num
redemoinho. 12 Eliseu viu o que aconte-
ceu e gritou:
— Meu pai, meu pai! O senhor sempre
foi como um exército para defender Israel!
E nunca mais ele viu Elias.
Muito triste, Eliseu rasgou a sua capa
pelo meio. 13 Depois pegou a capa de Elias,
que havia caído, voltou para a beira do rio
Jordão e parou ali. 14 Então bateu na água
com a capa de Elias e disse:
— Onde está o SENHOR, o Deus de
Elias?
Aí bateu de novo na água, e ela se abriu,
e ele passou para o outro lado.
15 Os cinquenta profetas de Jericó viram
isso e disseram:
— O poder de Elias está com Eliseu!
Então foram encontrar-se com ele,
ajoelharam-se diante dele 16 e disseram:
— Nós que estamos aqui somos cin-
quenta homens fortes. Deixe que vamos
procurar o seu mestre. Talvez o Espíri-
to do SENHOR Deus o tenha carregado e
deixado em alguma montanha ou em al-
gum vale.
— Não! Vocês não devem ir! — respon-
deu Eliseu.
17 Mas eles insistiram, até que ele mu-
dou de ideia e deixou que fossem. Os cin-
quenta foram e durante três dias pro-
curaram Elias por toda parte, porém não
o acharam. 18 Então voltaram a Jericó, onde
Eliseu estava esperando. Eliseu disse:
— Eu não falei para vocês não irem?

A água purificada por Eliseu

19 Alguns homens de Jericó foram falar
com Eliseu e disseram:
— Como o senhor sabe, esta cidade
é boa, mas a água não presta e provoca
abortos.

Pergunte a si mesma...

Se Deus me perguntasse o que eu queria receber, o que seria?
Como minha vida mudaria se eu tivesse o que desejo?
Como isso mudaria meu relacionamento com Deus?
O que eu acho do pedido de Eliseu em 2Reis 2:9?

20 Então Eliseu mandou:
— Ponham um pouco de sal num prato
novo e tragam para mim.
Eles levaram, 21 e Eliseu foi até a fonte,
jogou o sal na água e disse:
— O que o SENHOR Deus diz é isto: "Eu
fiz esta água ficar pura, e ela não provo-
cará mais mortes nem abortos."
22 E aquela água ficou pura *até hoje,
como Eliseu disse que ia ficar.

Os rapazes zombadores

23 Eliseu saiu de Jericó para ir a Betel.
Ele ia andando pela estrada, quando al-
guns rapazes saíram de uma cidade e co-
meçaram a caçoar dele, gritando assim:
— Ô seu careca, fora daqui!
24 Eliseu virou para trás, olhou firme
para os rapazes e os amaldiçoou em nome
de Deus, o SENHOR. Então duas ursas saí-
ram do mato e despedaçaram quarenta e
dois deles.
25 Dali Eliseu foi até o monte Carmelo e
depois voltou para Samaria.

Guerra entre Israel e Moabe

3 No ano dezoito do reinado de Josafá,
de Judá, Jorão, filho de Acabe, se tor-
nou rei de Israel e governou doze anos
em Samaria. 2 Ele pecou contra Deus, o
SENHOR, porém não foi como o seu pai
ou a sua mãe Jezabel. Jorão derrubou a
coluna do deus *Baal que o seu pai havia
mandado levantar. 3 No entanto, como o
rei Jeroboão, filho de Nebate, havia feito
antes dele, Jorão levou o povo de Israel a
cometer os mesmos pecados, sem parar.
4 O rei Mesa, do país de Moabe, criava
carneiros e todos os anos entregava como
imposto ao rei de Israel cem mil carnei-
rinhos e a lã de cem mil carneiros. 5 Po-
rém, quando o rei Acabe morreu, Mesa

se revoltou contra Israel. 6 Por isso, o rei
Jorão saiu imediatamente de Samaria e
reuniu todo o seu exército. 7 Ele mandou
ao rei Josafá, de Judá, o seguinte recado:
— O rei de Moabe se revoltou contra
mim. Você quer ir comigo guerrear contra Moabe?
O rei Josafá respondeu:
— Eu irei. Estou às suas ordens, e assim também os meus soldados e os meus
cavalos. 8 Que caminho pegaremos para
o ataque?
— Nós iremos pelo caminho do deserto de Edom! — disse Jorão.
9 E assim o rei Jorão, o rei de Edom
e o rei de Judá partiram e marcharam
sete dias. Então a água acabou, e não
havia água nem para os homens nem
para os animais de carga. 10 Aí o rei Jo-
rão exclamou:
— Estamos perdidos! O SENHOR Deus nos entregou, os três, ao rei de Moabe!
11 O rei Josafá perguntou:
— Existe por aqui algum *profeta de Deus, o SENHOR, para que consultemos o SENHOR por meio dele?
Um oficial do exército do rei Jorão respondeu:
— Eliseu, filho de Safate, está por aí. Ele era o ajudante de Elias.
12 — Ele é profeta e diz o que o SENHOR manda! — disse o rei Josafá.
Então os três reis foram falar com Eli-
seu. 13 Mas ele disse ao rei de Israel:
— O que é que eu tenho com isso? Vá falar com os profetas que o seu pai e a sua mãe consultavam!
Jorão disse:
— Não, pois foi o SENHOR quem nos entregou, os três reis, ao rei de Moabe.
14 Eliseu disse:
— Juro pelo Deus vivo, o SENHOR Todo-
-Poderoso, a quem sirvo, que, se eu não
respeitasse o seu aliado, o rei Josafá, de
Judá, eu não daria nenhuma atenção ao
senhor. 15 Agora me tragam um músico.
Enquanto o músico tocava *harpa, o po-
der do SENHOR Deus veio sobre Eliseu,
16 e ele disse:
— O que o SENHOR diz é isto: "Façam
muitas covas em todo o leito seco deste
ribeirão. 17 Pois vocês não vão ver chuva
nem vento, mas mesmo assim o leito des-
te ribeirão vai se encher de água. E vocês,
o seu gado e os seus animais de carga te-
rão muita água para beber."
18 E Eliseu continuou:
— E para o SENHOR Deus é fácil fazer
isso; ele também lhes dará a vitória con-
tra os moabitas. 19 Os senhores conquista-
rão todas as melhores cidades deles e as
cidades cercadas de muralhas, cortarão
todas as suas árvores frutíferas, taparão
todas as suas fontes de água e estragarão
todas as suas terras de plantação, cobrin-
do-as de pedras.
20 No dia seguinte, na hora do *sacrifício
da manhã, a água veio correndo da dire-
ção de Edom e cobriu o chão.
21 Os moabitas ficaram sabendo que os
três reis tinham vindo atacá-los. Então
todos os homens que podiam lutar, tan-
to os mais velhos como os mais moços,
foram chamados e ficaram na fronteira.
22 Quando eles se levantaram na manhã
seguinte, o sol estava brilhando na água,
fazendo com que ela parecesse vermelha
como sangue. 23 Então gritaram:
— Aquilo é sangue! Com certeza os três reis lutaram entre si e mataram uns aos outros! Vamos pegar tudo o que eles deixaram no acampamento!
24 Porém, quando os moabitas chega-
ram ao acampamento, os israelitas os
atacaram e os fizeram fugir. Os israelitas
perseguiram os moabitas, matando-os 25 e
destruindo as suas cidades. Conforme iam
passando por um terreno de plantação,
cada israelita jogava uma pedra nele, até
que finalmente todos os campos estavam
cobertos de pedras. Eles também taparam
as fontes e cortaram as árvores frutífe-
ras. No fim, somente a capital, a cidade
de Quir-Heres, ficou faltando; mas os ati-
radores de *funda a cercaram e atacaram.
26 O rei de Moabe percebeu que estava
perdendo a batalha. Então, com setecen-
tos soldados armados com espadas, ten-
tou forçar passagem através das linhas
inimigas a fim de fugir para perto do rei
da Síria. Porém não conseguiu. 27 Então
pegou o seu filho mais velho, que iria ficar
no lugar dele como rei, e o ofereceu em
sacrifício ao deus de Moabe, nas mura-
lhas da cidade. Os israelitas ficaram apa-
vorados e por isso saíram dali e voltaram
para o seu país.

Eliseu ajuda uma viúva pobre

4 Certa mulher, que era viúva de um dos membros de um grupo de *profetas, foi falar com Eliseu e disse:
— O meu marido morreu. Como o senhor sabe, ele era um homem que *temia

a Deus, o SENHOR. Mas agora um homem
a quem ele devia dinheiro veio para levar
os meus dois filhos a fim de serem escra-
vos, como pagamento da dívida.
2 Eliseu perguntou:
— O que posso fazer por você? Diga! O
que é que você tem em casa?
— Não tenho nada, a não ser um jar-
ro pequeno de azeite! — respondeu a
mulher.
3 Eliseu disse:
— Vá pedir que os seus vizinhos lhe
emprestem muitas vasilhas vazias. 4 De-
pois você e os seus filhos entrem em casa,
fechem a porta e comecem a derramar
azeite nas vasilhas. E vão pondo de lado
as que forem ficando cheias.
5 Então a mulher foi para casa com os
filhos, fechou a porta, pegou o pequeno
jarro de azeite e começou a derramar o
azeite nas vasilhas, conforme os seus fi-
lhos iam trazendo. 6 Quando todas as va-
silhas estavam cheias, ela perguntou se
havia mais alguma.
— Essa foi a última! — respondeu um
dos filhos.
Então o azeite parou de correr. 7 Ela foi
e contou ao profeta Eliseu. Aí ele disse:
— Venda o azeite e pague todas as suas
dívidas. Ainda vai sobrar dinheiro para
você e os seus filhos irem vivendo.

Eliseu e a mulher de Suném

8 Um dia Eliseu foi até a cidade de Su-
ném, onde morava uma mulher rica. Ela
o convidou para uma refeição, e daí em
diante, sempre que ia a Suném, Eliseu to-
mava as suas refeições na casa dela. 9 Ela
disse ao seu marido:
— Tenho a certeza de que esse homem
que vem sempre aqui é um santo homem
de Deus. 10 Vamos construir um quarto pe-
queno na parte de cima da casa e vamos
pôr ali uma cama, uma mesa, uma cadei-
ra e uma lamparina. E assim, quando ele
vier nos visitar, poderá ficar lá.
11 Um dia Eliseu voltou a Suném e subiu
ao seu quarto para descansar. 12 Ele disse
a Geazi, o seu empregado, que fosse cha-
mar a dona da casa. Quando ela chegou,
13 Eliseu disse a Geazi:
— Pergunte o que eu posso fazer por
ela para pagar todo o trabalho que ela
tem tido, cuidando de nós. Talvez ela
queira que eu vá falar em favor dela com
o rei ou com o comandante do exército.
Mas a mulher respondeu:
— Eu tenho tudo o que preciso aqui, no
meio do meu povo.
14 Eliseu perguntou a Geazi:
— Então o que posso fazer por ela?
Ele disse:
— Bem, a mulher não tem filhos, e o
marido dela é velho.
15 — Diga a ela que venha aqui! — or-
denou Eliseu.
Ele a chamou, e ela foi e ficou na porta.
16 Então Eliseu disse:
— No ano que vem, por este tempo,
você carregará um filho no colo.
A mulher exclamou:
— Por favor, não minta para mim! O
senhor é um homem de Deus!
17 Mas, como Eliseu tinha dito, no ano
seguinte, no tempo marcado, ela deu à
luz um filho.
18 Alguns anos depois, no tempo da co-
lheita, o menino saiu para se encontrar
com o pai, que estava no campo com os
trabalhadores que faziam a colheita. 19 De
repente, ele começou a gritar para o pai:
— Ai! Que dor de cabeça!
Então o pai disse a um dos empregados:
— Leve o menino para a mãe.
20 O empregado carregou o menino até
o lugar onde a mãe estava. Ela ficou com
ele no colo até o meio-dia, e então ele
morreu. 21 Aí ela o carregou para o quar-
to de Eliseu e o pôs na cama. Depois saiu
e fechou a porta. 22 Então chamou o ma-
rido e disse:
— Mande um empregado trazer uma
jumenta. Eu preciso ir falar com o profeta
Eliseu. Volto o mais depressa que puder.
23 O marido perguntou:
— Por que você vai falar com ele hoje?
Hoje não é sábado nem dia de *Festa da
Lua Nova!
— Não faz mal! — respondeu ela.
24 Aí mandou que pusessem os arreios
na jumenta e ordenou ao empregado:
— Faça o animal andar o mais depressa
que puder e só pare quando eu mandar.
25 E assim ela saiu e foi para o monte
Carmelo, onde Eliseu estava.
Quando ela ainda estava um pouco lon-
ge, Eliseu a viu chegando e disse ao seu
empregado Geazi:
— Veja! A mulher de Suném vem vindo
aí. 26 Corra até lá e pergunte se tudo está
bem com ela, com o marido e com o filho.
A mulher disse a Geazi que estava tudo
bem; 27 porém, quando chegou ao lugar

onde Eliseu estava, ela se ajoelhou diante
dele e abraçou os seus pés. Geazi ia tirá-
-la dali, mas Eliseu disse:
— Não faça isso! Você não está ven-
do que ela está muito aflita? E o SENHOR
Deus não me disse nada sobre isso!
28 Então a mulher disse a Eliseu:
— Senhor, por acaso, eu lhe pedi um fi-
lho? Não lhe pedi que não me enganasse?
29 Eliseu virou-se para Geazi e disse:
— Apronte-se, pegue o meu bastão e
vá. Não pare para cumprimentar ninguém
que você encontrar e, se alguém cumpri-
mentar você, não perca tempo respon-
dendo. Vá direto e ponha o meu bastão
em cima do menino.
30 Mas a mulher disse a Eliseu:
— Juro pelo SENHOR Deus e juro pelo
senhor mesmo que eu não o deixarei aqui.
Aí Eliseu se levantou e foi com ela.
31 Geazi foi na frente deles e colocou o bas-
tão em cima do menino. Porém ele não
soltou nenhum gemido, nem havia nele
qualquer outro sinal de vida. Então Gea-
zi voltou para encontrar Eliseu e disse:
— O menino não acordou.
32 Quando Eliseu chegou, entrou so-
zinho no quarto e viu o menino morto
na cama. 33 Então fechou a porta e orou a
Deus, o SENHOR. 34 Depois deitou-se sobre
o menino, pondo a sua boca sobre a boca
dele, os olhos sobre os olhos e as mãos
sobre as mãos. Quando Eliseu se deitou
sobre o menino, o corpo da criança co-
meçou a esquentar. 35 Eliseu levantou-se
e andou de um lado para outro do quarto.
Depois voltou e deitou-se de novo sobre o
menino. Aí o menino espirrou sete vezes
e abriu os olhos. 36 Então Eliseu chamou
Geazi e mandou que ele chamasse a mãe.
Quando a mulher entrou, Eliseu disse:
— Pegue o seu filho.
37 Ela caiu aos pés de Eliseu e encos-
tou o rosto no chão. Depois pegou o fi-
lho e saiu.

O cozido envenenado

38 Certa vez, quando havia falta de ali-
mentos naquela terra, Eliseu voltou a Gil-
gal. Enquanto estava ensinando um grupo
de *profetas, ele mandou que o seu em-
pregado pusesse uma panela grande no
fogo e fizesse um cozido para eles. 39 En-
tão um dos profetas saiu para o campo a
fim de apanhar ervas. Ele achou uma tre-
padeira que dava umas frutas amargas e
apanhou todas as que pôde carregar na
sua *capa. Então voltou, cortou as frutas
em pedaços e jogou dentro da panela, não
sabendo o que eram. 40 O cozido foi servi-
do aos homens, mas, assim que eles o pro-
varam, começaram a gritar para Eliseu:
— O cozido está envenenado!
E não queriam comer.
41 Então Eliseu pediu um pouco de fari-
nha, jogou dentro da panela e disse:
— Sirvam mais um pouco de cozido
para todos.
E o cozido que estava na panela já po-
dia ser comido sem perigo.

Vinte pães para cem homens

42 Outra vez, um homem chegou de
Baal-Salisa, trazendo para Eliseu vinte
pães feitos com a primeira *cevada que
havia sido colhida naquele ano e também
algumas espigas de cevada ainda verdes.
Eliseu mandou que o seu empregado des-
se aquela comida ao grupo de profetas.
43 Mas o empregado perguntou:
— O senhor acha que isto dá para cem
homens?
Eliseu respondeu:
— Entregue a eles, e eles comerão, pois
o SENHOR Deus diz que eles vão comer e
ainda vai sobrar.
44 Aí o empregado lhes deu a comida, e,
como o SENHOR tinha dito, todos come-
ram, e ainda sobrou.

A cura de Naamã

5 Naamã, o comandante do exército da
Síria, era muito respeitado e estima-
do pelo rei do seu país porque, por meio
de Naamã, o SENHOR Deus tinha dado a
vitória ao exército dos sírios. Ele era um
soldado valente, mas sofria de uma ter-
rível doença da pele.
2 Num dos seus ataques contra Israel,
os sírios haviam levado como prisionei-
ra uma menina israelita, que ficou sendo
escrava da mulher de Naamã. 3 Um dia a
menina disse à patroa:
— Eu gostaria que o meu patrão fos-
se falar com o *profeta que mora em Sa-
maria, pois ele o curaria da sua doença.
4 Então Naamã foi falar com o rei e con-
tou o que a menina tinha dito. 5 E o rei
ordenou:
— Vá falar com o rei de Israel e entre-
gue esta carta a ele.
Então Naamã saiu, levando uns tre-
zentos e cinquenta quilos de prata, e uns
setenta quilos de ouro, e dez mudas de

roupas finas. 6 A carta que ele levava dizia assim: "Esta carta é para apresentar Naamã, que é meu oficial. Eu quero que você o cure."

7 Quando o rei de Israel leu a carta, rasgou as suas roupas em sinal de medo e exclamou:

— Como é que o rei da Síria quer que eu cure este homem? Será que ele pensa que eu sou Deus e que tenho o poder de dar a vida e de tirá-la? Ele está querendo briga!

8 O profeta Eliseu soube do que havia acontecido e mandou dizer ao rei:

— Por que o senhor está tão preocupado? Mande que esse homem venha falar comigo, e eu mostrarei a ele que há um profeta em Israel!

9 Então Naamã foi com os seus cavalos e carros e parou na porta da casa de Eliseu. 10 Eliseu mandou que um empregado saísse e dissesse a ele que fosse se lavar sete vezes no rio Jordão, pois assim ficaria completamente curado da sua doença. 11 Mas Naamã ficou muito zangado e disse:

— Eu pensava que pelo menos o profeta ia sair e falar comigo e que oraria ao SENHOR, seu Deus, e que passaria a mão sobre o lugar doente e me curaria! 12 Além disso, por acaso, os rios Abana e Farpar, em Damasco, não são melhores do que qualquer rio da terra de Israel? Será que eu não poderia me lavar neles e ficar curado?

E foi embora muito bravo.

13 Então os seus empregados foram até o lugar onde ele estava e disseram:

— Se o profeta mandasse o senhor fazer alguma coisa difícil, por acaso, o senhor não faria? Por que é que o senhor não pode ir se lavar, como ele disse, e ficar curado?

14 Então Naamã desceu até o rio Jordão e mergulhou sete vezes, como Eliseu tinha dito. E ficou completamente curado. A sua carne ficou firme e sadia como a de uma criança. 15 Depois ele voltou com todos os seus homens até o lugar onde Eliseu estava e disse:

— Agora eu sei que no mundo inteiro não existe nenhum deus, a não ser o Deus de Israel. Aceite um presente meu, por favor.

16 Eliseu respondeu:

— Juro pelo SENHOR, o Deus vivo, a quem sirvo, que não aceitarei nenhum presente.

Naamã insistiu com ele para que aceitasse, mas ele não quis.

17 Aí Naamã disse:

— Já que o senhor não quer aceitar o meu presente, então deixe que eu leve para casa duas mulas carregadas de terra, pois de agora em diante eu não vou oferecer *sacrifícios e ofertas que são completamente queimadas a nenhum deus, a não ser a Deus, o SENHOR. 18 Mas eu gostaria que ele me perdoasse uma coisa, que é a seguinte: quando eu tiver de acompanhar o meu rei ao templo de Rimom, o deus da Síria, para ali adorar, eu vou ter de adorá-lo também. Que o SENHOR Deus me perdoe por isso!

19 Eliseu disse:

— Adeus! Boa viagem!

Geazi é castigado

Quando Naamã já estava um pouco longe, 20 Geazi, o empregado de Eliseu, começou a pensar:

— O meu patrão deixou que Naamã fosse embora sem pagar nada. Ele devia ter aceitado o que o sírio estava oferecendo. Juro pelo SENHOR, o Deus vivo, que vou correr atrás dele e receber alguma coisa!

21 Então Geazi saiu correndo. Quando Naamã viu que um homem vinha correndo atrás dele, desceu do carro e perguntou:

— Aconteceu alguma coisa?

22 — Não! — respondeu Geazi. — Mas o meu patrão mandou dizer que agora mesmo chegaram dois membros de um grupo de *profetas da região montanhosa de Efraim. Então ele gostaria que o senhor desse a ele uns trinta quilos de prata e duas mudas de roupas finas.

23 Naamã disse:

— Por favor, leve sessenta quilos de prata.

E insistiu com ele. Então pôs a prata em dois sacos, entregou a prata e as duas mudas de roupas finas a dois dos seus empregados e mandou que eles fossem na frente de Geazi. 24 Quando eles chegaram ao morro onde Eliseu morava, Geazi pegou os dois sacos e carregou-os para dentro de casa. Depois mandou embora os empregados de Naamã, 25 entrou em casa de novo e foi falar com Eliseu. Este perguntou:

— Onde é que você foi?

A pequena serva de Naamã

Leia a história desta Garota de Deus em 2Reis 5:1-4.

Um dia a menina disse à patroa: – Eu gostaria que o meu patrão fosse falar com o profeta que mora em Samaria, pois ele o curaria da sua doença.

2Reis 5:3

Quanta fé você tem em Deus? O suficiente para compartilhá-la com os outros? Se sua fé pode salvá-la, então ela pode salvar os outros também, mas só se você estiver disposta a abrir a boca e dizer algo. Era uma vez uma menina de Israel que havia sido sequestrada e levada como escrava para a esposa de um oficial militar sírio chamado Naamã. Esse homem tinha uma doença de pele terrível. Ninguém podia curá-lo, ou, pelo menos, era o que pensavam até essa menina abrir a boca, arriscando ser castigada, e falar para a esposa de Naamã sobre um profeta em Israel que poderia curar o marido dela. A fé da menina em Deus e seu profeta era tão grande que ela teve coragem de falar e oferecer ajuda.

Sua fé é grande assim? Você está disposta a oferecer a mão de Deus às pessoas que precisam de socorro? Sua voz talvez seja o único gosto de salvação que outra pessoa venha provar. Suas palavras podem ser o início da nova vida delas. Você não precisa de um monte de palavras nem de todas as respostas, apenas da vontade de oferecer ajuda onde esta se fizer necessária.

Como uma Garota de Deus, deixe-se ser conhecida como alguém com coragem de falar quando necessário. Não fique em silêncio enquanto outros perdem a oportunidade de ter a mão de Deus na vida deles. Não deixe que as pessoas firam os que estão ao seu redor sem que você diga algo. E não vá embora quando estranhos estiverem necessitados. Quando você estiver disposta a ser rejeitada pelos outros, sua coragem será recompensada. Deixe Deus se tornar mais importante para você do que sua imagem e seja uma Garota de Deus que se levanta em nome dos doentes, dos necessitados e dos quebrantados de coração.

— Eu não fui a lugar nenhum! — res-
pondeu Geazi.
26 Mas Eliseu disse:
— O meu espírito estava com você
quando aquele homem desceu do car-
ro para falar com você. Esta não era oca-
sião para você aceitar dinheiro e roupas,
plantações de oliveiras e de uvas, ove-
lhas e gado ou empregados e emprega-
das. 27 Portanto, a doença de Naamã vai
pegar em você, e os seus descendentes a
terão para sempre.
Quando saiu dali Geazi tinha pegado a
doença, e a sua pele estava branca como
a neve.

Eliseu faz um machado boiar

6 Eliseu dirigia um grupo de *profetas.
Um dia eles lhe pediram:
— O lugar onde moramos com você é
muito pequeno. 2 Dê licença para irmos
até o rio Jordão a fim de cortar algumas
árvores. Com elas construiremos uma
casa para a gente morar.
— Podem ir! — respondeu Eliseu.
3 Um dos profetas insistiu que Eliseu
fosse com eles. Eliseu aceitou, 4 e eles saí-
ram juntos. Quando chegaram ao Jordão,
começaram a trabalhar. 5 Um deles estava
cortando uma árvore, quando, de repente,
o ferro do seu machado escapou do cabo
e caiu na água.
— O que vou fazer, senhor? — gritou
ele para Eliseu. — O machado era em-
prestado!
6 — Onde foi que ele caiu? — pergun-
tou Eliseu.
O homem mostrou o lugar. Então Eliseu
cortou um pedaço de pau, jogou na água
e fez o machado boiar.
7 — Pegue-o! — mandou ele.
E o homem esticou o braço e o pegou.

O exército dos sírios é derrotado

8 O rei da Síria estava em guerra contra
Israel. Ele pediu conselho aos seus ofi-
ciais e escolheu um lugar para armar o
seu acampamento. 9 Mas o *profeta Eli-
seu mandou um recado ao rei de Israel,
avisando-lhe que não fosse para perto da-
quele lugar, pois os sírios estavam ali es-
perando escondidos para atacá-lo. 10 En-
tão o rei de Israel avisou os homens que
moravam naquele lugar, e eles ficaram
alerta.
Isso aconteceu várias vezes. 11 O rei da
Síria ficou muito aborrecido; então cha-
mou os seus oficiais e lhes perguntou:

Pergunte a si mesma...

Deus está tentando chamar minha atenção?
Eu o busquei por causa de meus problemas ou só por causa de outras pessoas?
Um determinado problema continua a aparecer em minha vida?
É possível que eu esteja fazendo algo que contribua para que isso aconteça comigo?

— Qual de vocês está do lado do rei
de Israel?
12 Um deles respondeu:
— Nenhum de nós, ó rei. O profeta Eli-
seu é quem conta ao rei de Israel tudo o
que o senhor fala até mesmo dentro do
seu próprio quarto.
13 Então o rei ordenou:
— Descubram onde ele está, que eu o
prenderei.
Contaram-lhe que Eliseu estava em
Dotã, 14 e ele mandou para lá uma gran-
de tropa de soldados com cavalos e car-
ros de guerra. Eles chegaram de noite à
cidade e a cercaram. 15 No dia seguinte ce-
dinho, o empregado de Eliseu levantou-
-se e saiu de casa. Aí viu as tropas sírias
com os seus cavalos e carros de guerra,
cercando a cidade. Então entrou em casa
e disse a Eliseu:
— Senhor, nós estamos perdidos! O que
vamos fazer?
16 Eliseu disse:
— Não tenha medo, pois aqueles que
estão conosco são mais numerosos do
que os que estão com eles.
17 Então orou assim:
— Ó SENHOR Deus, abre os olhos do
meu empregado e deixa que ele veja!
Deus respondeu à oração dele. Aí o em-
pregado de Eliseu olhou para cima e viu
que ao redor de Eliseu o morro estava co-
berto de cavalos e carros de fogo.
18 Quando os sírios atacaram, Eliseu
orou assim:
— Ó SENHOR Deus, faze com que esses
homens fiquem cegos!
Deus respondeu à oração de Eli-
seu e fez com que os sírios ficassem

DEVOCIONAL

Texto para leitura: **2Reis 6:15-17**

Conheça a Deus

Quando a vida começar a ficar difícil, não é má ideia ter Deus e ninguém mais além dele. Quando todo mundo já se foi, quando você não consegue encontrar um amigo e quando não há braços humanos por perto para abraçá-la, então você pode saber que Deus abriu um caminho direto para os braços dele, pois, quando você tem todos os tipos de pessoas para consolá-la, e tudo de que precisa para se acalmar, você realmente não precisa de Deus, precisa? Você está olhando à sua volta, não olhando para o céu.

Jesus não veio para salvar as pessoas saudáveis que têm tudo de que necessitam, mas sim os doentes, os que têm medo e os que estão preocupados. As pessoas que têm tudo não acham que precisam dele. Mas as que querem algo mais profundo, as pessoas que estão sendo provadas, que ficaram sozinhas e que vivem em uma dieta constante de dor e insegurança, esse tipo de pessoa é os que sabe o significado de precisar de Jesus e ser sustentado por ele, e somente por ele.

Toda vez que você sentir a dor da vida, agradeça ao Senhor por trazê-la para mais perto de si, e não para algum conforto deste mundo que só iria distraí-la da presença dele. Não ore para ter mais do que você quer, mas para ter mais do que você precisa. A verdade é que o que você precisa nem sempre é o mesmo que você quer. O desejo de Deus para você é igual à sua necessidade. E o que Deus quer é sempre o melhor. O amor dele por você aparece tanto nos momentos difíceis como nos maravilhosos, às vezes até mais.

cegos. 19 Então Eliseu foi falar com eles
e disse:

— Vocês estão no caminho errado; esta cidade não é a que estão procurando. Venham comigo, que eu vou levar vocês até o homem que estão procurando.

E os guiou até a cidade de Samaria.

20 Logo que eles entraram na cidade, Eliseu orou assim:

— Ó SENHOR Deus, abre os olhos deles e deixa que eles vejam.

Então Deus fez com que os sírios enxergassem de novo, e eles viram que estavam dentro da cidade de Samaria.

21 Quando o rei de Israel viu os sírios, perguntou a Eliseu:

— Devo matá-los, senhor? Devo matá-los?

22 — Não! De jeito nenhum! — respondeu ele. — Por acaso, o senhor mata os soldados que são feitos prisioneiros na guerra? Dê de comer e de beber a estes aqui e deixe que voltem para o rei deles.

23 Então o rei de Israel mandou fazer uma grande festa para aqueles sírios. E, depois que comeram e beberam, ele os mandou de volta para o rei da Síria. Daí em diante os sírios pararam de atacar a terra de Israel.

Eliseu e a fome em Samaria

24 Algum tempo depois, o rei Ben-Hadade, da Síria, levou todo o seu exército para lutar contra Israel e cercou a cidade
de Samaria. 25 Por causa disso, a falta de
alimentos naquela cidade foi tão grande, que uma cabeça de jumento custava oitenta barras de prata, e duzentos gramas de esterco de pomba custavam cinco barras de prata.

26 Certo dia o rei de Israel estava passando por cima da muralha da cidade, quando uma mulher gritou para ele:

— Ó rei, meu senhor, me ajude!

27 Ele respondeu:

— Se o SENHOR Deus não ajudar você, como é que eu posso ajudá-la? Você pensa
que eu tenho trigo ou vinho? 28 Mas diga
qual é o seu problema.

Ela respondeu:

— Outro dia esta mulher me disse: "Va-
mos comer o seu filho hoje e amanhã co-
meremos o meu." 29 Então nós cozinhamos
o meu filho e o comemos. No dia seguinte
eu disse que era a vez de comermos o fi-
lho dela, mas ela o escondeu!
30 Ao ouvir isso, o rei rasgou as suas
roupas em sinal de desgosto, e as pes-
soas que estavam perto da muralha viram
que por baixo das suas roupas ele esta-
va vestido com roupa de pano grosseiro.
31 E o rei gritou:
— Que Deus me mate se, antes que o
dia acabe, eu não mandar cortar a cabeça
de Eliseu, filho da Safate!
32 E mandou que um mensageiro fos-
se buscá-lo.
Enquanto isso, Eliseu estava em casa
com alguns líderes do povo que haviam
ido visitá-lo. Antes que o mensageiro do
rei chegasse, Eliseu disse aos líderes:
— Aquele assassino está mandando al-
guém para me matar. Por isso, quando ele
chegar, fechem a porta e não deixem que
entre. O próprio rei virá logo depois dele.
33 Eliseu ainda estava falando com eles,
quando o rei chegou e disse:
— Foi o SENHOR Deus quem fez cair
toda esta desgraça sobre nós. Por que
iria eu ficar mais tempo esperando que
ele fizesse alguma coisa?
7 Eliseu respondeu:
— Escute o que o SENHOR diz: "Ama-
nhã a esta hora, você poderá comprar em
Samaria três quilos e meio do melhor tri-
go ou sete quilos de *cevada por uma bar-
ra de prata."
2 O ajudante pessoal do rei disse a
Eliseu:
— Mesmo que o SENHOR Deus abrisse
janelas no céu e fizesse cair trigo e ceva-
da, isso nunca poderia acontecer!
Eliseu respondeu:
— Com os seus próprios olhos você vai
ver isso acontecer, mas não vai comer.

O exército dos sírios foge

3 Quatro homens que sofriam de uma
doença contagiosa da pele estavam do
lado de fora dos portões da cidade de
Samaria. Eles disseram uns aos outros:
— Por que ficamos aqui sentados es-
perando a morte? 4 Não vale a pena en-
trar na cidade porque lá iríamos morrer
de fome; mas, se ficarmos aqui, também
morreremos. Vamos então para o acam-
pamento dos sírios. Se eles nos deixarem
viver, ficaremos vivos; se nos matarem,
bem, nós vamos morrer de qualquer jei-
to mesmo.
5 E assim, quando começou a escurecer,
eles foram até o acampamento dos sírios.
Porém, quando chegaram, não havia nin-
guém lá. 6 Deus havia feito com que os sí-
rios ouvissem um barulho que parecia
o de um grande exército, com cavalos e
carros de guerra. Então eles pensaram
que o rei de Israel havia pago os reis dos
heteus e dos egípcios e os seus exércitos
para os atacarem. 7 Por isso, ao anoitecer,
os sírios haviam fugido para salvar a sua
vida, abandonando as barracas, os cava-
los e jumentos e deixando o acampamen-
to como estava.
8 Quando os quatro homens chegaram
ao acampamento, entraram numa bar-
raca, comeram e beberam do que havia
ali e pegaram a prata, o ouro e as roupas
que acharam. Depois saíram e esconde-
ram tudo. Aí voltaram, entraram em ou-
tra barraca e fizeram a mesma coisa. 9 Mas
então disseram:
— Nós não estamos agindo bem! Te-
mos boas notícias e não devíamos ficar
calados. Se esperarmos até amanhã para
contar, certamente seremos castigados.
Vamos agora mesmo contar isso lá no
palácio.
10 Então saíram do acampamento dos
sírios, voltaram para Samaria e gritaram
para os guardas que estavam nos portões:
— Nós fomos até o acampamento dos
sírios e não vimos, nem ouvimos nin-
guém. Os cavalos e os jumentos estão lá
amarrados, e as barracas estão do mesmo
jeito que os sírios deixaram!
11 Os guardas anunciaram a notícia, e
ela foi contada no palácio. 12 Ainda era de
noite, mas o rei se levantou e disse aos
seus oficiais:
— Vou dizer a vocês o que foi que os sí-
rios planejaram. Eles sabem que nós não
temos nenhuma comida e por isso saíram
do acampamento e foram se esconder no
campo. Eles pensam que nós vamos sair
da cidade para procurar comida e aí nos
pegarão vivos e conquistarão a cidade.
13 Um dos oficiais disse:
— Os que ficaram aqui na cidade vão
morrer de qualquer jeito, como alguns já
morreram. Portanto, deixe que nós man-
demos alguns homens com cinco dos ca-
valos que restaram, para assim podermos
descobrir o que foi que aconteceu.

14 Eles escolheram alguns homens, e o
rei os mandou em dois carros de guerra com ordem para descobrirem o que
havia acontecido com o exército dos sírios. 15 Os homens foram até o rio Jordão
e viram por toda a estrada as roupas e as
armas que os sírios tinham abandonado
enquanto fugiam. Então voltaram e contaram ao rei. 16 O povo de Samaria saiu e
avançou nas coisas que tinha no acampamento dos sírios. E, conforme o SENHOR
tinha dito, três quilos e meio do melhor
trigo ou sete quilos de *cevada foram vendidos por uma barra de prata.

17 Acontece que o rei de Israel tinha colocado o seu ajudante pessoal como encarregado do portão da cidade. Esse oficial foi atropelado pelo povo e morreu,
como Eliseu tinha dito quando o rei tinha ido falar com ele. 18 Eliseu tinha dito
ao rei que no dia seguinte, naquela hora,
três quilos e meio do melhor trigo ou sete
quilos de cevada seriam vendidos em Samaria por uma barra de prata, 19 e o oficial
havia respondido: "Mesmo que o SENHOR
Deus abrisse janelas no céu e fizesse cair
trigo e cevada, isso nunca poderia acontecer!" E Eliseu havia respondido: "Com os
seus próprios olhos você vai ver isso acontecer, mas não vai comer." 20 E foi exatamente isso o que aconteceu com ele: morreu pisado pelo povo no portão da cidade.

A mulher de Suném volta para a sua terra

8 Eliseu tinha dito à mulher que morava em Suném, a mãe do menino que ele
tinha ressuscitado, que o SENHOR Deus tinha avisado que ia haver uma grande falta
de alimentos. Disse também que a fome ia
durar sete anos naquela terra e, por isso,
ela devia sair de lá com a sua família e ir
morar em outro lugar. 2 Ela havia seguido
o conselho do *profeta e tinha ido com a
sua família morar na terra dos filisteus,
onde ficou sete anos.

3 Quando passaram os sete anos, ela
voltou para Israel e foi falar com o rei a
fim de pedir que devolvessem a sua casa
e as suas terras. 4 O rei estava falando com
Geazi, o empregado de Eliseu, pois queria
saber dos milagres que Eliseu havia feito.
5 Geazi estava contando ao rei como Eliseu
havia feito um morto viver de novo. Nesse momento a mulher chegou para fazer
o seu pedido ao rei. Então Geazi disse:

— Ó rei, aqui está a mulher, e aqui está
o filho dela que Eliseu ressuscitou.

6 O rei fez perguntas à mulher, e ela
confirmou a história de Geazi. Então o
rei chamou um oficial e lhe disse que devolvesse à mulher tudo o que era dela e
também o valor de todas as colheitas que
as suas terras haviam produzido durante
os sete anos em que ela havia estado fora.

Eliseu e o rei da Síria

7 Eliseu foi até a cidade de Damasco
numa época em que o rei Ben-Hadade,
da Síria, estava doente. Quando o rei soube que Eliseu estava lá, 8 disse a Hazael,
um dos seus oficiais:

— Leve um presente para o *profeta e
peça a ele que consulte a Deus, o SENHOR,
para saber se vou ficar bom.

9 Então Hazael carregou quarenta camelos com todos os tipos dos mais finos
produtos de Damasco e foi falar com Eliseu. Quando se encontrou com ele, disse:

— O rei Ben-Hadade, que é como se
fosse seu filho, mandou perguntar ao senhor se ele vai ficar bom da sua doença.

10 Eliseu disse:

— O SENHOR Deus me disse que o rei
vai morrer; mas diga a ele que ele vai ficar bom.

11 E ficou olhando firmemente para Hazael durante tanto tempo, que ele ficou
sem jeito. De repente, Eliseu começou a
chorar, 12 e Hazael perguntou:

— Por que é que o senhor está chorando?

Eliseu respondeu:

— Porque sei das coisas terríveis que
você vai fazer contra o povo de Israel.

E continuou:

— Você vai pôr fogo nas fortalezas de
Israel, vai matar os moços, esmagar as
crianças e rasgar a barriga das mulheres
grávidas.

13 — Como poderia eu chegar a ser tão
poderoso? — perguntou Hazael. — Eu
não sou ninguém!

— O SENHOR Deus me mostrou que
você vai ser o rei da Síria! — respondeu
Eliseu.

14 Hazael voltou até o lugar onde estava
o rei Ben-Hadade, e este lhe perguntou:

— O que foi que Eliseu disse?

— Ele disse que o senhor vai ficar bom,
com certeza! — respondeu Hazael.

15 Mas no dia seguinte Hazael pegou um
cobertor, molhou-o bem e com ele sufocou o rei.

E Hazael ficou no lugar de Ben-Hadade
como rei da Síria.

O reinado de Jeorão, de Judá
2Crônicas 21.2-20

16 No quinto ano do reinado de Jorão,
filho de Acabe, como rei de Israel, Jeo-
rão, filho de Josafá, se tornou rei de Judá.
17 Quando isso aconteceu, Jeorão tinha
trinta e dois anos de idade. Ele gover-
nou oito anos em Jerusalém. 18 A mulher
dele era filha do rei Acabe, de Israel, e
Jeorão seguiu os maus caminhos de Aca-
be e dos outros reis de Israel, como a fa-
mília de Acabe havia feito. Jeorão pecou
contra Deus, o SENHOR, 19 mas o SENHOR
não quis destruir Judá, pois havia feito
uma *aliança com o seu *servo Davi, pro-
metendo que os seus descendentes sem-
pre seriam reis.

20 Durante o reinado de Jeorão, o país de
Edom se revoltou contra Judá e se tornou
independente. 21 Por isso, Jeorão saiu com
todos os seus carros de guerra e foi até
Zair; ali eles foram cercados pelos edomi-
tas. Para escapar, Jeorão e os comandan-
tes dos seus carros de guerra atacaram
os edomitas durante a noite, e os solda-
dos de Jeorão fugiram para as suas casas.
22 Desse tempo em diante, Edom ficou
independente de Judá. Nessa mesma épo-
ca a cidade de Libna também se revoltou.
23 Todas as outras coisas que Jeorão fez
estão escritas na *História dos Reis de Judá*.
24 Jeorão morreu e foi sepultado nos tú-
mulos dos reis, na *Cidade de Davi, e o seu
filho Acazias ficou no lugar dele como rei.

O reinado de Acazias, de Judá
2Crônicas 22.1-6

25 No ano doze do reinado de Jorão, filho
de Acabe, como rei de Israel, Acazias, filho
de Jeorão, se tornou rei de Judá. 26 Quando
isso aconteceu, Acazias tinha vinte e dois
anos de idade. Ele governou um ano em
Jerusalém. A mãe dele se chamava Atalia
e era filha do rei Onri, de Israel.
27 Por ser aparentado com o rei Acabe
pelo casamento, Acazias seguiu o exem-
plo da família de Acabe e pecou contra
Deus, o SENHOR.
28 O rei Acazias se juntou com o rei Jo-
rão, de Israel, a fim de guerrear contra
o rei Hazael, da Síria. Os exércitos de-
les lutaram em Ramote-Gileade, e Jorão
foi ferido na batalha. 29 Então ele voltou
para a cidade de Jezreel a fim de tratar
dos ferimentos, e Acazias foi até lá para
visitá-lo.

Jeú é ungido para ser rei de Israel

9 Enquanto isso, o *profeta Eliseu cha-
mou um dos jovens profetas e disse:
— Apronte-se e vá até Ramote-Gileade.
Leve este jarro de azeite 2 e, quando che-
gar lá, procure Jeú, filho de Josafá e neto
de Ninsi. Leve-o para outra sala, longe dos
seus companheiros. 3 Aí derrame azeite
na cabeça dele e diga: "O SENHOR Deus
anuncia que o está *ungindo para ser rei
de Israel." Depois saia de lá o mais de-
pressa que puder.
4 Então o jovem profeta foi até Ramote-
-Gileade 5 e lá encontrou reunidos os ofi-
ciais do exército. Ele disse:
— Eu trouxe uma mensagem para o
senhor.
Jeú perguntou:
— Com qual de nós você está falando?
— Com o senhor mesmo! — respon-
deu ele.
6 Então os dois foram para uma sala, e
o jovem profeta derramou azeite na ca-
beça de Jeú e disse:
— O SENHOR, o Deus de Israel, anuncia
isto: "Eu estou ungindo você para ser o rei
do meu povo de Israel. 7 Você deve ma-
tar o seu chefe, o rei Jorão, filho de Aca-
be, para que assim eu castigue Jezabel
por haver assassinado os meus profetas
e os meus outros *servos. 8 Toda a famí-
lia e todos os descendentes de Acabe de-
vem morrer. Eu vou acabar com todos os
homens da família dele, tanto os jovens
como os velhos. 9 Vou tratar a família dele
como tratei as famílias do rei Jeroboão,
filho de Nebate, e do rei Baasa, filho de
Aías. 10 Jezabel não será sepultada; o seu
corpo será comido pelos cachorros perto
da cidade de Jezreel."
Depois de dizer isso, o jovem profeta
saiu da sala e fugiu.
11 Jeú voltou para o lugar onde esta-
vam os seus companheiros, e eles per-
guntaram:
— Tudo bem? O que aquele louco que-
ria com você?
— Vocês sabem muito bem o que ele
queria! — respondeu Jeú.
12 — Não sabemos, não! — disseram
eles. — Conte o que ele disse.
Jeú contou:
— Ele me disse que o SENHOR Deus

anuncia isto: "Eu estou ungindo você, Jeú, para ser o rei de Israel."

13 No mesmo instante, eles estenderam as suas *capas sobre os degraus para Jeú passar, tocaram a corneta e gritaram:

— Jeú é o rei!

Jeú mata Jorão

14-15 Então Jeú fez uma revolta contra o rei Jorão. Jorão estava em Jezreel tratando dos ferimentos que havia recebido em Ramote-Gileade, na batalha contra o rei Hazael, da Síria. Por isso, Jeú disse aos seus colegas oficiais:

— Se vocês estão do meu lado, não deixem que ninguém saia escondido de Ramote-Gileade para ir avisar os moradores de Jezreel.

16 Então subiu no seu carro de guerra e saiu para Jezreel. Jorão ainda não tinha sarado, e o rei Acazias, de Judá, se encontrava ali fazendo-lhe uma visita.

17 Um guarda que estava na torre de vigia de Jezreel viu Jeú e os seus soldados chegando e gritou:

— Vejo alguns homens chegando a cavalo!

Aí Jorão disse:

— Mande um homem a cavalo para descobrir se são amigos ou inimigos.

18 O mensageiro foi encontrar-se com Jeú e disse:

— O rei quer saber se o senhor vem como amigo.

— Isso não é da sua conta! — respondeu Jeú. E mandou:

— Passe para trás de mim.

O guarda que estava na torre de vigia contou que o mensageiro havia se encontrado com o grupo, porém não estava voltando.
19 Outro mensageiro foi mandado e fez a mesma pergunta a Jeú. E novamente ele respondeu: "Isso não é da sua conta! Passe para trás de mim."

20 Novamente o guarda contou que o mensageiro havia chegado até o grupo, porém não estava voltando. E disse também:

— O chefe do grupo está guiando o seu carro de guerra como um louco, exatamente como Jeú faz!

21 — Aprontem o meu carro de guerra! — ordenou o rei Jorão.

O carro foi preparado, e então ele e o rei Acazias saíram, cada um no seu carro, para ir ao encontro de Jeú. Eles se encontraram com ele no campo que havia sido de Nabote. Aí Jorão perguntou:

22 — Você veio como amigo?

Jeú respondeu:

— Como podemos ser amigos quando ainda continuam as feitiçarias e a adoração de ídolos que Jezabel, a sua mãe, começou?

23 Então Jorão virou o seu carro e fugiu, gritando para Acazias:

— É uma traição, Acazias!

24 Mas Jeú puxou a corda do seu arco com toda a força e atirou uma flecha, que feriu Jorão nas costas. A flecha atravessou o coração, e ele caiu morto no seu carro de guerra.
25 Aí Jeú disse a Bidcar, o seu ajudante:

— Pegue o corpo dele e jogue no campo que era de Nabote. Lembre que, quando nós dois estávamos juntos andando a cavalo atrás de Acabe, pai de Jorão, o SENHOR Deus disse estas palavras contra Acabe:
26 "Ontem eu vi o assassinato de Nabote e dos seus filhos. E prometo que castigarei você aqui, neste mesmo campo."

E Jeú ordenou ao seu ajudante:

— Pegue o corpo de Jorão e jogue no campo que era de Nabote, para que assim seja cumprida a promessa de Deus, o SENHOR.

A morte de Acazias

27 O rei Acazias, de Judá, viu o que tinha acontecido e fugiu no seu carro na direção da cidade de Bete-Hagã. Mas Jeú o perseguiu e disse aos seus soldados:

— Matem Acazias também!

E eles o feriram quando ele ia no seu carro pela estrada que sobe para Gur, perto da cidade de Ibleão. Mas Acazias conseguiu fugir até a cidade de Megido, onde morreu.
28 Os seus oficiais levaram o corpo de volta para Jerusalém e o sepultaram nos túmulos dos reis, na *Cidade de Davi.

29 Acazias havia começado a reinar em Judá no ano onze do reinado de Jorão, filho de Acabe, em Israel.

Jezabel é morta

30 Jeú chegou a Jezreel, e Jezabel ficou sabendo disso. Então pintou os olhos, penteou os cabelos e ficou numa janela do palácio, olhando para a rua.
31 Quando Jeú entrou pelo portão do palácio, ela gritou:

— Olá, Zinri, assassino do seu senhor!

32 Jeú olhou para cima e gritou:

— Quem está do meu lado?
Dois ou três oficiais do palácio olharam
para ele de uma janela, 33 e Jeú lhes disse:
— Joguem essa mulher daí!
Eles a jogaram, e o sangue dela respin-
gou a parede e os cavalos. Jeú passou por
cima dela com os cavalos e o carro 34 e
entrou no palácio. E, depois que comeu
e bebeu, disse:
— Peguem aquela maldita e a sepul-
tem. Afinal de contas, ela é filha de um rei.
35 Mas os homens que saíram para se-
pultá-la só encontraram a caveira e os os-
sos das mãos e pés. 36 Então eles voltaram,
contaram a Jeú, e este disse:
— Foi isto o que o SENHOR Deus disse
que ia acontecer quando falou por meio
do seu *servo Elias, da cidade de Tisbé:
"Os cachorros comerão o corpo de Jeza-
bel perto da cidade de Jezreel. 37 Os seus
restos serão espalhados ali como ester-
co, e assim ninguém poderá dizer: 'Esta
era Jezabel.' "

Os filhos de Acabe são mortos

10 Na cidade de Samaria moravam
setenta filhos do rei Acabe. Jeú es-
creveu cartas e as mandou às autorida-
des da cidade, aos líderes e às pessoas
que tomavam conta dos filhos de Acabe.
A carta dizia assim: 2 "Vocês estão encar-
regados de tomar conta dos filhos do rei
e têm carros de guerra, cavalos, armas e
cidades cercadas de muralhas. Portanto,
assim que receberem esta carta, 3 esco-
lham o melhor e o mais capaz dos filhos
do rei, ponham no trono do pai e lutem
para defendê-lo."
4 As autoridades de Samaria ficaram
apavoradas e disseram:
— Como poderemos ir contra Jeú, se
nem o rei Jorão nem o rei Acazias conse-
guiram fazer isso?
5 Aí o oficial encarregado do palácio e o
oficial encarregado da cidade, junto com
os líderes e as pessoas que tomavam conta
dos filhos de Acabe, mandaram a Jeú esta
mensagem: "Nós somos seus criados e es-
tamos prontos para fazer tudo o que o se-
nhor disser. Porém não vamos colocar nin-
guém como rei; faça o que achar melhor."
6 Então Jeú escreveu outra carta, em
que dizia o seguinte: "Se vocês estão do
meu lado e estão prontos para seguir as
minhas ordens, tragam as cabeças dos
filhos do rei Acabe para mim, aqui em
Jezreel, amanhã a esta hora."
Os setenta filhos de Acabe moravam
com os principais cidadãos de Samaria,
que os estavam criando. 7 Quando rece-
beram a carta de Jeú, os líderes de Sama-
ria mataram todos os setenta príncipes.
Depois puseram as cabeças deles em ces-
tos e as mandaram para Jeú, em Jezreel.
8 Foram contar a Jeú que as cabeças dos
filhos de Acabe haviam sido trazidas. En-
tão Jeú ordenou:
— Façam com elas dois montões no
portão da cidade e deixem que fiquem lá
até amanhã cedo.
9 Ele saiu de manhã, foi até o portão e
disse ao povo que estava ali:
— Fui eu que fiz uma revolta contra o
rei Jorão e o matei; vocês não são culpa-
dos disso. Mas quem foi que matou todos
estes? 10 Isso prova que vai acontecer tudo
aquilo que o SENHOR Deus disse a respei-
to dos descendentes de Acabe. O SENHOR
fez aquilo que prometeu por meio do seu
*servo Elias.
11 Então Jeú mandou matar todos os ou-
tros parentes de Acabe que moravam em
Jezreel e também todas as autoridades do
seu governo, amigos íntimos e sacerdotes.
Não escapou nenhum deles.

Os parentes do rei Acazias são mortos

12 Jeú saiu de Jezreel para ir até Sama-
ria. No caminho, num lugar chamado
"Campo dos Pastores", 13 ele encontrou
alguns parentes do falecido rei Acazias,
de Judá, e lhes perguntou:
— Quem são vocês?
Eles responderam:
— Somos parentes de Acazias. Estamos
indo para Jezreel a fim de cumprimentar
os filhos da rainha Jezabel e o resto da
família do rei.
14 Então Jeú ordenou aos seus homens:
— Peguem essa gente! Quero todos
vivos!
Eles os prenderam e os mataram per-
to de um poço que havia ali. Eram qua-
renta e dois ao todo, e nenhum deles foi
deixado vivo.

Os outros parentes de Acabe são mortos

15 Jeú saiu dali e no caminho encontrou-
-se com Jonadabe, filho de Recabe, que
havia ido falar com ele. Jeú o cumprimen-
tou e disse:
— Será que nós dois estamos pensan-
do do mesmo jeito?
— Sim! — respondeu Jonadabe.

Uma oração por...

Perdão

Criador e Pai Eterno, eu estraguei tudo, minha natureza é pecaminosa, minha fé está enfraquecida; sou atrapalhada, terrível e impotente, mas minha esperança está em ti. Se sou salva é por causa de tua maravilhosa bondade, que não mereço, e não apenas por mera misericórdia, mas por misericórdia abundante; não apenas por graça, mas pela maravilhosa graça. Criaste uma maneira de me livrar do controle do pecado e de restaurar minha felicidade, honra e segurança. Obrigada pela aliança eterna e por escolheres Jesus como meu Mediador. Sou tão grata pelo fato de ele não ter falhado; embora estivesse totalmente esgotado, ele fez a obra que lhe deste para fazer e disse na cruz: "Está consumado". Nele, tua justiça se cumpre, tua verdade se estabelece, tua lei é exaltada, e um fundamento sólido para minha esperança é lançado. Eu sei que ele levou minha dor, carregou minha tristeza, conquistou minha paz e curou minha alma. Sou justificada por seu sangue e salva por sua vida. Tendo seu Espírito, tenho sua mente em mim. Por favor, não deixes que minha fé seja incompleta, mas que ela possa ser constante, influente e eficaz. E me ajuda a sempre continuar em tuas palavras, como também em tuas obras, para que eu possa chegar ao fim em paz.

Amém.

— Então me dê a sua mão! — disse Jeú.
Eles apertaram as mãos, e Jeú ajudou
Jonadabe a subir no seu carro de guerra.
16 Jeú disse:
— Venha comigo e veja você mesmo
como sou dedicado a Deus, o SENHOR.
E Jeú o levou no seu carro para Sama-
ria. 17 Quando chegaram lá, Jeú matou to-
dos os parentes de Acabe. Não deixou ne-
nhum vivo, conforme o SENHOR tinha dito
a Elias que ia acontecer.

Os adoradores de Baal são mortos

18 Jeú reuniu o povo de Samaria e disse:
— O rei Acabe serviu pouco o deus
*Baal, mas eu o servirei muito. 19 Portan-
to, reúnam agora todos os *profetas de
Baal, todos os seus adoradores e todos os
seus sacerdotes. Que não falte nenhum,
pois eu vou oferecer um grande *sacrifí-
cio a Baal, e quem não vier será morto!
Mas esse era um jeito de Jeú enganar os
adoradores de Baal para poder matá-los.
20 Então Jeú deu a seguinte ordem:
— Anunciem um dia de adoração em
honra do deus Baal!
O aviso foi feito, 21 e Jeú mandou men-
sageiros por toda a terra de Israel. Então
vieram todos os adoradores de Baal; não
faltou nenhum. Eles entraram no templo
de Baal, que ficou completamente cheio.
22 Então Jeú mandou que o sacerdote en-
carregado dos *mantos sagrados trouxes-
se os mantos e os entregasse aos adora-
dores. 23 Depois disso, Jeú entrou no tem-
plo com Jonadabe, filho de Recabe, e disse
às pessoas que estavam ali:
— Vejam bem que somente adoradores
de Baal estejam aqui e que nenhum ado-
rador de Deus, o SENHOR, tenha entrado.
24 Aí ele e Jonadabe entraram para ofe-
recer sacrifícios e queimar ofertas a Baal.
Jeú havia mandado que oitenta homens
ficassem do lado de fora, dando-lhes a se-
guinte ordem:
— Matem todas essas pessoas que vou
entregar a vocês; quem deixar uma delas
escapar pagará com a vida por isso!
25 Assim que Jeú apresentou as ofertas,
disse aos guardas e aos oficiais:
— Entrem e matem todos; não deixem
que nenhum escape!
Eles entraram com as espadas na mão,
mataram todos e jogaram os corpos para
fora. Então entraram no santuário inte-
rior do templo, 26 levaram para fora as co-
lunas que estavam no templo de Baal e
as queimaram. 27 Também destruíram a
coluna de Baal e o seu templo e fizeram
esse templo virar uma privada, que exis-
te *até hoje.
28 Foi assim que Jeú acabou com a ado-
ração de Baal em Israel. 29 Mas ele não
abandonou os pecados do rei Jeroboão,
filho de Nebate, que levou o povo de Is-
rael a cometer o pecado de adorar os tou-
ros de ouro que ele havia colocado em Be-
tel e em Dã. 30 O SENHOR Deus disse a Jeú:
— Você fez com os descendentes de
Acabe tudo aquilo que eu queria que fi-
zesse. Por isso, prometo que até a quar-
ta *geração os seus descendentes serão
reis de Israel.

31 Mas Jeú não obedeceu de todo o seu coração à *Lei do SENHOR, o Deus de Israel, nem abandonou aqueles mesmos pecados que Jeroboão havia feito o povo de Israel cometer no passado.

A morte de Jeú

32 Nesse tempo o SENHOR Deus começou a diminuir o território de Israel. O rei Hazael, da Síria, conquistou todas as terras israelitas 33 que ficavam a leste do rio Jordão, até a cidade de Aroer, no rio Arnom, no Sul. Isso incluía as regiões de Gileade e Basã, onde moravam as *tribos de Gade, Rúben e Manassés do Leste.

34 Todas as outras coisas que Jeú fez e também os seus atos de coragem estão escritos na *História dos Reis de Israel.* 35 Ele morreu e foi sepultado em Samaria, e o seu filho Jeoacaz ficou no lugar dele como rei. 36 Jeú governou vinte e oito anos em Samaria como rei de Israel.

A rainha Atalia, de Judá

2Crônicas 22.10—23.15

11 Assim que Atalia, a mãe do rei Acazias, soube da morte do filho, deu ordem para que todas as pessoas da família real fossem mortas. 2 Somente Joás, filho de Acazias, escapou. Ele ia ser morto junto com os outros, mas foi salvo pela sua tia Jeoseba, que era filha do rei Jeorão e meia-irmã de Acazias. Ela levou Joás e a sua babá para um quarto do Templo e o escondeu de Atalia. Assim ele não foi morto. 3 Durante seis anos Jeoseba cuidou do menino e o conservou escondido no Templo, enquanto Atalia era a rainha.

4 Mas no sétimo ano o sacerdote Joiada mandou chamar os oficiais encarregados dos guarda-costas e dos guardas do palácio e disse que viessem ao Templo. Ali ele fez com que jurassem concordar com o que ele havia planejado fazer. Então lhes mostrou Joás, o filho do rei Acazias, 5 e deu a eles as seguintes ordens:

— Quando vocês ficarem de serviço no sábado, a terça parte deve guardar o palácio; 6 a outra terça parte deve ficar de guarda no Portão Sur, e a outra terça parte deve ficar no portão, atrás dos outros guardas. 7 Os dois grupos que deixarem o serviço no sábado ficarão de guarda no Templo para proteger o rei. 8 Vocês devem guardar o rei Joás com as espadas na mão e ir com ele a qualquer lugar aonde ele for. Qualquer pessoa que chegar perto de vocês deve ser morta.

9 Os oficiais obedeceram à ordem de Joiada e levaram a ele os seus soldados, isto é, os que saíam do serviço no sábado e os que entravam de serviço no sábado. 10 Joiada entregou aos oficiais as lanças e os *escudos que tinham sido do rei Davi e que haviam ficado guardados no Templo. 11 Ele pôs os soldados armados com espadas por toda a frente do Templo, para protegerem o rei. 12 Então Joiada levou Joás para fora, colocou a coroa na cabeça dele e lhe deu uma cópia da *Lei. Aí Joás foi *ungido e apresentado como rei. O povo bateu palmas e gritou:

— Viva o rei!

13 A rainha Atalia ouviu o barulho que os guardas e o povo faziam e foi até o Templo, onde todos estavam reunidos. 14 Ela viu o novo rei perto da coluna, na entrada do Templo, conforme era o costume. Ele estava rodeado pelos oficiais e pelos corneteiros, e todo o povo estava gritando de alegria e tocando trombetas. Em sinal de desespero Atalia rasgou as suas roupas e gritou:

— Traição! Traição!

15 O sacerdote Joiada não queria que Atalia fosse morta na área do Templo e por isso deu aos oficiais do exército a seguinte ordem:

— Levem a rainha para fora, passando pelo meio das filas de guardas, e matem qualquer pessoa que tentar salvá-la.

16 Então eles a prenderam e levaram para o palácio. E ali, no Portão dos Cavalos, ela foi morta.

As reformas de Joiada

2Crônicas 23.16-21

17 O sacerdote Joiada fez uma aliança entre o SENHOR Deus, e o rei, e o povo, a fim de que eles fossem o povo de Deus. Fez também um *acordo entre o rei e o povo. 18 Então o povo foi até o templo do deus *Baal e o derrubou. Eles despedaçaram os altares e os ídolos e ali, em frente dos altares, mataram Matã, o sacerdote de Baal.

Joiada pôs guardas no Templo, 19 e então ele, os oficiais, a guarda pessoal do rei e os guardas do palácio levaram o rei do Templo para o palácio, e o povo todo foi atrás. Joás entrou pelo Portão da Guarda e sentou-se no trono. 20 Todo o povo estava feliz, e a cidade de Jerusalém ficou calma depois que Atalia foi morta no palácio.

[21]Joás tinha sete anos de idade quando
se tornou rei.

O reinado de Joás, de Judá
2Crônicas 24.1-16

12 No sétimo ano do reinado de Jeú,
de Israel, Joás se tornou rei de Judá.
Ele governou em Jerusalém quarenta anos.
A mãe dele se chamava Zíbia e era da ci-
dade de Berseba. [2]Durante toda a sua
vida Joás fez o que agrada a Deus, o SE-
NHOR, pois o sacerdote Joiada o aconse-
lhava. [3]No entanto, os lugares pagãos de
adoração não foram destruídos, e o povo
continuou a oferecer *sacrifícios e a quei-
mar incenso ali.
[4]Joás chamou os sacerdotes e mandou
que eles juntassem todo o dinheiro reco-
lhido no Templo, isto é, os pagamentos
pelos sacrifícios, os impostos do Templo,
o dinheiro das promessas e as ofertas vo-
luntárias. [5]Cada sacerdote era responsá-
vel pelo dinheiro trazido pelas pessoas
que ele servia, e o dinheiro era para ser
usado nos consertos do Templo.
[6]Mas, no ano vinte e três do reinado de
Joás, os sacerdotes ainda não haviam fei-
to nenhum conserto. [7]Por isso Joás cha-
mou Joiada e os outros sacerdotes e lhes
perguntou:
— Por que vocês não estão consertan-
do o Templo? De agora em diante, não
fiquem com o dinheiro que receberem,
mas entreguem para que os consertos
possam ser feitos.
[8]Os sacerdotes concordaram com isso
e também concordaram em não ficarem
encarregados de fazer os consertos no
Templo.
[9]Então Joiada pegou uma caixa, fez uma
abertura na tampa e pôs a caixa perto do
altar, do lado direito de quem entra no
Templo. Os sacerdotes que tomavam con-
ta da entrada punham na caixa todo o di-
nheiro dado pelos adoradores. [10]Quando
viam que já havia muito dinheiro na caixa,
o secretário do rei e o *Grande Sacerdote
vinham, contavam o dinheiro e o punham
em sacos. [11]Depois de registrarem a quan-
tia certa, eles entregavam o dinheiro aos
homens que estavam encarregados do
trabalho no Templo, e estes pagavam os
carpinteiros, os construtores, [12]os pedrei-
ros e os cortadores de pedras. Também
compravam a madeira e as pedras para os
consertos e pagavam todas as outras des-
pesas necessárias. [13]No entanto, nenhu-
ma parte do dinheiro era usada para se
fazerem taças de prata, bacias, trombetas,
tesouras de aparar pavios de lamparinas
ou qualquer outro objeto de prata ou de
ouro. [14]Todo o dinheiro era usado para
pagar os trabalhadores e para comprar
o material dos consertos. [15]Os homens
encarregados do trabalho eram hones-
tos em tudo, e por isso não havia neces-
sidade de pedir que prestassem contas
do dinheiro. [16]O dinheiro das ofertas para
tirar culpas e das ofertas para tirar peca-
dos não era colocado na caixa, mas ficava
com os sacerdotes.
[17]Nessa época o rei Hazael, da Síria,
atacou a cidade de Gate e a conquistou;
depois resolveu atacar Jerusalém. [18]O rei
Joás, de Judá, pegou todas as ofertas que
Josafá, Jeorão e Acazias, que haviam sido
reis antes dele, haviam separado para
Deus, o SENHOR. Junto com essas ofertas
ele pôs as suas próprias ofertas e todo o
ouro que havia no tesouro do Templo e
do palácio e mandou tudo como presente
para o rei Hazael. Então Hazael desistiu
de atacar Jerusalém.
[19]Todas as outras coisas que o rei Joás
fez estão escritas na *História dos Reis de
Judá*.
[20-21]Os oficiais do rei Joás fizeram uma
revolta contra ele. Então dois deles,

Pergunte a si mesma...

Antes de entregar sua vida a Deus, você vivia como uma ímpia. Você tinha maus hábitos e ideias pecaminosas, e fazia algumas besteiras. Pergunte a si mesma sobre como você mudou:

- Como minha fé me transformou desde que fui salva?
- Existem velhos hábitos aos quais estou presa?
- Por que não deixo que Deus os leve embora?
- Se eu sou mesmo uma "nova pessoa" (2Coríntios 5:17), por que estou fazendo as mesmas velhas coisas?
- O que a Palavra de Deus diz sobre vencer meu pecado?

Jozacar, filho de Simeate, e Jozabade, fi-
lho de Somer, o mataram na casa cons-
truída no aterro que havia sido feito no
lado leste da cidade de Jerusalém, na es-
trada que desce para a cidade de Sila. Joás
foi sepultado nos túmulos dos reis, na *Ci-
dade de Davi, e o seu filho Amazias ficou
no lugar dele como rei.

O reinado de Jeoacaz, de Israel

13 No ano vinte e três do reinado de
Joás, filho de Acazias, em Judá,
Jeoacaz, filho de Jeú, se tornou rei de Is-
rael e governou dezessete anos em Sa-
maria. 2 Jeoacaz fez coisas erradas, que
não agradam a Deus, o SENHOR, e come-
teu aqueles mesmos pecados que Jero-
boão, filho de Nebate, havia feito o povo
de Israel cometer no passado. Ele nunca
se afastou dos seus maus caminhos. 3 Por
isso, o SENHOR ficou *irado com Israel e
deixou que o rei Hazael, da Síria, e o seu
filho Ben-Hadade vencessem os israeli-
tas muitas e muitas vezes. 4 Então Jeoacaz
orou a Deus, o SENHOR, e ele respondeu
à sua oração, pois viu como o rei da Síria
fazia o povo de Israel sofrer. 5 O SENHOR
mandou um líder que livrou os israelitas
dos sírios, e assim eles viveram em paz,
como antes. 6 Porém não abandonaram
aqueles pecados que Jeroboão havia feito
o povo de Israel cometer no passado, mas
continuaram cometendo-os; e o poste da
deusa *Aserá ficou em Samaria.

7 De todo o seu exército, Jeoacaz ficou
somente com cinquenta cavaleiros, dez
carros de guerra e dez mil soldados de
infantaria porque o rei da Síria havia
acabado com os outros, esmagando-os
como pó.

8 Todas as outras coisas que Jeoacaz
fez e também os seus atos de coragem
estão escritos na *História dos Reis de Is-
rael*. 9 Ele morreu e foi sepultado em Sa-
maria, e o seu filho Jeoás ficou no lugar
dele como rei.

O reinado de Jeoás, de Israel

10 No ano trinta e sete do reinado de
Joás, de Judá, Jeoás, filho de Jeoacaz, se
tornou rei de Israel e governou dezes-
seis anos em Samaria. 11 Jeoás fez coisas
erradas, que não agradam a Deus, o SE-
NHOR. Ele não abandonou aqueles mes-
mos pecados que Jeroboão, filho de Neba-
te, havia feito o povo de Israel cometer no
passado, mas continuou cometendo-os.
12 Todas as outras coisas que Jeoás fez e
também a sua coragem na batalha contra
o rei Amazias, de Judá, estão escritas na
História dos Reis de Israel. 13 Jeoás morreu
e foi sepultado nos túmulos dos reis, em
Samaria, e o seu filho Jeroboão II ficou no
lugar dele como rei.

A morte de Eliseu

14 O profeta Eliseu foi atacado por uma
doença sem cura. Quando ele estava para
morrer, o rei Jeoás foi visitá-lo. Então o
abraçou e chorou, dizendo:

— Meu pai, meu pai! O senhor foi como
um exército para defender Israel!

15 Então Eliseu disse:

— Pegue um arco e algumas flechas.

Jeoás pegou o arco e as flechas, 16 e Eli-
seu lhe disse que se preparasse para ati-
rar. E o rei fez o que ele mandava. Aí Eli-
seu pôs as mãos por cima das mãos do
rei 17 e disse:

— Abra a janela que dá para o lado da
Síria.

O rei abriu. Então Eliseu mandou:

— Atire a flecha!

Assim que o rei atirou, Eliseu disse:

— O senhor é a flecha do SENHOR Deus;
é por meio do senhor que Deus vai conse-
guir a vitória contra a Síria. O senhor luta-
rá contra os sírios em Afeca até vencê-los.

18 Depois Eliseu disse a Jeoás que pe-
gasse as outras flechas e batesse no chão
com elas. O rei bateu três vezes no chão
e parou. 19 Eliseu ficou zangado com isso
e disse:

— O senhor devia ter batido cinco ou
seis vezes e assim venceria completamen-
te os sírios; mas agora vai vencê-los só
três vezes.

20 Então Eliseu morreu e foi sepultado.

Todos os anos bandos de moabitas cos-
tumavam invadir a terra de Israel. 21 Certa
vez, alguns israelitas que estavam fazendo
um sepultamento viram um desses ban-
dos. Então os israelitas jogaram o defunto
na sepultura de Eliseu e fugiram. Assim
que o corpo tocou nos ossos de Eliseu, o
homem ficou vivo de novo e se levantou.

Guerra entre Israel e a Síria

22 O rei Hazael, da Síria, dominou o povo
de Israel durante todo o tempo em que
Jeoacaz foi rei. 23 Mas o SENHOR Deus foi
bondoso com os israelitas. Ele não dei-
xou que fossem destruídos, mas ajudou-
-os por causa da *aliança que havia feito

com Abraão, com Isaque e com Jacó. Ele nunca esqueceu o seu povo.

24 Quando o rei Hazael, da Síria, morreu, o seu filho Ben-Hadade se tornou rei. 25 O rei Jeoás, de Israel, derrotou Ben-Hadade três vezes e reconquistou as cidades que haviam sido tomadas por Ben-Hadade durante o reinado de Jeoacaz, o pai de Jeoás.

O reinado de Amazias, de Judá

2Crônicas 25.1-24

14 No segundo ano do reinado de Jeoás, filho de Jeoacaz, em Israel, Amazias, filho de Joás, se tornou rei de Judá. 2 Quando isso aconteceu, Amazias tinha vinte e cinco anos. Ele governou vinte e nove anos em Jerusalém. A mãe dele se chamava Jeoadã e era da cidade de Jerusalém. 3 Amazias fez o que é agradável a Deus, o SENHOR, porém não foi tão correto como o seu antepassado, o rei Davi; pelo contrário, fez aquilo que o seu pai Joás havia feito. 4 Ele não derrubou os lugares pagãos de adoração, e o povo continuou a oferecer *sacrifícios e a queimar incenso nesses lugares.

5 Assim que se firmou no poder, Amazias mandou matar os oficiais que haviam assassinado o seu pai, o rei. 6 No entanto, não matou os filhos deles, mas seguiu o que o SENHOR havia mandado na *Lei de Moisés: "Os pais não serão mortos por causa de crimes cometidos pelos filhos, nem os filhos, por causa de crimes cometidos pelos pais; uma pessoa será morta somente como castigo pelo crime que ela mesma cometeu."

7 No vale do Sal, Amazias matou dez mil soldados do país de Edom; ele conquistou na guerra a cidade de Selá e pôs nela o nome de Jocteel, e assim é conhecida *até hoje.

8 Então Amazias mandou mensageiros ao rei Jeoás, de Israel, desafiando-o para uma batalha. 9 Mas o rei Jeoás respondeu assim:

— Uma vez um espinheiro dos montes Líbanos mandou a seguinte mensagem para um cedro: "Dê a sua filha em casamento para o meu filho." Mas um animal selvagem passou por ali e pisou em cima do espinheiro. 10 De fato, você, Amazias, venceu os edomitas e por isso está todo orgulhoso. Alegre-se com a sua fama e fique em casa. Para que arranjar um problema que trará somente a desgraça para você e para o seu povo?

11 Mas Amazias não quis atendê-lo. Então o rei Jeoás saiu com os seus soldados e lutou contra ele em Bete-Semes, na região de Judá. 12 O exército de Amazias foi derrotado, e todos os seus soldados fugiram para casa. 13 Jeoás prendeu Amazias em Bete-Semes, avançou para Jerusalém e derrubou as muralhas da cidade desde o Portão de Efraim até o Portão da Esquina, um trecho de mais ou menos duzentos metros. 14 Ele pegou toda a prata e todo o ouro que achou, pegou todos os objetos do Templo e todos os tesouros do palácio e também levou *reféns. E voltou para Samaria.

15 Todas as outras coisas que Jeoás fez e também a sua coragem na batalha contra o rei Amazias, de Judá, estão escritas na *História dos Reis de Israel*. 16 Jeoás morreu e foi sepultado nos túmulos dos reis, em Samaria, e o seu filho Jeroboão II ficou no lugar dele como rei.

A morte do rei Amazias

2Crônicas 25.25-28

17 O rei Amazias, de Judá, viveu quinze anos depois da morte do rei de Israel, Jeoás, filho de Jeoacaz. 18 Todas as outras coisas que Amazias fez estão escritas na *História dos Reis de Judá*.

19 Houve uma conspiração em Jerusalém para matar Amazias, e por isso ele fugiu para a cidade de Laquis; mas os seus inimigos o seguiram até lá e o mataram. 20 O seu corpo foi levado de volta para Jerusalém num cavalo e foi sepultado nos túmulos dos reis, na *Cidade de Davi. 21 Então o povo pôs no seu lugar como rei o seu filho Uzias, que tinha dezesseis anos de idade. 22 Depois da morte do seu pai, Uzias reconquistou e construiu de novo a cidade de Elate.

O reinado de Jeroboão II, de Israel

23 No ano quinze do reinado de Amazias, filho de Joás, em Judá, Jeroboão II, filho de Jeoás, se tornou rei de Israel e governou quarenta e um anos em Samaria. 24 Jeroboão II fez coisas erradas, que não agradam a Deus, o SENHOR. Não abandonou aqueles mesmos pecados que Jeroboão, filho de Nebate, havia feito o povo de Israel cometer no passado. 25 Jeroboão II conquistou de novo todo o território que havia sido de Israel, desde a subida de Hamate, no Norte, até o mar Morto, no Sul. O SENHOR, o Deus de Israel, havia

prometido isso por meio do seu *servo, o *profeta Jonas, filho de Amitai, que era de Gate-Hefer.

26 O SENHOR Deus viu o terrível sofrimento dos israelitas; não havia ninguém, ninguém mesmo, que os ajudasse. 27 Mas o SENHOR não tinha a intenção de destruir o povo de Israel completamente e para sempre; por isso, ele os livrou por meio do rei Jeroboão II.

28 Todas as outras coisas que Jeroboão II fez, o seu poder, como ele lutou e como conquistou de novo as cidades de Damasco e Hamate para Israel, tudo está escrito na *História dos Reis de Israel*. 29 Jeroboão II morreu e foi sepultado nos túmulos dos reis, e o seu filho Zacarias ficou no lugar dele como rei.

O reinado de Uzias, de Judá

2Crônicas 26.1-23

15 No ano vinte e sete do reinado de Jeroboão II de Israel, Uzias, filho de Amazias, se tornou rei de Judá 2 com a idade de dezesseis anos. Ele governou cinquenta e dois anos em Jerusalém. A sua mãe se chamava Jecolias e era da cidade de Jerusalém. 3 Seguindo o exemplo do seu pai, Uzias fez aquilo que agrada a Deus, o SENHOR. 4 Mas os lugares pagãos de adoração não foram destruídos, e o povo continuou a oferecer *sacrifícios e a queimar incenso naqueles lugares. 5 O SENHOR Deus feriu o rei Uzias, e ele ficou sofrendo de uma doença contagiosa da pele até o fim da sua vida. Ele morava numa casa separada, e era o seu filho Jotão quem cuidava das coisas do governo e reinava no país.

6 Todas as outras coisas que Uzias fez estão escritas na *História dos Reis de Judá*. 7 Uzias morreu e foi sepultado nos túmulos dos reis, na *Cidade de Davi, e o seu filho Jotão ficou no lugar dele como rei.

O reinado de Zacarias, de Israel

8 No ano trinta e oito do reinado de Uzias, de Judá, Zacarias, filho de Jeroboão II, se tornou rei de Israel e governou seis meses em Samaria. 9 Como aqueles que haviam sido reis antes dele, Zacarias fez coisas erradas, que não agradam a Deus, o SENHOR. Ele não abandonou aqueles mesmos pecados que o rei Jeroboão, filho de Nebate, havia feito o povo de Israel cometer no passado. 10 Salum, filho de Jabes, fez uma revolta contra o rei Zacarias, matou-o na cidade de Ibleão e ficou no lugar dele como rei.

11 Todas as outras coisas que Zacarias fez estão escritas na *História dos Reis de Israel*.

12 E assim foi cumprida a promessa que o SENHOR havia feito ao rei Jeú: "Os seus descendentes serão reis de Israel até a quarta *geração."

O reinado de Salum, de Israel

13 No ano trinta e nove do reinado de Uzias, de Judá, Salum, filho de Jabes, se tornou rei de Israel e governou um mês em Samaria.

14 Menaém, filho de Gadi, foi da cidade de Tirza até Samaria, matou Salum e ficou no lugar dele como rei. 15 Todas as outras coisas que Salum fez e também a história da sua revolta, tudo está escrito na *História dos Reis de Israel*. 16 Menaém destruiu a cidade de Tapua, matou os seus moradores e arrasou a região vizinha até Tirza; ele fez isso porque a cidade não se entregou a ele. Menaém mandou rasgar a barriga de todas as mulheres grávidas.

O reinado de Menaém, de Israel

17 No ano trinta e nove do reinado de Uzias, de Judá, Menaém, filho de Gadi, se tornou rei de Israel e governou dez anos em Samaria. 18 Ele fez coisas erradas, que não agradam a Deus, o SENHOR. Nunca abandonou aqueles mesmos pecados que Jeroboão, filho de Nebate, havia feito o povo de Israel cometer no passado. 19 Tiglate-Pileser, rei da Assíria, invadiu a terra de Israel, e Menaém lhe entregou trinta e quatro toneladas de prata para que ele o ajudasse a se firmar no poder. 20 Para conseguir esse dinheiro, Menaém obrigou os homens ricos de Israel a contribuírem com cinquenta barras de prata cada um. E assim Tiglate-Pileser voltou para a sua terra.

21 Todas as outras coisas que Menaém fez estão escritas na *História dos Reis de Israel*. 22 Ele morreu e foi sepultado, e o seu filho Pecaías ficou no lugar dele como rei.

O reinado de Pecaías, de Israel

23 No ano cinquenta do reinado de Uzias, de Judá, Pecaías, filho de Menaém, se tornou rei de Israel e governou dois anos em Samaria. 24 Ele fez coisas erradas, que não agradam a Deus, o SENHOR, e nunca abandonou aqueles mesmos

pecados que Jeroboão, filho de Nebate,
havia feito o povo de Israel cometer no
passado. 25 Um oficial do exército de Pe-
caías, chamado Peca, filho de Remalias,
junto com cinquenta homens de Gileade,
fez uma revolta, matou Pecaías na forta-
leza do palácio de Samaria e ficou no lu-
gar dele como rei.
26 Todas as outras coisas que Pecaías
fez estão escritas na *História dos Reis de
Israel*.

O reinado de Peca, de Israel

27 No ano cinquenta e dois do reinado
de Uzias, de Judá, Peca, filho de Remalias,
se tornou rei de Israel e governou vinte
anos em Samaria. 28 Ele fez coisas erra-
das, que não agradam a Deus, o SENHOR,
e nunca abandonou aqueles mesmos pe-
cados que Jeroboão, filho de Nebate, havia
feito o povo de Israel cometer no passado.
29 Foi durante o reinado de Peca que Ti-
glate-Pileser, rei da Assíria, conquistou as
cidades de Ijom, Abel-Bete-Maacá, Janoa,
Quedes, Hazor e as regiões de Gileade, Ga-
lileia e Naftali e levou os seus moradores
como prisioneiros para a Assíria.
30 No ano vinte do reinado de Jotão, fi-
lho de Uzias, como rei de Judá, Oseias, fi-
lho de Elá, fez uma revolta contra o rei
Peca, matou-o e ficou no lugar dele como
rei.
31 Todas as outras coisas que Peca fez
estão escritas na *História dos Reis de Is-
rael*.

O reinado de Jotão, de Judá

2Crônicas 27.1-9

32 No segundo ano do reinado de Peca,
filho de Remalias, como rei de Israel, Jo-
tão, filho de Uzias, se tornou rei de Judá
33 com a idade de vinte e cinco anos. Ele
governou dezesseis anos em Jerusalém. A
sua mãe se chamava Jerusa e era filha de
Zadoque. 34 Seguindo o exemplo de Uzias,
o seu pai, Jotão fez aquilo que agrada a
Deus, o SENHOR. 35 Mas os lugares pagãos
de adoração não foram destruídos, e o
povo continuou a oferecer *sacrifícios e
a queimar incenso naqueles lugares.
Foi Jotão quem construiu o Portão Nor-
te do Templo.
36 Todas as outras coisas que Jotão fez
estão escritas na *História dos Reis de Judá*.
37 Foi durante o reinado dele que pela pri-
meira vez o SENHOR mandou Rezim, rei
da Síria, e Peca, rei de Israel, atacar Judá.
38 Jotão morreu e foi sepultado nos túmu-
los dos reis, na *Cidade de Davi, e o seu
filho Acaz ficou no lugar dele como rei.

O reinado de Acaz, de Judá

2Crônicas 28.1-27

16 No ano dezessete do reinado de
Peca, filho de Remalias, em Israel,
Acaz, filho de Jotão, se tornou rei de Judá.
2 Acaz começou a reinar quando tinha vin-
te anos de idade. Ele governou dezesseis
anos em Jerusalém. Acaz não seguiu o bom
exemplo do seu antepassado, o rei Davi;
pelo contrário, fez o que não agrada ao SE-
NHOR, seu Deus, 3 e seguiu o exemplo dos
reis de Israel. Ele chegou até a oferecer o
próprio filho, queimando-o como oferta
aos ídolos, seguindo o nojento costume
dos povos que o SENHOR havia expulsado
da *Terra Prometida conforme os israeli-
tas avançavam. 4 Acaz ofereceu *sacrifícios
e queimou incenso nos lugares pagãos de
adoração, nos morros e debaixo de todas
as árvores que dão sombra.
5 Rezim, rei da Síria, e o rei Peca, de Is-
rael, atacaram e cercaram a cidade de Je-
rusalém, porém não puderam derrotar
Acaz.
6 Nessa mesma época o rei de Edom re-
conquistou a cidade de Elate e expulsou
os judeus que moravam lá. Os edomitas
foram para Elate e ainda moram lá.
7 Acaz mandou alguns mensageiros a
Tiglate-Pileser, rei da Assíria, para en-
tregarem a ele esta mensagem: "Eu sou
seu criado e seu filho. Venha me salvar
dos reis da Síria e de Israel, que estão me
atacando."
8 Acaz pegou a prata e o ouro do Templo
e o tesouro do palácio e mandou de pre-
sente ao rei da Assíria. 9 Em resposta ao
pedido de Acaz, o rei da Assíria marchou
com o seu exército para a cidade de Da-
masco, conquistou-a, matou o rei Rezim e
levou o povo para Quir como prisioneiro.
10 O rei Acaz foi a Damasco para se en-
contrar com o rei Tiglate-Pileser e viu o
altar que havia ali. Então mandou para
o sacerdote Urias o desenho e o modelo
do altar, com todos os detalhes. 11 E Urias
construiu um altar, seguindo todas as ins-
truções que o rei Acaz havia mandado de
Damasco, e terminou o trabalho antes que
Acaz voltasse. 12 Ao chegar de Damasco,
Acaz viu que o altar estava pronto, 13 e en-
tão queimou sobre ele sacrifícios de ani-
mais, ofertas de cereais, e derramou em

cima dele uma oferta de vinho e o sangue
de uma oferta de paz. 14 O altar de bron-
ze, que era dedicado ao SENHOR Deus, fi-
cava entre o novo altar e o Templo, e por
isso Acaz o mudou para o lado norte do
seu novo altar. 15 Então deu a Urias a se-
guinte ordem:

— Use este meu altar grande para as
ofertas que são completamente queima-
das de manhã e para a oferta de cereais
da tarde, para as ofertas que são com-
pletamente queimadas e as ofertas de
cereais do rei e do povo e também para
as ofertas de vinho do povo. Derrame so-
bre o altar o sangue de todos os animais
que forem sacrificados. Mas deixe o al-
tar de bronze a fim de que eu o use para
adivinhações.

16 E Urias fez o que o rei mandou.

17 O rei Acaz desmontou as carretas de
bronze que eram usadas no Templo e ti-
rou as bacias que estavam em cima de-
las. Tirou também o tanque de bronze de
cima das costas dos doze touros e colo-
cou-o sobre uma base de pedra. 18 E, para
agradar o rei da Assíria, Acaz também ti-
rou do Templo a plataforma onde ficava
o trono real e fechou a entrada particular
por onde os reis entravam no Templo.

19 Todas as outras coisas que o rei Acaz
fez estão escritas na *História dos Reis de
Judá*. 20 Acaz morreu e foi sepultado nos
túmulos dos reis, na *Cidade de Davi, e
o seu filho Ezequias ficou no lugar dele
como rei.

O reinado de Oseias, de Israel

17 No ano doze do reinado de Acaz,
de Judá, Oseias, filho de Elá, se tor-
nou rei de Israel e governou nove anos
em Samaria. 2 Ele fez coisas erradas, que
não agradam a Deus, o SENHOR, porém
não tanto quanto os reis que governaram
Israel antes dele. 3 O rei Salmaneser, da
Assíria, fez guerra contra ele; Oseias foi
dominado por Salmaneser e lhe pagava
um imposto todos os anos. 4 Mas certo ano
Oseias mandou alguns mensageiros a Sô,
rei do Egito, pedindo a sua ajuda, e parou
de pagar o imposto anual à Assíria. Quan-
do Salmaneser soube dessa revolta, man-
dou prender Oseias e colocá-lo na prisão.

Os assírios conquistam Samaria

5 Então Salmaneser invadiu Israel e cer-
cou a cidade de Samaria. No terceiro ano
do cerco, 6 que era o nono ano do reinado
de Oseias, o rei da Assíria conquistou a ci-
dade de Samaria e levou os israelitas para
a Assíria como prisioneiros. Ele mandou
que alguns fossem morar na cidade de
Hala, outros, perto do rio Habor, que fica
no distrito de Gozã, e ainda outros, nas
cidades da Média.

7 A cidade de Samaria foi conquistada
porque os israelitas pecaram contra o SE-
NHOR, seu Deus, que os havia livrado de
Faraó, rei do Egito, e os havia tirado para
fora daquele país. Eles adoraram outros
deuses, 8 seguiram os costumes dos po-
vos que o SENHOR havia expulsado con-
forme eles avançavam e seguiram tam-
bém os costumes adotados pelos reis de
Israel. 9 Os israelitas fizeram coisas que o
SENHOR, seu Deus, não aprova. Eles cons-
truíram lugares pagãos de adoração em
todas as suas cidades, desde o menor po-
voado até a maior cidade. 10 Em todos os
morros e debaixo de todas as árvores que
dão sombra, eles levantaram colunas do
deus *Baal e postes da deusa *Aserá. 11 E
também queimaram incenso em todos os
altares pagãos, seguindo o costume dos
povos que o SENHOR havia expulsado da
*Terra Prometida. Eles provocaram a *ira
de Deus, o SENHOR, com todas as coisas
más que fizeram; 12 e adoraram ídolos,
coisa que o SENHOR havia proibido.

13 O SENHOR Deus havia mandado men-
sageiros e *profetas darem o seguinte avi-
so a Israel e a Judá: "Abandonem os seus
maus caminhos e obedeçam aos meus
mandamentos, que estão na *Lei que eu
dei aos seus antepassados e que entre-
guei a vocês por meio dos meus *servos,
os profetas." 14 Mas os israelitas do Reino
do Norte não quiseram obedecer; foram
teimosos como os seus antepassados, que
não confiaram no SENHOR, o Deus deles.
15 Eles não quiseram obedecer aos seus
ensinamentos e não guardaram a *alian-
ça que ele tinha feito com os seus ante-
passados e desprezaram os avisos dele.
Adoraram ídolos sem valor e desse modo
eles mesmos ficaram sem valor. Seguiram
os costumes das nações vizinhas, deso-
bedecendo à ordem que o SENHOR tinha
dado para que não as imitassem. 16 Eles
desobedeceram a todas as leis do SENHOR,
seu Deus, e fizeram dois touros de metal
para adorar. Também fizeram um poste
da deusa *Aserá, adoraram as estrelas e
serviram o deus Baal. 17 Queimaram os

seus filhos e filhas como *sacrifício a deu-
ses pagãos, consultaram médiuns e adi-
vinhos e só fizeram coisas erradas, que o
SENHOR não aprova, e por isso ele ficou
irado com eles. 18 O SENHOR ficou tão ira-
do, que os expulsou da sua presença, dei-
xando somente o Reino de Judá.
19 Mas mesmo o povo de Judá não obe-
deceu às leis do SENHOR, seu Deus; eles
imitaram os costumes adotados pelo povo
de Israel. 20 Por isso, o SENHOR rejeitou to-
dos os descendentes de Israel; ele os cas-
tigou, entregando-os a inimigos cruéis, e
no fim os expulsou da sua presença.
21 Depois que o SENHOR Deus separou
Israel de Judá, os israelitas colocaram Je-
roboão, filho de Nebate, como seu rei. Je-
roboão os fez abandonar o SENHOR e os
levou a cometer um terrível pecado. 22 Os
israelitas seguiram Jeroboão e continua-
ram a praticar todos os pecados que ele
havia cometido, 23 até que finalmente o SE-
NHOR os expulsou da sua presença, como
havia avisado por meio dos seus servos,
os profetas. E assim o povo de Israel foi
levado para o *cativeiro na Assíria, onde
eles moram *até hoje.

Os assírios vão morar em Israel

24 O rei da Assíria trouxe gente das ci-
dades de Babilônia, Cutá, Iva, Hamate
e Sefarvaim e os fez morar nas cidades
de Samaria, em lugar dos israelitas que
haviam sido levados como prisioneiros.
Esses assírios tomaram posse daquelas
cidades e ficaram morando ali. 25 Quan-
do foram morar lá, eles não adoravam a
Deus, o SENHOR, e por isso ele mandou
leões, que mataram alguns deles. 26 O rei
da Assíria ficou sabendo que as pessoas
que ele havia mandado morar nas cida-
des de Samaria não conheciam a *lei do
deus daquela terra, e por isso esse deus
havia mandado leões, que estavam ma-
tando aquelas pessoas. 27 Então o rei deu
a seguinte ordem: "Mandem de volta um
dos sacerdotes que nós trouxemos como
prisioneiros. Façam com que ele volte e
fique morando lá, para ensinar ao povo
a lei do deus daquela terra."
28 Então um sacerdote israelita que ha-
via sido levado da cidade de Samaria foi
e ficou morando em Betel, onde ensinava
ao povo como adorar a Deus, o SENHOR.
29 Mas o povo que ficou morando no
território de Samaria continuou a fazer
os seus próprios ídolos e os colocou nos
santuários que os *samaritanos haviam
construído. Cada povo, nas cidades onde
estava morando, fez os seus próprios ído-
los: 30 isto é, o povo de Babilônia fez ima-
gens do deus Sucote-Benote; o povo de
Cutá, imagens de Nergal; o povo de Ha-
mate, imagens de Asima; 31 o povo de Iva,
imagens de Nibaz e Tartaque; e o povo de
Sefarvaim queimava os seus filhos em *sa-
crifício aos seus deuses Adrameleque e
Anameleque. 32 Esses povos também ado-
ravam a Deus, o SENHOR, mas ao mesmo
tempo escolhiam no meio deles todos os
tipos de pessoas para servirem como sa-
cerdotes nos lugares pagãos de adoração
e para oferecerem sacrifícios por eles na-
queles lugares. 33 E assim eles adoravam o
SENHOR, mas também adoravam os seus
próprios deuses, de acordo com os cos-
tumes dos países de onde tinham vindo.
34 *Até hoje eles continuam com os
seus antigos costumes. Eles não adoram
a Deus, o SENHOR, nem obedecem às leis
e aos mandamentos que ele deu aos des-
cendentes de Jacó, a quem tinha dado o
nome de Israel.
35 O SENHOR havia feito uma *alian-
ça com eles e havia ordenado o seguin-
te: "Não adorem outros deuses; não se
ajoelhem diante deles, não os sirvam,
nem ofereçam sacrifícios a eles. 36 Obe-
deçam a mim, o SENHOR, que tirei vocês
do Egito com grande poder e força; ajoe-
lhem-se diante de mim e ofereçam sacri-
fícios a mim. 37 Obedeçam sempre às leis e
aos mandamentos que escrevi para vocês.
Não adorem outros deuses, 38 nem esque-
çam a aliança que fiz com vocês. 39 Ado-
rem a mim, o SENHOR, o Deus de vocês, e
eu os livrarei de todos os seus inimigos."
40 Mas esses povos não atenderam e
continuaram a seguir os seus velhos cos-
tumes. 41 E assim eles adoravam a Deus, o
SENHOR, mas também adoravam os seus
ídolos; e *até hoje os seus descendentes
continuam a fazer a mesma coisa.

O reinado de Ezequias, de Judá

2Crônicas 29.1-2; 31.1

18 No terceiro ano do reinado de
Oseias, filho de Elá, como rei de
Israel, Ezequias, filho de Acaz, se tornou
rei de Judá. 2 Quando isso aconteceu, Eze-
quias tinha vinte e cinco anos de idade.
Ele governou vinte e nove anos em Jerusa-
lém. A sua mãe se chamava Abia e era filha
de Zacarias. 3 Seguindo o exemplo do seu

antepassado, o rei Davi, Ezequias fez aquilo que agrada a Deus, o SENHOR. 4 Ele destruiu os lugares pagãos de adoração, quebrou as colunas do deus *Baal e derrubou os postes da deusa *Aserá. Também fez em pedaços a cobra de bronze que Moisés havia feito e que era chamada de Neustã. Até aquela época o povo de Israel queimava incenso em honra dela. 5 Ezequias confiou no SENHOR, o Deus de Israel; Judá nunca teve um rei como ele, nem antes nem depois daquela época. 6 Ezequias ficou ligado com o SENHOR e nunca desobedeceu a ele, mas guardou cuidadosamente todos os mandamentos que o SENHOR Deus tinha dado a Moisés. 7 Por isso, o SENHOR estava com ele, e ele teve sucesso em tudo o que fez. Ezequias se revoltou contra o rei da Assíria e não quis ser dominado por ele. 8 Venceu os filisteus, invadiu o seu território, desde o menor povoado até a maior cidade, e atacou a cidade de Gaza e a região ao seu redor.

9 No quarto ano do reinado de Ezequias, que era o sétimo ano do reinado de Oseias, filho de Elá, como rei de Israel, o rei Salmaneser, da Assíria, invadiu Israel, e o seu exército cercou a cidade de Samaria. 10 No terceiro ano do cerco, Samaria foi conquistada. Isso aconteceu no sexto ano do reinado de Ezequias, que era o nono ano do reinado de Oseias. 11 O rei da Assíria levou os israelitas como prisioneiros para a sua terra; mandou que alguns deles fossem morar na cidade de Hala, outros, perto do rio Habor, no distrito de Gozã, e ainda outros, nas cidades da Média.

12 Essas coisas aconteceram porque os israelitas não obedeceram ao SENHOR, o Deus deles, mas quebraram a *aliança que o SENHOR havia feito com eles e desobedeceram a todas as *leis dadas por Moisés, *servo do SENHOR. Eles não quiseram atender, nem obedecer.

Os assírios ameaçam Jerusalém

2Crônicas 32.1-19; Isaías 36.1-22

13 No ano catorze do reinado de Ezequias, de Judá, Senaqueribe, rei da Assíria, atacou todas as cidades de Judá que eram cercadas de muralhas e as conquistou. 14 Ezequias mandou uma mensagem a Senaqueribe, que estava em Laquis. A mensagem foi esta: "Eu errei. Por favor, saia do meu país, que eu pagarei tudo o que o senhor exigir."

O rei mandou uma resposta, dizendo que Ezequias devia lhe mandar dez mil quilos de prata e mil quilos de ouro. 15 Então Ezequias mandou para ele toda a prata do Templo e do tesouro do palácio. 16 Ele também arrancou o ouro das portas do Templo e o ouro com que ele mesmo havia revestido os batentes e mandou tudo para Senaqueribe. 17 Mas o rei da Assíria mandou de Laquis um grande exército para atacar Ezequias em Jerusalém. O exército era comandado pelos seus três mais altos oficiais. Quando chegaram a Jerusalém, eles ocuparam a estrada onde os tintureiros trabalham, perto do canal que traz água do açude de cima. 18 Então os oficiais mandaram chamar o rei Ezequias, e três autoridades de Judá saíram para falar com eles. Eram Eliaquim, filho de Hilquias, que era o encarregado do palácio, Sebna, o escrivão, e Joá, filho de Asafe, que era o conselheiro do rei. 19 Um dos oficiais assírios lhes disse:

— Levem para Ezequias esta mensagem do grande rei, o rei da Assíria: "Em que você está baseando a sua confiança? 20 Você está pensando que as palavras podem tomar o lugar da experiência militar e da força? Quem você pensa que vai ajudá-lo na sua revolta contra o rei da Assíria? 21 Você está confiando na ajuda do Egito, mas isso é o mesmo que usar um caniço como bengala, isto é, ele vai quebrar e furar a sua mão. Assim é Faraó, rei do Egito, para aqueles que confiam nele. 22 Ou, por acaso, você vai me dizer que confia no SENHOR, seu Deus? E não foram os santuários e os altares do SENHOR que Ezequias destruiu quando mandou que o povo de Judá e de Jerusalém adorasse somente no altar de Jerusalém? 23 Eu vou fazer um trato com você em nome do rei da Assíria. Eu lhe darei dois mil cavalos se você puder arranjar homens suficientes para montá-los. 24 Você não poderia vencer nem o oficial assírio menos graduado e, no entanto, espera que os egípcios lhe mandem carros de guerra e cavalaria! 25 Você pensa que eu ataquei e destruí o seu país sem a ajuda de Deus, o SENHOR? Foi ele mesmo quem me mandou atacá-lo e destruí-lo!"

26 Então Eliaquim, Sebna e Joá disseram ao oficial:

— Fale em *aramaico, pois nós entendemos. Não fale em *hebraico, pois todas as pessoas que estão nas muralhas estão escutando.

27 Ele respondeu:

— Vocês pensam que o rei me mandou dizer todas essas coisas somente para vocês e para o seu rei? Não! Não foi só isso. Eu estou falando também com as pessoas que estão sentadas nas muralhas e que terão de comer as suas próprias fezes e beber a sua própria urina; e vocês também vão fazer isso.

28 Então o oficial ficou de pé e gritou em hebraico:

— Escutem o que o grande rei, o rei da Assíria, está dizendo a vocês! 29 Ele mandou avisar que não deixem que Ezequias os engane, pois ele não poderá salvá-los. 30 E não deixem que ele os convença a confiar em Deus, o SENHOR. Não pensem que o SENHOR os salvará e não deixará que o nosso exército assírio conquiste a cidade de vocês. 31 Não deem atenção a Ezequias. O rei da Assíria manda que vocês saiam da cidade e se entreguem. Vocês terão licença para comer uvas das suas próprias *parreiras e figos das suas figueiras e para beber água dos seus próprios poços, 32 até que o rei os leve para morar num país parecido com o de vocês, onde há plantações de uvas para fazer vinho e onde há trigo para fazer pão. É uma terra de oliveiras, azeite e mel. Se fizerem o que ele está mandando, vocês não morrerão, mas viverão. Não deixem que Ezequias os engane, fazendo vocês pensarem que o SENHOR vai salvá-los. 33 Será que os deuses das outras nações as salvaram do rei da Assíria? 34 Onde estão agora os deuses de Hamate e de Arpade? Onde estão os deuses de Sefarvaim, de Hena e de Iva? Será que os deuses de Samaria salvaram Samaria do meu poder? 35 Quando foi que os deuses de todos esses países os salvaram do nosso rei? O que é, então, que faz vocês pensarem que o SENHOR pode salvar Jerusalém do poder dele?

36 Mas o povo ficou calado, de acordo com a ordem do rei Ezequias; eles não disseram nem uma só palavra. 37 Então Eliaquim, Sebna e Joá rasgaram as suas roupas em sinal de tristeza e foram contar ao rei aquilo que o oficial assírio tinha dito.

O rei pede o conselho de Isaías
Isaías 37.1-7

19 Assim que o rei Ezequias ouviu o que eles contaram, rasgou as suas roupas em sinal de tristeza, vestiu uma roupa feita de pano grosseiro e foi para o Templo do SENHOR. 2 Ele mandou que Eliaquim, o encarregado do palácio, Sebna, o escrivão, e os sacerdotes mais velhos fossem falar com o *profeta Isaías, filho de Amoz. Eles também estavam vestindo roupas de pano grosseiro. 3 A mensagem que o rei mandou entregar a Isaías foi esta: "Hoje é um dia de sofrimento; nós estamos sendo castigados e estamos envergonhados. Somos como uma mulher que está para dar à luz, mas não tem forças para isso. 4 O rei da Assíria nos mandou o chefe do seu exército para insultar o Deus vivo. Que o SENHOR, nosso Deus, escute esses insultos e castigue quem os disse! Portanto, ore a Deus pelas pessoas do nosso povo que ainda estão vivas."

5 Os funcionários do rei Ezequias levaram a mensagem, 6 e Isaías mandou esta resposta: "O SENHOR Deus diz que o senhor não deve deixar que os assírios o assustem, dizendo que Deus não pode salvá-lo. 7 Deus vai fazer o rei assírio ouvir uma notícia que o fará voltar para a terra dele, e Deus vai fazer com que ele seja morto ali."

Os assírios ameaçam outra vez
Isaías 37.8-20

8 O oficial assírio soube que o rei da Assíria havia saído de Laquis e que estava lutando contra a cidade de Libna. Então foi até lá para falar com ele. 9 Os assírios souberam que o exército dos egípcios, comandado pelo rei Tiraca, da Etiópia, vinha vindo para atacá-los. Quando o rei da Assíria soube disso, mandou uma carta para o rei Ezequias, de Judá. 10 A carta dizia assim: "O seu deus, em quem você confia, lhe disse que Jerusalém não vai cair nas minhas mãos; mas não deixe que ele o engane. 11 Você já ouviu falar daquilo que um rei assírio faz com qualquer país que ele resolve destruir? Por acaso, você pensa que poderá escapar? 12 Os meus antepassados destruíram as cidades de Gozã, Harã e Rezefe e mataram o povo de Éden, que morava em Telassar, e nenhum dos seus deuses os pôde salvar. 13 Onde estão os reis das cidades de Hamate, Arpade, Sefarvaim, Hena e Iva?"

14 O rei Ezequias recebeu a carta das mãos dos mensageiros e a leu. Então foi até o Templo, pôs a carta ali, na presença de Deus, o SENHOR, 15 e orou assim:

— Ó SENHOR, Deus de Israel, que estás

sentado no teu trono que fica acima dos
*querubins! Só tu és Deus e governas to-
dos os reinos do mundo. Tu fizeste os
céus e a terra. 16 Ó SENHOR, olha para o
que está acontecendo com a gente. Escuta
todas as coisas que Senaqueribe está di-
zendo a fim de insultar a ti, o Deus vivo.
17 Todos nós sabemos, ó SENHOR, que os
reis da Assíria destruíram muitas nações,
arrasaram as suas terras 18 e queimaram
os seus deuses, que não eram deuses de
verdade e sim imagens de madeira e de
pedra feitas por mãos humanas. 19 Agora,
ó SENHOR, nosso Deus, salva-nos dos as-
sírios, para que todas as nações do mun-
do fiquem sabendo que só tu, ó SENHOR,
és Deus.

A mensagem de Isaías para o rei

Isaías 37.21-38

20 Então Isaías mandou uma mensagem
para o rei Ezequias. Nela, ele dizia que,
em resposta à oração do rei, 21 o SENHOR,
o Deus de Israel, tinha dito o seguinte: "A
cidade de Jerusalém ri e caçoa de você,
Senaqueribe. 22 Contra quem você pensa
que falou? Para quem você olhou com or-
gulho? A quem você pensa que ofendeu e
insultou? Você fez tudo isso contra mim, o
Santo Deus de Israel. 23 Você me mandou
os seus mensageiros para se gabarem de
que com os seus muitos carros de guerra
você conquistou as mais altas montanhas
do Líbano. Você se gabou de ter cortado
os mais altos cedros e os melhores cipres-
tes e de ter chegado até os lugares mais
distantes das lindas florestas. 24 Você se
gabou de ter cavado poços em terras es-
trangeiras e de ter bebido da água deles.
Gabou-se também de que os pés dos seus
soldados fizeram secar o rio Nilo.

25 "Por acaso, você não sabe que fui eu
que planejei tudo isso há muito tempo e
agora fiz tudo acontecer? Eu dei a você o
poder de fazer cidades cercadas de mu-
ralhas virarem montões de entulho. 26 Por
isso, os seus moradores ficaram fracos e
andavam cheios de medo e de vergonha.
Eles ficaram como o capim do campo e a
erva verde e como a erva que cresce nos
telhados, quando o vento quente do leste
sopra e os faz secar.

27 "Mas eu o conheço muito bem; sei
o que você faz e aonde vai. Sei que você
me odeia. 28 Eu soube do seu ódio e do
seu orgulho, e agora vou pôr uma argo-
la no seu nariz e um freio na sua boca,
e farei você voltar pelo mesmo caminho
por onde veio."

29 Depois Isaías disse ao rei Ezequias:

— Este é o sinal daquilo que vai acon-
tecer: neste ano e no ano que vem, vocês
terão para comer somente aquilo que nas-
cer por si mesmo, sem ser plantado. Mas
no ano seguinte vocês poderão semear e
colher cereais, plantar *parreiras e comer
as uvas. 30 As pessoas de Judá que não tive-
rem morrido vão florescer como plantas
que firmam as suas raízes na terra e dão
frutas. 31 Pois ficará gente em Jerusalém e
no monte *Sião porque o SENHOR Deus re-
solveu fazer com que isso aconteça.

32 Isaías continuou:

— Portanto, o SENHOR Deus diz o se-
guinte a respeito do rei da Assíria: "Ele
não entrará nesta cidade e não atirará
uma só flecha contra ela. Nenhum solda-
do com *escudo chegará perto da cida-
de, e não serão construídas rampas de
ataque ao redor dela. 33 O rei da Assíria
vai voltar pelo mesmo caminho por onde
veio, sem ter entrado nesta cidade. 34 Eu
defenderei e protegerei esta cidade por
causa da minha honra e por causa da pro-
messa que fiz ao meu *servo Davi. Eu, o
SENHOR, falei."

35 Naquela noite o Anjo do SENHOR foi
até o acampamento dos assírios e matou
cento e oitenta e cinco mil soldados. De
manhã, os que sobraram viram os corpos
dos mortos. 36 Então Senaqueribe, rei da
Assíria, se retirou, voltou para Nínive e fi-
cou lá. 37 Certo dia, quando ele estava ado-
rando no templo do seu deus Nisroque,
os seus filhos Adrameleque e Sarezer o
mataram à espada e fugiram para a ter-
ra de Ararate. Outro filho seu, chamado
Esar-Hadom, ficou no lugar dele como rei.

O rei Ezequias é curado

2Crônicas 32.24-26;
Isaías 38.1-8,21-22

20 Por esse tempo, o rei Ezequias ficou
doente e quase morreu. O *profeta
Isaías, filho de Amoz, foi visitá-lo e disse:

— O SENHOR Deus diz: "Ponha as suas
coisas em ordem porque você não vai sa-
rar. Apronte-se para morrer."

2 Então Ezequias virou o rosto para a
parede e orou assim:

3 — Ó SENHOR Deus, lembra que eu te-
nho te servido com fidelidade e com todo
o coração e sempre fiz aquilo que querias
que eu fizesse.

E chorou amargamente.
4 Isaías saiu do quarto em que o rei es-
tava, mas, antes que tivesse passado pelo
pátio central do palácio, o SENHOR Deus
lhe disse:
5 — Volte e diga o seguinte a Ezequias, o
governador do meu povo: "Eu, o SENHOR,
o Deus do seu antepassado Davi, escutei
a sua oração e vi as suas lágrimas. Eu vou
curá-lo, e daqui a três dias você irá até o
Templo. 6 Vou deixar que você viva mais
quinze anos. Livrarei você e esta cidade
de Jerusalém do rei da Assíria. Defende-
rei esta cidade por causa da minha honra
e por causa da promessa que fiz ao meu
*servo Davi."
7 Então Isaías disse:
— Ponham uma pasta de figos em cima
da úlcera do rei, e ele ficará bom.
8 E o rei Ezequias perguntou:
— Qual será o sinal de que o SENHOR
Deus vai me curar e de que daqui a três
dias eu poderei ir até o Templo?
9 Isaías respondeu:
— O SENHOR lhe dará um sinal para
provar que vai cumprir a sua promessa.
O que você prefere: que a sombra da es-
cadaria avance dez degraus ou volte dez
degraus?
10 Ezequias respondeu:
— Fazer a sombra avançar dez degraus
é fácil! Eu quero é que ela volte dez de-
graus.
11 Então Isaías orou a Deus, o SENHOR,
e ele fez a sombra voltar dez degraus na
escadaria feita pelo rei Acaz.

Os mensageiros da Babilônia

Isaías 39.1-8

12 Por esse mesmo tempo, o rei da Ba-
bilônia, Merodaque-Baladã, filho de Ba-
ladã, soube que o rei Ezequias havia esta-
do doente. Então lhe mandou uma carta
e um presente. 13 Ezequias recebeu bem
os mensageiros e lhes mostrou toda a sua
riqueza, isto é, a sua prata e o seu ouro,
as suas *especiarias, os seus perfumes e
todas as suas armas. Não houve nada nos
seus depósitos ou em qualquer outro lu-
gar que Ezequias não mostrasse. 14 En-
tão o *profeta Isaías foi falar com ele e
perguntou:
— De onde vieram esses homens, e o
que foi que lhe disseram?
Ezequias respondeu:
— Eles vieram de um país que fica mui-
to longe daqui. Vieram da Babilônia.
15 Isaías perguntou:
— O que foi que eles viram no palácio?
O rei respondeu:
— Viram tudo. Não houve nada nos de-
pósitos que eu não lhes mostrasse.
16 Então Isaías disse ao rei:
— O SENHOR Deus diz que 17 vai chegar
o tempo em que tudo aquilo que está no
seu palácio, isto é, tudo o que os seus an-
tepassados ajuntaram até hoje, será le-
vado para a Babilônia. Não ficará nada.
18 Alguns dos seus próprios filhos serão
levados como prisioneiros e feitos *eu-
nucos para trabalhar no palácio do rei da
Babilônia.
19 O rei Ezequias entendeu que isso que-
ria dizer que durante a vida dele haveria
paz e segurança. Por isso, disse:
— A mensagem do SENHOR que você
me deu é boa.

O fim do reinado de Ezequias

2Crônicas 32.32-33

20 Todas as outras coisas que o rei Eze-
quias fez, os seus atos de coragem, e como
ele construiu um reservatório e cavou um
túnel para levar água para dentro da ci-
dade, tudo isso está escrito na *História
dos Reis de Judá*. 21 Ezequias morreu, e o
seu filho Manassés ficou no lugar dele
como rei.

O reinado de Manassés, de Judá

2Crônicas 33.1-20

21 Manassés tinha doze anos de idade
quando se tornou rei de Judá. Ele
governou cinquenta e cinco anos em Je-
rusalém. A mãe dele se chamava Hefziba.
2 Manassés pecou contra Deus, o SENHOR,
seguindo os costumes nojentos das na-
ções que o SENHOR havia expulsado da
terra conforme o povo de Israel avança-
va. 3 Ele construiu de novo os lugares pa-
gãos de adoração que Ezequias, o seu pai,
havia destruído. Construiu altares para a
adoração do deus *Baal e fez um poste da
deusa *Aserá, como Acabe, rei de Israel,
havia feito. Manassés também adorou as
estrelas 4 e construiu altares pagãos no
Templo onde, conforme o SENHOR Deus
tinha dito, ele devia ser adorado. 5 Nos
dois pátios do Templo, Manassés cons-
truiu altares para a adoração das estrelas.
6 Queimou o seu filho em *sacrifício, fa-
zia adivinhações e feitiçarias e consultava
adivinhos e médiuns. Pecou muito contra
Deus, o SENHOR, e fez com que ele ficasse

*irado. 7 Manassés colocou uma imagem
esculpida da deusa Aserá no Templo, o lu-
gar a respeito do qual o SENHOR tinha dito
o seguinte a Davi e ao seu filho Salomão:
"Em todo o território das doze *tribos de
Israel, escolhi este Templo, aqui em Jeru-
salém, para ser o lugar onde serei adorado
para sempre. 8 E, se o povo de Israel obe-
decer a todos os meus mandamentos e
fizer tudo o que manda a *Lei que o meu
*servo Moisés deu a eles, então eu não dei-
xarei que sejam expulsos da terra que dei
aos seus antepassados." 9 Mas o povo de
Judá não obedeceu a Deus, e Manassés os
levou a cometer pecados ainda piores do
que aqueles cometidos pelas nações que
o SENHOR Deus havia destruído conforme
o seu povo ia avançando.

10 Por meio dos seus servos, os *profe-
tas, o SENHOR Deus disse:

11 — O rei Manassés, de Judá, tem feito
essas coisas nojentas, coisas muito piores
do que aquelas que os amorreus fizeram,
e com os seus ídolos levou o povo de Judá
a pecar. 12 Por isso, eu, o SENHOR, o Deus
de Israel, vou fazer cair sobre Jerusalém e
sobre Judá uma desgraça tão grande, que
todos aqueles que ouvirem contar a res-
peito dela ficarão espantados. 13 Eu casti-
garei Jerusalém como fiz com a cidade de
Samaria e como fiz com o rei Acabe, de Is-
rael, e com os seus descendentes. Deixarei
Jerusalém limpa do seu povo, tão limpa
como um prato que foi esfregado e vira-
do de boca para baixo. 14 Eu abandonarei
as pessoas que não tiverem morrido e as
entregarei aos seus inimigos, que as pren-
derão e que roubarão tudo o que houver
na sua terra. 15 Farei isso com o meu povo
porque eles têm feito coisas erradas, que
não me agradam, e me têm deixado irado
desde o tempo em que os antepassados
deles saíram do Egito até hoje.

16 Manassés matou tantas pessoas ino-
centes, que as ruas de Jerusalém ficaram
alagadas de sangue. Além disso, ele co-
meteu o pecado de levar o povo de Judá
a adorar ídolos, fazendo o que é errado, o
que não agrada a Deus, o SENHOR.

17 Todas as outras coisas que Manassés
fez e também os pecados que ele come-
teu, tudo isso está escrito na *História dos
Reis de Judá*. 18 Manassés morreu e foi se-
pultado no jardim do palácio, o jardim
de Uzá, e o seu filho Amom ficou no lugar
dele como rei.

O reinado de Amom, de Judá

2Crônicas 33.21-25

19 Amom tinha vinte e dois anos de ida-
de quando se tornou rei de Judá. Ele go-
vernou dois anos em Jerusalém. A mãe
dele se chamava Mesulemete e era filha
de Haruz, da cidade de Jotbatá.

20 Como o seu pai Manassés, Amom fez
coisas erradas, que não agradam a Deus,
o SENHOR. 21 Ele imitou as ações do seu pai
e adorou e serviu os ídolos que o seu pai
havia adorado. 22 Assim Amom abandonou
o SENHOR, o Deus dos seus antepassados,
e foi desobediente a ele.

23 Os oficiais de Amom fizeram uma re-
volta contra ele e o mataram no palácio.
24 Mas o povo de Judá matou todos os que
haviam feito a revolta contra Amom e pôs
o seu filho Josias como rei.

25 Todas as outras coisas que Amom fez
estão escritas na *História dos Reis de Judá*.
26 Amom foi sepultado no seu túmulo, no
jardim de Uzá, e o seu filho Josias ficou
no lugar dele como rei.

O reinado de Josias, de Judá

2Crônicas 34.1-2

22 Josias tinha oito anos de idade
quando se tornou rei de Judá. Ele
governou trinta e um anos em Jerusalém.
A mãe dele se chamava Jedida e era filha
de Adaías, da cidade de Boscate. 2 Josias
fez o que agrada a Deus, o SENHOR; ele
seguiu o exemplo do seu antepassado, o
rei Davi, e não se desviou nem para um
lado nem para o outro.

O Livro da Lei é achado

2Crônicas 34.8-28

3 No ano dezoito do seu reinado, Josias
mandou que Safã, o escrivão, filho de Aza-
lias e neto de Mesulã, fosse ao Templo. Jo-
sias deu a seguinte ordem:

4 — Vá falar com Hilquias, o *Grande
Sacerdote, e diga a ele que conte o di-
nheiro que os sacerdotes que tomam
conta da entrada do Templo têm rece-
bido do povo. 5 Ele que entregue esse di-
nheiro aos homens que estão encarrega-
dos dos consertos do Templo. Eles devem
pagar 6 os carpinteiros, os construtores
e os pedreiros e comprar a madeira e as
pedras para os consertos. 7 Os homens
que estão encarregados dos consertos
são honestos em tudo, e por isso não é
preciso pedir que eles prestem contas
desse dinheiro.

8 Safã deu a ordem do rei a Hilquias, e
este lhe contou que havia achado o *Livro
da Lei no Templo. Hilquias lhe entregou
o livro, e ele o leu. 9 Depois Safã voltou e
contou ao rei o seguinte:
— Os seus servidores pegaram o di-
nheiro que estava no Templo e o entre-
garam aos encarregados dos consertos.
10 E Safã disse também:
— Tenho aqui comigo um livro que Hil-
quias me entregou.
E leu o livro em voz alta para o rei.
11 Quando ouviu o que o Livro da Lei dizia,
o rei rasgou as suas roupas em sinal de
tristeza. 12 Então deu a Hilquias, o sacer-
dote, e a Aicã, filho de Safã, e a Acbor, filho
de Micaías, e a Safã, o escrivão, e a Asaías,
o servidor do rei, a seguinte ordem:
13 — Vão consultar a Deus, o SENHOR,
por mim e por todo o povo de Judá a res-
peito dos ensinamentos deste livro. Deus
está *irado conosco porque os nossos an-
tepassados não fizeram o que este livro
manda.
14 Hilquias, Aicã, Abdom, Safã e Asaías
foram falar com uma *profetisa chama-
da Hulda, que morava no bairro novo de
Jerusalém. O marido dela, que se chama-
va Salum, filho de Ticva e neto de Harás,
era o encarregado da rouparia do Tem-
plo. Eles contaram a Hulda o que havia
acontecido, 15 e ela lhes disse que voltas-
sem e dessem ao rei 16 a seguinte men-
sagem:
— Eu, o SENHOR, o Deus de Israel, vou
castigar a cidade de Jerusalém e todo o
seu povo, como está escrito no livro que
o rei leu. 17 Eles me abandonaram e têm
oferecido *sacrifícios a outros deuses e as-
sim me fizeram ficar irado por causa de
todas as coisas que têm feito. A minha ira
se acendeu contra Jerusalém e não vai se
apagar. 18 Eu, o SENHOR, o Deus de Israel,
digo isto a respeito do rei: "Você ouviu o
que está escrito no livro, 19 e se arrepen-
deu, e se humilhou diante de mim, ras-
gando as suas roupas e chorando quando
ouviu como ameacei castigar a cidade de
Jerusalém e o seu povo. Eu vou fazer com
que Jerusalém vire um lugar horrível de
se ver, e o nome desta cidade será usado
para rogar pragas. Mas eu ouvi a sua ora-
ção 20 e por isso só depois da sua morte
é que vou castigar Jerusalém. Vou deixar
que você morra em paz."
Então os homens levaram ao rei essa
resposta.

Pergunte a si mesma...

Quando os sacerdotes encontraram o livro dos ensinamentos de Moisés, o rei Josias rasgou as próprias roupas. Ele estava chateado porque o povo não tinha seguido os ensinamentos de Deus e ele sabia que o Senhor estava furioso por causa disso (veja 2Reis 22:8-13). Pergunte a si mesma:

Como a Palavra de Deus e a obediência a ela são importantes para mim?
Eu sofro quando estrago as coisas?
Eu levo isso a sério o bastante para aprender tudo, a fim de não ofender meu Deus?
O que eu posso fazer hoje para provar a Deus que sua Palavra realmente é importante para mim?

A reforma religiosa feita por Josias

2Crônicas 34.3-7,29-33

23 O rei Josias ordenou que todos os
líderes de Judá e de Jerusalém se
reunissem com ele, 2 e eles foram todos
juntos até o Templo, acompanhados pe-
los sacerdotes, pelos *profetas e por todo
o resto do povo, tanto os mais importan-
tes como os mais humildes. Então o rei
leu diante deles todo o Livro da *Aliança
que havia sido achado no Templo. 3 Ele fi-
cou perto da coluna real, em pé, e fez com
Deus, o SENHOR, uma aliança pela qual
eles lhe obedeceriam e guardariam as suas
*leis e mandamentos com todo o coração
e com toda a alma. E também cumpririam
tudo o que a aliança mandava fazer, como
estava escrito no livro. E todo o povo pro-
meteu cumprir a aliança.
4 Então Josias ordenou a Hilquias, o
*Grande Sacerdote, aos sacerdotes-aju-
dantes e aos guardas que estavam de ser-
viço na entrada do Templo que tirassem
para fora do Templo todos os objetos usa-
dos na adoração do deus *Baal, da deusa
*Aserá e das estrelas. O rei queimou to-
dos esses objetos fora da cidade, perto do
vale do Cedrom, e mandou que levassem
as cinzas para Betel. 5 Retirou do servi-
ço os sacerdotes pagãos que os reis de

Judá haviam nomeado para oferecer sa-
crifícios sobre os altares dedicados aos
ídolos, nas cidades de Judá e nos lugares
de perto de Jerusalém. Também retirou
todos os sacerdotes que ofereciam sacri-
fícios ao deus Baal, ao sol, à lua, aos pla-
netas e às estrelas. 6 Ele retirou do Tem-
plo o poste da deusa Aserá e o levou para
fora da cidade, para o vale do Cedrom. Ali
ele o queimou e fez virar cinza, que espa-
lhou no cemitério público. 7 Ele destruiu
os quartos do Templo onde ficavam os
prostitutos. Era nesse lugar que as mulhe-
res teciam as roupas usadas na adoração
da deusa Aserá. 8 O rei Josias levou para
Jerusalém os sacerdotes que estavam nas
cidades de Judá e, por todo o país, desde
Geba até Berseba, ele *profanou os altares
onde esses sacerdotes haviam oferecido
*sacrifícios. O rei também derrubou os al-
tares dedicados aos demônios do deser-
to. Esses altares ficavam perto do portão
construído por Josué, o governador da ci-
dade. O portão ficava à esquerda de quem
entrava na cidade pelo portão principal.
9 Esses sacerdotes estavam proibidos de
oferecer sacrifícios no Templo de Deus, o
SENHOR, mas podiam comer os *pães sem
fermento junto com os outros sacerdotes.

10 O rei Josias também profanou Tofete,
o lugar pagão de adoração que ficava no
vale do Hinom, para que ninguém quei-
masse o seu filho ou filha como sacrifício
ao deus *Moloque. 11 Ele também retirou
os cavalos que os reis de Judá haviam de-
dicado à adoração do sol e queimou os
carros usados nessa adoração. Esses car-
ros ficavam guardados no pátio do Tem-
plo, perto do portão e perto do quarto
de Natã-Meleque, um alto funcionário.
12 O rei Josias derrubou os altares que os
reis de Judá haviam construído no terra-
ço do palácio, sobre a sala do rei Acaz, e
também destruiu os altares construídos
pelo rei Manassés nos dois pátios do Tem-
plo. Ele os fez em pedaços e jogou no vale
do Cedrom. 13 Josias profanou também os
altares que o rei Salomão havia construí-
do a leste de Jerusalém, ao sul do monte
das Oliveiras, para a adoração de *Asta-
rote, a nojenta deusa dos sidônios, para a
adoração de Quemos, o nojento deus dos
moabitas, e para a adoração de Moloque,
o nojento deus dos amonitas. 14 O rei Jo-
sias fez em pedaços as colunas do deus
Baal, derrubou os postes da deusa *Aserá
e cobriu de ossos de gente o lugar onde
eles haviam estado.

15 Josias também derrubou o lugar de
adoração que ficava em Betel e que havia
sido construído pelo rei Jeroboão, filho de
Nebate, que tinha feito o povo de Israel
pecar. Josias derrubou o altar, quebrou
as suas pedras em pedaços e as esmiga-
lhou até virarem pó. Ele também quei-
mou o poste da deusa Aserá. 16 Então Jo-
sias olhou em redor e viu algumas sepul-
turas ali no morro; mandou que tirassem
delas os ossos e os queimou sobre o altar.
Dessa maneira ele profanou o altar, fazen-
do aquilo que o profeta tinha dito que ia
acontecer, isso há muito tempo, quando o
rei Jeroboão estava perto do altar, durante
uma festa. O rei Josias olhou em redor e
viu a sepultura do profeta que havia fei-
to aquela *profecia. 17 Então perguntou:

— Que sepultura é esta?

O povo de Betel respondeu:

— É a sepultura do profeta que veio de
Judá e *profetizou as coisas que o senhor
acabou de fazer com este altar.

18 — Deixem a sepultura como está! —
ordenou Josias. — Não mexam nos os-
sos dele.

E assim os ossos daquele profeta fica-
ram junto com os ossos do profeta que
tinha vindo de Samaria.

19 Em todas as cidades de Israel, Josias
derrubou todos os lugares pagãos de ado-
ração que haviam sido construídos pelos
reis de Israel e que haviam provocado a
*ira do SENHOR. Com todos esses altares
ele fez aquilo que havia feito em Betel.
20 E também matou todos os sacerdotes
pagãos sobre os altares onde eles haviam
oferecido sacrifícios e queimou ossos de
gente em todos os altares. Depois voltou
para Jerusalém.

A Festa da Páscoa
2Crônicas 35.1-19

21 O rei Josias ordenou que todo o povo
comemorasse a *Festa da Páscoa em hon-
ra do SENHOR, o Deus deles, conforme es-
tava escrito no Livro da *Aliança. 22 Desde
a época em que os juízes governavam o
país, nunca havia sido feita uma Festa da
Páscoa como essa, por nenhum dos reis
de Israel ou de Judá. 23 Foi no ano dezoi-
to do reinado de Josias que essa Páscoa
foi festejada em Jerusalém, em honra de
Deus, o SENHOR.

Outras reformas feitas por Josias

24 A fim de cumprir as *leis escritas no
livro que Hilquias, o *Grande Sacerdote,
havia achado no Templo, o rei Josias reti-
rou de Jerusalém e do resto de Judá todos
os médiuns e adivinhos e todos os deuses
do lar, os ídolos e todos os outros objetos
de adoração pagã. 25 Não houve antes ne-
nhum rei como ele, que servisse a Deus, o
SENHOR, com todo o seu coração, mente e
força, obedecendo a toda a Lei de Moisés;
e depois nunca houve outro rei igual a ele.
26 Mas a *ira terrível do SENHOR havia
sido provocada contra Judá por causa das
coisas que o rei Manassés havia feito e
essa ira ainda não havia passado. 27 O SE-
NHOR disse:

— Eu farei com Judá o mesmo que fiz com Israel: expulsarei da minha presença o povo de Judá e rejeitarei Jerusalém, a cidade que escolhi, e o Templo, o lugar onde eu disse que seria adorado.

O fim do reinado de Josias

2Crônicas 35.20—36.1

28 Todas as outras coisas que o rei Josias
fez estão escritas na *História dos Reis de
Judá*. 29 Durante o reinado de Josias, Faraó
Neco, rei do Egito, levou o seu exército até
o rio Eufrates para ajudar o rei da Assí-
ria. O rei Josias saiu para lutar contra o
rei Neco, em Megido, e foi morto em ba-
talha. 30 Os seus oficiais puseram o corpo
dele num carro de guerra e o levaram de
volta para Jerusalém, onde foi sepultado
no seu túmulo.

O povo de Judá escolheu Joacaz, filho de Josias, e o *ungiu como rei em lugar do seu pai.

O reinado de Joacaz, de Judá

2Crônicas 36.2-4

31 Joacaz tinha vinte e três anos de ida-
de quando se tornou rei de Judá. Ele go-
vernou três meses em Jerusalém. A mãe
dele se chamava Hamutal e era filha de
Jeremias, da cidade de Libna. 32 Seguindo
o exemplo dos seus antepassados, Joa-
caz fez coisas erradas, que não agradam
a Deus, o SENHOR. 33 O seu reinado aca-
bou quando o rei Neco mandou prendê-
-lo em Ribla, na terra de Hamate, e obri-
gou o povo de Judá a entregar três mil e
quatrocentos quilos de prata e trinta e
quatro quilos de ouro. 34 Faraó Neco pôs
Eliaquim, filho de Josias, como rei de Judá,
no lugar de Josias, o seu pai, e mudou o
nome dele para Jeoaquim. Joacaz foi leva-
do pelo rei Neco para o Egito e morreu ali.

O reinado de Jeoaquim, de Judá

2Crônicas 36.5-8

35 O rei Jeoaquim cobrou do povo um
imposto de acordo com as posses deles,
a fim de juntar a prata e o ouro necessá-
rios para pagar o que o rei do Egito ha-
via exigido.
36 Jeoaquim tinha vinte e cinco anos
de idade quando se tornou rei de Judá.
Ele governou onze anos em Jerusalém. A
mãe dele se chamava Zebida e era filha de
Pedaías, da cidade de Ruma. 37 Seguindo
o exemplo dos seus antepassados, Jeoa-
quim fez coisas erradas, que não agradam
a Deus, o SENHOR.

24 Durante o reinado de Jeoaquim, o
rei Nabucodonosor, da Babilônia,
invadiu Judá, e durante três anos Jeoa-
quim foi dominado por ele, mas depois
se revoltou.
2 Para destruir Judá, o SENHOR Deus fez
conforme tinha dito pelos seus *servos, os
*profetas, isto é, ele mandou contra Jeoa-
quim bandos armados de babilônios, sí-
rios, moabitas e amonitas. 3 Isso aconte-
ceu com Judá por ordem do SENHOR para
expulsar o povo de Judá da sua presença,
por causa de todos os pecados que o rei
Manassés havia cometido 4 e principal-
mente por causa de todas as pessoas ino-
centes que ele havia matado. O SENHOR
não quis perdoar Manassés por esse pe-
cado.
5 Tudo o que Jeoaquim fez está escrito
na *História dos Reis de Judá*. 6 Jeoaquim
morreu, e o seu filho Joaquim ficou no
lugar dele como rei.
7 O rei do Egito nunca mais saiu da sua
terra com o seu exército, pois o rei da Ba-
bilônia havia conquistado todas as terras
que tinham sido do Egito, desde o rio Eu-
frates até a fronteira norte do Egito.

O rei Joaquim, de Judá, é levado para a Babilônia

2Crônicas 36.9-10; Jeremias 27.19-20

8 Joaquim tinha dezoito anos de idade
quando se tornou rei de Judá. Ele gover-
nou três meses em Jerusalém. A mãe dele
se chamava Neústa e era filha de Elnatã,
de Jerusalém. 9 Seguindo o exemplo do
seu pai, Joaquim fez coisas erradas, que
não agradam a Deus, o SENHOR.
10 Foi durante o reinado de Joaquim que
o exército da Babilônia, comandado pelos

oficiais do rei Nabucodonosor, marchou
contra Jerusalém e cercou a cidade. 11 En-
quanto a cidade estava cercada, o próprio
rei Nabucodonosor foi até lá, 12 e o rei Joa-
quim, a sua mãe, os seus filhos, os seus
oficiais e os funcionários do palácio se
entregaram aos babilônios. No oitavo ano
do reinado de Nabucodonosor, ele levou
Joaquim como prisioneiro. 13 Também le-
vou para a Babilônia todos os tesouros do
Templo e do palácio. Conforme o SENHOR
tinha dito, Nabucodonosor quebrou todos
os objetos de ouro que o rei Salomão ti-
nha feito para serem usados no Templo.
14 Nabucodonosor levou como prisionei-
ros toda a gente de Jerusalém, todos os
príncipes e todos os cidadãos mais im-
portantes, dez mil pessoas ao todo. Levou
também todos os artesãos, incluindo os
ferreiros. Ficaram em Judá somente as
pessoas mais pobres.

15 Nabucodonosor levou Joaquim para a
Babilônia como prisioneiro, junto com a
mãe dele, as suas esposas, os seus oficiais
e as pessoas mais importantes de Judá.
16 Nabucodonosor mandou todos os ho-
mens importantes para a Babilônia, sete
mil ao todo, e mil artesãos, incluindo os
ferreiros, todos eles treinados para lutar
na guerra.

17 Nabucodonosor colocou Matanias, o
tio de Joaquim, como rei de Judá e mudou
o nome dele para Zedequias.

O reinado de Zedequias, de Judá

2Crônicas 36.11-12; Jeremias 52.1-3

18 Zedequias tinha vinte e um anos de
idade quando se tornou rei de Judá. Ele
governou onze anos em Jerusalém. A mãe
dele se chamava Hamutal e era filha de Je-
remias, da cidade de Libna. 19 O rei Zede-
quias fez coisas erradas, que não agradam
a Deus, o SENHOR, como o rei Joaquim ha-
via feito. 20 O SENHOR ficou tão *irado con-
tra o povo de Jerusalém e de Judá, que os
afastou da sua presença.

Os babilônios conquistam Jerusalém

2Crônicas 36.13-21; Jeremias 39.1-10; 52.4-11

25 Zedequias se revoltou contra o rei
Nabucodonosor, da Babilônia. En-
tão Nabucodonosor veio com todo o seu
exército e atacou a cidade de Jerusalém
no dia dez do décimo mês do ano nove do
reinado de Zedequias. Eles acamparam
fora da cidade e construíram rampas de
ataque ao redor dela. 2 Ficaram cercan-
do a cidade até o ano onze do reinado de
Zedequias. 3 No dia nove do quarto mês
do mesmo ano, quando a cidade estava
apertada pela fome, e não havia comida
para o povo, 4 os babilônios conseguiram
abrir uma brecha na muralha da cidade.
Embora eles estivessem em volta da cida-
de, todos os soldados israelitas fugiram
durante a noite. Eles saíram pelo caminho
do jardim do rei, foram pelo portão que
ligava as duas muralhas e fugiram na di-
reção do vale do Jordão. 5 Mas o exército
dos babilônios perseguiu o rei Zedequias,
alcançou-o na planície de Jericó, e todos os
seus soldados o abandonaram. 6 Zedequias
foi preso e levado para o rei da Babilônia,
que estava na cidade de Ribla. Ali Nabuco-
donosor pronunciou a sua sentença con-
tra Zedequias. 7 Mataram os seus filhos na
frente dele. Então Nabucodonosor man-
dou furar os olhos de Zedequias e pren-
dê-lo com correntes de bronze; depois o
levaram para a Babilônia.

A destruição do Templo

2Crônicas 36.17-21; Jeremias 52.12-23

8 No dia sete do quinto mês do ano de-
zenove do reinado de Nabucodonosor,
da Babilônia, Nebuzaradã, conselheiro
do rei e comandante-geral do seu exérci-
to, entrou em Jerusalém. 9 Ele incendiou
o Templo, o palácio do rei e as casas de
todas as pessoas importantes de Jerusa-
lém, 10 e os seus soldados derrubaram as
muralhas da cidade. 11 Então Nebuzaradã
levou para a Babilônia as pessoas que ha-
viam sido deixadas na cidade, o resto dos
operários especializados e aqueles que
haviam passado para o lado dos babilô-
nios. 12 Mas deixou em Judá algumas das
pessoas mais pobres e as pôs para traba-
lhar nas plantações de uvas e nos campos.

13 Os babilônios quebraram as colunas
de bronze e as carretas que estavam no
Templo e também o grande tanque de
bronze. Então levaram todo o bronze para
a Babilônia. 14 Também levaram embora
as pás e as vasilhas usadas para carre-
gar as cinzas do altar. Levaram ainda as
tesouras de cortar pavios de lamparinas,
as vasilhas de queimar incenso e todos
os outros objetos de bronze usados no
serviço do Templo. 15 Nebuzaradã levou
embora tudo o que era feito de ouro ou
de prata, incluindo as vasilhas pequenas

e os pratos de carregar brasas. 16 Não foi possível calcular o peso dos objetos de bronze que o rei Salomão havia feito para o Templo, isto é, as duas colunas, as carretas e o grande tanque, pois eram pesados demais. 17 As duas colunas eram iguais, e cada uma tinha oito metros de altura, com um remate de bronze no alto, que media um metro e trinta de altura. Em toda a volta do remate havia um enfeite rendilhado e com romãs de bronze.

O povo de Judá é levado para a Babilônia
Jeremias 52.24-30

18 Nebuzaradã, o comandante-geral do exército babilônio, também levou como prisioneiros Seraías, o *Grande Sacerdote, e Sofonias, o segundo sacerdote, e os três outros oficiais de importância do Templo. 19 Da cidade ele levou o oficial que tinha sido o comandante das tropas, cinco conselheiros do rei que ainda estavam lá, o oficial encarregado de alistar homens para o exército e mais sessenta homens importantes. 20 Nebuzaradã os levou ao rei da Babilônia, que estava na cidade de Ribla, 21 na terra de Hamate. Ali o rei mandou surrá-los e depois matá-los.

Assim o povo de Judá foi levado como prisioneiro para fora da sua terra.

Gedalias, governador de Judá
Jeremias 40.7-10,13—41.18

22 O rei Nabucodonosor, da Babilônia, colocou Gedalias, filho de Aicã e neto de Safã, como governador de Judá e o encarregou de todos aqueles que não haviam sido levados para a Babilônia. 23 Os oficiais e os soldados israelitas que não se haviam entregado souberam disso e foram se encontrar com Gedalias em Mispa. Esses oficiais eram: Ismael, filho de Netanias; Joanã, filho de Careá; Seraías, filho de Tanumete, da cidade de Netofa; e Jazanias, de Maacá. 24 Gedalias disse a eles:

— Eu dou a minha palavra que vocês não precisam ter medo dos oficiais babilônios. Fiquem morando nesta terra, trabalhem para o rei da Babilônia, e tudo correrá bem para vocês.

25 Porém, no sétimo mês daquele ano, Ismael, filho de Netanias e neto de Elisama, que era da família do rei, foi até Mispa com dez homens, atacou Gedalias e o matou. Também matou os israelitas e babilônios que estavam ali com ele. 26 Então todos os israelitas, tanto os mais importantes como os mais humildes, junto com os oficiais do exército, saíram e foram para o Egito, pois estavam com medo dos babilônios.

Joaquim é libertado da prisão
Jeremias 52.31-34

27 No ano em que Evil-Merodaque se tornou rei da Babilônia, ele foi bondoso com o rei Joaquim, de Judá, e o libertou da prisão. Isso aconteceu trinta e sete anos, onze meses e vinte e sete dias depois que Joaquim havia sido levado como prisioneiro. 28 Evil-Merodaque tratou Joaquim com bondade e lhe deu uma posição mais alta do que a dos outros reis que eram prisioneiros com ele na Babilônia. 29 E assim deixaram que Joaquim tirasse as suas roupas de prisioneiro e vestisse as suas próprias roupas e comesse junto com o rei pelo resto da sua vida. 30 E todos os dias, enquanto viveu, recebeu do rei uma pensão para o seu sustento.

1Crônicas

Conheça sua história

A fama de Davi se espalhou por toda parte, e o SENHOR fez com que todas as nações ficassem com medo dele.
1Crônicas 14:17

Autor Desconhecido
Data Talvez por volta de 400 a.C.
Local Desconhecido
Público-alvo Os israelitas

Qual vai ser seu legado? Quando você estiver morta e enterrada, o que as pessoas vão lembrar sobre você e o que vão valorizar do que você deixou? Como sua existência contribuiu para que elas fossem melhores? De hoje em diante, como sua família terá gerações diferentes por causa da pessoa que você é e de quem você está se tornando?

Quando você é jovem, pode ter um sentimento de impotência com relação ao destino, como o de não ter controle sobre as futuras gerações. Mas, então, algo começa a mudar, e você começa a pensar em coisas que farão diferença na sua vida. Você começa a ver que toda decisão que toma afeta não só você, mas também as pessoas que ama e até as que nem conhece, mas que ouvirão histórias sobre sua vida desse momento em diante. Se sua herança espiritual é nobre ou patética, isso não faz muita diferença, porque, começando com você, a história de sua família está mudando. O negócio é ser mais dedicada e mais saudável ou mais monótona e doente. Os israelitas tinham uma herança nobre da qual Deus queria que se lembrassem, por isso ele a registrou em 1 e 2Crônicas. Ainda que às vezes a história possa ser maçante, precisamos dela para não nos esquecer de onde viemos para que saibamos para onde ir.

Ponto essencial
O objetivo de 1Crônicas era fazer os israelitas lembrarem de sua ligação com o passado, e é por isso que as genealogias ocupam a primeira parte do livro. Mas o livro também foi escrito para falar sobre as realizações e atos de Davi. Davi liderou o povo não só como rei, mas também em assuntos espirituais, e este livro o mostra liderando seu povo na adoração a Deus.

Como uma Garota de Deus, você pode dar esperança não só à sua família, mas à sua geração, sendo uma luz que brilha na escuridão, uma menina de paz e de esperança. Pense em como um rapaz chamado Davi mudou o mundo e, depois, pense em como sua vida pode fazer a diferença para sua geração e até para gerações futuras. A escolha é sua: você vai mudar e começar a pensar em sua devoção ao Salvador como algo que pode fortalecê-la, para fazer com que a vida valha a pena, ou vai ficar perdida em sua impotência e necessidade? Para a Garota de Deus, a resposta é clara: mudar hoje e seguir a cada dia na direção da fé. Saiba em que você acredita e por que acredita nisso. Aprenda a viver à altura do título de Garota de Deus, e o mundo não se esquecerá de você tão cedo!

Coisas para procurar

- A arca da aliança (veja 1Crônicas 6:31; 13:1-14; 15:1—17:2)
- A morte de Saul (veja 1Crônicas 10)
- Davi como líder espiritual (veja 1Crônicas 15)

Termos e versículos que você deve saber

- **Cidade de Davi:** A cidade real que Davi conquistou e chamou de Jerusalém (também conhecida como Sião). Também pode se referir à cidade de Belém onde nasceu Jesus (veja João 7:42).
- **Genealogia:** Um registro da linhagem dos antepassados de uma família ou grupo.
- **Holocausto:** Uma oferta em que o animal inteiro usado para o sacrifício devia ser queimado como oferta ao Senhor. Essa era uma exigência permanente para os judeus e deveria acontecer dia e noite (veja Levítico 6:8-23).
- **Oferta de comunhão:** Também conhecida como oferta de paz, era feita a Deus, e, em seguida, parte dela servia de alimento para os adoradores em serviço.

Mas Jabes orou assim ao Deus de Israel: "Ó Deus, abençoa-me e dá-me muitas terras. Fica comigo e livra-me de qualquer coisa que possa me causar dor". E Deus atendeu a sua oração.

(1Crônicas 4:10)

E a Salomão ele disse: – Meu filho, reconheça o Deus do seu pai e sirva-o com todo o coração e de livre e espontânea vontade. Ele conhece todos os seus pensamentos e desejos. Se você o procurar, ele o aceitará; mas, se o abandonar, ele o rejeitará para sempre. Você deve compreender que o SENHOR o escolheu para construir o seu santo Templo. Portanto, seja forte e mãos à obra!

(1Crônicas 28:9-10)

Não há nenhuma outra nação na terra como o teu povo de Israel, que libertaste para ser o teu próprio povo. As grandes e maravilhosas coisas que fizeste por eles tornaram o teu nome famoso em todo o mundo.

(1Crônicas 17:21)

Os descendentes de Adão
Gênesis 5.1-32

1 Adão foi pai de Sete, Sete foi pai de
Enos, Enos foi pai de Cainã, 2 Cainã foi
pai de Maalalel, Maalalel foi pai de Jarede.
3 Jarede foi pai de Enoque, Enoque foi pai
de Matusalém, Matusalém foi pai de La-
meque, 4 e Lameque foi pai de Noé. Noé foi
pai de três filhos: Sem, Cam e Jafé.

Os descendentes dos filhos de Noé
Gênesis 10.1-32

5 Os filhos de Jafé foram: Gomer, Ma-
gogue, Madai, Javã, Tubal, Meseque e Ti-
rás. Eles foram os antepassados dos po-
vos que trazem os seus nomes. 6 Os des-
cendentes de Gomer foram os povos de
Asquenaz, de Rifate e de Togarma. 7 Os
descendentes de Javã foram os povos de
Elisá, da Espanha, de Chipre e de Rodes.
8 Os filhos de Cam foram os antepassa-
dos dos povos que trazem os seus nomes,
isto é, dos povos de Cuche, Egito, Líbia e
Canaã. 9 Os descendentes de Cuche foram
os povos de Sebá, Havilá, Sabtá, Raamá e
Sabteca. Os descendentes de Raamá fo-
ram os povos de Sabá e Dedã. 10 (Cuche
foi pai de um filho chamado Ninrode, que
se tornou o primeiro grande conquista-
dor do mundo.) 11 Os descendentes de Egi-
to foram os povos de Lídia, Anam, Leabe,
Naftu, 12 Patrus, Caslu e Creta (de quem os
filisteus são descendentes). 13 Os filhos
de Canaã foram: Sidom, o mais velho, e
Hete. Eles foram os antepassados dos po-
vos que trazem os seus nomes. 14 Canaã
também foi o antepassado dos jebuseus,
dos amorreus, dos girgaseus, 15 dos he-
veus, dos arquitas, dos sineus, 16 dos ar-
vaditas, dos zemareus e dos hamateus.
17 Os filhos de Sem foram Elão, Assur,
Arpaxade, Lude, Arã, Uz, Hul, Geter e Me-
seque. Eles foram os antepassados dos
povos que trazem os seus nomes. 18 Ar-
paxade foi pai de Selá, e Selá foi pai de
Éber. 19 Éber foi pai de dois filhos: um se
chamava Pelegue porque no seu tempo os
povos do mundo foram divididos; o nome
do seu irmão era Joctã. 20 Os descendentes
de Joctã foram os povos de Almodá, Se-
lefe, Hazar-Mavé, Jera, 21 Adonirão, Uzal,
Dicla, 22 Obal, Abimael, Sabá, 23 Ofir, Havi-
lá e Jobabe.

Os descendentes de Sem
Gênesis 11.10-26

24 A linha de famílias de Sem a Abrão foi
a seguinte: Sem, Arpaxade, Selá, 25 Éber,
Pelegue, Reú, 26 Serugue, Naor, Tera 27 e
Abrão, também conhecido como Abraão.

Os descendentes de Ismael
Gênesis 25.12-18

28 Abraão foi pai de dois filhos, que se
chamaram Isaque e Ismael. 29 Os filhos de
Ismael foram os chefes de doze tribos:
Nebaiote, o seu filho mais velho, Quedar,
Adbeel, Mibsão, 30 Misma, Dumá, Massá,
Hadade, Temá, 31 Jetur, Nafis e Quedemá.
32 Abraão teve uma *concubina chamada
Quetura, e ela lhe deu seis filhos. Os no-
mes deles foram: Zinrã, Jocsã, Medã, Mi-
diã, Isbaque e Sua. Jocsã foi pai de dois
filhos: Sabá e Dedã. 33 Midiã foi pai de cin-
co filhos: Efa, Éfer, Enoque, Abida e Elda.

Os descendentes de Esaú
Gênesis 36.1-19

34 Isaque, filho de Abraão, foi pai de dois
filhos: Esaú e Jacó. 35 Os filhos de Esaú fo-
ram: Elifaz, Reuel, Jeús, Jalã e Corá. 36 Eli-
faz foi o antepassado das seguintes tribos:
Temã, Omar, Zefo, Gaetã, Quenaz, Timna e
Amaleque. 37 Reuel foi o antepassado das
tribos de Naate, Zera, Sama e Miza.

Os primeiros moradores de Edom
Gênesis 36.20-30

38-42 Os primeiros moradores de Edom
eram descendentes dos seguintes filhos
de Seir:

Lotã, que foi o antepassado dos grupos de famílias de Hori e Homã. (Lotã tinha uma irmã chamada Timna.)

Sobal, que foi o antepassado dos grupos de famílias de Alvã, Manaate, Ebal, Sefô e Onã.

Zibeão, que foi pai de dois filhos: Aías e Aná. Aná foi pai de Disom, e Disom foi o antepassado dos grupos de famílias de Hanrão, Esbã, Itrã e Querã.

Eser, que foi o antepassado dos grupos de famílias de Bilã, Zaavã e Jaacã.

Disã, que foi o antepassado dos grupos de famílias de Uz e Arã.

Os reis de Edom
Gênesis 36.31-43

43-50 Os seguintes reis governaram a ter-
ra de Edom, um depois do outro, no tem-
po em que Israel ainda não tinha rei.

Belá, filho de Beor, da cidade de Dinaba.

Jobabe, filho de Zera, da cidade de Bosra.

Husã, da região de Temã.

Hadade, filho de Bedade, da cidade de Avite. Ele derrotou os midianitas numa batalha na terra de Moabe.

Pergunte a si mesma...

Deus prova a importância da família e da herança quando lista todos os nomes dos israelitas da linhagem de Davi. A pessoa que você é tem algo a ver com as pessoas de quem você descende. Pergunte a si mesma sobre sua árvore genealógica e como ela poderia influenciar quem você é:

Que bons hábitos posso ver em minha árvore genealógica?
Há certos pecados que foram aceitos por minha família?
Eu aceito os mesmos pecados?
Minha salvação faz minha árvore genealógica parecer diferente?
Em que áreas preciso buscar a Deus para mudar minha árvore genealógica, começando por mim?

Samlá, da cidade de Masreca.
Saul, da cidade de Reobote-do-Rio-Eufrates.
Baal-Hanã, filho de Acbor.
Hadade, da cidade de Paú (o nome da mulher dele era Meetabel, filha de Matrede e neta de Me-Zaabe).
51 O povo de Edom estava dividido nas
seguintes tribos: Timna, Alva, Jetete, 52 Oo-
libama, Elá, Pinom, 53 Quenaz, Temã, Mib-
sar, 54 Magdiel e Irão.

Os descendentes de Judá

2 Jacó foi pai de doze filhos: Rúben, Si-
meão, Levi, Judá, Issacar, Zebulom, 2 Dã,
José, Benjamim, Naftali, Gade e Aser.
3 Judá foi pai de cinco filhos ao todo. A
sua mulher cananeia, que se chamava Bate-Sua, lhe deu três filhos: Er, Onã e Selá.
Er, o filho mais velho, era tão mau, que
o SENHOR Deus o matou. 4 Tamar, a nora
de Judá, lhe deu mais dois filhos: Peres
e Zera.
5 Peres foi pai de dois filhos: Hezrom e
Hamul. 6 Zera foi pai de cinco filhos: Zin-
ri, Etã, Hemã, Calcol e Dara. 7 *Acar, filho*
de Carmi, um dos descendentes de Zera, trouxe desgraça para o povo de Israel, por ter ficado com coisas conquistadas na guerra, as quais haviam sido dedicadas a Deus.
8 Etã foi pai de um filho chamado Azarias.

Os antepassados do rei Davi

9 Hezrom foi pai de três filhos: Jerameel,
Rão e Calebe.
10 Rão foi pai de Aminadabe, e Amina-
dabe foi pai de Nasom, um dos chefes da
*tribo de Judá; 11 Nasom foi pai de Salma,
e Salma foi pai de Boaz; 12 Boaz foi pai de
Obede, e Obede foi pai de Jessé. 13 Jessé foi
pai de sete filhos, que foram os seguintes,
por ordem de idade: Eliabe, Abinadabe,
Simeia, 14 Netanel, Radai, 15 Ozém e Davi.
16 Jessé também foi pai de duas filhas: Ze-
ruia e Abigail. Zeruia teve três filhos: Abi-
sai, Joabe e Asael. 17 Abigail casou com Jé-
ter, que era descendente de Ismael, e eles
tiveram um filho chamado Amasa.

Os descendentes de Hezrom

18 Calebe, filho de Hezrom, casou com
Azuba, e eles tiveram uma filha chama-
da Jeriote. Ela teve três filhos: Jeser, So-
babe e Ardom. 19 Depois da morte de Azu-
ba, Calebe casou com Efrata, e eles tive-
ram um filho chamado Hur. 20 Hur foi pai
de um filho chamado Uri e teve um neto
chamado Bezalel.
21 Quando Hezrom tinha sessenta anos
de idade, casou com a filha de Maquir, a
irmã de Gileade. Eles tiveram um filho
chamado Segube, 22 e Segube foi pai de
um filho chamado Jair. Jair governou vinte
e três cidades na região de Gileade. 23 Mas
os reinos de Gesur e Arã conquistaram
sessenta cidades dali, incluindo as aldeias de Jair e a cidade de Quenate e os seus povoados. Todas as pessoas que moravam ali eram descendentes de Maquir, o pai de
Gileade. 24 Depois que Hezrom morreu, o
seu filho Calebe casou com Efrata, a viúva do seu pai. Eles tiveram um filho chamado Azur, que fundou a cidade de Tecoa.

Os descendentes de Jerameel

25 Jerameel, o filho mais velho de He-
zrom, foi pai de cinco filhos: Rão, o mais
velho, Buna, Orém, Ozém e Aías. 26-27 Rão
foi pai de três filhos: Maaz, Jamim e Équer.
Jerameel teve outra esposa, uma mulher
chamada Atara, e eles tiveram um filho
chamado Onã. 28 Onã foi pai de dois filhos:
Samai e Jada, e Samai também foi pai de
dois filhos, que se chamavam Nadabe e
Abisur. 29 Abisur casou com uma mulher
chamada Abiail, e eles tiveram dois filhos,
que se chamavam Abã e Molide. 30 Nadabe

foi pai de dois filhos, que se chamavam
Selede e Apaim. Selede morreu sem ter
tido filhos, 31 e Apaim foi pai de Isi, Isi foi
pai de Sesã, e Sesã foi pai de Alai.
32 Jada, o irmão de Samai, foi pai de dois
filhos, que se chamavam Jéter e Jônatas.
Jéter morreu sem ter tido filhos, 33 e Jô-
natas foi pai de dois filhos: Pelete e Zaza.
Todos esses foram descendentes de Je-
rameel.
34 Sesã não teve filhos; só filhas. Ele ti-
nha um escravo egípcio que se chama-
va Jara. 35 Sesã deu uma das suas filhas
em casamento a Jara. Eles tiveram um fi-
lho, que se chamava Atai. 36 Atai foi pai de
Natã, e Natã foi pai de Zabade. 37 Zabade
foi pai de Eflal, e Eflal foi pai de Obede.
38 Obede foi pai de Jeú, e Jeú foi pai de Aza-
rias. 39 Azarias foi pai de Heles, e Heles foi
pai de Eleasa. 40 Eleasa foi pai de Sisamai,
e Sisamai foi pai de Salum. 41 Salum foi pai
de Jecamias, e Jecamias foi pai de Elisama.

Outros descendentes de Calebe

42 O filho mais velho de Calebe, irmão
de Jerameel, se chamava Messa. Messa
foi pai de Zife, Zife foi pai de Maressa, e
Maressa foi pai de Hebrom. 43 Hebrom foi
pai de quatro filhos: Corá, Tapua, Requém
e Sema. 44 Sema foi pai de Raão e avô de
Jorqueão. Requém foi pai de Samai, 45 Sa-
mai foi pai de Maom, e Maom foi pai de
Bete-Zur.
46 Calebe tinha uma *concubina chama-
da Efa, e ela lhe deu mais três filhos: Harã,
Mosa e Gazez. Harã também foi pai de um
filho chamado Gazez.
47 (Um homem chamado Jadai foi pai
de seis filhos: Regém, Jotão, Gesã, Pele-
te, Efa e Saafe.)
48 Calebe tinha outra concubina, chama-
da Maacá, que lhe deu dois filhos: Seber
e Tiraná. 49 Mais tarde ela teve mais dois
filhos: Saafe e Seva. Saafe fundou a cidade
de Madmana, e Seva fundou as cidades de
Macbena e Gibeá.
Calebe também foi pai de uma filha
chamada Acsa.
50 As seguintes pessoas também foram
descendentes de Calebe: Hur foi o filho
mais velho de Calebe com a sua mulher
Efrata. Sobal, filho de Hur, fundou a cida-
de de Quiriate-Jearim. 51 Salma, o seu se-
gundo filho, fundou a cidade de Belém,
e Harefe, o terceiro, fundou Bete-Gader.
52 Sobal, que fundou Quiriate-Jearim,
foi o antepassado do povo de Haroé e de
metade dos moradores de Menuote. 53 Foi
também o antepassado dos seguintes gru-
pos de famílias que moravam em Quiria-
te-Jearim: os itritas, os puítas, os suma-
teus e os misraeus. Os povos das cidades
de Zora e Estaol pertenciam a esses gru-
pos de famílias.
54 Salma, o fundador de Belém, foi o an-
tepassado do povo de Netofa, de Atarote-
-Bete-Joabe e dos zoreus, que eram um
dos dois grupos de famílias de Manaate.
55 (Os grupos de famílias dos escrivães
que moravam em Jabes foram os tira-
titas, os simeatitas e os sucatitas. Eles
eram queneus que haviam casado com
os recabitas.)

Os filhos do rei Davi

2Samuel 3.2-5

3 1-3 São estes, por ordem de idade, os
filhos de Davi que nasceram quando
ele estava em Hebrom:
Amnom, filho de Ainoã, de Jezreel; Da-
niel, filho de Abigail, de Carmelo; Absa-
lão, filho de Maacá, que era filha de Tal-
mai, rei de Gesur; Adonias, filho de Hagi-
te; Sefatias, filho de Abital; Itreão, filho de
Eglá. 4 Esses seis nasceram em Hebrom
durante os sete anos e meio em que Davi
reinou ali.
Ele reinou trinta e três anos em Jerusa-
lém, 5 e muitos filhos dele nasceram ali. A
sua mulher Bate-Seba, filha de Amiel, lhe
deu quatro filhos: Samua, Sobabe, Natã
e Salomão.
6 Davi foi pai de outros nove filhos:
Ibar, Elisua, Elpelete, 7 Noga, Nefegue, Ja-
fia, 8 Elisama, Eliada e Elifelete. 9 Além de
todos esses, Davi também teve filhos com
as suas *concubinas. Ele também foi pai
de uma filha chamada Tamar.

Os descendentes do rei Salomão

10 Salomão foi pai de Roboão, Roboão
foi pai de Abias, Abias foi pai de Asa, e
Asa foi pai de Josafá; 11 Josafá foi pai de
Jeorão, Jeorão foi pai de Acazias, e Aca-
zias foi pai de Joás; 12 Joás foi pai de Ama-
zias, Amazias foi pai de Uzias, e Uzias foi
pai de Jotão; 13 Jotão foi pai de Acaz, Acaz
foi pai de Ezequias, e Ezequias foi pai de
Manassés; 14 Manassés foi pai de Amom,
e Amom foi pai de Josias.
15 Josias foi pai de quatro filhos: Joanã,
Jeoaquim, Zedequias e Joacaz. 16 Jeoa-
quim foi pai de dois filhos: Joaquim e Ze-
dequias.

Os descendentes do rei Joaquim

17 São estes os descendentes do rei Joaquim, que foi levado prisioneiro pelos babilônios. Joaquim foi pai de sete filhos: Salatiel, 18 Malquirão, Pedaías, Senazar, Jecamias, Hosama e Nedabias. 19 Pedaías foi pai de dois filhos: Zorobabel e Simei. Zorobabel foi pai de dois filhos: Mesulã e Hananias. Também foi pai de uma filha chamada Selomite. 20 Zorobabel foi pai de mais cinco filhos: Hasuba, Oel, Berequias, Hasadias e Jusabe-Hesede.

21 Hananias foi pai de dois filhos: Pelatias e Jesaías. Jesaías foi pai de Refaías, Refaías foi pai de Arnã, Arnã foi pai de Obadias, e Obadias foi pai de Secanias. 22 Secanias foi pai de um filho chamado Semaías e teve cinco netos: Hatus, Igal, Barias, Nearias e Safate. 23 Nearias foi pai de três filhos: Elioenai, Ezequias e Azricã. 24 Elioenai foi pai de sete filhos: Hodavias, Eliasibe, Pelaías, Acube, Joanã, Delaías e Anani.

Os descendentes de Judá

4 São estes os descendentes de Judá: Peres, Hezrom, Carmi, Hur e Sobal. 2 Sobal foi pai de Reaías, Reaías foi pai de Jaate, Jaate foi pai de Aumai e Laade. Aumai e Laade foram os antepassados dos grupos de famílias que moravam em Zora.

3-4 Hur foi o filho mais velho de Calebe e da sua mulher Efrata, e os seus descendentes fundaram a cidade de Belém. Hur foi pai de três filhos: Etã, Penuel e Ézer. Etã foi pai de três filhos: Jezreel, Isma e Idbas e de uma filha chamada Hazelelponi. Penuel fundou a cidade de Gedor, e Ézer fundou Husa.

5 Asur, que fundou a cidade de Tecoa, teve duas esposas: Helá e Naara. 6 Ele e Naara tiveram quatro filhos: Auzã, Héfer, Temeni e Haastari. 7 Asur e Helá tiveram três filhos: Zerete, Isar e Etnã.

8 Coz foi pai de Anube e Zobeba e foi o antepassado dos grupos de famílias que descendem de Acarel, filho de Harum.

9 Houve um homem chamado Jabes, que foi a pessoa mais respeitada da sua família. A sua mãe pôs nele o nome de Jabes *porque ela havia sofrido muito* durante o parto. 10 Mas Jabes orou assim ao Deus de Israel: "Ó Deus, abençoa-me e dá-me muitas terras. Fica comigo e livra-me de qualquer coisa que possa me causar dor." E Deus atendeu a sua oração.

Outras listas de famílias

11 Quelube, irmão de Suá, foi pai de um filho chamado Meir. Meir foi pai de Estom, 12 e Estom foi pai de três filhos: Bete-Rafa, Paseia e Teína. Teína foi o fundador da cidade de Naás. Os descendentes deles moravam em Reca.

13 Quenaz foi pai de dois filhos: Otoniel e Seraías. Otoniel também foi pai de dois filhos: Hatate e Meonotai. 14 Meonotai foi pai de Ofrá.

Seraías foi pai de Joabe, o fundador do vale dos Artesãos, onde todos os homens faziam trabalhos de artesanato.

15 Calebe, filho de Jefoné, foi pai de três filhos: Iru, Elá e Naã. E Elá foi pai de Quenaz.

16 Jealelel foi pai de quatro filhos: Zife, Zifa, Tiria e Asareel.

17 Esdras foi pai de quatro filhos: Jéter, Merede, Éfer e Jalom. Merede casou com Bitia, que era filha do rei do Egito, e eles tiveram uma filha chamada Míriam e dois filhos: Samai e Isba. Isba fundou a cidade de Estemoa. 18 Merede também casou com uma mulher da *tribo de Judá, e eles tiveram três filhos: Jerede, que fundou a cidade de Gedor; Héber, que fundou Socó; e Jecutiel, que fundou Zanoa.

19 Hodias casou com a irmã de Naã. Os seus descendentes fundaram o grupo de famílias de Garmi, que morava na cidade de Queila, e o grupo de famílias de Maacá, que morava em Estemoa.

20 Simão foi pai de quatro filhos: Amnom, Rina, Ben-Hanã e Tilom.

Isi foi pai de dois filhos: Zoete e Ben-Zoete.

Os descendentes de Selá

21 Selá foi um dos filhos de Judá. Um dos descendentes de Selá foi Er, que fundou a cidade de Leca; outro foi Lada, que fundou Maressa. Selá foi também o antepassado dos grupos de famílias que teciam linho e que moravam na cidade de Bete-Asbeia. 22 Foi também o antepassado de Joquim e do povo que morava na cidade de Cozeba. E também de Joás e Sarafe, que casaram com mulheres moabitas e ficaram morando em Belém. (Estes registros são antigos.) 23 Eles eram oleiros que trabalhavam para o rei e moravam nas cidades de Netaim e Gedera.

Os descendentes de Simeão

24 Simeão foi pai de cinco filhos: Nemuel, Jamim, Jaribe, Zera e Saul. 25 Saul

foi pai de Salum, Salum foi pai de Mibsão, e Mibsão foi pai de Misma. 26 Misma foi pai de Hamuel, Hamuel foi pai de Zacur, e Zacur foi pai de Simei. 27 Simei foi pai de dezesseis filhos e seis filhas, mas os seus parentes tiveram menos filhos do que ele, e a *tribo de Simeão não cresceu tanto como a tribo de Judá.

28 Até o tempo do rei Davi, os descendentes de Simeão moravam nas seguintes cidades: Berseba, Molada, Hazar-Sual, 29 Bila, Ezém, Tolade, 30 Betuel, Horma, Ziclague, 31 Bete-Marcabote, Hazar-Susim, Bete-Biri e Saaraim. 32 Eles também moravam em mais cinco cidades: Etã, Aim, Rimom, Toquém e Asã, 33 e nos povoados que ficavam ao seu redor, até a cidade de Baal. São essas as suas famílias e os lugares onde moravam.

34-38 São estes os chefes dos seus grupos de famílias: Mesobabe, Janleque, Josa, filho de Amazias; Joel, Jeú, filho de Josibias, neto de Seraías e bisneto de Asiel; Elioenai, Jaacobá, Jesoaías, Asaías, Adiel, Jesimiel, Benaías, Ziza, filho de Sifi, neto de Alom, bisneto de Jedaías, trineto de Sinri e tetraneto de Samaías.

As suas famílias continuaram a aumentar, e por isso 39 eles se espalharam para o oeste quase até Gerar e levaram as suas ovelhas para pastar no lado leste do vale onde fica aquela cidade. 40 Ali eles acharam muitas pastagens num pedaço de terra espaçosa, tranquila e cheia de paz. Os descendentes de Cam haviam morado ali antes.

41 No tempo do rei Ezequias, de Judá, os homens cujos nomes estão escritos acima foram até Gerar e destruíram as barracas e cabanas do povo que morava ali. Eles expulsaram o povo e ficaram morando em Gerar porque ali havia bastante pasto para as suas ovelhas. 42 Quinhentos homens da tribo de Simeão foram para Edom, na direção leste. Os seus chefes eram os filhos de Isi: Pelatias, Nearias, Refaías e Uziel. 43 Eles mataram os amalequitas que haviam escapado com vida e estão morando ali *até hoje.

Os descendentes de Rúben

5 São estes os descendentes de Rúben, o filho mais velho de Jacó. (Por ter tido relações com uma *concubina do seu pai, Rúben havia perdido os direitos que eram dele como filho mais velho. Esses direitos foram dados a José. 2 Foi a *tribo de Judá que, de fato, se tornou a mais forte, e dela saiu um governador para todas as tribos.) 3 Rúben, o filho mais velho de Jacó, foi pai de quatro filhos: Enoque, Palu, Hezrom e Carmi.

4 Joel foi pai de Semaías, Semaías foi pai de Gogue, Gogue foi pai de Simei, 5 Simei foi pai de Mica, Mica foi pai de Reaías, Reaías foi pai de Baal, 6 Baal foi pai de Beera. Beera, o chefe da tribo, foi levado como prisioneiro por Tiglate-Pileser, rei da Assíria.

7 Foram escritos numa lista os nomes dos seguintes chefes de grupos de famílias da tribo de Rúben: Jeiel, Zacarias, 8 Belá, filho de Azaz e neto de Sema, do grupo de famílias de Joel. Esse grupo de famílias morava em Aroer e na região que ia para o Norte até Nebo e Baal-Meom. 9 Eles tinham grandes rebanhos na região de Gileade e por isso ocuparam a terra na direção leste até o deserto que termina no rio Eufrates.

10 No tempo do rei Saul, a tribo de Rúben atacou e matou os hagaritas e ocupou a terra deles na parte leste de Gileade.

Os descendentes de Gade

11 A *tribo de Gade morou ao norte das terras da tribo de Rúben, na região de Basã, até Salca, no leste. 12 Joel foi o fundador do principal grupo de famílias, e Safã foi o fundador do segundo mais importante grupo de famílias. Janai e Safate foram fundadores de outros grupos de famílias em Basã. 13 Os outros membros da tribo pertenciam aos seguintes sete grupos de famílias: Micael, Mesulã, Seba, Jorai, Jacã, Zia e Héber. 14 Eles eram descendentes de Abiail, filho de Huri, filho de Jaroa, filho de Gileade, filho de Micael, filho de Jesisai, filho de Jado, filho de Buz. 15 Aí, filho de Abdiel e neto de Guni, era o chefe desses grupos de famílias. 16 Eles moravam nas regiões de Basã e de Gileade, nas cidades dali e por todas as terras de *pastagens de Sarom*. 17 (Estes registros foram feitos no tempo do rei Jotão, de Judá, e do rei Jeroboão, de Israel.)

Os exércitos das tribos do Leste

18 Nas *tribos de Rúben, de Gade e de Manassés do Leste havia quarenta e quatro mil setecentos e sessenta soldados bem treinados no uso de *escudos, espadas e arco e flechas. 19 Eles fizeram guerra contra as tribos hagaritas de Jetur, Nafis

e Nodabe. 20 Pediram a ajuda de Deus e confiaram nele, e por isso ele respondeu às suas orações e lhes deu a vitória sobre os hagaritas e os seus aliados. 21 Eles tomaram dos inimigos cinquenta mil camelos, duzentas e cinquenta mil ovelhas e dois mil jumentos e levaram cem mil prisioneiros de guerra. 22 Mataram muitos inimigos porque a guerra era da vontade de Deus. E ficaram morando naquela região até a época em que o povo foi levado como prisioneiro para fora da sua terra.

O povo de Manassés do Leste

23 O povo de Manassés do Leste ficou morando na região de Basã até as cidades de Baal-Hermom e Senir e o monte Hermom, no norte. Eles aumentaram muito em número. 24 Estes foram os chefes dos seus grupos de famílias: Éfer, Isi, Eliel, Azriel, Jeremias, Hodavias e Jadiel. Todos eram soldados valentes e chefes famosos dos seus grupos de famílias.

As tribos do Leste são levadas como prisioneiras

25 Mas o povo não foi fiel ao Deus dos seus antepassados e o abandonou para adorar os deuses das nações que Deus havia expulsado da terra. 26 Por isso, Deus fez com que Pul, rei da Assíria, que também era conhecido como Tiglate-Pileser, invadisse a terra deles. Ele levou embora as *tribos de Rúben, de Gade e de Manassés do Leste e as fez morar nas cidades de Hala, Habor e Hara e na beira do rio Gozã, onde estão *até hoje.

Os descendentes de Levi

6 Levi foi pai de três filhos: Gérson, Coate e Merari.

2 Coate foi pai de quatro filhos: Anrão, Isar, Hebrom e Uziel.

3 Anrão foi pai de dois filhos: Arão e Moisés, e de uma filha chamada Míriam.

Arão foi pai de quatro filhos: Nadabe, Abiú, Eleazar e Itamar.

4 Eleazar foi pai de Fineias, e Fineias foi pai de Abisua; 5 Abisua foi pai de Buqui, e Buqui foi pai de Uzi; 6 Uzi foi pai de Zeraías, e Zeraías foi pai de Meraiote; 7 Meraiote foi pai de Amariá, e Amariá foi pai de Aitube; 8 Aitube foi pai de Zadoque, e Zadoque foi pai de Aimaás; 9 Aimaás foi pai de Azarias, e Azarias foi pai de Joanã; 10 Joanã foi pai de Azarias, que serviu como sacerdote no Templo que Salomão construiu em Jerusalém. 11 Azarias foi pai de Amariá, e Amariá foi pai de Aitube; 12 Aitube foi pai de Zadoque, e Zadoque foi pai de Salum; 13 Salum foi pai de Hilquias, e Hilquias foi pai de Azarias; 14 Azarias foi pai de Seraías, e Seraías foi pai de Jeozadaque. 15 Jeozadaque foi levado como prisioneiro junto com os moradores de Judá e de Jerusalém que o SENHOR levou para o *cativeiro por meio do rei Nabucodonosor.

Outros descendentes de Levi

16 Levi foi pai de três filhos: Gérson, Coate e Merari. 17 Gérson foi pai de Libni e Simei. 18 Coate foi pai de Anrão, Isar, Hebrom e Uziel. 19 Merari foi pai de Mali e Musi.

20 Gérson foi pai de Libni, Libni foi pai de Jaate, e Jaate foi pai de Zima; 21 Zima foi pai de Joá, Joá foi pai de Ido, Ido foi pai de Zera, e Zera foi pai de Jeaterai.

22 Coate foi pai de Aminadabe, Aminadabe foi pai de Corá, e Corá foi pai de Assir; 23 Assir foi pai de Elcana, Elcana foi pai de Ebiasafe, e Ebiasafe foi pai de Assir; 24 Assir foi pai de Taate, Taate foi pai de Uriel, Uriel foi pai de Uzias, e Uzias foi pai de Saul.

25 Elcana foi pai de dois filhos: Amasai e Aimote. 26 Aimote foi pai de Elcana, Elcana foi pai de Zofai, e Zofai foi pai de Naate; 27 Naate foi pai de Eliabe, Eliabe foi pai de Jeroão, e Jeroão foi pai de Elcana.

28 Samuel foi pai de dois filhos: Joel, o mais velho, e Abias.

29 Merari foi pai de Mali, Mali foi pai de Libni, Libni foi pai de Simei, e Simei foi pai de Uzá; 30 Uzá foi pai de Simeia, Simeia foi pai de Hagias, e Hagias foi pai de Asaías.

Os levitas cantores e músicos

31 São estes os homens que o rei Davi encarregou da música no lugar de adoração em Jerusalém, depois que a *arca da aliança foi colocada lá. 32 Eles se revezavam nos seus deveres na *Tenda da Presença de Deus, antes de o rei Salomão construir o Templo. 33 São estes os que ocupavam esse cargo:

Do grupo de famílias de Coate: Hemã, o regente do primeiro coro, era filho de Joel, e Joel era filho de Samuel; 34 Samuel era filho de Elcana, Elcana era filho de Jeroão, Jeroão era filho de Eliel, e Eliel era filho de Toá; 35 Toá era filho de Zufe, Zufe era filho de Elcana, Elcana era filho de Maate, e Maate era filho de Amasai; 36 Amasai

era filho de Elcana, Elcana era filho de
Joel, Joel era filho de Azarias, e Azarias
era filho de Sofonias; 37 Sofonias era filho
de Taate, Taate era filho de Assir, Assir
era filho de Ebiasafe, e Ebiasafe era filho
de Corá; 38 Corá era filho de Isar, Isar era
filho de Coate, Coate era filho de Levi, e
Levi era filho de Jacó.

39 Asafe, o regente do segundo coro, era
filho de Berequias, e Berequias era filho
de Simeia; 40 Simeia era filho de Micael,
Micael era filho de Baaseias, e Baaseias
era filho de Malquias; 41 Malquias era filho
de Etni, Etni era filho de Zera, e Zera era
filho de Adaías; 42 Adaías era filho de Etã,
Etã era filho de Zima, e Zima era filho de
Simei; 43 Simei era filho de Jaate, Jaate era
filho de Gérson, e Gérson era filho de Levi.

44 Etã, do grupo de famílias de Mera-
ri, era o regente do terceiro coro. Etã era
filho de Quisi, Quisi era filho de Abdi, e
Abdi era filho de Maluque; 45 Maluque era
filho de Hasabias, Hasabias era filho de
Amazias, e Amazias era filho de Hilquias;
46 Hilquias era filho de Anzi, Anzi era filho
de Bani, e Bani era filho de Semer; 47 Se-
mer era filho de Mali, Mali era filho de
Musi, Musi era filho de Merari, e Merari
era filho de Levi.

48 Os seus colegas *levitas estavam en-
carregados de todos os outros serviços do
lugar de adoração em Jerusalém.

Os descendentes de Arão

49 Arão e os seus filhos apresentavam as
ofertas de incenso e ofereciam os *sacrifí-
cios que eram completamente queimados
no altar. Eles eram responsáveis por toda
a adoração no *Lugar Santíssimo e pelos
sacrifícios por meio dos quais Deus per-
doava os pecados do povo de Israel. Eles
faziam tudo isso de acordo com as instru-
ções dadas por Moisés, *servo de Deus.

50 Arão foi pai de Eleazar, Eleazar foi
pai de Fineias, e Fineias foi pai de Abisua;
51 Abisua foi pai de Buqui, Buqui foi pai
de Uzi, e Uzi foi pai de Zeraías; 52 Zeraías
foi pai de Meraiote, Meraiote foi pai de
Amariá, e Amariá foi pai de Aitube; 53 Ai-
tube foi pai de Zadoque, e Zadoque foi
pai de Aimaás.

As cidades dos levitas

54 Este é o território que foi dado ao
grupo de famílias de Coate, descenden-
tes de Arão. Eles receberam a primeira
parte da terra dada aos *levitas, 55 isto
é, a cidade de Hebrom, no território da
*tribo de Judá, e as terras de pastagens
que ficavam ao seu redor. 56 Mas os cam-
pos e povoados que pertenciam à cidade
foram dados a Calebe, filho de Jefoné. 57-
59 As seguintes cidades foram dadas aos
descendentes de Arão: Hebrom, que era
uma das cidades para fugitivos, e as cida-
des de Jatir, Libna, Estemoa, Hilém, Debir,
Asã e Bete-Semes, com as terras de pas-
tagens que ficavam ao redor delas. 60 No
território de Benjamim eles receberam as
seguintes cidades com as suas terras de
pastagens: Geba, Alemete e Anatote. Isso
dava um total de treze cidades, para nelas
morarem as famílias que descendiam de
Arão. 61 Dez cidades no território de Ma-
nassés do Oeste foram dadas por *sorteio
ao resto do grupo de famílias de Coate,
família por família.

62 Ao grupo de famílias de Gérson, famí-
lia por família, foram dadas treze cidades
nos territórios de Aser, Naftali e Manassés
do Leste, na região de Basã. 63 Do mesmo
modo, doze cidades nos territórios de Rú-
ben, Gade e Zebulom foram dadas ao gru-
po de famílias de Merari, família por famí-
lia. 64 Dessa maneira o povo de Israel deu
aos levitas, para nelas morarem, cidades
e as terras de pastagens que ficavam ao
seu redor. 65 (As cidades que ficavam nos
territórios de Judá, Simeão e Benjamim,
das quais se falou acima, também foram
dadas por sorteio.)

66 Do grupo de famílias de Coate, algu-
mas receberam no território de Efraim
as seguintes cidades e terras de pasta-
gens: 67 Siquém, uma cidade para fugitivos
que ficava na região montanhosa; Gezer,
68 Jocmeão, Bete-Horom, 69 Aijalom e Gate-
-Rimom. 70 No território de Manassés do
Oeste, eles receberam as cidades de Aner
e Bileão, com as terras de pastagens que
ficavam ao seu redor.

71 Do grupo de famílias de Gérson, estas
receberam as seguintes cidades, com as
terras de pastagens que ficavam ao seu
redor:

No território de Manassés do Leste:
Golã, na região de Basã, e Astarote.

72 No território de Issacar: Quedes, Da-
berate, 73 Ramote e Aném.

74 No território de Aser: Masal, Abdom,
75 Hucoque e Reobe.

76 No território de Naftali: Quedes, na
região da Galileia, Hamom e Quiriataim.

77 Do grupo de famílias de Merari, estas
receberam as seguintes cidades, com as
terras de pastagens que ficavam ao seu
redor:
No território de Zebulom: Rimono e
Tabor.
78 No território de Rúben, a leste do rio
Jordão, em frente de Jericó: Bezer, no pla-
nalto, Jasa, 79 Quedemote e Mefaate.
80 No território de Gade: Ramote, na
região de Gileade, Maanaim, 81 Hesbom
e Jazer.

Os descendentes de Issacar

7 Issacar foi pai de quatro filhos: Tolá,
Puá, Jasube e Sinrom.
2 Tolá foi pai de seis filhos: Uzi, Refaías,
Jeriel, Jamai, Ibsão e Samuel. Eles foram
chefes de famílias do grupo de famílias de
Tolá e foram soldados famosos. No tempo
do rei Davi, os descendentes deles chega-
vam a vinte e dois mil e seiscentos.
3 Uzi foi pai de um filho chamado
Izraías. Izraías e os seus quatro filhos,
Micael, Obadias, Joel e Issias, foram to-
dos chefes de famílias. 4 Eles tiveram tan-
tas mulheres e filhos, que os seus descen-
dentes puderam fornecer trinta e seis mil
homens para o serviço militar.
5 Os nomes dos membros de todas as
famílias da *tribo de Issacar foram escri-
tos numa lista, e havia oitenta e sete mil
homens capazes para o serviço militar.

Os descendentes de Benjamim e de Dã

6 Benjamim foi pai de três filhos: Belá,
Bequer e Jediael.
7 Belá foi pai de cinco filhos: Esbom, Uzi,
Uziel, Jerimote e Iri. Eles foram chefes de
famílias do seu grupo de famílias e foram
soldados famosos. Entre os seus descen-
dentes havia vinte e dois mil e trinta e
quatro homens capazes para o serviço
militar.
8 Bequer foi pai de nove filhos: Zemi-
ra, Joás, Eliézer, Elioenai, Onri, Jerimote,
Abias, Anatote e Alemete. 9 Na lista dos
seus descendentes, família por família,
havia vinte mil e duzentos homens capa-
zes para o serviço militar.
10 Jediael foi pai de um filho chamado
Bilã, que foi pai de sete filhos: Jeús, Ben-
jamim, Eúde, Quenaana, Zetã, Társis e Ai-
saar. 11 Eles foram chefes de famílias do
seu grupo de famílias e foram soldados fa-
mosos. Entre os seus descendentes havia
dezessete mil e duzentos homens capazes
para o serviço militar. 12 Supim e Hupim
também eram dessa *tribo.
Dã foi pai de um filho chamado Husim.

Os descendentes de Naftali

13 Naftali foi pai de quatro filhos: Jaziel,
Guni, Jezer e Salum. (Eles eram descen-
dentes de Bila.)

Os descendentes de Manassés

14 Com a sua *concubina síria, Manassés
teve dois filhos: Asriel e Maquir. Maquir
foi pai de Gileade. 15 Maquir arranjou uma
mulher para Hupim e outra para Supim.
O nome da irmã de Supim era Maacá. O
segundo filho de Maquir se chamava Ze-
lofeade; ele só teve filhas.
16 Maacá, a mulher de Maquir, teve dois
filhos, em quem eles puseram os nomes
de Peres e Seres. Peres foi pai de dois fi-
lhos: Ulão e Raquém. 17 Ulão foi pai de um
filho chamado Bedã. Estes foram descen-
dentes de Gileade, filho de Maquir e neto
de Manassés.
18 Hamolequete, a irmã de Gileade, teve
três filhos: Isode, Abiezer e Macla. 19 (Se-
mida foi pai de quatro filhos: Aiã, Siquém,
Liqui e Anião.)

Os descendentes de Efraim

20 Efraim foi pai de Sutela, Sutela foi pai
de Berede, Berede foi pai de Taate, Taate
foi pai de Eleada, e Eleada foi pai de Taa-
te; 21 Taate foi pai de Zabade, e Zabade foi
pai de Sutela. Efraim foi pai de mais dois
filhos além de Sutela; eles se chamavam
Ézer e Eleade e foram mortos quando ten-
tavam roubar o gado dos moradores de
Gate. 22 Efraim, o seu pai, chorou por eles
muitos dias, e os irmãos dele foram con-
solá-lo. 23 Depois ele teve relações com a
sua mulher, ela ficou grávida e deu à luz
um filho. Eles puseram nele o nome de
Berias porque a desgraça tinha caído so-
bre o seu lar.
24 Efraim foi pai de uma filha chamada
Seerá. Ela construiu as cidades de Bete-
-Horom-de-Baixo, Bete-Horom-de-Cima
e Uzém-Seerá.
25 Efraim também foi pai de um filho
chamado Refa. Refa foi pai de Resefe,
Resefe foi pai de Telá, e Telá foi pai de
Taã; 26 Taã foi pai de Ladã, Ladã foi pai
de Amiúde, e Amiúde foi pai de Elisama;
27 Elisama foi pai de Num, e Num foi pai
de Josué.
28 O território que eles receberam e
onde ficaram morando incluía Betel e as

cidades que ficavam ao seu redor, indo
na direção leste até Naarã e na direção
oeste até Gezer e as cidades que ficavam
ao seu redor. Desse território também fa-
ziam parte Siquém e Aia e as cidades que
ficavam ao seu redor.
29 Os descendentes de Manassés contro-
lavam as cidades de Bete-Sã, Taanaque,
Megido e Dor e as cidades que ficavam
ao seu redor.
São esses os lugares onde moravam os
descendentes de José, filho de Jacó.

Os descendentes de Aser

30 São estes os descendentes de Aser.
Ele foi pai de quatro filhos: Imna, Isva,
Isvi e Berias, e de uma filha chamada Sera.
31 Berias foi pai de dois filhos: Héber
e Malquiel. Malquiel fundou a cidade de
Birzavite.
32 Héber foi pai de três filhos: Jaflete, So-
mer e Hotão, e de uma filha chamada Suá.
33 Jaflete também foi pai de três filhos:
Pasaque, Bimal e Asvate.
34 Somer, seu irmão, foi pai de três fi-
lhos: Roga, Jeuba e Arã.
35 Hotão, seu irmão, foi pai de quatro
filhos: Zofa, Imna, Seles e Amal.
36 Os descendentes de Zofa foram: Sua,
Harnefer, Sual, Beri, Inra, 37 Bezer, Hode,
Sama, Silsa, Itrã e Beera.
38 Os descendentes de Jéter foram: Je-
foné, Pispa e Ara.
39 Os descendentes de Ula foram: Ará,
Haniel e Rizia.
40 Todos estes foram descendentes de
Aser. Eles foram chefes de famílias, sol-
dados famosos e líderes destacados. En-
tre os descendentes de Aser havia vinte
e seis mil homens capazes para o servi-
ço militar.

Os descendentes de Benjamim

8 Benjamim foi pai de cinco filhos. São
estes os seus nomes, por ordem de ida-
de: Belá, Asbel, Aará, 2 Noá e Rafa.
3 Os descendentes de Belá foram: Adar,
Gera, Abiúde, 4 Abisua, Naamã, Aoá, 5 Gera,
Sefufã e Hurã.
6-7 Os descendentes de Eúde foram: Naa-
mã, Aías e Gera. Eles foram chefes de fa-
mílias e moravam em Geba, mas foram
obrigados a sair dali e ir morar em Ma-
naate. Gera, o pai de Uzá e Aiude, foi o
chefe deles nessa mudança.
8-9 Saaraim se divorciou das suas duas
mulheres, que se chamavam Husim e
Baara. Algum tempo depois, quando esta-
va morando na terra de Moabe, ele casou
com Hodes e teve com ela sete filhos: Jo-
babe, Zíbia, Messa, Malcã, 10 Jeús, Saquias
e Mirma. Todos os seus filhos se tornaram
chefes de famílias.
11 Saaraim também teve dois filhos
com a sua mulher Husim. Os nomes de-
les eram Abitube e Elpaal.
12 Elpaal foi pai de três filhos: Héber,
Misã e Semede. Semede construiu as ci-
dades de Ono e Lode e os povoados que
ficavam ao seu redor.

Os descendentes de Benjamim em Gate e Aijalom

13 Berias e Sema foram os chefes das fa-
mílias que ficaram morando na cidade
de Aijalom. Eles expulsaram os morado-
res da cidade de Gate. 14 Entre os descen-
dentes de Berias estavam: Aiô, Sasaque,
Jeremote, 15 Zebadias, Arade, Éder, 16 Mi-
cael, Ispa e Joá.

Os descendentes de Benjamim em Jerusalém

17 Entre os descendentes de Elpaal es-
tavam: Zebadias, Mesulã, Hizequi, Héber,
18 Ismerai, Izlias e Jobabe.
19 Entre os descendentes de Simei esta-
vam: Jaquim, Zicri, Zabdi, 20 Elienai, Ziletai,
Eliel, 21 Adaías, Beraías e Sinrate.
22 Entre os descendentes de Sasaque es-
tavam: Ispã, Éber, Eliel, 23 Abdom, Zicri,
Hanã, 24 Hananias, Elão, Antotias, 25 Ifdeias
e Penuel.
26 Entre os descendentes de Jeroão es-
tavam: Sanserai, Searias, Atalias, 27 Jaare-
sias, Elias e Zicri.
28 Estes foram os primeiros chefes de
famílias que moraram em Jerusalém e os
seus principais descendentes.

Os descendentes de Benjamim em Gibeão e Jerusalém

29 Jeiel fundou a cidade de Gibeão e fi-
cou morando ali. A sua mulher se cha-
mava Maacá, 30 e o seu filho mais velho,
Abdom. Os seus outros filhos foram: Zur,
Quis, Baal, Ner, Nadabe, 31 Gedor, Aiô, Ze-
quer 32 e Miclote, o pai de Simeia. Os seus
descendentes moravam em Jerusalém,
perto das outras famílias do seu grupo
de famílias.

A família do rei Saul

33 Ner foi pai de Quis, e Quis foi pai do
rei Saul. Saul foi pai de quatro filhos:

Jônatas, Malquisua, Abinadabe e Esbaal.
34 Jônatas foi pai de Meribe-Baal, que foi
pai de Mica.
35 Mica foi pai de quatro filhos: Pitom,
Meleque, Tareia e Acaz. 36 Acaz foi pai de
Jeoada, e Jeoada foi pai de três filhos:
Alemete, Azmavete e Zinri. Zinri foi pai
de Mosa, 37 Mosa foi pai de Bineá, Bineá
foi pai de Rafa, Rafa foi pai de Eleasa, e
Eleasa foi pai de Azel.
38 Azel foi pai de seis filhos: Azricã,
Bocru, Ismael, Searias, Obadias e Hanã.
39 Eseque, o irmão de Azel, foi pai de três
filhos: Ulão, Jeús e Elifelete.
40 Os filhos de Ulão foram famosos sol-
dados e atiradores de flechas. Ulão teve
cento e cinquenta filhos e netos. To-
dos estes foram membros da *tribo de
Benjamim.

Os que voltaram do cativeiro

9 Fizeram uma lista de todo o povo de
Israel de acordo com as suas famílias, e
isso foi escrito no *Livro dos Reis de Israel*.
O povo de Judá havia sido levado pri-
sioneiro para a Babilônia como castigo
pelos seus pecados. 2 Os primeiros que
voltaram a morar nas suas propriedades
e nas suas cidades foram gente do povo,
sacerdotes, *levitas e servidores do Tem-
plo. 3 Pessoas das *tribos de Judá, Benja-
mim, Efraim e Manassés foram morar em
Jerusalém.
4-6 Seiscentas e noventa famílias da tribo
de Judá moraram em Jerusalém.

O líder dos descendentes de Peres, filho de Judá, foi Utai, filho de Amiúde e neto de Onri. Entre os seus antepassados estavam Inri e Bani.

O líder dos descendentes de Selá, filho de Judá, foi Asaías, que era o chefe da sua família.

O líder dos descendentes de Zera, filho de Judá, foi Jeuel.

7-8 Moravam em Jerusalém os seguintes
membros da tribo de Benjamim:

Salu, filho de Mesulã, neto de Hodavias e bisneto de Hassenuá;

Ibneias, filho de Jeroão;

Elá, filho de Uzi e neto de Micri;

Mesulã, filho de Sefatias, neto de Reuel e bisneto de Ibnijas.

9 Novecentas e cinquenta e seis famí-
lias da tribo de Benjamim moravam em
Jerusalém. Todos os homens cujos nomes
estão escritos acima eram chefes de fa-
mílias.

Os sacerdotes que moravam em Jerusalém

10-12 Moravam em Jerusalém os seguin-
tes sacerdotes:

Jedaías, Jeoiaribe e Jaquim. Ali morava também Azarias, que era o administrador do Templo; ele era filho de Hilquias, neto de Mesulã, bisneto de Zadoque, trineto de Meraiote e tetraneto de Aitube.

Adaías, filho de Jeroão, neto de Pasur e bisneto de Malquias.

Masai, filho de Adiel, neto de Jazera, bisneto de Mesulã, trineto de Mesilemite e tetraneto de Imer.

13 Havia mil setecentos e sessenta sacer-
dotes que eram chefes de famílias. Eles
estavam preparados para fazer todos os
trabalhos do Templo.

Os levitas que moravam em Jerusalém

14-16 Moravam em Jerusalém os seguin-
tes *levitas:

Semaías, filho de Hassube, neto de Azricã e bisneto de Hasabias. Ele era do grupo de famílias de Merari.

Baquebacar, Heres e Galal.

Matanias, filho de Mica, neto de Zicri e bisneto de Asafe.

Obadias, filho de Semaías, neto de Galal e bisneto de Jedutum.

Berequias, filho de Asa e neto de Elcana, que morava nas terras que pertenciam à cidade de Netofa.

Os guardas do Templo que moravam em Jerusalém

17 Moravam em Jerusalém os seguintes
guardas do Templo:
Salum, Acube, Talmom e Aimã. Salum
era o chefe deles. 18 Desde aquele tempo
*até hoje, membros dos seus grupos de
famílias têm sido guardas do Portão do
Rei, que ficava no lado leste do Templo.
Antigamente eles eram os guardas dos
portões dos acampamentos dos *levitas.
19 Salum, filho de Coré e neto de Ebia-
safe, e também os seus parentes do gru-
po de famílias de Coré eram os encarre-
gados de guardar a entrada da *Tenda da
Presença de Deus, como os seus antepas-
sados haviam sido quando eram os en-
carregados do acampamento de Deus, o
SENHOR. 20 Naquela época, Fineias, filho
de Eleazar — que o SENHOR esteja com
Fineias! — era o chefe deles.
21 Zacarias, filho de Meselemias, tam-
bém era guarda da entrada da Tenda da
Presença de Deus.

22 Ao todo, duzentos e doze homens fo-
ram escolhidos para serem guardas dos
portões. Os nomes deles foram escritos
numa lista, de acordo com os povoados
onde moravam. O rei Davi e o *profeta Sa-
muel é que haviam colocado os antepas-
sados deles nesses cargos de confiança.
23 Eles e os seus descendentes guardavam
os portões da área do Templo. 24 Havia um
portão de frente para cada uma das dire-
ções: norte, sul, leste e oeste, e cada por-
tão tinha um guarda-chefe. 25 Esses guar-
das eram ajudados pelos seus parentes
que moravam nos povoados e que se re-
vezavam no trabalho de sete em sete dias.
26 Os quatro guardas-chefes eram levitas
e eram responsáveis por esse trabalho e
também vigiavam os cômodos do Tem-
plo e as coisas guardadas ali. 27 Eles mo-
ravam perto do Templo porque era seu
dever guardá-lo e abrir os portões todas
as manhãs.

Os outros levitas

28 Os outros *levitas eram responsáveis
pelos objetos usados no culto. Todas as
vezes que esses objetos eram usados,
eles os contavam quando eram levados e
quando eram devolvidos. 29 Também havia
levitas encarregados dos outros objetos
sagrados e da farinha de trigo, do vinho,
do azeite, do incenso e das *especiarias.
30 Mas os sacerdotes é que tinham a res-
ponsabilidade de misturar as especiarias.
31 Um levita chamado Matitias, que era
o filho mais velho de Salum, do grupo de
famílias de Corá, era o encarregado de
preparar as ofertas de pães. 32 Membros
do grupo de famílias de Coate estavam
encarregados de fazer todos os sábados
os pães sagrados para o Templo.
33 Algumas famílias de levitas eram res-
ponsáveis pela música no Templo. Os che-
fes dessas famílias moravam nos cômodos
do Templo e não tinham outros deveres,
pois estavam ocupados no seu serviço de
dia e de noite.
34 Foram estes os chefes de famílias de
levitas, de acordo com a lista dos nomes
dos seus antepassados. Eles eram os líde-
res que moravam em Jerusalém.

Os antepassados e os descendentes do rei Saul

1Crônicas 8.29-38

35 Jeiel fundou a cidade de Gibeão
e ficou morando ali. A sua mulher se
chamava Maacá. 36 O seu filho mais velho
se chamava Abdom, e os outros eram Zur,
Quis, Baal, Ner, Nadabe, 37 Gedor, Aiô, Za-
carias e Miclote. 38 Miclote foi o pai de Si-
meia. Os seus descendentes moravam em
Jerusalém, perto das outras famílias do
seu grupo de famílias.
39 Ner foi pai de Quis, e Quis foi pai de
Saul. Saul foi pai de quatro filhos: Jôna-
tas, Malquisua, Abinadabe e Esbaal. 40 Jô-
natas foi pai de Meribe-Baal, e Meribe-
-Baal foi pai de Mica. 41 Mica foi pai de
quatro filhos: Pitom, Meleque, Tareia e
Acaz. 42 Acaz foi pai de Jaerá, e Jaerá foi
pai de três filhos: Alemete, Azmavete e
Zinri. Zinri foi pai de Mosa, 43 Mosa foi pai
de Bineá, Bineá foi pai de Refaías, Refaías
foi pai de Eleasa, e Eleasa foi pai de Azel.
44 Azel foi pai de seis filhos: Azricã, Bo-
cru, Ismael, Searias, Obadias e Hanã.

A morte do rei Saul

1Samuel 31.1-13

10 Os filisteus lutaram contra os is-
raelitas no monte Gilboa. Muitos
israelitas foram mortos ali, e o resto fu-
giu. Entre os que fugiram estavam o rei
Saul e os seus filhos. 2 Mas os filisteus os
cercaram e mataram Jônatas, Abinadabe
e Malquisua, filhos de Saul. 3 A luta esta-
va feroz em volta de Saul, que foi atingido
por flechas inimigas e ficou muito ferido.
4 Então disse ao rapaz que carregava as
suas armas:

— Tire a sua espada e me mate para
que esses filisteus pagãos não caçoem
de mim.

Mas o rapaz estava muito apavorado
e não quis fazer isso. Então Saul pegou a
sua própria espada e se jogou sobre ela.
5 Quando viu que Saul estava morto, o ra-
paz também se jogou sobre a sua própria
espada e morreu junto com ele. 6 E assim
Saul e os seus três filhos morreram jun-
tos, e nenhum dos seus descendentes se
tornou rei. 7 Quando os israelitas que mo-
ravam no vale de Jezreel souberam que o
exército de Israel havia fugido e que Saul
e os seus filhos tinham sido mortos, aban-
donaram as suas cidades e fugiram. En-
tão os filisteus foram e ocuparam aque-
las cidades.
8 Um dia depois da batalha, quando os
filisteus voltaram lá para tirar dos mor-
tos as coisas de valor, acharam os corpos
de Saul e dos seus filhos caídos no monte
Gilboa. 9 Então cortaram a cabeça de Saul

e pegaram as armas dele. Depois manda-
ram mensageiros com elas para o territó-
rio filisteu a fim de darem as boas notí-
cias aos seus ídolos e ao povo. 10 Eles pu-
seram as armas dele num dos seus tem-
plos e penduraram a sua cabeça no tem-
plo de Dagom, o deus deles. 11 Quando o
povo da cidade de Jabes, em Gileade, sou-
be do que os filisteus haviam feito com
Saul, 12 os seus moradores mais corajosos
foram, pegaram os corpos de Saul e dos
seus filhos e os levaram para Jabes. Eles
os sepultaram debaixo de um carvalho e
jejuaram sete dias.
13 Saul morreu assim porque foi infiel
a Deus, o SENHOR. Ele desobedeceu aos
mandamentos de Deus e consultou os es-
píritos dos mortos, 14 em vez de consultar
o SENHOR. Por isso, Deus o matou e entre-
gou o reino a Davi, filho de Jessé.

Davi, rei de Israel e de Judá

2Samuel 5.1-10

11 Todo o povo de Israel foi encontrar-
-se com Davi em Hebrom e disse:
— Nós pertencemos ao mesmo povo
que você, ó rei. 2 No passado, quando
Saul era o nosso rei, você comandava o
povo de Israel na batalha. E o SENHOR,
seu Deus, prometeu que você seria o pro-
tetor e o chefe do povo dele.
3 Assim todos os líderes de Israel foram
se encontrar com Davi em Hebrom. Davi
fez um *acordo sagrado com eles, eles o
*ungiram, e ele se tornou rei de Israel,
como o SENHOR Deus havia prometido
por meio de Samuel.
4 O rei Davi e todos os israelitas foram
atacar a cidade de Jerusalém. Nessa época
a cidade se chamava Jebus, e os jebuseus,
os primeiros moradores daquela terra,
ainda moravam ali. 5 Os jebuseus disse-
ram a Davi que ele nunca entraria na ci-
dade, mas ele conquistou a fortaleza de
*Sião, e ela passou a se chamar Cidade de
Davi. 6 Davi disse:
— O primeiro que matar um jebuseu
será o comandante do exército.
Joabe, cuja mãe era Zeruia, dirigiu o
ataque e se tornou o comandante. 7 As-
sim Davi ficou morando na fortaleza, e
por isso ela foi chamada de "Cidade de
Davi". 8 Ele construiu a cidade de novo, co-
meçando pelo lugar que havia sido ater-
rado no lado leste do monte Sião, e Joa-
be reconstruiu o resto da cidade. 9 Davi
foi ficando cada vez mais forte porque o
SENHOR Todo-Poderoso estava com ele.

Os soldados famosos de Davi

2Samuel 23.8-39

10 Esta é a lista dos famosos soldados de
Davi. Junto com o resto do povo de Israel,
estes soldados ajudaram Davi a se tornar
rei, como o SENHOR Deus havia prometi-
do, e conservaram forte o seu reino.
11 O primeiro foi Jasobeão, do grupo de
famílias de Hacmoni. Jasobeão era o lí-
der do grupo chamado "Os Três". Com a
sua lança ele lutou contra trezentos ho-
mens e os matou numa só batalha. 12 De-
pois dele, entre os famosos "Três", vinha
Eleazar, filho de Dodo, do grupo de famí-
lias de Aoí. 13 Eleazar lutou ao lado de Davi
contra os filisteus na batalha de Pas-Da-
mim. Ele estava numa plantação de *ce-
vada quando os israelitas começaram a
fugir. 14 Então Eleazar e os seus soldados
ficaram no meio da plantação e lutaram
contra os filisteus. E o SENHOR lhe deu
uma grande vitória.
15 Um dia, três dos trinta oficiais foram
até uma rocha perto da caverna de Adu-
lã, onde Davi estava, enquanto que um
bando de filisteus acampava no vale dos
Gigantes. 16 Um grupo de filisteus havia
ocupado a cidade de Belém, e Davi se en-
contrava na fortaleza. 17 Então ele suspi-
rou e disse:
— Como eu gostaria que alguém me
trouxesse um pouco da água do poço que
fica perto do portão de Belém!
18 Então "Os Três" passaram pelo meio
do acampamento dos filisteus, tiraram
água do poço e levaram para Davi. Mas ele
não quis beber daquela água; em vez disso,
a derramou como oferta a Deus 19 e disse:
— Ó Deus, eu não poderia beber des-
ta água! Isso seria o mesmo que beber o
sangue destes homens que arriscaram a
sua vida para trazê-la!
E assim ele não tomou daquela água.
Foram essas as coisas que fizeram os
famosos "Três".
20 Abisai, irmão de Joabe, era o líder dos
famosos "Trinta". Com a sua lança ele lu-
tou contra trezentos homens e os matou,
ficando famoso entre "Os Trinta". 21 Abisai
foi o mais famoso dos "Trinta" e se tornou
o seu líder, mas ele não foi tão famoso
quanto "Os Três".
22 Benaías, filho de Jeoiada, da cidade de
Cabzeel, foi um soldado famoso e praticou

muitos atos de coragem. Ele matou dois grandes soldados moabitas. Num dia de neve, um leão caiu numa cova. Benaías desceu lá e o matou. 23 Matou também um egípcio, um homem muito grande, de dois metros e vinte de altura, que estava armado com uma lança enorme, muito grande e pesada. Benaías atacou o egípcio com o seu bastão, arrancou a lança da mão dele e o matou com ela. 24 Esses foram os atos de coragem de Benaías, que foi um dos "Trinta". 25 Ele tinha uma posição de destaque entre "Os Trinta", mas não foi tão famoso quanto os "Três". Davi o pôs como chefe da sua guarda pessoal.

26-47 Os outros soldados famosos foram os seguintes:

Asael, irmão de Joabe; Elanã, filho de Dodo, da cidade de Belém; Samote, da cidade de Harode; Heres, da cidade de Pelete; Ira, filho de Iques, da cidade de Tecoa; Abiezer, da cidade de Anatote; Sibecai, da cidade de Husa; Ilai, da cidade de Aoí; Helede, filho de Baaná, e Maarai, os dois da cidade de Netofa; Itai, filho de Ribai, da cidade de Gibeá, no território da *tribo de Benjamim; Benaías, da cidade de Piratom; Hurai, dos vales de Gaás; Abiel, da cidade de Arba; Azmavete, da cidade de Baarum; Eliaba, da cidade de Saalbom; Hasém, da cidade de Gizom; Jônatas, filho de Sage, e Aião, filho de Sacar, da cidade de Harar; Elifal, filho de Ur; Héfer, da cidade de Mequerá; Aías, da cidade de Pelom; Hezro, da cidade de Carmelo; Naarai, filho de Ezbai; Joel, irmão de Natã; Mibar, filho de Hagri; Zeleque, do país de Amom; Naarai, da cidade de Beerote, que era quem carregava as armas de Joabe; Ira e Garebe, da cidade de Jatir; Urias, o heteu; Zabade, filho de Alai; Adina, filho de Sizá (um dos principais membros da tribo de Rúben, que tinha o seu próprio grupo de trinta soldados); Hanã, filho de Maacá; Josafá, da cidade de Mitã; Uzias, da cidade de Asterá; Sama e Jeiel, filhos de Hotão, da cidade de Aroer; Jediael e Joá, filhos de Sinri, da cidade de Tiz; Eliel, da cidade de Maavá; Jeribai e Josavias, filhos de Elnaã; Itma, do país de Moabe; Eliel, Obede e Jaaziel, da cidade de Zoba.

Os primeiros membros da tribo de Benjamim que seguiram Davi

12 Davi estava morando na cidade de Ziclague, para onde havia ido a fim de fugir do rei Saul. Ali foram juntar-se a ele alguns soldados corajosos e de confiança. 2 Eles eram da *tribo de Benjamim, como Saul era. Atiravam flechas com o arco e pedras com *fundas, tanto com a mão direita como com a esquerda.

3-7 Os comandantes deles eram Aiezer e Joás, filhos de Semaá, da cidade de Gibeá.

Os soldados eram estes:

Jeziel e Pelete, filhos de Azmavete; Beraca e Jeú, que era da cidade de Anatote; Ismaías, da cidade de Gibeão, soldado famoso e um dos líderes do grupo chamado "Os Trinta"; Jeremias, Jaaziel, Joanã e Jozabade, que era da cidade de Gedera; Eluzai, Jerimote, Bealias, Semarias e Sefatias, que era da cidade de Harife; Elcana, Issias, Azarel, Joezer e Jasobeão, que eram do grupo de famílias de Corá; Joela e Zebadias, filhos de Jeroão, da cidade de Gedor.

Membros da tribo de Gade que seguiram Davi

8 São estes os nomes dos soldados corajosos e treinados da *tribo de Gade que foram juntar-se ao exército de Davi quando ele estava na fortaleza do deserto. Eles sabiam lutar com *escudo e lança e eram ferozes como os leões e ligeiros como as *gazelas.

9-13 Os nomes deles foram escritos numa lista na seguinte ordem:

Ézer, Obadias, Eliabe, Mismana, Jeremias, Atai, Eliel, Joanã, Elzabade, Jeremias e Macbanai.

14 Alguns desses homens da tribo de Gade comandavam mil homens, e outros, cem. 15 Certa vez, no primeiro mês do ano, quando o Jordão alaga as suas margens, eles atravessaram o rio e puseram em fuga o povo que morava nos vales, tanto no lado leste como no lado oeste do rio.

Membros das tribos de Benjamim e Judá que seguiram Davi

16 Também um grupo de homens das *tribos de Benjamim e Judá foi até a fortaleza onde Davi estava. 17 Davi saiu para encontrar-se com eles e disse:

— Se vocês vieram como amigos, para me ajudar, aceito de todo o coração que façam parte do meu grupo. Mas, se vieram para me trair e me entregar aos meus inimigos, embora eu não tenha cometido nenhum crime, o Deus dos nossos antepassados ficará sabendo e castigará vocês.

18 Então o Espírito de Deus tomou conta
de Amasai, que depois veio a ser o coman-
dante dos "Trinta", e ele gritou:

— Davi, filho de Jessé, nós somos seus!
Tudo de bom para você e para aqueles
que o ajudam! Deus está do seu lado!

Então Davi os recebeu e os colocou
como oficiais do seu exército.

Membros da tribo de Manassés que seguiram Davi

19 Alguns soldados da *tribo de Manas-
sés passaram para o lado de Davi quando
ele havia saído junto com os filisteus para
lutar contra o rei Saul. Na verdade ele não
ajudou os filisteus. Os seus governadores
mandaram que Davi voltasse para Zicla-
gue porque ficaram com medo que ele os
entregasse ao seu antigo chefe, o rei Saul.
20 São estes os soldados da tribo de Ma-
nassés que passaram para o lado de Davi
quando ele estava voltando para lá: Adna,
Jozabade, Jediael, Micael, Jozabade, Eliú e
Ziletai. Em Manassés todos eles haviam
sido comandantes de grupos de mil ho-
mens. 21 Eles serviram Davi como oficiais
das suas tropas porque eram soldados ca-
pazes. Mais tarde, eles foram oficiais do
exército israelita. 22 Quase todos os dias,
novos homens vinham juntar-se ao gru-
po de Davi, e por isso em pouco tempo o
seu exército ficou enorme.

A lista do exército de Davi

23-37 Quando Davi estava em Hebrom,
muitos soldados treinados foram se jun-
tar ao seu exército para ajudar a fazê-lo
rei no lugar de Saul, como o SENHOR Deus
havia prometido. Este é o número deles:

Da *tribo de Judá: seis mil e oitocentos homens bem equipados, armados com *escudos e lanças.

Da tribo de Simeão: sete mil e cem homens bem treinados.

Da tribo de Levi: quatro mil e seiscentos homens; seguidores de Joiada, descendente de Arão: três mil e setecentos homens; e Zadoque, um soldado jovem e capaz, veio com vinte e dois chefes do seu grupo de famílias.

Da tribo de Benjamim, a tribo de Saul: só três mil homens, pois a maior parte do povo de Benjamim continuava fiel a Saul.

Da tribo de Efraim: vinte mil e oitocentos homens valentes, que eram famosos nos seus grupos de famílias.

Da tribo de Manassés do Oeste: dezoito mil homens que foram escolhidos para irem fazer Davi rei.

Da tribo de Issacar: duzentos líderes e os homens comandados por eles. Esses líderes sabiam o que o povo de Israel devia fazer e a melhor ocasião para fazê-lo.

Da tribo de Zebulom: cinquenta mil homens fiéis e de confiança, treinados para usar todos os tipos de armas e prontos para lutar.

Da tribo de Naftali: mil líderes e mais trinta e sete mil homens armados com escudos e lanças.

Da tribo de Dã: vinte e oito mil e seiscentos homens treinados.

Da tribo de Aser: quarenta mil homens preparados para a batalha.

Das tribos que ficavam a leste do rio Jordão, isto é, Rúben, Gade e Manassés do Leste: cento e vinte mil homens treinados para usar todos os tipos de armas.

38 Todos esses soldados preparados
para a batalha foram até Hebrom, resol-
vidos a fazerem Davi rei de todos os is-
raelitas. Todo o resto do povo de Israel
estava unido no mesmo propósito. 39 Eles
ficaram três dias ali com Davi, comendo
e bebendo aquilo que os seus irmãos is-
raelitas haviam preparado para eles. 40 De
bem longe, até das tribos de Issacar, Ze-
bulom e Naftali, no Norte, vieram pessoas
trazendo jumentos, camelos, mulas e bois
carregados de comida, isto é, farinha de
trigo, figos, passas, vinho e azeite. Tam-
bém trouxeram gado e ovelhas para ma-
tar e comer. Tudo isso mostrava a alegria
que havia em todo o país.

A arca da aliança é tirada de Quiriate-Jearim

2Samuel 6.1-11

13 O rei Davi consultou todos os ofi-
ciais que comandavam grupos de
mil homens e grupos de cem. 2 Depois
anunciou a todo o povo de Israel o se-
guinte:

— Se vocês acharem bom, e se isso for
da vontade do SENHOR, nosso Deus, va-
mos mandar mensageiros ao resto dos
nossos irmãos israelitas e aos sacerdotes
e *levitas nas suas cidades, para dizerem
a eles que venham se reunir aqui com a
gente. 3 Aí nós iremos buscar a *arca da
aliança, pois ela ficou esquecida durante
o reinado de Saul.

4 Essa proposta agradou ao povo, e to-
dos concordaram com ela.

5 Então Davi reuniu todo o povo de

Israel, desde a fronteira do Egito, no Sul,
até a subida de Hamate, no Norte, a fim de
levarem a arca da aliança de Quiriate-Jea-
rim para Jerusalém. 6 Davi e o povo foram
até a cidade de Baalá, isto é, Quiriate-Jea-
rim, no território da *tribo de Judá, para
tirar dali a arca da aliança de Deus, a qual
tem o nome do SENHOR, que se assenta no
seu trono, acima dos *querubins. 7 Colo-
caram a arca num carro de bois, novo, e
a levaram embora da casa de Abinadabe.
Uzá e Aiô guiavam o carro. 8 Então Davi e
todo o povo começaram a dançar com to-
das as suas forças em louvor a Deus. Eles
cantavam e tocavam instrumentos musi-
cais, isto é, *harpas, *liras, tambores, pra-
tos e trombetas.
9 Quando chegaram ao campo de de-
bulhar cereais que pertencia a Quidom,
os bois tropeçaram. Então Uzá estendeu
a mão e segurou a arca da aliança. 10 Na
mesma hora, o SENHOR ficou *irado por
Uzá ter tocado na arca e o matou. Ele
morreu ali, na presença de Deus. 11 Davi
ficou furioso porque Deus, na sua ira, ha-
via castigado Uzá; assim *até hoje aquele
lugar é chamado de Peres-Uzá.
12 Então Davi ficou com medo de Deus
e disse:
— E agora como poderei levar comigo
a arca da aliança?
13 Assim Davi não levou a arca consigo
para a *Cidade de Davi. Em vez disso, ele
a deixou na casa de um homem chamado
Obede-Edom, que era da cidade de Gate.
14 A arca ficou ali três meses, e Deus aben-
çoou a família de Obede-Edom e tudo o
que era dele.

O reinado de Davi é reconhecido por Hirão

2Samuel 5.11-12

14 O rei Hirão, da cidade de Tiro, en-
viou embaixadores a Davi. Ele man-
dou toras de cedro e também carpinteiros
e pedreiros para construírem um palácio
para Davi. 2 *E assim Davi* entendeu que o
SENHOR o havia confirmado como rei de
Israel e que, por amor ao seu povo, estava
fazendo o seu reino progredir.

Os filhos de Davi nascidos em Jerusalém

2Samuel 5.13-16; 1Crônicas 3.5-9

3 Em Jerusalém, Davi casou com outras
mulheres e foi pai de mais filhos e filhas.
4 São estes os nomes dos seus filhos que
nasceram em Jerusalém:
Samua, Sobabe, Natã, Salomão, 5 Ibar,
Elisua, Elpelete, 6 Noga, Nefegue, Jafia,
7 Elisama, Beeliada e Elifelete.

Davi derrota os filisteus

2Samuel 5.17-25

8 Quando os filisteus souberam que
Davi tinha sido *ungido como rei do país
inteiro de Israel, o seu exército saiu para
prendê-lo. Davi soube disso e saiu para
encontrar-se com eles. 9 Os filisteus che-
garam ao vale dos Gigantes e começaram
a atacar e a roubar. 10 Então Davi pergun-
tou a Deus:
— Devo lutar contra os filisteus? Tu me
darás a vitória?
— Vá! — disse o SENHOR. — Eu lhe da-
rei a vitória.
11 Davi os atacou em Baal-Perazim e os
derrotou. Ele disse:
— Como se eu fosse uma enchente que
derruba tudo, Deus me usou para abrir
uma brecha no meio do exército inimigo.
Por isso, aquele lugar é chamado de
Baal-Perazim.
12 Quando os filisteus fugiram, deixaram
os seus ídolos para trás, e Davi ordenou
que fossem queimados.
13 Mas logo os filisteus voltaram ao vale
e começaram a atacar. 14 Mais uma vez
Davi consultou a Deus, e ele respondeu:
— Não os ataque daqui. Dê a volta e
ataque pelo outro lado, perto das amo-
reiras. 15 Quando você ouvir o barulho de
marcha por cima das amoreiras, ataque-
-os porque isso quer dizer que eu estou
indo na sua frente para derrotar o exér-
cito dos filisteus.
16 Davi fez o que Deus havia mandado
e obrigou os inimigos a recuar desde Gi-
beão até Gezer. 17 A fama de Davi se es-
palhou por toda parte, e o SENHOR fez
com que todas as nações ficassem com
medo dele.

Preparativos para fazer a mudança da arca da aliança

15 *Para o seu próprio uso, Davi* cons-
truiu casas na *Cidade de Davi.
Também preparou um lugar para a *arca
da aliança de Deus e armou uma barraca
para ela. 2 Então disse:
— Somente *levitas podem carregar a
arca da aliança porque foram eles que o
SENHOR Deus escolheu a fim de carregá-
-la e para servi-lo para sempre.
3 Então Davi chamou todo o povo de Is-
rael a Jerusalém a fim de trazer a arca da

aliança para o lugar que ele havia prepa-
rado para ela. 4 Em seguida mandou bus-
car os descendentes de Arão e os levitas.
5 Do grupo de famílias levitas de Coate
veio Uriel, chefiando cento e vinte ho-
mens do seu grupo de famílias; 6 do grupo
de famílias de Merari veio Asaías, chefian-
do duzentos e vinte homens; 7 do grupo
de famílias de Gérson veio Joel, chefiando
cento e trinta; 8 do grupo de famílias de
Elisafã veio Semaías, chefiando duzen-
tos; 9 do grupo de famílias de Hebrom veio
Eliel, chefiando oitenta; 10 e do grupo de
famílias de Uziel veio Aminadabe, che-
fiando cento e doze.

11 Davi chamou os sacerdotes Zadoque
e Abiatar e os levitas Uriel, Asaías, Joel,
Semaías, Eliel e Aminadabe. 12 Então dis-
se aos levitas:

— Vocês são os líderes dos grupos de
famílias levitas. *Purifiquem-se e purifi-
quem os seus irmãos levitas, para que
possam trazer a arca da aliança do SE-
NHOR, o Deus de Israel, para o lugar que
preparei para ela. 13 Não foram vocês que
a carregaram da primeira vez, e por isso
o SENHOR, nosso Deus, nos castigou por
não o termos consultado como devíamos.

14 Então os sacerdotes e os levitas se
purificaram a fim de carregar a arca da
aliança do SENHOR, o Deus de Israel. 15 Os
levitas a carregaram nos ombros pelos ca-
bos, como Deus havia mandado por meio
de Moisés.

16 Davi mandou que os líderes dos levi-
tas nomeassem vários levitas para cantar
e para tocar música alegre nas *harpas, e
nas *liras, e com os pratos. 17-21 Dos grupos
de famílias de cantores eles escolheram
para tocar pratos de metal os seguintes
homens: Hemã, filho de Joel; o seu pa-
rente Asafe, filho de Berequias; e Etã, fi-
lho de Cuchaías, que era do grupo de fa-
mílias de Merari. Escolheram os levitas
Zacarias, Jaaziel, Semiramote, Jeiel, Uni,
Eliabe, Maaseias e Benaías para ajudá-los;
eles tocavam as harpas, que alcançavam
notas altas.

Para tocarem as liras, que alcançavam
notas baixas, escolheram os seguintes le-
vitas: Matitias, Elifeleu, Micneias, Azazias
e os guardas do Templo, Obede-Edom e
Jeiel.

22 Porque era entendido em música,
Quenanias foi escolhido para dirigir os
músicos levitas. 23-24 Berequias e Elcana,
junto com Obede-Edom e Jeías, foram
escolhidos para serem os guardas da
arca da aliança. Para tocarem trombeta
em frente da arca, foram escolhidos os sa-
cerdotes Sebanias, Josafá, Netanel, Ama-
sai, Zacarias, Benaías e Eliézer.

A arca é levada para Jerusalém
2Samuel 6.12-19

25 Então o rei Davi, os líderes de Israel
e os comandantes militares foram até a
casa de Obede-Edom buscar a *arca da
aliança e fizeram uma grande festa. 26 E,
como Deus estava ajudando os *levitas
que carregavam a arca, foram oferecidos
em *sacrifício sete touros e sete carneiros.
27 Davi estava vestido com uma roupa feita
do mais fino linho; do mesmo jeito tam-
bém estavam vestidos os músicos, Quena-
nias, que era o seu líder, e os levitas que
carregavam a arca. Davi usava ainda um
*manto sacerdotal feito de linho. 28 E assim
todos os israelitas subiram até Jerusalém,
acompanhando a arca com gritos de ale-
gria, ao som de trombetas, de cornetas
feitas de chifre de carneiro, de pratos e
de música de *harpas e *liras.

29 Quando a arca estava entrando na ci-
dade, Mical, filha de Saul, olhou pela ja-
nela e viu o rei Davi dançando e pulando
de alegria. Então sentiu desprezo por ele.

16 Levaram a *arca da aliança para a
barraca que Davi tinha preparado
para ela e a colocaram lá dentro. Então
ofereceram a Deus *sacrifícios que foram
completamente queimados e ofertas de
paz. 2 Depois que Davi acabou de oferecer
os sacrifícios, abençoou o povo em nome
do SENHOR 3 e distribuiu comida a todos.
Deu a cada homem e a cada mulher de
Israel um pão, um pedaço de carne as-
sada e passas.

4 Davi nomeou alguns *levitas para di-
rigirem a adoração ao SENHOR, o Deus
de Israel, cantando e louvando a Deus,
em frente da arca da aliança. 5 Asafe foi
nomeado o chefe deles, e Zacarias, o seu
ajudante. Para tocarem *lira, foram no-
meados: Jeiel, Semiramote, Jeiel, Matitias,
Eliabe, Benaías, Obede-Edom e Jeiel. Para
tocar pratos, foi nomeado Asafe, 6 e, para
tocarem trombeta todos os dias em fren-
te da arca da aliança, foram nomeados
os sacerdotes Benaías e Jaaziel. 7 Foi nes-
se dia que Davi deu pela primeira vez a
Asafe e aos seus colegas levitas a respon-
sabilidade de cantarem louvores a Deus,
o SENHOR.

Um hino de louvor

Salmos 105.1-15; 96.1-13;
106.1,47-48

8 Agradeçam a Deus, o SENHOR,
anunciem a sua grandeza
e contem às nações as coisas que
ele fez.
9 Cantem a Deus, cantem louvores
a ele,
falem dos seus atos maravilhosos.
10 Tenham orgulho daquilo que o
Santo Deus tem feito.
Que fique alegre o coração de todos
os que adoram ao SENHOR!
11 Procurem a ajuda do SENHOR;
estejam sempre na sua presença.

12-13 Vocês, descendentes de Israel,
*servo de Deus,
vocês, descendentes de Jacó, o
escolhido de Deus,
lembrem de tudo o que Deus tem
feito,
lembrem dos seus grandes e
maravilhosos milagres
e de como tem condenado os
nossos inimigos!
14 Ele é o SENHOR, nosso Deus;
os seus mandamentos são para o
mundo inteiro.
15 Ele sempre lembrará da sua *aliança
e, por milhares de *gerações,
cumprirá as suas promessas.
16 Ele será fiel à aliança feita com
Abraão
e à promessa que fez com
juramento a Isaque.
17 Deus fez uma aliança com Jacó
para sempre,
fez com ele uma aliança eterna.
18 Naquela ocasião Deus disse:
"Eu lhe darei a terra de Canaã,
e ela será de vocês para sempre."

19 Eles eram muito poucos,
eram estrangeiros na *Terra
Prometida.
20 Andavam de país em país,
de reino em reino.
21 Mas Deus não deixou que
ninguém os maltratasse
e, para protegê-los, avisou reis.
22 Ele disse: "Não toquem nos servos
que eu escolhi;
não maltratem os meus *profetas!"
23 Cantem ao SENHOR, todos os
povos da terra.

Uma oração de...

Ação de graças

Doador de todo o bem, rios e rios de amor transbordam em meu caminho.

Tu me fizeste do nada; tu me chamaste de volta de uma terra distante; tu me levaste da ignorância para o conhecimento, das trevas para a luz, da morte para a vida, da angústia para a paz, da loucura para a sabedoria, do erro para a verdade, do pecado para a vitória. Obrigada por meu chamado sublime e santo. Eu te agradeço pelos anjos ministradores, pelo conforto de tua igreja, pela lei de tua Palavra, pelo ensino de teu Espírito, pela comunhão cristã, pelas vidas santas que viveram antes de mim, pelos exemplos que ensinam e pelos exemplos que advertem. Tua vontade está em tudo o que provês, permitindo-me crescer na graça e alcançar minha presença eterna. Minha fé que nasceu no céu faz a promessa da visão eterna, e meu novo nascimento, uma promessa de vida sem fim. Eu me aproximo de ti, sabendo que te aproximarás de mim.

Eu te peço, crendo que já me deste. Eu me entrego a ti, porque me restauraste. Eu te bendigo e te adoro, Deus eterno, pela satisfação destes pensamentos, pela alegria destas esperanças.

Amém.

Anunciem todos os dias que ele nos
salvou.
24 Falem da sua *glória às nações;
contem a todos os povos as coisas
maravilhosas que ele tem feito.
25 O SENHOR é grande e merece todo
o nosso louvor;
ele deve ser *temido mais do que
todos os deuses.
26 Pois os deuses das outras nações
são somente ídolos,
mas o SENHOR fez os céus.
27 Ele está cercado de glória e
majestade;
poder e beleza enchem o seu
Templo.
28 Louvem o SENHOR, todos os povos
da terra!
Louvem a sua glória e o seu poder.

29 Deem ao SENHOR a honra que ele
merece;
tragam uma oferta e entrem nos
pátios do seu Templo.
Curvem-se diante do Santo Deus
quando ele aparecer;
30 trema diante dele, toda a terra.

A terra está firme no seu lugar
e não pode ser abalada.
31 Alegre-se a terra, e fique contente
o céu.
Digam em todas as nações: "O
SENHOR é Rei!"
32 Ruja o mar e todas as criaturas
que nele vivem.
Alegrem-se os campos e tudo o que
há neles.
33 Então as árvores dos bosques
gritarão de alegria diante de
Deus, o SENHOR,
pois ele vem governar a terra.

34 Deem graças ao SENHOR porque
ele é bom,
e o seu amor dura para sempre.
35 Digam a ele: "Liberta-nos, ó
SENHOR, nosso Salvador!
Ajunta-nos e tira-nos do meio dos
pagãos.
Assim nós te daremos graças
e com prazer te louvaremos, ó
Santo Deus."
36 Louvemos o SENHOR, o Deus de
Israel.
Louvem o SENHOR agora e sempre.

Então todo o povo disse "*amém!" e louvou a Deus, o SENHOR.

Adoração em Jerusalém e Gibeão

37 O rei Davi pôs Asafe e os seus colegas
*levitas como encarregados permanentes
da adoração que era feita no lugar onde a
*arca da aliança havia sido colocada. Eles
deviam cumprir ali os seus deveres todos
os dias. 38 Obede-Edom, filho de Jedutum,
e sessenta e oito homens do seu grupo
de famílias deviam ser os seus ajudantes. Hosa e Obede-Edom eram os guardas dos portões.
39 Porém o sacerdote Zadoque e os seus
colegas estavam encarregados do culto
ao SENHOR Deus na *Tenda Sagrada, que
estava no lugar de adoração em Gibeão.
40 Todas as manhãs e todas as tardes eles
deviam oferecer no altar *sacrifícios que
seriam completamente queimados, de
acordo com o que está escrito na *Lei que
o SENHOR deu ao povo de Israel. 41 Estavam ali com eles Hemã e Jedutum e os
outros que haviam sido nomeados a fim
de cantar louvores ao SENHOR por causa do seu amor que dura para sempre.
42 Hemã e Jedutum também estavam encarregados das trombetas, dos pratos e
dos outros instrumentos que eram tocados para acompanhar os hinos de louvor.
Os membros do grupo de famílias de Jedutum estavam encarregados de guardar
os portões.
43 Então todos foram para casa, e Davi
também foi, a fim de passar algum tempo
com a sua família.

A mensagem de Natã para Davi

2Samuel 7.1-17

17 Davi estava morando no seu palácio. Um dia ele mandou chamar o
*profeta Natã e disse:

— Veja só! Eu estou aqui, morando numa casa revestida de madeira de cedro, mas a *arca da aliança está guardada numa barraca!

2 Natã respondeu:

— Faça tudo o que quiser, pois Deus está com o senhor.

3 Mas naquela noite o SENHOR disse a
Natã:
4 — Vá e diga ao meu *servo Davi que
eu mandei dizer o seguinte: "Você não é a
pessoa que vai construir o templo em que
eu vou morar. 5 Desde o tempo em que tirei o povo de Israel do Egito até hoje, eu
não tenho morado em nenhum templo.
Tenho sempre morado numa tenda e mudado de um lugar para outro. 6 Em todas
as minhas viagens com o povo de Israel,
nunca perguntei a nenhum dos líderes

Pergunte a si mesma...

Até que ponto minha adoração a Deus é satisfatória?
De que maneira posso adorá-lo mais?
Eu sempre me orgulho quando o assunto é Deus (veja Jeremias 9:24)?
Com que frequência busco sua presença? Sempre? Às vezes? Quase sempre?

que escolhi por que razão eles não cons-
truíram para mim um templo revestido
de cedro." 7 Portanto, diga ao meu servo
Davi que eu, o SENHOR Deus Todo-Pode-
roso, digo o seguinte: "Eu tirei você do
trabalho de cuidar de ovelhas nos cam-
pos, para que governasse o meu povo de
Israel. 8 Estive com você em todos os luga-
res por onde tem ido e o defendi de todos
os seus inimigos conforme você foi avan-
çando. Eu farei com que você seja famoso,
tão famoso quanto os maiores líderes do
mundo. 9-10 Escolhi um lugar para o meu
povo de Israel e o fiz morar ali, num lugar
onde eles viverão sem nunca mais serem
perseguidos. Desde que entraram nesta
terra, eles têm sido atacados por povos
violentos, mas isso não acontecerá mais.
Prometo derrotar todos os seus inimigos
e dar descendentes a você. 11 E, quando
você morrer e for sepultado ao lado dos
seus antepassados, eu colocarei um dos
seus filhos como rei e tornarei forte o rei-
no dele. 12 Será ele quem construirá um
templo para mim, e eu farei com que os
seus descendentes governem para sem-
pre. 13 Eu serei pai dele, e ele será meu
filho. Nunca retirarei dele o meu amor,
como fiz com Saul, que foi rei antes de
você. 14 Eu o colocarei como responsá-
vel pelo meu povo e pelo meu reino para
sempre. A sua descendência real nunca
terminará."

15 E Natã contou a Davi tudo o que Deus
lhe havia revelado.

A oração de agradecimento de Davi

2Samuel 7.18-29

16 Então o rei Davi entrou na barraca,
sentou-se e orou assim:

— Ó SENHOR Deus, eu não mereço tudo
aquilo que fizeste por mim no passado,
e a minha família também não merece.
17 E, como se isso ainda fosse pouco, estás
fazendo promessas a respeito dos meus
descendentes no futuro e tu, ó SENHOR
Deus, já me estás tratando como um gran-
de homem. 18 O que mais posso te dizer?
Tu me conheces bem e, no entanto, me
honras a mim, teu *servo. 19 Era teu de-
sejo e propósito fazeres isso por mim e
me mostrares a minha futura grandeza.
20 Ó SENHOR, não há ninguém igual a ti;
nós sempre soubemos que só tu és Deus.
21 Não há nenhuma outra nação na terra
como o teu povo de Israel, que libertaste
para ser o teu próprio povo. As grandes e
maravilhosas coisas que fizeste por eles
tornaram o teu nome famoso em todo o
mundo. Tu libertaste o teu povo do Egi-
to e expulsaste as outras nações confor-
me o teu povo ia avançando. 22 Tu fizeste
com que o teu povo de Israel fosse teu
para sempre e tu, ó SENHOR, te tornaste
o seu Deus.

23 — E agora, ó SENHOR Deus, confir-
ma para sempre a promessa que fizes-
te a meu respeito e a respeito dos meus
descendentes e cumpre o que disseste
que ias fazer. 24 A tua fama será grande,
e para sempre as pessoas dirão: "O SE-
NHOR Todo-Poderoso é o Deus de Israel."
E tu farás com que sempre haja reis entre
os meus descendentes. 25 Ó meu Deus, eu
tenho coragem para te fazer esta oração
porque revelaste a mim, teu servo, que
farás com que os meus descendentes se-
jam reis. 26 Tu, ó SENHOR, és Deus e me fi-
zeste essa maravilhosa promessa. 27 Eu te
peço que abençoes os meus descendentes
para que eles continuem a ter sempre a
tua proteção. Tu, ó SENHOR, os tens aben-
çoado, e que a tua bênção esteja com eles
para sempre.

Diversas vitórias de Davi

2Samuel 8.1-18

18 Algum tempo depois, Davi atacou
de novo os filisteus e os derrotou.
Tomou deles a cidade de Gate e os povoa-
dos que ficavam ao seu redor. 2 Também
derrotou os moabitas, que ficaram domi-
nados por ele e lhe pagavam impostos.

3 Depois Davi atacou Hadadezer, que era
o rei de Zoba, na Síria, perto da região de
Hamate. Isso aconteceu quando Hadade-
zer estava tentando conquistar a região
que ficava ao longo do rio Eufrates. 4 Davi
tomou de Hadadezer mil carros de guer-
ra e prendeu sete mil cavaleiros e vinte
mil soldados de infantaria. Ele também fi-
cou com cavalos suficientes para puxarem
cem carros de guerra e aleijou os outros.

5 Os sírios de Damasco foram socor-
rer Hadadezer, e Davi os atacou e matou
vinte e dois mil deles. 6 Em seguida colo-
cou acampamentos militares no territó-
rio dos sírios de Damasco. Davi os domi-
nou, e eles lhe pagavam impostos. O SE-
NHOR Deus fez com que Davi fosse vito-
rioso em todos os lugares. 7 Davi tomou
dos oficiais de Hadadezer os *escudos de
ouro que eles usavam e os levou para Je-
rusalém. 8 Também tomou uma grande

quantidade de bronze das cidades de Tibate e de Cum, que eram governadas por Hadadezer. (Anos mais tarde, Salomão usou esse bronze para fazer o tanque, as colunas e objetos para o Templo.)

9 O rei Toí, da cidade de Hamate, soube que Davi tinha derrotado todo o exército de Hadadezer. 10 Então mandou o seu filho Jorão para cumprimentar Davi e para lhe dar os parabéns por ter vencido Hadadezer. Acontece que Toí havia lutado muitas vezes contra Hadadezer. Jorão levou para Davi objetos de prata, de ouro e de bronze. 11 E o rei Davi os separou para serem usados na adoração a Deus, o SENHOR, juntamente com a prata e o ouro que tinha tomado dos povos que havia conquistado, isto é, os edomitas, os moabitas, os amonitas, os filisteus e os amalequitas.

12 Abisai, cuja mãe se chamava Zeruia, derrotou os edomitas no vale do Sal e matou dezoito mil deles. 13 Ele colocou acampamentos militares em todo o país de Edom, e o povo dali ficou debaixo do domínio de Davi. O SENHOR fez com que Davi fosse vitorioso em todos os lugares aonde ia.

14 Davi governou todo o Israel e fez com que o seu povo fosse sempre tratado com justiça. 15 Joabe, irmão de Abisai, era o comandante do exército. Josafá, filho de Ailude, era conselheiro do rei. 16 Zadoque, filho de Aitube, e Aimeleque, filho de Abiatar, eram sacerdotes. Seraías era o escrivão. 17 Benaías, filho de Joiada, era o chefe dos queretitas e dos peletitas. E os filhos do rei Davi tinham as mais altas posições no seu serviço.

Davi vence os amonitas e os sírios

2Samuel 10.1-19

19 Algum tempo depois, morreu o rei Naás, do país de Amom, e o seu filho Hanum se tornou rei. 2 Davi disse:

— Eu serei bondoso com Hanum, assim como Naás, o seu pai, foi bondoso comigo.

Então enviou mensageiros a Hanum, para mostrar a sua amizade. Quando os mensageiros chegaram lá e visitaram o rei Hanum, 3 os líderes amonitas disseram a ele:

— O senhor pensa que é em honra do seu pai e para mostrar amizade ao senhor que Davi enviou estes homens? É claro que não! Ele os mandou aqui como espiões a fim de ficarem conhecendo a nossa terra, para poderem conquistá-la.

4 Então Hanum pegou os mensageiros de Davi, raspou a barba deles, cortou as suas roupas até a altura das nádegas e os mandou embora. 5 Eles ficaram tão envergonhados, que não tinham coragem de voltar para casa. Quando Davi soube disso, mandou lhes dizer que ficassem na cidade de Jericó e que só voltassem quando as suas barbas tivessem crescido de novo.

6 O rei Hanum e os amonitas compreenderam que tinham feito de Davi um inimigo. Por isso, contrataram na Mesopotâmia e em Maacá e Zoba, na Síria, carros de guerra e soldados de cavalaria. Pagaram para isso mais de trinta e quatro mil quilos de prata. 7 Os trinta e dois mil carros de guerra que eles haviam contratado e o exército do rei de Maacá foram e acamparam perto da cidade de Medeba. Os amonitas também saíram de todas as suas cidades e se aprontaram para a guerra.

8 Quando Davi soube disso, enviou contra eles Joabe e todo o exército israelita. 9 Os amonitas saíram e tomaram posição na entrada de Rabá, a sua capital; e os reis que haviam ido ajudá-los tomaram posição em campo aberto.

10 Joabe viu que as tropas inimigas atacariam pela frente e por trás. Então escolheu os melhores soldados de Israel e os colocou de frente para os sírios. 11 Deixou o resto das suas tropas debaixo do comando do seu irmão Abisai, que as colocou de frente para os amonitas. 12 E Joabe disse a Abisai:

— Se você perceber que os sírios estão me vencendo, venha me ajudar; e, se os amonitas estiverem vencendo você, eu irei ajudá-lo. 13 Seja corajoso! Vamos lutar com firmeza pelo nosso povo e pelas cidades do nosso Deus. E que seja feita a vontade de Deus, o SENHOR!

14 Então Joabe e os seus soldados avançaram para atacar, e os sírios fugiram. 15 Os amonitas viram os sírios fugindo, e aí eles também fugiram de Abisai, e voltaram para dentro da cidade. Então Joabe voltou para Jerusalém.

16 Quando os sírios viram que tinham sido vencidos pelos israelitas, mandaram buscar tropas que estavam no lado leste do rio Eufrates. Essas tropas eram dirigidas por Sobaque, o comandante do exército do rei Hadadezer, de Zoba. 17 Quando Davi soube disso, reuniu o exército israelita, atravessou o rio Jordão e colocou as tropas de frente para os sírios. A luta

começou, 18 e os israelitas fizeram os sí-
rios fugir. Davi e o seu exército mataram
sete mil soldados sírios que guiavam car-
ros de guerra e quarenta mil soldados de
infantaria. Também mataram Sobaque, o
comandante sírio. 19 Quando os reis que
eram chefiados por Hadadezer viram que
tinham sido vencidos pelos israelitas, fi-
zeram paz com Davi, ficando debaixo do
seu poder. E os sírios nunca mais quise-
ram ajudar os amonitas.

Davi conquista a cidade de Rabá

2Samuel 12.26-31

20 Na primavera seguinte, na época
do ano em que os reis costumam
sair para a guerra, Joabe saiu com o seu
exército e invadiu o país de Amom. Porém
o rei Davi ficou em Jerusalém. O exército
israelita cercou, atacou e destruiu a cidade
de Rabá. 2 *Moloque, o ídolo dos amonitas,
tinha uma coroa que pesava mais ou me-
nos trinta e quatro quilos. A coroa era de
ouro, e nela havia uma pedra preciosa, que
Davi tirou e colocou na sua própria coroa.
Davi levou também de Rabá muitas coisas
de valor. 3 Ele fez o povo sair da cidade e
o obrigou a trabalhar com serras, enxa-
das e machados. Fez o mesmo em todas
as outras cidades de Amom. Então Davi e
os seus soldados voltaram para Jerusalém.

Batalhas contra os gigantes filisteus

2Samuel 21.15-22

4 Algum tempo depois, houve guerra
contra os filisteus em Gezer. Isso aconte-
ceu quando Sibecai, da cidade de Husa,
matou um gigante chamado Sipai, e os fi-
listeus foram derrotados.

5 Houve outra batalha contra os filisteus,
e Elanã, filho de Jair, matou Lami, irmão de
Golias, da cidade de Gate. A lança de Lami
era enorme, muito grossa e pesada.

6 E houve ainda outra batalha em Gate.
Ali havia um descendente dos antigos gi-
gantes que tinha seis dedos em cada mão
e em cada pé. 7 *Esse gigante* desafiou os
israelitas, e Jônatas, filho de Simeia, irmão
de Davi, o matou.

8 Esses três, que foram mortos por Davi
e os seus soldados, eram descendentes
dos gigantes da cidade de Gate.

Davi manda contar o povo

2Samuel 24.1-25

21 Satanás quis criar problemas para
o povo de Israel e por isso levou
Davi a fazer uma contagem do povo. 2 Davi
deu a Joabe e aos outros oficiais a seguin-
te ordem:

— Vão por toda a terra de Israel, des-
de o Norte até o Sul, e façam a contagem
do povo. Eu quero saber quantos somos.

3 Mas Joabe respondeu:

— Que o SENHOR, nosso Deus, faça o
povo de Israel cem vezes mais numero-
so do que é agora! Ó rei, todos eles são
seus servidores. Por que é que o senhor
quer fazer isso e tornar culpada toda a
nossa nação?

4 Mas o rei fez com que Joabe obedeces-
se à sua ordem. Então Joabe saiu, viajou
por toda a terra de Israel e depois vol-
tou para Jerusalém. 5 Ele informou ao rei
Davi que o total de homens capazes para
o serviço militar era o seguinte: um mi-
lhão e cem mil em Israel e quatrocentos e
setenta mil em Judá. 6 Mas Joabe desapro-
vava a ordem do rei e por isso não fez a
contagem nas *tribos de Levi e Benjamim.

7 O que foi feito desagradou a Deus, e
por isso ele castigou o povo de Israel.

8 Então Davi disse:

— Ó Deus, eu cometi um pecado terrí-
vel quando mandei contar o povo. Por fa-
vor, perdoa-me! O que fiz foi uma loucura.

9 Então o SENHOR Deus disse a Gade, o
*profeta de Davi:

10 — Vá e diga a Davi que eu dou a ele
o direito de escolher uma de três coisas;
aquilo que ele escolher eu farei.

11-12 Gade foi falar com Davi, contou o
que o SENHOR tinha dito e disse:

— Você pode escolher uma destas três
coisas: três anos de fome, três meses fu-
gindo dos exércitos dos seus inimigos ou
três dias nos quais o SENHOR atacará você
com a espada dele, mandando peste para
a terra de Israel e usando o seu anjo para
trazer a morte por todo o país. O que você
prefere? Que resposta devo dar a Deus?

13 Davi respondeu:

— Estou desesperado; porém não que-
ro ser castigado por homens. Que o pró-
prio SENHOR me castigue porque ele é mi-
sericordioso!

14 Então Deus mandou que uma peste
caísse sobre o povo de Israel, e morreram
setenta mil israelitas. 15 Depois mandou
um anjo para destruir a cidade de Jerusa-
lém, mas mudou de ideia e disse ao anjo:

— Pare! Já chega!

O anjo do SENHOR estava perto do ter-
reiro de malhar cereais que pertencia a
Araúna, o jebuseu.

16 Davi olhou e viu o anjo no ar, seguran-
do a sua espada, pronto para destruir Je-
rusalém. Então Davi e os líderes do povo,
todos eles vestindo roupas feitas de pano
grosseiro, ajoelharam-se e encostaram o
rosto no chão. 17 Aí Davi orou assim:
— Ó Deus, fui eu que errei. Fui eu quem
mandou fazer o recenseamento. O que foi
que essa pobre gente fez? Ó SENHOR, meu
Deus, castiga a mim e a minha família e
poupa o teu povo!
18 Então o anjo do SENHOR disse a Gade
que mandasse Davi construir um altar
para Deus no terreiro de malhar cereais
que pertencia a Araúna. 19 Davi obedeceu
à ordem do SENHOR e foi, como Gade lhe
tinha dito. 20 Ali, no terreiro, Araúna e os
seus quatro filhos estavam malhando tri-
go. Quando viram o anjo, os filhos fugiram
e se esconderam. 21 Ao ver Davi chegan-
do, Araúna saiu do terreiro, ajoelhou-se
e encostou o rosto no chão.
22 Então Davi lhe disse:
— Quero que você me venda o seu ter-
reiro de malhar cereais a fim de que eu
construa nele um altar para Deus, o SE-
NHOR, e assim a peste acabe. Eu pagarei
um preço justo por ele.
23 Araúna disse:
— Fique com o terreiro e faça com ele
o que quiser. Aqui estão estes bois para
serem queimados em *sacrifício no altar,
as tábuas de debulhar cereais para serem
usadas como lenha e também trigo para
dar como oferta. Eu lhe dou tudo isso.
24 Mas Davi respondeu:
— Isso não! Eu pagarei o preço justo.
Não vou dar como oferta ao SENHOR coi-
sas que são de você, coisas que não me
custaram nada.
25 E pagou a Araúna quase sete quilos
de ouro pelo terreiro. 26 Então construiu
ali um altar para Deus e ofereceu sacrifí-
cios que foram completamente queima-
dos e ofertas de paz. Ele orou, e Deus res-
pondeu, mandando fogo do céu para quei-
mar os sacrifícios que estavam no altar.
27 O SENHOR Deus mandou que o anjo
colocasse a sua espada na bainha, e ele
obedeceu. 28 Naquele instante Davi enten-
deu que Deus havia respondido à sua ora-
ção e por isso ofereceu sacrifícios no altar
do terreiro de malhar cereais. 29 Naque-
le tempo a *Tenda da Presença de Deus,
que Moisés havia feito no deserto, e o al-
tar onde os sacrifícios eram queimados
ainda estavam no lugar de adoração que
ficava em Gibeão. 30 Mas Davi não podia ir
até lá para adorar a Deus porque estava
com medo da espada do anjo do SENHOR.

22 Então Davi disse:
— Neste lugar será construído
o Templo de Deus, o SENHOR. Neste al-
tar o povo de Israel deverá apresentar
*sacrifícios que serão completamente
queimados.

Preparativos para a construção do Templo

2 Davi mandou que fossem reunidos to-
dos os estrangeiros que moravam em Is-
rael e os pôs para trabalhar. Alguns de-
les preparavam blocos de pedra para a
construção do Templo. 3 Davi ajuntou uma
grande quantidade de ferro para fazer
pregos e braçadeiras para os portões de
madeira e ajuntou tanto bronze, que não
foi possível pesar. 4 E o povo de Tiro e de
Sidom lhe mandou uma grande quantida-
de de toras de cedro. 5 Davi pensou assim:
"O templo que o meu filho Salomão vai
construir deverá ser esplêndido e famoso
no mundo inteiro. Mas ele é jovem e sem
experiência; por isso, eu preciso ajuntar
o material necessário para a construção."
Por isso, Davi, antes de morrer, ajun-
tou uma grande quantidade de material.
6 Ele mandou chamar o seu filho Salo-
mão e ordenou que ele construísse um
templo para o SENHOR, o Deus de Israel.
7 Davi disse:
— Meu filho, eu quis construir um tem-
plo em honra do SENHOR, meu Deus. 8 Mas
ele disse que eu havia matado muita gen-
te e feito muitas guerras. Portanto, por
causa de todo o derramamento de sangue
que eu causei, ele não me deixaria cons-
truir um templo para ele. 9 Porém Deus
me fez uma promessa. Ele disse: "Você
terá um filho que governará em paz por-
que eu farei com que ele viva em paz com
todos os seus inimigos. O seu nome será
Salomão porque durante o seu reinado eu
darei paz e segurança ao povo de Israel.
10 Ele construirá um templo para mim.
Ele será meu filho, e eu serei seu pai. Os
seus descendentes governarão Israel para
sempre."
11 Davi continuou:
— Agora, meu filho, que o SENHOR, seu
Deus, esteja com você para que você con-
siga construir um templo para ele, confor-
me ele prometeu que você faria. 12 E que
o SENHOR, seu Deus, lhe dê inteligência e

sabedoria para que você possa governar o
povo de Israel de acordo com a *Lei dele!
13 Se você obedecer a todas as leis que o
SENHOR deu a Moisés para o povo de Is-
rael, tudo irá bem para você. Seja forte e
corajoso; não desanime, nem tenha medo.
14 Quanto ao Templo, com muito esforço
eu ajuntei mais de três mil e quatrocen-
tas toneladas de ouro e mais de trinta e
quatro mil toneladas de prata para serem
usados na construção. Além disso, há uma
quantidade tão grande de bronze e ferro,
que nem dá para contar. Também arma-
zenei madeira e pedras preparadas, mas
você deve arranjar mais. 15 Para o serviço
você tem muitos trabalhadores. Há ho-
mens para trabalhar nas pedreiras, e há
carpinteiros e pedreiros, e também uma
grande quantidade de especialistas em
todo tipo de trabalho 16 em ouro, prata,
bronze e ferro. Portanto, mãos à obra, e
que o SENHOR Deus o ajude!
17 Davi ordenou a todos os líderes de Is-
rael que ajudassem Salomão. 18 Ele disse:
— O SENHOR, nosso Deus, tem estado
com vocês e lhes tem dado paz por to-
dos os lados. Ele deixou que eu conquis-
tasse todos os povos que moravam nes-
ta terra, e agora eles são dominados por
vocês e por Deus. 19 Portanto, sirvam o
SENHOR, seu Deus, com todo o coração e
alma. Comecem a construir o Templo para
que possam colocar nele a *arca da alian-
ça do SENHOR e os outros objetos usados
na sua adoração.

23 Quando já estava bem velho, Davi
pôs o seu filho Salomão como rei
de Israel.

O trabalho dos levitas

2 O rei Davi reuniu todos os líderes is-
raelitas e todos os sacerdotes e *levitas.
3 Foram contados os levitas de trinta anos
para cima, e o total foi de trinta e oito
mil homens. 4 O rei nomeou vinte e qua-
tro mil deles para administrarem o tra-
balho de construção do Templo. Nomeou
também seis mil para fazerem a escrita
e resolverem os problemas que surgis-
sem. 5 E ainda nomeou quatro mil para
serem guardas dos portões e quatro mil
para louvarem o SENHOR com os instru-
mentos que o próprio rei tinha mandado
fazer para isso.
6 Davi dividiu os levitas de acordo com
os seus três grupos de famílias, que des-
cendiam de Gérson, Coate e Merari.
7 Gérson foi pai de dois filhos: Ladã e
Simei. 8 Ladã foi pai de três filhos: Jeiel,
Zetã e Joel, 9 que foram os chefes dos gru-
pos de famílias descendentes de Ladã. (Si-
mei foi pai de três filhos: Selomite, Ha-
ziel e Harã.)
10-11 Simei foi pai de quatro filhos: Jaate,
Ziza, Jeús e Berias, pela ordem de idade.
Jeús e Berias não tiveram muitos descen-
dentes e por isso foram contados como
um só grupo de famílias.
12 Coate foi pai de quatro filhos: Anrão,
Isar, Hebrom e Uziel. 13 Anrão, o filho mais
velho, foi o pai de Arão e Moisés. (Arão e
os seus descendentes foram separados
para sempre a fim de tomar conta dos ob-
jetos sagrados, para queimarem incenso
na adoração a Deus, o SENHOR, para o ser-
virem e para abençoarem o povo em seu
nome. 14 Mas os filhos de Moisés, homem
de Deus, foram contados entre os levitas.)
15 Moisés foi pai de dois filhos: Gérson e
Eliézer. 16 O líder dos filhos de Gérson foi
Sebuel. 17 Eliézer foi pai de somente um
filho, chamado Reabias, mas Reabias teve
muitos descendentes.
18 Isar, o segundo filho de Coate, foi pai
de um filho chamado Selomite, que foi o
chefe do seu grupo de famílias. 19 Hebrom,
o terceiro filho de Coate, foi pai de quatro
filhos: Jerias, Amariá, Jaaziel e Jecameão.
20 Uziel, o quarto filho de Coate, foi pai de
dois filhos: Mica e Issias.
21 Merari foi pai de dois filhos: Mali e
Musi. Mali também foi pai de dois filhos:
Eleazar e Quis, 22 mas Eleazar morreu sem
deixar nenhum filho homem; só deixou
filhas. Estas casaram com os primos, os
filhos de Quis. 23 Musi, o segundo filho de
Merari, foi pai de três filhos: Mali, Éder
e Jerimote.
24 Foram estes os descendentes de Levi,
por famílias e por grupos de famílias, re-
gistrados nome por nome. Todos os seus
descendentes da idade de vinte anos para
cima eram responsáveis pelos serviços do
Templo de Deus, o SENHOR.
25 Davi disse:
— O SENHOR, o Deus de Israel, tem
dado paz ao seu povo e morará em Jeru-
salém para sempre. 26 Por isso, os levitas
não precisam mais carregar a *Tenda da
Presença de Deus nem os objetos usados
na adoração.
27 Assim, de acordo com as últimas or-
dens de Davi, quando completavam vinte

anos de idade, os levitas eram registrados para o serviço. 28 Então eram escalados para ajudar os sacerdotes descendentes de Arão na adoração no Templo, para cuidar dos seus pátios e salas e para conservar *puro tudo o que era sagrado; 29 para serem responsáveis pelos pães oferecidos a Deus, pela farinha de trigo usada nas ofertas, pelos *pães achatados feitos sem fermento, pelas ofertas assadas em frigideiras e pela farinha de trigo misturada com azeite. Eram também encarregados de pesar e medir as ofertas para o Templo; 30 de louvar e glorificar o SENHOR todas as manhãs e todas as tardes 31 e sempre que as ofertas a Deus eram queimadas no sábado, na *Festa da Lua Nova e em outras festas. Foram feitas regras a respeito do número de levitas escalados de cada vez para fazerem esse trabalho. Eles ficaram encarregados para sempre da adoração ao SENHOR. 32 Eles receberam a responsabilidade de cuidar da Tenda da Presença de Deus e do Templo e de ajudar os seus parentes, os sacerdotes descendentes de Arão, na adoração no Templo.

O trabalho dos sacerdotes

24 São estes os grupos aos quais pertenciam os descendentes de Arão. Arão foi pai de quatro filhos: Nadabe, Abiú, Eleazar e Itamar. 2 Nadabe e Abiú morreram antes do seu pai; eles não deixaram filhos, e por isso os seus irmãos Eleazar e Itamar se tornaram sacerdotes. 3 O rei Davi organizou os descendentes de Arão de acordo com os seus deveres. Foi ajudado nesse trabalho por Zadoque, que era descendente de Eleazar, e por Aimeleque, que era descendente de Itamar.

4 Os descendentes de Eleazar foram divididos em dezesseis grupos, e os descendentes de Itamar foram divididos em oito. Isso foi feito assim porque entre os descendentes de Eleazar havia um número maior de chefes de famílias. 5 Como havia oficiais do Templo e líderes espirituais tanto entre os descendentes de Eleazar como entre os de Itamar, eles foram divididos por *sorteio. 6 Os descendentes de Eleazar e de Itamar eram sorteados alternadamente, e os seus nomes foram escritos num livro pelo escrivão Semaías, filho de Netanel. Foram testemunhas o rei, os seus oficiais, o sacerdote Zadoque, Aimeleque, filho de Abiatar, e os chefes das famílias de sacerdotes e das famílias de *levitas.

7-18 Depois de tirada a sorte, os vinte e quatro grupos receberam os seus turnos na seguinte ordem: 1) Jeoiaribe; 2) Jedaías; 3) Harim; 4) Seorim; 5) Malquias; 6) Miamim; 7) Hacoz; 8) Abias; 9) Jesua; 10) Secanias; 11) Eliasibe; 12) Jaquim; 13) Hupá; 14) Jesebeabe; 15) Bilga; 16) Imer; 17) Hezir; 18) Hapises; 19) Petaías; 20) Jeezquel; 21) Jaquim; 22) Gamul; 23) Delaías; 24) Maazias.

19 Os nomes desses homens foram escritos num livro, de acordo com os seus turnos, para entrarem no Templo e cumprirem os deveres conforme as regras deixadas por Arão, o seu antepassado, conforme o SENHOR, o Deus de Israel, lhe havia ordenado.

A lista dos levitas

20 São estes os outros chefes de famílias dos descendentes de Levi:

Jedias, descendente de Anrão através de Sebuel;

21 Issias, descendente de Reabias;

22 Jaate, descendente de Isar através de Selomite;

23 Jerias, Amariá, Jaaziel e Jecameão, filhos de Hebrom, por ordem de idade;

24 Samir, descendente de Uziel, através de Mica;

25 Zacarias, descendente de Uziel, através de Issias, irmão de Mica;

26 Mali, Musi e Jaazias, descendentes de Merari. 27 Jaazias foi pai de três filhos: Soão, Zacur e Ibri. 28-29 Mali foi pai de dois filhos: Eleazar e Quis. Eleazar não deixou filhos, porém Quis foi pai de um filho chamado Jerameel. 30 Musi foi pai de três filhos: Mali, Éder e Jerimote.

Eram estas as famílias dos *levitas.

31 O chefe de cada família e um dos seus irmãos mais novos tiraram sortes para serem escalados como haviam feito os seus parentes, os sacerdotes descendentes de Arão. Foram testemunhas o rei Davi, Zadoque, Aimeleque e os chefes de famílias de sacerdotes e de levitas.

Os músicos do Templo

25 O rei Davi e os líderes dos *levitas escolheram os seguintes grupos de famílias de levitas para dirigirem os cultos de adoração: Asafe, Hemã e Jedutum. Eles deviam anunciar as mensagens de Deus, acompanhados por música de *harpas, *liras e pratos. Esta é a lista dos homens escolhidos para este serviço:

2 Os quatro filhos de Asafe: Zacur, José, Netanias e Asarela. Quem os dirigia era Asafe, que anunciava as mensagens de Deus quando o rei mandava.

3 Os seis filhos de Jedutum: Gedalias, Zeri, Jesaías, Simei, Hasabias e Matitias. Dirigidos pelo seu pai, eles anunciavam a mensagem de Deus, acompanhados por música de liras, e cantavam louvores e agradecimentos a Deus, o SENHOR.

4 Os catorze filhos de Hemã: Buquias, Matanias, Uziel, Sebuel, Jerimote, Hananias, Hanani, Eliata, Gidalti, Romanti-Ézer, Josbecasa, Maloti, Hotir e Maaziote. 5 Deus deu a Hemã, o *profeta do rei, esses catorze filhos e também três filhas, conforme havia prometido, a fim de dar poder a Hemã. 6 Todos os seus filhos cantavam nos serviços religiosos do Templo, tocando pratos, liras e harpas. Quem os dirigia era o pai. Asafe, Jedutum e Hemã estavam debaixo das ordens do rei.

7 Os músicos treinados para tocar instrumentos e cantar louvores a Deus, o SENHOR, eram duzentos e oitenta e oito ao todo.

8 Para organizar os turnos de serviço, todos eles tiraram sortes, tanto os jovens como os velhos, os já treinados e os principiantes.

9-31 Esses duzentos e oitenta e oito homens foram divididos de acordo com as suas famílias em vinte e quatro grupos de doze, cada grupo com um chefe. Esta é a ordem dos seus turnos de serviço: 1) José, da família de Asafe; 2) Gedalias; 3) Zacur; 4) Zeri; 5) Netanias; 6) Buquias; 7) Jesarela; 8) Jesaías; 9) Matanias; 10) Simei; 11) Uziel; 12) Hasabias; 13) Sebuel; 14) Matitias; 15) Jerimote; 16) Hananias; 17) Josbecasa; 18) Hanani; 19) Maloti; 20) Eliata; 21) Hotir; 22) Gidalti; 23) Maaziote; 24) Romanti-Ézer.

Os guardas do Templo

26 Segue a lista dos *levitas que foram escalados para trabalhar como guardas do Templo:

Meselemias, filho de Coré, da família de Asafe e do grupo de famílias de Corá. 2 Ele foi pai de sete filhos, que foram os seguintes, por ordem de idade: Zacarias, Jediael, Zebadias, Jatniel, 3 Elão, Joanã e Elioenai.

4-5 Obede-Edom, a quem Deus abençoou dando oito filhos. Eles foram os seguintes, por ordem de idade: Semaías, Jeozabade, Joá, Sacar, Netanel, Amiel, Issacar e Peuletai.

6-7 Semaías, o filho mais velho de Obede-Edom, foi pai de seis filhos: Otni, Rafael, Obede, Elzabade, Eliú e Semaquias. Por serem valentes, todos eles eram importantes no seu grupo de famílias; e os dois últimos eram ainda mais valentes do que os outros.

8 A família de Obede-Edom forneceu sessenta e dois homens valentes e fortes para trabalharem como guardas do Templo.

9 A família de Meselemias forneceu dezoito homens valentes.

10 Do grupo de famílias de Merari havia Hosa, que foi pai de quatro filhos: Sinri, que foi posto pelo seu pai como chefe, embora não fosse o filho mais velho; 11 Hilquias, Tebalias e Zacarias. Ao todo, treze membros da família de Hosa eram guardas do Templo.

12 Os guardas do Templo foram divididos em grupos, de acordo com as suas famílias, e receberam tarefas no serviço do Templo, como os outros levitas. 13 Fizeram um *sorteio entre as famílias, tanto grandes como pequenas, e assim cada uma foi escalada para tomar conta de um portão. 14 Selemias recebeu por sorteio o portão leste, e o seu filho Zacarias, que sempre dava bons conselhos, recebeu o portão norte. 15 Obede-Edom foi sorteado para o portão sul, e os seus filhos foram sorteados para tomar conta dos depósitos. 16 Supim e Hosa receberam por sorteio o portão oeste e o portão de Salequete, na estrada de cima. O serviço dos guardas foi dividido do seguinte modo: 17 cada dia havia seis guardas no leste, quatro no norte e quatro no sul. Quatro guardas ficavam nos depósitos: dois em cada um. 18 No pátio oeste ficavam quatro guardas perto da estrada, e dois no pátio propriamente dito. 19 Assim ficaram repartidas as tarefas dos guardas que pertenciam ao grupo de famílias de Corá e de Merari.

Outros serviços do Templo

20 Outros dos seus irmãos levitas estavam encarregados do tesouro do Templo e dos depósitos onde ficavam guardados os presentes oferecidos a Deus. 21 Ladã, um dos filhos de Gérson, foi o antepassado de muitos grupos de famílias, entre eles a família do seu filho Jeieli. 22 Zetã e Joel, os outros dois filhos de Ladã, estavam encarregados do tesouro e dos depósitos do Templo.

23 Os descendentes de Anrão, Isar, He-
brom e Uziel também receberam tarefas.
24 Sebuel, do grupo de famílias de Gér-
son, filho de Moisés, era o oficial encarre-
gado do tesouro do Templo. 25 Ele era apa-
rentado com Selomite através de Eliézer,
irmão de Gérson. Eliézer foi pai de Rea-
bias, Reabias foi pai de Jesaías, Jesaías foi
pai de Jorão, Jorão foi pai de Zicri, e Zicri
foi pai de Selomite. 26 Selomite e os mem-
bros da sua família estavam encarrega-
dos de todos os presentes oferecidos a
Deus pelo rei Davi, pelos chefes de famí-
lias, pelos líderes de grupos de famílias
e pelos oficiais do exército. 27 Esses pre-
sentes eram coisas tomadas dos inimigos
na guerra e separadas para serem usadas
no Templo.
28 Selomite e a sua família estavam en-
carregados de tudo aquilo que havia sido
dedicado para ser usado no Templo. No
meio dessas coisas estavam os presentes
dados pelo *profeta Samuel, pelo rei Saul,
por Abner, filho de Ner, e por Joabe, cuja
mãe se chamava Zeruia.

Deveres de outros levitas

29 Quenanias e os seus filhos, que eram
descendentes de Isar, estavam encarrega-
dos de escrever o que acontecia e de re-
solver as questões que surgiam no meio
do povo de Israel.
30 Hasabias e mil e setecentos dos seus
parentes, todos eles homens de valor,
eram descendentes de Hebrom. Eles fo-
ram encarregados de cuidar de todos os
assuntos, tanto os religiosos como os da
vida comum em Israel, no lado oeste do
rio Jordão. 31 Jerias era o chefe dos des-
cendentes de Hebrom. No ano quarenta
do reinado de Davi, foi feita uma pesquisa
nas listas de famílias dos descendentes de
Hebrom. E foram encontrados morando
em Jazer, na região de Gileade, soldados
de grande coragem que pertenciam à fa-
mília de Hebrom. 32 Entre os parentes de
Jerias, o rei Davi escolheu dois mil e sete-
centos chefes de famílias, homens de va-
lor, e os encarregou de cuidar de todos os
assuntos, tanto os religiosos como os da
vida comum em Israel, no lado leste do
rio Jordão, isto é, nos territórios de Rú-
ben, Gade e Manassés do Leste.

Organização militar do reino de Davi

27 Esta é a lista dos israelitas chefes
de famílias e líderes de grupos de
famílias e os seus oficiais que prestavam
serviço militar no reino. Cada mês do ano
um grupo diferente de vinte e quatro mil
homens estava de serviço, dirigidos pelo
comandante daquele mês.
2-15 Os comandantes de cada mês eram
os seguintes:

Primeiro mês: Jasobeão, filho de Zabdiel. Ele era do grupo de famílias de Peres, uma parte da *tribo de Judá.

Segundo mês: Dodai, descendente de Aoí. Miclote era o seu ajudante no comando.

Terceiro mês: Benaías, filho do sacerdote Joiada. Benaías era o líder do grupo chamado "Os Trinta", e o seu filho Amizabade ficou no lugar dele como comandante desse grupo.

Quarto mês: Asael, irmão de Joabe. Depois o seu filho Zebadias ficou no lugar dele.

Quinto mês: Samute, descendente de Isar.

Sexto mês: Ira, filho de Iques, da cidade de Tecoa.

Sétimo mês: Heles, da tribo de Efraim, que era da cidade de Pelom.

Oitavo mês: Sibecai, da cidade de Husa, que era do grupo de famílias de Zera, uma parte da tribo de Judá.

Nono mês: Abiezer, da cidade de Anatote, no território da tribo de Benjamim.

Décimo mês: Maarai, da cidade de Netofa, que era do grupo de famílias de Zera.

Décimo primeiro mês: Benaías, da cidade de Piratom, que ficava no território da tribo de Efraim.

Décimo segundo mês: Heldai, da cidade de Netofa, que era descendente de Otoniel.

Chefes das tribos de Israel

16-22 Esta é a lista dos chefes das *tribos
de Israel:

Tribo	*Chefe*
Rúben	Eliézer, filho de Zicri
Simeão	Sefatias, filho de Maacá
Levi	Hasabias, filho de Quemuel
Arão	Zadoque
Judá	Eliú, irmão do rei Davi
Issacar	Onri, filho de Micael
Zebulom	Ismaías, filho de Obadias
Naftali	Jerimote, filho de Azriel
Efraim	Oseias, filho de Azazias
Manassés do Oeste	Joel, filho de Pedaías

Manassés do Leste	Ido, filho de Zacarias
Benjamim	Jaaziel, filho de Abner
Dã	Azarel, filho de Jeroão

23 O rei Davi não contou os homens que
tinham menos de vinte anos, pois Deus
havia prometido fazer o povo de Israel
tão numeroso como as estrelas do céu.
24 Joabe, cuja mãe se chamava Zeruia, co-
meçou a fazer um recenseamento, porém
não terminou. Deus castigou o povo de
Israel por causa desse recenseamento.
Por isso, o número total não foi escrito
nos registros oficiais do rei Davi.

Administradores das propriedades do rei

25-31 Esta é a lista dos que cuidavam das
propriedades do rei:

Depósitos do rei: Azmavete, filho de Adiel.

Depósitos nos campos, nas cidades, nos povoados e nas fortalezas: Jônatas, filho de Uzias.

Trabalhadores do campo: Ezri, filho de Quelube.

Plantações de uvas: Simei, da cidade de Ramá.

Depósitos de vinho: Zabdi, da cidade de Sefã.

Plantações de oliveiras e de figueiras que havia nas planícies de Judá: Baal-Hanã, de Gedera.

Depósitos de azeite: Joás.

Gado que pastava na planície de Sarom: Sitrai, da cidade de Sarom.

Gado que pastava nos vales: Safate, filho de Adlai.

Camelos: Obil, que era ismaelita.

Jumentas: Jedias, da cidade de Meronote.

Ovelhas e cabras: Jaziz, que era de uma tribo hagarita.

Os conselheiros do rei Davi

32 Jônatas, tio de Davi, um homem sá-
bio e instruído, era escrivão. Ele e Jeiel,
filho de Hacmoni, estavam encarregados
da educação dos filhos do rei. 33 Aitofel era
conselheiro do rei, e Husai, o arquita, era o
conselheiro particular do rei. 34 Depois que
Aitofel morreu, Abiatar e Joiada, filhos de
Benaías, se tornaram conselheiros. Joabe
era o comandante do exército do rei.

Davi apresenta Salomão para ficar no seu lugar

28 O rei Davi ordenou que todas as
autoridades de Israel se reunissem
na cidade de Jerusalém. Portanto, se re-
uniram em Jerusalém todos os chefes
das *tribos, os oficiais que cuidavam dos
negócios do reino, os chefes dos grupos
de famílias, os administradores das pro-
priedades e de todo o gado que perten-
ciam ao rei e aos seus filhos e também
os funcionários do palácio, os oficiais
superiores do exército e outros homens
importantes.
2 Então Davi ficou de pé na frente de-
les e disse:

— Povo da minha terra, meus irmãos,
escutem! Eu quis construir uma casa onde
ficasse guardada para sempre a *arca da
aliança, que é o estrado dos pés do SE-
NHOR, nosso Deus. Eu havia feito prepa-
rativos para construir um templo em sua
honra, 3 mas ele me proibiu de construí-
-lo porque sou soldado e fiz correr muito
sangue. 4 O SENHOR, o Deus de Israel, es-
colheu a mim e aos meus descendentes a
fim de governarmos o povo de Israel para
sempre. Pois ele escolheu a tribo de Judá
para que dela saíssem os reis; da tribo de
Judá ele preferiu a família do meu pai; e
entre os filhos do meu pai ele me esco-
lheu para me fazer rei de todo o povo de
Israel. 5 Ele me deu muitos filhos e entre
todos eles escolheu Salomão para gover-
nar Israel, o reino do SENHOR.
6 E Davi continuou:

— Deus me disse: "O seu filho Salomão
é quem irá construir o meu Templo. Eu
o escolhi para ser meu filho e serei pai
dele. 7 Se ele continuar a obedecer a to-
das as minhas *leis e mandamentos, como
tem feito até hoje, eu firmarei o seu reino
para sempre".
8 Davi disse também:

— Portanto, agora, na presença do
nosso Deus e desta assembleia de todo
o povo de Israel, o povo do SENHOR, eu
recomendo a vocês que obedeçam cuida-
dosamente a tudo o que o SENHOR, nosso
Deus, ordenou, para que esta boa terra
continue a ser de vocês e para que vocês
possam deixá-la como herança aos seus
filhos para sempre.
9 E a Salomão ele disse:

— Meu filho, reconheça o Deus do seu
pai e sirva-o com todo o coração e de li-
vre e espontânea vontade. Ele conhece
todos os seus pensamentos e desejos. Se
você o procurar, ele o aceitará; mas, se o
abandonar, ele o rejeitará para sempre.
10 Você deve compreender que o SENHOR o

Pergunte a si mesma...

O Senhor "conhece todos os seus pensamentos e desejos" (1Crônicas 28:9). O que acontece quando ele conhece os seus? Pergunte a si mesma:

O que significa quando a Bíblia diz que o Senhor conhece meu coração? De que outra maneira eu agiria se soubesse que Jesus estava lendo minhas ações como se fossem um livro? Em que sentidos eu abandonei Deus? O que devo fazer para ser restaurada? O que preciso confessar? Em que área preciso me arrepender?

escolheu para construir o seu santo Templo. Portanto, seja forte e mãos à obra!

11 Davi entregou a Salomão a planta de todos os prédios do Templo, dos depósitos, de todas as salas e do *Lugar Santíssimo, onde os pecados são perdoados. 12 Deu também as plantas de tudo o que tinha planejado para os pátios e as salas que deveriam ficar ao seu redor e as plantas dos depósitos onde seriam guardados os objetos do Templo e as ofertas dedicadas a Deus. 13 Davi também deu a Salomão por escrito a maneira de organizar os sacerdotes e *levitas no cumprimento dos seus deveres, para fazer o trabalho do Templo e para cuidar de todos os objetos do Templo. 14 O plano determinava o peso da prata e do ouro que deveriam ser usados para fazer os objetos do Templo, 15 para fazer cada lamparina e *candelabro, 16 as mesas de prata e cada uma das mesas de ouro onde seriam colocados os pães oferecidos a Deus. 17 Também determinava o peso do ouro puro que deveria ser usado para fazer os garfos, as bacias e as jarras, o peso da prata e do ouro para fazer os pratos 18 e o peso do ouro puro que deveria ser usado para fazer o altar onde o incenso é queimado e para fazer o carro onde seriam colocados os *querubins, que com as asas estendidas cobrem a arca da aliança de Deus, o SENHOR. 19 O rei Davi disse:

— Tudo o que está nestas plantas foi escrito de acordo com as instruções que o SENHOR me deu, explicando como tudo deve ser feito.

20 E disse ao seu filho Salomão:

— Seja forte e corajoso e mãos à obra! Não desanime, nem tenha medo, pois o SENHOR, meu Deus, estará com você. Ele não o abandonará, mas ficará com você até terminarem todas as obras da construção do Templo. 21 Os sacerdotes e os levitas foram escalados para cuidar dos serviços do Templo. Trabalhadores que sabem fazer todos os tipos de serviço estão prontos para ajudá-lo, e todo o povo e os seus líderes estão às suas ordens.

Ofertas para a construção do Templo

29 Depois o rei Davi disse a todo o povo:

— O meu filho Salomão é o único a quem Deus escolheu, mas ele ainda é jovem e sem experiência. O trabalho a ser feito é enorme porque não se trata da construção de um palácio onde vão morar pessoas, mas de um templo para Deus, o SENHOR. 2 Para construir o Templo do meu Deus, preparei com todo o esforço o material necessário, isto é, ouro, prata, bronze, ferro, madeira, pedras de ônix, pedras preciosas, pedras de várias cores para os mosaicos e muito mármore. 3 Mas, além de todos os preparativos que fiz para o Templo, dei também prata e ouro que me pertencem, pois amo o Templo do meu Deus. 4 Dei mais de cem toneladas do mais puro ouro e duzentos e quarenta toneladas de prata pura para revestir as paredes do Templo 5 e para todos os objetos que os artesãos vão fazer. Agora, quem está disposto a dar ofertas ao SENHOR Deus por vontade própria?

6 Então os chefes dos grupos de famílias, as autoridades das *tribos, os oficiais do exército e os administradores das propriedades do rei deram de livre vontade 7 para a obra do Templo o seguinte: mais de cento e setenta toneladas de ouro, dez mil barras de ouro, trezentas e quarenta toneladas de prata, seiscentas e quinze toneladas de bronze e três mil quatrocentas e vinte toneladas de ferro. 8 Aqueles que tinham pedras preciosas deram essas pedras para o tesouro do Templo, que era administrado por Jeiel, do grupo de famílias *levitas de Gérson. 9 O povo deu de boa vontade ofertas a Deus, o SENHOR, e eles ficaram alegres porque havia sido dado tanto. O rei Davi também ficou muito feliz.

Davi louva a Deus

10 Então, ali em frente de todo o povo,
o rei Davi louvou a Deus, o SENHOR. Ele
disse:
— Ó SENHOR, Deus do nosso antepassa-
do Jacó, bendito sejas para sempre! 11 Tu
és grande e poderoso, *glorioso, esplên-
dido e majestoso. Tudo o que existe no
céu e na terra pertence a ti; tu és o Rei,
o supremo governador de tudo. 12 Toda
a riqueza e prosperidade vêm de ti; tu
governas todas as coisas com o teu po-
der e a tua força e podes tornar grande
e forte qualquer pessoa. 13 Agora, nosso
Deus, nós te agradecemos e louvamos o
teu nome glorioso.
14 — No entanto, o meu povo e eu não
podemos, de fato, te dar nada, pois tudo
vem de ti, e nós somente devolvemos o
que já era teu. 15 Tu sabes, ó SENHOR, que
tanto os nossos antepassados como nós
passamos pela vida como estrangeiros,
como pessoas que estão de passagem. Os
nossos dias são como uma sombra que
passa, e não podemos escapar da morte.
16 Ó SENHOR, nosso Deus, nós trouxemos
toda esta riqueza a fim de construir um
templo para honrar o teu santo nome, mas
tudo isso veio de ti, e tudo é teu. 17 Eu sei
que tu pões à prova os corações e amas as
pessoas corretas. Com honestidade e sin-
ceridade, eu te dei de livre vontade tudo
isso e vejo com alegria que o teu povo, que
está reunido aqui, trouxe de boa vontade
ofertas a ti. 18 Ó SENHOR, Deus dos nos-
sos antepassados Abraão, Isaque e Jacó,
conserva para sempre no coração do teu
povo esta disposição e este pensamento
e guarda-o fiel a ti. 19 Dá ao meu filho Sa-
lomão o desejo de obedecer com todo o
coração a todos os teus mandamentos e
ordens e a vontade de construir o Templo
para o qual fiz estes preparativos.
20 Então Davi disse a todo o povo:
— Louvem o SENHOR, nosso Deus!
E todo o povo louvou o SENHOR, o Deus
dos seus antepassados; todos se ajoelha-
ram e encostaram o rosto no chão, ado-
rando a Deus e prestando homenagem
ao rei.
21 No dia seguinte mataram animais
em *sacrifício, dedicando-os a Deus, o SE-
NHOR, e depois os entregaram ao povo
para que os comessem. Além disso, mil
touros novos, mil carneiros e mil ovelhas
foram completamente queimados no al-
tar. Também trouxeram ofertas de vinho.
22 Naquele dia comeram e beberam com
muita alegria na presença de Deus.
Depois foi anunciado pela segunda
vez que Salomão era rei. Em nome do
SENHOR eles o *ungiram como o seu rei
e ungiram Zadoque como sacerdote. 23 E
assim o rei Salomão sentou-se no trono
de Deus, o SENHOR, em lugar de Davi, o
seu pai. Ele enriqueceu, e todo o povo de
Israel lhe obedecia. 24 Todos os oficiais e
soldados e até os outros filhos de Davi
prometeram ser fiéis a Salomão. 25 O SE-
NHOR fez com que todo o povo respei-
tasse Salomão e o tornou mais glorioso
do que qualquer outro rei que havia go-
vernado Israel.

A morte de Davi

26 Davi, filho de Jessé, governou todo o
povo de Israel 27 quarenta anos: sete anos
em Hebrom e trinta e três em Jerusalém.
28 Ele morreu bem velho, rico e respeita-
do, e o seu filho Salomão ficou no lugar
dele como rei. 29 A história do rei Davi, do
começo ao fim, foi escrita pelos *profetas
Samuel, Natã e Gade. 30 Essa história fala
do seu governo, do seu poder e de todas
as coisas que aconteceram com ele, com
Israel e com os países vizinhos de Israel.

2Crônicas

Humilhe-se

Então, se o meu povo, que pertence somente a mim, se arrepender, abandonar os seus pecados e orar a mim, eu os ouvirei do céu, perdoarei os seus pecados e farei o país progredir de novo.
2Crônicas 7:14

Autor Desconhecido
Data Talvez por volta de 400 a.C.
Local Desconhecido
Público-alvo Os israelitas

O pecado tem cura, e a cura é a humildade. A humildade é a base de toda a justiça. Sem ela, você não pode fugir de seu pecado e não pode fazer de Jesus o Senhor de sua vida. Ela soa como fraqueza, parece desagradável e até perigosa. Mas humildade é simplesmente reconhecer sua total dependência de Deus e tomar a decisão pensada de fazer com que a vida não tenha a ver com você, mas sim com ele. Quando sua vida está centrada em seus desejos e necessidades, a humildade sai pela porta dos fundos e o perigo entra às escondidas.

Vemos isso em 2Crônicas. Quando as vitórias militares e financeiras dos israelitas deixaram-nos orgulhosos, eles perderam sua humildade e, então, deixaram de adorar ao Deus verdadeiro. Mas Deus não os rejeitou como você poderia imaginar; ele manteve a promessa que fez a Davi de dar-lhe sucesso pelas gerações futuras. Assim, sua mão de proteção esteve estendida sobre os herdeiros de Davi enquanto eles viviam uma vida arrogante e má.

Ponto essencial
O livro de 2Crônicas foi escrito para ajudar os israelitas a melhor entender e crer que Deus ainda era o Deus de Davi e de Abraão. O cronista escreveu o livro para fazê-los se lembrar de que a aliança que Deus tinha feito com Davi também servia para sua descendência e que, mesmo parecendo que Deus os tinha abandonado, isso não era verdade.

É fácil deixar o orgulho de suas habilidades dar o tom daquilo que você vê que deveria ser ou fazer. Durante todo o dia, você convive com pensamentos sobre si mesma, seus sentimentos e desejos, suas necessidades e experiências, e é fácil se deixar absorver por tudo. Mas você deve ter cuidado. Quando as coisas começam a parecer ruins, então é hora de parar de se concentrar excessivamente em si mesma e começar a olhar para o céu. Afaste-se do pecado da obsessão por si mesma e se volte para a força da humildade. Quando você andar com humildade, sem pensar em si mesma ou em seus desejos, mas com os olhos em Deus e no que ele quer, sua vida será abençoada. Você verá que suas orações serão mais eficazes, que o perdão é seu e que sua vida está curada. Dê uma olhada na vida daqueles que deram as costas para Deus e tentaram seguir seu próprio caminho nesta vida, e faça da vida deles um aviso. Deixe que a destruição deles seja um constante lembrete do que uma vida longe da face de Deus lhe dará. Confie em Deus o suficiente para se humilhar como os homens e as mulheres de Deus que viveram antes de você.

Coisas para procurar

- A divisão do reino (veja 2Crônicas 10—11)
- A descrição do templo e o papel dos sacerdotes (veja 2Crônicas 20:5-9,13,27-28; 23:12-21; 24:4-14; 29:1—31:21; 34:1—35:19)

Termos e versículos que você deve saber

Aliança: Um acordo formal feito entre duas pessoas ou grupos de pessoas, o qual as partes têm a obrigação de cumprir.

Lugar Santíssimo: A parte do tabernáculo e do templo onde a arca era mantida.

— Escutem isto que o SENHOR Deus diz: "Não se assustem, não fiquem com medo deste enorme exército, pois a batalha não é contra vocês, mas contra mim".

(2Crônicas 20:15)

— Então, se o meu povo, que pertence somente a mim, se arrepender, abandonar os seus pecados e orar a mim, eu os ouvirei do céu, perdoarei os seus pecados e farei o país progredir de novo.

(2Crônicas 7:14)

Salomão pede sabedoria a Deus

1Reis 3.4-15

1 O rei Salomão, filho de Davi, conseguiu
firmar o seu poder como rei de Israel,
e o SENHOR, seu Deus, o abençoou e fez o
seu poder aumentar muito.
2 Salomão ordenou a todos os coman-
dantes de mil soldados, aos de cem solda-
dos, às autoridades do governo, aos che-
fes de família, enfim, a todos os israelitas
3 que fossem com ele até o lugar de ado-
ração que ficava em Gibeão. Nessa cidade
estava a *Tenda da Presença de Deus, que
Moisés, *servo do SENHOR, havia feito no
deserto. 4 (A *arca da aliança estava em Je-
rusalém, numa barraca que Davi tinha ar-
mado quando havia levado a arca de Qui-
riate-Jearim para Jerusalém.) 5 O altar de
bronze, que havia sido feito por Bezalel,
filho de Uri e neto de Hur, estava em frente
da Tenda Sagrada. O rei Salomão e todo o
povo de Israel foram lá para adorar a Deus.
6 Ali, no altar de bronze, Salomão ofereceu
a Deus em *sacrifício mil animais, que fo-
ram completamente queimados.
7 Naquela noite Deus apareceu a Salo-
mão e perguntou:

— O que você quer que eu lhe dê?
8 Ele respondeu:

— Tu sempre mostraste um grande
amor por Davi, o meu pai, e deixaste que
eu ficasse como rei no lugar dele. 9 E ago-
ra, ó SENHOR Deus, cumpre a promessa
que fizeste ao meu pai. Já que me fizes-
te rei de um povo tão numeroso como o
pó da terra, 10 dá-me sabedoria e conhe-
cimento para que eu possa governá-lo.
Se não for assim, como poderei governar
este teu grande povo?
11 Deus disse a Salomão:

— Visto que você pediu sabedoria e co-
nhecimento para governar o meu povo,
de quem eu fiz você rei, em vez de pedir
riquezas, bens, ou honras, ou a morte dos
seus inimigos, ou vida longa, 12 eu lhe da-
rei sabedoria e conhecimento. E lhe darei

também mais riquezas, bens e honras do
que qualquer outro rei teve antes de você
ou terá depois.
13 Então Salomão saiu do lugar de ado-
ração que ficava em Gibeão, onde estava
a Tenda Sagrada, e voltou para Jerusalém,
onde governou o povo de Israel.

As riquezas de Salomão

1Reis 10.26-29

14 Salomão ajuntou mil e quatrocen-
tos carros de guerra e doze mil cavalos
de cavalaria. Espalhou uma parte deles
por várias cidades e deixou o resto em
Jerusalém. 15 Em Jerusalém, durante o
seu reinado, a prata e o ouro eram tão
comuns como as pedras, e havia tantos
cedros como as figueiras bravas que exis-
tem nas planícies de Judá. 16 Os agentes do
rei controlavam a importação de cavalos
de Musri e da Cilícia, 17 e a importação de
carros de guerra do Egito. Esses agen-
tes forneciam cavalos e carros de guer-
ra para os reis heteus e sírios, vendendo
cada carro por seiscentas barras de prata
e cada cavalo por cento e cinquenta bar-
ras de prata.

O acordo de Salomão com Hirão

1Reis 5.1-11; 7.13-14

2 O rei Salomão resolveu construir um
templo para a adoração de Deus, o SE-
NHOR, e também um palácio para si mes-
mo. 2 Alistou setenta mil homens para car-
regarem o material e oitenta mil para cor-
tarem pedras nas montanhas. E colocou
três mil e seiscentos chefes para dirigirem
o trabalho. 3 Depois mandou a Hirão, rei
de Tiro, a seguinte mensagem:
"Você vendeu ao meu pai, o rei Davi, ce-
dros para que ele construísse o seu palá-
cio. Agora faça o mesmo comigo. 4 Estou
pronto para construir um templo onde o
SENHOR, meu Deus, será adorado. Será um
lugar santo, onde queimaremos incenso
cheiroso em adoração a Deus e lhe apre-
sentaremos sempre os pães sagrados. To-
das as manhãs e todas as tardes, ofere ce-
remos em *sacrifício animais que serão
completamente queimados; faremos a
mesma coisa nos sábados, nas *Festas da
Lua Nova e nas outras festas em honra do
SENHOR, nosso Deus. É nossa obrigação fa-
zer isso para sempre. 5 Vou construir um
Templo enorme, pois o nosso Deus é maior
do que todos os outros deuses. 6 Mas, se
Deus não cabe nem mesmo no céu, que
é tão grande, quem pode construir um
templo para ele? E quem sou eu para le-
vantar um templo digno de Deus, a não ser
que seja um lugar onde se queime incenso
em honra dele? 7 Portanto, mande-me um
homem que saiba trabalhar em ouro, pra-
ta, bronze e ferro; que saiba fazer tecidos
de fios de lã *púrpura, vermelha e azul e
que saiba entalhar madeira. Ele trabalha-
rá em Judá e em Jerusalém com os meus
artesãos que foram contratados por Davi,
o meu pai. 8 Sei que os seus trabalhadores
sabem cortar árvores; portanto, mande-
-me do Líbano madeira de cedro, de pinho
e de sândalo. Os meus homens trabalharão
junto com os seus, 9 a fim de preparar mui-
ta madeira, pois o templo que vou cons-
truir será grande e maravilhoso. 10 Para os
seus trabalhadores que vão cortar as ár-
vores eu fornecerei duas mil toneladas de
trigo, duas mil toneladas de *cevada, qua-
trocentos mil litros de vinho e quatrocen-
tos mil litros de azeite."
11 Em resposta, o rei Hirão mandou a
Salomão a seguinte carta:
"O SENHOR Deus ama o seu povo e por
isso fez com que você fosse o rei deles.
12 Louvado seja o SENHOR, o Deus de Is-
rael, o Criador do céu e da terra! Louva-
do seja Deus, que deu ao rei Davi um filho
tão cheio de sabedoria, tão inteligente e
prudente, que vai construir um templo
para Deus e um palácio para si mesmo!
13 E agora eu vou lhe mandar Hurã, um
mestre artesão inteligente e capaz. 14 A
sua mãe pertencia à *tribo de Dã, e o seu
pai era da cidade de Tiro. Ele trabalha em
ouro, prata, bronze, ferro, pedra e madei-
ra; sabe fazer tecidos de linho fino e de
fios de lã púrpura, azul e vermelha. É pe-
rito também em obras de entalhe e sabe
executar qualquer desenho que lhe seja
apresentado. Ele trabalhará com os seus
artesãos e com os artesãos do rei Davi,
o seu ilustre pai. 15 Eu peço que você nos
mande o trigo, a cevada, o vinho e o azei-
te que prometeu. 16 Nós cortaremos nos
montes Líbanos todas as árvores que você
precisar. Levaremos as toras até o mar, fa-
remos jangadas com elas e as levaremos
por mar até o porto de Jope. Dali você as
levará para Jerusalém."

Os preparativos para a construção do Templo

1Reis 5.13-16

17 O rei Salomão fez uma contagem de
todos os estrangeiros que moravam em

Israel, como Davi, o seu pai, tinha feito.
Havia no país cento e cinquenta e três
mil e seiscentos estrangeiros. 18 Salomão
separou setenta mil deles para carrega-
rem o material, oitenta mil para corta-
rem pedras nas montanhas e três mil e
seiscentos como chefes para dirigirem
o trabalho.

A construção do Templo

1Reis 6.1-30

3 Salomão começou a construir o Tem-
plo do SENHOR Deus em Jerusalém, no
monte Moriá, onde Deus havia aparecido
ao rei Davi, o pai de Salomão. O lugar que
Davi tinha escolhido era o terreiro de ma-
lhar trigo de Araúna, o jebuseu. 2 Salomão
começou a construção no segundo mês
do quarto ano do seu reinado. 3 O Tem-
plo que Salomão construiu media vinte
e sete metros de comprimento por nove
de largura, de acordo com o padrão anti-
go. 4 A sala de entrada tinha nove metros
de largura, que era a mesma largura do
santuário, e a sua altura era de nove me-
tros. Salomão revestiu de ouro puro o lado
de dentro da sala. 5 Ele forrou de madeira
de pinho o *Lugar Santo, revestiu de ouro
puro a madeira e fez entalhes de figuras
representando palmeiras e correntes. 6 En-
feitou o Templo com pedras preciosas e
com ouro do país de Parvaim. 7 Revestiu
de ouro as vigas, os batentes, as paredes
e as portas do Templo e mandou gravar
figuras de *querubins nas paredes. 8 A sala
interna, isto é, o *Lugar Santíssimo, media
nove metros de comprimento por nove
de largura, que era a mesma largura do
Templo. Para revestir as paredes do Lugar
Santíssimo foram usados mais de vinte mil
quilos de ouro. 9 O ouro usado para dou-
rar os pregos pesava mais de meio quilo.
E as paredes das salas de cima também
foram revestidas de ouro.

10 Salomão mandou fazer dois queru-
bins de madeira, que foram folheados a
ouro, e os colocou no Lugar Santíssimo.
11-12 Cada querubim tinha duas asas, e cada
asa media dois metros e vinte e cinco cen-
tímetros de comprimento. Os querubins
estavam com as asas estendidas, de ma-
neira que a asa de um tocava numa pare-
de, e a asa do outro tocava na outra pare-
de, e no meio da sala a asa de um tocava
na asa do outro. Portanto, as asas se es-
tendiam por nove metros, de uma pare-
de à outra. 13 Os querubins estavam de pé,
olhando para o Lugar Santo. 14 Salomão
mandou fazer uma cortina para o Lugar
Santíssimo. Era tecida de linho fino e de
fios de lã azul, *púrpura e vermelha e bor-
dada com figuras de querubins.

As duas colunas

1Reis 7.15-22

15 O rei mandou fazer duas colunas,
cada uma medindo quinze metros e meio
de altura, e as colocou em frente do Tem-
plo. Cada coluna tinha no alto um remate
de dois metros e vinte de altura. 16 O alto
das colunas era enfeitado com um dese-
nho de correntes entrelaçadas e de romãs
de bronze, que eram em número de cem.
17 As colunas foram postas na frente da
entrada do Templo. A que ficava no lado
sul se chamava Jaquim, e a que ficava no
lado norte se chamava Boaz.

Os objetos do Templo

1Reis 7.23-51

4 Salomão mandou fazer um altar de
bronze, de nove metros de compri-
mento por nove de largura e quatro e
meio de altura. 2 Também mandou fazer
um tanque redondo de bronze, com dois
metros e vinte e cinco de profundidade,
quatro metros e meio de diâmetro e tre-
ze metros e meio de circunferência. 3 Ao
redor da borda de fora do tanque, que
media treze metros e meio, havia duas
carreiras de figuras de touros de bronze,
que tinham sido fundidas todas em uma
só peça junto com o tanque. 4 O tanque se
apoiava sobre as costas de doze touros de
bronze que olhavam para fora: três olha-
vam para o norte; três, para o oeste; três,
para o sul; e três, para o leste. 5 A grossura
das paredes do tanque era de quatro de-
dos. A sua borda era como a borda de um
copo, curvando-se para fora como as pé-
talas de um lírio. A capacidade do tanque
era de mais ou menos sessenta mil litros.

6 Fizeram também dez bacias, nas quais
era lavado tudo o que se usava para os
*sacrifícios dos animais. Cinco bacias fo-
ram colocadas no lado sul do Templo e
cinco, no lado norte. A água do tanque era
para os sacerdotes se lavarem.

7 Fizeram dez *candelabros de ouro,
como havia sido ordenado. Eles foram
colocados no Templo: cinco, no lado sul
e cinco, no lado norte. 8 Fizeram também
dez mesas, que foram postas no Templo:
cinco, no lado sul e cinco, no lado norte.
Fizeram também cem vasilhas de ouro.

9 Construíram o pátio interno, para os sacerdotes, e o pátio principal. As portas dos pátios foram revestidas de bronze. 10 O tanque foi colocado no canto sudeste do Templo.

11-16 Hurã fez também caldeirões, pás e bacias e assim terminou todo o trabalho encomendado pelo rei Salomão para o Templo de Deus. Esta é a lista do que ele fez:

- duas colunas;
- dois remates em forma de taças, que ficavam no alto das colunas;
- desenhos de correntes entrelaçadas de cada remate;
- quatrocentas romãs de bronze, em duas carreiras ao redor do desenho de cada remate;
- dez carretas;
- dez bacias;
- um tanque;
- doze touros que sustentavam o tanque;
- panelas, pás e garfos.

Como Salomão havia ordenado, Hurã, o mestre artesão, fez de bronze polido todas as panelas, pás e garfos para o Templo de Deus, o SENHOR. 17 O rei mandou que tudo fosse feito na fundição que ficava entre Sucote e Zereda, no vale do rio Jordão. 18 Esses objetos de bronze que Salomão mandou fazer eram tantos, que o seu peso nunca foi calculado.

19 Salomão também mandou fazer para o Templo os seguintes objetos de ouro: o altar; as mesas para os pães oferecidos a Deus; 20 os candelabros e as lamparinas de ouro puro, que ficavam acesas em frente ao *Lugar Santíssimo, conforme havia sido ordenado; 21 as flores, as lamparinas e as tenazes; 22 as tesouras de cortar pavios de lamparinas, as vasilhas, os pratos para o incenso e os braseiros. Todos esses objetos foram feitos de ouro puro. As portas de entrada para o *Lugar Santo e as portas do Lugar Santíssimo também eram de ouro.

5 Quando o rei Salomão terminou todo o trabalho do Templo, colocou na sala do tesouro do Templo todas as coisas que Davi, o seu pai, havia separado para Deus, *o SENHOR, isto é, a prata, o ouro* e outros objetos.

A arca da aliança é levada para o Templo

1Reis 8.1-11

2 Aí o rei Salomão mandou que os líderes de Israel, todos os chefes das *tribos e os chefes dos grupos de famílias de Israel se reunissem em Jerusalém, a fim de levar a *arca da aliança do SENHOR de *Sião, a *Cidade de Davi, para o Templo. 3 Todos os israelitas se reuniram no sétimo mês, durante a *Festa das Barracas. 4 Quando todos os líderes chegaram, os *levitas pegaram a arca da aliança 5 e a levaram para o Templo. Os sacerdotes e os levitas levaram também a *Tenda da Presença de Deus, com todo o seu equipamento, para o Templo. 6 O rei Salomão e todo o povo de Israel se reuniram em frente da arca da aliança e ofereceram em *sacrifício um grande número de ovelhas e touros, tantos que nem dava para contar. 7 Então os sacerdotes levaram a arca para dentro do Templo e a colocaram onde devia ficar, no *Lugar Santíssimo, debaixo das asas dos *querubins. 8 Pois as suas asas estendidas cobriam a arca e os cabos usados para carregá-la. 9 As pontas dos cabos podiam ser vistas por qualquer pessoa que ficasse diretamente em frente ao Lugar Santíssimo, mas não podiam ser vistas de nenhum outro lugar. (Os cabos ainda estão ali *até hoje.) 10 Dentro da arca estavam somente as duas placas de pedra que Moisés havia colocado ali, quando, no monte Sinai, o SENHOR Deus havia feito uma aliança com os israelitas depois que eles saíram do Egito.

11 Os sacerdotes se prepararam para sair do Templo. Todos os que estavam ali haviam se *purificado, sem levar em conta o grupo a que pertenciam. 12 E todos os levitas que eram músicos, isto é, Asafe, Hemã e Jedutum, e os membros dos seus grupos de famílias estavam de pé no lado leste do altar, vestidos de roupas de linho e com pratos musicais, *harpas e *liras nas mãos. Junto com eles estavam cento e vinte sacerdotes que sabiam tocar trombetas. 13 Aí todos juntos começaram a tocar as trombetas e a cantar em voz alta para dar graças a Deus, o SENHOR, e o louvarem. Com acompanhamento de trombetas, pratos e outros instrumentos musicais, eles louvaram a Deus e cantaram assim:

"Louvem a Deus, o SENHOR, porque
ele é bom,
e porque o seu amor dura para
sempre."

Quando os sacerdotes estavam saindo, uma nuvem encheu o Templo de Deus, o

SENHOR, 14 com a *glória do SENHOR. Por
isso, eles não puderam voltar para den-
tro a fim de realizar os seus atos de culto.

Salomão fala ao povo

1Reis 8.12-21

6 Então Salomão orou assim:

"Ó SENHOR Deus, tu resolveste viver
entre as nuvens escuras.
2 Mas agora eu construí para ti uma
casa,
um lugar onde viverás para
sempre."

3 Aí Salomão virou, olhou para o povo,
que estava todo de pé, e pediu a bênção
de Deus para todos. 4 Depois disse:
— Bendito seja o SENHOR, o Deus de
Israel! Pois pelo seu poder ele cumpriu
a promessa que tinha feito a Davi, o meu
pai, quando lhe disse: 5 "Desde o dia em
que tirei o meu povo do Egito, eu não es-
colhi nenhuma cidade de todas as *tribos
da terra de Israel para ali construir um
templo a fim de ser adorado nele, nem
escolhi nenhum homem para governar
o meu povo de Israel. 6 Mas agora escolhi
Jerusalém como o lugar onde serei ado-
rado e escolhi você, Davi, para governar
o meu povo."
7 E Salomão continuou:
— Davi, o meu pai, tinha planos de
construir um templo para a adoração do
SENHOR, o Deus de Israel, 8 mas o SENHOR
lhe disse: "Você fez bem quando planejou
construir um templo para mim, 9 mas você
não o construirá. Será o seu filho quem
construirá o meu Templo." 10 E agora o SE-
NHOR cumpriu a sua promessa. Eu fiquei
no lugar do meu pai como rei de Israel e
construí o Templo para a adoração do SE-
NHOR, o Deus de Israel. 11 Ali eu coloquei a
*arca da aliança, onde estão guardadas as
placas de pedra da aliança que o SENHOR
Deus fez com o povo de Israel.

Salomão ora a Deus

1Reis 8.22-53

12 Então, na presença de todo o povo,
Salomão foi, ficou em frente do altar e
levantou as mãos. 13 Ele havia mandado
construir no pátio do Templo um estrado
quadrado de bronze que media dois me-
tros e vinte em cada lado e um metro e
trinta de altura. Ele subiu no estrado e, na
presença de todo o povo, se ajoelhou, le-
vantou as mãos para o céu 14 e orou assim:

> **Uma oração de...**
>
> **Ação de graças**
>
> Querido Deus, mesmo que eu não possa me aproximar de ti, não ignoro meu pecado que deveria me impedir de entrar em tua presença. Não nego minha culpa. Confesso minha propensão para o pecado e agradeço de pronto por teu perdão. Oro para que, como Moisés, eu escolha sofrer a desfrutar dos prazeres do pecado. Ajuda-me a me colocar sempre debaixo de tua mão que me guia; a tomar posse da aliança maravilhosa que me liga a ti; a sentir mais a fé que professo, que me purifica e me enternece; a ter mais compaixão, amor, piedade e bondade; a sempre lembrar a honra de ser usada como um instrumento em tuas mãos, pronta para aproveitar qualquer chance de ser útil e disposta a oferecer todos os meus talentos ao teu serviço.
>
> Tu fizeste todas as coisas certas para mim, te lembraste de mim, me salvaste e me perdoaste. Não tenho tudo o que eu quero, mas me impediste de ter coisas quando elas significavam minha ruína ou meu mal. Tive menos provações do que pecados. Tu repetidamente enxugas minhas lágrimas, concedes paz quando meu coração está quebrado e me disciplinas para meu bem. Toda a tua obra para mim é perfeita, e eu te louvo. Amém.

— Ó SENHOR, Deus de Israel! Não há
Deus igual a ti no céu ou na terra. Tu és
fiel à *aliança que fizeste com o teu povo
e lhes mostras o teu amor quando eles,
com todo o coração, vivem uma vida de
obediência a ti. 15 Pelo teu poder cumpris-
te a promessa que fizeste a Davi, o meu
pai; no dia de hoje, todas as palavras da
tua promessa foram completamente cum-
pridas. 16 E agora, ó SENHOR, Deus de Is-
rael, eu te peço que cumpras a outra pro-
messa que fizeste ao meu pai, quando lhe
disseste que sempre haveria um descen-
dente dele governando como rei de Is-
rael, contanto que eles te obedecessem
com o mesmo cuidado com que ele obe-
deceu. 17 Portanto, ó Deus de Israel, faze
com que se cumpra aquilo que prometes-
te a teu *servo Davi.

DEVOCIONAL

Texto para leitura: **2Crônicas 6:24-25**

Conheça a si mesma

Para entender o quanto Deus odeia seu pecado, você só precisa olhar para a cruz. Tudo em você que é fruto do egoísmo, da inveja, da amargura, do ressentimento ou da ira — tudo aquilo que não faz parte do caráter de Deus — é o que coloca Cristo nessa cruz.

Ao confessar seu pecado diariamente, você concorda com o Senhor que grande parte de seu ser está destruída e em desacordo com o caráter santo de Deus. Assim você honra a cruz. Mas quando você esquece ou ignora essa parte muito importante de cada dia, você começa a ver a morte de Cristo como algo natural e, assim, desonra a cruz. Se você ignorar a feiura do pecado ou, pior ainda, aceitá-lo, você começará a descer sem parar uma estrada que a levará para cada vez mais longe de Deus. Ao pensar que está perdoada só porque o Senhor a ama, mas esquecendo-se da cruz sangrenta do Filho de Deus, você está agindo como se a cruz fosse desnecessária. É realmente importante entender que não se trata apenas do amor de Deus por você, mas da morte de Cristo e de aceitar esse sacrifício que a salva. Não se deixe acomodar com seu pecado — a sentença de morte de Jesus — a tal ponto de não poder mais enxergar esse pecado. Concorde com o Senhor todos os dias sobre sua natureza pecaminosa. Confesse tudo que não vem dele e concorde que foi isso que enviou seu Filho para a cruz. Deus promete ouvir quando seu povo se afasta do pecado e ora a ele com arrependimento. Ao fazer isso, você também verá que seu relacionamento com Deus crescerá em profundidade, poder e paz. Confissão é bom para a alma.

18 — Mas será que, de fato, ó Deus, tu
podes morar no meio de nós, criaturas
humanas, aqui na terra? Tu és tão gran-
de, que não cabes nem mesmo no céu.
Como poderia este Templo que eu cons-
truí ser bastante grande para isso? 19 Ó
SENHOR, meu Deus, eu sou teu servo. Es-
cuta a minha oração e atende os pedidos
que te faço. 20 Olha de dia e de noite para
este Templo, o lugar que escolheste para
nele seres adorado. Ouve-me quando eu
orar com o rosto virado para este lugar.
21 Escuta as minhas orações e as orações
do teu povo quando eles orarem com o
rosto virado para cá. Sim, da tua casa no
céu, ouve-nos e perdoa-nos.

22 — Quando alguém for acusado de
prejudicar outra pessoa e for trazido até
o teu altar neste Templo e jurar que é
inocente, 23 ó Deus, ouve do céu e julga
os teus servos. Castiga o culpado como
ele merecer e declara que não tem culpa
aquele que for inocente, recompensando-
-o como ele merecer.

24 — Quando, por ter pecado contra ti,
o teu povo de Israel for derrotado pelos
seus inimigos e quando ele se virar para
ti e vier a este Templo para te louvar e pe-
dir o teu perdão, 25 escuta-o do céu. Per-
doa o pecado do teu povo e leva-o de vol-
ta para a terra que deste a eles e aos seus
antepassados.

26 — Quando o céu se fechar e não cho-
ver porque o teu povo pecou contra ti, e
então eles se arrependerem, e virarem o
rosto na direção deste Templo, e orarem
e te louvarem, depois que os tiveres cas-
tigado, 27 escuta-os do céu. Perdoa os pe-
cados dos teus servos, o povo de Israel, e
ensina-os a fazer o que é direito. Então, ó
Deus, faze cair chuva sobre esta tua ter-
ra que deste ao teu povo para ser deles
para sempre.

28 — Quando nesta terra houver falta
de alimento ou houver pragas, ou as co-
lheitas forem destruídas por ventos mui-
to quentes ou por bandos de gafanhotos,
ou quando o teu povo for atacado pelos

seus inimigos, ou quando houver peste
ou doença entre o povo, 29 escuta as suas
orações. Se alguém do teu povo de Israel,
sentindo o peso da sua desgraça e do seu
sofrimento, estender as mãos na direção
deste Templo e orar, 30 escuta a sua ora-
ção. Ouve o teu povo do teu lar no céu
e perdoa-o e ajuda-o. Só tu conheces os
pensamentos secretos do coração hu-
mano. Trata cada pessoa como merecer,
31 para que o teu povo te *tema e te obede-
ça todo o tempo em que eles viverem na
terra que deste aos nossos antepassados.
32 — Quando um estrangeiro que viver
numa terra bem longe daqui ouvir falar
da tua fama e das grandes coisas que tens
feito e vier te adorar e orar com o ros-
to virado para este Templo, 33 ouve a sua
oração. Lá do céu, onde vives, escuta-o e
faze tudo o que ele te pedir, para que to-
dos os povos da terra possam te conhe-
cer e temer, como faz o teu povo de Israel.
Então eles ficarão sabendo que este Tem-
plo que eu construí é o lugar onde deves
ser adorado.
34 — Quando ordenares que o teu povo
saia para a guerra contra os seus inimi-
gos, e o teu povo orar a ti, virado para esta
cidade que escolheste e para este Templo
que construí em honra do teu nome, 35 es-
cuta do céu as suas orações e os seus pe-
didos. Ouve-os e dá-lhes a vitória.
36 — Quando o teu povo pecar contra ti
— e não há ninguém que não peque —, e
na tua *ira deixares que os seus inimigos
os derrotem e os levem como prisioneiros
para alguma terra inimiga, longe ou perto
daqui, 37 escuta as orações do teu povo. Se
ali, naquela terra, eles se arrependerem
e orarem a ti, confessando que foram pe-
cadores e maus, ouve as suas orações, ó
Deus. 38 Se naquela terra eles verdadeira-
mente e sinceramente se arrependerem e
orarem a ti, virados na direção desta terra
que deste aos nossos antepassados, desta
cidade que escolheste e deste Templo que
construí em honra do teu nome, 39 escuta
as orações deles. Do teu lar no céu, ouve-
-os e dá-lhes a vitória. Perdoa os pecados
que o teu povo tem cometido contra ti.
40 — Agora, ó meu Deus, olha para nós
com simpatia e ouve as orações que forem
feitas neste lugar. 41 Levanta-te, ó SENHOR
Deus, e vem para o teu lugar de descanso,
junto com a arca da aliança, que repre-
senta o teu poder. Que os teus sacerdotes
façam sempre o que tu queres, e que todo
o povo fique alegre por causa da tua bon-
dade! 42 Ó SENHOR Deus, não rejeites o rei
que escolheste. Lembra do teu amor para
com teu servo Davi.

A inauguração do Templo

1Reis 8.62-66

7 Quando Salomão terminou a oração,
desceu fogo do céu e queimou comple-
tamente o animal oferecido em *sacrifício
e os outros sacrifícios que tinham sido
oferecidos; e a *glória do SENHOR Deus en-
cheu o Templo. 2 E, por causa dessa luz, os
sacerdotes não puderam entrar no Tem-
plo. 3 Ao verem o fogo descer e a glória do
SENHOR encher o Templo, todos os israe-
litas que estavam ali no pátio se ajoelha-
ram e encostaram o rosto no chão. Eles
adoraram a Deus e o louvaram, dizendo:

"Louvem a Deus, o SENHOR, porque
ele é bom,
e porque o seu amor dura para
sempre."

4 Então o rei e todo o povo ofereceram
sacrifícios ao SENHOR. 5 Salomão ofereceu
em sacrifício vinte e dois mil bois e cento
e vinte mil ovelhas. Assim o rei e o povo
dedicaram o Templo ao serviço de Deus.
6 Os sacerdotes estavam nos seus lugares,
e os *levitas também, com os instrumen-
tos de música sagrada que o rei Davi tinha
feito para eles tocarem acompanhando o
cântico "O Seu Amor É Eterno". Era assim
que eles executavam os cânticos de lou-
vor feitos por Davi. Todos os israelitas fi-
caram de pé enquanto os sacerdotes, que
estavam em frente dos levitas, tocavam as
trombetas. 7 Salomão dedicou também ao
serviço de Deus a parte central do pátio
que ficava em frente do Templo; ali ele
apresentou as ofertas que foram com-
pletamente queimadas e a gordura dos
animais que haviam sido oferecidos nas
ofertas de paz. Salomão fez isso porque o
altar de bronze era muito pequeno para
os sacrifícios que eram completamente
queimados, para as ofertas de cereais e
para a gordura das ofertas de paz.
8 Depois Salomão e todo o povo de Is-
rael comemoraram durante sete dias a
festa da dedicação do altar. Estava ali uma
enorme multidão, pessoas que tinham
vindo do país inteiro, desde a subida de
Hamate, no Norte, até a fronteira do Egi-
to, no Sul. 9 No dia seguinte, começaram

a comemorar a *Festa das Barracas, que
também durou uma semana. E no dia se-
guinte fizeram uma grande festa de en-
cerramento. 10 No outro dia, o dia vinte e
três do sétimo mês, o rei mandou o povo
para casa. Todos foram embora felizes e
alegres por causa de todas as coisas boas
que o SENHOR Deus tinha dado a Davi, a
Salomão e ao seu povo de Israel.

Deus faz uma aliança com Salomão

1Reis 9.1-9

11 Assim Salomão acabou de construir
o Templo e o palácio real; todos os seus
planos para a construção do Templo e do
palácio deram certo. 12 Então o SENHOR
Deus apareceu de noite a Salomão e disse:

— Eu ouvi a sua oração e escolhi este
Templo para ser o lugar onde serão ofe-
recidos os *sacrifícios. 13 Quando eu fechar
o céu e não deixar que chova, ou ordenar
aos gafanhotos que destruam as colheitas,
ou mandar uma peste atacar o povo, 14 en-
tão, se o meu povo, que pertence somente
a mim, se arrepender, abandonar os seus
pecados e orar a mim, eu os ouvirei do
céu, perdoarei os seus pecados e farei o
país progredir de novo. 15 Escutarei com
atenção as orações que forem feitas neste
Templo, 16 pois é o Templo que escolhi e
separei para ser o lugar onde deverei ser
adorado para sempre. Eu tomarei conta
dele e sempre o protegerei.

17 — E se você, Salomão, me servir fiel-
mente, como fez Davi, o seu pai, e se obe-
decer às minhas *leis e ordens e fizer tudo
o que eu mandar, 18 então eu firmarei o
seu poder como rei, cumprindo assim a
*aliança que fiz com Davi quando lhe disse
que Israel sempre seria governado pelos
descendentes dele. 19 Mas, se você e o seu
povo deixarem de me seguir, se desobe-
decerem às leis e aos mandamentos que
lhes dei e se adorarem e servirem outros
deuses, 20 então eu os arrancarei da ter-
ra que lhes dei. E também abandonarei
este Templo, que separei para ser o lugar
onde devo ser adorado. Aí todos os po-
vos vão desprezar e zombar do Templo,
21 que agora é tão *glorioso. Todos os que
passarem por perto dele ficarão choca-
dos e perguntarão: "Por que foi que Deus
fez isso com esta terra e com este Tem-
plo?" 22 E a resposta será: "Foi porque os
israelitas abandonaram o SENHOR, seu
Deus, que tirou do Egito os antepassados
deles. Eles seguiram outros deuses e os
adoraram e os serviram. Foi por isso que
o SENHOR fez com que toda esta desgraça
caísse sobre eles."

Outros trabalhos e construções de Salomão

1Reis 9.10-28

8 Salomão levou vinte anos para cons-
truir o Templo e o seu próprio palácio.
2 Ele também reconstruiu as cidades que
Hirão, rei de Tiro, lhe tinha dado e man-
dou israelitas morarem nelas.

3 Depois Salomão atacou e conquistou
a cidade de Hamate-Zoba. 4 Reconstruiu
a cidade de Tadmor, no deserto, e todas
as cidades da região de Hamate onde ele
guardava os mantimentos. 5 Reconstruiu
também a Bete-Horom-de-Cima e a Bete-
-Horom-de-Baixo, que eram cidades pro-
tegidas por muralhas e por portões com
trancas, 6 a cidade de Baalate, todas as ci-
dades onde ele guardava os seus manti-
mentos e as cidades onde ficavam os seus
carros de guerra e os seus cavalos. Além
disso, Salomão construiu tudo mais que
quis em Jerusalém, no Líbano e em outras
partes do seu reino. 7-8 Tudo o que Salo-
mão construiu foi feito com trabalho for-
çado. Para isso ele usou os descendentes
do povo de Canaã que os israelitas não
haviam matado quando conquistaram o
seu país. Entre esses trabalhadores força-
dos, estavam heteus, amorreus, perizeus,
heveus e jebuseus. E os descendentes de-
les continuam como escravos *até hoje.
9 Nenhum israelita foi obrigado a traba-
lhar como escravo. Os israelitas serviram
como soldados, oficiais, capitães de car-
ros de guerra e cavaleiros. 10 Havia duzen-
tos e cinquenta oficiais que estavam en-
carregados dos trabalhadores forçados
que eram usados nas várias construções
de Salomão.

11 Salomão trouxe a sua esposa egípcia,
a filha do rei do Egito, da *Cidade de Davi
para o palácio que ele, Salomão, havia
construído para ela. Ele disse:

— Ela não pode morar no palácio de
Davi, o rei de Israel, pois qualquer lugar
em que esteve a *arca da aliança é sagra-
do.

12 Salomão ofereceu a Deus, o SENHOR,
*sacrifícios que foram completamente
queimados no altar que ele havia cons-
truído para o SENHOR em frente do Tem-
plo. 13 Ele ofereceu os sacrifícios de acor-
do com o que o mandamento de Moisés

ordenava fazer nos dias santos, isto é, nos
sábados, nas *Festas da Lua Nova e nas
três festas anuais, que eram a *Festa dos
Pães sem Fermento, a *Festa da Colheita
e a *Festa das Barracas. 14 De acordo com
a orientação dada por Davi, o seu pai, Sa-
lomão organizou os sacerdotes em gru-
pos para fazerem o trabalho e também os
*levitas, que cantavam louvores a Deus e
ajudavam os sacerdotes no trabalho de
todos os dias. Também organizou os guar-
das em grupos, para os vários portões do
Templo, tudo de acordo com as ordens de
Davi, homem de Deus. 15 Os sacerdotes
e os levitas obedeceram rigorosamente
às ordens de Davi a respeito de todos os
seus deveres e também a respeito da sala
do tesouro do Templo.
16 Agora estava terminado tudo o que
Salomão construiu, desde a colocação
da pedra fundamental do Templo até o
fim da sua construção. O Templo estava
pronto.
17 Depois Salomão foi até os portos de
Eziom-Geber e Elate, no golfo de Ácaba,
no país de Edom. 18 O rei Hirão lhe man-
dou navios e marinheiros competentes,
comandados pelos seus próprios oficiais.
Eles navegaram junto com os homens de
Salomão, foram até a terra de Ofir e trou-
xeram para Salomão mais de quinze mil
quilos de ouro.

A visita da rainha de Sabá

1Reis 10.1-13

9 A rainha de Sabá ouviu falar da fama
de Salomão e foi até Jerusalém a fim
de pô-lo à prova com perguntas difíceis.
Ela chegou com um grande grupo de ser-
vidores e também camelos carregados de
*especiarias, uma grande quantidade de
ouro e de pedras preciosas. Quando se
encontrou com Salomão, ela lhe fez to-
das as perguntas que pôde imaginar. 2 Ele
respondeu a todas; não houve nenhuma
que fosse difícil demais para ele respon-
der. 3 A rainha de Sabá ouviu a sabedoria
de Salomão e viu o palácio que ele havia
construído. 4 Ela viu a comida que era ser-
vida na mesa dele, viu os apartamentos
dos seus altos funcionários, a organização
do pessoal que trabalhava no palácio e os
uniformes que eles usavam. Viu os em-
pregados que o serviam nos banquetes
e os seus uniformes e os *sacrifícios que
ele oferecia no Templo. Isso tudo a deixou
de boca aberta e muito admirada. 5 Então
ela disse ao rei Salomão:

— Tudo aquilo que eu ouvi no meu país
a respeito de você e da sua sabedoria é, de
fato, verdade. 6 Porém eu não pude acre-
ditar até que vim e vi com os meus pró-
prios olhos. Acontece que não tinham me
contado nem a metade da sua sabedoria;
ela vai muito além daquilo que ouvi dizer.
7 Que sorte têm estes seus servidores, que
estão sempre ao seu lado e têm o privi-
légio de ouvir os seus sábios provérbios!
8 Bendito seja o SENHOR, seu Deus, que fi-
cou tão contente com você, que o tornou
rei de Israel para governar em nome dele!
O amor dele pelo povo de Israel é eterno,
e ele quer conservar este povo para sem-
pre como uma nação e por isso ele o fez
rei de Israel, para que você possa manter
a *lei e a justiça.
9 Ela entregou ao rei os presentes que
havia trazido: mais de quatro mil quilos
de ouro e uma grande quantidade de es-
peciarias e de pedras preciosas. Nunca
houve especiarias tão finas como as que
a rainha de Sabá deu ao rei Salomão.
10 (Os homens do rei Hirão e do rei Sa-
lomão que haviam trazido ouro da terra
de Ofir também trouxeram madeira de
sândalo e pedras preciosas. 11 Salomão
usou a madeira para fazer degraus para
o Templo e para o palácio e também fez
*harpas e *liras para os músicos. Nunca
tinham sido vistos em Jerusalém instru-
mentos musicais tão bonitos.)
12 O rei Salomão deu à rainha de Sabá
tudo o que ela quis e pediu, além dos pre-
sentes que lhe deu em troca dos presen-
tes que ela havia trazido para ele. Então
a rainha e os seus servidores voltaram
para Sabá, a sua terra.

As riquezas de Salomão

1Reis 10.14-29

13 Todos os anos o rei Salomão recebia
mais ou menos vinte e três mil quilos de
ouro, 14 além dos impostos pagos pelos co-
merciantes e vendedores. Também os reis
árabes e os administradores dos vários
distritos do país lhe traziam prata e ouro.
15 Salomão fez duzentos grandes *es-
cudos e mandou folhear cada um com
quase sete quilos de ouro. 16 Também fez
trezentos escudos menores e folheou
cada um com quase três quilos e meio
de ouro. Ele mandou colocar todos esses
escudos no Salão da Floresta do Líbano.

17 Salomão também mandou fazer um
grande trono, revestido de marfim e de
ouro puro. 18 O trono tinha seis degraus,
e ligado ao trono havia um estrado reves-
tido de ouro. O trono tinha dois braços,
e no lado de cada braço havia a figura de
um leão. 19 Havia também a figura de um
leão nas pontas de cada degrau, isto é, ha-
via doze leões ao todo. Nunca tinha sido
feito em qualquer outro reino um trono
como este.
20 Todas as taças que o rei Salomão usa-
va para beber eram de ouro, e todos os
objetos do Salão da Floresta do Líbano
eram de ouro puro. No tempo de Salo-
mão a prata era considerada sem valor.
21 Salomão tinha uma frota de navios que
viajava até a Espanha junto com a frota
do rei Hirão. Cada três anos a sua frota
voltava trazendo ouro, prata, marfim, ma-
cacos e micos.
22 O rei Salomão era mais rico e mais sá-
bio do que qualquer outro rei, 23 e todos
os outros reis queriam ir ouvir a sabedo-
ria que Deus lhe tinha dado. 24 Todos os
que chegavam traziam um presente para
ele: objetos de prata e de ouro, roupas, ar-
mas, *especiarias, cavalos e mulas. E era
assim ano após ano.
25 Salomão tinha quatro mil cocheiras
para os seus carros de guerra e para os
seus cavalos e também possuía doze mil
cavalos de cavalaria. Ele deixou em Jeru-
salém uma parte deles e espalhou o resto
por várias cidades que haviam sido pre-
paradas para isso. 26 Ele dominava todos
os reis que havia desde o rio Eufrates até
a terra dos filisteus e até a fronteira do
Egito. 27 Em Jerusalém, durante o seu rei-
nado, a prata era tão comum como as pe-
dras, e havia tantos cedros como as figuei-
ras bravas que existem nas planícies de
Judá. 28 Ele importava cavalos de Musri e
de todos os outros países.

A morte de Salomão

1Reis 11.41-43

29 Todas as outras coisas que Salomão
fez, do princípio do seu reinado até o fim,
estão escritas nos livros *História do Pro-
feta Natã*, *Profecia de Aías, de Siló*, e *Vi-
sões do Profeta Ido*; esse último livro fala
também do rei Jeroboão, filho de Neba-
te. 30 Salomão governou quarenta anos
em Jerusalém como rei de toda a terra
de Israel. 31 Ele morreu e foi sepultado na
*Cidade de Davi, e o seu filho Roboão ficou
no lugar dele como rei.

A revolta das tribos do Norte

1Reis 12.1-20

10 Roboão foi até Siquém, onde todo
o povo de Israel se havia reunido
para fazê-lo rei. 2 Jeroboão, filho de Ne-
bate, que havia fugido do rei Salomão e
ido para o Egito, soube disso e voltou de
lá. 3 O povo das *tribos do Norte mandou
buscá-lo, e foram todos juntos falar com
Roboão. Eles disseram:
4 — Salomão, o seu pai, nos tratou com
dureza e nos fez carregar cargas pesadas.
Se o senhor tornar essas cargas mais le-
ves e a nossa vida mais fácil, nós seremos
seus servidores.
5 Roboão respondeu:
— Voltem daqui a três dias, e aí eu da-
rei a minha resposta.
Então eles foram embora.
6 O rei Roboão foi falar com os homens
mais velhos, que haviam sido conselhei-
ros do seu pai, e perguntou:
— Que resposta vocês me aconselham
a dar a este povo?
7 Eles disseram:
— Se o senhor for bondoso, se tratá-
-los bem e der uma resposta favorável ao
pedido deles, então eles serão seus servi-
dores para sempre.
8 Mas Roboão não seguiu o conselho
dos homens mais velhos e foi falar com os
jovens que haviam crescido junto com ele
e que agora eram os seus conselheiros.
9 — Que conselho vocês me dão? —
perguntou ele. — O que é que eu digo a
esse povo que está pedindo para que eu
torne as suas cargas mais leves?
10 Eles responderam:
— Você deve dizer o seguinte: "O meu
dedinho é mais grosso do que a cintura
do meu pai! 11 Ele fez vocês carregarem
cargas pesadas; eu vou aumentar o peso
ainda mais. Ele castigou vocês com chico-
tes; eu vou surrá-los com correias."
12 Três dias depois, Jeroboão e todo o
povo foram falar de novo com o rei Ro-
boão, como ele havia mandado. 13 O rei
desprezou o conselho dos homens mais
velhos e falou duramente com o povo,
14 como os jovens haviam aconselhado.
Ele disse:
— O meu pai fez vocês carregarem
cargas pesadas; eu vou aumentar o peso

DEVOCIONAL

Texto para leitura: **2Crônicas 10:6-8**

Conheça a si mesma

A fé não tem só a ver com comunhão com Deus; tem a ver também com fazer parte do povo de Deus. Quando você tem uma grande decisão para tomar ou quando os problemas a atingem de todos os lados, deixando-a sem saber o que fazer, Deus não quer que você faça papel de tola. Tolo é quem não pede conselhos santos, mas prefere ouvir a multidão. A menina tola procura os amigos, que talvez tenham pouca ou nenhuma sabedoria, e faz tudo o que dizem que ela deveria fazer. Mas essa é uma atitude idiota.

A verdadeira sabedoria vem de pessoas mais velhas e mais maduras que você, as quais podem ver as coisas por uma perspectiva mais ampla. Você talvez não goste do que ouve, e pode até menosprezá-las pelo fato de não serem "pessoas ligadas" ou serem "quadradas demais", mas é tolice ignorá-las e simplesmente fazer o que seus amigos dizem.

É bom ter amigos, e eles fazem sua vida muito melhor, mas a sabedoria deles nem sempre está no ponto para ser aceita. Normalmente, dão conselhos pensando em se proteger — querem concordar com suas decisões erradas para deixá-la feliz ou a incentivam a acreditar que uma resposta pecaminosa é a única alternativa, porque estão tão irritados quanto você. Você não pode deixar que um amigo ou outra pessoa diga que o pecado é o caminho para lidar com seus problemas, mesmo quando você está lidando com os pecados dos outros. Não! Você precisa ir atrás de pessoas que estejam mais afastadas da situação e não tenham nada a ganhar ou perder com sua decisão final. Então, não faça papel de tola ao recorrer aos seus amigos e escolher a resposta mais imatura e mundana deles.

Os amigos nem sempre querem que você se dê mal, e não é que estejam totalmente por fora do assunto, mas eles não têm a sabedoria que vem com a idade. Então, considere onde você busca conselhos e procure conselhos santos quando tiver uma decisão para tomar, especialmente uma decisão com ramificações espirituais.

ainda mais. Ele castigou vocês com chicotes; eu vou surrá-los com correias.
15 Assim o rei Roboão não atendeu o
povo. O SENHOR Deus fez isso acontecer para confirmar aquilo que ele, por meio do *profeta Aías, de Siló, tinha dito a Jeroboão, filho de Nebate.
16 *Quando os* israelitas viram que o rei
não ia atender o seu pedido, começaram a gritar:

— Abaixo Davi e a sua família! O que foi que eles já fizeram por nós? Homens de Israel, vamos para casa! Que Roboão cuide de si mesmo!

E assim os israelitas voltaram para as
suas casas, 17 deixando Roboão como rei
somente do povo que morava no território da tribo de Judá.
18 Então o rei Roboão mandou que Adonirão, o encarregado dos trabalhadores forçados, fosse falar com os israelitas, mas eles o mataram a pedradas. Porém Roboão subiu depressa no seu carro de
guerra e fugiu para Jerusalém. 19 Desde
aquela época *até hoje, o povo de Israel, o Reino do Norte, está revoltado contra os reis descendentes de Davi.

A profecia de Semaías

1Reis 12.21-24

11 Quando Roboão chegou a Jerusalém, reuniu cento e oitenta mil dos melhores soldados das *tribos de Judá e de Benjamim, pois tinha a intenção de lutar contra as tribos do Reino do Norte e ser
o rei delas de novo. 2 Mas o SENHOR Deus

Pergunte a si mesma...

Às vezes, conseguir o que você quer pode ser a pior coisa que poderia acontecer. Quando os momentos são bons — quando você faz sucesso, é popular e está feliz — pode ser fácil se esquecer de tudo o que está relacionado com Deus. Então, pergunte a si mesma sobre a questão de vencer na vida:

Quando as coisas estão andando como eu quero, como devo reagir?
Estou mais perto de Deus quando estou passando por uma provação ou tendo uma grande vitória?
Como posso ter certeza de que ficarei perto de Deus da próxima vez que a vida estiver muito boa?
Em que sentido eu poderia gostar de honrar, adorar ou amar o Senhor quando a vida estiver ótima?

falou ao *profeta Semaías e mandou 3 que
desse ao rei Roboão e a todo o povo das
tribos de Judá e de Benjamim o seguinte
recado: 4 "Não ataquem os seus próprios
irmãos, o povo de Israel. Voltem todos
para casa! Se tudo aconteceu assim, foi
porque eu, o SENHOR Deus, quis."
Então eles obedeceram à ordem do SENHOR e não foram lutar contra Jeroboão.

As cidades que Roboão fortificou

5 Roboão ficou morando em Jerusalém
e, para defender o país, construiu muralhas e fortalezas nas seguintes cidades de
Judá e de Benjamim: 6 Belém, Etã, Tecoa,
7 Bete-Zur, Socó, Adulã, 8 Gate, Maressa,
Zife, 9 Adoraim, Laquis, Azeca, 10 Zora, Aijalom e Hebrom. 11 Roboão colocou comandantes nessas cidades-fortaleza e nelas
armazenou cereais, azeite e vinho. 12 Também colocou *escudos e lanças em todas
elas e com isso as tornou muito fortes.
Assim Roboão pôde dominar os territórios de Judá e de Benjamim.

Sacerdotes e levitas vão até Jerusalém

13 De todas as partes de Israel, no Norte, sacerdotes e *levitas foram até Jerusalém. 14 Os levitas abandonaram as suas
terras de pastagem e as suas outras posses e foram para Judá e para Jerusalém;
pois Jeroboão, rei de Israel, e os seus sucessores não deixavam que eles servissem a Deus, o SENHOR, como sacerdotes.
15 Jeroboão escolheu os seus próprios sacerdotes para oferecerem *sacrifícios em
altares pagãos e adorarem demônios e as
imagens de touros que ele tinha mandado fazer. 16 Pessoas de todas as *tribos de
Israel que, com todo o coração, queriam
adorar o SENHOR, o Deus de Israel, seguiram os levitas até Jerusalém para oferecer sacrifícios ao SENHOR, o Deus dos seus
antepassados. 17 Isso serviu para tornar
mais forte o Reino de Judá e firmar o poder de Roboão, filho de Salomão, como rei
durante os três anos em que ele seguiu o
exemplo de Davi e de Salomão.

A família de Roboão

18 Roboão casou com Maalate; o pai
dela era Jerimote, filho de Davi, e a mãe
era Abiail, filha de Eliabe e neta de Jessé.
19 Maalate teve três filhos: Jeús, Semarias e
Zaão. 20 Depois Roboão casou com Maacá,
filha de Absalão, e ela teve quatro filhos:
Abias, Atai, Ziza e Selomite. 21 Roboão teve
ao todo dezoito mulheres e sessenta *concubinas, que lhe deram vinte e oito filhos
e sessenta filhas. Ele amava Maacá mais
do que as outras mulheres e concubinas
22 e por isso escolheu Abias, o filho dela,
para ser o príncipe herdeiro, que ficaria
no lugar dele como rei de Judá. 23 Roboão
também teve a boa ideia de espalhar os
seus outros filhos pelas cidades-fortaleza
de Judá e de Benjamim. Deu-lhes grandes
quantidades de alimentos e também arranjou muitas mulheres para eles.

O rei do Egito invade Judá

1Reis 14.25-28

12 Logo que Roboão firmou o seu poder como rei de Judá, ele e todo
o seu povo deixaram de obedecer à *Lei
de Deus, o SENHOR. 2 Eles foram infiéis a
Deus, e por isso no quinto ano do reinado de Roboão, Sisaque, rei do Egito, atacou Jerusalém. 3 Ele tinha mil e duzentos
carros de guerra, sessenta mil cavaleiros
e um exército enorme de líbios, suquitas
e etíopes; eram tantos, que não podiam
ser contados. 4 Sisaque conquistou as cidades-fortaleza de Judá e marchou contra Jerusalém.
5 Aí o *profeta Semaías foi falar com Roboão e com as altas autoridades do país,

que se haviam ajuntado em Jerusalém,
fugindo de Sisaque. Semaías disse:
— Esta é a mensagem de Deus, o SE-
NHOR: "Vocês me abandonaram, e por
isso eu os estou entregando nas mãos
de Sisaque."
6 Então o rei e as autoridades confessa-
ram o seu pecado e disseram:
— O SENHOR Deus é justo!
7 Quando o SENHOR viu que eles se ha-
viam arrependido, disse a Semaías:
— Eles se arrependeram, e por isso não
vou destruí-los. Daqui a pouco vou salvá-
-los. Eu não vou usar Sisaque para descar-
regar a minha *ira sobre os moradores de
Jerusalém. 8 Mas vou deixar que Sisaque
os domine a fim de que eles vejam qual
é a diferença entre servir a mim e servir
reis estrangeiros.
9 Então o rei Sisaque atacou Jerusalém
e a tomou; levou embora todos os tesou-
ros do Templo e do palácio e também os
*escudos de ouro que Salomão havia feito.
10 Para colocar no lugar deles, o rei Roboão
fez escudos de bronze e os entregou aos
oficiais encarregados de guardar os por-
tões do palácio. 11 Todas as vezes que o rei
ia ao Templo, os guardas pegavam e car-
regavam os escudos e depois os levavam
de volta para a sala dos guardas. 12 Assim
Deus acalmou a sua ira e não destruiu Ro-
boão, pois Roboão se arrependeu. E além
disso havia gente boa na terra de Judá.

Resumo do reinado de Roboão

13 O rei Roboão foi ficando cada vez
mais forte e continuou a reinar em Jeru-
salém. Ele tinha quarenta e um anos de
idade quando se tornou rei. E governou
dezessete anos em Jerusalém, a cidade
que o SENHOR Deus havia escolhido entre
todas as *tribos da terra de Israel como
o lugar onde devia ser adorado. A mãe
de Roboão era Naama, do país de Amom.
14 Roboão fez o que era errado, pois não
procurou com todo o coração conhecer a
vontade de Deus, o SENHOR.
15 Todas as outras coisas que Roboão
fez, do princípio até o fim do seu reina-
do, estão escritas na *História do Profeta
Semaías* e na *História do Profeta Ido*, con-
forme está registrado na lista dos ante-
passados de Roboão. Durante todo esse
tempo, Roboão e Jeroboão estiveram em
guerra um contra o outro. 16 Ele morreu e
foi sepultado na *Cidade de Davi, e o seu
filho Abias ficou no lugar dele como rei.

O reinado de Abias, de Judá

1Reis 15.1-7

13 No ano dezoito do reinado de Je-
roboão em Israel, Abias se tornou
rei de Judá 2 e governou três anos em Je-
rusalém. A sua mãe se chamava Micaía
e era filha de Uriel, da cidade de Gibeá.
Houve uma guerra entre Abias e Jero-
boão. 3 Abias foi à batalha com um exér-
cito de quatrocentos mil soldados valen-
tes, e Jeroboão levou para a luta oitocen-
tos mil soldados valentes. 4 Abias subiu o
monte Zemaraim, na região montanhosa
de Efraim, e do alto do monte gritou para
Jeroboão e os seus soldados:
— Escutem! 5 Será que vocês não sa-
bem que o SENHOR, o Deus de Israel, fez
uma *aliança eterna com Davi, prome-
tendo que ele e os seus filhos sempre se-
riam os reis de Israel? 6 Mas Jeroboão, fi-
lho de Nebate, servidor de Salomão, filho
de Davi, se revoltou contra o seu rei. 7 E
uns homens maus e vadios se juntaram a
Jeroboão, e eles desafiaram Roboão, filho
de Salomão. Roboão era jovem e tímido
e não pôde resistir. 8 Vocês são um exér-
cito enorme e têm os touros de ouro que
Jeroboão fez para serem os seus deuses.
Pensam que por causa disso vocês podem
ir contra o poder que o SENHOR Deus deu
aos descendentes do rei Davi? 9 Vocês ex-
pulsaram os sacerdotes de Deus, os des-
cendentes de Arão, e os *levitas e escolhe-
ram os seus próprios sacerdotes, como os
povos pagãos fazem. Qualquer um que
aparece com um touro ou sete carneiros
pode se tornar sacerdote de deuses falsos.
10 — Quanto a nós, o SENHOR é o nos-
so Deus, e nunca o rejeitamos. Os nossos
sacerdotes são descendentes de Arão;
eles servem a Deus e são ajudados pe-
los levitas. 11 Todos os dias, de manhã e
à tarde, eles apresentam a Deus *sacrifí-
cios que são completamente queimados,
oferecem incenso cheiroso, colocam os
pães sagrados na mesa *pura e à tardinha
acendem as lamparinas do *candelabro
de ouro. Pois nós obedecemos às *leis do
SENHOR, nosso Deus, mas vocês o rejei-
taram. 12 Deus está conosco e vai à nossa
frente, e os seus sacerdotes estão prontos
para tocar as cornetas a fim de começar a
batalha. Povo de Israel, não lutem contra
o SENHOR, o Deus dos seus antepassados!
Vocês não podem vencer!
13 Mas Jeroboão tinha mandado parte
do seu exército ficar atrás dos soldados

de Abias; o resto ficou na frente deles.
14 Quando os soldados de Abias olharam
para trás e viram que estavam cercados
pelos soldados de Jeroboão, gritaram a
Deus pedindo socorro. Os sacerdotes to-
caram as cornetas, 15 os soldados de Abias
gritaram, e Deus derrotou Jeroboão e o
seu exército diante de Abias e o seu exér-
cito. 16 Os soldados de Israel fugiram dos
de Judá, pois Deus lhes deu a vitória.
17 Quinhentos mil dos soldados de Israel
foram mortos por Abias e os seus solda-
dos; foi uma matança enorme. 18 Assim
os soldados de Israel foram derrotados,
e os de Judá venceram, pois confiaram no
SENHOR, o Deus dos seus antepassados.

19 Abias perseguiu Jeroboão e o resto do
seu exército e conquistou as cidades de
Betel, Jesana e Efrom e os povoados que
ficavam perto delas. 20 Durante o reinado
de Abias, Jeroboão nunca voltou a gover-
nar. Finalmente a *ira de Deus atingiu Je-
roboão, e ele morreu.

21 Abias foi ficando cada vez mais po-
deroso. Ele casou com catorze mulheres
e foi pai de vinte e dois filhos e dezesseis
filhas. 22 O resto da história de Abias, tudo
o que ele fez e disse, está escrito na *His-
tória do Profeta Ido*.

O reinado de Asa, de Judá

1Reis 15.8-24

14 O rei Abias morreu e foi sepulta-
do na *Cidade de Davi, e o seu filho
Asa ficou no lugar dele como rei. Durante
o reinado de Asa houve dez anos de paz
na terra de Judá. 2 Asa fez o que era bom
e direito e assim agradou ao SENHOR, seu
Deus. 3 Proibiu os *sacrifícios nos altares
dos deuses estrangeiros e os cultos nos lu-
gares pagãos de adoração, derrubou as co-
lunas do deus *Baal e cortou os postes da
deusa *Aserá. 4 Ordenou ao povo de Judá
que adorasse somente o SENHOR, o Deus
dos antepassados deles, e obedecesse às
suas *leis e mandamentos. 5 Proibiu o culto
nos lugares pagãos em todas as cidades
de Judá e destruiu os altares de incenso.
E durante o seu reinado houve paz.

6 Asa construiu muralhas e fortalezas
nas cidades, e durante o seu reinado ne-
nhum inimigo guerreou contra ele, pois o
SENHOR Deus fez com que houvesse paz.
7 Asa disse ao povo de Judá:

— Enquanto não há perigo de guerra,
vamos construir nas cidades muralhas,
fortalezas e portões com trancas. Pois
temos adorado o SENHOR, nosso Deus,
e temos procurado obedecer ao que ele
manda. É por isso que ele nos tem dei-
xado viver em paz com todos os povos
vizinhos.

Portanto, tudo isso foi construído, e
houve progresso. 8 O rei Asa tinha um
exército de trezentos mil homens de Judá
armados com *escudos e lanças e duzen-
tos e oitenta mil homens de Benjamim
armados com escudos e arcos e flechas.
Todos eram soldados valentes.

9 Um etíope chamado Zera marchou
contra Judá com um exército de um mi-
lhão de homens e trezentos carros de
guerra e avançou até a cidade de Mares-
sa. 10 Asa saiu para lutar contra ele, e os
dois exércitos se prepararam para a ba-
talha no vale de Zefata, perto de Mares-
sa. 11 Aí Asa pediu socorro ao SENHOR, seu
Deus, dizendo:

— Ó Deus, tu podes socorrer tanto os
fortes como os fracos. Ajuda-nos, ó SE-
NHOR, nosso Deus, pois confiamos em ti
e em teu nome estamos aqui para lutar
contra este grande exército. Tu, ó SENHOR,
és o nosso Deus. Ninguém pode resistir
ao teu poder!

12 Quando Asa e os seus soldados ataca-
ram, Deus derrotou os etíopes, e eles fugi-
ram, 13 sendo perseguidos por Asa e pelo
seu exército até Gerar. Todos os etíopes
foram mortos; não ficou nem um só com
vida, pois foram derrotados por Deus, o
SENHOR, e pelo seu exército. Os soldados
de Asa carregaram consigo tudo o que pu-
deram. 14 Depois atacaram e invadiram as
cidades que ficavam perto de Gerar, pois
todos os moradores estavam com medo
de Deus. E os soldados de Asa pegaram
todas as riquezas que havia nessas cida-
des. 15 Atacaram também os acampamen-
tos onde havia rebanhos, pegaram mui-
tas ovelhas e camelos e depois voltaram
para Jerusalém.

As reformas religiosas de Asa

1Reis 15.13-15

15 O Espírito de Deus desceu sobre
Azarias, filho de Odede, 2 e ele foi
falar com Asa. E disse:

— Rei Asa e todo o povo de Judá e de
Benjamim, escutem! O SENHOR Deus está
com vocês, se é que vocês estão com ele.
Se o procurarem, ele deixará que vocês
o achem; mas, se o rejeitarem, ele tam-
bém os rejeitará. 3 Durante muito tempo,

os israelitas não adoraram o verdadei-
ro Deus, nem tiveram sacerdotes que os
ensinassem, nem tiveram a *Lei de Deus.
4 Mas, quando vieram tempos difíceis, eles
voltaram para o SENHOR, o Deus de Israel;
eles o procuraram e o encontraram. 5 Na-
queles tempos, ninguém vivia sossega-
do; em todos os países havia desordem.
6 Nações e cidades atacavam e destruíam
umas às outras, pois Deus estava fazendo
cair sobre elas todo tipo de sofrimento.
7 Mas sejam fortes e não fiquem desani-
mados, pois vocês serão bem sucedidos
em tudo o que fizerem.

8 Asa ouviu essa mensagem, isto é, a
*profecia de Azarias, filho de Odede, e fi-
cou cheio de coragem. Acabou com todos
os ídolos nojentos que havia em Judá e
em Benjamim e também nas cidades que
ele tinha conquistado na região monta-
nhosa de Efraim e consertou o altar do
SENHOR Deus, que estava no pátio em
frente do Templo. 9 Depois mandou cha-
mar todo o povo das *tribos de Judá e de
Benjamim, como também todas as pes-
soas das tribos de Efraim, de Manassés
e de Simeão que estavam morando em
Judá. Pois muitas pessoas dessas tribos
viram que o SENHOR estava com o rei Asa
e por isso vieram para o seu lado. 10 Todos
eles se reuniram em Jerusalém no tercei-
ro mês do ano quinze do reinado de Asa.
11 Naquele dia ofereceram em *sacrifício
ao SENHOR setecentos touros e sete mil
ovelhas que eles haviam tomado nas ba-
talhas. 12 Fizeram uma *aliança com o SE-
NHOR, o Deus dos seus antepassados, pro-
metendo adorá-lo com todo o coração e
com toda a alma. 13 Juraram também que
seriam mortos todos os que não quises-
sem adorá-lo, tanto crianças como adul-
tos, tanto homens como mulheres. 14 Em
voz alta juraram a Deus, o SENHOR, que
seriam fiéis à aliança e depois deram gri-
tos de alegria e tocaram trombetas e cor-
netas. 15 O povo de Judá ficou alegre por
causa desse juramento, que tinha feito
com todo o coração. E, por terem pro-
curado o SENHOR com toda a boa vonta-
de, ele deixou que o achassem e permi-
tiu que vivessem em paz com todos os
povos vizinhos.

16 Asa também tirou a sua mãe Maacá
da posição de rainha-mãe porque ela ha-
via mandado fazer uma figura imoral para
servir como poste da deusa *Aserá. Asa
derrubou o ídolo, o reduziu a pó e quei-
mou no vale do Cedrom. 17 Ele não des-
truiu todos os lugares pagãos de adora-
ção, porém foi fiel a Deus toda a sua vida.
18 Ele colocou no Templo todos os objetos
que o seu pai havia separado para o SE-
NHOR Deus e também os objetos de prata
e de ouro que ele mesmo havia separado.
19 E não houve mais guerra até o ano trin-
ta e cinco do seu reinado.

Guerra contra Israel

1Reis 15.16-22

16 No ano trinta e seis do reinado de
Asa, Baasa, rei de Israel, invadiu
Judá e começou a cercar de muralhas a
cidade de Ramá, para assim controlar o
movimento na estrada que ia até Jerusa-
lém. 2 Por isso, o rei Asa pegou prata e
ouro do Templo e do palácio e entregou
a alguns dos seus servidores a fim de que
levassem para Damasco e dessem ao rei
Ben-Hadade, da Síria. Junto foi a seguin-
te mensagem: 3 "Vamos ser aliados como
eram os nossos pais. Esta prata e este ouro
são para você. Retire agora o apoio que
você está dando a Baasa, rei de Israel, para
que assim ele tenha de tirar os seus sol-
dados do meu país."

4 O rei Ben-Hadade concordou com a
proposta de Asa e mandou que os seus
comandantes e os seus exércitos atacas-
sem as cidades de Israel. Eles conquista-
ram Ijom, Dã e Abel-Maim e todas as ci-
dades-armazém do território de Naftali.
5 Quando o rei Baasa soube do que havia
acontecido, parou de construir as mura-
lhas de Ramá. 6 Aí o rei Asa mandou cha-
mar todo o povo de Judá, e eles levaram
dali as pedras e a madeira que Baasa ha-
via estado usando para construir as mu-
ralhas em volta de Ramá. Com esse ma-
terial Asa construiu muralhas em volta
de Geba e de Mispa.

O profeta Hanani

7 Por esse tempo, o *profeta Hanani foi
falar com o rei Asa, de Judá, e disse:

— O senhor confiou no rei da Síria, em
vez de confiar no SENHOR, seu Deus, e por
isso o exército do rei de Israel conseguiu
fugir. 8 Não é verdade que os soldados da
Etiópia e da Líbia formaram um enorme
exército, com muitos carros de guerra e
cavaleiros? No entanto, o senhor confiou
em Deus, o SENHOR, e ele lhe deu a vitória.
9 Deus está sempre vigiando tudo o que

acontece no mundo a fim de dar forças a todos os que são fiéis a ele com todo o coração. Desta vez o senhor fez uma loucura e por isso, de agora em diante, o senhor vai estar sempre em guerra.

10 Asa ficou tão zangado com o profeta, que mandou amarrá-lo com correntes e metê-lo na prisão. E foi nesse tempo também que Asa perseguiu algumas pessoas do seu próprio povo.

A morte de Asa

1Reis 15.23-24

11 Todas as outras coisas que o rei Asa fez, desde o princípio do seu reinado até o fim, estão escritas na *História dos Reis de Judá e de Israel*. 12 No ano trinta e nove do seu reinado, ele foi atacado por uma doença muito grave nos pés; mesmo assim não pediu socorro a Deus, o SENHOR, mas confiou nos médicos. 13 No ano quarenta e um do seu reinado, Asa morreu 14 e foi sepultado no túmulo que ele tinha mandado cavar na *Cidade de Davi. Encheram o túmulo de perfumes e de várias *especiarias, que tinham sido preparados com muita arte, e colocaram o corpo ali dentro. Depois fizeram uma enorme fogueira em honra dele.

O começo do reinado de Josafá em Judá

17 Josafá ficou no lugar de Asa, o seu pai, como rei de Judá e se preparou para se defender do Reino de Israel. 2 Colocou soldados em todas as cidades de Judá que eram protegidas por muralhas e também pôs acampamentos militares em todo o território de Judá e nas cidades de Efraim que Asa, o seu pai, havia conquistado. 3 O SENHOR Deus abençoou Josafá porque ele agiu como o seu pai tinha agido no princípio do seu reinado. Ele não adorou o deus *Baal, 4 mas adorou o Deus do seu pai e obedeceu aos seus mandamentos, em vez de seguir o mau exemplo dos reis de Israel. 5 O SENHOR firmou o poder de Josafá como rei, e todos em Judá lhe davam presentes. Assim Josafá ficou muito rico e famoso. 6 Continuou cada vez mais decidido a obedecer às *leis de Deus e acabou com os lugares pagãos de adoração e os postes da deusa *Aserá que havia no país de Judá.

7 No terceiro ano do seu reinado, Josafá enviou as seguintes autoridades para ensinarem a Lei de Deus nas cidades de Judá: Ben-Hail, Obadias, Zacarias, Netanel e Micaías. 8 Junto com eles foram os seguintes *levitas: Semaías, Netanias, Zebadias, Asael, Semiramote, Jônatas, Adonias, Tobias e Tobe-Adonias. Os sacerdotes Elisama e Jeorão também foram. 9 Levaram consigo o *Livro da Lei de Deus, o SENHOR, e foram por todas as cidades de Judá, ensinando a Lei a todo o povo.

10 O SENHOR Deus fez com que todos os povos vizinhos de Judá ficassem com medo de Josafá, e por isso eles não fizeram guerra contra ele. 11 Alguns filisteus trouxeram presentes e prata para Josafá, como imposto, e alguns árabes trouxeram sete mil e setecentas ovelhas e sete mil e setecentos bodes. 12 Josafá foi ficando cada vez mais forte e construiu fortalezas e cidades-armazém, 13 onde ajuntou grande quantidade de mantimentos. Em Jerusalém ele colocou oficiais valentes e experimentados. 14 Esta é a lista desses oficiais, de acordo com os grupos de famílias que eles comandavam: Adna era o comandante das tropas das famílias de Judá e comandava trezentos mil soldados. 15 Em seguida, vinha Joanã, que comandava duzentos e oitenta mil homens; 16 e depois vinha Amasias, filho de Zicri, que comandava duzentos mil homens. Amasias tinha se apresentado de livre e espontânea vontade para servir a Deus, o SENHOR. 17 O comandante dos soldados das famílias de Benjamim era Eliada, um oficial valente; ele comandava duzentos mil homens armados de *escudos e arcos e flechas. 18 Finalmente vinha Jozabade, que comandava cento e oitenta mil homens armados. 19 Todos estes estavam ao serviço de Josafá em Jerusalém; além destes, ele havia colocado outros soldados em todas as cidades de Judá que eram protegidas por muralhas.

O profeta Micaías avisa Acabe

1Reis 22.1-28

18 Quando Josafá ficou muito rico e famoso, ele se tornou aliado do rei Acabe, de Israel, por laços de casamento. 2 Depois de alguns anos, ele foi até a cidade de Samaria visitar Acabe. Em honra de Josafá e dos que haviam ido com ele, o rei Acabe deu um banquete, para o qual mandou matar muitos touros e muitas ovelhas. E procurou convencer Josafá a ir com ele atacar a cidade de Ramote-Gileade. 3 Ele perguntou a Josafá:

— Você vai comigo atacar Ramote?

Josafá respondeu:

— Quando você estiver pronto para a
batalha, eu também estarei; e assim tam-
bém os meus soldados. Iremos lutar junto
com você. 4 Mas primeiro vamos consultar
a Deus, o SENHOR.
5 Aí Acabe mandou chamar os *profe-
tas, que eram quatrocentos, e perguntou:
— Devemos atacar a cidade de Ramo-
te ou não?
Eles responderam:
— Ataque, pois o SENHOR Deus lhe dará
a vitória.
6 Mas Josafá perguntou:
— Não existe aqui mais nenhum profe-
ta para nós consultarmos o SENHOR por
meio dele?
7 Acabe respondeu:
— Existe outro, que se chama Micaías,
filho de Inla. Mas eu tenho ódio dele por-
que nunca *profetiza para mim o que é
bom, mas só o que é ruim.
— Não fale desse jeito! — disse Josafá.
8 Então Acabe chamou um oficial e man-
dou que ele fosse imediatamente buscar
Micaías.
9 Os dois reis, usando as suas roupas
reais, estavam sentados nos seus tronos,
numa praça que ficava perto do portão
de entrada de Samaria; e todos os profe-
tas estavam profetizando em frente deles.
10 Um dos profetas, chamado Zedequias,
filho de Quenaana, fez uns chifres de fer-
ro e disse a Acabe:
— O que o SENHOR Deus está dizendo
é isto: "Com estes chifres o senhor luta-
rá contra os sírios e os derrotará com-
pletamente."
11 E todos os outros profetas profetiza-
ram a mesma coisa. Eles diziam:
— Marche contra a cidade de Ramote,
que o senhor, ó rei, vencerá. O SENHOR
Deus lhe dará a vitória.
12 Enquanto isso, o oficial que tinha ido
buscar Micaías disse a ele:
— Todos os outros profetas profetiza-
ram que o rei terá sucesso. É melhor que
você faça o mesmo.
13 Porém Micaías respondeu:
— Juro pelo SENHOR, o Deus vivo, que
eu falarei o que o meu Deus mandar!
14 Quando Micaías chegou ao lugar onde
estava o rei Acabe, este perguntou:
— Micaías, o rei Josafá e eu devemos
atacar a cidade de Ramote ou não?
Micaías respondeu:
— Ataquem, pois vencerão. Deus lhes
dará a vitória...
15 Mas Acabe disse:
— Quando você falar comigo em nome
do SENHOR Deus, diga a verdade! Quantas
vezes preciso dizer isso?
16 Micaías respondeu:
— Vejo o exército de Israel espalhado
pelos morros como ovelhas sem pastor.
E o SENHOR Deus diz: "Estes homens não
têm chefe; que eles voltem para casa em
paz."
17 Então Acabe disse a Josafá:
— Eu não disse que para mim ele nun-
ca profetiza coisas boas? Ele sempre diz
alguma coisa ruim!
18 Micaías continuou:
— Agora escutem o que o SENHOR Deus
está dizendo! Eu vi o SENHOR sentado no
seu trono no céu, com todos os anjos à
sua direita e à sua esquerda. 19 Ele pergun-
tou: "Quem enganará Acabe para que ele
vá a Ramote e seja morto lá?" Alguns an-
jos disseram uma coisa, e outros disseram
outra, 20 até que um espírito chegou perto
do SENHOR Deus e disse: "Eu enganarei
Acabe." O SENHOR perguntou: "Como?"
21 E o espírito respondeu: "Eu irei e farei
com que todos os profetas de Acabe di-
gam mentiras." Então o SENHOR ordenou:
"Vá e engane Acabe. Você conseguirá."
22 E Micaías terminou, dizendo a Acabe:
— O senhor está vendo agora que o SE-
NHOR Deus fez com que todos estes seus
profetas mentissem. Mas ele resolveu
que vai acontecer uma desgraça com o
senhor, ó rei.
23 Então o profeta Zedequias chegou
perto de Micaías, deu um tapa na cara
dele e perguntou:
— Quando foi que o Espírito do SENHOR
saiu de mim e falou com você?
24 — Você descobrirá isso quando en-
trar em algum quarto dos fundos, tentan-
do se esconder! — respondeu Micaías.
25 Aí o rei Acabe deu a seguinte ordem
a um dos seus oficiais:
— Prenda Micaías e o leve a Amom, o
governador da cidade, e ao príncipe Joás.
26 Diga a eles que o joguem na cadeia e
o ponham a pão e água até que eu volte
são e salvo.
27 Micaías exclamou:
— Se o senhor, ó rei, voltar em paz, en-
tão, de fato, o SENHOR Deus não falou por
meio de mim!
E disse também:

— Todos aqui deem atenção àquilo que
eu profetizei!

A morte de Acabe

1Reis 22.29-35

28 Assim o rei Acabe, de Israel, e o rei
Josafá, de Judá, foram atacar a cidade de
Ramote-Gileade. 29 Acabe disse a Josafá:
— Quando formos entrar na batalha,
eu vou me disfarçar, mas você use as suas
roupas de rei.
O rei de Israel se disfarçou, e eles entraram na batalha.
30 O rei da Síria havia mandado que os
capitães dos seus carros de guerra não
atacassem ninguém, a não ser o rei de Is-
rael. 31 Por isso, quando viram o rei Josa-
fá, pensaram que ele era o rei de Israel e
foram atacá-lo. Mas Josafá gritou, e o SENHOR Deus o socorreu, fazendo com que
os sírios se desviassem dele. 32 Quando
eles viram que aquele não era o rei de Is-
rael, pararam de atacá-lo. 33 No entanto,
um soldado sírio atirou uma flecha que,
por acaso, atingiu o rei Acabe entre as
juntas da sua *armadura. Então ele gritou para o condutor do seu carro:
— Fui ferido! Dê a volta e me leve para
fora da batalha!
34 Enquanto a batalha ficava cada vez
mais forte, o rei Acabe segurou-se de pé
no seu carro de guerra, de frente para
os sírios, até a tarde; ao pôr do sol, ele
morreu.

O profeta Jeú e o rei Josafá

19 Josafá, rei de Judá, voltou são e salvo para o seu palácio, em Jerusa-
lém. 2 O *profeta Jeú, filho de Hanani, foi
encontrar-se com o rei e disse:
— Por que é que o senhor ajuda os
maus e é amigo dos inimigos de Deus?
Por causa disso, o SENHOR Deus vai cas-
tigá-lo. 3 Mas é verdade que o senhor fez
coisas boas: acabou com os postes da
deusa *Aserá do país e procurou com todo
o coração conhecer a vontade de Deus.

Josafá escolhe juízes

4 Josafá continuou morando em Jeru-
salém, mas tinha o costume de visitar o
povo no país inteiro, desde Berseba, no
Sul, até a região montanhosa de Efraim,
no Norte. Ele fez com que o povo se vol-
tasse para o SENHOR, o Deus dos antepas-
sados deles. 5 Colocou juízes em todas as
cidades de Judá protegidas por muralhas
6 e lhes deu a seguinte ordem:
— Tenham cuidado quando decidirem
algum caso, pois o que vocês fazem é em
nome de Deus, o SENHOR, e não em nome
de criaturas humanas. E, quando julgarem
as questões, Deus estará com vocês. 7 Por-
tanto, respeitem a Deus e tenham cuidado
com o que vão fazer, pois o SENHOR, nosso
Deus, não tolera os que cometem injustiça, nem os que usam dois pesos e duas
medidas nos julgamentos, nem os que
aceitam dinheiro para torcer a justiça.
8 Em Jerusalém Josafá colocou alguns
*levitas, sacerdotes e chefes de famílias
para julgarem os assuntos religiosos e as
causas dos moradores da cidade. 9 Ele lhes
deu a seguinte ordem:
— Cumpram com honestidade todos os
seus deveres para com Deus, o SENHOR,
respeitando-o e obedecendo-lhe com
todo o coração. 10 Quando os seus patrí-
cios das cidades de Judá apresentarem a
vocês causas de morte ou qualquer caso
de desobediência às *leis, estatutos e regulamentos, avisem a eles que não cometam pecados contra o SENHOR, a fim de
que ele não castigue vocês e os seus patrícios. Se derem esse aviso, vocês não serão
culpados. 11 O *Grande Sacerdote Amariá
terá a última palavra nas questões religiosas, e o governador de Judá, Zebadias,
filho de Ismael, terá a última palavra em
casos não religiosos. Os levitas ajudarão
nos serviços do tribunal. Coragem, pois, e
mãos à obra! E que o SENHOR Deus esteja
com os que fazem o que é direito!

Guerra contra Edom

20 Algum tempo depois, os exércitos
dos moabitas e dos amonitas, junto com os meunitas, invadiram o país de
Judá. 2 Alguns homens vieram e disseram
a Josafá:
— Um exército enorme do país de
Edom veio do outro lado do mar Morto
para atacar o senhor. Eles já conquistaram a cidade de Hazazão-Tamar. (Hazazão-Tamar e Fonte de Gedi são o mesmo
lugar.)
3 Josafá ficou com medo e orou a Deus,
o SENHOR, pedindo socorro. Depois deu
ordem para que todo o povo de Judá je-
juasse. 4 Todos se reuniram para pedir so-
corro ao SENHOR; de todas as cidades do
país o povo veio a Jerusalém.
5 A gente de Judá e de Jerusalém se re-
uniu no pátio novo do Templo, e Josafá se
pôs de pé no meio deles 6 e orou assim:

DEVOCIONAL

Texto para leitura: **2Crônicas 20:15-17**

Saiba como se comunicar

Você já sentiu a necessidade de fazer justiça — defender-se ou justificar-se perante os outros? Às vezes, as pessoas a entendem de forma errada. Elas a entendem mal ou mentem sobre você. O que fazer quando isso acontece?

Fazer justiça com as próprias mãos é uma tentativa de você mesma lutar a batalha, consertar as coisas e provar quem você é para todos os que a levaram a mal. Mas Deus nunca lhe pediu para fazer isso. Essa obsessão de provar para os outros que eles estão errados e você está certa não é um ato de fé. Ao dizer para si mesma: "Eu tenho de me explicar, e eles têm de me ouvir", você não se parece com nosso Senhor. Jesus nunca brigou a fim de provar quem ele era para os seres humanos. Se o entendiam mal, ele deixava que Deus corrigisse as coisas. Ao vir que alguém está errado ou a entendeu mal, você deve deixar que essa pessoa tenha a opinião dela. A Garota de Deus precisa confiar que o Senhor intervirá onde ele tem de intervir e, em seguida, se recusar a criticar a criação de Deus, reclamando das pessoas. Cabe a você, neste momento, orar, e não julgar. Isso significa que você precisa manter a calma e deixar que as pessoas a entendam mal. O que elas pensam não é o que a define, então não se prepare para a briga. Cabe a você permanecer obediente e apenas continuar a andar como Jesus andou, com fé e confiança, sabendo que a batalha não é sua, mas de Deus.

— Ó SENHOR, Deus dos nossos antepassados! Tu és o Deus do céu e governas todas as nações do mundo. Tu és forte e poderoso, e ninguém pode resistir ao teu
poder. 7 Tu és o nosso Deus; expulsaste os moradores desta terra de diante do teu povo de Israel e deste a terra deles para sempre a nós, os descendentes de Abraão,
teu amigo. 8 O teu povo tem morado nesta terra, e aqui construímos um Templo em
tua honra. Nós dissemos assim: 9 "Se alguma desgraça cair sobre nós como castigo, seja guerra, ou doenças, ou falta de alimentos, então nos ajuntaremos em frente deste Templo, onde tu moras, e no nosso sofrimento clamaremos a ti pedindo socorro, e tu atenderás o nosso pedido."
10 — Agora os amonitas e os moabitas, junto com os edomitas, invadiram o nosso país. Quando os nossos antepassados estavam vindo do Egito, tu não os deixaste invadir as terras daqueles povos. Por isso, os nossos antepassados se desviaram de-
las e não destruíram aqueles povos. 11 Mas agora eles nos pagam assim: estão nos atacando para nos expulsar da terra que
nos deste para sempre. 12 Ó nosso Deus, castiga essa gente, pois não somos bastante fortes para resistir a esse enorme exército que está avançando contra nós. Não sabemos o que fazer e olhamos para ti, pedindo socorro!
13 Todos os homens de Judá estavam ali de pé em frente do Templo, junto com as suas mulheres e os seus filhos e até as
crianças de colo. 14 De repente, o Espírito de Deus desceu sobre um *levita que estava ali no meio do povo. Chamava-se Jaaziel e era descendente de Asafe. Jaaziel era filho de Zacarias, neto de Benaías, bis-
neto de Jeiel e trineto de Matanias. 15 Jaaziel disse:

— Povo de Judá, moradores de Jerusalém e rei Josafá, prestem atenção! Escutem isto que o SENHOR Deus diz: "Não se assustem, não fiquem com medo deste enorme exército, pois a batalha não é con-
tra vocês, mas contra mim. 16 Amanhã vocês os atacarão quando eles vierem pela subida de Zis. Vocês se encontrarão com eles no fim do vale que dá para o deserto
de Jeruel. 17 Quando os encontrarem, vocês não precisarão lutar. Fiquem parados ali e verão como o SENHOR Deus salvará

vocês. Povo de Judá e moradores de Je-
rusalém, não se assustem, nem fiquem
com medo; marchem contra os inimigos
amanhã, pois eu, o SENHOR, estarei com
vocês."
18 Então o rei Josafá se ajoelhou e encos-
tou o rosto no chão; e todo o povo de Judá
e os moradores de Jerusalém também se
ajoelharam na presença de Deus, o SE-
NHOR, e o adoraram. 19 Aí os levitas que
eram descendentes de Coate e de Corá
começaram a louvar o SENHOR, o Deus de
Israel, em voz bem alta.
20 Na manhã seguinte, todos se levanta-
ram cedo e foram para o deserto de Te-
coa. Ao saírem, Josafá ficou de pé e disse:
— Povo de Judá e moradores de Je-
rusalém, escutem! Confiem no SENHOR,
seu Deus, e estarão seguros; confiem nos
*profetas dele, e tudo o que vocês fizerem
dará certo.
21 Depois de consultar o povo, Josafá
ordenou que alguns cantores vestissem
roupas sagradas e marchassem à frente
do exército, louvando a Deus e cantan-
do assim:

"Louvem a Deus, o SENHOR,
porque o seu amor dura para
sempre."

22 Logo que começaram a cantar, o SE-
NHOR Deus causou confusão entre os
moabitas, os amonitas e os edomitas, e
eles foram derrotados. 23 Os amonitas e
os moabitas atacaram os edomitas e os
destruíram completamente; depois os
amonitas lutaram contra os moabitas, e
os dois lados também acabaram se des-
truindo. 24 Quando o exército de Judá che-
gou a um lugar alto no deserto, eles viram
o chão coberto de mortos; ninguém tinha
escapado com vida.
25 Aí Josafá e os seus soldados avança-
ram e começaram a pegar tudo o que ha-
via no acampamento inimigo. Encontra-
ram muitos animais de carga, armas, rou-
pas e objetos de valor. Levaram três dias
pegando as coisas, mas havia tanto, que
não puderam levar tudo. 26 No quarto dia,
todos se reuniram no vale de Beraca e
louvaram o SENHOR. É por isso que aquele
lugar se chama vale de Beraca *até hoje.
27 Depois os soldados de Judá e de Jeru-
salém, com Josafá à frente, voltaram ale-
gres para Jerusalém. Estavam contentes
porque o SENHOR Deus lhes tinha dado
a vitória na luta contra os seus inimigos.
28 Quando chegaram a Jerusalém, foram
até o Templo, ao som de música de *har-
pas, *liras e trombetas. 29 Quando os ou-
tros povos souberam que o SENHOR ha-
via derrotado os inimigos de Israel, fica-
ram todos com medo. 30 Assim o reinado
de Josafá continuou tranquilo, pois Deus
lhe deu paz com todas as nações vizinhas.

O fim do reinado de Josafá
1Reis 22.41-50

31 Josafá tinha trinta e cinco anos de ida-
de quando se tornou rei de Judá. Ele go-
vernou em Jerusalém vinte e cinco anos. A
sua mãe se chamava Azuba e era filha de
Sili. 32 Como Asa, o seu pai, havia feito an-
tes dele, Josafá fez o que o SENHOR Deus
considera certo. 33 Mas os lugares pagãos
de adoração não foram destruídos, pois
o povo ainda não tinha resolvido adorar
somente o Deus dos seus antepassados.
34 Todas as outras coisas que Josafá fez,
desde o começo até o fim do seu reina-
do, estão escritas na *História de Jeú, filho
de Hanani*, que faz parte da *História dos
Reis de Israel*.
35 Mais tarde, o rei Josafá se tornou alia-
do de Acazias, rei de Israel, que vivia uma
vida cheia de maldade. 36 Eles fizeram um
*acordo para construírem navios que fos-
sem até a Espanha; os navios foram cons-
truídos em Eziom-Geber. 37 Mas Eliézer,
filho de Dodavá, *profetizou contra Josa-
fá o seguinte:
— O SENHOR Deus vai destruir o que
o senhor construiu porque o senhor se
tornou aliado de Acazias.
Os navios se quebraram e não puderam
ir até a Espanha.
21 Josafá morreu e foi sepultado nos
túmulos dos reis, na *Cidade de
Davi, e o seu filho Jeorão ficou no lugar
dele como rei.

O reinado de Jeorão, de Judá
2Reis 8.16-24

2 Jeorão, filho do rei Josafá, de Judá, ti-
nha seis irmãos, que se chamavam Aza-
rias, Jeiel, Zacarias, Azarias, Micael e Se-
fatias. 3 Josafá deu a eles muitos presen-
tes de prata e ouro e objetos de valor. E a
cada um entregou o governo de uma das
cidades de Judá que eram protegidas por
muralhas. Mas ele escolheu Jeorão, o fi-
lho mais velho, para ser o rei depois dele.
4 Quando se tornou rei, Jeorão se firmou

no poder e então mandou matar todos os seus irmãos e também algumas das altas autoridades de Israel. 5 Jeorão tinha trinta e dois anos de idade quando se tornou rei e governou oito anos em Jerusalém. 6 A mulher dele era filha do rei Acabe, de Israel, e por isso Jeorão seguiu os maus caminhos de Acabe e dos outros reis de Israel. Jeorão pecou contra Deus, o SENHOR, 7 mas o SENHOR não quis acabar com os descendentes do rei Davi, pois havia feito uma *aliança com Davi, prometendo que os seus descendentes sempre seriam reis.

8 Durante o reinado de Jeorão, o país de Edom se revoltou contra Judá e se tornou independente. 9 Por isso, Jeorão e os seus oficiais, com os seus carros de guerra, invadiram Edom e ali foram cercados pelos edomitas. Jeorão e os seus comandantes dos carros de guerra atacaram os edomitas durante a noite e escaparam. 10 Desse tempo *até hoje, Edom ficou independente de Judá. Nessa mesma época, a cidade de Libna também se revoltou porque Jeorão tinha abandonado o SENHOR, o Deus dos seus antepassados. 11 Ele construiu lugares pagãos de adoração nas montanhas de Judá, levou os moradores de Jerusalém a adorarem ídolos e fez o povo de Judá abandonar a Deus.

12 Aí o *profeta Elias escreveu a Jeorão uma carta, na qual dizia o seguinte:

"É isto o que diz o SENHOR, o Deus do seu antepassado Davi: 'Você não seguiu o bom exemplo do seu pai, o rei Josafá, nem do seu avô, o rei Asa, 13 mas seguiu o mau exemplo dos reis de Israel. Você levou o povo de Judá e os moradores de Jerusalém a adorarem ídolos, como fazem os reis de Israel. E também matou os seus próprios irmãos, que eram melhores do que você. 14 Por isso, o SENHOR Deus vai fazer cair um castigo terrível sobre o povo de Judá e sobre os filhos e as mulheres que você tem e vai destruir tudo o que é seu. 15 E você mesmo vai ter uma doença intestinal muito séria, que irá piorando cada vez mais, até que os seus intestinos saiam do corpo.' "

16 O SENHOR Deus fez com que os filisteus e os árabes que eram vizinhos dos etíopes que moravam no litoral ficassem furiosos com Jeorão. 17 Eles invadiram o país de Judá, derrotaram Jeorão e levaram embora todos os bens do palácio e também os filhos e as mulheres de Jeorão. Deixaram somente Acazias, o seu filho mais moço.

18 Depois de tudo isso, o SENHOR castigou Jeorão com uma doença intestinal incurável. 19 Ele foi piorando cada vez mais, até que depois de dois anos os intestinos saíram do corpo dele, e Jeorão morreu, sofrendo dores terríveis. O povo não acendeu uma fogueira em honra dele, como havia feito para os seus antepassados.

20 Jeorão tinha trinta e dois anos de idade quando se tornou rei de Judá. Ele governou em Jerusalém oito anos. Quando morreu, ninguém sentiu falta dele; ele foi sepultado na *Cidade de Davi, mas não nos túmulos dos reis.

O reinado de Acazias, de Judá

2Reis 8.25-29; 9.27-29

22 Os moradores de Jerusalém puseram Acazias, o filho mais moço de Jeorão, como rei no lugar do seu pai. Isso porque o bando de árabes que havia invadido o acampamento tinha matado todos os filhos de Jeorão, menos Acazias. Assim Acazias se tornou rei de Judá 2 aos vinte e dois anos de idade. Ele governou em Jerusalém um ano. 3 A mãe dele se chamava Atalia e era filha do rei Acabe e neta do rei Onri, de Israel. Ela dava maus conselhos a Acazias, e assim ele seguiu o péssimo exemplo da família de Acabe. 4 Como a família de Acabe havia feito, ele pecou contra Deus, o SENHOR, porque, depois da morte do seu pai, outras pessoas da família de Acabe foram os seus conselheiros.

5 Seguindo os conselhos que eles davam, Acazias se juntou com o rei de Israel, Jorão, filho de Acabe, e foi até Ramote-Gileade para lutar contra o rei Hazael, da Síria. Jorão foi ferido na batalha 6 e voltou para a cidade de Jezreel a fim de tratar os seus ferimentos. E Acazias foi até lá visitá-lo.

7 Deus havia decidido que Acazias iria morrer nessa visita a Jorão. Logo que chegou, Acazias foi com Jorão encontrar-se com Jeú, filho de Ninsi, a quem o SENHOR Deus havia escolhido para acabar com a família de Acabe. 8 Jeú estava executando a condenação divina contra a família de Acabe quando encontrou alguns chefes de Judá e alguns sobrinhos do rei Acazias, que estavam ao serviço do rei; e Jeú os matou. 9 Depois ele mandou procurar Acazias, que foi encontrado na cidade de

Samaria, onde estava se escondendo. En-
tregaram Acazias a Jeú e o mataram. Mas
eles o sepultaram porque era neto do rei
Josafá, que havia se esforçado para servir
com todo o coração a Deus, o SENHOR. E
agora não havia nenhuma outra pessoa
da família de Acazias que pudesse ser rei.

O reinado de Atalia, de Judá

2Reis 11.1-3

10 Assim que Atalia, a mãe do rei Aca-
zias, soube da morte do filho, deu ordem
para que todas as pessoas da família real
fossem mortas. 11 Somente Joás, filho de
Acazias, escapou. Ele ia ser morto com os
outros, mas foi salvo por sua tia Jeoseba,
que era filha do rei Jeorão, meia-irmã de
Acazias e mulher do sacerdote Joiada. Ela
levou Joás e a sua babá para um quarto do
Templo e o escondeu de Atalia. Assim ele
não foi morto. 12 Durante seis anos, Joás
ficou ali escondido com as pessoas que o
protegiam. Enquanto isso, Atalia gover-
nava o país.

A revolta contra Atalia

2Reis 11.4-16

23 No sétimo ano, o sacerdote Joiada
tomou coragem e mandou chamar
cinco oficiais do exército: Azarias, filho de
Jeorão; Ismael, filho de Jeoanã; Azarias, fi-
lho de Obede; Maaseias, filho de Adaías; e
Elisafate, filho de Zicri. Joiada conseguiu
convencê-los a ajudá-lo. 2 Então eles fo-
ram por todo o país e voltaram trazendo
para Jerusalém os *levitas e os chefes de
famílias de todas as cidades de Judá. 3 To-
dos se reuniram no Templo e fizeram um
*acordo com Joás, o filho do rei. E Joiada
lhes disse:
— Aqui está o filho do rei! É ele quem
deve ser rei, de acordo com a promes-
sa que o SENHOR Deus fez a respeito dos
descendentes de Davi. 4 Vocês vão fazer o
seguinte: uma terça parte de vocês levitas
e sacerdotes que estão de serviço no sá-
bado guardará os portões do Templo; 5 a
outra terça parte ficará de guarda no palá-
cio, e a outra terça parte ficará no Portão
do Alicerce. O povo se reunirá nos pátios
do Templo. 6 Ninguém deverá entrar no
**Lugar Santo*, a não ser os sacerdotes e
os levitas que estiverem de serviço. Eles
poderão entrar porque foram consagra-
dos; todos os outros devem ficar do lado
de fora, como o SENHOR Deus manda. 7 Os
levitas, com as armas na mão, ficarão em
volta do rei Joás e irão com ele a qualquer
lugar aonde ele for. Qualquer pessoa que
entrar no Lugar Santo será morta.
8 Os levitas e o povo fizeram tudo o
que Joiada ordenou. Cada oficial reuniu
os seus homens, tanto os que entravam
de serviço no sábado como os que saíam;
pois Joiada não deixou que fossem em-
bora os que estavam saindo do serviço.
9 Ele entregou aos oficiais as lanças e os
*escudos que tinham sido do rei Davi e
que haviam ficado guardados no Templo.
10 Em seguida, pôs por toda a frente do
Templo os soldados armados com espa-
das para protegerem o rei. 11 Então leva-
ram Joás para fora, colocaram a coroa na
cabeça dele e lhe entregaram uma cópia
do Testemunho. Assim ele se tornou rei.
Joiada e os seus filhos o *ungiram, e to-
dos gritaram:
— Viva o rei!
12 A rainha Atalia ouviu os gritos do
povo, que corria e dava vivas ao rei, e foi
até o Templo, onde todos estavam reuni-
dos. 13 Ela viu o novo rei perto da coluna,
na entrada do Templo. Ele estava rodeado
pelos oficiais e pelos corneteiros, e todo o
povo estava gritando de alegria e tocando
trombetas. Os cantores do Templo, com
os seus instrumentos musicais, estavam
dirigindo os cânticos de louvor. Em sinal
de desespero, Atalia rasgou as suas rou-
pas e gritou:
— Traição! Traição!
14 Joiada não queria que Atalia fosse
morta na área do Templo e por isso deu
aos oficiais do exército a seguinte ordem:
— Levem a rainha para fora, passando
pelo meio das filas de guardas, e matem
qualquer pessoa que tentar salvá-la.
15 Então eles a prenderam e levaram
para o palácio. E ali, no Portão dos Cava-
los, ela foi morta.

As reformas de Joiada

2Reis 11.17-20

16 O sacerdote Joiada fez um *acordo
com todo o povo e com o rei Joás, pelo
qual eles seriam o povo de Deus, o SE-
NHOR. 17 Então o povo foi até o templo do
deus *Baal e o derrubou. Eles quebraram
os altares e os ídolos e ali, em frente dos
altares, pegaram Matã, o sacerdote de
Baal, e o mataram. 18 Joiada pôs os sacer-
dotes e os *levitas para tomarem conta do
serviço do Templo. O rei Davi os tinha or-
ganizado em grupos para apresentarem

os *sacrifícios a Deus, segundo está es-
crito na Lei de Moisés, e para cantarem
e louvarem de acordo com as instruções
de Davi. 19 Joiada pôs guardas nos por-
tões do Templo para impedirem que qual-
quer pessoa *impura entrasse na área do
Templo.
20 Aí Joiada, os oficiais, as altas auto-
ridades, os governadores e todo o povo
levaram o rei do Templo para o palácio.
Entraram pelo portão principal, e o rei
se sentou no trono. 21 Todos estavam fe-
lizes, e a cidade ficou calma, pois Atalia
tinha sido morta.

O reinado de Joás, de Judá

2Reis 12.1-16

24 Joás tinha sete anos de idade quan-
do se tornou rei de Judá. Ele go-
vernou quarenta anos em Jerusalém. 2 A
sua mãe se chamava Zíbia e era da cidade
de Berseba. Enquanto o sacerdote Joiada
vivia, Joás fez o que agrada a Deus, o SE-
NHOR. 3 Joiada arranjou para Joás duas es-
posas, que lhe deram filhos e filhas.
4 Algum tempo depois, Joás decidiu fa-
zer consertos no Templo. 5 Mandou cha-
mar os sacerdotes e os *levitas e lhes dis-
se:

— Vão pelas cidades de Judá e recebam
o dinheiro que o povo deve dar para o pa-
gamento dos consertos que são feitos to-
dos os anos no Templo. E façam isso logo!

Mas eles não se apressaram. 6 Então o
rei mandou chamar o *Grande Sacerdote
Joiada e perguntou:

— Por que você não exigiu que os le-
vitas trouxessem de Judá e de Jerusalém
o imposto que Moisés, *servo do SENHOR,
mandou cobrar do povo para pagar as
despesas da *Tenda da Presença de Deus?
7 (Atalia, aquela mulher má, e os seus
seguidores haviam estragado o Templo
e tinham usado os objetos sagrados do
Templo na adoração do deus *Baal.)
8 O rei mandou fazer um cofre, que foi
colocado perto do portão do Templo, do
lado de fora. 9 Então anunciaram pela ci-
dade de Jerusalém e pelo país inteiro que
o povo devia trazer a Deus, o SENHOR, o
imposto que Moisés, servo de Deus, havia
mandado cobrar quando eles estavam no
deserto. 10 Os chefes e todo o povo vieram
alegres e puseram o dinheiro no cofre, até
que ficou cheio. 11 Todos os dias os levitas
levavam o cofre aos funcionários do rei,
e, quando estes viam que estava cheio,
o secretário do rei e o representante do
Grande Sacerdote vinham, tiravam o di-
nheiro e levavam o cofre de volta para o
Templo. Assim ajuntaram muito dinheiro.
12 O rei e Joiada entregavam o dinhei-
ro aos homens que estavam encarrega-
dos do trabalho do Templo, e estes con-
tratavam pedreiros, carpinteiros e pes-
soas que trabalhavam com ferro e bronze,
para fazer os consertos no Templo. 13 To-
dos puseram mãos à obra e trabalharam
tão bem, que o Templo acabou ficando
como era quando tinha sido construído;
ficou até mais forte do que antes. 14 Quan-
do terminaram o trabalho, levaram ao rei
e a Joiada o ouro e a prata que haviam so-
brado. Eles usaram esse ouro e essa prata
para fazer os objetos usados para o culto
no Templo e para os *sacrifícios e também
para fazer vasilhas e outros objetos. En-
quanto Joiada viveu, os sacrifícios foram
oferecidos no Templo todos os dias.
15 Joiada viveu muito, até ficar bem ve-
lho. Ele morreu aos cento e trinta anos de
idade 16 e foi sepultado junto com os reis
na *Cidade de Davi, por causa do bom ser-
viço que havia prestado ao povo de Israel,
a Deus e ao Templo.

O pecado e o castigo de Joás

17 Depois da morte de Joiada, as altas
autoridades de Judá foram falar com o
rei e se ajoelharam em frente dele em si-
nal de respeito. E o rei concordou com
o que eles disseram. 18 Aí o povo parou
de ir ao Templo para adorar o SENHOR, o
Deus dos seus antepassados, e começou a
adorar os postes da deusa *Aserá e outros
ídolos. Por causa desse pecado, o SENHOR
Deus ficou *irado com o povo de Judá e
com os moradores de Jerusalém. 19 Mas o
SENHOR mandou *profetas a fim de avisa-
rem o povo que voltasse para ele; porém
o povo não deu atenção a eles.
20 Aí o Espírito de Deus veio sobre Za-
carias, filho do sacerdote Joiada. Então
ele ficou de pé num lugar alto e disse ao
povo:

— Esta é a mensagem de Deus: "Por
que desobedecem aos mandamentos de
Deus, o SENHOR, fazendo assim com que
a desgraça caia sobre vocês? Vocês aban-
donaram o SENHOR, e por isso ele também
os abandonará."
21 Algumas pessoas fizeram planos para
matar Zacarias; e, obedecendo à ordem
do rei, o mataram a pedradas no pátio do

Templo. 22 O rei nem pensou no serviço fiel que lhe havia prestado Joiada, o pai de Zacarias; matou o filho dele. Zacarias, ao morrer, disse:

— Que o SENHOR Deus veja isto e acerte as contas!

23 Durante a primavera daquele ano, o exército sírio invadiu a terra de Judá e atacou a cidade de Jerusalém; mataram as altas autoridades do país e mandaram para o rei da Síria, em Damasco, tudo o que levaram do país. 24 O exército sírio era pequeno, mas o SENHOR Deus deixou que eles derrotassem o exército dos judeus, que era muito maior, pois os judeus haviam abandonado o SENHOR, o Deus dos seus antepassados. Assim o rei Joás recebeu o castigo que merecia.

25 Joás havia sido gravemente ferido. Depois que os sírios foram embora, dois oficiais de Joás fizeram uma revolta contra ele e o mataram enquanto ainda estava de cama. Eles fizeram isso para se vingar da morte do filho do sacerdote Joiada. Joás foi sepultado na *Cidade de Davi, mas não nos túmulos dos reis. 26 Dois homens planejaram a morte dele: Zabade, filho de Simeate, uma mulher da terra de Amom, e Jeozabate, filho de Sinrite, uma mulher da terra de Moabe. 27 No *Comentário sobre o Livro dos Reis*, estão escritas as histórias dos filhos de Joás, as muitas *profecias que foram feitas contra ele e a história da reconstrução do Templo. Amazias, filho de Joás, ficou no lugar dele como rei.

O reinado de Amazias, de Judá

2Reis 14.1-6

25 Amazias tinha vinte e cinco anos de idade quando se tornou rei de Judá. Ele governou vinte e nove anos em Jerusalém. A mãe dele se chamava Jeoadã e era da cidade de Jerusalém. 2 Amazias fez o que é agradável a Deus, o SENHOR, mas não foi sincero. 3 Logo que se firmou no poder, ele mandou matar os oficiais que haviam assassinado o seu pai, o rei. 4 No entanto, não mandou matar os filhos deles, mas seguiu o que o SENHOR havia ordenado na *Lei de Moisés: "*Os pais não serão mortos* por causa de crimes cometidos pelos filhos, nem os filhos, por causa de crimes cometidos pelos pais; uma pessoa será morta somente como castigo pelo crime que ela mesma cometeu."

Guerra contra os edomitas

2Reis 14.7

5 Amazias mandou chamar todos os homens que tinham vinte anos de idade para cima das *tribos de Judá e de Benjamim. Ele os organizou em grupos de mil e de cem, segundo as famílias a que pertenciam, e os pôs debaixo do comando de oficiais. Eram trezentos mil homens; todos eram soldados corajosos e experientes, armados com lanças e *escudos. 6 Além destes, Amazias contratou cem mil soldados de Israel por uns três mil e quatrocentos quilos de prata.

7 Mas um *profeta foi falar com Amazias e disse:

— Ó rei, não leve esses soldados, pois o SENHOR Deus não está com esses homens do Reino do Norte. 8 Mas, se o senhor achar que com eles o seu exército ficará mais forte, então Deus fará com que o senhor seja vencido pelos inimigos, pois ele tem poder para dar a vitória ou a derrota.

9 Amazias perguntou:

— Mas o que vai acontecer com toda aquela prata que paguei para que os soldados de Israel lutassem do meu lado?

O profeta respondeu:

— O SENHOR Deus pode lhe dar muito mais do que isso!

10 Então Amazias mandou os soldados do Reino do Norte de volta para casa. E eles foram embora, furiosos com o povo de Judá.

11 Amazias tomou coragem e foi com o seu exército até o vale do Sal, onde matou dez mil edomitas. 12 Outros dez mil foram presos pelos soldados de Amazias e levados até o alto de um rochedo; dali eles foram jogados e morreram esmigalhados lá em baixo.

13 Enquanto isso, os soldados israelitas que Amazias tinha mandado embora atacaram as cidades de Judá que ficavam entre Samaria e Bete-Horom; mataram três mil pessoas e levaram consigo muitas coisas.

14 Depois de ter derrotado os edomitas, Amazias voltou para Jerusalém, trazendo consigo os ídolos deles. Ele fez desses ídolos os seus próprios deuses, e os adorou, e queimou incenso a eles. 15 O SENHOR Deus ficou *irado com Amazias e enviou um profeta, que lhe disse o seguinte:

— Por que o senhor está adorando

DEVOCIONAL

Texto para leitura: **2Crônicas 25:14-15**

Conheça a si mesma

Deus já lhe enviou um profeta, uma voz da razão para apontar o pecado em sua vida, a quem você preferiu ignorar? Quando ele faz isso, pode doer muito, e sua primeira resposta pode ser a de sempre: discutir com o profeta e rejeitar totalmente as advertências dele. Mas não seja tão rápida para lutar em defesa de seu pecado. Não seja tão rápida para tentar provar que você está certa quando os outros dizem que você está errada. Pare e ouça, agradeça à pessoa pelo discernimento dela e reflita em suas advertências. Aí, não deixe passar outro dia sem perguntar o que Deus tem a dizer sobre o assunto.

Para ter esse tipo de resposta, você precisa derrubar o muro que levantou ao redor de sua vida para se proteger. É preciso uma grande dose de humildade, mas ignorar sua natureza pecaminosa, em primeiro lugar, não é se proteger. A menina sábia se recusa a continuar a mentir para si mesma e, na verdade, quer descobrir onde está seu erro. Entender mal as coisas, afinal de contas, é um motivo de preocupação. Você quer viver feliz na ignorância ou prefere acender as luzes e examinar todos os lugares escuros de sua vida? A melhor maneira de destruir os argumentos do inimigo é acender a luz e confrontar as mentiras que você vem aceitando como verdades.

Viver feliz na ignorância não é, de fato, felicidade de modo algum; é apenas um adiantamento da destruição. O salário do pecado não é a alegria, mas sim a morte. Então, não confie mais em seu coração enganoso; esteja disposta a ouvir quando os outros a corrigirem. Mesmo que isso parta seu coração, ouça. Mesmo que pareça um absurdo, ouça. Você terá um coração aberto ao ensino, e um coração assim é um coração em paz.

esses deuses estrangeiros que não puderam salvar o povo deles das mãos do senhor?

16 Mas o rei o interrompeu, dizendo:

— Desde quando eu coloquei você como meu conselheiro? Cale a boca! Se não, vou mandar matá-lo.

O profeta se calou, mas antes disse:

— Eu sei que Deus decidiu destruí-lo, pois o senhor fez tudo isso e não deu atenção ao meu conselho.

Guerra contra Israel

2Reis 14.8-14

17 Depois de consultar os seus conselheiros, o rei Amazias mandou mensageiros ao rei de Israel, Jeoás, que era filho de
Jeoacaz e neto de Jeú, desafiando-o para
uma batalha. 18 Mas o rei Jeoás respondeu assim:

— Uma vez um espinheiro dos montes Líbanos mandou a seguinte mensagem para um cedro: "Dê a sua filha em casamento para o meu filho." Mas um animal selvagem passou por ali e pisou em cima
do espinheiro. 19 De fato, você, Amazias,
venceu os edomitas e por isso está todo orgulhoso. Alegre-se com a sua fama e fique em casa. Para que arranjar um problema que trará somente a desgraça para você e para o seu povo?

20 Mas Amazias não quis atendê-lo, pois era da vontade de Deus que Amazias e o seu povo fossem presos pelos seus inimigos por terem adorado os deuses dos
edomitas. 21 Então o rei Jeoás saiu com os
seus soldados e lutou contra Amazias em
Bete-Semes, na região de Judá. 22 O exér-
cito de Amazias foi derrotado, e todos os
seus soldados fugiram para casa. 23 Jeoás
prendeu Amazias em Bete-Semes e o levou para Jerusalém, onde derrubou as muralhas da cidade desde o Portão de Efraim até o Portão da Esquina, um trecho de mais ou menos duzentos metros.
24 Ele pegou toda a prata e todo o ouro que
achou, pegou todos os objetos do Templo

que estavam sendo guardados pelos des-
cendentes de Obede-Edom e todos os te-
souros do palácio e também levou *reféns.
E voltou para Samaria.

A morte do rei Amazias

2Reis 14.17-20

25 O rei Amazias, de Judá, viveu quin-
ze anos depois da morte do rei de Israel,
Jeoás, filho de Jeoacaz. 26 Todas as outras
coisas que Amazias fez, desde o começo
até o fim do seu reinado, estão escritas
na *História dos Reis de Judá e de Israel*.
27 Depois que Amazias se revoltou contra
Deus, o SENHOR, houve uma conspiração
em Jerusalém para matá-lo, e por isso ele
fugiu para a cidade de Laquis; mas os seus
inimigos o seguiram até lá e o mataram.
28 O seu corpo foi levado de volta para Je-
rusalém num cavalo e foi sepultado nos
túmulos dos reis, na *Cidade de Davi.

O reinado de Uzias, de Judá

2Reis 14.21-22; 15.1-7

26 No lugar de Amazias o povo de Judá
pôs como rei o seu filho Uzias, que
tinha dezesseis anos de idade. 2 Depois da
morte do pai, Uzias reconquistou e cons-
truiu de novo a cidade de Elate.

3 Uzias se tornou rei aos dezesseis anos
de idade. Ele governou cinquenta e dois
anos em Jerusalém. A sua mãe se chama-
va Jecolias e era da cidade de Jerusalém.
4 Seguindo o exemplo do seu pai, Uzias
fez aquilo que agrada a Deus, o SENHOR.
5 Enquanto Zacarias viveu, Uzias serviu a
Deus fielmente, pois Zacarias o ensinou
a respeitar o SENHOR. Durante esse tem-
po Deus o abençoou.

6 Uzias fez guerra contra os filisteus
e derrubou as muralhas das cidades de
Gate, de Jâmnia e de Asdode; depois cons-
truiu cidades protegidas por muralhas
perto de Asdode e em outros lugares da
região dos filisteus. 7 Deus o ajudou a der-
rotar os filisteus, os árabes que moravam
em Gur-Baal e os meunitas. 8 O poder de
Uzias aumentou, e a sua fama se espa-
lhou até o Egito; e os amonitas lhe paga-
vam impostos.

9 A fim de tornar mais fortes as mura-
lhas de Jerusalém, Uzias construiu torres
no Portão da Esquina, no Portão do Vale
e no lugar onde a muralha faz esquina.
10 Construiu também torres de vigia nos
campos e abriu uma porção de poços,
pois tinha muito gado, tanto nas planícies
como nos planaltos de Judá. Tinha tam-
bém homens trabalhando nas plantações
de uvas e nas hortas das regiões monta-
nhosas e nos campos férteis, pois se in-
teressava pela agricultura.

11 Uzias tinha um exército de homens
prontos para a guerra; eles marchavam
para a batalha em grupos organizados de
acordo com as listas que estavam aos cui-
dados do escrivão Jeiel e do oficial Maa-
seias. O chefe desses dois homens era Ha-
nanias, um dos generais do rei. 12 O exérci-
to era comandado por dois mil e seiscen-
tos chefes de famílias, todos eles soldados
valentes. 13 Eles comandavam um exército
poderoso de trezentos e sete mil e qui-
nhentos soldados, que estava à disposi-
ção do rei nas suas lutas contra os seus
inimigos. 14 Uzias armou os seus soldados
com *escudos, lanças, capacetes, *coura-
ças, arcos e flechas, e *fundas para atirar
pedras. 15 Em Jerusalém os seus engenhei-
ros construíram máquinas de guerra que
eram postas nas torres e nas esquinas das
muralhas, a fim de atirarem flechas e pe-
dras grandes. A fama de Uzias se espalhou
por toda parte. E ele se tornou muito po-
deroso, pois Deus o ajudava.

16 Porém, quando se tornou assim pode-
roso, Uzias ficou cheio de orgulho, e essa
foi a sua desgraça. Ele pecou contra o SE-
NHOR, seu Deus, pois entrou no Templo
para queimar incenso no altar do incenso.
17 O *Grande Sacerdote Azarias e oitenta
sacerdotes corajosos entraram atrás do
rei 18 e o enfrentaram, dizendo:

— Ó rei, o senhor não pode queimar
incenso ao SENHOR Deus. Só têm esse di-
reito os sacerdotes, os descendentes de
Arão, que foram separados para este ser-
viço. Saia deste *Lugar Santo, pois o se-
nhor pecou contra Deus, e por isso ele
não vai abençoá-lo.

19 Ao ouvir isso, Uzias ficou furioso com
os sacerdotes. Ele estava ali no Templo,
perto do altar do incenso, segurando o
queimador de incenso. E, no momento em
que ficou furioso, uma doença contagiosa
da pele apareceu na sua testa. 20 Azarias e
os sacerdotes, vendo que ele estava com
aquela terrível doença, o expulsaram ime-
diatamente do Templo. E ele mesmo tra-
tou de sair depressa, pois o SENHOR Deus
o havia castigado.

21 O rei Uzias sofreu dessa doença até
morrer. E, por ter ficado *impuro, ele

morava numa casa separada e ficou proibido de entrar no Templo. O seu filho Jotão era quem mandava no palácio e governava o país.

22 Todas as outras coisas que Uzias fez, desde o começo até o fim do seu reinado, foram escritas pelo *profeta Isaías, filho de Amoz. 23 Uzias morreu e foi sepultado no cemitério dos reis em Jerusalém, mas não nos túmulos dos reis, por causa da sua doença. E o seu filho Jotão ficou no lugar dele como rei.

O reinado de Jotão, de Judá

2Reis 15.32-38

27 Jotão tinha vinte e cinco anos de idade quando se tornou rei de Judá. Ele governou dezesseis anos em Jerusalém. A sua mãe se chamava Jerusa e era filha de Zadoque. 2 Jotão fez aquilo que agrada a Deus, o SENHOR, seguindo o exemplo de Uzias, o seu pai; porém ele não cometeu o pecado de queimar incenso no Templo. Mas o povo continuou pecando.

3 Foi Jotão quem construiu o Portão Norte do Templo; ele também fez muitas construções nas muralhas da cidade, no bairro chamado Ofel. 4 Construiu cidades nas montanhas de Judá e fortalezas e torres de vigia nas florestas. 5 Lutou contra o exército do rei de Amom e o derrotou; aí ele forçou os amonitas a pagarem, todos os anos, durante três anos seguidos, três mil e quatrocentos quilos de prata, mil toneladas de trigo e mil toneladas de *cevada. 6 Jotão foi ficando cada vez mais poderoso porque seguia fielmente a vontade do SENHOR, seu Deus.

7 O resto da história de Jotão, as guerras em que tomou parte e as coisas que fez, tudo está escrito na *História dos Reis de Israel e de Judá*. 8 Ele se tornou rei aos vinte e cinco anos de idade e governou dezesseis anos em Jerusalém. 9 Ele morreu e foi sepultado na *Cidade de Davi, e o seu filho Acaz ficou no lugar dele como rei.

O reinado de Acaz, de Judá

2Reis 16.1-4

28 Acaz tinha vinte anos de idade quando se tornou rei de Judá. Ele governou dezesseis anos em Jerusalém. Acaz não seguiu o bom exemplo do seu antepassado, o rei Davi; pelo contrário, fez aquilo que não agrada ao SENHOR, seu Deus, 2 e seguiu o exemplo dos reis de Israel. Fez imagens de metal do deus Baal 3 e queimou incenso no vale de Ben-Hinom. Chegou até a oferecer os seus próprios filhos, queimando-os como oferta aos ídolos, de acordo com o nojento costume dos povos que o SENHOR Deus havia expulsado da terra conforme os israelitas avançavam. 4 Acaz também ofereceu *sacrifícios e queimou incenso nos lugares pagãos de adoração, nos morros e debaixo de todas as árvores que dão sombra.

5 Por isso, o SENHOR, o Deus de Acaz, deixou que o rei sírio o vencesse. Os sírios derrotaram o exército de Acaz e levaram muitos judeus como prisioneiros para Damasco. E Deus também deixou que Acaz sofresse uma grande derrota na guerra contra o rei de Israel. 6 Em um só dia, o rei de Israel, Peca, filho de Remalias, matou cento e vinte mil soldados valentes do exército de Acaz. Deus fez isso porque o povo de Judá havia abandonado o SENHOR, o Deus dos seus antepassados. 7 Zicri, um valente soldado de Israel, matou Maaseias, filho do rei Acaz; matou também Azricã, o chefe do palácio, e Elcana, o primeiro-ministro do rei. 8 Da terra de Judá os israelitas levaram como prisioneiros muitos dos seus patrícios, isto é, duzentas mil mulheres e crianças. Pegaram também muitos objetos de valor e os levaram consigo para a cidade de Samaria.

O profeta Odede

9 Odede, um *profeta do SENHOR Deus, estava em Samaria e foi encontrar-se com o exército israelita, que estava voltando para lá. Odede disse a eles:

— O SENHOR, o Deus dos seus antepassados, ficou *irado com o povo de Judá e deixou que vocês o derrotassem. Mas vocês mataram aquela gente com tanta raiva, que Deus ficou sabendo disso. 10 Agora vocês estão querendo fazer com que os homens e as mulheres de Judá e de Jerusalém se tornem seus escravos. Será que vocês não sabem que vocês pecaram contra o SENHOR, seu Deus? 11 Portanto, ouçam o que eu estou dizendo. Levem de volta os seus patrícios, esses prisioneiros que vocês trouxeram, pois Deus está muito irado com vocês.

12 Então quatro das altas autoridades de Israel, isto é, Azarias, filho de Joanã; Berequias, filho de Mesilemote; Jeizquias, filho de Salum; e Amasa, filho de Hadlai, também ficaram contra o que o exército israelita tinha feito. 13 Eles disseram:

— Não tragam esses prisioneiros para
cá! Já pecamos muito contra Deus, o SE-
NHOR, e o que vocês estão querendo fazer
agora nos tornaria ainda mais culpados
diante de Deus. Ele já está muito irado
com a gente!
14 Aí os soldados israelitas largaram os
prisioneiros e as coisas que tinham tra-
zido de Judá, entregando-os ao povo e às
autoridades. 15 Os quatro homens já ci-
tados foram escolhidos para cuidar dos
prisioneiros. Das coisas que tinham sido
trazidas de Judá, eles pegaram roupas e
sandálias e deram aos que precisavam.
Depois deram de comer e de beber a to-
dos eles e cuidaram dos seus ferimentos.
Em seguida, levaram todos os prisionei-
ros de volta para a sua terra e os deixa-
ram em Jericó, a cidade das palmeiras. Os
que estavam muito fracos foram monta-
dos em jumentos.

Então os israelitas voltaram para Samaria.

Acaz pede socorro aos assírios

2Reis 16.7-9

16 Nessa mesma época, o rei Acaz man-
dou pedir socorro ao rei da Assíria 17 por-
que mais uma vez os edomitas tinham in-
vadido o país de Judá e haviam derrotado
o exército de Acaz e levado alguns prisio-
neiros. 18 Ao mesmo tempo, os filisteus es-
tavam atacando as cidades que ficavam
nas planícies e no sul de Judá, conquis-
tando Bete-Semes, Aijalom e Gederote e
também as cidades de Socó, Timna e Gin-
zo, com os povoados que ficavam ao re-
dor. Tendo conquistado essas cidades, os
filisteus começaram a morar nelas. 19 Deus
fez o país de Judá sofrer esta humilhação
por causa do rei Acaz, pois ele havia le-
vado o povo de Judá a cometer imorali-
dades e ele mesmo havia desobedecido a
Deus, o SENHOR.
20 O rei Tiglate-Pileser, da Assíria, mar-
chou com o seu exército contra Acaz e, em
vez de ajudá-lo, o deixou numa situação
mais difícil ainda. 21 Acaz pegou objetos
de valor do Templo, do palácio e das ca-
sas das altas autoridades e os deu ao rei
da Assíria; porém isso não adiantou nada.

Os pecados e a morte de Acaz

2Reis 16.19-20

22 Quando as suas dificuldades aumen-
taram, o rei Acaz cometeu pecados piores
contra Deus, o SENHOR. Acaz era assim
mesmo! 23 Ofereceu *sacrifícios aos deu-
ses da Síria, mas esses mesmos deuses
foram a causa da sua derrota. Ele disse:

— Os deuses da Síria ajudaram os reis sírios; portanto, vou lhes oferecer sacrifícios, e eles me ajudarão também.

Mas eles trouxeram desgraça para o rei
e para todo o país. 24 Acaz pegou os obje-
tos do Templo e os quebrou em pedaços.
Fechou os portões do pátio do Templo e
mandou construir altares em todas as es-
quinas de Jerusalém. 25 E mandou cons-
truir em todas as cidades de Judá lugares
pagãos de adoração, onde se queimava
incenso a deuses estrangeiros. Assim ele
fez com que o SENHOR, o Deus dos seus
antepassados, ficasse muito *irado.
26 Todas as outras coisas que o rei Acaz
fez, desde o começo até o fim do seu rei-
nado, estão escritas na *História dos Reis
de Judá e de Israel*. 27 Acaz morreu e foi se-
pultado na cidade de Jerusalém, mas não
nos túmulos dos reis; e o seu filho Eze-
quias ficou no lugar dele como rei.

O reinado de Ezequias, de Judá

2Reis 18.1-3

29 Ezequias tinha vinte e cinco anos
de idade quando se tornou rei de
Judá. Ele governou vinte e nove anos em
Jerusalém. A sua mãe se chamava Abia e
era filha de Zacarias. 2 Seguindo o exemplo
do seu antepassado, o rei Davi, Ezequias
fez aquilo que agrada a Deus, o SENHOR.

A purificação do Templo

3 No primeiro mês do seu reinado, Eze-
quias abriu os portões do pátio do Tem-
plo e mandou consertá-los. 4 Depois man-
dou chamar os sacerdotes e os *levitas
para uma reunião no pátio leste do Tem-
plo 5 e disse:
— Levitas, escutem o que vou dizer!
*Purifiquem-se a vocês mesmos e puri-
fiquem também o Templo do SENHOR, o
Deus dos nossos antepassados. Tirem do
Templo tudo o que é *impuro. 6 Os nossos
antepassados foram infiéis ao SENHOR,
nosso Deus, o rejeitaram e fizeram aquilo
que ele considera mau. Viraram as costas
para o Templo, onde Deus mora, e deixa-
ram de adorá-lo. 7 Fecharam os portões do
Templo, apagaram as lamparinas e deixa-
ram de queimar incenso e de oferecer ao
Deus de Israel *sacrifícios que costuma-
vam ser completamente queimados no al-
tar que ficava em frente do Templo. 8 Por

isso, o SENHOR ficou *irado com o povo de
Judá e de Jerusalém e o que ele fez deixou
todos chocados e horrorizados. E então
todos começaram a zombar de nós, como
vocês bem sabem. 9 Os nossos pais foram
mortos na guerra, e os nossos filhos, as
nossas filhas e as nossas mulheres foram
levados embora como prisioneiros.
10 — Agora resolvi fazer uma *aliança
com o SENHOR, o Deus de Israel, para que
ele pare de ficar irado conosco. 11 Portan-
to, meus filhos, não sejam relaxados, pois
o SENHOR os escolheu para que vocês o
sirvam no Templo, para que ajudem nos
cultos de adoração e para que queimem
incenso em honra dele.
12-14 Estavam ali os seguintes levitas:

do grupo de Coate: Maate, filho de Amasai, e Joel, filho de Azarias;
do grupo de Merari: Quis, filho de Abdi, e Azarias, filho de Jealelel;
do grupo de Gérson: Joá, filho de Zima, e Éden, filho de Joá;
do grupo de Elisafã: Sinri e Jeuel;
do grupo de Asafe: Zacarias e Matanias;
do grupo de Hemã: Jeuel e Simei;
do grupo de Jedutum: Semaías e Uziel.

15 Esses homens mandaram chamar os
outros levitas, e todos eles se purificaram.
Depois, de acordo com o que o rei, obede-
cendo à ordem de Deus, havia mandado,
foram purificar o Templo. 16 Aí os sacer-
dotes também entraram no Templo para
purificá-lo; tiraram de lá de dentro tudo
o que era impuro e levaram para o pátio,
e dali os levitas levaram para fora da ci-
dade, até o vale do Cedrom.
17 Começaram a purificação no primei-
ro dia do primeiro mês; no dia oito já ha-
viam chegado até a sala de entrada do
Templo. Trabalharam mais oito dias e no
dia dezesseis terminaram a purificação
do Templo.
18 Então foram ao palácio para falar com
o rei Ezequias e lhe disseram:
— Purificamos o Templo todo, incluin-
do o altar onde os sacrifícios são queima-
dos, com todos os seus objetos e a mesa
para os pães oferecidos a Deus, com os
seus objetos. 19 Também fomos buscar
os objetos que o rei Acaz, por ser infiel a
Deus, havia jogado fora durante o seu rei-
nado. Nós os purificamos e colocamos em
frente do altar de Deus, o SENHOR.

O Templo é dedicado a Deus

20 No dia seguinte, Ezequias se levan-
tou bem cedo, mandou chamar as altas
autoridades de Jerusalém, e foram jun-
tos ao Templo. 21 Ezequias mandou que
trouxessem sete touros novos, sete car-
neiros, sete ovelhas e sete bodes, a fim
de oferecê-los como *sacrifício para tirar
os pecados da família do rei e do povo de
Judá e para *purificar o Templo. Então or-
denou que os sacerdotes, os descenden-
tes de Arão, oferecessem os animais no
altar. 22 Primeiro os sacerdotes mataram
os touros novos, pegaram um pouco do
sangue e borrifaram o altar; depois fize-
ram o mesmo com os carneiros e as ove-
lhas. 23 Em seguida pegaram os bodes, que
eram o sacrifício para tirar os pecados,
e os levaram ao rei e às outras pessoas
para que colocassem as mãos na cabeça
deles. 24 Então os sacerdotes mataram os
bodes e despejaram o sangue ao pé do
altar como sacrifício para tirar o pecado
de todo o povo; pois o rei havia ordenado
que o sacrifício que era completamente
queimado e o sacrifício para tirar os pe-
cados fossem oferecidos em favor de todo
o povo de Israel.
25 Ezequias obedeceu à ordem do rei
Davi e à ordem que o SENHOR Deus ti-
nha dado por meio de Gade, o *profeta do
rei, e do profeta Natã: ele pôs no Templo
os *levitas, com os seus pratos musicais,
*harpas e *liras. 26 Os levitas estavam ali
de pé com aqueles instrumentos musicais
que Davi havia mandado usar, e os sacer-
dotes tinham trombetas. 27 Ezequias orde-
nou que oferecessem no altar o sacrifício
que ia ser completamente queimado; e,
logo que o sacrifício começou, todos co-
meçaram a cantar hinos de louvor a Deus,
o SENHOR, acompanhados pelas trombe-
tas e pelos outros instrumentos musicais.
28 Todos adoraram a Deus, e os hinos e o
toque de trombetas continuaram até que
o sacrifício terminou. 29 Em seguida, o rei
e todas as outras pessoas se ajoelharam
e adoraram a Deus. 30 O rei e as altas au-
toridades disseram aos levitas que can-
tassem ao SENHOR os cânticos compostos
por Davi e pelo profeta Asafe. Cantaram
cheios de alegria e depois se ajoelharam
e adoraram a Deus.
31 Então Ezequias disse ao povo:
— Vocês se dedicaram ao serviço de
Deus, o SENHOR; portanto, venham ao

Templo e ofereçam sacrifícios como ofertas de gratidão a Deus.

O povo fez o que o rei mandou; e alguns, por vontade própria, apresentaram sacrifícios para serem completamente queimados. 32 Para esses sacrifícios, ofereceram a Deus setenta touros novos, cem carneiros e duzentas ovelhas.

33 Para as ofertas de gratidão, foram oferecidos seiscentos touros e três mil carneiros.

34 Não havia sacerdotes em número suficiente para tirar a pele dos animais que estavam sendo sacrificados, e por isso os levitas os ajudaram até terminarem os sacrifícios. A essa altura outros sacerdotes já se haviam purificado. (Os levitas estavam mais dispostos a se purificarem do que os sacerdotes.) 35 Além dos muitos animais que foram completamente queimados, houve também a oferta da gordura dos animais oferecidos como ofertas de paz. E houve as ofertas de vinho que acompanhavam os sacrifícios que eram completamente queimados.

Assim começou de novo o culto no Templo. 36 Ezequias e todo o povo ficaram alegres com o que Deus havia feito por eles; pois tudo isso aconteceu muito depressa.

A comemoração da Páscoa

30 Depois disso, o rei Ezequias enviou mensageiros por toda a terra de Israel e de Judá e mandou cartas para o povo das *tribos de Efraim e de Manassés, convidando todos para virem ao Templo em Jerusalém a fim de comemorar a *Festa da Páscoa em honra do SENHOR, o Deus de Israel. 2 O rei, as altas autoridades e os moradores de Jerusalém tinham concordado em comemorar essa festa no segundo mês do ano 3 porque não tinham podido fazê-lo no tempo marcado, isto é, no primeiro mês. Isso porque os sacerdotes que se haviam *purificado eram poucos, e o povo não se havia reunido em Jerusalém. 4 O rei e o povo acharam bom o seu plano. 5 Resolveram espalhar a notícia pelo país inteiro, desde a cidade de Berseba, no Sul, até a tribo de Dã, no Norte, convidando todos para virem a Jerusalém a fim de tomar parte na Festa da Páscoa em honra do SENHOR, o Deus de Israel. Pois já fazia muito tempo que a Páscoa não era comemorada de acordo com o que estava escrito na *Lei.

6 Os mensageiros obedeceram à ordem do rei e levaram as cartas do rei e também as cartas das altas autoridades por toda a terra de Israel e de Judá. Elas diziam assim:

"Povo de Israel, voltem para o SENHOR, o Deus de Abraão, de Isaque e de Jacó, e assim ele voltará para vocês que escaparam do poder dos reis da Assíria. 7 Não sejam como os seus antepassados e como os seus patrícios, que foram infiéis ao SENHOR, o Deus dos nossos antepassados. Foi por isso que ele os destruiu, como vocês estão vendo. 8 Não sejam teimosos como os seus antepassados, mas sejam obedientes ao SENHOR. Venham ao Templo, que ele separou para a sua adoração para sempre, e adorem a Deus a fim de que ele pare de ficar *irado com vocês. 9 Se vocês voltarem para Deus, então os inimigos que levaram os seus parentes e os seus filhos como prisioneiros terão pena deles e os deixarão voltar para casa. Pois o SENHOR, nosso Deus, é bondoso e misericordioso e os aceitará se vocês voltarem para ele."

10 Os mensageiros foram por todas as cidades das tribos de Efraim e de Manassés, chegando até o território da tribo de Zebulom, no Norte; mas todos riram e caçoaram deles. 11 Porém algumas pessoas das tribos de Aser, de Manassés e de Zebulom se arrependeram e foram até Jerusalém. 12 E em Judá Deus fez com que todo o povo cumprisse o que o rei e as altas autoridades tinham ordenado, obedecendo à ordem de Deus, o SENHOR.

13 Portanto, no segundo mês do ano, muitas pessoas foram até Jerusalém para comemorar a *Festa dos Pães sem Fermento. Era uma multidão enorme. 14 Pegaram os altares onde eram oferecidos *sacrifícios e também os altares onde era queimado incenso e os jogaram no vale do Cedrom. 15 No dia catorze do segundo mês, mataram os carneiros para a Festa da Páscoa. Os sacerdotes e os *levitas ficaram com vergonha e por isso se purificaram e levaram ao Templo sacrifícios para serem completamente queimados. 16 Foram para os seus lugares no Templo, de acordo com o que mandava a Lei de Moisés, homem de Deus. Os levitas davam o sangue dos animais aos sacerdotes, e estes borrifavam o altar. 17 Havia ali muitas pessoas que estavam *impuras, e por isso

os levitas precisaram matar os carneiros
que essas pessoas ofereciam, a fim de de-
dicá-los a Deus, o SENHOR. 18 Pois muitas
pessoas das tribos de Efraim, de Manas-
sés, de Issacar e de Zebulom haviam co-
mido o jantar da Páscoa sem terem se pu-
rificado, como manda a Lei de Deus. Mas
Ezequias orou em favor delas, dizendo:
— Ó Deus bondoso, perdoa todos 19 os
que com todo o coração te adoram a ti, o
SENHOR, o Deus dos nossos antepassa-
dos. Perdoa-os, ó SENHOR, ainda que eles
não se tenham purificado de acordo com
a lei do Templo.
20 O SENHOR Deus atendeu o pedido
de Ezequias e perdoou o povo. 21 Duran-
te sete dias, todos os israelitas que esta-
vam em Jerusalém comemoraram com
grande alegria a Festa dos Pães sem Fer-
mento. Todos os dias os sacerdotes e os
levitas louvaram a Deus, tocando bem
alto os instrumentos musicais sagrados.
22 Ezequias elogiou todos os levitas que
haviam dirigido tão bem o culto de ado-
ração. Durante sete dias, todos tomaram
parte na Festa, apresentaram as ofertas
de paz e louvaram o SENHOR, o Deus dos
seus antepassados.
23 Aí concordaram em festejar mais sete
dias e assim fizeram com muita alegria.
24 O rei Ezequias deu ao povo mil touros
novos e sete mil carneiros, e as altas auto-
ridades deram mil touros novos e dez mil
carneiros para a Festa. E muitos sacerdo-
tes se purificaram. 25 Assim todo mundo
ficou alegre — o povo de Judá, os sacer-
dotes, os levitas, as pessoas que tinham
vindo da terra de Israel e os estrangeiros
que moravam em Israel e em Judá. 26 Hou-
ve grande alegria em toda a cidade de Je-
rusalém, pois desde o tempo de Salomão,
rei de Israel e filho de Davi, nunca havia
acontecido uma coisa assim.
27 Os sacerdotes e os levitas, de pé, pe-
diram as bênçãos de Deus para o povo.
E Deus, no seu santo lar no céu, ouviu a
oração e atendeu o pedido deles.

A reforma feita por Ezequias

31 Quando a festa terminou, todos os
israelitas que estavam em Jerusa-
lém foram pelas cidades de Judá, quebran-
do as colunas do deus *Baal, cortando os
postes da deusa *Aserá e destruindo os
altares e os lugares pagãos de adoração.
Fizeram o mesmo em todo o território das
*tribos de Judá, de Benjamim, de Efraim
e de Manassés. Depois todos voltaram
para casa.
2 Ezequias organizou os sacerdotes e
os *levitas em grupos, dando a cada gru-
po a sua responsabilidade. Os sacerdotes
apresentavam os *sacrifícios que eram
completamente queimados e as ofertas
de paz; os levitas cantavam louvores, e
davam graças a Deus, e guardavam os
portões do Templo. 3 Dos seus touros e
dos seus carneiros, o rei dava animais
para os sacrifícios a serem completa-
mente queimados que eram oferecidos
de manhã e à tarde e também para os
sacrifícios a serem completamente quei-
mados que eram oferecidos nos sábados,
nas *Festas da Lua Nova e nas outras fes-
tas fixas, conforme mandava a *Lei de
Deus, o SENHOR.
4 O rei ordenou aos moradores de Jeru-
salém que entregassem aos sacerdotes
e levitas tudo o que, de direito, era de-
les, a fim de que pudessem gastar todo
o seu tempo fazendo aquilo que a Lei do
SENHOR mandava. 5 Logo que a ordem
do rei foi anunciada, o povo deu gene-
rosamente a melhor parte do seu trigo,
vinho, azeite, mel e de todos os outros
produtos das suas plantações; trouxe-
ram também em grande quantidade a
décima parte de tudo o que tinham. 6 Os
que moravam em Israel e os moradores
das outras cidades de Judá também trou-
xeram a décima parte dos seus touros e
dos seus carneiros e a décima parte de
tudo o que tinham dedicado ao SENHOR,
seu Deus, e juntaram as coisas em gran-
des montões. 7 Começaram a amontoar as
ofertas no terceiro mês e terminaram no
sétimo mês. 8 Quando Ezequias e as altas
autoridades foram ver aqueles montões
de ofertas, louvaram a Deus, o SENHOR,
e elogiaram o povo de Israel. 9 Ezequias
falou com os sacerdotes e os levitas a
respeito daqueles montões, 10 e o *Gran-
de Sacerdote Azarias, descendente de
Zadoque, respondeu:
— Desde que o povo começou a trazer
todas estas ofertas ao Templo, nós temos
tido bastante para comer, e tem sobrado
muita coisa; o SENHOR Deus tem abençoa-
do o seu povo, e por isso temos comida
até demais.
11 Aí o rei Ezequias ordenou que pre-
parassem depósitos no Templo, e isso foi
feito. 12 Foram honestos e colocaram ali

todas as ofertas, os *dízimos e as coisas
dedicadas a Deus. Para tomar conta dos
depósitos, puseram um levita chamado
Conanias, que tinha como ajudante o seu
irmão Simei. 13 O rei Ezequias e o Grande
Sacerdote Azarias nomearam os seguin-
tes levitas para servirem debaixo da di-
reção de Conanias e Simei: Jeiel, Azarias,
Naate, Asael, Jerimote, Jozabade, Eliel,
Ismaquias, Maate e Benaías. 14 O guarda
do Portão Leste do Templo, Coré, filho
de Imna, estava encarregado das ofer-
tas feitas a Deus por vontade própria; ele
distribuía as ofertas e as coisas dedica-
das a Deus. 15 Nas outras cidades onde
os sacerdotes moravam, os seguintes le-
vitas trabalhavam fielmente debaixo da
direção de Coré: Éden, Miniamim, Jesua,
Semaías, Amariá e Secanias. Estes dis-
tribuíam as porções devidas a todos os
seus colegas, os levitas, de acordo com os
grupos a que pertenciam, dando a cada
um a mesma porção. 16 Sem levar em con-
ta se os seus nomes estavam ou não nas
listas dos seus antepassados, a distribui-
ção era feita a todos os homens de trinta
anos para cima que iam ao Templo para
fazer os seus serviços diários, de acordo
com o grupo a que pertenciam e o traba-
lho que faziam. 17 A lista dos sacerdotes
foi feita de acordo com os seus grupos
de famílias; os levitas de vinte anos para
cima estavam alistados de acordo com o
trabalho que faziam e o grupo a que per-
tenciam. 18 Nas listas estavam também
os nomes das mulheres, dos filhos e das
filhas, isto é, da família inteira. Os sacer-
dotes e os levitas tinham sido consagra-
dos a Deus e precisavam estar sempre
prontos para fazer o seu trabalho sagra-
do. 19 Havia também homens nomeados
para distribuírem os alimentos que eram
para os sacerdotes, os descendentes de
Arão, que moravam nas cidades dos sa-
cerdotes ou nos campos que ficavam ao
redor, e também os alimentos que eram
para todos os levitas cujos nomes esta-
vam nas listas.

20 Foi isso o que Ezequias fez em toda a
terra de Judá. Ele sempre foi bom, corre-
to e fiel em todos os serviços que prestou
ao SENHOR, seu Deus. 21 Tudo o que Eze-
quias fez para o Templo ou em obediên-
cia à lei deu certo porque ele procurou
sempre seguir com todo o coração a von-
tade de Deus.

Senaqueribe invade Judá

2Reis 18.13-37; 19.35-37;
Isaías 36.1-22; 37.36-38

32 Depois de tudo isso e dessas pro-
vas de fidelidade que o rei Ezequias
deu, Senaqueribe, rei da Assíria, invadiu o
país de Judá. O seu exército cercou as cida-
des protegidas por muralhas, procurando
conquistá-las. 2 Quando Ezequias viu que
Senaqueribe estava planejando atacar Je-
rusalém também, 3 consultou os seus che-
fes militares e civis e propôs que tapas-
sem as fontes de água que ficavam fora da
cidade; e eles concordaram com o plano.
4 Muita gente se ajuntou, e foram tapar to-
das as fontes e também o canal que atra-
vessava aquela região. Isso foi feito para
que os assírios encontrassem pouca água
quando chegassem perto da cidade.

5 Ezequias se animou e consertou a mu-
ralha da cidade, construiu torres em cima
dela e levantou outra muralha ao redor
da que já existia. Também construiu defe-
sas no aterro que havia sido feito no lado
leste, na *Cidade de Davi; e mandou fazer
muitas lanças e *escudos. 6 Colocou ofi-
ciais no comando de todos os homens da
cidade, mandou os oficiais se reunirem
na praça do portão de entrada da cida-
de e disse:

7 — Sejam fortes e corajosos! Não fi-
quem assustados, nem tenham medo do
rei da Assíria e do seu enorme exército.
Pois aquele que está do nosso lado é mais
poderoso do que o que está do lado dele.
8 Ele só conta com a força dos homens,
mas do nosso lado está o SENHOR, nos-
so Deus, para nos ajudar e para guerrear
por nós.

E o povo ficou animado ao ouvir as pa-
lavras do rei Ezequias.

9 Algum tempo depois, Senaqueribe,
rei da Assíria, junto com o seu exército
estava cercando a cidade de Laquis. Ele
enviou alguns oficiais a Jerusalém para
entregarem ao rei Ezequias a seguinte
mensagem:

10 "Eu, Senaqueribe, rei da Assíria, que-
ro saber como é que vocês, moradores
de Jerusalém, podem se sentir seguros fi-
cando aí enquanto o exército inimigo está
cercando a cidade. 11 Ezequias diz que o
SENHOR, o Deus de vocês, os livrará das
minhas mãos; mas ele os está enganan-
do, e vocês morrerão de fome e de sede.
12 Pois foi o próprio Ezequias que acabou

com os lugares de adoração e com os altares desse Deus e disse ao povo de Judá e aos moradores de Jerusalém que adorassem a Deus diante de um altar só e queimassem incenso somente naquele altar. 13 Será que vocês não sabem o que eu e os meus antepassados fizemos com os povos de outras nações? Vocês pensam que os deuses daquelas nações foram capazes de salvá-las das minhas mãos? 14 Não houve nenhum deus das nações que os meus antepassados conquistaram que fosse capaz de salvar o seu povo do meu poder. Então por que é que vocês pensam que o seu Deus pode salvá-los das minhas mãos? 15 Portanto, não deixem que Ezequias os engane assim. Não se iludam, não acreditem nele. Nunca houve nenhum deus que pudesse salvar o seu povo do poder dos meus antepassados ou do meu poder. Muito menos o Deus de vocês poderá salvá-los!"

16 Os oficiais assírios disseram coisas ainda piores contra Deus, o SENHOR, e contra o seu *servo Ezequias. 17 E Senaqueribe escreveu cartas em que insultava o SENHOR, o Deus de Israel, dizendo o seguinte contra ele: "Os deuses de outras nações não salvaram os seus povos das minhas mãos; assim também o Deus de Ezequias não salvará o seu povo das minhas mãos." 18 Os oficiais gritaram isso em *hebraico aos moradores de Jerusalém que estavam em cima da muralha da cidade, a fim de assustá-los e deixá-los apavorados e assim poder conquistar a cidade. 19 Os oficiais falaram a respeito do Deus de Jerusalém como se ele fosse como os deuses de outros povos, que são ídolos feitos por mãos humanas.

20 Aí o rei Ezequias e o *profeta Isaías, filho de Amoz, oraram a Deus e pediram a sua ajuda. 21 Então o SENHOR Deus enviou um anjo que matou todos os soldados e todos os oficiais do exército assírio. O rei Senaqueribe voltou envergonhado para o seu país. Certo dia, quando estava adorando no templo do seu deus, alguns dos seus filhos o mataram à espada.

22 Foi assim que o SENHOR Deus salvou Ezequias e os moradores de Jerusalém das mãos de Senaqueribe, rei da Assíria, e das mãos de todos os outros inimigos. E Deus deu ao seu povo paz com todos os países vizinhos. 23 Muitas pessoas iam a Jerusalém levando ofertas ao SENHOR e ricos presentes para o rei Ezequias, de Judá. Daquela época em diante, a fama de Ezequias foi crescendo em todas as nações.

A doença de Ezequias
2Reis 20.1-11; Isaías 38.1-8

24 Por esse tempo, o rei Ezequias ficou doente e quase morreu. Então orou a Deus, o SENHOR, e Deus respondeu, dando um sinal para provar que ele ficaria bom. 25 Deus foi bondoso com Ezequias, mas ele não lhe agradeceu, pois era orgulhoso. Por isso, Deus ficou *irado com ele, com o povo de Judá e com os moradores de Jerusalém. 26 Aí Ezequias se arrependeu do seu orgulho, como também os moradores de Jerusalém, e assim o SENHOR só castigou o povo depois da morte de Ezequias.

A riqueza de Ezequias

27 Ezequias ficou muito rico e recebeu muitas homenagens. Construiu depósitos para guardar a prata, o ouro, as pedras preciosas, as *especiarias, os *escudos e os outros objetos de valor que possuía. 28 Construiu também armazéns para os cereais, o vinho e o azeite, estrebarias para o gado e currais para os carneiros. 29 Ezequias também construiu cidades. Ele se tornou dono de muito gado e de muitos carneiros, pois Deus lhe deu muitas riquezas.

30 Foi Ezequias quem mandou tapar a saída de cima da fonte de Giom e cavar no lado oeste de Jerusalém um túnel para levar água para dentro da cidade. Tudo o que Ezequias fez deu certo. 31 Quando as altas autoridades da Babilônia enviaram mensageiros a Ezequias para fazerem perguntas sobre o milagre que havia acontecido em Judá, Deus não o ajudou, pois queria pô-lo à prova a fim de descobrir o que estava no fundo do seu coração.

A morte de Ezequias
2Reis 20.20-21

32 Tudo o mais que Ezequias fez, inclusive as coisas que fez como prova da sua dedicação a Deus, está escrito na *Visão do Profeta Isaías, Filho de Amoz*, e na *História dos Reis de Judá e de Israel*. 33 Ezequias morreu e foi sepultado na parte de cima dos túmulos dos reis, que eram descendentes de Davi. Quando ele morreu, o povo de Judá e os moradores de Jerusalém lhe prestaram homenagens. E

o seu filho Manassés ficou no lugar dele como rei.

O reinado de Manassés, de Judá

2Reis 21.1-9

33 Manassés tinha doze anos de idade quando se tornou rei de Judá. Ele governou cinquenta e cinco anos em Jerusalém. 2 Manassés pecou contra Deus, o SENHOR, seguindo os costumes nojentos das nações que o SENHOR havia expulsado da terra conforme o povo de Israel avançava. 3 Ele construiu de novo os lugares pagãos de adoração que Ezequias, o seu pai, havia destruído. Construiu altares para a adoração do deus *Baal, fez postes da deusa *Aserá e adorou as estrelas. 4 Construiu altares pagãos no Templo onde, conforme o SENHOR tinha dito, ele devia ser adorado para sempre. 5 Nos dois pátios do Templo, Manassés construiu altares para a adoração das estrelas. 6 Queimou os seus filhos em *sacrifício no vale de Ben-Hinom, fazia adivinhações, praticava magia e feitiçarias e consultava adivinhos e médiuns. Pecou muito contra Deus, o SENHOR, e fez com que ele ficasse *irado. 7 Manassés colocou uma imagem esculpida da deusa Aserá no Templo, o lugar a respeito do qual o SENHOR tinha dito a Davi e ao seu filho Salomão o seguinte: "Em todo o território das doze *tribos de Israel, escolhi este Templo, aqui em Jerusalém, para ser o lugar onde serei adorado para sempre. 8 E, se o povo de Israel obedecer a todos os meus mandamentos e fizer tudo o que manda a *Lei que Moisés deu a eles, então eu não deixarei que sejam expulsos da terra que dei aos seus antepassados." 9 Manassés levou o povo de Judá e os moradores de Jerusalém a cometerem pecados ainda piores do que aqueles cometidos pelas nações que o SENHOR Deus havia expulsado da terra conforme o seu povo ia avançando.

O arrependimento de Manassés

10 O SENHOR Deus falou com Manassés e com o seu povo, mas eles não lhe deram atenção. 11 Por isso, Deus deixou que os comandantes do exército assírio invadissem o país de Judá. Eles prenderam Manassés com ganchos, amarraram com correntes e o levaram como prisioneiro para a Babilônia. 12 No seu sofrimento Manassés orou com fervor ao SENHOR, seu Deus; cheio de humildade, ele se arrependeu diante do Deus dos seus antepassados. 13 Deus ouviu a sua oração e atendeu o seu pedido, deixando que ele voltasse para Jerusalém e fosse rei de novo. Aí Manassés declarou que o SENHOR é Deus.

14 Depois disso, Manassés construiu uma muralha muito alta em volta da *Cidade de Davi. A muralha começava no vale que ficava a oeste da fonte de Giom, continuava na direção norte até o Portão do Peixe e passava ao redor da parte da cidade chamada Ofel. Manassés também colocou chefes militares no comando de todas as cidades de Judá que eram protegidas por muralhas. 15 Ele tirou do Templo as imagens dos deuses pagãos e o ídolo que havia colocado lá, derrubou os altares que havia mandado construir no monte onde ficava o Templo e em outros lugares de Jerusalém e os jogou fora da cidade. 16 Consertou o altar do SENHOR, ofereceu nele ofertas de paz e ofertas de gratidão e ordenou ao povo de Judá que adorasse o SENHOR, o Deus de Israel. 17 O povo continuou a oferecer *sacrifícios nos altares pagãos, mas os oferecia somente ao SENHOR, seu Deus.

A morte de Manassés

2Reis 21.17-18

18 Todas as outras coisas que Manassés fez, a sua oração a Deus e as mensagens dos *profetas que falaram com ele em nome do SENHOR, o Deus de Israel, tudo isso está escrito na *História dos Reis de Israel*. 19 A oração de Manassés, a resposta de Deus e todos os pecados que Manassés cometeu antes de se arrepender, isto é, a adoração de ídolos, os lugares pagãos de adoração que construiu, os postes da deusa *Aserá e as imagens que mandou fazer, tudo isso está escrito na *História dos Profetas*. 20 Manassés morreu e foi sepultado no jardim do palácio, e o seu filho Amom ficou no lugar dele como rei.

O reinado de Amom, de Judá

2Reis 21.19-26

21 Amom tinha vinte e dois anos de idade quando se tornou rei de Judá. Ele governou dois anos em Jerusalém. 22 Como Manassés, o seu pai, Amom pecou contra Deus, o SENHOR. Ofereceu *sacrifícios a todos os ídolos que o seu pai havia feito e os adorou. 23 Mas ele não se arrependeu, como o seu pai. Pelo contrário, Amom continuou pecando cada vez mais.

24 Os oficiais de Amom fizeram uma

revolta contra ele e o mataram no palácio. 25 Porém o povo de Judá matou todos os que haviam feito a revolta contra Amom e pôs o seu filho Josias no lugar dele como rei.

O reinado de Josias, de Judá
2Reis 22.1-2

34 Josias tinha oito anos de idade quando se tornou rei de Judá. Ele governou trinta e um anos em Jerusalém. 2 Josias fez o que agrada a Deus, o SENHOR; seguiu o exemplo do seu antepassado, o rei Davi, e não se desviou nem para um lado nem para o outro.

A reforma religiosa feita por Josias
2Reis 23.4-20

3 No oitavo ano do seu reinado, quando era ainda bem moço, Josias começou a adorar o Deus do seu antepassado Davi. E quatro anos mais tarde começou a *purificar a terra de Judá e a cidade de Jerusalém, destruindo os lugares pagãos de adoração, os postes da deusa *Aserá e as outras imagens de pedra e de metal. 4 Na presença dele, foram derrubados os altares do deus *Baal, e ele mesmo quebrou os altares de incenso que estavam em cima deles. Quebrou também os postes da deusa Aserá e as outras imagens de pedra e de metal, os esmigalhou até virarem pó e espalhou o pó em cima das sepulturas das pessoas que tinham oferecido *sacrifícios a esses ídolos. 5 Depois queimou os ossos dos sacerdotes pagãos nos altares onde eles haviam oferecido sacrifícios. Assim Josias purificou Judá e Jerusalém.

6 Ele fez a mesma coisa nas cidades das *tribos de Manassés, de Efraim, de Simeão e até de Naftali e nas ruínas ao redor daquelas cidades. 7 Ele andou por todo o país de Israel, derrubando os altares, os postes da deusa Aserá e os outros ídolos, esmigalhando-os até virarem pó e quebrando todos os altares de incenso. Depois voltou para Jerusalém.

O Livro da Lei é achado
2Reis 22.3-20

8 No ano dezoito do seu reinado, depois de ter *purificado o país e o Templo, Josias enviou os seguintes homens para fazerem os consertos no Templo: Safã, filho de Azalias; Maaseias, o governador de Jerusalém; e o conselheiro do rei, Joá, filho de Joacaz. 9 Eles foram falar com o *Grande Sacerdote Hilquias e lhe entregaram o dinheiro que os *levitas tinham recebido e trazido ao Templo. Esse dinheiro tinha sido dado por gente das *tribos de Manassés e de Efraim e do resto do Reino de Israel, e também por gente das tribos de Judá e de Benjamim e pelos moradores de Jerusalém. 10 O dinheiro foi entregue aos homens que estavam encarregados dos consertos, e estes o usaram para pagar os trabalhadores que estavam reconstruindo e consertando o Templo. 11 Deram o dinheiro aos carpinteiros e aos construtores para comprarem pedras trabalhadas e madeira para as vigas e para os outros consertos que deviam ser feitos nos edifícios que os reis de Judá haviam deixado cair aos pedaços. 12-13 Os trabalhadores eram honestos em tudo, e os seus chefes eram quatro levitas: Jaate e Obadias, do grupo de Merari, e Zacarias e Mesulã, do grupo de Coate. Eles eram chefes também dos guardas dos portões e de todos os outros homens que trabalhavam no Templo. Todos os levitas sabiam tocar bem instrumentos musicais, e alguns deles eram escrivães, outros eram fiscais, e outros eram guardas dos portões. 14 Enquanto entregavam o dinheiro que havia sido dado para o Templo, Hilquias achou o *Livro da Lei de Deus, a Lei que o SENHOR tinha dado por meio de Moisés. 15 Hilquias disse a Safã, o escrivão:

— Achei o Livro da Lei aqui no Templo.

E deu o livro a Safã. 16 Este o levou ao rei e prestou o seu relatório, dizendo:

— Nós, seus servidores, fizemos tudo o que o senhor mandou. 17 Pegamos o dinheiro que estava no Templo e o entregamos aos trabalhadores e aos seus chefes.

18 Safã disse também:

— Tenho aqui comigo um livro que Hilquias me entregou.

E leu o livro em voz alta para o rei. 19 Quando ouviu o que o livro dizia, o rei rasgou as suas roupas em sinal de tristeza. 20 Então deu a Hilquias e a Aicã, filho de Safã, e a Abdom, filho de Micaías, e a Safã, o escrivão, e a Asaías, o servidor do rei, a seguinte ordem:

21 — Vão consultar a Deus, o SENHOR, por mim e por todo o povo de Israel e de Judá a respeito dos ensinamentos deste livro. Deus está muito *irado conosco porque os nossos antepassados não obedeceram às ordens do SENHOR, nem fizeram o que este livro manda.

22 Então Hilquias e os homens que o
rei tinha enviado foram falar com uma
*profetisa chamada Hulda, que morava
no bairro novo de Jerusalém. O marido
dela, que se chamava Salum, filho de Ti-
cva e neto de Harás, era o encarregado
da rouparia do Templo. Eles contaram a
Hulda o que havia acontecido, 23 e ela lhes
disse que voltassem e dessem ao rei a se-
guinte mensagem de Deus:
24 — Eu, o SENHOR, o Deus de Israel, vou
castigar a cidade de Jerusalém e todo o
seu povo com todos os castigos escritos
no livro que foi lido para o rei de Judá.
25 Eles me abandonaram e têm oferecido
*sacrifícios a outros deuses e assim me
fizeram ficar irado por causa de todas as
coisas que têm feito. A minha ira se acen-
deu contra Jerusalém e não vai se apagar.
26 Eu, o SENHOR, o Deus de Israel, digo isto
ao rei: "Você ouviu o que está escrito no
livro, 27 e se arrependeu, e se humilhou
diante de mim, rasgando as suas roupas
e chorando quando ouviu como amea-
cei castigar a cidade de Jerusalém e o seu
povo. Eu ouvi a sua oração 28 e por isso só
depois da sua morte é que vou castigar
Jerusalém e o seu povo. Vou deixar que
você morra em paz."
Então os homens levaram ao rei essa
resposta.

Josias renova a aliança com Deus

2Reis 23.1-3

29 O rei Josias mandou que todos os lí-
deres de Judá e de Jerusalém se reunis-
sem, 30 e todos foram juntos até o Templo,
acompanhados pelos sacerdotes, pelos
*levitas e por todo o resto do povo de Je-
rusalém e de Judá, desde os mais impor-
tantes até os mais humildes. Então o rei
leu diante deles todo o Livro da *Aliança,
que havia sido achado no Templo. 31 Ele
ficou perto da coluna real, em pé, e fez
com Deus, o SENHOR, uma aliança pela
qual eles lhe obedeceriam e guardariam
as suas *leis e mandamentos com todo
o coração e com toda a alma. E também
cumpririam tudo o que a aliança man-
dava fazer, como estava escrito no livro.
32 Então Josias fez com que todo o povo de
Jerusalém e da *tribo de Benjamim pro-
metesse ser fiel à aliança. Assim os mora-
dores de Jerusalém foram fiéis à aliança
feita com o Deus dos seus antepassados.
33 Josias acabou com todos os ídolos no-
jentos que havia nas terras dos israelitas
e fez com que todos os israelitas adoras-
sem o SENHOR, seu Deus. Enquanto Josias
viveu, o povo não deixou de obedecer ao
SENHOR, o Deus dos seus antepassados.

A comemoração da Festa da Páscoa

2Reis 23.21-23

35 Josias comemorou em Jerusalém a
*Festa da Páscoa em honra de Deus,
o SENHOR; no dia catorze do primeiro mês,
foram mortos os carneiros para a festa.
2 Ele pôs os sacerdotes nos seus lugares
de serviço no Templo e os animou a faze-
rem bem o seu trabalho. 3 Depois mandou
chamar os *levitas, que ensinavam a *Lei
de Deus a todos os israelitas e que eram
separados para o serviço do SENHOR, e
lhes disse:
— Ponham a *arca da aliança no Tem-
plo construído pelo rei Salomão, filho de
Davi; daqui em diante, vocês não precisa-
rão carregá-la nos ombros. Dediquem-se
ao serviço do SENHOR, nosso Deus, e do
seu povo de Israel. 4 Organizem-se para o
serviço por grupos e por famílias, de acor-
do com as ordens escritas pelo rei Davi,
de Israel, e pelo seu filho Salomão. 5 Os
grupos devem ser organizados de acor-
do com os grupos de famílias do nosso
povo, a fim de que haja um grupo de le-
vitas à disposição de cada grupo de famí-
lias. 6 Matem os carneiros para a Páscoa,
*purifiquem-se e preparem a Festa a fim
de que os seus irmãos, os outros israeli-
tas, comemorem a Páscoa de acordo com
as ordens que Deus nos deu por meio de
Moisés.
7 Do seu gado e dos seus rebanhos, o rei
Josias deu ao povo os animais para a Festa
da Páscoa: trinta mil carneiros e cabritos e
três mil touros. 8 As autoridades também
deram ofertas ao povo, aos sacerdotes e
aos levitas. E Hilquias, Zacarias e Jeiel, os
administradores do Templo, deram aos
sacerdotes dois mil e seiscentos carnei-
ros e cabritos e trezentos touros para os
*sacrifícios da Páscoa. 9 Os chefes dos le-
vitas, Conanias, os seus irmãos Semaías e
Netanel, e também Hasabias, Jeiel e Joza-
bade deram aos levitas cinco mil carnei-
ros e cabritos e quinhentos touros para a
Páscoa. 10 Quando tudo estava pronto para
a Festa, os sacerdotes foram para os seus
lugares, e os levitas se juntaram em gru-
pos, de acordo com o que o rei havia or-
denado. 11 Aí foram mortos os carneiros e
os cabritos; os levitas tiravam a pele dos

animais, davam o sangue aos sacerdotes, e estes borrifavam o altar com ele. 12 Entregaram ao povo, segundo os grupos de famílias, a gordura dos animais que seria queimada como *sacrifício a Deus, o SENHOR, de acordo com o que a Lei de Moisés manda. E fizeram a mesma coisa com os touros. 13 Depois assaram os animais de acordo com a lei; cozinharam as outras ofertas sagradas em panelas, caldeirões e frigideiras e distribuíram rapidamente para todo o povo. 14 Em seguida, os levitas prepararam o que era deles e dos sacerdotes, os descendentes de Arão. Os levitas precisaram fazer isso porque os sacerdotes ficaram ocupados até a noite, oferecendo a Deus os animais que eram completamente queimados e a gordura.

15 Os cantores do grupo de Asafe estavam nos seus lugares, de acordo com as ordens do rei Davi e de Asafe, de Hemã e de Jedutum, o *profeta do rei. Os guardas também estavam nos seus lugares guardando os portões do Templo. Nenhum deles precisou abandonar o seu posto, pois os seus colegas, os outros levitas, prepararam a parte dos sacrifícios que era deles.

16 Assim tudo foi feito naquele dia para a adoração de Deus, o SENHOR, como o rei Josias havia ordenado: comemoraram a Festa da Páscoa em honra do SENHOR e apresentaram as ofertas que eram completamente queimadas no altar. 17 Durante sete dias, todos os israelitas que estavam em Jerusalém tomaram parte na Festa da Páscoa e na *Festa dos Pães sem Fermento. 18 Desde o tempo do profeta Samuel, os israelitas nunca haviam comemorado uma Festa da Páscoa como esta. Nenhum outro rei de Israel comemorou a Festa como Josias fez com os sacerdotes e os levitas, com o povo de Judá e de Israel que estava presente e com os moradores de Jerusalém. 19 Foi no ano dezoito do seu reinado que essa Páscoa foi comemorada.

O fim do reinado de Josias

2Reis 23.28-30

20 Depois de tudo isso, quando Josias já havia acabado de pôr em ordem o Templo e o culto, o rei Neco, do Egito, marchou com o seu exército para lutar em Carquemis, que ficava na beira do rio Eufrates. Josias saiu com o seu exército para lutar contra ele, 21 mas Neco lhe mandou a seguinte mensagem:

— Rei de Judá, você não tem nada a ver com esta luta. Eu não vim lutar contra você, mas contra os meus inimigos, e Deus mandou que eu me apressasse. Deus está comigo; portanto, se você lutar contra Deus, ele o destruirá.

22 Mas Josias não voltou atrás; ele não quis dar atenção ao aviso que Deus estava dando por meio do rei Neco. Pelo contrário, ele se disfarçou e marchou para lutar contra Neco no vale de Megido. 23 Os soldados egípcios atiraram flechas contra Josias, e ele gritou para os seus oficiais:

— Estou gravemente ferido! Tirem-me daqui!

24 Os oficiais o tiraram do seu carro de guerra, e o puseram em outro carro, e o levaram para Jerusalém. Josias morreu e foi sepultado nos túmulos dos reis. Todo o povo de Judá e de Jerusalém chorou a morte dele.

25 O *profeta Jeremias compôs uma lamentação em honra de Josias. *Até hoje os cantores e as cantoras cantam essa canção quando choram a morte de Josias. Já se tornou costume em Israel cantar essas canções, que se acham na coleção de lamentações.

26 Josias fez muitas outras coisas e praticou atos de bondade em obediência à *Lei de Deus, o SENHOR. 27 Tudo o que ele fez, desde o começo até o fim do seu reinado, está escrito na *História dos Reis de Israel e de Judá*.

O reinado de Joacaz, de Judá

2Reis 23.30-34

36 O povo de Judá escolheu Joacaz, filho de Josias, e o colocou como rei em Jerusalém, em lugar do seu pai. 2 Joacaz tinha vinte e três anos de idade quando se tornou rei de Judá. Ele governou três meses em Jerusalém. 3 Joacaz foi tirado do trono pelo rei Neco, do Egito, o qual também obrigou o povo de Judá a pagar três mil e quatrocentos quilos de prata e trinta e quatro quilos de ouro. 4 Neco pôs Eliaquim, irmão de Joacaz, como rei de Judá e de Jerusalém e mudou o nome dele para Jeoaquim. Joacaz foi levado por Neco para o Egito.

O reinado de Jeoaquim, de Judá

2Reis 23.35—24.6

5 Jeoaquim tinha vinte e cinco anos de idade quando se tornou rei de Judá e governou durante onze anos em Jerusalém.

Ele fez aquilo que não agrada ao SENHOR,
seu Deus. 6 Nabucodonosor, rei da Babilô-
nia, invadiu o país, prendeu Jeoaquim e o
mandou preso com correntes para a Ba-
bilônia. 7 Nabucodonosor levou também
alguns objetos do Templo para a Babilô-
nia e os colocou no seu palácio.
8 O resto da história de Jeoaquim, as coi-
sas nojentas que fez e as acusações que
foram feitas contra ele, tudo isso está es-
crito na *História dos Reis de Israel e de
Judá*. E o seu filho Joaquim ficou no lugar
dele como rei.

O reinado de Joaquim, de Judá

2Reis 24.8-17

9 Joaquim tinha dezoito anos de idade
quando se tornou rei de Judá. Ele gover-
nou três meses e dez dias em Jerusalém.
Joaquim fez coisas erradas, que não agra-
dam a Deus, o SENHOR. 10 Na primavera
daquele ano, o rei Nabucodonosor man-
dou prendê-lo e levá-lo como prisionei-
ro para a Babilônia, levando também os
objetos mais valiosos que havia no Tem-
plo. E Nabucodonosor colocou Zedequias,
tio de Joaquim, como rei de Judá e de Je-
rusalém.

O rei Zedequias, de Judá

2Reis 24.18-20; Jeremias 52.1-3a

11 Zedequias tinha vinte e um anos de
idade quando se tornou rei de Judá. Ele
governou onze anos em Jerusalém. 12 Ze-
dequias fez coisas erradas, que não agra-
dam a Deus, o SENHOR. E também não se
humilhou diante do *profeta Jeremias, que
anunciava a mensagem do SENHOR.

A tomada de Jerusalém

2Reis 25.1-21; Jeremias 52.3b-30

13 Zedequias se revoltou contra o rei Na-
bucodonosor, que o havia obrigado a jurar
pelo nome de Deus que seria seu aliado.
Foi teimoso e não quis se arrepender e
voltar para o SENHOR, o Deus de Israel.
14 Além disso, as autoridades de Judá, os
sacerdotes e o povo estavam pecando
cada vez mais, seguindo o exemplo dos
povos pagãos e adorando ídolos. Com isso
*profanaram o Templo, que o SENHOR ha-
via escolhido como o lugar santo onde ele
devia ser adorado. 15 O SENHOR, o Deus
dos seus antepassados, continuou a avisá-
-los por meio dos seus *profetas porque
tinha pena do seu povo e do Templo, a sua
casa. 16 Mas eles riram desses mensagei-
ros de Deus, rejeitaram as suas mensa-
gens e zombaram deles. Finalmente, Deus
ficou tão *irado com o seu povo, que não
houve mais remédio.
17 Então Deus fez com que o rei da Babi-
lônia marchasse com o seu exército con-
tra eles. Ele matou os moços à espada,
até mesmo no Templo, e não teve dó de
ninguém, nem dos moços nem das moças,
nem dos adultos nem dos velhinhos. Deus
entregou todos nas mãos do rei da Babi-
lônia. 18 Este pegou todos os objetos do
Templo, os grandes e os pequenos, todos
os tesouros do Templo, do rei e das altas
autoridades e levou tudo para a Babilô-
nia. 19 Os soldados queimaram o Templo,
derrubaram as muralhas de Jerusalém,
queimaram todos os palácios e destruí-
ram todos os objetos de valor. 20 Os mora-
dores de Jerusalém que não foram mor-
tos foram levados como prisioneiros para
a Babilônia, onde se tornaram escravos
do rei e dos seus descendentes, até que o
Reino da Pérsia começou a dominar. 21 As-
sim se cumpriu o que SENHOR Deus tinha
dito pelo profeta Jeremias: "O país ficará
em ruínas setenta anos, e durante todo
esse tempo a terra vai guardar os seus
sábados e descansar."

O decreto de Ciro

Esdras 1.1-4

22 No primeiro ano do reinado de Ciro,
rei da Pérsia, cumpriu-se o que o SENHOR
Deus tinha dito pelo *profeta Jeremias. O
SENHOR tocou no coração de Ciro, e este
ordenou que fosse comunicado em todo o
seu reino, por escrito e também por meio
de leitura em público, este decreto: 23 "Eu,
Ciro, rei da Pérsia, declaro o seguinte: O
SENHOR, o Deus do céu, me fez governa-
dor do mundo inteiro e me encarregou de
construir para ele um templo em Jerusa-
lém, na região de Judá. Eu ordeno que to-
dos vocês que são o seu povo vão a Jeru-
salém e peço que Deus esteja com vocês."

Esdras

Confie nas promessas de Deus

Uns cantavam louvores e agradeciam ao SENHOR, e os outros respondiam. Eles diziam: "O SENHOR é bom, e o seu amor pelo povo de Israel dura para sempre!" E todo o povo gritava bem alto e louvava o SENHOR porque a construção do seu novo Templo já havia começado.

Esdras 3:11

Autor Desconhecido, mas possivelmente Esdras
Data Por volta de 450 a.C.
Local Provavelmente Judá
Público-alvo Os israelitas de Judá

Nada acontece que Deus não possa usar para agir na vida de seu povo. Por meio das circunstâncias mais horríveis e difíceis, o Senhor purifica, ensina e livra seu povo. As coisas podem parecer perdidas e o fim pode parecer perto, mas, quando Deus promete resgatá-la, você pode ter certeza de que ele vai fazer isso.

Quando os israelitas foram para o exílio e estavam privados de tudo o que conheciam, o fim parecia ter chegado. Mas Deus tinha um plano: "Esses tesouros serão levados para a Babilônia e ficarão ali até que eu volte a pensar neles. Então eu os trarei de volta e os devolverei a este lugar. Eu, o SENHOR, falei" (Jeremias 27:22). Em meio a uma provação, pode parecer que Deus tenha se esquecido de você. Você talvez diga algo do tipo: "Isso sempre acontece comigo" ou "Tenho certeza de que fiz algo de errado". Você talvez só veja o lado ruim, culpando-se e achando que Deus abandonou o barco. Mas quem sabe você queira dar uma olhada mais de perto. o Senhor usa esses momentos para seu bem. Olhe para a vida dos israelitas: eles foram enviados para o cativeiro, mas não foi à toa. Enquanto estavam lá, aprenderam a olhar para seu Deus por uma nova perspectiva. Em vez de pensar nele como alguém ausente, começaram a vê-lo como um Deus que se envolvia em suas vidas. E, assim, quando voltaram do exílio para casa, eles eram pessoas transformadas, prontas para servir ao Senhor, reconstruindo o templo que havia sido destruído.

Ponto essencial

Junto com o livro de Neemias, Esdras narra o retorno dos israelitas do cativeiro. Esdras foi escrito para incentivá-los a continuar adorando a Deus nesse momento em que estavam livres, e a seguirem obedecendo aos mandamentos do Senhor, mesmo quando as coisas ficassem difíceis.

O livro de Esdras se destaca como um exemplo para todos nós de que Deus nos restaurará se estivermos dispostos a voltar para ele e lhe obedecer. Ele está pronto para reconstruir seu relacionamento, mesmo depois de você ter pecado terrivelmente. Ele não é um Deus que guarda rancor; ele não a rejeita nem se recusa a ouvir seus clamores. Então, leia este livro fitando sua necessidade de voltar para Deus. Pense em como ele é fiel às suas promessas e em como faz com que todas as coisas cooperem para o bem.

Coisas para procurar

- O decreto de Ciro que libertou os judeus da Babilônia (veja Esdras 1:1-4)
- Os pecados dos israelitas que voltavam do cativeiro (veja Esdras 9)
- A confissão de pecado do povo (veja Esdras 10)

Os livros de Esdras e de Neemias, originariamente, eram um livro só.

O livro foi escrito em dois idiomas: em aramaico, quando se referia ao conteúdo das cartas assinadas pelos reis, e em hebraico nas demais partes.

Fatos e versículos que você deve saber

— Ó Deus, estou muito envergonhado e não tenho coragem de levantar a cabeça na tua presença. Estamos afundados nos nossos pecados, que sobem até o céu.

(Esdras 9:6)

Eu tinha dito ao rei que o nosso Deus protege todos os que confiam nele, porém que a sua força e a sua ira vão contra aqueles que o abandonam.

(Esdras 8:22)

Enquanto Esdras estava ajoelhado em frente do Templo, orando, chorando e confessando esses pecados, um grande grupo de israelitas — homens, mulheres e crianças — se reuniu em volta dele. E eles também choravam amargamente.

(Esdras 10:1)

O decreto de Ciro

2Crônicas 36.22-23

1 No primeiro ano do reinado de Ciro, rei
da Pérsia, cumpriu-se o que o SENHOR
Deus tinha dito pelo *profeta Jeremias. O
SENHOR tocou no coração de Ciro, e este
ordenou que fosse comunicado em todo o
seu reino, por escrito e também por meio
de leitura em público, este decreto: 2 "Eu,
Ciro, rei da Pérsia, declaro o seguinte: O
SENHOR, o Deus do céu, me fez governador do mundo inteiro e me encarregou de
construir para ele um templo em Jerusalém, na região de Judá. 3 Que Deus esteja
com todos vocês que são o seu povo! Vão a
Jerusalém para construir de novo o Templo
do SENHOR, o Deus de Israel, o Deus que é
adorado em Jerusalém. 4 Os vizinhos devem
ajudar todos os israelitas que precisarem
de ajuda a fim de voltarem para a sua terra.
Devem lhes dar prata e ouro, mantimentos
e gado e também ofertas para apresentarem no Templo de Deus, em Jerusalém."

Os israelitas voltam para Jerusalém

5 Então os chefes das famílias das *tribos de Judá e de Benjamim, os sacerdotes e os *levitas e todas as outras pessoas
que haviam sido animadas por Deus se

aprontaram para ir a Jerusalém e construir de novo o Templo do SENHOR. 6 Todos os seus vizinhos os ajudaram, dando-lhes vasilhas de prata e de ouro, mantimentos, gado, objetos de valor e também ofertas para apresentarem no Templo.

7 O rei Ciro entregou as tigelas e taças que Nabucodonosor havia tirado do Templo do SENHOR em Jerusalém e levado para o templo dos seus deuses. 8 Ciro devolveu os objetos a Mitredate, o tesoureiro, que fez uma lista das coisas e depois entregou tudo a Sesbazar, o governador de Judá. 9-10 Esta é a lista: trinta tigelas de ouro, mil tigelas de prata, vinte e nove outras tigelas, trinta taças de ouro, quatrocentas e dez taças de menor valor e mais mil outros objetos. 11 O total dos objetos de ouro e de prata foi de cinco mil e quatrocentos. Sesbazar levou tudo isso de volta para Jerusalém quando voltou da Babilônia com os israelitas que tinham sido levados para lá como prisioneiros.

Os que voltaram da Babilônia

Neemias 7.4-73

2 Entre os israelitas que o rei Nabucodonosor, da Babilônia, tinha levado como prisioneiros, havia muitos que eram da *província de Judá. Estes voltaram para Jerusalém e Judá, cada um para a sua própria cidade. 2 Os seus líderes eram Zorobabel, Josué, Neemias, Seraías, Reelaías, Mordecai, Bilsã, Mispar, Bigvai, Reum e Baaná.

Esta é a lista dos grupos de famílias do povo de Israel que voltaram da Babilônia, sendo indicados o nome do chefe e o número de pessoas de cada grupo:

3-20 Parós: dois mil cento e setenta e dois;
Sefatias: trezentos e setenta e dois;
Ará: setecentos e setenta e cinco;
Paate-Moabe, isto é, os descendentes de Jesua e de Moabe: dois mil oitocentos e doze;
Elão: mil duzentos e cinquenta e quatro;
Zatu: novecentos e quarenta e cinco;
Zacai: setecentos e sessenta;
Bani: seiscentos e quarenta e dois;
Bebai: seiscentos e vinte e três;
Azgade: mil duzentos e vinte e dois;
Adonicã: seiscentos e sessenta e seis;
Bigvai: dois mil e cinquenta e seis;
Adim: quatrocentos e cinquenta e quatro;
Ater, também chamado de Ezequias: noventa e oito;
Besai: trezentos e vinte e três;
Jora: cento e doze;
Hasum: duzentos e vinte e três;
Gibar: noventa e cinco.

21-35 Também voltaram as pessoas cujos antepassados haviam morado nas seguintes cidades:
Belém: cento e vinte e três;
Netofa: cinquenta e seis;
Anatote: cento e vinte e oito;
Azmavete: quarenta e duas;
Quiriate-Arim, Cefira e Beerote: setecentas e quarenta e três;
Ramá e Geba: seiscentas e vinte e uma;
Micmás: cento e vinte e duas;
Betel e Ai: duzentas e vinte e três;
Nebo: cinquenta e duas;
Magbis: cento e cinquenta e seis;
A outra Elão: mil duzentas e cinquenta e quatro;
Harim: trezentas e vinte;
Lode, Hadide e Ono: setecentas e vinte e cinco;
Jericó: trezentas e quarenta e cinco;
Senaá: três mil seiscentas e trinta.

36-39 Esta é a lista dos grupos de famílias de sacerdotes que voltaram do *cativeiro, sendo indicados o nome do chefe e o número de pessoas de cada grupo:
Jedaías, descendente de Jesua: novecentos e setenta e três;
Imer: mil e cinquenta e dois;
Pasur: mil duzentos e quarenta e sete;
Harim: mil e dezessete.

40-42 Esta é a lista dos grupos de famílias de *levitas que voltaram do cativeiro:
Levitas descendentes de Jesua e Cadmiel, que eram descendentes de Hodavias: setenta e quatro.
Músicos descendentes de Asafe: cento e vinte e oito.
Porteiros descendentes de Salum, de Ater, de Talmom, de Acube, de Hatita e de Sobai: ao todo, cento e trinta e nove.

43-54 Esta é a lista dos grupos de famílias de servidores do Templo que voltaram do cativeiro, sendo indicado o nome do chefe de cada grupo:

Zia, Hasufa, Tabaote, Queros, Sia, Padom, Lebana, Hagaba, Acube, Hagabe, Salmai, Hanã, Gidel, Gaar, Reaías, Rezim, Necoda, Gazã, Uzá, Paseia, Besai, Asnate, Meunim, Nefisim, Baquebuque, Hacufa, Harur, Baslute, Meída, Harsa, Barcôs, Sísera, Temá, Nesias e Hatifa.

55-57 Esta é a lista dos grupos de famílias de servidores de Salomão que voltaram

do cativeiro, sendo indicado o nome do
chefe de cada grupo:
Sotai, Soferete, Peruda, Jaala, Darcom,
Gidel, Sefatias, Hatil, Poquerete-Hazebaim
e Ami.
58 O total dos trabalhadores do Templo
e dos descendentes dos servidores de Sa-
lomão era de trezentos e noventa e dois.
59-60 Havia seiscentos e cinquenta e dois
que eram dos grupos de famílias de De-
laías, Tobias e Necoda que voltaram das
cidades de Tel-Melá, Tel-Harsa, Querube,
Adã e Imer. Mas eles não puderam pro-
var que eram israelitas por raça ou por
parentesco.
61 Os grupos de famílias dos sacerdo-
tes Habaías, Coz e Barzilai não puderam
encontrar registros que provassem de
quem eram descendentes. (O antepassa-
do do grupo de famílias de Barzilai tinha
casado com uma das filhas de Barzilai, o
gileadita, e ficou com o nome do seu so-
gro.) 62 Eles não foram aceitos como sacer-
dotes porque não puderam provar quem
eram os seus antepassados. 63 O governa-
dor mandou que não comessem dos ali-
mentos sagrados até que aparecesse um
sacerdote que pudesse decidir a questão,
usando o *Urim e o Tumim.
64-67 Total dos israelitas que voltaram:
quarenta e dois mil trezentos e sessenta;
Os seus escravos e escravas: sete mil
trezentos e trinta e sete.
Cantores e cantoras: duzentos.
Cavalos: setecentos e trinta e seis;
Mulas: duzentas e quarenta e cinco;
Camelos: quatrocentos e trinta e cinco;
Jumentos: seis mil setecentos e vinte.
68 Quando chegaram ao Templo do SE-
NHOR, em Jerusalém, alguns chefes dos
grupos de famílias entregaram ofertas
para tornar a construir o Templo de Deus
no mesmo lugar. 69 Deram para o fundo de
construção, de acordo com o que podiam,
quinhentos e catorze quilos de ouro, dois
mil e oitocentos quilos de prata e cem
*mantos sacerdotais.
70 Os sacerdotes, os levitas e algumas
pessoas do povo ficaram morando em Je-
rusalém ou ali perto. Os músicos, os ser-
ventes e os porteiros do Templo e os ou-
tros israelitas ficaram nas cidades onde
os seus antepassados tinham vivido.

O altar e os sacrifícios

3 Quando chegou o sétimo mês e os is-
raelitas já estavam morando nas suas
cidades, todo o povo se reuniu em Jeru-
salém. 2 Então o sacerdote Josué, filho de
Jozadaque, e os seus companheiros, os
outros sacerdotes, e também Zorobabel,
filho de Salatiel, e os seus parentes cons-
truíram o altar do Deus de Israel, para ofe-
recer sobre ele os *sacrifícios que manda
a *Lei de Moisés, homem de Deus. 3 Mes-
mo tendo medo da gente daquela região,
eles construíram de novo o altar no lugar
em que ele estava antes. Então começa-
ram a oferecer sacrifícios sobre ele todas
as manhãs e todas as tardes. 4 Além dis-
so, comemoraram a *Festa das Barracas
de acordo com a Lei de Moisés, oferecen-
do cada dia os sacrifícios ordenados para
aquele dia. 5 Trouxeram também os sa-
crifícios que deviam ser completamente
queimados diariamente e os que deviam
ser apresentados na *Festa da Lua Nova e
nas outras festas sagradas. E ofereceram
também aquilo que traziam por vontade
própria. 6 O povo começou a oferecer sa-
crifícios ao SENHOR desde o dia primeiro
do sétimo mês, antes mesmo que o Tem-
plo do SENHOR começasse a ser construí-
do de novo.

Começa a reconstrução do Templo

7 O povo deu dinheiro para pagar os
pedreiros e carpinteiros; e deu comida,
bebida e azeite para serem mandados às
cidades de Tiro e Sidom. Essas coisas fo-
ram trocadas por madeira de cedro, que
foi trazida por mar do Líbano até o porto
de Jope. Tudo isso foi feito com a permis-
são de Ciro, rei da Pérsia.
8 E assim, no ano seguinte ao da sua vol-
ta, no segundo mês, os israelitas come-
çaram a construir de novo o Templo de
Deus, que fica em Jerusalém. Zorobabel,
filho de Salatiel, e Josué, filho de Jozada-
que, junto com os seus parentes, os sacer-
dotes e os *levitas e todos os israelitas que
haviam voltado para Jerusalém, pegaram
firme no trabalho. Todos os levitas maio-
res de vinte anos foram encarregados de
dirigir as obras. 9 Josué e os seus filhos e
irmãos formaram um grupo junto com
Cadmiel e os seus filhos, que eram des-
cendentes de Hodavias. Esse grupo diri-
gia os que trabalhavam na construção e
era ajudado pelos levitas do grupo de fa-
mílias de Henadade.
10 Quando os construtores colocaram os
alicerces do Templo, os sacerdotes ficaram
de pé, vestidos com roupas especiais para

aquela ocasião e com trombetas nas mãos.
Os levitas descendentes de Asafe carrega-
vam pratos musicais para louvar a Deus,
o SENHOR, de acordo com o que Davi, rei
de Israel, havia mandado. 11 Uns cantavam
louvores e agradeciam ao SENHOR, e os ou-
tros respondiam. Eles diziam:

"O SENHOR é bom,
e o seu amor pelo povo de Israel
dura para sempre!"

E todo o povo gritava bem alto e louva-
va o SENHOR porque a construção do seu
novo Templo já havia começado. 12 Mui-
tos sacerdotes, levitas e chefes de famí-
lias eram velhos e tinham visto o primeiro
Templo. Eles choravam alto ao verem que
os alicerces do novo Templo haviam sido
colocados. Mas os outros que estavam ali
gritavam de alegria. 13 E assim ninguém
podia saber se o povo gritava de alegria
ou se chorava, pois gritavam tão alto, que
de longe se ouvia o barulho.

Os inimigos fazem parar as obras

4 Os inimigos das *tribos de Judá e Ben-
jamim souberam que os que haviam
voltado da Babilônia estavam construin-
do de novo o Templo do SENHOR, o Deus
de Israel. 2 Então foram falar com Zoro-
babel e com os chefes das famílias. Dis-
seram o seguinte:

— Queremos construir o Templo junto
com vocês. Nós adoramos o mesmo Deus
que vocês e temos oferecido *sacrifícios
a ele desde o tempo de Esar-Hadom, rei
da Assíria, que nos mandou morar aqui.

3 Porém Zorobabel, Josué e os outros
chefes das famílias israelitas responderam:

— Não precisamos que vocês nos aju-
dem a construir um templo para o SENHOR,
nosso Deus. Nós vamos fazer isso sozi-
nhos, como Ciro, rei da Pérsia, mandou.

4 Então a gente daquela região fez tudo
para desanimar os israelitas e para pôr
medo neles a fim de parar a construção.
5 Além disso, deram dinheiro a certos fun-
cionários do governo para que estes atra-
palhassem os planos dos israelitas. E os
inimigos fizeram isso durante todo o tem-
po em que Ciro foi rei da Pérsia, até o rei-
nado de Dario, rei da Pérsia.

Uma carta para o rei

6 No começo do reinado de Xerxes, os
inimigos escreveram uma acusação con-
tra os moradores de Judá e de Jerusalém.
7 Bislã, Mitredate, Tabeel e os seus com-
panheiros escreveram uma carta a Arta-
xerxes, rei da Pérsia. A carta foi escrita em
*aramaico e traduzida para a língua persa.
8 Reum, que era o governador, e Sinsai, o
escrivão, também escreveram uma carta
ao rei Artaxerxes contra os moradores de
Jerusalém. A carta dizia:

9 "Esta carta é enviada por Reum, o go-
vernador, e Sinsai, o escrivão, junto com
os seus companheiros, os juízes e todos
os outros funcionários, que são naturais
de Ereque, da Babilônia e de Susã, na ter-
ra de Elão, 10 e junto com os outros povos
que o grande e poderoso Assurbanipal
tirou dos seus países e levou para morar
na cidade de Samaria e no resto da *pro-
víncia do Eufrates-Oeste."

11 A carta continuava assim:

"Ao rei Artaxerxes, os seus servidores
da província do Eufrates-Oeste escrevem
o que segue:

12 "Ó rei, levamos ao seu conhecimento
que os judeus que o senhor mandou para
cá chegaram a Jerusalém e estão cons-
truindo de novo essa cidade rebelde e má.
Já começaram a levantar as muralhas e
logo vão acabar esse trabalho. 13 É bom
que o rei também saiba que, se essa cida-
de for reconstruída, e se as suas muralhas
forem levantadas de novo, essa gente não
vai querer pagar nenhum imposto nem
taxas, e por causa disso o rei terá muito
prejuízo. 14 Como nós somos seus servi-
dores, não queremos que o senhor fique
prejudicado. Por isso, sugerimos 15 que o
senhor mande fazer uma investigação nos
arquivos dos seus antepassados. Se fizer
isso, descobrirá que Jerusalém é uma ci-
dade rebelde e que, desde os tempos an-
tigos, ela tem dado trabalho aos reis e aos
governadores das províncias. Em outros
tempos, tem havido revoltas nela, e por
isso ela foi destruída. 16 Portanto, ó rei,
nós estamos certos de que, se essa cida-
de for construída de novo, e se as suas
muralhas forem consertadas, o senhor
não poderá mais controlar a província do
Eufrates-Oeste."

A resposta do rei

17 Então o rei Artaxerxes mandou a se-
guinte resposta:

"A Reum, o governador, a Sinsai, o es-
crivão, e aos seus companheiros que vi-
vem em Samaria e no resto da *província
do Eufrates-Oeste: Saudações.

18 “A carta que vocês mandaram foi traduzida para a língua persa e lida para mim. 19 Então mandei que fizessem uma investigação, e descobriu-se que, desde os tempos antigos, Jerusalém tem se revoltado contra a autoridade do rei e que ela sempre esteve cheia de rebeldes e de criadores de casos. 20 Reis poderosos reinaram ali e governaram toda a província do Eufrates-Oeste, e o povo lhes pagava impostos e taxas. 21 Portanto, deem ordens para que parem as obras. Essa cidade não será construída de novo enquanto eu não mandar. 22 Cumpram essa ordem com todo o cuidado para evitar que eu tenha mais prejuízos.”

23 A carta do rei Artaxerxes foi lida para Reum, para Sinsai e para os seus companheiros. Então todos eles foram imediatamente a Jerusalém e, ameaçando os israelitas com armas, os obrigaram a parar as obras.

A reconstrução do Templo

24 O trabalho da construção do Templo havia sido interrompido e tinha continuado parado até o segundo ano do reinado de Dario, rei da Pérsia.

5 O *profeta Ageu e o profeta Zacarias, filho de Ido, começaram a dar aos israelitas que estavam em Judá e em Jerusalém mensagens que haviam recebido do Deus de Israel. 2 Zorobabel, filho de Salatiel, e Josué, filho de Jozadaque, ouviram as mensagens. Então começaram a reconstruir o Templo de Jerusalém, e os dois profetas os ajudavam.

3 Quase ao mesmo tempo, Tatenai, o governador da *província do Eufrates-Oeste, e Setar-Bozenai e os seus companheiros foram a Jerusalém e perguntaram:

— Quem deu ordem para vocês reconstruírem este Templo e consertarem estas muralhas?

4 Eles também perguntaram os nomes dos homens que estavam ajudando a reconstruir o Templo. 5 Mas Deus estava protegendo os líderes israelitas, e por isso os oficiais persas resolveram não fazer nada enquanto não escrevessem sobre aquele assunto ao rei Dario e recebessem uma resposta. 6 O relatório que Tatenai e Setar-Bozenai e os seus companheiros mandaram ao rei foi este:

7 “Ao rei Dario: Que o senhor governe em paz! 8 Levamos ao seu conhecimento que fomos à região de Judá e vimos que o Templo do Grande Deus está sendo construído com enormes blocos de pedra e que as vigas de madeira estão sendo colocadas nas paredes. O trabalho está sendo feito com muito cuidado, e a obra está indo depressa.

9 “Então nós perguntamos aos líderes do povo quem lhes tinha dado ordem para reconstruir o Templo e as muralhas. 10 Também perguntamos os seus nomes, para que pudéssemos informar ao senhor sobre quem são os chefes do trabalho. 11 Eles responderam: ‘Nós somos *servos do Deus do céu e da terra e estamos reconstruindo o Templo que um grande rei de Israel construiu e terminou há muito tempo. 12 Porém os nossos antepassados fizeram o Deus do céu ficar *irado, e por isso ele deixou que fôssemos conquistados por Nabucodonosor, rei da Babilônia, que era natural da Caldeia. O Templo foi destruído, e o povo foi levado para a Babilônia. 13 Mas, no primeiro ano do reinado de Ciro como rei da Babilônia, ele mandou que o Templo fosse reconstruído. 14 Também devolveu as vasilhas de ouro e de prata que o rei Nabucodonosor havia tirado do Templo de Jerusalém e colocado no templo de Babilônia. O rei Ciro devolveu essas vasilhas a um homem chamado Sesbazar, que ele havia nomeado governador de Judá. 15 O rei mandou que Sesbazar as levasse de volta para o Templo de Jerusalém. Mandou também que reconstruísse o Templo no mesmo lugar do primeiro. 16 Então Sesbazar veio e colocou os alicerces do Templo. A construção continuou desde aquela época até agora, mas ainda não terminou.’

17 “Portanto, se isso lhe agradar, ó rei, mande agora dar uma busca nos arquivos reais da Babilônia, para saber se o rei Ciro deu ou não ordem para que este Templo fosse reconstruído em Jerusalém. Depois nos informe o que o senhor quer que se faça a respeito desse assunto.”

A ordem de Ciro é encontrada

6 Então o rei Dario mandou que dessem uma busca nos arquivos reais da Babilônia, onde eram guardados os documentos. 2 E na cidade de Ecbatana, na *província da Média, foi encontrado o documento. Nele estava escrito o seguinte:

3 “No primeiro ano do seu reinado, o rei Ciro deu ordem para que o Templo de Jerusalém fosse reconstruído, a fim de ser

o lugar onde o povo apresentasse *sacri-
fícios e ofertas a serem completamente
queimadas. O Templo deverá medir vinte
e sete metros de altura, por vinte e sete
metros de largura. 4 As paredes deverão
ser feitas com uma carreira de madeira
em cima de cada três carreiras de pedra.
Todas as despesas serão pagas pelo go-
verno.
5 "Além disso, todos os objetos de pra-
ta e de ouro que o rei Nabucodonosor
tirou do Templo de Jerusalém e trouxe
para a Babilônia serão devolvidos, cada
um para o seu próprio lugar no Templo
de Jerusalém."

A ordem de Dario

6 Então o rei Dario mandou a seguin-
te resposta:
"São estas as ordens do rei Dario para
Tatenai, governador da *província do Eu-
frates-Oeste, para Setar-Bozenai e para os
seus companheiros oficiais da província
do Eufrates-Oeste:
"Afastem-se do Templo 7 e não proíbam
a sua construção. Deixem que o governa-
dor de Judá e os líderes israelitas recons-
truam o Templo de Deus no lugar onde
ficava o que foi destruído. 8 Por meio des-
ta carta, ordeno que vocês os ajudem na
construção. As despesas serão pagas ime-
diatamente para que a obra não pare. O
dinheiro para isso será tirado do tesou-
ro real, isto é, dos impostos recebidos na
província do Eufrates-Oeste. 9 Deem aos
sacerdotes de Jerusalém todos os dias,
sem falta, tudo o que eles disserem que
precisam: bois novos, carneiros e carnei-
rinhos para serem completamente quei-
mados como ofertas ao Deus do céu; e
deem também trigo, sal, vinho e azeite.
10 Isso será feito para que assim eles ofe-
reçam *sacrifícios que agradem ao Deus
do céu e orem pedindo as suas bênçãos
para mim e para os meus filhos. 11 Se al-
guma pessoa desobedecer a esta ordem,
ordeno também que vocês atravessem o
seu corpo com uma viga pontuda, tira-
da da sua casa. Depois finquem a viga no
chão. Além disso, derrubem a sua casa
e a façam virar um montão de entulho.
12 Que Deus, que escolheu Jerusalém como
o lugar onde deve ser adorado, acabe com
qualquer rei ou nação que desobedecer
a esta ordem e tentar destruir o Templo
de Jerusalém! Eu, Dario, dei esta ordem.
Que ela seja obedecida em tudo."

O Templo é terminado e inaugurado

13 Então o governador Tatenai, Setar-
-Bozenai e os seus companheiros fizeram
exatamente o que o rei tinha ordenado.
14 Os líderes israelitas progrediram na
construção do Templo, animados pelas
mensagens do *profeta Ageu e do profeta
Zacarias, filho de Ido. Eles terminaram o
Templo, conforme as ordens do Deus de
Israel e de Ciro, Dario e Artaxerxes, reis
da Pérsia. 15 Acabaram a construção do
Templo no dia três do mês de *adar, no
sexto ano do reinado de Dario.
16 Então o povo de Israel, isto é, os sa-
cerdotes, os *levitas e todos os outros que
haviam voltado da Babilônia, fizeram a
inauguração do Templo, dedicando-o com
alegria à adoração a Deus. 17 Para essa de-
dicação, eles ofereceram cem touros, du-
zentos carneiros e quatrocentos carneiri-
nhos como *sacrifício e doze bodes como
oferta para tirar pecados, um bode para
cada uma das *tribos de Israel. 18 Também
fizeram a escala dos sacerdotes e dos levi-
tas para os serviços do Templo de Jerusa-
lém, de acordo com as instruções escritas
no *Livro de Moisés.

A Páscoa

19 O povo que havia voltado do *cativei-
ro na Babilônia comemorou a *Festa da
Páscoa no dia catorze do primeiro mês.
20 Todos os sacerdotes e *levitas tinham se
*purificado e estavam *puros. Eles mata-
ram os animais para os *sacrifícios da Pás-
coa, em favor de todas as pessoas que ha-
viam voltado, em favor dos seus colegas
sacerdotes e também em favor de si mes-
mos. 21 Todos os israelitas que haviam vol-
tado da Babilônia comeram da carne dos
sacrifícios. E todos aqueles que haviam
abandonado os costumes pagãos dos po-
vos da terra de Canaã e tinham passado a
adorar o SENHOR, o Deus de Israel, tam-
bém comeram. 22 Durante sete dias, eles
comemoraram alegremente a *Festa dos
Pães sem Fermento. Estavam muito con-
tentes porque o SENHOR havia feito o rei
da Assíria ficar a favor deles, ajudando-os
no trabalho da reconstrução do Templo.

Esdras chega a Jerusalém

7 Alguns anos depois, quando Artaxerxes
era rei da Pérsia, um homem chamado
Esdras foi da Babilônia para Jerusalém. Ele
era descendente de Arão, o *Grande Sacer-
dote. Esdras era filho de Seraías, neto de

Azarias, e bisneto de Hilquias; 2 e os seus outros antepassados eram Salum, Zadoque, Aitube, 3 Amariá, Azarias, Meraiote, 4 Zeraías, Uzi, Buqui, 5 Abisua, Fineias e Eleazar, que era filho de Arão, o Grande Sacerdote. 6 Esdras era *mestre da Lei e conhecia muito bem a *Lei de Moisés, dada pelo SENHOR, o Deus de Israel. Ele foi falar com o rei Artaxerxes, e este lhe deu tudo o que pediu porque o SENHOR abençoava Esdras. Assim Esdras foi da Babilônia para Jerusalém 7 com um grupo de israelitas, entre os quais havia sacerdotes, *levitas e músicos, guardas e servidores do Templo. Isso foi no sétimo ano do reinado de Artaxerxes. 8-9 Eles saíram da Babilônia no dia primeiro do primeiro mês e, com a ajuda de Deus, chegaram a Jerusalém no dia primeiro do quinto mês. 10 Esdras havia dedicado a sua vida a estudar, e a praticar a Lei do SENHOR, e a ensinar todos os seus mandamentos ao povo de Israel.

A carta de Artaxerxes

11 Esta é a cópia da carta que o rei Artaxerxes entregou ao sacerdote Esdras, o *mestre da Lei, que conhecia bem todas as leis e mandamentos que o SENHOR tinha dado a Israel:

12 "Esta carta de Artaxerxes, o rei dos reis, é para o sacerdote Esdras, o mestre da Lei do Deus do céu: Saudações. 13 Ordeno que, de todo o meu reino, podem ir com você para Jerusalém todos os israelitas que quiserem, isto é, gente do povo, sacerdotes e *levitas. 14 Eu, o rei, junto com os meus sete conselheiros, mando que você vá a Jerusalém e a Judá para ver se a Lei do seu Deus, que lhe foi entregue, está sendo bem obedecida. 15 Leve as ofertas de ouro e de prata que eu e os meus conselheiros queremos dar ao Deus de Israel, que tem o seu Templo em Jerusalém. 16 Leve também toda a prata e ouro que recolheu na *província da Babilônia e as ofertas que o povo israelita e os seus sacerdotes deram para o Templo do seu Deus em Jerusalém.

17 "Use esse dinheiro com cuidado, comprando com ele touros, carneiros, ovelhas, *cereais e vinho,* para oferecer no altar do Templo de Jerusalém. 18 Com o ouro e a prata que sobrarem, compre qualquer coisa que você e os seus companheiros quiserem, de acordo com a vontade do seu Deus. 19 Os objetos que lhe foram dados para serem usados nos serviços do Templo, você os entregará a Deus em Jerusalém. 20 E qualquer outra coisa que precisar para o Templo será paga pela tesouraria do rei.

21 "Eu, o rei Artaxerxes, ordeno a todos os tesoureiros da província do Eufrates-Oeste que entreguem imediatamente ao sacerdote Esdras, o mestre da Lei do Deus do céu, tudo o que ele pedir, 22 até no máximo três mil e quatrocentos quilos de prata, doze mil e quinhentos quilos de trigo, dois mil litros de vinho, dois mil litros de azeite e sal à vontade. 23 Deverão ser cumpridas com todo o cuidado as ordens que o Deus do céu der a respeito do seu Templo, para que assim eu tenha a certeza de que ele nunca ficará *irado comigo nem com os meus descendentes que forem reis depois de mim. 24 Vocês estão proibidos de cobrar qualquer imposto dos sacerdotes, dos levitas, dos músicos, dos guardas e servidores do Templo ou de qualquer outra pessoa ligada a esse Templo.

25 "E você, Esdras, usando a sabedoria que o seu Deus lhe deu, nomeie administradores e juízes para governarem todo o povo da província do Eufrates-Oeste, isto é, todos os que conhecem as leis do seu Deus; e ensine essas leis aos que não as conhecem. 26 Quem desobedecer às leis do seu Deus ou às leis do reino será castigado imediatamente: será morto, ou expulso do país, ou preso, ou as suas propriedades serão tomadas."

Esdras louva a Deus

27 Esdras disse:

— Louvado seja o SENHOR, o Deus dos nossos antepassados, que pôs no coração do rei o desejo de honrar dessa maneira o Templo do SENHOR, em Jerusalém! 28 Pois, sabendo que o SENHOR estava comigo, criei coragem e conquistei a boa vontade do rei, dos seus conselheiros e de todos os seus oficiais poderosos. Assim o SENHOR, meu Deus, me animou, e eu consegui convencer muitos chefes dos grupos de famílias de Israel a voltarem comigo para a nossa terra.

Os que voltaram da Babilônia

8 Esta é a lista dos chefes de grupos de famílias que estavam na Babilônia e que voltaram com Esdras para Jerusalém quando Artaxerxes era rei:

2-14 Gérson, da família de Fineias; Daniel,

da família de Itamar; Hatus, filho de Secanias, da família de Davi;

Zacarias, da família de Parós, com cento e cinquenta homens do seu grupo de famílias (havia registro das suas famílias);

Elioenai, filho de Zeraías, da família de Paate-Moabe, com duzentos homens;

Secanias, filho de Jaziel, da família de Zatu, com trezentos homens;

Ebede, filho de Jônatas, da família de Adim, com cinquenta homens;

Jesaías, filho de Atalias, da família de Elão, com setenta homens;

Zebadias, filho de Micael, da família de Sefatias, com oitenta homens;

Obadias, filho de Jeiel, da família de Joabe, com duzentos e dezoito homens;

Selomite, filho de Josifias, da família de Bani, com cento e sessenta homens;

Zacarias, filho de Bebai, da família de Bebai, com vinte e oito homens;

Joanã, filho de Hacatã, da família de Azgade, com cento e dez homens;

Elifelete, Jeiel e Semaías, da família de Adonicã, com sessenta homens. Eles foram os últimos a chegar;

Utai e Zabude, da família de Bigvai, com setenta homens.

Esdras manda buscar levitas

15 Eu, Esdras, reuni toda essa gente perto do rio que corre para a cidade de Aava, e ficamos acampados ali três dias. Quando examinei o povo com mais cuidado, vi que no meio deles havia sacerdotes, porém não havia nenhum *levita. 16 Aí mandei chamar nove líderes: Eliézer, Ariel, Semaías, Elnatã, Jaribe, Elnatã, Natã, Zacarias e Mesulã. E chamei também dois professores: Joiaribe e Elnatã. 17 Eu mandei que eles fossem procurar Ido, o chefe do lugar chamado Casifia, e dissessem a ele e aos seus colegas servidores do Templo que nos mandassem gente para servir a Deus no Templo. 18 E, porque Deus estava nos abençoando, eles nos mandaram um homem muito capaz, chamado Serebias, levita da família de Mali. Dezoito dos seus filhos e irmãos vieram com ele. 19 Eles também mandaram Hasabias e Jesaías, da família de Merari, com vinte dos seus filhos e irmãos. 20 Vieram também duzentos e vinte servidores do Templo, os quais eram descendentes daqueles que o rei Davi e os seus oficiais haviam escolhido para ajudar os levitas. E fizeram uma lista com os nomes de todos eles.

O povo jejua e ora

21 Então, ali perto do rio Aava, dei ordem para que houvesse um dia de jejum. Todos nós deveríamos nos ajoelhar diante do nosso Deus e lhe pedir que nos dirigisse na nossa viagem e nos protegesse, os nossos filhos e tudo o que era nosso. 22 Eu tinha dito ao rei que o nosso Deus protege todos os que confiam nele, porém que a sua força e a sua *ira vão contra aqueles que o abandonam. Por isso, fiquei com vergonha de pedir ao rei uma tropa de soldados da cavalaria para nos defender dos nossos inimigos durante a viagem. 23 Assim nós jejuamos e oramos, pedindo a Deus que nos protegesse, e ele atendeu as nossas orações.

A entrega das ofertas

24 Dos chefes dos sacerdotes, eu escolhi Serebias, Hasabias e outros dez. 25 Então pesei a prata, o ouro e os objetos que o rei, os seus conselheiros e funcionários e o povo de Israel haviam dado para serem usados no Templo. E entreguei tudo a esses sacerdotes. 26-27 O que eu entreguei foi o seguinte: vinte e dois mil quilos de prata; cem objetos de prata, pesando setenta quilos; três mil e quinhentos quilos de ouro; vinte taças de ouro, pesando oito quilos e meio; dois objetos de fino bronze, preciosos como ouro.

28 Então eu lhes disse:

— Vocês estão separados para servir o SENHOR, o Deus dos seus antepassados. E também estão separados para o SENHOR todos estes objetos de prata e de ouro trazidos a ele como ofertas feitas por vontade própria. 29 Tomem bem conta deles até que vocês cheguem ao Templo. Ali, nas salas do Templo do SENHOR, vocês pesarão e entregarão tudo aos chefes dos sacerdotes e dos *levitas e aos líderes do povo de Israel em Jerusalém.

30 Então os sacerdotes e os levitas receberam a prata, o ouro e os objetos a fim de os levar para o Templo de Jerusalém.

A volta para Jerusalém

31 No dia doze do primeiro mês, nós saímos do rio Aava a fim de ir para Jerusalém. O nosso Deus esteve conosco durante a viagem e nos protegeu dos ataques dos inimigos e dos bandidos. 32 Quando chegamos a Jerusalém, descansamos três dias. 33 E então, no quarto dia, fomos ao Templo e pesamos a prata, o ouro e os

objetos. E os entregamos ao sacerdote
Meremote, filho de Urias. Com ele esta-
vam Eleazar, filho de Fineias, e dois *le-
vitas: Jozabade, filho de Jesua, e Noadias,
filho de Binui. 34 A prata, o ouro e os ob-
jetos foram contados e pesados, e o peso
foi anotado.
35 Depois todos os que voltaram da Ba-
bilônia entregaram animais para serem
completamente queimados como *sacri-
fícios ao Deus de Israel. Eles ofereceram
doze touros em favor do povo de Israel,
noventa e seis carneiros, setenta e sete
carneirinhos e, para *purificar o povo dos
pecados, doze bodes. Todos esses animais
foram completamente queimados como
sacrifícios a Deus, o SENHOR.
36 Depois entregaram a ordem do rei
às autoridades do reino e aos governa-
dores da *província do Eufrates-Oeste, e
estes ajudaram o povo e o culto no Tem-
plo de Deus.

A oração e confissão de Esdras

9 Depois que tudo isso foi feito, alguns
líderes do povo de Israel vieram falar
comigo. Eles me contaram que o povo,
os sacerdotes e os *levitas não tinham fi-
cado separados das pessoas e dos costu-
mes pagãos e nojentos dos cananeus, dos
heteus, dos perizeus, dos jebuseus, dos
amonitas, dos moabitas, dos egípcios e
dos amorreus. 2 Homens israelitas haviam
casado com mulheres estrangeiras, e as-
sim o povo escolhido por Deus tinha se
misturado com gente de outros povos. E
os chefes e líderes do povo haviam sido os
primeiros a cometer esse pecado. 3 Quan-
do ouvi isso, rasguei as minhas roupas
em sinal de tristeza, arranquei os meus
cabelos e a barba e me sentei, muito des-
gostoso. 4 Fiquei ali sentado, cheio de des-
gosto, até a hora do *sacrifício da tarde. E
o povo começou a se juntar em volta de
mim. Eram os que estavam com medo por
causa do que o Deus de Israel tinha dito
a respeito dos pecados dos que tinham
voltado da Babilônia.
5 Quando chegou a hora do sacrifício
da tarde, eu saí daquele abatimento e me
ajoelhei para orar, usando ainda as rou-
pas rasgadas. Então levantei as mãos para
o SENHOR, meu Deus, 6 e disse:
— Ó Deus, estou muito envergonhado
e não tenho coragem de levantar a cabe-
ça na tua presença. Estamos afundados
nos nossos pecados, que sobem até o céu.

Pergunte a si mesma...

Você tem uma boa vida de oração? Recebe respostas para suas orações? Vê a mão de Deus em sua vida por causa de suas preces? Se quiser obter mais de sua vida de oração, então aqui estão algumas perguntas que você deve considerar:

O que a Palavra de Deus promete sobre a oração?
De quem são as orações que Deus ouve?
Há algum pecado que não confessei?
Eu confio que Deus responderá às minhas orações com a resposta perfeita?
Eu tenho uma vida de oração ou minha vida é ocupada demais para eu orar?
Não orar é pecado?

Procure por "Oração" no índice de *Ajuda rápida* no final desta Bíblia a fim de obter ajuda para responder essas perguntas.

7 Desde o tempo dos nossos antepassados
até hoje, nós, o teu povo, temos pecado
muito. Por causa dos nossos pecados, nós,
os nossos reis e os nossos sacerdotes te-
mos caído nas mãos de reis estrangeiros.
Temos sido mortos, roubados, levados
embora como prisioneiros e até hoje te-
mos sido desprezados. 8 Mas agora, ó SE-
NHOR, nosso Deus, tu foste bondoso por
algum tempo e deixaste que alguns de
nós escapássemos e vivêssemos seguros
neste lugar santo. Tu nos deixaste esca-
par da escravidão e nos deste uma vida
nova. 9 Éramos escravos, porém não nos
deixaste na escravidão. Tu fizeste os reis
da Pérsia terem boa vontade para conos-
co, e eles deixaram que reconstruíssemos
o teu Templo, que estava arrasado, e que
achássemos segurança aqui em Judá e em
Jerusalém.
10 — Mas agora, ó Deus, o que pode-
mos dizer depois que tudo isso aconte-
ceu? Nós desobedecemos a todos os man-
damentos 11 que deste por meio dos teus
*servos, os *profetas. Eles nos avisaram
que a terra em que íamos entrar e que

DEVOCIONAL

Texto para leitura: **Esdras 9:6-15**

Conheça o amor

Quando todas as pessoas que cercavam Esdras pecaram, ele confessou os pecados delas como "nossos pecados" e disse: "Estamos afundados nos nossos pecados, que sobem até o céu" (Esdras 9:6). Ele não tinha nada a ver com a desobediência das pessoas que se misturaram com os pagãos e viraram as costas para Deus, mas isso não o impediu de participar da confissão. Elas eram, afinal de contas, seu povo, e ele estava bem ciente do que os atos delas significavam para um Deus santo. E assim, Esdras sofreu como se fosse ele que tivesse andado longe de Deus e orou como se sua própria vida dependesse disso.

Quantas vezes você já dividiu o fardo dos pecados de pessoas que você ama, e os confessou como se fossem seus? Provavelmente nunca. Não é algo normal de se fazer, mas pense no que Esdras fez e por que ele fez isso. Aí, reflita em quantas vezes você já julgou os pecados dos outros com revolta e repulsa. Que reação é mais santa? Da próxima vez que se deparar com os pecados das pessoas que você ama, pense em sentir a dor espiritual com elas, rogando a Deus que perdoe "nossos" pecados e "nos" cure da infidelidade.

Depois que viram Esdras chorando em frente do templo de Deus, as pessoas ficaram tão comovidas que também começaram a "chorar amargamente" e a confessar sua infidelidade a Deus (Esdras 10:1). Esdras não as forçou, mas as influenciou, assumindo a condição delas como sendo sua própria condição, e respondendo como uma pessoa temente a Deus faria depois de ter confrontado o pecado em sua própria vida. Como uma Garota de Deus, você desempenha um papel na vida espiritual das pessoas de sua família, de sua comunidade e de seu país. Não fique de lado como observadora, mas se torne uma pessoa ativa na oração e na confissão.

ia ser nossa era *impura porque a gen-
te que morava nela a havia enchido de
ponta a ponta com as suas ações más e
impuras. 12 Eles disseram que nunca de-
veríamos casar com essa gente. Disseram
também que nunca deveríamos ajudá-los
a ter paz e prosperidade, se quiséssemos
comer os bons alimentos produzidos pela
terra e passá-la aos nossos descenden-
tes para sempre. 13 Mas, depois de tudo o
que aconteceu como castigo pelas nossas
maldades e pelas nossas grandes culpas,
nós sabemos que tu, ó Deus, nos casti-
gaste menos do que merecíamos e nos
deixaste com vida. 14 Como então pode-
ríamos desobedecer novamente aos teus
mandamentos e casar com essas pessoas
que fazem coisas tão nojentas? Se fizés-
semos isso, tu ficarias tão *irado conosco,
que nos destruirias completamente e não
deixarias que ninguém escapasse. 15 Ó SE-
NHOR, Deus de Israel, tu és justo, mas nos
deixaste escapar com vida, como se pode
ver hoje. Nós te confessamos que somos
culpados. Não temos o direito de ficar na
tua presença.

As esposas estrangeiras são expulsas

10 Enquanto Esdras estava ajoelha-
do em frente do Templo, orando,
chorando e confessando esses pecados,
um grande grupo de israelitas — homens,
mulheres e crianças — se reuniu em vol-
ta dele. E eles também choravam amarga-
mente. 2 Então Secanias, filho de Jeiel, da
família de Elão, disse a Esdras:

— Nós pecamos contra o nosso Deus,
casando com mulheres estrangeiras de
nações pagãs. Porém mesmo assim ain-
da há esperança para o povo de Israel.

3 Agora prometamos solenemente ao nos-
so Deus que mandaremos embora essas
mulheres e os seus filhos. Isso faremos
seguindo o seu conselho e o dos outros
que respeitam os mandamentos do nosso
Deus. Assim estaremos fazendo o que a
*Lei de Deus manda. 4 Levante-se, pois é o
senhor quem deve fazer isso. Nós o apoia-
remos. Portanto, anime-se e mãos à obra!
5 Então Esdras se levantou e fez com
que os chefes dos sacerdotes, os chefes
dos *levitas e todo o resto do povo juras-
sem que fariam o que Secanias tinha dito.
E eles juraram. 6 Aí Esdras saiu da frente
do Templo e foi para o quarto de Joanã, fi-
lho de Eliasibe. Ele passou a noite ali, sem
comer nem beber, porque estava muito
triste por causa da infidelidade dos que
haviam voltado da Babilônia.
7 Depois mandaram anunciar em Jeru-
salém e em Judá que todos os que haviam
voltado do *cativeiro na Babilônia deviam
reunir-se em Jerusalém. 8 Avisaram tam-
bém que, por ordem dos governadores e
líderes do povo, qualquer pessoa que não
chegasse no prazo de três dias perderia
as suas propriedades e também o direito
de fazer parte do povo de Israel. 9 E assim,
dentro de três dias, no dia vinte do nono
mês, todos os homens que moravam na
região de Judá e de Benjamim chegaram a
Jerusalém e se reuniram no pátio do Tem-
plo. Estava caindo uma chuva forte e, por
causa do tempo e da importância daquele
assunto, todos tremiam. 10 Então o sacer-
dote Esdras se levantou e disse:
— Vocês foram infiéis e aumentaram a
culpa do povo de Israel por terem casa-
do com mulheres estrangeiras. 11 Portan-
to, confessem agora os seus pecados ao
SENHOR, o Deus dos seus antepassados,
e façam o que lhe agrada. Afastem-se dos
estrangeiros que vivem na nossa terra e
mandem embora as mulheres estrangei-
ras com quem vocês casaram.
12 E todo o povo respondeu em voz alta:
— Sim! Faremos tudo o que o senhor
mandar! 13 Porém somos muitos, e a chuva
está forte. Não podemos continuar aqui
fora. O que o senhor está mandando não
é coisa que se possa fazer em um ou dois
dias, pois os que são culpados desse pe-
cado são muitos. 14 Deixe que os nossos
chefes fiquem em Jerusalém e se en-
carreguem do caso. Então cada homem
que vive nas nossas cidades e que casou
com uma mulher estrangeira virá num
dia marcado, acompanhado dos líderes
e juízes da sua cidade. Desta maneira a
*ira de Deus por causa dessa situação se
desviará de nós.
15 Ninguém foi contra o plano, a não
ser Jônatas, filho de Asael, e Jazeias, fi-
lho de Ticva. E Mesulã e Sabetai, o levita,
os apoiaram.
16 Os que haviam voltado da Babilô-
nia aceitaram o plano. Então o sacerdote
Esdras escolheu alguns homens entre os
chefes dos grupos de famílias e anotou os
nomes deles. Estes começaram a inves-
tigação no dia primeiro do décimo mês.
17 E, nos três meses seguintes, eles exami-
naram todos os casos de homens que ha-
viam casado com mulheres estrangeiras.

Lista dos que tinham mulheres estrangeiras

18 Esta é a lista dos que casaram com
mulheres estrangeiras:

Sacerdotes, por grupos de famílias:
Maaseias, Eliézer, Jaribe e Gedalias, da
família de Josué, e os seus irmãos, filhos
de Jozadaque. 19 Eles prometeram se di-
vorciar das suas mulheres e ofereceram
um carneiro como *sacrifício pelos seus
pecados.
20 Da família de Imer: Hanani e Zeba-
dias.
21 Da família de Harim: Maaseias, Elias,
Semaías, Jeiel e Uzias.
22 Da família de Pasur: Elioenai, Maa-
seias, Ismael, Netanel, Jozabade e Elasa.

23 *Levitas:
Jozabade, Simei, Quelaías (também cha-
mado de Quelita), Petaías, Judá e Eliézer.

24 Músico:
Eliasibe.

Guardas do Templo:
Salum, Telém e Uri.

25 Outros:
Da família de Parós: Ramias, Jezias,
Malquias, Miamim, Eleazar, Malquias e
Benaías.
26 Da família de Elão: Matanias, Zaca-
rias, Jeiel, Abdi, Jerimote e Elias.
27 Da família de Zatu: Elioenai, Eliasibe,
Matanias, Jerimote, Zabade e Aziza.
28 Da família de Bebai: Jeoanã, Hananias,
Zabai e Atlai.
29 Da família de Bani: Mesulã, Maluque,
Adaías, Jasube, Seal e Jerimote.

30 Da família de Paate-Moabe: Adna, Quelal, Benaías, Maaseias, Matanias, Bezalel, Binui e Manassés.
31-32 Da família de Harim: Eliézer, Josias, Malquias, Semaías, Simeão, Benjamim, Maluque e Semarias.
33 Da família de Hasum: Matenai, Matata, Zabade, Elifelete, Jeremai, Manassés e Simei.
34-37 Da família de Bani: Maadai, Anrão, Uel, Benaías, Bedias, Queluí, Vanias, Meremote, Eliasibe, Matanias, Matenai e Jaasau.
38-42 Da família de Binui: Simei, Selemias, Natã, Adaías, Macnadebai, Sasai, Sarai, Azarel, Selemias, Semarias, Salum, Amariá e José.
43 Da família de Nebo: Jeiel, Matitias, Zabade, Zebina, Jadai, Joel e Benaías.
44 Todos estes tinham mulheres estrangeiras. Eles se divorciaram delas e as mandaram embora com os seus filhos.

Neemias

Seja separada

Será que nós vamos seguir o exemplo dele e desobedecer ao nosso Deus, casando com mulheres estrangeiras?
Neemias 13:27

Autor ♥ Desconhecido, mas possivelmente Esdras
Data ♥ Por volta de 400 a.C.
Local ♥ Provavelmente em Jerusalém
Público-alvo ♥ Os israelitas que regressaram do cativeiro na Babilônia

Quando Deus tirou os israelitas, seu povo, do cativeiro e os restaurou à terra deles, queria que eles colocassem as coisas em ordem. O templo logo foi reconstruído, mas a cidade permaneceu indefesa, sem muros, e as pessoas tinham se desviado da lei de Deus. Esdras e Neemias foram chamados para conduzir os israelitas na direção certa e manter o foco deles em Deus, e não em si mesmos e nos outros. Deus queria e ainda quer que seu povo se concentre. Ele quer que as pessoas deixem de olhar para todas as coisas boas e para os que estão ao redor delas e sejam separadas, sejam diferentes, sejam fiéis.

Permanecer fiel a Deus em um mundo cheio de todo tipo de tentação pode ser difícil. Os israelitas tinham se acostumado com o mundo e todos seus encantos e pecado. Em vez de ficarem longe da tentação à sua volta, eles cederam, ao ponto de se casar com mulheres com as quais não deveriam ter se casado, deixando, assim, os inimigos de Deus fazerem parte de sua linhagem. Mas Deus não apoiaria isso e, então, com uma decisão ousada, Neemias disse a todos os israelitas que eles tinham de deixar as esposas e até os filhos que não eram israelitas para que pudessem ser um povo separado. Dá para imaginar o espanto ao ouvir essas palavras? Mas era o que tinha de ser feito.

Ponto essencial
Enquanto Esdras era um líder espiritual para os israelitas que tinham voltado, Neemias era mais um líder político. Neste livro, você pode ler sobre como ele liderou o povo na reconstrução dos muros de Jerusalém para que houvesse segurança e proteção. Você também pode ler sobre o avivamento que aconteceu uma vez que os israelitas se mudaram para casa, e como a vida do povo foi restaurada depois de ter ficado tão destruída no cativeiro. Por mais que o povo de Deus estrague tudo, Deus continua a perdoá-lo e a corrigi-lo, e o livro de Neemias é um bom exemplo de Deus fazendo exatamente isso.

Hoje, Deus não separa as famílias. Ele não manda que uma esposa cristã deixe o marido incrédulo, mas manda que não nos casemos com não cristãos, em primeiro lugar. Deus ainda quer que sejamos separados, e tornar-se uma com alguém que odeia Deus ou não se importa muito com ele não é um ato santo, e sim um pecado.

Durante a leitura do livro de Neemias, pense no motivo pelo qual Deus queria que o povo dele se esforçasse tanto para se manter separado dos outros que não eram de Deus. Olhe para a fidelidade de Deus ao aceitar de volta filhos incrédulos e pecadores várias vezes, e veja que, não importa o que você faça, pode confiar nas promessas divinas de bêncãos.

Coisas para procurar

- O retorno de Neemias a Jerusalém (veja Neemias 2)
- Os muros de Jerusalém (veja Neemias 1:3; 2:17—3:32; 4:6; 12:27,30)

Fatos e versículos que você deve saber

Muitos estudiosos acreditam que foi Esdras quem escreveu o livro de Neemias.

Na Bíblia hebraica, Esdras e Neemias são um livro só.

Neemias fala sobre a restauração de Israel depois do exílio na Babilônia.

Neemias era copeiro do rei, o que significava que ele tinha acesso a ele de maneira que outros nunca teriam (veja Neemias 1:11).

— Eu confesso que nós, o povo de Israel, temos pecado. Os meus antepassados e eu temos pecado. Com os nossos atos, temos pecado contra ti e não temos obedecido aos teus mandamentos. Não temos obedecido às leis que nos deste por meio de Moisés, teu servo.

(Neemias 1:6-7)

— Ouve agora a minha oração e as orações de todos os outros teus servos que têm prazer em te adorar. Faze com que eu tenha sucesso hoje e que o rei seja bondoso comigo.

(Neemias 1:11)

Esdras levou o livro para o lugar onde o povo estava reunido... E ali, na praça em frente ao portão, Esdras leu a Lei para o povo, desde o nascer do sol até o meio-dia.

(Neemias 8:2-3)

E Esdras disse: — Louvem o SENHOR, o grande Deus! Todo o povo levantou os braços e respondeu: — Amém! Amém! Aí se ajoelharam e, com o rosto encostado na terra, adoraram a Deus, o SENHOR.

(Neemias 8:6)

Neemias ora por Jerusalém

1 Esta é a história de Neemias, filho de Hacalias.
No mês de *quisleu, no ano vinte do reinado de Artaxerxes, rei da Pérsia, eu, que me chamo Neemias, estava em Susã, a capital do país. 2 Hanani, um dos meus irmãos, chegou de Judá com um grupo de outros judeus. Então eu pedi notícias da cidade de Jerusalém e dos judeus que haviam voltado do *cativeiro na Babilônia.
3 Eles me contaram que aqueles que não tinham morrido e haviam voltado para a *província de Judá estavam passando por grandes dificuldades. Contaram também que os estrangeiros que moravam ali por

perto os desprezavam. Disseram, final-
mente, que as muralhas de Jerusalém ain-
da estavam caídas e que os portões que
haviam sido queimados ainda não tinham
sido consertados. [4] Quando ouvi isso, eu
me sentei e chorei.
Durante alguns dias, eu fiquei chorando
e não comi nada. E fiz a Deus esta oração:
[5] — Ó SENHOR, Deus do céu, tu és gran-
de, e nós te *tememos! Tu és fiel e guardas
a tua *aliança com aqueles que te amam e
obedecem aos teus mandamentos. [6] Olha
para mim, ó Deus, e ouve as orações que
faço dia e noite em favor dos teus *servos,
o povo de Israel. Eu confesso que nós, o
povo de Israel, temos pecado. Os meus
antepassados e eu temos pecado. [7] Com os
nossos atos, temos pecado contra ti e não
temos obedecido aos teus mandamentos.
Não temos obedecido às *leis que nos des-
te por meio de Moisés, teu servo. [8] Lembra
agora do que disseste a ele: "Se vocês, o
povo de Israel, forem infiéis a mim, eu os
espalharei entre as outras nações. [9] Mas,
se depois disso, vocês voltarem para mim
e obedecerem aos meus mandamentos,
eu os trarei de volta para o lugar que es-
colhi para ali ser adorado, mesmo que
vocês estejam espalhados pelos fins da
terra."
[10] — Senhor, estes são teus servos, o teu
povo. Tu os livraste do cativeiro com o teu
grande poder e com a tua força. [11] Ouve
agora a minha oração e as orações de to-
dos os outros teus servos que têm prazer
em te adorar. Faze com que eu tenha su-
cesso hoje e que o rei seja bondoso co-
migo.
Nesse tempo eu estava encarregado de
servir vinho ao rei.

Neemias vai para Jerusalém

2 O que vou contar aconteceu quatro
meses mais tarde, no vigésimo ano do
reinado de Artaxerxes. Um dia, quando o
rei estava jantando, eu peguei vinho e o
servi. O rei nunca me havia visto triste [2] e
por isso perguntou:
— Por que você está triste? Você não
está doente; portanto, deve estar se sen-
tindo infeliz.

DEVOCIONAL

Texto para leitura: **Neemias 1:4-11**

Conheça a Deus

Onde você está e quem está à sua volta neste exato momento não são coisas que acontecem por acaso. Não existe esse negócio de acaso na vida de um cristão; o acaso implicaria que Deus não está no controle e que as coisas acontecem sem qualquer motivo. Mas Deus tem um motivo para tudo o que permite. Isso significa que ele pode levá-la a relacionamentos que não fazem sentido, que a deixam louca e dos quais você quer sair, mas, se você olhar para o Senhor, talvez ache algo incrível. Pense nas pessoas ao seu redor e pergunte a si mesma se Deus não as deu para que você interceda por elas, se achegue a ele com pedidos em nome delas e as ajude e até as conduza à salvação.

Orar pelos pecadores que existem em seu círculo de amizades não é uma opção; é uma exigência para a Garota de Deus. Se eles estão em sua vida — até mesmo os maus, especialmente eles —, então precisam de suas orações. Não deixe que seus sentimentos ditem até que ponto você deve ser obediente. Pense no fato de que cada pessoa em sua vida precisa de suas orações. A oração de intercessão não precisa ser difícil; você não precisa se envolver no drama das pessoas, mas coloque-as diante do trono de Deus e rogue por elas. Suas súplicas a Deus podem ajudá-las a ser salvas.

Nunca pense que as coisas acontecem por acaso e que você não deveria estar onde está. Você está exatamente onde deveria, e suas orações devem trazer a liberdade de que os outros precisam.

Então eu fiquei com muito medo 3 e
respondi:
— Que o rei viva para sempre! Como
posso deixar de parecer triste, quando a
cidade onde os meus antepassados estão
sepultados está em ruínas, e os seus por-
tões estão queimados?
4 O rei perguntou:
— O que é que você quer?
Eu orei ao Deus do céu 5 e depois dis-
se ao rei:
— Se o senhor está contente comigo
e quiser atender um pedido meu, deixe
que eu vá para a terra de Judá a fim de
reconstruir a cidade onde os meus ante-
passados estão sepultados.
6 Aí o rei, tendo a rainha sentada ao seu
lado, concordou com o meu pedido. Ele
perguntou quanto tempo eu ficaria fora
e quando voltaria. E eu disse.
7 Então pedi ao rei um favor: que me
desse cartas para os governadores da
*província do Eufrates-Oeste, com instru-
ções para que me deixassem passar até
chegar à região de Judá. 8 Também pedi
uma carta para Asafe, o guarda florestal
do rei, mandando que me desse madei-
ra para fazer os portões da fortaleza que
protege o Templo e para fazer as mura-
lhas da cidade e a casa onde eu iria morar.
E o rei me deu tudo o que pedi, porque
Deus estava comigo.
9 O rei mandou que fossem comigo al-
guns oficiais do exército e uma tropa da
cavalaria. Então eu viajei para a província
do Eufrates-Oeste e ali entreguei aos go-
vernadores as cartas do rei. 10 Mas Sam-
balate, da cidade de Bete-Horom, e To-
bias, um oficial do país de Amom, ficaram
muito zangados quando souberam que
alguém tinha vindo para ajudar o povo
de Israel.
11 Eu cheguei a Jerusalém e durante três
dias 12 não contei a ninguém o que pensa-
va fazer pela cidade de acordo com o que
Deus havia posto no meu coração. Eu me
levantei no meio da noite e saí, junto com
alguns dos meus companheiros. Só levei
um animal, o jumento que eu montava.
13 Era noite quando eu saí da cidade pelo
Portão do Vale, no oeste, e fui para o sul,
passando pela Fonte do Dragão, até o Por-
tão do Lixo. Conforme andava, eu ia exami-
nando as muralhas da cidade que haviam
sido derrubadas e os portões que haviam
sido destruídos pelo fogo. 14 Então virei

DEVOCIONAL

Texto para leitura: **Neemias 2:11-15**

Conheça a Deus

Quando Deus lhe dá uma visão de seu futuro ou de seu propósito, você não precisa dividi-la com todo mundo para torná-la mais real. Às vezes, seu serviço a Deus passará despercebido e sua devoção não será vista ou compreendida por ninguém. Você não precisa alardear a visão que recebeu nem explicar por que está fazendo as coisas que faz. Se realmente for uma visão de Deus, então ela vai acontecer, e, se não for, então você não terá feito papel de boba. Enquanto passar mais tempo na presença de Deus, você se verá com todo o incentivo necessário para fazer o que lhe está sendo pedido. A aprovação de Deus é a única de que você precisa.

Muitas visões devem ser compartilhadas, mas só no momento certo. As *visões precisam ser provadas*. Elas não lhe são servidas em uma bandeja de prata, mas, quase sempre será preciso um esforço de sua parte, e, muitas vezes, esse esforço é a própria recompensa. Quando precisa de outra pessoa para confirmar sua visão, você está confiando em pessoas que não têm o mesmo relacionamento com Deus que você tem, e que não tiveram a mesma visão que você teve. Então, aja como você foi chamada a agir, e diga o que foi chamada a dizer, mas não tenha pressa de explicar que tem certeza de que Deus a chamou para fazer as coisas que você faz.

para o norte e fui para o Portão da Fon-
te e para a Represa do Rei. Mas o jumen-
to não pôde encontrar lugar para passar
pelo entulho. 15 Por isso, fui até o vale do
Cedrom e passei por ele, sempre olhando
para as muralhas. Então voltei pelo mes-
mo caminho pelo qual tinha ido e entrei de
novo na cidade pelo Portão do Vale.
16 Nenhuma das autoridades da cidade
ficou sabendo aonde eu tinha ido, nem o
que tinha feito. Até ali, eu não tinha con-
tado nada a nenhum dos judeus — aos
sacerdotes, às autoridades, aos oficiais
ou a qualquer outra pessoa que iria tomar
parte no trabalho. 17 Mas aí eu lhes disse:
— Vejam como é difícil a nossa situa-
ção! A cidade de Jerusalém está em ruí-
nas, e os seus portões foram destruídos.
Vamos construir de novo as muralhas da
cidade e acabar com essa vergonha.
18 Então contei a eles como Deus havia
me abençoado e me ajudado. E também
contei o que o rei me tinha dito.
Eles disseram:
— Vamos começar a reconstrução!
E se aprontaram para começar o tra-
balho.
19 Porém Sambalate, Tobias e um árabe
chamado Gesém souberam do que está-
vamos fazendo. Eles começaram a rir e a
caçoar de nós. E disseram:
— O que é que vocês estão fazendo?
Vocês vão se revoltar contra o rei?
20 Eu respondi:
— O Deus do céu nos dará sucesso. Nós
somos *servos dele e vamos começar a
construir. Mas vocês não podem ser do-
nos de nenhuma propriedade em Jerusa-
lém, não têm nenhum direito de cidadãos
e não têm nenhuma parte nas tradições
religiosas do povo de Israel.

A reconstrução das muralhas

3 As muralhas da cidade foram recons-
truídas da seguinte maneira: Eliasibe,
o *Grande Sacerdote, e os seus colegas sa-
cerdotes reconstruíram o Portão das Ove-
lhas. Depois o inauguraram e puseram os
portões nos seus lugares. Eles reconstruí-
ram as muralhas até a Torre dos Cem e
até a Torre de Hananel;
2 Os homens de Jericó construíram o
trecho seguinte;
Zacur, filho de Inri, construiu o trecho
seguinte;
3 o grupo de famílias de Hassenaá cons-
truiu o Portão dos Peixes. Eles puseram
as vigas e os portões nos seus lugares e
colocaram os trincos e as trancas;
4 as três partes seguintes foram cons-
truídas por estes homens:
a primeira, por Meremote, filho de
Urias e neto de Hacoz;
a segunda, por Mesulã, filho de Bere-
quias e neto de Mesezabel;
e a terceira, por Zadoque, filho de Baaná.
5 Os homens da cidade de Tecoa cons-
truíram o trecho seguinte. Mas os homens
importantes da cidade não quiseram fa-
zer o trabalho braçal que os mestres de
obras mandaram;
6 Joiada, filho de Paseia, e Mesulã, filho
de Besodias, reconstruíram o Portão Ve-
lho. Eles puseram as vigas e os portões
nos seus lugares e colocaram os trincos
e as trancas;
7 Melatias, de Gibeão, Jadom, de Mero-
note, e os homens da cidade de Gibeão e
de Mispa construíram o trecho seguin-
te, chegando até a casa do governador da
*província do Eufrates-Oeste;
8 Uziel, filho de Haraías, que era ourives,
construiu o trecho seguinte;
Hananias, que era perfumista, cons-
truiu o trecho seguinte, até a Muralha
Larga;
9 Refaías, filho de Hur, governador de
metade do distrito de Jerusalém, cons-
truiu o trecho seguinte;
10 Jedaías, filho de Harumafe, construiu
o trecho seguinte, perto da sua casa;
Hatus, filho de Hasabneias, construiu
o trecho seguinte;
11 Malquias, filho de Harim, e Hassube,
filho de Paate-Moabe, construíram o tre-
cho seguinte e a Torre dos Fornos;
12 Salum, filho de Haloés, governador
da outra metade de Jerusalém, construiu
o trecho seguinte. As suas filhas o ajuda-
ram no trabalho;
13 Hanum e os moradores de Zanoa re-
construíram o Portão do Vale. Eles pu-
seram os portões no lugar, colocaram os
trincos e as trancas e consertaram qui-
nhentos metros de muralha, até o Por-
tão do Lixo;
14 Malquias, filho de Recabe, governador
do distrito de Bete-Haquerém, recons-
truiu o Portão do Lixo. Ele pôs os portões
no lugar e colocou os trincos e as trancas;
15 Salum, filho de Col-Hozé, governador
do distrito de Mispa, reconstruiu o Por-
tão da Fonte. Ele fez uma cobertura, pôs

os portões no lugar e colocou os trincos
e as trancas. Na represa de Selá, ao lado
do jardim do rei, Salum construiu a mu-
ralha, até as escadas que descem da *Ci-
dade de Davi;
16 Neemias, filho de Azbuque, gover-
nador de metade do distrito de Bete-Zur,
construiu o trecho seguinte, até a sepul-
tura de Davi, até a represa e até as barra-
cas dos soldados.

Levitas que trabalharam nas muralhas

17 Os *levitas também ajudaram a re-
construir as muralhas. Segue a lista deles.
Reum, filho de Bani, construiu o tre-
cho seguinte;
Hasabias, governador de metade do
distrito de Queila, construiu o trecho se-
guinte;
18 Bavai, filho de Henadade, governa-
dor da outra metade do distrito de Quei-
la, construiu o trecho seguinte;
19 Ézer, filho de Jesua, governador de
Mispa, construiu o trecho seguinte, em
frente do depósito de armas, até o lugar
onde a muralha faz esquina;
20 Baruque, filho de Zabai, construiu o
trecho seguinte, desde a esquina da mu-
ralha até a porta da casa de Eliasibe, o
*Grande Sacerdote;
21 Meremote, filho de Urias e neto de
Hacoz, construiu o trecho seguinte, des-
de a porta da casa de Eliasibe até o fim
da casa.

Sacerdotes que trabalharam nas muralhas

22 Os sacerdotes também ajudaram a re-
construir as muralhas. Segue a lista deles.
Os sacerdotes que moravam em redor
de Jerusalém construíram o trecho se-
guinte;
23 Benjamim e Hassube construíram o
trecho seguinte, em frente das suas casas;
Azarias, filho de Maaseias e neto de
Ananias, construiu o trecho seguinte, em
frente da sua casa;
24 Binui, filho de Henadade, construiu o
trecho seguinte, desde a casa de Azarias
até a esquina da muralha;
25-26 Palal, filho de Uzai, construiu o tre-
cho seguinte, começando da esquina e da
torre do palácio de cima, perto do pátio
da guarda;
Pedaías, filho de Parós, construiu o
trecho seguinte, até um lugar no leste,
perto do Portão das Águas e da torre
que guarda o Templo. Isso ficava perto
daquela parte da cidade chamada Ofel,
onde moravam os homens que trabalha-
vam no Templo.

Outros construtores

27 Os homens da cidade de Tecoa cons-
truíram o trecho seguinte, que era o seu
segundo trecho, desde um ponto no lado
contrário à grande torre que guarda o
Templo até a muralha perto de Ofel;
28 um grupo de sacerdotes construiu o
trecho seguinte, saindo no Portão dos Ca-
valos e continuando para o norte. Cada
um deles construiu em frente da sua pró-
pria casa;
29 Zadoque, filho de Imer, construiu o
trecho seguinte, em frente da sua casa;
Semaías, filho de Secanias, que era o
guarda do Portão Leste, construiu o tre-
cho seguinte;
30 Hananias, filho de Selemias, e Hanum,
o sexto filho de Zalafe, construíram o tre-
cho seguinte. Este foi o segundo trecho
que eles construíram;
Mesulã, filho de Berequias, construiu
o trecho seguinte, em frente da sua casa;
31 um ourives chamado Malquias cons-
truiu o trecho seguinte, até uma casa usa-
da pelos trabalhadores do Templo e pelos
comerciantes. Essa casa estava ao lado do
Portão da Guarda, perto da sala que ficava
no alto da esquina nordeste da muralha;
32 os ourives e os comerciantes cons-
truíram o último trecho, da sala da es-
quina até o Portão das Ovelhas.

Os inimigos de Neemias

4 Quando Sambalate soube que os ju-
deus estavam reconstruindo as mu-
ralhas, ficou furioso e começou a caçoar
de nós. 2 Diante dos seus companheiros
e do exército dos *samaritanos, ele disse:
— O que é que esses judeus miseráveis
estão fazendo? Será que eles pretendem
reconstruir a cidade? Será que eles pen-
sam que, oferecendo *sacrifícios, poderão
acabar o trabalho em um dia? Será que
dos montões de entulho e das pedras que
foram queimadas eles podem tirar pedras
para a construção?
3 Tobias, que era do país de Amom, es-
tava com ele e disse:
— Que tipo de muralha eles poderão
construir? Até mesmo uma raposa pode-
ria derrubá-la!
4 "Ó nosso Deus, escuta como eles ca-
çoam de nós! Faze que a zombaria caia
sobre a cabeça deles mesmos. Que tudo

o que eles têm seja roubado, e que eles
sejam levados prisioneiros para uma ter-
ra estrangeira! 5 Não perdoes o mal que
eles fazem e não esqueças os seus peca-
dos, pois insultaram a nós, que estamos
construindo."
6 Então continuamos a reconstruir as
muralhas, e logo elas já estavam na me-
tade da sua altura total porque o povo
estava animado para trabalhar.
7 Sambalate e Tobias e os povos da Ará-
bia, Amom e Asdode ficaram muito zanga-
dos quando souberam que nós estávamos
continuando o trabalho de reconstrução
das muralhas de Jerusalém e que as suas
brechas já estavam sendo fechadas.
8 Aí se reuniram e combinaram que vi-
riam juntos atacar Jerusalém e provocar
confusão. 9 Mas nós oramos ao nosso Deus
e colocamos homens para ficarem de vi-
gia contra eles de dia e de noite.
10 O povo de Judá cantava uma canção
assim:

"Os carregadores já estão cansados,
e ainda há muito entulho para
carregar.
A construção desta muralha
quando vamos terminar?"

11 Os nossos inimigos pensavam que
nós não poderíamos vê-los, nem sabería-
mos o que estava acontecendo até que
eles já estivessem quase em cima de nós,
nos matando e nos fazendo parar o traba-
lho. 12 E várias vezes os judeus que mora-
vam entre os nossos inimigos vieram nos
avisar dos planos que eles estavam fazen-
do contra nós. 13 Então eu armei o povo
com espadas, lanças e arcos e flechas e
os coloquei, por grupos de famílias, atrás
da muralha, em todos os lugares onde ela
ainda não estava consertada.
14 Eu vi que o povo estava preocupado
e por isso disse a eles, e às suas autori-
dades, e aos seus oficiais:
— Não tenham medo dos nossos ini-
migos. Lembrem como Deus, o Senhor, é
grande e terrível e lutem pelos seus pa-
trícios, pelos seus filhos, suas esposas e
seus lares.
15 Os nossos inimigos ficaram saben-
do que nós havíamos descoberto o que
eles estavam planejando e compreende-
ram que Deus havia atrapalhado os seus
planos. Então todos nós voltamos para o
nosso trabalho na reconstrução das mu-
ralhas.
16 Daí em diante, metade dos homens
trabalhava enquanto os outros ficavam
de guarda, armados com lanças, *escudos,
arcos e flechas e *armaduras. E as autori-
dades deram todo o seu apoio às pessoas
17 que estavam reconstruindo a muralha.
Cada pessoa carregava materiais de cons-
trução numa das mãos e na outra carre-
gava uma arma. 18 E todos os que traba-
lhavam levavam uma espada na cintura.
O vigia, que devia tocar a corneta para
dar o alarme, ficava perto de mim. 19 E eu
disse ao povo, e aos seus oficiais, e às suas
autoridades:
— O trabalho é muito espalhado, e por
isso nós ficamos muito longe uns dos ou-
tros nas muralhas. 20 Se vocês ouvirem a
corneta tocando o alarme, reúnam-se em
volta de mim. O nosso Deus lutará por
nós.
21 E assim, todos os dias, desde o nas-
cer do sol até a hora em que as estrelas
apareciam de noite, metade de nós traba-
lhava nas muralhas enquanto os outros
ficavam de guarda, armados com lanças.
22 Nessa mesma época, eu também disse
aos encarregados do trabalho que eles e
todos os seus ajudantes precisavam pas-
sar a noite em Jerusalém, para que as-
sim nós pudéssemos trabalhar de dia
e servir como vigias da cidade à noite.
23 Nem eu, nem os meus companheiros,
nem nenhum dos meus empregados ou
guarda-costas tirávamos as nossas rou-
pas, nem mesmo para dormir. E todos nós
estávamos sempre com as nossas armas
nas mãos.

A exploração dos pobres

5 Algum tempo depois, muitas pessoas,
tanto homens como mulheres, come-
çaram a reclamar contra os seus patrícios
judeus. 2 Alguns diziam:
— As nossas famílias são grandes, e
precisamos de trigo para nos alimentar-
mos e continuarmos vivos.
3 Outros diziam:
— Para não morrermos de fome, nós
tivemos de penhorar os nossos campos,
as nossas plantações de uvas e as nossas
casas a fim de comprar trigo.
4 E outros, ainda, disseram:
— Tivemos de pedir dinheiro empres-
tado para pagar ao rei os impostos sobre
os nossos campos e plantações de uvas.

5 Acontece que nós somos da mesma raça dos nossos patrícios judeus, e os nossos filhos são tão bons como os deles. No entanto, nós temos de fazer com que os nossos filhos trabalhem como escravos. Algumas das nossas filhas já foram vendidas como escravas. Não podemos fazer nada para evitar isso, pois os nossos campos e as nossas plantações de uvas foram tomados de nós.

6 Quando eu, Neemias, ouvi essas queixas, fiquei zangado 7 e resolvi fazer alguma coisa. Repreendi as autoridades do povo e os oficiais e disse:

— Vocês estão explorando os seus irmãos!

Depois de pensar nisso, eu reuni todo o povo a fim de tratar desse problema 8 e disse:

— De acordo com as nossas posses, nós temos comprado dos estrangeiros os nossos patrícios judeus que tiveram de se vender a eles como escravos. E agora vocês, que são judeus, estão forçando os seus próprios patrícios a se venderem a vocês!

As autoridades ficaram caladas e não acharam nada para responder.

9 Então eu disse:

— O que vocês estão fazendo é errado! Vocês deviam *temer a Deus e fazer o que é direito, em vez de dar aos nossos inimigos, os não judeus, razão para caçoar de nós. 10 Eu, e os meus companheiros, e os homens que trabalham para mim temos emprestado dinheiro e trigo ao povo. E agora vamos perdoar essa dívida. 11 Portanto, vocês também, perdoem todas as dívidas deles — dinheiro, vinho ou azeite. E devolvam agora mesmo os seus campos, as suas plantações de uvas e de oliveiras e as suas casas!

12 As autoridades responderam:

— Está bem. Nós vamos fazer o que você está dizendo. Vamos devolver as propriedades e não vamos cobrar as dívidas.

Então eu chamei os sacerdotes e fiz as autoridades jurarem que cumpririam essa promessa. 13 Depois tirei a faixa que usava na cintura e a sacudi. E disse:

— É assim que Deus vai sacudir qualquer um de vocês que não cumprir a sua promessa. Deus tirará dele a sua casa e tudo o que ele tem e o deixará sem nada.

E todos os que estavam ali disseram:

— *Amém! Que assim seja!

Aí louvaram a Deus, o SENHOR. E cumpriram a promessa que haviam feito.

A bondade e a honestidade de Neemias

14 Durante os doze anos em que fui governador da terra de Judá, desde o ano vinte do reinado de Artaxerxes até o ano trinta e dois, nem eu nem os meus parentes comemos a comida a que eu tinha direito como governador. 15 Antes de mim, os governadores tinham sido uma carga para o povo e haviam exigido que o povo pagasse quarenta barras de prata por dia a fim de comprar comida e vinho. Até os seus empregados exploravam o povo. Mas eu agi de modo diferente porque *temia a Deus. 16 Trabalhei com todas as minhas forças na reconstrução da muralha e não comprei nenhuma propriedade. E todos os meus empregados ajudaram na reconstrução. 17 Também hospedei na minha casa cento e cinquenta judeus e os seus chefes, além de todas as pessoas das nações vizinhas que vinham à minha casa. 18 Todos os dias eu mandava preparar um boi, seis ovelhas das melhores e muitas galinhas. E cada dez dias eu mandava vir uma nova remessa de vinho. Mas eu sabia que o povo tinha de trabalhar no pesado; por isso, não pedi o dinheiro da comida a que eu, como governador, tinha direito.

19 "Ó Deus, eu te peço que leves em conta tudo o que fiz por este povo."

Planos contra Neemias

6 Sambalate, Tobias, Gesém e o resto dos nossos inimigos souberam que nós havíamos terminado de reconstruir a muralha e que não havia mais brechas nela, embora ainda não tivéssemos colocado os portões nos seus lugares. 2 Então Sambalate e Gesém me mandaram um recado. Eles queriam que eu fosse me encontrar com eles num dos povoados do vale de Ono. Mas a intenção deles era me fazer algum mal. 3 Aí eu mandei mensageiros a eles com o seguinte recado:

— Eu estou fazendo um trabalho importante e não posso descer até aí. Eu não vou deixar este trabalho só para ir falar com vocês.

4 Eles me mandaram o mesmo recado quatro vezes, e eu mandei sempre a mesma resposta.

5 Então Sambalate me mandou o quinto recado, e este veio por escrito. Era uma carta e foi trazida por um dos

DEVOCIONAL

Texto para leitura: **Neemias 5:19; 6:9**

Conheça a si mesma

Quando você ora, Deus lhe dá força? Se não der, então dê uma olhada em suas orações. Todas as respostas de Deus são boas, incluindo o "não". Se Deus não lhe dá o que você pede, então ele tem um motivo muito bom. Você precisa confiar nele a tal ponto que, quando suas orações parecerem sem resposta ou receberem um "não" em alto e bom tom, possa erguer os olhos, sorrir e dizer: "Obrigada, porque tu sabes o que é melhor para mim". Afinal de contas, o que você sabe sobre o futuro? Como pode prever o resultado deste ou daquele desejo de seu coração? Você não pode.

Como uma Garota de Deus, uma coisa que você pode fazer é ter certeza de que a vontade dele é a melhor possível para sua vida, e se ele achar certo não lhe dar algo que você quer muito, então é por um motivo muito bom. Por isso, em vez de se preocupar e surtar por não receber o que quer, pense no motivo por que ele talvez não queira que você tenha o que pediu ou, melhor ainda, por que ele quer que você tenha exatamente o que ele lhe tem dado e nada mais.

Deus irá torná-la forte quando você confiar na força dele. E ele responderá a todas as suas orações quando você confiar na Palavra dele. Descubra mais sobre a oração. Faça sua lição de casa e descubra as promessas de Deus sobre o assunto. A oração é sua tábua de salvação, sua mão estendida para o Pai que a protege. Sendo assim, por que não saber o máximo possível de coisas sobre ela? E tudo o que você precisa saber está nas páginas da Palavra de Deus. Então, busque a sabedoria e a verdade nas Escrituras e se torne uma Garota de Deus que ora.

empregados de Sambalate. 6 A carta, que
estava aberta, dizia:
"Gesém me disse que entre os povos
vizinhos está correndo um boato. Dizem
que você e os judeus pretendem fazer
uma revolução e que é por isso que es-
tão reconstruindo a muralha. Ele disse
também que o seu plano é se tornar o rei
deles 7 e que você já arranjou alguns *pro-
fetas para dizerem em Jerusalém que você
é o rei de Judá. O rei Artaxerxes certamen-
te vai saber disso, e por isso proponho
que nós dois nos encontremos para con-
versar a respeito dessa situação."
8 Eu mandei a seguinte resposta:
— Nada do que você está dizendo é
verdade. Foi você quem inventou tudo
isso.
9 O que eles queriam era nos meter
medo para não continuarmos o trabalho.
"Agora, ó Deus, aumenta as minhas
forças!"
10 Nessa época, Semaías, filho de Delaías
e neto de Meetabel, estava proibido de
sair de casa, e por isso fui visitá-lo. Ele
me disse:
— Nós dois precisamos nos esconder
juntos no *Lugar Santo, no Templo. E va-
mos fechar as portas porque eles virão
matar você. Sim, qualquer noite destas
eles virão matá-lo.
11 A isso respondi:
— Eu não sou do tipo de homem que
foge e se esconde. Você pensa que eu ten-
taria salvar a minha vida me esconden-
do no Templo? Eu não vou fazer isso, de
jeito nenhum.
12 Quando comecei a pensar nesse as-
sunto, compreendi que Deus não havia
falado com Semaías e sim que Tobias e
Sambalate haviam pago a ele para me dar
aquele conselho. 13 Eles lhe deram dinhei-
ro para me fazer ficar com medo e assim
pecar. Aí eles poderiam acabar com o meu
bom nome e me humilhar.
14 "Ó meu Deus, lembra do que Tobias

e Sambalate fizeram e castiga-os. Lembra também da profetisa Noadias e dos outros profetas que tentaram me fazer ficar com medo."

Termina a construção das muralhas

15 As muralhas foram terminadas no dia vinte e cinco do mês de *elul, depois de cinquenta e dois dias de trabalho. 16 Então os nossos inimigos das nações vizinhas souberam disso e ficaram desmoralizados porque todos ficaram sabendo que o trabalho havia sido feito com a ajuda do nosso Deus.

17 Durante esse tempo, as autoridades dos judeus haviam escrito muitas cartas a Tobias e haviam recebido várias cartas dele. 18 Muita gente de Judá estava do lado de Tobias porque ele era genro de um judeu chamado Secanias, filho de Ará. Além disso, o seu filho Joanã havia casado com a filha de Mesulã, filho de Berequias. 19 Na minha frente, falavam das boas coisas que Tobias havia feito e contavam a ele tudo o que eu dizia. E Tobias continuou a me mandar cartas para ver se conseguia me fazer ficar com medo.

7 Agora as muralhas estavam reconstruídas, e os portões estavam todos colocados nos seus lugares. Foi marcado o trabalho dos guardas do Templo, dos cantores e dos *levitas. 2 Para governar a cidade de Jerusalém, eu coloquei dois homens: o meu irmão Hanani e Hananias, o oficial comandante da fortaleza. Hananias era um homem fiel e *temia a Deus mais do que qualquer outro. 3 Eu disse aos dois que só mandassem abrir os portões de Jerusalém quando o sol começasse a esquentar. E que mandassem fechar e trancar os portões antes que os guardas deixassem o serviço, na hora do pôr do sol. Também ordenei que escolhessem guardas entre o povo que morava em Jerusalém. Alguns deles deviam ficar de guarda em certos lugares, e os outros deviam tomar conta da área em frente das suas próprias casas.

Lista dos que voltaram do cativeiro

Esdras 2.1-70

4 A cidade de Jerusalém era grande, mas não tinha muitos moradores, e eram poucas as casas que já haviam sido reconstruídas. 5 Deus pôs no meu coração a ideia de reunir todo o povo, e os seus líderes, e as autoridades para verificar os registros das suas famílias. Eu achei o livro de registros do primeiro grupo que havia voltado da Babilônia. São estas as informações que havia no livro:

6 Entre os israelitas que o rei Nabucodonosor, da Babilônia, tinha levado como prisioneiros, havia muitos que eram da *província de Judá. Estes voltaram para Jerusalém e Judá, cada um para a sua própria cidade. 7 Os seus líderes eram Zorobabel, Josué, Neemias, Azarias, Raamias, Naamani, Mordecai, Bilsã, Misperete, Bigvai, Neum e Baaná.

8-25 Esta é a lista dos grupos de famílias do povo de Israel que voltaram da Babilônia, sendo indicados o nome do chefe e o número de pessoas de cada grupo:

Parós: dois mil cento e setenta e dois.
Sefatias: trezentos e setenta e dois.
Ará: seiscentos e cinquenta e dois.
Paate-Moabe (descendentes de Jesua e de Joabe): dois mil oitocentos e dezoito.
Elom: mil duzentos e cinquenta e quatro.
Zatu: oitocentos e quarenta e cinco.
Zacai: setecentos e sessenta.
Binui: seiscentos e quarenta e oito.
Bebai: seiscentos e vinte e oito.
Azgade: dois mil trezentos e vinte e dois.
Adonicã: seiscentos e sessenta e sete.
Bigvai: dois mil e sessenta e sete.
Adim: seiscentos e cinquenta e cinco.
Ater (que também era chamado de Ezequias): noventa e oito.
Hasum: trezentos e vinte e oito.
Besai: trezentos e vinte e quatro.
Harife: cento e doze.
Gibeão: noventa e cinco.

26-38 Também voltaram as pessoas cujos antepassados haviam morado nas seguintes cidades:

Belém e Netofa: cento e oitenta e oito.
Anatote: cento e vinte e oito.
Bete-Azmavete quarenta e duas.
Quiriate-Jearim, Cefira e Beerote: setecentas e quarenta e três.
Ramá e Geba: seiscentos e vinte e uma.
Micmás: cento e vinte e duas.
Betel e Ai: cento e vinte e três.
A outra Nebo: cinquenta e duas.
A outra Elão: mil duzentas e cinquenta e quatro.
Harim: trezentas e vinte.
Jericó: trezentas e quarenta e cinco.
Lode, Hadide e Ono: setecentos e vinte e uma.

Senaá: três mil novecentas e trinta.

39-42 Esta é a lista dos grupos de famílias de sacerdotes que voltaram do *cativeiro:

Jedaías (descendentes de Jesua): novecentos e setenta e três.

Imer: mil e cinquenta e dois.

Pasur: mil duzentos e quarenta e sete.

Harim: mil e dezessete.

43-45 Grupos de famílias de *levitas que voltaram do cativeiro:

Jesua e Cadmiel (descendentes de Hodavias): setenta e quatro.

Músicos do Templo (descendentes de Asafe): cento e quarenta e oito.

Guardas do Templo (descendentes de Salum, Ater, Talmom, Acube, Hatita e Sobai): cento e trinta e oito.

46-56 Grupos de famílias de servidores do Templo que voltaram do cativeiro:

Zia, Hasufa, Tabaote, Queros, Sia, Padom, Lebana, Hagaba, Salmai, Hanã, Gidel, Gaar, Reaías, Rezim, Necoda, Gazã, Uzá, Paseia, Besai, Meunim, Nefisim, Baquebuque, Hacufa, Harur, Baslite, Meída, Harsa, Barcôs, Sísera, Tama, Nesias e Hatifa.

57-59 Grupos de famílias dos servidores de Salomão que voltaram do cativeiro:

Sotai, Soferete, Perida, Jaala, Darcom, Gidel, Sefatias, Hatil, Poquerete-Hazebaim e Amom.

60 Foi de trezentos e noventa e dois o número total dos descendentes dos servidores do Templo e dos servidores de Salomão que voltaram do cativeiro.

61-62 Havia seiscentos e quarenta e dois que pertenciam ao grupo de famílias de Delaías, Tobias e Necoda, que voltaram das cidades de Tel-Melá, Tel-Harsa, Querube, Adom e Imer. Mas eles não puderam provar que eram descendentes de israelitas.

63-64 Os seguintes grupos de famílias de sacerdotes não puderam encontrar registros para provar de quem eram descendentes: Hobaías, Hacoz e Barzilai. (O antepassado do grupo de famílias de sacerdotes de Barzilai havia casado com uma mulher do grupo de famílias de Barzilai, da cidade de Gileade, e havia tomado o nome do grupo do seu sogro.) Como não *tinham meios* de provar quem eram os seus antepassados, eles não foram aceitos como sacerdotes.
65 O governador judeu disse que eles não poderiam comer da comida oferecida a Deus até que houvesse um sacerdote que pudesse decidir a questão por meio do *Urim e do Tumim.

66-69 O número total dos judeus que voltaram foi de quarenta e dois mil trezentos e sessenta.

Seus escravos e escravas: sete mil trezentos e trinta e sete.

Cantores e cantoras: duzentos e quarenta e cinco.

Cavalos: setecentos e trinta e seis.

Mulas: duzentas e quarenta e cinco.

Camelos: quatrocentos e trinta e cinco.

Jumentos: seis mil setecentos e vinte.

Ofertas para a reconstrução do Templo

70-72 Muitas pessoas deram dinheiro para ajudar a pagar o custo da reconstrução do Templo.

O governador deu oito quilos e quatrocentos gramas de ouro, cinquenta vasilhas para o culto e quinhentos e trinta *mantos sacerdotais.

Os chefes dos grupos de famílias deram cento e sessenta e oito quilos de ouro e mil duzentos e cinquenta e sete quilos de prata.

O resto do povo deu cento e sessenta e oito quilos de ouro, mil cento e quarenta e dois quilos de prata e sessenta e sete mantos sacerdotais.

73 Todo o povo de Israel começou a morar nas cidades e povoados de Judá. Eram sacerdotes, *levitas, guardas do Templo, músicos, algumas pessoas do povo e os servidores do Templo.

Esdras lê o Livro da Lei para o povo

8 Já no sétimo mês, todo o povo de Israel estava morando nas suas cidades. No dia primeiro desse mês, todos se reuniram em Jerusalém, na praça em frente ao Portão das Águas. Então pediram a Esdras, o sacerdote e *mestre da Lei, que trouxesse o *Livro da Lei que o SENHOR Deus tinha dado ao povo de Israel por meio de Moisés.
2 Esdras levou o livro para o lugar onde o povo estava reunido: os homens, as mulheres e as crianças que já tinham idade para entender.
3 E ali, na praça em frente ao portão, Esdras leu a Lei para o povo, desde o nascer do sol até o meio-dia. E todos ouviram com atenção.

4 Esdras estava de pé num estrado de madeira que havia sido feito para aquela ocasião. À direita de Esdras estavam de pé os seguintes homens: Matitias, Sema, Anaías, Urias, Hilquias e Maaseias.

E de pé à sua esquerda estavam: Pedaías, Misael, Malquias, Hasum, Hasbadana, Zacarias e Mesulã.

5 Esdras ficou ali no estrado acima do
povo, e todos olhavam para ele. Quando
abriu o livro, todos se levantaram, 6 e Es-
dras disse:

— Louvem o SENHOR, o grande Deus!

Todo o povo levantou os braços e res-
pondeu:

— *Amém! Amém!

Aí se ajoelharam e, com o rosto encos-
tado na terra, adoraram a Deus, o SENHOR.

7 Depois se levantaram e ficaram nos
seus lugares. Então os *levitas explicaram
a Lei para o povo. Os levitas eram: Jesua,
Bani, Serebias, Jamim, Acube, Sabetai, Ho-
dias, Maaseias, Quelita, Azarias, Jozabade,
Hanã e Pelaías. 8 Eles iam lendo o Livro da
Lei e traduzindo; e davam explicações para
que o povo entendesse o que era lido.

9 Quando ouviram a leitura da Lei, eles
ficaram tão comovidos, que começaram
a chorar. Então Neemias, o governador, e
Esdras, o sacerdote e mestre da Lei, e os
levitas que estavam ali explicando a Lei
disseram a todo o povo:

— Este dia é sagrado para o SENHOR,
nosso Deus, e por isso vocês não devem
se lamentar nem chorar. 10 Vão agora para
casa e façam uma festa. Repartam a sua
comida e o seu vinho com quem não tiver
nada preparado. Este dia é sagrado para
o nosso Deus; portanto, não fiquem tris-
tes. A alegria que o SENHOR dá fará com
que vocês fiquem fortes.

11 Os levitas foram pelo meio do povo,
acalmando-os e dizendo que não ficassem
tristes num dia tão santo. 12 Então todos
foram para casa, e comeram, e beberam
alegremente. E o que eles tinham repar-
tiram com os outros porque entenderam
o que havia sido lido para eles.

A Festa das Barracas

13 No dia seguinte, os chefes dos grupos
de famílias e os sacerdotes e os *levitas fo-
ram aonde Esdras estava, a fim de estu-
darem com ele os ensinamentos da *Lei.
14 E acharam escrito nela que o SENHOR
Deus havia mandado por meio de Moisés
que o povo de Israel morasse em cabanas
durante a *Festa das Barracas.

15 Então, em toda a cidade de Jerusalém
e em todas as outras cidades e povoados,
mandaram avisar o seguinte:

— Saiam para os morros e tragam ga-
lhos de pinheiros, oliveiras, *murtas, pal-
meiras e outras árvores, para fazer caba-
nas, conforme está escrito na Lei.

16 Então todo o povo saiu e trouxe ga-
lhos de árvores. Em seguida eles construí-
ram cabanas no terraço das suas casas,
nos seus quintais, nos pátios do Templo,
na praça do Portão das Águas e na praça
do Portão de Efraim. 17 Todos os que ha-
viam voltado do *cativeiro construíram
cabanas e moraram nelas. Desde o tempo
de Josué, filho de Num, esta era a primei-
ra vez que faziam isso, e todos estavam
muito alegres. 18 Todos os dias, desde o
primeiro até o último dia da festa, foi lida
uma parte da Lei de Deus. Eles festejaram
durante sete dias, e no oitavo dia houve
uma reunião solene para terminar a fes-
ta, como mandava a Lei.

O povo confessa os seus pecados

9 1-2 No dia vinte e quatro desse sétimo
mês, o povo de Israel se reuniu para
jejuar a fim de mostrar a sua tristeza pelos
seus pecados. Eles já haviam se separado
de todos os estrangeiros. Em sinal de tris-
teza, vestiram roupas feitas de pano gros-
seiro e puseram terra na cabeça. Então
se levantaram e começaram a confessar
os pecados que eles e os seus antepassa-
dos haviam cometido. 3 Durante mais ou
menos três horas, a *Lei do SENHOR, seu
Deus, foi lida para eles. E nas três horas
seguintes eles confessaram os seus peca-
dos e adoraram o SENHOR.

4 Jesua, Bani, Cadmiel, Sebanias, Buni,
Serebias, Bani e Quenani ficaram de pé
no estrado dos *levitas e oraram em voz
alta ao SENHOR, seu Deus.

5 Os levitas Jesua, Cadmiel, Bani, Ha-
sabneias, Serebias, Hodias, Sebanias e
Petaías chamaram o povo para adorar a
Deus. Eles disseram:

"Levantem-se e louvem o SENHOR,
seu Deus!
Louvem a Deus sempre e sempre!
Que todos louvem o seu *glorioso
nome,
embora nenhum louvor humano
seja suficiente!"

A oração de confissão

6 Aí o povo de Israel fez esta oração:

"Ó Deus, só tu és o SENHOR!
Tu fizeste os céus e as estrelas.
Tu fizeste a terra, o mar e tudo o
que há neles;
tu conservas a todos com vida.
Os seres celestiais ajoelham-se e te
adoram.

7 "Tu, ó SENHOR Deus, escolheste
Abrão
e o tiraste de Ur, na Babilônia;
tu mudaste o seu nome para
Abraão.
8 Viste que ele era fiel a ti
e fizeste uma *aliança com ele.
Prometeste dar a Abraão a terra
dos cananeus,
a terra dos heteus e dos amorreus,
a terra dos perizeus,
dos jebuseus e dos girgaseus,
para ser a terra
onde os seus descendentes
viveriam.
Tu cumpriste a tua promessa
porque és fiel.

9 "Tu viste como os nossos
antepassados sofreram no
Egito;
ouviste quando eles pediram
socorro
na beira do mar Vermelho.
10 Tu fizeste milagres maravilhosos
contra o rei do Egito,
contra os seus oficiais
e o povo da sua terra,
pois sabias como eles fizeram o teu
povo sofrer.
Foi assim que ganhaste a fama
que tens até hoje.
11 Tu dividiste o mar diante dos
nossos antepassados,
e assim eles atravessaram em terra
seca.
Fizeste com que aqueles que os
perseguiam se afogassem em
águas profundas,
como uma pedra que afunda no
mar violento.
12 Tu os guiaste com uma nuvem
durante o dia
e de noite com uma coluna de fogo,
para iluminar o caminho por onde
deviam ir.
13 Tu desceste do céu no monte
Sinai,
falaste com o teu povo
e lhe deste boas *leis e
ensinamentos verdadeiros.
14 Tu lhes disseste que
*santificassem o sábado
e lhes deste as tuas leis por meio do
teu *servo Moisés.
15 Tu lhes deste pão do céu quando
estavam com fome
e água da rocha quando estavam
com sede.
Tu mandaste que tomassem posse
da terra
que havias jurado dar a eles.

16 "Mas os nossos antepassados
se tornaram orgulhosos e
teimosos
e não quiseram obedecer aos teus
mandamentos.
17 Eles se recusaram a obedecer.
Esqueceram tudo o que fizeste;
esqueceram os milagres que havias
feito.
Em seu orgulho, eles escolheram
um chefe
que os levaria de volta ao Egito
para serem escravos de novo.
Mas tu és Deus que perdoa;
tu és bondoso e amoroso
e demoras a ficar *irado.
A tua misericórdia é grande,
e por isso não os abandonaste.
18 Eles fizeram um touro de metal
fundido
e disseram que ele era o deus
que os havia tirado do Egito.
Ó Deus, como eles te insultaram!
19 Mas tu não os abandonaste no
deserto,
pois a tua misericórdia é grande.
Não retiraste nem a nuvem nem o
fogo
que de dia e de noite mostravam a
eles o caminho.
20 Tu lhes deste o teu bom Espírito
para lhes ensinar o que deviam
fazer;
tu os alimentaste com o *maná
e lhes deste água para matar a sede.
21 Durante quarenta anos no
deserto,
tu os sustentaste, e nada lhes faltou.
As suas roupas não se estragaram,
e os seus pés não ficaram inchados.

22 "Tu lhes deste nações e reinos
e terras dos povos vizinhos.
Os israelitas conquistaram a terra
de Hesbom,
que era governada por Seom,
e a terra de Basã, onde Ogue era o
rei.
23 Tu lhes deste tantos descendentes
como as estrelas do céu
e os trouxeste para viver na terra

que havias prometido aos seus
antepassados.
24 Eles conquistaram a terra de
Canaã;
tu derrotaste o povo que morava
ali.
Deste ao teu povo o poder de fazer
o que quisesse
com os povos e os reis de Canaã.
25 O teu povo conquistou cidades
cercadas de muralhas
e tomou terras boas, casas cheias
de riquezas,
cisternas já escavadas,
oliveiras, árvores frutíferas e
plantações de uvas.
Eles comeram tudo o que quiseram
e engordaram;
eles aproveitaram todas as boas
coisas que lhes deste.

26 "Mas o teu povo se revoltou e te
desobedeceu;
eles viraram as costas para a tua
Lei.
Mataram os teus *profetas, que os
avisaram
e lhes disseram que voltassem para
ti.
O teu povo te insultou muitas vezes.
27 Então deixaste que os inimigos
deles os conquistassem
e os governassem.
Mas no meio da sua aflição eles te
pediram socorro,
e tu respondeste lá dos céus.
Na tua grande misericórdia, tu lhes
enviaste líderes
que os livraram dos seus inimigos.
28 Quando voltou a paz, o teu povo
pecou de novo,
e outra vez deixaste que os inimigos
deles os conquistassem.
E de novo, quando eles se
arrependeram
e pediram que os salvasses,
tu ouviste no céu e, vez após vez,
tu os livraste por causa da tua
grande misericórdia.
29 Tu os avisaste que deviam
obedecer aos teus ensinos;
mas no seu orgulho eles rejeitaram
os teus mandamentos,
pecaram contra a tua lei,
embora cumprir a tua lei seja o
caminho para a vida.
Rebeldes e teimosos,
eles se recusaram a obedecer.
30 Ano após ano tu os avisaste, com
paciência.
Pelo teu Espírito, por meio dos
profetas, falaste contra eles,
mas o teu povo ficou surdo.
Por isso, deixaste que fossem
dominados por outras nações.
31 E, mais uma vez, porque a tua
misericórdia é grande,
tu não os abandonaste, nem os
destruíste.
Tu és Deus misericordioso e
bondoso!

32 "Ó Deus, nosso Deus, como és
grande!
Como és terrível e poderoso!
Tu guardas fielmente as promessas
da aliança.
Desde o tempo em que os assírios
nos dominaram,
como temos sofrido!
Os nossos reis, as nossas
autoridades,
os nossos sacerdotes e profetas,
os nossos antepassados e todo o
nosso povo —
todos nós temos sofrido!
Lembra das nossas aflições!
33 Tu foste justo em nos castigar;
tu tens sido fiel, mesmo quando
temos pecado.
34 Os nossos antepassados, os
nossos reis,
as nossas autoridades e sacerdotes
não têm cumprido a tua lei,
não têm obedecido aos teus
mandamentos e avisos.
35 Com a tua bênção, reis
governaram o teu povo,
que estava vivendo na terra grande
e boa que lhes deste;
mas eles não te adoraram,
nem se arrependeram das suas más
ações.
36 E agora nós somos escravos na
terra que nos deste,
esta terra boa que nos alimenta.
37 Aquilo que a terra produz vai para
os reis
que puseste para nos fazer sofrer
por causa dos nossos pecados.
Eles fazem o que querem conosco e
com o nosso gado,
e nós estamos profundamente
aflitos."

O povo assina um acordo

38 Por causa de tudo isso, nós, o povo de
Israel, estamos fazendo por escrito um
*acordo solene. E as nossas autoridades,
os nossos *levitas e os nossos sacerdotes
vão assiná-lo.

10 O primeiro a assinar foi o gover-
nador, Neemias, filho de Hacalias,
e depois Zedequias. Em seguida vem a
lista das outras pessoas que também
assinaram.

2-8 Sacerdotes: Seraías, Azarias, Jere-
mias, Pasur, Amariá, Malquias, Hatus, Se-
banias, Maluque, Harim, Meremote, Oba-
dias, Daniel, Ginetom, Baruque, Mesulã,
Abias, Miamim, Maazias, Bilgai e Semaías.

9-13 *Levitas: Jesua, filho de Azanias, Bi-
nui, do grupo de famílias de Henadade,
Cadmiel, Sebanias, Hodias, Quelita, Pe-
laías, Hanã, Mica, Reobe, Hasabias, Za-
cur, Serebias, Sebanias, Hodias, Bani e
Beninu.

14-27 Líderes do povo: Parós, Paate-Moa-
be, Elão, Zatu, Bani, Buni, Azgade, Bebai,
Adonias, Bigvai, Adim, Ater, Ezequias,
Azur, Hodias, Hasum, Bezai, Harife, Ana-
tote, Nobai, Magpias, Mesulã, Hezir, Me-
sezabel, Zadoque, Jadua, Pelatias, Hanã,
Anaías, Oseias, Hananias, Hassube, Ha-
loés, Pileá, Sobeque, Reum, Hasabna, Maa-
seias, Aías, Hanã, Anam, Maluque, Harim
e Baaná.

O acordo

28 Nós, o povo de Israel, os sacerdotes,
os *levitas, os guardas do Templo, os ser-
vidores do Templo, os cantores do Tem-
plo e todos os outros que, obedecendo à
*Lei de Deus, se conservaram separados
dos estrangeiros que vivem na nossa ter-
ra — nós, junto com as nossas esposas e
todos os nossos filhos que já têm idade
para entender — 29 fazemos por meio des-
te *acordo, junto com as nossas autorida-
des, a seguinte promessa:

Nós viveremos de acordo com a Lei de
Deus, que ele nos deu por meio do seu
*servo Moisés; obedeceremos a tudo o
que o SENHOR, nosso Deus, nos manda;
e cumpriremos todas as suas leis e man-
damentos. Se quebrarmos esta promessa,
seremos amaldiçoados.

30 Nós não daremos as nossas filhas
para casarem com os estrangeiros que
vivem na nossa terra, nem escolheremos
as filhas deles para casarem com os nos-
sos filhos.

31 Se estrangeiros trouxerem trigo ou
qualquer outra coisa para nos vender no
sábado ou em qualquer outro dia santo,
nós não compraremos.

Todo sétimo ano não colheremos o que
a terra produzir e perdoaremos todas as
dívidas.

32 Cada um de nós contribuirá todos os
anos com quatro gramas de prata para
ajudar a pagar as despesas do Templo.

33 Para o serviço de adoração no Tem-
plo, daremos o seguinte: os pães que se-
rão oferecidos a Deus; a oferta diária de
trigo e de *cevada; os animais que serão
completamente queimados todos os dias
como *sacrifícios; as ofertas sagradas para
os sábados, para as *festas da Lua Nova
e para as outras festas; as outras ofertas
sagradas, as ofertas para tirar os pecados
do povo de Israel e qualquer outra coisa
que for necessária para o Templo.

34 Todos os anos, nós, o povo, os sacer-
dotes e os levitas tiraremos sorte para sa-
ber quais os grupos de famílias que terão
de fornecer a lenha para queimar no Tem-
plo os sacrifícios que serão oferecidos ao
SENHOR, nosso Deus, de acordo com o que
a Lei manda.

35 Todos os anos traremos ao Templo
uma oferta do primeiro trigo e da primei-
ra cevada que colhermos e das primeiras
frutas colhidas das nossas árvores.

36 Traremos o primeiro filho de cada fa-
mília ao Templo, para que ali os sacerdo-
tes o dediquem a Deus, como a Lei manda.
Também ofereceremos a Deus o primeiro
bezerro que as nossas vacas tiverem e o
primeiro carneiro e o primeiro cabrito
que as nossas ovelhas e cabras tiverem.

37 Nós traremos aos sacerdotes no Tem-
plo a massa de pão feita com o primeiro
trigo colhido cada ano e daremos as nos-
sas outras ofertas de vinho, de azeite e de
todos os tipos de frutas.

Entregaremos aos levitas a décima par-
te das nossas colheitas, pois são eles que
recebem essa décima parte nas cidades
em que há plantações. 38 Um sacerdote
descendente de Arão deverá estar junto
com esses levitas que recolhem a déci-
ma parte das colheitas. E a décima parte
de todas as décimas partes que forem re-
colhidas deverá ser levada pelos levitas
para os depósitos do Templo, a fim de ser
usada no Templo. 39 O povo de Israel e os
levitas deverão entregar as contribuições

de cereais, de vinho e de azeite nos depósitos onde são guardados os objetos do Templo e onde ficam os sacerdotes que estão de serviço, e os guardas do Templo, e os que cantam no coro.

Nós não abandonaremos a casa do nosso Deus.

As pessoas que ficaram morando em Jerusalém

11 As autoridades de Israel ficaram morando em Jerusalém, e o resto do povo tirou a sorte para escolher uma família de cada dez para morar na santa cidade de Jerusalém. O resto do povo ficou morando nas outras cidades e povoados. 2 O povo abençoou todas as outras pessoas que por sua própria vontade resolveram morar em Jerusalém.

3 O povo de Israel, os sacerdotes, os *levitas, os servidores do Templo e os descendentes dos servidores de Salomão ficaram morando nas outras cidades e povoados das suas propriedades.

Esta é a lista dos chefes da *província de Judá que ficaram morando em Jerusalém.

4 Da *tribo de Judá:

Ataías, filho de Uzias e neto de Zacarias. Os seus antepassados foram Amariá, Sefatias e Maalalel, descendentes de Peres, filho de Judá;

5 Maaseias, filho de Baruque e neto de Col-Hozé. Os seus antepassados foram Hazaías, Adaías, Joiaribe e Zacarias, descendentes de Selá, filho de Judá;

6 dos descendentes de Peres, quatrocentos e sessenta e oito homens de valor.

7 Da tribo de Benjamim:

Salu, filho de Mesulã e neto de Joede. Os seus antepassados foram Pedaías, Colaías, Maaseias, Itiel e Jesaías;

8 Gabai e Salai, parentes chegados de Salu.

Ao todo, novecentos e vinte e oito homens da tribo de Benjamim ficaram morando em Jerusalém; 9 Joel, filho de Zicri, era o seu chefe, e Judá, filho de Senua, era o subchefe.

10 Sacerdotes:

Jedaías, filho de Joiaribe, e Jaquim;

11 Seraías, filho de Hilquias e neto de Mesulã. Os seus antepassados foram Zadoque, Meraiote e Aitube, que era o administrador do Templo. 12 Ao todo, oitocentos e vinte e dois membros deste grupo de famílias trabalhavam no Templo;

Adaías, filho de Jeroão e neto de Pelalias. Os seus antepassados foram Anzi, Zacarias, Pasur e Malquias. 13 Ao todo, duzentos e quarenta e dois membros deste grupo de famílias eram chefes de famílias;

Amasai, filho de Azarel e neto de Azai. Os seus antepassados foram Mesilemote e Imer. 14 Havia cento e vinte e oito membros deste grupo de famílias que eram soldados valentes. O chefe deles era Zabdiel, membro de uma família importante.

15 Levitas:

Semaías, filho de Hassube e neto de Azricã. Os seus antepassados foram Hasabias e Buni;

16 Sabetai e Jozabade, levitas importantes, que eram os encarregados dos trabalhos no lado de fora do Templo;

17 Matanias, filho de Mica e neto de Zabdi, descendente de Asafe. Ele dirigia o coro do Templo no cântico da oração de agradecimento;

Baquebuquias, que era o ajudante de Matanias;

Abda, filho de Samua e neto de Galal, que era descendente de Jedutum.

18 Ao todo, duzentos e oitenta e quatro levitas ficaram morando na santa cidade de Jerusalém.

19 Guardas do Templo:

Acube, Talmom e os seus parentes — cento e setenta e dois ao todo.

20 O resto do povo de Israel e os restantes sacerdotes e levitas moravam nas suas propriedades nas outras cidades e povoados de Judá. 21 Os trabalhadores do Templo moravam na parte de Jerusalém chamada Ofel e trabalhavam dirigidos por Zia e Gispa.

22 O chefe dos levitas que moravam em Jerusalém era Uzi, filho de Bani e neto de Hasabias. Os seus antepassados foram Matanias e Mica. Ele pertencia ao grupo de famílias de Asafe, que era o grupo responsável pela música nos serviços do Templo. 23 Havia regulamentos do rei dizendo como os grupos de famílias deviam se revezar todos os dias na direção da música no Templo.

24 Petaías, filho de Mesezabel, do grupo de famílias de Zera e descendente de Judá, representava o povo de Israel na corte do rei da Pérsia.

O povo das outras cidades e povoados

25 Muitos israelitas moravam nas cidades que ficavam perto das suas fazendas.

Aqueles que eram da* tribo de Judá mo-
ravam em Quiriate-Arba, Dibom e Jeca-
bzeel e nos povoados que ficavam per-
to dessas cidades. 26 Eles moravam tam-
bém nas cidades de Jesua, Molada, Bete-
-Palete, 27 Hazar-Sual e em Berseba e nos
povoados ao seu redor. 28 Eles moravam
nas cidades de Ziclague, Mecona e nos
seus povoados, 29 em En-Rimom, Zora,
Jarmute, 30 Zanoa, Adulã e nos povoados
que ficavam perto dessas cidades. Eles
moravam em Laquis e nas fazendas que
ficavam perto e em Azeca e nos seus po-
voados. Quer dizer, o povo de Judá mo-
rava na região entre Berseba, no Sul, e o
vale de Hinom, no Norte.
31 O povo da tribo de Benjamim morava
na região ao norte de Geba, até Micmás,
Aia, Betel e os seus povoados; 32 Anato-
te, Nobe, Ananias, 33 Hazor, Ramá, Gitaim,
34 Hadide, Zeboim, Nebalate, 35 Lode e Ono,
no vale dos Artífices. 36 Alguns grupos de
* levitas que haviam morado na região de
Judá foram indicados para morar com o
povo de Benjamim.

Lista dos sacerdotes e levitas

12 Esta é a lista dos sacerdotes e* levi-
tas que voltaram do* cativeiro com
Zorobabel, filho de Salatiel, e com Josué,
o* Grande Sacerdote.
2-7 Sacerdotes: Seraías, Jeremias, Esdras,
Amariá, Maluque, Hatus, Secanias, Reum,
Meremote, Ido, Ginetoi, Abias, Miamim,
Maadias, Bilga, Semaías, Joiaribe, Jedaías,
Salu, Amoque, Hilquias e Jedaías.

Esses homens foram líderes entre os seus colegas sacerdotes, no tempo de Josué.

8 Levitas:

Estavam encarregados do cântico de
hinos de louvor os seguintes: Jesua, Bi-
nui, Cadmiel, Serebias, Judá e Matanias.
9 Os seguintes formavam o coro que
cantava as respostas: Baquebuquias e
Uni e os seus colegas levitas.

Descendentes de Josué, o Grande Sacerdote

10 Josué foi pai de Joiaquim, Joiaquim foi
pai de Eliasibe, Eliasibe foi pai de Joiada,
11 Joiada foi pai de Jônatas, e Jônatas foi
pai de Jadua.

Chefes dos grupos de famílias de sacerdotes

12-21 Quando Joiaquim era o* Grande
Sacerdote, os seguintes sacerdotes eram
chefes dos grupos de famílias de sacer-
dotes:

Sacerdote	*Grupo de Famílias*
Meraías	Seraías
Hananias	Jeremias
Mesulã	Esdras
Joanã	Amariá
Jônatas	Maluqui
José	Sebanias
Adna	Harim
Helcai	Meraiote
Zacarias	Ido
Mesulã	Ginetom
Zicri	Abias
.....	Miniamim
Piltai	Moadias
Samua	Bilga
Jônatas	Semaías
Matenai	Joiaribe
Uzi	Jedaías
Calai	Salai
Héber	Amoque
Hasabias	Hilquias
Netanel	Jedaías

Registro das famílias de sacerdotes e de levitas

22 Foi feito um registro dos chefes de fa-
mílias de* levitas e das famílias de sacer-
dotes durante a vida dos seguintes Gran-
des Sacerdotes: Eliasibe, Joiada, Joanã e
Jadua. Esse registro terminou quando Da-
rio era rei da Pérsia.
23 No entanto, os chefes de famílias de
levitas foram registrados somente até a
época de Joanã, filho de Eliasibe.

Divisão de serviços no Templo

24 Os* levitas foram organizados em gru-
pos, que eram dirigidos por Hasabias, Se-
rebias, Jesua, Binui e Cadmiel. O coro es-
tava dividido em dois grupos: um grupo
cantava, e o outro respondia. Nos hinos os
cantores davam graças a Deus, de acordo
com as instruções deixadas pelo rei Davi,
homem de Deus.
25 Estavam encarregados de tomar con-
ta dos depósitos que ficavam perto dos
portões do Templo os seguintes guardas:
Matanias, Baquebuquias, Obadias, Mesu-
lã, Talmom e Acube.
26 Essas pessoas viveram no tempo de
Joiaquim, filho de Josué e neto de Joza-
daque, e nos dias de Neemias, o gover-
nador, e de Esdras, o sacerdote e* mes-
tre da Lei.

Inauguração das muralhas

27 Quando as muralhas da cidade de Je-
rusalém foram inauguradas, os *levitas
foram trazidos de todos os lugares onde
estavam morando, para que assim pudes-
sem comemorar a inauguração com hinos
de louvor e com música de *harpas, de
*liras e de pratos musicais. 28 As famílias
de cantores levitas se ajuntaram e vie-
ram dos lugares em redor de Jerusalém
onde haviam construído as suas casas.
Vieram também dos povoados que fica-
vam ao redor de Netofa 29 e de Bete-Gil-
gal, Geba e Azmavete. 30 Os sacerdotes e
os levitas *purificaram-se a si mesmos e
também purificaram o povo, os portões
e as muralhas da cidade.
31 Eu, Neemias, mandei que as autori-
dades de Judá se reunissem em cima da
muralha e os organizei em dois grandes
grupos para marcharem ao redor da ci-
dade, dando graças a Deus.

O primeiro grupo marchava para a
direita, em direção ao Portão do Lixo.
32 Atrás dos cantores marchava Hosaías,
seguido pela metade das autoridades de
Judá. 33-35 Os seguintes sacerdotes, tocando
trombetas, marchavam em seguida: Aza-
rias, Esdras, Mesulã, Judá, Benjamim, Se-
maías e Jeremias. Depois vinha Zacarias,
filho de Jônatas e neto de Semaías. (Seus
outros antepassados foram Matanias, Mi-
caías e Zacur, do grupo de famílias de Asa-
fe.) 36 Zacarias era seguido pelos outros
membros do seu grupo de famílias: Se-
maías, Azarel, Milalai, Gilalai, Maai, Ne-
tanel, Judá e Hanani. Todos eles levavam
instrumentos musicais do tipo dos que
tocava o rei Davi, homem de Deus. Esdras,
o *mestre da Lei, ia na frente deste grupo.
37 No Portão da Fonte, eles subiram as es-
cadas que levavam até a *Cidade de Davi,
passaram pelo palácio de Davi e voltaram
para a muralha no Portão das Águas, no
lado leste da cidade.
38 O outro grupo daqueles que louvavam
a Deus saiu para a esquerda, também an-
dando em cima da muralha, e eu os segui
com metade do povo. Nós fomos desde
a Torre dos Fornos até a Muralha Larga.
39 Dali passamos pelo Portão de Efraim,
pelo Portão de Jesana, pelo Portão dos
Peixes e pela Torre de Hananel e pela Tor-
re dos Cem, até chegarmos ao Portão das
Ovelhas. E a marcha terminou perto do
Portão do Templo.
40 Então os dois grupos chegaram até a
área do Templo.

Junto com os chefes que estavam no
meu grupo, 41 também havia os seguin-
tes sacerdotes, que tocavam trombetas:
Eliaquim, Maaseias, Miniamim, Micaías,
Elioenai, Zacarias e Hananias. 42 E também
Maaseias, Semaías, Eleazar, Uzi, Joanã,
Malquias, Elão e Ézer. Os cantores, che-
fiados por Jezraías, cantavam o mais alto
que podiam.
43 Naquele dia foram oferecidos muitos
*sacrifícios, e o povo estava muito conten-
te e feliz, pois Deus os havia enchido de
alegria. As mulheres e as crianças tam-
bém entraram na festa, e o barulho que
o povo fazia podia ser ouvido de longe.

O sustento dos sacerdotes e dos levitas

44 Ainda naquele dia, foram nomeados
homens que ficaram encarregados do de-
pósito onde eram guardadas as ofertas
para o Templo e também a décima parte
das colheitas e os primeiros cereais e fru-
tas colhidos cada ano. Esses homens reco-
lhiam nas fazendas de perto das várias ci-
dades as contribuições exigidas pela *Lei
para os sacerdotes e *levitas, conforme a
Lei mandava. Todo o povo de Judá estava
contente com o serviço dos sacerdotes e
dos levitas 45 porque eles haviam realiza-
do as cerimônias de *purificação e as ou-
tras cerimônias que Deus havia mandado.
Os músicos do Templo e os guardas do
Templo também cumpriam os seus deve-
res de acordo com os regulamentos fei-
tos pelo rei Davi e pelo seu filho Salomão.
46 Desde a época do rei Davi e de Asafe, o
músico, muito tempo atrás, os músicos
haviam dirigido os hinos de louvor e de
agradecimento a Deus. 47 No tempo de Zo-
robabel e também no de Neemias, todo o
povo de Israel dava diariamente ofertas
para o sustento dos músicos e dos guar-
das do Templo. O povo dava uma oferta
sagrada para os levitas, e estes entrega-
vam aos sacerdotes a sua parte.

Separação dos estrangeiros

13 A *Lei de Moisés estava sendo lida
em voz alta para o povo. Então che-
garam ao trecho que diz que nunca seria
permitido que nenhum amonita ou moa-
bita se juntasse ao povo de Deus. 2 Isso
porque o povo de Amom e o de Moabe
não haviam dado comida nem água aos
israelitas na sua viagem quando saíram

do Egito. Em vez disso, esses dois povos
haviam pago a Balaão para amaldiçoar o
povo de Israel. Mas o nosso Deus virou a
maldição em bênção. 3 Quando os israe-
litas ouviram a leitura dessa lei, eles ex-
pulsaram os estrangeiros do meio deles.

As reformas de Neemias

4 Antes desses acontecimentos, o sa-
cerdote Eliasibe, que era o encarregado
dos depósitos do Templo, havia se ligado
com Tobias por laços de parentesco. 5 Por
isso, havia deixado que Tobias usasse
uma sala grande onde antes eram guar-
dadas as ofertas de cereais e de incenso,
os objetos usados no Templo, as ofer-
tas para os sacerdotes e a décima parte
dos cereais, do vinho e do azeite dados
para os *levitas, para os músicos e para
os guardas do Templo. 6 Porém, quando
isso aconteceu, eu não estava em Jeru-
salém porque, no ano trinta e dois do
reinado de Artaxerxes, da Babilônia, eu
havia voltado para lá a fim de dar ao rei
um relatório. Mas, depois de algum tem-
po, ele deixou que eu voltasse. 7 Então
voltei para Jerusalém e fiquei sabendo
do mal que Eliasibe havia feito, deixando
que Tobias usasse uma sala do Templo.
8 Eu fiquei tão furioso, que joguei todos
os móveis de Tobias para fora da sala.
9 Depois dei ordem para que a sala fosse
*purificada e que os objetos do Templo,
as ofertas de cereais e o incenso fossem
colocados ali de novo.

10 Eu soube também que os músicos do
Templo e outros levitas haviam saído de
Jerusalém e voltado para as suas fazen-
das porque o povo não estava dando o
suficiente para o sustento deles. 11 En-
tão repreendi as autoridades por deixa-
rem que o Templo ficasse abandonado.
Depois trouxe de volta para o Templo
os levitas e os músicos e os coloquei de
novo nos seus postos. 12 Aí todo o povo
de Israel começou de novo a trazer para
os depósitos do Templo a décima parte
dos cereais, do vinho e do azeite. 13 Eu
encarreguei de tomar conta dos depó-
sitos os seguintes homens: o sacerdote
Selemias, Zadoque, o escrivão, e um le-
vita chamado Pedaías. E como ajudan-
te deles pus Hanã, filho de Zacur e neto
de Matanias. Eu sabia que podia confiar
nesses homens e que eles seriam hones-
tos na divisão dos mantimentos com os
seus colegas de trabalho.

Uma oração de...

Purificação

Senhor Jesus, eu peco, por favor, aju-da-me a nunca deixar de me sentir mal por causa disso, a nunca estar contente comigo mesma, a nunca achar que cheguei à perfeição, a nunca desistir dela. Mata minha inveja, controla minha língua, esmaga meu ego. Dá-me graça para ser santa, boa, gentil, pura e pacífica; para viver para ti e não para mim; para imitar tuas palavras, tuas ações, teu Espírito; para ser transformada à tua semelhança; para ser consagrada totalmente a ti; para viver inteiramente para tua glória.

Livra-me do meu apego das coisas impuras, de relacionamentos errados, de minhas paixões nocivas, do gosto doce do pecado como também da destruição que ele causa, para que, com desprezo pelas coisas que faço, arrependimento profundo e sincero exame de consciência, eu possa me achegar a ti, me jogar em ti, confiar em ti, clamar a ti e ser libertada por ti.

Ó Deus, totalmente Eterno, ajuda-me a saber que todas as coisas são sombras, mas tu és realidade; todas as coisas são areia movediça, mas tu és sólido; todas as coisas mudam, mas tu és eterno; todas as coisas são ignorância, mas tu és sabedoria.

Se minha vida tiver de ser um vaso testado no fogo ardente, que assim seja, mas senta-te à porta da fornalha e observa os metais para que nada se perca. Se eu pecar por livre e espontânea vontade, seriamente, em tormento, por favor, com tua bondade, leva meu pranto e dá-me música, leva minha tristeza e me veste de beleza, cala meus suspiros e enche meu coração de música e, depois, como tua filha, refrigera minha alma.

Amém.

14 "Ó meu Deus, lembra de todas essas
coisas que eu tenho feito pelo teu Templo
e pelo seu serviço."

15 Naqueles dias eu vi que em Jeru-
salém havia gente que no sábado pisa-
va uvas para fazer vinho. Outros, no sá-
bado, carregavam os seus jumentos de

cereais, vinho, uvas, figos e outras coisas
e levavam para dentro de Jerusalém. En-
tão dei ordem para que não vendessem
nada no sábado.

16 Alguns homens da cidade de Tiro que
moravam em Jerusalém traziam peixes e
todo tipo de mercadorias à cidade para
vender ao nosso povo no sábado. 17 Então
eu repreendi as autoridades dos judeus
e lhes disse:

— Vejam só que coisa errada vocês es-
tão fazendo! Vocês estão *profanando o
dia do sábado! 18 Foi por isso mesmo que
Deus castigou os seus antepassados, dei-
xando que esta cidade fosse destruída. E
agora vocês insistem em profanar o sá-
bado, fazendo com que assim Deus fique
ainda mais *irado com Israel.

19 Portanto, ordenei que os portões da
cidade fossem fechados antes que come-
çasse cada sábado, logo que fosse fican-
do escuro, e que não fossem abertos de
novo até que o sábado terminasse. E co-
loquei alguns dos meus homens nos por-
tões para que nenhuma carga fosse levada
para dentro da cidade no sábado. 20 Uma
ou duas vezes, os negociantes que ven-
diam todo tipo de mercadorias passaram
a noite de sexta-feira fora das muralhas
da cidade. 21 Mas eu os avisei:

— Não adianta vocês passarem a noite
do lado de fora das muralhas, esperan-
do pela manhã. Se vocês fizerem isso de
novo, eu usarei a força.

Daí em diante, eles não voltaram mais
no sábado. 22 Eu mandei que os levitas se
purificassem e fossem guardar os portões
para termos a certeza de que o sábado se-
ria conservado santo.

"Ó meu Deus, lembra de mim por isso
também e tem piedade de mim por causa
do teu grande amor!"

23 Nessa época, descobri também que
muitos judeus haviam casado com mu-
lheres de Asdode, de Amom e de Moabe.
24 Metade dos seus filhos falava a língua
de Asdode ou outra língua e não sabia
falar a língua dos judeus. 25 Eu repreen-
di aqueles homens e os amaldiçoei; bati
neles e arranquei os seus cabelos. E exi-
gi em nome de Deus que fizessem a pro-
messa de que nunca mais nem eles nem
os seus filhos casariam com estrangeiras.
26 Eu disse a eles:

— Foram mulheres estrangeiras que fi-
zeram o rei Salomão pecar. Ele era mais
famoso do que todos os reis das outras
nações. Deus o amou e o pôs como rei de
todo o povo de Israel, e no entanto ele
caiu nesse pecado. 27 Será que nós vamos
seguir o exemplo dele e desobedecer ao
nosso Deus, casando com mulheres es-
trangeiras?

28 Joiada era filho de Eliasibe, o *Grande
Sacerdote. Porém um dos filhos de Joiada
havia casado com uma filha de Sambala-
te, da cidade de Bete-Horom. Por isso, eu
expulsei Joiada de Jerusalém.

29 "Ó meu Deus, lembra de como essas
pessoas mancharam não somente o ofí-
cio de sacerdote como também a *alian-
ça que fizeste com os sacerdotes e com
os levitas!"

30 Eu purifiquei o povo de tudo o que
era estrangeiro. Fiz regulamentos para os
sacerdotes e para os levitas a fim de que
cada um soubesse qual era a sua tarefa.
31 Organizei o fornecimento da lenha a ser
usada nos *sacrifícios, para que fosse tra-
zida no tempo certo. E fiz regulamentos a
respeito das ofertas dos primeiros cereais
e das primeiras frutas colhidos pelo povo.

"Lembra de tudo isso, ó meu Deus, e
me abençoa!"

Ester

Aproveite a oportunidade

Se você ficar calada numa situação como esta, do Céu virão socorro e ajuda para os judeus, e eles serão salvos; porém você morrerá, e a família do seu pai desaparecerá. Mas quem sabe? Talvez você tenha sido feita rainha justamente para ajudar numa situação como esta!
Ester 4:14

Autor Desconhecido
Data Algum momento depois de 465 a.C.
Local Provavelmente a Pérsia
Público-alvo Desconhecido

Um monte de coisas na Bíblia pode parecer contraditório, mas só porque você não consegue imaginar uma situação, isso não a torna impossível. Deus pode permitir que duas coisas opostas existam ao mesmo tempo sem contradizer uma a outra. Pense no livre-arbítrio e no agir de Deus em sua vida. Todo mundo tem o livre-arbítrio para fazer o que quiser. Todos nós fazemos escolhas, não como marionetes de Deus, mas como seres humanos pecaminosos que têm o poder de escolher entre a obediência e a rebeldia. Mas Deus também diz que ele desempenha um papel em nosso destino (veja Êxodo 7:3; Romanos 9:10-13). E aí, o que vai ser? Livre-arbítrio ou predestinação? As duas coisas.

No livro de Ester, você pode ver esta contradição em ação. Ester e seu primo tomaram decisões e medidas que afetaram uma geração inteira de judeus, mas você também pode dizer que estava nos planos de Deus que eles fizessem isso (veja Ester 4:14). Se você acha que o que acontece é resultado da mão de Deus em sua vida ou de seu livre-arbítrio, dedique-se aos mandamentos de Deus e assuma o compromisso de amá-lo em tudo o que você faz. Faça isso, e sua vida se desenvolverá no poder e na graça de Deus, mas rejeite aos mandamentos de Deus e você se verá destinada a viver uma vida de arrependimento.

Ponto essencial
Ester é a história de uma menina que se tornou rainha, e de como Deus usou a ascensão dela a essa posição para salvar seu povo, os judeus, da destruição. Ester é um lembrete de que Deus está no controle, seja qual for a figura política que você imagine que tenha todo o poder.

Deus quer usá-la para transformar uma geração, mas sua vontade precisa estar de acordo com a dele. O propósito de Deus para você é claro, mas o que mais importa é sua adoração e sua busca pela santidade no dia a dia, não o destino que você pode ver. Enquanto você buscar a Deus todos os dias, todos poderão ver a mão de Deus em sua vida.

A fé sabe que há muito mais em jogo na vida do que se pode ver. A mente humana não consegue imaginar facilmente o livre-arbítrio e a predestinação existindo ao mesmo tempo, mas para Deus tudo é possível. Em algumas horas, você precisa crer sem entender plenamente. Como uma Garota de Deus, você precisa saber que o que Deus quer que se cumpra se cumprirá, e se ele prometeu proteger o povo dele, ele vai fazer isso. Durante a leitura do livro de Ester, veja como Deus salva seu povo, e como ele usa essa menina para isso.

Coisas para procurar

- Como Ester tornou-se rainha (veja Ester 2:1-18)
- Como Hamã conspirou para matar os judeus (veja Ester 3:1—4:3)
- Como Ester salvou seu povo (veja Ester 4:4—9:19)

Fatos, termos e versículos que você deve saber

- Deus nunca é mencionado no livro de Ester.
- Em Ester 3:8-11, o rei Xerxes assinou um decreto para que todos os judeus do reino fossem executados.
- **Pedestinação:** A ideia de que Deus determinou que certos eventos acontecessem antes de eles acontecerem.

Hamã ficou furioso quando viu que Mordecai não se ajoelhava em honra dele. E, quando lhe disseram que Mordecai era judeu, Hamã achou que não bastava matar somente Mordecai; ele fez planos para matar também todos os judeus que havia no reino de Xerxes.

(Ester 3:5-6)

Se você ficar calada numa situação como esta, do Céu virão socorro e ajuda para os judeus, e eles serão salvos; porém você morrerá, e a família do seu pai desaparecerá. Mas quem sabe? Talvez você tenha sido feita rainha justamente para ajudar numa situação como esta!

(Ester 4:14)

Vá e reúna todos os judeus que estiverem em Susã, e todos vocês jejuem e orem por mim. Durante três dias não comam nem bebam nada, nem de dia nem de noite. Eu e as minhas empregadas também jejuaremos. Depois irei falar com o rei, mesmo sendo contra a lei; e, se eu tiver de morrer por causa disso, eu morrerei.

(Ester 4:16)

A rainha Vasti desafia o rei Xerxes

1 1-2 Foi no tempo em que Xerxes era rei
da Pérsia. A capital era Susã, e o reino
se dividia em cento e vinte e sete* províncias, que iam desde a Índia até a Etiópia.
3 No terceiro ano do seu reinado, o rei
deu um banquete para todos os seus oficiais e servidores. Estavam presentes
também os chefes dos exércitos da Pérsia e da Média, e os governadores, e a gente da nobreza das províncias.
4 Durante
seis meses Xerxes exibiu a todos as riquezas do seu reino e o luxo e o esplendor da sua corte.
5 Depois dos seis meses, o rei ofereceu
nos jardins do palácio um banquete para todos os moradores de Susã, tanto os ricos como os pobres. A festa durou uma
semana.
6 O pátio estava todo enfeitado
com cortinas de algodão brancas e azuis, amarradas com cordões de fino linho vermelho, que estavam presos por argolas

de prata a colunas de mármore. O piso
era feito de ladrilhos azuis, de mármore
branco, de madrepérola e de pedras pre-
ciosas. Nesse pátio havia sofás de ouro
e de prata. 7 Os convidados tomavam as
bebidas em copos de ouro, todos eles di-
ferentes uns dos outros, e o rei mandou
que o seu vinho fosse servido à vontade.
8 Todos podiam beber o quanto quises-
sem; o rei havia ordenado aos emprega-
dos do palácio que servissem a todos os
hóspedes quanto vinho eles quisessem.
9 A rainha Vasti também ofereceu no pa-
lácio real um banquete para todas as mu-
lheres dos convidados.
10 No sétimo dia de banquetes, o rei já
havia bebido bastante vinho e estava mui-
to alegre. Aí ele mandou chamar os sete
*eunucos que eram os seus servidores
particulares. Eles se chamavam Meumã,
Bizta, Harbona, Bigtá, Abagta, Zetar e Car-
cas. 11 O rei ordenou que eles fossem bus-
car a rainha Vasti e que ela viesse com a
coroa de rainha na cabeça. Ela era muito
bonita, e o rei queria que os nobres e os
outros convidados admirassem a sua be-
leza. 12 Mas a rainha não atendeu a ordem
do rei, e por isso ele ficou furioso.
13 Antes de tomar qualquer decisão, o
rei consultava os entendidos em questões
de *lei e de costumes. Portanto, mandou
chamar os conselheiros 14 em quem ele ti-
nha mais confiança, isto é, Carsena, Setar,
Admata, Társis, Meres, Marsena e Memu-
cã. Estes eram os sete ministros da Pérsia
e da Média que ocupavam as mais altas
posições no reino e serviam como conse-
lheiros íntimos do rei. 15 Ele perguntou:

— Eu, o rei Xerxes, mandei por meio
dos meus servidores uma ordem à rainha
Vasti, mas ela não obedeceu. De acordo
com a lei, o que deve ser feito?
16 Aí Memucã disse ao rei e aos seus mi-
nistros:

— O que a rainha fez é uma ofensa não
somente contra o senhor e os seus minis-
tros, mas também contra os homens de
todas as províncias do reino. 17 Pois, quan-
do em todo o reino as mulheres souberem
do que a rainha fez, elas irão desprezar os
seus maridos. E vão dizer: "O rei Xerxes
mandou buscar a rainha Vasti, e ela não
foi." 18 Hoje mesmo — continuou Memu-
cã — as mulheres das altas autoridades
da Pérsia e da Média vão saber do que a
rainha Vasti fez e vão contar aos seus ma-
ridos. E por toda parte as mulheres não
respeitarão os seus maridos, e os maridos
ficarão zangados com as suas mulheres.
19 Portanto, se for da sua vontade, ó rei, as-
sine um decreto proibindo a rainha Vas-
ti de aparecer na presença do senhor. E
mande escrever isso nos livros das leis da
Pérsia e da Média, para que nunca possa
ser anulado. Depois arranje uma mulher
que seja melhor do que Vasti, para ser ra-
inha no lugar dela. 20 Quando a ordem do
rei for anunciada por todo este enorme
reino, então todas as mulheres tratarão
com respeito os seus maridos, sejam ri-
cos ou pobres.
21 O rei e os seus ministros gostaram
da ideia, e ele fez o que Memucã tinha
sugerido. 22 Ele enviou cartas a todas as
províncias do reino, cada carta na língua
e na escrita de cada província e de cada
povo, mandando que todo marido fosse
chefe da sua casa e que tivesse sempre a
última palavra.

Ester é feita rainha

2 Mais tarde a raiva do rei já havia pas-
sado, mas mesmo assim ele continua-
va a pensar no que Vasti havia feito e no
decreto que ele havia assinado contra ela.
2 Aí alguns dos seus servidores mais ínti-
mos lhe disseram:

— Ó rei, mande buscar as mais lindas
virgens do reino. 3 Escolha funcionários
em todas as *províncias e ordene que tra-
gam as moças mais bonitas para o seu
*harém aqui em Susã, a capital. Hegai, o
*eunuco responsável pelo harém real, to-
mará conta delas e fará com que recebam
um tratamento de beleza. 4 E então, ó rei,
que a moça que mais lhe agradar seja a
rainha no lugar de Vasti.

O rei gostou da ideia e fez o que lhe
sugeriram.
5 Em Susã morava um judeu chamado
Mordecai, filho de Jair e descendente de
Simei e de Quis, da *tribo de Benjamim.
6 Quando o rei Nabucodonosor, da Babilô-
nia, levou de Jerusalém como prisioneiro
o rei Joaquim, de Judá, Mordecai estava
entre os prisioneiros que foram levados
com Joaquim. 7 Mordecai levou consigo
a sua prima Hadassa, isto é, Ester, uma
moça bonita e formosa. Os pais dela ti-
nham morrido, e Mordecai havia adota-
do a menina e a tinha criado como se ela
fosse sua filha.
8 Quando o rei mandou anunciar a or-
dem, muitas moças foram levadas para

Ester

Leia a história desta Garota de Deus no livro de Ester.

Portanto, ponham em primeiro lugar na sua vida o Reino de Deus e aquilo que Deus quer, e ele lhes dará todas essas coisas.

Mateus 6:33

O que vem em primeiro lugar: a provisão de Deus ou sua oração? Parece estranho que o Deus que conhece todos os seus pensamentos e vê tudo aquilo de que você precisa lhe peça para pedir que ele supra suas necessidades. Por que ele precisa ouvir suas palavras quando ele já sabe o que você vai pedir? Talvez o Senhor queira que seus filhos provem que se importam com o que ele pede que seja feito, e com o querer dele em sua vida antes de receberem aquilo de que precisam. Ao orar, sua mente e sua alma se alinham com as coisas do Espírito. A oração tira seu pensamento de si mesma e o coloca nas coisas do alto. Deus quer cuidar de seu povo, mas também quer que esse povo peça.

Você pode realmente ver isso na vida de Ester. Ela foi colocada no palácio pelas mãos divinas. Ester tinha acesso ao rei como ninguém mais, e quando seu povo se viu com um problema, ela era a única pessoa que poderia salvá-lo. Mas antes de fazer qualquer coisa, ela pediu ao povo para jejuar e orar (veja Ester 4:16). A prática do jejum segundo a tradição judaica implicava em orar. Assim, Ester se colocou diante do Senhor com oração e jejum para que pudesse obter o favor dele, porque, sem isso, ela não tinha a menor chance.

Oração não é algo que se pode deixar de levar a sério. Ela é de grande valor na vida do cristão. É sua força vital. O tom de tudo o que você faz e de tudo o que é feito para você é dado pela persistência em sua oração ou pela falta dela. Como é triste conhecer a Deus, mas raramente conversar com ele ou mesmo pensar nele como sua fonte de poder e força para todos os problemas da vida. Quando os judeus oraram, Ester recebeu muita proteção. O que poderia ter acabado em um desastre total para Mordecai e seu povo, no final, foi um sucesso total. Durante a leitura da história de Ester, pense em como Deus permite que as coisas ruins deste mundo arrastem seu povo para ele e em como ele está pronto e apto para transformar em bem até a pior das situações quando você o busca em oração.

Susã, a capital, e entregues aos cuidados de Hegai, o chefe do harém do palácio. Uma dessas moças era Ester. 9 Hegai gostou dela, e ela conquistou a simpatia dele. Imediatamente ele começou a providenciar para ela o tratamento de beleza e a comida especial. Arranjou sete das melhores empregadas do palácio para cuidarem dela e colocou Ester e as empregadas nos melhores quartos do harém.

10 Ester fez conforme Mordecai tinha mandado e não disse nada a ninguém a respeito da sua raça e dos seus parentes. 11 Todos os dias Mordecai passeava em frente do pátio do harém para saber como Ester estava passando e o que ia acontecer com ela.

12 O tratamento de beleza das moças durava um ano; durante seis meses eram usados perfumes de *mirra e, no resto do ano, outros perfumes e produtos de beleza. Terminado o tratamento, cada moça era levada ao rei Xerxes. 13 Quando chegava a sua vez de ir do harém até o palácio, cada moça tinha o direito de levar tudo o que quisesse. 14 À tarde, ela ia ao palácio, e na manhã seguinte ia para outro harém, e era entregue aos cuidados de Saasgaz, o eunuco responsável pelas *concubinas do rei. Ela não voltava a se encontrar com o rei, a não ser que ele gostasse dela e mandasse chamá-la pelo nome.

15 Chegou a vez de Ester, filha de Abiail e prima de Mordecai, a moça que Mordecai tinha criado, a moça que conquistava a simpatia de todos os que a conheciam. Quando chegou a sua vez de se encontrar com o rei, ela levou somente aquilo que Hegai, o eunuco responsável pelo harém, havia recomendado. 16 Ester foi levada ao palácio para apresentar-se ao rei Xerxes no mês de *tebete, o décimo mês do sétimo ano do seu reinado. 17 Ele gostou dela mais do que de qualquer outra moça, e ela conquistou a simpatia e a admiração dele como nenhuma outra moça havia feito. Ele colocou a coroa na cabeça dela e a fez rainha no lugar de Vasti. 18 Depois ele deu um grande banquete em honra de Ester e convidou todos os oficiais e servidores. Ele decretou que aquele dia fosse feriado no reino inteiro e distribuiu presentes que só um rei poderia oferecer.

Mordecai salva a vida do rei

19 Durante o tempo em que as moças estavam sendo transferidas para o outro *harém, Mordecai tinha sido nomeado pelo rei para ocupar um cargo no governo. 20 Seguindo o conselho de Mordecai, Ester ainda não tinha dito a ninguém que era judia. Ela continuava a obedecer a Mordecai, como tinha feito nos tempos de menina, quando ele a estava criando.

21 Naqueles dias Mordecai, fazendo o seu serviço no palácio, ficou sabendo que Bigtã e Teres, dois *eunucos que eram guardas no palácio, estavam zangados com o rei e planejavam matá-lo. 22 Aí Mordecai contou isso à rainha Ester, e ela disse ao rei o que Mordecai havia descoberto. 23 Houve uma investigação, e descobriu-se que era verdade; então os dois eunucos foram enforcados. E o rei ordenou que fosse registrado um relatório sobre isso no livro em que se escrevia a história do reino.

Hamã faz planos para acabar com os judeus

3 Depois disso, o rei Xerxes colocou um homem chamado Hamã no cargo de primeiro-ministro. Hamã era filho de Hamedata e descendente de Agague. 2 O rei ordenou que todos os funcionários do palácio se curvassem e se ajoelhassem diante de Hamã em sinal de respeito. E todos os funcionários começaram a fazer isso, menos Mordecai; ele não se curvava, nem se ajoelhava. 3 Aí os outros funcionários perguntaram a Mordecai por que ele não obedecia à ordem do rei. 4 Todos os dias eles insistiam com ele para que obedecesse, mas não adiantava. Ele explicava que não obedecia porque era judeu. Então eles foram contar isso a Hamã, para ver se Mordecai continuaria a desobedecer à ordem do rei. 5 Hamã ficou furioso quando viu que Mordecai não se ajoelhava em honra dele. 6 E, quando lhe disseram que Mordecai era judeu, Hamã achou que não bastava matar somente Mordecai; ele fez planos para matar também todos os judeus que havia no reino de Xerxes.

7 No ano doze do reinado de Xerxes, no primeiro mês, o mês de *nisã, Hamã ordenou que tirassem a sorte (chamava-se isso de "purim"), para decidir o dia e o mês em que os judeus seriam mortos. Foi sorteado o dia treze do décimo segundo mês, o mês de *adar. 8 Hamã foi e disse ao rei:

— Por todas as *províncias do reino, está espalhado um povo que segue *leis

diferentes das leis dos outros povos. O
pior, ó rei, é que eles não obedecem às
suas ordens, e por isso não convém que o
senhor tolere que eles continuem agindo
assim. 9 Se o senhor quiser, assine um de-
creto ordenando que eles sejam mortos.
E eu prometo depositar nos cofres reais
trezentos e quarenta e dois mil quilos de
prata para pagar as despesas do governo.

10 O rei tirou o seu *anel-sinete, que ser-
via para carimbar as suas ordens, e o deu
a Hamã, filho de Hamedata e descenden-
te de Agague, o inimigo dos judeus. 11 E o
rei lhe disse:

— Fique com o seu dinheiro, e essa
gente eu entrego nas suas mãos. Faça
com eles o que quiser.

12 No dia treze do primeiro mês, Hamã
mandou chamar os secretários do palácio
e ditou a ordem. Ele ordenou que fosse
traduzida para todas as línguas faladas
no reino e que cada tradução seguisse a
escrita usada em cada província. A ordem
devia ser enviada a todos os representan-
tes do rei, aos governadores das provín-
cias e aos chefes dos vários povos. Ela foi
escrita em nome do rei, carimbada com o
seu anel-sinete 13 e levada por mensagei-
ros a todas as províncias do reino. A or-
dem era matar todos os judeus num dia
só, o dia treze do décimo segundo mês, o
mês de adar. Que todos os judeus fossem
mortos, sem dó nem piedade: os moços
e os velhos, as mulheres e as crianças. E
a ordem mandava também que todos os
bens dos judeus ficassem para o governo.
14 Em cada província deveria ser feita uma
leitura em público dessa ordem, a fim de
que, quando chegasse o dia marcado, to-
dos estivessem prontos.

15 O rei deu a ordem, e os mensageiros
foram depressa a todas as províncias; e
em Susã, a capital, a ordem foi lida em
público. O rei e Hamã se assentaram para
beber, enquanto a confusão se espalhava
pela cidade.

Mordecai pede a ajuda de Ester

4 Quando Mordecai soube de tudo isso,
rasgou a roupa em sinal de tristeza,
vestiu uma roupa feita de pano grossei-
ro, pôs cinza na cabeça e saiu pela cidade,
chorando e gritando. 2 Quando chegou à
entrada do palácio, ele não entrou, pois
quem estivesse vestido daquela manei-
ra não podia entrar. 3 E, em todas as *pro-
víncias, em todos os lugares onde foi lida
a ordem do rei, os judeus começaram a
chorar em voz alta. Eles se lamentaram,
choraram e jejuaram, e muitos deles ves-
tiram roupas feitas de pano grosseiro e se
deitaram sobre cinzas.

4 Ester ficou muito aflita quando as suas
empregadas e os seus *eunucos lhe con-
taram o que havia acontecido. Ela man-
dou roupas para Mordecai vestir, mas ele
não quis. 5 Então ela mandou chamar Ha-
taque, um dos eunucos do palácio, que ti-
nha sido escolhido para atendê-la, e or-
denou que ele fosse falar com Mordecai
para saber o que estava acontecendo e
qual era a razão de tudo aquilo. 6 Hataque
foi procurar Mordecai na praça que havia
em frente do palácio, 7 e Mordecai contou
tudo o que tinha acontecido com ele. Dis-
se também a quantia exata que Hamã ti-
nha prometido depositar nos cofres do
rei como pagamento pela destruição de
todos os judeus. 8 Mordecai entregou a
Hataque uma cópia do decreto que ha-
via sido lido por toda a cidade de Susã,
ordenando que os judeus fossem mortos.
E Mordecai pediu a Hataque que levasse
a cópia a Ester, explicasse tudo direito e
pedisse a ela que fosse falar com o rei e
insistisse que ele tivesse piedade do povo
dela. 9 Hataque fez o que Mordecai tinha
pedido, 10 e Ester mandou Hataque entre-
gar a seguinte resposta a Mordecai: 11 "É
do conhecimento de todos, desde os ser-
vidores do palácio até os moradores de
todas as províncias, que ninguém, seja
homem ou mulher, pode entrar no pátio
de dentro do palácio para falar com o rei,
a não ser que tenha recebido ordem para
isso. A *lei é esta: quem entrar sem licen-
ça do rei será morto, a não ser que o rei
estenda o seu *cetro de ouro para essa
pessoa. E já faz um mês que o rei não me
manda chamar."

12 Quando recebeu a mensagem de Es-
ter, 13 Mordecai mandou o seguinte reca-
do para ela: "Não pense que, por morar
no palácio, só você, entre todos os judeus,
escapará da morte. 14 Se você ficar calada
numa situação como esta, do Céu virão
socorro e ajuda para os judeus, e eles se-
rão salvos; porém você morrerá, e a fa-
mília do seu pai desaparecerá. Mas quem
sabe? Talvez você tenha sido feita rainha
justamente para ajudar numa situação
como esta!"

15 Ester enviou a Mordecai a seguinte
resposta: 16 "Vá e reúna todos os judeus

Uma oração por...

Aceitação

Ó Deus, que dás alegria ao mundo, que carregas a dor do mundo, faz-me satisfeita por ter herdado, como cristã, o fardo do mundo; livra-me do luxo da tristeza barata e, na essência de toda a minha angústia e dor, deixa que a alegria insuperável viva por meio de meu Senhor e Salvador Jesus Cristo.

Que eu reconheça de imediato tua mão em minha vida. Que eu te renda louvores toda vez que coisas boas baterem à minha porta, e que eu te renda glória mesmo quando os problemas surgirem. Liberta-me de minha maneira falha de pensar, e limpa minha memória das opiniões e das expectativas do mundo, para que eu possa pensar apenas em ti e em tua vontade.

Amém.

que estiverem em Susã, e todos vocês je-
juem e orem por mim. Durante três dias
não comam nem bebam nada, nem de dia
nem de noite. Eu e as minhas emprega-
das também jejuaremos. Depois irei fa-
lar com o rei, mesmo sendo contra a lei;
e, se eu tiver de morrer por causa disso,
eu morrerei."
17 Aí Mordecai foi e fez tudo o que Ester
havia mandado.

Ester convida o rei e Hamã para um banquete

5 No terceiro dia de jejum, Ester se ves-
tiu com as suas roupas de rainha, foi
e ficou esperando no pátio de dentro do
palácio, em frente do salão nobre do rei.
Ele estava lá dentro, sentado no trono,
que ficava em frente da porta do pátio. 2 E,
quando ele viu a rainha Ester esperando lá
fora no pátio, teve boa vontade para com
ela e estendeu-lhe o seu *cetro de ouro.
Ester entrou, chegou perto dele e tocou na
ponta do cetro. 3 E o rei perguntou:
— O que está acontecendo, rainha Es-
ter? O que você deseja? Peça o que quiser,
que eu lhe darei, mesmo que seja a meta-
de do meu reino.
4 Ester respondeu:
— Se for do seu agrado, eu gosta-
ria de convidar o senhor e Hamã para
o banquete que estou preparando hoje
para o senhor.
5 Aí o rei ordenou:
— Digam a Hamã que venha depressa,
para que nós aceitemos o convite de Ester.
Assim o rei e Hamã foram ao banque-
te que Ester havia preparado. 6 Quando
estavam bebendo vinho, o rei perguntou
a Ester:
— Qual é o seu pedido? Peça o que qui-
ser, que eu lhe darei, mesmo que seja a
metade do meu reino.
7 Ester respondeu:
— É o seguinte: 8 se eu puder me valer
da bondade do rei, e se for do seu agrado
atender o meu pedido, gostaria de convi-
dar o senhor e Hamã para outro banquete
que eu vou preparar amanhã para os dois.
Aí lhe direi o que eu quero.

O plano de Hamã contra Mordecai

9 Hamã saiu do banquete alegre e fe-
liz da vida. Porém, quando chegou per-
to da entrada do palácio, ele encontrou
Mordecai ali e ficou furioso porque Mor-
decai não se curvou diante dele, nem fez
qualquer outro sinal de respeito. 10 Mas
ele se controlou e voltou para casa. En-
tão mandou chamar os amigos e pediu
que Zeres, a sua mulher, também viesse.
11 Hamã começou a falar da sua riqueza,
do número de filhos que tinha, das pro-
moções que havia recebido do rei e de
como agora ocupava a mais alta posição
do reino, acima de todos os outros minis-
tros e funcionários. 12 E continuou:
— Além de tudo isso, eu fui a única
pessoa que a rainha Ester convidou para
acompanhar o rei ao banquete que ela
preparou para ele. E ela também me pe-
diu que eu fosse com ele a outro banque-
te amanhã! 13 Mas tudo isso não me vale
nada enquanto eu continuar vendo Mor-
decai, aquele judeu, sentado na entrada
do palácio.
14 Aí a mulher dele e todos os amigos
deram a seguinte sugestão:
— Mande fazer uma força de uns vin-
te metros de altura e amanhã de manhã
peça ao rei que mande enforcar Morde-
cai. Então você poderá ir feliz com o rei
ao banquete.
Hamã gostou da ideia e mandou cons-
truir a força.

A vitória de Mordecai

6 Naquela mesma noite, o rei não con-
seguiu pegar no sono; então mandou

buscar o livro em que se escrevia o que
acontecia no reino e ordenou que os seus
funcionários lessem para ele. 2 A parte que
leram contava como Mordecai tinha des-
coberto o plano para matar o rei, plano
este preparado por Bigtã e Teres, os dois
*eunucos que eram guardas do palácio.
3 Aí o rei perguntou:
— Que homenagens foram prestadas
e que prêmios foram dados a Mordecai
por ter feito isso?
— Nada se fez a esse respeito! — res-
ponderam os funcionários.
4 Justamente nesse instante, Hamã en-
trou no pátio que ficava ao lado dos quar-
tos do rei para lhe pedir que mandasse en-
forcar Mordecai na forca que ele, Hamã,
havia mandado construir. O rei perguntou:
— Quem está no pátio?
5 — É Hamã! — responderam os ser-
vidores.
— Mandem que entre! — ordenou o
rei.
6 Hamã entrou, e o rei lhe disse:
— Eu quero ter o prazer de prestar ho-
menagens a um certo homem. Diga-me o
que devo fazer por ele.
Hamã pensou assim: "Quem será esse
homem a quem o rei tanto quer honrar?
É claro que sou eu!" 7 E Hamã disse ao rei:
8 — Mande trazer as roupas que o se-
nhor usa e também o cavalo que o senhor
monta e mande colocar uma coroa real
na cabeça do cavalo. 9 Então entregue as
roupas e o cavalo a um dos mais altos fun-
cionários do reino e ordene que ele vista
as roupas no homem que o senhor dese-
ja honrar. Depois, que ele leve o homem,
montado a cavalo, pela praça principal da
cidade e que diga em voz alta o seguinte:
"É isto o que o rei faz pelo homem a quem
ele quer honrar!"
10 Então o rei disse a Hamã:
— Vá depressa, e pegue as roupas e o
cavalo, e faça com o judeu Mordecai tudo
o que você acaba de dizer. Ele costuma
ficar sentado na entrada do palácio. Não
deixe de fazer nenhuma das coisas que
você disse.
11 Hamã foi, pegou as roupas e o cavalo
e vestiu as roupas em Mordecai. Depois
levou Mordecai, montado a cavalo, pela
praça principal da cidade e disse em voz
alta: "É isto o que o rei faz pelo homem a
quem ele quer honrar!"
12 Depois disso, Mordecai voltou para a
entrada do palácio, enquanto que Hamã,
envergonhado e triste, correu para casa,
escondendo o rosto. 13 Contou à esposa e
aos amigos tudo o que tinha acontecido
com ele. Então ela e os seus amigos, que
eram tão sabidos, disseram:
— Você já começou a perder a luta com
Mordecai. Ele é judeu, e você não vai ga-
nhar de jeito nenhum. Você vai perder
na certa.
14 Eles ainda estavam falando quando
os eunucos que estavam ao serviço do rei
chegaram e levaram Hamã imediatamen-
te ao banquete que Ester tinha preparado.

Hamã é morto

7 Portanto, o rei e Hamã foram de novo
ao banquete da rainha Ester, 2 e nova-
mente, enquanto bebiam vinho, o rei per-
guntou a Ester:
— Qual é o seu pedido? Peça o que qui-
ser, que eu lhe darei, mesmo que seja a
metade do meu reino.
3 Ela respondeu:
— Se eu puder me valer da bondade do
rei, e se for do seu agrado, a única coisa
que quero é que o senhor salve a minha
vida e a vida do meu povo. 4 Pois o meu
povo e eu fomos vendidos para sermos
destruídos e mortos. Se fosse somente
o caso de sermos todos vendidos como
escravos, eu não diria nada, pois não se-
ria justo incomodar o senhor por causa
de uma desgraça tão sem importância
como esta.
5 O rei Xerxes perguntou à rainha Ester:
— Quem é o homem que está pensando
em fazer isso e onde está ele?
6 — O nosso inimigo e perseguidor é
Hamã, este homem perverso! — respon-
deu Ester.
Cheio de medo, Hamã ficou olhando
para o rei e para a rainha. 7 O rei saiu fu-
rioso do salão de banquetes e foi para o
jardim. Hamã percebeu que o rei havia
resolvido castigá-lo e por isso ficou no
salão para pedir à rainha que salvasse a
sua vida. 8 Ele se jogou no sofá onde Ester
estava, para pedir misericórdia, e nesse
instante o rei voltou do jardim. Quando
viu Hamã, o rei disse:
— Será que ele pretende desonrar a
rainha aqui no meu palácio e na minha
frente?
Assim que o rei acabou de falar, os seus
servidores particulares cobriram a cabe-
ça de Hamã. 9 Um deles, chamado Harbo-
na, disse:

— Perto da casa de Hamã há uma for-
ca de uns vinte metros de altura que ele
mandou construir para enforcar Morde-
cai, o homem que salvou a vida do senhor.
— Enforquem Hamã nela! — ordenou
o rei.
10 Então enforcaram Hamã na forca que
ele tinha construído para enforcar Mor-
decai.
E assim a raiva do rei se acalmou.

O decreto em favor dos judeus

8 Naquele mesmo dia o rei Xerxes deu à
rainha Ester a casa e os bens de Hamã,
o inimigo dos judeus. E Mordecai foi apre-
sentado ao rei porque Ester contou que
Mordecai era seu parente. 2 Então o rei ti-
rou o seu *anel-sinete, que ele tinha toma-
do de Hamã, e o deu a Mordecai. E Ester
nomeou Mordecai como administrador
de todos os bens de Hamã.
3 Depois Ester se jogou aos pés do rei
e, chorando, pediu que anulasse a ordem
de Hamã, o descendente de Agague, e
que não deixasse que o terrível plano de
Hamã contra os judeus fosse executado.
4 O rei estendeu o *cetro de ouro para Es-
ter; ela se levantou e ficou de pé diante
dele. 5 Então disse:
— Se for do agrado do rei, e se eu puder
contar com a sua bondade, e se o senhor
achar que o que eu peço está certo, então
assine um decreto anulando a ordem de
Hamã, a ordem que o filho de Hamedata
e descendente de Agague deu para que
no reino inteiro todos os judeus sejam
mortos. 6 Pois eu não poderei suportar
a destruição do meu povo e a morte dos
meus parentes!
7 E o rei Xerxes disse à rainha Ester e ao
judeu Mordecai:
— Eu mandei enforcar Hamã por causa
do plano que ele havia feito para matar os
judeus e dei todos os seus bens a Ester.
8 Mas uma ordem dada em nome do rei e
carimbada com o anel real não pode ser
anulada. Porém escrevam o que quiserem
aos judeus, assinem em meu nome e *se-
lem as cartas com o meu anel.
9 Isso aconteceu no dia vinte e três do
terceiro mês, o mês de *sivã. Mordecai
mandou chamar os secretários do rei e
ditou um decreto aos judeus, aos repre-
sentantes do rei, aos governadores das
*províncias e aos chefes dos vários po-
vos em todas as províncias do reino, que
eram cento e vinte e sete ao todo e iam
desde a Índia até a Etiópia. O decreto foi
traduzido para todas as línguas faladas
no reino, e cada tradução seguia a escri-
ta usada em cada província; o decreto
foi copiado também na língua e na escri-
ta dos judeus. 10 As cartas foram escritas
em nome do rei, carimbadas com o anel
real e levadas por mensageiros montados
em cavalos criados nas estrebarias do rei.
11 Nas cartas, o rei dava autorização aos
judeus de todas as cidades do reino para
se organizarem e se defenderem contra
qualquer ataque. Se homens armados de
qualquer povo ou qualquer província do
reino atacassem os judeus, estes podiam
combatê-los e matá-los. Podiam acabar
com todos os seus inimigos, até mesmo
as mulheres e as crianças, e ficar com os
seus bens. 12 Em todas as províncias, os
judeus tinham ordem para fazer isso no
dia marcado para a matança, isto é, o dia
treze do décimo segundo mês, o mês de
*adar. 13 Uma cópia da ordem do rei devia
ser publicada como *lei e ser lida em pú-
blico em todas as províncias, para que no
dia marcado os judeus estivessem pron-
tos para se vingar dos seus inimigos. 14 O
rei deu a ordem, os mensageiros monta-
ram cavalos ligeiros da estrebaria real e
saíram depressa. O decreto foi lido em
público também em Susã, a capital.
15 Mordecai saiu do palácio usando uma
roupa real azul e branca, com uma grande
coroa de ouro na cabeça, e uma *capa ver-
melha de linho fino. Todos os moradores
da cidade de Susã ficaram muito conten-
tes e soltaram gritos de alegria. 16 E para
os judeus brilhou a luz da felicidade, da
alegria e da vitória. 17 Em todas as cidades
do reino onde foi lida a ordem do rei, os
judeus ficaram felizes, e se alegraram, e
comemoraram com festas e banquetes.
Além disso, entre os vários povos do rei-
no muitos se tornaram judeus, pois agora
estavam com medo deles.

Os judeus matam os seus inimigos

9 Chegou o dia treze do décimo segundo
mês, o mês de *adar, o dia em que de-
veria ser cumprida a ordem do rei. Era o
dia em que os inimigos dos judeus espe-
ravam dominá-los; mas o que aconteceu
foi o contrário: os judeus derrotaram os
seus inimigos. 2 Em todas as cidades do
reino onde havia judeus, eles se reuni-
ram para atacar os que queriam matá-los.
Ninguém podia resistir aos seus ataques,

pois todos estavam com medo deles. 3 To-
dos os oficiais das *províncias, isto é, os
chefes dos vários povos, os representantes
do rei e os governadores das províncias,
ajudaram os judeus, pois tinham medo
de Mordecai. 4 A fama dele se havia espa-
lhado pelo reino inteiro, e todos sabiam
que ele tinha muita autoridade no gover-
no. E o poder de Mordecai ia aumentando
cada vez mais.
5 Portanto, os judeus fizeram com os
seus inimigos o que queriam. Mataram
todos com as suas espadas; não deixaram
ninguém escapar. 6 Em Susã, a capital, eles
mataram quinhentos homens. 7-10 Mata-
ram também os dez filhos de Hamã, fi-
lho de Hamedata, o inimigo dos judeus.
Os nomes deles eram Parsandata, Dalfão,
Aspatá, Porata, Adalias, Aridata, Parmas-
ta, Arisai, Aridai e Vaizata. Mas os judeus
não ficaram com os bens deles.
11 Naquele mesmo dia, o rei foi infor-
mado de quantas pessoas haviam sido
mortas em Susã. 12 Então disse a Ester:
— Aqui em Susã os judeus mataram
quinhentos homens e também os dez fi-
lhos de Hamã. E, nas províncias, quantos
eles terão matado? O que é que você quer
agora? É só pedir. Se quiser mais alguma
coisa, eu lhe darei.
13 Ester respondeu:
— Se for do agrado do rei, dê autori-
zação aos judeus de Susã para fazerem
amanhã o mesmo que tinham ordem para
fazer hoje. E peço também que os corpos
dos dez filhos de Hamã sejam pendura-
dos em forcas.
14 O rei concordou e mandou ler a auto-
rização em público em Susã. E os corpos
dos dez filhos de Hamã foram pendura-
dos em forcas. 15 No dia catorze do mês
de adar, os judeus de Susã se reuniram e
mataram mais trezentos homens na cida-
de. Mas não ficaram com os bens deles.
16-17 No dia treze do mês de adar, os ju-
deus das províncias se reuniram e se de-
fenderam. Mataram setenta e cinco mil
inimigos e assim se livraram de todos os
que os odiavam. Mas não ficaram com os
bens dos mortos. No dia catorze, eles des-
cansaram e comemoraram com banque-
tes e festas. 18 Mas em Susã os judeus co-
memoraram no dia quinze do mês, pois
nos dias treze e catorze eles mataram os
seus inimigos e só no dia quinze descan-
saram. 19 É por isso que os judeus que
vivem em vilas e povoados comemoram
o dia catorze de adar com banquetes e
festas e mandam comida uns aos outros.

A Festa de Purim

20 Mordecai escreveu tudo o que havia
acontecido e mandou cartas a todos os ju-
deus que moravam em todas as *provín-
cias do reino, tanto aos de perto como aos
de longe. 21 Nas cartas ele ordenou que to-
dos os anos eles comemorassem os dias
catorze e quinze do mês de *adar, 22 pois
foi nestes dias que os judeus se livraram
dos seus inimigos, e foi neste mês que a
tristeza e o luto se transformaram em ale-
gria e festa. Portanto, que dessem ban-
quetes e festas, mandassem comida uns
aos outros e distribuíssem presentes aos
pobres. 23 Assim os judeus, de acordo com
o que Mordecai tinha escrito, começaram
o costume de comemorar esses dias.
24 Hamã, filho de Hamedata, descenden-
te de Agague e inimigo dos judeus, tinha
planejado acabar com eles e tinha man-
dado tirar a sorte (chama-se isso de "pu-
rim") para resolver em que dia ia matá-
-los. 25 Mas Ester foi falar com o rei, e ele
ordenou por escrito que o mal que Hamã
havia planejado contra os judeus caísse
sobre o próprio Hamã. Portanto, enfor-
caram Hamã e os seus filhos. 26 É por isso
que esses dias feriados são chamados de
"Purim", que é o plural da palavra "pur".
Como resultado da carta de Mordecai
e de tudo o que os judeus tinham visto
e das coisas que aconteceram, 27 eles re-
solveram que eles mesmos, os seus des-
cendentes e os que se convertessem ao
Judaísmo seguiriam o costume de co-
memorar todos os anos esses dois dias,
conforme Mordecai havia escrito. 28 Ficou
resolvido que daí em diante toda famí-
lia judaica, em todas as cidades das pro-
víncias do reino, comemoraria a Festa de
Purim, para que os judeus lembrassem
sempre do que havia acontecido. Nunca,
em qualquer época, deixariam de come-
morar essa festa.
29 A rainha Ester, filha de Abiail, tam-
bém escreveu uma carta junto com o ju-
deu Mordecai, dando todo o seu apoio à
carta que Mordecai já havia escrito a res-
peito da Festa de Purim. 30 Cópias da car-
ta foram mandadas a todos os judeus das
cento e vinte e sete províncias do reino,
desejando-lhes paz e prosperidade 31 e
confirmando que a Festa de Purim devia

ser comemorada nos dias marcados. As-
sim como haviam marcado para si mes-
mos e para os seus descendentes dias de
festas e de jejum, eles deveriam seguir
essas ordens do judeu Mordecai e da ra-
inha Ester. 32 A ordem de Ester, confirman-
do as instruções para a comemoração de
Purim, foi escrita num livro.

A grandeza de Mordecai

10 O rei Xerxes obrigou os morado-
res do seu reino, tanto os do litoral
como os do interior, a fazerem trabalhos
forçados. 2 Todas as grandes e maravilho-
sas coisas que Xerxes fez e também a his-
tória completa de como colocou Morde-
cai num alto cargo do seu governo, tudo
isso está escrito nos livros da História
dos Reis da Média e da Pérsia. 3 O judeu
Mordecai ocupou a mais alta posição do
reino, logo abaixo do rei Xerxes. Morde-
cai era admirado e estimado por todos
os judeus. Ele fez tudo o que pôde pelo
bem-estar do seu povo e pelo progresso
da sua raça.

Jó

Confie seu sofrimento a Deus

— Nasci nu, sem nada, e sem nada vou morrer. O Senhor deu, o Senhor tirou; louvado seja o seu nome!
Jó 1:21

Autor Desconhecido
Data Desconhecida
Local Desconhecido
Público-alvo Desconhecido

Nada acontece em sua vida que Deus não tenha deixado acontecer. É verdade que Deus só dá presentes bons e perfeitos, mas ele também permite que aconteçam outras coisas em sua vida, como provações, perseguição e problemas, tudo com um motivo. A vida de Jó é um bom exemplo disso. Deus não causou destruição na vida de Jó; foi Satanás que fez isso, mas não sem antes pedir a autorização de Deus.

Quando Deus permite que coisas ruins aconteçam em sua vida, você talvez fique se perguntando por que ele permitiria que você se machucasse, mas a resposta pode ser encontrada na vida de pessoas que vieram antes de você, como Jó. Por causa do sofrimento de Jó, agora temos um exemplo de como viver em meio às provações, e podemos ver algumas respostas para as perguntas que surgem sobre o sofrimento. Você também pode ver que Deus nunca está distante, e tudo o que ele quer é sua fé nele e sua obediência à Palavra dele. Uma vez que Jó obedeceu a Deus, ele saiu de seu sofrimento e, no final, teve mais do que poderia ter imaginado. Então, ainda que você tenha de sofrer por um tempo, pense no fato de que coisas muito maiores e mais incríveis lhe virão — se não nesta vida, com certeza, na próxima — se você estiver disposta a confiar em Deus, seja lá o que acontecer com você aqui neste mundo.

Ponto essencial
O livro de Jó narra as provações e o sofrimento de um homem, e os motivos que seus amigos lhe davam para suas provações. Ele nos mostra como Satanás teve de pedir permissão a Deus para prejudicar Jó, e como o Senhor responde quando seu povo permanece fiel e obediente, apesar do sofrimento.

Coisas para procurar

- Os desafios de Satanás ao Senhor (veja Jó 1:6-12; 2:1-6)
- A reação de Jó ao seu sofrimento (veja Jó 3; 6—7; 9—10; 13:17—14:22; e muitos outros)

Ninguém sabe ao certo quem escreveu o livro de Jó.

Jó não era israelita, mas era da terra de Uz, embora adorasse o único e verdadeiro Deus (veja Jó 1:1).

O nome Jó significa "inimigo".

Fatos e versículos que você deve saber

— Nasci nu, sem nada, e sem nada vou morrer. O SENHOR deu, o SENHOR tirou; louvado seja o seu nome!
(Jó 1:21)

— Você notou o meu servo Jó? No mundo inteiro não há ninguém tão bom e honesto como ele. Ele me teme e procura não fazer nada que seja errado.
(Jó 1:8)

Assim, apesar de tudo o que havia acontecido, Jó não pecou, nem pôs a culpa em Deus.
(Jó 1:22)

— Se recebemos de Deus as coisas boas, por que não vamos aceitar também as desgraças?
(Jó 2:10)

CENA INICIAL
Caps. 1—2

Jó e sua família

1 Na terra de Uz morava um homem cha-
mado Jó. Ele era bom e honesto,* temia
a Deus e procurava não fazer nada que fos-
se errado. 2 Jó tinha sete filhos e três filhas
3 e era dono de sete mil ovelhas, três mil
camelos, mil bois e quinhentas jumentas.
Tinha também um grande número de es-
cravos. Enfim, Jó era o homem mais rico
de todo o Oriente.
4 Os filhos de Jó iam às casas uns dos
outros e davam banquetes, cada um por
sua vez. E as três irmãs eram sempre con-
vidadas para esses comes e bebes. 5 Quan-
do terminava uma rodada de banquetes,
Jó se levantava de madrugada e oferecia
*sacrifícios em favor de cada um dos seus
filhos, para *purificá-los. Jó sempre fazia
isso porque pensava que um dos filhos
poderia ter pecado, ofendendo a Deus em
pensamento.

Satanás põe em dúvida a sinceridade de Jó

6 Chegou o dia em que os servidores
celestiais vieram apresentar-se diante
de Deus, o SENHOR, e no meio deles veio
também Satanás. 7 O SENHOR perguntou:
— De onde você vem vindo?
Satanás respondeu:
— Estive dando uma volta pela terra,
passeando por aqui e por ali.
8 Aí o SENHOR disse:
— Você notou o meu *servo Jó? No
mundo inteiro não há ninguém tão bom
e honesto como ele. Ele me *teme e pro-
cura não fazer nada que seja errado.
9 Satanás respondeu:
— Será que não é por interesse pró-
prio que Jó te teme? 10 Tu não deixas que
nenhum mal aconteça a ele, à sua família
e a tudo o que ele tem. Abençoas tudo o
que Jó faz, e no país inteiro ele é o ho-
mem que tem mais cabeças de gado.
11 Mas, se tirares tudo o que é dele, ve-
rás que ele te amaldiçoará sem nenhum
respeito.
12 O SENHOR disse a Satanás:
— Pois bem. Faça o que quiser *com*
tudo o que Jó tem, mas não faça nenhum
mal a ele mesmo.
Então Satanás saiu da presença do SE-
NHOR.

Jó perde os filhos e as riquezas

[13] Um dia, enquanto os filhos e as filhas
de Jó estavam num banquete na casa do
irmão mais velho, [14] chegou à casa de Jó
um dos seus empregados, que disse:
— Nós estávamos arando a terra com
os bois, e as jumentas estavam pastan-
do ali perto. [15] De repente, os sabeus nos
atacaram e levaram tudo. Eles mataram à
espada os empregados, e só eu consegui
escapar para trazer a notícia.
[16] Enquanto este ainda estava falando,
veio outro empregado e disse:
— Raios caíram do céu e mataram to-
das as ovelhas e os pastores. Só eu conse-
gui escapar para trazer a notícia.
[17] Enquanto este ainda estava falando,
chegou um terceiro, que disse:
— Três bandos de caldeus nos ataca-
ram e levaram os camelos. Eles mataram
à espada os empregados, e só eu consegui
escapar para trazer a notícia.
[18] Enquanto este ainda estava falando,
chegou mais um, que disse a Jó:
— Os seus filhos e as suas filhas esta-
vam no meio de um banquete na casa do
seu filho mais velho. [19] De repente, veio do
deserto um vento muito forte que soprou
contra a casa, e ela caiu em cima dos seus
filhos. Todos eles morreram; só eu conse-
gui escapar para trazer a notícia.
[20] Então Jó se levantou e, em sinal de
tristeza, rasgou as suas roupas e rapou
a cabeça. Depois ajoelhou-se, encostou o
rosto no chão e adorou a Deus. [21] Aí dis-
se assim:
— Nasci nu, sem nada, e sem nada vou
morrer. O SENHOR deu, o SENHOR tirou;
louvado seja o seu nome!

DEVOCIONAL

Texto para leitura: **Jó 1:13-22**

Conheça a Deus

Quando você se esgota, ali está Deus. Quando você está deprimida, acabada, machucada e abatida, Deus passa a ser tudo. Quanto menos você confia em si mesma ou em seu sucesso no passado, mais clara e mais impressionante é a presença dele. Quando os momentos difíceis chegam, muitas vezes, você se sente impotente, e com isso, resta menos de você, o que, por sua vez, dá mais espaço para ele.

A oração realmente ganha asas e transforma vidas quando as coisas não têm a ver com você, seus problemas ou seus medos, mas sim com Deus, a vontade dele e os caminhos dele. Nesse momento, tudo o que você quer e até precisa desaparece em segundo plano. Você não precisa de paz no lugar onde está ou no modo como se sente. Você não precisa se sentir à vontade com a pessoa que você é ou com quem as pessoas pensam que você é, porque você sabe quem é Deus. Você encontrará descanso para sua alma quando não se importar se alguém desconfia de você, contesta o que fala, rejeita ou a envergonha. Quando chegar a esse ponto, você terá encontrado tudo aquilo de que precisa naquele que sabe o que é ser mal compreendido, alvo de dúvidas e terrivelmente rejeitado. Lembre-se de que o que lhe falta ou a provação que você está enfrentando não são nada mais do que aquilo que milhões de pessoas antes de você experimentaram. E lembre-se de que as dificuldades alimentam a fé. A fé se mostra nos momentos difíceis, não nos bons. A fé nasce e cresce durante o estresse e a turbulência, não durante o sossego e o conforto.

Seja o que for que você estiver passando agora, saiba que sem isso você nunca poderá encontrar a necessidade ou a paixão por ter mais de Deus. Não deixe que essas coisas se percam em sua alma. Deixe que elas tirem qualquer vestígio de obsessão que você tenha por si mesma e coloquem em você o doce sabor de um desejo puro e humilde por Deus.

22 Assim, apesar de tudo o que havia
acontecido, Jó não pecou, nem pôs a culpa
em Deus.

A segunda prova de Jó

2 Chegou de novo o dia em que os ser-
vidores celestiais vieram apresentar-
-se diante de Deus, o SENHOR, e Satanás
também veio no meio deles. 2 O SENHOR
perguntou:

— De onde você vem vindo?

Satanás respondeu:

— Estive dando uma volta pela terra,
passeando por aqui e por ali.

3 Aí o SENHOR disse:

— Você viu o meu *servo Jó? No mun-
do inteiro não há ninguém tão bom e tão
honesto como ele. Ele me *teme e pro-
cura não fazer nada que seja errado. No
entanto, você me convenceu, e eu o deixei
desgraçar Jó, embora não houvesse moti-
vo para isso. Mesmo assim, ele continua
firme e sincero como sempre.

4 Satanás respondeu:

— É só tocar na pele dele para ver o
que acontece. As pessoas não se impor-
tam de perder tudo desde que conservem
a própria vida. 5 Agora, se estenderes a
mão e ferires o corpo dele, verás como
ele, sem nenhum respeito, te amaldiçoará.

6 O SENHOR disse a Satanás:

— Pois bem. Faça o que quiser com Jó,
mas não o mate.

7 Aí Satanás saiu da presença do SE-
NHOR e fez com que o corpo de Jó ficasse
coberto de feridas horríveis, desde as so-
las dos pés até o alto da cabeça. 8 Jó sen-
tou-se num monte de cinza e pegou um
caco para se coçar. 9 E a mulher dele disse:

— Você ainda continua sendo bom?
Amaldiçoe a Deus e morra!

10 Jó respondeu:

— Você está dizendo uma bobagem! Se
recebemos de Deus as coisas boas, por
que não vamos aceitar também as des-
graças?

Assim, apesar de tudo, Jó não pecou,
nem disse uma só palavra contra Deus.

A visita dos amigos

11 Jó tinha três amigos: Elifaz, da região
de Temã; Bildade, da região de Sua; e Zo-
far, da região de Naamá. Eles ficaram sa-
bendo das desgraças que haviam acon-
tecido a Jó e combinaram fazer-lhe uma
visita para falar de como estavam tristes
pelo que lhe havia acontecido e para con-
solá-lo. 12 De longe eles não reconheceram
Jó, mas depois, quando viram que era ele,
começaram a chorar e a gritar. Em sinal
de tristeza, rasgaram as suas roupas e jo-
garam pó para o ar e sobre a cabeça. 13 Em
seguida sentaram-se no chão ao lado dele
e ficaram ali sete dias e sete noites; e não
disseram nada, pois viam que Jó estava
sofrendo muito.

PRIMEIRO DIÁLOGO

Caps. 3—14

A queixa de Jó

Cap. 3

3 1-2 Finalmente Jó quebrou o silêncio
e amaldiçoou o dia do seu nascimen-
to. Jó disse:

3 "Maldito o dia em que nasci!
Maldita a noite em que disseram:
'Já nasceu! É homem!'
4 Que aquele dia vire escuridão!
Que Deus, lá do alto, não se importe
com ele,
e que nunca mais a luz o ilumine!
5 Que a escuridão e as trevas o
dominem;
que as nuvens o cubram e apaguem
a luz do sol!
6 Que aquela noite fique sempre
escura
e que desapareça do calendário!
7 Que seja solitária e triste aquela
noite,
e que nela não se escutem gritos de
alegria!
8 Que seja amaldiçoada pelos
feiticeiros,
aqueles que têm poder sobre o
monstro Leviatã!
9 Que escureçam as estrelas da sua
manhã;
que ela espere a luz, e a luz não venha;
e que a sua madrugada não chegue,
10 pois ela deixou que minha mãe
me desse à luz
e não me poupou de todo este
sofrimento!

Por que não nasci morto?

11 "Por que não nasci morto?
Por que não morri ao nascer?
12 Por que a minha mãe me segurou
no colo?
Por que me deu o seio e me
amamentou?
13 Se eu tivesse morrido naquele
momento,
agora estaria dormindo,

DEVOCIONAL

Texto para leitura: **Jó 3**

Conheça a si mesma

Você não precisa se sentir bem para ser santa. Tudo em você pode gritar: "Eca!". Suas emoções se arrastam com dificuldade, seu coração dói, e é como se você não pudesse continuar, mas é preciso se esforçar e confiar. Você precisa agir como se não sentisse essas coisas de modo algum e partir para a ação, fazendo o que foi chamada para fazer: amar, servir, dar, confiar. A despeito de como as coisas pareçam, sua mente precisa se concentrar no que é verdadeiro, digno e correto (veja Filipenses 4:8).

Você não pode usar sua tristeza como desculpa para pecar. Sentimentos mentem e manipulam, e se você deixar que eles a guiem, vai passar mais tempo fora do caminho do que na estrada para o sucesso. Então, ouça o que seus sentimentos têm a dizer, mas, se eles a estiverem deixando para baixo, como fizeram com Jó quando as provações chegaram, então abaixe o volume. Você pode reconhecer que eles estão aí, pode até lamentar e sofrer como Jó, mas, então, diga: "Mesmo assim, estou seguindo em frente como se tudo estivesse ótimo, porque os sentimentos não são meu deus". Quando você age como se estivesse bem, mesmo quando não está, algo maravilhoso acontece: você começa a se sentir bem. É estranho, mas acontece. Quando você se esforça para fazer o que *sabe* ser mais importante do que o modo como você *se sente*, no final, sua mente pode controlar seus sentimentos em vez de eles controlarem você. Aí, você será livre.

As pessoas controladas por sentimentos são como as ondas do mar, levadas pelo vento e jogadas para lá e para cá. Você quer estabilidade? Então, tire de suas emoções o comando de sua vida.

descansando em paz.
14 Estaria com reis e altas
autoridades
que reconstruíram palácios antigos
15 ou estaria com governadores
que encheram as suas casas de
ouro e de prata.
16 Se a minha mãe tivesse tido um
aborto, às escondidas,
eu não teria existido
e seria como as crianças que nunca
viram a luz do dia.
17 Na sepultura acaba a agitação dos
maus,
e ali repousam os que estão cansados.
18 Ali os prisioneiros descansam
juntos
e já não ouvem mais os gritos do
capataz.
19 Ali estão os importantes e os
humildes,
e os escravos ficam livres dos seus
donos.

Por que os infelizes continuam vivendo?

20 "Por que os infelizes continuam
vendo a luz?
Por que deixar que vivam os que
têm o coração amargurado?
21 Eles esperam a morte, e ela não vem,
embora a desejem mais do que
riquezas.
22 Eles ficam muito alegres e felizes
quando por fim descem para a
sepultura.
23 Deus os faz caminhar às cegas
e os cerca de todos os lados.

24 "Em vez de comer, eu choro,
e os meus gemidos se derramam
como água.
25 Aquilo que eu temia foi o que
aconteceu,
e o que mais me dava medo me
atingiu.
26 Não tenho paz, nem descanso,
nem sossego;
só tenho agitação."

Primeira fala de Elifaz
Caps. 4—5

Chegou a sua vez de sofrer

4 Então Elifaz, da região de Temã, em resposta disse:

2 "Jó, será que você ficará ofendido
se eu falar?
Mas quem é que pode ficar calado?
3 Você ensinou muita gente
e deu forças a muitas pessoas
desanimadas.
4 Quando alguém tropeçava,
cansado e fraco,
as suas palavras o animavam a ficar
de pé.
5 Mas agora que chegou a sua vez de
sofrer,
como é que você perde a paciência
e a coragem?
6 O seu *temor a Deus não lhe dá
confiança?
A sua vida correta não o enche de
esperança?
7 Você lembra de alguma pessoa
inocente
que tenha caído na desgraça
ou de alguma pessoa honesta
que tenha sido destruída?
8 Tenho notado que os que aram
campos de maldade
e plantam sementes de desgraça
só colhem maldade e desgraça.
9 Como uma tempestade, Deus os
destrói na sua *ira.
10 Eles rugem como um leão feroz,
mas Deus os faz calar
e lhes quebra os dentes.
11 Assim como leões que não podem
caçar,
eles morrem de fome,
e os seus filhos se espalham.

Alguém pode ser correto diante de Deus?

12 "Veio a mim de mansinho uma
mensagem,
em voz tão baixa, que mal pude ouvir.
13 À noite, quando as pessoas
dormem um sono pesado,
eu tive um pesadelo que me deixou
agitado.
14 O terror tomou conta de mim,
e o meu corpo inteiro começou a
tremer.
15 Um sopro passou pelo meu rosto,
e eu fiquei todo arrepiado.
16 Alguém estava ali;
olhei bem, mas não pude ver a sua
forma.
Houve silêncio, e depois ouvi uma
voz, que disse:
17 'Será que alguém pode ser correto
diante de Deus?
Será que alguém pode ser puro aos
olhos do seu Criador?
18 Deus não confia nem nos seus
servidores celestiais
e até nos seus anjos ele encontra
defeitos.
19 Então você pensa que ele vai
confiar nos seres humanos,
que são feitos de barro,
que foram criados do pó
e que podem ser esmagados como
uma traça?
20 Podemos estar vivos de manhã,
mas de tarde morremos para sempre,
e ninguém se importa.
21 A nossa vida se acaba
como cai uma barraca,
e morremos sem termos alcançado
a sabedoria.'

Nós mesmos causamos o sofrimento

5 "Grite, Jó! Veja se alguém responde.
Que anjo você vai chamar?
2 Ficar desgostoso e amargurado é
loucura,
é falta de juízo, que leva à morte.
3 Uma vez vi um homem sem juízo
que parecia estar progredindo na
vida,
mas eu amaldiçoei a família dele.
4 Os seus filhos não têm segurança;
nos tribunais são condenados
injustamente,
e não há ninguém que os defenda.
5 Os famintos ficam cobiçando as
suas riquezas;
devoram as suas colheitas,
pegando até o trigo que nasce entre
os espinhos.
6 A aflição não brota da terra;
a desgraça não nasce do chão:
7 somos nós mesmos que causamos
o sofrimento,
tão certo como as faíscas das brasas
voam para cima.

Deus dá esperança aos fracos

8 "Jó, se eu fosse você, voltaria para
Deus
e entregaria o meu problema a ele.
9 Nós não podemos entender as
coisas maravilhosas que ele faz,

e os seus milagres não têm fim.
10 Deus dá chuva à terra;
ele faz a água cair sobre os campos.
11 Deus põe os humildes nas alturas,
põe num lugar seguro os que choram.
12 Deus faz com que os planos dos espertos falhem
e que as suas ações fracassem;
13 ele pega os sábios nas suas espertezas
e acaba com as suas intrigas.
14 Em pleno dia eles ficam no escuro
e ao meio-dia andam às cegas,
apalpando como se fosse noite.
15 Deus salva da morte os pobres;
ele livra os necessitados das mãos dos poderosos.
16 Deus dá esperança aos fracos
e tapa a boca dos maus.

As mãos de Deus curam

17 "Feliz é aquele a quem Deus corrige!
Por isso, não despreze o castigo do Deus Todo-Poderoso.
18 Deus fere, mas ele mesmo faz o curativo;
ele machuca, mas as suas mãos curam.
19 Vez após vez Deus salvará você do perigo
e não deixará que nenhum mal lhe aconteça.
20 Em tempo de fome, Deus não deixará que você morra
e em tempo de guerra ele o salvará da espada.
21 Ele o protegerá das más línguas,
e você não terá medo quando houver destruição.
22 Você se rirá quando houver violência e faltarem alimentos
e não terá medo dos animais selvagens.
23 Nos seus campos as pedras não estorvarão o arado,
e os animais selvagens não o atacarão.
24 Na sua casa você viverá em paz
e, quando contar as suas coisas,
não vai achar falta de nada.
25 Você terá muitos filhos,
e os seus descendentes serão tantos como as folhas de capim no pasto.
26 Você vai morrer velho e forte,
como um feixe de trigo colhido no tempo certo.
27 Jó, a vida nos ensina que é assim.
Esta é a verdade; pense nisso para o seu próprio bem."

Resposta de Jó
Caps. 6—7

Por que viver se não há esperança?

6 Então em resposta Jó disse:

2 "Ah! Se a minha desgraça e os meus sofrimentos fossem postos numa balança,
3 com certeza pesariam mais do que a areia do mar.
E foi por isso que falei com violência.
4 As flechas venenosas do Deus Todo-Poderoso estão fincadas em mim,
e o veneno entra na minha alma.
Com os seus ataques, Deus me tem enchido de terror.
5 O jumento fica contente quando come capim,
e o boi não reclama quando tem pasto.
6 Mas quem gosta de comida sem sal?
Que gosto tem a clara do ovo?
7 Não tenho apetite para comer essas coisas,
e tudo o que como me faz mal.

8 "Ah! Se Deus me desse o que estou pedindo!
Ah! Se Deus respondesse à minha oração!
9 Então ele me tiraria a vida;
ele me atacaria e acabaria comigo!
10 Se eu soubesse que Deus faria isso,
daria pulos de alegria, mesmo sofrendo muita dor.
Pois Deus é santo,
e eu nunca fui contra as suas decisões.
11 Onde estão as minhas forças para resistir?
Por que viver, se não há esperança?
12 Será que sou forte como a pedra?
Será que o meu corpo é de bronze?
13 Não sou capaz de me ajudar a mim mesmo,
e não há ninguém que me socorra.

Meus amigos me desapontaram

14 "Uma pessoa desesperada merece a compaixão dos seus amigos,

mesmo que tenha deixado de *temer
ao Deus Todo-Poderoso.
15 Mas eu não pude contar com
vocês, meus amigos,
que me desapontaram como um
riacho
que seca no verão.
16 Primeiro ele está cheio de gelo e
de neve,
17 mas depois vira água,
que vai sumindo no calor,
até que no fim o seu leito fica seco
e duro.
18 As *caravanas se perdem
procurando água;
avançam pelo deserto e ali morrem.
19 Aquelas que vêm de Temá e de
Sabá
procuram esses ribeirões, cheias de
esperança,
20 porém, quando chegam, todos
ficam desapontados,
e a sua esperança morre ali.
21 Vocês são como esses ribeirões;
vocês veem a minha miséria e ficam
com medo.
22 Por acaso, pedi que vocês me
dessem qualquer coisa?
Ou que me oferecessem um
presente?
23 Será que pedi que me salvassem
de um inimigo
ou que me livrassem das mãos dos
bandidos?

Não me condenem

24 "Ensinem-me, que eu ficarei
calado;
mostrem os erros que cometi.
25 Quem fala a verdade convence,
mas a acusação de vocês não prova
nada.
26 Será que vocês querem criticar o
que eu digo,
querem tratar as palavras de um
homem desesperado
como se elas fossem vento?
27 Vocês seriam capazes de vender
um órfão em leilão;
vocês venderiam até mesmo um
amigo!
28 Olhem bem nos meus olhos
e digam se estou mentindo.
29 Retirem o que disseram; não
sejam injustos.
Não me condenem; eu estou com a
razão.
30 Vocês pensam que sou mentiroso?
Será que não sei o que é certo e o
que é errado?

Só tenho tido desilusões

7 "A vida neste mundo é dura como o
serviço militar;
todos têm de trabalhar pesado,
2 como o escravo que suspira pela
sombra,
como o trabalhador que espera o
seu salário.
3 Mês após mês só tenho tido
desilusões,
e as minhas noites têm sido cheias
de aflição.
4 Essas noites são compridas;
eu me canso de me virar na cama
até de madrugada
e fico perguntando: "Será que já é
hora de levantar?"
5 O meu corpo está coberto de
bichos e de cascas de feridas;
a minha pele racha, e dela escorre pus.
6 Os meus dias passam mais
depressa do que a lançadeira do
tecelão
e vão embora sem deixar
esperança.
7 Lembra, ó Deus, que a minha vida
é apenas um sopro;
os meus olhos nunca mais verão a
felicidade.
8 Tu me vês agora, porém não me
verás mais;
olharás para mim, mas eu já terei
desaparecido.

Deixa-me em paz

9 "Como a nuvem que passa e some,
assim aquele que desce ao *mundo
dos mortos nunca mais volta;
10 ele não volta para casa;
ninguém lembra mais dele.
11 Por isso, não posso ficar calado.
Estou aflito, tenho de falar,
preciso me queixar,
pois o meu coração está cheio de
amargura.
12 Será que eu sou o Mar ou algum
outro monstro do mar
para que fiques aí me vigiando?
13 Quando penso que na cama
encontrarei descanso
e que o sono aliviará a minha dor,
14 então me espantas com sonhos
e com pesadelos me enches de medo.
15 Eu prefiro ser estrangulado;

é melhor morrer do que viver neste
meu corpo.
16 Detesto a vida; não quero mais
viver.
Deixa-me em paz, pois a minha vida
não vale nada.

Por que nos vigias?

17 "O que somos nós, para que nos
dês tanta importância
e te preocupes com a gente?
18 Por que nos vigias todos os dias
e a todo instante nos fazes passar
por provas?
19 Quando deixarás de olhar para
mim,
a fim de que eu tenha um momento
de sossego?
20 Se pequei, que mal fiz a ti, ó vigia
das pessoas?
Por que fizeste de mim o alvo das
tuas flechas?
Por acaso, sou uma carga tão
pesada assim?
21 Por que não perdoas o meu
pecado
e não apagas a minha maldade?
Logo estarei na sepultura;
tu me procurarás, mas eu não
existirei mais."

Primeira fala de Bildade
Cap. 8

Volte para Deus

8 Então Bildade, da região de Sua, em
resposta disse:

2 "Até quando você, Jó, vai falar
assim?
Até quando as suas palavras serão
como um vento forte?
3 Será que Deus torceria a justiça?
Será que o Todo-Poderoso faria o
que não é direito?
4 Decerto os seus filhos pecaram
contra Deus,
e ele *os castigou como mereciam.*
5 Agora volte para Deus
e ore ao Todo-Poderoso.
6 Se você é mesmo puro e honesto,
Deus virá logo ajudá-lo
e lhe dará de novo o lar que você
merece.
7 A riqueza que você perdeu não
será nada
comparada com o que Deus lhe
dará depois.

Dá em nada a esperança dos maus

8 "Faça perguntas aos nossos
antepassados;
aprenda com a experiência deles.
9 Pois nós nascemos ontem e não
sabemos nada;
os nossos dias na terra passam
como a sombra.
10 Deixe que os nossos antepassados
falem a você e o ensinem.
Da sua experiência eles dirão isto:
11 'Será que a taboa pode crescer
fora do brejo
ou o *junco viver sem água?
12 Verdes ainda e mesmo sem serem
cortados,
eles secam antes das outras ervas.
13 Assim acontece com os que
esquecem de Deus;
assim dá em nada a esperança dos
maus.
14 A segurança deles é um fio de linha;
a sua confiança é como uma teia de
aranha.
15 Eles se apoiam na teia, mas ela
não aguenta;
agarram o fio, mas não conseguem
ficar de pé.'

16 "Os maus crescem como ervas
ao sol
que se espalham pelo jardim.
17 As suas raízes se enroscam nas
pedras,
se agarram nas rochas,
18 mas, se alguém as arranca,
ninguém vai nem saber que
estiveram naquele lugar.
19 É nisso que dá a vida alegre dos
maus;
chegam outras pessoas e tomam o
lugar deles.

20 "Esteja certo de que Deus não
abandona as pessoas honestas,
nem dá a mão para ajudar os maus.
21 Ele fará você rir de novo
e dar gritos de alegria;
22 mas os seus inimigos vão viver na
confusão,
e as casas dos maus serão destruídas."

Resposta de Jó
Caps. 9—10

Quem se atreve a discutir com Deus?

9 Então em resposta Jó disse:
2 "Eu sei muito bem que as coisas
são assim.

Mas como é que uma pessoa pode provar a Deus
que ela está com a razão?
3 Quem se atreve a discutir com Deus?
Ele pode fazer mil perguntas
a que ninguém é capaz de responder.
4 A sua sabedoria é profunda,
e o seu poder é grande;
quem pode desafiá-lo e vencer?
5 Sem aviso ele muda de lugar os montes
e na sua *ira os destrói.
6 Deus manda terremotos, e o chão treme;
ele abala as colunas que sustentam a terra.
7 Deus dá ordem, e o sol não nasce;
ele apaga a luz das estrelas.
8 Deus sozinho estendeu o céu;
ele pisou sobre as costas do Mar.
9 Deus criou as estrelas em grupos:
a Ursa Maior, as Três-Marias e as Sete-Cabrinhas,
e fez também as estrelas do Sul.
10 Deus faz coisas grandes e maravilhosas,
e os seus milagres não têm fim.
11 Deus passa perto de mim, e eu não vejo;
ele vai andando, e eu não percebo.
12 Se Deus quer ficar com alguma coisa,
quem pode impedi-lo?
Quem se atreve a perguntar: 'O que estás fazendo?'
13 Deus não volta atrás na sua ira;
a seus pés caem derrotados os aliados do monstro Raabe.

Sou inocente e sincero

14 "Quem sou eu, então, para responder a Deus?
Onde vou achar palavras para discutir com ele?
15 Ainda que eu tivesse razão, eu não responderia.
Ele é o meu juiz; só posso pedir misericórdia.
16 Ainda que eu o chamasse ao tribunal, e ele se apresentasse,
não acredito que ouviria o meu caso.
17 Deus me esmaga com uma tempestade
e sem motivo aumenta as minhas feridas.
18 Ele não me deixa nem respirar
e enche de amargura a minha vida.
19 Farei uso da força? Ele é o forte.
Chamarei Deus ao tribunal? E quem o obrigaria a comparecer?
20 Sou inocente e sincero,
mas as minhas palavras me condenariam
e me declarariam culpado.
21 Sou inocente, mas não me importo com isso;
estou cansado de viver.
22 Para mim, é tudo a mesma coisa;
por isso, digo que Deus destrói tanto os bons como os maus.
23 Se, de repente, uma desgraça mata pessoas inocentes,
Deus ri.
24 Deus entregou o mundo nas mãos dos maus
e cobriu os olhos dos juízes com uma venda.
E, se não foi Deus quem fez isso, então quem foi?

Deus não acredita que eu seja inocente

25 "Os meus dias correm mais depressa do que um atleta;
eles fogem sem ter visto a felicidade.
26 A minha vida passa como um barco ligeiro,
como uma águia quando se lança sobre um coelho.
27 Posso tentar esquecer as minhas queixas,
posso deixar o meu ar triste e voltar a ser alegre,
28 mas logo os meus sofrimentos me deixam apavorado,
pois sei que Deus não acredita que eu seja inocente.
29 E, se ele acha que sou culpado,
não adianta nada lutar.
30 O sabão não pode lavar os meus pecados;
o sabão mais forte não pode limpar o mal que cometi.
31 Deus me joga na lama,
e até a minha roupa tem nojo de mim.
32 Deus não é um ser humano, como eu,
e por isso não posso responder-lhe,

nem podemos resolver a nossa
questão no tribunal.
33 Para nós dois não há um juiz
que possa julgar a mim e a Deus.
34 Ó Deus, para de me castigar!
Não me enchas de medo com os
teus terrores!
35 Então eu falarei e não terei medo,
pois a minha consciência não me
acusa.

Vou me desabafar

10 "Estou cansado de viver.
Vou me desabafar
e falar da amargura que tenho no
coração.
2 Ó Deus, não me condenes!
Dize-me de que me acusas!
3 Tu mesmo me criaste.
Como, então, podes ter prazer em
me maltratar e desprezar
e em aprovar os planos dos maus?
4 Por acaso, tens olhos, como nós?
Será que vês as coisas como nós
vemos?
5 Por acaso, a tua vida é tão curta
como a nossa?
Será que vives tão pouco quanto os
seres humanos?
6 Então por que procuras saber de
todos os meus pecados?
Por que te informas das maldades
que cometi?
7 Pois sabes que não sou culpado
e que ninguém pode me salvar das
tuas mãos.

Vais me fazer virar pó

8 "As tuas mãos me fizeram, me
deram forma
e agora essas mesmas mãos me
destroem.
9 Lembra que me fizeste de barro;
vais me fazer virar pó outra vez?
10 Tu fizeste com que o meu pai e a
minha mãe me gerassem,
que me dessem a vida.
11 Formaste o meu corpo de ossos e
nervos
e os cobriste com carne e pele.
12 Tu me deste vida e me deste amor,
e os teus cuidados me conservam
vivo.
13 Mas agora sei que no teu coração
tinhas este plano secreto:
14 tu querias ver se eu ia pecar
para depois me negares o teu
perdão.
15 Se sou culpado, estou perdido;
se sou inocente, não tenho coragem
para levantar a cabeça,
pois fico envergonhado quando
olho para a minha desgraça.
16 Se levanto a cabeça, orgulhoso da
minha inocência,
tu, como um leão, me persegues;
e até fazes milagres para me
destruir.
17 Tu sempre tens testemunhas que
me acusam;
a tua* ira contra mim vai
aumentando,
e tu me atacas sem parar,
como se fosses um exército.

Pergunte a si mesma...

Na vida de fé, muitos de nós fazemos as escolhas erradas. Buscamos conselhos nos lugares errados. Queixamo-nos das coisas que Deus deixou que fizessem parte de nossa vida. Esforçamo-nos para sair das provações, em vez de perseverarmos nelas, e, então, ficamos nos perguntando por que nossa fé é tão fraca e não temos paz. Pense nestas perguntas e no que elas significam para sua vida. Em seguida, imagine o que Deus pensa sobre o assunto e pergunte a si mesma onde sua vida precisa mudar:

Por que eu existo? Para satisfazer a mim mesma ou a Deus?
Qual é meu primeiro objetivo: encontrar conforto ou perseverar?
Do que me alimento mais: da televisão ou da Bíblia?
Quando preciso de ajuda, onde busco conselho na maior parte das vezes: na Palavra de Deus ou com outra pessoa?
Quando a vida fica difícil, eu quase sempre reclamo ou louvo a Deus?
Estou feliz ou preocupada?
Estou contente ou com medo?
Eu sou uma cristã ou uma cética?
Existe algum pecado ao qual estou me apegando?

Ó Deus, me deixa em paz!

18 “Ó Deus, por que me deixaste nascer?
Eu deveria ter morrido antes mesmo que alguém me visse.
19 Eu teria ido do ventre da minha mãe para a sepultura,
teria sido como se nunca tivesse existido.
20 A minha vida está chegando ao fim.
Então me deixa em paz!
Deixa que eu tenha um pouco de alegria
21 antes que me vá na viagem que não tem volta,
antes que vá para o país da escuridão e das trevas,
22 para o país das sombras e da desordem,
onde a própria luz é como a escuridão.”

Primeira fala de Zofar
Cap. 11

Deus o está castigando menos do que você merece

11 Então Zofar, da região de Naamá, em resposta disse:

2 “Será que todo esse palavrório vai ficar sem resposta?
Por acaso, quem fala muito é quem tem razão?
3 Jó, você pensa que não temos resposta?
Pensa que as suas zombarias vão nos fazer calar a boca?
4 Você diz que o seu modo de pensar está certo
e afirma que é inocente diante de Deus.
5 Eu gostaria que Deus falasse
e lhe desse uma resposta!
6 Ele lhe ensinaria os segredos da sabedoria,
pois há mistérios na explicação das coisas.
Assim, você veria que Deus o está castigando
menos do que você merece.

Você pode descobrir os segredos de Deus?

7 “Você pensa que pode descobrir os segredos de Deus
e conhecer completamente o Todo-Poderoso?
8 O céu não é limite para Deus,
mas você não pode chegar até lá;
Deus conhece o *mundo dos mortos,
mas você não conhece.
9 Ele é maior do que a terra,
mais vasto do que o mar.
10 Se Deus passar e prender alguém
e o levar para ser julgado,
quem o poderá impedir?
11 Deus conhece as pessoas que não valem nada;
ele nunca deixa de ver as suas maldades.
12 No dia em que os jumentos selvagens nascerem mansos,
as pessoas sem juízo vão ter sabedoria.

Abandone o pecado

13 “Jó, vire o coração para Deus
e ore com as mãos estendidas para ele.
14 Abandone o pecado que mancha as suas mãos
e não deixe que a maldade more na sua casa.
15 Então você andará de cabeça erguida,
puro, firme e sem medo.
16 Você não lembrará dos seus sofrimentos,
que serão como águas passadas
que a gente esquece.
17 A sua vida brilhará mais do que o sol do meio-dia,
e as suas horas mais escuras serão claras como o amanhecer.
18 Você viverá seguro e cheio de esperança;
Deus o protegerá, e você dormirá tranquilo.
19 Quando você estiver descansando, nada o assustará;
e muita gente virá lhe pedir ajuda.
20 Porém os maus olharão em redor desesperados
e não acharão lugar para onde fugir;
para eles a morte será a única esperança.”

Resposta de Jó
Caps. 12—14

Eu também entendo as coisas

12 Então em resposta Jó disse:
2 “Sem dúvida, vocês são a voz do povo,

e, quando morrerem, não haverá
mais sabedoria...
3 Mas eu também entendo as coisas
e não sou menos do que vocês.
Quem não sabe isso que vocês
disseram?

4 "Sou motivo de riso para os meus
amigos —
eu, que sou honesto, que estou
inocente;
eu, que orava a Deus, e ele me
respondia.
5 Os que estão seguros desprezam
os desgraçados
e empurram os que estão para cair.
6 Os bandidos têm paz em suas
casas,
os que ofendem a Deus vivem
tranquilos,
embora o seu deus seja a sua
própria força.

Os animais o ensinarão

7 "Zofar, faça perguntas às aves e aos
animais,
e eles o ensinarão.
8 Peça aos bichos da terra e aos
peixes do mar,
e eles lhe darão lições.
9 Todas essas criaturas sabem
que foi a mão do SENHOR que as fez.
10 A vida de todas as criaturas está
na mão de Deus;
é ele quem mantém todas as
pessoas com vida.
11 Meus amigos, assim como os
ouvidos julgam o valor das
palavras,
e o paladar prova os alimentos,
assim escuto o que vocês dizem,
mas só aceito aquilo que acho certo.

Deus derruba, derrota e destrói

12 "Os velhos são sábios,
pois a idade traz a compreensão.
13 No entanto, Deus é sábio e
poderoso;
ele tem inteligência e
entendimento.
14 Ninguém pode reconstruir o que
Deus derruba;
e, se ele prende, ninguém pode
soltar.
15 Quando Deus segura a chuva, vem
a seca;
quando deixa saírem as águas, há
enchentes.
16 "Deus é forte e vitorioso;
ele tem poder tanto sobre o
enganado como sobre o
enganador.
17 Ele tira das autoridades a
sabedoria
e faz com que os líderes percam o
juízo.
18 Deus tira os reis dos seus tronos
e os põe na prisão.
19 Deus afasta os sacerdotes do seu
ofício;
ele derruba os que estão no poder.
20 Deus faz calarem conselheiros de
confiança
e acaba com a sabedoria dos idosos.
21 Ele mostra desprezo pelas
autoridades
e acaba com a força dos poderosos.
22 Deus revela os segredos
escondidos nas trevas
e faz a luz brilhar na escuridão mais
completa.
23 Deus dá às nações grandeza e
poder,
mas depois as derrota e destrói.
24 Ele faz com que os líderes das
nações percam o juízo
e os leva por desertos sem
caminhos.
25 Eles andam na escuridão, às
cegas,
tropeçando como bêbados.

Quero falar com Deus

13 "Eu vi tudo isso com os meus pró-
prios olhos;
escutei tudo com os meus ouvidos
e entendi.
2 Meus amigos, eu não sou menos
do que vocês:
eu também sei o que vocês sabem.
3 Mas quero falar com o Deus Todo-
Poderoso
e discutir com ele a minha questão.
4 Vocês disfarçam a sua ignorância
com mentiras;
são como médicos que não curam
ninguém.
5 Ah! Se vocês ficassem calados,
poderiam passar por sábios!

Vocês pensam que podem enganar a Deus?

6 "Escutem agora a minha defesa,
prestem atenção às minhas razões.
7 Será que para defender a Deus
vocês vão dizer mentiras?

Vão falar palavras enganosas a favor dele?
8 Será que vocês vão ficar do lado dele?
Vão defender a causa dele no tribunal?
9 Por acaso, seria bom que ele os examinasse?
Vocês pensam que podem enganar a Deus como enganam as pessoas?
10 Se vocês forem injustos, mesmo em segredo,
ele certamente os repreenderá;
11 a sua grandeza os encherá de medo,
e os seus terrores cairão sobre vocês.
12 As explicações antigas que vocês lembram
são como cinza, não valem nada;
as suas defesas são fracas como torres de barro.

Defenderei minha causa diante de Deus

13 "Fiquem calados, que eu vou falar,
aconteça o que acontecer.
14 Estou pronto para arriscar a vida,
pronto para enfrentar a morte.
15 Não tenho mais esperança, pois Deus me matará;
mas assim mesmo defenderei a minha causa diante dele.
16 Talvez esta coragem venha a salvar-me,
pois nenhuma pessoa má iria até a presença dele.
17 Ouçam com atenção o que estou dizendo;
escutem as minhas explicações.
18 Estou pronto para defender a minha causa
e sei que estou com a razão.

Ó Deus, por que me persegues?

19 "Mas, se Deus disser: 'Quem se atreve a discutir comigo no tribunal?',
então terei de me calar e morrer.
20 Ó Deus, eu te peço apenas duas *coisas*
e assim não me esconderei de ti:
21 não me castigues mais
e não me faças sentir tanto medo.

22 "Ó Deus, chama-me ao tribunal, e eu responderei;
ou eu falarei primeiro, e tu responderás.
23 Quantas faltas e pecados cometi?
De que erros e pecados sou acusado?

24 "Por que te escondes de mim?
Por que me tratas como inimigo?
25 Eu sou como a folha levada pelo vento:
por que me assustas?
Sou como a palha seca:
por que me persegues?

26 "Tu escreves duras acusações contra mim
e queres que eu pague pelos erros da minha mocidade.
27 Prendes os meus pés com correntes,
vigias todos os meus passos
e examinas os rastos que deixo no caminho.
28 Assim, vou me acabando como madeira bichada,
como uma roupa comida pela traça.

A nossa vida é curta

14 "Todos somos fracos desde o nascimento;
a nossa vida é curta e muito agitada.
2 O ser humano é como a flor que se abre e logo murcha;
como uma sombra ele passa e desaparece.
3 Nada somos; então por que nos dás atenção?
E quem sou eu para que me leves ao tribunal?
4 O ser humano, que é impuro,
nunca produz nada que seja puro.
5 Tu já marcaste quantos meses e dias cada um vai viver;
isso está resolvido,
e ninguém pode mudar.
6 Para de olhar para nós
e deixa-nos em paz,
até que o nosso dia chegue ao fim,
como chega ao fim o dia de um trabalhador.

7 "Para uma árvore há esperança;
se for cortada, brota de novo
e torna a viver.
8 Mesmo que as suas raízes envelheçam,
e o seu toco morra na terra,

[9]basta um pouco de água, e ela brota,
soltando galhos como uma planta
nova.
[10]Mas, quando alguém morre, está
acabado;
depois de entregar a alma, para
onde vai?

[11]"Como lagoas que secam,
como rios que deixam de correr,
[12]assim, enquanto o céu existir,
todos vamos morrer.
Vamos dormir o sono da morte,
para nunca mais levantar.

Eu esperarei por melhores tempos

[13]"Ah! Se tu me pusesses no *mundo
dos mortos
e ali me escondesses até que a tua
*ira passasse
e então marcasses um prazo para
lembrares de mim!
[14]Mas será que alguém tornará a
viver depois de ter morrido?
Eu, porém, esperarei por melhores
tempos,
até que as minhas lutas acabem.
[15]Então me chamarás, e eu
responderei;
e tu ficarás contente comigo, pois
me criaste.
[16]Cuidarás para que eu não erre,
em vez de ficares espiando para me
veres pecar.
[17]Esquecerás os meus pecados
e apagarás os meus erros.

Tu acabas com a nossa esperança

[18]"Mas assim como as montanhas
vão se desmoronando,
e as rochas saem dos seus lugares;
[19]e assim como as águas escavam as
pedras,
e as correntezas levam a terra,
assim tu acabas com a esperança do
ser humano.
[20]Tu o derrotas, ele se vai para
sempre,
e mudas a sua aparência quando o
despedes deste mundo.
[21]Se os seus filhos recebem
homenagens, ele não fica
sabendo
e, se caem na desgraça, ele não tem
notícia.
[22]Ele sente apenas as dores do seu
próprio corpo
e a agonia do seu espírito."

SEGUNDO DIÁLOGO
Caps. 15—21

Segunda fala de Elifaz
Cap. 15

Você fala assim por causa do seu pecado

15 Então Elifaz, da região de Temã,
em resposta disse:
[2]"Jó, um sábio não responde com
palavras ocas,
não fica inchado com opiniões que
não valem nada.
[3]Um sábio não falaria palavras
inúteis,
nem se defenderia com argumentos
sem valor.
[4]Mas você quer acabar com o
sentimento religioso;
se dependesse de você, ninguém
oraria a Deus.
[5]Você fala assim por causa do seu
pecado
e procura enganar os outros com as
suas palavras.
[6]Eu não preciso acusá-lo,
pois as suas próprias palavras o
condenam.

[7]"Você está pensando que é o
primeiro ser humano que
nasceu?
Por acaso, você veio ao mundo
antes das montanhas?
[8]Será que você conhece os planos
secretos de Deus?
Será que só você é sábio?
[9]Será que você sabe o que nós não
sabemos
ou compreende as coisas melhor do
que nós?
[10]O que sabemos nós aprendemos
com pessoas idosas,
que nasceram antes do seu pai.

[11]"Por que você não quer aceitar o
consolo que Deus lhe oferece?
Em nome dele nós falamos
delicadamente com você.
[12]Por que você se deixa levar pelo
seu coração?
Por que esses olhares de ódio?
[13]Por que essa revolta, essa ira
contra Deus?
Por que você se queixa assim?

[14]"Será que alguém pode ser puro?
Poderá alguma pessoa ser correta
diante de Deus?

15 Se Deus não confia nos anjos,
e se nem o céu é puro aos seus
olhos,
16 que diremos do ser humano,
imundo e nojento,
que bebe o pecado como se fosse
água?

Quem é mau sofre a vida inteira

17 "Escute, Jó, que eu vou explicar;
vou contar aquilo que tenho visto.
18 Os sábios ensinam verdades
que aprenderam com os seus pais,
19 e estes moravam numa terra
que não recebeu a influência de
estrangeiros.

20 "Aquele que é mau, que persegue
os outros,
sofre atormentado a vida inteira.
21 Vozes de terror enchem os seus
ouvidos,
e, quando pensa que está seguro,
os bandidos o atacam.
22 Ele não tem esperança de escapar
da escuridão da morte,
pois um punhal está pronto para
matá-lo.
23 Os urubus estão esperando para
devorar o seu corpo;
ele sabe que o dia da escuridão está
perto.
24 Ele será dominado pela angústia e
pela aflição,
como acontece quando um rei
espera o ataque dos inimigos.
25 Tudo isso acontece porque ele
levanta a mão contra Deus
e desafia o Todo-Poderoso.
26 Ele é rebelde
e, protegido por um pesado
*escudo,
se joga contra Deus.
27 O seu olhar é orgulhoso,
e o seu coração é egoísta.

28 "Esse homem mau conquistou
cidades
e ficou com as casas abandonadas
pelos moradores,
mas essas cidades e casas virarão
um monte de *ruínas*.
29 Ele não ficará rico por muito
tempo
e perderá tudo o que tem.
Até a sua sombra vai desaparecer
da terra.
30 O homem mau não escapará da
escuridão.
Ele será como uma árvore cujos
galhos foram queimados
e cujas flores foram levadas pelo
vento.
31 Como não tem juízo e confia na
mentira,
a própria mentira será a sua
recompensa.
32 Ele secará antes da hora,
como um galho que seca e nunca
mais fica verde.
33 Ele será como uma *parreira que
perde as uvas ainda verdes,
como uma oliveira que deixa cair as
suas flores.
34 Os maus não terão descendentes,
e o fogo destruirá as casas dos
desonestos.
35 Eles planejam a maldade, fazem o
que é errado
e só pensam em enganar os outros."

Resposta de Jó
Caps. 16—17

Um montão de palavras

16 Então em resposta Jó disse:
2 "Já ouvi tudo isso antes;
em vez de me consolarem, vocês
me atormentam.
3 Será que essas palavras ocas não
têm fim?
Por que vocês não param de me
provocar?
4 Se vocês estivessem no meu lugar,
eu também poderia dizer o que
estão dizendo.
Eu balançaria a cabeça, com um
jeito de sábio,
e os esmagaria com um montão de
palavras.
5 Ou poderia dizer palavras de
ânimo e consolo
para diminuir os seus sofrimentos.
6 Mas, se falo, a minha dor não se
acalma,
e, se me calo, o meu sofrimento não
diminui.

Deus me esmagou

7 "Tu, ó Deus, me deixaste sem
forças
e destruíste toda a minha família.
8 Tu me puseste numa prisão, e por
isso me acusam.

DEVOCIONAL

Texto para leitura: **Jó 16:1-8**

Conheça a Deus

Quando a vida de Jó estava uma verdadeira confusão, seu corpo ficou coberto de feridas doloridas e ele perdeu tudo, de nada adiantaram seus amigos. Eles o humilharam e o culparam por todas as coisas ruins em sua vida. Mas Jó afirmou que Deus tinha colocado seus amigos contra ele e destruído todos os que deveriam lhe dar apoio. Ele considerava Deus como o Todo-Poderoso que controla o vento e até as escolhas do homem. Quando você tem esse ponto de vista, não é necessário se queixar de pessoas ruins. E você não tem motivo algum para ter medo dos mal-humorados, porque você tem certeza de que Deus permitiu tudo isso por uma razão. Quando você tem certeza de que Deus nunca lhe dá algo que não tem por objetivo tornar sua vida melhor, você fica imperturbável: nenhum mal pode alcançá-la. Então, por que se queixar ou se preocupar?

Outras pessoas, no final, não são responsáveis por sua sorte na vida. Então, não as culpe pelas coisas que acontecem com você, mas procure Deus em tudo. Onde você está hoje não é onde estará quando conseguir encontrar seu caminho para Deus. Afinal de contas, ele sabe tudo e vê tudo, e promete nunca abandoná-la ou deixá-la (veja Deuteronômio 31:8). Nada pode separá-la do amor de Deus, nem mesmo as pessoas ruins. Então, prefira crer em Deus, em vez de temer o mal.

Virei pele e osso,
e por isso os outros pensam que
sou culpado.

9 "Na sua *ira Deus me arrasou
completamente;
ele olha para mim com ódio
e, como uma fera, me persegue e
ameaça.
10 Todos me ameaçam,
abrem a boca para zombar de mim
e me dão bofetadas para me
humilhar.
11 Deus me entregou a homens
perversos;
ele me fez cair nas mãos de gente
má.
12 Eu vivia em paz, mas ele me
esmagou;
Deus me pegou pela garganta e me
quebrou.
Ele fez de mim o seu alvo
13 e de todos os lados disparou as
suas flechas;
elas atravessaram os meus rins,
sem dó nem piedade,
e também a minha bílis correu pelo
chão.
14 Como um soldado, ele avançou
contra mim
e me arrebentou todo, com golpes e
mais golpes.
15 "Em sinal de tristeza, vesti uma
roupa feita de pano grosseiro
e, humilhado, sentei-me no pó.
16 Tenho chorado tanto, que o meu
rosto está queimando,
e estou com olheiras fundas e escuras.
17 No entanto, nunca fui violento,
e as minhas orações sempre foram
sinceras.

No céu tenho quem me defende

18 "Ó terra, não esconda as injustiças
que fizeram contra mim!
Não deixe que seja abafado o meu
grito pedindo justiça!
19 Eu sei que no céu tenho quem me
defenda;
o meu advogado lá está.
20 Os meus amigos zombam de mim;
e eu me volto para Deus com
lágrimas nos olhos.
21 Assim como alguém defende o
seu amigo,

eu preciso de quem defenda o meu
direito diante de Deus.
22 Os meus anos de vida estão
contados,
e eu vou pelo caminho que não tem
retorno.

17 Quase não posso respirar.
A minha vida está se acabando;
o que me espera agora é a
sepultura.
2 Estou cercado de zombadores
e sou obrigado a aguentar os seus
desaforos.

As pessoas vêm cuspir na minha cara

3 "Ó Deus, só tu podes garantir o
meu livramento;
quem mais tenho eu para ser meu
fiador?
4 Tu fechaste a mente desses
zombadores
para que não entendessem as
coisas;
não deixes que eles me derrotem.
5 Como diz o ditado: 'Passarão fome
os filhos daqueles
que por dinheiro traem os seus
amigos.'
6 As pessoas usam esse ditado
contra mim
e vêm cuspir na minha cara.
7 Estou ficando cego de tanto sofrer,
e o meu corpo é apenas uma
sombra.
8 Ao verem isso, os homens direitos
ficam horrorizados
e me condenam como se eu fosse
um ateu.
9 E esses homens honestos e
respeitáveis ficam firmes na sua
opinião,
cada vez mais convencidos de
estarem certos.
10 Mas, se voltassem aqui,
eu não acharia entre eles nenhum
que fosse sábio.

Onde está a minha esperança?

11 "A minha vida vai passando;
os meus planos fracassaram,
e as esperanças do meu coração se
foram.
12 Os meus amigos dizem que a
noite é dia;
apesar da escuridão, eles afirmam
que a luz está perto.
13 A minha casa será no mundo dos
mortos,
onde vou me deitar e dormir na
escuridão.
14 Direi que a sepultura é o meu pai
e que os vermes são a minha mãe e
as minhas irmãs.
15 Se é assim, onde está a minha
esperança?
Há alguém que possa ver esperança
para mim?
16 Será que ela vai descer aos
quartos do mundo dos mortos,
para juntos descansarmos debaixo
da terra?"

Segunda fala de Bildade
Cap. 18

Cale-se, Jó, e preste atenção

18 Então Bildade, da região de Sua,
em resposta disse:

2 "Jó, por que você não para de
falar?
Cale-se e preste atenção, e então
poderemos conversar.
3 Por que você pensa que não temos
juízo,
que somos como os animais?
4 Com a sua raiva, você só está se
ferindo.
Será que, por você estar zangado, o
mundo vai virar um deserto?
Será que, por sua causa, as
montanhas vão mudar de lugar?

O fim dos maus

5 "A vida do perverso se acabará
como a luz que se apaga,
como as chamas do fogo que deixa
de queimar.
6 A lamparina da sua casa não
brilhará mais;
em vez de luz, haverá escuridão.
7 O perverso andava com passos
firmes, mas agora está
tropeçando;
os seus próprios planos o fazem
cair.
8 Ele pisa uma rede,
e os seus pés ficam presos.
9 A armadilha o pega pelo calcanhar,
e o laço o aperta.
10 A armadilha estava escondida no
chão,
no caminho por onde ele ia passar.
11 Ameaças de todos os lados o
deixam apavorado;
elas o perseguem a cada passo.

12 Ele era rico, mas agora passa fome;
a desgraça está pronta para cair em cima dele.
13 Uma doença mortal se espalha pelo seu corpo
e faz com que os seus braços e pernas apodreçam.
14 Ele é arrancado da sua casa, onde vivia seguro,
e arrastado até a presença do Rei, isto é, a Morte.
15 Essa casa será desinfetada com enxofre,
e depois um estranho vai morar nela.
16 O perverso é como uma árvore seca,
seca desde as raízes até os galhos mais altos.
17 Ninguém lembrará mais dele;
o seu nome será esquecido na sua terra.
18 Ele será expulso do mundo dos vivos
e da luz será jogado na escuridão.
19 Não deixará filhos nem netos;
não terá descendentes que fiquem com a sua casa.
20 Em toda parte, os que ouvirem falar do seu fim
tremerão de medo e pavor.
21 É esse o fim dos maus,
daqueles que não querem saber de Deus."

Resposta de Jó
Cap. 19

Vocês me insultaram

19 Então em resposta Jó disse:
2 "Até quando vocês vão ficar me atormentando
e me ferindo com as suas palavras?
3 Vocês já me insultaram várias vezes.
Será que não se envergonham de me tratar tão mal?
4 Mesmo que eu fosse culpado,
será que o meu erro prejudicaria vocês?
5 Vocês pensam que são melhores do que eu
e acham que a minha desgraça prova que sou culpado.

Deus me atacou com desgraças

6 "Pois fiquem sabendo que Deus foi injusto comigo;
foi ele que armou uma armadilha para me pegar.
7 Eu protesto contra a sua violência, mas ninguém me ouve;
eu peço ajuda, porém não existe justiça.
8 Deus fechou o meu caminho com um muro,
de modo que não consigo passar;
ele cobriu de escuridão os meus caminhos.
9 Deus tirou toda a minha riqueza
e destruiu a boa fama que eu tinha.
10 Ele me atacou por todos os lados até acabar comigo
e arrancou pelas raízes a minha esperança.
11 A sua *ira contra mim queimou como fogo;
ele me tratou como se eu fosse um inimigo.
12 Ele me atacou com desgraças;
como se fossem tropas, elas cavaram trincheiras
e acamparam em volta da minha casa.

Os meus parentes e amigos se afastaram

13 "Deus fez com que os meus irmãos me abandonassem;
os meus conhecidos me tratam como se eu fosse um estranho.
14 Os meus parentes se afastaram;
os meus amigos não lembram mais de mim.
15 Os meus hóspedes fazem de conta que não me conhecem;
as minhas empregadas me tratam como se eu fosse um estrangeiro.
16 Chamo um empregado, e ele não me atende,
nem mesmo quando peço alguma coisa por favor.
17 A minha mulher não tolera o mau cheiro da minha boca;
os meus irmãos têm nojo de mim.
18 Até as crianças me desprezam;
assim que me levanto, já estão zombando de mim.
19 Todos os meus amigos íntimos me detestam;
as pessoas que eu mais estimo estão contra mim.
20 Virei pele e osso;
mal consigo ir vivendo.
21 Meus amigos, tenham pena de mim,
pois foi a mão de Deus que me feriu.

[22] Por que vocês me perseguem
como Deus me persegue?
Por que não param de me
atormentar?

O meu defensor vive

[23] "Como gostaria que as minhas
palavras fossem escritas,
que fossem escritas num livro!
[24] Ou que com uma ponteira de ferro
elas fossem gravadas para sempre
no chumbo ou na pedra!
[25] Pois eu sei que o meu defensor
vive;
no fim, ele virá me defender aqui
na terra.
[26] Mesmo que a minha pele seja
toda comida pela doença,
ainda neste corpo eu verei a Deus.
[27] Eu o verei com os meus olhos;
os meus olhos o verão,
e ele não será um estranho para
mim.
E desejo tanto que isso aconteça!

[28] "Vocês dizem: 'Como foi que nós o
atormentamos?
A causa desta desgraça está nele
mesmo.'
[29] Mas tenham medo da espada,
a espada com que Deus castiga a
maldade.
Fiquem sabendo que há alguém que
nos julga."

Segunda fala de Zofar

Cap. 20

20 Então Zofar, da região de Naamá,
em resposta disse:

[2] "Jó, você me deixou perturbado,
e por isso respondo logo.
[3] As suas repreensões são um
insulto,
mas eu sei dar a resposta certa.

A alegria de quem é mau dura pouco

[4] "Você sabe muito bem que desde
os tempos antigos,
desde que o ser humano existe na
terra,
sempre foi assim:
[5] a alegria de quem é mau dura
pouco;
o seu prazer passa depressa.
[6] Ele pode ser tão alto como o céu,
e a sua cabeça tocar nas nuvens,
[7] mas ele se acabará para sempre
como a cinza,
e os seus conhecidos não ficarão
sabendo o que aconteceu com
ele.
[8] Ele desaparecerá como um sonho,
como uma visão da noite,
para nunca mais ser visto.
[9] As pessoas que viviam com ele
não o verão mais.
[10] Os seus filhos devolverão aos
pobres aquilo que ele roubou,
aquilo que ele ganhou
desonestamente.
[11] O seu corpo jovem e forte logo
virará pó.

A maldade vira um veneno amargoso

[12] "Para quem é mau, a maldade é
doce.
Ele a esconde debaixo da língua
[13] e fica com ela na boca
para sentir bem o seu gosto.
[14] Mas daí a pouco, no estômago,
ela vira um veneno amargoso.
[15] O homem mau vomita as riquezas
que rouba;
Deus as arranca do seu estômago.
[16] Ele toma veneno de cobra,
e esse veneno o mata.
[17] Quem é mau não terá o prazer de
tomar leite e mel,
que correm como rios.
[18] Ele terá de abandonar tudo o que
ganhou com o seu trabalho
e não poderá aproveitar as suas
riquezas.
[19] Isso porque explora os pobres e
os esquece
e rouba as casas dos outros
em vez de construir as suas.
[20] Ele nunca está satisfeito com o
que possui;
quer ter sempre mais e mais.
[21] Avança em tudo o que pode,
mas a sua prosperidade acabará.
[22] No ponto mais alto do seu
sucesso, a miséria o atacará;
todo o peso da desgraça cairá sobre
ele.

A ira de Deus se derramará sobre os maus

[23] "Ele que encha a barriga!
Deus descarregará sobre ele a sua
*ira;
Deus fará chover sobre ele o seu
furor.
[24] Mesmo que ele escape de uma
arma de ferro,

uma flecha com ponta de bronze o atravessará.
25 Tirarão a flecha das suas costas,
e ela sairá brilhando com o seu sangue.
E o medo tomará conta dele.
26 Tudo o que ele ajuntou será destruído;
um fogo não aceso por mãos humanas
acabará com ele e com toda a sua família.

27 "O céu mostrará os pecados dos maus,
e a terra se levantará para acusá-los.
28 No dia em que a ira de Deus se derramar sobre eles,
todas as suas riquezas serão destruídas.
29 É isso o que Deus faz com os perversos;
é essa a recompensa que ele guarda para os maus."

Resposta de Jó
Cap. 21

Não me queixo de nenhum ser humano

21 Então em resposta Jó disse:
2 "O melhor consolo que vocês me podem dar
é escutar com atenção as minhas palavras.
3 Tenham paciência enquanto falo;
depois que eu terminar, vocês podem zombar de mim.
4 Não é de nenhum ser humano que me queixo
e é por isso que estou tão impaciente.
5 Se vocês olharem para mim,
porão a mão na boca, assustados.
6 Quando penso no que aconteceu, fico perturbado,
e o meu corpo todo treme.

Os maus cantam e se divertem

7 "Por que será que os maus continuam vivos?
Por que chegam ricos à velhice?
8 Eles têm filhos e netos
e vivem para vê-los bem crescidos ao seu redor.
9 Nada ameaça a segurança dos seus lares,
e Deus não os castiga.
10 O seu gado se reproduz sem problemas,
dando crias sem nunca abortar.
11 Os seus filhos correm como carneirinhos
e pulam de alegria;
12 eles cantam e se divertem ao som de pandeiros, *liras e flautas.
13 Os maus têm sempre do bom e do melhor
e morrem em paz, sem sofrimento.

14 "No entanto, a Deus eles dizem:
'Deixa-nos em paz;
não queremos saber das tuas *leis.
15 Quem é o Deus Todo-Poderoso para que o adoremos?
Que adianta fazer orações a ele?'
16 Os maus dizem que progridem pelos seus próprios esforços,
mas eu não aceito o seu modo de pensar.

Que o pecador receba castigo

17 "Quando foi que se apagou a luz dos perversos?
Quantas vezes algum deles caiu na desgraça?
Será que Deus alguma vez ficou *irado com eles e os fez sofrer?
18 Quando foi que ele os espalhou como a palha
ou como a poeira que é levada pela ventania?

19 "Vocês dizem que Deus castiga o filho
pelos pecados do pai.
Mas é o pai que deveria ser castigado
para que aprendesse a lição.
20 Que o pecador receba o seu próprio castigo,
que ele sinta o peso da ira do Todo--Poderoso!
21 Mas, se ele já está morto,
se já está no outro mundo,
que lhe importa que a sua família sofra?
22 Por acaso, alguém pode dar lições ao Todo-Poderoso,
que julga até os seres celestiais?

23 "Alguns homens levam uma vida feliz e tranquila
e morrem ricos,
24 com saúde e cheios de força.
25 Outros, ao contrário, nunca

provaram um momento de
felicidade
e morrem com o coração cheio de
amargura.
26 Mas uns e outros acabam
morrendo,
são sepultados e ficam cobertos de
vermes.

Meus amigos, as suas consolações são vazias

27 "Eu conheço os pensamentos de
vocês
e sei que pensam mal de mim.
28 Vocês perguntam:
'Onde está agora a casa daquele
grande homem
que vivia uma vida de pecado?'

29 "Será que vocês não têm
conversado com pessoas que
viajam?
Vocês não têm ouvido as suas
histórias?
30 Essas pessoas dizem que, quando
Deus fica irado e castiga,
o homem mau sempre escapa.
31 Ninguém o acusa das maldades
que comete;
ninguém o faz pagar pelos seus atos.
32 Ele é levado para o cemitério
e posto numa sepultura bem
guardada.
33 Milhares de pessoas acompanham
o corpo,
e até a terra que o cobre é leve.

34 "Meus amigos, as suas
consolações são vazias;
tudo o que vocês dizem é mentira."

Pergunte a si mesma...

O que eu faço quando acontece um desastre?
Normalmente tento encontrar alguém em quem pôr a culpa?
Da próxima vez, como posso fazer *para* que as coisas tenham mais a ver com Deus e menos a ver com os outros?
O que a Bíblia diz sobre provações e sofrimento? (Veja o índice de *Ajuda rápida* no final desta Bíblia.)

TERCEIRO DIÁLOGO
Caps. 22—27

Terceira fala de Elifaz
Cap. 22

Você cometeu muitos pecados

22 Então Elifaz, da região de Temã,
em resposta disse:

2 "Será que uma pessoa, por mais
sábia que seja,
poderia ser útil para Deus?
3 Será que interessa ao Todo-Pode-
roso que você seja honesto?
Que lucro tem ele se você é correto
em todas as coisas?
4 Se ele o castiga e o chama para
prestar contas,
não é porque você o adora com
todo o respeito,
5 mas sim porque cometeu muitos
pecados,
e as suas maldades não têm conta.
6 Como garantia de um pequeno
empréstimo,
você ficava com as roupas dos seus
patrícios
e assim os deixava nus.
7 Você não dava água para as
pessoas cansadas
nem comida aos que tinham fome.
8 Você usou a sua posição e o seu
poder
para se tornar o dono da terra.
9 Você roubou e maltratou os órfãos
e nunca ajudou as viúvas.
10 Por isso, agora você está cercado
de perigos,
e, de repente, o medo toma conta
de você.
11 A escuridão é tanta, que você não
enxerga nada,
e uma enchente o arrasta.

Você quer andar no caminho dos maus?

12 "Deus está nas alturas do céu;
ele olha para baixo e vê as estrelas,
embora elas estejam lá no alto.
13 Mas você pergunta: 'Será que
Deus sabe alguma coisa?
As nuvens escuras ficam no meio;
como é que ele pode nos julgar?'
14 Jó, você acha que as grossas
nuvens não deixam que Deus
nos veja,
quando ele está passeando pelo céu?

15 "Será que você quer andar nos
caminhos

que os maus têm seguido desde os
tempos antigos?
16 Eles morreram de repente,
como se fossem levados por uma
enchente.
17 A Deus eles diziam:
'Deixa-nos em paz!'
E comentavam:
'O que pode o Todo-Poderoso fazer
em nosso favor?'
18 Foi Deus quem encheu de coisas
boas as casas dos maus,
porém eu não quero pensar como
eles.
19 As pessoas honestas ficam alegres,
e as corretas riem,
20 ao verem que as riquezas dos
maus são destruídas
e que as sobras são devoradas pelo
fogo.

Faça as pazes com Deus

21 "Jó, faça as pazes com Deus,
deixe de tratá-lo como inimigo,
e assim ele dará a você tudo o que
há de bom.
22 Deixe que Deus o ensine
e guarde as palavras dele no seu
coração.
23 Se você voltar para o Todo-
Poderoso e se humilhar,
se você acabar com a maldade que
há na sua casa,
24 se o ouro mais precioso não tiver
valor para você
e for como o pó ou as pedrinhas do
ribeirão,
25 então o Todo-Poderoso será o seu
ouro puro,
será a sua prata mais preciosa.
26 Ele será a sua alegria,
e você poderá olhar para ele com
confiança.
27 Ele ouvirá as suas orações,
e você lhe dará o que prometer.
28 Tudo o que você fizer dará certo,
e a luz brilhará no seu caminho.
29 Deus rebaixa os orgulhosos,
mas salva os humildes.
30 Ele o salvará se você for inocente,
se for correto em tudo o que fizer."

Resposta de Jó
Caps. 23—24

Gostaria de saber onde encontrar Deus

23 Porém em resposta Jó disse:
2 "Eu ainda estou revoltado e me
queixo de Deus;
não posso parar de gemer.
3 Gostaria de saber onde encontrá-lo;
gostaria de ir até o lugar onde ele
está,
4 para levar a ele a minha causa
e apresentar todas as razões que
tenho a meu favor.
5 Gostaria de saber o que ele me
diria
e como me responderia.
6 Será que Deus usaria todo o seu
poder contra mim?
Não! Estou certo de que ele me
ouviria.
7 Sou um homem honesto.
Eu poderia apresentar a minha
causa a ele,
e de uma vez por todas ele me
declararia inocente.

Eu procuro Deus

8 "Eu procuro no Leste, mas Deus
não está ali;
e não o encontro no Oeste.
9 E também não o vejo
quando age no Norte ou se esconde
no Sul.
10 Mas Deus conhece cada um dos
meus passos;
se ele me puser à prova,
verá que sairei puro como o ouro.
11 Eu sigo o caminho que ele me
mostra
e nunca me desvio para lado
nenhum.
12 Obedeço aos mandamentos de
Deus;
sempre faço a sua vontade e não a
minha.

Deus fará comigo o que planejou fazer

13 "Deus faz o que quer;
quando ele decide fazer alguma coisa,
ninguém pode impedir.
14 Ele levará até o fim o que planejou
fazer comigo
e também realizará todos os seus
outros planos.
15 Por isso, eu perco a coragem na
presença dele
e, quando penso nisso, fico
apavorado.
16-17 A escuridão me deixou cego;
mas é o Deus Todo-Poderoso quem
me põe medo,
e não a escuridão.

Os maus roubam

24 "Por que o Todo-Poderoso não marca um dia para julgar,
um dia para fazer justiça aos que são dele?
2 Há homens que mudam os marcos de divisa
para aumentar as suas terras;
eles roubam ovelhas e as põem no meio das suas.
3 Levam jumentos que pertencem a órfãos
e ficam com o boi de uma viúva
como garantia de pagamento de empréstimo.
4 Eles não respeitam os direitos dos pobres
e forçam os necessitados a correr e se esconder.

Os pobres são explorados pelos maus

5 "Como se fossem jumentos selvagens,
os pobres andam pelo deserto
procurando alimento para os filhos.
6 Os pobres precisam trabalhar nas colheitas dos maus
e apanham uvas para eles.
7 Não têm cobertas para se cobrir de noite,
não têm nada que os proteja do frio.
8 Nas montanhas são encharcados pelas chuvas
e procuram abrigo nas rochas.
9 Os perversos pegam orfãozinhos e fazem deles escravos
e recebem os filhos dos necessitados como pagamento de dívidas.
10 Os pobres andam por aí quase nus
e passam fome enquanto trabalham na colheita do trigo.
11 Eles movem as pedras dos moinhos dos maus para fazer azeite
e pisam as suas uvas para fazer vinho,
mas morrem de sede durante esse trabalho.
12 Os feridos e os que estão morrendo gritam nas cidades,
mas Deus não escuta os seus gritos pedindo socorro.

Perversos, assassinos, adúlteros, ladrões

13 "Os perversos odeiam a luz;
em todos os seus caminhos, em tudo o que fazem,
não querem saber dela.
14 O assassino se levanta de madrugada para matar o pobre
e de noite vira ladrão.
15 O adúltero espera o cair da noite
e cobre o rosto para que ninguém o veja.
16 Os ladrões invadem de noite as casas;
eles não saem de dia,
pois não querem nada com a luz.
17 Eles têm medo da luz do dia,
mas a escuridão não os deixa apavorados."

Terceira fala de Zofar
24.18-25

Deus destrói os maus

18 "O homem mau é arrastado pela enchente.
As suas terras são amaldiçoadas por Deus,
e ele não volta a trabalhar na sua plantação de uvas.
19 Como a neve se derrete no tempo seco e no calor,
assim também o pecador desaparece da terra dos vivos.
20 A própria mãe não lembra dele.
Os vermes o devoram com gosto,
e ele é esquecido por todos.
O pecador é destruído como uma árvore que cai.
21 Isso acontece porque ele nunca ajudou as viúvas,
nem teve pena das mulheres que não podem ter filhos.
22 Deus, com o seu poder, destrói os maus;
ele age e acaba com a vida dos perversos.
23 Deus deixa que vivam seguros,
mas fica sempre de olho neles.
24 Durante algum tempo, os perversos prosperam,
mas num instante secam como o capim,
são cortados como as espigas de trigo.
25 Quem pode dizer que essas coisas não são assim?
Será que alguém pode provar que não estou dizendo a verdade?"

Terceira fala de Bildade
25.1-6

Pode alguém ser correto diante de Deus?

25 Então Bildade, da região de Sua,
em resposta disse:
2 "Deus é poderoso e deve ser
*temido;
ele faz com que haja paz no céu.
3 Será que alguém já contou os seus
anjos?
Haverá alguém sobre quem a sua
luz não brilhe?
4 Pode alguém ser correto diante de
Deus?
Pode um simples mortal deixar de
ser culpado?
5 Para Deus até a lua não tem brilho,
e as estrelas têm defeitos.
6 Que dizer, então, do ser humano,
esse inseto?
Que valor tem esse verme para
Deus?"

Jó critica Bildade
26.1-4

26 Então Jó em resposta disse:
2 "Bildade, eu estou fraco, sem
forças;
como você me ajuda e me
consola!...
3 Como você é bom para dar
conselhos
e gastar a sua sabedoria com um
ignorante como eu!
4 Quem foi que o ajudou a dizer
essas palavras?
Quem o inspirou a falar assim?"

Continuação da terceira fala de Bildade
26.5-14

A grandeza do poder de Deus

5 "Os mortos tremem de medo
nas águas debaixo da terra.
6 Para Deus o *mundo dos mortos é
aberto;
não há cobertura que o impeça de
ver o que lá acontece.
7 Deus estendeu o céu sobre o vazio
e suspendeu a terra por cima do
nada.
8 Ele prende a água nas nuvens,
e elas não se rasgam com o seu
peso.
9 Ele cobre a cara da lua cheia,
estendendo sobre ela uma nuvem.
10 Deus separou a luz da escuridão
por meio de um círculo desenhado
no mar.
11 Quando ele ameaça as colunas
que sustentam o céu,
elas se assustam e tremem de
medo.
12 Com o seu poder, Deus dominou
o Mar;
com a sua inteligência, derrotou o
monstro Raabe.
13 Com o seu sopro, Deus limpou o
céu
e, com a sua mão, matou a Serpente
fugitiva.
14 Mas essas coisas são apenas uma
amostra,
um eco bem fraco do que Deus é
capaz de fazer.
Quem pode compreender a
verdadeira grandeza do seu
poder?"

Resposta de Jó
27.1-12

Insistirei na minha inocência

27 E Jó continuou em sua fala e disse:
2 "Juro por Deus, pelo Todo-
-Poderoso,
que não quer me fazer justiça
e que enche de amargura o meu
coração,
3 juro que, enquanto ele me der
forças para respirar,
4 os meus lábios nunca dirão coisas
más,
e a minha língua não contará
mentiras.
5 Nunca direi que vocês têm razão
de me acusar;
enquanto viver, insistirei na minha
inocência.
6 Fico firme e não desisto de dizer
que estou certo,
pois a minha consciência nunca me
acusou.

Que meus inimigos sejam castigados

7 "Que todos os que são contra mim,
os que são meus inimigos,
sejam castigados como os maus,
como os perversos!
8 Que esperança terão os ateus
quando Deus lhes tirar a vida?
9 Quando estiverem em
dificuldades,

ele não ouvirá os seus gritos,
10 pois Deus não é a alegria deles,
e eles nunca fizeram orações ao
Todo-Poderoso.

11 "Vou ensinar a vocês como é
grande o poder de Deus,
vou explicar os planos do Todo-
-Poderoso.
12 Não, não é preciso, pois vocês
todos já viram isso.
Então por que é que ficam aí
dizendo bobagens?"

Quarta fala de Zofar
27.13-23

Deus castiga os maus

13 "Vou dizer como Deus, o Todo-
-Poderoso,
castiga os homens maus e violentos.
14 As suas crianças passarão fome,
e os seus filhos, mesmo que sejam
muitos,
morrerão na guerra;
15 os que ficarem vivos morrerão de
doença,
e as suas viúvas não chorarão por
eles.

16 "O perverso pode ajuntar prata
aos montes,
pode ter muita roupa, muita mesmo,
17 mas algum dia uma pessoa direita
usará essas roupas,
e um homem honesto ficará com a
prata.
18 A casa que o homem mau constrói
dura tão pouco tempo como uma
teia de aranha
ou como a cabana de um vigia
numa plantação.
19 O homem mau vai rico para a
cama,
mas é pela última vez,
pois, quando acorda, a sua riqueza
já se foi.
20 O terror o arrasará como se fosse
uma enchente,
e de noite a tempestade o jogará
longe.
21 O vento violento do Leste
o arrancará da sua casa,

DEVOCIONAL

Texto para leitura: **Jó 27:1-6**

Conheça a si mesma

No início, você, como uma Garota de Deus, é uma pessoa entusiasmada, esperançosa e animada. Mas à medida que as tempestades começam a aparecer em sua vida e os ventos começam a soprar, você passa a se dobrar sob a pressão de tudo. Quando isso acontece, você tem duas opções: pode rejeitar ao seu primeiro amor, Deus, ou segurar firme nele. Você pode esquecer tudo o que sabe sobre ele e correr para achar um abrigo ou pode simplesmente seguir em frente, confiando em Deus como você fez no início.

Na vida de fé, as provações virão. Sua fé precisa ser provada, purificada. Você precisa provar que sua fé é real. Então, não considere as provações como algo com o qual você precisa se preocupar, mas como uma parte natural do crescimento. A árvore forte não é a que está plantada dentro de uma caixa aquecida e confortável em um edifício climatizado. Não! A árvore forte é a que está plantada ao ar livre, forçada a conviver com temperaturas extremas — do verão à neve. Esta árvore resistente vai se enraizando na terra para se manter viva, tentando sempre obter mais nutrientes que lhe dão vida, sempre aguentando firme, ainda que contra todas as expectativas. Suas raízes podem ficar bem fortes a cada temporada que você sobrevive e continua a receber do Pai esses elementos que dão vida. Uma mudinha se *transforma em* um carvalho enorme quando se agarra firmemente à terra que a cerca. Você também crescerá em força quando se apegar *firmemente* à Palavra de Deus.

22 soprando contra ele sem piedade,
enquanto ele faz tudo para escapar.
23 Ele corre, e o vento assobia
e o apavora com o seu poder
destruidor."

Elogio da sabedoria
Cap. 28

Olhos abertos para tudo o que é precioso

28 Há minas de onde se tira a prata,
há lugares onde se refina o ouro.
2 O ferro é tirado da terra,
e das pedras se derrete o cobre.
3 Os mineiros levam luz para
debaixo da terra;
eles exploram lugares profundos
e ali, na escuridão, procuram
minérios.
4 Longe das cidades,
em lugares por onde ninguém
passa,
eles abrem os poços das minas.
E trabalham na solidão,
pendurados e balançando de um
lado para outro.
5 Por cima deles, a terra produz
trigo
e por baixo está toda rasgada e
esmigalhada.
6 As suas pedras contêm *safiras,
e no seu pó se encontra ouro.
7 As águias não veem o caminho que
desce para as minas,
e os falcões também não o
conhecem.
8 Os leões e outros animais ferozes
nunca descem por esse caminho.
9 Os homens cavam as rochas mais
duras
e cortam as montanhas até o chão.
10 Eles furam túneis nas pedras,
com olhos abertos para tudo o que
é precioso.
11 Eles cavam até chegar às
nascentes dos rios
e trazem para a luz o que estava
escondido.

O valor da sabedoria

12 Mas onde pode ser achada a
sabedoria?
Em que lugar está a inteligência?
13 Os seres humanos não conhecem
o valor da sabedoria
e não a encontram neste mundo.
14 O Oceano afirma: "Aqui não está",
e o Mar diz: "Aqui também não."
15 Ela não pode ser comprada com
ouro,
nem trocada por prata.
16 Não se compra a sabedoria com o
ouro mais puro,
nem com pedras preciosas, como a
*ágata ou a *safira.
17 Ela vale mais do que o ouro ou o
vidro;
não se pode trocá-la por joias de
ouro puro.
18 Do coral e do cristal nem se fala;
a sabedoria é mais valiosa do que
as pérolas.
19 O *topázio da Etiópia não se
compara com ela;
e ela não pode ser comprada com o
ouro mais puro.

Só Deus sabe onde está a sabedoria

20 De onde vem, então, a sabedoria?
Em que lugar está a inteligência?
21 Nenhum ser vivo pode vê-la,
nem mesmo as aves que voam no céu.
22 Até a Destruição e a Morte dizem:
"Nós apenas ouvimos falar dela."
23 Só Deus conhece o caminho;
só ele sabe onde está a sabedoria
24 porque a sua vista alcança os
lugares mais distantes do
mundo;
ele vê tudo o que acontece aqui na
terra.
25 Quando Deus regulou a força dos
ventos
e marcou o tamanho do mar;
26 quando decidiu onde a chuva
devia cair
e por onde a tempestade devia
passar;
27 foi então que ele viu a sabedoria,
e a examinou, e aprovou.
28 E ele disse aos seres humanos:
"Para ser sábio, é preciso *temer o
Senhor;
para ter compreensão, é necessário
afastar-se do mal."

DEFESA FINAL DE JÓ
Caps. 29—31

Deus iluminava o meu caminho

29 E Jó continuou a sua fala e disse:
2 "Ah! Se eu pudesse voltar meses
atrás,
para os dias em que Deus me
protegia!

3 Naquele tempo, Deus iluminava o
meu caminho,
e com a sua luz eu podia andar na
escuridão.
4 Naqueles dias, eu estava bem de
vida,
e a amizade de Deus era a proteção
do meu lar.
5 O Todo-Poderoso estava comigo,
e os meus filhos viviam ao meu
redor.
6 Em casa sempre havia leite à
vontade
e também azeite, tirado das
oliveiras plantadas entre as
pedras.
7 Quando eu saía para a reunião do
tribunal
e me assentava entre os juízes,
8 os moços me viam e abriam
passagem,
e os idosos se punham de pé.
9 As pessoas mais importantes
paravam de falar
e ficavam em silêncio.
10 As autoridades se calavam;
não diziam mais nada.

Eu era pai dos pobres

11 "Quem me ouvia falar me dava
parabéns;
os que me viam falavam bem de mim,
12 pois eu ajudava os pobres que
pediam ajuda
e cuidava dos órfãos que não
tinham quem os protegesse.
13 Pessoas que estavam na miséria
me abençoavam,
e as viúvas se alegravam com o meu
auxílio.
14 A minha justiça e a minha
honestidade faziam parte de
mim;
eram como a roupa que eu uso
todos os dias.
15 Eu era olhos para os cegos
e pés para os aleijados.
16 Era pai dos pobres
e defensor dos direitos dos
estrangeiros.
17 *Eu acabava com o poder* dos
exploradores
e livrava das suas garras as vítimas.

Todas as pessoas me davam atenção

18 "Eu pensava assim:
'Vou viver uma vida longa
e morrer em casa, com todo o
conforto.
19 Serei como uma árvore de raízes
que chegam até a água,
uma árvore que todas as noites é
molhada pelo orvalho.
20 Todos só falarão bem de mim,
e eu serei sempre vigoroso e forte.'
21 Todas as pessoas me davam
atenção
e em silêncio escutavam os meus
conselhos.
22 Quando acabava de falar, ninguém
discordava.
As minhas palavras entravam na
cabeça deles
como se fossem gotas de água na
areia.
23 Todos as esperavam ansiosos,
como se espera a chuva no tempo
de calor.
24 Eu sorria para aqueles que
tinham perdido a esperança;
o meu rosto alegre lhes dava
coragem.
25 Eu era como um chefe,
decidindo o que eles deviam fazer;
eu os dirigia como um rei à frente
do seu exército
e os consolava nas horas de aflição.

Essa gente zomba de mim e me ataca

30 "Mas agora homens mais moços do
que eu zombam de mim.
Os pais deles não valem nada;
eu não poria essa gente nem com os
cachorros que cuidam do meu
rebanho.
2 De que me serviria a força dos
seus braços?
São homens magros,
3 enfraquecidos de tanto passar
fome e miséria.
À noite, na solidão de lugares
desertos,
eles têm de roer raízes secas.
4 Pegam ervas e cascas de árvores
e se alimentam de raízes que não
servem para comer.
5 São expulsos do meio das pessoas,
que os espantam, aos gritos, como
se eles fossem ladrões.
6 Têm de morar em barrancos
medonhos,
em cavernas ou nas rochas.
7 Uivam no meio das moitas

e se ajuntam debaixo dos
espinheiros.
8 Raça inútil, gente sem nome,
são enxotados do país.

9 "Mas agora essa gente vem e
zomba de mim;
para eles eu não passo de uma
piada.
10 Sentem nojo de mim e se afastam
e chegam até a me cuspir na cara.
11 Deus me enfraqueceu e me
humilhou,
e por isso, furiosos, eles se viram
contra mim.
12 Essa raça de gente ruim me ataca,
me faz correr e procura acabar
comigo.
13 Eles não deixam que eu fuja,
procuram me destruir,
e ninguém os faz parar.
14 Entram por uma brecha da
muralha
e no meio das ruínas se jogam
contra mim.
15 Eu fico apavorado.
A minha honra foi como que
varrida para longe pelo vento;
a minha prosperidade passou como
se fosse uma nuvem.

Tu me tratas com crueldade

16 "Agora já não tenho vontade de
viver;
o desespero tomou conta de mim.
17 De noite os ossos me doem muito;
a dor que me atormenta não para.
18 Deus me agarrou pela garganta
com tanta violência, que
desarrumou a minha roupa.
19 Ele me atirou na lama;
eu não valho mais do que o pó ou
a cinza.

20 "Ó Deus, eu clamo pedindo a tua
ajuda, e não me respondes;
eu oro a ti, e não te importas
comigo.
21 Tu me tratas com crueldade
e me persegues com todo o teu
poder.
22 Fazes com que o vento me
carregue
e numa tempestade violenta me
jogas de um lado para outro.
23 Bem sei que me levarás à Terra da
Morte,
o lugar de encontro marcado para
todos os vivos.
24 Por que atacas um homem
arruinado,
que não pode fazer nada, a não ser
pedir piedade?
25 Por acaso, não chorei com as
pessoas aflitas?
Será que não tive pena dos pobres?
26 Eu esperava a felicidade, e veio a
desgraça;
eu aguardava a luz, e chegou a
escuridão.

Eu peço ajuda

27 "O meu coração está agitado e não
descansa;
só tenho vivido dias de aflição.
28 Levo uma vida triste, como um
dia sem sol;
eu me levanto diante de todos e
peço ajuda.
29 A minha voz é um gemido triste,
como os uivos do lobo ou os gritos
do avestruz.
30 A minha pele está ficando preta,
e o meu corpo queima de febre.
31 Eu costumava ouvir a música
alegre de *liras e flautas,
mas agora só escuto gente
chorando e soluçando.

Que Deus me pese numa balança justa

31

"Eu jurei que os meus olhos
nunca haveriam de cobiçar uma
virgem.
2 Se eu tivesse quebrado o
juramento,
que recompensa Deus me daria,
e como é que lá dos céus o Todo-
-Poderoso me abençoaria?
3 Pois Deus manda a infelicidade e a
desgraça
para aqueles que só fazem o mal.
4 Deus sabe tudo o que eu faço;
ele vê cada passo que dou.

5 "Juro que não tenho sido falso
e que nunca procurei enganar os
outros.
6 Que Deus me pese numa balança
justa
e ele ficará convencido de que sou
inocente!

Nunca cobicei, nem adulterei

7 "Se por acaso me desviei do
caminho certo,

se o meu coração foi levado pela
cobiça dos olhos,
se pequei, ficando com qualquer
coisa que pertence a outra
pessoa,
8 então que outros comam o que eu
semeei,
ou que as minhas plantações sejam
destruídas.
9 Se o meu coração alguma vez foi
seduzido pela mulher do meu
vizinho,
e se fiquei escondido, espiando a
porta da casa dela,
10 então que a minha mulher se
torne escrava de outro,
e que outros durmam com ela.
11 Se eu tivesse cometido esse crime
horrível,
o tribunal deveria me condenar.
12 Esse pecado seria como um
incêndio terrível, infernal,
que destruiria tudo o que tenho.

Sempre fui justo e caridoso

13 "Quando um empregado ou
empregada reclamava contra
mim,
eu resolvia o assunto com justiça.
14 Se eu não tivesse agido assim, que
faria quando Deus me julgasse?
Que responderia, quando ele
pedisse conta dos meus atos?
15 Pois o mesmo Deus que me
criou, criou também os meus
empregados;
ele deu a vida tanto a mim como a
eles.

16 "Nunca deixei de ajudar os
pobres,
nem permiti que as viúvas
chorassem de desespero.
17 Nunca tomei sozinho as minhas
refeições,
mas sempre reparti a minha
comida com os órfãos.
18 Eu os tratava como se fosse pai
deles
e sempre protegi as viúvas.
19 Quando via alguém morrendo de
frio por falta de roupa
ou notava algum pobre que não
tinha com que se cobrir,
20 eu lhe dava roupas quentes,
feitas com a lã das minhas próprias
ovelhas,
e ele me agradecia do fundo do
coração.
21 Se alguma vez fui violento com
um órfão,
sabendo que eu tinha o apoio dos
juízes,
22 então que os meus braços sejam
quebrados,
que sejam arrancados dos meus
ombros.
23 Eu nunca faria nenhuma dessas
coisas,
pois tenho pavor do castigo de Deus
e não poderia enfrentar a sua
presença *gloriosa.

Nunca fui infiel a Deus

24 "Jamais confiei no ouro;
ele nunca foi a base da minha
segurança.
25 Nunca me orgulhei de ter muitas
riquezas,
nem de ganhar muito dinheiro.
26 Tenho visto o sol brilhar
e a lua caminhar em toda a sua
beleza,
27 porém nunca os adorei, nem em
segredo,
e não lhes atirei beijos com a mão.
28 Se tivesse cometido esse terrível
pecado,
eu teria sido infiel a Deus, que está
lá em cima,
e o tribunal deveria me condenar.

Nunca fui vingativo, nem sovina, nem hipócrita

29 "Jamais me alegrei com o
sofrimento dos meus inimigos,
nem fiquei contente se lhes
acontecia alguma desgraça.
30 E nunca fiz uma oração
pedindo a Deus que matasse algum
deles.

31 "Os empregados que trabalham
para mim
sabem que os meus convidados
comem à vontade, do bom e do
melhor.
32 Nunca deixei um estrangeiro
dormir na rua;
os viajantes sempre se hospedaram
na minha casa.
33 Jamais procurei encobrir as
minhas faltas,
como fazem algumas pessoas, nem

DEVOCIONAL

Texto para leitura: **Jó 31:1-8**

Conheça a si mesma

Maus hábitos são como ervas daninhas. Eles vão se infiltrando e envolvem seu coração, por isso, para removê-los, é preciso força e sabedoria. Você poderia simplesmente arrancá-los pelas raízes. Se você já arrancou ervas daninhas, então sabe como pode ser difícil acabar com elas, principalmente se as raízes estiverem profundas. Mas há outra maneira de acabar com as raízes que sufocam seu espírito. Siga o exemplo de Jó, perguntando a si mesma que hábitos pecaminosos têm se infiltrado em sua vida, e, então, comece a sufocá-los com algo muito melhor e mais poderoso: o bom hábito da leitura da Palavra de Deus. Um bom hábito é a melhor maneira de acabar com um mau hábito. Quando você transforma a prática da Palavra de Deus na coisa mais importante em sua vida, então você preenche seus dias com o bom hábito da integridade ou de uma vida em retidão.

Então, não fique aí sentada, sentindo-se mal com seus maus hábitos ou pecados, e, sobretudo, não pense nos pecados de outras pessoas — isso é total perda de tempo. Você precisa investir sua força para buscar o lado bom das pessoas e de suas situações. Quando você encontrar coisas boas nas pessoas, tente imitá-las. Veja como elas superam situações e sentimentos que você não sabe muito bem como superar. Recuse-se a ser negativa, vendo sempre o lado ruim das coisas. Em vez disso, preste atenção na mão de Deus.

Maus hábitos podem ser totalmente destruídos quando você deixa de tratá-los como se eles tivessem mais controle sobre você do que Deus. Ao tornar Deus o Senhor de sua vida, você se tornou serva dele. E não se pode servir a dois senhores. Isso significa que você não está mais algemada aos seus maus hábitos e ao seu estilo de vida pecaminoso. Você está livre; tudo o que resta a fazer é largar as velhas algemas e correr na direção de Deus. Você não é mais uma prisioneira, mas sim liberta — então, vá em frente e aja como tal!

escondi no coração os meus pecados.
34 Nunca tive medo daquilo que os outros poderiam dizer;
não fiquei dentro de casa, calado, com receio de que zombassem de mim.

Aqui termino a minha defesa

35 "Como gostaria que alguém me ouvisse!
Aqui eu termino e assino a minha defesa;
que o Todo-Poderoso me responda!
Que o meu Adversário escreva a acusação,
36 e, com orgulho, eu a carregarei no ombro
e a porei na cabeça como se fosse uma coroa!
37 Darei conta a Deus de todos os meus atos
e na presença dele ficarei de cabeça erguida.

38 "As minhas terras nunca choraram, nem gritaram ao céu contra mim.
39 Pois, se comi os seus frutos,
sempre paguei os trabalhadores como devia
e jamais deixei que morressem de fome.
40 Se não estou dizendo a verdade,
então que nas minhas terras cresçam espinhos em vez de trigo
e mato em vez de *cevada."

Aqui terminam as palavras de Jó.

AS FALAS DE ELIÚ
Caps. 32—37

32 Jó estava convencido da sua ino-
cência, e por isso os três amigos
desistiram de continuar a discutir com
ele. 2 Acontece que ali estava um homem
chamado Eliú, filho de Baraquel e descen-
dente de Buz, do grupo de famílias de Rão.
Eliú ficou muito zangado com Jó porque
este dizia que era inocente e que Deus
era culpado. 3 E também ficou zangado
com os três amigos porque eles não pu-
deram responder a Jó, dando assim a ideia
de que Deus estava errado. 4 Eliú esperou
para falar no fim, pois os outros eram mais
velhos do que ele. 5 Quando viu que eles
não souberam como responder a Jó, Eliú
ficou zangado.

Primeira fala de Eliú
Caps. 32—33

Um sopro do Todo-Poderoso dá sabedoria
6 Então Eliú, filho de Baraquel e descen-
dente de Buz, disse:

"Eu sou moço, e vocês são idosos.
Foi por isso que não me atrevi a dar a minha opinião.
7 Pensei assim: 'Que fale a voz da experiência,
que os muitos anos mostrem a sua sabedoria!'
8 Mas acontece que dentro das pessoas há um espírito,
há um sopro do Todo-Poderoso que dá sabedoria.
9 Nós não ficamos mais sábios com a idade,
nem sempre os velhos sabem o que é certo.
10 Portanto, escutem o que digo,
pois eu também vou dar a minha opinião.

É Deus que tem de dar resposta a Jó
11 "Esperei que vocês falassem
e escutei as suas razões.
Enquanto vocês escolhiam as melhores palavras,
12 eu prestava toda a atenção.
Mas nenhum de vocês convenceu Jó,
nem deu resposta às suas palavras.
13 Como é que vocês podem dizer que descobriram a sabedoria?
É Deus, e não um ser humano, quem terá de dar resposta a Jó.
14 Eu nunca teria respondido como vocês;
mas Jó estava falando com vocês e não comigo.

Quero dar a minha opinião
15 "Jó, estes três estão derrotados
e não têm mais palavras para continuar a discutir.
16 Eles já pararam; não falam mais.
Será que devo continuar esperando enquanto estão calados?
17 Não! Eu darei a minha resposta agora
e direi o que penso sobre o assunto.
18 Tenho muito o que falar
e já não consigo mais ficar calado.
19 Se eu não falar, sou capaz de estourar
como um *odre cheio de vinho novo.
20 Não aguento mais; preciso desabafar,
quero dar a minha opinião.
21 Não vou tomar partido nesta discussão
e não vou adular ninguém.
22 Eu não costumo bajular;
e, se bajulasse, o Criador logo me castigaria.

Darei a minha opinião com franqueza
33 "Por isso, Jó, escute as minhas palavras
e preste atenção em tudo o que vou dizer.
2 Estou pronto para começar
e vou falar o que penso.
3 Darei a minha opinião com franqueza;
as minhas palavras serão sinceras, vindas do coração.
4 Pois foi o Espírito de Deus que me fez,
e é o sopro do Todo-Poderoso que me dá vida.

5 "Responda-me, se for capaz;
prepare-se para discutir comigo.
6 Para Deus você e eu somos iguais;
eu também fui formado do barro.
7 Por isso, não tenha medo de mim;
a minha intenção não é esmagar você.

Você disse que está inocente
8 "Creio que ouvi você dizer o seguinte:

9 'Não sou culpado; não fiz nada de
errado.
Estou inocente; não cometi nenhum
pecado.
10 É Deus quem inventa motivos
para me atacar;
ele me trata como se eu fosse um
inimigo.
11 Ele amarrou os meus pés com
correntes
e fica vigiando tudo o que eu faço.'

Deus fala de várias maneiras

12 "Mas eu lhe digo que você não
tem razão,
pois Deus é maior do que as
criaturas humanas.
13 Por que você acusa Deus,
afirmando que ele não dá atenção
às nossas queixas?
14 Deus fala de várias maneiras,
porém nós não lhe damos atenção.
15 De noite, na cama,
quando dormimos um sono
profundo,
ele fala por meio de sonhos ou de
visões.
16 Deus fala aos nossos ouvidos,
e os seus avisos nos enchem de
medo.
17 Ele fala com a gente para que
deixemos de pecar
e para que não nos tornemos
orgulhosos.
18 Assim, ele nos livra da morte
e não deixa que nos joguem na
sepultura.

Deus o aceitará de novo

19 "Outras vezes, Deus castiga com
doenças
e com fortes dores que não passam.
20 O doente perde o apetite
e não quer nem ver as comidas
mais gostosas.
21 Ele emagrece, vai se acabando
e no fim vira pele e osso.
22 Ele está às portas da morte;
logo será levado para a sepultura.

23 "Pode ser que ele venha a ser
socorrido por um anjo,
um dos milhares de anjos de Deus,
que ensinam a gente a fazer o que
é certo.
24 O anjo terá pena dele e pedirá a
Deus:
'Solta-o! Ele não deve descer ao
*mundo dos mortos.
Aqui está o pagamento do seu
resgate.'
25 Então ele terá saúde novamente,
e o seu corpo será forte como era
na juventude.
26 Quando orar, Deus o atenderá.
Ele o adorará com alegria,
e Deus o aceitará de novo como um
homem direito.
27 Ele dirá a todos:
'Pequei, cometi injustiças,
mas Deus não me castigou.
28 Ele me salvou da morte;
eu ainda posso ver a luz.'

29 "Deus faz tudo isso com a gente
e faz várias vezes.
30 Ele não deixa que morramos,
e assim continuamos a ser
iluminados pela luz da vida.

31 "Agora, Jó, escute com atenção;
fique calado, pois vou falar.
32 Se você tem alguma coisa a dizer,
responda,
pois eu gostaria de lhe dar razão.
33 Se não, fique calado e escute,
que eu lhe ensinarei como ser
sábio."

Segunda fala de Eliú

Cap. 34

34 Eliú disse mais:
2 "Vocês que são sábios e
instruídos,
escutem o que vou dizer.
3 Assim como os ouvidos julgam o
valor das palavras,
e o paladar prova os alimentos,
4 assim nós agora vamos examinar
o caso
e resolvê-lo do jeito que nos
parecer melhor.

Deus não é injusto com ninguém

5 "Jó está dizendo que é inocente
e que Deus não quer lhe fazer
justiça.
6 E pergunta: 'Como é que eu
poderia mentir, dizendo que
estou errado?
Sofro de uma doença que não tem
cura,
embora não tenha cometido
nenhum pecado.'

7 "Neste mundo não há ninguém
como Jó,
para quem é tão fácil zombar de
Deus como beber um copo de
água.
8 Ele anda com homens maus
e se ajunta com gente que não
presta.
9 E diz assim: 'Não adianta nada
procurar agradar a Deus.'

10 "Agora, vocês que têm juízo, me
escutem.
Será que Deus faria alguma coisa
errada?
Será que o Todo-Poderoso
cometeria uma injustiça?
11 Ele nos paga de acordo com o que
fazemos
e dá a cada um o que merece.
12 Na verdade, o Deus Todo-
Poderoso não faz o mal
e não é injusto com ninguém.
13 Quem entregou o poder a Deus?
Quem o fez governador do
*Universo?
14 Se Deus quisesse,
poderia fazer voltar para si o fôlego,
a respiração da gente;
15 então todas as pessoas morreriam
juntas, no mesmo instante,
e voltariam de novo para o pó.

Deus é justo e poderoso

16 "Agora, Jó, se você é sábio, escute
e preste atenção no que vou dizer.
17 Se Deus odiasse a justiça, não
poderia governar o mundo.
Será que você quer condenar
aquele que é justo e poderoso?
18 Deus condena os reis e as
autoridades
quando são maus, quando não
prestam.
19 Ele não mostra preferência pelas
pessoas que estão no poder,
nem favorece os ricos em prejuízo
dos pobres,
pois todos foram criados por ele.
20 A morte pode vir de repente, no
meio da noite.
A pessoa tem um ataque e morre.
Deus não precisa de ajuda para
matar os poderosos.
21 Pois ele sabe tudo o que fazemos
e vê todos os passos que damos.
22 Não existe nenhum lugar, por
mais escuro que seja,
onde um pecador possa se
esconder de Deus.
23 Deus não precisa marcar um dia
para que uma pessoa se apresente
a fim de ser julgada por ele.
24 Ele não necessita de examinar a
vida dos poderosos
para acabar com eles e dar a outros
o seu lugar.
25 Pois Deus conhece o que eles
fazem;
de noite ele os derruba e esmaga.
26 Em público, na frente de todos,
Deus os castiga como se fossem
criminosos
27 porque eles se afastaram dele
e não quiseram obedecer a nenhum
dos seus mandamentos.
28 Eles fizeram com que os gritos
dos pobres e explorados
subissem até Deus, e ele os escutou.

29 "Mas, se Deus se calar, ninguém
poderá condená-lo.
Se ele esconder o rosto,
as pessoas e as nações ficarão sem
defesa
30 e nada poderão fazer
para evitar que homens maus as
governem e explorem.

Você resolveu parar de praticar o mal?

31 "Jó, será que você já reconheceu
diante de Deus
que você sofreu por causa dos seus
pecados
e que prometeu que não vai pecar
mais?
32 Será que você pediu a Deus que
lhe mostrasse as suas faltas
e resolveu parar de praticar o mal?
33 Se você não aceita o que Deus faz,
como espera que ele faça o que
você quer?
Você é quem precisa responder, e
não eu;
diga-nos o que está pensando.

34 "As pessoas sábias e sensatas que
me estão escutando
certamente dirão assim:
35 'Jó não sabe o que está falando;
o que ele diz não faz sentido.
36 É só examinar bem as suas
palavras,

e a gente vê que ele responde como
um perverso.
37 Jó é pecador, um pecador rebelde.
Na nossa presença, zomba de Deus
e não para de falar contra ele.' "

Terceira fala de Eliú
Cap. 35

35 Em seguida Eliú disse:
2 "Jó, você não tem o direito de
dizer
que para Deus você é inocente
3 e também não pode perguntar
assim:
'Ó Deus, será que te sentes mal com
o meu pecado?
E que vantagem tenho se não
pecar?'
4 Pois eu vou responder a você
e também aos seus amigos.

Suas faltas não prejudicam a Deus, mas os outros

5 "Olhe para o céu e veja
como as nuvens estão muito acima
de você.
6 Se você peca, isso não atinge a
Deus lá no alto;
as suas faltas, por muitas que
sejam, não vão prejudicar a
Deus.
7 Se você faz o bem, não está
ajudando a Deus;
ele não precisa de nada que é seu.
8 São os outros que sofrem por
causa dos pecados que você
comete;
e também são eles que são
ajudados quando você pratica
o bem.

9 "Os homens, quando são
perseguidos por todos os lados,
gemem e gritam, pedindo que
alguém os livre das mãos dos
poderosos;
10 porém não *voltam para Deus, o*
seu Criador,
que dá forças nas horas mais
escuras.
11 Eles não voltam para Deus, que os
torna sábios,
mais sábios do que as aves e os
animais.
12 Eles gritam por socorro, mas Deus
não responde
porque são orgulhosos e maus.
13 Mas é falso dizer que Deus não
ouve
ou que o Todo-Poderoso não vê.

Você não sabe o que está dizendo

14 "Jó, você diz que não pode ver a
Deus;
mas espere com paciência, pois a
sua causa está com ele.
15 Você pensa que Deus não castiga,
que ele não presta muita atenção
no pecado.
16 Não adianta nada continuar o seu
discurso;
você fala muito, porém não sabe o
que está dizendo."

Quarta fala de Eliú
Caps. 36—37

36 Eliú continuou a falar. Ele disse:
2 "Jó, tenha um pouco mais de
paciência,
pois ainda vou lhe mostrar que
tenho outras coisas a dizer a
favor de Deus.
3 Usarei os meus profundos
conhecimentos
para mostrar que Deus, o meu
Criador, é justo.
4 Tudo o que vou dizer é verdade;
quem está falando com você é
realmente um sábio.

Deus protege e Deus castiga

5 "Como Deus é poderoso!
Ele não despreza ninguém.
Deus sabe todas as coisas.
6 Ele não deixa que os maus
continuem vivendo
e sempre trata os pobres com
justiça.
7 Deus protege os homens corretos,
deixa que eles governem como reis
e assim tenham uma alta posição
para sempre.
8 Mas, se alguns são presos com
correntes
ou são amarrados com as cordas
dos sofrimentos,
9 então Deus lhes mostra que isso é
por causa do que fizeram,
que é o castigo pelos seus pecados
e pelo seu orgulho.
10 Deus faz com que escutem os seus
avisos
e manda que abandonem o pecado.
11 Se obedecem a Deus e o adoram,

então têm paz e prosperidade até o
fim da vida.
12 Mas, se não se importam com
Deus,
então morrem na ignorância,
atravessam o rio e entram no
*mundo dos mortos.

13 "Aqueles que têm um coração
perverso guardam raiva
e, mesmo quando são castigados,
não clamam pedindo socorro.
14 Desonram o seu corpo entre si
e morrem em plena mocidade.
15 Mas Deus nos ensina por meio do
sofrimento
e usa a aflição para abrir os nossos
olhos.

Você está sofrendo por causa da sua maldade

16 "Jó, Deus o livrou dos perigos
e o deixou viver em segurança.
À sua mesa sempre se comeu do
bom e do melhor.
17 Mas você foi julgado e condenado
e agora está recebendo o castigo
que merece.
18 Cuidado, não aceite dinheiro para
torcer a justiça,
não deixe que as muitas riquezas o
seduzam.
19 Não adianta nada gritar pedindo
socorro;
todo o seu poder não tem nenhum
valor agora.
20 Não fique desejando que chegue
a noite
em que as nações serão destruídas.
21 Você está sofrendo por causa da
sua maldade;
cuidado, não se volte para ela!

Como é grande o poder de Deus!

22 "Como é grande o poder de Deus!
Quem é capaz de governar tão bem
como ele?
23 Ninguém pode dar ordens a Deus,
nem acusá-lo de praticar o mal.
24 O mundo inteiro o louva pelo que
ele faz,
e você também não esqueça de
louvá-lo.
25 Mesmo de longe todos nós vemos
e admiramos
o que Deus está fazendo.
26 Ele é grande demais para que o
possamos conhecer;
nós não podemos calcular quantos
anos já viveu.

O poder e a majestade de Deus

27 "Deus faz com que a água da terra
suba para um depósito
e depois a transforma em gotas de
chuva.
28 As nuvens derramam a água,
que cai em aguaceiros sobre a terra.
29 Quem entende o movimento das
nuvens
ou o barulho dos trovões no céu,
onde Deus mora?
30 Deus espalha relâmpagos em
volta de si,
mas o fundo do mar continua
escuro.
31 É assim que Deus alimenta os
povos
e lhes dá comida à vontade.
32 Ele pega o raio com as mãos
e manda que atinja o alvo.
33 O gado sente que a tempestade
está perto,
e o trovão avisa que ela vem aí.

37 A tempestade me faz bater o co-
ração,
como se ele fosse pular para fora
do peito.
2 Escutem o estrondo da voz de
Deus,
o trovão que sai da sua boca.
3 Ele solta relâmpagos por todos os
lados do céu
e de uma ponta da terra até a outra.
4 Então ouve-se o rugido da sua voz,
o forte barulho do trovão;
e durante todo o tempo os
relâmpagos não param de cair.
5 Deus troveja com a sua voz
maravilhosa;
ele faz grandes coisas que não
podemos compreender.
6 Deus manda que caia neve sobre
a terra
e também fortes pancadas de
chuva.
7 Assim, faz com que as pessoas
fiquem em casa, sem poderem
trabalhar,
para que todos saibam que é ele
quem age.
8 Os animais entram nas suas tocas
e ali ficam escondidos.
9 As tempestades violentas vêm do
Sul,

e o frio vem do Norte.
10 O sopro de Deus congela as águas,
que assim ficam cobertas de gelo.
11 Deus enche de água as nuvens,
e elas lançam os relâmpagos.
12 Seguindo a ordem de Deus,
as nuvens se espalham em todas as
direções.
Elas fazem tudo o que Deus manda,
em toda parte, no mundo inteiro.
13 Deus faz cair chuva sobre a terra
ou para castigar a gente
ou para mostrar que tem amor por
nós.

O infinito conhecimento de Deus

14 "Jó, pare um instante e escute;
pense nas coisas maravilhosas que
Deus faz.
15 Será que você sabe como Deus dá
a ordem
para que os relâmpagos saiam
brilhando das nuvens?
16 Você sabe como as nuvens ficam
suspensas no ar?
Isso é uma prova do infinito
conhecimento de Deus.
17 Será que você, que fica sufocado
de calor na sua roupa,
antes de vir a tempestade de areia
trazida pelo vento sul,
18 será que você pode ajudar Deus a
estender o céu
e fazer com que fique duro como
uma placa de metal fundido?
19 Ensine-nos o que devemos dizer
a ele,
pois não somos capazes de pensar
com clareza.
20 Eu não teria o atrevimento de
discutir com Deus,
pois isso seria pedir que ele me
destruísse.

21 "Não é possível ver o sol quando
está escondido pelas nuvens;
mas ele brilha de novo, depois que
o vento passa e limpa o céu.
22 No Norte vemos uma luz dourada,
e a *glória de Deus nos enche de
profunda admiração.
23 Não podemos compreender o
Todo-Poderoso,
o Deus de grande poder.
A sua justiça é infinita,
e ele não persegue ninguém.
24 Por isso, as pessoas o *temem,
e ele não dá importância aos que
acham que são sábios."

DIÁLOGO FINAL
38.1—42.6

Primeira resposta do SENHOR a Jó
38.1—40.2

38 Depois disso, do meio da tempes-
tade, o SENHOR deu a Jó a seguin-
te resposta:

2 "As suas palavras só mostram a
sua ignorância;
quem é você para pôr em dúvida a
minha sabedoria?
3 Mostre agora que é valente
e responda às perguntas que lhe
vou fazer.

Eu criei o mundo

4 "Onde é que você estava quando
criei o mundo?
Se você é tão inteligente, explique
isso.
5 Você sabe quem resolveu qual
seria o tamanho do mundo
e quem foi que fez as medições?
6 Em cima de que estão firmadas as
colunas que sustentam a terra?
Quem foi que assentou a pedra
principal do alicerce do mundo?
7 Na manhã da criação, as estrelas
cantavam em coro,
e os servidores celestiais soltavam
gritos de alegria.

8 "Quando o Mar jorrou do ventre
da terra,
quem foi que fechou os portões
para segurá-lo?
9 Fui eu que cobri o Mar com as
nuvens
e o envolvi com a escuridão.
10 Marquei os seus limites
e fechei com trancas as suas portas.
11 E eu lhe disse: 'Você chegará até
este ponto
e daqui não passará.
As suas altas ondas pararão aqui.'

De onde vêm a luz e a escuridão?

12 "Jó, alguma vez na sua vida
você ordenou que viesse a
madrugada
e assim começasse um novo dia?
13 Você alguma vez mandou que a
luz se espalhasse sobre a terra,
sacudindo os perversos e

os expulsando dos seus
esconderijos?
14 A luz do dia mostra as formas das
montanhas e dos vales,
como se fossem as dobras de um
vestido
ou as marcas de um *sinete no
barro.
15 Essa luz é clara demais para os
perversos
e os impede de praticar a violência.

16 "Jó, você já visitou as nascentes
do mar?
Já passeou pelo fundo do oceano?
17 Alguém já lhe mostrou os portões
do *mundo dos mortos,
aquele mundo de escuridão sem fim?
18 Você tem alguma ideia da largura
da terra?
Responda, se é que você sabe tudo
isso.

19 "De onde vem a luz,
e qual é a origem da escuridão?
20 Você sabe mostrar a elas até onde
devem chegar
e depois fazer com que voltem
outra vez ao ponto de partida?
21 Sim, você deve saber, pois é bem
idoso
e já havia nascido quando o mundo
foi criado...

Quem faz a neve e as chuvas de pedra?

22 "Você alguma vez visitou os
depósitos
onde eu guardo a neve e as chuvas
de pedra,
23 que ficam reservadas para tempos
de sofrimento
e para dias de lutas e de guerras?
24 Você já esteve no lugar onde
nasce o sol
ou no ponto onde começa a soprar
o vento leste?

Quem faz a chuva, o orvalho, a geada e o gelo?

25 "Quem foi que abriu um canal
para deixar cair os aguaceiros
e marcou o caminho por onde a
tempestade deve passar?
26 Quem faz a chuva cair no deserto,
em lugares onde ninguém mora?
27 Quem rega as terras secas e
despovoadas,
fazendo nascer nelas o capim?
28 Será que a chuva e o orvalho têm
pai?
29 E quem é a mãe do gelo e da
geada,
30 que faz com que as águas virem
pedra
e que o mar fique coberto por uma
camada de gelo?

Você conhece as leis que governam o céu?

31 "Será que você pode amarrar com
uma corda as estrelas das Sete-
-Cabrinhas
ou soltar as correntes que prendem
as Três-Marias?
32 Você pode fazer aparecer a
estrela-d'alva,
ou guiar a Ursa Maior e a Ursa Menor?
33 Você conhece as *leis que
governam o céu
e sabe como devem ser aplicadas
na terra?

Quem pode derramar água em forma de chuva?

34 "Será que a sua voz pode chegar
até as nuvens
e mandar que caia tanta chuva,
que você fique coberto por um
dilúvio?
35 Você pode fazer com que os raios
apareçam
e venham dizer-lhe: 'Estamos às
suas ordens?'
36 Quem deu sabedoria às aves,
como o íbis, que anuncia as
enchentes do rio Nilo,
ou como o galo, que canta antes da
chuva?
37 Quem é capaz de contar as
nuvens?
Quem pode derramar a sua água
em forma de chuva,
38 que faz o pó virar barro,
ligando os torrões uns aos outros?

Quem dá de comer aos animais e às aves?

39 "Será que é você quem dá de
comer às leoas
e mata a fome dos leõezinhos,
40 quando estão escondidos nas suas
covas
ou ficam de tocaia nas moitas?
41 Quem é que alimenta os corvos,
quando andam de um lado para
outro com fome,
quando os seus filhotes gritam a
mim pedindo comida?

Quem fez cada animal com o seu jeito de ser?

39 "Você sabe quando nascem os cabritos selvagens
ou já viu nascerem as *corças?
2 Você sabe quantos meses as suas fêmeas levam para darem cria
ou qual é o momento do parto?
3 Você sabe quando elas se abaixam para dar cria,
trazendo a este mundo os seus filhotes?
4 Os filhotes crescem fortes, no campo;
depois vão embora e não voltam mais.

5 "Quem deu a liberdade aos jumentos selvagens?
Quem os deixou andar soltos, à vontade?
6 Eu lhes dei o deserto para ser a sua casa
e os deixei viver nas terras salgadas.
7 Eles não querem saber do barulho das cidades;
não podem ser domados, nem obrigados a levar cargas.
8 Eles pastam nas montanhas,
onde procuram qualquer erva verde para comer.

9 "Será que um touro selvagem vai querer trabalhar para você?
Será que ele vai passar a noite no seu curral?
10 Será que você consegue prendê-lo com cordas ao arado
a fim de arar a terra ou puxar o rastelo?
11 Será que você pode confiar na grande força que ele tem,
deixando por conta dele o trabalho pesado que há para fazer?
12 Você espera que ele traga o trigo que você colher
e o amontoe no terreiro?

13 "Como batem rápidas as asas da avestruz!
Mas nenhuma avestruz voa como a cegonha.
14 A avestruz põe os seus ovos no chão
para que a areia quente os faça chocar.
15 Ela nem pensa que alguém vai pisá-los
ou que algum animal selvagem pode esmagá-los.
16 Ela age como se os ovos não fossem seus
e não se importa que os seus esforços fiquem perdidos.
17 Fui eu que a fiz assim, sem juízo,
e não lhe dei sabedoria.
18 Porém, quando ela corre, corre tão depressa,
que zomba de qualquer cavalo e cavaleiro.

19 "Jó, por acaso, foi você quem fez os cavalos tão fortes?
Foi você quem enfeitou o pescoço deles com a crina?
20 É você quem os faz pular como gafanhotos
e assustar as pessoas com os seus rinchos?
21 Impacientes, eles cavoucam o chão com as patas
e correm para a batalha com todas as suas forças.
22 Eles não têm medo. Nada os assusta,
e a espada não os faz recuar.
23 Por cima deles, as flechas assobiam,
e as lanças e os *dardos brilham.
24 Tremendo de impaciência, eles saem galopando
e, quando a corneta soa, não podem parar quietos.
25 Eles respondem com rinchos aos toques das cornetas;
de longe sentem o cheiro da batalha
e ouvem a gritaria e as ordens de comando.

26 "É você quem ensina o gavião a voar
e abrir as asas no seu voo para o Sul?
27 Será que a águia espera que você dê ordem
a fim de que ela faça o seu ninho lá no alto?
28 Ela mora nas pedras mais altas
e no alto das rochas constrói o seu ninho seguro.
29 Dali enxerga o animal que ela vai atacar,
os seus olhos o avistam de longe.
30 Onde há um animal morto, aí se ajuntam as águias,
e os filhotes chupam o sangue."

40 Então o SENHOR disse:
2 "Jó, você desafiou a mim, o Deus Todo-Poderoso.
Vai desistir ou vai me dar uma resposta?"

Primeira resposta de Jó a Deus
40.3-5

3 Então, em resposta ao SENHOR, Jó
disse:

4 "Eu não valho nada;
que posso responder?
Prefiro ficar calado.
5 Já falei mais do que devia
e agora não tenho nada para dizer."

Segunda e última resposta de Deus a Jó
40.6—41.34

Será que a sua força pode ser comparada à minha?

6 Então, do meio da tempestade, Deus
respondeu a Jó assim:

7 "Mostre agora que é valente
e responda às perguntas que lhe vou fazer.
8 Será que você está querendo provar que sou injusto,
que eu sou culpado, e você é inocente?
9 Será que a sua força pode ser comparada com a minha?
Será que você pode trovejar com voz tão forte como eu?
10 Se você pode, então vista-se de *glória e grandeza
e enfeite-se com majestade e esplendor.
11 Olhe para todos os orgulhosos;
faça explodir a sua raiva contra eles e humilhe-os.
12 Sim, olhe para eles e humilhe-os;
esmague os perversos no lugar onde estão.
13 Sepulte-os todos na terra;
amarre-os na prisão dos mortos.
14 Se você fizer isso, eu serei o primeiro a louvá-lo
e a reconhecer que você venceu pelas suas próprias forças.

Quem é capaz de agarrar o monstro Beemote?

15 "Olhe para o monstro Beemote,
que eu criei, como também criei você.
Ele come capim como o boi,
16 mas veja quanta força tem
e como são poderosos os seus músculos!
17 O seu rabo levantado é duro como um galho de cedro,
e nos músculos das suas pernas ele tem muita força.
18 Os seus ossos são fortes como canos de bronze,
e as suas pernas são como barras de ferro.
19 Ele é a mais espantosa das minhas criaturas.
Só eu, o seu Criador, sou capaz de vencê-lo.
20 O capim que o alimenta cresce nas montanhas,
onde as feras se divertem.
21 Ele se deita debaixo dos espinheiros
e se esconde no brejo, entre as taboas.
22 Os espinheiros lhe dão sombra;
os salgueiros do ribeirão o rodeiam.
23 Se há uma enchente, ele não se assusta;
e fica tranquilo mesmo que a água do rio Jordão suba até o seu focinho.
24 Quem é capaz de cegá-lo e agarrá-lo
ou de prender o seu focinho numa armadilha?

Quem pode enfrentar o monstro Leviatã?

41 "E, quanto ao monstro Leviatã,
será que você pode pescá-lo com
um anzol
ou amarrar a sua língua com uma corda?
2 Você é capaz de passar uma corda pelo nariz dele
ou furar o seu queixo com um gancho?
3 Será que ele vai pedir que você o solte
ou implorar que tenha dó dele?
4 Será que ele vai fazer um trato com você,
prometendo trabalhar para você o resto da vida?
5 Será que você vai brincar com ele, como se fosse um passarinho?
Você vai amarrá-lo, a fim de servir como um brinquedo para as suas empregadas?
6 Será ele vendido por um grupo de pescadores?

Será que para isso o cortarão em
pedaços?
7 Será que você pode enterrar lanças
no seu couro
ou fincar arpões de pesca na sua
cabeça?
8 Tente encostar a mão nele, e será
uma vez só,
pois você nunca mais esquecerá a
luta.

9 Só de olhar para o monstro Leviatã
as pessoas perdem toda a coragem
e desmaiam de medo.
10 Se alguém o provoca, ele fica
furioso.
Quem se arriscaria a desafiá-lo?
11 Quem pode enfrentá-lo sem sair
ferido?
Ninguém, no mundo inteiro.

12 "Agora vou falar das pernas do
Leviatã,
do seu tamanho e da sua força sem
igual.
13 Quem pode arrancar o couro que
o cobre
ou furar a sua dupla *couraça?
14 Quem é capaz de fazê-lo abrir a
sua queixada
rodeada de dentes terríveis?
15 As suas costas são cobertas de
fileiras de escamas
ligadas umas com as outras e duras
como pedras.
16 Estão coladas tão bem umas nas
outras,
que nem o ar passa entre elas.
17 Estão ligadas entre si e bem
coladas,
de modo que ninguém pode
separá-las.
18 Quando o Leviatã espirra, saem
faíscas;
os seus olhos brilham como o sol ao
amanhecer.
19 A sua boca lança chamas,
e dela saltam faíscas de fogo.
20 O seu nariz solta fumaça,
como a de galhos que queimam
debaixo de uma panela.
21 O seu sopro acende o fogo,
e da sua boca saem chamas.
22 A sua força está no pescoço,
e a cara dele mete medo em todo
mundo.
23 No seu couro não existe ponto fraco;
ele é firme e duro como ferro.

Uma oração de...

Louvor

Querido Senhor, Deus da eternidade: os céus declaram tua glória.

A terra fala de tuas riquezas; o Universo é teu templo; tua presença preenche a imensidão. Tu criaste a vida para teu prazer e ensinaste a ela a felicidade; tu me fizeste como sou e me deste o que tenho.

Em ti eu vivo, me movo e tenho o que sou; tua vontade estabelece os limites de minha vida e sabiamente cuida de tudo o que me diz respeito. Obrigada pelas riquezas concedidas a mim em Jesus, pela revelação clara dele em tua Palavra, na qual vejo a pessoa, o caráter, a bondade, a glória, a humilhação, o sofrimento, a morte e a ressurreição de Cristo. Ajuda-me a sentir a necessidade constante de Jesus como meu Salvador e ajuda-me a clamar como Jó: "Eu não valho nada"; como Pedro: "Socorro!"; como o cobrador de impostos: "Tem pena de mim, pois sou pecador!" Subjuga em mim o amor ao pecado. Deixa que eu conheça a necessidade de renovação e perdão para minha alma, a fim de que eu possa servir a ti e desfrutar de ti para sempre. Eu me achego a ti no nome de Jesus, que prevalece sobre tudo, sem nada pessoal que me defenda: sem obras, mérito, promessas. Eu faço muita confusão — e eu falo sério, *muita*! — e, conscientemente, vou contra tuas ordens, abusando muitas vezes de tua bondade. Grande parte de minha culpa vem de meus privilégios religiosos, de como penso ser segura e de minha incapacidade de usar a meu favor o privilégio que recebo de ti. Impressiona-me profundamente com uma noção de tua onipresença para que eu saiba que tu *estás observando* meus passos, meus caminhos, meu deitar e meu levantar.

Amém.

24 O seu coração cruel não tem
medo;
é duro como uma pedra de moinho.
25 Quando ele se levanta, até os mais
fortes ficam apavorados;
o medo os impede de agir.

26 Não há espada que consiga feri-lo,
nem lança, nem flecha, nem arpão.
27 Para ele, o ferro é como palha,
e o bronze, como pau podre.
28 As flechas não o fazem fugir.
Jogar pedras nele é como jogar capim.
29 Bater nele com um porrete
é o mesmo que bater com uma torcida de palha;
ele zomba dos homens que lhe atiram lanças.
30 A sua barriga é coberta de cacos pontudos,
que reviram a lama como se fossem uma grade de ferro.
31 Ele agita o mar e o faz ficar como água que ferve na panela,
como o óleo fervendo no caldeirão.
32 Ele vai deixando na água um rastro luminoso,
como se o mar tivesse uma cabeleira branca.
33 Não há nada neste mundo que se compare com ele,
pois foi feito para não ter medo.
34 O Leviatã olha para tudo com desprezo
e entre todas as feras orgulhosas ele é rei."

Última resposta de Jó a Deus
42.1-6

42 Então, em resposta ao SENHOR, Jó disse:

2 "Eu reconheço que para ti nada é impossível
e que nenhum dos teus planos pode ser impedido.
3 Tu me perguntaste como me atrevi
a pôr em dúvida a tua sabedoria,
visto que sou tão ignorante.
É que falei de coisas que eu não compreendia,
coisas que eram maravilhosas demais para mim
e que eu não podia entender.
4 Tu me mandaste escutar o que estavas dizendo
e responder às tuas perguntas.
5 Antes eu te conhecia só por ouvir falar,
mas agora eu te vejo com os meus próprios olhos.
6 Por isso, estou envergonhado de tudo o que disse
e me arrependo, sentado aqui no chão, num monte de cinzas."

DEVOCIONAL

Texto para leitura: **Jó 42:7-10**

Conheça a Deus

Você está sofrendo? Seu sofrimento acabará quando Deus deixar de usá-lo. O sofrimento não tem por objetivo destruí-la, como você pode pensar, mas transformá-la em algo mais do que você é agora. A menos que você seja a causadora de seu próprio sofrimento, este irá libertá-la, se você confiar com gratidão naquele que o permite. Todo o sofrimento deve levá-la à adoração e à gratidão, não ao ressentimento e à desconfiança. Quando a Garota de Deus que está sofrendo confia no Senhor, em vez de culpá-lo, suas orações estão focadas não em se livrar do problema, mas em servir à Resposta. As orações mais eficazes não são as que imploram alívio, mas as que focam a vontade de Deus, e não o sofrimento em si.

A vida de Jó nos dá um bom exemplo de oração poderosa. Jó sofreu muito, mas foi só quando ele orou por seus amigos que sua vida foi curada: "Depois que Jó acabou de orar pelos seus três amigos, o SENHOR fez com que ele ficasse rico de novo e lhe deu em dobro tudo o que tinha tido antes" (Jó 42:10). A melhor e mais poderosa oração é sempre aquela feita por alguém. *Quando você tirar os olhos de seu próprio sofrimento* e os colocar a serviço dos outros, você estará livre da dor e se moverá para coisas mais importantes — coisas que fazem diferença eternamente.

CENA FINAL
42.7-17

Os três amigos de Jó

7 Depois que acabou de falar com Jó, o
SENHOR disse a Elifaz, da região de Temã:
— Estou muito *irado com você e com
os seus dois amigos, pois vocês não fa-
laram a verdade a meu respeito, como o
meu *servo Jó falou. 8 Agora peguem sete
touros e sete carneiros, levem a Jó e ofe-
reçam como *sacrifício em favor de vo-
cês. O meu servo Jó orará por vocês, e eu
aceitarei a sua oração e não os castiga-
rei como merecem, embora vocês não te-
nham falado a verdade a meu respeito,
como Jó falou.
9 Então Elifaz, que era da região de
Temã, Bildade, que era da região de Sua,
e Zofar, que era da região de Naamá, fo-
ram e fizeram o que o SENHOR havia man-
dado, e ele aceitou a oração de Jó.

A nova família de Jó

10 Depois que Jó acabou de orar pelos
seus três amigos, o SENHOR fez com que
ele ficasse rico de novo e lhe deu em do-
bro tudo o que tinha tido antes. 11 Todos
os seus irmãos e irmãs e todos os seus
amigos foram visitá-lo e tomaram parte
num banquete na casa dele. Falaram de
como estavam tristes pelo que lhe havia
acontecido e o consolaram por todas as
desgraças que o SENHOR havia feito cair
sobre ele. E cada um lhe deu dinheiro e
um anel de ouro.
12 O SENHOR abençoou a última par-
te da vida de Jó mais do que a primei-
ra. Ele chegou a ter catorze mil ovelhas,
seis mil camelos, dois mil bois e mil ju-
mentas. 13 Também foi pai de sete filhos
e três filhas. 14 À primeira deu o nome
de Jemima; à segunda chamou de Cás-
sia; e à terceira, de Querém-Hapuque.
15 No mundo inteiro não havia mulheres
tão lindas como as filhas de Jó. E o pai as
fez herdeiras dos seus bens, junto com
os seus irmãos.
16 Depois disso, Jó ainda viveu cento e
quarenta anos, o bastante para ver netos
e bisnetos. 17 E morreu bem velho.

Salmos

Louve a Deus

Ó SENHOR Deus, em ti eu busco proteção; livra-me da vergonha de ser derrotado. Tu és justo; eu te peço que me ajudes.
Salmos 31:1

Autores ♥ Davi, Moisés, Salomão, Etã, Hemã, Asafe e muitos outros
Data ♥ Ao longo do período do Antigo Testamento, e redação final após o exílio babilônio
Local ♥ Desconhecido
Público-alvo ♥ O povo de Deus, ou Deus ao ser adorado

A música no culto tem por objetivo nos ajudar a fazer uma coisa: adorar a Deus. Ao adorar, você diz para Deus o quanto ele é maravilhoso e faz transbordar seu sentimento de admiração, gratidão e reverência por ele. Quando você presenteia Deus com seus louvores, isso se parece com a noite de Natal para ele. Mas o que é maravilhoso na adoração é que ela serve não só ao Deus adorado, mas também ao adorador. A adoração nunca teve por objetivo ser um ato egoísta que você faz a fim de se sentir melhor ou inspirada, mas esses sentimentos são efeitos colaterais. Muitas vezes, as músicas que você canta para Deus expressam suas emoções humanas de medo, preocupação e estresse — pelo menos foi o que aconteceu com o rei Davi. O livro de Salmos é uma coletânea de cânticos escritos por homens como Moisés, Davi, Etã, Hemã e Asafe. Eles foram escritos por muitas razões diferentes, mas tinham uma coisa em comum: todos foram escritos para expressar o amor de Deus e a fé nele.

A música não é a única maneira de adorar a Deus. Você o adora quando vive em obediência ao que ele ordena, quando lhe agradece por tudo que recebeu e quando conversa com ele sobre sua vida. Adorar é mais do que simplesmente cantar, mas a música de adoração pode ser uma maneira poderosa de conectar seu coração e sua alma a ele. E os salmistas sabiam disso, talvez melhor do que ninguém. Durante a leitura do livro dos Salmos, observe como seus autores, homens tementes a Deus, muitas vezes, tiveram medo, sentiram-se solitários e deprimidos, e sofreram, mas, ao mesmo tempo, sempre voltavam a ter esperança e plena convicção de que Deus cuidaria de todas as coisas. Veja como o salmista é capaz de gastar a maior parte de sua energia com queixas, mas acabar em adoração quando, finalmente, se lembra da verdade. E lembre-se de que você está lendo estes salmos deste lado do túmulo vazio. Como todos os livros do Antigo Testamento, o livro de Salmos deve ser lido pelo filtro do Novo Testamento. Sempre pense no que a vida e a morte de Jesus significam para sua vida emocional e em como você se relaciona com o Pai.

Ponto essencial
O livro de Salmos é uma coletânea de cânticos de adoração escritos por diversos homens. Eles expressam os pensamentos e sentimentos dos salmistas sobre a vida e sobre Deus. Cada salmo foi escrito como resposta do autor às coisas que aconteciam na vida dele.

Os salmos podem ser uma ótima maneira de falar com Deus. Leia-os em voz alta e os transforme em conversas com Deus. Confie na sabedoria da qual eles falam e saiba que a comunicação com o Senhor é a coisa mais importante na vida de uma Garota de Deus.

Coisas para procurar

- O uso da linguagem poética
- Diferentes tipos de salmos:
  Os de louvor falam da grandeza de Deus
  Os messiânicos apontam para a vida de Jesus
  Os de confissão expõem os pecados do salmista
  Os históricos lembram a história da nação de Israel (ou Sião)
  Os de pedido de punição falam sobre inimigos e vingança
  Os de lamentação ou arrependimento expressam tristeza
  Os de ação de graças reconhecem as bênçãos que Deus deu

Termos e versículos que você deve saber

Misericórdia: Misericórdia é não receber o castigo que você, de fato, merece. É a compaixão de Deus por nós, mesmo depois de o termos ofendido — ele nos vê em nossa angústia e pecado e nos ama de qualquer maneira.

Selá: Um termo musical que aparece em algumas traduções do livro de Salmos. Seu significado é incerto, mas pode ser "pausa", "silêncio", "fim" ou até "mais alto".

Sião: Pode significar muitas coisas, entre elas: fortaleza, cidadela, o templo do monte, o monte santo de Deus, a cidade de Davi, a cidade de Deus, a cidade de Jerusalém, a terra de Judá e toda a nação de Israel.

Temor do Senhor: Refere-se à admiração, respeito, amor e reverência que devemos ter por Deus. É temer a reação ou o juízo dele mais do que os de qualquer outra pessoa.

O Senhor é o meu pastor: nada me faltará.
(Salmos 23:1)

Confie no Senhor. Tenha fé e coragem. Confie em Deus, o Senhor.
(Salmos 27:14)

O Anjo do Senhor fica em volta daqueles que o temem e os protege do perigo.
(Salmos 34:7)

Que a sua felicidade esteja no Senhor! Ele lhe dará o que o seu coração deseja.
(Salmos 37:4)

Assim como o corço deseja as águas do ribeirão, assim também eu quero estar na tua presença, ó Deus! Eu tenho sede de ti, o Deus vivo! Quando poderei ir adorar na tua presença?
(Salmos 42:1-2)

PRIMEIRO LIVRO

Salmos 1—41

A verdadeira felicidade

1 Felizes são aqueles
que não se deixam levar
pelos conselhos dos maus,
que não seguem o exemplo
dos que não querem saber de Deus
e que não se juntam com os que zombam
de tudo o que é sagrado!
2 Pelo contrário, o prazer deles
está na *lei do SENHOR,
e nessa lei eles meditam dia e noite.
3 Essas pessoas são como árvores
que crescem na beira de um riacho;
elas dão frutas no tempo certo,
e as suas folhas não murcham.
Assim também tudo o que
essas pessoas fazem dá certo.

4 O mesmo não acontece com os maus;
eles são como a palha
que o vento leva.
5 No Dia do Juízo eles serão condenados
e ficarão separados
dos que obedecem a Deus.
6 Pois o SENHOR dirige e abençoa
a vida daqueles que lhe obedecem,
porém o fim dos maus
são a desgraça e a morte.

O rei escolhido por Deus

2 Por que as nações pagãs
planejam revoltas?
Por que os povos fazem planos
tão tolos?

DEVOCIONAL

Texto para leitura: **Salmo 1**

Conheça a Deus

Deus, e não o propósito dele para sua existência, tem tudo a ver com o processo de sua vida. O propósito é uma questão importante, mas não tão importante quanto a obediência: fazer o que você é chamada a fazer agora. É fácil começar a surtar quando você não consegue descobrir seu propósito na vida, mas Deus não quer que você se concentre em algum grande propósito num futuro longínquo, mas sim que você o encontre neste exato momento. Ele quer que você se coloque acima de si mesma, de suas necessidades e de seus desejos e confie nele agora, não algum dia do futuro em que você encontrar seu propósito. O propósito de Deus para sua vida não é para mais tarde; é para agora. O propósito de Deus para você consiste no processo de fazer continuamente o que ele pede que você faça, por mais que doa. Se você puder se mover em meio ao tumulto, estresse e tensão da vida, obedecendo à Palavra de Deus e confiando cada passo e cada ação a ele, então você terá encontrado seu propósito.

É algo humano e até orgulhoso concentrar-se na busca de um propósito "grandioso". Deus não precisa de suas grandes realizações, mas quer seu coração totalmente dedicado e confiado a ele. Quando você entregar sua vida ao Senhor com isso em mente, verá que, a cada dia, você cumpre seu propósito de amar aquele que lhe deu a vida. Quanto mais você viver com este objetivo em mente, melhores serão seus dias e maior será o impacto que sua vida terá.

Então, não pense como as outras pessoas pensam. Não se concentre em si mesma, mas em seu Deus. Não pergunte: "Qual é meu propósito?" Você *já sabe qual é seu* propósito: amar e servir ao único Deus verdadeiro para que a vontade dele seja feita na terra como no céu. Alinhe sua vida com a dele, e você será um verdadeiro sucesso.

2 Os seus reis se preparam,
e os seus governantes fazem planos
contra Deus, o SENHOR,
e o rei que ele escolheu.

3 Esses rebeldes dizem:
"Vamos nos livrar do domínio deles;
acabemos com o poder
que eles têm sobre nós."
4 Do seu trono lá no céu
o Senhor ri e zomba deles.
5 Então, muito *irado, ele os ameaça
e os assusta com o seu furor.
6 Ele diz: "Já coloquei o meu rei
no trono
lá em *Sião, o meu monte santo."

7 O rei diz: "Anunciarei
o que o SENHOR afirmou.
O SENHOR me disse:
'Você é meu filho;
hoje eu me tornei seu pai.
8 Peça, e eu lhe darei todas as nações;
o mundo inteiro será seu.
9 Com uma barra de ferro,
você as quebrará
e as fará em pedaços
como se fossem potes de barro.' "

10 Agora escutem, ó reis;
prestem atenção, autoridades!
11 Adorem o SENHOR com *temor.
Tremam e se ajoelhem diante dele;
12 se não, ele ficará irado logo,
e vocês morrerão.
Felizes são aqueles que buscam
a proteção de Deus!

Oração pedindo a ajuda de Deus

Davi escreveu este salmo quando fugia do seu filho Absalão.

3 Ó SENHOR Deus, tenho tantos inimigos!
São muitos os que se viram contra
mim!
2 Eles conversam a meu respeito e
dizem:
"Deus não o ajudará!"

3 Mas tu, ó SENHOR, me proteges
como um *escudo.
Tu me dás a vitória
e renovas a minha coragem.
4 Eu chamo o SENHOR para me
ajudar,
e lá do seu *monte santo
ele me responde.

5 Eu me deito, e durmo tranquilo,
e depois acordo
porque o SENHOR me protege.
6 Não tenho medo
dos milhares de inimigos
que me ameaçam de todos os lados.

7 Vem, ó SENHOR!
Salva-me, meu Deus!
Tu atacas os meus inimigos;
tu humilhas os maus
e acabas com o seu poder.
8 És tu que dás a vitória.
Ó SENHOR Deus, abençoa o teu
povo.

Deus, meu defensor

Salmo de Davi. Ao regente do coro — para instrumentos de cordas.

4 Ó Deus, defensor dos meus direitos,
responde-me quando eu te chamar!
Eu estava em dificuldade,
mas tu me ajudaste.
Tem misericórdia de mim
e ouve a minha oração!

2 Homens poderosos, até quando
vocês vão me insultar?
Até quando amarão o que não tem
valor
e andarão atrás de falsidades?

3 Lembrem que o SENHOR Deus
trata com cuidado especial
aqueles que são fiéis a ele;
o SENHOR me ouve quando eu o
chamo.
4 Tremam de medo e parem de
pecar.
Sozinhos e quietos nos seus
quartos,
examinem a sua própria
consciência.
5 Ofereçam *sacrifícios
como o SENHOR exige
e ponham a sua confiança nele.

6 Há muitas pessoas que oram
assim:
"Dá-nos mais bênçãos, ó SENHOR
Deus,
e olha para nós com bondade!"
7 Mas a felicidade que pões
no meu coração é muito maior
do que a daqueles que têm comida
com fartura.

8 Quando me deito, durmo em paz,
pois só tu, ó SENHOR,
me fazes viver em segurança.

DEVOCIONAL

Texto para leitura: **Salmos 4:6-8**

Conheça a si mesma

Às vezes, você precisa fazer mais do que só orar por coisas como, por exemplo, seu humor.

Não ore apenas por seu mau humor. Dê um chega pra lá nele! Seu humor é fruto do modo como você pensa nas coisas da vida. Quanto mais você ouve sua carne e os sentimentos, mais fácil é ignorar a verdade das Escrituras. Mas, quanto mais você, sem rodeios, se recusa a deixar que o mundo à sua volta decida como será seu humor, mais livre você se torna.

Transformar-se na Garota de Deus que você deveria ser significa agarrar seu mau humor pelo pescoço e, pouco a pouco, dia após dia, colocá-lo para fora da porta. Quando você começa a adotar os pensamentos do Espírito Santo, quando estuda a Palavra de Deus e descobre o que agrada ao Senhor, e quando deseja o que ele deseja, então controlar suas emoções se torna cada vez mais fácil. Você começa a reconhecer seu mau humor mais rápido e, às vezes, simplesmente se recusa a deixar que ele fique por ali.

Seu mau humor não precisa controlá-la; mas você pode controlá-lo. Pense em que consiste seu humor: um problema, o meio em que você vive ou algo que alguém disse ou fez? É uma reação ao que Deus disse? Tem mais a ver com pessoas ou com Deus? Se tiver mais a ver com a criação do que com o Criador, isso não é bom. O mau humor não tem de afligir a Garota de Deus, porque seu humor não está baseado nas circunstâncias da vida, as quais sempre mudam, mas em um Deus que nunca muda. Você está tendo um dia ruim? Pense em como pode ser feliz na provação que Deus lhe reservou. Você está passando por um momento difícil? Pense em como a perseverança pode mudar sua vida.

À medida que você deixa de ser a Garota de Deus para ser a mulher de Deus, saberá mais como se recusar a ouvir seu humor e, em vez disso, optar por ouvir a Deus. Toda vez que fizer isso, você desenvolverá sua força, seu caráter e sua fé.

Oração pedindo a proteção de Deus

Salmo de Davi. Ao regente do coro — para flautas.

5 Ó SENHOR Deus,
ouve as minhas palavras
e escuta os meus gemidos!
2 Meu Rei e meu Deus,
atende o meu pedido de ajuda,
pois eu oro a ti, ó SENHOR!
3 De manhã ouves a minha voz;
quando o sol nasce,
eu faço a minha oração
e espero a tua resposta.

4 Tu não és Deus que tenha prazer
na maldade;
tu não permites que os maus
sejam teus hóspedes.
5 Tu não suportas a presença
dos orgulhosos
e detestas os que praticam o mal.
6 Acabas com os mentirosos
e desprezas os violentos e os falsos.

7 Mas, por causa do teu grande amor,
eu posso entrar nos pátios
da tua casa
e ajoelhar com todo o respeito,
voltado para o teu santo Templo.
8 Ó SENHOR Deus, ajuda-me a fazer
a tua vontade
e faze com que o teu caminho
seja reto e plano para mim!
Que os meus inimigos vejam
que tu estás comigo!
9 Não se pode confiar
no que eles dizem,

pois só pensam em destruir.
A sua conversa é uma bajulação
macia,
mas está cheia de engano e morte.
10 Condena e castiga-os, ó Deus!
Que os próprios planos deles
os façam cair na desgraça!
Expulsa-os da tua presença,
pois eles muitas vezes quebram
as tuas *leis
e se revoltam contra ti.

11 Mas os que buscam abrigo em ti
ficarão contentes
e sempre cantarão de alegria
porque tu os defendes.
Os que te amam
encontram a felicidade em ti.
12 Pois tu, ó SENHOR Deus,
abençoas os que te obedecem,
a tua bondade os protege
como um *escudo.

Oração de um enfermo

Salmo de Davi. Ao regente do coro — para instrumentos de oito cordas.

6 Ó SENHOR Deus, não me repreendas
quando estiveres *irado!
Não me castigues no teu furor.
2 Tem compaixão de mim,
pois me sinto fraco.
Dá-me saúde, pois o meu corpo
está abatido,
3 e a minha alma está muito aflita.
Ó Deus, quando virás me curar?

4 Vem salvar a minha vida,
ó SENHOR Deus!
Por causa do teu amor,
livra-me da morte.
5 Pois no *mundo dos mortos
não és lembrado,
e lá ninguém pode te louvar.
6 Estou cansado de chorar.
Todas as noites a minha cama
se molha de lágrimas,
e o meu *choro encharca o*
travesseiro.
7 Por causa dos meus inimigos,
os meus olhos estão inchados
de tanto chorar,
e quase não posso enxergar.

8 Afastem-se de mim,
vocês que fazem o mal!
O SENHOR Deus me ouve quando
choro;
9 ele me escuta quando peço ajuda
e atende as minhas orações.
10 Os meus inimigos ficarão
envergonhados e apavorados;
eles fugirão de repente,
em completa confusão.

Oração pedindo justiça

Hino que Davi cantou a Deus por causa de Cuche, o benjamita.

7 Ó SENHOR, meu Deus,
em ti encontro segurança.
Salva-me, livra-me
de todos os que me perseguem.
2 Não permitas que eles, como um
leão,
me peguem e me despedacem,
sem que ninguém possa me salvar.

3 Ó SENHOR, meu Deus, se tenho
feito
qualquer uma destas coisas:
se cometi alguma injustiça
contra alguém,
4 se traí um amigo,
se cometi sem motivo alguma
violência
contra o meu inimigo,
5 então que os meus inimigos
me persigam e me agarrem!
Que eles me deixem caído no chão,
morto,
e largado sem vida no pó!

6 Ó SENHOR, levanta-te com *ira
e enfrenta a fúria dos meus inimigos!
Levanta-te e ajuda-me,
porque tu exiges que a justiça
seja feita.
7 Ajunta todos os povos em volta de ti
e, de cima, reina sobre eles.
8 Ó SENHOR Deus, tu és o juiz
de todas as pessoas.
Julga a meu favor,
pois sou inocente e correto.
9 Eu te peço que acabes
com a maldade dos maus
e que recompenses os que são
direitos.
Pois tu és Deus justo
e julgas os nossos pensamentos
e desejos.

10 Deus me protege como um
*escudo;
ele salva os que são honestos
de verdade.
11 Deus é um juiz justo;
todos os dias ele condena os maus.

[12] Se eles não se arrependerem,
Deus afiará a sua espada.
Ele já armou o seu arco
para disparar flechas.
[13] Ele pega as suas armas mortais
e atira as suas flechas de fogo.

[14] Vejam como os maus imaginam
maldades.
Eles planejam desgraças
e vivem mentindo.
[15] Armam armadilhas para pegarem
os outros,
mas eles mesmos caem nelas.
[16] Assim eles são castigados
pela sua própria maldade,
são feridos
pela sua própria violência.

[17] Eu, porém, agradecerei a Deus
a sua justiça
e cantarei louvores ao SENHOR,
o Deus Altíssimo.

A grandeza de Deus e o valor do ser humano

Salmo de Davi. Ao regente do coro — com a melodia de "Os Lagares".

8 Ó SENHOR, Senhor nosso,
a tua grandeza é vista
no mundo inteiro.
O louvor dado a ti chega até o céu
[2] e é cantado pelas crianças
e pelas criancinhas de colo.
Tu construíste uma fortaleza
para te proteger dos teus inimigos,
para acabar com todos
os que te desafiam.

[3] Quando olho para o céu,
que tu criaste,
para a lua e para as estrelas,
que puseste nos seus lugares —
[4] que é um simples ser humano
para que penses nele?
Que é um ser mortal
para que te preocupes com ele?

[5] No entanto, fizeste o ser humano
inferior somente a ti mesmo
e lhe deste a *glória e a honra
de um rei.
[6] Tu lhe deste poder
sobre tudo o que criaste;
tu puseste todas as coisas
debaixo do domínio dele:
[7] as ovelhas e o gado
e os animais selvagens também;
[8] os pássaros e os peixes
e todos os seres que vivem no mar.

[9] Ó SENHOR, nosso Deus,
a tua grandeza é vista
no mundo inteiro.

Louvor a Deus pela sua justiça

Salmo de Davi. Ao regente do coro — com a melodia de "A Morte do Filho".

9 Ó SENHOR Deus, eu te louvarei
com todo o coração
e contarei todas as coisas
maravilhosas que tens feito.
[2] Por causa de ti eu me alegrarei
e ficarei feliz.
Cantarei louvores a ti,
ó Deus Altíssimo.

[3] Quando apareces,
os meus inimigos fogem;
eles caem e morrem.
[4] Tu és um juiz justo
e, sentado no teu trono,
fizeste justiça,
julgando a meu favor.
[5] Tu condenaste os pagãos
e destruíste os maus;
eles nunca mais serão lembrados.
[6] Arrasaste as cidades
dos nossos inimigos;
elas foram destruídas para sempre,
e eles estão completamente
esquecidos.

[7] Mas o SENHOR é Rei para sempre.
Sentado no seu trono,
ele faz os seus julgamentos.
[8] Deus governa o mundo com justiça
e julga os povos
de acordo com o que é direito.
[9] O SENHOR é um abrigo
para os que são perseguidos;
ele os protege em tempos de
aflição.
[10] Ó SENHOR, aqueles que te
conhecem
confiam em ti,
pois não abandonas
os que procuram a tua ajuda.

[11] Cantem louvores ao SENHOR,
que reina em Jerusalém.
Anunciem às nações o que ele tem
feito.
[12] Pois Deus lembra
dos que são perseguidos;
ele não esquece os seus gemidos

e castiga aqueles que os tratam
com violência.

13 Ó SENHOR Deus, tem compaixão
de mim!
Vê como me fazem sofrer
os que me odeiam.
Livra-me da morte
14 a fim de que eu,
na presença do povo de Jerusalém,
possa me levantar
para anunciar o motivo
por que te louvo
e dizer que sou feliz
porque me salvaste da morte.

15 Os pagãos caíram na cova
que fizeram;
foram apanhados na armadilha
que eles mesmos armaram.
16 O SENHOR se torna conhecido
por causa dos seus julgamentos
justos,
e os maus caem
nas suas próprias armadilhas.
17 Eles acabarão no *mundo dos
mortos;
para lá irão todos os que rejeitam
a Deus.

18 Os pobres não serão esquecidos
para sempre,
e os necessitados não perderão
para sempre a esperança.
19 Vem, ó SENHOR,
e não deixes que os seres humanos
te desafiem!
Põe os povos pagãos diante de ti
e julga-os.
20 Faze, ó SENHOR Deus,
com que sintam medo!
Que eles fiquem sabendo
que são simples criaturas mortais!

Oração pedindo justiça

10 Ó SENHOR Deus, por que ficas aí
tão longe?
Por que te escondes
em tempos de aflição?
2 Os maus são orgulhosos
e perseguem os pobres;
que eles caiam
nas suas próprias armadilhas!

3 Os maus falam com orgulho
dos seus desejos.
As pessoas que exploram os outros
desprezam o SENHOR
e *blasfemam contra ele.
4 O homem mau não se importa com
Deus;
por causa do seu orgulho
ele pensa assim:
"Para mim, Deus não tem
importância."
5 Tudo o que esse homem faz dá
certo.
Ele não pode entender
os julgamentos de Deus
e zomba dos seus inimigos.
6 Ele pensa assim: "Nunca
fracassarei;
nunca terei dificuldades."
7 A sua boca está cheia de
maldições,
mentiras e ameaças.
Ele só fala de desgraças
e de maldades.

8 Ele se esconde perto dos
povoados;
espera ali e mata pessoas inocentes.
9 Como um leão, ele espera
no seu esconderijo
e espia os que não podem se
defender.
Fica de tocaia, esperando
pelos que são perseguidos;
então pega as vítimas na armadilha
e as arrasta dali.
10 Elas são esmagadas e caem,
derrotadas pela força bruta.
11 Esse homem mau pensa assim:
"Deus não se importa;
ele fechou os olhos e nunca vê
nada!"

12 Vem, ó SENHOR Deus,
e castiga essa gente má!
Não te esqueças dos que estão
sendo
perseguidos!
13 Como pode a pessoa má
desprezar a Deus
e pensar que Deus não a castigará?

14 Mas tu, ó Deus, vês e percebes
o sofrimento e a tristeza
e sempre estás pronto para ajudar.
Os que não podem se defender
confiam em ti;
tu sempre tens socorrido
os necessitados.

15 Senhor, acaba com o poder dos
maus
e dos perversos.

Castiga-os por causa
das suas maldades
até que eles não as pratiquem mais.
16 O SENHOR é Rei para sempre;
os pagãos serão expulsos
da terra dele.

17 Ó SENHOR Deus, tu ouvirás
as orações dos que são
perseguidos
e lhes darás coragem.
18 Tu ouvirás os gritos
dos oprimidos e dos necessitados
e julgarás a favor deles
para que seres humanos,
que são mortais,
nunca mais espalhem o terror.

Segurança em Deus

De Davi. Ao regente do coro.

11 Com Deus, o SENHOR, estou seguro.
Não adianta me dizerem:
"Fuja como um pássaro
para as montanhas
2 porque os maus já armaram
os seus arcos
e de tocaia apontam as flechas
para atirar nas pessoas direitas.
3 O que pode fazer a pessoa honesta
quando as *leis e os bons costumes
são desprezados?"

4 O SENHOR Deus está
no seu santo Templo;
o seu trono está no céu.
Ele vê todas as pessoas
e sabe o que elas fazem.
5 O SENHOR examina
os que lhe obedecem
e também aqueles que são maus;
com todo o coração ele detesta
os que gostam de praticar violências.

6 Deus faz cair enxofre e brasas
sobre os maus;
ele os castiga com ventos
que queimam como o fogo.
7 O SENHOR faz o que é certo
e ama a honestidade;
as pessoas que são obedientes a ele
viverão na sua presença.

Livra-nos dos maus

Salmo de Davi. Ao regente do coro — para instrumentos de oito cordas.

12 Salva-nos, ó SENHOR Deus,
pois já não há mais
pessoas de confiança,
e os que são fiéis a ti
desapareceram da terra.
2 Todos dizem mentiras uns aos
outros;
um engana o outro com bajulações.

3 Ó SENHOR, faze com que
esses bajuladores se calem!
Fecha a boca dessa gente
convencida.
4 Eles dizem:
"Com as nossas palavras
venceremos;
ninguém vai tapar a nossa boca.
Quem é que manda em nós?"

5 Mas o SENHOR Deus diz:
"Agora eu vou agir
porque os necessitados
estão sendo oprimidos,
e os perseguidos gemem de dor.
Eu lhes darei a segurança
que tanto esperam."

6 As promessas do SENHOR
merecem confiança;
elas são como a prata pura,
refinada sete vezes no fogo.
7 Ó SENHOR Deus, guarda-nos sempre
bem protegidos
e livra-nos dos maus,
8 pois eles andam por toda parte,
e todas as pessoas dão valor
àquilo que é mau.

Confiança no amor de Deus

Salmo de Davi. Ao regente do coro.

13 Ó SENHOR Deus, até quando
esquecerás de mim?
Será para sempre?
Por quanto tempo esconderás de mim
o teu rosto?
2 Até quando terei de suportar
este sofrimento?
Até quando o meu coração se encherá
dia e noite de tristeza?
Até quando os meus inimigos
me vencerão?

3 Ó SENHOR, meu Deus,
olha para mim e responde-me!
Dá-me forças novamente
para que eu não morra.
4 Assim os meus inimigos não
poderão
se alegrar com a minha desgraça,
nem poderão dizer:
"Nós o derrotamos!"

5 Eu confio no teu amor.
O meu coração ficará alegre,
pois tu me salvarás.
6 E, porque tens sido bom para mim,
cantarei hinos a ti, ó SENHOR.

Corrupção e salvação

Salmo 53

De Davi. Ao regente do coro.

14 Os tolos pensam assim:
"Para mim, Deus não tem
importância."
Todos são corruptos
e as coisas que eles fazem
são nojentas;
não há uma só pessoa que faça o bem.
2 Lá do céu o SENHOR Deus olha
para a humanidade
a fim de ver se existe
alguém que tenha juízo,
se existe uma só pessoa que o adore.
3 Mas todos se desviaram
do caminho certo
e são igualmente corruptos.
Não há mais ninguém que faça o bem,
não há nem mesmo uma só pessoa.

4 O SENHOR pergunta:
"Será que toda essa gente má
não entende nada?
Eles vivem explorando o meu povo
e não oram a mim."
5 Mas eles vão tremer de medo
porque Deus está do lado daqueles
que lhe obedecem.
6 Os maus fazem com que fracassem
as esperanças dos necessitados,
mas estes são protegidos
pelo SENHOR.

7 Queira Deus que de Jerusalém
venha
a vitória para Israel!
Como ficarão felizes e alegres
os descendentes de Jacó
quando o SENHOR fizer com que
eles prosperem de novo!

O hóspede de Deus

Salmo de Davi.

15 Ó SENHOR Deus, quem tem o direito
de morar no teu Templo?
Quem pode viver no teu *monte
santo?

2 Só tem esse direito aquele
que vive uma vida correta,
que faz o que é certo
e que é sincero e verdadeiro
no que diz.
3 Ele não fala mal dos outros,
não prejudica os seus amigos
e não espalha boatos
a respeito dos seus vizinhos.

4 Ele despreza aqueles
que o SENHOR rejeita,
mas trata com respeito
os que o *temem.
Ele cumpre o que promete,
mesmo com prejuízo próprio,
5 empresta sem cobrar juros
e não aceita *suborno
para ser testemunha
contra pessoas inocentes.

Aquele que age assim
estará sempre seguro.

Deus está sempre comigo

Hino de Davi.

16 Guarda-me, ó Deus,
pois em ti eu tenho segurança!
2 Eu disse a Deus, o SENHOR:
"Tu és o meu Senhor;
tudo o que tenho de bom vem de ti."

3 Como são admiráveis as pessoas
que se dedicam a Deus!
O meu maior prazer é estar
na companhia delas.
4 Aqueles que correm atrás
de outros deuses
trazem muito sofrimento para si
mesmos.
Eu não tomarei parte
nas suas ofertas de sangue,
nem adorarei os seus deuses.

5 Tu, ó SENHOR Deus,
és tudo o que tenho.
O meu futuro está nas tuas mãos;
tu diriges a minha vida.
6 Como são boas as bênçãos
que me dás!
Como são maravilhosas!

7 Eu louvo a Deus, o SENHOR,
pois ele é o meu conselheiro,
e durante a noite
a minha consciência me avisa.
8 Estou certo de que o SENHOR
está sempre comigo;
ele está ao meu lado direito,
e nada pode me abalar.
9 Por isso o meu coração está feliz
e alegre,

DEVOCIONAL

Texto para leitura: **Salmos 16:1-6**

Conheça a Deus

Imaginar o sucesso como o objetivo de Deus para sua vida é uma grande mentira. Ao orar, não peça a ele para lhe dar fama e fortuna. Essas coisas deste mundo não significam nada na vida de fé. Deus *pode* lhe dar sucesso e fortuna, mas esse sucesso nunca é o objetivo maior de Deus nem o da Garota de Deus.

Deus não precisa de você para conseguir salvar vidas ou realizar o que ele quer que seja feito. Todo o gado nas montanhas é dele (veja Salmos 50:10). Ele criou todos os seres vivos; todos eles pertencem a Deus (veja Salmos 24:1). Por isso, é errado acreditar que ele precisa de seu sucesso ou que você precisa de sucesso para servir a ele. Deus está preocupado com sua santidade, não com seu conforto. Ele quer que você seja mais parecida com o Filho dele, Jesus. O objetivo de Cristo não era popularidade, fama ou mesmo sucesso, mas o sacrifício. Ele é nosso exemplo vivo. Quando seu foco é o sucesso, você está focada em si mesma. Mas seu foco deve ser Deus e o reino dele. Sua primeira pergunta deveria ser: "Isto vai beneficiar o reino?" Quando a primeira coisa em que você pensa é: "Como isto vai me beneficiar?", você está provando que o objeto de sua adoração não é Deus, mas você mesma. Que triste é estar mais preocupada com a própria vida do que com o doador dela! Em vez disso, seja uma daquelas pessoas sobre as quais o salmista fala que "se dedicam a Deus!" (veja Salmos 16:3).

À medida que você realinha seus objetivos com os do Pai, cada minuto se torna um sucesso — mesmo em seus fracassos. O fracasso aos olhos do mundo nem sempre é fracasso aos olhos de Deus. Ao longo do tempo, ele usou as ações fracassadas de seu povo para alcançar seu fim desejado. Não deixe que a falta de sucesso neste mundo a tire do caminho do verdadeiro sucesso de seguir Jesus, por mais louco que isso possa parecer.

e eu, um ser mortal, me sinto bem
seguro,
10 porque tu, ó Deus, me proteges
do poder da morte.
Eu tenho te servido fielmente,
e por isso não deixarás que eu
desça
ao *mundo dos mortos.
11 Tu me mostras o caminho
que leva à vida.
A tua presença me enche de alegria
e me traz felicidade para sempre.

Uma pessoa inocente ora pedindo justiça

Oração de Davi.

17 Ó SENHOR Deus,
atende o meu pedido de justiça!
Escuta o meu pedido de ajuda.
Ouve a oração que faço
com sinceridade.

2 Tu julgarás a meu favor
porque sabes o que é direito.

3 Tu conheces o meu coração
e de noite me visitas.
Tu tens me examinado
profundamente
e não encontraste em mim
nenhum desejo mau.
Não digo coisas que te desagradam,
4 como os outros fazem.
Tenho obedecido às tuas *leis
e tenho procurado não agir
como os violentos.
5 Tenho andado sempre nos teus
caminhos
e nunca me desviei deles.

6 Eu oro a ti, ó Deus,
porque tu me respondes.
Por isso ouve-me,

DEVOCIONAL

Texto para leitura: **Salmos 17:10-15**

Conheça a si mesma

Quem é você? Você sabe? Quando os outros riem do que você faz, caçoam de você ou a odeiam, você imediatamente olha para dentro de si mesma para ver se esses zombeteiros estão certos? Você já fez isso e teve a sensação de que você não se conhecia? Algumas pessoas dizem que "autoconsciência" é saber quem você é, e elas passam dias, até anos, procurando por isso. Autoconsciência não é pecado, mas ir atrás dela constantemente significa que seu coração está na direção errada.

Quando as coisas dão errado e quando as pessoas a humilham, você não precisa se encontrar, mas sim encontrar Jesus. Olhar para dentro de si mesma só servirá para prolongar a dor e fazê-la afundar mais no buraco, mas, se você erguer os olhos e olhar para a fonte e alvo de sua fé (veja Hebreus 12:2), vai encontrar a liberdade. Quem você é no íntimo não é tão importante quanto quem você acredita ser Jesus. Quando estiver atrapalhada, sua única esperança é correr para Jesus e depender totalmente dele. Descubra os pensamentos dele. Estude a Palavra de Deus e corra para o trono dele. Então, você estará livre de seu fracasso e da preocupação consigo mesma, e estará livre para amar como Jesus amou.

escuta as minhas palavras.
7 Mostra o teu amor maravilhoso,
ó Salvador!
Ao teu lado estou livre
dos meus inimigos.
8 Protege-me como protegerias
os teus próprios olhos
e, na sombra das tuas asas,
9 esconde-me dos ataques dos maus.

Inimigos violentos estão ao meu redor;
10 eles não têm pena de ninguém
e falam com arrogância.
11 Eles me seguem de perto
e agora estão em volta de mim,
esperando o momento de me derrubarem.
12 Eles são como leões escondidos,
esperando por mim,
prontos para me despedaçar.

13 Vem, ó SENHOR Deus,
enfrenta os meus inimigos
e acaba com eles!
Com a tua espada, salva-me dos maus.
14 Ó SENHOR Deus, livra-me
daqueles que nesta vida
têm tudo o que querem!
Castiga-os com os sofrimentos
que tens guardado para eles.
Que haja bastante castigo
para os seus filhos
e que ainda sobre
para os filhos dos seus filhos!

15 Mas eu te verei,
pois tenho vivido corretamente;
e, quando acordar, a tua presença
me encherá de alegria.

Davi, o rei vitorioso

2Samuel 22.2-51

De Davi. Ao regente do coro. Palavras da canção que Davi, servo de Deus, cantou a Deus, o SENHOR, no dia em que ele o livrou de Saul e de todos os seus inimigos.

18 Ó SENHOR Deus, como eu te amo!
Tu és a minha força.
2 O SENHOR é a minha rocha,
a minha fortaleza
e o meu libertador.
O meu Deus é uma rocha
em que me escondo.
Ele me protege como um *escudo;
ele é o meu abrigo,
e com ele estou seguro.
3 Eu clamo a Deus, pedindo ajuda,

e ele me salva dos meus inimigos.
Louvem a Deus, o SENHOR!

4 Estive cercado de perigos de morte,
e ondas de destruição
rolaram sobre mim.
5 A morte me amarrou com as suas cordas,
e a sepultura armou a sua armadilha
para me pegar.
6 No meu desespero,
eu clamei ao SENHOR
e pedi que ele me ajudasse.
Do seu templo no céu
o SENHOR ouviu a minha voz,
ele escutou o meu grito de socorro.

7 Então a terra tremeu e se abalou,
e as bases dos montes
balançaram e tremeram
porque Deus estava *irado.
8 Do seu nariz saiu fumaça,
e da sua boca saíram brasas
e fogo devorador.
9 Ele abriu o céu e desceu
com uma nuvem escura
debaixo dos pés.
10 Voou nas costas de um *querubim
e viajou rápido nas asas do vento.
11 Ele se cobriu de escuridão;
nuvens grossas, cheias de água,
estavam ao seu redor.
12 Brasas e chuva de pedra
saíram dos relâmpagos
que estavam diante dele
e atravessaram as nuvens escuras.

13 Então o SENHOR trovejou do céu;
o Altíssimo fez ouvir a sua voz.
14 Ele atirou as suas flechas
e espalhou os seus inimigos;
com o clarão dos seus relâmpagos
ele os fez fugir.
15 Quando tu, ó SENHOR Deus,
repreendeste os teus inimigos
e, furioso, trovejaste contra eles,
o fundo do mar apareceu,
e os alicerces da terra
ficaram descobertos.

16 Lá do alto, o SENHOR me estendeu a mão
e me segurou;
ele me tirou do mar profundo.
17 O SENHOR me livrou
dos meus poderosos inimigos,
daqueles que me odiavam.
E todos eles eram fortes demais
para mim.
18 Quando eu estava em dificuldade,
eles me atacaram;
porém o SENHOR me protegeu,
19 me livrou do perigo
e me salvou porque me ama.

20 O SENHOR Deus me recompensa
porque sou honesto;
ele me abençoa porque sou inocente.
21 Eu tenho feito a vontade do SENHOR
e nunca cometi o pecado
de abandonar o meu Deus.
22 Eu tenho cumprido todas as suas *leis
e não tenho desobedecido
aos seus mandamentos.
23 O SENHOR sabe que não cometi
nenhuma falta
e que tenho ficado longe do mal.
24 Assim ele me recompensa
porque sou honesto
e porque sabe que não sou culpado
de nada.

25 Tu, ó SENHOR Deus, és fiel
com os que são fiéis a ti
e correto com aqueles
que são corretos.
26 Tu és puro para os que são puros,
mas és inimigo dos que são maus.
27 Tu salvas os humildes,
mas humilhas os orgulhosos.
28 Tu, ó SENHOR, me iluminas;
tu, meu Deus, acabas
com a minha escuridão.
29 Tu me dás força para atacar
os meus inimigos
e poder para vencer as suas defesas.

30 Este Deus faz tudo perfeito
e cumpre o que promete.
Ele é como um escudo
para os que procuram
a sua proteção.
31 O SENHOR é o único Deus;
somente Deus é a nossa rocha.
32 Ele é o Deus que me dá forças
e me protege aonde quer que eu vá.
33 Ele não me deixa tropeçar
e me põe a salvo nas montanhas.
34 Ele me treina para a batalha
para que eu possa usar
os arcos mais fortes.

35 Tu, ó SENHOR Deus, me deste
o escudo que salva a minha vida.
O teu cuidado
me tem feito prosperar,
e o teu poder me tem sustentado.
36 Tu não tens deixado
que os meus inimigos me peguem,
e eu não caí nenhuma vez.
37 Persigo esses inimigos
e os pego de surpresa;
não paro até acabar com eles.
38 Eu os esmago,
e eles não podem se levantar;
eles caem derrotados aos meus pés.
39 Tu me dás força para a batalha
e fazes com que eu derrote
os meus inimigos.
40 Tu fazes com que eles fujam de
mim,
e eu destruo os que me odeiam.
41 Eles gritam pedindo socorro,
mas não há ninguém para salvá-los.
Chamam o SENHOR Deus,
mas ele não responde.
42 Eu os esmago, e eles viram pó,
o pó que o vento leva.
Eu os piso como se fossem
a lama das ruas.

43 Tu me livras de revoluções
no meio do povo
e me colocas como rei das nações.
Povos que eu não conhecia
são agora meus escravos.
44 Estrangeiros se curvam
diante de mim
e me obedecem quando dou ordens.
45 Eles perdem a coragem
e saem tremendo das suas
fortalezas.

46 O SENHOR vive.
Louvem aquele que é a minha rocha,
anunciem a grandeza do Deus
que salva a minha vida.
47 Ele me vinga dos meus inimigos,
põe os povos debaixo do meu poder
48 *e me livra dos meus adversários.*

Tu, ó SENHOR Deus, fazes com que
eu vença os meus inimigos
e me proteges dos homens
violentos.
49 Por isso eu te louvo entre os
pagãos;
a ti eu canto hinos de louvor.

50 Deus dá grandes vitórias ao seu
rei
e mostra o seu amor
a quem ele escolheu —
a Davi e aos seus descendentes,
para sempre.

A glória de Deus revelada no céu e na lei

Salmo de Davi. Ao regente do coro.

19 O céu anuncia a *glória de Deus
e nos mostra aquilo
que as suas mãos fizeram.
2 Cada dia fala dessa glória
ao dia seguinte,
e cada noite repete isso
à outra noite.
3 Não há discurso nem palavras,
e não se ouve nenhum som.
4 No entanto, a voz do céu
se espalha pelo mundo inteiro,
e as suas palavras
alcançam a terra toda.

Deus armou no céu
uma barraca para o sol.
5 O sol sai dali todo alegre
como um noivo,
como um atleta ansioso
para entrar numa corrida.
6 O sol sai de um lado do céu
e vai até o outro lado;
nada pode se esconder do seu calor.

7 A *lei do SENHOR é perfeita
e nos dá novas forças.
Os seus conselhos merecem
confiança
e dão sabedoria às pessoas simples.
8 Os ensinos do SENHOR são certos
e alegram o coração.
Os seus ensinamentos são claros
e iluminam a nossa mente.
9 O *temor ao SENHOR é bom
e dura para sempre.
Os seus julgamentos são justos
e sempre se baseiam na verdade.
10 Os seus ensinos são mais preciosos
do que o ouro,
até mesmo do que muito ouro fino.
São mais doces do que o mel,
mais doces até do que o mel
mais puro.

11 Senhor, os teus ensinamentos
dão sabedoria a mim, teu *servo,
e eu sou recompensado
quando lhes obedeço.

12 Quem pode ver os seus próprios
erros?

DEVOCIONAL

Texto para leitura: **Salmos 19:12-14**

Conheça a si mesma

A Garota de Deus não dá o controle de sua vida a ninguém, a não ser a Deus. E isso significa que ela só deixa que aqueles que receberam autoridade de Deus tenham autoridade sobre ela. Certas autoridades aqui na terra, estabelecidas por Deus, irão controlar sua vida em determinadas épocas, como seus pais, professores, a polícia ou um juiz. Mas, dar o controle a quem Deus não deu controle é idolatria.

Quando se é jovem, pode ser fácil procurar pessoas que lhe digam o que fazer. Você não tem as respostas e quer ajuda. Quer saber como se vestir e como agir. Quer auxílio, mas ajuda e conselho podem se tornar formas de controle e, com a mesma rapidez, sua vida pode passar a ter menos a ver com agradar a Deus e mais com agradar às pessoas. Quando você toma decisões e dirige sua vida com base no que outra pessoa quer que faça, você se afasta da vontade de Deus e começa a fazer a vontade da criação dele. Nenhuma amiga, nenhum namorado e nenhum inimigo devem ter controle sobre sua vida. E ao fazer as coisas que você faz por medo de rejeição ou por manipulação, não se trata de um simples erro, mas sim um pecado.

Que sua oração seja para que ninguém ganhe controle sobre sua vida, mas para que você aprenda a amar os outros do jeito de Deus. Esforce-se para ser humilde, e não orgulhosa. Não se preocupe com o que os outros possam fazer ou dizer; sempre escolha o caminho de Deus e confie que ele realmente fará com que todas as coisas trabalhem juntas para o bem daqueles que o amam.

Purifica-me, Senhor, das faltas
que cometo sem perceber.
13 Livra-me também dos pecados
que cometo por vontade própria;
não permitas que eles me
dominem.
Assim serei uma pessoa direita
e ficarei livre do grave pecado
da desobediência a ti.

14 Que as minhas palavras
e os meus pensamentos
sejam aceitáveis a ti, ó SENHOR
Deus,
minha rocha e meu defensor!

Oração pela vitória

Salmo de Davi. Ao regente do coro.

20 Ó rei, que na hora da angústia
o SENHOR Deus responda
à sua oração!
Que o Deus de Jacó o proteja!
2 Que, do seu Templo,
Deus lhe envie socorro,
e que, do *monte Sião, ele o ajude!
3 Que Deus lembre
de todas as suas ofertas
e aceite com prazer os seus
*sacrifícios queimados no altar!
4 Que Deus satisfaça
os seus desejos, ó rei,
e permita que todos os seus planos
deem certo!
5 Então daremos gritos de alegria
pelo seu triunfo
e, em louvor ao nosso Deus,
levantaremos as bandeiras
da vitória.
Que o SENHOR atenda
todos os seus pedidos, ó rei!

6 Agora sei que o SENHOR
dá a vitória
ao rei que ele escolheu.
Do seu santo céu, ele lhe responde
e, com o seu grande poder,
ele o torna vitorioso.
7 Alguns confiam
nos seus carros de guerra,
e outros, nos seus cavalos,

mas nós confiamos no poder
do SENHOR, nosso Deus.
8 Eles tropeçarão e cairão,
mas nós nos levantaremos
e ficaremos firmes.

9 Ó SENHOR Deus, dá a vitória ao rei!
Responde-nos
quando pedirmos a tua ajuda.

Gratidão pela vitória

Salmo de Davi. Ao regente do coro.

21 Ó SENHOR Deus, o rei está muito feliz
porque lhe deste força;
está muito contente
porque o tornaste vitorioso.
2 Tu satisfizeste
os seus mais profundos desejos
e lhe deste o que ele pediu.
3 Tu o recebeste com bênçãos preciosas
e puseste uma coroa de ouro
na sua cabeça.
4 O rei pediu vida,
e tu lhe deste vida longa, sem fim.

5 A *glória do rei é grande
porque tu o ajudaste.
Tu lhe deste majestade e fama.
6 As tuas bênçãos estão sobre ele
para sempre,
e a tua presença lhe dá
muita alegria.
7 O rei confia no SENHOR,
o Deus Altíssimo;
e, por causa do amor do SENHOR,
ele será rei para sempre.
8 O rei prenderá os seus inimigos;
com a sua força ele prenderá
todos os que o odeiam.
9 Ele aparecerá e os destruirá
como um fogo devorador.

Na sua *ira,
o SENHOR os devorará,
e o fogo acabará com eles.
10 *Nenhum dos seus descendentes*
ficará vivo;
o rei matará todos.
11 Os inimigos planejam maldades
e traições contra o rei,
porém não terão sucesso.
12 Ele atirará as suas flechas
contra eles
e os fará fugir.

13 Ó SENHOR Deus, nós te louvaremos
por causa do teu poder;
nós cantaremos e louvaremos
a tua força.

Angústia e louvor

Salmo de Davi. Ao regente do coro — com a melodia de "A Corça da Manhã".

22 Meu Deus, meu Deus,
por que me abandonaste?
Por que ficas tão longe?
Por que não escutas
quando grito pedindo socorro?
2 Meu Deus, durante o dia eu te chamo,
mas tu não respondes.
Eu te chamo de noite,
mas não consigo descansar.
3 Tu, porém, és santo
e, sentado no teu trono,
recebes os louvores do povo de Israel.
4 Os nossos antepassados puseram
a sua confiança em ti;
eles confiaram em ti, e tu os salvaste.
5 Eles te pediram ajuda
e escaparam do perigo;
confiaram em ti
e não ficaram desiludidos.

6 Eu não sou mais um ser humano;
sou um verme.
Todos zombam de mim e me desprezam.
7 Todos os que me veem caçoam de mim,
mostrando a língua
e balançando a cabeça.
8 Eles dizem:
"Você confiou em Deus, o SENHOR;
então por que ele não o salva?
Se ele gosta de você,
por que não o ajuda?"

9 No entanto, ó Deus,
tu me trouxeste ao mundo
quando nasci
e, quando eu era uma criancinha,
tu me guardaste.
10 Desde o meu nascimento,
fui entregue aos teus cuidados;
desde que nasci,
tu tens sido o meu Deus.

11 Não te afastes de mim,
pois o sofrimento está perto,
e não há ninguém para me ajudar.
12 Como touros, muitos inimigos
me cercam;

DEVOCIONAL

Texto para leitura: **Salmo 22**

Conheça a Deus

Toda vez que algo não sai conforme o esperado, é fácil culpar Deus. A primeira pergunta sempre é: "Por que, Deus? Por que eu? Por que isso?" Mas esse tipo de questionamento pode facilmente se tornar uma choradeira ou uma queixa. Eles podem começar a parecer uma acusação: "Eu fiz o que você me pediu — por que você não cumpriu sua parte do acordo?" Bom, talvez ele tenha cumprido. Deus não está realmente preocupado em fazer você feliz. Ele quer fazê-la santa. E esse processo, que é chamado de santificação, nem sempre implica a maneira mais fácil e confortável.

Quando surge uma provação em sua vida, sua primeira resposta deve ser perguntar a Deus: "Como posso servir ao Senhor nisso?" Qualquer outra resposta significa que você está tentando servir a dois propósitos: o seu e o de Deus. E isso não pode ser feito (veja Mateus 6:24; Romanos 6:16). Você precisa se concentrar completamente no propósito que Deus tem em mente para sua vida. Uma vez que fizer isso, viver uma vida santa se tornará algo quase instintivo. Isso acontece porque Deus promete que, assim que você lhe obedecer, ele lhe dará paz. O apóstolo Paulo coloca a questão desta forma: "Procurem ser corretos em tudo. Escutem bem o que eu digo. Tenham todos o mesmo modo de pensar e vivam em paz. E o Deus de amor e de paz estará com vocês" (2Coríntios 13:11). E mais uma vez: "Ponham em prática o que vocês receberam e aprenderam de mim, tanto com as minhas palavras como com as minhas ações. E o Deus que nos dá a paz estará com vocês" (Filipenses 4:9).

Quando a vida ficar difícil, obedeça a Deus, e você, de repente, encontrará mais paz e esperança do que já imaginou. Não importa o resultado de seus planos ou sonhos: ainda que pareça que Deus a deixou na mão, confie nele, creia e saiba que isso também será usado para transformá-la em uma mulher santa, se você deixar. Como o salmista, aprenda que, ainda que as coisas pareçam terríveis, Deus está sempre presente e sempre no controle. Que o louvor, e não a queixa, seja a última palavra em suas conversas com Deus.

todos eles estão em volta de mim,
como fortes touros da terra de
Basã.
13 Como leões, abrem a boca,
rugem e se atiram contra mim.
14 Já não tenho mais forças;
sou como água derramada no chão.
Todos os meus ossos
estão fora do lugar;
o meu coração
é como cera derretida.
15 A minha *garganta está seca*
como o pó,
e a minha língua gruda
no céu da boca.
Tu me deixaste como morto no
chão.
16 Um bando de marginais
está me cercando;
eles avançam contra mim
como cachorros
e rasgam as minhas mãos
e os meus pés.
17 Todos os meus ossos
podem ser contados.
Os meus inimigos me olham
e gostam do que veem.
18 Eles repartem entre si
as minhas roupas
e fazem *sorteio da minha *túnica.

19 Ó SENHOR Deus,
não te afastes de mim!
Vem depressa me socorrer.

[20] Salva-me da espada;
não deixes que esses cachorros
me matem.
[21] Livra-me desses leões;
não consigo me defender
desses touros selvagens.

[22] Então contarei à minha gente
o que tens feito;
na reunião do povo eu te louvarei,
dizendo:
[23] "Louvem a Deus, o SENHOR,
todos os que o *temem.
Descendentes de Jacó,
prestem culto a Deus!
Povo de Israel,
adore o SENHOR!
[24] Ele não abandona os pobres,
nem esquece
dos seus sofrimentos.
Ele não se esconde deles,
mas responde
quando gritam por socorro."

[25] Na reunião de todo o povo,
ó SENHOR,
eu te louvarei pelo que tens feito.
Na presença de todos
os que te temem,
oferecerei os *sacrifícios
que prometi.
[26] Os pobres comerão
da carne dos sacrifícios
e ficarão satisfeitos;
aqueles que adoram o SENHOR
o louvarão.
Que sejam sempre prósperos
e felizes!

[27] Todas as nações
lembrarão de Deus, o SENHOR,
todos os povos da terra
se voltarão para ele,
e todas as raças o adorarão.
[28] Pois o SENHOR é Rei
e governa as nações.
[29] Todos os orgulhosos se curvarão
na sua presença,
e o adorarão todos os mortais,
todos os que um dia vão morrer.
[30] As pessoas dos tempos futuros
o servirão
e falarão às *gerações seguintes
a respeito de Deus, o Senhor.
[31] Os que ainda não nasceram
ouvirão falar do que ele fez:
"Deus salvou o seu povo!"

Deus, o nosso pastor

Salmo de Davi.

23 O SENHOR é o meu pastor:
nada me faltará.
[2] Ele me faz descansar
em pastos verdes
e me leva a águas tranquilas.
[3] O SENHOR renova as minhas forças
e me guia por caminhos certos,
como ele mesmo prometeu.

[4] Ainda que eu ande
por um vale escuro como a morte,
não terei medo de nada.
Pois tu, ó SENHOR Deus,
estás comigo;
tu me proteges e me diriges.

[5] Preparas um banquete para mim,
onde os meus inimigos me podem ver.
Tu me recebes
como convidado de honra
e enches o meu copo até derramar.
[6] Certamente a tua bondade
e o teu amor
ficarão comigo enquanto eu viver.
E na tua casa, ó SENHOR,
morarei todos os dias da minha vida.

Quem pode ir ao Templo?

Salmo de Davi.

24 Ao SENHOR Deus pertencem o
mundo

Uma oração pela...

Hora de dormir

Fica comigo esta noite, meu Deus, para que o brilho de teu amor esteja ao meu redor e para que a escuridão não seja tão tenebrosa . Esteja comigo, ó Senhor, esta noite, porque não estarei sozinha se estiveres aqui.

Fica com o doente, o triste, o desamparado e o cansado para fortalecê-los, consolá-los, animá-los e dar-lhes descanso.

Protege-me da escuridão da alma, que eu não posso ver, e da solidão do coração, onde não posso ouvir tua voz. Habita comigo ao longo de minha vida e, no vale da sombra da morte, não te afastes de mim, mas me dá coragem, porque tu ainda estás comigo.

Amém.

e tudo o que nele existe;
a terra e todos os seres vivos
que nela vivem são dele.
2 O SENHOR construiu a terra
sobre os mares
e pôs os seus alicerces
nas profundezas do oceano.

3 Quem tem o direito de subir
o *monte do SENHOR?
Quem pode ficar no seu santo
Templo?
4 Somente aquele que é correto
no agir e limpo no pensar,
que não adora ídolos,
nem faz promessas falsas.
5 O SENHOR Deus o abençoará, o
salvará
e o declarará inocente no
julgamento.
6 São assim as pessoas
que adoram o SENHOR,
que prestam culto ao Deus de Jacó.

7 Abram bem os portões,
abram os portões antigos,
e entrará o Rei da *glória.
8 Quem é esse Rei da glória?
É Deus, o SENHOR, forte e poderoso,
o SENHOR, poderoso na batalha.

9 Abram bem os portões,
abram os portões antigos,
e entrará o Rei da glória.
10 Quem é esse Rei da glória?

Pergunte a si mesma...

"A terra e todos os seres vivos que nela vivem são dele [do SENHOR]" (Salmos 24:1). Você já chegou a pensar nessa ideia? Faça estas perguntas a si mesma:

O que a expressão "a terra e todos os seres vivos que nela vivem" inclui? Os meus bens estão incluídos nessa lista? Se sim, então como isso deveria afetar o que eu faço com eles? O que este conceito significa para quem é pobre? Como isso deveria afetar minhas ofertas? Há momentos em que eu brigo com Deus pelo controle de minhas coisas?

É Deus, o SENHOR Todo-Poderoso;
ele é o Rei da glória.

Pedido de ajuda e proteção

De Davi.

25 Ó SENHOR Deus, a ti dirijo
a minha oração.
2 Meu Deus, eu confio em ti.

Salva-me da vergonha da derrota;
não deixes que os meus inimigos
se alegrem com a minha desgraça.
3 Os que confiam em ti não sofrerão
a vergonha da derrota,
mas serão derrotados os que sem
motivo
se revoltam contra ti.

4 Ó SENHOR, ensina-me
os teus caminhos!
Faze com que eu os conheça bem.
5 Ensina-me a viver
de acordo com a tua verdade,
pois tu és o meu Deus,
o meu Salvador.
Eu sempre confio em ti.
6 Ó SENHOR, lembra
da tua bondade e do teu amor,
que tens mostrado
desde os tempos antigos.
7 Esquece os pecados e os erros
da minha mocidade.
Por causa do teu amor
e da tua bondade,
lembra de mim, ó SENHOR Deus!

8 O SENHOR é justo e bom
e por isso mostra aos pecadores
o caminho que devem seguir.
9 Deus guia os humildes
no caminho certo
e lhes ensina a sua vontade.
10 Ele é fiel e com amor guia
todos os que são fiéis
à sua *aliança
e que obedecem aos seus
mandamentos.

11 Ó SENHOR Deus, cumpre a tua
promessa
e perdoa os meus pecados,
porque são muitos!

12 Aqueles que *temem o SENHOR
aprenderão com ele o caminho
que devem seguir.
13 Eles sempre terão sucesso,
e a *Terra Prometida
será dos seus filhos.

14 O SENHOR Deus é amigo
daqueles que o temem
e lhes ensina as condições
da aliança que fez com eles.

15 Eu olho sempre para o SENHOR,
pois ele me livra do perigo.
16 Ó Deus, olha para mim
e tem pena de mim,
pois estou sendo perseguido
e não tenho proteção!
17 Livra o meu coração
de todas as aflições
e tira-me de todas as dificuldades.
18 Vê as minhas tristezas e
sofrimentos
e perdoa todos os meus pecados.

19 Vê quantos inimigos tenho;
vê como é grande o ódio deles
contra mim.
20 Protege-me e salva-me;
livra-me da vergonha da derrota,
pois em ti encontro segurança.
21 Que a minha honestidade e
sinceridade
me protejam
porque confio em ti!

22 Ó Deus, salva Israel, o teu povo,
de todas as suas dificuldades!

Oração de uma pessoa inocente

De Davi.

26 Ó SENHOR Deus,
declara que estou inocente,
pois faço o que é certo
e confio inteiramente em ti.
2 Examina-me e põe-me à prova,
ó SENHOR;
julga os meus desejos
e os meus pensamentos,
3 pois o teu amor me guia,
e a tua verdade sempre me orienta.

4 Eu não ando na companhia
de gente falsa
e não vivo com hipócritas.
5 Não me ajunto com os perversos
e não ando com os maus.

6 Ó SENHOR Deus, lavo as mãos
para mostrar que estou inocente.
Ando em volta do teu altar
junto com os que te adoram,
7 cantando um hino de gratidão
e falando das tuas obras
maravilhosas.
8 Ó SENHOR Deus,
eu amo a casa onde vives,
o lugar onde está presente
a tua *glória.

9 Não me destruas junto com os que
não querem saber de ti;
livra-me do castigo
que recebem os assassinos —
10 aqueles que vivem fazendo o mal
e que estão sempre prontos
para receber *suborno.
11 Eu, porém, faço o que é certo.
Tem compaixão de mim e salva-me.

12 Estou livre de todos os perigos;
nas reuniões de adoração,
eu louvarei a Deus, o SENHOR.

Segurança em Deus

De Davi.

27 O SENHOR Deus é a minha luz
e a minha salvação;
de quem terei medo?
O SENHOR me livra de todo perigo;
não ficarei com medo de ninguém.

2 Quando os maus, os meus
inimigos,
me atacam
e procuram me matar,
são eles que tropeçam e caem.
3 Ainda que um exército inteiro
me cerque,
não terei medo;
ainda que os meus inimigos
me ataquem,
continuarei confiando em Deus.

4 A Deus, o SENHOR, pedi uma coisa,
e o que eu quero é só isto:
que ele me deixe viver na sua casa
todos os dias da minha vida,
para sentir, maravilhado,
a sua bondade
e pedir a sua orientação.
5 Em tempos difíceis,
ele me esconderá no seu abrigo.
Ele me guardará no seu Templo
e me colocará em segurança
no alto de uma rocha.
6 Assim vencerei os inimigos
que me cercam.
Com gritos de alegria, oferecerei
*sacrifícios no seu Templo;
eu cantarei e louvarei
a Deus, o SENHOR.

7 Ó SENHOR, ouve-me quando eu te
chamar!

Tem compaixão de mim e
responde-me.
8 Tu disseste: "Venha me adorar."
Eu respondo: "Eu irei te adorar,
ó SENHOR Deus."
9 Não te escondas de mim.

Não fiques *irado comigo;
não rejeites este teu *servo.
Ó Deus, meu libertador,
tu tens sido a minha ajuda;
não me deixes, não me abandones.
10 Ainda que o meu pai e a minha
mãe
me abandonem,
o SENHOR cuidará de mim.

11 Ó SENHOR Deus, ensina-me
a fazer a tua vontade
e guia-me por um caminho seguro,
pois os meus inimigos são muitos.
12 Não me entregues nas mãos
desses inimigos,
que dizem mentiras contra mim
e me ameaçam com violência.

13 Estou certo de que verei,
ainda nesta vida,
o SENHOR Deus mostrar a sua
bondade.
14 Confie no SENHOR.
Tenha fé e coragem.
Confie em Deus, o SENHOR.

Oração pedindo ajuda

De Davi.

28 Ó SENHOR Deus, minha rocha,
eu peço a tua ajuda!
Não deixes de ouvir o meu pedido.
Se não me responderes,
eu estarei com aqueles
que descem ao *mundo dos mortos.
2 Ouve-me quando levanto as mãos
na direção do teu santo Templo
e grito, pedindo a tua ajuda.
3 Não me castigues
juntamente com os maus,
com os que praticam más ações.
Eles falam como se fossem amigos,
mas o coração deles
está cheio de maldade.

4 Castiga essas pessoas
pelas suas ações,
por todo o mal que têm feito.
Dá aos maus o que merecem.
5 Eles não querem saber
do que o SENHOR tem feito,
nem reparam nos seus atos
poderosos;
por isso, ele os castigará
e os destruirá para sempre.

6 Louvado seja Deus, o SENHOR,
pois ele ouviu o meu grito
pedindo ajuda.
7 O SENHOR é a minha força
e o meu *escudo;
com todo o coração eu confio nele.
O SENHOR me ajuda;
por isso, o meu coração está feliz,
e eu canto hinos em seu louvor.

8 O SENHOR Deus é a força do seu povo.
O SENHOR é o refúgio seguro do rei
que ele escolheu.
9 Ó Deus, salva o teu povo
e abençoa aqueles que são teus!
Sê o pastor deles
e cuida deles para sempre.

O poder de Deus na tempestade

Salmo de Davi.

29 Anjos, louvem a Deus, o SENHOR;
louvem a sua *glória e o seu poder.
2 Deem ao SENHOR a honra que ele
merece;
curvem-se diante do SENHOR, o
Santo Deus,
quando ele aparecer.

3 A voz do SENHOR é ouvida
sobre as águas;
o *glorioso Deus troveja,
e sobre os mares se ouve a sua voz.
4 A voz do SENHOR é cheia
de poder e majestade;
5 a sua voz quebra
as árvores de cedro,
quebra até os cedros
dos montes Líbanos.
6 Os montes Líbanos ele faz saltar
como bezerros;
o monte Hermom ele faz pular
como um boi novo.
7 A voz do SENHOR
faz brilhar o relâmpago.
8 A sua voz faz tremer o deserto;
o SENHOR faz tremer
o deserto de Cades.
9 A voz do SENHOR
sacode os carvalhos
e arranca as folhas das árvores.
Enquanto isso, no seu Templo,
todos gritam:
"Glória a Deus!"

10 O SENHOR Deus reina
sobre as águas profundas;
como Rei ele governa para sempre.
11 O SENHOR dá força ao seu povo
e o abençoa,
dando-lhe tudo o que é bom.

Ação de graças de uma pessoa salva da morte

Salmo de Davi. Canção para a dedicação do Templo.

30 Ó SENHOR Deus, eu te louvo
porque me socorreste
e não deixaste que os meus
inimigos
zombassem de mim.
2 Ó SENHOR, meu Deus,
eu gritei pedindo ajuda,
e tu me curaste,
3 tu me salvaste da morte.
Eu estava entre aqueles que iam
para o *mundo dos mortos,
mas tu me fizeste viver novamente.
4 Cantem louvor a Deus, o SENHOR,
vocês, o seu povo fiel!
Lembrem do que o Santo Deus tem
feito
e lhe deem graças.
5 A sua *ira dura só um momento,
mas a sua bondade
é para a vida toda.
O choro pode durar a noite inteira,
mas de manhã vem a alegria.

6 Eu me senti seguro e pensei:
"Nunca terei dificuldades."
7 Ó SENHOR Deus, tu foste bom para
mim
e me protegeste como uma fortaleza
nas montanhas.
Depois tu te escondeste de mim,
e eu fiquei com medo.
8 Ó SENHOR Deus, eu te chamei
e pedi a tua ajuda.
9 Se eu morrer,
que lucrarás com isso?
Será que os mortos podem te
louvar?
Será que eles podem anunciar
que és fiel?
10 Ó Deus, escuta-me
e tem compaixão de mim!
Ajuda-me, ó SENHOR Deus!

11 Tu mudaste o meu choro
em dança alegre,
afastaste de mim a tristeza
e me cercaste de alegria.
12 Por isso, não ficarei calado,
mas cantarei louvores a ti.
Ó SENHOR, tu és o meu Deus;
eu te darei graças para sempre.

Confiança em Deus

Ao regente do coro. Salmo de Davi.

31 Ó SENHOR Deus,
em ti eu busco proteção;
livra-me da vergonha de ser
derrotado.
Tu és justo;
eu te peço que me ajudes.
2 Ouve-me e salva-me agora.
Peço que sejas uma rocha de abrigo,
uma defesa para me salvar.
3 Tu és a minha rocha
e a minha fortaleza;
guia-me e orienta-me
como prometeste.
4 Não me deixes cair na armadilha
que armaram para mim,
pois tu és o meu refúgio;
5 nas tuas mãos entrego
a minha vida.
Tu me salvarás, ó SENHOR,
porque tu és Deus fiel.

6 Tu detestas os que adoram
deuses falsos;
eu, porém, ponho em ti
a minha confiança.
7 Ficarei contente e me alegrarei
por causa do teu amor.
Tu vês que estou sofrendo
e conheces as minhas aflições.
8 Não deixaste que os meus inimigos
me pegassem
e me livraste do perigo.

9 Ó SENHOR Deus, tem compaixão
de mim,
pois estou aflito!
Os meus olhos estão cansados
de tanto chorar;
estou esgotado de corpo e alma.
10 A tristeza acabou
com as minhas forças;
as lágrimas encurtam a minha vida.
Estou fraco por causa
das minhas aflições;
até os meus ossos estão se
gastando.

11 Os meus inimigos zombam de mim,
e os meus vizinhos também
caçoam.

DEVOCIONAL

Texto para leitura: **Salmos 31:14-24**

Conheça a Deus

O Senhor nunca fez uma promessa que não irá cumprir. Prometer algo e não cumprir é impossível para ele, porque isso faria dele um mentiroso. Se fosse mentiroso, Deus não seria santo, mas pecador. E Deus não pode pecar; portanto, ele não pode mentir. Faz sentido? Sabendo disso, agora você pode ter certeza de que qualquer promessa que ele faça, cumprirá. Você pode confiar que ele sempre protegerá, guardará e abençoará aqueles que lhe obedecem, porque ele é santo e prometeu isso. Ele promete nunca se afastar de quem o ama (veja Hebreus 13:5), e estes são os que fazem a vontade dele (veja João 14:23; 1João 2:5).

Como uma Garota de Deus, você precisa confiar na Palavra e ter a certeza das promessas divinas. Aí, quando os momentos difíceis chegarem, você poderá contar com a verdade e viver com a paz de saber que ele realmente fará com que todas as coisas trabalhem juntas para seu bem (veja Romanos 8:28). Nesta vida, um monte de gente irá decepcioná-la. As pessoas irão rejeitá-la, abandoná-la e até odiá-la. Mas o caráter de Deus não pode ser comparado com o caráter pecaminoso da humanidade. Podemos confiar em Deus mesmo quando as coisas parecem completamente perdidas. Quando as provações vêm, e Deus parece estar em silêncio, você ainda pode ter certeza de que ele está presente. Se não estivesse, então ele não seria Deus. Por sua natureza, ele sabe tudo (ele é onisciente) e está em toda parte (ele é onipresente). A Garota de Deus conhece seu Senhor, por isso ela sabe que, não importa como as coisas pareçam, tudo está bem. Ela confia que quando buscar a Deus, irá encontrá-lo, e que se confiar nele, o Senhor dará apenas o que for bom para ela.

Os meus conhecidos têm medo de
mim
e fogem quando me veem na rua.
12 Todos esqueceram de mim,
como se eu tivesse morrido;
sou como uma coisa
que foi jogada fora.
13 Ouço muitos inimigos
cochichando;
há gente me ameaçando
de todos os lados.
Eles fazem planos contra mim,
procurando um jeito de me matar.

14 Porém a minha confiança
está em ti, ó SENHOR;
tu és o meu Deus.
15 Tu estás sempre cuidando de mim.
Salva-me dos meus inimigos,
daqueles que me perseguem.
16 Olha com bondade para mim,
teu* servo;
salva-me por causa do teu amor.
17 Ó SENHOR Deus, eu estou te
chamando.
Livra-me da vergonha de ser
derrotado.
Que os maus sofram essa vergonha
e que desçam em silêncio
para o* mundo dos mortos!
18 Que fiquem calados
aqueles mentirosos,
aqueles orgulhosos e arrogantes,
que falam com desprezo
contra as pessoas honestas!

19 Como são maravilhosas as coisas
boas
que guardas para aqueles
que te* temem!
Todos podem ver como tu és bom
e como proteges os que confiam
em ti.
20 Com a proteção da tua presença,

tu os livras dos planos dos maus.
Num esconderijo seguro, tu os
escondes
das ofensas dos seus inimigos.

21 Louvado seja Deus, o SENHOR!
Quando os meus inimigos
me cercaram e me atacaram,
ele mostrou, de modo maravilhoso,
o seu amor por mim.
22 Fiquei com medo
e pensei que ele havia me
expulsado
da sua presença.
Mas ele ouviu o meu grito
quando o chamei pedindo ajuda.

23 Amem o SENHOR,
todos os que lhe são fiéis!
Ele protege os que são sinceros,
mas os orgulhosos ele castiga
como merecem.
24 Sejam fortes e tenham coragem,
todos vocês que põem
a sua esperança em Deus, o
SENHOR!

Confissão e perdão

Poesia de Davi.

32 Feliz aquele cujas maldades
Deus perdoa
e cujos pecados ele apaga!
2 Feliz aquele que o SENHOR Deus
não acusa de fazer coisas más
e que não age com falsidade!

3 Enquanto não confessei o meu
pecado,
eu me cansava,
chorando o dia inteiro.
4 De dia e de noite,
tu me castigaste, ó Deus,
e as minhas forças se acabaram
como o sereno que seca
no calor do verão.
5 Então eu te confessei o meu pecado
e não escondi a minha maldade.
Resolvi confessar tudo a ti,
e tu perdoaste
todos os meus pecados.

6 Por isso, nos momentos de
angústia,

DEVOCIONAL

Texto para leitura: **Salmos 32:1-5**

Conheça a Deus

O pecado é uma ação interior que leva a um resultado exterior. Você pode achar que é tudo exterior e dizer coisas do tipo: "O inimigo está me fazendo pecar" ou "Eu não consigo me controlar". Você quer mudança, mas se sente sem forças. Quando você culpa suas ações pelos seus vícios ou por uma indisposição que a faz ser o que você é, está dizendo que suas ações fogem ao seu controle. Mas isso é mentira. Afinal de contas, como um Deus justo poderia condenar o pecado se você não pudesse controlá-lo?

A verdade é que o pecado pode ser controlado por você. Deus o definiu nas Escrituras, e, por causa disso, sabemos contra o que o Senhor se posiciona. Se Deus é contra seu pecado e quer que você esteja livre dele, então por que você não quer? É uma questão de como você pensa. Para ser livre do pecado, você tem de mudar o que pensa sobre ele. A graça em chamar um pecado de pecado é que isso lhe dá força para vencê-lo. Ao chamar as coisas pelo nome que elas, de fato, têm, você assume a responsabilidade e, portanto, toma o controle de sua vida. Uma vez que Deus nunca manda que você faça o impossível, se ele lhe mandou não fazer algo (pecar), então você pode ter certeza de que não fazer isso é perfeitamente possível. O pecado não tem poder sobre você (veja Romanos 6:14). Contanto que você esteja disposta a reconhecer o pecado como tal, Garota de Deus, você pode vencer tudo o que ofende ao Senhor pelo poder do Espírito Santo.

todos os que são fiéis a ti
devem orar.
Assim, quando as grandes ondas
de sofrimento vierem,
não chegarão até eles.
7 Tu és o meu esconderijo;
tu me livras da aflição.
Eu canto bem alto a tua salvação,
pois me tens protegido.

8 O SENHOR Deus me disse:
"Eu lhe ensinarei o caminho
por onde você deve ir;
eu vou guiá-lo e orientá-lo.
9 Não seja uma pessoa sem juízo
como o cavalo ou a mula,
que precisam ser guiados
com cabresto e rédeas
para que obedeçam."

10 Os maus sofrem muito,
mas os que confiam em Deus, o
SENHOR,
são protegidos pelo seu amor.

11 Todos vocês que são corretos,
alegrem-se e fiquem contentes
por causa daquilo que o SENHOR
tem feito!
Cantem de alegria, todos vocês
que são obedientes a ele!

Canção de louvor

33 Todos vocês que obedecem
a Deus, o SENHOR,
alegrem-se por causa daquilo
que ele tem feito!
Louvem a Deus,
todas as pessoas honestas.
2 Toquem *lira em louvor ao SENHOR,
cantem louvores com
acompanhamento
de *harpas de dez cordas.
3 Cantem a Deus uma nova canção,
toquem harpa e gritem bem alto.

4 As palavras do SENHOR
são verdadeiras;
tudo o que ele faz merece
confiança.
5 O SENHOR Deus ama
tudo o que é certo e justo;
a terra está cheia do seu amor.

6 Por meio da sua palavra,
o SENHOR fez os céus;
pela sua ordem, ele criou o sol,
a lua e as estrelas.
7 Deus juntou os mares num lugar
só
e guardou os oceanos
em reservatórios.
8 Que toda a terra *tema
a Deus, o SENHOR!
Que todos os habitantes do mundo
o temam!
9 Pois ele falou,
e o mundo foi criado;
ele deu ordem, e tudo apareceu.

10 O SENHOR acaba
com os planos das nações,
ele não deixa que eles se realizem.
11 Mas o que o SENHOR planeja
dura para sempre,
as suas decisões
permanecem eternamente.
12 Feliz a nação
que tem o SENHOR como o seu
Deus!
Feliz o povo que Deus escolheu
para ser dele!

13 O SENHOR Deus olha do céu
e vê toda a humanidade.
14 Do lugar onde mora, ele observa
todos os que vivem na terra.
15 É Deus quem forma a mente deles
e quem sabe tudo o que fazem.

16 Nenhum rei vence
por ter um exército poderoso,
nem os soldados conseguem a
vitória
por causa da sua força.
17 Não são os cavalos de guerra
que ganham a batalha;
a sua grande força
não pode salvar ninguém.
18 É o SENHOR Deus quem protege
aqueles que o *temem,
é ele quem guarda aqueles
que confiam no seu amor.
19 Ele os salva da morte
e nos tempos de fome
os conserva com vida.

20 Nós pomos a nossa esperança
em Deus, o SENHOR;
ele é a nossa ajuda
e o nosso *escudo.
21 O nosso coração se alegra
por causa do que o SENHOR tem
feito;
nós confiamos nele
porque ele é santo.

22 Ó SENHOR Deus, que o teu amor
nos acompanhe,
pois nós pomos em ti
a nossa esperança!

A bondade de Deus

Na presença do rei Abimeleque, Davi fingiu que estava louco, e por isso Abimeleque o mandou embora. Depois de sair, Davi escreveu este salmo.

34 Eu sempre darei graças
a Deus, o SENHOR;
o seu louvor estará nos meus lábios
o dia inteiro.
2 Eu o louvarei por causa
das coisas que ele tem feito;
os que são perseguidos ouvirão isso
e se alegrarão.
3 Anunciem comigo a sua grandeza;
louvemos juntos o SENHOR.

4 Eu pedi a ajuda do SENHOR,
e ele me respondeu;
ele me livrou de todos os meus
medos.
5 Os que são perseguidos olham
para ele
e se alegram;
eles nunca ficarão desapontados.
6 Eu, um pobre sofredor, gritei;
o SENHOR me ouviu
e me livrou das minhas aflições.
7 O Anjo do SENHOR fica em volta
daqueles que o *temem
e os protege do perigo.

8 Procure descobrir, por você
mesmo,
como o SENHOR Deus é bom.
Feliz aquele que encontra segurança
nele!
9 Que todos os que se dedicam a
Deus
o temam,
pois aqueles que o temem
não têm falta de nada!
10 Até os leões não têm comida
e passam fome,
porém não falta nada aos que
procuram a ajuda do SENHOR.

11 Venham, meus jovens amigos,
e escutem,
que eu os ensinarei
a temer a Deus, o SENHOR.
12 Vocês querem aproveitar a vida?
Querem viver muito e ser felizes?
13 Então procurem não dizer coisas
más
e não contem mentiras.
14 Afastem-se do mal e façam o bem;
procurem a paz
e façam tudo para alcançá-la.

15 Deus cuida das pessoas honestas
e ouve os seus pedidos.
16 Mas ele é contra os que fazem o mal;
e assim, quando morrem,
eles são logo esquecidos.
17 Quando as pessoas honestas
chamam
o SENHOR,
ele as ouve
e as livra de todas as suas aflições.
18 Ele fica perto
dos que estão desanimados
e salva os que perderam a
esperança.

19 Os bons passam por muitas
aflições,
mas o SENHOR os livra de todas elas.
20 Ele os protege completamente;
nenhum dos seus ossos é quebrado.
21 Os maus serão mortos
por causa das suas maldades;
aqueles que odeiam os bons
serão castigados.
22 O SENHOR Deus salva a vida
dos seus *servos;
aqueles que procuram a sua
proteção
não serão condenados.

Oração pedindo a ajuda de Deus

De Davi.

35 Ó SENHOR Deus,
ataca os que me atacam
e combate os que me combatem!
2 Pega o teu *escudo
e a tua *armadura
e vem me ajudar.
3 Pega a tua lança
e o teu machado de guerra
e luta contra os que me perseguem.
Dá-me a certeza de que vais
me salvar.

4 Que sejam derrotados e
humilhados
aqueles que me querem matar!
Que fujam envergonhados
os que fazem planos contra mim!
5 Que sejam como a palha
soprada pelo vento,
quando o Anjo do SENHOR
os atacar!

6 Que o caminho deles
fique escuro e escorregadio
quando o Anjo do SENHOR
os perseguir!
7 Pois, sem motivo nenhum,
armaram uma armadilha para mim;
cavaram uma cova funda
para me pegar.
8 Porém, quando menos esperarem,
virá a destruição.
Eles serão apanhados
pelas suas próprias armadilhas;
cairão nelas e serão destruídos.

9 Então eu me alegrarei
por causa do que o SENHOR Deus
tem feito;
ficarei feliz porque ele me salvou
da morte.
10 Com todo o coração eu lhe direi:
"Não há ninguém como tu,
ó SENHOR!
Tu proteges os fracos
quando são atacados pelos fortes
e livras os pobres e os necessitados
das mãos dos exploradores."

11 Homens maus testemunham
contra mim
e me acusam de crimes que não
cometi.
12 O bem que faço
eles me pagam com o mal,
e por isso estou desesperado.
13 Mas, quando eles estavam doentes,
eu vesti roupas de luto
e até deixei de comer.
Curvei a cabeça e orei por eles.
14 Orei como se fosse
por um amigo ou um irmão.
Eu andava curvado, de luto,
como quem chora por sua própria
mãe.

15 Porém, quando eu estava aflito,
eles se alegravam
e ficavam em volta de mim,
zombando.
Pessoas desconhecidas me bateram
e me feriram várias vezes.
16 Como homens que zombam de
um coxo,
eles zombaram de mim
e me olharam feio, com ódio.

17 Ó Senhor, até quando
ficarás apenas olhando?
Livra-me dos ataques deles;
salva a minha vida desses leões.
18 Então eu te agradecerei em público;
eu te louvarei no meio da multidão.

19 Não deixes que os meus inimigos,
aqueles mentirosos,
se alegrem com a minha derrota!
Não permitas
que os que me odeiam sem motivo
fiquem rindo, felizes,
por causa da minha desgraça!
20 Eles não falam como amigos;
pelo contrário, inventam
acusações falsas
contra as pessoas que amam a paz.
21 Eles me acusam e gritam:
"Nós vimos o que você fez!"

22 Mas tu, ó SENHOR Deus,
tens visto isso.
Então não te cales, Senhor,
e não fiques longe de mim!
23 Acorda, Senhor,
para me fazeres justiça!
Levanta-te, meu Deus,
e defende a minha causa!
24 Ó SENHOR Deus, tu és justo;
por isso, declara que estou
inocente.
Ó meu Deus, não deixes
que os meus inimigos
se alegrem à minha custa!
25 Não deixes que eles digam:
"Nós acabamos com ele.
Era isso mesmo o que queríamos."

26 Que sejam completamente
derrotados e envergonhados
aqueles que se alegram
com o meu sofrimento!
Que fiquem cobertos
de vergonha e de desgraça
os que dizem que são melhores
do que eu!
27 Porém que gritem de alegria
os que desejam
que eu seja declarado inocente!
Que eles digam sempre:
"Como é grande o SENHOR!
Ele está contente porque tudo
vai bem com o seu *servo."
28 Então anunciarei a tua fidelidade
e te louvarei o dia inteiro.

A maldade humana e a bondade de Deus

De Davi, servo do SENHOR. Ao regente do coro.

36 O pecado fala ao perverso
lá no fundo do seu coração.

O perverso não aprende
a *temer a Deus.
2 Ele se julga muito importante
e pensa que Deus não descobrirá
o seu pecado
e não o condenará.
3 A conversa dele é má
e cheia de mentiras;
ele não tem juízo
e não quer fazer o bem.
4 Deitado na sua cama,
ele planeja maldades.
Ele anda por caminhos
que não são bons
e nunca rejeita as coisas más.

5 Ó SENHOR Deus,
o teu amor chega até o céu,
e a tua fidelidade vai até as nuvens.
6 A tua justiça é firme
como as grandes montanhas,
e os teus julgamentos são profundos
como o mar.
Ó SENHOR Deus, tu cuidas das pessoas
e dos animais.
7 Como é precioso o teu amor!
Na sombra das tuas asas,
encontramos proteção.
8 Ficamos satisfeitos com a comida
que nos dás com fartura;
tu nos deixas beber do rio
da tua bondade.
9 Tu és a fonte da vida,
e, por causa da tua luz,
nós vemos a luz.

10 Ó Deus, continua a amar
os que te conhecem
e a fazer o bem
aos que têm um coração honesto!
11 Não deixes que os orgulhosos
e os maus me pisem
e me obriguem a fugir.
12 Lá estão eles, caídos;
foram derrubados
e não podem se levantar.

O fim dos maus e o fim dos bons

De Davi.

37 Não se aborreça por causa dos
maus,
nem tenha inveja
dos que praticam o mal.
2 Pois eles vão desaparecer logo
como a erva, que seca;
eles morrerão como as plantas,
que murcham.
3 Confie em Deus, o SENHOR, e faça
o bem
e assim more com toda a segurança
na *Terra Prometida.
4 Que a sua felicidade
esteja no SENHOR!
Ele lhe dará
o que o seu coração deseja.

5 Ponha a sua vida
nas mãos do SENHOR,
confie nele, e ele o ajudará.
6 Ele fará com que a sua honestidade
seja como a luz
e com que a justiça da sua causa
brilhe como o sol do meio-dia.

7 Não se irrite por causa
dos que vencem na vida,
nem tenha inveja
dos que conseguem realizar
os seus planos de maldade.
Tenha paciência,
pois o SENHOR Deus cuidará disso.

8 Não fique com raiva,
não fique furioso.
Não se aborreça,
pois isso será pior para você.
9 Aqueles que confiam em Deus, o
SENHOR,
viverão em segurança
na Terra Prometida,
porém os maus serão destruídos.

10 Dentro de pouco tempo,
os maus desaparecerão;
você poderá procurá-los,
porém não os encontrará.
11 Mas os humildes viverão
em segurança na Terra Prometida
e terão alegria, prosperidade
e paz.

12 Os maus fazem planos contra os
bons
e olham com ódio para eles.
13 O Senhor ri dos maus
porque sabe que o dia deles
está chegando.
14 Os maus puxam da espada
e curvam os seus arcos
para matar os pobres
e os necessitados
e para assassinarem
os que são honestos.
15 Mas os maus serão mortos
pelas suas próprias espadas,
e os seus arcos serão quebrados.

DEVOCIONAL

Texto para leitura: **Salmos 37:5-11**

Conheça a si mesma

O que mais a preocupa ultimamente? Qual é a coisa mais importante em que você pensa, com a qual se preocupa e pela qual se esforça tanto? Você já fez perguntas sobre ela a Deus? Já pediu a ajuda dele? Já o perturbou até se cansar e não teve nenhuma resposta? Gostaria de saber qual pode ser a falha nesta comunicação? Seu foco. Quando seu principal problema é outra coisa, menos o reino de Deus, então isso se chama preocupação, e ela a separa de Deus e atrapalha seu relacionamento com ele.

Pense em todo o tempo que você gasta incomodando Deus com suas perguntas. Agora pense no que aconteceria se você pudesse ser totalmente livre para se concentrar apenas nele. Pense nos lírios do campo. Eles não se preocupam com a vida, mas são tão bonitos, vivendo onde foram plantados e não se preocupando com a beleza do campo do outro lado da rua. Você não sabe que você é mais importante para Deus do que as flores? E você não sabe que isso significa que ele cuidará de você, aconteça o que acontecer (veja Mateus 6:28-32)? Onde está sua fé? Para ter valor, ela deve ser testada pela adversidade e continuar com você. Não seja reprovada no teste, colocando as preocupações deste mundo acima dos planos de Deus. Não importa o que apareça em seu caminho, Garota de Deus, você pode ter certeza de que o Senhor está no controle, e nenhuma queixa ou lamúria mudará isso. Então, contente-se com a onipotência de Deus, esqueça seus problemas e ele resolverá tudo.

16 É melhor o pouco que os bons têm
do que as riquezas de muitos maus.
17 Pois o poder dos maus acabará,
mas o SENHOR protege os bons.

18 Todos os dias o SENHOR cuida
dos que são corretos;
a Terra Prometida será deles
para sempre.
19 Quando os tempos forem difíceis,
eles não sofrerão
e terão o que comer
em tempos de fome.

20 Porém os maus morrerão;
os inimigos de Deus, o SENHOR,
desaparecerão como as flores
do campo,
sumirão como a fumaça.

21 Os maus pedem emprestado
e não pagam,
mas os bons são generosos em dar.
22 Aqueles que são abençoados por
Deus
viverão em segurança
na Terra Prometida,
mas os que ele amaldiçoa
serão destruídos.

23 O SENHOR nos guia
no caminho em que devemos
andar
e protege aqueles cuja vida
é agradável a ele.
24 Se eles caírem, não ficarão caídos
porque o SENHOR os ajudará
a se levantarem.

25 Fui moço e agora sou velho,
mas nunca vi um homem bom
abandonado por Deus
e nunca vi os seus filhos
mendigando comida.
26 Ele sempre é generoso
em dar e emprestar,
e os seus filhos são uma bênção.

27 Afaste-se do mal e faça o bem,
e você sempre morará
na Terra Prometida.
28 Pois o SENHOR ama
aquilo que é direito e certo

e não abandona
os seus *servos fiéis.
Ele sempre protege o seu povo,
mas os descendentes dos maus
serão destruídos.
29 Os bons possuirão a Terra
Prometida
e sempre morarão nela.

30 Eles dizem coisas sábias
e sempre falam
o que é direito e certo.
31 Guardam no coração
a *lei do seu Deus
e nunca se afastam dela.

32 Os maus espiam os bons
e procuram matá-los.
33 Porém o SENHOR Deus
não abandonará os bons
nas mãos do inimigo;
e, quando forem julgados,
não deixará que sejam condenados.

34 Ponham a sua esperança
no SENHOR
e obedeçam aos seus
mandamentos.
Ele lhes dará a honra de possuírem
a Terra Prometida,
e vocês verão os maus
serem destruídos.

35 Vi um homem mau, um
dominador cruel,
que era grandioso como um cedro
dos montes Líbanos.
36 Porém um dia passei por ali,
e ele já havia desaparecido;
eu o procurei,
porém não pude encontrá-lo.

37 Preste atenção nos bons,
e observe os honestos,
e você verá que as pessoas
que amam a paz
deixam descendentes.
38 Mas os que desobedecem
às leis de Deus
serão completamente destruídos,
e os seus descendentes
desaparecerão.

39 O SENHOR Deus salva do perigo
os que são bons
e os protege em tempos de aflição.
40 O SENHOR os ajuda e livra;
e, porque eles procuram
a sua proteção,
ele os salva dos maus.

A ajuda de Deus no sofrimento

Salmo de Davi. Em memória.

38 Ó SENHOR Deus, não me corrijas
quando estiveres *irado!
Não me castigues no teu furor.
2 As tuas flechas de dor me
atingiram;
eu senti o peso do castigo
da tua mão.
3 Por causa da tua ira,
estou muito doente.
O meu corpo todo está enfermo
por causa das minhas maldades.
4 Estou me afogando nos meus
pecados;
eles são uma carga
pesada demais para mim.

5 Por causa da minha falta de juízo,
tenho feridas que cheiram mal
e apodrecem.
6 Estou muito abatido e encurvado
e choro o dia todo.
7 Estou muito doente,
queimando de febre.
8 Sinto-me profundamente abatido
e desanimado;
o meu coração está aflito,
e eu fico gemendo de dor.

9 Ó Senhor, tu sabes o que eu desejo,
pois ouves todos os meus gemidos.
10 O meu coração bate depressa,
estou fraco,
e os meus olhos perderam o brilho.
11 Por causa das minhas feridas,
os meus amigos
não chegam perto de mim,
e até a minha família se afasta.
12 Os que me querem matar
armam armadilhas para me pegar;
os que me querem ferir
ameaçam me desgraçar
e não param de fazer planos
contra mim.
13 Porém eu finjo que sou surdo
e não ouço;
eu me faço de mudo e não falo;
14 sou como alguém que não
responde
porque não pode ouvir.

15 Apesar disso, eu ponho
a minha esperança em ti,
ó SENHOR;
tu, Senhor meu Deus,
me responderás.

16 Não deixes que os meus inimigos
se alegrem com a minha desgraça;
não deixes que fiquem contentes
com o meu fracasso.
17 Pois estou quase caindo,
e o meu sofrimento não acaba mais.
18 Eu confesso as minhas maldades
e os meus pecados,
pois me deixam muito aflito.
19 No entanto, os meus inimigos
estão fortes e com saúde,
e há muita gente
que me odeia sem motivo.
20 Aqueles que pagam o bem com
o mal
estão contra mim porque procuro
fazer o bem.

21 Ó SENHOR Deus, não me
abandones!
Não te afastes de mim, meu Deus!
22 Ajuda-me agora, ó Senhor,
meu Salvador!

Sofrimento e confissão

Salmo de Davi. Ao regente do coro — para confissão.

39 Eu disse:
"Vou ter cuidado
com a minha maneira de viver
e não vou deixar que a minha língua
me faça pecar.
Enquanto os maus estiverem
em volta de mim,
não falarei nada."
2 Fiquei calado, não disse uma
palavra
nem mesmo a respeito de coisas
boas.
Mas o meu sofrimento
piorou ainda mais,
3 e o meu coração ficou muito aflito.
Quanto mais eu pensava,
mais agoniado ficava.
Então comecei a perguntar:
4 "Ó SENHOR Deus,
quanto tempo ainda vou viver?
Mostra-me como é passageira
a minha vida.
Quando é que vou morrer?"

5 Como é curta a vida que me deste!
Diante de ti, a duração
da minha vida não é nada.
De fato, o ser humano
é apenas um sopro.
6 Ele anda por aí como uma sombra.
Não adianta nada ele se esforçar;
ajunta riquezas, mas não sabe
quem vai ficar com elas.

7 E agora, Senhor, o que posso
esperar?
A minha esperança está em ti.
8 Livra-me de todos os meus
pecados
e não deixes que os tolos
zombem de mim.
9 Não falo, não digo nada,
pois foste tu
que me fizeste sofrer assim.
10 Senhor, para de me castigar,
pois estou quase morrendo
por causa das tuas chicotadas!
11 Tu nos repreendes
e assim nos castigas
por causa dos nossos pecados.
Tu destróis, como a traça,
aquilo que mais amamos.
De fato, o ser humano
é apenas um sopro!

12 Ó SENHOR Deus, ouve a minha
oração!
Escuta o meu pedido.
Não te cales quando choro.
Como todos os meus antepassados,
sou teu hóspede por pouco tempo.
13 Desvia de mim o teu olhar,
para que eu possa ter
um pouco de felicidade,
antes que eu vá embora
e não exista mais.

Canção de louvor

Salmo de Davi. Ao regente do coro.

40 Esperei com paciência
pela ajuda de Deus, o SENHOR.
Ele me escutou e ouviu
o meu pedido de socorro.
2 Tirou-me de uma cova perigosa,
de um poço de lama.
Ele me pôs seguro
em cima de uma rocha
e firmou os meus passos.
3 Ele me ensinou a cantar
uma nova canção,
um hino de louvor ao nosso Deus.
Quando virem isso,
muitos *temerão o SENHOR
e nele porão a sua confiança.

4 Feliz aquele que confia
em Deus, o SENHOR,
que não vai atrás dos ídolos,

nem se junta com os que adoram
falsos deuses!
5 Ó SENHOR, nosso Deus,
tu tens feito grandes coisas
por nós.
Não há ninguém igual a ti.
Tu tens feito
muitos planos maravilhosos
para o nosso bem.
Ainda que eu quisesse,
não poderia falar de todos eles,
pois são tantos,
que não podem ser contados.

6 Tu não queres animais
oferecidos em *sacrifício,
nem ofertas de cereais.
Não pediste que animais
fossem queimados inteiros
no altar,
nem exigiste sacrifícios oferecidos
para tirar pecados.
Pelo contrário, tu me deste ouvidos
para ouvir,
7 e por isso respondi: "Aqui estou;
as tuas instruções para mim
estão no *Livro da Lei.
8 Eu tenho prazer em fazer
a tua vontade, ó meu Deus!
Guardo a tua *lei no meu coração."

9 Ó SENHOR Deus,
na reunião de todo o teu povo,
eu contei a boa notícia
de que tu nos salvas.
Tu sabes que nunca vou parar
de anunciá-la.
10 Não tenho guardado para mim
mesmo
a notícia da tua salvação.
Tenho sempre falado da tua
fidelidade
e do teu poder salvador.
Nas reuniões de todo o teu povo,
não fiquei calado
a respeito do teu amor
e da tua fidelidade.

11 Ó SENHOR Deus, eu sei que nunca
deixarás de ser bom para mim.
O teu amor e a tua fidelidade
sempre me guardarão seguro.

Oração pedindo ajuda

Salmo 70

12 Estou rodeado
por muitas dificuldades,
tantas, que nem posso dizer
quantas são.
Fui apanhado
pelos meus próprios pecados
e quase não posso mais enxergar.
Tenho mais pecados
que cabelos na cabeça
e por isso estou muito desanimado.

13 Ó SENHOR Deus, salva-me!
Ajuda-me agora.
14 Que sejam completamente
derrotados e humilhados
aqueles que me querem matar!
Que fujam, envergonhados,
aqueles que se alegram
com as minhas aflições!
15 Que caiam na desgraça
e fiquem cheios de confusão
aqueles que zombam de mim!

16 Que fiquem alegres e contentes
todos os que te adoram!
E que os que são gratos
pela tua ajuda digam sempre:
"Como o SENHOR é grande!"
17 Eu sou pobre e necessitado,
mas tu, Senhor, cuidas de mim.
Tu és a minha ajuda
e o meu libertador;
não te demores em me socorrer,
ó meu Deus!

Oração de um doente

Salmo de Davi. Ao regente do coro.

41 Felizes são aqueles
que ajudam os pobres,
pois o SENHOR Deus os ajudará
quando estiverem em dificuldades!
2 O SENHOR os protegerá,
guardará a vida deles
e lhes dará felicidade
na *Terra Prometida.
Ele não os abandonará
nas garras dos inimigos.
3 Quando estiverem doentes, de
cama,
o SENHOR os ajudará
e lhes dará saúde novamente.

4 Eu disse:
"Ó SENHOR Deus, pequei contra ti.
Tem compaixão de mim e cura-me."
5 Os meus inimigos falam mal de mim
e perguntam:
"Quando será que ele vai morrer
e ser esquecido?"
6 Se algum deles vem me visitar,
não fala com sinceridade

e ainda junta más notícias
a meu respeito,
para sair espalhando por aí afora.
7 Todos os que me odeiam
falam de mim, cochichando,
e pensam que o pior
vai me acontecer.
8 Eles dizem assim:
"Ele está muito mal mesmo
e não vai se levantar mais."
9 Até o meu melhor amigo,
em quem eu tanto confiava,
aquele que tomava refeições comigo,
até ele se virou contra mim.

10 Ó SENHOR Deus, tem compaixão
de mim
e me dá saúde novamente
para que eu dê aos meus inimigos
o que merecem!
11 Eles não me vencerão,
e assim ficarei sabendo
que tu me aprovas.
12 Tu me ajudarás,
porque faço o que é direito
e me deixarás ficar para sempre
na tua presença.

13 Louvado seja o SENHOR,
o Deus de Israel!
Louvado seja, agora e sempre!
*Amém! Amém!

SEGUNDO LIVRO
Salmos 42—72

Oração de um homem longe da Pátria
Poesia do grupo de Corá. Ao regente do coro.

42 Assim como o *corço deseja
as águas do ribeirão,
assim também eu quero estar
na tua presença, ó Deus!
2 Eu tenho sede de ti, o Deus vivo!
Quando poderei ir adorar
na tua presença?
3 Choro dia e noite,
e as lágrimas são o meu alimento.
Os meus inimigos estão sempre
me perguntando:
"Onde está o seu Deus?"

4 Quando penso no passado,
sinto dor no coração.
Eu lembro quando ia com a
multidão
à casa de Deus.
Eu guiava o povo,
e todos íamos caminhando juntos,
felizes, cantando e louvando a Deus.

5 Por que estou tão triste?
Por que estou tão aflito?
Eu porei a minha esperança em
Deus
e ainda o louvarei.
Ele é o meu Salvador e o meu Deus.

6-7 O meu coração está
profundamente abatido,
e por isso eu penso em Deus.
Assim como o mar agitado ruge,
e assim como as águas das
cachoeiras
descem dos montes Hermom e
Mizar
e correm com violência
até o rio Jordão,
assim são as ondas de tristeza
que o SENHOR Deus mandou sobre
mim.
8 Que ele me mostre durante o dia
o seu amor,
e assim de noite
eu cantarei uma canção,
uma oração ao Deus que me dá
vida.

9 Pergunto a Deus, a minha rocha:
"Por que esqueceste de mim?
Por que tenho de viver sofrendo
por causa da maldade
dos meus inimigos?"
10 Até os meus ossos doem
quando os meus inimigos me
ofendem,
perguntando todos os dias:
"Onde está o seu Deus?"

11 Por que estou tão triste?
Por que estou tão aflito?
Eu porei a minha esperança em
Deus
e ainda o louvarei.
Ele é o meu Salvador e o meu Deus.

Oração de um homem longe da Pátria
(continuação do Salmo 42)

43 Ó Deus, declara que eu estou inocente
e defende a minha causa
contra essa gente que não te adora!
Livra-me das pessoas traiçoeiras
e perversas.
2 Tu, ó Deus, és o meu protetor;
por que me abandonaste?
Por que tenho de viver sofrendo,
perseguido pelos meus inimigos?

3 Manda a tua luz e a tua verdade
para que elas me ensinem o
caminho
e me levem de volta a *Sião,
o teu monte santo,
e ao teu Templo, onde vives.
4 Então eu irei até o teu altar,
ó Deus,
pois tu és a fonte
da minha felicidade.
Tocarei a minha *lira
e cantarei louvores a ti,
ó Deus, meu Deus!

5 Por que estou tão triste?
Por que estou tão aflito?
Eu porei a minha esperança em
Deus
e ainda o louvarei.
Ele é o meu Salvador e o meu Deus.

Derrotados, mas confiantes em Deus

Poesia do grupo de Corá. Ao regente do coro.

44 Ó Deus, nós ouvimos
com os nossos próprios ouvidos
aquilo que os nossos antepassados
nos contaram.
Ouvimos falar das grandes coisas
que fizeste no tempo deles,
há muitos anos.
2 Eles contaram como expulsaste
os povos pagãos
e puseste o teu povo na terra deles.
Contaram como castigaste
as outras nações
e fizeste o teu povo progredir.
3 Não foi com espadas
que os nossos antepassados
conquistaram aquela terra;
não foi com o seu próprio poder
que eles venceram.
Eles venceram com o teu poder,
com a tua força
e com a luz da tua presença.
Assim tu mostraste o teu amor
por eles.

4 Tu és o meu Rei e o meu Deus.
Tu dás a vitória ao teu povo.
5 Com o teu poder
vencemos os nossos inimigos
e, com a tua presença,
derrotamos os nossos
adversários.
6 Não é no meu arco que eu confio,
e não é a minha espada
que me dá a vitória.
7 Pois foste tu que nos livraste
dos nossos inimigos
e venceste aqueles que nos odeiam.
8 Nós te louvaremos o dia todo;
nós te somos gratos para sempre.

9 Mas agora, ó Deus,
tu nos rejeitaste
e deixaste que fôssemos derrotados,
pois já não acompanhas
os nossos exércitos.
10 Tu nos fizeste fugir
dos nossos inimigos,
e eles levaram embora
tudo o que tínhamos.
11 Tu nos trataste como se fôssemos
ovelhas que vão para o matadouro
e nos espalhaste
entre as outras nações.
12 Vendeste barato o teu próprio
povo,
como se nós tivéssemos pouco
valor.
13 Os povos vizinhos,
vendo o que nos fizeste,
caçoam e zombam de nós.
14 Tu nos fizeste motivo de zombaria
para as outras nações;
os outros povos nos desprezam.
15 Estou sempre humilhado
e coberto de vergonha,
16 ouvindo as zombarias
dos meus inimigos
e os insultos dos que querem
se vingar de mim.

17 Tudo isso nos aconteceu,
embora não tivéssemos esquecido
de ti,
nem tivéssemos quebrado a *aliança
que fizeste com o teu povo.
18 Não fomos infiéis a ti,
nem desobedecemos
aos teus mandamentos.
19 Porém tu nos jogaste, esmagados,
no lugar onde estão
os monstros marinhos
e nos deixaste
na mais profunda escuridão.
20 Se tivéssemos deixado de adorar
o nosso Deus
e orado a algum deus pagão,
21 tu certamente ficarias sabendo
disso,
pois conheces os pensamentos
secretos
das pessoas.

[22] Mas por causa de ti estamos
em perigo de morte o dia inteiro;
somos tratados como ovelhas
que vão para o matadouro.

[23] Acorda, Senhor!
Por que estás dormindo?
Levanta-te.
Não nos rejeites para sempre.
[24] Por que te escondes de nós?
Por que esqueces
dos nossos sofrimentos
e das nossas aflições?

[25] Nós estamos abatidos,
caídos no chão;
estamos vencidos, jogados no pó.
[26] Levanta-te e vem ajudar-nos.
Salva-nos por causa do teu amor.

Canção para o casamento do rei

Ao regente do coro — com a melodia de "Os Lírios". Poesia do grupo de Corá. Canção de amor.

45 Lindas palavras enchem o meu coração
enquanto escrevo esta canção
em homenagem ao rei.
A minha língua é como a pena
de um bom escritor.

[2] Ó rei, o senhor é o mais bonito
de todos os homens
e sabe fazer belos discursos.
Deus sempre o tem abençoado.
[3] Ponha a espada na cintura,
ó rei poderoso, forte e *glorioso!
[4] Coberto de *glória,
avance para vencer,
defendendo a verdade e a justiça.
A sua força conquistará
grandes vitórias.
[5] As suas flechas são afiadas
e atravessam o coração
dos seus inimigos;
as nações caem aos seus pés.

[6] O reino que Deus lhe deu
vai durar para sempre.
Ó rei, o senhor governa o seu povo
com justiça,
[7] ama o bem e odeia o mal.
Foi por isso que Deus,
o seu Deus, o escolheu
e deu mais felicidade ao senhor
do que a qualquer outro rei.
[8] A sua roupa está perfumada
com *mirra e *aloés.
Os músicos tocam para o senhor,
ó rei,
em palácios enfeitados com marfim.
[9] Entre as damas da sua corte,
há filhas de reis,
e, à direita do seu trono,
está a rainha,
usando enfeites de ouro puríssimo.

[10] Ó noiva do rei,
escute o meu conselho:
"Esqueça o seu povo
e os seus parentes.
[11] Você é linda,
e por isso o rei vai desejá-la;
seja obediente a ele,
pois ele é o seu senhor.
[12] Ó noiva, o povo da cidade de Tiro
vai lhe trazer presentes;
muita gente rica vai querer lhe
agradar."

[13] A princesa está no palácio —
e como é linda!
O seu vestido é feito
de fios de ouro.
[14] Vestida de roupas coloridas
e acompanhada pelas suas damas
de honra,
ela é levada até o rei.
[15] Com prazer e alegria, elas chegam
e entram no palácio dele.

[16] Ó rei, o senhor terá muitos filhos,
e eles serão reis também
como foram os antepassados do
senhor;
e o senhor, ó rei, os fará governar
o mundo inteiro.
[17] A minha canção fará com que
a sua fama seja sempre lembrada,
e todos o elogiarão para sempre.

Deus está conosco

Ao regente do coro — para soprano. Canção do grupo de Corá.

46 Deus é o nosso refúgio
e a nossa força,
socorro que não falta
em tempos de aflição.
[2] Por isso, não teremos medo,
ainda que a terra seja abalada,
e as montanhas caiam
nas profundezas do oceano.
[3] Não teremos medo, ainda que
os mares se agitem e rujam,
e os montes tremam violentamente.

4 Há um rio que alegra a cidade de Deus,
a casa sagrada do Altíssimo.
5 Deus vive nessa cidade,
e ela nunca será destruída;
de manhã bem cedo, Deus a ajudará.
6 As nações ficam apavoradas,
e os reinos são abalados.
Deus troveja, e a terra se desfaz.

7 O SENHOR Todo-Poderoso
está do nosso lado;
o Deus de Jacó é o nosso refúgio.

8 Venham, vejam o que o SENHOR
tem feito!
Vejam que coisas espantosas
ele tem feito na terra!
9 Ele acaba com as guerras
no mundo inteiro;
quebra os arcos,
despedaça as lanças e destrói os
*escudos no fogo.
10 Ele diz: "Parem de lutar
e fiquem sabendo que eu sou Deus.
Eu sou o Rei das nações,
o Rei do mundo inteiro."

11 O SENHOR Todo-Poderoso
está do nosso lado;
o Deus de Jacó é o nosso refúgio.

Deus, o Rei do mundo inteiro

Canção do grupo de Corá. Ao regente do coro.

47 Batam palmas de alegria,
todos os povos!
Cantem louvores a Deus em voz
alta.
2 Pois o SENHOR, o Altíssimo,
deve ser *temido;
ele é o grande Rei
que governa o mundo inteiro.

3 Deus nos fez vencer os outros
povos;
ele nos fez governar as nações.
4 Ele escolheu para nós a terra
onde vivemos,
terra que é o orgulho do seu povo,
a quem ele ama.

5 Deus vai subindo para o seu trono.
Enquanto ele sobe, há gritos
de alegria e sons de trombeta.
6 Cantem louvores a Deus.
Cantem louvores ao nosso Rei.
7 Louvem a Deus com canções,
pois ele é o Rei do mundo inteiro!

8 Deus está sentado no seu santo
trono;
ele reina sobre as nações.

DEVOCIONAL

Texto para leitura: **Salmo 46**

Conheça a verdadeira felicidade

Você se aproxima mais de Jesus nos momentos difíceis, não nos bons. É aí que você descobre quem é ele e o que ele pode fazer para salvá-la. Para um nadador fraco, que não entende as correntes do mar nem quando as ondas quebram, surfar é algo assustador — até mesmo fatal. Mas, para o surfista que conhece as ondas e adora pegá-las, não há o que temer. Assim como um surfista que pega uma onda que pode matar uma pessoa comum, você precisa aprender a olhar para as ondas da vida, os momentos difíceis e os relacionamentos difíceis, como algo que você deve atravessar, e não temer. *Você é vitoriosa demais por causa* de quem o Senhor é (veja Romanos 8:37), e não apenas no momentos fáceis, mas em todas as situações. Nos dias difíceis da vida, você não só pode encontrar a mão de Deus, mas a força de sua fé. Não entre em pânico quando vierem as ondas; basta vê-las como algo que você tem de pegar e atravessar para encontrar a parte boa da vida.

Nada pode separá-la do amor de Deus, a não ser quando você mesma permite que isso aconteça. Então, segure firme, mantenha os olhos no Pai e aproveite a água.

[9] Os que governam os povos se
reúnem
com o povo do Deus de Abraão,
pois todo poder neste mundo
pertence a Deus;
ele domina tudo.

Jerusalém, a cidade de Deus

Salmo do grupo de Corá. Canção.

48 O SENHOR Deus é grande
e merece ser louvado na sua
cidade,
em *Sião, o seu monte santo.
[2] O monte de Deus é alto e bonito;
a cidade do grande Rei é a alegria
do mundo inteiro.
[3] Deus tem mostrado que ele
dá segurança ao povo
dentro das fortalezas da cidade.

[4] Os reis se reuniram
e juntos vieram atacar o monte Sião.
[5] Porém, quando viram a cidade,
ficaram espantados
e fugiram com medo.
[6] Eles ficaram apavorados e aflitos
como a mulher que está
com dores de parto,
[7] como marinheiros em grandes
navios
sacudidos numa tempestade
violenta.

[8] Temos ouvido falar das coisas
que o SENHOR Deus tem feito
e agora vimos o que aconteceu
na cidade do nosso Deus,
o SENHOR Todo-Poderoso.
Ele guardará a cidade em segurança
para sempre.
[9] No teu Templo, ó Deus,
ficamos pensando no teu amor.
[10] Tu és louvado por todos os povos,
e a tua fama se espalha
pelo mundo inteiro,
pois tu governas com justiça.
[11] Alegre-se, povo de Jerusalém!
Ó Deus, os teus julgamentos são
justos!
Alegrem-se com isso,
moradores das cidades de Judá!

[12] Povo de Deus, ande em volta
de Jerusalém
e conte as suas torres!
[13] Olhem todos com atenção
as suas muralhas
e examinem as suas fortalezas.
Assim vocês poderão dizer
aos seus descendentes:
[14] "Este Deus é o nosso Deus
para sempre.
Ele nos guiará eternamente."

Ninguém escapa da morte

Salmo do grupo de Corá. Ao regente do coro.

49 Povos, escutem bem isto!
Ouçam, todos os moradores do
mundo,
[2] tanto os poderosos como os
humildes,
tanto os ricos como os pobres!
[3] Os meus pensamentos serão
claros;
falarei palavras de sabedoria.
[4] Vou dar atenção aos provérbios
e, enquanto toco a minha *lira,
vou explicá-los.

[5] Eu não sinto medo
nas horas de perigo,
quando os meus inimigos me
cercam.
[6] Esses perversos confiam
nas suas riquezas
e se orgulham
das suas grandes fortunas.
[7] Mas ninguém pode salvar a si
mesmo,
nem pagar a Deus
o preço da sua vida,
[8] pois não há dinheiro que pague
a vida de alguém.
Por mais dinheiro
que uma pessoa tenha,
[9] isso não garante que ela
nunca vá morrer,
que ela vá viver para sempre.

[10] Todo mundo vê
que até os sábios morrem,
e morrem também os tolos
e os ignorantes.
E todos deixam as suas riquezas
para os outros.
[11] As suas sepulturas
são os seus lares perpétuos,
onde eles ficam para sempre,
ainda que tenham possuído
muitas terras.

[12] O ser humano,
por mais importante que seja,
não pode escapar da morte;
como os animais morrem,
ele também morre.

13 Reparem no que acontece
com os que confiam em si mesmos;
vejam o fim daqueles
que estão satisfeitos
com as suas riquezas.
14 O pastor deles — a morte — os leva,
e eles são condenados a morrer
como se fossem ovelhas.
De manhã, as pessoas corretas
os vencerão;
os corpos deles apodrecerão
na sepultura,
longe dos seus lares.
15 Porém Deus me livrará
do poder da morte,
pois ele me receberá.

16 Não se preocupem
quando alguém fica rico,
e a sua riqueza aumenta
cada vez mais.
17 Pois, quando morrer,
ele não poderá levar nada;
a sua riqueza não irá com ele
para a sepultura.
18 Ainda que esteja contente
com a sua vida
e seja elogiado por ter sucesso,
19 ele, quando morrer, vai reunir-se
com os seus antepassados
no lugar onde a escuridão
dura para sempre.

20 O ser humano,
por mais importante que seja,
não pode escapar da morte;
como os animais morrem,
ele também morre.

Adoração e vida

Salmo de Asafe.

50 Deus, o SENHOR Deus, fala
e chama todos os moradores do
mundo,
de um lado da terra ao outro.
2 Deus brilha lá de Jerusalém,
a cidade de perfeita beleza.

3 O nosso Deus está chegando,
porém não chega em silêncio.
Um fogo destruidor vem
na sua frente,
e em volta dele
há uma violenta tempestade.
4 Ele chama o céu e a terra
como testemunhas
para assistirem ao julgamento
do seu povo.
5 Ele diz: "Reúnam aqueles
que são fiéis a mim,
aqueles que fizeram
uma *aliança comigo,
e, como sinal,
ofereceram um *sacrifício."
6 Os céus anunciam que Deus é justo
e que ele mesmo é quem vai julgar.

7 Deus diz: "Escute, meu povo,
que eu vou falar;
vou ser testemunha contra você,
povo de Israel.
Eu sou Deus, o seu Deus.
8 Não vou repreendê-los
por causa dos sacrifícios
e das ofertas que vocês
sempre me trazem.
9 No entanto, eu não preciso
dos touros das suas fazendas
nem dos bodes dos seus rebanhos.
10 Pois os animais da floresta são
meus
e também os milhares de cabeças
de gado espalhados nas
montanhas.
11 São meus todos os pássaros
dos montes
e tudo o que vive nos campos.

12 "Se eu tivesse fome,
não pediria nada a vocês,
pois o mundo é meu
e tudo o que nele há.
13 Por acaso, preciso comer
carne de touros
ou beber sangue de bodes?
14 Que a gratidão de vocês
seja o sacrifício
que oferecem a Deus,
e que vocês deem ao Deus Altíssimo
tudo aquilo que prometeram!
15 Se me chamarem no dia da aflição,
eu os livrarei,
e vocês me louvarão."

16 Porém Deus diz aos maus:
"Que direito têm vocês
de recitar as minhas *leis
e de falar a respeito
da minha aliança?
17 Vocês não querem que eu os
corrija
e não aceitam as minhas ordens.
18 Vocês ficam amigos de cada
ladrão
que encontram
e andam com pessoas adúlteras.

19 Vocês estão sempre prontos
para dizer coisas más
e não pensam duas vezes
antes de pregar mentiras.
20 Estão sempre acusando os seus
irmãos
e espalhando calúnias
a respeito deles.
21 Vocês fizeram essas coisas,
e eu fiquei calado;
por isso, pensaram que eu era
igual a vocês.
Porém agora vou repreendê-los;
vou mostrar-lhes os seus erros.

22 "Vocês que esqueceram de mim,
pensem bem nisso
para que eu não os destrua,
sem que ninguém possa salvá-los.
23 Aquele que me traz
ofertas de gratidão
está me honrando,
e eu salvarei todos os que andam
nos meus caminhos."

Arrependimento e perdão

Salmo de Davi. Ao regente do coro. Escrito depois que o profeta Natã falou com Davi a respeito do pecado que este havia cometido com Bate-Seba.

51 Por causa do teu amor, ó Deus,
tem misericórdia de mim.
Por causa da tua grande compaixão
apaga os meus pecados.
2 Purifica-me de todas as minhas
maldades
e lava-me do meu pecado.

3 Pois eu conheço bem os meus erros,
e o meu pecado está sempre
diante de mim.
4 Contra ti eu pequei —
somente contra ti —
e fiz o que detestas.
Tu tens razão quando me julgas
e estás certo quando me condenas.
5 De fato, tenho sido mau
desde que nasci;
tenho sido pecador desde o dia
em que fui concebido.

6 O que tu queres é um coração
sincero;
enche o meu coração
com a tua sabedoria.
7 Tira de mim o meu pecado,
e ficarei limpo;
lava-me, e ficarei mais branco
do que a neve.
8 Faze-me ouvir outra vez os sons
de alegria e de felicidade;
e, ainda que tenhas me esmagado
e quebrado,
eu serei feliz de novo.
9 Não olhes para os meus pecados
e apaga todas as minhas maldades.
10 Ó Deus, cria em mim um coração
puro
e dá-me uma vontade nova e firme!
11 Não me expulses da tua presença,
nem tires de mim
o teu santo Espírito.
12 Dá-me novamente a alegria
da tua salvação
e conserva em mim o desejo
de ser obediente.
13 Então ensinarei aos
desobedientes
as tuas *leis,
e eles voltarão a ti.

14 Ó Deus, meu Salvador,
livra-me da morte,
e com alegria eu anunciarei
a tua salvação!
15 Ó Senhor, põe as palavras certas
na minha boca,
e eu te louvarei!

16 Tu não queres que eu
te ofereça *sacrifícios;
tu não gostas que animais
sejam queimados como oferta a ti.
17 Ó Deus, o meu sacrifício
é um espírito humilde;
tu não rejeitarás um coração
humilde
e arrependido.

18 Ó Deus, com a tua bondade,
ajuda Jerusalém
e constrói de novo as suas
muralhas!
19 Então terás prazer em receber
os sacrifícios certos
e os animais que são
totalmente queimados.
E touros novos serão oferecidos
no teu altar.

A justiça e a bondade de Deus

Poesia de Davi. Ao regente do coro. Escrita por Davi depois que Doegue, o edomita, foi encontrar-se com Saul e lhe contou que Davi tinha ido à casa de Abimeleque.

52 Homem poderoso, por que você
se gaba da sua maldade?

DEVOCIONAL

Texto para leitura: **Salmo 51**

Conheça a Deus

Ao se aproximar de Cristo pela primeira vez, você concorda com ele que aquilo em que você acreditava era mentira. Isso se chama arrependimento, e é o que você tem de fazer para ser perdoada e salva. As coisas que o mundo lhe disse, a dor que você infligiu a si mesma, a solidão, a culpa, o vazio — tudo que uma vida sem Cristo lhe deu era mentira, e você, finalmente, concorda com isso.

Mas o arrependimento não para no momento em que você aceita Cristo. Ele continua a cada dia. Diariamente, com certeza, você comete um pecado, algo que prova que você aceitou as mentiras de novo. Por isso, todo dia, você precisa se arrepender desse pecado conscientemente. Precisa zerar a conta, chamando a mentira de mentira e concordando com Deus que você falhou. Isso não significa que você precisa se sentir culpada para sempre, mas é preciso admitir que você fez papel de boba ao ser idiota o suficiente para esquecer a verdade mais uma vez. Acontece com todo mundo em todos os lugares, e é por isso que o Senhor criou uma saída: o arrependimento.

Deus não apenas tolera as confusões que você faz. Ele não é o melhor amigo que ignora seus pecados; ele é Deus e exige santidade (veja Mateus 5:48). Não deixe que sua ideia de um Deus amoroso ofusque sua necessidade de reconhecer que ele é um Deus santo, e de concordar com ele sobre seu pecado. Prefira confessar seus pecados e se arrepender, e, então, desfrute da alegria do amor inesgotável de Deus.

O amor de Deus dura para sempre.
2 Você faz planos para acabar
com os outros;
a sua língua caluniadora corta tanto
como uma navalha afiada.
3 Você gosta mais do mal do que do
bem
e prefere a mentira
em lugar da verdade.
4 Seu mentiroso,
você gosta de ferir os outros
com palavras!
5 Por isso, Deus acabará com você
para sempre;
ele o pegará e jogará para fora
da casa em que você mora.
Deus o tirará do mundo dos vivos.
6 Os que obedecem a Deus verão
isso
e ficarão com medo;
eles vão rir de você e dizer:
7 "Vejam um homem que não pedia
a Deus que o protegesse.
Ele só confiava
na sua grande riqueza
e procurava segurança
na sua própria maldade."

8 Porém eu sou
como uma oliveira verde,
que cresce perto da casa de Deus;
eu confio no seu amor para sempre
e sempre.
9 Ó Deus, eu sempre te louvarei
pelo que tens feito;
na presença dos que são fiéis a ti
anunciarei que tu és bom.

Corrupção e salvação
Salmo 14

Poesia de Davi. Ao regente do coro — para instrumento de cordas.

53 Os tolos pensam assim:
"Para mim, Deus não tem
importância."
Todos são corruptos
e cometem injustiças horríveis;
não há uma só pessoa que faça o bem.

2 Lá do céu Deus olha
para a humanidade

a fim de ver se existe alguém
que tenha juízo,
se existe uma só pessoa que o
adore.
3 Mas todos caíram, se desviando
assim
do caminho certo,
e são igualmente corruptos.
Não há mais ninguém
que faça o que é direito,
não há mesmo nem uma só pessoa.

4 Deus pergunta:
"Será que essa gente má
não entende nada?
Eles vivem explorando o meu povo
e, além de tudo, não oram a mim."
5 Mas eles vão tremer de medo
como nunca tremeram antes,
pois Deus espalha os ossos
dos inimigos dele.
Deus os rejeitou,
e por isso o povo de Israel
os derrotará completamente.

6 Queira Deus que de Jerusalém
venha a vitória para Israel!
Como ficarão felizes e alegres
os descendentes de Jacó
quando Deus os fizer
prosperar de novo!

Oração pedindo a proteção de Deus

Poesia de Davi. Ao regente do coro — para instrumentos de cordas. Escrita por Davi quando os moradores da cidade de Zife foram contar a Saul que Davi estava escondido na terra deles.

54 Ó Deus, salva-me pelo teu poder!
Livra-me com a tua força.
2 Ouve, ó Deus, a minha oração!
Escuta as minhas palavras.
3 Pois homens orgulhosos estão
chegando
para me atacar,
homens violentos querem me matar.
Eles não se importam com Deus.

4 Eu sei que é o Senhor Deus
quem me ajuda,
sei que é ele quem me defende.
5 Que Deus faça com que a maldade
dos meus inimigos
se vire contra eles mesmos!
Ele é fiel e por isso os destruirá.

6 Ó SENHOR Deus, de boa vontade
eu te oferecerei *sacrifícios
e te louvarei porque és bom.
7 Tu me livraste de todas
as minhas aflições,
e eu tenho visto a derrota
dos meus inimigos.

Oração de um homem perseguido

Poesia de Davi. Ao regente do coro — para instrumentos de cordas.

55 Ouve a minha oração, ó Deus!
Não deixes de atender o meu
pedido.
2 Escuta-me e responde.
As minhas aflições
me deixam desgastado.
3 Eu tremo quando ouço as ameaças
dos meus inimigos;
a perseguição dos maus me esmaga.
Eles fazem com que desgraças
caiam sobre mim;
estão com raiva de mim e me odeiam.

4 O meu coração está cheio de medo,
e o pavor da morte cai sobre mim.
5 Sinto um medo terrível
e estou tremendo;
o pavor tomou conta de mim.
6 Ah! Se eu tivesse asas como a pomba,
voaria para um lugar de descanso!
7 Fugiria para bem longe
e moraria no deserto.
8 Bem depressa procuraria achar
um lugar seguro
para me esconder
da ventania e da tempestade.

9 Ó Senhor, atrapalha e destrói
os conchavos dos meus inimigos,
pois vejo violência e pancadaria
na cidade!
10 Dia e noite, eles andam
em volta dela, nas muralhas,
enchendo-a de crimes e de
maldade.
11 Por toda parte há destruição,
e as ruas estão cheias
de exploração e desonestidade.

12 Não era um inimigo
que estava zombando de mim;
se fosse, eu poderia suportar;
nem era um adversário
que me tratava com desprezo,
pois eu poderia me esconder dele.
13 Porém foi você mesmo,
meu companheiro,
meu colega e amigo íntimo!
14 Conversávamos com toda a
liberdade

e íamos juntos adorar com o povo
no Templo.

15 Que a morte venha de repente
sobre os meus inimigos!
Que eles desçam vivos
para o *mundo dos mortos,
pois a maldade está na casa
e no coração deles!
16 Mas eu chamo a Deus, o SENHOR,
pedindo ajuda,
e ele me salva.
17 De manhã, ao meio-dia e de noite,
eu choro e me queixo, e ele me
ouve.
18 Ele me traz são e salvo
de volta das batalhas
em que luto contra os meus
muitos inimigos.
19 O Deus que reina desde a
eternidade
me ouve e os derrota.
Pois eles não querem mudar de vida
e não *temem a Deus.

20 O meu antigo companheiro
atacou os seus próprios amigos
e quebrou as promessas
que havia feito a eles.
21 As palavras dele eram mais macias
do que a manteiga,
mas no seu coração havia ódio.
As palavras dele eram mais suaves
do que o azeite,
mas cortavam como espadas
afiadas.

22 Entregue os seus problemas
ao SENHOR, e ele o ajudará;
ele nunca deixa que fracasse
a pessoa que lhe obedece.
23 Mas, quanto àqueles assassinos
e traidores,
tu, ó Deus, os jogarás no fundo
do mundo dos mortos;
eles não chegarão até a metade
da sua vida.
Eu, porém, confiarei em ti.

Deus está comigo

Hino de Davi. Ao regente do coro — com a melodia de "A Pomba Calada em Terra Distante". Escrito por Davi quando os filisteus o prenderam na cidade de Gate.

56 Tem misericórdia de mim, ó Deus,
pois estou sendo atacado
por inimigos que estão sempre
me perseguindo!
2 O dia inteiro eles me atacam,
e são muitos os que lutam contra
mim.

3 Quando estou com medo,
eu confio em ti, ó Deus Todo-
-Poderoso.
4 Confio em Deus e o louvo
pelo que ele tem prometido;
confio nele e não terei medo de
nada.
O que podem me fazer
simples seres humanos?

5 O dia inteiro os meus inimigos
me atrapalham nos meus negócios
e só pensam em me prejudicar.
6 Eles se reúnem em lugares
escondidos,
olham o que estou fazendo
e ficam esperando uma
oportunidade
para me matar.
7 Ó Deus, castiga-os
por causa da sua maldade!
Mostra a tua *ira
e derrota essa gente.

8 Tu sabes como estou aflito,
pois tens tomado nota
de todas as minhas lágrimas.
Será que elas não estão escritas
no teu livro?
9 Quando eu pedir a tua ajuda,
os meus inimigos fugirão.
Uma coisa eu sei: Deus está comigo.
10 Eu louvo a promessa de Deus,
a promessa de Deus, o SENHOR.
11 Confio nele e não terei medo de
nada.
O que podem me fazer
simples seres humanos?

12 Ó Deus, eu te darei o que prometi,
eu te darei a minha oferta de louvor
13 porque me salvaste da morte
e não deixaste que eu fosse
derrotado.
Assim, ó Deus, eu ando
na tua presença,
eu ando na luz da vida.

Segurança em Deus

Hino de Davi. Ao regente do coro — com a melodia de "Não Destruas". Escrito por Davi quando fugiu de Saul na caverna.

57 Tem misericórdia de mim, ó Deus,
tem misericórdia,

pois em ti procuro segurança!
Na sombra das tuas asas
eu encontro proteção
até que passe o perigo.
2 Eu chamo o Deus Altíssimo;
eu chamo a Deus, que me ajuda
em tudo.
3 Do céu, ele me responderá
e me salvará;
ele derrotará os que me atacam.
Deus me mostrará o seu amor
e a sua fidelidade.
4 Estou cercado de inimigos;
eles são como leões,
e querem me devorar.
Os seus dentes
são como lanças e flechas,
e a língua deles,
como espada afiada.

5 Ó Deus, mostra a tua grandeza nos
céus,
e que a tua *glória brilhe
no mundo inteiro!

6 Os meus inimigos armaram
uma armadilha para me pegar,
e eu fiquei muito aflito.
Fizeram uma cova no meu caminho,
mas eles mesmos caíram nela.

7 O meu coração está firme,
ó Deus, bem firme;
eu cantarei hinos em teu louvor.
8 Acorde, meu coração!
Minha *harpa e minha *lira, acordem!
Eu acordarei o sol.
9 Senhor, eu te darei graças
no meio das nações;
eu te louvarei entre os povos.
10 O teu amor chega até os céus,
e a tua fidelidade, até as nuvens.

11 Ó Deus, mostra a tua grandeza
nos céus,
e que a tua glória brilhe
no mundo inteiro!

Castigo para os maus

Hino de Davi. Ao regente do coro — com a melodia de "Não Destruas".

58 Será que vocês, autoridades,
dão sentenças justas?
Será que julgam com justiça as
pessoas?
2 Não. Vocês só pensam em fazer o mal
e cometem crimes de violência no
país.
3 Os maus passam a vida
praticando o mal;
desde o dia em que nascem,
só contam mentiras.
4 Estão cheios de veneno
como as cobras;
tapam os ouvidos como uma cobra
que se faz de surda,
5 que não quer ouvir a voz
do encantador de serpentes.

6 Ó Deus, quebra os dentes dos
maus!
Ó SENHOR Deus, arranca os dentes
desses leões ferozes!
7 Que os maus desapareçam
como a água derramada na terra!
Que sejam esmagados como a erva
que nasce no caminho!
8 Que se derretam como o caracol
na lama!
Que sejam como a criança
que nasce morta,
que nunca viu a luz do sol!
9 Antes que os maus percebam
o que está acontecendo,
serão cortados como mato.
Enquanto ainda estiverem vivos,
Deus, em sua fúria terrível,
os expulsará com um sopro.

10 Os bons ficarão contentes
ao verem os maus sendo
castigados;
os bons lavarão os pés
no sangue deles.
11 E as pessoas dirão: "De fato,
os bons são recompensados.
Realmente existe um Deus
que julga o mundo."

Proteção divina contra inimigos

Hino de Davi. Ao regente do coro — com a melodia de "Não Destruas". Escrito por Davi quando Saul mandou espiões à casa de Davi para o matarem.

59 Ó meu Deus, livra-me
dos meus inimigos!
Protege-me daqueles que me
atacam.
2 Salva-me dos homens maus;
livra-me desses assassinos.
3 Ó SENHOR Deus, olha!
Eles estão esperando para me
matar.
Homens cruéis estão fazendo
planos
contra mim.

Mas não é por causa
de qualquer pecado
ou maldade que eu tenha feito,
4 nem por causa de alguma falta,
que eles têm pressa de me atacar.
5 Ó SENHOR, Deus Todo-Poderoso,
levanta-te e vem me ajudar!
Vê, ó Deus de Israel!
Acorda e castiga as nações pagãs;
não tenhas pena
desses traidores e perversos.

6 Quando anoitece, eles voltam
e rodeiam a cidade,
rosnando como cachorros.
7 A língua deles fere como espada;
eles gritam insultos e ameaças
e pensam que ninguém está
ouvindo.

8 Mas tu zombas deles, ó SENHOR;
tu ris de todos os pagãos.
9 Ó Deus, eu confio no teu poder;
tu és a minha fortaleza.

10 Com o seu amor,
o meu Deus virá ao meu encontro;
ele fará com que eu veja
a derrota dos meus inimigos.
11 Ó Deus, não acabes de uma vez
com os meus inimigos
para que o meu povo não esqueça
da maldade deles!
Ó Senhor, nosso *escudo, espalha-os
com o teu poder e derrota-os!

12 Todas as vezes que falam,
os meus inimigos pecam;
que eles sejam apanhados
no seu próprio orgulho!
Eles amaldiçoam e mentem;
13 por isso, peço que os destruas
quando estiveres *irado,
e que sejam destruídos
completamente.
Aí todos saberão
que Deus governa em Israel
e que o seu *Reino
se estende pelo mundo inteiro.

14 De noite, os meus inimigos voltam
e rodeiam a cidade,
rosnando como cachorros.
15 Eles andam pela cidade
como cachorros,
procurando o que comer,
e uivam se não encontram
comida que chegue.
16 Porém eu cantarei
a respeito do teu poder;
de manhã louvarei bem alto o teu
amor,
pois tu tens sido uma fortaleza
para mim,
um refúgio nos meus dias de
aflição.
17 Eu te louvarei, ó Deus,
meu defensor!
Tu és a minha fortaleza,
tu és o Deus que me ama.

Derrota e vitória

Hino de Davi, para ensino. Ao regente do coro — com a melodia de "O Lírio do Testemunho". Escrito por Davi quando lutava contra os sírios da Mesopotâmia e de Zoba e quando Joabe voltou e matou doze mil edomitas no vale do Sal.

60 Ó Deus, tu nos rejeitaste
e nos derrotaste.
Estavas *irado conosco,
mas agora volta para nós!
2 Fizeste a terra tremer e se abrir;
agora fecha as suas brechas,
pois ela está se desfazendo.
3 Fizeste o teu povo passar
por muitas aflições;
tu nos deste vinho para beber,
e por isso andamos por aí às tontas.
4 Levantaste uma bandeira para
avisar
os que te *temem,
para que eles pudessem escapar
da derrota.
5 Salva-nos com o teu poder;
responde à nossa oração
para que o povo que tu amas
seja salvo.

6 No seu Templo, Deus disse:
"Quando eu vencer,
dividirei a cidade de Siquém
e repartirei o vale de Sucote
entre o meu povo.
7 Gileade é meu, e Manassés,
também;
Efraim é o meu capacete,
e Judá é o meu *cetro de rei.
8 Porém Moabe será a minha bacia
de lavar;
e eu jogarei as minhas sandálias
sobre Edom,
como um sinal de que esse país é meu.
Será que os filisteus pensaram
que iriam cantar a sua vitória
sobre mim?"

9 Ó Deus, quem me levará para
dentro
da cidade protegida por
muralhas?
Quem me guiará até Edom?
10 Será que, de fato, nos rejeitaste?
Será que não vais marchar
com os nossos exércitos?
11 Ajuda-nos a combater o inimigo,
pois o auxílio de seres humanos
não vale nada.
12 Com Deus do nosso lado,
venceremos;
ele derrotará os nossos inimigos.

Segurança em Deus

De Davi. Ao regente do coro — para instrumentos de cordas.

61 Ó Deus, ouve o meu grito
de angústia!
Escuta a minha oração.
2 No meu desespero, longe do meu lar,
eu te chamo pedindo ajuda.

Põe-me em segurança
numa rocha bem alta,
3 pois tu és o meu protetor,
o meu forte defensor
contra os meus inimigos.
4 Eu te peço que me deixes viver
no teu Templo toda a minha vida,
para ficar protegido
debaixo das tuas asas.
5 Ó Deus, tu ouviste
as minhas promessas
e me deste as bênçãos
que pertencem aos que te *temem.

6 Dá uma vida longa ao rei;
que ele viva muitos e muitos anos!
7 Que ele governe para sempre
com a tua bênção, ó Deus!
Protege-o com o teu amor
e com a tua fidelidade.

8 Assim eu sempre te cantarei
louvores
e todos os dias te darei
o que tiver prometido.

Somente Deus

Salmo de Davi. Ao regente do coro — para *confissão*.

62 Somente em Deus eu encontro paz;
é dele que vem a minha salvação.
2 Somente ele é a rocha que me salva;
ele é o meu protetor,
e eu nunca serei derrotado.

3 Até quando todos vocês
atacarão um homem
que é mais fraco
do que uma cerca derrubada?
4 Vocês somente querem tirá-lo
do seu lugar de honra.
Vocês gostam de mentir;
dizem coisas boas a respeito dele,
mas no coração o amaldiçoam.

5 Somente em Deus eu encontro paz
e nele ponho a minha esperança.
6 Somente ele é a rocha que me
salva;
ele é o meu protetor,
e eu não serei abalado.
7 A minha salvação e a minha honra
dependem de Deus;
ele é a minha rocha poderosa
e o meu abrigo.

8 Confie sempre em Deus, meu
povo!
Abram o coração para Deus,
pois ele é o nosso refúgio.
9 Os seres humanos, tanto os pobres
como os ricos, são inúteis,
são somente um sopro.
Se fossem colocados na balança,
não pesariam nada;
são mais leves do que um sopro.
10 Não confiem na violência,
nem esperem ganhar
alguma coisa com o roubo.
Ainda que as suas riquezas
aumentem,
não confiem nelas.

11 Mais de uma vez
tenho ouvido Deus dizer
que o poder é dele
12 e o amor, também.
Tu, ó Senhor, recompensas cada um
de acordo com o que faz.

Sede espiritual

Salmo de Davi. Escrito quando estava no deserto de Judá.

63 Ó Deus, tu és o meu Deus;
procuro estar na tua presença.
Todo o meu ser deseja estar
contigo;
eu tenho sede de ti
como uma terra cansada,
seca e sem água.
2 Quero ver-te no Templo;
quero ver como és poderoso e
*glorioso.

[3]O teu amor é melhor
do que a própria vida,
e por isso eu te louvarei.
[4]Enquanto viver,
falarei da tua bondade
e levantarei as mãos a ti em oração.
[5]As tuas bênçãos
são como alimentos gostosos;
elas me satisfazem,
e por isso canto alegremente
canções de louvor a ti.

[6]Quando estou deitado,
eu lembro de ti.
Penso em ti a noite toda
[7]porque sempre me tens ajudado.
Na sombra das tuas asas
eu canto de alegria.
[8]A tua mão direita
me segura bem firme,
e eu me apego a ti.

[9]Porém aqueles que me querem
matar
descerão para o *mundo dos
mortos.
[10]Eles serão mortos na batalha,
e os corpos deles serão comidos
pelos animais selvagens.
[11]Mas o rei se alegrará
porque Deus lhe dá a vitória.
Os que fazem promessas
em nome de Deus se alegrarão,
mas a boca dos mentirosos
será fechada.

Pedido de proteção contra inimigos

Salmo de Davi. Ao regente do coro.

64 Ó Deus, escuta a minha oração,
pois estou em dificuldades!
Salva a minha vida,
pois tenho medo dos meus
inimigos.
[2]Protege-me dos planos
que os maus fazem contra mim;
livra-me dos bandos
de homens perversos.

[3]Os maus afiam a língua como espada
e apontam como flechas as suas
palavras
cheias de veneno.
[4]Eles agem depressa para espalhar
as suas mentiras vergonhosas
e destroem os bons
com calúnias covardes.
[5]Eles se animam uns aos outros
para fazer o mal;
falam dos lugares onde vão colocar
as suas armadilhas
e pensam que ninguém pode vê-los.
[6]Fazem planos cheios de maldade
e dizem:
"Planejamos um crime perfeito."
O coração e a mente do ser humano
são um mistério.

[7]Porém Deus atirará as suas flechas
contra eles,
e, de repente, ficarão feridos.
[8]Deus os destruirá
por causa das suas palavras;
aqueles que os virem balançarão
a cabeça, caçoando deles.

[9]Então todas as pessoas
ficarão com medo;
pensarão no que Deus fez
e falarão sobre os seus atos
poderosos.
[10]A alegria daqueles que obedecem
ao SENHOR Deus vem dele;
é no SENHOR que eles encontram
segurança.
Todos eles lhe darão *glória.

Gratidão pelas colheitas

Salmo de Davi. Canção. Ao regente do coro.

65 É justo, ó Deus, que o povo te louve
no *monte Sião
e te dê o que prometeu,
[2]pois tu respondes às orações.
Pessoas de toda parte virão te
adorar
[3]por causa dos seus pecados.
As nossas faltas nos deixam
derrotados,
mas tu nos perdoas.
[4]Como são felizes
aqueles que tu escolhes,
aqueles que trazes para viverem
no teu Templo!
Nós ficaremos contentes
com as coisas boas da tua casa,
com as bênçãos
do teu santo Templo.

[5]Ó Deus, tu nos respondes,
dando-nos a vitória,
e fazes coisas maravilhosas
para nos salvar.
Os povos do mundo inteiro,
até os dos mares distantes,
põem a sua esperança em ti.
[6]Com o teu poder,
puseste as montanhas no lugar,

mostrando assim
a tua força poderosa.
7 Tu acalmas o rugido dos mares
e o barulho das ondas,
tu acalmas a gritaria dos povos.
8 Por causa das grandes coisas
que tens feito,
o mundo todo está cheio de
espanto.
Por causa das maravilhas
que tens feito
há gritos de alegria
de um lado da terra ao outro.

9 Fazendo chover, mostras o teu
cuidado
pela terra
e a tornas boa e rica.
Com as chuvas do céu enches de
água
os rios,
e assim a terra produz alimentos,
pois para isso a preparaste.
10 Regas com muitas chuvas
as terras aradas,
e elas ficam amolecidas pela água.
Com as chuvas, amacias bem as
terras,
e por isso crescem as plantações.

11 Como é grande a colheita
que vem da tua bondade!
Por onde passas, há fartura.
12 Os pastos estão cobertos
de rebanhos,
e os montes se enchem de alegria.
13 Os campos estão cobertos
de carneiros,
e os vales estão cheios de trigo.
Tudo grita e canta de alegria.

Louvor e gratidão a Deus

Salmo. Canção. Ao regente do coro.

66 Que todos os povos louvem a Deus
com gritos de alegria!
2 Cantem hinos de louvor a ele;
ofereçam a ele louvores *gloriosos.
3 Digam isto a Deus:
"Como são espantosas
as coisas que fazes!
O teu poder é tão grande,
que os teus inimigos ficam com
medo
e se curvam diante de ti.
4 O mundo inteiro te adora
e canta louvores a ti;
todos cantam hinos em tua honra."
5 Venham e vejam o que Deus tem
feito,
vejam com espanto as coisas que
ele
tem feito em favor das pessoas.
6 Ele mudou o mar em terra seca,
e os nossos antepassados
atravessaram o rio a pé.
Ali nos alegramos com o que ele fez.
7 Pelo seu poder, ele governa
para sempre,
e os seus olhos vigiam as nações.
Que ninguém se revolte contra Deus!

8 Que todas as nações
louvem o nosso Deus!
Que cantem hinos de louvor em voz
alta!
9 Ele nos tem mantido vivos
e não nos tem deixado cair.

10 Ó Deus, tu nos puseste à prova.
Como a prata é provada pelo fogo,
assim nos provaste.
11 Tu nos deixaste cair numa
armadilha
e colocaste cargas pesadas
nas nossas costas.
12 Deixaste que os nossos inimigos
nos pisassem.
Passamos pelo fogo e pela água,
mas agora nos trouxeste
para um lugar seguro.

13 Levarei à tua casa os *sacrifícios
que devem ser
completamente queimados;
eu te darei o que te prometi.
14 Aquilo que prometi,
quando estava em aflição,
isso mesmo te darei.
15 Levarei ovelhas
para serem queimadas no altar;
oferecerei sacrifícios de touros
e cabritos,
e a fumaça subirá até o céu.

16 Todos vocês que *temem a Deus,
venham e escutem,
e eu contarei
o que ele tem feito por mim.
17 Eu gritei, pedindo a sua ajuda;
então o louvei com hinos.
18 Mas, se eu tivesse guardado
maus pensamentos no coração,
o Senhor não teria me ouvido.
19 Porém Deus, de fato, me ouviu
e respondeu à minha oração.

20 Eu louvo a Deus
porque ele não deixou de ouvir
a minha oração
e nunca me negou o seu amor.

Agradecimento pela colheita

Salmo. Canção. Ao regente do coro — para instrumentos de cordas.

67 Ó Deus, tem misericórdia de nós
e abençoa-nos!
Trata-nos com bondade.
2 Assim o mundo inteiro conhecerá
a tua vontade,
e a tua salvação será conhecida
por todos os povos.

3 Que os povos te louvem, ó Deus!
Que todos os povos te louvem!

4 Que as nações se alegrem
e cantem de alegria
porque julgas os povos com justiça
e guias as nações do mundo!

5 Que os povos te louvem, ó Deus!
Que todos os povos te louvem!

6 A terra deu a sua colheita;
Deus, o nosso Deus,
nos tem abençoado.
7 Ele nos tem abençoado;
que os povos do mundo inteiro
o *temam!

Deus dá a vitória

Salmo de Davi. Canção. Ao regente do coro.

68 Deus se levanta
e espalha os seus inimigos;
os que o odeiam são derrotados
e fogem da sua presença.
2 Ele os espalha como a fumaça
que desaparece no ar.
Os maus se acabam na presença de Deus
como a cera se derrete perto do fogo.
3 Mas os bons ficam contentes
e felizes na sua presença
e, cheios de alegria, cantam hinos.

4 Cantem em louvor a Deus,
cantem hinos em sua honra.
Preparem o caminho daquele que vem
montado nas nuvens.
O seu nome é *SENHOR;
alegrem-se na sua presença.

5 Deus, que vive no seu santo Templo,
cuida dos órfãos
e protege as viúvas.
6 Ele dá aos abandonados
um lar onde eles podem viver
e solta os prisioneiros
para que vivam livres e felizes.
Mas os que se revoltam contra ele
terão de morar numa terra deserta.

7 Ó Deus, quando conduziste o teu povo,
quando marchaste pelo deserto,
8 a terra tremeu, e o céu derramou chuva
por causa da vinda do Deus do Sinai,
da vinda do Deus de Israel.
9 Tu fizeste cair muita chuva
e renovaste a tua terra cansada.
10 O teu povo fez nessa terra o seu lar;
com a tua bondade, cuidaste dos pobres.

11 O Senhor deu uma ordem,
e muitas mulheres levaram
esta notícia:
12 "Os reis e os seus exércitos
estão fugindo!"
Em casa, as mulheres repartiram
o que havia sido tirado
dos inimigos.
13 Elas pareciam pombas
cobertas de prata,
com asas brilhantes como ouro puro.
Por que é que no dia da batalha
alguns soldados ficaram
no curral das ovelhas?
14 Quando o Deus Todo-Poderoso
espalhou os reis,
caiu neve ali no monte Salmom.

15 Como é alta a serra de Basã,
a serra de muitos picos!
16 Por que é que vocês,
montanhas tão altas,
olham com inveja para o *monte
que Deus escolheu para nele morar?
O SENHOR Deus viverá ali
para sempre.

17 Com os seus milhares
e milhares de carros poderosos,
Deus, o Senhor, veio do monte Sinai
para o seu lugar santo.
18 O Senhor subiu aos lugares mais altos,
levando consigo muitos prisioneiros;

ele recebeu presentes
até mesmo de homens rebeldes.
O SENHOR Deus viverá ali.

19 Louvado seja o Senhor,
que dia a dia leva as nossas cargas!
Deus é a nossa salvação.
20 O nosso Deus é o Deus que salva;
ele é o SENHOR, o Senhor nosso,
que nos livra da morte.
21 Ele partirá a cabeça
dos seus inimigos,
daqueles que teimam em
permanecer
nos seus pecados.
22 Deus, o Senhor, nos disse:
"Eu trarei os inimigos de vocês
de volta do monte Basã.
Eu os farei voltar
das profundezas do mar
23 para que vocês se banhem
no sangue deles
e os cães de vocês possam lamber
sangue à vontade."

24 Ó Deus, todos veem
a tua marcha de vitória,
o desfile de Deus, o meu Rei,
entrando no seu Templo.
25 Os cantores vão na frente,
e os músicos, atrás;
no meio, estão as moças
tocando tamboris.
26 Louvem a Deus na reunião do seu
povo.
Louvem a Deus, o SENHOR,
todos os descendentes de Israel!
27 Primeiro vem Benjamim,
a menor das *tribos;
depois vêm os líderes de Judá
com o seu grupo;
e, em seguida, os líderes
de Zebulom e de Naftali.

28 Mostra o teu poder, ó Deus,
o poder que tens usado em nosso
favor!
29 Do teu Templo, em Jerusalém,
onde os reis trazem ofertas a ti,
30 repreende o Egito,
aquela fera dos canaviais.
Ó Deus, repreende as nações,
aquela manada de touros
com os seus bezerros,
até que elas se curvem
e te ofereçam a sua prata!
Espalha os povos
que gostam de fazer guerra.
31 Virão embaixadores do Egito;
e os etíopes, com as mãos
levantadas,
orarão a ti, ó Deus.

32 Cantem hinos a Deus,
povos de todas as nações,
cantem louvores ao Senhor!
33 Louvem a ele, o cavaleiro do céu,
o antigo céu.
Escutem a voz do Senhor,
a sua voz poderosa.
34 Anunciem o poder de Deus;
a majestade dele está sobre o povo
de Israel,
a sua força está nos céus.
35 Como Deus é maravilhoso
no seu Templo!
O Deus de Israel dá força e poder
ao seu povo.

Louvem a Deus.

Oração de um homem perseguido

De Davi. Ao regente do coro — com a melodia de "Os Lírios".

69 Ó Deus, salva-me
porque estou na água até o
pescoço!
2 Estou atolado num lamaçal
muito fundo,
não tenho onde apoiar os pés.
Entrei em águas profundas,
e a correnteza quase me afoga.
3 Estou rouco de tanto gritar
por socorro,
e a minha garganta está ardendo.
Os meus olhos estão cansados,
esperando que tu, meu Deus,
venhas me socorrer.

4 Aqueles que, sem motivo, me
odeiam
são mais numerosos do que
os cabelos da minha cabeça.
Os meus inimigos contam mentiras
a respeito de mim;
eles são fortes e querem me matar.
Eles me forçam a devolver
o que não roubei.

5 Os meus pecados não estão
escondidos
de ti, ó Deus;
tu sabes como tenho sido tolo.
6 Ó SENHOR, Deus Todo-Poderoso,
não deixes que aqueles que confiam
em ti

passem vergonha por causa de
mim!
Ó Deus de Israel,
não permitas que eu traga desgraça
para aqueles que te adoram!
7 Pois é por causa do meu amor
por ti
que tenho suportado insultos
e tenho passado vergonha.
8 Sou como um estranho
para os meus irmãos,
sou como um desconhecido
para a minha família.

9 O meu amor pelo teu Templo
queima dentro de mim como fogo;
as ofensas daqueles que te insultam
caem sobre mim.
10 Eu faço jejum e me humilho,
e, no entanto, eles me insultam.
11 Eu me visto de luto,
e eles riem de mim.
12 Falam de mim nas praças,
e os bêbados fazem versos
a meu respeito.

13 Porém eu, ó SENHOR Deus,
faço a minha oração a ti.
Ó Deus, responde-me
quando achares por bem,
pois me amas muito!
Salva-me como prometeste.
14 Não me deixes afundar na lama.
Livra-me dos meus inimigos
e das águas profundas da morte.
15 Não deixes que as ondas me
cubram.
Não permitas que eu me afogue
em águas profundas,
nem que seja engolido pela
sepultura.

16 Ó SENHOR Deus, tu és bom e
amoroso;
responde-me e vem me ajudar,
pois é grande a tua compaixão.
17 Não te escondas do teu *servo;
responde-me agora,
pois estou muito aflito.
18 Vem e salva-me;
livra-me dos meus inimigos.

19 Tu vês todos os meus inimigos;
tu sabes como eles me insultam
e conheces a vergonha e as
humilhações
que tenho sofrido.

20 Os insultos partiram o meu
coração,
e estou desesperado.
Esperei que alguém tivesse pena
de mim,
mas ninguém teve;
esperei que alguém viesse
me consolar,
porém ninguém apareceu.
21 Quando estava com fome,
eles me deram veneno;
quando estava com sede,
me ofereceram vinagre.

22 Que os seus banquetes
sejam a desgraça deles!
E que as suas festas religiosas
causem a sua queda!
23 Ó Deus, faze com que eles fiquem
cegos!
Faze com que percam
completamente
as forças!
24 Descarrega sobre eles a tua *ira,
e que o fogo do teu furor os alcance!
25 Que os seus acampamentos
fiquem desertos!
E que ninguém fique vivo
nas suas barracas!
26 Eles perseguem aqueles que
castigaste
e zombam dos sofrimentos
daqueles que feriste.
27 Toma nota de todos os pecados
deles;
não os deixes tomar parte
na tua salvação.
28 Que o nome deles seja riscado
do livro da vida
e que não seja colocado
na lista dos que te obedecem!

29 Eu estou sofrendo, desesperado;
ó Deus, levanta-me e salva-me!
30 Louvarei a Deus com uma canção;
anunciarei com gratidão a sua
grandeza.
31 Isso será mais agradável
a Deus, o SENHOR,
do que oferecer em *sacrifício
um touro crescido.
32 Quando os que são perseguidos
virem isso, ficarão contentes,
e os que adoram a Deus
ficarão animados.
33 Pois o SENHOR
ouve os necessitados

e não despreza o seu povo
que está na prisão.

34 Louvem a Deus, ó céu e terra,
ó mares e todas as criaturas
que estão neles!
35 Ele salvará Jerusalém
e construirá de novo
as cidades de Judá.
O seu povo viverá ali
e possuirá a *Terra Prometida.
36 Os descendentes dos servos de
Deus
herdarão essa Terra,
e aqueles que o amam viverão ali.

Oração pedindo ajuda

Salmo 40.13-17

De Davi. Em memória. Ao regente do coro.

70 Ó Deus, salva-me!
Ajuda-me agora, ó SENHOR Deus.
2 Que sejam completamente
derrotados e humilhados
aqueles que me querem matar!
Que fujam, envergonhados,
aqueles que se alegram
com as minhas aflições!
3 Que caiam na desgraça
e fiquem cheios de confusão
aqueles que zombam de mim!

4 Que fiquem alegres e contentes
todos os que te adoram!
E que os que são gratos
pela tua ajuda digam sempre:
"Como Deus é grande!"

5 Eu sou pobre e necessitado;
vem depressa em meu auxílio,
ó Deus.
Tu és a minha ajuda
e o meu libertador;
não te demores em me socorrer,
ó SENHOR Deus!

Oração de um velho

71 Ó SENHOR Deus,
tu és a minha segurança;
nunca deixes que eu sofra
a vergonha da derrota.
2 Ajuda-me e livra-me, pois tu és justo;
ouve-me e salva-me.
3 *Ó Deus, sê a minha* rocha de abrigo
e uma fortaleza para me proteger!
Tu és a minha rocha e a minha
fortaleza.

4 Ó meu Deus, livra-me dos maus,
livra-me do poder dos homens
perversos e violentos!
5 Ó SENHOR, meu Deus, em ti
ponho a minha esperança;
desde jovem tenho confiado em ti.
6 Toda a minha vida
tenho me apoiado em ti;
desde o meu nascimento
tu tens me protegido.
Eu sempre te louvarei.

7 A minha vida tem sido um
exemplo
para muitos
porque tu tens sido o meu forte
defensor.
8 O dia inteiro, eu te louvo
e anuncio a tua *glória.
9 Não me rejeites agora que sou
velho;
não me abandones agora que estou
fraco.
10 Os meus inimigos querem me
matar;
eles falam contra mim
e planejam a minha morte.
11 Eles dizem: "Deus o abandonou;
vamos persegui-lo e agarrá-lo,
pois ninguém o salvará."

12 Ó Deus, não fiques longe de mim!
Ajuda-me agora, meu Deus!
13 Que sejam derrotados e
destruídos
aqueles que me atacam!
Que fiquem arruinados e
envergonhados
os que querem a minha desgraça!

14 Eu sempre porei
a minha esperança em ti
e te louvarei mais e mais.
15 Anunciarei que tu és fiel;
o dia inteiro falarei da tua salvação,
embora não seja capaz de entendê-la.
16 Falarei do teu poder,
ó SENHOR, meu Deus;
anunciarei a tua fidelidade,
a tua fidelidade somente.

17 Tu tens me ensinado
desde a minha mocidade,
e eu continuo a falar das coisas
maravilhosas que fazes.
18 Agora que estou velho,
e os meus cabelos ficaram brancos,
não me abandones, ó Deus!
Fica comigo enquanto anuncio
o teu poder e a tua força

a este povo e aos seus
descendentes.

19 A tua fidelidade, ó Deus,
chega até o céu.
Tu tens feito grandes coisas,
e não há ninguém igual a ti.
20 Tu me tens feito passar
por aflições e sofrimentos,
mas me darás forças novamente
e me livrarás da sepultura.
21 Tu me tornarás cada vez mais
famoso
e sempre me consolarás.

22 Prometo que te louvarei com *harpa.
Ó meu Deus, eu te louvarei
porque és fiel.
Na minha *lira tocarei hinos a ti,
ó Santo Deus de Israel.
23 Cantarei de alegria
quando tocar hinos a ti,
cantarei com todas as minhas forças
porque tu me salvaste.
24 O dia inteiro falarei da tua justiça,
pois os que me queriam prejudicar
foram derrotados e arruinados.

Oração em favor do rei

De Salomão.

72 Ó Deus, ensina o rei a julgar
de acordo com a tua justiça!
Dá-lhe a tua justiça
2 para que governe o teu povo
com honestidade

DEVOCIONAL

Texto para leitura: **Salmo 71**

Saiba como se comunicar

Você está onde Deus quer? Se não estiver, então saia daí. Mas, se estiver, então pare de reclamar. Se você não está fora da vontade de Deus, então está aí para que o Senhor cumpra o propósito dele em sua vida, e para que você se torne imagem e semelhança do Filho de Deus.

A menos que, por causa do pecado, você tenha se colocado em uma situação ou condição da qual Deus quer que saia, a fim de proteger sua alma, você está onde Deus a quer. E pode ter certeza de que as coisas são como deveriam ser neste exato momento, ainda que esteja cercada por conflito, doença, dor ou sofrimento. Quando você permite que suas experiências a deixem amarga, ressentida ou triste, pode ter certeza de que você se voltou contra o Deus que ordenou sua vida e de quem você dependia antes mesmo de ter nascido (veja Salmos 71:6).

A liberdade de ser uma Garota de Deus está em saber que tudo o que acontece em sua vida tem um propósito divino. Está em saber que você nunca está onde está por acaso, e em encontrar esperança e oportunidade em vez de desespero diante de suas provações. A esperança é o que irá distingui-la dos perdidos. Você nunca deve desistir e se render à angústia emocional. Você não tem o que temer nem do que se queixar quando está onde Deus a quer. Ele deve ser sua rocha e sua fortaleza (veja Salmos 71:3). Você pode depender dele.

Então, não se queixe das circunstâncias nem tente sair delas, fazendo algo pecaminoso. Logo, você encontrará muito crescimento espiritual e esperança. Resista à tentação de se queixar para os outros de sua tristeza, de só pensar nela ou de se preocupar. Isso é pecado e não combina com uma Garota de Deus. O pecado nunca produz uma vida saudável ou mais feliz. Ele só a afasta cada vez mais do doador da vida e ameaça sua perseverança e seu caráter. Mas, agradecer a Deus por nunca deixá-la e confiar que ele cuidará de tudo farão mais pela saúde de seu estado de espírito e de suas emoções do que qualquer queixa poderia fazer.

e trate com justiça os explorados.
3 Que haja prosperidade no país,
pois o povo faz o que é direito!
4 Que o rei julgue os pobres
honestamente!
Que ele ajude os necessitados
e derrote os que exploram o povo!
5 Que o rei viva enquanto o sol durar
e a lua existir,
por *gerações sem fim!
6 Que o rei seja como a chuva
que cai sobre os campos,
como os aguaceiros que regam a
terra!
7 Que a justiça floresça
durante a sua vida,
e que haja prosperidade
enquanto a lua brilhar!

8 O seu reino irá de um mar a outro
e desde o rio Eufrates
até os fins da terra.
9 Os povos do deserto se curvarão
diante dele,
e os seus inimigos se humilharão
aos seus pés.
10 Os reis da Espanha e das ilhas
lhe oferecerão presentes,
e assim também os reis
da Arábia e da Etiópia.
11 Todos os reis se curvarão diante
dele,
e todas as nações lhe obedecerão.

12 O rei ajuda os pobres
que lhe pedem socorro;
ele ajuda os necessitados
e os abandonados.
13 Ele tem pena dos fracos
e dos necessitados
e salva a vida
dos que precisam de auxílio.
14 Ele os livra da exploração
e da violência;
a vida deles é preciosa para ele.

15 Viva o rei!
Que ele receba ouro da Arábia!
Que todos os dias sejam feitas
orações em favor dele,
e que Deus sempre o abençoe!
16 Que no país haja fartura de
cereais!
Que os montes fiquem cobertos
de colheitas
e produzam tanto
quanto os montes Líbanos!
Que as cidades fiquem cheias de
gente
como o capim cobre os campos!
17 Que o nome do rei
nunca seja esquecido,
e que a sua fama dure
enquanto o sol existir!
Que todos os povos peçam
que Deus os abençoe
assim como ele tem abençoado o
rei!

18 Louvem o SENHOR, o Deus de
Israel,
pois é ele quem faz
essas coisas maravilhosas.
19 Louvem para sempre
o seu nome *glorioso,
e que a sua *glória
encha o mundo inteiro!
*Amém! Amém!

20 Aqui terminam as orações de
Davi,
filho de Jessé.

TERCEIRO LIVRO
Salmos 73—89

A justiça de Deus
Salmo de Asafe.

73 Na verdade, Deus é bom
para o povo de Israel,
ele é bom para aqueles que têm
um coração puro.

2-3 Porém, quando vi que tudo ia
bem
para os orgulhosos e os maus,
quase perdi a confiança em Deus
porque fiquei com inveja deles.

4 Os maus não sofrem;
eles são fortes e cheios de saúde.
5 Eles não sofrem como os outros
sofrem,
nem têm as aflições que os outros
têm.
6 Por isso, usam o orgulho
como se fosse um colar
e a violência, como uma *capa.
7 O coração deles está cheio de
maldade,
e a mente deles só vive fazendo
planos perversos.
8 Eles gostam de caçoar
e só falam de coisas más.
São orgulhosos e fazem planos
para explorar os outros.

9 Falam mal de Deus, que está no céu,
e com orgulho dão ordens às pessoas
aqui na terra.
10 Assim o povo de Deus vai atrás deles
e crê no que eles dizem.
11 Eles afirmam:
"Deus não vai saber disso;
o Altíssimo não descobrirá nada!"
12 Os maus são assim:
eles têm muito
e ficam cada vez mais ricos.

13 Parece que não adiantou nada
eu me conservar puro
e ter as mãos limpas de pecado.
14 Pois tu, ó Deus, me tens feito sofrer
o dia inteiro,
e todas as manhãs me castigas.
15 Se eu tivesse falado como os maus,
teria traído o teu povo.
16 Então eu me esforcei para entender
essas coisas,
mas isso era difícil demais para mim.
17 Porém, quando fui ao teu Templo,
entendi o que acontecerá no fim
com os maus.
18 Tu os pões em lugares
onde eles escorregam
e fazes com que caiam mortos.
19 Eles são destruídos num momento
e têm um fim horrível.
20 Quando te levantas, Senhor,
tu não lembras dos maus,
pois eles são como um sonho
que a gente esquece
quando acorda de manhã.

21 O meu coração estava cheio
de amargura,
e eu fiquei revoltado.
22 Eu não podia compreender, ó Deus;
era como um animal, sem entendimento.
23 No entanto, estou sempre contigo,
e tu me seguras pela mão.
24 Tu me guias com os teus conselhos
e no fim me receberás com honras.
25 No céu, eu só tenho a ti.
E, se tenho a ti,
que mais poderia querer na terra?
26 Ainda que a minha mente e o meu corpo
enfraqueçam,
Deus é a minha força,
ele é tudo o que sempre preciso.
27 Os que se afastam de ti
certamente morrerão,
e tu destruirás os que são infiéis a ti.
28 Mas, quanto a mim, como é bom
estar perto de Deus!
Faço do SENHOR Deus o meu refúgio
e anuncio tudo o que ele tem feito.

Ó Deus, lembra do teu povo!

Poesia de Asafe.

74 Ó Deus, por que nos abandonaste
para sempre?
Por que estás *irado
com as ovelhas do teu rebanho?
2 Lembra do teu povo,
que há tanto tempo escolheste
para ser teu
e que livraste da escravidão
para ser a tua própria gente.
Lembra do *monte Sião, onde moraste.
3 Vem e anda sobre estas ruínas sem fim;
os nossos inimigos destruíram
tudo o que estava no Templo.

4 No teu Templo os teus inimigos
gritaram de alegria
e ali puseram as suas bandeiras
como sinal de vitória.
5 Eles pareciam lenhadores
cortando árvores com os seus machados.
6 Com os seus machados e marretas,
destruíram todos os enfeites
de madeira.
7 Arrasaram e incendiaram o teu Templo;
*profanaram o lugar onde és adorado.
8 Eles resolveram nos esmagar
completamente;
queimaram todos os lugares santos
da terra de Israel.

9 Já não temos os milagres
que esperávamos,
não há mais *profetas,
e ninguém sabe quanto tempo
isso vai durar.

10 Ó Deus, até quando os nossos
inimigos
vão zombar de nós?
Será que eles vão te insultar
para sempre?
11 Por que não quiseste nos ajudar?
Por que ficas de braços cruzados?

12 Mas tu, ó Deus, tens sido o nosso
Rei
desde o princípio
e nos salvaste muitas vezes.
13 Com o teu grande poder,
dividiste o Mar
e esmagaste as cabeças
dos monstros marinhos.
14 Esmagaste as cabeças
do monstro Leviatã
e deste o seu corpo
para os animais do deserto
comerem.
15 Fizeste com que corressem
fontes e riachos
e secaste grandes rios.
16 Criaste o dia e a noite,
puseste o sol, a lua e as estrelas
nos seus lugares.
17 Marcaste os limites da terra
e fizeste o verão e o inverno.

18 Ó SENHOR Deus, lembra
que os teus inimigos zombam de
ti!
Lembra que eles não têm juízo
e xingam o teu nome.
19 Não entregues o teu povo
explorado
aos seus inimigos cruéis.
Não esqueças para sempre
do teu povo perseguido.
20 Lembra da *aliança que fizeste,
pois há violência
em cada canto escuro do país.
21 Não deixes que os perseguidos
sejam humilhados,
mas permite que os pobres
e os necessitados te louvem.

22 Levanta-te, ó Deus, e defende
a tua causa!
Lembra que gente sem juízo zomba
de ti
o dia todo.
23 Não esqueças os gritos de raiva
dos teus inimigos
nem do barulho constante
dos teus adversários.

Deus, o juiz justo

Salmo de Asafe. Canção. Ao regente do coro — com a melodia de "Não Destruas".

75 Nós te damos graças, ó Deus,
nós damos graças.
Anunciamos a tua grandeza
e contamos as coisas maravilhosas
que tens feito.

2 Deus diz: "Eu marquei um tempo
certo
para o julgamento
e julgarei com justiça.
3 Ainda que a terra trema,
e todos os seus moradores
estremeçam,
eu manterei firmes as suas bases.
4 Digo aos maus que não contem
grandezas,
que não sejam orgulhosos;
5 digo que parem de se gabar
do seu poder
e de falar com arrogância."

6 Pois o julgamento não vem do Leste,
nem do Oeste,
nem do Norte, nem do Sul.
7 É Deus quem julga;
é ele quem declara que uns
são culpados
e que outros são inocentes.
8 O SENHOR Deus tem na sua mão
uma taça
cheia do vinho forte da sua *ira.
Ele serve o vinho, e todos os maus
o bebem,
bebem até a última gota.

9 Porém eu sempre falarei
a respeito do Deus de Jacó
e lhe cantarei louvores.
10 Ele quebrará o poder dos maus;
mas o poder dos que obedecem a
Deus
crescerá.

O Deus vencedor

Salmo de Asafe. Canção. Ao regente do coro — para instrumentos de cordas.

76 Deus é bem conhecido em Judá;
o seu nome é famoso em Israel.
2 A sua casa está em Jerusalém;
ele mora no *monte Sião.
3 Ali Deus quebrou todas as armas
dos inimigos:
as flechas, os *escudos e as espadas.

Pergunte a si mesma...

Nos salmos, Deus muitas vezes é chamado de refúgio. O que isso significa para você hoje? Pergunte a si mesma sobre as coisas que a protegem:

Onde busco proteção nesta vida?
Eu tenho um refúgio, um lugar seguro, aonde possa ir?
O que há de bom em um refúgio?
Como posso encontrar o refúgio de Deus em minha vida?
Há outras pessoas que conheço que têm esse tipo de relacionamento com Deus? Se sim, eu poderia pedir que elas me ensinassem o que isso significa?

4 Como és *glorioso, ó Deus!
E como foste grandioso
quando voltaste das montanhas
onde derrotaste os teus inimigos!
5 Foram levadas todas as coisas
que os seus valentes soldados
tinham;
eles agora estão dormindo
o sono da morte,
pois não tiveram forças para se
defender.
6 Quando tu, ó Deus de Jacó, os
ameaçaste,
os cavalos e os cavaleiros
ficaram como mortos.

7 Todas as pessoas têm medo de ti.
Quem pode permanecer na tua
presença
quando estás *irado?
8 Lá do céu fizeste conhecida
a tua sentença de condenação.
A terra teve medo e ficou quieta
9 quando te levantaste para fazer
justiça,
para salvar todos os que são
explorados
neste mundo.

10 Até a ira humana aumenta o louvor
que é dado a ti;
e aqueles que não morreram nas
guerras
vão comemorar as tuas festas.

11 Deem ao SENHOR, nosso Deus,
o que vocês prometeram;
que todas as nações vizinhas
venham
e tragam ofertas para Deus,
aquele que deve ser *temido!
12 Deus humilha os governantes
orgulhosos;
ele enche de medo os reis da terra.

Consolo nas horas de tristeza

Salmo de Asafe. Ao regente do coro — para confissão.

77 Eu grito bem alto para Deus;
grito, e ele me ouve.
2 Nas horas de aflição eu oro ao
Senhor;
durante a noite, levanto as mãos
em oração,
porém não encontro consolo.
3 Penso em Deus e começo a gemer;
começo a pensar e fico desanimado.

4 Deus não me deixa dormir.
Estou tão preocupado,
que não posso falar.
5 Penso nos dias que já passaram
e nos anos que se foram
há muito tempo.
6 Gasto as noites em pensamentos
profundos,
começo a meditar e a mim mesmo
faço estas perguntas:

7 "Será que o Senhor vai nos rejeitar
para sempre?
Será que ele nunca mais
vai ficar contente conosco?
8 Será que deixou de nos amar?
Será que a sua promessa
não tem mais valor?
9 Será que Deus esqueceu de ser
bondoso?
Será que a *ira tomou o lugar
da sua compaixão?"
10 Então eu disse assim:
"O pior de tudo é que o Deus
Altíssimo
não quer nos ajudar mais como
antes."

11 Ó SENHOR Deus, eu lembrarei
dos teus feitos maravilhosos!
Recordarei as maravilhas
que fizeste no passado.
12 Pensarei em tudo o que tens feito,
meditarei em todos os teus atos
poderosos.

[13] Ó Deus, tudo o que fazes é santo.
Não há deus que seja tão grande
como o nosso Deus.
[14] Tu és o Deus que faz milagres;
tu tens mostrado o teu poder
entre as nações.
[15] Pela tua força, salvaste o teu povo,
os descendentes de Jacó e de José.

[16] Ó Deus, quando as águas te viram,
ficaram com medo,
as águas profundas do mar
tremeram.
[17] As nuvens derramaram chuva,
houve trovoada nas alturas,
e os relâmpagos riscaram o céu
em todas as direções.
[18] O estrondo dos teus trovões
se espalhou por toda parte;
os relâmpagos iluminaram
o mundo inteiro,
e a terra foi sacudida e tremeu.

[19] Tu andaste pelo meio do mar,
abriste caminho no oceano
profundo,
mas ninguém viu as marcas
dos teus pés.
[20] Como um pastor, dirigiste o teu
povo
pelas mãos de Moisés e de Arão.

Deus e o seu povo

Poesia de Asafe.

78 Meu povo, escute o meu ensino
e preste atenção no que estou
dizendo!
[2] Pois falarei com vocês
por meio de provérbios
e explicarei os segredos do passado.
[3] São coisas que ouvimos e
aprendemos,
coisas que os nossos antepassados
nos contaram.
[4] Não as esconderemos dos nossos
filhos,
mas falaremos aos nossos
descendentes
a respeito do poder de Deus, o
SENHOR,
dos seus feitos poderosos
e das coisas maravilhosas que ele
fez.

[5] O SENHOR deu *leis ao povo de
Israel
e mandamentos aos descendentes
de Jacó.
Ordenou aos nossos antepassados
que ensinassem essas leis
aos seus filhos
[6] para que os seus descendentes
as aprendessem,
e eles, por sua vez, as ensinassem
aos seus filhos.
[7] Assim eles também porão
a sua confiança em Deus;
não esquecerão o que ele fez
e obedecerão sempre
aos seus mandamentos.
[8] Eles não serão
como os seus antepassados,
um povo rebelde e desobediente,
que nunca foi firme
na sua confiança em Deus
e não permaneceu fiel a ele.

[9] Os homens da *tribo de Efraim,
armados com arcos e flechas,
fugiram no dia da batalha.
[10] Os israelitas não cumpriram a
*aliança
que Deus havia feito com eles
e não quiseram obedecer à sua lei.
[11] Esqueceram os milagres
que ele havia feito na presença
deles.
[12] Diante dos seus antepassados,
Deus realizou milagres na planície
de Zoã, na terra do Egito.
[13] Ele dividiu o mar
e levou os israelitas pelo meio dele;
ele fez com que as águas
se levantassem como muralhas.
[14] Durante o dia, ele os guiava
com uma nuvem
e de noite os conduzia
por meio de um clarão de fogo.
[15] Ele partiu rochas no deserto
e das profundezas da terra
tirou muita água para o povo beber.
[16] Fez com que nascessem fontes na
rocha
e que água corresse como um rio.

[17] Mas os nossos antepassados
continuaram a pecar contra Deus;
eles se revoltaram no deserto
contra o Altíssimo.
[18] De propósito, puseram Deus à
prova,
pedindo a comida que queriam.
[19] Falaram contra ele, dizendo:
“Será que Deus pode nos dar comida
no deserto?

20 É verdade que ele partiu a rocha
e que a água começou a correr
como um rio.
Mas será que ele pode nos dar pão?
Será que pode fornecer carne
para o seu povo?"
21 Quando o SENHOR Deus ouviu
isso,
ficou furioso.
Ele atacou o seu povo com fogo,
e a sua *ira contra eles aumentou
22 porque não confiaram nele
e não acreditaram
que ele os poderia salvar.

23 Porém Deus deu ordem ao céu
lá em cima
e mandou que as suas portas
se abrissem.
24 Ele deu ao povo pão do céu,
fazendo com que caísse o *maná
para eles comerem,
25 e assim comeram o pão dos anjos.
Deus lhes deu comida com fartura.
26 Depois ele fez soprar do céu
o vento leste
e pelo seu poder agitou o vento sul.
27 Sobre o povo fez cair tantas aves,
que pareciam nuvens de pó
ou os grãos de areia de uma praia.
28 As aves caíam no meio do
acampamento,
em volta das barracas.
29 Então os israelitas comeram
e ficaram satisfeitos,
pois Deus lhes deu o que eles
queriam.
30 Mas, enquanto estavam comendo,
antes mesmo de ficarem satisfeitos,
31 Deus ficou irado com eles
e matou os homens mais fortes,
os melhores jovens de Israel.

32 Mesmo depois desses milagres,
o povo ainda continuou a pecar
e não quis acreditar em Deus.
33 Por isso ele os destruiu
como se a vida deles fosse um sopro,
como um desastre
que acontece de repente.
34 Porém, quando Deus matava alguns,
os que ficavam vivos voltavam para
ele;
eles se arrependiam
e oravam com sinceridade a ele.
35 Eles lembravam que Deus
era a sua rocha,
lembravam que o Altíssimo
era o seu Salvador.
36 Mas todas as palavras deles
eram mentiras,
tudo o que diziam
era apenas para enganar.
37 O coração deles não era sincero
para com Deus,
e não foram fiéis à *aliança
que Deus havia feito com eles.
38 Porém Deus teve misericórdia
do seu povo.
Ele não os destruiu,
mas perdoou os seus pecados.
Muitas vezes parou com a sua ira
e não se deixou levar pelo seu furor.
39 Lembrou que eles eram mortais,
eram como um vento que passa
e não volta mais.

40 Quantas vezes se revoltaram
contra Deus
no deserto!
Quantas vezes o fizeram ficar triste!
41 Repetidas vezes o puseram à
prova
e entristeceram o Santo Deus de
Israel.
42 Eles esqueceram o seu grande
poder
e o dia em que ele os tinha salvado
dos seus inimigos.
43 Esqueceram as coisas
maravilhosas
e os milagres que ele havia feito
na planície de Zoã, na terra do
Egito.
44 Ali ele fez com que os rios
virassem sangue,
e assim os egípcios ficaram sem
água
para beber.
45 Mandou moscas para os
atormentarem
e rãs, que estragaram os seus
campos.
46 Também mandou gafanhotos
para comerem as suas colheitas
e destruírem as suas plantações.
47 Com chuvas de pedras destruiu
as suas *videiras
e com geada, as suas figueiras.
48 O seu gado e as suas ovelhas
também morreram
por causa das chuvas de pedra
e dos raios.

DEVOCIONAL

Texto para leitura: **Salmos 78:29-31**

Conheça a verdadeira felicidade

Você nunca está satisfeita? Você já tem o suficiente? Ou há sempre outra coisa que quer ou acha que precisa? É fácil ver tudo o que o mundo tem a oferecer e ter sempre uma lista de desejos. "Eu quero isso, e isso, e aquilo...", e a lista não acaba. Mas o que toda essa necessidade diz sobre você? E como ela soa aos ouvidos de Deus?

No deserto, os israelitas se queixavam porque estavam cansados de só comer maná o dia inteiro, todos os dias. Por isso, Deus fez cair do céu uma grande quantidade de aves para o povo comer. Mas, então, eles se cansaram de ter só aves e pão, e quiseram algo diferente. Então Deus se irritou. O descontentamento é algo desprezível. Que horrível deve ser a sensação de dar e dar, mas sempre ouvir: "Não é suficiente". Se isso acontecesse com você, talvez, no final, simplesmente teria vontade de desistir — afinal de contas, a pessoa nunca vai ficar satisfeita.

Mas, quando você ama a Deus e sabe o esforço que ele fez para salvá-la, começa a perceber que, na verdade, embora não mereça nada, ele lhe deu tudo. O descontentamento só se torna um problema quando você fica com a cabeça no mundo e perde o foco, porque vê coisas interessantes e as deseja. Porém, quando consegue se concentrar novamente na situação como um todo e nas coisas que realmente importam, tudo isso desaparece no segundo plano.

Se você quiser ficar livre da vontade de ter e não receber o que deseja, pare de olhar lá na frente e comece a olhar para o alto. Esqueça o que os olhos, os ouvidos e a boca querem e vá atrás do que sua alma precisa. Quando você fizer isso, Deus estará pronto para dar o que você deseja.

49 Ele os destruiu com o fogo da sua
*ira
e com o seu grande furor
e a sua maldição,
que vieram como mensageiros da
morte.
50 Ele não parou com a sua ira,
nem deixou que eles vivessem,
mas os matou com uma praga.
51 Em cada casa, na terra do Egito,
Deus matou o filho mais velho.

52 Depois, como pastor,
Deus conduziu o povo de Israel
para fora do Egito
e o guiou pelo deserto.
53 Ele os guiou com segurança,
e eles não tiveram medo;
mas os seus inimigos foram cobertos
pelo mar.
54 Deus levou os israelitas
para a terra santa dele,
para as montanhas
que ele mesmo conquistou.
55 Ele expulsou os moradores
daquelas terras
enquanto o seu povo avançava.
Repartiu as terras entre as tribos
de Israel
e deixou que os israelitas
morassem nas casas
dos seus antigos moradores.

56 Mas os israelitas se revoltaram
contra o Deus Altíssimo
e o puseram à prova.
Não obedeceram aos seus
mandamentos
57 e foram desleais e rebeldes
como os seus pais,
traiçoeiros como flechas atiradas
com um arco defeituoso.
58 Eles o irritaram
com os seus altares pagãos

e, com os seus ídolos, fizeram
com que ele ficasse enciumado.
59 Quando Deus viu isso, ficou irado
e rejeitou completamente o seu povo.
60 Ele abandonou a sua *Tenda
Sagrada,
que estava em Siló,
a casa onde ele havia morado
entre os seres humanos.
61 Deus deixou que os inimigos
tomassem
a *arca da aliança,
que representava o seu poder
e a sua *glória.
62 Ele ficou irado com o seu próprio
povo
e deixou que eles fossem mortos
pelos inimigos.
63 Os jovens foram mortos na guerra,
e as moças não tinham com quem
casar.
64 Os sacerdotes foram mortos à
espada,
e as suas viúvas foram proibidas
de chorar por eles.

65 Então o Senhor acordou como de
um sono
e gritou como um homem valente,
embriagado pelo vinho.
66 Ele fez com que os seus inimigos
fugissem
derrotados e envergonhados
para sempre.
67 Ele rejeitou os descendentes de
José,
não escolheu a tribo de Efraim.
68 Pelo contrário, escolheu
a tribo de Judá,
o *monte Sião, que ele tanto ama.
69 Ele construiu o seu Templo
parecido com a sua casa no céu
e o fez firme como a terra,
que está segura para sempre.

70 Então Deus escolheu o seu *servo
Davi;
ele o tirou do curral de ovelhas
71 quando ainda pastoreava o rebanho.
Ele o pôs como rei de Israel,
como pastor do povo de Deus.
72 Davi cuidou deles com dedicação
e os dirigiu com sabedoria.

Apelo à misericórdia divina

Salmo de Asafe.

79 Ó Deus, os pagãos invadiram
a tua terra,
*profanaram o teu santo Templo
e deixaram Jerusalém em ruínas.
2 Largaram os corpos dos teus *servos,
dos que foram fiéis a ti,
para serem comidos pelas aves
e pelos animais selvagens.
3 Derramaram o sangue do teu povo
como se fosse água.
O sangue correu como água
por toda a cidade de Jerusalém,
e não sobrou ninguém
para sepultar os mortos.

4 As nações vizinhas nos insultam,
riem e caçoam de nós.
5 Ó SENHOR Deus, até quando
ficarás *irado conosco?
Será para sempre?
Será que a tua ira
continuará a queimar como fogo?
6 Ó Deus, fica irado com as nações
que não te adoram,
com os povos que te rejeitam!
7 Pois eles mataram o nosso povo
e arrasaram o nosso país.
8 Não nos castigues por causa dos
pecados
dos nossos antepassados,
mas tem misericórdia de nós agora,
pois estamos completamente
desanimados.

9 Ajuda-nos, ó Deus, nosso Salvador;
por causa da tua própria honra,
salva-nos e esquece os nossos
pecados.
10 Por que deixar que as outras nações
perguntem:
"Onde está o Deus de vocês?"
Ó Deus, permite que vejamos o
castigo
que lhes darás
por terem derramado o sangue
dos teus servos!
11 Ouve os gemidos dos prisioneiros
e, com o teu grande poder,
livra os que estão condenados à
morte.

12 Ó Senhor, castiga as outras nações
sete vezes
pelos insultos com que te ofenderam!
13 Então nós, que somos o teu povo,
que somos ovelhas do teu rebanho,
nós e os nossos descendentes
te daremos graças para sempre
e cantaremos hinos de louvor a ti
hoje e nos tempos que estão por vir.

Ó Deus, mostra-nos a tua misericórdia!

Salmo de Asafe. Um testemunho. Ao regente do coro — com a melodia de "Os Lírios".

80 Ouve-nos, ó Pastor de Israel!
Escuta-nos, tu que guias o teu rebanho!
Tu que estás sentado no teu trono,
que fica sobre os *querubins,
2 mostra a tua misericórdia
pelas *tribos de Efraim,
Benjamim e Manassés!
Mostra-nos o teu poder;
vem e salva-nos.

3 Faze com que prosperemos de novo,
ó Deus!
Mostra-nos a tua misericórdia,
e seremos salvos.

4 Até quando, ó SENHOR,
Deus Todo-Poderoso,
ficarás *irado com as orações
do teu povo?
5 Tu nos tens dado pão de lágrimas
para comer
e um copo cheio de lágrimas para beber.
6 Tu deixas que as nações vizinhas
briguem por causa da nossa terra
e que os nossos inimigos zombem de nós.

7 Faze com que prosperemos de novo,
ó Deus Todo-Poderoso!
Mostra-nos a tua misericórdia,
e seremos salvos.

8 Trouxeste do Egito uma *parreira,
o povo de Israel;
expulsaste os outros povos
e plantaste essa parreira
na terra deles.
9 Preparaste o terreno para ela;
as suas raízes entraram fundo na terra,
e ela se espalhou por toda parte.
10 Cobriu os montes com a sua sombra,
e os seus galhos cresceram
acima dos cedros gigantes.
11 Ela estendeu os seus ramos
até o mar Mediterrâneo
e até o rio Eufrates.
12 Por que derrubaste as cercas
que havia em volta dela?
Agora quem passa pelo caminho
pode roubar as suas uvas.
13 Os porcos do mato a pisam e a destroem,
e os animais ferozes a devoram.

14 Volta para nós, ó Deus Todo-Poderoso!
Lá do céu olha para nós;
vem e salva a tua parreira.
15 Vem e salva essa parreira
que tu plantaste,
esse ramo novo que fizeste crescer
tão forte.

16 Os nossos inimigos a cortaram
e queimaram.
Na tua ira, olha para eles
e acaba com eles.
17 Protege e guarda o povo
que escolheste,
a nação que fizeste crescer tão forte.
18 Não nos afastaremos de ti outra vez;
conserva a nossa vida,
e nós te louvaremos.

19 Faze com que prosperemos de novo,
ó SENHOR, Deus Todo-Poderoso!
Mostra-nos a tua misericórdia,
e seremos salvos.

Festejar e obedecer

De Asafe. Ao regente do coro — com a melodia de "Os Lagares".

81 Cantem com alegria a Deus,
o nosso defensor;
cantem louvores ao Deus de Jacó.
2 Comecem a música e toquem os tamboris;
toquem músicas alegres nas *liras
e nas *harpas.
3 Toquem a trombeta para a festa
quando chegar a lua nova
e quando for lua cheia.
4 Isso é *lei para Israel,
é uma ordem do Deus de Jacó.
5 Quando Deus marchou
contra a terra do Egito,
ele deu essa lei ao povo de Israel.

Ouvi uma voz, que eu não conhecia,
dizendo:
6 "Eu tirei das costas de vocês
as cargas pesadas,
fiz com que vocês ficassem livres

de carregar os cestos cheios
de tijolos.
7 Quando estavam aflitos,
vocês me chamaram,
e eu os salvei.
Lá de onde eu estava escondido,
na tempestade,
eu lhes respondi.
Eu os pus à prova na fonte de
Meribá.
8 Meu povo, escute os meus
conselhos!
Ó Israel, como eu gostaria
que você me ouvisse!
9 Nunca mais sirvam
nenhum deus estrangeiro,
nem adorem nenhum deus
estranho.
10 Eu sou o SENHOR, o Deus de vocês,
sou aquele que os tirou
da terra do Egito.
Abram a boca, e eu os alimentarei.

11 "Mas o meu povo não quis me
ouvir;
Israel não me obedeceu.
12 Portanto, eu deixei que eles
andassem
nos seus caminhos de teimosia
e que fizessem o que queriam.
13 Como gostaria que o meu povo
me ouvisse,
que o povo de Israel me
obedecesse!
14 Eu derrotaria logo os seus
inimigos
e castigaria todos os seus
adversários.
15 Aqueles que me odeiam se
curvariam
diante de mim,
e o castigo deles duraria para
sempre.
16 Mas a vocês eu daria o melhor trigo
e os alimentaria com mel do campo,
até que ficassem satisfeitos."

Deus, o juiz de todos

Salmo de Asafe.

82 Deus toma o seu lugar
na reunião dos deuses
e no meio deles dá a sua sentença:
2 "Vocês precisam parar de julgar
injustamente
e de estar do lado dos maus.
3 Defendam os direitos dos pobres
e dos órfãos;
sejam justos com os aflitos
e os necessitados.
4 Socorram os humildes e os pobres
e os salvem do poder dos maus.

5 "Vocês são ignorantes,
não entendem nada;
vocês vivem na escuridão.
As bases da *lei e da ordem na terra
estão abaladas.
6 Eu disse: 'Vocês são deuses;
todos vocês são filhos
do Deus Altíssimo.
7 Porém morrerão
como os homens comuns morrem;
a vida de vocês acabará
como a de qualquer príncipe.' "

8 Vem, ó Deus, e governa o mundo,
pois todas as nações são tuas!

Uma oração por...

Obediência

Querido Deus, Senhor de todos, dá-me de bom grado a alegria que é fruto da harmonia perfeita com tua vontade. Ajuda-me a levar à obediência voluntária todo o poder pecaminoso que existe em minha alma. Dá-me a música da comunhão sintonizada contigo para que toda a minha força seja como uma orquestra afinada para louvar e bendizer teu santo nome. E com misericórdia, dá-me a alegria da liberdade espiritual.

Que a tua lei se torne meu cântico. Leva embora minha relutância em obedecer-te. Não me deixes ficar em tua casa com um espírito de escrava, mas com espírito de filha, encontrando fontes de conforto em tua presença, e considerando teu desejo como meu prazer.

Querido Deus, dá-me a santa alegria da empatia humana. Recria a parte de meu coração que se tornou insensível aos sucessos e fracassos de minhas irmãs. Se ela estiver destruída, restaura-a com tua graça pela plenitude de teu amor. Ensina-me a amar, não importa o quanto meu amor seja retribuído. E dá-me o desejo de compartilhar teu amor com todos, não importa quem seja.

Amém.

Ó Deus, derrota os inimigos!

Salmo de Asafe. Canção.

83 Ó Deus, não fiques em silêncio!
Não te cales, nem fiques parado,
ó Deus!
2 Olha! Os teus inimigos se agitam,
e aqueles que te odeiam
estão se revoltando.
3 Eles estão fazendo planos
traiçoeiros
contra o teu povo,
estão tramando contra aqueles
que tu proteges.
4 Eles dizem: "Venham!
Vamos destruir Israel
para que o nome desse povo
seja esquecido para sempre."

5 Os inimigos concordam nos seus
planos;
os que fazem um *acordo contra ti
são estes:
6 o povo de Edom e os ismaelitas;
o povo de Moabe e os hagaritas;
7 o povo de Gebal, Amom e
Amaleque,
da Filisteia e de Tiro.
8 A Assíria também se juntou com
eles,
como forte aliada dos amonitas
e dos moabitas, os descendentes
de Ló.

9 Ó Deus, faze com eles como fizeste
com os midianitas,
como fizeste com Sísera e com Jabim
no rio Quisom;
10 eles foram derrotados em Endor,
e os corpos deles apodreceram na
terra.
11 Faze com os seus generais o que
fizeste
com Orebe e com Zeebe;
derrota todos os seus chefes,
como fizeste com Zeba e com
Salmuna.
12 Pois estes disseram:
"Vamos ficar com a terra de Israel,
a terra que pertence a Deus."

13 Ó meu Deus, espalha essa gente
como o pó,
como a palha que o vento sopra
para longe!
14 Assim como o fogo queima a
floresta,
e as labaredas incendeiam os
montes,
15 assim persegue-os com a tua
tempestade
e faze com que sintam medo
do teu furacão.
16 Ó SENHOR Deus, faze com que eles
se sintam envergonhados
e assim reconheçam o teu poder!
17 Que sejam derrotados e
envergonhados
para sempre!
Que morram em completa
desgraça!
18 Que saibam que somente tu és
Deus, o SENHOR,
que tu és o Altíssimo,
que governa toda a terra!

Saudades da casa de Deus

Salmo do grupo de Corá. Ao regente do coro — com a melodia de "Os Lagares".

84 Como eu amo o teu Templo,
ó SENHOR Todo-Poderoso!
2 Como eu gostaria de estar ali!
Tenho saudade dos pátios do
Templo
de Deus, o SENHOR.
Com todo o meu ser, canto com
alegria
ao Deus vivo.
3 Ó SENHOR Todo-Poderoso,
meu Rei e meu Deus,
perto dos teus altares
os pardais constroem o seu ninho,
e as andorinhas fazem a sua casa,
onde cuidam dos seus filhotes.
4 Felizes são os que moram na tua
casa,
sempre cantando louvores a ti!

5 Felizes são aqueles que de ti
recebem forças
e que desejam andar pelas estradas
que levam ao *monte Sião!
6 Quando eles passam
pelo Vale das Lágrimas,
ele fica cheio de fontes de água,
e as primeiras chuvas
o cobrem de bênçãos.
7 Enquanto vão indo, a força deles
vai aumentando;
eles verão o Deus dos deuses em Sião.

8 Escuta a minha oração,
ó SENHOR, Deus Todo-Poderoso!
Ouve-me, ó Deus de Jacó!

9 Ó Deus, abençoa o nosso protetor,
o rei que tu escolheste!

10 É melhor passar um dia no teu
Templo
do que mil dias em qualquer outro
lugar.
Eu gostaria mais de ficar
no portão de entrada
da casa do meu Deus
do que morar nas casas dos maus.
11 O SENHOR Deus é a nossa luz
e o nosso *escudo.
Ele ama e honra
os que fazem o que é certo
e lhes dá tudo o que é bom.

12 Ó SENHOR Todo-Poderoso,
como são felizes
aqueles que confiam em ti!

Prosperidade e justiça

Salmo do grupo de Corá. Ao regente do coro.

85 Ó SENHOR Deus, tu tens sido bom
para a tua terra;
fizeste com que Israel prosperasse
outra vez.
2 Perdoaste todos os pecados do teu
povo
e não olhaste para as suas
maldades.
3 Acalmaste todo o teu furor
e deixaste de lado o fogo da tua *ira.

4 Faze com que prosperemos de
novo,
ó Deus, nosso Salvador,
e não continues aborrecido
com o teu povo!
5 Será que vais ficar irado para
sempre
contra nós?
Será que a tua ira nunca vai acabar?
6 Dá-nos forças novamente
e assim o teu povo se alegrará
por causa de ti.
7 Mostra-nos, ó SENHOR Deus, o teu
amor
e dá-nos a tua salvação!

8 Eu escuto o que o SENHOR
está dizendo.
Para nós, o seu povo,
para nós, os que somos fiéis,
ele promete paz
se não voltarmos aos nossos
caminhos
de loucura.
9 Na verdade, Deus está pronto
para salvar os que o *temem
a fim de que a sua presença
salvadora
fique na nossa terra.
10 O amor e a fidelidade se
encontrarão;
a justiça e a paz se abraçarão.
11 A fidelidade das pessoas
brotará da terra,
e a justiça de Deus olhará lá do céu.
12 O SENHOR Deus nos dará o que é
bom,
e a nossa terra produzirá
as suas colheitas.
13 A justiça irá adiante do SENHOR
e preparará o caminho para ele.

Pedido de socorro em tempos de angústia

Oração de Davi.

86 Ó SENHOR Deus, escuta-me e res-
ponde-me,
pois estou fraco e necessitado!
2 Salva-me da morte, pois sou fiel
a ti;
salva-me porque sou teu *servo
e confio em ti.
3 Tu és o meu Deus.
Tem compaixão de mim, Senhor,
pois eu oro a ti o dia inteiro!
4 Ó Senhor, alegra o coração
deste teu servo,
pois os meus pensamentos sobem
a ti!
5 Ó Senhor, tu és bom e perdoador
e tens muito amor
por todos os que oram a ti.
6 Escuta, ó SENHOR, a minha oração
e ouve os meus gritos pedindo
socorro!
7 Em tempos de angústia eu te
chamo,
pois tu me respondes.

8 Não há nenhum deus como tu,
Senhor;
não há nenhum que possa fazer
o que tu fazes.
9 Todos os povos que criaste virão
e se curvarão diante de ti.
Eles louvarão a tua grandeza
10 porque tu és poderoso
e fazes coisas maravilhosas.
Só tu és Deus.

11 Ó SENHOR Deus, ensina-me
o que queres que eu faça,

e eu te obedecerei fielmente!
Ensina-me a te servir
com toda a devoção.
12 Senhor, meu Deus, eu te louvarei
com todo o coração
e anunciarei a tua grandeza
para sempre.
13 Como é grande o teu amor por
mim!
Tu não deixaste que eu fosse levado
para o fundo do *mundo dos
mortos.

14 Ó Deus, estou sendo atacado
por gente orgulhosa.
Um bando de pessoas violentas
está querendo me matar,
pessoas que não querem saber de ti.
15 Mas tu, Senhor, és Deus de
compaixão
e de amor;
és sempre paciente, bondoso e fiel.
16 Olha de novo para mim
e tem misericórdia de mim;
dá-me a tua força e salva-me,
pois eu te sirvo,
como te serviu também a minha
mãe.
17 Ó SENHOR Deus, dá-me uma prova
da tua bondade!
Então os que me odeiam verão
que tu tens me ajudado e
consolado
e ficarão envergonhados.

Jerusalém, a cidade de Deus

Salmo do grupo de Corá. Canção.

87 O SENHOR Deus construiu a sua
cidade
sobre o *monte sagrado;
2 ele ama a cidade de Jerusalém
mais do que qualquer outro lugar
de Israel.
3 Ó cidade de Deus, escute
estas coisas maravilhosas
que ele diz a seu respeito:

4 "Quando eu fizer a lista das nações
que me obedecem,
vou pôr nela o nome do Egito
e da Babilônia.
Os povos da Filisteia, de Tiro
e da Etiópia
eu tratarei como se eles
tivessem nascido em Jerusalém."

5 A respeito de Jerusalém as pessoas
dirão
que todos os povos são dali
e que o Deus Altíssimo a tornará
uma cidade forte.
6 O SENHOR escreverá uma lista
dos povos,
e nela todos eles serão cidadãos
de Jerusalém.
7 Os que moram ali vão dançar e
cantar,
dizendo:
"A fonte da nossa felicidade,
ó Jerusalém, está em você."

Oração de um sofredor

Salmo do grupo de Corá. Canção. Ao regente do coro — para instrumento de cordas e para dois coros. Poesia de Hemã, o ezraíta.

88 Ó SENHOR, meu Deus e Salvador,
dia e noite, na tua presença,
eu clamo a ti.

2 Ouve a minha oração;
escuta o meu grito pedindo socorro.
3 Pois as aflições que caíram sobre
mim
são tantas,
que já estou perto da morte.
4 Sou como aqueles que estão para
morrer;
já perdi todas as minhas forças.
5 Estou abandonado no meio dos
mortos;
sou como os soldados mortos
jogados nas covas;
sou como aqueles que foram
completamente esquecidos por ti
e que não têm mais a tua proteção.
6 Tu me atiraste no *mundo dos
mortos,
lá no fundo, na escuridão.
7 A tua *ira pesa sobre mim,
e as tuas ondas me esmagam.
8 Tu fizeste com que os meus
amigos
me abandonassem
e olhassem com nojo para mim.
Sou como o preso que não pode
escapar.
9 Tenho sofrido tanto,
que quase já não enxergo.
Ó SENHOR Deus, dia após dia
eu te chamo
e levanto as mãos em oração.

10 Será que fazes milagres
em favor dos mortos?

Será que eles se levantam e te
louvam?
11 Será que no mundo dos mortos
se fala do teu amor?
Será que naquele lugar de
destruição
se fala da tua fidelidade?
12 Será que naquela escuridão
são vistos os teus milagres?
Será que na terra do esquecimento
se pode ver a tua fidelidade?

13 Ó SENHOR Deus, eu te chamo
pedindo ajuda;
todas as manhãs eu oro a ti.
14 Por que me rejeitas, ó SENHOR?
Por que te escondes de mim?
15 Desde moço tenho sofrido
e estado perto da morte;
ando esgotado com o peso
dos teus castigos.
16 A tua ira e o teu furor
caem sobre mim;
os teus ataques terríveis
acabam comigo.
17 O dia todo eles me cercam
como uma enchente;
eles me rodeiam por todos os lados.
18 Tu fizeste com que os meus
queridos
e os meus vizinhos me
abandonassem,
e agora tenho como companhia
a escuridão.

Louvor ao Todo-Poderoso

Poesia de Etã, o ezraíta.

89 Ó SENHOR Deus, eu sempre cantarei
a respeito do teu amor
e anunciarei a tua fidelidade
a todas as gerações.
2 Sei que o teu amor dura para
sempre
e que a tua fidelidade é tão firme
como o céu.
3 *Tu disseste:*
"Eu escolhi o meu *servo Davi,
fiz uma aliança com ele
e lhe prometi isto:
4 'Um dos seus descendentes
sempre reinará;
eu farei com que eles sempre sejam
reis
depois de você.' "

5 Ó SENHOR, os céus cantam
as maravilhas que fazes,
e, reunidos, os anjos cantam
a tua fidelidade.
6 Não há no céu ninguém como tu,
ó SENHOR!
Entre os seres celestiais
não há nenhum igual a ti.
7 Tu és respeitado na assembleia
deles,
és *temido por todos os que estão
ao teu redor.

8 Ó SENHOR, Deus Todo-Poderoso,
não há ninguém que tenha tanto
poder
como tu!
Em todas as coisas, tu és fiel,
ó SENHOR!
9 Tu dominas o Mar poderoso,
tu acalmas as suas ondas furiosas.
10 Esmagaste o monstro Raabe e o
mataste;
com a tua grande força,
derrotaste os teus inimigos.
11 O céu é teu, e a terra é tua;
tu criaste o mundo
e tudo o que nele existe.
12 Tu fizeste o Norte e o Sul.
Os montes Tabor e Hermom te
louvam
com alegria.
13 Como és poderoso!
Como é grande a tua força!
14 A honestidade e a justiça
são as bases do teu reinado.
Tu és fiel e amoroso
em tudo o que fazes.

15 Feliz o povo que te adora com
canções
e que vive na luz da tua presença!
16 Por causa de ti, eles se alegram
o dia todo
e te louvam porque és bondoso.

A promessa de Deus a Davi

17 Tu, ó Deus, és o nosso poder
*glorioso;
por tua bondade, nos fazes vencer,
18 pois escolhes o nosso protetor.
Foste tu, SENHOR, o Santo Deus de
Israel,
que nos deste o nosso rei.
19 Há muito tempo, numa visão,
tu disseste aos teus *servos fiéis:
"Eu ajudei um soldado famoso;
dei a autoridade a um homem
que escolhi do meio do povo.

DEVOCIONAL

Texto para leitura: **Salmos 89:8-13**

Conheça a si mesma

Você está passando por uma grande pressão na vida? Você perdeu seu senso de paz? Tem a impressão de que sua vida foi levada e agitada pelo vento, e que Deus foi embora e a deixou à deriva? Então, tire os olhos das ondas e olhe para o rosto de Deus. Todo marinheiro sabe que, quando um barco sobe e desce nas ondas do mar, é possível fazer o enjoo parar ao olhar firme para o horizonte, e não para o lado do barco. Quando se olha para algo que não se move, você não enjoa tanto. Nas tempestades da vida, seu horizonte é o rosto de Deus. Ele é o único que pode acalmar as ondas que quebram no mar. E se mantiver os olhos nele, você não enjoará. Se confiar na Palavra dele e não olhar para as águas turbulentas, você poderá encontrar a paz.

Se você não se sincronizar com Deus, nunca poderá tirar o pensamento de si mesma, e olhar para si mesma a impede de ver o rosto dele. Você está olhando para o horizonte, para Jesus, neste exato momento, em meio aos problemas da vida, ou está olhando para as águas agitadas da vida? Se olhar para Deus lá em cima, pode ter certeza de que encontrará a paz. A paz que só ele pode dar não depende de circunstâncias nem de outras pessoas, mas apenas de seu relacionamento com ele. Quando você tira os olhos dele e se preocupa, você fica fora de si e deprimida porque não pensa nele, apenas em si mesma. Quando você dedica um tempo para falar com ele, conhecê-lo e adorá-lo, suas preocupações somem e você só consegue pensar em como ficar perto dele. Jesus nunca fica estressado ou aturdido. Então, aproxime-se dele em suas dificuldades e deixe-o dizer: "Deixo com vocês a paz" (João 14:27).

20 Escolhi o meu servo Davi para
ser rei,
*ungindo-o com azeite sagrado.
21 A minha força estará sempre com
ele,
o meu poder o tornará forte.
22 Os seus inimigos nunca o
vencerão,
os maus não o derrotarão.
23 Eu acabarei com os seus inimigos
e matarei todos os que o odeiam.
24 Sempre serei fiel a Davi e o
amarei,
e, por causa do meu poder,
ele sempre vencerá.
25 Estenderei o seu reinado
desde o mar Mediterrâneo
até o rio Eufrates.
26 Então ele me dirá:
'Tu és o meu pai e o meu Deus;
tu és a rocha que me salva.'
27 Eu lhe darei os direitos
de filho mais velho,
farei com que ele seja o maior
de todos os reis do mundo.
28 Eu sempre o amarei,
e a minha aliança com ele ficará
firme.
29 Depois dele os seus descendentes
sempre serão reis
e reinarão enquanto o céu existir.

30 "Mas, se os seus descendentes
desobedecerem à minha *lei,
se não viverem de acordo
com os meus ensinamentos,
31 se desprezarem as minhas ordens
e não guardarem os meus
mandamentos,
32 então eu os castigarei
pelos seus pecados,
eu os farei sofrer
por causa dos seus erros.
33 Porém não deixarei de amar a Davi,
mas cumprirei a promessa que lhe
fiz.

[34] Não quebrarei a aliança
que fiz com ele,
nem deixarei de cumprir
nenhuma das minhas promessas.

[35] "De uma vez por todas,
jurei pelo meu santo nome
que nunca mentiria a Davi.
[36] Ele sempre terá descendentes,
e, enquanto o sol brilhar,
eu protegerei o seu reinado.
[37] Esse reinado durará como a lua,
aquela fiel testemunha
que está no céu."

A derrota do rei

[38] Mas agora, ó Deus, tu estás *irado
com o rei que escolheste;
tu o abandonaste e o rejeitaste.
[39] Quebraste a aliança
que fizeste com o teu *servo
e jogaste a sua coroa no chão.
[40] Derrubaste as muralhas da sua
cidade
e arrasaste as suas fortalezas.
[41] Os que passam roubam
tudo o que ele tem,
e os seus vizinhos zombam dele.
[42] Deste a vitória aos seus inimigos
e fizeste com que eles
ficassem felizes.
[43] Tu tornaste inúteis as armas do rei
e deixaste que ele fosse derrotado
na batalha.
[44] Tiraste a sua autoridade de rei
e derrubaste o seu trono.
[45] Tu fizeste com que ele
envelhecesse
antes do tempo
e o cobriste de humilhação.

Pedido de libertação

[46] Até quando te esconderás,
ó SENHOR Deus?
Será para sempre?
Até quando a tua *ira queimará
como fogo?
[47] Lembra como é curta a minha
vida;
lembra que todas as pessoas que
criaste
vão morrer um dia.
[48] Quem pode continuar vivo
e nunca morrer?
Quem pode escapar da sepultura?

[49] Ó Senhor, onde estão
as antigas provas do teu amor?
Onde estão os juramentos
que fizeste a Davi?
[50] Lembra que eu, teu *servo,
estou sendo insultado
e suporto todas as ofensas dos
pagãos.
[51] Ó SENHOR, como os teus inimigos
falam mal do rei que escolheste!
Aonde ele vai, eles o insultam.

[52] Louvemos o SENHOR Deus para
sempre!
*Amém! Amém!

QUARTO LIVRO
Salmos 90—106

Deus e os seres humanos

Oração de Moisés, homem de Deus.

90 Senhor, tu tens sido o nosso refúgio.
[2] Antes de formares os montes
e de começares a criar a terra
e o *Universo,
tu és Deus eternamente, no passado,
no presente e no futuro.

[3] Tu dizes aos seres humanos
que voltem a ser o que eram antes;
tu fazes com que novamente virem
pó.
[4] Diante de ti, mil anos
são como um dia,
como o dia de ontem, que já passou;
são como uma hora noturna
que passa depressa.
[5] Tu acabas com a vida das pessoas;
elas não duram mais do que um
sonho.
São como a erva que brota de
manhã,
[6] que cresce e abre em flor
e de tarde seca e morre.

[7] Nós somos destruídos pela tua *ira,
e o teu furor nos deixa apavorados.
[8] Tu pões as nossas maldades
diante de ti
e, com a tua luz, examinas
os nossos pecados secretos.

[9] De repente, os nossos dias são
cortados
pela tua ira;
a nossa vida termina como um sopro.
[10] Só vivemos uns setenta anos,
e os mais fortes chegam aos oitenta,
mas esses anos só trazem canseira
e aflições.

A vida passa logo, e nós
desaparecemos.
11 Quem já sentiu o grande poder
da tua ira?
Quem conhece o medo
que o teu furor produz?
12 Faze com que saibamos como são
poucos
os dias da nossa vida
para que tenhamos um coração
sábio.

13 Olha de novo para nós, ó SENHOR
Deus!
Até quando vai durar a tua ira?
Tem compaixão dos teus *servos.
14 Alimenta-nos de manhã com o teu
amor,
até ficarmos satisfeitos,
para que cantemos e nos alegremos
a vida inteira.
15 Dá-nos agora muita felicidade
assim como nos deste muita tristeza
no passado,
naqueles anos em que tivemos
aflições.
16 Que os teus servos vejam
as grandes coisas que fazes!
E que os nossos descendentes
vejam
o teu *glorioso poder!
17 Derrama sobre nós as tuas
bênçãos,
ó Senhor, nosso Deus!
Dá-nos sucesso em tudo o que
fizermos;
sim, dá-nos sucesso em tudo.

Deus, o nosso protetor

91 A pessoa que procura segurança
no Deus Altíssimo
e se abriga na sombra protetora
do Todo-Poderoso
2 pode dizer a ele:
"Ó SENHOR Deus, tu és o meu defensor
e o meu protetor.
Tu és o meu Deus; eu confio em ti."

3 Deus livrará você de perigos
escondidos
e de doenças mortais.
4 Ele o cobrirá com as suas asas,
e debaixo delas você estará seguro.
A fidelidade de Deus o protegerá
como um *escudo.
5 Você não terá medo dos perigos
da noite
nem de assaltos durante o dia.
6 Não terá medo da peste
que se espalha na escuridão
nem dos males que matam ao meio-
-dia.
7 Ainda que mil pessoas sejam
mortas
ao seu lado,
e dez mil, ao seu redor,
você não sofrerá nada.
8 Você olhará e verá
como os maus são castigados.

9 Você fez do SENHOR Deus o seu
protetor
e, do Altíssimo, o seu defensor;
10 por isso, nenhum desastre
lhe acontecerá,
e a violência não chegará
perto da sua casa.
11 Deus mandará que os anjos dele
cuidem de você
para protegê-lo
aonde quer que você for.
12 Eles vão segurá-lo com as suas
mãos,
para que nem mesmo os seus pés
sejam feridos nas pedras.
13 Com os pés você esmagará leões
e cobras,
leões ferozes e serpentes venenosas.

14 Deus diz: "Eu salvarei
aqueles que me amam
e protegerei os que reconhecem
que eu sou Deus, o SENHOR.
15 Quando eles me chamarem,
eu responderei
e estarei com eles
nas horas de aflição.
Eu os livrarei
e farei com que sejam respeitados.
16 Como recompensa, eu lhes darei
vida longa
e mostrarei que sou o seu Salvador."

Hino de gratidão a Deus

Salmo. Canção para os sábados.

92 Ó SENHOR Deus, como é bom
dar-te graças!
Como é bom cantar hinos em tua
honra,
ó Altíssimo!
2 Como é bom anunciar de manhã
o teu amor
e de noite, a tua fidelidade,
3 com a música de uma *harpa
de dez cordas

e ao som da *lira!
4 Ó SENHOR Deus, os teus feitos
poderosos
me tornam feliz!
Eu canto de alegria
pelas coisas que fazes.

5 Que grandes coisas tens feito,
ó SENHOR!
Como é difícil entender
os teus pensamentos!
6 Aqui está uma coisa
que o tolo não entende,
e o ignorante não pode
compreender:
7 os que praticam más ações
crescem como a erva,
e os perversos podem prosperar,
porém eles serão
completamente destruídos.
8 Pois tu, ó SENHOR, estás para sempre
acima de tudo e de todos.
9 Nós sabemos que os teus inimigos
morrerão
e que todos os maus serão
derrotados.

10 Tu me tens tornado forte
como um touro selvagem
e me tens abençoado com a felicidade.
11 Tenho visto a derrota
dos meus inimigos
e ouvido os gritos dos maus.

12 Os bons florescem como as
palmeiras;
eles crescem como os cedros
dos montes Líbanos.
13 Eles são como árvores
plantadas na casa do SENHOR,
que florescem nos pátios
do Templo do nosso Deus.
14 Na velhice, eles ainda produzem
frutos;
são sempre fortes e cheios de vida.
15 Isso prova que o SENHOR Deus é
justo,
prova que ele, a minha rocha,
não comete injustiça.

DEVOCIONAL

Texto para leitura: **Salmo 91**

Conheça o amor

Há um monte de lugares onde você pode procurar proteção e socorro. Muitas pessoas, coisas e ações prometem salvá-la de sua infelicidade, de sua tristeza e de sua dor, mas a verdade é que só há uma salvação, um salvador, um protetor, e esse é Deus.

Quando a vida a sufoca e quando as tempestades vêm, há um porto seguro. A mão de Deus está estendida para protegê-la, mas você precisa levantar os braços para alcançá-la. Você não pode ficar sentada de braços cruzados e com os olhos baixos, perguntando-se quando o socorro vai chegar. Deus já está aqui, e ele apenas espera que você segure a mão dele. A única condição para este resgate é seu amor. Quando você ama a Deus, ele permanece firme ao seu lado. Ele se torna sua torre forte, sua rocha, seu alicerce seguro. Ele é tudo que você precisa para sua edificação e seu crescimento. Ele é sua fonte de força e proteção.

Então, quando as tempestades chegarem, quando os ataques surgirem, *não olhe ao redor à procura de* ajuda, mas olhe para aquele, lá em cima, que a socorre. Confie na Palavra dele como sendo a verdade; ela nunca irá guiá-la na direção errada. Assim que você se dispõe a aceitar a proteção de Deus, você a tem imediatamente. A Palavra de Deus é seu sustento, e o Filho de Deus, sua salvação. Não seja tão cega a ponto de não ver a mão do próprio Deus estendida para salvá-la. Estenda o braço com fé e agarre firme a mão do Senhor. Quando fizer isso, você encontrará toda a proteção de que precisa, e sua vida será salva do poço do desespero.

Deus, o Rei do Universo

93 O Senhor Deus é Rei.
Ele está vestido de majestade
e coberto de poder.
A terra está firme no seu lugar
e não pode ser abalada.
2 Ó Senhor, o teu trono
está firme desde o princípio;
tu sempre exististe.

3 Ó Senhor Deus, o mar profundo
levanta a sua voz,
o mar ergue a sua voz e ruge.
4 O Senhor reina no céu com poder.
A sua força é maior do que a fúria
do oceano
e mais poderosa do que as ondas
do mar.

5 As tuas *leis, ó Senhor,
merecem confiança,
e o teu Templo é santo para sempre.

Deus, o justo juiz

94 Ó Senhor, tu és Deus que castiga!
Mostra a tua *ira.
2 Tu és o juiz de todas as pessoas;
levanta-te e dá aos orgulhosos
o que eles merecem.
3 Até quando os maus
continuarão alegres?
Até quando, ó Senhor Deus?
4 Até quando se mostrarão
orgulhosos
e se gabarão dos seus crimes?

5 Ó Senhor, eles esmagam o teu
povo
e exploram os que são teus.
6 Eles matam as viúvas e os órfãos
e assassinam os estrangeiros
que vivem na nossa terra.
7 E dizem: "O Senhor não está vendo;
o Deus de Israel
não vai ficar sabendo disso."

8 Procure entender, ó gente tola!
Quando é que vocês vão criar juízo?
9 Foi o Senhor Deus
quem fez os nossos ouvidos —
será que ele não pode ouvir?
Foi o Senhor quem fez os nossos
olhos —
será que ele não pode ver?
10 O Senhor repreende as nações —
será que ele não vai castigá-las?
O Senhor ensina todos os seres
humanos —
será que ele não tem sabedoria?
11 O Senhor conhece os
pensamentos
das pessoas
e sabe que eles não valem nada.

12 Ó Senhor Deus, felizes são
aqueles que tu ensinas,
aqueles a quem ensinas a tua *lei!
13 Tu farás com que fiquem
tranquilos
nos dias de aflição,
mas para os maus serão abertas
sepulturas.
14 Pois o Senhor não abandonará
o seu povo;
ele não deixará desamparados
aqueles que são dele.
15 Assim haverá justiça nos
tribunais,
e todos os que são honestos
estarão a favor dela.

16 Quem se levantou a meu favor
contra os maus?
Quem ficou do meu lado
contra os que fazem o mal?
17 Se o Senhor não tivesse me
ajudado,
eu já teria ido
para a *terra do silêncio.
18 Ó Senhor Deus, quando senti
que poderia morrer,
o teu amor me amparou.
19 Quando estou aflito e preocupado,
tu me consolas e me alegras.

20 Tu não queres nada
com juízes desonestos,
pois eles fazem a injustiça
parecer justiça,
21 ajuntam-se para prejudicar
as pessoas honestas
e condenam à morte os inocentes.
22 Mas o Senhor me defende;
ele é a minha rocha e o meu abrigo.
23 Ele castigará esses juízes
por causa das injustiças
que eles têm cometido;
o Senhor, nosso Deus, os destruirá
por causa dos seus atos de
maldade.

Canção de louvor a Deus

95 Venham todos, e louvemos
a Deus, o Senhor!
Cantemos com alegria
à rocha que nos salva.

2 Vamos comparecer diante dele
com ações de graças,
cantando alegres hinos de louvor.
3 Pois o SENHOR é Deus poderoso;
é Rei poderoso
acima de todos os deuses.
4 Ele reina sobre o mundo inteiro,
desde as cavernas mais profundas
até os montes mais altos.
5 O SENHOR reina sobre o mar,
que ele fez,
e também sobre a terra,
que ele mesmo formou.

6 Venham, fiquemos de joelhos
e adoremos o SENHOR.
Vamos nos ajoelhar
diante do nosso Criador.
7 Ele é o nosso Deus;
nós somos o povo que ele guia,
somos o rebanho do qual ele cuida.

Escutem hoje o que ele nos diz:
8 "Não sejam teimosos,
como os seus antepassados foram
em Meribá,
quando estavam em Massá, no
deserto.
9 Ali eles me puseram à prova
e me desafiaram,
embora tivessem visto
o que eu havia feito por eles.
10 Durante quarenta anos, aquele povo
me irritou.
Então eu disse: 'Que gente
de coração perverso!
Eles não querem obedecer
aos meus mandamentos!'
11 Fiquei *irado e fiz este juramento:
'Vocês nunca entrarão
na *Terra Prometida,
onde eu lhes teria dado descanso.' "

Louvor a Deus, o Rei

1Crônicas 16.23-33

96 Cantem uma nova canção a Deus,
o SENHOR.
Cantem ao SENHOR,
todos os povos da terra!
2 Cantem ao SENHOR e o louvem.
Anunciem todos os dias
que ele nos salvou.
3 Falem da sua *glória às nações;
contem a todos os povos
as coisas maravilhosas
que ele tem feito.
4 O SENHOR é grande
e merece todo o nosso louvor;
ele deve ser *temido
mais do que todos os deuses.
5 Pois os deuses das outras nações
são somente ídolos,
mas o SENHOR fez os céus.
6 Ele está cercado de glória
e majestade;
poder e beleza enchem o seu
Templo.

7 Louvem o SENHOR,
todos os povos da terra!
Louvem a sua glória e o seu poder.
8 Deem ao SENHOR a honra que ele
merece;
tragam uma oferta e entrem nos
pátios
do seu Templo.
9 Curvem-se diante do Santo Deus
quando ele aparecer;
trema diante dele toda a terra.

10 Digam em todas as nações:
"O SENHOR é Rei!
A terra está firme no seu lugar
e não pode ser abalada;
ele julgará os povos
de acordo com o que é direito."
11 Alegre-se a terra,
e fique contente o céu.
Ruja o mar e todas as criaturas
que nele vivem.
12 Alegrem-se os campos
e tudo o que há neles.
Então as árvores dos bosques
gritarão de alegria
diante de Deus, o SENHOR,
13 pois ele vem governar a terra.
Com justiça e sem parcialidade,
ele governará os povos do mundo.

Deus, o Senhor do mundo

97 O SENHOR Deus é Rei.
Alegre-se a terra!
Fiquem contentes, ilhas dos mares!
2 Em volta dele há nuvens
e escuridão;
as bases do seu reinado
são a honestidade e a justiça.
3 Na sua frente, vai um fogo
que queima os inimigos ao seu
redor.
4 Os seus relâmpagos iluminam o
mundo;
a terra vê e treme.
5 Os montes se derretem como cera
diante do SENHOR,
diante do Senhor de toda a terra.

6 Os céus anunciam a sua justiça,
e todos os povos veem a sua *glória.

7 Os que adoram imagens
ficam envergonhados;
passam vergonha
os que se gabam dos seus ídolos.
Diante de Deus, o SENHOR,
todos os deuses se curvam.
8 Por causa dos teus julgamentos,
ó SENHOR,
o povo de Jerusalém está contente,
e as cidades de Judá se alegram.
9 Ó SENHOR, Deus Altíssimo,
tu governas o mundo inteiro,
tu estás acima de todos os deuses.

10 Vocês, que amam a Deus, o
SENHOR, odeiem o mal;
ele protege a vida dos que lhe são
fiéis
e os livra do poder dos maus.
11 A luz ilumina a vida dos honestos,
e a alegria ilumina o caminho
dos que obedecem a Deus.
12 Que o SENHOR seja a alegria
de vocês que são obedientes a ele!
Que o Santo Deus seja louvado!

A vitória e a justiça de Deus

Salmo.

98 Cantem uma nova canção a Deus,
o SENHOR,
pois ele tem feito coisas
maravilhosas.
Com a sua força e com o seu santo
poder,
ele se tornou vitorioso.
2 O SENHOR anunciou a sua vitória;
ele fez com que as nações
conhecessem o seu poder
salvador.
3 Com amor e fidelidade, ele
cumpriu
a sua promessa ao povo de Israel.
Até nos lugares mais distantes do
mundo
todos viram a vitória do nosso
Deus.

4 Cantem ao SENHOR com alegria,
povos de toda a terra!
Louvem o SENHOR com canções
e gritos de alegria.
5 Cantem louvores a Deus, o SENHOR,
com acompanhamento de *harpas
e toquem música nas *liras.
6 Ao som de trombetas e cornetas,
cantem com alegria
diante do SENHOR, o Rei.

7 Ruja o mar e todas as criaturas
que nele vivem.
Cante a terra e os seus moradores.
8 Rios, batam palmas!
Montes, cantem com alegria
diante do SENHOR
9 porque ele vem governar a terra!
Ele governará os povos do mundo
com justiça
e de acordo com o que é direito.

Deus, o Rei poderoso

99 O SENHOR Deus é Rei:
os povos tremem.
Ele está sentado no seu trono,
que fica sobre os *querubins;
a terra estremece.
2 O SENHOR é poderoso em
Jerusalém;
ele governa todos os povos.
3 Que todos o louvem
por causa da sua grandeza
e porque ele merece profundo
respeito.
O SENHOR Deus é santo.

4 Ó poderoso Rei, tu amas a justiça;
tu a trouxeste ao povo de Israel,
fazendo com que houvesse
julgamentos
justos e honestos.
5 Louvem o SENHOR, nosso Deus,
e se ajoelhem diante do seu trono.
O SENHOR Deus é santo.

6 Moisés e Arão foram sacerdotes
de Deus,
e Samuel orava a ele;
eles clamavam a Deus, o SENHOR,
e ele respondia.
7 Da coluna de nuvem,
ele falava aos israelitas;
eles obedeciam às *leis e aos
mandamentos
que ele lhes tinha dado.

8 Ó SENHOR, nosso Deus,
tu respondeste ao teu povo;
tu mostraste que és Deus que
perdoa,
mas também que castiga as
pessoas
pelos seus pecados.
9 Louvem o SENHOR, nosso Deus,
e o adorem no seu *monte santo.
Pois o SENHOR, nosso Deus, é santo.

DEVOCIONAL

Texto para leitura: **Salmo 100**

Saiba como se comunicar

Alegria e felicidade não são o objetivo da fé, mas seus sintomas. Quando seu amor por Deus é real, o resultado natural desse amor em sua vida é a felicidade. A presença do Senhor é como um doce para uma criança e como um sorriso para um estranho. Para a Garota de Deus, chegar à presença dele depois de estar em um mundo devastado por guerras, pode ser pura alegria, e é daí que vêm os gritos de júbilo. "Cantem hinos a Deus, o SENHOR, todos os moradores da terra!" (Salmos 100:1). Você já gritou de alegria? Os sons mais expressivos e apaixonados que devem sair da boca da Garota de Deus quase sempre são dirigidos para seu Deus. A bondade de Deus enche seu coração até transbordar, o poder dele evoca seu sentimento de temor e admiração, e você tem de gritar. E quando serve a Deus, isso acontece com pura alegria, porque servir àquele que você ama é viver de verdade.

Como uma Garota de Deus, você é chamada a entrar na presença dele com um cântico alegre (veja Salmos 100:2). Seu cântico é alegre? Ou é mecânico? Você realmente concorda com o que canta? Se não, então feche a boca. Não minta para Deus enquanto o adora. Seja honesta quando você canta; seja amorosa no momento em que louva. Acredite no que sai de sua boca; do contrário, não diga nada.

O temor do Senhor leva a uma alegria que deve ser expressa a ele. Tenha mais experiência com Deus, aprendendo mais sobre ele. Enquanto você descobre em que ele pensa e o que tem dito, e à medida em que você faz o que o agrada, você mesma também será satisfeita.

Hino de louvor

Salmo de louvor.

100 Cantem hinos a Deus, o SENHOR,
todos os moradores da terra!
2 Adorem o SENHOR com alegria
e venham cantando até a sua
presença.

3 Lembrem que o SENHOR é Deus.
Ele nos fez, e nós somos dele;
somos o seu povo, o seu rebanho.
4 Entrem pelos portões do Templo
com ações de graças,
entrem nos seus pátios com louvor.
Louvem a Deus
e sejam agradecidos a ele.
5 Pois o SENHOR é bom;
o seu amor dura para sempre,
e a sua fidelidade não tem fim.

Promessas de um rei

Salmo de Davi.

101 Eu canto a respeito da fidelidade
e da justiça;
canto hinos a ti, ó SENHOR Deus.
2 Serei honesto em tudo o que fizer.
Quando virás
para te encontrares comigo?

Viverei uma vida correta na minha
casa
3 e não deixarei que entre nela
nenhum mal.
Eu detesto as ações
daqueles que se afastam de Deus
e não tomarei parte nos seus
pecados.
4 Afastarei de mim
pensamentos desonestos
e não terei nada a ver com a
maldade.
5 Destruirei aqueles que falam mal
dos outros pelas costas
e não suportarei os orgulhosos
e os arrogantes.
6 Aprovarei os que são fiéis a Deus
e deixarei que morem no meu
palácio.

Aqueles que vivem uma vida correta
poderão trabalhar para mim.

7 Nenhum mentiroso viverá
no meu palácio;
nenhuma pessoa fingida ficará
na minha presença.
8 Cada dia destruirei os maus
da nossa terra
e expulsarei da cidade do SENHOR
todos os que praticam o mal.

Oração de um homem aflito

Oração de um homem aflito que na tristeza derrama as suas queixas na presença de Deus, o SENHOR.

102 Ó SENHOR, ouve a minha oração
e escuta o meu grito pedindo
socorro!
2 Não te escondas de mim
quando estou aflito.
Ouve-me quando eu te chamar
e responde depressa.

3 A minha vida está desaparecendo
como fumaça,
e o meu corpo queima
como se estivesse no fogo.
4 Estou acabado como a grama
que foi cortada e pisada;
não tenho nem vontade de comer.
5 Fico gemendo alto;
sou apenas pele e osso.
6 Sou como um pássaro
em lugares desertos,
como uma coruja numa casa
abandonada.
7 Não consigo dormir;
sou como um pássaro solitário
em cima do telhado.
8 Os meus inimigos me insultam
o dia todo;
aqueles que zombam de mim
usam o meu nome para rogar
pragas.

9-10 Por causa da tua *ira e do teu
furor,
as cinzas são a minha comida,
e as lágrimas se misturam
com a minha bebida.
Tu me pegaste e me jogaste fora.
11 A minha vida é como as sombras
do anoitecer;
vou secando como o capim.

12 Mas tu, ó SENHOR Deus,
és Rei para sempre;
todas as *gerações futuras
lembrarão de ti.
13 Tu te levantarás
e terás pena de Jerusalém.
Já é hora de teres compaixão dela,
a hora certa já chegou.
14 Ainda que ela esteja destruída,
os teus *servos a amam;
eles têm compaixão dela,
embora esteja arrasada.

15 As nações *temerão o SENHOR;
todos os reis do mundo
temerão o seu poder.
16 Quando o SENHOR
tornar a construir Jerusalém,
ele mostrará a sua *glória.
17 Ele ouvirá o seu povo abandonado
e escutará a sua oração.

18 Que isso fique escrito
para que os nossos descendentes
saibam o que o SENHOR Deus fez
e para que o louvem
aqueles que ainda vão nascer!
19 Do seu lugar santo, nas alturas,
o SENHOR olhou;
do céu ele olhou para a terra
20 a fim de ouvir os gemidos
dos prisioneiros
e libertar os que tinham sido
condenados à morte.
21 Por isso, o SENHOR Deus
será louvado em Jerusalém,
e a sua fama será anunciada ali
22 quando as nações e os reinos
se reunirem para adorá-lo.

23 Ainda sou moço,
mas Deus me tirou as forças
e encurtou a minha vida.
24 Ó meu Deus, tu que vives para
sempre,
não me leves agora,
antes que eu envelheça!
25 No começo, criaste a terra
e, com as tuas próprias mãos,
fizeste o céu.
26 A terra e o céu vão acabar,
mas tu viverás para sempre.
A terra e o céu se gastarão
como roupas.
Tu os trocarás como se troca de
roupa,
e eles serão jogados fora.
27 Mas tu és sempre o mesmo,
e a tua vida não tem fim.

28 Os nossos filhos viverão em
segurança,
e os seus descendentes terão sempre
a tua proteção.

Hino à bondade de Deus

De Davi.

103 Ó SENHOR Deus, que todo o
meu ser
te louve!
Que eu louve o Santo Deus
com todas as minhas forças!
2 Que todo o meu ser
louve o SENHOR,
e que eu não esqueça
nenhuma das suas bênçãos!
3 O SENHOR perdoa todos os meus
pecados
e cura todas as minhas doenças;
4 ele me salva da morte
e me abençoa com amor e bondade.
5 Ele enche a minha vida
com muitas coisas boas,
e assim eu continuo jovem e forte
como a águia.

6 O SENHOR Deus julga
a favor dos oprimidos
e garante os seus direitos.
7 Ele revelou os seus planos a
Moisés
e deixou que o povo de Israel visse
os seus feitos poderosos.
8 O SENHOR é bondoso
e misericordioso,
não fica *irado facilmente
e é muito amoroso.
9 Ele não vive nos repreendendo,
e a sua ira não dura para sempre.
10 O SENHOR não nos castiga
como merecemos,
nem nos paga de acordo com
os nossos pecados e maldades.
11 Assim como é grande a distância
entre o céu e a terra,
assim é grande o seu amor
por aqueles que o *temem.
12 Quanto o Oriente está longe
do Ocidente,
assim ele afasta de nós
os nossos pecados.
13 Como um pai trata com bondade
os seus filhos,
assim o SENHOR é bondoso
para aqueles que o temem.
14 Pois ele sabe como somos feitos;
lembra que somos pó.
15 A nossa vida é como a grama;
cresce e floresce como a flor do
campo.
16 Aí o vento sopra, a flor
desaparece,
e nunca mais ninguém a vê.
17 Mas o amor de Deus, o SENHOR,
por aqueles que o temem
dura para sempre.
A sua bondade permanece,
passando de pais a filhos,
18 para aqueles que guardam
a sua *aliança
e obedecem fielmente
aos seus mandamentos.

19 O SENHOR Deus colocou o seu
trono
bem firme no céu;
ele é Rei e domina tudo.
20 Louvem o SENHOR,
fortes e poderosos anjos,
que ouvem o que ele diz,
que obedecem aos seus
mandamentos!
21 Louvem o SENHOR,
todos os anjos do céu,
todos os seus *servos,
que fazem a sua vontade!
22 Louvem o SENHOR,
todas as suas criaturas,
em todo lugar onde ele reina!
Que todo o meu ser te louve,
ó SENHOR!

Canção de louvor ao Criador

104 Ó SENHOR Deus,
que todo o meu ser te louve!
Ó SENHOR, meu Deus,
como és grandioso!
Estás vestido de majestade
e de *glória
2 e te cobres de luz.
Estendes os céus
como se fossem uma barraca
3 e constróis a tua casa
sobre as águas lá de cima.
Usas as nuvens
como o teu carro de guerra
e voas nas asas do vento.
4 Fazes com que os ventos
sejam os teus mensageiros
e com que os relâmpagos
sejam os teus servidores.

5 Tu puseste a terra bem firme
sobre os seus alicerces,
e assim ela nunca será abalada.

[6] Cobriste a terra
com o oceano profundo,
como se ele fosse uma *capa,
e as águas ficaram acima das
montanhas.
[7] Porém, quando repreendeste as
águas,
elas fugiram;
quando ouviram o teu grito de
comando,
saíram correndo.
[8] As águas correram pelos montes
e desceram para os vales,
indo ao lugar que preparaste para
elas.
[9] Tu puseste um limite para as águas
a fim de que não cobrissem de novo
a terra.

[10] Tu fazes surgir nascentes nos
vales,
e os rios correm entre os montes.
[11] Da sua água bebem
todos os animais selvagens;
com ela os jumentos selvagens
matam a sede.
[12] Nas margens dos rios,
os pássaros fazem os seus ninhos
e cantam entre os galhos das
árvores.

[13] Do céu tu envias chuvas
para os montes,
e a terra fica cheia das tuas bênçãos.
[14] Fazes crescer capim para o gado
e verduras e cereais para as
pessoas,
que assim tiram da terra
o seu alimento.
[15] Fazes a terra produzir o vinho,
que deixa a gente feliz;
o azeite, que alegra;
e o pão, que dá forças.

[16] Muita chuva cai sobre as árvores
de Deus, o SENHOR,
sobre os cedros, que ele plantou
nos montes Líbanos.
[17] Ali os pássaros fazem os seus
ninhos,
e as cegonhas constroem as suas
casas
nos pinheiros.
[18] Os cabritos selvagens vivem
no alto das montanhas,
e as lebres se escondem nos
rochedos.

Pergunte a si mesma...

Louvar é falar sobre o quanto Deus é maravilhoso, reconhecer as grandes coisas que ele faz e expressar seu apreço por isso. Pergunte a si mesma:

O que ou a quem eu louvo mais?
Como eu poderia louvar mais a Deus?
Que coisas em minha vida merecem louvor?
Quem deveria receber esse louvor?
Eu louvo coisas em vez de louvar a Deus, que as deu para mim?
Se eu louvar demais alguma coisa, vou perceber que ela começa a me controlar?

[19] Tu fizeste a lua para marcar os
meses;
o sol sabe a hora de se pôr.
[20] Tu fizeste a noite,
e todos os animais selvagens saem
quando escurece.
[21] Os leões novos rugem enquanto
caçam,
procurando a comida que Deus dá.
[22] Porém, quando o sol aparece,
eles voltam
e vão se deitar nas suas covas.
[23] Então as pessoas saem para o
serviço
e trabalham até a tarde.

[24] Ó SENHOR, tu tens feito
tantas coisas
e foi com sabedoria que as fizeste.
A terra está cheia das tuas
criaturas.
[25] Ali está o mar imenso, enorme,
onde vivem animais grandes e
pequenos,
tantos, que não podem ser
contados.
[26] No mar passam os navios,
e nele brinca Leviatã,
o monstro marinho que tu criaste.

[27] Todos esses animais dependem
de ti,
esperando que lhes dês alimento
no tempo certo.
[28] Tu dás a comida,

e eles comem e ficam satisfeitos.
29 Quando escondes o rosto, ficam
com medo;
se cortas a respiração que lhes dás,
eles morrem
e voltam ao pó de onde saíram.
30 Porém, quando lhes dás o sopro
de vida,
eles nascem;
e assim dás vida nova à terra.

31 Que a glória de Deus, o SENHOR,
dure para sempre!
Que ele se alegre com aquilo que fez!
32 O SENHOR olha para a terra, e ela
treme;
toca nas montanhas, e elas soltam
fumaça.

33 Cantarei louvores ao SENHOR
enquanto eu viver;
cantarei ao meu Deus a vida inteira.
34 Que o SENHOR fique contente
com a minha canção,
pois é dele que vem a minha
alegria!
35 Que desapareçam da terra
aqueles
que não querem saber de Deus,
e que os maus deixem de existir!

Que todo o meu ser te louve,
ó SENHOR Deus!
*Aleluia!

Deus e o seu povo

1Crônicas 16.8-22

105 Agradeçam a Deus, o SENHOR,
anunciem a sua grandeza
e contem às nações
as coisas que ele fez.
2 Cantem a Deus, cantem louvores
a ele,
falem dos seus atos maravilhosos.
3 Tenham orgulho daquilo
que o Santo Deus tem feito.
Que fique alegre o coração
de todos os que adoram
a Deus, o SENHOR!
4 Procurem a ajuda do SENHOR;
estejam sempre na sua presença.
5-6 Vocês, descendentes de Abraão,
*servo de Deus,
vocês, descendentes de Jacó,
o escolhido de Deus,
lembrem de tudo o que Deus tem
feito,
lembrem dos seus grandes
e maravilhosos milagres
e de como tem condenado
os nossos inimigos!

7 Ele é o SENHOR, nosso Deus;
os seus mandamentos são
para o mundo inteiro.
8 Ele sempre lembrará da sua
*aliança
e, por milhares de *gerações,
cumprirá as suas promessas.
9 Ele será fiel à aliança
feita com Abraão
e à promessa que fez com
juramento
a Isaque.
10 Deus fez uma aliança com Jacó
para sempre,
fez com ele uma aliança eterna.
11 Naquela ocasião Deus disse:
"Eu lhe darei a terra de Canaã,
e ela será de vocês para sempre."

12 Eles eram muito poucos,
eram estrangeiros na *Terra
Prometida.
13 Andavam de país em país,
de reino em reino.
14 Mas Deus não deixou que
ninguém
os maltratasse
e, para protegê-los, avisou reis.
15 Ele disse: "Não toquem nos servos
que eu escolhi;
não maltratem os meus *profetas!"

16 Deus fez com que houvesse fome
na terra deles
e deixou o seu povo sem alimento.
17 Então mandou na frente deles
um homem chamado José,
que havia sido vendido como
escravo.
18 Os seus pés foram presos
com correntes,
e no seu pescoço puseram
uma coleira de ferro.
19 José ficou na prisão
até que se cumpriu
o que ele tinha dito.
A palavra do SENHOR Deus provou
que José estava certo.
20 Aí o rei do Egito mandou soltá-lo;
o rei de muitas nações
o pôs em liberdade.
21 Ele o colocou
como a mais alta autoridade
daquela terra,

para governar o país inteiro.
22 José recebeu poder para dar ordens
aos príncipes do reino
e para orientar os conselheiros do
rei.

23 Depois Jacó foi para o Egito
e ficou morando naquela terra.
24 O SENHOR Deus fez com que o seu
povo
tivesse muitos filhos
e o tornou mais forte
do que os seus inimigos.
25 Ele fez com que os egípcios
odiassem o seu povo
e fez com que enganassem os
israelitas,
os servos de Deus.

26 Então Deus enviou o seu servo
Moisés
e também Arão,
a quem havia escolhido.
27 Eles fizeram milagres de Deus no
Egito
e ali realizaram coisas
maravilhosas.
28 Deus mandou uma escuridão,
que cobriu a terra,
mas os egípcios não obedeceram
às suas ordens.
29 Ele transformou em sangue
os rios do Egito
e matou todos os seus peixes.
30 A terra do Egito ficou cheia de rãs,
que invadiram até o palácio do rei.
31 Deus deu ordem, e moscas e
piolhos
encheram todo o país.
32 Em vez de chuva, ele mandou
chuva de pedra e relâmpagos
sobre a terra.
33 Deus destruiu as plantações de
uvas
e de figos
e derrubou todas as árvores.
34 Ele deu ordem, e vieram
gafanhotos,
tantos, que nem podiam ser
contados.
35 Os gafanhotos comeram todas as
plantas,
todas as colheitas do Egito.
36 Ele matou o filho mais velho
de todas as famílias dos egípcios,
matou aqueles que eram o orgulho
dessas famílias.
37 Então Deus tirou os israelitas
daquele país,
e eles levaram consigo prata e ouro.
Todos eram fortes e cheios de
saúde.
38 Os egípcios ficaram contentes
quando os israelitas foram
embora,
pois estavam com medo deles.
39 Deus pôs uma nuvem por cima do
seu povo
e fogo para guiá-los durante a noite.
40 Eles pediram, e Deus mandou
codornas
e do céu deu a eles pão bastante
para matar a fome.
41 Ele partiu uma rocha, e jorrou
água,
que correu pelo deserto como um
rio.
42 Pois ele lembrou da sua santa
promessa
feita a Abraão, seu servo.

43 Assim Deus tirou do Egito
o seu povo escolhido,
e eles saíram de lá
cantando e gritando de alegria.
44 Deus lhes deu as terras
de outras nações
e deixou que tomassem os campos
delas,
45 para que eles obedecessem às
suas *leis
e guardassem os seus
mandamentos.

*Aleluia!

A bondade de Deus para com Israel

106 *Aleluia!
Deem graças ao SENHOR,
porque ele é bom
e o seu amor dura para sempre.
2 Quem pode contar
todas as coisas maravilhosas
que ele tem feito?
Quem pode louvá-lo como ele
merece?
3 Felizes são aqueles que vivem
uma vida correta,
aqueles que sempre fazem o que é
certo!

4 Lembra de mim, ó SENHOR,
quando abençoares o teu povo;
e, quando o libertares,
liberta-me também a mim.

5 Deixa que eu veja o teu povo
progredir
e que eu tome parte
na felicidade da tua nação,
na alegria daqueles que pertencem
a ti.

6 Nós temos sido maus e perversos;
pecamos como os nossos
antepassados
pecaram.
7 Quando estavam no Egito,
eles não entenderam
os feitos maravilhosos de Deus.
Esqueceram que muitas vezes
ele havia mostrado o seu amor
por eles,
e eles se revoltaram perto do mar,
o mar Vermelho.
8 Mas, para mostrar o seu grande
poder,
ele os salvou, como havia
prometido.
9 O SENHOR Deus deu ordem,
e o mar Vermelho secou;
ele fez com que eles o
atravessassem
como se estivessem pisando terra
seca.
10 Ele os livrou
das mãos daqueles que os odiavam;
ele os salvou dos seus inimigos.
11 As águas cobriram os inimigos;
não escapou nem um.
12 Então o seu povo acreditou
nas promessas de Deus
e cantou louvores a ele.

13 Mas logo esqueceram
o que Deus tinha feito
e agiram sem esperar o seu
conselho.
14 No deserto, eles se deixaram levar
pelos seus desejos
e puseram Deus à prova.
15 *Então ele deu o que pediram,*
mas lhes mandou também
uma doença terrível.

16 Ali, no seu acampamento,
eles ficaram com inveja de Moisés
e também de Arão, o sacerdote
dedicado ao serviço do SENHOR.
17 Então a terra se abriu e engoliu
Datã;
Abirão e a sua família
também foram engolidos.
18 Fogo desceu sobre os seguidores
deles
e queimou aquela gente má.

19 No monte Sinai os israelitas
fundiram
um bezerro de ouro
e adoraram aquele ídolo
que haviam feito.
20 Trocaram a *glória de Deus
pela imagem de um animal
que come capim.
21 Eles esqueceram de Deus,
o seu Salvador,
que havia feito coisas maravilhosas
no Egito.
22 Que coisas extraordinárias
Deus fez ali!
Que coisas espantosas fez
no mar Vermelho!
23 Depois Deus disse que ia destruir
os israelitas;
porém Moisés, o seu servo escolhido,
enfrentou Deus
e não deixou que a sua *ira
os destruísse.

24 Mais tarde, porque não
acreditaram
na promessa de Deus,
eles não quiseram entrar em Canaã,
aquela terra tão agradável.
25 Eles ficaram nas suas barracas
se queixando
e não quiseram dar atenção
a Deus, o SENHOR.
26 Então o SENHOR lhes deu
um aviso solene:
ele os faria morrer no deserto,
27 espalharia os seus descendentes
entre as nações pagãs,
deixando que morressem
em países estrangeiros.

28 Depois o povo de Deus se ajuntou
no monte Peor
para adorar o deus *Baal,
e eles comeram da carne dos
*sacrifícios
oferecidos a deuses sem vida.
29 Com as suas ações, eles fizeram
com que Deus ficasse irado
e foram atacados
por uma doença terrível.
30 Mas Fineias castigou o culpado,
e a doença acabou.
31 Todos têm lembrado
dessa boa ação de Fineias,

e as *gerações futuras
nunca esquecerão delas.

32 Depois, nas fontes de Meribá,
o povo fez com que Deus ficasse
*irado,
e quem sofreu por causa disso
foi Moisés.
33 Eles fizeram com que Moisés
ficasse tão irritado,
que ele disse coisas que não devia.

34 Eles não mataram os pagãos
como o SENHOR Deus tinha
mandado,
35 mas casaram com aquela gente
e imitaram os seus costumes
pagãos.
36 O povo de Deus adorou ídolos
e por causa disso foi destruído.
37 Eles ofereceram
os seus próprios filhos e filhas
como sacrifício a deuses pagãos.
38 Mataram aquelas crianças
inocentes,
os seus próprios filhos e filhas,
como sacrifício aos ídolos de Canaã.
E o país se tornou *impuro
por causa desse sangue.
39 Fazendo essas coisas,
eles se corromperam
e foram infiéis a Deus.

40 Então o SENHOR ficou irado
com o seu povo,
ficou muito aborrecido com eles.
41 Ele os abandonou
nas mãos dos pagãos,
e estes os dominaram.
42 Os israelitas foram maltratados
pelos seus inimigos
e ficaram debaixo das ordens deles.
43 Muitas vezes Deus livrou o seu
povo,
mas eles preferiram se revoltar
contra ele
e se afundar ainda mais no pecado.
44 Porém, quando pediram a sua
ajuda,
Deus os ouviu
e se voltou para eles
quando estavam aflitos.
45 Por causa deles, Deus lembrou
da sua *aliança
e, por causa do seu grande amor,
ele mudou de ideia.
46 Deus fez com que aqueles que os
levaram
como prisioneiros
tivessem pena deles.

47 Ó SENHOR, nosso Deus, liberta-nos!
Tira-nos do meio dos pagãos
e leva-nos de volta para a nossa
terra.
Assim nós te daremos graças
e com prazer te louvaremos,
ó Santo Deus.

48 Louvemos o SENHOR, o Deus de
Israel.
Louvem o SENHOR agora e sempre.
Que todos os povos da terra digam:
"*Amém"!
Aleluia!

QUINTO LIVRO
Salmos 107—150

Louvor a Deus pela sua bondade

107 Deem graças a Deus, o SENHOR,
porque ele é bom,
e porque o seu amor dura para
sempre.
2 Que aqueles que ele libertou
repitam isso em louvor ao SENHOR!
Ele os livrou das mãos dos seus
inimigos
3 e fez com que eles voltassem
dos países estrangeiros,
do Norte e do Sul,
do Leste e do Oeste.

4 Alguns andaram perdidos pelo
deserto
e não acharam nenhuma cidade
onde morar.
5 Estavam com fome e com sede
e haviam perdido toda a esperança.
6 Então, na sua angústia,
gritaram por socorro,
e o SENHOR Deus os livrou
das suas aflições.
7 Ele os levou pelo caminho certo
para uma cidade em que pudessem
morar.
8 Que eles agradeçam ao SENHOR
o seu amor
e as coisas maravilhosas
que fez por eles!
9 Pois ele dá água aos que têm sede
e coisas boas aos que estão com
fome.

10 Alguns estavam vivendo na
escuridão,
nas trevas,

aflitos e presos com correntes
de ferro
11 porque haviam se revoltado
contra as ordens do Deus
Altíssimo
e rejeitado os seus ensinamentos.
12 Por causa do trabalho pesado
eles estavam esgotados;
caíam, e ninguém os ajudava.
13 Então, na sua angústia,
gritaram por socorro,
e o SENHOR Deus os livrou
das suas aflições.
14 Ele os tirou da escuridão, das
trevas,
e quebrou em pedaços
as correntes que os prendiam.
15 Que eles agradeçam ao SENHOR
o seu amor
e as coisas maravilhosas que fez
por eles!
16 Pois ele derruba portões de
bronze
e despedaça barras de ferro.

17 Alguns foram insensatos
e sofreram por causa dos seus
pecados,
por causa da sua vida de rebeldia;
18 ficaram com enjoo diante da
comida
e chegaram bem perto da morte.
19 Então, na sua angústia,
gritaram por socorro,
e o SENHOR Deus os livrou
das suas aflições.
20 Com a sua palavra, ele os curou
e os salvou da morte.
21 Que eles agradeçam ao SENHOR
o seu amor
e as coisas maravilhosas
que fez por eles!
22 Que ofereçam *sacrifícios de
gratidão
e, com canções de alegria,
anunciem tudo o que ele tem feito!

23 Alguns viajaram em navios nos
oceanos,
ganhando a vida nos mares;
24 eles viram o que o SENHOR Deus
faz,
as coisas maravilhosas
que realiza nos mares.
25 Ele dava ordem,
e um vento forte começava a soprar
e a levantar as ondas.
26 Os navios subiam bem alto
e depois mergulhavam nas
profundezas.
No meio desse perigo,
os homens ficavam apavorados.
27 Tropeçavam e andavam
balançando
como bêbados;
e toda a sua prática de marinheiros
não adiantava nada.
28 Então, na sua angústia,
gritavam por socorro,
e o SENHOR Deus os livrava
das suas aflições.
29 Ele acalmava a tempestade,
e as ondas ficavam quietas.
30 Eles se alegravam
porque o mar tinha ficado calmo;
e assim Deus os levava em
segurança
para o porto desejado.
31 Que eles agradeçam ao SENHOR
o seu amor
e as coisas maravilhosas que fez
por eles!
32 Anunciem a sua grandeza
quando o povo se reunir;
louvem a Deus na assembleia dos
líderes.

33 Deus fez com que os rios
se tornassem deserto
e as fontes de água
secassem completamente.
34 Ele fez com que a terra boa
virasse um deserto salgado
por causa da maldade
dos que moravam nela.
35 Ele fez com que o deserto
se transformasse em lagos
e a terra seca virasse fontes de
água.
36 Deixou que gente faminta
morasse ali.
Eles construíram uma cidade
e moraram nela;
37 semearam os campos,
fizeram plantações de uvas,
e foram boas as colheitas.
38 Deus abençoou o seu povo,
e eles tiveram muitos filhos.
Deus não deixou que o gado
diminuísse.
39 O povo de Deus foi derrotado
e humilhado
e sentiu o peso do sofrimento
e dos maus tratos.

[40] Então Deus mostrou o seu
desprezo
pelos reis que os maltrataram
e fez com que esses reis andassem
sem rumo na solidão dos
desertos.
[41] Mas livrou os pobres da miséria
e fez com que as suas famílias
aumentassem como rebanhos.
[42] Os que são bons veem isso
e ficam contentes,
mas todos os maus têm de calar a
boca.

[43] Que aqueles que são sábios
pensem nessas coisas
e meditem no amor de Deus, o
SENHOR!

Oração pela vitória

Salmo 57.7-11; 60.5-12

Salmo de Davi. Canção.

108 O meu coração está firme, ó
Deus,
bem firme;
eu cantarei hinos em teu louvor.
Acorde, meu coração!
[2] Minha *harpa e minha *lira,
acordem!
Eu acordarei o sol.
[3] Ó SENHOR Deus, eu te darei graças
no meio das nações;
eu te louvarei entre os povos.
[4] O teu amor está acima dos céus,
e a tua fidelidade chega até as nuvens.

[5] Ó Deus, mostra a tua grandeza nos
céus
e que a tua *glória brilhe
no mundo inteiro!
[6] Salva-nos com o teu poder;
responde à nossa oração
para que o povo que tu amas seja
salvo.

[7] No seu Templo, Deus disse:
"Quando eu vencer,
dividirei a cidade de Siquém
e repartirei o vale de Sucote
entre o meu povo.
[8] Gileade é meu, e Manassés,
também;
Efraim é o meu capacete,
e Judá é o meu *cetro de rei.
[9] Porém Moabe será a minha bacia
de lavar;
e eu jogarei as minhas sandálias
sobre Edom,
como um sinal de que esse país é
meu.
Eu cantarei a minha vitória
sobre os filisteus."

[10] Ó Deus, quem me levará para
dentro
da cidade protegida por
muralhas?
Quem me guiará até Edom?
[11] Será que, de fato, nos rejeitaste?
Será que não vais marchar
com os nossos exércitos?
[12] Ajuda-nos a combater o inimigo,
pois o auxílio de seres humanos
não vale nada.
[13] Com Deus do nosso lado,
venceremos;
ele derrotará os nossos inimigos.

Oração de um homem perseguido

Salmo de Davi. Ao regente do coro.

109 Eu te louvo, ó Deus.
Não fiques assim silencioso.
[2] Os maus e os mentirosos
falam contra mim
e me caluniam.
[3] Eles dizem coisas terríveis
a meu respeito
e me atacam sem motivo nenhum.
[4] Eles me acusam, embora eu os
ame
e tenha orado por eles.
[5] Eles pagam o bem com o mal
e o amor, com o ódio.

[6] Ó Deus, escolhe um juiz corrupto
para julgar o meu inimigo,
e que o seu acusador
seja um dos seus inimigos!
[7] Quando for julgado,
que ele seja condenado!
Que até a sua oração
seja considerada como pecado!
[8] Que o meu inimigo morra logo,
e que outra pessoa faça o trabalho
que ele fazia!
[9] Que os seus filhos fiquem órfãos,
e que a sua mulher fique viúva!
[10] Que os seus filhos fiquem sem lar
e sejam mendigos!
Que sejam expulsos das casas em
ruínas,
onde moram!
[11] Que tudo o que o meu inimigo tem
seja tomado como pagamento
das suas dívidas!

Uma oração pelo...

Futuro

Ó Senhor, de nada me vale todo o tempo do mundo se os dias não forem gastos em tua presença, em teu serviço, para tua glória. Dá-me a graça que precede, que segue, que guia, que sustenta, que santifica e que ajuda em todas as horas, para que eu não me afaste de ti nem por um instante, mas possa confiar que teu Espírito preencherá cada pensamento meu, falará por meio de cada palavra minha, conduzirá cada passo meu, fará prosperar todo o meu trabalho, edificará cada gotinha de fé e me dará o desejo de cantar teus louvores, de testemunhar teu amor e de propagar teu reino.

Eu lanço meu barco nas águas desconhecidas deste ano contigo, ó Pai, como meu porto; tu, ó Filho, és meu leme; tu, ó Espírito Santo, estás soprando as velas. Guia-me ao céu com minha armadura, minha lâmpada acesa, meus ouvidos abertos para teu chamado, meu coração cheio de amor e minha alma livre.

Dá-me tua graça para me santificar, teu conforto para me animar, tua sabedoria para me ensinar, tua mão direita para me guiar, teu conselho para me instruir, tua lei para me julgar e tua presença para meu equilíbrio. Que tua grandiosidade seja meu temor, e teus triunfos, minha alegria.

Amém.

E que estranhos fiquem
com o que ele conseguiu
com o seu esforço!
12 Que ninguém seja bom para ele,
e que não haja quem cuide
dos seus filhos órfãos!
13 Que todos os seus descendentes
morram logo,
e que o seu nome seja esquecido
em pouco tempo!
14 Que o SENHOR Deus nunca
esqueça
dos pecados da sua mãe
e sempre lembre da maldade
dos seus antepassados!
15 Que o SENHOR lembre sempre
dos pecados deles,
porém que eles mesmos
sejam completamente esquecidos!

16 Pois esse homem nunca pensou
em fazer o bem,
mas perseguiu e matou o pobre,
o necessitado e o desamparado.
17 Ele gostava de amaldiçoar:
que a maldição caia sobre ele!
Ele não gostava de abençoar:
que ninguém o abençoe!
18 Para ele, era tão fácil amaldiçoar
como se vestir.
Que as suas maldições entrem nele
como água
e cheguem até os seus ossos
como azeite!
19 Que as maldições nunca o
larguem!
Que seja como a roupa que o cobre
e como o cinto que ele usa!
20 Ó SENHOR Deus, paga assim
aos meus inimigos
e aos que falam mal de mim!

21 Mas, quanto a mim,
ó SENHOR, meu Deus,
ajuda-me como prometeste e livra-me,
pois és bom e amoroso!
22 Eu sou pobre e necessitado;
estou ferido no fundo do coração.
23 Vou me acabando
como a sombra do anoitecer;
sou levado pelo vento
como se eu fosse um inseto.
24 De tanto eu jejuar,
os meus joelhos tremem,
e o meu corpo é pele e osso.
25 Quando os outros me veem,
caçoam de mim
e, zombando, balançam a cabeça.

26 Ajuda-me, ó SENHOR, meu Deus!
Salva-me por causa do amor que tens
por mim.
27 Que os meus inimigos fiquem
sabendo
que és tu que me salvas!
28 Eles podem me amaldiçoar,
mas tu me abençoarás.
Que os meus perseguidores
sejam derrotados,
e que eu, que sou teu *servo,
fique alegre!
29 Que sobre os meus inimigos
caia a desgraça,
e que a humilhação os cubra
como roupa!

30 Em voz alta, darei graças
a Deus, o SENHOR;
eu o louvarei na reunião do povo
31 porque ele defende o pobre
para salvá-lo daqueles que o
condenam
à morte.

O rei escolhido por Deus

Salmo de Davi.

110 O SENHOR Deus disse ao meu
senhor,
o rei:
"Sente-se do meu lado direito,
até que eu ponha os seus inimigos
debaixo dos seus pés."
2 Ó rei, o SENHOR Deus estenderá
desde Jerusalém o poder do senhor.
"Domine os seus inimigos"
— disse o SENHOR Deus.
3 No dia em que o senhor, ó rei,
os combater,
o seu povo se apresentará
como voluntário.
Como o orvalho da madrugada,
os jovens se encontrarão com o
senhor
nos montes sagrados.

4 O SENHOR Deus fez este juramento
e não voltará atrás:
"Você será sacerdote para sempre,
na ordem do sacerdócio
de Melquisedeque."
5 Ó rei, Deus está do seu lado direito
e derrotará reis no dia em que se *irar.
6 Ele julgará as nações,
cobrirá de mortos os campos de
batalha
e, no mundo inteiro, derrotará reis.
7 No caminho, o rei beberá água
de um ribeirão
e se levantará vitorioso.

Louvor a Deus

111 *Aleluia!
Na reunião do povo eu louvarei
a Deus, o SENHOR,
com todo o meu coração,
junto com os que lhe obedecem.

2 Como são maravilhosas as coisas
que ele faz!
Todos os que se alegram por causa
delas
querem entendê-las.
3 Em tudo o que ele faz,
há *glória e grandeza;
a sua fidelidade é eterna.
4 O SENHOR não nos deixa esquecer
dos seus feitos maravilhosos;
ele é bom e tem muita misericórdia.
5 Ele dá alimento aos que o *temem
e nunca esquece a sua *aliança.
6 O SENHOR mostrou o seu poder
ao povo de Israel
quando lhe deu as terras de outras
nações.

7 Ele é fiel e justo em tudo o que faz;
todos os seus mandamentos
merecem confiança.
8 Eles permanecem para sempre,
pois se baseiam na verdade
e na honestidade.
9 Deus pôs o seu povo em liberdade
e fez com ele uma aliança eterna.
Ele é santo e poderoso.

10 Para ser sábio, é preciso primeiro
temer a Deus, o SENHOR.
Ele dá compreensão aos que
obedecem
aos seus mandamentos.
Que o SENHOR seja louvado para
sempre!

A felicidade de quem é fiel a Deus

112 *Aleluia!
Feliz aquele que *teme a
Deus, o SENHOR,
que tem prazer em obedecer
aos seus mandamentos!
2 Os filhos desse homem serão
poderosos
na *Terra Prometida,
e os seus descendentes
serão abençoados.
3 Na sua casa há muita riqueza,
e ele é sempre bem-sucedido.
4 A luz brilha na escuridão
para aqueles que são corretos,
para aqueles que são bondosos,
misericordiosos e honestos.

5 Feliz aquele que tem pena dos
outros
e empresta generosamente
e que dirige os seus negócios
com honestidade!
6 Quem é correto nunca fracassará
e será lembrado para sempre.
7 Ele não tem medo de receber
más notícias;
a sua fé é forte, pois ele confia
no SENHOR.

8 Ele não fica preocupado, nem tem medo;
ele tem certeza de que os seus inimigos
serão derrotados.
9 Ele dá generosamente aos pobres,
e a sua bondade dura para sempre.
Ele é poderoso e respeitado.

10 Os maus veem isso e ficam com raiva;
olham com ódio e se acabam.
A esperança dos maus dá em nada.

Louvor a Deus pela sua bondade

113 *Aleluia!
*Servos de Deus, o SENHOR,
louvem o seu nome!
2 Que o nome do SENHOR seja louvado
agora e para sempre!
3 Desde o nascer até o pôr do sol,
que o nome do SENHOR seja louvado!
4 O SENHOR governa todas as nações;
a sua *glória está acima dos céus.

5 Não há ninguém como o SENHOR,
nosso Deus,
que tem o seu trono nas alturas,
6 mas se inclina para ver o que há
no céu e na terra.
7 Ele livra da humilhação os pobres
e tira da miséria os necessitados;
8 ele faz com que eles sejam companheiros
de governantes,
dos governantes do seu povo.
9 Ele faz com que a mulher
que não tem filhos
seja respeitada no seu lar
e a torna feliz, dando-lhe filhos.

Aleluia!

A saída do Egito

114 Quando os descendentes de Jacó,
o povo de Israel,
saíram do Egito, aquela terra estrangeira,
2 Judá se tornou o povo escolhido de Deus,
Israel ficou sendo a sua propriedade.

3 O mar Vermelho olhou e fugiu;
o rio Jordão parou de correr.
4 As montanhas pularam como carneiros,
e os montes saltaram como carneirinhos.

5 Que aconteceu, ó mar,
para que você fugisse assim?
E, você, rio Jordão,
por que parou de correr?
6 Ó montanhas, por que vocês pularam
como carneiros?
Montes, por que vocês saltaram
como carneirinhos?

7 Trema, ó terra, na vinda do Senhor,
na presença do Deus de Jacó,
8 pois ele faz com que as rochas
virem fontes
e transforma as pedras
em fontes de água.

Louvor ao verdadeiro Deus

115 Somente a ti, ó SENHOR Deus,
a ti somente,
e não a nós, seja dada a *glória
por causa do teu amor
e da tua fidelidade.

2 Por que é que as outras nações
nos perguntam:
"Onde está o Deus de vocês?"
3 Nós respondemos:
"O nosso Deus está no céu;
ele faz tudo o que quer.
4 Os deuses das outras nações
são de prata e de ouro,
são feitos por seres humanos.
5 Eles têm boca, mas não falam;
têm olhos, mas não veem.
6 Têm ouvidos, mas não ouvem;
têm nariz, mas não cheiram.
7 Têm mãos, mas não podem pegar;
têm pés, mas não andam;
e da garganta deles não sai nenhum som.
8 Que fiquem iguais a esses ídolos
aqueles que os fazem
e os que confiam neles!"

9 Ó israelitas, confiem em Deus, o SENHOR!
Ele é a ajuda e o *escudo de vocês.
10 Sacerdotes de Deus, confiem no SENHOR!
Ele é a ajuda e o escudo de vocês.
11 Confiem no SENHOR,
todos os que o *temem!
Ele é a ajuda e o escudo de vocês.

[12] O SENHOR lembra de nós
e nos abençoará;
ele abençoará o povo de Israel
e todos os sacerdotes de Deus.
[13] Ele abençoará todos os que o temem,
tanto os importantes como os humildes.

[14] Que o SENHOR Deus lhes dê
muitos filhos,
a vocês e aos seus descendentes!
[15] Que vocês sejam abençoados
pelo SENHOR,
que fez os céus e a terra!

[16] Os céus pertencem somente ao SENHOR,
mas a terra ele deu aos seres humanos.
[17] Os mortos, que descem
à *terra do silêncio,
não louvam a Deus, o SENHOR.
[18] Mas nós, que estamos vivos,
daremos graças ao SENHOR
agora e para sempre.

*Aleluia!

Deus salva da morte

116 Eu amo a Deus, o SENHOR,
porque ele me ouve;
ele escuta as minhas orações.
[2] Ele me ouve
sempre que eu clamo pedindo socorro.
[3] Os laços da morte estavam me apertando,
os horrores da sepultura
tomaram conta de mim,
e eu fiquei aflito e apavorado.
[4] Então clamei ao SENHOR, pedindo:
"Ó SENHOR Deus, eu te peço:
Salva-me da morte!"

[5] O SENHOR é bondoso e fiel;
o nosso Deus tem compaixão de nós.
[6] O SENHOR protege os que não podem
se defender.
Quando eu estava em perigo,
ele me salvou.
[7] *Meu ser inteiro*, continue confiando
em Deus, o SENHOR,
pois ele tem sido bom para mim!

[8] Deus me livrou da morte,
fez parar as minhas lágrimas
e não deixou que eu caísse
na desgraça.
[9] Por isso, no mundo dos que estão vivos,
viverei uma vida de obediência a ele.
[10] Eu continuei crendo,
mesmo quando disse:
"estou completamente esmagado."
[11] Não parei de crer,
mesmo quando afirmei, sem pensar:
"não se pode confiar em ninguém."

[12] Que posso eu oferecer a Deus, o SENHOR,
por tudo de bom que ele me tem dado?
[13] Levarei ao SENHOR uma oferta de vinho
para lhe dar graças porque me salvou.
[14] Na reunião de todo o seu povo
eu lhe darei o que prometi.

[15] O SENHOR Deus sente pesar
quando vê morrerem os que são fiéis a ele.
[16] Ó SENHOR, eu sou teu *servo;
eu te sirvo, como te servia
a minha mãe.
Tu me livraste da morte.
[17] Eu te darei uma oferta de gratidão
e a ti farei as minhas orações.
[18-19] Na reunião de todo o teu povo,
nos pátios do teu Templo,
em Jerusalém,
eu te darei o que prometi.

*Aleluia!

Louvor a Deus, o SENHOR

117 Louvem a Deus, o SENHOR,
todas as nações!
Que todos os povos o louvem!
[2] O seu amor por nós é forte,
e a sua fidelidade dura para sempre.

*Aleluia!

Agradecimento pela vitória

118 Deem graças a Deus, o SENHOR,
porque ele é bom
e porque o seu amor dura para sempre.
[2] Que o povo de Israel diga:
"O seu amor dura para sempre!"
[3] Que os sacerdotes de Deus digam:
"O seu amor dura para sempre!"

4 E que todos os que o *temem digam:
"O seu amor dura para sempre!"

5 Na minha aflição,
eu clamei ao SENHOR;
ele me respondeu e me livrou
da angústia.
6 O SENHOR está comigo,
e eu não tenho medo;
que mal pode alguém me fazer?
7 O SENHOR está comigo;
é ele quem me ajuda.
Por isso, verei a derrota
dos meus inimigos.
8 É melhor confiar no SENHOR,
do que depender de seres humanos.
9 É melhor confiar no SENHOR
do que depender de pessoas
importantes.

10 Os inimigos que estavam em volta
de mim
eram muitos,
mas, pelo poder de Deus, o SENHOR,
eu acabei com eles.
11 Eles me cercaram por todos os
lados,
mas, pelo poder do SENHOR,
eu acabei com eles.
12 Eles se juntaram, como abelhas,
em volta de mim,
porém foram queimados no fogo
como galhos secos;
pelo poder do SENHOR,
eu acabei com eles.
13 Eles me atacaram com violência,
e eu quase fui derrotado,
porém o SENHOR me ajudou.
14 O SENHOR Deus me torna forte
e poderoso;
ele me salvou.

15 Escutem os gritos alegres de
vitória
no acampamento do povo de Deus:
"O poder do SENHOR
nos deu a vitória.
16 Com o seu poder ele fez grandes
coisas.
O poder do SENHOR
nos deu a vitória."

17 Não vou morrer;
pelo contrário, vou viver
e anunciar o que o SENHOR Deus
tem feito.
18 Ele me castigou com dureza,
mas não deixou que eu morresse.
19 Abram os portões do Templo para
mim;
eu entrarei e louvarei o SENHOR.

20 Este é o portão do SENHOR;
somente os que lhe obedecem
podem entrar por ele.

21 Ó Deus, eu te louvo
porque me escutaste
e me deste a vitória.

22 A pedra que os construtores
rejeitaram
veio a ser a mais importante de
todas.
23 Isso foi feito pelo SENHOR
e é uma coisa maravilhosa!
24 Este é o dia da vitória
de Deus, o SENHOR;
que seja para nós um dia de
felicidade
e alegria!
25 Salva-nos, ó SENHOR, salva-nos!
Dá-nos prosperidade, ó Deus!

26 Que Deus abençoe aquele que
vem
em nome de Deus, o SENHOR!
Daqui do Templo do SENHOR,
nós abençoamos todos vocês.
27 O SENHOR é Deus; ele é a nossa luz.
Com ramos nas mãos, comecem a
festa
e andem em volta do altar.

28 Tu és o meu Deus — eu te
louvarei;
tu és o meu Deus — eu anunciarei
a tua grandeza.

29 Deem graças a Deus, o SENHOR,
porque ele é bom
e porque o seu amor dura para
sempre.

Elogio à lei de Deus

119 Felizes são os que não podem
ser acusados de nada,
que vivem de acordo com a *lei
de Deus, o SENHOR!
2 Felizes os que guardam
os mandamentos de Deus
e lhe obedecem de todo o coração!
3 Felizes os que não praticam o mal,
os que andam nos caminhos de
Deus!
4 Tu, ó Deus, nos deste as tuas *leis
e mandaste que as cumpríssemos
fielmente.

5 Como desejo obedecer às tuas
ordens
e cumpri-las com fidelidade!
6 Se eu der atenção
a todos os teus mandamentos,
não passarei vergonha.
7 Com um coração sincero eu te
louvarei
à medida que for aprendendo
os teus justos ensinamentos.
8 Obedecerei às tuas *leis;
peço-te que não me abandones
nunca.

Guardo a tua palavra no meu coração

9 Como pode um jovem conservar
pura
a sua vida?
É só obedecer aos teus
mandamentos.
10 Eu procuro te servir de todo o
coração;
não deixes que eu me desvie
dos teus mandamentos.
11 Guardo a tua palavra no meu
coração
para não pecar contra ti.
12 Eu te louvo, ó SENHOR Deus!
Ensina-me as tuas *leis.
13 Costumo repetir em voz alta
todas as ordens que tens dado.
14 Fico mais alegre em seguir
os teus mandamentos
do que em ser muito rico.
15 Estudo as tuas leis
e examino os teus ensinamentos.
16 As tuas leis são o meu prazer;
não esqueço a tua palavra.

Quero conhecer a tua vontade

17 Senhor, trata com bondade
este teu *servo,
para que eu possa continuar vivo
e obedecer à tua palavra!
18 Abre os meus olhos
para que eu possa ver
as verdades maravilhosas da tua *lei.
19 Viverei poucos anos aqui na terra;
não escondas de mim
os teus mandamentos.
20 O meu coração sofre, ansioso,
pois, em todos os momentos,
quero conhecer a tua vontade.
21 Tu repreendes os orgulhosos;
os que se desviam dos teus
mandamentos
são malditos.
22 Livra-me dos insultos
e das zombarias deles,
pois tenho obedecido
aos teus ensinamentos.
23 Mesmo que as autoridades se
reúnam
e contra mim façam planos,
eu, que sou teu servo, meditarei
nas tuas leis.
24 Gosto de pensar nos teus
ensinamentos;
eles são os meus conselheiros.

Ensina-me a tua lei

25 Estou derrotado e caído no chão;
de acordo com a tua promessa,
dá-me novas forças.
26 Contei tudo o que tenho feito,
e tu me respondeste;
ensina-me os teus mandamentos.
27 Ajuda-me a compreender as tuas
*leis,
e eu meditarei
nos teus maravilhosos
ensinamentos.
28 É tanta a minha tristeza,
que estou me acabando;
dá-me forças, como prometeste.
29 Não me deixes seguir o caminho
errado;
com a tua bondade, ensina-me a
tua lei.
30 Eu escolhi o caminho da
fidelidade
e tenho dado atenção às tuas ordens.
31 Ó SENHOR Deus, tenho seguido
os teus ensinamentos;
não me deixes passar pela vergonha
do fracasso.
32 Eu me apresso em obedecer
aos teus mandamentos
porque assim tu me darás
mais entendimento.

Cumprirei a tua lei de todo o coração

33 Ó SENHOR Deus, ensina-me a
entender
as tuas *leis,
e eu sempre as seguirei.
34 Dá-me entendimento para que eu
possa
guardar a tua lei
e cumpri-la de todo o coração.
35 Guia-me pelo caminho
dos teus mandamentos,
pois neles encontro a felicidade.
36 Faze com que eu queira obedecer

aos teus ensinamentos,
em vez de querer ajuntar riquezas.
37 Não me deixes ficar pensando
em coisas sem valor;
sê bondoso para comigo, como
prometeste.
38 Eu sou teu *servo; cumpre a
promessa
que me fizeste,
a promessa que fazes aos que te
*temem.
39 Livra-me dos insultos,
que me causam medo;
os teus julgamentos são bons.
40 Eu quero muito obedecer às tuas
leis.
Conserva-me vivo, pois tu és justo.

Os teus mandamentos me trazem alegria

41 Ó SENHOR Deus, mostra-me
o quanto me amas
e livra-me dos meus inimigos,
de acordo com a tua promessa!
42 Então saberei responder
aos que me insultam,
pois eu confio na tua palavra.
43 Ajuda-me a falar sempre a verdade,
pois a minha esperança
está nos teus julgamentos.
44 Todos os dias obedecerei à tua *lei;
eu sempre a cumprirei.
45 Viverei à vontade, livre de
perigos,
porque tenho procurado seguir
os teus ensinamentos.
46 Anunciarei aos reis as tuas ordens
e não ficarei envergonhado.
47 Os teus mandamentos me trazem
alegria,
pois eu os amo.
48 Respeito e amo os teus
mandamentos
e medito nas tuas leis.

A tua promessa tem sido a minha esperança

49 Lembra da promessa que fizeste
a mim,
este teu *servo,
a promessa que tem sido
a minha esperança.
50 No sofrimento, eu fui consolado
porque a tua promessa me deu vida.
51 Os orgulhosos estão sempre
zombando de mim,
mas eu não tenho me afastado da
tua *lei.
52 Eu lembro dos teus julgamentos
do passado,
e eles me confortam, ó SENHOR.
53 Fico muito revoltado
quando vejo os maus quebrando a
tua lei.
54 Na minha curta vida aqui na terra,
faço canções
sobre os teus mandamentos.
55 De noite, eu penso em ti,
ó SENHOR Deus,
e medito na tua lei.
56 O meu dever nesta vida é este:
obedecer aos teus mandamentos.

Prometo obedecer às tuas leis

57 Tu, ó SENHOR Deus, és tudo
o que eu tenho;
prometo obedecer às tuas *leis.
58 De todo o coração, eu te peço:
tem misericórdia de mim,
como prometeste.
59 Tenho pensado na minha maneira
de agir
e prometo seguir os teus
ensinamentos.
60 Com toda a pressa e sem demora,
procuro obedecer aos teus
mandamentos.
61 Os maus armaram uma armadilha
para me pegar,
mas eu não esqueço a tua lei.
62 Por causa dos teus ensinamentos
justos,
eu me levanto no meio da noite
para te louvar.
63 Eu sou amigo de todos os que te
*temem,
de todos os que obedecem às tuas leis.
64 Ó SENHOR Deus, a terra está cheia
do teu amor;
ensina-me os teus mandamentos.

Confio nos teus mandamentos

65 Ó SENHOR Deus, tu cumpriste
a tua promessa
e tens sido bom para mim,
este teu *servo.
66 Dá-me sabedoria e conhecimento,
pois confio nos teus mandamentos.
67 Antes de me castigares,
eu andava errado,
mas agora obedeço à tua palavra.
68 Ó Deus, tu és bom e fazes o bem;
ensina-me os teus mandamentos.
69 Os orgulhosos dizem mentiras
contra mim,

DEVOCIONAL

Texto para leitura: **Salmos 119:33-40**

Conheça a verdadeira felicidade

Seus sentimentos controlam você? São eles que mandam em você? Suas experiências e o modo como você se sente em relação a elas nunca devem ser seu único guia na vida. O humor, as emoções e os sentimentos podem ser enganosos. Tudo o que eles falam é "eu isso" e "eu aquilo". Eles não estão focados em Deus. Como uma cristã, você nunca deve deixar que seus sentimentos consigam o melhor de sua fé. Preocupação, medo e perda de autocontrole podem ser sinais de uma vida que adora os sentimentos em lugar do Pai.

Como você pode tomar decisões e agir com base na fé em Deus, e não em sentimentos? Você precisa aprender a ignorar o que está vivendo neste momento e confiar na Palavra de Deus. Assim como uma pessoa cega procura paredes para se orientar e tenta evitar obstáculos enquanto anda, é preciso se afastar dos obstáculos em seu caminho e, em vez disso, tentar alcançar o que você sabe que é verdadeiro e sólido. Tire os olhos das coisas que enfraquecem seu estado emocional e a afastam da verdade. Você não deveria servir aos sentimentos, mas sim ao único Deus verdadeiro. Confie nas instruções escritas de Deus para você — elas não foram feitas apenas para serem pregadas ou para lhe dar tranquilidade, mas para orientá-la e dirigi-la. Quando seus sentimentos hesitarem, a Palavra de Deus não vacilará.

mas eu, de todo o coração,
obedeço aos teus mandamentos.
70 Esses homens não querem aprender
a tua *lei,
porém eu tenho prazer nela.
71 Foi bom que eu tivesse sido castigado,
pois assim aprendi os teus mandamentos.
72 A tua lei vale muito mais para mim
do que toda a riqueza do mundo.

Gosto de pensar na tua lei

73 Ó Deus, as tuas mãos me criaram
e me formaram;
dá-me entendimento para que eu possa
aprender as tuas *leis.
74 Aqueles que te *temem se alegram
quando me veem
porque a minha esperança
está na tua palavra.
75 Ó Senhor Deus, eu sei
que os teus julgamentos são justos
e que me castigas porque és fiel.
76 Peço que o teu amor me console,
como prometeste a mim,
este teu *servo!
77 Tem compaixão de mim,
e eu continuarei vivo,
pois gosto de pensar na tua lei.
78 Que os orgulhosos fiquem envergonhados,
pois me acusam com mentiras!
Mas eu meditarei nos teus ensinamentos.
79 Que venham para o meu lado
os que te temem,
os que conhecem os teus mandamentos!
80 Que eu obedeça completamente
aos teus mandamentos
e não sofra a vergonha do fracasso!

Os teus mandamentos merecem confiança

81 Ó Deus, estou aflito, esperando
que tu me livres dos meus inimigos;
eu ponho a minha esperança
na tua palavra.
82 Os meus olhos estão cansados
de tanto olhar,
esperando o que prometeste,
e eu pergunto:

"Quando vens me consolar?"
83 Sou tão inútil como um *odre
cheio de furos,
porém não esqueço
os teus mandamentos.
84 Até quando vai este teu *servo
ter de esperar?
Quando vais castigar
os que me perseguem?
85 Os orgulhosos, que não obedecem
à tua *lei,
cavaram covas para me pegar.
86 Todos os teus mandamentos
merecem confiança.
Ajuda-me, pois sou perseguido
por mentirosos.
87 Eles quase conseguiram me matar,
porém eu não abandono
os teus ensinamentos.
88 Por causa do teu amor,
livra-me da morte
para que eu possa obedecer
aos teus mandamentos.

A tua palavra dura para sempre

89 Ó SENHOR Deus, a tua palavra
dura para sempre;
ela é firme como o céu.
90 A tua fidelidade permanece
em todas as *gerações;
tu colocaste a terra no seu lugar,
e ela fica firme.
91 De acordo com as tuas ordens
todas as coisas permanecem até hoje,
pois tudo te obedece.
92 Se a tua *lei não tivesse sido
o motivo da minha alegria,
eu já teria morrido de tanto sofrer.
93 Nunca esquecerei
os teus ensinamentos,
pois é por meio deles
que tens conservado a minha vida.
94 Livra-me dos meus inimigos,
pois sou teu
e tenho procurado obedecer
aos teus mandamentos.
95 Os maus estão esperando
a hora de me matarem,
mas eu meditarei nas tuas leis.
96 Tenho visto que todas as coisas
têm o seu limite,
mas o teu mandamento se aplica a
tudo.

Como eu amo a tua lei!

97 Como eu amo a tua *lei!
Penso nela o dia todo.
98 O teu mandamento está sempre
comigo
e faz com que eu seja mais sábio
do que os meus inimigos.
99 Eu entendo mais do que todos
os meus professores
porque medito nos teus
ensinamentos.
100 Tenho mais sabedoria do que os
velhos
porque obedeço aos teus
mandamentos.
101 Não tenho andado pelos caminhos
da maldade,
pois quero obedecer à tua palavra.
102 Não tenho deixado de cumprir
as tuas ordens
porque és tu que me ensinas.
103 Como são doces as tuas palavras!
São mais doces do que o mel.
104 Por meio das tuas *leis,
consigo a sabedoria
e assim detesto todos os caminhos
da mentira.

A tua palavra é luz

105 A tua palavra é lâmpada para
guiar
os meus passos,
é luz que ilumina o meu caminho.
106 Cumprirei o juramento que fiz
de seguir os teus justos
ensinamentos.
107 Ó SENHOR Deus, os meus
sofrimentos
são terríveis;
conserva-me vivo, como
prometeste.
108 Ó SENHOR, aceita a minha oração
de agradecimento
e ensina-me os teus mandamentos!
109 A minha vida está sempre em
perigo;
no entanto não esqueço a tua *lei.
110 Os maus armaram uma
armadilha
para me pegar,
mas eu não desobedeci
aos teus mandamentos.
111 Os teus ensinamentos
são a minha riqueza para
sempre;
eles são a alegria do meu coração.
112 Eu resolvi obedecer às tuas
ordens
até o fim da minha vida.

Eu amo os teus ensinamentos

113 Não suporto as pessoas falsas,
mas amo a tua *lei.
114 Tu és o meu esconderijo
e o meu *escudo;
eu ponho a minha esperança
na tua promessa.
115 Afastem-se de mim,
vocês que praticam o mal,
e eu obedecerei aos mandamentos
do meu Deus!
116 Dá-me forças, como prometeste,
e eu continuarei vivo;
não permitas que eu fique desiludido
com a minha esperança.
117 Dá-me apoio, e estarei em
segurança;
e sempre darei atenção às tuas
ordens.
118 Tu rejeitas todos os que
desobedecem
às tuas leis,
pois os seus planos enganosos
não valem nada.
119 Tu tratas todos os maus como lixo,
e por isso eu amo os teus
ensinamentos.
120 Eu tremo diante de ti
e tenho medo dos teus julgamentos.

Eu sigo os teus ensinamentos

121 Tenho feito o que é certo e bom;
não me entregues nas mãos
dos meus inimigos.
122 Promete que ajudarás a mim,
este teu *servo.
Não deixes que os orgulhosos
me façam sofrer.
123 Os meus olhos estão cansados
de tanto olhar,
esperando que me salves
e assim cumpras a tua promessa.
124 Trata este teu *servo
de acordo com o teu amor
e ensina-me os teus mandamentos.
125 Sou teu servo; por isso,
dá-me sabedoria
para que eu possa conhecer
os teus ensinamentos.
126 Ó SENHOR Deus, já é tempo de
agires,
pois a tua *lei está sendo
desobedecida.
127 Eu amo os teus mandamentos
mais do que o ouro,
mais do que o ouro puro.
128 Por isso, sigo os teus ensinamentos
e detesto todos os caminhos da
mentira.

A explicação da tua palavra traz luz

129 Os teus mandamentos são
maravilhosos,
e por isso os cumpro de todo o
coração.
130 A explicação da tua palavra traz
luz
e dá sabedoria às pessoas simples.
131 Abro a boca e suspiro,
pois o que mais desejo na vida
é obedecer aos teus mandamentos.
132 Olha de novo para mim e tem
compaixão,
como sempre fazes com os que te
amam.
133 Conserva-me firme, como
prometeste;
não deixes que eu seja dominado
pelo mal.
134 Livra-me daqueles que me
maltratam
para que eu possa obedecer
aos teus mandamentos.
135 Olha com bondade para mim, teu
servo,
e ensina-me as tuas *leis.
136 As minhas lágrimas correm como
um rio
porque os outros não obedecem
à tua lei.

Como é firme a tua promessa!

137 Tu és justo, ó SENHOR Deus;
as tuas *leis são certas.
138 Os ensinamentos que tens dado
são completamente certos e justos.
139 Fico queimando de raiva
porque os meus inimigos desprezam
a tua palavra.
140 Como é firme a tua promessa!
E como este teu *servo a ama!
141 Sou humilde e desprezado,
porém não esqueço
os teus ensinamentos.
142 A tua justiça dura para sempre,
e a tua lei é sempre verdadeira.
143 Os sofrimentos e a ansiedade
me atingem,
mas os teus mandamentos me
alegram.
144 Os teus ensinamentos
são sempre certos;
dá-me entendimento,
e continuarei vivo.

A minha esperança está na tua promessa

[145] De todo o coração, eu clamo a ti;
responde-me, ó SENHOR,
e obedecerei aos teus mandamentos!
[146] Eu clamo pedindo socorro;
livra-me dos meus inimigos
e eu seguirei as tuas ordens.
[147] Antes do nascer do sol, eu clamo pedindo ajuda,
pois a minha esperança está
na tua promessa.
[148] Eu fico acordado a noite inteira
para meditar na tua palavra.
[149] Ouve-me, ó SENHOR Deus,
por causa do teu amor!
Conserva-me vivo,
de acordo com a tua justa vontade.
[150] Os meus terríveis perseguidores
estão chegando perto;
é gente que nunca obedece à tua *lei.
[151] Mas tu, ó SENHOR, estás perto de mim,
e todos os teus mandamentos
são verdadeiros.
[152] Faz muito tempo que conheço
os teus ensinamentos;
tu os deste a fim de durarem
para sempre.

Todas as tuas palavras são verdadeiras

[153] Ó Deus, olha para o meu sofrimento
e socorre-me,
pois não tenho desprezado a tua *lei!
[154] Defende a minha causa e livra-me
dos meus inimigos;
conserva-me vivo, como prometeste.
[155] Os maus não serão salvos
dos seus sofrimentos
porque eles não se importam
com as tuas leis.
[156] Como é grande a tua compaixão,
ó SENHOR!
Conserva-me vivo,
de acordo com a tua justa vontade.
[157] Tenho muitos inimigos e perseguidores,

DEVOCIONAL

Texto para leitura: **Salmos 119:129-136**

Conheça a Deus

Algumas pessoas dizem que se as coisas estiverem indo muito bem em sua vida, cuidado, porque algo ruim está para acontecer. Parece lógico, não é? Ninguém tem uma vida perfeita, sem quaisquer problemas, por isso faz sentido que quando a vida estiver boa por um tempo, algo ruim deve acontecer para manter a média. E além disso, Deus promete que vamos ter provações nesta vida, por isso sabemos que coisas ruins vão acontecer. Mas isso significa que você sempre precisa estar alerta para o próximo desastre prestes a acontecer? De jeito nenhum!

Esperar o pior não é confiar no Deus que promete cuidar de você e protegê-la. Deus promete nunca abandoná-la nem deixá-la, e diz usar tudo em sua vida para seu bem, se você estiver a fim de deixá-lo fazer isso. Isso significa que, mesmo quando coisas ruins acontecem, elas são, na verdade, boas por causa do que Deus fará com elas.

Então, se sua vida está indo muito bem hoje, não se preocupe com o amanhã (veja Mateus 6:25-34). Medo e preocupação são pecados, não sentimentos santos. Não deixe que ninguém a assuste, fazendo-a pensar que, se a vida estiver boa, é melhor que você se prepare para o pior. Isso barateia as dádivas de Deus. Em vez disso, você precisa aprender a se contentar com o que tem, desfrutando o que o Senhor lhe dá ou tira. Temor nunca é um traço de caráter aceitável para o cristão, a menos que seja o temor do Senhor, o que significa que nada a assusta, a não ser se afastar dele.

porém não deixo de obedecer
aos teus mandamentos.
158 Quando olho para aqueles
traidores,
sinto nojo
porque eles não obedecem à tua lei.
159 Vê como amo os teus
ensinamentos,
ó SENHOR!
Conserva-me vivo,
por causa do teu amor.
160 Todas as tuas palavras são
verdadeiras;
os teus mandamentos são justos
e duram para sempre.

Eu respeito os teus mandamentos

161 Os poderosos me atacam
injustamente,
mas eu respeito os teus
mandamentos.
162 Como sou feliz
por causa das tuas promessas,
tão feliz como alguém que encontra
um grande tesouro!
163 Odeio e detesto a mentira,
mas amo a tua *lei.
164 Sete vezes por dia, eu te louvo
por causa dos teus julgamentos
justos.
165 Aqueles que amam a tua lei
têm muita segurança,
e não há nada que os faça cair.
166 Espero que me livres dos meus
inimigos,
ó SENHOR Deus,
pois cumpro os teus mandamentos.
167 Obedeço aos teus ensinamentos;
eu os amo com todo o coração.
168 Cumpro os teus mandamentos
e as tuas ordens,
pois tu vês tudo o que eu faço.

Na tua lei encontro a felicidade

169 Que o meu grito de socorro
chegue a ti,
ó SENHOR Deus!
Dá-me sabedoria como prometeste.
170 Que a minha oração
chegue diante de ti!
Conforme a tua promessa,
livra-me dos meus inimigos!
171 Sempre te louvarei,
pois me ensinas as tuas *leis.
172 Cantarei a respeito da tua lei,
pois os teus mandamentos são
justos.
173 Ó Deus, que a tua mão esteja
sempre pronta para me ajudar,
pois sigo os teus mandamentos!
174 Como desejo que me ajudes,
ó SENHOR Deus!
Na tua lei, encontro a felicidade.
175 Conserva-me vivo
para que eu possa te louvar.
Que os teus ensinamentos
sirvam de ajuda para mim!
176 Como ovelha perdida,
tenho andado sem rumo.
Ó SENHOR Deus, vem buscar
este teu *servo,
pois não esqueço
os teus mandamentos!

Pedido de ajuda

Canção de peregrinos.

120 Quando estive aflito,
pedi ajuda a Deus, o SENHOR,
e ele me respondeu.
2 Ó SENHOR, livra-me
dos mentirosos e dos falsos!

3 Mentirosos, que será que Deus
vai fazer com vocês?
Como será que ele vai castigá-los?
4 Ele os castigará com as flechas
afiadas
de um soldado e com brasas.

5 Viver entre vocês me faz sofrer tanto
como se eu morasse em Meseque
ou entre a gente de Quedar.
6 Há muito tempo que estou
morando
com aqueles que odeiam a paz.
7 Quando falo de paz,
eles falam a favor de guerra.

Deus, o nosso protetor

Canção de peregrinos.

121 Olho para os montes e pergunto:
"De onde virá o meu socorro?"
2 O meu socorro vem do SENHOR Deus,
que fez o céu e a terra.

3 Ele, o seu protetor,
está sempre alerta
e não deixará que você caia.
4 O protetor do povo de Israel
nunca dorme, nem cochila.

5 O SENHOR guardará você;
ele está sempre ao seu lado
para protegê-lo.

6 O sol não lhe fará mal de dia,
nem a lua, de noite.
7 O SENHOR guardará você
de todo perigo;
ele protegerá a sua vida.
8 Ele o guardará quando você for
e quando voltar,
agora e sempre.

Elogio a Jerusalém

Canção de peregrinos. De Davi.

122 Fiquei alegre quando me disseram:
"Vamos à casa de Deus, o SENHOR."
2 E agora aqui estamos,
dentro de Jerusalém.

3 Jerusalém é uma cidade construída
de novo,
onde o povo se reúne.
4 Para cá sobem as *tribos,
as tribos de Israel,
para dar graças ao SENHOR,
como ele ordenou.
5 Aqui estão os tribunais de justiça,
onde o rei julga o seu povo.
6 Orem para que haja paz em
Jerusalém.
"Ó Jerusalém, que prosperem
aqueles que a amam!
7 Que haja paz na cidade protegida
por muralhas!
Que haja segurança nos seus
palácios!"
8 Eu amo os meus patrícios e amigos
e por isso digo a Jerusalém:
"Que a paz esteja com você!"
9 Eu amo o Templo do SENHOR,
o nosso Deus,
e por isso oro pela prosperidade
de Jerusalém.

Pedido de misericórdia

Canção de peregrinos.

123 Ó SENHOR Deus, levanto os
olhos a ti,
que tens o trono no céu.
2 Como o escravo depende do seu
dono
e como as escravas dependem

DEVOCIONAL

Texto para leitura: **Salmo 122**

Conheça a Deus

Você fica feliz quando vai à casa do Senhor? Ou é algo que você tem de fazer, mas com o que não se entusiasma de verdade? Ir à igreja não deve ser uma atividade que o cristão faz sem vontade. A igreja é o lugar em que você adora a Deus, do mesmo modo que irá adorá-lo no céu, com um coro de vozes. A igreja é onde você aprende o que agrada a Deus, onde se fala sobre a grandiosidade dele, onde fica sabendo de coisas incríveis que ele fez e onde lê o que ele tem a dizer. A igreja é o lugar para estar com outras pessoas que pensam como você sobre Deus, e onde você pode ser livre para louvá-lo e dar-lhe graças. Então, por que é tão difícil se levantar de manhã e sair? Por que você não sente tanta vontade de tirar o dia para ir à igreja?

A resposta mais comum é: "Não vou ganhar nada com isso". Mas essa resposta soa como se ir à igreja tivesse a ver apenas com o que você pode ganhar, e não com o que Deus ganha. Mude seus pensamentos sobre a igreja e talvez você mude seus sentimentos em relação a ela. Em vez de pensar na igreja como sendo algo para seu benefício, pense nela como sendo algo para o benefício de Deus. Vá até lá para entregar seu coração, sua voz e sua presença a ele. Vá para servi-lo por meio do amor pelos outros membros da fé. Vá para ser ensinada a obedecer a Deus, ministrar na vida dos perdidos e para ser instruída a servir. Vá à igreja por causa do Senhor dela, e a igreja não será mais um fardo, mas uma festa. Quando você faz com que as coisas tenham a ver com Deus, tudo só pode ser bom.

das suas donas,
assim olhamos para ti, ó SENHOR,
nosso Deus,
esperando que tenhas compaixão
de nós.

3 Tem compaixão de nós, ó SENHOR!
Tem compaixão, pois somos
tratados
com muito desprezo.
4 Somos sempre desprezados pelos
ricos,
e os orgulhosos zombam de nós.

Deus, o Salvador do seu povo

Canção de peregrinos. De Davi.

124 Que teria acontecido
se o SENHOR Deus não
estivesse
do nosso lado?
Responda, povo de Israel!

2 O povo responde:
"Se o SENHOR não estivesse
do nosso lado
quando os nossos inimigos nos
atacaram,
3 eles nos teriam engolido vivos;
pois, furiosos, se voltaram contra
nós.
4 As águas nos teriam levado para
longe,
a enchente nos teria coberto,
5 e teríamos morrido afogados
na correnteza violenta."

6 Demos graças ao SENHOR,
que não deixou que os nossos
inimigos
nos destruíssem.
7 Como o passarinho, nós
escapamos
da armadilha do caçador.
A armadilha quebrou, e ficamos
livres.
8 O nosso socorro vem do SENHOR
Deus,
que fez o céu e a terra.

A segurança do povo de Deus

Canção de peregrinos.

125 Aqueles que confiam em Deus,
o SENHOR,
são como o *monte Sião,
que não pode ser abalado,
mas continua sempre firme.
2 Como as montanhas estão em volta
de Jerusalém,
assim o SENHOR está ao redor
do seu povo,
agora e sempre.

3 Os maus não governarão para
sempre
a terra do povo de Deus;
se os maus governassem, até os
bons
começariam a fazer o mal.

4 Ó SENHOR Deus, sê bondoso
para aqueles que são bons,
para os que obedecem
aos teus mandamentos!
5 Porém, quando castigares os maus,
castiga também aqueles que
abandonam
os teus caminhos.

Que a paz esteja com o povo de
Israel!

Oração pedindo prosperidade

Canção de peregrinos.

126 Quando o SENHOR Deus
nos trouxe de volta para
Jerusalém,
parecia que estávamos sonhando.
2 Como rimos e cantamos de alegria!
Então as outras nações disseram:
"O SENHOR fez grandes coisas
por eles!"
3 De fato, o SENHOR fez grandes
coisas
por nós,
e por isso estamos alegres.

4 Ó SENHOR, faze com que
prosperemos
de novo,
assim como a chuva enche de novo
o leito seco dos rios.
5 Que aqueles que semeiam
chorando
façam a colheita com alegria!
6 Aqueles que saíram chorando,
levando a semente para semear,
voltarão cantando, cheios de
alegria,
trazendo nos braços os feixes
da colheita.

Um lar abençoado por Deus

Canção de peregrinos. De Salomão.

127 Se o SENHOR Deus não edifi-
car a casa,
não adianta nada trabalhar

para construí-la.
Se o SENHOR não proteger a cidade,
não adianta nada os guardas
ficarem vigiando.
2 Não adianta trabalhar demais
para ganhar o pão,
levantando cedo e deitando tarde,
pois é Deus quem dá o sustento
aos que ele ama,
mesmo quando estão dormindo.

3 Os filhos são um presente do
SENHOR;
eles são uma verdadeira bênção.
4 Os filhos que o homem tem
na sua mocidade
são como flechas
nas mãos de um soldado.
5 Feliz o homem que tem
muitas dessas flechas!
Ele não será derrotado
quando enfrentar os seus inimigos
no tribunal.

Recompensa pela obediência a Deus

Canção de peregrinos.

128 Feliz aquele que *teme a Deus,
o SENHOR,
e vive de acordo com a sua vontade!
2 Se você for assim,
ganhará o suficiente para viver,
será feliz, e tudo dará certo para
você.
3 Em casa, a sua mulher será
como uma *parreira
que dá muita uva;
e, em volta da mesa, os seus filhos
serão como oliveiras novas.
4 Quem teme ao SENHOR
certamente será abençoado assim.

5 Que, do *monte Sião,
o SENHOR o abençoe!
Que, em todos os dias da sua vida,
você veja o progresso de Jerusalém!
6 *E que você viva para ver*
os seus netos!

Que a paz esteja com o povo de
Israel!

Perseguidos, mas não derrotados

Canção de peregrinos.

129 Povo de Israel,
conte como os seus inimigos
têm perseguido vocês
desde o começo da sua história.
2 O povo responde:
"Desde o começo, os nossos
inimigos
nos têm perseguido ferozmente,
mas nunca nos venceram.
3 Eles abriram feridas fundas
nas nossas costas,
como um arado faz na terra.
4 Porém o SENHOR, que é justo,
nos livrou do domínio deles."

5 Que sejam derrotados e fujam
todos os que odeiam Jerusalém!
6 Que todos eles sejam como a erva
que cresce nos telhados
e que seca antes de ser arrancada,
7 erva que ninguém colhe,
nem leva embora em feixes!
8 E que os que passam não digam
a eles:
"Que o SENHOR Deus os abençoe!
Nós os abençoamos em nome do
SENHOR."

Oração pedindo a ajuda de Deus

Canção de peregrinos.

130 Ó SENHOR Deus, eu te chamei
quando estava em profundo
desespero.
2 Escuta o meu grito, ó Senhor!
Ouve o meu pedido de socorro.
3 Se tu tivesses feito uma lista
dos nossos pecados,
quem escaparia da condenação?
4 Mas tu nos perdoas,
e por isso nós te *tememos.

5 Eu aguardo ansioso a ajuda
de Deus, o SENHOR,
e confio na sua palavra.
6 Eu espero pelo Senhor
mais do que os vigias esperam
o amanhecer,
mais do que os vigias esperam
o nascer do sol.

7 Povo de Israel, ponha a sua
esperança
em Deus, o SENHOR,
porque o seu amor é fiel,
e ele sempre está disposto a salvar.
8 Ele salvará Israel, o seu povo,
de todos os seus pecados.

Humildade e confiança em Deus

Canção de peregrinos. De Davi.

131 Ó SENHOR Deus, eu já não sou
orgulhoso;

deixei de olhar os outros com
arrogância.
Não vou atrás das coisas grandes
e extraordinárias,
que estão fora do meu alcance.
2 Assim, como a criança desmamada
fica quieta nos braços da mãe,
assim eu estou satisfeito e
tranquilo,
e o meu coração está calmo
dentro de mim.
3 Povo de Israel, ponha a sua
esperança
em Deus, o SENHOR,
agora e sempre!

Promessas de Deus a Davi

Canção de peregrinos.

132 Ó SENHOR Deus, lembra de Davi
e de todos os seus
sofrimentos.
2 Lembra da promessa feita por
Davi,
lembra deste juramento
que ele fez a ti,
o SENHOR, o Poderoso de Jacó:
3 "Eu não vou para casa,
nem vou descansar;
4 não vou me deitar, nem dormir
5 enquanto não encontrar um lugar
para o SENHOR,
uma casa para o Poderoso de Jacó."

6 Em Belém ouvimos falar
a respeito da *arca da aliança
e nós a encontramos
nos campos de Jearim.
7 Então dissemos:
"Vamos à casa de Deus, o SENHOR;
vamos adorá-lo diante do seu
trono."
8 Ó SENHOR, vem para o teu Templo,
com a arca da aliança,
que representa o teu poder,
e fica ali para sempre!
9 Que os teus sacerdotes façam
sempre
o que é certo!
Que os teus *servos fiéis
gritem de alegria!

10 Ó SENHOR Deus, fizeste uma
promessa
ao teu servo Davi;
portanto, não rejeites o rei
que escolheste.
11 Tu não voltarás atrás
neste juramento que fizeste a Davi:
"Farei com que um dos seus filhos
seja rei,
e ele reinará depois de você.
12 Se os filhos de você forem fiéis
à minha aliança
e aos mandamentos que lhes dei,
também os filhos deles
sempre serão reis."

13 O SENHOR Deus escolheu o *monte
Sião;
ele quis que a sua casa fosse ali e
disse:
14 "Aqui viverei para sempre;
é aqui que eu quero reinar.
15 Darei de tudo com fartura a
Jerusalém,
darei muito alimento aos seus
pobres.
16 Abençoarei tudo
o que os seus sacerdotes fizerem,
e o seu povo cantará e gritará de
alegria.
17 Aqui farei com que um
descendente
de Davi seja rei poderoso
e farei com que sempre sejam reis
os descendentes desse rei
escolhido.
18 Farei com que os seus inimigos
fiquem cobertos de vergonha,
mas ele usará uma coroa
que vai brilhar cada vez mais."

União e paz

Canção de peregrinos. De Davi.

133 Como é bom e agradável
que o povo de Deus viva
unido
como se todos fossem irmãos!
2 É como o azeite perfumado
sobre a cabeça de Arão,
que desce pelas suas barbas
e pela gola do seu *manto
sacerdotal.
3 É como o orvalho do monte
Hermom,
que cai sobre os montes de *Sião.
Pois é em Sião que o SENHOR Deus
dá a sua bênção,
a vida para sempre.

Louvor a Deus

Canção de peregrinos.

134 Venham e louvem a Deus, o SE-
NHOR,

todos os seus *servos,
todos os que de noite servem
no seu Templo!
2 Levantem as mãos em oração no
Templo
e louvem o SENHOR!
3 Que de Jerusalém o SENHOR Deus,
que fez o céu e a terra,
abençoe vocês!

Hino de louvor

135 *Aleluia!
Louvem a Deus, o SENHOR,
vocês que são seus *servos,
2 vocês que estão na casa dele,
no Templo do nosso Deus!
3 Louvem o SENHOR porque ele é
bom;
cantem louvores a ele porque é
bondoso.
4 Pois o SENHOR escolheu Jacó
para ser dele,
escolheu o povo de Israel
para ser o seu tesouro.

5 Eu sei que o SENHOR é grande;
o nosso Deus está acima
de todos os deuses.
6 O SENHOR faz o que quer,
tanto no céu como na terra,
tanto nos mares
como nos oceanos profundos.
7 Dos fins da terra, ele traz as
nuvens,
prepara os relâmpagos
para as tempestades
e faz com que o vento
saia dos seus depósitos.

8 Foi ele quem no Egito matou
todos os primeiros filhos,
tanto dos egípcios como dos seus
animais.
9 Ali fez milagres e coisas
maravilhosas
para castigar o rei
e todos os seus servidores.
10 O SENHOR Deus destruiu muitas
nações
e matou reis poderosos.
11 Ele matou Seom, o rei dos
amorreus,
Ogue, rei de Basã,
e todos os reis de Canaã.
12 E a terra desses reis ele deu
a Israel, o seu povo,
para ser propriedade deles.
13 Ó SENHOR, todos sempre saberão
que tu és Deus;
todas as *gerações futuras
lembrarão de ti.
14 O SENHOR defenderá o povo de
Israel;
ele terá compaixão dos seus servos.

15 Os deuses das outras nações
são de prata e de ouro,
são feitos por seres humanos.
16 Eles têm boca, mas não falam;
têm olhos, mas não veem.
17 Têm ouvidos, mas não ouvem;
e não podem respirar.
18 Que fiquem iguais a esses ídolos
aqueles que os fazem
e também os que confiam neles!

19 Louve o SENHOR Deus, povo de
Israel!
Sacerdotes de Deus, louvem o
SENHOR!
20 *Levitas, louvem o SENHOR!
Todos os que o *temem, louvem o
SENHOR!
21 Louvem o SENHOR em *Sião,
em Jerusalém, onde ele mora.
Aleluia!

Hino de gratidão

136 Deem graças a Deus, o SENHOR,
porque ele é bom;
o seu amor dura para sempre.
2 Deem graças ao mais poderoso
de todos os deuses;
o seu amor dura para sempre.
3 Deem graças ao mais poderoso
de todos os senhores;
o seu amor dura para sempre.

4 Somente o SENHOR faz grandes
milagres;
o seu amor dura para sempre.
5 Pela sua sabedoria, ele fez os céus;
o seu amor dura para sempre.
6 Ele pôs a terra
sobre as águas profundas;
o seu amor dura para sempre.
7 Ele fez o sol e a lua;
o seu amor dura para sempre.
8 Fez o sol para governar o dia;
o seu amor dura para sempre.
9 Fez a lua e as estrelas
para governarem a noite;
o seu amor dura para sempre.

10 Em cada lar dos egípcios,
Deus matou o primeiro filho;

o seu amor dura para sempre.
11 Ele tirou do Egito o povo de
Israel;
o seu amor dura para sempre.
12 Ele os tirou com a sua mão forte
e com o seu braço poderoso;
o seu amor dura para sempre.
13 Ele dividiu o mar Vermelho
em duas partes;
o seu amor dura para sempre.
14 Fez com que o povo de Israel
passasse
pelo meio do mar;
o seu amor dura para sempre.
15 Ali, no mar, ele afogou o rei do
Egito
e o seu exército;
o seu amor dura para sempre.

16 Deus guiou o seu povo pelo
deserto;
o seu amor dura para sempre.
17 Matou reis poderosos;
o seu amor dura para sempre.
18 Matou reis famosos;
o seu amor dura para sempre.
19 Matou Seom, o rei dos amorreus;
o seu amor dura para sempre.
20 E matou Ogue, rei de Basã;
o seu amor dura para sempre.
21 Ele deu ao seu povo
as terras desses reis;
o seu amor dura para sempre.
22 Deu essas terras ao povo de
Israel,
seu *servo;
o seu amor dura para sempre.

23 Quando fomos derrotados,
Deus não esqueceu de nós;
o seu amor dura para sempre.
24 Ele nos livrou dos nossos
inimigos;
o seu amor dura para sempre.
25 Ele dá comida aos seres humanos
e aos animais;
o seu amor dura para sempre.

26 Deem graças ao Deus do céu;
o seu amor dura para sempre.

Saudades da Pátria

137 Sentados na beira dos rios
da Babilônia,
chorávamos quando lembrávamos
de Jerusalém.
2 Penduramos as nossas *liras
nas árvores que havia ali.
3 Aqueles que nos levaram
como prisioneiros
mandavam que cantássemos.
Eles diziam:
"Cantem para nós as canções de
*Sião."

4 Mas, em terra estrangeira,
como podemos cantar um hino
a Deus, o SENHOR?
5 Que nunca mais eu possa tocar
*harpa
se esquecer de você, ó Jerusalém!
6 Que nunca mais eu possa cantar
se não lembrar de você,
se não pensar em você
como a maior alegria da minha vida!

7 Lembra, Ó SENHOR Deus,
do que os edomitas fizeram
no dia em que Jerusalém foi
conquistada!
Lembra de como diziam:
"Arrasem Jerusalém até o chão!"

8 Babilônia, você será destruída!
Feliz aquele que fizer com você
o mesmo que você fez conosco —
9 aquele que pegar as suas crianças
e esmagá-las contra as pedras!

Oração de agradecimento

De Davi.

138 Ó SENHOR Deus, eu te agradeço
de todo o coração;
diante de todos os deuses eu canto
hinos de louvor a ti.
2 Por causa do teu amor
e da tua fidelidade,
eu me ajoelho
virado para o teu santo Templo
e dou graças a ti.
Pois tens mostrado que o teu nome
e as tuas promessas
estão acima de tudo.
3 Quando te chamei, tu me
respondeste
e, com o teu poder, aumentaste
as minhas forças.

4 Ó SENHOR Deus, todos os reis da
terra
te louvarão
quando ouvirem falar das tuas
promessas.
5 Eles cantarão a respeito das coisas
que tu, ó SENHOR, tens feito,
pois grande é a tua *glória.

6 Tu estás lá nas alturas,
mas assim mesmo te interessas
pelos humildes,
e os orgulhosos não podem se
esconder
de ti.

7 Quando estou cercado de perigos,
tu me dás segurança.
A tua força me protege
do ódio dos meus inimigos;
tu me salvas pelo teu poder.
8 Tu cumprirás tudo o que me
prometeste.
O teu amor dura para sempre,
ó SENHOR Deus.
Não abandones o trabalho
que começaste.

A presença de Deus

Salmo de Davi. Ao regente do coro.

139 Ó SENHOR Deus, tu me examinas
e me conheces.
2 Sabes tudo o que eu faço
e, de longe, conheces
todos os meus pensamentos.
3 Tu me vês quando estou
trabalhando
e quando estou descansando;
tu sabes tudo o que eu faço.
4 Antes mesmo que eu fale,
tu já sabes o que vou dizer.
5 Estás em volta de mim,
por todos os lados,
e me proteges com o teu poder.
6 Eu não consigo entender
como tu me conheces tão bem;
o teu conhecimento é profundo
demais
para mim.

7 Aonde posso ir a fim de escapar
do teu Espírito?
Para onde posso fugir da tua
presença?
8 Se eu subir ao céu, tu lá estás;
se descer ao *mundo dos mortos,
lá estás também.
9 Se eu voar para o Oriente
ou for viver nos lugares mais
distantes
do Ocidente,
10 ainda ali a tua mão me guia,
ainda ali tu me ajudas.
11 Eu poderia pedir que a escuridão
me escondesse
e que em volta de mim
a luz virasse noite;
12 mas isso não adiantaria nada
porque para ti a escuridão
não é escura,
e a noite é tão clara como o dia.
Tu não fazes diferença entre a luz
e a escuridão.

13 Tu criaste cada parte do meu
corpo;
tu me formaste na barriga da minha
mãe.
14 Eu te louvo porque deves ser
*temido.
Tudo o que fazes é maravilhoso,
e eu sei disso muito bem.
15 Tu viste quando os meus ossos
estavam sendo feitos,
quando eu estava sendo formado
na barriga da minha mãe,
crescendo ali em segredo,
16 tu me viste antes de eu ter
nascido.
Os dias que me deste para viver
foram todos escritos no teu livro
quando ainda nenhum deles existia.
17 Ó Deus, como é difícil entender
os teus pensamentos!
E eles são tantos!
18 Se eu os contasse,
seriam mais do que os grãos de
areia.
Quando acordo, ainda estou contigo.

19 Ó Deus, como eu gostaria
que tu acabasses com os maus!
Gostaria que os homens violentos
me deixassem em paz!
20 Eles falam mal de ti;
contra ti falam coisas ruins.
21 Ó SENHOR Deus, como odeio
os que te odeiam!
Como desprezo os que são contra ti!
22 Eu os odeio
com todas as minhas forças;
eles são meus inimigos.

23 Ó Deus, examina-me e conhece
o meu coração!
Prova-me e conhece os meus
pensamentos.
24 Vê se há em mim algum pecado
e guia-me pelo caminho eterno.

Oração pedindo a proteção de Deus

Salmo de Davi. Ao regente do coro.

140 Ó SENHOR Deus, salva-me dos
maus!
Livra-me dos homens violentos.

2 Eles vivem planejando o mal
e estão sempre provocando brigas.
3 A língua deles parece a língua
das cobras venenosas,
e as suas palavras são como o veneno
das serpentes.
4 Ó SENHOR Deus, protege-me
do poder dos maus!
Livra-me dos homens violentos,
daqueles que procuram fazer com
que eu
caia na desgraça.
5 Homens orgulhosos armaram uma
armadilha
e estenderam uma rede no meu
caminho;
eles puseram armadilhas
para me pegar.

6 Eu digo ao SENHOR: "Tu és o meu
Deus."
Ó SENHOR, escuta o meu pedido
de ajuda!
7 Ó SENHOR, meu Deus e meu
Salvador,
tu me protegeste na batalha.
8 Não dês aos maus o que eles querem,
ó SENHOR!
Não deixes que os seus planos
perversos
se realizem.
9 Não deixes que os meus inimigos
consigam a vitória;
faze com que as suas ameaças
contra mim
caiam sobre eles mesmos.
10 Que caiam brasas em cima deles!
Que sejam jogados num poço
e nunca mais possam sair de lá!
11 Que os caluniadores
não consigam progredir!
Que a maldade persiga, pegue e
destrua
os homens violentos!

12 Ó SENHOR Deus, eu sei que tu
defendes
o direito dos pobres
e a causa dos necessitados.
13 Os que te obedecem certamente
te louvarão
e os que são corretos viverão
na tua presença.

Oração da tarde

Salmo de Davi.

141 Ó SENHOR Deus, eu clamo a ti;
vem depressa me socorrer!
Escuta-me quando peço a tua ajuda.
2 Recebe a minha oração
como se fosse incenso,
e que as minhas mãos levantadas
sejam como a oferta da tarde!

3 Ó SENHOR, controla a minha boca
e não me deixes falar o que não
devo!
4 Não permitas que o meu coração
deseje fazer o mal,
nem que eu ande
com os que são perversos
ou tome parte na maldade deles.
E que eu nunca esteja presente
nas suas festas!

5 Eu aceito que uma pessoa direita
me repreenda ou castigue,
pois isso é um gesto de amizade;
mas eu nunca aceitarei elogios
dos perversos
e continuarei a orar
contra a ruindade deles.
6 Quando os seus chefes forem
atirados
do alto dos rochedos,
então o povo saberá
que eu dizia a verdade.
7 Como a lenha é rachada e cortada
em pedaços,
assim os seus ossos serão
espalhados
na beira da sepultura deles.

8 Mas eu, ó SENHOR, meu Deus,
continuo confiando em ti
e buscando a tua proteção.
Não me deixes morrer.
9 Livra-me das redes
que os perversos estendem
para me pegar,
livra-me das armadilhas
dos que fazem o mal.
10 Que os maus caiam
nas suas próprias armadilhas,
e que eu consiga escapar são e
salvo!

Oração pedindo ajuda

Poesia de Davi. Oração que ele fez quando estava na caverna.

142 Eu clamo a Deus, o SENHOR, pedindo socorro;
eu suplico que me ajude.
2 Levo a ele todas as minhas queixas
e lhe conto todos os meus
problemas.

3 Quando estou desistindo,
ele sabe o que devo fazer.
No caminho por onde ando
os meus inimigos armam uma armadilha
para me pegar.
4 Olho para os lados
e não vejo ninguém que me ajude.
Não há ninguém para me proteger,
não há ninguém que cuide de mim.

5 Ó SENHOR, eu grito pedindo a tua ajuda.
Ó Deus, tu és o meu protetor,
és tudo o que desejo nesta vida.
6 Escuta o meu grito pedindo socorro,
pois estou caindo no desespero.
Salva-me dos meus inimigos,
pois eles são fortes demais para mim.
7 Livra-me do sofrimento,
e eu te louvarei na reunião do teu povo
porque tu tens sido bom para mim.

Confiança em Deus

Salmo de Davi.

143 Ó SENHOR Deus, ouve a minha oração!
Escuta o meu pedido.
Responde-me, pois és fiel e bom.
2 Não julgues a mim, este teu *servo,
pois ninguém é inocente diante de ti.

3 O meu inimigo me perseguiu até me pegar
e me derrotou completamente.
Ele me pôs numa prisão escura,
e eu sou como aqueles que morreram
há muito tempo.
4 Por isso, estou quase desistindo,
e o desespero despedaça o meu coração.

5 *Eu lembro do passado.*
Penso em tudo o que tens feito
e não esqueço as tuas ações.
6 A ti levanto as mãos em oração;
como terra seca, eu tenho sede de ti.

7 Ó SENHOR Deus, responde-me depressa,
pois já perdi todas as esperanças!
Não te escondas de mim
para que eu não seja como aqueles
que descem ao *mundo dos mortos.
8 Peço que todas as manhãs
tu me fales do teu amor,
pois em ti eu tenho posto
a minha confiança.
As minhas orações sobem a ti;
mostra-me o caminho que devo seguir!

9 Ó SENHOR Deus, livra-me
dos meus inimigos,
pois em ti encontro proteção!
10 Tu és o meu Deus;
ensina-me a fazer a tua vontade.
Que o teu Espírito seja bom para mim
e me guie por um caminho seguro!
11 Conserva-me vivo, ó SENHOR,
como prometeste!
E, porque és bom, livra-me
das minhas aflições.
12 Mata os meus inimigos,
pois tens amor por mim;
acaba com todos os que me perseguem,
pois eu sou teu servo.

Oração de um rei

De Davi.

144 Louvem o SENHOR Deus, a minha rocha;
ele me prepara para a batalha
e me ensina a combater.
2 Ele é a minha rocha
e a minha fortaleza,
o meu abrigo e o meu libertador.
Ele me defende como um *escudo,
e eu confio na sua proteção.
Ele põe as nações
debaixo do meu poder.

3 Ó SENHOR, que é o ser humano,
para que penses nele?
Que é um simples mortal,
para que te preocupes com ele?
4 O ser humano é como um sopro;
a sua vida é como a sombra que passa.

5 Ó SENHOR, abre o céu e desce!
Toca nas montanhas,
e elas soltarão fumaça.
6 Manda relâmpagos
e espalha os inimigos;
atira as tuas flechas
para fazê-los fugir.
7 Lá do alto estende a mão,
tira-me do mar profundo e salva-me.
Livra-me do poder dos pagãos,

Uma oração pelo...

Tempo da manhã

Senhor misericordioso, tuas misericórdias me trouxeram a outro dia. Minhas dádivas de nada adiantarão se eu não crescer na graça e no conhecimento e não amadurecer para a colheita espiritual. Que eu possa te conhecer hoje como tu és, amar-te ao máximo, servir-te e admirar-te totalmente. Por meio de tua benevolência, que minha vontade responda a ti, sabendo que o poder de obedecer não está em mim, mas que teu amor livre, por si só, me capacita para te servir. Aqui está meu coração vazio; faze-o transbordar com tuas melhores dádivas. Aqui está minha ignorância; afugenta a insensatez dela e põe sabedoria em seu lugar.

Ó Pastor sempre atento, conduz-me, guia-me e ajuda-me hoje. Sem tua mão para me dirigir, estrago tudo e fico perdida. Cerca meu caminho para que eu não me desvie e caia na diversão do pecado, cedendo ao seu sabor viciante. Dirige meus pés para que eu não fique presa nos laços secretos de Satanás nem caia nas armadilhas dele. Defende-me das pessoas que atacam, de circunstâncias ruins e até de mim mesma. Meus inimigos fazem parte da minha natureza; eles se agarram a mim como se fossem minha pele. Não posso fugir do contato com eles. Quando me levanto e quando me sento, eles me seduzem. Eles me atraem continuamente ao pecado. Meu inimigo está por perto. Vem com grande poder e os expulsa, e destrói cada pedacinho da vida de pecado que está em mim hoje.

Amém.

8 pois eles nunca dizem a verdade
e mentem, fazendo juramentos
falsos.

9 A ti, ó Deus, eu cantarei
uma nova canção;
tocarei *harpa de dez cordas
e te cantarei louvores.
10 Tu dás a vitória aos reis
e livras da morte o teu *servo Davi.
11 Salva-me dos meus inimigos cruéis;
livra-me do poder dos pagãos,
pois eles nunca dizem a verdade
e mentem, fazendo juramentos
falsos.

12 Que, na sua mocidade, os nossos
filhos
sejam como plantas viçosas,
e que as nossas filhas
sejam como colunas
que enfeitam a frente de um
palácio!
13 Que os nossos depósitos fiquem
cheios
de todo tipo de mantimentos!
Que, nos nossos campos, os
rebanhos
deem dezenas de milhares de
crias!
14 Que o gado se reproduza bem,
e as vacas não percam as suas crias!
E que não haja gritos de aflição
nas nossas ruas!

15 Feliz a nação que tem tudo isso!
Feliz o povo cujo Deus é o SENHOR!

Hino de louvor

Canção de louvor. De Davi.

145 Meu Deus e meu Rei,
eu anunciarei a tua grandeza
e sempre serei grato a ti.
2 Todos os dias te darei graças
e sempre te louvarei.
3 O SENHOR Deus é grande
e merece receber altos louvores.
Quem pode compreender a sua
grandeza?

4 Ó Deus, cada *geração
anunciará à seguinte
as coisas que tens feito,
e todos louvarão os teus atos
poderosos.
5 Eles falarão da tua *glória
e da tua majestade,
e eu meditarei nas coisas
maravilhosas
que fazes.
6 Falarão dos teus atos poderosos,
e eu anunciarei a tua grandeza.
7 Falarão da tua imensa bondade
e cantarão com alegria
a respeito da tua fidelidade.

8 O SENHOR Deus é bom
e cheio de compaixão;
ele demora a ficar *irado

e tem sempre muito amor.
9 O SENHOR é bondoso com todos
e cuida com carinho
de todas as suas criaturas.

10 Ó SENHOR Deus, todas as tuas criaturas
te louvarão,
e te darão graças
os que são fiéis a ti.
11 Todos falarão da *glória
do teu *Reino
e contarão a respeito do teu poder,
12 para que todos os povos conheçam
os teus atos poderosos
e a grandeza e a glória do teu Reino.
13 O teu Reino é eterno,
e tu és Rei para sempre.

O SENHOR Deus sempre cumpre
o que promete;
ele é fiel em tudo o que faz.
14 Ele ajuda os que estão em dificuldade
e levanta os que caem.
15 Todos os seres vivos olham para ele
com esperança,
e ele dá alimento a todos
no tempo certo.
16 Quando os alimenta, o SENHOR Deus
é generoso;
ele satisfaz a todos os seres vivos.
17 O SENHOR é justo em todos os seus atos
e fiel em tudo o que faz.
18 Ele está perto de todos os que pedem
a sua ajuda,
dos que pedem com sinceridade.
19 A todos os que o *temem
dá o que é necessário;
ele ouve os seus gritos
e os salva da morte.
20 O SENHOR protege os que o amam,
mas destruirá todos os maus.

21 Eu sempre louvarei o SENHOR.
Que todos os seres vivos
louvem o Santo Deus para sempre!

Louvor a Deus, o Rei eterno

146 *Aleluia!

Que todo o meu ser te louve,
ó SENHOR!
2 A vida inteira eu louvarei o meu Deus,
cantarei louvores a ele
enquanto eu viver.

3 Não ponham a sua confiança
em pessoas importantes,
nem confiem em seres humanos,
pois eles são mortais
e não podem ajudar ninguém.
4 Quando eles morrem,
voltam para o pó da terra,
e naquele dia todos os seus planos
se acabam.

5 Feliz aquele que recebe ajuda
do Deus de Jacó,
aquele que põe a sua esperança
no SENHOR, seu Deus,
6 o Criador do céu, da terra e do mar
e de tudo o que neles existe!
O SENHOR sempre cumpre
as suas promessas;
7 ele julga a favor dos que são explorados
e dá comida aos que têm fome.
O SENHOR Deus põe em liberdade
os que estão presos
8 e faz com que os cegos vejam.
O SENHOR levanta os que caem
e ama aqueles que lhe obedecem.
9 O SENHOR protege os estrangeiros
que moram em nossa terra;
ele ajuda as viúvas e os órfãos,
mas faz com que fracassem
os planos dos maus.
10 O SENHOR será Rei para sempre.
Ó Jerusalém, o seu Deus reinará
eternamente.

Aleluia!

Louvor ao Deus Todo-Poderoso

147 *Aleluia!

É bom cantar louvores ao nosso Deus;
é agradável e certo louvá-lo.
2 O SENHOR Deus está construindo
de novo Jerusalém;
ele está trazendo de volta o seu povo,
que foi levado como prisioneiro
para outro país.
3 Ele cura os que têm o coração partido
e trata dos seus ferimentos.

4 Foi ele quem resolveu quantas estrelas
deviam existir
e chama cada uma pelo nome.

[5] Deus, o Senhor nosso,
é grande e poderoso;
a sua sabedoria não pode ser medida.
[6] O SENHOR Deus levanta os humildes,
mas esmaga os maus no chão.

[7] Cantem hinos de louvor ao SENHOR;
toquem músicas na *lira
em louvor ao nosso Deus.
[8] Ele cobre de nuvens o céu,
manda cair chuva na terra
e faz crescer grama nas montanhas.
[9] Ele dá de comer aos animais
e alimenta os filhotes dos corvos
quando eles pedem.

[10] O que agrada a Deus
não são cavalos fortes
nem soldados corajosos,
[11] mas, sim, as pessoas que o *temem
e põem a sua esperança no seu amor.

[12] Louve o SENHOR, ó Jerusalém!
Louve o seu Deus, ó *Sião!
[13] Pois ele reforça os portões da cidade
e abençoa o seu povo que mora ali.
[14] Ele conserva a paz nas fronteiras
e alimenta o povo com o melhor trigo.

[15] O SENHOR dá uma ordem,
e ela chega depressa aonde ele quer.
[16] Ele faz cair neve tão grossa como lã
e espalha a geada como pó.
[17] Ele envia chuva de pedra,
gelo em pedaços;
ninguém suporta o frio que ele manda.
[18] Então ele dá uma ordem,
e o gelo se derrete;
manda o vento soprar,
e as águas correm.

[19] O SENHOR anuncia a sua mensagem
aos descendentes de Jacó
e dá as suas ordens e *leis
ao povo de Israel.
[20] Ele não fez assim
com nenhuma outra nação;
as outras nações não conhecem
as suas leis.

Aleluia!

Louvor universal a Deus, o SENHOR

148 *Aleluia!
Todos os que estão nos céus,
louvem o SENHOR Deus nas alturas!

Uma oração pelo...

Dia que está começando

Querido Deus, ao começar este dia, entrego tudo a ti: ego, alma, corpo, tarefas e amigos. Guarda-me, sustenta-me, guia-me, dirige-me, santifica-me e abençoa-me. Faz meu coração ser um contigo. Molda-me completamente à imagem de Jesus, como um oleiro molda o barro. Que meus lábios sejam um instrumento bem afinado para tocar teu louvor. Que os que estão ao meu redor me vejam vivendo por teu Espírito, colocando o mundo debaixo de meus pés, rejeitando as mentiras, sendo transformada por uma mente renovada, usando toda a tua armadura, brilhando como uma luz sempre acesa e mostrando santidade em tudo. Não deixes que o mal entre em meus pensamentos, minhas palavras ou minhas mãos. Que ao viajar pelas estradas empoeiradas da vida, fique livre de manchas ou sujeiras. Em tudo o que eu fizer, que meu afeto esteja no céu, que meu amor suba em chamas de fogo, que meus olhos estejam fixos nas coisas invisíveis e fechados para o vazio, a fragilidade e o escárnio do mundo e seu orgulho. Que eu possa ver todas as coisas no espelho da eternidade, esperando a vinda de Jesus, ouvindo o toque da última trombeta, encontrando esperança no novo céu e na nova terra. Que todas as minhas formas de comunicação, hoje, estejam de acordo com tua sabedoria e para o meu bem e o daqueles que me ouvem. Não me deixes ser usada pelos outros nem usá-los. Que eu possa falar cada palavra como se fosse a última e dar cada passo como se fosse o último. Se minha vida tiver de acabar hoje, que seja o melhor dia de todos.

Amém.

[2] Louvem o SENHOR, todos os seus anjos,
todos os seus exércitos celestiais!
[3] Sol e lua, louvem o SENHOR!
Todas as estrelas brilhantes,
louvem a Deus!
[4] Que os mais altos céus o louvem
e também as águas
que estão acima do céu!

5 Que todos eles louvem o SENHOR,
pois ele deu uma ordem,
e eles foram criados!
6 Ele mandou, e foram firmados
para sempre nos seus lugares;
eles não podem desobedecer.

7 Louve o SENHOR, tudo o que existe
na terra:
monstros do mar
e todas as profundezas do oceano!
8 Louvem o SENHOR, relâmpagos
e chuva de pedra, neve e nuvens,
e ventos fortes, que obedecem
à sua ordem!
9 Louvem o SENHOR, colinas e
montanhas,
florestas e árvores que dão frutas!
10 Louvem o SENHOR, todos os
animais,
mansos e selvagens!
Louvem o SENHOR, passarinhos
e animais que se arrastam pelo
chão!

11 Louvem o SENHOR,
reis e todos os povos,
governantes e todas as outras
autoridades!
12 Louvem o SENHOR, moços e
moças,
velhos e crianças!
13 Que todos louvem a Deus, o SENHOR,
porque ele é superior
a todos os outros deuses!
A sua *glória está acima da terra e
do céu.
14 Ele fez com que a sua nação ficasse
cada vez mais forte,
e por isso o louvam
todos os seus *servos fiéis,
o povo de Israel, a quem ele tanto
ama.

Aleluia!

Hino de louvor

149 **Aleluia!*

Cantem a Deus, o SENHOR,
uma nova canção.
Louvem a Deus na reunião
dos seus *servos fiéis.
2 Alegre-se, ó povo de Israel,
por causa do seu Criador!
Fique contente, ó povo de Jerusalém,
por causa do seu Rei!
3 Louvem a Deus, o SENHOR, com
danças
e, em seu louvor, toquem pandeiros
e *liras.

4 Pois o SENHOR está contente
com o seu povo;
ele dá aos humildes
a honra da vitória.
5 Que os seus servos fiéis se alegrem
com a vitória
e cantem alegremente nas suas festas!
6 Que eles louvem a Deus,
gritando bem alto,
com espadas afiadas nas mãos
7 para derrotar as nações
e castigar os povos;
8 para prender os seus reis
e as suas autoridades
com pesadas correntes de ferro;
9 para castigar as nações
como Deus mandou!
Essa é a vitória
dos seus servos fiéis.

Aleluia!

Louvem a Deus, o SENHOR

150 *Aleluia!

Louvem a Deus no seu Templo.
Louvem o seu poder, que se vê no céu.
2 Louvem o SENHOR
pelas coisas maravilhosas
que tem feito.
Louvem a sua imensa grandeza.
3 Louvem a Deus com trombetas.
Louvem com *harpas e *liras.
4 Louvem o SENHOR com pandeiros
e danças.
Louvem com harpas e flautas.
5 Louvem a Deus com pratos
musicais.
Louvem bem alto com pratos
sonoros.
6 Todos os seres vivos, louvem o
SENHOR!

Aleluia!

Provérbios

Busque sabedoria

[Os] provérbios de Salomão, filho de Davi e rei de Israel [...] podem também tornar sábia uma pessoa sem experiência e ensinar os moços a serem ajuizados.
Provérbios 1:1,4

Autores Rei Salomão, Agur, rei Lemuel e outros; foi compilado, em parte, por assistentes do rei Ezequias
Data Provavelmente concluído pouco depois de 700 a.C.
Local Desconhecido
Público-alvo O filho de Salomão e quem busca sabedoria

Quando Deus se ofereceu para cumprir o maior desejo de Salomão, o pedido do rei foi meio chocante. De todas as coisas do mundo que ele poderia ter pedido — mais dinheiro, fama, uma vida longa —, ele pediu sabedoria. Incrível! Que tipo de pessoa pensaria que, podendo pedir qualquer coisa, pediria sabedoria? Mas foi exatamente isso que esse homem pediu, e seu pedido foi tão impressionante que Deus decidiu lhe dar mais sabedoria do que qualquer outro já tinha tido antes ou viria a ter depois, como também riquezas, boa sorte e honra (veja 2Crônicas 1:7-12).

Por que a sabedoria foi a primeira coisa que saiu da boca dele? Por que Salomão queria isso? Pense em sua vida e em como ela seria diferente se você tivesse a sabedoria de Deus correndo pelas veias. A sabedoria muda tudo. Ela muda seu modo de pensar, de sentir e de agir. A sabedoria, especialmente para a menina espiritual, é de grande valor. Esse é o segredo para o sucesso e até para o poder: a capacidade de fazer as coisas certas e, assim, evitar disciplina, fracasso, castigo e consequências ruins.

Ponto essencial
Esses provérbios foram escritos para ensinar a sabedoria ao povo de Deus. Não são apenas boas ideias, mas verdades eternas e, ao lê-los e transformá-los em parte de sua vida, você ganhará discernimento e disciplina.

A sabedoria deve ser o objetivo de toda Garota de Deus, e o livro de Provérbios é um bom ponto de partida para encontrá-la. Esta coletânea da verdade poética, escrita pelo rei Salomão, como também por Agur, filho de Jaque (veja Provérbios 30:1), e pelo rei Lemuel (veja Provérbios 31:1), é a chave para muitas das grandes questões da vida. Se você quiser saber o que fazer ou como agir, é possível que encontre a resposta nestas páginas. Não pense em Provérbios como a sabedoria humana, mas como a própria sabedoria de Deus e como revelações quanto ao que ele quer para sua vida, e também como percepção da condição humana. Ao ler e absorver essas verdades, sua própria sabedoria aumentará.

Coisas para procurar

- O uso da linguagem poética
- O objetivo de Provérbios (veja Provérbios 1:1-7)

Termos e versículos que você deve saber

- **Disciplina:** Correção ou castigo pela má conduta. Também pode significar o ato de exercitar a obediência e o autocontrole.
- **Provérbio:** Uma pequena verdade geral escrita de um modo fácil de lembrar e considerada um ditado popular.
- **Sabedoria:** A capacidade de lidar com a vida e decidir pela conduta moral adequada em todas as situações.

Tenha cuidado com o que você pensa, pois a sua vida é dirigida pelos seus pensamentos.
(Provérbios 4:23)

Peça a Deus que abençoe os seus planos, e eles darão certo.
(Provérbios 16:3)

O amigo ama sempre e na desgraça ele se torna um irmão.
(Provérbios 17:17)

Quem teme o SENHOR e é humilde consegue riqueza, prestígio e vida longa.
(Provérbios 22:4)

O valor dos provérbios

1 Provérbios de Salomão, filho de Davi
e rei de Israel.
2 Estes provérbios nos ajudam a dar
valor à sabedoria e aos bons conselhos
e a entender os pensamentos mais pro-
fundos. 3 Eles nos ensinam a vivermos de
maneira inteligente e a sermos corretos,
justos e honestos. 4 Podem também tor-
nar sábia uma pessoa sem experiência e
ensinar os moços a serem ajuizados. 5 Es-
tes provérbios aumentam a sabedoria dos
sábios e orientam os instruídos, 6 fazen-
do que entendam o significado escondi-
do dos provérbios e dos ditados e com-
preendam os *mistérios que os estudiosos
procuram* explicar.
7 Para ser sábio, é preciso primeiro *te-
mer a Deus, o SENHOR. Os tolos despre-
zam a sabedoria e não querem aprender.

Conselhos para os moços

8 Meu filho, escute o que o seu pai ensi-
na e preste atenção no que a sua mãe diz.
9 Os ensinamentos deles vão aperfeiçoar o
seu caráter, assim como um belo *turban-
te ou um colar melhoram a sua aparência.
10 Filho, se homens perversos quiserem
tentar você, não deixe. 11 Eles poderão di-
zer: "Venha, vamos matar alguém! Vamos
nos divertir atacando pessoas inocentes!
12 Estarão vivas e com saúde quando as
encontrarmos, mas nós acabaremos com
elas. 13 Acharemos todo tipo de riquezas e
encheremos as nossas casas com as coi-
sas roubadas. 14 Venha com a gente, que
nós repartiremos o que roubarmos!"
15 Filho, não ande com gente dessa laia.
Fique longe deles. 16 Eles têm pressa de
fazer o mal e estão sempre prontos para
matar. 17 Não adianta armar uma arapuca
enquanto o passarinho estiver olhando.
18 No entanto esses homens estão prepa-
rando uma armadilha onde eles mesmos
morrerão. 19 O que acontece com quem
fica rico por meio da violência é isto: aca-
ba sendo morto.

O aviso da Sabedoria

20 Escutem! A Sabedoria está gritan-
do nas ruas e nas praças. 21 Nos portões
das cidades e em todos os lugares onde
o povo se reúne, ela está gritando alto,
assim:

22 — Gente louca! Até quando vocês continuarão nesta loucura? Até quando terão prazer em zombar da sabedoria? Será que nunca aprenderão? 23 Escutem quando eu os corrijo. Eu darei bons conselhos e repartirei a minha sabedoria com vocês. 24 Eu chamei e convidei, mas vocês não me ouviram e não me deram atenção. 25 Vocês rejeitaram todos os meus conselhos e não quiseram que eu os corrigisse. 26 Assim, quando estiverem em dificuldades, eu rirei; e, quando o terror chegar, eu caçoarei de vocês. 27 Zombarei de vocês quando o terror vier como uma tempestade, trazendo fortes ventos de dificuldades. Eu rirei quando estiverem passando por sofrimentos e aflições. 28 Então vocês me chamarão, mas eu, a Sabedoria, não responderei. Vão procurar por toda parte, porém não me encontrarão. 29 Vocês não quiseram a sabedoria e sempre se recusaram a *temer a Deus, o SENHOR. 30 Não aceitaram os meus conselhos, nem prestaram atenção quando os corrigi. 31 Portanto, receberão o que merecem e ficarão aborrecidos com as coisas que fizeram. 32 Os tolos morrem porque rejeitam a sabedoria; os que não têm juízo são destruídos por estarem satisfeitos consigo mesmos. 33 Mas quem me ouvir terá segurança, viverá tranquilo e não terá motivo para ter medo de nada.

As recompensas da sabedoria

2 Filho, aprenda o que eu lhe ensino e nunca esqueça o que mando você fazer. 2 Escute os sábios e procure entender o que eles ensinam. 3 Sim, peça sabedoria e grite pedindo entendimento. 4 Procure essas coisas, como se procurasse prata ou um tesouro escondido. 5 Se você fizer isso, saberá o que quer dizer *temer o SENHOR, e aprenderá a conhecê-lo. 6 É o SENHOR quem dá sabedoria; a sabedoria e o entendimento vêm dele. 7 Ele dá ajuda e proteção a quem é direito e honesto. 8 Deus protege os que tratam os outros com justiça e guarda os que lhe obedecem.

9 Se você me ouvir, entenderá o que é direito, justo e honesto e saberá o que deve fazer. 10 Você se tornará sábio, e a sua sabedoria lhe dará prazer. 11 O seu entendimento e a sua sabedoria o protegerão 12 e o livrarão de fazer o mal. Assim, você ficará longe das pessoas que vivem dizendo mentiras — 13 pessoas que abandonaram uma vida direita para viver na escuridão do pecado; 14 pessoas que têm prazer em fazer o mal e se alegram quando o mal é praticado; 15 pessoas desonestas, em quem não se pode confiar.

16 Então você será capaz de evitar a mulher imoral que tentar conquistá-lo com palavras sedutoras — 17 a mulher que esquece os votos sagrados do casamento e é infiel ao seu marido. 18 Se você for à casa dela, estará seguindo o caminho da morte; quem vai lá está perto do *mundo dos mortos. 19 O homem que visita essa mulher não consegue voltar para a estrada da vida. 20 Portanto, siga o exemplo dos bons e viva uma vida correta. 21 Os homens direitos, de caráter, viverão nesta nossa terra. 22 Mas Deus varrerá dela os maus e arrancará os pecadores como se arrancam plantas do chão.

Conselhos para os moços

3 Filho, não esqueça os meus ensinamentos; lembre sempre dos meus conselhos. 2 Os meus ensinamentos lhe darão uma vida longa e cheia de sucesso. 3 Não abandone a lealdade e a fidelidade; guarde-as sempre bem gravadas no coração. 4 Se você fizer isso, agradará tanto a Deus como aos seres humanos.

5 Confie no SENHOR de todo o coração e não se apoie na sua própria inteligência. 6 Lembre de Deus em tudo o que fizer, e ele lhe mostrará o caminho certo. 7 Não fique pensando que você é sábio; *tema o SENHOR e não faça nada que seja errado. 8 Pois isso será como um bom remédio para curar as suas feridas e aliviar os seus sofrimentos. 9 Adore a Deus, oferecendo-lhe o que a sua terra produz de melhor. 10 Faça isso, e os seus depósitos ficarão cheios de cereais, e você terá tanto vinho, que não será capaz de armazenar.

11 Filho, preste atenção quando o SENHOR Deus o castiga e não se desanime quando ele o repreende. 12 Porque o SENHOR corrige quem ele ama, assim como um pai corrige o filho a quem ele quer bem. 13 Feliz é a pessoa que acha a sabedoria e que consegue compreender as coisas, 14 pois isso é melhor do que a prata e tem mais valor do que o ouro. 15 A sabedoria é mais preciosa do que as joias; tudo o que a gente deseja não se pode comparar com ela. 16 A sabedoria oferece uma vida longa e também riquezas e honras. 17 Ela torna a vida agradável e guia a pessoa com segurança em tudo o que faz.

18 Os que se tornam sábios são felizes, e a
sabedoria lhes dará vida.

19 Com a Sabedoria o SENHOR Deus
criou a terra;
e com o seu conhecimento colocou
o céu no lugar próprio.
20 A sua sabedoria fez os rios
nascerem
e fez as nuvens darem chuva à terra.

21 Filho, tenha sempre sabedoria e com-
preensão e nunca deixe que elas se afas-
tem de você. 22 Elas lhe darão vida, uma
vida agradável e feliz. 23 Você caminha-
rá seguro e não tropeçará. 24 Quando se
deitar, não terá medo, e o seu sono será
tranquilo a noite inteira. 25 Você não fi-
cará preocupado com os desastres que
caem de repente como uma tempestade
sobre os maus. 26 Pois o SENHOR Deus lhe
dará segurança e nunca deixará você cair
numa armadilha.
27 Sempre que puder, ajude os necessi-
tados. 28 Não diga ao seu vizinho que espe-
re até amanhã, se você pode ajudá-lo hoje.
29 Não planeje nenhum mal contra o seu
vizinho; ele mora ao seu lado e confia em
você. 30 Nunca discuta sem motivo com al-
guém que não lhe fez nenhum mal. 31 Não
tenha inveja dos violentos, nem faça o que
eles fazem, 32 pois o SENHOR Deus detes-
ta os que praticam o mal, mas é amigo
dos que são direitos. 33 O SENHOR amal-
diçoa a casa dos maus, porém abençoa
o lar dos que são corretos. 34 Ele zomba
dos que zombam dele, mas ajuda os hu-
mildes. 35 Os sábios ganharão prestígio,
mas os que não têm juízo passarão cada
vez mais vergonha.

As vantagens da sabedoria

4 Filhos, escutem o que o seu pai ensina.
Prestem atenção e compreenderão as
coisas. 2 O que eu ensino é bom; portanto,
lembrem dos meus conselhos. 3 Quando
eu era menino, filho único dos meus pais,
4 *o meu pai me ensinava*, dizendo:
— Lembre das minhas palavras e nun-
ca as esqueça. Faça o que eu digo e você
viverá. 5 Procure conseguir sabedoria e
compreensão. Não esqueça, nem se afas-
te do que eu digo. 6 Não abandone a sa-
bedoria, e ela protegerá você. Ame-a, e
ela lhe dará segurança. 7 Para ter sabedo-
ria, é preciso primeiro pagar o seu preço.
Use tudo o que você tem para conseguir
a compreensão. 8 Ame a sabedoria, e ela o
tornará importante; abrace-a e você será
respeitado. 9 A sabedoria será para você
um enfeite, como se fosse uma linda coroa.
10 Escute, meu filho. Aceite o que es-
tou dizendo e você terá uma vida longa.
11 Eu lhe tenho ensinado o caminho da sa-
bedoria e a maneira certa de viver. 12 Se
você andar sabiamente, nada atrapalha-
rá o seu caminho, e você não tropeçará
quando correr. 13 Lembre sempre daqui-
lo que aprendeu. A sua educação é a sua
vida; guarde-a bem. 14 Não vá aonde vão
os maus. Não siga o exemplo deles. 15 Não
faça o que eles fazem. Afaste-se do mal.
Desvie-se dele e passe de lado. 16 Os maus
não podem dormir sem ter feito alguma
coisa má; eles ficam acordados até conse-
guirem prejudicar alguém. 17 Porque para
eles a maldade e a violência são comida
e bebida.
18 A estrada em que caminham as pes-
soas direitas é como a luz da aurora, que
brilha cada vez mais até ser dia claro.
19 Mas a estrada dos maus é escura como
a noite; eles caem e não podem ver no
que foi que tropeçaram.
20 Filho, preste atenção no que eu digo.
Escute as minhas palavras. 21 Nunca dei-
xe que elas se afastem de você. Lembre
delas e ame-as. 22 Elas darão vida longa e
saúde a quem entendê-las. 23 Tenha cui-
dado com o que você pensa, pois a sua
vida é dirigida pelos seus pensamentos.
24 Nunca fale mentiras, nem diga palavras
perversas. 25 Olhe firme para a frente, com
toda a confiança; não abaixe a cabeça, en-
vergonhado. 26 Pense bem no que você vai
fazer, e todos os seus planos darão certo.
27 Evite o mal e caminhe sempre em fren-
te; não se desvie nem um só passo do ca-
minho certo.

Conselhos contra o adultério

5 Filho, preste atenção no que eu digo
com a minha sabedoria e compreen-
são. 2 Então você saberá como se compor-
tar, e as suas palavras mostrarão que você
tem conhecimento das coisas. 3 Os lábios
da mulher imoral podem ser tão doces
como o mel, e os seus beijos, tão suaves
como o azeite; 4 porém, quando tudo ter-
mina, o que resta é amargura e sofrimen-
to. 5 Ela está descendo para o *mundo dos
mortos; a estrada em que ela anda é o ca-
minho da morte. 6 Essa mulher não anda
na estrada da vida; ela caminha sem rumo,
mas não sabe disso.

DEVOCIONAL

Texto para leitura: **Provérbios 4:20-27**

Conheça o amor

Seu coração pode fazer algumas escolhas ruins se deixado à própria sorte, principalmente porque ele é muito sensível e os sentimentos insistem em serem ouvidos. Como uma criança mimada, seus sentimentos exigem atenção imediata e querem o que querem quando bem entendem. Mas só porque seu coração sente algo, isso não transforma tal coisa em verdade. Muitas vezes, seu coração mente. Isso porque os sentimentos, frequentemente, estão baseados em sua experiência com o mundo ao seu redor, não necessariamente na verdade de Deus. A beleza de conhecer a lei de Deus e lhe obedecer é que ela é imutável e certa; ela não vai e volta com base em ações ou sentimentos da humanidade. Ela não a provoca, dizendo uma coisa e depois mudando para outra quando os ventos sopram. Não, a lei de Deus é constante, e a estabilidade dela lhe dá a chance de se colocar acima das tempestades desta vida. Ela é a mão estendida na tempestade, e auxilia você a encontrar seu caminho com segurança em meio à névoa da emoção.

Deus diz em Provérbios 6:21 para você guardar a sabedoria em seu coração. A palavra *coração* aqui não se refere ao órgão que bate em seu peito, mas à sua mente, aos seus pensamentos e às suas emoções — tudo o que faz parte de seu ser. Você precisa guardar seus pensamentos e sentimentos, porque deles vêm seu amor por Deus e pelos mandamentos dele, e disso vem sua capacidade de servir, de encontrar alegria e de confiar em Deus. Se você deixar seu coração se enganar, então sua fé será prejudicada. Muitas meninas deixam que as emoções, e somente elas, orientem todas ou grande parte de suas decisões. Elas dizem: "Eu sinto isso, então deve ser real", mas isso nem sempre é verdade. Fé não tem a ver com sentimento, mas com conhecimento. Não dizemos: "Eu sinto como se cresse em Jesus". Ou cremos nele e o seguimos ou não. E antes de crermos, enquanto cremos e depois de crermos, os sentimentos nos acompanham. Mas os sentimentos podem ser inconstantes. Eles variam como o vento e são propensos à rebelião, mas sua mente pode e deve vencê-los, se você concentrá-los na Palavra de Deus. Ao guardar seus pensamentos, você se recusa a pensar nas coisas baseadas unicamente no modo como você se sente, e, em vez disso, julga tudo com base na Palavra de Deus. Por isso, guarde sua mente e deixe a verdade ser seu guia, e não as experiências aleatórias.

7 Agora escute, meu filho, e não esqueça
o que eu estou dizendo! 8 Afaste-se desse
tipo de mulher. Não chegue nem perto da
porta da sua casa! 9 Se não, outros passa-
rão a ter o bom nome que você tinha an-
tes, e você morrerá ainda moço, nas mãos
de homens cruéis. 10 Sim, pessoas estra-
nhas tomarão toda a sua riqueza, e o que
você ganhou com o seu trabalho acabará
nas mãos dos outros. 11 Você ficará gemen-
do no seu leito de morte enquanto todo
o seu corpo vai sendo destruído pouco a
pouco. 12 Então você dirá:

— Como eu tinha raiva de conselhos!
Nunca aceitei conselhos de ninguém.
13 Não ouvi os meus mestres, nem dei
atenção a eles 14 e quase caí na desgraça
diante de todos.

15 Seja fiel à sua mulher e dê o seu amor
somente a ela. 16 Os filhos que você tiver
com outras mulheres não lhe farão ne-
nhum bem. 17 Os seus filhos devem cres-
cer para ajudar você e não para ajudar os
outros. 18 Portanto, alegre-se com a sua
mulher, seja feliz com a moça com quem
você casou, 19 amorosa como uma *corça,

graciosa como uma cabra selvagem. Que
ela cerque você com o seu amor, e que os
seus encantos sempre o façam feliz! 20 Fi-
lho, por que dar o seu amor a uma mu-
lher imoral? Por que preferir os encantos
da mulher de outro homem? 21 Deus sabe
por onde você anda e vê tudo o que você
faz. 22 As injustiças que um homem mau
comete são uma armadilha; ele é apanha-
do na rede do seu próprio pecado. 23 Mor-
re porque não se controla: a sua grande
loucura o levará à cova.

Outros conselhos

6 Filho, você é fiador de alguém? 2 Deu a
sua palavra e ficou preso na promes-
sa que fez? 3 Então, meu filho, agora você
está nas mãos dessa pessoa. Mas há um
jeito de sair disso: vá logo e peça que ela
livre você dessa obrigação. 4 Não durma,
nem descanse; 5 saia dessa armadilha,
como um passarinho ou uma *gazela es-
capa do caçador.

6 Preguiçoso, aprenda uma lição com as
formigas! 7 Elas não têm líder, nem chefe,
nem governador, 8 mas guardam comida
no verão, preparando-se para o inverno.
9 Preguiçoso, até quando você vai ficar
deitado? Quando vai se levantar?

10 Então o preguiçoso diz: "Eu vou dor-
mir somente um pouquinho, vou cruzar
os braços e descansar mais um pouco."

11 Mas, enquanto ele dorme, a pobreza
o atacará como um ladrão armado.

12 Os homens maus e sem valor vivem
dizendo mentiras. 13 Piscam e fazem ges-
tos para enganar os outros. 14 As suas
mentes perversas estão sempre plane-
jando o mal, e eles espalham confusão
por toda parte. 15 Por isso a desgraça cai-
rá de repente sobre eles, e não poderão
escapar.

16-19 Existem sete coisas que o SENHOR
Deus detesta e que não pode tolerar:

o olhar orgulhoso,
a língua mentirosa,
mãos que matam gente inocente,
a mente que faz planos perversos,
pés que se apressam para fazer o
mal,
a testemunha falsa que diz mentiras
e a pessoa que provoca brigas entre
amigos.

Os perigos do adultério

20 Filho, faça o que o seu pai diz e nunca
esqueça o que a sua mãe ensinou. 21 Guar-
de sempre as suas palavras bem gravadas
no coração. 22 Os seus ensinamentos o
guiarão quando você viajar, protegerão
você de noite e aconselharão de dia. 23 As
suas instruções são uma luz brilhante, e
a sua correção ensina a viver. 24 Elas li-
vrarão você da mulher imoral e das suas
palavras sedutoras. 25 Não seja tentado
pela sua beleza, nem caia na armadilha
dos seus olhos tentadores. 26 Qualquer ho-
mem pode ter uma prostituta por pouco
dinheiro, mas o adultério custará a ele a
sua própria vida.

27 Será que você pode carregar fogo no
colo sem queimar a roupa? 28 Será que
você pode andar em cima de brasas sem
queimar os pés? 29 O homem que dorme
com a mulher de outro corre esse mes-
mo perigo. Quem fizer isso terá de sofrer
muito. 30 Quem rouba comida para matar
a fome não é desprezado. 31 Porém, se é
apanhado, tem de pagar sete vezes mais:
ele precisa entregar tudo o que tem. 32 No
entanto o homem que comete adultério
não tem juízo; ele está se destruindo a si
mesmo. 33 Passará vergonha, levará uma
surra e ficará desmoralizado para sem-
pre. 34 Porque o ciúme faz o marido ficar
furioso, e a sua vingança não tem limites.
35 Ele não aceitará nenhum pagamento; e
mesmo uma porção de presentes não aca-
bará com a sua raiva.

7 Filho, lembre do que eu digo e nunca
esqueça os meus conselhos. 2 Faça o
que eu digo e você viverá. Siga as minhas
instruções com o mesmo cuidado com
que você protege os olhos. 3 Guarde sem-
pre os meus ensinamentos bem gravados
no coração. 4 Trate a Sabedoria como sua
irmã e o Entendimento, como o seu me-
lhor amigo. 5 Eles conservarão você longe
das mulheres imorais, das mulheres de
palavras sedutoras.

A mulher imoral

6 Uma vez eu estava olhando pela ja-
nela da minha casa 7 e vi vários rapazes
sem experiência; mas notei que um de-
les era mesmo sem juízo. 8 Esse rapaz es-
tava andando pela rua, perto da esquina
onde morava uma certa mulher. Ele pas-
sava por perto da casa dela, 9 ao anoite-
cer, quando já estava escuro. 10 E aconte-
ceu que essa mulher foi encontrar-se com
ele, vestida como uma prostituta e cheia
de malícia. 11 Ela era espalhafatosa e sem-
-vergonha e estava sempre andando pe-
las ruas. 12 Ficava esperando em alguma

esquina, às vezes numa rua, outras vezes
na praça. 13 Ela chegou perto do rapaz, e
o abraçou, e beijou. Então, com um olhar
atrevido, disse:
14 — Paguei hoje os meus votos, e a car-
ne da oferta de paz está comigo. 15 Por isso
saí procurando você. Eu queria encontrá-
-lo, e você está aqui! 16 Já forrei a minha
cama com lençóis de linho colorido do
Egito. 17 Eu a perfumei com *mirra, *aloés
e flor de canela. 18 Venha, vamos amar a
noite toda. Passaremos momentos felizes
nos braços um do outro. 19 O meu marido
não está em casa; ele foi fazer uma longa
viagem. 20 Levou bastante dinheiro e só
voltará daqui a alguns dias.
21 Assim, ela o tentou com os seus en-
cantos, e ele caiu na sua conversa. 22 E,
num instante, lá foi ele com ela, como
um boi que vai para o matadouro, como
um animal que corre para a armadilha,
23 onde uma flecha atravessará o seu co-
ração. Era como um pássaro que entra
num alçapão, sem saber que a sua vida
está em perigo.
24 Agora, meu filho, escute! Preste aten-
ção no que vou dizer. 25 Não deixe que
uma mulher como essa ganhe o seu co-
ração; não ande atrás dela. 26 Pois ela tem
sido a desgraça de muitos homens e tem
causado a morte de tantos, que nem dá
para contar. 27 Se você for à casa dessa mu-
lher, estará caminhando para o *mundo
dos mortos, pelo caminho mais curto.

Elogio à Sabedoria

8 Escutem! A Sabedoria está gritando:
a Compreensão está chamando em
voz alta.
2 A Sabedoria está no alto dos
morros,
na beira da estrada e nas
encruzilhadas dos caminhos.
3 Está na entrada da cidade,
perto dos portões, gritando:

4 "Eu estou falando com todos vocês
e faço um pedido a todos os
moradores da terra.
5 Você é jovem e sem experiência?
Aprenda a ser prudente.
Você é tolo? Aprenda a ter juízo.
6 Escutem, pois digo coisas
importantes;
tudo o que eu digo é certo.
7 O que eu digo é verdade,
pois odeio a mentira.
8 Tudo o que afirmo é verdadeiro;
nada do que falo é enganoso ou falso.
9 Para a pessoa que tem
compreensão, tudo é claro;
tudo é fácil de entender para quem
é bem informado.
10 Aceite os meus ensinamentos em
vez de prata
e o meu conhecimento, em lugar de
ouro puro.

11 "Eu sou a Sabedoria; sou mais
preciosa do que as joias.
Tudo o que você deseja não pode se
comparar comigo.
12 Eu sou a Sabedoria; tenho
compreensão,
conhecimento e juízo.
13 *Temer o SENHOR Deus é odiar o
mal.
Eu odeio o orgulho e a falta de
modéstia,
os maus caminhos e as palavras
falsas.
14 Faço planos e os ponho em prática;
tenho inteligência e sou forte.
15 Eu ajudo os reis a governarem
e os governantes a fazerem boas *leis.
16 Os governadores governam com a
minha ajuda,
e também todas as autoridades e
pessoas importantes da terra.

17 "Eu amo aquele que me ama;
e quem me procura acha.
18 Tenho riquezas e honras,
prosperidade e justiça.
19 O que eu ofereço vale mais do que
o ouro fino
e é melhor do que a prata mais pura.
20 Eu ando no caminho da
honestidade
e sigo os passos da justiça,
21 dando riqueza aos que me amam
e enchendo as suas casas de tesouros.

22 "O SENHOR Deus me criou antes
de tudo,
antes das suas obras mais antigas.
23 Eu fui formada há muito tempo,
no começo, antes do princípio do
mundo.
24 Nasci antes dos oceanos
quando ainda não havia fontes de
água.
25 Nasci antes das montanhas,
antes de os morros serem
colocados nos seus lugares,

26 antes de Deus ter feito a terra e os seus campos
ou mesmo o primeiro punhado de terra.
27 Eu estava lá quando ele colocou o céu no seu lugar
e estendeu o horizonte sobre o oceano.
28 Estava lá quando ele pôs as nuvens no céu
e abriu as fontes do mar,
29 e quando ordenou às águas
que não subissem além do que ele havia permitido.
Eu estava lá quando ele colocou os alicerces da Terra.
30 Estava ao seu lado como arquiteta
e era a sua fonte diária de alegria,
sempre feliz na sua presença —
31 feliz com o mundo
e contente com a raça humana.

32 "Agora, moços, escutem!
Façam o que eu digo e serão felizes.
33 Aprendam o que é ensinado a vocês.
Sejam sábios; não abandonem esses ensinamentos.
34 Aquele que me ouve será feliz:
aquele que fica todos os dias na minha porta,
esperando na entrada da minha casa.
35 Pois quem me encontra encontra a vida,
e o SENHOR Deus ficará contente com ele.
36 Mas quem não me encontra prejudica-se a si mesmo;
todos os que me odeiam amam a morte."

A Sabedoria e a falta de juízo

9 A Sabedoria construiu a sua casa sobre
sete colunas. 2 Mandou matar animais
para uma festa, preparou vinho e pôs a
mesa. 3 Aí mandou as suas empregadas gri-
tarem do lugar mais alto da cidade: 4 "En-
tre, gente tola!" E disse às pessoas sem juí-
zo: 5 "Venham, comam a minha comida e
bebam o vinho que eu preparei. 6 Deixem
a companhia dos tolos e vivam. Sigam o
caminho do conhecimento."
7 Se você repreender uma pessoa vaido-
sa, a única coisa que vai conseguir é ser
insultado. Se tentar corrigir um homem
mau, o que vai conseguir é ser humilhado.
8 Nunca repreenda uma pessoa vaidosa;
ela o odiará por isso. Mas, se você cor-
rigir uma pessoa sábia, ela o respeitará.

Pergunte a si mesma...

O que é conversa tola?
Minhas palavras são sempre honestas?
Eu uso as palavras para machucar as pessoas?
O que a Palavra de Deus diz sobre lutar com minhas palavras?
Como posso melhorar o modo de usar as palavras para que elas sejam mais santas?

9 Qualquer coisa que você ensina a uma
pessoa sábia torna-a mais sábia ainda. E
tudo o que você diz a uma pessoa direita
aumenta a sabedoria dela.
10 Para ser sábio, é preciso primeiro *te-
mer a Deus, o SENHOR. Se você conhece o
Deus Santo, então você tem compreensão
das coisas. 11 A sabedoria fará com que
você viva uma vida mais longa. 12 Se você
for sábio, o lucro será seu; se zombar de
tudo, você mesmo sofrerá as consequên-
cias.
13 A falta de juízo é como uma mulher
espalhafatosa, tola e sem-vergonha. 14 Ela
senta-se à porta da sua casa ou num ban-
co no lugar mais alto da cidade 15 e gri-
ta aos que passam preocupados com os
seus negócios: 16 "Entre, gente tola!" E diz
às pessoas que não têm juízo: 17 "A água
roubada é mais gostosa; o pão furtado é
mais saboroso." 18 Mas os convidados dela
não sabem que aqueles que vão à sua casa
morrem e que os que entraram já estão
nas profundezas do *mundo dos mortos.

Provérbios de Salomão

10 O filho sábio é a alegria do seu pai,
mas o filho sem juízo é a tristeza
da sua mãe.
2 Aquilo que se consegue com desones-
tidade não serve de nada, mas a honesti-
dade livra da morte.
3 O SENHOR Deus não deixa que os bons
passem fome, mas impede os maus de
conseguirem o que tanto querem.
4 O preguiçoso fica pobre, mas quem se
esforça no trabalho enriquece.
5 Quem tem juízo colhe no tempo cer-
to, mas quem dorme na época da colheita
passa vergonha.

6 Os bons são abençoados. As palavras dos maus escondem a sua violência.

7 Os bons serão lembrados como uma bênção, porém os maus logo serão esquecidos.

8 Quem tem juízo aceita os bons conselhos; quem não tem cuidado com o que diz acaba na desgraça.

9 A pessoa honesta anda em paz e segurança, mas a desonesta será desmascarada.

10 Quem esconde a verdade causa problemas, mas quem critica com franqueza trabalha pela paz.

11 As palavras dos bons são uma fonte de vida, mas as palavras dos maus escondem a sua violência.

12 O ódio provoca brigas, mas o amor perdoa todas as ofensas.

13 A pessoa sábia diz palavras de sabedoria, mas aquela que não tem juízo precisa ser castigada.

14 Os sábios guardam todo o conhecimento que podem, mas o tolo, quando fala, logo traz desgraça.

15 A riqueza protege os ricos, e a pobreza destrói os pobres.

16 O trabalho dos bons produz vida, mas o resultado do pecado é somente mais pecado.

17 Aquele que aceita ser repreendido anda no caminho da vida, mas quem não aceita cai no erro.

18 Com as suas palavras, o mentiroso esconde o seu ódio; quem espalha mexericos não tem juízo.

19 Quanto mais você fala, mais perto está de pecar; se você é sábio, controle a sua língua.

20 As palavras dos bons são como a prata pura; as ideias dos maus não têm valor.

21 As palavras dos bons fazem bem a muita gente, mas a falta de juízo leva à morte.

22 A bênção do SENHOR Deus traz prosperidade, e nenhum esforço pode substituí-la.

23 Para o malvado, fazer o mal é divertimento, mas a pessoa sensata encontra prazer na sabedoria.

24 Quando o mau tem medo de alguma coisa, é isso mesmo o que lhe acontece, mas a pessoa direita consegue o que deseja.

25 Vem a tempestade e acaba com os maus, porém os honestos continuam sempre firmes.

26 Nunca mande um preguiçoso fazer alguma coisa; ele será tão irritante como vinagre nos dentes ou fumaça nos olhos.

27 Quem *teme o SENHOR tem vida longa, porém os maus morrem antes do tempo.

28 A esperança dos bons traz alegria, mas os planos dos maus dão em nada.

29 O SENHOR protege os bons, mas causa a desgraça dos que fazem o mal.

30 As pessoas direitas estarão sempre em segurança, porém os maus não terão onde morar.

31 As pessoas honestas dizem coisas sábias; quem diz coisas perversas recebe um terrível castigo.

32 Os homens direitos sabem dizer coisas agradáveis, porém os maus estão sempre ofendendo os outros.

11 O SENHOR Deus detesta quem usa balanças desonestas, mas gosta de quem usa pesos justos.

2 O orgulhoso será logo humilhado; mas com os humildes está a sabedoria.

3 As pessoas direitas são guiadas pela honestidade. A perversidade dos falsos é a sua própria desgraça.

4 No Dia do Julgamento, as riquezas não adiantam nada, mas a honestidade livra da morte.

5 A honestidade torna mais fácil a vida dos bons, porém os maus causarão a sua própria desgraça.

6 A honestidade livra o homem correto, mas o desonesto é apanhado na armadilha da sua própria ganância.

7 Quando o perverso morre, a sua esperança morre com ele; a esperança dos maus dá em nada.

8 O homem honesto escapa da angústia, porém o mau a recebe em lugar dele.

9 As palavras dos maus destroem os outros, mas a sabedoria livra do perigo os homens corretos.

10 A cidade fica contente com o sucesso das pessoas honestas, e há gritos de alegria quando morre um homem mau.

11 Quando as pessoas honestas abençoam uma cidade, ela se torna importante, mas as palavras dos maus a destroem.

12 É tolice tratar os outros com desprezo; o homem prudente prefere ficar calado.

13 O mexeriqueiro espalha segredos, mas a pessoa séria é discreta.

14 O país que não tem um bom governo cairá; com muitos conselheiros, há segurança.

15 Quem ficar como fiador de qualquer
um acabará chorando. Será melhor não
se comprometer.
16 A mulher bondosa é estimada, mas a
imoral é uma vergonha.
O preguiçoso nunca terá dinheiro, mas
quem tem iniciativa acaba ficando rico.
17 Quem age com bondade faz bem a si
mesmo, e quem pratica a maldade acaba
se prejudicando.
18 Os maus não ganham nada com a sua
maldade, mas quem faz o que é direito na
certa será recompensado.
19 Quem está resolvido a agir direito vi-
verá, e quem insiste em fazer o mal mor-
rerá.
20 O SENHOR Deus detesta quem tem co-
ração perverso, mas se alegra com as pes-
soas corretas.
21 Os maus certamente serão castiga-
dos por Deus, mas os bons escaparão do
castigo.
22 A beleza na mulher sem juízo é como
uma joia de ouro no focinho de um porco.
23 Os planos dos bons trazem felicida-
de; o que os maus planejam produz ódio.
24 Algumas pessoas gastam com genero-
sidade e ficam cada vez mais ricas; outras
são econômicas demais e acabam ficando
cada vez mais pobres.
25 Quem é generoso progride na vida;
quem ajuda será ajudado.
26 O comerciante que armazena man-
timento, esperando preço mais alto, é
amaldiçoado pelo povo; mas o que põe
à venda o que tem é estimado por todos.
27 Quem procura o bem é respeitado,
mas quem busca o mal será vítima do
mal.
28 Aquele que confia nas suas riquezas
cairá, porém os honestos prosperarão
como as folhagens.
29 Quem dirige mal a sua casa acaba sem
nada. Quem não tem juízo será sempre
escravo de quem é sábio.
*30 Uma pessoa correta traz bênçãos
para a vida dos outros; quem aumenta o
número de amigos é sábio.*
31 Assim como os bons são recompensa-
dos aqui na terra, também os pecadores
e os maus são castigados.

12 Aquele que quer aprender gosta
que lhe digam quando está erra-
do; só o tolo não gosta de ser corrigido.
2 O SENHOR Deus abençoa os bons, mas
condena os que planejam o mal.
3 Quem pratica a maldade não tem se-
gurança, mas quem é honesto não será
abalado.
4 A boa esposa é o orgulho do marido,
mas a esposa que traz vergonha ao mari-
do é como câncer nos ossos dele.
5 Quem é honesto trata todos com sin-
ceridade, mas quem é mau vive enganan-
do os outros.
6 As palavras dos maus são uma arma-
dilha mortal, mas as palavras das pessoas
corretas salvam os que estão em perigo.
7 Os maus serão destruídos e não dei-
xarão descendentes, mas a família do ho-
mem correto permanecerá.
8 Quem tem compreensão recebe elo-
gios, mas quem tem coração perverso é
desprezado.
9 É melhor ser uma pessoa comum e
trabalhar para viver do que bancar o rico
e passar fome.
10 Os bons cuidam bem dos seus ani-
mais, porém o coração dos maus é cruel.
11 Quem cultiva a sua terra tem comida
com fartura, mas quem gasta o tempo com
coisas sem importância não tem juízo.
12 Os perversos querem viver daquilo
que os maus conseguem, mas os bons
continuam firmes fazendo o bem.
13 Os maus são apanhados na armadilha
das suas próprias palavras, mas os ho-
mens direitos conseguem sair das difi-
culdades.
14 Você será recompensado pelas coi-
sas boas que disser e receberá de volta
aquilo que fizer.
15 O tolo pensa que sempre está certo,
mas os sábios aceitam conselhos.
16 Quando o tolo é ofendido, logo todos
ficam sabendo, mas quem é prudente faz
de conta que não foi insultado.
17 Quando a verdade é dita, a justiça é
feita; mas a mentira produz a injustiça.
18 As palavras do falador ferem como
pontas de espada, mas as palavras do sá-
bio podem curar.
19 A mentira tem vida curta, mas a ver-
dade vive para sempre.
20 Aqueles que planejam o mal acaba-
rão mal, porém os que trabalham para o
bem dos outros encontrarão a felicidade.
21 Nada de ruim acontece com os ho-
mens honestos, porém os maus só encon-
tram dificuldades.
22 O SENHOR Deus detesta os mentiro-
sos, porém ama os que dizem a verdade.

23 A pessoa prudente esconde a sua sabedoria, mas os tolos anunciam a sua própria ignorância.

24 O homem esforçado mandará nos outros, mas o preguiçoso se tornará escravo.

25 As preocupações roubam a felicidade da gente, mas as palavras amáveis nos alegram.

26 Quem é direito serve de guia para o seu companheiro, porém os maus se perdem pelo caminho.

27 O preguiçoso não consegue o que deseja, mas o homem trabalhador ficará rico.

28 A honradez é o caminho para a vida, mas a falta de juízo é a estrada para a morte.

13 O filho sábio aceita os ensinamentos do pai, mas o que zomba de tudo nunca reconhece que está errado.

2 Os bons serão recompensados pelo que dizem; os traiçoeiros só desejam a violência.

3 Quem toma cuidado com o que diz está protegendo a sua própria vida, mas quem fala demais destrói a si mesmo.

4 Por mais que o preguiçoso deseje alguma coisa, ele não conseguirá, mas a pessoa esforçada consegue o que deseja.

5 Os homens honestos odeiam a mentira, porém os maus dizem coisas indecentes e vergonhosas.

6 A justiça protege os inocentes, mas a maldade do pecador o leva à desgraça.

7 Algumas pessoas não têm nada, mas fazem de conta que são ricas; outras têm muito dinheiro, mas fingem que são pobres.

8 O rico tem de usar o seu dinheiro para pagar o resgate por sua vida, mas ninguém ameaça o pobre.

9 Os homens corretos são como uma luz brilhante, porém os maus são como uma vela que está se apagando.

10 O orgulho só traz brigas; é mais sábio pedir conselhos.

11 A riqueza que é fácil de ganhar é fácil de perder; quanto mais difícil for para ganhar, mais você terá.

12 A esperança adiada faz o coração ficar doente, mas o desejo realizado enche o coração de vida.

13 Quem despreza os bons conselhos acabará mal, mas quem os segue será recompensado.

14 Os ensinamentos das pessoas sábias são uma fonte de vida; eles ajudam a evitar as armadilhas da morte.

15 Quem tem juízo ganha o respeito de todos, mas quem não merece confiança está caminhando para a desgraça.

16 O homem sensato sempre pensa antes de agir, mas o tolo anuncia a sua ignorância.

17 O mensageiro perverso causa a desgraça, mas o de confiança traz a paz.

18 Quem rejeita a correção acabará pobre e na desgraça, mas quem aceita a repreensão é respeitado.

19 Como é bom conseguir o que a gente deseja!

Os que não têm juízo não querem abandonar o mal.

20 Quem anda com os sábios será sábio, mas quem anda com os tolos acabará mal.

21 A desgraça persegue os pecadores por toda parte, porém as pessoas corretas serão recompensadas com a prosperidade.

22 O homem bom terá uma herança para deixar para os seus netos, mas a riqueza dos pecadores ficará para as pessoas honestas.

23 As terras dos pobres produzem boas colheitas, mas os homens desonestos não deixam que elas sejam aproveitadas.

24 Quem não castiga o filho não o ama. Quem ama o filho castiga-o enquanto é tempo.

25 As pessoas direitas têm bastante para comer, porém os maus passam fome.

14 A mulher sábia constrói o seu lar, mas a que não tem juízo o destrói com as próprias mãos.

2 Quem é honesto mostra que *teme o SENHOR, mas a pessoa que se desvia dos caminhos do SENHOR o está desprezando.

3 O tolo orgulhoso sofre por causa das coisas que diz, mas os sábios são protegidos pelas suas próprias palavras.

4 Quem não põe um animal para puxar o arado colhe bem pouco, mas aquele que põe colhe muito.

5 A testemunha verdadeira não mente, mas a falsa diz muitas mentiras.

6 Quem zomba de tudo quer ser sábio e não consegue, mas quem tem juízo aprende com facilidade.

7 Afaste-se das pessoas sem juízo porque gente assim não tem nada para ensinar.

8 Por que será que a pessoa ajuizada é

sábia? É porque ela sabe o que faz. Por
que será que o tolo não tem juízo? É por-
que ele apenas pensa que sabe o que faz.
9 Os tolos pecam e não se importam,
mas os bons querem ser perdoados.
10 Só você conhece a sua própria amar-
gura e você também não pode repartir a
sua alegria com os estranhos.
11 A casa dos maus será destruída, mas
a cabana dos bons continuará de pé.
12 Há caminhos que parecem certos,
mas podem acabar levando para a morte.
13 O sorriso pode esconder a tristeza;
quando a felicidade vai embora, a triste-
za já chegou.
14 Os maus terão o que merecem, mas
os bons serão recompensados pelo que
fazem.
15 A pessoa simples acredita em tudo,
mas quem tem juízo está sempre preve-
nido.
16 Quem tem juízo toma cuidado a fim
de não se meter em dificuldades, mas o
tolo é descuidado e age sem pensar.
17 Quem se zanga facilmente faz coisas
tolas, mas o sábio permanece calmo.
18 Os tolos recebem o que a sua tolice
merece, mas os ajuizados são recompen-
sados com o conhecimento.
19 Os maus terão de respeitar os bons e
pedir humildemente a sua ajuda.
20 O pobre é desprezado até pelo seu
vizinho, mas o rico tem muitos amigos.
21 Desprezar os outros é pecado, mas
aquele que faz o bem aos pobres é feliz.
22 Quem trabalha para o bem ganha a
confiança e o respeito dos outros, mas
quem trabalha para o mal está cometen-
do um erro.
23 Quem trabalha tem com o que viver,
mas quem só conversa passará necessi-
dade.
24 Os sábios são recompensados com
riquezas, mas a recompensa do tolo são
as suas próprias tolices.
25 A testemunha que diz a verdade pode
salvar vidas, mas a que diz mentiras é
traidora.
26 No *temor ao SENHOR, o homem en-
contra um forte apoio e também seguran-
ça para a sua família.
27 O temor ao SENHOR é uma fonte de
vida e ajuda a evitar as armadilhas da
morte.
28 A grandeza de um rei depende do nú-
mero de pessoas que ele governa; sem
elas ele não é nada.

Pergunte a si mesma...

A inveja pode consumir você por dentro e deixá-la louca. "Eu quero isso, então por que não posso ter?" Pergunte a si mesma sobre a inveja:

O que eu invejo nos outros?
Isso é fruto do pecado?
Quando sinto inveja, estou acusando Deus de me ignorar ou não se importar comigo?
Eu gostaria de ter algo que Deus não julga ser o melhor para mim?
Eu confio que ele me dará exatamente aquilo de que preciso?

29 A pessoa que se mantém calma é sá-
bia, mas a que facilmente perde a calma
mostra que não tem juízo.
30 A paz de espírito dá saúde ao corpo,
mas a inveja destrói como câncer.
31 Quem persegue os pobres insulta a
Deus, que os fez, mas quem é bom para
eles honra a Deus.
32 A maldade leva os maus à desgraça,
mas a honestidade protege os bons.
33 No coração das pessoas sensatas
mora a sabedoria, mas os tolos não a co-
nhecem.
34 A justiça engrandece um povo, mas
o pecado é uma desgraça para qualquer
nação.
35 Os reis recompensam os servidores
competentes, mas castigam os que não
agem bem.
15 A resposta delicada acalma o fu-
ror, mas a palavra dura aumenta
a raiva.
2 As palavras do sábio tornam o conhe-
cimento atraente, mas o tolo só diz bo-
bagens.
3 O SENHOR Deus vê o que acontece em
toda parte; ele está observando todos,
tanto os bons como os maus.
4 As palavras bondosas nos dão vida
nova, porém as palavras cruéis desani-
mam a gente.
5 Quem despreza o que o pai ensina é
tolo, mas quem aceita a sua correção é
sábio.
6 Na casa do homem direito há muita

Uma oração por...

Contentamento

Pai Celestial, se devo passar necessidades, ficar sem roupas bonitas e viver na pobreza, faz meu coração valorizar teu amor, conhecê-lo e ser constrangido por ele, ainda que todas as bênçãos me sejam negadas. Tu tens o direito de me afligir e me provar com necessidades, porque, por meio destas provações, posso ver meus pecados e aprender a não desejar envolvimento com eles. Faz-me aceitar de bom grado as adversidades, as dores e as tentações, se eu puder por elas perceber o pecado como o maior dos males e ser liberta dele, com gratidão a ti, reconhecendo-as como o testemunho maior de teu amor.

Quando teu Filho, Jesus, entrou em minha alma, no lugar do pecado, ele se tornou mais querido para mim do que o pecado jamais foi; seu governo bondoso ocupou o lugar da tirania do pecado. Ensina-me a crer que, se eu quiser vencer o pecado, não só tenho de me esforçar para vencê-lo, mas também convidar Cristo para viver em seu lugar, e ele prevalecerá por mim diante de minha terrível concupiscência; que sua doçura, poder e vida possam estar ali no lugar dela. Devo buscar nele a bondade que é contrária ao pecado, em vez de reivindica-la à parte dele.

Quando eu temer os males que estão por vir, conforta-me ao mostrar-me que, em mim mesma, sou uma infeliz condenada e moribunda, mas, em Cristo, estou viva e restaurada; que, em mim mesma, não encontro suficiência nem descanso, mas, em Cristo, tenho satisfação e paz; que, em mim mesma, sou fraca e incapaz de fazer o bem, mas, em Cristo, tenho a capacidade de fazer todas as coisas. Embora eu tenha agora tua visão em parte, logo irei tê-la perfeitamente, naquele estado em que tu te mostrarás totalmente reconciliado e *suficiente, amando-me completamente*, depois de abolido meu pecado. Ó Senhor, que esse dia chegue logo!

Amém.

prosperidade, mas o lucro dos maus traz
dificuldades.
7 Quando os sábios falam, eles espalham conhecimento, mas isso não acontece com os tolos.
8 O SENHOR detesta os *sacrifícios que
os maus lhe oferecem, porém se alegra
com a oração dos bons.
9 O SENHOR detesta a maneira de viver
dos maus, porém ama a quem faz o que
é direito.
10 Quem abandona o caminho do bem
será severamente castigado, e quem odeia
ser corrigido morrerá.
11 Se o SENHOR sabe o que acontece até
mesmo no *mundo dos mortos, como poderá alguém esconder dele os seus pensamentos?
12 O homem vaidoso não gosta de quem
o corrige; ele nunca pede conselhos aos
sábios.
13 A alegria embeleza o rosto, mas a tristeza deixa a pessoa abatida.
14 Quem é sábio procura aprender, mas
os tolos estão satisfeitos com a sua própria ignorância.
15 Todos os dias são difíceis para os que
estão aflitos, mas a vida é sempre agradável para as pessoas que têm coração
alegre.
16 É melhor ser pobre e *temer a Deus, o
SENHOR, do que ser rico e infeliz.
17 É melhor comer verduras na companhia de quem a gente ama do que comer
a melhor carne onde existe ódio.
18 A pessoa de mau gênio sempre causa problemas, mas a que tem paciência
traz a paz.
19 O preguiçoso encontra dificuldades
por toda parte, mas para a pessoa correta a vida não é tão difícil.
20 O filho sábio dá alegria ao seu pai,
mas o filho sem juízo despreza a sua mãe.
21 O tolo se diverte com as suas tolices,
mas o sábio faz o que é certo.
22 Sem conselhos os planos fracassam,
mas com muitos conselheiros há sucesso.
23 Saber dar uma resposta é uma alegria; como é boa a palavra certa na hora
certa!
24 A pessoa sábia não desce pelo caminho da morte, mas sobe pela estrada da
vida.
25 O SENHOR Deus derruba a casa dos
orgulhosos, mas protege a propriedade
da viúva.

26 O SENHOR detesta os pensamentos dos maus, mas gosta de palavras bondosas.

27 Quem procura ficar rico por meios desonestos põe a sua família em dificuldades; quem odeia o *suborno viverá mais.

28 As pessoas corretas pensam antes de responder; as pessoas más respondem logo, porém as suas palavras causam problemas.

29 O SENHOR está longe dos maus, porém ouve a oração de quem é correto.

30 Um olhar amigo alegra o coração; uma boa notícia faz a gente sentir-se bem.

31 Aquele que aceita a repreensão justa andará na companhia dos sábios.

32 Quem rejeita conselhos prejudica a si mesmo, mas quem aceita a correção fica mais sábio.

33 Quem teme o SENHOR está aprendendo a ser sábio; quem é humilde é respeitado.

16 As pessoas podem fazer seus planos, porém é o SENHOR Deus quem dá a última palavra.

2 Você pode pensar que tudo o que faz é certo, mas o SENHOR julga as suas intenções.

3 Peça a Deus que abençoe os seus planos, e eles darão certo.

4 O SENHOR fez tudo para certos fins, e o fim dos maus é a desgraça.

5 O SENHOR detesta todos os orgulhosos; eles não escaparão do castigo, de jeito nenhum.

6 Quem é bom e fiel recebe o perdão do seu pecado, e quem *teme o SENHOR escapa do mal.

7 Se a nossa maneira de viver agrada a Deus, ele transforma os nossos inimigos em amigos.

8 Ser honesto e ter pouco é melhor do que ter muito lucro com desonestidade.

9 A pessoa faz os seus planos, mas quem dirige a sua vida é Deus, o SENHOR.

10 O rei fala com autoridade divina; ele não erra nos seus julgamentos.

11 O SENHOR fez os pesos e as medidas; por isso quer que sejam usados com honestidade.

12 Os reis não toleram o mal porque o que torna forte um governo é a justiça.

13 O rei se alegra em ouvir a verdade e ama os que dizem coisas certas.

14 Quando o rei fica com raiva, há perigo de morte, mas o sábio o acalma.

15 Quando o rei fica contente, há vida; a sua bondade é como a chuva da primavera.

16 É melhor conseguir sabedoria do que ouro; é melhor ter conhecimento do que prata.

17 As pessoas honestas se desviam do caminho do mal; quem tem cuidado com a sua maneira de agir salva a sua vida.

18 O orgulho leva a pessoa à destruição, e a vaidade faz cair na desgraça.

19 É melhor ter um espírito humilde e estar junto com os pobres do que participar das riquezas dos orgulhosos.

20 Quem presta atenção no que lhe ensinam terá sucesso; quem confia no SENHOR será feliz.

21 Quem tem coração sábio é conhecido como uma pessoa compreensiva; quanto mais agradáveis são as suas palavras, mais você consegue convencer os outros.

22 A sabedoria é uma fonte de vida para os sábios, mas os tolos só aprendem tolices.

23 O homem sábio pensa antes de falar; por isso o que ele diz convence mais.

24 As palavras bondosas são como o mel: doces para o paladar e boas para a saúde.

25 Há caminhos que parecem certos, mas podem acabar levando para a morte.

26 O apetite faz o homem trabalhar com vontade, pois ele trabalha para matar a fome.

27 Os maus procuram meios de fazer o mal; até as suas palavras queimam como fogo.

28 Os maus provocam discussões, e quem fala mal dos outros separa os maiores amigos.

29 O homem violento engana os seus amigos e os leva para o mau caminho.

30 Cuidado com quem sorri e pisca maliciosamente; essa pessoa está com más intenções.

31 Uma vida longa é a recompensa das pessoas honestas; os seus cabelos brancos são uma coroa de *glória.

32 Vale mais ter paciência do que ser valente; é melhor saber se controlar do que conquistar cidades inteiras.

33 Os homens jogam os dados sagrados para tirar a sorte, mas quem resolve mesmo é Deus, o SENHOR.

17 É melhor comer um pedaço de pão seco, tendo paz de espírito, do

DEVOCIONAL

Texto para leitura: **Provérbios 16:18-19**

Saiba como se comunicar

A humildade é o fundamento de uma vida santa. Sem ela, você não pode confessar seus pecados nem pedir a Jesus para salvá-la. Ela é o princípio de toda justiça e, por isso, é fundamental para a Garota de Deus. Mas o que acontece quando você é humilhada por uma pessoa má ou arrogante?

Quando você se depara com o pecado do orgulho em outra pessoa, seu primeiro instinto não é a santidade. A reação natural do ser humano é a retaliação ou vingança. Na verdade, o pecado de outras pessoas pode se tornar uma desculpa para seu pecado, se você não tiver cuidado. "Mas foi ela que começou!" ou "Como ele se atreve!?", você diz, e o jogo começa! Quando os outros pecam, seu senso de justiça entra em ação, e as últimas coisas que passam por sua cabeça são mansidão e obediência. É assim que as coisas começam: brigas, discussões, amargura. Relacionamentos problemáticos começam com falta de humildade, o que nos impede de encontrar paz quando os outros estão pecando. É como se sua mente decidisse não ser justo que você tenha de ser boa quando eles estão sendo tão maus. Mas esse é o pensamento humano, não divino. Se a lei de Deus dependesse das ações dos outros, então até os pagãos seriam considerados obedientes (veja Mateus 5:46-48). Mas a lei de Deus não depende do que as pessoas fazem, mas de quem o Senhor é.

Em qualquer relacionamento, é fundamental que você, como uma Garota de Deus, saiba o que Deus ordena, em vez de confiar no que as outras pessoas fazem. Em cada batalha, é preciso escolher o que Deus quer que você escolha, mesmo se o resultado for sua humilhação. Parece algo ilógico, mas as pessoas ruins não são transformadas quando você retalia, mas sim quando ora. Então, busque a Deus em oração, em vez de procurar essas pessoas com raiva. Confie que a lei de Deus é boa, ainda que pareça injusta. E você se verá com tanta paz que não saberá o que fazer com ela.

que ter um banquete numa casa cheia de brigas.
[2] O escravo sábio mandará no filho que envergonhou o pai e também receberá uma parte da herança.
[3] O ouro e a prata são provados pelo fogo, mas é o SENHOR Deus quem mostra o que as pessoas realmente são.
[4] Os maus ouvem com atenção as coisas más, e os mentirosos gostam de ouvir mentiras.
[5] Quem caçoa do pobre insulta a Deus, que o fez; quem se alegra com a desgraça dos outros será castigado.
[6] Assim como os avós se orgulham dos netos, os filhos se orgulham dos pais.
[7] É mais fácil um tolo dizer alguma coisa que se aproveite do que um homem de respeito dizer uma mentira.
[8] Alguns pensam que, com dinheiro, podem comprar qualquer pessoa; acham que o *suborno é uma coisa mágica.
[9] Quem perdoa uma ofensa mostra que tem amor, mas quem fica lembrando o assunto estraga a amizade.
[10] Quem tem juízo aprende mais com uma repreensão do que o tolo, com cem chicotadas.
[11] As pessoas revoltadas estão sempre criando problemas; por isso a morte virá para elas como um mensageiro cruel.
[12] É melhor encontrar uma ursa da qual roubaram os filhotes do que um homem sem juízo, ocupado com as suas tolices.
[13] Quem paga o bem com o mal não afastará o mal da sua casa.
[14] O começo de uma briga é como a

primeira rachadura numa represa: é bom parar antes que a coisa piore.

15 Há duas coisas que o SENHOR Deus detesta: que o inocente seja condenado e que o culpado seja declarado inocente.

16 Não adianta nada o tolo gastar dinheiro para conseguir a sabedoria porque ele não aprende nada mesmo.

17 O amigo ama sempre e na desgraça ele se torna um irmão.

18 Somente um tolo aceitaria ficar como fiador do seu vizinho.

19 As pessoas revoltadas gostam de briga, e quem vive se gabando está correndo para a desgraça.

20 Quem vive pensando e dizendo coisas más não pode esperar nada de bom, mas só a desgraça.

21 O pai de filhos sem juízo só tem tristezas e sofrimentos.

22 A alegria faz bem à saúde; estar sempre triste é morrer aos poucos.

23 Os juízes desonestos se vendem por dinheiro e por isso são injustos nas suas sentenças.

24 Quem tem juízo procura a sabedoria, mas o tolo não sabe o que quer.

25 O filho sem juízo é tristeza para o seu pai e amargura para a sua mãe.

26 Não é bom multar um homem correto; não é certo castigar os líderes honestos.

27 Quem controla as suas palavras é sábio, e quem mantém a calma mostra que é inteligente.

28 Até um tolo pode passar por sábio e inteligente se ficar calado.

18 Quem não gosta de estar na companhia dos outros só está interessado em si mesmo e rejeita todos os bons conselhos.

2 O tolo não se interessa em aprender, mas só em dar as suas opiniões.

3 Os maus são desprezados, e quem suja o seu próprio nome passa vergonha.

4 A linguagem humana é profunda como o mar, e as palavras dos sábios são como os rios que nunca secam.

5 Não é certo dar razão ao culpado, deixando de fazer justiça ao inocente.

6 Quando o tolo começa uma discussão, o que ele está pedindo é uma surra.

7 Quando o tolo fala, ele causa a sua desgraça, pois acaba caindo na armadilha das suas próprias palavras.

8 Os mexericos são tão deliciosos! Como gostamos de saboreá-los!

9 O trabalhador relaxado é companheiro daquele que desperdiça.

10 O nome do SENHOR é como uma torre forte para onde as pessoas direitas vão e ficam em segurança.

11 O rico pensa que a sua riqueza o protege como as muralhas altas e fortes em volta de uma cidade.

12 A pessoa orgulhosa está a caminho da desgraça, mas a humilde é respeitada.

13 Quem responde antes de ouvir mostra que é tolo e passa vergonha.

14 A vontade de viver mantém a vida de um doente, mas, se ele desanima, não existe mais esperança.

15 A pessoa sábia está sempre ansiosa e pronta para aprender.

16 Você quer falar com alguém importante? Leve um presente, e será fácil.

17 Aquele que é o primeiro a fazer a sua defesa parece ter razão, mas só até que a outra pessoa comece a lhe fazer perguntas.

18 Quando os poderosos se enfrentam no tribunal, tirar a sorte com os dados sagrados pode resolver a questão.

19 É mais difícil ganhar de novo a amizade de um amigo ofendido do que conquistar uma fortaleza; as discussões estragam as amizades.

20 Você terá de aguentar as consequências de tudo o que disser.

21 O que você diz pode salvar ou destruir uma vida; portanto, use bem as suas palavras e você será recompensado.

22 Quem acha uma esposa encontra a felicidade: recebeu uma bênção de Deus, o SENHOR.

23 O pobre pede licença para falar, mas o rico responde com grosseria.

24 Algumas amizades não duram nada, mas um verdadeiro amigo é mais chegado que um irmão.

19 É melhor ser pobre e honesto do que mentiroso e tolo.

2 Agir sem pensar não é bom; quem se apressa erra o caminho.

3 A falta de juízo é o que faz a pessoa cair na desgraça; no entanto ela põe a culpa em Deus, o SENHOR.

4 Os ricos arranjam muitos amigos, mas o pobre não consegue nem conservar os poucos que tem.

5 A falsa testemunha não poderá escapar do castigo.

6 Todos procuram agradar as pessoas

importantes; todos querem ser amigos
de quem dá presentes.
7 Se o pobre é desprezado até pelos seus
próprios irmãos, não é de admirar que os
seus amigos se afastem dele. Ele se cansa
de procurar os amigos, mas eles não se
importam com ele.
8 Quem procura ter sabedoria ama a sua
vida, e quem age com inteligência encon-
tra a felicidade.
9 A falsa testemunha é castigada e cer-
tamente será condenada à morte.
10 Não é bom que os tolos vivam no luxo,
nem que os escravos governem os prín-
cipes.
11 A pessoa sensata controla o seu gê-
nio, e a sua grandeza é perdoar quem a
ofende.
12 A raiva do rei é como o rugido de um
leão, mas a sua bondade é como o orva-
lho sobre as plantas.
13 Um filho sem juízo pode levar o pai à
desgraça. Uma esposa que vive resmun-
gando é como água que pinga sem parar.
14 Um homem pode herdar dos seus
pais casa e dinheiro, mas só Deus pode
dar uma esposa sensata.
15 Quem é preguiçoso e dorminhoco
acabará passando fome.
16 Quem obedece às *leis de Deus vive
mais; quem despreza os seus ensinamen-
tos morrerá.
17 Ser bondoso com os pobres é empres-
tar ao SENHOR, e ele nos devolve o bem
que fazemos.
18 Corrija os seus filhos enquanto eles
têm idade para aprender; mas não os
mate de pancadas.
19 Deixe que a pessoa de mau gênio so-
fra as consequências disso, pois, se você
a ajudar uma vez, terá de ajudar de novo.
20 Ouça os conselhos e esteja pronto
para aprender; assim, um dia você será
sábio.
21 As pessoas fazem muitos planos, mas
quem decide é Deus, o SENHOR.
22 O que se espera de uma pessoa é que
seja fiel; é melhor ser pobre do que men-
tiroso.
23 Quem *teme o SENHOR terá uma vida
longa, feliz e tranquila.
24 Existe gente que tem preguiça até de
pôr a comida na própria boca.
25 Os orgulhosos devem ser castigados

DEVOCIONAL

Texto para leitura: **Provérbios 19:13-25**

Conheça a Deus

Você está espiritualmente preguiçosa? É fácil se ocupar e ficar cheia de energia para a vida a ponto de não restar forças para as coisas espirituais. Mas, se você quiser mais fé, mais esperança, mais paz — se quiser mais de Deus e da presença dele —, então, você não pode se dar ao luxo de ter preguiça. Sua alma ficará com fome se você se permitir ficar espiritualmente preguiçosa (veja Provérbios 19:15).

A preguiça espiritual começa quando você não tem energia para amar a Deus com todo o coração, alma, mente e força. E ela continua quando você está muito abatida ou exausta para se levantar e fazer o que sabe que Deus está lhe pedindo. Quando você vê uma necessidade e não a supre, quando você ouve um pedido de ajuda e está ocupada demais para responder, a preguiça espiritual irá distraí-la e confortá-la no momento. Mas, ao ficar na cama meia hora a mais, em vez de se levantar cedo para passar tempo com Deus, você perde a oportunidade de ouvi-lo. Ao deixar de ler a Bíblia para sair e se divertir, você perde a chance de receber mais dele em sua vida. Toda vez que cair na armadilha da preguiça espiritual, você está se recusando a alimentar *sua alma, e, consequentemente,* ela *fica* fraca e com medo. Guarde o coração, a mente e a alma, conscientizando-se de sua tendência de escolher o caminho mais fácil, e não a devoção e a disciplina.

para que as pessoas simples aprendam uma lição de humildade; quem é sábio aprende quando é corrigido.

26 Quem maltrata o seu pai ou toca a sua mãe de casa não tem vergonha e não presta.

27 Filho, se você parar de aprender, logo esquecerá o que sabe.

28 A testemunha de mau caráter zomba da justiça. Os maus têm fome de fazer o mal.

29 Mais cedo ou mais tarde quem zomba dos outros será julgado, e quem não tem juízo será castigado.

20 Quem bebe demais fica barulhento e caçoa dos outros; o escravo da bebida nunca será sábio.

2 A raiva do rei é como o rugido de um leão; quem provoca o rei arrisca a vida.

3 Qualquer tolo pode começar uma briga; quem fica fora dela é que merece elogios.

4 O lavrador preguiçoso, que não ara as suas terras no tempo certo, não terá nada para colher.

5 Os pensamentos de uma pessoa são como água em poço fundo, mas quem é inteligente sabe como tirá-los para fora.

6 Todos dizem que são bons e fiéis, mas tente achar alguém que realmente seja!

7 Como são felizes os filhos de um pai honesto e direito!

8 Quando o rei senta para julgar, ele logo vê o que está errado.

9 Será que alguém pode dizer que tem a consciência limpa e que já se livrou dos seus pecados?

10 O Senhor Deus detesta quem usa medidas e pesos desonestos.

11 A criança mostra o que é pelo que faz; pelos seus atos a gente pode saber se ela é honesta e boa.

12 O Senhor nos deu olhos para ver e ouvidos para ouvir.

13 Se você gastar o seu tempo dormindo, acabará pobre; trabalhe e terá comida com fartura.

14 Está muito caro — diz o comprador, mas depois sai e se gaba de ter feito um ótimo negócio.

15 Há muito ouro e muitas pedras preciosas; mas falar com conhecimento, isso, sim, é uma joia de valor.

16 Quem aceita ser fiador de um estranho deve dar a sua roupa como garantia de pagamento.

17 A comida que se consegue desonestamente pode ser muito gostosa, mas depois será como areia na boca.

18 Procure bons conselhos e você terá sucesso; não entre na batalha sem antes fazer planos.

19 O mexeriqueiro espalha os segredos; por isso fique longe de quem fala demais.

20 Se você amaldiçoar os seus pais, a sua vida terminará como uma lâmpada que se apaga na escuridão.

21 A riqueza que é ganha facilmente não faz bem à gente.

22 Não seja vingativo; confie em Deus, o Senhor, e ele fará justiça a você.

23 O Senhor detesta quem usa medidas e pesos desonestos.

24 Se é o Senhor quem dirige os nossos passos, como poderemos entender a nossa vida?

25 Pense bem antes de prometer alguma coisa a Deus, pois você poderá se arrepender depois.

26 O rei sábio descobre quem está fazendo o mal e o castiga sem piedade.

27 O Senhor deu aos seres humanos inteligência e consciência; ninguém pode se esconder de si mesmo.

28 Um governo continuará no poder enquanto for humano, justo e honesto.

29 A beleza dos jovens está na sua força, e o enfeite dos velhos são os seus cabelos brancos.

30 Os castigos curam a maldade da gente e melhoram o nosso caráter.

21 Para o Senhor Deus, controlar a mente de um rei é tão fácil como dirigir a correnteza de um rio.

2 Se você pensa que tudo o que faz é certo, lembre que o Senhor julga as suas intenções.

3 Faça o que é direito e justo, pois isso agrada mais a Deus do que lhe oferecer *sacrifícios.

4 Os maus são dominados pelo orgulho e pela vaidade, e isso é pecado.

5 Quem planeja com cuidado tem fartura, mas o apressado acaba passando necessidade.

6 A riqueza que é ganha desonestamente acaba logo e é uma armadilha mortal.

7 Os maus são destruídos pela sua própria violência porque se negam a fazer o que é direito.

8 O culpado segue caminhos errados, mas o inocente faz o que é direito.

Pergunte a si mesma...

Eu já vi um estranho necessitado e passei de lado porque fiquei acanhada ou com medo?
Se um estranho estivesse chorando no ônibus ao meu lado, eu tentaria consolá-lo?
Se eu conhecesse uma menina que não tivesse roupas bonitas e eu soubesse que ela não tinha nada para usar numa festa, eu lhe daria uma roupa minha?
Eu tenho muito medo de ajudar pessoas necessitadas?
O que me deixa com medo?
Como Deus vê meu medo?
O que Deus diz que acontecerá se eu me recusar a ajudar pessoas necessitadas (veja Provérbios 21:13)?

9 É melhor morar no fundo do quintal
do que dentro de casa com uma mulher
briguenta.
10 Os maus têm fome do mal; eles não
têm pena de ninguém.
11 Quando o zombador é castigado, as
pessoas sem experiência aprendem uma
lição. Quando se ensina o sábio, o seu co-
nhecimento é aumentado.
12 Deus, que é justo, observa os maus e
os faz cair na desgraça.
13 Quem recusar ouvir o grito do pobre
também gritará e não será ouvido.
14 Dê um presente em segredo a quem
estiver zangado com você, e a raiva dele
acabará.
15 Quando se faz justiça, os bons ficam
felizes, porém os maus ficam apavorados.
16 Quem se afasta do bom senso está ca-
minhando para a morte.
17 Quem ama os prazeres passará neces-
sidade; quem ama o vinho e a boa comida
nunca ficará rico.
18 As pessoas honestas ficam livres da
angústia, e os maus sofrem em lugar dos
bons.
19 É melhor morar no deserto do que
com uma mulher que vive resmungando
e se queixando.
20 O homem sensato tem o suficiente
para viver na riqueza e na fartura, mas o
insensato não, porque gasta tudo o que
ganha.
21 Quem é bondoso e direito terá uma
vida longa e será tratado com respeito
e justiça.
22 Uma pessoa inteligente pode con-
quistar uma cidade defendida por ho-
mens fortes e destruir as muralhas em
que eles confiavam.
23 Se você não quer se meter em difi-
culdades, tome cuidado com o que diz.
24 Chamamos de zombador o homem
vaidoso que trata os outros com orgulho
e desprezo.
25 O preguiçoso morre desejando mui-
tas coisas porque se nega a trabalhar;
26 ele passa o dia inteiro pensando no que
gostaria de ter. Mas a pessoa de caráter
tem o que dar e dá com prazer.
27 Deus detesta os sacrifícios que os
maus lhe oferecem, especialmente quan-
do oferecem com más intenções.
28 A testemunha falsa será condenada à
morte, mas a palavra da pessoa que cos-
tuma ouvir bem as coisas será aceita.
29 O homem direito tem confiança em si
mesmo, porém o mau só finge que tem.
30 A sabedoria, a inteligência e o enten-
dimento das pessoas não são nada na pre-
sença do SENHOR.
31 Os homens aprontam os cavalos para
a batalha, mas quem dá a vitória é Deus,
o SENHOR.

22 O bom nome vale mais do que mui-
ta riqueza; ser estimado é melhor
do que ter prata e ouro.
2 Não existe diferença entre o rico e o
pobre porque foi o SENHOR Deus quem
fez os dois.
3 A pessoa sensata vê o perigo e se es-
conde; mas a insensata vai em frente e
acaba mal.
4 Quem *teme o SENHOR e é humilde
consegue riqueza, prestígio e vida longa.
5 No caminho dos maus existem arma-
dilhas e dificuldades; quem dá valor à
vida se afasta deles.
6 Eduque a criança no caminho em que
deve andar, e até o fim da vida não se des-
viará dele.
7 Os ricos mandam nos pobres, e quem
toma emprestado é escravo de quem em-
presta.
8 Quem semeia a maldade colhe a

desgraça e será castigado pelo seu pró-
prio ódio.
9 Quem é bondoso será abençoado por-
que reparte a sua comida com os pobres.
10 Mande embora a pessoa orgulhosa,
e acabarão os desentendimentos, as dis-
cussões e os xingamentos.
11 Quem ama a sinceridade e sabe falar
bem terá a amizade do rei.
12 O SENHOR Deus está alerta para de-
fender a verdade e atrapalhar os planos
dos mentirosos.
13 O preguiçoso fica em casa e diz: “Se
eu sair, o leão me pega.”
14 O adultério é uma armadilha onde
caem as pessoas que o SENHOR detesta.
15 É natural que as crianças façam toli-
ces, mas a correção as ensinará a se com-
portarem.
16 Quem enriquece à custa dos pobres
ou dando presentes aos ricos acabará fi-
cando pobre.

Trinta provérbios dos sábios

17 Preste atenção, e eu lhe ensinarei o
que os sábios disseram. Estude os seus en-
sinamentos, 18 e será um prazer para você
lembrar deles e recitá-los. 19 Vou lhe ensi-
nar agora estes provérbios para que você
ponha a sua confiança em Deus. 20 Tomei
nota de trinta provérbios para você. Eles
contêm conhecimentos e bons conselhos,
21 que o ajudarão a saber o que é certo e
direito. E assim, quando lhe fizerem per-
guntas, você saberá dar a resposta certa.

— 1 —

22 Não tire vantagem do pobre só por-
que ele é pobre, nem se aproveite daque-
les que não tiverem quem os defenda no
tribunal. 23 Pois o SENHOR defenderá a
causa deles e ameaçará a vida de quem
os ameaçar.

— 2 —

24 Não faça amizade com pessoas gros-
seiras ou violentas; 25 você poderá pegar
os seus maus costumes e depois não con-
seguirá livrar-se deles.

— 3 —

26 Não aceite ser fiador de ninguém
27 porque, se você não puder pagar a dí-
vida, levarão embora até a sua cama.

— 4 —

28 Não mude de lugar os marcos de di-
visa de terras que os seus antepassados
colocaram.

— 5 —

29 Você conhece alguém que faz bem o
seu trabalho? Saiba que ele é melhor do
que a maioria e merece estar na compa-
nhia de reis.

— 6 —

23 Quando você for jantar com alguém
importante, não esqueça quem ele
é. 2 Se você é guloso, controle-se. 3 Não te-
nha pressa de comer a boa comida que
ele serve, pois ele pode estar querendo
enganar você.

— 7 —

4 Não se mate de trabalhar, tentando fi-
car rico, 5 nem pense demais nisso. Pois
o seu dinheiro pode sumir de repente,
como se tivesse criado asas e voado para
longe como uma águia.

— 8 —

6 Não coma na casa de um homem mi-
serável, nem tenha pressa de comer a boa
comida que ele serve. 7 “Coma um pouco
mais”, diz ele, mas não está sendo since-
ro. 8 O jeito dele fará com que você fique
enjoado. Você vomitará o pouco que co-
meu, e todos os seus elogios ficarão des-
perdiçados.

— 9 —

9 Não perca tempo falando com um tolo,
porque ele desprezará a sua conversa in-
teligente.

— 10 —

10 Não mude de lugar uma divisa anti-
ga, nem tome posse de terras que perten-
cem a órfãos. 11 Deus é o poderoso defen-
sor dos órfãos e defenderá a causa deles
contra você.

— 11 —

12 Preste atenção no que lhe ensinam e
aprenda o mais que puder.

— 12 —

13 Não deixe de corrigir a criança. Umas
palmadas não a matarão. 14 Para dizer a
verdade, poderão até livrá-la da morte.

— 13 —

15 Meu filho, se você se tornar sábio, eu
ficarei muito feliz. 16 Eu me sentirei or-
gulhoso quando ouvir você falar com sa-
bedoria.

— 14 —

17 Não tenha inveja dos pecadores.

Pergunte a si mesma...

Seus pensamentos dizem muita coisa sobre sua alma. Se você ama a Deus e crê que a Palavra dele é verdadeira, então pergunte a si mesma se existe algum pecado em seus pensamentos:

Eu quero o que os outros têm?
Estou pensando em alguma coisa que é uma queixa?
Estou cobiçando algo em meus pensamentos?
Tenho algum pensamento egoísta em relação a alguém?
Eu me acho melhor que os outros?
Para mim, é preciso ter conforto para ser feliz?
Eu me preocupo demais com as coisas?
Duvido do poder, da proteção ou do perdão de Deus?

Ao examinar a Palavra de Deus, você começará a ver áreas em sua vida nas quais você tem deixado o pecado entrar. Se você respondeu sim para qualquer uma dessas perguntas, então você precisa confessar seu pecado, arrepender-se e voltar a pensar em tudo o que é verdadeiro, digno e correto (veja Filipenses 4:8).

Procure respeitar e obedecer a Deus to-
dos os dias da sua vida. 18 Assim, o seu
futuro será brilhante, e você não perde-
rá a esperança.

— 15 —

19 Escute, meu filho. Seja sábio e pen-
se seriamente na sua maneira de viver.
20 Não ande com gente que bebe demais,
nem com quem come demais. 21 Porque
tanto os beberrões como os comilões vi-
vem com sono e acabam na pobreza, ves-
tindo trapos.

— 16 —

22 Escute o seu pai, pois você lhe deve
a vida; e não despreze a sua mãe quando
ela envelhecer. 23 Compre a verdade, a sa-
bedoria, a instrução e o bom senso, mas
não venda nenhum deles. 24 O pai que tem
um filho correto e sábio ficará muito fe-
liz e se orgulhará dele. 25 Faça que o seu
pai se alegre por causa de você; dê à sua
mãe esse prazer.

— 17 —

26 Meu filho, preste bem atenção no que
eu digo e siga o exemplo da minha vida.
27 As prostitutas e as mulheres imorais
são uma armadilha perigosa e sem saí-
da. 28 Como um ladrão, elas esperam pe-
las suas vítimas e tornam muitos homens
infiéis.

— 18 —

29 Quem é que grita de dor? Para quem
são as tristezas? Quem é que vive brigan-
do e se queixando? Quem é que tem os
olhos vermelhos e ferimentos que po-
diam ter sido evitados? 30 É aquele que
bebe demais e anda procurando bebidas
misturadas. 31 Não fique olhando para o
vinho que brilha no copo, com a sua cor
vermelha, e desce suavemente. 32 Pois no
fim ele morde como uma cobra venenosa.
33 Você verá coisas esquisitas e falará to-
lices. 34 Você se sentirá como se estivesse
no meio do mar, enjoado, balançando no
alto do mastro de um navio. 35 Então você
dirá: "Alguém deve ter batido em mim;
acho que levei uma surra, mas não lem-
bro. Por que não consigo levantar? Pre-
ciso de mais um gole."

— 19 —

24 Não tenha inveja dos maus, nem
procure ter amizade com eles.
2 Eles só pensam em violências e, quan-
do falam, é para ferir alguém.

— 20 —

3 Com a sabedoria se constrói o lar e
sobre a prudência ele se firma. 4 Na casa
da pessoa sábia os quartos ficam cheios
de coisas bonitas e de valor.

— 21 —

5 Ser sábio é melhor do que ser forte; o
conhecimento é mais importante do que a
força. 6 Afinal, antes de entrar numa bata-
lha, é preciso planejar bem, e, quando há
muitos conselheiros, é mais fácil vencer.

— 22 —

7 Os provérbios dos sábios são profun-
dos demais para serem entendidos pe-
los tolos; quando são discutidos assun-
tos importantes, os tolos não têm nada
para dizer.

— 23 —

8 Quem planeja o mal será chamado de
“criador de problemas”. 9 Os planos dos
que não têm juízo são pecados. Todos
odeiam quem vive zombando dos outros.

— 24 —

10 Quem é fraco numa crise é realmen-
te fraco.

— 25 —

11 Procure salvar quem está sendo ar-
rastado para a morte. 12 Você pode dizer
que o problema não é seu, mas Deus co-
nhece o seu coração e sabe os seus moti-
vos. Ele pagará de acordo com o que cada
um fizer.

— 26 —

13 Meu filho, coma mel, pois o mel faz
bem. Assim como o favo de mel é doce na
sua língua, 14 assim também a sabedoria
é boa para a sua alma. Se você a conse-
guir, terá um bom futuro e não perderá
a esperança.

— 27 —

15 Você, homem perverso, não fique es-
piando a casa do homem honesto para
assaltá-la. 16 A pessoa honesta pode cair
muitas vezes, que sempre se levanta de
novo. Mas a desgraça acaba com os maus.

— 28 —

17 Não fique contente quando o seu ini-
migo cair na desgraça. 18 O SENHOR Deus
vai saber que você ficou contente com
isso e não vai gostar. E ele poderá parar
de castigar esse inimigo.

— 29 —

19 Não se revolte por causa dos maus,
nem tenha inveja deles. 20 Os pecadores
não têm futuro; eles são como uma luz
que está se apagando.

— 30 —

21 Meu filho, *tema a Deus, o SENHOR, e
respeite as autoridades. Não se envolva
com as pessoas que se revoltam contra
eles, 22 pois num instante elas podem se
arruinar. Você pode fazer uma ideia da
destruição que Deus ou as autoridades
podem causar?

Mais alguns provérbios dos sábios

23 Estas coisas também foram ditas por
homens sábios:
O juiz não deve favorecer ninguém. 24 Se
ele declarar inocente um homem que é
culpado, será amaldiçoado e odiado por
todos. 25 Porém os juízes que castigam o
culpado receberão bênçãos e gozarão de
boa fama.
26 A resposta sincera é sinal de uma
amizade verdadeira.
27 Não construa a sua casa, nem forme
o seu lar até que as suas plantações es-
tejam prontas e você esteja certo de que
pode ganhar a vida.
28 Se você não tiver motivo, não seja
testemunha contra o seu vizinho, nem
fale mal dele. 29 Nunca diga: “Vou lhe pa-
gar com a mesma moeda. Vou acertar as
contas com ele!”
30 Eu andei pelos campos e plantações
de uva de um homem tolo e preguiçoso.
31 Tudo estava cheio de espinhos e coberto
de mato, e o muro de pedras havia caído.
32 Olhei para aquilo, pensei bem e apren-
di a seguinte lição: 33 Durma um pouco
mais, cruze os braços e descanse mais
um pouco; 34 mas, enquanto você estiver
dormindo, a pobreza o atacará como um
ladrão armado.

Mais provérbios de Salomão

25 Aqui estão mais alguns provérbios
de Salomão, escolhidos e copiados
por homens que estavam a serviço do rei
Ezequias, de Judá.
2 Respeitamos a Deus por causa daquilo
que ele esconde de nós; e respeitamos as
autoridades por causa daquilo que elas
nos explicam.
3 Você nunca sabe o que um rei está
pensando; os pensamentos dele estão
fora do nosso alcance, assim como as al-
turas do céu ou as profundezas da terra.
4 Purifique a prata, e o artista poderá
fazer uma obra de arte. 5 Afaste do rei os
maus conselheiros porque o que torna
forte um governo é a justiça.
6 Quando você estiver diante das au-
toridades, não se faça de importante. 7 É
melhor que depois lhe deem um lugar de
honra do que você ser humilhado na pre-
sença das autoridades.
8 Não tenha pressa de ir ao tribunal
para contar o que você viu. Se mais tar-
de outra testemunha provar que você está
errado, o que é que você vai fazer?
9 Defenda a sua causa contra o seu vizi-
nho, mas não revele nada que alguém lhe
tenha contado a respeito do assunto. 10 Do
contrário todos ficarão sabendo que você
não consegue guardar segredos, e você
nunca mais se livrará desta vergonha.

11 A palavra certa na hora certa é como
um desenho de ouro feito em cima de
prata.
12 Quando alguém está querendo apren-
der, o conselho de uma pessoa experiente
vale mais do que anéis de ouro ou joias
de ouro puro.
13 Como água fresca no calor do tempo
da colheita, assim o mensageiro de con-
fiança reanima quem o mandou.
14 Quem promete e não dá é como a nu-
vem e o vento que não trazem chuva.
15 A paciência convence até as autori-
dades; a perseverança pode vencer qual-
quer dificuldade.
16 Não coma mel demais, pois você pode
vomitar. 17 Não vá a toda hora à casa do
vizinho, pois ele pode se cansar e acabar
ficando com raiva de você.
18 A pessoa que diz mentiras a respei-
to dos outros é tão perigosa quanto uma
espada, um porrete ou uma flecha afiada.
19 Num momento de dificuldade, de-
pender de uma pessoa que não merece
confiança é como mastigar com um den-
te estragado, andar com um pé aleijado
20 ou querer se esquentar, num dia frio,
tirando a roupa.
Cantar para quem está triste é como
esfregar sal numa ferida.
21 Se o seu inimigo estiver com fome,
dê comida a ele; se estiver com sede, dê
água. 22 Porque assim você o fará queimar
de remorso e vergonha, e o SENHOR Deus
recompensará você.
23 Assim como o vento norte traz chuva,
os mexericos trazem ódio.
24 É melhor morar no fundo do quintal
do que dentro de casa com uma mulher
briguenta.
25 Ouvir uma boa notícia que a gente
não espera é como tomar um gole de água
fresca quando se tem sede.
26 A pessoa boa que se deixa levar por
uma pessoa má é como uma fonte de água
barrenta ou como um poço contaminado.
27 Assim como mel demais não faz bem,
também não é bom andar procurando
elogios.
28 Quem não sabe se controlar é tão sem
defesa como uma cidade sem muralhas.

O tolo

26 Elogiar um tolo é tão absurdo como
cair neve no verão ou chover no
tempo da colheita.
2 A maldição não cai sobre quem não
merece; ela é como um passarinho que
voa sem rumo.
3 O chicote foi feito para o cavalo, o
freio, para o jumento, e a vara, para as
costas de quem não tem juízo.
4 Quem dá uma resposta séria a uma
pergunta tola é tão tolo como quem a fez.
5 Responda ao tolo de acordo com a to-
lice dele para que ele não fique pensando
que é sábio.
6 Quem manda um tolo dar um recado
está procurando problemas; seria melhor
que cortasse os próprios pés.
7 Um provérbio citado por um tolo tem
tanto valor como as pernas de um alei-
jado.
8 Elogiar um tolo é o mesmo que amar-
rar a pedra no estilingue.
9 O tolo, citando um provérbio, é como
o bêbado tentando tirar um espinho da
mão.
10 O patrão que contrata qualquer tolo
que lhe pede emprego acaba prejudican-
do todos.
11 O tolo que faz uma tolice pela segun-
da vez é como um cachorro que volta ao
seu vômito.
12 Pode-se esperar mais de um tolo do
que de quem pensa que é mais sábio do
que é.

O preguiçoso

13 O preguiçoso fica em casa e diz: "Se
eu sair, o leão me pega."
14 O preguiçoso vira de um lado para ou-
tro na cama. Ele é como uma porta que
gira nas dobradiças, mas, de fato, não sai
do lugar.
15 Existe gente que tem preguiça até de
pôr a comida na própria boca.
16 O preguiçoso acha que ele sozinho
sabe mais do que sete homens capazes
de dar respostas certas.

Outros provérbios

17 Quem se mete na discussão dos ou-
tros é como quem agarra pelas orelhas
um cachorro que vai passando.
18-19 Quem engana os outros e diz que é
brincadeira é como um louco brincando
com uma arma mortal.
20 Sem lenha o fogo se apaga; sem me-
xericos a briga se acaba.
21 Como carvão sobre as brasas e lenha
no fogo, assim é o briguento para atiçar
uma briga.
22 Os mexericos são tão deliciosos!
Como gostamos de saboreá-los!

23 Como o verniz cobre um pote de barro, as palavras fingidas encobrem um coração mau.

24 O hipócrita que odeia esconde o seu ódio atrás da bajulação. 25 Ele pode falar muito bem, mas não acredite no que ele diz porque o seu coração está cheio de ódio. 26 Ele pode disfarçar, mas todos acabarão vendo a sua maldade.

27 Quem coloca uma armadilha para os outros acaba caindo nela; quem rola uma pedra será esmagado por ela.

28 Quem odeia fere os outros com mentiras; as palavras bajuladoras causam desgraças.

27 Não conte vantagem a respeito dos seus planos para o futuro, pois você não sabe o que vai acontecer amanhã.

2 Ninguém elogie a si mesmo; se houver elogios, que venham dos outros.

3 As pedras e a areia são pesadas, mas os problemas causados pelo mau gênio dos tolos pesam mais ainda.

4 O ódio é cruel e destruidor, mas a inveja é pior ainda.

5 É melhor a crítica franca do que o amor sem franqueza.

6 O amigo quer o nosso bem, mesmo quando nos fere; mas, quando um inimigo abraçar você, tome cuidado!

7 Quem está com o estômago cheio rejeita até o mel; mas, para quem está com fome, até a comida amarga é doce.

8 Uma pessoa longe de casa é como um pássaro longe do ninho.

9 Assim como os perfumes alegram a vida, a amizade sincera dá ânimo para viver.

10 Não abandone o seu amigo, nem o amigo do seu pai. Se você estiver em dificuldades, não peça ajuda ao seu irmão. Vale mais um vizinho perto do que um irmão longe.

11 Seja sábio, meu filho; então eu serei feliz e saberei dar uma boa resposta a quem me criticar.

12 A pessoa sensata vê o perigo e se esconde, mas a insensata vai em frente e acaba mal.

13 Quem aceita ser fiador de um estranho deve dar a sua roupa como garantia de pagamento.

14 Quando alguém acorda um amigo de manhã bem cedo com um grito de "bom dia!", o seu cumprimento soa como uma maldição.

Pergunte a si mesma...

Pelo que eu oro mais?
Se eu conseguir o que quero, serei mais santa?
Eu oro mais por mim ou pelos outros?
Qual é a porcentagem de meu dia que passo em oração?
Minhas orações estão sendo respondidas?
Em caso negativo, qual pode ser o motivo, de acordo com a Palavra de Deus?
Qual é o objetivo de minhas orações?
Qual deveria ser o objetivo da oração?

15 A esposa briguenta é como um dia triste em que a chuva não para de cair. 16 O que é que você pode fazer para que ela fique calada? Você já procurou fazer o vento parar ou tentou pegar óleo com a mão?

17 As pessoas aprendem umas com as outras, assim como o ferro afia o próprio ferro.

18 Cuide bem da sua figueira e você terá figos para comer; trate bem o seu patrão e você será recompensado.

19 Assim como a água reflete o rosto da gente, o coração mostra o que a pessoa é.

20 Os desejos das pessoas são como o *mundo dos mortos: sempre há lugar para mais um.

21 Assim como o ouro e a prata são provados pelo fogo, o bom nome de uma pessoa também pode ser posto à prova.

22 Mesmo que você batesse num tolo até quase matá-lo, ainda assim ele continuaria tão tolo como antes.

23 Cuide das suas ovelhas e do seu gado o melhor que puder 24 porque tanto as riquezas como os governos não duram para sempre. 25 Primeiro você corta o *feno; depois corta o capim dos montes enquanto espera que o feno cresça de novo. 26 Aí você pode fazer roupas com a lã das suas ovelhas e comprar mais terras com o dinheiro que ganhou com a venda de alguns cabritos. 27 E as cabras darão leite com fartura para você, e para a sua família, e também para as suas empregadas.

28 Os maus fogem, mesmo quando ninguém os persegue, mas o homem honesto é valente como um leão.

DEVOCIONAL

Texto para leitura: **Provérbios 28:12-14**

Conheça o amor

"Não há uma só pessoa que faça o que é certo" (Romanos 3:10). Ninguém é perfeito. Todos nós fazemos trapalhadas e falhamos, e não há nada mais feio, nada mais pecaminoso do que uma pessoa que diz "Eu não fiz nada de errado", e se recusa a admitir seus erros.

A confissão pode parecer tão desconfortável quanto ter de tirar todas as suas roupas e ser forçada a correr nua no meio de uma multidão. Mas a confissão, quando você faz algo errado, é o fundamento de toda fé. Sem a confissão, você não seria salva, porque sua confissão é a primeira coisa que a leva a ficar de joelhos e traz Jesus para seu coração.

A confissão do pecado é fundamental para a vida do cristão, assim como pedir perdão quando seu pecado machuca os outros. O fato é que, ao pedir perdão, você, na verdade, não parece vulnerável; você parece forte. A menina forte é aquela que pode se controlar o suficiente para correr o risco de se sentir constrangida ou desdenhada pelos outros a fim de ser santa. A menina forte não tem medo da ira das pessoas, mas somente de Deus. E a menina forte coloca os sentimentos e as necessidades dos outros em primeiro lugar e se recusa a ser controlada pelo medo de que os outros descubram que ela é uma pessoa imperfeita.

Um pedido de desculpas desvia a ira. Você afasta a ira de Deus quando pede desculpas para ele, e você afastará a ira de pessoas que prejudicou lhes pedindo perdão. Desculpar-se quando você errou é algo que restaura relacionamentos. Isso constrói a confiança e fortalece o amor.

Um rápido pedido de desculpas é como tirar uma farpa de seu dedo: cessa a dor, elimina o risco de infecção e permite que a cicatrização comece. Então, seja rápida para se desculpar, e você descobrirá que a verdade nunca decepciona, e a confissão é o fundamento de todas as coisas puras e piedosas. Traga sua escuridão para a luz, pense em seu pecado e deixe que as palavras "me desculpe; por favor, me perdoe" sejam suas amigas.

[2] Quando a nação tem líderes inteligentes e sensatos, ela se torna forte e firme; mas, quando a nação peca, ela muda de governo a toda hora.

[3] Um pobre que explora outros pobres é como a chuva que destrói tudo e acaba com as colheitas.

[4] Quem não respeita a *lei de Deus está do lado dos maus, mas quem lhe obedece está contra eles.

[5] Os maus não sabem o que é justiça, mas os que procuram conhecer a vontade *do* SENHOR *sabem muito bem.*

[6] É melhor ser pobre e honesto do que rico e desonesto.

[7] O moço que obedece à lei de Deus é inteligente, porém o que anda em más companhias é uma vergonha para o seu pai.

[8] Quem fica rico emprestando dinheiro a juros altos e explorando o povo acaba deixando a sua riqueza para quem é bondoso com os pobres.

[9] Deus despreza até as orações de quem não obedece à sua lei.

[10] Quem engana uma pessoa honesta e a leva a fazer o mal cairá na sua própria armadilha; mas quem é correto será bem recompensado.

[11] Os ricos sempre pensam que são sábios, mas o pobre que é inteligente os conhece muito bem.

[12] Quando os bons alcançam o poder, todos festejam; mas, quando o poder cai nas mãos dos maus, o povo se esconde de medo.

[13] Quem tenta esconder os seus pecados

não terá sucesso na vida, mas Deus tem
misericórdia de quem confessa os seus
pecados e os abandona.
14 Quem *teme o SENHOR é feliz, mas
quem se revolta contra ele cairá na des-
graça.
15 Como um leão furioso ou um urso fe-
roz, assim é o governo mau que domina
um povo pobre.
16 O governador sem juízo será um dita-
dor cruel; aquele que odeia a desonesti-
dade governará por muito tempo.
17 O assassino cava muito depressa a
sua própria sepultura; não tente fazê-
-lo parar.
18 Quem é honesto tem segurança, mas
quem é desonesto logo fracassa.
19 Quem cultiva a sua terra tem comi-
da com fartura, mas quem gasta o tem-
po com coisas sem importância sempre
será pobre.
20 A vida da pessoa honesta é cheia de
felicidade, mas quem tem pressa de en-
riquecer não fica sem castigo.
21 É errado favorecer alguém no tribu-
nal, mas alguns juízes fazem isso até por
pouco dinheiro.
22 O ganancioso tem tanta pressa de fi-
car rico, que nem percebe que a pobreza
está chegando.
23 Corrija uma pessoa, e no futuro ela
apreciará isso mais do que se você a ti-
vesse elogiado.
24 Quem acha que não é pecado roubar
do seu pai ou da sua mãe é pior do que
um ladrão comum.
25 O egoísta sempre causa problemas.
Quem confia no SENHOR terá sucesso.
26 Quem confia em si mesmo é tolo, mas
quem segue os ensinamentos dos sábios
terá segurança.
27 Quem dá aos pobres não passará ne-
cessidade, mas quem faz de conta que os
pobres não existem será muito amaldi-
çoado.
28 Quando os maus sobem ao poder, o
povo se esconde de medo; quando eles
caem do poder, o número das pessoas ho-
nestas aumenta.
29 Quem é repreendido muitas vezes
e teima em não se corrigir cairá de
repente na desgraça e não poderá escapar.
2 Quando os honestos governam, o povo
se alegra; mas, quando os maus dominam,
o povo reclama.
3 O filho que ama a sabedoria é o orgu-
lho do seu pai. Quem anda com prostitu-
tas desperdiça tudo o que tem.
4 Quando o governo é justo, o país tem
segurança; mas, quando o governo co-
bra impostos demais, a nação acaba na
desgraça.
5 Quem bajula os seus amigos está ar-
mando uma armadilha para si mesmo.
6 Os maus são apanhados na armadilha
dos seus próprios pecados, mas os hones-
tos andam livres e felizes.
7 A pessoa correta se interessa pelos di-
reitos dos pobres, porém os maus não se
importam com essas coisas.
8 Os que zombam de tudo põem uma ci-
dade inteira em confusão, mas os sábios
mantêm tudo em paz.
9 Quando um homem inteligente dis-
cute com um tolo, este somente ri, xinga
e causa confusão.
10 Os assassinos odeiam as pessoas di-
reitas, mas os bons protegem a vida delas.
11 O tolo mostra toda a sua raiva, mas
quem é sensato se cala e a domina.
12 Quando um governador dá atenção a
mentiras, todos os seus auxiliares acabam
se tornando maus.
13 O pobre e aquele que o explora só têm
uma coisa em comum: o SENHOR Deus
lhes deu olhos para verem.
14 As autoridades que defendem o direi-
to dos pobres governam por muito tempo.
15 É bom corrigir e disciplinar a crian-
ça. Quando todas as suas vontades são
feitas, ela acaba fazendo a sua mãe pas-
sar vergonha.
16 Quando os maus estão no poder, o
crime aumenta; mas as pessoas hones-
tas viverão o suficiente para ver a que-
da dos maus.
17 Corrija os seus filhos, e eles serão
para você motivo de orgulho e não de
vergonha.
18 Um país sem a orientação de Deus é
um país sem ordem. Quem guarda a *lei
de Deus é feliz.
19 Não adianta nada corrigir um escra-
vo somente com palavras porque, mesmo
que ele entenda, não obedecerá.
20 Há mais esperança para um tolo do
que para uma pessoa que fala sem pensar.
21 O escravo que é mimado desde crian-
ça um dia vai querer ser dono de tudo.
22 A pessoa de mau gênio sempre causa
problemas e discórdias.
23 O orgulhoso acaba sendo humilha-
do, mas quem é humilde será respeitado.

DEVOCIONAL

Texto para leitura: **Provérbios 29:22-27**

Conheça a Deus

Ter medo de algo ou de alguém além de Deus é pecado. As pessoas têm medo porque não têm o sangue de Jesus nas veias. Preocupação e medo vêm da dúvida, então como alguém que confia em Jesus pode ser tomado pela preocupação e pelo medo? Se você é uma Garota de Deus, por definição você é cristã, não cética. Dúvida e fé não podem coexistir em paz. Uma sempre vencerá a outra. Medo e preocupação são sintomas da dúvida, por isso devem ser rejeitados em favor da fé.

Se você normalmente tem medo, pense nisto: o mesmo Deus que a salvou de seu pecado pode salvá-la de tudo aquilo que você teme. Você dá mais ouvido à voz do medo ou à voz de Deus? Para ser livre, você precisa dizer não toda vez que o medo falar com sua alma. Apenas diga: "Eu confio em meu Deus", e acalme-se (veja Provérbios 29:25). O medo talvez nunca deixe de bater à sua porta, mas você não precisa responder de novo. Tranque a porta e cubra o olho mágico. O medo é um desrespeito evidente pela obra que Cristo fez por você. Não chame Cristo de mentiroso. Segure a mão dele e confie que ele irá segurá-la enquanto você sobe o penhasco ou atravessa o vale profundo.

24 O companheiro de um ladrão é o pior
inimigo de si mesmo. Se ele disser a verdade no tribunal, será castigado; se não
disser, Deus o amaldiçoará.
25 É perigoso ter medo dos outros, mas
confiar no SENHOR dá segurança.
26 Todos querem agradar às pessoas importantes, mas o SENHOR dá o que cada
um merece.
27 Os homens direitos não toleram os
maus, e os perversos não toleram os que
vivem honestamente.

As palavras de Agur

30 São estas as palavras solenes de Agur, filho de Jaque:

"Deus não está comigo,
Deus não está comigo.
Estou desamparado.
2 Sou mais animal do que gente;
não tenho a inteligência
que um ser humano deve ter.
3 *Nunca aprendi a ser sábio*
e não conheço o Deus Santo.
4 Quem já sabe tudo a respeito do céu?
Quem já pegou o vento com as mãos?
Quem já embrulhou água num pano?
Quem já marcou os limites da terra?
Você sabe quem é ele? E quem é o filho dele?

5 Tudo o que Deus diz é verdade. Ele é
como um *escudo para todos os que procuram a sua proteção.
6 Nunca declare que
Deus disse alguma coisa que, de fato, ele
não disse; se você fizer isso, ele o corrigirá e mostrará que você é mentiroso."

Uma oração

7 Eu te peço, ó Deus, que me dês duas
coisas antes de eu morrer:
8 não me deixes mentir e não me deixes ficar nem rico
nem pobre. Dá-me somente o alimento
que preciso para viver.
9 Porque, se eu tiver mais do que o necessário, poderei dizer que não preciso de ti. E, se eu ficar
pobre, poderei roubar e assim envergonharei o teu nome, ó meu Deus.

Outros provérbios

10 Nunca fale mal de um empregado ao
patrão dele para que você não seja amaldiçoado, nem sofra por isso.
11 Há pessoas que amaldiçoam o próprio pai e são ingratas com a própria mãe.

DEVOCIONAL

Texto para leitura: **Provérbios 30:7-9**

Conheça a si mesma

Você consome mais do que precisa? É uma pergunta simples sobre um tema simples: coisas. Quantas coisas — roupas, alimentos e brinquedos — você usa que, tecnicamente, não são necessárias para sobreviver? Exagerar no consumo é uma questão de foco. Normalmente, nos concentramos no que consumimos, e consumimos na medida de nossa obsessão por algo. Em outras palavras, se você gosta de livros e é uma leitora voraz, seu foco é o conhecimento. Ou você pode comer tudo e mais um pouco porque seu foco é o conforto ou a satisfação.

Quando uma pessoa consome mais do que precisa, ela corre o risco de, na verdade, negar Deus, tornando aquilo que consome mais importante do que ele. O autor deste provérbio não pediu a Deus que o fizesse rico nem pobre. Dá para imaginar você orando por algo assim? "Senhor, não me dê muito dinheiro para que eu possa comprar todas as coisas que quero." Que oração!

Pense no impacto de seu consumo em seu relacionamento com o Pai. Onde se concentra a maior parte de seus pensamentos? O que ocupa a maior parte de seu tempo, de sua energia, de seu coração? As obsessões, aquelas coisas sem as quais você não consegue viver, ocuparam o lugar de Deus no trono de seu coração? Se sim, elas são pequenos ídolos e não serão toleradas por um Deus santo. Se você quer mais da mão e da presença de Deus em sua vida, então dê uma olhada no que consome e veja se você não gasta muito tempo e energia nas coisas ao seu redor, em vez de gastá-los com o Deus acima de você.

12 Há pessoas que pensam que são puras, mas a sua sujeira ainda não foi lavada.
13 Há pessoas que são tão orgulhosas, que olham os outros com desprezo.
14 Há pessoas que ganham a vida explorando sem dó nem piedade os pobres e os necessitados.
15 A sanguessuga tem duas filhas, e as duas se chamam: Me dá! Me dá!
Há quatro coisas que nunca estão satisfeitas:
16 o *mundo dos mortos;
a mulher sem filhos;
a terra seca que precisa sempre de chuva;
e o fogo de um incêndio.
17 Quem caçoa do seu pai ou despreza a sua mãe, quando ela fica velha, será comido pelos urubus ou terá os olhos arrancados pelos corvos.
18 Há quatro coisas misteriosas que eu não consigo entender:
19 a águia voando no céu;
a cobra se arrastando nas pedras;
o navio que encontra o seu caminho no mar;
e o amor entre um homem e uma mulher.
20 Uma esposa infiel age assim: comete adultério, toma um banho e depois diz: "Não fiz nada de errado!"
21 Há quatro coisas que a terra não pode tolerar:
22 o escravo que se torna rei;
o tolo que tem para comer tudo o que quer;
23 a mulher de mau gênio que arranja casamento;
e a escrava que toma o lugar da sua senhora.
24 No mundo há quatro animais que são pequenos, mas muito espertos:
25 as formigas, que são fracas, mas ajuntam a sua comida no verão;
26 os coelhos selvagens, que também não são fortes, mas fazem as suas casas nas pedras;

A mulher de Provérbios 31

Leia a história desta Garota de Deus em Provérbios 31:10-31.

É forte, respeitada e não tem medo do futuro.

Provérbios 31:25

Uma Garota de Deus como a mulher de Provérbios 31 é uma bênção para aqueles que a conhecem. Seu caráter forte e espírito esforçado se doam quando os outros só recebem. Seu foco não está em si mesma, mas em seu Deus, e, por causa disso, ela não se ofende facilmente quando os outros brincam enquanto ela trabalha ou dormem enquanto ela está na lida. Sua dádiva para aqueles ao seu redor é seu amor eterno pelo Senhor, que a faz deixar de olhar para si mesma e lhe dá confiança para criar oportunidades para o sucesso. Tudo o que ela faz, faz por amor a Deus, e por causa disso, as pessoas que Deus lhe confiou são bem cuidadas. Ela é capaz, com a ajuda de Deus, de fazer mais do que uma pessoa comum poderia fazer, porque ela não confia em sua própria força, mas na do alto. Quando a cara feia do estresse ou da preocupação aparece, ela logo vira o rosto e recorre ao seu propósito no mundo: servir a um Deus vivo e não às suas emoções. Ela fala com a sabedoria que vem de sua fé no Senhor e em seu Espírito Santo.

As palavras da Garota de Deus servem de incentivo e admoestação e nunca para depreciar ou desprezar. Elas sempre têm as cores do amor de Deus. Ela não tem medo de ensinar para os outros a verdade das Escrituras porque ela mesma confia muito nelas. Ela não se cansa em seus esforços de servir ao Deus vivo porque é dele que obtém sua força a cada dia. Os outros se surpreendem com sua persistência e capacidade de superar até as situações mais difíceis. Na Palavra de Deus ela encontra a verdade e a maneira de praticá-la em sua vida diária, procurando em suas páginas todas as respostas para as perguntas difíceis. Sua vida é invejável, não por causa de seu sucesso no mundo, mas por causa de seu sucesso celestial. Paz, esperança e amor são seus, e por causa disso, os outros a consideram abençoada como as mulheres que vieram antes dela.

27 os gafanhotos, que não têm rei, mas
avançam em bandos;
28 e as lagartixas, que qualquer um
pode pegar com a mão, mas podem
ser encontradas até nos palácios.
29 Há quatro seres vivos que, quando caminham,
causam olhares de admiração:
30 o leão, o mais forte de todos os animais,
que não tem medo de nada;
31 o bode;
o galo, que anda de peito erguido;
e um rei diante do seu povo.
32 Se você tem sido bastante tolo para
ser orgulhoso e planejar o mal, então pare
e pense:
33 bater o leite dá manteiga;
pancada no nariz faz sair sangue;
provocar a raiva dá briga.

Conselhos para um rei

31 São estas as palavras solenes que a
mãe do rei Lemuel lhe disse:
2 Você é o meu filho querido, a resposta
das minhas orações. O que lhe direi?
3 Não gaste toda a sua energia nem todo o
seu dinheiro com mulheres, pois até reis
já se destruíram assim. 4 Escute, Lemuel!
Os reis não devem beber vinho nem outras
bebidas alcoólicas. 5 Quando eles bebem,
não lembram das *leis e esquecem
os direitos dos que são explorados. 6 As
bebidas alcoólicas são para os que estão
morrendo, para os que estão na miséria.
7 Que eles bebam e esqueçam que são pobres
e infelizes!
8 Fale a favor daqueles que não podem
se defender. Proteja os direitos de todos
os desamparados. 9 Fale por eles e seja um
juiz justo. Proteja os direitos dos pobres
e dos necessitados.

A esposa ideal

10 Como é difícil encontrar uma boa esposa!
Ela vale mais do que pedras preciosas!
11 O seu marido confia nela e nunca ficará
pobre.
12 Em todos os dias da sua vida, ela só
lhe faz o bem e nunca o mal.
13 Está sempre ocupada, fazendo roupas
de lã e de linho.
14 De lugares distantes ela traz comida
para casa, como fazem os navios que carregam
mercadorias.
15 Ela se levanta de madrugada para
preparar comida para a família e para
dar ordens às empregadas.
16 Examina e compra uma propriedade
com o dinheiro que ganhou e faz nela uma
plantação de uvas.
17 É esforçada, forte e trabalhadora.
18 Conhece o valor de tudo o que faz e
trabalha até tarde da noite.
19 Ela prepara fios de lã e de linho para
tecer as suas próprias roupas.
20 Ajuda os pobres e os necessitados.
21 Quando faz muito frio, ela não se
preocupa, porque a sua família tem agasalhos
para vestir.
22 Faz cobertas e usa roupas de linho e
de outros tecidos finos.
23 O seu marido é estimado por todos
— é um dos principais cidadãos do lugar.
24 Ela faz roupas e cintos para vender
aos comerciantes.
25 É forte, respeitada e não tem medo
do futuro.
26 Fala com sabedoria e delicadeza.
27 Ela nunca tem preguiça e está sempre
cuidando da sua família.
28 Os seus filhos a respeitam e falam
bem dela, e o seu marido a elogia. 29 Ele
diz: "Muitas mulheres são boas esposas,
mas você é a melhor de todas."
30 A formosura é uma ilusão, e a beleza
acaba, mas a mulher que *teme o SENHOR
Deus será elogiada. 31 Deem a ela o
que merece por tudo o que faz, e que seja
elogiada por todos.

Eclesiastes

Tema a Deus

Tema a Deus e obedeça aos seus mandamentos porque foi para isso que fomos criados.
Eclesiastes 12:13

Autor ♥ Um dos filhos do rei Davi, possivelmente Salomão
Data ♥ Possivelmente no século 5º a.C.
Local ♥ Provavelmente Israel
Público-alvo ♥ Os não cristãos como também os israelitas

Você quer ser rica e famosa? Como você acha que isso mudaria sua vida? Isso a deixaria mais feliz, mais tranquila, mais esperançosa? A verdade é que muitos de nós procuramos a razão e a importância da vida na esperança de alcançar a fama. É fácil acreditar que ser uma celebridade é o paraíso na terra ou, pelo menos, muito melhor que a vida normal. Mas se você acha que ser famosa seria um arraso, então você vai fazer uma viagem interessante durante a leitura de Eclesiastes.

Salomão foi o homem mais rico e mais famoso do mundo. Ele era rei. Podia comprar ou construir o que bem quisesse. E uma vez que tinha tudo, ele usava seu dinheiro e fama para tentar comprar a felicidade. Salomão tinha tudo o que queria e podia se dar ao luxo de dedicar um tempo considerável à procura de coisas divertidas para fazer "neste mundo" ou "debaixo do sol", como dizia ele. Ele encontrou o prazer passageiro, mas percebeu na velhice que tudo era ilusão — que nada daquilo realmente importava. Todas as suas festas e seus bens, toda a sua popularidade e sua capacidade de levar os outros a fazer o que ele quisesse não era nada quando se olhava para trás. No final, Salomão descobriu que nada nesta grande e velha terra iria fazê-lo feliz e satisfeito do modo como Deus poderia fazê-lo.

Ponto essencial
Eclesiastes apresenta os pensamentos de um rei sobre a futilidade da vida sem Deus como a principal consideração do leitor. Ele experimentou tudo, fez tudo e descobriu que "tudo" não era suficiente porque, sem Deus, "tudo" não era nada.

Muita gente se sente pouco à vontade com o livro de Eclesiastes, porque grande parte deste livro parece contradizer o restante das Escrituras. Mas, durante a leitura, lembre-se de que ele foi escrito pela perspectiva de um homem que buscava satisfazer todos os seus desejos e necessidades aqui na terra, em vez de confiar em Deus. Considere Eclesiastes como o estudo fundamental sobre o hedonismo, que é buscar o prazer como seu principal objetivo na vida. É fácil, mesmo sendo uma Garota de Deus (ou, no caso de Salomão, um Garoto de Deus), fazer do prazer seu principal objetivo, mas, como descobriu Salomão, isso realmente não satisfaz. A vida tem mais coisas além de sua felicidade ou até mesmo seu conforto. *As coisas mais importantes da vida são espirituais*, não físicas. Quando descobrir essa verdade, você encontrará tudo aquilo que sempre precisou.

Coisas para procurar

- O uso da linguagem poética
- Ideias sobre a felicidade (veja Eclesiastes 2:24-25; 3:12-13,22; 5:18-20; 8:15; 9:7-9; 11:7-10)
- Coisas que são ilusão (veja Eclesiastes 1:14; 2:1-2,11,15,17,26; 4:4,7-8,16; 5:10; 6:2,12; 7:15; 8:14; 9:9; 11:10)

Versículos que você deve saber

Mas, quando pensei em todas as coisas que havia feito e no trabalho que tinha tido para conseguir fazê-las, compreendi que tudo aquilo era ilusão, não tinha nenhum proveito. Era como se eu estivesse correndo atrás do vento.

(Eclesiastes 2:11)

Tudo neste mundo tem o seu tempo; cada coisa tem a sua ocasião.

(Eclesiastes 3:1)

Dois homens podem resistir a um ataque que derrotaria um deles se estivesse sozinho. Uma corda de três cordões é difícil de arrebentar.

(Eclesiastes 4:12)

Quando as coisas correrem bem, fique contente; quando as dificuldades chegarem, lembre-se disto: é Deus quem manda tanto a felicidade como as dificuldades, e a gente nunca sabe o que vai acontecer amanhã.

(Eclesiastes 7:14)

A vida é ilusão

1 São estas as palavras do Sábio, que era
filho de Davi e rei em Jerusalém.
2 É ilusão, é ilusão, diz o Sábio. Tudo é
ilusão. 3 A gente gasta a vida trabalhando,
se esforçando e afinal que vantagem leva
em tudo isso? 4 Pessoas nascem, pessoas
morrem, mas o mundo continua sempre
o mesmo. 5 O sol continua a nascer, e a
se pôr, e volta ao seu lugar para começar
tudo outra vez. 6 O vento sopra para o sul,
depois para o norte, dá voltas e mais voltas e acaba no mesmo lugar. 7 Todos os
rios correm para o mar, porém o mar não
fica cheio. A água volta para onde nascem
os rios, e tudo começa outra vez. 8 Todas
as coisas levam a gente ao cansaço — um
cansaço tão grande, que nem dá para contar. Os nossos olhos não se cansam de ver,
nem os nossos ouvidos, de ouvir. 9 O que
aconteceu antes vai acontecer outra vez.
O que foi feito antes será feito novamente. Não há nada de novo neste mundo.
10 Será que existe alguma coisa de que a
gente possa dizer: "Veja! Isto nunca aconteceu no mundo"? Não! Tudo já aconteceu antes, bem antes de nós nascermos.
11 Ninguém lembra do que aconteceu no
passado; quem vier depois das coisas que
vão acontecer no futuro também não vai
lembrar delas.

A experiência do Sábio

12 Eu, o Sábio, fui rei de Israel, em Jerusalém. 13 E resolvi examinar e estudar

tudo o que se faz neste mundo. Que ser-
viço cansativo é este que Deus nos deu!
14 Eu tenho visto tudo o que se faz neste
mundo e digo: tudo é ilusão. É tudo como
correr atrás do vento. 15 Ninguém pode
endireitar o que é torto, nem fazer con-
tas quando faltam os números. 16 E pen-
sei assim: "Eu me tornei um grande ho-
mem, muito mais sábio do que todos os
que governaram Jerusalém antes de mim.
Eu realmente sei o que é a sabedoria e
o que é o conhecimento." 17 Assim, pro-
curei descobrir o que é o conhecimento
e a sabedoria, o que é a tolice e a falta de
juízo. Mas descobri que isso é o mesmo
que correr atrás do vento. 18 Quanto mais
sábia é uma pessoa, mais aborrecimentos
ela tem; e, quanto mais sabe, mais sofre.

2 Então resolvi me divertir e gozar os
prazeres da vida. Mas descobri que
isso também é ilusão. 2 Cheguei à conclu-
são de que o riso é tolice e de que o pra-
zer não serve para nada. 3 Procurei ainda
descobrir qual a melhor maneira de viver
e então resolvi me alegrar com vinho e
me divertir. Pensei que talvez fosse essa
a melhor coisa que uma pessoa pode fa-
zer durante a sua curta vida aqui na terra.
4 Realizei grandes coisas. Construí ca-
sas para mim e fiz plantações de uvas.
5 Plantei jardins e pomares, com todos
os tipos de árvores frutíferas. 6 Também
construí açudes para regar as plantações.
7 Comprei muitos escravos e além desses
tive outros, nascidos na minha casa. Tive
mais gado e mais ovelhas do que todas as
pessoas que moraram em Jerusalém an-
tes de mim. 8 Também ajuntei para mim
prata e ouro dos tesouros dos reis e das
terras que governei. Homens e mulheres
cantaram para me divertir, e tive todas as
mulheres que um homem pode desejar.
9 Sim! Fui grande. Fui mais rico do que
todos os que viveram em Jerusalém an-
tes de mim, e nunca me faltou sabedoria.
10 Consegui tudo o que desejei. Não neguei
a mim mesmo nenhum tipo de prazer. Eu
me sentia feliz com o meu trabalho, e essa
era a minha recompensa. 11 Mas, quando
pensei em todas as coisas que havia feito
e no trabalho que tinha tido para conse-
guir fazê-las, compreendi que tudo aqui-
lo era ilusão, não tinha nenhum proveito.
Era como se eu estivesse correndo atrás
do vento.
12 Então comecei a pensar no que é ser
sábio e no que é ser tolo ou sem juízo.
Por exemplo: será que um rei pode fa-
zer alguma coisa que seja nova? Não! Só
pode fazer o que fizeram os reis que rei-
naram antes dele. 13 E cheguei à conclu-
são de que a sabedoria é melhor do que a
tolice, assim como a luz é melhor do que
a escuridão. 14 Os sábios podem ver para
onde estão indo, mas os tolos andam na
escuridão. Porém eu sei que o mesmo que
acontece com os sábios acontece também
com os tolos. 15 Aí eu pensei assim: "O que
acontece com os tolos vai acontecer co-
migo também. Então, o que é que eu ga-
nhei sendo tão sábio?" E respondi: "Não
ganhei nada!" 16 Ninguém lembra para
sempre dos sábios, como ninguém lem-
bra dos tolos. No futuro todos nós sere-
mos esquecidos. Todos morreremos, tan-
to os sábios como os tolos. 17 Por isso, a
vida começou a não valer nada para mim;
ela só me havia trazido aborrecimentos.
Tudo havia sido ilusão; eu apenas havia
corrido atrás do vento.
18 Tudo o que eu tinha e que havia con-
seguido com o meu trabalho não valia
nada para mim. Sabia que teria de dei-
xar tudo para o rei que ficasse no meu
lugar. 19 E ele poderia ser um sábio ou um
tolo — quem é que sabe? No entanto, ele
seria o dono de todas as coisas que eu
consegui com o meu trabalho e ficaria
com tudo o que a minha sabedoria me
deu neste mundo. Tudo é ilusão. 20 Então
eu me arrependi de ter trabalhado tan-
to e fiquei desesperado por causa disso.
21 A gente trabalha com toda a sabedoria,
conhecimento e inteligência para conse-
guir alguma coisa e depois tem de deixar
tudo para alguém que não fez nada para
merecer aquilo. Isso também é ilusão e
não está certo! 22 Nós trabalhamos e nos
preocupamos a vida toda e o que é que
ganhamos com isso? 23 Tudo o que faze-
mos na vida não nos traz nada, a não ser
preocupações e desgostos. Não podemos
descansar, nem de noite. É tudo ilusão.
24 A melhor coisa que alguém pode fa-
zer é comer e beber e se divertir com o
dinheiro que ganhou. No entanto, com-
preendi que mesmo essas coisas vêm de
Deus. 25 Sem Deus, como teríamos o que
comer ou com que nos divertir? 26 Ele dá
sabedoria, conhecimento e felicidade às
pessoas de quem ele gosta. Mas Deus faz
com que os maus trabalhem, economizem
e ajuntem a fim de que a riqueza deles

DEVOCIONAL

Texto para leitura: **Eclesiastes 2:24-26**

Conheça a verdadeira felicidade

A verdadeira felicidade, ou alegria, como a Bíblia a chama, não depende do que acontece com você ou à sua volta. Se dependesse, seria simplesmente um sentimento fabricado, uma falsa imitação da realidade. A verdadeira felicidade é algo que vem de Deus. Quando você se concentrar e confiar na presença do Espírito de Deus em sua vida, você terá mais felicidade do que já imaginou ser possível.

É fácil encontrá-la em coisas e pessoas, e ainda mais fácil perder toda a esperança de felicidade quando essas coisas e pessoas a decepcionam ou falham com você. Mas a menina que não conta com as situações à sua volta para encontrar a alegria é a que achou tudo que precisa. Como Paulo, é possível encontrar o segredo de viver contente ou feliz em todas as situações se você estiver disposta a tirar sua felicidade da fonte de água viva, em vez de tirá-la da imitação da vida aqui na terra (veja Filipenses 4:10-14).

Quando as provações vêm, quando o tédio entra em ação, a felicidade ainda pode ser sua ao levar em conta a Palavra de Deus e a verdade dela em sua vida. Uma menina que nunca deixa a Palavra de Deus se afastar muito de sua mente e se recusa a viver um dia sem buscar o Senhor é alguém que conhece o segredo da verdadeira felicidade. Deus promete a alegria para quem estiver disposto a torná-lo Senhor de sua vida e depois concentrar nele sua mente e seu coração todos os dias.

seja dada às pessoas de quem ele gosta mais. Tudo é ilusão. É tudo como correr atrás do vento.

Tempo para tudo

3 Tudo neste mundo tem o seu tempo;
cada coisa tem a sua ocasião.
2 Há tempo de nascer e tempo de morrer;
tempo de plantar e tempo de arrancar;
3 tempo de matar e tempo de curar;
tempo de derrubar e tempo de construir.
4 Há tempo de ficar triste e tempo *de se alegrar;*
tempo de chorar e tempo de dançar;
5 tempo de espalhar pedras e tempo de ajuntá-las;
tempo de abraçar e tempo de afastar.
6 Há tempo de procurar e tempo de perder;
tempo de economizar e tempo de desperdiçar;
7 tempo de rasgar e tempo de remendar;
tempo de ficar calado e tempo de falar.
8 Há tempo de amar e tempo de odiar;
tempo de guerra e tempo de paz.

9 O que é que a pessoa ganha com todo
o seu trabalho? 10 Eu tenho visto todo o
trabalho que Deus dá às pessoas para que
fiquem ocupadas. 11 Deus marcou o tempo
certo para cada coisa. Ele nos deu o desejo de entender as coisas que já aconteceram e as que ainda vão acontecer, porém não nos deixa compreender completamente o que ele faz.

12 Então entendi que nesta vida tudo o
que a pessoa pode fazer é procurar ser
feliz e viver o melhor que puder. 13 *Todos*
nós devemos comer e beber e aproveitar bem aquilo que ganhamos com o nosso trabalho. Isso é um presente de Deus.

14 Eu sei que tudo o que Deus faz dura
para sempre; não podemos acrescentar nada, nem tirar nada. E uma coisa que Deus faz é levar as pessoas a *temê-
-lo. 15 Tudo o que acontece ou que pode
acontecer já aconteceu antes. Deus faz

com que uma coisa que acontece torne a acontecer.

A injustiça no mundo

16 Neste mundo eu também reparei o seguinte: no lugar onde deviam estar a justiça e o direito, o que a gente encontra é a maldade. 17 Então pensei assim: "Deus julgará tanto os bons como os maus porque tudo o que se passa neste mundo, tudo o que a gente faz, acontece na hora que tem de acontecer." 18 Aí cheguei à conclusão de que Deus está pondo as pessoas à prova para que elas vejam que não são melhores do que os animais. 19 No fim das contas, o mesmo que acontece com as pessoas acontece com os animais. Tanto as pessoas como os animais morrem. O ser humano não leva nenhuma vantagem sobre o animal, pois os dois têm de respirar para viver. Como se vê, tudo é ilusão, 20 pois tanto um como o outro irão para o mesmo lugar, isto é, o pó da terra. Tanto um como o outro vieram de lá e voltarão para lá. 21 Como é que alguém pode ter a certeza de que o sopro de vida do ser humano vai para cima e que o sopro de vida do animal desce para a terra? 22 Assim, eu compreendi que não há nada melhor do que a gente ter prazer no trabalho. Esta é a nossa recompensa. Pois como é que podemos saber o que vai acontecer depois da nossa morte?

4 Então olhei de novo para toda a injustiça que existe neste mundo. Vi muitos sendo explorados e maltratados. Eles choravam, mas ninguém os ajudava. Ninguém os ajudava porque os seus perseguidores tinham o poder do seu lado. 2 Por isso, cheguei a esta conclusão: aqueles que morreram são mais felizes do que os que continuam vivos. 3 Porém mais felizes do que todos são aqueles que ainda não nasceram e que ainda não viram as injustiças que há neste mundo.

4 Também descobri por que as pessoas se esforçam tanto para ter sucesso no seu trabalho: é porque elas querem ser mais do que os outros. Mas tudo é ilusão. É tudo como correr atrás do vento. 5 Dizem que só mesmo um louco chegaria ao ponto de cruzar os braços e passar fome até morrer. 6 Pode ser. Mas é melhor ter pouco numa das mãos, com paz de espírito, do que estar sempre com as duas mãos cheias de trabalho, tentando pegar o vento.

7 Descobri que na vida existe mais uma coisa que não vale a pena: 8 é o homem viver sozinho, sem amigos, sem filhos, sem irmãos, sempre trabalhando e nunca satisfeito com a riqueza que tem. Para que é que ele trabalha tanto, deixando de aproveitar as coisas boas da vida? Isso também é ilusão, é uma triste maneira de viver.

9 É melhor haver dois do que um, porque duas pessoas trabalhando juntas podem ganhar muito mais. 10 Se uma delas cai, a outra a ajuda a se levantar. Mas, se alguém está sozinho e cai, fica em má situação porque não tem ninguém que o ajude a se levantar. 11 Se faz frio, dois podem dormir juntos e se esquentar; mas um sozinho, como é que vai se esquentar? 12 Dois homens podem resistir a um ataque que derrotaria um deles se estivesse sozinho. Uma corda de três cordões é difícil de arrebentar.

13 O moço pobre mas sábio vale mais do que o rei velho e sem juízo que já não aceita conselhos. 14 Um homem pode muito bem sair da cadeia e se tornar o rei do seu país, mesmo tendo nascido pobre. 15 Eu pensei em todas as pessoas que vivem neste mundo e imaginei que existe entre elas, em algum lugar, um moço que tomará o lugar do rei. 16 O número de pessoas que um rei governa é muito grande; no entanto, quando deixa de ser rei, ninguém é agradecido pelo que ele fez. É tudo ilusão, é tudo como correr atrás do vento.

Cuidado com as promessas

5 Tenha cuidado quando for ao Templo. Não ofereça o seu *sacrifício como fazem os tolos, que nem sabem que não estão fazendo isso da maneira certa. Vá pronto para ouvir e obedecer a Deus. 2 Pense bem antes de falar e não faça a Deus nenhuma promessa apressada. Deus está no céu, e você, aqui na terra; portanto, fale pouco. 3 Quanto mais você se preocupar, mais pesadelos terá; e, quanto mais você falar, mais tolices dirá. 4 Assim, quando você fizer uma promessa a Deus, cumpra logo essa promessa. Ele não gosta de tolos; portanto, faça o que prometeu. 5 É melhor não prometer nada do que fazer uma promessa e não cumprir. 6 Não deixe que as suas próprias palavras o façam pecar. Assim, você não terá de dizer ao sacerdote que o que você queria dizer não

era bem aquilo. Para que fazer Deus ficar *irado com você? Por que deixar que ele destrua as coisas que você conseguiu com o seu trabalho? 7 Mesmo nos seus muitos sonhos, em todas as suas ilusões e em tudo o que disser, você deve *temer a Deus.

A ilusão das riquezas

8 Não fique admirado quando você notar em algum lugar o governo fazendo injustiça, perseguindo os pobres e negando os direitos deles. Pois cada autoridade é protegida pela que está acima dela, e as duas são acobertadas pelas autoridades superiores. 9 Elas dizem: "Toda gente tira proveito da terra, mas o rei depende daquilo que recebe das colheitas."

10 Quem ama o dinheiro nunca ficará satisfeito; quem tem a ambição de ficar rico nunca terá tudo o que quer. Isso também é ilusão. 11 Quanto mais rica é a pessoa, mais bocas tem para alimentar. E o que ela ganha com isso é apenas saber que é rica. 12 O trabalhador pode ter pouco ou muito para comer, mas pelo menos dorme bem à noite. Porém o rico se preocupa tanto com as coisas que possui, que nem consegue dormir.

13 Eu tenho visto neste mundo esta coisa triste: algumas pessoas economizam dinheiro e sofrem com isso. 14 Perdem tudo num mau negócio e assim não deixam nada para os filhos. 15 Como entramos neste mundo, assim também saímos, isto é, sem nada. Apesar de todo o nosso trabalho, não podemos levar nada desta vida. 16 Isso também é muito triste! Nós vamos embora deste mundo do mesmo jeito que viemos. Trabalhamos tanto, tentando pegar o vento, e o que é que ganhamos com isso? 17 O que ganhamos é passar a vida na escuridão e na tristeza, preocupados, doentes e amargurados.

18 Então cheguei a esta conclusão: a melhor coisa que uma pessoa pode fazer durante a curta vida que Deus lhe deu é comer e beber e aproveitar bem o que ganhou com o seu trabalho. Essa é a parte que cabe a cada um. 19 Se Deus der a você riquezas e propriedades e deixar que as aproveite, fique contente com o que recebeu e com o seu trabalho. Isso é um presente de Deus. 20 E você não sentirá o tempo passar, pois Deus encherá o seu coração de alegria.

6 Também tenho visto outra coisa muito triste que acontece neste mundo: 2 Deus dá a alguns tudo o que desejam — riquezas, propriedades e fama. Porém depois não deixa que eles aproveitem nada disso. E é algum estranho quem aproveita, e não ele. Isso também é ilusão e não está certo. 3 Que adianta um homem viver muitos anos e ter cem filhos se não aproveitar as coisas boas da vida e não tiver um sepultamento decente? Eu digo que uma criança que nasce morta tem mais sorte do que ele. 4 É inútil a vinda dessa criança; ela desaparece na escuridão, onde é esquecida. 5 Não chega a ver a luz do dia, nem a saber como é a vida. Mas pelo menos encontra mais descanso do que aquele homem, 6 que poderia ter vivido dois mil anos sem nunca ter aproveitado a vida. E, no fim, não vamos todos para o mesmo lugar?

7 Todos trabalham duro para ter o que comer, mas nunca ficam satisfeitos. 8 Que vantagem tem o sábio sobre o tolo? Que vantagem tem o pobre em saber enfrentar a vida? 9 Isso também é ilusão, é correr atrás do vento. É muito melhor ficar satisfeito com o que se tem do que estar sempre querendo mais.

10 Tudo o que se passa neste mundo já foi resolvido há muito tempo. Antes de uma pessoa nascer, já está decidido o que vai acontecer com ela. E nós sabemos que não podemos discutir com quem é mais forte do que a gente. 11 Uma coisa é certa: quanto mais falamos, mais tolices dizemos; e não ganhamos nada com isso. 12 De fato, como é que podemos saber o que é melhor para nós nesta vida de ilusões, vida que passa como uma sombra? Como podemos saber o que vai acontecer na terra depois da nossa morte?

Pensamentos a respeito da vida

7 O nome limpo vale mais do que o perfume mais caro; e o dia da morte é melhor do que o dia do nascimento.

2 É melhor ir a uma casa onde há luto do que ir a uma casa onde há festa, pois onde há luto lembramos que um dia também vamos morrer. E os vivos nunca devem esquecer isso.

3 A tristeza é melhor do que o riso; pois a tristeza faz o rosto ficar abatido, mas torna o coração compreensivo.

4 Quem só pensa em se divertir é tolo; quem é sábio pensa também na morte.

5 É melhor ouvir a repreensão de um sábio do que escutar elogios de um tolo.

Uma oração pela...

Manhã

Querido Deus, autor de tudo o que é bom, eu me aproximo a ti em busca da graça de que preciso para os deveres e eventos de mais um dia. Saio em direção a um mundo louco; levo comigo, de um lado para outro, um coração pecaminoso. Sei que sem ti não posso fazer nada, e que tudo aquilo que me preocupa, por mais inofensivo que pareça, pode ser apenas uma oportunidade para meu pecado ou estupidez, a menos que me mantenhas em teu poder. Abraça-me, e estarei segura.

Mantém limpo e focado meu discernimento; meus desejos longe de ídolos; meu caráter livre da mancha de más escolhas; minhas responsabilidades livres de toda forma de mal. Por favor, não me deixes fazer nada em que eu não possa pedir tua bênção nem tua participação. Dá-me sucesso em todas as coisas piedosas que eu fizer, ou prepara meu coração para as frustrações. Não me dês pobreza nem riqueza. Dá-me apenas o alimento que preciso para viver, para que eu não esteja satisfeita e te negue, dizendo: "Quem é o Senhor?", ou para que eu não seja miserável e roube, usando teu nome em vão.

Por favor, torna bom para mim tudo o que eu encontrar por meio de minha oração e de tua vontade. Ensina-me a usar o mundo, e não a abusar dele, a aperfeiçoar meus talentos, a não desperdiçar meu tempo, a andar com sabedoria onde as pessoas estiverem com necessidades, e com bondade em volta de outros cristãos, a fazer o bem para todos os homens, e especialmente para meus irmãos em Cristo, e a dar-te glória.

Amém.

6 A risada dos tolos é como os estalos de
espinhos no fogo — não quer dizer nada.
7 Quando o sábio usa a violência, ele se
torna tolo. Quem aceita *suborno estraga
o seu caráter.
8 O fim de uma coisa vale mais do que o
seu começo. A pessoa paciente é melhor
do que a orgulhosa.
9 Controle sempre o seu gênio; é tolice
alimentar o ódio.
10 Nunca pergunte: "Por que será que
antigamente tudo era melhor?" Essa pergunta não é inteligente.
11 Todos neste mundo devem ser sábios.
Ter sabedoria é tão bom como receber
uma herança. 12 A sabedoria é melhor do
que o dinheiro. A vantagem da sabedoria
é que ela conserva a vida da gente.
13 Pense no que Deus faz. Quem pode
endireitar o que ele fez torto? 14 Quando
as coisas correrem bem, fique contente;
quando as dificuldades chegarem, lembre disto: é Deus quem manda tanto a felicidade como as dificuldades, e a gente
nunca sabe o que vai acontecer amanhã.
15 A minha vida tem sido uma ilusão,
mas nela eu tenho visto de tudo. Há pessoas boas que morrem, e há pessoas más
que continuam a viver a sua vida errada.
16 Por isso, não seja bom demais, nem sábio demais; por que você iria se destruir?
17 Mas também não seja mau demais, nem
tolo demais; por que você iria morrer
antes do tempo? 18 Evite tanto uma coisa como a outra. Se você *temer a Deus,
terá sucesso em tudo.
19 A sabedoria pode fazer mais por uma
pessoa do que dez prefeitos juntos podem
fazer por uma cidade.
20 Não existe no mundo ninguém que
faça sempre o que é direito e que nunca erre.
21 Não fique escutando tudo o que os
outros dizem, pois poderá ouvir o seu empregado falar mal de você. 22 E você sabe
muito bem que muitas vezes você mesmo
tem falado mal dos outros.
23 Eu usei a minha sabedoria para examinar tudo isso. Estava resolvido a ser
sábio, mas não conseguia alcançar a sabedoria. 24 Como é que alguém pode descobrir o sentido das coisas que acontecem? Isso é profundo demais para nós e
muito difícil de entender. 25 Mas eu resolvi
estudar e conhecer as coisas. Estava decidido a encontrar a sabedoria e a achar
as respostas para as minhas perguntas;
queria saber por que a maldade e a falta
de juízo são loucura.
26 Eu encontrei uma coisa que é mais
amarga do que a morte — um certo tipo
de mulher. O amor que ela oferece é uma
armadilha ou uma rede para pegar você;
os seus braços são correntes para prendê-lo. O homem que agrada a Deus consegue fugir dela, mas o pecador, não.

27 Eu descobri isso pouco a pouco, quan-
do procurava respostas para as minhas
perguntas. 28 Procurei outras respostas,
mas não encontrei nenhuma. Entre mil
homens encontrei um que eu poderia res-
peitar, mas entre as mulheres não achei
nem uma. 29 Tudo o que aprendi se resu-
me nisto: Deus nos fez simples e direitos,
mas nós complicamos tudo.

8 Somente os sábios conseguem explicar
as coisas. A sabedoria de uma pessoa
brilha no seu rosto e a torna simpática
mesmo que seja feia.

Obediência ao rei

2 Obedeça às ordens do rei porque você,
na presença de Deus, jurou ser fiel a ele.
3 O rei pode fazer tudo o que quiser. Não
tenha pressa em sair da presença dele e
não insista em fazer uma coisa errada. 4 O
rei age com autoridade, e ninguém pode
reclamar do que ele faz. 5 Enquanto você
obedecer às ordens dele, nenhum mal
lhe acontecerá. A pessoa que tem sabe-
doria sabe como e quando agir. 6 Existe
um tempo certo e um modo certo de fazer
cada coisa. Mas o nosso grande problema
7 é que não sabemos o que vai acontecer
amanhã, e não há ninguém que possa nos
contar. 8 Ninguém pode dominar o vento,
nem segurá-lo. Assim também ninguém
pode evitar a morte, nem deixá-la para
outro dia. Nós temos de enfrentar essa
batalha, e não há jeito de escapar.

Os bons e os maus

9 Eu vi tudo isso quando pensei nas coi-
sas que acontecem neste mundo. Houve
um tempo em que alguns tinham o po-
der, e outros sofriam, dominados por eles.
10 Eu vi o sepultamento de pessoas más.
Na volta do cemitério, notei que eram elo-
giadas, e isso na mesma cidade onde ha-
viam feito o mal. Isso também é ilusão.

11 Por que será que as pessoas come-
tem crimes com tanta facilidade? É por-
que os criminosos não são castigados
logo. 12 Um criminoso pode cometer cem
crimes e continuar a viver. Sim, eu sei que
dizem: "Se você *temer a Deus, tudo lhe
correrá bem; 13 mas não correrá bem para
os maus. A vida deles passa como a som-
bra: morrerão jovens porque não temem
a Deus." 14 Mas isso não tem sentido. Ve-
jam o que acontece no mundo: muitas ve-
zes os bons são castigados, e não os maus;
e os maus são premiados, e não os bons. É
o que digo: isso também é ilusão.

15 Por isso, estou convencido de que de-
vemos nos divertir porque o único prazer
que temos nesta vida é comer, beber e nos
divertir. Podemos fazer pelo menos isso
enquanto trabalhamos durante a vida que
Deus nos deu neste mundo.

16 Todas as vezes que tentei me tornar
sábio e entender o que acontece neste
mundo, compreendi que a gente pode fi-
car acordado dia e noite 17 e mesmo assim
nunca será capaz de entender o que Deus
faz. Por mais que a gente se esforce, nun-
ca entende. Os sábios podem dizer que
conseguem compreender, mas na verda-
de eles também não entendem.

9 Eu pensei bastante, e me esforcei para
entender tudo isso, e cheguei à conclu-
são de que Deus controla o que as pessoas
sábias e honestas fazem e até o amor e o
ódio delas. Ninguém sabe nada do que
vai acontecer no futuro, mas isso não faz
diferença. 2 Pois a mesma coisa acontece
com os honestos e os desonestos, os bons
e os maus, os religiosos e os não religiosos,
os que adoram a Deus e os que não ado-
ram. A mesma coisa acontece com quem
é bom e com quem é pecador, com a pes-
soa que faz juramentos e com a que não
faz. 3 A mesma coisa acontece com todos; e
isso é o pior de tudo o que acontece neste
mundo. O coração das pessoas está cheio
de maldade e de loucura; e, de repente,
elas morrem. 4 Mas, enquanto se vive neste
mundo, existe alguma esperança; porque
é melhor ser um cão vivo do que um leão
morto. 5 Sim, os vivos sabem que vão mor-
rer, mas os mortos não sabem nada. Eles
não vão receber mais nada e estão com-
pletamente esquecidos. 6 Os seus amores,
os seus ódios, as suas paixões, tudo isso
morreu com eles. Nunca mais tomarão
parte naquilo que acontece neste mundo.

7 Portanto, vá em frente. Coma com pra-
zer a sua comida e beba alegremente o
seu vinho, pois Deus já aceitou com pra-
zer o que você faz. 8 Procure sempre pa-
recer feliz e satisfeito. 9 Enquanto você vi-
ver neste mundo de ilusões, aproveite a
vida com a mulher que você ama. Pois
isso é tudo o que você vai receber pelos
seus trabalhos nesta vida dura que Deus
lhe deu. 10 Tudo o que você tiver de fazer
faça o melhor que puder, pois no *mun-
do dos mortos não se faz nada, e ali não
existe pensamento, nem conhecimento,
nem sabedoria. E é para lá que você vai.

11 Eu descobri mais outra coisa neste mundo: nem sempre são os corredores mais velozes que ganham as corridas; nem sempre são os soldados mais valentes que ganham as batalhas. Notei ainda que as pessoas mais sábias nem sempre têm o que comer e que as mais inteligentes nem sempre ficam ricas. Notei também que as pessoas mais capazes nem sempre alcançam altas posições. Tudo depende da sorte e da ocasião. 12 Pois ninguém sabe quando a hora da desgraça vai chegar. Como aves que caem, de repente, na armadilha ou como peixes apanhados na rede, nós também podemos cair na desgraça quando menos esperamos.

Pensamentos sobre a sabedoria

13 Há mais uma coisa que eu vi e que é um bom exemplo de como neste mundo não se dá valor à sabedoria. 14 Havia uma pequena cidade onde morava pouca gente. Com o seu exército, um rei poderoso atacou a cidade, construiu rampas de ataque em redor dela e se preparou para derrubar as suas muralhas. 15 Morava ali um homem que era pobre, mas muito inteligente; era tão inteligente, que poderia ter salvado a cidade. Acontece que ninguém lembrou dele. 16 Eu sempre achei que a sabedoria é melhor do que a força; mas ninguém acredita que uma pessoa pobre pode ser sábia e ninguém presta atenção no que ela diz.

17 É melhor ouvir as palavras calmas de uma pessoa sábia do que os gritos de um líder numa reunião de tolos.

18 A sabedoria vale mais do que armas de guerra, mas uma decisão errada pode estragar os melhores planos.

10 Assim como algumas moscas mortas podem estragar um frasco inteiro de perfume, assim também uma pequena tolice pode fazer a sabedoria perder todo o valor.

2 Para quem é sábio, é muito natural fazer o que é certo, mas para o tolo o natural é fazer o que é errado. 3 Todos percebem que ele é tolo; até os que não o conhecem notam a sua falta de juízo.

4 Se uma autoridade se zangar com você, não peça demissão; erros sérios podem ser perdoados se você não perder a calma.

5 Eu tenho visto neste mundo uma injustiça que é cometida pelos que governam: 6 eles colocam pessoas tolas em altos cargos e deixam de lado pessoas de valor. 7 Tenho visto escravos andando a cavalo e príncipes andando a pé como se fossem escravos.

8 Quem abre um buraco cairá nele; quem derruba um muro será mordido por uma cobra. 9 Quem arranca pedras será ferido por elas; quem racha lenha acabará se machucando. 10 Se você deixa o machado perder o corte e não o afia, terá de trabalhar muito mais. É mais inteligente planejar antes de agir. 11 Não adianta nada você saber encantar cobras se deixar que uma delas o morda. 12 Quem é sábio recebe elogios pelas coisas que diz, mas o tolo é destruído pelas suas próprias palavras. 13 Ele começa dizendo tolices e acaba falando coisas absurdas e más. 14 O tolo não para de falar.

Ninguém sabe o que vai acontecer amanhã, nem pode dizer o que acontecerá depois da sua morte.

15 Somente um homem muito tolo, tão tolo, que nem consegue encontrar o caminho de casa, se esgota de tanto trabalhar.

16 Um país vai mal quando aquele que o governa se deixa levar pela opinião dos outros, e quando as autoridades começam a se divertir logo de manhã. 17 Mas um país vai bem quando quem o governa toma as suas próprias decisões, e as autoridades sabem se controlar, comem na hora certa e não bebem demais.

18 Se por preguiça você deixar de consertar o telhado da sua casa, ele acabará ficando cheio de goteiras, e a casa cairá.

19 As festas ajudam a gente a se divertir, e o vinho ajuda a gente a se alegrar; mas sem dinheiro não se pode ter nem uma coisa nem outra.

20 Não critique o governo nem mesmo em pensamento e não critique o homem rico nem mesmo dentro do seu próprio quarto, pois um passarinho poderia ir contar a eles o que você disse.

Conselhos práticos

11 Empregue o seu dinheiro em bons negócios e com o tempo você terá o seu lucro. 2 Aplique-o em vários lugares e em negócios diferentes porque você não sabe que crise poderá acontecer no mundo.

3 Quando as nuvens ficam cheias, a chuva cai. Uma árvore pode cair em qualquer direção, mas, no lugar em que cair,

aí ficará. 4 Quem fica esperando que o ven-
to mude e que o tempo fique bom nun-
ca plantará, nem colherá nada. 5 Deus faz
todas as coisas. E, como você não pode
entender como começa uma nova vida
dentro da barriga de uma mulher, assim
também não pode entender as coisas que
Deus faz. 6 Semeie de manhã e também
de tarde porque você não sabe se todas
as sementes crescerão bem, nem se uma
crescerá melhor do que a outra.
7 Como é agradável a luz do dia, e como
é bom ver o sol! 8 Viva alegre durante to-
dos os anos da sua vida. Mas, mesmo que
você viva muitos anos, lembre que ficará
morto durante muito mais tempo. Tudo
o que acontece é ilusão.

Conselhos para os jovens

9 Jovem, aproveite a sua mocidade e seja
feliz enquanto é moço. Faça tudo o que
quiser e siga os desejos do seu coração.
Mas lembre de uma coisa: Deus o julga-
rá por tudo o que você fizer. 10 Não deixe
que nada o preocupe ou faça sofrer, pois
a mocidade dura pouco.

12 Lembre do seu Criador enquanto
você ainda é jovem, antes que ve-
nham os dias maus e cheguem os anos
em que você dirá: "Não tenho mais prazer
na vida." 2 Lembre dele antes que chegue
o tempo em que você achará que a luz
do sol, da lua e das estrelas perdeu o seu
brilho e que as nuvens de chuva nunca
vão embora. 3 Então os seus braços, que
sempre o defenderam, começarão a tre-
mer, e as suas pernas, que agora são for-
tes, ficarão fracas. Os seus dentes cairão,
e sobrarão tão poucos, que você não con-
seguirá mastigar a sua comida. A sua vis-
ta ficará tão fraca, que você não poderá
mais ver as coisas claramente. 4 Você ficará

DEVOCIONAL

Texto para leitura: **Eclesiastes 12:1-8**

Conheça a Deus

O que você quer em sua vida espiritual? Qual é seu objetivo quando o assunto é adorar a Deus? Seu relacionamento com Deus tem um objetivo, mas você o está atingindo?

Quando você quer as coisas para si mesma, quando se aproxima do Senhor apenas em busca de paz ou de bênçãos ou quando quer que ele a faça se sentir completa ou feliz, você perde todo o propósito de sua salvação: amar a Deus. Sua fé não a salvou para que você pudesse ter tudo o que quer, mas para que pudesse voltar a ter um relacionamento correto com o Pai. Esse relacionamento não tem a ver com receber, mas sim com dar. Pense assim: os dois maiores mandamentos não têm a ver com sua paz ou sua felicidade, mas com deixar de lado seu eu e amar a Deus e ao próximo (veja Mateus 22:34-40).

Você não foi colocada aqui no mundo para desenvolver uma vida espiritual "satisfatória" e, depois disso, só se deitar e descansar. Não, você foi feita para muito mais, e esse "mais" começa com uma mudança de objetivos. O que você quer a cada manhã quando se levanta determinará quem você se torna a cada dia. A Garota de Deus não faz de seu objetivo o próprio bem-*estar emocional*, mas o conhecer seu Deus, lembrando-se de seu Criador enquanto ela é jovem (veja Eclesiastes 12:1). Quando ele é seu objetivo, todas as demais coisas se ajeitam e, assim, ninguém pode machucá-la, caluniá-la ou prejudicá-la. Nada que os outros façam irá incomodá-la quando seu objetivo não é se sentir bem ou até ser feliz, mas conhecer mais a Deus. Todas as manhãs, quando você se levantar, diga para si mesma: "Hoje meu objetivo é o próprio Deus, não a felicidade, a paz ou mesmo suas bênçãos, mas ele, e ninguém mais".

surdo e não poderá ouvir o barulho da
rua. Você quase não conseguirá ouvir o
moinho moendo ou a música tocando. E
levantará cedo, quando os passarinhos
começam a cantar. 5 Então você terá medo
de lugares altos, e até caminhar será pe-
rigoso. Os seus cabelos ficarão brancos, e
você perderá o gosto pelas coisas.

Nós estaremos caminhando para o
nosso último descanso; e, quando isso
acontecer, haverá gente chorando por
nossa causa nas ruas. 6 A vida vai se aca-
bar como uma lamparina de ouro cai e
quebra, quando a sua corrente de prata
se arrebenta, ou como um pote de barro
se despedaça quando a corda do poço se
parte. 7 Então o nosso corpo voltará para
o pó da terra, de onde veio, e o nosso es-
pírito voltará para Deus, que o deu.

8 É ilusão, é ilusão, diz o Sábio. Tudo é
ilusão.

Conclusão

9 O Sábio, usando o seu conhecimento,
continuou a ensinar ao povo o que sabia.
Ele estudou, examinou e pôs em ordem
muitos provérbios. 10 Procurou usar pa-
lavras agradáveis, e tudo o que escreveu
é verdade. 11 As palavras dos sábios são
como pregos bem pregados; são como as
varas pontudas que os pastores usam para
guiar as ovelhas. Essas palavras foram da-
das por Deus, o único Pastor de todos nós.

12 Filho, há mais uma coisa que eu quero
dizer: os livros sempre continuarão a ser
escritos; estudar demais cansa a mente.

13 De tudo o que foi dito, a conclusão
é esta: *tema a Deus e obedeça aos seus
mandamentos porque foi para isso que
fomos criados. 14 Nós teremos de prestar
contas a Deus de tudo o que fizermos e
até daquilo que fizermos em segredo, seja
o bem ou o mal.

Cântico dos Cânticos

Conheça o amor

Mulheres de Jerusalém, prometam e jurem, pelas gazelas e pelas corças selvagens, que vocês não vão perturbar o nosso amor.
Cântico dos Cânticos 2:7

Autor ♥ Rei Salomão
Data ♥ Entre 971 e 931 a.C.
Local ♥ Desconhecido
Público-alvo ♥ Desconhecido

O amor romântico é uma via de mão dupla. O coração de muitas meninas se entregou a meninos famosos que ocupam os palcos e as telas, mas esse tipo de amor é unilateral. É conhecido como amor não correspondido, e é um tipo de mentira. Muitas meninas bem-intencionadas se convenceram de que o que sentem é tão forte que esse sentimento deve ser verdadeiro. Elas sonham com o menino e fantasiam o amor dele. Então, com o tempo, uma vez que ele nunca corresponde, elas começam a achar que talvez Deus mentiu ou talvez elas fizeram algo errado, mas nada poderia estar mais longe da verdade. O amor é uma experiência totalmente maravilhosa, mas também precisa estar fundamentado na fé — e não na fé em um sentimento, mas em um Deus que nunca promete a felicidade romântica, mas que, com toda a certeza, promete a santidade.

Quando toda a sua energia está focada em como *você* se sente, seu foco é egoísta, e o amor verdadeiro não é egoísta. Ele não tem a ver com ser adorada ou paquerada, mas com amar seu próximo ou, neste caso, sua cara-metade como a si mesma. Tem a ver com considerar os outros superiores a você (veja Filipenses 2:3) e, às vezes, até com amar seus inimigos.

Há uma época em que o amor está maduro, e é importante que você conheça sua estação. Não deixe que o que parece ser amor minta para você. O amor não é um sentimento; do contrário, Deus não poderia tê-lo ordenado. Não podemos mandar nos sentimentos, mas sim nas ações, e Deus nos manda amar, por isso o amor deve ser uma ação. A Palavra de Deus nunca nos manda estar satisfeitos ou encontrar nosso sonho, mas a aprender o segredo de vivermos contentes seja qual for a situação.

Ponto essencial
Cântico dos Cânticos é uma história poética sobre amor e casamento. A história pode estar baseada no amor do rei Salomão e de uma jovem do campo com quem ele se casou. O livro mostra o valor de guardar o ato sexual para o casamento e de entender o compromisso e a lealdade no matrimônio.

É claro que sentimentos de amor virão, mas é o que você pensa sobre eles que vai provar até onde são verdadeiros. Não deixe que sua vida gire em torno de obedecer aos seus sentimentos, em vez de obedecer ao seu Deus. Os sentimentos podem ser divertidos, mas nem sempre são confiáveis, por isso submeta todo sentimento à Palavra de Deus e tenha cuidado para não o chamar de amor antes da hora certa.

Durante a leitura de Cântico dos Cânticos, não se confunda com a linguagem, mas pense em como o amor pode ser profundo e no quanto ele foi uma dádiva maravilhosa de Deus. Entenda como o amor, na hora certa, é incrível.

Coisas para procurar

- O uso da linguagem poética
- A natureza do amor (veja Cântico dos Cânticos 3:5; 4:10; 8:6-7)
- O casamento (veja Cântico dos Cânticos 3:6-11)
- A noite do casamento (veja Cântico dos Cânticos 4:1—5:1)

Versículos que você deve saber

Ele me levou ao salão de festas, e ali nós nos entregamos ao amor. Tragam passas para eu recuperar as minhas forças e maçãs para me refrescar, pois estou desmaiando de amor.
(Cântico dos Cânticos 2:4-5)

Minha noiva, meu amor, você é como um jardim cercado e fechado; é uma fonte particular.
(Cântico dos Cânticos 4:12)

Eu sou do meu amado, e o meu amado é meu.
(Cântico dos Cânticos 6:3)

1 Este é o Cântico dos Cânticos, a mais bela das canções de Salomão.

Primeira canção

A noiva

2 Que os seus lábios me cubram de beijos!
O seu amor é melhor do que o vinho.
3 O seu perfume é suave;
o seu nome é para mim como perfume derramado.
Nenhuma mulher poderia deixar de amá-lo.
4 Leve-me com você! Vamos depressa!
Seja o meu rei e leve-me para o seu quarto.

Coro

Ó rei, ficaremos alegres e felizes por sua causa
e cantaremos o seu amor,
que é mais agradável do que o vinho.
Não é sem razão que o amam, ó rei!

Ela

5 Mulheres de Jerusalém, eu sou morena, porém sou bela.
Sou morena escura como as barracas do deserto,
como as cortinas do palácio de Salomão.
6 Não fiquem me olhando assim por causa da minha cor,
pois foi o sol que me queimou.
Meus irmãos ficaram zangados comigo
e me fizeram trabalhar nas plantações de uvas.
Por isso, não tive tempo de cuidar de mim mesma.

7 Diga, meu amor:
Aonde é que você leva as suas ovelhas para pastar?
Onde é que elas descansam ao meio-dia?
Diga, e assim não terei de andar procurando você
entre as ovelhas dos outros pastores.

O noivo

8 Se você, a mais bela de todas as mulheres, não sabe o lugar,
siga as ovelhas dos outros
e assim encontrará pasto para os seus cabritos
perto das barracas dos pastores.

9 Você é tão bela, minha querida,
como os animais da carruagem de
Faraó.
10 O seu rosto é lindo no meio de
duas tranças;
como é formoso o seu pescoço
enfeitado de colares!
11 Vamos fazer para você uma
corrente de ouro,
toda enfeitada de prata.

Ela

12 Quando o meu rei estava sentado
no seu sofá,
sentia-se o cheiro agradável do meu
perfume.
13 O meu amado tem cheiro de *mirra
quando descansa sobre os meus seios.
14 O meu amado é como as flores do
campo
nas plantações de uvas
que ficam perto da fonte de Gedi.

Ele

15 Como você é bela, minha querida!
Como você é linda! Como os seus
olhos brilham de amor!

Ela

16 Como você é belo, meu querido!
Como é encantador!
A grama verde será a nossa cama;
17 os cedros serão as vigas da nossa
casa,
e os pinheiros serão o telhado.

2 Eu sou a rosa dos campos de Sarom;
sou o lírio dos vales.

Ele

2 Como um lírio entre os espinhos,
assim é a minha amada entre as
outras mulheres.

Ela

3 Como a macieira entre as árvores
da floresta,

DEVOCIONAL

Texto para leitura: **Cântico dos Cânticos 1**

Conheça o amor

Não se pode deter o amor verdadeiro. Quando você está apaixonada, seu coração quer contar isso ao mundo, porque parece que, se você não contar, o coração vai explodir. Bilhetes, músicas e poemas de amor vêm de um coração que transborda de entrega e paixão. Mas, depois de um tempo, pode ser fácil se esquecer de contar às pessoas o que você ama nelas. A vida se torna um obstáculo, os momentos ficam difíceis, os humores se exaltam e, de repente, você já não está mais falando de forma carinhosa com o outro. Mas é preciso falar de amor; ele precisa ser demonstrado na forma de apreciação verbal e entrega. Precisamos dizer aos nossos queridos por que os amamos, e fazer isso com frequência. Cântico dos Cânticos é um exemplo disso, e precisamos fazer a mesma coisa quando o assunto é nosso amor por Deus.

Na vida de fé, a Garota de Deus quer dizer ao seu Deus o quanto ela o adora. Ela quer lhe dizer o quanto ele significa para ela, não só para adorá-lo, mas para fazer o próprio coração se lembrar de tudo o que ele é. Se não fizer isso, ela pode esquecer rapidamente tudo o que está relacionado à bondade e à santidade do Senhor. Como uma Garota de Deus, você precisa *se concentrar na bondade dele*. Você precisa se lembrar de como foi tocada pela benevolência, pela provisão e pelo poder dele e dizer-lhe todos os dias o que significa a presença dele em sua vida. A Garota de Deus sabe que o poder do amor está em sua capacidade de falar palavras de amor.

O amor de Deus por você é expresso na Palavra e na vida do Filho dele, a Palavra que se fez carne. Não ignore as músicas, as cartas e os presentes de amor de Deus. Conheça o amor e conheça a Deus. Fale de amor e seja conhecida por Deus.

Pergunte a si mesma...

Quando é a hora certa para o amor, de acordo com minhas amigas?
E segundo meus pais?
E de acordo com Deus?
Quando se trata de amor e das coisas que farei por amor, minhas ideias estão mais de acordo com as de Deus ou com as do mundo?
Como posso descobrir mais coisas sobre as ideias de Deus sobre o amor e os meninos?

assim é o meu amado entre os
outros homens.
Eu me sinto feliz nos seus braços,
e os seus carinhos são doces para
mim.
4 Ele me levou ao salão de festas,
e ali nós nos entregamos ao amor.
5 Tragam passas para eu recuperar
as minhas forças
e maçãs para me refrescar,
pois estou desmaiando de amor.
6 A sua mão esquerda está debaixo
da minha cabeça,
e a direita me abraça.

7 Mulheres de Jerusalém,
prometam e jurem,
pelas *gazelas e pelas *corças
selvagens,
que vocês não vão perturbar o
nosso amor.

Segunda canção

Ela

8 Estou ouvindo a voz do meu amor.
Ele vem depressa, descendo as
montanhas,
correndo pelos montes.
9 O meu amado é como uma *gazela;
é como um filhote de *corço.
O meu querido está ali, do lado de
fora da nossa casa.
Ele está olhando para dentro, pelas
janelas;
está me espiando pelas grades.
10 O meu amor está falando comigo.

Ele

Venha então, minha querida;
venha comigo, meu amor.
11 O inverno já foi, a chuva passou,
12 e as flores aparecem nos campos.
É tempo de cantar;
ouve-se nos campos o canto das
rolinhas.
13 Os figos estão começando a
amadurecer,
e já se pode sentir o perfume das
*parreiras em flor.
Venha então, meu amor.
Venha comigo, minha querida.
14 Você está escondida como uma
pomba
na fenda de uma rocha.
Mostre-me o seu rosto;
deixe-me ouvir a sua voz;
pois a sua voz é suave,
e o seu rosto é lindo.
15 Peguem as raposas, apanhem as
raposinhas,
antes que elas estraguem a nossa
plantação de uvas,
que está em flor.

Ela

16 O meu querido é meu, e eu sou
dele.
Ele leva as suas ovelhas para
pastarem entre os lírios,
17 enquanto o dia ainda está fresco
e a escuridão está desaparecendo.
Meu querido, volte depressa,
correndo como uma gazela,
como um filhote de *corço nos
montes de Beter.

3 Noites e noites, na minha cama,
eu procurei o meu amado;
procurei, porém não o encontrei.
2 Então me levantei e andei por toda
a cidade,
pelas ruas e pelas praças.
Eu procurei o meu amado;
procurei, mas não o pude achar.
3 Os guardas que patrulham a
cidade me encontraram,
e eu perguntei: "Vocês viram o meu
amado?"
4 E, logo que saí de perto deles,
eu o encontrei.
Eu abracei o meu amado e não o
deixei ir embora
até que ele foi comigo à casa da
minha mãe,
ao quarto daquela que me deu à luz.

5 Mulheres de Jerusalém,
prometam e jurem,

pelas *gazelas e pelas *corças
selvagens,
que vocês não vão perturbar o
nosso amor.

Terceira canção

Ela

6 O que é aquilo que vem subindo do
deserto?
Parece uma nuvem de fumaça de
*mirra, e de incenso,
e de todo tipo de perfumes
vendidos pelos mercadores.
7 É a liteira do rei Salomão;
sessenta soldados, os melhores de
Israel,
formam a sua guarda pessoal.
8 Todos eles sabem usar bem a
espada
e são treinados para a guerra.
Cada um está armado com uma
espada,
por causa dos perigos da noite.

9 A liteira que o rei Salomão
mandou fazer
era de madeira da melhor
qualidade.
10 As suas colunas eram cobertas de
prata,
e o seu teto era de tecido bordado
a ouro.
As suas almofadas, forradas de fino
tecido vermelho,
foram feitas com carinho pelas
mulheres de Jerusalém.

11 Mulheres de *Sião, venham ver o
rei!
O rei Salomão está usando a coroa
que recebeu da sua mãe
no dia do seu casamento,
naquele dia de tanta felicidade.

Ele

4 Como você é bela, minha querida!
Como você é linda!
Como os seus olhos brilham de
amor atrás do véu!
Os seus cabelos ondulados são
como um rebanho de cabras
descendo as montanhas de Gileade.
2 Os seus dentes são brancos como
ovelhas com a lã cortada,
que acabaram de ser lavadas.
Nenhum deles está faltando,
e todos são bem alinhados.
3 Os seus lábios são como uma fita
vermelha,
e a sua boca é linda.
O seu rosto corado brilha atrás do
véu.
4 Você tem o pescoço roliço e macio,
elegante como a torre de Davi,
onde estão pendurados mil
*escudos,
parte das *armaduras de soldados
valentes.
5 Os seus seios parecem duas crias,
crias gêmeas de uma *gazela,
pastando entre os lírios.
6 Eu irei até a montanha da mirra,
até a montanha do incenso,
enquanto o dia ainda está fresco
e a escuridão está desaparecendo.
7 Como você é linda, minha querida!
Como você é perfeita!
8 Desça comigo dos montes Líbanos,
minha noiva!
Desça do alto dos montes,
do Amana, do Senir e do Hermom,
onde vivem os leões e os leopardos.
9 Com um só olhar, minha noiva,
meu amor,
com uma só pérola do seu colar,
você me roubou o coração.
10 Como são deliciosas as suas
carícias,
minha namorada, minha noiva!
O seu amor é melhor do que o
vinho;
o seu perfume é o mais agradável
que existe.
11 Os seus lábios têm gosto de mel,
minha querida.
A sua língua é para mim como leite
e mel,
e os seus vestidos têm o cheiro dos
montes Líbanos.

12 Minha noiva, meu amor, você
é como um jardim cercado e
fechado;
é uma fonte particular.
13 Nesse jardim as plantas crescem
bem.
Crescem como um pomar de romãs
e dão as melhores frutas.
Nele existe *hena e *nardo;
14 existe nardo e *açafrão, canela e
jasmim-azul
e todas as espécies de incenso.
Há também mirra e *aloés
e outras plantas perfumosas.

15 Você é a fonte do meu jardim,
a corrente de água doce,
o ribeirão que corre dos montes
Líbanos.

Ela

16 Levante-se, vento norte!
Venha, vento sul! Sopre sobre o
meu jardim
e encha o ar de perfume.
Deixe que o meu querido venha ao
seu jardim
e coma as suas melhores frutas.

Ele

5 Já entrei no meu jardim,
minha noiva, minha querida.
Estou colhendo *mirra e outras
plantas perfumosas;
estou comendo o meu favo de mel
e bebendo o meu vinho e o meu
leite.

Coro

Vocês que se amam,
comam e bebam,
até ficarem embriagados de amor!

Quarta canção

Ela

2 Eu dormia, mas o meu coração
estava acordado.
Então ouvi o meu amado bater na
porta.

Ele

Deixe-me entrar, minha querida,
meu amor,
minha pombinha sem defeito.
A minha cabeça está molhada de
sereno,
e o meu cabelo está úmido de
orvalho.

Ela

3 Eu já tirei a roupa;
será que preciso me vestir de novo?
Já lavei os pés;
por que sujá-los outra vez?
4 O meu amor passou a mão pela
abertura da porta,
e o meu coração estremeceu.
5 Eu já estava pronta para deixar o
meu querido entrar.
As minhas mãos estavam cobertas
de *mirra,
e os meus dedos também,
e eu segurava o trinco da porta.
6 Então abri a porta para o meu
amor,
mas ele já havia ido embora.
Como eu queria ouvir a sua voz!
Procurei-o, porém não o pude
achar;
chamei-o, mas ele não respondeu.
7 Os guardas que patrulhavam a
cidade me encontraram;
eles me bateram e me machucaram;
e os guardas das muralhas da
cidade me arrancaram a *capa.

8 Prometam, mulheres de
Jerusalém:
se vocês encontrarem o meu
amado,
digam que estou morrendo de
amor.

Coro

9 Você, a mais bela das mulheres,
responda:
será que o seu amado é melhor do
que os outros?
O que é que ele tem de tão
maravilhoso
para fazermos essa promessa a
você?

Ela

10-11 Entre dez mil homens,
o meu amado é o mais bonito e o
mais forte.
O seu belo rosto é corado;
os seus cabelos são compridos, e
ondulados,
e pretos como as penas de um
corvo.
12 Os seus olhos são como os olhos
das pombas
na beira de um riacho;
pombas brancas como leite,
banhando-se ao lado da correnteza.
13 O seu rosto é bonito como um
jardim
de plantas perfumosas.
Os seus lábios são como lírios
que deixam cair pingos de mirra
preciosa.
14 As suas mãos são benfeitas
e enfeitadas com anéis de ouro e
pedras preciosas.
A sua cintura é como marfim
polido,
coberto de *safiras.
15 As suas pernas são colunas de
mármore

assentadas sobre bases de ouro
puro.
O meu amado parece um dos
montes Líbanos
e é elegante como os cedros.
16 É doce beijar a sua boca,
e tudo nele me agrada.
Assim é o meu amado, assim é o
meu noivo,
mulheres de Jerusalém.

Coro

6 Você, a mais bela das mulheres, responda:
para onde foi o seu amado?
Que caminho ele seguiu?
Nós a ajudaremos a encontrá-lo.

Ela

2 O meu amor desceu ao seu jardim,
aos canteiros perfumosos.
Ele está alimentando as suas
ovelhas no jardim
e colhendo lírios.
3 Eu sou do meu amado, e o meu
amado é meu.
Ele leva as suas ovelhas para
pastarem entre os lírios.

Quinta canção

Ele

4 Minha querida, você é bonita como
a cidade de Jerusalém,
encantadora como a cidade de
Tirza
e impressionante como essas duas
cidades.
5 Desvie de mim os seus olhos,
pois eles me perturbam.
Os seus cabelos ondulados são
como um rebanho de cabras
descendo as montanhas de Gileade.
6 Os seus dentes são brancos como
ovelhas com a lã cortada,
que acabaram de ser lavadas.
Nenhum deles está faltando,
e todos são bem alinhados.
7 O seu rosto corado brilha atrás do
véu.
8 Pode haver sessenta rainhas,
oitenta *concubinas
e muitas moças;
9 mas eu amo somente uma,
aquela que é perfeita como uma
pomba.
Ela é filha única
e a querida da sua mãe.
Todas as mulheres olham para a
minha amada
e dizem que ela é feliz;
rainhas e concubinas a elogiam e
dizem:
10 "Quem é esta que parece o nascer
do dia,
que é bela como a lua,
brilhante como o sol,
impressionante como esses dois
*astros
e luminosa como o céu cheio de
estrelas?"

11 Eu desci ao jardim das
amendoeiras
para olhar as plantas novas do vale,
para ver se as *parreiras estavam
brotando
e se as romãzeiras estavam em flor.
12 Eu estou tremendo.
Você me deixou ansioso para amar,
tão ansioso como um condutor de
carros de guerra
para entrar na batalha.

Coro

13 Volte, volte, sulamita.
Volte, volte; nós queremos ver você
dançar.

Ela

Por que vocês querem me ver
dançando a dança da noiva?

Ele

7 Ó filha de um príncipe,
como são bonitos os seus pés
calçados de sandálias!
As curvas dos seus quadris são
como joias,
são trabalho de um artista.
2 O seu umbigo é uma taça
onde não falta vinho.
A sua cintura é como um feixe de
trigo
cercado de lírios.
3 Os seus seios parecem duas crias,
crias gêmeas de uma *gazela.
4 O seu pescoço é como uma torre
de marfim.
Os seus olhos são como os poços
que ficam
ao lado dos portões da grande
cidade de Hesbom.
O seu nariz é tão belo como a torre
do Líbano,
de onde se avista Damasco.

5 A sua cabeça está sempre erguida como o monte Carmelo.
Os seus cabelos são como a *púrpura;
até um rei ficaria preso nas suas tranças.
6 Como você é linda, minha querida!
Como você me dá prazer!
Como é agradável a sua presença!
7 Você é tão graciosa como uma palmeira;
os seus seios são como cachos de *tâmaras.
8 Vou subir na palmeira
e colher os seus frutos.
Os seus seios são para mim como cachos de uvas.
A sua boca tem o perfume das maçãs,
9 e os seus beijos são como vinho delicioso.

Ela

Então que o meu querido beba suavemente deste vinho
que escorre entre os seus lábios e dentes.
10 Eu sou do meu amado, e ele me quer.
11 Venha, querido, vamos para o campo;
vamos passar a noite nas plantações de uvas.
12 Vamos levantar cedo e olhar as *parreiras,
para ver se elas já começaram a brotar.
Veremos se as flores estão se abrindo
e se as romãzeiras já estão em flor.
Ali eu lhe darei o meu amor.

13 Podemos sentir o perfume das mandrágoras.
Todas as frutas saborosas estão na nossa porta.
Querido, eu guardei para você todo tipo de frutas,
as frutas frescas e as secas.

8 Que bom seria se você fosse meu irmão,
se tivesse sido amamentado por minha mãe!
Então, se eu me encontrasse com você na rua,
poderia beijá-lo, e ninguém se importaria.
2 Eu o levaria para a casa da minha mãe,
e você me ensinaria.
Eu lhe daria vinho com *especiarias
e o meu vinho de romãs para você beber.
3 A sua mão esquerda estaria debaixo da minha cabeça,
e a direita me abraçaria.

4 Prometam, mulheres de Jerusalém,
que vocês não vão perturbar o nosso amor.

Sexta canção

Coro

5 Quem é esta que vem subindo do deserto,
de braço dado com o seu querido?

Ela

Debaixo da macieira, eu acordei você,
ali, onde você nasceu,
no lugar onde a sua mãe o deu à luz.
6 Grave o meu nome no seu coração
e no anel que está no seu dedo.
O amor é tão poderoso como a morte;
e a paixão é tão forte como a sepultura.
O amor e a paixão explodem em chamas
e queimam como fogo furioso.
7 Nenhuma quantidade de água pode apagar o amor,
e nenhum rio pode afogá-lo.
Se alguém quisesse comprar o amor
e por ele oferecesse as suas riquezas,
receberia somente o desprezo.

Os irmãos da noiva

8 Nós temos uma irmãzinha que ainda tem seios pequenos.
O que faremos por nossa irmãzinha
quando um rapaz quiser namorá-la?
9 Se ela for uma muralha,
nós a defenderemos com uma torre de prata.
Se ela for uma porta,
nós a reforçaremos com sarrafos de cedro.

Ela

10 Eu sou uma muralha,
e os meus seios são as suas torres.

Por isso, o meu amado está certo
de que estou bem protegida e segura.

11 Salomão tinha uma plantação de
uvas
num lugar chamado Baal-Hamom.
Ele escolheu lavradores para
cuidarem dela;
cada um tinha de lhe pagar mil
barras de prata.
12 Eu também tenho uma plantação
de uvas
e faço dela o que quero.
Salomão, venha receber as suas mil
barras.
Lavradores, venham receber
duzentas barras pelo seu
trabalho.

Ele

13 Minha querida, os meus
companheiros estão querendo
ouvi-la.
Eu também quero ouvir a sua voz
no jardim.

Ela

14 Venha depressa, meu amado,
correndo como uma *gazela,
como um filhote de *corço,
que salta sobre os montes
perfumosos.

Isaías

Espere no Senhor

Mas os que confiam no SENHOR recebem sempre novas forças. Voam nas alturas como águias, correm e não perdem as forças, andam e não se cansam.
Isaías 40:31

Autor ♥ Isaías
Data ♥ Provavelmente por volta de 790-670 a.C.
Local ♥ Provavelmente Jerusalém
Público-alvo ♥ Os israelitas

Impaciência não é uma virtude. Quando você olha para uma situação da vida e decide resolver os problemas com as próprias mãos, em vez de esperar por Deus, você dá as costas para o Deus que faria isso para você ou através de você. Por um tempo, esta atitude pode funcionar, e você pode fazer as coisas. Você pode receber a atenção que queria, seus sonhos podem se realizar. Mas, se o que você fez foi com suas próprias forças e não com a força do Senhor, então sua energia vai acabar e seu sucesso vai se transformar em fracasso.

Quando você acha que precisa de alguma coisa nesta vida, é quase instintivo mergulhar de cabeça e resolver tudo sozinha. Você assume o controle de sua vida e até da vida dos outros, e faz o que pode para evitar a solidão e o sofrimento. Mas talvez a solidão e o sofrimento que viriam enquanto você esperava Deus suprir todas as suas necessidades eram exatamente aquilo que sua alma precisava.

Quando você espera em Deus, seus olhos não estão em si mesma, mas olhando para o alto na expectativa de ver o próximo passo de Deus. Quando sua posição for essa, você vai ver a glória e o amor de Deus começarem a agir em sua vida. Os olhos voltados para Deus podem ver provações e até perigos, mas não estão tomados pelo medo. Eles nunca se cansam nem falham porque sempre veem o cuidado sensível e amoroso de Deus e a capacidade que ele tem de suprir todas as suas necessidades.

Ponto essencial
Este livro é a profecia de Isaías. Ele explica como Deus, depois de disciplinar seu povo por causa do pecado, tem misericórdia e nunca se esquece de suas promessas. A disciplina acontece por uma razão, e Isaías quer que seus leitores entendam que tudo está debaixo do controle de Deus, não do inimigo.

Esperar em Deus significa confiar nele com todas as áreas de sua vida, especialmente aquelas nas quais você precisa ser paciente. A paciência é uma virtude porque ensina seu coração a não confiar no próprio entendimento, mas sim no Senhor (veja Provérbios 3:5). Durante a leitura do livro de Isaías, veja como os israelitas não conseguiram confiar em Deus, e como ele prometeu várias vezes trazê-los de volta e até lhes dar um Messias para tirar os pecados do mundo.

Coisas para procurar

- O uso da poesia profética
- O caso contra o povo (veja Isaías 1:2-9)
- O juízo de Deus (veja Isaías 3:1—4:1).
- Referências a Cristo (veja Isaías 7:14; 9:6-7; 11:1-10; 42:1-4; 53:1-12; 61:1-3; 63:1-2)
- Os cânticos do Servo: cânticos sobre Israel aplicados a Cristo, o verdadeiro Israel (veja Isaías 42:1-9; 49:1-13; 50:4-11; 52:13–53:12)
- Palavras de conforto (veja Isaías 12:1; 28:12; 40:1; 49:13; 51:3,12; 52:9; 57:18; 61:2)

Sodoma e Gomorra: Cidades conhecidas pelo mal, destruídas por Deus, por causa dos pecados (veja Gênesis 18—19; Isaías 1:9-10; 3:9; 13:19; Ezequiel 16:49).

Termos e versículos que você deve saber

Os seus pecados os deixaram manchados de vermelho, manchados de vermelho escuro; mas eu os lavarei, e vocês ficarão brancos como a neve, brancos como a lã.

(Isaías 1:18)

— Não pensem que tudo o que o povo chama de revolução seja revolução mesmo. Não fiquem assustados, nem tenham medo daquilo de que o povo tem medo.

(Isaías 8:12)

Não fiquem com medo, pois estou com vocês; não se apavorem, pois eu sou o seu Deus. Eu lhes dou forças e os ajudo; eu os protejo com a minha forte mão.

(Isaías 41:10)

No entanto, era o nosso sofrimento que ele estava carregando, era a nossa dor que ele estava suportando. E nós pensávamos que era por causa das suas próprias culpas que Deus o estava castigando, que Deus o estava maltratando e ferindo. Porém ele estava sofrendo por causa dos nossos pecados, estava sendo castigado por causa das nossas maldades. Nós somos curados pelo castigo que ele sofreu, somos sarados pelos ferimentos que ele recebeu.

(Isaías 53:4-5)

1 São estas as mensagens a respeito de Judá e de Jerusalém que o SENHOR Deus deu a Isaías, filho de Amoz, durante os reinados de Uzias, Jotão, Acaz e Ezequias em Judá.

Deus acusa o seu povo

2 Escutem, ó céus,
preste atenção, ó terra,
pois o SENHOR Deus falou!
Ele disse:
"Criei filhos e cuidei deles,
mas eles se revoltaram contra mim.
3 O boi conhece o seu dono,
e o jumento sabe onde o dono põe o alimento para ele,
mas o meu povo não sabe nada,
o povo de Israel não entende coisa nenhuma."

4 Ai desse povo mau,
dessa gente cheia de pecados!
Todos são ruins,
todos são perversos.
Eles abandonaram o SENHOR,
rejeitaram o Santo Deus de Israel
e viraram as costas para ele.
5 Por que vocês continuam a pecar?
Será que querem receber mais castigos?
A sua cabeça está ferida,
e todos estão desanimados.
6 Da cabeça até os pés,
o corpo de vocês está machucado,
cheio de ferimentos e de chagas abertas,
que não foram lavadas, nem enfaixadas,
nem limpadas com azeite.
7 A terra de vocês está arrasada,
as cidades foram destruídas pelo fogo.
Na presença de vocês,
os estrangeiros arrasaram a sua terra,
e ela ficou em ruínas.
Os estrangeiros acabaram com ela.
8 Só ficou Jerusalém,
como se fosse uma barraca de vigia numa plantação de uvas,
como uma cabana numa plantação de pepinos
ou como uma cidade cercada pelos inimigos.
9 Se o SENHOR Todo-Poderoso
não tivesse deixado que alguns de nós vivêssemos,
seríamos agora como a cidade de Sodoma,
estaríamos destruídos como Gomorra.

10 Autoridades de Jerusalém,
escutem o que o SENHOR está dizendo!
Moradores da cidade,
deem atenção ao ensinamento do nosso Deus!
11 O SENHOR diz:
"Eu não quero todos esses *sacrifícios
que vocês me oferecem.
Estou farto de bodes e de animais gordos
queimados no altar;
estou enjoado do sangue de touros novos,
não quero mais carneiros nem cabritos.
12 Quando vocês vêm até a minha presença,
quem foi que pediu todo esse corre-corre
nos pátios do meu Templo?
13 Não adianta nada me trazerem ofertas;
eu odeio o incenso que vocês queimam.
Não suporto as *Festas da Lua Nova,
os sábados e as outras festas religiosas,
pois os pecados de vocês estragam tudo isso.
14 As Festas da Lua Nova e os outros dias santos
me enchem de nojo;
já estou cansado de suportá-los.

15 "Quando vocês levantarem as mãos para orar,
eu não olharei para vocês.
Ainda que orem muito,
eu não os ouvirei,
pois os crimes mancharam as mãos de vocês.
16 Lavem-se e *purifiquem-se!
Não quero mais ver as suas maldades!
Parem de fazer o que é mau
17 e aprendam a fazer o que é bom.
Tratem os outros com justiça;
socorram os que são explorados,
defendam os direitos dos órfãos
e protejam as viúvas."

[18] O SENHOR Deus diz:
"Venham cá, vamos discutir este
assunto.
Os seus pecados os deixaram
manchados de vermelho,
manchados de vermelho escuro;
mas eu os lavarei,
e vocês ficarão brancos como a
neve,
brancos como a lã.
[19] Se forem humildes e me
obedecerem,
vocês comerão das coisas boas que
a terra produz.
[20] Mas, se forem rebeldes e
desobedientes,
serão mortos na guerra.
Eu, o SENHOR, falei."

Salvação e castigo

[21] A cidade de Jerusalém era fiel a
Deus,
mas agora está agindo como
prostituta.
Estava cheia de gente boa e
honesta,
mas agora só ficaram assassinos.
[22] Jerusalém, você era como prata
pura,
porém agora não vale nada;
era como o melhor vinho,
porém agora é como vinho
misturado com água.
[23] As suas autoridades são pessoas
revoltadas
e têm amizade com ladrões.
Estão sempre aceitando dinheiro e
presentes
para torcer a justiça.
Não defendem os direitos dos
órfãos
e não se preocupam com as causas
das viúvas.

[24] Portanto, escutem o que diz o
SENHOR, o Deus Todo-Poderoso,
o forte Deus de Israel!
Ele diz ao seu povo:
"Eu me vingarei de vocês, meus
inimigos;
vou acertar as contas com vocês,
meus adversários.
[25] Na minha *ira, vou castigá-los
para que fiquem completamente
puros,
assim como o metal é purificado
pelo fogo.
[26] Eu lhes darei autoridades e juízes
como os que vocês tinham no
passado.
Então Jerusalém será chamada de
'Cidade da Justiça' e 'Cidade Fiel'."
[27] O Deus justo salvará *Sião,
salvará todos os seus moradores
que se arrependerem.
[28] Mas acabará com todos os
rebeldes e pecadores,
com todos os que abandonam o
SENHOR.
[29] Vocês vão ficar com vergonha das
árvores sagradas
de que vocês tanto gostavam;
vão ficar desiludidos com os jardins
sagrados
que lhes davam tanto prazer.
[30] Vocês se tornarão como árvores
de folhas murchas,
como um jardim que ninguém rega.
[31] Os poderosos serão como a palha,
e as suas ações, como uma faísca:
eles serão destruídos pelo fogo,
e não haverá quem possa salvá-los.

O reinado de paz de Deus, o SENHOR

Miqueias 4.1-3

2 Esta é a mensagem a respeito de Judá
e de Jerusalém que o SENHOR Deus deu
a Isaías, filho de Amoz:

[2] No futuro,
o monte do Templo do SENHOR
será o mais alto de todos
e ficará acima de todos os montes.
Os povos de todas as nações irão
correndo para lá
[3] e dirão assim:
"Vamos subir o *monte do SENHOR,
vamos ao Templo do Deus de Israel.
Ele nos ensinará o que devemos
fazer,
e nós andaremos nos seus
caminhos.
Pois os ensinamentos do SENHOR
vêm de Jerusalém;
do *monte Sião ele fala com o seu
povo."
[4] Deus será o juiz das nações,
decidirá questões entre muitos
povos.
Eles transformarão as suas espadas
em arados
e as suas lanças, em foices.
Nunca mais as nações farão guerra,
nem se prepararão para batalhas.

5 Venham, descendentes de Jacó,
vamos caminhar na luz que o
SENHOR nos dá.

O Dia do SENHOR

6 Ó Deus, tu abandonaste o teu povo,
os descendentes de Jacó.
Pois o país está cheio de médiuns
da Filisteia
e de adivinhos que vêm do Oriente.
O teu povo segue costumes
estrangeiros.
7 A terra de Israel está cheia de
prata e de ouro;
não se pode calcular a sua riqueza,
e não é possível contar os seus
carros de guerra e cavalos.
8 Mas o país está cheio também de
imagens!
O teu povo se ajoelha diante dessas
imagens;
eles adoram aquilo que eles
mesmos fizeram.
9 Porém todos serão humilhados e
envergonhados.
Ó Deus, não os perdoes!

10 Vão procurar esconderijo nas
cavernas!
Cavem buracos no chão
a fim de escapar da *ira de Deus,
da *glória majestosa do SENHOR!
11 Virá o dia em que os orgulhosos
serão humilhados
e os vaidosos serão rebaixados;
e somente o SENHOR receberá os
mais altos louvores.
12 Naquele dia, o SENHOR Todo-
Poderoso
vai humilhar todos os orgulhosos e
vaidosos,
todos os que pensam que são
importantes.
13 Ele destruirá os altos e
majestosos cedros do Líbano
e todos os carvalhos da terra de
Basã.
14 Ele arrasará todas as montanhas
altas
e os montes elevados.
15 Ele derrubará todas as torres
altas
e as muralhas fortes.
16 Ele afundará todos os grandes
navios
e os barcos mais bonitos.
17 Naquele dia, os orgulhosos serão
humilhados,
e os vaidosos serão rebaixados;
somente o SENHOR receberá os
mais altos louvores,
18 e todas as imagens
desaparecerão.
19 Quando o SENHOR aparecer,
os moradores da terra ficarão
apavorados
e fugirão para as cavernas.
Eles descerão nos buracos
profundos
a fim de escapar da ira de Deus,
da glória majestosa do SENHOR.

20 Naquele dia, todos pegarão as
imagens de prata e de ouro
que eles mesmos fizeram para
adorar
e as deixarão para os ratos e os
morcegos.
21 Quando o SENHOR aparecer,
os moradores da terra ficarão
apavorados.
Eles fugirão para as cavernas
e se meterão nas fendas das rochas
a fim de escapar da ira de Deus,
da glória majestosa do SENHOR.

22 Não confiem mais nos seres huma-
nos, pois são mortais! Será que eles va-
lem alguma coisa?

Desordem completa em Jerusalém

3 Cuidado! O SENHOR, o Deus Todo-Po-
deroso,
vai tirar de Jerusalém e de Judá
todo o sustento e todo o
mantimento;
não haverá nem comida nem água.
2 Ele vai tirar também todas as
pessoas importantes:
os homens corajosos e os soldados,
os juízes e os *profetas,
os adivinhos e os sábios,
3 os oficiais do exército e as
autoridades civis,
os conselheiros e todos os
feiticeiros.
4 O SENHOR escolherá meninos para
governar o seu povo;
o poder ficará nas mãos de
crianças.
5 Todos perseguirão uns aos outros,
cada um explorará o seu vizinho.
Os jovens não respeitarão os velhos,
e gente que não vale nada
desprezará as pessoas honestas.

6 Naquele dia, uma pessoa agarrará um
dos seus parentes e lhe dirá: "Você pelo
menos tem roupas para vestir. Então ve-
nha ser o nosso chefe e governe este mon-
tão de ruínas!" 7 Mas o outro responde-
rá: "Eu não posso ajudá-lo. Não tenho
nem comida nem roupa na minha casa.
Você não vai me fazer virar chefe do nos-
so povo!"

8 Jerusalém está arrasada,
a terra de Judá está em ruínas.
Pois com as suas palavras e as suas
ações
o povo desafia o SENHOR
e ofende a sua *gloriosa presença.
9 Eles não tratam os outros com
igualdade,
e isso prova que estão errados.
Pecam abertamente como os
moradores de Sodoma;
não procuram esconder os seus
pecados.
Ai deles, pois estão trazendo sobre
si mesmos
o castigo da sua própria maldade!
10 Felizes são as pessoas honestas,
pois tudo dará certo para elas,
e elas ficarão satisfeitas com aquilo
que ganharem com
o seu trabalho!
11 Ai dos maus, pois tudo correrá
mal para eles!
O mal que fizeram aos outros
será feito contra eles.
12 Crianças governam o meu povo;
o poder está nas mãos das
mulheres.
Meu povo, as autoridades estão
enganando vocês,
estão lhes mostrando o caminho
errado.
13 O SENHOR Deus vai apresentar a
sua causa;
ele está pronto para julgar o seu povo.
14 Contra as autoridades e os líderes,
ele fará esta acusação:
"Foram vocês que acabaram com
Israel,
a minha plantação de uvas!
As suas casas estão cheias das
coisas que vocês roubaram dos
pobres!
15 Com que direito vocês esmagam o
meu povo
e exploram os pobres?"
É o SENHOR, o Deus Todo-Poderoso,
quem está falando.

Deus repreende as mulheres de Jerusalém

16 O SENHOR Deus disse:
"Vejam como as mulheres de
Jerusalém são vaidosas!
Andam com o nariz para cima,
dão olhares atrevidos
e caminham com passos curtos,
fazendo barulho com os enfeites
dos tornozelos.
17 Por isso, eu, o SENHOR, vou
castigá-las:
raparei a sua cabeça e as deixarei
carecas."

18 Naquele dia, o Senhor tirará das mu-
lheres de Jerusalém todos os seus enfei-
tes: os que elas usam nos tornozelos e na
cabeça, os colares, 19 os brincos e as pul-
seiras. Tirará os véus, 20 os chapéus e os
enfeites para os braços e os cintos e fai-
xas. Tirará os frascos de perfume, os *ta-
lismãs, 21 os anéis e as argolas de usar no
nariz; 22 os vestidos luxuosos, os *mantos,
os xales e as bolsas; 23 as saias transpa-
rentes, os lenços de linho, os *turbantes
e as mantilhas.
24 Em vez de andarem perfumadas, elas
vão cheirar mal; em vez de cintos finos,
usarão cordas grosseiras. Não farão pen-
teados bonitos, mas ficarão carecas. Não
usarão roupas finas, mas roupas feitas de
pano grosseiro. A beleza delas vai virar
uma feiura de dar vergonha!
25 Os homens de Jerusalém serão mor-
tos na guerra; até os mais valentes mor-
rerão. 26 A cidade ficará de luto e chora-
rá como se fosse uma mulher sentada no
chão, completamente abandonada.

4 Naquele dia, sete mulheres agarrarão
um homem e dirão: "Nós pagaremos
a nossa própria comida e a nossa roupa.
Mas deixe-nos dizer que você é o nosso
marido, para que fiquemos livres da ver-
gonha de sermos solteiras."

A futura felicidade de Jerusalém

2 Naquele dia, o "Ramo Novo" que o SE-
NHOR Deus plantar crescerá forte e bo-
nito, e os moradores de Israel que con-
tinuarem vivos ficarão alegres e orgu-
lhosos por causa das ricas bênçãos que
vão receber. 3 Aqueles de Jerusalém que
Deus escolher para continuarem vivos
serão chamados de "Povo Santo". 4 O Se-
nhor julgará e castigará *Sião; ele purifica-
rá a cidade de toda a impureza e de todos

os seus crimes de morte. 5 Então sobre o
monte Sião e sobre o povo ali reunido o
SENHOR estenderá uma nuvem durante o
dia e chamas de fogo e fumaça durante a
noite. A *glória de Deus cobrirá e protege-
rá o seu povo. 6 De dia, ela será uma som-
bra, para protegê-los do calor; e, quando
vierem as chuvas e as tempestades, será
também um abrigo e uma proteção.

A plantação de uvas de Deus

5 Vou cantar agora para o meu amigo
uma canção a respeito da sua
plantação de uvas.

O meu amigo fez essa plantação
num lugar onde a terra era boa.
2 Ele cavou o chão, tirou as pedras
e plantou as melhores mudas de
uva.
No centro do terreno, ele construiu
uma torre para o vigia
e fez também um tanque para
esmagar as uvas.
Esperava que as *parreiras dessem
uvas boas,
mas deram somente uvas azedas.
3 Agora o meu amigo diz:
"Moradores de Jerusalém e povo
de Judá,
digam se a culpa é minha ou da
minha plantação de uvas.
4 Fiz por ela tudo o que podia;
então, por que produziu uvas
azedas
em vez das uvas doces que eu
esperava?

5 "Agora eu lhes digo o que vou fazer
com a minha plantação de uvas:
vou tirar a cerca e derrubar os
muros que a protegem
e vou deixar que os animais
invadam a plantação
e acabem com as parreiras.
6 A plantação ficará abandonada;
as parreiras não serão podadas, e a
terra não será cultivada;
o mato e os espinheiros tomarão
conta dela.
Também darei ordem às nuvens
para que não deixem cair chuva na
minha plantação."

7 A plantação de uvas do SENHOR
Todo-Poderoso,
as parreiras de que ele tanto gosta
são o povo de Israel e o povo de
Judá.
Deus esperava que eles
obedecessem à sua *lei,
mas ele os viu cometendo crimes
de morte;
esperava que fizessem o que é
direito,
mas só ouviu as suas vítimas
gritando por socorro.

As maldades são condenadas

8 Ai de vocês que compram casas e
mais casas,
que se tornam donos de mais e
mais terrenos!
Daqui a pouco não haverá mais
lugar para os outros morarem,
e vocês serão os únicos moradores
do país.
9 Ouvi o SENHOR Todo-Poderoso
dizer isto:
"As grandes e belas mansões serão
destruídas,
e ninguém ficará morando nelas.
10 Um alqueire de parreiras
dará somente uns vinte litros de
vinho,
e cem quilos de sementes
produzirão somente dez quilos de
trigo."

11 Ai dos que passam o dia inteiro
bebendo cerveja e vinho,
desde a madrugada até tarde da
noite,
e ficam completamente bêbados!
12 Nas suas festas há música de
*harpas e de *liras,
de pandeiros e de flautas
e muito vinho para beber.
Eles não se importam com os
planos de Deus, o SENHOR,
nem levam em conta o que ele está
fazendo.
13 Portanto, por causa da sua
desobediência,
o meu povo será levado prisioneiro
para fora do país.
O povo e as autoridades morrerão
de fome e de sede.
14 O *mundo dos mortos, como se
fosse uma fera faminta,
abrirá a sua boca enorme
e engolirá o povo e as autoridades,
toda essa gente que vive nas farras
e nas orgias.

15 Todos ficarão envergonhados,
e os orgulhosos serão humilhados.
16 Mas o SENHOR Todo-Poderoso
fará o que é direito
e assim mostrará a sua grandeza;
Deus fará o que é certo,
e assim todos ficarão sabendo que
ele é santo.
17 As cidades virarão montões de
ruínas,
e ali as ovelhas e os cabritinhos
encontrarão pasto.

18 Ai dos que se amarram aos seus
pecados com mentiras!
Eles andam arrastando a sua
maldade como quem puxa um
carro
19 e dizem: "Que Deus se apresse e
faça logo o que vai fazer
para que nós fiquemos sabendo o
que é!
Que o Santo Deus de Israel realize
depressa os seus planos
para que nós possamos conhecê-
los!"

20 Ai dos que chamam de mau aquilo
que é bom
e que chamam de bom aquilo que
é mau;
que fazem a luz virar escuridão
e a escuridão virar luz;
que fazem o amargo ficar doce
e o que é doce ficar amargo!

21 Ai dos que acham que são sábios,
dos que pensam que sabem tudo!

22 Ai dos que são campeões de beber
vinho,
que vencem apostas de misturar
bebidas alcoólicas;
23 que aceitam dinheiro para torcer
a justiça,
deixando livres os culpados e
condenando os inocentes!

Deus castigará o seu povo

24 Portanto, assim como o fogo
queima a palha,
e as chamas acabam com a grama
seca,
assim também vocês
desaparecerão.
Serão como plantas cujas raízes
ficam podres
e cujas flores são levadas pelo vento
como se fossem pó.
Pois vocês desobedeceram às *leis
do SENHOR Todo-Poderoso
e desprezaram os mandamentos do
Santo Deus de Israel.
25 Por isso, o SENHOR ficou *irado
com o seu povo;
ele levantou a mão e os castigou.
As montanhas tremeram,
e os corpos dos mortos ficaram
largados nas ruas como lixo.
Mesmo assim, a ira de Deus não
passou;
a sua mão continua levantada para
castigar.

26 O SENHOR levanta uma bandeira
para chamar uma nação que fica lá
no fim do mundo;
com um assobio, ele chama o povo
daquele país distante,
e eles vêm correndo com muita
rapidez.
27 Nenhum dos seus soldados se
cansa ou tropeça,
nenhum descansa ou dorme.
Eles estão preparados para lutar:
os cinturões estão bem apertados,
e as tiras das sandálias não se
arrebentam.
28 As suas flechas são pontudas,
e os seus arcos estão prontos para
atirar.
Os cascos dos seus cavalos são
duros como pedra,
e as rodas dos seus carros de
guerra parecem redemoinhos.
29 Esses soldados rugem como leões,
como leões ferozes que matam um
animal
e, rosnando, o arrastam para um
lugar
onde ninguém o pode arrancar
deles.
30 Quando chegar aquele dia,
esse povo rugirá como o mar
contra o povo de Israel.
Se alguém olhar para a terra,
verá somente escuridão e tristeza
e nuvens negras escondendo a luz.

Isaías é chamado para ser profeta

6 No ano em que o rei Uzias morreu, eu
vi o Senhor sentado num trono alto e
elevado. O seu *manto se estendia pelo
Templo inteiro, 2 e em volta dele estavam
*serafins. Cada um deles tinha seis asas:
com duas eles cobriam o rosto, com duas

cobriam o corpo e com as outras duas voa-
vam. 3 Eles diziam em voz alta uns para
os outros:

"Santo, santo, santo é o SENHOR
Todo-Poderoso;
a sua presença *gloriosa enche o
mundo inteiro!"

4 O barulho das vozes dos serafins fez
tremer os alicerces do Templo, que foi fi-
cando cheio de fumaça. 5 Então eu disse:
— Ai de mim! Estou perdido! Pois os
meus lábios são *impuros, e moro no meio
de um povo que também tem lábios im-
puros. E com os meus próprios olhos vi
o Rei, o SENHOR Todo-Poderoso!
6 Aí um dos serafins voou para mim, se-
gurando com uma tenaz uma brasa que
havia tirado do altar. 7 Ele tocou a minha
boca com a brasa e disse:

— Agora que esta brasa tocou os seus lábios, as suas culpas estão tiradas, e os seus pecados estão perdoados.
8 Em seguida, ouvi o Senhor dizer:
— Quem é que eu vou enviar? Quem será o nosso mensageiro?

Então respondi:

— Aqui estou eu. Envia-me a mim!
9 O SENHOR Deus me disse:
— Vá e diga ao povo o seguinte: "Vo-
cês podem escutar o quanto quiserem,
mas não vão entender nada; podem olhar
bem, mas não enxergarão nada." 10 Isaías,
faça com que esse povo fique com a men-
te fechada, com os ouvidos surdos e com
os olhos cegos, a fim de que não possam
ver, nem ouvir, nem entender. Pois, se pu-
dessem, eles voltariam para mim e seriam
curados.

DEVOCIONAL

Texto para leitura: **Isaías 6:8-10**

Conheça a Deus

Deus está sempre falando, mas só algumas pessoas estão sempre ouvindo. O silêncio no reino espiritual não é resultado da distância de Deus, mas da nossa. Ele está sempre perguntando, enviando a resposta e salvando, mas só os que estão interessados em sua presença e ouvindo sua voz saberão disso. Neste caso, Isaías não foi "chamado" — ele estava ouvindo enquanto Deus chamava alguém que pudesse ouvir. Isaías estava com a mente e os ouvidos no Senhor e pronto e disposto a fazer tudo o que precisava ser feito. Ele não estava à espera de um chamado específico; ele estava apenas esperando que Deus falasse. O Senhor falou, e Isaías respondeu: "Aqui estou eu. Envia-me a mim!" (Isaías 6:8). Outros poderiam ter respondido? Provavelmente, mas Isaías não hesitou em responder, e, por causa disso, aconteceram coisas em sua vida que mudaram o curso da história.

Seu propósito na vida não é algo que você precisa cavar fundo para descobrir. Ele não está escondido nem é difícil de ser encontrado. É conhecer a Deus, ouvir a voz dele e fazer tudo o que ele ordena. E em nenhum lugar a voz de Deus é ouvida com mais clareza do que em sua Palavra. Você pode ter certeza de que ouvirá a voz dele quando ler as páginas das Escrituras. Tudo o que você tem a fazer é torná-la parte de sua vida, de suas ações e de seus pensamentos. Quando você fizer isso, a vontade de Deus para sua vida se tornará clara. Se você tiver de escolher entre duas coisas, a pergunta que você precisa fazer é: "Uma das opções vai contra a vontade de Deus, como a vejo em sua Palavra?" Se a resposta for sim, então você sabe que escolha deve fazer, porque o pecado nunca é uma opção.

Se você quer mais de Deus, mais orientação e mais direção, então aprenda sua Palavra. Faça com que seu objetivo seja estar alerta à voz de Deus e se levantar e dizer: "Aqui estou eu. Envia-me a mim".

11 — Até quando isso vai durar? — eu
perguntei.
Ele respondeu:
— Até que as cidades sejam destruídas
e fiquem sem moradores, as casas fiquem
completamente vazias, e os campos se-
jam arrasados. 12 Eu, o SENHOR, mandarei
o povo para longe deste país, e as cida-
des ficarão vazias. 13 E, mesmo que fique
no país uma pessoa em dez, ela também
será morta. Os que restarem serão como
o toco de um carvalho que foi cortado.
O toco representa um novo começo
para o povo de Deus.

Mensagem para o rei Acaz

7 No tempo em que Acaz, filho de Jotão
e neto de Uzias, era rei de Judá, Rezim,
rei da Síria, e Peca, filho de Remalias, rei
de Israel, atacaram a cidade de Jerusalém,
mas não puderam conquistá-la.
2 Quando o rei Acaz soube que os sírios
haviam feito um *acordo com os israelitas,
ele e todo o seu povo ficaram com tanto
medo, que tremiam como varas verdes.
3 O SENHOR Deus disse a Isaías:
— Vá com o seu filho Sear-Jasube en-
contrar-se com o rei Acaz. Ele estará na
estrada onde os tintureiros trabalham,
perto do canal que traz água do açude de
cima. 4 Diga ao rei que fique alerta, mas
que não perca a calma; que não tenha
medo, nem fique desanimado por causa
do ódio do rei Rezim, dos sírios e do rei
Peca. Eles são menos perigosos do que
dois tições soltando fumaça. 5 Os sírios,
junto com o rei Peca e os israelitas, es-
tão fazendo planos para prejudicar o rei
Acaz. Eles combinaram o seguinte: 6 "Va-
mos atacar o Reino de Judá, conquistar
o seu povo e forçá-lo a aceitar o filho de
Tabeal como rei."
7 — Porém eu, o SENHOR, afirmo que
isso não acontecerá. 8-9 Pois a Síria não é
mais forte do que Damasco, a sua capi-
tal, e Damasco não é mais forte do que
o rei Rezim. A terra de Israel não é mais
forte do que Samaria, a sua capital, e Sa-
maria não é mais forte do que o rei Peca.
Mas daqui a sessenta e cinco anos Israel
será destruído e deixará de existir como
nação.
— Se vocês não tiverem uma fé firme,
não poderão ficar firmes.

Emanuel: Deus está com o seu povo

10 O SENHOR Deus enviou ao rei Acaz
esta outra mensagem:
11 — Peça ao SENHOR, seu Deus, que lhe
dê um sinal. Esse sinal poderá vir das pro-
fundezas do *mundo dos mortos ou das
alturas do céu.
12 Mas Acaz respondeu:
— Não vou pedir sinal nenhum. Não
vou pôr o SENHOR à prova.
13 Então Isaías disse:
— Escutem, descendentes do rei Davi!
Será que não basta vocês abusarem da
paciência das pessoas? Precisam abu-
sar também da paciência do meu Deus?
14 Pois o Senhor mesmo lhes dará um si-
nal: a jovem que está grávida dará à luz
um filho e porá nele o nome de Emanuel.
15 Quando ele chegar à idade de saber es-
colher o bem e rejeitar o mal, o povo es-
tará comendo coalhada e mel. 16 Mas, mes-
mo antes desse tempo, ó rei Acaz, as ter-
ras daqueles dois reis que lhe causaram
tanto medo ficarão completamente aban-
donadas.
17 — O SENHOR Deus vai trazer sofri-
mento para o senhor, ó rei, para as pes-
soas da sua família e para o seu povo. Ele
fará isso por meio do rei da Assíria, e o
sofrimento que esse rei vai causar será o
pior que já houve desde que o Reino de Is-
rael se separou do Reino de Judá. 18 Quan-
do chegar aquele dia, o SENHOR Deus vai
assobiar e chamar os egípcios para que
venham, como se fossem moscas, dos lu-
gares mais distantes do rio Nilo. E asso-
biará também para que os assírios, como
um enxame de abelhas, venham da sua
terra. 19 Eles virão e, como enxames, pou-
sarão nos vales mais profundos, nas fen-
das das rochas, e em todos os espinhei-
ros e em todos os lugares onde o gado
bebe água.
20 — Naquele dia, o Senhor vai contra-
tar um barbeiro que vive na região que
fica no outro lado do rio Eufrates, isto é,
o rei da Assíria. Ele virá e rapará a barba,
os cabelos e os pelos do corpo de todos.
21 — Naquele dia, quem ficar com uma
vaca nova e duas cabras 22 terá tanto lei-
te, que poderá comer coalhada. E todos
os que ficarem com vida no país comerão
coalhada e mel.
23 — Naquele dia, o que antes era uma
plantação com mil pés de uva, valendo mil
barras de prata, virará um terreno cheio

de mato e de espinheiros. 24 O país todo fi-
cará coberto de espinheiros, e os homens
irão ali caçar com arco e flechas. 25 E todos
os montes, onde antes havia plantações,
ficarão tão cobertos de mato e de espi-
nheiros, que ninguém terá a coragem de
ir até lá. Somente o gado e as ovelhas irão
lá para pastar.

O significado do nome do filho de Isaías

8 O SENHOR Deus me disse:
— Pegue uma tabuleta grande e
escreva nela, em letras bem grandes, o
seguinte: "Maer-Salal-Hás-Baz". 2 E pro-
cure dois homens de confiança, isto é, o
sacerdote Urias e Zacarias, filho de Jebe-
requias, para servirem de testemunhas.
3 Algum tempo depois, a minha mulher,
a *profetisa, ficou grávida e deu à luz um
filho. Aí o SENHOR me disse:
— Ponha nele o nome de Maer-Salal-
-Hás-Baz. 4 Pois, antes que ele aprenda a
dizer "papai" ou "mamãe", o rei da Assíria
levará embora todas as riquezas de Da-
masco e de Samaria.
5 O SENHOR falou comigo de novo. Ele
disse:
6 — Esse povo não quis as águas cal-
mas do riacho de Siloé e está tremendo
de medo do rei Rezim e do rei Peca. 7 Por
isso, eu, o SENHOR, vou trazer o rei da As-
síria e o seu poderoso exército para ata-
carem esse povo. Eles avançarão como
uma enchente do rio Eufrates que sobe
acima das margens de todos os canais e
de todos os rios que desembocam nele.
8 Eles invadirão a terra de Judá como as
águas de uma enchente que cobrem tudo
e sobem até o pescoço da gente.
Mas Deus está com o seu povo. As suas
asas abertas protegem a *Terra Prome-
tida.

9 Reúnam-se, povos, mas fiquem
com medo!
Escutem, todos os países distantes!
Preparem-se para a guerra, mas
vocês serão derrotados!
Sim, preparem-se para a guerra,
mas vocês serão derrotados!
10 Façam planos, mas eles não darão
certo.
Resolvam o que quiserem, mas tudo
fracassará,
pois Deus está conosco.

Deus avisa o profeta e os seus seguidores

11 O SENHOR Deus pôs a sua poderosa
mão sobre mim e avisou a mim e aos
meus seguidores que não andássemos
no caminho que o povo estava seguindo.
Ele nos disse:
12 — Não pensem que tudo o que o povo
chama de revolução seja revolução mes-
mo. Não fiquem assustados, nem tenham
medo daquilo de que o povo tem medo.
13 Pelo contrário, fiquem assustados por
minha causa e tenham medo de mim, pois
eu, o SENHOR Todo-Poderoso, sou santo.
14 Eu serei um templo para abrigar vocês;
serei também uma pedra e uma rocha que
fará com que os povos de Judá e de Israel
tropecem e caiam; serei uma armadilha
e um laço para pegar os moradores de
Jerusalém. 15 Muitos tropeçarão, cairão
e se despedaçarão; ficarão presos nessa
armadilha.
16 Eu disse aos meus seguidores:
— Guardem a mensagem e lembrem
dos ensinamentos que o SENHOR me deu.
17 Ele se escondeu do seu povo, mas eu
confio nele e nele ponho a minha espe-
rança.
18 — Aqui estou eu com os filhos que o
SENHOR Deus me deu. O SENHOR Todo-
-Poderoso, que mora no *monte Sião, nos
enviou para sermos sinais que causem
espanto ao povo de Israel.
19 — Algumas pessoas vão pedir que vo-
cês consultem os adivinhos e os médiuns,
que cochicham e falam baixinho. Essas
pessoas dirão: "Precisamos receber men-
sagens dos espíritos, precisamos consul-
tar os mortos em favor dos vivos!" 20 Mas
vocês respondam assim: "O que devemos
fazer é consultar a *lei e os ensinamentos
de Deus. O que os médiuns dizem não tem
nenhum valor."

Tempos de aflição

21 O povo andará de um lugar para ou-
tro, sem rumo, desanimado e com fome.
Por causa da fome, ficarão com raiva e
amaldiçoarão o seu rei e o seu Deus. Olha-
rão para o céu 22 e depois para a terra e
verão somente sofrimento e escuridão,
trevas e angústia; porém não poderão es-
capar delas.

O Príncipe da Paz

9 Mas a aflição dos que estiverem so-
frendo vai acabar. No passado, Deus
humilhou a terra das *tribos de Zebulom
e de Naftali, mas no futuro ele tornará
famosa essa região, que vai desde o mar

Mediterrâneo até a terra que fica no lado leste do rio Jordão, isto é, a Galileia dos pagãos.

2 O povo que andava na escuridão
viu uma forte luz;
a luz brilhou
sobre os que viviam nas trevas.
3 Tu, ó Deus, aumentaste esse povo
e lhe deste muita felicidade.
Eles se alegram pelo que tens feito,
como se alegram os que fazem as colheitas
ou como os que repartem as riquezas
tomadas na guerra.
4 Tu arrebentaste as suas correntes de escravos,
quebraste o bastão com que eram castigados;
acabaste com o inimigo que os dominava,
assim como no passado acabaste com os midianitas.

5 As botas barulhentas dos soldados
e todas as suas roupas sujas de sangue
serão completamente destruídas pelo fogo.
6 Pois já nasceu uma criança,
Deus nos mandou um menino
que será o nosso rei.
Ele será chamado de "Conselheiro Maravilhoso",
"Deus Poderoso", "Pai Eterno",
"Príncipe da Paz".
7 Ele será descendente do rei Davi;
o seu poder como rei crescerá,
e haverá paz em todo o seu reino.
As bases do seu governo serão a justiça e o direito,
desde o começo e para sempre.
No seu grande amor, o SENHOR Todo-Poderoso
fará com que tudo isso aconteça.

A ira de Deus contra o povo de Israel

8 Deus anuncia que vai castigar o povo de Israel,
os descendentes de Jacó.
9 Todo o povo de Israel
e todos os moradores de Samaria
sabem o que ele vai fazer.
Orgulhosos e vaidosos, eles dizem:
10 "Caíram as casas feitas de tijolos,
mas nós as construiremos de novo com pedras;
as vigas de madeira de figueira brava foram cortadas,
mas agora vamos usar vigas de cedro."
11 Por isso, o SENHOR atiça os inimigos deles
e manda que os ataquem.
12 A Síria, a leste, e a Filisteia, a oeste,
abriram a sua boca para devorar o povo de Israel.
Mesmo assim a *ira de Deus não passou;
a sua mão continua levantada para castigar.

13 O SENHOR Todo-Poderoso castigou o seu povo,
mas eles não se arrependeram,
não voltaram para Deus.
14 Portanto, num dia só, o SENHOR
vai cortar a cabeça e o rabo do Reino de Israel,
como se faz com um animal;
vai derrubar as palmeiras e os *juncos.
15 (Os mais velhos e os mais respeitados são a cabeça;
os *profetas que anunciam mentiras são o rabo.)
16 As autoridades guiaram o povo por caminhos errados,
e por isso o povo anda perdido.
17 Portanto, o Senhor não terá pena dos jovens,

Pergunte a si mesma...

Há alguém com necessidades perto de mim a quem eu possa ajudar?
O que tenho que outra pessoa precisa mais do que eu?
Como posso servir a Deus ao cuidar dos necessitados?
Existe alguma coisa da qual não vou abrir mão? Por quê? O que isso diz sobre mim?
O que me impede de ajudar os outros que precisam de minhas coisas ou de meu tempo?
Quem poderia se juntar a mim para servir àqueles que passam necessidades?

nem terá compaixão dos órfãos e
das viúvas.
Pois ninguém crê em Deus;
todos são maus e falam tolices.
Mesmo assim, a ira de Deus não
passou;
a sua mão continua levantada para
castigar.

18 A maldade do povo queima como
o fogo
que destrói o mato e os
espinheiros.
É como um incêndio na floresta,
que faz subir nuvens de fumaça.
19 O SENHOR Todo-Poderoso está
irado,
e por isso a terra está sendo
queimada,
e o povo está sendo destruído.
Ninguém tem pena dos outros.
20 Comem até a carne dos seus
próprios filhos!
Cada um devora a comida que
consegue arranjar,
mas assim mesmo continua com
fome.
21 O povo da tribo de Manassés
ataca o de Efraim,
o povo da tribo de Efraim ataca o de
Manassés,
e os dois juntos atacam o povo de
Judá.
Mesmo assim, a ira de Deus não
passou;
a sua mão continua levantada para
castigar.

10 Ai de vocês que fazem *leis injustas,
leis para explorar o povo!
2 Vocês não defendem os direitos
dos pobres
nem as causas dos necessitados
e exploram as viúvas e os órfãos.
3 O que vocês vão fazer no dia do
castigo,
quando de um país distante vier a
desgraça?
A quem vão pedir socorro?
Onde esconderão as suas riquezas?
4 Vocês serão levados como
prisioneiros,
serão mortos na batalha.
Mesmo assim, a *ira de Deus não
passou;
a sua mão continua levantada para
castigar.

O rei da Assíria como instrumento de Deus

5 O SENHOR disse:
"Ai do rei da Assíria!
Ele é o bastão que eu uso para
castigar
aqueles com quem estou irado.
6 Eu estou mandando que ele ataque
um povo pagão,
um povo com quem estou irado.
Estou ordenando que leve embora
tudo o que é deles
e que os pise como se fossem a
lama das ruas.
7 Mas o rei da Assíria quer mais do
que isso;
ele tem os seus próprios planos.
Só pensa em conquistar muitas
nações
e destruí-las completamente.
8 Ele diz: 'Todos os meus
comandantes são reis!
9 Tenho conquistado muitas
cidades:
Calno e Carquemis, Hamate e Arpade;
e também conquistei Samaria e
Damasco.
10 Já derrotei reinos pagãos,
onde o povo adorava muitos ídolos,
mais ídolos do que há em Jerusalém
ou em Samaria.
11 Já destruí Samaria e os seus
ídolos
e farei o mesmo com Jerusalém e
com os seus ídolos.' "

12 Quando o Senhor terminar tudo o que
está planejando fazer no *monte Sião e em
Jerusalém, então ele vai castigar o rei da
Assíria, aquele homem orgulhoso e vai-
doso. 13 Pois o rei diz:

"Fiz tudo isso com a minha própria
força
e com a minha sabedoria, pois sou
inteligente.
Mudei de lugar as fronteiras dos
países
e fiquei com todas as suas riquezas;
como se fosse um touro, eu pisei os
seus moradores.
14 Eu levei comigo as riquezas das
outras nações,
como alguém que tira os ovos de
um ninho abandonado.
Não houve ninguém que batesse as
asas,
ninguém que desse um pio."

[15] Mas será que o machado pensa
que é mais importante
do que o homem que o usa?
Ou será que a serra imagina que
vale mais
do que a pessoa que serra com ela?
Será que um bastão, um simples
pedaço de madeira,
é capaz de levantar um homem?
[16] Por isso, o SENHOR, o Deus Todo-
-Poderoso,
enviará contra os fortes soldados
assírios
uma doença que os deixará sem
forças.
Mandará uma febre que, como fogo,
queimará os corpos deles.
[17] O Santo Deus, a Luz de Israel,
será um fogo que, num dia só,
queimará o mato e os espinheiros
da Assíria.
[18] O SENHOR destruirá
completamente
as florestas e as plantações;
será como uma doença mortal
que acaba matando a pessoa.
[19] As árvores que sobrarem serão
tão poucas,
que até uma criança será capaz de
contá-las.

Alguns voltarão

[20] Naquele dia, os poucos israelitas que
ficarem vivos não vão confiar mais nos
assírios, que os fizeram sofrer. Eles vão
pôr toda a sua confiança no SENHOR, o
Santo Deus de Israel. [21] Alguns israelitas
voltarão para o poderoso Deus. [22] Mesmo
que agora o povo de Israel seja tão nu-
meroso como os grãos de areia da praia
do mar, somente alguns voltarão. Deus
já decidiu destruir o seu povo; a justiça
virá como se fosse uma enchente. [23] Pois
o SENHOR, o Deus Todo-Poderoso, deci-
diu destruir este país inteiro e ele fará o
que decidiu fazer.
[24] Portanto, o SENHOR, o Deus Todo-
-Poderoso, diz ao seu povo, que mora
em *Sião:
— Meu povo, não fique com medo dos
assírios quando eles castigarem e mal-
tratarem vocês como os egípcios fizeram.
[25] Pois daqui a pouco deixarei de castigar
vocês e na minha *ira destruirei os assí-
rios. [26] Eu, o SENHOR Todo-Poderoso, casti-
garei os assírios com o meu chicote como
fiz com os midianitas perto da pedra de
Orebe. Eu os castigarei como castiguei o
Egito. [27] Naquele dia, eu livrarei vocês da
escravidão e tirarei a pesada carga que os
assírios puseram nas suas costas.

Os assírios atacam

Os inimigos vêm da direção de
Rimom,
[28] já conquistaram a cidade de Ai,
passaram por Migrom
e deixaram a bagagem em Micmás.
[29] Atravessaram a passagem entre
as montanhas
e à noite estão acampando em
Geba.
Os moradores de Ramá estão
tremendo de medo,
e os de Gibeá, a cidade do rei Saul,
já fugiram.
[30] Gritem, moradores de Galim!
Escute os gritos, gente de Laís!
Responda, povo de Anatote!
[31] Os moradores de Madmena estão
fugindo,
fogem também os de Gebim.
[32] Hoje mesmo os inimigos chegam
até a cidade de Nobe
e dali ameaçam o *monte Sião,
a cidade de Jerusalém.

[33] Mas o SENHOR, o Deus Todo-
Poderoso,
derrubará e humilhará os assírios
mais orgulhosos
como se cortam os galhos altos de
uma árvore
ou como se derrubam árvores
enormes.
[34] Com o seu machado, ele
derrubará as árvores da
floresta,
e elas cairão como caem as belas
árvores do Líbano.

O reinado de paz

11 Virá um descendente do rei Davi,
filho de Jessé,
que será como um ramo que brota
de um toco,
como um broto que surge das
raízes.
[2] O Espírito do SENHOR estará sobre
ele
e lhe dará sabedoria e
conhecimento, capacidade e
poder.
Ele *temerá o SENHOR,
conhecerá a sua vontade

[3]e terá prazer em obedecer-lhe.
Ele não julgará pela aparência,
nem decidirá somente por ouvir dizer.
[4]Mas com justiça julgará os necessitados
e defenderá os direitos dos pobres.
As suas palavras serão como uma vara para castigar o país,
e com o seu sopro ele matará os maus.
[5]Com justiça e com honestidade,
ele governará o seu povo.

[6]Lobos e ovelhas viverão em paz,
leopardos e cabritinhos descansarão juntos.
Bezerros e leões comerão uns com os outros,
e crianças pequenas os guiarão.
[7]Vacas e ursas pastarão juntas,
e os seus filhotes descansarão no mesmo lugar;
os leões comerão capim como os bois.
[8]Criancinhas brincarão perto de cobras e não serão picadas,
mesmo que enfiem a mão nas suas covas.
[9]Em *Sião, o monte sagrado,
não acontecerá nada de mau ou perigoso,
pois a terra ficará cheia do conhecimento da *glória do SENHOR
assim como as águas enchem o mar.

Pergunte a si mesma...

A quem se refere o filho de Jessé (veja Isaías 11:1)?
Por que as pessoas se reunirão em torno de uma bandeira (veja Isaías 11:10)?
Onde mais o livro de Isaías fala sobre o Messias?
Quanto eu sei sobre as profecias deste livro e a vida de Jesus, relatada no Novo Testamento?
Eu deveria saber mais?
Onde posso começar a aprender mais hoje?

A volta do povo de Deus para a sua terra

[10]Naquele dia, o descendente de Davi,
filho de Jessé, será como uma bandeira
para as nações. Os povos passarão para
o lado dele, e da cidade onde ele reina
brilhará a *glória de Deus.
[11]Naquele dia, o Senhor, com a sua mão
poderosa, trará de volta para a sua terra
as pessoas do seu povo que ainda estiverem na Assíria, no Egito, em Patros, na Etiópia, em Elão, na Babilônia, em Hamate, no litoral do mar Mediterrâneo e nas ilhas.

[12]Deus levantará uma bandeira como um sinal
para ajuntar os povos de Israel e de Judá
que estiverem espalhados pelos quatro cantos do mundo;
ele os trará de volta para a sua terra.
[13]O povo de Israel não terá mais ciúmes do povo de Judá,
e o povo de Judá não será mais inimigo do povo de Israel.
[14]Os dois povos atacarão juntos a Filisteia, que fica a oeste;
eles conquistarão os povos que moram no Leste
e ficarão com as suas riquezas.
Derrotarão os edomitas, os moabitas e os amonitas.
[15]O SENHOR Deus secará o golfo de Suez
e enviará um forte vento contra o rio Eufrates.
Deixará que sobrem somente sete ribeirões
que qualquer um poderá atravessar a pé.
[16]Assim como houve uma estrada para os israelitas que saíram do Egito,
também haverá uma estrada boa saindo da Assíria,
e por ela passarão as pessoas do meu povo que estiverem vivas.

Canções de louvor

12 Naquele dia, todos cantarão assim:
"Eu te louvo, ó SENHOR!
Tu estavas *irado comigo,
mas a tua ira já passou,
e agora tu me consolas.
[2]Deus é o meu Salvador;
eu confiarei nele e não terei medo.

Pois o SENHOR me dá força e poder,
ele é o meu Salvador.
3 Cheios de alegria, todos irão até as fontes
e beberão da água que os salvará."

4 Naquele dia, todos cantarão esta canção:
"Louvem o SENHOR!
Gritem pedindo a ajuda de Deus!
Digam a todos os povos o que ele tem feito
e anunciem a sua grandeza.
5 Cantem hinos de louvor ao SENHOR,
pois ele fez coisas maravilhosas.
Que o mundo inteiro saiba disso!
6 Moradores de *Sião, alegrem-se e louvem a Deus,
pois o santo e poderoso Deus de Israel
mora no meio do seu povo."

Profecia contra a Babilônia

13 Esta é a mensagem a respeito da Babilônia que Isaías, filho de Amoz, recebeu numa visão:

2 Em cima de um monte pelado,
levantem a bandeira de guerra!
Deem ordem para os inimigos atacarem
e levantem a mão como sinal
para que eles entrem pelos portões da cidade majestosa.
3 O SENHOR está chamando os seus soldados fiéis,
os seus homens valentes, que se alegram com a vitória.
Ele os está chamando para que castiguem aqueles com quem ele está *irado.

4 Ouve-se uma gritaria nas montanhas!
São exércitos que estão se ajuntando!
Soldados de muitas nações se reúnem para a guerra;
o SENHOR Todo-Poderoso está preparando um exército para a batalha.
5 As tropas vêm da Pérsia, um país distante,
vêm lá do fim do mundo.
Na sua ira, o SENHOR
vai usá-las para destruir a Babilônia inteira.

6 Chorem e gritem, pois está chegando o Dia do SENHOR;
a destruição enviada pelo Todo-Poderoso está perto!
7 Os braços de todos ficarão sem força,
e de medo os corações deles baterão mais rápido,
8 pois o pavor tomará conta deles.
Sofrerão e chorarão como uma mulher com dores de parto,
se torcerão como uma mulher que está dando à luz.
Olharão uns para os outros, cheios de medo,
e os rostos deles ficarão vermelhos de vergonha.

9 Está chegando o Dia do SENHOR,
dia terrível da sua ira violenta e furiosa.
A terra será arrasada,
e os pecadores serão mortos.
10 Todas as estrelas deixarão de brilhar;
logo ao nascer, o sol ficará escuro,
e a lua também não brilhará mais.

11 O SENHOR Deus diz:
"Eu vou castigar o mundo por causa das suas maldades;
vou castigar as pessoas perversas por causa dos seus pecados.
Acabarei com o orgulho dos vaidosos
e humilharei as pessoas violentas.
12 Quando eu acabar de castigá-los,
as pessoas que ficarem vivas serão mais raras do que o ouro,
do que o ouro puro de Ofir.
13 No dia em que eu, o SENHOR Todo-Poderoso,
mostrar a minha ira e o meu furor,
farei com que os céus tremam
e com que a terra saia do seu lugar.

14 "Os estrangeiros que moram na Babilônia fugirão
e voltarão para os seus próprios países.
Serão como *gazelas que fogem dos caçadores,
como ovelhas que não têm pastor.
15 Os que forem alcançados e forem presos
serão mortos à espada.
16 Diante dos seus próprios olhos,
os seus filhos serão esmagados,

as suas casas serão assaltadas,
e as suas mulheres, violentadas.

17 “Contra os babilônios vou atiçar
os medos,
um povo que não faz caso de prata
nem de ouro.
18 Com as suas flechas, eles matarão
os jovens;
matarão crianças e bebês
sem dó nem piedade.
19 Babilônia é a *glória e o orgulho
do seu povo,
a mais bela cidade de todos os
reinos;
mas ela vai ficar como Sodoma e
Gomorra
quando eu as destruí.
20 Babilônia ficará completamente
vazia,
e nunca mais ninguém morará ali.
Os viajantes árabes não armarão ali
as suas barracas,
e nenhum pastor levará as suas
ovelhas para pastarem lá.
21 Os animais do deserto viverão na
cidade,
e as casas ficarão cheias de corujas;
avestruzes morarão ali,
e cabras selvagens saltarão entre as
ruínas.
22 Nas torres e nos palácios,
uivarão as hienas e as raposas.
Está chegando a hora da Babilônia;
os seus dias já estão contados.”

A volta do povo de Israel para o seu país

14 Mais uma vez, o SENHOR Deus terá
compaixão de Israel e o escolherá
para ser o seu próprio povo. Fará com que
os israelitas voltem para a sua própria
terra, e estrangeiros irão morar ali com
eles. 2 Pessoas de várias nações irão com
os israelitas para a sua terra, a terra do
SENHOR, e ali se tornarão escravos e escra-
vas do povo de Israel. Os israelitas terão
como escravos aqueles que antigamente
eram seus donos e dominarão aqueles
que antes os dominavam.

O rei da Babilônia no mundo dos mortos

3 Povo de Israel, chegará o dia em que o
SENHOR Deus vai livrá-los da escravidão, e
assim vocês ficarão livres dos sofrimentos
e dos trabalhos pesados que são forçados
a fazer. 4 Quando esse dia chegar, zombem
do rei da Babilônia, recitando esta poesia:

Vejam como desapareceu o rei cruel!
Vejam como acabou a sua violência!
5 O SENHOR tirou o poder dos maus;
ele quebrou o bastão dos
governadores cruéis,
6 que na sua ira maltratavam os
povos
e na sua fúria perseguiam as nações
que haviam conquistado.
7 Agora o mundo inteiro está calmo
e em paz,
e todos cantam de alegria.
8 Até os ciprestes e os cedros do
Líbano
estão contentes com a queda do rei
da Babilônia e dizem:
“Desde o dia em que ele caiu,
não apareceu ninguém para nos
derrubar.”

9 Lá embaixo, no *mundo dos
mortos,
os seus moradores se preparam
para receber o rei da Babilônia.
As sombras daqueles que eram
poderosos na terra acordam,
os que foram reis se levantam dos
seus tronos.
10 Todos eles dirão ao rei:
“Você também perdeu as forças!
Agora você é igual a nós!
11 Aonde foi parar a sua vaidade?
Onde está agora a música das suas
*harpas?
Elas estão aqui no mundo dos
mortos,
onde você vai se deitar em cima de
vermes
e vai se cobrir com bichos.”

12 Rei da Babilônia, brilhante estrela
da manhã,
você caiu lá do céu!
Você, que dominava as nações,
foi derrubado no chão!
13 Antigamente você pensava assim:
“Subirei até o céu
e me sentarei no meu trono,
acima das estrelas de Deus.
Reinarei lá longe, no Norte,
no monte onde os deuses se
reúnem.
14 Subirei acima das nuvens mais altas
e serei como o Deus Altíssimo.”

15 Mas você foi jogado no mundo
dos mortos,
no *abismo mais profundo.

16 Os mortos vão olhar espantados
para você
e vão perguntar:
"Será este o homem que fazia os
reinos tremerem,
que fazia o mundo inteiro tremer
de medo?
17 Será este o homem que fez o
mundo virar um deserto,
que arrasava cidades
e não deixava os seus prisioneiros
voltarem para casa?"

18 Todos os reis do mundo foram
sepultados com homenagens,
cada um na sua própria sepultura,
19 mas você não foi sepultado.
Como se fosse um aborto nojento,
o seu corpo foi jogado fora e pisado.
Está coberto de corpos de soldados
mortos na batalha,
daqueles que desceram até a cova
cheia de pedras.
20 Você não foi sepultado como os
outros reis,
pois arrasou o seu próprio país
e matou o seu próprio povo.
Que morram todos os descendentes
desse rei maldito!

21 Por causa da maldade dos seus
antepassados,
matem logo os seus filhos
a fim de que eles nunca venham a
governar a terra,
nem encham o mundo de cidades.

22 O SENHOR Todo-Poderoso diz:
— Vou atacar e arrasar a cidade de
Babilônia. Vou acabar com todos: pais
e filhos, avós e netos. Sou eu, o SENHOR,
quem está falando. 23 Farei com que a Ba-
bilônia vire um lamaçal, um lugar onde
viverão as corujas. Vou varrê-la com a mi-
nha vassoura, e ela desaparecerá. Eu, o
SENHOR Todo-Poderoso, falei.

Deus destruirá a Assíria

24 O SENHOR Todo-Poderoso jurou:

"Vou fazer o que resolvi;
vou realizar o meu plano.
25 Vou acabar com os assírios
que estão na minha terra de Israel,
vou pisá-los nas minhas
montanhas.
Livrarei o meu povo da escravidão,
quebrarei as correntes com que os
assírios o prenderam
e tirarei das suas costas as suas
cargas pesadas.
26 É este o plano que tenho para o
mundo inteiro;
a minha mão está levantada para
castigar as nações."

27 O SENHOR Todo-Poderoso
resolveu fazer isso;
haverá alguém que o faça parar?
Ele levantou a mão para castigar;
haverá quem a faça abaixar?

Deus destruirá a Filisteia

28 No ano em que o rei Acaz morreu,
veio de Deus esta mensagem:

29 "Povo da Filisteia, não fique alegre
por estar quebrada a Assíria, o
bastão que os castigava.
Pois, quando uma cobra
desaparece, vem outra pior,
e do ovo de uma cobra sai um
dragão voador.
30 Como um pastor cuida das
ovelhas,
assim eu cuidarei dos pobres do
meu povo
e farei com que vivam em
segurança.
Porém farei com que vocês,
filisteus, morram de fome;
não deixarei nenhum vivo.
31 Chorem e gritem de dor, cidades
dos filisteus!
Fiquem todas apavoradas!
Pois do Norte vem uma nuvem de
pó:
é um exército que não tem nenhum
covarde nas suas fileiras."

32 Que resposta será dada aos
mensageiros que vieram da
Filisteia?
A resposta será esta:
"O SENHOR Deus fundou *Sião,
e ali os pobres do seu povo
encontram abrigo."

Deus destruirá Moabe

15 Esta é a mensagem contra Moabe:

A cidade de Ar foi destruída;
numa só noite foi arrasada!
Também Quir foi destruída,
numa só noite foi arrasada!
2 Os moradores de Dibom chorarão
no lugar sagrado que fica no monte.
Os moabitas choram a destruição

das cidades de Nebo e de
Medeba;
em sinal de tristeza, rapam a cabeça
e a barba.
3 Andam pelas ruas vestindo roupas
feitas de pano grosseiro;
gritam e choram amargamente nas
praças e nos terraços das casas.
4 Os moradores de Hesbom e de
Eleal gritam de dor,
e os seus gritos são ouvidos em Jasa.
Os soldados de Moabe perdem a
coragem
e ficam tremendo de medo.

5 Eu choro por causa de Moabe.
O seu povo fugiu até Zoar e Eglate-
Selisia.
Alguns, chorando, vão subindo até
Luíte;
outros, gritando de dor, fogem para
Horonaim.
6 O riacho de Ninrim está seco;
todos os pastos secaram, as plantas
morreram,
não sobrou nada de verde.
7 O povo de Moabe foge para o outro
lado do riacho dos Salgueiros,
levando consigo todos os seus bens.
8 Ouvem-se gritos por toda a terra
de Moabe;
em Eglaim e em Beer-Elim, ouve-se
o barulho de choro.
9 O rio que fica perto de Dibom está
cheio de sangue,
mas Deus vai fazer contra Dibom
uma coisa ainda pior:
ele vai fazer com que as pessoas
que ficarem vivas em Moabe
sejam devoradas por leões.

O desespero dos moabitas

16 Da cidade de Sela, no deserto, os
moabitas enviam carneirinhos
como presente para aquele que governa
no *monte Sião. 2 Como passarinhos que
foram espantados dos seus ninhos, assim
os moabitas andam de um lado para o ou-
tro nas margens do rio Arnom.
3 Eles dizem ao povo de Judá:

"Digam o que devemos fazer;
venham nos ajudar e nos defender.
Sejam para nós como uma árvore
que ao meio-dia espalha a sua
sombra,
que é escura como a noite.
4 Estamos fugindo de Moabe;
venham nos proteger daqueles que
nos querem matar
e deixem que nós moremos na terra
de vocês."

Quando terminar a perseguição,
e o perseguidor cruel tiver saído
do país,
5 então um descendente de Davi
será rei.
Ele governará com fidelidade,
procurará julgar com justiça
e se esforçará para fazer o que é
direito.

6 O povo de Judá diz:
"Ouvimos falar do orgulho dos
moabitas;
sabemos que eles são um povo
vaidoso e cheio de si,
arrogante e convencido.
Mas eles não têm nada de que se
orgulhar."
7 Por isso, os moabitas vão chorar;
todos eles vão gritar de tristeza
quando lembrarem dos bolos de
passas
que costumavam oferecer aos
ídolos na cidade de Quir-Heres.
8 Agora estão abandonadas as
plantações de uvas de Hesbom
e de Sibma,
aquelas plantações cujo vinho
deixava bêbados os chefes de
muitas nações.
Elas se estendiam até a cidade de
Jazer;
iam para o leste até o deserto
e para o oeste até o outro lado do
mar Morto.
9 Por isso, eu choro pela cidade de
Jazer
e também pelas *parreiras de
Sibma.
Com as minhas lágrimas,
rego as cidades de Hesbom e de
Eleal,
pois não se ouvem mais os gritos de
alegria
dos que ali fazem as suas colheitas.
10 Desapareceram das terras boas
toda alegria e felicidade;
não há mais canções alegres nas
plantações de uvas.
Ninguém pisa as uvas para fazer
vinho;

Deus acabou com os gritos de
alegria.
11 Como as cordas de uma *lira,
o meu coração treme de tristeza
pelo povo de Moabe
e pelos moradores de Quir-Heres.

12 Os moabitas se cansarão de tanto ir
aos seus lugares de adoração nos montes
para orar aos seus deuses, mas isso não
adiantará nada.
13 Esta foi a mensagem que o SENHOR
anunciou há muito tempo a respeito de
Moabe. 14 Mas agora o SENHOR diz:
— Daqui a exatamente três anos, Moa-
be, com a sua enorme população, perderá
todo o seu poder. E os moabitas que fica-
rem vivos serão poucos e fracos.

Deus castigará a Síria e Israel

17 Esta é a mensagem contra a Síria:
"Damasco não será mais uma
cidade;
ela vai virar um montão de ruínas.
2 As cidades da Síria ficarão
abandonadas para sempre;
os rebanhos irão até lá para
descansar,
e ninguém os espantará dali.
3 As fortalezas de Israel serão
destruídas,
e a Síria deixará de ser um reino.
Os sírios que não forem mortos
serão como o povo de Israel:
eles viverão na miséria.
Sou eu, o SENHOR Todo-Poderoso,
quem está falando.

4 "Está chegando o dia em que Israel
perderá todo o seu poder,
e todas as suas riquezas acabarão.
5 Naquele dia, o país ficará parecido
com um campo
depois que todo o trigo foi colhido
ou como o vale dos Gigantes
depois de colhidas todas as espigas.
6 *Mas umas poucas* pessoas ficarão
vivas,
e Israel será como uma oliveira
depois da colheita.
Depois que a oliveira é sacudida,
ainda fica com duas ou três
azeitonas
nos galhos mais altos
ou umas quatro ou cinco nos galhos
de baixo.
Eu, o SENHOR, o Deus de Israel,
estou falando."

7 Naquele dia, as pessoas olharão para
o seu Criador a fim de pedir ajuda; to-
dos se voltarão para o Santo Deus de Is-
rael. 8 Não confiarão mais nos altares que
eles construíram, nem nas imagens que
eles mesmos fizeram, nem nos postes da
deusa *Aserá, nem nos altares de quei-
mar incenso.
9 Naquele dia, as cidades protegidas por
muralhas ficarão desertas como as cida-
des que os heveus e os amorreus aban-
donaram quando os israelitas invadiram
a sua terra; tudo será arrasado.

10 Povo de Israel, vocês esqueceram
o seu Deus,
que os salvou,
e não lembram mais do seu forte
protetor.
Vocês plantam jardins sagrados
em honra dos deuses pagãos.
11 Mas ainda que as plantas desses
jardins brotem e floresçam
no mesmo dia em que forem
plantadas,
ainda assim não haverá colheitas
nos campos
quando chegar o dia de sofrimento
e de dor sem cura.

A derrota dos inimigos

12 Escutem o barulho de muitas
nações
que se agitam e se revoltam;
parece o rugido do mar,
parece o estrondo de ondas
violentas.
13 Os povos rugem como o mar,
mas Deus os repreenderá, e eles
fugirão.
Serão como a palha que o vento
leva pelos montes
ou como o pó que a ventania
espalha.
14 Ao pôr do sol, metem medo,
mas de manhã já não existem mais.
É isso o que vai acontecer com os
nossos inimigos,
que arrasam a nossa terra
e levam embora todos os nossos bens.

Deus castigará a Etiópia

18 Como vai sofrer a nação que fica às
margens dos rios da Etiópia,
a terra onde se ouve o zumbido de
insetos!
2 Esse país nos manda os seus
mensageiros

que descem o rio Nilo em barcos
feitos de *junco.

Mensageiros velozes, voltem para
casa!
Voltem para o seu povo forte e
poderoso,
aquela gente alta e de pele lustrosa;
um povo de quem o mundo inteiro
tem medo
e que vive numa região dividida por
rios.

3 Escutem, todos os povos do
mundo,
todos os moradores da terra!
Vejam a bandeira que será
levantada nas montanhas
e ouçam o som da corneta.
4 Pois o SENHOR Deus me disse:
"Do meu lar, no céu, olharei calmo e
tranquilo
como o sol que brilha num dia de
verão,
como as gotas de orvalho que
aparecem no tempo da
colheita."
5 Quando as flores da *parreira já
tiverem caído,
e as uvas estiverem amadurecendo,
mas antes do tempo da colheita,
Deus podará a parreira com o seu
facão,
cortará os galhos e os jogará fora.
6 Os corpos dos soldados mortos
serão abandonados;
no verão, serão comidos pelos
urubus,
e no inverno os animais selvagens
os devorarão.

7 Naquele dia, ofertas serão
apresentadas ao SENHOR Todo-
-Poderoso
por um povo corajoso e forte,
uma gente alta e de pele lustrosa;
um povo de quem o mundo inteiro
tem medo
e que vive numa região dividida por
rios.
Eles apresentarão as suas ofertas
*no *monte Sião,*
no Templo onde o SENHOR Todo-
Poderoso é adorado.

Deus castigará o Egito

19 Esta é a mensagem contra o Egito:
O SENHOR, montado numa nuvem,
vai indo depressa para o Egito.
Os ídolos daquele país tremerão
diante dele,
e todos os egípcios ficarão com medo.
2 O SENHOR Deus diz:
"Vou atiçar os egípcios uns contra
os outros;
irmão lutará contra irmão, vizinho
contra vizinho,
cidade contra cidade, *província
contra província.
3 Os egípcios perderão a coragem,
e eu farei com que os seus planos
fracassem.
Então eles consultarão os ídolos e
os adivinhos,
os médiuns e os feiticeiros.
4 Mas eu entregarei os egípcios nas
mãos de um rei mau,
e ele os governará com crueldade.
Eu, o SENHOR, o Deus Todo-
Poderoso, falei."

5 As águas do Nilo vão baixar;
o rio vai ficar completamente seco.
6 As águas irão baixando;
os canais do rio ficarão todos secos
e vão cheirar mal.
Nas margens, as taboas e os *juncos
murcharão,
7 todas as outras plantas também
morrerão,
e as plantações das beiras do rio
secarão.
Tudo o que foi plantado será levado
pelo vento
e desaparecerá.
8 Os pescadores ficarão
desanimados e chorarão;
os seus anzóis e as suas redes não
prestarão para nada.
9 Os que fazem tecidos de linho
ficarão aflitos;
10 os tecelões e os artesãos cairão no
desespero.

11 As autoridades da cidade de Zoã
não têm juízo;
os sábios conselheiros do rei lhe
dão conselhos tolos.
Como é que vocês se atrevem a
dizer ao rei:
"Somos descendentes dos antigos
sábios;
os nossos antepassados eram reis"?
12 Rei do Egito, onde estão agora os
seus sábios?

Que eles lhe digam o que é que o
SENHOR Todo-Poderoso
está planejando fazer contra o
Egito!
13 As autoridades de Zoã perderam
o juízo,
e as da cidade de Mênfis estão
enganadas.
Os governadores das províncias
estão fazendo o povo do Egito
errar o caminho.
14 O SENHOR pôs neles um espírito
de confusão;
os conselhos que eles dão só
confundem ainda mais os
egípcios,
e estes parecem bêbados
escorregando no seu próprio
vômito.
15 Ninguém, seja rico ou pobre,
importante ou humilde,
pode fazer nada para ajudar o
Egito.

O Egito e a Assíria voltarão para Deus, o SENHOR

16 Naquele dia, os egípcios parecerão
mulheres: ficarão todos tremendo de
medo quando o SENHOR Todo-Podero-
so levantar a mão para castigá-los. 17 Eles
terão medo da terra de Judá; e, todas as
vezes que ouvirem falar dessa terra, eles
ficarão apavorados pensando naquilo que
o SENHOR Todo-Poderoso já planejou fa-
zer contra eles.
18 Naquele dia, haverá no Egito cinco ci-
dades em que os moradores falarão *he-
braico e jurarão obedecer ao SENHOR To-
do-Poderoso; uma dessas cidades será
chamada de "Cidade do Sol".
19 Naquele dia, haverá no Egito um altar
dedicado a Deus, o SENHOR, e na frontei-
ra do país será levantada uma coluna em
honra do SENHOR. 20 Eles serão construí-
dos para serem sinais e testemunhas da
presença do SENHOR Todo-Poderoso na
terra do Egito. E, quando os egípcios fo-
rem perseguidos e clamarem ao SENHOR
pedindo ajuda, ele lhes enviará um sal-
vador e defensor que os livrará dos seus
inimigos. 21 E o SENHOR mostrará aos egíp-
cios quem ele é, e eles o conhecerão. Eles
adorarão o SENHOR e lhe apresentarão
*sacrifícios e ofertas de cereais. Farão pro-
messas ao SENHOR e as cumprirão. 22 E o
SENHOR ferirá os egípcios, mas depois os
curará. Eles se arrependerão e voltarão
para o SENHOR, e ele atenderá os seus pe-
didos e os curará.
23 Naquele dia, haverá uma estrada li-
gando o Egito com a Assíria: os egípcios
irão até a Assíria, e os assírios irão até o
Egito, e juntos os dois povos adorarão o
SENHOR.
24 Naquele dia, estas três nações — Is-
rael, Egito e Assíria — serão uma bên-
ção para o mundo inteiro. 25 O SENHOR
Todo-Poderoso as abençoará, dizendo:
"Eu abençoo o Egito, o meu povo; a As-
síria, que eu criei; e Israel, o meu povo
escolhido."

A Assíria conquistará o Egito e a Etiópia

20 Sargão, o rei da Assíria, enviou o
seu exército, comandado pelo co-
mandante-em-chefe, para atacar a cidade
de Asdode, e ele a conquistou.
2 Três anos antes disso, o SENHOR Deus
tinha dito a Isaías, filho de Amoz:
— Tire a roupa de pano grosseiro que
você está vestindo e tire também as san-
dálias.
Isaías tinha obedecido e havia andado
meio nu e descalço.
3 Depois da conquista de Asdode, o SE-
NHOR disse:
— Durante três anos, o meu *servo
Isaías andou meio nu e descalço como
um sinal e aviso daquilo que vai aconte-
cer com o Egito e com a Etiópia. 4 O rei da
Assíria levará como prisioneiros os egíp-
cios e os etíopes, tanto os moços como
os velhos. Eles irão meio nus e descalços,
com as nádegas descobertas, trazendo as-
sim vergonha para o Egito. 5 Então aque-
les que confiavam na Etiópia e que se ga-
bavam do Egito ficarão desiludidos e de-
cepcionados. 6 E os povos que vivem no
litoral do mar Mediterrâneo dirão: "Ve-
jam só o que aconteceu com aqueles em
quem nós confiávamos e a quem fomos
pedir proteção contra o rei da Assíria! E,
agora, como é que nós vamos escapar?"

Profecia da queda da Babilônia

21 Esta é a mensagem contra a Babi-
lônia, "o deserto do mar":

Como os furacões que varrem a
região sul,
assim o destruidor vem do deserto,
daquela terra pavorosa.
2 A visão que Deus me mostrou foi
terrível:
traição e destruição por toda parte!

Exército de Elão, ataque!
Exército da Média, cerque as cidades!
Deus vai acabar com os sofrimentos que a Babilônia causou.
3 A visão me deixou desesperado;
estou sofrendo como uma mulher que está dando à luz.
Eu quase não posso ouvir, de tanta dor;
quase não posso ver, de tão fraco.
4 Estou cheio de confusão e tremo de medo;
esperava que a noite me trouxesse alívio,
mas ela só me trouxe pavor.
5 Na visão, eu vi um banquete preparado na Babilônia;
os lugares para os convidados sentarem estavam prontos,
e eles comiam e bebiam.
De repente, alguém deu esta ordem:
"Oficiais, levantem-se e peguem as suas armas!"

6 O Senhor me ordenou:
"Vá e ponha um soldado de vigia,
e que ele conte tudo o que vir!
7 Que o vigia preste muita atenção
se enxergar um grupo de cavaleiros
avançando em fila de dois
e homens montados em jumentos e em camelos!"
8 Então o vigia gritou:
"Ó Senhor, dia e noite tenho ficado no meu posto
e estou sempre vigiando.
9 Atenção! Aí vêm cavaleiros,
em fila de dois!"
Depois o vigia disse:
"Ela caiu! Babilônia caiu!
Todas as imagens que os babilônios adoravam
estão despedaçadas no chão!"

10 Vocês, meu povo, foram maltratados,
foram malhados como o trigo no terreiro.
Mas eu lhes estou anunciando a mensagem
que recebi do SENHOR Todo-Poderoso, o Deus de Israel.

Mensagem contra Edom

11 Esta é a mensagem contra Edom:

Alguém me chama do país de Edom e diz:
"Guarda, quanto falta para terminar a noite?
Guarda, quanto falta para terminar a noite?"
12 O guarda responde:
"A manhã vai chegar, mas a noite voltará outra vez.
Se quiser perguntar de novo,
volte e pergunte."

Mensagem contra a Arábia

13 Esta é a mensagem contra a Arábia:

Os fugitivos da tribo de Dedã
são forçados a acampar no deserto.
14 Moradores de Temá, socorram os dedanitas,
dando-lhes água e comida.
15 Pois eles estão fugindo de uma batalha feroz;
tentam escapar dos seus inimigos,
que querem matá-los com as suas espadas,
com os seus arcos e flechas.

16 O Senhor me disse:
— Daqui a exatamente um ano, a gran-
deza das tribos de Quedar terá desapa-
recido. 17 Poucos dos flecheiros valentes
de Quedar estarão vivos. Eu, o SENHOR, o
Deus de Israel, falei.

Mensagem contra Jerusalém

22 Esta é a mensagem a respeito do vale da Visão:

Por que é que vocês estão nos terraços,
2 gritando e festejando?
Por que a cidade está toda alvoroçada e alegre?
Os soldados de Jerusalém que morreram nesta guerra
não foram mortos em batalha.
3 Todos os seus oficiais fugiram
e foram presos antes de terem atirado uma só flecha.
Até os que fugiram para muito longe
também foram presos.
4 Por isso, eu disse:
"Vão embora;
deixem-me chorar amargamente.
Não tentem me consolar
por causa da desgraça do meu povo."

5 Pois o SENHOR, o Deus Todo-Poderoso, nos enviou aquele dia,

um dia de terror, de confusão e de
derrota no vale da Visão.
As muralhas da cidade foram
derrubadas,
e os gritos dos seus moradores
foram ouvidos nas montanhas.
6 Nos seus cavalos e carros de
guerra,
e armados com arcos e flechas,
os soldados do país de Elão vieram
nos atacar.
Os soldados de Quir também
vieram com os seus *escudos.
7 Os vales de Judá estavam cheios de
carros de guerra;
a cavalaria dos inimigos estava
em frente dos portões de
Jerusalém.

8 Judá não tinha nenhum meio de se
defender.
Naquele dia, vocês foram buscar as ar-
mas que estavam guardadas no Salão da
Floresta, 9 examinaram as muralhas para
marcar os lugares onde havia brechas e
encheram de água o açude que ficava den-
tro da cidade. 10 Examinaram as casas de
Jerusalém e derrubaram algumas delas
a fim de usar as pedras na reconstrução
das muralhas. 11 Entre as duas muralhas,
vocês construíram um reservatório para
guardar a água que vinha do açude velho.

Porém vocês não deram atenção a
Deus,
que há muito tempo já havia
planejado todas essas coisas;
não confiaram naquele que fez tudo
isso acontecer.
12 O Senhor, o Deus Todo-Poderoso,
os estava convidando a chorar e
se lamentar,
a rapar os cabelos e vestir roupas
feitas de pano grosseiro em
sinal de tristeza.
13 Em vez disso, vocês se divertiram
e festejaram,
mataram touros e ovelhas,
comeram e beberam vinho à
vontade.
Vocês diziam:
"Comamos e bebamos
porque amanhã morreremos."

14 O Senhor Todo-Poderoso se revelou
a mim e me disse:
— Não perdoarei essa maldade que
eles fizeram; todos morrerão sem serem
perdoados. Eu, o Senhor, o Deus Todo-
-Poderoso, falei.

Mensagem contra Sebna

15 O Senhor, o Deus Todo-Poderoso,
ordenou que eu fosse falar com Sebna,
o administrador do palácio do rei, e lhe
dissesse o seguinte:
16 — O que é que você está fazendo?
Quem disse que você tinha o direito de
cavar a sua sepultura na rocha, no lugar
mais alto do monte? 17 Você é poderoso,
mas o Senhor vai agarrá-lo e, com toda a
força, vai jogá-lo longe. 18 Ele vai pegá-lo
como quem pega uma bola e vai jogá-lo
longe, num país enorme. Ali você morrerá
perto dos seus carros de guerra, que o en-
chiam de tanto orgulho. Pois você é uma
vergonha para o seu patrão, o rei de Judá.
19 O Senhor Deus disse a Sebna:
— Eu vou tirar você da sua alta posição
e vou rebaixá-lo. 20 Então chamarei o meu
*servo Eliaquim, filho de Hilquias; 21 eu o
vestirei com a roupa de administrador, e
lhe darei o cinto que você usava, e passa-
rei para ele toda a autoridade que você ti-
nha. Eliaquim será como um pai para os
moradores de Jerusalém e para o povo de
Judá. 22 Darei a ele as chaves do cargo que
ele ocupará como o homem mais podero-
so do país, logo abaixo do rei. O que ele
abrir ninguém fechará, e o que ele fechar
ninguém abrirá. 23 Eu o firmarei no seu lu-
gar, como uma estaca que foi fincada fir-
memente no chão, e toda a sua família se
sentirá honrada por causa dele. 24 Mas os
seus parentes, desde os mais importan-
tes até os mais humildes, vão se tornar
uma carga pesada para ele, pois viverão
às suas custas. Eles serão como canecas,
vasos e jarros pendurados numa estaca.
25 E assim como a estaca quebra com todo
esse peso, assim Eliaquim perderá a sua
posição, e todos os seus parentes ficarão
sem recursos. Eu, o Senhor Todo-Pode-
roso, falei.

Mensagem contra Tiro e Sidom

23 Esta é a mensagem contra Tiro:

Chorem, marinheiros que estão
em alto mar,
pois a cidade de Tiro está arrasada!
Não há nenhuma casa de pé, e o
porto foi destruído.
Vocês receberam essa notícia na
ilha de Chipre.

[2]Soltem gemidos de tristeza, vocês,
moradores do litoral,
negociantes de Sidom!
Os seus viajantes atravessavam o
mar,
[3]navegavam nos oceanos imensos.
Do rio Nilo, no Egito, vinham os
cereais
que vocês vendiam a todas as
nações,
tirando disso grandes lucros.
[4]Fique envergonhada, cidade de
Sidom,
e você também, Tiro, fortaleza da
beira do mar!
Pois o mar disse:
"Nunca tive dores de parto, nem dei
à luz;
nunca criei filhos ou filhas."
[5]E o povo do Egito ficará aflito
quando souber o que aconteceu
com Tiro.

[6]Moradores da Fenícia, chorem de
dor!
Fujam para a Espanha!
[7]Será esta a alegre cidade de Tiro,
que foi fundada há séculos?
Será esta a cidade que enviou os
seus filhos
para fundarem colônias em regiões
distantes?
[8]Tiro era uma cidade importante;
os seus negociantes eram como
príncipes,
os seus comerciantes eram
respeitados no mundo inteiro.
Quem foi que planejou tudo isso
contra Tiro?
[9]Foi o SENHOR Todo-Poderoso que
fez esses planos
a fim de humilhar os orgulhosos
e rebaixar os mais poderosos do
mundo.

[10]Moradores das colônias que ficam
na Espanha,
cultivem as suas terras
como se faz nas margens do rio
Nilo.
Pois o porto de vocês já não existe
mais.
[11]O SENHOR levantou a mão para
castigar o mar;
ele derrubou reinos
e deu ordem para que as fortalezas
da Fenícia fossem destruídas.
[12]Ele disse a Sidom:
"Pobre cidade, tão perseguida,
pare de se divertir!
Mesmo que os seus moradores
fujam para Chipre,
não ficarão seguros."

[13]Vejam esta cidade, que agora está ar-
rasada! Foram os babilônios, e não os as-
sírios, que construíram rampas de ataque
em volta dela, destruíram as suas forta-
lezas e deixaram tudo em ruínas. [14]Cho-
rem, marinheiros que estão em alto mar!
A cidade de Tiro foi destruída, e agora
vocês não têm um porto seguro. [15]Está
chegando o tempo em que Tiro ficará es-
quecida por setenta anos, que é o tempo
de vida de um rei. Mas, depois desses se-
tenta anos, Tiro será como a prostituta
daquela canção que diz assim:

[16]"Ó prostituta, esquecida por todos,
pegue a *harpa e dê voltas pela cidade.
Toque música bonita
e cante as suas canções,
para que todos lembrem de novo
de você."

[17]Depois desses setenta anos, o SENHOR
lembrará outra vez da cidade de Tiro, e
ela voltará a ser prostituta, vendendo-se
a todas as nações do mundo. [18]Mas o di-
nheiro que ela ganhar com a sua profissão
será dedicado a Deus, o SENHOR. Ela não
poderá ficar com esse dinheiro; aqueles
que adoram o SENHOR o usarão para com-
prar muita comida e roupas finas.

O SENHOR castigará o mundo

24 Atenção! O SENHOR vai arrasar a
terra
e fazê-la virar um deserto;
vai estragar a terra
e espalhar os seus moradores.
[2]A mesma coisa acontecerá com
todos:
o povo comum e os sacerdotes,
os empregados e os seus patrões,
as empregadas e as suas patroas,
os que compram e os que vendem,
os que emprestam e os que tomam
emprestado.
[3]A terra ficará completamente
arrasada e destruída,
pois o SENHOR prometeu fazer isso.

[4]A terra vai secando e murchando,
o mundo inteiro vai se acabando,
os céus e a terra vão se desfazendo.

[5]A terra está *impura por causa dos
seus moradores,
pois eles desobedeceram às *leis e
aos mandamentos de Deus
e quebraram a *aliança que devia
durar para sempre.
[6]Por isso, Deus está amaldiçoando e
destruindo a terra,
e os seus moradores estão pagando
pelos seus pecados;
um fogo devorador os está
queimando,
e poucos escapam com vida.
[7]As *parreiras estão murchando,
e há falta de vinho.
E todos os que estavam alegres
gemem de tristeza.
[8]Não se ouve mais o barulho dos
pandeiros
nem a música alegre das *liras;
os que faziam festas e cantavam
estão calados.
[9]Já não se bebe vinho nas festas;
as bebidas têm um gosto amargo.
[10]A cidade vazia está em ruínas;
os moradores trancam as portas
das suas casas
e não deixam ninguém entrar.
[11]Por causa da falta de vinho,
o povo grita nas ruas.
Toda a alegria desapareceu;
ela foi expulsa da terra.
[12]A cidade está em ruínas,
os portões estão em pedaços.
[13]Assim como poucas azeitonas
ficam nas oliveiras
e poucas uvas ficam nas parreiras
depois de terminada a colheita,
assim também em todos os países
do mundo
poucas pessoas ficarão com vida.

[14]Os que ficarem com vida cantarão
de alegria;
os que moram no Oeste
proclamarão a grandeza do
SENHOR,
[15]e os que moram no Leste o
louvarão.
Os que moram no litoral
louvarão o nome do SENHOR, o Deus
de Israel.
[16]Dos lugares mais distantes do
mundo,
ouvimos a canção de louvor ao
Deus justo.
Mas eu disse: "Ai de mim! Que
desgraça!
Já não aguento mais!
Os traidores continuam a trair;
há falsidade por toda parte!"
[17]Escutem, todos os povos!
Como animais vocês serão
perseguidos pelos caçadores;
covas e armadilhas esperam por
vocês.
[18]Aquele que escapar dos caçadores
cairá numa cova,
e quem sair da cova será apanhado
numa armadilha.
As represas do céu vão se abrir,
os alicerces da terra serão abalados.
[19]A terra vai tremer e se rachar;
ela ficará completamente
despedaçada.
[20]A terra andará cambaleando
como um bêbado;
será sacudida de um lado para
outro
como uma barraca na ventania.
Os pecados que a terra carrega são
tão pesados,
que ela cai e não consegue se
levantar.
[21]Naquele dia, o SENHOR castigará
os poderes do céu
e também os reis do mundo, na
terra.
[22]Ele os ajuntará e os jogará numa
cova;
ali ficarão presos por muito tempo
e depois serão castigados.
[23]A lua terá vergonha de brilhar,
e o sol ficará pálido de medo
porque o SENHOR Todo-Poderoso
reinará no *monte Sião, em
Jerusalém.
E, na presença dos líderes do seu
povo,
ele mostrará a sua *glória.

Hino de louvor a Deus

25 Ó SENHOR, tu és o meu Deus.
Eu te adorarei e louvarei o teu
nome,
pois tens feito coisas maravilhosas;
tens cumprido fielmente os planos
seguros
que há muito tempo decidiste fazer.
[2]Deixaste as cidades dos nossos
inimigos em ruínas,
as cidades cercadas de muralhas
foram arrasadas.

Destruíste os seus palácios,
e nunca mais eles serão
reconstruídos.
3 Por isso, povos poderosos te
louvarão,
e tu serás *temido nas cidades onde
mora gente cruel.
4 Pois tens sido o protetor dos
pobres,
o defensor dos necessitados,
um abrigo na tempestade
e uma sombra no calor.

A fúria de homens violentos
é como uma tempestade de
inverno,
5 como o calor do deserto.
Mas tu tapas a boca dos
estrangeiros.
Como uma nuvem diminui o calor
num dia quente,
assim tu calaste os gritos de vitória
de homens violentos.

Um banquete para todos os povos

6 No *monte Sião, o SENHOR Todo-Pode-
roso vai dar um banquete para todos os
povos do mundo; nele haverá as melho-
res comidas e os vinhos mais finos. 7 E ali
ele acabará com a nuvem de tristeza e de
choro que cobre todas as nações. 8 O SE-
NHOR Deus acabará para sempre com a
morte. Ele enxugará as lágrimas dos olhos
de todos e fará desaparecer do mundo
inteiro a vergonha que o seu povo está
passando. O SENHOR falou.
9 Naquele dia, todos dirão:
— Ele é o nosso Deus. Nós pusemos a
nossa esperança nele, e ele nos salvou.
Ele é o SENHOR, e nós confiamos nele. Va-
mos cantar e nos alegrar porque ele nos
socorreu.

Deus castigará Moabe

10 O SENHOR Deus protegerá o
*monte Sião,
mas o país de Moabe será pisado
como se pisa a palha de um
depósito de esterco.
11 Os moabitas estenderão os braços
como quem está tentando nadar;
mas, apesar de todo o seu esforço,
os moabitas orgulhosos serão
humilhados por Deus.
12 Ele derrubará as altas e fortes
muralhas de Moabe
e as deixará completamente
arrasadas.

Hino de vitória

26 Naquele dia, o povo de Judá can-
tará este hino:

A nossa cidade é forte!
Deus nos protege com altas
muralhas.
2 Abram os portões da cidade
e deixem entrar o povo que é fiel a
Deus
e que faz o que é direito.
3 Tu, ó SENHOR, dás paz e
prosperidade
às pessoas que têm uma fé firme,
às pessoas que confiam em ti.
4 Confiem sempre no SENHOR,
pois ele é o nosso eterno abrigo.
5 Ele rebaixou os vaidosos
e humilhou a cidade orgulhosa em
que moravam.
Ele derrubou e arrasou a cidade deles,
6 e agora os pobres e os
necessitados pisam as suas
ruínas.

7 O caminho das pessoas direitas é
fácil;
tu, ó Deus justo, tornas plano o
caminho por onde elas andam.
8 Ó SENHOR, nós seguimos o
caminho das tuas *leis
e em ti pomos a nossa esperança;
o nosso maior desejo é conhecer-te
e pensar em ti.
9 Com todo o meu coração,
quero estar contigo de noite;
com todo o meu ser, procuro
conhecer a tua vontade.
Pois, quando julgas e castigas o
mundo,
os seus moradores aprendem o que
é justiça.
10 Ainda que tenhas compaixão dos
maus,
mesmo assim eles não aprendem a
fazer o que é certo.
Mesmo aqui neste país onde o povo
é direito,
eles continuam a fazer o que é mau
e não se importam com a grandeza
de Deus, o SENHOR.
11 Ó SENHOR, tu tens a mão
levantada para castigar,
mas os teus inimigos não notam isso.
Porém, quando virem o grande
amor que tens pelo teu povo,
então ficarão envergonhados.
Que o fogo da tua *ira os devore!

12 Ó SENHOR, tu nos fazes prosperar;
tudo o que conseguimos é feito por ti.
13 Ó SENHOR, nosso Deus,
temos sido dominados por outros
povos e pelos seus deuses,
mas confessamos que só tu és o
nosso Deus.
14 Aqueles povos estão mortos, não
voltarão a viver;
são somente sombras, não
ressuscitarão.
Pois tu os castigaste e destruíste,
e ninguém lembra mais deles.
15 Tu, ó SENHOR, fizeste a nossa
nação ficar maior;
aumentaste o território do nosso
país,
e isso trouxe *glória para o teu nome.

16 Castigaste o teu povo, ó SENHOR;
na nossa aflição, oramos a ti.
17 Como uma mulher que está dando
à luz
se torce e grita de dor,
assim estávamos nós por causa de
ti, ó SENHOR.
18 Nós sofremos dores de parto e
nos torcemos,
mas não demos nada à luz.
Não conseguimos nenhuma vitória
para o nosso país,
nem fizemos aumentar o número
de pessoas na terra.
19 Os mortos do nosso povo voltarão
a viver;
os seus corpos ressuscitarão.
Os que estão no *mundo dos mortos
acordarão e cantarão de alegria.
Como o orvalho que tu envias dá
vida à terra,
assim de dentro da terra os mortos
sairão vivos.

Castigo e salvação

20 Meu povo, vão para as suas casas
e tranquem as portas;
escondam-se por algum tempo
até que passe a *ira de Deus.
21 Porque o SENHOR Deus virá da sua
morada, no céu,
a fim de castigar os moradores
da terra por causa dos seus
pecados.
Pois a terra não esconderá mais os
que foram mortos,
mas deixará que apareçam todos os
crimes de sangue.

27 Naquele dia, o SENHOR pegará a
espada,
a sua espada enorme, forte e
pesada,
e ferirá o monstro Leviatã,
a serpente que se torce e se enrola;
o SENHOR matará o monstro que
vive no mar.

2 Naquele dia, o SENHOR dirá:
"Cantem louvores à minha bela
plantação de uvas!
3 Eu cuido dela e sempre a rego;
eu a vigio de dia e de noite
para que ninguém a estrague.
4 Não estou mais *irado com ela;
se os espinheiros e o mato a
ameaçarem,
eu os atacarei e destruirei com fogo.
5 Se os inimigos do meu povo
querem a minha proteção,
então que façam as pazes comigo,
sim, que façam as pazes comigo."

6 Chegará o dia em que o povo de
Israel,
como uma árvore viçosa,
criará raízes, brotará, e florescerá,
e dará frutas que encherão o
mundo inteiro.

7 O SENHOR não castigou os
israelitas tão duramente
como castigou os inimigos deles;
os israelitas que Deus matou foram
poucos,
mas os assassinos deles que ele
matou foram muitos.
8 Ele castigou o seu povo,
enviando-os como prisioneiros
para outro país.
Ele os expulsou com o seu sopro
forte,
tão forte como o vento leste.
9 Mas os pecados do povo serão
perdoados,
e a sua culpa será tirada.
Isso acontecerá quando o povo
destruir os altares pagãos
e fizer as suas pedras virarem pó,
como se fossem pedras de cal,
e quando destruir todos os postes
da deusa *Aserá e os altares de
incenso.

10 A cidade protegida por muralhas
está vazia;
ninguém mais mora ali,

e ela parece um deserto.
Virou pasto para o gado,
onde os animais pastam e
descansam.
11 Os galhos das árvores estão secos
e quebrados;
as mulheres os apanham para fazer
fogo.
Esse povo não entende nada,
e por isso Deus, o seu Criador,
não terá dó nem piedade deles.

12 Naquele dia, o SENHOR Deus vai tirar
o seu povo do meio de todos os outros
povos, desde o rio Eufrates até a frontei-
ra do Egito. Como o trigo é malhado e os
grãos são separados da palha, assim os
israelitas serão todos separados e ajun-
tados um por um.
13 Naquele dia, uma grande trombeta
será tocada, e os israelitas que estavam
perdidos na Assíria e os que tinham sido
levados como prisioneiros para o Egito
voltarão para a sua terra e adorarão a
Deus, o SENHOR, no *monte sagrado de
Jerusalém.

Mensagem para Israel, o Reino do Norte

28 Ai de Samaria,
orgulho e coroa dos bêbados de
Israel!
Ai dessa bela cidade que fica acima
de terras boas!
Os seus moradores estão
embriagados,
e a beleza da cidade desaparece
como uma flor que murcha.
2 O Senhor vai enviar um homem
forte e valente;
ele virá como uma chuva de pedra,
como uma tempestade destruidora,
como violentas trombas-d'água.
Ele arrasará tudo!
3 Samaria, orgulho e coroa dos
bêbados de Israel,
será pisada.
4 A bela cidade que fica acima de
terras boas,
cuja beleza desaparece como uma
flor que murcha,
será como o primeiro figo maduro
do verão:
logo que amadurece, alguém o
apanha e come.

5 Naquele dia, o SENHOR Todo-
Poderoso será como uma bela
coroa de flores
para a gente do seu povo que ficar
com vida.
6 Aos juízes ele dará o desejo de
fazer justiça;
e aos que defendem a cidade contra
o inimigo
ele dará coragem.

Mensagem para Judá, o Reino do Sul

7 Mas há outros que também andam
tontos por terem bebido muito
vinho,
que não podem ficar de pé por
causa das bebidas:
são os sacerdotes e os *profetas,
que vivem embriagados e
tontos.
Os profetas, quando recebem visões
de Deus, estão bêbados,
e os sacerdotes também, quando
julgam os casos no tribunal.
8 As suas mesas estão cobertas de
vômito,
não há um só lugar que esteja limpo.
9 Eles falam mal de mim e
perguntam:
"A quem é que esse profeta está
querendo ensinar?
Será que ele pensa que vai explicar
a mensagem para nós?
Será que somos bebês desmamados
há pouco tempo?
10 Ele está pensando que nós somos
crianças
e quer nos ensinar o beabá."

11 Se vocês não quiserem ouvir o
que eu digo,
então o SENHOR falará com vocês
por meio de estrangeiros, que falam
uma língua estranha.
12 Há tempo, eu disse a vocês:
"Deus lhes dará descanso;
ele lhes dará segurança.
Aqui vocês estarão seguros."
Mas vocês não quiseram ouvir.
13 Por isso, o SENHOR vai ensinar-
lhes o beabá,
como se vocês fossem crianças.
Então vocês tentarão andar, mas
cairão de costas;
serão feridos, cairão em armadilhas
e serão presos.

Cuidado com a falsa segurança!

14 Autoridades de Jerusalém,
homens orgulhosos que governam
esse povo,

escutem a mensagem de Deus, o
SENHOR!
15 Vocês dizem:
"Fizemos um acordo com a morte,
já combinamos tudo com o *mundo
dos mortos.
Portanto, quando vier a terrível
desgraça,
nós não sofreremos nada."
Mas vocês estão confiando em
mentiras
e pensam que a desonestidade os
protegerá.
16 Por isso, o SENHOR Deus diz:
"Estou colocando em *Sião uma
pedra,
uma pedra preciosa que eu escolhi,
para ser a pedra principal do
alicerce.
Nela está escrito isto:
'Quem tem fé não tem medo.'
17 Como prumo, usarei a justiça,
e a honestidade será a minha
medida."

Os abrigos em que vocês confiam
não são seguros;
eles serão destruídos por chuvas de
pedra,
serão arrasados por trombas-
d'água.
18 O acordo que vocês fizeram com a
morte será anulado,
o que vocês combinaram com
o mundo dos mortos será
desfeito.
E, quando chegar a terrível
desgraça,
ela os arrastará como se fosse uma
enchente.
19 Todas as vezes que chegar, ela os
arrastará;
chegará todos os dias, de manhã e
de noite.
Cada mensagem de Deus trará um
novo pavor.
20 Vocês serão como o homem de
que fala aquele provérbio:
"A cama é tão curta, que ele não
pode se deitar,
o cobertor é tão estreito, que não
dá para ele se cobrir."
21 Pois o SENHOR vai se levantar,
como se levantou no monte
Perazim;
ele vai ficar *irado,
como ficou no vale de Gibeão.
Ele vai realizar o seu plano
misterioso;
vai fazer o seu trabalho estranho.
22 Portanto, parem de zombar;
se não, as correntes que os
prendem serão apertadas ainda
mais.
Pois ouvi o SENHOR, o Deus Todo-
-Poderoso,
ordenar a destruição do país
inteiro.

A sabedoria de Deus

23 Escutem o que vou dizer! Deem aten-
ção à minha mensagem! 24 Um homem que
está preparando o terreno para semear
trigo não gasta todo o seu tempo arando
a terra, cavando e remexendo nela. 25 De-
pois de ter aplanado a terra, ele semeia
o *endro e o *cominho e planta o trigo, a
*cevada e outros cereais nos lugares cer-
tos. 26 Ele faz tudo direito porque Deus o
ensinou. 27 E no tempo da colheita ele não
usa um instrumento pesado para debu-
lhar os grãos de endro e de cominho; pelo
contrário, ele usa varas pequenas e leves.
28 Quando malha o trigo, ele não continua
malhando até quebrar os grãos. Ele sabe
passar a carreta por cima das espigas sem
esmagar os grãos. 29 Esse conhecimento
também vem do SENHOR Todo-Poderoso.
Os seus planos são maravilhosos, e ele é
sábio em tudo o que faz.

Mensagem contra Jerusalém

29 Ai de Jerusalém, o altar de Deus,
a cidade onde o rei Davi armou o
seu acampamento!
Deixem passar alguns anos
com as suas festas religiosas,
2 e então Deus castigará a cidade
que se chama "O Altar de Deus".
Os seus moradores chorarão e se
lamentarão;
a cidade ficará parecendo um altar
coberto de sangue.
3 Deus enviará um exército para
atacar a cidade;
os soldados inimigos a cercarão
e levantarão rampas de ataque
contra as muralhas.
4 A cidade será arrasada,
e os seus moradores ficarão caídos
no chão;
falarão como se fossem espíritos,
cochichando e murmurando como
fantasmas.

5-6 Mas, de repente, num instante,
o SENHOR Todo-Poderoso atacará
os inimigos,
aquela multidão de estrangeiros.
Com trovões, terremotos e
estrondos,
com ventanias, tempestades e fogo
devorador,
ele fará os inimigos virarem um pó
fino;
eles serão como a palha que o vento
carrega.
7 Aí todos os inimigos que estiverem
atacando "O Altar de Deus",
todos os exércitos que estiverem
cercando a cidade com rampas
de ataque
desaparecerão como se fossem um
sonho ou uma visão.
8 Todas as nações que atacarem o
*monte Sião
serão como um homem faminto que
sonha que está comendo
e acorda ainda com fome;
serão como uma pessoa sedenta
que sonha que está bebendo
água
e acorda ainda com sede.

Aviso para os moradores de Jerusalém

9 Continuem sendo tolos, se
quiserem!
Continuem cegos, se preferirem!
E, sem terem tomado vinho ou
cerveja,
fiquem bêbados e andem por aí
tontos.
10 Pois o SENHOR Deus fez com
que vocês caíssem num sono
profundo;
ele cobriu as cabeças de vocês e
fechou os seus olhos.
As cabeças e os olhos são os *profetas,
que não veem as visões que Deus
envia.

11 Agora, para vocês, todas as visões são
como se fossem uma mensagem escrita
num livro fechado e lacrado. Se levarem o
livro para alguém que sabe ler e pedirem
que leia a mensagem, a pessoa dirá: "Não
posso; o livro está lacrado." 12 E, se pedi-
rem a alguém que não sabe ler, a pessoa
dirá: "Não sei ler."

13 O Senhor diz:
"Esse povo ora a mim com a boca
e me louva com os lábios,
mas o seu coração está longe de
mim.
A religião que eles praticam
não passa de doutrinas e
ensinamentos humanos
que eles só sabem repetir de cor.
14 Por isso, mais uma vez vou deixar
esse povo espantado
com as coisas estranhas e terríveis
que farei no meio dele.
Com toda a sua sabedoria, os seus
sábios não poderão explicá-las,
e o conhecimento dos que são
instruídos não adiantará nada."

15 Ai dos que escondem os seus
planos do SENHOR,
que fazem as suas maldades na
escuridão e dizem:
"Ninguém nos pode ver! Ninguém
sabe o que estamos fazendo!"
16 Vocês invertem as coisas,
como se o barro valesse mais do
que o oleiro!
O pote não vai dizer ao homem que
o fez:
"Você não me fez."
Uma vasilha não dirá ao oleiro:
"Você não sabe o que está fazendo."

Uma oração por...

Autocontrole

Querido Deus, dá-me autocontrole! Tu dizes: "Sejam perfeitos, assim como é perfeito o Pai de vocês, que está no céu" (Mateus 5:48). Mas como eu posso ser perfeita quando tu podes ver todas as rachaduras em meu coração? Como evito palavras desagradáveis e reações irritadas a menos que me ajudes a cada minuto? Quero estabilidade e tranquilidade para meu coração, por mais súbita que seja a surpresa ou maior que seja a pressão.

Por favor, confirma tua promessa de me manter em perfeita paz quando minha mente estiver voltada para ti. Nada pode te surpreender e nada prevalece sobre ti. Então, me ajuda, hoje e sempre, a colocar as rédeas de minha vida em tuas mãos. Que não seja mais eu a viver, mas Cristo em mim.

Amém.

Promessa de salvação

17 Daqui a pouco, as matas virgens
vão virar jardins,
e os jardins voltarão a ser mato.
18 Naquele dia, os surdos ouvirão
a mensagem que será lida no
livro fechado e lacrado,
e os cegos ficarão livres da
escuridão e poderão ver.
19 O SENHOR dará alegria aos
necessitados,
o Santo Deus de Israel fará com que
os pobres fiquem alegres.
20 Pois Deus acabará com os que
exploram o seu povo;
os que zombam de Deus serão
destruídos,
e os que fazem planos para
prejudicar os outros
desaparecerão.
21 Deus acabará com os que acusam
os outros falsamente;
acabará com os que procuram
enganar os juízes
e com os que, por meio de mentiras,
conseguem que os inocentes
sejam condenados.

22 Portanto, o SENHOR, que livrou
Abraão de perigos, diz o seguinte a res-
peito do povo de Israel:

"O meu povo não ficará desiludido
outra vez,
eles nunca mais sentirão vergonha.
23 Pois, quando virem o que vou
fazer no meio deles,
confessarão que o meu nome é
santo,
reconhecerão que eu sou o Santo
Deus de Israel
e me *temerão.
24 Então os que perderam o juízo se
tornarão sábios,
e os que se revoltaram contra mim
aceitarão os meus ensinamentos."

Mensagem contra o acordo com o Egito

30 O SENHOR Deus diz:
"Ai dos meus filhos que se
revoltam contra mim,
que fazem planos sem me
consultarem
e assinam *acordos sem a minha
aprovação!
Assim amontoam pecado em cima
de pecado.
2 Pois, sem me pedirem licença,
as autoridades de Judá foram ao
Egito
pedir socorro ao seu rei,
pois confiavam no seu poder para
proteger Judá.
3 Mas em vez de socorro virá a
desilusão,
e em vez de proteção haverá
humilhação.
4 Os embaixadores de Judá já
chegaram ao Egito,
às cidades de Zoã e de Hanes.
5 Mas eles só sentirão vergonha,
pois os egípcios não os ajudarão em
nada;
pelo contrário, serão motivo de
vergonha e humilhação."

6 Esta é a mensagem de Deus a
respeito das feras da região Sul.
"Os embaixadores atravessam uma
região perigosa e difícil,
onde há leões, cobras e dragões
voadores.
Nas costas dos seus jumentos e dos
seus camelos,
vão os presentes e as riquezas
que eles levam para um povo que
não pode socorrê-los;
7 pois a ajuda do Egito não vale
nada.
Por isso, estou pondo no Egito o
apelido de 'O Dragão Manso'."

8 O SENHOR Deus me disse:
"Escreva a mensagem numa tábua
a fim de que fique registrada para
sempre
como testemunha eterna contra o
povo.
9 Pois são gente rebelde, pessoas
mentirosas,
que não querem ouvir a *lei do
SENHOR.
10 Eles pedem aos *videntes que não
tenham visões
e dizem aos *profetas:
'Não nos anunciem a verdade;
inventem coisas que nos agradem.
11 Deem o fora! Parem de nos
amolar!
Não nos falem mais a respeito do
Santo Deus de Israel!' "

12 Por isso, o Santo Deus de Israel
diz ao seu povo:
"Vocês rejeitam a minha mensagem

e põem a sua confiança e a sua fé na
violência e na mentira.
13 Portanto, esse pecado vai trazer a
ruína para vocês;
ele será como uma brecha que vai
se abrindo num muro alto:
de repente, o muro desmorona e cai
no chão.
14 Vocês serão completamente
destruídos,
como um vaso de barro que se
quebra:
não sobra nem um caco que sirva
para tirar brasas do fogo
ou para tirar água do poço."

15 O SENHOR, o Santo Deus de Israel,
diz ao seu povo:
"Se voltarem para mim e ficarem
calmos, vocês serão salvos;
fiquem tranquilos e confiem em
mim,
e eu lhes darei a vitória.
Mas vocês não quiseram fazer o que
eu disse.
16 Pelo contrário, disseram assim:
'Não! Nós vamos montar cavalos
ligeiros
e assim escaparemos do inimigo!'
Pois fujam, se puderem;
mas os cavalos dos inimigos são
mais ligeiros do que os seus.
17 Mil de vocês fugirão de um só
inimigo que os atacar,
cinco inimigos farão com que todos
vocês fujam.
Os poucos que restarem parecerão
um mastro de bandeira
sozinho no alto de um morro."

Deus abençoará o seu povo

18 No entanto, o SENHOR continua es-
perando porque ele quer ser bondoso e
ter compaixão de vocês; pois ele é Deus
que faz o que é direito. Felizes são aqueles
que põem a sua esperança nele! 19 Povo
de Jerusalém, moradores de *Sião, vocês
não vão chorar mais. Quando vocês cla-
marem pedindo socorro, o SENHOR Deus
ficará com pena de vocês; ele os ouvirá e
atenderá. 20 O Senhor lhes dará o pão de
dores e a água do sofrimento, mas não se
esconderá de vocês. Ele é o seu mestre,
e vocês o encontrarão quando quiserem.
21 Se vocês se desviarem do caminho, indo
para a direita ou para a esquerda, ouvi-
rão a voz dele atrás de vocês, dizendo: "O
caminho certo é este; andem nele." 22 Vo-
cês pegarão as suas imagens revestidas
de prata e os seus ídolos folheados a ouro
e os jogarão fora como se fossem coisas
*impuras. Vocês dirão a eles: "Fora daqui!"
23 Quando vocês espalharem as semen-
tes nos seus campos, o SENHOR mandará
chuva, e as colheitas serão boas. Have-
rá muito pasto para o gado, 24 e os bois
e jumentos que vocês usam para arar os
campos comerão da melhor ração, pre-
parada cuidadosamente e misturada com
sal. 25 Quando chegar o dia em que os ini-
migos forem mortos e as suas fortalezas
destruídas, rios e riachos jorrarão de to-
dos os morros e de todas as montanhas.
26 Quando o SENHOR tratar as feridas do
seu povo e curar os ferimentos que ele
mesmo causou, a lua brilhará tanto como
o sol, e a luz do sol será sete vezes mais
forte, como se num só dia brilhasse a luz
de sete dias.

Deus castigará a Assíria

27 Atenção! O SENHOR Deus vem de
longe;
é ele mesmo que vem!
Ele chega furioso, no meio de
grossas nuvens de fumaça.
Cheio de *ira, ele fala;
as suas palavras são como um fogo
devorador.
28 O sopro do SENHOR é como uma
enchente
que sobe até o pescoço das pessoas.
O SENHOR peneira os povos como se
fossem trigo,
e os joga fora como se fossem palha.
Ele põe freios na sua boca
e os leva por caminhos errados.
29 Mas vocês cantarão de alegria
como fazem nas noites das festas
sagradas;
vocês ficarão felizes
como os que, ao som da música de
flautas,
sobem o *monte sagrado para
adorar o SENHOR,
o forte protetor de Israel.
30 A voz majestosa do SENHOR será
ouvida por todos,
e ele mostrará a sua ira furiosa.
Haverá fogo devorador, trombas-
d'água,
tempestades e chuvas de pedra;
e ele levantará o forte braço para
castigar.

31 Os assírios ficarão apavorados ao
ouvirem a voz do SENHOR,
ao sentirem o peso do seu castigo.
32 Ao som de tambores e de *liras,
o SENHOR surrará os assírios com o
seu bastão;
ele mesmo lutará contra eles.
33 Há muito tempo está preparada
para o rei da Assíria
uma fogueira em que ele será
queimado.
Ela está num lugar fundo e largo,
e há bastante lenha para queimar.
Como um rio de enxofre,
o sopro do SENHOR porá fogo na
lenha.

O Egito não pode ajudar

31 Ai dos que vão para o Egito procurando ajuda!
Eles confiam num povo que tem
muitos cavalos e carros de
guerra,
num país que tem cavaleiros
valentes,
mas não confiam no Santo Deus de
Israel,
não pedem ajuda ao SENHOR.
2 Porém o SENHOR é sábio e sabe
fazer com que a desgraça venha;
ele sempre cumpre o que promete.
Por isso, ele ficará contra os que
praticam o mal,
contra todos os que ajudam as
pessoas perversas.
3 Os egípcios não são deuses!
Eles são apenas seres humanos,
e os seus cavalos são apenas
animais mortais;
não são espíritos *imortais.
E, quando o SENHOR levantar a mão
para castigá-los,
todos cairão mortos de uma só vez,
tanto o Egito, a nação forte, como
Judá, a nação fraca.

Deus protegerá Jerusalém

4 O SENHOR Deus falou comigo e
disse:
"Um leão que pega e mata uma
ovelha
não se assusta, nem foge quando os
pastores vêm gritando,
mesmo que sejam muitos e gritem
bem alto.
Assim também eu, o SENHOR Todo-
Poderoso, não me assustarei
quando descer para lutar no *monte
Sião.
5 Como uma ave fica voando por cima
do seu ninho para protegê-lo,
assim eu, o SENHOR Todo-Poderoso,
protegerei Jerusalém;
eu salvarei a cidade e livrarei o meu
povo."

6 Povo de Israel, vocês se afastaram
para longe de Deus; mas agora arrependam-se e voltem para ele. 7 Naquele dia,
todos vocês jogarão fora as suas imagens
revestidas de prata e de ouro, que só servem para fazer vocês pecarem.

8 O SENHOR diz:
"Uma espada derrotará os assírios,
uma espada os matará;
mas não será a espada de um ser
humano.
Eles fugirão da batalha,
e os seus jovens serão feitos
escravos.
9 O rei fugirá apavorado,
e os oficiais, cheios de medo,
abandonarão as suas
bandeiras."
Assim fala o SENHOR,
que em Jerusalém tem o seu altar,
onde *sacrifícios são queimados.

Um reinado de justiça

32 Virá o dia em que um rei reinará
com justiça
e as autoridades governarão com
honestidade.
2 Todas elas protegerão o povo
como um abrigo protege contra a
tempestade e o vento;
elas serão como rios numa terra
seca,
como a sombra de uma grande
rocha no deserto.
3 Então todos poderão ver
claramente de novo
e de novo ouvirão tudo facilmente;
4 serão ajuizados, entenderão as
coisas
e poderão falar com clareza e
inteligência.
5 Ninguém dirá que um sem-
vergonha é uma pessoa de valor,
nem que o malandro merece
respeito.
6 Pois o sem-vergonha diz mentiras
e está sempre planejando fazer
maldades.

O que ele diz a respeito do SENHOR
é falso;
ele faz estas coisas que Deus
detesta:
nega comida aos que têm fome
e água aos que estão com sede.
7 O malandro faz trapaças;
inventa mentiras para prejudicar a
causa dos pobres,
mesmo quando eles têm razão.
8 Mas quem é direito faz planos
honestos
e é correto em tudo o que faz.

Mensagem para as mulheres de Jerusalém

9 Mulheres desocupadas, escutem o
que eu vou dizer;
prestem atenção, mulheres que não
se preocupam com nada!
10 Daqui a pouco mais de um ano,
vocês ficarão aflitas,
pois não haverá colheita de uvas.
11 Vocês têm tido uma vida sem
preocupações,
mas agora tremam e fiquem aflitas.
Tirem as suas roupas
e vistam roupas feitas de pano
grosseiro.
12 Batam no peito em sinal de
tristeza;
chorem porque as terras boas e as
*parreiras carregadas de uvas
foram destruídas.
13 Espinheiros e mato crescerão na
terra do meu povo.
Chorem por causa da cidade que
era tão alegre,
por causa das casas que estavam
cheias de pessoas felizes!
14 O palácio será abandonado, a
cidade ficará vazia,
e as fortalezas virarão montes de
ruínas para sempre.
Ali os jumentos selvagens andarão
à vontade,
e os rebanhos pastarão.

Um tempo de paz e de justiça

15 Mas Deus derramará sobre nós o
seu Espírito;
então o deserto virará um campo
fértil,
e as terras cultivadas darão
melhores colheitas.
16 No país, haverá justiça por toda
parte;
todos farão o que é direito.

Pergunte a si mesma...

Isaías disse: "Prestem atenção, mulheres que não se preocupam com nada!" (Isaías 32:). Pergunte a si mesma:

O que significa não se preocupar com nada?
Eu sou despreocupada?
Por que as mulheres despreocupadas são citadas neste versículo?
Que impacto essa atitude tem em minha vida espiritual?
Que mal ela poderia causar?
O que a Palavra de Deus tem a dizer sobre ser despreocupada? (Dica: veja o que ela diz sobre morrer para si mesma, santificação e sofrimento.)

17 A justiça trará paz e tranquilidade,
trará segurança que durará para
sempre.
18 O meu povo viverá em lugares
seguros;
todos estarão em paz e segurança
nas suas casas.
19 (Uma chuva de pedra destruirá a
floresta,
e a cidade será arrasada.)
20 Todos vocês serão felizes;
terão muita água para as suas
plantações
e pastos seguros para os seus
jumentos e o seu gado.

Sofrimento e salvação

33 Ai de você, inimigo destruidor que
nunca foi destruído!
Ai de você, traidor que nunca foi
traído!
Quando você acabar de destruir,
será destruído;
quando acabar de trair, será traído.

2 Ó SENHOR Deus, tem compaixão
de nós,
pois esperamos que nos ajudes.
Sê o nosso protetor todos os dias,
sê o nosso Salvador em tempos de
dificuldades.
3 Os povos fogem quando ouvem o
estrondo da tua voz.
Quando ages, as nações se espalham,

4 e os inimigos delas, como uma
nuvem de gafanhotos,
levam embora tudo o que elas têm.

5 O SENHOR é majestoso, pois mora
nas alturas;
ele encherá *Sião de justiça e de
honestidade
6 e fará com que o seu povo viva em
segurança,
dando-lhe salvação completa,
sabedoria e conhecimento.
O *temor do SENHOR é o tesouro
mais precioso que o seu povo
tem.

7 Os soldados valentes estão se
lamentando nas ruas,
e os embaixadores que
procuravam fazer a paz choram
amargamente.
8 As estradas estão vazias,
ninguém viaja por elas.
Os *acordos são quebrados,
os tratados são desfeitos;
ninguém é respeitado.
9 As terras do país vão se gastando e
se desfazendo;
as florestas dos montes Líbanos
estão secas,
o vale de Sarom virou um deserto,
e na região de Basã e no monte
Carmelo
as árvores perderam as suas folhas.

Mensagem para os inimigos

10 O SENHOR diz aos povos:
"Agora, eu vou agir;
vou mostrar o meu poder e a minha
grandeza.
11 O que vocês inventam vale menos
do que a palha;
o que vocês planejam é tão sem
valor como o lixo.
O meu sopro, como um fogo, os
destruirá.
12 Vocês vão virar cinzas;
queimarão como espinhos jogados
no fogo.
13 Vocês todos, os que estão longe e
os que estão perto,
escutem o que eu fiz
e reconheçam o meu poder!"

14 Em Sião, os pecadores tremem de
medo;
cheios de pavor, eles perguntam:
"Quem poderá viver perto desse
fogo devorador,
perto dessas chamas que não
param de queimar?"
15 Somente poderá fazer isso quem
age corretamente
e sempre diz a verdade;
que não fica rico à custa dos fracos,
nem aceita dinheiro para torcer a
justiça;
que não se junta com os que
planejam crimes de morte,
nem concorda com os planos dos
maus.
16 Quem age assim viverá seguro,
e em fortalezas feitas de pedras ele
encontrará refúgio;
ele sempre terá comida,
e nunca lhe faltará água para beber.

Esperança para o povo de Deus

17 Mais uma vez vocês verão um rei
com toda a sua *glória,
governando um país imenso.
18 Vocês pensarão no medo
que sentiram no passado e
perguntarão:
"Onde estão aqueles que nos
forçavam a pagar tributos,
aqueles que cobravam os impostos?
Onde estão os que controlavam as
nossas fortalezas?"
19 Vocês nunca mais verão aquele
povo orgulhoso,
aquela gente que fala uma língua
estranha,
uma língua difícil que ninguém
entende.

20 Vejam *Sião, a cidade onde
fazemos as nossas festas!
Jerusalém será uma cidade segura,
será como uma barraca que não
pode ser mudada de lugar;
nenhuma das suas estacas será
arrancada,
e nenhuma das suas cordas será
arrebentada.
21 Ali estará conosco o SENHOR, o
nosso *glorioso Deus.
Jerusalém será um lugar de grandes
rios e ribeirões,
mas neles não navegarão os barcos
dos inimigos
nem os seus grandes navios a vela.
22-23 As cordas desses navios estão
frouxas:

o mastro não fica firme,
e as velas não podem ser
estendidas.
Assim pegaremos todas as riquezas
do inimigo;
serão tantas, que até os aleijados
conseguirão pegar a sua parte.
Pois o SENHOR é o nosso Juiz,
é ele quem nos governa;
o SENHOR é o nosso Rei,
é ele quem vai nos salvar.
24 Nenhum morador de Jerusalém
ficará doente,
e os pecados de todos serão
perdoados.

Deus castigará as nações

34 Venham, nações, e escutem,
reúnam-se, povos, e prestem
atenção!
Que a terra inteira escute,
e que ouçam todos os que nela
vivem!
2 O SENHOR está *irado com todas as
nações,
está furioso com todos os seus
exércitos;
ele já os condenou à morte e à
destruição.
3 Os mortos ficarão onde caíram,
e o mau cheiro se espalhará por
toda parte;
rios de sangue descerão das
montanhas.
4 O sol, a lua e as estrelas serão
destruídos,
o céu se enrolará como a página de
um livro.
Todas as estrelas cairão do céu,
como caem as folhas da *parreira ou
da figueira.

5 A espada do SENHOR está pronta
no céu.
O SENHOR condenou o povo de
Edom à destruição
e com a sua espada matará os
edomitas.
6 A espada ficará coberta de sangue
e de gordura,
como acontece com o sangue e
a gordura das ovelhas e dos
cabritos
que são oferecidos em *sacrifício.
O SENHOR matará os edomitas
e os oferecerá como sacrifício na
cidade de Bosra.
7 Com eles, também serão mortos os
bois selvagens,
os bezerros e os touros novos;
a terra ficará encharcada de sangue,
e o chão ficará coberto de gordura.
8 Pois esse será o dia da vingança de
Deus, o SENHOR,
o dia em que ele acertará as contas
com os inimigos de *Sião.

9 Os rios de Edom vão virar piche,
a terra vai virar enxofre;
o país inteiro queimará como piche.
10 O fogo nunca se apagará,
e a fumaça não parará de subir.
O país ficará arrasado para sempre,
e nunca mais ninguém passará por
ele.
11 Corujas e corvos serão os donos
do país
e construirão os seus ninhos por
toda parte.
O SENHOR fará com que o país
seja de novo um lugar vazio, sem
nenhum ser vivente,
como era no começo da criação do
mundo.
12 Edom não terá um rei para
governá-lo,
e ali já não existirão mais
autoridades.
13 Espinheiros crescerão nas mansões,
o mato tomará conta das fortalezas;
Edom será um lugar onde viverão
raposas e avestruzes.
14 Os gatos do mato e outros animais
selvagens morarão ali;
demônios chamarão uns aos outros,
e ali a bruxa do deserto encontrará
um lugar para descansar.
15 Ali as corujas farão os seus ninhos,
porão ovos, e os chocarão,
e abrigarão os filhotes debaixo das
suas asas;
ali também os urubus se juntarão,
cada um com os seus
companheiros.

16 Procurem no livro do SENHOR e
leiam:
nenhuma dessas criaturas ficará
faltando,
todas estarão lá com os seus
companheiros.
Pois o SENHOR ordenou que assim
fosse,
e o seu Espírito as ajuntará.

17 O SENHOR dividirá a terra de
Edom entre elas
e dará a cada uma a sua parte.
Ali elas viverão por séculos e
séculos,
e aquela terra será delas para sempre.

A futura felicidade de Jerusalém

35 O deserto se alegrará,
e crescerão flores nas terras
secas;
2 cheio de flores, o deserto cantará
de alegria.
Deus o tornará tão belo como os
montes Líbanos,
tão fértil como o monte Carmelo e o
vale de Sarom.
Todos verão a *glória do SENHOR,
verão a grandeza do nosso Deus.

3 Fortaleçam as mãos cansadas,
deem firmeza aos joelhos fracos.
4 Digam aos desanimados:
"Não tenham medo; animem-se,
pois o nosso Deus está aqui.
Ele vem para nos salvar,
ele vem para castigar os nossos
inimigos."

5 Então os cegos verão,
e os surdos ouvirão;
6 os aleijados pularão e dançarão,
e os mudos cantarão de alegria.
Pois fontes brotarão no deserto,
e rios correrão pelas terras secas.
7 A areia quente do deserto virará
um lago,
e haverá muitas fontes nas terras
secas.
Os lugares onde agora vivem os
animais do deserto
virarão brejos onde crescerão
taboas e *juncos.

8 Haverá ali uma estrada
que será chamada de "Caminho da
Santidade".
Nela, não caminharão os *impuros,
pois ela pertence somente ao povo
de Deus.
Até os tolos andarão nela
e não se perderão.
9 Nesse caminho, não haverá leões,
animais selvagens não passarão
por ele;
ali andarão somente os salvos.
10 Aqueles a quem o SENHOR salvar
voltarão para casa,
voltarão cantando para Jerusalém
e ali viverão felizes para sempre.
A alegria e a felicidade os
acompanharão,
e não haverá mais tristeza nem
choro.

Os assírios ameaçam Jerusalém

2Reis 18.13-37; 2Crônicas 32.1-19

36 No ano catorze do reinado de Eze-
quias, de Judá, Senaqueribe, o rei
da Assíria, atacou todas as cidades de Judá
que eram protegidas por muralhas e as
conquistou. 2 Depois, ele mandou que o
comandante do seu exército fosse de La-
quis a Jerusalém com uma enorme força
militar para exigir que o rei Ezequias se
entregasse. O comandante ocupou a es-
trada onde os tintureiros trabalham, perto
do canal que traz água do açude de cima.
3 Três autoridades de Judá saíram para
se encontrar com ele: o encarregado do
palácio, Eliaquim, filho de Hilquias; o es-
crivão, Sebna; e o conselheiro do rei, Joá,
filho de Asafe. 4 O oficial assírio lhes disse:
— Levem para Ezequias esta mensa-
gem do grande rei, o rei da Assíria: "Em
que você está baseando a sua confiança?
5 Será que você pensa que as palavras po-
dem tomar o lugar da experiência mili-
tar e da força? Quem você pensa que vai
ajudá-lo na sua revolta contra o rei da As-
síria? 6 Você está confiando na ajuda do
Egito, mas isso é o mesmo que usar um
caniço como bengala, isto é, ele vai que-
brar e furar a sua mão. Assim é Faraó, rei
do Egito, para aqueles que confiam nele.
7 Ou, por acaso, você vai me dizer que con-
fia no SENHOR, seu Deus? E não foram os
santuários e os altares do SENHOR que
Ezequias destruiu quando mandou que
o povo de Judá e de Jerusalém adoras-
se num só altar? 8 Eu vou fazer um trato
com você em nome do rei. Eu lhe darei
dois mil cavalos se você puder arranjar
homens suficientes para montá-los. 9 Você
não poderia vencer nem mesmo o oficial
assírio menos graduado e, no entanto, es-
pera que os egípcios lhe mandem carros
de guerra e cavalaria! 10 Você pensa que
eu ataquei e destruí o seu país sem a aju-
da de Deus, o SENHOR? Foi o próprio Deus
quem me mandou atacá-lo e destruí-lo!"
11 Então Eliaquim, Sebna e Joá disseram
ao oficial:
— Senhor, fale em *aramaico, por fa-
vor, pois nós entendemos. Não fale em

*hebraico porque todas as pessoas que
estão nas muralhas estão escutando.
12 Ele respondeu:
— Vocês pensam que o rei me mandou
dizer todas essas coisas somente para vo-
cês e para o seu rei? Não! Eu estou falan-
do também com as pessoas que estão sen-
tadas nas muralhas e que terão de comer
as suas próprias fezes e beber a sua pró-
pria urina; e vocês também vão fazer isso.
13 Então o oficial ficou de pé e gritou
em hebraico:
— Escutem o que o grande rei, o rei da
Assíria, está dizendo a vocês! 14 Ele man-
dou avisar que não deixem que Ezequias
os engane, pois ele não poderá salvá-los.
15 E não deixem que ele os convença a con-
fiar no SENHOR. Não pensem que Deus os
salvará e não deixará que o nosso exér-
cito assírio conquiste a cidade de vocês.
16 Não deem atenção a Ezequias. O rei
manda que vocês saiam da cidade e se
entreguem. Vocês terão licença para co-
mer uvas das suas próprias *parreiras e
figos das suas figueiras e para beber água
dos seus próprios poços, 17 até que o rei os
leve para morar num país parecido com
o de vocês, onde há plantações de uvas
para dar vinho e onde há trigo para fazer
pão. 18 Não deixem que Ezequias os en-
gane, fazendo vocês pensarem que Deus
vai salvá-los. Será que os deuses das ou-
tras nações as salvaram do rei da Assíria?
19 Onde estão agora os deuses de Hamate
e de Arpade? Onde estão os deuses de Se-
farvaim? Será que eles salvaram Samaria
do meu poder? 20 Quando foi que os deu-
ses de todos esses países os salvaram do
nosso rei? O que é, então, que faz vocês
pensarem que o SENHOR pode salvar Je-
rusalém do poder dele?
21 Mas o povo ficou calado, como o rei
Ezequias havia mandado; eles não dis-
seram nem uma só palavra. 22 Então Elia-
quim, Sebna e Joá rasgaram as suas rou-
pas em sinal de tristeza e foram contar ao
rei aquilo que o oficial assírio tinha dito.

O rei pede o conselho de Isaías

2Reis 19.1-7

37 Assim que o rei Ezequias ouviu o
que eles contaram, rasgou as suas
roupas em sinal de tristeza, vestiu uma
roupa feita de pano grosseiro e foi para
o Templo do SENHOR. 2 Ele mandou que
Eliaquim, o encarregado do palácio, Seb-
na, o escrivão, e os sacerdotes mais idosos
fossem falar com o profeta Isaías, filho
de Amoz. Eles também estavam vestindo
roupa feita de pano grosseiro. 3 A mensa-
gem que o rei mandou entregar a Isaías foi
esta: "Hoje, é um dia de sofrimento; nós
estamos sendo castigados e estamos en-
vergonhados. Somos como uma mulher
que está para dar à luz, mas não tem for-
ças para isso. 4 O rei da Assíria nos man-
dou o chefe do seu exército para insultar
o Deus vivo. Que o SENHOR, nosso Deus,
ouça esses insultos e castigue quem os
disse! Portanto, ore a Deus pelas pessoas
do nosso povo que ainda estão vivas."
5 Isaías recebeu a mensagem do rei
Ezequias 6 e mandou esta resposta: "O
SENHOR Deus diz que o senhor não deve
deixar que os assírios o assustem, dizen-
do que Deus não pode salvá-lo. 7 Deus vai
fazer o rei da Assíria ouvir uma notícia
que o fará voltar para a terra dele e Deus
vai fazer com que ele seja morto ali."

Os assírios ameaçam outra vez

2Reis 19.8-19

8 O oficial assírio soube que o rei da As-
síria havia saído de Laquis e que estava
lutando contra a cidade de Libna. Portan-
to, foi até lá para falar com ele. 9 O rei ou-
viu dizer que o exército dos egípcios, co-
mandado pelo rei Tiraca, da Etiópia, vinha
vindo para atacá-lo. Então mandou uma
carta para o rei Ezequias, de Judá. 10 A car-
ta dizia assim: "O seu deus, em quem você
confia, lhe disse que Jerusalém não vai
cair nas minhas mãos; mas não deixe que
ele o engane. 11 Você já ouviu falar daquilo
que um rei assírio faz com qualquer país
que ele resolve destruir? Por acaso, você
pensa que poderá escapar? 12 Os meus
antepassados destruíram as cidades de
Gozã, Harã e Rezefe e mataram o povo de
Éden, que morava em Telassar, e nenhum
dos seus deuses os pôde salvar. 13 Onde
estão os reis das cidades de Hamate, de
Arpade, de Sefarvaim, de Hena e de Iva?"
14 O rei Ezequias recebeu a carta das
mãos dos mensageiros e a leu. Depois,
foi até o Templo, pôs a carta ali, na pre-
sença de Deus, o SENHOR, 15 e orou assim:
16 — Ó SENHOR Todo-Poderoso, Deus de
Israel, que estás sentado no teu trono que
fica acima dos *querubins! Só tu és Deus
e governas todos os reinos do mundo. Tu
criaste o céu e a terra. 17 Ó SENHOR, olha
para o que está acontecendo com a gente.
Escuta todas as coisas que Senaqueribe

está dizendo a fim de insultar a ti, o Deus vivo. 18 Todos nós sabemos, ó Deus, que os reis da Assíria destruíram muitas nações, arrasaram as suas terras 19 e queimaram os seus deuses, que não eram deuses de verdade e sim imagens de madeira e de pedra, feitas por mãos humanas. 20 Agora, ó SENHOR, nosso Deus, salva-nos dos assírios, a fim de que todas as nações do mundo fiquem sabendo que só tu, ó SENHOR, és Deus.

A mensagem de Isaías para o rei

2Reis 19.20-34

21 Então Isaías mandou uma mensagem para o rei Ezequias. Nela, ele dizia que em resposta à oração do rei, 22 o SENHOR, o Deus de Israel, tinha dito o seguinte: "A cidade de Jerusalém ri e caçoa de você, Senaqueribe. 23 A quem você pensa que ofendeu e insultou? De quem zombou? Você fez tudo isso contra mim, o Santo Deus de Israel. 24 Você me mandou os seus oficiais para se gabarem de que com os seus muitos carros de guerra você conquistou as mais altas montanhas do Líbano. Você se gabou de ter cortado os mais altos cedros e os melhores ciprestes e de ter chegado até os lugares mais distantes das florestas. 25 Você se gabou de ter cavado poços em terras estrangeiras e de ter bebido água deles. Gabou-se também de que os pés dos seus soldados fizeram secar o rio Nilo.

26 "Por acaso, você não sabe que fui eu que planejei tudo isso há muito tempo e agora fiz tudo acontecer? Eu dei a você o poder de fazer cidades cercadas de muralhas virarem montões de entulho. 27 Por isso, os seus moradores ficaram fracos e andaram cheios de medo e de vergonha. Eles ficaram como o capim do campo e a erva verde e como a erva que cresce nos telhados e que seca quando o vento quente do leste sopra nele.

28 "Mas eu conheço você muito bem; sei o que você faz e aonde vai. Sei que você me odeia. 29 Eu soube do seu ódio e do seu orgulho, e agora vou pôr uma argola no seu nariz e um freio na sua boca, e farei você voltar pelo mesmo caminho por onde veio."

30 Então Isaías disse ao rei Ezequias:

— Este é o sinal daquilo que vai acontecer: neste ano e no ano que vem, vocês terão para comer somente o que nascer por si mesmo, sem ser plantado. Mas no ano seguinte vocês poderão semear e colher cereais e também plantar *parreiras e comer as uvas. 31 As pessoas de Judá que não tiverem morrido vão florescer como plantas que firmam as suas raízes na terra e dão frutas. 32 Pois ficará gente em Jerusalém e no *monte Sião porque o SENHOR Todo-Poderoso resolveu fazer com que isso aconteça.

33 Isaías continuou:

— Portanto, o SENHOR diz o seguinte a respeito do rei da Assíria: "Ele não entrará nesta cidade e não atirará uma só flecha contra ela. Nenhum soldado com *escudo chegará perto da cidade, e não serão construídas rampas de ataque ao redor dela. 34 O rei da Assíria vai voltar pelo mesmo caminho por onde veio, sem ter entrado nesta cidade. 35 Eu defenderei e protegerei esta cidade por causa da minha honra e por causa da promessa que fiz ao meu *servo Davi. Eu, o SENHOR, falei."

36 Então o Anjo do SENHOR foi até o acampamento dos assírios e matou cento e oitenta e cinco mil soldados. De manhã, os que sobraram viram os corpos dos mortos. 37 Aí Senaqueribe, o rei da Assíria, se retirou, voltou para Nínive e ficou lá. 38 Certo dia, quando ele estava adorando no templo do seu deus Nisroque, os seus filhos Adrameleque e Sarezer o mataram à espada e fugiram para a terra de Ararate. Outro filho seu, chamado Esar-Hadom, ficou no lugar dele como rei.

O rei Ezequias é curado

2Reis 20.1-11; 2Crônicas 32.24-26

38 Por esse tempo, o rei Ezequias ficou doente e quase morreu. O *profeta Isaías, filho de Amoz, foi visitá-lo e disse:

— O SENHOR Deus diz assim: "Ponha as suas coisas em ordem porque você não vai sarar. Apronte-se para morrer."

2 Então Ezequias virou o rosto para a parede e orou assim:

3 — Ó SENHOR, lembra que eu tenho te servido com fidelidade e com todo o coração e sempre fiz aquilo que querias que eu fizesse.

E chorou amargamente.

4 Aí Deus mandou que Isaías 5 voltasse a falar com Ezequias e lhe dissesse:

— Eu, o SENHOR, o Deus do seu antepassado Davi, escutei a sua oração e vi as suas lágrimas. Vou deixar que você viva mais quinze anos. 6 Livrarei você e

esta cidade de Jerusalém do rei da Assí-
ria e defenderei esta cidade. 7 O SENHOR
Deus lhe dará um sinal para provar que
vai cumprir a sua promessa. 8 Na escada-
ria feita pelo rei Acaz, o SENHOR fará com
que a sombra volte dez degraus.

E a sombra voltou dez degraus.

9 Depois que o rei Ezequias sarou, ele
escreveu o seguinte hino de louvor:

10 "Eu pensava que iria morrer na
flor da idade,
que daqui em diante moraria no
*mundo dos mortos.
11 Pensava que nesta vida
eu nunca mais veria o SENHOR,
que nunca mais veria outro ser
humano.
12 A minha vida foi cortada e
terminada
como uma barraca de pastores que
é desmontada e levada para
longe
ou como um pedaço de pano que
o tecelão corta de uma peça de
tecido.
Dia e noite eu pensava que Deus já
ia acabar comigo.
13 A noite inteira, eu gritava de dor,
como se um leão estivesse
quebrando os meus ossos.
Dia e noite eu pensava que Deus já
ia acabar comigo.
14 Eu soltava fracos gemidos de dor
como uma andorinha
e gemia como uma pomba.
Os meus olhos se cansaram de
olhar para o céu.
Ó Senhor, estou sofrendo! Salva-me!
15 Mas como é que posso reclamar,
se foi o próprio Deus quem fez isso
comigo?
Estou tão aflito, que já não consigo
dormir.

16 "Ó Senhor, é por causa das coisas
que tu fazes
que todos nós vivemos;
e eu também estou vivo por causa
delas.
Dá-me saúde a fim de que eu viva!
17 Eu sei que foi para o meu próprio
bem
que sofri tanta aflição.
Mas tu me salvaste da morte,
pois perdoaste todos os meus
pecados.
18 No mundo dos mortos, ninguém
te agradece,
ninguém louva o teu nome;
os que estão ali não confiam na tua
fidelidade.
19 São os vivos que te louvam,
como eu te louvo agora.
E os pais dizem aos filhos
que todos podem confiar em ti.
20 Tu me salvaste, ó SENHOR.
Por isso, tocaremos as nossas
*harpas e cantaremos louvores
a ti;
a vida inteira nós te louvaremos no
teu Templo."

21 Pois Isaías tinha dito:
— Ponham uma pasta de figos em cima
da úlcera do rei, e ele ficará bom.
22 E o rei Ezequias tinha perguntado:
— Qual será o sinal de que eu poderei
ir até o Templo?

Os mensageiros da Babilônia

2Reis 20.12-19

39 Por esse mesmo tempo, o rei da
Babilônia, Merodaque-Baladã, fi-
lho de Baladã, soube que o rei Ezequias
havia estado doente, mas agora já estava
bom. Então lhe mandou uma carta e um
presente. 2 Ezequias recebeu bem os men-
sageiros e lhes mostrou toda a sua rique-
za, isto é, a sua prata e o seu ouro, as suas
*especiarias, os seus perfumes e todas as
suas armas. Não houve nada nos seus de-
pósitos ou em qualquer outro lugar que
Ezequias não mostrasse. 3 Então o *pro-
feta Isaías foi falar com ele e perguntou:
— De onde vieram esses homens, e o
que foi que lhe disseram?

Ezequias respondeu:

— Eles vieram de um país que fica mui-
to longe daqui. Vieram da Babilônia.

4 — O que foi que eles viram no palá-
cio? — perguntou Isaías.

O rei respondeu:

— Viram tudo. Não houve nada nos de-
pósitos que eu não lhes mostrasse.

5 Então Isaías disse ao rei:

— O SENHOR Todo-Poderoso diz que
6 vai chegar o tempo em que tudo aquilo
que há no seu palácio, isto é, tudo o que
os seus antepassados juntaram até hoje,
será levado para a Babilônia. Não ficará
nada. 7 Alguns dos seus próprios filhos
serão levados como prisioneiros e feitos
*eunucos para trabalhar no palácio do rei
da Babilônia.

[8]O rei Ezequias entendeu que isso queria dizer que durante a vida dele haveria paz e segurança. Por isso, disse:

— A mensagem do SENHOR que você me deu é boa.

Mensagem de consolo

40 O SENHOR, nosso Deus, diz:
"Consolem, consolem o meu povo.
[2]Falem carinhosamente aos moradores de Jerusalém
e digam-lhes que já terminou a sua escravidão
e que os seus pecados foram perdoados.
Eles receberam de mim duas vezes mais castigos
do que os pecados que cometeram."

[3]Alguém está gritando:
"Preparem no deserto um caminho para o SENHOR,
abram ali uma estrada reta para o nosso Deus passar!
[4]Todos os vales serão aterrados,
e todos os morros e montes serão aplanados;
os terrenos cheios de altos e baixos ficarão planos,
e as regiões montanhosas virarão planícies.
[5]Então o SENHOR mostrará a sua *glória,
e toda a humanidade a verá.
O próprio SENHOR Deus prometeu que vai fazer isso."

[6]Alguém diz: "Anuncie a mensagem!"
"O que devo anunciar?" — eu pergunto.
"Anuncie que todos os seres humanos são como a erva do campo
e toda a força deles é como uma flor do mato.
[7]A erva seca, e as flores caem
quando o sopro do SENHOR passa por elas.
De fato, o povo é como a erva.
[8]A erva seca, a flor cai,
mas a palavra do nosso Deus dura para sempre."

[9]Você, mensageiro de boas notícias para Jerusalém,
suba um alto monte;
você, mensageiro de boas notícias para *Sião,
entregue a sua mensagem em voz alta.
Fale sem medo com as cidades de Judá
e anuncie bem alto:
"O seu Deus está chegando!"
[10]O SENHOR Deus vem vindo cheio de força;
com o seu braço poderoso, ele conseguiu a vitória.
E ele traz consigo o povo que ele salvou.
[11]Como um pastor cuida do seu rebanho,
assim o SENHOR cuidará do seu povo;
ele juntará os carneirinhos, e os carregará no colo,
e guiará com carinho as ovelhas que estão amamentando.

A grandeza do Deus de Israel

[12]Quem mediu a água do mar com as conchas das mãos
ou mediu o céu com os dedos?
Quem, usando uma vasilha, calculou
quanta terra existe no mundo inteiro
ou pesou as montanhas e os morros numa balança?
[13]Quem pode conhecer a mente do SENHOR?
Quem é capaz de lhe dar conselhos?
[14]Quem lhe deu lições ou ensinamentos?
Quem lhe ensinou a julgar com justiça
ou quis fazê-lo aprender mais coisas
ou procurou lhe mostrar como ser sábio?

[15]Para o SENHOR, todas as nações do mundo
são como uma gota de água num balde,
como um grão de poeira na balança;
ele carrega as ilhas distantes como se fossem um grão de areia.
[16]Em toda a região do Líbano, não há animais suficientes
para um *sacrifício como Deus merece,

nem árvores que cheguem para os
queimar.
17 Para ele, as nações não são nada;
na presença dele, elas não têm
nenhum valor.

18 Com quem Deus pode ser
comparado?
Com o que ele se parece?
19 Ele não é como uma imagem feita
por um artista,
que um ourives reveste de ouro
e cobre de enfeites de prata.
20 Quem não pode comprar ouro ou
prata
escolhe madeira de lei
e procura um artista competente
que faça uma imagem que fique
firme no seu lugar.

21 Será que vocês não sabem?
Será que nunca ouviram falar
disso?
Não lhes contaram há muito tempo
como o mundo foi criado?
22 O Criador de todas as coisas
é aquele que se senta no seu trono
no céu;
ele está tão longe da terra,
que os seres humanos lhe parecem
tão pequenos como formigas.
Foi ele quem estendeu os céus
como um véu,
quem os armou como uma barraca
para neles morar.
23 É ele quem rebaixa reis poderosos
e tira altas autoridades do poder.
24 Eles são como plantas que
brotaram há pouco
e quase não têm raízes.
Quando Deus sopra neles, eles
murcham,
e a ventania os leva para longe,
como se fossem palha.

25 Com quem vocês vão comparar o
Santo Deus?
Quem é igual a ele?
26 Olhem para o céu e vejam as
estrelas.
Quem foi que as criou?
Foi aquele que as faz sair em ordem
como um exército;
ele sabe quantas são
e chama cada uma pelo seu nome.
A sua força e o seu poder são tão
grandes,
que nenhuma delas deixa de
responder.

Novas forças para os fracos

27 Povo de Israel, por que você se
queixa, dizendo:
"O Senhor não se importa conosco,
o nosso Deus não se interessa pela
nossa situação"?
28 Será que vocês não sabem?
Será que nunca ouviram falar
disso?
O Senhor é o Deus Eterno,
ele criou o mundo inteiro.
Ele não se cansa, não fica fatigado;
ninguém pode medir a sua
sabedoria.
29 Aos cansados ele dá novas forças
e enche de energia os fracos.
30 Até os jovens se cansam,
e os moços tropeçam e caem;
31 mas os que confiam no Senhor
recebem sempre novas forças.
Voam nas alturas como águias,
correm e não perdem as forças,
andam e não se cansam.

Deus promete salvar o povo de Israel

41 O Senhor Deus diz:
"Povos das nações distantes,
calem-se e escutem!
Renovem as suas forças
e venham prontos para defender a
sua causa.
Vamos nos reunir para resolver
com quem está a razão.

2 "Quem foi que trouxe do Oriente
esse rei que sempre sai vitorioso?
Quem fez com que ele derrotasse as
nações
e com que reis fossem vencidos por
ele?
Com a sua espada e as suas flechas,
ele os faz virar pó
e faz com que fujam como se
fossem a palha que é levada
pelo vento.
3 Ele os persegue e avança seguro;
ele anda tão depressa, que os seus
pés quase não tocam no chão.
4 Quem planejou isso e fez com que
tudo acontecesse?
Quem resolveu o que se passaria no
mundo desde o princípio?
Fui eu, o Senhor,
que estava lá quando tudo começou

DEVOCIONAL

Texto para leitura: **Isaías 40:27-31**

Conheça a verdadeira felicidade

Você já teve a sensação de que fazer o bem é uma grande perda de tempo porque ninguém nunca percebe? Ou pior ainda, as pessoas acham que você está sendo ruim quando você está sendo boa? Você não ganha respeito algum, e isso não é justo. Mas não faz mal se você não ganha o respeito que merece. Não faz mal se você se esforça muito para algo e nunca recebe o crédito por isso. Não procure fama e aprovação das pessoas. Não se machuque nem lute para ser reconhecida. Você não está trabalhando para as pessoas, mas para a eternidade, e sua recompensa não será dada agora, e sim mais tarde. É muito melhor investir na eternidade do que no dia de hoje.

Como uma Garota de Deus, seu único objetivo deve ser fazer a vontade de Deus, e não ganhar a aprovação de outras pessoas. Você precisa confiar que Deus irá abençoá-la pelas coisas que você faz para servi-lo aqui na terra. Ele promete bênção para aqueles que fazem o bem. Quando ele diz que você terá sua recompensa pelo que faz, ele não está mentindo. Você precisa confiar na administração de Deus — tudo o que você fizer aumentará sua herança no céu ou acabará com ela. Trabalhe para ter a bênção ao semear bondade e misericórdia, ao servir com paz e esperança e ao confiar nele, em vez de em pessoas, para ter sua recompensa.

e que lá estarei quando tudo
terminar."

5 As nações distantes viram o que
aconteceu,
e todos os povos tremeram de
medo.
Então se juntaram e vieram.

6 Os que fazem imagens se ajudam
uns aos outros,
cada um procura animar o seu
companheiro.
7 O escultor anima o ourives;
aquele que bate o ferro com o
martelo
elogia o que solda o ídolo. E diz:
"Que trabalho bem feito!"
E com pregos fixam a imagem no
lugar para que não caia.

8 O SENHOR diz ao povo de Israel:
"Você é o meu *servo,
o povo que eu escolhi;
vocês são descendentes de Abraão,
meu amigo.
9 Eu os trouxe dos fins da terra,
dos lugares mais distantes do mundo,
e lhes disse: 'Vocês são os meus
servos.'
Eu os escolhi e nunca os rejeitei.
10 Não fiquem com medo, pois estou
com vocês;
não se apavorem, pois eu sou o seu
Deus.
Eu lhes dou forças e os ajudo;
eu os protejo com a minha forte
mão.

11 "Todos os seus inimigos
serão derrotados e humilhados;
todos os que lutam contra vocês
serão destruídos e morrerão.
12 Se vocês procurarem os seus
inimigos,
não os acharão,
pois todos eles terão desaparecido.
13 Eu sou o SENHOR, o Deus de
vocês;
eu os seguro pela mão e lhes digo:
'Não fiquem com medo, pois eu os
ajudo.' "

14 O SENHOR diz ao seu povo:
"Você é pequeno e fraquinho,
mas não tenha medo,
pois eu, o Santo Deus de Israel,
sou o seu Salvador
e o protegerei.

DEVOCIONAL

Texto para leitura: **Isaías 41:1-10**

Conheça a Deus

Até que ponto é difícil ouvir a voz de Deus? Até que ponto é difícil até mesmo saber que ele está ouvindo e observando cada movimento seu? Difícil às vezes, não é? Isso talvez aconteça porque você não reconhece a voz dele. Ele está falando, mas talvez você esteja confundindo a voz dele com outra coisa.

A verdade é que muitas vezes Deus fala por meio das circunstâncias. Nada acontece com você que não passe primeiro pelas mãos vitoriosas dele. Por mais trágica que seja sua situação, você precisa adquirir o hábito de ouvir a voz de Deus em meio ao barulho da circunstância. Se você puder parar e dizer: "Fale comigo, Senhor, que eu quero ouvir", e ouvir de verdade, em vez de se preocupar, se lamentar ou se queixar, sua vida se tornará maravilhosa. Nada jamais voltará a ficar sem sentido. Nada foge ao controle de Deus, e nada está tão perdido a ponto de a mão de Deus não poder levantá-la. Quanto mais você ouvir, e esperar ouvir, a voz de Deus, mais reconhecerá o som dela.

A vida não é uma série de eventos que Deus observa à distância; parece-se mais como um filme com começo, meio e fim; com um herói, um vilão e um conflito. Para quem crê, o fim, com certeza, é bom, e o meio pode ser pura aventura, se você estiver disposta a crer que Deus está falando. Creia e confie que o que ele diz é verdade: ele irá fortalecê-la e ajudá-la; ele irá sustentá-la com sua forte mão (veja Isaías 41:10). Que estas palavras sejam sua força, especialmente quando tudo parecer perdido. Nunca se esqueça de que Deus está sempre envolvido.

15 Farei com que você seja como
uma máquina de debulhar trigo,
que tem pontas de ferro novas e
afiadas:
você passará sobre os montes, eles
virarão pó,
e as montanhas ficarão como palha.
16 Você os jogará para cima,
o vento os levará,
e a ventania os espalhará.
Então você ficará alegre porque eu,
o SENHOR, sou o seu Deus,
e você louvará a mim, o Santo Deus
de Israel.

17 "Quando o meu povo, pobre e
necessitado,
procurar água e não encontrar;
quando a boca deles estiver seca
de sede,
eu, o SENHOR, os atenderei,
eu, o Deus de Israel, não os
abandonarei.
18 Farei com que brotem fontes nos
vales
e com que rios corram pelas
montanhas onde não há
plantas.
Farei com que os desertos virem
lagos
e com que nas terras secas haja
muitos poços.
19 Plantarei árvores no deserto:
cedros, acácias, *murtas e oliveiras;
nas terras secas, farei crescer
pinheiros,
junto com os zimbros e ciprestes.
20 Todos verão o que aconteceu e
ficarão sabendo
que fui eu, o SENHOR, quem fez isso.
Todos pensarão bem e entenderão
que tudo isso foi feito pelo Santo
Deus de Israel."

O SENHOR desafia os deuses pagãos

21 O SENHOR, o Rei de Israel, diz:
"Deuses das nações, venham
apresentar a sua causa
e fazer a sua defesa.

[22] Venham e nos digam o que vai
acontecer;
expliquem também as *profecias
que vocês fizeram no passado,
para que nós fiquemos sabendo se
elas se cumpriram.
Ou então digam o que vai acontecer
no futuro,
e assim nós poderemos ver se vai
dar certo.
[23] Anunciem as coisas que vão
acontecer daqui em diante
a fim de provar que vocês são
deuses de fato.
Façam o que quiserem, seja bom ou
seja mau,
para que fiquemos com medo e
cheios de pavor.
[24] Mas vocês não são nada!
Vocês não podem fazer nada!
Eu detesto aqueles que os adoram!

[25] "Fui eu que chamei um homem
que mora no Oriente;
ele confia em mim
e vem do Norte para atacar os seus
inimigos.
Ele pisa em cima de reis como se
fossem lama;
ele os trata como um oleiro que
amassa o barro com os pés.
[26] Será que algum de vocês anunciou
que isso ia acontecer,
para que nós ficássemos sabendo?
Algum deus falou disso no passado
para que nós disséssemos: 'Ele
tinha razão'?
Nenhuma imagem anunciou nada a
respeito disso,
nenhuma nos avisou;
não ouvimos vocês dizerem nem
uma só palavra.
[27] Pois eu anunciei isso a *Sião desde
o começo,
eu mandei um mensageiro
espalhar essas boas notícias em
Jerusalém.
[28] Eu procuro os deuses, mas
nenhum deles aparece;
nenhum deles pode dar explicações
ou responder às perguntas que
faço.
[29] Eles não são nada!
Eles não podem fazer nada!
Essas imagens são coisas sem vida
e sem valor."

O servo do SENHOR

42 O SENHOR Deus diz:
"Aqui está o meu *servo, a quem
eu fortaleço,
o meu escolhido, que dá muita
alegria ao meu coração.
Pus nele o meu Espírito,
e ele anunciará a minha vontade a
todos os povos.
[2] Não gritará, não clamará,
não fará discursos nas ruas.
[3] Não esmagará um galho que está
quebrado,
nem apagará a luz que já está fraca.
Com toda a dedicação, ele
anunciará a minha vontade.
[4] Não se cansará, nem desanimará,
mas continuará firme até que todos
aceitem a minha vontade.
As nações distantes estão
esperando para receber os seus
ensinamentos."

[5] O SENHOR Deus criou os céus e os
estendeu;
formou a terra e tudo o que nela
existe
e deu vida e fôlego a todos os seus
moradores.
E agora o SENHOR diz ao seu servo:
[6] "Eu, o SENHOR, o chamei e o peguei
pela mão,
para que haja salvação por meio de
você.
Eu o criei e o enviei
como garantia da *aliança que vou
fazer com o meu povo,
como a luz da salvação que darei
aos outros povos;
[7] para abrir os olhos dos cegos,
pôr em liberdade os prisioneiros
e soltar os que estão em prisões
escuras.
[8] Eu sou o *SENHOR: este é o meu
nome,
e não permito que as imagens
recebam o louvor que somente eu
mereço."

[9] Deus diz ao seu povo:
"As coisas que prometi no passado
já se cumpriram,
e agora vou lhes anunciar coisas
novas,
para que vocês as saibam antes
mesmo que elas aconteçam."

Hino de louvor

10 Cantem ao SENHOR uma nova
canção!
Que ele seja louvado no mundo
inteiro:
pelos que navegam nos mares,
pelas criaturas que vivem nas águas
do mar
e pelos povos de todas as nações
distantes!
11 Que no deserto e nas suas cidades
Deus seja louvado,
e que os moradores de Quedar o
louvem!
Moradores de Selá, alegrem-se
e cantem no alto das montanhas!
12 Que o SENHOR Deus seja louvado,
e que a sua *glória seja anunciada
no mundo inteiro!
13 O SENHOR se prepara para a
guerra
e sai pronto para lutar, como um
soldado valente.
Com toda a força, ele solta o grito
de batalha
e com o seu poder derrota os seus
inimigos.

14 O SENHOR diz:
"Por muito tempo, eu não disse
nada,
fiquei calado e não respondi;
mas agora vou gritar como uma
mulher em dores de parto,
vou me lamentar e clamar.
15 Vou destruir os morros e as
montanhas
e fazer secar todas as plantas e
árvores.
Farei com que os rios virem
desertos
e com que todos os poços fiquem
secos.
16 Guiarei os cegos por um caminho
que não conhecem,
por uma estrada que eles nunca
pisaram antes.
A escuridão que os cerca eu farei
virar luz
e aplanarei os caminhos ásperos.
São estas as minhas promessas,
e eu as cumprirei sem falta.
17 Mas serão derrotados e
humilhados
todos os que confiam em ídolos,
todos os que dizem às imagens:
'Vocês são os nossos deuses.' "

A cegueira espiritual do povo de Israel

18 O SENHOR diz:
"Escute, gente surda!
Olhe bem, gente cega!
19 Ninguém é tão cego como o povo
de Israel, o meu *servo,
ou tão surdo como esse povo que
estou enviando.
Não há quem seja tão cego como o
meu mensageiro,
nem tão surdo como o servo do
SENHOR.
20 Povo de Israel, você tem visto
muitas coisas,
mas não entendeu nenhuma
delas;
você tem ouvido muitas coisas,
mas não aprendeu nada."

21 O SENHOR é o Deus que salva o
seu povo
e por isso quis que eles
conhecessem e respeitassem a
sua *lei.
22 Mas eles foram assaltados e
roubados;
foram postos na prisão
e trancados nas celas.
Os seus inimigos os levaram como
prisioneiros,
e não há ninguém que os ponha em
liberdade.

23 Ah! Se um de vocês desse atenção
ao que estou dizendo,
se daqui em diante alguém
escutasse com cuidado!
24 Quem foi que entregou o povo de
Israel aos seus inimigos?
Quem foi que deixou que ele fosse
roubado?
Foi o próprio SENHOR,
contra quem temos pecado!
Não quisemos seguir os seus
caminhos,
nem obedecer às suas leis.
25 Por isso, ele derramou sobre nós
a sua *ira
e nos castigou com uma guerra
violenta.
A sua ira queimou como fogo em
volta de nós,
mas mesmo assim ninguém se
importou;
nenhum de nós conseguiu aprender
nada.

O Senhor promete salvar o seu povo

43 Mas agora, povo de Israel,
o Senhor Deus, que o criou, diz:
"Não tenha medo, pois eu o salvarei;
eu o chamei pelo seu nome, e você é meu.
2 Quando você atravessar águas profundas,
eu estarei ao seu lado,
e você não se afogará.
Quando passar pelo meio do fogo,
as chamas não o queimarão.
3 Pois eu sou o Senhor, seu Deus,
o Santo Deus de Israel, o seu Salvador.
Dei como pagamento o Egito, a Etiópia e Seba
a fim de que você fosse meu.
4 Para libertar você, entrego nações inteiras
como o preço do resgate,
pois para mim você vale muito.
Você é o povo que eu amo,
um povo que merece muita honra.
5 Não tenha medo, pois eu estou com você.

"Do Leste e do Oeste
levarei o meu povo de volta para o seu país.
6 Ordenarei ao Norte que os deixe sair
e direi ao Sul que não os segure.
Dos lugares mais distantes do mundo
deixem que os meus filhos e as minhas filhas voltem para casa!
7 Todos eles são o meu próprio povo;
eu os criei e lhes dei vida
a fim de que mostrem a minha grandeza."

O Senhor, o único Deus

8 O Senhor Deus diz:
"Tragam o meu povo para ser julgado.
Eles têm olhos, mas não veem,
têm ouvidos, mas não ouvem.
9 Reúnam-se no tribunal, todas as nações,
ajuntem-se, todos os povos.
Por acaso, um dos seus deuses anunciou o que ia acontecer?
Algum deles disse o que está acontecendo agora?
Que eles tragam as suas testemunhas
e provem que estão certos,
a fim de que todos digam: 'É verdade mesmo!' "

10 O Senhor diz:
"Povo de Israel, você é a minha testemunha;
você é o *servo que eu escolhi
para que me conheça, e creia em mim,
e entenda que eu sou o único Deus.
Antes de mim, não houve nenhum outro deus
e nunca haverá outro depois.
11 Eu, só eu, sou o Senhor,
somente eu posso salvar vocês.
12 Fui eu quem prometeu salvá-los
e, de fato, foi isso que fiz.
E vocês são testemunhas
de que não foi outro deus que fez isso.
13 Eu sou Deus e sempre serei.
Ninguém pode escapar do meu poder
e ninguém pode desfazer o que eu faço."

A derrota da Babilônia

14 O Senhor, o Santo Deus de Israel,
o Deus que salva,
diz ao seu povo:
"Por causa do meu amor por vocês,
enviarei contra a Babilônia um exército
que conquistará a cidade,
e os gritos de alegria dos babilônios virarão choro.
15 Eu sou o Senhor, o Santo Deus de vocês,
o Criador de Israel e o seu Rei."

16 Há muito tempo, o Senhor abriu um caminho no mar,
uma estrada no meio das águas perigosas.
17 Ele derrotou um poderoso exército,
um exército de carros e cavalos de guerra.
Eles caíram para nunca mais se levantar;
acabaram-se como um pavio que está se apagando.

18 Mas agora o Senhor Deus diz ao seu povo:

"Não fiquem lembrando do que
aconteceu no passado,
não continuem pensando nas coisas
que fiz há muito tempo.
19 Pois agora vou fazer uma coisa
nova,
que logo vai acontecer,
e, de repente, vocês a verão.
Prepararei um caminho no deserto
e farei com que estradas passem
em terras secas.
20 Serei louvado pelos animais
selvagens,
pelos chacais e pelos avestruzes.
Pois farei com que jorrem fontes no
deserto
e com que rios corram pelas terras
secas,
para dar de beber ao meu povo
escolhido.
21 Este é o povo que criei para que
fosse meu
a fim de que desse louvores ao meu
nome."

A ingratidão de Israel

22 O SENHOR diz ao seu povo:
"Vocês se enjoaram de mim
e pararam de me adorar.
23 Vocês não me ofereceram
carneiros para serem
queimados em *sacrifício,
nem me honraram com outros
sacrifícios.
Eu não os obriguei a me
apresentarem ofertas de
cereais,
nem fiquei exigindo que me
oferecessem incenso.
24 Vocês não foram obrigados a
comprar plantas cheirosas
para apresentá-las a mim,
nem tiveram de me oferecer a
gordura dos animais
para me agradar.
Pelo contrário, vocês me cansaram
com os seus pecados
e me aborreceram com as suas
maldades.

25 "Mas eu — eu mesmo — sou o
seu Deus
e por isso perdoo os seus pecados e
os esqueço.
26 Meu povo, se você tem uma causa
contra mim,
vamos juntos ao tribunal!
Apresente as suas provas,
e veremos se você tem razão.
27 O pai da sua raça pecou;
os seus *profetas também pecaram
contra mim,
28 e as suas autoridades *profanaram
o meu Templo.
Por isso, eu deixei que Israel fosse
destruído,
deixei que o meu próprio povo
fosse humilhado."

O SENHOR é o único Deus

44 O SENHOR Deus diz:
"Escute, Israel, pois você é o meu
*servo,
o povo que eu escolhi!
2 Eu, o SENHOR, sou o seu Criador
e o tenho ajudado
desde o dia em que você nasceu.
Israel, meu servo, não fique com
medo,
pois eu o amo e o escolhi para ser
meu.
3 Vou fazer com que caia chuva no
deserto
e com que em terras secas corram
rios.
Assim também derramarei o
meu Espírito sobre os seus
descendentes
e lhes darei as minhas bênçãos.
4 Eles crescerão como a grama bem
regada,
como chorões que nascem na beira
dos rios.

5 "Muitos se juntarão ao povo de
Deus.
Um dirá assim: 'Eu sou do SENHOR';
outro dirá: 'o meu nome é Jacó';
outro ainda escreverá na sua mão:
'Eu pertenço ao SENHOR';
e ainda outro usará Israel como
sobrenome."

6 O SENHOR, o Rei e Salvador de
Israel,
o Deus Todo-Poderoso, diz:
"Eu sou o primeiro e o último,
além de mim não há outro deus.
7 Haverá outro que seja igual a mim?
Pois que venha à minha presença,
apresente as suas razões
e prove que está dizendo a verdade.
Quem anunciou tudo o que ia
acontecer?

Já houve alguém que desde o
princípio
sempre pudesse contar as coisas do
futuro?
8 Meu povo, não tenha medo, nem
fique apavorado!
Não é verdade que desde o
princípio
eu sempre anunciei a vocês o que ia
acontecer?
Vocês são minhas testemunhas de
que isso é verdade.
Será que há outro deus além de
mim?
Não! Não existe outro protetor;
eu não conheço nenhum."

A idolatria é condenada

9 Os que fazem imagens não prestam, e
os seus deuses, que eles tanto amam, não
valem nada. Os que adoram imagens são
tolos e cegos e por isso serão humilhados.
10 É uma grande tolice fazer uma imagem
para ser adorada como se fosse um deus.
11 Todos os que a adorarem serão humi-
lhados. Os que fazem ídolos são apenas
seres humanos; nada mais. Que eles se
reúnam e se apresentem no tribunal! Ali
ficarão apavorados e serão humilhados.
12 O ferreiro pega um pedaço de me-
tal, coloca nas brasas e depois com toda
a força vai batendo nele com o martelo
até formar a imagem. Ele trabalha tanto,
que não come, nem bebe e acaba perden-
do as forças.
13 O escultor mede um pedaço de ma-
deira e com um giz desenha nele a figura
do ídolo. Depois, com as suas ferramen-
tas, ele faz uma estátua com a forma de
um belo ser humano, para ser colocada
num templo. 14 O escultor vai à flores-
ta para cortar uma árvore; escolhe um
cedro, um cipreste ou um carvalho. Ele
só corta árvores bem grossas ou então
planta uma e espera até que a chuva a
faça crescer.
15 O homem usa uma parte da madeira
para fazer um fogo; ali ele se esquenta e
também assa o pão. A outra parte da ma-
deira é usada para fazer uma imagem; e
o homem fica de joelhos e a adora. 16 As-
sim metade da madeira serve para fazer
um fogo; o homem assa a carne, come e
fica satisfeito. Também se esquenta e diz:
"Que fogo bom! Já me esquentei bem!"
17 Com a outra metade da madeira, o ho-
mem faz uma imagem, isto é, um deus;
depois, fica de joelhos e a adora. E faz esta
oração: "Tu és o meu deus; salva-me!"
18 Essa gente não tem juízo. Eles fecha-
ram os olhos e não podem ver nada; fe-
charam também a sua mente e não en-
tendem nada. 19 O homem que faz ima-
gens não entende nada e não tem a inte-
ligência necessária para dizer a si mesmo:
"Ora, com metade dessa madeira eu fiz
um fogo; assei o pão, assei a carne e comi.
E com a outra metade eu fiz esta imagem
nojenta. Agora, aqui estou eu, adorando
um pedaço de madeira!"
20 Adorar uma imagem não adianta
nada; é o mesmo que comer cinzas. O ho-
mem que adora imagens não pensa di-
reito, mas vive enganado. Ele não pode
se salvar, pois não é capaz de dizer: "Isto
que está na minha mão não é um deus
coisa nenhuma."

O SENHOR, o Criador e Salvador

21 O SENHOR Deus diz:
"Povo de Israel, lembre disto!
Não esqueça que você é o meu
*servo.
Eu o criei para que me servisse
e nunca esquecerei você.
22 Já perdoei as suas maldades e os
seus pecados;
eles desapareceram como
desaparece a cerração.
Volte para mim, pois eu sou o seu
Salvador."

23 Ó céus, gritem de alegria
por causa daquilo que o SENHOR
Deus fez!
Cantem louvores, lugares profundos
da terra!
Montanhas e florestas, com as suas
árvores,
cantem todos de alegria!
Pois o SENHOR salvou o povo de
Israel
e assim mostrou a sua grandeza.

24 O SENHOR, o Salvador de Israel,
diz:
"Meu povo, eu sou o seu Criador;
antes que você tivesse nascido, eu
já o havia criado.
Sozinho, eu criei todas as coisas;
estendi os céus e firmei a terra
sem a ajuda de ninguém.
25 Eu não deixo que se cumpram
as mensagens de *profetas
mentirosos

e faço com que os adivinhos fiquem
parecendo tolos.
Faço com que os sábios se enganem
e transformo toda a sua sabedoria
em tolice.
26 Mas eu faço com que se cumpra a
mensagem do meu servo
e com que as palavras dos meus
mensageiros aconteçam.
Prometo que Jerusalém terá
moradores novamente
e que as cidades de Judá serão
reconstruídas.
Farei com que elas se levantem do
meio das suas ruínas.
27 Basta que eu dê uma ordem,
e o mar seca, e os rios ficam sem
água.
28 Sou eu quem diz a Ciro:
"Você governará em meu nome
e fará o que eu quero.
Você ordenará que Jerusalém seja
reconstruída
e que sejam postos os alicerces do
novo Templo."

Deus escolhe Ciro para cumprir o seu plano

45 O SENHOR *ungiu Ciro como rei.
Ele o pegou pela mão direita
e lhe deu poder para conquistar
nações
e derrotar reis.
Para que Ciro entre nas cidades,
o SENHOR abre os portões,
e ninguém pode fechá-los de novo.
O SENHOR Deus diz a Ciro:
2 "Eu irei na sua frente
e aplanarei as montanhas;
arrebentarei portões de bronze
e quebrarei as suas trancas de
ferro.
3 Eu lhe darei tesouros escondidos,
riquezas guardadas em lugares
secretos
a fim de que você saiba que eu sou
o SENHOR,
o Deus de Israel, que o chama pelo
nome.
4 Eu o estou *chamando para que
você ajude o povo de Israel,
o meu povo escolhido.
E, embora você não me conheça,
eu lhe dou um título de honra.

5 "Eu, e somente eu, sou o SENHOR;
não há outro deus além de mim.
Embora você não me conheça,
eu lhe dou força para lutar.
6 Faço isso para que, de leste a oeste,
o mundo inteiro saiba
que além de mim não existe outro
deus.
Eu, e somente eu, sou o SENHOR.
7 Eu sou o Criador da luz e da
escuridão
e mando bênçãos e maldições;
eu, o SENHOR, faço tudo isso.

8 "Assim como a chuva vem de cima,
eu enviarei do céu a minha vitória.
A terra se abrirá para recebê-la
e fará brotar a salvação e a
liberdade.
Eu, o SENHOR, farei isso."

O poder soberano de Deus

9 Um vaso de barro não briga com
quem o fez.
O barro não pergunta ao oleiro: "O
que é que você está fazendo?",
nem diz: "Você não sabe trabalhar."
10 E um filho não se atreve a dizer
aos seus pais:
"Por que vocês fizeram com que eu
viesse ao mundo?"
11 O SENHOR, o Santo Deus de Israel,
o seu Criador, diz:
"Por acaso, vocês vão exigir que eu
explique como cuido dos meus
filhos?
Vocês querem me ensinar a fazer as
coisas?
12 Fui eu que fiz a terra
e criei os seres humanos para
morarem nela.
Com as minhas próprias mãos,
estendi o céu
e ordenei que o sol, a lua e as
estrelas aparecessem.
13 Eu mesmo ordenei a Ciro que
começasse a agir
e lhe prometi a vitória.
Eu aplanarei os caminhos por onde
ele vai passar.
Ele reconstruirá Jerusalém, a minha
cidade,
e porá em liberdade o meu povo
que está no *cativeiro,
sem exigir nenhum pagamento para
fazer isso.
Sou eu, o SENHOR Todo-Poderoso,
quem está falando."

14 O SENHOR diz ao povo de Israel:
"Vocês ficarão com as riquezas do
Egito, da Etiópia

e dos moradores de Sebá, aquela
gente alta.
Vocês os derrotarão, e eles serão os
seus escravos;
e, presos com correntes, irão
andando atrás de vocês.
Eles se ajoelharão na frente de
vocês
e declararão humildemente:
'Deus está com vocês, e não há
outro deus além dele.' "
15 O Deus de Israel, que salva o seu
povo,
é um Deus que se esconde das
pessoas.
16 Os que fazem imagens serão
humilhados,
todos eles passarão vergonha.
17 Mas o povo de Israel foi salvo pelo
SENHOR;
ele os salvou para sempre,
e eles nunca serão humilhados,
nem passarão vergonha.

18 O SENHOR, que criou os céus,
é o único Deus.
Ele fez a terra, e lhe deu forma,
e a colocou no seu lugar.
Ele não a criou para que ficasse
vazia,
mas para que houvesse moradores
nela.
O SENHOR Deus diz:
"Eu sou o SENHOR, e não há outro
deus.
19 Eu não falei em segredo,
não falei num lugar escuro
e não disse ao povo de Israel
que me procurasse num lugar
deserto.
Eu, o SENHOR, falo a verdade,
e o que digo sempre merece
confiança."

O SENHOR e os deuses falsos

20 O SENHOR Deus diz:
"*Venham e ajuntem-se, todos os*
povos que escaparam com vida,
e apresentem-se no tribunal.
Não sabem nada as pessoas
que oram a deuses que não podem
salvá-las,
pessoas que fazem procissões,
carregando as suas imagens de
madeira.
21 Falem logo e apresentem as suas
razões;
consultem uns aos outros, se
quiserem.
Quem foi que anunciou há muito
tempo
as coisas que iam acontecer?
Não fui eu mesmo, o SENHOR?
Pois não há outro deus além de mim;
eu sou o único Deus,
o Deus fiel que salva o seu povo.

22 "Povos do mundo inteiro,
voltem para mim, e eu os salvarei,
pois eu sou Deus, e não há nenhum
outro.
23 Fiz um juramento no meu próprio
nome;
o que eu digo é verdade
e nunca deixará de acontecer.
Juro que todos se ajoelharão diante
de mim
e prometerão ser fiéis a mim.
24 Declararão que somente eu, o
SENHOR,
posso dar poder e vitória.
Todos os que me têm combatido
ficarão humilhados e
envergonhados na minha
presença.
25 Mas eu, o SENHOR, darei a vitória
ao meu povo,
e eles me louvarão."

A derrota dos deuses da Babilônia

46 "Os deuses Bel e Nebo se inclinam
e caem no chão.
Esses ídolos são colocados nas
costas de animais de carga;
são um peso enorme para os
animais cansados.
2 Os deuses se inclinam e caem;
eles não podem se salvar
e são levados pelos inimigos.

3 "Escute, povo de Israel;
escutem, todos os descendentes de
Jacó que ficaram vivos!
Desde que vocês nasceram, eu os
tenho carregado;
sempre cuidei de vocês.
4 E, quando ficarem velhos, eu serei
o mesmo Deus;
cuidarei de vocês quando tiverem
cabelos brancos.
Eu os criei e os carregarei;
eu os ajudarei e salvarei.

5 "Com quem é que vocês podem me
comparar?
Quem é parecido comigo?

6 Há gente que pega uma boa porção do seu ouro
e uma enorme quantidade da sua prata
e paga um ourives para que com esse ouro e com essa prata
ele faça um deus.
E depois se ajoelham diante desse deus e o adoram.
7 Então carregam a imagem nas costas
e a colocam no seu lugar;
e ali ela fica, sem poder se mexer.
Se pedirem socorro à imagem, ela não atende;
ela não pode livrá-los das suas dificuldades.

8 "Pecadores, lembrem disso:
pensem bem e tenham juízo.
9 Lembrem do que aconteceu no passado
e reconheçam que só eu sou Deus,
que não há nenhum outro como eu.
10 Desde o princípio, anunciei as coisas do futuro;
há muito tempo, eu disse o que ia acontecer.
Afirmei que o meu plano seria cumprido,
que eu faria tudo o que havia resolvido fazer.
11 Estou chamando um homem para que venha do Oriente;
de um país distante, ele vem rápido como uma águia
para fazer o que eu ordeno.
Vou cumprir o que prometi;
vou fazer o que planejei.

12 "Gente teimosa, escute aqui!
Vocês pensam que a sua salvação vai demorar.
13 Mas eu vou fazer chegar logo a salvação que prometi;
ela não vai demorar,
e em breve eu conseguirei a vitória.
Eu salvarei os moradores de *Sião
e repartirei com o povo de Israel a minha grandeza."

Babilônia é conquistada

47 O SENHOR diz:
"Babilônia, desça do seu trono
e sente-se no pó.
Você era como uma virgem,
bela, delicada e mimada;
mas nunca mais será assim.
2 Agora, você é uma escrava:
pegue o moinho e comece a moer a farinha.
Tire o véu, levante a saia
e, de pernas de fora, atravesse os rios.
3 Todos a verão sem roupa,
completamente nua.
Eu vou me vingar de você,
e ninguém poderá me impedir."

4 O nosso Salvador é o SENHOR Todo-Poderoso,
o Santo Deus de Israel.
5 Ele diz à Babilônia:
"Sente-se e fique calada;
vá para um lugar escuro,
pois nunca mais você será chamada
de 'Rainha das Nações'.
6 Eu estava *irado com o meu povo,
o meu povo escolhido;
por isso, o humilhei
e o entreguei nas suas mãos.
Mas você não foi bondosa com ele;
pelo contrário, tratou até mesmo os velhos com crueldade.
7 Você imaginou que seria rainha para sempre
e não levou a sério o que estava acontecendo,
nem pensou como tudo ia acabar.
8 Você ama a imoralidade
e pensa que não corre nenhum perigo.
Você diz assim:
'Não há ninguém tão importante como eu;
não há ninguém igual a mim.
Nunca ficarei viúva, nem perderei nenhum dos meus filhos.'

"Mas agora escute o que eu lhe digo:
9 Eu sei que você sabe fazer despachos
e que as suas feitiçarias são poderosas;
mas tudo isso não adiantará nada.
De repente, no mesmo dia,
você vai ficar viúva e vai perder os filhos.
10 Você se sentia segura na sua maldade
e imaginava que ninguém via o que você estava fazendo.
Foram a sua sabedoria e o seu conhecimento que a enganaram.

Você pensava assim:
'Não há ninguém tão importante como eu.'
11 Por isso, cairá a desgraça sobre você,
e as suas feitiçarias não valerão nada.
A sua destruição está chegando,
e não haverá jeito de escapar dela.
Será uma desgraça como você não imaginava
e virá quando você menos estiver esperando.
12 Fique com os despachos e as feitiçarias
que você tem praticado desde que era jovem.
É possível que eles a ajudem
e que com eles você assuste os seus inimigos.
13 Apesar de todos os conselheiros que tem,
você não poderá escapar.
Que os seus astrólogos se apresentem e a ajudem!
Eles estudam o céu e ficam olhando para as estrelas
a fim de dizer, todos os meses,
o que vai acontecer com você.
14 Pois eles são como palha;
o fogo os destruirá,
e eles não poderão se salvar.
Pois este não é um foguinho
daqueles que a gente faz para se esquentar,
sentando-se bem perto dele.
15 É isso o que acontecerá com os seus adivinhos,
com os quais você tem lidado toda a sua vida.
Todos eles irão embora,
cada um seguindo o seu próprio caminho;
nenhum deles poderá salvar você."

O Senhor anuncia coisas do futuro

48 Povo de Israel, escute!
Escutem, descendentes de Judá!
Vocês juram pelo nome do Senhor
e dizem que adoram ao Deus de Israel,
mas nisso não são honestos nem sinceros.
2 Vocês dizem que são moradores da cidade santa
e que confiam no Deus de Israel,
naquele que se chama Senhor Todo-Poderoso.
3 O Senhor diz a vocês:
"Há muito tempo, eu falei de coisas do futuro,
disse claramente o que ia acontecer.
De repente, agi, e tudo aconteceu como eu tinha dito.
4 Eu sabia que vocês são teimosos,
que são duros como o ferro ou o bronze.
5 Por isso, falei dessas coisas há muito tempo;
antes que elas acontecessem, eu as havia anunciado a vocês.
Portanto, vocês não podem dizer que foram as suas imagens e os seus ídolos
que fizeram essas coisas acontecerem.

6 "Tudo aconteceu como eu tinha dito,
e vocês precisam reconhecer que falei a verdade.
Mas agora vou falar de coisas novas,
de coisas secretas, que vocês ainda não conhecem.
7 Só agora é que vou fazer com que aconteçam;
vocês nunca tinham ouvido falar nelas
e assim não podem dizer que já as conheciam.
8 Eu sabia que não podia confiar em vocês;
sabia muito bem que sempre foram rebeldes.
Por isso, vocês não tinham ouvido essas coisas,
não sabiam que elas iam acontecer.

9 "Eu poderia ter descarregado a minha *ira sobre vocês
e os poderia ter destruído completamente,
mas isso teria trazido desonra para o meu nome.
Portanto, tive paciência com vocês,
pois eu sou Deus e mereço que me louvem.
10 Eu os fiz sofrer, mas foi para purificá-los,
como a prata é purificada na fornalha.
11 É por amor ao meu próprio nome que vou agir;

não permito que o meu nome seja
*profanado.
Não deixo que nenhum outro deus
receba o louvor que somente eu
mereço."

O Senhor salvará o seu povo

12 O SENHOR Deus diz:
"Escute, povo de Israel,
o povo que eu escolhi!
Eu, o SENHOR, sou o único Deus:
sou o primeiro e o último.
13 Com as minhas mãos, coloquei a
terra no seu lugar
e estendi o céu.
Dei uma ordem,
e eles começaram a existir.

14 "Reúnam-se todos e escutem!
Nenhum dos deuses anunciou que
ia acontecer isto:
o homem que eu, o SENHOR, amo
fará o que eu quero
e com o meu poder atacará a
Babilônia.
15 Fui eu mesmo quem o chamou;
dei a ordem, e ele veio.
Eu farei com que tudo o que ele
fizer dê certo.
16 Agora, venham cá e escutem o que
estou dizendo:
desde o princípio, nunca falei em
segredo
e tenho governado todas as coisas
desde que começaram."

Agora, o SENHOR Deus me deu o seu
Espírito e me enviou.

17 O SENHOR, o Santo Deus de Israel,
o seu Salvador, diz ao seu povo:
"Eu sou o SENHOR, seu Deus.
Eu os ensino para o seu próprio
bem
e os guio no caminho que devem
seguir.
18 Ah! Se vocês tivessem obedecido
aos meus mandamentos!
A sua prosperidade iria
aumentando
como se fosse uma enchente,
e as suas vitórias teriam sido
constantes,
tão constantes como as ondas do
mar.
19 Os seus descendentes seriam tantos
como os grãos de areia da praia do
mar;
eu nunca os esqueceria,
e eles estariam sempre na minha
presença."

20 Saiam da Babilônia, fujam de lá!
Com gritos de alegria,
anunciem esta boa notícia ao
mundo inteiro:
"O SENHOR salvou o seu *servo,
o povo de Israel!"
21 Quando Deus guiou o seu povo
pelo deserto,
ninguém ficou com sede;
ele fez com que corresse água da
rocha,
ele partiu a rocha, e a água jorrou.

22 Mas o SENHOR diz aos que
praticam o mal:
"Para vocês não há segurança."

O servo de Deus: luz para os povos

49 Nações distantes, escutem o que
eu, o *servo de Deus,
estou dizendo;
prestem atenção, todos os povos do
mundo!
Eu ainda estava na barriga da
minha mãe,
quando o SENHOR Deus me
escolheu;
eu nem havia nascido,
quando ele me chamou pelo nome.
2 Ele fez com que as minhas
palavras fossem cortantes como
uma espada afiada
e me protegeu com a sua própria
mão.
Ele me fez igual a uma flecha
pontuda,
uma arma que ele guarda até o
momento de ser usada.
3 Ele me disse: "Israel, você é o meu
servo,
e por meio de você vou mostrar a
minha grandeza."
4 Mas eu pensei: "Todo o meu
trabalho não adiantou nada;
todo o meu esforço foi à toa."
Mesmo assim, eu sei que o SENHOR
defenderá a minha causa,
que o meu Deus me recompensará.

5 Quando eu ainda não havia
nascido,
o SENHOR me escolheu para ser o
seu servo
a fim de que eu reunisse o seu povo

e o trouxesse de volta para ele.
Sou muito estimado pelo SENHOR;
o meu Deus é a minha força.
6 O SENHOR me disse:
"Você não será apenas o meu servo
que trará de volta os israelitas que
ficaram vivos
e criará de novo a nação de Israel.
Eu farei também com que você seja
uma luz para os outros povos
a fim de levar a minha salvação ao
mundo inteiro."
7 O SENHOR, o Santo Deus de Israel,
o seu Salvador, fala com o seu servo,
que é desprezado e odiado pelos
povos
e que é escravo de reis.
O SENHOR diz ao seu servo:
"Reis e príncipes verão o seu poder;
eles virão e se ajoelharão aos seus
pés em sinal de respeito.
Pois eu, o SENHOR, cumpro as
minhas promessas;
eu, o Santo Deus de Israel, escolhi
você para ser o meu servo."

Jerusalém será reconstruída

8 O SENHOR Deus diz ao seu povo:
"Quando chegar o tempo de
mostrar a minha bondade,
eu responderei ao seu pedido;
quando chegar o dia de salvá-los, eu
os ajudarei.
Eu os protegerei e, por meio de
vocês,
farei uma *aliança com os povos,
construirei de novo o país de vocês
e devolverei a vocês a terra que
agora está arrasada.
9 Direi aos prisioneiros: 'Saiam da
prisão!'
E aos que vivem na escuridão direi:
'Vocês estão livres!'

"Como ovelhas, eles pastarão perto
dos caminhos
e até mesmo nos montes pelados
encontrarão pasto.
10 Não terão fome nem sede.
Não serão castigados nem pelo sol
nem pelos ventos quentes do
deserto,
pois eu tenho pena deles, e os
guiarei,
e os levarei até as fontes de água.
11 Abrirei uma estrada nas
montanhas,
prepararei um caminho plano por
onde o meu povo passará.
12 Eles voltarão de lugares distantes,
do Norte e do Oeste,
e de Assuã, no Sul."

13 Cantem, ó céus, e alegre-se, ó
terra!
Montes, gritem de alegria!
Pois o SENHOR consolou o seu povo;
ele teve pena dos que estavam
sofrendo.

14 Mas o povo de *Sião diz:
"O SENHOR nos abandonou;
Deus nos esqueceu."
15 O SENHOR responde:
"Será que uma mãe pode esquecer
o seu bebê?
Será que pode deixar de amar o seu
próprio filho?
Mesmo que isso acontecesse,
eu nunca esqueceria vocês.
16 Jerusalém, o seu nome está
escrito nas minhas mãos;
eu nunca esqueço as suas muralhas.
17 Os que vão reconstruí-la estão
chegando depressa,
enquanto estão fugindo aqueles
que a destruíram e arrasaram.
18 Olhe para todos os lados e veja o
que está acontecendo!
Os seus moradores estão voltando;
eles estão chegando!
Juro pela minha vida que todos eles
são como joias
que você usará com orgulho,
assim como uma noiva se enfeita
com as suas joias.

19 "O seu país foi arrasado e ficou
abandonado,
mas agora será pequeno demais
para os que vêm morar ali;
aqueles que deixaram você em
ruínas serão levados para longe.
20 Os que nasceram no *cativeiro
e que voltaram para morar em você
lhe dirão um dia:
'Este país é pequeno demais;
precisamos de um lugar maior onde
morar!'
21 Então você pensará assim:
'Quem me fez mãe destes filhos?
Eu, uma mulher que não podia ter
filhos,
abandonada, rejeitada e prisioneira
— quem criou esses filhos para mim?

Eu estava sozinha —
de onde vieram todos eles?' "

[22] O SENHOR Deus diz ao seu povo:
"Levantarei a mão
e darei um sinal de comando aos povos
para que tragam de volta a Jerusalém
os filhos e as filhas de vocês,
carregando-os no colo e nos ombros.
[23] Reis estrangeiros cuidarão das suas crianças,
e rainhas serão as suas babás.
Reis e rainhas se ajoelharão em frente de vocês,
encostarão o rosto no chão
e lamberão o pó dos pés de vocês.
Então vocês ficarão sabendo que eu sou o SENHOR
e que os que confiam em mim nunca ficam desiludidos."

[24] Será que alguém pode tirar de um soldado
as coisas que ele carrega depois da batalha?
Ou será que alguém pode pôr em liberdade
os que estão sendo levados como prisioneiros por um rei cruel?
[25] O SENHOR responde que sim e diz:
"As coisas que o soldado carrega serão tiradas dele;
os prisioneiros do rei cruel serão postos em liberdade.
Pois eu lutarei contra os inimigos de vocês
e eu mesmo salvarei os seus filhos.
[26] Farei com que os seus inimigos comam a sua própria carne
e bebam o seu próprio sangue como se fosse vinho.
Então todos ficarão sabendo que eu, o SENHOR, sou o Salvador de vocês;
que eu, o poderoso Deus de Israel, sou o seu Redentor."

50 O SENHOR Deus diz ao seu povo:
"Será que vocês acham que eu os mandei embora
como um homem manda embora a sua mulher?
Então onde está o documento de divórcio?
Ou acham que eu os vendi como escravos
a fim de pagar as minhas dívidas?
Não! Vocês foram levados prisioneiros por causa dos seus pecados;
eu os mandei embora por causa das suas maldades.
[2] Por que é que ninguém foi me encontrar quando eu vim salvá-los?
Por que ninguém respondeu quando eu chamei?
Será que agora não tenho poder para salvá-los?
Será que já perdi toda a minha força?
Não! É só eu dar uma ordem, e o mar seca.
Faço os rios virarem um deserto;
assim, por falta de água,
os peixes morrem de sede
e começam a cheirar mal.
[3] Posso cobrir de escuridão o céu,
posso fazê-lo vestir roupa de luto."

O sofrimento e a fidelidade do servo de Deus

[4] O SENHOR Deus me ensina o que devo dizer
a fim de animar os que estão cansados.
Todas as manhãs, ele faz com que eu tenha vontade
de ouvir com atenção o que ele vai dizer.
[5] O SENHOR Deus me deu entendimento,
e eu não me revoltei, nem fugi dele.
[6] Ofereci as minhas costas aos que me batiam
e o rosto aos que arrancavam a minha barba.
Não tentei me esconder quando me xingavam
e cuspiam no meu rosto.

[7] Mas eu não me sinto envergonhado,
pois o SENHOR Deus me ajuda.
Por isso, eu fico firme como uma rocha
e sei que não serei humilhado,
[8] pois o meu defensor está perto.
Alguém tem uma causa contra mim?
Então vamos juntos ao tribunal.
Alguém quer me processar?
Que venha e apresente a sua acusação!

9 O SENHOR Deus é quem me
defende,
e por isso ninguém poderá me
condenar.
Todos os meus inimigos
desaparecerão;
serão como um vestido que as
traças destruíram.

10 Escutem, vocês que *temem o
SENHOR
e obedecem às ordens do seu
*servo:
se o caminho em que andam é
escuro,
sem nenhum raio de luz,
confiem no SENHOR,
ponham a sua esperança no seu
Deus.
11 Mas vocês que acendem uma
fogueira
e se armam com flechas
incendiárias,
todos vocês cairão no fogo que
acenderam
e serão mortos pelas suas próprias
flechas.
O SENHOR mandará esse castigo;
um sofrimento horrível os espera.

Palavras de consolo para Jerusalém

51 O SENHOR Deus diz:
"Escutem, os que procuram a
salvação,
os que pedem a minha ajuda!
Lembrem da rocha da qual foram
cortados,
da pedreira de onde foram tirados.
2 Pensem no seu antepassado
Abraão
e em Sara, de quem vocês são
descendentes.
Abraão não tinha filhos quando eu
o chamei,
mas eu o abençoei e lhe dei muitos
descendentes.
3 Eu, o SENHOR, terei compaixão de
Jerusalém
e de todas as suas casas que estão
em ruínas.
Eu farei com que as suas terras
secas virem um jardim,
como o jardim que plantei na região
do Éden.
Ali haverá alegria e felicidade,
haverá música e cânticos de louvor
a mim.

4 "Escute, meu povo,
dê atenção ao que eu vou dizer:
Vou dar as minhas *leis às nações,
e os meus mandamentos serão uma
luz para os povos.
5 Virei logo salvá-los;
está chegando o dia da minha
vitória,
e eu governarei todos os povos.
Nações distantes esperam por mim
e confiam em mim para protegê-las.
6 Olhem para o céu, lá em cima,
olhem para a terra, aqui embaixo.
O céu desaparecerá como fumaça,
a terra ficará gasta como uma roupa
velha,
e os seus moradores morrerão
como se fossem moscas.
Mas a minha vitória será total,
o meu poder durará para sempre.

7 "Escutem, vocês que sabem o que
é direito,
que têm a minha lei no seu coração!
Não fiquem com medo quando
forem ofendidos,
não se aborreçam quando os outros
zombarem de vocês.
8 Pois eles desaparecerão como uma
roupa de lã
destruída pelas traças.
Mas a minha vitória será total,
o meu poder durará para sempre."

9 Acorda, ó SENHOR, acorda!
Salva-nos com o teu grande poder,
como fizeste antigamente,
no tempo dos nossos antepassados.
Tu cortaste Raabe em pedaços,
tu mataste aquele monstro do mar.
10 Tu fizeste o mar secar,
secaste as águas profundas;
no meio do mar, abriste um
caminho
para que por ele passasse o povo
que salvaste.
11 Aqueles a quem o SENHOR salvar
voltarão para casa,
voltarão cantando para Jerusalém
e ali viverão felizes para sempre.
A alegria e a felicidade os
acompanharão,
e não haverá mais tristeza nem
choro.

12 O SENHOR diz ao seu povo:
"Eu, eu mesmo, lhes dou forças.

Então, por que vocês têm medo de pessoas,
de seres mortais que não duram mais do que a palha?
13 Por que esquecem o SENHOR, o seu Criador,
aquele que estendeu o céu e firmou a terra?
Por que estão sempre com medo de inimigos cruéis,
que os perseguem e estão prontos para destruí-los?
Que pode fazer a fúria deles contra vocês?
14 Logo os prisioneiros serão postos em liberdade;
eles não morrerão, nem passarão fome.

15 "Eu, o SENHOR, sou o Deus de vocês.
Eu agito o mar e faço as suas ondas rugirem.
O meu nome é *SENHOR, o Todo-Poderoso.
16 Eu dei a vocês os meus ensinamentos
e com a minha mão eu os protejo.
Eu, que estendi o céu e firmei a terra,
digo aos moradores de Jerusalém:
'Vocês são o meu povo.' "

O sofrimento de Jerusalém vai terminar

17 Acorde, Jerusalém, acorde e levante-se!
O SENHOR fez com que você bebesse o vinho da sua *ira;
você bebeu tudo e ficou bêbada.
18 De todos os seus filhos,
de todos aqueles que você criou,
não houve um só que pegasse você pela mão
e que a ajudasse a andar.

19 Você sofreu duas desgraças:
a sua terra foi arrasada pelos inimigos,
e a guerra e a fome mataram os seus moradores.
Quem tem pena de você?
Quem procura consolá-la?
20 Os seus moradores desmaiam de fome
e estão caídos nas esquinas das ruas;
são como carneiros selvagens presos nas redes dos caçadores.
Eles caíram por causa da ira do SENHOR,
por causa do castigo do seu Deus.

21 Pobre Jerusalém!
Você está bêbada, mas não por ter bebido vinho.
22 Agora, escute o que diz o seu Senhor e Deus,
aquele que vai defender a causa do seu povo.
O SENHOR diz:
"Agora estou tirando das suas mãos
o copo cheio da minha ira,
o copo que fez você ficar bêbada.
Você nunca mais beberá dele.
23 Darei esse copo aos seus inimigos,
aos que lhe disseram:
'Deite-se no chão, que vamos pisar em cima de você.'
Você se deitou, e eles a pisaram,
como se você fosse o pó da rua."

Deus salvará Jerusalém

52 Acorde, ó Jerusalém, acorde já
e renove as suas forças.
Cidade santa, vista os seus vestidos mais caros,
pois os pagãos, aquela gente *impura,
nunca mais morarão com você.
2 Ó *Sião, bela cidade,
prisioneira e sentada no chão,
livre-se das suas correntes;
levante-se, sacuda o pó das suas roupas
e sente-se no seu trono.

3 O SENHOR diz ao seu povo:
— Quando vocês foram levados como
escravos para outro país, ninguém pagou
nada por vocês; assim também eu não pa-
garei nada para livrá-los da escravidão.
4 O SENHOR Deus diz:
— Primeiro, o meu povo foi para o Egi-
to a fim de morar lá; e eles foram porque
quiseram. Mais tarde, a Assíria os levou
como escravos e não pagou nada por eles.
5 E o que é que estou vendo agora? A Ba-
bilônia fez a mesma coisa: levou o meu
povo como escravo sem pagar nada por
ele. Aqueles que o estão dominando dão
gritos de vitória e me ofendem sem pa-
rar. 6 Mas virá o dia em que o meu povo
conhecerá o meu nome e saberá que sou
eu, o *SENHOR, quem diz: "Eu estou aqui!"

7 Como é bonito ver
um mensageiro correndo pelas montanhas,

trazendo notícias de paz,
boas notícias de salvação!
Ele diz a Sião: "O seu Deus é Rei!"
8 Escutem os gritos dos vigias!
Eles gritam de alegria, todos juntos,
pois veem com os seus próprios olhos
a volta do SENHOR para Sião.

9 Jerusalém arrasada, cante de alegria,
pois o SENHOR tem pena do seu povo
e vai salvar Jerusalém.
10 Na presença de todas as nações,
o SENHOR vai mostrar o seu santo poder.
O mundo inteiro verá
que foi o nosso Deus quem nos salvou.

11 Meu povo, saia da Babilônia!
Saiam todos e não toquem em nada que seja *impuro.
Que se *purifiquem os que carregam os objetos sagrados do Templo!
12 Desta vez, vocês não sairão com pressa,
não precisarão fugir,
pois o SENHOR os guiará.
O Deus de Israel os protegerá por todos os lados.

O sofrimento e a vitória do servo de Deus

13 O SENHOR Deus diz:
"Tudo o que o meu *servo fizer dará certo;
ele será louvado
e receberá muitas homenagens.
14 Muitos ficaram horrorizados quando o viram,
pois ele estava tão desfigurado,
que nem parecia um ser humano.
15 Mas agora muitos povos ficarão admirados quando o virem,
e muitos reis não saberão o que dizer.
Pois verão *coisas de que ninguém* havia falado,
entenderão aquilo que nunca tinham ouvido."

53 O povo diz:
"Quem poderia crer naquilo que acabamos de ouvir?
Quem diria que o SENHOR estava agindo?
2 Pois o SENHOR quis que o seu *servo aparecesse
como uma plantinha que brota
e vai crescendo em terra seca.
Ele não era bonito nem simpático,
nem tinha nenhuma beleza
que chamasse a nossa atenção
ou que nos agradasse.
3 Ele foi rejeitado e desprezado por todos;
ele suportou dores e sofrimentos sem fim.
Era como alguém que não queremos ver;
nós nem mesmo olhávamos para ele e o desprezávamos.

4 "No entanto, era o nosso sofrimento que ele estava carregando,
era a nossa dor que ele estava suportando.
E nós pensávamos que era por causa das suas próprias culpas
que Deus o estava castigando,
que Deus o estava maltratando e ferindo.
5 Porém ele estava sofrendo por causa dos nossos pecados,
estava sendo castigado por causa das nossas maldades.
Nós somos curados pelo castigo que ele sofreu,
somos sarados pelos ferimentos que ele recebeu.
6 Todos nós éramos como ovelhas que se haviam perdido;
cada um de nós seguia o seu próprio caminho.
Mas o SENHOR castigou o seu servo;
fez com que ele sofresse o castigo que nós merecíamos.

7 "Ele foi maltratado, mas aguentou tudo humildemente
e não disse uma só palavra.
Ficou calado como um cordeiro que vai ser morto,
como uma ovelha quando cortam a sua lã.
8 Foi preso, condenado e levado para ser morto,
e ninguém se importou com o que ia acontecer com ele.
Ele foi expulso do mundo dos vivos,
foi morto por causa dos pecados do nosso povo.
9 Foi sepultado ao lado de criminosos,

foi enterrado com os ricos,
embora nunca tivesse cometido
crime nenhum,
nem tivesse dito uma só mentira."

10 O SENHOR Deus diz:
"Eu quis maltratá-lo, quis fazê-lo
sofrer.
Ele ofereceu a sua vida como
*sacrifício para tirar pecados
e por isso terá uma vida longa
e verá os seus descendentes.
Ele fará com que o meu plano dê
certo.
11 Depois de tanto sofrimento, ele
será feliz;
por causa da sua dedicação,
ele ficará completamente satisfeito.
O meu servo não tem pecado,
mas ele sofrerá o castigo que
muitos merecem,
e assim os pecados deles serão
perdoados.
12 Por isso, eu lhe darei um lugar de
honra;
ele receberá a sua recompensa
junto com os grandes e os poderosos.
Pois ele deu a sua própria vida
e foi tratado como se fosse um
criminoso.
Ele levou a culpa dos pecados de
muitos
e orou pedindo que eles fossem
perdoados."

O amor de Deus por Jerusalém

54 Jerusalém, você nunca teve filhos,
você nunca sentiu dores de
parto,
mas agora cante e grite de alegria,
pois o SENHOR diz:
"A mulher abandonada terá mais
filhos
do que a que mora com o marido."
2 Aumente a sua barraca,
torne ainda maior o lugar onde
você mora
e não faça economia nisso.
Encompride as cordas da barraca e
pregue bem as estacas.
3 Pois você vai estender as suas
fronteiras para todos os lados;

DEVOCIONAL

Texto para leitura: **Isaías 53**

Conheça a si mesma

Interpretaram-na mal. Criticaram-na. Mentiram para você. Alguma coisa está circulando por aí e não é verdade. Sua escolha? Defender-se. "Eu tenho de me explicar. Eu tenho de fazer as pessoas entenderem", você diz a si mesma, e aí sai para consertar as coisas, dar um jeito na situação, fazer as pessoas entenderem. E, de repente, Deus vai saindo do trono de sua vida e você vai dando um jeito de assumir o lugar que lhe é de direito.

Aaaaaaaaaaaah! "Pare! Eu quero descer!" É hora de aprender uma lição com Jesus e voltar aos eixos. Veja, ele não tinha o hábito de explicar tudo quando estava neste mundo. De forma quase inimaginável, ele deixava que os mal-entendidos se corrigissem sozinhos — ou melhor, deixava que Deus resolvesse as coisas na vida das pessoas que o interpretavam mal, diziam mentiras a seu respeito ou normalmente o odiavam. O exemplo de Jesus não é bom o suficiente para você? Ou você não está disposta a imitar aquele que é perfeito?

Claro, não será fácil, mas raramente a santidade o é. Enquanto você estiver procurando se defender aos olhos de outros seres humanos, vai estar com a atenção completamente desviada de Deus. E essa distração afetará seu coração, sua mente e seu corpo. Tire o foco do mundo e coloque-o em Deus. O *que as pessoas pensam ou dizem não* tem relação com a eternidade. Não lhes dê mais poder sobre você do que elas merecem, mas prefira fazer seu investimento no eterno e deixar que o Rei cuide sozinho do que é temporário.

o seu povo será novamente dono
das regiões que os seus inimigos
conquistaram,
e cidades desertas ficarão cheias de
gente.
4 Não tenha medo, pois você não
ficará envergonhada;
não se assuste, pois você não será
humilhada.
Você esquecerá como foi humilhada
quando era jovem,
não lembrará mais da desgraça da
sua viuvez.
5 Pois o seu Criador, o SENHOR Todo-
-Poderoso, será seu marido;
o Santo Deus de Israel, o Deus do
mundo inteiro, a salvará.

6 Você estava aflita como uma
mulher abandonada pelo
marido,
mas o SENHOR a está chamando de
volta.
O seu Deus diz:
"Será que alguém poderia mandar
embora
a mulher com quem casou quando
era jovem?
7 Eu a abandonei, mas só por um
momento,
e agora, com grande amor, eu a
receberei de volta.
8 Na minha *ira e no meu furor,
eu me escondi de você por um
momento;
mas com amor eterno eu terei
compaixão de você."
É isso o que diz o SENHOR, o seu
Salvador.

9 O SENHOR Deus diz:
"No tempo do dilúvio, eu jurei a
Noé
que nunca mais as águas cobririam
a terra;
assim eu juro agora que nunca mais
ficarei irado com você,
que jamais a castigarei de novo.
10 As montanhas podem
desaparecer,
os montes podem se desfazer,
mas o meu amor por você não
acabará nunca,
e a minha *aliança de paz com você
nunca será quebrada."
É isso o que diz o SENHOR,
que tem amor por você.

A nova Jerusalém

11 O SENHOR Deus diz:
"Ó Jerusalém, aflita e castigada pela
tempestade,
sem ninguém que a console!
Eu a reconstruirei com pedras
preciosas,
e os seus alicerces serão de *safiras.
12 As suas torres serão de rubis,
os seus portões serão de *berilo,
as suas muralhas, de pedras
preciosas.
13 Eu mesmo ensinarei todos os seus
moradores,
e eles viverão em paz e segurança.
14 Você será fundada sobre a justiça
e por isso viverá segura,
livre para sempre da violência e do
terror.
15 Se alguém a atacar, não será por
minha ordem;
você derrotará todos os que
lutarem contra você.

16 "Eu crio o ferreiro, que sopra as
brasas
e fabrica armas de guerra.
Eu crio também o soldado,
que usa as armas para destruir e
matar.
17 Mas nenhuma arma poderá
derrotar você,
e, se alguém for ao tribunal para
acusá-la,
você não será condenada.
O que eu faço pelos meus *servos
é isto:
eu lhes dou a vitória."
O SENHOR falou.

Deus oferece salvação a todos

55 O SENHOR Deus diz:
"Escutem, os que têm sede:
venham beber água!
Venham, os que não têm dinheiro:
comprem comida e comam!
Venham e comprem leite e vinho,
que tudo é de graça.
2 Por que vocês gastam dinheiro
com o que não é comida?
Por que gastam o seu salário com
coisas que não matam a fome?
Se ouvirem e fizerem o que eu
ordeno,
vocês comerão do melhor alimento,
terão comidas gostosas.
3 Escutem-me e venham a mim,

prestem atenção e terão vida nova.
Eu farei uma *aliança eterna com vocês
e lhes darei as bênçãos que prometi a Davi.
4 Eu fiz Davi chefe e líder dos povos,
e por meio dele viram o meu poder.
5 E agora vocês darão ordens a povos estrangeiros,
povos que vocês não conheciam,
e eles virão correndo para obedecer-lhes.
Isso acontecerá porque eu, o SENHOR, seu Deus,
o Santo Deus de Israel,
tenho dado poder e honra a vocês."

6 Procurem a ajuda de Deus
enquanto podem achá-lo;
orem ao SENHOR
enquanto ele está perto.
7 Que as pessoas perversas mudem a sua maneira de viver
e abandonem os seus maus pensamentos!
Voltem para o SENHOR, nosso Deus,
pois ele tem compaixão e perdoa completamente.

8 O SENHOR Deus diz:
"Os meus pensamentos não são como os seus pensamentos,
e eu não ajo como vocês.
9 Assim como o céu está muito acima da terra,
assim os meus pensamentos e as minhas ações estão muito acima dos seus.
10 A chuva e a neve caem do céu
e não voltam até que tenham regado a terra,
fazendo as plantas brotarem, crescerem
e produzirem sementes para serem plantadas
e darem alimento para as pessoas.
11 Assim também é a minha palavra:
ela não volta para mim sem nada,
mas faz o que me agrada fazer
e realiza tudo o que eu prometo.

12 "Vocês sairão alegres da *Babilônia*,
serão guiados em paz para a sua terra.
As montanhas e os morros cantarão de alegria;
todas as árvores baterão palmas.
13 Onde agora só há espinheiros crescerão ciprestes,
*murtas aparecerão onde agora só cresce o mato.
Isso será para vocês uma testemunha daquilo que eu fiz,
será um sinal eterno, que nunca desaparecerá."

Promessas para os estrangeiros

56 O SENHOR Deus diz ao seu povo:
"Sigam a justiça e façam o que é direito,
pois daqui a pouco eu vou livrá-los,
mostrando assim o meu poder salvador.
2 Felizes são os que obedecem às *leis a respeito do sábado!
Felizes os que não praticam o que é mau!"

3 O estrangeiro que adora o SENHOR
não deve dizer: "O SENHOR vai me expulsar do seu povo."
E um *eunuco não deve pensar:
"Eu não posso ter filhos
e por isso não posso pertencer ao povo de Deus."
4 Pois o SENHOR diz aos eunucos:
"Obedeçam às leis a respeito do sábado,
façam aquilo que me agrada
e sejam fiéis à minha *aliança.
5 Se um eunuco fizer isso,
eu lhe darei uma coisa melhor do que filhos e filhas.
Eu farei com que o seu nome seja escrito no meu Templo,
e ele fará parte do meu povo para sempre;
o seu nome nunca será esquecido."
6 E aos estrangeiros que adoram o SENHOR,
que o amam e o servem fielmente,
o SENHOR Deus diz:
"Se vocês obedecerem às leis a respeito do sábado
e forem fiéis à minha aliança,
7 eu os levarei ao meu *monte santo,
e vocês ficarão felizes na minha casa de oração.
Eu aceitarei os *sacrifícios e as ofertas
que vocês apresentarem no meu altar.
Pois a minha casa será chamada de

'Casa de Oração' para todos os
povos.
[8]Vou trazer ainda outros para a
terra de Israel
e juntá-los ao meu povo que eu já
trouxe de volta."
É isso o que diz o SENHOR Deus,
que trouxe de volta para a terra de
Israel
o seu povo que era prisioneiro em
terras estrangeiras.

Deus condena as autoridades de Israel

[9]O SENHOR Deus diz:
"Venham, animais selvagens,
venham e devorem o rebanho.
[10]Os guardas do meu povo são
cegos;
eles não veem nada.
Todos são como cachorros mudos,
que não podem latir;
estão sempre deitados, dormindo;
são uns preguiçosos que só gostam
de dormir e sonhar.
[11]Esses cachorros são gulosos
e sempre querem mais comida.
Os pastores do meu rebanho não
entendem nada;
todos seguem os seus próprios
caminhos
e procuram os seus próprios
interesses.
[12]Eles dizem uns aos outros:
'Vamos procurar vinho e cerveja
e cair na bebedeira.
Amanhã, faremos a mesma coisa,
e ainda mais do que hoje!'

57 "As pessoas direitas morrem,
e ninguém se importa;
os bons desaparecem,
e ninguém percebe.
É o poder do mal que os leva
embora,
[2]mas eles encontram a paz.
Os que vivem uma vida correta
descansam em paz na sepultura."

Deus condena a idolatria

[3]O SENHOR Deus diz:
"Venham cá para serem julgados,
seus filhos de uma feiticeira,
raça de adúlteros e prostitutas!
[4]De quem é que vocês estão
zombando?
De quem é que caçoam com essas
caretas?
Vocês são pecadores e mentirosos.
[5]"Debaixo das árvores sagradas,
vocês se entregam à imoralidade
para adorar os deuses da
fertilidade.
E nas fendas das rochas, perto dos
ribeirões,
vocês oferecem os seus filhos em
*sacrifício aos deuses pagãos.
[6]Vocês pegam pedras lisas dos
riachos,
para serem os deuses que vocês
adoram,
e apresentam a elas ofertas de
vinho e de cereais.
Vocês estão pensando que isso me
agrada?
[7]Vocês vão para o alto das
montanhas,
e ali praticam atos imorais,
e oferecem sacrifícios aos deuses
pagãos.
[8]Vocês colocam os seus ídolos
indecentes
atrás da porta das suas casas.
Esquecem de mim, tiram a roupa
e deitam-se na cama com os seus
amantes,
a quem pagarem para dormir com
vocês;
e então satisfazem os seus desejos
*impuros.

[9]"Vocês pegaram azeite e muitos
perfumes
e foram adorar o deus *Moloque.
Enviaram mensageiros por toda
parte
à procura de deuses para adorar,
e esses mensageiros foram até o
*mundo dos mortos.
[10]Vocês se cansaram de tanto
viajar,
mas não ficaram desanimados.
As suas imagens nojentas lhes
deram forças,
e por isso vocês não desistiram.

[11]"Vocês têm tanto medo desses
deuses!
Mas quem são eles
para que vocês me contem mentiras
e me esqueçam completamente?
Será que é porque eu fiquei calado
tanto tempo,
que vocês não me *temem?
[12]Eu vou mostrar a todos o que
vocês fazem,

essas ações que vocês acham
certas;
mas elas não adiantarão nada.
13 Quando vocês gritarem pedindo
ajuda,
os seus muitos deuses não os
atenderão.
O vento levará esses deuses para
longe,
um sopro os fará desaparecer.
Mas os que confiam em mim
morarão na *Terra Prometida;
o meu *monte santo será deles."

A compaixão de Deus

14 O SENHOR diz:
"Preparem o caminho, aplanem a
estrada,
para que o meu povo possa voltar
para mim."
15 Pois o Altíssimo, o Santo Deus,
o Deus que vive para sempre, diz:
"Eu moro num lugar alto e sagrado,
mas moro também com os
humildes e os aflitos,
para dar esperança aos humildes
e aos aflitos, novas forças.
16 Não continuarei repreendendo o
meu povo
e não ficarei *irado para sempre;
se não, morreriam os seres que eu
criei,
aqueles a quem dei o sopro da vida.
17 Por causa do pecado e da cobiça
do meu povo,
eu fiquei irado com eles e os castiguei.
Na minha ira, eu me afastei deles,
mas mesmo assim eles
continuaram teimosos
e seguiram o seu próprio caminho.

18 "Tenho visto como eles agem,
mas eu os curarei e os guiarei;
eu os consolarei.
Nos lábios dos que choram,
19 colocarei palavras de louvor.
A todos ofereço a paz,
paz aos que estão perto e aos que
estão longe;
eu os curarei.
20 Porém os maus são como o mar
agitado:
as suas ondas não se acalmam
e trazem lama e sujeira para a terra.
21 Não há segurança para esses
pecadores."
O meu Deus falou.

O verdadeiro jejum

58 O SENHOR Deus diz:
"Grite com toda a força, sem
parar!
Grite alto, como se você fosse
trombeta!
Anuncie ao meu povo, os
descendentes de Jacó,
os seus pecados e as suas maldades.
2 De fato, eles me adoram todos os
dias
e dizem que querem saber qual é a
minha vontade,
como se fossem um povo que faz o
que é direito
e que não desobedece às minhas
*leis.
Pedem que eu lhes dê leis justas
e estão sempre prontos para me
adorar."

3 O povo pergunta a Deus:
"Que adianta jejuar, se tu nem
notas?
Por que passar fome, se não te
importas com isso?"
O SENHOR responde:
"A verdade é que nos dias de jejum
vocês cuidam dos seus negócios
e exploram os seus empregados.
4 Vocês passam os dias de jejum
discutindo e brigando
e chegam até a bater uns nos
outros.
Será que vocês pensam que, quando
jejuam assim,
eu vou ouvir as suas orações?
5 O que é que eu quero que vocês
façam nos dias de jejum?
Será que desejo que passem fome,
que se curvem como um bambu,
que vistam roupa feita de pano
grosseiro
e se deitem em cima de cinzas?
É isso o que vocês chamam de
jejum?
Acham que um dia de jejum assim
me agrada?

6 "Não! Não é esse o jejum que eu
quero.
Eu quero que soltem aqueles que
foram presos injustamente,
que tirem de cima deles o peso que
os faz sofrer,
que ponham em liberdade os que
estão sendo oprimidos,

que acabem com todo tipo de
escravidão.
7 O jejum que me agrada é que vocês
repartam a sua comida com os
famintos,
que recebam em casa os pobres que
estão desabrigados,
que deem roupas aos que não têm
e que nunca deixem de socorrer os
seus parentes.

8 "Então a luz da minha salvação
brilhará como o sol,
e logo vocês todos ficarão curados.
O seu Salvador os guiará,
e a presença do SENHOR Deus os
protegerá por todos os lados.
9 Quando vocês gritarem pedindo
socorro, eu os atenderei;
pedirão a minha ajuda, e eu direi:
'Estou aqui!'

"Se acabarem com todo tipo de
exploração,
com todas as ameaças e
xingamentos;
10 se derem de comer aos famintos
e socorrerem os necessitados,
a luz da minha salvação brilhará,
e a escuridão em que vocês vivem
ficará igual à luz do meio-dia.
11 Eu, o SENHOR, sempre os guiarei;
até mesmo no deserto, eu lhes darei
de comer
e farei com que fiquem sãos e
fortes.
Vocês serão como um jardim bem
regado,
como uma fonte de onde não para
de correr água.
12 Em cima dos alicerces antigos,
vocês reconstruirão cidades que
tinham sido arrasadas.
Vocês serão conhecidos como o
povo que levantou muralhas de
novo,
que construiu novamente casas que
tinham caído."

O sábado deve ser respeitado

13 O SENHOR Deus diz:
"Obedeçam às *leis a respeito do
sábado;
não cuidem dos seus próprios
negócios no dia que para mim é
sagrado.
Considerem o sábado como um dia
de festa,
o dia santo do SENHOR, que deve ser
respeitado.
Guardem o sábado, descansando
em vez de trabalhar;
não cuidem dos seus negócios,
nem fiquem conversando à toa.
14 Se me obedecerem, eu serei uma
fonte de alegria para vocês
e farei com que vençam todas as
dificuldades;
e vocês serão felizes na terra que eu
dei ao seu antepassado Jacó.
Eu, o SENHOR, falei."

Os pecados do povo são condenados

59 Vocês estão pensando que o SE-
NHOR perdeu a força
e não pode nos salvar?
Ou pensam que ele está surdo e não
pode nos ouvir?
2 Pois são os pecados de vocês que
os separam do seu Deus,
são as suas maldades que fazem
com que ele se esconda de
vocês
e não atenda as suas orações.
3 Vocês têm as mãos manchadas de
sangue
e os dedos sujos de crimes;
vocês só sabem contar mentiras,
e os seus lábios estão sempre
dizendo coisas que não
prestam.
4 Não é para procurar a justiça que
vão ao tribunal,
e ninguém diz a verdade ao juiz.
Todos confiam em mentiras e
falsidades;
inventam maldades e praticam
crimes.
5 Os seus planos perversos são
como os ovos de uma cobra
venenosa:
quem come os ovos morre,
e, se um se quebra,
dele sai outra cobra venenosa.
Os seus planos não prestam para
nada;
parecem teias de aranha;
6 elas não servem para fazer roupa,
e ninguém pode se vestir com elas.
Tudo o que vocês fazem é mau,
todas as suas ações são criminosas.
7 Vocês correm para fazer o que é
errado
e se apressam para matar pessoas
inocentes;

vocês pensam somente em
maltratar os outros
e, por onde passam, deixam a
destruição e a desgraça.
8 Não conhecem o caminho da paz,
e todas as suas ações são injustas.
Vocês preferem seguir caminhos
errados
e por isso não têm segurança.

O povo confessa os seus pecados

9 Deus ainda não nos salvou, pois
temos pecado,
e por isso ele demora em nos
socorrer.
Procuramos a luz, mas só
encontramos a escuridão;
buscamos lugares claros, mas
continuamos nas trevas.
10 Andamos apalpando as paredes
como se fôssemos cegos,
como se não tivéssemos olhos;
ao meio-dia tropeçamos como se
fosse de noite
e, em plena flor da idade,
parecemos mortos.
11 Rugimos como ursos assustados,
gememos como pombas;
esperamos a salvação, porém ela
demora;
desejamos socorro, mas ele está
longe de nós.
12 Temos pecado muito contra ti, ó
Deus,
e os nossos pecados nos acusam.
Não podemos esquecer as nossas
maldades;
reconhecemos que somos culpados.
13 Não temos sido fiéis, temos nos
revoltado contra ti
e nos afastado de ti, o nosso Deus.
Temos falado de crimes e de
revoltas
e temos feito planos para enganar
os outros.
14 A justiça é posta de lado,
e o direito é afastado.
A verdade anda tropeçando no
tribunal,
e a honestidade não consegue
chegar até lá.
15 A verdade desapareceu,
e os que procuram ser honestos são
perseguidos.

DEVOCIONAL

Texto para leitura: **Isaías 59:1-2**

Conheça o amor

Você tem um pecado que não consegue vencer em sua vida? Se sim, então não se surpreenda se Deus não estiver respondendo às suas orações. Não se surpreenda se sua vida for um drama. Quando o pecado se torna tão importante a ponto de você não desistir dele mesmo depois de tê-lo identificado, então você deixou esse pecado se tornar mais importante que Deus. O Senhor não responde às orações de pessoas que não se arrependem, preferindo continuar com um ou dois pecados a se livrar deles. Você precisa ter cuidado para não dizer: "Eu tentei parar, mas é muito difícil". Isso é como dizer: "Eu sei que o pecado é mau, mas é pior desistir dele do que continuar com ele". Isso é chamar Deus de mentiroso e defender que você e seu pecado são uma coisa só e, por isso, não podem se separar.

Procure aquelas áreas nas quais você luta e veja se você não está se recusando a soltar a mão do pecado para segurar a de Deus. Muita gente diz que é muito difícil abandonar um determinado hábito pecaminoso, mas, como seguidora de Cristo, você não pode usar essa desculpa. De acordo com Jesus, o pecado não é mais seu senhor, e sim o próprio Deus. Então, ao discordar de Jesus, você está dizendo que ele está errado, e dá ao pecado em sua vida o papel de senhor. Lembre-se de que você não pode servir a dois senhores. Portanto, escolha hoje a quem você vai servir.

Deus salvará o seu povo

O SENHOR se desgostou
ao ver que não havia justiça.
16 Ele ficou espantado
quando viu que não havia ninguém
que socorresse o seu povo.
Então com a sua própria força ele venceu
e, por ser o Deus justo,
conseguiu a vitória.
17 O SENHOR vestiu a *couraça da justiça
e pôs na cabeça o capacete da salvação;
a vingança lhe serviu de roupa,
a sua *ira foi a *capa que usou.
18 Ele dará a cada um o castigo que merece.
Na sua ira, castigará os seus inimigos,
e povos de países distantes
receberão o que merecem.
19 Todos, desde o Leste até o Oeste,
*temerão o SENHOR e o seu poder.
Pois ele virá como uma forte correnteza
que é levada por um vento furioso.

20 O SENHOR Deus diz:
"Eu virei a *Sião como Redentor
para salvar as pessoas do meu povo
que se arrependerem."

21 O SENHOR diz ao seu povo:
— Esta é a *aliança que vou fazer com
vocês: o meu Espírito, que eu lhes dei, e
os meus ensinamentos, que eu lhes en-
treguei, ficarão com vocês para sempre.
Vocês os ensinarão aos seus filhos e aos
seus descendentes, agora e para sempre.
Eu, o SENHOR, falei.

A beleza da nova Jerusalém

60 Levante-se, Jerusalém!
Que o seu rosto brilhe de alegria,
pois já chegou a sua luz!
A *glória do SENHOR está brilhando sobre você.
2 A terra está coberta de escuridão,
os povos vivem nas trevas,
mas a luz do SENHOR está brilhando sobre você;
sobre você aparece a glória de Deus.
3 Atraídos pela sua luz, Jerusalém,
os povos do mundo virão;
o brilho do seu novo dia
fará com que os reis cheguem até você.
4 Jerusalém, olhe em redor e veja o que está acontecendo!
Os seus filhos estão voltando, eles estão chegando!
Os seus filhos vêm de longe,
as suas filhas vêm nos braços das mães.
5 Quando você vir isso, ficará radiante de alegria;
cheio de emoção, o seu coração baterá forte.
Os povos que vivem no outro lado do mar virão,
trazendo todas as suas riquezas para você.
6 Os povos de Midiã e de Efa chegarão
com enormes *caravanas de camelos;
virá também o povo de Sabá,
trazendo ouro e incenso.
Todos eles anunciarão as grandes coisas que o SENHOR fez.
7 De Quedar e de Nebaiote, virão carneiros
que serão oferecidos no altar de Deus
como *sacrifícios que agradam a ele.
O SENHOR fará com que o seu lindo Templo
seja mais belo ainda.

8 Que navios são esses que vêm deslizando como nuvens,
como pombas voltando ao pombal?
9 São navios que vêm de longe;
os maiores vêm na frente,
trazendo o povo de Deus de volta para o seu país.
Trazem também prata e ouro
para oferecer ao SENHOR, o Santo Deus de Israel,
que deu a vocês, o seu povo, muita glória.

10 O SENHOR diz a Jerusalém:
"Estrangeiros reconstruirão as suas muralhas,
e os reis deles trabalharão para você.
Eu estava *irado e por isso a castiguei,
mas eu a amo e tenho compaixão de você.
11 Os seus portões ficarão sempre abertos,
não serão fechados nem de dia nem de noite,

para que as nações, guiadas pelos
seus reis,
tragam as suas riquezas para você.
12 As nações que não a servirem
serão destruídas;
elas serão completamente
arrasadas.

13 "Cipreste, pinheiro e zimbro,
que são as melhores madeiras do
Líbano,
serão trazidos para você
a fim de tornarem ainda mais belo
o meu Templo,
o estrado onde descanso os meus
pés.
14 Também virão os filhos dos reis
que a exploraram e maltrataram
e se ajoelharão em frente de você;
todos os que a desprezaram virão
até você
e encostarão o rosto no chão.
Você será chamada de 'Cidade do
SENHOR',
a *Sião do Santo Deus de Israel'.

15 "Nunca mais você será odiada,
nunca mais será uma cidade
abandonada, sem moradores;
eu farei com que você seja bela e
poderosa,
com que seja para sempre uma
cidade alegre.
16 Nações e reis estrangeiros
cuidarão de você,
como a mãe que dá de mamar ao
filho.
Então você ficará sabendo que eu, o
SENHOR, sou o seu Salvador,
que eu, o Poderoso Deus de Israel,
sou o seu Redentor.

17 "Em vez de bronze, eu trarei ouro
para você,
e prata, em vez de ferro;
trarei bronze e ferro, em vez de
madeira e pedras.
Farei com que a paz seja o seu rei
e com que a justiça a governe.
18 Nunca mais haverá violência na
sua terra;
o seu país não será destruído e
arrasado novamente;
você chamará as suas muralhas de
'Salvação'
e os seus portões de 'Louvor a
Deus'.

19 "Nunca mais o sol a iluminará de
dia,
nem a lua, de noite;
pois eu, o SENHOR, serei para
sempre a sua luz,
e a minha glória brilhará sobre
você.
20 Eu serei o seu sol e a sua lua,
um sol que nunca se põe, uma lua
que não para de brilhar.
A minha luz brilhará sobre você
para sempre,
e os seus dias de luto chegarão ao
fim.
21 O seu povo fará o que é direito
e para sempre será dono da *Terra
Prometida.
Eles são a planta que eu plantei;
com as minhas próprias mãos, eu
os fiz
para que eles mostrem a todos a
minha grandeza.
22 Este punhado de gente será um
povo numeroso;
esta nação, tão pequena, será a
mais poderosa de todas.
Eu sou o SENHOR
e logo, no tempo certo, farei com
que isso aconteça."

A salvação de Israel

61 O SENHOR Deus me deu o seu Espírito,
pois ele me escolheu para levar
boas notícias aos pobres.
Ele me enviou para animar os
aflitos,
para anunciar a libertação aos
escravos
e a liberdade para os que estão na
prisão.
2 Ele me enviou para anunciar
que chegou o tempo em que o
SENHOR salvará o seu povo,
que chegou o dia em que o nosso
Deus se vingará dos seus
inimigos.
Ele me enviou para consolar os que
choram,
3 para dar aos que choram em *Sião
uma coroa de alegria, em vez de
tristeza,
um perfume de felicidade, em vez
de lágrimas,
e roupas de festa, em vez de luto.
Eles farão o que é direito;

serão como árvores que o SENHOR
plantou
para mostrar a todos a sua *glória.
4 Eles reconstruirão casas que
haviam caído
e cidades que tinham sido
arrasadas
e que há muitos anos estavam em
ruínas.

5 Meu povo, estrangeiros virão e
cuidarão
das suas ovelhas, das suas
plantações e das suas *parreiras.
6 E vocês serão conhecidos como
sacerdotes do SENHOR,
como *servos do nosso Deus.
As riquezas das outras nações serão
de vocês,
e vocês se orgulharão de serem
donos dessa imensa fortuna.
7 A vergonha e a desgraça que vocês
passaram
eram duas vezes mais do que
mereciam;
mas agora vocês viverão no seu
país,
onde receberão o dobro de riquezas
e serão felizes para sempre.

8 O SENHOR diz:
"Eu amo a justiça e odeio o roubo e
o crime.
Serei fiel, e darei ao meu povo a sua
recompensa,
e farei com ele uma *aliança eterna.
9 Os seus descendentes serão
famosos em todas as nações;
todos os que os virem
reconhecerão que eles são um povo
que eu abençoei."

Hino de louvor dos moradores de Jerusalém

10 Nós nos alegraremos e
cantaremos um hino de louvor
por causa daquilo que o SENHOR,
nosso Deus, fez.
Ele nos vestiu com a roupa da
salvação
e com a *capa da vitória.
Somos como um noivo que põe um
*turbante de festa na cabeça,
como uma noiva enfeitada com
joias.
11 Assim como a terra faz crescer as
árvores,
e no jardim o chão faz brotar o que
foi semeado,
também o SENHOR Deus fará com
que brote a sua salvação.
E todas as nações cantarão hinos de
louvor a ele.

Jerusalém, a esposa de Deus, o SENHOR

62 Eu amo *Sião e por isso não me
calarei;
não descansarei até que a sua
vitória brilhe como o sol,
e a sua salvação brilhe como uma
tocha acesa.
2 Jerusalém, todas as nações verão a
sua vitória,
todos os reis ficarão admirados
com a sua beleza.
Você terá um novo nome,
um nome que o SENHOR lhe dará.
3 Você será como uma bela coroa
que pertence ao SENHOR, seu Deus.
4 Nunca mais a chamarão de
"Abandonada",
e a sua terra não será mais
chamada de "Arrasada".
Você será chamada de "Minha
querida",
e a sua terra, de "Minha esposa".
Pois o SENHOR está contente com
você,
e a sua terra será a esposa dele.
5 Assim como um moço casa com a
sua noiva,
também aquele que a construiu
casará com você;
assim como o noivo fica feliz com
a noiva,
também o seu Deus se alegrará com
você.

6 Nas muralhas de Jerusalém,
o SENHOR colocou vigias,
que não deverão ficar calados
nem de dia nem de noite.
Vocês, vigias, que fazem com
que Deus lembre das suas
promessas,
não descansem,
7 nem deixem que ele descanse
até que tenha reconstruído
Jerusalém,
fazendo dela uma cidade elogiada
no mundo inteiro.

8 Com o seu forte braço direito
levantado,
o SENHOR fez ao seu povo este
juramento:

DEVOCIONAL

Texto para leitura: **Isaías 62:6**

Conheça a Deus

O cristão forte é aquele que tem uma vida cheia de oração. A falta de oração deixa o cristão fraco e com medo. Quando as coisas não estão acontecendo em sua vida, quando a esperança está perdida, quando as emoções estão descontroladas, a primeira coisa que você precisa observar é que não está orando. Quando uma Garota de Deus ora, ela invoca o nome do Senhor, e ele ouve. Ela deixa claro para si mesma e para seu Deus quem é a pessoa mais importante de tudo, e dá mais ênfase à comunhão com ele do que ao prazer, às atividades e à distração. A falta de oração é um dos pecados mais comuns na vida de um cristão. Mas, quando não ora, você não adora ao Deus a quem diz servir. A falta de oração pode arruinar até o cristão mais forte. Se sua vida não está produzindo tudo o que imaginou, então olhe para sua vida de oração. O tempo que você dedica falando com Deus, fazendo-lhe suas súplicas e buscando a mente dele afeta diretamente seu sucesso em todas as áreas de sua vida.

Quando uma Garota de Deus ora — ora de verdade —, ela vê portas, antes fechadas, abrindo-se na frente dela. Ela vê a vida mudando ao seu redor e dentro de si. Ela libera o poder do Espírito Santo em sua vida e começa a encontrar mais paz e esperança do que jamais imaginou existir. Você não pode se dar ao luxo de aceitar a falta de oração em sua vida. Esforce-se para dedicar sua mente e seu tempo à busca da comunhão com o Criador do Universo e amante de sua alma.

"Nunca mais deixarei que o seu
trigo
seja comido pelos seus inimigos,
nem permitirei que o seu vinho,
que vocês fizeram com tanto
trabalho,
seja bebido por estrangeiros.
9 Vocês mesmos colherão o seu
trigo,
comerão o pão e louvarão a mim, o
SENHOR.
Vocês mesmos colherão as suas
uvas
e beberão o vinho nos pátios do
meu Templo."

10 Moradores de Jerusalém, saiam
da cidade
e preparem o caminho para o seu
povo que está voltando.
Aplanem a estrada, tirem todas as
pedras
e levantem uma bandeira como
sinal
para que todos os povos saibam o
que está acontecendo.

11 Pelo mundo inteiro,
o SENHOR anunciou esta mensagem:
"Digam ao povo de Jerusalém
que o seu Salvador está chegando.
Ele traz consigo o povo que ele
salvou."
12 Vocês serão chamados de "Povo
Santo",
o "Povo que o SENHOR Salvou".
Jerusalém será chamada de "Aquela
que Deus Ama",
"Cidade que Deus não Abandonou".

Deus castiga os inimigos do seu povo

63 "Quem é este que vem da cidade de
Bosra, a capital de Edom?
Quem é este, vestido de roupas
vermelhas, luxuosas,
que vem marchando forte e
poderoso?"
"Sou eu — diz o SENHOR — que
anuncio a vitória,
que sou poderoso para salvar."

2 "Mas por que é que a tua roupa
está vermelha?

Por que é que parece a roupa de
quem pisa uvas para fazer
vinho?"
3 O SENHOR responde:
"Eu pisei as nações como quem pisa
uvas no tanque,
e não havia ninguém para me ajudar.
Na minha *ira e no meu furor, eu
pisei e esmaguei as nações;
o seu sangue manchou a minha
roupa,
que ficou tingida de vermelho.
4 Eu havia resolvido que já era
tempo de me vingar dos meus
inimigos,
que havia chegado o dia em que eu
deveria salvar o meu povo.
5 Olhei, mas não havia ninguém que
me ajudasse,
fiquei admirado ao ver que não
havia quem me apoiasse.
Então consegui a vitória com o meu
próprio poder,
e a minha ira me encheu de força.
6 Na minha ira, pisei os povos;
no meu furor, os esmaguei
e derramei o seu sangue no chão."

A bondade de Deus para com Israel

7 Anunciarei o amor de Deus, o
SENHOR,
e darei graças por tudo o que ele
tem feito;
pois o SENHOR nos abençoou
ricamente,
ele mostrou grande bondade para
com o seu povo
por causa da sua compaixão
e do seu grande amor.
8 O SENHOR disse:
"Eles são o meu povo,
são filhos que nunca me trairão."
E por isso ele os livrou
9 de todos os seus sofrimentos.
Quem os salvou foi ele mesmo,
e não um anjo ou qualquer outro
mensageiro.
Por causa do seu amor e da sua
compaixão,
ele os salvou.
E todos os dias, ano após ano,
ele os pegava e carregava no colo.
10 Mas eles se revoltaram contra
Deus
e ofenderam o seu santo Espírito.
Por isso, Deus se tornou inimigo
deles
e começou a lutar contra eles.
11 Então eles lembraram do passado,
lembraram de Moisés, *servo de
Deus, e perguntaram:
"Onde está o SENHOR,
que salvou do mar o seu povo,
que salvou o seu rebanho
e Moisés, que era o pastor?
Onde está aquele que pôs o seu
Espírito em Moisés,
12 que fez com que o seu grande poder
estivesse sempre com ele?
A fim de conquistar fama eterna,
o SENHOR dividiu o mar na frente
do seu povo
13 e o fez passar pelas águas
profundas.
Eles passaram seguros, como
cavalos selvagens que não
tropeçam,
14 como o gado que desce
calmamente para os vales.
O Espírito do SENHOR os estava
levando para um lugar de
descanso."
Foi assim, ó SENHOR, que guiaste o
teu povo
e conseguiste para ti mesmo um
nome famoso.

Oração pedindo a ajuda de Deus

15 Ó Deus, olha para nós lá do céu,
lá do lugar santo e *glorioso onde
moras.
Onde está o teu poder e o teu
cuidado por nós?
Não retires de nós o teu amor e a
tua compaixão,
16 pois tu és o nosso Pai.
Os nossos antepassados Abraão e
Jacó
não se importam conosco, não
fazem caso de nós.
Mas tu, ó SENHOR Deus, és o nosso
Pai,
e desde o princípio nós te
chamamos de "O nosso
Salvador".
17 Ó Deus, por que fazes com
que nos desviemos dos teus
caminhos
e tornas o nosso coração duro,
para que não te *temamos?
Volta para nós, ó Deus,
pois somos os teus servos,
somos o povo que escolheste.
18 Por um pouco de tempo, nós, o

teu povo santo, fomos donos do
teu Templo,
mas agora ele é pisado pelos nossos
inimigos.
19 Tu nos tratas como se nunca
tivesses sido o nosso
governador,
como se nós nunca tivéssemos sido
o teu povo.

64 Como gostaríamos que tu rasgasses os céus e descesses,
fazendo as montanhas tremerem
diante de ti!
2 Elas seriam como a água
que ferve em cima de um fogo forte.
Os teus inimigos reconheceriam a
tua fama
e tremeriam de medo diante de ti.
3 Quando fizeste coisas maravilhosas,
que nós nem esperávamos,
tu desceste do céu,
e as montanhas tremeram diante
de ti.
4 Nunca ninguém viu ou ouviu falar
de outro deus além de ti,
de um deus que faz coisas assim
em favor dos que confiam nele.
5 Tu aceitas os que fazem com
prazer o que é direito,
os que lembram de viver de acordo
com a tua vontade.

Tu estavas irado conosco, mas nós
continuamos a pecar;
só seremos salvos se andarmos nos
caminhos antigos.
6 Todos nós nos tornamos *impuros,
todas as nossas boas ações são
como trapos sujos.
Somos como folhas secas;
e os nossos pecados, como uma
ventania,
nos carregam para longe.
7 Não há mais ninguém que ore a ti,
ninguém que procure a tua ajuda.
Por causa dos nossos pecados,
tu te escondeste de nós e nos
abandonaste.

8 Mas tu, ó Senhor Deus, és o nosso
Pai;
nós somos o barro, tu és o oleiro,
todos nós fomos feitos por ti.
9 Não continues tão irado, ó Senhor,
nem lembres para sempre os
nossos pecados.
Não esqueças que somos o teu
povo.
10 As tuas santas cidades viraram
um deserto,
Jerusalém está arrasada,
o *monte Sião está abandonado.
11 O nosso belo e sagrado Templo,
onde os nossos antepassados te
louvaram,
foi destruído pelo fogo.
Tudo o que amávamos está em
ruínas!
12 Vendo tudo isso, ó Senhor,
não vais fazer nada?
Será que vais ficar calado
e nos castigar mais ainda?

Deus castigará os rebeldes

65 O Senhor Deus disse:
"Eu estava pronto para atender o
meu povo,
mas eles não pediram a minha
ajuda;
estava pronto para ser achado,
mas eles não me procuraram.
A um povo que não orou a mim,
eu disse: 'Estou aqui! Estou aqui!'
2 O dia inteiro eu abri os braços,
pronto para receber um povo
rebelde,
um povo que anda no caminho do
mal,
seguindo sempre os seus próprios
caprichos.
3 Essa gente vive me provocando
abertamente;
eles oferecem *sacrifícios em
jardins sagrados
e queimam incenso sobre altares
pagãos.
4 Eles vão aos cemitérios para
consultar os mortos
e passam as noites em lugares
desertos para receber visões.
Comem carne de porco
e enchem os seus pratos de comida
*impura.
5 Depois, dizem aos outros:
'Parem! Não nos toquem,
pois somos mais santos do que
vocês.'
Essa gente me faz ficar *irado;
a minha ira é como um fogo que
não se apaga.
6 Tudo o que eles fazem está escrito
no meu livro,
e não descansarei até castigá-los.

Eu farei com que eles paguem pelos seus pecados
7 e também pelos pecados dos seus antepassados.
Eles queimaram incenso sobre altares pagãos, nos montes,
e me ofenderam com esses sacrifícios.
Por isso, farei com que eles paguem pelos seus pecados,
por todos eles, um por um."
O SENHOR falou.

8 O SENHOR diz:
"Quando alguém encontra algumas uvas cheias de suco
numa *parreira, diz:
'Não vamos destruí-las,
pois o vinho que fizermos com elas
será uma bênção para nós.'
Assim também, por amor dos meus *servos,
eu não destruirei todo o meu povo.
9 Farei com que os descendentes de Jacó
e o povo da *tribo de Judá
tenham muitos descendentes
e com que sejam donos da minha terra.
O meu povo escolhido será dono da *Terra Prometida
e sempre viverá nela.
10 E, se o meu povo procurar fazer a minha vontade,
a planície de Sarom servirá de pasto para as suas ovelhas,
e o seu gado pastará no vale da Desgraça.

11 "Mas alguns de vocês se afastam de mim;
desprezam o meu *monte santo
e fazem ofertas de comida e de vinho
a Gade e a Meni, os deuses da sorte e do destino.
12 Pois então o destino de vocês será morrer à espada;
eu farei com que todos fiquem de joelhos para serem mortos.
Pois eu os chamei, mas vocês não responderam;
eu lhes falei, mas vocês não deram atenção.
Pelo contrário, fizeram o que me desagrada,
escolheram coisas que me aborrecem."

13 Portanto, o SENHOR Deus diz:
"Aqueles que me servem terão comida e bebida,
mas vocês passarão fome e sede;
eles serão felizes, mas vocês serão humilhados;
14 eles cantarão, cheios de alegria,
mas vocês gemerão de tristeza,
chorarão com o coração cheio de angústia.

15 "Eu, o SENHOR Deus, os matarei.
E os meus servos, o meu povo escolhido,
usarão os nomes de vocês para rogar pragas.
Mas nos meus servos eu porei um novo nome.
16 Qualquer pessoa na Terra Prometida que pedir uma bênção
vai pedi-la ao Deus fiel;
e quem fizer uma promessa
a fará em nome do Deus fiel."

Um novo céu e uma nova terra

O SENHOR diz ao seu povo:
"Vocês esquecerão as desgraças que sofreram,
e eu também não lembrarei mais delas.
17 Pois eu estou criando um novo céu e uma nova terra;
o passado será esquecido,
e ninguém lembrará mais dele.
18 Alegrem-se, fiquem felizes para sempre
com aquilo que eu vou criar;
pois vou encher de alegria a cidade de Jerusalém
e vou dar muita felicidade ao seu povo.
19 Eu ficarei contente com Jerusalém,
e o meu povo me encherá de alegria.
Nunca mais se ouvirá em Jerusalém
nem barulho de choro nem gritos de aflição.
20 Nunca mais morrerão ali criancinhas de poucos dias;
ninguém morrerá antes de ficar bem velho.
Morrer aos cem anos será morrer moço,
e não chegar aos cem anos será uma maldição.

21 "Vocês construirão casas e
morarão nelas,
farão plantações de uvas e beberão
do seu vinho.
22 Não construirão casas para outros
morarem nelas,
nem farão plantações de uvas para
outros beberem do seu vinho.
O meu povo viverá muitos anos,
como as árvores,
e todos terão o prazer de aproveitar
as coisas que eles mesmos
fizeram.
23 Todo o seu trabalho dará certo,
e os seus filhos não acabarão na
desgraça;
pois eles e os seus descendentes
serão a raça que eu abençoarei para
sempre.
24 Antes mesmo que me chamem, eu
os atenderei;
antes mesmo de acabarem de falar,
eu responderei.
25 Os lobos e os carneirinhos
pastarão juntos,
os leões comerão palha como os
bois,
e as cobras não atacarão mais
ninguém.
E no meu monte santo
não acontecerá nada que seja mau
ou perigoso."
O SENHOR falou.

A religião falsa é condenada

66 O SENHOR diz:
"O céu é o meu trono,
e a terra é o estrado onde descanso
os meus pés.
Que tipo de casa vocês poderiam
construir para mim?
Como conseguiriam construir um
lugar onde eu pudesse morar?
2 Eu mesmo fiz o céu e a terra,
e todas as coisas são minhas.
Mas eu cuido dos pobres e dos
arrependidos,
dos que me *temem e obedecem às
minhas *leis.
3 Porém há pessoas que matam
um touro para o oferecer em
**sacrifício*
e matam também um homem;
há pessoas que matam uma ovelha
como sacrifício
e matam também um cachorro;
há pessoas que me oferecem
cereais
e me oferecem também sangue de
porco;
há pessoas que queimam incenso
a mim
e também adoram uma imagem.
Essas pessoas resolveram fazer o
que querem
e têm prazer nas suas ações
nojentas.
4 Por isso, eu decidi fazê-las sofrer
e resolvi descarregar sobre elas os
castigos de que elas têm medo.
Pois eu chamei, mas ninguém
respondeu;
falei, mas ninguém me deu atenção.
Pelo contrário, fizeram o que me
desagrada,
escolheram coisas que me
aborrecem."

Castigo e salvação

5 Todos os que *temem e obedecem
ao SENHOR,
escutem as suas palavras.
O SENHOR diz a vocês:
"Os seus patrícios os odeiam
e não querem saber de vocês
porque vocês são fiéis a mim.
Eles lhes dizem:
'Que o SENHOR venha salvá-los
para que possamos vê-los alegres!'
Pois essas pessoas vão ficar
envergonhadas.
6 Escutem o forte barulho na cidade,
o barulho que há no Templo!
É o barulho de Deus, o SENHOR,
castigando os seus inimigos como
eles merecem.

7 "Será que uma mulher dá à luz
antes de sentir dores de parto?
Será que pode dar à luz um filho
sem sofrer?
8 Quem já ouviu falar de uma coisa
assim?
Quem já viu isso acontecer?
Pois será que um país pode nascer
num dia só?
Uma nação aparece assim num
instante?
Mas foi isto mesmo que aconteceu
com *Sião:
assim que sentiu dores de parto,
ela deu à luz os seus filhos.
9 Sou eu quem faz vir as dores de
parto;

será que eu não vou deixar que os
filhos nasçam?
Sou eu, o SENHOR, seu Deus, quem
está falando.

10 "Alegrem-se junto com Jerusalém
e cantem hinos de louvor,
todos os que a amam.
Alegrem-se junto com Jerusalém,
todos os que choraram por ela.
11 E ela, como uma mãe que dá de
mamar ao seu filho,
dará a vocês das suas riquezas,
e vocês ficarão satisfeitos.
12 Pois eu, o SENHOR, prometo a
Jerusalém
que farei com que a prosperidade
venha como um rio
e com que as riquezas das nações
venham a ela
como se fossem uma enchente.
Então Jerusalém será como uma
mãe;
ela lhes dará de mamar,
carregará vocês nos braços
e no colo os abraçará com carinho.
13 Como a mãe consola o filho,
eu também consolarei vocês;
eu os consolarei em Jerusalém.
14 Quando virem isso acontecer,
vocês ficarão contentes e terão
novas forças,
como uma planta que cresce viçosa.
Vocês ficarão sabendo que eu,
o SENHOR, cuido dos meus
*servos,
mas, quando fico *irado, castigo os
meus inimigos."

15 O SENHOR Deus virá no meio do
fogo;
os seus carros de guerra são como
uma forte ventania;
ele virá descarregar sobre os
inimigos a sua ira furiosa
e as chamas de fogo do seu castigo.
16 *Com o* fogo e com a espada,
o SENHOR vai *castigar o mundo*
inteiro
e matar muitos dos seus
moradores.

17 O SENHOR diz:
— Existem pessoas que se *purificam
com cerimônias religiosas para entrar
nos jardins sagrados junto com o sacer-
dote que vai no meio delas. Além disso,
essas pessoas comem carne de porco, ra-
tos e outras comidas *impuras. Elas serão
mortas,
18 pois eu sei o que elas fazem e
o que pensam.
— Eu virei para ajuntar todas as nações
e todos os povos. Eles virão e verão o bri-
lho da minha *glória.
19 Eu porei no meio
deles um sinal da minha autoridade. E,
dos que ficarem vivos depois do meu jul-
gamento, enviarei alguns para as nações
mais distantes, onde nunca se ouviu falar
da minha fama, nem foi visto o meu po-
der. Eu os enviarei até a Espanha, a Líbia
e a Lídia, países onde há ótimos atirado-
res de flechas; irão também para Tubal e
para a Grécia. Em todas essas nações, eles
anunciarão o meu grande poder.
20 E tra-
rão de volta todos os patrícios de vocês
como uma oferta para mim. Eles virão até
o meu *monte santo em Jerusalém mon-
tados em cavalos, mulas e camelos e tra-
zidos em carretas e carroças. Esses seus
patrícios serão oferecidos a mim assim
como os israelitas trazem ao Templo as
suas ofertas de cereais em vasilhas puras.
21 Eu escolherei alguns deles para serem
sacerdotes e outros para serem *levitas.

22 O SENHOR Deus diz:
"Assim como o novo céu e a nova
terra
que eu vou criar
durarão para sempre pelo meu
poder,
assim também durarão os nomes
de vocês,
e vocês sempre terão descendentes.
23 Em todas as *Festas da Lua Nova
e em todos os sábados,
pessoas de todas as nações virão
me adorar no Templo.
24 Depois, sairão da cidade e verão
os corpos
daqueles que foram mortos
por terem se revoltado contra mim.
Os vermes que os *devoram nunca*
morrerão,
e o fogo que os queima nunca se
apagará.
Todos terão nojo deles.
Eu, o SENHOR, falei".

Jeremias

Aceite a correção

– Com quem devo falar? E, mesmo que eu fale, quem vai me ouvir? Eles taparam os ouvidos, pois não querem prestar atenção. Eles não querem ouvir a tua mensagem e zombam do que dizes.

Jeremias 6:10

Autores ♥ Jeremias e Baruque, seu assistente
Data ♥ Em algum momento depois de 587 a.C.
Local ♥ Judá
Público-alvo ♥ O reino de Judá

Quando Deus fala, você ouve ou muda de assunto? Ouvir a voz de Deus nem sempre é uma boa sensação e nem sempre parece celestial. Muitas vezes, é doloroso e não diz nada que você queira ouvir. Pode ser como o triste despertar para um lembrete indesejado de sua própria imperfeição, e a resposta fácil é dizer: "E daí?", "Eu sou assim mesmo" ou "Ninguém é perfeito". Mas a melhor maneira de lidar com uma correção, seja na forma de um tapinha celestial nas costas ou um soco violento de um ser humano pouco carinhoso, é com humildade e santificação em mente. Descartar a correção ou a repreensão nunca é uma boa ideia, por isso a menina esperta pensa muito bem no assunto e o compara com a Palavra de Deus para ver se o que está ouvindo parece ser uma mensagem de Deus. Ninguém cresce em santidade sem ter de enfrentar de vez em quando a verdade desagradável sobre si mesmo. Então, isso não é motivo para se sentir deprimida nem para surtar, mas a chance de se restabelecer e pensar em um novo caminho, uma nova maneira de pensar ou agir.

Ponto essencial
Jeremias escreveu este livro para mostrar à nação que estava sendo idólatra ao deixar de servir a Deus, e para mostrar a destruição que viria por causa dessa idolatria. Mas Jeremias também aponta a salvação do povo, e nossa, enquanto profetiza sobre o Messias que haveria de vir.

O profeta Jeremias advertiu o povo de Deus sobre o caminho pecaminoso que estava seguindo, mas, mesmo falando em nome de Deus, ele quase sempre foi rejeitado e temido pelo povo, que não queria ouvir que estava fazendo algo errado. Durante a leitura de Jeremias, observe como era fácil para Judá escolher o pecado em vez de escolher a correção de Deus, mas também observe como o Senhor nunca desistiu da nação eleita.

Nem tudo o que todos lhe dizem é a palavra dos céus, mas a Garota de Deus olha para a correção como uma oportunidade de descobrir mais o que agrada a Deus, e de realmente olhar para seus próprios motivos e desejos com relação ao que está ouvindo. Quando você é corrigida, sua melhor resposta sempre é ser honesta sobre seus motivos e escolher conscientemente não culpar a pessoa que a corrige, mas tentar encontrar verdade nas palavras dela. A humildade nunca é uma escolha má nem mesmo fraca, mas sempre é inteligente. Não seja precipitada, sentindo-se magoada ou ofendida, em vez disso, considere em oração e com cuidado o que Deus talvez esteja tentando lhe dizer.

Coisas para procurar

- As queixas de Jeremias (veja Jeremias 12:1-4; 20:7-18)
- A angústia de Jeremias com a destruição de Judá (veja Jeremias 4:19-21)

Fatos, termos e versículos que você deve saber

- Jeremias nem sempre gostava de ser profeta. Ele se queixava muito de como a tarefa era solitária, como nos capítulos 15:10-21 e 20:7-18.
- **Cisterna:** Um tanque ou compartimento subterrâneo para armazenar água. Uma cisterna seca foi usada como cela para prisioneiros em Jeremias 38:6.
- **Descendente de Davi:** Um nome que se refere ao Messias, que viria da linhagem de Davi (veja Jeremias 23:5-6).
- **Rainha do Céu:** A deusa Istar, divindade da guerra e da fertilidade (veja Jeremias 44:18).

— Não tenha medo de ninguém, pois eu estarei com você para protegê-lo. Sou eu, o SENHOR, quem está falando.

(Jeremias 1:8)

Quem pode entender o coração humano? Não há nada que engane tanto como ele; está doente demais para ser curado.

(Jeremias 17:9)

— Mas o que ordenei foi que me obedecessem, de modo que eu seria o Deus deles, e eles seriam o meu povo. Disse que vivessem sempre como eu tinha mandado, para que tudo corresse bem para eles.

(Jeremias 7:23)

Só eu conheço os planos que tenho para vocês: prosperidade e não desgraça e um futuro cheio de esperança. Sou eu, o SENHOR, quem está falando.

(Jeremias 29:11)

— Eles serão o meu povo, e eu serei o seu Deus. Eu lhes darei este único propósito na vida: temer sempre a mim, para o próprio bem deles e dos seus descendentes. Vou fazer com eles esta aliança eterna: nunca deixarei de lhes fazer o bem; farei com que me respeitem com sinceridade para que nunca se afastem de mim. Terei prazer em lhes fazer o bem e com todo o meu coração e com toda a minha alma deixarei que fiquem morando nesta terra.

(Jeremias 32:38-41)

1 Este livro conta o que Jeremias disse
e fez. Jeremias era filho de Hilquias,
um dos sacerdotes da cidade de Anato-
te, no território da *tribo de Benjamim.
2 Quando Josias, filho de Amom, estava no
ano treze do seu reinado em Judá, o SE-
NHOR Deus falou com Jeremias. 3 E falou
de novo quando Jeoaquim, filho de Josias,
era rei. Depois disso, Deus falou com Je-
remias muitas vezes, até o tempo em que
o povo da cidade de Jerusalém foi levado
como prisioneiro para fora da sua terra.
Isso aconteceu no quinto mês do ano dé-
cimo primeiro do reinado de Zedequias,
filho de Josias.

Deus chama Jeremias

4 O SENHOR Deus me disse:
5 — Antes do seu nascimento, quando
você ainda estava na barriga da sua mãe,
eu o escolhi e separei para que você fos-
se um *profeta para as nações.
6 Então eu disse:
— Ó SENHOR, meu Deus, eu não sei
como falar, pois sou muito jovem.
7 Mas o SENHOR respondeu:
— Não diga que é muito jovem, mas vá
e fale com as pessoas a quem eu o enviar
e diga tudo o que eu mandar. 8 Não tenha
medo de ninguém, pois eu estarei com
você para protegê-lo. Sou eu, o SENHOR,
quem está falando.
9 Aí o SENHOR estendeu a mão, tocou
nos meus lábios e disse:
— Veja! Eu estou lhe dando a mensa-
gem que você deve anunciar. 10 Hoje, estou
lhe dando poder sobre nações e reinos,
poder para arrancar e derrubar, para des-
truir e arrasar, para construir e plantar.
11 O SENHOR me perguntou:
— O que é que você está vendo?
— Um galho de amendoeira! — res-
pondi.
12 O SENHOR me disse:
— Você está certo; eu também estou
vigiando para que as minhas palavras se
cumpram.
13 O SENHOR falou comigo outra vez e
perguntou:
— O que mais você está vendo?
Eu respondi:
— *Estou vendo no Norte uma* panela
fervendo e se derramando para o lado
de cá.
14 Então o SENHOR disse:
— Do Norte, virá a destruição, que
se derramará em cima de todos os que
vivem nesta terra. 15 Eu vou chamar todas
as nações do Norte. Os reis dessas nações
chegarão aqui e colocarão o seu trono na
frente dos portões de Jerusalém, em vol-
ta das suas muralhas e também em volta
das outras cidades de Judá. 16 Vou castigar
os seus moradores por causa da sua mal-
dade. Eles me abandonaram, estão quei-
mando incenso a outros deuses e adoran-
do os ídolos que fizeram com as suas pró-
prias mãos. 17 Jeremias, prepare-se para
ir. Vá dizer a eles tudo o que eu mandar.
Não tenha medo deles agora, pois, do con-
trário, eu farei com que você fique com
mais medo ainda quando estiver no meio
deles. 18-19 Escute, Jeremias! Todas as pes-
soas desta terra, isto é, os reis de Judá, as
autoridades, os sacerdotes e o povo, vão
ficar contra você. Mas hoje eu estou lhe
dando forças para poder enfrentar essa
gente. Você será como uma cidade cerca-
da de muralhas, como um poste de ferro,
como um muro de bronze. Eles não o der-
rotarão, pois eu estarei ao seu lado para
protegê-lo. Eu, o SENHOR, falei.

A fidelidade de Israel

2 1-2 O SENHOR Deus me mandou entregar
a todos os moradores de Jerusalém a
seguinte mensagem:

“Meu povo, eu lembro de quando
você era jovem.
Como você era fiel
e como me amava quando éramos
recém-casados!
Lembro como me seguiu pelo
deserto,
por uma terra onde não havia
plantações.
3 Povo de Israel, você era só meu;
era sagrado como o trigo
que é colhido primeiro
e oferecido a mim.
Eu castiguei todos os que fizeram
você sofrer
e fiz cair o mal sobre eles.
Eu, o SENHOR, estou falando.”

O pecado dos antepassados dos israelitas

4 Descendentes de Jacó e famílias do
povo de Israel, escutem a mensagem de
Deus, o SENHOR. 5 Ele diz:

“Que defeito os seus antepassados
acharam em mim
para me abandonar?
Adoraram ídolos inúteis
e eles mesmos se tornaram inúteis.

DEVOCIONAL

Texto para leitura: **Jeremias 2:1-13**

Conheça a si mesma

Você ainda tem desejo de agradar a Deus ou está mais interessada em que ele lhe agrade? Você é motivada pelo desejo de servir a ele ou de choramingar porque as coisas não são como você quer? Sua alma nunca estará feliz quando tiver esquecido o que Deus quer dela: sua presença e adoração. Quanto disso você dá a Deus? Quanto você trabalha para fazer o que agrada a Deus e para ser uma boa representante dele diante de seus amigos e familiares?

Em Jeremias 2, Deus está perguntando aos seus por que eles se afastaram, se esqueceram de que o amavam e seguiram outros deuses. Ele pode se lembrar de uma época em que o adoravam e confiavam nele, mas, de alguma forma, eles abandonaram essa paixão, essa esperança e esse amor. Você consegue notar alguma diferença em sua vida? Sua paixão por Deus aumentou ou diminuiu? Você se lembra de uma época em que a única coisa que importava para você era Deus? Se você regrediu em vez de avançar em seu relacionamento de amor, então é muito mais provável que se sinta mal agora, e isso é bom — significa que está angustiada, e essa angústia divina faz com que você mude ou se arrependa (veja 2Coríntios 7:10).

Hoje é sua segunda chance de voltar ao seu primeiro amor. Planeje um tempo hoje, amanhã e durante toda a semana para se dedicar às lembranças do que Deus fez por você, adorando-o e simplesmente estando na presença dele.

6 Eles me desprezaram;
no entanto, fui eu quem os tirou do
Egito.
Eu os levei pelo deserto,
terra de montanhas e de
precipícios;
terra seca e perigosa,
por onde ninguém viaja
e onde ninguém mora.
7 Eu os trouxe para uma terra boa
a fim de que se alimentassem das
suas colheitas
e do que ela tem de melhor.
Mas eles vieram
e mancharam a minha terra;
fizeram com que a terra que lhes
dei virasse um lugar nojento.
8 Os sacerdotes não perguntaram:
'Onde está o SENHOR?'
Os que lidam com a *Lei não
quiseram saber de mim.
Os governadores se revoltaram
contra mim.
Os *profetas falaram em nome do
deus Baal
e adoraram ídolos
que não podem ajudar ninguém."

A acusação de Deus contra o seu povo

9 O SENHOR Deus diz:
"Assim eu vou novamente fazer uma
acusação contra o meu povo.
Vou apresentar a minha causa
contra vocês e os seus
descendentes.
Sou eu, o SENHOR, quem está
falando.
10 Vão até a ilha de Chipre, no Oeste,
e vejam;
mandem alguém a Quedar, no Leste,
e prestem bastante atenção,
pois uma coisa como esta nunca
aconteceu antes.
11 Nenhuma outra nação trocou os
seus deuses por outros
que nem eram deuses de verdade.
Mas o meu povo me trocou,
trocou a mim, o seu Deus *glorioso,
por deuses que não podem
ajudá-los.
12 Por isso, eu, o SENHOR,
vou mandar que o céu trema de
horror
e que fique cheio de pavor e de
espanto.

13 O meu povo cometeu dois
pecados:
Eles abandonaram a mim,
a fonte de água fresca,
e cavaram cisternas, cisternas
rachadas
que deixam vazar a água da chuva."

Os resultados da infidelidade do povo

14 O SENHOR Deus diz:
"O povo de Israel não é escravo,
nem nasceu escravo.
Então por que os seus inimigos o
escravizam?
15 Como se fossem leões,
eles têm dado urros contra Israel;
eles têm rugido com força.
Fizeram com que a terra de Israel
virasse um deserto;
as suas cidades estão destruídas,
e ninguém mora nelas.
16 Sim, os moradores de Mênfis e de
Tafnes
raparam a cabeça de Israel.

17 "Povo de Israel,
foi por sua própria culpa
que tudo isso aconteceu com você.
Você abandonou a mim, o SENHOR,
seu Deus,
quando eu o estava guiando pelo
caminho.
18 E, agora, o que é que você vai
ganhar,
indo até o Egito
para beber água do rio Nilo?
O que você vai ganhar,
indo até a Assíria
para beber água do rio Eufrates?
19 A sua própria maldade o
castigará,
e você será condenado porque me
abandonou.
Você vai aprender de uma vez como
é ruim e amargo
abandonar a mim, o SENHOR, seu
Deus,
e deixar de me *temer.
Eu, o SENHOR, o Deus Todo-
-Poderoso, estou falando."

O povo não quer adorar ao SENHOR

20 O SENHOR Deus diz:
"Povo de Israel,
faz muito tempo que você rejeitou a
minha autoridade.
Você não quis me obedecer, nem me
adorar.
E, em todos os montes altos
e debaixo de todas as árvores
sagradas,
você praticava imoralidade na
adoração aos deuses.
21 Eu o plantei como uma *parreira
escolhida,
uma muda da melhor qualidade.
Mas veja o que você é agora!
É uma parreira estragada,
que não presta mais.
22 Mesmo que você se lavasse com
muito sabão,
com sabão bem forte,
eu ainda poderia ver a mancha da
sua culpa.
Sou eu, o SENHOR, quem está
falando.
23 Como é que você pode dizer que
não se manchou
e que nunca adorou o deus *Baal?
Veja como você pecou no vale,
veja só o que fez.
Você é como uma camela nova no cio,
correndo solta por aí.
24 É como uma jumenta selvagem do
deserto, quando está no cio:
quem a pode impedir de satisfazer
o seu desejo?
O macho que a quer não precisa
procurá-la:
ela sempre pode ser encontrada
na época do cruzamento.
25 Povo de Israel,
cuidado para que os seus pés não se
machuquem
de tanto você andar atrás de outros
deuses;
cuidado para que a sua garganta
não fique seca.
Mas você diz: 'Não! Não adianta!
Eu me apaixonei por deuses
estrangeiros
e vou atrás deles.' "

O castigo do povo de Israel

26 O SENHOR Deus diz:
— Como o ladrão fica envergonhado
quando é pego, assim o povo de Israel pas-
sará vergonha: todos vocês, os seus reis e
príncipes, os seus sacerdotes e *profetas.
27 Passarão vergonha todos aqueles que
dizem a um pedaço de madeira: "Você é
o meu pai", e a uma pedra: "Você é a mi-
nha mãe". Isso vai acontecer porque vocês
me viraram as costas, em vez de virarem o
rosto para o meu lado. No entanto, quando

estão em dificuldades, vocês vêm me pedir que os salve. 28 Onde estão os deuses que vocês fizeram para vocês mesmos? Quando vocês estão em dificuldades, que eles os salvem, se é que podem. Judá, os seus deuses são tantos quantas as suas cidades. 29 Eu, o SENHOR, pergunto:

— Qual é a queixa que vocês têm de mim? Vocês todos se revoltaram contra mim. 30 Eu os castiguei, porém isso não adiantou nada; vocês não quiseram aprender a lição. Como um leão furioso, vocês mataram os seus próprios profetas. 31 Todos vocês, prestem muita atenção no que estou dizendo. Povo de Israel, será que eu tenho sido para vocês como um deserto, como uma terra perigosa? Então por que é que vocês dizem que vão fazer o que quiserem e que não voltarão mais para mim? 32 Por acaso, uma jovem esquece as suas joias? Ou uma noiva esquece o seu véu? Mas o meu povo esqueceu de mim por tantos dias, que nem dá para contar. 33 Vocês sabem muito bem como andar atrás dos amantes, e até as prostitutas podem aprender isso com vocês. 34 As roupas de vocês estão manchadas com o sangue de pobres e inocentes que nunca assaltaram as suas casas.

— Mas, apesar de tudo isso, o meu povo diz: 35 "Eu estou inocente. Certamente, o SENHOR Deus não está mais *irado comigo." Mas eu, o SENHOR, o castigarei porque você diz que não pecou. 36 Por que você muda assim para pior, sem mais nem menos? Como você ficou desiludido com a Assíria, também ficará desiludido com o Egito. 37 Você vai voltar também do Egito de cabeça baixa, envergonhado. Eu, o SENHOR, rejeitei aqueles em quem você confia; você não vai ganhar nada ficando com eles.

A infidelidade do povo

3 O SENHOR Deus diz:

— Se um homem se divorciar da sua *mulher, e ela o deixar para* casar com outro, o primeiro marido não poderá casar com ela outra vez. Isso mancharia completamente a terra de Israel. Mas você, meu povo, tem tido muitos amantes e agora quer voltar para mim! Sou eu, o SENHOR, quem está falando. 2 Olhe para o alto dos montes e veja: será que existe algum lugar onde você não agiu como prostituta? Você ficava na beira da estrada esperando os fregueses, como um árabe que espera no deserto para assaltar alguém. Você manchou a terra de Israel com a sua prostituição e os seus vícios. 3 É por isso que não tem chovido, e as chuvas da primavera deixaram de cair. Mas você tem até jeito de prostituta e mostrou que não tem vergonha.

4 — E agora você me diz: "Tu és o meu pai, tu me tens amado desde que eu era criança. 5 Tu não ficarás com raiva de mim para sempre." Povo de Israel, foi isso o que você disse, mas continuou fazendo todo mal que podia.

A necessidade do arrependimento

6 No tempo do rei Josias, o SENHOR Deus me disse:

— Você está vendo o que fez Israel, aquela mulher infiel que virou as costas para mim? Ela subiu em todos os montes altos e ficou debaixo de todas as árvores que dão sombra, agindo como prostituta. 7 Eu, o SENHOR, pensei assim: "Depois de fazer tudo isso, com toda a certeza ela voltará para mim." Porém não voltou, e Judá, a sua irmã infiel, viu isso. 8 Judá também sabe que eu me divorciei de Israel e que a mandei embora porque ela me abandonou e virou prostituta. Mas Judá, a sua irmã infiel, não ficou com medo. Ela também virou prostituta 9 e não ficou envergonhada. Ela manchou a sua terra porque cometeu adultério, adorando pedras e árvores. 10 E o pior de tudo é que Judá, a infiel irmã de Israel, só fingiu que voltava para mim: ela não foi sincera. Eu, o SENHOR, estou falando.

11 Aí Deus me disse que, embora o povo de Israel o tivesse abandonado, ainda era menos culpado do que a infiel Judá. 12 Ele mandou que eu fosse até o Norte e dissesse ao povo:

— Ó Israel infiel, volte para mim. Sou eu, o SENHOR, quem está falando. Sou bondoso e por isso não ficarei com raiva de você, não ficarei *irado para sempre. Sou eu, o SENHOR, quem está falando. 13 *Basta você* reconhecer que é culpada e que se revoltou contra o SENHOR, seu Deus. Confesse que debaixo de todas as árvores que dão sombra você deu o seu amor a deuses estrangeiros e não me obedeceu. Eu, o SENHOR, estou falando.

O convite ao arrependimento

14 O SENHOR Deus diz:

— Volte, povo infiel, pois vocês são meus. Eu vou pegar vocês, um de cada

Pergunte a si mesma...

Quando você peca, pode ser difícil perdoar a si mesma. Mas o único perdão de que você precisa é o de Deus. Pergunte a si mesma sobre sua pureza:

Existe algo que eu não consiga me perdoar por ter feito?
De acordo com a Palavra de Deus, ele pode me perdoar?
Por que eu tenho padrões mais elevados para o perdão do que Deus?
O que eu tenho de fazer para ser perdoada?
Estou disposta a fazer isso?

cidade e dois de cada grupo de famílias, e
vou levá-los de volta ao *monte Sião. 15 Eu
darei a vocês líderes que me obedeçam,
e eles governarão com sabedoria e inte-
ligência. 16 Então, quando vocês se torna-
rem um povo numeroso naquela terra,
ninguém mais falará a respeito da *arca
da aliança. Vocês não pensarão mais na
arca, nem lembrarão dela; não precisarão
dela, nem farão outra. 17 E aí, quando che-
gar o tempo certo, Jerusalém será chama-
da de "Trono do SENHOR Deus", e todas as
nações se reunirão ali em meu nome. Não
farão mais aquilo que os seus corações
teimosos e maus mandarem. 18 O povo de
Israel se unirá com o de Judá, e eles volta-
rão juntos da terra do Norte para a terra
que dei aos seus antepassados.

O abandono da idolatria

19 O SENHOR Deus diz:
"Povo de Israel,
eu queria aceitá-lo como meu filho
e lhe dar uma terra agradável,
a terra mais linda do mundo.
Pensei que você ia me chamar de
pai
e que nunca mais me abandonaria.
20 Mas, como a mulher que trai o
marido,
assim você me traiu.
Sou eu, o SENHOR, quem está
falando."

21 No alto dos montes, se ouve um
barulho;
são os israelitas chorando
e pedindo perdão
porque têm vivido uma vida de
pecado
e têm esquecido o SENHOR, seu
Deus.
22 Voltem, todos vocês que
abandonaram o SENHOR,
pois ele vai curar a sua infidelidade.

Vocês dizem:
— Sim! Estamos voltando para o SE-
NHOR, pois ele é o SENHOR, nosso Deus.
23 Não recebemos nenhuma ajuda dos
deuses pagãos que temos adorado com
gritos no alto das montanhas. Só o nos-
so Deus, o SENHOR, pode ajudar o povo
de Israel. 24 Por termos adorado *Baal, o
deus da vergonha, perdemos tudo o que
os nossos pais conseguiram desde que
éramos crianças, isto é, as ovelhas, o gado,
os filhos e as filhas. 25 Vamos nos humi-
lhar; vamos ficar cheios de vergonha. Des-
de o tempo em que o SENHOR nos tirou
do Egito, nós e os nossos antepassados
temos pecado contra ele e não lhe temos
obedecido.

A volta a Deus

4 O SENHOR Deus diz:
— Povo de Israel, se você vai voltar,
volte para mim. Eu odeio os ídolos; aca-
be com eles e seja fiel a mim. 2 Então, sim,
você estará sendo verdadeiro, correto e
honesto quando jurar pelo meu nome. To-
das as nações pedirão que eu as abençoe
e elas me louvarão.
3 Deus diz aos homens da *tribo de Judá
e da cidade de Jerusalém:
— Passem o arado na terra que não foi
preparada para plantar e não semeiem
as sementes no meio de espinhos. 4 Povo
de Judá e moradores de Jerusalém, sejam
fiéis à *aliança que fizeram comigo, o SE-
NHOR, e se dediquem a mim de todo o co-
ração; se não, a minha *ira queimará como
fogo. E, por causa das maldades que vocês
têm feito, o meu furor será como fogo, e
ninguém poderá apagá-lo.

A ameaça de invasão

5 Toquem a corneta em toda a terra!
Gritem bem alto e bem claro!
Digam ao povo de Judá e de
Jerusalém
que corra para as cidades
protegidas por muralhas.

Pergunte a si mesma...

O povo de Deus esqueceu-se de seu primeiro amor e se apaixonou por ídolos — pequenos deuses que, segundo o povo, lhe dariam esperança, felicidade e conforto. Pergunte a si mesma sobre seus próprios ídolos que se colocam entre você e Deus:

Eu tenho algum ídolo?
Sou obcecada por algo ou alguém?
Minha mente fica mais feliz quando pensa em minha obsessão do que em Deus?
Eu tenho algo que faz por mim o que Deus quer fazer (me confortar, me ajudar, me guiar)?
Eu esqueci que Deus deveria ser meu primeiro amor, minha única obsessão?
Estou disposta a destruir meus ídolos ou me afastar deles e restaurar o relacionamento correto com o único Deus verdadeiro?

6 Mostrem o caminho que vai a
*Sião!
Corram para os abrigos!
Não demorem!
Do Norte, Deus vai trazer desgraça
e grande destruição.
7 Como um leão que sai do seu
esconderijo,
um destruidor de nações vem vindo
para acabar com o povo de Judá.
As cidades de Judá serão
destruídas,
e ninguém morará nelas.
8 Portanto, vistam roupa feita de
pano grosseiro como sinal de
tristeza.
Lamentem e chorem,
pois o fogo da ira de Deus não se
desviou de Judá.

9 O SENHOR Deus disse:
— Naquele dia, os reis e as autoridades perderão a coragem, os sacerdotes ficarão abalados e os *profetas ficarão admirados.
10 Então eu disse:
— Ó SENHOR, meu Deus, tu enganaste completamente o povo de Jerusalém! Disseste que ia haver paz, mas o que há é uma espada encostada na garganta deles.
11 Está chegando o tempo de dizer ao povo de Jerusalém que do deserto um vento muito quente vai soprar sobre o povo de Deus. Não será o vento fraco
que separa a palha do trigo. 12 O vento que
vem mandado por Deus será muito forte. Agora, é Deus mesmo que está dando a sentença contra o seu povo.

O ataque contra Judá

13 Olhem! Os inimigos vêm vindo como nuvens. Os seus carros de guerra são como uma forte ventania, e os seus cavalos são mais rápidos do que as águias. Estamos perdidos! Estamos acabados!
14 Jerusalém, limpe a maldade do seu coração para que você seja salva. Até quando você vai continuar com os seus maus pensamentos?
15 Mensageiros da cidade de Dã e das montanhas de Efraim anunciam as más
notícias da invasão. 16 Eles mandam avi-
sar as nações e dizer a Jerusalém que os inimigos vêm vindo de um país distante e que eles vão dar o seu grito de guerra
contra as cidades de Judá. 17 Eles vão cer-
car Jerusalém como homens que guardam uma plantação, pois a nossa nação se revoltou contra Deus, o SENHOR.
18 Judá, você trouxe esse mal para você mesmo por causa do seu modo de viver, por causa das coisas que tem feito. O seu pecado trouxe esse sofrimento e feriu o seu próprio coração. Eu, o SENHOR, estou falando.

A tristeza de Jeremias por causa do seu povo

19 Que dor!
Não posso suportar tanta dor!
Ah! meu coração!
O meu coração está batendo forte!
Não posso ficar calado,
pois ouvi a corneta e os gritos de
guerra.
20 Uma desgraça vem atrás da outra;
o país inteiro está arrasado.
De repente, as nossas barracas são
destruídas,
e as suas cortinas são rasgadas em
pedaços.
21 Até quando terei de ver as
bandeiras inimigas
e ouvir o som da corneta na batalha?

22 Deus diz:
"O meu povo não tem juízo
e não me conhece.
Eles são como crianças tolas
que não compreendem as coisas.
Para fazer o mal, são espertos,
mas não sabem fazer o bem."

A destruição futura

23 Então olhei.
A terra era um vazio, sem nenhum
ser vivente,
e no céu não havia luz.
24 Olhei para as montanhas,
e elas estavam tremendo;
e os montes balançavam para lá e
para cá.
25 Vi que não havia ninguém
e que até os passarinhos tinham
fugido.
26 Vi ainda que a terra boa tinha
virado um deserto
e que as cidades tinham sido
arrasadas por Deus,
por causa do seu grande furor.
27 Deus disse que a terra toda vai
virar um deserto,
mas ele não a destruirá
completamente.
28 A terra chorará,
e o céu ficará escuro,
pois Deus falou
e não mudará de ideia.
Ele já decidiu
e não voltará atrás.
29 Quando ouvirem o barulho dos
cavaleiros
e dos atiradores de flechas,
todos sairão correndo.
Alguns fugirão para a floresta,
e outros subirão pelas rochas.
Todas as cidades ficarão vazias,
e ninguém morará nelas.

30 Jerusalém, você está condenada!
Por que se veste de vermelho?
Por que usa joias e pinta os olhos?
Não adianta nada você querer ficar
bonita!
Os seus amantes a rejeitaram,
e o que eles querem é matá-la.
31 *Ouvi um grito igual* ao de uma
mulher com dores de parto,
um grito como o de uma mulher
dando à luz o seu primeiro filho.
Era o grito de Jerusalém
respirando com dificuldade,
estendendo as mãos em desespero
e dizendo:
"Estou perdida!
Eles vêm vindo para me matar!"

O pecado de Jerusalém

5 Moradores de Jerusalém, procurem
nas ruas!
Olhem para todos os lados!
Vejam com os seus próprios olhos!
Procurem nas praças!
Vejam se conseguem achar alguém
que faça o que é direito
e que procure ser fiel em tudo.
Se acharem, Deus perdoará
Jerusalém.
2 Embora jurem por Deus, o SENHOR,
o juramento de vocês é falso.
3 O que o SENHOR quer é fidelidade.
Ele os castigou,
mas vocês não se importaram.
Ele os esmagou,
mas vocês não aprenderam a lição;
foram teimosos e não quiseram
voltar para ele.

4 Então eu pensei:
"Só os ignorantes agem assim.
São eles que não têm juízo:
não conhecem a vontade do
SENHOR,
nem sabem o que o seu Deus quer
que eles façam.
5 Agora, vou procurar os homens
importantes
e falar com eles.
Com certeza, eles conhecem a
vontade do SENHOR
e sabem o que o seu Deus quer que
eles façam."
Porém todos eles rejeitaram a
autoridade de Deus
e não quiseram lhe obedecer.
6 Por isso, um leão da floresta os
matará,
um lobo do deserto os fará em
pedaços,
e um leopardo ficará escondido
para atacar as cidades deles.
Se saírem da cidade, serão
despedaçados;
pois os seus pecados são muitos,
e muitas vezes eles têm
abandonado a Deus.

7 Deus perguntou:
"Por que devo perdoar os pecados
do meu povo?

Eles me abandonaram
e estão jurando por deuses que, de
fato, não são deuses.
Eu alimentei o meu povo
até que ele ficasse satisfeito.
Mas eles cometeram adultério
e gastaram o seu tempo com
prostitutas.
8 Como cavalos bem alimentados,
ardendo em desejo,
cada um deles anda atrás da mulher
do seu vizinho.
9 Será que não devo castigá-los por
causa dessas coisas?
Será que não devo me vingar de
uma nação assim?
10 Vou dar ordem aos inimigos
para que derrubem as suas
plantações de uvas,
porém não mandarei que as
destruam completamente.
Vou dizer aos inimigos que
arranquem os ramos das
*parreiras,
pois esses ramos não são meus.
11 O povo de Judá e o povo de Israel
me traíram abertamente.
Eu, o SENHOR, estou falando."

Deus rejeita o povo de Israel

12 O povo disse que o SENHOR Deus o
estava enganando. Eles disseram assim:
— O SENHOR não vai fazer nada. Ne-
nhum mal vai acontecer com a gente, e
não haverá nem guerra nem fome.
13-14 O povo diz que os *profetas são ape-
nas vento e que não têm nenhuma men-
sagem de Deus.
O SENHOR, o Deus Todo-Poderoso, me
disse:
— Jeremias, eu vou lhe dizer o que vai
acontecer com esse povo por ter dito es-
sas coisas. Eu farei com que as minhas
palavras sejam como um fogo saindo da
sua boca, Jeremias. Esse povo será como
lenha, e o fogo vai queimá-lo.
15 Escute, *povo de Israel, o que o* SE-
NHOR diz:
— Eu, o SENHOR, vou trazer de longe
uma nação para atacá-los. É uma nação
forte e antiga, que fala uma língua que
vocês não conhecem e palavras que vo-
cês não entendem. 16 Os soldados desse
país são valentes; com as suas flechas,
eles matam sem dó nem piedade. 17 Eles
vão comer as colheitas e os alimentos de
vocês e matar os seus filhos e filhas. Vão
comer os rebanhos e o gado e devorar as
frutas das suas *parreiras e figueiras. E o
exército deles destruirá as cidades pro-
tegidas por muralhas, em que vocês con-
fiam.
18 — Porém eu, o SENHOR, afirmo que
mesmo naqueles dias não destruirei com-
pletamente o meu povo. 19 Quando per-
guntarem por que foi que eu fiz todas
essas coisas, você, Jeremias, dirá: "Vocês
abandonaram a Deus e serviram a deu-
ses estranhos na terra de vocês; agora,
servirão a estrangeiros numa terra que
não é de vocês."

Deus avisa o seu povo

20 Deus diz:
— Avisem os descendentes de Jacó, di-
gam isto ao povo de Judá: 21 Preste aten-
ção, povo tolo e sem juízo, vocês, que têm
olhos, mas não veem, e ouvidos, mas não
ouvem. 22 Eu sou Deus, o SENHOR. Por que
vocês não me *temem? Por que não tre-
mem na minha presença? Fui eu que pus
a areia como limite do mar, um limite per-
manente que ele nunca pode atravessar.
O mar fica bravo, mas não pode avançar;
as ondas rugem, mas não podem passar.
23 Porém vocês são um povo teimoso e
rebelde, que se revoltou e me abando-
nou. 24 Vocês não disseram no seu cora-
ção: "Precisamos temer o SENHOR, nos-
so Deus, que faz a chuva cair no tempo
certo, tanto a chuva do outono como a da
primavera. Precisamos temer o Deus que
todos os anos traz o tempo da colheita."
25 Em vez disso, os seus pecados e as suas
maldades afastaram essas coisas boas, e
vocês não puderam aproveitá-las.
26 — No meio do meu povo, existem ho-
mens maus. São como as pessoas que ar-
mam arapucas para pegar passarinhos;
mas as armadilhas deles são para pe-
gar gente. 27 Assim como uma gaiola está
cheia de pássaros, também a casa deles
está cheia de coisas roubadas. É por isso
que são poderosos e ricos 28 e estão gor-
dos e bem alimentados. A maldade deles
não tem limites; não defendem a causa
dos órfãos, nem se importam com os di-
reitos dos pobres.
29 — Mas eu os castigarei por causa dis-
so e me vingarei desta nação. Sou eu, o
SENHOR, quem está falando. 30 Uma coi-
sa horrível, espantosa está acontecendo
na terra: 31 os *profetas não falam a ver-
dade, e, apoiados por eles, os sacerdotes

dominam o povo. E o meu povo gosta disso. Porém o que é que eles vão fazer quando essa situação chegar ao fim?

O inimigo cerca Jerusalém

6 Povo da *tribo de Benjamim, saia de Jerusalém e fuja para um lugar seguro! Toquem corneta em Tecoa e ponham um aviso em Bete-Haquerém, pois desgraça e grande destruição vão chegar do Norte. 2 Jerusalém, bela e encantadora cidade, o seu fim está perto. 3 Os reis vão acampar aí com os seus exércitos. Eles vão armar barracas ao seu redor, cada um no lugar que escolher. 4 Eles vão dizer: "Preparem-se para atacar a cidade! Aprontem-se! Vamos atacar ao meio-dia!" Mas depois dirão: "É muito tarde, o dia já está quase no fim, e as sombras estão ficando compridas. 5 Aprontem-se! Vamos atacar esta noite; vamos destruir as fortalezas de Jerusalém."

6 O SENHOR Todo-Poderoso deu esta ordem aos reis:

— Cortem árvores e façam rampas, preparando-se para atacar Jerusalém.

E disse:

— Vou castigar esta cidade porque ela está cheia de violência. 7 Como de um poço sai água, de Jerusalém sai o pecado. Na cidade, falam de violência e destruição; só vejo doenças e ferimentos. 8 Povo de Jerusalém, que essas coisas sirvam de aviso para vocês; se não, eu os abandonarei. Farei com que a cidade vire um deserto, um lugar onde não mora ninguém.

O castigo por causa do pecado

9 O SENHOR Todo-Poderoso me disse:

— Na terra de Israel, não sobrará ninguém: ela ficará limpa como uma *parreira que foi colhida duas vezes. Como um lavrador colhe as suas uvas, assim você deve salvar todos os que puder.

10 Eu respondi:

— Com quem devo falar? E, mesmo que eu fale, quem vai me ouvir? Eles taparam os ouvidos, pois não querem prestar atenção. Eles não querem ouvir a tua mensagem e zombam do que dizes. 11 Ó SENHOR Deus, o teu furor me dominou; estou cansado de guardar a tua *ira dentro de mim.

Então Deus me disse:

— Faça cair a minha ira sobre as crianças nas ruas e sobre os moços nas suas reuniões. Maridos e esposas serão levados como prisioneiros, e também os velhinhos. 12 As casas deles ficarão para outros, e também as suas terras e as suas esposas. Vou castigar o povo desta terra. Sou eu, o SENHOR, quem está falando. 13 Todos, ricos e pobres, procuram ganhar dinheiro desonestamente. Até os *profetas e os sacerdotes enganam as pessoas. 14 Eles tratam dos ferimentos do meu povo como se fossem uma coisa sem importância. E dizem: "Vai tudo bem", quando na verdade tudo vai mal. 15 Será que ficaram envergonhados por terem feito essas coisas que eu detesto? Não! Não ficaram envergonhados de jeito nenhum. Eles nem sabem o que é sentir vergonha e por isso vão cair como outros têm caído. Quando eu os castigar, eles vão ficar arrasados. Eu, o SENHOR, falei.

Israel rejeita o caminho de Deus

16 O SENHOR Deus disse ao seu povo:

— Fiquem nas encruzilhadas e vejam quais são as melhores estradas, procurem saber qual é o melhor caminho. Andem nesse caminho e vocês terão paz.

Mas eles responderam:

— Nós não vamos andar nesse caminho!

17 Deus colocou vigias para prestarem atenção no aviso das cornetas. Mas os vigias disseram:

— Nós não vamos prestar atenção.

18 Então Deus disse:

— Ouçam, ó nações da terra, e vejam o que vai acontecer com o meu povo. 19 Escute, ó terra! Vou trazer desgraça para esse povo, desgraça que eles merecem porque não obedeceram às minhas palavras e desprezaram os meus ensinos. 20 Que me importa o incenso que me trazem de Sabá ou as plantas cheirosas que vêm de longe? Não aceitarei as ofertas deles, nem ficarei contente com os seus *sacrifícios. 21 Assim eu, o SENHOR, vou fazer com que esse povo tropece e caia. Pais e filhos morrerão, e amigos e vizinhos também.

Os inimigos vindos do Norte

22 O SENHOR Deus diz:

— Um povo vem vindo de longe, de uma terra do Norte; uma forte nação está se preparando para a guerra. 23 Estão armados com arcos e flechas e espadas. São cruéis, não têm piedade. Eles vêm montados em cavalos, fazendo o barulho do mar quando está bravo. E estão prontos para atacar a cidade de Jerusalém.

24 — Ouvimos a notícia — diz o povo de Jerusalém —, e as nossas mãos ficaram moles; a aflição tomou conta de nós, como as dores de uma mulher no parto. 25 Não vamos nos arriscar a ir ao campo nem a andar pelas estradas, pois o inimigo está armado, e há terror por toda parte.

26 Deus diz ao seu povo:

— Como sinal de tristeza, vistam roupa feita de pano grosseiro e rolem nas cinzas. Chorem como se chora a morte de um filho único; derramem lágrimas amargas, pois o destruidor atacará de repente. 27 Jeremias, ponha o meu povo à prova, como se prova o metal; examine bem e procure descobrir como estão agindo. 28 Todos eles são mais do que rebeldes e andam espalhando calúnias. São todos perversos, duros como bronze ou ferro. 29 E assim como nem mesmo um forno bem quente consegue derreter a prata a fim de separá-la das impurezas, também não adianta tentar purificar o meu povo, pois os maus não são separados dos bons. 30 Os maus serão chamados de "prata impura" porque eu, o SENHOR, os rejeitei.

Jeremias no Templo

7 1-3 O SENHOR Deus mandou que eu fosse ao portão do Templo, aonde o povo de Judá estava indo para a adoração. Ele mandou que eu ficasse ali e anunciasse ao povo a mensagem do SENHOR Todo-Poderoso, o Deus de Israel. A mensagem era esta:

— Mudem de vida, mudem a sua maneira de agir, e eu deixarei que vocês continuem vivendo aqui. 4 Não confiem mais nestas palavras mentirosas: "Nós estamos seguros! Este é o Templo do SENHOR, este é o Templo do SENHOR, este é o Templo do SENHOR!"

5 — Mudem de vida e parem de fazer o que estão fazendo. Sejam honestos uns com os outros. 6 Parem de explorar os estrangeiros, os órfãos e as viúvas. Não matem mais pessoas inocentes neste lugar. E parem de adorar outros deuses, pois isso vai acabar com vocês. 7 Se vocês mudarem de vida, eu deixarei que continuem morando aqui, na terra que dei para sempre aos seus antepassados.

8 — Vejam! Vocês estão confiando em palavras mentirosas e sem valor. 9 Vocês roubam, matam, cometem adultério, juram para encobrir mentiras, oferecem *sacrifícios a *Baal e adoram outros deuses que vocês não conheciam no passado. 10 Fazem coisas que eu detesto, depois vêm e ficam na minha presença, no meu próprio Templo, e dizem: "Nós estamos seguros!" 11 Será que vocês estão pensando que o meu Templo é um esconderijo de ladrões? Eu tenho visto o que vocês estão fazendo. Sou eu, o SENHOR, quem está falando. 12 Vão a Siló, o primeiro lugar que escolhi para nele ser adorado, e vejam o que eu fiz ali por causa da maldade de Israel, o meu povo. 13 Vocês têm cometido todos esses pecados de que falei. Eu os avisei muitas e muitas vezes, mas vocês não quiseram me ouvir; e, quando eu chamei, não me responderam. Sou eu, o SENHOR, quem está falando. 14 Por isso, a mesma coisa que fiz com Siló vou fazer com este meu Templo em que vocês confiam. O que fiz em Siló vou fazer neste lugar que dei a vocês e aos seus antepassados. 15 Vou expulsar vocês da minha presença como fiz com os seus parentes, o povo do Reino do Norte.

A desobediência do povo

16 Deus disse:

— Jeremias, não ore por este povo. Não peça, nem implore em favor deles; não insista comigo, porque eu não atenderei. 17 Será que você não vê o que eles andam fazendo nas cidades de Judá e nas ruas de Jerusalém? 18 As crianças apanham lenha, os homens acendem o fogo, e as mulheres assam bolos para oferecer à deusa que é chamada de "Rainha do Céu". Também derramam bebidas como oferta a outros deuses e fazem isso para me irritar e ferir. 19 Mas será que é a mim que eles estão ferindo? Eu afirmo que não! Eles estão ferindo a si mesmos e vão passar vergonha. 20 Assim eu, o SENHOR Deus, derramarei a minha *ira e o meu furor sobre este lugar. Descarregarei o meu furor sobre as pessoas e os animais e até sobre as árvores e as plantações. E a minha ira será como um fogo que ninguém pode apagar.

21 — Alguns *sacrifícios são completamente queimados sobre o altar, mas a carne de outros sacrifícios vocês têm o direito de comer. Porém eu, o SENHOR Todo-Poderoso, o Deus de Israel, digo que não me importo que vocês comam a carne toda. 22 Quando tirei do Egito os seus antepassados, não dei ordens a respeito do oferecimento de animais que são completamente queimados nem a respeito de

outros tipos de sacrifícios. 23 Mas o que or-
denei foi que me obedecessem, de modo
que eu seria o Deus deles, e eles seriam
o meu povo. Disse que vivessem sempre
como eu tinha mandado, para que tudo
corresse bem para eles. 24 Mas eles não me
deram atenção, nem obedeceram. Pelo
contrário, fizeram tudo o que o seu cora-
ção teimoso e mau queria. Assim, em vez
de melhorarem, eles pioraram. 25 Desde o
dia em que os seus antepassados saíram
do Egito até hoje, tenho sempre mandado
todos os meus *servos, os *profetas, a vo-
cês. 26 Mas vocês não lhes deram atenção,
nem obedeceram. Pelo contrário, conti-
nuaram teimosos e fizeram ainda pior do
que os seus antepassados.

27 — Portanto, Jeremias, você dirá to-
das essas palavras, mas eles não vão dar
atenção; você os chamará, mas eles não
vão responder. 28 Você lhes dirá que eles
são um povo que não obedece a mim, o
SENHOR, o Deus deles. São um povo que
não aceita ser corrigido. Não existe mais
sinceridade; nem se fala mais nisso.

O castigo por causa da idolatria

29 Deus disse ainda:

"Chore, povo de Jerusalém.
Corte os seus cabelos e jogue fora.
Cante música triste no alto dos
montes,
pois eu, o SENHOR, estou irado
e abandonei o meu povo."

30 — O povo de Judá fez uma coisa que
eu acho errada. Eles colocaram os seus
ídolos, que eu detesto, no meu Templo e
o mancharam. Sou eu, o SENHOR, quem
está falando. 31 Construíram um altar que
foi chamado de Tofete, no vale de Ben-
-Hinom, e ali queimam os seus filhos e
filhas como *sacrifício. Eu não dei ordem
para isso e nunca pensei nisso. 32 Portan-
to, certamente virá o tempo em que esse
lugar não será mais chamado de Tofete
nem de vale de Ben-Hinom, mas de "vale
da Matança". Vão sepultar gente em Tofe-
te por não haver outro lugar. 33 Os mortos
servirão de comida para as aves e para os
animais selvagens, e não haverá ninguém
para os espantar. 34 A terra ficará deserta.
E eu acabarei com os gritos de alegria e
de felicidade e com o barulho alegre das
festas de casamento, tanto nas cidades de
Judá como nas ruas de Jerusalém.

8 — Naquele tempo, serão tirados das
sepulturas os ossos dos reis e das au-
toridades de Judá, e também os ossos dos
sacerdotes, dos *profetas e dos morado-
res de Jerusalém. Sou eu, o SENHOR, quem
está falando. 2 Os ossos serão espalhados
debaixo da luz do sol, da lua e das estrelas,
os quais aquelas pessoas amaram e ser-
viram, os quais consultaram e adoraram.
Não serão recolhidos, nem sepultados,
mas ficarão na terra, como esterco. 3 E to-
dos os que sobrarem dessa raça de gente
ruim e que estiverem morando nos luga-
res por onde eu os espalhar vão querer
morrer em vez de continuar vivendo. Eu,
o SENHOR Todo-Poderoso, estou falando.

Pecado e castigo

4 O SENHOR Deus me mandou dizer ao
seu povo:

— Quando alguém cai, será que não se
levanta? Quando alguém erra o caminho,
não torna a voltar? 5 Meu povo, por que é
que vocês viram as costas para mim? Por
que estão sempre se afastando de mim?
Vocês se agarram aos seus erros e não
querem voltar para mim. 6 Eu escutei com
atenção, mas vocês não falaram a verda-
de. Ninguém ficou triste por causa da sua
maldade; ninguém perguntou: "O que foi
que eu fiz de errado?" Cada um continua
seguindo o seu próprio caminho, como
um cavalo que corre depressa para a ba-
talha. 7 Até as rolas, garças e andorinhas
sabem quando é tempo de voar para ou-
tras terras; as cegonhas sabem quando é
tempo de voltar. Mas você, meu povo, não
segue as *leis que eu lhe dei.

8 — Como é que vocês têm a coragem
de dizer: "Nós somos sábios, nós temos
a Lei do SENHOR"? Mas vejam! Os *mes-
tres da Lei desonestos têm falsificado a
Lei quando a copiam. 9 Os sábios serão
envergonhados; ficarão confusos e atra-
palhados. Eles rejeitaram as minhas pala-
vras. Que sabedoria é essa que eles têm?
10 Por isso, darei as mulheres deles para
outros homens e as suas terras, para no-
vos donos. Porque todos, importantes ou
humildes, procuram ganhar dinheiro de-
sonestamente. Até os *profetas e os sacer-
dotes — todos são desonestos. 11 Eles tra-
tam dos ferimentos do meu povo como se
fossem coisa sem importância. E dizem:
"Vai tudo bem", quando na verdade tudo
vai mal. 12 Será que ficaram envergonha-
dos por terem feito essas coisas que eu

detesto? Não! Não ficaram envergonha-
dos de jeito nenhum; eles nem sabem o
que é sentir vergonha. Por isso, vão cair
como outros têm caído; quando eu os cas-
tigar, eles vão ficar arrasados. Sou eu, o
SENHOR, quem está falando.
13 — Eu, o SENHOR, gostaria de reunir o
meu povo como o lavrador ajunta as suas
colheitas. Mas eles são como *parreiras
sem uvas e como figueiras sem figos; até
as suas folhas secaram. Por isso, eu dei-
xei que os estrangeiros tomassem o país.
14 — Por que estamos aqui parados? —
pergunta o povo de Deus. — Venham, va-
mos correr para as cidades cercadas de
muralhas e morrer ali. O SENHOR, nosso
Deus, nos condenou à morte. O SENHOR
nos deu água envenenada para beber por-
que pecamos contra ele. 15 Esperamos a
paz, porém não veio nada de bom; espe-
ramos um tempo de descanso, mas o que
veio foi o terror. 16 Os nossos inimigos já
entraram na cidade de Dã; estamos ou-
vindo os seus cavalos bufando. Quando os
cavalos deles rincham, a terra toda treme.
Os inimigos vieram para destruir a nossa
terra, e tudo o que ela tem, e também a
nossa cidade e os seus moradores.
17 — Atenção! — diz o SENHOR. — Estou
mandando cobras venenosas para o meio
de vocês, serpentes que não podem ser
dominadas e que vão mordê-los.

A tristeza de Jeremias por causa do povo

18 A minha tristeza não pode ser
curada;
o meu coração está doente.
19 Escutem! Estou ouvindo o meu
povo gritar no país inteiro.

Eles gritam:

"Será que o SENHOR Deus não está
mais em *Sião?
O Rei de Sião não está mais lá?"
E o SENHOR, o Rei deles, responde:
"Por que é que vocês me irritam
com os seus ídolos
e com os seus deuses estrangeiros,
que não valem nada?"

20 Então o povo grita:
"Acabou o verão,
passou o tempo da colheita,
mas nós não fomos salvos."
21 O meu coração está ferido
porque o meu povo está ferido.
Choro, completamente desanimado.
22 Será que não há mais remédio em
Gileade?
Não há médico lá?
Então por que o meu povo
não foi curado?

9 Eu gostaria que a minha cabeça fosse
como um poço de água
e que os meus olhos fossem como
uma fonte de lágrimas,
para que eu pudesse chorar dia e
noite
pela minha gente que foi morta.
2 Eu gostaria de ter um lugar para
ficar no deserto,
onde pudesse estar longe do meu
povo.
Todos eles são adúlteros,
são um bando de traidores.
3 Estão sempre prontos para contar
mentiras.
O que manda na terra
é a desonestidade, e não a verdade.

O SENHOR Deus diz:

"O meu povo faz maldade em cima
de maldade
e não quer saber de mim."
4 Cada um precisa estar prevenido
contra o seu amigo,
e ninguém pode confiar no próprio
irmão
porque todo irmão é tão falso como
Jacó.
Todos andam caluniando os seus
amigos.
5 Todos eles enganam os seus
conhecidos,
e ninguém fala a verdade.
Eles ensinaram a sua língua a
mentir;
pecam e não abandonam a sua vida
de pecado.
6 Fazem uma violência atrás da outra
e tapeação em cima de tapeação.
Deus diz que este povo não quer
aceitá-lo.

7 Por causa disso, o SENHOR Todo-
Poderoso diz:
"Vou purificar o meu povo
como se faz com o metal;
eu o farei passar por uma prova.
O meu povo fez o mal —
o que é que eu posso fazer com ele?
8 A sua língua é como uma flecha
envenenada,
e a sua boca fala mentiras.

Cada um diz palavras amáveis ao
seu vizinho,
mas na verdade está preparando
uma armadilha para ele.
9 Será que eu não devo castigá-los
por causa dessas coisas?
Não devo me vingar de uma nação
como esta?
Eu, o SENHOR, estou falando."

10 Eu, Jeremias, disse:
"Vou chorar por causa das
montanhas,
vou lamentar porque as pastagens
estão secas,
e ninguém passa por elas.
Não se ouve mais o mugido do
gado;
as aves e os animais selvagens
fugiram e foram embora."

11 Deus disse:
"Vou fazer Jerusalém virar um
montão de pedras,
um lugar onde moram lobos.
E as cidades de Judá se
transformarão num deserto
onde ninguém mora."

12 Eu perguntei:
— Ó SENHOR Deus, por que a nossa ter-
ra está em ruínas? Por que está seca como
um deserto, tão seca, que ninguém pas-
sa por ela? Quem é bastante inteligente
para entender isso? Será que explicaste
essas coisas a alguém, para que essa pes-
soa possa explicar aos outros?
13 E o SENHOR respondeu:
— Isso aconteceu porque o meu povo
abandonou os ensinamentos que eu lhe
dei. Eles não me obedeceram, nem fize-
ram o que mandei. 14 Pelo contrário, fo-
ram teimosos e adoraram as imagens do
deus *Baal, como os pais deles ensinaram.
15 Agora, escute o que eu, o SENHOR Todo-
-Poderoso, o Deus de Israel, vou fazer. Da-
rei ao meu povo plantas amargas para co-
mer e água envenenada para beber. 16 Es-
palharei o meu povo pelo meio de nações
que nem eles nem os seus antepassados
sabiam que existiam. Mandarei exércitos
contra o meu povo, até que seja comple-
tamente destruído.

O povo de Jerusalém pede socorro

17 O SENHOR Todo-Poderoso disse:
"Atenção!
Chamem mulheres que são pagas
para chorar,
mulheres que saibam cantar
músicas tristes."
18 O povo disse:
"Que elas venham depressa
e cantem uma canção triste para
nós
para que os nossos olhos se encham
de lágrimas
e fiquem molhados de tanto
chorar!"

19 Ouçam o povo de *Sião chorando e
dizendo:

"Estamos perdidos!
Estamos muito envergonhados!
As nossas casas foram derrubadas,
e temos de deixar a nossa terra."

20 Eu disse:
"Mulheres, ouçam o que o SENHOR
Deus disse
e deem atenção às suas palavras.
Ensinem as suas filhas a chorar;
ensinem as suas amigas a cantar
canções tristes.
21 A morte subiu pelas nossas
janelas
e entrou nos nossos palácios.
Acabou com as crianças nas ruas
e com os moços nas praças dos
mercados.
22 Os corpos dos mortos cairão,
serão como esterco espalhado nos
campos,
como espigas cortadas
e caídas das mãos dos que fazem a
colheita,
espigas que ninguém recolhe.
Isso é o que Deus me mandou
dizer."

23 O SENHOR disse:
— O sábio não deve se orgulhar da sua
sabedoria, nem o forte, da sua força, nem
o rico, da sua riqueza. 24 Se alguém qui-
ser se orgulhar, que se orgulhe de me co-
nhecer e de me entender; porque eu, o
SENHOR, sou Deus de amor e faço o que
é justo e direito no mundo. Estas são as
coisas que me agradam. Eu, o SENHOR, es-
tou falando.
25-26 O SENHOR disse ainda:
— Está chegando o tempo em que
vou castigar o povo do Egito, de Judá, de
Edom, de Amom, de Moabe e todos os que
vivem no deserto e costumam cortar o
cabelo bem curto. Todos esses povos são

*circuncidados, mas não têm guardado a
*aliança, que foi *selada pela circuncisão.
Todos esses povos e todo o povo de Israel não têm guardado a aliança que fizeram comigo.

A idolatria e a verdadeira adoração

10 Povo de Israel, escutem a mensagem de Deus, o SENHOR, para vocês! 2 Ele diz:

"Não sigam os costumes de outras
nações.
Elas podem ficar espantadas
quando aparecem coisas estranhas
no céu,
mas vocês não devem se assustar.
3 A religião dessa gente não vale
nada.
Cortam uma árvore na floresta,
e um artista, com as suas
ferramentas, faz um ídolo.
4 Então o enfeitam com prata e ouro
e o firmam com pregos
para que não caia aos pedaços.
5 Esses ídolos não podem falar:
são como um espantalho numa
plantação de pepinos.
Eles têm de ser carregados porque
não podem andar.
Não tenham medo deles:
não podem fazer mal,
nem podem fazer bem."

6 Ó SENHOR Deus, não há ninguém
igual a ti.
Tu és grande,
e o teu nome é poderoso.
7 Quem não te respeitará,
ó Rei de todas as nações?
Tu mereces todo o respeito.
Não há ninguém como tu
entre todos os sábios das nações.
8 Todos os seus sábios são
ignorantes e tolos.
Será que os ídolos de madeira
podem lhes ensinar alguma
coisa?
9 Esses ídolos são folheados com
prata da Espanha e com ouro
de Ufaz;
tudo é trabalho de artistas.
Os seus vestidos são roxos e
vermelhos,
feitos por tecelões habilidosos.
10 Mas o SENHOR é o Deus
verdadeiro;
ele é o Deus vivo, o Rei eterno.
Quando o SENHOR fica *irado, a
terra treme;
as nações não podem suportar a
sua ira.
11 Digam às nações que os deuses,
que não fizeram a terra e o céu,
serão destruídos.
Eles desaparecerão completamente
da terra.

Hino de louvor a Deus

12 Pelo seu poder, o SENHOR Deus fez
a terra;
com a sua sabedoria, ele criou o
mundo
e, com a sua inteligência, estendeu
o céu como se fosse uma
coberta.
13 Quando Deus dá ordem,
as águas rugem no céu.
Ele manda as nuvens subirem dos
fins da terra.
Ele faz o raio para a chuva
e manda o vento sair dos seus
depósitos.
14 Diante disso, todos os seres
humanos são tolos e ignorantes.
Todos os artistas ficam
envergonhados com os ídolos
que fazem,
pois são deuses falsos,
deuses que não têm vida.
15 Não valem nada; são uma
tapeação.
Serão destruídos quando o SENHOR
vier castigá-los.
16 O Deus de Jacó não é assim;
foi ele quem fez todas as coisas
e escolheu Israel para ser o seu
povo.
O seu nome é *SENHOR, o Todo-
-Poderoso.

O povo será expulso da sua terra

17 Moradores de Jerusalém, a cidade
está cercada pelos inimigos!
Peguem as suas trouxas,
18 porque agora o SENHOR
vai jogar vocês para fora desta terra
a fim de que venham a ter juízo.
Sou eu, o SENHOR, quem está
falando.

19 O povo de Jerusalém grita:
"Estamos gravemente feridos!
As nossas feridas não querem
sarar!

E nós pensávamos que podíamos
aguentar estas coisas!
20 As nossas barracas estão
destruídas,
e as cordas que as seguravam
arrebentaram.
Os nossos filhos partiram,
foram todos embora.
Não sobrou ninguém para armar as
nossas barracas de novo,
e não há ninguém para colocar as
cortinas."

21 Eu respondi:

"As autoridades são tolas:
não pedem que o SENHOR Deus as
guie.
Foi por isso que elas fracassaram,
e o nosso povo foi espalhado.
22 Escutem! Acabam de chegar
notícias!
Há uma grande agitação num país
do Norte.
O seu exército vai fazer com que
as cidades de Judá virem um
deserto,
um lugar onde vivem os lobos."

Jeremias ora em favor do seu povo

23 Ó SENHOR Deus, eu sei que o ser
humano
não é dono do seu futuro;
ninguém pode controlar o que
acontece na sua vida.
24 Ó SENHOR, corrige o nosso povo,
mas não sejas duro demais.
Não nos castigues quando estiveres
irado
porque aí acabarias com toda a
nossa gente.
25 Derrama a tua ira sobre as nações
que não te adoram,
sobre os povos que te rejeitam.
Pois mataram a nós, os
descendentes de Jacó,
e arrasaram o nosso país.

Jeremias e a aliança

11 O SENHOR Deus me disse:
2 — Preste atenção nas palavras
desta *aliança. Diga ao povo de Judá e aos
moradores de Jerusalém 3 *que eu, o SE-*
NHOR, o Deus de Israel, amaldiçoarei toda
pessoa que não obedecer às palavras des-
ta aliança. 4 Esta é a mesma aliança que
fiz com os antepassados deles, quando
os tirei do Egito, a terra que era para eles
como uma fornalha acesa. Eu disse a eles
o seguinte: "Se me obedecerem e fizerem
tudo o que eu mandar, vocês serão o meu
povo, e eu serei o Deus de vocês. 5 Assim
cumprirei a promessa que fiz aos seus an-
tepassados, a promessa de lhes dar a ter-
ra boa e rica que agora é de vocês."
Eu disse:
— É verdade, ó SENHOR.
6 Então Deus continuou:
— Vá até as cidades de Judá e pelas
ruas de Jerusalém e anuncie ali esta mi-
nha mensagem. Diga aos israelitas que
escutem as palavras da aliança e que as
cumpram. 7 Quando tirei os antepassados
deles do Egito, eu os avisei solenemente
que obedecessem às minhas palavras e
tenho continuado a avisar o povo até hoje.
8 Mas eles não ouviram, nem obedeceram.
Pelo contrário, cada um continuou a ser
teimoso e mau como sempre. Eu havia
mandado que fossem fiéis à aliança, mas
eles não quiseram obedecer. Por isso, eu
os castiguei com todos os castigos que
estão escritos na aliança.
9 O SENHOR Deus ainda me disse o se-
guinte:
— O povo de Judá e os moradores de
Jerusalém estão se revoltando contra
mim. 10 Voltaram a cometer os mesmos
pecados dos seus antepassados, que não
quiseram fazer o que eu havia mandado, e
andaram adorando outros deuses. O povo
de Israel e o povo de Judá quebraram a
aliança que eu fiz com os seus antepas-
sados. 11 Por isso, eu, o SENHOR, aviso que
vou fazer cair uma desgraça sobre eles,
e eles não escaparão. E, quando gritarem
pedindo socorro, eu não escutarei. 12 Aí o
povo de Judá e os moradores de Jerusa-
lém vão pedir socorro aos deuses a quem
vivem oferecendo *sacrifícios. Mas, quan-
do a desgraça chegar, esses deuses não
poderão salvá-los. 13 O povo de Judá tem
tantos deuses quantas são as suas cida-
des; e, para oferecerem os vergonhosos
sacrifícios ao deus *Baal, os moradores
de Jerusalém levantaram tantos altares
quantas são as ruas da cidade. 14 Jere-
mias, não ore a mim por este povo, nem
me peça nada em favor dele. Quando eles
estiverem em dificuldades e me pedirem
socorro, eu não ouvirei.
15 O SENHOR disse também:
— O povo que eu amo está praticando
o mal. Que direito eles têm de vir ao meu

Uma oração por...

Consistência

Querido Senhor, o que há de errado comigo? Sou tão emotiva e temperamental, mudo com tanta rapidez: em um momento, estou confessando meu amor por ti e, no outro, cedendo às tentações que me afastam de ti. Em um minuto, estou alegre, sorrindo e boazinha e, no seguinte, estou chateada e irritadiça. Deus, eu não me entendo! Que criatura estranha que sou!

Mas não oro, meu Pai, para que tudo seja sempre igual, porque eu me cansaria do sol sem fim e desejaria a chuva. Eu não oro para que meu caminho sempre seja plano, porque assim eu ficaria sem as montanhas. Eu não oro para que sempre tenha música, porque assim eu iria querer a bênção do silêncio. Mas eu oro, Senhor, para que haja algum modelo de consistência em meu relacionamento contigo. Ensina-me a ter equilíbrio para que eu possa viver uma vida de fé e de confiança em ti e mostrar bondade e amor aos outros, e para que eu não esteja nas alturas, em um momento, e no fundo do poço, no outro.

Ajuda-me a andar de mãos dadas contigo, sabendo que desceste das montanhas para andar nos vales, por isso não cederei à depressão quando também tiver de voltar ao vale, mas lembrarei que a trilha me levará para o alto de novo. Mas, seja no topo da montanha, seja no vale, que eu sempre saiba que tu estás andando ao meu lado. E que eu possa lembrar que, se estiveres comigo, tanto faz onde estou.

Amém.

Templo? Será que estão pensando que podem afastar a desgraça, fazendo promessas e oferecendo sacrifícios de animais? E
será que então vão ficar contentes? 16 Uma
vez, eu os chamei de oliveira verde, carregada de belas azeitonas. Mas, agora, com um estrondo de trovão, vou pôr fogo nas suas folhas e quebrar os seus ramos.
17 — Eu, o SENHOR Todo-Poderoso, plantei Israel e Judá; mas, agora, eu os estou ameaçando com um desastre. Eles mesmos fizeram cair sobre si esse desastre porque fizeram o mal e me provocaram oferecendo sacrifícios a Baal.

O plano para matar Jeremias

18 O SENHOR Deus me contou as maldades que os meus inimigos estavam planejando contra mim.
19 Eu era como um cordeiro manso que é levado para ser morto. Não sabia que era contra mim que eles estavam planejando maldades. Eles diziam o seguinte:

— Vamos derrubar a árvore enquanto ainda está forte. Vamos matar Jeremias para que nunca mais ninguém lembre dele.

20 Então eu orei assim:

— Ó SENHOR Todo-Poderoso, tu és um juiz justo. Tu examinas os nossos pensamentos e os nossos sentimentos. Deixa que eu veja a tua vingança contra eles, pois coloquei a minha causa nas tuas mãos.

21 Os homens de Anatote queriam me ver morto. Disseram que, se continuasse a pregar em nome de Deus, eles me matariam.
22 Então o SENHOR Todo-Poderoso disse a respeito deles:

— Eu os castigarei. Os seus moços serão mortos na guerra, e os seus filhos e filhas morrerão de fome.
23 Não sobrará nenhum deles quando chegar a desgraça que eu vou mandar cair sobre o povo de Anatote.

Jeremias faz perguntas a Deus

12 — Ó SENHOR Deus, se eu discutisse esse meu caso contigo, tu provarias que estás com a razão. Mas eu preciso te fazer algumas perguntas sobre a tua justiça. Por que os maus ficam ricos? Por que os desonestos conseguem sucesso?
2 Tu os plantas, e as suas raízes se firmam; eles crescem e produzem fruto. Vivem sempre falando bem de ti, mas na verdade não se importam contigo.
3 Mas tu, ó SENHOR, me conheces; tu vês o que estou fazendo e sabes como te amo. Ó SENHOR, arrasta essa gente como ovelhas para o matadouro; separa-os para o dia da matança.
4 Por quanto tempo a nossa terra ficará seca? Até quando o capim murchará em todos os pastos? Os animais e as aves estão morrendo por causa da maldade dos moradores da terra, que dizem: "Deus não vê o que estamos fazendo."
5 Deus respondeu:

— Jeremias, se você se cansa apostan-
do corrida com os homens, como é que
vai correr mais do que os cavalos? Se você
não se sente seguro numa terra de paz,
como é que vai conseguir viver nas matas
do rio Jordão? 6 Até os seus irmãos, gente
da sua própria família, são traidores. To-
dos eles criticam você pelas costas. Não
confie neles, ainda que venham com con-
versa de amigo.

Deus fica triste com o seu povo

7 O SENHOR disse:
"Abandonei o meu povo
e rejeitei a nação que escolhi.
Entreguei o povo que eu amo
na mão dos seus inimigos.
8 O meu povo escolhido virou contra
mim
como um leão na floresta.
Eles gritaram contra mim,
e por isso eu os detesto.
9 O meu povo escolhido é como um
pássaro
atacado de todos os lados por
gaviões.
Venham, animais selvagens,
venham tomar parte na festa!
10 Muitos governadores estrangeiros
destruíram a minha plantação
de uvas,
pisaram os meus campos
e fizeram da minha linda terra um
deserto.
11 Arrasaram a terra,
e ela está abandonada diante de
mim.
A terra toda virou um deserto,
mas ninguém se importa.
12 Em todos os morros do deserto,
apareceram homens para assaltar
os outros.
Eu mandei a guerra para destruir o
país inteiro;
ninguém pode viver em paz.
13 O meu povo plantou trigo e
colheu espinhos;
trabalhou muito, porém não
ganhou nada.
Por causa do fogo da minha *ira,
as suas colheitas fracassaram."

Os povos vizinhos de Israel

14 O SENHOR Deus disse:
— Agora, vou falar sobre os vizinhos
maus de Israel que arruinaram a ter-
ra que eu dei ao meu povo. Levarei essa
gente para longe das suas terras, como
se fossem plantas arrancadas. E tirarei o
povo de Judá do meio deles. 15 Mas, depois
de levá-los para longe, terei pena deles e
trarei cada nação de volta para a sua ter-
ra, para o seu país. 16 Eu quero que eles
aceitem de todo o coração a religião do
meu povo. Quero que aprendam a dizer:
"Juro pelo SENHOR, o Deus vivo" — as-
sim como no passado eles ensinaram o
meu povo a jurar pelo deus *Baal. Se fize-
rem isso, eles também farão parte do meu
povo e terão sucesso. 17 Mas eu arrancarei
pelas raízes e destruirei completamente
qualquer nação que não quiser obedecer.
Eu, o SENHOR, falei.

A roupa estragada

13 O SENHOR Deus me mandou com-
prar uma roupa de baixo, isto é, um
calção novo, e vesti-lo. Mas disse que eu
não o lavasse antes. 2 Eu fiz o que o SE-
NHOR mandou: comprei o calção e ves-
ti. 3 Aí o SENHOR falou comigo outra vez.
Ele disse:
4 — Vá até o rio Eufrates e esconda o
calção num buraco na rocha.
5 Eu fui e o escondi perto do rio Eufra-
tes, como o SENHOR havia mandado. 6 Al-
gum tempo depois, o SENHOR me disse
que voltasse ao rio e apanhasse o calção
que ele me havia mandado esconder ali.
7 Voltei lá, procurei e achei o lugar onde o
havia escondido. Mas o calção tinha apo-
drecido e não prestava mais.
8 Então o SENHOR me falou de novo. Ele
disse:
9 — É assim que eu vou destruir o or-
gulho do povo de Judá e o grande orgulho
de Jerusalém. 10 Esse povo mau não quer
ouvir o que eu digo e sempre foi teimoso.
Eles adoram e seguem outros deuses. Por
isso, vão ficar como essa roupa, que não
presta mais para nada. 11 E, assim como o
calção fica bem justo na cintura, eu gos-
taria que todo o povo de Israel e de Judá
ficasse bem perto de mim. Eu queria que
eles fossem o meu povo para darem lou-
vor e *glória ao meu nome; mas eles não
quiseram me obedecer.

A jarra de vinho

12 Deus me disse:
— Jeremias, fale ao povo de Israel que
eu, o SENHOR, estou dizendo: Toda jarra
de vinho deve ficar bem cheia. Eles vão di-
zer que sabem muito bem que toda jarra

de vinho deve ficar bem cheia. 13 Diga-lhes
então que eu, o SENHOR, vou encher de
vinho o povo desta terra até que todos
fiquem bêbados: os reis, que são descen-
dentes de Davi, os sacerdotes, os *profe-
tas e todo o povo de Jerusalém. 14 Então
quebrarei todos, tanto os velhos quanto
os jovens, como se quebram os jarros que
são jogados uns contra os outros. Destrui-
rei essa gente sem dó, sem piedade e sem
misericórdia.

Orgulho e castigo

15 Povo de Israel,
é Deus quem está falando.
Sejam humildes e prestem atenção.
16 Confessem os seus pecados ao
SENHOR, seu Deus,
antes que ele faça vir a escuridão,
e, no escuro, vocês tropecem nas
montanhas.
Vocês esperam a luz,
mas ele a mudará em sombras
escuras,
ele a transformará em profunda
escuridão.
17 Se vocês não prestarem atenção,
eu chorarei em segredo por causa
do seu orgulho.
Chorarei amargamente,
derramarei lágrimas
porque o povo de Deus foi levado
como prisioneiro.

18 Deus me disse mais isto:
— Diga ao rei e à mãe do rei que des-
çam dos seus tronos porque as suas lin-
das coroas caíram da sua cabeça. 19 As ci-
dades da região sul estão cercadas pelos
inimigos, e ninguém pode chegar lá. Todo
o povo de Judá foi levado prisioneiro, fo-
ram todos levados para fora do país.
20 — Olhe, povo de Jerusalém! Os ini-
migos vêm vindo do Norte! Onde estão
as pessoas que foram entregues para que
vocês cuidassem delas? Onde está o povo
que é o seu lindo rebanho? 21 *O que é que*
vocês vão dizer quando aqueles que vocês
pensavam que eram seus amigos forem
colocados acima de vocês, como seus go-
vernadores? Vocês vão sentir dores como
a mulher que está dando à luz. 22 Jerusa-
lém, você pode perguntar a você mesma:
"Por que aconteceu isso comigo? Por que
arrancaram as minhas roupas? Por que
abusaram de mim?" Então fique sabendo
que é porque os seus pecados são muitos.
23 — Por acaso, um homem preto pode
mudar a cor da sua pele ou um leopardo
tirar as suas manchas? Se isso fosse possí-
vel, vocês, que só sabem fazer o mal, tam-
bém poderiam aprender a fazer o bem.
24 Deus os espalhará como a palha que voa
quando sopra o vento do deserto. 25 O SE-
NHOR Deus disse que esta será a recom-
pensa de vocês; é isso que vão receber
porque vocês o esqueceram e confiaram
em falsos deuses. 26 Deus mesmo arran-
cará as roupas de vocês e os fará passar
vergonha. 27 Deus tem visto vocês fazendo
coisas que ele detesta. Como um homem
que anda atrás da mulher do seu vizinho,
como um cavalo que procura a égua, as-
sim vocês vão atrás de deuses pagãos nas
montanhas e nos campos. O povo de Je-
rusalém está condenado! Quando é que
vocês vão se *purificar?

A grande seca

14 O SENHOR Deus me disse o seguin-
te a respeito da seca:

2 "O povo de Judá está de luto,
chorando.
As suas cidades estão morrendo,
o povo está abatido, jogado no chão,
e Jerusalém grita pedindo socorro.
3 Os ricos mandam os empregados
buscar água.
Eles vão até os poços,
porém não encontram água
e voltam com os potes vazios.
Então cobrem a cabeça,
desanimados e atrapalhados.
4 Os lavradores também cobrem a
cabeça,
desesperados porque não chove,
e a terra está seca.
5 No campo, as veadas abandonam
as suas crias,
pois não há capim.
6 Os jumentos selvagens ficam
parados no alto dos morros
e, com falta de ar, respiram como
os lobos.
Eles não enxergam bem
por falta de pasto."

7 O meu povo disse:
"Ó SENHOR Deus, os nossos pecados
nos acusam,
mas pedimos que nos ajudes,
como prometeste.
Muitas vezes, nos afastamos de ti
e contra ti temos pecado.

8 Tu és a única esperança do povo
de Israel,
tu és aquele que nos salva
quando estamos em dificuldades.
Por que é que tens de ser
como um estrangeiro em nossa
terra
ou como um viajante que só pousa
uma noite?
9 Por que é que tens de ser
como um homem apanhado de
surpresa,
como um soldado que não tem
força para defender os outros?
Mas tu, ó SENHOR, estás entre nós,
e nós somos o teu povo.
Não nos abandones!"

10 O SENHOR Deus disse o seguinte a respeito desse povo:
— Eles gostam de andar por aí e não sabem se controlar. Por isso, não estou satisfeito com eles. Eu lembrarei das maldades que fizeram e os castigarei por causa dos seus pecados.
11 Aí o SENHOR me disse:
— Não me peça para ajudar esse povo.
12 Mesmo que jejuem e orem, eu não os ouvirei. Não os aceitarei, mesmo que me ofereçam animais em *sacrifício e me tragam ofertas de cereais. Pelo contrário, eu os matarei na guerra e também por meio de fome e de doenças.
13 Então eu disse:
— Ó SENHOR, meu Deus, tu sabes que alguns *profetas estão dizendo ao povo que não vai haver guerra nem fome. Eles afirmam que prometeste que em nossa terra só haverá paz.
14 Mas o SENHOR respondeu:
— Esses profetas estão profetizando mentiras em meu nome. Eu não os enviei, nem lhes dei ordens e nunca lhes disse nada. As suas visões são mentiras, e as suas adivinhações não valem nada; eles inventam *profecias só para enganar.
15 Eu, o SENHOR, digo a você o que vou fazer com esses profetas que não enviei e que profetizam em meu nome, dizendo que não haverá guerra nem fome neste país. Eu os matarei na guerra e de fome.
16 As pessoas a quem eles disseram essas coisas também serão mortas na guerra e de fome. Os corpos delas serão jogados nas ruas de Jerusalém, e não haverá ninguém para sepultá-los. Isso acontecerá com todos eles — com as suas esposas, os seus filhos e as suas filhas. Eles pagarão pelas suas maldades.
17 Deus me mandou contar ao povo a minha tristeza e dizer:

"Que os meus olhos derramem
lágrimas dia e noite
e que nunca parem de chorar,
porque o meu pobre povo está
muito machucado,
está gravemente ferido.
18 Quando vou ao campo,
vejo os corpos dos homens mortos
na guerra;
quando entro nas cidades,
vejo pessoas morrendo de fome.
Os profetas e os sacerdotes
continuam o seu trabalho,
porém não sabem o que estão
fazendo."

O povo confessa o seu pecado

19 "Ó SENHOR Deus, será que
rejeitaste completamente o
povo de Judá?
Será que detestas o povo de *Sião?
Por que nos feriste tanto,
que não podemos ser curados?
Nós esperamos a paz,
mas nada de bom aconteceu;
pensamos que íamos ser curados,
mas o que veio foi o terror.
20 Ó SENHOR, confessamos o nosso
pecado
e o pecado dos nossos
antepassados;
de fato, pecamos contra ti.
21 Lembra das tuas promessas
e não nos desprezes.
Não deixes que seja humilhada a
cidade de Jerusalém,
o lugar do teu trono *glorioso.
Lembra da *aliança que fizeste com
o teu povo
e não desistas dele.
22 Nenhum dos ídolos das nações
pode fazer chover,
nem o céu pode fazer cair chuva.
Pusemos a nossa esperança em ti,
ó SENHOR, nosso Deus,
pois tu és aquele que faz todas
estas coisas."

A condenação do povo de Judá

15 Então o SENHOR Deus me disse:
— Mesmo que Moisés e Samuel
estivessem aqui implorando, eu não teria
dó deste povo. Mande essa gente embora.

Que sumam da minha frente! 2 Quando
perguntarem para onde devem ir, respon-
da que eu disse isto:

"Alguns estão condenados a morrer
de doença —
assim será!
Outros estão condenados a morrer
na guerra —
assim será!
Alguns estão condenados a morrer
de fome —
assim será!
Outros estão condenados a ser
levados como prisioneiros —
assim será!"

3 — Eu, o SENHOR, resolvi que vão acon-
tecer estas quatro coisas horríveis: eles
morrerão na guerra, os cães arrastarão
os seus corpos, as aves os comerão, e os
animais selvagens devorarão as sobras.
4 Farei com que todos os povos do mun-
do olhem para eles com horror por causa
daquilo que Manassés, filho de Ezequias,
fez em Jerusalém quando era rei de Judá.

5 Deus diz:
"Quem terá dó de vocês,
moradores de Jerusalém?
Quem vai se preocupar com vocês?
Quem vai parar um pouco para
perguntar como vocês estão
passando?
6 Vocês me rejeitaram
e viraram as costas para mim.
Aí levantei a mão
e esmaguei vocês
porque estava cansado de perdoar.
Sou eu, o SENHOR, quem está
falando.

7 "Em todas as cidades desta terra,
eu os joguei contra o vento
como se faz com o trigo
para separá-lo da palha.
Eu destruí vocês, o meu povo,
e matei os seus filhos
porque vocês não abandonaram os
seus maus caminhos.
8 Fiz com que houvesse entre vocês
mais viúvas
do que os grãos de areia da praia
do mar.
Matei os seus filhos na flor da idade
e fiz as mães deles sofrerem.
De repente, fiz cair sobre eles
aflição e terror.
9 A mãe que perdeu os seus sete
filhos desmaiou,
respirando com dificuldade.
Para ela, o dia virou noite;
ela se sente infeliz
e vive desesperada.
Vou deixar que os inimigos matem
todos vocês que ainda estão
vivos.
Eu, o SENHOR, estou falando."

10 Eu disse:
— Como é dura a minha vida! Por que
a minha mãe me pôs no mundo? Eu te-
nho de discutir e brigar com toda a gen-
te desta terra. Não emprestei dinheiro,
nem tomei emprestado, e mesmo assim
todos me amaldiçoam. 11 Ó SENHOR Deus,
se eu não te servi bem e se não te pedi
em favor dos meus inimigos quando esta-
vam passando dificuldades e aflições, en-
tão que as maldições deles se cumpram.
12 Ninguém pode quebrar o ferro, espe-
cialmente o ferro do Norte, que é mistu-
rado com bronze.
13 Deus me disse:
— Jeremias, vou mandar que os inimi-
gos carreguem as riquezas e os tesouros
do meu povo como castigo pelos peca-
dos cometidos em toda esta terra. 14 Farei
com que sejam escravos dos seus inimi-
gos, numa terra que não conhecem, pois
a minha *ira é como um fogo que ficará
sempre queimando.
15 Então eu respondi:
— Ó SENHOR, tu és que sabes. Lembra
de mim e ajuda-me. Vinga-me daqueles
que me perseguem. Não tenhas paciência
com os meus inimigos para que eles não
me matem. Lembra que é por causa de ti
que eles me insultam. 16 Tu falaste comi-
go, e eu prestei atenção em cada palavra.
Ó SENHOR, Deus Todo-Poderoso, eu sou
teu, e por isso as tuas palavras encheram
o meu coração de alegria e de felicida-
de. 17 Não tenho gasto o meu tempo rindo
e gozando a vida junto com outras pes-
soas. Por causa do trabalho pesado que
me deste, fiquei sozinho e muito indigna-
do. 18 Por que continuo a sofrer? Por que
as minhas feridas doem sem parar? Por
que elas não saram? Será que não posso
confiar em ti? Será que és como um ria-
cho que seca no verão?
19 O SENHOR respondeu:
— Se você voltar, eu o receberei de
volta, e você será meu *servo de novo. Se

você disser coisas que se aproveitem e
não palavras inúteis, você será de novo
meu *profeta. O povo voltará para você,
mas você não deve voltar para eles. 20 Fa-
rei com que você seja para este povo
como um forte muro de bronze. Eles lu-
tarão contra você, mas não conseguirão
derrotá-lo, pois eu estarei com você para
protegê-lo e salvá-lo. 21 Eu o livrarei das
mãos dos perversos e o libertarei do po-
der dos violentos. Eu, o SENHOR, falei.

A vida de Jeremias é um aviso

16 O SENHOR Deus falou comigo no-
vamente. Ele disse:
2 — Não case, nem tenha filhos neste
lugar. 3 Eu vou lhe dizer o que acontece-
rá com os filhos e as filhas que nascerem
aqui, e também com as mães que os tive-
rem e com os pais que os gerarem. 4 Eles
morrerão de doenças horríveis. Ninguém
chorará a morte deles, e não serão sepul-
tados. Ficarão espalhados pelo chão como
esterco. Serão mortos na guerra ou então
morrerão de fome, e os seus corpos se-
rão comidos pelas aves e pelos animais
selvagens.
5 — Não entre numa casa onde tenha
gente chorando. Não fique triste, nem
chore por causa de ninguém. Pois eu não
abençoarei mais esse povo com a minha
paz; não os amarei mais, nem terei pena
deles. Sou eu, o SENHOR, quem está falan-
do. 6 Tanto os ricos como os pobres mor-
rerão nesta terra, mas ninguém vai se-
pultá-los, nem chorar por eles. Ninguém
se cortará, nem rapará a cabeça em sinal
de tristeza. 7 Ninguém comerá, nem bebe-
rá junto com uma pessoa para a conso-
lar pela morte de um querido. Ninguém
mostrará simpatia, nem mesmo por uma
pessoa que tenha perdido o seu pai ou a
sua mãe.
8 — Também não entre numa casa em
que haja festa. Não se sente, e não coma,
nem beba com eles. 9 Escute aquilo que
eu, o SENHOR Todo-Poderoso, o Deus de
Israel, estou dizendo. Vou acabar com os
gritos de alegria e de felicidade e com o
barulho alegre das festas de casamento.
E vocês verão tudo isso acontecer nes-
te lugar.
10 — Quando você anunciar essas coi-
sas, eles vão perguntar por que foi que re-
solvi castigá-los tanto assim. Eles vão per-
guntar: "De que crime somos culpados e
que pecado cometemos contra o SENHOR,
nosso Deus?" 11 Então você dirá que a res-
posta do SENHOR é esta: "Os seus antepas-
sados me abandonaram, e foram atrás de
outros deuses, e os serviram, e adoraram.
Eles me deixaram e não obedeceram aos
meus ensinamentos. 12 Mas vocês fizeram
pior do que os seus antepassados. Todos
vocês são teimosos e maus e não querem
me obedecer. 13 Por isso, eu os expulsarei
desta terra e os jogarei numa terra que
nem vocês nem os seus antepassados co-
nheceram. Ali vocês adorarão outros deu-
ses dia e noite, pois eu não serei bondoso
para vocês."

A volta à pátria

14 O SENHOR Deus diz:
— Está chegando o tempo em que nin-
guém mais jurará por mim como o Deus
vivo que tirou do Egito o povo de Israel.
15 Mas jurarão por mim como o Deus vivo
que trouxe o povo de Israel do país do
Norte e de todos os outros países por
onde eu os havia espalhado. Vou trazê-
-los de volta para a sua própria terra, para
a terra que dei aos seus antepassados. Eu,
o SENHOR, estou falando.

O castigo por causa da idolatria

16 O SENHOR Deus diz:
— Mandarei vir muitos pescadores
para pescarem essa gente. Depois, man-
darei vir muitos caçadores para os caça-
rem em todas as montanhas e lugares al-
tos e até nos buracos das rochas. Sou eu,
o SENHOR, quem está falando. 17 Eu vejo
tudo o que eles estão fazendo. Nada fica
escondido de mim, e os pecados deles não
escapam da minha vista. 18 Vou fazer com
que paguem em dobro pela sua maldade
e pelo seu pecado. Eles *profanaram a mi-
nha terra com ídolos que são tão mortos
como os defuntos; eles encheram a minha
terra com os seus falsos deuses.

As nações voltam para Deus

19 Eu disse:
— Ó SENHOR Deus, tu me proteges e me
dás força; tu me ajudas na hora do sofri-
mento. Dos fins da terra, as nações irão
a ti e dirão: "Os nossos antepassados só
tinham falsos deuses, tinham somente
deuses inúteis. 20 Será que o ser humano
pode fazer os seus próprios deuses? Não!
Porque não seriam deuses de verdade."
21 O SENHOR disse:
— Por isso, farei com que eles conhe-
çam a minha força e o meu poder uma vez

para sempre. E eles saberão que o meu nome é *SENHOR.

O pecado e o castigo de Judá

17 O SENHOR Deus disse:
— Povo de Judá, o seu pecado está escrito com ferro pontudo; está gravado com uma ponta de diamante no seu coração e nos cantos dos seus altares.
2 Os seus filhos lembram dos altares e dos postes que foram levantados para a deusa *Aserá, perto das árvores verdes, no alto dos morros
3 e nas montanhas que estão no interior do país. Farei com que os inimigos de vocês levem embora todas as suas riquezas e tesouros por causa dos pecados que vocês cometeram em toda esta terra.
4 Vocês terão de abandonar a terra que lhes dei. E farei com que vocês sejam escravos dos seus inimigos numa terra que não conhecem, pois a minha *ira é como um fogo e queimará para sempre.

Pensamentos de sabedoria

5 O SENHOR Deus diz:
"Eu amaldiçoarei aquele que se afasta de mim,
que confia nos outros,
que confia na força de fracos seres humanos.
6 Ele é como uma planta do deserto
que cresce na terra seca,
no chão salgado,
onde não cresce mais nada.
Nada de bom acontece com ele.

7 "Mas eu abençoarei aquele que confia em mim,
aquele que tem fé em mim, o SENHOR.
8 Ele é como a árvore plantada perto da água,
que espalha as suas raízes até o ribeirão.
Quando vem o calor,
ela não tem medo,
pois as suas folhas ficam sempre verdes.
Quando não chove,
ela não se preocupa;
continua dando frutas.

9 "Quem pode entender o coração humano?
Não há nada que engane tanto como ele;
está doente demais para ser curado.
10 Eu, o SENHOR, examino os pensamentos
e ponho à prova os corações.
Eu trato cada pessoa conforme a sua maneira de viver,
de acordo com o que ela faz."

11 O homem que ganha dinheiro desonestamente
é como a ave que choca ovos que não botou;
durante a sua vida, ele perde as suas riquezas
e no fim não passa de um tolo.

12 O nosso Templo é como um trono *glorioso;
desde o princípio, ele está num alto monte.

13 Ó SENHOR Deus, tu és a esperança do povo de Israel;
todos os que te abandonam serão humilhados.
Desaparecerão como nomes escritos na areia
porque abandonaram a ti, o SENHOR,
a fonte de água fresca.

Jeremias pede a ajuda de Deus

14 Ó SENHOR, cura-me, e ficarei curado;
salva-me, e serei salvo, pois eu canto louvores a ti.

Uma oração por...

Confiança

Deus Todo-Poderoso, por favor, ajuda-me a ser quem tu queres que eu seja e a fazer o que queres que eu faça. Ajuda-me a sempre ouvir a voz de teu Espírito dentro de mim e a não deixar de me arrepender de um erro ou de limpar um lugar em meu coração. Ajuda-me a não me apegar a um pecado que será difícil de abandonar; a não olhar para trás, mas para frente; a não lançar os olhos para o chão, mas os levantar para o céu; a não confiar no homem mortal, mas em ti, Jesus Cristo. E faz com que eu continue a amar toda a humanidade, a praticar o bem a todos os homens, a te amar e a nunca duvidar de que me amas e farás com que todas as coisas trabalhem juntas para o bem daqueles que confiam em ti, meu Senhor, meu Pai e meu Deus. Amém.

15 Os outros me dizem: "Onde estão as
ameaças que o SENHOR nos fez? Que elas
se cumpram agora!"
16 Mas, Senhor, eu nunca pedi que fi-
zesses a desgraça cair sobre eles, nem
pedi que passassem por tempos difíceis.
Ó Deus, tu sabes disso; tu sabes o que eu
disse. 17 Não sejas para mim um motivo de
terror; tu és para mim um lugar seguro
no dia da desgraça. 18 Que sejam humilha-
dos os que me perseguem, mas eu não!
Que eles fiquem cheios de terror, mas eu
não! Manda que a desgraça caia sobre
eles; acaba com eles completamente.

O sábado

19 O SENHOR Deus me disse:
— Jeremias, vá e fique no Portão do
Povo, por onde os reis de Judá entram e
saem da cidade; depois, vá a todos os ou-
tros portões de Jerusalém. 20 Diga a todos
que escutem as minhas palavras; diga isso
aos reis, a todo o povo de Judá e a todos
os moradores de Jerusalém que entram
por esses portões. 21 Diga que, se eles que-
rem continuar a viver, não carreguem ne-
nhuma carga no sábado. Que nesse dia
não tragam nada para dentro dos portões
de Jerusalém, 22 nem carreguem nada para
fora das suas casas. Diga que não traba-
lhem no sábado. O sábado deve ser guar-
dado como dia sagrado, conforme mandei
aos seus antepassados. 23 Eles não me ou-
viram, nem me deram atenção. Pelo con-
trário, foram teimosos; não quiseram me
obedecer, nem aprender.
24 — Diga a esse povo que me obedeça
de todo o coração. Que no sábado não car-
reguem nenhuma carga para dentro dos
portões desta cidade! Diga que guardem
o sábado como dia sagrado e não façam
nenhum trabalho nesse dia. 25 Então, sim,
os seus reis e príncipes entrarão pelos
portões de Jerusalém e terão o mesmo
poder real que Davi teve. Eles andarão
em carros e montarão cavalos, junto com
o povo de Judá e de Jerusalém; e na cida-
de de Jerusalém sempre morará gente.
26 Eles virão das cidades de Judá e dos po-
voados em volta de Jerusalém, e também
do território de Benjamim, das planícies,
das montanhas e da região sul. Eles tra-
rão ao meu Templo ofertas a serem quei-
madas e *sacrifícios, ofertas de cereais e
incenso e ofertas de gratidão. 27 Mas, se
não me obedecerem, e não guardarem o
sábado como dia sagrado, e se nesse dia
carregarem cargas para dentro dos por-
tões da cidade, então eu porei fogo nesses
portões. O fogo destruirá os palácios de
Jerusalém, e ninguém poderá apagá-lo.

O pote de barro

18 O SENHOR Deus me disse:
2 — Desça até a casa onde fazem
potes de barro, e lá eu lhe darei a minha
mensagem.
3 Então eu fui e encontrei o oleiro tra-
balhando com o barro sobre a roda de
madeira. 4 Quando o pote que o oleiro es-
tava fazendo não ficava bom, ele pegava
o barro e fazia outro, conforme queria.
5 Aí o SENHOR me disse:
6 — Será que eu não posso fazer com
o povo de Israel o mesmo que o oleiro
faz com o barro? Vocês estão nas minhas
mãos assim como o barro está nas mãos
do oleiro. Sou eu, o SENHOR, quem está
falando. 7 Em qualquer momento, pos-
so dizer que vou arrancar, derrubar ou
destruir qualquer nação ou reino. 8 Mas,
se essa nação ou esse reino abandonar a
sua maldade, então eu mudarei de ideia
a respeito daquilo que tinha prometido
fazer. 9 Mas eu também posso dizer que
vou fundar ou construir qualquer nação
ou reino. 10 Mas, se essa nação fizer o que
é mau e não me obedecer, então eu mu-
darei de ideia a respeito daquilo que ti-
nha prometido fazer. 11 Portanto, Jeremias,
diga ao povo de Judá e aos moradores de
Jerusalém que estou fazendo planos con-
tra eles e me preparando para castigá-los.
Diga que deixem de fazer o que é mau e
que melhorem a sua maneira de viver e
de agir. 12 Eles vão responder: "Não adian-
ta; nós vamos seguir os nossos planos.
Todos nós vamos agir de acordo com a
teimosia e a maldade do nosso coração."

O povo rejeita a Deus

13 "Portanto, eu, o SENHOR, digo:
Perguntem a todas as nações
se, por acaso, já houve alguma coisa
igual.
O povo de Israel fez uma coisa
horrível!
14 Será que alguma vez deixou de
haver neve
nas altas rochas dos montes
Líbanos?
Por acaso, secam as suas águas frias
que correm montanha abaixo?
15 Mas o meu povo tem esquecido
de mim

e queima incenso aos ídolos.
No caminho em que deviam andar,
eles tropeçam.
Não seguem os caminhos antigos,
mas vão por atalhos que não estão
marcados.
16 Eles fizeram desta terra uma coisa
horrorosa,
que será desprezada para sempre.
Todos os que passarem ficarão
espantados
e balançarão a cabeça.
17 Eu espalharei o meu povo diante
dos inimigos,
como o pó que é soprado pelo vento
leste.
Virarei as costas para eles
e não os ajudarei quando a
desgraça chegar."

O plano para matar Jeremias

18 Aí o povo disse:
— Vamos dar um jeito de nos livrar-
mos de Jeremias! Pois sempre haverá
sacerdotes para nos ensinar, sábios para
nos dar conselhos e *profetas para anun-
ciar a mensagem de Deus. Vamos fazer
acusações contra ele e deixar de ouvir o
que ele diz.
19 Então eu orei assim:
— Ó SENHOR Deus, ouve-me e escuta o
que os meus inimigos estão dizendo con-
tra mim. 20 Por acaso, é com o mal que se
paga o bem? No entanto, eles cavaram
um buraco para que eu caia nele. Lem-
bra que fui falar contigo em favor deles,
pedindo que não fizesses nada contra eles
enquanto estavas *irado. 21 Mas, agora, ó
Deus, deixa que os filhos deles morram
de fome ou que sejam mortos na guerra.
Que as mulheres percam os seus mari-
dos e filhos, que os homens morram de
doenças, e que os moços sejam mortos na
guerra! 22 Manda que uma quadrilha ata-
que de surpresa as suas casas e que eles
gritem de medo. Pois *cavaram um buraco*
para eu cair nele e armaram armadilhas
para me pegar. 23 Mas tu, ó SENHOR, co-
nheces todos os planos que eles fizeram
para me matar. Não perdoes a maldade
deles; não apagues o seu pecado. Joga-
-os no chão, derrotados. Trata-os assim
enquanto estás irado.

O pote quebrado

19 O SENHOR Deus me disse que fosse
comprar um pote de barro.
Disse que levasse comigo algumas au-
toridades do povo e alguns sacerdotes
mais velhos 2 e fosse ao vale de Ben-Hi-
nom, na entrada do Portão dos Cacos. Ali
eu devia anunciar em voz bem alta a men-
sagem que ele ia me dar. 3 Deus me man-
dou dizer o seguinte:
— Reis de Judá e povo de Jerusalém, es-
cutem o que eu, o SENHOR Todo-Poderoso,
o Deus de Israel, vou dizer. Vou fazer cair
sobre este lugar uma desgraça tão gran-
de, que todos os que ouvirem falar dela
ficarão horrorizados. 4 Vou fazer isso por-
que o meu povo me abandonou e *pro-
fanou este lugar, queimando aqui incen-
so a outros deuses. Mas nem esse povo,
nem os seus antepassados, nem os reis de
Judá sabiam nada a respeito desses deu-
ses. Essa gente encheu este lugar com o
sangue de pessoas inocentes 5 e construiu
altares para o deus *Baal, a fim de quei-
mar os seus filhos no fogo, como *sacrifí-
cio. Eu não dei ordem para isso, não falei
disso e nunca pensei nisso. 6 Por isso, eu,
o SENHOR, digo que chegará o tempo em
que este lugar não se chamará mais To-
fete nem vale de Ben-Hinom e sim "vale
da Matança". 7 Neste lugar, destruirei to-
dos os planos do povo de Judá e de Jeru-
salém. Deixarei que os inimigos os derro-
tem e os matem na batalha. Darei os cor-
pos deles como alimento para as aves e
as feras. 8 Destruirei esta cidade de modo
tão terrível, que cada um que passar por
ela ficará espantado e horrorizado ao ver
tudo o que aconteceu. 9 Os inimigos cerca-
rão a cidade e procurarão matar os seus
moradores. O cerco será tão terrível, que
a gente que vive em Jerusalém comerá a
carne dos seus filhos e filhas e devorará
os seus próprios vizinhos.
10 Então o SENHOR me mandou quebrar
o pote na frente dos homens que haviam
ido comigo. 11 E mandou dizer-lhes que
o SENHOR Todo-Poderoso tinha dito o
seguinte:
— Como se quebra um pote, e ele não
pode mais ser consertado, assim eu que-
brarei este povo e esta cidade. Os seus
mortos terão de ser sepultados até mes-
mo em Tofete, pois não haverá outro lugar
para sepultá-los. 12 Tratarei esta cidade e
os seus moradores assim: farei com que
ela fique como o vale de Tofete. Sou eu,
o SENHOR, quem está falando. 13 As casas
de Jerusalém e as casas dos reis de Judá

ficarão imundas como o vale de Tofete.
Também ficarão imundas todas as casas
onde queimaram incenso no terraço para
adorar as estrelas e onde derramaram be-
bidas como oferta a outros deuses.
14 Então voltei de Tofete, onde o SENHOR
me havia mandado anunciar a sua men-
sagem. Fui ao pátio do Templo, fiquei de
pé ali e falei a todo o povo 15 que o SENHOR
Todo-Poderoso, o Deus de Israel, tinha
dito o seguinte:
— Vocês são teimosos e não querem
ouvir o que eu digo; por isso, farei cair
sobre esta cidade e sobre todos os povoa-
dos vizinhos toda a desgraça que prometi.

Jeremias e o sacerdote Pasur

20 Pasur, filho de Imer, era sacerdote
e chefe dos serviços do Templo. Ele
me ouviu dizer essas coisas 2 e por isso
mandou que eu fosse surrado e preso com
correntes no Portão de Benjamim, o por-
tão de cima que dá para o Templo. 3 Na ma-
nhã seguinte, depois que Pasur me soltou
das correntes, eu disse:
— O SENHOR Deus mudou o seu nome
de "Pasur" para "Terror-por-todos-os-la-
dos". 4 O SENHOR mesmo disse: "Pasur, eu
farei com que você seja um terror para
você mesmo e para todos os seus amigos.
Todos eles serão mortos pelas espadas
dos inimigos deles, e você vai ver isso.
Todo o povo de Judá será dominado pelo
rei da Babilônia. Ele vai levar alguns para
a Babilônia como prisioneiros e mandará
matar outros. 5 Deixarei que os inimigos
levem embora toda a riqueza desta cida-
de. Eles pegarão todas as coisas de valor
e os tesouros dos reis de Judá e carrega-
rão tudo para a Babilônia. 6 E você, Pasur,
com toda a sua família, será preso e tam-
bém será levado para lá. Ali você morre-
rá e será sepultado junto com todos os
seus amigos, a quem você anunciou tan-
tas mentiras."

A queixa de Jeremias

7 Ó SENHOR Deus, tu me enganaste,
e eu fiquei enganado.
Tu és mais forte do que eu
e me dominaste.
Todos zombam de mim,
caçoando o dia inteiro.
8 Cada vez que falo, tenho de gritar e
anunciar:
"Violência! Destruição!"
Ó SENHOR, eles me desprezam
e zombam de mim o tempo todo
porque anuncio a tua mensagem.
9 Mas, quando penso:
"Vou esquecer o SENHOR
e não falarei mais em seu nome",
então a tua mensagem fica presa
dentro de mim
e queima como fogo no meu
coração.
Estou cansado de guardá-la
e não posso mais aguentar.
10 Ouço as multidões cochichando:
"Há terror-por-todos-os-lados."
E dizem: "Acusem Jeremias!
Vamos denunciá-lo!"
Até os meus amigos íntimos
esperam que eu tropece.
Eles dizem: "Talvez ele caia numa
armadilha;
então nós o pegaremos
e nos vingaremos."

11 Mas tu, ó SENHOR, estás comigo
e és forte e poderoso.
Os que me perseguem tropeçarão
e nunca vencerão.
Eles ficarão muito envergonhados
por causa do seu fracasso.
A desgraça deles não acabará
e nunca será esquecida.
12 Assim, ó SENHOR Todo-Poderoso,
com justiça tu nos pões à prova,
pois sabes o que está na nossa
mente e no nosso coração.
Deixa que eu veja a tua vingança
contra os meus inimigos,
pois coloquei a minha causa nas
tuas mãos.
13 Cantem ao SENHOR Deus,
louvem o SENHOR
porque ele livra os pobres do poder
dos maus.

14 Maldito seja o dia em que eu
nasci!
Esqueçam o dia em que a minha
mãe me deu à luz!
15 Maldito seja o homem que
alegrou o meu pai
quando lhe deu esta notícia:
"É menino! Você tem um filho!"
16 Que esse homem seja como as
cidades
que o SENHOR Deus destruiu sem dó!
Que ele ouça gemidos de dor pela
manhã
e gritos de batalha ao meio-dia,

17 porque não me matou antes de eu
nascer!
Pois assim a barriga da minha mãe
teria sido a minha sepultura,
e eu nunca teria nascido.
18 Por que nasci?
Será que foi só para ter tristeza e dor
e acabar a minha vida na desgraça?

Jerusalém será destruída

21 O rei Zedequias, de Judá, mandou
que Pasur, filho de Malquias, fosse
junto com o sacerdote Sofonias, filho de
Maaseias, e me fizesse o seguinte pedido:
2 — Jeremias, peça a Deus, o SENHOR,
que nos ajude, pois o rei Nabucodonosor,
da Babilônia, está fazendo guerra contra
nós. Pode ser que o SENHOR faça um mi-
lagre em nosso benefício e obrigue Na-
bucodonosor a se retirar.
3 Então o SENHOR falou comigo, e eu dis-
se 4 que levassem a Zedequias a seguin-
te resposta do SENHOR, o Deus de Israel:
— Quem vai bater em retirada são os
soldados que Zedequias está pondo para
guerrear contra o rei da Babilônia e o seu
exército que está do lado de fora das mu-
ralhas de Jerusalém. Eu amontoarei as ar-
mas deles no centro da cidade. 5 Eu mes-
mo lutarei contra vocês com toda a mi-
nha força, *ira e raiva e com o meu grande
furor. 6 Nesta cidade, matarei tudo o que
tem vida; tanto as pessoas como os ani-
mais morrerão de uma doença horrível.
7 O rei Zedequias, os seus oficiais e as ou-
tras pessoas que não morrerem por cau-
sa da guerra, da fome e da doença — to-
dos estes eu deixarei que sejam presos
pelo rei Nabucodonosor e pelos outros
inimigos que querem matá-los. Nabuco-
donosor mandará matá-los; ele não terá
dó nem piedade de nenhum deles. Eu, o
SENHOR, estou falando.
8 Em seguida, Deus mandou que eu dis-
sesse ao povo:
— Escutem! Eu, o SENHOR, deixo que
vocês escolham entre o caminho da vida
e o caminho da morte. 9 Quem ficar nesta
cidade será morto na batalha, pela fome
ou pela doença. Mas quem sair e se en-
tregar aos babilônios que estão cercando
a cidade não será morto: o que essa pes-
soa vai ganhar é escapar com vida. 10 Pois
eu resolvi não proteger esta cidade e sim
destruí-la. Ela será entregue ao rei da Ba-
bilônia, e ele a queimará completamente.
Eu, o SENHOR, estou falando.

Mensagem para a família real de Judá

11-12 — Jeremias, diga aos descenden-
tes do rei Davi, que são a família real de
Judá, que escutem aquilo que eu, o SE-
NHOR, estou dizendo: "Façam justiça to-
dos os dias. Protejam dos exploradores
aqueles que estão sendo explorados. Se
não, as maldades que vocês estão prati-
cando farão a minha ira queimar como
fogo que não pode ser apagado. 13 Jerusa-
lém, você está num lugar bem alto, acima
dos vales, como uma rocha que fica aci-
ma do planalto. Mas eu, o SENHOR, lutarei
contra você. Você diz que ninguém tem a
coragem de atacá-la, que ninguém conse-
gue tomá-la. 14 Mas eu, o SENHOR, a cas-
tigarei por causa do que você tem feito.
Vou pôr fogo no seu palácio, e tudo o que
estiver em volta também será queimado.
Eu, o SENHOR, estou falando."

22 1-2 O SENHOR Deus mandou que eu
fosse ao palácio do rei de Judá, des-
cendente de Davi, para dizer ao rei, aos
seus oficiais e ao povo de Jerusalém que
escutassem estas palavras do SENHOR:
3 — Eu, o SENHOR, lhes digo: façam o
que é justo e honesto. Protejam dos ex-
ploradores aqueles que estão sendo ex-
plorados. Não maltratem, nem explorem
os estrangeiros, os órfãos e as viúvas. Não
matem pessoas inocentes neste lugar sa-
grado. 4 Se vocês, de fato, fizerem o que eu
estou mandando, então os descendentes
de Davi continuarão a ser reis. Eles conti-
nuarão a passar pelos portões deste pa-
lácio sentados em carros e montados em
cavalos, junto com os seus oficiais e com
o seu povo. 5 Mas, se vocês não obedece-
rem às minhas palavras, então eu juro por
mim mesmo que este palácio se tornará
um monte de pedras. Sou eu, o SENHOR,
quem está falando.
6 — O palácio real de Judá é lindo como
a terra de Gileade e como os montes Líba-
nos, mas eu farei com que vire um deser-
to, um lugar onde ninguém mora. 7 Estou
mandando homens para destruí-lo. Todos
eles virão com os seus machados, derru-
barão as suas lindas colunas de madeira
de cedro e as jogarão no fogo.
8 — Depois, muitos estrangeiros vão
passar e perguntar um ao outro por que
é que eu, o SENHOR, fiz uma coisa des-
sas com esta grande cidade. 9 Aí eles res-
ponderão que foi porque vocês abando-
naram a *aliança que fizeram comigo, o

Deus de vocês, e adoraram e serviram
outros deuses.

A mensagem a respeito de Joacaz

10 Povo de Judá, não chore pelo rei
Josias,
nem lamente a sua morte,
mas chore amargamente por
Joacaz, seu filho.
Vão levá-lo,
e ele nunca mais voltará,
nunca mais verá a terra onde
nasceu.

11 Pois o que o SENHOR Deus diz a res-
peito de Joacaz, filho de Josias, que ficou
no lugar do seu pai como rei de Judá, é
o seguinte:
— Ele foi embora daqui para sempre,
para nunca mais voltar. 12 Ele morrerá no
país para onde o levaram e nunca mais
verá esta terra.

A mensagem a respeito de Jeoaquim

13 Ai daquele que constrói a sua casa
com injustiça e desonestidade,
não pagando os salários dos seus
vizinhos
e fazendo com que trabalhem de
graça!
14 Ai daquele que diz:
"Vou construir para mim uma casa
bem grande,
com quartos espaçosos no andar de
cima!"
Então ele põe janelas na casa,
forra as paredes com cedro
e pinta de vermelho.
15 Será que você é rei
só porque constrói casas forradas
de cedro,
melhores do que as dos outros?
Josias, o seu pai, viveu uma vida
normal;
sempre foi justo e honesto,
e tudo o que ele fez deu certo.
16 Ele tratou com justiça os pobres e
os necessitados,
e tudo lhe correu bem.
Quem faz isso mostra que, de fato,
me conhece.
*Sou eu, o SENHOR, quem está
falando.*
17 Mas você só enxerga os seus
interesses egoístas.
Você mata os inocentes
e explora o seu povo com violência.

18 Por isso, Deus diz o seguinte a res-
peito de Jeoaquim, rei de Judá e filho de
Josias:

"Ninguém vai chorar a morte de
Jeoaquim nem dizer:
'Que coisa horrível, amigo,
que coisa horrível!'
Ninguém vai chorar por ele nem
gritar:
'Meu senhor! Meu rei!'
19 Ele será sepultado como se
sepulta um jumento morto;
será arrastado e jogado para fora
dos portões de Jerusalém."

O destino de Jerusalém

20 Povo de Jerusalém,
vá até o Líbano e grite,
vá à terra de Basã e grite bem alto.
Que a sua voz seja ouvida desde as
montanhas de Moabe,
pois todos os países amigos que
você tem foram derrotados!
21 Deus lhe falou quando você estava
bem de vida,
mas você não quis ouvir.
Isso é o que você tem feito desde a
sua mocidade,
pois nunca obedeceu a Deus.
22 As suas autoridades serão
espalhadas pelo vento,
e os seus amigos serão levados
como prisioneiros de guerra.
Então a sua cidade será humilhada
e envergonhada
por causa de todo o mal que você
tem feito.
23 Você, que está muito seguro
entre os cedros trazidos do Líbano,
como vai gemer quando chegarem
as dores,
dores iguais às da mulher na hora
do parto!

A condenação de Joaquim

24 O SENHOR Deus disse a Joaquim, rei
de Judá e filho de Jeoaquim:
— Juro pela minha vida que, ainda que
você fosse um anel de rei na minha mão
direita, eu o arrancaria. 25 Vou entregá-
-lo às pessoas que o querem matar, e das
quais você tem medo: ao rei Nabucodo-
nosor, da Babilônia, e aos seus soldados.
26 Jogarei você e a sua mãe numa terra
estranha, onde vocês não nasceram, e lá
morrerão. 27 Vocês terão saudades da sua
terra, porém não voltarão para lá.

28 Então eu disse:
— Será que Joaquim é como um pote quebrado que foi jogado fora e que ninguém mais quer? Por que é que ele e os seus filhos foram levados e jogados numa terra que não conhecem?

29 Ó terra, terra, terra!
Escute o que o SENHOR disse:
30 "Este homem está condenado a ficar sem filhos
e será um fracassado.
Ele não terá descendentes que sejam reis, como Davi,
e que reinem em Judá.
Eu, o SENHOR, falei."

Esperança no futuro

23 1-2 O SENHOR, o Deus de Israel, diz
o seguinte a respeito das autoridades encarregadas de cuidar do seu povo:
— Ai de vocês, autoridades, que deixam que o meu povo seja morto e espalhado! Vocês não cuidaram do meu povo, mas o espalharam e o fizeram fugir. E agora eu castigarei vocês por causa das maldades que têm feito. Sou eu, o SENHOR, quem
está falando. 3 Ajuntarei o resto do meu povo dos países por onde os espalhei e os trarei de volta à sua pátria. Eles terão
muitos filhos e aumentarão muito. 4 Eu
lhes darei líderes que cuidarão deles. Não ficarão mais com medo, nem apavorados, e nenhum deles se perderá. Eu, o SENHOR, estou falando.
5 O SENHOR Deus diz ainda:
— Está chegando o tempo em que farei com que de Davi venha um descendente que seja um rei justo. Esse rei governará com sabedoria e fará o que é certo e ho-
nesto no país inteiro. 6 Quando isso acon-
tecer, o povo de Judá ficará seguro, e o povo de Israel viverá em paz. Esse rei será chamado de "SENHOR, nossa Salvação".
7 — Está chegando o tempo — diz o SENHOR — em que o povo não jurará mais por mim como o Deus *vivo que tirou Is-*
rael da terra do Egito. 8 Em vez disso, vão
jurar por mim como o Deus vivo que fez o povo de Israel voltar da terra do Norte e de todas as terras onde eu os tinha espalhado. E eles viverão na sua própria terra.

Mensagem contra os profetas

9 A respeito dos *profetas eu disse o seguinte:

"O meu coração está esmagado,
e eu estou tremendo.
Por causa de Deus, o SENHOR,
por causa das suas santas palavras,
eu sou como um bêbado,
pareço um homem que bebeu muito vinho.
10 A terra está cheia de adultérios;
o povo vive pecando
e gasta as suas forças à toa.
Por causa da maldição divina, a terra chora,
e os pastos estão secos."

11 O SENHOR diz:
"Os profetas e os sacerdotes não querem saber de mim;
eu os peguei fazendo o mal no próprio Templo.
12 Os caminhos que eles seguem serão escuros,
e neles será fácil escorregar;
eu farei com que eles tropecem e caiam.
Farei com que a desgraça venha sobre eles,
pois está chegando o tempo do seu castigo.
Sou eu, o SENHOR, quem está falando.
13 Eu vi o pecado dos *profetas de Samaria:
eles anunciaram mensagens em nome do deus Baal
e desviaram Israel, o meu povo.
14 Mas vejo que os profetas de Jerusalém fazem pior ainda:
cometem adultério, dizem mentiras,
ajudam os outros a fazerem o mal,
e assim ninguém para de fazer o que é errado.
Para mim, todos eles são como a cidade de Sodoma,
são tão maus como o povo de Gomorra.
15 Por isso, eu, o SENHOR Todo-Poderoso,
digo o seguinte a respeito dos profetas de Jerusalém:
Eu farei com que eles comam ervas amargas
e bebam água envenenada
porque espalharam a descrença pelo país inteiro."

16 O SENHOR Todo-Poderoso diz ao povo
de Jerusalém:
— Não escutem o que os profetas

dizem, pois eles estão iludindo vocês com falsas esperanças. Dizem coisas que eles mesmos inventam e não aquilo que eu falei. 17 Eles continuam dizendo aos que desprezam a minha mensagem: "Tudo irá bem." E dizem aos teimosos: "A desgraça não cairá sobre vocês."

18 Então eu disse:

— Qual desses profetas algum dia conheceu os pensamentos secretos do SENHOR? Será que algum deles viu e ouviu a palavra do SENHOR? Qual deles deu atenção à sua mensagem e obedeceu?

19 E continuei:

— A *ira do SENHOR é uma tempestade, é um vento forte como um redemoinho, em cima da cabeça dos maus. 20 E essa ira não acabará até que Deus faça tudo o que planejou. No futuro, o seu povo compreenderá isso muito bem.

21 O SENHOR Deus disse:

— Eu não enviei esses profetas, nem lhes dei nenhuma mensagem. Mas assim mesmo eles saíram correndo e falaram em meu nome. 22 Se eles tivessem conhecido os meus pensamentos secretos, poderiam ter anunciado a minha mensagem e assim teriam feito o meu povo abandonar a sua vida errada e as maldades que vive praticando.

23 — Eu sou o Deus que está em toda parte e não num só lugar. Sou eu, o SENHOR, quem está falando. 24 Ninguém pode se esconder num lugar onde eu não possa ver. Então vocês não sabem que estou em toda parte, no céu e na terra? 25 Eu sei o que têm dito esses profetas que falam mentiras em meu nome e afirmam que lhes dei minhas mensagens nos seus sonhos. 26 Por quanto tempo ainda esses profetas vão enganar o meu povo com as mentiras que inventam? 27 Eles pensam que os sonhos que contam vão fazer com que o meu povo me esqueça, assim como os pais deles me esqueceram por causa do deus *Baal. 28 O profeta que teve um sonho devia contá-lo como um simples sonho. Mas o profeta que ouviu a minha mensagem devia anunciá-la fielmente. Que vale a palha comparada com o trigo? 29 A minha mensagem é como fogo, é como a marreta que quebra grandes pedras. Sou eu, o SENHOR, quem está falando. 30 Eu sou contra esses profetas que roubam as palavras uns dos outros e as anunciam como se fossem a minha mensagem. 31 Também sou contra esses profetas que falam as suas próprias palavras e afirmam que elas vieram de mim. 32 Escutem o que eu, o SENHOR, estou dizendo! Sou contra os profetas que contam sonhos cheios de mentiras. Eles contam esses sonhos e, dizendo mentiras e se gabando, fazem o meu povo errar. Eu não os enviei, nem os mandei ir, e eles não ajudam o meu povo em nada. Eu, o SENHOR, estou falando.

A mensagem de Deus é uma carga?

33 O SENHOR Deus me disse:

— Jeremias, quando alguém do meu povo ou um *profeta ou um sacerdote lhe perguntar: "Qual é a carga da mensagem do SENHOR para nós?", responda: "Vocês é que são uma carga para o SENHOR, e ele vai se livrar de vocês." 34 Se um profeta, ou um sacerdote, ou mesmo uma pessoa do povo usar as palavras "a mensagem do SENHOR é uma carga", eu o castigarei e também a sua família. 35 Em vez disso, cada um devia perguntar aos seus amigos e parentes o seguinte: "Qual foi a resposta do SENHOR? O que foi que o SENHOR disse?" 36 Mas eles nunca mais devem dizer estas palavras: "A mensagem do SENHOR é uma carga." Porque, se alguém disser isso, eu farei com que a minha mensagem se torne realmente uma carga para ele. O povo tem torcido as palavras do seu Deus, o Deus vivo, o SENHOR Todo-Poderoso. 37 Jeremias, pergunte isto a cada profeta: "Qual foi a resposta que o SENHOR lhe deu? O que foi que o SENHOR disse?" 38 E, se eles responderem: "A mensagem do SENHOR é uma carga", então eu os castigarei por terem usado estas palavras que mandei que não usassem. 39 E certamente eu os pegarei, e jogarei longe de mim, e farei o mesmo com a cidade que dei a eles e aos seus antepassados. 40 Farei cair sobre eles vergonha eterna e desgraça eterna, que nunca serão esquecidas.

Os dois cestos de figos

24 1-2 Eu tive uma visão. Isso aconteceu depois que Nabucodonosor, rei da Babilônia, levou israelitas como prisioneiros de Jerusalém para a sua terra. Ele levou o rei de Judá, que era Joaquim, filho de Jeoaquim, as autoridades de Judá, os carpinteiros e os outros operários especializados. Nessa visão, o SENHOR Deus me mostrou dois cestos de figos que estavam na frente do Templo. No primeiro cesto havia figos muito bons, do tipo que logo fica maduro. No outro havia figos muito ruins, ruins demais para se comer. 3 Então o SENHOR me perguntou:

— Jeremias, o que você está vendo?

— Figos! — respondi. — Os bons são muito bons, e os ruins são muito ruins, tão ruins, que ninguém pode comê-los.

4 Aí Deus me disse:

5 — Eu, o SENHOR, o Deus de Israel, digo que os israelitas que foram levados para a Babilônia são como esses figos bons, e eu os tratarei com bondade. 6 Cuidarei deles e os trarei de volta para esta terra. Eu edificarei a nação e não a destruirei; plantarei e não arrancarei. 7 Porei no coração deles o desejo de reconhecerem que eu sou Deus, o SENHOR. Então eles serão o meu povo, e eu serei o seu Deus porque com todo o coração vão voltar para mim.

8 — Eu, o SENHOR, vou tratar como figos ruins, que não podem ser comidos, as seguintes pessoas: o rei Zedequias, de Judá, os políticos que estão com ele e o resto do povo de Jerusalém, tanto os que ficaram nesta terra como os que se mudaram para o Egito. 9 Farei cair sobre eles uma desgraça tão grande, que todas as nações do mundo vão ficar horrorizadas. As pessoas vão zombar deles, fazer piadas e caçoar. E, em todos os lugares onde eu os espalhar, o nome deles será usado para rogar pragas. 10 Mandarei contra eles guerra, fome e doença, até que desapareçam da terra que dei a eles e aos seus antepassados.

O povo será levado como prisioneiro

25 No quarto ano do reinado de Jeoaquim, filho de Josias, em Judá, eu recebi do SENHOR uma mensagem a respeito de todo o povo de Judá. Isso aconteceu no primeiro ano do reinado de Nabucodonosor, da Babilônia. 2 Eu disse a todo o povo de Judá e a todos os moradores de Jerusalém:

3 — *Durante vinte e três* anos, desde o ano décimo terceiro do reinado de Josias, filho de Amom, em Judá, até hoje, o SENHOR Deus tem falado comigo, e eu sempre lhes tenho contado o que ele diz. Mas vocês não têm dado atenção. 4 Vocês não ouviram, nem deram atenção, embora o SENHOR continuasse a enviar os seus *servos, os *profetas. 5 Eles disseram que vocês deviam abandonar a vida errada que estão levando e as coisas más que estão fazendo. Assim poderiam continuar a viver na terra que Deus deu a vocês e aos seus antepassados para ser sua propriedade para sempre. 6 Os profetas disseram que vocês não deviam andar procurando outros deuses para adorar, que não deviam fazer o SENHOR ficar *irado por causa dos ídolos que vocês fizeram. 7 Mas o SENHOR mesmo diz que vocês não quiseram ouvi-lo. Pelo contrário, fizeram com que o SENHOR ficasse irado por causa dos seus ídolos e por isso vocês foram castigados.

8 — Portanto, porque vocês não quiseram escutar as suas palavras, o SENHOR Todo-Poderoso diz: 9 "Eu mandarei buscar todos os povos do Norte e também meu servo, o rei Nabucodonosor, da Babilônia. Vou trazer esses povos para lutarem contra os moradores desta terra de Judá e contra todas as nações vizinhas. Eu as destruirei completamente; elas ficarão arrasadas para sempre e serão um espetáculo horrível e assustador. Sou eu, o SENHOR, quem está falando. 10 Vou acabar com os seus gritos de alegria e de felicidade e com o barulho alegre das festas de casamento. Vocês não terão mantimento para comer nem azeite para as lamparinas. 11 Toda esta terra ficará arrasada e será um espetáculo horrível. Todas estas nações serão dominadas pelo rei da Babilônia durante setenta anos. 12 Depois disso, eu castigarei o rei da Babilônia e a sua nação por causa do pecado deles. Destruirei o seu país e o deixarei arrasado para sempre. Sou eu, o SENHOR, quem está falando. 13 Castigarei aquela nação com tudo aquilo que ameacei fazer, com todas as coisas escritas neste livro, as coisas que Jeremias falou contra todas estas nações. 14 Eles se tornarão escravos de muitas nações e de reis poderosos e assim eles me pagarão por tudo aquilo que fizeram."

O castigo das nações

15 O SENHOR, o Deus de Israel, me disse:

— Aqui está um copo cheio do vinho da minha *ira. Pegue este copo e faça com que bebam dele todos os povos aos quais eu estou enviando você. 16 Quando beberem, tremerão e ficarão loucos por causa da guerra que mandarei contra eles.

17 Então peguei o copo da mão do SENHOR, e fiz com que bebessem dele todos os povos aos quais o SENHOR me havia

mandado. 18 Tanto Jerusalém como todas
as cidades de Judá, junto com os seus reis
e as suas autoridades, tiveram de beber.
Beberam para se transformar num deser-
to, num espetáculo horrível e assustador,
do qual as pessoas falam para rogar pra-
gas. E isso é o que se vê hoje.
19-26 Esta é a lista de todos os outros que
tiveram de beber do copo da ira de Deus:

O rei do Egito, os seus oficiais e as
suas autoridades;
todos os egípcios e todos os
estrangeiros no Egito;
todos os reis da terra de Uz;
todos os governadores das cidades
dos filisteus: Asquelom, Gaza,
Ecrom e o que resta de Asdode;
todo o povo de Edom, Moabe e
Amom;
todos os reis de Tiro e de Sidom;
todos os reis das terras que ficam
no litoral do mar Mediterrâneo;
as cidades de Dedã, Temá e Buz;
todos os povos que cortam curto o
cabelo;
todos os reis da Arábia;
todos os reis das tribos do deserto;
todos os reis de Zinri, Elão e Média;
todos os reis do Norte, de longe e
de perto, um depois do outro.

Todas as nações do mundo tiveram de
beber. E o último que vai beber será o rei
da Babilônia.
27 Aí Deus me disse:
— Diga ao povo que eu, o SENHOR To-
do-Poderoso, o Deus de Israel, estou man-
dando que eles bebam até ficarem bêba-
dos e vomitarem, até caírem e não pode-
rem mais se levantar por causa da guerra
que mandarei contra eles. 28 E, se eles não
quiserem pegar o copo da sua mão, Jere-
mias, se recusarem beber, diga que o SE-
NHOR Todo-Poderoso disse que eles serão
obrigados a beber. 29 Começarei a destrui-
ção pela minha própria cidade. Será que
eles estão pensando que vão escapar do
castigo? De jeito nenhum! Eles serão cas-
tigados, pois eu mandarei guerra a todos
os povos do mundo. Eu, o SENHOR Todo-
-Poderoso, estou falando.
30 — Você, Jeremias, anuncie tudo o que
eu disse. Diga a este povo o seguinte:

"O SENHOR vai trovejar lá do céu
e falar lá do lugar santo onde mora.
Ele trovejará contra o seu povo,
gritará como aqueles que pisam
uvas para fazer vinho.
E todos na terra o ouvirão.
31 O estrondo será ouvido no mundo
inteiro,
pois Deus tem uma acusação para
fazer contra as nações.
Ele julgará todas as pessoas
e matará os maus.
O SENHOR Deus está falando."

32 O SENHOR Todo-Poderoso diz que a
desgraça passará de uma nação para ou-
tra e que uma grande tempestade está
se formando nos fins da terra. 33 Naquele
dia, os corpos daqueles que o SENHOR ma-
tou serão espalhados pelo mundo inteiro.
Ninguém chorará por eles. Os corpos de-
les não serão recolhidos, nem sepultados:
ficarão largados no chão, como esterco.
34 Vocês, autoridades, gritem! Vocês que
guiam o rebanho do meu povo, gritem
bem alto! Chorem e rolem no pó! Chegou
a hora de vocês serem mortos: vocês cai-
rão mortos como se fossem carneiros es-
colhidos. 35 Os líderes do povo não esca-
parão, nem se salvarão. 36-37 Eles gritam e
gemem de aflição, pois Deus, na sua ira,
destruiu a nação deles e arrasou as suas
terras tão cheias de paz. 38 Deus abando-
nou o seu povo como um leão que aban-
dona a sua cova. Os horrores da guerra e
a violenta ira de Deus transformaram o
país num deserto.

Jeremias é ameaçado de morte

26 Logo que Jeoaquim, filho de Josias,
se tornou rei de Judá, 2 o SENHOR
Deus me disse:
— Fique no pátio do Templo e diga
tudo o que mandei você dizer ao povo
que vem das cidades de Judá para adorar
no Templo. Não deixe de dizer nada do
que eu mandei. 3 Pode ser que eles deem
atenção e abandonem os seus maus cami-
nhos. Se isso acontecer, então eu mudarei
de ideia a respeito da desgraça que estou
planejando fazer cair sobre eles por cau-
sa das suas más ações.
4 Deus me mandou dizer ao povo o se-
guinte:
— Eu, o SENHOR, disse que vocês de-
vem me obedecer e seguir o ensino que
lhes dei. 5 Escutem o que os meus *servos,
os *profetas, dizem. Eu sempre os tenho
enviado, mas vocês não têm obedecido às
suas palavras. 6 Se vocês não escutarem,

eu farei com este Templo o mesmo que
fiz com Siló; e todas as nações do mun-
do usarão o nome dessa cidade para ro-
gar pragas.
7 Os sacerdotes, os profetas e todo o
povo me ouviram dizer essas coisas no
pátio do Templo. 8 Logo que acabei de fa-
lar tudo o que o SENHOR tinha mandado,
os sacerdotes, os profetas e o povo me
agarraram e gritaram:
— Você vai morrer por causa disso!
9 Por que é que você disse, em nome de
Deus, o SENHOR, que este Templo ficará
como Siló, que esta cidade será destruída
e que ninguém viverá nela?
Então o povo se ajuntou em volta de
mim no pátio do Templo.
10 Quando as autoridades de Judá sou-
beram disso, saíram do palácio do rei e
foram se assentar nos seus lugares, na en-
trada do Portão Novo do Templo. 11 Então
os sacerdotes e os profetas disseram às
autoridades e ao povo:
— Este homem merece ser condenado
à morte, pois falou contra a nossa cidade.
Vocês mesmos o ouviram.
12 Aí eu disse:
— Foi o SENHOR Deus quem me man-
dou falar tudo o que vocês me ouviram
dizer contra este Templo e contra esta ci-
dade. 13 Vocês precisam mudar a sua ma-
neira de viver e de agir e precisam obede-
cer às palavras do SENHOR. Se vocês fize-
rem isso, então ele mudará de ideia e não
mandará a desgraça que prometeu man-
dar. 14 Quanto a mim, estou nas mãos de
vocês. Façam comigo o que acharem di-
reito e justo. 15 Mas fiquem certos de uma
coisa: se me matarem, vocês e o povo des-
ta cidade serão culpados da morte de um
homem inocente, pois foi Deus quem me
mandou dizer todas essas coisas a vocês.
16 Então as autoridades e o povo disse-
ram aos sacerdotes e aos profetas:
— Este homem não deve ser condena-
do à morte, *pois nos falou em nome do*
SENHOR, nosso Deus.
17 Aí alguns dos líderes mais velhos se
levantaram e disseram ao povo que se ha-
via ajuntado:
18 — Quando Ezequias era rei de Judá, o
profeta Miqueias, de Moresete, deu a todo
o povo uma mensagem do SENHOR Todo-
-Poderoso. A mensagem era esta:

"Jerusalém vai virar um montão de
pedras,
o *monte Sião vai ser arado como
um campo,
e o lugar onde fica o Templo se
tornará uma floresta."

19 E os líderes continuaram:
— Por acaso, o rei Ezequias e o povo
de Judá mataram Miqueias? Muito pelo
contrário! Ezequias *temeu o SENHOR e
procurou ganhar o seu favor. O SENHOR
mudou de ideia e não mandou a desgra-
ça que tinha dito que ia fazer cair sobre
eles. Será que agora nós vamos fazer cair
uma terrível desgraça sobre nós mesmos?
20 — Também houve outro homem que
falou em nome de Deus, o SENHOR. Foi
Urias, filho de Semaías, da cidade de Qui-
riate-Jearim. Ele falou contra esta cidade
e contra esta nação, da mesma forma que
Jeremias fez. 21 Quando o rei Jeoaquim, e
os seus soldados, e os seus oficiais sou-
beram do que Urias tinha dito, o rei man-
dou que o matassem. Mas Urias, saben-
do disso, ficou com medo e fugiu para o
Egito. 22 Porém o rei Jeoaquim mandou
Elnatã, filho de Acbor, e alguns outros ho-
mens ao Egito para pegarem Urias. 23 Eles
trouxeram Urias do Egito e o entregaram
a Jeoaquim, e ele o mandou matar e jogar
o corpo no cemitério público.
24 Eu só não fui entregue ao povo para
ser morto porque Aicã, filho de Safã, me
protegeu.

A canga de madeira

27 Logo depois que Zedequias, filho
de Josias, se tornou rei de Judá, o
SENHOR Deus me mandou 2 fazer uma can-
ga de madeira com tiras de couro e colo-
car no meu pescoço. 3 E Deus me disse
que mandasse uma mensagem aos reis de
Edom, Moabe, Amom, Tiro e Sidom, por
meio dos seus embaixadores que tinham
vindo a Jerusalém para se encontrar com
o rei Zedequias. 4 O SENHOR Todo-Podero-
so, o Deus de Israel, me mandou dizer aos
embaixadores que dessem aos seus reis
a seguinte mensagem de Deus:
5 — Eu, com o meu grande poder e com
a minha força, criei o mundo, os seres hu-
manos e todos os animais que vivem na
terra; e posso dá-los a quem eu quiser.
6 Fui eu que dei todas estas nações ao meu
*servo, o rei Nabucodonosor, da Babilônia,
e fiz com que até os animais selvagens
trabalhassem para ele. 7 Todas as nações
serão dominadas por ele, pelo seu filho e

pelo seu neto, até chegar a hora em que a
própria nação dele vai cair. Então a Babi-
lônia será dominada por muitas nações e
por poderosos reis.
8 — Mas, se alguma nação ou reino não
quiser servir ao rei da Babilônia, nem
obedecer ao seu governo, então eu a cas-
tigarei com guerra, fome e doença. E no
fim deixarei que Nabucodonosor aca-
be com aquela nação. Sou eu, o SENHOR,
quem está falando. 9 Não deem atenção
aos seus *profetas nem a qualquer um que
diga que pode adivinhar o futuro, seja por
sonhos, por invocação dos espíritos dos
mortos ou por feitiçaria. Todos eles dizem
que vocês não devem se entregar ao rei da
Babilônia. 10 Eles os estão enganando e fa-
rão com que vocês sejam expulsos da sua
pátria, levados para longe e destruídos.
11 Mas a nação que obedecer ao governo
do rei da Babilônia e o servir, eu deixarei
que fique na sua própria terra, para cul-
tivá-la e morar nela. Eu, o SENHOR, falei.
12 Eu disse a mesma coisa ao rei Zede-
quias, de Judá:
— Entregue-se ao rei da Babilônia. Sir-
va a ele e ao seu povo, e o senhor viverá.
13 Por que é que o senhor e o seu povo ha-
veriam de morrer na guerra, ou de fome,
ou de doença? Pois é isso que o SENHOR
Deus disse que acontecerá com qualquer
nação que não servir ao rei da Babilônia.
14 Não deem atenção aos profetas que di-
zem que vocês não devem servir ao rei
da Babilônia. Eles estão enganando vo-
cês. 15 O SENHOR Deus mesmo disse que
não enviou esses profetas e que eles es-
tão mentindo em nome dele. O resultado
será este: ele expulsará vocês, e vocês e os
profetas que estão contando essas men-
tiras morrerão.
16 Então eu contei aos sacerdotes e ao
povo que o SENHOR Deus tinha dito o se-
guinte:
— Não deem atenção aos profetas que
dizem que logo os tesouros do Templo
serão trazidos de volta da Babilônia. É
mentira! 17 Não os escutem! Sirvam ao
rei da Babilônia e assim vocês viverão!
Por que fazer com que esta cidade vire
um montão de ruínas? 18 Se eles são real-
mente profetas e se têm a minha mensa-
gem, então peçam a mim, o SENHOR Todo-
-Poderoso, que não permita que os tesou-
ros que foram deixados no Templo e no
palácio real de Jerusalém sejam levados
para a Babilônia.
19-20 (Quando o rei Nabucodonosor le-
vou o rei de Judá, que era Joaquim, filho de
Jeoaquim, e também as pessoas importan-
tes de Judá e Jerusalém para a Babilônia,
ele deixou as colunas, a bacia, os supor-
tes e alguns outros tesouros do Templo.)
21 — Prestem atenção no que eu, o SE-
NHOR Todo-Poderoso, o Deus de Israel, es-
tou dizendo a respeito dos tesouros que
foram deixados no Templo e no palácio
real de Jerusalém. 22 Esses tesouros serão
levados para a Babilônia e ficarão ali até
que eu volte a pensar neles. Então eu os
trarei de volta e os devolverei a este lu-
gar. Eu, o SENHOR, falei.

Jeremias e o profeta Hananias

28 No quinto mês desse mesmo ano,
que era o quarto ano do reinado
de Zedequias, o *profeta Hananias, filho
de Azur, falou comigo no pátio do Tem-
plo. Hananias era da cidade de Gibeão. Ele
me disse, na presença dos sacerdotes e
do povo, 2 que o SENHOR Todo-Poderoso,
o Deus de Israel, tinha dito o seguinte:
— Eu acabei com o poder do rei da Ba-
bilônia. 3 Dentro de dois anos, eu trarei de
volta para este lugar todos os tesouros
que o rei Nabucodonosor tirou do Tem-
plo e levou para a Babilônia. 4 Também
vou trazer de volta o rei de Judá, Joaquim,
filho de Jeoaquim, junto com todos os pri-
sioneiros que foram de Judá para a Babi-
lônia. Sim, eu acabarei com o poder do rei
da Babilônia. Eu, o SENHOR, estou falando.
5 Então, na presença dos sacerdotes e
de todo o povo que estava no pátio do
Templo, eu disse ao profeta Hananias o
seguinte:
6 — Como seria bom que isso aconte-
cesse! Espero que o SENHOR Deus faça
isso. Espero que ele faça tudo como você
disse e traga de volta da Babilônia todos
os tesouros do Templo e também todos os
prisioneiros. 7 Mas escute o que vou dizer
a você e ao povo. 8 Os profetas que falaram
há muito tempo, antes do meu tempo e
do seu, disseram que viria guerra, fome e
doença para muitas nações e poderosos
reinos. 9 Mas o profeta que profetiza a paz
só pode ser aceito como profeta manda-
do por Deus quando as palavras dele se
cumprem.
10 Aí Hananias tirou a canga que estava
no meu pescoço, quebrou-a em pedaços
11 e, na presença de todo o povo, disse o
seguinte:

— O SENHOR Deus disse que é assim
que ele vai quebrar a canga que o rei Na-
bucodonosor pôs no pescoço de todas as
nações. Ele fará isso dentro de dois anos.
Então fui embora.
12-13 Algum tempo depois de Hananias
ter quebrado a canga que estava no meu
pescoço, o SENHOR me mandou dizer o
seguinte a Hananias:
— O SENHOR disse: "Você quebrou uma
canga de madeira, mas eu vou colocar em
lugar dela uma canga de ferro." 14 O SE-
NHOR Todo-Poderoso, o Deus de Israel,
vai pôr uma canga de ferro sobre todas
essas nações, e elas serão dominadas pelo
rei Nabucodonosor, da Babilônia. Ele vai
fazer com que até os animais selvagens
trabalhem para Nabucodonosor.
15 E eu continuei:
— Escute bem, Hananias! O SENHOR
Deus não o enviou; você está fazendo esse
povo acreditar em mentiras. 16 Por isso, o
SENHOR diz que vai se livrar de você. Você
vai morrer ainda este ano, pois disse ao
povo que se revoltasse contra o SENHOR.
17 E o profeta Hananias morreu no sé-
timo mês daquele mesmo ano.

A carta de Jeremias aos judeus da Babilônia

29 Eu escrevi uma carta aos judeus
que Nabucodonosor havia levado
como prisioneiros de Jerusalém para a Ba-
bilônia: autoridades, sacerdotes, *profetas
e todo o povo. 2 Isso aconteceu depois de
terem saído de Jerusalém o rei Joaquim,
a sua mãe, os oficiais do palácio, as auto-
ridades de Judá e de Jerusalém, os car-
pinteiros e os outros operários especia-
lizados. 3 O rei Zedequias, de Judá, man-
dou que Elasa, filho de Safã, e Gemarias,
filho de Hilquias, levassem a carta ao rei
Nabucodonosor, da Babilônia. Ela dizia:
4 "O SENHOR Todo-Poderoso, o Deus de
Israel, diz o seguinte a todos os judeus
que ele deixou Nabucodonosor levar
como prisioneiros de Jerusalém para a
Babilônia: 5 'Construam casas e morem
nelas. Plantem árvores frutíferas e co-
mam as suas frutas. 6 Casem e tenham fi-
lhos. E que os filhos casem e também te-
nham filhos. Vocês devem aumentar em
número e não diminuir. 7 Trabalhem para
o bem da cidade para onde eu os mandei
como prisioneiros. Orem a mim, pedindo
em favor dela, pois, se ela estiver bem, vo-
cês também estarão. 8 Eu, o SENHOR To-
do-Poderoso, o Deus de Israel, os estou
avisando para que não se deixem enganar
pelos profetas que vivem no meio de vo-
cês nem por aqueles que dizem que po-
dem adivinhar o futuro. Não deem aten-
ção aos sonhos deles. 9 Eles dizem men-
tiras em meu nome. Eu não os enviei. Eu,
o SENHOR, estou falando.'
10 "O SENHOR Deus diz ainda: 'Quando
os setenta anos da Babilônia passarem,
eu mostrarei que me interesso por vocês
e cumprirei a minha promessa de trazê-
-los de volta à pátria. 11 Só eu conheço os
planos que tenho para vocês: prosperida-
de e não desgraça e um futuro cheio de
esperança. Sou eu, o SENHOR, quem está
falando. 12 Então vocês vão me chamar e
orar a mim, e eu responderei. 13 Vocês vão
me procurar e me achar, pois vão me pro-
curar com todo o coração. 14 Sim! Eu afir-
mo que vocês me encontrarão e que eu os
levarei de volta à pátria. Eu os ajuntarei
de todos os países e de todos os lugares
por onde os espalhei. E levarei vocês de
volta à terra de onde os tirei e levei como
prisioneiros. Eu, o SENHOR, estou falando.'
15 "Vocês dizem que o SENHOR lhes deu
profetas aí na Babilônia. 16 Prestem aten-
ção no que ele diz a respeito do rei que
ocupa o trono de Davi e a respeito dos
moradores de Jerusalém, isto é, dos pa-
rentes que não foram levados com vocês
como prisioneiros. 17 O SENHOR Todo-
-Poderoso diz: 'Eu mandarei contra eles
guerra, fome e doença; e farei com que se-
jam como figos estragados, ruins demais
para serem comidos. 18 Eu os perseguirei
com guerra, fome e doença; e as nações
do mundo ficarão horrorizadas com o que
virem. Em todos os lugares para onde eu
os espalhar, as pessoas ficarão chocadas
e horrorizadas com o que aconteceu com
eles. Zombarão deles e usarão o seu nome
para rogar pragas. 19 Isso acontecerá por-
que não obedeceram à mensagem que eu
sempre lhes enviei por meio dos meus
*servos, os profetas. Eles não quiseram
me ouvir. 20 Mas agora todos vocês, que
eu deixei o rei da Babilônia levar de Jeru-
salém como prisioneiros, escutem o que
eu, o SENHOR, estou dizendo.'
21 "O SENHOR Todo-Poderoso, o Deus de
Israel, falou contra Acabe, filho de Colaías,
e contra Zedequias, filho de Maaseias, que
estão usando o nome de Deus para anun-
ciar mentiras. Deus disse que os entre-
gará nas mãos do rei Nabucodonosor,

DEVOCIONAL

Texto para leitura: **Jeremias 29:10-14**

Conheça a Deus

Você já ouviu falar de como Deus tirou o dia de folga? Ele ficou tão cansado de dirigir o mundo e ouvir as orações de todos que simplesmente bateu o ponto. Ele não fez o sol nascer nem se pôr; ele não pôs o vento em movimento. O mar transbordou e o céu caiu. Foi um desastre. Nunca ouviu falar desse dia? Você nunca ouviu porque ele nunca aconteceu. Se Deus tirasse um dia de folga, muitas coisas ficariam complicadas.

Você já chegou a pensar que Deus tirou um dia de folga para não ouvir você? Era como se ele não fizesse a menor ideia do que estava acontecendo em sua vida nem de suas necessidades? O quanto você acha que Deus é confiável depende de sua definição dele. Se você o acha onisciente, onipresente e onipotente, então, por definição, ele não pode tirar um dia de folga. Como ele poderia ser onipresente (estar em todos os lugares ao mesmo tempo) e tirar o dia de folga? Não é possível. Você teria de começar a chamá-lo de "deus" com *d* minúsculo. A única razão pela qual ele não "parece" estar presente é porque você preferiu acreditar que ele se foi sem avisar.

Você quer que Deus a ouça? Então, tudo o que precisa fazer é crer. A fé requer isso. Crer que ele tem um plano para você. Crer que ele se faz presente e está fazendo com que tudo coopere para o bem. Crer que ele sabe o que é melhor. Quando tiver fé, você, de repente, descobrirá que até as coisas ruins tornam-se boas em sua vida. O que parece ser um desastre é, na verdade, proteção. E o que parece ser um fracasso é, na verdade, puro sucesso. Deus diz que a sabedoria dele parecerá loucura para o mundo (veja 1Coríntios 1:18), e a verdade é que ela também parecerá para você, se não estiver disposta a crer e a confiar que ele pode promover o bem em tudo o que lhe acontecer.

da Babilônia, e que este os mandará ma-
tar diante dos olhos de vocês. 22 Quando
aqueles que foram levados como prisio-
neiros de Jerusalém para a Babilônia qui-
serem amaldiçoar alguém, vão dizer as-
sim: 'Que o SENHOR Deus faça com você
o que fez com Zedequias e Acabe, que fo-
ram assados vivos por ordem do rei da
Babilônia!' 23 Isso acontecerá com Zede-
quias e Acabe porque a sua conduta foi
vergonhosa — cometeram adultério e,
contra a vontade de Deus, contaram men-
tiras em seu nome. Deus sabe o que fi-
zeram e é testemunha contra eles. O SE-
NHOR falou."

A carta de Semaías

24-25 O SENHOR Todo-Poderoso, o Deus
de Israel, me mandou dizer o seguinte a
Semaías, da cidade de Neelão:
— Você enviou cartas em seu pró-
prio nome a todo o povo de Jerusalém, a
Sofonias, filho do sacerdote Maaseias, e a
todos os outros sacerdotes. Nessas cartas,
você dizia a Sofonias: 26 "O SENHOR Deus
o fez sacerdote em lugar de Joiada, e ago-
ra você é o chefe dos serviços do Tem-
plo. É seu dever mandar prender qual-
quer louco que quiser passar por profe-
ta e pôr uma coleira de ferro no pescoço
dele. 27 Então, por que é que você não re-
preendeu Jeremias, da cidade de Anato-
te, que tem bancado o profeta no meio do
povo? 28 Jeremias deve ser repreendido
porque mandou dizer aos prisioneiros na
Babilônia que eles iam ficar ali por mui-
to tempo e que por isso deviam construir
casas, morar nelas, plantar árvores frutí-
feras e comer as suas frutas."
29 O sacerdote Sofonias leu esta carta
para mim. 30-32 Então o SENHOR Deus me
ordenou que mandasse a todos os prisio-
neiros na Babilônia a seguinte mensagem

a respeito de Semaías: "Eu, o SENHOR, cas-
tigarei Semaías e todos os seus descen-
dentes. Eu não o enviei, mas ele falou com
vocês como se fosse profeta e fez com que
acreditassem em mentiras. Por isso, ele
não terá descendentes no meio de vocês.
Ele procurou levar o povo a se revoltar
contra mim e por isso não viverá para ver
as boas coisas que eu farei pelo meu povo.
Eu, o SENHOR, falei."

Promessas de Deus

30 1-3 O SENHOR, o Deus de Israel, me
disse o seguinte:
— Jeremias, escreva num livro tudo
o que eu lhe falei, pois está chegando a
hora de eu fazer voltar o meu povo, tanto
Israel como Judá. Vou trazê-los de volta
para a terra que dei aos seus antepassa-
dos, e eles serão donos dela novamente.
Eu, o SENHOR, falei.
4 O SENHOR Deus diz o seguinte a res-
peito de Israel e de Judá:

5 "Ouvi um grito de terror,
grito de medo e não de paz.
6 Parem e pensem!
Será que um homem pode dar à luz
uma criança?
Então por que vejo todos esses
homens com as mãos na
barriga,
como a mulher que está com dores
de parto?
Por que estão todos tão pálidos?
7 Está chegando um dia horrível!
Nenhum outro dia pode ser
comparado com ele.
Para os descendentes de Jacó, será
um tempo de aflição,
mas eles serão salvos dela."

8 O SENHOR Todo-Poderoso diz:
— Quando esse dia chegar, eu quebra-
rei a canga que está no pescoço deles e
arrancarei as suas correntes. Então eles
*não serão mais escravos de estrangei-
ros.* 9 Pelo contrário, servirão a mim, o
SENHOR, seu Deus, e também ao descen-
dente de Davi, que eu lhes darei como rei.

10 "Descendentes do meu *servo
Jacó, não tenham medo!
Povo de Israel, não fique assustado!
Eu os libertarei dessa terra
distante,
da terra onde vocês são
prisioneiros.
Os descendentes de Jacó voltarão
e viverão em paz;
viverão em segurança,
e ninguém fará com que fiquem
com medo.
Sou eu, o SENHOR, quem está
falando.
11 Estarei com vocês para salvá-los.
Acabarei com todas as nações
por onde os espalhei,
mas vocês não serão destruídos.
Vocês não ficarão sem castigo;
mas, quando eu os castigar,
não serei duro demais.
Eu, o SENHOR, estou falando."

12 O SENHOR diz à cidade de Jerusalém:

"O mal deste povo não tem cura,
e as suas feridas não saram.
13 Não existe ninguém para cuidar
de você.
Não há remédio para as suas
feridas,
não há esperança de cura.
14 Todos os seus amantes a
esqueceram
e não lhe dão confiança.
Eu a ataquei como se você fosse um
inimigo;
o seu castigo tem sido duro
porque os seus pecados são muitos,
e a sua maldade é grande.
15 Não se queixe mais por causa dos
seus ferimentos,
pois eles não têm cura.
Eu a castiguei assim
porque os seus pecados são muitos,
e a sua maldade é grande.
16 Mas agora todos os que a
destruíram serão destruídos,
e todos os seus inimigos serão
levados como prisioneiros.
Todos os que a perseguiram serão
perseguidos,
e todos os que a assaltaram serão
assaltados.
17 Os seus inimigos dizem:
'*Sião é desprezada,
ninguém se importa com ela!'
Mas eu lhe darei saúde novamente
e curarei as suas feridas.
Eu, o SENHOR, estou falando."

18 O SENHOR diz:
"Eu trarei os descendentes de Jacó
de volta para a sua terra
e terei misericórdia de cada família.

Jerusalém será construída de novo,
e no palácio morará gente outra vez.
19 As pessoas que vivem ali cantarão
louvores
e darão gritos de alegria.
Farei com que cresçam em número
e sejam tratadas com respeito.
20 A nação se firmará como
antigamente,
e a sua gente será forte de novo.
Eu castigarei todos os que a fazem
sofrer.
21-22 O seu governador virá do seu
próprio povo,
será uma pessoa da própria nação.
Quando eu o convidar,
ele chegará perto de mim;
ninguém teria a coragem de vir sem
ser convidado.
Eles serão o meu povo,
e eu serei o seu Deus.
Eu, o SENHOR, falei."

23-24 A *ira do SENHOR é uma tempesta-
de, um vento forte que explodirá em cima
da cabeça dos maus. E essa ira não aca-
bará até que Deus faça tudo o que plane-
jou. No futuro, o seu povo compreenderá
isso muito bem.

A volta do povo de Israel

31 O SENHOR Deus diz:
— Está chegando o tempo em
que eu serei o Deus de todas as *tribos
de Israel, e elas serão o meu povo. 2 No de-
serto, tive pena daqueles que haviam es-
capado da morte. Quando o povo de Israel
procurava descanso, 3 eu, vindo de longe,
apareci a eles. Povo de Israel, eu sempre
os amei e continuo a mostrar que o meu
amor por vocês é eterno. 4 Eu construi-
rei de novo a nação. Mais uma vez, vocês
pegarão os seus tamborins e dançarão de
alegria. 5 Mais uma vez, vocês farão plan-
tações de uva nos montes de Samaria, e
quem plantar colherá as frutas. 6 Está che-
gando o tempo em que os vigias gritarão
nas montanhas de Efraim: "Venham! Va-
mos subir até *Sião, onde está o SENHOR,
nosso Deus!"

7 *O SENHOR diz:*
"Cantem de alegria por causa de
Israel,
a maior de todas as nações.
Cantem este hino de louvor:
'O SENHOR salvou o seu povo,
ele livrou o resto do povo de Israel.'
8 Eu os trarei do Norte
e os ajuntarei dos lugares mais
distantes da terra.
Com eles virão os cegos e os
aleijados,
as mulheres grávidas e as que estão
para dar à luz.
Eles vão voltar como uma grande
nação.
9 Quando eu os trouxer,
eles virão chorando e orando.
Eu os levarei para a beira de águas
correntes,
por uma estrada plana,
onde não tropeçarão.
Sou como um pai para Israel,
e Efraim é o meu filho mais velho."

10 O SENHOR diz ainda:
"Nações, escutem o que eu, o
SENHOR, estou dizendo
e anunciem as minhas palavras
nas ilhas e terras distantes.
Eu espalhei o povo de Israel,
mas vou ajuntá-lo de novo
e guardá-lo como um pastor guarda
o seu rebanho.
11 Eu libertei os descendentes de
Jacó
e os salvei das mãos de uma nação
mais forte do que eles.
12 E vão chegar
e cantar de alegria no monte Sião;
vão se alegrar com os meus
presentes,
com os cereais, o vinho, o azeite, o
gado e os carneiros.
Eles serão como um jardim bem
regado
e terão tudo o que precisarem.
13 Então as moças, os moços e os
velhos vão dançar e se alegrar.
Eu os animarei e mudarei o seu
choro em alegria
e a sua tristeza em prazer.
14 Alimentarei os sacerdotes com
muita comida boa
e darei ao meu povo tudo o que
precisar.
Eu, o SENHOR, estou falando."

Deus tem misericórdia de Israel

15 O SENHOR diz:

"Ouviu-se um som em Ramá,
o som de um choro amargo.
Era Raquel chorando pelos seus
filhos;

Raquel

Leia a história dela em Gênesis 29:1—33:20; 35:16-20; 46:19-22; Jeremias 31:15 e Mateus 2:18.

Leia tinha olhos meigos, mas Raquel era bonita de rosto e de corpo. Como Jacó estava apaixonado por Raquel [...].

Gênesis 29:17-18

Beleza não é sinal de felicidade nem de santidade. Embora ser bonita possa fazer uma menina se sentir "a última Coca-Cola no deserto", isso não garante o sucesso. Raquel, a segunda esposa de Jacó, era bonita, e ele a adorava. Mas toda a beleza do mundo não a fez feliz. Ela queria mais, e esse mais que ela queria não podia ser obtido com um rosto bonito. Sua vida provavelmente foi abençoada, segundo o que todos dizem. Mas Raquel não estava contente. Ela sentia inveja, ciúmes e amargura por causa de sua esterilidade e da abundância de filhos que sua irmã tinha.

A beleza pode dar uma falsa impressão. Ao que parece, ela traz sucesso e paz. "Ela é tão bonita! Como pode ficar deprimida?" É como se acreditássemos que a beleza nos aliviasse de toda a infelicidade. Mas nada poderia estar mais longe da verdade. A beleza não é nossa salvação. Ela pode ser uma dádiva, mas não é garantia de uma vida de contentamento. Se você é considerada bonita ou não, agradeça a Deus por dar-lhe vida e por encher essa vida do que é mais importante: a presença dele. Quando a Garota de Deus é grata pela vida de Cristo nela, ela se torna a pessoa mais linda do mundo. Sua convicção serena, sua capacidade de estender a mão para quem está com necessidades e seu amor até pelos inimigos impressionam quem a conhece. A Garota de Deus é linda, sejam quais forem suas características físicas, por causa do Espírito que vive dentro dela e controla todos os seus movimentos. Quando você começa a dedicar seu coração àquele que mais a ama, ele lhe dá a força dele, coloca-a acima da confusão e planta seus pés na terra firme. A beleza de uma vida centrada em Deus e na Palavra dele é algo que deve ser contemplado. Não deixe sua beleza ou a falta dela ser uma desculpa para não ter um coração bonito. A verdadeira beleza vem de dentro e faz sua luz brilhar sobre todos os que olham para ela. Torne-se bonita para as pessoas à sua volta, compartilhe o amor de Deus com elas, e você será uma Garota de Deus de verdade.

ela não quer ser consolada,
pois todos estão mortos.
16 Pare de chorar
e enxugue as suas lágrimas.
Tudo o que você fez pelos seus
filhos será recompensado;
eles voltarão da terra do inimigo.
Sou eu, o SENHOR, quem está
falando.
17 Há esperança para você no futuro;
os seus filhos voltarão para casa.
Sou eu, o SENHOR, quem está
falando.

18 "Escuto estas queixas do povo de
Israel:
'Ó Deus, nós éramos
como touros novos ainda não
amansados,
mas tu nos ensinaste a obedecer.
Faze-nos voltar, ó Deus,
e voltaremos a ti,
pois tu és o SENHOR, nosso Deus.
19 Nós nos afastamos de ti,
mas logo nos arrependemos.
Depois que nos castigaste,
curvamos a nossa cabeça em sinal
de tristeza.'

20 "Povo de Israel,
você é o meu filho querido,
o filho que eu mais amo.
Sempre que digo o seu nome,
penso em você com amor.
O meu coração se comove,
e eu certamente terei misericórdia
de você.
Sou eu, o SENHOR, quem está
falando.
21 Ponha avisos e marque a estrada;
repare bem no caminho por onde
você passar.
Volte, povo de Israel,
volte para as cidades que eram
suas.
22 Povo rebelde, até quando você vai
ficar na dúvida?
Eu, o SENHOR, criei uma coisa nova
e diferente na terra:
uma mulher protegendo um
homem."

A prosperidade do povo de Deus

23 O SENHOR Todo-Poderoso, o Deus de
Israel, diz:
— Quando eu trouxer os israelitas de
volta à sua pátria, eles de novo dirão na
terra de Judá e nas suas cidades:

"Que o SENHOR abençoe o *monte
sagrado de Jerusalém,
onde ele, o Deus de justiça, mora."

24 O povo viverá em Judá e em todas as
suas cidades; e haverá lavradores e tam-
bém pastores com os seus rebanhos. 25 Eu
animarei os cansados e darei comida a to-
dos os que estão fracos de fome.
26 Então eu acordei descansado e bem
disposto.
27 — Eu, o SENHOR, digo que está che-
gando o tempo em que encherei de gente
e de animais as terras de Israel e de Judá.
28 Assim como cuidei deles para arrancar,
derrubar, arruinar, destruir e arrasar, as-
sim também cuidarei deles para plantar
e construir. Sou eu, o SENHOR, quem está
falando. 29 Quando esse tempo chegar, o
povo não dirá mais:

"Os pais comeram uvas verdes,
mas foram os dentes dos filhos
que ficaram ásperos."

30 Pelo contrário, quem comer uvas verdes
é que vai ficar com os dentes ásperos; e
cada um morrerá por causa do seu pró-
prio pecado.
31 O SENHOR Deus diz:
— Está chegando o tempo em que fa-
rei uma nova *aliança com o povo de Is-
rael e com o povo de Judá. 32 Essa aliança
não será como aquela que eu fiz com os
antepassados deles no dia em que os pe-
guei pela mão e os tirei da terra do Egi-
to. Embora eu fosse o Deus deles, eles
quebraram a minha aliança. Sou eu, o
SENHOR, quem está falando. 33 Quando
esse tempo chegar, farei com o povo de
Israel esta aliança: eu porei a minha *lei
na mente deles e no coração deles a es-
creverei; eu serei o Deus deles, e eles se-
rão o meu povo. Sou eu, o SENHOR, quem
está falando. 34 Ninguém vai precisar en-
sinar o seu patrício nem o seu parente,
dizendo: "Procure conhecer a Deus, o SE-
NHOR." Porque todos me conhecerão, tan-
to as pessoas mais importantes como as
mais humildes. Pois eu perdoarei os seus
pecados e nunca mais lembrarei das suas
maldades. Eu, o SENHOR, estou falando.

35 O SENHOR fez o sol para ser a luz
do dia,
a lua e as estrelas para brilharem
de noite.
Deus faz o mar ficar bravo

DEVOCIONAL

Texto para leitura: **Jeremias 31:31-34**

Conheça a si mesma

Deus fez uma aliança, um acordo, com os israelitas e eles a quebraram (veja Jeremias 11:10). Eles estragaram tudo! Mas Deus não desistiu do povo; na verdade, ele lhe deu uma segunda chance, uma nova aliança. Mas dá para acreditar que os israelitas não concordaram com isso porque não conseguiam superar os erros do passado? Parece ridículo, mas quantas vezes você diz: "Eu não consigo superar o que fiz"? Quando você não consegue esquecer seu pecado ou aceitar o perdão de Deus, o passado pode assombrá-la e fazer com que você continue a viver em seus erros e traumas. Ele pode fazer com que você continue a reviver aquilo em que já deveria ter colocado um ponto final.

Seu passado nunca teve por objetivo ser seu presente, mas sim informá-la dele. Deus permite que você se lembre dos estragos que fez e de seu sofrimento para que eles possam ser uma luz para o futuro. Se você tiver coragem suficiente para sair do passado e apenas olhar para ele como um guia para o futuro, então poderá ser livre para viver no presente sem as algemas de seus erros. Agarrar-se ao ontem como se ele fosse uma parte do hoje é loucura. Deus lhe ofereceu uma segunda chance. A graça é a dádiva de Deus para a pecadora que existe em você — você irá rejeitá-la hoje e optar por viver em seu passado pecaminoso? Ou você confiará que Deus é grande o suficiente para ajudá-la a superar seus erros? Esqueça o passado e se recuse a continuar revivendo o ontem, e você deixará Deus resgatar seu passado. Deus é incansável no amor que sente por você, e ele continuará a chamá-la de volta para si, não importa o que você tenha feito no passado. A única coisa que se coloca entre você e o perdão *de Deus* é sua incapacidade de aceitá-lo, não sua incapacidade de se perdoar. Você não precisa de seu próprio perdão — Deus é totalmente suficiente. Então, aceite isso e siga em frente. Ele está pronto e à sua espera.

e faz rugir as suas ondas;
o seu nome é *SENHOR, o Todo-
-Poderoso.
36 Ele promete que, enquanto
durarem as leis da natureza,
Israel será sempre uma nação.
37 Se algum dia for possível medir
os céus
e examinar os alicerces da terra,
então eu rejeitarei o povo de Israel
por causa de tudo o que ele tem
feito.
O SENHOR Deus está falando.

38 — Está chegando o tempo — diz o
SENHOR — em que esta cidade será cons-
truída de novo, desde a torre de Hananel
até o Portão da Esquina. 39 Dali a linha da
divisa continuará até o monte Garebe e
daí vai virar na direção de Goa. 40 Será sa-
grado para mim, o SENHOR, o vale todo
onde são jogados os mortos e o lixo. Se-
rão sagrados também todos os campos
que ficam além do riacho do Cedrom até
o Portão dos Cavalos, a leste. Nunca mais
Jerusalém será derrubada, nem destruída.

Jeremias compra terras

32 No ano décimo do reinado de Zede-
quias em Judá, que era o ano déci-
mo oitavo do reinado de Nabucodonosor
na Babilônia, o SENHOR Deus falou comigo.
2 Nesse tempo, o exército do rei da Babilô-
nia cercava Jerusalém, e eu estava preso
no pátio do palácio real. 3 O rei Zedequias
havia mandado me prender, acusando-me
de anunciar que o SENHOR tinha dito o se-
guinte: "Eu entregarei esta cidade ao rei

da Babilônia, e ele a conquistará. 4O rei
Zedequias não escapará dos babilônios,
mas será entregue ao rei deles. Zedequias
verá o rei da Babilônia cara a cara e falará
com ele pessoalmente. 5Será levado para
a Babilônia e ficará ali até que eu cuide
dele. Mesmo que lute contra os babilô-
nios, não poderá vencer. Eu, o SENHOR,
estou falando."

6O SENHOR Deus me disse 7que Hana-
mel, filho do meu tio Salum, ia me pro-
curar e pedir que eu comprasse as ter-
ras dele em Anatote. Isso porque sou o
seu parente mais chegado e tenho o di-
reito de comprá-las. 8Então, exatamente
como o SENHOR tinha dito, o meu primo
Hanamel me procurou no pátio da guar-
da e me disse:

— Compre as minhas terras que ficam
em Anatote, no território de Benjamim.
Você é o meu parente mais chegado e por
isso tem o direito de comprar essas terras
e ficar com elas.

Aí entendi que era Deus que estava me
mandando fazer isso. 9Assim comprei as
terras de Hanamel e pesei o dinheiro para
ele. O preço foi de duzentos gramas de
prata. 10Assinei a escritura e fechei-a com
um *selo. Depois, chamei testemunhas e
pesei o dinheiro numa balança. 11Então
peguei a cópia fechada com o selo, a qual
tinha o contrato e as condições, e também
a cópia aberta 12e dei as duas a Baruque,
filho de Nerias e neto de Maaseias. Fiz isso
na frente de Hanamel, das testemunhas
que assinaram a escritura e de todos os
judeus que estavam sentados no pátio.
13Diante de todos eles, eu disse a Baruque:

14— O SENHOR Todo-Poderoso, o Deus
de Israel, mandou que você pegue estas
escrituras de compra, tanto a cópia fecha-
da com o selo como a aberta, e as colo-
que num pote de barro para que durem
muitos anos. 15O SENHOR Todo-Poderoso,
o Deus de Israel, disse que neste país ain-
da serão compradas casas, terras e plan-
tações de uvas.

A oração de Jeremias

16Depois que dei a Baruque, filho de
Nerias, a escritura de compra, eu orei
assim:

17— Ó SENHOR, meu Deus, com o teu
grande poder e com a tua força, fizeste
o céu e a terra. Nada é impossível para
ti. 18Tens sido bondoso para milhares de
pessoas, mas também tens castigado os
filhos por causa dos pecados dos seus
pais. Tu és o grande e poderoso Deus; o
teu nome é *SENHOR, o Todo-Poderoso.
19Tu fazes grandes planos e coisas ma-
ravilhosas. Tu vês tudo o que as pessoas
fazem e tratas cada uma de acordo com
o seu modo de agir e de viver. 20Fizes-
te milagres e maravilhas na terra do Egi-
to e continuas a fazer o mesmo até hoje,
tanto em Israel como em todas as outras
nações. Por isso, agora és conhecido em
toda parte. 21Tiraste o povo de Israel da
terra do Egito por meio do teu poder e da
tua força e por meio de milagres e mara-
vilhas que encheram de terror os nossos
inimigos. 22Deste aos israelitas esta ter-
ra boa e rica, como havias prometido aos
seus antepassados. 23Mas, quando eles
entraram nesta terra e tomaram posse
dela, não obedeceram aos teus manda-
mentos, nem viveram de acordo com os
teus ensinamentos; não fizeram nada da-
quilo que havias mandado. Por isso, fi-
zeste cair sobre eles toda esta desgraça.

24— Os babilônios construíram rampas
de terra em volta das muralhas da cidade
a fim de invadi-la e agora estão atacando.
A guerra, a fome e as doenças vão fazer
a cidade cair nas mãos deles. Como vês,
tudo o que disseste aconteceu. 25No en-
tanto, SENHOR, meu Deus, tu me mandas-
te comprar terras na presença de teste-
munhas, apesar de os babilônios estarem
quase tomando a cidade.

A resposta de Deus

26Então o SENHOR me respondeu:

27— Eu sou o SENHOR, o Deus de toda
a humanidade. Nada é impossível para
mim. 28Por isso, vou entregar esta cida-
de ao rei Nabucodonosor, da Babilônia, e
ao seu exército, e eles a tomarão. 29Os ba-
bilônios, que estão atacando, vão entrar
na cidade e pôr fogo nela. Eles queima-
rão as casas onde o povo me tem provo-
cado queimando incenso ao deus *Baal
nos terraços e derramando bebidas como
oferta a outros deuses. 30Desde o prin-
cípio, o povo de Israel e o povo de Judá
só têm feito coisas más. As suas malda-
des têm provocado a minha *ira. 31Esta
cidade tem provocado a minha ira e o
meu furor desde o dia em que foi cons-
truída. Eu resolvi acabar com ela 32por
causa de todas as maldades que têm sido
feitas pelo povo de Israel e pelo povo de
Judá, pelos seus reis e autoridades, pelos

seus sacerdotes e *profetas e pelo povo
de Jerusalém. 33 Eles me viraram as cos-
tas. E, embora eu continuasse ensinan-
do essa gente, eles não escutaram, não
aprenderam a lição, nem deram atenção
às ameaças. 34 Até ídolos horrorosos eles
colocaram no Templo construído em meu
nome e o *profanaram. 35 No vale de Ben-
-Hinom, eles construíram altares ao deus
Baal, para ali queimar os seus filhos e as
suas filhas em honra do deus *Moloque.
Eu não lhes dei ordem para isso e nunca
pensei que eles fizessem uma coisa tão
nojenta como essa e levassem o povo de
Judá a pecar.

Promessa de esperança

36 Depois, o SENHOR, o Deus de Israel,
disse o seguinte:
— Jeremias, o povo anda dizendo que
a guerra, a fome e as doenças vão fazer
esta cidade cair nas mãos do rei da Ba-
bilônia. Agora, escute o que vou dizer!
37 Vou ajuntar aqueles que na minha *ira,
cólera e furor eu espalhei. Eu os trarei de
volta a este lugar e os deixarei viver aqui
em segurança. 38 Eles serão o meu povo,
e eu serei o seu Deus. 39 Eu lhes darei este
único propósito na vida: *temer sempre a
mim, para o próprio bem deles e dos seus
descendentes. 40 Vou fazer com eles esta
*aliança eterna: nunca deixarei de lhes fa-
zer o bem; farei com que me respeitem
com sinceridade para que nunca se afas-
tem de mim. 41 Terei prazer em lhes fazer
o bem e com todo o meu coração e com
toda a minha alma deixarei que fiquem
morando nesta terra.
42 — Assim como eu trouxe esta desgra-
ça a este povo, também lhe darei todas
as boas coisas que prometi. 43 Jeremias, o
povo anda dizendo que esta terra vai ficar
como um deserto, sem gente e sem ani-
mais, e que será entregue aos babilônios.
Mas eu digo que neste país ainda se com-
prarão terras. 44 As pessoas vão comprar,
assinar escrituras, fechá-las com *selos e
chamar testemunhas. Isso acontecerá nas
terras da *tribo de Benjamim, nos povoa-
dos em volta de Jerusalém, nas cidades de
Judá e nas cidades das montanhas, das
planícies e da região sul. Eu trarei o povo
de volta ao seu país. Eu, o SENHOR, falei.

Outra promessa de esperança

33 Enquanto eu ainda estava preso no
pátio da guarda, o SENHOR Deus fa-
lou mais uma vez comigo. Ele disse:

Pergunte a si mesma...

Qual é a "aliança eterna" de Deus (veja Jeremias 32:40)?
Eu acredito que Deus gosta de me abençoar (veja Jeremias 32:41)?
O amor às vezes machuca?
Mesmo me amando, Deus me disciplina?
Devo imaginar que ele não me ama mais se a vida ficar difícil?
A vida de Jesus sempre foi fácil?
Alguma vez, Deus deixou de amá-lo?
Eu tenho a sensação de que Deus não me ama agora? Se sim, o que a Bíblia diz sobre isso?

2 — Quem está falando é o SENHOR, que
fez a terra, lhe deu forma e a colocou no
lugar. O seu nome é *SENHOR.
3 E Deus continuou:
— Jeremias, se você me chamar, eu res-
ponderei e lhe contarei coisas misterio-
sas e maravilhosas que você não conhe-
ce. 4 Eu, o SENHOR, o Deus de Israel, afir-
mo que as casas de Jerusalém e o palácio
real de Judá serão derrubados quando os
babilônios construírem rampas de terra
para atacar a cidade. 5 Alguns homens lu-
tarão contra os babilônios, mas estes en-
cherão as casas com os corpos daqueles
que vou matar na minha *ira e no meu fu-
ror. Eu abandonei esta cidade por causa
das maldades do seu povo. 6 Mas eu cura-
rei esta cidade e o seu povo e novamen-
te lhe darei saúde. E farei com que tenha
tempos de paz e segurança. 7 Trarei pro-
gresso para o povo de Judá e de Israel e
construirei tudo de novo, como era an-
tes. 8 Eu os purificarei de todos os peca-
*dos que co*meteram e perdoarei as suas
maldades e a sua revolta contra mim. 9 Je-
rusalém será para mim um motivo de ale-
gria, de honra e de orgulho. E todas as
nações do mundo vão tremer de medo
quando ouvirem falar das boas coisas que
estou fazendo para o povo de Jerusalém
e do progresso que estou trazendo para
esta cidade.
10 O SENHOR Deus disse:
— Andam dizendo que este lugar
é como um deserto, sem gente e sem

animais. É verdade que as cidades de Judá
e as ruas de Jerusalém estão vazias, sem
gente e sem animais. Porém nesses luga-
res vocês ouvirão de novo 11 gritos de ale-
gria e de felicidade e o barulho alegre das
festas de casamento. Vocês vão ouvir pes-
soas cantando e trazendo ofertas de grati-
dão ao meu Templo. Elas cantarão assim:

> "Deem graças ao SENHOR Todo-
> -Poderoso
> porque ele é bom,
> e o seu amor dura para sempre."

Eu farei com que nesta terra haja tanta
prosperidade como antes. Eu, o SENHOR,
estou falando.
12 O SENHOR Todo-Poderoso disse:
— Nesta terra, que é um deserto sem
gente e sem animais, ainda haverá pas-
tos para onde os pastores poderão tra-
zer os seus rebanhos. 13 Os pastores ain-
da contarão as suas ovelhas nas cidades
das montanhas, nas cidades das planícies
de Judá e da região sul, na terra de Ben-
jamim, nos povoados em volta de Jerusa-
lém e nas cidades de Judá. Eu, o SENHOR,
estou falando.
14 O SENHOR disse ainda:
— Está chegando o tempo em que vou
cumprir a promessa que fiz ao povo de Is-
rael e de Judá. 15 Nesse dia e nesse tempo,
farei surgir um verdadeiro descendente
de Davi, e ele fará nesta terra o que é di-
reito e justo. 16 Quando esse dia chegar, o
povo de Judá será salvo, e o povo de Is-
rael viverá em segurança. E eles vão dar
a Jerusalém este nome: "SENHOR, nossa
Salvação". 17 Eu, o SENHOR, prometo que
sempre haverá um descendente de Davi
para reinar em Israel. 18 E sempre haverá
sacerdotes da *tribo de Levi para estar
na minha presença e para trazer ofertas
a serem completamente queimadas, ofer-
tas de cereais e *sacrifícios de animais.
19 O SENHOR Deus me disse o seguinte:
20 — É impossível quebrar as *leis que
fiz para que o dia e a noite venham sem-
pre um depois do outro. 21 Assim tam-
bém é impossível quebrar a *aliança que
fiz com o meu *servo Davi, isto é, que ele
sempre terá um descendente *que seja rei*.
Também não posso quebrar a aliança que
fiz com os sacerdotes da tribo de Levi,
que me servem no Templo. 22 Eu aumen-
tarei muito os descendentes do meu ser-
vo Davi e os sacerdotes da tribo de Levi.
Aumentarei tanto, que será tão impossí-
vel contá-los como é impossível contar
as estrelas do céu ou os grãos de areia
da praia.
23 O SENHOR me perguntou:
24 — Jeremias, você sabe que andam di-
zendo que rejeitei Israel e Judá, as duas
famílias que eu havia escolhido? Assim
desprezam o meu povo e não o conside-
ram mais como uma nação. 25 Mas eu, o
SENHOR, digo que fiz leis para o dia e a
noite e leis que controlam a terra e o céu.
26 E, assim como mantenho essas leis, tam-
bém manterei a aliança que fiz com os
descendentes de Jacó e com o meu ser-
vo Davi. Escolherei um descendente de
Davi para governar os descendentes de
Abraão, de Isaque e de Jacó. Farei com
que o meu povo prospere novamente e
terei compaixão dele.

Mensagem para o rei Zedequias

34 O rei Nabucodonosor, da Babilônia,
e o seu exército estavam atacando
Jerusalém e as cidades vizinhas. Ajudavam
nesse ataque as tropas de todas as nações
e reinos dominados por ele. Nesse tempo,
o SENHOR Deus falou comigo 2 e mandou
que eu levasse a seguinte mensagem ao
rei Zedequias, de Judá:
— Eu, o SENHOR, o Deus de Israel, vou
entregar esta cidade ao rei da Babilônia,
e ele a destruirá com fogo. 3 Você não es-
capará; pelo contrário, será preso e en-
tregue a ele. Você verá Nabucodonosor
e falará com ele pessoalmente. Depois,
você irá para a Babilônia. 4 Rei Zedequias,
escute o que eu, o SENHOR, estou dizendo
a seu respeito: você vai morrer em paz e
não na guerra. 5 E, como queimaram in-
censo no sepultamento dos seus antepas-
sados que foram reis antes de você, as-
sim queimarão incenso em sua honra. Vão
chorar por sua causa, dizendo: "O nosso
rei morreu!" Eu, o SENHOR, falei.
6 Então eu contei tudo isso ao rei Zede-
quias, em Jerusalém, 7 quando o exército
do rei da Babilônia estava atacando a ci-
dade. Esse exército também estava ata-
cando Laquis e Azeca, as duas únicas ci-
dades cercadas de muralhas, em Judá, que
ainda *resistiam*.

Os escravos libertados

8 O SENHOR Deus falou de novo comi-
go depois que Zedequias fez um *acor-
do com os moradores de Jerusalém para

darem liberdade aos seus escravos. 9 Cada um devia pôr em liberdade os seus escravos hebreus, tanto homens como mulheres, para que assim nenhum hebreu tivesse como escravo uma pessoa da sua raça. 10 E todo o povo e as autoridades concordaram em libertar os seus escravos, prometendo nunca mais escravizá-los. Eles libertaram os escravos, 11 mas depois mudaram de ideia, e os fizeram voltar, e os obrigaram a se tornarem escravos de novo.

12-13 Então o SENHOR, o Deus de Israel, me mandou dizer ao povo:

— Quando tirei do Egito os antepassados de vocês e os livrei da escravidão, fiz uma *aliança com eles. Eu disse que 14 de sete em sete anos deviam libertar qualquer patrício hebreu que eles tivessem comprado e que tivesse sido escravo deles durante seis anos. Mas os seus antepassados não me deram atenção, nem me obedeceram. 15 Porém alguns dias atrás vocês mudaram de ideia e fizeram o que me agrada. Todos concordaram em libertar os seus patrícios hebreus e fizeram um acordo na minha presença, no Templo construído em honra do meu nome. 16 Mas depois vocês novamente mudaram de ideia e *profanaram o meu nome. Todos vocês fizeram voltar os escravos que haviam sido libertados e os obrigaram a ser escravos de novo. 17 Por isso, eu, o SENHOR, digo que vocês me desobedeceram e não deram a liberdade aos seus patrícios hebreus. Pois bem! Eu vou dar liberdade a vocês: liberdade de morrer na guerra e de morrer de doença e fome. Farei com que sejam um espetáculo horrível para todas as nações da terra. Sou eu, o SENHOR, quem está falando. 18-19 As autoridades de Judá e de Jerusalém, os oficiais do palácio, os sacerdotes e todo o povo fizeram uma aliança comigo, passando entre as duas metades de um boi cortado ao meio. Mas eles quebraram a aliança que fizeram na minha presença e não cumpriram o que prometeram. 20 Por isso, eu os entregarei aos seus inimigos que os querem matar, e os corpos deles serão comidos pelas aves e pelos animais selvagens. 21 Entregarei o rei Zedequias, de Judá, e os seus oficiais aos inimigos que os querem matar. Eu os entregarei ao exército do rei da Babilônia, que parou de atacar vocês. 22 Darei ordem aos inimigos, e eles voltarão. Eles atacarão, e tomarão a cidade, e a destruirão com fogo. Farei com que as cidades de Judá virem um deserto onde ninguém mora. Eu, o SENHOR, falei.

Jeremias e os recabitas

35 Quando Jeoaquim, filho de Josias, era rei de Judá, o SENHOR Deus me disse:

2 — Jeremias, vá procurar a família dos recabitas e fale com eles. Depois, leve-os a uma das salas do Templo e lhes ofereça vinho.

3-4 Então eu fui buscar os recabitas e levei a família inteira ao Templo: Jazanias (filho de outro Jeremias, que era filho de Habazinias) e todos os seus irmãos e filhos. Eu os levei até a sala dos seguidores do *profeta Hanã, homem de Deus. Hanã era filho de Jigdalias. Essa sala ficava perto da sala dos oficiais e em cima da de Maaseias, filho de Salum, importante oficial do Templo. 5 Depois, coloquei diante dos recabitas jarras cheias de vinho e copos e disse:

— Tomem um pouco de vinho.

6 Mas eles responderam:

— Nós não bebemos vinho, pois o nosso antepassado Jonadabe, filho de Recabe, deu a seguinte ordem: "Nunca bebam vinho, nem vocês nem os seus descendentes. 7 Não construam casas, nem cultivem a terra. Não façam, nem comprem plantações de uva. Não tenham lugar certo para morar. Morem em barracas a vida toda para que assim vivam muito tempo nesta terra." 8 E nós temos obedecido a todas as ordens do nosso antepassado Jonadabe, filho de Recabe. Nunca bebemos vinho, nem nós, nem nossas esposas, nem nossos filhos e filhas. 9-10 Não construímos casas para morar: moramos em barracas. Não temos plantações de uva, nem terras, nem sementes. Temos obedecido a tudo o que o nosso antepassado Jonadabe ordenou. 11 Mas, quando o rei Nabucodonosor, da Babilônia, invadiu o país, resolvemos vir a Jerusalém para fugir dos exércitos babilônios e sírios. É por isso que estamos vivendo aqui.

12-13 Então o SENHOR Todo-Poderoso, o Deus de Israel, mandou que eu fosse dizer o seguinte ao povo de Judá e de Jerusalém:

— Eu, o SENHOR, pergunto: por que vocês não querem me ouvir, nem obedecer às minhas ordens? 14 Os descendentes de

Jonadabe têm obedecido à sua ordem de
não beber vinho. E até hoje nenhum de-
les bebe, pois todos obedecem ao man-
damento que ele deu. Mas eu sempre te-
nho falado a vocês, e vocês não têm obe-
decido. 15 Tenho sempre mandado todos
os meus *servos, os profetas, e eles têm
ordenado que vocês abandonem os seus
maus caminhos e façam o que é certo.
Eles avisaram que vocês não deviam ado-
rar, nem servir outros deuses para que as-
sim pudessem continuar a viver na terra
que dei a vocês e aos seus antepassados.
Mas vocês não quiseram me ouvir, nem
obedecer. 16 Os descendentes de Jonada-
be têm obedecido ao mandamento que o
seu antepassado lhes deu; no entanto, vo-
cês, o meu povo, não me têm obedecido.
17 Por isso, eu, o SENHOR Todo-Poderoso,
o Deus de Israel, mandarei sobre vocês,
povo de Judá e de Jerusalém, toda a des-
truição que prometi. Farei isso porque
não quiseram me obedecer quando lhes
falei e não quiseram responder quando
os chamei.

18 Então eu disse à família dos recabitas
que o SENHOR Todo-Poderoso, o Deus de
Israel, tinha dito o seguinte:

— Vocês têm obedecido ao mandamen-
to do seu antepassado Jonadabe, têm res-
peitado todas as suas ordens e feito tudo
o que ele mandou. 19 Por isso, eu, o SE-
NHOR Todo-Poderoso, o Deus de Israel,
prometo que Jonadabe, filho de Recabe,
terá sempre um descendente homem
para me servir.

Baruque lê um rolo no Templo

36 No quarto ano em que Jeoaquim,
filho de Josias, reinou em Judá, o
SENHOR Deus me disse:

2 — Jeremias, pegue um rolo — um li-
vro — e escreva nele tudo o que lhe falei
a respeito do povo de Israel e de Judá e a
respeito de todas as nações. Escreva tudo
o que eu disse desde a primeira vez em
que falei com você, quando Josias era rei,
até hoje. 3 O povo de Judá vai ficar saben-
do de toda a destruição que estou pensan-
do fazer cair sobre eles. Aí talvez todos
abandonem os seus maus caminhos, e eu
perdoarei a maldade e os pecados deles.

4 Depois, eu chamei Baruque, filho de
Nerias, e ditei tudo o que o SENHOR me ti-
nha dito, e ele escreveu num rolo. 5 Então
lhe dei as seguintes instruções:

— Eu estou proibido de ir ao Templo.
6 Mas quero que você vá até lá quando o
povo estiver jejuando. Leia o rolo em voz
alta, de modo que eles escutem tudo o
que o SENHOR Deus me disse e que eu
ditei a você. Faça isso de maneira que o
povo e também os que vierem das cida-
des de Judá possam ouvir. 7 Pode ser que
assim eles orem a Deus e abandonem os
seus maus caminhos, pois o SENHOR está
furioso e muito *irado com este povo.

8 Então Baruque leu no pátio do Templo
as palavras do SENHOR, exatamente como
eu havia mandado.

9 No nono mês do quinto ano do reina-
do de Jeoaquim, filho de Josias, em Judá,
o povo ficou em jejum diante de Deus, o
SENHOR. Tomaram parte nesse jejum to-
dos os que viviam em Jerusalém e todos
os que tinham vindo das cidades de Judá.
10 Então Baruque leu no rolo tudo o que
eu tinha dito, e todo o povo escutou. Ele
fez essa leitura num dos pátios do Tem-
plo, na sala de Gemarias, que era filho de
Safã e escrivão do rei. Essa sala, que fica-
va na entrada do Portão Novo do Templo,
dava para o pátio de cima.

O rolo é lido diante das autoridades

11 Micaías, filho de Gemarias e neto de
Safã, ouviu Baruque ler no rolo aquilo que
o SENHOR tinha dito. 12 Aí desceu ao palá-
cio real e foi até a sala do escrivão do rei,
onde todas as autoridades estavam reu-
nidas. Encontravam-se ali Elisama, conse-
lheiro do rei, e Delaías, filho de Semaías,
e Elnatã, filho de Acbor, e Gemarias, filho
de Safã, e Zedequias, filho de Hananias,
e todas as outras autoridades. 13 Micaías
contou tudo o que tinha ouvido Baruque
ler para o povo. 14 Então as autoridades
mandaram que Jeudi, que era filho de Ne-
tanias, neto de Selemias e bisneto de Cusi,
fosse dizer a Baruque o seguinte:

— Venha e traga o rolo que você leu
para o povo.

Aí Baruque pegou o rolo e foi ao palá-
cio. 15 E eles lhe disseram:

— Por favor, sente-se e leia o rolo para
nós.

E Baruque leu para eles. 16 Depois de
terem escutado tudo, eles olharam as-
sustados uns para os outros e disseram
a Baruque:

— Temos de contar isso ao rei.

17 Então perguntaram:

— Diga uma coisa: como é que você es-
creveu tudo isso? Foi Jeremias que ditou?

18 — Jeremias ditou palavra por palavra, e eu escrevi tudo com tinta neste rolo! — respondeu Baruque.

19 Então eles disseram:

— Você e Jeremias precisam se esconder. Não deixem ninguém saber onde vocês estão.

O rei queima o rolo

20 As autoridades deixaram o rolo, isto é, o livro, na sala de Elisama, o escrivão do rei. Em seguida, foram até a sala onde o rei estava e lhe contaram tudo. 21 Então o rei mandou que Jeudi fosse buscar o rolo. Ele foi à sala de Elisama, trouxe o rolo e leu para o rei Jeoaquim e todas as autoridades que estavam em volta dele. 22 Era tempo de frio, e o rei estava no seu palácio de inverno, sentado perto do fogo. 23 Cada vez que Jeudi terminava a leitura de três ou quatro colunas, o rei cortava com uma faquinha aquele pedaço do rolo e jogava no fogo. Ele continuou fazendo isso até que o rolo inteirinho virou cinza. 24 Mas nem o rei nem nenhuma das autoridades que ouviram todas aquelas coisas ficaram com medo ou mostraram qualquer sinal de arrependimento. 25 Acontece que Elnatã, Delaías e Gemarias tinham pedido ao rei que não queimasse o rolo, mas ele não deu atenção. 26 Pelo contrário, mandou que o príncipe Jerameel, junto com Seraías, filho de Azriel, e Selemias, filho de Abdeel, prendessem o meu secretário Baruque e a mim. Mas o SENHOR nos havia escondido.

O outro rolo

27 Depois que o rei Jeoaquim queimou o rolo que eu havia ditado a Baruque, o SENHOR Deus me disse 28 que pegasse outro rolo e escrevesse tudo o que estava naquele que o rei tinha queimado. 29 E o SENHOR me mandou dizer o seguinte:

— Rei Jeoaquim, você queimou o rolo, perguntando: "Por que foi que Jeremias escreveu que o rei da Babilônia *certamente virá, e* destruirá esta terra, e matará a sua gente e os seus animais?" 30 Por isso, eu, o SENHOR, digo a você, rei Jeoaquim, que nenhum dos seus descendentes será rei no reino de Davi. O seu cadáver ficará largado ao sol durante o dia e à geada durante a noite. 31 Castigarei você, os seus descendentes e as suas autoridades por causa dos pecados de vocês todos. Nem você nem o povo de Jerusalém e de Judá se importaram com os meus avisos. Por isso, farei cair sobre todos vocês a desgraça que prometi.

32 Então peguei outro rolo, entreguei ao meu secretário Baruque, e ele escreveu tudo o que eu ditei. Escreveu tudo o que estava no rolo que o rei Jeoaquim havia queimado. E ainda ditei muitas outras coisas parecidas.

O pedido de Zedequias

37 O rei Nabucodonosor, da Babilônia, pôs Zedequias, filho de Josias, como rei na terra de Judá, no lugar de Joaquim, filho de Jeoaquim. 2 Mas nem Zedequias, nem as autoridades, nem o povo obedeceram à mensagem de Deus, que eu, o *profeta Jeremias, lhes entreguei.

3 O rei Zedequias mandou que Jucal, filho de Selemias, e o sacerdote Sofonias, filho de Maaseias, fossem falar comigo. Eles disseram:

— Por favor, Jeremias, ore ao SENHOR, nosso Deus, por nós.

4 Eu ainda não tinha sido preso e andava livremente no meio do povo. 5 Nesse tempo, o exército egípcio havia saído do Egito. E, quando os babilônios que estavam cercando Jerusalém souberam disso, foram embora. 6-7 Então o SENHOR, o Deus de Israel, me mandou dizer o seguinte a Zedequias, rei de Judá:

— O exército egípcio, que vem vindo para socorrer você, vai voltar para o Egito. 8 Aí os babilônios voltarão para atacar esta cidade. Eles vão conquistá-la e pôr fogo nela. 9 Eu, o SENHOR, lhes dou este aviso: não se enganem, pensando que os babilônios não vão voltar. Eles voltarão. 10 Ainda que vocês derrotassem todo o exército da Babilônia, que está atacando, e ainda que desse exército sobrassem apenas homens feridos, deitados nas suas barracas, isso não adiantaria nada. Pois mesmo assim esses homens se levantariam e poriam fogo nesta cidade.

Jeremias é preso

11 As tropas dos babilônios se retiraram de Jerusalém porque o exército egípcio estava chegando. 12 Nesse tempo, eu resolvi sair de Jerusalém e ir ao território da *tribo de Benjamim para receber certa propriedade, que era parte de uma herança. 13 Ao chegar ao Portão de Benjamim, o chefe da guarda, chamado Jerias, que era filho de Selemias e neto de Hananias, me fez parar e disse:

— Você está fugindo para o lado dos babilônios!

14 — Isso é mentira! — respondi. — Eu não estou fugindo para o lado dos babilônios!

Mas Jerias não quis me ouvir. Ele me prendeu e me levou às autoridades. 15 Elas ficaram furiosas comigo e me deram uma surra. Em seguida, me prenderam na casa de Jônatas, escrivão do rei. Essa casa tinha sido transformada em prisão. 16 Aí me puseram numa cela cavada na terra, e eu fiquei ali muito tempo.

17 Depois, o rei Zedequias mandou me buscar. Quando cheguei ao palácio, ele me perguntou em segredo:

— Jeremias, você recebeu alguma mensagem de Deus, o SENHOR?

— Sim! Recebi! O senhor, ó rei, será entregue nas mãos do rei da Babilônia.

18 Então aproveitei para perguntar a Zedequias:

— Qual foi o crime que cometi contra o senhor, ó rei, ou contra as autoridades, ou contra este povo, para que me pusessem na cadeia? 19 Onde estão os seus profetas que lhe diziam que o rei da Babilônia não ia atacar nem o senhor nem este país? 20 Portanto, ó rei, meu senhor, agora peço que faça o que vou pedir. Por favor, não me mande de volta para a casa do seu escrivão Jônatas, pois, se eu voltar, vou acabar morrendo ali.

21 Então o rei Zedequias ordenou que me pusessem no pátio da guarda. Todos os dias me davam um pão de padaria, até que acabou todo o pão que havia na cidade. E assim fiquei no pátio da guarda.

Jeremias no poço

38 Certa vez, Sefatias, filho de Matã, e Gedalias, filho de Pasur, e Jucal, filho de Selemias, e Pasur, filho de Malquias, ouviram o que eu estava dizendo ao povo. Eu dizia que 2 o SENHOR Deus tinha dito o seguinte:

— Quem ficar na cidade morrerá em combate, ou de fome, ou de doença. Mas aquele que sair e se entregar aos babilônios não será morto; pelo menos, escapará com vida e continuará a viver.

3 Eu estava dizendo que o SENHOR também tinha dito isto:

— Certamente entregarei esta cidade ao exército do rei da Babilônia, e ele a conquistará.

4 Então as autoridades disseram ao rei:

— Este homem tem de morrer. Falando desse jeito, ele está tirando a coragem dos soldados que estão na cidade e desanimando todo o povo. Este homem não está procurando ajudar; o que ele quer é a desgraça de todos.

5 O rei Zedequias disse:

— Muito bem! Façam o que quiserem com Jeremias. Eu não posso segurar vocês.

6 Então eles me pegaram e me puseram dentro do poço que havia no pátio da guarda e que era do príncipe Malquias. Eles me desceram com cordas. Não havia água no poço; só lama; e eu me atolei na lama.

7-8 Ebede-Meleque, um *eunuco nascido na Etiópia, que trabalhava no palácio real, ficou sabendo que me haviam jogado no poço. Então saiu do palácio e foi falar com o rei, que naquela hora estava julgando causas no Portão de Benjamim. Ebede-Meleque disse o seguinte:

9 — Ó rei, meu senhor, o que aqueles homens fizeram está errado. Jogaram Jeremias no poço, e ele na certa vai morrer de fome, pois não há mais comida na cidade.

10 Aí o rei deu ordem para Ebede-Meleque levar trinta homens dali e me tirar do poço antes que eu morresse. 11 Então Ebede-Meleque levou os homens ao depósito do palácio. Pegou alguns trapos e roupas usadas e os desceu por meio de cordas para dentro do poço onde eu estava. 12 E disse:

— Jeremias, ponha esses trapos debaixo dos braços para que as cordas não machuquem você.

Eu fiz o que ele mandou. 13 Então me puxaram com as cordas e me tiraram do poço. Depois disso, fiquei no pátio da guarda.

Zedequias pede conselho a Jeremias

14 O rei Zedequias mandou que me levassem até a terceira entrada do Templo, onde ele estava. Então disse:

— Jeremias, vou lhe fazer uma pergunta e não quero que você esconda nada de mim.

15 Eu respondi:

— Se eu disser a verdade, o senhor me matará; e, se eu lhe der conselhos, o senhor não ouvirá.

16 Aí o rei Zedequias me prometeu, em segredo, o seguinte:

— Pelo SENHOR Deus, que está vivo e que nos deu a vida, juro que não matarei você, nem o entregarei aos homens que querem matá-lo.

17 Então eu disse a Zedequias que o SENHOR Todo-Poderoso, o Deus de Israel, tinha dito o seguinte:

— Rei Zedequias, se você se entregar aos oficiais do rei da Babilônia, você não será morto, e esta cidade não será queimada. Tanto você como a sua família ficarão vivos. 18 Porém, se você não se entregar, então esta cidade será entregue aos babilônios, e eles a queimarão. E você não escapará deles.

19 O rei Zedequias respondeu:

— Mas eu tenho medo dos judeus que passaram para o lado dos babilônios. Pode acontecer que os babilônios me entreguem a esses judeus, e eles me torturem.

20 Aí eu disse ao rei:

— O senhor não será entregue a esses judeus. Por favor, obedeça à mensagem do SENHOR Deus, como lhe falei. Então tudo lhe correrá bem, e o senhor não será morto. 21 Mas Deus me mostrou o que acontecerá se o senhor não quiser se entregar. 22 Todas as mulheres que ficarem no palácio real de Judá serão levadas para os oficiais do rei da Babilônia. E elas irão dizendo assim:

“O rei foi enganado e dominado
pelos seus melhores amigos.
E, agora que ele afundou os pés na lama,
os seus amigos o abandonaram.”

23 Eu disse ainda:

— Rei Zedequias, todas as suas mulheres e os seus filhos serão entregues aos babilônios, e o senhor também não escapará deles. O senhor será levado como prisioneiro pelo rei da Babilônia, e esta cidade será destruída pelo fogo.

24 *Aí Zedequias* me recomendou:

— Jeremias, não conte esta conversa a ninguém; se não, a sua vida correrá perigo. 25 Se as autoridades souberem que eu estive falando com você, vão lhe perguntar o que foi que conversamos. E vão prometer que não o matarão se você lhes contar tudo. 26 Se isso acontecer, diga que você veio me pedir que não o mandasse de volta à casa de Jônatas, pois ali você morreria.

27 Então todos os oficiais vieram e me fizeram perguntas. E eu respondi como o rei havia ordenado. Eles me deixaram em paz porque não tinham ouvido nada da conversa. 28 E eu fiquei ali no pátio da guarda até o dia em que Jerusalém foi tomada.

Os babilônios conquistam Jerusalém

2Reis 25.1-21; 2Crônicas 36.17-21; Jeremias 52.3-30

39 No décimo mês do ano nono do reinado de Zedequias em Judá, o rei Nabucodonosor, da Babilônia, veio com todo o seu exército e atacou a cidade de Jerusalém. 2 No ano décimo primeiro do reinado de Zedequias, no dia nove do quarto mês, eles conseguiram abrir uma brecha na muralha da cidade.

3 Quando Jerusalém foi tomada, todos os altos funcionários do rei da Babilônia vieram e sentaram nos seus lugares, no Portão do Meio. Entre eles, estavam Nergal-Sarezer, Sangar-Nebo, Sarsequim e outro Nergal-Sarezer.

4 Quando o rei Zedequias e todos os seus soldados viram o que havia acontecido, tentaram fugir da cidade durante a noite. Eles saíram pelo caminho do jardim do rei, foram pelo portão que ligava as duas muralhas e fugiram na direção do vale do Jordão. 5 Mas o exército dos babilônios os perseguiu e prendeu Zedequias na planície de Jericó. Eles o levaram como prisioneiro ao rei Nabucodonosor, que estava na cidade de Ribla, na região de Hamate. Ali Nabucodonosor o condenou. 6 Em Ribla, o rei da Babilônia mandou matar os filhos de Zedequias na presença do pai. Também mandou matar as autoridades de Judá. 7 Depois, mandou furar os olhos de Zedequias e o prendeu com correntes de bronze a fim de levá-lo para a Babilônia. 8 Enquanto isso, os babilônios incendiaram o palácio real e as casas do povo e derrubaram as muralhas de Jerusalém. 9 E Nebuzaradã, o comandante-geral do exército babilônio, levou como prisioneiros para a Babilônia os que haviam sido deixados na cidade e os que haviam fugido para o lado dele. 10 Mas deixou ficar na terra de Judá algumas pessoas mais pobres, que não tinham propriedades, e lhes deu plantações de uvas e terras.

Jeremias é libertado

11 E Nabucodonosor, rei da Babilônia,

deu a Nebuzaradã a seguinte ordem a
meu respeito:
12 — Vá buscar Jeremias e cuide bem
dele. Não o trate mal, mas faça por ele o
que ele quiser.
13 Assim Nebuzaradã, junto com Nebu-
sazbã, alto oficial, e Nergal-Sarezer, que
também era alto oficial, e todas as outras
autoridades do rei da Babilônia 14 man-
daram me tirar do pátio da guarda. Fui
entregue a Gedalias, filho de Aicã e neto
de Safã, e ele me levou para casa. Assim
eu fiquei em Jerusalém, no meio do povo.

Mensagem para Ebede-Meleque

15 Enquanto eu ainda estava preso no
pátio da guarda, o SENHOR Deus falou
comigo. Ele me mandou 16 que dissesse
a Ebede-Meleque, da Etiópia, que o SE-
NHOR Todo-Poderoso, o Deus de Israel,
tinha dito o seguinte:
— Conforme prometi, não trarei pro-
gresso e sim destruição a esta cidade de
Jerusalém. E, quando isso acontecer, você
estará aqui para ver. 17 Mas eu, o SENHOR,
o protegerei, e você não será entregue nas
mãos daqueles de quem está com medo.
18 Eu o salvarei: você não morrerá. Você
continuará vivo porque confiou em mim.
Eu, o SENHOR, falei.

Jeremias e Gedalias

40 O SENHOR Deus falou comigo ou-
tra vez depois que o comandan-
te-geral Nebuzaradã me havia posto em
liberdade na cidade de Ramá. Eu tinha
sido acorrentado, junto com todo o povo
de Jerusalém e de Judá que estava sen-
do levado como prisioneiro para a Babi-
lônia. 2 O comandante-geral me chamou
de lado e disse:
— O SENHOR, seu Deus, ameaçou des-
truir esta terra 3 e agora fez o que tinha
dito. Tudo isso aconteceu porque o seu
povo pecou contra o SENHOR e não lhe
obedeceu. 4 Agora, estou tirando as cor-
rentes dos seus pulsos e pondo você em
liberdade. Se quiser vir comigo para a
Babilônia, venha, e eu cuidarei bem de
você. Mas, se não quiser, não venha. Você
pode ficar em qualquer lugar deste país.
Vá para onde quiser e achar melhor.
5 Mas, como eu estava demorando a me
decidir, Nebuzaradã me disse:
— Volte e fique com Gedalias, filho de
Aicã e neto de Safã. O rei da Babilônia
colocou Gedalias como governador das
cidades de Judá. Você pode ficar com ele
e viver no meio do povo ou então ir para
onde achar melhor.
Nebuzaradã me deu mantimentos e um
presente e deixou que eu fosse embora.
6 Então fui e fiquei com Gedalias, em Mis-
pa. E ali passei a viver no meio do povo
que tinha ficado na terra de Judá.

O governo de Gedalias

2Reis 25.22-24

7 Alguns oficiais de Judá e os seus solda-
dos, que estavam no campo, não haviam
se entregado. Eles ouviram falar que o rei
da Babilônia tinha posto Gedalias, filho
de Aicã, como governador do país e como
responsável por todos aqueles que não ha-
viam sido levados como prisioneiros para
a Babilônia. Só os mais pobres ficaram no
país. 8 Então Ismael, filho de Netanias, e
Joanã, filho de Careá, e Seraías, filho de
Tanumete, e os filhos de Efai, da cidade de
Netofa, e Jezanias, de Maacá, foram com os
seus homens até Mispa a fim de falar com
Gedalias. 9 E Gedalias lhes disse:
— Eu dou a minha palavra que vocês
não precisam ter medo de serem domi-
nados pelos babilônios. Fiquem moran-
do nesta terra, trabalhem para o rei da
Babilônia, e tudo correrá bem para vo-
cês. 10 Eu mesmo vou ficar em Mispa e,
quando os babilônios chegarem, serei o
representante de vocês. Vocês podem co-
lher e guardar frutas, armazenar vinho
e azeite e morar nas cidades que vocês
conquistaram.
11 Da mesma forma, todos os judeus que
estavam em Moabe, Amom, Edom e em
outros países ouviram dizer que o rei da
Babilônia tinha deixado que alguns ju-
deus ficassem vivendo em Judá. Soube-
ram também que ele havia posto Geda-
lias como governador deles. 12 Aí os ju-
deus saíram de todos os lugares onde es-
tavam espalhados e voltaram para a terra
de Judá. Eles foram até Mispa, onde vivia
Gedalias, e fizeram muito vinho e colhe-
ram muitas frutas.

A morte de Gedalias

2Reis 25.25-26

13 Depois disso, Joanã, filho de Careá, e
os chefes dos soldados que não se haviam
entregado aos babilônios foram a Mispa,
onde Gedalias estava, 14 e lhe disseram:
— Sabe que Baalis, rei de Amom, man-
dou Ismael, filho de Netanias, matar o
senhor?

Mas Gedalias não acreditou. 15 Então
Joanã lhe disse o seguinte, em particular:
— Deixe que eu mate Ismael, e nin-
guém vai ficar sabendo quem o matou.
Por que deixar que ele mate o senhor?
Se isso acontecer, todos os judeus que se
ajuntaram em volta do senhor se espalha-
rão, e isso será uma desgraça para todo o
povo que ficou em Judá.
16 Mas Gedalias respondeu:
— Não mate Ismael! O que você está
dizendo a respeito dele é mentira.

41 No sétimo mês daquele ano, Ismael,
filho de Netanias e neto de Elisa-
ma, que era da família do rei, foi até Mispa
com dez homens para encontrar-se com
Gedalias. Enquanto estavam todos ali, to-
mando uma refeição juntos, 2 Ismael e os
dez homens que estavam com ele pegaram
as suas espadas e mataram Gedalias. As-
sim mataram aquele que tinha sido posto
pelo rei da Babilônia como governador do
país. 3 Ismael também matou todos os ju-
deus que estavam com Gedalias em Mispa
e os soldados babilônios que estavam lá.
4 No dia seguinte, antes que alguém
soubesse que Gedalias tinha sido mor-
to, 5 chegaram ali oitenta homens. Eles
vinham de Siquém, Siló e Samaria. Es-
tavam com a barba raspada e as roupas
rasgadas e tinham feito cortes no corpo.
Eles traziam cereais e incenso para ofe-
recer a Deus, o SENHOR, no Templo. 6 En-
tão Ismael saiu chorando de Mispa e foi
encontrar-se com eles. Quando chegou
perto deles, disse:
— Entrem e venham ver Gedalias.
7 Quando eles entraram na cidade, Is-
mael e os seus homens os mataram e jo-
garam os corpos num poço.
8 Mas havia no grupo dez homens que
disseram a Ismael:
— Não nos mate! Temos trigo, *cevada,
azeite e mel escondidos no campo.
Aí ele desistiu e não os matou *como ha-
via feito com os seus* companheiros. 9 Era
grande o poço em que Ismael jogou os
corpos dos homens que ele havia mata-
do. O rei Asa o havia cavado para se pre-
venir contra os ataques do rei Baasa, de
Israel. Ismael encheu esse poço com os
corpos dos homens que haviam sido mor-
tos. 10 E depois Ismael partiu para o país
de Amom, levando como prisioneiros as
filhas do rei e todo o resto do povo que
estava em Mispa. O comandante-geral
Nebuzaradã tinha deixado Gedalias como
o responsável por essa gente.
11 Joanã, filho de Careá, e todos os che-
fes do exército que estavam com ele ou-
viram falar do crime que Ismael havia co-
metido. 12 Então reuniram os seus solda-
dos e foram combater contra Ismael. Eles
o alcançaram perto do grande poço de
Gibeão. 13 Quando os prisioneiros de Is-
mael viram Joanã e os chefes do exército
com ele, ficaram alegres. 14 Aí viraram e
correram para o lado de Joanã. 15 Mas Is-
mael e oito dos seus homens escaparam
de Joanã e fugiram para o país de Amom.
16 Então Joanã e os chefes do exército
que estavam com ele reuniram os sol-
dados, as mulheres, as crianças e os *eu-
nucos que Ismael havia levado de Mispa
como prisioneiros, depois de ter matado
Gedalias. Assim reuniram a gente que Joa-
nã havia tomado de Ismael em Gibeão 17 e
partiram, parando um pouco em Gerute-
-Quimã, perto de Belém. Eles queriam ir
até o Egito 18 para fugir dos babilônios.
Estavam com medo deles porque Ismael
tinha matado Gedalias, aquele que havia
sido posto como governador do país pelo
rei da Babilônia.

Jeremias consulta a Deus

42 Então todos os chefes do exército
e Joanã, filho de Careá, e Azarias,
filho de Hosaías, e pessoas de todas as
classes 2 vieram falar comigo. Disseram
o seguinte:
— Por favor, Jeremias, atenda o nosso
pedido: ore ao SENHOR Deus por nós e
por estes que foram deixados nesta terra.
Antes, nós éramos muitos, mas agora so-
mos poucos, como você está vendo. 3 Ore
ao SENHOR, seu Deus, para que mostre o
caminho que devemos seguir e o que de-
vemos fazer.
4 Eu respondi:
— Está bem! Vou orar ao SENHOR, o
Deus de vocês, como pediram. Depois,
eu contarei o que ele disser. Não escon-
derei nada de vocês.
5 Então eles disseram:
— Que o SENHOR Deus seja uma tes-
temunha fiel e verdadeira contra nós, se
não obedecermos a todas as ordens que
ele nos der por meio de você! 6 Gostemos
ou não dessas ordens, nós obedeceremos
ao SENHOR, nosso Deus, com quem você
vai falar em nosso favor. Se obedecermos
ao SENHOR, tudo correrá bem para nós.

A resposta de Deus

7 Dez dias depois, o SENHOR Deus falou comigo. 8 Aí chamei Joanã, filho de Careá, e todos os chefes do exército que estavam com ele, e todo o povo — pessoas de todas as classes — 9 e disse:

— O SENHOR, o Deus de Israel, a quem vocês me pediram que orasse, disse o seguinte: 10 "Se vocês quiserem continuar a viver nesta terra, eu edificarei a nação e não a destruirei; plantarei e não arrancarei. A destruição que fiz cair sobre vocês me deixou muito triste. 11 Não tenham mais medo do rei da Babilônia, pois estou com vocês. Eu os salvarei e os livrarei do poder dele. Sou eu, o SENHOR, quem está falando. 12 Terei pena de vocês e farei com que ele também tenha e deixe que vivam nesta terra."

13-15 — Mas vocês que ficaram em Judá não devem desobedecer ao SENHOR, seu Deus, mas devem concordar em morar nesta terra. Não digam assim: "Nós vamos morar no Egito, onde não teremos mais de enfrentar a guerra, nem ouvir o toque de atacar, nem passar fome." Se vocês falarem assim, então o SENHOR Todo-Poderoso, o Deus de Israel, dirá: "Se vocês estão mesmo resolvidos a viver no Egito, 16 então vão ter de enfrentar a guerra, de que vocês têm medo. A fome que vocês temem vai segui-los, e vocês morrerão no Egito. 17 Todos os que estiverem resolvidos a viver no Egito morrerão na guerra, ou de fome, ou de doença. Não sobrará ninguém; ninguém escapará da desgraça que farei cair sobre vocês."

18 — O SENHOR Todo-Poderoso, o Deus de Israel, diz: "Se vocês forem para o Egito, a minha *ira e o meu furor cairão sobre vocês como caíram sobre o povo de Jerusalém. Vocês vão se tornar uma coisa horrível e espantosa. Os outros zombarão de vocês e usarão o seu nome para rogar pragas. E vocês nunca mais verão este lugar."

19 E eu disse ainda:

— O SENHOR Deus disse que vocês, que ficaram em Judá, não devem ir para o Egito. Por isso, agora eu os aviso: 20 Vocês estão cometendo um erro que pode lhes custar a vida. Vocês me mandaram falar com o SENHOR, nosso Deus, e me disseram: "Ore ao SENHOR por nós. Depois, conte-nos tudo o que ele disser que devemos fazer, e nós faremos." 21 Agora, eu lhes contei tudo, mas vocês não estão obedecendo ao SENHOR, nosso Deus, em nada do que ele me mandou dizer. 22 Portanto, lembrem disto: vocês vão morrer na guerra, ou de fome, ou de doença na terra para onde querem ir e onde querem viver.

Jeremias é levado para o Egito

43 Quando acabei de dizer ao povo tudo o que o SENHOR, seu Deus, havia ordenado, 2 Azarias, filho de Hosaías, e Joanã, filho de Careá, e todos os homens orgulhosos me disseram:

— Você está mentindo, Jeremias. O SENHOR, nosso Deus, não mandou você dizer que não devíamos ir morar no Egito. 3 Baruque, filho de Nerias, é que está jogando você contra nós para nos entregar nas mãos dos babilônios a fim de sermos mortos ou levados para a Babilônia.

4 Assim Joanã, e os oficiais do exército, e todo o povo não quiseram obedecer à ordem que o SENHOR Deus tinha dado para ficar em Judá. 5 Então Joanã e os oficiais do exército levaram para o Egito todos os que haviam ficado em Judá. Levaram todas as pessoas que viviam em Judá e que tinham voltado das nações onde haviam sido espalhadas: 6 homens, mulheres, crianças e as filhas do rei. Levaram todos os que o comandante-geral Nebuzaradã tinha deixado aos cuidados de Gedalias. E Baruque e eu também fomos obrigados a ir. 7 Assim desobedeceram a Deus e foram para o Egito e chegaram até a cidade de Tafnes.

8 Em Tafnes Deus me disse:

9 — Jeremias, pegue algumas pedras grandes e enterre-as no barro que está no calçamento que fica em frente do palácio do governo, aqui na cidade. E deixe que alguns judeus vejam você fazer isso. 10 Depois, diga a eles o seguinte: "Eu, o SENHOR Todo-Poderoso, o Deus de Israel, mandarei vir o meu *servo Nabucodonosor, rei da Babilônia. Ele vai pôr o seu trono em cima dessas pedras que você enterrou e vai armar a barraca real sobre elas. 11 Nabucodonosor virá e derrotará o Egito. Os que tiverem de morrer de doença morrerão de doença; os que tiverem de cair prisioneiros serão levados como prisioneiros; e os que tiverem de morrer na guerra morrerão na guerra. 12 Eu queimarei os templos dos deuses do Egito; farei com que o rei da Babilônia ponha fogo nesses deuses ou os leve

embora. Assim como o pastor cata os pio-
lhos das suas roupas para limpá-las, tam-
bém o rei da Babilônia limpará a terra do
Egito e sairá dali vitorioso. 13 Ele destrui-
rá os monumentos sagrados de Heliópo-
lis, no Egito, e queimará os templos dos
deuses egípcios."

Aviso aos judeus no Egito

44 Deus me falou a respeito de todos
os judeus que estavam vivendo
no Egito, nas cidades de Migdol, Tafnes e
Mênfis e no Sul do país. 2 O SENHOR Todo-
-Poderoso, o Deus de Israel, disse:
— Vocês viram a desgraça que eu fiz
cair sobre Jerusalém e sobre todas as ou-
tras cidades de Judá. Até hoje, estão arra-
sadas, e ninguém mora nelas. 3 Isso acon-
teceu porque o povo dessas cidades fez
coisas más e assim provocou a minha *ira.
Eles ofereceram *sacrifícios a outros deu-
ses e foram atrás de deuses que nem eles,
nem vocês, nem os antepassados de vocês
haviam adorado antes. 4 Eu sempre con-
tinuei a mandar a vocês todos os meus
*servos, os *profetas, para lhes dizerem
que não fizessem essa coisa horrível que
eu detesto. 5 Mas vocês não quiseram dar
atenção e não obedeceram. Não quiseram
deixar esse mau costume de oferecer sa-
crifícios aos ídolos. 6 Por isso, eu fiz cair a
minha ira e o meu furor sobre as cidades
de Judá e sobre as ruas de Jerusalém e
as incendiei. Elas ficaram arrasadas e até
hoje são um espetáculo de horror.
7 — Por isso, eu, o SENHOR Todo-Pode-
roso, o Deus de Israel, pergunto agora:
por que vocês estão fazendo este mal tão
grande contra vocês mesmos? Será que
estão querendo destruir homens e mu-
lheres, crianças e bebês, de modo que não
fique sobrando ninguém? 8 Por que é que
vocês me irritam com os seus ídolos, ofe-
recendo sacrifícios a outros deuses aqui
no Egito, onde vieram morar? Será que
estão fazendo isso para se destruírem, e
para que todas as nações da terra zom-
bem de vocês e usem o seu nome para ro-
gar pragas? 9 Será que já esqueceram as
maldades que foram feitas nas cidades de
Judá e nas ruas de Jerusalém pelos seus
antepassados, pelos reis de Judá e as suas
mulheres e por vocês e as suas mulhe-
res? 10 Mas até hoje vocês não se humilha-
ram, não me respeitaram e não viveram
de acordo com as *leis e os mandamentos
que dei a vocês e aos seus antepassados.
11 — Portanto, eu, o SENHOR Todo-Po-
deroso, o Deus de Israel, destruirei vocês
e acabarei completamente com o povo
de Judá. 12 Será destruído todo o povo de
Judá que ficou na sua terra e depois re-
solveu ir morar no Egito. Todos eles, tanto
os importantes como os humildes, mor-
rerão no Egito: morrerão na guerra ou de
fome. Eles serão um espetáculo de hor-
ror. Os outros zombarão deles e usarão o
seu nome para rogar pragas. 13 Eu casti-
garei aqueles que estão morando no Egi-
to como castiguei Jerusalém, isto é, com
guerra, fome e doença. 14 Aqueles que fi-
caram em Judá e depois vieram morar no
Egito não escaparão; nenhum deles ficará
vivo. Eles gostariam de voltar para morar
na terra de Judá, mas nenhum deles vai
poder fazer isso. Só alguns fugitivos vol-
tarão para lá.
15 Uma grande multidão veio falar co-
migo. Eram todos os homens que sabiam
que as suas mulheres tinham oferecido
sacrifícios a outros deuses, e todas as mu-
lheres que estavam ali, e os judeus que vi-
viam no Sul do Egito. Eles disseram:
16 — Nós não vamos dar atenção ao que
você nos disse em nome de Deus, o SE-
NHOR. 17 Pelo contrário, vamos fazer tudo
o que prometemos. Vamos oferecer sacri-
fícios à deusa chamada "Rainha do Céu".
Vamos fazer a ela oferta de bebidas, como
nós e os nossos antepassados, os nossos
reis e as nossas autoridades costumáva-
mos fazer nas cidades de Judá e nas ruas
de Jerusalém. Naquele tempo, tínhamos
muita comida, os negócios iam bem, e
nenhum mal nos acontecia. 18 Mas, des-
de que paramos de oferecer sacrifícios
à Rainha do Céu e deixamos de lhe fazer
ofertas de bebidas, começou a nos fal-
tar tudo, e o nosso povo tem morrido na
guerra e de fome.
19 E as mulheres disseram:
— Os nossos maridos achavam bom
quando assávamos bolos marcados com
a figura da imagem da Rainha do Céu e
quando lhe oferecíamos sacrifícios e fa-
zíamos ofertas de bebidas.
20 Ao ouvir essa resposta, eu disse o se-
guinte a todo o povo, aos homens e às
mulheres:
21 — Será que vocês estão pensando
que o SENHOR não sabia ou que tinha
esquecido os sacrifícios que vocês e os
seus antepassados, os seus reis, as suas

autoridades e o povo de Judá ofereceram
nas suas cidades e nas ruas de Jerusalém?
22 Por isso, a terra de vocês é hoje um de-
serto, e ninguém vive lá. Ela se tornou um
espetáculo de horror, e as pessoas usam
o seu nome para rogar pragas. Isso por-
que o SENHOR não podia mais aguentar o
que vocês estavam fazendo, isto é, as mal-
dades e as coisas que ele detesta. 23 Essa
desgraça aconteceu e continua até hoje
porque vocês ofereceram sacrifícios a ou-
tros deuses e pecaram contra o SENHOR.
Vocês não estavam vivendo de acordo
com os ensinos, as instruções e os man-
damentos dele.

24-25 Eu continuei a dizer a todo o povo
e às mulheres aquilo que o SENHOR Todo-
-Poderoso me havia mandado dizer ao
povo de Judá que vivia no Egito. Ele me
havia mandado dizer o seguinte:

— Tanto vocês como as suas mulheres
fizeram promessas à Rainha do Céu. Vo-
cês prometeram que iam lhe oferecer sa-
crifícios e fazer ofertas de bebidas e têm
cumprido essa promessa. Está bem! Pa-
guem as suas promessas! Cumpram os
votos que fizeram! 26 Mas agora escutem
bem a promessa que eu, o SENHOR, vou
fazer em meu poderoso nome a todos
vocês, judeus que estão no Egito. Nunca
mais deixarei que nenhum de vocês use o
meu nome para fazer uma promessa, di-
zendo: "Juro pela vida do SENHOR, nosso
Deus." 27 Eu não vou trazer para vocês a
felicidade, mas a desgraça. Vocês, todo o
povo de Judá que vive no Egito, vão mor-
rer na guerra ou de doença, até que se
acabem. 28 Mas alguns escaparão da morte
e voltarão do Egito para Judá. Então todos
os que continuaram vivos em Judá e que
vieram para o Egito ficarão sabendo qual
foi a palavra que se cumpriu, se a minha
ou a deles. 29 Eu, o SENHOR, dou a vocês
um sinal como prova de que os castiga-
rei neste lugar e de que a minha promes-
sa de destruí-los se cumprirá. 30 O sinal é
este: eu entregarei o rei Hofra, do Egito,
nas mãos dos seus inimigos que querem
matá-lo, assim como entreguei o rei Ze-
dequias, de Judá, ao rei Nabucodonosor,
da Babilônia, que era seu inimigo e que-
ria matá-lo.

A promessa de Deus a Baruque

45 1-2 No quarto ano do reinado de
Jeoaquim, filho de Josias, em Judá,
Baruque, filho de Nerias, escreveu aquilo
que o SENHOR, o Deus de Israel, me tinha
dito. Foram estas as palavras que eu ditei
e que Baruque escreveu num livro:

— Baruque, 3 você está dizendo: "Eu de-
sisto! O SENHOR Deus aumentou a minha
tristeza e o meu sofrimento. Estou cansa-
do de gemer e não consigo descansar!"

4 Aí o SENHOR me mandou dizer a Ba-
ruque:

— Estou destruindo o que construí e
arrancando o que plantei. Farei isso em
toda esta terra. 5 Será que você está que-
rendo ser tratado de modo diferente? Não
espere isso. Eu farei a desgraça cair sobre
toda a humanidade, mas você pelo menos
escapará com vida, esteja onde estiver. Eu,
o SENHOR, falei.

A derrota do Egito em Carquemis

46 O SENHOR Deus me falou a respei-
to das nações. 2 Ele me falou sobre
o exército de Neco, rei do Egito, que foi
vencido em Carquemis, perto do rio Eufra-
tes, pelo rei Nabucodonosor, da Babilônia.
Isso aconteceu no quarto ano do reinado
de Jeoaquim, filho de Josias, em Judá. A
respeito do Egito Deus disse o seguinte:

3 "Os oficiais egípcios gritam:
'Aprontem os seus *escudos e
marchem para a batalha!
4 Ponham arreios nos cavalos e
montem!
Formem filas e ponham os
capacetes!
Afiem as lanças e vistam as *couraças!'

5 "Mas o que estou vendo?"
— pergunta Deus.
"Os egípcios estão fugindo de medo.
Eles correm apavorados e fogem
tão depressa,
que nem olham para trás.
6 Aqueles que correm depressa não
podem escapar;
os soldados não conseguem fugir.
No Norte, perto do rio Eufrates, eles
tropeçam e caem.
7 Quem é este que vem subindo
como o rio Nilo,
como um rio inundando as suas
margens?
8 É o Egito, subindo como o Nilo,
como um rio alagando as suas
margens.

O Egito disse: 'Vou subir e cobrir o
mundo;

DEVOCIONAL

Texto para leitura: **Jeremias 45**

Conheça a verdadeira felicidade

Qual é seu principal objetivo: a felicidade ou a santidade? O objetivo de Deus é uma delas, ainda que seja às custas da outra. Você consegue adivinhar qual é? Se você está pedindo coisas a Deus e não as recebe, então é possível que seu pedido não esteja de acordo com a vontade dele. Não são *coisas* que Deus quer para você, mas sim a santidade. E muitas vezes isso acontece quando você não recebe o que quer. Sua carência tem a capacidade de levá-la para mais perto de Deus e fazê-la confiar nele como seu tudo.

A Palavra de Deus promete dar-lhe o que você pedir quando seus pedidos são o que o Senhor quer. Pergunte a si mesma o que você quer de Deus e por quê. É algo que a faria mais santa ou mais feliz? Se você está mais preocupada com a felicidade, então talvez você queira repensar sua lista de desejos. Pense no que você está pedindo a Deus e em como poderia começar a querer mais do que ele deseja para sua vida. O objetivo de Deus é sempre fortalecer seu relacionamento com ele, não aumentar seu conforto, sua popularidade, seu sucesso ou sua felicidade. Ele quer lhe dar coisas grandes — muito maiores do que você imagina —, mas tudo isso tem a ver com sua santidade e seu relacionamento com ele.

Então, olhe para a Palavra de Deus e veja o que ele quer para seus filhos. Pense nos dons, na vida, no amor de Deus. Pense no que quer e no que isso diz a seu respeito. Você se concentra nas coisas do céu? Está contente com as coisas que Deus lhe deu ou precisa de mais? Consegue encontrar esperança em sua situação, sabendo que o Senhor responde às orações, não de acordo com sua vontade, mas de acordo com a vontade divina e perfeita? Adote a prática de confiar que, uma vez que Deus é verdadeiramente bom, ele sempre lhe dará o que é o melhor para você agora.

vou destruir as cidades e os seus
moradores.
9 Egípcios, mandem os cavalos
saírem
e façam os carros de guerra
correrem!
Mandem os soldados avançarem:
os homens da Etiópia e da Líbia,
que carregam escudos, e os homens
de Lude,
que atiram flechas com os seus
arcos.' "

10 Esse é o Dia do SENHOR, o Deus
Todo-Poderoso!
Hoje, ele se vingará;
hoje, ele castigará os seus inimigos.
A sua espada os devorará
até não querer mais
e beberá o sangue deles
até ficar satisfeita.
Hoje, o SENHOR Todo-Poderoso
oferecerá as suas vítimas em
*sacrifício
no Norte, perto do rio Eufrates.
11 Povo do Egito, vá a Gileade,
vá procurar remédios!
Todos os seus remédios não
adiantam,
pois o seu mal não tem cura.
12 As nações ouviram falar da
vergonha da sua derrota;
a terra inteira escutou os seus gritos.
Um soldado tropeçou no outro,
e os dois caíram no chão.

A vinda de Nabucodonosor

13 Quando o rei Nabucodonosor, da
Babilônia, veio atacar o Egito, o SENHOR
Deus me disse o seguinte:

14 "Anunciem isto nas cidades do Egito,
em Migdol, Mênfis e Tafnes:

'Preparem-se para se defender;
tudo o que vocês têm será
destruído na guerra!
15 Por que foi que o seu deus
poderoso caiu?
Foi porque o SENHOR Deus o jogou
no chão!'
16 Os soldados do Egito tropeçaram
e caíram
e disseram uns aos outros:
'Vamos depressa! Vamos voltar
para casa,
para o nosso povo,
e assim escaparemos da espada do
inimigo!'
17 Deem ao rei do Egito este novo
nome —
'Falador Espalhafatoso — o homem
que perdeu a sua oportunidade.'

18 "Sou eu, o Rei, quem está falando.
Eu sou o Deus vivo.
O meu nome é *SENHOR, o Todo-
Poderoso.
Como o Tabor é mais alto do que
outros montes,
e o monte Carmelo fica acima do
mar,
assim aquele que vai atacar
é mais forte do que vocês, egípcios.

19 "Povo do Egito,
apronte-se para ser levado como
prisioneiro!
A cidade de Mênfis vai virar um
deserto,
será arrasada e ficará sem
moradores.
20 O Egito é como uma bela vaca,
mordida por um moscão que vem
do Norte.
21 Até os seus soldados pagos para
lutarem
são tão mansos como bezerros
gordos.
Não ficaram firmes para lutar;
todos eles viraram as costas e
fugiram
porque chegou o dia da sua
desgraça,
chegou a hora da sua destruição.
22 *O Egito foge,* assobiando como
uma cobra,
porque o exército inimigo está
chegando.
Os inimigos atacam com machados,
como se fossem cortadores de
lenha.
23 Eles derrubam a sua floresta,
onde é tão difícil entrar.
Os seus homens são tantos,
que não podem ser contados;
os soldados inimigos são mais
numerosos do que gafanhotos.
24 O povo do Egito está humilhado
porque foi dominado pela nação do
Norte.
Eu, o SENHOR, estou falando."

25 O SENHOR Todo-Poderoso, o Deus de
Israel, disse:
— Eu castigarei Amom, o deus de Te-
bas, e também o Egito, os seus deuses e
os seus reis. Castigarei o rei do Egito e
todos os que confiam nele. 26 Eu os entre-
garei aos que querem matá-los, isto é, ao
rei Nabucodonosor, da Babilônia, e ao seu
exército. Porém mais tarde o povo viverá
outra vez na terra do Egito. Eu, o SENHOR,
estou falando.

Deus salvará o seu povo

27 "Descendentes do meu *servo
Jacó, não tenham medo!
Povo de Israel, não fique assustado!
Eu os livrarei dessa terra distante,
da terra onde vocês são
prisioneiros.
Vocês voltarão e viverão em paz;
viverão em segurança,
e ninguém fará com que fiquem
com medo.
28 Estarei com vocês para salvá-los.
Destruirei completamente todas as
nações
por onde os espalhei,
mas vocês não serão
completamente destruídos.
Vocês não ficarão sem castigo,
mas, quando eu os castigar,
não serei duro demais.
Eu, o SENHOR, falei."

A mensagem a respeito dos filisteus

47 Antes de o rei do Egito atacar a ci-
dade de Gaza, o SENHOR Deus me
falou a respeito dos filisteus.

2 Ele disse: "Vejam!
No Norte, as águas estão subindo
e de lá vão correr como um rio
no tempo da enchente.
Elas cobrirão a terra
e tudo o que nela existe,
as cidades e os seus moradores.
Eles gritarão pedindo socorro;
todos nesta terra gritarão de dor.

3 Eles ouvirão o ruído das patas dos
cavalos,
o barulho dos carros de guerra
e o estrondo das suas rodas.
Os pais não voltarão para buscar os
seus filhos,
pois os seus braços estarão fracos,
caídos.
4 Chegou o dia de destruir o país
dos filisteus,
chegou o dia de impedir que as
cidades de Tiro e Sidom
recebam ajuda dos seus aliados.
Eu, o SENHOR, vou destruir os
filisteus,
todos os que vêm da ilha de Creta.
5 O povo de Gaza ficou muito triste,
e os moradores de Asquelom estão
calados.
Até quando vão chorar os que
ficaram na terra dos filisteus?
6 Vocês gritam: 'Espada de Deus!
Quando é que você vai parar de
matar?
Volte para a sua bainha,
fique ali e descanse!'
7 Mas como é que a espada pode
descansar,
se eu lhe dei trabalho para fazer?
Eu mandei que ela atacasse a
cidade de Asquelom
e o povo que vive no litoral."

A destruição de Moabe

48 O SENHOR Todo-Poderoso, o Deus de Israel, disse o seguinte a respeito de Moabe:

"Tenham pena do povo da cidade
de Nebo
porque ela está destruída!
Quiriataim foi tomada,
a sua fortaleza poderosa foi arrasada,
e o seu povo ficou humilhado.
2 Acabou-se a *glória de Moabe.
Em Hesbom, o inimigo faz os seus
planos:
'Vamos acabar com a nação de
Moabe!'
Exércitos marcharão contra a
cidade de Madmém,
e nela só restará o silêncio.
3 O povo de Horonaim grita:
'Tudo está arrasado!
Tudo está destruído!'

4 "O país de Moabe ficou em ruínas;
as crianças estão chorando.
5 Escutem os seus soluços
no caminho que sobe para Luíte,
ouçam os seus gritos de aflição
na estrada que desce para
Horonaim.
6 Ouve-se gente gritando:
'Depressa!
Fujam para salvar a vida!
Corram como um jumento
selvagem no deserto!'

7 "Moabe, você confiou na sua força
e na sua riqueza,
mas agora você mesmo será
dominado.
O seu deus Quemos será levado
para fora do país,
junto com os seus príncipes e os
seus sacerdotes.
8 Nenhuma cidade escapará da
destruição;
tanto o vale como o planalto ficarão
arrasados.
Sou eu, o SENHOR, quem está
falando.
9 Preparem uma pedra para o
túmulo de Moabe,
pois logo esse país será destruído;
as suas cidades ficarão em ruínas,
e ninguém mais vai morar lá."

10 Maldito aquele que é relaxado no
serviço de Deus!
Maldito aquele que guarda a sua
espada para não matar!

A destruição das cidades de Moabe

11 O SENHOR Deus disse:
— O povo de Moabe sempre viveu em
segurança e nunca foi levado como prisio-
neiro para fora do seu país. Moabe é como
o vinho guardado, que nunca foi agitado,
nem derramado de uma vasilha para ou-
tra. O seu gosto nunca se estragou, e o seu
sabor não mudou.
12 — E assim está chegando o dia em
que vou mandar pessoas para derrama-
rem Moabe como se fosse vinho. Essas
pessoas despejarão as vasilhas de Moa-
be e as quebrarão. 13 Então os moabitas
ficarão desiludidos com o seu deus Que-
mos, assim como os israelitas ficaram de-
siludidos com Betel, um deus em que eles
confiavam.

14 Homens de Moabe, como é que
vocês dizem que são heróis,
que são soldados corajosos na
guerra?

15 Moabe e as suas cidades serão
destruídos,
e os seus melhores moços serão
mortos.
Sou eu, o Rei, quem está falando.
O meu nome é *SENHOR, o Todo-
-Poderoso.
16 A desgraça dessa nação está
chegando;
a sua destruição virá logo.

17 Tenham pena de Moabe,
vocês que moram perto,
todos vocês que conhecem a sua fama.
Digam: "O seu grande poder se
acabou;
a sua *glória e a sua força não
existem mais."
18 Vocês que moram em Dibom,
desçam do seu lugar de honra
e sentem no chão, no pó.
O destruidor de Moabe está aqui;
ele arrasará as suas fortalezas.
19 Vocês que vivem em Aroer,
fiquem na beira do caminho e
esperem;
perguntem aos que estão fugindo o
que foi que aconteceu.
20 Eles vão responder:
"O país de Moabe caiu.
Chorem por ele, pois está destruído.
Anunciem pelas margens do rio
Arnom
que Moabe foi arrasado!"

21 As cidades do planalto foram con-
denadas: Holom, Jasa, Mefaate, 22 Dibom,
Nebo, Bete-Diblataim, 23 Quiriataim, Be-
te-Gamul, Bete-Meão, 24 Queriote e Bos-
ra. Todas as cidades de Moabe, de longe
e de perto, foram condenadas. 25 O poder
de Moabe foi esmagado, e a sua força foi
destruída. Eu, o SENHOR, estou falando.

A humilhação de Moabe

26 E o SENHOR continuou:
— Façam com que Moabe fique bêba-
do, pois se revoltou contra mim, o SENHOR
Deus. Moabe rolará no seu próprio vômi-
to, e os outros zombarão dele. 27 Moabe,
você lembra de como zombou do povo
de Israel? Você tratou esse povo como se
tivesse sido preso junto com uma quadri-
lha de ladrões.
28 — Vocês que vivem em Moabe, aban-
donem as suas cidades e vão viver no
meio das rochas. Façam como as pombas
que constroem os seus ninhos na beira
dos precipícios. 29 Temos ouvido falar do
orgulho de Moabe. Esse povo é orgulho-
so, soberbo, vaidoso e cheio de si. 30 Eu, o
SENHOR, conheço o seu orgulho. Os moa-
bitas se gabam de coisas que não valem
nada, coisas que acabam. 31 Por isso, eu
chorarei por todo o povo de Moabe e pelo
povo de Quir-Heres. 32 Chorarei mais pelo
povo de Sibma do que pelo povo de Jazer.
Cidade de Sibma, você é como uma *par-
reira; os seus ramos passam por cima do
mar Morto e vão até a cidade de Jazer.
Mas agora os inimigos acabaram com as
suas plantações de cereais e de uvas. 33 A
felicidade e a alegria desapareceram das
boas terras de Moabe. Não se faz mais vi-
nho; não há ninguém para fazer vinho e
gritar de alegria.
34 — O povo das cidades de Hesbom e
Eleal grita, e o seu grito pode ser ouvido
até em Jasa. Pode ser ouvido pelos mora-
dores de Zoar e até em Horonaim e Nova
Eglate. O próprio riacho Ninrim secou.
35 Eu farei com que o povo de Moabe pare
de apresentar ofertas queimadas no alto
dos montes e de oferecer *sacrifícios aos
seus deuses. Sou eu, o SENHOR, quem está
falando.
36 — Por isso, o meu coração chora por
Moabe e pelo povo de Quir-Heres, como
alguém que toca música fúnebre numa
flauta; pois tudo o que tinham acabou.
37 Em sinal de tristeza, todos eles rapa-
ram a cabeça e cortaram a barba. Todos
fizeram cortes nas mãos e vestiram rou-
pa feita de pano grosseiro. 38 Nos terraços
de todas as casas e em todas as praças só
há choro porque eu quebrei Moabe como
um jarro que ninguém quer. 39 Moabe está
arrasado! Gritem! A desgraça caiu sobre
Moabe. O país está em ruínas, e todas as
nações vizinhas caçoam dele. Eu, o SE-
NHOR, estou falando.

Moabe não poderá escapar

40 — Eu, o SENHOR, prometi que uma
nação atacará Moabe e cairá em cima dele
como uma águia com as asas abertas. 41 As
suas cidades e fortalezas serão tomadas.
Naquele dia, os soldados de Moabe terão
tanto medo como a mulher que está com
dores de parto. 42 Moabe vai ser destruído
e não será mais uma nação, pois se revol-
tou contra mim. 43 Medo, covas e armadi-
lhas esperam pelos moradores de Moabe.
Sou eu, o SENHOR, quem está falando. 44 Os
que fugirem de medo cairão nas covas, e

os que conseguirem sair das covas ficarão presos nas armadilhas, pois eu marquei o dia da destruição de Moabe. 45 Outros fogem cansados e procuram proteção na cidade de Hesbom. Mas Hesbom, a cidade que já foi governada pelo rei Seom, está em chamas. O fogo queimou as fronteiras e os picos das montanhas de Moabe, que ama tanto a guerra. 46 Coitado do povo de Moabe! O povo que adorava o deus Quemos foi destruído, e os seus filhos e filhas foram levados como prisioneiros. 47 Porém no futuro farei com que Moabe volte a ser o que era antes.

Este é o julgamento do SENHOR Deus a respeito de Moabe.

A condenação dos amonitas

49 O SENHOR Deus disse o seguinte a respeito dos amonitas:

— Onde estão os homens de Israel? Será que não há alguém que defenda a terra que Deus lhes deu para ser sua propriedade? Por que foi que deixaram que o deus *Moloque tomasse a terra da *tribo de Gade e que os seus adoradores fossem morar lá? 2 Mas está chegando o dia em que farei o povo da cidade de Rabá ouvir barulho de guerra. Essa cidade amonita ficará arrasada, e os seus povoados serão destruídos pelo fogo. Então o povo de Israel tomará outra vez a sua terra daqueles que a tomaram dele. Sou eu, o SENHOR, quem está falando. 3 Grite, povo de Hesbom! A cidade de Ai está destruída! Chorem, mulheres de Rabá! Vistam roupa feita de pano grosseiro e lamentem. Corram de um lado para outro, sem rumo. Moloque, o deus de vocês, será levado como prisioneiro, junto com os seus sacerdotes e todas as autoridades. 4 Povo infiel, por que é que vocês se gabam? O seu poder está no fim. Por que é que vocês confiam na sua própria força e dizem que ninguém terá coragem de atacá-los? 5 De todos os lados, eu vou fazer com que o terror caia sobre vocês, e todos fugirão. Correrão para salvar a vida, e não ficará ninguém para reunir de novo as suas tropas. Sou eu, o SENHOR, o Deus Todo-Poderoso, quem está falando.

6 — Porém no futuro farei com que os amonitas voltem a ser o que eram antes. Eu, o SENHOR, estou falando.

A condenação de Edom

7 O SENHOR Todo-Poderoso disse o seguinte a respeito do país de Edom:

— Será que o povo da cidade de Temã perdeu o juízo? Será que os seus conselheiros não sabem mais dar conselhos? A sabedoria deles acabou? 8 Moradores de Dedã, virem e corram! Fujam e se escondam! Eu vou destruir os descendentes de Esaú, pois chegou a hora de castigá-los. 9 Quando alguém colhe uvas, sempre deixa algumas nos pés; e, quando os ladrões chegam de noite, levam apenas o que interessa. 10 Mas eu tirei todos os tesouros dos descendentes de Esaú e acabei com os seus esconderijos, e assim eles não podem mais se esconder. O povo de Edom e os seus parentes e vizinhos estão destruídos. Não escapou ninguém. 11 Deixem os seus órfãos comigo, que eu tomarei conta deles. As suas viúvas podem confiar em mim.

12 O SENHOR disse ainda:

— Se até os que não mereciam foram castigados, será que você está pensando que ficará sem castigo? É claro que você também será castigado. 13 Eu mesmo jurei que a cidade de Bosra vai se tornar um espetáculo horrível e um lugar deserto; os outros vão zombar dela e usar o seu nome para rogar pragas. E todos os povoados em volta da cidade ficarão arrasados para sempre. Eu, o SENHOR, estou falando.

14 Então eu disse:

— Recebi uma mensagem de Deus, o SENHOR. Ele enviou um mensageiro para dizer às nações o seguinte: "Reúnam os seus exércitos e ataquem Edom!" 15 O SENHOR fará de você, Edom, uma nação fraca, e ninguém o respeitará. 16 O seu orgulho o enganou. Não pense que alguém tem medo de você. Você vive nas cavernas das rochas, lá no alto da montanha; mas, embora more tão alto como uma águia, o SENHOR o derrubará. Eu, o SENHOR, estou falando.

17 O SENHOR disse:

— Cairá sobre Edom uma destruição tão horrível, que todos os que passarem ficarão espantados e horrorizados com o que virem. 18 Acontecerá com Edom o que aconteceu com Sodoma e Gomorra, quando foram destruídas junto com as cidades vizinhas. Ninguém viverá mais lá, nem mesmo por pouco tempo. Sou eu, o SENHOR, quem está falando. 19 Assim como um leão sai da floresta na beira do rio Jordão e sobe até a terra de pastos verdes, assim eu virei e farei com que os

edomitas fujam correndo da sua terra.
Então o chefe que eu escolher governará
a nação. Quem pode se comparar comigo?
Quem tem coragem de me desafiar? Que
governador poderia me enfrentar? 20 Por
isso, prestem atenção no plano que eu, o
SENHOR, fiz contra o povo de Edom; es-
cutem o que vou fazer com os moradores
da cidade de Temã. Até as crianças e os
velhinhos serão arrastados, e todos fica-
rão horrorizados. 21 Quando Edom cair, o
barulho será tão grande, que a terra tre-
merá, e os gritos de pavor serão ouvidos
até no golfo de Ácaba. 22 O inimigo atacará
a cidade de Bosra como uma águia que,
com as asas abertas, se atira lá do alto
contra a sua vítima. Naquele dia, os sol-
dados de Edom terão tanto medo como
a mulher que está com dores de parto.

A condenação de Damasco

23 O SENHOR Deus disse o seguinte a res-
peito de Damasco:
— Os moradores das cidades de Ha-
mate e Arpade estão preocupados e as-
sustados porque ouviram más notícias.
O medo rola em cima deles como o mar,
e eles não têm descanso. 24 O povo de Da-
masco está fraco e virou para fugir apa-
vorado. Estão cheios de dor e de angústia
como uma mulher que está com dores de
parto. 25 Essa famosa cidade, que era feliz,
agora está completamente abandonada.
26 Portanto, naquele dia os moços e todos
os soldados serão mortos nas ruas da ci-
dade. Sou eu, o SENHOR Todo-Poderoso,
quem está falando. 27 Eu queimarei as mu-
ralhas de Damasco, e o fogo destruirá os
palácios de Ben-Hadade.

A condenação de Quedar e de Hazor

28 O SENHOR Deus disse o seguinte a
respeito da *tribo de Quedar e das auto-
ridades da cidade de Hazor, que foram
derrotadas pelo rei Nabucodonosor, da
Babilônia:
— Saiam e ataquem o povo de Quedar;
destruam essa tribo do Oriente! 29 Peguem
as suas barracas, os seus rebanhos, as
cortinas das suas barracas e tudo o que
encontrarem nelas. Tomem os seus ca-
melos e digam: "Em toda parte, o povo
está com medo!"
30 — Povo de Hazor, eu, o SENHOR, es-
tou avisando vocês: fujam para longe e
se escondam. O rei Nabucodonosor, da
Babilônia, que planejou atacá-los, diz o
seguinte: 31 "Vamos! Ataquem aquela gen-
te que pensa que está firme e segura! A
cidade deles fica longe das outras e não
tem portões nem fechaduras." Sou eu, o
SENHOR, quem está falando.
32 — Tomem os camelos e todo o gado
deles! Eu espalharei por toda parte essa
gente que corta o cabelo bem curto e fa-
rei com que a desgraça caia sobre eles de
todos os lados. Sou eu, o SENHOR, quem
está falando. 33 Hazor vai virar para sem-
pre um deserto, um lugar onde somente
lobos viverão. Ninguém vai morar ali, nem
por pouco tempo.

Elão é condenado

34 Logo depois que Zedequias se tornou
rei de Judá, o SENHOR Deus me falou so-
bre o país de Elão. 35 O SENHOR Todo-Po-
deroso disse:
— Eu matarei todos os flecheiros que
fizeram de Elão um país poderoso. 36 Fa-
rei com que os ventos soprem de todos
os lados contra Elão, e o seu povo se es-
palhará por toda parte, até que não haja
mais nenhum país para onde eles não te-
nham fugido. 37 Vou fazer com que o povo
de Elão fique com medo dos seus inimi-
gos, daqueles que os querem matar. Na
minha grande *ira, eu acabarei com eles;
mandarei exércitos contra eles até que se-
jam completamente destruídos. Sou eu, o
SENHOR, quem está falando. 38 Destruirei
os reis e os líderes de Elão e colocarei ali
o meu trono. 39 Porém no futuro farei com
que o país de Elão volte a ser como era
antes. Eu, o SENHOR, falei.

A tomada da Babilônia

50 O SENHOR Deus me deu a seguinte
mensagem a respeito da Babilônia
e do seu povo:

2 "Deem a notícia às nações!
Avisem a todos!
Deem o sinal
e espalhem a novidade!
Não deixem que ela fique em
segredo!
'A Babilônia caiu!
O seu deus Bel-Marduque está
desesperado!
Os ídolos da Babilônia estão
cobertos de vergonha,
e as suas imagens nojentas estão
cheias de medo!' "

3 — Um povo do Norte veio atacar a
Babilônia, e ela vai virar um deserto. As

pessoas e os animais fugirão, e ninguém
mais viverá ali.

A volta de Israel

4 O SENHOR Deus disse:
— Quando esse tempo chegar, o povo
de Israel e o povo de Judá voltarão cho-
rando e procurarão a mim, o seu Deus.
5 Perguntarão onde é o caminho para *Sião
e vão seguir nessa direção. E vão dizer
assim: "Vamos nos ligar com Deus, o SE-
NHOR, e fazer com ele uma *aliança que
durará para sempre."
6 — O meu povo é como ovelhas perdi-
das nas montanhas por culpa dos pasto-
res. Como ovelhas, caminharam de mon-
tanha em montanha e esqueceram a sua
casa. 7 Foram atacados por todos aque-
les que os encontraram. Os seus inimi-
gos dizem: "Eles pecaram contra Deus, e
por isso o que fizemos não está errado.
Eles deveriam ter ficado fiéis a Deus, o
SENHOR, como os seus antepassados fi-
caram."
8 — Israelitas, fujam da Babilônia! Dei-
xem o país! Sejam os primeiros a sair!
9 Pois levantarei no Norte um grupo de
nações fortes e farei com que ataquem a
Babilônia. Essas nações ficarão em linha
de batalha para lutar contra a cidade e a
conquistarão. Os seus soldados atiram
flechas como bons caçadores que nunca
erram o alvo. 10 Tirarão todas as riquezas
da Babilônia e levarão embora tudo o que
quiserem. Eu, o SENHOR, estou falando.

A queda de Babilônia

11 O SENHOR Deus diz:
— Povo de Babilônia, vocês levaram
todas as riquezas da minha nação. Vo-
cês agora estão alegres e felizes, andan-
do soltos como um bezerro no pasto ou
rinchando como um cavalo bravo. 12 Mas a
cidade de vocês ficará humilhada e muito
envergonhada. A Babilônia será a nação
menos importante de todas; ela vai virar
um deserto seco, sem água. 13 Por causa
da minha *ira, Babilônia ficará arrasada,
e ninguém viverá ali. Todos os que passa-
rem por lá ficarão admirados e espanta-
dos, vendo o que aconteceu com a cidade.
14 — Flecheiros, fiquem em linha de ba-
talha para lutar contra Babilônia e cer-
quem a cidade. Atirem todas as suas fle-
chas contra ela, pois pecou contra mim,
o SENHOR. 15 Soltem o grito de guerra em
volta da cidade toda! Agora, Babilônia se
entregou. Abriram brechas nas suas mu-
ralhas e as derrubaram. Eu, o SENHOR, es-
tou me vingando dos babilônios. Vocês
também se vinguem deles e os tratem
como eles trataram os outros. 16 Não dei-
xem que plantem, nem que façam colhei-
tas na Babilônia. Todos os estrangeiros
que vivem lá ficarão com medo do exérci-
to inimigo e voltarão para as suas pátrias.

A volta de Israel

17 O SENHOR Deus diz:
— O povo de Israel é como ovelhas que
os leões caçam e espalham. Primeiro, os
israelitas foram atacados pelo rei da As-
síria, e depois o rei Nabucodonosor, da
Babilônia, roeu os ossos deles. 18 Por isso,
eu, o SENHOR Todo-Poderoso, o Deus de
Israel, castigarei o rei Nabucodonosor e a
sua nação, do mesmo jeito que castiguei
o rei da Assíria. 19 Levarei o povo de Israel
de volta para a sua pátria. Eles vão se ali-
mentar do que cresce no monte Carmelo
e na região de Basã e comerão tudo o que
quiserem do que dá nas terras de Efraim
e Gileade. 20 Quando esse dia chegar, nin-
guém achará mais pecado em Israel nem
maldade em Judá, pois perdoarei aqueles
que eu deixar com vida. Eu, o SENHOR, es-
tou falando.

A condenação da Babilônia

21 O SENHOR diz:
— Ataquem o povo de Merataim e Pe-
code. Matem, acabem de uma vez com
eles. Façam tudo o que estou mandando.
22 O barulho da batalha é ouvido no país, e
há grande destruição. 23 A Babilônia que-
brou o mundo a marretadas, e agora a

Pergunte a si mesma...

O que a Bíblia quer dizer quando se refere às pessoas como ovelhas (veja Jeremias 50:6-7)?
Como Deus deve ser nosso pastor?
O que as ovelhas recebem do pastor? (Veja o Salmo 23.)
Em que sentidos eu peco quando obtenho minha força e meu alimento em uma fonte diferente de Deus?
Deus é meu pastor? Se não, como posso voltar para ele?

marreta está quebrada em pedaços! Todas as nações estão espantadas, vendo o que aconteceu com a Babilônia. 24 Você, Babilônia, sem saber, caiu na armadilha que eu armei. Você foi apanhada e presa porque lutou contra mim. 25 Eu, o SENHOR, o Deus Todo-Poderoso, abri o lugar onde as minhas armas estão guardadas. Tirei as minhas armas para fora, pois estou irado e tenho um serviço a fazer na Babilônia. 26 Ataquem de todos os lados e arrebentem os depósitos de cereais! Amontoem as riquezas como se fossem montes de cereais! Destruam o país! Não deixem sobrar nada! 27 Matem todos os seus soldados! Acabem com eles! Coitado do povo da Babilônia! Chegou o dia do seu castigo!

28 Já posso ver os refugiados que escaparam da Babilônia chegando a *Sião e contando como o SENHOR, nosso Deus, se vingou daquilo que os babilônios fizeram contra o Templo dele.

29 — Digam aos flecheiros que ataquem Babilônia. Mandem para lá todos os que sabem usar o arco e a flecha. Cerquem a cidade e não deixem ninguém escapar. Que a Babilônia pague por tudo o que fez! Façam com ela o que ela fez com os outros, pois me tratou com orgulho a mim, o Santo Deus de Israel. 30 Por isso, os seus jovens serão mortos nas ruas, e todos os seus soldados serão destruídos naquele dia. Sou eu, o SENHOR, quem está falando.

31 — Babilônia, você está muito orgulhosa, e por isso eu, o SENHOR, o Deus Todo-Poderoso, estou contra você! Chegou a hora de castigá-la. 32 Você, nação orgulhosa, tropeçará e cairá, e ninguém a ajudará a se levantar. Eu porei fogo nas suas cidades, e tudo o que está em volta será destruído.

33 O SENHOR Todo-Poderoso diz:

— O povo de Israel e o povo de Judá estão sofrendo perseguição. Todos aqueles que os prenderam os estão vigiando de perto e não querem soltá-los. 34 Mas aquele que vai libertá-los é forte; o seu nome é *SENHOR, o Todo-Poderoso. Ele mesmo defenderá a causa deles e trará paz à terra; mas para o povo da Babilônia ele trará confusão.

35 O SENHOR diz:
"Morram a Babilônia!
Morra o seu povo,
as suas autoridades
e os seus sábios!
36 Morram os seus adivinhos
mentirosos e tolos!
Morram os seus soldados,
que estão apavorados!
37 Acabem com os seus cavalos
e com os seus carros de guerra!
Morram os soldados tão fracos
que ela contratou!
Destruam os tesouros dela!
Peguem as suas riquezas
e levem embora!
38 Virá uma seca à sua terra,
e os seus rios secarão.
A Babilônia é uma terra de ídolos
medonhos,
ídolos que têm feito o seu povo de
bobo."

39 — E assim feras do deserto, lobos e aves imundas morarão em Babilônia. Nunca mais viverá gente ali; o lugar ficará para sempre sem moradores. 40 Acontecerá com Babilônia o que aconteceu com Sodoma e Gomorra, que eu destruí junto com as cidades que ficavam ao seu redor. Nunca mais ninguém viverá lá. Sou eu, o SENHOR, quem está falando.

41 "Um povo vem vindo de longe,
de uma terra do Norte;
uma forte nação e muitos reis
estão se preparando para a guerra.
42 Estão armados com arcos e espadas.
São cruéis e não têm piedade.
Eles vêm montados em cavalos,
fazendo o barulho do mar quando
está bravo.
Eles estão prontos para atacar a
Babilônia.
43 O rei da Babilônia ouve as
notícias,
e os seus braços ficam moles.
A aflição e a dor tomam conta dele
como acontece com a mulher na
hora do parto."

44 — Assim como um leão sai da floresta na beira do rio Jordão e sobe até a terra de pastos verdes, assim eu, o SENHOR Deus, virei e farei com que os babilônios fujam correndo da sua cidade. Então o chefe que eu escolher governará a nação. Quem pode se comparar comigo? Quem tem coragem de me desafiar? Que governador poderia me enfrentar? 45 Por isso, prestem atenção no plano que eu, o SENHOR, fiz contra a cidade de Babilônia; escutem o que vou fazer com o seu povo.

Até as suas crianças serão arrastadas, e
os que ouvirem falar disso ficarão horro-
rizados. 46 Quando Babilônia cair, o baru-
lho será tão grande, que a terra tremerá,
e os gritos de pavor serão ouvidos pelas
outras nações.

Mais condenação para a Babilônia

51 O SENHOR Deus diz:
— Eu farei com que venha um
vento destruidor contra a Babilônia e o
seu povo. 2 Mandarei estrangeiros para
destruírem o país como o vento que joga
longe a palha. Quando chegar esse dia
de destruição, eles atacarão de todos os
lados e deixarão a terra deserta. 3 Não
permitam que os soldados da Babilô-
nia atirem as suas flechas ou vistam as
suas *couraças. Não deixem de matar os
jovens! Destruam todo o exército! 4 Eles
serão feridos e morrerão nas ruas das
suas cidades. 5 Eu, o SENHOR Todo-Pode-
roso, não abandonei Israel e Judá. Mas
o povo da Babilônia tem pecado contra
mim, o Santo Deus de Israel. 6 Fujam da
Babilônia! Salve-se quem puder! Não se-
jam mortos por causa do pecado da Ba-
bilônia. Agora, eu me vingarei dela e lhe
darei o castigo que merece. 7 A Babilônia
era na minha mão como um copo de ouro
que fazia o mundo inteiro ficar bêbado. As
nações beberam o vinho que havia nela
e ficaram loucas. 8 De repente, a Babilô-
nia caiu e ficou arrasada. Chorem por ela!
Arranjem remédio para as suas feridas, e
assim talvez ela seja curada. 9 Os estran-
geiros que moravam lá disseram: "Qui-
semos ajudar a Babilônia, mas já era tar-
de demais. Vamos sair e voltar cada um
para a sua pátria. Deus castigou com toda
a sua força a Babilônia e a destruiu com-
pletamente."

10 O SENHOR Deus diz:

— O meu povo grita assim: "O SENHOR
mostrou que estamos certos. Vamos a Je-
rusalém contar ao povo o que o SENHOR,
nosso Deus, tem feito."

11 O SENHOR despertou o ânimo dos reis
da Média porque ele quer destruir a Babi-
lônia. É assim que ele vingará a destrui-
ção do seu Templo.

Os oficiais ordenam:

— Afiem as suas flechas! Aprontem os
seus *escudos! 12 Deem o sinal para ata-
car as muralhas de Babilônia! Reforcem
a guarda! Coloquem sentinelas! Ponham
homens de tocaia!

O SENHOR Deus fez o que havia planeja-
do; ele cumpriu a ameaça que tinha feito
a respeito do povo da Babilônia. 13 A Babi-
lônia tem muitos rios e muitos tesouros,
mas chegou a hora, e o fio da sua vida está
cortado. 14 O SENHOR Todo-Poderoso jurou
pela sua própria vida que ia trazer muitos
homens para atacarem a Babilônia. Eles
chegarão como uma nuvem de gafanho-
tos e darão o grito de vitória.

Hino de louvor a Deus

15 Pelo seu poder, o SENHOR Deus fez
a terra;
com a sua sabedoria, ele criou o
mundo
e, com a sua inteligência, estendeu
o céu como uma barraca.
16 Quando o SENHOR dá ordem,
as águas rugem no céu.
Ele manda as nuvens subirem dos
fins da terra.
Ele faz o raio para a chuva
e manda o vento sair dos seus
depósitos.

17 Diante disso, todos os seres
humanos são tolos e ignorantes;
todos os que fabricam ídolos ficam
desapontados
porque fazem deuses falsos,
que não têm vida.
18 Esses ídolos não valem nada;
são uma tapeação.
Serão destruídos quando o SENHOR
vier castigá-los.

19 O Deus de Jacó não é assim;
foi ele quem fez todas as coisas
e escolheu Israel para ser o seu povo.
O seu nome é *SENHOR, o Todo-
-Poderoso.

Babilônia, poder destruidor nas mãos de Deus

20 O SENHOR Deus diz:
"Babilônia, você foi o meu porrete
de guerra,
você foi as minhas armas de combate.
Por meio de você, eu despedacei
nações
e acabei com reinos.
21 Por meio de você, esmaguei
cavalos e cavaleiros
e destruí carros de guerra
e aqueles que os dirigiam.
22 Por meio de você, matei homens e
mulheres,

despedacei velhos e moços
e esmaguei homens e moças.
23 Por meio de você, esmigalhei
pastores e os seus rebanhos,
despedacei lavradores e os seus
bois de arado
e esmaguei governadores e altas
autoridades."

O castigo da Babilônia

24 O SENHOR Deus diz:
— Vocês verão como vou fazer com que
a Babilônia e o seu povo paguem por todo
o mal que fizeram a Jerusalém. 25 Babilônia,
você é como uma montanha que destrói o
mundo inteiro; mas eu, o SENHOR, sou seu
inimigo. Eu a pegarei e arrasarei; eu farei
você virar cinza. 26 Nenhuma das suas pe-
dras será usada para uma nova constru-
ção. Você vai virar para sempre um deser-
to. Sou eu, o SENHOR, quem está falando.
27 — Deem o sinal de ataque! Toquem as
cornetas para que os povos escutem! Pre-
parem as nações para lutarem contra Ba-
bilônia! Digam aos reinos de Ararate, Mini
e Asquenaz que ataquem. Indiquem um
oficial para comandar o ataque. Tragam
um grande número de cavalos, como se
fossem uma nuvem de gafanhotos. 28 Pre-
parem os reis da Média, as suas autori-
dades, os seus oficiais e todos os países
que eles controlam, para que eles guer-
reiem contra Babilônia. 29 A terra treme e
se abala porque o SENHOR está fazendo o
que planejou. Ele fará Babilônia virar um
deserto onde não mora ninguém. 30 Os sol-
dados babilônios pararam de lutar e fi-
cam nas suas fortalezas. Perderam toda a
coragem; parecem mulheres. Os portões
da cidade estão quebrados, e as casas pe-
garam fogo. 31 Saem correndo mensagei-
ros, um depois do outro, para contar ao
rei da Babilônia que a cidade foi invadi-
da de todos os lados. 32 O inimigo tomou
as passagens do rio e pôs fogo nas for-
talezas. Os soldados babilônios ficaram
apavorados. 33 Dentro de pouco tempo,
o inimigo os cortará e pisará como trigo
no terreiro. O SENHOR Todo-Poderoso, o
Deus de Israel, está falando.

34 O rei da Babilônia cortou
Jerusalém em pedaços
e a devorou.
Ele esvaziou a cidade como um jarro;
como um monstro, ele a engoliu.
Ele tirou o que queria
e jogou o resto fora.
35 Diga o povo de *Sião:
"Que a Babilônia receba de volta a
violência que nos fez!"
E diga ainda o povo de Jerusalém:
"Que a Babilônia seja castigada
pelo que sofremos!"

Deus ajudará Israel

36 Assim diz o SENHOR Deus ao povo de
Jerusalém:
— Defenderei a causa de vocês e os vin-
garei. Secarei a fonte de água da Babilô-
nia e farei com que os seus rios sequem.
37 Então Babilônia se tornará um montão
de pedras, onde vivem animais ferozes.
Será um espetáculo horrível. Ninguém
vai morar lá, e todos os que olharem para
Babilônia ficarão horrorizados por cau-
sa do que aconteceu com ela. 38 Todos os
babilônios rugem como leões e rosnam
como leõezinhos. 39 Será que eles são es-
ganados? Farei uma festa para eles. Eu os
embriagarei e alegrarei. Aí eles dormirão
e nunca mais acordarão. 40 Eu os levarei
para serem mortos, como se fossem cor-
deiros, bodes e carneiros. Eu, o SENHOR,
estou falando.

A queda de Babilônia

41 O SENHOR Deus diz:
— Babilônia, a cidade que era admi-
rada em todo o mundo, foi tomada! Que
espetáculo horrível ela se tornou para as
outras nações! 42 O mar rolou sobre Babi-
lônia e a cobriu com ondas violentas. 43 As
cidades estão arrasadas; são como um
deserto sem água, onde ninguém mora e
por onde ninguém passa. 44 Eu castigarei
Bel, o deus da Babilônia, e farei com que
ele devolva as coisas que roubou. As na-
ções não o adorarão mais.
— As muralhas de Babilônia caíram.
45 Povo de Israel, fuja de lá. Que cada um
salve a sua vida do fogo da minha *ira!
46 Não percam a coragem, nem fiquem
com medo das notícias que ouvirem. Cada
ano, se espalha uma notícia diferente; são
notícias de violência na terra e de um rei
lutando contra outro. 47 E assim está che-
gando a hora em que vou castigar os ído-
los da Babilônia. Os moradores da sua ter-
ra ficarão com vergonha por causa da der-
rota, e todos serão mortos. 48 Quando Ba-
bilônia cair e for destruída pelo povo que
vem do Norte, então tudo o que existe no
céu e na terra cantará de alegria. 49 Babilô-
nia matou gente em todo o mundo e agora

ela cairá porque matou tantos israelitas.
Eu, o SENHOR, estou falando.

Mensagem aos judeus na Babilônia

50 O SENHOR diz:
— Meu povo que está na Babilônia, vo-
cês escaparam da morte! Agora andem!
Não fiquem esperando! Embora estejam
longe de casa, pensem em mim, o Deus de
vocês, e lembrem de Jerusalém. 51 Vocês
dizem: "Estamos envergonhados porque
fomos insultados. Estamos humilhados
porque os estrangeiros invadiram os lu-
gares santos do Templo." 52 Por isso, digo
que está chegando a hora em que vou cas-
tigar os ídolos da Babilônia; e os feridos
vão gemer, espalhados pelo país inteiro.
53 Mesmo que a Babilônia pudesse subir
até o céu e construir ali uma fortaleza,
ainda assim eu mandaria gente para des-
truí-la. Eu, o SENHOR, estou falando.

A destruição de Babilônia

54 O SENHOR Deus diz:
"Escutem os gritos em Babilônia,
gente chorando por causa da
destruição que há no país.
55 Estou destruindo Babilônia
e fazendo com que ela fique quieta.
Como ondas violentas, os exércitos
invadem
e atacam com gritos barulhentos.
56 Vieram para destruir Babilônia;
os seus soldados são presos,
e os seus arcos e as suas flechas são
quebrados.
Eu, o SENHOR, sou Deus que castiga
o mal;
eu vou tratar Babilônia do jeito que
ela merece.
57 Farei com que os seus
governantes fiquem bêbados
e também os seus sábios, as suas
autoridades e os seus soldados.
Eles vão dormir
e nunca mais vão acordar.
Sou eu, o Rei, quem está falando.
O meu nome é *SENHOR, o Todo-
Poderoso.
58 As grossas muralhas de Babilônia
serão completamente arrasadas,
e os seus altos portões serão
destruídos pelo fogo.
Todo o trabalho dos povos não vale
nada;
os esforços das nações se acabam
nas chamas."
O SENHOR Todo-Poderoso falou.

A mensagem de Jeremias é enviada à Babilônia

59 Seraías, filho de Nerias e neto de Maa-
seias, era o oficial ajudante do rei Zede-
quias, de Judá. No quarto ano do reina-
do de Zedequias em Judá, Seraías estava
de saída para a Babilônia, e então eu lhe
dei algumas ordens. 60 Escrevi num livro
como a Babilônia ia ser destruída e todas
as outras coisas que iam acontecer com
ela. 61 E disse a Seraías:
— Quando você chegar à cidade de Ba-
bilônia, faça questão de ler em voz alta
tudo o que está escrito aqui. 62 Depois,
ore assim: "Ó SENHOR Deus, tu disseste
que vais destruir este lugar, de tal modo
que aqui não ficará nenhum ser vivo, nem
pessoas nem animais. A cidade será como
um deserto para sempre." 63 Quando você
acabar de ler para o povo este livro, amar-
re uma pedra nele e jogue-o no rio Eu-
frates. 64 Então diga: "Isto é o que aconte-
cerá com a Babilônia — ela vai afundar
e nunca mais se levantará, por causa da
destruição que Deus vai trazer sobre ela."
As palavras de Jeremias terminam aqui.

A queda de Jerusalém

2Reis 24.18—25.7; 2Crônicas 36.11-21; Jeremias 39.1-7

52 Zedequias tinha vinte e um anos
de idade quando se tornou rei de
Judá; e reinou onze anos em Jerusalém.
A sua mãe se chamava Hamutal, filha de
outro Jeremias, que vivia na cidade de Lib-
na. 2 O rei Zedequias pecou contra Deus, o
SENHOR, fazendo o que era errado, como
o rei Jeoaquim também havia feito. 3 O SE-
NHOR ficou muito *irado com o povo de
Judá e de Jerusalém e por isso fez com
que fossem levados como prisioneiros.
Zedequias se revoltou contra o rei da
Babilônia. 4 No ano nono do reinado de
Zedequias em Judá, no dia dez do dé-
cimo mês, o rei Nabucodonosor, da Ba-
bilônia, veio com todo o seu exército e
atacou Jerusalém. Eles acamparam fora
da cidade e construíram torres em volta
para cercá-la. 5 A cidade ficou cercada até
o ano onze do reinado de Zedequias. 6 No
dia nove do quarto mês daquele mesmo
ano, a fome apertou na cidade; o povo
não tinha nada para comer. 7 Quando os
babilônios abriram brechas nas mura-
lhas, todos os soldados judeus tentaram
fugir durante a noite, embora a cidade es-
tivesse cercada. Foram pelo caminho do

jardim real, atravessaram o portão que
liga as duas muralhas e fugiram na di-
reção do vale do Jordão. 8 Mas o exército
dos babilônios perseguiu o rei Zedequias
e o prendeu na planície de Jericó. E todos
os seus soldados o abandonaram. 9 Ze-
dequias foi levado como prisioneiro ao
rei Nabucodonosor, que estava na cidade
de Ribla, na região de Hamate. Ali Nabu-
codonosor o condenou. 10 Em Ribla, o rei
da Babilônia mandou matar os filhos de
Zedequias na presença do pai. Também
mandou matar as autoridades de Judá.
11 Depois, mandou furar os olhos de Ze-
dequias e o prendeu com correntes de
bronze a fim de levá-lo para a Babilônia.
E Zedequias ficou na prisão em Babilônia
até o dia da sua morte.

A destruição do Templo

2Reis 25.8-17; 2Crônicas 36.17-21

12 No ano décimo nono do reinado de
Nabucodonosor, da Babilônia, no dia dez
do quinto mês, Nebuzaradã, conselheiro
do rei e comandante-geral do seu exérci-
to, entrou em Jerusalém. 13 Ele incendiou
o Templo, o palácio do rei e as casas de
todas as pessoas importantes de Jerusa-
lém. 14 Os seus soldados derrubaram as
muralhas da cidade. 15 E Nebuzaradã le-
vou como prisioneiros para a Babilônia
os que haviam sido deixados na cidade,
os que haviam fugido para o lado dele e o
resto dos operários especializados. 16 Mas
deixou em Judá algumas das pessoas mais
pobres e as pôs para trabalhar nas plan-
tações de uvas e nos campos.

17 Os babilônios quebraram as colu-
nas de bronze e as carretas que estavam
ao lado do Templo e também o grande
tanque de bronze. Então levaram todo o
bronze para a Babilônia. 18 Levaram as pás
e as vasilhas usadas para carregar as cin-
zas do altar e as tesouras de cortar pavios
de lamparinas. Levaram as tigelas onde
era recolhido o sangue dos *sacrifícios, as
vasilhas de queimar incenso e todos os
objetos de bronze usados no culto. 19 Le-
varam todas as peças feitas de ouro ou de
prata: as vasilhas pequenas, os pratos de
carregar brasas, as tigelas em que era re-
colhido o sangue dos sacrifícios, as vasi-
lhas para cinza, os candeeiros, as vasilhas
de incenso e os vasos usados nas ofertas
de bebidas. 20 Não foi possível calcular o
peso dos objetos de bronze que o rei Sa-
lomão havia feito para o Templo, isto é, as
duas colunas, as carretas, o grande tan-
que e os doze bois que o sustentavam. 21-
22 As duas colunas eram iguais: cada uma
tinha oito metros de altura por cinco me-
tros e trinta e cinco centímetros de cir-
cunferência. Eram ocas, e a grossura do
metal era de dez centímetros. No alto de
cada coluna havia um remate de bronze,
que media dois metros e vinte de altura.
Em toda a volta do remate havia um en-
feite rendilhado e com romãs. Tudo isso
também era de bronze. 23 No enfeite ren-
dilhado de cada coluna havia cem romãs,
sendo que noventa e seis delas podiam
ser vistas do chão.

O povo de Judá é levado para a Babilônia

2Reis 25.18-21,27-30

24 Nebuzaradã, o comandante-geral,
também levou como prisioneiros Seraías,
o *Grande Sacerdote, e Sofonias, o segun-
do sacerdote, e os três outros oficiais de
importância no Templo. 25 Da cidade, ele
levou o oficial que tinha sido o comandan-
te das tropas, sete conselheiros do rei que
ainda estavam lá, o oficial encarregado de
alistar homens para o exército e mais ses-
senta homens importantes. 26 Nebuzaradã
os levou ao rei da Babilônia, que estava na
cidade de Ribla, 27 na terra de Hamate. Ali
o rei mandou surrá-los e depois matá-los.

Assim o povo de Judá foi levado como
prisioneiro para fora da sua terra. 28 Este
é o número de prisioneiros que Nabuco-
donosor levou: no sétimo ano do seu rei-
nado, levou três mil e vinte e três; 29 no
décimo oitavo ano, oitocentos e trinta e
dois, de Jerusalém. 30 No vigésimo tercei-
ro ano, Nebuzaradã levou setecentos e
quarenta e cinco. Ao todo, foram levadas
quatro mil e seiscentas pessoas.

31 No ano em que se tornou rei da Babi-
lônia, Evil-Merodaque foi bondoso com o
rei Joaquim, de Judá, e o libertou da pri-
são. Isto aconteceu trinta e sete anos,
onze meses e vinte e cinco dias depois
que Joaquim havia sido levado como pri-
sioneiro. 32 Evil-Merodaque tratou Joa-
quim com bondade e lhe deu uma posi-
ção mais alta do que a dos outros reis que
eram prisioneiros com ele em Babilônia.
33 Assim deixaram que Joaquim tirasse
as suas roupas de prisioneiro, e vestisse
as suas próprias roupas, e comesse jun-
to com o rei pelo resto da sua vida. 34 E
todos os dias, enquanto viveu, recebeu
do rei uma pensão para o seu sustento.

Lamentações

Ore por misericórdia

Por que nos queixarmos da vida quando somos castigados por causa dos nossos pecados?
Lamentações 3:39

Autor Possivelmente Jeremias
Data Em alguma momento depois de 586 a.C.
Local Provavelmente Judá
Público-alvo Os israelitas no exílio, e escrito para Deus como se fossem orações

Quando coisas realmente muito ruins acontecem, até o povo de Deus se queixa. As pessoas lamentam sobre sua sorte na vida e ficam imaginando onde Deus está em tudo. E o livro de Lamentações é exatamente isso, um lamento — uma lamúria sobre as coisas horríveis que aconteceram na vida do povo de Deus — com uma confissão do pecado que levou o povo a essa situação em primeiro lugar. Jerusalém estava destruída; muita gente estava morta e muitos foram arrastados como escravos para o exílio. As pessoas ficaram na desgraça e se perguntando onde estava a mão de Deus em tudo isso. O autor deste grande livro, que alguns acreditam ser Jeremias, sabia que este desastre tinha vindo diretamente do próprio Deus por causa da maldade com que as pessoas estavam vivendo. Assim, o profeta implorou a misericórdia divina.

Quando acontecerem coisas ruins por causa das idiotices que você fez, pegue o livro de Lamentações e concorde com Deus que ele acertou e que você entendeu tudo errado. E, assim como vemos em Lamentações 3, você também pode orar em seguida, a fim de que Deus não fique irado para sempre e para que ele tenha misericórdia e compaixão de você no meio da disciplina que você merece.

Ponto essencial
Jeremias escreveu Lamentações sobre a dor que sentia pelo povo de Judá e as escolhas pecaminosas desse povo que levaram-no à destruição. Jerusalém tinha caído nas mãos dos babilônios por causa dos pecados do povo. Mas Jeremias, mesmo sofrendo, ainda orou para que Deus não ficasse irado para sempre. O objetivo do livro é ajudar as pessoas a enfrentar a dor e a não ter medo nem fugir dela.

Como uma Garota de Deus dos dias de hoje, talvez você ache difícil entender por que Deus permite que coisas ruins aconteçam a pessoas boas, mas, seja qual for a resposta, você precisa estar disposta a reconhecer que o Pai a ama mais do que você poderia imaginar, e, se ele achou por bem deixar algo assim acontecer, então deve ser por um motivo muito bom. Lamentações pode parecer um livro arcaico que não significa nada para você hoje, mas nele é possível encontrar muita coisa com as quais podemos nos identificar. Lamentações é prova de que você não é a primeira a achar que Deus lhe deu as costas nem a se sentir atormentada pela vida e abandonada por todos a quem você ama. Ler sobre a dor dos outros e entender que você não está sozinha deve lhe dar esperança. E lembre-se de que, como mostra o autor, a compaixão de Deus não tem limites, e ele é bom para as pessoas que esperam nele e confiam que a vontade dele é a melhor que há.

Coisas para procurar

- O uso de uma forte linguagem poética
- A destruição de Jerusalém
- A esperança em meio ao sofrimento (veja Lamentações 3:21-41)

Lamentação: Uma expressão verbal de tristeza, sofrimento ou dor.

Termos e versículos que você deve saber

Mas a esperança volta quando penso no seguinte: O amor do SENHOR Deus não se acaba, e a sua bondade não tem fim. Esse amor e essa bondade são novos todas as manhãs; e como é grande a fidelidade do SENHOR!
(Lamentações 3:21-23)

Mas o SENHOR é justo e me castigou, pois eu me revoltei contra os seus mandamentos.
(Lamentações 1:18)

Tanto as coisas boas como as más acontecem por ordem do Deus Altíssimo.
(Lamentações 3:38)

As tristezas de Jerusalém

1 Como está abandonada Jerusalém,
a cidade que antes vivia cheia de gente!
Ela era respeitada no mundo inteiro,
mas agora parece uma viúva;
a rainha entre as nações
hoje não passa de uma escrava.

2 Ela chora a noite inteira,
as lágrimas correm pelo seu rosto.
Dos seus antigos amigos não ficou nenhum para a consolar.
Todos eles a traíram
e agora *são inimigos dela.*

3 O povo de Judá foi levado para longe da sua pátria
e sofre como escravo em trabalhos forçados.
Eles moram em outros países
e não têm descanso.
Estão cercados pelos seus perseguidores
e não podem escapar.

4 As estradas que levam a *Sião estão tristes,
pois não há ninguém que vá por elas para as festas religiosas.
As moças que cantavam no Templo estão aflitas,
e os sacerdotes vivem gemendo.
A cidade sofre amargamente,
e não há gente para se reunir nas suas praças.

5 Os seus inimigos a dominam,
e para eles tudo vai bem.
É que o SENHOR Deus fez Jerusalém sofrer
por causa dos muitos pecados dos seus moradores.

Os seus filhos foram presos pelos
inimigos
e levados para longe da sua pátria.

6 A beleza de Jerusalém é coisa do
passado.
As suas autoridades são como
*corços
que estão fracos de fome
e fogem, sem forças, dos caçadores.

7 Nestes dias de tristeza e aflição,
Jerusalém lembra de todas as
riquezas
que teve no passado.
Ela se recorda de que ninguém veio
ajudá-la
quando caiu em poder dos
inimigos,
que zombaram dela na sua queda.

8 Ela perdeu a honra;
está nua, e todos a desprezam.
Ela vive gemendo
e esconde o rosto, envergonhada.
Jerusalém se tornou *impura,
por haver pecado gravemente.

9 Era fácil ver a mancha do seu
pecado.
Jerusalém não pensou no que
poderia acontecer.
Ela caiu de modo terrível
e não tem quem a console.
Os seus inimigos venceram,
e ela pede que o SENHOR tenha
misericórdia.

10 Os inimigos levaram embora
todas as suas riquezas.
O povo viu os pagãos entrarem no
Templo,
coisa que Deus os proibiu de fazer.

11 O povo de Jerusalém anda
gemendo,
procurando o que comer;
eles trocaram as suas riquezas por
alimentos
para poder continuar a viver.
A cidade diz:
"Ó SENHOR, olha para mim
e vê a minha desgraça!"

12 Aos que vão passando, Jerusalém
diz:
"Olhem para mim!
Será que existe uma dor igual à
minha?
No dia em que ficou *irado,
o SENHOR me castigou com esta
aflição.

13 "*Lá de cima, Deus enviou um fogo*
que queima dentro de mim.
Ele me armou uma armadilha
e me jogou no chão.
Depois, me abandonou num
sofrimento
que não tem mais fim.

14 "Ele tomou nota dos meus
pecados,
amarrou-os todos juntos,
pendurou-os no meu pescoço,
e o peso deles acabou com as
minhas forças.
O Senhor me entregou aos meus
inimigos,
e eu não fui capaz de resistir.

15 "O Senhor fez pouco dos meus
melhores soldados.
Ele mandou um exército para
destruir os meus moços
e esmagou o meu povo santo
como se esmagam as uvas para
fazer vinho.

16 "Tudo isso me faz chorar
e deixa os meus olhos cheios de
lágrimas.
Não há ninguém que me console,
ninguém que me anime.
Os inimigos me derrotaram,
e o meu povo ficou no meio de ruínas.

17 "Eu estendo as mãos,
mas ninguém quer me ajudar.
De todos os lados, o SENHOR
mandou inimigos contra mim,
e eles me tratam como se eu fosse
uma coisa nojenta.

18 "Mas o SENHOR é justo e me
castigou,
pois eu me revoltei contra os seus
mandamentos.
Todos os povos, escutem!
Vejam a minha dor!
As minhas moças e os meus moços
foram levados para longe como
prisioneiros.

19 "Pedi ajuda aos meus aliados,
mas eles me traíram.
Os sacerdotes e as autoridades
morreram nas minhas ruas,
enquanto procuravam comida
para poder continuar a viver.

Uma oração pelo...

Sofrimento

Senhor, sublime e santo, manso e humilde, tu me trouxeste ao vale da visão, onde eu vivo, mas de onde te contemplo nas alturas. Embora cercada por montanhas de pecado, ainda posso contemplar tua glória. Faz-me aprender a lição paradoxal de que o caminho para baixo é o caminho para o alto, de que ser menor é ser maior, de que o coração partido é o coração curado, de que o espírito contrito é o espírito alegre, de que a alma que se arrepende é a alma vitoriosa, de que não ter nada é possuir tudo, de que levar a cruz é usar a coroa, de que o vale é o lugar da visão. Senhor, é possível ver as estrelas até mesmo no mais profundo abismo e, quanto mais profundo o abismo, mais forte elas brilham. Por favor, faz-me encontrar tua luz em minha escuridão, tua vida em minha morte, tua alegria em minha tristeza, tua bondade em meu pecado, tuas riquezas em minha pobreza, tua glória em meu vale. Amém.

20 "Vê, ó SENHOR, a minha aflição;
estou profundamente perturbada!
A dor aperta o meu coração
quando penso que me revoltei
contra ti.
Há assassinatos nas ruas,
e até dentro das casas há mortes.

21 "Ó Deus, ouve os meus gemidos,
pois não há ninguém que me
console.
Todos os meus inimigos sabem da
minha desgraça
e ficam contentes porque tu me
fizeste sofrer.
Faze com que venha o dia que
prometeste,
para que os meus inimigos sofram
tanto quanto eu.

22 "Condena-os por causa de todas
as suas maldades,
castiga-os como me castigaste por
causa dos meus pecados.
Eu não paro de gemer,
e o meu coração está doente."

Deus castiga Jerusalém

2 Quando ficou *irado,
o Senhor cobriu Jerusalém de
escuridão.
Ele transformou num monte de
ruínas
a cidade de Jerusalém, que parecia
um céu
e que era o orgulho do povo de
Israel.
No dia da sua ira,
Deus abandonou até o seu próprio
Templo.

2 Sem dó nem piedade,
o Senhor destruiu todas as cidades
de Judá
e na sua ira acabou completamente
com as suas fortalezas.
Ele jogou por terra, humilhados,
o reino de Judá e as suas
autoridades.

3 No calor da sua ira,
Deus acabou de uma vez com o
poder de Israel.
Quando os inimigos chegaram,
ele não quis nos ajudar
e ainda se jogou contra nós
como um fogo que destrói tudo ao
seu redor.

4 Como se fosse um inimigo,
Deus apontou as suas flechas
contra nós
e, com a sua força, matou as
pessoas mais estimadas do
nosso povo.
Ele derramou a sua ira, como se
fosse fogo,
sobre os moradores de Jerusalém.

5 O Senhor é como um inimigo.
Ele destruiu Israel,
derrubou as suas fortalezas
e arrasou os seus palácios,
trazendo com isso tristeza e choro
sem fim para o povo de Judá.

6 Deus arrasou o seu Templo,
como se fosse uma horta,
e destruiu o lugar onde o
adorávamos.
Ele nos fez esquecer as festas
religiosas e os sábados.
No calor da sua ira, ele rejeitou
com desprezo os reis e os
sacerdotes.

[7] O Senhor desprezou o seu altar,
abandonou o seu Templo
e deixou que os inimigos
derrubassem as suas paredes.
Ali eles deram os seus gritos de
vitória,
como nós fazíamos nos dias de festa.

[8] O SENHOR decidiu arrasar as
muralhas de Jerusalém.
Ele fez o plano de destruição
e, sem descanso, o levou até o fim.
Muralhas e paredes racharam
e vieram abaixo ao mesmo tempo.

[9] Os portões da cidade estão
enterrados no entulho,
e as suas trancas foram
despedaçadas.
O rei e as autoridades estão
espalhados pelas nações pagãs.
Não se ensina mais a *lei,
e os *profetas não recebem mais
visões de Deus, o SENHOR.

[10] Os moradores mais velhos de
Jerusalém
estão sentados no chão, em silêncio.
Em sinal de tristeza, puseram terra
na cabeça
e vestiram roupa feita de pano
grosseiro.
As moças estão ajoelhadas,
com a cabeça encostada no chão.

[11] Os meus olhos estão gastos de
tanto chorar;
estou muito aflito.
A tristeza acabou comigo
por causa da destruição do meu
povo,
e porque vejo crianças e bebês
morrendo de fome nas ruas da
cidade.

[12] Essas crianças dizem:
"Mamãe, estou com fome!
Mamãe, estou com sede!"
Elas caem pelas ruas, como se
estivessem feridas,
e morrem aos poucos nos braços
das mães.

[13] Jerusalém querida, o que posso
lhe dizer?
Como posso consolar você?
Nunca ninguém sofreu assim;
a sua desgraça é tão grande como
o mar.
Quem poderá lhe dar esperança?

[14] As visões dos seus profetas foram
falsas e enganosas.
Se eles tivessem condenado
abertamente os seus pecados,
tudo teria sido diferente e melhor
para você.
O que esses profetas fizeram foi
enganá-la com mentiras.

[15] Os que vão passando zombam de
você.
Eles sacodem a cabeça, dão risadas
e perguntam:
"É esta a cidade que era chamada
de 'Beleza Perfeita'?
É esta o orgulho do mundo inteiro?"

[16] Todos os seus inimigos falam
contra você e zombam.
Com ódio, eles dizem:
"Nós destruímos Jerusalém!
Chegou o dia que estávamos
esperando!
Nós vimos tudo o que aconteceu!"

[17] O SENHOR fez o que havia
planejado;
ele cumpriu as ameaças
que havia feito há muito tempo.
Ele nos destruiu sem dó nem
piedade,
deixando que os inimigos nos
vencessem
e se alegrassem com a nossa derrota.

[18] Que as suas muralhas, ó
Jerusalém, peçam ajuda ao
Senhor!
Que as suas lágrimas corram dia e
noite como um rio!
Não descanse; chore sem parar!

[19] Levante-se várias vezes de noite
para clamar, pedindo ajuda ao
Senhor.
Derrame o coração na presença dele
e peça pela vida dos seus filhos,
que morrem de fome nas esquinas
das ruas.

[20] Olha, ó SENHOR Deus, e pensa:
Alguma vez trataste alguém assim?
Será que as mães deviam devorar
os filhinhos que elas tanto
amam?
Será que profetas e sacerdotes
deviam ser assassinados no
próprio Templo?

[21] Há mortos, tanto jovens como
velhos, largados nas ruas;
os meus moços e as minhas moças
foram mortos à espada.
No dia em que ficaste irado,
tu, ó Deus, os mataste sem dó nem
piedade.

[22] Fizeste chegar, de todos os lados,
os meus terríveis inimigos,
que vieram como se fosse para uma
festa religiosa.
Ó SENHOR, no dia em que ficaste
irado,
ninguém escapou, ninguém ficou
vivo.
Os inimigos destruíram os meus
filhos
que criei com tanto amor.

Castigo, arrependimento e esperança

3 Eu sou aquele que sabe o que é sofrer
os golpes da *ira de Deus.
[2] Ele me levou para a escuridão
e me fez andar por caminhos sem
luz.
[3] Com a sua mão, me bateu muitas
vezes,
o dia inteiro.

[4] Deus fez envelhecer a minha carne
e a minha pele
e quebrou os meus ossos.
[5] Em volta de mim, ele construiu
um muro de sofrimento e
amargura.
[6] Ele me fez morar na escuridão,
como se eu estivesse morto há
muito tempo.

[7] Deus me amarrou com pesadas
correntes;
estou na prisão e não posso
escapar.
[8] Grito pedindo socorro,
mas ele não quer ouvir a minha
oração.
[9] Não posso seguir em frente,
pois, com grandes blocos de pedra,
ele fechou o meu caminho.

[10] Deus tem sido para mim como um
leão de tocaia,
como um urso pronto para atacar.
[11] Ele me afastou do caminho,
me fez em pedaços e depois me
abandonou.
[12] Ele armou o seu arco
e fez de mim o alvo das suas flechas.
[13] As flechas atiradas por Deus
entraram fundo na minha carne.
[14] O dia inteiro as pessoas riem de
mim;
elas zombam de mim nas suas
canções.
[15] Deus me encheu de comidas
amargas
e me fez beber fel
até eu não poder mais.

[16] Ele esfregou o meu rosto no chão
e quebrou os meus dentes nas pedras.
[17] Já não sei mais o que é paz
e esqueci o que é felicidade.
[18] Não tenho muito tempo de vida,
e a minha esperança no SENHOR
acabou.

[19] Eu lembro da minha tristeza e
solidão,
das amarguras e dos sofrimentos.
[20] Penso sempre nisso
e fico abatido.
[21] Mas a esperança volta
quando penso no seguinte:

[22] O amor do SENHOR Deus não se
acaba,
e a sua bondade não tem fim.
[23] Esse amor e essa bondade são
novos todas as manhãs;
e como é grande a fidelidade do
SENHOR!
[24] Deus é tudo o que tenho;
por isso, confio nele.

[25] O SENHOR é bom para todos os
que confiam nele.
[26] O melhor é ter esperança
e aguardar em silêncio a ajuda do
SENHOR.
[27] E é bom que as pessoas aprendam
a sofrer com paciência
desde a sua juventude.

[28] Quando Deus nos faz sofrer,
devemos ficar sozinhos, pacientes
e em silêncio.
[29] Devemos nos curvar, humildes,
pois ainda pode haver esperança.
[30] Quando somos ofendidos, não
devemos reagir,
mas sim suportar todos os insultos.

[31] O Senhor não rejeita ninguém
para sempre.
[32] Ele pode fazer a gente sofrer,
mas também tem compaixão
porque o seu amor é imenso.

DEVOCIONAL

Texto para leitura: **Lamentações 3:21-38**

Conheça a verdadeira felicidade

Você vive de acordo com suas emoções? Você grita quando está com raiva, chora quando está triste e revida quando está magoada? Como seguidora de Cristo, você não deveria seguir cegamente suas emoções. Era isso que você fazia antes de escolher esse caminho e ser trazida à família de Deus. Então, por que você ainda se deixa dominar, às vezes, por suas emoções, em vez de ouvir a voz de Deus?

Você se curva para suas emoções só por hábito ou fraqueza? Ou você, às vezes, se sente enganada porque não conseguiu sair de uma situação com o que, em sua opinião, deveria ter ganhado? "Não é justo!", você diz. "Eu mereço mais." Alguém não fez sua vontade, aí você fica com raiva. Alguém não lhe deu o que você achava que conseguiria, aí você fica triste. As expectativas frustradas levam-na a caminhos emocionais ruins, e, na maioria das vezes, você os segue.

Mas, e se você pudesse ficar livre do controle de suas emoções e voltar a ficar sob o controle de Cristo? Sua vida não seria melhor? Seu autocontrole não melhoraria e suas emoções não acalmariam? Afinal de contas, é isso que ele promete: "Venham a mim, todos vocês que estão cansados de carregar as suas pesadas cargas, e eu lhes darei descanso" (Mateus 11:28). Ele lhe dará descanso daquilo que a faz ir daqui para lá, para cima e para baixo. Descanse de si mesma.

A vida completamente entregue a Cristo é uma vida em que as emoções complementam, mas não controlam. Sem controle, as emoções são como uma criança mimada, que sempre exige ser satisfeita. Mas a seguidora de Cristo é semelhante a ele: humilde e mansa, sem esperar que tudo caia do céu, mas confiando que tudo dará certo no final. Você precisa escolher a quem vai seguir: suas emoções ou seu Deus.

Para todos os seres humanos, haverá mágoa, dor e grande perda, mas, se você estiver disposta a escolher Deus, então suas emoções começarão a se submeter ao seu controle e a trazer profundidade à sua vida, em vez de aflição. Como Jeremias, você pode expressar tristeza e desespero, mas nunca a ponto de deixar que esses sentimentos a distraiam de quem é Deus e do que uma vida vivida por ele, no final, significa.

33 Não é com prazer que ele nos
causa sofrimento ou dor.

34 *Deus sabe quando neste país*
os prisioneiros são massacrados
sem compaixão.
35 O Deus Altíssimo sabe quando
são desrespeitados os direitos
humanos,
que ele mesmo nos deu.
36 Sim, o Senhor sabe quando
torcem a justiça num processo.

37 Ninguém pode fazer acontecer
nada
se Deus não quiser.
38 Tanto as coisas boas como as más
acontecem por ordem do Deus
Altíssimo.
39 Por que nos queixarmos da vida
quando somos castigados por causa
dos nossos pecados?

40 Examinemos seriamente o que
temos feito
e voltemos para o SENHOR.
41 Abramos o nosso coração a Deus,
que está no céu,
e oremos assim:

42 "Ó Deus, nós pecamos, nos
revoltamos,
e não nos perdoaste.

43 "Tu ficaste irado conosco,
nos perseguiste,
nos mataste sem dó nem piedade.
44 Tu te cercaste de nuvens
para que as nossas orações não
chegassem a ti.
45 Fizeste com que as nações
olhassem para nós
como se fôssemos um monte de lixo
e refugos.

46 "Somos insultados por todos os
nossos inimigos.
47 Temos vivido no meio de
medos, perigos, desgraças e
destruição."

48 Dos meus olhos correm rios de
lágrimas
por causa da destruição do meu
povo.
49 Sem parar, os meus olhos vão
derramar lágrimas
50 até que o SENHOR olhe lá do céu
e nos veja.
51 O meu coração sofre muito
quando penso
no que vi acontecer com as
mulheres da minha cidade.

52 Os meus inimigos,
que não tinham razão para me odiar,
me caçaram como se eu fosse um
passarinho.
53 Eles me jogaram vivo num poço
e o taparam com uma pedra.
54 A água subiu acima da minha
cabeça,
e eu pensei: "Estou perdido!"

55 Do fundo do poço, gritei
pedindo a tua ajuda, ó SENHOR.
56 Roguei que me escutasses,
e tu ouviste o meu grito.
57 No dia em que te chamei,
chegaste perto de mim e disseste:
"Não tenha medo!"

58 Ó Senhor, tu vieste me socorrer
e salvaste a minha vida.
59 Julga a meu favor, ó SENHOR,
pois conheces as injustiças que
tenho sofrido.
60 Tu sabes como os meus inimigos
são vingativos
e conheces os planos que fazem
contra mim.

61 Ó SENHOR Deus, tu ouviste os seus
insultos
e conheces todos os seus planos.
62 Tu sabes que o dia inteiro falam
contra mim
e planejam me prejudicar.
63 Tu vês que, em todos os
momentos,
eles zombam de mim.

64 Ó SENHOR, dá-lhes o que
merecem,
castiga-os pelo que têm feito.
65 Amaldiçoa-os
e faze com que eles caiam no
desespero.
66 Persegue-os na tua ira, ó SENHOR,
e acaba com eles aqui na terra!

Jerusalém arrasada

4 Como o ouro ficou escuro!
Como o ouro puro perdeu o seu
brilho!
As pedras do Templo estão
espalhadas pelas esquinas das
ruas!

2 Os moços de Jerusalém eram tão
preciosos para nós como o ouro
puro,
mas agora são tratados como
simples potes de barro.

3 Até as lobas dão de mamar às suas
crias,
mas o meu povo é como os
avestruzes,
cruéis para os seus filhotes.

4 Os bebês de Jerusalém morrem de
sede;
as crianças pedem comida,
mas ninguém lhes dá nada.

5 Os que antes comiam comidas finas
agora morrem de fome pelas ruas;
os que vestiam roupas caras
agora vivem nos montes de lixo.

6 O meu povo tem sido mais
castigado
do que os moradores de Sodoma,
que foi destruída num momento
pela mão de Deus.

7 Os nossos príncipes eram puros
como o leite
e sem manchas como a neve;

eram fortes, cheios de vigor,
e os seus olhos brilhavam de saúde.

8 Agora, o seu rosto está preto como carvão,
e, quando eles andam pelas ruas,
ninguém os conhece.
A pele deles secou como a madeira
e grudou nos seus ossos.

9 Aqueles que morreram na guerra
foram mais felizes do que os que morreram depois,
porque estes foram se acabando devagarinho
por não terem nada para comer.

10 Quando Jerusalém foi destruída,
mulheres que antes eram amorosas
cozinharam os seus próprios filhos
e os comeram.

11 O SENHOR Deus descarregou o seu furor,
derramou o ardor da sua *ira.
Ele pôs fogo em Jerusalém
e a arrasou até o chão.

12 Ninguém neste mundo, nem mesmo os reis,
acreditava que algum inimigo
conseguisse entrar pelos portões de Jerusalém.

13 Tudo isso aconteceu por causa dos pecados
e das maldades dos seus *profetas e dos seus sacerdotes,
culpados de causar a morte de pessoas inocentes.

14 Sacerdotes e profetas andavam pelas ruas como cegos,
tão sujos de sangue, que ninguém tocava na roupa deles.

15 E o povo gritava:
"Fora daqui! Vocês são *impuros!
Não encostem a mão em nós!"
Quando eles fugiram, andando de país em país,
os próprios pagãos disseram:
"Esses homens não podem morar aqui."

16 O SENHOR não deu mais atenção a eles,
o próprio Deus os espalhou.
Ele não teve respeito pelos nossos sacerdotes,
nem pena dos nossos líderes.

17 Ficamos olhando até cansar,
esperando o socorro que nunca chegou.
Confiamos no auxílio de uma nação
que não podia ajudar.

18 Os inimigos nos estavam vigiando,
de modo que não podíamos andar pelas ruas.
Os nossos dias estavam contados,
o fim estava perto.

19 Os nossos perseguidores foram mais rápidos do que as águias do céu;
eles nos perseguiram nas montanhas
e nos atacaram de surpresa no deserto.

20 Eles prenderam aquele que é a fonte da nossa vida,
prenderam o rei que o SENHOR havia escolhido,
aquele que pensávamos que ia nos defender dos invasores.

21 Vocês, povo de Edom e de Uz, podem rir;
alegrem-se enquanto há tempo,
pois a sua desgraça também está chegando.
Vocês vão ficar bêbados e nus.

22 Jerusalém já recebeu o castigo pelos seus pecados.
O SENHOR não deixará que os seus moradores
fiquem espalhados em terras estrangeiras.
Mas vocês, povo de Edom, serão castigados por Deus;
ele fará com que todos fiquem conhecendo os pecados de vocês.

Oração pedindo misericórdia

5 Ó SENHOR Deus, lembra do que nos aconteceu;
olha para nós e vê a nossa desgraça.

2 A nossa terra está nas mãos de estrangeiros,
e em nossas casas mora gente estranha.

3 Somos órfãos de pai;
as nossas mães ficaram viúvas.

4 Temos de comprar a nossa própria água de beber;

temos de pagar pela nossa própria
lenha.

5 Os nossos inimigos nos tratam
com dureza;
estamos esgotados, porém não nos
deixam descansar.

6 Para termos o que comer,
precisamos de pedir,
estendendo as mãos aos egípcios e
aos assírios.

7 Os nossos antepassados pecaram e
não existem mais,
e nós sofremos por causa dos seus
pecados.

8 Somos governados por escravos,
e não há ninguém que nos livre das
suas mãos.

9 Corremos perigo para conseguir
alimento,
pois os bandidos do deserto nos
atacam sem dó.

10 A fome nos faz queimar de febre,
de modo que a nossa pele fica
quente como um forno.

11 Em Jerusalém e nas cidades de
Judá,
mulheres e moças foram
violentadas.

12 Os inimigos enforcaram os nossos
líderes
e desrespeitaram os nossos velhos.

13 Os nossos moços são forçados a
trabalhar pesado nos moinhos;
os meninos tropeçam, carregando
feixes de lenha.

14 Os velhos não fazem mais as suas
rodinhas nas praças,
e os moços já não cantam mais.

15 A alegria fugiu do nosso coração;
em lugar das nossas danças, ficou a
tristeza.

16 Nada sobrou daquilo que era o
nosso orgulho.
Nós pecamos e estamos
condenados.

17 O nosso coração está doente,
e as lágrimas escurecem a nossa
visão,

18 porque o monte *Sião está
abandonado,
e as raposas andam pelas ruínas.

19 Mas tu, ó SENHOR, reinas para
sempre,
tu dominas as gentes de todos os
tempos.

20 Por que nos abandonaste por
tanto tempo?
Será que lembrarás de nós outra vez?

21 Faze com que voltemos a ti, ó
SENHOR,
sim, faze-nos voltar!
Faze com que a nossa vida seja
outra vez como era antes.

22 Ou será que nos rejeitaste para
sempre?
Será que a tua *ira contra nós nunca
vai acabar?

Ezequiel

Arrependa-se e viva

— Se um homem mau parar de pecar, se guardar as minhas leis e se fizer o que é certo e bom, não morrerá; é certo que viverá. Todos os seus pecados serão perdoados, e ele viverá porque fez o que é certo. Vocês pensam que eu gosto de ver um homem mau morrer? — pergunta o SENHOR Deus. — Não! Eu gostaria mais de vê-lo arrepender-se e viver.

Ezequiel 18:21-23

Autor Ezequiel
Data 593-571 a.C.
Local Babilônia
Público-alvo Os judeus que estavam cativos na Babilônia

O livro de Ezequiel foi escrito durante alguns dos dias mais tenebrosos do povo de Deus. Os reinos tinham sido atacados e destruídos, e muita gente tinha sido morta ou arrastada para o exílio. O sacerdote e profeta Ezequiel era um desses exilados que viviam na Babilônia. Deus veio a ele e lhe disse o que fazer para chamar a atenção dos israelitas, e parte disso parece bem violenta. Algumas das descrições de suas visões lembram muito avistamentos de óvnis: enormes objetos voadores, figuras inumanas e luzes brilhantes. Certa vez, ele ficou deitado em público, todo amarrado com cordas, por 430 dias. Outra vez, ele cavou um buraco na parede de sua casa, arrumou as malas e saiu rastejando, fingindo que estava indo para o exílio. As lições práticas tinham, com certeza, tudo a ver com ele. Sua profecia era, em parte, palavras e, em parte, exposição. Por causa disso, este livro pode ser extremamente difícil de entender. O que tudo isso significa? E como aplicá-lo a você?

Ponto essencial
Enquanto Jeremias advertia os israelitas em Judá sobre a destruição que viria sobre eles, Ezequiel estava dizendo a mesma coisa na Babilônia. O pecado dos israelitas seria a sua queda, e cabia a Ezequiel informá-los e incentivá-los a se arrepender. Sua mensagem, como a de todos os profetas, tinha a ver com a boa vontade de Deus de trazer seus filhos de volta, uma vez que estivessem dispostos a abandonar seus maus caminhos e a voltar para ele.

A mensagem mais importante que você pode tirar disso tem a ver com a desobediência do povo de Deus e a disciplina que Deus usou para mostrar ao seu povo quem ele é. Os israelitas tinham se voltado para outros deuses e se esquecido do Senhor. Eles começaram a agir como as pessoas com quem viviam. Mas, uma vez que Deus estava ativo na vida de seu povo, ele não podia deixar que os israelitas continuassem a entender tudo errado, então ele enviou Ezequiel para adverti-los.

Quando os tempos ruins chegam, é fácil ter a impressão de que Deus se esqueceu de você. Mas até os momentos mais terríveis podem ser uma oportunidade de esperança e mudança de conceitos. Deus não é uma figura distante que fez o mundo e, então, só o observa enquanto ele gira descontrolado, e o livro de Ezequiel prova isso. Deus permite que as pessoas se metam em apuros só por um tempo e, então, ele faz algo para chamar a atenção delas. Essas profecias foram escritas para mostrar às pessoas como elas estavam afastadas de Deus, e para lembrá-las de que ele iria trazê-las de volta se estivessem prontas para fazer uma mudança. Às vezes, os atos de Deus parecem estranhos e até cruéis, mas é preciso se lembrar de que Deus sempre age por amor e justiça, e seu objetivo é sempre trazer seu povo de volta para si mesmo (veja Ezequiel 18:21-32).

Coisas para procurar

- Descrições vívidas das visões de Ezequiel (veja Ezequiel 1—3; 8—11; 37; 40—48)
- Referências ao apocalipse (fim dos tempos)
- As muitas vezes em que Deus diz "eles ficarão sabendo que eu sou o SENHOR" (aproximadamente vinte vezes)

Termos e versículos que você deve saber

O SENHOR está aqui: Expressão usada por Ezequiel para descrever a cidade santa de Jerusalém (veja Ezequiel 48:35).

Oráculo: A mensagem enviada por Deus, por exemplo, profecia ou direção. Também pode ser usado para descrever o lugar santo no templo.

— Eu lhes darei um coração novo e uma nova mente. Tirarei deles o coração de pedra, desobediente, e lhes darei um coração humano, obediente.
(Ezequiel 11:19)

— Por isso, diga aos israelitas que eu, o SENHOR Deus, estou dizendo o seguinte: "Arrependam-se e abandonem os seus ídolos nojentos".
(Ezequiel 14:6)

A PRIMEIRA VISÃO DE EZEQUIEL
Caps. 1—7

O trono de Deus

1 No dia cinco do quarto mês do ano trin-
ta, eu, o sacerdote Ezequiel, filho de
Buzi, vivia na Babilônia, na beira do rio
Quebar, junto com os judeus que haviam
sido levados para lá como prisioneiros. O
céu se abriu, e eu tive uma visão de Deus.
2 Quando isso aconteceu, fazia cinco anos
que o rei Joaquim estava preso. 3 Ali na Ba-
bilônia, na beira do rio Quebar, eu ouvi o
SENHOR falar comigo e senti o seu poder.
4 Olhei e vi uma tempestade que vi-
nha do Norte. Raios saíam de uma nu-
vem enorme. Em volta da nuvem, o céu
estava em fogo, e no meio do fogo havia
uma coisa que brilhava como bronze. 5 No
meio da tempestade, vi o que me pare-
ciam quatro animais. A sua forma era de
gente, 6 porém cada um tinha quatro caras
e quatro asas. 7 As pernas deles eram retas
e tinham cascos que eram parecidos com
cascos de touro e que brilhavam como
bronze polido. 8 Além das quatro caras
e das quatro asas, cada um tinha quatro

mãos de gente, uma debaixo de cada asa.
9 Duas asas de cada animal estavam aber-
tas, com as pontas tocando uma na outra.
Assim os animais formavam um quadrado
e andavam em grupo, sem virar o corpo.

10 Cada animal tinha quatro caras dife-
rentes: na frente, a cara era de gente; do
lado direito, era de leão; do lado esquer-
do, era de boi; e atrás a cara era de águia.
11 Duas asas de cada animal se abriam
para cima e tocavam as pontas das asas
dos animais que estavam ao seu lado; e
com as outras duas asas eles cobriam o
corpo. 12 Cada animal podia olhar para as
quatro direções, e por isso o grupo ia aon-
de queria, sem precisar virar.

13 Entre os animais havia uma coisa
que parecia uma tocha acesa e que esta-
va sempre em movimento. O fogo aumen-
tava, e do fogo saíam relâmpagos. 14 E os
animais corriam para cá e para lá como
relâmpagos.

15 Quando eu estava olhando para os
quatro animais, vi quatro rodas no chão,
uma ao lado de cada um deles. 16 As qua-
tro rodas eram iguais e brilhavam como
pedras preciosas. Dentro de cada roda
havia outra roda, atravessada, 17 e assim,
sem virar, as rodas podiam rodar em
qualquer direção. 18 Os aros das rodas
eram cobertos de olhos.

19 Quando os animais andavam, as rodas
rodavam ao lado deles; quando os ani-
mais subiam da terra, as rodas também
subiam. 20 Os animais iam aonde queriam,
e as rodas faziam o que os animais faziam
porque os animais as controlavam. 21 As-
sim, toda vez que os animais andavam ou
paravam ou subiam do chão, as rodas fa-
ziam o mesmo.

22 Acima das cabeças dos animais havia
uma coisa que parecia uma cobertura cur-
va feita de cristal brilhante. 23 Debaixo da
cobertura, cada animal abria duas asas na
direção das asas do outro que estava ao
seu lado e cobria o corpo com as outras
duas asas. 24 Eu ouvi o barulho das suas
asas quando voavam. Era como o rugido
do mar, como o barulho de um grande
exército, como a voz do Deus Todo-Po-
deroso. Quando paravam de voar, abai-
xavam as asas, 25 mas ainda se ouvia um
som que vinha de cima da cobertura que
estava sobre as cabeças deles.

26 Acima da cobertura curva havia uma
coisa parecida com um trono feito de *sa-
fira. Nele, estava sentado alguém que
parecia um homem 27 e que brilhava como
se fosse bronze no meio do fogo. Todo ele
brilhava com o mesmo clarão de fogo. 28 E
a sua luz tinha todas as cores do arco-íris
nas nuvens. Esta era a luz brilhante que
mostra a presença da *glória do SENHOR.

Deus chama Ezequiel para ser profeta

2 Quando vi isso, caí e encostei o rosto
no chão. Então ouvi uma voz que dizia:
— *Homem mortal, fique de pé. Eu que-
ro falar com você.

2 Enquanto a voz falava, o Espírito de
Deus entrou em mim e me fez ficar em
pé. E eu ouvi a voz dizer:

3 — Homem mortal, eu o estou mandan-
do ao povo de Israel, que se revoltou e se
virou contra mim. Eles ainda são rebel-
des, como os antepassados deles também
eram. 4 São teimosos e não me respeitam.
Estou mandando você para dizer a eles
aquilo que eu, o SENHOR Deus, quero di-
zer. 5 Tanto se derem atenção a você como
se não derem, eles vão saber que um *pro-
feta esteve no meio deles.

6 — Mas você, homem mortal, não pre-
cisa ficar com medo deles, nem do que
eles disserem. Eles o desafiarão e despre-
zarão; viver no meio deles será como vi-
ver no meio de escorpiões. Mesmo assim,
não tenha medo daqueles rebeldes, nem
de qualquer coisa que eles disserem. 7 Di-
ga-lhes tudo o que eu mandar, quer eles
lhe deem atenção ou não. Lembre que
eles são teimosos.

8 — Homem mortal, preste atenção no
que eu estou dizendo. Não seja teimoso
como eles. Abra a boca e coma o que vou
dar a você.

9 Aí eu vi uma mão que se estendia para
mim, segurando um rolo. 10 Ela o desenro-
lou, e vi que nos dois lados havia coisas
escritas. E o que estava escrito eram gri-
tos de dor, lamentos e gemidos.

3 Deus disse:
— *Homem mortal, coma esse rolo;
depois, vá e fale ao povo de Israel.

2 Então abri a boca, e ele me deu o rolo
para comer. 3 E disse:

— Homem mortal, coma esse rolo que
lhe estou dando; encha o seu estômago
com ele.

Eu comi, e era doce como mel.

4 Então Deus disse:

— Homem mortal, vá e diga ao povo
de Israel o que eu ordenar. 5 Não estou
enviando você a uma nação que fala uma

DEVOCIONAL

Texto para leitura: **Ezequiel 2:3-8**

Conheça a si mesma

Ser legal sempre é a escolha mais inteligente? Às vezes, a gente é legal só para manter a paz. Sua amiga pergunta se você acha que ela tem problema com fofocas, e, mesmo sabendo que ela tem, você diz que não para que ela não faça fofocas sobre você. Ou você tem uma amiga que é ruim com outras pessoas, mas você não diz nada porque não quer brigar. Cuidado quando você for legal para se proteger, porque você talvez só esteja se colocando acima de Deus. Às vezes, você, assim como o profeta Ezequiel, precisa falar mais alto, e isso pode significar repreender as pessoas. É muito mais fácil ser só legal e evitar totalmente o conflito. Mas quando o pecado está em questão, ser legal e não dizer nada que possa ofender é algo que está contribuindo para esse pecado, e indica até mesmo que você está participando dele.

Como uma Garota de Deus, você precisa ser corajosa para falar a Palavra de Deus. Isso significa falar a verdade, mesmo quando as pessoas não quiserem ouvi-la. Elas estarão esperando seu "amor", o que significa deixar que vivam negando o pecado. Mas isso não é amor, mas sim medo. Você não precisa temer ninguém, a não ser Deus.

Esta não é uma carta branca para você sair por aí criticando todo mundo, mas um chamado à honestidade quando ela for necessária. Quando seus amigos pedirem sua opinião sobre algo, você tem a obrigação de dizer a verdade, ainda que isso doa. Mas você não precisa sair por aí tentando entender o pecado de todo mundo; isso é como jogar pérolas aos porcos (veja Mateus 7:6) — eles simplesmente não estão interessados. Mas, quando tiver uma abertura ou até um convite, não perca a oportunidade. Fale a Palavra de Deus e corra o risco de ver o alvoroço e até a ira dos outros, de modo que você possa servir a Deus, e não a si mesma.

língua estrangeira difícil, mas aos israe-
litas. 6 Se eu o enviasse a grandes nações
que falam línguas difíceis que você não
pudesse entender, elas dariam atenção a
você. 7 Porém o povo de Israel não vai lhe
dar atenção, pois eles não querem ouvir o
que eu digo. Todos eles são teimosos e re-
beldes. 8 Mas agora eu vou fazer com que
você se torne tão teimoso e duro como
eles. 9 Farei com que você fique tão for-
te como uma rocha e tão duro como um
diamante. Por isso, não tenha medo, nem
se assuste com esses rebeldes.

10 E Deus continuou:

— Homem mortal, preste bem atenção
e lembre tudo o que lhe estou dizendo.
11 Depois, vá falar com os seus patrícios
que foram levados para o *cativeiro. Diga-
-lhes o que eu, o SENHOR Deus, estou di-
zendo, tanto se lhe derem atenção como
se não derem.

12 Então o Espírito de Deus me levou
para o alto, e ouvi atrás de mim uma voz
forte como um trovão. A voz gritava:

— Louvem nos altos céus a *glória do
SENHOR!

13 Ouvi as asas dos animais batendo jun-
tas no ar e também o barulho das rodas,
que era tão forte como o de um trovão.
14 Aí o poder do SENHOR me dominou, e
o seu Espírito me levou dali; aí eu fiquei
zangado e cheio de amargura. 15 Então fui
a Tel-Abibe, na beira do rio Quebar, onde
estavam vivendo os judeus que haviam
sido levados como prisioneiros. E fiquei
ali sete dias, espantado com o que tinha
visto e ouvido.

O profeta como vigia

Ezequiel 33.1-9

16 Depois desses sete dias, o SENHOR
Deus falou comigo assim:

17 — *Homem mortal, eu o estou pondo
como vigia para a nação de Israel. Você
entregará a eles os avisos que eu lhe der.
18 Se eu anunciar que um homem mau vai
morrer, e você não avisar esse homem
para que pare de fazer o mal e assim sal-
ve a sua vida, ele morrerá como pecador,
e você será o responsável pela morte dele.
19 Se você avisar um homem mau, e ele
não deixar de pecar, ele morrerá ainda
pecador, mas você não morrerá.
20 — Se um homem direito começar a
fazer o mal, e eu o puser em uma situa-
ção perigosa, ele morrerá se você não o
avisar. Ele morrerá por causa dos pecados
dele, e eu não lembrarei do bem que ele
fez. E você será responsável pela morte
dele. 21 Se você avisar um homem direito
para que não peque, e, se ele der atenção
a você e não pecar, então ele ficará vivo, e
você também não morrerá.

Ezequiel fica mudo

22 Eu senti a presença poderosa do SE-
NHOR Deus e o ouvi dizer o seguinte:
— Levante-se e vá até o vale, que eu
falarei com você ali.
23 Então fui até o vale e lá vi a *glória do
SENHOR, como já havia visto na beira do
rio Quebar. Eu caí com o rosto no chão,
24 mas o Espírito de Deus entrou em mim
e me pôs de pé. E Deus me disse:
— Vá para casa e feche-se dentro dela.
25 Você, *homem mortal, vai ser amarra-
do com cordas e não poderá sair. 26 Vou
paralisar a sua língua, e você não poderá
avisar essa gente rebelde. 27 Depois, quan-
do eu falar de novo com você e lhe de-
volver a fala, você dirá a esse povo o que
eu, o SENHOR Deus, disser. Alguns deles
vão ouvir, mas outros não, porque são um
povo rebelde.

Mensagem a respeito de Jerusalém

4 Deus disse:
— *Homem mortal, pegue um tijolo,
ponha na sua frente e faça nele um dese-
nho da cidade de Jerusalém. 2 Nesse dese-
nho, a cidade deverá estar cercada pelos
inimigos, com rampas e torres de ataque,
com um acampamento e com máquinas
de derrubar muralhas. 3 Pegue uma frigi-
deira de ferro e ponha como se fosse um
muro entre você e a cidade. Vire o rosto
na direção da cidade. Ela está cercada, e é
você quem a está cercando. Isso será um
sinal para o povo de Israel.
4-5 — Deite-se do lado esquerdo, que eu
vou colocar sobre você a culpa do povo
de Israel. Você ficará deitado ali, carre-
gando o pecado deles durante trezentos
e noventa dias, porque eu o condenei a
um dia para cada ano de castigo do povo.
6 Quando você terminar isso, vire do lado
direito e carregue o pecado de Judá du-
rante quarenta dias, isto é, um dia para
cada ano do castigo deles.
7 — Olhe firme para Jerusalém cercada
pelos inimigos. Então arregace as man-
gas e *profetize contra a cidade. 8 Eu vou
amarrá-lo, e assim você não poderá virar
de um lado para outro até que os inimigos
deixem de cercar a cidade.
9 — Agora, pegue trigo, *cevada, ervi-
lhas, lentilhas, trigo miúdo e aveia. Mis-
ture tudo e faça pão. É isso o que você
vai comer durante os trezentos e noventa
dias em que estiver deitado do lado es-
querdo. 10 Você só vai poder comer qua-
tro pãezinhos por dia e coma aos poucos.
11 A água que beber também será medida:
dois copos por dia, para beber aos pou-
cos. 12 Você fará fogo com fezes secas, de
gente, assará o pão nas brasas e comerá
esse pão em um lugar onde possa ser vis-
to por todos.
13 O SENHOR disse também:
— Quando eu espalhar os israelitas por
outros países, é assim que eles terão de
comer alimentos que a *lei proíbe.
14 Mas eu respondi:
— Ó SENHOR, meu Deus, isso não! Eu
nunca me manchei comendo comida *im-
pura. Desde criança, nunca comi carne de
nenhum animal que tivesse tido morte
natural ou que tivesse sido despedaçado
por animais ferozes.
15 Aí o SENHOR disse:
— Está bem. Eu vou deixar você usar
esterco de vaca para fazer fogo; asse o seu
pão em cima dele.
16 E disse mais:
— Homem mortal, eu não vou deixar
que a cidade de Jerusalém receba pão. En-
tão o povo, aflito, vai racionar a comida
e a água. 17 Eles vão ficar sem pão e sem
água. Ficarão desesperados e acabarão
morrendo por causa dos seus pecados.

Ezequiel corta o cabelo

5 Deus disse:
— *Homem mortal, pegue uma es-
pada afiada e com ela corte a barba e
os cabelos. Depois, pese os cabelos e os

pelos numa balança e divida-os em três partes. 2 Quando os inimigos deixarem de cercar a cidade, vá ao centro e queime ali uma terça parte desses cabelos e pelos. Depois, ande em volta da cidade e vá picando outra terça parte com a espada. Jogue a última terça parte para o ar, e o vento a levará. Aí eu a atacarei com a minha espada. 3 Guarde alguns fios de cabelo e prenda-os na barra da sua roupa. 4 Então tire dali alguns fios, jogue-os no fogo e deixe queimar. O fogo que sairá deles se espalhará por toda a nação de Israel.

5 O SENHOR Deus disse:

— Olhe para a cidade de Jerusalém. Eu a coloquei no centro do mundo e pus os outros países em volta dela. 6 Mas Jerusalém se revoltou contra os meus mandamentos e acabou se tornando mais perversa do que as outras nações, mais desobediente do que os povos que estão em volta dela. Jerusalém rejeitou os meus mandamentos e não quis guardar as minhas *leis. 7 Agora, Jerusalém, preste atenção no que eu, o SENHOR Deus, estou dizendo. Vocês não obedeceram às minhas leis, nem guardaram os meus mandamentos e por isso têm causado mais confusão do que as nações que estão ao seu redor. Vocês têm seguido os costumes de outras nações. 8 Por isso, eu, o SENHOR Deus, digo que estou contra vocês. Eu os julgarei num lugar onde todos os povos possam ver. 9 Por causa de todas as coisas horríveis que vocês fazem, eu castigarei Jerusalém como nunca fiz antes e como nunca mais farei. 10 Como resultado, em Jerusalém os pais vão devorar os próprios filhos, e os filhos vão devorar os pais. Eu castigarei vocês; e os que ficarem vivos serão espalhados em todas as direções.

11 — Portanto, esta é a palavra do SENHOR Deus: Vocês *profanaram o meu Templo com tudo o que é mau e sujo, e por isso juro pela minha vida que eu os destruirei sem dó nem piedade. 12 Uma terça parte do povo morrerá de peste e de fome dentro da cidade; outra terça parte será morta por espadas fora da cidade; e a outra terça parte eu espalharei aos ventos e a perseguirei com uma espada.

13 — Vocês sentirão toda a força da minha *ira e do meu furor, até que eu fique satisfeito. Quando tudo isso acontecer, vocês ficarão convencidos de que eu, o SENHOR, lhes disse todas essas coisas porque fui ofendido pela infidelidade de vocês. 14 Eu farei com que você, Jerusalém, fique arrasada, e por isso as nações ao seu redor e os que passarem por você vão zombar dos seus moradores.

15 — Quando eu ficar *irado e furioso com vocês e castigá-los, todas as nações vizinhas ficarão espantadas. Olharão para vocês com nojo e zombarão. 16 Não vou deixar que vocês recebam comida de fora, e assim morrerão de fome. Vocês sentirão as dores da fome como se fossem flechas pontudas mandadas para destruí-los. 17 Mandarei fome e animais ferozes para matarem os seus filhos e peste, violência e guerra para matarem vocês. Eu, o SENHOR, falei.

Deus condena a adoração de ídolos

6 O SENHOR Deus falou comigo assim:

2 — *Homem mortal, olhe para as montanhas de Israel e dê a elas a minha mensagem. 3 Diga que ouçam a palavra do SENHOR Deus, que ouçam aquilo que estou dizendo às montanhas, às colinas, aos desfiladeiros e aos vales: Eu, o SENHOR Deus, mandarei uma espada para destruir os lugares onde o povo adora ídolos. 4 Os altares de *sacrifícios e os altares onde se queima incenso serão derrubados e arrasados. Todas as pessoas dali serão mortas na frente dos seus ídolos. 5 Espalharei os cadáveres do povo de Israel; espalharei os ossos deles em volta dos altares. 6 Todas as cidades de Israel serão arrasadas, e os lugares onde se adoram ídolos serão destruídos. Assim todos os seus altares e os seus ídolos serão quebrados, os seus altares de incenso serão arrebentados, e tudo o que fizeram desaparecerá. 7 Pessoas serão mortas por toda parte, e os que ficarem vivos reconhecerão que eu sou o SENHOR.

8 — No entanto, deixarei que alguns escapem da matança e sejam espalhados entre as nações 9 para onde forem levados como prisioneiros. Ali eles lembrarão de mim e saberão que eu os castiguei e os envergonhei porque o seu coração infiel me abandonou, e, em vez de me adorarem, eles preferiram adorar ídolos. E eles odiarão a si mesmos por causa das suas maldades e das coisas nojentas que fizeram. 10 Saberão que eu sou o SENHOR e que as minhas ameaças não foram feitas à toa.

Pergunte a si mesma...

O livro de Ezequiel está cheio de palavras inflamadas de Deus. Os israelitas pecavam, e Deus ficava louco. Você já imaginou Deus louco com você? Pergunte a si mesma:

- Eu me sinto como se Deus estivesse zangado comigo por algo que fiz?
- O que ele exige das pessoas que o deixam zangado por causa do pecado?
- Como Jesus cuidou disso para mim?
- O que Deus exige para perdoar aqueles que aceitaram o sacrifício de Jesus?
- Como a vida é diferente deste lado da cruz?

Os pecados de Israel

11 O SENHOR Deus disse:
— Ezequiel, torça as mãos, bata os pés
e grite de tristeza por causa de todas as
coisas más e nojentas que os israelitas fi-
zeram. Eles morrerão na guerra, de fome
e de doença. 12 Os que estiverem longe fi-
carão doentes e morrerão; os que estive-
rem perto serão mortos na guerra. Os que
restarem morrerão de fome. Eles sentirão
toda a força da minha *ira. 13 Corpos de
mortos serão espalhados entre os ídolos
e em volta dos altares. Esses corpos se-
rão espalhados nos lugares onde o povo
queimou *sacrifícios aos seus ídolos, isto
é, em todos os lugares altos, no alto de
todas as montanhas, debaixo de todas as
árvores verdes e de todos os grandes car-
valhos. Então todos saberão que eu sou
o SENHOR. 14 Levantarei a mão e destrui-
rei o país deles. Desde o deserto, no Sul,
até a cidade de Ribla, no Norte, eu farei
com que a sua terra fique abandonada e
não terei pena de nenhum lugar onde os
israelitas vivem. Então todos ficarão sa-
bendo que eu sou o SENHOR.

O fim está próximo

7 O SENHOR Deus falou comigo assim:
2 — *Homem mortal, é isto o que eu,
o SENHOR Deus, estou dizendo à terra de
Israel: Tudo está acabado! Este é o fim
do país inteiro!
3 — Povo de Israel, o fim chegou. Vo-
cês sentirão a minha *ira, pois eu os es-
tou julgando pelo que fizeram. Farei com
que vocês sofram porque fizeram coisas
imorais. 4 Vou castigá-los sem dó nem pie-
dade. Eu os castigarei pelas coisas nojen-
tas que fizeram, para que vocês fiquem
sabendo que eu sou o SENHOR.
5 O que o SENHOR Deus diz é isto:
— Cairão sobre vocês desastres, um em
cima do outro. 6 Tudo está terminado. É
o fim. Vocês estão acabados. 7 O fim está
chegando para vocês que moram nesta
terra. Está se aproximando o tempo em
que nos santuários das montanhas não
haverá mais festas, mas somente confu-
são.
8 — Logo vocês vão sentir toda a for-
ça da minha ira. Eu estou julgando vocês
pelo que têm feito. Farei com que sofram
as consequências do seu nojento modo de
agir. 9 Não pouparei vocês, nem terei pie-
dade. Eu os castigarei pelas coisas imo-
rais que têm feito, de modo que vocês sa-
berão que eu sou o SENHOR e que sou eu
quem os castiga.
10 O dia da desgraça está chegando. Por
toda parte há violência. O orgulho cres-
ce. 11 A violência aumenta e é um castigo
para a maldade do povo. Tudo o que é
deles desaparecerá: a sua riqueza, a sua
fama, a sua *glória.
12 O tempo está chegando. Está perto o
dia em que não adiantará mais comprar,
nem vender, pois a ira do SENHOR cairá
igualmente sobre todos. 13 Nenhum co-
merciante viverá o suficiente para tornar
a ganhar tudo o que perdeu, pois a ira do
SENHOR cairá sobre todos. Os maus não
continuarão a viver. 14 São tocadas as cor-
netas, e todos se preparam. Mas ninguém
sai para a guerra porque a ira do SENHOR
cairá sobre todos igualmente.

Castigo para o povo de Israel

15 Há luta *nas ruas*, e peste e fome nas
casas. Quem estiver no campo morrerá na
batalha, e quem estiver na cidade será de-
vorado pela peste e pela fome. 16 Alguns,
como pombas dos vales, fugirão para as
montanhas. E todos gemerão por causa
dos seus pecados. 17 As mãos de todos per-
derão as forças, e os seus joelhos treme-
rão. 18 Em sinal de tristeza, eles vestirão
roupa feita de pano grosseiro e tremerão
como varas verdes. As cabeças deles se-
rão rapadas, e todos passarão vergonha.

19 Jogarão o seu ouro e a sua prata nas ruas como lixo porque, quando Deus ficar enfurecido, nem ouro nem prata poderão salvá-los. Eles não poderão usá-los para satisfazer aos seus desejos ou encherem os seus estômagos. O ouro e a prata os levaram a pecar. 20 Eles se orgulhavam das suas lindas joias, porém as usaram para fazer ídolos nojentos. Foi por isso que Deus fez com que eles ficassem com nojo das suas riquezas.

21 — Eu vou deixar que estrangeiros os roubem! — diz o SENHOR. — Os maus pegarão toda a sua riqueza e a tratarão como se fosse uma coisa imunda. 22 Não farei nada quando o meu Templo for desrespeitado, quando ladrões o invadirem e *profanarem.

23 — Tudo é confusão. A terra está cheia de assassinos, e as cidades estão cheias de violência. 24 Trarei aqui as nações mais perversas e lhes darei as casas de vocês. Quando eu deixar as nações pagãs profanarem os lugares onde vocês adoram, até os homens fortes perderão a confiança em si mesmos. 25 O desespero está chegando. Vocês procurarão a paz, porém não a encontrarão. 26 Haverá desgraça após desgraça, e más notícias em cima de más notícias. Vocês pedirão que os *profetas expliquem o que eles estão vendo que vai acontecer. Os sacerdotes não terão nada para ensinar ao povo, e os velhos não terão conselhos para dar. 27 O rei chorará, o príncipe perderá as esperanças, e o povo tremerá de medo. Eu castigarei vocês por tudo o que fizeram e os julgarei do modo como vocês julgaram os outros. Isso mostrará que eu sou o SENHOR.

A SEGUNDA VISÃO DE EZEQUIEL
Caps. 8—10

A idolatria em Jerusalém

8 Um dia, os líderes do povo de Judá estavam me visitando em casa. Fazia exatamente seis anos, seis meses e cinco dias que eles tinham sido levados como prisioneiros. De repente, o poder do SENHOR Deus veio sobre mim. 2 Olhei e tive *uma visão:* nela, vi um ser que parecia feito de fogo. Da cintura para baixo, o seu corpo parecia fogo e da cintura para cima brilhava como bronze polido. 3 Ele estendeu o que parecia uma mão e me agarrou pelos cabelos. E nessa visão o Espírito de Deus me levantou bem alto no ar e me levou a Jerusalém. Ele me levou até a parte de dentro do portão norte do Templo, onde havia um ídolo que era uma ofensa contra Deus.

4 Ali, eu vi a *glória do Deus de Israel, como eu tinha visto na minha visão perto do rio Quebar.

5 Deus me disse:

— *Homem mortal, olhe para o norte.

Olhei e ali, perto do altar, na entrada do portão, vi o ídolo que era uma ofensa contra Deus.

6 E Deus me disse:

— Homem mortal, você vê o que está acontecendo? Olhe para as coisas nojentas que o povo de Israel está fazendo aqui para me afastar cada vez mais do meu lugar santo. Você verá coisas ainda mais vergonhosas do que essas.

7 Ele me levou até a entrada do pátio de fora e me mostrou um buraco na parede. 8 E disse:

— Homem mortal, arrebente esta parede.

Arrebentei a parede e encontrei uma porta. 9 Então ele me disse:

— Entre e veja as coisas imorais e vergonhosas que estão fazendo aí dentro.

10 Entrei e olhei. As paredes estavam cobertas com desenhos de cobras e outros animais *impuros e de outras coisas que os israelitas estavam adorando. 11 Setenta líderes israelitas se achavam ali, e entre eles estava Jazanias, filho de Safã. Cada um segurava um queimador de incenso, do qual saía fumaça. 12 Aí Deus me perguntou:

— Homem mortal, você está vendo o que os líderes israelitas estão fazendo em segredo? Estão prestando culto em um salão cheio de imagens. A desculpa deles é esta: "O SENHOR Deus não está vendo. Ele abandonou o país."

13 Depois, Deus me disse o seguinte:

— Você verá esses líderes fazendo coisas ainda mais vergonhosas do que isso.

14 Aí ele me levou até o portão norte do Templo e me mostrou mulheres chorando a morte do deus Tamuz.

15 O SENHOR Deus perguntou:

— Homem mortal, você está vendo isso? Pois verá coisas ainda mais vergonhosas.

16 Depois, ele me levou para o pátio interno do Templo. Ali, perto da entrada do Templo, entre o altar e o corredor, havia

DEVOCIONAL

Texto para leitura: **Ezequiel 8:9-12**

Conheça a Deus

Deus odeia ídolos. Ele os considera coisas pecaminosas e nojentas. Ídolo é qualquer coisa que leve você à obsessão e a que você recorra em busca de respostas, esperança, paz, conforto ou qualquer coisa que Deus quer prover para você. Todos nós temos ídolos; apenas não sabemos disso. Isso acontece porque eles se tornaram parte de nós. Muitas vezes, eles nos controlam tanto que não podemos nem distingui-los de nossa própria personalidade. Controlam o que pensamos e o que fazemos. Dizem coisas como: "Você merece mais do que isso", "Você tem de conseguir o que quer" e "A vida não é justa". Eles fazem grandes exigências ao nosso coração e à nossa vida, querendo que os sirvamos a todo custo.

Você talvez não reconheça a voz de seus ídolos, mas é provável que ela esteja aí, em seu íntimo. Para amar e servir a Deus, você precisa se recusar a servir aos ídolos. Você não pode ter dois deuses; não é assim que as coisas funcionam. Para reconhecer seus ídolos, pergunte a si mesma em que você mais pensa, sem o que você não consegue viver e onde lhe falta autocontrole. Ao examinar essas áreas de si mesma, é muito provável que você encontre lugares em que outra coisa além do Senhor a controla, e aí estão seus ídolos.

Não crie inimizade com Deus ao seguir ídolos. Tenha coragem de se libertar hoje. Rejeite, renuncie e oponha-se a eles. É a única maneira de servir a Deus, e será a resposta para sua escravidão. Nada pode controlar a Garota de Deus cuja mente está focada em agradar ao Pai, e somente a ele.

uns vinte e cinco homens. Estavam de costas para o Templo, virados para o leste, e se curvavam até ao chão, adorando o sol nascente.
17 Então o SENHOR me disse:
— Homem mortal, você está vendo isso? Essa gente de Judá faz todas as coisas vergonhosas que você viu aqui e ainda não fica satisfeita. Por causa deles há violência por toda parte, no país inteiro. Além disso, eles vêm e fazem essas coisas aqui no Templo e assim me irritam mais ainda. Veja só como me insultam da pior maneira possível!
18 Por causa disso, eles sentirão toda a força da minha *ira. Não deixarei ninguém escapar e não terei pena de ninguém. Eles gritarão com toda a força, pedindo a minha ajuda, mas eu não os atenderei.

O castigo de Jerusalém

9 Aí ouvi o SENHOR dizer em voz bem alta:
— Venham cá vocês, os que vão castigar a cidade. Tragam as suas armas de destruição.
2 Naquele momento, seis homens vieram do Templo, do portão externo que fica ao norte, e cada um carregava uma arma mortal. Com eles estava um homem vestido com uma roupa de linho, que carregava material de escrever. Todos eles vieram e ficaram ao lado do altar de bronze.
3 Então a *glória do Deus de Israel, que estava em cima dos animais com asas, subiu dali e foi para a entrada do Templo. E o SENHOR gritou para o homem vestido com a roupa de linho:
4 — Vá por toda a cidade de Jerusalém e faça um sinal na testa de todas as pessoas que sofrem e se aborrecem por causa de todas as coisas vergonhosas que estão sendo feitas na cidade.
5 E ouvi o SENHOR dizer aos outros homens:
— Vão atrás dele pela cidade e matem todos. Não deixem escapar ninguém; não tenham dó de ninguém.
6 Matem os velhos, os moços, as moças, as mães e as crianças. Mas não toquem em quem tiver

Pergunte a si mesma...

O que você faz em segredo diz muito sobre seus ídolos — aquilo que você mesmo sabendo ser errado não quer renunciar. Pergunte a si mesma:

Que coisas eu faço que não quero que ninguém saiba?
Meu segredo ou meu desejo é esconder o pecado?
O que Ezequiel 8:12 diz sobre guardar segredos de Deus?
Eu acredito que Deus veja todos os meus segredos?
Já confessei a Deus meu desejo de esconder meu pecado?
Como posso me arrepender depois de ter confessado meu pecado?

o sinal na testa. Comecem aqui no meu Templo.

Aí eles começaram a matar os líderes que estavam ali na frente do Templo.

7 O SENHOR lhes disse ainda:

— *Profanem o Templo! Encham de cadáveres os pátios! Comecem o trabalho!

Então eles começaram a matar as pessoas da cidade.

8 Enquanto a matança continuava, fiquei ali sozinho. Eu me atirei no chão, com o rosto encostado na terra, e gritei:

— SENHOR Deus, será que estás tão zangado com Jerusalém, que vais matar todos os que foram deixados em Israel?

9 O SENHOR respondeu:

— O povo de Israel e de Judá é culpado de pecados terríveis. Eles têm matado pessoas no país inteiro e têm enchido Jerusalém de crimes. Eles dizem: "O SENHOR abandonou o nosso país. O SENHOR não está vendo a gente."
10 Por isso, agora não deixarei escapar ninguém e não terei dó de ninguém. Farei com eles o que fizeram com os outros.

11 Então o homem que vestia a roupa de linho e carregava material de escrever voltou e contou tudo ao SENHOR. E disse:

— Fiz tudo como mandaste.

A glória de Deus deixa o Templo

10 Olhei para a cobertura curva que estava sobre as cabeças dos animais com asas, e acima delas havia uma coisa que parecia um trono feito de *safira.
2 E o SENHOR disse ao homem que usava a roupa de linho:

— Passe pelo meio das rodas que ficam debaixo dos animais com asas e encha as mãos com brasas. Depois, espalhe as brasas sobre a cidade.

Eu vi que o homem foi.
3 Quando *ele* entrou, os animais com asas estavam ao sul do Templo, e uma nuvem encheu o pátio de dentro.
4 A *glória do SENHOR saiu de cima dos animais e foi para a entrada do Templo. Então a nuvem encheu o Templo, e o pátio ficou brilhando com a glória do SENHOR.
5 O barulho das asas dos animais era ouvido até no pátio de fora e parecia a voz do Deus Todo-Poderoso.

6 O SENHOR mandou que o homem que usava a roupa de linho tirasse fogo do meio das rodas que estavam debaixo dos animais. O homem entrou e ficou ao lado de uma das rodas.
7 Um dos animais estendeu a mão para o fogo que estava entre eles, pegou algumas brasas e pôs nas mãos do homem. E ele saiu levando as brasas.

8 Vi que cada animal tinha debaixo das asas uma coisa parecida com mão de gente.
9 Também vi que ao lado de cada animal havia uma roda, e as rodas brilhavam como pedras preciosas.
10 Todas eram iguais, e, por dentro, cada uma tinha outra roda, atravessada.
11 Quando os animais andavam, as rodas iam em qualquer direção, sem virar. Todos eles iam juntos na direção que queriam, sem terem de virar.
12 Os corpos dos animais, as costas, as mãos, as asas e as rodas estavam cheios de olhos.
13 Essas rodas eram as mesmas que eu tinha visto na minha primeira visão.

14 Cada animal tinha quatro caras. A primeira cara era de boi, a segunda era de gente, a terceira era de leão, e a quarta era de águia.
15 Eram os mesmos animais que eu tinha visto na beira do rio Quebar. Eles subiam da terra,
16 e, quando andavam, as rodas rodavam com eles. Quando os animais abriam as asas e voavam, as rodas também iam com eles.
17 Quando os animais paravam, as rodas paravam; e, quando os animais voavam, as rodas iam com eles, pois eram controladas por eles.

18 Então a *glória do SENHOR saiu da entrada do Templo e parou por cima dos

animais. 19 Enquanto eu estava olhando,
os animais abriram as asas e subiram da
terra, e as rodas foram com eles. Aí para-
ram no portão leste do Templo, e a glória
do Deus de Israel continuou acima de-
les. 20 Reconheci que estes eram os mes-
mos animais que eu tinha visto debaixo
do Deus de Israel, na beira do rio Quebar.
21 Cada um deles tinha quatro caras e
quatro asas, e debaixo das asas de cada
um havia uma coisa parecida com mão de
gente. 22 As suas caras pareciam as mes-
mas caras que eu tinha visto na beira do
rio Quebar. Cada animal andava direto
para a frente.

O castigo de Jerusalém

11 Então o Espírito de Deus me levou
pelo ar até o portão leste do Tem-
plo. Ali perto, estavam vinte e cinco ho-
mens. No meio deles, vi Jazanias, filho de
Azur, e Pelatias, filho de Benaías. Os dois
eram líderes do povo.
2 Deus me disse:
— *Homem mortal, são estes os dois
homens que fazem planos de maldade e
dão maus conselhos nesta cidade. 3 Eles
dizem: "Logo vamos construir casas de
novo. A cidade é uma panela, e nós somos
como a carne lá dentro, mas pelo menos
estamos protegidos do fogo." 4 Por isso,
homem mortal, *profetize agora contra
eles.
5 Aí o Espírito do SENHOR me dominou,
e o SENHOR me mandou dar esta mensa-
gem ao povo:
— Povo de Israel, eu sei o que vocês es-
tão falando e conheço os planos que es-
tão fazendo. 6 Vocês têm assassinado tan-
ta gente nesta cidade, que as ruas estão
cheias de mortos.
7 — Portanto, eu, o SENHOR Deus, lhes
digo isto: De fato, esta cidade é uma pa-
nela; mas a carne o que é? São os corpos
das pessoas que vocês mataram! Mas eu
expulsarei vocês da cidade. 8 Vocês têm
medo de espadas? Pois trarei homens
com espadas para atacá-los. 9 Levarei vo-
cês para fora da cidade e os entregarei
na mão de estrangeiros. Eu os condenei
à morte, 10 e vocês serão mortos em bata-
lha, no seu próprio país. Então todos fi-
carão sabendo que eu sou o SENHOR. 11 A
panela protege a carne, mas esta cidade
não os protegerá. Eu os castigarei onde
quer que estejam na terra de Israel. 12 Vo-
cês saberão que eu sou o SENHOR. Vocês
guardaram as *leis das nações vizinhas e
ao mesmo tempo quebraram as minhas
leis e desobedeceram aos meus manda-
mentos.
13 Enquanto eu estava profetizando, Pe-
latias, filho de Benaías, caiu morto. Então
me atirei no chão, com o rosto encostado
na terra, e gritei:
— Ó SENHOR, meu Deus, isso não! Será
que vais matar todos os israelitas que so-
braram?

A nova aliança

14 O SENHOR Deus falou comigo assim:
15 — *Homem mortal, o povo que mora
em Jerusalém está falando a respeito de
você e dos seus patrícios, os israelitas que
foram levados como prisioneiros para
fora do seu país. Eles dizem: "Esses is-
raelitas estão longe demais e não têm um
lugar onde adorar o SENHOR. Ele nos deu
esta terra para ser nossa propriedade."
16 — Agora, vá falar com os seus patrí-
cios que foram levados para fora do seu
país e conte a eles o que eu estou dizendo.
Fui eu que os mandei para longe, para o
meio das outras nações, e os espalhei por
outros países. Mas, por um pouco de tem-
po, nas terras para onde foram, eu mesmo
fui para eles um santuário onde podiam
me adorar.
17 — Por isso, diga-lhes o que eu, o SE-
NHOR Deus, estou dizendo. Eu os buscarei
dos países para onde os espalhei e lhes
darei de novo a terra de Israel. 18 Quan-
do voltarem para a sua terra, eles tira-
rão dela todos os ídolos e acabarão com
todos os costumes imorais do povo. 19 Eu
lhes darei um coração novo e uma nova
mente. Tirarei deles o coração de pedra,
desobediente, e lhes darei um coração hu-
mano, obediente. 20 Assim eles cumprirão
as minhas *leis e obedecerão fielmente a
todos os meus mandamentos. Eles serão
o meu povo, e eu serei o Deus deles. 21 Mas
castigarei os que gostam de adorar ído-
los nojentos e de praticar atos imorais.
Eu os castigarei pelo que têm feito. Eu, o
SENHOR Deus, falei.

A glória de Deus se afasta de Jerusalém

22 Os animais com asas começaram a
voar, e as rodas foram com eles. A glória
do Deus de Israel estava por cima deles.
23 Aí a glória do SENHOR se afastou da ci-
dade e foi parar sobre o monte que está a
leste dela. 24 Na visão, o Espírito de Deus

me levantou e me levou de volta até a Ba-
bilônia, onde estavam os prisioneiros. Aí
a visão acabou, 25 e eu contei aos que es-
tavam no *cativeiro tudo o que o SENHOR
me havia mostrado.

O profeta como um refugiado

12 O SENHOR falou comigo assim:
2 — *Homem mortal, você está
vivendo no meio de um povo desobedien-
te. Eles têm olhos, mas não veem nada;
têm ouvidos, mas não ouvem nada, pois
são rebeldes.
3 — Agora, homem mortal, arrume uma
trouxa como se você fosse um refugiado e
saia antes do cair da noite. Deixe que to-
dos vejam que você está saindo para ir a
algum lugar. Pode ser que aqueles rebel-
des o vejam. 4 Para que eles possam vê-
-lo, arrume durante o dia a sua bagagem
de refugiado; e então faça com que eles
vejam você partir à noitinha, como quem
está indo para o *cativeiro. 5 Enquanto eles
estiverem olhando, abra um buraco na
parede da sua casa e saia por ele com a
sua trouxa. 6 Deixe que eles o vejam pôr
a trouxa nas costas e saia no escuro, com
o rosto coberto, para que você não possa
ver aonde vai. O que você fizer será um
aviso para os israelitas.
7 Eu fiz o que o SENHOR mandou. Na-
quele dia, arrumei uma bagagem como
se fosse um refugiado. E naquela tarde,
quando estava escurecendo, fiz com as
minhas próprias mãos um buraco na pa-
rede e saí. E eles me viram quando co-
loquei a trouxa nas costas e fui embora.
8 Na manhã seguinte, o SENHOR me dis-
se:
9 — Homem mortal, esses israelitas re-
beldes estão lhe perguntando o que você
está fazendo. 10 Agora, diga-lhes aquilo
que eu, o SENHOR Deus, estou dizendo
a eles. Esta mensagem é para o príncipe
que governa em Jerusalém e para todo o
povo que mora ali. 11 Diga-lhes que o que
você fez é um sinal daquilo que vai acon-
tecer com eles. Serão refugiados, serão
levados para o cativeiro. 12 O príncipe que
os está governando porá a sua trouxa nas
costas no escuro e escapará por um bu-
raco aberto no muro para ele. Ele cobri-
rá o rosto e não verá para onde estará
indo. 13 Mas eu prepararei a minha arma-
dilha e o apanharei nela. Depois, eu o le-
varei para a cidade de Babilônia, onde ele
morrerá sem chegar a vê-la. 14 Espalharei
em todas as direções todos os que vivem
em volta dele, os seus conselheiros e os
seus guardas; e haverá gente procuran-
do matá-los.
15 — Quando eu os espalhar entre as ou-
tras nações e por países estrangeiros, eles
ficarão sabendo que eu sou o SENHOR.
16 Deixarei alguns escaparem da guerra,
da fome e das doenças, de modo que, lá
no meio das nações, eles compreenderão
o quanto as suas ações foram vergonho-
sas e reconhecerão que eu sou o SENHOR.

Medo da destruição

17 O SENHOR falou assim comigo:
18 — *Homem mortal, trema de medo
quando você comer e estremeça quan-
do beber. 19 Diga ao povo deste país que
esta é a mensagem do SENHOR Deus para
a gente de Jerusalém que ainda está vi-
vendo na sua terra. Quando eles come-
rem, estremecerão; e, quando beberem,
tremerão de medo. Tudo o que existe na
terra deles será tirado, pois todos os que
vivem ali são gente violenta. 20 As cida-
des que agora estão cheias de gente se-
rão destruídas, e o país vai virar um de-
serto. Aí eles ficarão sabendo que eu sou
o SENHOR.

As profecias vão se cumprir

21 O SENHOR falou comigo assim:
22 — *Homem mortal, por que é que
o povo de Israel repete este provérbio:
"O tempo passa, e as *profecias dão em
nada"? 23 Agora, diga a essa gente aquilo
que eu, o SENHOR Deus, penso a respeito
disso. Eu vou acabar com esse provérbio;
ele nunca mais será repetido em Israel.
Diga isto: "O tempo chegou, e o que foi
dito está se cumprindo."
24 — Não haverá mais visões falsas nem
profecias enganadoras no meio do povo
de Israel. 25 Eu, o SENHOR, falarei, e o que
eu disser acontecerá. Não haverá mais de-
moras. Povo rebelde, vocês ainda estarão
vivos quando eu fizer o que prometi. Eu,
o SENHOR Deus, falei.
26 O SENHOR me disse:
27 — Homem mortal, os israelitas pen-
sam que as visões que você tem e as suas
profecias são a respeito de um futuro que
está longe. 28 Por isso, diga a eles o que
eu, o SENHOR Deus, estou dizendo: "Não
haverá mais demoras. O que eu disse vai
acontecer." Eu, o SENHOR Deus, falei.

Os falsos profetas

13 O SENHOR falou comigo assim:
2 — *Homem mortal, fale contra
os *profetas de Israel que inventam as
suas próprias *profecias. Diga-lhes que
escutem a palavra do SENHOR.
3 O que o SENHOR Deus diz é isto:
— Ai desses profetas sem juízo e sem
moral! Eles seguem a sua própria inspi-
ração e inventam as suas próprias visões.
4 Povo de Israel, os seus profetas são como
raposas no meio de ruínas. 5 Eles não de-
fendem os lugares onde as muralhas caí-
ram, nem levantam de novo essas mura-
lhas, e assim, quando a guerra vier no Dia
do SENHOR, o povo de Israel não poderá
se defender. 6 As suas visões são falsas, e
o que eles anunciam é tudo mentira. Eu
não os enviei, mas eles dizem: "A palavra
do SENHOR é esta." E ainda esperam que
as palavras deles se cumpram! 7 Eu lhes
digo: "As visões que vocês veem são fal-
sas, e o que vocês anunciam é tudo men-
tira. Vocês dizem que as palavras são mi-
nhas, mas eu não lhes disse nada."
8 Por isso, o SENHOR Deus diz a eles:
— As suas palavras são falsas, e as suas
visões são mentiras, e por isso eu estou
contra vocês. 9 Eu vou castigá-los, pois são
profetas que têm visões falsas e anunciam
mentiras. Quando o meu povo se reunir
para tomar decisões, vocês não estarão
lá. Os seus nomes não estarão escritos na
lista do povo de Israel. Vocês não voltarão
nunca mais para a sua terra. E assim fica-
rão sabendo que eu sou o SENHOR Deus.
10 — Os profetas enganam o meu povo,
dizendo que tudo vai bem, quando tudo
vai mal! O meu povo construiu uma pa-
rede de tijolos soltos, e os profetas vie-
ram e a rebocaram. 11 Diga a essa gente
que a parede vai cair. Vou mandar chuva
pesada e também chuva de pedra; e um
vento forte soprará contra ela. 12 A pare-
de cairá, e todos perguntarão a vocês de
que adiantou rebocá-la.
13 Portanto, o que o SENHOR Deus diz
é isto:
— No meu furor, mandarei um vento
forte, chuva pesada e chuva de pedra para
destruir essa parede. 14 Derrubarei a pa-
rede que eles rebocaram, e a jogarei no
chão, e deixarei que os alicerces fiquem
aparecendo. Quando a parede cair, vocês
morrerão debaixo dela. Então todos fica-
rão sabendo que eu sou o SENHOR.
15 — A parede e os que a rebocaram
sentirão a força da minha *ira. Então di-
rei a vocês: "A parede não existe mais,
nem aqueles que a rebocaram, 16 isto é,
não existem mais os profetas que afirma-
ram em Jerusalém que tudo ia bem, quan-
do tudo ia mal." Eu, o SENHOR Deus, falei.

As falsas profetisas

17 O SENHOR disse:
— Agora, *homem mortal, olhe para as
mulheres do seu povo que inventam *pro-
fecias. Fale contra elas 18 e diga-lhes que o
SENHOR Deus diz o seguinte: "Ai de vocês!
Pois, a fim de terem poder sobre a vida
dos outros, vocês fazem benzeduras em
pulseiras para todos e preparam véus en-
feitiçados para pessoas de todas as ida-
des. A fim de tirarem vantagens, vocês
querem usar o poder de vida e de morte
no meio do meu povo. 19 Vocês me des-
respeitam na frente do meu povo a fim
de conseguir uns punhados de *cevada e
alguns pedaços de pão. Vocês matam pes-
soas que não deveriam morrer e deixam
vivas pessoas que não merecem viver. Por
isso, dizem mentiras ao meu povo, e eles
acreditam."
20 Agora, o que o SENHOR Deus diz é
isto:
— Eu detesto as pulseiras enfeitiçadas
que vocês usam para controlar a vida e a
morte. Eu as arrancarei dos seus braços e
deixarei livres as pessoas que vocês esta-
vam controlando. 21 Rasgarei os seus véus
e livrarei o meu povo do poder de vocês,
de uma vez por todas. Então todos ficarão
sabendo que eu sou o SENHOR.
22 — Com as mentiras que pregam, vo-
cês desanimam as pessoas direitas. Vo-
cês também dizem às pessoas más que
não abandonem o mal e assim não dei-
xam que elas se salvem. 23 Por isso, agora
as suas falsas visões e as suas profecias
mentirosas se acabaram. Eu vou livrar o
meu povo do poder de vocês, de modo
que vocês ficarão sabendo que eu sou o
SENHOR.

O castigo dos que adoram ídolos

14 Alguns líderes israelitas vieram
me perguntar qual era a vontade
do SENHOR. 2 Então o SENHOR me disse
o seguinte:
3 — *Homem mortal, esses homens de-
ram o seu coração aos ídolos e estão dei-
xando que os ídolos os façam pecar. Será

que pensam que vou lhes dar alguma resposta?

4 — Pois bem, diga aquilo que eu, o SENHOR Deus, estou lhes dizendo: "Todo israelita que sente no coração a vontade de adorar ídolos, que está permitindo que eles o façam pecar e que vai consultar um *profeta receberá a minha resposta. E será a resposta que os seus muitos ídolos merecem. 5 Todos esses ídolos desviaram o meu povo de mim, porém com a minha resposta espero que ele volte a ser fiel a mim como antes."

6 — Por isso, diga aos israelitas que eu, o SENHOR Deus, estou dizendo o seguinte: "Arrependam-se e abandonem os seus ídolos nojentos."

7 — Quando um israelita ou um estrangeiro que mora em Israel se afastar de mim, e for tentado a adorar ídolos e deixar que eles o façam pecar, e então for consultar um profeta — eu, o SENHOR, é que lhe darei a resposta! 8 Eu ficarei contra essa pessoa e farei dela um exemplo. Eu a arrancarei do meio do meu povo, e assim todos ficarão sabendo que eu sou o SENHOR.

9 — Se um profeta for enganado e der uma resposta falsa, fui eu, o SENHOR, quem o enganou. Eu o tirarei do meio do povo de Israel. 10 Tanto o profeta como aquele que o consultar receberão o mesmo castigo. 11 Farei isso para evitar que os israelitas me abandonem e se manchem com os seus pecados. Eles serão o meu povo, e eu serei o Deus deles. Eu, o SENHOR Deus, falei.

Noé, Danel e Jó

12 O SENHOR me disse o seguinte:

13 — *Homem mortal, se uma nação pecar e for infiel a mim, eu levantarei a mão contra ela e destruirei os seus depósitos de alimentos. Farei com que haja fome para matar gente e animais. 14 Mesmo que Noé, Danel e Jó estivessem vivendo ali, a honestidade desses três homens salvaria apenas a vida deles. Eu, o SENHOR Deus, falei.

15 — Se eu mandar animais ferozes para matar as pessoas, e por causa deles a terra ficar tão perigosa, que ninguém possa viajar nela, 16 mesmo que esses três homens estivessem vivendo ali — juro pela minha vida, diz o SENHOR Deus — eles não seriam capazes de salvar nem os seus próprios filhos. Eles salvariam somente a sua própria vida, e a terra viraria um deserto.

17 — Se eu mandar a esse país guerra e armas destruidoras para acabar com pessoas e animais, 18 mesmo que esses três homens estivessem vivendo ali — juro pela minha vida, diz o SENHOR Deus — eles não seriam capazes de salvar nem os seus próprios filhos, mas apenas a sua própria vida.

19 — Se eu mandar uma epidemia a esse país e derramar a minha *ira sobre a terra para tirar muitas vidas, matando gente e animais, 20 mesmo que Noé, Danel e Jó estivessem vivendo ali — juro pela minha vida, diz o SENHOR Deus — eles não seriam capazes de salvar nem os seus próprios filhos. A honestidade deles salvaria apenas a sua própria vida.

21 O SENHOR Deus diz o seguinte:

— Vou mandar a Jerusalém os meus quatro castigos mais violentos, isto é, guerra, fome, animais ferozes e doenças, para destruir pessoas e animais. 22 Se alguns escaparem e salvarem os seus filhos, olhem bem para eles quando chegarem. Vocês verão como eles são maus e se convencerão de que o castigo que estou dando a Jerusalém é merecido. 23 Quando virem como eles são maus, vocês se convencerão e ficarão sabendo que houve motivo justo para tudo o que fiz. Eu, o SENHOR Deus, falei.

A parreira inútil

15 O SENHOR falou comigo. Ele disse:

2 — *Homem mortal, será que se pode comparar uma *parreira com uma árvore? O que vale uma parreira em comparação com as árvores da floresta? 3 Você pode usá-la para fazer dela algum objeto? Será que a sua madeira serve para fazer um cabide para pendurar coisas? 4 Não. Só presta para fazer fogo. E, quando as pontas viraram cinzas, e o meio está queimado, será que ela serve para alguma coisa? 5 Não! Antes de ser queimada, essa madeira não prestava para nada. Agora que o fogo a queimou completamente, é mais inútil ainda.

6 Pois o SENHOR Deus está dizendo isto:

— Como uma parreira é tirada da floresta e queimada, assim tirarei o povo que vive em Jerusalém 7 e o castigarei. Eles escaparam do fogo, mas agora o fogo acabará com eles. Quando eu os castigar, vocês ficarão sabendo que eu sou o

SENHOR. 8 Eles têm sido infiéis a mim, e
por isso farei o seu país virar um deser-
to. Eu, o SENHOR Deus, falei.

Jerusalém, a cidade infiel

16 O SENHOR falou comigo de novo.
Ele disse:
2 — *Homem mortal, mostre a Jerusa-
lém as coisas nojentas que ela tem feito.
3 Diga a Jerusalém que o SENHOR Deus lhe
diz o seguinte:
— Você nasceu na terra de Canaã. O seu
pai era amorreu, e a sua mãe era heteia.
4 Quando você nasceu, ninguém cortou o
cordão do seu umbigo, nem lhe deu ba-
nho, nem esfregou sal em você, nem a en-
rolou em panos. 5 Ninguém teve dó bas-
tante para lhe fazer qualquer uma des-
sas coisas. Quando você nasceu, ninguém
gostava de você, e até a jogaram no mato.
6 — Então passei por perto e vi você
rolando no seu próprio sangue. Embo-
ra você estivesse coberta de sangue, eu
não deixei que morresse. 7 Eu a fiz cres-
cer como uma planta sadia. Você cresceu
forte e alta e ficou moça. Os seus seios se
formaram, e os seus cabelos ficaram com-
pridos, mas você estava nua.
8 — Quando passei de novo, vi que ha-
via chegado o tempo de você amar. Então
cobri o seu corpo nu com a minha *capa e
prometi amar você. Sim! Fiz um contra-
to de casamento com você, e você se tor-
nou minha. Sou eu, o SENHOR Deus, quem
está falando.
9 — Eu a lavei com água e limpei o san-
gue que a cobria. Passei azeite na sua
pele. 10 Eu a vesti com roupas bordadas e
lhe dei sapatos do melhor couro, um *tur-
bante de linho e uma *capa de seda. 11 Eu a
enfeitei com joias — pulseiras e colares.
12 Dei uma argola para o seu nariz, brincos
para as suas orelhas e uma linda coroa
para a sua cabeça. 13 As suas joias eram de
ouro e prata, e você sempre usou vestidos
bordados, de linho e de seda. Você comeu
pão feito da melhor farinha e tinha mel e
azeite à vontade. Você era muito bonita e
chegou a ser rainha. 14 Em todas as nações
falavam da sua beleza perfeita porque fui
eu que a fiz assim tão linda. Sou eu, o SE-
NHOR Deus, quem está falando.
15 — Mas você se aproveitou da sua be-
leza e da sua fama para dormir com qual-
quer um que passava. 16 Usou os seus ves-
tidos para enfeitar os seus lugares de ado-
ração e ali você se entregava a qualquer
um, como uma prostituta. 17 Você pegou
as joias de prata e de ouro que eu lhe ti-
nha dado e com elas fez imagens de seres
humanos; você foi infiel a mim, adorando
essas imagens. 18 Você pegou os vestidos
bordados que lhe dei e com eles vestiu as
imagens e ofereceu a elas o azeite e o in-
censo que eu lhe tinha dado. 19 Eu lhe dei
comida: a melhor farinha, azeite e mel,
mas você ofereceu tudo isso como *sacri-
fício para agradar os ídolos. Sou eu, o SE-
NHOR Deus, quem está falando.
20 — Depois, você pegou os nossos fi-
lhos e as nossas filhas e os ofereceu como
sacrifício aos ídolos. Será que não bastou
que você tivesse sido infiel a mim? 21 Será
que ainda precisou matar os meus filhos e
oferecê-los em sacrifício aos ídolos? 22 Du-
rante a sua vida miserável de prostituta,
nem uma vez você lembrou da sua juven-
tude, quando estava nua, rolando no seu
próprio sangue.

Jerusalém, a prostituta

23 O SENHOR Deus disse:
— Ai de você! Sim! Ai de você! Depois
de ter feito todo esse mal, 24 você ainda
construiu altares em todas as estradas
para ali adorar ídolos e praticar a prosti-
tuição. 25 Você arrastou a sua beleza pela
lama. E se ofereceu a todos os que passa-
vam e se afundou cada vez mais na pros-
tituição e na adoração de ídolos. 26 Você
convidou os egípcios, seus vizinhos imo-
rais, para que fossem para a cama com
você, e por isso me deixou *irado.
27 — Portanto, agora eu levantei a mão
para castigá-la e para tirar a parte que
você tinha na minha bênção. Eu a entre-
guei aos filisteus, que a odeiam e que es-
tão com nojo das ações imorais que você
tem praticado.
28 — Não satisfeita com tudo isso, você
correu atrás dos assírios. Você foi pros-
tituta deles, mas eles também não a dei-
xaram satisfeita. 29 Depois, você serviu de
prostituta para os babilônios, aquela na-
ção de comerciantes, mas eles também
não a deixaram satisfeita.
30 O SENHOR Deus diz o seguinte:
— Você fez tudo isso como uma pros-
tituta sem-vergonha. 31 Em todas as ruas,
você construiu altares para ali adorar ído-
los e praticar a prostituição. Mas você não
faz isso por dinheiro, como uma prostitu-
ta qualquer. 32 Você é como a mulher que,
em vez de amar o seu marido, comete

adultério com estranhos. 33 A prostituta
é paga, mas você deu presentes a todos
os seus amantes e ainda lhes ofereceu
lembranças para que viessem de todas
as partes dormir com você. 34 Você é uma
prostituta diferente. Ninguém a obrigou
a se tornar prostituta. Você não recebe
nada, mas paga! Sim! Você é diferente!

A condenação de Jerusalém

35 Por isso, agora, você, prostituta, es-
cute o que o SENHOR Deus diz. 36 E o que
ele diz é isto:
— Você tirou a roupa, e como prostitu-
ta se entregou aos seus amantes e a to-
dos os seus ídolos vergonhosos, e matou
os seus filhos em *sacrifício aos ídolos.
37 Por causa disso, eu vou reunir todos os
seus antigos amantes, tanto os que você
apreciava como os que detestava. Eu os
colocarei ao seu redor, em círculo; então
arrancarei a sua roupa, e eles verão você
nua. 38 Eu a condenarei por adultério e
assassinato e na minha *ira e furor vou
castigá-la com a morte. 39 Vou entregá-la
a eles, e eles derrubarão os altares onde
você se entregava à prostituição e onde
adorava ídolos. Eles levarão as suas rou-
pas e as suas joias e a deixarão comple-
tamente nua.
40 — Eles vão atiçar a multidão para
apedrejá-la e com as suas espadas cor-
tarão você em pedaços. 41 Eles destrui-
rão com fogo as suas casas e deixarão
que muitas mulheres vejam o seu castigo.
Farei com que você deixe de ser prostitu-
ta, farei com que deixe de dar presentes
aos seus amantes. 42 Aí o meu furor pas-
sará, e eu me acalmarei. Não ficarei mais
irado, nem terei ciúmes. 43 Você esqueceu
como eu a tratei quando era moça e me
deixou irado com todas as coisas que fez.
Foi por isso que a fiz pagar por tudo. Por
que é que, além de todas as coisas nojen-
tas que você fez, ainda foi imoral? Eu, o
SENHOR Deus, falei.

Tal mãe, tal filha

44 O SENHOR Deus diz o seguinte:
— Jerusalém, os outros usarão este
provérbio a respeito de você: "Tal mãe,
tal filha."
45 — De fato, você é a filha da sua mãe.
Ela detestava o marido e os filhos. Você é
como as suas irmãs, que odiavam os seus
maridos e os seus filhos. Você e as cidades
que são suas irmãs tiveram mãe heteia e
pai amorreu.
46 — A sua irmã mais velha é Samaria,
no Norte, com os povoados que ficam ao
seu redor. A sua irmã mais moça, com os
seus povoados, é Sodoma, no Sul. 47 Por
acaso, você se contentou em seguir os
passos delas e em imitar as coisas no-
jentas que elas fizeram? Não! Em pouco
tempo, você se tornou mais imoral do que
elas em tudo o que fazia.
48 — Jerusalém, juro pela minha vida
— diz o SENHOR Deus — que a sua irmã
Sodoma e os povoados que ficam ao seu
redor nunca pecaram tanto quanto você
e os seus povoados. 49 Sodoma e as suas
filhas eram orgulhosas porque tinham
muita comida e viviam no conforto, sem
fazer nada; porém não cuidaram dos po-
bres e dos necessitados. 50 Elas foram or-
gulhosas e teimosas e fizeram as coisas
que eu detesto; por isso, eu as destruí,
como você sabe muito bem.
51 — Samaria não cometeu a metade
dos pecados que você, Jerusalém, come-
teu. Você fez coisas ainda mais vergonho-
sas do que as suas irmãs Sodoma e Sa-
maria fizeram. Elas até parecem inocen-
tes quando a sua corrupção, Jerusalém,
é comparada com a delas. 52 E agora você
terá de suportar a sua desgraça. Os seus
pecados são mais graves do que os das
suas irmãs, tanto que elas até são inocen-
tes em comparação com você. Agora, Je-
rusalém, fique envergonhada e aguente
a sua humilhação, pois você faz com que
as suas irmãs pareçam puras.

Sodoma e Samaria voltam a ser o que eram

53 O SENHOR Deus disse a Jerusalém:
— Vou trazer progresso de novo para
as suas irmãs: para Sodoma e os povoa-
dos que ficam ao seu redor e para Sama-
ria e os seus povoados. E vou fazer com
que você também prospere. 54 Você terá
vergonha de você mesma, e a sua desgra-
ça mostrará às suas irmãs que elas estão
em muito boas condições. 55 De novo ha-
verá progresso para elas, e você e os seus
povoados também serão reconstruídos.
56 No seu orgulho, você zombou de Sodo-
ma, 57 antes de ser descoberto o mal que
você fazia. Agora, você se tornou igual a
Sodoma: zombam de você os edomitas,
os filisteus e os seus outros vizinhos que
a odeiam. 58 Você precisa sofrer pelas coi-
sas imorais e vergonhosas que fez. Eu, o
SENHOR, falei.

Uma aliança para sempre

59 O SENHOR Deus diz:
— Jerusalém, eu a tratarei como mere-
ce, pois você quebrou as suas promessas
e não respeitou a *aliança. 60 Mas eu man-
terei a aliança que fiz com você na sua
mocidade e farei com você uma aliança
que durará para sempre. 61 Você lembra-
rá do que fez e ficará envergonhada de
receber de volta a sua irmã mais velha e
a sua irmã mais moça. Eu as darei a você
como se fossem filhas, embora isso não fi-
zesse parte da nossa aliança. 62 Renovarei
a aliança que fiz com você, e você ficará
sabendo que eu sou o SENHOR. 63 Eu per-
doarei todas as coisas más que você fez,
porém você lembrará delas e ficará en-
vergonhada demais para dizer qualquer
coisa. Eu, o SENHOR Deus, falei.

A comparação da parreira e das águias

17 O SENHOR me disse o seguinte:
2 — *Homem mortal, faça para os
israelitas uma comparação 3 para que sai-
bam o que eu, o SENHOR Deus, estou di-
zendo. Era uma vez uma águia gigantes-
ca, de asas enormes, bem abertas, toda
coberta de lindas penas. Ela voou para os
montes Líbanos e quebrou a ponta de um
cedro. 4 Ela levou essa ponta para uma ter-
ra de negociantes e a deixou numa cidade
de vendedores. 5 Aí ela pegou na terra de
Israel a muda de uma planta e a plantou
numa terra boa, onde sempre havia água
para fazê-la crescer. 6 A planta cresceu e
se tornou uma *parreira baixa, mas es-
parramada. Os galhos se viraram para o
lado da águia, e as raízes cresceram bem
fundas. A parreira tinha galhos e estava
coberta de folhas.
7 — Havia outra águia gigantesca, de
asas enormes e muitas penas. A parreira
virou as suas raízes e os seus galhos na
direção da águia, esperando que ela lhe
desse mais água do que havia no pomar
onde estava plantada. 8 Mas a parreira ti-
nha sido plantada em terra boa e bem re-
gada, para que fosse uma ótima planta,
coberta de folhas, e que produzisse uvas.
9 — Agora, eu, o SENHOR Deus, pergun-
to: "Será que essa parreira vai crescer?
Será que a primeira águia não vai arran-
cá-la pelas raízes, apanhar as uvas e que-
brar os ramos, deixando-os secar? Não
será necessária muita força nem uma na-
ção poderosa para arrancá-la. 10 Sim! Ela
está plantada, mas será que vai crescer?
Será que não vai secar quando o vento
leste a castigar? Será que não vai secar
no pomar onde está plantada?"

A comparação é explicada

11 E o SENHOR me disse:
12 — Pergunte a esses rebeldes se en-
tenderam o que essa comparação quer di-
zer. Diga-lhes que o rei da Babilônia veio a
Jerusalém, pegou o rei e os seus oficiais e
os levou para a Babilônia. 13 Ele escolheu
um homem da família do rei, fez um tra-
tado com ele e o obrigou a jurar que lhe
seria fiel. O rei da Babilônia também le-
vou os homens importantes 14 para evi-
tar que a nação se levantasse outra vez
e para ter certeza de que o tratado seria
cumprido. 15 Mas o rei de Judá se revoltou
e enviou mensageiros ao Egito para con-
seguirem cavalos e um exército numero-
so. Será que isso vai dar certo? E quem faz
uma coisa dessas, será que vai escapar?
Será que pode quebrar o tratado e esca-
par do castigo?
16 — Juro pela minha vida — diz o SE-
NHOR Deus — que esse rei morrerá na
Babilônia, pois quebrou o juramento e o
tratado que havia feito com o rei da Ba-
bilônia, que o pôs no trono. 17 Nem o po-
deroso exército do rei do Egito seria ca-
paz de ajudá-lo na guerra, quando os ba-
bilônios construírem rampas e torres de
ataque a fim de matar muita gente. 18 Ele
quebrou o juramento e o tratado que ha-
via feito. E, porque fez todas essas coisas,
não escapará.
19 O SENHOR Deus diz:
— Juro pela minha vida que eu castiga-
rei o rei por ter quebrado o tratado que
pelo meu nome ele jurou guardar. 20 Es-
tenderei uma rede de caçador e o pega-
rei nela. Eu o levarei à Babilônia e o cas-
tigarei ali, pois ele foi infiel a mim. 21 Os
seus melhores soldados serão mortos em
batalha, e os que ficarem vivos serão es-
palhados em todas as direções. Aí vocês
ficarão sabendo que eu, o SENHOR, falei.

Uma promessa de esperança

22 O SENHOR Deus diz isto:
"Tirarei a ponta de um cedro alto;
cortarei um broto novo
e o plantarei num monte elevado,
23 no monte mais alto de Israel.
Ele soltará galhos,
produzirá sementes
e se tornará um cedro muito lindo.

Pássaros de todo tipo viverão ali
e acharão abrigo na sua sombra.
24 Todas as árvores dos campos
ficarão sabendo
que eu sou o SENHOR.
Eu derrubo as árvores altas
e faço as árvores pequenas
crescerem.
Eu seco as árvores verdes
e faço com que as árvores secas
fiquem verdes de novo.

— Eu, o SENHOR, falei; eu cumprirei o
que prometi."

Cada um responde por si

18 O SENHOR me disse o seguinte:
2 — Por que será que na terra de
Israel o povo vive repetindo o ditado que
diz: "Os pais comeram uvas verdes, mas
foram os dentes dos filhos que ficaram
ásperos"?
3 — Juro pela minha vida — diz o SE-
NHOR Deus — que vocês nunca mais repe-
tirão esse ditado em Israel. 4 Pois a vida de
todas as pessoas pertence a mim. Tanto a
vida do pai quanto a vida do filho são mi-
nhas. A pessoa que pecar é que morrerá.
5 — Imaginem que exista um homem
verdadeiramente bom, correto e hones-
to. 6 Esse homem não adora os ídolos dos
israelitas, nem come a carne dos *sacri-
fícios oferecidos em templos proibidos.
Ele não seduz mulheres casadas, nem tem
relações com mulher durante as regras.
7 Não engana, nem rouba ninguém. Devol-
ve aquilo que lhe foi dado como garantia
de empréstimo. Dá comida a quem tem
fome e roupa a quem está nu. 8 Quando
empresta, não cobra juros altos. Recusa-
-se a fazer o mal, e em qualquer questão
as suas decisões são justas. 9 Obedece aos
meus mandamentos e guarda cuidado-
samente as minhas *leis. Esse homem é
correto e viverá — diz o SENHOR Deus.
10 — Imaginem também que esse ho-
mem tenha um filho que rouba, mata e
faz coisas 11 que o pai nunca fez. Esse filho
come a carne dos sacrifícios oferecidos
em templos proibidos e seduz mulheres
casadas. 12 Engana os pobres, rouba e fica
com aquilo que lhe foi dado como garan-
tia de empréstimo. Ele vai a templos pa-
gãos, adora ídolos nojentos 13 e empres-
ta dinheiro a juros altos. Será que ele vai
viver? Não! Não vai! Ele fez todas essas
coisas vergonhosas e morrerá por causa
delas. Esse filho será culpado da sua pró-
pria morte.
14 — Agora, imaginem que, por sua vez,
esse filho tenha um filho. Esse filho vê to-
dos os pecados que o pai cometeu, mas
não segue o seu exemplo. 15 Não adora os
ídolos dos israelitas, nem come a carne
dos sacrifícios oferecidos em templos
proibidos. Não seduz mulheres casadas
16 e não explora, nem rouba ninguém. Ele
devolve aquilo que lhe foi dado como ga-
rantia de empréstimo. Dá comida a quem
tem fome e roupa a quem está nu. 17 Ele
se recusa a fazer o mal e não empresta
dinheiro a juros altos. Guarda as minhas
leis e obedece aos meus mandamentos.
Ele não morrerá por causa dos pecados
do pai. É certo que viverá. 18 O pai dele en-
ganou, e roubou, e só prejudicou os ou-
tros. Por isso, morreu por causa dos seus
próprios pecados.
19 — Mas vocês perguntam: "Por que é
que o filho não sofre por causa dos peca-
dos do pai?" A resposta é esta: é porque
o filho fez o que era correto e bom. Ele
guardou as minhas leis, e as seguiu cui-
dadosamente, e por isso é certo que vi-
verá. 20 Aquele que peca é que morre. O
filho não sofrerá por causa dos pecados
do pai, nem o pai, por causa dos pecados
do filho. A pessoa boa será recompensa-
da por fazer o bem, e a pessoa má sofrerá
pelo mal que praticar.
21 — Se um homem mau parar de pe-
car, se guardar as minhas leis e se fizer o
que é certo e bom, não morrerá; é certo
que viverá. 22 Todos os seus pecados serão
perdoados, e ele viverá porque fez o que
é certo. 23 Vocês pensam que eu gosto de
ver um homem mau morrer? — pergunta
o SENHOR Deus. — Não! Eu gostaria mais
de vê-lo arrepender-se e viver.
24 — Mas, se um homem correto deixar
de fazer o bem e começar a fazer todas as
coisas más e vergonhosas que os homens
maus fazem, será que ele vai continuar a
viver? Não! Nenhuma das boas ações que
ele praticou será lembrada. Ele morrerá
por causa da sua infidelidade e dos seus
pecados.
25 — Mas vocês dizem: "O que o Senhor
faz não está certo." Escutem aqui, israe-
litas! Vocês pensam que o meu modo
de fazer as coisas não está certo? Pois o
modo de vocês é que não está. 26 Quando
um homem direito para de fazer o bem,

e começa a fazer o mal, e então morre,
ele morre por causa do mal que praticou.
27 Quando um homem mau para de pecar
e faz o que é certo e bom, ele salvou a sua
vida. 28 Ele compreendeu o que estava fa-
zendo e deixou de pecar; por isso, é certo
que ele não vai morrer, mas continuará a
viver. 29 E vocês, israelitas, dizem: "O que
o Senhor faz não está certo." Vocês pen-
sam que o meu modo de fazer as coisas
não está certo, não é? Pois é o modo de
vocês que não está.
30 — Agora, eu, o SENHOR Deus, estou
dizendo a vocês, israelitas, que vou julgar
cada um pelo que tem feito. Arrependam-
-se de todo mal que estão praticando e
não deixem que os seus pecados os des-
truam. 31 Abandonem todo mal que vêm
fazendo e criem dentro de vocês mesmos
um coração novo e uma mente nova. Is-
raelitas, por que vocês querem morrer?
32 Eu não quero que ninguém morra! —
diz o SENHOR Deus. — Portanto, parem
de pecar e vivam.

Uma canção de tristeza

19 O SENHOR Deus me mandou cantar
uma canção de tristeza a respeito
de dois reis de Israel:

2 Que leoa era a sua mãe!
Ela andava com o bando
e criava os filhotes no meio dos leões.
3 Ela criou um filhote
e o ensinou a caçar,
e ele se tornou um devorador de gente.
4 As nações ouviram falar dele
e o apanharam numa cova.
Puseram uma argola no nariz dele
e o arrastaram para o Egito.
5 A leoa viu que as suas esperanças estavam perdidas.
Aí criou outro filhote,
e ele se tornou um leão feroz.
6 Quando já *estava crescido*,
andava com os outros leões.
Aprendeu a caçar
e se tornou um devorador de gente.
7 Destruiu fortalezas e arrasou cidades.
Cada vez que ele rugia,
o povo da sua terra tremia de medo.
8 Os povos se reuniram para combatê-lo;
veio gente de todos os lados.
Estenderam as suas redes de caça
e o pegaram na armadilha.
9 Puseram uma argola no nariz dele
e o puxaram para dentro de uma gaiola;
então o levaram para o rei da Babilônia.
Eles o deixaram preso
para que nunca mais se ouvisse o seu rugido nos montes de Israel.

A parreira seca

10 Israelitas, a mãe de vocês era como uma *parreira
plantada perto de um ribeirão.
Ela estava cheia de galhos
e produzia muitas uvas
porque havia bastante água.
11 Os seus galhos eram fortes
e cresceram até se tornarem *cetros reais.
A parreira cresceu tanto,
que os seus galhos chegaram até as nuvens;
todos viram como era alta
e cheia de galhos.
12 Porém mãos furiosas a arrancaram pela raiz
e a jogaram no chão.
O vento leste secou as suas uvas.
Os seus galhos foram quebrados;
eles secaram e foram queimados.
13 Agora, a parreira está plantada no deserto,
numa terra seca e sem água.
14 O seu tronco pegou fogo;
o fogo destruiu os seus galhos e as uvas.
Os seus galhos nunca mais serão fortes,
nunca mais serão cetros reais.

Esta é uma canção de tristeza que tem
sido cantada muitas vezes.

A infidelidade do povo de Israel

20 Passaram sete anos, cinco meses e
dez dias desde que os israelitas ha-
viam sido levados para o *cativeiro. Então
alguns líderes vieram falar comigo para
saber a vontade do SENHOR. Eles chega-
ram e se sentaram na minha frente. 2 O
SENHOR falou comigo. Ele disse:
3 — *Homem mortal, diga a esses líde-
res que o SENHOR está dizendo isto: Vocês
vieram para saber qual é a minha von-
tade? Pois eu juro pela minha vida que
não deixarei que vocês me perguntem

nada. Sou eu, o SENHOR Deus, quem está falando.

4 — Homem mortal, você está pronto para julgar essa gente? Então julgue. Faça com que eles lembrem das coisas vergonhosas que os antepassados deles fizeram. 5 Diga tudo o que eu, o SENHOR Deus, estou falando. No dia em que escolhi o povo de Israel, fiz uma promessa a eles. No Egito, mostrei aos israelitas quem eu era e disse: "Eu sou o SENHOR, o Deus de vocês." 6 Nessa ocasião, prometi que ia tirá-los do Egito e guiá-los a uma terra que eu havia escolhido para eles, uma terra boa e rica, a melhor de todas. 7 Eu lhes disse: "Joguem fora os ídolos nojentos que vocês amam e não se manchem com os falsos deuses do Egito, pois o Deus de vocês sou eu, o SENHOR." 8 Mas eles se revoltaram contra mim e não quiseram me ouvir. E não jogaram fora os seus ídolos nojentos, nem abandonaram os ídolos do Egito. Eu estava pronto para fazê-los sentir, ali no Egito, a força da minha *ira. 9 Porém não fiz isso a fim de não trazer desonra para o meu nome. Pois, na presença do povo no meio do qual os israelitas estavam vivendo, eu havia anunciado que ia tirá-los do Egito.

10 — E assim os tirei do Egito e os levei para o deserto. 11 Eu lhes dei os meus mandamentos e lhes ensinei as minhas *leis, que dão vida a quem os cumprir. 12 Como sinal da nossa *aliança, mandei que eles guardassem o sábado e assim lembrassem que eu, o SENHOR, os separo para que se dediquem somente a mim. 13 Mas também no deserto os israelitas se revoltaram contra mim. Desobedeceram às minhas leis e rejeitaram os meus mandamentos, que dão vida a quem os cumprir. *Profanaram completamente o sábado. Eu estava pronto para fazê-los sentir a força da minha *ira e acabar com eles ali no deserto. 14 E não os destruí a fim de não trazer desonra para o meu nome, pois as outras nações viram que tirei o povo de Israel do Egito. 15 Além disso, no deserto jurei que não os levaria à terra que eu tinha dado a eles, uma terra boa e rica, a melhor de todas. 16 Fiz esse juramento porque eles rejeitaram os meus mandamentos, desobedeceram às minhas leis e profanaram o sábado. Eles tinham prazer em adorar os seus ídolos.

17 — Porém eu tive pena deles e não os matei, nem acabei com eles lá no deserto. 18 Em vez disso, eu disse aos seus filhos: "Não guardem as leis que os seus antepassados fizeram; não sigam os costumes deles, nem se manchem com os seus ídolos. 19 Eu sou o SENHOR, o Deus de vocês. Obedeçam às minhas leis e aos meus mandamentos. 20 Façam do sábado um dia sagrado, de modo que seja um sinal da aliança que fizemos. O sábado fará com que lembrem que eu sou o SENHOR, o Deus de vocês."

21 — Mas esses filhos também se revoltaram contra mim. Desobedeceram às minhas leis e não guardaram os meus mandamentos, que dão vida a quem os cumprir. Eles profanaram o sábado. Eu estava pronto para fazê-los sentir a força da minha ira, matando todos ali no deserto. 22 Porém não os destruí a fim de não trazer desonra para o meu nome entre as nações que me viram tirar o povo de Israel do Egito. 23 Então fiz um novo juramento no deserto. Jurei que ia espalhar os israelitas pelo mundo inteiro. 24 Fiz isso porque rejeitaram os meus mandamentos, desobedeceram às minhas leis, profanaram o sábado e adoraram os mesmos ídolos que os seus antepassados tinham servido. 25 Então lhes dei leis más e mandamentos que não produzem vida. 26 Deixei que se tornassem *impuros, trazendo as suas próprias ofertas; deixei que matassem os seus filhos mais velhos, oferecendo-os em *sacrifício. Isso aconteceu para que ficassem cheios de medo e para mostrar que eu sou o SENHOR.

27 — Por isso, homem mortal, conte aos israelitas o que eu, o SENHOR Deus, estou dizendo a eles. Os pais deles também me insultaram de outro modo com a sua infidelidade: 28 quando eu os trouxe para a terra que havia jurado dar-lhes, eles viram os montes altos e as árvores que dão sombra e ofereceram sacrifícios em todos eles. Eles me fizeram ficar irado por causa dos sacrifícios que queimaram e das ofertas de bebidas que trouxeram. 29 Eu perguntei: "Que são esses lugares altos aonde vocês vão?" Por isso, desde aquele tempo eles têm sido chamados de "lugares altos". 30 Agora, diga aos israelitas o que estou dizendo. Por que é que vocês precisam cometer os mesmos pecados que os seus antepassados cometeram? Por que têm de correr atrás dos ídolos deles? 31 Até hoje, vocês apresentam as

mesmas ofertas e se tornam impuros por
causa dos mesmos ídolos, queimando vi-
vos os seus filhos, como sacrifício. E aí
vocês, israelitas, ainda vêm me pergun-
tar o que eu quero. Juro pela minha vida,
diz o SENHOR Deus, que não deixarei que
vocês me perguntem nada. 32 Vocês já re-
solveram que querem ser como as outras
nações, como aquela gente que mora em
outros países e adora árvores e pedras.
Mas isso nunca acontecerá.

Castigo e perdão

33 — Juro pela minha vida, diz o SENHOR
Deus, que governarei vocês com mão for-
te, com todo o meu poder e a minha *ira.
34 Mostrarei a vocês o meu poder e a mi-
nha ira quando eu os ajuntar e trouxer de
volta de todos os países por onde foram
espalhados. 35 Eu os levarei ao "Deserto
das Nações" e ali os julgarei cara a cara.
36 Eu os condenarei agora como condenei
os seus antepassados no deserto do Sinai!
— diz o SENHOR Deus.
37 — Eu os dominarei com firmeza e
farei com que obedeçam à minha *alian-
ça. 38 Tirarei do meio de vocês os que são
rebeldes e pecadores. Eu os tirarei das
terras onde agora estão vivendo, porém
não os deixarei voltar à terra de Israel.
Então eles ficarão sabendo que eu sou o
SENHOR.
39 O SENHOR Deus diz:
— E agora todos vocês, israelitas, con-
tinuem a adorar os seus ídolos! Mas avi-
so que mais tarde terão de me obedecer
e nunca mais desonrarão o meu nome,
apresentando ofertas aos seus ídolos. 40 Lá
na terra de Israel, no meu *monte santo,
no monte alto de Israel, todos vocês, povo
de Israel, me adorarão. Ficarei contente
com vocês e esperarei que me tragam os
seus sacrifícios, as suas melhores ofertas
e os seus presentes santos. 41 Eu farei com
que voltem dos países onde estão espa-
lhados, e os ajuntarei, e então aceitarei os
sacrifícios que vocês queimam. E assim
mostrarei às outras nações que eu sou
santo. 42 Quando eu os trouxer de volta a
Israel, à terra que prometi dar aos seus
antepassados, vocês ficarão sabendo que
eu sou o SENHOR. 43 Então vocês lembra-
rão de todas as coisas vergonhosas que
fizeram e de como se tornaram *impuros.
Ficarão com nojo de vocês mesmos, por
causa de todas as coisas más que fizeram.
44 Vocês, israelitas, ficarão sabendo que
eu sou o SENHOR, pois não os trato como
merecem por causa das suas ações más e
perversas; mas o que faço é para proteger
a minha honra. Eu, o SENHOR Deus, falei.

Fogo no Sul

45 O SENHOR me disse o seguinte:
46 — *Homem mortal, olhe para o Sul.
Fale contra o Sul e *profetize contra a flo-
resta do Sul. 47 Diga a essa floresta que es-
cute, pois o SENHOR Deus está dizendo o
seguinte: "Vejam! Estou acendendo um
fogo que destruirá todas as árvores secas
e todas as árvores verdes daí! Nada pode-
rá apagar as chamas; elas se espalharão
do Sul ao Norte e queimarão todos os ros-
tos. 48 Todos verão que fui eu, o SENHOR,
que acendi esse fogo, fogo que ninguém
pode apagar."
49 Eu respondi:
— Ó SENHOR, meu Deus, não me faça
dizer essas coisas, pois todos estão di-
zendo que eu falo somente por meio de
comparações.

A espada de Deus

21 O SENHOR me disse o seguinte:
2 — *Homem mortal, fale contra
Jerusalém. Fale contra os lugares onde o
povo adora. Avise a terra de Israel 3 que
eu, o SENHOR, estou dizendo isto: "Eu es-
tou contra vocês. Vou tirar a minha es-
pada e matar todos, tanto os bons como
os maus. 4 Usarei a minha espada contra
todos, do Sul ao Norte. 5 Todos ficarão sa-
bendo que eu, o SENHOR, tirei a minha es-
pada da bainha e que não vou guardá-la."
6 — Homem mortal, fique gemendo
como se o seu coração estivesse arre-
bentando de desespero. Vá para um lu-
gar onde todos possam ver você e solte
gemidos de tristeza. 7 Quando pergunta-
rem por que você está gemendo, respon-
da que é por causa daquilo que vai acon-
tecer. Diga que eles perderão a coragem.
Os corações deles ficarão cheios de medo,
os braços ficarão moles e os joelhos tre-
merão. O tempo chegou; já está aqui. Eu,
o SENHOR Deus, estou falando.
8 O SENHOR me disse o seguinte:
9 — Homem mortal, *profetize. Diga ao
povo que eu, o Senhor, estou dizendo isto:

"A espada, a espada está afiada e
brilhando.
10 Ela está afiada para matar
e polida para brilhar como
relâmpago.

Não pode haver alegria,
pois o meu povo rejeitou todos os conselhos e castigos.
11 A espada está sendo polida,
está pronta para ser usada.
Está afiada e polida
para ser posta nas mãos de um matador.
12 Grite e solte gemidos, homem mortal;
essa espada é para atacar o meu povo
e todos os líderes de Israel.
Eles serão mortos com todo o resto do meu povo.
Bata no peito em sinal de desespero.
13 Estou pondo o meu povo à prova;
se não quiserem se arrepender,
todas essas coisas acontecerão a eles.
Sou eu, o SENHOR Deus, quem está falando."

14 — Agora, homem mortal, profetize. Bata palmas, e a espada ferirá muitas vezes. É uma espada que mata, uma espada que produz terror e matança. 15 Ela faz o meu povo perder a coragem e tropeçar. Estou ameaçando a cidade deles com a espada que brilha como o relâmpago e que está pronta para matar. 16 Espada afiada, corte à direita e à esquerda! Corte em todos os lados para onde você virar. 17 Eu também baterei palmas, e a minha *ira passará. Eu, o SENHOR, falei.

A espada do rei da Babilônia

18 O SENHOR me disse o seguinte:

19 — *Homem mortal, marque duas estradas por onde o rei da Babilônia poderá vir com a sua espada. As duas devem começar no mesmo país. Ponha placas indicando onde as estradas se dividem em duas. 20 Uma placa mostrará ao rei o caminho para a cidade amonita de Rabá, e a outra, para Jerusalém, a cidade cercada de muralhas, que fica em Judá. 21 O rei da Babilônia para na encruzilhada da estrada. E, a fim de saber que caminho tomar, ele sacode as flechas, faz perguntas aos seus deuses e examina o fígado de um animal que foi oferecido em *sacrifício. 22 Agora, a sua mão direita está segurando a flecha marcada com a palavra "Jerusalém". É para o rei da Babilônia ir, soltar gritos de guerra, preparar máquinas de derrubar muralhas, colocá-las na frente dos portões e levantar rampas e torres de ataque. 23 O povo de Jerusalém não quer acreditar nisso por causa dos *acordos que eles fizeram. Mas esta *profecia é para fazer com que lembrem dos seus pecados, é um sinal de que serão presos. 24 Isso é o que eu, o SENHOR Deus, estou dizendo. Todos podem ver os seus pecados. Todo o mundo sabe o quanto vocês são culpados. Em cada ação que praticam, vocês mostram os seus pecados. Vocês estão condenados, e eu os entregarei aos seus inimigos.

25 — Você, governador de Israel, é perverso e não *teme a Deus, e por isso o seu dia, o dia do seu castigo final, também está chegando. 26 A sua coroa e o seu *turbante serão tirados. As coisas não vão continuar como estão. Os pobres terão poder, e os que estão no poder serão rebaixados. 27 Destruição! Destruição! Sim! Destruirei a cidade. Mas isso não acontecerá até que venha aquele a quem vou entregar a cidade. Eu, o SENHOR Deus, falei.

Aviso aos amonitas

28 — *Homem mortal, *profetize. Anuncie aquilo que eu, o SENHOR Deus, estou dizendo aos amonitas, que estão insultando o povo de Israel. Diga isto:

"A espada está pronta para destruir;
está polida para matar
e para brilhar como o relâmpago."

29 — Amonitas, as suas visões são falsas, e as profecias que fazem são mentiras. Vocês são maus e perversos. O seu dia está chegando, o dia do seu castigo final. A espada cairá sobre o pescoço de vocês.

30 — Amonitas, ponham a sua espada na bainha. Eu os julgarei no lugar onde foram criados, na terra onde nasceram. 31 Quando a minha *ira cair sobre vocês, ela os queimará como labaredas de fogo. Eu os entregarei a homens violentos, preparados para destruir. 32 Vocês serão destruídos pelo fogo. O seu sangue será derramado no seu próprio país, e ninguém nunca mais lembrará de vocês. Eu, o SENHOR, falei.

Os crimes de Jerusalém

22 O SENHOR me disse o seguinte:

2 — *Homem mortal, você está pronto para julgar a cidade que está cheia de assassinos? Mostre a ela todas as

coisas vergonhosas que tem feito. 3 Conte a ela aquilo que eu, o SENHOR Deus, estou dizendo: "Você, cidade assassina, matou muitas pessoas do seu próprio povo e se tornou *impura fazendo ídolos e os adorando, e por isso o tempo do seu castigo está cada vez mais perto. 4 Você é culpada dessas mortes e se tornou impura por causa dos ídolos que fabricou, e por isso o seu dia está chegando, o seu tempo acabou. Foi por isso que deixei as outras nações caçoarem e zombarem de você. 5 Países de perto e de longe caçoam de você por ter fama de cidade de desordeiros. 6 Todas as autoridades de Israel confiam na sua própria força e cometem assassinatos. 7 Na cidade, ninguém honra o pai nem a mãe. Vocês maltratam os estrangeiros que moram no meio de vocês e exploram viúvas e órfãos. 8 Vocês não respeitam os lugares sagrados, nem guardam o sábado. 9 Uns dizem mentiras a respeito dos outros, que por causa disso são mortos. Alguns comem *sacrifícios oferecidos aos ídolos. Outros estão sempre satisfazendo as suas paixões. 10 Outros têm relações sexuais com a mulher do seu próprio pai. Outros ainda obrigam mulheres que estão menstruadas a terem relações com eles. 11 Cometem adultério e seduzem as suas noras ou as suas meias-irmãs. 12 Alguns dos seus moradores matam por dinheiro. Outros emprestam dinheiro a juros e ficam ricos explorando os seus próprios irmãos israelitas. Eles esqueceram de mim. Sou eu, o SENHOR Deus, quem está falando.

13 — "Vou acabar com as suas roubalheiras e com os seus crimes de morte. 14 Vocês pensam que ainda terão alguma coragem ou força bastante para levantar a mão quando eu acabar de agir contra vocês? Eu, o SENHOR, estou falando e mantenho a minha palavra. 15 Espalharei o seu povo por todos os países e nações e porei um fim em todas as suas más ações. 16 Assim as outras nações olharão com nojo para vocês, e vocês saberão que eu sou o SENHOR."

A fornalha de refinação

17 O SENHOR me disse o seguinte:

18 — *Homem mortal, os israelitas não têm valor para mim. Eles são como a mistura de cobre, estanho, ferro e chumbo que sobra depois que a prata é refinada na fornalha. 19 Agora, eu, o SENHOR Deus, estou lhes dizendo que eles são tão inúteis como essa mistura. Reunirei todos em Jerusalém, 20 como se fossem minério de prata, cobre, ferro, chumbo e estanho jogados numa fornalha de refinação. A minha *ira e o meu furor os derreterão assim como o fogo derrete o minério. 21 Sim! Eu os ajuntarei em Jerusalém, porei fogo debaixo deles e os derreterei com a minha ira. 22 Eles se derreterão em Jerusalém assim como a prata é derretida na fornalha e aí ficarão sabendo que eu, o SENHOR, derramei sobre eles a minha ira.

Os pecados das autoridades de Israel

23 O SENHOR falou comigo de novo. Ele disse:

24 — *Homem mortal, diga aos israelitas que a terra deles é *impura e que eu os estou castigando por causa da minha *ira. 25 As suas autoridades são como leões rugindo em cima dos animais que mataram. Matam as pessoas, tiram as suas propriedades e as suas riquezas e, por causa dos seus crimes de morte, deixam viúvas muitas mulheres. 26 Os sacerdotes desobedecem à minha *Lei e não têm respeito por aquilo que é santo. Não fazem diferença entre o que é santo e o que não é. Não ensinam a diferença entre as coisas puras e as *impuras e não respeitam o sábado. Como resultado disso, o povo de Israel não me respeita. 27 As autoridades são como lobos que despedaçam os animais que mataram. Matam para enriquecer. 28 Os *profetas escondem esses pecados como quem pinta de branco uma parede. Eles têm visões falsas e fazem falsas *profecias. Afirmam que falam a palavra do SENHOR Deus, mas eu, o SENHOR, não falei com eles. 29 Os ricos enganam e roubam. Eles maltratam os pobres e exploram estrangeiros.

30 — Procurei alguém que construísse uma muralha, alguém que ficasse nos lugares onde as muralhas desmoronaram e que defendesse a terra a fim de que a minha ira não a destruísse; porém não encontrei ninguém. 31 Por isso, farei cair o fogo da minha ira sobre eles e os destruirei como castigo pelo que eles têm feito. Eu, o SENHOR Deus, falei.

Duas irmãs pecadoras

23 O SENHOR me disse o seguinte:

2 — *Homem mortal, era uma vez duas irmãs 3 que moravam no Egito.

Quando eram jovens, elas perderam a
virgindade e se tornaram prostitutas. 4 A
mais velha se chamava Oolá (que repre-
senta Samaria), e a mais nova, Oolibá (que
representa Jerusalém). Eu casei com as
duas, e elas me deram filhos. 5 Embora
fosse minha, Oolá continuou a ser pros-
tituta e estava louca pelos seus amantes
da Assíria. 6 Eles eram soldados de uni-
formes vermelhos, nobres e oficiais gra-
duados, todos eles jovens atraentes, ofi-
ciais da cavalaria. 7 Oolá foi prostituta de
todos os oficiais assírios, e a paixão dela
a levou a se tornar *impura, adorando os
ídolos assírios. 8 Ela continuou o que ha-
via começado como prostituta, no Egito,
onde tinha perdido a virgindade. Desde
os seus tempos de mocinha, os homens
dormiam com ela e a tratavam como
prostituta. 9 Por isso, eu a entreguei aos
seus amantes assírios, a quem ela tanto
desejava. 10 Eles a deixaram nua, prende-
ram os seus filhos e filhas e depois a ma-
taram com uma espada. Em toda parte,
as mulheres falavam a respeito do fim
que ela teve.

11 — Apesar de ter visto isso, Oolibá se
tornou uma prostituta ainda mais sem-
-vergonha e imoral do que a irmã. 12 Ela
também se apaixonou pelos nobres e pe-
los oficiais assírios — soldados de unifor-
mes vistosos — e pelos oficiais da cava-
laria, todos eles jovens simpáticos. 13 Vi
que ela era totalmente imoral; assim a
segunda irmã seguiu o mesmo caminho
da primeira.

14-15 — Oolibá se afundou cada vez mais
na imoralidade. Foi atraída pelas figuras
esculpidas na parede e pintadas de ver-
melho vivo. Eram figuras de altos oficiais
da Babilônia. Eles usavam cinturões e
*turbantes de luxo. 16 Logo que viu as fi-
guras desses oficiais, Oolibá apaixonou-
-se por eles e mandou que mensageiros
fossem falar com eles na Babilônia. 17 Os
babilônios vieram para ter relações com
Oolibá. Eles se aproveitaram dela e co-
meteram com ela tantas imoralidades,
que ela ficou com nojo deles. 18 Oolibá fi-
cou nua em público, e todo o mundo fi-
cou sabendo que era prostituta. Eu fiquei
revoltado contra ela, como havia ficado
contra a sua irmã. 19 Ela afundou cada
vez mais na prostituição, fazendo como
nos tempos de moça, quando era prosti-
tuta no Egito. 20 Ela ficou apaixonada por
homens sensuais, de membros grandes e
tão fogosos no seu desejo como jumen-
tos e cavalos.

21 — Assim, Oolibá, você quis repetir
a imoralidade dos seus tempos de moça
no Egito, quando os homens apalpavam
os seus seios, e você perdeu a virgindade.

O castigo da irmã mais moça

22 — Por essa razão, eu, o SENHOR Deus,
estou dizendo isto a você, Oolibá. Você
está enjoada desses amantes, mas eu farei
com que eles fiquem com raiva de você e
os trarei para que a cerquem. 23 Vou tra-
zer todos os babilônios e todos os caldeus
das cidades de Pecode, de Soa e de Coa e
todos os assírios. Todos eles são jovens
oficiais, nobres e simpáticos. Todos eles
são graduados e altos oficiais da cavala-
ria. 24 Do Norte, eles atacarão, trazendo
um grande exército com carros de guer-
ra e carretas de mantimentos. Armados
com *escudos e capacetes, eles cercarão
você. Eu a entregarei a eles, e eles a jul-
garão pelas *leis deles. 25 Deixarei que eles
a tratem com ódio, pois estou *irado com
você. Eles cortarão o seu nariz e as suas
orelhas e matarão os seus filhos. Sim! Eles
tirarão de você os seus filhos e filhas e
os queimarão vivos. 26 Eles arrancarão as
suas roupas e tirarão as suas joias. 27 Eu
acabarei com a sua imoralidade e com a
prostituição que você tem praticado des-
de que estava no Egito. Nunca mais você
olhará para nenhum ídolo, nem pensará
mais no Egito.

28 O que o SENHOR Deus diz é isto:

— Eu a entregarei nas mãos daqueles
que você odeia e de quem você tem nojo.
29 E, porque eles a odeiam, tirarão tudo
aquilo que você conseguiu com o seu tra-
balho e a largarão completamente nua,
como se fosse uma prostituta. Por cau-
sa da sua imoralidade e da sua prostitui-
ção, 30 esses castigos caíram sobre você.
Você foi prostituta dos povos e ficou *im-
pura por causa dos ídolos deles. 31 Você
seguiu o exemplo da sua irmã; por isso,
castigarei você também, como castiguei
a sua irmã.

32 O SENHOR Deus diz:
"Você beberá o copo da sua irmã,
que é largo e fundo.
Todos vão caçoar e zombar de você;
o copo está cheio.
33 O copo da sua irmã Samaria,

cheio de medo e desgraça,
vai trazer para você embriaguez e
dor.
34 Você beberá até esvaziá-lo.
Depois, o quebrará
e com os cacos rasgará os seus
seios.
Eu, o SENHOR Deus, falei."

35 Agora, o que o SENHOR Deus está di-
zendo é isto:
— Você me esqueceu e me virou as cos-
tas; portanto, sofrerá por causa da sua
imoralidade e da sua prostituição.

O castigo das duas irmãs

36 O SENHOR me disse:
— *Homem mortal, você está pronto
para julgar Oolá e Oolibá? Então acuse-
-as das coisas vergonhosas que têm fei-
to. 37 Elas cometeram adultério e assassi-
nato. Cometeram adultério com ídolos e
mataram filhos que geraram para mim.
Elas ofereceram os meus filhos para se-
rem mortos em *sacrifício aos seus ído-
los. 38 E isso ainda não foi tudo o que fi-
zeram. Também *profanaram o meu Tem-
plo e quebraram o sábado, que eu havia
mandado guardar. 39 Mataram os meus
filhos como sacrifícios aos ídolos; e na-
quele mesmo dia vieram ao meu Templo
e o profanaram.
40 — Oolá e Oolibá enviaram mensagei-
ros para convidar homens de longe, e eles
vieram. Elas tomaram banho, pintaram os
olhos e se enfeitaram com joias. 41 Senta-
ram-se numa bela cama, com uma mesa
bem posta diante delas. E sobre a mesa
puseram o incenso e o azeite que eu lhes
tinha dado. 42 Então ouviu-se o barulho de
uma multidão alegre, e entrou um grupo
de homens do deserto. Colocaram pul-
seiras nos braços das mulheres e lindas
coroas nas cabeças. 43 E eu disse a mim
mesmo que eles estavam usando como
prostituta uma mulher gasta pelo adul-
tério. 44 *Muitas vezes, eles voltaram* a es-
tar com essas prostitutas. Tornaram a se
encontrar com Oolá e Oolibá, essas mu-
lheres imorais. 45 Os homens direitos vão
condená-las por adultério e assassinato
porque elas adulteram, e as suas mãos
derramam sangue.
46 O que o SENHOR Deus diz é isto:
— Tragam uma multidão para pôr
medo nelas e roubar o que elas têm.
47 Que a multidão jogue pedras nessas
duas mulheres e as ataque com espadas,
mate os seus filhos e ponha fogo nas suas
casas! 48 Acabarei com a imoralidade que
há no país inteiro, como um aviso para
que nenhuma mulher cometa adultério
como essas duas cometeram. 49 Quanto
a vocês, as duas irmãs, eu as castigarei
pela sua imoralidade e pelo seu pecado
de adorar ídolos. Então vocês saberão que
eu sou o SENHOR Deus.

A panela enferrujada

24 No ano nove do nosso *cativeiro, no
dia dez do décimo mês, o SENHOR
me disse o seguinte:
2 — *Homem mortal, escreva a data de
hoje porque este é o dia em que o rei da
Babilônia está começando o cerco de Je-
rusalém. 3 Conte ao meu povo rebelde esta
comparação que eu, o SENHOR Deus, te-
nho para eles:

"Ponha a panela no fogo e encha
com água.
4 Coloque dentro os melhores
pedaços de carne —
a alcatra e o filé.
Encha também a panela com os
melhores pedaços de carne com
osso.
5 Pegue a carne do melhor carneiro
e amontoe lenha debaixo da panela.
Deixe a água ferver;
ferva os ossos e a carne."

6 Agora, o que o SENHOR Deus está di-
zendo é isto:
— Ai da cidade dos assassinos! É como
uma panela enferrujada, que nunca foi la-
vada. Tira-se de dentro dela a carne, pe-
daço por pedaço, e não sobra nada. 7 Ha-
via crime de morte na cidade, mas o san-
gue não foi derramado no chão, onde o pó
o poderia esconder. O sangue foi derra-
mado sobre a rocha nua. 8 Deixei o sangue
ali, onde não pode ser escondido, onde
com ódio está pedindo vingança.
9 Por isso, o SENHOR Deus está dizen-
do o seguinte:
— Ai da cidade dos assassinos! Eu
mesmo empilharei lenha para a foguei-
ra. 10 Traga mais lenha! Acenda o fogo! Co-
zinhe a carne! Deixe o caldo ferver até se-
car! Que os ossos fiquem torrados! 11 Ago-
ra, deixe a panela vazia em cima das bra-
sas até que fique vermelha. Assim o fogo
acabará com a ferrugem, e a panela dei-
xará de ser *impura. 12 Trabalho perdido!

Toda a ferrugem não vai desaparecer nas chamas. 13 Jerusalém, os seus atos imorais mancharam você. Eu tentei purificá-la, mas você continuou impura. Você não será pura de novo até que sinta toda a força da minha *ira. 14 Sou eu, o SENHOR, quem está falando. Chegou a minha hora de agir. Não esquecerei os seus pecados; não terei dó nem piedade. Você será castigada pelo que tem feito. Eu, o SENHOR Deus, falei.

A morte da esposa do profeta

15 O SENHOR me disse o seguinte:

16 — *Homem mortal, com um só golpe, vou levar aquela que você mais ama. Não reclame, não chore, não derrame lágrimas. 17 Não deixe que ninguém ouça os seus gemidos. Não ande sem chapéu ou descalço, como sinal de luto. Não cubra o rosto, nem coma a comida que oferecem nos sepultamentos.

18 De manhã eu estava falando com o povo, e à noite a minha esposa faleceu. No dia seguinte, fiz como o SENHOR havia mandado. 19 Então o povo me perguntou:

— Por que você está agindo assim?

20 Aí eu disse:

— O SENHOR falou comigo e me disse 21 para dar a vocês, israelitas, esta mensagem: Vocês estão orgulhosos porque o Templo é tão firme. Vocês gostam de olhar para ele e de visitá-lo, porém o SENHOR Deus o tornará impuro. Os seus filhos e filhas que ficaram em Jerusalém serão mortos na guerra. 22 Aí vocês vão fazer como eu fiz. Vocês não cobrirão o rosto, nem comerão a comida que oferecem nos sepultamentos. 23 Vocês não andarão sem chapéu nem descalços; não vão pôr luto, nem vão chorar. Por causa dos seus pecados, vocês se acabarão e ficarão gemendo juntos. 24 Assim eu, Ezequiel, serei um sinal para vocês. Vocês farão tudo o que eu fiz. O SENHOR diz que, quando isso acontecer, vocês ficarão sabendo que ele é o SENHOR Deus.

25 O SENHOR disse:

— Agora, homem mortal, vou tirar deles o Templo, que é firme, que era o orgulho e a alegria deles, e que gostavam *tanto de admirar e de visitar*. E também vou tirar os seus filhos e as suas filhas. 26 No dia em que eu fizer isso, alguém que escapar da destruição virá para contar o que aconteceu. 27 Nesse dia, você poderá falar outra vez e conversar com aquele que escapou. Nesse dia, você será um sinal para os israelitas, e eles ficarão sabendo que eu sou o SENHOR.

Profecia contra Amom

25 O SENHOR me disse o seguinte:

2 — *Homem mortal, agora fale contra o país de Amom. 3 Diga que deem atenção a isto que eu, o SENHOR Deus, estou dizendo: "Vocês ficaram contentes quando viram o meu Templo *profanado, quando viram a terra de Israel arrasada e o povo de Judá ser levado para o *cativeiro. 4 Por isso, vou deixar que as tribos do deserto oriental conquistem vocês. Esses povos montarão os seus acampamentos no país de vocês e ficarão morando aí. Eles comerão as frutas e beberão o leite que eram de vocês. 5 Transformarei a cidade de Rabá num curral de camelos e toda a terra de Amom num curral de ovelhas, e assim vocês ficarão sabendo que eu sou o SENHOR."

6 — O que o SENHOR Deus está dizendo é isto: "Vocês, amonitas, bateram palmas e pularam de alegria. Vocês desprezaram a terra de Israel. 7 Por isso, eu os entregarei a outras nações para que elas roubem o que vocês têm. Eu os destruirei completamente, de modo que não serão mais uma nação, nem terão mais um país de vocês mesmos. Aí vocês ficarão sabendo que eu sou o SENHOR."

Profecia contra Moabe

8 O SENHOR Deus disse:

— Moabe disse que Judá é como todas as outras nações, 9 e por isso deixarei que as cidades que defendem a fronteira de Moabe sejam atacadas. Entre elas, estarão as mais importantes: Bete-Jesimote, Baal-Meom e Quiriataim. 10 Deixarei que as tribos do deserto oriental conquistem Moabe, juntamente com Amom, e assim Moabe não será mais uma nação. 11 Castigarei Moabe, e os moabitas ficarão sabendo que eu sou o SENHOR.

Profecia contra Edom

12 O SENHOR Deus disse:

— O povo de Edom foi cruel na vingança contra Judá, *e essa vingança* fez com que a culpa de Edom aumentasse muito. 13 Agora, anuncio que castigarei Edom e matarei ali todos os homens e animais. O povo será morto na batalha, e eu farei Edom virar um deserto, desde a cidade de Temã até Dedã. 14 Por meio do meu

povo de Israel, eu me vingarei de Edom;
ele fará Edom sentir a fúria da minha *ira.
Os edomitas saberão o que é sofrer a mi-
nha vingança. Eu, o SENHOR Deus, falei.

Profecia contra a Filisteia

15 O SENHOR Deus disse:
— Os filisteus foram cruéis na vingan-
ça contra os seus antigos inimigos e os
destruíram com ódio. 16 Agora, eu estou
anunciando que atacarei os filisteus e os
queretitas e acabarei com eles. Destruirei
todos aqueles que forem deixados vivos
na planície da Filisteia. 17 Eu os castiga-
rei duramente, e a minha vingança será
completa. Aí ficarão sabendo que eu sou
o SENHOR.

Profecia contra Tiro

26 No ano décimo primeiro do nosso
*cativeiro, no primeiro dia do mês,
o SENHOR falou comigo de novo. Ele disse:
2 — *Homem mortal, o povo da cidade
de Tiro está se alegrando por causa de
uma coisa. Eles estão gritando: "Jerusa-
lém, a nossa rival no comércio, está ar-
rasada! As suas portas se abriram para
nós entrarmos, e com a sua derrota nós
vamos enriquecer!"
3 — Agora, o que eu, o SENHOR Deus,
estou dizendo é isto: Cidade de Tiro, eu
estou contra você. Vou trazer muitas na-
ções para lutarem contra você, e elas vi-
rão como as ondas do mar. 4 Elas destrui-
rão as muralhas da sua cidade e derruba-
rão as suas torres. Aí eu varrerei o pó e
deixarei a rocha nua. 5 Os pescadores es-
tenderão as redes para secarem em cima
dela, ali no mar, onde se encontra. Sou eu,
o SENHOR Deus, quem está falando. As na-
ções vão atacar e roubar Tiro 6 e com as
suas espadas vão matar aqueles que vi-
vem nas cidades que estão perto, em terra
firme. Aí a cidade de Tiro ficará sabendo
que eu sou o SENHOR.
7 O SENHOR Deus diz:
— *Eu vou trazer da Babilônia o rei* Na-
bucodonosor, o mais poderoso de todos
os reis, para atacar Tiro. Ele virá do Nor-
te com um forte exército, com cavalos e
carros de guerra e com cavalaria. 8 Aque-
les que vivem perto, nas cidades que es-
tão em terra firme, serão mortos na ba-
talha. O inimigo cavará trincheiras, fará
rampas de ataque e levantará um muro
de *escudos contra você. 9 Com máquinas
de lançar pedras, eles derrubarão as suas
muralhas e com barras de ferro derru-
barão as suas torres. 10 Os seus cavalos
levantarão nuvens de pó que cobrirão
vocês. Quando eles passarem pelos por-
tões da cidade conquistada, o barulho dos
cavalos deles puxando carretas e carros
de guerra fará tremer as suas muralhas.
11 Os cavaleiros deles invadirão as suas
ruas, matando o seu povo à espada. As
suas fortes colunas serão jogadas no chão.
12 Os seus inimigos roubarão as suas ri-
quezas e as suas mercadorias. Derruba-
rão as suas muralhas e arrasarão as suas
casas luxuosas. Eles jogarão no mar as
pedras, a madeira e o entulho. 13 Acabarei
com as suas canções e farei parar a mú-
sica das suas *liras. 14 De você só deixarei
uma rocha nua, onde os pescadores es-
tenderão as redes para secarem. A cida-
de nunca mais será reconstruída. Eu, o
SENHOR Deus, estou falando.
15 O SENHOR Deus diz isto à cidade de
Tiro:
— Quando você for conquistada, o povo
que vive no litoral ficará apavorado com
os gritos daqueles que forem feridos de
morte. 16 Todos os reis das nações do lito-
ral descerão dos seus tronos. Tirarão os
seus *mantos e as suas roupas bordadas
e, tremendo de medo, sentarão no chão.
Quando virem o que aconteceu com você,
eles terão tanto pavor, que ficarão tre-
mendo sem parar. 17 Eles cantarão para
você este cântico fúnebre:

"A cidade famosa está destruída!
Os seus navios foram varridos dos
mares.
O povo desta cidade dominava os
mares
e metia medo em todos os que
viviam no litoral.
18 Agora, no dia em que a cidade
caiu,
as ilhas estão tremendo,
e os seus moradores estão
apavorados com tanta
destruição."

19 O SENHOR Deus diz:
— Farei você virar uma cidade deser-
ta como as cidades arrasadas, onde não
mora ninguém. Cobrirei você com as
águas profundas do mar. 20 Eu a jogarei
no *mundo dos mortos, onde você estará
com gente que morreu há muito tempo.
E a abandonarei nesse mundo que fica

debaixo da terra, nesse país de ruínas an-
tigas, e você ficará junto com os mortos.
Em você, Tiro, nunca mais morará nin-
guém, e você não voltará a ocupar o seu
lugar no mundo dos vivos. 21 Farei de você
um exemplo horrível, e esse será o seu
fim. As pessoas vão procurá-la, mas nin-
guém a encontrará. Eu, o SENHOR Deus,
falei.

Cântico fúnebre para Tiro

27 O SENHOR me disse o seguinte:
2 — *Homem mortal, cante um
cântico fúnebre para Tiro, 3 aquela cida-
de que fica à beira do mar e faz comér-
cio com todos os povos que vivem no li-
toral. Diga que o SENHOR Deus está di-
zendo isto:

"Tiro, você se orgulhava da sua
beleza perfeita.
4 O mar é o seu lar.
Os seus construtores a fizeram
parecida com um belo navio.
5 Na construção, usaram pinho do
monte Hermom
e para o mastro usaram um cedro
do Líbano.
6 Pegaram carvalho de Basã para
fazer os remos.
Fizeram o seu convés de pinho de
Chipre
e o enfeitaram com marfim.
7 As suas velas eram de linho
bordado do Egito,
velas reconhecidas de longe.
Os seus toldos eram de tecido fino,
de *púrpura da ilha de Chipre.
8 Ó Tiro, os seus marinheiros eram
os seus próprios homens
experientes,
e os seus remadores eram das
cidades de Sidom e de Arvade.
9 Os carpinteiros do navio eram
homens de Biblos,
bem preparados.
Marinheiros de todos os navios do
mar faziam negócios nas suas
lojas."

10 — Soldados da Pérsia, Lídia e Líbia
serviam no seu exército. Eles pendura-
vam os seus *escudos e capacetes nas suas
barracas. Eles conquistaram a *glória para
você. 11 Soldados de Arvade ficavam de
guarda nas suas muralhas, e homens de
Gamade guardavam as suas torres. Eles
penduravam os escudos nas suas paredes.
Foram estes que fizeram com que você
ficasse bonita.
12 — Você fazia negócios na Espanha e
em troca das suas muitas mercadorias
você recebia prata, ferro, estanho e chum-
bo. 13 Você fazia negócios na Grécia, Tubal
e Meseque e trocava as suas mercadorias
por escravos e objetos de bronze. 14 Você
trocava as suas mercadorias por cavalos
comuns, por cavalos de guerra e por mu-
las de Bete-Togarma. 15 A gente de Rodes
negociava com você. Em troca dos seus
artigos, moradores de muitas terras do
litoral davam a você marfim e madeira de
ébano. 16 O povo da Síria comprava os seus
muitos produtos e as suas mercadorias.
Em troca das suas mercadorias, eles da-
vam esmeraldas, tecidos de púrpura, bor-
dados, linho fino, corais e rubis. 17 Judá e
Israel pagavam as suas mercadorias com
trigo de Minite, mel, azeite e *especiarias.
18 Damasco negociava com você e em tro-
ca dos seus muitos produtos dava vinho
de Helbom e lã de Saar. 19 De Uzal traziam
para você vinho, ferro trabalhado e espe-
ciarias, que trocavam pelos seus artigos.
20 Em troca dos seus produtos, o povo de
Dedã oferecia mantas para cavalo. 21 Os
árabes e as autoridades de Quedar paga-
vam as suas mercadorias com carneiri-
nhos, carneiros e bodes. 22 Em troca das
suas mercadorias, os negociantes de Sabá
e Ramá davam as mais finas especiarias,
pedras preciosas e ouro. 23 As cidades de
Harã, Cane e Éden, os comerciantes de
Sabá, as cidades de Assur e Quilmade —
todos faziam negócios com você. 24 Eles
lhe vendiam roupas de luxo, tecidos de
púrpura, bordados, tapetes de várias co-
res e cordas e cordões bem trançados.
25 As suas mercadorias eram levadas em
grupos de grandes navios cargueiros.

"Tiro, você parecia um navio no
mar,
carregado com carga pesada.
26 Quando os seus remadores
levaram você para o mar alto,
o vento leste a fez afundar longe de
terra.
27 Toda a riqueza da sua mercadoria,
todos os marinheiros da tripulação,
os carpinteiros do navio e os seus
comerciantes,
cada soldado que estava no navio —
todos, todos se perderam no mar
quando o navio afundou.

28 Os gritos dos marinheiros que se
afogavam
foram ouvidos até na praia.
29 Todos os navios estão agora
abandonados,
e todos os marinheiros foram para
terra firme.
30 Todos eles choram amargamente
por você,
jogando pó na cabeça e rolando nas
cinzas
em sinal de tristeza.
31 Por sua causa, eles rapam a
cabeça
e vestem roupa feita de pano
grosseiro,
chorando com o coração
amargurado.
32 Eles cantam para você esta
canção triste:
'Quem pode se comparar com Tiro,
que agora está em silêncio no meio
do mar?
33 Quando as suas mercadorias
eram carregadas através dos mares,
você satisfazia a muitas nações.
Com a riqueza dos seus bens,
você enriqueceu os reis da terra.
34 Agora, você está no fundo do mar,
está afundada nas profundezas do
oceano.
Os seus bens e todos aqueles que
trabalhavam para você
desapareceram junto com você no
mar.' "

35 — Todos os moradores do litoral es-
tão apavorados com o que lhe aconteceu.
Até os reis estão apavorados, e o medo
está escrito na cara deles. 36 Você se aca-
bou para sempre, e os comerciantes no
mundo inteiro estão apavorados, com
medo que aconteça com eles o mesmo
que aconteceu com você.

Profecia contra o rei de Tiro

28 *O Senhor me disse o seguinte:*
2 — *Homem mortal, diga ao
rei da cidade de Tiro que eu, o Senhor
Deus, digo isto a ele: "Cheio de orgulho,
você diz que é um deus. E diz que, como
deus, você está sentado num trono, cer-
cado pelos mares. Você quer ser um deus,
porém é mortal e não divino. 3 Você pen-
sa que é mais sábio do que Danel, pensa
que ninguém pode esconder de você ne-
nhum segredo. 4 A sua sabedoria e a sua
inteligência o enriqueceram com tesou-
ros de ouro e prata. 5 Você fez bons negó-
cios e continuou aumentando os lucros. E
como você tem orgulho da sua riqueza!"
6 — Pois agora eu, o Senhor Deus, digo
isto: "Você pensa que é sábio como um
deus, 7 e por isso eu farei com que estran-
geiros muito cruéis o ataquem. Eles des-
truirão todas as riquezas que você conse-
guiu com a sua inteligência e sabedoria.
8 Eles o matarão e o mandarão para um
túmulo de água. 9 Quando eles chegarem
para matá-lo, será que você ainda vai di-
zer que é um deus? Quando enfrentar os
seus assassinos, você será mortal e não
divino. 10 Você morrerá como um cachor-
ro, nas mãos de estrangeiros pagãos. Eu,
o Senhor Deus, dei esta ordem."

A queda do rei de Tiro

11 O Senhor falou comigo outra vez.
Ele disse:
12 — *Homem mortal, cante uma canção
de tristeza por causa do fim que o rei de
Tiro vai ter. Diga-lhe que eu, o Senhor
Deus, digo isto: "Você era um exemplo de
perfeição. Como era sábio e simpático!
13 Você vivia no Éden, o jardim de Deus, e
usava pedras preciosas de todo tipo: rubis
e diamantes; *topázio, *berilo, ônix e *jas-
pe; *safiras, esmeraldas e *granadas. Você
tinha joias de ouro que foram feitas para
você no dia em que foi criado. 14 Eu fiz de
você um anjo protetor, com as asas aber-
tas. Você vivia no meu monte santo e an-
dava pelo meio de pedras brilhantes. 15 A
sua conduta foi perfeita desde o dia em
que foi criado, até que você começou a fa-
zer o mal. 16 Você ficou ocupado, compran-
do e vendendo, e isso o levou à violência
e ao pecado. Por isso, anjo protetor, eu o
humilhei e expulsei do monte de Deus,
do meio das pedras brilhantes. 17 Você fi-
cou orgulhoso por causa da sua beleza, e
a sua fama o fez perder o juízo. Então eu
o joguei no chão a fim de servir de aviso
para outros reis. 18 Você foi tão desonesto
nas compras e vendas, que os seus luga-
res de culto foram *profanados. Por isso,
pus fogo na cidade e a queimei comple-
tamente. Todos os que agora olham para
você estão vendo que você virou cinzas.
19 Você está acabado para sempre, e todas
as nações que o conheceram estão apavo-
radas, com medo que aconteça a mesma
coisa com elas."

DEVOCIONAL

Texto para leitura: **Ezequiel 28:11-16**

Conheça a Deus

É fácil olhar à sua volta e pensar que você está completamente sozinha, mas não tenha tanta certeza disso. Pode ser que anjos a estejam observando neste exato momento. Só porque você não pode vê-los não significa que eles sejam menos reais. Ao contrário do que algumas pessoas possam dizer, anjos não são espíritos de pessoas que morreram e que agora servem como mensageiros de Deus. Eles são seres angelicais criados para fazer a obra do Senhor, e parte dessa obra consiste em cuidar do povo de Deus (veja Salmos 34:7). Há muito mais nesta vida do que se pode ver. Deus promete guardar aqueles que o temem com uma proteção invisível. Ainda que, às vezes, sua vida possa parecer um verdadeiro desastre, como uma Garota de Deus, você precisa se lembrar de que nunca está sozinha — você tem o Espírito de Deus dentro de si e os anjos dele ao seu lado.

A solidão é uma mentira que a atrai para dentro de si mesma a fim de encontrar vazio e desespero. Quando você olha para sua solidão e se sente mal com ela, ou quando você pensa que é má demais para ser amada, você peca, chamando Deus de mentiroso. São muitas as promessas divinas para listar aqui, mas a Palavra de Deus é clara quando diz que não estamos sozinhos. Milhões de pessoas como você andam nesta terra e compartilham as mesmas lutas todos os dias, e outros milhões veem você do céu (veja 1Coríntios 10:13; Gálatas 6:2; Hebreus 12:1).

Quando começar a se sentir mal com sua vida, pare e procure nela coisas que provem a existência de Deus. E se você não conseguir encontrar provas em sua vida, então olhe para a vida dos milhões de cristãos em todo o mundo. Veja além do mundo físico e confie na verdade das Escrituras quando elas apontam para o mundo invisível que está à sua volta.

Profecia contra Sidom

20 O SENHOR me disse:
21 — *Homem mortal, fale contra a cida-
de de Sidom. 22 Diga ao povo dali que eu, o
SENHOR Deus, digo o seguinte: "Sidom, eu
estou contra você. Por causa daquilo que
vou fazer com você, todos me louvarão.
Quando eu castigar os seus moradores,
todos ficarão sabendo que eu sou o SE-
NHOR e que sou santo. 23 Eu lhe mandarei
doenças e farei com que corra sangue nas
suas ruas. Você será atacada de todos os
lados, e todos os seus moradores serão
mortos. Assim você ficará sabendo que
eu sou o SENHOR."

Bênçãos para o povo de Israel

24 O SENHOR disse:
— Os povos vizinhos que trataram Is-
rael com desprezo nunca mais o ferirão,
como se eles fossem espinhos e roseiras
bravas. E eles ficarão sabendo que eu sou
o SENHOR Deus.
25 O SENHOR Deus disse:
— Eu vou trazer de volta o povo de Is-
rael de todos os países por onde os es-
palhei, e todas as nações ficarão saben-
do que eu sou santo. O povo de Israel vi-
verá na sua própria terra, a terra que dei
a Jacó, meu *servo. 26 Ali eles vão viver
em segurança, vão construir casas e fa-
zer plantações de uvas. Eu castigarei to-
dos os seus vizinhos que os trataram com
desprezo, e Israel ficará seguro. Aí eles
ficarão sabendo que eu sou o SENHOR, o
Deus de Israel.

Profecia contra o Egito

29 No décimo ano do nosso *cativei-
ro, no dia doze do décimo mês, o
SENHOR me disse o seguinte:
2 — *Homem mortal, fale contra o rei

do Egito. Diga-lhe como ele e toda a ter-
ra do Egito serão castigados. 3 Diga que o
SENHOR Deus está dizendo isto ao rei do
Egito: "Eu estou contra você, crocodilo
monstruoso deitado no rio. Você diz que
o rio Nilo é seu, que você mesmo o fez.
4 Mas eu porei um gancho no seu focinho e
farei com que os peixes do seu rio fiquem
agarrados em você. Então eu o puxarei
para fora do rio Nilo, com todos os pei-
xes agarrados em você. 5 Eu o jogarei no
deserto e todos aqueles peixes também.
O seu corpo ficará largado no chão e não
será sepultado. Eu o darei às aves e aos
animais selvagens como alimento. 6 Assim
todo o povo do Egito ficará sabendo que
eu sou o SENHOR."

O SENHOR diz ao Egito:

— Os israelitas se apoiaram em você,
mas você foi um bastão fraco. 7 Quando
eles se apoiaram, você quebrou, machu-
cou o ombro deles e fez com que torces-
sem as costas. 8 Por isso, eu, o SENHOR
Deus, estou lhe dizendo que farei com que
homens o ataquem com espadas, e eles
matarão a sua gente e os seus animais.
9 O Egito vai virar um deserto vazio. Aí
você ficará sabendo que eu sou o SENHOR.

— Você disse que o rio Nilo é seu e que
foi você que o fez, 10 e por isso eu estou
contra você e contra o seu rio Nilo. Farei
com que todo o Egito vire um deserto va-
zio, desde a cidade de Migdol, no Norte,
até a cidade de Assuã, no Sul, e até a fron-
teira da Etiópia. 11 Nenhuma pessoa ou
animal passará pelas suas terras. Durante
quarenta anos, o Egito ficará sem mora-
dores. 12 Farei do Egito o país mais deser-
to do mundo. Durante quarenta anos, as
cidades do Egito ficarão arrasadas, mais
arrasadas do que quaisquer outras cida-
des. Farei com que os egípcios se tornem
refugiados. Fugirão para todos os países e
viverão no meio de outros povos.

13 O SENHOR Deus diz:

— Depois desses quarenta anos, tra-
rei os egípcios de volta das nações por
onde os espalhei. 14 Eu os deixarei viver
no Sul do Egito, a região de onde vieram.
Ali eles serão um reino pequeno, 15 o mais
fraco de todos, e nunca mais dominarão
outras nações. Eu os diminuirei tanto, que
não serão capazes de dominá-las. 16 Israel
nunca mais dependerá da ajuda deles. O
que aconteceu com o Egito fará com que o
povo de Israel lembre como estava errado
em confiar nos egípcios. Então Israel fi-
cará sabendo que eu sou o SENHOR Deus.

Nabucodonosor conquista o Egito

17 No ano vigésimo sétimo do nosso *ca-
tiveiro, no primeiro dia do primeiro mês,
o SENHOR falou comigo. Ele disse:

18 — *Homem mortal, escute. Nabuco-
donosor, rei da Babilônia, atacou a cida-
de de Tiro. Ele obrigou os seus soldados
a carregarem tanto peso, que os cabelos
deles caíram, e os seus ombros ficaram
esfolados. Mas nem o rei nem o seu exér-
cito conseguiram nada como pagamento
pelos seus esforços.

19 — Agora, eu, o SENHOR Deus, digo
isto: "Darei a terra do Egito ao rei Nabu-
codonosor. Ele vai pegar toda a riqueza
do Egito e vai levá-la como pagamento
para o seu exército. 20 Eu darei a Nabu-
codonosor o Egito como pagamento pe-
los seus serviços, pois o seu exército está
trabalhando para mim. Sou eu, o SENHOR
Deus, quem está falando."

21 — Quando isso acontecer, farei com
que o povo de Israel fique forte. E a você,
Ezequiel, vou dar licença para falar onde
todos possam ouvi-lo, e assim eles ficarão
sabendo que eu sou o SENHOR.

Deus castiga o Egito

30 Novamente o SENHOR falou comi-
go. Ele disse:

2 — *Homem mortal, *profetize e anun-
cie o que eu, o SENHOR Deus, estou dizen-
do. Gritem o seguinte:

"Dia de terror!
3 O dia está perto, o dia em que o
SENHOR vai agir,
um dia de nuvens e de castigo para
as nações."
4 Haverá guerra no Egito
e grande sofrimento na Etiópia.
Muitos serão mortos no Egito;
o país será roubado e arrasado.
5 Essa guerra também matará
os soldados contratados da Etiópia,
Lídia, Líbia, Arábia e Cube
e até do meu próprio povo.

6 O SENHOR diz:

— Desde Migdol, que fica no Norte, até
Assuã, que fica no Sul, todos os que defen-
dem o Egito serão mortos em batalha. O
orgulhoso exército egípcio será destruído.
Sou eu, o SENHOR Deus, quem está falan-
do. 7 O país será o mais deserto do mundo,

e as suas cidades serão completamente
arrasadas. 8 Quando eu incendiar o Egi-
to, e aqueles que o defendem estiverem
mortos, todos ficarão sabendo que eu sou
o SENHOR.
9 — Quando aquele dia chegar, e o Egito
for destruído, mandarei mensageiros em
navios para porem medo no povo descui-
dado da Etiópia, e esse povo ficará apavo-
rado. E aquele dia está chegando!
10 O SENHOR Deus diz:
— Usarei Nabucodonosor, rei da Babi-
lônia, para acabar com a riqueza do Egito.
11 Ele e o seu exército violento virão para
arrasar o Egito. Eles atacarão com espa-
das, e a terra dos egípcios ficará cheia de
mortos. 12 Secarei o rio Nilo; entregarei o
Egito a homens maus. Estrangeiros ar-
rasarão o país todo. Eu, o SENHOR, falei.
13 O SENHOR Deus diz:
— Também destruirei os ídolos e os fal-
sos deuses de Mênfis. Não ficará ninguém
para governar o Egito. Espalharei o ter-
ror no meio do povo. 14 Farei com que o
Sul do Egito vire um deserto e porei fogo
na cidade de Zoã, no Norte. Castigarei Te-
bas, a capital. 15 Derramarei a minha *ira
sobre a cidade de Pelúsio, a grande for-
taleza do Egito, e acabarei com a riqueza
de Tebas. 16 Incendiarei o Egito, e Pelúsio
se retorcerá de dor. As muralhas de Tebas
serão derrubadas, e a cidade será inun-
dada. 17 Os moços das cidades de Helió-
polis e Bubaste morrerão na guerra, e os
outros moradores serão levados presos.
18 Quando eu quebrar o poder do Egito e
acabar com a força de que tanto se gaba,
a escuridão cairá sobre a cidade de Taf-
nes. Uma nuvem cobrirá o Egito, e os mo-
radores de todas as suas cidades serão
levados prisioneiros. 19 Assim castigarei
o Egito, e aí eles ficarão sabendo que eu
sou o SENHOR.

O rei de braços quebrados

20 No ano décimo primeiro do nosso *ca-
tiveiro, no sétimo dia do primeiro mês, o
SENHOR falou comigo. Ele disse:
21 — *Homem mortal, eu quebrei um
dos braços do rei do Egito. Ninguém
amarrou o braço dele, nem o pôs numa
tipoia a fim de que sarasse e ficasse for-
te, e assim ele pudesse usar de novo a
espada. 22 Agora, eu, o SENHOR Deus, digo
isto: "Eu estou contra o rei do Egito. Que-
brarei os seus dois braços, tanto o bom
como o que já está quebrado, e a espada
cairá da mão dele. 23 Espalharei os egíp-
cios pelo mundo inteiro. 24 Aí farei com
que os braços do rei da Babilônia fiquem
fortes e porei a minha espada nas mãos
dele. Porém quebrarei os braços do rei do
Egito, e assim ele gemerá e morrerá na
frente do seu inimigo. 25 Sim! Farei com
que o rei do Egito fique fraco e darei for-
ça ao rei da Babilônia. Quando eu lhe der
a minha espada, e ele a apontar para o
Egito, todos ficarão sabendo que eu sou
o SENHOR. 26 Espalharei os egípcios pelo
mundo. Aí eles ficarão sabendo que eu
sou o SENHOR."

O Egito, uma árvore de cedro

31 No ano décimo primeiro do nosso
*cativeiro, no dia primeiro do ter-
ceiro mês, o SENHOR falou comigo. Ele
disse:
2 — *Homem mortal, diga o seguinte ao
rei do Egito e a todo o seu povo:

"Como você é poderoso!
Com o que posso compará-lo?
3 Você é como um cedro no Líbano,
com galhos lindos, cheios de folhas,
uma árvore tão alta, que chega até
as nuvens.
4 Havia água para fazê-lo crescer
e rios debaixo da terra para
alimentá-lo.
Regaram o lugar onde a árvore
estava crescendo
e fizeram com que ribeirões
regassem todas as árvores da
floresta.
5 Por ter sido bem regado,
o cedro cresceu mais do que as
outras árvores,
e os seus galhos ficaram grossos e
compridos.
6 Aves de todo tipo faziam ninhos
nos seus galhos;
embaixo dele, os animais ferozes
davam cria,
e na sua sombra as nações do
mundo descansavam.
7 Como era linda aquela árvore,
tão alta e com galhos tão
compridos!
As suas raízes chegavam até as
correntezas profundas.
8 Nenhum cedro no jardim de Deus
podia comparar-se com ela,
nenhum cipreste teve galhos assim,
e nenhuma figueira brava teve
ramos iguais aos dela.

Nenhuma árvore no jardim de Deus
foi tão linda como aquela.
9 Eu a fiz linda assim
e cheia de muitos galhos.
No Éden, o jardim de Deus,
todas as árvores a invejavam."

10 — Agora, eu, o SENHOR Deus, direi a
vocês o que vai acontecer. A árvore cres-
ceu tanto, que chegou até as nuvens; mas,
conforme crescia, também aumentava o
seu orgulho. 11 Por isso, rejeitei a árvo-
re e vou deixar que um rei estrangeiro
a conquiste. Ele dará a ela o tratamento
que a sua maldade merece. 12 Estrangei-
ros cruéis a derrubarão e a abandonarão.
Os seus galhos e ramos quebrados cairão
em todos os vales e em todas as monta-
nhas do país. Todas as nações que vive-
ram embaixo da sua sombra irão embora.
13 Os pássaros pousarão na árvore caída, e
os animais ferozes andarão por cima dos
seus galhos. 14 E assim, daqui em diante,
nenhuma árvore, por mais bem regada
que seja, crescerá tanto, que os seus ga-
lhos cheguem até as nuvens. Todas elas
estão condenadas a morrer como seres
humanos mortais e a se juntarem com
aqueles que descem para o *mundo dos
mortos.

15 O SENHOR Deus diz o seguinte:
— No dia em que a árvore descer
ao mundo dos mortos, farei com que
as águas que estão debaixo da terra a
cubram, como sinal de tristeza. Farei com
que os rios parem e não deixarei que os
muitos ribeirões corram. A árvore mor-
reu, e por isso trarei escuridão sobre os
montes Líbanos e farei com que sequem
todas as árvores da floresta. 16 Quando eu
a lançar no mundo dos mortos, o barulho
da sua queda abalará as nações. Todas as
árvores do Éden e todas as árvores do Lí-
bano, as mais belas e mais bem regadas
e que já estão no mundo lá de baixo, vão
ficar contentes com a sua queda. 17 Elas
irão com ela ao mundo dos mortos para
se juntar com aquelas que já haviam caí-
do. E todos os que viviam na sua sombra
serão espalhados entre as nações.

18 — A árvore é o rei do Egito e todo o
seu povo. Nem mesmo as árvores do Éden
eram tão altas e vistosas. Mas agora, como
as árvores do Éden, ela descerá ao mundo
dos mortos e se juntará aos que não fo-
ram *circuncidados e aos que forem mor-
tos na guerra. Eu, o SENHOR Deus, falei.

O rei do Egito, um crocodilo

32 No ano décimo segundo do nosso
*cativeiro, no dia primeiro do dé-
cimo segundo mês, o SENHOR me disse
o seguinte:

2 — *Homem mortal, cante um cântico
fúnebre a respeito do rei do Egito. Diga-
-lhe isto: "Você age como um leão no meio
das nações, mas parece mais um crocodi-
lo nadando e agitando a água do rio. Com
as suas patas, você turva a água e suja
os rios. 3 Quando muitos povos se ajun-
tarem, eu, o SENHOR Deus, o pegarei na
minha rede e deixarei que eles puxem a
rede para a praia. 4 Eu o deixarei em lu-
gar seco, eu o jogarei na terra e trarei to-
dos os pássaros e animais do mundo para
que comam a sua carne. 5 Cobrirei mon-
tanhas e vales com o seu cadáver podre.
6 Ensoparei a terra com o seu sangue, e
ele cobrirá as montanhas e encherá os
rios. 7 Quando eu destruir você, cobrirei
o céu e apagarei as estrelas. Esconderei o
sol atrás das nuvens, e a lua não brilhará
mais. 8 Apagarei todas as luzes do céu e
lançarei o seu país na escuridão. Sou eu,
o SENHOR Deus, quem está falando.

9 — "Você será destruído, e eu espa-
lharei essa notícia em países de que você
nunca ouviu falar. Aí muitas nações vão
ficar em confusão 10 e espantadas com o
que eu vou fazer com você. Quando eu
agitar a minha espada, os seus reis fica-
rão apavorados. No dia em que você cair,
todos eles tremerão de medo de perder
a vida."

11 — O SENHOR Deus continua a dizer
ao rei do Egito: "Você enfrentará a espada
do rei da Babilônia. 12 Deixarei que os sol-
dados de nações cruéis peguem a espada
e matem milhares de egípcios. Eles arra-
sarão tudo aquilo de que você tem orgu-
lho e matarão o seu povo. 13 Destruirei o
seu gado em todos os bebedouros, e não
haverá mais gente nem gado para sujar
a água. 14 Deixarei que as suas águas as-
sentem e fiquem claras e farei *com que os*
seus rios corram calmamente. Sou eu, o
SENHOR Deus, quem está falando. 15 Quan-
do eu fizer o Egito virar um deserto aban-
donado e destruir todos os que vivem ali,
as outras nações ficarão sabendo que eu
sou o SENHOR."

16 — Este é o cântico fúnebre que as
mulheres das outras nações vão cantar
para chorar pelo Egito e por todo o seu
povo. Eu, o SENHOR Deus, falei.

O Egito desce ao mundo dos mortos

17 No ano décimo segundo do nosso *cativeiro, no dia quinze do primeiro mês, o SENHOR me disse o seguinte:

18 — *Homem mortal, chore pela multidão de gente do Egito. Faça com que eles desçam ao *mundo dos mortos junto com outras nações poderosas. 19 Diga o seguinte:

"Será que vocês são mais bonitos
do que os outros?
Pois vocês vão descer e se deitar
nas sepulturas dos maus."

20 — Os egípcios cairão junto com aqueles que são mortos em batalha. Uma espada está preparada para matar toda a gente do Egito. 21 Os heróis mais valentes e os que lutaram pelo Egito recebem os egípcios quando estes entram no mundo dos mortos. Eles gritam: "Esses que não foram *circuncidados morreram na batalha, desceram até aqui e aqui estão deitados."

22 — A Assíria está ali, e em volta dela estão os túmulos dos seus soldados. Eles foram mortos em combate, 23 e os túmulos deles estão nas profundezas do mundo dos mortos. Todos os seus soldados caíram em combate, e os túmulos deles estão em volta do túmulo da Assíria. Mas antes eles haviam feito tremer de medo os que estão vivos.

24 — O país de Elão está ali, e em volta estão os túmulos dos seus soldados. Todos eles foram mortos em combate e, sem terem sido circuncidados, desceram ao mundo dos mortos. Quando estavam vivos, eles espalhavam o terror, mas agora estão mortos e cobertos de vergonha. 25 Elão está deitado no meio dos que foram mortos em combate, e os túmulos dos seus soldados estão em volta dele. Nenhum deles foi circuncidado; todos eles foram mortos em combate. Quando estavam vivos, eles espalhavam o terror, mas agora estão mortos e cobertos de vergonha, fazendo companhia aos que foram mortos em combate.

26 — Os países de Meseque e Tubal estão ali, e em volta estão os túmulos dos seus soldados. Nenhum deles foi circuncidado; todos eles foram mortos em combate. Mas antes eles haviam causado terror na terra dos que estão vivos. 27 Eles não foram sepultados com homenagens como os heróis dos tempos antigos, que desceram ao mundo dos mortos com as suas armas. As suas espadas foram colocadas debaixo das cabeças, e os *escudos, em cima dos corpos. Esses heróis tiveram poder para causar terror na terra dos que estão vivos.

28 — Será assim que os egípcios estarão esmagados no meio dos que não foram circuncidados e que morreram em combate.

29 — O país de Edom está ali com os seus reis e autoridades. Eles foram soldados corajosos, mas agora estão deitados no mundo dos mortos, junto com os que não foram circuncidados e que morreram em combate.

30 — Todos os príncipes do Norte e os moradores de Sidom estão no mundo dos mortos; eles morreram sem terem sido circuncidados. O seu poder espalhava o terror, mas agora eles descem sem honra junto com os que foram mortos em combate e que estão deitados ali. Eles tomam parte na desgraça daqueles que descem ao mundo dos mortos.

31 — O rei do Egito os verá e ficará consolado com a morte de todo o seu exército destruído em combate! — diz o SENHOR Deus.

32 — Eu fiz com que o rei do Egito deixasse os vivos apavorados, mas ele e o seu exército serão mortos e ficarão deitados junto com todos os não circuncidados que foram mortos em combate. Eu, o SENHOR Deus, falei.

O vigia e o povo

Ezequiel 3.16-21

33 O SENHOR me disse o seguinte:

2 — *Homem mortal, diga ao seu povo o que acontece quando eu faço vir a guerra a um lugar. O povo desse lugar escolhe alguém para ser vigia. 3 Quando vê o inimigo chegando, o vigia dá o alarme para avisar toda a gente. 4 Se alguém ouve o aviso, porém não se importa, e o inimigo vem e o mata, esse alguém é responsável pela sua própria morte. 5 Ele é culpado da sua própria morte porque não *se importou com* o alarme. Se tivesse se importado, poderia ter escapado. 6 Mas, se o vigia vê o inimigo se aproximando e não dá o alarme, o inimigo vem e mata aqueles pecadores. Nesse caso, eu considerarei o vigia como responsável pela morte deles.

7 — Agora, homem mortal, eu estou pondo você como vigia de toda a nação de Israel. Você dará a eles os avisos que eu lhe der. 8 Se eu disser que um homem mau vai morrer, mas você não o avisar para que mude o seu modo de agir e assim salve a sua vida, aí ele morrerá, sendo ainda pecador. Nesse caso, eu considerarei você como responsável pela morte dele. 9 Porém, se você avisar o homem mau, e ele não parar de pecar, ele morrerá como pecador, mas você viverá.

A responsabilidade de cada pessoa diante de Deus

10 O SENHOR me disse o seguinte:

— *Homem mortal, repita aos israelitas o que eles andam dizendo: "Os nossos pecados e maldades são um peso para nós. Estamos nos acabando. Como podemos viver?" 11 Diga-lhes que juro pela minha vida que eu, o SENHOR Deus, não me alegro com a morte de um pecador. Eu gostaria que ele parasse de fazer o mal e vivesse. Povo de Israel, pare de fazer o mal. Por que é que vocês estão querendo morrer?

12 — Agora, homem mortal, diga aos israelitas que, quando um homem correto pecar, o bem que ele fez não o salvará. Se um homem mau parar de fazer o mal, ele não será castigado; e, se um homem correto começar a pecar, ele não continuará vivendo. 13 Se eu prometer dar a vida a um homem correto, e se ele começar a pecar porque pensa que a sua bondade passada o salvará, aí eu não lembrarei de nenhuma das boas ações que praticou. Ele morrerá por causa dos seus pecados. 14 Se eu avisar um homem mau, dizendo que vai morrer, e se ele parar de pecar e fizer o que é bom e correto — 15 por exemplo, se devolver o objeto que lhe deram como garantia de pagamento de uma dívida ou se devolver o que roubou — se ele parar *de pecar* e seguir as *leis que dão vida, ele não morrerá, mas viverá. 16 Eu perdoarei os pecados que cometeu. Ele viverá porque fez o que é bom e correto.

17 — No entanto, o seu povo diz que o que eu, o Senhor, faço não está certo! São eles que não estão certos! 18 Quando um homem correto para de fazer o bem e começa a fazer o mal, ele morrerá por causa disso. 19 Quando um homem mau para de pecar e faz o que é bom e correto, ele salvou a sua vida. 20 Mas você, povo de Israel, diz que o que eu faço não está certo. Eu os julgarei por aquilo que fazem.

As notícias da tomada de Jerusalém

21 No ano décimo segundo do nosso *cativeiro, no dia cinco do décimo segundo mês, um homem que havia escapado de Jerusalém veio e me contou que a cidade tinha sido tomada. 22 Na noite antes da chegada dele, eu tinha sentido a presença poderosa de Deus, o SENHOR. E na manhã seguinte, quando o homem chegou, o SENHOR me deu de novo a fala.

Os pecados do povo

23 O SENHOR me disse o seguinte:

24 — *Homem mortal, os moradores das cidades arrasadas na terra de Israel estão dizendo o seguinte: "Abraão era um homem só, e toda esta terra foi dada a ele. Nós somos muitos, e por isso agora a terra é nossa."

25 — Diga a essa gente o que eu, o SENHOR Deus, estou dizendo: "Vocês comem carne com sangue, adoram ídolos e cometem crimes de morte. Por que é que estão pensando que a terra é de vocês? 26 Vocês confiam nas suas espadas. O seu modo de agir é nojento. Todos cometem adultério. Por que estão pensando que a terra é de vocês?"

27 — Diga a essa gente que eu, o SENHOR Deus, estou avisando: Juro que os moradores das cidades arrasadas serão mortos. Os que vivem no campo serão comidos por animais selvagens. Os que estão escondidos nas montanhas e cavernas ficarão doentes e morrerão. 28 Farei com que o país vire um deserto abandonado. O poder de que se orgulhavam acabará. As montanhas de Israel ficarão tão desertas, que ninguém passará por elas. 29 Quando eu castigar o povo pelos seus pecados e fizer com que o país vire um deserto, aí eles ficarão sabendo que eu sou o SENHOR.

Resultados da mensagem do profeta

30 O SENHOR disse:

— *Homem mortal, quando os seus irmãos israelitas conversam perto das muralhas da cidade ou na porta das suas casas, eles falam de você. Eles dizem: "Vamos saber o que o SENHOR tem para nos dizer agora." 31 Assim o meu povo se ajunta em grande número para ouvir o que você tem para dizer, mas eles não querem pôr em prática o que você diz. "Ele fala

bonito" — eles dizem, mas o que querem
é ganhar dinheiro. 32 Para eles você não
passa de um cantor de canções de amor
ou tocador de *harpa. Eles ouvem o que
você diz, porém não fazem nada daquilo
que você manda. 33 Porém, quando acon-
tecer tudo o que você diz — e vai aconte-
cer mesmo —, aí eles ficarão sabendo que
um profeta esteve no meio deles.

Os pastores de Israel

34 O SENHOR me disse o seguinte:
2 — *Homem mortal, fale contra
as autoridades que governam o meu povo
de Israel. *Profetize contra elas e diga que
eu, o SENHOR Deus, estou dizendo o se-
guinte: "Vocês, autoridades, são os pasto-
res de Israel. Ai de vocês, pois cuidam de
vocês mesmos, mas nunca tomam con-
ta do rebanho! 3 Vocês bebem o leite das
ovelhas, usam a sua lã para fazer roupas
e matam e comem as ovelhas mais bem
tratadas, porém não cuidam do rebanho.
4 Vocês não tratam as fracas, não curam
as doentes, não fazem curativos nas ma-
chucadas, não vão buscar as que se des-
viam, nem procuram as que se perdem.
Pelo contrário, vocês tratam as ovelhas
com violência e crueldade. 5 E, por não te-
rem pastor, elas se espalharam. Animais
ferozes mataram e comeram as ovelhas.
6 As minhas ovelhas andam perdidas pe-
los morros e pelas altas montanhas. Es-
tão espalhadas por toda parte. Ninguém
busca essas ovelhas, ninguém procura
encontrá-las.
7 — Pois bem, pastores, escutem o que
eu, o SENHOR Deus, estou dizendo. 8 Juro
pela minha vida que é melhor vocês me
escutarem. Por não terem pastor, as mi-
nhas ovelhas foram atacadas, mortas e
devoradas por animais ferozes. Os meus
pastores não foram procurá-las. Eles es-
tavam cuidando de si mesmos e não das
ovelhas. 9 Por isso, vocês, pastores, pres-
tem atenção. 10 Eu, o SENHOR Deus, decla-
ro que estou contra vocês. Tirarei de vo-
cês as minhas ovelhas e não deixarei que
vocês sejam os seus pastores. E não dei-
xarei que continuem a ser pastores que
só cuidam dos seus próprios interesses.
Livrarei as minhas ovelhas do poder de
vocês para que vocês não possam devo-
rá-las."

O bom pastor

11 — Eu, o SENHOR Deus, digo que eu
mesmo procurarei e buscarei as minhas
ovelhas. 12 Como um pastor busca as suas
ovelhas que estão espalhadas, assim eu
buscarei as minhas ovelhas e as trarei de
volta de todos os lugares por onde foram
espalhadas naquele dia de escuridão e
desgraça. 13 Eu as tirarei de países estran-
geiros, e as ajuntarei, e as trarei de volta
à sua própria terra. Eu as levarei para as
montanhas de Israel e ali as alimentarei,
perto dos ribeirões e em todos os luga-
res onde o povo vive. 14 Deixarei que elas
pastem em bons pastos, nas subidas das
montanhas, nos vales e em todos os pas-
tos verdes da terra de Israel. 15 Eu mesmo
serei o pastor do meu rebanho e encon-
trarei um lugar onde as ovelhas possam
descansar. Sou eu, o SENHOR Deus, quem
está falando.
16 — Procurarei as ovelhas perdidas,
trarei de volta as que se desviaram, farei
curativo nas machucadas e tratarei das
doentes. Mas destruirei as que estão gor-
das e fortes, porque eu sou um pastor que
faz o que é certo.
17 — Eu, o SENHOR Deus, digo o seguin-
te a vocês, o meu rebanho: "Eu vou julgar
cada um de vocês. Vou separar os bons
dos maus, as ovelhas dos bodes. 18 Será
que vocês não ficam satisfeitos com o me-
lhor pasto? Por que precisam pisar o res-
to do capim? Vocês bebem a água limpa e
sujam com os pés a água que não bebem.
19 As minhas outras ovelhas têm de comer
o capim que vocês pisaram e beber a água
que vocês sujaram."
20 — Por isso, agora eu, o SENHOR Deus,
digo que vou decidir a questão que há
entre vocês, ovelhas gordas, e as ovelhas
magras. 21 Vocês empurram as doentes
para o lado e com chifradas as põem para
fora do rebanho. 22 Mas eu vou socorrer as
minhas ovelhas e não deixarei mais que
sejam maltratadas. Julgarei cada uma de-
las e separarei as boas das más. 23 Eu darei
às minhas ovelhas um rei que será como o
meu *servo Davi, para ser o seu único pas-
tor. Ele será o seu pastor e cuidará delas.
24 Eu, o SENHOR, serei o Deus delas, e um
rei como o meu servo Davi será o seu go-
vernador. Sou eu, o SENHOR, quem está fa-
lando. 25 Farei uma *aliança com elas para
garantir que tenham segurança. Acabarei
com todos os animais ferozes que há na
terra de Israel, e assim as minhas ovelhas
poderão viver em segurança nos campos
e dormir no mato.

26 — Eu abençoarei as ovelhas e deixa-
rei que vivam em volta do meu *monte
santo. Quando precisarem, eu as abençoa-
rei com muita chuva. 27 As árvores darão
frutas, os campos produzirão colheitas, e
todos viverão em segurança na sua pró-
pria terra. Quando eu livrar o meu povo
daqueles que o escravizaram e quebrar
as suas correntes, aí todos ficarão saben-
do que eu sou o SENHOR. 28 Os pagãos não
roubarão o que eles têm, e os animais fe-
rozes não vão matá-los, nem comê-los.
Eles viverão em segurança, e ninguém
mais fará com que fiquem com medo. 29 Eu
lhes darei terras boas e acabarei com a
fome que há na terra de Israel. As outras
nações não zombarão mais deles. 30 Todos
ficarão sabendo que eu protejo Israel e
que Israel é o meu povo. Sou eu, o SENHOR
Deus, quem está falando.
31 — Vocês, minhas ovelhas, ovelhas que
eu alimento, vocês são seres humanos, e
eu sou o seu Deus! — diz o SENHOR Deus.

Deus castiga Edom

35 O SENHOR falou comigo. Ele disse:
2 — *Homem mortal, fale contra
o país de Edom. 3 Diga ao povo que eu, o
SENHOR Deus, estou dizendo o seguinte:
"Montanhas de Edom, eu estou contra vo-
cês! Farei de você, Edom, um deserto sem
moradores. 4 Deixarei a sua terra e as suas
cidades arrasadas e em ruínas. Aí você fi-
cará sabendo que eu sou o SENHOR.
5 — "Você sempre tem sido inimigo de
Israel. No tempo da desgraça dos israeli-
tas, no tempo do seu castigo final por cau-
sa dos seus pecados, você deixou que eles
fossem mortos. 6 Por isso, eu, o SENHOR
Deus, juro pela minha vida que o seu fim
é a morte e que você não poderá esca-
par. Você é culpado de crime de morte, e
a morte o perseguirá. 7 Farei com que a re-
gião montanhosa de Edom vire um deser-
to e matarei todos os que passarem por
ali. 8 Cobrirei as montanhas e os morros
com cadáveres; os corpos dos que forem
mortos em combate encherão os vales e
os ribeirões. 9 Farei de você um deserto
para sempre, e nunca mais ninguém vi-
verá nas suas cidades. Aí você ficará sa-
bendo que eu sou o SENHOR.
10 — "Você disse que a nação de Judá, a
nação de Israel e as terras delas são suas
e que você vai tomar posse delas, mesmo
que eu, o SENHOR, esteja ali. 11 Por isso, eu,
o SENHOR Deus, juro pela minha vida que
o tratarei com a mesma *ira, inveja e ódio
com que você tratou o meu povo. Eles fi-
carão sabendo que eu o estou castigando
pelo que você fez com eles. 12 E você fica-
rá sabendo que eu, o SENHOR, ouvi você
dizer com desprezo que as montanhas
de Israel estavam arrasadas e que você
ia devorá-las. 13 Muitas vezes, eu o ouvi
falar contra mim com desprezo."
14 O SENHOR Deus diz:
— Eu o arrasarei de tal forma, que o
mundo inteiro se alegrará com a sua que-
da, 15 do mesmo modo que você se alegrou
quando a minha propriedade particular,
a terra de Israel, virou um deserto. Toda
a região montanhosa de Edom se torna-
rá um deserto. Aí todos ficarão sabendo
que eu sou o SENHOR.

Deus abençoa o povo de Israel

36 O SENHOR disse:
— *Homem mortal, fale com as
montanhas de Israel e diga-lhes que es-
cutem a mensagem que eu, 2 o SENHOR
Deus, tenho para elas: "Os inimigos de
Israel zombaram de vocês e disseram:
Aquelas velhas montanhas são nossas!"
3 — Agora *profetize e anuncie aquilo
que eu, o SENHOR Deus, estou dizendo.
Quando as nações vizinhas tomaram as
montanhas de Israel e roubaram o que
havia nelas, todos zombaram dos israeli-
tas. 4 Por isso, agora vocês, montanhas de
Israel, ouçam o que eu, o SENHOR Deus,
estou dizendo às montanhas e aos mor-
ros, aos ribeirões e aos vales, aos luga-
res arrasados e às cidades desertas que
todas as nações vizinhas roubaram e de
que zombaram.
5 — Eu, o SENHOR Deus, no calor da mi-
nha *ira, falei contra essas nações vizinhas
e especialmente contra Edom. Com ale-
gria e com desprezo, elas tomaram a mi-
nha terra e ficaram com os seus pastos.
6 — Por isso, homem mortal, profetize a
respeito da terra de Israel; diga às monta-
nhas, morros, ribeirões e vales o que eu,
o SENHOR Deus, estou dizendo com ira
e ciúmes por causa da maneira como as
nações zombaram deles.
7 — Eu, o SENHOR Deus, juro que as na-
ções vizinhas de Israel cairão na desgra-
ça. 8 Porém nas montanhas de Israel as
árvores de novo terão folhas e produzi-
rão frutas para vocês, meu povo de Israel.
Logo vocês voltarão para a sua pátria. 9 Eu
estou do lado de vocês. E garantirei que

a sua terra será arada de novo para que
nela sejam feitas plantações. 10 Farei au-
mentar a população. Vocês viverão nas
cidades e construirão de novo tudo o que
estava arrasado. 11 Farei com que haja
muita gente e muito gado. Entre vocês
haverá mais gente do que nunca, e vocês
terão muitos filhos. Deixarei que vivam ali
como antes e farei com que fiquem mais
ricos do que nunca. Aí vocês ficarão sa-
bendo que eu sou o SENHOR. 12 Farei com
que vocês, meu povo de Israel, vivam de
novo na terra. Ela será a terra de vocês
e nunca mais deixará que os seus filhos
morram de fome.

13 — Eu, o SENHOR Deus, afirmo que, de
fato, o povo chama a terra de Israel de
"comedora de gente" e diz que ela rouba
do país os seus filhos. 14 Mas, de agora em
diante, ela não será mais a comedora de
gente que rouba de vocês os seus filhos.
Sou eu, o SENHOR Deus, quem está falan-
do. 15 A terra não precisará mais de ouvir
as nações zombarem, nem fazerem pou-
co caso dela. A terra não roubará mais do
país os seus filhos. Eu, o SENHOR Deus,
estou falando.

A vida nova do povo de Israel

16 O SENHOR me disse o seguinte:

17 — *Homem mortal, quando os israe-
litas viviam na sua terra, eles a tornaram
*impura por causa da sua maneira de vi-
ver e de agir. O comportamento deles era
tão impuro como a menstruação de uma
mulher. 18 Eu os fiz sentir a força da mi-
nha *ira, por causa dos crimes de morte
que haviam cometido na terra e por cau-
sa dos ídolos com que eles a tornaram
impura. 19 Eu os condenei pela sua ma-
neira de viver e de agir e os espalhei por
nações estrangeiras. 20 Mas, em todos os
lugares aonde eles foram, só envergonha-
ram o meu santo nome, pois as pessoas
diziam: "Esse povo é de Deus, o SENHOR,
mas eles tiveram de sair da terra que ele
mesmo lhes deu." 21 Aí eu me preocupei
com o meu santo nome porque os israe-
litas o *profanaram em todos os lugares
aonde foram.

22 — Por isso, dê aos israelitas esta
mensagem que eu, o SENHOR Deus, te-
nho para eles: "O que vou fazer não é
por amor de vocês, israelitas, mas por
amor do meu santo nome, que vocês pro-
fanaram em todas as nações para onde
foram. 23 Quando eu mostrar às nações
a santidade do meu grande nome — o
nome que vocês profanaram no meio de-
les —, aí eles ficarão sabendo que eu sou
o SENHOR. Sou eu, o SENHOR Deus, quem
está falando. Usarei vocês para mostrar
às nações que eu sou santo. 24 Eu os tira-
rei de todas as nações e países e os trarei
de volta para a sua própria terra. 25 Bor-
rifarei água limpa sobre vocês e os puri-
ficarei de todos os seus ídolos e de todas
as coisas nojentas que vocês têm feito.
26 Eu lhes darei um coração novo e porei
em vocês um espírito novo. Tirarei de vo-
cês o coração de pedra, desobediente, e
lhes darei um coração bondoso, obedien-
te. 27 Porei o meu Espírito dentro de vo-
cês e farei com que obedeçam às minhas
*leis e cumpram todos os mandamentos
que lhes dei. 28 Aí vocês viverão na ter-
ra que dei aos seus antepassados. Vocês
serão o meu povo, e eu serei o seu Deus.
29 Eu os livrarei de todas as coisas que os
tornam impuros. Darei ordem para que
haja bastante trigo, e assim não haverá
mais tempos de fome no meio de vocês.
30 Aumentarei a produção de frutas e das
plantações de cereais, de modo que não
haverá mais épocas de fome que façam
vocês passarem vergonha no meio das
outras nações. 31 Vocês lembrarão da sua
má conduta e das maldades que comete-
ram e ficarão aborrecidos com vocês mes-
mos por causa dos seus pecados e malda-
des. 32 Povo de Israel, quero que saibam
que eu não estou fazendo tudo isso por
amor de vocês. Quero que vocês sintam
como é vergonhoso e desonroso aquilo
que estão fazendo. Eu, o SENHOR Deus,
estou falando."

33 O SENHOR Deus diz:

— No dia em que eu os purificar de to-
dos os seus pecados, deixarei que cons-
truam de novo as suas cidades arrasadas
e vivam nelas. 34 Todos os que passavam
pelas lavouras de vocês viam que esta-
vam abandonadas e que o capim havia
crescido; mas eu deixarei que vocês fa-
çam plantações de novo. 35 Todos dirão
isto a respeito desta terra: "Ela era um
deserto, mas agora ficou igual ao jardim
do Éden." Falarão também a respeito das
cidades que foram roubadas, destruídas
e arrasadas e que naquele tempo estarão
cercadas por muralhas e habitadas. 36 En-
tão as nações vizinhas que sobrarem fica-
rão sabendo que eu, o SENHOR, construí
de novo as cidades destruídas e fiz novas

plantações nas terras abandonadas. Eu,
o SENHOR, disse que ia fazer isso e farei.
37 O SENHOR Deus diz:
— Mais uma vez deixarei que os israe-
litas peçam a minha ajuda. Deixarei que
cresçam em número como se fossem um
rebanho de ovelhas. 38 As cidades que ago-
ra estão arrasadas ficarão tão cheias de
gente como Jerusalém ficava cheia de ove-
lhas que eram oferecidas em *sacrifício
num dia de festa. Aí eles ficarão sabendo
que eu sou o SENHOR.

O vale dos ossos secos

37 Eu senti a presença poderosa do
SENHOR, e o seu Espírito me levou
e me pôs no meio de um vale onde a ter-
ra estava coberta de ossos. 2 Ele me levou
para dar uma volta por todos os lugares
do vale, e eu pude ver que havia muitos
ossos, muitos mesmo, e estavam comple-
tamente secos. 3 Então o SENHOR me disse:
— *Homem mortal, será que esses os-
sos podem ter vida de novo?
Eu respondi:
— SENHOR, meu Deus, só tu sabes se
podem ou não.
4 Ele disse:
— *Profetize para esses ossos. Diga a
esses ossos secos que deem atenção à
mensagem do SENHOR. 5 Diga que eu, o
SENHOR Deus, estou lhes dizendo isto: "Eu
porei respiração dentro de vocês e os fa-
rei viver de novo. 6 Eu lhes darei tendões
e músculos e os cobrirei de pele. Porei
respiração dentro de vocês e os farei vi-
ver de novo. Aí vocês ficarão sabendo que
eu sou o SENHOR."
7 Então profetizei conforme a ordem
que eu havia recebido. Enquanto eu fa-
lava, ouvi um barulho. Eram os ossos se
ajuntando uns com os outros, cada um no
seu próprio lugar. 8 Enquanto eu olhava,
os ossos se cobriram de tendões e mús-
culos e depois de pele. Porém não havia
respiração nos corpos.
9 Então o SENHOR me disse:
— Homem mortal, profetize para o
vento. Diga que o SENHOR Deus está man-
dando que ele venha de todas as direções
para soprar sobre esses corpos mortos a
fim de que vivam de novo.
10 Então profetizei conforme a ordem
que eu havia recebido. A respiração en-
trou nos corpos, e eles viveram de novo
e ficaram de pé. Havia tanta gente, que
dava para formar um enorme exército.
11 O SENHOR me disse:
— Homem mortal, o povo de Israel é
como esses ossos. Dizem que estão se-
cos, sem esperança e sem futuro. 12 Por
isso, profetize para o meu povo de Israel
e diga-lhes que eu, o SENHOR Deus, abri-
rei as sepulturas deles, e os tirarei para
fora, e os levarei de volta para a terra de
Israel. 13 Eu vou abrir os túmulos onde o
meu povo está sepultado e vou tirá-los
para fora; aí ficarão sabendo que eu sou
o SENHOR. 14 Porei a minha respiração ne-
les, e os farei viver novamente, e os deixa-
rei morar na sua própria terra. Aí ficarão
sabendo que eu sou o SENHOR. Prometi
que faria isso e farei. Eu, o SENHOR, falei.

Judá e Israel: um só reino

15 O SENHOR falou outra vez comigo.
Ele disse:
16 — *Homem mortal, pegue uma tabui-
nha e escreva nela o seguinte: "O Reino
de Judá, incluindo as pessoas do Reino
de Israel que moram nele." Depois, pegue
outra tabuinha e escreva: "O Reino de Is-
rael, representado pela *tribo de Efraim
e incluindo todos os outros israelitas que
moram nele." 17 Então segure as duas ta-
buinhas juntas na sua mão de modo que
pareçam uma só. 18 Quando o seu povo
perguntar o que isso quer dizer, 19 diga
que eu, o SENHOR Deus, pegarei a tabui-
nha que representa Israel e a colocarei
junto com a que representa Judá. Das
duas tabuinhas farei uma só e a segura-
rei na minha mão.
20 — Segure na mão as tabuinhas em
que você escreveu e deixe que o povo as
veja. 21 Então diga-lhes que eu, o SENHOR
Deus, tirarei os israelitas do meio das na-
ções para onde foram. Eu os ajuntarei e
os levarei de volta à sua própria terra.
22 Farei deles uma só nação na sua terra,
nas montanhas de Israel. Eles terão um
só rei para governá-los e não serão mais
divididos em duas nações, nem separados
em dois reinos. 23 Não se mancharão mais
com ídolos, nem com ações nojentas, nem
com pecados de desobediência. Eu os li-
vrarei de todas as suas maneiras de pe-
car e de me trair. Eu os purificarei, e eles
serão o meu povo, e eu serei o seu Deus.
24 Um rei igual ao meu *servo Davi os go-
vernará. Todos terão um só governador
e obedecerão fielmente às minhas *leis.
25 Viverão na terra que dei ao meu ser-
vo Jacó, a terra em que os antepassados

DEVOCIONAL

Texto para leitura: **Ezequiel 37:21-23**

Conheça a Deus

Deus é um Deus de justiça. Isso significa que ele não deixa o mal nem o pecado vencerem. No final, ambos exigem que um preço seja pago, e esse preço é a morte. Mas Deus não quer que você morra, por isso lhe providenciou uma saída. A saída chama-se arrependimento: mudar seu modo de pensar e de agir e voltar-se para Deus.

Talvez você se sinta como se tivesse feito algo tão ruim que não possa ser perdoada, mesmo que mude seus caminhos. Mas isso não é verdade. As pessoas, desde o início dos tempos, vêm cometendo pecados tão terríveis quanto os seus, e de vez em quando o Senhor prova que nada é tão ruim que não possa ser perdoado, exceto o pecado de rejeitá-lo completamente. Mesmo os israelitas, que deram as costas para o Deus de seus antepassados e adoraram outros deuses, foram aceitos de volta várias vezes pelo mesmo Deus que irá aceitá-la de volta. É claro que eles sofreram as consequências de suas escolhas pecaminosas — doenças, ataques, escravidão e até o exílio, mas, mesmo assim, Deus era o Senhor deles, e prometeu aceitá-los de volta. Por fim, ele enviou seu Filho como oferta pela culpa para que ninguém tivesse de morrer, mas para que qualquer pessoa pudesse ter a vida eterna, e isso inclui você.

Não deixe que o *slogan* de sua vida seja o de que você é "muito má para ser perdoada" ou "muito má para ser amada", porque isso não é verdade. Você é muito querida para ser perdoada e muito valiosa para ser abandonada. Mas, para receber perdão, você precisa confessar seu pecado e se arrepender: uma tarefa simples, mas desafiadora. Então, não discuta com Deus sobre sua natureza pecaminosa; apenas concorde com ele e depois aceite a mão estendida que ele lhe oferece, dizendo: "Obrigada". Hoje, você está a um passo da liberdade. Aceite-a agora e comece a receber as melhores coisas que Deus tem e que estão esperando por você.

deles viveram. Viverão ali para sempre,
eles, os seus filhos e todos os seus descen-
dentes. Um rei igual ao meu servo Davi
os governará para sempre. 26 Farei com
eles uma *aliança que garantirá que vive-
rão para sempre em segurança. Aumen-
tarei a população e porei o meu Templo
na terra deles, e ali ficará para sempre.
27 Viverei ali com eles e serei o Deus de-
les, e eles serão o meu povo. 28 Quando
eu puser o meu Templo ali, para eu ficar
no meio deles, as nações ficarão saben-
do que eu, *o* SENHOR, *separei o povo de*
Israel para ser meu.

Profecia contra Gogue

38 O SENHOR me disse o seguinte:
2 — *Homem mortal, agora fale
contra *Gogue, o principal governador das
nações de Meseque e Tubal, na terra de
Magogue. *Profetize contra ele 3 e diga que
eu, o SENHOR Deus, estou contra ele. 4 Eu
o farei dar meia-volta, porei uma argola
no seu nariz e o arrastarei junto com as
suas tropas para longe. Com os seus ca-
valos e os seus cavaleiros fardados, o seu
exército é enorme. E cada soldado carre-
ga um *escudo e está armado com espada.
5 Soldados da Pérsia, Etiópia e Líbia estão
com ele, e todos têm escudos e capacetes.
6 Todas as tropas das terras de Gomer e de
Bete Togarma, que ficam no Norte, estão
com ele, e também soldados de muitas
outras nações. 7 Diga que se prepare e que
apronte todas as tropas que ele coman-
da. 8 Depois de muitos anos, eu o manda-
rei invadir um país onde o povo tem vi-
vido sem medo de guerra, desde quando

foram trazidos de volta de muitas nações.
Ele invadirá as montanhas de Israel, que
tinham estado arrasadas e desertas por
tanto tempo, mas onde agora todo o povo
vive em segurança. 9 Ele, e o seu exército, e
muitas nações que estão com ele atacarão
como uma tempestade e cobrirão a terra
como uma nuvem.

10 O que o SENHOR Deus diz a Gogue é
isto:

— Quando chegar aquela hora, você
começará a fazer um plano perverso.
11 Você resolverá invadir um país desar-
mado, onde o povo vive calmo e seguro,
em cidades sem muralhas e sem defesa.
12 Você assaltará o povo que vive em cida-
des já arrasadas e roubará o que há ne-
las. Os moradores dessas cidades foram
tirados do meio das outras nações e re-
unidos num lugar só; e agora possuem
gado e propriedades e vivem no centro
do mundo. 13 O povo de Sabá e Dedã e os
negociantes e as autoridades da Espanha
lhe perguntarão: "Você reuniu o seu exér-
cito e atacou para assaltar e levar o que o
povo tem? Você está pensando em pegar
gado, prata e ouro e outras coisas de va-
lor e ir embora com tudo o que roubar?"

14 Por isso, o SENHOR Deus me mandou
falar em seu nome a Gogue e dizer a ele
o seguinte:

— Naquele tempo, quando o meu povo
de Israel estiver vivendo em segurança,
você sairá 15 e virá do seu lugar que fica
no Norte distante. Você virá comandan-
do um grande e poderoso exército de sol-
dados de muitas nações, e todos a cavalo.
Como uma tempestade que passa pela
terra, você atacará o meu povo de Israel.
16 Quando chegar a hora, eu o mandarei
invadir a minha terra para que as nações
fiquem sabendo quem sou e vejam a mi-
nha santidade naquilo que estou fazen-
do por meio de você. 17 Você é aquele de
quem falei há muito tempo, quando anun-
ciei por meio dos meus servos, os *profe-
tas de Israel, que no futuro eu iria trazer
alguém para atacar o povo de Israel.

O SENHOR Deus está falando.

Gogue é castigado

18 O SENHOR Deus diz:

— No dia em que *Gogue invadir Israel,
eu ficarei furioso. 19 No calor da minha
*ira, afirmo que naquele dia haverá um
forte terremoto na terra de Israel. 20 Todos
os peixes e aves, todos os animais grandes
e pequenos e todos os seres humanos do
mundo inteiro tremerão de medo de mim.
As montanhas serão arrasadas, as gran-
des pedras ficarão em pedaços, e todas as
muralhas cairão. 21 Farei cair sobre Gogue
todo tipo de desgraças, que o encherão
de medo. Sou eu, o SENHOR Deus, quem
está falando. Os soldados de Gogue feri-
rão uns aos outros com as suas espadas.
22 Eu os castigarei com doenças e morte.
Derramarei chuvas pesadas, pedras de
gelo, fogo e enxofre em cima de Gogue
e do seu exército e em cima das muitas
nações que estão do lado dele. 23 Desse
modo, mostrarei a todas as nações que
sou poderoso e santo. Elas ficarão saben-
do que eu sou o SENHOR.

A derrota de Gogue

39 O SENHOR Deus disse:
— *Homem mortal, *profetize
contra *Gogue, o principal governador
das nações de Meseque e Tubal, e diga-
-lhe que estou contra ele. 2 Eu o farei vi-
rar para outra direção e o guiarei do Nor-
te distante até que chegue às montanhas
de Israel. 3 Aí arrancarei o arco da mão
esquerda dele; e as flechas, da mão di-
reita. 4 Gogue e o seu exército e as nações
que estão do lado dele cairão mortos nas
montanhas de Israel. E eu deixarei que os
seus corpos sejam comidos por todas as
aves e animais ferozes. 5 Eles cairão mor-
tos em campo aberto. Sou eu, o SENHOR
Deus, quem está falando. 6 Começarei um
incêndio na terra de Magogue e no litoral,
onde o povo vive seguro, e todos ficarão
sabendo que eu sou o SENHOR. 7 Farei com
que o meu povo de Israel conheça o meu
santo nome e nunca mais deixarei que o
meu nome seja *profanado. Então as na-
ções ficarão sabendo que eu, o SENHOR,
sou o Deus Santo de Israel.

8 O SENHOR Deus disse:

— O dia do qual eu falei vai chegar
mesmo. 9 O povo que vive nas cidades de
Israel sairá e ajuntará as armas abando-
nadas, para fazer fogo com elas. E duran-
te sete anos acenderão fogo com os *es-
cudos, arcos, flechas, porretes e lanças.
10 Não terão de ajuntar lenha nos cam-
pos, nem de cortar árvores na floresta,
pois terão as armas abandonadas para
queimar. Eles roubarão e tirarão as coi-
sas daqueles que os roubaram e tiraram
as suas coisas.

O SENHOR Deus está falando.

O sepultamento de Gogue

11 O SENHOR disse:

— Quando tudo isso acontecer, darei a *Gogue um lugar onde ele será sepultado em Israel, no vale dos Viajantes, a leste do mar Morto. Essa sepultura fará parar os que passarem por ali. Gogue e todo o seu exército serão sepultados ali, e o vale será chamado de "vale do Exército de Gogue". 12 Os israelitas levarão sete meses para sepultar todos os mortos e *purificar de novo a terra. 13 Todos na terra de Israel ajudarão a sepultá-los e, por causa disso, receberão homenagens no dia da minha vitória. Sou eu, o SENHOR Deus, quem está falando. 14 Depois de passarem esses sete meses, serão escolhidos homens encarregados de andarem pelo país a fim de achar e sepultar os corpos que ficaram no chão. Assim eles deixarão a terra *pura. 15 Andarão pelo país e, toda vez que encontrarem um osso humano, porão um sinal ao lado até que os coveiros cheguem e sepultem o osso no vale do Exército de Gogue. 16 Haverá ali perto uma cidade que terá o nome desse exército. E assim a terra ficará pura de novo.

17 O SENHOR Deus me disse o seguinte:

— *Homem mortal, chame todas as aves e animais para que venham de toda parte e comam o *sacrifício que estou preparando para eles. Será uma grande festa nas montanhas de Israel, onde as aves e os animais poderão comer carne e beber sangue. 18 Eles comerão a carne dos soldados e beberão o sangue dos governadores da terra. Todos esses governadores serão mortos como se fossem carneiros, carneirinhos, bodes ou bois gordos. 19 Quando eu matar essa gente como se fossem sacrifícios, as aves e os animais comerão gordura até não quererem mais e beberão sangue até ficarem bêbados. 20 Sentados à minha mesa, eles comerão à vontade a carne dos cavalos e dos seus cavaleiros, dos soldados e dos guerreiros. Eu, o SENHOR Deus, estou falando.

Um novo começo para Israel

21 O SENHOR disse:

— Eu vou deixar que as nações vejam a minha *glória e mostrarei como uso o meu poder para realizar os meus atos de justiça. 22 Daquele dia em diante, os israelitas ficarão sabendo que eu sou o SENHOR, seu Deus. 23 E as nações ficarão sabendo que os israelitas foram levados presos para fora do seu país por causa dos pecados que cometeram contra mim. Eu me afastei deles e deixei que os seus inimigos os derrotassem e os matassem na guerra. 24 Eu os tratei de acordo com o que as suas ações nojentas e as suas maldades mereciam e me afastei deles.

25 O SENHOR Deus disse:

— Agora, terei misericórdia dos descendentes de Jacó, que são o povo de Israel, e farei com que prosperem de novo. E protegerei o meu santo nome. 26 Quando estiverem outra vez vivendo em segurança na sua própria terra, sem ninguém para ameaçá-los, aí serão capazes de esquecer a desgraça em que caíram por terem me traído. 27 Para mostrar a muitas nações que eu sou santo, eu os trarei de volta de todos os países onde os seus inimigos vivem. 28 Então o meu povo ficará sabendo que eu sou o SENHOR, seu Deus, pois os levei presos para fora do seu país e agora os ajuntei e trouxe de volta, sem deixar nenhum deles longe da sua própria terra. 29 Derramarei o meu Espírito sobre o povo de Israel e nunca mais me afastarei deles. Eu, o SENHOR Deus, falei.

A VISÃO DO FUTURO TEMPLO

Caps. 40—48

Ezequiel é levado a Jerusalém

40 O que vou contar aconteceu no dia dez do ano novo, vinte e cinco anos depois de termos sido levados para o *cativeiro e catorze anos depois que Jerusalém foi tomada. Naquele dia, senti a presença poderosa do SENHOR. 2 Numa visão, Deus me levou à terra de Israel e me pôs numa montanha muito alta. Na minha frente, vi um grupo de prédios que parecia uma cidade. 3 Ele me levou mais para perto, e vi um homem que parecia de bronze. Ele estava de pé, junto ao lado do portão, e segurava uma fita de medir, feita de linho, e uma vara de medir.

4 Ele me disse:

— *Homem mortal, olhe bem. Escute com cuidado e preste bem atenção em tudo o que lhe vou mostrar, pois você foi trazido aqui por causa disso. Vá contar ao povo de Israel tudo o que você está vendo.

O portão do leste

5 Vi um templo, que era cercado por uma muralha. O homem pegou a vara de medir, que tinha três metros de comprimento, e mediu a muralha. A altura era de

três metros, e a grossura também. 6 Então
ele foi até o portão do lado leste e subiu
a escadaria. No alto, mediu a entrada: ti-
nha três metros de extensão. 7 Adiante
havia uma passagem, com três salas de
cada lado. Cada uma das salas era qua-
drada e media três metros de cada lado,
e as paredes entre elas tinham dois me-
tros e meio. Depois das salas havia uma
passagem de três metros de comprimen-
to, que dava para um salão que ficava em
frente do Templo. 8-9 Ele mediu esse salão
e notou que tinha quatro metros de ex-
tensão. O salão estava ligado com o por-
tão que ficava mais perto do Templo, e no
seu fim as paredes tinham um metro de
grossura. 10 Essas salas de cada lado da
passagem eram todas do mesmo tama-
nho, e as paredes entre elas eram todas
da mesma grossura.
11 Em seguida, o homem mediu a largu-
ra da passagem do portão, e era de seis
metros e meio; e o espaço entre os por-
tões, quando abertos, era de cinco me-
tros. 12 Em frente de cada uma das salas
havia uma mureta, que tinha meio metro
de altura e meio metro de grossura. Es-
sas salas tinham três metros de cada lado.
13 Depois, o homem mediu a distância da
parede dos fundos de uma sala até a pa-
rede dos fundos da sala do outro lado da
passagem, e deu doze metros e meio. 14 O
salão da extremidade dava num pátio. Ele
mediu o salão e viu que tinha dez metros
de largura. 15 O comprimento total da pas-
sagem, de fora da porta até a parede mais
distante, na última sala, era de vinte e cin-
co metros. 16 Havia pequenas janelas nas
paredes de fora de todas as salas e tam-
bém nas paredes de dentro. Figuras de
palmeiras estavam gravadas nas paredes
de dentro, que davam para a passagem.

O pátio exterior

17 Em seguida, o homem me levou ao
pátio de fora. Havia trinta salas encosta-
das na parede de fora, e na frente delas
havia uma área calçada de pedras, 18 em
volta de todo o pátio. O pátio de fora fi-
cava mais baixo do que o pátio de dentro.
19 Havia um portão em nível mais alto
que dava para o pátio de dentro. O ho-
mem mediu a distância entre os dois por-
tões, e era de cinquenta metros.

O portão do norte

20 Depois, o homem mediu o portão do
norte, que dava para o pátio de fora. 21 As
três salas de cada lado da passagem, as
paredes que ficavam entre elas e também
o salão tinham as mesmas medidas do
portão do lado leste. O comprimento total
era de vinte e cinco metros; e a largura,
doze metros e meio. 22 O salão, as janelas
e as figuras de palmeiras gravadas eram
iguais aos do portão do lado leste. Havia
uma escada de sete degraus, que ia até o
portão. E o salão estava no fim, de fren-
te para o pátio. 23 Do outro lado do pátio
desse portão do norte havia uma entrada
que dava para o pátio de dentro, igual à
do lado leste. O homem mediu a distân-
cia entre esses dois portões, e deu cin-
quenta metros.

O portão do sul

24 Depois, o homem me levou para o
lado sul, e lá vi outro portão. Ele o mediu,
e era do mesmo tamanho que os outros.
25 Nas salas desse portão havia janelas,
exatamente como nos outros. O compri-
mento total era de vinte e cinco metros;
e a largura, doze metros e meio. 26 Havia
uma escada de sete degraus, que ia até
o portão; e o seu salão também estava
no fim, de frente para o pátio. Figuras de
palmeiras estavam gravadas nas paredes
de dentro, que davam para a passagem.
27 Aqui também havia um portão que dava
para o pátio de dentro. O homem mediu,
e a distância até esse segundo portão era
de cinquenta metros.

O pátio de dentro: o portão do sul

28 O homem me levou pelo portão do sul
até o pátio de dentro. Ele mediu o portão,
e era do mesmo tamanho que os outros.
29-30 As suas salas, o seu salão e as suas
paredes de dentro eram iguais aos dos
outros portões. Nas salas desse portão
também havia janelas. O comprimento to-
tal era de vinte e cinco metros; e a largu-
ra, doze metros e meio. 31 Havia um salão
que dava para o pátio de fora, e por toda
a passagem havia figuras de palmeiras
gravadas nas paredes. Havia uma escada
de oito degraus, que ia até esse portão.

O pátio de dentro: o portão do leste

32 O homem me levou pelo portão do
lado leste até o pátio de dentro. Ele mediu
o portão, e era do mesmo tamanho que
os outros. 33 As suas salas, o seu salão e as
suas paredes de dentro tinham as mes-
mas medidas que os outros portões. Ha-
via janelas em toda a volta e também no

salão. O comprimento total era de vinte e cinco metros; e a largura, doze metros e meio. 34 O salão dava para o pátio de fora, e por toda a passagem havia figuras de palmeiras gravadas nas paredes. Havia uma escada de oito degraus, que ia até esse portão.

O pátio de dentro: o portão do norte

35 Então o homem me levou até o portão do norte. Ele o mediu, e era do mesmo tamanho que os outros. 36 Esse portão também tinha salas, paredes inteiras enfeitadas, um salão e janelas em toda a volta. O comprimento total era de vinte e cinco metros; e a largura, doze metros e meio.

37 O salão dava para o pátio de fora, e por toda a passagem havia figuras de palmeiras gravadas nas paredes. Havia uma escada de oito degraus, que ia até esse portão.

Os edifícios perto do portão do norte

38 No pátio de fora havia uma sala ligada com o portão de dentro. Essa sala dava para o salão que ficava em frente do pátio. Aí eram lavadas as partes dos animais que eram completamente queimados como *sacrifícios. 39 Havia quatro mesas, duas de cada lado do salão. Nessas mesas, matavam os animais que eram oferecidos em sacrifício, não só os que eram completamente queimados, mas também os que eram oferecidos para tirar pecados ou culpas. 40 Do lado de fora do salão também havia quatro mesas, duas de cada lado da entrada da porta do norte. 41 Assim, havia quatro mesas dentro do salão, e quatro fora, ao todo oito mesas, sobre as quais eram mortos os animais oferecidos em sacrifício. 42 As quatro mesas, em cima das quais se preparavam os animais que iam ser completamente queimados, eram de pedra cortada. Tinham meio metro de altura e setenta e cinco centímetros tanto de comprimento como de largura. Sobre essas mesas eram colocados todos os instrumentos usados para matar os animais que iam ser oferecidos em sacrifício. 43 Em volta das mesas havia abas de sete centímetros e meio de largura. A carne que ia ser oferecida em sacrifício era colocada em cima das mesas.

44 Então ele me levou para o pátio de dentro, onde havia duas salas. Uma, com frente para o sul, ficava ao lado do portão do norte; a outra, com frente para o norte, ficava ao lado do portão do sul. 45 O homem me disse que a sala com frente para o sul era para os sacerdotes que trabalhavam no Templo 46 e a sala com frente para o norte era para os sacerdotes que faziam o serviço do altar. Todos os sacerdotes eram descendentes de Zadoque, que era da *tribo de Levi. Só eles tinham o direito de entrar na presença do SENHOR para servi-lo.

O pátio de dentro e o Templo

47 O homem mediu o pátio de dentro: era quadrado, tendo cinquenta metros de lado. Na frente do Templo havia um altar. 48 O homem me levou até o salão de entrada do Templo. Ele mediu a passagem, na entrada, e tinha dois metros e meio de comprimento por sete de largura. E nos dois lados havia muros de um metro e meio de grossura. 49 O salão de entrada tinha dez metros de comprimento por seis de largura, e havia degraus para subir até lá. Havia duas colunas, uma de cada lado da entrada.

41 Depois, o homem me levou ao salão central, o *Lugar Santo. Ele mediu a passagem que dava para esse salão, e tinha três metros de comprimento 2 por cinco de largura, com paredes de dois metros e meio de cada lado. E mediu o salão, que tinha vinte metros de comprimento por dez de largura.

3 Em seguida, ele foi até o último salão. Mediu a passagem que dava para ele, e tinha um metro de comprimento por três de largura; dos dois lados havia paredes de três metros e meio de grossura. 4 Também mediu o salão; era quadrado, com dez metros de cada lado, e ficava adiante do salão central. Aí o homem me disse:

— Este é o *Lugar Santíssimo.

Os cômodos encostados nas paredes do Templo

5 O homem mediu a grossura da parede interna do Templo, e era de três metros. Em toda a volta do Templo havia uma porção de pequenos cômodos encostados na parede, medindo dois metros de largura cada um. 6 Esses cômodos estavam em três andares, trinta cômodos em cada andar. A parede de fora do Templo ia ficando mais estreita em cada andar, e assim os cômodos estavam encostados na parede, mas não eram presos nela. 7 Portanto, as paredes do Templo, vistas

de fora, pareciam ter a mesma grossura de cima abaixo. Havia duas escadarias largas do lado de fora dos cômodos que estavam construídos encostados na parede do Templo, em toda a sua volta. Assim, podia-se subir do térreo ao andar do meio e ao andar de cima. 8-11 A parede de fora desses cômodos tinha dois metros e meio de grossura. Havia uma porta que dava para os cômodos do lado norte do Templo, e uma que dava para os cômodos do lado sul. Vi que em volta do Templo havia um terraço que media dois metros e meio de largura. Esse terraço estava a três metros acima do chão e ficava no mesmo nível do alicerce dos cômodos que estavam ao lado das paredes do Templo. Em volta do Templo, entre o terraço e os edifícios usados pelos sacerdotes, havia um espaço livre de dez metros de largura.

O edifício do lado oeste

12 Do lado oeste, no fim do espaço livre, havia um edifício que dava para o Templo. Tinha trinta e cinco metros de um lado e quarenta e cinco do outro. As suas paredes eram de dois metros e meio de grossura em toda a volta.

As medidas totais do Templo

13 O homem mediu o lado de fora do Templo: tinha cinquenta metros de comprimento. Do fundo do Templo, atravessando o pátio até a ponta do edifício do lado oeste, a distância também era de cinquenta metros. 14 A largura da frente do Templo, junto com o espaço livre dos dois lados, era de cinquenta metros. 15 O homem mediu o comprimento do edifício que ficava do lado oeste do Templo, no fim do espaço livre, e também os seus corredores de cada lado, e esse comprimento também era de cinquenta metros.

Detalhes do Templo

O salão de entrada do Templo, o *Lugar Santo e o *Lugar Santíssimo 16 eram todos forrados de madeira, *desde o chão até as* janelas. Essas janelas podiam ser cobertas. 17 Por dentro, as paredes do Templo, até o alto das portas, estavam todas cobertas de figuras entalhadas 18 de palmeiras e de animais com asas. Vinha primeiro uma palmeira e depois um animal e continuava assim em toda a volta. Cada animal tinha duas caras: 19 uma cara de homem, virada para a palmeira de um lado, e uma cara de leão, virada para a palmeira do outro lado. Era assim em toda a volta da parede, 20 desde o chão até o alto das portas. 21 Os batentes do Lugar Santo eram quadrados.

O altar de madeira

Na frente da entrada do *Lugar Santíssimo havia uma coisa que parecia 22 um altar de madeira. Tinha um metro e meio de altura por um metro de largura. Os cantos, a base e os lados eram de madeira. O homem me disse:

— Esta é a mesa que fica na presença de Deus, o SENHOR.

As portas

23 Havia uma porta na ponta da passagem que dava para o *Lugar Santo, e outra porta na ponta da passagem que dava para o *Lugar Santíssimo. 24 Eram portas de duas folhas, de abrir no meio. 25 Havia figuras de palmeiras e de animais com asas entalhadas nas portas do Lugar Santo, como havia nas paredes. 26 Nos lados do Lugar Santo havia janelas, e as paredes eram decoradas com figuras de palmeiras.

Os dois edifícios perto do Templo

42 Então o homem me fez sair para o pátio de fora e me levou para o lado norte do Templo, a um edifício que não ficava longe do edifício construído na ponta oeste do Templo. 2 Esse edifício do lado norte media cinquenta metros de comprimento por vinte e cinco de largura. 3 De um lado, dava frente para o espaço de dez metros ao longo do Templo e, do outro lado, dava frente para a calçada do pátio de fora. Tinha três andares, e cada um deles ficava mais para dentro do que o de baixo. 4 No lado norte desse edifício havia uma passagem de cinco metros de largura por cinquenta de comprimento, com entradas desse lado. 5 Os cômodos do andar de cima eram mais estreitos do que os do andar do meio e do térreo porque ficavam mais para dentro. 6 Nos três andares, os cômodos ficavam em terraços e não eram sustentados por colunas como os outros edifícios do pátio. 7-8 No andar térreo, a parede de fora do edifício media cinquenta metros. Numa metade dessa parede havia cômodos; na outra metade não havia. Todo o andar de cima era dividido em cômodos. 9-10 Na ponta leste do edifício, onde começava a parede, havia, debaixo dos cômodos, uma entrada que dava para o pátio de fora.

No lado sul do Templo havia um edifício igual ao anterior, perto do prédio que ficava na ponta oeste do Templo. 11 Na frente dos cômodos havia uma passagem igual à do lado norte. Tinha as mesmas medidas, o mesmo desenho e o mesmo tipo de entradas. 12 Havia, debaixo dos cômodos, uma porta no lado sul do edifício, na ponta leste onde começava a parede.

13 O homem me disse:

— Estes dois edifícios são sagrados. Neles, os sacerdotes que entram na presença do SENHOR comem as coisas santíssimas. E, porque os cômodos são santos, os sacerdotes colocarão neles as ofertas santíssimas, isto é, as ofertas de cereais e as ofertas feitas para tirar pecados e culpas. 14 Quando os sacerdotes estiverem no Templo e quiserem sair para o pátio de fora, terão de deixar nesses cômodos as roupas santas que tiverem usado durante o culto religioso. Eles terão de vestir outras roupas antes de saírem para o lugar onde o povo se reúne.

As medidas da área do Templo

15 Quando acabou de medir por dentro a área do Templo, o homem me fez sair pelo portão do lado leste e então mediu a área por fora. 16 Com a vara de medir, ele mediu o lado leste: tinha duzentos e cinquenta metros. 17-19 Aí ele mediu os lados norte, sul e oeste, e cada lado tinha a mesma largura, isto é, duzentos e cinquenta metros. 20 Assim o muro cercava uma área quadrada que tinha duzentos e cinquenta metros de cada lado. O muro servia para separar o que era santo do que não era.

Deus volta ao Templo

43 O homem me levou até o portão do lado leste, 2 e eu vi que daquele lado vinha vindo a *glória do Deus de Israel. A voz de Deus parecia o rugido do mar, e a terra ficou iluminada com a sua glória. 3 Essa visão foi parecida com aquela que eu tive quando Deus veio para destruir Jerusalém. Também foi parecida com aquela que eu tive na beira do rio Quebar. Então caí de comprido no chão. 4 A glória do SENHOR passou pelo portão do lado leste e entrou no Templo.

5 *Então o Espírito de Deus* me levantou e me levou até o pátio de dentro, e eu vi que o Templo estava cheio da glória do SENHOR. 6 O homem ficou ali ao meu lado, e eu ouvi o SENHOR me dizer de dentro do Templo:

7 — *Homem mortal, o meu trono está neste lugar. Vou morar aqui no meio do povo de Israel e vou governá-lo para sempre. O povo de Israel e os seus reis nunca mais tornarão *impuro o meu santo nome, adorando outros deuses, nem sepultando perto do Templo os corpos dos seus reis. 8 Os reis construíram a entrada e os pilares do seu palácio encostados na entrada e nos pilares do meu Templo, e assim entre nós ficou apenas uma parede. Eles *profanaram o meu santo nome por causa de todas as coisas vergonhosas que fizeram, e por isso na minha *ira eu os destruí. 9 Agora, eles que deixem de adorar outros deuses e levem para longe os corpos dos seus reis. Se fizerem isso, eu viverei no meio deles para sempre.

10 E o SENHOR continuou:

— Homem mortal, fale com o povo de Israel a respeito do Templo, para que eles estudem a sua planta. Faça com que fiquem envergonhados por causa dos seus pecados. 11 Se eles ficarem com vergonha do que têm feito, explique a planta do Templo para eles, isto é, o seu modelo, as entradas e saídas, as formas, o modo como tudo está arrumado e todas as *leis e regulamentos. Escreva todas essas coisas para que eles possam ver como tudo está arrumado e para que cumpram todos os regulamentos. 12 Esta é a lei do Templo: todo o terreno que fica em volta dele no alto da montanha é santo e sagrado.

O altar

13 Seguem as medidas do altar, usando-se as mesmas que foram usadas para medir o Templo. Na base do altar, em toda a volta, havia uma valeta de meio metro de fundura por meio metro de largura. Do lado de fora havia uma beirada de vinte e cinco centímetros de altura. 14 A parte mais baixa do altar tinha um metro de altura. A parte do meio media dois metros de altura e estava afastada meio metro da beirada, em toda a volta. A parte de cima também estava afastada meio metro da beirada, em toda a volta. 15 Essa parte de cima também tinha dois metros de altura, e sobre ela eram queimados os *sacrifícios. Os quatro cantos dessa parte eram salientes e virados para cima. 16 A parte de cima do altar era quadrada, medindo seis metros de cada lado. 17 A parte do meio também era quadrada, medindo sete metros de cada lado. Em volta dela

havia uma beirada de vinte e cinco centímetros de altura. A valeta media meio metro de largura. Os degraus do altar ficavam no lado leste.

A consagração do altar

18 O SENHOR Deus me disse:

— *Homem mortal, escute o que estou lhe dizendo. Quando o altar estiver construído, você vai consagrá-lo, queimando *sacrifícios em cima dele e borrifando nele o sangue dos animais que forem sacrificados. 19 Só os sacerdotes da *tribo de Levi que são descendentes de Zadoque poderão vir até a minha presença para me servir. Eu, o SENHOR Deus, ordeno isso. Você lhes dará um touro novo para oferecerem como sacrifício para tirar pecados. 20 Você pegará um pouco do sangue desse touro e porá nas pontas da parte de cima do altar e nas pontas da parte do meio do altar e em toda a volta das suas beiradas. Dessa maneira, você *purificará o altar e o consagrará. 21 Você pegará o touro que for oferecido como sacrifício para tirar pecados e o queimará no lugar marcado, fora da área do Templo. 22 No dia seguinte, você pegará um bode sem defeito e o oferecerá como sacrifício para tirar pecados. Purifique o altar com o sangue dele, do mesmo modo que você tiver feito com o sangue do touro. 23 Quando terminar essa parte, pegue um touro novo e um carneirinho, os dois sem defeito, 24 e traga-os para mim, o SENHOR. Depois de matarem os animais, os sacerdotes espalharão sal sobre eles e os queimarão como oferta para mim. 25 Sete dias em seguida, você oferecerá um bode, um touro e um carneirinho como sacrifícios para tirar pecados. Esses animais não devem ter nenhum defeito. 26 Durante sete dias, os sacerdotes consagrarão o altar e o aprontarão para ser usado. 27 Depois dessa semana, os sacerdotes começarão a oferecer sobre o altar as ofertas *que serão completamente* queimadas e as ofertas de paz trazidas pelo povo. Então ficarei contente com todos vocês. Eu, o SENHOR Deus, falei.

O portão do leste

44 O homem me levou até o portão de fora, no lado leste da área do Templo. O portão estava fechado. 2 Então o SENHOR me disse:

— Este portão ficará fechado; nunca será aberto. Ninguém poderá usá-lo, porque eu, o SENHOR, o Deus de Israel, entrei por ele. Deve ficar sempre fechado, 3 mas o rei poderá ir lá para comer uma refeição santa na minha presença. Ele entrará e sairá pelo salão interno desse portão.

Leis para entrar no Templo

4 Então o homem me fez passar pelo portão do norte e me levou para a frente do Templo. Olhei e vi que o Templo estava cheio da *glória do SENHOR. Eu me atirei de comprido no chão. 5 Então o SENHOR me disse:

— *Homem mortal, preste atenção em tudo o que você vir e ouvir. Eu vou lhe dar as *leis e regulamentos do Templo. Note bem quais as pessoas que têm permissão para entrar no Templo e as que não têm.

6 — Diga a esses israelitas rebeldes que eu, o SENHOR Deus, não vou tolerar mais as coisas vergonhosas que eles estão fazendo. 7 Eles têm *profanado o meu Templo, deixando estrangeiros que não foram *circuncidados, gente que não me conhece, entrar no pátio do Templo quando a gordura e o sangue dos *sacrifícios estão sendo oferecidos a mim. Assim, fazendo todas essas coisas vergonhosas, o meu povo tem quebrado a minha *aliança. 8 Eles deixaram que estrangeiros realizassem no meu Templo as cerimônias sagradas, em vez de eles mesmos fazerem isso.

9 — Eu, o SENHOR Deus, afirmo que nenhum estrangeiro que não foi circuncidado, que não me obedece, entrará no pátio do meu Templo, nem mesmo o estrangeiro que esteja vivendo no meio do povo de Israel.

10 — Os *levitas me abandonaram juntamente com o resto do povo de Israel, e adoraram ídolos, e por isso estão sendo castigados. 11 Eles podem me servir tomando conta dos portões e fazendo os serviços do Templo; podem matar os *animais que o povo traz como ofertas* para serem completamente queimadas e como sacrifícios. E ficarão no meio do povo prontos para servir. 12 Eles se encarregaram do culto de ídolos para o povo de Israel e assim fizeram os israelitas pecarem; por isso, eu, o SENHOR Deus, juro solenemente que serão castigados. 13 Eles não me servirão como sacerdotes, nem chegarão perto de nada que seja santo para mim, nem entrarão no *Lugar

Santíssimo. O castigo pelas coisas vergonhosas que eles fizeram é este: 14 eu os encarrego de guardar o Templo e de fazer todos os serviços dele.

Os sacerdotes

15 O SENHOR Deus disse:

— Porém, quando todo o resto do povo de Israel se afastou de mim, os sacerdotes da *tribo de Levi que são descendentes de Zadoque continuaram a me servir fielmente no Templo. Agora, eles me servirão e virão até a minha presença para me oferecer a gordura e o sangue dos *sacrifícios. 16 Somente eles entrarão no meu Templo, servirão no meu altar e se encarregarão do culto no Templo. 17 Quando entrarem pelo portão do pátio de dentro do Templo, deverão vestir roupas de linho. Quando estiverem de serviço no pátio de dentro ou no Templo, não deverão usar nada que seja feito de lã. 18 Deverão usar *turbantes de linho e calças de linho; mas, para não suarem, não usarão cinto. 19 Antes de saírem para o pátio de fora, onde o povo está, deverão primeiro tirar as roupas que usaram ao servirem no Templo, deixando-as nas salas sagradas. Eles deverão vestir outra roupa a fim de evitar que a sua roupa sagrada prejudique o povo.

20 — Os sacerdotes não devem rapar a cabeça, nem deixar o cabelo ficar comprido, mas devem cortá-lo com decência. 21 Os sacerdotes não beberão vinho antes de entrar no pátio de dentro. 22 O sacerdote não poderá casar nem com viúva nem com mulher divorciada, mas somente com uma virgem israelita ou com a viúva de um sacerdote.

23 — Os sacerdotes ensinarão ao meu povo a diferença entre o que é santo e o que não é e entre o que é *puro e o que é *impuro. 24 Quando houver uma questão legal, os sacerdotes decidirão o caso de acordo com as minhas *leis. Eles comemorarão as festas religiosas de acordo com as minhas leis e regulamentos e manterão santos os sábados.

25 — O sacerdote não deverá tocar num morto porque, se fizer isso, ficará impuro. Mas poderá tocar no cadáver do pai ou da mãe, ou de um filho, ou de um irmão, ou de uma irmã solteira. 26 Depois que ele se *purificar de novo, deverá esperar sete dias; 27 então entrará no pátio de dentro do Templo e oferecerá um sacrifício pela sua purificação, para que assim possa servir de novo no Templo. Sou eu, o SENHOR Deus, quem está falando.

28 — Os sacerdotes terão uma herança: eu sou a sua herança. Eles não terão propriedades em Israel: eu sou a sua propriedade. 29 As ofertas de cereais e as ofertas feitas para tirar pecados ou culpas serão o alimento dos sacerdotes, e tudo o que for separado para mim em Israel será deles. 30 Os sacerdotes receberão o melhor de todas as primeiras colheitas e de tudo mais que for oferecido a mim. Toda vez que as pessoas assarem pão, darão aos sacerdotes o primeiro pão como oferta, e assim a minha bênção ficará sobre as suas casas. 31 Os sacerdotes não deverão comer nenhum pássaro ou animal que tenha tido morte natural ou que tenha sido morto por outro animal.

A parte da terra separada para Deus

45 Quando a terra for dividida entre as *tribos, uma parte deverá ser separada para Deus, o SENHOR. Essa parte medirá doze quilômetros e meio por dez quilômetros e será santa. 2 Nessa área, será reservado para o Templo um terreno quadrado, de duzentos e cinquenta metros de cada lado. Em volta desse terreno haverá um espaço livre de vinte e cinco metros de largura. 3 Da área total será separado um terreno de doze quilômetros e meio de comprimento por cinco de largura. Ali ficará o Templo, que é o lugar mais sagrado de todos. 4 Esta será a parte santa da terra de Israel, separada para os sacerdotes que servem o SENHOR no seu Templo. Ali eles terão as suas casas, e ali ficará a área sagrada do Templo. 5 Além disso, haverá outro terreno de doze quilômetros e meio de comprimento por cinco de largura, separado para ser propriedade dos *levitas, que fazem o serviço no Templo. Ali haverá cidades para eles morarem. 6 Ao lado da área santa haverá outra área de doze quilômetros e meio por dois e meio, separada para ser uma cidade em que qualquer israelita poderá morar.

Terra para o rei

7 Uma parte da terra de Israel será do rei. Partindo da área santa e dos terrenos da cidade, a parte do rei irá na direção oeste até o mar Mediterrâneo, e a leste até a divisa oriental. De leste a oeste, terá o mesmo comprimento de uma das áreas

das *tribos de Israel. 8 Esta será a parte
que o rei terá na terra de Israel; assim
ele nunca mais explorará o povo, porém
deixará que o resto do país pertença às
tribos de Israel.

Pesos e medidas

9 O SENHOR Deus diz:
— Autoridades de Israel, parem de pecar! Deixem a violência! Deixem de explorar o povo! Façam o que é direito e justo! Nunca mais expulsem o meu povo da terra deles! Sou eu, o SENHOR Deus, quem está dizendo isso.
10 — Todos devem usar medidas e pesos certos.
11 — O efa, para medir cereais, deverá ser igual ao bato, que mede líquidos. O padrão é o ômer. Um ômer será igual a dez efas ou dez batos.
12 — O peso de um siclo será igual ao de vinte geras. Uma mina será igual a sessenta siclos.
13-14 — As suas ofertas deverão ser feitas nas seguintes bases: do trigo que vocês colherem, entreguem uma parte em sessenta; da *cevada, a mesma coisa; do azeite, uma parte em cem do que as suas árvores produzirem. Usem o bato como medida. Dez batos são iguais a um ômer
ou a um coro. 15 Das ovelhas dos pastos de
Israel, entreguem uma de cada duzentas.
— Vocês trarão as ofertas de cereais, os animais para serem completamente queimados e os animais para as ofertas de paz a fim de que assim os pecados de vocês sejam perdoados. Eu, o SENHOR Deus, ordeno isso.
16 — Todo o povo do país deverá levar
essas ofertas ao rei de Israel. 17 Em favor
de toda a nação de Israel, o rei terá o dever de apresentar os animais que serão completamente queimados, as ofertas de cereais e as ofertas de vinho. Ele fará isso nas *Festas da Lua Nova, nos sábados e *em todas as outras* festas. O rei apresentará as ofertas para tirar pecados, as ofertas de cereais, as ofertas a serem completamente queimadas e as ofertas de paz para que os pecados do povo de Israel sejam perdoados.

A Páscoa

Êxodo 12.1-20

18 O SENHOR Deus disse:
— No primeiro dia do primeiro mês, vocês oferecerão como *sacrifício um touro sem nenhum defeito e *purificarão
o Templo. 19 O sacerdote pegará uma parte
do sangue do animal apresentado como oferta para tirar pecados e porá esse sangue nos batentes da porta do Templo, nas quatro pontas do altar e nos batentes dos
portões do pátio de dentro. 20 No sétimo
dia do mês, ele fará a mesma coisa em favor de qualquer pessoa que tenha cometido algum pecado sem intenção ou por ignorância. Assim vocês conservarão santo o Templo.
21 — No dia catorze do primeiro mês, vocês começarão a comemorar a *Festa da Páscoa. Durante sete dias, todos co-
merão *pão sem fermento. 22 No primei-
ro dia da Festa, o rei oferecerá um touro como sacrifício para tirar os seus peca-
dos e os pecados do povo. 23 Em cada um
dos sete dias da Festa, ele oferecerá como sacrifício ao SENHOR Deus sete touros e sete carneiros sem defeito e os queimará completamente. E todos os dias também oferecerá como sacrifício um bode como
oferta para tirar pecados. 24 Para cada tou-
ro e cada carneiro que for oferecido em sacrifício, haverá uma oferta de dezessete litros e meio de cereais e três litros de azeite.

A Festa das Barracas

Levítico 23.33-43

25 — Na *Festa das Barracas, que começa no dia quinze do sétimo mês, o rei oferecerá em cada um dos sete dias o mesmo sacrifício para tirar pecados, as mesmas ofertas que serão completamente queimadas e as mesmas ofertas de cereais e de azeite.

O rei e as festas

46 O SENHOR Deus diz:
— O portão do leste que dá para o pátio de dentro deverá ficar fechado nos seis dias úteis, mas será aberto no sábado
e na *Festa da Lua Nova. 2 O rei irá do pátio
de fora para o salão do portão e ficará ao lado do portão. Enquanto isso, os sacerdotes oferecerão os *sacrifícios que serão completamente queimados e também as ofertas de paz. Ali o rei deverá prestar culto e depois sair. O portão deverá ficar
aberto até a tarde. 3 No sábado e na Fes-
ta da Lua Nova, todo o povo também se curvará e adorará o SENHOR na frente do
portão. 4 No sábado, o rei deverá apre-
sentar ao SENHOR, como sacrifícios que

deverão ser completamente queimados,
um carneiro e seis carneirinhos, todos
sem defeito. 5 Para cada carneiro que ele
trouxer, dará a Deus uma oferta de de-
zessete litros e meio de cereais. E, junto
com cada carneirinho que for oferecido
em sacrifício, ele dará o que quiser. Para
cada dezessete litros e meio de oferta de
cereais, ele deverá trazer três litros de
azeite. 6 Na Festa da Lua Nova, ele ofere-
cerá um touro novo, um carneiro e seis
carneirinhos, todos sem defeito. 7 Junto
com o touro novo e com o carneiro have-
rá uma oferta de dezessete litros e meio
de cereais; e junto com os carneirinhos o
rei dará o que quiser. Para cada dezessete
litros e meio de cereais, serão oferecidos
três litros de azeite. 8 O rei deverá voltar
do portão, passando pelo salão, como fez
para entrar.

9 — Quando o povo prestar culto ao SE-
NHOR em qualquer festa, os que entrarem
pelo portão do norte sairão pelo portão
do sul, depois que acabarem de adorar.
Aqueles que entrarem pelo portão do sul
sairão pelo portão do norte. Ninguém sai-
rá pelo mesmo portão pelo qual entrou,
mas pelo portão do lado contrário. 10 O
rei entrará quando o povo entrar e sai-
rá quando o povo sair. 11 Nos dias de fes-
ta e de comemorações solenes, a ofer-
ta de cereais será de dezessete litros e
meio por touro ou carneiro. E junto com
cada carneirinho o adorador dará o que
quiser. Para cada dezessete litros e meio
de cereais, serão oferecidos três litros
de azeite.

12 — Quando o rei tiver vontade de dar
uma oferta ao SENHOR, seja uma oferta
que deverá ser completamente queimada
ou uma oferta de paz, o portão do leste
que dá para o pátio de dentro será aberto
para ele. Ele fará a oferta do mesmo modo
que faz no sábado, e, depois que ele sair,
o portão deverá ser fechado.

A oferta diária

13 O SENHOR diz:

— Todas as manhãs, deverá ser ofereci-
do ao SENHOR um carneirinho de um ano,
sem defeito. Essa oferta deverá ser feita
todos os dias. 14 Também será feita todas
as manhãs a oferta de um quilo e meio de
farinha e, junto com ela, um litro de azeite
para misturar com a farinha. As *leis para
essa oferta ao SENHOR deverão ser obe-
decidas para sempre. 15 O carneirinho, a
farinha e o azeite deverão ser oferecidos
ao SENHOR todas as manhãs, para sempre.

O rei e a terra

16 O SENHOR Deus diz o seguinte:

— Se o rei der de presente uma parte
das suas terras a um dos seus filhos, essa
terra será do filho como parte da proprie-
dade da sua família. 17 Mas, se o rei der de
presente uma parte das suas terras a um
dos seus servidores, essa terra voltará a
ser do rei quando chegar o Ano da Liber-
tação. A terra será dele e depois será dos
seus filhos. 18 O rei não deverá tomar ne-
nhuma propriedade do povo. Das suas
próprias terras é que ele dará terras aos
seus filhos; assim ele não explorará nin-
guém do meu povo, tomando a sua terra.

As cozinhas do Templo

19 Depois disso, o homem me levou para
a entrada dos cômodos de perto do por-
tão, que ficavam de frente para o norte.
São esses os cômodos santos dos sacer-
dotes. Ele me mostrou um lugar no lado
oeste dos cômodos 20 e disse:

— Este é o lugar onde os sacerdotes
irão cozinhar a carne oferecida como
*sacrifício para tirar pecados ou culpas
e onde assarão as ofertas de farinha. As-
sim nenhuma coisa santa será levada para
o pátio de fora, onde poderia prejudicar
o povo.

21-22 Então ele me levou para o pátio de
fora e me mostrou que em cada uma das
áreas dos quatro cantos havia um pátio
menor, com vinte metros de comprimen-
to por quinze de largura. 23 Cada pátio era
cercado por um muro de pedra, e, encos-
tados nesses muros, havia fogões. 24 O ho-
mem me disse:

— São estas as cozinhas onde os servi-
dores do Templo irão cozinhar os sacrifí-
cios que o povo oferece.

Um riacho no Templo

47 O homem me levou de volta até a
entrada do Templo. Debaixo da en-
trada, saía água que corria na direção do
leste, pois o Templo dava frente para esse
lado. A água corria por baixo do lado sul
do Templo, ao sul do altar. 2 Então o ho-
mem me fez sair da área do Templo pelo
portão norte e me levou pelo lado de fora
até o portão que dá para o leste. Um ria-
cho saía do lado sul do portão. 3 Com a sua
vara de medir, o homem mediu quinhen-
tos metros na direção da correnteza, para

o leste. Ele me fez atravessar o riacho ali, e a água chegou aos meus tornozelos. 4 Em seguida, ele mediu mais quinhentos metros, e a água subiu até os meus joelhos. Mais quinhentos metros, e a água chegou até a minha cintura. 5 Finalmente, mediu mais quinhentos metros, e o rio era tão fundo, que eu não podia atravessar. Era fundo demais para ser atravessado, a não ser a nado. 6 Aí ele me disse:

— *Homem mortal, preste muita atenção em tudo isso!

Então o homem me levou de novo para a margem. 7 Quando cheguei lá, vi que havia muitas árvores nos dois lados. 8 Então ele me disse:

— Esta água corre para o leste e desce até o rio Jordão e até o mar Morto. Quando entra neste mar, ela faz com que a água salgada do mar vire água doce. 9 Em todo lugar por onde esse rio passar, haverá todo tipo de animais e de peixes. O rio fará com que as águas do mar Morto fiquem boas e ele trará vida por onde passar. 10 Desde a Fonte de Gedi até a de Eglaim haverá pescadores na praia do mar, e ali eles estenderão as suas redes para secarem. Haverá ali muito peixe e muitas espécies de peixes, como no mar Mediterrâneo. 11 Mas nos brejos e nos charcos a água não ficará boa. Essa água servirá para a produção de sal. 12 Nas duas margens do rio, crescerão árvores frutíferas de todo tipo. As suas folhas nunca murcharão, e as árvores nunca deixarão de dar frutas. Darão frutas novas todos os meses, pois são regadas pelo rio que vem do Templo. As frutas servirão de alimento, e as folhas, de remédio.

As fronteiras do país

13 O SENHOR Deus disse:

— São estes os limites da terra que será dividida entre as doze *tribos, sendo que a tribo de José receberá duas partes. 14 Eu jurei aos antepassados de vocês que daria esta terra a eles para ser sua propriedade. Agora dividam entre vocês a terra em partes iguais.

15 — Ao norte, a fronteira vai para o leste, do mar Mediterrâneo até a cidade de Hetlom, até a subida de Hamate, até as cidades de Zedade, 16 Berota e Sibraim (que ficam entre o território do Reino de Damasco e o do Reino de Hamate) e a cidade de Haticom (que está na fronteira do Reino de Haurã). 17 Ao norte, a fronteira vai para o leste, do mar Mediterrâneo até a cidade de Enom, ficando ao norte as regiões das fronteiras de Damasco e Hamate.

18 — A leste, a fronteira vai para o sul, de um lugar entre o território de Damasco e o de Haurã, sendo que o rio Jordão forma a divisa entre a terra de Israel, a oeste, e Gileade, a leste, até a cidade de Tamar, no mar Morto.

19 — Ao sul, a fronteira vai na direção do sudoeste, de Tamar até o oásis de Cades Meribá, e daí na direção noroeste ao longo da divisa do Egito até o mar Mediterrâneo.

20 — A oeste, a divisa é formada pelo Mediterrâneo e vai para o norte até um lugar a oeste da subida de Hamate.

21 — Dividam essa terra entre as suas tribos; 22 ela será de vocês como propriedade permanente. Quando vocês dividirem a terra, os estrangeiros que estiverem vivendo no meio de vocês e que tiverem tido filhos nascidos aqui receberão também a parte deles. Eles serão tratados como cidadãos israelitas e tirarão sorte para receber a sua parte junto com as tribos de Israel. 23 Cada estrangeiro que estiver morando em Israel receberá a sua parte junto com o povo da tribo no meio da qual estiver vivendo. Eu, o SENHOR Deus, falei.

A divisão do país entre as tribos

48 1-7 Ao norte, a fronteira vai para o leste, do mar Mediterrâneo até a cidade de Hetlom, até a subida de Hamate, até a cidade de Enom e até a divisa entre os reinos de Damasco e Hamate. Cada *tribo deverá receber terras que irão desde a fronteira do leste até o mar Mediterrâneo, a oeste, na seguinte ordem do norte para o sul: Dã, Aser, Naftali, Manassés, Efraim, Rúben e Judá.

Terras para Deus

8 Ao lado do território de Judá, ficará a terra separada para uso especial. De norte a sul, terá doze quilômetros e meio de largura e de leste a oeste terá o mesmo comprimento dos territórios dados às *tribos. O Templo ficará nessa área.

9 No centro dessas terras haverá uma área dedicada ao SENHOR, com doze quilômetros e meio por dez. 10 Os sacerdotes terão uma parte dessa terra sagrada. Nos lados norte e sul, deverá medir doze

quilômetros e meio e nos lados leste e
oeste deverá medir cinco. O Templo do
SENHOR ficará no meio. 11 Essa área sagra-
da será para os sacerdotes descendentes
de Zadoque. Eles me serviram fielmen-
te e não se juntaram com o resto dos is-
raelitas para fazer o mal, como os outros
membros da tribo de Levi fizeram. 12 Por
isso, eles terão uma área especial perto
da área dos *levitas, e será a área mais
santa de todas. 13 Os levitas também te-
rão uma área de terra que fará limite com
a dos sacerdotes. Terá doze quilômetros
e meio por cinco. 14 A terra dedicada ao
SENHOR é a melhor de todas, e nenhuma
parte dela poderá ser vendida, nem tro-
cada, nem transferida para ninguém. É
santa e pertence a Deus.
15 A área que sobrar, de doze quilôme-
tros e meio por dois e meio, não é san-
ta, mas será para uso geral do povo. Eles
poderão morar ali e aproveitar a terra.
A cidade ficará no centro 16 e será qua-
drada, medindo dois mil duzentos e cin-
quenta metros de cada lado. 17 Em toda a
volta da cidade, de cada lado, haverá um
espaço livre de cento e vinte e cinco me-
tros de largura. 18 A terra que sobrar de-
pois de construída a cidade nas terras ao
lado da área sagrada — cinco quilômetros
por dois e meio para o leste e cinco qui-
lômetros por dois e meio para o oeste —
essa terra será usada pela gente que mora
na cidade, para nela fazerem plantações.
19 Quem trabalhar na cidade, seja de que
tribo for, poderá cultivar essa terra.
20 Assim a área toda será quadrada, me-
dindo doze quilômetros e meio de cada
lado, e incluirá as terras ocupadas pela
cidade.

Terras para o rei

21-22 Depois que a área do Templo, as ter-
ras dos sacerdotes e dos *levitas e a terra
para a cidade forem tiradas dessa porção
de doze quilômetros e meio, toda a terra
que sobrar dos dois lados, a leste e a oes-
te, será do rei. A leste, a terra do rei che-
gará até a fronteira leste e a oeste irá até
o mar Mediterrâneo. Ao norte, o limite é
o território da tribo de Judá e ao sul é o
da tribo de Benjamim.

Terras para as outras tribos

23-27 Ao sul dessa porção especial, cada
uma das outras *tribos receberá uma por-
ção de terra que irá da fronteira leste na
direção oeste até o mar Mediterrâneo, na
seguinte ordem, de norte a sul: Benjamim,
Simeão, Issacar, Zebulom e Gade.
28 Na parte sul do território da tribo de
Gade, a fronteira irá na direção sudoes-
te, desde a cidade de Tamar até o oásis
de Cades, e daí, para o noroeste, seguin-
do a fronteira do Egito até o mar Medi-
terrâneo.
29 O SENHOR Deus disse:
— É assim que o país será dividido em
partes, que serão das tribos de Israel e
que passarão para os seus descendentes.

Os portões de Jerusalém

30-34 Haverá doze entradas na cidade de
Jerusalém. Cada muralha medirá dois mil
duzentos e cinquenta metros e terá três
portões, cada um com o nome de uma
*tribo. Os portões da muralha do nor-
te receberão os nomes de Rúben, Judá
e Levi. Os da muralha do leste recebe-
rão os nomes de José, Benjamim e Dã.
Os da muralha do sul receberão os no-
mes de Simeão, Issacar e Zebulom. E os
da muralha do oeste receberão os nomes
de Gade, Aser e Naftali. 35 O comprimen-
to total da muralha em volta da cidade
toda será de nove quilômetros. O nome
da cidade daqui em diante será: "O SE-
NHOR está aqui."

Daniel

Guarde a fé

Pois, se o nosso Deus, a quem adoramos, quiser, ele poderá nos salvar da fornalha e nos livrar do seu poder, ó rei. E mesmo que o nosso Deus não nos salve, o senhor pode ficar sabendo que não prestaremos culto ao seu deus, nem adoraremos a estátua de ouro que o senhor mandou fazer.
Daniel 3:17-18

Autor ♥ Daniel
Data ♥ Por volta de 530 a.C.
Local ♥ Babilônia
Público-alvo ♥ Os israelitas

Quando Deus lhe mostrar algo, você não pode se deixar levar pela conversa de seu bom senso. O bom senso é natural e a fé é espiritual. Quando o caminho de Deus contradisser totalmente o bom senso, em quem você vai confiar? Para Daniel, teria feito mais sentido se juntar à multidão, mas a fé dele disse outra coisa. Se seu bom senso não pode dar sentido à sua fé, o que vence? É fácil dizer naqueles momentos maravilhosos no topo da montanha: "Eu confio em Deus e vou fazer o que ele disser", mas o que acontece quando você desce para o vale, onde tudo está frio, escuro e úmido e tudo o que você vê vai de encontro ao que você aprendeu na montanha?

Quando Deus lhe mostrar algo, isso não será apenas uma ideia por muito tempo. Logo sua visão vai ser testada e, para provar a verdade dela, você terá de fazer o que sabe ser certo, mesmo quando tudo em você gritar: "Isso não faz sentido!" Se você puder se apegar ao que ouviu de Deus e ficar ligada a ele e à sua Palavra, sua fé não será apenas uma boa ideia, mas seu estilo de vida.

Quando Daniel e seus amigos se viram diante da morte, eles se recusaram a dar as costas para Deus e negar sua fé. Eles sabiam quem era Deus e não deixariam que nada ocupasse o lugar dele ou o tirasse do trono da vida deles. Durante a leitura do livro de Daniel, observe os testes de fé que os israelitas na Babilônia enfrentaram e veja como a obediência deles valeu a pena.

Sua fé está sendo testada? Lembre-se de que este teste roubará sua fé ou provará que Deus tem razão. Jesus disse: "E felizes são aqueles que não abandonam a sua fé em mim!" (Mateus 11:6). Você precisa confiar na fidelidade de Deus, seja qual for o teste pelo qual tiver de passar. Os testes não vão parar; eles precisam acontecer para tornar sua fé real. Então, continue a lutar pela verdade. Não deixe que seu bom senso ou o de qualquer outra pessoa a faça balançar. A fé é a confiança total em Deus que se recusa a acreditar, ainda que por um segundo, que ele falhará.

Ponto essencial

Quando Daniel era menino, ele foi capturado e levado como escravo para viver em uma terra estrangeira. Este livro fala sobre sua vida na Babilônia: como ele viveu fiel a Deus em uma terra hostil, independentemente do castigo, e como Deus o protegeu por causa de sua fidelidade. Daniel foi um profeta, por isso *ele escreveu* para falar ao povo sobre a ira e a fidelidade de Deus. Daniel também profetizou sobre o futuro.

Coisas para procurar

- Como Daniel e seus amigos permaneceram fiéis a Deus (veja Daniel 1)
- Sadraque, Mesaque e Abede-Nego na fornalha ardente (veja Daniel 3)
- Daniel na cova dos leões (veja Daniel 6)

"O grande terror": Muitas vezes chamado de "abominação desoladora", trata-se de algo feito ao templo de Jerusalém que irá profaná-lo, como colocar altares para outros deuses ou sacrificar animais impuros (veja Daniel 11:31; 12:11; Mateus 24:15).

Termos e versículos que você deve saber

Daniel resolveu que não iria ficar impuro por comer a comida e beber o vinho que o rei dava.
(Daniel 1:8)

Assim ele [Daniel] foi tirado [da cova], e viram que nenhum mal havia acontecido com ele, pois havia confiado em Deus.
(Daniel 6:23)

Na mesma visão que tive naquela noite, vi um ser parecido com um homem, que vinha entre as nuvens do céu. Ele foi até o lugar onde estava aquele que sempre existiu e foi apresentado a ele. Deram-lhe o poder, a honra e a autoridade de rei, a fim de que os povos de todas as nações, línguas e raças o servissem. O seu poder é eterno, e o seu reino não terá fim.
(Daniel 7:13,14)

Eu continuei a orar, e a confessar os meus pecados e também os do meu povo, e a fazer ao SENHOR, meu Deus, as minhas súplicas em favor do seu monte santo.
(Daniel 9:20)

Os jovens israelitas na corte de Nabucodonosor

1 No terceiro ano de Jeoaquim como rei
de Judá, o rei Nabucodonosor, da Babi-
lônia, atacou Jerusalém, e os seus solda-
dos cercaram a cidade.
2 Deus deixou que
Nabucodonosor conquistasse a cidade e
também que pegasse alguns objetos de
valor que estavam no Templo. Nabucodo-
nosor levou esses objetos para a Babilônia
e mandou colocá-los no templo do seu
deus, na sala do tesouro.
3 O rei Nabucodonosor chamou Aspe-
naz, o chefe dos serviços do palácio, e
mandou que escolhesse entre os prisio-
neiros israelitas alguns jovens da famí-
lia do rei e também das famílias nobres.
4 Todos eles deviam ter boa aparência e
não ter nenhum defeito físico; deviam ser
inteligentes, instruídos e ser capazes de

servir no palácio. E precisariam aprender a língua e estudar os escritos dos babilônios. 5 O rei mandou também que os jovens israelitas recebessem todos os dias a mesma comida e o mesmo vinho que ele, o rei, comia e bebia. Depois de três anos de preparo, esses jovens deviam começar o seu serviço no palácio. 6 Entre os que foram escolhidos estavam Daniel, Ananias, Misael e Azarias, todos da *tribo de Judá. 7 Aspenaz lhes deu outros nomes, isto é, Beltessazar, Sadraque, Mesaque e Abede-Nego.

8 Daniel resolveu que não iria ficar *impuro por comer a comida e beber o vinho que o rei dava; por isso, foi pedir a Aspenaz que o ajudasse a cumprir o que havia resolvido. 9 Deus fez com que Aspenaz fosse bondoso com Daniel e tivesse boa vontade para com ele. 10 Mas Aspenaz tinha medo do rei e por isso disse a Daniel:

— Foi o rei, o meu senhor, quem resolveu o que vocês devem comer e beber. Se ele notar que vocês estão menos fortes e sadios do que os outros jovens, ele será capaz de me matar, e vocês serão os culpados.

11 Aí Daniel foi falar com o guarda a quem Aspenaz havia encarregado de cuidar dele, de Ananias, de Misael e de Azarias. Daniel disse a ele:

12 — Quero pedir que o senhor faça uma experiência com a gente. Durante dez dias, dê-nos somente legumes para comer e água para beber. 13 No fim dos dez dias, faça uma comparação entre nós e os jovens que comem a comida do rei. Então, dependendo de como estivermos, o senhor fará com a gente o que quiser.

14 O guarda concordou e durante dez dias fez a experiência com eles. 15 Passados os dez dias, os quatro jovens israelitas estavam mais sadios e mais fortes do que os jovens que comiam a comida do rei. 16 Aí o guarda tirou a comida e o vinho que deviam ser servidos aos quatro jovens e só lhes dava legumes para comer.

17 Deus deu aos quatro jovens um conhecimento profundo dos escritos e das ciências dos babilônios, mas a Daniel deu também o *dom de explicar visões e sonhos.

18 No fim dos três anos de preparo que o rei Nabucodonosor tinha marcado, Aspenaz levou todos os jovens até a presença do rei. 19 Este falou com eles, e entre todos não havia quem se comparasse com Daniel, Ananias, Misael e Azarias. Por isso, ficaram trabalhando no palácio. 20 Todas as vezes que o rei fazia perguntas a respeito de qualquer assunto que exigisse inteligência ou conhecimento, descobria que os quatro eram dez vezes mais inteligentes do que todos os sábios e adivinhos de toda a Babilônia.

21 E Daniel ficou no palácio real até o ano em que o rei Ciro começou a governar a Babilônia.

O sonho de Nabucodonosor

2 No segundo ano de Nabucodonosor como rei da Babilônia, ele teve uns sonhos que o deixaram tão preocupado, que não podia dormir. 2 Então mandou chamar os sábios, os adivinhos, os feiticeiros e os astrólogos, para que eles explicassem os sonhos. Quando chegaram e se apresentaram diante do rei, 3 ele lhes disse:

— Tive um sonho que me deixou muito preocupado e não vou ficar sossegado enquanto não souber o que ele quer dizer.

4 Eles disseram ao rei na língua *aramaica:

— Que o rei viva para sempre! Pedimos que o senhor nos conte o sonho e aí nós lhe diremos o que ele quer dizer.

5 Mas o rei respondeu:

— Eu já resolvi que vocês têm de me contar o sonho e também explicar o que ele quer dizer. Se não puderem fazer isso, vocês serão todos cortados em pedaços, e as suas casas serão completamente arrasadas. 6 Mas, se me contarem o sonho e explicarem o que ele quer dizer, eu lhes darei presentes, prêmios e muitas honras. Portanto, digam o que foi que eu sonhei e o que o sonho quer dizer.

7 E todos os sábios disseram de novo:

— Conte o senhor o sonho, e aí nós lhe diremos o que ele quer dizer.

8 Mas o rei insistiu:

— Eu sei o que vocês estão fazendo. Estão é procurando ganhar tempo porque sabem que já resolvi 9 que, se vocês não me contarem o sonho, vou dar a todos o mesmo castigo. Vocês já combinaram me enganar com mentiras e falsidades, esperando que a situação mude. Contem-me o sonho, e então eu saberei que também poderão explicar o que ele quer dizer.

10 Os sábios deram ao rei esta resposta:

— Não há ninguém no mundo que seja capaz de fazer o que o senhor quer. Nunca

Pergunte a si mesma...

Se eu soubesse que obedecer a Deus significaria minha destruição, eu lhe obedeceria do mesmo jeito?
Como a pressão dos outros adolescentes afeta minha fé?
Realmente acredito que Deus pode me livrar de qualquer coisa que eu enfrentar?
Em que sentido tenho demonstrado minha falta de fé?
Como posso provar minha fé no futuro?

houve nenhum rei, por mais forte e pode-
roso que fosse, que tivesse exigido uma
coisa dessas dos seus sábios, adivinhos ou
astrólogos. 11 O que o senhor está queren-
do é impossível. Não existe quem possa
atender o seu pedido, a não ser os deu-
ses, e eles não moram com a gente aqui
na terra.

12 O rei ficou tão furioso, que mandou
matar todos os sábios da Babilônia. 13 A
ordem foi publicada, e então foram bus-
car Daniel e os seus companheiros para
que eles também fossem mortos.

Deus revela a Daniel o que o sonho quer dizer

14 Daniel foi procurar Arioque, o chefe
da guarda do rei, que tinha recebido or-
dem para matar todos os sábios da Babi-
lônia. Com muito jeito e cuidado, 15 Daniel
perguntou a Arioque:

— Por que foi que o rei deu uma ordem tão dura assim?

Arioque explicou o que havia aconte-
cido. 16 Então Daniel foi falar com o rei, e
este concordou em esperar, a fim de dar
tempo a Daniel para explicar o sonho.

17 Depois, Daniel foi para casa e contou
tudo aos seus amigos Ananias, Misael e
Azarias. 18 Daniel disse que orassem ao
Deus do céu, pedindo que tivesse pena
deles e lhes mostrasse o que aquele so-
nho misterioso queria dizer, a fim de que
Daniel e os seus amigos não morressem
junto com os outros sábios da Babilônia.
19 Naquela noite, Daniel teve uma visão, e
nela Deus mostrou o que o sonho queria
dizer. Então Daniel agradeceu a Deus,
20 dizendo:

"Que o nome de Deus seja louvado
para sempre,
pois dele são a sabedoria e o poder!
21 É ele quem faz mudar os tempos e
as estações;
é ele quem põe os reis no poder e
os derruba;
é ele quem dá sabedoria aos sábios
e inteligência aos inteligentes.
22 Ele explica mistérios e segredos
e conhece o que está escondido na
escuridão,
pois com ele mora a luz.
23 Ó Deus dos meus antepassados,
eu te agradeço e te louvo,
pois me deste sabedoria e poder.
Tu respondeste à nossa oração,
nos mostrando o que o rei quer
saber."

Daniel explica o sonho ao rei

24 Aí Daniel foi procurar Arioque, o
oficial que tinha recebido ordem do rei
para matar os sábios da Babilônia. Da-
niel disse:

— Arioque, não mate os sábios. Leve-me para falar com o rei, e eu explicarei o sonho que ele teve.

25 Arioque levou Daniel depressa para o
lugar onde o rei estava e lhe disse:

— Está aqui comigo um dos judeus que trouxemos como prisioneiros e ele vai explicar o sonho que o senhor teve.

26 O rei perguntou a Daniel, que também
era chamado de Beltessazar:

— Você pode contar o meu sonho e explicar o que ele quer dizer?

27 Daniel respondeu:

— Não há sábios, adivinhos, feiticeiros
nem astrólogos que possam dar a expli-
cação que o senhor está exigindo. 28 Mas
há um Deus no céu, que explica mistérios.
Foi por meio do sonho que ele fez o se-
nhor saber o que vai acontecer no futu-
ro. E agora, ó rei, eu vou explicar o sonho
e as visões que o senhor teve enquanto
dormia.

29 — O senhor estava deitado na sua
cama e começou a pensar a respeito do
futuro. E aquele que explica mistérios
mostrou ao senhor o que vai acontecer.
30 E eu recebi a explicação do mistério,
não porque seja o mais sábio de todos
os homens, mas a fim de que o senhor

saiba o sentido do sonho que teve e o que querem dizer os pensamentos que passaram pela sua mente, ó rei.

31 — O senhor teve uma visão na qual viu uma estátua enorme, de pé, bem na sua frente. A estátua era brilhante, mas metia medo. 32 A cabeça era de ouro puro, o peito e os braços eram de prata, a barriga e os quadris eram de bronze, 33 as pernas eram de ferro, e os pés eram metade de ferro e metade de barro. 34 Enquanto o senhor estava olhando, uma pedra se soltou de uma montanha, sem que ninguém a tivesse empurrado. A pedra caiu em cima dos pés da estátua e os despedaçou. 35 Imediatamente, o ferro, o barro, o bronze, a prata e o ouro viraram pó, como o pó que se vê no verão quando se bate o trigo para separá-lo da palha. O vento levou tudo embora, sem deixar nenhum sinal. Mas a pedra cresceu e se tornou uma grande montanha, que cobriu o mundo inteiro.

36 — Foi este o sonho, e agora vou explicá-lo para o senhor. 37 Ó rei, o senhor é o mais poderoso de todos os reis, e foi o Deus do céu quem o fez rei; ele lhe deu poder, autoridade e honra. 38 Ele deu ao senhor o domínio em todo o mundo sobre os seres humanos, os animais e as aves. O senhor é a cabeça feita de ouro. 39 Depois do seu reino haverá outro, que não será tão poderoso como o seu; e depois desse reino haverá ainda outro, um reino de bronze, que dominará o mundo inteiro. 40 Depois, virá um quarto reino, e este será forte como o ferro, que quebra e despedaça tudo. E assim como o ferro quebra tudo, esse reino destruirá completamente todos os outros reinos do mundo. 41 Na estátua que o senhor viu, os pés e os dedos dos pés eram metade de ferro e metade de barro. Isso quer dizer que esse reino será dividido, mas terá alguma coisa da força do ferro; pois, como o senhor viu, o ferro estava *misturado com* barro. 42 Os dedos dos pés eram metade de ferro e metade de barro; isso quer dizer que o reino, por um lado, será forte, mas, por outro, será fraco. 43 O senhor, ó rei, viu que o ferro estava misturado com barro, e isso quer dizer que os reis procurarão unir os seus reinos por meio de casamentos. Mas como o ferro e o barro não se unem, assim também esses reinos não ficarão unidos. 44 No tempo desses reis, o Deus do céu fará aparecer um reino que nunca será destruído, nem será conquistado por outro reino. Pelo contrário, esse reino acabará com todos os outros e durará para sempre. 45 É isso o que quer dizer a pedra que o rei viu soltar-se da montanha, sem que ninguém a tivesse empurrado, e que despedaçou a estátua feita de ferro, bronze, prata, barro e ouro. O Grande Deus está revelando ao senhor o que vai acontecer no futuro. Foi este o sonho que o senhor teve, e esta é a explicação certa.

A recompensa de Daniel

46 Então o rei Nabucodonosor se ajoelhou diante de Daniel, e encostou o rosto no chão, e depois ordenou que fossem apresentados a Daniel *sacrifícios e incenso. 47 E ele disse a Daniel:

— O Deus que vocês adoram é, de fato, o mais poderoso de todos os deuses e é o Senhor de todos os reis. Eu sei que é ele quem explica mistérios, pois você me explicou este sonho misterioso.

48 Em seguida, o rei colocou Daniel como alta autoridade do reino e lhe deu também muitos presentes de valor. Ele pôs Daniel como governador da *província da Babilônia e o fez chefe de todos os sábios do país. 49 A pedido de Daniel, o rei pôs Sadraque, Mesaque e Abede-Nego como administradores da província da Babilônia; mas Daniel ficou na corte real.

A estátua de ouro

3 O rei Nabucodonosor mandou fazer uma estátua que media vinte e sete metros de altura por dois metros e setenta de largura e ordenou que a pusessem na planície de Durá, na *província da Babilônia. 2 Depois, ordenou que todos os governadores regionais, os prefeitos, os governadores das províncias, os juízes, os tesoureiros, os magistrados, os conselheiros *e todas as outras autoridades* viessem à cerimônia de inauguração da estátua. 3 Todos eles vieram e ficaram de pé em frente da estátua para a cerimônia de inauguração. 4 Aí o encarregado de anunciar o começo da cerimônia disse em voz alta:

— Povos de todas as nações, raças e línguas! 5 Quando ouvirem o som das trombetas, das flautas, das cítaras, das *liras, das *harpas e dos outros instrumentos

musicais, ajoelhem-se todos e adorem a
estátua de ouro que o rei Nabucodonosor
mandou fazer. 6 Quem não se ajoelhar e
não adorar a estátua será jogado na mes-
ma hora numa fornalha acesa.
7 Assim, logo que os instrumentos co-
meçaram a tocar, todas as pessoas que
estavam ali se ajoelharam e adoraram a
estátua de ouro.

A desobediência dos amigos de Daniel

8 Foi nessa hora que alguns astrólogos
aproveitaram a ocasião para acusar os
judeus. 9 Eles disseram ao rei Nabucodo-
nosor:
— Que o rei viva para sempre! 10 O se-
nhor deu a seguinte ordem: "Quando ou-
virem o som dos instrumentos musicais,
todos se ajoelharão e adorarão a estátua
de ouro. 11 Quem desobedecer a essa or-
dem será jogado numa fornalha acesa."
12 Ora, o senhor pôs como administrado-
res da província da Babilônia alguns ju-
deus. Esses judeus — Sadraque, Mesaque
e Abede-Nego — não respeitam o senhor,
não prestam culto ao deus do senhor, nem
adoram a estátua de ouro que o senhor
mandou fazer.
13 Ao ouvir isso, Nabucodonosor ficou
furioso e mandou chamar Sadraque, Me-
saque e Abede-Nego. Eles foram levados
para o lugar onde o rei estava, 14 e ele lhes
disse:
— É verdade que vocês não prestam
culto ao meu deus, nem adoram a estátua
de ouro que eu mandei fazer? 15 Pois bem!
Será que agora vocês estão dispostos a se
ajoelhar e a adorar a estátua, logo que os
instrumentos musicais começarem a to-
car? Se não, vocês serão jogados na mes-
ma hora numa fornalha acesa. E quem é
o deus que os poderá salvar?
16 Sadraque, Mesaque e Abede-Nego
responderam assim:
— Ó rei, nós não vamos nos defender.
17 Pois, se o nosso Deus, a quem adora-
mos, quiser, ele poderá nos salvar da for-
nalha e nos livrar do seu poder, ó rei. 18 E
mesmo que o nosso Deus não nos sal-
ve, o senhor pode ficar sabendo que não
prestaremos culto ao seu deus, nem ado-
raremos a estátua de ouro que o senhor
mandou fazer.

Os três moços na fornalha acesa

19 Ao ouvir isso, Nabucodonosor ficou
furioso com os três jovens e, vermelho
de raiva, mandou que se esquentasse a
fornalha sete vezes mais do que de cos-
tume. 20 Depois, mandou que os seus sol-
dados mais fortes amarrassem Sadraque,
Mesaque e Abede-Nego e os jogassem na
fornalha. 21 Os três jovens, completamen-
te vestidos com os seus *mantos, *capas,
chapéus e todas as outras roupas, foram
amarrados e jogados na fornalha. 22 A or-
dem do rei tinha sido cumprida, e a forna-
lha estava mais quente do que nunca; por
isso, as labaredas mataram os soldados
que jogaram os três jovens lá dentro. 23 E,
amarrados, Sadraque, Mesaque e Abede-
-Nego caíram na fornalha.
24 De repente, Nabucodonosor se levan-
tou e perguntou, muito espantado, aos
seus conselheiros:
— Não foram três os homens que
amarramos e jogamos na fornalha?
— Sim, senhor! — responderam eles.
25 — Como é, então, que estou vendo
quatro homens andando soltos na for-
nalha? — perguntou o rei. — Eles estão
passeando lá dentro, sem sofrerem nada.
E o quarto homem parece um anjo.
26 Aí o rei chegou perto da porta da for-
nalha e gritou:
— Sadraque, Mesaque e Abede-Nego,
*servos do Deus Altíssimo, saiam daí e ve-
nham cá!
Os três saíram da fornalha, 27 e todas as
autoridades que estavam ali chegaram
perto deles e viram que o fogo não havia
feito nenhum mal a eles. As labaredas não
tinham chamuscado nem um cabelo da
sua cabeça, as suas roupas não estavam
queimadas, e eles não estavam com chei-
ro de fumaça. 28 O rei gritou:
— Que o Deus de Sadraque, Mesaque
e Abede-Nego seja louvado! Ele enviou
o seu Anjo e salvou os seus servos, que
confiam nele. Eles não cumpriram a mi-
nha ordem; pelo contrário, escolheram
morrer em vez de se ajoelhar e adorar
um deus que não era o deles. 29 Por isso,
ordeno que qualquer pessoa, seja qual for
a sua raça, nação ou língua, que insultar
o nome do Deus de Sadraque, Mesaque
e Abede-Nego seja cortada em pedaços
e que a sua casa seja completamente ar-
rasada. Pois não há outro Deus que possa
salvar como este.
30 Então o rei Nabucodonosor colocou
os três jovens em cargos ainda mais im-
portantes na província da Babilônia.

Nabucodonosor tem outro sonho

4 O rei Nabucodonosor mandou aos po-
vos de todas as nações, raças e línguas
a seguinte mensagem:
— Felicidade e paz para todos! 2 Quero
que todos saibam dos maravilhosos mi-
lagres que o Deus Altíssimo fez em meu
favor. 3 Grandes são os seus milagres, e
as coisas que ele fez são espantosas! Pois
ele é o Rei eterno e reinará para sempre.
4 E continuou:
— Eu, Nabucodonosor, vivia sossega-
do no meu palácio, e tudo ia muito bem.
5 Mas certa noite tive um sonho que me
deixou preocupado. Enquanto dormia,
ideias e visões horrorosas tomaram conta
de mim. 6 Por isso, mandei chamar todos
os sábios da Babilônia, para que eles me
explicassem o sonho. 7 Vieram então os
sábios, os adivinhos, os astrólogos e os
feiticeiros, e eu lhes contei o sonho, mas
nenhum deles pôde explicá-lo. 8 Finalmen-
te, apresentou-se Daniel, conhecido tam-
bém como Beltessazar, nome que rece-
beu em honra do meu deus. O espírito
dos santos deuses está nele, e por isso eu
lhe contei o meu sonho. Eu disse: 9 "Bel-
tessazar, chefe dos adivinhos, eu sei que
o espírito dos santos deuses está em você
e que não há mistério que você não possa
explicar. Por isso vou lhe contar o sonho
e quero que você explique o que ele quer
dizer. 10 Eu estava deitado na cama e, de
repente, tive uma visão. Nela vi uma árvo-
re muito alta, plantada no centro da terra.
11 A árvore cresceu e cresceu até tocar o
céu e era tão grande, que podia ser vista
de qualquer lugar do mundo. 12 As suas
folhas eram belas, e ela dava tantas fru-
tas, que o mundo todo podia se alimentar
delas. Animais selvagens descansavam na
sombra da árvore, as aves faziam ninhos
nos seus galhos, e todos os seres vivos se
alimentavam das suas frutas. 13 Eu ainda
estava sonhando, quando, de repente, vi
um anjo-vigia que descia do céu 14 e dizia
em voz muito alta:

'Derrubem a árvore, cortem os seus
galhos,
tirem as folhas e joguem fora as
frutas.
Espantem os animais que estão
descansando na sua sombra
e as aves que estão nos seus galhos.
15 Mas deixem ficar o toco e as suas
raízes
e o amarrem com correntes de
ferro e de bronze,
no meio do capim bravo, no campo.
Assim o sereno cairá sobre esse
toco — esse homem —,
e ele comerá capim como os
animais.
16 Ele perderá o juízo
e começará a pensar como animal;
sete anos viverá assim.
17 Esta é a sentença dada pelos
anjos,
pelos anjos-vigias do céu,
a fim de que todos saibam
que o Deus Altíssimo domina todos
os reinos do mundo.
Ele dá esses reinos a quem quer,
mesmo ao mais humilde de todos
os homens.' "

18 E Nabucodonosor terminou, dizendo:
— Foi esse o sonho que eu tive, e ne-
nhum dos meus sábios pôde me explicar
o que ele quer dizer. Mas você, Beltessa-
zar, pode dar a explicação porque o espí-
rito dos santos deuses está em você. Por-
tanto, explique o que o sonho quer dizer.

Daniel explica o sonho

19 Ao ouvir isso, Daniel, também conhe-
cido como Beltessazar, ficou espantado e
por alguns instantes não sabia o que pen-
sar. O rei lhe disse:
— Beltessazar, não se preocupe com
o sonho nem com o que ele quer dizer.
Mas Daniel respondeu:
— Ó rei, quem dera que o sonho e a sua
mensagem não fossem a respeito do se-
nhor, mas a respeito dos seus inimigos!
20 O senhor viu uma árvore que cresceu e
cresceu até tocar o céu e que era tão gran-
de, que podia ser vista de qualquer lugar
do mundo. 21 As suas folhas eram belas, e
ela dava tantas frutas, que o mundo todo
podia se alimentar delas. Animais selva-
gens descansavam na sombra da árvore,
e as aves faziam ninhos nos seus galhos.
22 — Aquela árvore, ó rei, é o senhor.
Pois o senhor se tornou poderoso, e o seu
poder aumentou tanto, que chegou até
o céu, e o seu domínio se estendeu pelo
mundo inteiro. 23 E o senhor viu também
um anjo-vigia descendo do céu e dizendo:
"Derrubem a árvore e quebrem todos os
seus galhos, mas deixem ficar o toco e as
suas raízes e o amarrem com correntes
de ferro e de bronze, para que fique no

meio do capim bravo, no campo. Assim
o sereno cairá sobre esse homem, e ele
terá de comer o que os animais comem.
Sete anos ele viverá assim."
24 E Daniel continuou:
— E agora vou dar a explicação. Este
sonho trata da sentença do Deus Altís-
simo contra o senhor, ó rei. 25 O senhor
será expulso do meio dos seres humanos
e ficará morando com os animais selva-
gens. O senhor comerá capim como os
bois, dormirá ao ar livre e ficará molha-
do pelo sereno. Isso durará sete anos, até
que o senhor reconheça que o Deus Al-
tíssimo domina todos os reinos do mun-
do e coloca como rei o homem que ele
quer. 26 A ordem do anjo para que dei-
xassem ficar o toco da árvore com as raí-
zes quer dizer que o senhor será rei de
novo, mas só quando confessar que Deus
domina o mundo inteiro. 27 Ó rei, aceite
o meu conselho. Deixe de pecar e faça
o que é certo; acabe com as suas mal-
dades e ajude os pobres. Assim talvez o
senhor possa continuar a viver em paz
e felicidade.
28 E, de fato, tudo isso aconteceu com o
rei Nabucodonosor. 29 Doze meses mais
tarde, ele estava passeando no terraço
do seu palácio na cidade de Babilônia 30 e
disse:
— Como é grande a cidade de Babilô-
nia! Com o meu grande poder, eu a cons-
truí para ser a capital do meu reino, a fim
de mostrar a todos a minha grandeza e a
minha *glória.
31 O rei ainda estava falando quando
veio uma voz do céu, que disse:
— Preste atenção, rei Nabucodonosor!
Este reino não é mais seu. 32 Você será ex-
pulso do meio dos seres humanos, fica-
rá morando com os animais selvagens e
comerá capim como os bois. Isso durará
sete anos, até que você reconheça que
o Deus Altíssimo domina todos os rei-
nos do mundo e coloca como rei quem
ele quer.
33 Naquele mesmo instante, cumpriu-se
a sentença contra Nabucodonosor. Ele foi
expulso do meio dos seres humanos e co-
meçou a comer capim como os bois. Dor-
mia ao ar livre e ficava molhado pelo se-
reno. O seu cabelo ficou comprido, pare-
cido com penas de águia, e as suas unhas
cresceram tanto, que pareciam garras de
um gavião.

O rei Nabucodonosor louva o Deus Altíssimo

34 O rei disse:
— Depois de passados os sete anos, eu
olhei para o céu, e o meu juízo voltou. Aí
agradeci ao Deus Altíssimo e dei louvor
e *glória àquele que vive para sempre. Eu
disse:

"O poder do Altíssimo é eterno;
o seu *reino não terá fim.
35 Para ele, os seres humanos não
têm nenhum valor;
ele governa todos os anjos do céu e
todos os moradores da terra.
Não há ninguém que possa impedi-
lo de fazer o que quer;
não há ninguém que possa obrigá-
-lo a explicar o que faz."

36 — Logo que o meu juízo voltou —
continuou Nabucodonosor —, eu rece-
bi outra vez a minha honra, a minha ma-
jestade e a glória do meu reino. Os meus
conselheiros e as altas autoridades do
meu governo me receberam de volta. Fui
rei de novo, com mais poder do que an-
tes. 37 Portanto, eu, o rei Nabucodonosor,
agradeço ao Rei do céu e lhe dou louvor
e glória. Tudo o que ele faz é certo e jus-
to, e ele pode humilhar qualquer pessoa
orgulhosa.

O banquete do rei Belsazar

5 Certa noite, o rei Belsazar, da Babilônia,
deu um banquete, convidou mil auto-
ridades do país e começou a beber vinho
com os convidados. 2 Depois de beber bas-
tante, mandou que trouxessem os copos
de ouro e de prata que Nabucodonosor,
o seu pai, havia tirado do Templo de Je-
rusalém. Belsazar queria os copos para
que ele, os seus convidados de honra, as
suas mulheres e as suas *concubinas os
usassem para beber vinho. 3 Trouxeram
os copos de ouro e todos começaram a
beber vinho neles 4 e a louvar os deuses
de ouro, de prata, de bronze, de ferro, de
madeira e de pedra.
5 De repente, apareceu a mão de um ho-
mem e ela começou a escrever na parede
branca do salão do banquete, num lugar
iluminado pela luz do *candelabro. Ao ver
a mão, o rei 6 não sabia o que pensar; fi-
cou pálido de medo e começou a tremer
da cabeça aos pés. 7 Depois, gritando, or-
denou que chamassem os adivinhos, os

sábios e os astrólogos. Logo que eles chegaram, Belsazar disse:

— Aquele que ler o que está escrito na parede e me explicar o que quer dizer será vestido com roupas de *púrpura, receberá uma corrente de ouro para pôr no pescoço e será a terceira autoridade mais importante no meu reino.

8 Todos os sábios entraram no salão, mas nenhum deles pôde ler o que estava escrito na parede, nem explicar ao rei o que aquilo queria dizer. 9 O rei se assustou ainda mais, e o seu rosto ficou mais pálido ainda. E nenhuma das altas autoridades sabia o que fazer.

10 Então a rainha-mãe, que tinha ouvido os gritos do rei e dos seus convidados de honra, entrou no salão e disse ao rei:

— Que o rei viva para sempre! Não se assuste, nem fique pálido assim, 11 pois aqui no seu reino há um homem que tem o espírito dos santos deuses. Quando Nabucodonosor, o seu pai, era rei, esse homem provou que era ajuizado, inteligente e sábio, tão sábio como os deuses. E o rei Nabucodonosor pôs esse homem como chefe dos sábios, adivinhos, feiticeiros e astrólogos. 12 Pois Daniel, esse homem a quem o rei deu o nome de Beltessazar, pensa com muita clareza; ele é sábio e inteligente e pode interpretar sonhos, explicar coisas misteriosas e resolver assuntos difíceis. Portanto, chame Daniel, e ele explicará o que está escrito na parede.

Daniel explica as palavras misteriosas

13 Levaram Daniel até a presença do rei, e este perguntou:

— Você é mesmo aquele Daniel, um dos judeus que o meu pai, o rei Nabucodonosor, trouxe de Judá como prisioneiros? 14 Já me disseram que o espírito dos deuses está em você e que você pensa com muita clareza e é muito inteligente e sábio. 15 Há pouco, estiveram aqui os sábios e os astrólogos, que eu mandei chamar para que lessem as palavras que estão escritas na parede e me explicassem o que elas querem dizer. Porém eles não puderam dar nenhuma explicação. 16 Mas alguém me disse que você pode explicar mistérios e resolver assuntos difíceis. Portanto, se você puder ler o que está escrito e me explicar o que quer dizer, você será vestido com roupas de *púrpura, receberá uma corrente de ouro para pôr no pescoço e será a terceira autoridade mais importante do meu reino.

17 Daniel respondeu:

— O senhor pode ficar com os seus presentes ou então dá-los a outra pessoa. Mesmo assim, eu vou ler as palavras que estão escritas na parede e vou explicar ao senhor o que elas querem dizer. 18 Ó rei, o Deus Altíssimo deu o reino ao seu pai, o rei Nabucodonosor, e lhe deu também poder, *glória e majestade. 19 O poder que Deus lhe deu era tão grande, que todos os povos do mundo tremiam de medo na presença dele. Se ele queria, matava uma pessoa; ou, se queria, deixava que vivesse. Elevava uns e rebaixava outros. 20 Mas ele ficou tão vaidoso, tão teimoso e tão cheio de si, que foi derrubado do poder e perdeu toda a sua glória. 21 Foi expulso do meio dos seres humanos, perdeu o juízo e agia como um animal. Morava com jumentos selvagens, comia capim como os bois e dormia ao ar livre, ficando molhado pelo sereno. Isso durou até que ele reconheceu que o Deus Altíssimo domina todos os reinos do mundo e coloca como rei quem ele quer.

22 — E o senhor, ó rei Belsazar, filho de Nabucodonosor, sabia de tudo isso, mas mesmo assim não tem sido humilde. 23 Pelo contrário, o senhor desafiou o Rei do céu e mandou trazer os copos que foram tirados do Templo dele, a fim de que o senhor, os seus convidados de honra, as suas mulheres e as suas *concubinas bebessem vinho neles. Além disso, o senhor deu louvores a deuses de prata, de ouro, de bronze, de ferro, de madeira e de pedra, que não veem, não ouvem e não sabem nada. Mas o senhor não deu glória a Deus, aquele que tem o poder de matar ou de deixar viver e que decide tudo o que acontece com o senhor. 24 É por isso que ele mandou essa mão escrever na parede estas palavras: 25 "Mene, Mene, Tequel e Parsim".

26 — E agora a explicação. Mene quer dizer que Deus contou o número dos dias do reinado do senhor e resolveu terminá-lo. 27 Tequel quer dizer que o senhor foi pesado na balança e pesou muito pouco. 28 Peres quer dizer que o seu reino será dividido e entregue aos medos e aos persas.

29 Aí o rei Belsazar mandou que vestissem Daniel com roupas de púrpura, pusessem uma corrente de ouro no seu

pescoço e anunciassem que dali em dian-
te ele seria a terceira autoridade mais im-
portante do Reino da Babilônia.
30 Naquela mesma noite, Belsazar, o rei
da Babilônia, foi morto, 31 e Dario, o rei
do país da Média, que tinha sessenta e
dois anos de idade, começou a reinar no
seu lugar.

Daniel na cova dos leões

6 O rei Dario resolveu dividir o país em
cento e vinte *províncias e escolher
cento e vinte homens para governá-las.
2 A fim de que tudo corresse bem, e não
houvesse prejuízo, o rei nomeou três mi-
nistros para controlarem os cento e vinte
governadores. Um desses ministros era
Daniel, 3 e ele mostrou logo que era mais
competente do que os outros ministros e
governadores. Ele tinha tanta capacida-
de, que o rei pensou em colocá-lo como
a mais alta autoridade do reino. 4 Aí os
outros ministros e os governadores pro-
curaram achar um motivo para acusar Da-
niel de ser mau administrador, mas não
encontraram. Daniel era honesto e direi-
to, e ninguém podia acusá-lo de ter feito
qualquer coisa errada. 5 Então eles disse-
ram uns aos outros:
— Nunca encontraremos motivo para
acusar Daniel, a não ser que seja alguma
coisa que tenha a ver com a religião dele.
6 Então foram todos juntos falar com o
rei e disseram:
— Que o rei Dario viva para sempre!
7 Todos nós que ocupamos posições de
autoridade no reino, isto é, os ministros,
os governadores, os prefeitos e as outras
autoridades, nos reunimos e concorda-
mos em pedir ao senhor que dê uma or-
dem que não poderá ser desobedecida.
Ordene que durante trinta dias todos fa-
çam os seus pedidos somente ao senhor.
Se durante esse tempo alguém fizer um
pedido a qualquer deus ou a qualquer
outro homem, essa pessoa será jogada
na cova dos leões. 8 Portanto, ó rei, dê a
ordem e a assine, a fim de que não pos-
sa ser anulada. De acordo com a *lei dos
medos e dos persas, essa ordem não po-
derá ser anulada.
9 O rei concordou; assinou a ordem e
mandou que fosse publicada.
10 Quando Daniel soube que o rei tinha
assinado a ordem, voltou para casa. No
andar de cima havia um quarto com ja-
nelas que davam para Jerusalém. Daniel
abriu as janelas, ajoelhou-se e orou, dan-
do graças ao seu Deus. Ele costumava fa-
zer isso três vezes por dia.
11 Os inimigos de Daniel foram juntos
até a casa dele e o encontraram orando ao
seu Deus. 12 Então foram procurar o rei a
fim de falar com ele a respeito da ordem.
Eles disseram:
— Ó rei, o senhor assinou uma ordem
que proíbe que durante trinta dias se fa-
çam pedidos a qualquer deus ou a qual-
quer outro homem, a não ser ao senhor.
E a ordem diz também que quem deso-
bedecer será jogado na cova dos leões.
Não é verdade?
O rei respondeu:
— É verdade, e a ordem deve ser obe-
decida. De acordo com a lei dos medos
e dos persas, ela não pode ser anulada.
13 Aí eles disseram ao rei:
— Mas Daniel, um dos prisioneiros que
vieram da terra de Judá, não respeita o se-
nhor, nem se importa com a ordem, pois
ora ao Deus dele três vezes por dia.
14 Ao ouvir isso, o rei ficou muito tris-
te e resolveu salvar Daniel. Até o pôr do
sol daquele dia, ele fez tudo o que pôde
para salvá-lo. 15 Os inimigos de Daniel fo-
ram falar de novo com o rei e disseram:
— O senhor sabe muito bem que, de
acordo com a lei dos medos e dos persas,
nenhuma ordem ou lei assinada pelo rei
pode ser anulada.
16 Então o rei mandou que trouxessem
Daniel e o jogassem na cova dos leões. E
o rei disse a Daniel:
— Espero que o seu Deus, a quem você
serve com tanta dedicação, o salve.
17 Trouxeram uma pedra e com ela ta-
param a boca da cova. O rei *selou a pe-
dra com o seu próprio anel e com o anel
das altas autoridades do reino, para que,
mesmo no caso de Daniel, a lei fosse cum-
prida ao pé da letra. 18 O rei voltou para o
palácio, mas não comeu nada, nem se di-
vertiu como de costume. E naquela noite
não pôde dormir.
19 De manhã, cedinho, ele se levantou
e foi depressa até a cova dos leões. 20 Ali,
com voz muito triste, ele disse:
— Daniel, *servo do Deus vivo! Será que
o seu Deus, a quem você serve com tanta
dedicação, conseguiu salvá-lo dos leões?
21 Daniel respondeu:
— Que o rei viva para sempre! 22 O meu
Deus mandou o seu Anjo, e este fechou a

DEVOCIONAL

Texto para leitura: **Daniel 6**

Conheça a Deus

A oração é para sua alma o que a batida cardíaca é para seu corpo. Um médico pode dizer como está seu coração ao checar seu pulso, e você pode dizer como está sua alma ao checar sua oração. Que percentagem de seu tempo Deus recebe? Quando o tempo de oração se torna demais? Se você realmente acreditasse no poder da oração, você poderia orar o suficiente? Algum esforço para encontrar tempo para isso seria extremo? A menina que acredita neste poder é a que encontra mais valor e força na presença de Deus do que no sono, no descanso ou no passatempo. Em vez de considerar a oração como um trabalho penoso e uma disciplina difícil, ela a vê como uma alegria e uma necessidade para sua alma. Ela encontra na oração a força e a capacidade para fazer mais do que poderia fazer sem ela.

O objetivo do inimigo é impedir que você tenha comunhão com o Pai. Ao deixar a oração para outra hora, você obedece aos sussurros secretos do inimigo. Não deixe que sua vida seja controlada pelo engano dele. Você não pode viver sem oração — ela é sua força vital e a única coisa que irá libertá-la do caos desta vida.

Daniel tinha uma escolha a fazer: ele poderia obedecer ao decreto do rei de não adorar a Deus ou desafiar esse decreto e correr o risco de ser morto. Conhecendo seu Deus e sua necessidade de oração, ele escolheu o melhor caminho. Se você quiser ser tão dedicada quanto Daniel, então comprometa-se a acordar trinta minutos mais cedo todos os dias e a conversar com Deus. Confesse as bobagens que você fez, rogue em favor daqueles a quem você ama e diga a Deus o quanto você o adora. Faça isso por uma semana e, então, veja como você está. A vida está melhor, mais fácil? Você está mais feliz? Quando descobrir que sim, você terá encontrado sua força na oração.

boca dos leões para que não me ferissem.
Pois Deus sabe que não fiz nada contra
ele. E também não cometi nenhum crime
contra o senhor.
23 O rei, muito alegre, mandou que tirassem Daniel da cova. Assim ele foi tirado,
e viram que nenhum mal havia acontecido com ele, pois havia confiado em Deus.
24 Em seguida, o rei mandou que trouxessem os homens que tinham acusado Daniel. Todos eles, junto com as suas mulheres e os seus filhos, foram jogados na cova. E, antes mesmo de chegarem ao fundo, os leões os atacaram e os despedaçaram.
25 Então o rei Dario escreveu uma carta para os povos de todas as nações, raças e línguas do mundo. A carta dizia o seguinte:
"Felicidade e paz para todos!
26 Eu ordeno que todas as pessoas do meu reino respeitem e honrem o Deus que Daniel adora.

Pois ele é o Deus vivo,
que vive para sempre.
O seu reino nunca será destruído;
o seu poder nunca terá fim.
27 Ele socorre e salva;
no céu e na terra, ele faz milagres e
maravilhas.
Foi ele quem salvou Daniel,
livrando-o das garras dos leões."

28 E Daniel continuou a ser uma alta autoridade no governo durante o reinado de Dario e depois durante o reinado de Ciro, da Pérsia.

A visão dos quatro monstros

7 Certa noite, durante o primeiro ano de Belsazar como rei da Babilônia, Daniel se deitou na sua cama e sonhou e no

sonho teve visões. Quando acordou, ele
escreveu aquilo que tinha sonhado. 2 Aqui
está o que ele escreveu:
No sonho que tive naquela noite, eu vi
os ventos soprando de todas as direções
e agitando as águas do mar imenso. 3 De
repente, saíram do mar quatro monstros
enormes, diferentes uns dos outros. 4 O
primeiro parecia um leão, mas tinha asas
de águia. Enquanto eu olhava, as suas
asas foram arrancadas, e ele foi posto de
pé para que andasse como homem. E foi
dada a ele uma mente humana.
5 O segundo monstro era parecido com
um urso. Ele se levantou nas patas de trás
e segurava três costelas na boca. E uma
voz lhe dizia: "Vá e coma muita carne."
6 Depois, vi o terceiro monstro, e este
era parecido com um leopardo. Ele tinha
quatro cabeças e nas costas tinha quatro
asas, como asas de ave. A este animal foi
dada a autoridade para reinar.
7 O quarto monstro que vi naquela vi-
são era terrível, espantoso e muito for-
te. Tinha enormes dentes de ferro e com
eles despedaçava e devorava as suas ví-
timas; o que sobrava ele esmagava com
as patas. Esse monstro era diferente dos
outros três e tinha dez chifres. 8 Eu esta-
va olhando os chifres com atenção e no-
tei outro chifre, menor, que nasceu entre
os outros. Três chifres foram arrancados
para dar lugar a esse chifre menor, que ti-
nha olhos, como os de gente, e uma boca
que falava com muito orgulho.

A visão de Deus

9 Continuei olhando e vi que foram pos-
tos alguns tronos. Num deles, assentou-se
aquele que sempre existiu. A sua roupa
era branca como a neve, e os seus cabelos
eram brancos como a lã. O trono e as suas
rodas pareciam labaredas de fogo, 10 e de
um lugar em frente do trono saía um rio
de fogo. Havia ali milhares de pessoas que
adoravam aquele que estava sentado no
trono, e muitos milhões estavam de pé na
presença dele. Começou o julgamento, e
foram abertos os livros.
11 Continuei olhando, pois o chifre pe-
queno ainda estava dizendo palavras or-
gulhosas. E vi quando o quarto monstro
foi morto; e o seu corpo foi despedaçado e
jogado no fogo. 12 Quanto aos outros mons-
tros, o poder que tinham foi tirado deles,
mas não foram mortos; foi dado a eles
mais um pouco de tempo para viverem.
13 Na mesma visão que tive naquela noi-
te, vi um ser parecido com um homem,
que vinha entre as nuvens do céu. Ele foi
até o lugar onde estava aquele que sem-
pre existiu e foi apresentado a ele. 14 De-
ram-lhe o poder, a honra e a autoridade
de rei, a fim de que os povos de todas as
nações, línguas e raças o servissem. O seu
poder é eterno, e o seu reino não terá fim.

A explicação das visões

15 As visões me espantaram, e eu fiquei
preocupado com o que tinha visto. 16 Che-
guei perto de um dos que estavam ali e
pedi que me explicasse o que eu tinha vis-
to. Então ele explicou assim:
17 — Os quatro monstros enormes são
quatro reis que vão dominar o mun-
do. 18 Mas o reino será dado ao povo do
Deus Altíssimo, e esse povo reinará para
sempre.
19 Eu quis saber também a explicação a
respeito do quarto monstro, que era di-
ferente dos outros três, que era terrível e
tinha dentes de ferro e unhas de bronze,
que despedaçava e devorava as suas víti-
mas e que esmagava com as patas aquilo
que sobrava. 20 Pedi também que me ex-
plicasse os dez chifres que esse monstro
tinha na cabeça e o outro chifre que havia
crescido, derrubando três chifres; esse
chifre, que parecia mais forte do que os
outros, tinha olhos e uma boca que falava
com muito orgulho. 21 Enquanto eu olhava,
esse chifre começou a lutar contra o povo
de Deus e estava vencendo, 22 até que che-
gou aquele que sempre existiu. Ele julgou
a favor do povo do Deus Altíssimo, pois
havia chegado o tempo de esse povo co-
meçar a reinar.
23 A explicação que recebi foi esta:
— O quarto monstro é um rei, e o reino
dele será bem diferente dos outros. Ele
conquistará o mundo inteiro, destruirá
todas as nações e as deixará arrasadas.
24 Os dez chifres representam dez reis que
governarão esse reino. Depois deles, apa-
recerá outro rei que será diferente dos
primeiros; ele derrotará três reis. 25 Ele
falará contra Deus e perseguirá o povo do
Deus Altíssimo. Procurará mudar a *Lei de
Deus e os tempos das festas religiosas. O
povo de Deus será dominado por ele du-
rante três anos e meio. 26 Mas depois disso
o tribunal o condenará, e assim ele perde-
rá o seu reino, e o seu poder acabará para
sempre. 27 Mas o reino, o poder e a *glória

serão dados ao povo do Deus Altíssimo,
e eles governarão o mundo inteiro para
sempre; todos os outros povos os servi-
rão, todos lhes obedecerão.
28 Aqui termina a explicação. Eu conti-
nuei muito preocupado com os meus pen-
samentos, e o meu rosto ficou pálido. Mas
eu não disse nada a ninguém.

A visão do carneiro e do bode

8 No terceiro ano do reinado de Belsa-
zar, eu tive outra visão. 2 Parecia que eu
estava na beira do rio Ulai, em Susã, uma
cidade cercada de muralhas, que fica na
*província de Elão. 3 De repente, vi perto
do rio um carneiro que tinha dois chifres
compridos. Um deles tinha nascido depois
do outro, mas era mais comprido. 4 O car-
neiro estava dando chifradas para o oeste,
para o norte e para o sul, e nenhum ani-
mal ou pessoa podia resistir ou escapar
dos seus ataques. Ele fazia o que queria
e ficava cada vez mais poderoso.
5 Eu estava pensando nisso quando vi
um bode que vinha do oeste, correndo
tão depressa, que as suas patas nem to-
cavam o chão. Ele tinha um chifre só, bem
grande, que ficava entre os olhos. 6 Correu
até o lugar onde estava o carneiro que eu
tinha visto perto do rio e o atacou com
toda a força. 7 Eu vi o bode, furioso, atacar
o carneiro e quebrar os dois chifres dele,
pois o carneiro não tinha força para se de-
fender. O bode jogou o carneiro no chão
e o pisou com as patas; e ninguém podia
salvar o carneiro da fúria do bode. 8 Ele
ficou ainda mais poderoso, mas, quando
o seu poder chegou ao máximo, o seu chi-
fre foi quebrado, e em lugar dele nasce-
ram quatro chifres compridos, que cres-
ciam para o norte, para o sul, para o leste
e para o oeste.
9 De um desses chifres nasceu um chi-
fre pequeno, que foi crescendo e se es-
tendendo para o sul, para o leste e para
a *Terra Prometida. 10 Cresceu tanto, que
chegou até o lugar onde está o exérci-
to do céu, que são as estrelas; jogou na
terra algumas delas e as pisou. 11 Chegou
até a desafiar o comandante desse exér-
cito. Acabou com os *sacrifícios diários
que eram oferecidos a esse comandante
e deixou o seu Templo todo estragado.
12 Em vez do sacrifício diário, foi apre-
sentada uma oferta nojenta. Ele acabou
com a verdadeira religião, e tudo o que
fez deu certo.
13 Depois, ouvi dois anjos conversando,
e um perguntou ao outro:
— Quanto tempo vai durar aquilo que
apareceu na visão? Por quanto tempo
essa oferta nojenta será apresentada em
lugar do sacrifício diário? Por quanto
tempo ficará estragado o Templo e der-
rotado o exército do céu?
14 E ouvi a resposta:
— Tudo isso vai acontecer depois de
duas mil e trezentas tardes e manhãs, e
durante esse tempo não serão oferecidos
os sacrifícios. Depois disso o Templo será
*purificado.

O anjo Gabriel explica a visão

15 Eu estava procurando entender o que
tinha visto, quando apareceu na minha
frente um ser que parecia um homem. 16 E
ouvi uma voz humana que vinha do rio
Ulai e que gritou assim:
— Gabriel, explique a visão a esse ho-
mem.
17 Aí Gabriel chegou mais perto de mim,
e isso me deixou muito assustado. Eu me
ajoelhei e encostei o rosto no chão. E ele
disse:
— Você, *homem mortal, precisa en-
tender a visão, pois ela é a respeito do
tempo do fim.
18 Ele ainda falava quando desmaiei e
caí de bruços no chão. Mas ele me pegou,
me pôs de pé 19 e disse:
— Eu vou lhe contar o que vai acon-
tecer quando passar a *ira de Deus, pois
essa visão é a respeito do tempo marcado
para o fim. 20 O carneiro com dois chifres,
que você viu, representa os reis da Média
e da Pérsia. 21 O bode é o rei da Grécia, e o
seu chifre grande é o primeiro rei desse
país. 22 Os quatro chifres que nasceram
quando o primeiro chifre foi quebrado re-
presentam os quatro reinos em que o país
será dividido, mas esses reinos não serão
tão poderosos como o primeiro. 23 Quan-
do o fim desses reinos estiver perto, e as
suas maldades tiverem chegado ao má-
ximo, aparecerá um rei cruel e engana-
dor. 24 Ele ficará cada vez mais podero-
so, mas não pela sua própria força. Cau-
sará destruições terríveis, acabará com
povos poderosos e também com o povo
de Deus. Fará o que quiser e prosperará
sempre. 25 Com a sua presença, ele enga-
nará a todos; ficará cada vez mais orgu-
lhoso e matará muitas pessoas à traição.
Finalmente, ele desafiará a Deus, o Rei

dos reis, mas será destruído sem o uso de força humana.

[26] E Gabriel terminou assim:

— Você já ouviu a verdadeira explicação dos sacrifícios da tarde e da manhã. Mas não diga a ninguém o que quer dizer a visão que você teve, pois ainda vai demorar muito tempo até que ela se cumpra.

[27] Eu, Daniel, passei vários dias abatido e doente. Depois, fiquei bom e comecei a tratar dos negócios do governo. Mas continuei muito preocupado com a visão, pois não conseguia entendê-la.

Daniel ora pelo seu povo

9 Dario, filho de Xerxes, do país da Média, era rei da Babilônia. [2] No primeiro ano do seu reinado, eu estava estudando os livros sagrados e pensando nos setenta anos que Jerusalém ficaria arrasada, de acordo com o que o SENHOR Deus tinha dito ao *profeta Jeremias. [3] Em sinal de tristeza, eu vesti uma roupa feita de pano grosseiro, sentei-me sobre cinzas, deixei de comer e orei com fervor ao Senhor Deus, fazendo-lhe pedidos e súplicas. [4] Orei ao SENHOR, meu Deus, e fiz a seguinte confissão:

— Senhor Deus, tu és grande e poderoso! Tu guardas a *aliança que fizeste com os que te amam e obedecem aos teus mandamentos e sempre lhes dás provas do teu amor. [5] Nós temos cometido pecados e maldades; fizemos coisas más e nos revoltamos contra ti; desobedecemos às tuas *leis e aos teus mandamentos. [6] Não demos atenção aos teus *servos, os profetas, que falaram em teu nome aos nossos reis, aos nossos líderes, aos nossos antepassados, sim, a todo o povo de Israel. [7] Tu, ó Senhor, és sempre justo; mas agora sentimos vergonha, nós, o teu povo, tanto os que vivem na Judeia e em Jerusalém como os que tu espalhaste pelos países de perto e de longe. Tu fizeste isso porque eles se revoltaram contra ti. [8] Os nossos reis, os nossos líderes, os nossos antepassados, todos nós temos pecado contra ti, ó SENHOR, e por isso estamos envergonhados. [9] Mas tu és misericordioso e estás pronto para nos perdoar, mesmo quando nos revoltamos contra ti. [10] Desobedecemos à tua ordem, ó SENHOR, nosso Deus, e não seguimos as leis que nos deste por meio dos teus servos, os profetas. [11] Todo o povo de Israel quebrou os teus mandamentos e não obedeceu às tuas ordens. Pecamos contra ti, e por isso fizeste cair sobre nós as maldições e as desgraças que estão escritas na Lei de Moisés, servo de Deus. [12] Tu cumpriste as ameaças que fizeste contra nós e contra os nossos líderes e nos castigaste duramente. Nunca, em lugar nenhum, houve uma desgraça tão grande como a que caiu sobre Jerusalém, [13] e isso aconteceu de acordo com o que está escrito na Lei de Moisés. Mas mesmo assim nós não temos abandonado os nossos pecados, nem temos nos esforçado para seguir a tua verdade; não fizemos nada para agradar ao SENHOR, nosso Deus. [14] Portanto, tu, ó SENHOR, preparaste esse castigo e o fizeste cair sobre nós. Tu és o SENHOR, nosso Deus; tu és justo em tudo o que fazes, e nós não temos dado atenção às tuas ordens.

[15] — Ó Senhor, nosso Deus, tu mostraste o teu grande poder quando tiraste o teu povo do Egito, e a fama que ganhaste com isso continua até hoje. Mas nós temos pecado e feito o mal. [16] Ó Senhor, tu és misericordioso; portanto, não continues *irado e furioso com Jerusalém, que é a tua cidade e o teu *monte santo. Por causa dos nossos pecados e dos pecados dos nossos antepassados, os povos de todos os países vizinhos zombam de Jerusalém e do teu povo. [17] Ó nosso Deus, ouve a minha oração, atende a súplica deste teu servo. Para que todos saibam que tu, Senhor, és Deus, derrama as tuas bênçãos sobre o teu Templo, que agora está abandonado. [18] Ouve, ó meu Deus, e atende a minha oração. Abre os olhos, vê a nossa desgraça e olha para a tua cidade. Fazemos os nossos pedidos por causa da tua grande compaixão e não porque sejamos bons e honestos. [19] Ouve, ó Senhor! Perdoa-nos, Senhor! Atende-nos, Senhor, e vem ajudar-nos. Para que todos saibam que tu és Deus, não demores em nos socorrer, ó meu Deus, pois nós somos o teu povo, e Jerusalém é a tua cidade.

Gabriel explica a profecia

[20] Eu continuei a orar, e a confessar os meus pecados e também os do meu povo, e a fazer ao SENHOR, meu Deus, as minhas súplicas em favor do seu *monte santo. [21] Ainda estava orando quando Gabriel, o mesmo anjo que eu já tinha visto na visão, veio voando rapidamente e parou

perto de mim. Eram três horas, a hora do
*sacrifício da tarde. 22 Ele disse:
— Daniel, eu vim explicar o que quer
dizer a visão. 23 Logo que você começou a
orar, Deus atendeu o seu pedido. Deus o
ama muito e por isso me mandou expli-
car a visão a você. Portanto, preste aten-
ção e procure entender o que vou dizer.
24 — Daniel, o castigo do seu povo e da
sua santa cidade vai durar setenta anos
vezes sete, até que termine a revolta, e o
pecado acabe. Então o seu povo vai con-
seguir o perdão dos seus pecados, e a
justiça eterna de Deus será feita. A visão
e a *profecia serão cumpridas, e o santo
Templo será inaugurado de novo. 25 Pres-
te atenção, Daniel, e compreenda. Depois
de ser dada a ordem para reconstruir Je-
rusalém, sete anos vezes sete vão passar
até que chegue o líder escolhido por Deus.
As novas ruas e muralhas de Jerusalém
durarão sessenta e dois anos vezes sete,
mas será um tempo de muito sofrimento.
26 No fim desse tempo, o líder escolhido
por Deus será morto injustamente. Che-
gará um rei com o seu exército e destruirá
a cidade e o Templo. O fim virá como uma
enchente, trazendo a guerra e as destrui-
ções que Deus resolveu mandar. 27 Esse rei
fará com muitos povos um *acordo que
durará sete anos; mas, quando passar
metade desse tempo, ele acabará com os
sacrifícios de animais e as ofertas de ce-
reais no Templo. "O grande terror" será
colocado no lugar mais alto do Templo e
ali ficará até que aquele que fez isso seja
destruído, conforme Deus resolveu.

A visão de Daniel na beira do rio Tigre

10 Durante o terceiro ano de Ciro
como rei da Pérsia, eu, Daniel, tam-
bém chamado de Beltessazar, recebi uma
mensagem de Deus. A mensagem era ver-
dadeira, mas muito difícil de entender; eu
recebi a explicação por meio de uma vi-
são. 2 Naquela ocasião, fiquei de luto por
três semanas. 3 Durante aquele tempo, não
comi nenhuma comida gostosa nem car-
ne, não bebi vinho e não penteei o cabelo.
4 No dia vinte e quatro do primeiro
mês do ano, eu estava na beira do gran-
de rio Tigre, 5 quando, de repente, vi um
anjo vestido com roupas de linho e usan-
do um cinto de ouro puro. 6 O seu corpo
brilhava como pedras preciosas, o ros-
to parecia um relâmpago, os olhos eram
como tochas acesas, os braços e as pernas
brilhavam como bronze polido, e a voz
soava como o barulho de uma multidão.
7 Eu fui o único que vi essa visão. Os
meus companheiros não viram nada, mas

Uma oração de...

Confissão e petição

Santo Deus, pequei mais vezes do que sou capaz de contar e sou culpada por ter orgulho e dúvida, por não conseguir descobrir tua vontade em tua Palavra, por deixar de te buscar em minha vida no dia a dia. Minhas falhas e meus defeitos são provas de minha culpa, mas eu te agradeço porque todos eles não vão se levantar contra mim, pois todos foram lançados sobre Cristo. Por favor, subjuga minha imoralidade e dá-me graça para viver acima dela. Por favor, não deixes que meus hormônios ou minha cobiça por coisas que não tenho me escravizem de novo, mas te peço para reinares sobre mim com liberdade e poder.

Agradeço-te por dizeres "não" a muitas de minhas orações. Pedi o que eu não tenho por motivos pecaminosos; orei por causa de minha própria concupiscência, e meu pedido foi recusado; orei pelo paraíso e ganhei um deserto. Por favor, continua a ser paciente enquanto trabalhas em mim. Responde "não" às minhas orações erradas, e me ajuda a aceitar tua resposta. Leva todos os meus desejos infiéis, toda ambição humana e tudo o que é contrário à tua lei. Obrigada por tua sabedoria e amor, por todos os atos de disciplina que mereço e por me colocares na fornalha para refinar meu ouro e remover minhas impurezas.

Nenhuma provação é tão difícil de superar quanto ver minha própria pecaminosidade. Se me desses a opção de viver com prazer e de continuar com meus pecados ou tê-los consumidos pelas provações, eu escolheria ser santificada por meio da provação. Livra-me de todo mau hábito, de toda a minha aceitação de pecados anteriores, de tudo o que ofusca o brilho de tua bondade em mim e de tudo o que me impede de encontrar minha felicidade em ti. Então, eu te bendirei, Deus de justiça, por me ajudares a ser justa.

Amém.

ficaram apavorados, e fugiram, e se esconderam. 8 Eu estava ali sozinho enquanto via essa visão impressionante. Fiquei pálido de medo e perdi as forças. 9 Quando ouvi o anjo falar, desmaiei e caí de bruços no chão. 10 Aí a mão de alguém me levantou, e eu fiquei de joelhos, apoiando-me nas palmas das mãos. 11 E o anjo me disse:

— Daniel, Deus o ama muito e me mandou falar com você. Fique de pé e preste atenção no que vou dizer.

Então eu fiquei de pé, tremendo dos pés até a cabeça. 12 Aí ele disse:

— Não fique com medo, Daniel, pois Deus ouviu a sua oração desde a primeira vez que você se humilhou na presença dele a fim de ganhar sabedoria. Eu vim em resposta à sua oração. 13 O anjo protetor do Reino da Pérsia lutou contra mim durante vinte e um dias. Mas Miguel, um dos anjos-chefes, veio me ajudar, pois eu estava lutando sozinho contra os reis da Pérsia. 14 Agora, eu vim explicar a você o que vai acontecer com o seu povo, pois essa visão é a respeito de coisas futuras.

15 Enquanto ele me dizia isso, eu fiquei calado, olhando para o chão. 16 De repente, um ser parecido com um homem tocou nos meus lábios; aí comecei a falar e disse ao anjo que estava na minha frente:

— Meu senhor, essa visão me deixou aflito, e estou me sentindo fraco. 17 Como é que eu, o seu criado, posso falar com o senhor? Estou completamente sem forças e quase não posso respirar.

18 Então ele me tocou de novo, e com isso senti as minhas forças voltarem.

19 Ele disse:

— Deus o ama. Portanto, não fique com medo. Que a paz de Deus esteja com você. Anime-se! Tenha coragem!

Então eu me senti bem mais forte e respondi:

— Fale, pois o senhor me deu novas forças.

20-21 Ele disse:

— Sabe por que eu vim falar com você? Foi para dizer-lhe o que está escrito no Livro da Verdade. Mas agora eu preciso ir lutar contra o anjo protetor da Pérsia. Quando a luta acabar, virá o anjo protetor da Grécia. Mas na minha luta contra eles não há ninguém para me ajudar, a não ser Miguel, o anjo protetor de Israel.

11 Ele tem a responsabilidade de me ajudar e defender.

Os reinos do Egito e da Síria

2 E o anjo continuou, dizendo:

— O que vou lhe dizer é a verdade. A Pérsia terá mais três reis; depois deles terá um quarto rei, que será o mais rico de todos. Com a sua grande riqueza ele será muito poderoso; reunirá todos os seus soldados e atacará o Reino da Grécia. 3 Depois, aparecerá outro rei, muito valente. O seu reino será imenso, e ele fará o que quiser. 4 Mas, quando o seu poder chegar ao máximo, o seu reino será desfeito e dividido em quatro partes. Os reis que vão ficar no lugar dele não serão seus descendentes e não terão o mesmo poder que ele tinha.

5 — O rei do Egito será poderoso, mas um dos seus generais será mais poderoso ainda e governará um reino maior. 6 Depois de alguns anos, o rei do Egito e o rei da Síria farão um *acordo, e o rei do Egito dará a sua filha em casamento ao rei da Síria, para garantir a paz entre as duas nações. Porém o plano fracassará, pois ela, o marido, o filho e os empregados serão todos assassinados. 7 Mas, pouco depois disso, um parente dela se tornará rei e marchará com as suas tropas contra o exército do rei da Síria, entrará na fortaleza dos sírios e os derrotará. 8 Ele levará para o Egito as imagens dos deuses da Síria e objetos de valor feitos de ouro e de prata. Haverá alguns anos de paz entre as duas nações, 9 mas depois o rei da Síria procurará invadir o Egito. Porém ele será derrotado e voltará para a sua terra.

10 — Os filhos do rei da Síria se prepararão para a guerra e organizarão um exército poderoso. Um deles sairá com as suas tropas para conquistar o Egito e arrasará tudo como se fosse uma enchente. Invadirá o Egito e atacará a fortaleza do rei. 11 O rei do Egito ficará tão furioso, que sairá com o seu exército e atacará os sírios, que se entregarão aos egípcios. 12 O rei do Egito ficará muito orgulhoso por ter derrotado os sírios e por ter matado tantos soldados. Mas o seu poder durará pouco. 13 Depois, o rei da Síria reunirá um exército ainda maior e, após alguns anos, voltará com o seu grande exército bem armado para atacar o Egito.

14 — Aí muitos povos se revoltarão contra o rei do Egito. Entre eles haverá alguns homens violentos da terra de Israel; eles se revoltarão, obedecendo a uma visão

que tiveram, mas serão derrotados. 15 O
rei da Síria virá com o seu exército, cons-
truirá rampas de ataque em volta de uma
cidade protegida por muralhas e a con-
quistará. Nem mesmo os melhores solda-
dos do exército egípcio poderão impedir o
avanço das tropas sírias. 16 O inimigo fará
tudo o que quiser com os soldados egíp-
cios, e não haverá ninguém que resista.
Ele invadirá a *Terra Prometida e a con-
quistará completamente.

17 — Então o rei da Síria porá todo o seu
exército em pé de guerra para lutar con-
tra o Egito. A fim de derrotar o inimigo,
ele fará um acordo com o rei do Egito e
lhe oferecerá a filha em casamento. Mas
não será bem sucedido. 18 Aí ele atacará as
cidades do litoral do mar Mediterrâneo e
conquistará muitas delas. Mas um chefe
militar estrangeiro acabará com o seu or-
gulho e o deixará envergonhado. 19 O rei
da Síria voltará para atacar as fortalezas
do seu próprio país, mas fracassará e será
morto; e nunca mais se ouvirá falar dele.

20 — Em lugar dele, reinará outro rei,
que mandará um oficial para cobrar im-
postos a fim de enriquecer o seu reino.
Logo depois, esse rei será morto, mas isso
não acontecerá no campo de batalha.

21 — O seguinte rei da Síria será um ho-
mem muito mau, que não terá direito de
ser rei; mas ele disfarçará as suas más
intenções e com intrigas conquistará o
poder. 22 Ele derrotará todos os exércitos
inimigos e matará o *Grande Sacerdote.
23 Enganará os que fizerem acordos com
ele e, mesmo com um pequeno exército,
ele se tornará cada vez mais poderoso.
24 Atacará de surpresa as *províncias mais
ricas do país e nelas fará coisas terríveis,
que os seus antepassados nunca fizeram.
Repartirá com os seus soldados as rique-
zas, os bens e os objetos de valor que caí-
rem nas suas mãos. E por um pouco de
tempo ele fará planos para atacar as for-
talezas do país.

25 — Confiando no seu poder e na sua
coragem, ele marchará com o seu grande
exército contra o rei do Egito. Este sairá
para a batalha com um exército grande
e poderoso, mas não vencerá, pois será
traído 26 pelos seus próprios conselheiros,
que o levarão à desgraça. O seu exército
será derrotado, e muitos dos seus solda-
dos serão mortos. 27 Então os dois reis te-
rão um encontro e dirão mentiras, cada
um procurando prejudicar o outro. Mas
nenhum dos dois levará vantagem, pois
ainda não terá chegado o tempo certo.
28 Depois, o rei da Síria voltará para o seu
país, levando todas as riquezas que tiver
conseguido na guerra. Planejará acabar
com a religião do povo de Israel e fará
contra eles o que quiser. Depois, voltará
para o seu país.

29 — Quando chegar o tempo certo, ele
marchará de novo com os seus soldados
contra o Egito, mas desta vez não vence-
rá, como venceu na primeira vez. 30 Solda-
dos virão do oeste em navios e o ataca-
rão. Desesperado, ele desistirá da luta e,
cheio de fúria, atacará novamente o povo
de Israel, fazendo com eles o que quiser.
Desta vez, ele seguirá o conselho dos ju-
deus que abandonaram a sua religião.
31 Os seus soldados *profanarão o Tem-
plo, acabarão com os *sacrifícios diários
e colocarão no Templo "o grande terror".
32 Por meio de bajulação, o rei ganhará o
apoio dos judeus que abandonaram a sua
religião; mas aqueles que amam a Deus
ficarão firmes e combaterão o rei. 33 Mes-
tres sábios aconselharão o povo, mas por
algum tempo serão mortos à espada ou
no fogo, ou serão mandados para fora do
país como prisioneiros, ou perderão to-
dos os seus bens. 34 Durante este tempo
de perseguição, o povo de Deus receberá
a ajuda de alguns; mas muitos os ajuda-
rão só por interesse próprio. 35 Alguns dos
mestres sábios serão mortos, mas isso
será um meio de purificar e aperfeiçoar
o povo de Deus. Isso continuará até che-
gar o fim, no tempo marcado por Deus.

36 — O rei da Síria fará o que quiser. Ele
será tão vaidoso, que pensará que está
acima de todos os deuses e dirá coisas
terríveis contra o Deus dos deuses. Ele
fará tudo isso até que Deus o castigue;
pois Deus o castigará, de acordo com o
que já decidiu. 37 Esse rei não adorará os
deuses que os seus antepassados ado-
ravam, nem os deuses que as mulheres
preferem, nem qualquer outro deus, pois
ele acreditará que está acima de todos os
deuses. 38 Mas ele adorará o deus protetor
das fortalezas. A esse deus, que os seus
antepassados não conheciam, esse rei
oferecerá ouro, prata, pedras preciosas
e outros objetos de valor. 39 Com a ajuda
de pessoas que adoram um deus estran-
geiro, ele defenderá as suas fortalezas. E

todos os que o aceitarem como rei receberão honrarias, posições de autoridade e terras.

40 — Quando chegar o momento final, o rei do Egito atacará o rei da Síria, e este sairá ao seu encontro com todas as suas forças armadas, isto é, carros de guerra, a cavalaria e muitos navios. Como as águas de uma enchente, os seus soldados invadirão o Egito. 41 Ele invadirá também a Terra Prometida e matará milhares e milhares de pessoas; mas escaparão os povos de Edom e de Moabe e a maior parte do povo de Amom. 42 O seu exército ocupará muitos países; nem mesmo o Egito escapará. 43 Levará do Egito os tesouros de ouro e de prata e outros objetos de valor. E conquistará também a Líbia e a Etiópia. 44 Mas chegarão notícias do Leste e do Norte, que o encherão de medo. Furioso, ele sairá com os seus soldados, resolvido a matar muita gente. 45 Armará o seu acampamento entre o mar Mediterrâneo e o lindo *monte sagrado. Mas morrerá, e não haverá ninguém para socorrê-lo.

O momento final

12 E o anjo continuou, dizendo:

— Nesse tempo, aparecerá o anjo Miguel, o protetor do povo de Deus. Será um tempo de grandes dificuldades, como nunca aconteceu desde que as nações existem. Mas nesse tempo serão salvos todos os do povo de Deus que tiverem os seus nomes escritos no livro de Deus. 2 Muitos dos que já tiverem morrido viverão de novo: uns terão a vida eterna, e outros sofrerão o castigo eterno e a desgraça eterna. 3 Os mestres sábios, aqueles que ensinaram muitas pessoas a fazer o que é certo, brilharão como as estrelas do céu, com um brilho que nunca se apagará. 4 E você, Daniel, não conte nada disso a ninguém. Feche o livro com um *selo para que fique fechado até o momento final. Muitos correrão de cá para lá, procurando ficar mais sábios.

5 Então eu vi dois anjos de pé na beira do rio, um de um lado, e o outro do outro. 6 Um deles perguntou ao anjo vestido com roupas de linho, que estava rio acima:

— Quando é que todas essas coisas maravilhosas vão acontecer?

7 O anjo levantou as mãos para o céu e em nome de Deus, que vive para sempre, disse:

— Eu juro que tudo isso vai acontecer daqui a três anos e meio quando terminar a perseguição do povo de Deus.

8 Mas eu não entendi bem e por isso perguntei:

— Por favor, me diga como é que tudo isso vai acabar.

9 E ele respondeu:

— Agora, Daniel, você pode ir embora, pois tudo isso deve ficar em segredo até o fim. 10 Muitos serão postos à prova, e com isso se purificarão, e se aperfeiçoarão. Os maus continuarão na sua maldade, e nenhum deles entenderá o que está acontecendo, mas os sábios entenderão. 11 Depois que os *sacrifícios diários forem suspensos, e o "grande terror" for colocado no Templo, passarão mil duzentos e noventa dias. 12 Felizes aqueles que continuarem fiéis a Deus por mil trezentos e trinta e cinco dias!

13 — E você, Daniel, continue firme até o fim. Você morrerá, mas no fim ressuscitará para receber a sua recompensa.

Oseias

Volte para seu Deus

Povo de Israel, volte para o SENHOR, seu Deus!
Você caiu porque pecou.
Oseias 14:1

Autor ♥ Oseias
Data ♥ Século 8º a.C.
Local ♥ Israel
Público-alvo ♥ O povo de Israel

É muito fácil esquecer o Senhor quando o mundo chama. E é ainda mais fácil querer mais daquilo que você vê que os outros têm, esquecendo-se assim de seu primeiro amor. Mas quando seu desejo por qualquer coisa — por amor, aceitação, fama, felicidade ou amizade — torna-se mais importante do que seu amor por Deus, você está em território perigoso. Quando seus desejos por esta vida estão em guerra com seu desejo de servir a Deus, você começa a olhar colina abaixo, uma colina interminável e escorregadia. Na maioria das vezes, é fácil escolher o que você pode ver e sentir, e é fácil ignorar o que não pode ver, mas, toda vez que você prefere o mundo ao Pai, mesmo que por só um minuto, você vira as costas para ele. E toda vez que vira as costas, você esquece o caráter, o poder e os mandamentos de Deus. E frustra o amante de sua alma.

Foi exatamente isso que os israelitas fizeram na época de Oseias. Como uma mulher que trai o marido, eles se esqueceram de seu primeiro amor. Então, Deus usou Oseias como seu exemplo e pediu que ele se casasse com Gomer, uma prostituta. Esse relacionamento seria um exemplo para o povo de sua infidelidade e do amor eterno de Deus.

Ponto essencial
O livro de Oseias começa com a história do profeta a quem Deus disse que deveria se casar com uma prostituta como símbolo da infidelidade de Israel a Deus. A história fala do casamento deles e da traição dela. Deus queria que seu povo soubesse que haveria consequências para o pecado, mas que ele permaneceria fiel e sempre aceitaria de volta um povo arrependido.

Neste pequeno livro, você descobre o quanto Deus odeia quando seu povo se prostitui, correndo atrás de outros deuses (ídolos) à procura de algo ou alguém para completá-lo e fazê-lo feliz. Para a Garota de Deus, não pode haver nada nem ninguém mais importante do que seu Deus, nem mesmo ela mesma. Nenhuma recompensa, nenhuma realização, nenhuma vitória é tão importante a ponto de Deus ser deixado de lado, adiado ou esquecido.

Quando você diz a si mesma que "merece" algo, que "*não pode viver sem*" algo ou alguém, isso é uma bandeira vermelha balançando para avisá-la que você está prestes a dar as costas para aquele que salva e se afastar dele. Então, se você vir o vermelho, vire-se imediatamente, confessando sua tendência de atender às suas emoções e seus desejos. Fique perto de seu primeiro amor e se negue a se deixar seduzir por aquilo que o mundo tem a oferecer.

Coisas para procurar

- O pecado da idolatria de Israel (veja Oseias 2:8,13; 4:17; 8:4-6; 10:5; 11:2; 13:1-2)
- O caso de Deus contra Israel (veja Oseias 4:1-2; 6:4-10; 12:1-14)
- O desejo de Deus de aceitar Israel de volta (veja Oseias 2:14-23)

Versículos que você deve saber

Ele [o Senhor] disse a Oseias: — Vá e case com uma prostituta de um templo pagão; os filhos que nascerem serão filhos de uma prostituta. Pois o povo de Israel agiu como uma prostituta: eles foram infiéis e me abandonaram.

(Oseias 1:2)

— Ela também se enfeitou com anéis e joias e correu atrás dos seus amantes. Por causa de tudo isso, eu a castigarei. Eu, o SENHOR, estou falando.

(Oseias 2:13)

— Israel, eu casarei com você, e para sempre você será minha legítima esposa. Eu a tratarei com amor e carinho e serei um marido fiel. Então você se dedicará a mim, o SENHOR.

(Oseias 2:19-20)

— Eles estão perdidos e serão destruídos, pois fugiram e se revoltaram contra mim. Eu queria salvá-los, mas eles dizem mentiras a meu respeito. As orações que me fazem não são sinceras; ao fazê-las, eles se jogam no chão, gritando como os pagãos. Quando oram pedindo trigo e vinho, eles se cortam.

(Oseias 7:13-14)

O meu Deus rejeitará o seu povo porque eles não lhe obedecem. E eles andarão sem rumo entre as outras nações.

(Oseias 9:17)

Vou curar o meu povo da sua infidelidade e vou amá-los com todo o meu coração, pois não estou mais irado com eles.

(Oseias 14:4)

1 Esta é a mensagem que o SENHOR Deus
deu a Oseias, filho de Beeri, durante os
reinados de Uzias, Jotão, Acaz e Ezequias,
na terra de Judá, e de Jeroboão, filho de
Joás, na terra de Israel.

A mulher e os filhos de Oseias

2 Quando o SENHOR Deus falou pela pri-
meira vez por meio de Oseias ao povo de
Israel, ele disse a Oseias:
— Vá e case com uma prostituta de um
templo pagão; os filhos que nascerem se-
rão filhos de uma prostituta. Pois o povo
de Israel agiu como uma prostituta: eles
foram infiéis e me abandonaram.
3 Então Oseias foi e casou com Gomer,
filha de Diblaim. Quando nasceu o primei-
ro filho, 4 o SENHOR Deus disse a Oseias:
— Ponha no menino o nome de Jezreel

porque daqui a pouco vou castigar o rei
de Israel por causa dos crimes de morte
que o rei Jeú, o antepassado dele, come-
teu em Jezreel. Vou acabar com o Reino
de Israel 5 e no vale de Jezreel destruirei
o poder militar de Israel.
6 Depois, Gomer deu à luz uma filha, e
o SENHOR disse a Oseias:
— Ponha na menina o nome de Não-
-Amada porque eu não terei mais amor
pelo povo de Israel e não o perdoarei.
7 Mas continuarei a amar o povo de Judá.
Eu mesmo, o SENHOR, seu Deus, os sal-
varei. Porém não farei isso por meio de
guerra: não usarei arcos e flechas, nem
espadas, nem cavalos de guerra e cava-
leiros.
8 Depois que desmamou a filha, Gomer
ficou grávida mais uma vez e deu à luz ou-
tro filho. 9 E o SENHOR Deus disse a Oseias:
— Ponha no menino o nome de Não-
-Meu-Povo, pois o povo de Israel não é
mais o meu povo, e eu não sou mais o
Deus deles.

A futura grandeza de Israel

10 Um dia, o povo de Israel será como os
grãos de areia do mar; será tão numeroso,
que não poderá ser contado, nem medido.
E, no mesmo lugar onde Deus disse: "Vo-
cês não são o meu povo", ali ele dirá: "Vo-
cês são os filhos do Deus vivo". 11 Os po-
vos de Judá e de Israel se unirão e juntos
escolherão um só chefe. Serão mais uma
vez um povo poderoso e rico. Como será
grande esse dia, o Dia de Jezreel!
2 Portanto, ponham nos seus irmãos, os
israelitas, os nomes de Povo-de-Deus
e Amados-por-Deus.

A infidelidade de Israel

2 O SENHOR Deus disse ao povo:
— Acusem a sua mãe, façam denúncia
contra ela, pois ela não é mais a minha es-
posa, e eu não sou mais o seu marido. Pe-
çam que ela pare de cometer adultério e
que mande embora os seus amantes. 3 Se
ela não fizer isso, eu tirarei toda a sua rou-
pa e a deixarei nua como no dia em que
nasceu. Eu farei com que ela fique como
um deserto, como uma terra seca, e ela
morrerá de sede. 4 E não terei pena dos
seus filhos, pois são filhos de uma prosti-
tuta. 5 Ela se entregou à prostituição e mos-
trou que havia perdido toda a vergonha
quando disse: "Vou buscar os meus aman-
tes, pois eles me darão comida e bebida,
roupas de lã e de linho, azeite e vinho."
6 — Portanto, vou pôr ao redor dela
uma cerca de espinhos e vou construir
um muro na estrada, para que ela não en-
contre o caminho. 7 Ela correrá atrás dos
seus amantes, mas não os alcançará; irá
procurá-los, mas não os encontrará. En-
tão dirá: "Vou voltar para o meu marido,
pois, quando vivia com ele, eu era mais
feliz do que agora." 8 Ela não compreen-
deu que fui eu que lhe dei o trigo, o vi-
nho e o azeite; fui eu que lhe dei muitos
presentes de prata e de ouro, que ela ofe-
receu ao deus *Baal. 9 Portanto, quando
chegar o tempo da colheita, eu tomarei
dessa mulher o meu trigo e o meu vinho e
levarei embora as roupas de lã e de linho
que tinha dado para ela vestir. 10 Agora
vou deixá-la completamente nua na fren-
te dos seus amantes, e ninguém a livrará
do meu poder. 11 Acabarei com toda a sua
alegria: não haverá mais festas anuais ou
festas mensais, nem as festas dos sába-
dos, nem qualquer outra festa. 12 Eu des-
truirei as suas plantações de uvas e as
suas figueiras que ela disse que recebeu
como pagamento dos seus amantes. Só fi-
cará mato, e os animais selvagens devora-
rão tudo. 13 Ela me abandonou, adorou as
imagens do deus Baal e queimou incenso
como oferta a ele. Ela também se enfei-
tou com anéis e joias e correu atrás dos
seus amantes. Por causa de tudo isso, eu
a castigarei. Eu, o SENHOR, estou falando.

Deus ama o seu povo

14 Deus disse ao povo de Israel:
— Vou seduzir a minha amada e levá-la
de novo para o deserto, onde lhe falarei
do meu amor. 15 Ali, eu devolverei a ela as
suas plantações de uvas e transformarei o
vale da Desgraça em uma porta de espe-
rança. Então ela falará comigo como fazia
no tempo em que era moça, quando saiu
do Egito. 16 Mais uma vez ela me chamará
de "Meu marido" em vez de me chamar
de "Meu *Baal". 17 Nunca mais deixarei que
ela diga o nome *Baal; nunca mais se fa-
lará desse deus. Sou eu, o SENHOR, quem
está falando.
18 — Naquele dia, farei um acordo com
os animais selvagens, com as aves e com
as cobras, para que não ataquem a mi-
nha amada. Quebrarei as armas de guer-
ra, os arcos e as espadas; não haverá
mais guerra, e o meu povo viverá em paz
e segurança.
19 — Israel, eu casarei com você, e para

sempre você será minha legítima esposa.
Eu a tratarei com amor e carinho [20] e serei
um marido fiel. Então você se dedicará a
mim, o SENHOR. [21] Naquele tempo, serei o
Deus que atende: atenderei o pedido dos
céus; os céus atenderão o pedido da ter-
ra, dando-lhe chuvas; [22] e a terra respon-
derá produzindo trigo, uvas e azeitonas.
Assim eu atenderei as orações do meu
povo de Israel. [23] Plantarei o meu povo
na *Terra Prometida para que eles sejam
a minha própria plantação. E eu amarei
aquela que se chama Não-Amada; para
aquele que se chama Não-Meu-Povo eu
direi: "Você é o meu povo", e ele respon-
derá: "Tu és o meu Deus".

Oseias e a mulher adúltera

3 O SENHOR Deus falou de novo comi-
go e disse:
— Vá e ame uma adúltera, uma mulher
que tem um amante. Ame-a assim como
eu amo o povo de Israel, embora eles ado-
rem outros deuses e lhes ofereçam bolos
de passas.
[2] Fui e comprei a mulher por quinze
barras de prata e cento e cinquenta qui-
los de *cevada. [3] Eu disse:

Pergunte a si mesma...

O amor pode ser uma emoção que devora tudo. A pessoa que você ama pode parecer tudo que você precisa nesta vida, mas, como uma Garota de Deus, é preciso tomar cuidado para não colocar qualquer amor acima do amor de Deus. Os meninos podem roubar seus pensamentos, ocupar sua mente e consumir suas emoções, por isso o equilíbrio é a chave do verdadeiro amor. Faça estas perguntas sobre o amor para si mesma:

O que eu ganho quando estou apaixonada?
Eu já deixei minha vida amorosa se tornar mais importante que minha vida espiritual?
Em quem passo mais tempo pensando: em meninos ou em Deus?
O que Deus pensa sobre alguém que se deixa consumir pelo amor humano?

— Por muito tempo, você vai espe-
rar por mim. Durante esse tempo não se
torne prostituta, nem se entregue a um
amante. E eu também esperarei por você.
[4] Será assim que os israelitas passarão
muito tempo sem rei ou qualquer outro
chefe, sem *sacrifícios ou colunas do deus
*Baal, sem ídolos ou deuses do lar. [5] Mas
virá o tempo em que o povo de Israel vol-
tará a adorar o SENHOR, o Deus deles, e
eles serão governados por um descenden-
te do rei Davi. Naquele tempo, eles ado-
rarão o SENHOR com *temor e receberão
dele muitas bênçãos.

Deus acusa Israel

4 O SENHOR Deus tem uma acusação
a fazer contra o povo que vive nes-
te país. Escutem, israelitas, o que Deus
está dizendo:
— Não há sinceridade, não há bondade,
e ninguém neste país quer saber de Deus.
[2] Juram falso, mentem, matam, roubam
e cometem adultério. Os crimes e os as-
sassinatos aumentam. [3] Por isso, a terra
ficará seca, e tudo o que vive nela mor-
rerá. Morrerão os animais, as aves e até
os peixes.

Deus acusa os sacerdotes

[4] O SENHOR Deus diz:
— Não acusem nem repreendam o meu
povo. A minha acusação é contra vocês,
sacerdotes. [5] Dia e noite, vocês andam sem
rumo, e os *profetas fazem o mesmo. Vou
acabar com Israel, a mãe de vocês. [6] O meu
povo não quer saber de mim e por isso
está sendo destruído. E vocês, sacerdo-
tes, também não querem saber de mim
e esqueceram as minhas *leis; portanto,
eu não os aceito mais como meus sacer-
dotes, nem aceitarei os seus filhos como
meus sacerdotes.
[7] — Quanto maior é o número de sa-
cerdotes, maior também é o número de
pecados que cometem; por isso vou fazer
a *glória deles virar desgraça. [8] Eles ga-
nham a vida à custa dos pecados do povo
e por causa disso querem que o povo pe-
que. [9] Portanto, os sacerdotes sofrerão o
mesmo castigo que vou fazer cair sobre o
meu povo. Vou castigá-los, e eles terão de
pagar pelo mal que fizeram. [10] Os sacer-
dotes estão me abandonando e adorando
outros deuses. Por isso comerão dos sa-
crifícios que o povo me oferece, mas não
ficarão satisfeitos; adorarão os deuses da
fertilidade, mas não terão filhos.

A idolatria do povo de Israel

11 Deus diz:

— O meu povo está perdendo o juízo porque anda bebendo muito vinho. 12 Pedem a um pedaço de pau que revele o futuro e fazem perguntas a uma coluna de madeira. Eles me abandonaram. Como uma mulher que se torna prostituta, eles me abandonaram e se entregaram a deuses pagãos. 13 Oferecem *sacrifícios nos altares pagãos no alto dos montes e ali queimam incenso debaixo dos carvalhos e de outras árvores cheias de folhas, onde a sombra é tão gostosa.

— E assim as suas filhas viram prostitutas, e as suas noras cometem adultério. 14 Mas nem por isso eu as castigarei; pois vocês, homens, têm encontros com prostitutas nos templos pagãos e vão com elas oferecer sacrifícios aos deuses pagãos. E assim um povo sem juízo caminha rápido para a destruição!

15 — O povo de Israel está sendo infiel a mim, mas espero que o povo de Judá não seja culpado do mesmo pecado. Não adorem em Gilgal ou em Bete-Avém, nem façam ali promessas em nome do SENHOR Deus, que vive para sempre. 16 O povo de Israel é teimoso como uma vaca brava. Não posso cuidar do meu povo como um pastor cuida das ovelhas num pasto grande. 17 O meu povo se entrega à adoração de ídolos, e não se pode fazer nada quanto a isso. 18 Eles ficam embriagados e se entregam à imoralidade, levando assim uma vida de desonra. 19 Um vento os carregará para longe, e ficarão com vergonha da sua idolatria.

5 — Prestem atenção, sacerdotes! Escutem, israelitas! Ouçam, gente da família do rei! Vocês serão condenados, pois em Mispa foram como uma armadilha, no monte Tabor foram como um laço 2 e no vale das Acácias foram como um poço profundo. Por isso, eu vou castigá-los. 3 Eu *sei muito* bem o que os israelitas fizeram: eles adoraram deuses pagãos e por isso estão *impuros.

Oseias condena a idolatria do povo

4 As más ações do povo de Israel não deixam que eles voltem para o seu Deus. Eles têm tanta vontade de adorar ídolos, que não querem mais saber de Deus, o SENHOR. 5 O seu orgulho é prova de que são culpados. Por causa dos seus pecados, eles tropeçam e caem, e o povo de Judá cai com eles. 6 Levam as suas ovelhas e os seus bezerros para oferecê-los em *sacrifício ao SENHOR, mas isso não adianta nada. Eles não podem achá-lo, pois ele se afastou deles. 7 Foram infiéis ao SENHOR, e os seus filhos são ilegítimos. Portanto, daqui a pouco eles e as suas terras serão destruídos.

Guerra entre Israel e Judá

8 Toquem as cornetas em Gibeá e em Ramá! Deem o grito de alarme em Bete-Avém! Estejam alertas, homens da *tribo de Benjamim! 9 Eu já anunciei ao povo de Israel aquilo que certamente vai acontecer: vem aí o dia do castigo, e Israel será destruído.

10 O SENHOR Deus diz:

— Os chefes de Judá invadiram Israel e tomaram as suas terras. Por isso, estou *irado e vou castigá-los duramente. 11 O povo de Israel está sendo explorado, e os seus direitos não estão sendo respeitados porque eles insistiram em seguir deuses falsos. 12 Portanto, como a traça eu destruirei Israel e como o câncer acabarei com Judá.

13 — Quando Israel percebeu que estava doente, e Judá notou que também estava ferido, Israel foi procurar a ajuda do poderoso rei da Assíria; mas ele não os pôde curar nem fazer sarar os seus ferimentos. 14 Como um leão, eu atacarei os povos de Israel e de Judá. Eu os farei em pedaços e depois irei embora levando-os comigo. E ninguém os poderá salvar.

15 — Então voltarei para o meu lugar e ali ficarei até que eles reconheçam o seu pecado e, na sua aflição, venham me procurar.

Arrependimento fingido

6 O povo de Israel diz:

— Venham, voltemos todos para Deus, o SENHOR. Ele nos feriu, mas com certeza vai nos curar; ele nos castigou, mas certamente nos perdoará. 2 Daqui a uns dois ou três dias, no máximo, ele nos dará novas forças e nos porá de pé, e nós sempre faremos a sua vontade. 3 Vamos nos dedicar mais e mais ao SENHOR! Tão certo como nasce o sol, ele virá nos ajudar; virá tão certamente como vêm as chuvas da primavera, que regam a terra.

4 Mas o SENHOR Deus responde:

— O que é que vou fazer com você, Israel? E com você, Judá, o que é que eu

DEVOCIONAL

Texto para leitura: **Oseias 5:13-15**

Conheça a Deus

A confissão é um requisito para o perdão porque purifica sua alma. O mesmo acontece com o corpo: se você não limpar suas feridas, elas nunca vão cicatrizar. Quando você faz um corte grande que não para de sangrar, o primeiro passo é estancar o sangue com algum tipo de curativo, mas e aí? Você só faz o curativo e segue com sua vida ou você entra no carro, vai ao hospital e sofre a dor de deixar que o enfermeiro tire o curativo e limpe o ferimento? Mesmo que não pareça muito divertido, você precisa abri-lo. Se você não limpar o ferimento, partículas de sujeira que talvez tenham entrado em seu corpo por meio do corte podem levar à infecção. Bactérias pequenas e invisíveis podem facilmente passar despercebidas e ser ignoradas, mas, por fim, vão se alastrar e atacar não só a área da ferida, mas todo o seu corpo. E o mesmo acontece com sua alma: ela precisa ser limpa e protegida dos pequenos pecados que podem chegar à sua corrente sanguínea espiritual. A confissão é o agente antibacteriano para isso. "Mas, se confessarmos os nossos pecados a Deus, ele cumprirá a sua promessa e fará o que é correto: ele perdoará os nossos pecados e nos limpará de toda maldade" (1João 1:9).

E seus pecados não confessados, aqueles pequenas bactérias que infectam e causam problemas? Uma menina que encobre seu pecado está destinada a uma vida de caos e de dor. Deus promete não dar muito sucesso àqueles que fazem isso (veja Deuteronômio 28:15-68), e, na verdade, ele também diz que ignorará suas orações (veja Provérbios 28:9). Como uma Garota de Deus, você tem de confessar seus pecados diariamente. Todo dia, examine sua vida e concorde com Deus que pecado é pecado. Assim que você confessar, seu pecado estará perdoado, e você estará limpa, livre da infecção. Por isso, admita sua culpa, e Deus será sua proteção e guia. Então, quando o buscar, você irá encontrá-lo.

faço? Pois o amor de vocês é tão passa-
geiro como a cerração ao nascer do sol;
é como o orvalho, que seca logo de ma-
nhã. 5 Foi por isso que mandei os meus
*profetas anunciar que eu vou castigar
e matar vocês. E o que exijo de vocês é
claro como a luz do sol. 6 Eu quero que
vocês me amem e não que me ofereçam
*sacrifícios; em vez de me trazer ofertas
queimadas, eu prefiro que o meu povo
me obedeça.
7 — Mas na cidade de Adã o meu povo
quebrou a *aliança que fiz com ele e ali
foi infiel a mim. 8 Gileade é uma cidade
cheia de malfeitores e assassinos. 9 Os sa-
cerdotes são como assaltantes que espe-
ram escondidos para roubar os outros.
Na estrada que vai para Siquém eles ma-
tam e cometem crimes horrorosos. 10 Te-
nho visto uma coisa horrível na terra de
Israel: o meu povo adora ídolos e por isso
está *impuro.
11 — E já marquei o dia em que vou cas-
tigar também o povo de Judá.

7 — Quando tento curar o povo de Is-
rael e fazê-lo ficar rico de novo, a úni-
ca coisa que vejo são os seus pecados e a
sua maldade. São mentirosos, são ladrões
que roubam as casas e assaltam pessoas
nas ruas. 2 Eles pensam que eu esqueço
todos os seus pecados. Estão rodeados
pelas suas maldades, e não posso deixar
de vê-las.

Mentiras, ódio e traição

3 O SENHOR Deus diz:
— O meu povo é malicioso, e com as
suas mentiras eles enganam o rei e os go-
vernadores. 4 Todos eles são traidores. O
ódio queima neles como o fogo no forno,

que o padeiro não atiça até que a massa tenha crescido e esteja pronta para assar. 5 No dia da festa do rei, eles deram tanto vinho a ele e aos governadores, que eles ficaram bêbados, e o rei fez todo tipo de tolices. 6 O ódio continuou a queimar nos corações deles, enquanto planejavam intrigas contra o rei. A noite toda, abafaram o seu ódio, mas de manhã ele acendeu como fogo. 7 Queimando de raiva, eles mataram os seus chefes; todos os seus reis foram mortos, um depois do outro. Mas não há ninguém que ore a mim.

Israel e as outras nações

8 O SENHOR diz:

— O povo de Israel faz *acordos com outros povos e agora parece um pão mal assado. 9 O povo não percebe que a nação está perdendo o seu poder por causa desses acordos com estrangeiros. A nação está ficando fraca como um velho de cabelos brancos, mas o povo não percebe isso. 10 O orgulho do povo é testemunha contra si mesmo. Todas essas coisas aconteceram, mas mesmo assim eles não se voltam para mim, nem procuram a ajuda do SENHOR, seu Deus. 11 Israel parece uma pombinha tola: procura primeiro a ajuda do Egito e depois vai pedir socorro na Assíria. 12 Mas eu os pegarei, como quem pega passarinhos com uma rede. Eu os castigarei de acordo com as mensagens que ouviram nas suas reuniões.

13 — Eles estão perdidos e serão destruídos, pois fugiram e se revoltaram contra mim. Eu queria salvá-los, mas eles dizem mentiras a meu respeito. 14 As orações que me fazem não são sinceras; ao fazê-las, eles se jogam no chão, gritando como os pagãos. Quando oram pedindo trigo e vinho, eles se cortam, como os outros povos fazem. Todos se revoltaram contra mim. 15 Fui eu que os ensinei e lhes dei forças, mas eles planejam maldades contra mim. 16 Como uma flecha atirada *por um arco* defeituoso não atinge o alvo, assim também o meu povo se desviou de mim e começou a adorar ídolos. Os seus chefes falam com orgulho e por isso serão mortos à espada. Aí o povo do Egito zombará deles.

Deus condena a idolatria do povo

8 O SENHOR Deus diz:

— Toquem a corneta! O inimigo ataca a minha terra como uma águia porque o meu povo quebrou a *aliança que fiz com eles e não obedece às minhas *leis. 2 Eles oram a mim, dizendo: "Tu és o nosso Deus, e nós somos dedicados a ti." 3 Mas eles rejeitaram o que é bom e por isso serão perseguidos pelo inimigo.

4 — O meu povo escolheu reis sem me consultar e nomeou governadores sem a minha aprovação. Com a sua prata e com o seu ouro, fizeram ídolos e por isso serão destruídos. 5 Eu odeio o bezerro de ouro que o povo da cidade de Samaria adora e estou *irado com eles. Até quando eles vão continuar adorando ídolos? 6 Um israelita fez o bezerro; esta estátua não é Deus e será quebrada em pedaços. 7 Eles semearam ventos e colherão tempestades. O trigo não produzirá espigas; mas, se houver espigas, elas serão devoradas por estrangeiros. 8 Israel está perdido! As outras nações consideram Israel um objeto sem valor. 9 Os israelitas são como um jumento bravo que teima em andar sozinho. Eles foram pedir a ajuda da Assíria e pagaram outras nações para protegê-los. 10 Mas eu vou pegá-los e castigá-los, e por algum tempo eles sofrerão debaixo do poder cruel do imperador da Assíria.

11 — O povo de Israel construiu muitos altares para conseguir o perdão dos seus pecados, mas esses altares só servem para que o povo peque ainda mais. 12 Escrevi milhares de leis para o povo, mas eles as rejeitaram como se não tivessem valor. 13 Eles me oferecem *sacrifícios e gostam de comer dos animais sacrificados. Mas eu, o SENHOR Deus, não estou contente com eles. Eu lembrarei dos seus pecados e os castigarei. Vou mandá-los de volta para o Egito, 14 pois o povo de Israel esqueceu o seu Criador. O povo de Israel construiu palácios, e o povo de Judá construiu cidades cercadas de muralhas; mas eu vou mandar um fogo que queimará as cidades e destruirá as fortalezas.

Oseias anuncia o castigo de Israel

9 Povo de Israel, deixe de se alegrar, pare de fazer festas como os outros povos fazem. Vocês abandonaram a Deus e adoraram ídolos. Em todos os terreiros onde o trigo é malhado, vocês se venderam como prostitutas ao deus *Baal e gostaram do pagamento que receberam dele. 2 Mas daqui a pouco não haverá trigo nem azeite, e faltará vinho. 3 O povo de Israel não ficará na terra de Deus, o SENHOR, mas precisará voltar para o Egito e na Assíria comerá

alimentos *impuros. 4 Naqueles países, eles não poderão fazer ofertas de vinho ao SENHOR, nem oferecer os *sacrifícios de que ele gosta. A comida que comerem será como a que é servida num velório, e todos os que a comerem ficarão impuros. Não poderão apresentar ofertas de alimento no Templo do SENHOR; só poderão comê-las. 5 E o que é que eles vão fazer quando chegarem os dias das festas realizadas em honra do SENHOR? 6 Vão fugir para não serem destruídos, mas os egípcios os pegarão e os sepultarão na cidade de Mênfis. Os seus preciosos objetos de prata serão cobertos de espinheiros, e o mato tomará conta das suas casas. 7 Está chegando o dia do castigo, o dia em que Deus castigará o seu povo. E que o povo de Israel fique sabendo disso! Mas vocês dizem: "Esse *profeta está maluco! Diz que é inspirado, mas é louco!" Vocês falam assim porque estão cheios de maldade e de ódio.

8 Deus me mandou como profeta para avisar o seu povo, mas em todos os lugares eles armam armadilhas para me pegar. Até no Templo de Deus eles me perseguem! 9 Eles se afundaram tanto no pecado quanto o povo que estava em Gibeá. Deus lembrará dos pecados deles e os castigará.

As consequências do pecado de Israel

10 O SENHOR Deus diz:

— Quando encontrei Israel pela primeira vez, fiquei alegre como quem acha uvas no deserto e, ao ver os antepassados de vocês, fiquei contente como quem vê os primeiros figos maduros. Mas, quando eles chegaram ao monte Peor, ali começaram a adorar o deus *Baal e se tornaram tão nojentos como os ídolos que eles amaram. 11 A grandeza de Israel irá embora, voando como uma ave. Não nascerão mais crianças: as mulheres não ficarão

DEVOCIONAL

Texto para leitura: **Oseias 9:14-17**

Conheça a Deus

De que adianta um mandamento se quem o recebe não o cumpre? Quando o Senhor dá uma ordem aos seus filhos, eles provam que ouviram o Pai ao fazer o que ele disse. Se não fizerem, mais cedo ou mais tarde, Deus vai fazer algo a respeito. Quando as pessoas se recusam a ouvir ou, em outras palavras, se recusam a obedecer, a ira de Deus entra em ação. Felizmente, a morte e a ressurreição de Cristo nos salvam da ira de Deus, dando-nos um sacrifício por nossos pecados. Ele nos livra do castigo e da rejeição, mas não nos livra de pecar à vontade. Ele nos livra da ira de Deus, e não dos olhos de Deus. A Garota de Deus não pode deixar que a graça seja seu passe livre para o pecado, nem que o perdão que ela oferece às pessoas seja um passe livre para que elas a machuquem novamente.

Quando você vir um pecado em sua vida, é hora de rejeitá-lo, dar a volta e seguir em outra direção. Confesse o que você fez de errado e tome a decisão de não cometer esse erro novamente. Aceite o perdão de Deus, mas também aceite a força dele que irá ajudá-la a evitar o padrão de pecado que a levou à necessidade de confessar, em primeiro lugar. Como uma Garota de Deus, você pode chamá-lo de Senhor de sua vida, mas são suas ações que vão provar se isso é verdade ou não. Dê uma olhada na vida dos israelitas e na atitude deles de rejeitar a lei de Deus, e veja como o Senhor os chamou de volta para si mesmo por meio da disciplina. Se você estiver passando pela disciplina de Deus, não entre em pânico. Olhe para ela como uma *bandeira vermelha que a está alertando* para dar a volta e seguir outro caminho. Os mandamentos de Deus são bons e, portanto, bons para você seguir.

grávidas e não darão à luz. 12 Ainda que
criem filhos, eu os levarei embora; não
deixarei nem um só. Ai desse povo quan-
do eu me afastar dele! 13 Eu via Israel
como se fosse a cidade de Tiro, plantada
num lugar agradável; mas Israel levará os
seus filhos para serem mortos.
14 Ó SENHOR Deus, o que é que vais fazer
com este povo? Faze com que as mulhe-
res não possam ter filhos! E, se tiverem,
seca o seu leite, para que não possam dar
de mamar!

Deus condena o seu povo

15 O SENHOR Deus diz:
— Toda a maldade do povo de Israel
começou na cidade de Gilgal, e foi ali que
comecei a odiá-los. E, por causa dos seus
pecados, eu os expulsarei da minha ter-
ra. Daqui em diante, não os amarei mais.
Todos os seus chefes se revoltaram con-
tra mim. 16 Israel está ferido; é como uma
árvore que não dá frutas porque as suas
raízes secaram. Mesmo que nasçam crian-
ças, eu matarei esses filhos tão queridos.
17 O meu Deus rejeitará o seu povo por-
que eles não lhe obedecem. E eles anda-
rão sem rumo entre as outras nações.

A destruição dos altares pagãos em Israel

10 O povo de Israel é como uma *par-
reira cheia de uvas. Quanto mais
ricos ficaram, mais altares construíram;
e, quanto mais a nação progredia, mais
colunas do deus *Baal foram levantadas.
2 Eles não são fiéis a Deus e agora eles te-
rão de pagar pelo seu pecado. O SENHOR
quebrará os seus altares e derrubará as
colunas do deus Baal.
3 Eles vão dizer: "Não temos rei porque
não *tememos a Deus. E, se tivéssemos
um rei, o que é que ele poderia fazer por
nós?" 4 Eles só dizem mentiras; todos ju-
ram falso e fazem *acordos que não pre-
tendem cumprir. E aquilo que chamam de
justiça é tão perigoso como a erva vene-
nosa que cresce em campo arado.
5 O povo que mora em Samaria ficará
com medo e chorará quando o bezerro
de ouro de Bete-Avém for levado embora.
Os sacerdotes pagãos ficarão desespera-
dos ao perderem esse ídolo que era a sua
*glória, 6 pois será levado para a Assíria
como presente para o grande imperador.
E o povo de Israel ficará com vergonha
dos conselhos que seguiu. 7 O rei de Israel
será levado embora, como um cisco que
é carregado pela correnteza. 8 Os altares
dos montes de Avém, onde o povo adora
ídolos, serão destruídos e ficarão cober-
tos de mato e de espinhos. O povo dirá
às montanhas: "Caiam em cima de nós!"
e aos montes: "Caiam em cima de nós!"

Deus dá a sentença contra Israel

9 O SENHOR Deus diz:
— Desde o tempo em que pecou em Gi-
beá, o povo de Israel não tem parado de
pecar. Por isso, em Gibeá a guerra alcan-
çará essa gente perversa. 10 Eu os atacarei
e castigarei. Nações se ajuntarão contra
eles quando eu os castigar por causa dos
seus muitos pecados.
11 — Israel era como uma bezerra man-
sa que gosta de pisar o trigo para tirar a
casca. Coloquei uma canga no seu belo
pescoço para que ele puxasse o arado.
Vou usar Judá e Israel para trabalharem
na lavoura. 12 Eu lhes disse: "Preparem os
campos para a lavoura, semeiem a justiça
e colham as bênçãos que o amor produzi-
rá. Pois já é tempo de vocês se voltarem
para mim, o SENHOR, e eu farei chover so-
bre vocês a chuva da salvação." 13 Mas, em
vez disso, vocês plantaram a maldade, co-
lheram a injustiça e comeram os frutos
da mentira.
— Vocês confiaram nos seus carros de
guerra e no grande número dos seus sol-
dados, 14 e por isso a guerra chegará até
vocês, e as suas fortalezas serão destruí-
das. Acontecerá com vocês o mesmo que
aconteceu quando o rei Salmã fez guer-
ra contra Bete-Arbel: ele arrasou a cida-
de e despedaçou as mulheres e os seus
filhos. 15 É isso o que acontecerá com o
povo de Israel por causa da sua grande
maldade. E, quando o sol nascer, o rei de
Israel morrerá.

Deus ama o seu povo desobediente

11 A respeito do povo de Israel, o SE-
NHOR Deus diz:

"Quando Israel era criança, eu já o
amava
e chamei o meu filho, que estava na
terra do Egito.
2 Porém, quanto mais eu o chamava,
mais ele se afastava de mim.
O meu povo ofereceu *sacrifícios ao
deus Baal
e queimou incenso em honra dos
ídolos.
3 Mas fui eu que ensinei o meu povo
a andar;

eu os segurei nos meus braços,
porém eles não sabiam que era eu
que cuidava deles.
4 Com laços de amor e de carinho,
eu os trouxe para perto de mim;
eu os segurei nos braços
como quem pega uma criança no
colo.
Eu me inclinei e lhes dei de comer."

5 — Eles não querem voltar para mim e por isso irão de novo para o Egito e serão conquistados pela Assíria. 6 Virá a guerra, e os inimigos arrombarão os portões das cidades e as arrasarão. O meu povo será morto por seguir maus conselhos. 7 O meu povo teima em se revoltar contra mim; por isso, eles serão levados como prisioneiros pelo inimigo, e ninguém poderá salvá-los.

8 "Israel, como poderia eu
abandoná-lo?
Como poderia desampará-lo?
Será que eu o destruiria, como
destruí Admá?
Ou faria com você o que fiz com
Zeboim?
Não! Não posso fazer isso,
pois o meu coração está comovido,
e tenho muita compaixão de você.
9 Não deixarei que a *ira me domine,
não destruirei o meu povo outra
vez.
Pois eu sou Deus e não um ser
humano;
eu, o Santo Deus, estou no meio do
meu povo
e não o destruirei novamente."

10 — Quando eu rugir como leão contra os inimigos, o meu povo me seguirá. O meu povo virá correndo do oeste; 11 como pássaros, eles virão depressa do Egito e como pombas virão da Assíria. Eu os farei morar de novo na sua terra. Eu, o SENHOR, estou falando.

A condenação de Israel e de Judá

12 O SENHOR Deus diz:

— O povo de Israel me cerca com mentiras e falsidades, e o povo de Judá se revolta contra mim, o Santo Deus, que sou sempre fiel.

12 O povo de Israel vive praticando maldades e gasta o dia inteiro fazendo coisas que não têm valor. As mentiras e os crimes continuam a aumentar. Israel faz *acordos com a Assíria e manda azeite de presente para o Egito.

2 O SENHOR Deus tem uma acusação contra o povo de Judá e vai castigar o povo de Israel por causa dos seus pecados. 3 Jacó, o antepassado deles, lutou com o seu irmão gêmeo Esaú enquanto os dois ainda estavam na barriga da mãe. Já homem feito, Jacó lutou com Deus; 4 ele lutou com um anjo e venceu. Então chorou e pediu que o anjo o abençoasse. Deus o encontrou em Betel e ali falou com ele. 5 Esse foi o SENHOR, o Deus Todo-Poderoso. O seu nome é *SENHOR! 6 Portanto, povo de Israel, volte de novo ao seu Deus, faça o que é bom e certo e confie sempre nele.

7 O SENHOR Deus diz:

— Os israelitas são como os cananeus: são desonestos e usam balanças falsas para explorar os outros. 8 Eles dizem: "É verdade que somos ricos, mas ninguém pode nos acusar de termos ajuntado a nossa riqueza por meios desonestos." 9 Porém eu, o SENHOR, sou o Deus de vocês desde que os tirei do Egito; eu farei com que vocês voltem a morar em barracas, como moravam quando me encontrei com vocês no deserto.

10 — Eu falei com os *profetas e lhes dei muitas visões; usei comparações quando falei ao povo por meio dos profetas. 11 Mas o povo de Gileade adora ídolos e por isso vai ser morto. Em Gilgal touros são sacrificados no altar; por isso, os altares vão virar montes de pedras nos campos arados.

12 O nosso antepassado Jacó teve de fugir para a Mesopotâmia e trabalhou como pastor de ovelhas a fim de conseguir uma esposa. 13 Por meio do profeta Moisés, o SENHOR Deus tirou o povo de Israel do Egito e cuidou deles. 14 Com os seus pecados, o povo de Israel provocou a *ira do SENHOR; por isso, ele fará com que paguem pelos crimes que cometeram e os castigará por causa das suas maldades.

A destruição de Israel

13 Antigamente, quando a gente da *tribo de Efraim falava, as outras tribos ficavam com medo, pois todos respeitavam os efraimitas. Mas eles começaram a adorar o deus *Baal e por isso vão morrer. 2 Continuam pecando cada vez mais, fazendo imagens de metal para adorar; essas estátuas de prata são invenção humana, são feitas por homens, e no

entanto eles dizem: “Ofereçam *sacrifí-
cios a estes deuses!” E chegam até a beijar
esses bezerros de metal! 3 Por isso, essa
gente desaparecerá como a cerração ao
nascer do sol, ou como o orvalho, que seca
logo de manhã, ou como a palha, que o
vento leva embora, ou como a fumaça, que
sai pela chaminé.

4 O SENHOR Deus diz:

— Eu, o SENHOR, sou o Deus de vocês
desde que os tirei do Egito; eu sou o único
Deus que vocês conhecem, o único Deus
que os salvou. 5 Eu cuidei de vocês quan-
do estavam no deserto, naquelas terras
sem água. 6 Mas, quando entraram na boa
terra, vocês tiveram comida de sobra e
ficaram satisfeitos; então os corações de
vocês se encheram de orgulho, e vocês es-
queceram de mim. 7 Portanto, vou atacá-
-los como um leão; ficarei de tocaia como
um leopardo. 8 Como uma ursa de quem
roubaram os filhotes, eu sairei contra vo-
cês e quebrarei as suas costelas. Como
um leão, eu os devorarei ali mesmo; como
uma fera, eu os despedaçarei. 9 Povo de
Israel, eu vou acabar com vocês; quem
poderá salvá-los? 10 Vocês pediram que
eu lhes desse um rei e também chefes em
todas as cidades. Mas como é que eles po-
dem salvá-los? 11 Fiquei *irado com vocês
e por isso lhes dei reis; e, estando ainda
irado, eu os tirei de vocês.

12 — Os pecados de Israel foram ano-
tados, as suas maldades foram escritas.
13 Chegou a hora de Israel começar a vi-
ver, mas Israel não quer porque não tem
juízo; é como uma criança que na hora de
nascer não quer sair da barriga da mãe.
14 Será, então, que eu vou salvar o meu
povo da morte? Será que vou livrá-los do
*mundo dos mortos? Ó morte, venha com
os seus tormentos. Ó mundo dos mortos,
venha com os seus castigos! Eu não terei
mais compaixão deste povo!

15 Mesmo que Israel cresça como uma
planta *viçosa, o SENHOR Deus* mandará
que o inimigo venha do leste, como se fos-
se o vento quente do deserto, que seca-
rá completamente as fontes e as nascen-
tes de água. Todas as riquezas do país se-
rão levadas embora. 16 O povo de Samaria
será castigado porque se revoltou con-
tra o seu Deus. Os homens morrerão na
guerra, as crianças serão despedaçadas,
e as barrigas das mulheres grávidas se-
rão rasgadas.

Israel é convidado a voltar para Deus

14 Povo de Israel, volte para o SENHOR,
seu Deus! Você caiu porque pecou.
2 Voltem para Deus e orem assim: “Per-
doa todos os nossos pecados, ouve a nos-
sa oração, e os nossos louvores serão o
*sacrifício que te ofereceremos. 3 A Assí-
ria não pode nos salvar, e a cavalaria não
pode nos proteger. Nunca mais diremos
aos ídolos, feitos por nós mesmos, que
eles são o nosso Deus. Tu, ó Deus, és mi-
sericordioso e cuidas dos necessitados.”

Vida nova para Israel

4 O SENHOR Deus diz:
“Vou curar o meu povo
da sua infidelidade
e vou amá-los com todo o meu
coração,
pois não estou mais *irado com eles.
5 Serei como a chuva para Israel,
e ele dará flores, como os lírios.
As suas raízes serão profundas
como as das árvores do Líbano.
6 Os seus galhos se estenderão,
bonitos como os galhos das
oliveiras
e perfumosos como os cedros do
Líbano.
7 Mais uma vez, Israel viverá
debaixo da minha proteção;
eles crescerão como o trigo,
darão frutas como a *parreira
e serão famosos como o vinho do
Líbano.
8 O povo de Israel dirá:
‘Os ídolos não valem nada!’
Sou eu, o SENHOR Deus,
que atendo as orações do meu
povo;
sou eu que tomo conta deles.
Como um pinheiro verde, eu lhes
dou abrigo,
e de mim eles recebem todas as
bênçãos.”

Conclusão

9 Que as pessoas sábias e ajuizadas en-
tendam a mensagem deste livro e me-
ditem nela! Os caminhos de Deus, o SE-
NHOR, são certos; os bons andarão neles,
mas os pecadores tropeçarão e cairão.

Joel

Preste atenção nos sinais de alerta

Ah! Está chegando o Dia do Senhor, em que o Todo-Poderoso vai trazer destruição.
Joel 1:15

Autor ♥ Joel
Data ♥ Provavelmente por volta de 590 a.C.
Local ♥ Israel
Público-alvo ♥ O povo de Judá

Deus não fica feliz quando seu povo peca. E quando as coisas ficam muito ruins, ele faz algo a respeito. No Antigo Testamento, Deus usou coisas como pragas, invasão e destruição para fazer seu povo despertar e erguer os olhos. O livro de Joel foi escrito para ajudar os israelitas a entenderem a destruição que estava acontecendo, e que ela logo voltaria por causa das coisas más que o povo estava fazendo.

Pouco antes de Joel escrever para seu povo, uma praga de gafanhotos tinha atingido terrivelmente Israel. Uma vez que você provavelmente nunca viu um enxame de gafanhotos, deixe-me dizer o que isso significava: os gafanhotos fluem como um grande rio, devorando cada pedacinho de vegetação que aparece pelo caminho. E quando eles se vão, não resta nada em pé. Israel era uma sociedade agrícola, por isso essa invasão deixou o povo sem nada para comer nem para alimentar o gado. As coisas não pareciam tão boas para eles, mas o profeta não escreveu para condená-los, e sim para mostrar-lhes como sair dessa desgraça. A saída era voltar para Deus por meio do arrependimento, da oração e do jejum. Joel queria que o povo entendesse que toda aquela destruição tinha acontecido porque esse povo tinha rejeitado a Deus, e outra destruição estava a caminho. Um povo mau que vinha do norte estava para invadir, e ele não estava para brincadeira.

Ponto essencial
Como a maioria dos profetas, Joel estava escrevendo para advertir o povo. Eles tinham acabado de sofrer um desastre natural provocado por gafanhotos para que pudessem entender a ira de Deus. O Senhor queria que eles soubessem que o pecado levaria à punição, mas, se desistissem por livre e espontânea vontade desse pecado, então Deus impediria que o próximo desastre acontecesse.

Deus não queria que os ataques contra Israel fossem vistos como eventos acidentais. Nada acontece fora do controle de Deus. Quando ele permite que a destruição venha sobre seu povo, é hora de se sentar e ouvir. Quando momentos difíceis surgirem em seu caminho, não se preocupe com eles, mas confie em Deus e descubra como ele quer que você reaja a esses momentos. Ele está tentando chamar sua atenção? Ele está permitindo todas essas coisas a fim de purificá-la e fortalecê-la? Nem toda destruição é fruto de seu pecado; grande parte dela acontece por causa do pecado de outras pessoas, mas isso não *muda sua responsabilidade de perguntar*: "Onde está meu pecado, e como posso dar a volta e fazer as coisas do modo certo?". Deus usa tudo em sua vida para seu bem quando você se dispõe a confiar nele e entregar-lhe sua vida.

Coisas para procurar

- Descrições da graça de Deus (veja Joel 2:12-14,28-32)
- Advertências sobre o dia do Senhor (veja Joel 1:15; 2:1,11,31; 3:14,18)

Termos e versículos que você deve saber

Dia do Senhor: Um tempo no futuro em que Deus julgará a todos na terra, em que os inimigos de Deus serão destruídos e seu povo será exaltado. No novo Testamento, refere-se também à segunda vinda de Cristo.

Vale da Decisão: O vale onde todas as pessoas que rejeitaram a Deus, um dia, serão julgadas por ele.

Depois disso, eu derramarei o meu Espírito sobre todas as pessoas: os filhos e as filhas de vocês anunciarão a minha mensagem; os velhos sonharão, e os moços terão visões.

(Joel 2:28)

"Em sinal de arrependimento, não rasguem as roupas, mas sim o coração." Voltem para o SENHOR, nosso Deus, pois ele é bondoso e misericordioso; é paciente e muito amoroso e está sempre pronto a mudar de ideia e não castigar.

(Joel 2:13)

1 Esta é a mensagem que o SENHOR Deus
deu a Joel, filho de Petuel.

A praga de gafanhotos e a seca

2 Prestem atenção, velhos!
Escute, povo de Judá!
Já aconteceu alguma coisa tão terrível como esta,
em nossos dias ou no tempo dos nossos antepassados?
3 Digam aos seus filhos o que *aconteceu;*
que eles contem aos seus filhos,
e que estes falem sobre isso à *geração seguinte.
4 Vieram nuvens e mais nuvens de gafanhotos,
e comeram todas as plantações.
O que os primeiros gafanhotos deixaram
foi devorado pelos que vieram depois.
5 Acordem, beberrões!
Acordem e chorem,
vocês que gostam de vinho,
pois as uvas foram destruídas,
e não haverá vinho novo para beber.
6 Vieram os gafanhotos,
como um exército enorme e poderoso,
e invadiram o meu país.
Os seus dentes eram como os de um leão
e afiados como dentes de uma leoa.
7 Destruíram as nossas *parreiras
e acabaram com as nossas figueiras.
Arrancaram as cascas das árvores,
deixando os galhos completamente brancos.

8 Chorem como uma jovem vestida de luto,
que chora a morte do seu noivo.
9 Os sacerdotes, os *servos de Deus,

choram no Templo do SENHOR
porque não há mais ofertas de
alimento nem de vinho.
10 Os campos estão arrasados,
a terra está de luto,
pois os cereais foram destruídos,
e as parreiras e as oliveiras
secaram.

11 Fiquem desesperados, vocês que
trabalham nos campos;
chorem, vocês que cuidam das
parreiras;
pois não há trigo nem *cevada.
Todas as colheitas foram
destruídas.
12 As parreiras e as figueiras
secaram;
estão secas as romãzeiras, as
palmeiras, as macieiras
e todas as outras árvores frutíferas.
O povo todo está triste.

13 Sacerdotes, vocês que apresentam
as ofertas no altar,
vistam roupa feita de pano
grosseiro e chorem.
Servos do meu Deus, venham ao
pátio do Templo
e chorem a noite inteira.
Pois na casa do nosso Deus
não há mais ofertas de alimento
nem de vinho.
14 Convoquem uma reunião no
Templo
e anunciem um dia de jejum.
Reúnam as autoridades e todo o
povo de Judá
no Templo do SENHOR, nosso Deus,
e orem a ele pedindo socorro.

15 Ah! Está chegando o Dia do
SENHOR,
em que o Todo-Poderoso vai trazer
destruição.
Será um dia de terror!

16 Sem podermos fazer nada,
vimos as nossas plantações serem
destruídas.
No Templo do nosso Deus não há
alegria nem festa.
17 *Nos campos secos*, as sementes
não brotam;
não há colheita de trigo,
e os depósitos de cereais estão
caindo aos pedaços.
18 O gado está mugindo de fome,
e os bois andam tontos de um lado
para o outro
porque não há pasto.
As ovelhas também estão
morrendo.

19 Eu clamo a ti, ó SENHOR!
As árvores e os pastos estão secos,
como se um fogo tivesse queimado
tudo.
20 Até os animais selvagens pedem
socorro a ti
porque os rios secaram,
e por toda parte a seca acabou com
o capim.

Os gafanhotos e o Dia do SENHOR

2 Toquem as cornetas no monte *Sião,
deem um grito de alarme no monte
de Deus!
Trema de medo, povo de Judá,
pois está chegando o Dia do
SENHOR.
2 Será um dia de escuridão e trevas,
um dia de nuvens negras.

Os gafanhotos avançam
como um exército enorme e
poderoso,
como uma nuvem escura que cobre
as montanhas.
Nunca houve uma coisa assim no
passado
e no futuro nunca mais haverá.
3 Eles devoram tudo, como se
fossem fogo,
como o fogo que queima e destrói.
Antes de chegarem, a terra é como
um paraíso;
mas, depois de passarem, ela
parece um deserto.
Os gafanhotos acabam com tudo!
4 Eles parecem cavalos
e correm como cavalos de guerra.
5 Vêm saltando no alto das
montanhas,
fazendo barulho como carros de
guerra,
como galhos secos estalando no
fogo.
São como um enorme exército
posto em ordem de combate.
6 Eles vão avançando, e todo mundo
treme,
todos ficam pálidos de medo.
7 Eles atacam como soldados
valentes;
correm, sobem pelos muros

e continuam sempre avançando.
Marcham em linha reta
8 e não empurram uns aos outros,
pois cada um segue o seu caminho.
Marcham sempre em frente,
e não há armas que possam fazê-
-los parar.
9 Eles atacam a cidade,
sobem pelas paredes das casas
e entram pelas janelas como
ladrões.
10 Avançam sem parar, e a terra
treme,
o céu estremece,
o sol e a lua se escurecem,
e as estrelas deixam de brilhar.
11 À frente do seu exército,
o SENHOR dá ordens em alta voz.
O exército é enorme,
e os soldados são valentes!
Como é terrível o Dia do SENHOR!
Quem poderá suportá-lo?

Deus ama o seu povo

12 O SENHOR Deus diz:
"Mas agora voltem para mim com
todo o coração,
jejuando, chorando e se
lamentando.
13 Em sinal de arrependimento,
não rasguem as roupas,
mas sim o coração."

Voltem para o SENHOR, nosso Deus,
pois ele é bondoso e
misericordioso;
é paciente e muito amoroso
e está sempre pronto a mudar de
ideia e não castigar.
14 Talvez o SENHOR, nosso Deus,
mude de ideia e abençoe o seu povo,
dando-lhe boas colheitas.
Então vocês poderão apresentar a
Deus
ofertas de alimento e de vinho.

15 Toquem as trombetas no monte
**Sião!*
Anunciem um dia santo de jejum
e convoquem o povo para se reunir
no Templo!
16 Reúnam todo o povo
e mandem que eles se *purifiquem.
Que venham todos, velhos e
crianças
e até as criancinhas de peito!
Que os recém-casados saiam de casa
e venham ao Templo também!

17 E vocês, sacerdotes,
que no pátio do Templo servem a
Deus, o SENHOR,
chorem e façam esta oração:
"Ó Deus, não castigues o teu povo!
Não nos humilhes diante dos outros
povos
para que eles não caçoem de nós
e perguntem: 'Onde está o Deus de
vocês?' "

Deus abençoa novamente a terra

18 Então o SENHOR mostrou o seu gran-
de amor para com a sua terra e teve pena
do seu povo. 19 E respondeu:

"Agora, vou lhes dar cereais, vinho
e azeite;
assim vocês comerão e ficarão
satisfeitos.
Nunca mais deixarei que os outros
povos caçoem de vocês.
20 Enxotarei para longe de vocês a
praga de gafanhotos que vem
do Norte
e os jogarei no deserto.
Os gafanhotos que vêm na frente
serão jogados no mar Morto,
e os que vêm atrás cairão no mar
Mediterrâneo.
Os gafanhotos mortos, aos montões,
vão apodrecer e cheirar mal.
Eu vou fazer grandes coisas!

21 "Alegrem-se, ó campos, e não
tenham medo,
pois eu, o SENHOR, fiz grandes
coisas!
22 Animais selvagens, não fiquem
com medo,
pois o capim vai ficar verde,
as árvores darão frutas,
e haverá muito figo e muita uva.

23 "Alegrem-se, moradores de
Jerusalém,
pois eu, o SENHOR, o Deus de vocês,
fiz grandes coisas.
Eu lhes dei chuvas no tempo certo,
as do outono e as da primavera,
muita chuva, como no passado.
24 A colheita de trigo será boa,
e haverá muito vinho e muito
azeite.
25 Devolverei tudo o que vocês
perderam
quando eu mandei as enormes
nuvens de gafanhotos,

Uma oração pelo...

Pecador perdoado

Deus maravilhoso, obrigada por me deixares te conhecer. Eu vivia no mundo enquanto desconhecia totalmente o Criador dele. Eu me aproveitava das dádivas, mas não conhecia o Doador. Eu estava cega enquanto desfrutava da luz do sol, e estava surda para todas as coisas espirituais que falavam ao meu redor. Eu entendia um monte de coisas, mas não conhecia teus caminhos. Eu via o mundo, mas não via Jesus.

Sou muito grata pelo dia em que, por tua soberania, olhaste para mim e me chamaste pela graça. Nesse momento, meu coração sem vida começou a bater, meus olhos turvados brilharam com a luz, meus ouvidos insensíveis captaram teu eco e eu me voltei para ti e te encontrei, um Deus pronto a ouvir e disposto a salvar.

Então, vi que meu coração estava lutando contra ti, irritando teu Espírito, e, por isso, caí aos teus pés e ouvi tua voz como um trovão: "A pessoa que pecar morrerá". Mas, quando a graça me fez te conhecer e te amar, vi teu Filho morrendo para que eu pudesse viver e, nessa morte, encontrei meu tudo.

Minha alma canta quando me lembro dessa paz; que eu nunca deixe de me segurar em Cristo ou que ele nunca deixe de me segurar. Por favor, enquanto eu viver, que eu sempre chore quando pensar na misericórdia que encontrei e quando falar sobre ti para os outros — que tu és um Deus que perdoa os pecados, tomando o que blasfema e o ímpio e purificando-os de sua mancha mais profunda. Amém.

que, como exércitos, destruíram as
colheitas.
26 Vocês terão comida até não
querer mais
e louvarão o SENHOR, seu Deus,
que derramou tantas bênçãos sobre
vocês.
E o meu povo nunca mais será
humilhado.
27 Vocês ficarão sabendo que eu
estou com vocês;
saberão que eu, o SENHOR, sou o
seu Deus
e que não há nenhum outro Deus.
E o meu povo nunca mais será
humilhado."

O Dia do SENHOR

28 O SENHOR diz ao seu povo:
"Depois disso, eu derramarei o meu
Espírito sobre todas as pessoas:
os filhos e as filhas de vocês
anunciarão a minha mensagem;
os velhos sonharão, e os moços
terão visões.
29 Até sobre os escravos e as
escravas
eu derramarei o meu Espírito
naqueles dias.
30 Farei com que apareçam coisas
espantosas no céu e na terra:
haverá sangue, e fogo, e nuvens de
fumaça.
31 O sol ficará escuro,
e a lua se tornará cor de sangue,
antes que chegue o grande e
terrível Dia do SENHOR."

32 Então todo aquele que pedir a aju-
da do SENHOR será salvo. Pois o SENHOR
prometeu que todos os que não tiverem
sido destruídos estarão no monte Sião,
em Jerusalém. Aqueles que o SENHOR es-
colheu serão salvos.

Deus julgará as nações

3 O SENHOR Deus diz:
— Naquele tempo, farei com que o
povo de Jerusalém e de Judá prospere de
novo. 2 Então ajuntarei os povos de todos
os países e os levarei para o vale de Josa-
fá e ali os julgarei. Eu farei isso por cau-
sa das maldades que praticaram contra
o povo de Israel, o meu povo escolhido:
espalharam os israelitas por vários países
e dividiram entre si o meu país. 3 Tiraram
a sorte para ver quem ficava com os pri-
sioneiros do meu povo; venderam meni-
nos e meninas como escravos e gastaram
o dinheiro com prostitutas e com vinho.
4 — Povos de Tiro e de Sidom e de toda
a Filisteia, o que é que vocês querem de
mim? Estão querendo se vingar? Se é
isso que querem, então eu também estou
pronto para me vingar de vocês! 5 Pois vo-
cês roubaram a minha prata e o meu ouro
e puseram toda essa riqueza nos seus
templos. 6 Vocês levaram o povo de Judá
e os moradores de Jerusalém para longe

das suas terras e os venderam como es-
cravos aos *gregos. 7 Eu vou trazer o meu
povo de volta daqueles lugares distantes
e farei com vocês o mesmo que vocês fi-
zeram com eles. 8 Farei com que os filhos
e as filhas de vocês sejam vendidos como
escravos ao povo de Judá, que os venderá
aos sabeus, povo de um país que fica mui-
to longe daqui. Sou eu, o SENHOR, quem
está falando.

9 — Anunciem isto às nações:
"Preparem-se para uma guerra
santa,
chamem os soldados;
que todos eles se apresentem
e se aprontem para a batalha.
10 Transformem os seus arados em
espadas
e das suas foices façam lanças.
Que até os fracos digam que são
valentes!
11 Venham depressa, todas as nações
vizinhas,
e reúnam-se no vale.
Que até os pacíficos virem
soldados!

12 "Preparem-se, povos de todas as
nações,
e venham para o vale de Josafá,
pois ali eu, o SENHOR,
vou julgar todas as nações vizinhas.
13 Os pecados dessas nações são
tantos,
que elas vão ser cortadas como
o trigo maduro no tempo da
colheita;
elas vão ser pisadas como as uvas
são pisadas nos tanques
até o vinho derramar."

14 Multidões e mais multidões
enchem o vale da Decisão;
está perto o Dia do SENHOR,
no vale da Decisão.
15 O sol e a lua ficam escuros,
e as estrelas deixam de brilhar.

Deus abençoará o seu povo

16 Do monte *Sião, o SENHOR fala
alto,
a sua voz parece o trovão.
De Jerusalém, ouve-se o estrondo
da voz de Deus,
e os céus e a terra tremem!
Mas ele defende e protege o povo
de Israel.
17 Deus diz ao seu povo:
"Assim vocês vão ficar sabendo
que eu sou o SENHOR, o Deus de
vocês.
Eu moro em Sião, o meu monte
santo.
Jerusalém será uma cidade santa,
e os estrangeiros nunca mais a
conquistarão.

18 "Naquele tempo, os morros
estarão cobertos de *parreiras,
haverá vacas pastando por todos os
montes,
e muita água vai correr nos
ribeirões da terra de Judá.
Do meu Templo, sairá um rio
que regará o vale das Acácias.
19 O Egito ficará abandonado,
e Edom parecerá um deserto,
pois eles invadiram a terra de Judá
e mataram pessoas inocentes.
20-21 Eu vingarei a morte dessas
pessoas
e castigarei os culpados.
Mas sempre haverá gente vivendo
em Judá e em Jerusalém,
e eu, o SENHOR, morarei no monte
Sião."

Amós

Volte para Deus

Voltem para o SENHOR e vocês viverão.
Amós 5:6

O que você preferiria ser: uma ignorante feliz ou uma pessoa completamente ciente do pecado em sua vida? Muita gente escolheria a feliz ignorância por achar que, de alguma forma, ela a impedirá de sentir a dor de se convencer do pecado e da necessidade de fazer algo a respeito. Isso transformou a tarefa do profeta em uma missão difícil. Ele tinha de apontar o pecado das pessoas, de modo que elas não morreriam na simples ignorância, mas na ignorância mortal. Não era a tarefa mais divertida do mundo.

Autor ♥ Amós, um criador de ovelhas
Data ♥ 762-754 a.C.
Local ♥ Judá
Público-alvo ♥ Os líderes do antigo Israel

No livro de Amós, o profeta quer ter certeza de que nenhum dos israelitas está vivendo com uma falsa sensação de segurança. O pecado deles era óbvio, mas eles tinham preferido a alegria da ignorância a fazer algo a respeito. Levavam uma vida imoral e gananciosa, pisando nos pobres para conseguir o que queriam, enquanto viviam na boa, como ricos e famosos. Guardar o sábado parecia uma imposição à sua semana de trabalho cheia de atividades. E mesmo tendo a aparência de "religiosos", por dentro eles eram orgulhosos e cruéis.

A justiça de Deus não suporta a imoralidade. O Senhor não pode simplesmente deixá-la para lá, mas tem de fazer algo quando seu povo se afasta dele. Embora os profetas, em sua maioria, fossem pessoas que ouviam Deus e depois transmitiam ao povo o que tinham ouvido, muitas vezes eles falavam com Deus em nome do povo, e, no livro de Amós, você encontra o profeta intercedendo pelos israelitas. Durante a leitura, você verá algo que muita gente não sabe: o Senhor mudará seus planos para o homem — Deus muda seus planos duas vezes depois da intercessão de Amós (veja Amós 7:3,6).

Ponto essencial
Amós é um livro que fala sobre o cuidado com os pobres e os fracos. Amós disse aos líderes e aos ricos de sua época que Deus não estava satisfeito com a obsessão que eles tinham por si mesmos nem com a falta de interesse pelas pessoas com menos recursos.

Como uma Garota de Deus, você não pode simplesmente passar por cima desses profetas chamados menores como se eles não se aplicassem à sua vida hoje. Estes livros pequenos têm muito a dizer sobre o caráter de Deus e até mesmo sobre o caráter das pessoas. Procure formas pelas quais você possa se identificar com os israelitas, religiosa na aparência, mas cheia de pecado por dentro. Depois, prometa fazer uma mudança antes que seja tarde demais. Aceite a advertência do profeta Amós como um aviso pessoal. Nunca ignore o poder de toda a Palavra de Deus na vida do cristão moderno.

Coisas para procurar

- As façanhas dos ricos (veja Amós 2:6-7; 3:10-15; 5:7,10-13; 6:4,12; 8:4-6)

Descendentes de Jacó: Refere-se à família dos israelitas, começando com os doze filhos de Jacó.

Pontas do altar: Quatro grandes chifres ou saliências que se projetavam para fora de ambos os lados do altar. Cortá-las significava que nenhum outro sacrifício poderia ser feito (veja Amós 3:14).

Profeta menor: Os livros de Oseias a Malaquias são chamados de profetas menores. Refere-se ao tamanho dos livros, não à importância dos profetas.

Termos e versículos que você deve saber

— O povo de Judá tem cometido tantos pecados, tantos mesmo, que eu tenho de castigá-los. Eles rejeitaram a minha lei e desobedeceram aos meus mandamentos. Adoraram os mesmos deuses falsos que os seus antepassados adoraram. Por isso, eu vou pôr fogo na terra de Judá, e esse mesmo fogo destruirá as fortalezas de Jerusalém.

(Amós 2:4-5)

— Por acaso, duas pessoas viajam juntas, sem terem combinado antes?

(Amós 3:3)

— Voltem para o SENHOR e vocês viverão.

(Amós 5:6)

1 Esta é a mensagem a respeito do povo
de Israel que Deus deu a Amós, pastor de ovelhas da cidade de Tecoa. Isso aconteceu dois anos antes do terremoto, quando Uzias era rei de Judá, e Jeroboão,
filho de Joás, era rei de Israel. 2 Amós disse:

"Do monte *Sião, em Jerusalém,
o SENHOR Deus fala alto,
e a sua voz parece o trovão.
Os pastos murcham,
e tudo seca no monte Carmelo."

Deus condena as nações vizinhas

Síria

3 O SENHOR Deus diz:
— O povo de Damasco tem cometido tantos pecados, tantos mesmo, que eu tenho de castigá-los. Eles torturaram o povo de Gileade, fazendo passar sobre eles rodas com pontas de ferro.
4 Por isso,
eu vou pôr fogo no palácio do rei Hazael, e esse mesmo fogo destruirá também as fortalezas do rei Ben-Hadade.
5 Arrombarei os portões da cidade de Damasco e acabarei com os governadores de Biquea-te-Avém e de Bete-Éden. O povo da Síria será levado como prisioneiro para a terra de Quir. Eu, o SENHOR, falei.

Filisteia

6 O SENHOR Deus diz:
— O povo de Gaza tem cometido tantos pecados, tantos mesmo, que eu tenho de castigá-los. Eles levaram como prisioneiro todo o povo de uma região e

os venderam como escravos ao povo de Edom. 7 Por isso, eu vou pôr fogo nas muralhas de Gaza, e esse mesmo fogo destruirá também as fortalezas daquela cidade. 8 Vou acabar com os reis de Asdode e de Asquelom. Destruirei a cidade de Ecrom e acabarei com todos os outros filisteus. Eu, o SENHOR, falei.

Tiro

9 O SENHOR Deus diz:

— O povo de Tiro tem cometido tantos pecados, tantos mesmo, que eu tenho de castigá-los. Levaram como prisioneiro para Edom todo o povo de uma região com o qual tinham feito um acordo de amizade. 10 Por isso, eu vou pôr fogo nas muralhas de Tiro, e esse mesmo fogo destruirá também as fortalezas daquela cidade.

Edom

11 O SENHOR Deus diz:

— O povo do país de Edom tem cometido tantos pecados, tantos mesmo, que eu tenho de castigá-los. Fizeram guerra contra os seus irmãos, os israelitas, e não tiveram dó nem piedade. A raiva dos edomitas não parou, e eles conservaram o seu ódio para sempre. 12 Por isso, eu vou pôr fogo na cidade de Temã, e esse mesmo fogo destruirá também as fortalezas de Bosra.

Amom

13 O SENHOR Deus diz:

— O povo do país de Amom tem cometido tantos pecados, tantos mesmo, que eu tenho de castigá-los. Na guerra para conquistar mais terras na região de Gileade, eles rasgaram as barrigas de mulheres grávidas. 14 Por isso, eu vou pôr fogo nas muralhas de Rabá, e esse mesmo fogo destruirá também as fortalezas daquela cidade. Haverá batalhas violentas e gritos de homens lutando. 15 O rei e as autoridades serão levados como prisioneiros. Eu, o SENHOR, falei.

Moabe

2 O SENHOR Deus diz:

— O povo de Moabe tem cometido *tantos pecados, tantos mesmo*, que eu tenho de castigá-los. *Profanaram o corpo do rei de Edom, queimando-o até virar cinza. 2 Por isso, eu vou pôr fogo no país de Moabe, e esse mesmo fogo destruirá também as fortalezas de Queriote. Haverá batalhas violentas, gritos de soldados e som de cornetas, e o povo morrerá. 3 Acabarei com o rei e com as autoridades de Moabe. Eu, o SENHOR, falei.

Judá

4 O SENHOR Deus diz:

— O povo de Judá tem cometido tantos pecados, tantos mesmo, que eu tenho de castigá-los. Eles rejeitaram a minha *lei e desobedeceram aos meus mandamentos. Adoraram os mesmos deuses falsos que os seus antepassados adoraram. 5 Por isso, eu vou pôr fogo na terra de Judá, e esse mesmo fogo destruirá as fortalezas de Jerusalém.

Deus condena Israel

6 O SENHOR Deus diz:

— O povo de Israel tem cometido tantos pecados, tantos mesmo, que eu tenho de castigá-los. Vendem como escravos pessoas honestas que não podem pagar as suas dívidas e até aquelas que são tão pobres, que não podem pagar a dívida que fizeram para comprar um par de sandálias. 7 Perseguem e humilham os pobres e fazem injustiças contra as pessoas simples. Pais e filhos têm relações com prostitutas nos templos pagãos e assim envergonham o meu santo nome. 8 Perto de qualquer altar pagão, eles se assentam sobre roupas que receberam como garantia de pagamento de dívidas e comem dos *sacrifícios oferecidos aos ídolos. Para comprar o vinho que bebem no templo do deus deles, usam o dinheiro que receberam de multas injustas.

9 — Será que vocês já esqueceram o que fiz com os amorreus? Eu destruí aqueles homens que eram altos como os cedros e fortes como os carvalhos. Acabei completamente com eles. 10 Fui eu que tirei vocês do Egito, que os guiei quarenta anos pelo deserto e que lhes dei a terra dos amorreus. 11 Escolhi alguns dos seus filhos para serem *profetas e outros para serem *nazireus. Não foi isso mesmo o que eu fiz? 12 Mas vocês dão vinho aos nazireus e proíbem os profetas de anunciar a minha mensagem. 13 Pois bem! Eu vou amontoar castigos em cima de vocês, e vocês vão ranger os dentes, como range uma carroça carregada de trigo. 14 Os que correm depressa não poderão escapar, os fortes perderão toda a força, e os corajosos não salvarão a vida. 15 Os homens armados de

arcos e flechas não vencerão, e não esca-
parão com vida nem os que fugirem a pé,
nem os que fugirem montados a cavalo.
16 Naquele dia, até os soldados mais valen-
tes jogarão fora as suas armas e fugirão.
Eu, o SENHOR, estou falando.

3 Povo de Israel, escute o que o SENHOR
Deus disse a respeito de vocês, o povo
que ele tirou do Egito:
2 — No mundo inteiro, vocês são o úni-
co povo que eu escolhi para ser meu. Por
isso, tenho de castigá-los por causa de
todos os pecados que vocês cometeram.

O profeta não pode calar

3 Por acaso, duas pessoas viajam juntas,
sem terem combinado antes?
4 Será que o leão ruge na floresta, sem
ter achado algum animal para caçar?
Será que o leão novo fica rosnando na
caverna, se não tiver pegado nada?
5 Será que um passarinho cai numa ar-
madilha que não estava armada?
Será que uma armadilha se desarma
sem ter pegado algum animal?
6 Quando tocam a corneta de alarme,
será que o povo não fica com medo?
Por acaso, cai alguma desgraça sobre
uma cidade, sem que o SENHOR Deus a
tenha feito acontecer?
7 Por acaso, o SENHOR Deus faz algu-
ma coisa sem revelar aos seus *servos,
os *profetas?
8 Quando o leão ruge, quem não fica
com medo?
Quando o SENHOR Deus fala, quem não
anuncia a sua mensagem?

O castigo da cidade de Samaria

9 Anunciem nos palácios de Asdode e do
Egito o seguinte: "Reúnam-se nos montes
que ficam ao redor de Samaria e vejam a
desordem que existe na cidade e os cri-
mes que são cometidos."
10 O SENHOR Deus diz:

DEVOCIONAL

Texto para leitura: **Amós 3:1-8**

Conheça o amor

Amós 3:3 explica que duas pessoas são amigas porque acreditam nas mesmas coisas, têm algo em comum. Duas pessoas não andam juntas se não tiverem combinado, conversado e concordado que ambas gostariam de seguir na mesma direção. Mas o que acontece quando uma delas deixa o caminho da fé e se recusa a andar em santidade? Nesse momento, uma segue em uma direção, para a santidade, enquanto a outra segue em outra direção, para o pecado. Aí a amizade começa a ter problemas.

Quando isso acontece, pode ser fácil se desviar daquilo que você sabe que é certo só porque quer deixar seu amigo feliz e continuar a andar com ele. Mas você precisa lembrar que seu maior objetivo é Deus, e não os caprichos de um amigo. A Garota de Deus tem de permanecer no caminho da justiça ao mesmo tempo em que ama seu amigo, mesmo que isso signifique amar o amigo à distância. Ela deve se recusar a mudar seu caminho, porque seu principal objetivo é deixar Deus feliz, ainda que isso custe uma amizade.

Quando você tiver de tomar uma decisão relacionada ao tipo de amiga que vai ser, decida ser aquela que não apenas age com base nos sentimentos, mas vive de acordo com os fatos da Palavra de Deus. Saiba que quando você anda com uma pessoa *e a chama de amiga, você mostra que* está de acordo com ela. Se seu amigo não está levando uma vida santa, então é possível que você esteja no caminho errado também. Não é possível ter amizade com ele por muito tempo e, no final, não estar no mesmo caminho. Dê uma olhada em todas as suas amizades pela perspectiva de Deus, e, então, com coragem, ame ou abandone essas amizades de acordo com o chamado de Deus para sua vida.

— O povo de Samaria não sabe fazer
nada com honestidade, e os seus palácios
estão cheios de coisas roubadas com vio-
lência. 11 Por isso, os inimigos cercarão
o seu país, destruirão as suas fortalezas
e levarão embora tudo o que está nos
palácios.
12 O SENHOR Deus diz:
— Quando um leão pega uma ovelha,
às vezes o pastor somente consegue sal-
var duas pernas ou uma orelha. Assim
também serão salvos somente alguns
moradores de Samaria, que agora des-
cansam em camas de luxo. 13 Escutem o
que eu digo e acusem o meu povo, os des-
cendentes de Jacó — diz Deus, o SENHOR
Todo-Poderoso. 14 — Quando eu castigar
o povo de Israel por causa dos seus pe-
cados, destruirei os altares de Betel. As
quatro pontas de todos os altares serão
quebradas e cairão no chão. 15 Destruirei
as casas de inverno e as de verão; as ca-
sas luxuosas, as casas enfeitadas de mar-
fim, todas elas serão destruídas. Sou eu,
o SENHOR, quem está falando.

4 — Ouçam isto, mulheres da cidade de
Samaria, que estão satisfeitas e gordas
como as vacas de Basã! Vocês maltratam
os necessitados, exploram os pobres e fi-
cam sempre pedindo aos maridos que lhes
tragam mais vinho para beber. 2 Eu, o SE-
NHOR, juro pelo meu santo nome que virá
o tempo em que vocês serão arrastadas
para fora da cidade com anzóis, como se
fossem peixes; nenhuma de vocês esca-
pará. 3 Vocês sairão em fila pelas brechas
das muralhas e serão jogadas na direção
do monte Hermom.

Israel não quer arrepender-se

4 O SENHOR Deus diz:
— Povo de Israel, vocês querem pecar?
Pois vão aos santuários de Betel e de Gil-
gal e ali pequem à vontade! Todas as ma-
nhãs ofereçam *sacrifícios e de três em
três dias deem os seus *dízimos. 5 Apre-
sentem os pães da oferta de gratidão a
Deus e depois saiam para contar a todo
mundo que fizeram ofertas de livre e es-
pontânea vontade. E como vocês gostam
de fazer isso!
6 — Eu fiz com que faltasse comida em
todas as cidades e que todos passassem
fome, mas assim mesmo vocês não volta-
ram para mim. 7 Não deixei que chovesse
durante três meses antes das colheitas.
Fiz com que caísse chuva numa cidade,
mas, em outra, não; choveu numa plan-
tação, mas, em outra, não, e nesta tudo
secou. 8 As pessoas iam de cidade em ci-
dade procurando água, mas não achavam
o bastante nem para matar a sede. Assim
mesmo vocês não voltaram para mim. Sou
eu, o SENHOR, quem está falando.
9 — Eu os castiguei com ventos muito
quentes e com pragas nas plantas; os ga-
fanhotos acabaram com as hortas, com
as *parreiras, com as figueiras e com as
oliveiras. Assim mesmo vocês não vol-
taram para mim. 10 Fiz cair sobre vocês
uma praga como as que mandei contra
o Egito. Fiz com que os moços morres-
sem nos campos de batalha e deixei que
os inimigos levassem embora os cavalos
de guerra. Fiz com que o mau cheiro dos
corpos que estavam apodrecendo se es-
palhasse pelo acampamento. Assim mes-
mo vocês não voltaram para mim. Sou eu,
o SENHOR, quem está falando.
11 — Eu destruí cidades, como fiz com
Sodoma e com Gomorra; vocês escaparam
como se fossem um galho que no último
momento é tirado do fogo. Assim mes-
mo vocês não voltaram para mim. 12 Por
isso, povo de Israel, eu os castigarei. E,
já que vou castigá-los, preparem-se para
se encontrar com o seu Deus. Eu, o SE-
NHOR, falei.

13 Foi Deus quem fez as montanhas
e criou o vento.
Ele revela os seus planos aos seres
humanos.
Ele faz o dia virar noite
e anda por cima das montanhas.
Este é o seu nome: o *SENHOR, o
Deus Todo-Poderoso.

O povo precisa arrepender-se

5 Povo de Israel, escute esta canção triste
que eu canto a respeito de você:

2 "Israel, bela e pura como uma
virgem, caiu
e nunca mais se levantará!
Está caída na sua própria terra,
e ninguém a ajuda a se levantar!"

3 O SENHOR Deus diz:
— Se uma cidade mandar mil homens
para a guerra, somente cem voltarão vi-
vos; se mandar cem homens, somente dez
voltarão.
4 O SENHOR diz isto ao povo de Israel:
— Voltem para mim a fim de que te-
nham vida. 5 Mas não me procurem em

DEVOCIONAL

Texto para leitura: **Amós 5:4-6**

Conheça a verdadeira felicidade

"Voltem para mim a fim de que tenham vida", Deus lhe diz (Amós 5:4). Você já se desviou de Deus? Fez algo errado aos olhos dele? Volte para ele e viva. Ao olhar para algumas das maneiras pelas quais Deus castiga o pecado, você pode pensar que ele é perigoso e que não deve confiar nele. Pensar em toda a ira que ele derramou sobre a terra pode ser assustador. Mas a mensagem que continua a se repetir ao longo de toda a Bíblia é o amor de Deus por seu povo, mesmo quando este estraga tudo. Ainda que você estrague as coisas, ele a ama e lhe oferece uma saída: "Volte para mim a fim de que tenha vida".

Se sua vida estiver em um beco escuro, se você se sentir morta por dentro e não souber o que fazer, vire-se e busque a Deus para ter vida. Quando você correr o risco de deixar as coisas deste mundo para trás e seguir o mais rápido possível na direção de Deus, você correrá o risco de sentir pura alegria. Você não coloca sua vida nos eixos novamente jogando as coisas para debaixo do tapete, mas trazendo-as à luz para que você esteja livre para correr de volta para o Senhor sem empecilhos. Não se preocupe por não estar preparada ou de precisar acertar as coisas primeiro: o amor de Deus não tem pré-requisito. Saiba que, seja qual for o estado de seu coração hoje, você pode voltar para Deus e viver.

Betel, nem em Gilgal, nem em Berseba, pois o povo de Gilgal será levado como prisioneiro para fora do país, e a cidade de Betel vai ficar em ruínas.
6 Voltem para o SENHOR e vocês viverão. Se não voltarem, ele descerá como fogo para destruir o país de Israel, e em Betel ninguém poderá apagar esse fogo.
7 Em vez de praticarem a justiça, vocês praticam a injustiça, que causa amargura, e não respeitam os direitos dos outros.

8 O SENHOR Deus criou as estrelas,
as Sete-Cabrinhas e as Três-Marias.
Ele faz a noite virar dia
e o dia virar noite.
Ele chama as águas do mar
e as derrama sobre a terra.
O seu nome é *SENHOR.
9 Ele acaba com os poderosos
e destrói as suas fortalezas.

10 Vocês têm ódio daqueles que defendem a justiça e detestam as testemunhas que falam a verdade;
11 vocês exploram os pobres e cobram impostos injustos das suas colheitas. Por isso, vocês não vão viver nas casas luxuosas que construíram, nem chegarão a beber o vinho das belas *parreiras que plantaram.
12 Eu sei das muitas maldades e dos graves pecados que vocês cometem. Vocês maltratam as pessoas honestas, aceitam dinheiro para torcer a justiça e não respeitam os direitos dos pobres.
13 Não admira que num tempo mau como este as pessoas que têm juízo fiquem de boca fechada!
14 Procurem fazer o que é certo e não o que é errado, para que vocês vivam. Assim será verdade o que vocês dizem, isto é, que o SENHOR, o Deus Todo-Poderoso, está com vocês.
15 Odeiem aquilo que é mau, amem o que é bom e façam com que os direitos de todos sejam respeitados nos tribunais. Talvez o SENHOR, o Deus Todo-Poderoso, tenha compaixão das pessoas do seu povo que escaparem da destruição.
16 O SENHOR, o Deus Todo-Poderoso, diz:

— Haverá gritos de dor em todas as cidades, e as ruas ficarão cheias de gente chorando. Até lavradores serão chamados para chorar pelos defuntos, junto com as pessoas que são pagas para fazer isso.
17 Haverá choro em todas as plantações de uvas. E tudo isso acontecerá porque

eu virei castigá-los. Eu, o SENHOR, estou falando.

O Dia do SENHOR

18 Ai dos que querem que venha o Dia do SENHOR! Por que é que vocês querem esse dia? Pois será um dia de escuridão e não de luz. 19 Será como um homem que foge de um leão e dá de cara com um urso; ou como alguém que entra em casa e encosta a mão na parede e é picado por uma cobra. 20 O Dia do SENHOR não será um dia de luz; pelo contrário, será um dia de trevas, de escuridão total.

Justiça e não sacrifícios

21 O SENHOR diz ao seu povo:

— Eu odeio, eu detesto as suas festas religiosas; não tolero as suas reuniões solenes. 22 Não aceito animais que são queimados em *sacrifício, nem as ofertas de cereais, nem os animais gordos que vocês oferecem como sacrifícios de paz. 23 Parem com o barulho das suas canções religiosas; não quero mais ouvir a música de *harpas. 24 Em vez disso, quero que haja tanta justiça como as águas de uma enchente e que a honestidade seja como um rio que não para de correr.

25 — Povo de Israel, por acaso, vocês me apresentaram sacrifícios e ofertas de cereais durante os quarenta anos em que estiveram no deserto? 26 Agora, vocês vão sair carregando as imagens do deus Sicute e da estrela Quium, que vocês fizeram para adorar. Vocês vão carregar essas imagens 27 quando eu os levar como prisioneiros para lá de Damasco. Eu, o SENHOR, o Deus Todo-Poderoso, estou falando.

O castigo de Israel

6 Ai dos que têm uma vida boa em Jerusalém! Ai de vocês que vivem sossegados em Samaria, vocês que são as autoridades desse grande país de Israel, vocês a quem o povo vai pedir ajuda! 2 Vocês dizem ao povo: “Vão olhar a cidade de Calné, e depois vão até a grande cidade de Hamate, e dali cheguem até a cidade de Gate, na terra dos filisteus. Por acaso, aqueles povos são mais ricos do que nós ou os seus países maiores do que o nosso?” 3 Vocês não querem acreditar que o dia do castigo esteja perto, mas o que vocês estão fazendo vai apressar a chegada de um tempo de violência. 4 Ai de vocês que gostam de banquetes, em que se deitam em sofás luxuosos e comem carne de ovelhas e de bezerros gordos! 5 Vocês fazem músicas como fez o rei Davi e gostam de cantá-las com acompanhamento de *harpas. 6 Bebem vinho em taças enormes, usam os perfumes mais caros, mas não se importam com a desgraça do país. 7 Portanto, vocês serão os primeiros a serem levados como prisioneiros para fora do país, e não haverá mais banquetes alegres.

8 O SENHOR, o Todo-Poderoso, jurou assim:

— Eu vou entregar a cidade de Samaria nas mãos do inimigo, que levará embora tudo o que encontrar. Pois eu odeio o orgulho do povo de Israel, detesto os seus palácios.

9 E vai acontecer que, se houver dez pessoas numa casa, todas morrerão. 10 E, quando alguém chegar para tirar da casa o corpo do seu parente e queimá-lo, perguntará a quem ainda estiver vivo lá dentro: “Tem mais gente aí?” O outro responderá: “Não tem, não.” Então o primeiro dirá: “Cale a boca! Não devemos nem dizer o nome do SENHOR!” 11 Pois o SENHOR vai dar uma ordem, e todas as casas, as grandes e as pequenas, serão destruídas.

12 Por acaso, podem os cavalos galopar sobre as rochas? Ou será que os bois podem puxar o arado no mar? Claro que não! Mas vocês fazem a honestidade virar veneno e a justiça virar injustiça. 13 Vocês se orgulham de terem derrotado a cidade de Lo-Debar e se gabam, dizendo: “Pela nossa própria força conquistamos Carnaim.”

14 O SENHOR, o Deus Todo-Poderoso, diz:

— Povo de Israel, vou mandar uma nação invadir o seu país, e todos vocês serão perseguidos desde a subida de Hamate, no Norte, até o riacho Arabá, no Sul.

A visão dos gafanhotos

7 O SENHOR Deus me mostrou numa visão o seguinte: eu vi Deus criar uma praga de gafanhotos. Isso aconteceu quando já começava a crescer o capim que brota depois da colheita que pertence ao rei. 2 Quando os gafanhotos acabaram de comer todas as plantas, eu disse a Deus, o SENHOR:

— Eu te peço, ó Deus, que nos perdoes. O teu povo é fraco; como poderemos resistir?

3 Então ele mudou de ideia e respondeu:

— O que você viu não acontecerá.

A visão do fogo

4 O SENHOR Deus me mostrou numa visão outra coisa: eu vi que ele estava pronto para castigar o seu povo com fogo. O fogo secou o grande mar que fica debaixo da terra e estava acabando com as plantações. 5 Aí eu disse a Deus, o SENHOR:

— Ó Deus, para! O teu povo é fraco; como poderemos resistir?

6 Então ele mudou de ideia e respondeu:

— Isso também não acontecerá.

A visão do prumo

7 O SENHOR me mostrou numa visão isto também: ele estava perto de um muro construído direito, a prumo, e tinha um prumo na mão. 8 Ele me perguntou:

— Amós, o que é que você está vendo?

— Um prumo! — respondi.

Então ele me disse:

— Eu vou mostrar que o meu povo não anda direito: é como um muro torto, construído fora de prumo. E nunca mais vou perdoar o meu povo. 9 Todos os templos e os outros lugares de adoração da terra de Israel serão destruídos, e eu vou acabar com o rei Jeroboão e com os seus descendentes.

Amós e Amazias

10 Amazias, o sacerdote de Betel, mandou o seguinte recado a Jeroboão, o rei de Israel:

— Amós está planejando uma revolta contra o senhor no meio do povo. O que ele está dizendo põe o país em perigo. 11 Ele anda falando assim: "Jeroboão morrerá numa guerra, e o povo de Israel será levado como prisioneiro para fora do seu país."

12 Depois Amazias disse a Amós:

— Fora daqui, seu *profeta! Volte para a sua terra de Judá e ganhe a vida por lá com as suas *profecias. 13 Pare de profetizar aqui em Betel, pois este é o santuário onde o rei adora, este é o templo principal do país.

14 Amós respondeu:

— Não sou profeta por profissão; não ganho a vida profetizando. Sou pastor de ovelhas e também cuido de figueiras. 15 Mas o SENHOR Deus mandou que eu deixasse os meus rebanhos e viesse anunciar a sua mensagem ao povo de Israel. 16 Portanto, escute a mensagem de Deus, o SENHOR. Você, Amazias, diz que eu não devo continuar profetizando contra o povo de Israel. 17 Mas o SENHOR diz a você: "A sua mulher virará prostituta aqui na cidade, e os seus filhos e as suas filhas morrerão na guerra. O seu país será dividido entre outros países, e você morrerá numa terra pagã. E o povo de Israel vai ser levado como prisioneiro para fora da sua terra."

A visão da cesta de frutas

8 O SENHOR Deus me mostrou numa visão o seguinte: estava ali uma cesta cheia de frutas maduras. 2 Ele me perguntou:

— Amós, o que é que você está vendo?

— Uma cesta cheia de frutas maduras! — respondi.

Então ele me disse:

— Chegou o fim para o povo de Israel, que está maduro, pronto para ser arrancado como uma fruta madura. Nunca mais vou mudar de ideia e perdoá-los. 3 Naquele dia, em vez de canções haverá lamentações no palácio. Haverá tantos mortos, que os corpos serão jogados em qualquer lugar. Silêncio! Eu, o SENHOR, estou falando.

A condenação de Israel

4 Escutem, vocês que maltratam os necessitados e exploram os humildes aqui neste país. 5 Vocês dizem: "Quem dera que a *Festa da Lua Nova já tivesse terminado para que pudéssemos voltar a vender os cereais! Como seria bom se o sábado já tivesse passado! Aí começaríamos a vender trigo de novo, cobrando preços bem altos, usando pesos e medidas falsos 6 e vendendo trigo que não presta. Os pobres não terão dinheiro para pagar as suas dívidas, nem mesmo os que tomaram dinheiro emprestado para comprar um par de sandálias. Assim eles se venderão a nós e serão nossos escravos!"

7 Portanto, o SENHOR, o Deus a quem o povo de Israel louva, faz este juramento:

— Nunca esquecerei aquilo que o meu povo tem feito. 8 Por causa disso, a terra tremerá, e todos os seus moradores chorarão de tristeza. A terra subirá e baixará como as águas do rio Nilo. 9 Naquele dia, farei o sol se pôr ao meio-dia, e em pleno dia a terra ficará coberta de escuridão. Sou eu, o SENHOR, quem está falando. 10 Transformarei as suas festas em velórios; vocês vão chorar em vez de cantar. Em sinal de luto, vocês vestirão

roupa feita de pano grosseiro e raparão a
cabeça. Vocês serão como pais chorando
a morte do filho único. E tudo terminará
em amargura.
11 — Está chegando o dia em que man-
darei fome pelo país inteiro. Todos ficarão
com fome, mas não por falta de comida,
e com sede, mas não por falta de água.
Todos terão fome e sede de ouvir a men-
sagem de Deus, o SENHOR. 12 Correrão do
mar Morto até o mar Mediterrâneo, irão
pelas regiões do Norte e do Leste do país,
procurando a mensagem de Deus, o SE-
NHOR, mas não a encontrarão. 13 Naquele
dia, até moços e moças fortes desmaiarão
de sede. 14 Os que juram pelos ídolos de
Samaria, os que dizem: "Eu juro pelo deus
de Dã" ou: "Eu juro pelo deus de Berse-
ba" — todos eles cairão e nunca mais se
levantarão. Eu, o SENHOR, estou falando.

A visão da queda do templo de Betel

9 Eu vi o Senhor perto do altar. Ele disse:
— Dê pancadas nas colunas do tem-
plo até que o edifício todo comece a tre-
mer. Deixe cair pedaços das colunas nas
cabeças das pessoas que estão lá dentro.
Os que escaparem com vida eu matarei na
guerra; nenhum deles escapará, nenhum
viverá. 2 Mesmo que consigam entrar pela
terra adentro e chegar até o *mundo dos
mortos, eu os tirarei dali; mesmo que su-
bam até o céu, eu os farei descer de lá. 3 Se
procurarem se esconder no alto do mon-
te Carmelo, eu irei atrás deles e os pega-
rei; se eles se esconderem de mim no fun-
do do mar, eu darei ordem à Serpente do
mar, e ela os morderá. 4 Se forem levados
como prisioneiros pelo inimigo, eu darei
ordem, e eles serão mortos. Pois eu vou
cuidar deles, não para protegê-los, mas
para destruí-los.

5 O SENHOR, o Deus Todo-Poderoso,
toca na terra, e ela treme,
e todos os seus moradores choram
de tristeza.
A terra sobe e baixa
como as águas do rio Nilo.
6 Deus constrói a sua casa nas
alturas
e coloca o céu por cima da terra.
Ele chama as águas do mar
e as derrama sobre a terra.
O seu nome é *SENHOR!

7 O SENHOR Deus diz:
— Povo de Israel, eu amo o povo da
Etiópia tanto quanto amo vocês. Assim
como eu trouxe vocês do Egito, eu tam-
bém trouxe os filisteus da ilha de Cre-
ta e os arameus da terra de Quir. 8 Estou
olhando para Israel, este país de pecado-
res, e vou fazê-lo desaparecer da terra;
mas não acabarei com todos os israeli-
tas. Sou eu, o SENHOR, quem está falando.
9 — Vou dar ordem e vou separar os
bons dos maus em Israel, como quem
separa o trigo da casca, sem perder um
só grão. 10 Vão morrer na guerra todos os
pecadores do meu povo, isto é, todos os
que dizem: "Deus não deixará que qual-
quer desastre chegue perto de nós."

Um futuro feliz para Israel

11 O SENHOR Deus diz:
— Naquele dia, eu construirei de novo
o reino de Davi, que é como uma casa que
caiu. Taparei as rachaduras das paredes e
levantarei a casa que estava em ruínas, e
ela ficará como era antes. 12 Então o meu
povo conquistará o que restar do país de
Edom e de todas as outras nações que
eram minhas. Eu farei com que tudo isso
aconteça. Sou eu, o SENHOR, quem está
falando.
13 — Está chegando o dia em que o tri-
go crescerá mais depressa do que pode-
rá ser colhido, as *parreiras produzirão
uvas mais depressa do que se poderá fa-
zer vinho. As parreiras produzirão tan-
tas uvas, que o vinho vai correr à vonta-
de, como um rio. 14 Trarei o meu povo de
volta do *cativeiro para a sua terra. Eles
construirão de novo as cidades que es-
tavam em ruínas e morarão nelas. Farão
plantações de uvas e beberão do seu vi-
nho; cultivarão pomares e comerão as
suas frutas. 15 Plantarei o meu povo na
terra que lhes dei, e eles nunca mais
serão arrancados dali. Eu, o SENHOR, o
Deus de vocês, falei.

Obadias

Não se vingue

Aquilo que vocês fizeram com outros será feito com vocês.
Obadias 15

Se Deus a tratasse como você trata as outras pessoas, até que ponto você ficaria feliz com isso? Em Obadias, vemos uma briga de família entre os israelitas e os edomitas. Eles desprezavam-se mutuamente havia muito tempo. Então, quando os israelitas se viram em apuros, os edomitas tripudiaram em vez de ajudar. E suas ações chamaram tanto a atenção de Deus que ele fez o profeta Obadias dizer algo sobre o assunto. Obadias adverte os edomitas, dizendo que a raiva e a ira de Deus logo viriam por causa do mal que eles tinham feito, não só ao negarem ajuda aos seus parentes, mas ao matarem alguns deles. Deus queria que seu povo soubesse que a justiça seria feita — que eles poderiam confiar que o Senhor acertaria as contas e puniria aqueles que lhes tinham feito mal.

Autor ♥ Obadias
Data ♥ Provavelmente por volta de 585 a.C.
Local ♥ Provavelmente Judá
Público-alvo ♥ Os israelitas

Ninguém pode pecar e sair impune. Olhando à sua volta, talvez pareça que pessoas más não estejam sendo castigadas por coisas ruins — por um tempo isso pode ser verdade — mas você pode ter certeza de que não será assim para sempre. O que a Garota de Deus tem de fazer é confiar sua dor ao Senhor. Ela tem de confiar que a vingança de Deus é melhor que a dela. E ela precisa conhecer a Palavra de Deus para entender como ele trabalha. Durante a leitura da Bíblia, veja como a mão do Senhor está sempre sobre o seu povo, e como, mesmo quando as coisas parecem perdidas, ele restaura os contritos de coração.

Ponto essencial

Obadias é um dos dois únicos profetas que escreveram para alguém diferente do povo de Deus. Este livro está endereçado a Edom porque este não cuidou de seus irmãos, os israelitas, nem teve interesse por eles. Embora os edomitas provavelmente nunca tenham visto ou ouvido falar deste livro, ele é um lembrete da proteção de Deus para os israelitas. Quando os judeus estavam sendo atacados e levados, os edomitas simplesmente riram e até atacaram também. Deus queria que seu povo soubesse que ele era Deus sobre todas as coisas e que o pecado dos edomitas não ficaria impune.

Durante a leitura deste pequeno livro, você verá *como Deus está no controle de tudo*, até mesmo das pessoas que o rejeitaram. Ele julga toda a terra, não só os cristãos. Uma lição importante que você deve aprender é que, por mais indignada que fique, você nunca pode tratar sua família com desprezo. Deus não aceitará isso. Você sempre tem de amá-la e cuidar dela; do contrário, terá de se ver com o Senhor.

Coisas para procurar

- Descrições dos edomitas (veja Obadias 2-3,10-14)
- O perigo do orgulho (veja Obadias 2-4)
- O julgamento que viria sobre os edomitas (veja Obadias 8-9.)

Os edomitas eram descendentes de Esaú, o filho mais velho de Jacó.

Obadias significa "servo do Senhor".

Fatos e versículos que você deve saber

O seu orgulho o enganou. Você vive nas cavernas das rochas, lá no alto das montanhas, e por isso pensa assim: "Ninguém é capaz de me derrubar daqui".

(Obadias 3)

Mas vocês não deviam ter ficado alegres com a desgraça dos seus irmãos de Judá; não deviam ter olhado com prazer quando eles foram destruídos.

(Obadias 12)

Está chegando o dia em que eu vou julgar todas as nações. Aí vocês, edomitas, pagarão pelas suas maldades; aquilo que vocês fizeram com outros será feito com vocês.

(Obadias 15)

1 Esta é a mensagem que o SENHOR Deus deu a Obadias a respeito do país de Edom.

Deus castigará Edom

O SENHOR mandou um mensageiro
a todas as nações,
e nós ouvimos a sua mensagem:
"Preparem-se! Vamos lutar contra
Edom!"

2 O SENHOR diz a Edom:
"Eu vou fazer de você uma nação
fraca,
e ninguém o respeitará.
3 *O seu orgulho o enganou.*
Você vive nas cavernas das rochas,
lá no alto das montanhas,
e por isso pensa assim:
'Ninguém é capaz de me derrubar
daqui.'

4 Ainda que você voe tão alto como
a águia
e faça o seu ninho entre as estrelas,
eu o derrubarei dali.

5 "Quando ladrões chegam de noite,
levam apenas o que lhes interessa.
Quando alguém colhe uvas,
sempre deixa algumas nas
*parreiras.
Mas os seus inimigos destruíram
você completamente!
6 Povo de Edom, todos os seus bens
foram roubados;
levaram embora todos os seus
tesouros.
7 Os seus aliados o traíram
e o expulsaram do seu próprio país.
Povos com quem você tinha
*acordos de paz conquistaram a
sua terra.

Os seus amigos mais chegados
fizeram planos contra você.
Eles dizem: 'Os edomitas são uns
tolos!' "

8 O SENHOR Deus diz:
"No dia em que eu castigar Edom,
acabarei com todos os seus sábios;
não ficará uma só pessoa
inteligente no país.
9 Os soldados de Temã tremerão de
medo;
todos os guerreiros de Edom serão
mortos."

A culpa de Edom

10 O SENHOR diz ao povo de Edom:
"Vocês maltrataram e mataram os
seus irmãos,
os descendentes de Jacó.
Por isso, vocês serão destruídos,
e a desgraça os acompanhará para
sempre.
11 Quando o inimigo derrubou os
portões de Jerusalém,
entrou na cidade e tirou todas as
coisas de valor,
vocês não se importaram com isso.
Quando aqueles estrangeiros
tiraram a sorte
para ver quem ficava com as
riquezas,
vocês fizeram a mesma coisa.

12 "Mas vocês não deviam ter ficado
alegres
com a desgraça dos seus irmãos de
Judá;
não deviam ter olhado com prazer
quando eles foram destruídos;
não deviam ter zombado deles
quando eles estavam aflitos.
13 Quando o meu povo foi derrotado,
vocês não deviam ter entrado em
Jerusalém,
nem deviam ter ficado alegres com
a desgraça deles.
Quando eles sofreram a derrota,
vocês não deviam ter roubado os
seus bens;
14 não deviam ter esperado nas
encruzilhadas
para matar os que procuravam fugir,

DEVOCIONAL

Texto para leitura: **Obadias 10-14**

Conheça a si mesma

O fracasso de outra pessoa nunca pode ser seu sucesso. Quando você vê alguém que fracassou e diz para si mesma: "Viu só, eu sou mais esperta do que ela" ou "Ele mereceu", tudo o que você está fazendo é trazendo juízo sobre si mesma, não sobre o outro. Em Romanos 2:1, Paulo explica a questão desta forma: "Meu amigo, não importa quem você seja, você não tem desculpa quando julga os outros. Pois, quando você os julga, mas faz as mesmas coisas que eles fazem, você está condenando a você mesmo". O pecado dos outros, seja qual for, é da conta deles, mas, assim que você faz disso uma desculpa para *seu* pecado, você leva consigo o problema para casa. E na maioria dos casos, focar no pecado dos outros pode levar ao orgulho.

Você precisa aprender a deixar Deus lidar com os outros da maneira que quiser, sem ficar feliz quando eles sofrerem. O mais importante para você é seu relacionamento com o Senhor, não com as pessoas. Aquilo que você *pensa sobre* outra pessoa nunca pode levá-la a violar os mandamentos de Deus. Quando tudo o que você quiser fazer for *obedecer* a Deus, de repente estará livre da tensão de se preocupar com a falha e o ataque do homem, porque vai querer apenas o que Deus quer. E de repente, você estará se sentindo feliz quando as outras pessoas tiverem sucesso, e triste quando fracassarem. Esse é um sinal claro de que você está se tornando uma discípula que atrai pessoas para o lado de Deus, em vez de ser apenas mais uma menina fingida que as afasta.

nem deviam ter entregado ao
inimigo os que escaparam com
vida."

A condenação das nações

15 O SENHOR Deus diz:
"Está chegando o dia em que eu vou
julgar todas as nações.
Aí vocês, edomitas, pagarão pelas
suas maldades;
aquilo que vocês fizeram com
outros
será feito com vocês.
16 O meu povo já foi duramente
castigado no meu *monte santo.
Todas as nações vizinhas sofrerão
um castigo ainda mais duro;
serão castigadas e desaparecerão."

A vitória de Israel

17 O SENHOR diz:
"Mas no monte *Sião, o lugar santo,
alguns conseguirão escapar.
O povo de Israel possuirá de novo a
terra que eu lhe dei.
18 Os povos de Judá e de Israel serão
como labaredas de fogo.
Eles destruirão os descendentes de
Esaú,
como o fogo devora a palha;
nenhum dos edomitas escapará.
Eu, o SENHOR, falei."

19 Os israelitas do sul de Judá conquis-
tarão o país de Edom, e os que moram
nas planícies de Judá tomarão posse do
território dos filisteus. Os israelitas con-
quistarão o território de Efraim e de Sa-
maria, e o povo da *tribo de Benjamim to-
mará a região de Gileade. 20 Os que foram
levados como prisioneiros para fora do
Reino de Israel voltarão e conquistarão a
região da Fenícia até a cidade de Sarepta,
no Norte; e os que foram levados de Jeru-
salém e que estão em Sefarade conquis-
tarão a região do sul de Judá. 21 O povo
de Deus, vitorioso, subirá o monte Sião
e dali governará o povo de Edom. E o SE-
NHOR será o Rei.

Coisas para procurar

- O tempo de Jonas no mar (veja Jonas 1:3—2:10)
- A conversão dos ninivitas (veja Jonas 3)

Jonas não é só uma história sobre um peixe; é um relato histórico de um acontecimento real. Jesus até se referiu a ele no Novo Testamento (veja Mateus 16:4; Lucas 11:29-32).

Fatos e versículos que você deve saber

Certo dia, o SENHOR Deus disse a Jonas, filho de Amitai: — Apronte-se, vá à grande cidade de Nínive e grite contra ela, porque a maldade daquela gente chegou aos meus ouvidos. Jonas se aprontou, mas fugiu do SENHOR, indo na direção contrária. Ele desceu a Jope e ali encontrou um navio que estava de saída para a Espanha. Pagou a passagem e embarcou a fim de viajar com os marinheiros para a Espanha, para longe do SENHOR.

(Jonas 1:1-3)

Jonas respondeu: — Vocês me peguem e joguem no mar, que ele ficará calmo. Pois eu sei que foi por minha culpa que esta terrível tempestade caiu sobre vocês.

(Jonas 1:12)

Ó SENHOR Deus, na minha aflição clamei por socorro, e tu me respondeste; do fundo do mundo dos mortos, gritei pedindo socorro, e tu ouviste a minha voz.

(Jonas 2:2)

Quando senti que estava morrendo, eu lembrei de ti, ó SENHOR, e a minha oração chegou a ti, no teu santo Templo. "Aqueles que adoram ídolos, que são coisas sem valor, deixaram de ser fiéis a ti. Mas eu cantarei louvores, e te oferecerei sacrifícios, e cumprirei o que prometi. A salvação vem de Deus, o SENHOR!"

(Jonas 2:7-9)

Deus viu o que eles fizeram e como abandonaram os seus maus caminhos. Então mudou de ideia e não castigou a cidade como tinha dito que faria.

(Jonas 3:10)

— Eu sabia que és Deus que tem compaixão e misericórdia. Sabia que és sempre paciente e bondoso e que estás sempre pronto a mudar de ideia e não castigar. Agora, ó SENHOR, acaba com a minha vida porque para mim é melhor morrer do que viver. O SENHOR respondeu: — Jonas, você acha que tem razão para ficar com tanta raiva assim?

(Jonas 4:2-4)

Jonas

Ame seus inimigos

Então eu, com muito mais razão, devo ter pena da grande cidade de Nínive, onde há mais de cento e vinte mil crianças inocentes e também muitos animais!
Jonas 4:11

Autor Desconhecido
Data Desconhecida
Local Desconhecido
Público-alvo O povo de Deus

Jonas foi um profeta em Israel cerca de setecentos anos antes de Cristo. Isso significava que ele falaria em nome de Deus e contaria às pessoas sobre o juízo e a ira divina. Mas quando o Senhor pediu a Jonas que amasse os inimigos dele e lhes dissesse o que ele faria se não se endireitassem, Jonas respondeu: "Sem chance!". Nínive era uma nação pagã. Os ninivitas eram mesquinhos, maus, violentos e perigosos — e se orgulhavam disso. Os israelitas morriam de medo deles, e por boas razões. E, por causa de tudo isso, Jonas não achava que Deus devia dar-lhes algo como perdão e compaixão. Afinal de contas, eles nem faziam parte da nação de Israel. Então, ele tentou se esquivar da tarefa de fazer o que Deus lhe tinha pedido.

Essa é uma história que você provavelmente já ouviu antes, e, por isso, sabe quem vence no final. Você talvez saiba que o povo de Nínive se arrepende assim que ouve o que Jonas tem a dizer, mas talvez você não saiba que, anos mais tarde, essa nação ataca e destrói a nação de Israel. Irônico, não é? Eles se arrependem porque o Deus de Israel pede que façam isso e, depois, simplesmente se esquecem de tudo e decidem matar todo o povo de Deus.

Ponto essencial

Jonas ouviu Deus lhe pedir para ir e advertir o povo a quem ele mais temia que eles ficariam livre do castigo se simplesmente se arrependessem. Ao ouvir esta ordem de Deus, Jonas seguiu na direção contrária. Ele não quis cumpri-la. Mas Deus tinha outras ideias. Jonas ensina-nos que Deus salvará a quem ele quiser salvar, e não podemos criticar a atitude de Deus. Também aprendemos que temos de fazer o que Deus diz quando ele o diz; se não, cuidado!

Ninguém pode saber ao certo por que Deus queria que essa história em particular fosse contada, mas podemos saber que ela vai além de uma história sobre um homem que se depara com um peixe. Por meio dela, você pode aprender muito sobre o que acontece quando foge de Deus e não faz o que ele diz. Mas ainda há mais para aprender: durante a leitura de Jonas, observe como Deus tem liberdade para salvar quem ele quer salvar e como ele tem total poder e soberania sobre todo o mundo. Com este pequeno livro, você pode ver que Deus pode e irá controlar toda a natureza: águas, tempestades, peixes, plantas, vermes, tudo. Deus é Todo-Poderoso e onisciente, e você não pode fugir nem se esconder dele. A resposta certa para a Garota de Deus não é dizer: "Vou fazer depois"; isso é o mesmo que dizer "Não!". Quando Deus ordena algo, você tem de fazê-lo imediatamente. Assim, verá a bênção e não a maldição.

Jonas foge de Deus

1 Certo dia, o SENHOR Deus disse a Jo-
nas, filho de Amitai:
2 — Apronte-se, vá à grande cidade de
Nínive e grite contra ela, porque a mal-
dade daquela gente chegou aos meus ou-
vidos.
3 Jonas se aprontou, mas fugiu do SE-
NHOR, indo na direção contrária. Ele des-
ceu a Jope e ali encontrou um navio que
estava de saída para a Espanha. Pagou a
passagem e embarcou a fim de viajar com
os marinheiros para a Espanha, para lon-
ge do SENHOR. 4 No entanto, Deus man-
dou um forte vento, e houve uma tem-
pestade no mar. Era tão violenta, que o
navio estava em perigo de se partir ao
meio. 5 Os marinheiros ficaram com mui-
to medo e gritavam por socorro, cada um
ao seu deus. E, para que o navio ficasse
mais leve, jogaram a carga no mar. Porém
Jonas tinha descido ao porão e ali havia
se deitado e caído num sono profundo.
6 O capitão do navio o encontrou ali e
disse:
— Como é que você está aí dormindo?
Levante-se e peça socorro ao seu deus.
Pode ser que ele tenha pena de nós e não
deixe a gente morrer.
7 Os marinheiros disseram uns aos
outros:
— Vamos tirar a sorte para desco-
brir quem é o culpado de estarmos nes-
te perigo.
Eles fizeram isso, e o nome de Jonas foi
sorteado. 8 Então lhe perguntaram:
— Agora diga: quem é o culpado de
tudo isso? O que você está fazendo aqui?
De onde você vem? De que país você é, e
qual é o seu povo?
9 — Eu sou hebreu — respondeu Jonas
— e adoro o SENHOR, o Deus do céu, que
fez o mar e a terra.
10 Em seguida, Jonas contou que estava
fugindo de Deus, o SENHOR. Aí os mari-
nheiros ficaram mais apavorados ainda
e disseram:
— Veja só o que você fez!
11 A tempestade piorava cada vez mais,
de modo que os marinheiros pergunta-
ram a Jonas:
— Que devemos fazer com você para
que o mar se acalme?
12 Jonas respondeu:
— Vocês me peguem e joguem no mar,
que ele ficará calmo. Pois eu sei que foi
por minha culpa que esta terrível tem-
pestade caiu sobre vocês.
13 Em vez de fazerem isso, os marinhei-
ros começaram a remar com toda a for-
ça, tentando levar o navio para a praia;
porém não conseguiam nada porque a
tempestade piorava ainda mais. 14 Então
oraram bem alto, assim:
— Ó SENHOR Deus, não nos castigues
com a morte, por tirarmos a vida deste
homem. Pois és tu, ó SENHOR, quem está
fazendo isso, e o que está acontecendo é
da tua vontade.
15 Em seguida, os marinheiros pegaram
Jonas e o jogaram no mar, e logo o mar se
acalmou. 16 Eles ficaram com tanto medo
do SENHOR, que lhe ofereceram um *sa-
crifício e lhe fizeram promessas.
17 O SENHOR ordenou que um grande
peixe engolisse Jonas. E ele ficou dentro
do peixe três dias e três noites.

Pergunte a si mesma...

Deus quer que você faça algo que você está com muito medo de fazer?
O que você acha que acontecerá se fizer o que ele quer?
Em um embate de forças, quem ganhará: você ou Deus?
O que você pode fazer para deixar de fugir?

A oração de Jonas

2 Ali, de dentro do peixe, Jonas orou ao
SENHOR, seu Deus, dizendo:

2 "Ó SENHOR Deus,
na minha aflição clamei por
socorro,
e tu me respondeste;
do fundo do *mundo dos mortos,
gritei pedindo socorro,
e tu ouviste a minha voz.
3 Tu me atiraste no *abismo,
bem no fundo do mar.
Ali as águas me cercavam por todos
os lados,
e todas as tuas poderosas ondas
rolavam sobre mim.

DEVOCIONAL

Texto para leitura: **Jonas 2**

Conheça a Deus

Deus providenciou um peixe gigante para proteger Jonas de um túmulo nas águas. Esse peixe frio, fedorento e molhado não teria sido um bom lugar. Jonas teria ficado apavorado, certo de que morreria. Mas, sendo um profeta, Jonas sabia algo sobre Deus. E passado o choque inicial, tendo dado uma olhada na situação, ele fez a coisa mais importante que poderia fazer: agradeceu a Deus. Sim, ele agradeceu a Deus na prisão dentro do peixe.

Agradecer a Deus no meio de um peixe fedorento e do sofrimento lhe poupará muita dor. Nada acontece com você que Deus não possa e não irá usar para seu bem (veja Romanos 8:28). Quando você acreditar nisso e confiar nele, será livre para viver sem medo ou preocupação. Será livre para descansar com uma paz que excede qualquer coisa que possa imaginar (veja Filipenses 4:7). Nenhuma tempestade, nenhuma provação, nenhuma destruição pode chegar a menos que Deus a coloque ali para livrá-la de suas escolhas.

Na barriga do peixe, Jonas tinha algo para aprender. E ele só seria libertado quando aprendesse a lição. Se você está presa e quer ficar livre, é preciso aprender o que Deus quer lhe ensinar. Que lição você está se recusando a aprender? Que trabalho você não quer fazer? Tome a decisão de fazê-lo e, então, agradeça a Deus. Ore a ele e lhe ofereça sua vida, sua vontade e seu louvor. Aí você verá coisas acontecendo. Se Deus pode salvar uma cidade desprezível como Nínive (veja Jonas 3), ele pode salvar você. Aceite a repreensão e o perdão de Deus e siga em frente para a bênção que ele quer lhe dar.

4 Pensei que havia sido jogado fora
da tua presença
e que não tornaria a ver o teu santo
Templo.

5 "As águas vieram sobre mim e me
sufocaram;
o mar me cobriu completamente,
e as plantas marinhas se enrolaram
na minha cabeça.
6 Desci até a raiz das montanhas,
desci à terra que tem o portão
trancado para sempre.
Tu, porém, me salvaste da morte,
ó SENHOR, meu Deus!
7 Quando senti que estava
morrendo,
eu lembrei de ti, ó SENHOR,
e a minha oração chegou *a ti,*
no teu santo Templo.

8 "Aqueles que adoram ídolos,
que são coisas sem valor,
deixaram de ser fiéis a ti.
9 Mas eu cantarei louvores,
e te oferecerei *sacrifícios,
e cumprirei o que prometi.
A salvação vem de Deus, o SENHOR!"

10 Então o SENHOR deu ordem ao peixe,
e ele vomitou Jonas na praia.

Jonas em Nínive

3 Pela segunda vez, o SENHOR Deus disse a Jonas:
2 — Apronte-se, vá à grande cidade de
Nínive e anuncie ao povo de lá a mensagem que eu vou dar a você.
3 Jonas se aprontou e foi a Nínive, como
o SENHOR Deus havia ordenado. Nínive
era tão grande, que uma pessoa levava
três dias para atravessá-la a pé. 4 Jonas
entrou na cidade, andou um dia inteiro e
então começou a anunciar:
— Dentro de quarenta dias, Nínive será
destruída!
5 Então os moradores de Nínive creram
em Deus e resolveram que cada um devia
jejuar. E todos, desde os mais importantes até os mais humildes, vestiram roupa

DEVOCIONAL

Texto para leitura: **Jonas 4**

Conheça a verdadeira felicidade

A autopiedade diz: "Eu não posso fazer isso". Ela diz: "Isso é muito difícil". Este sentimento tira Deus do trono e coloca você e seus próprios interesses no lugar dele. E ela toma decisões com base em sentimentos, e não na fé. Essa maneira de pensar não é aceitável para a Garota de Deus. O Senhor quer que você decida o valor de sua vida não com base nas circunstâncias, mas na fidelidade dele. Você pode ter certeza de que nada pode tirá-la das mãos de Deus, e, por isso, o que quer que aconteça com você ou à sua volta não será seu fim nem o fim do Senhor.

Como uma Garota de Deus, você não pode deixar que um toque da autopiedade a faça deixar de confiar na verdade de que o Pai tem tudo sob controle. Nenhum desafio, nenhuma situação, nenhuma dor, nenhuma ambição é muito difícil de superar e atravessar com fé, em vez de com medo e com autopiedade. Mas as pessoas só encontram a glória de Deus quando deixam de olhar para sua vida miserável. Quando pensamentos negativos começarem a aparecer, quando sua mente começar a lamentar e se queixar, e quando você disser a Deus: "Eu não posso fazer isso", lembre-se de que ele a tornou capaz de fazê-lo. Você pode e tem de fazer isso. Então, em vez de afirmar: "Eu não posso", pergunte: "Por que não? Por que eu não deveria sofrer, uma vez que o sofrimento está aqui para me fazer mais parecida com Jesus?" (veja Filipenses 3:10).

Quando você sente autopiedade, começa a pensar em si mesma como uma menina esquisita, uma menina cuja vida simplesmente não pode ser corrigida, mas isso nunca se aplica à Garota de Deus. O Senhor pode usar qualquer coisa para o bem (veja Romanos 8:28). Você pode sobreviver a qualquer coisa, e, se confiar em Deus, pode crescer e ser feliz até mesmo em meio a sofrimentos e provações.

feita de pano grosseiro a fim de mostrar
que estavam arrependidos.
6 Quando o rei de Nínive soube disso,
levantou-se do trono, tirou o *manto, vestiu uma roupa feita de pano grosseiro e
sentou-se sobre cinzas. 7 Mandou também
anunciar ao povo da cidade o seguinte:
"Esta é uma ordem do rei e dos seus ministros. Ninguém pode comer nada. Todas
as pessoas e também os animais, o gado
e as ovelhas estão proibidos de comer e
beber. 8 Que todas as pessoas e animais
vistam roupas feitas de pano grosseiro!
Que cada pessoa ore a Deus com fervor
e abandone os seus maus caminhos e as
suas maldades! 9 Talvez assim Deus mude
de ideia. Talvez o seu furor passe, e assim
não morreremos!"
10 Deus viu o que eles fizeram e como
abandonaram os seus maus caminhos.
Então mudou de ideia e não castigou a
cidade como tinha dito que faria.

A raiva de Jonas e a misericórdia de Deus

4 Por causa disso, Jonas ficou com raiva
e muito aborrecido.
2 Então orou assim:
— Ó SENHOR Deus, eu não disse, antes de deixar a minha terra, que era isso
mesmo que ias fazer? Foi por isso que fiz
tudo para fugir para a Espanha! Eu sabia
que és Deus que tem compaixão e misericórdia. Sabia que és sempre paciente
e bondoso e que estás sempre pronto a
mudar de ideia e não castigar. 3 Agora, ó
SENHOR, acaba com a minha vida porque
para mim é melhor morrer do que viver.
4 O SENHOR respondeu:
— Jonas, você acha que tem razão para
ficar com tanta raiva assim?

5 Aí Jonas saiu de Nínive, foi para o
lado onde o sol nasce e sentou-se. De-
pois, construiu um abrigo e sentou-se
na sombra, esperando para ver o que
ia acontecer com a cidade. 6 Então o SE-
NHOR Deus fez crescer uma planta por
cima de Jonas, para lhe dar um pouco
de sombra, de modo que ele se sentis-
se mais confortável. E Jonas ficou muito
satisfeito com a planta. 7 Mas no dia se-
guinte, quando o sol ia nascer, por ordem
de Deus um bicho atacou a planta, e ela
secou. 8 Depois que o sol nasceu, Deus
mandou um vento quente vindo do les-
te. E Jonas quase desmaiou por causa do
calor do sol, que queimava a sua cabeça.
Então quis morrer e disse:

— Para mim é melhor morrer do que
viver!

9 Mas Deus perguntou:

— Jonas, você acha que está certo ficar
com raiva por causa dessa planta?

Jonas respondeu:

— É claro que tenho razão para estar
com raiva e, com tanta raiva, que até que-
ro morrer!

10 Então o SENHOR Deus disse:

— Essa planta cresceu numa noite e na
noite seguinte desapareceu. Você nada fez
por ela, nem a fez crescer, mas mesmo as-
sim tem pena dela! 11 Então eu, com mui-
to mais razão, devo ter pena da grande
cidade de Nínive, onde há mais de cento
e vinte mil crianças inocentes e também
muitos animais!

Coisas para procurar

- As três profecias diferentes (veja Miqueias 1—2; 3—5; 6—7)
- A redenção final que Deus dá ao seu povo (veja Miqueias 2:12; 4:7; 5:7-8; 7:18)
- A confissão do povo de Deus (veja Miqueias 7)

Termos e versículos que você deve saber

Judá: Judá é o nome de uma área dentro da Palestina, mas também é o nome de uma tribo. Em Miqueias, refere-se ao reino do sul, cuja capital é Jerusalém. É formado pelas tribos de Judá e Benjamim.

Samaria: A capital do reino do norte de Israel.

Ai daqueles que antes de se levantarem de manhã já fazem planos para explorar e maltratar os outros!
(Miqueias 2:1)

— Os adivinhos e os que dizem o que vai acontecer no futuro passarão vergonha. Não receberão resposta de Deus e por isso ficarão desmoralizados.
(Miqueias 3:7)

O SENHOR já nos mostrou o que é bom, ele já disse o que exige de nós. O que ele quer é que façamos o que é direito, que amemos uns aos outros com dedicação e que vivamos em humilde obediência ao nosso Deus.
(Miqueias 6:8)

Eu, porém, ponho a minha esperança em Deus, o SENHOR, e confio firmemente que ele me salvará. O meu Deus me atenderá.
(Miqueias 7:7)

1 Esta é a mensagem que o SENHOR Deus deu a Miqueias, da cidade de Moresete. Miqueias teve estas visões a respeito das cidades de Samaria e de Jerusalém durante os reinados de Jotão, Acaz e Ezequias na terra de Judá.

O julgamento de Samaria

2 Escutem, todos os povos;
prestem atenção, todos os
moradores da terra!
O SENHOR vai ser testemunha
contra vocês;
do seu templo no céu, ele falará.
3 Ele descerá do lugar onde mora
e caminhará sobre as montanhas.
4 Debaixo dos seus pés, as
montanhas se desfazem;
são como cera que se derrete no fogo.
Os vales se abrem,
como se uma enchente os cortasse
ao meio.

Miqueias

Juízo e misericórdia

Ó Deus, não há outro deus como tu, pois perdoas os pecados e as maldades daqueles do teu povo que ficaram vivos. Tu não continuas irado para sempre, mas tens prazer em nos mostrar sempre o teu amor.
Miqueias 7:18

Autor Miqueias
Data Século 8º a.C.
Local Provavelmente o povoado de Moresete, em Judá
Público-alvo O povo de Judá

Encare os fatos: é mais fácil confiar nas coisas que você pode ver do que nas coisas que não pode. Mas a ideia de que algo ou alguém poderia fazer as coisas que o próprio Deus promete fazer é ridícula. É dar muito crédito e devoção a algo ou alguém diferente de Deus, e no Antigo Testamento isso se chama idolatria. Na época de Miqueias, a idolatria era desenfreada. As pessoas eram rebeldes, idólatras e violentas. Elas tinham mexido com o templo e rejeitado à lei de Deus. Miqueias foi enviado para adverti-las que o desastre estava para chegar.

Suas obsessões — aquelas coisas nas quais você não consegue parar de pensar, com as quais se preocupa ou sonha — podem se tornar ídolos se ocuparem mais espaço em sua mente do que os pensamentos de Deus. Essas coisas e pessoas às quais você recorre para buscar conforto, esperança, paz, proteção e salvação são seus pequenos ídolos, e eles serão sua destruição. Neste pequeno livro, Miqueias adverte o povo sobre o desrespeito por Deus e o apego idiota a outras coisas além do Senhor. E com todas as letras, explica a destruição que será consequência da infidelidade do povo. É assustador pensar na ira de Deus lançada contra pessoas que o rejeitam e se voltam para outros deuses. O Senhor não é alguém para ser menosprezado. Pense com cuidado no que a deixa obcecada e em como você pode se livrar desses ídolos em sua vida para que nada mais seja uma obsessão para você do que agradar a Deus.

Ponto essencial

O livro de Miqueias fala sobre a destruição iminente tanto de Israel, no norte, como de Judá, no sul. O profeta adverte o povo dizendo que este violou a aliança com Deus, e revela como o Senhor enviará a destruição por causa do pecado do povo. Ele fala sobre o cativeiro futuro como disciplina, e ensina que a disciplina só mostra que Deus ama seu povo o suficiente para ensiná-lo a distinguir o certo do errado.

5 Tudo isso acontecerá porque o povo de Israel pecou e se revoltou contra Deus. Quem é culpado da revolta de Israel? É o povo de Samaria! E quem é responsável por haver santuários pagãos em Judá? É o povo de Jerusalém! 6 Por isso, o SENHOR diz:

— Eu farei com que a cidade de Samaria vire um montão de ruínas em campo aberto; farei com que seja um lugar para plantação de uvas. Farei com que as pedras da cidade rolem monte abaixo e que os alicerces das casas de Samaria fiquem aparecendo. 7 Todas as imagens serão destruídas, toda a riqueza conseguida à custa das prostitutas dos seus templos pagãos será queimada, e todos os ídolos virarão um monte de ruínas. Tudo o que foi comprado com o dinheiro das prostitutas será usado para pagar as prostitutas em outros templos pagãos.

Os inimigos chegam perto de Jerusalém

8 Por isso, eu choro e grito de dor e em sinal de tristeza ando descalço e nu, uivando como uma raposa e soltando gritos de dor como uma avestruz. 9 Pois os ferimentos do povo de Samaria não podem ser curados; a destruição já atingiu Judá e está perto de Jerusalém, onde vive o meu povo.

10 Não contem em Gate a nossa derrota, nem comecem a chorar. Povo de Bete-Leafra, role no chão em sinal de desespero! 11 Moradores de Safir, vão nus e envergonhados para o *cativeiro! Os que vivem em Zaanã não devem sair da cidade; quando ouvirem o povo de Bete-Esel chorar, vocês saberão que eles não os podem ajudar. 12 Os que moram em Marote esperam ansiosos por socorro, pois o SENHOR fez a desgraça chegar bem perto de Jerusalém. 13 Moradores de Laquis, atrelem os cavalos aos carros! Vocês fizeram o mesmo que os israelitas, isto é, levaram o povo de Jerusalém ao pecado. 14 Portanto, povo de Judá, diga adeus à cidade de Moresete-Gate. O povo da cidade de Aczibe será uma armadilha para os reis de Israel.

15 O SENHOR Deus diz:

— Vou entregar a cidade de Maressa nas mãos do inimigo, e as autoridades de Israel irão se esconder na caverna que fica perto da cidade de Adulã. 16 Povo de Judá, corte os cabelos e rape a cabeça em sinal de tristeza, pois os seus filhos queridos serão levados como prisioneiros para longe da sua pátria.

O castigo dos que exploram os pobres

2 Ai daqueles que antes de se levantarem de manhã já fazem planos para explorar e maltratar os outros! E logo que se levantam fazem o que querem, pois são poderosos! 2 Quando querem terrenos ou casas, eles os tomam. Maltratam os outros e não respeitam a família nem a propriedade de ninguém. 3 Por isso, o SENHOR diz:

— Vou fazer a desgraça cair sobre vocês, e vocês não escaparão. Será um tempo de sofrimento, e vocês não andarão mais tão cheios de orgulho. 4 Quando aquele dia chegar, outros vão inventar um provérbio a respeito de vocês e cantarão esta canção triste:

“Estamos completamente
arruinados!
O SENHOR tirou a nossa terra,
ele tirou o que era nosso
e deu aos que nos conquistaram.”

5 Portanto, quando a *Terra Prometida for repartida de novo entre o povo do SENHOR Deus, nenhum de vocês receberá nem uma parte dela.

6 O povo me diz:

— Pare com essas *profecias! Não diga isso! Não é possível que Deus faça a desgraça cair sobre a gente! 7 Será que o povo de Israel está amaldiçoado? Será que o SENHOR está irritado? É assim que ele age?

O SENHOR Deus diz:

— De fato, as minhas palavras fazem bem aos que são bons. 8 Mas vocês, como se fossem inimigos, atacaram o meu povo. Os homens voltam da guerra, pensando que estão sãos e salvos, mas vocês roubam as suas roupas. 9 Vocês expulsam dos seus lares queridos as mulheres do meu povo, e assim os filhos delas perdem para sempre as bênçãos que prometi. 10 Saiam daqui! Vão embora! Pois não é este o lugar onde vocês vão descansar em paz. Aqui há tanta gente desonesta e sem-vergonha, que a destruição vai ser total.

11 O *profeta que essa gente prefere é aquele que anda pregando mentiras e falsidades, prometendo vinho e cerveja para todos.

Deus promete salvar o povo

12 O SENHOR diz ao povo de Israel:

— Eu reunirei todos vocês que restarem e os trarei de volta para a *Terra Prometida, como o pastor leva as ovelhas para o pasto ou as recolhe no curral. E

Uma oração por...

Pureza

Salva-me completamente do pecado. Sei que só sou justa por causa da justiça de Jesus, mas almejo e anseio ser semelhante a ti. Sou tua filha e devo parecer como tal. Ajuda-me a ver minha natureza de pecado; quando ela me tentar, ajuda-me a estar surda para a voz dela. Livra-me do ataque como também do domínio do pecado. Ajuda-me a andar como Cristo andou, a viver na novidade de sua vida — a vida de amor, fé, santidade.

Odeio o pecado que habita em mim: preguiça, inveja, torpeza, orgulho. Perdoa-me e extermina esses vícios; tem misericórdia de minha incredulidade, de meu coração corrupto e inconstante.

Quando tuas bênçãos vêm, começo a idolatrá-las e a pôr minha afeição em qualquer objeto amado — amigos, popularidade, riqueza, honra. Purifica-me deste adultério espiritual e concede-me pureza. Fecha a porta de meu coração para tudo o que não diz respeito a ti.

O pecado é meu maior mal. Que tua vitória seja clara à minha consciência e manifesta em minha vida. Ajuda-me a ser sempre dedicada, fiel, obediente, resignada e confiante em ti, como uma criança confia em seu pai; a amar-te com alma, corpo, mente e força; a amar aos outros como a mim mesma; a ser livre de temperamento obstinado, pensamentos desagradáveis, palavras caluniosas, da maldade e de modos indelicados; e controla minha língua. Enche-me diariamente de graça, para que minha vida seja uma fonte de água doce.

Amém.

mais uma vez as cidades do país ficarão movimentadas e cheias de gente.

13 Deus abrirá caminho para o seu povo,
e eles sairão livres pelos portões da cidade. O Rei, o SENHOR, irá na frente, e todos *o seguirão.*

Mensagem contra as autoridades e os profetas

3 Escutem, líderes e autoridades de Israel! Vocês deviam praticar a justiça
2 e, no entanto, odeiam o bem e amam o
mal. Vocês tiram a pele do meu povo e
arrancam a carne dos seus ossos. 3 Vocês
devoram o meu povo: arrancam a pele, quebram os ossos e cortam a carne em pedaços, como se faz com a carne que vai
ser cozinhada. 4 Virá o dia em que vocês
clamarão ao SENHOR Deus, mas ele não os atenderá; vocês fazem o que é mau, e por isso ele não ouvirá as suas orações.
5 Os *profetas enganam o povo. Para os que lhes pagam eles prometem paz, mas ameaçam com guerra os que não lhes dão nada. O SENHOR diz a esses profetas:
6 — Em vez de visões vocês terão a escuridão, e em vez de revelações haverá somente trevas para vocês. A luz do dia vai desaparecer para vocês, e a escuridão
da noite cairá sobre vocês. 7 Os adivinhos
e os que dizem o que vai acontecer no futuro passarão vergonha. Não receberão resposta de Deus e por isso ficarão desmoralizados.
8 Mas, quanto a mim, o Espírito do SENHOR me dá poder, amor pela justiça e coragem para condenar os pecados e as
maldades do povo de Israel. 9 Escutem,
líderes e autoridades de Israel! Vocês odeiam o que é bom e torcem a justiça.
10 Vocês estão construindo Jerusalém, a
cidade santa, sobre um alicerce de injus-
tiças e de crimes de sangue. 11 As auto-
ridades de Jerusalém aceitam dinheiro para torcer a justiça, os sacerdotes cobram para ensinar a *Lei, e os profetas exigem pagamento para adivinhar o futuro. Mas mesmo assim eles afirmam que recebem ajuda de Deus. Eles dizem: "Nenhum mal vai acontecer porque o SENHOR está do nosso lado."
12 Portanto, por causa de vocês, Jerusalém vai virar um montão de pedras, o monte *Sião vai ser arado como um campo, e o lugar onde fica o Templo se tornará uma floresta.

O reinado de paz de Deus, o SENHOR

Isaías 2.2-4

4 No futuro, o monte do Templo do SENHOR
será o mais alto de todos,
ficando acima de todos os montes.
Todas as nações irão correndo para lá,
2 e esses povos dirão:
"Vamos subir o *monte do SENHOR,
vamos ao Templo do Deus de Israel.
Ele nos ensinará o que devemos
fazer,

DEVOCIONAL

Texto para leitura: **Miqueias 3:1-4**

Conheça a si mesma

Pode ser difícil não prestar atenção no mundo com todas as visões incríveis e ideias criativas que ele tem, mas, toda vez que se envolve com o mundo, você se abre para a oportunidade de se afastar de Deus. E, de repente, você não se vê vivendo em Deus, mas no mundo, e sua vida de oração sofre. Deus diz que não ouvirá pessoas que amam o mundo — aquelas que colocam nele toda a esperança e ficam obcecadas com isso. O problema com a obsessão é que todos os seus pensamentos estão focados em obter a única coisa com a qual você está obcecada, mesmo que em detrimento de outras coisas e pessoas. Ao ficar assim, você dá um grande passo no sentido de odiar o bem e amar o mal (veja Miqueias 3:2), uma vez que o mal é algo que afasta sua atenção de Deus para poder controlá-la.

Se sua vida de oração está fraca e você nunca tem as respostas que deseja, então talvez a resposta esteja onde você está vivendo: no mundo ou na fé? Pense em sua semana. O que você faz e em que pensa com mais frequência? Sua vida está envolvida com Jesus e com a Palavra dele ou você investe a maior parte de sua força em sua adaptação ao mundo?

A oração é seu acesso ao Criador de tudo. É sua maneira de pedir e receber daquele que provê tudo aquilo de que você precisa para a vida e para a felicidade. Se você pudesse ter acesso contínuo ao Deus do Universo, por que não aproveitaria a oportunidade e correria com ela? A única coisa que falta em sua vida de oração é fidelidade. Dê as costas para o mundo, negue-o e vá direto para os braços de Deus. Aprenda a viver lá, sem dar um voto ao mundo, e sua vida de oração vai crescer.

e nós andaremos nos seus caminhos.
Pois os ensinamentos do SENHOR
vêm de Jerusalém;
é do monte Sião que ele fala ao seu
povo."

3 Ele será juiz entre muitos povos
e decidirá questões entre grandes
nações distantes.
Os povos transformarão as suas
espadas em arados
e as suas lanças em foices.
Nunca mais as nações farão guerra,
nem se prepararão novamente para
batalhas.
4 Todos viverão seguros,
e cada um descansará calmamente
debaixo das suas figueiras e das
suas *parreiras.
Esta é a promessa do SENHOR Todo-Poderoso.

5 As outras nações adoram e
obedecem aos seus deuses;
mas, quanto a nós, o SENHOR é o
nosso Deus,
e nós o adoraremos e lhe
obedeceremos para sempre.

Deus salvará o seu povo

6 O SENHOR Deus diz:
— Virá o dia em que eu reunirei aque-
les que sofrem, todos os que eu castiguei,
quando os expulsei da sua pátria. 7 Tra-
rei de volta dos países distantes todos os
*que esti*verem vivos e farei deles uma na-
ção poderosa. Eu, o SENHOR, reinarei no
monte *Sião, e, daquele tempo em diante
e para sempre, eles serão novamente o
meu povo. 8 E Jerusalém, o lugar de onde
eu, como pastor de ovelhas, olho e cuido
do meu povo, voltará a ser a capital do
país, a cidade mais importante de Israel.
9 Jerusalém, por que é que você está
chorando como uma mulher que está
com dores de parto? Será que é porque
você não tem rei e os seus conselheiros

morreram? [10]Jerusalém, torça-se de dor e grite como uma mulher que está dando à luz, pois os seus moradores vão sair e morar nos campos e depois irão até a Babilônia. Mas o SENHOR os salvará e os livrará do poder dos inimigos.

[11]Muitas nações se reuniram para atacar Jerusalém. Essa gente diz: "Jerusalém deve ser destruída e *profanada!" [12]Mas eles não sabem o que o SENHOR está pensando e planejando. Não sabem que ele os reuniu para os castigar, como se ajuntam as espigas para pisá-las e separar o trigo da palha.

[13]O SENHOR Deus diz:

— Povo de Jerusalém, levante-se e ataque os inimigos! Eu darei a vocês a força de um touro com chifres de ferro e cascos de bronze. Vocês destruirão muitos povos e oferecerão a mim, o Senhor do mundo inteiro, as riquezas que eles conquistaram pela força.

5 Povo de Jerusalém, prepare-se para se defender, pois as tropas inimigas estão cercando a cidade e querem matar o rei de Israel!

Deus promete um rei para o seu povo

[2]O SENHOR Deus diz:

— Belém-Efrata, você é uma das menores cidades de Judá, mas do seu meio farei sair aquele que será o rei de Israel. Ele será descendente de uma família que começou em tempos antigos, num passado muito distante.

[3]Deus vai entregar os israelitas nas mãos do inimigo, que os dominará até que nasça o filho da mulher que está para dar à luz. Então os israelitas que estão no *cativeiro voltarão a se reunir com os seus patrícios na *Terra Prometida. [4]O rei virá e será o pastor do seu povo, governando-o com a força que o SENHOR lhe dará e em nome do SENHOR, o seu *glorioso Deus. O seu povo viverá em segurança, pois o seu poder alcançará os lugares mais distantes do mundo. [5]E ele trará a paz.

Quando os assírios invadirem o nosso país e conquistarem as nossas fortalezas, nós mandaremos para lutar contra eles os nossos líderes mais importantes. [6]Estes invadirão a terra de Ninrode, isto é, a Assíria, e a conquistarão. E assim, quando os assírios atacarem o nosso país, o rei nos salvará.

[7]Os israelitas que continuarem vivos serão para os outros povos como o sereno que o SENHOR manda sobre a terra, como a chuva que cai nas plantas. Eles contarão com a ajuda de Deus e não com a dos seres humanos. [8]Os israelitas que continuarem vivos serão no meio dos outros povos como um leão entre os animais selvagens, como um leão novo que ataca um rebanho de ovelhas e as agarra e despedaça, sem que ninguém as possa salvar. [9]Assim o povo de Israel conquistará e matará todos os seus inimigos.

[10]O SENHOR diz ao povo de Israel:

— Naquele dia, matarei os seus cavalos e destruirei os seus carros de guerra. [11]Deixarei em ruínas as cidades e derrubarei as fortalezas. [12]Acabarei com as suas feitiçarias e os deixarei sem adivinhos. [13]Destruirei os seus ídolos e as colunas do deus *Baal, e vocês nunca mais adorarão objetos feitos por vocês mesmos. [14]Derrubarei todos os postes da deusa *Aserá e destruirei as cidades. [15]Na minha *ira, no meu furor, eu me vingarei de todas as nações que me desobedeceram.

Deus julga o seu povo

6 Escutem a acusação que o SENHOR Deus vai fazer contra o seu povo!

Levanta-te, ó Deus, e faze a tua
acusação;
e que as montanhas e os montes
ouçam o que dizes.
[2]Ó montanhas, ó alicerces firmes
da terra,
escutem a acusação que o SENHOR
faz contra Israel.
Pois ele tem uma questão para
resolver com o seu povo;
ele vai acusar o povo de Israel.

[3]O SENHOR diz:

— Meu povo, o que foi que eu fiz de errado? Será que exigi demais de vocês? Respondam! [4]Eu os tirei do Egito, salvando-os da escravidão, e enviei Moisés, Arão e Míriam para os guiar pelo deserto. [5]Meu povo, lembre dos planos que Balaque, rei de Moabe, fez contra vocês e da resposta que Balaão, filho de Beor, lhe deu. Lembrem de tudo o que aconteceu desde que saíram do acampamento do vale das Acácias até que chegaram à cidade de Gilgal. Não esqueçam nunca as vitórias que eu, o SENHOR, consegui.

O que Deus exige

[6]O que é que eu levarei quando for adorar o SENHOR? O que oferecerei ao Deus

Altíssimo? Será que deverei apresentar
a Deus bezerros de um ano para serem
completamente queimados? 7 Será que
o SENHOR ficará contente se eu oferecer
milhares de carneiros ou milhares e mi-
lhares de rios de azeite? Será que deve-
rei oferecer o meu filho mais velho como
*sacrifício para pagar os meus pecados e
as minhas maldades?
8 O SENHOR já nos mostrou o que é bom,
ele já disse o que exige de nós. O que ele
quer é que façamos o que é direito, que
amemos uns aos outros com dedicação e
que vivamos em humilde obediência ao
nosso Deus.
9 O SENHOR está falando com a cidade
de Jerusalém, e os que são sábios ouvem
com respeito o que Deus está dizendo.
Ele diz:
— *Tribo de Judá e moradores de Jeru-
salém, escutem! 10 Nas casas dos maus há
riquezas que eles ajuntaram desonesta-
mente. Eles usam medidas falsas, que eu
detesto. 11 Como posso perdoar pessoas
que usam balanças falsas e pesos falsos?
12 Em Jerusalém, as pessoas ricas explo-
ram os outros, e todos os seus moradores
são mentirosos e trapaceiros. 13 Por isso,
já comecei a castigar vocês; e, por causa
dos seus pecados, vou acabar com vocês.
14 Vocês não terão comida suficiente e es-
tarão sempre passando fome. Procurarão
ajuntar riquezas, mas não poderão guar-
dar nada; e, se guardarem alguma coisa,
farei com que seja destruída na guerra.
15 Plantarão, mas não comerão nada; es-
magarão as azeitonas, mas não chegarão
a usar o azeite; pisarão as uvas, mas não
beberão o vinho. 16 Tudo isso vai aconte-
cer porque vocês imitaram os maus cos-
tumes e as maldades do rei Onri e do seu
filho, o rei Acabe, e seguiram os conselhos
deles. Por isso, vou destruir Jerusalém, e
todo mundo vai zombar dos moradores
da cidade. Vocês serão insultados por to-
dos os povos.

A corrupção de Israel

7 Ai de mim! Sou como um homem fa-
minto que depois da colheita procura
figos nas figueiras e uvas nas *parreiras,
mas não encontra nada porque todas as
uvas e todos os figos maduros foram co-
lhidos. 2 No país inteiro não há uma só
pessoa honesta, nem uma que obedeça
a Deus. Todos estão procurando matar
os outros; cada um procura pôr o seu
patrício na cadeia. 3 Todos estão prontos
para fazer o que é mau. Autoridades exi-
gem dinheiro por fora, e juízes *recebem
presentes para* torcer a justiça. Os pode-
rosos contam como vão satisfazer os seus
maus desejos. Todos planejam fazer coi-
sas más. 4 Mesmo as melhores pessoas, as
que são mais honestas, não valem mais do
que espinheiros. Mas está chegando o dia
em que Deus vai castigá-los, conforme os
vigias dele, isto é, os *profetas, anuncia-
ram. Naquele dia, haverá confusão geral.
5 Não acreditem nos vizinhos, nem con-
fiem nos amigos. Cada um tome cuidado
até com o que diz à sua mulher. 6 Pois hoje
em dia os filhos desprezam os pais, as fi-
lhas desobedecem às mães, e as noras bri-
gam com as sogras; e os piores inimigos de
qualquer pessoa são os próprios parentes.
7 Eu, porém, ponho a minha esperan-
ça em Deus, o SENHOR, e confio firme-
mente que ele me salvará. O meu Deus
me atenderá.

Deus salva o seu povo

8 Inimigos, não zombem de nós! De fato,
caímos, mas ficaremos novamente de pé;
agora, estamos na escuridão, mas o SE-
NHOR será a nossa luz. 9 Nós pecamos con-
tra Deus e agora teremos de suportar a
sua *ira. Mas ele vai julgar a nossa causa e
nos fará justiça. Ele nos levará para a luz,
e nós seremos salvos. 10 Quando os nossos
inimigos virem isso, ficarão envergonha-
dos, pois disseram: "Onde está o SENHOR,
o Deus de vocês?" E agora vamos ter o
prazer de vê-los derrotados; eles serão
pisados como a lama das ruas.
11 Povo de Jerusalém, está chegando o
tempo de construir de novo as muralhas
da cidade e de mudar para mais longe as
fronteiras do país. 12 Naquele dia, os nos-
sos patrícios voltarão para Jerusalém.
Eles virão da Assíria, do Egito e da re-
gião do rio Eufrates; virão dos mares e
das montanhas mais distantes. 13 Mas o
mundo inteiro vai virar um deserto por
causa dos pecados dos seus moradores.

Oração pedindo a misericórdia de Deus

14 Ó Deus, nosso pastor, cuida de nós, o
teu rebanho. Pois vivemos isolados numa
floresta cercada de terras boas e férteis.
Como fizeste no passado, leva-nos agora
para os bons pastos de Basã e de Gileade.
15 Faze milagres a nosso favor, como fizes-
te quando nos tiraste do Egito. 16 Nações
poderosas verão isso e, apesar de todo

DEVOCIONAL

Texto para leitura: **Miqueias 7:18-20**

Conheça a Deus

Você está plenamente convencida de que Deus pode fazer qualquer coisa que ele disser que fará? Se *estiver, então* você tem fé. Se não, então você não tem fé; tem dúvida. Se quiser ser perdoada pelas bobagens *que fez, então* você precisa crer no perdão de Deus. Precisa crer que, seja lá o que tenha feito, está feito, acabado, consumado, e que você está perdoada — não por causa do modo como corrigiu isso ou do que fez, mas porque crê em Jesus.

Deus promete torná-la limpa, irrepreensível e justa se você simplesmente crer que ele pode fazer isso. Quando você se preocupa com seus pecados do passado, pensa neles o tempo todo e diz coisas do tipo: "Eu não consigo superar isso", você não está crendo, mas sim duvidando. Você sabia que só quem crê obtém o perdão, e não quem duvida? É tão simples que muita gente não percebe. Creia em seu perdão, e você irá tê-lo. Não creia, e você o deixará passar. Tão simples, mas tão difícil!

Veja como funciona: quando você estragar as coisas, concorde com Deus que você pecou. Diga-lhe sem rodeios que você pecou contra ele, e não contra outra pessoa. Então, agradeça-lhe pelo perdão e prometa nunca mais fazer isso. Se você puder agir assim, então terá o perdão. Simples.

O perdão está fundamentado na fé, não nas obras. Não tem a ver com você, mas com Deus. Tudo o que precisa fazer é ter coragem de crer. Você pode crer?

o seu poder, ficarão envergonhadas. Os
outros povos ficarão com medo, fecha-
rão a boca e taparão os ouvidos. 17 Eles
se arrastarão no pó como cobras, como
animais que se arrastam pelo chão. Tre-
mendo de medo, eles sairão das suas for-
talezas e, cheios de *temor, voltarão para
o SENHOR, nosso Deus.
18 Ó Deus, não há outro deus como tu,
pois perdoas os pecados e as maldades
daqueles do teu povo que ficaram vivos.
Tu não continuas *irado para sempre, mas
tens prazer em nos mostrar sempre o teu
amor. 19 Novamente, terás compaixão de
nós; acabarás com as nossas maldades e
jogarás os nossos pecados no fundo do
mar. 20 Como prometeste antigamente aos
nossos antepassados, tu serás fiel e mos-
trarás o teu amor a nós, os descendentes
de Abraão e de Jacó.

Naum

Espere o juízo por causa do pecado

O Senhor é paciente mas poderoso e não deixa os culpados sem castigo.
Naum 1:3

Autor ♥ Naum
Data ♥ 653-612 a.C.
Local ♥ Judá
Público-alvo ♥ O povo de Judá

A vida não é justa. Parece que deveria ser, mas não é. Às vezes, os maus têm mais sorte do que os bons. Eles torturam e até matam pessoas, e a vida parece ser boa para eles. Parecem ter sucesso em tudo o que fazem, ainda que o façam com um coração mau. Mas, como uma Garota de Deus, você pode ter certeza de uma coisa: Deus não deixa o mal impune. Ele não vira o rosto e simplesmente permite que os maus vençam. É claro que pode parecer assim agora, mas, no final, todo mundo terá de pagar pelo mal que faz.

Na época de Naum, Nínive era a maior e mais poderosa cidade da terra. Era a capital da Assíria, e os assírios governavam grande parte do mundo. As pessoas que viviam lá eram conhecidas como sanguinárias a ponto de queimar crianças e cortar as mãos de seus inimigos. Elas derrotaram Israel e transformaram Judá em um Estado vassalo. Agora, a mesma Nínive que Jonas, a contragosto, advertiu para que se arrependesse volta ao que era e se recusa a mudar. E no final, Nínive seria completamente destruída para nunca mais ser reconstruída.

Ponto essencial
Um século depois de Jonas ter ido a Nínive, Naum foi chamado para pronunciar o pecado e a futura destruição da cidade.

No Novo Testamento, Jesus ensina que devemos amar nossos inimigos e fazer o bem para os que nos odeiam, e às vezes isso pode parecer uma verdadeira loucura. Mas você precisa se lembrar de que, embora você não tenha permissão para se vingar, Deus é um Deus de justiça, e não vai deixar que o mal seja recompensado por muito tempo. Quando pessoas más vencerem às suas custas, não se queixe; apenas agradeça a Deus pela dádiva maravilhosa de Jesus Cristo e pelo perdão que ele oferece por seus pecados.

Naum é um livro pequeno, mas pode ser um desafio. Se você quiser saber mais sobre Judá e o relacionamento dela com Nínive antes de ler Naum, veja 2Reis 17—19 e 2Crônicas 32—33. Depois observe Naum pelas lentes do Novo Testamento e veja como o livro nos adverte sobre o juízo que está vindo para o todo mundo.

Coisas para procurar

- A descrição de Nínive (veja Naum 1:12-14; 3:1,4,16)
- A descrição de Deus (veja Naum 1:2-7)

Naum foi escrito para o povo de Nínive, embora os ninivitas provavelmente nunca tenham ouvido falar do livro nem o lido. O livro teria servido como um conforto para os israelitas, afirmando que Deus ainda estava no controle.

Nínive: A capital da nação pagã da Assíria. Considerada uma das cidades mais perversas de seu tempo. É mencionada nos livros de Jonas, Naum, 2Reis 17—19 e 2Crônicas 32—33.

Fatos, termos e versículos que você deve saber

O Senhor Deus é bom. Em tempos difíceis, ele salva o seu povo e cuida dos que procuram a sua proteção.
(Naum 1:7)

O Senhor é paciente mas poderoso e não deixa os culpados sem castigo.
(Naum 1:3)

1 Esta é a mensagem a respeito de Níni-
ve, que Deus, por meio de uma visão,
deu a Naum, que era da cidade de Elcos.

A ira de Deus contra Nínive

2 O Senhor é um Deus que não
tolera outros deuses,
um Deus *irado que se vinga dos
seus inimigos.
O Senhor tira vingança dos seus
inimigos
e na sua ira os castiga.
3 O Senhor é paciente mas
poderoso
e não deixa os culpados sem
castigo.

Ele anda pelo meio de *tempestades
e de ventos* violentos;
as nuvens são o pó que os seus pés
levantam.
4 Deus repreende o mar, e ele seca;
Deus faz os rios ficarem secos.
Os pastos de Basã e do monte
Carmelo secam,
as flores dos montes Líbanos ficam
murchas.
5 Na sua presença, as montanhas
tremem, e os morros se
desfazem.
Quando ele aparece,
a terra e todos os seus moradores
ficam arrasados.
6 Quando o Senhor está irado,
quem pode ficar de pé?
Quem pode resistir à sua ira?
A sua fúria se derrama como um rio
de fogo;
diante dele, as pedras se
arrebentam.

7 O Senhor Deus é bom.
Em tempos difíceis, ele salva o seu
povo
e cuida dos que procuram a sua
proteção.

8 Como uma enchente, ele acaba
com os seus inimigos;
ele manda os seus adversários para
o *mundo dos mortos.
9 O que é que vocês estão
planejando contra o SENHOR?
Ele os destruirá completamente.
Contra Deus ninguém se levanta
duas vezes!
10 Como uma moita de espinheiros,
como a palha seca,
vocês serão completamente
destruídos!

11 Da cidade de Nínive, veio o homem de
más intenções, que planeja o mal contra
Deus, o SENHOR. 12 Portanto, o SENHOR diz
ao povo de Israel:

"Os assírios serão destruídos e
desaparecerão,
embora sejam fortes e numerosos.
Eu deixei que vocês sofressem,
mas não farei isso de novo.
13 Eu os salvarei do poder dos
assírios;
eu os livrarei da escravidão."
14 A respeito do rei da Assíria o
SENHOR Deus diz o seguinte:
"Ele não terá filhos,
e assim o seu nome desaparecerá.
Eu destruirei os ídolos e as imagens
do templo do seu deus.
Vou sepultá-lo,
pois ele não vale nada."

15 Vejam! Pelas montanhas vem um
mensageiro que traz boas notícias, no-
tícias de paz. Povo de Judá, faça as suas
festas e ofereça a Deus aquilo que você
prometeu. O país de vocês nunca mais
será invadido por gente má; eles foram
completamente destruídos.

A queda de Nínive

2 O destruidor vai atacar a cidade de
Nínive.
Ponham guardas nas torres
e vigiem as estradas.
Chamem todos os soldados
e preparem-se para lutar.

2 O SENHOR Deus vai fazer voltar a *gló-
ria do povo de Israel; mais uma vez a na-
ção será o que era antes que os inimigos
levassem tudo embora e deixassem o país
como uma árvore sem galhos.

3 Os soldados inimigos carregam
*escudos vermelhos,
e os seus uniformes são vermelhos
também.
Eles se preparam para atacar Nínive.
Os seus carros de guerra brilham
como fogo,
e os cavalos estão impacientes.
4 Os carros de guerra correm
rápidos pelas ruas
e cruzam as praças em todas as
direções.
Parecem tochas acesas,
correm como relâmpagos.

5 O comandante inimigo dá ordem
aos seus oficiais;
eles correm até a muralha da
cidade
e, na sua corrida, empurram uns
aos outros.
Eles armam barreiras para se
protegerem.
6 Abrem-se as comportas do rio,
e no palácio reina o terror.

7 A imagem da deusa é levada
embora,
e as suas sacerdotisas a
acompanham chorando;
elas gemem como pombas
e batem no peito em sinal de
tristeza.
8 O povo de Nínive foge
como água que escapa de uma
represa.
"Parem! Parem!" — alguém grita,
mas ninguém para de fugir.
9 Peguem a prata! Levem o ouro!
A cidade está cheia de riquezas,
há milhares de objetos de valor.

10 Nínive: destruída, deserta,
despovoada!
Corações cheios de medo,
joelhos tremendo,
rostos pálidos;
todos perdem as forças.
11 O que aconteceu com a cidade
que era como uma cova de leões?
Ali os leõezinhos recebiam comida;
os leões e os seus filhotes viviam
seguros,
e ninguém os espantava.
12 O leão matava algum animal
e o repartia com a leoa e os filhotes;
a cova ficava cheia de animais
mortos.

13 O SENHOR Todo-Poderoso diz o se-
guinte ao povo de Nínive:

— Eu estou contra vocês. Vou queimar os seus carros de guerra, e os seus soldados morrerão na batalha. Levarei embora tudo o que vocês roubaram dos outros, e nunca mais os seus embaixadores irão para outros países.

Lamentações sobre Nínive

3 Ai de Nínive, cidade cruel,
cheia de mentiras e de violência,
onde não faltam crimes!
2 Escutem o estalo dos chicotes
e o barulho das rodas!
Aí vêm os cavalos galopando,
os carros de guerra vêm correndo!
3 Os cavaleiros atacam
com espadas brilhantes e lanças
reluzentes.
Mortos por toda parte,
milhares de cadáveres;
os soldados tropeçam nos corpos
dos mortos.
4 Nínive, a prostituta, está sendo
castigada!
Bela e encantadora,
com as suas feitiçarias ela
conquistava os povos
e os prendia com a sua prostituição.

5 O Senhor Todo-Poderoso diz:
"Nínive, eu estou contra você.
Vou tirar o seu vestido e deixá-la
nua
para que todos a vejam assim,
para que vejam a sua desgraça.
6 Vou tratá-la com desprezo
e cobri-la de sujeira;
todos olharão para você
horrorizados.
7 Todos os que a virem fugirão,
dizendo:
'Nínive está arrasada!'
Quem terá pena de você?
Onde vou achar quem a console?"

8 Nínive, será que você é melhor do
que Tebas, a capital do Egito? Ela também era protegida por um rio: o rio Nilo
era como um muro que a defendia. 9 Tebas
dominava o Egito e a Etiópia; ela era a cidade mais poderosa do mundo, e o país
da Líbia era o seu aliado. 10 Mesmo assim,
o povo de Tebas foi feito prisioneiro; eles foram levados para fora do seu país, as crianças foram esmagadas nas esquinas das ruas, e os inimigos tiraram sorte para ver quem ficava com as pessoas mais importantes e depois as levaram embora presas com correntes.

11 Nínive, você também vai ficar bêbada e vai andar atrapalhada, procurando fugir
do inimigo. 12 Todas as suas fortalezas são
como figueiras cheias de figos maduros: é só sacudir a figueira, e os figos caem
na boca de quem quiser comer. 13 Os seus
soldados são fracos como mulheres, e os portões da cidade estão abertos. O inimigo pode entrar à vontade, pois o fogo destruiu as fechaduras.

14 Guardem água em reservatórios, para que não falte quando o exército inimigo cercar a cidade, e reforcem as fortalezas. Amassem barro e preparem as formas
para fazer tijolos. 15 Mesmo assim, vocês
vão morrer no fogo ou na batalha; o inimigo acabará com vocês como os gafanhotos acabam com as colheitas.

Tornem-se tão numerosos como os
gafanhotos! 16 Há entre vocês mais nego-
ciantes do que estrelas no céu. Mas agora eles foram embora, como gafanhotos que
batem as asas e saem voando. 17 As suas
autoridades e os seus funcionários são como gafanhotos que pousam nas paredes quando faz frio; mas, logo que o sol começa a brilhar, eles saem voando, e ninguém sabe para onde foram.

18 O rei da Assíria e os seus governadores estão mortos, e os seus generais também morreram. O seu povo está espalhado pelas montanhas, e não há ninguém
para juntá-los de novo. 19 Não há remédio
para as suas feridas; elas não têm cura. Todos os que ouvem falar da sua desgraça ficam alegres e batem palmas. Pois não há ninguém que tenha escapado da sua crueldade que nunca se acaba.

Habacuque

Questione Deus

Ó Senhor Deus, até quando clamarei pedindo ajuda, e tu não me atenderás?
Habacuque 1:2

Autor ♥ Habacuque
Data ♥ Por volta do século 7º a.C.
Local ♥ Judá
Público-alvo ♥ O povo de Judá

Por que existe o mal neste mundo? Por que Deus permite que as pessoas machuquem tanto umas às outras? Você vê isso o tempo todo e se pergunta: "O que está acontecendo? Por que ele não intervém e faz alguma coisa? Os maus sempre podem fazer o que bem entendem?" Todos nós temos perguntas para Deus sobre coisas que simplesmente não podemos entender, e o profeta Habacuque não foi nem um pouco diferente. Ele não foi um profeta comum; ele não apontava o pecado das pessoas. Ele buscava a Deus e perguntava por que o mal passava impune. Ele se perguntava, assim como nós, por que Deus parece demorar tanto para castigar os maus. Ele simplesmente permite o pecado? A resposta é não, ele não permite o pecado, e sim, ele castigará os maus. Na verdade, neste livro, Deus promete um castigo terrível: invasão e cativeiro. Habacuque tem ainda mais perguntas: os israelitas, na verdade, são tão maus que os babilônios perversos devem atacá-los e arrancá-los de suas casas? Deus responde para Habacuque e diz que ele não deve se preocupar, pois os babilônios terão seu próprio juízo.

Ponto essencial
Habacuque não é um profeta comum. Em vez de abordar as pessoas por causa do pecado, ele recorre a Deus e insiste para que ele diga por que permite que os maus fiquem bem, e por que ele usa os maus para castigar seu povo. Ainda que confrontar Deus possa parecer perigoso, o Senhor responde para Habacuque, e suas respostas são encontradas neste pequeno livro. No final do livro, o profeta é encorajado por causa do poder e da graça de Deus na vida de seu povo. Este é um livro de perguntas, mas também é um livro de esperança.

Habacuque confronta Deus e pede respostas, mas sempre sabe que o Senhor está no controle e que ele é um Deus bom. Como uma Garota de Deus, você não precisa ter medo de fazer perguntas para o Pai, mas a resposta sempre vai ser a mesma: ele está no controle, ele sabe o que está fazendo e ele castigará as pessoas por causa do pecado. Não cabe a você tentar resolver essas coisas com as próprias mãos; ele é mais do que capaz para lidar com elas. Quando os maus parecem ter sucesso, sabemos que a verdade prevalecerá e a justiça será encontrada, mas talvez ela não chegue de suas próprias mãos. Durante a leitura de Habacuque, veja se as súplicas do profeta são parecidas com as suas. E como ele, termine louvando aquele que fará com que todas as coisas, no final, trabalharem juntas para o bem daqueles que o amam (veja Romanos 8:28).

Coisas para procurar

- As perguntas de Habacuque (veja Habacuque 1:2-4,12-17)
- A resposta de Deus (veja Habacuque 1:5-11; 2:2-20)
- A descrição que Habacuque faz de Deus (veja Habacuque 3)

Versículos que você deve saber

Ó SENHOR Deus, até quando clamarei pedindo ajuda, e tu não me atenderás?
(Habacuque 1:2)

Os teus olhos são puros demais para olhar o mal; tu não suportas ver as pessoas cometendo maldades.
(Habacuque 1:13)

Os maus não terão segurança, mas as pessoas corretas viverão por serem fiéis a Deus.
(Habacuque 2:4)

Ai de vocês que ficam ricos pegando coisas que não lhes pertencem! Até quando vão enriquecer obrigando os seus devedores a pagarem as dívidas?
(Habacuque 2:6)

O SENHOR está no seu santo Templo; que todos se calem na sua presença.
(Habacuque 2:20)

O SENHOR Deus é a minha força. Ele torna o meu andar firme como o de uma corça e me leva para as montanhas, onde estarei seguro.
(Habacuque 3:19)

Ó SENHOR, ouvi falar do que tens feito e estou cheio de temor. Faze agora, em nosso tempo, as coisas maravilhosas que fizeste no passado, para que nós também as vejamos. Mesmo que estejas irado, tem compaixão de nós!
(Habacuque 3:2)

1 Esta é a mensagem que Deus, por meio de uma visão, deu a Habacuque.

A queixa de Habacuque

2 Ó SENHOR Deus, até quando
clamarei pedindo ajuda,
e tu não me atenderás?
Até quando gritarei: "Violência!",
e tu não nos salvarás?
3 Por que me fazes ver tanta maldade?
Por que toleras a injustiça?
Estou cercado de destruição e
violência;
há brigas e lutas por toda parte.
4 Por isso, ninguém obedece à *lei,
e a justiça nunca vence.
Os maus levam vantagem sobre os
bons,
e a justiça é torcida.

A resposta de Deus

5 *O* SENHOR diz ao seu povo:
"Olhem as nações em volta de vocês
e fiquem admirados e assustados.
Pois o que vou fazer agora
é uma coisa em que vocês não
acreditariam,
mesmo que alguém contasse.

6 Estou atiçando os babilônios,
aquele povo cruel e violento,
sempre pronto a marchar pelo mundo inteiro,
a fim de conquistar as terras dos outros.

7 "Eles espalham o medo e o terror
e fazem valer as suas próprias ordens e *leis.
8 Os seus cavalos são mais rápidos do que os leopardos,
são mais ferozes do que os lobos do deserto.
Os seus cavaleiros avançam montados;
eles vêm correndo de longe,
rápidos como a águia
quando se joga sobre o animal
que ela está caçando.
9 Os soldados avançam,
ansiosos para conquistar;
conforme avançam, vão espalhando o terror.
Os seus prisioneiros são muitos;
são mais numerosos do que os grãos de areia da praia.
10 Os soldados babilônios zombam dos reis
e caçoam dos governadores.
Eles riem das fortalezas;
levantam uma rampa de ataque e as conquistam.
11 Depois, vão em frente, como o vento que passa;
eles não adoram outro deus senão a sua própria força."

Habacuque se queixa de novo

12 Tu sempre exististe, ó SENHOR.
Ó meu Santo Deus, tu és *imortal.
Tu és o nosso protetor.
Ó SENHOR, tu escolheste os babilônios
e lhes deste forças para nos castigar.
13 Mas como podes tolerar esses traidores, essa gente má?
Os teus olhos são puros demais para olhar o mal;
tu não suportas ver as pessoas cometendo maldades.
Como é, então, que ficas calado
quando esses malvados matam pessoas
que são melhores do que eles?
14 Por que tratas os seres humanos como se fossem peixes,
como se fossem animais que não têm chefe?

15 Pois os babilônios pegam outros povos
como os pescadores pegam peixes.
Com os seus anzóis e redes pegam os povos
e os arrastam para terra.
Aí se alegram e ficam contentes.
16 Oferecem *sacrifícios às redes
e apresentam ofertas aos anzóis,
pois é por causa deles que os pescadores ficam ricos
e têm muito que comer.
17 Será que os babilônios nunca deixarão de lutar
e, sem dó nem piedade, continuarão a matar os povos?

Deus responde de novo a Habacuque

2 Vou subir a minha torre de vigia e vou
esperar com atenção o que Deus vai
dizer e como vai responder à minha quei-
xa. 2 E o SENHOR Deus disse:

"Escreva em tábuas a visão que você vai ter,
escreva com clareza o que vou lhe mostrar,
para que possa ser lido com facilidade.
3 Ainda não chegou o tempo certo
para que a visão se cumpra;
porém ela se cumprirá sem falta.
O tempo certo vai chegar logo;
portanto, espere, ainda que pareça demorar,
pois a visão virá no momento exato.
4 A mensagem é esta:
Os maus não terão segurança,
mas as pessoas corretas viverão por serem fiéis a Deus."

Os babilônios serão castigados

5 De fato, a riqueza engana, e as pes-
soas orgulhosas nunca têm sossego. A
sua ganância não tem fim. Elas nunca es-
tão satisfeitas: como o *mundo dos mor-
tos, sempre querem mais. 6 Mas os povos
conquistados desprezam os babilônios e
zombam deles, dizendo: "Ai de vocês que
ficam ricos pegando coisas que não lhes
pertencem! Até quando vão enriquecer
obrigando os seus devedores a pagarem
as dívidas?"
7 De repente, vocês, os babilônios, se-
rão os devedores; aí os seus credores os
forçarão a pagar as dívidas e com juros.

Eles vão atacá-los, e vocês ficarão com medo; eles levarão embora tudo o que é de vocês. 8 Vocês roubaram as riquezas dos povos de muitos países, e agora eles vão fazer o mesmo com vocês. Vocês vão pagar pelos crimes e pelas violências que cometeram contra os povos do mundo e contra as suas cidades.

9 Ai de você, babilônio cruel, que encheu a sua casa com o que roubou dos outros! Com isso, você quis se proteger de todo perigo e escapar dos seus inimigos. 10 Mas os seus planos trouxeram vergonha para a sua família, e, ao destruir muitos povos, você pôs a sua própria vida em perigo. 11 Até as pedras das paredes e a madeira das vigas gritam contra você!

12 Ai de você, pois construiu a sua cidade sobre um alicerce de crime e de injustiças! 13 Todo o trabalho forçado dos povos que você conquistou não vai adiantar nada, e o que eles construíram vai ser destruído pelo fogo. Foi o SENHOR Todo-Poderoso quem fez isso. 14 E a terra ficará cheia do conhecimento da *glória do SENHOR, assim como as águas enchem o mar.

15 Ai de você, pois dá ao seu companheiro vinho misturado com drogas! Ele fica bêbado, tira a roupa, e todos o veem nu. 16 É você que vai perder a sua honra e ficar coberto de vergonha. Pois o SENHOR vai fazer você beber do copo da sua *ira, e você também ficará bêbado. Em vez de receber homenagens, você será humilhado. 17 Você destruiu as árvores dos montes Líbanos e agora será destruído; você matou os animais e agora vai ficar com medo deles. Isso acontecerá por causa dos crimes e das violências que você cometeu contra os povos do mundo e contra as suas cidades.

18 Que valor tem um ídolo? Um ídolo não é mais do que uma imagem feita por um homem e que só serve para enganar. Os ídolos não podem falar; como é que alguém pode confiar num ídolo que ele mesmo fez? 19 Ai de você que diz a um ídolo de madeira: "Acorde!" e que ordena a um ídolo de pedra: "Fique de pé!" Será que um ídolo pode entregar alguma mensagem? Não! Não pode. Ele está todo coberto de ouro e de prata, mas é uma coisa morta.

20 O SENHOR está no seu santo Templo; que todos se calem na sua presença.

A oração de Habacuque

3 Esta é uma oração do *profeta Habacuque, feita em forma de hino.

2 Ó SENHOR, ouvi falar do que tens feito
e estou cheio de *temor.
Faze agora, em nosso tempo,
as coisas maravilhosas que fizeste no passado,
para que nós também as vejamos.
Mesmo que estejas *irado,
tem compaixão de nós!

3 Deus vem vindo da terra de Edom,
o Santo Deus vem do monte Parã.
A sua *glória cobre os céus,
e na terra todos o louvam.
4 Ele brilha como a luz,
e raios de luz saltam da sua mão,
onde se esconde o seu poder.
5 Na frente dele vão pragas terríveis,
e atrás vêm doenças mortais.
6 Ele para, e a terra treme;
ele olha para as nações, e elas ficam com medo.
Os montes antigos se abalam,
caem as velhas montanhas
por onde ele tem andado desde a eternidade.
7 Vi que os povos de Cuchã estão aflitos
e que os moradores de Midiã estão com medo.

8 É contra os rios, ó SENHOR, que estás irado?
É contra o mar que estás furioso?
É por isso que montas os teus cavalos
e vens vitorioso no teu carro de guerra?
9 Pegas o teu arco
e te preparas para atirar as tuas flechas.
Tu cavas a terra com enchentes.
10 As montanhas te viram e tremeram;
uma tromba-d'água caiu do céu.
As águas debaixo da terra rugiram;
as suas ondas imensas se levantaram.
11 O sol e a lua deixaram de brilhar
quando viram o brilho das tuas flechas
e a luz brilhante da tua lança.
12 Na tua ira, marchaste pela terra inteira,
na tua fúria, pisaste as nações.

DEVOCIONAL

Texto para leitura: **Habacuque 3:16-19**

Conheça a verdadeira felicidade

Deus pode e irá ser sua força. Ele lhe dará a capacidade e o poder de fazer coisas difíceis se você simplesmente confiar nele. Deus lhe deu uma promessa: de que lhe dará força, tornará seu andar firme como o de uma corça e irá levá-la para as montanhas (veja Habacuque 3:19). Subir uma montanha não é fácil. Há plantas cheias de espinhos, pedras soltas e fendas. Seus pés podem ficar presos, e você pode tropeçar, esfolar os joelhos e machucar as mãos. Seu corpo pode estar cansado de subir as muitas montanhas de sua vida, mas se você estiver disposta a deixar, Deus irá ajudá-la a saltar por sobre grandes fendas, subir rapidamente sem hesitar e chegar ao pico das montanhas, de onde poderá ver o mundo por uma perspectiva totalmente diferente.

Você está cansada de se perder no vale, sem poder ver o céu aberto lá em cima ou a terra ao longe? Quer o frescor do topo da montanha, os passos rápidos da subida e a proteção do andar tão firme como o de uma corça? Então, lance tudo isso na atitude de amar aquele que a ama. Recuse-se a encontrar esperança em qualquer outro lugar. Afaste-se das coisas e pessoas que a controlam. Entregue sua vida ao Senhor que salva. Estude a Palavra de Deus, rogue pela presença dele e prometa servi-lo, e somente a ele, pelo resto da vida, e você terá o andar como o da corça enquanto estiver cada vez mais acima do vale que a rodeia. Não tenha medo, ainda se estiver andando pelo vale da sombra da morte, mas volte para Deus e saiba que ele irá protegê-la e endireitar seu caminho. Ele aplanará os trechos irregulares e, sem esforço algum, lhe dará a capacidade de superar qualquer caminho traiçoeiro no qual você talvez possa se encontrar.

13 Saíste para salvar o teu povo,
para salvar o rei que escolheste.
Feriste o chefe dos maus
e acabaste completamente com o
seu exército.
14 Com as tuas flechas, mataste o
comandante dos soldados
quando avançavam como uma
tempestade para nos atacar;
eles vinham orgulhosos, querendo
nos destruir
como quem mata um pobre em
segredo.
15 Montado nos teus cavalos
marchaste pelo mar,
pelas ondas furiosas do mar.

16 Quando ouvi tudo isso, fiquei
assustado,
e os meus lábios tremeram de
medo.
Perdi todas as forças
e não pude ficar de pé.
Portanto, vou esperar, tranquilo,
o dia em que Deus castigará
aqueles que nos atacam.

17 Ainda que as figueiras não
produzam frutas,
e as *parreiras não deem uvas;
ainda que não haja azeitonas para
apanhar
nem trigo para colher;
ainda que não haja mais ovelhas
nos campos
nem gado nos currais,
18 mesmo assim eu darei graças ao
SENHOR
e louvarei a Deus, o meu Salvador.
19 O SENHOR Deus é a minha força.
Ele torna o meu andar firme
como o de uma *corça
e me leva para as montanhas,
onde estarei seguro.

Sofonias

Busque a humildade

Voltem para Deus todos os humildes deste país, todos os que obedecem às leis de Deus. Façam o que é direito e sejam humildes.
Sofonias 2:3

Autor ♥ Sofonias
Data ♥ 640-610 a.C.
Local ♥ Judá
Público-alvo ♥ O povo de Judá e de Jerusalém

Quando um profeta chegava à cidade, as pessoas não saíam correndo para cumprimentá-lo porque não queriam ouvir o que ele iria dizer. Mas quando o povo de Deus se afasta dele, algo precisa acontecer. E nesse sentido, é o profeta que fala em nome de Deus. Você já conheceu um profeta — alguém que a repreendeu por causa do pecado e lhe falou o que a Palavra de Deus tinha a dizer sobre isso? Dá medo, mas é bom. Parece uma situação desconfortável e invasiva, indesejada e constrangedora, mas você precisa se lembrar de que, ao fugir da correção, você perde a chance de acertar as coisas. A Garota de Deus deve estar pronta para ouvir o que o Senhor tem a dizer, mesmo que pareça um desafio para seu estilo de vida. Quando o profeta Sofonias chegou, o povo de Israel estava afastado de Deus havia algumas gerações. Os israelitas adoravam outros deuses, praticavam astrologia e até mesmo sacrificavam crianças. Estando farto disso, Deus preparou algo conhecido como "o dia do Senhor" — o dia do juízo — e enviou Sofonias para deixá-los a par disso.

Ponto essencial
Os israelitas pisaram na bola dessa vez. Eles deram as costas para Deus e começaram a agir como os pagãos à sua volta. Adoraram outros deuses e não tiveram o menor sentimento de culpa por causa de seu pecado. Sofonias escreveu para mostrar-lhes onde estavam errados e para lhes apontar novamente a direção correta.

Enquanto você lê sobre a ira de Deus, não deixe de perceber a parte mais linda da mensagem de Sofonias: a promessa do Senhor de proteger as pessoas que voltarem para ele depois de todo o estrago que fizeram. Quando o povo de Deus está disposto a se arrepender e a não continuar no caminho que está seguindo, o Pai promete aceitá-lo de volta. Isso é uma boa notícia!

É fácil sair dos eixos e se meter em uma confusão de pecado e tristeza e sentir a mão da punição de Deus sobre sua vida. Mas a prescrição para sua desobediência é encontrada em Sofonias 2:3: "Façam o que é direito e sejam humildes". Essas duas coisas irão tirá-la da escuridão e levá-la para a luz. Por pior que seja seu passado, você pode olhar para a vida do povo de Israel em busca de esperança. Saiba que Deus quer que você volte para ele. Ele quer restaurar a sua *fé e resgatar sua vida, assim como fez* com os israelitas. Todo pecado leva a coisas ruins em sua vida. Fique feliz quando alguém apontar um pecado seu, porque neste momento você terá a chance de ficar livre. Então, ouça, deixe de lado seu velho jeito de fazer as coisas e passe a ter uma nova vida.

Coisas para procurar

- O juízo de Deus (veja Sofonias 1)
- O chamado para que o povo se afaste do pecado (veja Sofonias 2:1—3:8).
- Esperança para o povo de Deus (veja Sofonias 3:9-20)

Humildade: A falta de orgulho em si mesma ou em sua capacidade de fazer coisas sem Deus. Acreditar que você não está competindo com o mundo para ter sucesso, mas que pode confiar em Deus para ter tudo.

Termos e versículos que você deve saber

Voltem para Deus todos os humildes deste país, todos os que obedecem às leis de Deus. Façam o que é direito e sejam humildes. Talvez assim vocês escapem do castigo no Dia da ira do SENHOR.
(Sofonias 2:3)

Está chegando o dia em que o SENHOR Deus vai julgar o seu povo. Portanto, calem-se todos na sua presença!
(Sofonias 1:7)

É assim que eles serão castigados. Pois ficaram orgulhosos, insultaram o povo do SENHOR Todo-Poderoso e se gabaram de que iam conquistá-lo. O SENHOR os atacará de um modo terrível.
(Sofonias 2:10-11)

— Então farei com que os povos parem de adorar ídolos e adorem somente a mim, o SENHOR, e farei também com que todos me obedeçam com a mesma dedicação.
(Sofonias 3:9)

Pois o SENHOR, seu Deus, está com vocês; ele é poderoso e os salvará. Deus ficará contente com vocês e por causa do seu amor lhes dará nova vida. Ele cantará e se alegrará.
(Sofonias 3:17)

"Quando chegar aquele dia, eu os ajuntarei e os trarei de volta para o seu país. Farei com que prosperem de novo; vocês serão famosos no mundo inteiro, e todos os povos os respeitarão." Eu, o SENHOR, falei.
(Sofonias 3:20)

1 Esta é a mensagem que o SENHOR Deus
deu a Sofonias, no tempo em que Josias,
filho de Amom, era rei de Judá. Sofonias
era filho de Cusi, neto de Gedalias, bisne-
to de Amarias e trineto do rei Ezequias.

O dia do juízo de Deus

2 O SENHOR Deus diz:
— Vou acabar com tudo o que existe
na terra, 3 isto é, as pessoas, os animais,
as aves e os peixes. Eu vou castigar os
maus. Acabarei completamente com os
seres humanos.
4 — Castigarei o povo da terra de Judá
e os moradores de Jerusalém. Farei desa-
parecer de Jerusalém o que ainda resta
da adoração a *Baal, e todos esquecerão
os sacerdotes que serviam esse deus pa-
gão. 5 Acabarei com todos os que sobem
ao terraço, em cima das suas casas, e ali
adoram o sol, a lua e as estrelas. E aca-
barei também com qualquer pessoa que
adora a mim, o SENHOR, e jura pelo meu
nome, mas jura também pelo nome do
deus *Moloque. 6 Destruirei todos os que
se afastam de mim, que não procuram a
minha ajuda, nem querem obedecer às
minhas *leis.
7 Está chegando o dia em que o SENHOR
Deus vai julgar o seu povo. Portanto, ca-
lem-se todos na sua presença! Ele vai ofe-
recer o seu povo como *sacrifício e já con-
vidou os inimigos para o ajudarem a fazer
isso. 8 O SENHOR diz:
— Naquele dia, eu vou castigar as auto-
ridades, os filhos do rei e todos os que se-
guem costumes pagãos. 9 Castigarei tam-
bém todos os que me adoram como os
pagãos adoram os seus deuses e aqueles
que enchem o templo do seu deus com
presentes que ajuntaram por meio de
roubo e violência.
10 — Naquele dia, haverá gritos de dor
perto do Portão dos Peixes, na cidade de
Jerusalém. Haverá gente gritando por
socorro no bairro novo da cidade, e nos
montes se ouvirão gritos de desespero.
11 Chorem também, vocês que moram na
cidade baixa, pois todos os comerciantes
serão mortos!
12 — Naquele dia, eu vou pegar lampa-
rinas e revistar a cidade de Jerusalém.
Castigarei todos os que estão tranquilos
e satisfeitos, os que pensam assim: "O SE-
NHOR Deus não vai fazer nada; não vai sal-
var, nem castigar." 13 Por isso, os bens de-
les serão roubados, e as suas casas serão
destruídas. Eles construirão outras, mas
não morarão nelas; farão plantações de
uvas, mas não beberão o vinho.
14 O grande Dia do SENHOR está perto
e vem chegando depressa! Será um dia
terrível, em que até os soldados mais va-
lentes gritarão de medo. 15 Será um dia
de *ira, um dia de aflição e angústia, de
ruína e destruição, de escuridão e trevas;
será um dia de nuvens escuras e pesadas.
16 Será um dia de sons de corneta e de gri-
tos de batalha de soldados atacando ci-
dades cercadas de muralhas e protegidas
por altas torres de vigia.
17 O SENHOR diz:
— Farei cair tantas desgraças sobre
as pessoas, que elas andarão de um lado
para outro como se estivessem cegas.
Essa gente pecou contra mim, e por isso
o seu sangue será derramado como água,
e os seus corpos serão jogados fora como
lixo.
18 Naquele dia, nem prata nem ouro os
poderão salvar da ira de Deus, o SENHOR.
O fogo da sua ira furiosa destruirá o mun-
do inteiro. Ninguém escapará, pois Deus
vai acabar de uma só vez com todos os
moradores da terra.

Convite ao arrependimento

2 Pense bem e tome juízo, povo sem-
-vergonha, 2 antes que vocês sejam le-
vados embora como a palha que desapare-
ce num só dia; antes que a *ira furiosa do
SENHOR Deus caia sobre vocês; antes que
chegue o Dia da ira do SENHOR. 3 Voltem
para Deus todos os humildes deste país,
todos os que obedecem às *leis de Deus.
Façam o que é direito e sejam humildes.
Talvez assim vocês escapem do castigo
no Dia da ira do SENHOR.

O castigo das nações

4 A cidade de Gaza ficará deserta, e As-
quelom será abandonada. Os moradores
de Asdode serão expulsos em menos de
um dia, e os moradores de Ecrom serão
levados embora como prisioneiros. 5 Ai
de vocês, filisteus, que moram no litoral
do mar Mediterrâneo! O SENHOR Deus
passou esta sentença contra vocês: "Vou
acabar com Canaã, a sua terra; todos os
moradores serão mortos. 6 O seu país, no
litoral, vai virar pastos, onde haverá bar-
racas para os pastores e currais para os
rebanhos." 7 Em Judá, as pessoas que não
forem mortas ficarão com as terras do

litoral. Ali elas cuidarão dos seus rebanhos e dormirão nas casas de Asquelom. Pois o SENHOR Deus vai lembrar do seu povo e o fará prosperar outra vez.

8 O SENHOR Todo-Poderoso diz:

— Ouvi os moabitas e os amonitas zombarem do meu povo e o insultarem. Eles se gabaram de que iam conquistar a sua terra. 9 Portanto, eu, o Deus de Israel, juro pela minha vida que os países de Moabe e Amom vão ser destruídos como foram as cidades de Sodoma e Gomorra. As terras deles serão um deserto para sempre; ficarão cobertas de espinheiros, e haverá poços de sal por toda parte. Os que sobrarem do meu povo levarão embora tudo o que pertence aos moabitas e aos amonitas e ficarão com as terras deles.

10 É assim que eles serão castigados. Pois ficaram orgulhosos, insultaram o povo do SENHOR Todo-Poderoso e se gabaram de que iam conquistá-lo. 11 O SENHOR os atacará de um modo terrível; ele acabará com todos os deuses do mundo. Então todos os povos, cada um no seu próprio país, adorarão a Deus.

12 O povo da Etiópia também será morto pela espada de Deus, o SENHOR.

13 Deus levantará a mão contra a Assíria, no Norte. Ele destruirá aquele país, acabará com a cidade de Nínive e a deixará sem moradores, como se fosse um deserto onde não existe água. 14 Rebanhos de ovelhas e todo tipo de animais selvagens descansarão na cidade. Corujas pousarão nas ruínas das casas e piarão nas janelas, e corvos soltarão gritos nas soleiras das portas. Toda a madeira das casas será arrancada. 15 Tudo isso vai acontecer com Nínive, a cidade orgulhosa que se gabava do seu poder, dizendo: "Não há outra cidade tão poderosa como eu!" E ela vai virar um deserto, um lugar onde moram animais. Quem passar por perto vai ficar espantado e horrorizado ao ver tamanha destruição.

O castigo e a salvação de Jerusalém

3 Ai de Jerusalém, cidade rebelde e cheia de corrupção, que persegue os seus moradores! 2 Jerusalém não escuta o que o SENHOR Deus diz, nem quer que ele a corrija. Não confia no seu Deus, nem procura a sua ajuda. 3 As suas autoridades são como leões que rugem, e os juízes são como lobos ferozes que devoram tudo de uma vez, sem deixar nada para o dia seguinte. 4 Os *profetas são orgulhosos e enganadores. Os sacerdotes *profanam o santuário e desobedecem à *lei de Deus. 5 Mas o SENHOR ainda está na cidade e sempre faz o que é certo e nunca o que é errado. Todas as manhãs, sem falta, ele manda fazer o que é direito; mas os que são maus continuam na mesma e não se sentem envergonhados.

6 O SENHOR Deus diz:

— Eu destruí nações, arrasei cidades e deixei em ruínas as torres de vigia e as ruas. As cidades estão desertas; não há mais ninguém morando nelas. 7 Pensei assim: "Agora, o meu povo vai me *temer. Eles deixarão que eu os corrija e não esquecerão as muitas vezes em que eu os castiguei." Mas eles se esforçaram ainda mais para fazer tudo o que é mau.

8 Portanto, o SENHOR Deus diz:

— Esperem o dia em que vou me levantar e acusar as nações. Decidi reunir todas as nações, todos os reinos, a fim de castigá-los. Eles sentirão a minha *ira, pois derramarei o meu furor sobre eles, e o mundo inteiro será destruído pelo fogo da minha ira.

9 — Então farei com que os povos parem de adorar ídolos e adorem somente a mim, o SENHOR, e farei também com que todos me obedeçam com a mesma dedicação. 10 E o meu povo que está espalhado pelas nações virá me oferecer *sacrifícios; eles virão até dos lugares mais distantes da Etiópia. 11 Naquele tempo, vocês, o meu povo, não vão sentir mais vergonha por causa das vezes que se revoltaram contra mim. Pois eu farei desaparecer do meio de vocês todos os orgulhosos e vaidosos. Nunca mais vocês vão se sentir orgulhosos no meu *monte santo. 12 Deixarei em Jerusalém um povo humilde e ajuizado, que confia em mim. 13 Os que sobrarem do povo de Israel nunca mais farão maldades, não mentirão, nem procurarão enganar ninguém. Terão comida à vontade, estarão seguros e não ficarão com medo de ninguém.

Hino de louvor

14 Povo de Israel, cante louvores a
Deus!
Alegrem-se, moradores de
Jerusalém,
e louvem a Deus com todo o
coração!

DEVOCIONAL

Texto para leitura: **Sofonias 3:14-17**

Conheça o amor

O cristão nunca deve pensar que Deus não se envolve nem presta atenção em sua vida. Quando você crê, sabe que ele está sempre presente, e não só isso, mas totalmente interessado e preocupado com seu bem-estar. A Palavra de Deus confirma o amor dele por você. Mesmo que sua dúvida e distração façam com que você não perceba a verdade, ainda é verdade que, se estiver longe dele, não foi ele que se afastou, mas sim você.

Se seu Deus não pode salvá-la, então ele não é Deus. Se você duvidar da capacidade ou do desejo dele de cuidar de você e de amá-la, então você está duvidando da pessoa de Deus. Como uma Garota de Deus, você precisa acreditar que ele está preocupado com sua vida e se importa com você. Mesmo quando seu mundo parece terrível, sua alma nunca está perdida, e seu coração também não deveria estar.

Lembre-se de tudo o que ele fez. Repasse isso várias vezes em sua cabeça. Leia os pensamentos e os planos de Deus para você na Palavra dele. Ao fazer isso, você poderá fazer da Palavra de Deus parte de seu modo de pensar e, assim, parte de como você se sente também. Não se esqueça de seu primeiro amor. Quando voltar ao que é essencial e deixar as preocupações deste mundo desaparecerem em segundo plano, você encontrará tudo de que precisa no simples gesto de confiar no Deus da Bíblia, não importa como o mundo pareça à sua volta. Não o procure em outro lugar uma vez que ele está bem aqui, chamando-a para se aproximar. Confie que a Palavra de Deus é verdadeira e as intenções dele são santas, e você encontrará mais esperança e paz do que imaginou ser possível.

15 O SENHOR Deus anulou a sentença
que havia contra vocês
e afastou todos os inimigos do seu
povo.
O SENHOR, o Rei de Israel, está com
vocês,
e vocês não precisam mais ter
medo da desgraça.
16 Chegará o dia em que dirão a
Jerusalém:
"Não tenha medo, povo de *Sião,
não desanime, nem perca a
coragem.
17 Pois o SENHOR, seu Deus, está com
vocês;
ele é poderoso e os salvará.
Deus ficará contente com vocês
e por causa do seu amor lhes dará
nova vida.
Ele cantará e se alegrará,
18 como se faz num dia de festa."
O SENHOR Deus diz:
"Eu afastarei a ameaça que está
sobre vocês
e os livrarei da desgraça.
19 Quando chegar aquele dia,
castigarei aqueles que os
perseguem.
Salvarei os aleijados
e trarei de volta os que foram
espalhados.
Vocês foram envergonhados em
toda parte,
mas depois terão louvor e *glória.
20 Quando chegar aquele dia,
eu os ajuntarei e os trarei de volta
para o seu país.
Farei com que prosperem de novo;
vocês serão famosos no mundo
inteiro,
e todos os povos os respeitarão."

Eu, o SENHOR, falei.

Ageu

Reconstrua o templo

Pensem bem no que tem acontecido com vocês. Vocês semearam muitas sementes, mas colheram pouco; têm comida, mas não é suficiente para matar a fome; têm vinho, mas não dá para ficarem bêbados; têm roupas, porém elas não chegam para os proteger do frio; e o salário que o trabalhador recebe não dá para viver.
Ageu 1:5-6

Autor ♥ Ageu
Data ♥ Por volta de 520 a.C.
Local ♥ Judá
Público-alvo ♥ Os judeus que voltavam do exílio

Quando você toca algo limpo, suas mãos ficam limpas? Não? Tudo bem, mas e se você toca algo sujo, a sujeira passa para suas mãos? Ah, sim! A impureza espalha-se fácil e rapidamente; a santidade nem tanto (veja Ageu 2:12-13). No caso das pessoas da época de Ageu, a preguiça espiritual fazia com que tudo aquilo que elas tocassem fosse um fiasco. Elas trabalhavam, mas nunca tinham o suficiente. A vida era medíocre, mundana, nada especial. Amavam a Deus e o adoravam, mas grande parte de sua energia e tempo era investida em si mesmas. Estavam tão obcecadas em satisfazer as próprias necessidades que colocavam Deus em segundo lugar. Viviam segundo a regra de que, se alguma coisa era muito difícil de fazer, então não era hora de fazê-la. O resultado era que elas só faziam coisas fáceis, porque isso as deixava felizes. Então, em vez de trabalharem no templo de Deus, elas decoravam suas casas, e Deus só observava. A mensagem de Ageu é para as pessoas que investem todo o tempo, dinheiro e esforço em si mesmas, e não em Deus. Trata-se de algo perigoso e que o Senhor não apoiará.

Ponto essencial

Quando os judeus voltaram para casa depois de exilados por tanto tempo, eles sabiam que precisavam reconstruir o templo que tinha sido destruído, mas, quando figuras políticas locais começaram a pressioná-los para que parassem, eles cederam e desistiram. Não apoiando essa atitude, o profeta Ageu escreveu este livro para convencer o povo a voltar a adorar a Deus, em vez de temer as pessoas.

Há alguma coisa que você não faz porque é muito difícil? Que tal o estudo da Bíblia, a oração ou o serviço? Fazer o que é certo é tão mais difícil a ponto de você desistir do que é difícil e se contentar com o que é medíocre? Seja sua vida espetacular ou comum, sua devoção a Deus não é provada pela quantia de dinheiro que você ganha nem por seu sucesso, mas pela presença do Espírito Santo em sua vida. Essa presença dá-lhe coisas como paz, paciência, esperança, alegria e amor. Se sua vida está em crise emocional, e você se afastou de Deus, então é hora de voltar à fé e fazer o que o Senhor a chama para fazer. Você não precisa construir um templo, como o povo da época de Ageu, mas precisa aprender o que agrada a Deus e fazê-lo. Quando você voltar à fé e à obediência, encontrará as bênçãos espirituais e emocionais que estava procurando.

Coisas para procurar

- A mensagem de Deus para seu povo (veja Ageu 1:1-11)
- Quantas vezes Ageu diz que sua mensagem é de Deus (veja Ageu 1:1,3,13; 2:1,20)
- Deus pedindo às pessoas para pensarem no que elas estão fazendo (veja Ageu 1:5,7; 2:15,18)

O perigo da procrastinação é um tema importante deste livro.

Ageu significa "festa".

Ageu e Zacarias foram profetas na mesma época.

A mensagem de Ageu era a de que os israelitas precisavam reconstruir o templo depois de voltarem do exílio.

Ageu está repleto de profecias sobre o Messias que haveria de vir.

Fatos e versículos que você deve saber

— O SENHOR diz que é exatamente isso o que acontece com esse povo. Para Deus, são impuros todo o povo deste país, tudo o que eles fazem e todos os sacrifícios que são oferecidos no altar.

(Ageu 2:14)

Deus ordena a reconstrução do Templo

1 No segundo ano do reinado de Dario,
rei da Pérsia, no primeiro dia do sexto
mês, o SENHOR Deus mandou uma men-
sagem por meio do *profeta Ageu. Essa
mensagem era para o governador de Judá,
Zorobabel, filho de Salatiel, e para o *Gran-
de Sacerdote Josué, filho de Jozadaque. 2 O
SENHOR Todo-Poderoso disse o seguinte:
— O povo está dizendo que ainda não
chegou o tempo de reconstruir o Templo.
3 Por isso, o SENHOR falou assim por
meio do profeta Ageu:
4 — Povo de Judá, será que fica bem vo-
cês viverem em casas luxuosas enquanto
o meu Templo continua destruído? 5 Pen-
sem bem no que tem acontecido com vo-
cês. 6 Vocês semearam muitas sementes,
mas colheram pouco; têm comida, mas
não é suficiente para matar a fome; têm
vinho, mas não dá para ficarem bêbados;
têm roupas, porém elas não chegam para
os proteger do frio; e o salário que o tra-
balhador *recebe não dá para viver.*
7 Por isso o SENHOR Todo-Poderoso diz:
— Pensem bem no que tem acontecido
com vocês. 8 Agora, vão até as montanhas,
tragam madeira e construam de novo o
Templo. Eu ficarei muito contente com
esse Templo e ali serei adorado e honrado.
9 — Vocês esperavam colheitas gran-
des, porém elas foram pequenas. E, quan-
do estavam levando para casa o pouco
que colheram, eu soprei tudo para lon-
ge. E por que foi que eu, o SENHOR Todo-
-Poderoso, fiz isso? Foi porque vocês só
vivem cuidando das suas próprias casas,
mas não se importam com a minha Casa,
que está destruída. 10 É por isso que não
chove e os campos não produzem colhei-
tas. 11 Eu fiz com que houvesse seca nos
campos e nas montanhas; fiz com que a
seca atingisse as plantações de cereais, as
*parreiras, as oliveiras e todas as outras
plantações do país. Ela castigou as pes-
soas, os animais e todas as plantações.

O povo obedece à ordem de Deus

12 Então Zorobabel, filho de Salatiel, e
o *Grande Sacerdote Josué, filho de Joza-
daque, e todos os que haviam voltado do
*cativeiro na Babilônia *temeram a Deus e
obedeceram à mensagem que o SENHOR,
o Deus deles, tinha mandado por meio do
*profeta Ageu. 13 E assim Ageu, o mensa-
geiro de Deus, falou e entregou ao povo
de Judá a seguinte mensagem:
— Eu estarei com vocês. Eu, o SENHOR,
falei.
14 O SENHOR deu coragem e ânimo ao

governador de Judá, Zorobabel, filho de
Salatiel, ao Grande Sacerdote Josué, filho
de Jozadaque, e a todos os que haviam
voltado do cativeiro na Babilônia. Eles fo-
ram e começaram a trabalhar no Templo
do seu Deus, o SENHOR Todo-Poderoso,
15 no dia vinte e quatro do sexto mês do
segundo ano do reinado de Dario.

A beleza do novo Templo

2 Neste segundo ano do reinado de Da-
rio, rei da Pérsia, no dia vinte e um do
sétimo mês, o SENHOR falou de novo com
o *profeta Ageu. Deus mandou 2 que ele
fosse falar com o governador de Judá, Zo-
robabel, filho de Salatiel, com o *Grande
Sacerdote Josué, filho de Jozadaque, e com
todo o povo e lhes dissesse o seguinte:
3 — Deve haver alguém aqui que viu o
Templo quando ele ainda era belo. Mas
vejam como está agora! Não lhes parece
que não vale nada mesmo? 4 No entanto
tenham coragem! Coragem, Zorobabel!
Coragem, Josué! Coragem, toda a gente
deste país! Trabalhem todos, pois eu, o
SENHOR Todo-Poderoso, estou com vo-
cês. 5 Conforme a *aliança que fiz com o
meu povo quando o tirei do Egito, o meu
Espírito sempre está com vocês. Portan-
to, não fiquem com medo.
6 — Pois é isto o que eu, o SENHOR To-
do-Poderoso, digo: Daqui a pouco farei
com que tremam o céu e a terra, o mar e
a terra firme. 7 Vou fazer com que tremam
todas as nações, e as suas riquezas serão
trazidas para o meu Templo aqui em Je-
rusalém. E assim encherei o meu Templo
de beleza. 8 Toda a prata e todo o ouro do
mundo são meus. 9 Então o novo Templo
será ainda mais belo do que o primeiro, e
dali eu darei prosperidade e paz ao meu
povo. Eu, o SENHOR Todo-Poderoso, falei.

Deus condena o pecado do povo

10 Neste mesmo ano, no dia vinte e qua-
tro do nono mês, o SENHOR falou de novo
com o *profeta Ageu. 11 O SENHOR Todo-
-Poderoso disse:

DEVOCIONAL

Texto para leitura: **Ageu 1:3-7**

Conheça a verdadeira felicidade

Você está decepcionada com a vida e com o que tem ou não tem? Você faz tudo o que acha que precisa fazer para ser feliz, mas não está satisfeita. Tudo e todos parecem decepcioná-la. Você procura mais, mas não consegue encontrar. E aí, quando encontra o que estava procurando, ainda não fica satisfeita. Por quê?

Uma vida insatisfeita é resultado da falta de concordância com Deus, e não da falta de coisas bonitinhas. Quando você decidir concordar com Cristo, aconteça o que acontecer, você encontrará mais do que o mundo pode oferecer. Mas enquanto achar que as riquezas deste mundo, toda a fama que ele tem a oferecer e o conforto que ele promete, são objetos de seu desejo e necessários, o que você plantar nunca produzirá o sucesso que deseja ter.

A resposta para todo o descontentamento é pensar com cuidado antes de agir. Qual seria a escolha santa? Se seu primeiro pensamento e motivo para agir se baseiam em ideias do mundo para o que é certo e errado, então você pode ter certeza de que o resultado não será o melhor de Deus para você. É fácil pensar como o mundo à sua volta e simplesmente aceitar as coisas que parecem fazer sentido para você, mas, para estar contente, o cristão precisa olhar para as coisas de forma diferente — ou seja, com as Escrituras em mente. Passe pelo filtro da Palavra de Deus tudo aquilo em que você pensa e aceita como verdade, e não deixe que as mentiras deste mundo distorçam sua fé. A verdade pode libertá-la de um mundo ilusório e permitir que você veja as coisas como elas realmente são. A verdade cura, e ela não é encontrada em nenhum outro lugar senão nas páginas da Palavra de Deus.

— Vá falar com os sacerdotes e peça a
opinião deles a respeito da seguinte ques-
tão: 12 Suponham que alguém esteja le-
vando na dobra da sua *capa um peda-
ço da carne que foi oferecida em *sacri-
fício a Deus. Então, se a capa tocar num
pão, ou num cozido, ou em vinho, ou em
azeite, ou em qualquer outra comida, isso
quer dizer que estas coisas também fica-
rão *puras?
Ageu fez a pergunta, e os sacerdotes
disseram que não.
13 Aí Ageu perguntou aos sacerdotes:
— E, se alguém ficou *impuro por ter to-
cado num defunto e depois tocar em qual-
quer uma daquelas comidas, isso quer di-
zer que elas também ficam impuras?
Os sacerdotes responderam:
— Sim! Elas ficam impuras.
14 Então Ageu disse:
— O SENHOR diz que é exatamente isso
o que acontece com esse povo. Para Deus,
são impuros todo o povo deste país, tudo
o que eles fazem e todos os sacrifícios que
são oferecidos no altar.

Deus promete abençoar o povo

15 O SENHOR Deus diz:
— Pensem bem em tudo o que aconte-
ceu desde aquele dia. Antes de vocês te-
rem começado a construção do Templo,
16 o que é que acontecia? Se alguém ia até
um depósito procurando duzentos quilos
de trigo, encontrava só cem quilos; se fos-
se até o lugar onde se faz vinho querendo
cem litros, encontrava somente quarenta.
17 Eu os castiguei com ventos muito quen-
tes, com pragas nas plantas e com chuvas
de pedra e assim destruí todas as suas
plantações; mas mesmo assim vocês não
voltaram para mim. 18 Hoje mesmo, no dia
vinte e quatro do nono mês, vocês acaba-
ram de construir o alicerce do Templo. E
vejam bem o que vai acontecer daqui em
diante. 19 Mesmo que agora não haja trigo
nos depósitos, mesmo que as *parreiras,
as figueiras, as romãzeiras e as oliveiras
não tenham produzido nada, de hoje em
diante eu os abençoarei.

A promessa de Deus a Zorobabel

20 Naquele mesmo dia, o dia vinte e
quatro do nono mês, o SENHOR falou de
novo com Ageu 21 e mandou que ele dis-
sesse a Zorobabel, o governador de Judá,
o seguinte:
— Eu vou fazer tremer o céu e a ter-
ra; 22 vou derrubar os tronos dos reis e
acabar com o poder de todos eles. Vou
destruir os carros de guerra e os que an-
dam neles, e os cavalos também morre-
rão; os cavaleiros matarão uns aos ou-
tros. 23 E, quando aquele dia chegar, eu fa-
rei com que, em meu nome, você governe
o meu povo, pois você, Zorobabel, filho de
Salatiel, é o meu *servo escolhido. Eu, o
SENHOR Todo-Poderoso, falei.

Uma oração por...

Força

Senhor, obrigada porque a batalha entre ti e Satanás nunca foi incerta e terá fim com tua vitória. O Calvário esmagou a cabeça do dragão, e por isso estou lidando com um adversário derrotado que, com toda a sutileza e força, já perdeu. Quando eu sentir a serpente em meu calcanhar, por favor, ajuda-me a me lembrar daquele cujo calcanhar foi ferido, mas que, quando ferido, esmagou a cabeça do Diabo.

Cura-me de qualquer ferida que eu tiver no grande conflito: se eu tiver me corrompido, se minha fé tiver sofrido danos, se minha esperança for menos do que viva, se meu amor não for ardente, se a acomodação ocupar meu coração, se minha alma afundar sob a pressão da luta. Ó, tu, cujas promessas são bálsamos, cujos toques são vida, aproxima-te de tua guerreira cansada e refrigera-me para que eu possa me levantar novamente para travar guerra e só me cansar quando meu inimigo estiver vencido.

Dá-me tanta intimidade contigo a ponto de eu poder ignorar Satanás, a incredulidade, meu corpo e o mundo com o prazer que não vem do homem e que ninguém pode prejudicar. Dá-me de beber da fonte eterna que flui de teu amor e de tua lei, que são imutáveis e eternos. Então, minha mão nunca enfraquecerá, meus pés nunca tropeçarão, minha espada nunca descansará, meu escudo nunca enferrujará, meu capacete nunca se quebrará, minha couraça nunca cairá enquanto minha força estiver na força de teu poder.

Amém.

Zacarias

Volte para Deus

— Portanto, agora eu digo a vocês: Voltem para mim, e eu, o Senhor Todo-Poderoso, voltarei para vocês.
Zacarias 1:3

Autor Zacarias
Data Por volta de 520 a.C.
Local Jerusalém
Público-alvo Os exilados que voltavam para Jerusalém

A vida sabe como tirar sua mente de Deus. No começo, ele era tudo em que você conseguia pensar, mas, então, aconteceu algo que chamou sua atenção e, depois, outra coisa, e logo você estava perguntando: "Deus quem?" Sem contato contínuo, é fácil avançar tanto em outra estrada a ponto de achar que voltar para ele parece quase impossível. E de repente, você não sente a presença dele, ou pior ainda, tem medo da presença dele, porque andou muito errante. Mas, ao longo da história, Deus foi um Deus de bondade e de graça. Ele está sempre chamando seu povo a voltar para ele, não importa o que tenham feito ou onde tenham estado. "Voltem para mim, e eu, o Senhor Todo-Poderoso, voltarei para vocês" (Zacarias 1:3).

Ele está perto, e tudo o que você tem de fazer é se virar e olhar para ele. Quando você estiver disposta a voltar, não importa onde você tenha estado, sem medo de abandonar seus erros e de aceitar gratuitamente o perdão de Deus, então você será salva. Será salva de seu desvio, de seu caminho para a ruína. Não deixe que ninguém minta para você. Deus está perto e está pronto para recebê-la de volta em casa. Não permita que sua natureza de pecado se coloque entre você e Deus, mas encontre no sangue de Jesus o poder que lhe permite voltar para ele sem manchas e rugas (veja Efésios 5:27).

Ponto essencial
Como o livro de Ageu, a mensagem de Zacarias tinha por objetivo encorajar o povo a reconstruir o templo que tinha sido destruído. Neste livro, Deus confirma que os israelitas são seu povo escolhido e também promete voltar para viver com eles. Zacarias também ensina sobre uma salvação futura que haveria de vir na forma do Messias.

Quando o livro de Zacarias foi escrito, os israelitas tinham se desviado de seu Deus e esquecido seu primeiro amor mais uma vez. Suas distrações e obsessões diminuíram sua fidelidade a Deus, e logo toda a energia que tinham estava concentrada em qualquer lugar, menos no alto. Mas Deus não se esqueceu da aliança que tinha feito com seu povo, nem se esquece de você. Na época de Zacarias, ele lhe prometeu a salvação por meio do Messias, Jesus (veja Zacarias 9:9-11; 12:10-11; 13:7). Ele prometeu um caminho de volta para ele e longe do pecado. Durante a leitura de Zacarias, observe por quanto tempo Deus planejou este presente maravilhoso da salvação.

Coisas para procurar

- Incentivo à reconstrução do templo em Jerusalém (veja Zacarias 1:16-17; 4:9; 6:14-15)
- Profecias sobre o Messias (veja Zacarias 3:8; 6:12-13; 9:9-11)
- A descrição da segunda vinda (veja Zacarias 14)

Ageu, Malaquias e Zacarias escreveram para os israelitas que foram exilados na Babilônia.

Zacarias fala sobre o Messias que haveria de vir em 3:8; 6:12-13; 9:9; 12:10 e 13:1,7.

Fatos e versículos que você deve saber

— Não será por meio de um poderoso exército nem pela sua própria força que você fará o que tem de fazer, mas pelo poder do meu Espírito. Sou eu, o SENHOR Todo-Poderoso, quem está falando.

(Zacarias 4:6)

— E diga a ele que o SENHOR Todo-Poderoso promete o seguinte: "O homem chamado de 'Ramo Novo' brotará das suas próprias raízes e construirá de novo o Templo do SENHOR".

(Zacarias 6:12)

— Eu, o SENHOR Todo-Poderoso, tinha ordenado isto ao povo: "Sejam honestos e corretos e tratem uns aos outros com bondade e compaixão. Não explorem as viúvas, nem os órfãos, nem os estrangeiros que moram com vocês, nem os pobres. E não façam planos para prejudicar os seus patrícios".

(Zacarias 7:9-10)

E assim como eles não quiseram ouvir quando eu falei, assim também eu não vou escutar quando eles orarem a mim. Sou eu, o SENHOR Todo-Poderoso, quem está falando.

(Zacarias 7:13)

— Por isso, vou tirar o seu povo do cativeiro.

(Zacarias 9:11)

— Moradores de Jerusalém, cantem de alegria, pois o seu rei está chegando. Ele vem triunfante e vitorioso; mas é humilde, e está montado num jumento, num jumentinho, filho de jumenta.

(Zacarias 9:9)

E estes que sobrarem eu farei passar pelo fogo. Eu os purificarei como se purifica a prata e os refinarei como se refina o ouro. Aí eles orarão a mim, e eu os atenderei. Direi: 'Vocês são o meu povo', e eles responderão: "O SENHOR é o nosso Deus".

(Zacarias 13:9)

Deus manda que o povo se arrependa

1 No oitavo mês do segundo ano de Da-
rio como rei da Pérsia, o SENHOR Deus
falou com o *profeta Zacarias, filho de Ba-
raquias e neto de Ido. O Deus Todo-Pode-
roso mandou que ele dissesse ao povo o
seguinte:
2 — Eu, o SENHOR, fiquei muito *irado
com os seus antepassados. 3 Portanto,
agora eu digo a vocês: Voltem para mim,
e eu, o SENHOR Todo-Poderoso, voltarei
para vocês. 4 Não sejam como os seus an-
tepassados, que não deram atenção aos
profetas antigos quando eles anunciaram
esta minha mensagem: "O SENHOR Todo-
-Poderoso ordena que vocês deixem de
ser maus e que abandonem as suas mal-
dades." Mas eles não me obedeceram. 5 E
agora onde estão os seus antepassados?
E será que aqueles profetas ainda estão
vivos? 6 Por meio dos meus *servos, os
profetas, eu mandei mensagens e avisos
aos antepassados de vocês. Mas eles não
deram atenção e por isso foram castiga-
dos. Então eles se arrependeram e dis-
seram: "O SENHOR Todo-Poderoso fez o
que tinha decidido fazer e nos castigou
por causa dos nossos pecados. Ele fez o
que merecíamos."

A primeira visão: os cavalos

7 No dia vinte e quatro do mês onze,
chamado *sebate, do segundo ano do rei-
nado de Dario, eu, o profeta Zacarias, filho
de Baraquias e neto de Ido, recebi uma
mensagem de Deus, o SENHOR. 8 Naquela
noite, tive uma visão e nela vi um anjo do
SENHOR montado num cavalo vermelho.
O anjo estava parado num vale, no meio
de umas moitas, e atrás dele estavam ou-
tros anjos montados, uns em cavalos ver-
melhos, outros em cavalos baios, e outros
em cavalos brancos. 9 Perguntei ao anjo
que falava comigo:
— Meu senhor, quem são esses anjos
montados em cavalos?
Ele respondeu:
— Eu vou lhe dizer.
10 Aí o anjo que estava no meio das moi-
tas disse:
— Eles são os anjos que o SENHOR Deus
enviou para andarem pelo mundo inteiro.
11 Então aqueles anjos disseram ao anjo
que estava no meio das moitas:
— Acabamos de andar por toda a ter-
ra e vimos que tudo está calmo e em paz.
12 E o anjo do SENHOR disse:

Pergunte a si mesma...

O livro de profecias de Zacarias começa com Deus pedindo ao seu povo que volte para ele (veja Zacarias 1:3). Os israelitas tinham perambulado, se desviado e perdido o caminho. Pergunte a si mesma se você consegue se identificar com eles:

Eu me desviei de Deus em alguma área de minha vida?
O que me impede de pedir perdão e voltar para Deus?
O que a Palavra de Deus diz sobre a boa vontade de Deus em me aceitar de volta?
Existe alguma coisa que Deus não pode perdoar?

(Para obter ajuda, veja "Perdão" na seção Ajuda rápida desta Bíblia.)

— Ó SENHOR Todo-Poderoso, já faz se-
tenta anos que estás *irado com Jerusalém
e com as cidades de Judá. Quanto tem-
po vai passar até que tenhas compaixão
delas?
13 O SENHOR Deus respondeu com cari-
nho ao anjo que estava falando comigo e
disse palavras de consolo. 14 Aí o anjo que
falava comigo mandou que eu anunciasse
em voz alta o seguinte:
— Esta é a mensagem do SENHOR To-
do-Poderoso: "Eu tenho grande amor por
Jerusalém, a minha cidade. 15 E estou mui-
to irado com as nações que vivem sosse-
gadas. Pois, quando eu estava um pouco
irado com o meu povo, elas fizeram com
que ele sofresse muito. 16 Portanto, cheio
de compaixão, voltei para Jerusalém. E
eu, o SENHOR Todo-Poderoso, prometo
que o Templo e a cidade toda serão cons-
truídos de novo."
17 E o anjo me disse também:
— Anuncie que o SENHOR Todo-Podero-
so diz que as cidades dele terão de novo
muitas riquezas. E ele ajudará Jerusalém,
que voltará a ser a sua cidade escolhida.

A segunda visão: os chifres e os ferreiros

18 Tive outra visão e vi quatro chifres
de boi. 19 Perguntei ao anjo que falava co-
migo:

— Que querem dizer estes chifres?

Ele respondeu:

— Eles representam as nações que espalharam pelo mundo inteiro os moradores de Judá, de Israel e de Jerusalém.

20 Aí o SENHOR Deus me mostrou quatro ferreiros. 21 Eu perguntei:

— O que é que eles vêm fazer?

Ele respondeu:

— Os chifres são as nações que espalharam os moradores de Judá de tal maneira, que ninguém tinha coragem de levantar a cabeça. E agora estes ferreiros representam os que estão vindo para assustar e quebrar aqueles chifres, isto é, aquelas nações que conquistaram a terra de Judá e espalharam o seu povo.

A terceira visão: a fita de medir

2 Tive ainda outra visão. Vi um homem segurando uma fita de medir 2 e perguntei:

— Aonde você vai?

Ele respondeu:

— Vou medir Jerusalém para saber o seu comprimento e a sua largura.

3 Então vi que o anjo que havia falado comigo ia saindo. Nisso, outro anjo veio se encontrar com ele, 4 e o primeiro anjo disse:

— Corra depressa e diga ao rapaz que está com a fita de medir: "Jerusalém terá moradores de novo, e haverá tantas pessoas e tantos animais morando lá, que não será possível construir uma muralha em volta da cidade. 5 Pois o SENHOR Deus promete que ele mesmo será como uma muralha de fogo em volta de Jerusalém e que ele morará na cidade e ali mostrará a sua *glória."

Liberdade para os israelitas que estão no cativeiro

6-7 O SENHOR Deus diz ao seu povo:

— Atenção! Atenção! Vocês que são prisioneiros na Babilônia, fujam. Fujam daquele país do Norte! Eu os espalhei por toda parte, mas agora é hora de vocês voltarem para Jerusalém.

8 Pelo seu poder, o SENHOR Todo-Poderoso me mandou entregar a seguinte mensagem às nações que tinham levado embora toda a riqueza do seu povo:

— Quem toca no meu povo toca na menina dos meus olhos. 9 Portanto, eu mesmo lutarei contra vocês. E toda a sua riqueza será levada embora por aqueles que antes eram seus prisioneiros.

Quando isso acontecer, o povo saberá que o SENHOR Todo-Poderoso me enviou.

10 O SENHOR Deus diz:

— Moradores de Jerusalém, cantem de alegria, pois eu virei morar com vocês!

11 Naquele dia, muitos povos se juntarão a Deus, o SENHOR, e serão o seu povo, e ele morará com eles. Aí o povo de Israel saberá que o SENHOR Todo-Poderoso me enviou para falar com eles. 12 Mais uma vez a terra de Judá será a parte especial de Deus na Terra Santa, e Jerusalém será de novo a sua cidade escolhida.

13 Que todos se calem na presença de Deus, o SENHOR, pois ele vem do seu lugar santo para morar com o seu povo.

A quarta visão: o Grande Sacerdote Josué

3 Em outra visão, Deus me mostrou o *Grande Sacerdote Josué, que estava de pé em frente do Anjo do SENHOR. Satanás estava à direita de Josué, pronto para acusá-lo. 2 O Anjo do SENHOR disse a Satanás:

— Que Deus o condene, Satanás! Que o SENHOR, que escolheu Jerusalém, o condene! Esse homem é como um tição tirado do fogo.

3 Josué, vestido com roupas sujas, continuava de pé em frente do Anjo. 4 Aí o Anjo disse aos seus ajudantes que tirassem a roupa de Josué e depois lhe disse:

— Assim eu tiro os seus pecados e agora vou vesti-lo com roupas de festa.

5 Em seguida, o Anjo mandou que os seus ajudantes pusessem na cabeça de Josué um *turbante que havia sido *purificado. Eles puseram o turbante na cabeça dele e o vestiram com roupas de festa; e o Anjo do SENHOR continuava ali de pé. 6 E ele disse a Josué:

7 — O SENHOR Todo-Poderoso lhe diz o seguinte: "Se você obedecer às minhas leis e cumprir os seus deveres conforme eu ordeno, você será o administrador do Templo. Cuidará do santuário e de todos os outros edifícios; e, como estes anjos que estão aqui, você terá o mesmo direito de estar na minha presença. 8 Portanto, escute, *Grande Sacerdote Josué, e escutem também os sacerdotes que estão com você. Vocês todos são um sinal de que eu vou enviar ao meu povo o meu *servo que se chama 'Ramo Novo'. 9 Coloquei em frente de Josué uma pedra que tinha sete lados. Eu, o SENHOR Todo-Poderoso, vou gravar nela um nome e num só dia vou tirar o pecado deste país. 10 Naquele dia,

cada um de vocês poderá convidar os vizi-
nhos para que venham e fiquem à vontade
debaixo das *parreiras e das figueiras. Eu,
o SENHOR Todo-Poderoso, falei."

A quinta visão: o candelabro de ouro

4 O anjo que havia falado comigo voltou
e me acordou, como se acorda alguém
que está dormindo. 2 Ele me perguntou:
— O que é que você está vendo?
Respondi:
— Estou vendo um *candelabro de ouro
e em cima dele um vaso para o azeite;
há sete lamparinas no candelabro, e há
sete tubos por onde o azeite chega até as
lamparinas. 3 Perto do candelabro, estou
vendo duas oliveiras, uma de cada lado.
4 Aí perguntei ao anjo:
— Meu senhor, o que quer dizer isso?
5 — Você não sabe? — ele perguntou.
— Não, senhor! — respondi.

A promessa de Deus a Zorobabel

6 Depois disso, o anjo mandou que eu
entregasse a Zorobabel a seguinte men-
sagem de Deus, o SENHOR:
— Não será por meio de um poderoso
exército nem pela sua própria força que
você fará o que tem de fazer, mas pelo
poder do meu Espírito. Sou eu, o SENHOR
Todo-Poderoso, quem está falando.
7 — Diante de Zorobabel, altas mon-
tanhas vão virar campos planos. Ele vai
trazer a pedra mais importante do Tem-
plo, e o povo vai gritar: "Que beleza! Que
beleza!"
8 O SENHOR falou comigo mais uma vez.
9 Ele disse:
— Zorobabel pôs o alicerce deste Tem-
plo e ele mesmo vai terminar a constru-
ção. Quando isso acontecer, o povo saberá
que eu, o SENHOR Todo-Poderoso, enviei
você para falar a eles. 10 E os que não de-
ram valor a um começo tão humilde vão
ficar alegres quando virem Zorobabel ter-
minando a construção do Templo.
— As sete lamparinas representam os
sete olhos do SENHOR Deus, que veem
tudo o que se passa no mundo inteiro.
11 Aí eu perguntei:
— E o que querem dizer as duas oli-
veiras, uma de cada lado do candelabro?
12 E perguntei também:
— E o que querem dizer os dois ramos
da oliveira, que estão perto dos dois tubos
de ouro por onde passa o azeite?
13 — E você não sabe? — ele perguntou.
— Não, senhor! — respondi.
14 Então ele explicou:
— Eles representam os dois homens
que foram escolhidos e *ungidos para ser-
vir o Senhor do mundo inteiro.

A sexta visão: o rolo voador

5 Tive ainda outra visão. Vi um livro em
forma de rolo, que estava voando. 2 E
o anjo me perguntou:
— O que é que você está vendo?
Eu respondi:
— Estou vendo um rolo voando; ele
tem nove metros de comprimento por
quatro e meio de largura.
3 O anjo explicou:
— Neste rolo, está escrita a maldição
que vai se espalhar pelo país inteiro. De
um lado do rolo, está escrito que serão
expulsos do país todos os que roubam;
do outro lado, está escrito que serão ex-
pulsos todos os que fazem juramentos fal-
sos pelo nome de Deus. 4 O SENHOR Todo-
-Poderoso promete que ele mandará essa
maldição, e ela entrará nas casas dos la-
drões e dos que juram falso pelo nome
dele. Ela ficará naquelas casas até que es-
tejam completamente destruídas; e não
sobrarão nem vigas nem pedras.

A sétima visão: a mulher dentro da cesta

5 O anjo que havia falado comigo vol-
tou e me disse:
— Olhe o que vem vindo agora!
6 — O que é isto? — eu perguntei.
Ele respondeu:
— É uma cesta, e ela representa os pe-
cados do povo deste país.
7 A cesta tinha uma tampa de chumbo;
levantaram a tampa, e lá dentro estava
uma mulher sentada. 8 O anjo explicou:
— Esta mulher representa a maldade.
Então ele a empurrou para o fundo da
cesta e fechou a tampa.
9 Olhei e vi duas mulheres que tinham
asas como as da cegonha. As mulheres
voavam, levadas pelo vento. Elas chega-
ram, pegaram a cesta e saíram voando.
10 Perguntei ao anjo:
— Para onde elas estão levando a ces-
ta?
11 Ele respondeu:
— Para a Babilônia. Lá elas vão cons-
truir um templo, onde vão colocar a ces-
ta numa base.

A oitava visão: os carros de guerra

6 Tive mais uma visão. Vi dois mon-
tes feitos de bronze, e do meio deles

Uma oração por...

Força na batalha da vida

No meio da batalha entre o bem e o mal — ou seja, o mundo — há coisas que contribuem para a vida, a saúde, a paz e a alegria, e outras que contribuem para a luta, a doença, a miséria e a morte. Nesta batalha entre o bem e o mal, que o pouco que eu puder fazer seja doce, bom, justo e generoso. E que tudo o que eu fizer esteja de acordo com tua vontade e teu desejo de fazer com que todas as coisas trabalhem juntas para o bem daqueles que te amam.

Então, que eu possa colocar em teus pés meu fardo de responsabilidade, sabendo que, em qualquer evento, a vitória nunca é o resultado de meu esforço exclusivo, mas o resultado de milhares de forças, das quais meu ato é apenas uma.

Quando o evento for aparente e visivelmente bem-sucedido, não me deixes sentir orgulho, mas me faz agradecer humildemente pelas outras condições que possibilitaram o sucesso de meu esforço. Que eu seja humildemente grata pelo privilégio de compartilhar de uma vitória que é, sobretudo, tua.

Quando a batalha parecer um fracasso, que eu tenha a certeza de que é por causa das coisas das quais não participei e não pude controlar. Que eu saiba que, apesar desta derrota particular, as forças do bem são muito mais fortes, e as forças do mal são muito mais fracas, por causa do bom esforço que investi.

Amém.

estavam saindo quatro carros de guerra.
2 O primeiro carro era puxado por cavalos
vermelhos; o segundo, por cavalos pretos;
3 o terceiro, por cavalos brancos; e o quar-
to, por cavalos baios. 4 Perguntei ao anjo:
— Meu senhor, o que são estes carros
de guerra?
5 *Ele respondeu:*
— São os quatro ventos, que estão sain-
do da presença do Senhor do mundo in-
teiro. 6 O carro puxado pelos cavalos pre-
tos vai para a Babilônia, a terra do Norte;
o carro puxado pelos cavalos brancos vai
para a terra do Oeste; e o carro puxado
pelos cavalos baios vai para a terra do Sul.
7 Os cavalos baios saíram, com vonta-
de de correr pelo mundo inteiro. Então
o anjo ordenou:
— Vão e corram pelo mundo inteiro!
E eles fizeram isso. 8 Aí o anjo me cha-
mou e disse:
— Os cavalos que foram para a terra
do Norte vão fazer parar a *ira do SENHOR
contra aquele país.

A coroa de Josué

9 O SENHOR Deus falou comigo. Ele dis-
se:
10 — Vá receber as ofertas feitas por
Heldai, Tobias e Jedaías, que voltaram do
*cativeiro na Babilônia. Depois, vá logo até
a casa de Josias, filho de Sofonias, 11 com
a prata e o ouro que você tiver recebido
e faça uma coroa. Coloque a coroa na ca-
beça do *Grande Sacerdote Josué, filho de
Jozadaque. 12 E diga a ele que o SENHOR
Todo-Poderoso promete o seguinte: "O
homem chamado de 'Ramo Novo' brotará
das suas próprias raízes e construirá de
novo o Templo do SENHOR. 13 É ele que vai
reconstruir o Templo e receber as honra-
rias que pertencem a um rei. Ele vai sen-
tar no seu trono e reinar. Um sacerdote
se sentará no seu próprio trono, e have-
rá uma paz perfeita entre 'O Ramo Novo'
e esse sacerdote." 14 Mas depois a coroa
será colocada no Templo do SENHOR em
memória de Heldai, de Tobias, de Jedaías
e de Josias, filho de Sofonias.
15 Pessoas que moram longe de Jeru-
salém virão ajudar a construir de novo o
Templo do SENHOR. Aí vocês saberão que
o SENHOR Todo-Poderoso me enviou a vo-
cês. Tudo isso acontecerá se obedecerem
com todo o coração às *leis do SENHOR, o
Deus de vocês.

O jejum falso

7 No dia quatro do mês nove, chamado
*quisleu, do quarto ano do reinado de
Dario, o SENHOR Deus me deu uma men-
sagem. 2 Isso aconteceu quando o povo de
Betel enviou Sarezer e Regém-Meleque,
com os seus companheiros, ao Templo do
SENHOR Todo-Poderoso para pedirem a
ajuda dele. 3 E deviam também fazer aos
sacerdotes do Templo e aos *profetas a
seguinte pergunta:
— Faz muitos anos que nós choramos
e jejuamos no quinto mês, o mês em que

o Templo foi destruído. Devemos conti-
nuar fazendo isso?
4 Então o SENHOR Todo-Poderoso falou
comigo 5 e mandou que eu dissesse o se-
guinte ao povo e aos sacerdotes:
— Já faz setenta anos que vocês cho-
ram e jejuam no quinto mês e também
no sétimo. Mas não é em minha honra
que vocês fazem isso. 6 E, quando comem
e bebem, é só para satisfazer os seus pró-
prios desejos.
7 Essa mensagem foi a mesma que o SE-
NHOR Deus tinha dado antes por meio dos
profetas antigos, quando Jerusalém esta-
va em paz e tinha muitos moradores. E o
mesmo acontecia nas cidades ao redor
e nas cidades da região sul e nas planí-
cies de Judá.

A causa do cativeiro

8 O SENHOR Deus falou com Zacarias e
disse:
9 — Eu, o SENHOR Todo-Poderoso, tinha
ordenado isto ao povo: "Sejam honestos
e corretos e tratem uns aos outros com
bondade e compaixão. 10 Não explorem
as viúvas, nem os órfãos, nem os estran-
geiros que moram com vocês, nem os po-
bres. E não façam planos para prejudicar
os seus patrícios." 11 Porém eles se revol-
taram e não quiseram obedecer. Viraram
as costas para mim e taparam os ouvidos
para não ouvir as minhas ordens. 12 Tor-
naram os corações deles duros como o
diamante a fim de não obedecer à *Lei e
às mensagens que eu, por meio do meu
Espírito, dei aos profetas antigos. Por isso,
eu fiquei muito *irado com eles. 13 E assim
como eles não quiseram ouvir quando eu
falei, assim também eu não vou escutar
quando eles orarem a mim. Sou eu, o SE-
NHOR Todo-Poderoso, quem está falando.
14 Como um furacão, eu os espalhei por
todos os países estrangeiros, e a terra de
onde saíram ficou tão arrasada, que nin-
guém podia viver lá. *Uma terra tão boa e*
tão rica virou um deserto!

Promessas de Deus

8 O SENHOR Todo-Poderoso falou comi-
go e disse:
2 — Eu tenho um grande amor por Je-
rusalém, um amor que me faz ficar *irado
contra os seus inimigos. 3 Eu voltarei para
Jerusalém e ali morarei. Então Jerusalém
será chamada de "Cidade Fiel", e o *monte
do SENHOR Todo-Poderoso será chamado
de "*Monte Santo". 4 Mais uma vez, os ve-
lhinhos e as velhinhas, com as suas ben-
galas na mão, vão se sentar nas praças
de Jerusalém. 5 E as praças ficarão cheias
de meninos e meninas brincando. 6 Isso
pode parecer impossível aos que volta-
ram do *cativeiro na Babilônia, mas não
é impossível para mim, o SENHOR Todo-
-Poderoso. 7 Vou salvar o meu povo; eu
os tirarei dos países do Leste e do Oeste,
para onde foram levados como prisionei-
ros, 8 e os trarei de volta para Jerusalém,
onde ficarão morando. Eles serão o meu
povo, e eu serei o seu Deus e os governa-
rei com justiça e fidelidade.
9 O SENHOR Todo-Poderoso diz:
— Portanto, tenham coragem, todos os
que estão ouvindo agora o mesmo que os
*profetas disseram quando se começou a
reconstrução do Templo do SENHOR Todo-
-Poderoso e foram colocados os seus ali-
cerces. 10 Pois até aquele tempo não havia
dinheiro para pagar os trabalhadores, e
os animais de carga não rendiam dinhei-
ro para os seus donos. Havia tantos ini-
migos, que ninguém vivia seguro, pois eu
fiz com que todos fossem inimigos uns
dos outros. 11 Mas eu, o SENHOR Todo-Po-
deroso, prometo que agora não vou tra-
tar os que restam deste povo como fiz no
passado. 12 Eles semearão as suas terras
em paz; as *parreiras darão uvas, a terra
dará boas colheitas, e cairá chuva do céu.
Darei tudo isso aos que restarem do meu
povo. 13 Moradores de Judá e de Israel! No
passado os povos de outras nações maldi-
ziam uns aos outros assim: "Que Deus os
castigue como castigou o povo de Judá e
de Israel!" Mas eu vou salvar vocês, e no
futuro aqueles mesmos povos dirão uns
aos outros: "Que Deus os abençoe como
abençoou o povo de Judá e de Israel!" Não
fiquem com medo! Tenham coragem!
14 O SENHOR Todo-Poderoso diz ao
povo:
— Quando os seus antepassados me fi-
zeram ficar irado, eu os castiguei, como
havia resolvido antes. Não mudei de ideia.
15 E agora resolvi abençoar o povo de Je-
rusalém e de Judá e não vou mudar de
ideia. Portanto, não fiquem com medo.
16 São estas as coisas que vocês devem fa-
zer: digam todos a verdade uns aos ou-
tros e decidam com justiça os casos nos
tribunais a fim de que haja paz. 17 Porém
não façam planos para prejudicar uns aos

outros e não jurem falso, pois eu, o SE-
NHOR, odeio tudo isso.
18 O SENHOR Todo-Poderoso falou co-
migo e disse:
19 — Os jejuns do quarto, quinto, séti-
mo e décimo meses de cada ano vão vi-
rar dias de alegria, dias de festa para o
povo de Judá. Portanto, amem a verda-
de e a paz.
20 O SENHOR Todo-Poderoso diz:
— Vai chegar o dia em que moradores
de muitas cidades virão até Jerusalém.
21 Os moradores de uma cidade dirão aos
de outra cidade: "Nós vamos adorar o SE-
NHOR Todo-Poderoso e pedir que ele nos
abençoe!" E os outros responderão: "Pois
nós vamos com vocês!" 22 Muitos povos e
nações poderosas virão a Jerusalém para
adorar o SENHOR Todo-Poderoso e pedi-
rem que ele os abençoe. 23 Naqueles dias,
dez estrangeiros irão agarrar um judeu
para lhe dizer: "Nós queremos seguir a
sua religião, pois ouvimos dizer que Deus
está com vocês."

O castigo das nações vizinhas

9 Esta é a mensagem de Deus, o SENHOR:
ele anuncia que a terra de Hadraque
e a cidade de Damasco serão castigadas.
Tanto as cidades da Síria como as *tri-
bos de Israel são do SENHOR. 2 A cidade
de Hamate, que fica perto daquelas cida-
des, também é do SENHOR, e as cidades de
Tiro e de Sidom, com toda a sua cultura,
também são dele. 3 O povo de Tiro cons-
truiu fortalezas para se proteger e amon-
toou tanta prata como se fosse pó e tanto
ouro como se fosse lama. 4 Mas o Senhor
vai levar tudo embora; ele jogará no mar
as riquezas de Tiro, e a cidade será des-
truída por um incêndio. 5 Quando os mo-
radores da cidade de Asquelom soube-
rem disso, ficarão com medo. O povo de
Gaza também vai sofrer muito, e o povo de
Ecrom perderá toda a esperança. O rei de
Gaza morrerá, e Asquelom ficará sem mo-
radores. 6 Mestiços morarão em Asdode.
O SENHOR diz:
— Eu vou humilhar esses filisteus orgu-
lhosos. 7 Não vou deixar que comam carne
com sangue nem qualquer outra comida
*impura. Os que sobrarem desse povo se-
rão meus e farão parte da tribo de Judá.
Os moradores de Ecrom também farão
parte do meu povo, como aconteceu com
os jebuseus. 8 Vou defender o meu povo
dos seus inimigos e não vou deixar que
os exércitos deles invadam a minha ter-
ra. Nunca mais haverá um chefe cruel do-
minando o meu povo, pois eu tenho visto
como tem sofrido.

O futuro rei de Israel

9 Alegre-se muito, povo de *Sião!
Moradores de Jerusalém, cantem de alegria,
pois o seu rei está chegando.
Ele vem triunfante e vitorioso;
mas é humilde, e está montado num jumento,
num jumentinho, filho de jumenta.
10 Ele acabará com os carros de guerra de Israel
e com a cavalaria de Jerusalém;
os arcos e as flechas serão destruídos.
Ele fará com que as nações vivam em paz;
o seu reino irá de um mar a outro,
e desde o rio Eufrates até os fins da terra.

A futura grandeza de Israel

11 O SENHOR Deus diz:
"Moradores de Jerusalém,
eu fiz uma *aliança com vocês,
que foi *selada com sangue.
Por isso, vou tirar o seu povo do *cativeiro,
daquele poço sem água.
12 Prisioneiros, voltem para a sua fortaleza;
voltem todos os que ainda têm esperança.
Pois vou lhes dar duas vezes mais bênçãos
do que os castigos que vocês receberam.
13 Vou usar Judá como arco de guerra,
e o povo de Israel será as flechas.
Os homens de Jerusalém serão a minha espada,
e com ela vou fazer guerra contra a Grécia."

14 O SENHOR aparecerá sobre o seu povo
e atirará as suas flechas como se *fossem* relâmpagos.
O SENHOR tocará a corneta
e avançará no meio das tempestades do Sul.
15 O SENHOR Todo-Poderoso protegerá o seu povo;

eles derrotarão os soldados
inimigos
e destruirão as suas armas;
beberão o sangue dos inimigos
como se fosse vinho
e ficarão cheios como uma taça de
vinho
quando é derramado em cima do
altar.
16 Naquele dia, o SENHOR salvará o
seu povo
como um pastor salva as suas
ovelhas;
eles brilharão no seu país
como pedras preciosas numa coroa.
17 Como será bom e belo esse país!
Haverá trigo e vinho com fartura,
e os moços e as moças crescerão
fortes e bonitos.

Deus promete salvar o seu povo

10 Peçam a Deus, o SENHOR, que man-
de as chuvas da primavera, pois é
ele quem manda as nuvens e a chuva para
fazer com que os campos produzam co-
lheitas para todos.
2 Não adianta vocês
consultarem os ídolos ou os médiuns, pois
eles só dizem bobagens e mentiras. Os que
explicam sonhos são falsos, e as suas pa-
lavras de consolo não ajudam nada. Por
isso, o povo vive aflito e anda sem dire-
ção, como ovelhas que não têm pastor.
3 O SENHOR Deus diz:
— Estou *irado com os chefes estran-
geiros que governam o meu povo e vou
castigá-los duramente. Eu, o SENHOR To-
do-Poderoso, vou tomar conta do meu
rebanho, o povo de Judá, e vou fazer com
que eles sejam como o meu forte cava-
lo de guerra.
4 Do meio deles, virão todos
os chefes, líderes militares e governado-
res do meu povo.
5 Todos juntos vencerão
e serão como os soldados que pisam os
seus inimigos na lama das ruas. Lutarão
porque eu, o SENHOR, estou com eles, e
derrotarão *até os inimigos montados a*
cavalo.

6 O SENHOR Deus diz:
"Darei forças ao povo de Judá,
salvarei o povo de Israel.
Tenho compaixão deles
e os trarei de volta do *cativeiro.
Será como se eu nunca os tivesse
rejeitado,
pois eu sou o SENHOR, o Deus deles,
e atendo as suas orações.
7 Os homens de Israel serão fortes
como soldados,
serão alegres como os que bebem
vinho.
Os seus descendentes ouvirão falar
disso
e ficarão contentes e alegres
por causa do que eu, o SENHOR, fiz.

8 "Chamarei o meu povo e os
juntarei,
pois eu os trarei de volta para o seu
país.
E serão novamente tão numerosos
como eram no passado.
9 Eu os espalhei pelas nações
distantes,
mas mesmo assim eles não têm
esquecido de mim.
Eles e os seus filhos continuarão
vivos
e voltarão de novo para a sua terra.
10 Eu os farei voltar do Egito e da
Assíria
e os levarei para as terras de
Gileade e do Líbano.
Serão tantos, que não haverá lugar
para todos.
11 Atravessarão o mar Vermelho,
e eu, o SENHOR, baterei nas ondas
e secarei as águas do rio Nilo.
Destruirei o orgulho da Assíria
e acabarei com o poder do Egito.
12 Darei forças ao meu povo,
e pelo meu poder eles viverão.
Eu, o SENHOR, falei."

A derrota dos reis cruéis

11 Líbano, abra as suas portas
para que o fogo acabe com os
seus cedros.
2 Chorem, pinheiros,
pois os cedros caíram!
Aquelas belas árvores foram
destruídas!
Chorem, carvalhos de Basã,
pois a mata virgem foi derrubada!
3 Os pastores gemem e choram,
pois os belos pastos foram
destruídos.
Os leões estão rugindo
porque as matas do rio Jordão
foram derrubadas.

Os dois pastores

4 O SENHOR, meu Deus, me disse:
— Seja um pastor e tome conta das
ovelhas que vão ser mortas.
5 Aqueles que

compram as ovelhas não são castigados quando as matam e, depois que vendem a carne, dizem: "Graças a Deus! Ficamos ricos!" Nem mesmo os próprios pastores daquelas ovelhas têm pena delas. 6 Também eu não tenho mais compaixão dos moradores de Israel. Vou entregar todos nas mãos dos seus chefes e dos seus reis. Estes arrasarão o país, e eu não livrarei ninguém do poder deles. Eu, o SENHOR, estou falando.

7 Portanto, eu fui contratado pelos que compram e vendem ovelhas para cuidar das que iam ser mortas. Peguei dois bordões: um eu chamei de "Bondade" e o outro, de "União". E fiquei tomando conta do rebanho. 8 Em um mês acabei com os três pastores, mas perdi a paciência com as ovelhas, e elas ficaram aborrecidas comigo. 9 Então eu disse a elas:

— Eu não serei mais o pastor de vocês. Que morram as que vão morrer! Que sejam mortas as que vão ser mortas! E que as que sobrarem comam umas as outras!

10 Depois, peguei o bastão chamado "Bondade" e o quebrei como sinal de que Deus tinha quebrado a *aliança que havia feito com todos os povos. 11 Portanto, a aliança foi desfeita naquele dia. Aí os negociantes de ovelhas, que estavam me espiando, entenderam que o SENHOR estava falando por meio daquilo que eu fazia. 12 Então eu lhes disse:

— Se estiverem satisfeitos, paguem o meu salário; se não, não paguem.

E eles me pagaram trinta barras de prata.

13 O SENHOR Deus me disse:

— Ponha este dinheiro no tesouro do Templo.

Peguei o dinheiro — o ótimo salário que eles achavam que eu merecia — e pus no tesouro do Templo. 14 Depois, quebrei o segundo bastão, chamado "União", como sinal de que estava desfeita a união de irmãos que havia entre Judá e Israel.

15 Em seguida, o SENHOR me disse:

— Agora, faça o papel de um pastor que não presta. 16 Pois vou pôr um pastor para cuidar do meu rebanho, mas ele não vai se preocupar com as ovelhas que estiverem em perigo, não vai procurar as que se perderem, não vai tratar das que se machucarem, nem vai cuidar das que estiverem cansadas. Pelo contrário, ele comerá a carne das mais gordas e não deixará nem mesmo os cascos!

17 Ai do mau pastor, que abandona o rebanho! Que um dos seus braços e o seu olho direito sejam feridos pela espada! Que o braço fique paralisado, e o olho fique cego!

A libertação de Jerusalém

12 Esta é uma mensagem de Deus, o SENHOR, a respeito do povo de Israel. O SENHOR, que estendeu os céus, firmou a terra e deu vida a todos, diz:

2 — Eu vou fazer com que Jerusalém seja como um copo de vinho para todos os povos vizinhos; eles beberão e ficarão bêbados. Quando eles atacarem Jerusalém, atacarão também as outras cidades de Judá. 3 Mas naquele dia eu farei com que Jerusalém seja como uma pedra pesada para todos os povos; quem tentar levantá-la ficará gravemente ferido. E todas as nações do mundo se juntarão para atacar a cidade de Jerusalém. 4 Mas naquele dia farei com que os cavalos fiquem assustados e com que os soldados da cavalaria fiquem loucos. Protegerei os moradores de Judá e farei com que os cavalos dos inimigos fiquem cegos. 5 Então todas as famílias pensarão assim: "O SENHOR Todo-Poderoso dá forças aos moradores de Jerusalém, que são o seu povo." 6 Naquele dia, farei com que as famílias de Judá sejam como brasas num monte de lenha, como uma tocha acesa no meio dos feixes de trigo. Elas destruirão todas as nações que estão ao seu redor. E o povo de Jerusalém viverá seguro na cidade.

7 — Eu, o SENHOR, darei a vitória primeiro aos exércitos de Judá, a fim de que a honra que os descendentes de Davi e os moradores de Jerusalém vão receber não seja maior do que a honra que será dada aos outros moradores de Judá. 8 Naquele dia, eu protegerei os moradores de Jerusalém. Os mais fracos entre eles serão tão fortes como o rei Davi, e os descendentes de Davi irão na frente deles como o Anjo do SENHOR, como o próprio Deus. 9 Naquele dia, destruirei qualquer nação que atacar Jerusalém.

10 — Naquele dia, espalharei o espírito de bondade e de oração sobre os descendentes de Davi e sobre os outros moradores de Jerusalém. Eles olharão para aquele a quem atravessaram com a lança e chorarão a sua morte como quem chora a morte do filho único. Chorarão amargamente, como quem chora a morte do

filho mais velho. 11 Naquele dia, haverá
tanto choro em Jerusalém como o choro
que há na planície de Megido pelo deus
Hadade-Rimom. 12-14 Todas as famílias do
país chorarão. Cada uma chorará sozinha,
isto é, a família dos descendentes de Davi,
a dos descendentes de Natã, a dos descen-
dentes de Levi e a dos descendentes de
Simei. Cada família chorará sozinha: os
homens chorarão em um lugar, e as mu-
lheres, em outro.

13 — Naquele dia, haverá uma fonte
jorrando água, e ali os descenden-
tes de Davi e os outros moradores de Je-
rusalém poderão se lavar de todos os pe-
cados e de todas as impurezas. 2 E no mes-
mo dia eu, o SENHOR Todo-Poderoso, farei
desaparecer da terra de Israel os nomes
dos ídolos, e ninguém lembrará mais de-
les. Também tirarei do país todos os falsos
*profetas e acabarei com a vontade que o
povo tem de adorar ídolos. 3 Quando al-
guém quiser fazer *profecias, os próprios
pais lhe dirão: "Você vai morrer, pois está
dizendo que as suas mentiras são mensa-
gens de Deus, o SENHOR!" E os pais ma-
tarão o filho à espada quando ele estiver
bancando o profeta! 4 Naquele dia, qual-
quer um que *profetizar terá vergonha da
sua visão. Ninguém vestirá uma *capa de
peles de animais para fingir que é profeta.
5 Pelo contrário, cada um dirá: "Eu não sou
profeta; sou lavrador. Desde criança tra-
balho na roça." 6 E, se alguém perguntar:
"Que ferimentos são esses no seu peito?",
ele responderá: "São os ferimentos que
recebi na casa dos meus amigos."

A ordem para matar o pastor

7 O SENHOR Todo-Poderoso diz:
"Levante-se, espada, e ataque o
meu pastor!
Ataque o meu ajudante!
Mate o pastor, e as ovelhas serão
espalhadas;
e eu mesmo atacarei os
carneirinhos.
8 Dos moradores de Israel,
dois terços morrerão;
só um terço sobrará com vida.
9 E estes que sobrarem eu farei
passar pelo fogo.
Eu os *purificarei como se purifica
a prata
e os refinarei como se refina o ouro.
Aí eles orarão a mim,
e eu os atenderei.
Direi: 'Vocês são o meu povo',
e eles responderão: 'O SENHOR é o
nosso Deus.' "

O SENHOR, o Rei do mundo

14 Está chegando o dia em que o SE-
NHOR Deus julgará as nações. Então
a cidade de Jerusalém será conquistada,
e os inimigos repartirão entre si tudo o
que encontrarem nela. 2 O SENHOR ajun-
tará todas as nações para atacarem Jeru-
salém. A cidade será conquistada, tudo o
que estiver nas casas será levado embora,
as mulheres serão violentadas, e metade
dos moradores será levada para o *cativei-
ro. Os outros poderão ficar em Jerusalém.
3 Depois, o SENHOR sairá para lutar contra
essas nações, como já lutou no passado.
4 Naquele dia, ele ficará de pé no monte
das Oliveiras, a leste de Jerusalém. Então
um grande vale, que correrá do leste para
o oeste, dividirá o monte das Oliveiras em
dois. Metade do monte se afastará para o
norte, e a outra metade, para o sul. 5 Vo-
cês fugirão da cidade por esse vale, que
irá até Azal. Fugirão como os antepassa-
dos de vocês fugiram quando houve um
terremoto no tempo do reinado de Uzias,
rei de Judá. Então o SENHOR, meu Deus,
virá com todos os seus anjos.

6 Daquele dia em diante, não fará mais
frio, nem haverá geada. 7 E não haverá
mais escuridão. Haverá somente dia, pois
o sol continuará a brilhar a noite inteira.
Mas só o SENHOR Deus sabe quando é que
aquele dia vai chegar.

8 Naquele dia, haverá em Jerusalém fon-
tes jorrando água fresca; metade irá para
o mar Morto, e a outra metade, para o
mar Mediterrâneo. As águas correrão o
ano inteiro, tanto no verão como no inver-
no. 9 O SENHOR Deus será o Rei do mundo
inteiro. Ele será o único Deus, e todos o
chamarão de SENHOR.

10 O país todo virará uma planície, desde
Geba, no Norte, até Rimom, ao sul de Jeru-
salém. E Jerusalém será o lugar mais alto
do país; haverá gente morando ali, des-
de o Portão de Benjamim até o Portão da
Esquina, que antes era o Portão Antigo, e
desde a Torre de Hananel até os tanques
onde é feito o vinho do rei. 11 Nunca mais
a cidade será destruída, e os seus mora-
dores viverão seguros.

12 O SENHOR Deus castigará todos os
povos que atacarem Jerusalém. Ele man-
dará uma praga que fará a carne deles

DEVOCIONAL

Texto para leitura: **Zacarias 13:7-9**

Conheça a si mesma

A grama sempre é mais verde no quintal do vizinho. Por que parece que sua vida é "sem graça" e até triste enquanto a de todos os outros é o máximo? A vida nem sempre é justa, pelo menos não para o olho humano. Mas se lembre de que, para ser purificado e refinado, o ouro tem de ser aquecido a temperaturas extremas. Toda impureza, ou o que não presta, então separa-se do ouro, sendo retirada à medida que o calor aumenta. É quase impossível encontrar a própria impureza quando a vida é boa. Mas, quando surgem os problemas e o calor aumenta, então é mais fácil ver suas partes sujas. E é aí que você pode começar a tirar todo esse lixo de uma vez por todas. Ao ser refinada pelas provações da vida, você começa a voltar para o único que pode salvá-la, aquele de quem você precisa mais do que qualquer coisa ou pessoa, e sua vida é purificada e renovada.

Então, não tenha medo do fogo. Não se preocupe quando a vida der errado, mas confie em Jesus e veja o que ele quer que seja removido. Quando seu foco está em seu aperfeiçoamento e purificação, e não em perguntas e preocupações do mundo, sua capacidade de se colocar acima delas e até de superar a adversidade aumenta. Nenhuma provação é perda de tempo quando seu foco está em agradar a Deus em vez de agradar a si mesma. Quando você vê a dor como a ferramenta de Deus para sua santificação, ela, de repente, deixa de controlá-la ou assustá-la. O objetivo da Garota de Deus é a humildade, a gratidão e o louvor, e, quando você pratica essas coisas em sua vida, o poder de suas provações desaparece.

apodrecer, estando eles ainda vivos; até
os olhos e a língua apodrecerão. 13 Na-
quele dia, o SENHOR fará com que eles
fiquem tão confusos e assustados, que
cada um agarrará a pessoa que estiver
ao seu lado e a atacará. 14 Até os homens
de Judá lutarão contra Jerusalém. Serão
levadas embora todas as riquezas das na-
ções vizinhas, isto é, grandes quantidades
de ouro, prata e roupa. 15 E a mesma praga
que Deus vai mandar contra as pessoas
vai atacar também todos os animais dos
inimigos, isto é, os cavalos, as mulas, os
camelos e os jumentos.

O SENHOR será adorado em Jerusalém

16 Depois disso, todos os que sobrarem
das nações que lutarem contra Jerusalém
irão uma vez por ano até lá a fim de ado-
rar o SENHOR Todo-Poderoso *como rei* e
para comemorar a *Festa das Barracas.
17 Se uma nação não for adorar o Rei, o
SENHOR Todo-Poderoso, então não cairá
chuva naquele país. 18 Se os egípcios não
forem até Jerusalém para comemorar a
Festa das Barracas, o SENHOR Deus os cas-
tigará com a mesma praga que vai man-
dar sobre as outras nações. 19 Este será
o castigo que Deus vai mandar sobre o
Egito e sobre qualquer outra nação que
não for até Jerusalém para comemorar a
Festa das Barracas.

20 Naquele dia, até nos sininhos das ré-
deas dos cavalos será escrito isto: "Se-
parado para o SENHOR", e as panelas do
Templo serão tão sagradas como as bacias
que estão em frente do altar. 21 Em Jeru-
salém e em Judá, todas as panelas serão
separadas para o SENHOR Todo-Poderoso.
Quando alguém for ao Templo para ofe-
recer um *sacrifício a Deus, essa pessoa
usará as suas panelas para cozinhar a car-
ne que será oferecida. E naquele dia não
haverá nenhum vendedor no Templo do
SENHOR Todo-Poderoso.

Malaquias

Volte para seu primeiro amor

— Vocês são como os seus antepassados: abandonam as minhas leis e não as cumprem. Voltem para mim, e eu voltarei para vocês.
Malaquias 3:7

Autor Malaquias
Data Possivelmente por volta de 450-414 a.C.
Local Judá
Público-alvo Israel

Em um mundo ímpio, pode ser fácil começar a pensar na santidade como algo extremo. Quando você vê o mundo à sua volta levando a vida como bem entende, é fácil então olhar para a Palavra de Deus e dizer: "Isso é pedir demais". E foi exatamente isso que aconteceu com os israelitas depois que voltaram do exílio. Eles começaram a deixar as coisas piorarem, a ficar cada vez menos preocupados com a obediência e mais preocupados com a vida fácil. Eles ainda amavam a Deus, ou era o que diziam. Eles oravam a ele e o adoravam, mas também adoravam outras coisas, como seus sonhos e desejos. Eles começaram a questionar o amor do Senhor por eles e a questionar sua definição de pecado. E assim sua fé acabou, Deus teve de enviar o profeta Malaquias para avisá-los que as coisas ficariam ruins, porque eles tinham se afastado de seu primeiro amor.

Ponto essencial
O livro de Malaquias fala sobre como é fácil esquecer o amor de Deus e aceitar uma imitação. Ele fala com um povo que se tornou insensível ao pecado e se recusava a se arrepender e a voltar ao primeiro amor. Neste livro, o profeta fala sobre o Messias que fará tudo novo e restaurará o relacionamento entre Deus e seu povo.

Séculos depois de Malaquias ter escrito este livro, o mesmo tipo de coisa ainda acontece na vida dos cristãos em todo o mundo. Muitos deles são exatamente iguais à cultura à sua volta, e dão mais importância à graça de Deus do que ao seu juízo e à sua ira. Muitos de nós veem a salvação como passe livre para viver da mesma forma que o restante do mundo. Mas, deste lado da cruz, ainda temos de entender a justiça de Deus. Ele não muda sua lei como o mundo muda. Ele não fecha os olhos para as escolhas pecaminosas de seu povo. Não, ele promete justiça.

Durante a leitura de Malaquias, não só pense na vida dos israelitas, mas pense nos cristãos, hoje, e até mesmo em si mesma. Onde você se afasta da verdade e aceita as ideias do mundo para o que é certo e errado? Onde você pensa na graça como o passe livre para o perdão? E o que Deus espera de seus filhos, ainda hoje? O Antigo Testamento não foi só escrito para os tempos antigos; há coisas boas nele que são para hoje também, por isso leia-o com a cruz e o presente em mente.

Coisas para procurar

- Reflexões sobre o casamento fora de sua fé (veja Malaquias 2:11-12)
- Reflexões sobre o divórcio (veja Malaquias 2:13-16)
- Reflexões sobre a questão de enganar Deus (veja Malaquias 3:6-18)

Malaquias significa "meu mensageiro".

Segundo êxodo: A volta dos israelitas do cativeiro na Babilônia.

Fatos, termos e versículos que você deve saber

O Senhor Todo-Poderoso diz aos sacerdotes: — O filho respeita o pai, e o escravo respeita o seu senhor. Se eu sou o pai de vocês, por que é que vocês não me respeitam? Se eu sou o seu senhor, por que não me temem?

(Malaquias 1:6)

O Senhor Todo-Poderoso diz: — Sacerdotes, eu estou falando com vocês. Se não obedecerem ao meu mandamento e se não resolverem me honrar, então eu farei cair sobre vocês uma maldição.

(Malaquias 2:1-2)

Vocês dizem: "Não vale a pena servir a Deus. Não adianta nada a gente fazer o que o Senhor Todo-Poderoso manda ou vestir roupas de luto para mostrar a ele que estamos arrependidos. É fácil notar que os orgulhosos são felizes, e a gente vê que tudo dá certo para os maus; quando põem o Senhor à prova, eles não são castigados".

(Malaquias 3:14-15)

"Será que alguém pode roubar a Deus?" Mas vocês têm roubado.

(Malaquias 3:8)

O amor de Deus por Israel

1 Esta é a mensagem que o SENHOR Deus
mandou Malaquias entregar ao povo
de Israel.
2 O SENHOR diz ao seu povo:
— Eu sempre amei vocês.
Mas eles perguntam:
— Como podemos saber que tu nos
amas?
Deus responde:
— Esaú e Jacó eram irmãos, no entanto, eu tenho amado Jacó e os seus des-
cendentes,
3 mas tenho odiado Esaú e os
seus descendentes. Eu fiz com que a região montanhosa de Esaú virasse um deserto, e agora as suas terras só prestam para animais selvagens morarem nelas.
4 Se os descendentes de Esaú, isto é, os

edomitas, disserem: "As nossas cidades
estão em ruínas, mas nós vamos cons-
truí-las de novo", o SENHOR Todo-Pode-
roso responderá: "Se eles construírem,
eu destruirei. A terra deles será chama-
da de 'terra da maldade' e de 'nação com
quem o SENHOR está *irado para sempre'."
5 O povo de Israel vai ver isso acontecer,
e todos dirão:

— O SENHOR é grande, e o seu poder vai além das fronteiras de Israel!

Deus condena os sacerdotes

6 O SENHOR Todo-Poderoso diz aos sa-
cerdotes:
— O filho respeita o pai, e o escravo
respeita o seu senhor. Se eu sou o pai de
vocês, por que é que vocês não me respei-
tam? Se eu sou o seu senhor, por que não
me *temem? Vocês me desprezam, mas
mesmo assim perguntam: "Como foi que
te desprezamos?" 7 Foi com o alimento
*impuro que vocês me ofereceram no al-
tar. E vocês ainda perguntam: "Como é
que estamos te ofendendo?" Pois vocês
me ofendem quando acham que têm o di-
reito de *profanar o meu altar. 8 E me ofen-
dem também porque pensam que não faz
mal me oferecerem animais cegos, aleija-
dos ou doentes. Pois procurem oferecer
um animal desses ao governador! Acham
que ele o aceitaria com prazer e atende-
ria os seus pedidos? Eu, o SENHOR Todo-
-Poderoso, falei.
9 Agora, sacerdotes, orem a Deus e pe-
çam que ele nos abençoe. Mas será que
ele vai atender quando vocês estão apre-
sentando ofertas como essas?
10 O SENHOR Todo-Poderoso diz aos sa-
cerdotes:

— Gostaria que um de vocês fechasse as portas do Templo. Assim vocês não acenderiam mais fogo inutilmente no meu altar. Eu não estou satisfeito com

DEVOCIONAL

Texto para leitura: **Malaquias 1:6-14**

Conheça a verdadeira felicidade

O que significa honrar o Pai? Como você lhe dá respeito? Você confia na vida do Filho, Jesus, que honrou e respeitou a Deus melhor do que ninguém. Na vida de Jesus, você pode encontrar a maneira de fazer o que Deus quer e de dar-lhe honra e respeito. Uma das verdades mais importantes sobre a vida de Jesus é que ele nunca tomou decisões para servir a si mesmo. Ele nunca decidiu as coisas por si só nem foi obstinado, mas foi um com o Pai. Significa que as coisas não tinham a ver com ele, mas sim com o que Deus queria dele. E Jesus quer o mesmo para você. Ele quer que você seja uma com ele, assim como ele é um com o Pai. Mas o que isso significa?

Ser uma com Jesus significa nunca se sentir menosprezada ou ofendida com o que as pessoas dizem ou fazem, porque você sabe que a vida não tem a ver com você. A vida tem a ver com Jesus, e isso a liberta da vergonha e do constrangimento, porque nada que você faça tem a ver com você, mas tudo tem a ver com fazer a vontade de Deus. Quando você se submete à vontade de Deus e descansa nele, honrando-o e humilhando-se como Cristo se humilhou, você se torna uma com ele, e, ao ser uma com o próprio Cristo, *você está livre para viver* com todo o poder que ele viveu.

Não conte com seu direito de fazer isso ou aquilo. Não se dedique à santidade com vontade própria, mas dependa de Jesus, confiando que, se você o honrar e respeitar, ele irá exaltá-la. Quando você se tornar uma com Cristo, deixar de fazer com que a vida tenha a ver com você e começar a fazer com que tudo tenha a ver com ele, a vida que você queria será sua. Você terá mais paz, mais esperança e mais alegria do que já imaginou, e tudo isso por causa de sua insistência em dar honra e respeito àquele que merece.

vocês; não vou aceitar as suas ofertas.
11 Eu sou adorado em todos os países do
mundo, e em todos os lugares queimam
incenso em minha honra e me oferecem
*sacrifícios *puros. Todos me honram.
12 Mas vocês me ofendem quando pensam
que têm o direito de profanar o meu al-
tar e que os sacrifícios que oferecem não
valem nada. 13 Vocês dizem: "Já estamos
cansados de tudo isso!" e riem de mim
e me tratam com desprezo. E ainda me
oferecem um animal roubado ou um ani-
mal aleijado ou doente. Vocês acham que
eu, o SENHOR, vou aceitar isso? 14 Maldi-
to seja o mentiroso que me promete um
animal perfeito do seu rebanho, mas ofe-
rece em sacrifício um animal defeituoso!
Eu sou o Rei poderoso, e todas as nações
me honram. Eu, o SENHOR Todo-Poderoso,
estou falando.

O castigo dos sacerdotes

2 O SENHOR Todo-Poderoso diz:
— Sacerdotes, eu estou falando com
vocês. 2 Se não obedecerem ao meu man-
damento e se não resolverem me honrar,
então eu farei cair sobre vocês uma mal-
dição e amaldiçoarei tudo o que vocês re-
cebem pelo trabalho que fazem. Aliás, já
os amaldiçoei porque vocês não resolve-
ram me honrar. 3 Vou castigar os seus fi-
lhos e esfregar na cara de vocês as fezes
dos animais que vocês oferecem em *sa-
crifício. E além disso vocês serão levados
para o lugar onde as fezes são jogadas.
4 Assim vocês saberão que eu estou dando
esta ordem a fim de que a minha *alian-
ça com os sacerdotes, os descendentes
de Levi, não seja quebrada. Sou eu, o SE-
NHOR Todo-Poderoso, quem está falando.
5 — Na aliança que fiz com eles, eu lhes
prometi vida e paz. Fiz o que tinha pro-
metido, para que eles me respeitassem; e,
de fato, eles me respeitaram e *temeram.
6 Ensinavam sempre o que era direito e
nunca o que era errado. Viviam em paz
comigo, faziam o que é certo e ajudaram
muitos a deixarem o caminho da malda-
de. 7 Os sacerdotes devem ensinar a ver-
dade a meu respeito, e todos devem pedir
conselho a eles para saber o que é direito,
pois os sacerdotes são os mensageiros do
SENHOR Todo-Poderoso.
8 — Mas agora vocês, sacerdotes, estão
saindo do caminho certo, e os seus ensi-
namentos já fizeram muitas pessoas pe-
carem. Vocês estão quebrando a aliança
que fiz com os sacerdotes. 9 Por isso, eu
vou fazer com que o povo os despreze e
rejeite, pois vocês não me obedecem e,
quando julgam causas, não tratam a todos
com justiça. Eu, o SENHOR Todo-Poderoso,
estou falando.

A desobediência do povo de Israel

10 Não é verdade que todos temos o
mesmo Pai? Não fomos todos criados
pelo mesmo Deus? Por que, então, enga-
namos uns aos outros, desprezando as-
sim a *aliança que Deus fez com os nossos
antepassados? 11 O povo de Judá tem sido
infiel a Deus, e o povo de Israel e os mora-
dores de Jerusalém fizeram coisas nojen-
tas. O povo de Judá *profanou o Templo,
que o SENHOR ama, e os homens casaram
com mulheres que adoram ídolos. 12 Que o
SENHOR expulse do nosso país as pessoas
que fazem isso, sejam quem forem, mes-
mo que apresentem ofertas ao SENHOR
Todo-Poderoso!
13 Existe outra coisa que vocês fazem:
gemem e choram, cobrindo de lágrimas
o altar de Deus porque ele já não acei-
ta mais os *sacrifícios que vocês ofere-
cem. 14 E cada um de vocês pergunta: "Por
quê?" É porque Deus sabe que você tem
sido infiel à sua esposa, a mulher com
quem casou quando era moço. Ela era
sua companheira, mas você quebrou a
promessa que fez na presença de Deus
de que seria fiel a ela. 15 Não é verdade
que Deus criou um único ser, feito de car-
ne e de espírito? E o que é que Deus quer
dele? Que tenha filhos que sejam dedi-
cados a Deus. Portanto, tenham cuidado
para que nenhum de vocês seja infiel à
sua mulher. 16 Pois o SENHOR Todo-Pode-
roso de Israel diz:
— Eu odeio o divórcio; eu odeio o ho-
mem que faz uma coisa tão cruel assim.
Portanto, tenham cuidado, e que ninguém
seja infiel à sua mulher.

O dia do juízo

17 Vocês falam demais, e o SENHOR está
cansado de toda essa conversa. Mas vocês
ainda perguntam: "Como foi que fizemos
com que Deus ficasse cansado?" Foi por
dizerem assim: "O SENHOR Deus pensa
que os que fazem maldades são bons e,
de fato, Deus gosta deles." Ou então vo-
cês perguntam: "Onde está o Deus justo?"
3 O SENHOR Todo-Poderoso diz:
— Eu enviarei o meu mensageiro
para preparar o meu caminho. E o Senhor

DEVOCIONAL

Texto para leitura: **Malaquias 3:14-15**

Conheça a Deus

Às vezes, parece que obedecer a Deus não vale a pena. Quer você faça o que é certo ou o que é errado, dá na mesma, não dá? É fácil pensar assim quando você está cansada de fazer o que é certo.

Mas, quanto mais você pensa assim, mais a recompensa oferecida pelo pecado parece mais atraente do que a obediência. Muitos famosos chegam ao topo com sucesso, e nós os chamamos de bem-aventurados. Eles desobedecem aos mandamentos de Deus e nós os invejamos. O sucesso deles faz parecer que o pecado está impune, mas isso é mentira. Eles podem parecer bem-sucedidos por fora, mas, por dentro, estão vazios.

Escolher o caminho certo em vez de escolher o fácil nunca é um erro. A vida de uma Garota de Deus não é fácil. Você vai ver outras pessoas fazendo um monte de coisas que gostaria de fazer, mas não pode. E por causa disso, você vai ter a impressão de que elas não estão sofrendo as consequências. Mas vida fácil não é definição de sucesso. A Palavra de Deus diz que você deve encontrar a felicidade nas provações, não na vida fácil. A felicidade (ou a alegria) resulta de saber que o caminho de Deus é o único que irá levá-la à alegria permanente.

Os profetas abordaram o povo de Deus porque este acreditava que o mundo e todos os seus pequenos deuses eram mais valiosos do que o Senhor. As pessoas se perderam e se desviaram com coisas bonitas, boas e promissoras. Elas se afastaram da lei de Deus e adotaram outras leis ou simplesmente fizeram as suas, e, no final, sofreram. Deixe que o erro delas sirva como um aviso para sua vida. Recuse-se a servir ao mundo, mas sirva a Deus de todo o coração, alma, mente e força. Ao fazer isso, sua vida terá tudo aquilo que precisa — na verdade, ainda mais do que você já imaginou (veja Efésios 3:20).

a quem vocês estão procurando vai che-
gar de repente ao seu Templo. E está che-
gando o mensageiro que vocês esperam,
aquele que vai trazer a *aliança que farei
com vocês.
2 Mas quem poderá aguentar o dia em
que ele vier? Quem ficará firme quando
ele aparecer? Pois ele será como o fogo,
para nos *purificar; será como o sabão,
para nos lavar. 3 *Ele se sentará para puri-*
ficar os sacerdotes, os descendentes de
Levi, como quem purifica e refina a pra-
ta e o ouro no fogo. Assim eles poderão
oferecer a Deus os *sacrifícios que ele exi-
ge. 4 Então as ofertas trazidas pelo povo
de Judá e pelos moradores de Jerusalém
agradarão a Deus, como acontecia nos
tempos passados.
5 O Senhor Todo-Poderoso diz ao seu
povo:
— Eu virei julgá-los. E darei sem de-
mora o meu testemunho contra todos os
que não me respeitam, isto é, os feiticei-
ros, os adúlteros, os que juram falso, os
que exploram os trabalhadores e os que
negam os direitos das viúvas, dos órfãos
e dos estrangeiros que vivem com vocês.

Os dízimos

6 O Senhor diz:
— Eu sou o Senhor e não mudo. É por
isso que vocês, os descendentes de Jacó,
não foram destruídos. 7 Vocês são como
os seus antepassados: abandonam as mi-
nhas *leis e não as cumprem. Voltem para
mim, e eu voltarei para vocês. Mas vocês
perguntam: "Como é que vamos voltar?"
8 Eu pergunto: "Será que alguém pode
roubar a Deus?" Mas vocês têm rouba-
do e ainda me perguntam: "Como é que

Pergunte a si mesma...

Qual é minha definição de sucesso? Existe alguém cujo sucesso invejo? Essa pessoa leva uma vida santa? Se não, então o que eu invejo nela, e como isso está de acordo com a Palavra de Deus?
Qual seria a definição de Deus para sucesso?

estamos te roubando?" Vocês me roubam
nos *dízimos e nas ofertas. 9 Todos vocês
estão me roubando, e por isso eu amal-
diçoo a nação toda. 10 Eu, o SENHOR Todo-
-Poderoso, ordeno que tragam todos os
seus dízimos aos depósitos do Templo,
para que haja bastante comida na minha
casa. Ponham-me à prova e verão que eu
abrirei as janelas do céu e farei cair so-
bre vocês as mais ricas bênçãos. 11 Não
deixarei que os gafanhotos destruam as
suas plantações, e as suas *parreiras da-
rão muitas uvas. 12 Todos os povos dirão
que vocês são felizes, pois vocês vivem
numa terra boa e rica. Eu, o SENHOR To-
do-Poderoso, estou falando.

A compaixão de Deus

13 O SENHOR diz:
— Vocês falaram mal de mim e ainda
perguntam: "O que foi que falamos contra
ti?" 14 Vocês dizem: "Não vale a pena ser-
vir a Deus. Não adianta nada a gente fa-
zer o que o SENHOR Todo-Poderoso man-
da ou vestir roupas de luto para mostrar
a ele que estamos arrependidos. 15 É fácil
notar que os orgulhosos são felizes, e a
gente vê que tudo dá certo para os maus;
quando põem o SENHOR à prova, eles não
são castigados."
16 Então os que *temiam o SENHOR fa-
laram uns com os outros, e ele escutou
com atenção o que estavam dizendo. E
na presença dele foram escritos num li-
vro os nomes dos que respeitavam a Deus
e o adoravam. 17 O SENHOR Todo-Podero-
so diz:
— Eles serão o meu povo. Quando che-
gar o dia que estou preparando, eles se-
rão o meu próprio povo. Eu terei compai-
xão deles como um pai tem compaixão do
filho que lhe obedece. 18 E mais uma vez
o meu povo verá a diferença entre o que
acontece com as pessoas boas e com as
más, entre os que me servem e os que não
me obedecem.

O Dia do SENHOR

4 O SENHOR Todo-Poderoso diz:
— Está chegando o dia em que to-
dos os orgulhosos e todos os maus serão
queimados como a palha é queimada na
fogueira. Naquele dia, eles queimarão e
serão completamente destruídos. 2 Mas,
para vocês que me *temem, a minha sal-
vação brilhará como o sol, trazendo vida
nos seus raios. Vocês saltarão de alegria,
como bezerros que saem saltando do cur-
ral. 3 Naquele dia que estou preparando,
vocês pisarão os maus como se eles fos-
sem o pó da rua.
4 — Lembrem da *Lei do meu *servo
Moisés, de todos os mandamentos e en-
sinamentos que eu dei a ele no monte Si-
nai para todo o povo de Israel obedecer.
5 — Mas, antes que chegue aquele gran-
de e terrível dia, eu, o SENHOR, lhes envia-
rei o *profeta Elias. 6 Ele fará com que pais
e filhos façam as pazes para que eu não
venha castigar o país e destruí-lo com-
pletamente.

Novo Testamento

Mateus

Siga Jesus

— Se alguém quer ser meu seguidor, esqueça os seus próprios interesses, esteja pronto para morrer como eu vou morrer e me acompanhe.
Mateus 16:24

Autor ♥ Mateus, um coletor de impostos e discípulo de Jesus.
Data ♥ Por volta do ano 55 ao 80
Local ♥ Palestina ou Síria
Público-alvo ♥ Os cristãos judeus

As coisas que Jesus disse enquanto esteve nesta terra foram, e ainda são, radicais e até mesmo agressivas para nossos ouvidos. Esquecer os seus próprios interesses, estar pronta para morrer? O quê? Não deveríamos pensar em nós mesmas e defender nossos interesses? Suas palavras não fazem sentido para a mente natural. Ele encorajou coisas como esquecer-se da autoproteção, do interesse próprio e da autopromoção. Ele pediu às pessoas que se considerassem importantes apenas na medida em que servissem ao mestre (veja Mateus 6:24). E disse que desse modo de pensar vêm todos os tipos de coisas boas como amor, bênçãos e sabedoria.

Antes de Jesus chegar aqui, os seres humanos tinham de oferecer sacrifícios para que o sangue do animal pudesse purificá-los do mal que eles tinham feito. Mas agora você tem um sacrifício permanente para seu pecado: o sangue do cordeiro que chamam de Jesus. Tem também o poder de acertar as coisas, o qual não estava à sua disposição antes. Esse poder vem do Espírito Santo que Deus lhe enviou. Se você confiar nele, ele lhe dará todo o poder de que você precisa para fazer justamente o que precisa ser feito.

Quando ensinava, Jesus foi além dos limites estabelecidos e disse coisas como a raiva ser tão ruim quanto o homicídio; e a concupiscência, tão ruim quanto o adultério. Ele estabeleceu esse alto padrão porque o Espírito Santo de Deus agora vive em nós. Você é o templo dele, o lugar em que ele permanece, e sua vida agora é um sacrifício vivo. Sua vida já não é mais sua, mas foi dada a ele, e é por isso que seu foco não precisa estar em si mesma, mas no Deus por quem você vive. O livro de Mateus está repleto de coisas incríveis que saíram da boca de seu Salvador. Mergulhe nestas páginas. Nelas você encontrará os pensamentos de Jesus e, neles, você verá quem ele é.

Ponto essencial

Mateus era um dos homens que viajavam com Jesus. Ele soube de imediato quem era Jesus e o que ele tinha feito. Em seu livro, Mateus quer que as pessoas entendam o fato de que Jesus era o Messias que havia sido prenunciado, aquele que todos estavam esperando. Então, procure todas as vezes em que ele prova como Jesus cumpriu as profecias sobre o Messias prometido. Mateus também é especialista na genealogia de Jesus, provando para os leitores judeus da época que somente Jesus poderia ser o Filho de Deus na linhagem de Davi.

Coisas para procurar

- O uso da expressão "o reino dos céus" 32 vezes
- 53 referências do Antigo Testamento
- 13 passagens nas quais Mateus mostra como Jesus cumpriu as profecias do Antigo Testamento
- As maneiras pelas quais Mateus defende a fé
- A grande comissão (veja Mateus 28:19-20)

Termos e versículos que você deve saber

Arrepender-se: Afastar-se do pecado e concordar que os mandamentos de Deus são bons. Arrependimento implica numa mudança de atitude e de ações.

Fariseus: Um grupo de judeus que observava rigorosamente a lei do Antigo Testamento. Muitos deles eram arrogantes e metidos a santos, desprezando qualquer um que não cumprisse cada letra da lei, especialmente quando se trata de dízimo e pureza.

Saduceus: Membros de uma seita aristocrática do judaísmo que rejeitava Jesus, e também a ideia da ressurreição dos mortos.

– Assim também a luz de vocês deve brilhar para que os outros vejam as coisas boas que vocês fazem e louvem o Pai de vocês, que está no céu.

(Mateus 5:16)

– Mas eu lhes digo: não se vinguem dos que fazem mal a vocês. Se alguém lhe der um tapa na cara, vire o outro lado para ele bater também.

(Mateus 5:39)

– Mas eu lhes digo: quem olhar para uma mulher e desejar possuí-la já cometeu adultério no seu coração.

(Mateus 5:28)

– Façam aos outros o que querem que eles façam a vocês.

(Mateus 7:12)

– Não é toda pessoa que me chama de "Senhor, Senhor" que entrará no Reino do Céu, mas somente quem faz a vontade do meu Pai, que está no céu.

(Mateus 7:21)

– Entre vocês, o mais importante é aquele que serve os outros. Quem se engrandece será humilhado, mas quem se humilha será engrandecido.

(Mateus 23:11-12)

Os antepassados de Jesus Cristo
Lucas 3.23-38

1 Esta é a lista dos antepassados de Jesus Cristo, descendente de Davi, que
era descendente de Abraão.
2 Abraão foi pai de Isaque, Isaque foi pai
de Jacó, e Jacó foi pai de Judá e dos seus
irmãos. 3 Judá foi pai de Peres e de Zera, e
a mãe deles foi Tamar. Peres foi pai de Esrom, que foi pai de Arão. 4 Arão foi pai de
Aminadabe, que foi pai de Nasom, que foi
pai de Salmom. 5 Salmom foi pai de Boaz,
e a mãe de Boaz foi Raabe. Boaz foi pai de
Obede, e a mãe de Obede foi Rute. Obede
foi pai de Jessé, 6 que foi pai do rei Davi.

Davi e a mulher que tinha sido esposa
de Urias foram os pais de Salomão. 7 Salomão foi pai de Roboão, que foi pai de
Abias, que foi pai de Asa. 8 Asa foi pai de
Josafá, que foi pai de Jorão, que foi pai de
Uzias. 9 Uzias foi pai de Jotão, que foi pai
de Acaz, que foi pai de Ezequias. 10 Ezequias foi pai de Manassés, que foi pai
de Amom, que foi pai de Josias. 11 Josias
foi pai de Jeconias e dos seus irmãos, no
tempo em que os israelitas foram levados como prisioneiros para a Babilônia.
12 Depois que o povo foi levado para a
Babilônia, Jeconias foi pai de Salatiel, que
foi pai de Zorobabel. 13 Zorobabel foi pai
de Abiúde, que foi pai de Eliaquim, que
foi pai de Azor. 14 Azor foi pai de Sadoque,
que foi pai de Aquim, que foi pai de Eliúde. 15 Eliúde foi pai de Eleazar, que foi pai
de Matã, que foi pai de Jacó. 16 Jacó foi pai
de José, marido de Maria, e ela foi a mãe
de Jesus, chamado *Messias.
17 Assim, houve catorze *gerações desde
Abraão até Davi, e catorze, desde Davi até
que os israelitas foram levados para a Babilônia. Daí até o nascimento do Messias,
também houve catorze gerações.

O nascimento de Jesus Cristo
Lucas 2.1-7

18 O nascimento de Jesus Cristo foi assim: Maria, a sua mãe, ia casar com José.
Mas antes do casamento ela ficou grávida pelo Espírito Santo. 19 José, com quem
Maria ia casar, era um homem que sempre fazia o que era direito. Ele não queria difamar Maria e por isso resolveu desmanchar o contrato de casamento sem
ninguém saber. 20 Enquanto José estava
pensando nisso, um anjo do Senhor apareceu a ele num sonho e disse:
— José, descendente de Davi, não tenha
medo de receber Maria como sua esposa,
pois ela está grávida pelo Espírito Santo.
21 Ela terá um menino, e você porá nele o
nome de Jesus, pois ele salvará o seu povo
dos pecados deles.
22 Tudo isso aconteceu para se cumprir
o que o Senhor tinha dito por meio do
*profeta:

23 "A virgem ficará grávida
e terá um filho
que receberá o nome de Emanuel."

(Emanuel quer dizer "Deus está conosco".)
24 Quando José acordou, fez o que o anjo
do Senhor havia mandado e casou com
Maria. 25 Porém não teve relações com ela
até que a criança nasceu. E José pôs no
menino o nome de Jesus.

Os visitantes do Oriente

2 Jesus nasceu na cidade de Belém, na região da Judeia, quando Herodes era
rei da terra de Israel. Nesse tempo alguns
homens que estudavam as estrelas vieram
do Oriente e chegaram a Jerusalém. 2 Eles
perguntaram:
— Onde está o menino que nasceu para
ser o rei dos judeus? Nós vimos a estrela
dele no Oriente e viemos adorá-lo.
3 Quando o rei Herodes soube disso, ficou muito preocupado, e todo o povo de
Jerusalém também ficou. 4 Então Herodes reuniu os chefes dos sacerdotes e os
*mestres da Lei e perguntou onde devia
nascer o *Messias. 5 Eles responderam:
— Na cidade de Belém, na região da Judeia, pois o *profeta escreveu o seguinte:

6 "Você, Belém, da terra de Judá,
de modo nenhum é a menor
entre as principais cidades de
Judá,
pois de você sairá o líder
que guiará o meu povo de Israel."

7 Então Herodes chamou os visitantes
do Oriente para uma reunião secreta e
perguntou qual o tempo exato em que a
estrela havia aparecido; e eles disseram.
8 Depois os mandou a Belém com a seguinte ordem:
— Vão e procurem informações bem
certas sobre o menino. E, quando o encontrarem, me avisem, para eu também
ir adorá-lo.
9 Depois de receberem a ordem do rei,
os visitantes foram embora. No caminho
viram a estrela, a mesma que tinham

Maria, mãe de Jesus

Leia a história desta Garota de Deus em Mateus 1—2; Lucas 1—2; João 2:1-12; 19:25-27 e Atos 1:14.

Maria respondeu: – Eu sou uma serva de Deus; que aconteça comigo o que o senhor acabou de me dizer!

Lucas 1:38

Muitas vezes, as coisas que Deus promete fazer em sua vida têm menos a ver com felicidade e mais a ver com teste, rejeição e tristeza. Mas isso não faz com que elas deixem de ser dádivas.

Para Maria, a promessa de que teria um filho era, ao mesmo tempo, uma bênção e um teste, gravidez fora do casamento, rejeição da família e dos amigos e ver o filho indo para a cruz. Em termos humanos, era uma verdadeira confusão, mas, na perspectiva de Deus, era a intervenção divina que, no final, salvaria o mundo, e todo o sofrimento de Maria daria lugar à bênção.

Como é difícil, no meio de uma provação, ver a luz no fim do túnel, e como deve ter sido difícil para Maria ver seu filho sofrendo em uma cruz horrenda! Ela poderia ter imaginado o que aconteceria em seguida? Ela seria tão fiel a ponto de esperar com expectativa a ressurreição de Jesus? Ou estava triste demais até para pensar?

Quando Deus faz uma promessa, a única coisa que você pode fazer é agarrá-la. Mesmo diante da dúvida e da dor, você tem de segurar-se firme ao que lhe foi prometido. Você nunca poderá receber uma promessa como a de Maria, mas poderá ser chamada a sofrer muito aqui na terra. Ao sofrer como ela, mantenha a mente focada nas coisas que ouviu falar de Deus. Seja clara sobre em quem ou no que você vai acreditar — no que vê ou nas promessas de Deus.

Não importa o que este mundo lance contra você, é possível encontrar uma paz profunda no conhecimento de que a vontade de Deus é perfeita, e de que ele nunca deixa nada acontecer a menos que isso traga glória para ele. Se a glória de Deus é seu principal objetivo, você sabe que não tem nada a temer quando as provações surgem. Ao olhar com coragem nos olhos do sofrimento e dizer: "A vontade de Deus será feita", sua fé será uma rocha que lhe servirá de alicerce, e você encontrará alívio onde os outros só conseguem encontrar agonia.

Ao ler sobre a vida de Maria, pense em como ela se sentiu e o que deve ter passado emocionalmente enquanto cumpria seu papel de mãe do Salvador; mas também pense na devoção dela a Deus e em como isso manteve sua fé forte até o fim.

visto no Oriente. Ela foi adiante deles e
parou acima do lugar onde o menino es-
tava. 10 Quando viram a estrela, eles fica-
ram muito alegres e felizes. 11 Entraram
na casa e encontraram o menino com Ma-
ria, a sua mãe. Então se ajoelharam dian-
te dele e o adoraram. Depois abriram os
seus cofres e lhe ofereceram presentes:
ouro, incenso e *mirra.
12 E num sonho Deus os avisou que não
voltassem para falar com Herodes. Por
isso voltaram para a sua terra por outro
caminho.

A fuga para o Egito

13 Depois que os visitantes foram em-
bora, um anjo do Senhor apareceu num
sonho a José e disse:
— Levante-se, pegue a criança e a sua
mãe e fuja para o Egito. Fiquem lá até eu
avisar, pois Herodes está procurando a
criança para matá-la.
14 Então José se levantou no meio da
noite, pegou a criança e a sua mãe e fu-
giu para o Egito. 15 E eles ficaram lá até a
morte de Herodes. Isso aconteceu para
se cumprir o que o Senhor tinha dito por
meio do *profeta: "Eu chamei o meu filho,
que estava na terra do Egito."

A matança das crianças

16 Quando Herodes viu que os visitantes
do Oriente o haviam enganado, ficou com
muita raiva e mandou matar, em Belém e
nas suas vizinhanças, todos os meninos
de menos de dois anos. Ele fez isso de
acordo com a informação que havia rece-
bido sobre o tempo em que a estrela ha-
via aparecido. 17 Assim se cumpriu o que
o *profeta Jeremias tinha dito:

> 18 "Ouviu-se um som em Ramá,
> o som de um choro amargo.
> Era Raquel chorando pelos seus
> filhos;
> ela não quis ser consolada,
> pois todos estavam mortos."

A volta do Egito

19 Depois que Herodes morreu, um anjo
do Senhor apareceu num sonho a José, no
Egito, 20 e disse:
— Levante-se, pegue a criança e a sua
mãe e volte para a terra de Israel, pois as
pessoas que queriam matar o menino já
morreram.
21 Então José se levantou, pegou a crian-
ça e a sua mãe e voltou para a terra de
Israel. 22 Mas, quando ficou sabendo que
Arquelau, filho do rei Herodes, estava go-
vernando a Judeia no lugar do seu pai,
teve medo de ir morar lá. Depois de re-
ceber num sonho mais instruções, José
foi para a região da Galileia 23 e ficou mo-
rando numa cidade chamada Nazaré. Isso
aconteceu para se cumprir o que os *pro-
fetas tinham dito: "O *Messias será cha-
mado de Nazareno."

A mensagem de João Batista

Marcos 1.1-8; Lucas 3.1-9,15-17; João 1.19-28

3 Naquele tempo João Batista foi para
o deserto da Judeia e começou a pre-
gar, 2 dizendo:
— Arrependam-se dos seus pecados
porque o *Reino do Céu está perto!
3 A respeito de João, o *profeta Isaías
tinha escrito o seguinte:

> "Alguém está gritando no deserto:
> Preparem o caminho para o Senhor
> passar!
> Abram estradas retas para ele!"

4 João usava uma roupa feita de pelos
de camelo e um cinto de couro e comia
gafanhotos e mel do mato. 5 Os morado-
res de Jerusalém, da região da Judeia e de
todos os lugares em volta do rio Jordão
iam ouvi-lo. 6 Eles confessavam os seus
pecados, e João os batizava no rio Jordão.
7 Quando João viu que muitos *fariseus
e *saduceus vinham para serem batizados
por ele, disse:
— Ninhada de cobras venenosas! Quem
disse que vocês escaparão do terrível cas-
tigo que Deus vai mandar? 8 Façam coi-
sas que mostrem que vocês se arrepen-
deram dos seus pecados. 9 E não digam
uns aos outros: "Abraão é nosso ante-
passado." Pois eu afirmo a vocês que até
destas pedras Deus pode fazer descen-
dentes de Abraão! 10 O machado já está
pronto para cortar as árvores pela raiz.
Toda árvore que não dá frutas boas será
cortada e jogada no fogo. 11 Eu os batizo
com água para mostrar que vocês se arre-
penderam dos seus pecados, mas aquele
que virá depois de mim os batizará com
o Espírito Santo e fogo. Ele é mais impor-
tante do que eu, e não mereço a honra
de carregar as sandálias dele. 12 Com a pá
que tem na mão ele vai separar o trigo da
palha. Guardará o trigo no seu depósito,

mas queimará a palha no fogo que nun-
ca se apaga.

O batismo de Jesus

Marcos 1.9-11; Lucas 3.21-22

13 Naqueles dias, Jesus foi da Galileia até
o rio Jordão a fim de ser batizado por João
Batista. 14 Mas João tentou convencê-lo a
mudar de ideia, dizendo assim:
— Eu é que preciso ser batizado por
você, e você está querendo que eu o ba-
tize?
15 Mas Jesus respondeu:
— Deixe que seja assim agora, pois é
dessa maneira que faremos tudo o que
Deus quer.
E João concordou.
16 Logo que foi batizado, Jesus saiu da
água. O céu se abriu, e Jesus viu o Espí-
rito de Deus descer como uma pomba e
pousar sobre ele. 17 E do céu veio uma voz,
que disse:
— Este é o meu Filho querido, que me
dá muita alegria!

A tentação de Jesus

Marcos 1.12-13; Lucas 4.1-13

4 Então o Espírito Santo levou Jesus ao
deserto para ser tentado pelo Diabo.
2 E, depois de passar quarenta dias e qua-
renta noites sem comer, Jesus estava com
fome. 3 Então o Diabo chegou perto dele
e disse:
— Se você é o Filho de Deus, mande
que estas pedras virem pão.
4 Jesus respondeu:
— As *Escrituras Sagradas afirmam:

> "O ser humano não vive só de pão,
> mas vive de tudo o que Deus diz."

5 Em seguida o Diabo levou Jesus até Je-
rusalém, a Cidade Santa, e o colocou no
lugar mais alto do Templo. 6 Então disse:
— Se você é o Filho de Deus, jogue-se
daqui, pois as Escrituras Sagradas afir-
mam:

> "Deus mandará que os seus anjos
> cuidem de você.
> Eles vão segurá-lo com as suas
> mãos,
> para que nem mesmo os seus pés
> sejam feridos nas pedras."

7 Jesus respondeu:
— Mas as Escrituras Sagradas também
dizem: "Não ponha à prova o Senhor, seu
Deus."
8 Depois o Diabo levou Jesus para um
monte muito alto, mostrou-lhe todos os
reinos do mundo e as suas grandezas 9 e
disse:
— Eu lhe darei tudo isso se você se
ajoelhar e me adorar.
10 Jesus respondeu:
— Vá embora, Satanás! As Escrituras
Sagradas afirmam:

> "Adore o Senhor, seu Deus,
> e sirva somente a ele."

11 Então o Diabo foi embora, e vieram
anjos e cuidaram de Jesus.

Jesus começa o seu trabalho na Galileia

Marcos 1.14-15; Lucas 4.14-15

12 Quando Jesus soube que João tinha
sido preso, foi para a região da Galileia.
13 Não ficou em Nazaré, mas foi morar na
cidade de Cafarnaum, na beira do lago da
Galileia, nas regiões de Zebulom e Naftali.
14 Isso aconteceu para se cumprir o que o
*profeta Isaías tinha dito:

> 15 "Terra de Zebulom e terra de
> Naftali,
> na direção do mar,
> do outro lado do rio Jordão,
> Galileia, onde moram os pagãos!
> 16 O povo que vive na escuridão
> verá uma forte luz!
> E a luz brilhará sobre os que vivem
> na região escura da morte!"

17 Daí em diante Jesus começou a anun-
ciar a sua mensagem. Ele dizia:
— Arrependam-se dos seus pecados
porque o *Reino do Céu está perto!

Jesus chama quatro pescadores

Marcos 1.16-20; Lucas 5.1-11

18 Jesus estava andando pela beira do
lago da Galileia quando viu dois irmãos
que eram pescadores: Simão, também
chamado de Pedro, e André. Eles esta-
vam no lago, pescando com redes. 19 Je-
sus lhes disse:
— Venham comigo, que eu ensinarei
vocês a pescar gente.
20 Então eles largaram logo as redes e
foram com Jesus.
21 Um pouco mais adiante Jesus viu ou-
tros dois irmãos, Tiago e João, filhos de
Zebedeu. Eles estavam no barco junto
com o pai, consertando as redes. Jesus
chamou os dois, 22 e, no mesmo instan-
te, eles deixaram o pai e o barco e foram
com ele.

Jesus ensina e cura muita gente

Lucas 6.17-19

23 Jesus andou por toda a Galileia, ensi-
nando nas *sinagogas, anunciando a boa
notícia do *Reino e curando as enfermi-
dades e as doenças graves do povo. 24 As
notícias a respeito dele se espalharam por
toda a região da Síria. Por isso o povo le-
vava a Jesus pessoas que sofriam de vá-
rias doenças e de todos os tipos de ma-
les, isto é, epiléticos, paralíticos e pessoas
dominadas por demônios; e ele curava
todos. 25 Grandes multidões o seguiam;
eram gente da Galileia, das *Dez Cidades,
de Jerusalém, da Judeia e das regiões que
ficam no lado leste do rio Jordão.

O Sermão do Monte

Caps. 5—7

5 Quando Jesus viu aquelas multidões,
subiu um monte e sentou-se. Os seus
discípulos chegaram perto dele, 2 e ele co-
meçou a ensiná-los.

A verdadeira felicidade

Lucas 6.20-23

Jesus disse:

3 — Felizes as pessoas que sabem
que são espiritualmente pobres,
pois o *Reino do Céu é delas.
4 — Felizes as pessoas que choram,
pois Deus as consolará.
5 — Felizes as pessoas humildes,
pois receberão o que Deus
tem prometido.
6 — Felizes as pessoas que têm
fome e sede de fazer a vontade
de Deus,
pois ele as deixará
completamente satisfeitas.
7 — Felizes as pessoas que têm
misericórdia dos outros,
pois Deus terá misericórdia delas.
8 — Felizes as pessoas que têm o
coração puro,
pois elas verão a Deus.
9 — Felizes as pessoas que
trabalham pela paz,
pois Deus as tratará como seus filhos.
10 — Felizes as pessoas que sofrem
perseguições por fazerem a
vontade
de Deus,
pois o Reino do Céu é delas.

11 — Felizes são vocês quando os in-
sultam, perseguem e dizem todo tipo de
calúnia contra vocês por serem meus se-
guidores. 12 Fiquem alegres e felizes, pois
uma grande recompensa está guardada
no céu para vocês. Porque foi assim mes-
mo que perseguiram os *profetas que vi-
veram antes de vocês.

O sal e a luz

Marcos 9.50; Lucas 14.34-35

13 — Vocês são o sal para a humanidade;
mas, se o sal perde o gosto, deixa de ser
sal e não serve para mais nada. É jogado
fora e pisado pelas pessoas que passam.
14 — Vocês são a luz para o mundo. Não
se pode esconder uma cidade construída
sobre um monte. 15 Ninguém acende uma
lamparina para colocá-la debaixo de um
cesto. Pelo contrário, ela é colocada no
lugar próprio para que ilumine todos os
que estão na casa. 16 Assim também a luz
de vocês deve brilhar para que os outros
vejam as coisas boas que vocês fazem e
louvem o Pai de vocês, que está no céu.

A Lei de Moisés

17 — Não pensem que eu vim para aca-
bar com a *Lei de Moisés ou com os en-
sinamentos dos *Profetas. Não vim para
acabar com eles, mas para dar o seu sen-
tido completo. 18 Eu afirmo a vocês que
isto é verdade: enquanto o céu e a terra
durarem, nada será tirado da Lei — nem
a menor letra, nem qualquer acento. E
assim será até o fim de todas as coisas.
19 Portanto, qualquer um que desobede-
cer ao menor mandamento e ensinar os
outros a fazerem o mesmo será conside-
rado o menor no *Reino do Céu. Por ou-
tro lado, quem obedecer à Lei e ensinar
os outros a fazerem o mesmo será con-
siderado grande no Reino do Céu. 20 Pois
eu afirmo a vocês que só entrarão no Rei-
no do Céu se forem mais fiéis em fazer a
vontade de Deus do que os *mestres da
Lei e os *fariseus.

O ódio

21 — Vocês ouviram o que foi dito aos
seus antepassados: "Não mate. Quem ma-
tar será julgado." 22 Mas eu lhes digo que
qualquer um que ficar com raiva do seu
irmão será julgado. Quem disser ao seu
irmão: "Você não vale nada" será julgado
pelo tribunal. E quem chamar o seu ir-
mão de idiota estará em perigo de ir para
o fogo do inferno. 23 Portanto, se você es-
tiver oferecendo no altar a sua oferta
a Deus e lembrar que o seu irmão tem

DEVOCIONAL

Texto para leitura: **Mateus 5:38-48**

Conheça o amor

Segundo Jesus, o amor não é exigente. Não é apenas para quem for digno de recebê-lo, mas deve ser dado a quem é difícil de amar também. Se você só ama aqueles que correspondem ao seu amor, então de que adianta o amor para um mundo que está morrendo? Jesus coloca a questão desta forma: "Se vocês amam somente aqueles que os amam, por que esperam que Deus lhes dê alguma recompensa? Até os cobradores de impostos amam as pessoas que os amam! Se vocês falam somente com os seus amigos, o que é que estão fazendo de mais? Até os pagãos fazem isso!" (Mateus 5:46-47). O amor não exclui as pessoas que não amam de volta. Ele inclui todas elas, até mesmo os inimigos. Jesus deixa isso claro quando diz: "Mas eu lhes digo: amem os seus inimigos e orem pelos que perseguem vocês" (Mateus 5:44).

E aí, o que você acha? Consegue fazer isso? Pode amar alguém que está a fim de se vingar de você? Alguém que quer prejudicá-la? Se não, pergunta Jesus, então de que adianta seu amor? A Garota de Deus ama os outros não por causa de quem eles são ou do que fazem, mas por causa de quem é Deus e do que ele fez.

Quando você aprende a olhar para a vida por esta perspectiva, o que as pessoas fazem para você ou à sua volta não a machuca como antes. Quando seu principal objetivo não é receber a atenção que quer, mas dar o amor que Deus manda, você não pode mais ser derrubada ou prejudicada por ninguém. Deus lhe dá a resposta para os briguentos, as meninas mesquinhas, as pessoas irritadas e o mundo cruel, e essa resposta é o amor. Apenas ame. Ame-os. Sofra quando eles sofrerem, ore por eles, cuide deles e se entregue a eles, mas, acima de tudo, ame-os como se Deus exigisse isso, porque ele ama.

alguma queixa contra você, 24 deixe a sua
oferta ali, na frente do altar, e vá logo fazer as pazes com o seu irmão. Depois volte e ofereça a sua oferta a Deus.
25 — Se alguém fizer uma acusação contra você e levá-lo ao tribunal, entre em acordo com essa pessoa enquanto ainda é tempo, antes de chegarem lá. Porque, depois de chegarem ao tribunal, você será entregue ao juiz, o juiz o entregará ao carcereiro, e você será jogado na cadeia.
26 Eu afirmo a você que isto é verdade: você não sairá dali enquanto não pagar a multa toda.

O adultério

27 — *Vocês ouviram o que foi dito:* "Não cometa adultério."
28 Mas eu lhes digo: quem olhar para uma mulher e desejar possuí-la já cometeu adultério no seu coração.
29 Portanto, se o seu olho direito faz com que você peque, arranque-o e jogue-o fora. Pois é melhor perder uma parte do seu corpo do que o corpo inteiro ser atirado no inferno.
30 Se a sua mão direita faz com que você peque, corte-a e jogue-a fora. Pois é melhor perder uma parte do seu corpo do que o corpo inteiro ir para o inferno.

O divórcio

Mateus 19.1-9; Marcos 10.1-12; Lucas 16.18

31 — Foi dito também: "Quem mandar a sua esposa embora deverá dar a ela um documento de divórcio."
32 Mas eu lhes digo: todo homem que mandar a sua esposa embora, a não ser em caso de adultério, será culpado de fazer com que ela se torne adúltera, se ela casar de novo. E o homem que casar com ela também cometerá adultério.

Os juramentos

33 — Vocês ouviram o que foi dito aos seus antepassados: "Não quebre a sua

promessa, mas cumpra o que você jurou
ao Senhor que ia fazer." 34 Mas eu lhes
digo: não jurem de jeito nenhum. Não
jurem pelo céu, pois é o trono de Deus;
35 nem pela terra, pois é o estrado onde
ele descansa os seus pés; nem por Jerusa-
lém, pois é a cidade do grande Rei. 36 Não
jurem nem mesmo pela sua cabeça, pois
vocês não podem fazer com que um só fio
dos seus cabelos fique branco ou preto.
37 Que o "sim" de vocês seja sim, e o "não",
não, pois qualquer coisa a mais que dis-
serem vem do Maligno.

A vingança

Lucas 6.29-30

38 — Vocês ouviram o que foi dito: "Olho
por olho, dente por dente." 39 Mas eu lhes
digo: não se vinguem dos que fazem mal a
vocês. Se alguém lhe der um tapa na cara,
vire o outro lado para ele bater também.
40 Se alguém processar você para tomar
a sua *túnica, deixe que leve também a
*capa. 41 Se um dos soldados estrangeiros
forçá-lo a carregar uma carga um quilô-
metro, carregue-a dois quilômetros. 42 Se
alguém lhe pedir alguma coisa, dê; e, se
alguém lhe pedir emprestado, empreste.

Amar os inimigos

Lucas 6.27-28,32-36

43 — Vocês ouviram o que foi dito: "Ame
os seus amigos e odeie os seus inimigos."
44 Mas eu lhes digo: amem os seus inimi-
gos e orem pelos que perseguem vocês,
45 para que vocês se tornem filhos do Pai
de vocês, que está no céu. Porque ele faz
com que o sol brilhe sobre os bons e so-
bre os maus e dá chuvas tanto para os que
fazem o bem como para os que fazem o
mal. 46 Se vocês amam somente aqueles
que os amam, por que esperam que Deus
lhes dê alguma recompensa? Até os co-
bradores de impostos amam as pessoas
que os amam! 47 Se vocês falam somente
com os seus amigos, o que é que estão fa-
zendo de mais? Até os pagãos fazem isso!
48 Portanto, sejam perfeitos, assim como
é perfeito o Pai de vocês, que está no céu.

A caridade

6 — Tenham o cuidado de não pratica-
rem os seus deveres religiosos em pú-
blico a fim de serem vistos pelos outros.
Se vocês agirem assim, não receberão ne-
nhuma recompensa do Pai de vocês, que
está no céu.
2 — Quando você der alguma coisa a
uma pessoa necessitada, não fique con-
tando o que fez, como os hipócritas fazem
nas *sinagogas e nas ruas. Eles fazem isso
para serem elogiados pelos outros. Eu
afirmo a vocês que isto é verdade: eles já
receberam a sua recompensa. 3 Mas você,
quando ajudar alguma pessoa necessita-
da, faça isso de tal modo que nem mesmo
o seu amigo mais íntimo fique sabendo do
que você fez. 4 Isso deve ficar em segredo;
e o seu Pai, que vê o que você faz em se-
gredo, lhe dará a recompensa.

A oração

Lucas 11.2-4

5 — Quando vocês orarem, não sejam
como os hipócritas. Eles gostam de orar
de pé nas *sinagogas e nas esquinas das
ruas para serem vistos pelos outros. Eu
afirmo a vocês que isto é verdade: eles já
receberam a sua recompensa. 6 Mas você,
quando orar, vá para o seu quarto, feche
a porta e ore ao seu Pai, que não pode
ser visto. E o seu Pai, que vê o que você
faz em segredo, lhe dará a recompensa.
7 — Nas suas orações, não fiquem repe-
tindo o que vocês já disseram, como fa-
zem os pagãos. Eles pensam que Deus os
ouvirá porque fazem orações compridas.
8 Não sejam como eles, pois, antes de vo-
cês pedirem, o Pai de vocês já sabe o que
vocês precisam. 9 Portanto, orem assim:

"Pai nosso, que estás no céu,
que todos reconheçam
  que o teu nome é santo.
10 Venha o teu *Reino.
Que a tua vontade seja feita aqui
    na terra
  como é feita no céu!
11 Dá-nos hoje o alimento que
    precisamos.
12 Perdoa as nossas ofensas
como também nós perdoamos
  as pessoas que nos ofenderam.
13 E não deixes que sejamos
    tentados,
mas livra-nos do mal.
[Pois teu é o Reino, o poder e a
    *glória,
  para sempre. *Amém!]"

14 — Porque, se vocês perdoarem as
pessoas que ofenderem vocês, o Pai de
vocês, que está no céu, também perdoa-
rá vocês. 15 Mas, se não perdoarem essas
pessoas, o Pai de vocês também não per-
doará as ofensas de vocês.

O jejum

16 — Quando vocês jejuarem, não façam uma cara triste como fazem os hipócritas, pois eles fazem isso para todos saberem que eles estão jejuando. Eu afirmo a vocês que isto é verdade: eles já receberam a sua recompensa. 17 Mas você, quando jejuar, lave o rosto e penteie o cabelo 18 para os outros não saberem que você está jejuando. E somente o seu Pai, que não pode ser visto, saberá que você está jejuando. E o seu Pai, que vê o que você faz em segredo, lhe dará a recompensa.

Riquezas no céu

Lucas 12.33-34

19 — Não ajuntem riquezas aqui na terra, onde as traças e a ferrugem destroem, e onde os ladrões arrombam e roubam. 20 Pelo contrário, ajuntem riquezas no céu, onde as traças e a ferrugem não podem destruí-las, e os ladrões não podem arrombar e roubá-las. 21 Pois onde estiverem as suas riquezas, aí estará o coração de vocês.

A luz do corpo

Lucas 11.34-36

22 — Os olhos são como uma luz para o corpo: quando os olhos de vocês são bons, todo o seu corpo fica cheio de luz. 23 Porém, se os seus olhos forem maus, o seu corpo ficará cheio de escuridão. Assim, se a luz que está em você virar escuridão, como será terrível essa escuridão!

Deus e as riquezas

Lucas 16.13; 12.22-31

24 — Um escravo não pode servir a dois donos ao mesmo tempo, pois vai rejeitar um e preferir o outro; ou será fiel a um e desprezará o outro. Vocês não podem servir a Deus e também servir ao dinheiro.

25 — Por isso eu digo a vocês: não se preocupem com a comida e com a bebida que precisam para viver nem com a roupa que precisam para se vestir. Afinal, será que a vida não é mais importante do que a comida? E será que o corpo não é mais importante do que as roupas? 26 Vejam os passarinhos que voam pelo céu: eles não semeiam, não colhem, nem guardam comida em depósitos. No entanto, o Pai de vocês, que está no céu, dá de comer a eles. Será que vocês não valem muito mais do que os passarinhos? 27 E nenhum de vocês pode encompridar a sua vida, por mais que se preocupe com isso.

28 — E por que vocês se preocupam com roupas? Vejam como crescem as flores do campo: elas não trabalham, nem fazem roupas para si mesmas. 29 Mas eu afirmo a vocês que nem mesmo Salomão, sendo tão rico, usava roupas tão bonitas como essas flores. 30 É Deus quem veste a erva do campo, que hoje dá flor e amanhã desaparece, queimada no forno. Então é claro que ele vestirá também vocês, que têm uma fé tão pequena! 31 Portanto, não fiquem preocupados, perguntando: "Onde é que vamos arranjar comida?" ou "Onde é que vamos arranjar bebida?" ou "Onde é que vamos arranjar roupas?" 32 Pois os pagãos é que estão sempre procurando essas coisas. O Pai de vocês, que está no céu, sabe que vocês precisam de tudo isso. 33 Portanto, ponham em primeiro lugar na sua vida o *Reino de Deus e aquilo que Deus quer, e ele lhes dará todas essas coisas. 34 Por isso, não fiquem preocupados com o dia de amanhã, pois o dia de amanhã trará as suas próprias preocupações. Para cada dia bastam as suas próprias dificuldades.

O costume de julgar os outros

Lucas 6.37-38,41-42

7 — Não julguem os outros para vocês não serem julgados por Deus. 2 Porque Deus julgará vocês do mesmo modo que vocês julgarem os outros e usará com vocês a mesma medida que vocês usarem para medir os outros. 3 Por que é que você vê o cisco que está no olho do seu irmão e não repara na trave de madeira que está no seu próprio olho? 4 Como é que você pode dizer ao seu irmão: "Me deixe tirar esse cisco do seu olho", quando você está com uma trave no seu próprio olho? 5 Hipócrita! Tire primeiro a trave que está no seu olho e então poderá ver bem para tirar o cisco que está no olho do seu irmão.

6 — Não deem para os cachorros o que é sagrado, pois eles se virarão contra vocês e os atacarão; não joguem as suas pérolas para os porcos, pois eles as pisarão.

A bondade de Deus

Lucas 11.9-13

7 — Peçam e vocês receberão; procurem e vocês acharão; batam, e a porta será aberta para vocês. 8 Porque todos aqueles que pedem recebem; aqueles que procuram acham; e a porta será aberta para quem bate. 9 Por acaso algum de vocês,

DEVOCIONAL

Texto para leitura: **Mateus 7:7-11**

Conheça a Deus

Há algo que Deus prometeu em sua Palavra que ele ainda não fez por você? Você está começando a deixar de acreditar nele ou, no mínimo, em sua capacidade de ouvi-lo?

Se Deus está demorando para cumprir uma de suas promessas para você, há uma razão para isso. Como um bom pai que sabe do que os filhos precisam e quando precisam, o Pai lá do céu sabe exatamente do que você precisa e quando precisa. Às vezes, não receber aquilo que quer é exatamente do que você precisa, mas, com sua perspectiva limitada, você não sabe disso. É por isso que deveria ser um alívio saber que você tem um Deus Pai em quem pode confiar. Todas as coisas boas que você tem vêm dele, e todas as coisas ruins que acontecem em sua vida ele permitiu para que pudessem render alguma glória a ele.

Agora, o único item imprevisível nesta situação é você. Você permanecerá na verdade da Palavra de Deus, agindo de acordo com ela e vivendo-a, provando assim quem você é? Ou rejeitará a verdade porque o que você quer está demorando para chegar? A fé da Garota de Deus deve estar fundamentada na bondade e na infalibilidade do Pai. Quando você puder confiar nele, então será livre. E essa liberdade será a porta para o crescimento e a maturidade espiritual.

Toda menina tem seus momentos de medo quando se pergunta: "Meu Pai se importa mesmo? Ele sempre estará ao meu lado?" Toda menina precisa de uma rocha, um alicerce sólido que nunca balançará, e embora seu pai terreno jamais possa ser algo assim, ela tem um Pai celestial que *sempre* será dessa forma. Isso deveria lhe dar muita alegria! Você pode confiar nele. Deus não é um mentiroso; você pode confiar nele de coração.

que é pai, será capaz de dar uma pedra ao
seu filho, quando ele pede pão? 10 Ou lhe
dará uma cobra, quando ele pede um pei-
xe? 11 Vocês, mesmo sendo maus, sabem
dar coisas boas aos seus filhos. Quanto
mais o Pai de vocês, que está no céu, dará
coisas boas aos que lhe pedirem!
12 — Façam aos outros o que querem
que eles façam a vocês; pois isso é o que
querem *dizer* a *Lei de Moisés e os ensi-
namentos dos *Profetas.

Os dois caminhos

Lucas 13.24

13 — Entrem pela porta estreita porque
a porta larga e o caminho fácil levam para
o inferno, e há muitas pessoas que an-
dam por esse caminho. 14 A porta estrei-
ta e o caminho difícil levam para a vida, e
poucas pessoas encontram esse caminho.

Os falsos profetas

Lucas 6.43-44

15 — Cuidado com os falsos *profetas!
Eles chegam disfarçados de ovelhas, mas
por dentro são lobos selvagens. 16 Vocês
os conhecerão pelo que eles fazem. Os es-
pinheiros não dão uvas, e os pés de urtiga
não dão figos. 17 Assim, toda árvore boa dá
frutas boas, e a árvore que não presta dá
frutas ruins. 18 A árvore boa não pode dar
frutas ruins, e a árvore que não presta não
pode dar frutas boas. 19 Toda árvore que
não dá frutas boas é cortada e jogada no
fogo. 20 Portanto, vocês conhecerão os fal-
sos profetas pelas coisas que eles fazem.

Quem entra no Reino do Céu

Lucas 13.25-27

21 — Não é toda pessoa que me chama
de "Senhor, Senhor" que entrará no *Reino
do Céu, mas somente quem faz a vontade

do meu Pai, que está no céu. 22 Quando
aquele dia chegar, muitas pessoas vão me
dizer: "Senhor, Senhor, pelo poder do seu
nome anunciamos a mensagem de Deus
e pelo seu nome expulsamos demônios e
fizemos muitos milagres!" 23 Então eu di-
rei claramente a essas pessoas: "Eu nunca
conheci vocês! Afastem-se de mim, vocês
que só fazem o mal!"

Os dois alicerces

Lucas 6.46-49

24 — Quem ouve esses meus ensi-
namentos e vive de acordo com eles é
como um homem sábio que construiu a
sua casa na rocha. 25 Caiu a chuva, vieram
as enchentes, e o vento soprou com for-
ça contra aquela casa. Porém ela não caiu
porque havia sido construída na rocha.
26 — Quem ouve esses meus ensina-
mentos e não vive de acordo com eles é
como um homem sem juízo que construiu
a sua casa na areia. 27 Caiu a chuva, vieram
as enchentes, e o vento soprou com força
contra aquela casa. Ela caiu e ficou total-
mente destruída.

A autoridade de Jesus

28 Quando Jesus acabou de falar, as mul-
tidões estavam admiradas com a sua ma-
neira de ensinar. 29 Ele não era como os
*mestres da Lei; pelo contrário, ensinava
com a autoridade dele mesmo.

Jesus cura um leproso

Marcos 1.40-45; Lucas 5.12-16

8 Jesus desceu do monte, e muitas mul-
tidões o seguiram. 2 Então um leproso
chegou perto dele, ajoelhou-se e disse:
— Senhor, eu sei que o senhor pode me
curar se quiser.
3 Jesus estendeu a mão, tocou nele e
disse:
— Sim, eu quero. Você está curado.
No mesmo instante ele ficou curado da
lepra. 4 Então Jesus lhe disse:
— Escute! Não conte isso para nin-
guém, mas vá pedir ao sacerdote que exa-
mine você. Depois, a fim de provar para
todos que você está curado, vá oferecer o
*sacrifício que Moisés ordenou.

Jesus cura o empregado de *um oficial* romano

Lucas 7.1-10

5 Quando Jesus entrou na cidade de Ca-
farnaum, um oficial romano foi encontrar-
-se com ele e pediu que curasse o seu em-
pregado. 6 Ele disse:
— Senhor, o meu empregado está na
minha casa, tão doente, que não pode
nem se mexer na cama. Ele está sofren-
do demais.
7 — Eu vou lá curá-lo! — disse Jesus.
8 O oficial romano respondeu:
— Não, senhor! Eu não mereço que o
senhor entre na minha casa. Dê somente
uma ordem, e o meu empregado ficará
bom. 9 Eu também estou debaixo da auto-
ridade de oficiais superiores e tenho sol-
dados que obedecem às minhas ordens.
Digo para um: "Vá lá", e ele vai. Digo para
outro: "Venha cá", e ele vem. E digo tam-
bém para o meu empregado: "Faça isto",
e ele faz.
10 Quando Jesus ouviu isso, ficou mui-
to admirado e disse aos que o seguiam:
— Eu afirmo a vocês que isto é verda-
de: nunca vi tanta fé, nem mesmo entre o
povo de Israel! 11 E digo a vocês que mui-
ta gente vai chegar do Leste e do Oeste e
se sentar à mesa no *Reino do Céu com
Abraão, Isaque e Jacó. 12 Mas as pessoas
que deviam estar no Reino serão jogadas
fora, na escuridão. Ali vão chorar e ranger
os dentes de desespero.
13 E Jesus disse ao oficial:
— Vá para casa, pois será feito como
você crê.
E naquele momento o empregado do
oficial romano ficou curado.

Jesus cura muita gente

Marcos 1.29-34; Lucas 4.38-41

14 Jesus foi à casa de Pedro e viu a sogra
dele de cama, com febre. 15 Jesus tocou na
mão dela, e a febre saiu dela. Então ela se
levantou e começou a cuidar dele.
16 Depois do pôr do sol, o povo levou até
Jesus muitas pessoas que estavam domi-
nadas por demônios. E ele, apenas com
uma palavra, expulsava os espíritos maus
e curava todas as pessoas que estavam
doentes. 17 Jesus fez isso para cumprir o
que o *profeta Isaías tinha dito:

> "Ele levou as nossas doenças
> e carregou as nossas enfermidades."

Algumas pessoas que queriam seguir Jesus

Lucas 9.57-62

18 Jesus viu a multidão em volta dele e
mandou os discípulos irem para o lado
leste do lago. 19 Um *mestre da Lei chegou
perto dele e disse:
— Mestre, estou pronto a seguir o

senhor para qualquer lugar aonde o se-
nhor for!
20 Jesus respondeu:
— As raposas têm as suas covas, e os
pássaros, os seus ninhos. Mas o *Filho do
Homem não tem onde descansar.
21 E outro, que era seguidor de Jesus,
disse:
— Senhor, primeiro deixe que eu volte
e sepulte o meu pai.
22 Jesus respondeu:
— Venha comigo e deixe que os mortos
sepultem os seus mortos.

Jesus acalma uma tempestade

Marcos 4.35-41; Lucas 8.22-25

23 Jesus subiu num barco, e os seus dis-
cípulos foram com ele. 24 De repente, uma
grande tempestade agitou o lago, de tal
maneira que as ondas começaram a co-
brir o barco. E Jesus estava dormindo.
25 Os discípulos chegaram perto dele e o
acordaram, dizendo:
— Socorro, Senhor! Nós vamos morrer!
26 — Por que é que vocês são assim tão
medrosos? — respondeu Jesus. — Como
é pequena a fé que vocês têm!
Ele se levantou, falou duro com o vento
e com as ondas, e tudo ficou calmo. 27 En-
tão todos ficaram admirados e disseram:
— Que homem é este que manda até
no vento e nas ondas?!

Jesus cura dois homens dominados por demônios

Marcos 5.1-20; Lucas 8.26-39

28 Quando Jesus chegou à região de Ga-
dara, no lado leste do lago da Galileia, fo-
ram se encontrar com ele dois homens
que estavam dominados por demônios.
Eles vinham do cemitério, onde estavam
morando. Eram tão violentos e perigo-
sos, que ninguém se arriscava a passar
por aquele caminho. 29 Eles começaram
a gritar:
— Filho de Deus, o que o senhor quer
de nós? O senhor veio aqui para nos cas-
tigar antes do tempo?
30 Acontece que perto dali estavam mui-
tos porcos comendo. 31 E os demônios pe-
diram a Jesus com insistência:
— Se o senhor vai nos expulsar, nos
mande entrar naqueles porcos!
32 — Pois vão! — disse Jesus.
Os demônios foram e entraram nos
porcos, e estes se atiraram morro abai-
xo, para dentro do lago, e se afogaram.
33 Os homens que tomavam conta dos
porcos fugiram e chegaram até a cidade.
Lá contaram tudo isso e também o que
havia acontecido com os dois homens que
estavam dominados por demônios. 34 En-
tão todos os moradores daquela cidade
saíram para se encontrar com Jesus; e,
quando o encontraram, pediram com in-
sistência que fosse embora da terra deles.

Jesus cura um paralítico

Marcos 2.1-12; Lucas 5.17-26

9 Jesus entrou num barco, voltou para o
lado oeste do lago e chegou à sua cida-
de. 2 Então algumas pessoas trouxeram um
paralítico deitado numa cama. Jesus viu
que eles tinham fé e disse ao paralítico:
— Coragem, meu filho! Os seus peca-
dos estão perdoados.
3 Aí alguns *mestres da Lei começaram
a pensar:
— Este homem está *blasfemando con-
tra Deus.
4 Porém Jesus sabia o que eles estavam
pensando e disse:
— Por que é que vocês estão pensando
essas coisas más? 5 O que é mais fácil di-
zer ao paralítico: “Os seus pecados estão
perdoados” ou “Levante-se e ande”? 6 Pois
vou mostrar a vocês que eu, o *Filho do
Homem, tenho poder na terra para per-
doar pecados.
Então disse ao paralítico:
— Levante-se, pegue a sua cama e vá
para casa.
7 O homem se levantou e foi para casa.
8 Quando o povo viu isso, ficou com medo
e louvou a Deus por dar esse poder a se-
res humanos.

Jesus e Mateus

Marcos 2.13-17; Lucas 5.27-32

9 Jesus saiu dali e, no caminho, viu um
cobrador de impostos, chamado Mateus,
sentado no lugar onde os impostos eram
pagos. Jesus lhe disse:
— Venha comigo.
Mateus se levantou e foi com ele. 10 Mais
tarde, enquanto Jesus estava jantando na
casa de Mateus, muitos cobradores de im-
postos e outras pessoas de má fama che-
garam e sentaram-se à mesa com Jesus e
os seus discípulos. 11 Alguns *fariseus vi-
ram isso e perguntaram aos discípulos:
— Por que é que o mestre de vocês
come com os cobradores de impostos e
com outras pessoas de má fama?
12 Jesus ouviu a pergunta e respondeu:
— Os que têm saúde não precisam de

médico, mas sim os doentes. 13 Vão e pro-
curem entender o que quer dizer este tre-
cho das *Escrituras Sagradas: "Eu quero
que as pessoas sejam bondosas e não que
me ofereçam *sacrifícios de animais." Por-
que eu vim para *chamar os pecadores e
não os bons.

Jesus e o jejum

Marcos 2.18-22; Lucas 5.33-39

14 Então os discípulos de João Batista
chegaram perto de Jesus e perguntaram:
— Por que é que nós e os *fariseus je-
juamos muitas vezes, mas os discípulos
do senhor não jejuam?
15 Jesus respondeu:
— Vocês acham que os convidados de
um casamento podem estar tristes en-
quanto o noivo está com eles? Claro que
não! Mas chegará o tempo em que o noi-
vo será tirado do meio deles; então sim
eles vão jejuar!
16 — Ninguém usa um retalho de pano
novo para remendar uma roupa velha;
pois o remendo novo encolhe e rasga a
roupa velha, aumentando o buraco. 17 Nin-
guém põe vinho novo em *odres velhos.
Se alguém fizer isso, os odres rebentam, o
vinho se perde, e os odres ficam estraga-
dos. Pelo contrário, o vinho novo é posto
em odres novos, e assim não se perdem
nem os odres nem o vinho.

Jesus cura uma mulher e uma menina

Marcos 5.21-43; Lucas 8.40-56

18 Enquanto Jesus estava falando ao
povo, um chefe religioso chegou perto
dele, ajoelhou-se e disse:
— A minha filha morreu agora mesmo!
Venha e ponha as mãos sobre ela para que
viva de novo.
19 Então Jesus foi com ele, e os seus dis-
cípulos também foram.
20 Certa mulher, que fazia doze anos que
estava com uma hemorragia, veio por trás
de Jesus e tocou na barra da *capa dele.
21 Pois ela pensava assim: "Se eu apenas
tocar na capa dele, ficarei curada."
22 Jesus virou, viu a mulher e disse:
— Coragem, minha filha! Você sarou
porque teve fé.
E naquele momento a mulher ficou
curada.
23 Depois Jesus foi para a casa do che-
fe religioso. Quando viu os que tocavam
música fúnebre e viu a multidão numa
confusão geral, 24 disse:
— Saiam todos daqui! A menina não
morreu; ela está dormindo!
Então começaram a caçoar dele. 25 Logo
que a multidão saiu, Jesus entrou no
quarto em que a menina estava, pegou-
-a pela mão, e ela se levantou. 26 E a notí-
cia a respeito disso se espalhou por toda
aquela região.

Jesus cura dois cegos

27 Jesus saiu daquele lugar, e no cami-
nho dois cegos começaram a segui-lo, gri-
tando:
— *Filho de Davi, tenha pena de nós!
28 Assim que Jesus entrou em casa, os
cegos chegaram perto dele. Então ele per-
guntou:
— Vocês creem que eu posso curar
vocês?
— Sim, senhor! Nós cremos! — respon-
deram eles.
29 Jesus tocou nos olhos deles e disse:
— Então que seja feito como vocês
creem!
30 E os olhos deles ficaram curados. Aí
Jesus ordenou com severidade:
— Não contem isso a ninguém!
31 Porém eles foram embora e espalha-
ram as notícias a respeito de Jesus por
toda aquela região.

A cura de um mudo

32 Quando eles foram embora, algumas
pessoas levaram a Jesus um homem que
não podia falar porque estava dominado
por um demônio. 33 Logo que o demônio
foi expulso, o homem começou a falar. To-
dos ficaram admirados e afirmavam:
— Nunca vimos em Israel uma coisa
assim!
34 Mas os *fariseus diziam:
— O chefe dos demônios é quem dá a
esse homem poder para expulsar demô-
nios.

Jesus tem pena do povo

35 Jesus andava visitando todas as cida-
des e povoados. Ele ensinava nas *sinago-
gas, anunciava a boa notícia sobre o *Rei-
no e curava todo tipo de enfermidades e
doenças graves das pessoas. 36 Quando Je-
sus viu a multidão, ficou com muita pena
daquela gente porque eles estavam aflitos
e abandonados, como ovelhas sem pastor.
37 Então disse aos discípulos:
— A colheita é grande mesmo, mas os
trabalhadores são poucos. 38 Peçam ao
dono da plantação que mande mais tra-
balhadores para fazerem a colheita.

A mulher com hemorragia crônica

Leia a história desta Garota de Deus em Mateus 9:20-22; Marcos 5:25-34 e Lucas 8:43-48.

Ele não pôde fazer milagres em Nazaré, a não ser curar alguns doentes, pondo as mãos sobre eles. E ficou admirado com a falta de fé que havia ali.

Marcos 6:5-6

Quando esteve nesta terra, Jesus realizou muitos milagres quando havia fé, mas, quando a fé desaparecia, ele não podia realizá-los (veja Marcos 6:5). As dúvidas e a falta de fé do povo impediam-no de mostrar seu poder na vida das pessoas. Que tragédia perder a oportunidade de ver o poder de Deus porque você tem medo de que ele não lhe fará aquilo que você precisa! Duvidar é remover o poder de Deus de sua vida, mas crer é ter acesso a milagres. Como cristã, você não é, por definição, cética. Quantas vezes, porém, você duvidou da salvação de Deus em sua vida? Quantas você deixou de crer que o poder dele seria liberado para você?

Em meio à dúvida Jesus não faz milagres, mas ele se mostra em meio à fé. A mulher que tocou na capa de Jesus demonstrou sua fé assim que estendeu a mão para se conectar com ele, e dois mil anos depois, você demonstra sua fé ao estender a mão para se conectar com Cristo por meio da oração. Ela é sua maneira de nadar contra a correnteza e estender a mão para tocar nas vestes de Jesus. A oração é seu ato de fé na pessoa que ele é e no que ele pode fazer. É sua prova de que crerá e não duvidará. É seu braço estendido, tremendo de esperança e expectativa.

A mulher com hemorragia crônica tinha certeza de uma coisa: se ela pudesse tocar na bainha das vestes de Jesus, o poder dele iria curá-la. Ela já tinha sua opinião formada: ele curava. Ele havia curado outras pessoas e iria curá-la. E hoje você precisa ter certeza de uma coisa: Deus — dando ou não exatamente aquilo que você quer agora — é bom e, portanto, você pode confiar nele. A fé diz: "Seja feita sua vontade". Ela antecipa ansiosamente o milagre que Deus escolherá lhe dar. E ela crê que, seja qual for a condição de sua vida, o verdadeiro milagre é que ele perdoa seus pecados e a aceita como filha.

Os doze apóstolos

Marcos 3.13-19; Lucas 6.12-16

10 Jesus chamou os seus doze discí-
pulos e lhes deu autoridade para
expulsar espíritos maus e curar todas as
enfermidades e doenças graves. 2 São es-
tes os nomes dos doze *apóstolos: primei-
ro, Simão, chamado Pedro, e o seu irmão
André; Tiago e o seu irmão João, filhos de
Zebedeu; 3 Filipe, Bartolomeu, Tomé e Ma-
teus, o cobrador de impostos; Tiago, filho
de Alfeu; Tadeu 4 e Simão, o nacionalista;
e Judas Iscariotes, que traiu Jesus.

A missão dos doze apóstolos

Marcos 6.7-13; Lucas 9.1-6

5 Jesus enviou esses doze homens, dan-
do-lhes a seguinte ordem:
— Não vão aos lugares onde vivem os
não judeus, nem entrem nas cidades dos
*samaritanos. 6 Pelo contrário, procurem
as ovelhas perdidas do povo de Israel.
7 Vão e anunciem isto: "O *Reino do Céu
está perto." 8 Curem os leprosos e outros
doentes, ressuscitem os mortos e expul-
sem os demônios. Vocês receberam sem
pagar; portanto, deem sem cobrar. 9 Não
levem guardados no cinto nem ouro, nem
prata, nem moedas de cobre. 10 Nesta via-
gem não levem sacola, nem uma *túnica a
mais, nem sandálias, nem bengala para se
apoiar, pois o trabalhador tem o direito de
receber o que precisa para viver.
11 — Quando entrarem numa cidade ou
povoado, procurem alguém que queira
recebê-los e fiquem hospedados na casa
dessa pessoa até irem embora daquele
lugar. 12 Quando entrarem numa casa, di-
gam: "Que a paz esteja nesta casa!" 13 Se
as pessoas daquela casa receberem vocês
bem, que a saudação de paz fique com
elas. Mas, se não os receberem bem, re-
tirem a saudação. 14 E, se em alguma casa
ou cidade as pessoas não quiserem rece-
bê-los, nem ouvi-los, saiam daquele lugar.
E na saída sacudam o pó das suas sandá-
lias, como sinal de protesto contra aque-
la gente. 15 Eu afirmo a vocês que isto é
verdade: no Dia do Juízo, Deus terá mais
pena das cidades de Sodoma e de Gomor-
ra do que daquela cidade.

Perseguições *e sofrimentos*

Marcos 13.9-13; Lucas 21.12-19

16 — Escutem! Eu estou mandando vo-
cês como ovelhas para o meio de lobos.
Sejam espertos como as cobras e sem
maldade como as pombas. 17 Tenham
cuidado, pois vocês serão presos, e leva-
dos ao tribunal, e serão chicoteados nas
*sinagogas. 18 Por serem meus seguido-
res, vocês serão levados aos governado-
res e reis para serem julgados e falarão
a eles e aos não judeus sobre o *evange-
lho. 19 Quando levarem vocês para serem
julgados, não fiquem preocupados com
o que deverão dizer ou como irão falar.
Quando chegar o momento, Deus dará a
vocês o que devem falar. 20 Porque as pa-
lavras que disserem não serão de vocês
mesmos, mas virão do Espírito do Pai de
vocês, que fala por meio de vocês.
21 — Muitos entregarão os seus pró-
prios irmãos para serem mortos, e os
pais entregarão os filhos. Os filhos fica-
rão contra os pais e os matarão. 22 Todos
odiarão vocês por serem meus seguido-
res. Mas quem ficar firme até o fim será
salvo. 23 Quando vocês forem persegui-
dos numa cidade, fujam para outra. Eu
afirmo a vocês que isto é verdade: vocês
não acabarão o seu trabalho em todas as
cidades de Israel antes que venha o *Fi-
lho do Homem.
24 — Nenhum aluno é mais importan-
te do que o seu professor, e nenhum em-
pregado é mais importante do que o seu
patrão. 25 Portanto, o aluno deve ficar sa-
tisfeito em ser como o seu professor, e o
empregado, em ser como o seu patrão. Se
o chefe da família é chamado de *Belzebu,
então as pessoas dessa família serão xin-
gadas de nomes piores ainda.

De quem devemos ter medo

Lucas 12.2-7

26 — Portanto, não tenham medo de
ninguém. Tudo o que está coberto vai ser
descoberto; e tudo o que está escondido
será conhecido. 27 O que estou dizendo a
vocês na escuridão repitam na luz do dia.
E o que vocês ouviram em segredo anun-
ciem abertamente. 28 Não tenham medo
daqueles que matam o corpo, mas não po-
dem matar a alma. Porém tenham medo
de Deus, que pode destruir no inferno
tanto a alma como o corpo. 29 Por acaso
não é verdade que dois passarinhos são
vendidos por algumas moedinhas? Po-
rém nenhum deles cai no chão se o Pai
de vocês não deixar que isso aconteça.
30 Quanto a vocês, até os fios dos seus ca-
belos estão todos contados. 31 Portanto,
não tenham medo, pois vocês valem mais
do que muitos passarinhos.

Confessar e negar a Cristo
Lucas 12.8-9

32 — Se uma pessoa afirmar publica-
mente que pertence a mim, eu também,
no Dia do Juízo, afirmarei diante do meu
Pai, que está no céu, que ela pertence a
mim. 33 Mas, se uma pessoa disser publi-
camente que não pertence a mim, eu tam-
bém, no Dia do Juízo, direi diante do meu
Pai, que está no céu, que ela não perten-
ce a mim.

Espada em vez de paz
Lucas 12.51-53; 14.26-27

34 — Não pensem que eu vim trazer paz
ao mundo. Não vim trazer a paz, mas a
espada. 35 Eu vim para pôr os filhos con-
tra os pais, as filhas contra as mães e as
noras contra as sogras. 36 E assim os pio-
res inimigos de uma pessoa serão os seus
próprios parentes.
37 — Quem ama o seu pai ou a sua mãe
mais do que ama a mim não merece ser
meu seguidor. Quem ama o seu filho ou
a sua filha mais do que ama a mim não
merece ser meu seguidor. 38 Não serve
para ser meu seguidor quem não estiver
pronto para morrer como eu vou mor-
rer e me acompanhar. 39 Quem procura
os seus próprios interesses nunca terá
a vida verdadeira; mas quem esquece a
si mesmo, porque é meu seguidor, terá a
vida verdadeira.

As recompensas
Marcos 9.41

40 — Quem recebe vocês está recebendo
a mim; e quem me recebe está recebendo
aquele que me enviou. 41 Quem receber
um *profeta, porque este é profeta, terá
uma parte da recompensa dele; e quem
receber uma pessoa boa, porque ela é
boa, terá uma parte da recompensa dela.
42 — Eu afirmo a vocês que isto é ver-
dade: quem, apenas por ser meu segui-
dor, der ainda que seja um copo de água
fria ao menor dos meus seguidores, cer-
tamente receberá a sua recompensa.

Os mensageiros de João Batista
Lucas 7.18-35

11 Quando acabou de dar essas ordens
aos seus doze discípulos, Jesus saiu
daquele lugar e foi ensinar e anunciar a
sua mensagem nas cidades que ficavam
perto dali.
2 João Batista estava na cadeia e,
quando ouviu falar do que Cristo fazia,
mandou que alguns dos seus discípulos
3 fossem perguntar a ele:
— O senhor é aquele que ia chegar ou
devemos esperar outro?
4 Jesus respondeu:
— Voltem e contem a João o que vo-
cês estão ouvindo e vendo. 5 Digam a ele
que os cegos veem, os coxos andam, os
leprosos são curados, os surdos ouvem,
os mortos são ressuscitados, e os pobres
recebem o *evangelho. 6 E felizes são aque-
les que não abandonam a sua fé em mim!
7 Quando os discípulos de João foram
embora, Jesus começou a dizer ao povo
o seguinte a respeito de João:
— O que vocês foram ver no deserto?
Um caniço sacudido pelo vento? 8 O que
foram ver? Um homem bem vestido? Ora,
os que se vestem bem moram nos palá-
cios! 9 Então me digam: o que esperavam
ver? Um *profeta? Sim. E eu afirmo que
vocês viram muito mais do que um pro-
feta. 10 Porque João é aquele a respeito
de quem as *Escrituras Sagradas dizem:
"Aqui está o meu mensageiro, disse Deus.
Eu o enviarei adiante de você para prepa-
rar o seu caminho." 11 Eu afirmo a vocês
que isto é verdade: de todos os homens
que já nasceram, João Batista é o maior.
Porém quem é menor no *Reino do Céu é
maior do que ele. 12 Desde os dias em que
João anunciava a sua mensagem, até hoje,
o Reino do Céu tem sido atacado com vio-
lência, e as pessoas violentas tentam con-
quistá-lo. 13 Até o tempo de João, todos os
*Profetas e a *Lei de Moisés falaram a res-
peito do Reino. 14 E, se vocês querem crer
na mensagem deles, João é Elias, que es-
tava para vir. 15 Se vocês têm ouvidos para
ouvir, então ouçam.
16 — Mas com quem posso comparar
as pessoas de hoje? São como crianças
sentadas na praça. Um grupo grita para
o outro:

17 "Nós tocamos músicas de
casamento,
mas vocês não dançaram!
Cantamos músicas de
sepultamento,
mas vocês não choraram!"

18 João Batista jejua e não bebe vinho, e
todos dizem: "Ele está dominado por um
demônio." 19 O *Filho do Homem come e
bebe, e todos dizem: "Vejam! Este homem
é comilão e beberrão! É amigo dos cobra-
dores de impostos e de outras pessoas de

DEVOCIONAL

Texto para leitura: **Mateus 11:28-30**

Saiba como se comunicar

O que significa encontrar o tipo de descanso mencionado em Mateus 11:28? Você o encontrou ou está perdida em meio ao estresse de um problema em particular? Deus promete tirar esse problema de suas mãos, mas você precisa estar disposta a entregá-lo. Ele nunca vai levá-lo à força. Quanto mais tempo você ficar com esse problema e se recusar a deixá-lo, mais tempo você fará Deus esperar. Parte da fé em Deus é crer que a Palavra dele é verdadeira. E nada é mais verdadeiro do que a afirmação de que Deus pode e irá cuidar de seu fardo para você. Mas entregar esse fardo a ele significa mais do que simplesmente abrir mão dele; significa entregá-lo e aceitar o jugo de Jesus. Você faz uma troca: seu fardo pelo de Jesus. Ele promete que o dele é leve.

Então, qual é o fardo, o jugo, de Jesus? É simples. São os mandamentos dele. Entregue seus problemas e comece a se preocupar em fazer exatamente o que ele pede. É fácil, de verdade. Ele promete que é, e isso porque ele a ajuda. Ele anda ao seu lado e lhe dá força, a força dele, para fazer isso. Ele não quer que você leve o fardo que está carregando agora. Ele quer que você seja livre para deixar o trabalho pesado para ele. Então, deixe o fardo para lá, confie na Palavra de Deus e siga em frente. Saiba que, quando você fizer isso, a vida ficará muito mais fácil, e seu fardo, muito mais leve.

má fama." Porém é pelos seus resultados que a sabedoria de Deus mostra que é verdadeira.

As cidades que não creram
Lucas 10.13-15

20 Então Jesus começou a acusar as cidades onde tinha feito muitos milagres. Ele fez isso porque os seus moradores não haviam se arrependido dos seus pecados. Jesus disse:
21 — Ai de você, cidade de Corazim! Ai de você, cidade de Betsaida! Porque, se os milagres que foram feitos em vocês tivessem sido feitos nas cidades de Tiro e de Sidom, os seus moradores já teriam abandonado os seus pecados há muito tempo. E, para mostrarem que estavam arrependidos, teriam vestido roupa feita de pano grosseiro e teriam jogado cinzas
na cabeça! 22 Pois eu afirmo a vocês que, no Dia do Juízo, Deus terá mais pena de Tiro e de Sidom do que de vocês, Corazim
e Betsaida. 23 E você, cidade de Cafarnaum, acha que vai subir até o céu? Pois será jogada no *mundo dos mortos! Porque, se os milagres que foram feitos aí tivessem sido feitos na cidade de Sodoma, ela
existiria até hoje. 24 Pois eu afirmo a vocês que, no Dia do Juízo, Deus terá mais pena de Sodoma do que de você, Cafarnaum.

Um convite de Jesus
Lucas 10.21-22

25 Naquela ocasião Jesus disse:
— Ó Pai, Senhor do céu e da terra, eu te agradeço porque tens mostrado às pessoas sem instrução aquilo que escondeste
dos sábios e dos instruídos! 26 Sim, ó Pai, tu tiveste prazer em fazer isso.
27 — O meu Pai me deu todas as coisas. Ninguém sabe quem é o Filho, a não ser o Pai; e ninguém sabe quem é o Pai, a não ser o Filho e também aqueles a quem o Filho quiser mostrar quem o Pai é.
28 — Venham a mim, todos vocês que estão cansados de carregar as suas pesadas
cargas, e eu lhes darei descanso. 29 Sejam meus seguidores e aprendam comigo porque sou bondoso e tenho um coração hu-
milde; e vocês encontrarão descanso. 30 Os
deveres que eu exijo de vocês são fáceis, e a carga que eu ponho sobre vocês é leve.

Jesus e o sábado
Marcos 2.23-28; Lucas 6.1-5

12 Poucos dias depois, num sábado, Jesus estava atravessando uma

plantação de trigo. Os seus discípulos es-
tavam com fome e por isso começaram a
colher espigas e a comer os grãos de tri-
go. 2 Quando alguns *fariseus viram aqui-
lo, disseram a Jesus:
— Veja! Os seus discípulos estão fazen-
do uma coisa que a nossa *Lei proíbe fa-
zer no sábado!
3 Então Jesus respondeu:
— Vocês não leram o que Davi fez,
quando ele e os seus companheiros es-
tavam com fome? 4 Davi entrou na casa
de Deus, e ele e os seus companheiros
comeram os pães oferecidos a Deus, em-
bora isso fosse contra a Lei. Pois somente
os sacerdotes tinham o direito de comer
esses pães. 5 Ou vocês não leram na Lei de
Moisés que, nos sábados, os sacerdotes
quebram a Lei, no Templo, e não são cul-
pados? 6 Eu afirmo a vocês que o que está
aqui é mais importante do que o Templo.
7 Se vocês soubessem o que as *Escrituras
Sagradas querem dizer quando afirmam:
"Eu quero que as pessoas sejam bondo-
sas e não que me ofereçam *sacrifícios de
animais", vocês não condenariam os que
não têm culpa. 8 Pois o *Filho do Homem
tem autoridade sobre o sábado.

Jesus e o homem da mão aleijada
Marcos 3.1-6; Lucas 6.6-11

9 Jesus saiu dali e foi para uma *sinago-
ga. 10 Estava ali um homem que tinha uma
das mãos aleijada. Então algumas pessoas
que queriam acusar Jesus de desobedecer
à *Lei lhe perguntaram:
— É contra a nossa Lei curar no sába-
do?
11 Jesus respondeu:
— Se um de vocês tiver uma ovelha, e
no sábado ela cair num buraco, será que
ele não vai fazer tudo para tirá-la dali?
12 Pois uma pessoa vale muito mais do que
uma ovelha. Portanto, a nossa Lei permi-
te ajudar os outros no sábado.
13 E disse para o homem:
— Estenda a mão!
Ele estendeu, e ela sarou e ficou igual
à outra.
14 Então os *fariseus que estavam ali
saíram e começaram a fazer planos para
matar Jesus.

O servo escolhido de Deus

15 Quando Jesus soube disso, foi embora
dali, e muita gente o seguiu. Ele curou to-
dos os que estavam doentes 16 e mandou
que não contassem nada a ninguém a res-
peito dele. 17 Isso aconteceu para se cum-
prir o que o *profeta Isaías tinha dito:

18 "Disse Deus: Aqui está o meu
*servo
que escolhi,
aquele que amo e que dá muita
alegria
ao meu coração.
Eu porei nele o meu Espírito,
e ele anunciará o meu julgamento
a todos os povos.
19 Não discutirá, nem gritará,
nem fará discursos nas ruas.
20 Não esmagará o galho que está
quebrado,
nem apagará a luz que já está fraca.
Ele agirá assim até que a causa da
justiça
seja vitoriosa.
21 E todos os povos vão pôr nele
a sua esperança."

O poder de Jesus para expulsar demônios
Marcos 3.20-30; Lucas 11.14-23

22 Então levaram a Jesus um homem que
era cego e mudo porque estava dominado
por um demônio. Jesus o curou, e ele co-
meçou a ver e a falar. 23 A multidão ficou
admirada e perguntava:
— Será que este homem é o *Filho de
Davi?
24 Alguns *fariseus ouviram isso e res-
ponderam:
— É *Belzebu, o chefe dos demônios,
quem dá poder a este homem para ex-
pulsar demônios.
25 Mas Jesus conhecia os pensamentos
deles e disse:
— O país que se divide em grupos que
lutam entre si certamente será destruído.
E a cidade ou a família que se divide em
grupos que lutam entre si também será
destruída. 26 Assim, se no reino de Satanás
um grupo está combatendo contra ou-
tro, isso quer dizer que esse reino já está
dividido e logo vai desaparecer. 27 Vocês
dizem que eu expulso demônios porque
Belzebu me dá poder para fazer isso. Mas,
se é assim, quem dá aos seguidores de vo-
cês o poder para expulsar demônios? As-
sim, os seus próprios seguidores provam
que vocês estão completamente engana-
dos. 28 Na verdade é pelo poder de Deus
que eu expulso demônios, e isso prova
que o *Reino de Deus já chegou até vocês.

29 — Ninguém pode entrar na casa de
um homem forte e roubar os seus bens,
sem primeiro amarrá-lo. Somente assim
essa pessoa poderá levar as coisas que
ele tem em casa.
30 — Quem não é a meu favor é contra
mim; e quem não me ajuda a ajuntar está
espalhando. 31 Por isso eu afirmo a vocês
que as pessoas serão perdoadas por qual-
quer pecado ou *blasfêmia que disserem
contra Deus. Mas quem blasfemar con-
tra o Espírito Santo não será perdoado.
32 Se alguém disser alguma coisa contra
o *Filho do Homem, será perdoado; mas
quem falar contra o Espírito Santo não
será perdoado, nem agora nem no futuro.

A árvore e as suas frutas
Lucas 6.43-45

33 — Vocês só poderão ter frutas boas
se tiverem uma árvore boa. Mas, se tive-
rem uma árvore que não presta, vocês te-
rão frutas que não prestam. Porque é pela
qualidade das frutas que sabemos se uma
árvore é boa ou não presta. 34 Ninhada de
cobras venenosas! Como é que vocês po-
dem dizer coisas boas se são maus? Pois a
boca fala do que o coração está cheio. 35 A
pessoa boa tira o bem do seu depósito de
coisas boas, e a pessoa má tira o mal do
seu depósito de coisas más.
36 — Eu afirmo a vocês que, no Dia do
Juízo, cada pessoa vai prestar contas de
toda palavra inútil que falou. 37 Porque
as suas palavras vão servir para julgar
se você é inocente ou culpado.

O pedido de um milagre
Marcos 8.11-12; Lucas 11.29-32

38 Então alguns *mestres da Lei e alguns
*fariseus disseram a Jesus:
— Mestre, queremos ver o senhor fa-
zer um milagre.
39 Jesus respondeu:
— Como as pessoas de hoje são más e
sem fé! Vocês estão me pedindo que faça
um milagre, mas o milagre do *profeta Jo-
nas é o único sinal que lhes será dado.
40 Porque assim como Jonas ficou três dias
e três noites dentro de um grande peixe,
assim também o *Filho do Homem ficará
três dias e três noites no fundo da terra.
41 No Dia do Juízo o povo de Nínive vai se
levantar e acusar vocês, pois eles se ar-
rependeram dos seus pecados quando
ouviram a pregação de Jonas. E eu afirmo
que o que está aqui é mais importante do
que Jonas. 42 No Dia do Juízo a Rainha de
Sabá vai se levantar e acusar vocês, pois
ela veio de muito longe para ouvir os sá-
bios ensinamentos de Salomão. E eu afir-
mo que o que está aqui é mais importante
do que Salomão.

A volta do espírito mau
Lucas 11.24-26

43 Jesus continuou:
— Quando um espírito mau sai de al-
guém, anda por lugares sem água, pro-
curando onde descansar, mas não encon-
tra. 44 Então diz: "Vou voltar para a minha
casa, de onde saí." Aí volta e encontra a
casa vazia, limpa e arrumada. 45 Depois
sai, vai buscar outros sete espíritos pio-
res ainda, e todos ficam morando ali. As-
sim a situação daquela pessoa fica pior
do que antes. E isso também acontecerá
com esta gente má de hoje.

A mãe e os irmãos de Jesus
Marcos 3.31-35; Lucas 8.19-21

46 Quando Jesus ainda estava falando
ao povo, a mãe e os irmãos dele chega-
ram. Ficaram do lado de fora e pediram
para falar com ele. 47 Então alguém dis-
se a Jesus:
— Escute! A sua mãe e os seus irmãos
estão lá fora e querem falar com o senhor.
48 Jesus perguntou:
— Quem é a minha mãe? E quem são
os meus irmãos?
49 Então apontou para os seus discípu-
los e disse:
— Vejam! Aqui estão a minha mãe e os
meus irmãos. 50 Pois quem faz a vontade
do meu Pai, que está no céu, é meu irmão,
minha irmã e minha mãe.

O semeador
Marcos 4.1-9; Lucas 8.4-8

13 Naquele mesmo dia Jesus saiu de
casa, foi para a beira do lago da Ga-
lileia, sentou-se ali e começou a ensinar.
2 A multidão que se ajuntou em volta dele
era tão grande, que ele entrou num barco
e sentou-se; e o povo ficou em pé na praia.
3 Jesus usou *parábolas para ensinar mui-
tas coisas. Ele disse:
— Escutem! Certo homem saiu para se-
mear. 4 Quando estava espalhando as se-
mentes, algumas caíram na beira do ca-
minho, e os passarinhos comeram tudo.
5 Outra parte das sementes caiu num lu-
gar onde havia muitas pedras e pouca ter-
ra. As sementes brotaram logo porque a

terra não era funda. 6 Mas, quando o sol
apareceu, queimou as plantas, e elas se-
caram porque não tinham raízes. 7 Outras
sementes caíram no meio de espinhos,
que cresceram e sufocaram as plantas.
8 Mas as sementes que caíram em terra
boa produziram na base de cem, de ses-
senta e de trinta grãos por um.
9 E Jesus terminou, dizendo:
— Se vocês têm ouvidos para ouvir, en-
tão ouçam.

Por que Jesus usava parábolas
Marcos 4.10-12; Lucas 8.9-10

10 Então os discípulos chegaram perto
de Jesus e perguntaram:
— Por que é que o senhor usa *parábo-
las para falar com essas pessoas?
11 Jesus respondeu:
— A vocês Deus mostra os segredos
do *Reino do Céu, mas, a elas, não. 12 Pois
quem tem receberá mais, para que tenha
mais ainda. Mas quem não tem, até o pou-
co que tem lhe será tirado. 13 É por isso
que eu uso parábolas para falar com essas
pessoas. Porque elas olham e não enxer-
gam; escutam e não ouvem, nem enten-
dem. 14 E assim acontece com essas pes-
soas o que disse o *profeta Isaías:

"Vocês ouvirão, mas não
entenderão;
olharão, mas não enxergarão nada.
15 Pois a mente deste povo está
fechada:
Eles taparam os ouvidos
e fecharam os olhos.
Se eles não tivessem feito isso,
os seus olhos poderiam ver,
e os seus ouvidos poderiam ouvir;
a sua mente poderia entender,
e eles voltariam para mim,
e eu os curaria! — disse Deus."

16 Jesus continuou, dizendo:
— Mas vocês, como são felizes! Pois os
seus olhos veem, e os seus ouvidos ou-
vem. 17 Eu afirmo a vocês que isto é verda-
de: muitos profetas e muitas outras pes-
soas do povo de Deus gostariam de ver o
que vocês estão vendo, mas não puderam;
e gostariam de ouvir o que vocês estão
ouvindo, mas não ouviram.

Jesus explica a parábola do semeador
Marcos 4.13-20; Lucas 8.11-15

18 — Então escutem e aprendam o
que a *parábola do semeador quer dizer.
19 As pessoas que ouvem a mensagem do
*Reino, mas não a entendem, são como as
sementes que foram semeadas na beira do
caminho. O Maligno vem e tira o que foi
semeado no coração delas. 20 As semen-
tes que foram semeadas onde havia mui-
tas pedras são as pessoas que ouvem a
mensagem e a aceitam logo com alegria,
21 mas duram pouco porque não têm raiz.
E, quando por causa da mensagem che-
gam os sofrimentos e as perseguições, elas
logo abandonam a sua fé. 22 Outras pessoas
são parecidas com as sementes que foram
semeadas no meio dos espinhos. Elas ou-
vem a mensagem, mas as preocupações
deste mundo e a ilusão das riquezas su-
focam a mensagem, e essas pessoas não
produzem frutos. 23 E as sementes que fo-
ram semeadas em terra boa são aquelas
pessoas que ouvem, e entendem a men-
sagem, e produzem uma grande colheita:
umas, cem; outras, sessenta; e ainda ou-
tras, trinta vezes mais do que foi semeado.

O joio

24 Jesus contou outra *parábola. Ele dis-
se ao povo:
— O *Reino do Céu é como um homem
que semeou sementes boas nas suas ter-
ras. 25 Certa noite, quando todos estavam
dormindo, veio um inimigo, semeou no
meio do trigo uma erva ruim, chamada
joio, e depois foi embora. 26 Quando as
plantas cresceram, e se formaram as es-
pigas, o joio apareceu. 27 Aí os emprega-
dos do dono das terras chegaram e disse-
ram: "Patrão, o senhor semeou sementes
boas nas suas terras. De onde será que
veio este joio?"
28 — "Foi algum inimigo que fez isso!",
respondeu ele.
— E eles perguntaram: "O senhor quer
que a gente arranque o joio?"
29 — "Não", respondeu ele, "porque,
quando vocês forem tirar o joio, poderão
arrancar também o trigo. 30 Deixem o trigo
e o joio crescerem juntos até o tempo da
colheita. Então eu direi aos trabalhado-
res que vão fazer a colheita: 'Arranquem
primeiro o joio e amarrem em feixes para
ser queimado. Depois colham o trigo e
ponham no meu depósito.' "

A semente de mostarda
Marcos 4.30-32; Lucas 13.18-19

31 Jesus contou outra *parábola. Ele dis-
se ao povo:
— O *Reino do Céu é como uma semen-
te de mostarda, que um homem pega e

DEVOCIONAL

Texto para leitura: **Mateus 13:1-23**

Conheça a verdadeira felicidade

Você percebeu nesta parábola o que Jesus disse que sufocará a palavra em sua vida? É o diabo? Não, Jesus não dá tanto crédito assim ao diabo. Leia o versículo 22 de novo. O que mata a verdade da Palavra de Deus em sua vida são as preocupações da vida — as preocupações com coisas que você gostaria de ter, com o que as pessoas pensam de você, com sua aparência, com sua imagem e com seus amigos ou a falta deles.

A preocupação diz a Deus que você não confia que ele cuidará das partes práticas de sua vida. É claro que você confia nele para ter a salvação, mas e para ter comida e roupas? Não. Quando você era criança, esperava que seus pais provessem tudo o que lhe era necessário. Você não se preocupava com o que tinha ou não tinha, porque sabia que tudo o que precisava fazer era pedir algo para eles, e suas necessidades seriam supridas. Mas agora que está mais velha, você se pergunta: "Haverá o suficiente para mim? Será que terei o que preciso?". Preocupar-se é acusar Deus de não cuidar daquilo que é dele. É chamá-lo de pai negligente, e recorrer a outro local seguro para protegê-la em caso de algum desastre.

Mas a Garota de Deus tem uma promessa, não um seguro. Ela tem a promessa de que Deus nunca irá deixá-la e sempre irá sustentá-la. A Garota de Deus é a menina mais contente do mundo, porque ela sabe que tem exatamente aquilo de que precisa, e é por isso que ela não permite que a preocupação sufoque a semente da Palavra de Deus em sua vida.

Lembre-se de que seus medos e preocupações dizem mais sobre sua fé em Deus do que sobre sua sorte na vida. Liberdade não tem só a ver com repreender o diabo e a influência dele em sua vida; significa também ver a verdade sobre as coisas que passam por sua cabeça. Tenha a prática de ver a preocupação pelo que ela é — uma mentira sobre a bondade de Deus — e escolha confiar em seu Pai fiel.

semeia na sua terra. 32 Ela é a menor de
todas as sementes; mas, quando cresce,
torna-se a maior de todas as plantas. Ela
até chega a ser uma árvore, de modo que
os passarinhos vêm e fazem ninhos nos
seus ramos.

O fermento
Lucas 13.20-21

33 Jesus contou mais esta *parábola para
o povo:
— O *Reino do Céu é como o fermento
que uma mulher pega e mistura em três
medidas de farinha, até que ele se espalhe por toda a massa.

O uso das parábolas
Marcos 4.33-34

34 Jesus usava *parábolas para dizer
tudo isso ao povo. Ele não dizia nada a
eles sem ser por meio de parábolas. 35 Isso
aconteceu para se cumprir o que o *profeta tinha dito:

"Usarei parábolas
 quando falar com esse povo
e explicarei coisas desconhecidas
 desde a criação do mundo."

Jesus explica a parábola do joio

36 Então Jesus deixou a multidão e voltou para casa. Os discípulos chegaram
perto dele e perguntaram:
— Conte para nós o que quer dizer a
*parábola do joio.
37 Jesus respondeu:
— Quem semeia as sementes boas é o
*Filho do Homem. 38 O terreno é o mun-
do. As sementes boas são as pessoas que
pertencem ao *Reino; e o joio, as que

pertencem ao Maligno. 39 O inimigo que
semeia o joio é o próprio Diabo. A colheita
é o fim dos tempos, e os que fazem a co-
lheita são os anjos. 40 Assim como o joio
é ajuntado e jogado no fogo, assim tam-
bém será no fim dos tempos. 41 O Filho
do Homem mandará os seus anjos, e eles
ajuntarão e tirarão do seu Reino todos
os que fazem com que os outros pequem
e também todos os que praticam o mal.
42 Depois os anjos jogarão essas pessoas
na fornalha de fogo, onde vão chorar e
ranger os dentes de desespero. 43 Então
o povo de Deus brilhará como o sol no
Reino do seu Pai. Se vocês têm ouvidos
para ouvir, então ouçam.

O tesouro escondido

44 — O *Reino do Céu é como um tesou-
ro escondido num campo, que certo ho-
mem acha e esconde de novo. Fica tão fe-
liz, que vende tudo o que tem, e depois
volta, e compra o campo.

A pérola

45 — O *Reino do Céu é também como
um comerciante que anda procurando pé-
rolas finas. 46 Quando encontra uma péro-
la que é mesmo de grande valor, ele vai,
vende tudo o que tem e compra a pérola.

A rede

47 — O *Reino do Céu é ainda como uma
rede que é jogada no lago. Ela apanha pei-
xes de todos os tipos. 48 E, quando está
cheia, os pescadores a arrastam para a
praia e sentam para separar os peixes: os
que prestam são postos dentro dos ces-
tos, e os que não prestam são jogados
fora. 49 No fim dos tempos também será
assim: os anjos sairão, e separarão as pes-
soas más das boas, 50 e jogarão as pessoas
más na fornalha de fogo. E ali elas vão
chorar e ranger os dentes de desespero.

Verdades novas e verdades velhas

51 Então Jesus perguntou aos discípulos:
— Vocês entenderam essas coisas?
— Sim! — responderam eles.
52 Jesus disse:
— Pois isso quer dizer que todo *mes-
tre da Lei que se torna discípulo no *Rei-
no do Céu é como um pai de família que
tira do seu depósito coisas novas e coi-
sas velhas.

Jesus em Nazaré

Marcos 6.1-6; Lucas 4.16-30

53 Quando Jesus acabou de contar essas
*parábolas, saiu dali 54 e voltou para a ci-
dade de Nazaré, onde ele tinha morado.
Ele ensinava na *sinagoga, e os que o ou-
viam ficavam admirados e perguntavam:
— De onde vêm a sabedoria dele e o
poder que ele tem para fazer milagres?
55 Por acaso ele não é o filho do carpin-
teiro? A sua mãe não é Maria? Ele não é
irmão de Tiago, José, Simão e Judas? 56 To-
das as suas irmãs não moram aqui? De
onde é que ele consegue tudo isso?
57 Por isso ficaram desiludidos com ele.
Mas Jesus disse:
— Um *profeta é respeitado em toda
parte, menos na sua terra e na sua casa.
58 Jesus não pôde fazer muitos milagres
ali porque eles não tinham fé.

A morte de João Batista

Marcos 6.14-29; Lucas 9.7-9

14 Naquele tempo Herodes, o gover-
nador da Galileia, ouviu falar a res-
peito de Jesus. 2 Então ele disse aos seus
funcionários:
— Esse homem é João Batista, que foi
ressuscitado. Por isso esse homem tem
poder para fazer milagres.
3 Pois Herodes tinha mandado pren-
der João, amarrar as suas mãos e jogá-lo
na cadeia. Ele havia feito isso por causa
de Herodias, esposa do seu irmão Filipe.
4 Pois João Batista tinha dito muitas vezes
a Herodes: "Pela nossa *Lei você é proibi-
do de casar com Herodias!"
5 Herodes queria matá-lo, mas tinha
medo do povo, pois eles achavam que
João era *profeta. 6 No dia do aniversário
de Herodes, a filha de Herodias dançou
diante de todos, e ele gostou tanto, 7 que
prometeu à moça:
— Juro que darei tudo o que você me
pedir!
8 Seguindo o conselho da sua mãe, ela
pediu:
— Quero a cabeça de João Batista num
prato, agora mesmo!
9 O rei Herodes ficou triste, mas, por
causa do juramento que havia feito na
frente dos convidados, ordenou que o pe-
dido da moça fosse atendido. 10 E mandou
que cortassem a cabeça de João Batista,
na cadeia. 11 Aí trouxeram a cabeça num
prato, entregaram para a moça, e ela a
levou para a sua mãe. 12 Então os discí-
pulos de João vieram, levaram o corpo
dele e o sepultaram. Depois foram con-
tar isso a Jesus.

Jesus alimenta uma multidão
Marcos 6.30-44; Lucas 9.10-17;
João 6.1-14

13 Ao saber o que havia acontecido, Je-
sus saiu dali num barco e foi sozinho para
um lugar deserto. Mas as multidões sou-
beram onde ele estava, vieram dos seus
povoados e o seguiram por terra. 14 Quan-
do Jesus saiu do barco e viu aquela gran-
de multidão, ficou com muita pena deles
e curou os doentes que estavam ali.
15 De tardinha, os discípulos chegaram
perto de Jesus e disseram:
— Já é tarde, e este lugar é deserto.
Mande essa gente embora, a fim de que
vão aos povoados e comprem alguma coi-
sa para comer.
16 Mas Jesus respondeu:
— Eles não precisam ir embora. Deem
vocês mesmos comida a eles.
17 Eles disseram:
— Só temos aqui cinco pães e dois pei-
xes.
18 — Pois tragam para mim! — disse
Jesus.
19 Então mandou o povo sentar-se na
grama. Depois pegou os cinco pães e os
dois peixes, olhou para o céu e deu gra-
ças a Deus. Partiu os pães, entregou-os
aos discípulos, e estes distribuíram ao
povo. 20 Todos comeram e ficaram satis-
feitos, e os discípulos ainda recolheram
doze cestos cheios dos pedaços que so-
braram. 21 Os que comeram foram mais
ou menos cinco mil homens, sem contar
as mulheres e as crianças.

Jesus anda em cima da água
Marcos 6.45-52; João 6.15-21

22 Logo depois, Jesus ordenou aos discí-
pulos que subissem no barco e fossem na
frente para o lado oeste do lago, enquanto
ele mandava o povo embora. 23 Depois de
mandar o povo embora, Jesus subiu um
monte a fim de orar sozinho. Quando che-
gou a noite, ele estava ali, sozinho. 24 Na-
quele momento o barco já estava no meio
do lago. E as ondas batiam com força no
barco porque o vento soprava contra ele.
25 Já de madrugada, entre as três e as seis
horas, Jesus foi até lá, andando em cima
da água. 26 Quando os discípulos viram
Jesus andando em cima da água, ficaram
apavorados e exclamaram:
— É um fantasma!
E gritaram de medo. 27 Nesse instante
Jesus disse:
— Coragem! Sou eu! Não tenham
medo!
28 Então Pedro disse:
— Se é o senhor mesmo, mande que eu
vá andando em cima da água até onde o
senhor está.
29 — Venha! — respondeu Jesus.
Pedro saiu do barco e começou a an-
dar em cima da água, em direção a Jesus.
30 Porém, quando sentiu a força do ven-
to, ficou com medo e começou a afundar.
Então gritou:
— Socorro, Senhor!
31 Imediatamente Jesus estendeu a mão,
segurou Pedro e disse:
— Como é pequena a sua fé! Por que
você duvidou?
32 Então os dois subiram no barco, e o
vento se acalmou. 33 E os discípulos ado-
raram Jesus, dizendo:
— De fato, o senhor é o Filho de Deus!

Jesus cura em Genesaré
Marcos 6.53-56

34 Jesus e os discípulos atravessaram
o lago e chegaram à região de Genesaré.
35 Ali o povo reconheceu Jesus e avisou
todos os doentes das regiões vizinhas.
Então muitas pessoas levaram doentes a
ele, 36 pedindo que deixasse que os doen-
tes pelo menos tocassem na barra da sua
roupa. E todos os que tocavam nela fica-
vam curados.

Jesus e a tradição dos judeus
Marcos 7.1-13

15 Então alguns *fariseus e alguns
*mestres da Lei vieram de Jerusa-
lém para falar com Jesus e lhe pergun-
taram:
2 — Por que é que os seus discípulos co-
mem sem lavar as mãos, desobedecendo
assim aos ensinamentos que recebemos
dos antigos?
3 Jesus respondeu:
— E por que é que vocês desobede-
cem ao mandamento de Deus e seguem
os seus próprios ensinamentos? 4 Pois
Deus disse: "Respeite o seu pai e a sua
mãe!" E disse também: "Que seja morto
aquele que amaldiçoar o seu pai ou a sua
mãe!" 5 Mas vocês ensinam que, se alguém
tem alguma coisa que poderia usar para
ajudar os seus pais, em sinal de respeito,
mas diz: "Eu dediquei isto a Deus", 6 então
não precisa ajudar os seus pais. Assim vo-
cês desprezam a mensagem de Deus para

seguir os seus próprios ensinamentos.
7 Hipócritas! Isaías estava certo quando
disse a respeito de vocês o seguinte:

8 "Deus disse:
Este povo com a sua boca diz
que me respeita,
mas na verdade o seu coração
está longe de mim.
9 A adoração deste povo é inútil,
pois eles ensinam *leis humanas
como se fossem meus
mandamentos."

Jesus fala sobre a impureza
Marcos 7.14-23

10 Jesus chamou a multidão e disse:
— Escutem e entendam! 11 Não é o que
entra pela boca que faz com que alguém
fique *impuro. Pelo contrário, o que sai da
boca é que pode tornar a pessoa impura.
12 Então os discípulos chegaram perto
dele e disseram:
— Sabe que os *fariseus ficaram escan-
dalizados com o que o senhor disse?
13 Jesus respondeu:
— Toda planta que o meu Pai, que está
no céu, não plantou será arrancada. 14 Não
se preocupem com os fariseus. São guias
cegos. E, quando um cego guia outro, os
dois acabam caindo num buraco.
15 Então Pedro pediu:
— Explique para nós aquilo que o se-
nhor disse antes.
16 Jesus disse:
— Vocês também ainda não entende-
ram? 17 O que entra pela boca vai para o
estômago e depois sai do corpo. 18 Mas o
que sai da boca vem do coração. É isso
que faz com que a pessoa fique impura.
19 Porque é do coração que vêm os maus
pensamentos, os crimes de morte, os
adultérios, as imoralidades sexuais, os
roubos, as mentiras e as calúnias. 20 São
essas coisas que fazem com que alguém
fique impuro. Mas comer sem lavar as
mãos não torna ninguém impuro.

A mulher estrangeira
Marcos 7.24-30

21 Jesus saiu dali e foi para a região que
fica perto das cidades de Tiro e de Sidom.
22 Certa mulher cananeia, que morava na-
quela terra, chegou perto dele e gritou:
— Senhor, *Filho de Davi, tenha pena
de mim! A minha filha está horrivelmen-
te dominada por um demônio!
23 Mas Jesus não respondeu nada. Então
os discípulos chegaram perto dele e dis-
seram:
— Mande essa mulher embora, pois
ela está vindo atrás de nós, fazendo mui-
to barulho!
24 Jesus respondeu:
— Eu fui mandado somente para as
ovelhas perdidas do povo de Israel.
25 Então ela veio, ajoelhou-se aos pés
dele e disse:
— Senhor, me ajude!
26 Jesus disse:
— Não está certo tirar o pão dos filhos
e jogá-lo para os cachorros.
27 — Sim, senhor, — respondeu a mu-
lher — mas até mesmo os cachorrinhos
comem as migalhas que caem debaixo da
mesa dos seus donos.
28 — Mulher, você tem muita fé! — disse
Jesus. — Que seja feito o que você quer!
E naquele momento a filha dela ficou
curada.

Jesus cura muita gente

29 Jesus saiu dali e foi até o lago da Gali-
leia. Depois subiu um monte e sentou-se
ali. 30 E foram até Jesus grandes multidões
levando coxos, aleijados, cegos, mudos
e muitos outros doentes, que eram co-
locados aos seus pés. E ele curou todos.
31 O povo ficou admirado quando viu que
os mudos falavam, os aleijados estavam
curados, os coxos andavam e os cegos en-
xergavam. E todo o povo louvou ao Deus
de Israel.

Jesus alimenta outra multidão
Marcos 8.1-10

32 Jesus chamou os seus discípulos e
disse:
— Estou com pena dessa gente por-
que já faz três dias que eles estão comi-
go e não têm nada para comer. Não quero
mandá-los embora com fome, pois pode-
riam cair de fraqueza pelo caminho.
33 Os discípulos perguntaram:
— Como vamos encontrar, neste lugar
deserto, comida que dê para toda essa
gente?
34 — Quantos pães vocês têm? — per-
guntou Jesus.
— Sete pães e alguns peixinhos! — res-
ponderam eles.
35 Aí Jesus mandou o povo sentar-se no
chão. 36 Depois pegou os sete pães e os
peixes e deu graças a Deus. Então os par-
tiu e os entregou aos discípulos, e eles os

distribuíram ao povo. 37 Todos comeram
e ficaram satisfeitos; e os discípulos ain-
da encheram sete cestos com os pedaços
que sobraram. 38 Os que comeram foram
quatro mil homens, sem contar as mulhe-
res e as crianças.
39 Então Jesus mandou o povo embo-
ra, subiu no barco e foi para a região de
Magadã.

O pedido de um milagre

Marcos 8.11-13; Lucas 12.54-56

16 Alguns *fariseus e alguns *saduceus
foram falar com Jesus. Eles queriam
alguma prova contra ele e por isso pe-
diram que ele fizesse um milagre para
mostrar que o seu poder vinha mesmo
de Deus. 2 Mas Jesus respondeu:
— De tardinha, vocês dizem: "Vamos
ter bom tempo porque o céu está verme-
lho." 3 E, de manhã, cedo, dizem: "Vai cho-
ver porque o céu está vermelho-escuro."
Olhando o céu, vocês sabem como vai ser
o tempo. E como é que não sabem expli-
car o que querem dizer os sinais desta
época? 4 Como o povo de hoje é mau e sem
fé! Vocês estão me pedindo um milagre,
mas o milagre de Jonas é o único sinal que
lhes será dado.
Então ele saiu e foi embora.

O fermento dos fariseus e dos saduceus

Marcos 8.14-21

5 Quando os discípulos atravessaram
para o lado leste do lago, esqueceram de
levar pão. 6 Jesus disse:
— Fiquem alertas e tomem cuidado
com o fermento dos *fariseus e dos *sa-
duceus.
7 Aí os discípulos começaram a dizer
uns aos outros:
— Ele está dizendo isso porque não
trouxemos pão.
8 Jesus ouviu o que eles estavam dizen-
do e perguntou:
— Por que é que vocês estão conver-
sando por não terem pão? Como é peque-
na a fé que vocês têm! 9 Ainda não enten-
deram? Não lembram dos cinco pães que
eu parti para cinco mil homens? Quantos
cestos vocês encheram? 10 E aqueles sete
pães para quatro mil homens? Quantos
cestos vocês encheram? 11 Vocês não en-
tendem que eu não estou falando a res-
peito de pães? Tenham cuidado com o fer-
mento dos fariseus e dos saduceus!
12 Então os discípulos entenderam que
ele não estava dizendo que tivessem cui-
dado com o fermento usado no pão, mas
com os ensinamentos dos fariseus e dos
saduceus.

A afirmação de Pedro

Marcos 8.27-30; Lucas 9.18-21

13 Jesus foi para a região que fica perto
da cidade de Cesareia de Filipe. Ali per-
guntou aos discípulos:
— Quem o povo diz que o *Filho do Ho-
mem é?
14 Eles responderam:
— Alguns dizem que o senhor é João
Batista; outros, que é Elias; e outros, que
é Jeremias ou algum outro *profeta.
15 — E vocês? Quem vocês dizem que
eu sou? — perguntou Jesus.
16 Simão Pedro respondeu:
— O senhor é o *Messias, o Filho do
Deus vivo.
17 Jesus afirmou:
— Simão, filho de João, você é feliz por-
que esta verdade não foi revelada a você
por nenhum ser humano, mas veio direta-
mente do meu Pai, que está no céu. 18 Por-
tanto, eu lhe digo: você é Pedro, e sobre
esta pedra construirei a minha Igreja, e
nem a morte poderá vencê-la. 19 Eu lhe
darei as chaves do *Reino do Céu; o que
você proibir na terra será proibido no céu,
e o que permitir na terra será permiti-
do no céu.
20 Então Jesus ordenou que os discípu-
los não contassem a ninguém que ele era
o Messias.

Jesus fala da sua morte e da sua ressurreição

Marcos 8.31—9.1; Lucas 9.22-27

21 Daí em diante, Jesus começou a dizer
claramente aos discípulos:
— Eu preciso ir para Jerusalém, e ali os
líderes judeus, os chefes dos sacerdotes e
os *mestres da Lei farão com que eu sofra
muito. Eu serei morto e, no terceiro dia,
serei ressuscitado.
22 Então Pedro o levou para um lado e
começou a repreendê-lo, dizendo:
— Que Deus não permita! Isso nunca
vai acontecer com o senhor!
23 Jesus virou-se e disse a Pedro:
— Saia da minha frente, Satanás! Você
é como uma pedra no meu caminho para
fazer com que eu tropece, pois está pen-
sando como um ser humano pensa e não
como Deus pensa.
24 E Jesus disse aos discípulos:

— Se alguém quer ser meu seguidor,
esqueça os seus próprios interesses, este-
ja pronto para morrer como eu vou mor-
rer e me acompanhe. 25 Pois quem põe
os seus próprios interesses em primeiro
lugar nunca terá a vida verdadeira; mas
quem esquece a si mesmo por minha cau-
sa terá a vida verdadeira. 26 O que adian-
ta alguém ganhar o mundo inteiro, mas
perder a vida verdadeira? Pois não há
nada que poderá pagar para ter de volta
essa vida. 27 Pois o *Filho do Homem virá
na *glória do seu Pai com os seus anjos e
então recompensará cada um de acordo
com o que fez. 28 Eu afirmo a vocês que
isto é verdade: estão aqui algumas pes-
soas que não morrerão antes de verem o
Filho do Homem vir como Rei.

Jesus, Moisés e Elias

Marcos 9.2-13; Lucas 9.28-36

17 Seis dias depois, Jesus foi para um
monte alto, levando consigo somen-
te Pedro e os irmãos Tiago e João. 2 Ali,
eles viram a aparência de Jesus mudar:
o seu rosto ficou brilhante como o sol, e
as suas roupas ficaram brancas como a
luz. 3 E os três discípulos viram Moisés e
Elias conversando com Jesus. 4 Então Pe-
dro disse a Jesus:
— Como é bom estarmos aqui, Senhor!
Se o senhor quiser, eu armarei três barra-
cas neste lugar: uma para o senhor, outra
para Moisés e outra para Elias.
5 Enquanto Pedro estava falando, uma
nuvem brilhante os cobriu, e dela veio
uma voz, que disse:
— Este é o meu Filho querido, que me
dá muita alegria. Escutem o que ele diz!
6 Quando os discípulos ouviram a voz,
ficaram com tanto medo, que se ajoelha-
ram e encostaram o rosto no chão. 7 Jesus
veio, tocou neles e disse:
— Levantem-se e não tenham medo!
8 Então eles olharam em volta e não vi-
ram ninguém, a não ser Jesus.
9 *Quando estavam desc*endo do monte,
ele lhes deu esta ordem:
— Não contem para ninguém o que vi-
ram até que o *Filho do Homem seja res-
suscitado.
10 Então os discípulos perguntaram:
— Por que os *mestres da Lei dizem
que Elias deve vir primeiro?
11 Ele respondeu:
— É verdade que Elias vem para prepa-
rar tudo; 12 porém eu afirmo a vocês que
Elias já veio, e não o reconheceram, mas o
maltrataram como quiseram. Assim tam-
bém maltratarão o Filho do Homem.
13 Então os discípulos entenderam que
Jesus estava falando a respeito de João
Batista.

A cura de um menino

Marcos 9.14-29; Lucas 9.37-43a

14 Quando eles chegaram perto da mul-
tidão, um homem foi até perto de Jesus,
ajoelhou-se diante dele 15 e disse:
— Senhor, tenha pena do meu filho! Ele
é epilético e tem ataques tão fortes, que
muitas vezes cai no fogo ou na água. 16 Eu
o trouxe para os seus discípulos a fim de
que eles o curassem, mas eles não con-
seguiram.
17 Jesus respondeu:
— Gente má e sem fé! Até quando fica-
rei com vocês? Até quando terei de aguen-
tá-los? Tragam o menino aqui!
18 Então deu uma ordem, o demônio
saiu, e no mesmo instante o menino fi-
cou curado.
19 Depois os discípulos chegaram perto
de Jesus, em particular, e perguntaram:
— Por que foi que nós não pudemos
expulsar aquele demônio?
20 Jesus respondeu:
— Foi porque vocês não têm bastante
fé. Eu afirmo a vocês que isto é verdade:
se vocês tivessem fé, mesmo que fosse do
tamanho de uma semente de mostarda,
poderiam dizer a este monte: "Saia daqui
e vá para lá", e ele iria. E vocês teriam po-
der para fazer qualquer coisa! 21 [Mas esse
tipo de demônio só pode ser expulso com
oração e jejum.]

Jesus fala outra vez da sua morte e da sua ressurreição

Marcos 9.30-32; Lucas 9.43b-45

22 Um dia os discípulos estavam se reu-
nindo na Galileia, e Jesus disse a eles:
— O *Filho do Homem será entregue
nas mãos dos homens, 23 e eles vão ma-
tá-lo; mas três dias depois ele será res-
suscitado.
E os discípulos ficaram muito tristes.

O imposto do Templo

24 Quando Jesus e os discípulos chega-
ram à cidade de Cafarnaum, os cobrado-
res do imposto do Templo foram pergun-
tar a Pedro:
— O mestre de vocês não paga o im-
posto do Templo?

25 — Paga, sim! — respondeu Pedro.
Depois Pedro entrou em casa, mas, an-
tes que falasse alguma coisa, Jesus disse:
— Simão, o que é que você acha? Quem
paga impostos e taxas aos reis deste mun-
do? São os cidadãos do país ou são os es-
trangeiros?
26 — São os estrangeiros! — respon-
deu Pedro.
— Certo! — disse Jesus. — Isso quer
dizer que os cidadãos não precisam pa-
gar. 27 Mas nós não queremos ofender essa
gente. Por isso vá até o lago, jogue o anzol
e puxe o primeiro peixe que você fisgar.
Na boca dele você encontrará uma moe-
da. Então vá e pague com ela o meu im-
posto e o seu.

Quem é o mais importante

Marcos 9.33-37; Lucas 9.46-48

18 Naquele momento os discípulos
chegaram perto de Jesus e pergun-
taram:
— Quem é o mais importante no *Rei-
no do Céu?
2 Jesus chamou uma criança, colocou-a
na frente deles 3 e disse:
— Eu afirmo a vocês que isto é verda-
de: se vocês não mudarem de vida e não
ficarem iguais às crianças, nunca entra-
rão no Reino do Céu. 4 A pessoa mais im-
portante no Reino do Céu é aquela que
se humilha e fica igual a esta criança. 5 E
aquele que, por ser meu seguidor, rece-
ber uma criança como esta estará rece-
bendo a mim.

O perigo do pecado

Marcos 9.42-48; Lucas 17.1-2

6 — Quanto a estes pequeninos que
creem em mim, se alguém for culpado
de um deles me abandonar, seria melhor
para essa pessoa que ela fosse jogada no
lugar mais fundo do mar, com uma pedra
grande amarrada no pescoço. 7 Ai do mun-
do por causa das coisas que fazem com
que as pessoas me abandonem! Essas coi-
sas têm de acontecer, mas ai do culpado!
8 — Se uma das suas mãos ou um dos
seus pés faz com que você peque, corte-
-o e jogue fora! Pois é melhor você entrar
na vida eterna sem uma das mãos ou sem
um dos pés do que ter as duas mãos e os
dois pés e ser jogado no fogo eterno. 9 Se
um dos seus olhos faz com que você pe-
que, arranque-o e jogue fora! Pois é me-
lhor você entrar na vida eterna com um
olho só do que ter os dois e ser jogado no
fogo do inferno.

A ovelha perdida

Lucas 15.3-7

10 — Cuidado, não desprezem nenhum
destes pequeninos! Eu afirmo a vocês que
os anjos deles estão sempre na presença
do meu Pai, que está no céu. 11 [Porque o
*Filho do Homem veio salvar quem está
perdido.]
12 — O que é que vocês acham que faz
um homem que tem cem ovelhas, e uma
delas se perde? Será que não deixa as
noventa e nove pastando no monte e vai
procurar a ovelha perdida? 13 Eu afirmo
a vocês que isto é verdade: quando ele a
encontrar, ficará muito mais contente por
causa dessa ovelha do que pelas noven-
ta e nove que não se perderam. 14 Assim
também o Pai de vocês, que está no céu,
não quer que nenhum destes pequeni-
nos se perca.

O irmão que peca

15 — Se o seu irmão pecar contra você,
vá e mostre-lhe o seu erro. Mas faça isso
em particular, só entre vocês dois. Se essa
pessoa ouvir o seu conselho, então você
ganhou de volta o seu irmão. 16 Mas, se
não ouvir, leve com você uma ou duas
pessoas, para fazer o que mandam as
*Escrituras Sagradas. Elas dizem: "Qual-
quer acusação precisa ser confirmada
pela palavra de pelo menos duas teste-
munhas." 17 Mas, se a pessoa que pecou
não ouvir essas pessoas, então conte tudo
à igreja. E, se ela não ouvir a igreja, trate-
-a como um pagão ou como um cobrador
de impostos.

O poder de permitir e de proibir

18 — Eu afirmo a vocês que isto é verda-
de: o que vocês proibirem na terra será
proibido no céu, e o que permitirem na
terra será permitido no céu.
19 — E afirmo a vocês que isto também
é verdade: todas as vezes que dois de vo-
cês que estão na terra pedirem a mesma
coisa em oração, isso será feito pelo meu
Pai, que está no céu. 20 Porque, onde dois
ou três estão juntos em meu nome, eu es-
tou ali com eles.

O empregado mau

21 Então Pedro chegou perto de Jesus
e perguntou:
— Senhor, quantas vezes devo perdoar

o meu irmão que peca contra mim? Sete
vezes?
22 — Não! — respondeu Jesus. — Você
não deve perdoar sete vezes, mas seten-
ta e sete vezes. 23 Porque o *Reino do Céu
é como um rei que resolveu fazer um
acerto de contas com os seus emprega-
dos. 24 Logo no começo trouxeram um que
lhe devia milhões de moedas de prata.
25 Mas o empregado não tinha dinheiro
para pagar. Então, para pagar a dívida,
o seu patrão, o rei, ordenou que fossem
vendidos como escravos o empregado,
a sua esposa e os seus filhos e que fosse
vendido também tudo o que ele possuía.
26 Mas o empregado se ajoelhou diante do
patrão e pediu: "Tenha paciência comigo,
e eu pagarei tudo ao senhor."
27 — O patrão teve pena dele, perdoou
a dívida e deixou que ele fosse embora.
28 O empregado saiu e encontrou um dos
seus companheiros de trabalho que lhe
devia cem moedas de prata. Ele pegou
esse companheiro pelo pescoço e come-
çou a sacudi-lo, dizendo: "Pague o que
me deve!"
29 — Então o seu companheiro se ajoe-
lhou e pediu: "Tenha paciência comigo, e
eu lhe pagarei tudo."
30 — Mas ele não concordou. Pelo con-
trário, mandou pôr o outro na cadeia até
que pagasse a dívida. 31 Quando os outros
empregados viram o que havia aconte-
cido, ficaram revoltados e foram contar
tudo ao patrão. 32 Aí o patrão chamou
aquele empregado e disse: "Empregado
miserável! Você me pediu, e por isso eu
perdoei tudo o que você me devia. 33 Por-
tanto, você deveria ter pena do seu com-
panheiro, como eu tive pena de você."
34 — O patrão ficou com muita raiva e
mandou o empregado para a cadeia a fim
de ser castigado até que pagasse toda a
dívida.
35 E Jesus terminou, dizendo:
— É isso o que o meu Pai, que está no
céu, vai fazer com vocês se cada um não
perdoar sinceramente o seu irmão.

Jesus fala sobre o divórcio

Mateus 5.31-32; Marcos 10.1-12;
Lucas 16.18

19 Depois de dizer isso, Jesus saiu da
Galileia e foi para a região da Ju-
deia que fica no lado leste do rio Jordão.
2 Uma grande multidão o seguiu, e ali ele
curou os doentes.
3 Alguns *fariseus chegaram perto dele
e, querendo conseguir alguma prova con-
tra ele, perguntaram:
— Será que pela nossa *Lei um homem
pode, por qualquer motivo, mandar a sua
esposa embora?
4 Jesus respondeu:
— Por acaso vocês não leram o tre-
cho das *Escrituras que diz: "No come-
ço o Criador os fez homem e mulher"?
5 E Deus disse: "Por isso o homem deixa
o seu pai e a sua mãe para se unir com a
sua mulher, e os dois se tornam uma só
pessoa." 6 Assim já não são duas pessoas,
mas uma só. Portanto, que ninguém se-
pare o que Deus uniu.
7 Os fariseus perguntaram:
— Nesse caso, por que é que Moisés
permitiu ao homem mandar a sua espo-
sa embora se der a ela um documento de
divórcio?
8 Jesus respondeu:
— Moisés deu essa permissão por cau-
sa da dureza do coração de vocês; mas no
princípio da criação não era assim. 9 Por-
tanto, eu afirmo a vocês o seguinte: o ho-
mem que mandar a sua esposa embora,
a não ser em caso de adultério, se torna-
rá adúltero se casar com outra mulher.
10 Os discípulos de Jesus disseram:
— Se é esta a situação entre o homem
e a sua esposa, então é melhor não casar.
11 Jesus respondeu:
— Este ensinamento não é para todos,
mas somente para aqueles a quem Deus o
tem dado. 12 Pois há razões diferentes que
tornam alguns homens incapazes para o
casamento: uns, porque nasceram assim;
outros, porque foram castrados; e outros
ainda não casam por causa do *Reino do
Céu. Quem puder, que aceite este ensi-
namento.

Jesus e as crianças

Marcos 10.13-16; Lucas 18.15-17

13 Depois disso, algumas pessoas leva-
ram as suas crianças para Jesus pôr as
mãos sobre elas e orar, mas os discípu-
los repreenderam as pessoas que fizeram
isso. 14 Aí ele disse:
— Deixem que as crianças venham a
mim e não proíbam que elas façam isso,
pois o *Reino do Céu é das pessoas que
são como estas crianças.
15 Então Jesus pôs as mãos sobre elas
e foi embora.

O moço rico

Marcos 10.17-31; Lucas 18.18-30

16 Certa vez um homem chegou perto
de Jesus e perguntou:
— Mestre, o que devo fazer de bom
para conseguir a vida eterna?
17 Jesus respondeu:
— Por que é que você está me pergun-
tando a respeito do que é bom? Bom só
existe um. Se você quer entrar na vida
eterna, guarde os mandamentos.
18 — Que mandamentos? — pergun-
tou ele.
Jesus respondeu:
— "Não mate, não cometa adultério,
não roube, não dê falso testemunho con-
tra ninguém, 19 respeite o seu pai e a sua
mãe e ame os outros como você ama a
você mesmo."
20 — Eu tenho obedecido a todos esses
mandamentos! — respondeu o moço. —
O que mais me falta fazer?
21 Jesus respondeu:
— Se você quer ser perfeito, vá, venda
tudo o que tem, e dê o dinheiro aos po-
bres, e assim você terá riquezas no céu.
Depois venha e me siga.
22 Quando o moço ouviu isso, foi embora
triste, pois era muito rico. 23 Jesus então
disse aos discípulos:
— Eu afirmo a vocês que isto é verda-
de: é muito difícil um rico entrar no *Rei-
no do Céu. 24 E digo ainda que é mais di-
fícil um rico entrar no Reino de Deus do
que um camelo passar pelo fundo de uma
agulha.
25 Quando ouviram isso, os discípulos
ficaram muito admirados e perguntavam:
— Então, quem é que pode se salvar?
26 Jesus olhou para eles e respondeu:
— Para os seres humanos isso não é
possível; mas, para Deus, tudo é possível.
27 Aí Pedro disse:
— Veja! Nós deixamos tudo e seguimos
o senhor. O que é que nós vamos ganhar?
28 Jesus respondeu:
— Eu afirmo a vocês que isto é verda-
de: quando chegar o tempo em que Deus
vai renovar tudo e o *Filho do Homem se
sentar no seu trono *glorioso, vocês, os
meus discípulos, também vão sentar-se
em doze tronos para julgar as doze *tri-
bos do povo de Israel. 29 E todos os que,
por minha causa, deixarem casas, irmãos,
irmãs, pai, mãe, filhos ou terras recebe-
rão cem vezes mais e também a vida eter-
na. 30 Muitos que agora são os primeiros

Pergunte a si mesma...

Imagine ter acabado de ganhar um milhão de dólares isentos de impostos. O que você faz agora? Pergunte a si mesma:

O que vou comprar?
Vou doar uma parte desse dinheiro? Quanto?
Até que ponto esse dinheiro me ajudará?
Como ele beneficiará o reino de Deus?
Por que o dinheiro pode corromper as pessoas com tanta facilidade?

serão os últimos, e muitos que agora são
os últimos serão os primeiros.

Os trabalhadores da plantação de uvas

20 Jesus disse:
— O *Reino do Céu é como o
dono de uma plantação de uvas que saiu
de manhã bem cedo para contratar traba-
lhadores para a sua plantação. 2 Ele com-
binou com eles o salário de costume, isto
é, uma moeda de prata por dia, e mandou
que fossem trabalhar na sua plantação.
3 Às nove horas, saiu outra vez, foi até a
praça do mercado e viu ali alguns homens
que não estavam fazendo nada. 4 Então
disse: "Vão vocês também trabalhar na
minha plantação de uvas, e eu pagarei o
que for justo."
5 — E eles foram. Ao meio-dia e às três
horas da tarde o dono da plantação fez a
mesma coisa com outros trabalhadores.
6 Eram quase cinco horas da tarde quan-
do ele voltou à praça. Viu outros homens
que ainda estavam ali e perguntou: "Por
que vocês estão o dia todo aqui sem fa-
zer nada?"
7 — "É porque ninguém nos contratou!"
— responderam eles.
— Então ele disse: "Vão vocês também
trabalhar na minha plantação."
8 — No fim do dia, ele disse ao adminis-
trador: "Chame os trabalhadores e faça o
pagamento, começando com os que foram
contratados por último e terminando pe-
los primeiros."
9 — Os homens que começaram a tra-
balhar às cinco horas da tarde receberam

uma moeda de prata cada um. 10 Então os
primeiros que tinham sido contratados
pensaram que iam receber mais; porém
eles também receberam uma moeda de
prata cada um. 11 Pegaram o dinheiro e
começaram a resmungar contra o patrão,
12 dizendo: "Estes homens que foram con-
tratados por último trabalharam somen-
te uma hora, mas nós aguentamos o dia
todo debaixo deste sol quente. No entan-
to, o pagamento deles foi igual ao nosso!"
13 — Aí o dono disse a um deles: "Es-
cute, amigo! Eu não fui injusto com você.
Você não concordou em trabalhar o dia
todo por uma moeda de prata? 14 Pegue o
seu pagamento e vá embora. Pois eu que-
ro dar a este homem, que foi contratado
por último, o mesmo que dei a você. 15 Por
acaso não tenho o direito de fazer o que
quero com o meu próprio dinheiro? Ou
você está com inveja somente porque fui
bom para ele?"
16 E Jesus terminou, dizendo:
— Assim, aqueles que são os primei-
ros serão os últimos, e os últimos serão
os primeiros.

Jesus anuncia outra vez a sua morte e a sua ressurreição

Marcos 10.32-34; Lucas 18.31-34

17 Quando Jesus estava subindo para Je-
rusalém, chamou os discípulos para um
lado e falou com eles em particular, en-
quanto caminhavam. Ele disse:
18 — Escutem! Nós estamos indo para
Jerusalém, onde o *Filho do Homem será
entregue aos chefes dos sacerdotes e aos
*mestres da Lei. Eles o condenarão à mor-
te 19 e o entregarão aos não judeus. Estes
vão zombar dele, bater nele e crucificá-lo;
mas no terceiro dia ele será ressuscitado.

O pedido de uma mãe

Marcos 10.35-45

20 Então a mãe dos filhos de Zebedeu
chegou com os seus filhos perto de Jesus,
curvou-se e pediu a ele um favor.
21 — O que é que você quer? — pergun-
tou Jesus.
Ela respondeu:
— Prometa que, quando o senhor se
tornar Rei, estes meus dois filhos senta-
rão à sua direita e à sua esquerda.
22 Jesus disse aos dois filhos dela:
— Vocês não sabem o que estão pedin-
do. Por acaso vocês podem beber o cálice
que eu vou beber?
— Podemos! — responderam eles.
23 Então Jesus disse:
— De fato, vocês beberão o cálice que
eu vou beber, mas eu não tenho o direito
de escolher quem vai sentar à minha di-
reita e à minha esquerda. Pois foi o meu
Pai quem preparou esses lugares e ele os
dará a quem quiser.
24 Quando os outros dez discípulos ou-
viram isso, ficaram zangados com os dois
irmãos. 25 Então Jesus chamou todos para
perto de si e disse:
— Como vocês sabem, os governadores
dos povos pagãos têm autoridade sobre
eles, e os poderosos mandam neles. 26 Mas
entre vocês não pode ser assim. Pelo con-
trário, quem quiser ser importante, que
sirva os outros, 27 e quem quiser ser o pri-
meiro, que seja o escravo de vocês. 28 Por-
que até o *Filho do Homem não veio para
ser servido, mas para servir e dar a sua
vida para salvar muita gente.

Jesus cura dois cegos

Marcos 10.46-52; Lucas 18.35-43

29 Quando Jesus e os discípulos estavam
saindo de Jericó, uma grande multidão
seguia Jesus. 30 Dois cegos, sentados na
beira do caminho, ouviram alguém dizer
que ele estava passando e começaram a
gritar:
— Senhor, *Filho de Davi, tenha pena
de nós!
31 A multidão os repreendeu e mandou
que calassem a boca, mas eles gritaram
ainda mais:
— Senhor, Filho de Davi, tenha pena
de nós!
32 Então Jesus parou, chamou os cegos
e perguntou:
— O que é que vocês querem que eu
faça?
33 — Senhor, queremos poder enxergar!
— responderam eles.
34 Jesus teve pena dos cegos e tocou nos
olhos deles. No mesmo instante eles pu-
deram ver e então seguiram Jesus.

Jesus entra em Jerusalém

Marcos 11.1-11; Lucas 19.28-40; João 12.12-19

21 Quando Jesus e os discípulos es-
tavam chegando a Jerusalém, pa-
raram no povoado de Betfagé, que fica
perto do monte das Oliveiras. Dali Jesus
enviou dois discípulos na frente, 2 com a
seguinte ordem:

— Vão até o povoado que fica ali adian-
te e, logo que vocês entrarem lá, encon-
trarão uma jumenta presa e um jumen-
tinho com ela. Desamarrem os dois e os
tragam aqui. 3 Se alguém falar alguma
coisa, digam que o Mestre precisa deles.
Assim deixarão vocês trazerem logo os
animais.
4 Isso aconteceu para se cumprir o que
o *profeta tinha dito:

5 "Digam ao povo de Jerusalém:
Agora o seu rei está chegando.
Ele é humilde e está montado num
jumento
e num jumentinho, filho de
jumenta."

6 Então os discípulos foram e fizeram
o que Jesus havia mandado. 7 Levaram
a jumenta e o jumentinho, jogaram as
suas *capas sobre eles, e Jesus montou.
8 Da grande multidão que ia com eles, al-
guns estendiam as suas capas no chão, e
outros espalhavam no chão ramos que ti-
nham cortado das árvores. 9 Tanto os que
iam na frente como os que vinham atrás
começaram a gritar:

— *Hosana ao *Filho de Davi!
Que Deus abençoe aquele que vem
em nome do Senhor!
Hosana a Deus nas alturas do céu!

10 Quando Jesus entrou em Jerusalém,
toda a cidade ficou agitada, e o povo per-
guntava:
— Quem é ele?
11 A multidão respondia:
— Este é o *profeta Jesus, de Nazaré
da Galileia.

Jesus no Templo
Marcos 11.15-19; Lucas 19.45-48;
João 2.13-22

12 Jesus entrou no pátio do Templo e ex-
pulsou todos os que compravam e ven-
diam naquele lugar. Derrubou as mesas
dos que trocavam dinheiro e as cadeiras
dos que vendiam pombas. 13 Ele lhes dis-
se:
— Nas *Escrituras Sagradas está escrito
que Deus disse o seguinte: "A minha casa
será chamada de 'Casa de Oração'." Mas
vocês a transformaram num esconderi-
jo de ladrões!
14 Cegos e coxos iam encontrar Jesus no
pátio do Templo, e ele os curava. 15 Os che-
fes dos sacerdotes e os *mestres da Lei
ficaram zangados quando viram as coi-
sas maravilhosas que ele fazia e ouviram
as crianças gritando no pátio do Templo:
— *Hosana ao *Filho de Davi!
16 E eles disseram a Jesus:
— Você está ouvindo o que estão di-
zendo?
Jesus respondeu:
— Claro que sim! Será que vocês nunca
leram a passagem das Escrituras Sagra-
das que diz: "Deus ensinou as crianças
e as criancinhas a oferecerem o louvor
perfeito"?
17 Então Jesus os deixou, saiu da cidade
e foi para o povoado de Betânia. E passou
a noite ali.

Jesus e a figueira
Marcos 11.12-14,20-25

18 No dia seguinte, quando estava vol-
tando para a cidade, Jesus teve fome. 19 Ele
viu uma figueira na beira da estrada e foi
até lá, mas não encontrou nada; só folhas.
Aí disse para a figueira:
— Nunca mais dê figos!
E na mesma hora a figueira secou. 20 Os
discípulos viram isso, ficaram muito ad-
mirados e disseram:
— Como a figueira secou depressa!
21 Então Jesus disse:
— Eu afirmo a vocês que isto é verda-
de: se tiverem fé e não duvidarem, vocês
poderão fazer a mesma coisa que eu fiz
com esta figueira. E não somente isso,
mas vocês poderão dizer a este monte:
"Levante-se e jogue-se no mar", e isso
acontecerá. 22 Se crerem, receberão tudo
o que pedirem em oração.

A autoridade de Jesus
Marcos 11.27-33; Lucas 20.1-8

23 Jesus chegou ao Templo, e, quando já
estava ensinando, alguns chefes dos sa-
cerdotes e alguns líderes judeus chega-
ram perto dele e perguntaram:
— Com que autoridade você faz essas
coisas? Quem lhe deu essa autoridade?
24 Jesus respondeu:
— Eu também vou fazer uma pergun-
ta a vocês. Se me derem a resposta certa,
eu direi com que autoridade faço essas
coisas. 25 Respondam: quem deu autori-
dade a João para batizar? Foi Deus ou fo-
ram pessoas?
Aí eles começaram a dizer uns aos
outros:
— Se dissermos que foi Deus, ele vai

perguntar: "Então por que vocês não cre-
ram em João?" 26 Mas, se dissermos que
foram pessoas, temos medo do que o
povo pode fazer, pois todos acham que
João era *profeta.
27 Por isso responderam:
— Não sabemos.
— Então eu também não digo com que
autoridade faço essas coisas! — disse Je-
sus.

Os dois filhos

28 Jesus continuou:
— E o que é que vocês acham disto?
Certo homem tinha dois filhos. Ele foi fa-
lar com o mais velho e disse: "Filho, hoje
você vai trabalhar na minha plantação
de uvas."
29 — Ele respondeu: "Eu não quero ir."
Mas depois mudou de ideia e foi.
30 — O pai foi e deu ao outro filho a
mesma ordem. E este disse: "Sim, senhor."
Mas depois não foi.
31 — Qual deles fez o que o pai queria?
— perguntou Jesus.
E eles responderam:
— O filho mais velho.
Então Jesus disse a eles:
— Eu afirmo a vocês que isto é verda-
de: os cobradores de impostos e as pros-
titutas estão entrando no *Reino de Deus
antes de vocês. 32 Pois João Batista veio
para mostrar a vocês o caminho certo, e
vocês não creram nele; mas os cobrado-
res de impostos e as prostitutas creram.
Porém, mesmo tendo visto isso, vocês não
se arrependeram e não creram nele.

Os lavradores maus

Marcos 12.1-12; Lucas 20.9-19

33 Jesus disse:
— Escutem outra *parábola: certo agri-
cultor fez uma plantação de uvas e pôs
uma cerca em volta dela. Construiu um
tanque para pisar as uvas e fazer vinho e
construiu uma torre para o vigia. Em se-
guida, arrendou a plantação para alguns
lavradores e foi viajar. 34 Quando chegou o
tempo da colheita, o dono mandou alguns
empregados a fim de receber a parte dele.
35 Mas os lavradores agarraram os empre-
gados, bateram num, assassinaram outro
e mataram ainda outro a pedradas. 36 Aí o
dono mandou mais empregados do que
da primeira vez. E os lavradores fizeram
a mesma coisa. 37 Depois de tudo isso, ele
mandou o seu próprio filho, pensando: "O
meu filho eles vão respeitar." 38 Mas, quan-
do os lavradores viram o filho, disseram
uns aos outros: "Este é o filho do dono;
ele vai herdar a plantação. Vamos matá-
-lo, e a plantação será nossa."
39 — Então agarraram o filho, e o joga-
ram para fora da plantação, e o mataram.
40 Aí Jesus perguntou:
— E agora, quando o dono da planta-
ção voltar, o que é que ele vai fazer com
aqueles lavradores?
41 Eles responderam:
— Com certeza ele vai matar aqueles
lavradores maus e vai arrendar a planta-
ção a outros. E estes lhe darão a parte da
colheita no tempo certo.
42 Jesus então perguntou:
— Vocês não leram o que as *Escrituras
Sagradas dizem?

"A pedra que os construtores
rejeitaram
veio a ser a mais importante de
todas.
Isso foi feito pelo Senhor
e é uma coisa maravilhosa!"

43 E Jesus terminou:
— Eu afirmo a vocês que o *Reino de
Deus será tirado de vocês e será dado
para as pessoas que produzem os frutos
do Reino. 44 Quem cair em cima dessa pe-
dra ficará em pedaços. E, se a pedra cair
sobre alguém, essa pessoa vai virar pó.
45 Os chefes dos sacerdotes e os *fari-
seus ouviram as parábolas que Jesus con-
tou e sabiam que ele estava falando a res-
peito deles. 46 Por isso queriam prendê-lo,
mas tinham medo da multidão porque o
povo achava que Jesus era *profeta.

A festa de casamento

Lucas 14.15-24

22 De novo Jesus usou *parábolas para
falar ao povo. Ele disse:
2 — O *Reino do Céu é como um rei que
preparou uma festa de casamento para
seu filho. 3 Depois mandou os emprega-
dos chamarem os convidados, mas eles
não quiseram vir. 4 Então mandou outros
empregados com o seguinte recado: "Di-
gam aos convidados que tudo está pre-
parado para a festa. Já matei os bezerros
e os bois gordos, e tudo está pronto. Que
venham à festa!"
5 — Mas os convidados não se importa-
ram com o convite e foram tratar dos seus
negócios: um foi para a sua fazenda, e

outro, para o seu armazém. 6 Outros agarraram os empregados, bateram neles e os mataram. 7 O rei ficou com tanta raiva, que mandou matar aqueles assassinos e queimar a cidade deles. 8 Depois chamou os seus empregados e disse: "A minha festa de casamento está pronta, mas os convidados não a mereciam. 9 Agora vão pelas ruas e convidem todas as pessoas que vocês encontrarem."

10 — Então os empregados saíram pelas ruas e reuniram todos os que puderam encontrar, tanto bons como maus. E o salão de festas ficou cheio de gente. 11 Quando o rei entrou para ver os convidados, notou um homem que não estava usando roupas de festa 12 e perguntou: "Amigo, como é que você entrou aqui sem roupas de festa?"

— Mas o homem não respondeu nada. 13 Então o rei disse aos empregados: "Amarrem os pés e as mãos deste homem e o joguem fora, na escuridão. Ali ele vai chorar e ranger os dentes de desespero."

14 E Jesus terminou, dizendo:

— Pois muitos são convidados, mas poucos são escolhidos.

A pergunta sobre os impostos

Marcos 12.13-17; Lucas 20.20-26

15 Os *fariseus saíram e fizeram um plano para conseguir alguma prova contra Jesus. 16 Então mandaram que alguns dos seus seguidores e alguns membros do partido de Herodes fossem dizer a Jesus:

— Mestre, sabemos que o senhor é honesto, ensina a verdade sobre a maneira de viver que Deus exige e não se importa com a opinião dos outros, nem julga pela aparência. 17 Então o que o senhor acha: é ou não é contra a nossa *Lei pagar impostos ao Imperador romano?

18 Mas Jesus percebeu a malícia deles e respondeu:

— Hipócritas! Por que é que vocês estão procurando uma prova contra mim? 19 Tragam a moeda com que se paga o imposto!

Trouxeram a moeda, 20 e ele perguntou:

— De quem são o nome e a cara que estão gravados nesta moeda?

21 Eles responderam:

— São do Imperador.

Então Jesus disse:

— Deem ao Imperador o que é do Imperador e deem a Deus o que é de Deus.

22 Eles ficaram admirados quando ouviram isso. Então deixaram Jesus e foram embora.

A pergunta sobre a ressurreição

Marcos 12.18-27; Lucas 20.27-40

23 Naquele mesmo dia chegaram perto de Jesus alguns *saduceus, afirmando que ninguém ressuscita. 24 Eles disseram a Jesus:

— Mestre, Moisés ensinou assim: "Se um homem morrer e deixar a esposa sem filhos, o irmão dele deve casar com a viúva, para terem filhos, que serão considerados filhos do irmão que morreu." 25 Acontece que havia entre nós sete irmãos. O mais velho casou e morreu sem deixar filhos. Assim, ele deixou a viúva para o segundo irmão. 26 A mesma coisa aconteceu com este, e também com o terceiro, e, finalmente, com todos os sete. 27 Depois de todos eles, a mulher também morreu. 28 Portanto, no dia da ressurreição, de qual dos sete a mulher vai ser esposa? Pois todos eles casaram com ela!

29 Jesus respondeu:

— Como vocês estão errados, não conhecendo nem as *Escrituras Sagradas nem o poder de Deus! 30 Pois, quando os mortos ressuscitarem, serão como os anjos do céu, e ninguém casará. 31 E, quanto à ressurreição dos mortos, será que vocês nunca leram o que Deus disse? Ele afirmou: 32 "Eu sou o Deus de Abraão, o Deus de Isaque e o Deus de Jacó." E Deus não é Deus dos mortos e sim dos vivos.

33 Quando a multidão ouviu isso, ficou admirada com o ensinamento dele.

O mandamento mais importante

Marcos 12.28-34; Lucas 10.25-28

34 Os *fariseus se reuniram quando souberam que Jesus tinha feito os *saduceus calarem a boca. 35 E um deles, que era *mestre da Lei, querendo conseguir alguma prova contra Jesus, perguntou:

36 — Mestre, qual é o mais importante de todos os mandamentos da *Lei?

37 Jesus respondeu:

— "Ame o Senhor, seu Deus, com todo o coração, com toda a alma e com toda a mente." 38 Este é o maior mandamento e o mais importante. 39 E o segundo mais importante é parecido com o primeiro: "Ame os outros como você ama a você mesmo." 40 Toda a Lei de Moisés e os ensinamentos dos *Profetas se baseiam nesses dois mandamentos.

A pergunta sobre o Messias
Marcos 12.35-37; Lucas 20.41-44

41 Quando os *fariseus estavam reuni-
dos, Jesus perguntou a eles:
42 — O que vocês pensam sobre o *Mes-
sias? De quem ele é descendente?
— De Davi! — responderam eles.
43 Jesus tornou a perguntar:
— Então, por que é que Davi, inspirado
pelo Espírito Santo, chama o Messias de
Senhor? Pois Davi disse:

44 "O Senhor Deus disse ao meu
Senhor:
'Sente-se do meu lado direito,
até que eu ponha os seus inimigos
debaixo dos seus pés.' "

45 Portanto, se Davi chama o Messias de
Senhor, como é que o Messias pode ser
descendente de Davi?
46 Ninguém podia responder mais nada,
e daquele dia em diante não tiveram cora-
gem de lhe fazer mais perguntas.

Jesus, os mestres da Lei e os fariseus
Marcos 12.38-39; Lucas 11.43,46;
20.45-46

23 Então Jesus falou à multidão e aos
seus discípulos. 2 Ele disse:
— Os *mestres da Lei e os *fariseus têm
autoridade para explicar a *Lei de Moisés.
3 Por isso vocês devem obedecer e seguir
tudo o que eles dizem. Porém não imi-
tem as suas ações, pois eles não fazem
o que ensinam. 4 Amarram fardos pesa-
dos e os põem nas costas dos outros, mas
eles mesmos não os ajudam, nem ao me-
nos com um dedo, a carregar esses far-
dos. 5 Tudo o que eles fazem é para se-
rem vistos pelos outros. Vejam como são
grandes os trechos das *Escrituras Sagra-
das que eles copiam e amarram na testa e
nos braços! E olhem os pingentes grandes
das suas *capas! 6 Eles preferem os melho-
res lugares nos banquetes e os lugares
de honra nas *sinagogas. 7 Gostam de ser
cumprimentados com respeito nas pra-
ças e de ser chamados de "mestre". 8 Po-
rém vocês não devem ser chamados de
"mestre", pois todos vocês são membros
de uma mesma família e têm somente um
Mestre. 9 E aqui na terra não chamem nin-
guém de pai porque vocês têm somente
um Pai, que está no céu. 10 Vocês não de-
vem também ser chamados de "líderes"
porque vocês têm um líder, o *Messias.
11 Entre vocês, o mais importante é aquele
que serve os outros. 12 Quem se engrande-
ce será humilhado, mas quem se humilha
será engrandecido.

Jesus condena o fingimento
Marcos 12.40; Lucas 11.39-42,44,52;
20.47

13 — Ai de vocês, *mestres da Lei e *fari-
seus, hipócritas! Pois vocês fecham a por-
ta do *Reino do Céu para os outros, mas
vocês mesmos não entram, nem deixam
que entrem os que estão querendo entrar.
14 [— Ai de vocês, mestres da Lei e fari-
seus, hipócritas! Pois vocês exploram as
viúvas e roubam os seus bens e, para dis-
farçarem, fazem longas orações! Por isso
o castigo de vocês será pior!]
15 — Ai de vocês, mestres da Lei e fari-
seus, hipócritas! Pois vocês atravessam os
mares e viajam por todas as terras a fim
de procurar converter uma pessoa para
a sua religião. E, quando conseguem, tor-
nam essa pessoa duas vezes mais mere-
cedora do inferno do que vocês mesmos.
16 — Ai de vocês, guias cegos! Pois vo-
cês ensinam assim: "Se alguém jurar pelo
Templo, não é obrigado a cumprir o ju-
ramento. Mas, se alguém jurar pelo ouro
do Templo, então é obrigado a cumprir o
que jurou." 17 Tolos e cegos! Qual é mais
importante: o ouro ou o Templo que *san-
tifica o ouro? 18 Vocês também ensinam
isto: "Se alguém jurar pelo altar, não é
obrigado a cumprir o juramento. Mas, se
jurar pela oferta que está no altar, então
é obrigado a cumprir o que jurou." 19 Ce-
gos! Qual é mais importante: a oferta ou
o altar que santifica a oferta? 20 Por isso,
quando alguém jura pelo altar, está ju-
rando pelo altar e por todas as ofertas
que estão em cima dele. 21 Quando alguém
jura pelo Templo, está jurando pelo Tem-
plo e por Deus, que mora ali. 22 E, quando
alguém jura pelo céu, está jurando pelo
trono de Deus e pelo próprio Deus, que
está sentado nele.
23 — Ai de vocês, mestres da Lei e fari-
seus, hipócritas! Pois vocês dão a Deus a
décima parte até mesmo da hortelã, da
erva-doce e do *cominho, mas não obede-
cem aos mandamentos mais importantes
da *Lei, que são: o de serem justos com os
outros, o de serem bondosos e o de se-
rem honestos. Mas são justamente essas
coisas que vocês devem fazer, sem deixar
de lado as outras. 24 Guias cegos! Coam
um mosquito, mas engolem um camelo!

25 — Ai de vocês, mestres da Lei e fari-
seus, hipócritas! Pois vocês lavam o copo
e o prato por fora, mas por dentro estes
estão cheios de coisas que vocês conse-
guiram pela violência e pela ganância.
26 Fariseu cego! Lave primeiro o copo por
dentro, e então a parte de fora também
ficará limpa!
27 — Ai de vocês, mestres da Lei e fari-
seus, hipócritas! Pois vocês são como tú-
mulos pintados de branco, que por fora
parecem bonitos, mas por dentro estão
cheios de ossos de mortos e de podridão.
28 Por fora vocês parecem boas pessoas,
mas por dentro estão cheios de menti-
ras e pecados.

O castigo dos hipócritas

Lucas 11.47-51

29 — Ai de vocês, *mestres da Lei e *fa-
riseus, hipócritas! Pois vocês fazem tú-
mulos bonitos para os *profetas e enfei-
tam os monumentos das pessoas que vi-
veram de modo correto. 30 E dizem: "Se
tivéssemos vivido no tempo dos nossos
antepassados, não teríamos feito o que
eles fizeram, não teríamos matado os pro-
fetas." 31 Assim vocês confirmam que são
descendentes daqueles que mataram os
profetas. 32 Portanto, vão e terminem o
que eles começaram! 33 Cobras venenosas,
ninhada de cobras! Como esperam esca-
par da condenação do inferno? 34 Pois eu
lhes mandarei profetas, homens sábios e
mestres. Vocês vão matar alguns, crucifi-
car outros, chicotear ainda outros nas *si-
nagogas e persegui-los de cidade em ci-
dade. 35 Por isso Deus castigará vocês pela
morte de todas as pessoas inocentes que
os antepassados de vocês mataram, des-
de a morte do inocente Abel até a de Za-
carias, filho de Baraquias, que vocês ma-
taram entre o Templo e o altar. 36 Eu afir-
mo a vocês que isto é verdade: o castigo
por tudo isso cairá sobre o povo de hoje.

O amor de Jesus por Jerusalém

Lucas 13.34-35

37 Jesus terminou, dizendo:
— Jerusalém, Jerusalém, que mata os
*profetas e apedreja os mensageiros que
Deus lhe manda! Quantas vezes eu quis
abraçar todo o seu povo, assim como a
galinha ajunta os seus pintinhos debai-
xo das suas asas, mas vocês não quise-
ram! 38 Agora a casa de vocês ficará com-
pletamente abandonada. 39 Eu afirmo
que vocês não me verão mais, até chegar
o tempo em que dirão: "Deus abençoe
aquele que vem em nome do Senhor!"

Jesus fala da destruição do Templo

Marcos 13.1-2; Lucas 21.5-6

24 Jesus saiu do pátio do Templo, e,
quando já estava indo embora, os
seus discípulos chegaram perto dele e cha-
maram a sua atenção para os edifícios do
Templo. 2 Então ele disse:
— Vocês estão vendo tudo isso? Pois eu
afirmo a vocês que isto é verdade: aqui
não ficará uma pedra em cima da outra;
tudo será destruído!

Sofrimento e perseguições

Marcos 13.3-13; Lucas 21.7-19

3 Jesus estava sentado no monte das Oli-
veiras. Então os discípulos chegaram per-
to dele e lhe perguntaram em particular:
— Conte para nós quando é que isso vai
acontecer. Que sinal haverá para mostrar
que chegou o tempo de o senhor voltar e
de tudo acabar?
4 Jesus respondeu:
— Tomem cuidado para que ninguém
engane vocês. 5 Porque muitos vão apare-
cer fingindo ser eu e dizendo: "Eu sou o
*Messias!" E enganarão muitas pessoas.
6 Não tenham medo quando ouvirem o
barulho de batalhas ou notícias de guer-
ras. Tudo isso vai acontecer, mas ainda
não será o fim. 7 Uma nação vai guerrear
contra outra, e um país atacará outro. Em
vários lugares haverá falta de alimentos
e tremores de terra. 8 Essas coisas serão
como as primeiras dores de parto.
9 — Depois vocês serão presos e entre-
gues para serem maltratados e vocês se-
rão mortos. Todos os odiarão por serem
meus seguidores. 10 Nessa época muitos
vão abandonar a sua fé e vão trair e odiar
uns aos outros. 11 Então muitos falsos
*profetas aparecerão e enganarão muita
gente. 12 A maldade vai se espalhar tan-
to, que o amor de muitos esfriará; 13 mas
quem ficar firme até o fim será salvo. 14 E
a boa notícia sobre o *Reino será anuncia-
da no mundo inteiro como testemunho
para toda a humanidade. Então virá o fim.

O grande sofrimento

Marcos 13.14-23; Lucas 21.20-24

15 E Jesus continuou:
— Vocês verão no *Lugar Santo "o
grande terror", de que falou o *profeta
Daniel. (Que o leitor entenda o que isso
quer dizer!) 16 Então, os que estiverem na

região da Judeia, que fujam para os montes. 17 Quem estiver em cima da sua casa, no terraço, que fuja logo e não entre para pegar as suas coisas. 18 E quem estiver no campo, que não volte para casa a fim de buscar as suas roupas. 19 Ai das mulheres grávidas e das mães com criancinhas naqueles dias! 20 Orem a Deus para que vocês não tenham de fugir no inverno ou no sábado. 21 Porque naqueles dias haverá um sofrimento tão grande como nunca houve desde que Deus criou o mundo; e nunca mais acontecerá uma coisa igual. 22 Porém Deus diminuiu esse tempo de sofrimento. Se não fosse assim, ninguém seria salvo. Mas, por causa do povo que Deus escolheu para salvar, esse tempo será diminuído.

23 — Portanto, se alguém disser para vocês: "Vejam! O *Messias está aqui" ou "O Messias está ali", não acreditem. 24 Porque aparecerão falsos profetas e falsos messias, que farão milagres e maravilhas para enganar, se possível, até o povo escolhido de Deus. 25 Prestem atenção! Eu estou lhes dizendo tudo isso, antes que aconteça.

26 — E, se disserem: "Vejam! Ele está no deserto", não vão lá. Ou ainda: "Vejam! Ele está escondido aqui", não acreditem. 27 Porque, assim como o relâmpago risca o céu, do nascente até o poente, assim será a vinda do *Filho do Homem.

28 — Onde estiver o corpo de um morto, aí se ajuntarão os urubus.

A vinda do Filho do Homem

Marcos 13.24-27; Lucas 21.25-28

29 Jesus disse:

— Depois daqueles dias de sofrimento, o sol ficará escuro, e a lua não brilhará mais. As estrelas cairão do céu, e os poderes do espaço serão abalados. 30 Então o sinal do *Filho do Homem aparecerá no céu. Todos os povos da terra chorarão e verão o Filho do Homem descendo nas nuvens, com poder e grande *glória. 31 A grande trombeta tocará, e ele mandará os seus anjos para os quatro cantos da terra. E os anjos reunirão os escolhidos de Deus de um lado do mundo até o outro.

A lição da figueira

Marcos 13.28-31; Lucas 21.29-33

32 Jesus disse ainda:

— Aprendam a lição que a figueira ensina. Quando os seus ramos ficam verdes, e as folhas começam a brotar, vocês sabem que está chegando o verão. 33 Assim também, quando virem acontecer essas coisas, fiquem sabendo que o tempo está perto, pronto para começar. 34 Eu afirmo a vocês que isto é verdade: essas coisas vão acontecer antes de morrerem todos os que agora estão vivos. 35 O céu e a terra desaparecerão, mas as minhas palavras ficarão para sempre.

O dia e a hora

Marcos 13.32-37; Lucas 17.20-37

36 Jesus continuou, dizendo:

— Mas ninguém sabe nem o dia nem a hora em que tudo isso vai acontecer, nem os anjos do céu, nem o Filho, mas somente o Pai. 37 A vinda do *Filho do Homem será como aquilo que aconteceu no tempo de Noé. 38 Pois, antes do dilúvio, o povo comia e bebia, e os homens e as mulheres casavam, até o dia em que Noé entrou na barca. 39 Porém não sabiam o que estava acontecendo, até que veio o dilúvio e levou todos. Assim também será a vinda do Filho do Homem.

40 — Naquele dia dois homens estarão trabalhando na fazenda: um será levado, e o outro, deixado. 41 Duas mulheres estarão no moinho moendo trigo: uma será levada, e a outra, deixada. 42 Fiquem vigiando, pois vocês não sabem em que dia vai chegar o seu Senhor. 43 Lembrem disto: se o dono da casa soubesse quando ia chegar o ladrão, ficaria vigiando e não deixaria que a sua casa fosse arrombada. 44 Por isso vocês também fiquem vigiando, pois o Filho do Homem chegará na hora em que vocês não estiverem esperando.

O empregado fiel e o empregado infiel

Lucas 12.41-48

45 Jesus disse ainda:

— Sabemos que é o empregado fiel e inteligente que o patrão encarrega de tomar conta dos outros empregados, para dar a eles os mantimentos no tempo certo. 46 Feliz aquele empregado que estiver fazendo isso quando o patrão chegar! 47 Eu afirmo a vocês que isto é verdade: o patrão vai colocá-lo como encarregado de toda a sua propriedade. 48 Mas, se o empregado for mau, pensará assim: "O meu patrão está demorando muito para voltar." 49 Então começará a bater nos seus companheiros, e a comer, e a beber com os bêbados. 50 E o patrão voltará no dia em que o empregado menos espera e na hora que ele não sabe. 51 Aí o patrão mandará cortar o empregado em pedaços e o

condenará a ir para o lugar aonde os hi-
pócritas vão. Ali ele vai chorar e ranger
os dentes de desespero.

As dez moças

25 Jesus disse:
— Naquele dia o *Reino do Céu
será como dez moças que pegaram as
suas lamparinas e saíram para se encon-
trar com o noivo. 2 Cinco eram sem juízo,
e cinco eram ajuizadas. 3 As moças sem
juízo pegaram as suas lamparinas, mas
não levaram óleo de reserva. 4 As ajuiza-
das levaram vasilhas com óleo para as
suas lamparinas. 5 Como o noivo estava
demorando, as dez moças começaram a
cochilar e pegaram no sono.
6 — À meia-noite se ouviu este grito: "O
noivo está chegando! Venham se encon-
trar com ele!"
7 — Então as dez moças acordaram e
acenderam as suas lamparinas. 8 Aí as mo-
ças sem juízo disseram às outras: "Deem
um pouco de óleo para nós, pois as nossas
lamparinas estão se apagando."
9 — "De jeito nenhum", responderam as
moças ajuizadas. "O óleo que nós temos
não dá para nós e para vocês. Se vocês
querem óleo, vão comprar!"
10 — Então as moças sem juízo saíram
para comprar óleo, e, enquanto estavam
fora, o noivo chegou. As cinco moças que
estavam com as lamparinas prontas en-
traram com ele para a festa do casamen-
to, e a porta foi trancada.
11 — Mais tarde as outras chegaram e
começaram a gritar: "Senhor, senhor, nos
deixe entrar!"
12 — O noivo respondeu: "Eu afirmo a
vocês que isto é verdade: eu não sei quem
são vocês!"
13 E Jesus terminou, dizendo:
— Portanto, fiquem vigiando porque
vocês não sabem qual será o dia e a hora.

Os três empregados

Lucas 19.11-27

14 Jesus continuou:
— O *Reino do Céu será como um ho-
mem que ia fazer uma viagem. Ele cha-
mou os seus empregados e os pôs para
tomarem conta da sua propriedade. 15 E
lhes deu dinheiro de acordo com a ca-
pacidade de cada um: ao primeiro deu
quinhentas moedas de ouro; ao segundo
deu duzentas; e ao terceiro deu cem. En-
tão foi viajar. 16 O empregado que tinha
recebido quinhentas moedas saiu logo,
fez negócios com o dinheiro e conseguiu
outras quinhentas. 17 Do mesmo modo, o
que havia recebido duzentas moedas con-
seguiu outras duzentas. 18 Mas o que tinha
recebido cem moedas saiu, fez um buraco
na terra e escondeu o dinheiro do patrão.
19 — Depois de muito tempo, o patrão
voltou e fez um acerto de contas com eles.
20 O empregado que havia recebido qui-
nhentas moedas chegou e entregou mais
quinhentas, dizendo: "O senhor me deu
quinhentas moedas. Veja! Aqui estão mais
quinhentas que consegui ganhar."
21 — "Muito bem, empregado bom e
fiel", disse o patrão. "Você foi fiel nego-
ciando com pouco dinheiro, e por isso vou
pôr você para negociar com muito. Venha
festejar comigo!"
22 — Então o empregado que havia re-
cebido duzentas moedas chegou e dis-
se: "O senhor me deu duzentas moedas.
Veja! Aqui estão mais duzentas que con-
segui ganhar."
23 — "Muito bem, empregado bom e
fiel", disse o patrão. "Você foi fiel nego-
ciando com pouco dinheiro, e por isso vou
pôr você para negociar com muito. Venha
festejar comigo!"
24 — Aí o empregado que havia recebido
cem moedas chegou e disse: "Eu sei que
o senhor é um homem duro, que colhe
onde não plantou e junta onde não se-
meou. 25 Fiquei com medo e por isso es-
condi o seu dinheiro na terra. Veja! Aqui
está o seu dinheiro."
26 — "Empregado mau e preguiçoso!",
disse o patrão. "Você sabia que colho
onde não plantei e junto onde não se-
meei. 27 Por isso você devia ter deposita-
do o meu dinheiro no banco, e, quando eu
voltasse, o receberia com juros."
— Depois virou-se para os outros em-
pregados e disse: 28 "Tirem dele o dinheiro
e deem ao que tem mil moedas. 29 Porque
aquele que tem muito receberá mais e as-
sim terá mais ainda; mas quem não tem,
até o pouco que tem será tirado dele. 30 E
joguem fora, na escuridão, o empregado
inútil. Ali ele vai chorar e ranger os den-
tes de desespero."

O juízo final

31 Jesus terminou, dizendo:
— Quando o *Filho do Homem vier
como Rei, com todos os anjos, ele se sen-
tará no seu trono real. 32 Todos os povos
da terra se reunirão diante dele, e ele

DEVOCIONAL

Texto para leitura: **Mateus 25:14-30**

Conheça a si mesma

Em que você é boa? Você é uma boa ouvinte? Uma boa empreendedora? Você é boa para resolver problemas? Uma boa professora? O que você faz bem que poderia ajudar um mundo ferido?

Quando você tem um talento que pode melhorar a vida das pessoas à sua volta e não o usa, você o perde. Em outras palavras, Deus promete em Mateus 25 aumentar o que você já tem toda vez em que o investir para o bem dos filhos de Deus. Ao usar seus talentos para servir a Deus, você se verá com mais do que jamais imaginou. Mas ao se recusar a utilizar os talentos que ele lhe deu para o bem e, em vez disso, deixar que eles enferrujem ou sejam usados para o mal, cuidado: os resultados podem ser desastrosos. Deus não lhe deu seu talento para você sair por aí e enterrá-lo por medo de rejeição ou fracasso. Ele o deu para você poder sair e fazer tudo o que pode para investi-lo na vida de quem está em necessidade.

Você não se acha talentosa? Todo mundo tem talento para alguma coisa. Descubra em que você é boa. Faça um teste de personalidade ou uma lista de dons espirituais. Descubra quem você é e o que faz melhor, e depois empenhe-se o possível para usar essas habilidades ao serviço dos outros.

separará as pessoas umas das outras, assim como o pastor separa as ovelhas das
cabras. 33 Ele porá os bons à sua direita e
os outros, à esquerda. 34 Então o Rei dirá
aos que estiverem à sua direita: "Venham, vocês que são abençoados pelo meu Pai! Venham e recebam o *Reino que o meu Pai preparou para vocês desde a criação
do mundo. 35 Pois eu estava com fome, e
vocês me deram comida; estava com sede, e me deram água. Era estrangeiro, e me
receberam na sua casa. 36 Estava sem roupa, e me vestiram; estava doente, e cuidaram de mim. Estava na cadeia, e foram me visitar."

37 — Então os bons perguntarão: "Senhor, quando foi que o vimos com fome e lhe demos comida ou com sede e lhe
demos água? 38 Quando foi que vimos o
senhor como estrangeiro e o recebemos na nossa casa ou sem roupa e o vestimos?
39 Quando foi que vimos o senhor doente
ou na cadeia e fomos visitá-lo?"

40 — Aí o Rei responderá: "Eu afirmo a vocês que isto é verdade: quando vocês fizeram isso ao mais humilde dos meus irmãos, foi a mim que fizeram."

41 — Depois ele dirá aos que estiverem à sua esquerda: "Afastem-se de mim, vocês que estão debaixo da maldição de Deus! Vão para o fogo eterno, preparado para
o Diabo e os seus anjos! 42 Pois eu estava
com fome, e vocês não me deram comida; estava com sede, e não me deram água.
43 Era estrangeiro, e não me receberam na
sua casa; estava sem roupa, e não me vestiram. Estava doente e na cadeia, e vocês não cuidaram de mim."

44 — Então eles perguntarão: "Senhor, quando foi que vimos o senhor com fome, ou com sede, ou como estrangeiro, ou sem roupa, ou doente, ou na cadeia e não o ajudamos?"

45 — O Rei responderá: "Eu afirmo a vocês que isto é verdade: todas as vezes que vocês deixaram de ajudar uma destas pessoas mais humildes, foi a mim que deixaram de ajudar."

46 E Jesus terminou assim:

— Portanto, estes irão para o castigo eterno, mas os bons irão para a vida eterna.

O plano para matar Jesus

Marcos 14.1-2; Lucas 22.1-2;
João 11.45-57

26 Quando Jesus acabou de ensinar
essas coisas, disse aos discípulos:
2 — Vocês sabem que daqui a dois dias
vai ser comemorada a *Festa da Páscoa,

e o *Filho do Homem será entregue para
ser crucificado.
3 Os chefes dos sacerdotes e os líderes
judeus se reuniram no palácio de Caifás,
o *Grande Sacerdote, 4 e fizeram um plano
para prender Jesus em segredo e matá-
-lo. 5 Eles diziam:
— Não vamos fazer isso durante a fes-
ta, para não haver uma revolta no meio
do povo.

Jesus em Betânia
Marcos 14.3-9; João 12.1-8

6-7 Jesus estava no povoado de Betânia,
sentado à mesa na casa de Simão, o Le-
proso. Então uma mulher chegou perto
de Jesus com um frasco feito de *alabas-
tro, cheio de um perfume muito caro, e
derramou o perfume na cabeça dele. 8 Ao
verem aquilo, os discípulos ficaram zan-
gados e disseram:
— Que desperdício! 9 Esse perfume po-
deria ter sido vendido por uma fortuna, e
o dinheiro, dado aos pobres.
10 Mas Jesus, sabendo o que eles diziam,
disse:
— Por que vocês estão aborrecendo
esta mulher? Ela fez para mim uma coisa
muito boa. 11 Pois os pobres estarão sem-
pre com vocês, mas eu não. 12 O que ela fez
foi perfumar o meu corpo para o meu se-
pultamento. 13 Eu afirmo a vocês que isto
é verdade: em qualquer lugar do mun-
do onde o *evangelho for anunciado, será
contado o que ela fez, e ela será lembrada.

Judas trai Jesus
Marcos 14.10-11; Lucas 22.3-6

14 Então um dos doze discípulos, cha-
mado Judas Iscariotes, foi falar com os
chefes dos sacerdotes. 15 Ele disse:
— Quanto vocês me pagam para eu lhes
entregar Jesus?
E eles lhe pagaram trinta moedas de
prata.
16 E daí em diante Judas ficou pro-
curando uma oportunidade para entre-
gar Jesus.

Jesus comemora a Páscoa
Marcos 14.12-21; Lucas 22.7-23;
João 13.21-30

17 No primeiro dia da *Festa dos Pães
sem Fermento, os discípulos chegaram
perto de Jesus e perguntaram:
— Onde é que o senhor quer que a gen-
te prepare o jantar da *Páscoa para o se-
nhor?
18 Ele respondeu:
— Vão até a cidade, procurem certo ho-
mem e digam: "O Mestre manda dizer:
A minha hora chegou. Os meus discípu-
los e eu vamos comemorar a Páscoa na
sua casa."
19 Os discípulos fizeram como Jesus ha-
via mandado e prepararam o jantar da
Páscoa.
20 Quando anoiteceu, Jesus e os doze
discípulos sentaram para comer. 21 Du-
rante o jantar Jesus disse:
— Eu afirmo a vocês que isto é verda-
de: um de vocês vai me trair.
22 Eles ficaram muito tristes e, um por
um, começaram a perguntar:
— O senhor não está achando que sou
eu; está?
23 Jesus respondeu:
— Quem vai me trair é aquele que
come no mesmo prato que eu. 24 Pois o
*Filho do Homem vai morrer da manei-
ra como dizem as *Escrituras Sagradas;
mas ai daquele que está traindo o Filho
do Homem! Seria melhor para ele nunca
ter nascido!
25 Então Judas, o traidor, perguntou:
— Mestre, o senhor não está achando
que sou eu; está?
Jesus respondeu:
— Quem está dizendo isso é você mesmo.

A Ceia do Senhor
Marcos 14.22-26; Lucas 22.14-20;
1Coríntios 11.23-25

26 Enquanto estavam comendo, Jesus
pegou o pão e deu graças a Deus. Depois
partiu o pão e o deu aos discípulos, di-
zendo:
— Peguem e comam; isto é o meu corpo.
27 Em seguida, pegou o cálice de vinho
e agradeceu a Deus. Depois passou o cá-
lice aos discípulos, dizendo:
— Bebam todos vocês 28 porque isto é
o meu sangue, que é derramado em favor
de muitos para o perdão dos pecados, o
sangue que garante a *aliança feita por
Deus com o seu povo. 29 Eu afirmo a vocês
que nunca mais beberei deste vinho até
o dia em que beber com vocês um vinho
novo no *Reino do meu Pai.
30 Então eles cantaram canções de lou-
vor e foram para o monte das Oliveiras.

Jesus avisa Pedro
Marcos 14.27-31; Lucas 22.31-34;
João 13.36-38

31 E Jesus disse aos discípulos:

— Esta noite todos vocês vão fugir e
me abandonar, pois as *Escrituras Sagra-
das dizem: "Matarei o pastor, e as ovelhas
serão espalhadas." 32 Mas, depois que eu
ressuscitar, irei adiante de vocês para a
Galileia.
33 Então Pedro disse a Jesus:
— Eu nunca abandonarei o senhor,
mesmo que todos o abandonem.
34 Mas Jesus lhe disse:
— Eu afirmo a você que isto é verda-
de: nesta mesma noite, antes que o galo
cante, você dirá três vezes que não me
conhece.
35 Pedro respondeu:
— Eu nunca vou dizer que não o co-
nheço, mesmo que eu tenha de morrer
com o senhor!
E todos os outros discípulos disseram
a mesma coisa.

Jesus no jardim do Getsêmani

Marcos 14.32-42; Lucas 22.39-46

36 Jesus foi com os discípulos para um
lugar chamado Getsêmani e lhes disse:
— Sentem-se aqui, enquanto eu vou
ali orar.
37 Então Jesus foi, levando consigo Pe-
dro e os dois filhos de Zebedeu. Aí ele co-
meçou a sentir uma grande tristeza e afli-
ção 38 e disse a eles:
— A tristeza que estou sentindo é tão
grande, que é capaz de me matar. Fiquem
aqui vigiando comigo.
39 Ele foi um pouco mais adiante, ajoe-
lhou-se, encostou o rosto no chão e orou:
— Meu Pai, se é possível, afasta de mim
este cálice de sofrimento! Porém que não
seja feito o que eu quero, mas o que tu
queres.
40 Depois voltou e encontrou os três dis-
cípulos dormindo. Então disse a Pedro:
— Será que vocês não podem vigiar
comigo nem uma hora? 41 Vigiem e orem
para que não sejam tentados. É fácil que-
rer resistir à tentação; o difícil mesmo é
conseguir.
42 Pela segunda vez Jesus foi e orou, di-
zendo:
— Meu Pai, se este cálice de sofrimento
não pode ser afastado de mim sem que eu
o beba, então que seja feita a tua vontade.
43 Ele voltou de novo e encontrou os
discípulos dormindo. Eles estavam com
sono e não conseguiam ficar com os olhos
abertos.
44 Jesus tornou a sair de perto deles e
orou pela terceira vez, dizendo as mes-
mas palavras. 45 Então voltou até onde os
discípulos estavam e perguntou:
— Vocês ainda estão dormindo e des-
cansando? Olhem! Chegou a hora, e o *Fi-
lho do Homem está sendo entregue nas
mãos dos maus. 46 Levantem-se, e vamos
embora. Vejam! Aí vem chegando o ho-
mem que está me traindo!

Jesus é preso

Marcos 14.43-52; Lucas 22.47-53; João 18.3-12

47 Jesus ainda estava falando, quando
chegou Judas, um dos doze discípulos.
Vinha com ele uma grande multidão ar-
mada com espadas e porretes, que tinha
sido mandada pelos chefes dos sacerdo-
tes e pelos líderes judeus. 48 O traidor ti-
nha combinado com eles um sinal. Ele ti-
nha dito: "Prendam o homem que eu bei-
jar, pois é ele." 49 Judas foi até perto de Je-
sus e disse:
— Mestre, que a paz esteja com o se-
nhor!
E o beijou. 50 Jesus respondeu:
— Amigo, o que você vai fazer faça ago-
ra.
Então eles chegaram, prenderam Jesus
e o amarraram. 51 Mas um dos que esta-
vam ali com Jesus tirou a espada, atacou
um empregado do *Grande Sacerdote e
cortou uma orelha dele. 52 Aí Jesus disse:
— Guarde a sua espada, pois quem usa
uma espada será morto por uma espada.
53 Você não sabe que, se eu pedisse ajuda
ao meu Pai, ele me mandaria agora mes-
mo doze exércitos de anjos? 54 Mas, nes-
se caso, como poderia se cumprir aquilo
que as *Escrituras Sagradas dizem que é
preciso acontecer?
55 Depois Jesus disse para aquela gente:
— Vocês vêm com espadas e porretes
para me prender como se eu fosse um
bandido? Eu estava todos os dias ensi-
nando no pátio do Templo, e vocês não
me prenderam. 56 Mas tudo isso está acon-
tecendo para se cumprir o que os *profe-
tas escreveram nas Escrituras Sagradas.
Então todos os discípulos abandona-
ram Jesus e fugiram.

Jesus diante do Conselho Superior

Marcos 14.53-65; Lucas 22.54-55,63-71; João 18.12-14,19-24

57 Os homens que prenderam Jesus o
levaram até a casa do *Grande Sacerdote

Caifás, onde estavam reunidos alguns *mestres da Lei e alguns líderes judeus. 58 Pedro seguiu Jesus de longe até o pátio da casa do Grande Sacerdote. Entrou e sentou-se com os guardas para ver como aquilo ia terminar.

59 Os chefes dos sacerdotes e todo o *Conselho Superior estavam procurando alguma acusação falsa contra Jesus a fim de o condenar à morte. 60 Mas não puderam encontrar nada contra ele, embora muitos se levantassem para dizer mentiras a respeito dele. Afinal dois homens se apresentaram 61 e disseram:

— Este homem afirmou: "Eu posso destruir o Templo de Deus e construí-lo de novo em três dias."

62 Aí o Grande Sacerdote se levantou e perguntou a Jesus:

— Você não vai se defender desta acusação?

63 Mas Jesus ficou calado. Então o Grande Sacerdote tornou a perguntar:

— Em nome do Deus vivo, eu exijo que você diga para nós: você é o *Messias, o Filho de Deus?

64 Jesus respondeu:

— Quem está dizendo isso é o senhor. Mas eu afirmo a vocês que de agora em diante vocês verão o *Filho do Homem sentado do lado direito do Deus Todo-Poderoso e descendo nas nuvens do céu!

65 Aí o Grande Sacerdote rasgou as suas próprias roupas e disse:

— Ele *blasfemou! Não precisamos mais de testemunhas! Vocês ouviram agora mesmo esta blasfêmia contra Deus! 66 Então, o que resolvem?

Eles responderam:

— Ele é culpado e deve morrer!

67 Em seguida cuspiram no rosto de Jesus e deram bofetadas nele. E os que batiam nele 68 diziam:

— Ei, Messias, adivinhe para nós quem foi que bateu em você!

Pedro nega Jesus

Marcos 14.66-72; Lucas 22.56-62; João 18.15-18,25-27

69 Pedro estava sentado lá fora no pátio, quando uma das empregadas chegou perto dele e disse:

— Você também estava com Jesus da Galileia.

70 Mas ele negou diante de todos, dizendo:

— Eu não sei do que é que você está falando.

71 Depois foi para a entrada do pátio. Outra empregada o viu e disse às pessoas que estavam ali:

— Ele estava com Jesus de Nazaré.

72 Pedro negou outra vez, respondendo:

— Juro que não conheço esse homem!

73 Pouco depois, os que estavam ali chegaram perto de Pedro e disseram:

— O seu modo de falar mostra que, de fato, você também é um deles.

74 Então Pedro disse:

— Juro que não conheço esse homem! Que Deus me castigue se não estou dizendo a verdade!

Naquele instante o galo cantou, 75 e Pedro lembrou que Jesus lhe tinha dito: "Antes que o galo cante, você dirá três vezes que não me conhece." Então Pedro saiu dali e chorou amargamente.

Jesus é levado a Pilatos

Marcos 15.1; Lucas 23.1-2; João 18.28-32

27 Assim que amanheceu, todos os chefes dos sacerdotes e os líderes judeus fizeram os seus planos para conseguir que Jesus fosse morto. 2 Eles o amarraram, levaram e entregaram ao governador Pilatos.

A morte de Judas

Atos 1.18-19

3 Quando Judas, o traidor, viu que Jesus havia sido condenado, sentiu remorso e foi devolver as trinta moedas de prata aos chefes dos sacerdotes e aos líderes judeus, 4 dizendo:

— Eu pequei, entregando à morte um homem inocente.

Eles responderam:

— O que é que nós temos com isso? O problema é seu.

5 Então Judas jogou o dinheiro para dentro do Templo e saiu. Depois foi e se enforcou.

6 Os chefes dos sacerdotes pegaram o dinheiro e disseram:

— Isto é dinheiro sujo de sangue, e é contra a nossa *Lei pôr esse dinheiro na caixa das ofertas do Templo.

7 Depois de conversarem sobre o assunto, resolveram usar o dinheiro para comprar o "Campo do Oleiro", a fim de que servisse como cemitério para os não judeus. 8 Por isso aquele campo é chamado

*até hoje de "Campo de Sangue". 9 Assim
aconteceu o que o *profeta Jeremias ti-
nha dito: "Eles pegaram as trinta moedas
de prata, o preço que o povo de Israel ti-
nha concordado em pagar por ele, 10 e as
usaram para comprar o campo do oleiro,
como o Senhor me havia mandado fazer."

Jesus diante de Pilatos

Marcos 15.2-5; Lucas 23.1-5; João 18.33-38a

11 Jesus estava em pé diante do Gover-
nador, e este o interrogou, dizendo:
— Você é o rei dos judeus?
Jesus respondeu:
— Quem está dizendo isso é o senhor.
12 Mas, quando foi acusado pelos che-
fes dos sacerdotes e pelos líderes judeus,
Jesus não respondeu nada. 13 Então Pila-
tos disse:
— Você não está ouvindo as acusações
que estão fazendo contra você?
14 Porém Jesus não disse nada, e o Go-
vernador ficou muito admirado com isso.

Jesus é condenado à morte

Marcos 15.6-15; Lucas 23.13-25; João 18.38b—19.16

15 Em toda *Festa da Páscoa, Pilatos cos-
tumava soltar um dos presos, a pedido do
povo. 16 Naquela ocasião estava preso um
homem muito conhecido, chamado Jesus
Barrabás. 17 Então, quando a multidão se
reuniu, Pilatos perguntou:
— Quem é que vocês querem que eu
solte: Jesus Barrabás ou este Jesus, que é
chamado de *Messias?
18 Pilatos sabia muito bem que os líde-
res judeus haviam entregado Jesus por-
que tinham inveja dele.
19 Enquanto Pilatos estava sentado no
tribunal, a sua esposa lhe mandou o se-
guinte recado:
— Não tenha nada a ver com esse ho-
mem inocente porque esta noite, num so-
nho, eu sofri muito por causa dele.
20 Os chefes dos sacerdotes e os líderes
judeus convenceram a multidão a pedir
ao governador Pilatos que soltasse Bar-
rabás e condenasse Jesus à morte. 21 En-
tão o Governador perguntou:
— Qual dos dois vocês querem que eu
solte?
— Barrabás! — responderam eles.
22 Pilatos perguntou:
— Que farei então com Jesus, que é cha-
mado de Messias?
— Crucifica! — responderam todos.
23 Ele perguntou:
— Que crime ele cometeu?
Aí começaram a gritar bem alto:
— Crucifica!
24 Então Pilatos viu que não conseguia
nada e que o povo estava começando a se
revoltar. Aí mandou trazer água, lavou as
mãos diante da multidão e disse:
— Eu não sou responsável pela morte
deste homem. Isso é com vocês.
25 E toda a multidão respondeu:
— Que o castigo por esta morte caia so-
bre nós e sobre os nossos filhos!
26 Então Pilatos soltou Barrabás, como
eles haviam pedido. Depois mandou chi-
cotear Jesus e o entregou para ser cru-
cificado.

Os soldados zombam de Jesus

Marcos 15.16-20; João 19.2-3

27 Depois os soldados de Pilatos levaram
Jesus para o Palácio do Governador e re-
uniram toda a tropa em volta dele. 28 Ti-
raram a roupa de Jesus e o vestiram com
uma *capa vermelha. 29 Fizeram uma co-
roa de ramos cheios de espinhos, e a pu-
seram na sua cabeça, e colocaram um bas-
tão na sua mão direita. Aí começaram a se
ajoelhar diante dele e a caçoar, dizendo:
— Viva o Rei dos Judeus!
30 Cuspiam nele, pegavam o bastão e ba-
tiam na sua cabeça. 31 Depois de terem ca-
çoado dele, tiraram a capa vermelha e o
vestiram com as suas próprias roupas. Em
seguida o levaram para o crucificarem.

A crucificação de Jesus

Marcos 15.21-32; Lucas 23.26-43; João 19.17-27

32 Quando estavam saindo, os soldados
encontraram um homem chamado Simão,
da cidade de Cirene, e o obrigaram a car-
regar a cruz de Jesus. 33 Eles chegaram a
um lugar chamado Gólgota. (Gólgota quer
dizer "Lugar da Caveira".) 34 Ali deram vi-
nho misturado com fel para Jesus beber.
Mas, depois que o provou, ele não quis be-
ber. 35 Em seguida os soldados o crucifica-
ram e repartiram as suas roupas entre si,
tirando a sorte com dados, para ver qual
seria a parte de cada um. 36 Depois disso
sentaram ali e ficaram guardando Jesus.
37 Puseram acima da sua cabeça uma ta-
buleta onde estava escrito como acusa-
ção contra ele: "Este é Jesus, o Rei dos Ju-
deus." 38 Com Jesus, crucificaram também

dois ladrões: um à sua direita e o outro à
sua esquerda.
39 Os que passavam por ali caçoavam
dele, balançavam a cabeça e o insultavam,
40 dizendo assim:
— Ei, você que disse que era capaz de
destruir o Templo e tornar a construí-lo
em três dias! Se você é mesmo o Filho de
Deus, desça da cruz e salve-se a si mesmo!
41 Os chefes dos sacerdotes, os *mestres
da Lei e os líderes judeus também caçoa-
vam dele, dizendo:
42 — Ele salvou os outros, mas não pode
salvar a si mesmo! Ele é o Rei de Israel,
não é? Se descer agora mesmo da cruz,
nós creremos nele! 43 Ele confiou em Deus
e disse que era Filho de Deus. Vamos ver
se Deus quer salvá-lo agora!
44 E até os ladrões que foram crucifica-
dos com Jesus também o insultavam.

A morte de Jesus

Marcos 15.33-41; Lucas 23.44-49;
João 19.28-30

45 Ao meio-dia começou a escurecer, e
toda a terra ficou três horas na escuri-
dão. 46 Às três horas da tarde, Jesus gri-
tou bem alto:
— "Eli, Eli, lemá sabactani?" Essas pala-
vras querem dizer: "Meu Deus, meu Deus,
por que me abandonaste?"
47 Algumas pessoas que estavam ali ou-
viram isso e disseram:
— Ele está chamando Elias.
48 Uma dessas pessoas correu e molhou
uma esponja em vinho comum, pôs na
ponta de um bastão e deu para Jesus be-
ber. 49 Mas outros disseram:
— Espere. Vamos ver se Elias vem sal-
vá-lo!
50 Aí Jesus deu outro grito forte e mor-
reu.
51 Então a cortina do Templo se rasgou
em dois pedaços, de cima até embaixo.
A terra tremeu, e as rochas se partiram.
52 Os túmulos se abriram, e muitas pes-
soas do povo de Deus que haviam morri-
do foram ressuscitadas 53 e saíram dos tú-
mulos. E, depois da ressurreição de Jesus,
entraram em Jerusalém, a Cidade Santa,
onde muitos viram essas pessoas.
54 O oficial do exército romano e os seus
soldados, que estavam guardando Jesus,
viram o terremoto e tudo o que aconte-
ceu. Então ficaram com muito medo e
disseram:
— De fato, este homem era o Filho de
Deus!
55 Algumas mulheres estavam ali, olhan-
do de longe. Eram as que tinham acompa-
nhado Jesus desde a Galileia e o haviam
ajudado. 56 Entre elas estavam Maria Ma-
dalena; Maria, a mãe de Tiago e de José;
e a mãe dos filhos de Zebedeu.

O sepultamento de Jesus

Marcos 15.42-47; Lucas 23.50-56;
João 19.38-42

57 Já era quase noite quando chegou da
cidade de Arimateia um homem rico cha-
mado José. Ele também era seguidor de
Jesus. 58 José foi e pediu a Pilatos o corpo
de Jesus. E Pilatos mandou que o entre-
gassem a ele. 59 Então José pegou o cor-
po, enrolou num lençol novo de linho 60 e
o colocou no seu próprio túmulo, que há
pouco tempo havia sido cavado na rocha.
Depois rolou uma grande pedra para fe-
char a entrada do túmulo e foi embora.
61 Maria Madalena e a outra Maria esta-
vam ali, sentadas em frente do túmulo.

A guarda do túmulo

62 No dia seguinte, isto é, o dia depois
da sexta-feira, os chefes dos sacerdotes e
os *fariseus se reuniram com Pilatos 63 e
disseram:
— Governador, nós lembramos que,
quando ainda estava vivo, aquele menti-
roso disse: "Depois de três dias eu serei
ressuscitado." 64 Portanto, mande vigiar
bem o túmulo até o terceiro dia, para os
discípulos dele não poderem roubar o
corpo e depois dizerem ao povo que ele
foi ressuscitado. Pois esta última mentira
seria pior do que a primeira.
65 Então Pilatos disse:
— Levem estes soldados com vocês e
guardem o túmulo o melhor que pude-
rem.
66 Eles foram, puseram um *selo de se-
gurança na pedra e deixaram os soldados
ali, guardando o túmulo.

A ressurreição de Jesus

Marcos 16.1-8; Lucas 24.1-12; João
20.1-10

28 Depois do sábado, no domingo
bem cedo, Maria Madalena e a ou-
tra Maria foram visitar o túmulo. 2 De re-
pente, houve um grande tremor de terra.
Um anjo do Senhor desceu do céu, tirou a
pedra e sentou-se nela. 3 Ele era parecido
com um relâmpago, e as suas roupas eram

brancas como a neve. 4 Os guardas tremeram de medo do anjo e ficaram como mortos. 5 Então o anjo disse para as mulheres:

— Não tenham medo! Sei que vocês estão procurando Jesus, que foi crucificado, 6 mas ele não está aqui; já foi ressuscitado, como tinha dito. Venham ver o lugar onde ele foi posto. 7 Agora vão depressa e digam aos discípulos dele o seguinte: "Ele foi ressuscitado e vai adiante de vocês para a Galileia. Lá vocês vão vê-lo." Era isso o que eu tinha a dizer para vocês.

8 Elas foram embora depressa do túmulo, pois estavam com medo, mas muito alegres. E correram para contar tudo aos discípulos. 9 De repente, Jesus se encontrou com elas e disse:

— Que a paz esteja com vocês!

Elas chegaram perto dele, abraçaram os seus pés e o adoraram.

10 Então Jesus disse:

— Não tenham medo! Vão dizer aos meus irmãos para irem à Galileia, e eles me verão ali.

O boato dos soldados

11 Enquanto as mulheres ainda estavam no caminho, alguns dos soldados que estavam vigiando o túmulo voltaram para a cidade e contaram aos chefes dos sacerdotes tudo o que havia acontecido. 12 Os chefes se reuniram com os líderes judeus e fizeram os seus planos. Então deram uma grande quantia de dinheiro aos soldados 13 e ordenaram o seguinte:

— Digam que os discípulos dele vieram de noite, quando vocês estavam dormindo, e roubaram o corpo. 14 Se o Governador souber disso, nós vamos convencê-lo de que foi isso mesmo o que aconteceu, e vocês não terão nenhum problema.

15 Os soldados pegaram o dinheiro e fizeram o que os chefes dos sacerdotes tinham mandado. E esse boato se espalhou entre os judeus *até o dia de hoje.

Jesus aparece aos onze discípulos

Marcos 16.14-18; Lucas 24.36-49; João 20.19-23; Atos 1.6-8

16 Os onze discípulos foram para a Galileia e chegaram ao monte que Jesus tinha indicado. 17 E, quando viram Jesus, o adoraram; mas alguns tiveram suas dúvidas. 18 Então Jesus chegou perto deles e disse:

— Deus me deu todo o poder no céu e na terra. 19 Portanto, vão a todos os povos do mundo e façam com que sejam meus seguidores, batizando esses seguidores em nome do Pai, do Filho e do Espírito Santo 20 e ensinando-os a obedecer a tudo o que tenho ordenado a vocês. E lembrem disto: eu estou com vocês todos os dias, até o fim dos tempos.

Marcos

Ame a Deus e ao seu próximo

— Pois vou mostrar a vocês que eu, o Filho do Homem, tenho poder na terra para perdoar pecados. Então disse ao paralítico: — Eu digo a você: levante-se, pegue a sua cama e vá para casa.
Marcos 2:10-11

Autor ♥ Provavelmente Marcos, também conhecido como João Marcos, que viajou com Paulo, Barnabé e Pedro. Não foi um dos doze discípulos.
Data ♥ Provavelmente entre os anos 60 e 70
Local ♥ Muito provavelmente em Roma
Público-alvo ♥ Os cristãos gentios em Roma

Você já viu um milagre em sua vida? Todos nós já ouvimos histórias de pessoas curadas de alguma doença incurável e já ficamos espantados com o fato de que somente a mão de Deus poderia ter feito aquilo. Milagres fazem as pessoas se sentarem e ouvirem. Eles as fazem repensar qualquer dúvida que possam ter sobre Deus e o papel dele no mundo. Então, imagine estar em cena quando Jesus andou na terra. Os milagres de Jesus impressionaram as pessoas. Atraíram multidões. Irritaram os fariseus. Convenceram milhares de pessoas de que ele era o Filho de Deus. Mas o maior milagre de todos não foi curar o cego nem o leproso, mas perdoá-los de seus pecados.

O livro de Marcos leva você a um passeio animado pela vida surpreendente de Jesus. Ele cura os doentes e aleijados. Ele caminha sobre as águas, alimenta cinco mil pessoas e acalma a tempestade. E milagre após milagre, ele prova que é, de fato, o Filho de Deus. Mas em todos esses acontecimentos milagrosos, não deixe de ver o milagre mais precioso de todos: o perdão de Jesus.

Ponto essencial
Marcos escreveu este livro para ajudar os gentios (não judeus) a entenderem quem é Jesus, por isso ele não usa muito da linguagem religiosa. Ele também queria ajudar os cristãos perseguidos a guardarem a fé.

Milagres aconteceram todos os dias enquanto Jesus esteve nesta terra, mas, se sua vida precisa de um milagre e você não consegue visualizar nenhum, não se apresse para se queixar. Se você quer a ajuda de Deus, peça a ele, mas, seja qual for a resposta, saiba que sua vida já é um milagre. Você já foi curada e recebeu uma nova vida pelo sangue salvador de Jesus. Toda vez que você pecar, agradeça a Deus pelo perdão dele e perceba como isso é um milagre incrível!

O livro de Marcos foi escrito para lhe dar um gostinho da vida de Cristo enquanto ele esteve nesta terra. Durante a leitura, *veja o poder de Jesus em ação*. Observe quanto ele se importava não só com a alma das pessoas, mas também com o corpo e a mente delas. E veja como ele prova que é, de fato, o Filho de Deus, capaz de fazer qualquer coisa que o próprio Pai pode fazer.

Coisas para procurar

- O tom e o ritmo com muita ação, o discurso vívido e o uso de verbos no presente
- Um grande número de milagres (18) e apenas 4 parábolas documentadas
- Muitas menções à morte e traição de Jesus (Marcos 8:31; 9:31; 10:33-34)
- As descrições que Marcos faz dos discípulos sendo um pouco lentos em entender a situação (veja Marcos 4:13; 6:52; 8:17,21; 9:10,32; 10:26)
- Muitas referências à vida emocional de Jesus (veja Marcos 1:41; 3:5 e muitas outras)

Versículos que você deve saber

E do céu veio uma voz, que disse: – Tu és o meu Filho querido e me dás muita alegria.

(Marcos 1:11)

Jesus lhes disse: – Venham comigo, que eu ensinarei vocês a pescar gente. Então eles largaram logo as redes e foram com Jesus.

(Marcos 1:17-18)

Então ele se levantou, falou duro com o vento e disse ao lago: – Silêncio! Fique quieto! O vento parou, e tudo ficou calmo.

(Marcos 4:39)

Ela havia escutado falar de Jesus; então entrou no meio da multidão e, chegando por trás dele, tocou na sua capa, pois pensava assim: "Se eu apenas tocar na capa dele, ficarei curada". Logo o sangue parou de escorrer, e ela teve certeza de que estava curada.

(Marcos 5:27-28)

Pelo contrário, quem quiser ser importante, que sirva os outros, e quem quiser ser o primeiro, que seja o escravo de todos. Porque até o Filho do Homem não veio para ser servido, mas para servir e dar a sua vida para salvar muita gente.

(Marcos 10:43-45)

Jesus respondeu: – É este: "Escute, povo de Israel! O Senhor, nosso Deus, é o único Senhor. Ame o Senhor, seu Deus, com todo o coração, com toda a alma, com toda a mente e com todas as forças". E o segundo mais importante é este: "Ame os outros como você ama a você mesmo". Não existe outro mandamento mais importante do que esses dois.

(Marcos 12:29-31)

A mensagem de João Batista

Mateus 3.1-12; Lucas 3.1-20;
João 1.19-28

1 A boa notícia que fala a respeito de
Jesus Cristo, Filho de Deus, começou
a ser dada 2 como o *profeta Isaías tinha
escrito. Ele escreveu o seguinte:

"Deus disse:
Eu enviarei o meu mensageiro
adiante de você
para preparar o seu caminho."

3 E o profeta escreveu também:

"Alguém está gritando no deserto:
Preparem o caminho para o Senhor
passar!
Abram estradas retas para ele!"

4 E foi assim que João Batista apareceu
no deserto, batizando o povo e anunciando esta mensagem:
— Arrependam-se dos seus pecados e
sejam batizados, que Deus perdoará vocês.
5 Muitos moradores da região da Judeia
e da cidade de Jerusalém iam ouvir João.
Eles confessavam os seus pecados, e João
os batizava no rio Jordão. 6 Ele usava uma
roupa feita de pelos de camelo e um cinto de couro e comia gafanhotos e mel do
mato. 7 Ele dizia ao povo:
— Depois de mim vem alguém que é
mais importante do que eu, e eu não mereço a honra de me abaixar e desamarrar
as correias das sandálias dele. 8 Eu batizo
vocês com água, mas ele os batizará com
o Espírito Santo.

O batismo de Jesus

Mateus 3.13-17; Lucas 3.21-22

9 Nessa ocasião Jesus veio de Nazaré,
uma pequena cidade da região da Galileia, e foi batizado por João Batista no
rio Jordão. 10 No momento em que estava
saindo da água, Jesus viu o céu se abrir
e o Espírito de Deus descer como uma
pomba sobre ele. 11 E do céu veio uma voz,
que disse:
— Tu és o meu Filho querido e me dás
muita alegria.

A tentação de Jesus

Mateus 4.1-11; Lucas 4.1-13

12 Logo depois o Espírito Santo fez com
que Jesus fosse para o deserto. 13 Jesus ficou lá durante quarenta dias, sendo tentado por Satanás. Ali havia animais selvagens, e os anjos cuidavam de Jesus.

Jesus começa o seu trabalho na Galileia

Mateus 4.12-22; Lucas 4.14-15; 5.1-11

14 Depois que João foi preso, Jesus seguiu para a região da Galileia e ali anunciava a boa notícia que vem de Deus. 15 Ele
dizia:
— Chegou a hora, e o *Reino de Deus
está perto. Arrependam-se dos seus pecados e creiam no *evangelho.
16 Jesus estava andando pela beira do
lago da Galileia quando viu dois pescadores. Eram Simão e o seu irmão André,
que estavam no lago, pescando com redes. 17 Jesus lhes disse:
— Venham comigo, que eu ensinarei
vocês a pescar gente.
18 Então eles largaram logo as redes e
foram com Jesus.
19 Um pouco mais adiante Jesus viu outros dois irmãos. Eram Tiago e João, filhos
de Zebedeu, que estavam no barco deles,
consertando as redes. 20 Jesus chamou os
dois, e eles deixaram Zebedeu, o seu pai, e
os empregados no barco e foram com ele.

Um homem dominado por um espírito mau

Lucas 4.31-37

21 Jesus e os discípulos chegaram à cidade de Cafarnaum, e, no sábado, ele foi
ensinar na *sinagoga. 22 As pessoas que o
escutavam ficaram muito admiradas com
a sua maneira de ensinar. É que Jesus ensinava com a autoridade dele mesmo e
não como os *mestres da Lei. 23 Então chegou ali um homem que estava dominado
por um espírito mau. O homem gritou:
24 — O que quer de nós, Jesus de Nazaré? Você veio para nos destruir? Sei muito bem quem é você: é o Santo que Deus
enviou!
25 Então Jesus ordenou ao espírito mau:
— Cale a boca e saia desse homem!
26 Aí o espírito sacudiu o homem com
violência e, dando um grito, saiu dele.
27 Todos ficaram espantados e diziam uns
para os outros:
— Que quer dizer isso? É um novo ensinamento dado com autoridade. Ele manda
até nos espíritos maus, e eles obedecem.
28 E a fama de Jesus se espalhou depressa por toda a região da Galileia.

Jesus cura a sogra de Pedro

Mateus 8.14-15; Lucas 4.38-39

29 Logo depois, Jesus, Simão, André, Tiago e João saíram da *sinagoga e foram até
a casa de Simão e de André. 30 A sogra de
Simão estava de cama, com febre. Assim

DEVOCIONAL

Texto para leitura: **Marcos 1:14-20**

Conheça a Deus

Você é uma seguidora ou uma líder? Em se tratando de sua vida, quem está no comando? Você ou Jesus? Na Bíblia, os discípulos (cristãos) eram chamados de "seguidores". Seguidor é quem acredita na Palavra de Deus, é salvo pelo sacrifício de Jesus, é cheio do Espírito de Deus e imita Jesus. Mas olhe para a palavra por um minuto: *seguidor*. A seguidora não desobedece ao comando, dizendo: "Qual é! Vamos!". A seguidora não escolhe o caminho e depois tenta convencer o líder de que ele deveria ir para onde ela quer. A seguidora vai atrás do líder, faz o que ele diz e vai para onde ele conduz.

Ao orar, você está adiante de Deus, conduzindo-o para onde você quer ir, ou está atrás dele, perguntando aonde ele quer que você vá? É realmente fácil tentar conduzir Deus quando você ora. É fácil esquecer quem é Deus e quem é o seguidor. Mas as palavras "tropeçar no escuro" significam alguma coisa para você? Elas lembram sua vida? Bem, talvez isso aconteça porque você corre na frente da luz. Se você retrocedesse e seguisse a luz, como quem anda no escuro com uma lanterna na mão, então você poderia ver melhor e tropeçar menos.

Siga a Jesus. Não olhe para ele lá atrás e pergunte: "Você está conseguindo me acompanhar?". Retroceda e siga. Descanse. Tenha calma. Espere. E se mexa quando ele se mexer. Quando você seguir a Deus em vez de tentar conduzi-lo, seus passos serão mais confiantes e firmes.

que Jesus chegou, contaram a ele que ela
estava doente. 31 Ele chegou perto dela, se-
gurou a mão dela e ajudou-a a se levantar.
A febre saiu da mulher, e ela começou a
cuidar deles.

Jesus cura muita gente

Mateus 8.16-17; Lucas 4.40-41

32 À tarde, depois do pôr do sol, levaram
até Jesus todos os doentes e as pessoas
que estavam dominadas por demônios.
33 Todo o povo da cidade se reuniu em
frente da casa. 34 Jesus curou muitas pes-
soas de todo tipo de doenças e expulsou
muitos demônios. Ele não deixava que
os demônios falassem, pois eles sabiam
quem Jesus era.

Jesus anuncia o evangelho na Galileia

Lucas 4.42-44

35 De manhã bem cedo, quando ainda
estava escuro, Jesus se levantou, saiu da
cidade, foi para um lugar deserto e ficou
ali orando. 36 Simão e os seus compa-
nheiros procuraram Jesus por toda par-
te. 37 Quando o encontraram, disseram:

— Todos estão procurando o senhor.
38 Jesus respondeu:
— Vamos aos povoados que ficam per-
to daqui, para que eu possa anunciar o
*evangelho ali também, pois foi para isso
que eu vim.
39 Jesus andava por toda a Galileia,
anunciando o evangelho nas *sinagogas
e expulsando demônios.

Jesus cura um leproso

Mateus 8.1-4; Lucas 5.12-16

40 Um leproso chegou perto de Jesus,
ajoelhou-se e disse:
— Senhor, eu sei que o senhor pode me
curar se quiser.
41 Jesus ficou com muita pena dele, to-
cou nele e disse:
— Sim! Eu quero. Você está curado.
42 No mesmo instante a lepra desapa-
receu, e ele ficou curado.
43-44 E Jesus ordenou duramente:
— Olhe! Não conte isso para ninguém,
mas vá pedir ao sacerdote que examine
você. Depois, a fim de provar para todos

que você está curado, vá oferecer o *sa-
crifício que Moisés ordenou.
Então Jesus o mandou embora. 45 Mas o
homem começou a falar muito e espalhou
a notícia. Por isso Jesus não podia mais
entrar abertamente em qualquer cida-
de, mas ficava fora, em lugares desertos.
E gente de toda parte vinha procurá-lo.

Jesus cura um paralítico

Mateus 9.1-8; Lucas 5.17-26

2 Alguns dias depois, Jesus voltou para
a cidade de Cafarnaum, e logo se espa-
lhou a notícia de que ele estava em casa.
2 Muitas pessoas foram até lá, e ajuntou-
-se tanta gente, que não havia lugar nem
mesmo do lado de fora, perto da porta.
Enquanto Jesus estava anunciando a men-
sagem, 3 trouxeram um paralítico. Ele es-
tava sendo carregado por quatro homens,
4 mas, por causa de toda aquela gente, eles
não puderam levá-lo até perto de Jesus.
Então fizeram um buraco no telhado da
casa, em cima do lugar onde Jesus estava,
e pela abertura desceram o doente dei-
tado na sua cama. 5 Jesus viu que eles ti-
nham fé e disse ao paralítico:
— Meu filho, os seus pecados estão
perdoados.
6 Alguns *mestres da Lei que estavam
sentados ali começaram a pensar: 7 "O
que é isso que esse homem está dizen-
do? Isso é *blasfêmia contra Deus! Nin-
guém pode perdoar pecados; só Deus tem
esse poder!"
8 No mesmo instante Jesus soube o que
eles estavam pensando e disse:
— Por que vocês estão pensando essas
coisas? 9 O que é mais fácil dizer ao pa-
ralítico: "Os seus pecados estão perdoa-
dos" ou "Levante-se, pegue a sua cama e
ande"? 10 Pois vou mostrar a vocês que eu,
o *Filho do Homem, tenho poder na terra
para perdoar pecados.
Então disse ao paralítico:
11 — Eu digo a você: levante-se, pegue
a sua cama e vá para casa.
12 No mesmo instante o homem se le-
vantou na frente de todos, pegou a cama
e saiu. Todos ficaram muito admirados e
louvaram a Deus, dizendo:
— Nunca vimos uma coisa assim!

Jesus e Levi

Mateus 9.9-13; Lucas 5.27-32

13 Jesus saiu outra vez e foi para o lago
da Galileia. Muita gente ia procurá-lo, e
ele ensinava a todos. 14 Enquanto estava
caminhando, Jesus viu Levi, filho de Alfeu,
sentado no lugar onde os impostos eram
pagos. Então disse a Levi:
— Venha comigo.
Levi se levantou e foi com ele. 15 Mais
tarde, Jesus estava jantando na casa de
Levi. Junto com Jesus e os seus discípulos
estavam muitos cobradores de impostos e
outras pessoas de má fama que o seguiam.
16 Alguns *mestres da Lei, que eram do par-
tido dos *fariseus, vendo Jesus comer com
aquela gente e com os cobradores de im-
postos, perguntaram aos discípulos:
— Por que ele come e bebe com essa
gente?
17 Jesus ouviu a pergunta e disse aos
mestres da Lei:
— Os que têm saúde não precisam de
médico, mas sim os doentes. Eu vim para
*chamar os pecadores e não os bons.

Jesus e o jejum

Mateus 9.14-17; Lucas 5.33-39

18 Os discípulos de João Batista e os *fa-
riseus estavam jejuando. Algumas pes-
soas chegaram perto de Jesus e disse-
ram a ele:
— Os discípulos de João e os discípulos
dos fariseus jejuam. Por que é que os dis-
cípulos do senhor não jejuam?
19 Jesus respondeu:
— Vocês acham que os convidados de
um casamento jejuam enquanto o noivo
está com eles? Enquanto ele está presen-
te, é claro que não jejuam! 20 Mas chega-
rá o tempo em que o noivo será tirado
do meio deles; então sim eles vão jejuar!
21 — Ninguém usa um retalho de pano
novo para remendar uma roupa velha;
pois o remendo novo encolhe e rasga a
roupa velha, aumentando o buraco. 22 Nin-
guém põe vinho novo em *odres velhos.
Se alguém fizer isso, os odres rebentam,
o vinho se perde, e os odres ficam estra-
gados. Por isso, o vinho novo é posto em
odres novos.

Jesus e o sábado

Mateus 12.1-8; Lucas 6.1-5

23 Num sábado, Jesus e os seus discípu-
los estavam atravessando uma plantação
de trigo. Enquanto caminhavam, os dis-
cípulos iam colhendo espigas. 24 Então al-
guns *fariseus perguntaram a Jesus:
— Por que é que os seus discípulos es-
tão fazendo uma coisa que a nossa *Lei
proíbe fazer no sábado?
25 Jesus respondeu:

— Vocês não leram o que Davi fez,
quando ele e os seus companheiros não
tinham comida e ficaram com fome?
26 Ele entrou na casa de Deus, na época
do *Grande Sacerdote Abiatar, comeu os
pães oferecidos a Deus e os deu também
aos seus companheiros. No entanto, é
contra a nossa Lei alguém comer desses
pães; somente os sacerdotes têm o direi-
to de fazer isso.
27 E Jesus terminou:
— O sábado foi feito para servir as pes-
soas, e não as pessoas para servirem o sá-
bado. 28 Portanto, o *Filho do Homem tem
autoridade até mesmo sobre o sábado.

Jesus e o homem da mão aleijada

Mateus 12.9-14; Lucas 6.6-11

3 Jesus foi outra vez à *sinagoga. Estava
ali um homem que tinha uma das mãos
aleijada. 2 Estavam também na sinagoga
algumas pessoas que queriam acusar Je-
sus de desobedecer à *Lei; por isso fica-
ram espiando Jesus com atenção para ver
se ele ia curar o homem no sábado. 3 Ele
disse para o homem:
— Venha cá!
4 E perguntou aos outros:
— O que é que a nossa Lei diz sobre o
sábado? O que é permitido fazer nesse
dia: o bem ou o mal? Salvar alguém da
morte ou deixar morrer?
Ninguém respondeu nada. 5 Então Je-
sus olhou zangado e triste para eles por-
que não queriam entender. E disse para
o homem:
— Estenda a mão!
O homem estendeu a mão, e ela sarou.
6 Logo depois os *fariseus saíram dali e,
junto com as pessoas do partido de He-
rodes, começaram a fazer planos para
matar Jesus.

Jesus cura outros doentes

7 Jesus e os discípulos foram até o lago
da Galileia. Junto com ele ia muita gente da
Galileia, da Judeia, 8 de Jerusalém, da Idu-
meia, do lado leste do rio Jordão e da re-
gião de Tiro e de Sidom. Todos iam ao en-
contro de Jesus porque ouviam falar a res-
peito das coisas que ele fazia. 9 Jesus pediu
aos discípulos que arranjassem um barco
para ele a fim de não ser esmagado pela
multidão. 10 Pois ele estava curando tanta
gente, que todos os doentes se juntavam
em volta dele para tocá-lo. 11 E as pessoas
que tinham espíritos maus, ao verem Je-
sus, caíam aos pés dele e gritavam:
— O senhor é o Filho de Deus!
12 Mas Jesus proibiu duramente os es-
píritos de dizerem quem ele era.

Jesus escolhe os doze apóstolos

Mateus 10.1-4; Lucas 6.12-16

13 Jesus subiu um monte, chamou os
que ele quis, e eles foram para perto dele.
14 Então escolheu doze homens para fica-
rem com ele e serem enviados para anun-
ciar o *evangelho. A esses doze ele cha-
mou de *apóstolos. 15 Eles receberam au-
toridade para expulsar demônios. 16 Os
doze foram estes: Simão, a quem Jesus
deu o nome de Pedro; 17 Tiago e João, fi-
lhos de Zebedeu (a estes ele deu o nome
de Boanerges, que quer dizer "Filhos do
Trovão"); 18 André, Filipe, Bartolomeu,
Mateus, Tomé, Tiago, filho de Alfeu; Ta-
deu, Simão, o nacionalista; 19 e Judas Isca-
riotes, que traiu Jesus.

O poder de Jesus para expulsar demônios

Mateus 12.22-32; Lucas 11.14-23; 12.10

20 Quando Jesus foi para casa, uma gran-
de multidão se ajuntou de novo, e era tan-
ta gente, que ele e os discípulos não ti-
nham tempo nem para comer. 21 Os pa-
rentes de Jesus souberam disso e foram
buscá-lo porque algumas pessoas esta-
vam dizendo que ele estava louco. 22 Al-
guns *mestres da Lei, que tinham vindo
de Jerusalém, diziam:
— Ele está dominado por *Belzebu, o
chefe dos demônios. É Belzebu que dá
poder a este homem para expulsar de-
mônios.
23 Então Jesus chamou todos e come-
çou a ensiná-los por meio de parábolas.
Ele dizia:
— Como é que Satanás pode expulsar a
si mesmo? 24 O país que se divide em gru-
pos que lutam entre si certamente será
destruído. 25 Se uma família se divide, e as
pessoas que fazem parte dela começam
a lutar entre si, ela será destruída. 26 Se o
reino de Satanás se dividir em grupos, e
esses grupos lutarem entre si, o reino não
continuará a existir, mas será destruído.
27 — Ninguém pode entrar na casa de
um homem forte e roubar os seus bens,
sem primeiro amarrá-lo. Somente assim
essa pessoa poderá levar o que ele tem
em casa.
28 — Eu afirmo a vocês que isto é ver-
dade: os pecados que as pessoas come-
tem ou as *blasfêmias contra Deus pode-
rão ser perdoados. 29 Mas as blasfêmias

DEVOCIONAL

Texto para leitura: **Marcos 3:20-30**

Saiba como se comunicar

Nesta parte das Escrituras, as pessoas estão chamando Jesus de diabo. Elas estão dizendo que o fato de os demônios serem expulsos das pessoas significa que Satanás as está deixando em paz. Elas estão culpando Satanás por toda a obra de Jesus e isso é, evidentemente, blasfêmia (ou seja, qualquer palavra ou ação que insulta ou desvaloriza Deus).

Mas e quando você culpa Satanás pelas coisas que acontecem em sua vida? Quando você diz coisas como: "O diabo está fazendo isso ou aquilo para mim", é possível que esteja culpando Satanás por algo que Deus precisa deixar acontecer em sua vida?

Lembre-se de que Deus disciplina aquele a quem ama. E às vezes, a disciplina pode parecer um ataque do inimigo. É preciso tomar cuidado para não dar tanto crédito assim a Satanás. Ao fazer isso, você pode perder a oportunidade de ver o que Deus está tentando fazer em sua vida. Nem todas as coisas ruins são, de fato, ruins; muitas estão, na verdade, acontecendo para seu bem. Elas a estão purificando, ensinando e levando de volta a Deus. Então, não seja rápida demais para culpar o inimigo por todas as coisas ruins. Ele não tem tanto poder assim sobre você. Não dê ao Espírito Santo qualquer motivo para ficar chateado com você (veja Efésios 4:30), dando aos vilões o crédito quando eles não merecem.

contra o Espírito Santo nunca serão perdoadas porque a culpa desse pecado dura para sempre.
30 Jesus falou assim porque diziam que ele estava dominado por um espírito mau.

A mãe e os irmãos de Jesus

Mateus 12.46-50; Lucas 8.19-21

31 Em seguida a mãe e os irmãos de Jesus chegaram; eles ficaram do lado de fora e mandaram chamá-lo.
32 Muita gente estava sentada em volta dele, e algumas pessoas lhe disseram:

— Escute! A sua mãe e os seus irmãos estão lá fora, procurando o senhor.

33 Jesus perguntou:

— Quem é a minha mãe? E quem são os meus irmãos?

34 Aí olhou para as pessoas que estavam sentadas em volta dele e disse:

— Vejam! Aqui estão a minha mãe e os meus irmãos.
35 Pois quem faz a vontade de Deus é meu irmão, minha irmã e minha mãe.

O semeador

Mateus 13.1-9; Lucas 8.4-8

4 Jesus começou a ensinar outra vez na beira do lago da Galileia. A multidão que se ajuntou em volta dele era tão grande, que ele entrou e sentou-se num barco perto da praia, onde o povo estava.
2 Jesus usava *parábolas para ensinar muitas coisas. Ele dizia:

3 — Escutem! Certo homem saiu para semear.
4 E, quando estava espalhando as sementes, algumas caíram na beira do caminho, e os passarinhos comeram tudo.
5 Outra parte das sementes caiu num lugar onde havia muitas pedras e pouca terra. As sementes brotaram logo porque a terra não era funda.
6 Mas, quando o sol apareceu, queimou as plantas, e elas secaram porque não tinham raízes.
7 Outras sementes caíram no meio de espinhos, que cresceram e sufocaram as plantas. Por isso nada produziram.
8 Mas as sementes que caíram em terra boa brotaram, cresceram e produziram na base de trinta, sessenta e até cem grãos por um.
9 E Jesus terminou, dizendo:

— Se vocês têm ouvidos para ouvir, então ouçam.

Por que Jesus usava parábolas

Mateus 13.10-17; Lucas 8.9-10

10 Quando a multidão foi embora, as

pessoas que ficaram ali começaram, jun-
to com os doze discípulos, a fazer pergun-
tas a Jesus sobre *parábolas.
11 Jesus disse a eles:
— A vocês Deus mostra o segredo do
seu *Reino. Mas para os que estão fora do
Reino tudo é ensinado por meio de pará-
bolas, 12 para que olhem e não enxerguem
nada e para que escutem e não entendam;
se não, eles voltariam para Deus, e ele os
perdoaria.

Jesus explica a parábola do semeador

Mateus 13.18-23; Lucas 8.11-15

13 Então Jesus perguntou:
— Se vocês não entendem essa *pará-
bola, como vão entender as outras?
14 E continuou:
— O semeador semeia a mensagem de
Deus. 15 Algumas pessoas que a ouvem são
como as sementes que caíram na beira do
caminho. Logo que ouvem, Satanás vem e
tira a mensagem que foi semeada no co-
ração delas. 16 Outras pessoas são como as
sementes que foram semeadas onde ha-
via muitas pedras. Quando ouvem a men-
sagem, elas a aceitam logo com alegria;
17 mas depois de pouco tempo essas pes-
soas abandonam a mensagem porque ela
não criou raízes nelas. E, quando por cau-
sa da mensagem chegam os sofrimentos
e as perseguições, elas logo abandonam a
sua fé. 18 Ainda outras são parecidas com
as sementes que foram semeadas no meio
dos espinhos. Elas ouvem a mensagem,
19 mas, quando aparecem as preocupa-
ções deste mundo, a ilusão das riquezas
e outras ambições, estas coisas sufocam
a mensagem, e ela não produz frutos. 20 E
existem aquelas pessoas que são como as
sementes que foram semeadas em terra
boa. Elas ouvem, e aceitam a mensagem,
e produzem uma grande colheita: umas,
trinta; outras, sessenta; e ainda outras,
cem vezes mais do que foi semeado.

A luz

Lucas 8.16-18

21 Jesus continuou:
— Por acaso alguém acende uma lam-
parina para colocá-la debaixo de um cesto
ou de uma cama? Claro que não! Para ilu-
minar bem, ela deve ser colocada no lugar
próprio. 22 Pois tudo o que está escondi-
do será descoberto, e tudo o que está em
segredo será conhecido. 23 Se vocês têm
ouvidos para ouvir, então ouçam.
24 Disse também:
— Cuidado com o que vocês ouvem!
Deus usará para julgar vocês a mesma re-
gra que vocês usarem para julgar os ou-
tros. E com mais dureza ainda! 25 Quem
tem receberá mais; mas quem não tem,
até o pouco que tem será tirado dele.

A semente

26 Jesus disse:
— O *Reino de Deus é como um homem
que joga a semente na terra. 27 Quer ele
esteja acordado, quer esteja dormindo,
ela brota e cresce, sem ele saber como
isso acontece. 28 É a própria terra que dá
o seu fruto: primeiro aparece a planta,
depois a espiga, e, mais tarde, os grãos
que enchem a espiga. 29 Quando as espi-
gas ficam maduras, o homem começa a
cortá-las com a foice, pois chegou o tem-
po da colheita.

A semente de mostarda

Mateus 13.31-32; Lucas 13.18-19

30 Jesus continuou:
— Com o que podemos comparar o
*Reino de Deus? Que *parábola podemos
usar para isso? 31 Ele é como uma semen-
te de mostarda, que é a menor de todas
as sementes. 32 Mas, depois de semeada,
cresce muito até ficar a maior de todas as
plantas. E os seus ramos são tão grandes,
que os passarinhos fazem ninhos entre
as suas folhas.

O uso das parábolas

Mateus 13.34-35

33 Assim, usando muitas *parábolas
como estas, Jesus falava ao povo de um
modo que eles podiam entender. 34 E só
falava com eles usando parábolas, mas ex-
plicava tudo em particular aos discípulos.

Jesus acalma uma tempestade

Mateus 8.23-27; Lucas 8.22-25

35 Naquele dia, de tardinha, Jesus disse
aos discípulos:
— Vamos para o outro lado do lago.
36 Então eles deixaram o povo ali, subi-
ram no barco em que Jesus estava e foram
com ele; e outros barcos o acompanharam.
37 De repente, começou a soprar um ven-
to muito forte, e as ondas arrebentavam
com tanta força em cima do barco, que
ele já estava ficando cheio de água. 38 Je-
sus estava dormindo na parte detrás do
barco, com a cabeça numa almofada. En-
tão os discípulos o acordaram e disseram:
— Mestre! Nós vamos morrer! O se-
nhor não se importa com isso?

39 Então ele se levantou, falou duro com
o vento e disse ao lago:
— Silêncio! Fique quieto!
O vento parou, e tudo ficou calmo. 40 Aí
ele perguntou:
— Por que é que vocês são assim tão
medrosos? Vocês ainda não têm fé?
41 E os discípulos, cheios de medo, di-
ziam uns aos outros:
— Que homem é este que manda até
no vento e nas ondas?!

Jesus cura um homem dominado por espíritos maus

Mateus 8.28-34; Lucas 8.26-39

5 Jesus e os discípulos chegaram à re-
gião de Gerasa, no lado leste do lago da
Galileia. 2 Assim que Jesus saiu do barco,
foi encontrar-se com ele um homem que
estava dominado por um espírito mau. 3 O
homem vinha do cemitério, onde estava
morando. Ninguém conseguia prendê-lo,
nem mesmo usando correntes. 4 Muitas
vezes já tinham amarrado as suas mãos
e os seus pés com correntes de ferro, mas
ele quebrava tudo, e ninguém conseguia
dominá-lo. 5 Passava os dias e as noites
nos montes e entre os túmulos, gritando
e se ferindo de propósito com pedras. 6 Ele
viu Jesus de longe, correu, caiu de joelhos
diante dele 7 e gritou:
— Jesus, Filho do Deus Altíssimo! O que
o senhor quer de mim? Em nome de Deus
eu peço: não me castigue!
8 Ele disse isso porque Jesus havia man-
dado: "Espírito mau, saia desse homem!"
9 Jesus perguntou:
— Como é que você se chama?
Ele respondeu:
— O meu nome é Multidão, porque so-
mos muitos.
10 E pedia com muita insistência a Je-
sus que não expulsasse os espíritos maus
para fora daquela região. 11 Acontece que
num morro perto dali havia muitos por-
cos comendo. 12 Os espíritos pediram a
Jesus com insistência:
— Nos mande ficar naqueles porcos;
nos deixe entrar neles!
13 Ele deixou, e os espíritos saíram do
homem e entraram nos porcos. E estes,
que eram quase dois mil, se atiraram
morro abaixo, para dentro do lago, e se
afogaram.
14 Os homens que estavam toman-
do conta dos porcos fugiram e espalha-
ram a notícia na cidade e nos campos.
Muita gente foi ver o que havia aconteci-
do. 15 Quando chegaram perto de Jesus, vi-
ram o homem que antes estava dominado
por demônios; e ficaram espantados por-
que ele estava sentado, vestido e no seu
perfeito juízo. 16 Os que tinham visto tudo
aquilo lhes contaram o que havia aconte-
cido com o homem e com os porcos. 17 En-
tão começaram a pedir com insistência a
Jesus que saísse da terra deles. 18 Quando
ele estava entrando no barco, o homem
curado pediu com insistência:
— Me deixe ir com o senhor!
19 Mas Jesus não deixou e disse:
— Volte para casa e conte aos seus pa-
rentes o que o Senhor lhe fez e como ele
foi bom para você.
20 Então ele foi embora e contava, na re-
gião das *Dez Cidades, o que Jesus tinha
feito por ele. E todos ficavam admirados.

O pedido de Jairo

Mateus 9.18-19; Lucas 8.40-42

21 Jesus voltou para o lado oeste do lago,
e muitas pessoas foram se encontrar com
ele na praia. 22 Um homem chamado Jairo,
chefe da *sinagoga, foi e se jogou aos pés
de Jesus, 23 pedindo com muita insistência:
— A minha filha está morrendo! Venha
comigo e ponha as mãos sobre ela para
que sare e viva!
24 E Jesus foi com ele. Uma grande mul-
tidão foi junto e o apertava de todos os
lados.

Jesus e a mulher doente

Mateus 9.20-22; Lucas 8.43-48

25 Chegou ali uma mulher que fazia
doze anos que estava com uma hemor-
ragia. 26 Havia gastado tudo o que tinha,
tratando-se com muitos médicos. Estes a
fizeram sofrer muito; mas, em vez de me-
lhorar, ela havia piorado cada vez mais.
27 Ela havia escutado falar de Jesus; en-
tão entrou no meio da multidão e, che-
gando por trás dele, tocou na sua *capa,
28 pois pensava assim: "Se eu apenas to-
car na capa dele, ficarei curada." 29 Logo o
sangue parou de escorrer, e ela teve cer-
teza de que estava curada. 30 No mesmo
instante Jesus sentiu que dele havia saído
poder. Então virou-se no meio da multi-
dão e perguntou:
— Quem foi que tocou na minha capa?
31 Os discípulos responderam:
— O senhor está vendo como esta gen-
te o está apertando de todos os lados e
ainda pergunta isso?

32 Mas Jesus ficou olhando em volta
para ver quem tinha feito aquilo. 33 Então
a mulher, sabendo o que lhe havia acon-
tecido, atirou-se aos pés dele, tremendo
de medo, e contou tudo. 34 E Jesus disse:
— Minha filha, você sarou porque teve
fé. Vá em paz; você está livre do seu so-
frimento.

Jesus e a filha de Jairo

Mateus 9.23-26; Lucas 8.49-56

35 Jesus ainda estava falando, quando
chegaram alguns empregados da casa de
Jairo e disseram:
— Seu Jairo, a menina já morreu. Não
aborreça mais o Mestre.
36 Mas Jesus não se importou com a no-
tícia e disse a Jairo:
— Não tenha medo; tenha fé!
37 Jesus deixou que fossem com ele Pe-
dro e os irmãos Tiago e João, e ninguém
mais. 38 Quando entraram na casa de Jai-
ro, Jesus encontrou ali uma confusão ge-
ral, com todos chorando alto e gritando.
39 Então ele disse:
— Por que tanto choro e tanta confu-
são? A menina não morreu; ela está dor-
mindo.
40 Então eles começaram a caçoar dele.
Mas Jesus mandou que todos saíssem e,
junto com os três discípulos e os pais da
menina, entrou no quarto onde ela esta-
va. 41 Pegou-a pela mão e disse:
— "Talitá cumi!" (Isto quer dizer: "Me-
nina, eu digo a você: Levante-se!")
42 No mesmo instante, a menina, que ti-
nha doze anos, levantou-se e começou a
andar. E todos ficaram muito admirados.
43 Então Jesus ordenou que de jeito ne-
nhum espalhassem a notícia dessa cura.
E mandou que dessem comida à menina.

Jesus em Nazaré

Mateus 13.53-58; Lucas 4.16-30

6 Jesus voltou com os seus discípulos
para a cidade de Nazaré, onde ele tinha
morado. 2 No sábado começou a ensinar na
*sinagoga. Muitos que o estavam escutando
ficaram admirados e perguntaram:
— De onde é que este homem conse-
gue tudo isso? De onde vem a sabedoria
dele? Como é que faz esses milagres? 3 Por
acaso ele não é o carpinteiro, filho de Ma-
ria? Não é irmão de Tiago, José, Judas e
Simão? As suas irmãs não moram aqui?
Por isso ficaram desiludidos com ele.
4 Mas Jesus disse:
— Um *profeta é respeitado em toda
parte, menos na sua terra, entre os seus
parentes e na sua própria casa.
5 Ele não pôde fazer milagres em Naza-
ré, a não ser curar alguns doentes, pon-
do as mãos sobre eles. 6 E ficou admirado
com a falta de fé que havia ali.

A missão dos doze discípulos

Mateus 10.5-15; Lucas 9.1-6

Jesus ensinava nos povoados que ha-
via perto dali. 7 Ele chamou os doze dis-
cípulos e os enviou dois a dois, dando-
-lhes autoridade para expulsar espíritos
maus. 8 Deu ordem para não levarem nada
na viagem, somente uma bengala para se
apoiar. Não deviam levar comida, nem sa-
cola, nem dinheiro. 9 Deviam calçar sandá-
lias e não levar nem uma *túnica a mais.
10 Disse ainda:
— Quando vocês entrarem numa cida-
de, fiquem hospedados na casa em que fo-
rem recebidos até saírem daquela cidade.
11 Mas, se em algum lugar as pessoas não
quiserem recebê-los, nem ouvi-los, vão
embora. E na saída sacudam o pó das suas
sandálias, como sinal de protesto contra
aquela gente.
12 Então os discípulos foram e anun-
ciaram que todos deviam se arrepender
dos seus pecados. 13 Eles expulsavam mui-
tos demônios e curavam muitos doentes,
pondo azeite na cabeça deles.

A morte de João Batista

Mateus 14.1-12; Lucas 9.7-9

14 O rei Herodes ouviu falar de tudo isso
porque a fama de Jesus se havia espalha-
do por toda parte. Alguns diziam:
— Esse homem é João Batista, que foi
ressuscitado! Por isso esse homem tem
poder para fazer milagres.
15 Outros diziam que ele era Elias. Mas
alguns afirmavam:
— Ele é *profeta, como um daqueles
profetas antigos.
16 Quando Herodes ouviu isso, disse:
— Ele é João Batista! Eu mandei cortar
a cabeça dele, e agora ele foi ressuscitado!
17 Pois tinha sido Herodes mesmo quem
havia mandado prender João, amarrar
as suas mãos e jogá-lo na cadeia. Ele ha-
via feito isso por causa de Herodias, com
quem havia casado, embora ela fosse es-
posa do seu irmão Filipe. 18 Por isso João
tinha dito muitas vezes a Herodes: "Pela
nossa *Lei você é proibido de casar com
a esposa do seu irmão!"
19 Herodias estava furiosa com João

DEVOCIONAL

Texto para leitura: **Marcos 6:1-6**

Conheça a si mesma

"Eu confio em Deus, mas não confio em mim mesma." Tratando-se de sua vida e das necessidades que tem, você crê na Palavra de Deus? Você confia em tudo o que ele diz, mas, por saber bem quem você é, simplesmente não tem certeza de que fará as coisas da forma correta?

É fácil saber com certeza quem é Jesus e conhecer o poder que ele tem, mas, mesmo assim, não ter certeza sobre quem você é. Mas cuidado ao pensar assim. A verdade é que você sabe com certeza quem é: sabe exatamente o que *não pode* fazer. O que você realmente está fazendo é duvidando de Jesus. Quando tem medo do futuro e se preocupa com o que você fará, o que vestirá e como sobreviverá, você não está apenas duvidando de si mesma, mas está duvidando dele. Quando acha que simplesmente não pode fazer algo ou sobreviver a algo, você precisa confessar sua dúvida — não sua dúvida sobre suas próprias habilidades, mas sobre as de Deus. Você precisa dizer: "Deus, eu confesso que não confio em ti. Eu não tenho realmente crido em tua Palavra e estou muito chateada por causa disso. Por favor, perdoa-me e ajuda-me a confiar que o que dizes é verdade, e que tu és Deus, aquele que provê e supre todas as minhas necessidades". Assim como Jesus não pôde realizar muitos milagres na cidade natal dele, onde muitos duvidaram, Deus só pode realizar algum milagre em sua vida quando você crer que ele pode e irá realizá-lo.

e queria matá-lo. Mas não podia
20 porque Herodes tinha medo dele, pois sabia que ele era um homem bom e dedicado a Deus. Por isso Herodes protegia João. E, quando o ouvia falar, ficava sem saber o que fazer, mas mesmo assim gostava de escutá-lo.
21 Porém no dia do aniversário de Herodes apareceu a ocasião que Herodias estava esperando. Nesse dia Herodes deu um banquete para as pessoas importantes do seu governo: altos funcionários, chefes militares e autoridades da Galileia.
22 Durante o banquete a filha de Herodias entrou no salão e dançou. Herodes e os seus convidados gostaram muito da dança. Então o rei disse à moça:

— Peça o que quiser, e eu lhe darei.

23 E jurou:

— Prometo que darei o que você pedir, mesmo que seja a metade do meu reino!

24 Ela foi perguntar à sua mãe o que devia pedir. E a mãe respondeu:

— Peça a cabeça de João Batista.

25 No mesmo instante a moça voltou depressa aonde estava o rei e pediu:

— Quero a cabeça de João Batista num prato, agora mesmo!

26 Herodes ficou muito triste, mas, por causa do juramento que havia feito na frente dos convidados, não pôde deixar de atender o pedido da moça.
27 Mandou imediatamente um soldado da guarda trazer a cabeça de João. O soldado foi à cadeia, cortou a cabeça de João,
28 pôs num prato e deu à moça. E ela a entregou à sua mãe.
29 Quando os discípulos de João souberam disso, vieram, levaram o corpo dele e o sepultaram.

Jesus alimenta uma multidão

Mateus 14.13-21; Lucas 9.10-17; João 6.1-14

30 Os *apóstolos voltaram e contaram a Jesus tudo o que tinham feito e ensinado.
31 Havia ali tanta gente, chegando e saindo, que Jesus e os apóstolos não tinham tempo nem para comer. Então ele lhes disse:

— Venham! Vamos sozinhos para um lugar deserto a fim de descansarmos um pouco.

32 Então foram sozinhos de barco para

um lugar deserto. 33 Porém muitas pessoas os viram sair e os reconheceram. De todos os povoados, muitos correram pela margem e chegaram lá antes deles. 34 Quando Jesus desceu do barco, viu a multidão e teve pena daquela gente porque pareciam ovelhas sem pastor. E começou a ensinar muitas coisas.

35 De tardinha, os discípulos chegaram perto de Jesus e disseram:

— Já é tarde, e este lugar é deserto. 36 Mande esta gente embora, a fim de que vão aos sítios e povoados de perto daqui e comprem alguma coisa para comer.

37 Mas Jesus respondeu:

— Deem vocês mesmos comida a eles.

Os discípulos disseram:

— Para comprarmos pão para toda esta gente, nós precisaríamos de duzentas moedas de prata.

38 Jesus perguntou:

— Quantos pães vocês têm? Vão ver.

Os discípulos foram ver e disseram:

— Temos cinco pães e dois peixes.

39 Então Jesus mandou o povo sentar-se em grupos na grama verde. 40 Todos se sentaram em grupos de cem e de cinquenta. 41 Aí Jesus pegou os cinco pães e os dois peixes, olhou para o céu e deu graças a Deus. Depois partiu os pães e os entregou aos discípulos para que eles distribuíssem ao povo. E também dividiu os dois peixes com todos. 42 Todos comeram e ficaram satisfeitos. 43 E os discípulos ainda recolheram doze cestos cheios de pedaços de pão e de peixe. 44 Foram cinco mil os homens que comeram os pães.

Jesus anda em cima da água

Mateus 14.22-33; João 6.15-21

45 Logo depois, Jesus ordenou aos discípulos que subissem no barco e fossem na frente para o povoado de Betsaida, no lado leste do lago, enquanto ele mandava o povo embora. 46 Depois de se despedir dos discípulos, Jesus subiu um monte a fim de orar ali. 47 Quando chegou a noite, o barco estava no meio do lago, e Jesus estava em terra, sozinho. 48 Ele viu que os discípulos estavam remando com dificuldade porque o vento soprava contra eles. Já de madrugada, entre as três e as seis horas, Jesus foi até lá, andando em cima da água, e ia passar adiante deles.

49 Quando viram Jesus andando em cima da água, os discípulos pensaram que ele era um fantasma e começaram a gritar. 50 Todos ficaram apavorados com o que viram. Mas logo Jesus falou com eles, dizendo:

— Coragem, sou eu! Não tenham medo!

51 Aí subiu no barco com eles, e o vento se acalmou. Os discípulos estavam completamente apavorados. 52 É que a mente deles estava fechada, e eles não tinham entendido o milagre dos pães.

Jesus cura em Genesaré

Mateus 14.34-36

53 Jesus e os discípulos atravessaram o lago e chegaram à região de Genesaré, onde amarraram o barco na praia. 54 Quando desceram do barco, o povo logo reconheceu Jesus. 55 Então, eles saíram correndo por toda aquela região, começaram a trazer os doentes em camas e os levavam para o lugar onde sabiam que Jesus estava. 56 Em todos os lugares aonde ele ia, isto é, nos povoados, nas cidades e nas fazendas, punham os doentes nas praças e pediam a Jesus que os deixasse pelo menos tocar na barra da sua roupa. E todos os que tocavam nela ficavam curados.

Jesus e a tradição dos judeus

Mateus 15.1-9

7 Alguns *fariseus e alguns *mestres da Lei que tinham vindo de Jerusalém reuniram-se em volta de Jesus. 2 Eles viram que alguns dos discípulos dele estavam comendo com mãos *impuras, quer dizer, não tinham lavado as mãos como os fariseus mandavam o povo fazer.

3 (Os judeus, e especialmente os fariseus, seguem os ensinamentos que receberam dos antigos: eles só comem depois de lavar as mãos com bastante cuidado. 4 E, antes de comer, lavam tudo o que vem do mercado. Seguem ainda muitos outros costumes, como a maneira certa de lavar copos, jarros, vasilhas de metal e camas.)

5 Os fariseus e os mestres da Lei perguntaram a Jesus:

— Por que é que os seus discípulos não obedecem aos ensinamentos dos antigos e comem sem lavar as mãos?

6 Jesus respondeu:

— Hipócritas! Como Isaías estava certo quando falou a respeito de vocês! Ele escreveu assim:

"Deus disse:
Este povo com a sua boca diz
que me respeita,
mas na verdade o seu coração

está longe de mim.
7 A adoração deste povo é inútil,
pois eles ensinam *leis humanas
como se fossem mandamentos de
Deus."

8 E continuou:
— Vocês abandonam o mandamento
de Deus e obedecem a ensinamentos hu-
manos.
9 E Jesus terminou, dizendo:
— Vocês arranjam sempre um jeito de
pôr de lado o mandamento de Deus, para
seguir os seus próprios ensinamentos.
10 Pois Moisés ordenou: "Respeite o seu
pai e a sua mãe." E disse também: "Que
seja morto aquele que amaldiçoar o seu
pai ou a sua mãe!" 11 Mas vocês ensinam
que, se alguém tem alguma coisa que po-
deria usar para ajudar os seus pais, mas
diz: "Eu dediquei isto a Deus", 12 então ele
não precisa ajudar os seus pais. 13 Assim
vocês desprezam a palavra de Deus, tro-
cando-a por ensinamentos que passam
de pais para filhos. E vocês fazem muitas
outras coisas como esta.

Jesus fala sobre a impureza
Mateus 15.10-20

14 Jesus chamou outra vez a multidão
e disse:
— Escutem todos o que eu vou dizer
e entendam! 15 Tudo o que vem de fora e
entra numa pessoa não faz com que ela fi-
que *impura, mas o que sai de dentro, isto
é, do coração da pessoa, é que faz com
que ela fique impura. 16 [Se vocês têm ou-
vidos para ouvir, então ouçam.]
17 Quando Jesus se afastou da multi-
dão e entrou em casa, os seus discípulos
lhe perguntaram o que queria dizer essa
comparação. 18 Então ele disse:
— Vocês são como os outros; não en-
tendem nada! Aquilo que entra pela boca
da pessoa não pode fazê-la ficar impura,
19 porque não vai para o coração, mas para
o estômago, e depois sai do corpo.
Com isso Jesus quis dizer que todos os
tipos de alimento podem ser comidos.
20 Ele continuou:
— O que sai da pessoa é o que a faz fi-
car impura. 21 Porque é de dentro, do co-
ração, que vêm os maus pensamentos, a
imoralidade sexual, os roubos, os crimes
de morte, 22 os adultérios, a avareza, as
maldades, as mentiras, as imoralidades, a
inveja, a calúnia, o orgulho e o falar e agir
sem pensar nas consequências. 23 Tudo
isso vem de dentro e faz com que as pes-
soas fiquem impuras.

A mulher estrangeira
Mateus 15.21-28

24 Jesus saiu dali e foi para a região que
fica perto da cidade de Tiro. Ele entrou
numa casa e não queria que soubessem
que estava ali, mas não pôde se esconder.
25 Certa mulher, que tinha uma filha que
estava dominada por um espírito mau,
ouviu falar a respeito de Jesus. Ela veio e
se ajoelhou aos pés dele. 26 Era estrangei-
ra, de nacionalidade siro-fenícia, e pediu
que Jesus expulsasse da sua filha o demô-
nio. 27 Mas Jesus lhe disse:
— Deixe que os filhos comam primei-
ro. Não está certo tirar o pão dos filhos e
jogá-lo para os cachorros.
28 — Mas, senhor, — respondeu a mu-
lher — até mesmo os cachorrinhos que
ficam debaixo da mesa comem as miga-
lhas de pão que as crianças deixam cair.
29 Jesus disse:
— Por causa dessa resposta você pode
voltar para casa; o demônio já saiu da sua
filha.
30 Quando a mulher voltou para casa,
encontrou a criança deitada na cama; de
fato, o demônio tinha saído dela.

Jesus e o surdo-mudo

31 Jesus saiu da região que fica perto da
cidade de Tiro, passou por Sidom e pela
região das *Dez Cidades e chegou ao lago
da Galileia. 32 Algumas pessoas trouxeram
um homem que era surdo e quase não po-
dia falar e pediram a Jesus que pusesse a
mão sobre ele. 33 Jesus o tirou do meio da
multidão e pôs os dedos nos ouvidos dele.
Em seguida cuspiu e colocou um pouco
da saliva na língua do homem. 34 Depois
olhou para o céu, deu um suspiro profun-
do e disse ao homem:
— "Efatá!" (Isto quer dizer: "Abra-se!")
35 E naquele momento os ouvidos do
homem se abriram, a sua língua se sol-
tou, e ele começou a falar sem dificulda-
de. 36 Jesus ordenou a todos que não con-
tassem para ninguém o que tinha acon-
tecido; porém, quanto mais ele ordenava,
mais eles falavam do que havia aconteci-
do. 37 E todas as pessoas que o ouviam fi-
cavam muito admiradas e diziam:
— Tudo o que faz ele faz bem; ele até
mesmo faz com que os surdos ouçam e
os mudos falem!

Jesus alimenta outra multidão

Mateus 15.32-39

8 Pouco tempo depois, ajuntou-se outra
vez uma grande multidão. Como eles
não tinham nada para comer, Jesus cha-
mou os discípulos e disse:
2 — Estou com pena dessa gente porque
já faz três dias que eles estão comigo e
não têm nada para comer. 3 Se eu os man-
dar para casa com fome, eles vão cair de
fraqueza pelo caminho, pois alguns vie-
ram de longe.
4 Os discípulos perguntaram:
— Como vamos encontrar, neste lugar
deserto, comida que dê para toda essa
gente?
5 — Quantos pães vocês têm? — per-
guntou Jesus.
— Sete! — responderam eles.
6 Aí Jesus mandou o povo sentar-se no
chão. Depois pegou os sete pães e deu
graças a Deus. Então os partiu e os en-
tregou aos discípulos, e eles os distribuí-
ram ao povo. 7 Eles tinham também alguns
peixinhos. Jesus deu graças a Deus por
eles e mandou que os discípulos os dis-
tribuíssem. 8 Todos comeram e ficaram
satisfeitos; e os discípulos ainda enche-
ram sete cestos com os pedaços que so-
braram. 9 As pessoas que comeram eram
mais ou menos quatro mil.
Jesus mandou o povo embora, 10 e, logo
depois, subiu no barco com os seus discí-
pulos, e foi para a região de Dalmanuta.

Os fariseus pedem um milagre

Mateus 12.38-42; 16.1-4; Lucas 11.29-32

11 Alguns *fariseus chegaram e começa-
ram a falar com Jesus. Eles queriam con-
seguir alguma prova contra ele e por isso
pediram que ele fizesse um milagre para
mostrar que o seu poder vinha mesmo
de Deus. 12 Jesus deu um grande suspiro
e disse:
— Por que as pessoas de hoje pedem
um milagre? Eu afirmo a vocês que isto é
verdade: nenhum milagre será feito para
estas pessoas.
13 Então Jesus foi embora. Ele subiu no
barco e voltou para o lado leste do lago.

O fermento dos fariseus e o fermento de Herodes

Mateus 16.5-12

14 Os discípulos haviam esquecido de
levar pão e só tinham um pão no barco.
15 Jesus chamou a atenção deles, dizendo:
— Fiquem alertas e tomem cuidado
com o fermento dos *fariseus e com o
fermento de Herodes!
16 Aí os discípulos começaram a dizer
uns aos outros:
— Ele está dizendo isso porque não te-
mos pão.
17 Jesus ouviu o que eles estavam dizen-
do e perguntou:
— Por que vocês estão discutindo por
não terem pão? Vocês não sabem e não
entendem o que eu disse? Por que são tão
duros para entender as coisas? 18 Vocês
têm olhos e não enxergam? Têm ouvidos
e não escutam? Não lembram 19 dos cinco
pães que eu parti para cinco mil pessoas?
Quantos cestos cheios de pedaços vocês
recolheram?
Eles responderam:
— Doze.
20 Jesus perguntou outra vez:
— E, quando eu parti os sete pães para
quatro mil pessoas, quantos cestos cheios
de pedaços vocês recolheram?
Eles responderam:
— Sete.
21 Então Jesus perguntou:
— Será que vocês ainda não entendem?

Jesus e o cego de Betsaida

22 Depois Jesus e os discípulos chega-
ram ao povoado de Betsaida. Algumas
pessoas trouxeram um cego e pediram a
Jesus que tocasse nele. 23 Ele pegou o cego
pela mão e o levou para fora do povoado.
Então cuspiu, passou a saliva nos olhos do
homem, pôs a mão sobre ele e perguntou:
— Você está vendo alguma coisa?
24 O homem olhou e disse:
— Vejo pessoas; elas parecem árvores,
mas estão andando.
25 Jesus pôs outra vez as mãos sobre os
olhos dele. Dessa vez o cego olhou firme e
ficou curado; aí começou a ver tudo muito
bem. 26 Em seguida, Jesus mandou o ho-
mem para casa e ordenou:
— Não volte para o povoado!

A afirmação de Pedro

Mateus 16.13-20; Lucas 9.18-21

27 Depois Jesus e os seus discípulos fo-
ram para os povoados que ficam perto de
Cesareia de Filipe. No caminho, ele lhes
perguntou:
— Quem o povo diz que eu sou?
28 Os discípulos responderam:
— Alguns dizem que o senhor é João

Batista; outros, que é Elias; e outros, que
é um dos *profetas.
29 — E vocês? Quem vocês dizem que
eu sou? — perguntou Jesus.
— O senhor é o *Messias! — respon-
deu Pedro.
30 Então Jesus proibiu os discípulos de
contarem isso a qualquer pessoa.

Jesus fala da sua morte e da sua ressurreição

Mateus 16.21-28; Lucas 9.22-27

31 Jesus começou a ensinar os discípu-
los, dizendo:
— O *Filho do Homem terá de sofrer
muito. Ele será rejeitado pelos líderes ju-
deus, pelos chefes dos sacerdotes e pelos
*mestres da Lei. Será morto e, três dias
depois, ressuscitará.
32 Jesus dizia isso com toda a clareza.
Então Pedro o levou para um lado e co-
meçou a repreendê-lo. 33 Jesus virou-se,
olhou para os discípulos e repreendeu
Pedro, dizendo:
— Saia da minha frente, Satanás! Você
está pensando como um ser humano pen-
sa e não como Deus pensa.
34 Aí Jesus chamou a multidão e os dis-
cípulos e disse:
— Se alguém quer ser meu seguidor,
que esqueça os seus próprios interesses,
esteja pronto para morrer como eu vou
morrer e me acompanhe. 35 Pois quem põe
os seus próprios interesses em primeiro
lugar nunca terá a vida verdadeira; mas
quem esquece a si mesmo por minha cau-
sa e por causa do *evangelho terá a vida
verdadeira. 36 O que adianta alguém ga-
nhar o mundo inteiro, mas perder a vida
verdadeira? 37 Pois não há nada que pode-
rá pagar para ter de volta essa vida. 38 Por-
tanto, se nesta época de incredulidade e
maldade alguém tiver vergonha de mim
e dos meus ensinamentos, então o Filho
do Homem, quando vier na *glória do seu
Pai com os santos anjos, também terá ver-
gonha dessa pessoa.
9 E Jesus terminou, dizendo:
— Eu afirmo a vocês que isto é ver-
dade: estão aqui algumas pessoas que
não morrerão antes de verem o *Reino
de Deus chegar com poder.

Jesus, Moisés e Elias

Mateus 17.1-13; Lucas 9.28-36

2 Seis dias depois, Jesus foi para um
monte alto, levando consigo somen-
te Pedro, Tiago e João. Ali, eles viram a
aparência de Jesus mudar. 3 A sua roupa
ficou muito branca e brilhante, mais do
que qualquer lavadeira seria capaz de
deixar. 4 E os três discípulos viram Elias
e Moisés conversando com Jesus. 5 Então
Pedro disse a Jesus:
— Mestre, como é bom estarmos aqui!
Vamos armar três barracas: uma para o se-
nhor, outra para Moisés e outra para Elias.
6 Pedro não sabia o que deveria dizer,
pois ele e os outros dois discípulos esta-
vam apavorados. 7 Logo depois, uma nuvem
os cobriu, e dela veio uma voz, que disse:
— Este é o meu Filho querido. Escutem
o que ele diz!
8 Aí os discípulos olharam em volta e
viram somente Jesus com eles.
9 Quando estavam descendo do monte,
Jesus mandou que não contassem a nin-
guém o que tinham visto, até que o *Filho
do Homem ressuscitasse. 10 Eles obedece-
ram à ordem, mas discutiram entre si so-
bre o que queria dizer essa ressurreição.
11 Então perguntaram a Jesus:
— Por que os *mestres da Lei dizem
que Elias deve vir primeiro?
12 Ele respondeu:
— É verdade que Elias vem primeiro
para preparar tudo. Mas por que é que as
*Escrituras Sagradas afirmam que o Filho
do Homem vai sofrer muito e ser rejeita-
do? 13 Eu afirmo a vocês que Elias já veio,
e o maltrataram como quiseram, confor-
me as Escrituras dizem a respeito dele.

A cura de um menino

Mateus 17.14-20; Lucas 9.37-43a

14 Quando eles chegaram perto dos ou-
tros discípulos, viram uma grande multi-
dão em volta deles e alguns *mestres da
Lei discutindo com eles. 15 Quando o povo
viu Jesus, todos ficaram admirados e cor-
reram logo para o cumprimentarem. 16 Je-
sus perguntou aos discípulos:
— O que é que vocês estão discutin-
do com eles?
17 Um homem que estava na multidão
respondeu:
— Mestre, eu trouxe o meu filho para
o senhor, porque ele está dominado por
um espírito mau e não pode falar. 18 Sem-
pre que o espírito ataca o meu filho, jo-
ga-o no chão, e ele começa a espumar e a
ranger os dentes; e ele está ficando cada
vez mais fraco. Já pedi aos discípulos do
senhor que expulsassem o espírito, mas
eles não conseguiram.

19 Jesus disse:
— Gente sem fé! Até quando ficarei
com vocês? Até quando terei de aguen-
tá-los? Tragam o menino aqui.
20 Quando o levaram, o espírito viu Je-
sus e sacudiu com força o menino. Ele
caiu e começou a rolar no chão, espu-
mando pela boca.
21 Aí Jesus perguntou ao pai:
— Quanto tempo faz que o seu filho
está assim?
O pai respondeu:
— Ele está assim desde pequeno.
22 Muitas vezes o espírito o joga no fogo
e na água para matá-lo. Mas, se o senhor
pode, então nos ajude. Tenha pena de nós!
23 Jesus respondeu:
— Se eu posso? Tudo é possível para
quem tem fé.
24 Então o pai gritou:
— Eu tenho fé! Ajude-me a ter mais fé
ainda!
25 Quando Jesus viu que muita gente es-
tava se juntando ao redor dele, ordenou
ao espírito mau:
— Espírito surdo-mudo, saia desse me-
nino e nunca mais entre nele!
26 O espírito gritou, sacudiu o menino
e saiu dele, deixando-o como morto. Por
isso todos diziam que ele havia morrido.
27 Mas Jesus pegou o menino pela mão e
o ajudou a ficar de pé.
28 Quando Jesus entrou em casa, os seus
discípulos lhe perguntaram em particular:
— Por que foi que nós não pudemos
expulsar aquele espírito?
29 Jesus respondeu:
— Este tipo de espírito só pode ser ex-
pulso com oração.

Jesus fala outra vez da sua morte e da sua ressurreição

Mateus 17.22-23; Lucas 9.43b-45

30 Jesus e os discípulos saíram daque-
le lugar e continuaram atravessando a
Galileia. Jesus não queria que ninguém
soubesse onde ele estava 31 *porque* esta-
va ensinando os discípulos. Ele lhes dizia:
— O *Filho do Homem será entregue
nas mãos dos homens, e eles vão matá-
-lo; mas três dias depois ele ressuscitará.
32 Eles não entendiam o que Jesus dizia,
mas tinham medo de perguntar.

Quem é o mais importante

Mateus 18.1-5; Lucas 9.46-48

33 Jesus e os discípulos chegaram à ci-
dade de Cafarnaum. Quando já estavam
em casa, Jesus perguntou aos doze dis-
cípulos:
— O que é que vocês estavam discutin-
do no caminho?
34 Mas eles ficaram calados porque no
caminho tinham discutido sobre qual de-
les era o mais importante.
35 Jesus sentou-se, chamou os doze e
lhes disse:
— Se alguém quer ser o primeiro, deve
ficar em último lugar e servir a todos.
36 Aí segurou uma criança e a pôs no
meio deles. E, abraçando-a, disse aos dis-
cípulos:
37 — Aquele que, por ser meu segui-
dor, receber uma criança como esta es-
tará também me recebendo. E quem me
receber não recebe somente a mim, mas
também aquele que me enviou.

Quem não é contra nós é por nós

Lucas 9.49-50

38 João disse:
— Mestre, vimos um homem que ex-
pulsa demônios pelo poder do nome do
senhor, mas nós o proibimos de fazer isso
porque ele não é do nosso grupo.
39 Jesus respondeu:
— Não o proíbam, pois não há nin-
guém que faça milagres pelo poder do
meu nome e logo depois seja capaz de fa-
lar mal de mim. 40 Porque quem não é con-
tra nós é por nós. 41 Eu afirmo a vocês que
isto é verdade: quem der um copo de água
a vocês, porque vocês são de Cristo, com
toda a certeza receberá a sua recompensa.

O perigo do pecado

Mateus 18.6-9; Lucas 17.1-2

42 Jesus continuou:
— Quanto a estes pequeninos que
creem em mim, se alguém for culpado
de um deles me abandonar, seria melhor
para essa pessoa que ela fosse jogada no
mar, com uma pedra grande amarrada no
pescoço. 43 Se uma das suas mãos faz com
que você peque, corte-a fora! Pois é me-
lhor você entrar na vida eterna com uma
só mão do que ter as duas e ir para o in-
ferno, onde o fogo nunca se apaga. 44 [Ali
os vermes que devoram não morrem, e
o fogo nunca se apaga.] 45 Se um dos seus
pés faz com que você peque, corte-o fora!
Pois é melhor você entrar na vida eter-
na aleijado do que ter os dois pés e ser
jogado no inferno. 46 [Ali os vermes que
devoram não morrem, e o fogo nunca se
apaga.] 47 Se um dos seus olhos faz com

que você peque, arranque-o! Pois é me-
lhor você entrar no *Reino de Deus com
um olho só do que ter os dois e ser joga-
do no inferno. 48 Ali os vermes que devo-
ram não morrem, e o fogo nunca se apaga.
49 — Pois todas as pessoas serão *puri-
ficadas pelo fogo, assim como os *sacrifí-
cios são purificados pelo sal. 50 O sal é uma
coisa útil; mas, se perder o gosto, como é
que vocês poderão lhe dar gosto de novo?
Tenham sal em vocês mesmos e vivam em
paz uns com os outros.

Jesus fala sobre o divórcio

Mateus 5.31-32; 19.1-12; Lucas 16.18

10 Jesus saiu daquele lugar e foi para
a região da Judeia que fica no lado
leste do rio Jordão. Uma grande multi-
dão se ajuntou outra vez em volta dele, e
ele ensinava todos, como era o seu cos-
tume. 2 Alguns *fariseus, querendo conse-
guir uma prova contra ele, perguntaram:
— De acordo com a nossa *Lei, um ho-
mem pode mandar a sua esposa embora?
3 Jesus respondeu com esta pergunta:
— O que foi que Moisés mandou?
4 Eles responderam:
— Moisés permitiu ao homem dar à
sua esposa um documento de divórcio e
mandá-la embora.
5 Então Jesus disse:
— Moisés escreveu esse mandamento
para vocês por causa da dureza do co-
ração de vocês. 6 Mas no começo, quan-
do foram criadas todas as coisas, foi dito:
"Deus os fez homem e mulher. 7 Por isso o
homem deixa o seu pai e a sua mãe para
se unir com a sua mulher, 8 e os dois se
tornam uma só pessoa." Assim, já não são
duas pessoas, mas uma só. 9 Portanto, que
ninguém separe o que Deus uniu.
10 Quando já estavam em casa, os discí-
pulos tornaram a fazer perguntas sobre
esse assunto. 11 E Jesus respondeu:
— O homem que mandar a sua esposa
embora e casar com outra mulher esta-
rá cometendo adultério contra a sua es-
posa. 12 E, se a mulher mandar o seu ma-
rido embora e casar com outro homem,
ela também estará cometendo adultério.

Jesus e as crianças

Mateus 19.13-15; Lucas 18.15-17

13 Depois disso, algumas pessoas le-
varam as suas crianças a Jesus para que
ele as abençoasse, mas os discípulos re-
preenderam aquelas pessoas. 14 Quando
viu isso, Jesus não gostou e disse:
— Deixem que as crianças venham a
mim e não proíbam que elas façam isso,
pois o *Reino de Deus é das pessoas que
são como estas crianças. 15 Eu afirmo a vo-
cês que isto é verdade: quem não receber
o Reino de Deus como uma criança nunca
entrará nele.
16 Então Jesus abraçou as crianças e as
abençoou, pondo as mãos sobre elas.

O moço rico

Mateus 19.16-30; Lucas 18.18-30

17 Quando Jesus estava saindo de via-
gem, um homem veio correndo, ajoelhou-
-se na frente dele e perguntou:
— Bom Mestre, o que devo fazer para
conseguir a vida eterna?
18 Jesus respondeu:
— Por que você me chama de bom? Só
Deus é bom, e mais ninguém. 19 Você co-
nhece os mandamentos: "Não mate, não
cometa adultério, não roube, não dê falso
testemunho contra ninguém, não tire nada
dos outros, respeite o seu pai e a sua mãe."
20 — Mestre, desde criança eu tenho
obedecido a todos esses mandamentos!
— respondeu o homem.
21 Jesus olhou para ele com amor e
disse:
— Falta mais uma coisa para você fa-
zer: vá, venda tudo o que tem e dê o di-
nheiro aos pobres e assim você terá ri-
quezas no céu. Depois venha e me siga.
22 Quando o homem ouviu isso, fechou
a cara; e, porque era muito rico, foi em-
bora triste. 23 Jesus então olhou para os
seus discípulos, que estavam em volta
dele, e disse:
— Como é difícil os ricos entrarem no
*Reino de Deus!
24 Quando ouviram isso, os discípulos
ficaram espantados, mas Jesus continuou:
— Meus filhos, como é difícil entrar no
Reino de Deus! 25 É mais difícil um rico en-
trar no Reino de Deus do que um camelo
passar pelo fundo de uma agulha.
26 Quando ouviram isso, os discípulos
ficaram espantadíssimos e perguntavam
uns aos outros:
— Então, quem é que pode se salvar?
27 Jesus olhou para eles e disse:
— Para os seres humanos isso não é
possível; mas, para Deus, é. Pois, para
Deus, tudo é possível.
28 Aí Pedro disse:
— Veja! Nós deixamos tudo e seguimos
o senhor.
29 Jesus respondeu:

— Eu afirmo a vocês que isto é verda-
de: aquele que, por causa de mim e do
*evangelho, deixar casa, irmãos, irmãs,
mãe, pai, filhos ou terras 30 receberá mui-
to mais, ainda nesta vida. Receberá cem
vezes mais casas, irmãos, irmãs, mães,
filhos, terras e também perseguições. E
no futuro receberá a vida eterna. 31 Mui-
tos que agora são os primeiros serão os
últimos, e muitos que agora são os últi-
mos serão os primeiros.

Jesus anuncia outra vez a sua morte e a sua ressurreição

Mateus 20.17-19; Lucas 18.31-34

32 Jesus e os discípulos iam pela estra-
da, subindo para Jerusalém. Ele caminha-
va na frente, e os discípulos, espantados,
iam atrás dele; as outras pessoas que iam
com eles estavam com medo. Então Je-
sus chamou outra vez os discípulos para
um lado e começou a falar sobre o que ia
acontecer com ele. Jesus disse:
33 — Escutem! Nós estamos indo para
Jerusalém, onde o *Filho do Homem será
entregue aos chefes dos sacerdotes e aos
*mestres da Lei. Eles o condenarão à mor-
te e o entregarão aos não judeus. 34 Estes
vão zombar dele, cuspir nele, bater nele
e matá-lo; mas três dias depois ele res-
suscitará.

O pedido de Tiago e João

Mateus 20.20-28

35 Depois Tiago e João, filhos de Zebe-
deu, chegaram perto de Jesus e disseram:
— Mestre, queremos lhe pedir um favor.
36 — O que vocês querem que eu faça
para vocês? — perguntou Jesus.
37 Eles responderam:
— Quando o senhor sentar-se no tro-
no do seu *Reino *glorioso, deixe que um
de nós se sente à sua direita, e o outro, à
sua esquerda.
38 Jesus respondeu:
— Vocês não sabem o que estão pedin-
do. Por acaso vocês podem beber o cálice
que eu vou beber e podem ser batizados
como eu vou ser batizado?
39 Eles disseram:
— Podemos.
Então Jesus disse:
— De fato, vocês beberão o cálice que
eu vou beber e receberão o batismo com
que vou ser batizado. 40 Mas eu não tenho
o direito de escolher quem vai sentar à
minha direita e à minha esquerda. Pois
foi Deus quem preparou esses lugares e
ele os dará a quem quiser.
41 Quando os outros dez discípulos ou-
viram isso, começaram a ficar zangados

DEVOCIONAL

Texto para leitura: **Marcos 10:46-52**

Conheça a si mesma

Você não tem o que pede porque não crê. Jesus diz que você deve pedir algo em nome dele, e esse algo será seu (veja João 16:23-24), mas, se não tiver fé, então nem chegará a pensar em pedir. É sua fé nele que mudará sua vida, irá curá-la, levará embora o velho e trará o novo. Mas, ao preferir a preocupação à fé, você corta a corda que estava ali para erguê-la, e continua se revirando na meleca de sua preocupação e impotência.

É extremamente fácil duvidar da capacidade que Deus tem de ajudá-la quando você olha para o passado e pensa: "Eu sempre tive esse problema". Quando se trata de um problema que se repete, sua mente começa a acreditar que é uma situação irreversível, e por isso, *você tem medo de pedir* a Deus para mudá-la. Mas você precisa lembrar que Deus gosta de fazer o que parece totalmente impossível. Se você quiser se tornar como Cristo, se quiser que a vontade dele seja feita em sua vida, busque a Deus de todo o coração e, com ousadia, entre na sala do trono de seu Pai. Então ele levará embora sua preocupação e terminará a obra que começou quando você foi salva. Seja como Bartimeu: não tenha medo, apenas creia.

com Tiago e João. 42 Então Jesus chamou
todos para perto de si e disse:
— Como vocês sabem, os governado-
res dos povos pagãos têm autoridade so-
bre eles e mandam neles. 43 Mas entre vo-
cês não pode ser assim. Pelo contrário,
quem quiser ser importante, que sirva
os outros, 44 e quem quiser ser o primei-
ro, que seja o escravo de todos. 45 Porque
até o *Filho do Homem não veio para ser
servido, mas para servir e dar a sua vida
para salvar muita gente.

Jesus cura o cego Bartimeu

Mateus 20.29-34; Lucas 18.35-43

46 Jesus e os discípulos chegaram à
cidade de Jericó. Quando ele estava sain-
do da cidade, com os discípulos e uma
grande multidão, encontrou um cego cha-
mado Bartimeu, filho de Timeu. O cego
estava sentado na beira do caminho, pe-
dindo esmola. 47 Quando ouviu alguém di-
zer que era Jesus de Nazaré que estava
passando, o cego começou a gritar:
— Jesus, *Filho de Davi, tenha pena de
mim!
48 Muitas pessoas o repreenderam e
mandaram que ele calasse a boca, mas
ele gritava ainda mais:
— Filho de Davi, tenha pena de mim!
49 Então Jesus parou e disse:
— Chamem o cego.
Eles chamaram e lhe disseram:
— Coragem! Levante-se porque ele está
chamando você!
50 Então Bartimeu jogou a sua *capa
para um lado, levantou-se depressa e foi
até o lugar onde Jesus estava.
51 — O que é que você quer que eu faça?
— perguntou Jesus.
— Mestre, eu quero ver de novo! —
respondeu ele.
52 — Vá; você está curado porque teve
fé! — afirmou Jesus.
No mesmo instante, Bartimeu come-
çou a ver de novo e foi seguindo Jesus
pelo caminho.

Jesus entra em Jerusalém

Mateus 21.1-11; Lucas 19.28-40;
João 12.12-19

11 Quando Jesus e os discípulos esta-
vam chegando a Jerusalém, foram
até o monte das Oliveiras, que fica perto
dos povoados de Betfagé e Betânia. En-
tão Jesus enviou dois discípulos na frente,
2 com a seguinte ordem:
— Vão até o povoado que fica ali adiante.
Logo que vocês entrarem lá, encontra-
rão preso um jumentinho que ainda não
foi montado. Desamarrem o animal e o
tragam aqui. 3 Se alguém perguntar por
que vocês estão fazendo isso, digam que o
Mestre precisa dele, mas o devolverá logo.
4 Eles foram e acharam o jumentinho
na rua, amarrado perto da porta de uma
casa. Quando estavam desamarrando o
animal, 5 algumas pessoas que estavam
ali perguntaram:
— O que é que vocês estão fazendo? Por
que estão desamarrando o jumentinho?
6 Eles responderam como Jesus havia
mandado, e então aquelas pessoas dei-
xaram que os dois discípulos levassem o
animal. 7 Eles levaram o jumentinho a Je-
sus e puseram as suas *capas sobre o ani-
mal. Em seguida, Jesus o montou. 8 Muitas
pessoas estenderam as suas capas no ca-
minho, e outras espalharam no caminho
ramos que tinham cortado nos campos.
9 Tanto os que iam na frente como os que
vinham atrás começaram a gritar:

— *Hosana a Deus!
Que Deus abençoe aquele que vem
em nome do Senhor!
10 Que Deus abençoe o *Reino de
Davi,
o nosso pai,
o Reino que está vindo!
Hosana a Deus nas alturas do céu!

11 Jesus entrou em Jerusalém, foi até o
Templo e olhou tudo em redor. Mas, como
já era tarde, foi para o povoado de Betâ-
nia com os doze discípulos.

Jesus e a figueira

Mateus 21.18-19

12 No dia seguinte, quando eles esta-
vam voltando de Betânia, Jesus teve fome.
13 Viu de longe uma figueira cheia de fo-
lhas e foi até lá para ver se havia figos.
Quando chegou perto, encontrou somen-
te folhas porque não era tempo de figos.
14 Então disse à figueira:
— Que nunca mais ninguém coma das
suas frutas!
E os seus discípulos ouviram isso.

Jesus no Templo

Mateus 21.12-17; Lucas 19.45-48;
João 2.13-22

15 Quando Jesus e os discípulos che-
garam a Jerusalém, ele entrou no pátio
do Templo e começou a expulsar todos
os que compravam e vendiam naquele

DEVOCIONAL

Texto para leitura: **Marcos 11:15-19**

Conheça a si mesma

O templo era considerado o lugar santo para onde Deus vinha a fim de se encontrar com seu povo. Jesus foi um grande protetor do templo quando esteve nesta terra. Os judeus tinham começado a usar o templo como um mercado, em vez de um lugar santo, e, quando Jesus viu isso, ficou profundamente irritado e começou a virar as mesas dos comerciantes, espalhando pelo chão suas preciosas mercadorias. Ele não aceitaria que o templo de seu Pai fosse usado pelas pessoas para o bem próprio. O templo deveria ser reservado somente para servir a Deus.

Quando Jesus deixou esta terra e enviou o Espírito Santo para viver dentro de nós, deixamos de precisar do templo para nos encontrar com Deus, porque agora nosso corpo é o templo de seu Espírito Santo (veja João 14:26; 1Coríntios 6:19). Isso foi um divisor de águas. De repente, as pessoas não precisavam ir a um determinado lugar para estarem com Deus, porque tinham o Senhor sempre com elas.

Então, o que isso tudo significa para seu corpo, o novo templo do Espírito Santo? Que tipo de templo você está preservando? Você tem usado seu corpo para seu próprio bem? E Jesus se agradaria ou estaria chutando as mesas? Você precisa tomar cuidado para não tornar seu corpo um templo para seu próprio prazer e serviço, porque, quando você faz isso, é só uma questão de tempo para que haja consequências. Ninguém é dono de seu corpo, senão o Senhor Jesus Cristo. Ponto, fim de papo. Ele a instruiu a cuidar do templo, não a agir como se fosse seu nem a compartilhá-lo com um rapaz que não seja seu marido. Quando você colocar tudo sob o comando de Deus, seu templo será tão limpo como se fosse lavado com alvejante: limpo, desinfetado e puro.

lugar. Derrubou as mesas dos que trocavam dinheiro e as cadeiras dos que vendiam pombas.
16 E não deixava ninguém atravessar o pátio do Templo carregando coisas.
17 E ele ensinava a todos assim:

— Nas *Escrituras Sagradas está escrito que Deus disse o seguinte: "A minha casa será chamada de 'Casa de Oração' para todos os povos." Mas vocês a transformaram num esconderijo de ladrões!

18 Os chefes dos sacerdotes e os *mestres da Lei ouviram isso e começaram a procurar um jeito de matar Jesus. Mas tinham medo dele porque o povo admirava os seus ensinamentos.

19 De tardinha, Jesus e os discípulos saíram da cidade.

A lição da figueira
Mateus 21.20-22

20 No dia seguinte, de manhã cedo, Jesus e os discípulos passaram perto da figueira e viram que ela estava seca desde a raiz.
21 Então Pedro lembrou do que havia acontecido e disse a Jesus:

— Olhe, Mestre! A figueira que o senhor amaldiçoou ficou seca.

22 Jesus respondeu:

— Tenham fé em Deus.
23 Eu afirmo a vocês que isto é verdade: vocês poderão dizer a este monte: "Levante-se e jogue-se no mar." Se não duvidarem no seu coração, mas crerem que vai acontecer o que disseram, então isso será feito.
24 Por isso eu afirmo a vocês: quando vocês orarem e pedirem alguma coisa, creiam que já a receberam, e assim tudo lhes será dado.
25 E, quando estiverem orando, perdoem os que os ofenderam, para que o Pai de vocês, que está no céu, perdoe as ofensas de vocês.
26 [Se não perdoarem os outros, o Pai de vocês, que está no céu, também não perdoará as ofensas de vocês.]

A autoridade de Jesus

Mateus 21.23-27; Lucas 20.1-8

27 Depois voltaram para Jerusalém. Quando Jesus estava andando pelo pátio do Templo, chegaram perto dele os chefes dos sacerdotes, os *mestres da Lei e os líderes dos judeus que estavam ali 28 e perguntaram:

— Com que autoridade você faz essas coisas? Quem lhe deu autoridade para fazer isso?

29 Jesus respondeu:

— Eu também vou fazer uma pergunta a vocês. Se me derem a resposta certa, eu direi com que autoridade faço essas coisas. 30 Respondam: quem deu autoridade a João para batizar? Foi Deus ou foram pessoas?

31 Aí eles começaram a dizer uns aos outros:

— Se dissermos que foi Deus, ele vai perguntar: "Então por que vocês não creram em João?" 32 Mas, se dissermos que foram pessoas, ai de nós!

Eles estavam com medo do povo, pois todos achavam que, de fato, João era *profeta. 33 Por isso responderam:

— Não sabemos.

— Então eu também não digo com que autoridade faço essas coisas! — disse Jesus.

Os lavradores maus

Mateus 21.33-46; Lucas 20.9-19

12 Depois Jesus começou a falar por meio de *parábolas. Ele disse:

— Certo homem fez uma plantação de uvas e pôs uma cerca em volta dela. Construiu um tanque para pisar as uvas e fazer vinho e construiu uma torre para o vigia. Em seguida, arrendou a plantação para alguns lavradores e foi viajar. 2 Quando chegou o tempo da colheita, o dono enviou um empregado para receber a sua parte. 3 Mas os lavradores agarraram o empregado, bateram nele e o mandaram de volta sem nada. 4 O dono mandou mais um empregado, mas eles bateram na cabeça dele e o trataram de um modo vergonhoso. 5 E ainda outro foi mandado para lá, mas os lavradores o mataram. E o mesmo aconteceu com muitos mais — uns foram surrados, e outros foram mortos. 6 E agora a única pessoa que o dono da plantação tinha para mandar lá era o seu querido filho. Finalmente ele o mandou, pensando assim: "O meu filho eles vão respeitar." 7 Mas os lavradores disseram uns aos outros: "Este é o filho do dono; ele vai herdar a plantação. Vamos matá-lo, e a plantação será nossa."

8 — Então agarraram o filho, e o mataram, e jogaram o corpo para fora da plantação.

9 Aí Jesus perguntou:

— E agora, o que é que o dono da plantação vai fazer? Ele virá, matará aqueles homens e entregará a plantação a outros lavradores. 10 Vocês não leram o que as *Escrituras Sagradas dizem?

"A pedra que os construtores
rejeitaram
veio a ser a mais importante de todas.
11 Isso foi feito pelo Senhor
e é uma coisa maravilhosa!"

12 Os líderes judeus sabiam que a parábola era contra eles e quiseram prender Jesus, mas tinham medo do povo. Por isso deixaram Jesus em paz e foram embora.

A pergunta sobre os impostos

Mateus 22.15-22; Lucas 20.20-26

13 Depois mandaram que alguns *fariseus e alguns membros do partido de Herodes fossem falar com Jesus a fim de conseguirem alguma prova contra ele. 14 Eles chegaram e disseram:

— Mestre, sabemos que o senhor é honesto e não se importa com a opinião dos outros. O senhor não julga pela aparência, mas ensina a verdade sobre a maneira de viver que Deus exige. Diga: é ou não é contra a nossa *Lei pagar impostos ao Imperador romano? Devemos pagar ou não?

15 Mas Jesus percebeu a malícia deles e respondeu:

— Por que é que vocês estão procurando uma prova contra mim? Tragam uma moeda para eu ver.

16 Eles trouxeram, e ele perguntou:

— De quem são o nome e a cara que estão gravados nesta moeda?

Eles responderam:

— São do Imperador.

17 Então Jesus disse:

— Deem ao Imperador o que é do Imperador e deem a Deus o que é de Deus.

E eles ficaram admirados com Jesus.

A pergunta sobre a ressurreição

Mateus 22.23-33; Lucas 20.27-40

18 Alguns *saduceus, os quais afirmam que ninguém ressuscita, chegaram perto de Jesus e disseram:

19 — Mestre, Moisés escreveu para nós
a seguinte *lei: "Se um homem morrer e
deixar a esposa sem filhos, o irmão dele
deve casar com a viúva, para terem filhos,
que serão considerados filhos do irmão
que morreu." 20 Acontece que havia sete
irmãos. O mais velho casou e morreu sem
deixar filhos. 21 O segundo casou com a
viúva e morreu sem deixar filhos. Acon-
teceu a mesma coisa com o terceiro. 22 Afi-
nal, os sete irmãos casaram com a mes-
ma mulher e morreram sem deixar filhos.
Depois de todos eles, a mulher também
morreu. 23 Portanto, no dia da ressurrei-
ção, quando todos os mortos tornarem a
viver, de qual dos sete a mulher vai ser
esposa? Pois todos eles casaram com ela!
24 Jesus respondeu:
— Como vocês estão errados, não co-
nhecendo nem as *Escrituras Sagradas
nem o poder de Deus. 25 Pois, quando os
mortos ressuscitarem, serão como os an-
jos do céu, e ninguém casará. 26 Vocês nun-
ca leram no *Livro de Moisés o que está
escrito sobre a ressurreição? Quando fala
do espinheiro que estava em fogo, está
escrito que Deus disse a Moisés: "Eu sou
o Deus de Abraão, o Deus de Isaque e o
Deus de Jacó." 27 E Deus não é Deus dos
mortos e sim dos vivos. Vocês estão com-
pletamente errados!

O mandamento mais importante

Mateus 22.34-40; Lucas 10.25-37

28 Um *mestre da Lei que estava ali ou-
viu a discussão. Viu que Jesus tinha dado
uma boa resposta e por isso perguntou:
— Qual é o mais importante de todos
os mandamentos da *Lei?
29 Jesus respondeu:
— É este: "Escute, povo de Israel! O Se-
nhor, nosso Deus, é o único Senhor. 30 Ame
o Senhor, seu Deus, com todo o coração,
com toda a alma, com toda a mente e com
todas as forças." 31 E o segundo mais im-
portante é este: "Ame os outros como
você ama a você mesmo." Não existe ou-
tro mandamento mais importante do que
esses dois.
32 Então o mestre da Lei disse a Jesus:
— Muito bem, Mestre! O senhor dis-
se a verdade. Ele é o único Deus, e não
existe outro além dele. 33 Devemos amar
a Deus com todo o nosso coração, com
toda a nossa mente e com todas as nos-
sas forças e também devemos amar os
outros como amamos a nós mesmos. Pois
é melhor obedecer a estes dois manda-
mentos do que trazer animais para serem
queimados no altar e oferecer outros *sa-
crifícios a Deus.
34 Jesus viu que o mestre da Lei tinha
respondido com sabedoria e disse:
— Você não está longe do *Reino de
Deus.
Depois disso ninguém tinha coragem
de fazer mais perguntas a Jesus.

A pergunta sobre o Messias

Mateus 22.41-46; Lucas 20.41-44

35 Quando Jesus estava ensinando no
pátio do Templo, perguntou:
— Como podem os *mestres da Lei
ensinar que o *Messias é descendente de
Davi? 36 Pois Davi, inspirado pelo Espírito
Santo, escreveu:

"O Senhor Deus disse ao meu
Senhor:
'Sente-se do meu lado direito,
até que eu ponha os seus inimigos
debaixo dos seus pés.' "

37 O próprio Davi chama o Messias de Se-
nhor. Portanto, como é que o Messias
pode ser descendente de Davi?

Jesus e os mestres da Lei

Mateus 23.1-36; Lucas 20.45-47

Uma grande multidão escutava com
prazer o que Jesus ensinava. 38 Ele dizia
ao povo:
— Cuidado com os *mestres da Lei! Eles
gostam de andar para lá e para cá, usando
*capas compridas, e gostam de ser cum-
primentados com respeito nas praças;
39 preferem os lugares de honra nas *si-
nagogas e os melhores lugares nos ban-
quetes. 40 Exploram as viúvas e roubam os
seus bens; e, para disfarçarem, fazem ora-
ções compridas. Portanto, o castigo que
eles vão sofrer será pior ainda!

A oferta da viúva pobre

Lucas 21.1-4

41 Jesus estava no pátio do Templo, sen-
tado perto da caixa das ofertas, olhando
com atenção as pessoas que punham di-
nheiro ali. Muitos ricos davam muito di-
nheiro. 42 Então chegou uma viúva pobre
e pôs na caixa duas moedinhas de pou-
co valor. 43 Aí Jesus chamou os discípu-
los e disse:
— Eu afirmo a vocês que isto é ver-
dade: esta viúva pobre deu mais do que
todos. 44 Porque os outros deram do que

estava sobrando. Porém ela, que é tão po-
bre, deu tudo o que tinha para viver.

Jesus fala da destruição do Templo

Mateus 24.1-2; Lucas 21.5-6

13 Quando Jesus estava saindo do pá-
tio do Templo, um discípulo disse:
— Mestre, veja que pedras e edifícios
impressionantes!
2 Jesus respondeu:
— Você está vendo estes enormes edi-
fícios? Pois aqui não ficará uma pedra em
cima da outra; tudo será destruído!

Perseguições e sofrimentos

Mateus 24.3-14; Lucas 21.7-19

3 Jesus estava sentado no monte das Oli-
veiras, olhando para o Templo, quando
Pedro, Tiago, João e André lhe pergunta-
ram em particular:
4 — Conte para nós quando é que isso
vai acontecer. Que sinal haverá para mos-
trar quando é que todas essas coisas vão
começar?
5 Então Jesus começou a ensiná-los. Ele
disse:
— Tomem cuidado para que ninguém
engane vocês. 6 Porque muitos vão apare-
cer fingindo ser eu e dizendo: "Eu sou o
*Messias!" E enganarão muitas pessoas.
7 Não tenham medo quando ouvirem o
barulho de batalhas ou notícias de guer-
ras. Tudo isso vai acontecer, mas ainda
não será o fim. 8 Uma nação vai guerrear
contra outra, e um país atacará outro. Em
vários lugares haverá tremores de terra
e falta de alimentos. Essas coisas serão
como as primeiras dores de parto.
9 — Vocês precisam ter cuidado porque
serão presos e levados aos tribunais e se-
rão chicoteados nas *sinagogas. Por serem
meus seguidores, vocês serão levados aos
governadores e reis para serem julgados
e falarão a eles sobre o *evangelho. 10 Pois,
antes de chegar o fim, o evangelho precisa
ser anunciado a todos os povos. 11 Quando
prenderem e entregarem vocês às autori-
dades, não fiquem preocupados, antes da
hora, com o que irão dizer. Quando chegar
o momento, digam o que Deus lhes der
para dizer. Porque as palavras que dis-
serem não serão de vocês mesmos, mas
virão do Espírito Santo. 12 Muitos entrega-
rão os seus próprios irmãos para serem
mortos, e os pais entregarão os filhos. E
os filhos ficarão contra os pais e os ma-
tarão. 13 Todos odiarão vocês por serem
meus seguidores, mas quem ficar firme
até o fim será salvo.

O grande sofrimento

Mateus 24.15-28; Lucas 21.20-24

14 E Jesus continuou:
— Vocês verão "o grande terror" no lu-
gar onde não deveria estar. (Que o leitor
entenda o que isso quer dizer!) Então, os
que estiverem na região da Judeia, que fu-
jam para os montes. 15 Quem estiver em
cima da sua casa, no terraço, que fuja logo
e não entre para pegar nada. 16 E quem es-
tiver no campo, que não volte para casa
a fim de buscar as suas roupas. 17 Ai das
mulheres grávidas e das mães com crian-
cinhas naqueles dias! 18 Orem a Deus para
que isso não aconteça no inverno. 19 Por-
que naqueles dias haverá um sofrimen-
to tão grande como nunca houve desde
que Deus criou o mundo; e nunca mais
acontecerá uma coisa igual. 20 Porém o Se-
nhor diminuiu esse tempo de sofrimen-
to. Se não fosse assim, ninguém seria
salvo. Mas, por causa do povo que Deus
escolheu para salvar, esse tempo já foi
diminuído.
21 — Portanto, se alguém disser para
vocês: "Vejam! O *Messias está aqui"
ou "O Messias está ali", não acreditem.
22 Porque aparecerão falsos *profetas e
falsos messias, que farão milagres e ma-
ravilhas para enganar, se possível, até o
povo escolhido de Deus. 23 Prestem aten-
ção! Eu estou lhes dizendo tudo isso, an-
tes que aconteça.

A vinda do Filho do Homem

Mateus 24.29-31; Lucas 21.25-28

24 Jesus disse:
— Depois daqueles dias de sofrimen-
to, o sol ficará escuro, e a lua não brilhará
mais. 25 As estrelas cairão do céu, e os po-
deres do espaço serão abalados. 26 Então
o *Filho do Homem aparecerá descendo
nas nuvens, com grande poder e *glória.
27 Ele mandará os anjos aos quatro cantos
da terra e reunirá os escolhidos de Deus
de um lado do mundo até o outro.

A lição da figueira

Mateus 24.32-35; Lucas 21.29-33

28 Jesus disse ainda:
— Aprendam a lição que a figueira en-
sina. Quando os seus ramos ficam verdes,
e as folhas começam a brotar, vocês sa-
bem que está chegando o verão. 29 Assim
também, quando virem acontecer essas

coisas, fiquem sabendo que o tempo está perto, pronto para começar. 30 Eu afirmo a vocês que isto é verdade: essas coisas vão acontecer antes de morrerem todos os que agora estão vivos. 31 O céu e a terra desaparecerão, mas as minhas palavras ficarão para sempre.

O dia e a hora

Mateus 24.36-44

32 E Jesus terminou, dizendo:

— Mas ninguém sabe nem o dia nem a hora em que tudo isso vai acontecer, nem os anjos do céu, nem o Filho, mas somente o Pai. 33 Vigiem e fiquem alertas, pois vocês não sabem quando chegará a hora. 34 Será como um homem que sai de casa e viaja para longe; mas, antes de ir, dá ordens, distribui o trabalho entre os empregados e manda o porteiro ficar de vigia. 35 Então vigiem, pois vocês não sabem quando o dono da casa vai voltar; se será à tarde, ou à meia-noite, ou de madrugada, ou de manhã. 36 Se ele chegar de repente, que não encontre vocês dormindo! 37 O que eu lhes digo digo a todos: fiquem vigiando!

O plano para matar Jesus

Mateus 26.1-5; Lucas 22.1-2; João 11.45-57

14 Faltavam dois dias para a *Festa da Páscoa e a *Festa dos Pães sem Fermento. Os chefes dos sacerdotes e os *mestres da Lei procuravam um jeito de prender Jesus em segredo e matá-lo. 2 Eles diziam:

— Não vamos fazer isso durante a festa, para não haver uma revolta no meio do povo.

Jesus em Betânia

Mateus 26.6-13; João 12.1-8

3 Jesus estava no povoado de Betânia, sentado à mesa na casa de Simão, o Leproso. Então uma mulher chegou com um frasco feito de *alabastro, cheio de perfume de *nardo *puro, muito caro*. Ela quebrou o gargalo do frasco e derramou o perfume na cabeça de Jesus. 4 Alguns que estavam ali ficaram zangados e disseram uns aos outros:

— Que desperdício! 5 Esse perfume poderia ter sido vendido por mais de trezentas moedas de prata, que poderiam ser dadas aos pobres.

Eles criticavam a mulher com dureza, 6 mas Jesus disse:

— Deixem esta mulher em paz! Por que é que vocês a estão aborrecendo? Ela fez para mim uma coisa muito boa. 7 Pois os pobres estarão sempre com vocês, e, em qualquer ocasião que vocês quiserem, poderão ajudá-los. Mas eu não estarei sempre com vocês. 8 Ela fez tudo o que pôde, pois antes da minha morte veio perfumar o meu corpo para o meu sepultamento. 9 Eu afirmo a vocês que isto é verdade: em qualquer lugar do mundo onde o *evangelho for anunciado, será contado o que ela fez, e ela será lembrada.

Judas trai Jesus

Mateus 26.14-16; Lucas 22.3-6

10 Judas Iscariotes, que era um dos doze discípulos, foi falar com os chefes dos sacerdotes para combinar como entregaria Jesus a eles. 11 Quando ouviram o que ele disse, eles ficaram muito contentes e prometeram dar dinheiro a ele. Assim Judas começou a procurar uma oportunidade para entregar Jesus.

Jesus comemora a Páscoa

Mateus 26.17-25; Lucas 22.7-16,21-23; João 13.21-30

12 No primeiro dia da *Festa dos Pães sem Fermento, em que os judeus matavam carneirinhos para comemorarem a *Páscoa, os discípulos perguntaram a Jesus:

— Onde é que o senhor quer que a gente prepare o jantar da Páscoa para o senhor?

13 Então Jesus enviou dois discípulos com a seguinte ordem:

— Vão até a cidade. Lá irá se encontrar com vocês um homem que estará carregando um pote de água. Vão atrás desse homem 14 e digam ao dono da casa em que ele entrar que o Mestre manda perguntar: "Onde fica a sala em que eu e os meus discípulos vamos comer o jantar da Páscoa?" 15 Então ele mostrará a vocês no andar de cima uma sala grande, mobiliada e arrumada para o *jantar*. Preparem ali tudo para nós.

16 Os dois discípulos foram até a cidade e encontraram tudo como Jesus tinha dito. Então prepararam o jantar da Páscoa.

17 Quando anoiteceu, Jesus chegou com os doze discípulos. 18 Enquanto estavam à mesa, no meio do jantar, ele disse:

— Eu afirmo a vocês que isto é verdade:

um de vocês, que está comendo comigo,
vai me trair.
19 Eles ficaram tristes e, um por um, co-
meçaram a perguntar:
— O senhor não está achando que sou
eu, está?
20 Jesus respondeu:
— É um de vocês. É o que está comen-
do no mesmo prato que eu. 21 Pois o *Filho
do Homem vai morrer da maneira como
dizem as *Escrituras Sagradas; mas ai da-
quele que está traindo o Filho do Homem!
Seria melhor para ele nunca ter nascido!

A Ceia do Senhor
Mateus 26.26-30; Lucas 22.14-20;
1Coríntios 11.23-25

22 Enquanto estavam comendo, Jesus
pegou o pão e deu graças a Deus. Depois
partiu o pão e o deu aos discípulos, di-
zendo:
— Peguem; isto é o meu corpo.
23 Em seguida, pegou o cálice de vinho
e agradeceu a Deus. Depois passou o cá-
lice aos discípulos, e todos beberam do
vinho. 24 Então Jesus disse:
— Isto é o meu sangue, que é derrama-
do em favor de muitos, o sangue que ga-
rante a *aliança feita por Deus com o seu
povo. 25 Eu afirmo a vocês que isto é ver-
dade: nunca mais beberei deste vinho até
o dia em que beber com vocês um vinho
novo no *Reino de Deus.
26 Então eles cantaram canções de lou-
vor e foram para o monte das Oliveiras.

Jesus avisa Pedro
Mateus 26.31-35; Lucas 22.31-34;
João 13.36-38

27 E Jesus disse aos discípulos:
— Todos vocês vão fugir e me abando-
nar, pois as *Escrituras Sagradas dizem:
"Matarei o pastor, e as ovelhas serão espa-
lhadas." 28 Mas, depois que eu for ressusci-
tado, irei adiante de vocês para a Galileia.
29 Então Pedro disse a Jesus:
— Eu nunca abandonarei o senhor,
mesmo que todos o abandonem!
30 Mas Jesus lhe disse:
— Eu afirmo a você que isto é verda-
de: nesta mesma noite, antes que o galo
cante duas vezes, você dirá três vezes que
não me conhece.
31 Mas Pedro repetia com insistência:
— Eu nunca vou dizer que não o co-
nheço, mesmo que eu tenha de morrer
com o senhor!
E todos os outros discípulos disseram
a mesma coisa.

Jesus no jardim do Getsêmani
Mateus 26.36-46; Lucas 22.39-46

32 Jesus e os discípulos foram a um lu-
gar chamado Getsêmani. E Jesus lhes
disse:
— Sentem-se aqui, enquanto eu vou
orar.
33 Então Jesus foi, levando consigo Pe-
dro, Tiago e João. Aí ele começou a sen-
tir uma grande tristeza e aflição 34 e dis-
se a eles:
— A tristeza que estou sentindo é tão
grande, que é capaz de me matar. Fiquem
aqui vigiando.
35 Ele foi um pouco mais adiante, ajoe-
lhou-se, encostou o rosto no chão e pe-
diu a Deus que, se possível, afastasse dele
aquela hora de sofrimento. 36 Ele orava
assim:
— Pai, meu Pai, tu podes fazer todas as
coisas! Afasta de mim este cálice de so-
frimento. Porém que não seja feito o que
eu quero, mas o que tu queres.
37 Depois voltou e encontrou os três dis-
cípulos dormindo. Então disse a Pedro:
— Simão, você está dormindo? Será
que não pode vigiar nem uma hora? 38 Vi-
giem e orem para que não sejam tentados.
É fácil querer resistir à tentação; o difícil
mesmo é conseguir.
39 Jesus foi outra vez e orou, dizendo as
mesmas palavras. 40 Em seguida, voltou
ao lugar onde os discípulos estavam e os
encontrou de novo dormindo. Eles esta-
vam com muito sono e não conseguiam
ficar com os olhos abertos. E não sabiam
o que responder a Jesus.
41 Quando voltou pela terceira vez, Je-
sus perguntou:
— Vocês ainda estão dormindo e des-
cansando? Basta! Chegou a hora, e o *Fi-
lho do Homem está sendo entregue nas
mãos dos maus. 42 Levantem-se, e vamos
embora. Vejam! Aí vem chegando o ho-
mem que está me traindo!

Jesus é preso
Mateus 26.47-56; Lucas 22.47-53;
João 18.3-12

43 Jesus ainda estava falando, quando
chegou Judas, um dos doze discípulos.
Vinha com ele uma multidão armada
com espadas e porretes, que tinha sido
mandada pelos chefes dos sacerdotes,

DEVOCIONAL

Texto para leitura: **Marcos 14:32-42**

Conheça a felicidade

Não há nada de errado em pedir a Deus para levar seu sofrimento e lhe dar a paz. Mas, ao mesmo tempo, você precisa deixa-los saber que se não fizer o que você pedir, você, ainda assim, vai querer o que ele quer. É difícil fazer essa afirmação, mas é o que você diz toda vez que ora, como fez Jesus: "Que a tua vontade seja feita!" (Mateus 6:10).

Deus tem um motivo para tudo o que permite em sua vida, até mesmo a questão do sofrimento. É por isso que Deus manda que estejamos satisfeitos quando sofremos (veja Tiago 1:2). Jesus sabia que tipo de sofrimento logo viria para ele, e isso o deixou oprimido a ponto de suar sangue (veja Lucas 22:44). Nada foi difícil assim para você, nunca! Mas deixe Jesus ser seu exemplo, sabendo que, mesmo que seu sofrimento seja quase insuportável, você pode confiar que a vontade de Deus nesse sofrimento é a melhor que existe. Quando você estiver disposta a sofrer como Cristo esteve disposto, ganhará mais fé, esperança e paciência do que poderia ter de outra maneira.

O sofrimento não é seu inimigo nem a pior coisa que poderia lhe acontecer. Na verdade, ele nem é incompatível com a felicidade. Se fosse impossível que a felicidade e o sofrimento coexistissem, então Deus seria um mentiroso (veja 1Pedro 1:6). Não, o sofrimento a enganou para que você tivesse medo dele. A verdade é que ele não é algo que tem de pisar em você como um cavalo selvagem, mas sim algo em que você pode subir e cavalgar para a liberdade. O sofrimento não precisa oprimi-la, mas pode ajudá-la a crescer e a ser uma pessoa muito melhor.

pelos *mestres da Lei e pelos líderes ju-
deus. 44 O traidor tinha combinado com
eles um sinal. Ele tinha dito: "Prendam
e levem bem seguro o homem que eu
beijar, pois é ele."
45 Logo que chegou perto de Jesus, Ju-
das disse:
— Mestre!
E o beijou. 46 Então eles pegaram Jesus e
o prenderam. 47 Mas um dos que estavam
ali tirou a espada, atacou um empregado
do *Grande Sacerdote e cortou uma ore-
lha dele. 48 Então Jesus disse para aque-
la gente:
— Vocês vêm com espadas e porretes
para me prenderem como se eu fosse
um bandido? 49 Eu estava com vocês to-
dos os dias, ensinando no pátio do Tem-
plo, e vocês não me prenderam. Mas isso
está acontecendo para se cumprir o que
as *Escrituras Sagradas dizem.
50 Então todos os discípulos abandona-
ram Jesus e fugiram.
51 Um jovem, enrolado num lençol, se-
guia Jesus. Alguns tentaram prendê-lo,
52 mas ele largou o lençol e fugiu nu.

Jesus diante do Conselho Superior

Mateus 26.57-68; Lucas 22.54-55,63-71;
João 18.12-14,19-24

53 Em seguida, levaram Jesus até a casa
do *Grande Sacerdote, onde estavam reu-
nidos os chefes dos sacerdotes, alguns lí-
deres dos judeus e alguns *mestres da Lei.
54 Pedro seguiu Jesus de longe e entrou
no pátio da casa do Grande Sacerdote. Ele
sentou-se perto do fogo, com os guar-
das, para se esquentar. 55 Os chefes dos
sacerdotes e todo o *Conselho Superior
estavam procurando encontrar alguma
acusação contra Jesus a fim de o conde-
narem à morte. Mas não conseguiram ne-
nhuma. 56 Muitos diziam mentiras contra
ele, mas as suas histórias não combina-
vam umas com as outras.
57 Alguns se levantaram e acusaram Je-
sus com mentiras. Eles diziam:

58 — Nós ouvimos quando ele disse:
"Vou destruir este Templo que foi cons-
truído por seres humanos e, em três dias,
levantarei outro que não será construído
por seres humanos."
59 Mesmo assim as suas histórias não
combinavam umas com as outras.
60 Aí o Grande Sacerdote se levantou no
meio de todos e perguntou a Jesus:
— Você não vai se defender dessa
acusação?
61 Mas Jesus ficou calado e não respon-
deu nada. Então o Grande Sacerdote tor-
nou a perguntar:
— Você é o *Messias, o Filho do Deus
Bendito?
62 Jesus respondeu:
— Sou. E vocês verão o *Filho do Ho-
mem sentado do lado direito do Deus
Todo-Poderoso e descendo com as nu-
vens do céu!
63 Aí o Grande Sacerdote rasgou as suas
próprias roupas e disse:
— Não precisamos mais de testemu-
nhas! 64 Vocês ouviram esta *blasfêmia
contra Deus! Então, o que resolvem?
Todos estavam contra Jesus e aí o con-
denaram à morte.
65 Então alguns começaram a cuspir
nele. Cobriam o rosto dele, davam bofe-
tadas nele e perguntavam:
— Quem foi que bateu em você? Adi-
vinhe!
E também os guardas o pegaram e lhe
deram bofetadas.

Pedro nega Jesus

Mateus 26.69-75; Lucas 22.56-62;
João 18.15-18,25-27

66 Pedro ainda estava lá embaixo no pá-
tio, quando apareceu uma das emprega-
das do *Grande Sacerdote. 67 Ela viu Pedro
se esquentando perto do fogo, olhou bem
para ele e disse:
— Você também estava com Jesus de
Nazaré.
68 Mas ele negou, dizendo:
— Eu não o conheço. Não sei do que é
que você está falando.
E saiu para o corredor. Naquele mo-
mento, o galo cantou. 69 Quando a em-
pregada viu Pedro ali, começou a dizer
aos que estavam erto:
— Este homem é um deles.
70 Mas ele negou outra vez. Pouco de-
pois, as pessoas que estavam ali disseram
de novo a Pedro:
— Não há dúvida de que você é um de-
les, pois você também é da Galileia.
71 Aí Pedro disse:
— Juro que não conheço esse ho-
mem de quem vocês estão falando! Que
Deus me castigue se não estou dizendo
a verdade!
72 Naquele instante o galo cantou pela
segunda vez, e Pedro lembrou que Jesus
lhe tinha dito: "Antes que o galo cante
duas vezes, você dirá três vezes que não
me conhece." Então Pedro caiu em si e
começou a chorar.

Jesus diante de Pilatos

Mateus 27.1-2,11-14; Lucas 23.1-5;
João 18.28-38a

15 Assim que amanheceu, os chefes
dos sacerdotes se reuniram com
os líderes dos judeus, e com os *mestres
da Lei, e com todo o *Conselho Superior
e fizeram os seus planos. Eles amarraram
Jesus, e o levaram, e entregaram a Pilatos.
2 Pilatos perguntou:
— Você é o rei dos judeus?
— Quem está dizendo isso é o senhor!
— respondeu Jesus.
3 E os chefes dos sacerdotes faziam mui-
tas acusações contra ele. 4 Então Pilatos
fez outra pergunta:
— Você não vai responder? Veja quan-
tas acusações estão fazendo contra você!
5 Porém Jesus não disse mais nada, e
Pilatos ficou muito admirado com isso.

Jesus é condenado à morte

Mateus 27.15-26; Lucas 23.13-25;
João 18.38b—19.16

6 Em toda *Festa da Páscoa, o Governa-
dor costumava soltar um dos presos, a
pedido do povo. 7 Naquela ocasião um ho-
mem chamado Barrabás estava preso na
cadeia junto com alguns homens que ti-
nham matado algumas pessoas numa re-
volta. 8 A multidão veio e começou a pedir
que, como era o costume, Pilatos soltasse
um preso. 9 Então ele perguntou:
— Vocês querem que eu solte para vo-
cês o rei dos judeus?
10 Ele sabia muito bem que os chefes
dos sacerdotes tinham inveja de Jesus e
que era por isso que o haviam entregado
a ele. 11 Mas os chefes dos sacerdotes ati-
çaram o povo para que pedisse a Pilatos
que, em vez de soltar Jesus, ele soltasse
Barrabás. 12 Pilatos falou outra vez com o
povo. Ele perguntou:
— O que vocês querem que eu faça com

este homem que vocês chamam de rei dos
judeus?
13 E eles gritaram:
— Crucifica!
14 — Que crime ele cometeu? — per-
guntou Pilatos.
Mas eles gritaram ainda mais alto:
— Crucifica! Crucifica!
15 Então Pilatos, querendo agradar o
povo, soltou Barrabás, como eles haviam
pedido. Depois mandou chicotear Jesus e
o entregou para ser crucificado.

Os soldados zombam de Jesus
Mateus 27.27-31; João 19.1-3

16 Aí os soldados levaram Jesus para o
pátio interno do Palácio do Governador
e reuniram toda a tropa. 17 Depois vesti-
ram em Jesus uma *capa vermelha e pu-
seram na cabeça dele uma coroa feita de
ramos cheios de espinhos. 18 E começaram
a saudá-lo, dizendo:
— Viva o Rei dos Judeus!
19 Batiam na cabeça dele com um bas-
tão, cuspiam nele e se ajoelhavam, fingin-
do que o estavam adorando. 20 Depois de
terem caçoado dele, tiraram a capa ver-
melha e o vestiram com as suas próprias
roupas. Em seguida o levaram para fora
a fim de o crucificarem.

A crucificação de Jesus
Mateus 27.32-44; Lucas 23.26-43;
João 19.17-27

21 No caminho, os soldados encontra-
ram um homem chamado Simão, que vi-
nha do campo para a cidade. Esse Simão,
o pai de Alexandre e Rufo, era da cidade
de Cirene. Os soldados obrigaram Simão a
carregar a cruz de Jesus 22 e levaram Jesus
para um lugar chamado Gólgota. (Gólgota
quer dizer "Lugar da Caveira".) 23 Queriam
dar a ele vinho misturado com um cal-
mante chamado *mirra, mas ele não be-
beu. 24 Em seguida os soldados o crucifica-
ram e repartiram as suas roupas entre si,
tirando a sorte com dados, para ver qual
seria a parte de cada um. 25 Eram nove ho-
ras da manhã quando crucificaram Jesus.
26 Puseram em cima da cruz uma tabuleta
onde estava escrito como acusação contra
ele: "O Rei dos Judeus".
27 Com Jesus, crucificaram também dois
ladrões: um à sua direita e o outro à sua
esquerda. 28 [Assim se cumpriu o que as
*Escrituras Sagradas dizem: "Ele foi trata-
do como se fosse um criminoso."]
29 Os que passavam por ali caçoavam
dele, balançavam a cabeça e o insulta-
vam assim:
— Ei, você que disse que era capaz de
destruir o Templo e tornar a construí-lo
em três dias! 30 Pois desça da cruz e salve-
-se a si mesmo!
31 Os chefes dos sacerdotes e os *mestres
da Lei também caçoavam dele, dizendo:
— Ele salvou os outros, mas não pode
salvar a si mesmo! 32 Vamos ver o *Mes-
sias, o Rei de Israel, descer agora da cruz
e então creremos nele!
E os ladrões que foram crucificados
com Jesus também o insultavam.

A morte de Jesus
Mateus 27.45-56; Lucas 23.44-49;
João 19.28-30

33 Ao meio-dia começou a escurecer, e
toda a terra ficou três horas na escuri-
dão. 34 Às três horas da tarde Jesus gri-
tou bem alto:
— "Eloí, Eloí, lemá sabactani?" Essas
palavras querem dizer: "Meu Deus, meu
Deus, por que me abandonaste?"
35 Algumas pessoas que estavam ali ou-
viram isso e disseram:
— Escutem! Ele está chamando Elias!
36 Alguém correu e molhou uma espon-
ja em vinho comum, pôs na ponta de um
bastão, deu para Jesus beber e disse:
— Esperem! Vamos ver se Elias vem
tirá-lo da cruz!
37 Aí Jesus deu um grito forte e morreu.
38 Então a cortina do Templo se rasgou
em dois pedaços, de cima até embaixo.
39 O oficial do exército romano que esta-
va em frente da cruz, vendo Jesus morrer
daquele modo, disse:
— De fato, este homem era o Filho de
Deus!
40 Algumas mulheres também estavam
ali, olhando de longe. Entre elas estavam
Maria Madalena, Salomé e Maria, que era
mãe de José e de Tiago, o mais moço. 41 Es-
sas mulheres tinham acompanhado e aju-
dado Jesus quando ele estava na Galileia.
Além dessas, estavam ali muitas outras
mulheres que tinham ido com ele para
Jerusalém.

O sepultamento de Jesus
Mateus 27.57-61; Lucas 23.50-56;
João 19.38-42

42-43 Já era quase noite quando chegou
José, que era da cidade de Arimateia. Ele
era um homem importante e fazia par-
te do *Conselho Superior. José também

esperava a vinda do *Reino de Deus. Era
o *Dia da Preparação, isto é, a véspera do
sábado. Por isso José, tomando coragem,
foi falar com Pilatos e pediu o corpo de Je-
sus. 44 Pilatos ficou admirado quando sou-
be que Jesus já estava morto. Chamou o
oficial romano e perguntou se fazia muito
tempo que Jesus tinha morrido. 45 Depois
de receber a informação do oficial, Pilatos
entregou a José o corpo de Jesus. 46 José
comprou um lençol de linho, tirou o corpo
da cruz e o enrolou no lençol. Em seguida
pôs o corpo num túmulo cavado na rocha
e rolou uma grande pedra para fechar a
entrada do túmulo. 47 Maria Madalena e
Maria, a mãe de José, estavam olhando e
viram onde o corpo de Jesus foi colocado.

A ressurreição de Jesus

Mateus 28.1-8; Lucas 24.1-12;
João 20.1-10

16 Depois que terminou o sábado,
Maria Madalena, Salomé e Maria,
a mãe de Tiago, compraram perfumes
para perfumar o corpo de Jesus. 2 No do-
mingo, bem cedo, ao nascer do sol, elas
foram ao túmulo. 3 No caminho pergun-
tavam umas às outras:

— Quem vai tirar para nós a pedra que
fecha a entrada do túmulo?

4 Elas diziam isso porque a pedra era
muito grande. Mas, quando olharam,
viram que ela já havia sido tirada. 5 En-
tão elas entraram no túmulo e viram um
moço vestido de branco sentado no lado
direito. Elas ficaram muito assustadas,
6 mas ele disse:

— Não se assustem! Sei que vocês es-
tão procurando Jesus de Nazaré, que foi
crucificado; mas ele não está aqui, pois já
foi ressuscitado. Vejam o lugar onde ele
foi posto. 7 Agora vão e deem este recado
a Pedro e aos outros discípulos: "Ele vai
adiante de vocês para a Galileia. Lá vocês
vão vê-lo, como ele mesmo disse."

8 Então elas saíram e fugiram do túmu-
lo, apavoradas e tremendo. E não conta-
ram nada a ninguém porque estavam com
muito medo.

Jesus aparece a Maria Madalena

Mateus 28.9-10; João 20.11-18

9 [Jesus ressuscitou no domingo bem
cedo e apareceu primeiro a Maria Mada-
lena, de quem havia expulsado sete demô-
nios. 10 Ela foi contar isso aos companhei-
ros de Jesus, pois eles estavam tristes e
chorando. 11 Quando a ouviram dizer que
Jesus estava vivo e que tinha aparecido a
ela, eles não acreditaram.

Jesus aparece a dois discípulos

Lucas 24.13-35

12 Depois disso Jesus se apresentou com
outra aparência a dois discípulos que iam
caminhando para o campo. 13 Eles volta-
ram e foram contar isso aos outros dis-
cípulos, e estes não acreditaram no que
os dois disseram.

Jesus aparece aos onze discípulos

Mateus 28.16-20; Lucas 24.36-49;
João 20.19-23; Atos 1.6-8

14 Por último Jesus apareceu aos onze
discípulos enquanto eles estavam à mesa,
comendo. Ele os repreendeu por não te-
rem fé e por teimarem em não acreditar
no que haviam contado os que o tinham
visto ressuscitado. 15 Então ele disse:

— Vão pelo mundo inteiro e anunciem
o *evangelho a todas as pessoas. 16 Quem
crer e for batizado será salvo, mas quem
não crer será condenado. 17 Aos que cre-
rem será dado o poder de fazer estes mi-
lagres: expulsar demônios pelo poder do
meu nome e falar novas línguas; 18 se pe-
garem em cobras ou beberem algum ve-
neno, não sofrerão nenhum mal; e, quan-
do puserem as mãos sobre os doentes,
estes ficarão curados.

Jesus vai para o céu

Lucas 24.50-53; Atos 1.9-11

19 Depois de falar com eles, o Senhor Je-
sus foi levado para o céu e sentou-se do
lado direito de Deus. 20 Os discípulos fo-
ram anunciar o *evangelho por toda par-
te. E o Senhor os ajudava e, por meio de
milagres, provava que a mensagem deles
era verdadeira.]

Lucas

Ame seus inimigos

—Amem os seus inimigos e façam o bem para os que odeiam vocês. Desejem o bem para aqueles que os amaldiçoam e orem em favor daqueles que maltratam vocês.
Lucas 6:27-28

Autor ♥ Lucas, um médico gentio e companheiro de viagem de Paulo.
Data ♥ Entre 50 e 80 d.C.
Local ♥ Desconhecido, possivelmente em Cesareia, Roma ou até mesmo em Acaia, na Grécia
Público-alvo ♥ Teófilo (veja Lucas 1:3-4) e os cristãos gentios

A lei mosaica inclui este velho, mas interessante princípio: "Olho por olho, dente por dente" (Êxodo 21:24). Vingar-se e defender-se, pagando na mesma moeda, era permitido nos dias do Antigo Testamento. Contanto que você não pagasse um mal com um mal *maior*, tudo bem. Mas então veio Cristo com uma mensagem radical que virou de cabeça para baixo esse modo de pensar. Ele começou a dizer às pessoas que *amassem* os inimigos e até fossem *boas* com quem as odiasse. Que mensagem chocante! Imagine um mundo onde todos agissem dessa forma, onde todos amassem uns aos outros como amam a si mesmos. Um paraíso, talvez? Mas, na realidade da terra, os ensinamentos de Jesus parecem não fazer sentido; na verdade, eles parecem completamente insanos. E a autoproteção, defender os próprios direitos e a questão crucial da justiça?

Ponto essencial
Lucas queria ajudar Teófilo a saber que o Senhor ainda tinha coisas para revelar, e informar aos outros leitores que o plano de salvação de Deus havia se cumprido em Jesus.

Muita coisa que o mundo diz ser importante pode fazer sentido para você. Como Marta, você talvez se preocupe em fazer coisas (veja Lucas 10:38-42). Seus olhos talvez estejam no problema do momento e não no Deus eterno. Mas, como uma Garota de Deus, você não pode deixar que o urgente venha antes do essencial. O essencial de sua fé, como foi ensinado pelo próprio Jesus, é: "Ame o Senhor, seu Deus, com todo o coração, com toda a alma, com todas as forças e com toda a mente. E ame o seu próximo como você ama a você mesmo" (Lucas 10:27). Você não pode dizer que ama Jesus se nutre ódio por seus inimigos. Impossível. Não! Você deve demonstrar amor.

Durante a leitura da história da vida de Jesus no evangelho de Lucas, observe como Jesus amou os inimigos, mas não confunda isso com o modo como ele rejeitou os inimigos *de Deus*. E enquanto você estiver lendo as palavras de Jesus, pense no choque que a mensagem renegada de Jesus deve ter causado para os ouvintes dele — e, na verdade, no choque que ela causa ainda hoje.

Coisas para procurar

- Muitas menções a perdão (veja Lucas 3:3; 5:18-26; 6:37 e muitas outras)
- O uso repetido das palavras *salvar* ou *salvação* (veja Lucas 1:69,71,77; 2:30; 3:6; 19:9)
- A ênfase de Lucas na oração
- A repetição feita por Lucas das palavras *felizes* e *alegria*

Versículos que você deve saber

— Amem os seus inimigos e façam o bem para os que odeiam vocês. Desejem o bem para aqueles que os amaldiçoam e orem em favor daqueles que maltratam vocês.

(Lucas 6:27-28)

— Se vocês amam somente aqueles que os amam, o que é que estão fazendo de mais? Até as pessoas de má fama amam as pessoas que as amam.

(Lucas 6:32)

— A colheita é grande, mas os trabalhadores são poucos. Por isso, peçam ao dono da plantação que mande trabalhadores para fazerem a colheita. Vão! Eu estou mandando vocês como ovelhas para o meio de lobos.

(Lucas 10:2-3)

— Ame o Senhor, seu Deus, com todo o coração, com toda a alma, com todas as forças e com toda a mente. E ame o seu próximo como você ama a você mesmo.

(Lucas 10:27)

— Marta, Marta, você está agitada e preocupada com muitas coisas, mas apenas uma é necessária! Maria escolheu a melhor de todas, e esta ninguém vai tomar dela.

(Lucas 10:41-42)

— É por isso que eu digo a vocês: não se preocupem com a comida que precisam para viver nem com a roupa que precisam para se vestir. Pois a vida é mais importante do que a comida, e o corpo é mais importante do que as roupas. Vejam os corvos: não semeiam, não colhem, não têm despensas nem depósitos, mas Deus dá de comer a eles. Será que vocês não valem muito mais do que os pássaros?

(Lucas 12:22-24)

Porque o Filho do Homem veio buscar e salvar quem está perdido.

(Lucas 19:10)

Apresentação

1 Prezado Teófilo,
Muitas pessoas têm se esforçado
para escrever a história das coisas que
aconteceram entre nós. 2 Elas escreveram
o que foi contado por aqueles que viram
essas coisas desde o começo e anuncia-
ram a mensagem do *evangelho. 3 Portan-
to, Excelência, eu estudei com todo o cui-
dado como foi que essas coisas acontece-
ram desde o princípio e achei que seria
bom escrever tudo em ordem para o se-
nhor, 4 a fim de que o senhor pudesse co-
nhecer toda a verdade sobre os ensina-
mentos que recebeu.

O nascimento de João Batista é anunciado

5 Quando Herodes era o rei da terra de
Israel, havia um sacerdote chamado Za-
carias, que era do grupo dos sacerdotes
de Abias. A esposa dele se chamava Isa-
bel e também era de uma família de sa-
cerdotes. 6 Esse casal vivia a vida que para
Deus é correta, obedecendo fielmente a
todas as *leis e mandamentos do Senhor.
7 Mas não tinham filhos porque Isabel não
podia ter filhos e porque os dois já eram
muito velhos.

8 Certo dia no Templo de Jerusalém,
Zacarias estava fazendo o seu trabalho
de sacerdote, pois era a sua vez de fazer
aquele trabalho diário. 9 Conforme o cos-
tume dos sacerdotes, ele havia sido esco-
lhido por *sorteio para queimar o incenso
no altar e por isso entrou no Templo do
Senhor. 10 Durante o tempo em que o in-
censo queimava, o povo lá fora fazia ora-
ções. 11 Então um anjo do Senhor aparе-
ceu em frente de Zacarias, de pé, do lado
direito do altar. 12 Quando Zacarias o viu,
ficou com medo e não sabia o que fazer.
13 Mas o anjo lhe disse:

— Não tenha medo, Zacarias, pois Deus
ouviu a sua oração! A sua esposa vai ter
um filho, e você porá nele o nome de João.
14 O nascimento dele vai trazer alegria e
felicidade para você e para muita gente,
15 pois para o Senhor Deus ele será um
grande homem. Ele não deverá beber vi-
nho nem cerveja. Ele será cheio do Espí-
rito Santo desde o nascimento 16 e levará
muitos israelitas ao Senhor, o Deus de Is-
rael. 17 Ele será mandado por Deus como
mensageiro e será forte e poderoso como
o *profeta Elias. Ele fará com que pais e fi-
lhos façam as pazes e que os desobedien-
tes voltem a andar no caminho direito. E
conseguirá preparar o povo de Israel para
a vinda do Senhor.

18 Então Zacarias perguntou ao anjo:

— Como é que eu vou saber que isso
é verdade? Estou muito velho, e a minha
mulher também.

19 O anjo respondeu:

— Eu sou Gabriel, *servo de Deus, e ele
me mandou falar com você para lhe dar
essa boa notícia. 20 Você não está acredi-
tando no que eu disse, mas isso aconte-
cerá no tempo certo. E, porque você não
acreditou, você ficará mudo e não poderá
falar até o dia em que o seu filho nascer.

21 Enquanto isso, o povo estava esperan-
do Zacarias, e todos estavam admirados
com a demora dele no Templo. 22 Quando
saiu, Zacarias não podia falar. Então per-
ceberam que ele havia tido uma visão no
Templo. Sem poder falar, ele fazia sinais
com as mãos para o povo.

23 Quando terminaram os seus dias de
serviço no Templo, Zacarias voltou para
casa. 24 Pouco tempo depois Isabel, a sua
esposa, ficou grávida e durante cinco me-
ses não saiu de casa. E ela disse:

25 — Agora que o Senhor me ajudou,
ninguém mais vai me desprezar por eu
não ter filhos.

O nascimento de Jesus é anunciado

26 Quando Isabel estava no sexto mês
de gravidez, Deus enviou o anjo Gabriel a
uma cidade da Galileia chamada Nazaré.
27 O anjo levava uma mensagem para uma
virgem que tinha casamento contratado
com um homem chamado José, descen-
dente do rei Davi. Ela se chamava Maria.
28 O anjo veio e disse:

— Que a paz esteja com você, Maria!
Você é muito abençoada. O Senhor está
com você.

29 Porém Maria, quando ouviu o que o
anjo disse, ficou sem saber o que pensar.
E, admirada, ficou pensando no que ele
queria dizer. 30 Então o anjo continuou:

— Não tenha medo, Maria! Deus está
contente com você. 31 Você ficará grávida,
dará à luz um filho e porá nele o nome
de Jesus. 32 Ele será um grande homem e
será chamado de Filho do Deus Altíssi-
mo. Deus, o Senhor, vai fazê-lo rei, como
foi o antepassado dele, o rei Davi. 33 Ele
será para sempre rei dos descendentes
de Jacó, e o *Reino dele nunca se acabará.

34 Então Maria disse para o anjo:

Isabel

Leia a história desta Garota de Deus em Lucas 1:5-25,36-45 e 57-63.

Esse casal vivia a vida que para Deus é correta, obedecendo fielmente a todas as leis e mandamentos do Senhor.

Lucas 1:6

Lucas diz que Isabel obedecia fielmente a Deus. Dá para imaginar? Você já chegou a pensar que isso fosse possível? E por causa do amor dela por Deus e de seu desejo de servir a ele, ela foi abençoada com um bebê. Ela queria um filho havia anos — anos que poderiam tê-la deixado amargurada com Deus e ressentida da vida. A esterilidade era motivo para divórcio em sua época, por isso Zacarias poderia tê-la trocado por outra mulher sem problema algum. Mas, uma vez que ambos amavam a Deus e lhe obedeciam fielmente, eles não se separaram. Mas oraram. Ambos confiaram em Deus, independentemente das circunstâncias. E no final, foram abençoados.

Quando algo surpreendente acontece em sua vida, como você reage? Você fica nas nuvens, agradecendo a Deus por tudo o que ele fez? Espero que sim. Mas e quando essa coisa não é tão incrível quanto à que aconteceu com outra pessoa? Foi o caso de Isabel. Ela teria um menino, aquele que ficaria conhecido como João Batista, um homem muito importante segundo qualquer padrão. Mas Maria, sua prima, apareceu à porta dela com uma gravidez ainda mais surpreendente. Maria daria à luz a criança que o filho de Isabel serviria. Mas, quando Isabel viu Maria e sentiu seu bebê saltar na presença do filho de Maria, ela não teve ciúmes como muitas de nós teríamos. Ela estava empolgada e pronta para o que Deus poderia e iria fazer por meio desses dois bebês.

É fácil se empolgar com algo surpreendente em sua vida, até ver que alguém tem algo ainda mais surpreendente e, então, começar a ficar ressentida desse fato. Mas, se você mantiver os olhos no Messias como Isabel manteve, então ficará feliz quando outras pessoas parecerem ser mais abençoadas que você. E não arderá de raiva nem ficará chateada se o sucesso delas parecer maior que o seu.

— Isso não é possível, pois eu sou vir-
gem!
35 O anjo respondeu:
— O Espírito Santo virá sobre você, e
o poder do Deus Altíssimo a envolverá
com a sua sombra. Por isso o menino será
chamado de santo e Filho de Deus. 36 Fi-
que sabendo que a sua parenta Isabel está
grávida, mesmo sendo tão idosa. Diziam
que ela não podia ter filhos, no entanto
agora ela já está no sexto mês de gravidez.
37 Porque para Deus nada é impossível.
38 Maria respondeu:
— Eu sou uma *serva de Deus; que
aconteça comigo o que o senhor acabou
de me dizer!
E o anjo foi embora.

Maria visita Isabel

39 Alguns dias depois, Maria se aprontou
e foi depressa para uma cidade que ficava
na região montanhosa da Judeia. 40 Entrou
na casa de Zacarias e cumprimentou Isa-
bel. 41 Quando Isabel ouviu a saudação de
Maria, a criança se mexeu na barriga dela.
Então, cheia do poder do Espírito Santo,
42 Isabel disse bem alto:
— Você é a mais abençoada de todas as
mulheres, e a criança que você vai ter é
abençoada também! 43 Quem sou eu para
que a mãe do meu Senhor venha me vi-
sitar?! 44 Quando ouvi você me cumpri-
mentar, a criança ficou alegre e se mexeu
dentro da minha barriga. 45 Você é aben-
çoada, pois acredita que vai acontecer o
que o Senhor lhe disse.

A Canção de Maria

46 Então Maria disse:

47 — A minha alma anuncia
a grandeza do Senhor.
O meu espírito está alegre
por causa de Deus, o meu
Salvador.
48 Pois ele lembrou de mim,
sua humilde *serva!
De agora em diante todos vão me
chamar de
mulher abençoada,
49 porque o Deus Poderoso
fez grandes coisas por mim.
O seu nome é santo,
50 e ele mostra a sua bondade
a todos os que o *temem
em todas as *gerações.
51 Deus levanta a sua mão poderosa
e derrota os orgulhosos
com todos os planos deles.
52 Derruba dos seus tronos reis
poderosos
e põe os humildes em altas
posições.
53 Dá fartura aos que têm fome
e manda os ricos embora
com as mãos vazias.
54-55 Ele cumpriu as promessas
que fez aos nossos antepassados
e ajudou o povo de Israel, seu servo.
Lembrou de mostrar a sua bondade
a Abraão
e a todos os seus descendentes,
para sempre.

56 Maria ficou mais ou menos três me-
ses com Isabel e depois voltou para casa.

O nascimento de João Batista

57 Chegou o tempo de Isabel ter a crian-
ça, e ela deu à luz um menino. 58 Os vizi-
nhos e parentes ouviram falar da gran-
de bondade do Senhor para com Isabel,
e todos ficaram alegres com ela. 59 Quan-
do o menino estava com oito dias, vie-
ram *circuncidá-lo e queriam lhe dar o
nome do pai, isto é, Zacarias. 60 Mas a sua
mãe disse:
— Não. O nome dele vai ser João.
61 Então disseram:
— Mas você não tem nenhum parente
com esse nome!
62 Aí fizeram sinais ao pai, perguntan-
do que nome ele queria pôr no menino.
63 Zacarias pediu uma tabuinha de escre-
ver e escreveu: "O nome dele é João." E
todos ficaram muito admirados. 64 Nesse
momento Zacarias pôde falar novamente
e começou a louvar a Deus. 65 Os vizinhos
ficaram com muito medo, e as notícias
dessas coisas se espalharam por toda a
região montanhosa da Judeia. 66 Todos os
que ouviam essas coisas e pensavam ne-
las perguntavam:
— O que será que esse menino vai ser?
Pois, de fato, o poder do Senhor esta-
va com ele.

A profecia de Zacarias

67 Zacarias, o pai de João, cheio do Es-
pírito Santo, começou a *profetizar. Ele
disse:

68 — Louvemos o Senhor, o Deus de
Israel,
pois ele veio ajudar o seu povo
e lhe dar a liberdade.

69 Enviou para nós um poderoso
Salvador,
aquele que é descendente
do seu *servo Davi.
70 Faz muito tempo que Deus disse
isso
por meio dos seus santos *profetas.
71 Ele prometeu nos salvar
dos nossos inimigos
e nos livrar do poder de todos
os que nos odeiam.
72 Disse que ia mostrar a sua
bondade
aos nossos antepassados
e lembrar da sua santa *aliança.
73-74 Ele fez um juramento
ao nosso antepassado Abraão;
prometeu que nos livraria
dos nossos inimigos
e que ia nos deixar servi-lo sem
medo,
75 para que sejamos somente dele
e façamos o que ele quer
em todos os dias da nossa vida.
76 E você, menino, será chamado de
profeta do Deus Altíssimo
e irá adiante do Senhor
a fim de preparar o caminho para
ele.
77 Você anunciará ao povo de Deus
a salvação
que virá por meio do perdão
dos pecados deles.
78 Pois o nosso Deus é
misericordioso
e bondoso.
Ele fará brilhar sobre nós a sua luz
79 e do céu iluminará todos os que
vivem
na escuridão da sombra da morte,
para guiar os nossos passos
no caminho da paz.

80 O menino cresceu e ficou forte de es-
pírito. E viveu no deserto até o dia em que
apareceu diante do povo de Israel.

O nascimento de Jesus

Mateus 1.18-25

2 Naquele tempo o imperador Augusto
mandou uma ordem para todos os po-
vos do Império. Todas as pessoas deviam
se registrar a fim de ser feita uma conta-
gem da população. 2 Quando foi feito esse
primeiro recenseamento, Cirênio era go-
vernador da Síria. 3 Então todos foram se
registrar, cada um na sua própria cidade.
4 Por isso José foi de Nazaré, na Gali-
leia, para a região da Judeia, a uma cida-
de chamada Belém, onde tinha nascido o
rei Davi. José foi registrar-se lá porque era
descendente de Davi. 5 Levou consigo Ma-
ria, com quem tinha casamento contrata-
do. Ela estava grávida, 6 e aconteceu que,
enquanto se achavam em Belém, chegou
o tempo de a criança nascer. 7 Então Ma-
ria deu à luz o seu primeiro filho. Enro-
lou o menino em panos e o deitou numa
*manjedoura, pois não havia lugar para
eles na pensão.

Os pastores e os anjos

8 Naquela região havia pastores que es-
tavam passando a noite nos campos, to-
mando conta dos rebanhos de ovelhas.
9 Então um anjo do Senhor apareceu, e a
luz *gloriosa do Senhor brilhou por cima
dos pastores. Eles ficaram com muito
medo, 10 mas o anjo disse:
— Não tenham medo! Estou aqui a fim
de trazer uma boa notícia para vocês, e
ela será motivo de grande alegria tam-
bém para todo o povo! 11 Hoje mesmo, na
*cidade de Davi, nasceu o Salvador de vo-
cês — o *Messias, o Senhor! 12 Esta será a
prova: vocês encontrarão uma crianci-
nha enrolada em panos e deitada numa
*manjedoura.
13 No mesmo instante apareceu junto
com o anjo uma multidão de outros an-
jos, como se fosse um exército celestial.
Eles cantavam hinos de louvor a Deus,
dizendo:

14 — *Glória a Deus nas maiores
alturas do céu!
E paz na terra para as pessoas a
quem ele quer bem!

15 Quando os anjos voltaram para o céu,
os pastores disseram uns aos outros:
— Vamos até Belém para ver o que
aconteceu; vamos ver aquilo que o Se-
nhor nos contou.
16 Eles foram depressa, e encontraram
Maria e José, e viram o menino deitado na
manjedoura. 17 Então contaram o que os
anjos tinham dito a respeito dele. 18 Todos
os que ouviram o que os pastores disse-
ram ficaram muito admirados. 19 Maria
guardava todas essas coisas no seu co-
ração e pensava muito nelas. 20 Então os
pastores voltaram para os campos, can-
tando hinos de louvor a Deus pelo que
tinham ouvido e visto.

E tudo tinha acontecido como o anjo
havia falado.

O nome do menino

21 Uma semana depois, quando chegou
o dia de *circuncidar o menino, puseram
nele o nome de Jesus. Pois o anjo tinha
dado esse nome ao menino antes de ele
nascer.

Jesus é apresentado no Templo

22 Chegou o dia de Maria e José cumpri-
rem a cerimônia da *purificação, confor-
me manda a *Lei de Moisés. Então eles
levaram a criança para Jerusalém a fim
de apresentá-la ao Senhor. 23 Pois está es-
crito na Lei do Senhor: "Todo primeiro fi-
lho será separado e dedicado ao Senhor."
24 Eles foram lá também para oferecer em
*sacrifício duas rolinhas ou dois pombi-
nhos, como a Lei do Senhor manda.
25 Em Jerusalém morava um homem
chamado Simeão. Ele era bom e piedo-
so e esperava a salvação do povo de Is-
rael. O Espírito Santo estava com ele, 26 e
o próprio Espírito lhe tinha prometido
que, antes de morrer, ele iria ver o *Mes-
sias enviado pelo Senhor. 27 Guiado pelo
Espírito, Simeão foi ao Templo. Quando
os pais levaram o menino Jesus ao Tem-
plo para fazer o que a Lei manda, 28 Si-
meão pegou o menino no colo e louvou a
Deus. Ele disse:

29 — Agora, Senhor, cumpriste a
promessa que fizeste
e já podes deixar este teu *servo
partir em paz.
30 Pois eu já vi com os meus
próprios olhos a tua salvação,
31 que preparaste na presença
de todos os povos:
32 uma luz para mostrar o teu
caminho
a todos os que não são judeus
e para dar *glória ao teu povo de
Israel.

33 O pai e a mãe do menino ficaram ad-
mirados com o que Simeão disse a res-
peito dele. 34 Simeão os abençoou e disse
a Maria, a mãe de Jesus:
— Este menino foi escolhido por Deus
tanto para a destruição como para a sal-
vação de muita gente em Israel. Ele vai
ser um sinal de Deus; muitas pessoas fa-
larão contra ele, 35 e assim os pensamen-
tos secretos delas serão conhecidos. E a
tristeza, como uma espada afiada, cortará
o seu coração, Maria.
36 Havia ali também uma *profetisa cha-
mada Ana, que era viúva e muito idosa.
Ela era filha de Fanuel, da *tribo de Aser.
Sete anos depois que ela havia casado,
o seu marido morreu. 37 Agora ela esta-
va com oitenta e quatro anos de idade.
Nunca saía do pátio do Templo e adora-
va a Deus dia e noite, jejuando e fazendo
orações. 38 Naquele momento ela chegou
e começou a louvar a Deus e a falar a res-
peito do menino para todos os que espe-
ravam a libertação de Jerusalém.

A volta para Nazaré

39 Quando terminaram de fazer tudo o
que a *Lei do Senhor manda, José e Maria
voltaram para a Galileia, para a casa deles
na cidade de Nazaré.
40 O menino crescia e ficava forte; ti-
nha muita sabedoria e era abençoado
por Deus.

Jesus no Templo

41 Todos os anos os pais de Jesus iam
a Jerusalém para a *Festa da Páscoa.
42 Quando Jesus tinha doze anos, eles fo-
ram à Festa, conforme o seu costume.
43 Depois que a Festa acabou, eles come-
çaram a viagem de volta para casa. Mas
Jesus tinha ficado em Jerusalém, e os seus
pais não sabiam disso. 44 Eles pensavam
que ele estivesse no grupo de pessoas que
vinha voltando e por isso viajaram o dia
todo. Então começaram a procurá-lo en-
tre os parentes e amigos. 45 Como não o
encontraram, voltaram a Jerusalém para
procurá-lo. 46 Três dias depois encontra-
ram o menino num dos pátios do Tem-
plo, sentado no meio dos *mestres da Lei,
ouvindo-os e fazendo perguntas a eles.
47 Todos os que o ouviam estavam muito
admirados com a sua inteligência e com
as respostas que dava. 48 Quando os pais
viram o menino, também ficaram admi-
rados. E a sua mãe lhe disse:
— Meu filho, por que foi que você fez
isso conosco? O seu pai e eu estávamos
muito aflitos procurando você.
49 Jesus respondeu:
— Por que vocês estavam me pro-
curando? Não sabiam que eu devia estar
na casa do meu Pai?
50 Mas eles não entenderam o que ele
disse.
51 Então Jesus voltou com os seus pais
para Nazaré e continuava a ser obediente

a eles. E a sua mãe guardava tudo isso no coração.

52 Conforme crescia, Jesus ia crescendo também em sabedoria, e tanto Deus como as pessoas gostavam cada vez mais dele.

A mensagem de João Batista

Mateus 3.1-12; Marcos 1.1-8; João 1.19-28

3 Fazia quinze anos que Tibério era o Imperador romano. Nesse tempo Pôncio Pilatos era o governador da Judeia, Herodes governava a Galileia, o seu irmão Filipe governava a região da Itureia e Traconites, e Lisânias era o governador de Abilene. 2 E Anás e Caifás eram os *Grandes Sacerdotes. Foi nesse tempo que a mensagem de Deus foi dada, no deserto, a João, filho de Zacarias. 3 E João atravessou toda a região do rio Jordão, anunciando esta mensagem:

— Arrependam-se dos seus pecados e sejam batizados, que Deus perdoará vocês.

4 Isso aconteceu como o *profeta Isaías tinha escrito no seu livro:

"Alguém está gritando no deserto:
Preparem o caminho para o Senhor
passar!
Abram estradas retas para ele!
5 Todos os vales serão aterrados,
e todos os morros e montes
serão aplanados.
Os caminhos tortos serão
endireitados,
e as estradas esburacadas
serão consertadas.
6 E todos verão a salvação que Deus
dá."

7 As multidões iam se encontrar com João para serem batizadas por ele. Ele dizia a todos:

— Ninhada de cobras venenosas! Quem disse que vocês escaparão do terrível castigo que Deus vai mandar? 8 Façam coisas que mostrem que vocês se arrependeram dos seus pecados. E não digam uns aos outros: "Nós somos descendentes de Abraão." Pois eu afirmo a vocês que até destas pedras Deus pode fazer descendentes de Abraão! 9 O machado já está pronto para cortar as árvores pela raiz. Toda árvore que não dá frutas boas será cortada e jogada no fogo.

10 Então o povo perguntava:

— O que devemos fazer?

11 Ele respondia:

— Quem tiver duas *túnicas dê uma a quem não tem nenhuma, e quem tiver comida reparta com quem não tem.

12 Alguns cobradores de impostos também chegaram para serem batizados e perguntaram a João:

— Mestre, o que devemos fazer?

13 — Não cobrem mais do que a *lei manda! — respondeu João.

14 Alguns soldados também perguntavam:

— E nós, o que devemos fazer?

E João respondia:

— Não tomem dinheiro de ninguém, nem pela força nem por meio de acusações falsas. E se contentem com o salário que recebem.

15 As esperanças do povo começaram a aumentar, e eles pensavam que talvez João fosse o *Messias. 16 Mas João disse a todos:

— Eu batizo vocês com água, mas está chegando alguém que é mais importante do que eu, e não mereço a honra de desamarrar as correias das sandálias dele. Ele os batizará com o Espírito Santo e com fogo. 17 Com a pá que tem na mão, ele vai separar o trigo da palha. Guardará o trigo no seu depósito, mas queimará a palha no fogo que nunca se apaga.

18 João anunciava de muitas maneiras diferentes a boa notícia ao povo e apelava a eles para que mudassem de vida. 19 Mas falou contra o governador Herodes porque ele havia casado com Herodias, a esposa do irmão do próprio Herodes. E também porque ele tinha feito muitas outras coisas más. 20 Então Herodes fez uma coisa ainda pior: mandou pôr João na cadeia.

O batismo de Jesus

Mateus 3.13-17; Marcos 1.9-11

21 Depois do batismo de todo aquele povo, Jesus também foi batizado. E, quando Jesus estava orando, o céu se abriu, 22 e o Espírito Santo desceu na forma de uma pomba sobre ele. E do céu veio uma voz, que disse:

— Tu és o meu Filho querido e me dás muita alegria.

Os antepassados de Jesus

Mateus 1.1-17

23 Jesus começou o seu trabalho quando tinha mais ou menos trinta anos de

idade. Ele era, conforme pensavam, filho
de José, que era filho de Eli, 24 filho de Ma-
tate, filho de Levi, filho de Melqui, filho de
Janai, filho de José, 25 filho de Matatias, fi-
lho de Amós, filho de Naum, filho de Esli,
filho de Nagai, 26 filho de Maate, filho de
Matatias, filho de Semei, filho de José, fi-
lho de Jodá, 27 filho de Joanã, filho de Resa,
filho de Zorobabel, filho de Salatiel, filho
de Neri, 28 filho de Melqui, filho de Adi, fi-
lho de Cosã, filho de Elmadã, filho de Er,
29 filho de Josué, filho de Eliézer, filho de
Jorim, filho de Matate, filho de Levi, 30 fi-
lho de Simeão, filho de Judá, filho de José,
filho de Jonã, filho de Eliaquim, 31 filho de
Meleá, filho de Mená, filho de Matatá, fi-
lho de Natã, filho de Davi, 32 filho de Jes-
sé, filho de Obede, filho de Boaz, filho de
Sala, filho de Nasom, 33 filho de Amina-
dabe, filho de Admim, filho de Arni, filho
de Esrom, filho de Peres, filho de Judá,
34 filho de Jacó, filho de Isaque, filho de
Abraão, filho de Tera, filho de Naor, 35 fi-
lho de Serugue, filho de Reú, filho de Pe-
legue, filho de Éber, filho de Selá, 36 filho
de Cainã, filho de Arpaxade, filho de Sem,
filho de Noé, filho de Lameque, 37 filho de
Matusalém, filho de Enoque, filho de Jare-
de, filho de Maalalel, filho de Cainã, 38 fi-
lho de Enos, filho de Sete, filho de Adão,
filho de Deus.

A tentação de Jesus

Mateus 4.1-11; Marcos 1.12-13

4 Jesus, cheio do Espírito Santo, voltou
do rio Jordão e foi levado pelo Espírito
ao deserto. 2 Ali ele foi tentado pelo Diabo
durante quarenta dias. Nesse tempo todo
ele não comeu nada e depois sentiu fome.
3 Então o Diabo lhe disse:

— Se você é o Filho de Deus, mande
que esta pedra vire pão.

4 Jesus respondeu:

— As *Escrituras Sagradas afirmam que
o ser humano não vive só de pão.

5 Aí o Diabo levou Jesus para o alto,
mostrou-lhe num instante todos os rei-
nos do mundo 6 e disse:

— Eu lhe darei todo este poder e toda
esta riqueza, pois tudo isto me foi dado,
e posso dar a quem eu quiser. 7 Isto tudo
será seu se você se ajoelhar diante de
mim e me adorar.

8 Jesus respondeu:

— As Escrituras Sagradas afirmam:

"Adore o Senhor, seu Deus,
e sirva somente a ele."

9 Depois o Diabo o levou a Jerusalém
e o colocou na parte mais alta do Tem-
plo e disse:

— Se você é o Filho de Deus, jogue-
-se daqui, 10 pois as Escrituras Sagradas
afirmam:

"Deus mandará que os seus anjos
cuidem de você.
11 Eles vão segurá-lo com as suas
mãos,
para que nem mesmo os seus pés
sejam feridos nas pedras."

12 Então Jesus respondeu:

— As Escrituras Sagradas afirmam:
"Não ponha à prova o Senhor, seu Deus."

13 Quando o Diabo acabou de tentar Je-
sus de todas as maneiras, foi embora por
algum tempo.

Jesus começa o seu trabalho na Galileia

Mateus 4.12-17; Marcos 1.14-15

14 Jesus voltou para a região da Galileia,
e o poder do Espírito Santo estava com
ele. As notícias a respeito dele se espa-
lhavam por toda aquela região. 15 Ele en-
sinava nas *sinagogas e era elogiado por
todos.

Jesus em Nazaré

Mateus 13.53-58; Marcos 6.1-6

16 Jesus foi para a cidade de Nazaré,
onde havia crescido. No sábado, confor-
me o seu costume, foi até a *sinagoga. Ali
ele se levantou para ler as *Escrituras Sa-
gradas, 17 e lhe deram o livro do *profeta
Isaías. Ele abriu o livro e encontrou o lu-
gar onde está escrito assim:

18 "O Senhor me deu o seu Espírito.
Ele me escolheu para levar boas
notícias
aos pobres
e me enviou para anunciar a
liberdade
aos presos,
dar vista aos cegos,
*libertar os que estão sendo
oprimidos*
19 e anunciar que chegou o tempo
em que o Senhor salvará o seu
povo."

20 Jesus fechou o livro, entregou-o para
o ajudante da sinagoga e sentou-se. Todas
as pessoas ali presentes olhavam para Je-
sus sem desviar os olhos. 21 Então ele co-
meçou a falar. Ele disse:

— Hoje se cumpriu o trecho das Es-
crituras Sagradas que vocês acabam de
ouvir.
22 Todos começaram a elogiar Jesus, ad-
mirados com a sua maneira agradável e
simpática de falar, e diziam:
— Ele não é o filho de José?
23 Então Jesus disse:
— Sem dúvida vocês vão repetir para
mim o ditado: "Médico, cure-se a você
mesmo." E também vão dizer: "Nós sa-
bemos de tudo o que você fez em Cafar-
naum; faça as mesmas coisas aqui, na sua
própria cidade."
24 E continuou:
— Eu afirmo a vocês que isto é verda-
de: nenhum profeta é bem recebido na
sua própria terra. 25 Eu digo a vocês que,
de fato, havia muitas viúvas em Israel no
tempo do profeta Elias, quando não cho-
veu durante três anos e meio, e houve
uma grande fome em toda aquela terra.
26 Porém Deus não enviou Elias a nenhu-
ma das viúvas que viviam em Israel, mas
somente a uma viúva que morava em Sa-
repta, perto de Sidom. 27 Havia também
muitos leprosos em Israel no tempo do
profeta Eliseu, mas nenhum deles foi
curado. Só Naamã, o sírio, foi curado.
28 Quando ouviram isso, todos os que
estavam na sinagoga ficaram com mui-
ta raiva. 29 Então se levantaram, arrasta-
ram Jesus para fora da cidade e o levaram
até o alto do monte onde a cidade esta-
va construída, para o jogar dali abaixo.
30 Mas ele passou pelo meio da multidão
e foi embora.

Um homem dominado por um demônio

Marcos 1.21-28

31 Então Jesus foi para Cafarnaum, uma
cidade da região da Galileia. Ali ele ensi-
nava o povo nos sábados. 32 Eles estavam
muito admirados com a sua maneira de
ensinar, pois Jesus falava com autorida-
de. 33 Havia um homem na *sinagoga que
estava dominado por um demônio. O ho-
mem gritou:
34 — Ei, Jesus de Nazaré! O que você
quer de nós? Você veio para nos destruir?
Sei muito bem quem é você: é o Santo que
Deus enviou!
35 Então Jesus ordenou ao demônio:
— Cale a boca e saia deste homem!
Em frente de todos, o demônio atirou
o homem no chão e saiu dele sem lhe
causar nenhum ferimento. 36 Todos fica-
ram espantados e diziam uns para os ou-
tros:
— Que tipo de palavras são essas? Este
homem, com autoridade e poder, expul-
sa os espíritos maus, e eles vão embora.
37 E as notícias a respeito de Jesus se es-
palharam por toda aquela região.

Jesus cura muita gente

Mateus 8.14-17; Marcos 1.29-34

38 Jesus saiu da *sinagoga e foi até a casa
de Simão. A sogra de Simão estava doente,
com febre alta; e contaram isso a Jesus.
39 Aí ele foi, parou ao lado da cama dela e
deu uma ordem à febre. A febre saiu da
mulher, e, no mesmo instante, ela se le-
vantou e começou a cuidar deles.
40 Depois de anoitecer, todos os que ti-
nham amigos enfermos, com várias doen-
ças, os levaram a Jesus. Ele pôs as suas
mãos sobre cada um deles e os curou.
41 Os demônios saíram de muitas pes-
soas, gritando:
— Você é o Filho de Deus!
Eles sabiam que Jesus era o *Messias, e
por isso ele os repreendia e não deixava
que falassem.

Jesus anuncia a mensagem

Marcos 1.35-39

42 Quando amanheceu, Jesus saiu da ci-
dade e foi para um lugar deserto. Mas a
multidão começou a procurá-lo, e, quando
o encontraram, eles não queriam deixá-lo
ir embora. 43 Mas Jesus disse:
— Eu preciso anunciar também em ou-
tras cidades a boa notícia do *Reino de
Deus, pois foi para fazer isso que Deus
me enviou.
44 E ele anunciava a mensagem nas *si-
nagogas de todo o país.

Jesus chama os seus primeiros discípulos

Mateus 4.18-22; Marcos 1.16-20

5 Certo dia Jesus estava na praia do lago
da Galileia, e a multidão se apertava
em volta dele para ouvir a mensagem de
Deus. 2 Ele viu dois barcos no lago, per-
to da praia. Os pescadores tinham saído
deles e estavam lavando as redes. 3 Jesus
entrou num dos barcos, o de Simão, e pe-
diu que ele o afastasse um pouco da praia.
Então sentou-se e começou a ensinar a
multidão.
4 Quando acabou de falar, Jesus disse
a Simão:
— Leve o barco para um lugar onde o

lago é bem fundo. E então você e os seus
companheiros joguem as redes para
pescar.
5 Simão respondeu:
— Mestre, nós trabalhamos a noite
toda e não pescamos nada. Mas, já que
o senhor está mandando jogar as redes,
eu vou obedecer.
6 Quando eles jogaram as redes na água,
pescaram tanto peixe, que as redes esta-
vam se rebentando. 7 Então fizeram um si-
nal para os companheiros que estavam no
outro barco a fim de que viessem ajudá-
-los. Eles foram e encheram os dois bar-
cos com tanto peixe, que os barcos quase
afundaram. 8 Quando Simão Pedro viu o
que havia acontecido, ajoelhou-se diante
de Jesus e disse:
— Senhor, afaste-se de mim, pois eu
sou um pecador!
9 Simão e os outros que estavam com
ele ficaram admirados com a quantidade
de peixes que haviam apanhado. 10 Tia-
go e João, filhos de Zebedeu, que eram
companheiros de Simão, também fica-
ram muito admirados. Então Jesus dis-
se a Simão:
— Não tenha medo! De agora em dian-
te você vai pescar gente.
11 Eles arrastaram os barcos para a
praia, deixaram tudo e seguiram Jesus.

Jesus cura um leproso

Mateus 8.1-4; Marcos 1.40-45

12 Certa vez Jesus estava numa cidade
onde havia um homem que tinha o corpo
todo coberto de lepra. Quando viu Jesus,
o leproso se ajoelhou diante dele, encos-
tou o rosto no chão e pediu:
— Senhor, eu sei que o senhor pode me
curar se quiser!
13 Jesus estendeu a mão, tocou nele e
disse:
— Sim! Eu quero. Você está curado.
No mesmo instante a lepra desapare-
ceu. 14 Então Jesus lhe deu esta ordem:
— Escute! Não conte isso para nin-
guém, mas vá pedir ao sacerdote que exa-
mine você. Depois, a fim de provar para
todos que você está curado, vá oferecer o
*sacrifício que Moisés ordenou.
15 Mas as notícias a respeito de Jesus
se espalhavam ainda mais, e muita gen-
te vinha para ouvi-lo e para ser curada
das suas doenças. 16 Porém Jesus ia para
lugares desertos e orava.

Jesus cura um paralítico

Mateus 9.1-8; Marcos 2.1-12

17 Um dia Jesus estava ensinando, e al-
guns *fariseus e alguns *mestres da Lei
estavam sentados perto dele. Eles tinham
vindo de todas as cidades da Galileia e
da Judeia e também de Jerusalém. O po-
der do Senhor estava com Jesus para que
ele curasse os doentes. 18 Alguns homens
trouxeram um paralítico deitado numa
cama e estavam querendo entrar na casa
e colocá-lo diante de Jesus. 19 Porém, por
causa da multidão, não conseguiram en-
trar com o paralítico. Então o carregaram
para cima do telhado. Fizeram uma aber-
tura nas telhas e o desceram na sua cama
em frente de Jesus, no meio das pessoas
que estavam ali. 20 Jesus viu que eles ti-
nham fé e disse ao paralítico:
— Meu amigo, os seus pecados estão
perdoados!
21 Os mestres da Lei e os fariseus come-
çaram a pensar:
— Quem é este homem que *blasfema
contra Deus desta maneira? Ninguém
pode perdoar pecados; só Deus tem esse
poder.
22 Porém Jesus sabia o que eles estavam
pensando e disse:
— Por que vocês estão pensando as-
sim? 23 O que é mais fácil dizer ao paralíti-
co: "Os seus pecados estão perdoados" ou
"Levante-se e ande"? 24 Pois vou mostrar
a vocês que eu, o *Filho do Homem, te-
nho poder na terra para perdoar pecados.
Então disse ao paralítico:
— Eu digo a você: levante-se, pegue a
sua cama e vá para casa.
25 No mesmo instante o homem se le-
vantou diante de todos, pegou a cama e
foi para casa, louvando a Deus. 26 Todos
ficaram muito admirados; e, cheios de
medo, louvaram a Deus, dizendo:
— Que coisa maravilhosa nós vimos
hoje!

Jesus e Levi

Mateus 9.9-13; Marcos 2.13-17

27 Depois disso Jesus saiu e viu um co-
brador de impostos, chamado Levi, sen-
tado no lugar onde os impostos eram pa-
gos. Jesus lhe disse:
— Venha comigo.
28 Levi se levantou, deixou tudo e se-
guiu Jesus. 29 Então Levi fez para Jesus
uma grande festa na sua casa. Havia ali
muitos cobradores de impostos, e outras

pessoas estavam sentadas com eles. 30 Os
*fariseus e os *mestres da Lei, que eram
do partido dos fariseus, ficaram zanga-
dos com os discípulos de Jesus e pergun-
taram:
— Por que vocês comem e bebem com
os cobradores de impostos e com outras
pessoas de má fama?
31 Jesus respondeu:
— Os que têm saúde não precisam de
médico, mas sim os doentes. 32 Eu não vim
para *chamar os bons, mas para chamar
os pecadores, a fim de que se arrependam
dos seus pecados.

Jesus e o jejum

Mateus 9.14-17; Marcos 2.18-22

33 Algumas pessoas disseram a Jesus:
— Os discípulos de João Batista jejuam
muitas vezes e fazem orações, e os discí-
pulos dos *fariseus fazem o mesmo. Mas
os discípulos do senhor não jejuam.
34 Jesus respondeu:
— Vocês acham que podem obrigar os
convidados de uma festa de casamento a
jejuarem enquanto o noivo está com eles?
Claro que não! 35 Mas chegará o tempo em
que o noivo será tirado do meio deles; en-
tão sim eles vão jejuar!
36 Jesus fez também esta comparação:
— Ninguém corta um pedaço de uma
roupa nova para remendar uma roupa ve-
lha. Se alguém fizer isso, estraga a roupa
nova, e o pedaço de pano novo não com-
bina com a roupa velha. 37 Ninguém põe
vinho novo em *odres velhos. Se alguém
fizer isso, os odres rebentam, o vinho se
perde, e os odres ficam estragados. 38 Não.
Vinho novo deve ser posto em odres no-
vos. 39 E ninguém quer vinho novo depois
de beber vinho velho, pois diz: "O vinho
velho é melhor."

Jesus e o sábado

Mateus 12.1-8; Marcos 2.23-28

6 Num sábado, Jesus estava atravessan-
do uma plantação de trigo. Os seus dis-
cípulos começaram a colher e a debulhar
espigas, e a comer os grãos de trigo. 2 En-
tão alguns *fariseus perguntaram:
— Por que é que vocês estão fazendo
uma coisa que a nossa *Lei proíbe fazer
no sábado?
3 Jesus respondeu:
— Vocês não leram o que Davi fez,
quando ele e os seus companheiros es-
tavam com fome? 4 Ele entrou na casa de
Deus, pegou os pães oferecidos a Deus,
comeu e deu também aos seus compa-
nheiros. No entanto é contra a nossa Lei
alguém comer desses pães; somente os
sacerdotes têm o direito de fazer isso.
5 E Jesus terminou, dizendo:
— O *Filho do Homem tem autoridade
sobre o sábado.

Jesus e o homem da mão aleijada

Mateus 12.9-14; Marcos 3.1-6

6 Num outro sábado Jesus entrou na *si-
nagoga e começou a ensinar. Estava ali
um homem que tinha a mão direita aleija-
da. 7 Alguns *mestres da Lei e alguns *fari-
seus ficaram espiando Jesus com atenção
para ver se ele ia curar alguém no sába-
do. Pois queriam arranjar algum motivo
para o acusar de desobedecer à *Lei. 8 Mas
Jesus conhecia os pensamentos deles e
por isso disse para o homem que tinha
a mão aleijada:
— Levante-se e fique em pé aqui na
frente.
O homem se levantou e ficou em pé.
9 Então Jesus disse:
— Eu pergunto a vocês: o que é que
a nossa Lei diz sobre o sábado? O que é

Uma oração por...

Confissão

Deus, ajuda-me a ver a trave de madeira em meu olho antes de ver o cisco no olho de meu amigo. Que eu veja minhas ofensas com os olhos bem abertos. Torna-as mais óbvias para mim do que os pecados dos outros; tão reluzentes quanto o sol. Faz com que eu não me alimente delas. Mas cega-me para as ofensas infligidas a mim por aqueles a quem amo. Apaga-as de minha memória; tira-as de minha mente para sempre.

Deixa-me carregar e medir a balança do amor, e deixa-me ser, aos meus olhos, a mais culpada de pecado. Ajuda-me, ao mesmo tempo, com tua dádiva da graça, a não ficar abatida quando sofrer por meu pecado e, assim, arruinar minha felicidade ou integridade. Toca-me com fogo do altar para que eu esteja em pé e possa trabalhar para reconstruir os muros de minha cidade.

Amém.

permitido fazer nesse dia: o bem ou o
mal? Salvar alguém da morte ou deixar
morrer?
10 Jesus olhou para todos os que estavam em volta dele e disse para o homem:

— Estenda a mão!

O homem estendeu a mão, e ela sarou.
11 Aí os mestres da Lei e os fariseus ficaram furiosos e começaram a conversar
sobre o que poderiam fazer contra Jesus.

Jesus escolhe os doze apóstolos
Mateus 10.1-4; Marcos 3.13-19

12 Naquela ocasião Jesus subiu um monte para orar e passou a noite orando a
Deus. 13 Quando amanheceu, chamou os
seus discípulos e escolheu doze deles. E
deu o nome de *apóstolos a estes doze:
14 Simão, em quem pôs o nome de Pedro,
e o seu irmão André; Tiago e João; Filipe e Bartolomeu; 15 Mateus e Tomé; Tiago, filho de Alfeu; Simão, o nacionalista;
16 Judas, filho de Tiago; e Judas Iscariotes,
que foi o traidor.

Jesus ensina e cura
Mateus 4.23-25

17 Jesus desceu do monte com eles e parou com muitos dos seus seguidores num
lugar plano. Uma grande multidão estava
ali. Era gente de toda a Judeia, de Jerusalém e das cidades de Tiro e Sidom, que ficam na beira do mar. 18 Eles tinham vindo
para ouvir Jesus e para serem curados das
suas doenças. Os que estavam atormentados por espíritos maus também vieram
e foram curados. 19 Todos queriam tocar
em Jesus porque dele saía um poder que
curava todas as pessoas.

Felicidade e infelicidade
Mateus 5.1-12

20 Jesus olhou para os seus discípulos
e disse:

— Felizes são vocês, os pobres,
pois o *Reino de Deus é de vocês.
21 — Felizes são vocês que agora
têm fome,
pois vão ter fartura.
— Felizes são vocês que agora
choram,
pois vão rir.

22 — Felizes são vocês quando os odiarem, rejeitarem, insultarem e disserem
que vocês são maus por serem seguidores
do *Filho do Homem. 23 Fiquem felizes e
muito alegres quando isso acontecer, pois
uma grande recompensa está guardada
no céu para vocês. Pois os antepassados
dessas pessoas fizeram essas mesmas coisas com os *profetas.

24 — Mas ai de vocês que agora são
ricos,
pois já tiveram a sua vida boa.
25 — Ai de vocês que agora têm
tudo,
pois vão passar fome.
— Ai de vocês que agora estão
rindo,
pois vão chorar e se lamentar.

26 — Ai de vocês quando todos os elogiarem, pois os antepassados dessas pessoas também elogiaram os falsos profetas.

Amar os inimigos
Mateus 5.38-48

27 — Mas eu digo a vocês que estão me
ouvindo: amem os seus inimigos e façam
o bem para os que odeiam vocês. 28 Desejem o bem para aqueles que os amaldiçoam e orem em favor daqueles que maltratam vocês. 29 Se alguém lhe der um tapa
na cara, vire o outro lado para ele bater
também. Se alguém tomar a sua *capa,
deixe que leve a *túnica também. 30 Dê
sempre a qualquer um que lhe pedir alguma coisa; e, quando alguém tirar o que
é seu, não peça de volta. 31 Façam aos outros a mesma coisa que querem que eles
façam a vocês.
32 — Se vocês amam somente aqueles
que os amam, o que é que estão fazendo de mais? Até as pessoas de má fama
amam as pessoas que as amam. 33 E, se
vocês fazem o bem somente para aqueles que lhes fazem o bem, o que é que
estão fazendo de mais? Até as pessoas
de má fama fazem isso. 34 E, se vocês emprestam somente para aqueles que vocês
acham que vão lhes pagar, o que é que
estão fazendo de mais? Até as pessoas
de má fama emprestam aos que têm má
fama, para receber de volta o que emprestaram. 35 Façam o contrário: amem os seus
inimigos e façam o bem para eles. Emprestem e não esperem receber de volta o que emprestaram e assim vocês terão uma grande recompensa e serão filhos do Deus Altíssimo. Façam isso porque ele é bom também para os ingratos e
maus. 36 Tenham misericórdia dos outros,

assim como o Pai de vocês tem misericór-
dia de vocês.

O hábito de julgar os outros

Mateus 7.1-5

37 — Não julguem os outros, e Deus não
julgará vocês. Não condenem os outros, e
Deus não condenará vocês. Perdoem os
outros, e Deus perdoará vocês. 38 Deem
aos outros, e Deus dará a vocês. Ele será
generoso, e as bênçãos que ele lhes dará
serão tantas, que vocês não poderão se-
gurá-las nas suas mãos. A mesma medida
que vocês usarem para medir os outros
Deus usará para medir vocês.

39 E Jesus fez estas comparações:

— Um cego não pode guiar outro cego.
Se fizer isso, os dois cairão num buraco.
40 Nenhum aluno é mais importante do
que o seu professor. Porém, quando tiver
terminado os estudos, o aluno ficará igual
ao seu professor.

41 — Por que é que você vê o cisco que
está no olho do seu irmão e não repara
na trave de madeira que está no seu pró-
prio olho? 42 Como é que você pode dizer
ao seu irmão: "Me deixe tirar esse cisco
do seu olho", se você não repara na trave
que está no seu próprio olho? Hipócrita!
Tire primeiro a trave que está no seu olho
e então poderá ver bem para tirar o cisco
que está no olho do seu irmão.

A árvore e as suas frutas

Mateus 7.15-20; 12.33-35

43 — A árvore boa não dá frutas ruins,
assim como a árvore que não presta não
dá frutas boas. 44 Pois cada árvore é co-
nhecida pelas frutas que ela produz. Não
é possível colher figos de espinheiros,
nem colher uvas de pés de urtiga. 45 A pes-
soa boa tira o bem do depósito de coisas
boas que tem no seu coração. E a pessoa
má tira o mal do seu depósito de coisas
más. Pois a boca fala do que o coração
está cheio.

Os dois alicerces

Mateus 7.24-27

46 — Por que vocês me chamam "Se-
nhor, Senhor" e não fazem o que eu digo?
47 Eu vou mostrar a vocês com quem se
parece a pessoa que vem e ouve a minha
mensagem e é obediente a ela. 48 Essa pes-
soa é como um homem que, quando cons-
truiu uma casa, cavou bem fundo e pôs o
alicerce na rocha. O rio ficou cheio, e as
suas águas bateram contra aquela casa;
porém ela não se abalou porque havia
sido bem construída. 49 Mas quem ouve
a minha mensagem e não é obediente a
ela é como o homem que construiu uma
casa na terra, sem alicerce. Quando a água
bateu contra aquela casa, ela caiu logo e
ficou totalmente destruída.

Jesus cura o empregado de um oficial romano

Mateus 8.5-13

7 Quando Jesus acabou de dizer essas
coisas ao povo, foi para a cidade de
Cafarnaum. 2 Havia ali um oficial romano
que tinha um empregado a quem estimava
muito. O empregado estava gravemente
doente, quase morto. 3 Quando o oficial
ouviu falar de Jesus, enviou alguns líde-
res judeus para pedirem a ele que viesse
curar o seu empregado. 4 Eles foram falar
com Jesus e lhe pediram com insistência:

— Esse homem merece, de fato, a sua
ajuda, 5 pois estima muito o nosso povo
e até construiu uma *sinagoga para nós.

6 Então Jesus foi com eles. Porém, quan-
do já estava perto da casa, o oficial ro-
mano mandou alguns amigos dizerem a
Jesus:

— Senhor, não se incomode, pois eu
não mereço que entre na minha casa. 7 E
acho também que não mereço a honra
de falar pessoalmente com o senhor. Dê
somente uma ordem, e o meu emprega-
do ficará bom. 8 Eu também estou debai-
xo da autoridade de oficiais superiores e
tenho soldados que obedecem às minhas
ordens. Digo para um: "Vá lá", e ele vai.
Digo para outro: "Venha cá", e ele vem.
E digo também para o meu empregado:
"Faça isto", e ele faz.

9 Jesus ficou muito admirado quando
ouviu isso. Então virou-se e disse para a
multidão que o seguia:

— Eu afirmo a vocês que nunca vi tan-
ta fé, nem mesmo entre o povo de Israel!
10 Aí os amigos do oficial voltaram para
a casa dele e encontraram o empregado
curado.

Jesus ressuscita o filho de uma viúva

11 Pouco tempo depois Jesus foi para
uma cidade chamada Naim. Os seus dis-
cípulos e uma grande multidão foram
com ele. 12 Quando ele estava chegando
perto do portão da cidade, ia saindo um
enterro. O defunto era filho único de uma
viúva, e muita gente da cidade ia com ela.

13 Quando o Senhor a viu, ficou com muita
pena dela e disse:
— Não chore.
14 Então ele chegou mais perto e tocou
no caixão. E os que o estavam carregando
pararam. Então Jesus disse:
— Moço, eu ordeno a você: levante-se!
15 O moço sentou-se no caixão e come-
çou a falar, e Jesus o entregou à mãe. 16 To-
dos ficaram com muito medo e louvavam
a Deus, dizendo:
— Que grande *profeta apareceu entre
nós! Deus veio salvar o seu povo!
17 Essas notícias a respeito de Jesus se
espalharam por todo o país e pelas re-
giões vizinhas.

Os mensageiros de João Batista
Mateus 11.2-19

18 Os discípulos de João Batista conta-
ram tudo isso a ele. Aí João chamou dois
deles 19 e os enviou ao Senhor Jesus para
perguntarem: "O senhor é aquele que ia
chegar ou devemos esperar outro?" 20 En-
tão eles foram até o lugar onde Jesus es-
tava e disseram:
— João Batista nos mandou perguntar
o seguinte: o senhor é aquele que ia che-
gar ou devemos esperar outro?
21 Naquele momento Jesus curou mui-
tas pessoas das suas doenças e dos seus
sofrimentos, expulsou espíritos maus e
também curou muitos cegos. 22 Depois
respondeu aos discípulos de João:
— Voltem e contem a João o que vocês
viram e ouviram. Digam a ele que os ce-
gos veem, os coxos andam, os leprosos
são curados, os surdos ouvem, os mortos
são ressuscitados, e os pobres recebem o
*evangelho. 23 E felizes são as pessoas que
não duvidam de mim!
24 Quando os discípulos de João foram
embora, Jesus começou a dizer ao povo
o seguinte a respeito de João:
— O que vocês foram ver no deserto?
Um caniço sacudido pelo vento? 25 O que
foram ver? Um homem bem vestido? Ora,
os que se vestem bem e vivem no luxo
moram nos palácios! 26 Então me digam:
o que foram ver? Um *profeta? Sim. E eu
afirmo que vocês viram muito mais do
que um profeta. 27 Porque João é aquele
a respeito de quem as *Escrituras Sagra-
das dizem: "Aqui está o meu mensageiro,
disse Deus. Eu o enviarei adiante de você
para preparar o seu caminho."
28 — Eu digo a vocês que de todos os
homens que já nasceram João é o maior.
Porém quem é o menor no *Reino de Deus
é maior do que ele.
29 Os cobradores de impostos e todo
o povo ouviram isso. Eles eram aqueles
que haviam obedecido às ordens justas
de Deus e tinham sido batizados por João.
30 Mas os *fariseus e os *mestres da Lei não
quiseram ser batizados por João e assim
rejeitaram o plano de Deus para eles.
31 E Jesus terminou, dizendo:
— Mas com quem posso comparar as
pessoas de hoje? Com quem elas são pa-
recidas? 32 Elas são como crianças sen-
tadas na praça. Um grupo grita para o
outro:

"Nós tocamos músicas de
casamento,
mas vocês não dançaram!
Cantamos músicas de
sepultamento,
mas vocês não choraram!"

33 João Batista jejua e não bebe vinho, e
vocês dizem: "Ele está dominado por um
demônio." 34 O *Filho do Homem come e
bebe, e vocês dizem: "Vejam! Esse homem
é comilão e beberrão; é amigo dos cobra-
dores de impostos e de outras pessoas
de má fama." 35 Mas aqueles que aceitam
a sabedoria de Deus mostram que ela é
verdadeira.

Jesus na casa de Simão, o fariseu

36 Um *fariseu convidou Jesus para jan-
tar. Jesus foi até a casa dele e sentou-se
para comer. 37 Naquela cidade morava
uma mulher de má fama. Ela soube que
Jesus estava jantando na casa do fariseu.
Então pegou um frasco feito de *alabas-
tro, cheio de perfume, 38 e ficou aos pés
de Jesus, por trás. Ela chorava e as suas
lágrimas molhavam os pés dele. Então ela
os enxugou com os seus próprios cabelos.
Ela beijava os pés de Jesus e derramava
o perfume neles. 39 Quando o fariseu viu
isso, pensou assim: "Se este homem fosse,
de fato, um *profeta, saberia quem é esta
mulher que está tocando nele e a vida de
pecado que ela leva."
40 Jesus então disse ao fariseu:
— Simão, tenho uma coisa para lhe
dizer:
— Fale, Mestre! — respondeu Simão.
41 Jesus disse:
— Dois homens tinham uma dívi-
da com um homem que costumava

emprestar dinheiro. Um deles devia quinhentas moedas de prata, e o outro, cinquenta, 42 mas nenhum dos dois podia pagar ao homem que havia emprestado. Então ele perdoou a dívida de cada um. Qual deles vai estimá-lo mais?

43 — Eu acho que é aquele que foi mais perdoado! — respondeu Simão.

— Você está certo! — disse Jesus.

44 Então virou-se para a mulher e disse a Simão:

— Você está vendo esta mulher? Quando entrei, você não me ofereceu água para lavar os pés, porém ela os lavou com as suas lágrimas e os enxugou com os seus cabelos. 45 Você não me beijou quando cheguei; ela, porém, não para de beijar os meus pés desde que entrei. 46 Você não pôs azeite perfumado na minha cabeça, porém ela derramou perfume nos meus pés. 47 Eu afirmo a você, então, que o grande amor que ela mostrou prova que os seus muitos pecados já foram perdoados. Mas onde pouco é perdoado, pouco amor é mostrado.

48 Então Jesus disse à mulher:

— Os seus pecados estão perdoados.

49 Os que estavam sentados à mesa começaram a perguntar:

— Que homem é esse que até perdoa pecados?

50 Mas Jesus disse à mulher:

— A sua fé salvou você. Vá em paz.

As mulheres que acompanhavam Jesus

8 Algum tempo depois Jesus saiu e viajou por cidades e povoados, anunciando a boa notícia do *Reino de Deus. Os doze discípulos foram com ele, 2 e também algumas mulheres que haviam sido livradas de espíritos maus e curadas de doenças. Eram Maria, chamada Madalena, de quem tinham sido expulsos sete demônios; 3 Joana, mulher de Cuza, que era alto funcionário do governo de Herodes; Susana e muitas outras mulheres que, com os seus próprios recursos, ajudavam Jesus e os seus discípulos.

O semeador

Mateus 13.1-9; Marcos 4.1-9

4 *Uma grande multidão*, vinda de várias cidades, veio ver Jesus. Quando todos estavam reunidos, ele contou esta *parábola:

5 — Certo homem saiu para semear. E, quando estava espalhando as sementes, algumas caíram na beira do caminho, onde foram pisadas pelas pessoas e comidas pelos passarinhos. 6 Outras sementes caíram num lugar onde havia muitas pedras, e, quando começaram a brotar, as plantas secaram porque não havia umidade. 7 Outra parte caiu no meio de espinhos, que cresceram junto com as plantas e as sufocaram. 8 Mas algumas sementes caíram em terra boa. As plantas cresceram e produziram cem grãos para cada semente.

E Jesus terminou, dizendo:

— Quem quiser ouvir, que ouça!

Jesus explica a parábola do semeador

Mateus 13.10-23; Marcos 4.10-20

9 Os discípulos de Jesus perguntaram o que ele queria dizer com essa *parábola. 10 Jesus respondeu:

— A vocês Deus mostra os segredos do seu *Reino. Mas aos outros tudo é ensinado por meio de parábolas, para que olhem e não enxerguem nada e para que escutem e não entendam.

11 — O que essa parábola quer dizer é o seguinte: a semente é a mensagem de Deus. 12 As sementes que caíram na beira do caminho são as pessoas que ouvem a mensagem. Porém o Diabo chega e tira a mensagem do coração delas para que não creiam e não sejam salvas. 13 As sementes que caíram onde havia muitas pedras são as pessoas que ouvem a mensagem e a recebem com muita alegria. Elas não têm raízes e por isso creem somente por algum tempo; e, quando chega a tentação, abandonam tudo. 14 As sementes que caíram no meio dos espinhos são as pessoas que ouvem a mensagem. Porém as preocupações, as riquezas e os prazeres desta vida aumentam e sufocam essas pessoas. Por isso os frutos que elas produzem nunca amadurecem. 15 E as sementes que caíram em terra boa são aquelas pessoas que ouvem e guardam a mensagem no seu coração bom e obediente; e, porque são fiéis, produzem frutos.

A luz

Marcos 4.21-25

16 Jesus continuou:

— Ninguém acende uma lamparina e depois a coloca debaixo de um cesto ou de uma cama. Pelo contrário, a lamparina é colocada no lugar próprio para que todos os que entram vejam a luz. 17 Pois

tudo o que está escondido será descoberto, e tudo o que está em segredo será conhecido e revelado.
18 — Portanto, tomem cuidado e vejam como vocês ouvem. Porque quem tem receberá mais; mas quem não tem, até o que pensa que tem será tirado dele.

A mãe e os irmãos de Jesus

Mateus 12.46-50; Marcos 3.31-35

19 A mãe e os irmãos de Jesus vieram
até o lugar onde ele estava, mas, por causa da multidão, não conseguiam chegar
perto dele. 20 Então alguém disse a Jesus:
— A sua mãe e os seus irmãos estão lá fora e querem falar com o senhor.
21 Mas Jesus disse a todos:
— Minha mãe e meus irmãos são aqueles que ouvem a mensagem de Deus e a praticam.

Jesus acalma uma tempestade

Mateus 8.23-27; Marcos 4.35-41

22 Certo dia Jesus subiu num barco com os seus discípulos e disse:
— Vamos para o outro lado do lago.
Então eles partiram. 23 Enquanto esta-
vam atravessando o lago, Jesus dormiu. Um vento muito forte começou a soprar sobre o lago, e o barco foi ficando cheio de água, de modo que todos estavam em
perigo. 24 Aí os discípulos chegaram perto
de Jesus e o acordaram, dizendo:
— Mestre, Mestre! Nós vamos morrer!
Jesus se levantou e deu uma ordem ao vento e à tempestade. Eles pararam,
e tudo ficou calmo. 25 Então ele disse aos
discípulos:
— Por acaso vocês não têm fé?
Mas eles estavam admirados e com medo e diziam uns aos outros:
— Que homem é este? Ele manda até no vento e nas ondas, e eles obedecem!

Jesus cura um homem dominado por demônios

Mateus 8.28-34; Marcos 5.1-20

26 Jesus e os discípulos chegaram à região de Gerasa, no lado leste do lago da
Galileia. 27 Assim que Jesus saiu do barco,
um homem daquela cidade foi encontrar-se com ele. Esse homem estava dominado por demônios. Fazia muito tempo que ele andava sem roupas e não morava numa casa, mas vivia nos túmulos do
cemitério. 28 Quando viu Jesus, o homem
deu um grito, caiu no chão diante dele e disse bem alto:
— Jesus, Filho do Deus Altíssimo! O que o senhor quer de mim? Por favor, não me castigue!
29 Ele disse isso porque Jesus havia mandado o espírito mau sair dele. Esse espírito o havia agarrado muitas vezes. As pessoas chegaram até a amarrar os pés e as mãos do homem com correntes de ferro, mas ele as quebrava, e o demônio o levava para o deserto.
30 Jesus perguntou a ele:
— Como é que você se chama?
— O meu nome é Multidão! — respondeu ele.
(Ele disse isso porque muitos demônios
tinham entrado nele.) 31 Aí os demônios
começaram a pedir com insistência a Jesus que não os mandasse para o *abismo.
32 Muitos porcos estavam comendo num morro ali perto. Os demônios pediram com insistência a Jesus que os deixasse
entrar nos porcos, e ele deixou. 33 Então
eles saíram do homem e entraram nos porcos, que se atiraram morro abaixo, para dentro do lago, e se afogaram.
34 Quando os homens que estavam tomando conta dos porcos viram o que havia acontecido, fugiram e espalharam a notícia na cidade e nos seus arredores.
35 Muita gente foi ver o que havia acontecido. Quando chegaram perto de Jesus, viram o homem de quem haviam saído os demônios. E ficaram assustados porque ele estava sentado aos pés de Jesus, vestido e no seu perfeito juízo.
36 Os que haviam visto tudo contaram ao povo como o homem tinha sido curado.
37 Aí toda a gente da região de Gerasa ficou com muito medo e pediu que Jesus saísse da terra deles. Então Jesus subiu
no barco e foi embora. 38 E o homem de
quem os demônios tinham saído implorou a Jesus:
— Me deixe ir com o senhor!
Mas Jesus o mandou embora, dizendo:
39 — Volte para casa e conte o que Deus fez por você.
Então o homem foi pela cidade, contando o que Jesus tinha feito por ele.

Jesus cura uma mulher e uma menina

Mateus 9.18-26; Marcos 5.21-43

40 Quando Jesus voltou para o lado oeste do lago, a multidão o recebeu com alegria, pois todos tinham ficado ali à espera
dele. 41 Então chegou um homem chamado
Jairo, que era chefe da *sinagoga daquele

Maria Madalena

Leia a história desta Garota de Deus em Mateus 27:55-56,61; 28:1-10; Marcos 15:40,47; 16:1-11; Lucas 8:1-3; 24:1-12 e João 19:25; 20:1-2,11-18.

Eu afirmo a você, então, que o grande amor que ela mostrou prova que os seus muitos pecados já foram perdoados. Mas onde pouco é perdoado, pouco amor é mostrado.

Lucas 7:47

Quando você se dá conta de tudo o que Jesus perdoou em sua vida, o amor simplesmente começa a jorrar de você. Como quando você se apaixonou pela primeira vez, você não consegue conter todo o apreço e adoração. E quanto mais ele perdoa, mais você o ama. Era isso que Jesus estava dizendo em Lucas 7 sobre a mulher que lavou os pés dele com lágrimas. E vemos essa mesma devoção na vida de Maria Madalena (também conhecida como Maria de Magdala).

Jesus libertou Maria de sete demônios. Como o corpo dela se tornou um refúgio para demônios nós não sabemos, mas o que realmente importa é que eles foram expulsos e ela foi salva. Ao ser liberta e perdoada, Maria se tornou completamente dedicada a Jesus. Passou a segui-lo por toda parte, junto com os discípulos, e até usou seu próprio dinheiro para apoiar o ministério de Jesus. Maria tinha tanta certeza de seu amor pelo Mestre que ela, junto com a mãe de Jesus, ficou aos pés dele mesmo enquanto ele morria na cruz. Enquanto outras pessoas ficaram à distância por medo e desconfiança, Maria recusou-se a desviar os olhos de Cristo ou negar seu amor, e foi a primeira a testemunhar a ressurreição de Jesus.

A verdade é que todos nós fomos muito perdoados. Você não precisa de demônios nem de outras práticas do mal para tornar incrível sua história de salvação. Você não precisa ir muito longe para encontrar todos os tipos de lixo em sua vida: amargura, egoísmo, preocupação, medo, ganância, inveja, e a lista continua. Ao olhar para a vida de Maria, não inveje o relacionamento que essa mulher tinha com Jesus nem sua incrível história, mas imagine o porquê de sua paixão: ela sabia do quanto fora liberta. Você sabe do quanto você foi liberta? De quanto você *pode* ser salva? Pecado é pecado, por pior que seja o crime, e perdão é perdão, seja qual for a confissão.

Garota de Deus, você foi salva de muita coisa e será salva de muito mais. Então, seja sincera ao olhar para sua bondade e seu pecado. Quando você começar a ver as partes ruins de sua vida, lamente por sua falta de inteligência e pelo *tempo que você perdeu, mas seja rápida* para deixar tudo isso para trás e confiar no perdão de Deus. Quando você considerar tudo aquilo de que Deus a salvou, seu amor pelo Salvador, que continua a resgatá-la, aumentará para ser igual ou maior que o dessa menina libertada de sete demônios.

lugar. Ele se jogou aos pés de Jesus e pediu com insistência que fosse até a sua casa 42 porque a sua filha única, de doze anos, estava morrendo.

Enquanto Jesus ia caminhando, a multidão o apertava de todos os lados. 43 Nisto, chegou uma mulher que fazia doze anos que estava com uma hemorragia. Ela havia gastado com os médicos tudo o que tinha, mas ninguém havia conseguido curá-la. 44 Ela foi por trás de Jesus e tocou na barra da *capa dele, e logo o sangue parou de escorrer. 45 Aí Jesus perguntou:

— Quem foi que me tocou?

Todos negaram. Então Pedro disse:

— Mestre, todo o povo está rodeando o senhor e o está apertando.

46 Mas Jesus disse:

— Alguém me tocou, pois eu senti que de mim saiu poder.

47 Então a mulher, vendo que não podia mais ficar escondida, veio, tremendo, e se atirou aos pés de Jesus. E, diante de todos, contou a Jesus por que tinha tocado nele e como havia sido curada na mesma hora. 48 Aí Jesus disse:

— Minha filha, você sarou porque teve fé! Vá em paz.

49 Jesus ainda estava falando, quando chegou da casa de Jairo um empregado, que disse:

— Seu Jairo, a menina já morreu. Não aborreça mais o Mestre.

50 Jesus ouviu isso e disse a Jairo:

— Não tenha medo; tenha fé, e ela ficará boa.

51 Quando Jesus chegou à casa de Jairo, deixou que Pedro, João e Tiago entrassem com ele, além do pai e da mãe da menina, e mais ninguém.

52 Todos os que estavam ali choravam e se lamentavam por causa da menina. Então Jesus disse:

— Não chorem, a menina não morreu; ela está dormindo.

53 Aí começaram a caçoar dele porque sabiam que ela estava morta. 54 Mas Jesus foi, pegou-a pela mão e disse bem alto:

— Menina, levante-se!

55 Ela tornou a viver e se levantou imediatamente. Aí Jesus mandou que dessem comida a ela. 56 Os seus pais ficaram muito admirados, mas Jesus mandou que não contassem a ninguém o que havia acontecido.

A missão dos doze apóstolos

Mateus 10.5-15; Marcos 6.6b-13

9 Jesus chamou os doze discípulos e lhes deu poder e autoridade para expulsar todos os demônios e curar doenças. 2 Então os enviou para anunciarem o *Reino de Deus e curarem os doentes. 3 Ele disse:

— Nesta viagem não levem nada: nem bengala para se apoiar, nem sacola, nem comida, nem dinheiro, nem mesmo uma *túnica a mais. 4 Quando vocês entrarem numa cidade, fiquem na casa em que forem recebidos até irem embora daquele lugar. 5 Mas, se forem mal recebidos, saiam logo daquela cidade. E na saída sacudam o pó das suas sandálias, como sinal de protesto contra aquela gente.

6 Os discípulos então saíram de viagem e andaram por todos os povoados, anunciando o *evangelho e curando doentes por toda parte.

A dúvida de Herodes

Mateus 14.1-12; Marcos 6.14-29

7 Herodes, o governador da Galileia, ouviu falar de tudo o que estava acontecendo e ficou sem saber o que pensar. Pois alguns diziam que João Batista tinha sido ressuscitado, 8 outros diziam que Elias tinha aparecido, e outros ainda que um dos antigos *profetas havia ressuscitado. 9 Mas Herodes disse:

— Eu mesmo mandei cortar a cabeça de João. Quem será então esse homem de quem ouço falar essas coisas?

E Herodes procurava ver Jesus.

Jesus alimenta uma multidão

Mateus 14.13-21; Marcos 6.30-44; João 6.1-14

10 Os *apóstolos voltaram e contaram a Jesus tudo o que haviam feito. Então ele os levou consigo, e foram sozinhos para o povoado de Betsaida. 11 Mas as multidões souberam disso e o seguiram. E Jesus os recebeu, falou a respeito do *Reino de Deus e curou os que precisavam ser curados.

12 Estava anoitecendo, e por isso os doze apóstolos foram e disseram a Jesus:

— Mande esta gente embora. Eles podem ir aos povoados e sítios que ficam por perto daqui e lá encontrarão o que comer e onde ficar, pois este lugar é deserto.

13 Mas Jesus respondeu:

— Deem vocês mesmos comida a eles.

Os discípulos disseram:

— Só temos cinco pães e dois peixes. O
senhor quer que a gente vá comprar co-
mida para toda esta multidão?
14 Estavam ali mais ou menos cinco mil
homens. Jesus ordenou aos seus discípu-
los:
— Mandem o povo sentar-se em gru-
pos de mais ou menos cinquenta pessoas.
15 Os discípulos obedeceram e man-
daram que todos se sentassem. 16 Aí Je-
sus pegou os cinco pães e os dois peixes,
olhou para o céu e deu graças a Deus por
eles. Depois partiu os pães e os peixes e
os entregou aos discípulos para que eles
distribuíssem ao povo. 17 Todos comeram
e ficaram satisfeitos, e os discípulos ain-
da encheram doze cestos com os pedaços
que sobraram.

A afirmação de Pedro

Mateus 16.13-19; Marcos 8.27-29

18 Certa vez Jesus estava sozinho, oran-
do, e os discípulos chegaram perto dele.
Então ele perguntou:
— Quem o povo diz que eu sou?
19 Eles responderam:
— Alguns dizem que o senhor é João
Batista; outros, que é Elias; e outros, que é
um dos *profetas antigos que ressuscitou.
20 — E vocês? Quem vocês dizem que
eu sou? — perguntou Jesus.
Pedro respondeu:
— O *Messias que Deus enviou.

Jesus fala da sua morte e da sua ressurreição

Mateus 16.20-28; Marcos 8.31—9.1

21 Então Jesus proibiu os discípulos de
contarem isso a qualquer pessoa. 22 E con-
tinuou:
— O *Filho do Homem terá de sofrer
muito. Ele será rejeitado pelos líderes ju-
deus, pelos chefes dos sacerdotes e pelos
*mestres da Lei. Será morto e, no terceiro
dia, será ressuscitado.
23 Depois disse a todos:
— Se alguém quer ser meu seguidor,
que esqueça os seus próprios interesses,
esteja pronto cada dia para morrer como
eu vou morrer e me acompanhe. 24 Pois
quem põe os seus próprios interesses
em primeiro lugar nunca terá a vida ver-
dadeira; mas quem esquece a si mesmo
por minha causa terá a vida verdadeira.
25 O que adianta alguém ganhar o mun-
do inteiro, mas perder a vida verdadeira
e ser destruído? 26 Pois, se alguém tiver
vergonha de mim e do meu ensinamen-
to, então o Filho do Homem também terá
vergonha dessa pessoa, quando ele vier
na sua *glória e na glória do Pai e dos san-
tos anjos. 27 Eu afirmo a vocês que estão
aqui algumas pessoas que não morrerão
antes de ver o *Reino de Deus.

Jesus, Moisés e Elias

Mateus 17.1-13; Marcos 9.2-13

28 Mais ou menos uma semana depois
de ter dito essas coisas, Jesus levou Pedro,
João e Tiago e subiu o monte para orar.
29 Enquanto orava, o seu rosto mudou de
aparência, e a sua roupa ficou muito bran-
ca e brilhante. 30 De repente, dois homens
apareceram ali e começaram a falar com
ele. Eram Moisés e Elias, 31 que estavam
cercados por um brilho celestial. Eles fa-
lavam com Jesus a respeito da morte que,
de acordo com a vontade de Deus, ele ia
sofrer em Jerusalém. 32 Pedro e os seus
companheiros estavam dormindo profun-
damente, mas acordaram e viram a *glória
de Jesus e os dois homens que estavam
com ele. 33 Quando esses dois homens es-
tavam se afastando de Jesus, Pedro disse:
— Mestre, como é bom estarmos aqui!
Vamos armar três barracas: uma para o
senhor, outra para Moisés e outra para
Elias.
Pedro não sabia o que estava dizendo.
34 Ele ainda estava falando, quando apa-
receu uma nuvem e os cobriu. Os discípu-
los ficaram com medo quando a nuvem
desceu sobre eles. 35 E da nuvem veio uma
voz, que disse:
— Este é o meu Filho, o meu escolhido.
Escutem o que ele diz!
36 Quando a voz parou, eles viram que
Jesus estava sozinho. Os discípulos fica-
ram calados e naquela ocasião não dis-
seram nada a ninguém sobre o que ti-
nham visto.

A cura de um menino

Mateus 17.14-20; Marcos 9.14-29

37 No dia seguinte eles desceram do
monte, e uma grande multidão veio se en-
contrar com Jesus. 38 Aí um homem que
estava *no meio do* povo começou a gritar:
— Mestre, peço ao senhor pelo meu fi-
lho, o meu único filho! 39 Um espírito mau
o agarra, e, de repente, o menino dá um
grito e começa a ter convulsões e a es-
pumar pela boca. O espírito o maltrata e
não o solta de jeito nenhum. 40 Já pedi aos

discípulos do senhor que expulsassem o
espírito mau, mas eles não conseguiram.
41 Jesus respondeu:
— Gente má e sem fé! Até quando fi-
carei com vocês? Até quando terei de
aguentá-los?
Então disse ao homem:
— Traga o seu filho aqui.
42 Quando o menino estava chegando,
teve um ataque, e o demônio o jogou no
chão. Então Jesus deu uma ordem ao es-
pírito mau, curou o menino e o entregou
ao pai. 43 E todos ficaram admirados com
o grande poder de Deus.

Jesus fala outra vez da sua morte

Mateus 17.22-23; Marcos 9.30-32

Todos estavam admirados com o que
Jesus fazia, e ele disse aos discípulos:
44 — Não esqueçam o que vou dizer a
vocês: o *Filho do Homem será entregue
nas mãos dos homens.
45 Mas eles não entenderam isso, pois
o que essas palavras queriam dizer tinha
sido escondido deles para que não as en-
tendessem. E eles estavam com medo de
fazer perguntas a Jesus sobre o assunto.

Quem é o mais importante

Mateus 18.1-5; Marcos 9.33-37

46 Os discípulos começaram a conversar
sobre qual deles era o mais importante.
47 Mas Jesus sabia o que eles estavam pen-
sando. Então pegou uma criança e a pôs
ao seu lado. 48 Aí disse:
— Aquele que, por ser meu seguidor,
receber esta criança estará recebendo a
mim; e quem me receber estará receben-
do aquele que me enviou. Pois aquele que
é o mais humilde entre vocês, esse é que
é o mais importante.

Quem não é contra vocês é a favor de vocês

Marcos 9.38-41

49 João disse:
— Mestre, *vimos um homem* que ex-
pulsa demônios pelo poder do nome do
senhor, mas nós o proibimos de fazer isso
porque ele não é do nosso grupo.
50 Então Jesus disse a João e aos outros
discípulos:
— Não o proíbam, pois quem não é
contra vocês é a favor de vocês.

Os samaritanos não recebem Jesus

51 Como estava chegando o tempo de
Jesus ir para o céu, ele resolveu ir para
Jerusalém. 52 Então mandou que alguns
mensageiros fossem na frente. No cami-
nho eles entraram em um povoado da re-
gião de Samaria a fim de prepararem um
lugar para ele. 53 Mas os moradores dali
não quiseram receber Jesus porque vi-
ram que ele estava indo para Jerusalém.
54 Quando os seus discípulos Tiago e João
viram isso, disseram:
— O senhor quer que a gente mande
descer fogo do céu para acabar com es-
tas pessoas?
55 Porém Jesus, virando-se para eles, os
repreendeu. 56 Então ele e os seus discípu-
los foram para outro povoado.

Algumas pessoas que queriam seguir Jesus

Mateus 8.18-22

57 Quando Jesus e os discípulos iam pelo
caminho, um homem disse a Jesus:
— Eu estou pronto a seguir o senhor
para qualquer lugar onde o senhor for.
58 Então Jesus disse:
— As raposas têm as suas covas, e os
pássaros, os seus ninhos. Mas o *Filho do
Homem não tem onde descansar.
59 Aí ele disse para outro homem:
— Venha comigo.
Mas ele respondeu:
— Senhor, primeiro deixe que eu volte
e sepulte o meu pai.
60 Jesus disse:
— Deixe que os mortos sepultem os
seus mortos. Mas você vá e anuncie o
*Reino de Deus.
61 Outro homem disse:
— Eu seguirei o senhor, mas primei-
ro deixe que eu vá me despedir da mi-
nha família.
62 Jesus respondeu:
— Quem começa a arar a terra e olha
para trás não serve para o Reino de Deus.

A missão dos setenta e dois

10 Depois disso o Senhor escolheu
mais setenta e dois dos seus se-
guidores e os enviou de dois em dois a
fim de que fossem adiante dele para cada
cidade e lugar aonde ele tinha de ir. 2 An-
tes de os enviar, ele disse:
— A colheita é grande, mas os traba-
lhadores são poucos. Por isso, peçam ao
dono da plantação que mande trabalha-
dores para fazerem a colheita. 3 Vão! Eu
estou mandando vocês como ovelhas para
o meio de lobos. 4 Não levem bolsa, nem
sacola, nem sandálias. E não parem no

caminho para cumprimentar ninguém. 5 Quando entrarem numa casa, façam primeiro esta saudação: "Que a paz esteja nesta casa!" 6 Se um homem de paz morar ali, deixem a saudação com ele; mas, se o homem não for de paz, retirem a saudação. 7 Fiquem na mesma casa e comam e bebam o que lhes oferecerem, pois o trabalhador merece o seu salário. Não fiquem mudando de uma casa para outra.

8 — Quando entrarem numa cidade e forem bem recebidos, comam a comida que derem a vocês. 9 Curem os doentes daquela cidade e digam ao povo dali: "O *Reino de Deus chegou até vocês." 10 Porém, quando entrarem numa cidade e não forem bem recebidos, vão pelas ruas, dizendo: 11 "Até a poeira desta cidade que grudou nos nossos pés nós sacudimos contra vocês! Mas lembrem disto: o Reino de Deus chegou até vocês."

12 E Jesus disse mais isto:

— Eu afirmo a vocês que, no Dia do Juízo, Deus terá mais pena de Sodoma do que daquela cidade!

As cidades que não creram
Mateus 11.20-24

13 Jesus continuou:

— Ai de você, cidade de Corazim! Ai de você, cidade de Betsaida! Porque, se os milagres que foram feitos em vocês tivessem sido feitos nas cidades de Tiro e de Sidom, os seus moradores já teriam abandonado os seus pecados há muito tempo. E, para mostrarem que estavam arrependidos, teriam se assentado no chão, vestidos com roupa feita de pano grosseiro, e teriam jogado cinzas na cabeça. 14 No Dia do Juízo, Deus terá mais pena de Tiro e de Sidom do que de vocês, Corazim e Betsaida! 15 E você, cidade de Cafarnaum, acha que vai subir até o céu? Pois será jogada no *mundo dos mortos!

16 Então disse aos discípulos:

— Quem ouve vocês está me ouvindo; quem rejeita vocês está me rejeitando; e quem me rejeita está rejeitando aquele que me enviou.

A volta dos setenta e dois

17 Os setenta e dois voltaram muito alegres e disseram a Jesus:

— Até os demônios nos obedeciam quando, pelo poder do nome do senhor, nós mandávamos que saíssem das pessoas!

18 Jesus respondeu:

— De fato, eu vi Satanás cair do céu como um raio. 19 Escutem! Eu dei a vocês poder para pisar cobras e escorpiões e para, sem sofrer nenhum mal, vencer a força do inimigo. 20 Porém não fiquem alegres porque os espíritos maus lhes obedecem, mas sim porque o nome de cada um de vocês está escrito no céu.

A alegria de Jesus
Mateus 11.25-27; 13.16-17

21 Naquele momento, pelo poder do Espírito Santo, Jesus ficou muito alegre e disse:

— Ó Pai, Senhor do céu e da terra, eu te agradeço porque tens mostrado às pessoas sem instrução aquilo que escondeste dos sábios e dos instruídos. Sim, ó Pai, tu tiveste prazer em fazer isso.

22 — O meu Pai me deu todas as coisas. Ninguém sabe quem é o Filho, a não ser o Pai; e ninguém sabe quem é o Pai, a não ser o Filho e também aqueles a quem o Filho quiser mostrar quem o Pai é.

23 Então Jesus virou-se para os discípulos e disse só para eles:

— Felizes são as pessoas que podem ver o que vocês estão vendo! 24 Eu afirmo a vocês que muitos *profetas e reis gostariam de ter visto o que vocês estão vendo, mas não puderam; e gostariam de ter ouvido o que vocês estão ouvindo, mas não ouviram.

A parábola do bom samaritano

25 Um *mestre da Lei se levantou e, querendo encontrar alguma prova contra Jesus, perguntou:

— Mestre, o que devo fazer para conseguir a vida eterna?

26 Jesus respondeu:

— O que é que as *Escrituras Sagradas dizem a respeito disso? E como é que você entende o que elas dizem?

27 O homem respondeu:

— "Ame o Senhor, seu Deus, com todo o coração, com toda a alma, com todas as forças e com toda a mente. E ame o seu próximo como você ama a você mesmo."

28 — A sua resposta está certa! — disse *Jesus.* — *Faça isso e você viverá.*

29 Porém o mestre da Lei, querendo se desculpar, perguntou:

— Mas quem é o meu próximo?

30 Jesus respondeu assim:

— Um homem estava descendo de Jerusalém para Jericó. No caminho alguns

DEVOCIONAL

Texto para leitura: **Lucas 10:25-37**

Conheça o amor

Seu amor é altruísta ou egoísta? O amor egoísta exige algo em troca. Amor, aceitação, bondade, interesse — alguma coisa. Ele dá e, por isso, quer receber. O amor egoísta está sempre pensando: "O que posso ganhar com isso?". E está sempre perguntando: "Por que eu tenho que amar você quando você não me ama?" Mas o amor egoísta não é, na verdade, amor, porque o verdadeiro amor não dá importância a si mesmo, mas se concentra em amar os outros a fim de servir a eles e a Cristo, que é nosso exemplo de amor altruísta.

Amor incondicional é algo que todos nós queremos como seres humanos. Queremos ser amados, não importa o que façamos, mas quantas vezes estamos dispostos a corresponder o amor? Fazemos exigências e estabelecemos regras quanto a nosso amor, mas o verdadeiro amor não faz exigências. Ele é dado gratuitamente e com generosidade. A única regra quando o assunto é dar amor é que o que sentimos por um ser humano nunca pode vir antes de nosso amor por Deus. Nosso amor nunca deve tentar ocupar o lugar do Espírito Santo, mas deve fluir da presença dele.

Quantas vezes você dá bondade e reclama ao receber raiva em troca? Quantas vezes você dá conselhos e, então, se queixa quando eles não são seguidos? Você se ressente quando demonstra compreensão e compaixão e não recebe nada disso em troca? O amor que você dá aos outros nunca deve depender do que você recebe de volta, mas deve ser fruto de conhecer o Deus que a amou primeiro. Você deve ser constrangida pelo amor de Deus, não pela resposta de outras pessoas. Deve ser definida pelo amor de Deus, não pelas ações dos outros. Quando seu foco não for receber, mas sim dar, então seu amor crescerá e, por meio disso tudo, outras virtudes fluirão.

ladrões o assaltaram, tiraram a sua rou-
pa, bateram nele e o deixaram quase
morto. 31 Acontece que um sacerdote es-
tava descendo por aquele mesmo cami-
nho. Quando viu o homem, tratou de pas-
sar pelo outro lado da estrada. 32 Também
um *levita passou por ali. Olhou e tam-
bém foi embora pelo outro lado da es-
trada. 33 Mas um *samaritano que estava
viajando por aquele caminho chegou até
ali. Quando viu o homem, ficou com mui-
ta pena dele. 34 Então chegou perto dele,
limpou os seus ferimentos com azeite e
vinho e em seguida os enfaixou. Depois
disso, o samaritano colocou-o no seu pró-
prio animal e o levou para uma pensão,
onde cuidou dele. 35 No dia seguinte, en-
tregou duas moedas de prata ao dono da
pensão, dizendo:

— Tome conta dele. Quando eu passar por aqui na volta, pagarei o que você gastar a mais com ele.

36 Então Jesus perguntou ao mestre da Lei:

— Na sua opinião, qual desses três foi o próximo do homem assaltado?

37 — Aquele que o socorreu! — respondeu o mestre da Lei.

E Jesus disse:

— Pois vá e faça a mesma coisa.

Jesus visita Marta e Maria

38 Jesus e os seus discípulos continua-
ram a sua viagem e chegaram a um po-
voado. Ali uma mulher chamada Marta o
recebeu na casa dela. 39 Maria, a sua irmã,
sentou-se aos pés do Senhor e ficou ou-
vindo o que ele ensinava. 40 Marta estava
ocupada com todo o trabalho da casa. En-
tão chegou perto de Jesus e perguntou:

— O senhor não se importa que a minha irmã me deixe sozinha com todo este trabalho? Mande que ela venha me ajudar.

41 Aí o Senhor respondeu:

— Marta, Marta, você está agitada e preocupada com muitas coisas, 42 mas apenas uma é necessária! Maria escolheu a melhor de todas, e esta ninguém vai tomar dela.

Jesus ensina a orar

Mateus 6.5-15; 7.7-11

11 Um dia Jesus estava orando num certo lugar. Quando acabou de orar, um dos seus discípulos pediu:

— Senhor, nos ensine a orar, como João ensinou os discípulos dele.

2 Jesus respondeu:

— Quando vocês orarem, digam:

"Pai, que todos reconheçam
  que o teu nome é santo.
Venha o teu *Reino.
3 Dá-nos cada dia o alimento
  que precisamos.
4 Perdoa os nossos pecados,
pois nós também perdoamos
  todos os que nos ofendem.
E não deixes que sejamos tentados."

5 Então Jesus disse aos seus discípulos:

— Imaginem que um de vocês vá à casa de um amigo, à meia-noite, e lhe diga: "Amigo, me empreste três pães. 6 É que um amigo meu acaba de chegar de viagem, e eu não tenho nada para lhe oferecer."

7 — E imaginem que o amigo responda lá de dentro: "Não me amole! A porta já está trancada, e eu e os meus filhos estamos deitados. Não posso me levantar para lhe dar os pães."

8 Jesus disse:

— Eu afirmo a vocês que pode ser que ele não se levante porque é amigo dele, mas certamente se levantará por causa da insistência dele e lhe dará tudo o que ele precisar. 9 Por isso eu digo: peçam e vocês receberão; procurem e vocês acharão; batam, e a porta será aberta para vocês. 10 Porque todos aqueles que pedem recebem; aqueles que procuram acham; e a porta será aberta para quem bate. 11 Por acaso algum de vocês será capaz de dar uma cobra ao seu filho, quando ele pede um peixe? 12 Ou, se o filho pedir um ovo, vai lhe dar um escorpião? 13 Vocês, mesmo sendo maus, sabem dar coisas boas aos seus filhos. Quanto mais o Pai, que está no céu, dará o Espírito Santo aos que lhe pedirem!

O poder de Jesus para expulsar demônios

Mateus 12.22-32; Marcos 3.20-30

14 Jesus estava expulsando de certo homem um demônio que não o deixava falar. Quando o demônio saiu, o homem começou a falar. A multidão ficou admirada, 15 mas alguns disseram:

— É *Belzebu, o chefe dos demônios, que dá poder a este homem para expulsar demônios.

16 Outros, querendo conseguir alguma prova contra Jesus, pediam que ele fizesse um milagre para mostrar que o seu poder vinha de Deus. 17 Mas Jesus, conhecendo os pensamentos deles, disse:

— O país que se divide em grupos que lutam entre si certamente será destruído; a família que se divide em grupos que lutam entre si também será destruída. 18 Se o reino de Satanás tem grupos que lutam entre si, como continuará a existir? Vocês dizem que é Belzebu que me dá poder para expulsar demônios. 19 Mas, se é assim, quem dá aos seguidores de vocês o poder para expulsar demônios? Assim, os seus próprios seguidores provam que vocês estão completamente enganados. 20 Na verdade é pelo poder de Deus que eu expulso demônios, e isso prova que o *Reino de Deus já chegou até vocês.

21 — Quando um homem forte e bem armado guarda a sua própria casa, tudo o que ele tem está seguro. 22 Mas, quando um homem mais forte o ataca e vence, leva todas as armas em que o outro confiava e reparte tudo o que tomou dele.

23 — Quem não é a meu favor é contra mim; e quem não me ajuda a ajuntar está espalhando.

A volta do espírito mau

Mateus 12.43-45

24 Jesus continuou:

— Quando um espírito mau sai de alguém, anda por lugares sem água, procurando onde descansar, mas não encontra. Então diz: "Vou voltar para a minha casa, de onde saí." 25 Aí volta e encontra a casa varrida e arrumada. 26 Depois sai e vai buscar outros sete espíritos piores ainda, e todos ficam morando ali. Assim a situação daquela pessoa fica pior do que antes.

A verdadeira felicidade

27 Quando Jesus acabou de dizer isso, uma mulher que estava no meio da multidão gritou para ele:

DEVOCIONAL

Texto para leitura: **Lucas 11:27-32**

Conheça o amor

Você obedeceu a Deus, e as coisas não foram como você pensava que seriam? Você fez o que ele mandou e, então, ficou verde de raiva? Quando fazer a coisa certa resulta no contrário do que você esperava, isso significa que sua obediência não valeu para nada e que provavelmente havia uma opção melhor?

Muitas vezes, você será chamada a fazer coisas malucas como cristã. Para Jonas, pregar para os ninivitas seria loucura (veja Jonas 1). Jesus diz que você deve amar seus inimigos e fazer o bem aos que a odeiam (veja Mateus 5:44). Como é que é? Parece perigoso. Dar o outro lado da cara e ter seus sentimentos feridos? Submeter-se, e ser controlada? Absurdo! Quando você faz essas coisas loucas, na maior parte das vezes nada bom parece resultar disso. Então, com o tempo, você chega à conclusão de que o jeito de Deus simplesmente não está funcionando para você e, da próxima vez que for magoada, vai se vingar em vez de amar. Quando as pessoas dizem algo de que você não gosta, você critica ou se recusa a fazer o que lhe foi dito. Você não precisa mais fazer tudo o que Deus pede, mas somente aquilo que parece inteligente.

A verdadeira questão não é se fazer a coisa certa foi um fracasso para você, qual é sua definição de fracasso. Se sua definição for "não receber o que você queria", então, sim, obedecer a Deus pode levar ao fracasso. Contudo, uma definição mais precisa de fracasso é "não fazer o que Deus manda que você faça". Então, se você estiver obedecendo a Deus, o que parece ser um verdadeiro fracasso pode, na verdade, ser um sucesso no reino espiritual. A Garota de Deus sabe que, seja qual for o resultado, sua obediência sempre produzirá santidade e, portanto, sucesso, mesmo quando todas as coisas parecem dizer o contrário. Quando a promessa parece ser quebrada e quando a resposta parece ser negativa, mesmo assim ela obedece, porque sabe de sua recompensa eterna e de seu destino espiritual. Deus promete que a obediência não irá decepcioná-la, e ela acredita nele.

— Como é feliz a mulher que pôs o senhor no mundo e o amamentou!
28 Mas Jesus respondeu:
— Mais felizes são aqueles que ouvem a mensagem de Deus e obedecem a ela.

O pedido de um milagre

Mateus 12.38-42; 16.1-4; Marcos 8.11-13

29 Quando a multidão se ajuntou em volta de Jesus, ele começou a falar e disse o seguinte:
— Como as pessoas de hoje são más! Pedem um milagre como sinal de aprovação de Deus, mas nenhum sinal lhes será
dado, a não ser o milagre de Jonas. 30 As-
sim como o *profeta Jonas foi um sinal para os moradores da cidade de Nínive, assim também o *Filho do Homem será
um sinal para a gente de hoje. 31 No Dia
do Juízo a rainha de Sabá vai se levantar e acusar vocês, pois ela veio de muito longe para ouvir os sábios ensinamentos de Salomão. E eu afirmo que o que está aqui é mais importante do que Salomão.
32 No Dia do Juízo o povo de Nínive vai se levantar e acusar vocês porque, quando *ouviram a mensagem* de Jonas, eles se arrependeram dos seus pecados. E eu afirmo que o que está aqui é mais importante do que Jonas.

A luz do corpo

Mateus 5.15; 6.22-23

33 Jesus continuou:
— Ninguém acende uma lamparina para pôr num lugar escondido ou debaixo de um cesto. Ao contrário, ela é colocada

no lugar próprio, para que os que entra-
rem na casa possam enxergar tudo bem.
34 Os olhos são como uma luz para o cor-
po: quando os olhos de você são bons,
todo o seu corpo fica cheio de luz. Porém,
se os seus olhos forem maus, o seu corpo
ficará cheio de escuridão. 35 Portanto, te-
nha cuidado para que a luz que está em
você não seja escuridão. 36 Pois, se o seu
corpo estiver completamente luminoso,
e nenhuma parte estiver escura, então ele
ficará todo cheio de luz como acontece
quando você é iluminado pelo brilho de
uma lamparina.

Jesus, os fariseus e os mestres da Lei

Mateus 23.1-36; Marcos 12.37c-40

37 Quando Jesus acabou de falar, um *fa-
riseu o convidou para jantar na casa dele.
Jesus foi e sentou-se à mesa. 38 O fariseu
ficou admirado quando viu que Jesus não
tinha se lavado antes de comer. 39 Então o
Senhor disse a ele:

— Vocês, fariseus, lavam o copo e o pra-
to por fora, mas por dentro vocês estão
cheios de violência e de maldade. 40 Seus
tolos! Quem fez o lado de fora não é o
mesmo que fez o lado de dentro? 41 Por-
tanto, deem aos pobres o que está den-
tro dos seus copos e pratos, e assim tudo
ficará limpo para vocês.

42 — Ai de vocês, fariseus! Pois dão para
Deus a décima parte até mesmo da horte-
lã, da arruda e de todas as verduras, mas
não são justos com os outros e não amam
a Deus. E são exatamente essas coisas que
vocês devem fazer sem deixar de lado as
outras.

43 — Ai de vocês, fariseus! Pois gostam
demais dos lugares de honra nas *sina-
gogas e gostam de ser cumprimentados
com respeito nas praças.

44 — Ai de vocês! Pois são como sepul-
turas que não se veem, sepulturas que as
pessoas pisam sem perceber.

45 Então um *mestre da Lei disse a Jesus:

— Mestre, falando assim, o senhor está
nos ofendendo também.

46 Jesus respondeu:

— Ai de vocês também, mestres da Lei!
Porque põem fardos tão pesados nas cos-
tas dos outros, que eles quase não podem
aguentar. Mas vocês mesmos não ajudam,
nem ao menos com um dedo, essas pes-
soas a carregar esses fardos. 47 Ai de vo-
cês! Pois fazem túmulos bonitos para os
*profetas, os mesmos profetas que os
antepassados de vocês mataram. 48 Com
isso vocês mostram que concordam com
o que os seus antepassados fizeram, pois
eles mataram os profetas, e vocês fazem
túmulos para eles. 49 Por isso a Sabedoria
de Deus disse: "Mandarei para eles pro-
fetas e mensageiros, e eles matarão al-
guns e perseguirão outros." 50 Por causa
disso esta gente de hoje será castigada
pela morte de todos os profetas assas-
sinados desde a criação do mundo, 51 co-
meçando pela morte de Abel até a morte
de Zacarias, que foi assassinado entre o
altar e o *Lugar Santo. Sim, eu afirmo a
vocês que o povo de hoje será castigado
por todos esses crimes.

52 — Ai de vocês, mestres da Lei! Pois
guardam a chave que abre a porta da casa
da Sabedoria. E assim nem vocês mesmos
entram, nem deixam os outros entrarem.

53 Quando Jesus saiu dali, os mestres da
Lei e os fariseus começaram a criticá-lo
com raiva e a lhe fazer perguntas sobre
muitos assuntos. 54 Eles queriam levá-lo a
dizer alguma coisa que pudesse lhes ser-
vir de motivo para acusá-lo.

A respeito da falsidade

Mateus 10.26-27

12 Milhares de pessoas se ajuntaram,
de tal maneira que umas pisavam
as outras. Então Jesus disse primeiro aos
discípulos:

— Cuidado com o fermento dos *fari-
seus, isto é, com a falsidade deles. 2 Tudo
o que está coberto vai ser descoberto,
e o que está escondido será conhecido.
3 Assim tudo o que vocês disserem na es-
curidão será ouvido na luz do dia. E tudo
o que disserem em segredo, dentro de um
quarto fechado, será anunciado aberta-
mente.

De quem devemos ter medo

Mateus 10.28-31

4 Jesus continuou:

— Eu afirmo a vocês, meus amigos:
não tenham medo daqueles que matam o
corpo, mas depois não podem fazer mais
nada. 5 Vou mostrar a vocês de quem de-
vem ter medo: tenham medo de Deus,
que, depois de matar o corpo, tem poder
para jogar a pessoa no inferno. Sim, re-
pito: tenham medo de Deus.

6 — Por acaso não é verdade que cinco
passarinhos são vendidos por algumas
moedinhas? No entanto Deus não esquece

nenhum deles. 7 Até os fios dos cabelos de vocês estão todos contados. Não tenham medo, pois vocês valem mais do que muitos passarinhos!

Confessar e negar a Cristo
Mateus 10.32-33; 12.31-32; 10.19-20

8 Jesus disse ainda:

— Eu digo a vocês que, se alguém afirmar publicamente que é meu, então o *Filho do Homem também afirmará, diante dos anjos de Deus, que essa pessoa é dele. 9 Mas aquele que disser publicamente que não é meu, o Filho do Homem também dirá diante dos anjos de Deus que essa pessoa não é dele.

10 — Quem falar contra o Filho do Homem será perdoado, porém quem *blasfemar contra o Espírito Santo não será perdoado.

11 — Quando levarem vocês para serem julgados nas *sinagogas ou diante dos governadores e autoridades, não fiquem preocupados, pensando como vão se defender ou o que vão dizer. 12 Pois naquela hora o Espírito Santo lhes ensinará o que devem dizer.

O rico sem juízo

13 Um homem que estava no meio da multidão disse a Jesus:

— Mestre, mande o meu irmão repartir comigo a herança que o nosso pai nos deixou.

14 Jesus disse:

— Homem, quem me deu o direito de julgar ou de repartir propriedades entre vocês?

15 E continuou, dizendo a todos:

— Prestem atenção! Tenham cuidado com todo tipo de avareza porque a verdadeira vida de uma pessoa não depende das coisas que ela tem, mesmo que sejam muitas.

16 Então Jesus contou a seguinte *parábola:

— As terras de um homem rico deram uma grande colheita. 17 Então ele começou a pensar: "Eu não tenho lugar para guardar toda esta colheita. O que é que vou fazer? 18 Ah! Já sei! — disse para si mesmo. — Vou derrubar os meus depósitos de cereais e construir outros maiores ainda. Neles guardarei todas as minhas colheitas junto com tudo o que tenho. 19 Então direi a mim mesmo: 'Homem feliz! Você tem tudo de bom que precisa para muitos anos. Agora descanse, coma, beba e alegre-se.' " 20 Mas Deus lhe disse: "Seu tolo! Esta noite você vai morrer; aí quem ficará com tudo o que você guardou?"

21 Jesus concluiu:

— Isso é o que acontece com aqueles que juntam riquezas para si mesmos, mas para Deus não são ricos.

Confiança em Deus
Mateus 6.25-34

22 Então Jesus disse aos seus discípulos:

— É por isso que eu digo a vocês: não se preocupem com a comida que precisam para viver nem com a roupa que precisam para se vestir. 23 Pois a vida é mais importante do que a comida, e o corpo é mais importante do que as roupas. 24 Vejam os corvos: não semeiam, não colhem, não têm despensas nem depósitos, mas Deus dá de comer a eles. Será que vocês não valem muito mais do que os pássaros? 25 Qual de vocês pode encompridar a sua vida, por mais que se preocupe com isso? 26 Portanto, se vocês não podem conseguir uma coisa assim tão pequena, por que se preocupam com as outras? 27 Vejam como crescem as flores do campo: elas não trabalham, nem fazem roupas para si mesmas. Mas eu afirmo a vocês que nem mesmo Salomão, sendo tão rico, usava roupas tão bonitas como uma dessas flores. 28 É Deus quem veste a erva do campo, que hoje está aqui e amanhã desaparece, queimada no forno. Então é claro que ele vestirá também vocês, que têm uma fé tão pequena! 29 Portanto, não fiquem aflitos, procurando sempre o que comer ou o que beber. 30 Pois os pagãos deste mundo é que estão sempre procurando todas essas coisas. O Pai de vocês sabe que vocês precisam de tudo isso. 31 Portanto, ponham em primeiro lugar na sua vida o *Reino de Deus, e Deus lhes dará todas essas coisas.

Riquezas no céu
Mateus 6.19-21

32 Jesus continuou:

— Meu pequeno rebanho, não tenha medo! Pois o Pai tem prazer em dar o *Reino a vocês. 33 Vendam tudo o que vocês têm e deem o dinheiro aos pobres. Arranjem bolsas que não se estragam e guardem as suas riquezas no céu, onde elas nunca se acabarão; porque lá os ladrões não podem roubá-las, e as traças não podem destruí-las. 34 Pois onde

DEVOCIONAL

Texto para leitura: **Lucas 12:29-34**

Conheça a Deus

Seguir a Cristo não vai lhe custar alguma coisa; vai lhe custar *tudo*. Tudo em você que não faz parte da vida de Cristo precisa ser purificado, removido. E a purificação dói. Seu coração e seu corpo podem se opor violentamente quando algo que você ama lhe é tirado. Mas a dor de renunciar a tudo o que não seja Cristo em você não deve ser algo a temer, mas a se esperar ansiosamente, porque, a cada parte sua que você renuncia, você recebe uma parte dele. E quanto mais você recebe, mais você se torna como Jesus.

Renunciar as coisas a fim de se aproximar mais de Deus, de obedecer à Palavra e de se recusar a servir mais a si mesma não é apenas santo, mas saudável. A menina forte e bem-sucedida de verdade é a que não tem nada para provar a ninguém a não ser a Deus. É ela que disse não a tudo o que o mundo tem a oferecer, e sim a tudo o que o céu reserva e até exige.

Quando Deus lhe mostrar algo que precisa ser renunciado, não demore para se livrar disso. Não fique choramingando sobre o quanto você vai sentir falta daquilo, não fique se perguntando se é realmente Deus lhe pedindo para renunciar a isso, apenas renuncie com a fé de que um coração entregue totalmente a ele é um coração feliz. E sua fé será recompensada, com certeza!

estiverem as suas riquezas, aí estará o coração de vocês.

Os empregados alertas

35 E Jesus disse ainda:
— Fiquem preparados para tudo: estejam com a roupa bem presa com o cinto
e conservem as lamparinas acesas. 36 Sejam como os empregados que esperam
pelo patrão, que vai voltar da festa de casamento. Logo que ele bate na porta, os
empregados vão abrir. 37 Felizes aqueles
empregados que o patrão encontra acordados e preparados! Eu afirmo a vocês
que isto é verdade: o próprio patrão se
preparará para servi-los, mandará que
se sentem à mesa e ele mesmo os servirá.
38 Eles serão felizes se o patrão os encontrar alertas, mesmo que chegue à meia-noite ou até mais tarde. 39 Lembrem disto: se o dono da casa soubesse a que hora
o ladrão viria, não o deixaria arrombar a
sua casa. 40 Vocês, também, fiquem alertas, porque o *Filho do Homem vai chegar
quando não estiverem esperando.

O empregado fiel e o empregado infiel

Mateus 24.45-51

41 Então Pedro perguntou:
— Senhor, essa *parábola é só para nós
ou é para todos?
42 O Senhor respondeu:
— Quem é, então, o empregado fiel e
inteligente? É aquele que o patrão encarrega de tomar conta da casa e de dar comida na hora certa aos outros empregados. 43 Feliz aquele empregado que estiver fazendo isso quando o patrão chegar!
44 Eu afirmo a vocês que, de fato, o patrão
vai colocá-lo como encarregado de toda a
sua propriedade. 45 Mas imaginem o que
acontecerá se aquele empregado pensar
que o seu patrão está demorando muito
para voltar. E imaginem que esse empregado comece a bater nos outros empregados e empregadas e a comer e a beber
até ficar bêbado. 46 Então o patrão voltará
no dia em que o empregado menos espera e na hora que ele não sabe. Aí o patrão
mandará cortar o empregado em pedaços
e o condenará a ir para o lugar aonde os
desobedientes vão.
47 — O empregado que sabe qual é a
vontade do patrão, mas não se prepara
e não faz o que ele quer, será castigado
com muitas chicotadas. 48 Mas o empregado que não sabe o que o patrão quer e
faz alguma coisa que merece castigo, esse
empregado será castigado com poucas
chicotadas. Assim será pedido muito de

quem recebe muito; e, daquele a quem
muito é dado, muito mais será pedido.

Divisão por causa de Jesus

Mateus 10.34-36

49 Jesus continuou:
— Eu vim para pôr fogo na terra e
como eu gostaria que ele já estivesse
aceso! 50 Tenho de receber um batismo e
como estou aflito até que isso aconteça!
51 Vocês pensam que eu vim trazer paz ao
mundo? Pois eu afirmo a vocês que não
vim trazer paz, mas divisão. 52 Porque da-
qui em diante uma família de cinco pes-
soas ficará dividida: três contra duas e
duas contra três. 53 Os pais vão ficar con-
tra os filhos, e os filhos, contra os pais. As
mães vão ficar contra as filhas, e as filhas,
contra as mães. As sogras vão ficar con-
tra as noras, e as noras, contra as sogras.

Os sinais dos tempos

Mateus 16.1-4

54 Jesus disse também ao povo:
— Quando vocês veem uma nuvem su-
bindo no oeste, dizem logo: "Vai chover."
E, de fato, chove. 55 E, quando sentem o
vento sul soprando, dizem: "Vai fazer ca-
lor." E faz mesmo. 56 Hipócritas! Vocês sa-
bem explicar os sinais da terra e do céu.
Então por que não sabem explicar o que
querem dizer os sinais desta época?

A paz com o inimigo

Mateus 5.25-26

57 E Jesus terminou, dizendo:
— Por que é que vocês mesmos não de-
cidem qual é a maneira certa de agir? 58 Se
alguém fizer uma acusação contra você e
levá-lo ao tribunal, faça o possível para
resolver a questão enquanto ainda está
no caminho com essa pessoa. Isso para
que ela não o leve ao juiz, o juiz o entre-
gue ao guarda, e o guarda ponha você na
cadeia. 59 Eu lhe afirmo que você não sai-
rá dali enquanto não pagar a multa toda.

Arrepender-se ou morrer

13 Naquela mesma ocasião algumas
pessoas chegaram e começaram a
comentar com Jesus como Pilatos havia
mandado matar vários galileus, no mo-
mento em que eles ofereciam *sacrifícios
a Deus. 2 Então Jesus disse:
— Vocês pensam que, se aqueles gali-
leus foram mortos desse jeito, isso quer
dizer que eles pecaram mais do que os
outros galileus? 3 De modo nenhum! Eu
afirmo a vocês que, se não se arrepende-
rem dos seus pecados, todos vocês vão
morrer como eles morreram. 4 E lembrem
daqueles dezoito, do bairro de Siloé, que
foram mortos quando a torre caiu em
cima deles. Vocês pensam que eles eram
piores do que os outros que moravam em
Jerusalém? 5 De modo nenhum! Eu afir-
mo a vocês que, se não se arrependerem
dos seus pecados, todos vocês vão mor-
rer como eles morreram.

A figueira sem figos

6 Então Jesus contou esta *parábola:
— Certo homem tinha uma figueira
na sua plantação de uvas. E, quando foi
procurar figos, não encontrou nenhum.
7 Aí disse ao homem que tomava conta da
plantação: "Olhe! Já faz três anos seguidos
que venho buscar figos nesta figueira e
não encontro nenhum. Corte esta figuei-
ra! Por que deixá-la continuar tirando a
força da terra sem produzir nada?" 8 Mas o
empregado respondeu: "Patrão, deixe a fi-
gueira ficar mais este ano. Eu vou afofar a
terra em volta dela e pôr bastante adubo.
9 Se no ano que vem ela der figos, muito
bem. Se não der, então mande cortá-la."

Uma cura num sábado

10 Certo sábado, Jesus estava ensinan-
do numa *sinagoga. 11 E chegou ali uma
mulher que fazia dezoito anos que esta-
va doente, por causa de um espírito mau.
Ela andava encurvada e não conseguia
se endireitar. 12 Quando Jesus a viu, ele a
chamou e disse:
— Mulher, você está curada.
13 Aí pôs as mãos sobre ela, e ela logo
se endireitou e começou a louvar a Deus.
14 Mas o chefe da sinagoga ficou zangado
porque Jesus havia feito uma cura no sá-
bado. Por isso disse ao povo:
— Há seis dias para trabalhar. Pois ve-
nham nesses dias para serem curados,
mas, no sábado, não!
15 Então o Senhor respondeu:
— Hipócritas! No sábado, qualquer um
de vocês vai à estrebaria e desamarra o
seu boi ou o seu jumento a fim de levá-
-lo para beber água. 16 E agora está aqui
uma descendente de Abraão que Satanás
prendeu durante dezoito anos. Por que
é que no sábado ela não devia ficar livre
dessa doença?
17 Os inimigos de Jesus ficaram enver-
gonhados com essa resposta, mas toda a

multidão ficou alegre com as coisas ma-
ravilhosas que ele fazia.

A semente de mostarda

Mateus 13.31-32; Marcos 4.30-32

18 Jesus disse:
— Com o que o *Reino de Deus é pare-
cido? Que comparação posso usar? 19 Ele
é como uma semente de mostarda que
um homem pega e planta na sua horta. A
planta cresce e fica uma árvore, e os pas-
sarinhos fazem ninhos nos seus ramos.

O fermento

Mateus 13.33

20 Jesus continuou:
— Que comparação poderei usar para o
*Reino de Deus? 21 Ele é como o fermento
que uma mulher pega e mistura em três
medidas de farinha, até que ele se espa-
lhe por toda a massa.

A porta estreita

Mateus 7.13-14,21-23

22 Jesus atravessava cidades e povoados,
ensinando na sua viagem para Jerusalém.
23 Alguém perguntou:
— Senhor, são poucos os que vão ser
salvos?
Jesus respondeu:
24 — Façam tudo para entrar pela porta
estreita. Pois eu afirmo a vocês que mui-
tos vão querer entrar, mas não poderão.
25 — O dono da casa vai se levantar e fe-
char a porta. Então vocês ficarão do lado
de fora, batendo na porta e dizendo: "Se-
nhor, nos deixe entrar!" E ele responderá:
"Não sei de onde são vocês." 26 Aí vocês di-
rão: "Nós comemos e bebemos com o se-
nhor. O senhor ensinou na nossa cidade."
27 Mas ele responderá: "Não sei de onde
são vocês. Afastem-se de mim, vocês que
só fazem o mal." 28 Quando vocês virem
Abraão, Isaque, Jacó e todos os *profetas
no *Reino de Deus e vocês estiverem do
lado de fora, então haverá choro e ranger
de dentes de desespero. 29 Muitos virão do
Leste e do Oeste, do Norte e do Sul e vão
sentar-se à mesa no Reino de Deus. 30 E
os que agora são os últimos serão os pri-
meiros, e os primeiros serão os últimos.

O amor de Jesus por Jerusalém

Mateus 23.37-39

31 Naquele momento alguns *fariseus
chegaram perto de Jesus e disseram:
— Vá embora daqui, porque Herodes
quer matá-lo.
32 Jesus respondeu:
— Vão e digam para aquela raposa
que eu mandei dizer o seguinte: "Hoje e
amanhã eu estou expulsando demônios
e curando pessoas e no terceiro dia ter-
minarei o meu trabalho."
33 E Jesus continuou:
— Mas eu preciso seguir o meu cami-
nho hoje, amanhã e depois de amanhã;
pois um *profeta não deve ser morto fora
de Jerusalém.
34 — Jerusalém, Jerusalém, que mata os
profetas e apedreja os mensageiros que
Deus lhe manda! Quantas vezes eu quis
abraçar todo o seu povo, assim como a
galinha ajunta os seus pintinhos debaixo
das suas asas, mas vocês não quiseram!
35 Agora a casa de vocês ficará completa-
mente abandonada. Eu afirmo que vocês
não me verão mais, até chegar o tempo
em que dirão: "Deus abençoe aquele que
vem em nome do Senhor!"

Outra cura num sábado

14 Num sábado, Jesus entrou na casa
de certo líder *fariseu para tomar
uma refeição. E as pessoas que estavam
ali olhavam para Jesus com muita atenção.
2 Um homem, com as pernas e os braços
inchados, chegou perto dele. 3 E Jesus per-
guntou aos *mestres da Lei e aos fariseus:
— A nossa *Lei permite curar no sába-
do ou não?
4 Mas eles não responderam nada. En-
tão Jesus pegou o homem, curou-o e o
mandou embora. 5 Aí disse:
— Se um filho ou um boi de algum de
vocês cair num poço, será que você não
vai tirá-lo logo de lá, mesmo que isso
aconteça num sábado?
6 E eles não puderam responder.

Humildade e hospitalidade

7 Certa vez Jesus estava reparando
como os convidados escolhiam os melho-
res lugares à mesa. Então fez esta com-
paração:
8 — Quando alguém convidá-lo para
uma festa de casamento, não sente no me-
lhor lugar. Porque pode ser que alguém
mais importante tenha sido convidado.
9 Então quem convidou você e o outro po-
derá dizer *a você*: "Dê esse lugar para este
aqui." Aí você ficará envergonhado e terá
de sentar-se no último lugar. 10 Pelo con-
trário, quando você for convidado, sente-
-se no último lugar. Assim quem o convi-
dou vai dizer a você: "Meu amigo, venha
sentar-se aqui num lugar melhor." E isso

DEVOCIONAL

Texto para leitura: **Lucas 14:25-33**

Conheça o amor

O que significa amar a Jesus mais do que a própria vida? Não são muitas as pessoas que realmente sabem a resposta para essa pergunta. É da natureza humana pensar em si mesmo em primeiro lugar, e pensar em outra pessoa primeiro é absolutamente divino. Afinal de contas, são *seus* sentimentos que correm por seu corpo, *seus* olhos que veem o mundo e *seu* coração que sente a dor da rejeição, da preocupação, do medo, da solidão e até mesmo do amor. Com todos esses sentimentos e experiências, é difícil se concentrar em algo diferente de si mesmo, mas é isso que Jesus quer que você faça: pensar nele mais do que em si mesma. Ele quer que você o ame de todo o *seu* coração, não apenas com uma parte dele.

Qualquer coisa em seu coração que não seja santa não é de Jesus e é prova direta de que você ama a própria vida mais do que a dele. Mas não se desespere — isso não significa que você é um caso perdido; apenas significa que você é humana. Agradeça a Deus porque a graça dele é dada gratuitamente àqueles que percebem o erro no caminho que trilham! Então, examine sua vida e encontre aquelas áreas de impureza que a tornam triste ou arruinada. Veja onde você precisa de cura e, então, decida que seus desejos não são tão importantes quanto os de Jesus. Deixe de lado qualquer coisa que ponha o foco em sua vida e não na vida de Cristo em você. Faça de Jesus, da Palavra e do caráter dele as coisas mais importantes de sua vida e faça com que ele saiba disso. Imite-o. Creia nele e observe sua vida pelos olhos dele, e não pelos seus. Quando fizer isso, você verá que sua vida e seu espírito vão se acalmar e tudo estará bem com o mundo.

será uma grande honra para você diante
de todos os convidados. 11 Porque quem
se engrandece será humilhado, mas quem
se humilha será engrandecido.
12 Depois Jesus disse ao homem que o
havia convidado:
— Quando você der um almoço ou um
jantar, não convide os seus amigos, nem
os seus irmãos, nem os seus parentes,
nem os seus vizinhos ricos. Porque certamente eles também o convidarão e assim
pagarão a gentileza que você fez. 13 Mas,
quando você der uma festa, convide os
pobres, os aleijados, os coxos e os cegos
14 e você será abençoado. Pois eles não poderão pagar o que você fez, mas Deus lhe
pagará no dia em que as pessoas que fazem o bem ressuscitarem.

A parábola da grande festa

Mateus 22.1-14

15 Um dos que estavam à mesa ouviu
isso e disse para Jesus:
— Felizes os que irão sentar-se à mesa
no *Reino de Deus!
16 Então Jesus lhe disse:
— Certo homem convidou muita gente para uma festa que ia dar. 17 Quando
chegou a hora, mandou o seu empregado
dizer aos convidados: "Venham, que tudo
já está pronto!"
18 — Mas eles, um por um, começaram
a dar desculpas. O primeiro disse ao empregado: "Comprei um sítio e tenho de
dar uma olhada nele. Peço que me desculpe."
19 — Outro disse: "Comprei cinco juntas
de bois e preciso ver se trabalham bem.
Peço que me desculpe."
20 — E outro disse: "Acabei de casar e
por isso não posso ir."
21 — O empregado voltou e contou tudo
ao patrão. Ele ficou com muita raiva e disse: "Vá depressa pelas ruas e pelos becos
da cidade e traga os pobres, os aleijados,
os cegos e os coxos."

22 — Mais tarde o empregado disse: "Pa-
trão, já fiz o que o senhor mandou, mas
ainda está sobrando lugar."
23 — Aí o patrão respondeu: "Então vá
pelas estradas e pelos caminhos e obrigue
os que você encontrar ali a virem, a fim
de que a minha casa fique cheia. 24 Pois
eu afirmo a vocês que nenhum dos que
foram convidados provará o meu jantar!"

As condições para ser seguidor de Jesus
Mateus 10.37-39

25 Certa vez uma grande multidão es-
tava acompanhando Jesus. Ele virou-se
para eles e disse:
26 — Quem quiser me acompanhar não
pode ser meu seguidor se não me amar
mais do que ama o seu pai, a sua mãe,
a sua esposa, os seus filhos, os seus ir-
mãos, as suas irmãs e até a si mesmo.
27 Não pode ser meu seguidor quem não
estiver pronto para morrer como eu vou
morrer e me acompanhar. 28 Se um de vo-
cês quer construir uma torre, primeiro
senta e calcula quanto vai custar, para ver
se o dinheiro dá. 29 Se não fizer isso, ele
consegue colocar os alicerces, mas não
pode terminar a construção. Aí todos os
que virem o que aconteceu vão caçoar
dele, dizendo: 30 "Este homem começou
a construir, mas não pôde terminar!"
31 — Se um rei que tem dez mil solda-
dos vai partir para combater outro que
vem contra ele com vinte mil, ele senta
primeiro e vê se está bastante forte para
enfrentar o outro. 32 Se não fizer isso, aca-
bará precisando mandar mensageiros ao
outro rei, enquanto este ainda estiver lon-
ge, para combinar condições de paz.
Jesus terminou, dizendo:
33 — Assim nenhum de vocês pode
ser meu discípulo se não deixar tudo o
que tem.

Sal sem gosto
Mateus 5.13; Marcos 9.50

34 — O sal é uma coisa útil; mas, se per-
de o gosto, deixa de ser sal. 35 É jogado
fora, pois não serve mais nem para a ter-
ra nem para o monte de esterco. Se vocês
têm ouvidos para ouvirem, então ouçam.

A ovelha perdida
Mateus 18.10-14

15 Certa ocasião, muitos cobradores
de impostos e outras pessoas de
má fama chegaram perto de Jesus para o
ouvir. 2 Os *fariseus e os *mestres da Lei
criticavam Jesus, dizendo:
— Este homem se mistura com gente
de má fama e toma refeições com eles.
3 Então Jesus contou esta *parábola:
4 — Se algum de vocês tem cem ove-
lhas e perde uma, por acaso não vai pro-
curá-la? Assim, deixa no campo as outras
noventa e nove e vai procurar a ovelha
perdida até achá-la. 5 Quando a encontra,
fica muito contente e volta com ela nos
ombros. 6 Chegando à sua casa, chama os
amigos e vizinhos e diz: "Alegrem-se comi-
go porque achei a minha ovelha perdida."
7 — Pois eu lhes digo que assim tam-
bém vai haver mais alegria no céu por um
pecador que se arrepende dos seus peca-
dos do que por noventa e nove pessoas
boas que não precisam se arrepender.

A moeda perdida

8 Jesus continuou:
— Se uma mulher que tem dez moedas
de prata perder uma, vai procurá-la, não
é? Ela acende uma lamparina, varre a casa
e procura com muito cuidado até achá-la.
9 E, quando a encontra, convida as amigas
e vizinhas e diz: "Alegrem-se comigo por-
que achei a minha moeda perdida."
10 — Pois eu digo a vocês que assim
também os anjos de Deus se alegrarão
por causa de um pecador que se arrepen-
de dos seus pecados.

A parábola do filho perdido

11 E Jesus disse ainda:
— Um homem tinha dois filhos. 12 Certo
dia o mais moço disse ao pai: "Pai, quero
que o senhor me dê agora a minha parte
da herança."
— E o pai repartiu os bens entre os
dois. 13 Poucos dias depois, o filho mais
moço ajuntou tudo o que era seu e par-
tiu para um país que ficava muito longe.
Ali viveu uma vida cheia de pecado e des-
perdiçou tudo o que tinha.
14 — O rapaz já havia gastado tudo,
quando houve uma grande fome naque-
le país, e ele começou a passar necessida-
de. 15 Então procurou um dos moradores
daquela terra e pediu ajuda. Este o man-
dou para a sua fazenda a fim de tratar dos
porcos. 16 Ali, com fome, ele tinha vontade
de comer o que os porcos comiam, mas
ninguém lhe dava nada. 17 Caindo em si,
ele pensou: "Quantos trabalhadores do
meu pai têm comida de sobra, e eu es-
tou aqui morrendo de fome! 18 Vou voltar

para a casa do meu pai e dizer: 'Pai, pe-
quei contra Deus e contra o senhor 19 e
não mereço mais ser chamado de seu fi-
lho. Me aceite como um dos seus traba-
lhadores.' " 20 Então saiu dali e voltou para
a casa do pai.
— Quando o rapaz ainda estava lon-
ge de casa, o pai o avistou. E, com muita
pena do filho, correu, e o abraçou, e bei-
jou. 21 E o filho disse: "Pai, pequei contra
Deus e contra o senhor e não mereço mais
ser chamado de seu filho!"
22 — Mas o pai ordenou aos emprega-
dos: "Depressa! Tragam a melhor roupa
e vistam nele. Ponham um anel no dedo
dele e sandálias nos seus pés. 23 Também
tragam e matem o bezerro gordo. Vamos
começar a festejar 24 porque este meu fi-
lho estava morto e viveu de novo; estava
perdido e foi achado."
— E começaram a festa.
25 — Enquanto isso, o filho mais velho
estava no campo. Quando ele voltou e
chegou perto da casa, ouviu a música e
o barulho da dança. 26 Então chamou um
empregado e perguntou: "O que é que
está acontecendo?"
27 — O empregado respondeu: "O seu
irmão voltou para casa vivo e com saú-
de. Por isso o seu pai mandou matar o
bezerro gordo."
28 — O filho mais velho ficou zangado
e não quis entrar. Então o pai veio para
fora e insistiu com ele para que entras-
se. 29 Mas ele respondeu: "Faz tantos anos
que trabalho como um escravo para o se-
nhor e nunca desobedeci a uma ordem
sua. Mesmo assim o senhor nunca me deu
nem ao menos um cabrito para eu fazer
uma festa com os meus amigos. 30 Porém
esse seu filho desperdiçou tudo o que era
do senhor, gastando dinheiro com prosti-
tutas. E agora ele volta, e o senhor manda
matar o bezerro gordo!"
31 — Então o pai respondeu: "Meu filho,
você está sempre comigo, e tudo o que é
meu é seu. 32 Mas era preciso *fazer esta*
festa para mostrar a nossa alegria. Pois
este seu irmão estava morto e viveu de
novo; estava perdido e foi achado."

A parábola do administrador desonesto

16 Jesus disse aos seus discípulos:
— Havia um homem rico que ti-
nha um administrador que cuidava dos
seus bens. Foram dizer a esse homem que
o administrador estava desperdiçando o
dinheiro dele. 2 Por isso ele o chamou e
disse: "Eu andei ouvindo umas coisas a
respeito de você. Agora preste contas da
sua administração porque você não pode
mais continuar como meu administrador."
3 — Aí o administrador pensou: "O pa-
trão está me despedindo. E, agora, o que
é que eu vou fazer? Não tenho forças para
cavar a terra e tenho vergonha de pedir
esmola. 4 Ah! Já sei o que vou fazer... As-
sim, quando for mandado embora, terei
amigos que me receberão nas suas casas."
5 — Então ele chamou todos os deve-
dores do patrão e perguntou para o pri-
meiro: "Quanto é que você está devendo
para o meu patrão?"
6 — "Cem barris de azeite!" — respon-
deu ele.
O administrador disse:
— "Aqui está a sua conta. Sente-se e es-
creva cinquenta."
7 — Para o outro ele perguntou: "E você,
quanto está devendo?"
— "Mil medidas de trigo!" — respon-
deu ele.
— "Escreva oitocentas!" — mandou o
administrador.
8 — E o patrão desse administrador de-
sonesto o elogiou pela sua esperteza.
E Jesus continuou:
— As pessoas deste mundo são muito
mais espertas nos seus negócios do que as
pessoas que pertencem à luz. 9 Por isso eu
digo a vocês: usem as riquezas deste mun-
do para conseguir amigos a fim de que,
quando as riquezas faltarem, eles recebam
vocês no lar eterno. 10 Quem é fiel nas coi-
sas pequenas também será nas grandes;
e quem é desonesto nas coisas pequenas
também será nas grandes. 11 Pois, se vo-
cês não forem honestos com as riquezas
deste mundo, quem vai pôr vocês para to-
mar conta das riquezas verdadeiras? 12 E,
se não forem honestos com o que é dos
outros, quem lhes dará o que é de vocês?
13 — Um escravo não pode servir a dois
donos ao mesmo tempo, pois vai rejeitar
um e preferir o outro; ou *será fiel a um* e
desprezará o outro. Vocês não podem ser-
vir a Deus e também servir ao dinheiro.

Algumas afirmações de Jesus

Mateus 11.12-13; 5.31-32;
Marcos 10.11-12

14 Os *fariseus ouviram isso e zomba-
ram de Jesus porque amavam o dinheiro.
15 Então Jesus disse a eles:

— Para as pessoas vocês parecem bons, mas Deus conhece o coração de vocês. Pois aquilo que as pessoas acham que vale muito não vale nada para Deus.

16 — A *Lei de Moisés e os ensinamentos dos *Profetas duraram até a época de João Batista. Desde esse tempo a boa notícia do *Reino de Deus está sendo anunciada, e cada um se esforça para entrar nele.

17 — É mais fácil o céu e a terra desaparecerem do que ser tirado um simples acento de qualquer palavra da Lei.

18 — Se um homem se divorciar e casar com outra mulher, comete adultério. E quem casar com a mulher divorciada também comete adultério.

A parábola do rico e de Lázaro

19 Jesus continuou:

— Havia um homem rico que vestia roupas muito caras e todos os dias dava uma grande festa. 20 Havia também um homem pobre, chamado Lázaro, que tinha o corpo coberto de feridas, e que costumavam largar perto da casa do rico. 21 Lázaro ficava ali, procurando matar a fome com as migalhas que caíam da mesa do homem rico. E até os cachorros vinham lamber as suas feridas. 22 O pobre morreu e foi levado pelos anjos para junto de Abraão, na festa do céu. O rico também morreu e foi sepultado. 23 Ele sofria muito no *mundo dos mortos. Quando olhou, viu lá longe Abraão e Lázaro ao lado dele. 24 Então gritou: "Pai Abraão, tenha pena de mim! Mande que Lázaro molhe o dedo na água e venha refrescar a minha língua porque estou sofrendo muito neste fogo!"

25 — Mas Abraão respondeu: "Meu filho, lembre que você recebeu na sua vida todas as coisas boas, porém Lázaro só recebeu o que era mau. E agora ele está feliz aqui, enquanto você está sofrendo. 26 Além disso, há um grande abismo entre nós, de modo que os que querem atravessar daqui até vocês não podem, como também os daí não podem passar para cá."

27 — O rico disse: "Nesse caso, Pai Abraão, peço que mande Lázaro até a casa do meu pai 28 porque eu tenho cinco irmãos. Deixe que ele vá e os avise para que assim não venham para este lugar de sofrimento."

29 — Mas Abraão respondeu: "Os seus irmãos têm a *Lei de Moisés e os livros dos *Profetas para os avisar. Que eles os escutem!"

30 — "Só isso não basta, Pai Abraão!", respondeu o rico. "Porém, se alguém ressuscitar e for falar com eles, aí eles se arrependerão dos seus pecados."

31 — Mas Abraão respondeu: "Se eles não escutarem Moisés nem os profetas, não crerão, mesmo que alguém ressuscite."

O pecado e o perdão

Mateus 18.6-7,21-35; Marcos 9.42

17 Jesus disse aos seus discípulos:

— Sempre vão acontecer coisas que fazem com que as pessoas caiam em pecado, mas ai do culpado! 2 Seria melhor para essa pessoa que ela fosse jogada no mar com uma grande pedra de moinho amarrada no pescoço do que fazer com que um destes pequeninos peque. 3 Tenham cuidado! Se o seu irmão pecar, repreenda-o; se ele se arrepender, perdoe. 4 Se pecar contra você sete vezes num dia e cada vez vier e disser: "Me arrependo", então perdoe.

A fé

5 Os *apóstolos pediram ao Senhor:

— Aumente a nossa fé.

6 E ele respondeu:

— Se a fé que vocês têm fosse do tamanho de uma semente de mostarda, vocês poderiam dizer a esta figueira brava: "Arranque-se pelas raízes e vá se plantar no mar!" E ela obedeceria.

O dever do empregado

7 Jesus disse:

— Façam de conta que um de vocês tem um empregado que trabalha na lavoura ou cuida das ovelhas. Quando ele volta do campo, será que você vai dizer: "Venha depressa e sente-se à mesa"? 8 Claro que não! Pelo contrário, você dirá: "Prepare o jantar para mim, ponha o avental e me sirva enquanto eu como e bebo. Depois você pode comer e beber." 9 Por acaso o empregado merece agradecimento porque obedeceu às suas ordens? 10 Assim deve ser com vocês. Depois de fazerem tudo o que foi mandado, digam: "Somos empregados que não valem nada porque fizemos somente o nosso dever."

Jesus cura dez leprosos

11 Jesus continuava viajando para Jerusalém e passou entre as regiões da Samaria e da Galileia. 12 Quando estava entrando num povoado, dez leprosos foram se

encontrar com ele. Eles pararam de longe
13 e gritaram:
— Jesus, Mestre, tenha pena de nós!
14 Jesus os viu e disse:
— Vão e peçam aos sacerdotes que exa-
minem vocês.
Quando iam pelo caminho, eles foram
curados. 15 E, quando um deles, que era
*samaritano, viu que estava curado, vol-
tou louvando a Deus em voz alta. 16 Ajoe-
lhou-se aos pés de Jesus e lhe agradeceu.
17 Jesus disse:
— Os homens que foram curados eram
dez. Onde estão os outros nove? 18 Por que
somente este estrangeiro voltou para lou-
var a Deus?
19 E Jesus disse a ele:
— Levante-se e vá. Você está curado
porque teve fé.

A vinda do Reino

Mateus 24.23-28,36-44

20 Alguns *fariseus perguntaram a Je-
sus quando ia chegar o *Reino de Deus.
Ele respondeu:
— Quando o Reino de Deus chegar, não
será uma coisa que se possa ver. 21 Nin-
guém vai dizer: "Vejam! Está aqui" ou
"Está ali". Porque o Reino de Deus está
dentro de vocês.
22 Então ele disse aos discípulos:
— Chegará o tempo em que vocês vão
querer ver um dos dias em que o *Filho
do Homem já tiver chegado, mas não ve-
rão. 23 Alguns vão dizer a vocês: "Olhem
aqui" ou "Olhem ali"; porém não saiam
para procurá-lo. 24 Porque, assim como
o relâmpago brilha de uma ponta do céu
até a outra, assim será no dia em que o
Filho do Homem vier. 25 Mas primeiro ele
precisa sofrer e ser rejeitado pelo povo de
hoje. 26 Como foi no tempo de Noé, assim
também será nos dias de antes da vinda
do Filho do Homem. 27 Todos comiam e
bebiam, e os homens e as mulheres casa-
vam, até o dia em que Noé entrou na bar-
ca. Depois *veio o dilúvio* e matou todos.
28 A mesma coisa aconteceu no tempo de
Ló. Todos comiam e bebiam, compravam
e vendiam, plantavam e construíam. 29 No
dia em que Ló saiu de Sodoma, choveu do
céu fogo e enxofre e matou todos. 30 As-
sim será o dia em que o Filho do Homem
aparecer. 31 Aí quem estiver em cima da
sua casa, no terraço, desça, e fuja logo, e
não perca tempo entrando na casa para
pegar as suas coisas. E quem estiver no
campo não volte para casa. 32 Lembrem
da mulher de Ló. 33 A pessoa que procura
os seus próprios interesses nunca terá a
vida verdadeira; mas quem esquece a si
mesmo terá a vida verdadeira. 34 Naque-
la noite duas pessoas estarão dormindo
numa mesma cama. Eu afirmo a vocês
que uma será levada, e a outra, deixada.
35 Duas mulheres estarão moendo trigo
juntas: uma será levada, e a outra, deixa-
da. 36 [Naquele dia, dois homens estarão
trabalhando na fazenda: um será levado,
e o outro, deixado.]
37 Então os discípulos perguntaram:
— Senhor, onde vai ser isso?
Ele respondeu:
— Onde estiver o corpo de um morto,
aí se ajuntarão os urubus.

A viúva e o juiz

18 Jesus contou a seguinte *parábo-
la, mostrando aos discípulos que
deviam orar sempre e nunca desanimar:
2 — Em certa cidade havia um juiz que
não *temia a Deus e não respeitava nin-
guém. 3 Nessa cidade morava uma viúva
que sempre o procurava para pedir jus-
tiça, dizendo: "Ajude-me e julgue o meu
caso contra o meu adversário!"
4 — Durante muito tempo o juiz não
quis julgar o caso da viúva, mas afinal
pensou assim: "É verdade que eu não
temo a Deus e também não respeito nin-
guém. 5 Porém, como esta viúva conti-
nua me aborrecendo, vou dar a senten-
ça a favor dela. Se eu não fizer isso, ela
não vai parar de vir me amolar até aca-
bar comigo."
6 E o Senhor continuou:
— Prestem atenção naquilo que aque-
le juiz desonesto disse. 7 Será, então, que
Deus não vai fazer justiça a favor do seu
próprio povo, que grita por socorro dia e
noite? Será que ele vai demorar para aju-
dá-lo? 8 Eu afirmo a vocês que ele julgará
a favor do seu povo e fará isso bem de-
pressa. Mas, quando o *Filho do Homem
vier, será que *vai encontrar* fé na terra?

O fariseu e o cobrador de impostos

9 Jesus também contou esta *parábo-
la para os que achavam que eram muito
bons e desprezavam os outros:
10 — Dois homens foram ao Templo
para orar. Um era *fariseu, e o outro, co-
brador de impostos. 11 O fariseu ficou de
pé e orou sozinho, assim: "Ó Deus, eu te

DEVOCIONAL

Texto para leitura: **Lucas 18:9-14**

Conheça a si mesma

A fama não é o objetivo de Deus para sua vida. Ele não está interessado em fazer com que as pessoas sejam famosas e adoradas. É tentador avaliar até que ponto você é um sucesso como pessoa pelo grau de sua popularidade, mas essa não é a régua que Deus usa para medir. O próprio Filho de Deus não nasceu rei e nem mesmo rico, mas filho de um pobre carpinteiro. Ele não saiu por aí com um cara de *marketing* ou uma menina de relações públicas, procurando os holofotes; ele buscava o coração das pessoas.

Quando você está apaixonada de verdade por Deus, você não procura a atenção do mundo, mas espera dar a Deus toda a sua atenção. Não deixe que a fama seja seu objetivo. Em sua vida, Deus deveria ser sempre a pessoa famosa, porque é dele que as pessoas precisam, é o que desejam. O objetivo de Deus é humilhá-la, não alimentar seu ego gigante. Muitas pessoas sem o Espírito de Deus não conseguem entender como resistir ao chamado à fama e à popularidade, mas, quando você tem o Espírito, ele lhe dá força para ser plenamente feliz quando você é praticamente imperceptível. Não tente chamar a atenção para sua santidade ou sua vida maravilhosa de oração, mas se esforce para concentrar toda a atenção nele para que tudo o que você fizer seja para a glória de Deus.

agradeço porque não sou avarento, nem
desonesto, nem imoral como as outras
pessoas. Agradeço-te também porque não
sou como este cobrador de impostos. 12 Je-
juo duas vezes por semana e te dou a dé-
cima parte de tudo o que ganho."
13 — Mas o cobrador de impostos ficou
de longe e nem levantava o rosto para o
céu. Batia no peito e dizia: "Ó Deus, tem
pena de mim, pois sou pecador!"
14 E Jesus terminou, dizendo:
— Eu afirmo a vocês que foi este ho-
mem, e não o outro, que voltou para casa
em paz com Deus. Porque quem se en-
grandece será humilhado, e quem se hu-
milha será engrandecido.

Jesus e as crianças

Mateus 19.13-15; Marcos 10.13-16

15 Depois disso, algumas pessoas leva-
ram as suas crianças a Jesus para que ele
as abençoasse, mas os discípulos viram
isso e repreenderam aquelas pessoas.
16 Então Jesus chamou as crianças para
perto de si e disse:
— Deixem que as crianças venham a
mim e não proíbam que elas façam isso,
pois o *Reino de Deus é das pessoas que
são como estas crianças. 17 Eu afirmo a vo-
cês que isto é verdade: quem não receber
o Reino de Deus como uma criança nunca
entrará nele.

O moço rico

Mateus 19.16-30; Marcos 10.17-31

18 Certo líder judeu perguntou a Jesus:
— Bom Mestre, o que devo fazer para
conseguir a vida eterna?
19 Jesus respondeu:
— Por que você me chama de bom?
Só Deus é bom, e mais ninguém. 20 Você
conhece os mandamentos: "Não cometa
adultério, não mate, não roube, não dê fal-
so testemunho contra ninguém, respeite
o seu pai e a sua mãe."
21 O homem respondeu:
— Desde criança eu tenho obedecido
a todos esses mandamentos.
22 Quando Jesus ouviu isso, disse:
— Falta *mais uma* coisa para você fazer.
Venda tudo o que você tem, e dê o dinhei-
ro aos pobres, e assim você terá riquezas
no céu. Depois venha e me siga.
23 Quando o homem ouviu isso, ficou
muito triste, pois era riquíssimo. 24 Ven-
do a tristeza dele, Jesus disse:

— Como é difícil os ricos entrarem no
*Reino de Deus! 25 É mais difícil um rico
entrar no Reino de Deus do que um ca-
melo passar pelo fundo de uma agulha.
26 Os que ouviram isso perguntaram:
— Então, quem é que pode se salvar?
27 Jesus respondeu:
— O que é impossível para os seres hu-
manos é possível para Deus.
28 Aí Pedro disse:
— Veja! Nós deixamos a nossa família
e seguimos o senhor.
29 Jesus respondeu:
— Eu afirmo a vocês que isto é verda-
de: aquele que, por causa do Reino de
Deus, deixar casa, esposa, irmãos, pa-
rentes ou filhos 30 receberá ainda nesta
vida muito mais e, no futuro, receberá a
vida eterna.

Jesus anuncia outra vez a sua morte e a sua ressurreição

Mateus 20.17-19; Marcos 10.32-34

31 Jesus levou os doze discípulos para
um lado e disse:
— Escutem! Nós estamos indo para Je-
rusalém, onde vai acontecer tudo o que
os *profetas escreveram sobre o *Filho do
Homem. 32 Ele será entregue aos não ju-
deus, e estes vão zombar dele, insultá-lo,
cuspir nele 33 e bater nele; e depois o ma-
tarão. Mas no terceiro dia ele ressuscitará.
34 Os discípulos não entenderam nada
do que Jesus disse. O que essas palavras
queriam dizer estava escondido deles,
e eles não sabiam do que Jesus estava
falando.

Jesus cura um mendigo cego

Mateus 20.29-34; Marcos 10.46-52

35 Jesus já estava chegando perto da ci-
dade de Jericó. Acontece que um cego es-
tava sentado na beira do caminho, pedin-
do esmola. 36 Quando ouviu a multidão
passando, ele perguntou o que era aquilo.
37 — É Jesus de Nazaré que está passan-
do! — responderam.
38 Aí o cego começou a gritar:
— Jesus, *Filho de Davi, tenha pena de
mim!
39 As pessoas que iam na frente o re-
preenderam e mandaram que ele calasse
a boca. Mas ele gritava ainda mais:
— Filho de Davi, tenha pena de mim!
40 Jesus parou e mandou que trouxes-
sem o cego. Quando ele chegou perto, Je-
sus perguntou:
41 — O que é que você quer que eu faça?
— Senhor, eu quero ver de novo! — res-
pondeu ele.
42 Então Jesus disse:
— Veja! Você está curado porque teve fé.
43 No mesmo instante o homem come-
çou a ver e, dando *glória a Deus, foi se-
guindo Jesus. E todos os que viram isso
começaram a louvar a Deus.

Jesus e Zaqueu

19 Jesus entrou em Jericó e estava atra-
vessando a cidade. 2 Morava ali um
homem rico, chamado Zaqueu, que era
chefe dos cobradores de impostos. 3 Ele
estava tentando ver quem era Jesus, mas
não podia, por causa da multidão, pois
Zaqueu era muito baixo. 4 Então correu
adiante da multidão e subiu numa figueira
brava para ver Jesus, que devia passar por
ali. 5 Quando Jesus chegou àquele lugar,
olhou para cima e disse a Zaqueu:
— Zaqueu, desça depressa, pois hoje
preciso ficar na sua casa.
6 Zaqueu desceu depressa e o recebeu
na sua casa, com muita alegria. 7 Todos os
que viram isso começaram a resmungar:
— Este homem foi se hospedar na casa
de um pecador!
8 Zaqueu se levantou e disse ao Senhor:
— Escute, Senhor, eu vou dar a metade
dos meus bens aos pobres. E, se roubei
alguém, vou devolver quatro vezes mais.
9 Então Jesus disse:
— Hoje a salvação entrou nesta casa,
pois este homem também é descendente
de Abraão. 10 Porque o *Filho do Homem
veio buscar e salvar quem está perdido.

As dez moedas de ouro

Mateus 25.14-30

11 Jesus contou uma *parábola para os
que ouviram o que ele tinha dito. Agora
ele estava perto de Jerusalém, e por isso
eles estavam pensando que o *Reino de
Deus ia aparecer logo. 12 Então Jesus disse:
— Certo homem *de uma família* impor-
tante foi para um país que ficava bem lon-
ge, para lá ser feito rei e depois voltar.
13 Antes de viajar, chamou dez dos seus
empregados, deu a cada um uma moeda
de ouro e disse: "Vejam o que vocês con-
seguem ganhar com este dinheiro, até a
minha volta."
14 — Acontece que o povo do seu país o
odiava e por isso mandou atrás dele uma

comissão para dizer que não queriam que
aquele homem fosse feito rei deles.
15 — O homem foi feito rei e voltou para
casa. Aí mandou chamar os empregados
a quem tinha dado o dinheiro, para sa-
ber quanto haviam conseguido ganhar.
16 O primeiro chegou e disse: "Patrão, com
aquela moeda de ouro que o senhor me
deu, eu ganhei dez."
17 — "Muito bem!" — respondeu ele. —
"Você é um bom empregado! E, porque
foi fiel em coisas pequenas, você vai ser
o governador de dez cidades."
18 — O segundo empregado veio e disse:
"Patrão, com aquela moeda de ouro que o
senhor me deu, eu ganhei cinco."
19 — "Você vai ser o governador de cin-
co cidades!" — disse o patrão.
20 — O outro empregado chegou e dis-
se: "Patrão, aqui está a sua moeda. Eu a
embrulhei num lenço e a escondi. 21 Tive
medo do senhor, porque sei que é um ho-
mem duro, que tira dos outros o que não
é seu e colhe o que não plantou."
22 — Ele respondeu: "Você é um mau
empregado! Vou usar as suas próprias pa-
lavras para julgá-lo. Você sabia que sou
um homem duro, que tiro dos outros o
que não é meu e colho o que não plan-
tei. 23 Então por que você não pôs o meu
dinheiro no banco? Assim, quando eu
voltasse da viagem, receberia o dinhei-
ro com juros."
24 — E disse para os que estavam ali: "Ti-
rem dele a moeda e deem ao que tem dez."
25 Eles responderam:
— "Mas ele já tem dez moedas, patrão!"
26 — E o patrão disse:
— "Eu afirmo a vocês que aquele que
tem muito receberá ainda mais; mas
quem não tem, até o pouco que tem será
tirado dele. 27 E agora tragam aqui os
meus inimigos, que não queriam que eu
fosse o rei deles, e os matem na minha
frente."

Jesus entra em Jerusalém

Mateus 21.1-11; Marcos 11.1-11; João 12.12-19

28 Depois de dizer isso, Jesus foi adiante
deles para Jerusalém. 29 Quando iam che-
gando aos povoados de Betfagé e Betânia,
que ficam perto do monte das Oliveiras,
enviou dois discípulos na frente, 30 com a
seguinte ordem:
— Vão até o povoado ali adiante. Logo
que vocês entrarem lá, encontrarão preso
um jumentinho que ainda não foi mon-
tado. Desamarrem o animal e o tragam
aqui. 31 Se alguém perguntar por que vo-
cês estão fazendo isso, digam que o Mes-
tre precisa dele.
32 Eles foram e acharam tudo como Je-
sus tinha dito. 33 Quando estavam desa-
marrando o jumentinho, os donos per-
guntaram:
— Por que é que vocês estão desamar-
rando o animal?
34 Eles responderam:
— O Mestre precisa dele.
35 Então eles levaram o jumentinho
para Jesus, puseram as suas *capas so-
bre o animal e ajudaram Jesus a montar.
36 Conforme ele ia passando, o povo esten-
dia as suas capas no caminho. 37 Quando
Jesus chegou perto de Jerusalém, na des-
cida do monte das Oliveiras, uma grande
multidão de seguidores ia com ele. E eles,
cheios de alegria, começaram a louvar a
Deus em voz alta por tudo o que tinham
visto. 38 Eles diziam:
— Que Deus abençoe o Rei que vem
em nome do Senhor! Paz no céu e *gló-
ria a Deus!
39 Aí alguns *fariseus que estavam no
meio da multidão disseram a Jesus:
— Mestre, mande que os seus seguido-
res calem a boca!
40 Jesus respondeu:
— Eu afirmo a vocês que, se eles se ca-
larem, as pedras gritarão!

Jesus chora com pena de Jerusalém

41 Quando Jesus chegou perto de Jeru-
salém e viu a cidade, chorou com pena
dela 42 e disse:
— Ah! Jerusalém! Se hoje mesmo você
soubesse o que é preciso para conseguir
a paz! Mas agora você não pode ver isso.
43 Pois chegarão os dias em que os inimi-
gos vão cercá-la com rampas de ataque,
e vão rodeá-la, e apertá-la de todos os
lados. 44 Eles destruirão completamen-
te você e todos os seus moradores. Não
ficará uma pedra em cima da outra, por-
que você não reconheceu o tempo em que
Deus veio para salvá-la.

Jesus no Templo

Mateus 21.12-17; Marcos 11.15-19; João 2.13-22

45 Jesus entrou no pátio do Templo e
começou a expulsar dali os vendedores.
46 Ele lhes disse:

— Nas *Escrituras Sagradas está escri-
to que Deus disse o seguinte: "A minha
casa será uma 'Casa de oração'." Mas vo-
cês a transformaram num esconderijo de
ladrões.
47 Jesus ensinava no pátio do Templo
todos os dias. Os chefes dos sacerdotes,
os *mestres da Lei e os líderes do povo
queriam matá-lo. 48 Mas não achavam jei-
to de fazer isso, pois todos o escutavam
com muita atenção.

A autoridade de Jesus

Mateus 21.23-27; Marcos 11.27-33

20 Certo dia, Jesus estava no pátio do
Templo ensinando o povo e anun-
ciando o *evangelho. Então chegaram ali
alguns chefes dos sacerdotes e alguns
*mestres da Lei, junto com alguns líde-
res do povo, 2 e perguntaram:
— Diga para nós: com que autoridade
você faz essas coisas? Quem lhe deu essa
autoridade?
3 Jesus respondeu:
— Eu também vou fazer uma pergunta
a vocês. Respondam: 4 Quem deu autori-
dade a João para batizar? Foi Deus ou fo-
ram pessoas?
5 Aí eles começaram a dizer uns aos ou-
tros:
— O que é que vamos dizer? Se disser-
mos que foi Deus, ele vai perguntar: "En-
tão por que vocês não creram em João?"
6 Mas, se dissermos que foram pessoas,
esta multidão vai nos apedrejar, pois eles
acham que João era *profeta.
7 Por isso responderam:
— Nós não sabemos quem deu autori-
dade a João para batizar.
8 Jesus disse:
— Pois então eu também não digo com
que autoridade faço essas coisas.

Os lavradores maus

Mateus 21.33-46; Marcos 12.1-12

9 Depois Jesus contou esta *parábola
para o povo:
— Certo homem fez uma plantação de
uvas, arrendou-a para uns lavradores e
depois foi viajar, ficando fora por muito
tempo. 10 Quando chegou o tempo da co-
lheita, ele mandou um empregado para
receber a sua parte. Mas os lavradores
bateram nele e o mandaram de volta sem
nada. 11 O dono mandou outro emprega-
do, mas eles também bateram nele, de-
pois o trataram de modo vergonhoso e o
mandaram de volta sem nada. 12 Então ele
enviou um terceiro empregado, mas os
lavradores também bateram nele e o ex-
pulsaram. 13 Aí o dono da plantação pen-
sou: "O que vou fazer? Já sei: vou mandar
o meu filho querido. Tenho certeza de que
vão respeitá-lo."
14 — Mas, quando os lavradores viram
o filho, disseram: "Este é o filho do dono;
ele vai herdar a plantação. Vamos matá-
-lo, e a plantação será nossa."
15 — Então eles jogaram o filho para
fora da plantação e o mataram.
Aí Jesus perguntou:
— E, agora, o que é que o dono da plan-
tação vai fazer? 16 Ele virá, matará aque-
les homens e dará a plantação a outros
lavradores.
Então as pessoas que estavam ouvin-
do disseram:
— Que Deus não permita que isso
aconteça!
17 Mas Jesus olhou bem para eles e
disse:
— As *Escrituras Sagradas afirmam: "A
pedra que os construtores rejeitaram veio
a ser a mais importante de todas." 18 Quem
cair em cima dessa pedra ficará em peda-
ços. E, se a pedra cair sobre alguém, essa
pessoa vai virar pó.

A pergunta sobre os impostos

Mateus 22.15-22; Marcos 12.13-17

19 Os *mestres da Lei e os chefes dos sa-
cerdotes sabiam que era contra eles que
Jesus havia contado essa *parábola e que-
riam prendê-lo ali mesmo, porém tinham
medo do povo. 20 Então começaram a vi-
giar Jesus. Pagaram alguns homens para
fazerem perguntas a ele. Eles deviam fin-
gir que eram sinceros e procurar conse-
guir alguma prova contra Jesus. Assim os
mestres da Lei e os chefes dos sacerdotes
teriam uma desculpa para o prender e en-
tregar nas mãos do Governador romano.
21 Esses homens perguntaram:
— Mestre, sabemos que aquilo que o
senhor diz e ensina é certo. Sabemos tam-
bém que o senhor não julga pela aparên-
cia e ensina a verdade sobre a maneira
de viver que Deus exige. 22 Diga: é ou não
é contra a nossa *Lei pagar impostos ao
Imperador romano?
23 Mas Jesus percebeu a má intenção
deles e disse:
24 — Tragam aqui uma moeda. De quem
são o nome e a cara que estão gravados
nela?

— São do Imperador! — responderam
eles.
25 Então Jesus disse:
— Deem ao Imperador o que é do Im-
perador e deem a Deus o que é de Deus.
26 Eles não puderam conseguir nenhu-
ma prova contra Jesus diante do povo. Por
isso ficaram calados, admirados com a
resposta dele.

A pergunta sobre a ressurreição

Mateus 22.23-33; Marcos 12.18-27

27 Alguns *saduceus, os quais afirmam
que ninguém ressuscita, chegaram perto
de Jesus 28 e disseram:
— Mestre, Moisés escreveu para nós
a seguinte *lei: "Se um homem morrer e
deixar a esposa sem filhos, o irmão dele
deve casar com a viúva, para terem filhos,
que serão considerados filhos do irmão
que morreu." 29 Acontece que havia sete
irmãos. O mais velho casou e morreu
sem deixar filhos. 30 Então o segundo ca-
sou com a viúva, 31 e depois, o terceiro. E
assim a mesma coisa aconteceu com os
sete irmãos, isto é, todos morreram sem
deixar filhos. 32 Depois a mulher também
morreu. 33 Portanto, no dia da ressurrei-
ção, de qual dos sete a mulher vai ser es-
posa? Pois todos eles casaram com ela!
34 Jesus respondeu:
— Nesta vida os homens e as mulheres
casam. 35 Mas as pessoas que merecem al-
cançar a ressurreição e a vida futura não
vão casar lá, 36 pois serão como os anjos e
não poderão morrer. Serão filhos de Deus
porque ressuscitaram. 37 E Moisés mostra
claramente que os mortos serão ressus-
citados. Quando fala do espinheiro que
estava em fogo, ele escreve que o Senhor
é "o Deus de Abraão, o Deus de Isaque e
o Deus de Jacó." 38 Isso mostra que Deus
é Deus dos vivos e não dos mortos, pois
para ele todos estão vivos.
39 Aí alguns *mestres da Lei disseram:
— Boa resposta, Mestre!
40 E não tinham coragem de lhe fazer
mais perguntas.

A pergunta sobre o Messias

Mateus 22.41-46; Marcos 12.35-37

41 Em seguida Jesus perguntou a eles:
— Como se pode dizer que o *Messias
é descendente de Davi? 42 Pois o próprio
Davi diz assim no livro de Salmos:

"O Senhor Deus disse ao meu Senhor:
'Sente-se do meu lado direito,
43 até que eu ponha os seus inimigos
como estrado debaixo dos seus
pés.' "

44 Se Davi chama o Messias de Senhor,
como é que o Messias pode ser descen-
dente de Davi?

Jesus e os mestres da Lei

Mateus 23.1-36; Marcos 12.38-40

45 O povo todo estava escutando, e Jesus
disse aos discípulos:
46 — Cuidado com os *mestres da Lei,
que gostam de usar *capas compridas e
de ser cumprimentados com respeito nas
praças. Eles escolhem os lugares de hon-
ra nas *sinagogas e os melhores lugares
nos banquetes. 47 Exploram as viúvas e
roubam os seus bens; e, para disfarçar,
fazem orações compridas. Portanto, o cas-
tigo que eles vão sofrer será pior ainda!

A oferta da viúva pobre

Marcos 12.41-44

21 Jesus estava no pátio do Templo,
olhando o que estava acontecen-
do, e viu os ricos pondo dinheiro na caixa
das ofertas. 2 Viu também uma viúva po-
bre, que pôs ali duas moedinhas de pouco
valor. 3 Então ele disse:
— Eu afirmo a vocês que esta viúva po-
bre deu mais do que todos. 4 Porque os
outros deram do que estava sobrando.
Porém ela, que é tão pobre, deu tudo o
que tinha para viver.

Jesus fala da destruição do Templo

Mateus 24.1-2; Marcos 13.1-2

5 Algumas pessoas estavam falando de
como o Templo era enfeitado com bonitas
pedras e com as coisas que tinham sido
dadas como ofertas. Então Jesus disse:
6 — Chegará o dia em que tudo isso que
vocês estão vendo será destruído. E não
ficará uma pedra em cima da outra.

Perseguições e sofrimentos

Mateus 24.3-14; Marcos 13.3-13

7 Aí eles perguntaram:
— Mestre, quando será isso? Que sinal
haverá para mostrar quando é que isso
vai acontecer?
8 Jesus respondeu:
— Tomem cuidado para que ninguém
engane vocês. Porque muitos vão apa-
recer fingindo ser eu, dizendo: "Eu sou
o *Messias" ou "Já chegou o tempo". Po-
rém não sigam essa gente. 9 Não tenham
medo quando ouvirem falar de guerras

e de revoluções. Pois é preciso que essas
coisas aconteçam primeiro. Mas isso não
quer dizer que o fim esteja perto.
10 E continuou:
— Uma nação vai guerrear contra ou-
tra, e um país atacará outro. 11 Em vários
lugares haverá grandes tremores de ter-
ra, falta de alimentos e epidemias. Acon-
tecerão coisas terríveis, e grandes sinais
serão vistos no céu.
12 — Mas, antes de acontecer tudo isso,
vocês serão presos e perseguidos. Vocês
serão entregues para serem julgados nas
*sinagogas e depois serão jogados na ca-
deia. Por serem meus seguidores, vocês
serão levados aos reis e aos governadores
para serem julgados. 13 E isso dará oportu-
nidade a vocês para anunciarem o *evan-
gelho. 14 Resolvam desde já que não vão
ficar preocupados, antes da hora, com o
que dirão para se defender. 15 Porque eu
lhes darei palavras e sabedoria que os
seus inimigos não poderão resistir, nem
negar. 16 Vocês serão entregues às auto-
ridades pelos seus próprios pais, irmãos,
parentes e amigos, e alguns de vocês serão
mortos. 17 Todos odiarão vocês por serem
meus seguidores. 18 Mas nem um fio de ca-
belo de vocês será perdido. 19 Fiquem fir-
mes, pois assim vocês serão salvos.

Jesus fala da destruição de Jerusalém

Mateus 24.15-28; Marcos 13.14-23

20 Jesus disse ainda:
— Quando vocês virem a cidade de Je-
rusalém cercada por exércitos, fiquem sa-
bendo que logo ela será destruída. 21 En-
tão, os que estiverem na região da Judeia,
que fujam para os montes. Quem estiver
na cidade, que saia logo. E quem estiver
no campo, que não entre na cidade. 22 Por-
que aqueles dias serão os "Dias do Casti-
go", e neles acontecerá tudo o que as *Es-
crituras Sagradas dizem. 23 Ai das mulhe-
res grávidas e das mães que ainda estive-
rem amamentando naqueles dias! Porque
virá sobre a terra uma grande aflição, e
cairá sobre esta gente um terrível castigo
de Deus. 24 Muitos serão mortos à espada,
e outros serão levados como prisionei-
ros para todos os países do mundo. E os
não judeus conquistarão Jerusalém, até
que termine o tempo de eles fazerem isso.

A vinda do Filho do Homem

Mateus 24.29-31; Marcos 13.24-27

25 E Jesus continuou:
— Haverá sinais no sol, na lua e nas
estrelas. E, na terra, todas as nações fica-
rão desesperadas, com medo do terrível
barulho do mar e das ondas. 26 Em todo
o mundo muitas pessoas desmaiarão de
terror ao pensarem no que vai acontecer,
pois os poderes do espaço serão abala-
dos. 27 Então o *Filho do Homem apare-
cerá descendo numa nuvem, com poder
e grande *glória. 28 Quando essas coisas
começarem a acontecer, fiquem firmes
e de cabeça erguida, pois logo vocês se-
rão salvos.

A lição da figueira

Mateus 24.32-35; Marcos 13.28-31

29 Em seguida Jesus fez esta compa-
ração:
— Vejam o exemplo da figueira ou de
qualquer outra árvore. 30 Quando vocês
veem que as suas folhas começam a bro-
tar, vocês já sabem que está chegando o
verão. 31 Assim também, quando virem
acontecer aquelas coisas, fiquem saben-
do que o *Reino de Deus está para chegar.
32 Eu afirmo a vocês que isto é verdade:
essas coisas vão acontecer antes de mor-
rerem todos os que agora estão vivos. 33 O
céu e a terra desaparecerão, mas as mi-
nhas palavras ficarão para sempre.

A necessidade de vigiar

34 E Jesus terminou, dizendo:
— Fiquem alertas! Não deixem que as
festas, ou as bebedeiras, ou os proble-
mas desta vida façam vocês ficarem tão
ocupados, que aquele dia pegue vocês de
surpresa, 35 como se fosse uma armadi-
lha. Pois ele cairá sobre todos no mun-
do inteiro. 36 Portanto, fiquem vigiando e
orem sempre, a fim de poderem escapar
de tudo o que vai acontecer e poderem
estar de pé na presença do *Filho do Ho-
mem, quando ele vier.
37 Jesus ensinava no pátio do Templo
todos os dias. Mas à noite ia para o mon-
te das Oliveiras e ficava ali até de manhã.
38 E todo o povo ia de madrugada para o
Templo a fim de ouvi-lo.

O plano para matar Jesus

Mateus 26.1-5; Marcos 14.1-2; João 11.45-57

22 Faltava pouco tempo para a *Festa
dos Pães sem Fermento, chamada
*Páscoa. 2 Os chefes dos sacerdotes e os
*mestres da Lei procuravam um jeito para

A viúva com duas moedas

Leia a história desta Garota de Deus em Lucas 21:1-4.

— Eu afirmo a vocês que esta viúva pobre deu mais do que todos. Porque os outros deram do que estava sobrando. Porém ela, que é tão pobre, deu tudo o que tinha para viver.

Lucas 21:3-4

Muita gente diria que, para valer alguma coisa, sua doação precisa ser a melhor que existe: ela precisa de qualidade. Mas Deus não compara a qualidade de sua dádiva com a de outro. Ele também não compara quantidades, porque está mais preocupado com os motivos e a condição espiritual do doador. As duas moedas que a viúva pôs na caixa de ofertas não impressionaram a ninguém. Mas, para ela, a quantidade que as pessoas depositavam ali era impressionante — a quantidade de sua dádiva era *tudo o que tinha*. Ela não pensou na insignificância dessa quantia nem no pequeno tamanho de suas moedas. Ela simplesmente queria dar o que tinha; não apenas parte, guardando o resto para si, mas sim as duas moedas.

Dar tudo o que você tem, por mais inexpressivo que seja, é um ato muito nobre. Mas esse episódio não é apenas sobre dinheiro; é também sobre seu tempo e seus talentos. Você talvez não seja uma estudiosa, talvez não seja uma intercessora, talvez não seja nem muito boa com as palavras, mas a quantidade de tempo que você dá a Deus é de grande valor. O teólogo brilhante pode ter grandes ideias sobre Deus, mas essa qualidade de conhecimento significa muito pouco se ele não passar parte do tempo com o Senhor. E o tempo que você dá a Deus talvez nunca leve a grandes sermões ou obras literárias incríveis, mas o tempo que você investe diz muito sobre seu grau de devoção.

Muitas vezes, pensamos que os relacionamentos precisam mais de tempo de qualidade do que de quantidade, mas pergunte a uma criança ou a uma pessoa apaixonada se elas prefeririam ter um "tempo de qualidade" ou um dia inteiro com quem amam, e a resposta será imediata: "Mais tempo!" Mesmo que tudo o que vocês façam seja dar uma volta, jogar bola ou ficar sentados e olhar um para o outro, em um relacionamento, tempo significa muito. Em seu relacionamento com Deus, não desista da quantidade só porque você tem medo de que sua qualidade não seja tão boa quanto à dos outros. Quando seu coração es*tiver no lugar certo*, o tempo que você passa com Deus agradará a ele — e seu relacionamento crescerá.

matar Jesus em segredo porque tinham
medo do povo.

Judas trai Jesus
Mateus 26.14-16; Marcos 14.10-11

3 Então Satanás entrou em Judas, cha-
mado Iscariotes, que era um dos doze dis-
cípulos. 4 Judas foi falar com os chefes dos
sacerdotes e com os oficiais da guarda do
Templo para combinar a maneira como
ele ia lhes entregar Jesus. 5 Eles ficaram
muito contentes e prometeram dar di-
nheiro a ele. 6 Judas aceitou e começou a
procurar uma oportunidade para entre-
gar Jesus a eles, sem que o povo ficasse
sabendo.

Jesus manda preparar a Páscoa
Mateus 26.17-25; Marcos 14.12-21;
João 13.21-30

7 Chegou o dia da *Festa dos Pães sem
Fermento, dia em que os judeus matavam
carneirinhos para comemorar a *Páscoa.
8 Então Jesus deu a Pedro e a João a se-
guinte ordem:
— Vão e preparem para nós o jantar
da Páscoa.
9 Eles perguntaram:
— Onde o senhor quer que a gente pre-
pare o jantar?
10 Jesus respondeu:
— Escutem! Quando entrarem na ci-
dade, um homem carregando um pote de
água vai se encontrar com vocês. Sigam
esse homem até a casa onde ele entrar
11 e digam ao dono dela: "O Mestre man-
dou perguntar a você onde fica a sala em
que ele e os seus discípulos vão comer o
jantar da Páscoa." 12 Então ele mostrará a
vocês uma grande sala mobiliada, no an-
dar de cima. Preparem ali o jantar.
13 Os dois discípulos foram até a cida-
de e encontraram tudo como Jesus ti-
nha dito. Então prepararam o jantar da
Páscoa.

A Ceia do Senhor
Mateus 26.26-30; Marcos 14.22-26;
1Coríntios 11.23-25

14 Quando chegou a hora, Jesus sen-
tou-se à mesa com os *apóstolos 15 e lhes
disse:
— Como tenho desejado comer este
jantar da *Páscoa com vocês, antes do
meu sofrimento! 16 Pois eu digo a vocês
que nunca comerei este jantar até que eu
coma o verdadeiro jantar que haverá no
*Reino de Deus.
17 Então Jesus pegou o cálice de vinho,
deu graças a Deus e disse:
— Peguem isto e repartam entre vo-
cês. 18 Pois eu afirmo a vocês que nunca
mais beberei deste vinho até que chegue
o Reino de Deus.
19 Depois pegou o pão e deu graças a
Deus. Em seguida partiu o pão e o deu
aos apóstolos, dizendo:
— Isto é o meu corpo que é entregue
em favor de vocês. Façam isto em memó-
ria de mim.
20 Depois do jantar, do mesmo modo
deu a eles o cálice de vinho, dizendo:
— Este cálice é a nova *aliança feita
por Deus com o seu povo, aliança que é
garantida pelo meu sangue, derramado
em favor de vocês. 21 Mas vejam: o traidor
está aqui sentado comigo à mesa! 22 Pois
o *Filho do Homem vai morrer da manei-
ra como Deus já resolveu. Mas ai daquele
que está traindo o Filho do Homem!
23 Então os apóstolos começaram a per-
guntar uns aos outros quem seria o trai-
dor.

Quem é o mais importante

24 Os *apóstolos tiveram uma forte dis-
cussão sobre qual deles deveria ser con-
siderado o mais importante. 25 Então Je-
sus disse:
— Os reis deste mundo têm poder so-
bre o povo, e os governadores são chama-
dos de "Amigos do Povo". 26 Mas entre vo-
cês não pode ser assim. Pelo contrário, o
mais importante deve ser como o menos
importante; e o que manda deve ser como
o que é mandado. 27 Quem é o mais impor-
tante? É o que está sentado à mesa para
comer ou é o que está servindo? Claro
que é o que está sentado à mesa. Mas en-
tre vocês eu sou como aquele que serve.
28 — Vocês têm estado sempre comigo
nos meus sofrimentos. 29 Por isso, assim
como o meu Pai me deu o direito de go-
vernar, eu também dou o mesmo direito a
vocês. 30 Vocês vão comer e beber à minha
mesa no meu *Reino e sentarão em tro-
nos para julgar as doze *tribos de Israel.

Jesus avisa Pedro
Mateus 26.31-35; Marcos 14.27-31;
João 13.36-38

31 Jesus continuou:
— Simão, Simão, escute bem! Sata-
nás já conseguiu licença para pôr vocês
à prova. Ele vai peneirar vocês como o

lavrador peneira o trigo a fim de separá-
-lo da palha. 32 Mas eu tenho orado por
você, Simão, para que não lhe falte fé. E,
quando você voltar para mim, anime os
seus irmãos.
33 Então Pedro disse a Jesus:
— Estou pronto para ser preso e mor-
rer com o senhor!
34 Então Jesus afirmou:
— Eu digo a você, Pedro, que hoje, an-
tes que o galo cante, você dirá três vezes
que não me conhece.

Jesus avisa os discípulos

35 Depois Jesus perguntou aos discí-
pulos:
— Por acaso faltou a vocês alguma coi-
sa quando eu os enviei sem bolsa, sem sa-
cola e sem sandálias?
— Não faltou nada! — responderam
eles.
36 Então Jesus disse:
— Pois agora quem tem uma bolsa ou
sacola deve pegá-la; e quem não tem es-
pada deve vender a *capa e comprar uma.
37 Pois as *Escrituras Sagradas dizem: "Ele
foi tratado como se fosse um criminoso."
Eu afirmo a vocês que isso precisa aconte-
cer comigo, pois o que está escrito a meu
respeito tem de acontecer.
38 Aí os seus discípulos disseram:
— Senhor, aqui estão duas espadas.
— Basta! — respondeu ele.

Jesus no monte das Oliveiras

Mateus 26.36-46; Marcos 14.32-42

39 Jesus saiu e foi, como de costume, ao
monte das Oliveiras; e os seus discípulos
foram com ele. 40 Quando chegou ao lugar
escolhido, Jesus disse:
— Orem pedindo que vocês não sejam
tentados.
41 Então se afastou a uma distância de
mais ou menos trinta metros. Ajoelhou-
-se e começou a orar, 42 dizendo:
— Pai, se queres, afasta de mim este
cálice de sofrimento! Porém que não seja
feito o que eu quero, mas o que tu queres.
43 [Então um anjo do céu apareceu e o
animava. 44 Cheio de uma grande aflição,
Jesus orava com mais força ainda. O seu
suor era *como gotas de sangue caindo
no chão.*]
45 Depois de orar, ele se levantou, voltou
para o lugar onde os discípulos estavam
e os encontrou dormindo, pois a tristeza
deles era muito grande. 46 E disse:
— Por que vocês estão dormindo? Le-
vantem-se e orem para que não sejam
tentados.

Jesus é preso

Mateus 26.47-56; Marcos 14.43-52;
João 18.3-12

47 Jesus ainda estava falando, quando
chegou uma multidão. Judas, um dos doze
discípulos, que era quem guiava aquela
gente, chegou perto de Jesus para beijá-
-lo. 48 Mas Jesus disse:
— Judas, é com um beijo que você trai
o *Filho do Homem?
49 Quando os discípulos que estavam
com Jesus viram o que ia acontecer, dis-
seram:
— Senhor, devemos atacar essa gente
com as nossas espadas?
50 Um deles feriu com a espada o em-
pregado do *Grande Sacerdote, cortando
a sua orelha direita.
51 Mas Jesus ordenou:
— Parem com isso!
Aí tocou na orelha do homem e o curou.
52 Em seguida disse aos chefes dos sacer-
dotes, aos oficiais da guarda do Templo e
aos líderes judeus que tinham vindo para
prendê-lo:
— Por que vocês vieram com espadas
e porretes para me prender como se eu
fosse um bandido? 53 Eu estava com vocês
todos os dias no pátio do Templo, e vocês
não tentaram me prender. Mas esta é a
hora de vocês e também a hora do poder
da escuridão.

Pedro nega Jesus

Mateus 26.69-75; Marcos 14.53-54,66-72;
João 18.15-18,25-27

54 Eles prenderam Jesus e o levaram
até a casa do *Grande Sacerdote. E Pedro
os seguia de longe. 55 Quando acenderam
uma fogueira no meio do pátio, Pedro foi
e sentou-se com os que estavam em vol-
ta do fogo. 56 Uma das empregadas o viu
sentado ali perto da fogueira, olhou bem
para ele e disse:
— Este homem também estava com
Jesus!
57 Mas Pedro negou, dizendo:
— Mulher, eu nem conheço esse ho-
mem!
58 Pouco tempo depois, um homem o
viu ali e disse:
— Você também é um deles!
Mas Pedro respondeu:

— Homem, eu não sou um deles.
59 Mais ou menos uma hora depois, ou-
tro insistiu:
— Você estava mesmo com ele porque
também é galileu.
60 Mas Pedro respondeu:
— Homem, eu não sei do que é que
você está falando!
Naquele instante, enquanto ele falava,
o galo cantou. 61 Então o Senhor virou-se
e olhou firme para Pedro, e ele lembrou
das palavras que o Senhor lhe tinha dito:
"Hoje, antes que o galo cante, você dirá
três vezes que não me conhece." 62 Então
Pedro saiu dali e chorou amargamente.

Os guardas batem em Jesus

Mateus 26.67-68; Marcos 14.65

63 Os homens que estavam guardando
Jesus zombavam dele e batiam nele. 64 Ta-
param os olhos dele e perguntavam:
— Quem foi que bateu em você? Adi-
vinhe!
65 E diziam muitas outras coisas para
insultá-lo.

Jesus diante do Conselho Superior

Mateus 26.57-68; Marcos 14.53-65;
João 18.19-24

66 Quando amanheceu, alguns líderes
dos judeus, alguns chefes dos sacerdo-
tes e alguns *mestres da Lei se reuniram.
Depois mandaram levar Jesus diante do
*Conselho Superior. 67 Então lhe disseram:
— Diga para nós se você é o *Messias.
Ele respondeu:
— Se eu disser que sim, vocês não vão
acreditar. 68 E, se eu fizer uma pergunta,
vocês não vão responder. 69 Mas de agora
em diante o *Filho do Homem se sentará
do lado direito do Deus Todo-Poderoso.
70 Aí todos perguntaram:
— Então você é o Filho de Deus?
Jesus respondeu:
— São vocês que estão dizendo isso.
71 E eles disseram:
— Não precisamos mais de testemu-
nhas. Nós mesmos ouvimos o que ele
disse.

Jesus diante de Pilatos

Mateus 27.1-2,11-14; Marcos 15.1-5;
João 18.28-38a

23 Em seguida o grupo todo se levan-
tou e levou Jesus para Pilatos. 2 Lá,
começaram a acusá-lo, dizendo:
— Pegamos este homem tentando fa-
zer o nosso povo se revoltar, dizendo a
eles que não pagassem impostos ao Im-
perador e afirmando que ele é o *Mes-
sias, um rei.
3 Aí Pilatos perguntou a Jesus:
— Você é o rei dos judeus?
Jesus respondeu:
— Quem está dizendo isso é o senhor.
4 Então Pilatos disse aos chefes dos sa-
cerdotes e à multidão:
— Não encontro nenhum motivo para
condenar este homem.
5 Mas eles insistiram:
— Ele está causando desordem entre
o povo em toda a Judeia. Ele começou na
Galileia e agora chegou aqui.

Jesus diante de Herodes

6 Ouvindo isso, Pilatos perguntou:
— Este homem é da Galileia?
7 Quando soube que Jesus era da região
governada por Herodes, Pilatos o mandou
para ele, pois Herodes também estava em
Jerusalém naquela ocasião. 8 Herodes fi-
cou muito contente quando viu Jesus, pois
tinha ouvido falar a respeito dele e fazia
muito tempo que queria vê-lo. Ele deseja-
va ver Jesus fazer algum milagre. 9 Então
fez muitas perguntas a Jesus, mas ele não
respondeu nada. 10 Os chefes dos sacerdo-
tes e os *mestres da Lei se apresentaram
e fizeram acusações muito fortes contra
Jesus. 11 Herodes e os seus soldados zom-
baram de Jesus e o trataram com despre-
zo. Puseram nele uma *capa luxuosa e o
mandaram de volta para Pilatos. 12 Naque-
le dia Herodes e Pilatos, que antes eram
inimigos, se tornaram amigos.

Jesus é condenado à morte

Mateus 27.15-26; Marcos 15.6-15;
João 18.39—19.16

13 Pilatos reuniu os chefes dos sacerdo-
tes, os líderes judeus e o povo 14 e disse:
— Vocês me trouxeram este homem e
disseram que ele estava atiçando o povo
para fazer uma revolta. Pois eu já lhe fiz
várias perguntas diante de todos vocês,
mas não encontrei nele nenhuma culpa
dessas coisas de que vocês o acusam.
15 Herodes também não encontrou nada
contra ele e por isso o mandou de volta
para nós. Assim, é claro que este homem
não fez nada que mereça a pena de morte.
16 Eu vou mandar que ele seja chicoteado
e depois o soltarei.
17 [Na Festa da Páscoa, Pilatos tinha o
costume de soltar algum preso, a pedido

do povo.] 18 Aí toda a multidão começou
a gritar:
— Mata esse homem! Solta Barrabás
para nós!
19 Barrabás tinha sido preso por cau-
sa de uma revolta na cidade e por assas-
sinato.
20 Então Pilatos, querendo soltar Jesus,
falou outra vez com a multidão. 21 Mas eles
gritavam mais ainda:
— Crucifica! Crucifica!
22 E Pilatos disse pela terceira vez:
— Mas qual foi o crime dele? Não vejo
neste homem nada que faça com que ele
mereça a pena de morte. Vou mandar que
ele seja chicoteado e depois o soltarei.
23 Porém eles continuaram a gritar bem
alto, pedindo que Jesus fosse crucificado;
e a gritaria deles venceu. 24 Pilatos conde-
nou Jesus à morte, como pediam. 25 E sol-
tou o homem que eles queriam — aquele
que havia sido preso por causa de revolta
e de assassinato. E entregou Jesus para fa-
zerem com ele o que quisessem.

A crucificação de Jesus

Mateus 27.32-44; Marcos 15.21-32;
João 19.17-27

26 Então os soldados levaram Jesus. No
caminho, eles encontraram um homem
chamado Simão, da cidade de Cirene,
que vinha do campo. Agarraram Simão e
o obrigaram a carregar a cruz, seguindo
atrás de Jesus.
27 Uma grande multidão o seguia. Nela
havia algumas mulheres que choravam
e se lamentavam por causa dele. 28 Jesus
virou-se para elas e disse:
— Mulheres de Jerusalém, não chorem
por mim, mas por vocês e pelos seus fi-
lhos! 29 Porque chegarão os dias em que
todos vão dizer: "Felizes as mulheres que
nunca tiveram filhos, que nunca deram à
luz e que nunca amamentaram!" 30 Che-
gará o tempo em que todos vão dizer às
montanhas: "Caiam em cima de nós!" E
dirão também aos montes: "Nos cubram!"
31 Porque, se isso tudo é feito quando a le-
nha está verde, o que acontecerá, então,
quando ela estiver seca?
32 Levaram também dois criminosos
para serem mortos com Jesus. 33 Quando
chegaram ao lugar chamado "A Caveira",
ali crucificaram Jesus e junto com ele os
dois criminosos, um à sua direita e o ou-
tro à sua esquerda.
34 [Então Jesus disse:
— Pai, perdoa esta gente! Eles não sa-
bem o que estão fazendo.]
Em seguida, tirando a sorte com dados,
os soldados repartiram entre si as rou-
pas de Jesus. 35 O povo ficou ali olhando,
e os líderes judeus zombavam de Jesus,
dizendo:
— Ele salvou os outros. Que salve a si
mesmo, se é, de fato, o *Messias que Deus
escolheu!
36 Os soldados também zombavam de
Jesus. Chegavam perto dele e lhe ofere-
ciam vinho comum 37 e diziam:
— Se você é o rei dos judeus, salve a
você mesmo!
38 Na cruz, acima da sua cabeça, esta-
vam escritas as seguintes palavras: "Este
é o Rei dos Judeus".
39 Um dos criminosos que estavam cru-
cificados ali insultava Jesus, dizendo:
— Você não é o Messias? Então salve a
você mesmo e a nós também!
40 Porém o outro o repreendeu, dizendo:
— Você não *teme a Deus? Você está
debaixo da mesma condenação que ele
recebeu. 41 A nossa condenação é justa, e
por isso estamos recebendo o castigo que
nós merecemos por causa das coisas que
fizemos; mas ele não fez nada de mau.
42 Então disse:
— Jesus, lembre de mim quando o se-
nhor vier como Rei!
43 Jesus respondeu:
— Eu afirmo a você que isto é verda-
de: hoje você estará comigo no *paraíso.

A morte de Jesus

Mateus 27.45-56; Marcos 15.33-41;
João 19.28-30

44 Mais ou menos ao meio-dia o sol pa-
rou de brilhar, e uma escuridão cobriu
toda a terra até as três horas da tarde. 45 E
a cortina do Templo se rasgou pelo meio.
46 Aí Jesus gritou bem alto:
— Pai, nas tuas mãos entrego o meu
espírito!
Depois de dizer isso, ele morreu.
47 Quando o oficial do exército romano
viu o que havia acontecido, deu *glória a
Deus, dizendo:
— De fato, este homem era inocente!
48 Todos os que estavam reunidos ali
para assistir àquele espetáculo viram o
que havia acontecido e voltaram para
casa, batendo no peito em sinal de tris-
teza. 49 Todos os amigos de Jesus e as

mulheres que o tinham seguido desde a
Galileia ficaram de longe, olhando tudo
aquilo.

O sepultamento de Jesus

Mateus 27.57-61; Marcos 15.42-47; João 19.38-42

50-51 Havia um homem chamado José,
da cidade de Arimateia, na região da Ju-
deia. Ele era bom e correto e esperava a
vinda do *Reino de Deus. Fazia parte do
*Conselho Superior, mas não tinha con-
cordado com o que o Conselho havia re-
solvido e feito. 52 José foi e pediu a Pilatos
o corpo de Jesus. 53 Então tirou o corpo
da cruz e o enrolou num lençol de linho.
Depois o colocou num túmulo cavado na
rocha, que nunca havia sido usado. 54 Isso
foi na sexta-feira, e já estava para come-
çar o sábado.

55 As mulheres que haviam seguido Je-
sus desde a Galileia foram com José e vi-
ram o túmulo e como Jesus tinha sido co-
locado ali. 56 Depois voltaram para casa e
prepararam perfumes e óleos para passar
no corpo dele.

E no sábado elas descansaram, confor-
me a *Lei manda.

A ressurreição de Jesus

Mateus 28.1-10; Marcos 16.1-10; João 20.1-10

24 No domingo bem cedo, as mulheres
foram ao túmulo, levando os perfu-
mes que haviam preparado. 2 Elas viram
que a pedra tinha sido tirada da entrada
do túmulo. 3 Porém, quando entraram, não
acharam o corpo do Senhor Jesus 4 e não
sabiam o que pensar. De repente, apare-
ceram diante delas dois homens vestidos
com roupas muito brilhantes. 5 E elas fica-
ram com medo, e se ajoelharam, e encos-
taram o rosto no chão. Então os homens
disseram a elas:

— Por que é que vocês estão procuran-
do entre os mortos quem está vivo? 6 Ele
não está aqui, mas foi ressuscitado. Lem-
brem que, quando *estava na* Galileia, ele
disse a vocês: 7 "O *Filho do Homem pre-
cisa ser entregue aos pecadores, precisa
ser crucificado e precisa ressuscitar no
terceiro dia".

8 Então as mulheres lembraram das pa-
lavras dele 9 e, quando voltaram do túmu-
lo, contaram tudo isso aos onze *apósto-
los e a todos os outros. 10 Essas mulheres
eram Maria Madalena, Joana e Maria, mãe
de Tiago. Estas e as outras mulheres que
foram com elas contaram tudo isso aos
apóstolos. 11 Mas eles acharam que o que
as mulheres estavam dizendo era tolice
e não acreditaram. 12 Porém Pedro se le-
vantou e correu para o túmulo. Abaixou-
-se para olhar e viu somente os lençóis
de linho e nada mais. Aí voltou para casa,
admirado com o que havia acontecido.

No caminho de Emaús

Marcos 16.12-13

13 Naquele mesmo dia, dois dos segui-
dores de Jesus estavam indo para um po-
voado chamado Emaús, que fica a mais
ou menos dez quilômetros de Jerusalém.
14 Eles estavam conversando a respeito de
tudo o que havia acontecido. 15 Enquanto
conversavam e discutiam, *o próprio* Je-
sus chegou perto e começou a caminhar
com eles, 16 mas alguma coisa não deixou
que eles o reconhecessem. 17 Então Jesus
perguntou:

— O que é que vocês estão conversan-
do pelo caminho?

Eles pararam, com um jeito triste, 18 e
um deles, chamado Cleopas, disse:

Uma oração sobre...

A cruz de Cristo

Pai Celestial, como posso te agradecer pela dádiva indescritível de teu Filho na cruz? Como posso agradecer por minha salvação eterna, que se fez possível graças a essa morte na cruz? Ele morreu por mim para que eu pudesse viver eternamente. Por meio de sua morte na cruz, estou morta para o pecado e vivo no poder de sua vida.

Pai do céu, ensina-me, eu te peço humildemente, o que significa dizer que estou morta com Cristo e que posso viver minha vida nele. Ensina-me a perceber que minha carne pecaminosa é totalmente corrupta e está pregada na cruz para ser destruída, a fim de que a vida de Cristo seja real em mim.

Ensina-me, acima de tudo, a acreditar que não posso compreender ou experimentar isso se não for por meio da obra contínua do Espírito Santo vivendo dentro de mim. Pai, pelo amor de Cristo, eu peço.

Amém.

DEVOCIONAL

Texto para leitura: **Lucas 24:13-35**

Conheça a verdadeira felicidade

Se você está se sentindo deprimida com a vida, talvez seja porque não confia na providência de Deus ou no poder dele neste mundo. A depressão, muitas vezes, é resultado de ter o que você quer e aí perceber que isso não era bem o que você achava ser, ou de não ter o que quer e ficar chateada. De qualquer maneira, isso tem tudo a ver com você, não com Deus. Mas não é algo com o qual você tenha de viver. A menos que você esteja lidando com uma condição patológica, como a depressão clínica, sentir-se melhor em relação à vida tem a ver com reavaliar o que se quer.

Quando você consegue tirar seu foco de amar o que quer para amar o que Deus quer lhe dar, então a depressão começa a desaparecer. Quando você confia que Deus está realmente envolvido na vida daqueles que o amam, então você não precisa ficar deprimida porque, de repente, vê as coisas por meio de lentes novas. Você vê a vida — o bom, o ruim, o feio, tudo isso – como um presente de Deus, um presente que você talvez não entenda ainda. Porém, confie que, um dia, apreciará.

Depressão e desânimo com a vida são, muitas vezes, sintomas da doença espiritual, e você pode mudar sua atitude se estiver disposta a confiar em Deus e a buscá-lo continuamente. Tire seu foco do que você quer, precisa ou exige, e ponha-o em buscar a Deus e encontrá-lo em meio à sua confusão e ao seu vazio.

— Será que você é o único morador de Jerusalém que não sabe o que aconteceu lá, nestes últimos dias?

19 — O que foi? — perguntou ele.

Eles responderam:

— O que aconteceu com Jesus de Nazaré. Esse homem era *profeta e, para Deus
e para todo o povo, ele era poderoso em
atos e palavras. 20 Os chefes dos sacerdo-
tes e os nossos líderes o entregaram para
ser condenado à morte e o crucificaram.
21 E a nossa esperança era que fosse ele
quem iria libertar o povo de Israel. Porém
já faz três dias que tudo isso aconteceu.
22 Algumas mulheres do nosso grupo nos
deixaram espantados, pois foram de ma-
drugada ao túmulo 23 e não encontraram
o corpo dele. Voltaram dizendo que vi-
ram anjos *e que estes afirmaram* que ele
está vivo. 24 Alguns do nosso grupo foram
ao túmulo e viram que realmente acon-
teceu o que as mulheres disseram, mas
não viram Jesus.

25 Então Jesus lhes disse:

— Como vocês demoram a entender e a
crer em tudo o que os profetas disseram!
26 Pois era preciso que o *Messias sofresse
e assim recebesse de Deus toda a *glória.
27 E começou a explicar todas as pas-
sagens das *Escrituras Sagradas que fa-
lavam dele, iniciando com os livros de
Moisés e os escritos de todos os *Profetas.
28 Quando chegaram perto do povoa-
do para onde iam, Jesus fez como quem
ia para mais longe. 29 Mas eles insistiram
com ele para que ficasse, dizendo:

— Fique conosco porque já é tarde, e a noite vem chegando.

Então Jesus entrou para ficar com os
dois. 30 Sentou-se à mesa com eles, pegou
o pão e deu graças a Deus. Depois partiu
o pão e deu a eles. 31 Aí os olhos deles fo-
ram abertos, e eles reconheceram Jesus.
Mas ele desapareceu. 32 Então eles disse-
ram um para o outro:

— Não parecia que o nosso coração queimava dentro do peito quando ele nos falava na estrada e nos explicava as Escrituras Sagradas?

33 Eles se levantaram logo e voltaram
para Jerusalém, onde encontraram os
onze *apóstolos reunidos com outros
seguidores de Jesus. 34 E os apóstolos
diziam:
— De fato, o Senhor foi ressuscitado e
foi visto por Simão!
35 Então os dois contaram o que havia
acontecido na estrada e como tinham re-
conhecido o Senhor quando ele havia par-
tido o pão.

Jesus aparece aos discípulos

Mateus 28.16-20; Marcos 16.14-18;
João 20.19-23; Atos 1.6-8

36 Enquanto estavam contando isso, Je-
sus apareceu de repente no meio deles
e disse:
— Que a paz esteja com vocês!
37 Eles ficaram assustados e com muito
medo e pensaram que estavam vendo um
fantasma. 38 Mas ele disse:
— Por que vocês estão assustados? Por
que há tantas dúvidas na cabeça de vo-
cês? 39 Olhem para as minhas mãos e para
os meus pés e vejam que sou eu mesmo.
Toquem em mim e vocês vão crer, pois um
fantasma não tem carne nem ossos, como
vocês estão vendo que eu tenho.
40 Jesus disse isso e mostrou as suas
mãos e os seus pés. 41 Eles ainda não acre-
ditavam, pois estavam muito alegres e ad-
mirados. Então ele perguntou:
— Vocês têm aqui alguma coisa para
comer?
42 Eles lhe deram um pedaço de peixe
assado, 43 que ele pegou e comeu diante
deles. 44 Depois disse:
— Enquanto ainda estava com vocês, eu
disse que tinha de acontecer tudo o que es-
tava escrito a meu respeito na *Lei de Moi-
sés, nos livros dos *Profetas e nos Salmos.
45 Então Jesus abriu a mente deles para
que eles entendessem as *Escrituras Sa-
gradas 46 e disse:
— O que está escrito é que o *Messias
tinha de sofrer e no terceiro dia ressusci-
tar. 47 E que, em nome dele, a mensagem
sobre o arrependimento e o perdão dos
pecados seria anunciada a todas as na-
ções, começando em Jerusalém. 48 Vocês
são testemunhas dessas coisas. 49 E eu
lhes mandarei o que o meu Pai prome-
teu. Mas esperem aqui em Jerusalém, até
que o poder de cima venha sobre vocês.

Jesus é levado para o céu

Marcos 16.19-20; Atos 1.9-11

50 Então Jesus os levou para fora da ci-
dade até o povoado de Betânia. Ali levan-
tou as mãos e os abençoou. 51 Enquanto os
estava abençoando, Jesus se afastou deles
e foi levado para o céu. 52 Eles o adoraram
e voltaram para Jerusalém cheios de ale-
gria. 53 E passavam o tempo todo no pátio
do Templo, louvando a Deus.

João

Conheça Jesus

Muitas pessoas que ouviram essas palavras afirmavam: – De fato, este homem é o Profeta! Outros diziam: – Ele é o Messias!
João 7:40-41

Autor ♥ João, "o discípulo que Jesus amava", filho de Zebedeu, o pescador
Data ♥ Entre 85 a 95 d. C.
Local ♥ Éfeso
Público-alvo ♥ Novos cristãos e pessoas curiosas a respeito de Jesus

Muitas pessoas dizem que Jesus foi um profeta ou um homem bom, mas não dizem que ele foi Deus. Elas ouvirão o que ele tem a dizer e verão certa verdade nisso, mas não vão chegar ao ponto de acreditar que ele era quem dizia ser. É fácil acreditar somente nas características humanas de Jesus, como sua sabedoria e seu bom senso, mas crer que ele é Deus que se fez carne e andou entre nós é uma coisa completamente diferente.

No livro de João, Jesus é chamado de "a Palavra". A Palavra refere-se a Jesus como Deus expressando-se plenamente na forma humana (João 1:1,14-18). E João assegura-nos que Jesus sempre esteve vivo — mesmo antes da criação do mundo (veja João 1:2-3). Deus não só criou o universo e tudo o que há nele por sua palavra, mas fala conosco e nos leva a ele por meio de sua Palavra, Jesus. Quando Jesus veio à terra, ele ainda era a Palavra de Deus, vinda para libertar a humanidade do pecado. Nada do que ele disse poderia ser falso.

Ponto essencial
João escreveu para ensinar às pessoas que a vida eterna vem da fé em Jesus, e que Jesus é Deus. Uma das coisas nas quais João se concentra são todos os milagres maravilhosos de Cristo que provam que ele é o próprio Deus.

Nós, como cristãos, precisamos nos convencer de quem é Jesus. Se lhe dermos crédito por ser um bom homem, perdemos a oportunidade de reconhecer sua natureza e rejeitamos o próprio Deus. Durante a leitura do evangelho de João, você precisa decidir se Jesus foi um homem sábio com tendências malucas ou o Filho de Deus de verdade. É difícil chamá-lo apenas de profeta ou sábio mestre quando ele se referiu a si mesmo como Deus de sete maneiras diferentes: "o pão da vida" (João 6:35,48), "a luz do mundo" (João 8:12), "a porta" (João 10:7), "o bom pastor" (João 10:11,14), "a vida" (João 11:25), "o caminho, a verdade e a vida" (João 14:6) e "a videira" (João 15:1,5). Ao dizer coisas desse tipo sobre si mesmo, ele deixou as pessoas que não criam nele com raiva o suficiente para enviá-lo para a cruz.

Enquanto você lê o evangelho de João, veja como a vida de Jesus é importante para sua salvação e observe *todas as maneiras pelas quais ele* se descreveu. Como uma *Garota de Deus*, você precisa conhecer esse Deus a quem serve e ama.

Coisas para procurar

- O versículo famoso de João 3:16
- O uso da expressão "a Palavra" em referência a Jesus (veja João 1)
- Os muitos milagres de Jesus
- Como a palavra *luz* é usada como referência a Jesus

Termos e versículos que você deve saber

O caminho: No Novo Testamento, Jesus se refere a si mesmo como "o caminho", o meio para se chegar a Deus (veja João 14:6).

Dormir: Esse verbo muitas vezes é usado como metáfora para a morte, como em João 11:11.

Luz: Muitas vezes usada nas Escrituras como referência a Jesus (veja João 1:9).

A Palavra: Um termo usado em João para se referir a Jesus.

No começo aquele que é a Palavra já existia. Ele estava com Deus e era Deus. Desde o princípio, a Palavra estava com Deus.
(João 1:1-2)

A Palavra se tornou um ser humano e morou entre nós.
(João 1:14)

— Eu sou a videira, e vocês são os ramos. Quem está unido comigo e eu com ele, esse dá muito fruto porque sem mim vocês não podem fazer nada.
(João 15:5)

— Porque Deus amou o mundo tanto, que deu o seu único Filho, para que todo aquele que nele crer não morra, mas tenha a vida eterna.
(João 3:16)

A Palavra da vida

1 No começo aquele que é a Palavra já
existia. Ele estava com Deus e era Deus.
2 Desde o princípio, a Palavra estava com
Deus. 3 Por meio da Palavra, Deus fez to-
das as coisas, e nada do que existe foi feito
sem ela. 4 A Palavra era a fonte da vida, e
essa vida trouxe a luz para todas as pes-
soas. 5 A luz brilha na escuridão, e a es-
curidão não conseguiu apagá-la.
6 Houve um homem chamado João, que
foi enviado por Deus 7 para falar a res-
peito da luz. Ele veio para que por meio
dele todos pudessem ouvir a mensagem
e crer nela. 8 João não era a luz, mas veio
para falar a respeito da luz, 9 a luz verda-
deira que veio ao mundo e ilumina todas
as pessoas.
10 A Palavra estava no mundo, e por
meio dela Deus fez o mundo, mas o mun-
do não a conheceu. 11 Aquele que é a Pa-
lavra veio para o seu próprio país, mas
o seu povo não o recebeu. 12 Porém al-
guns creram nele e o receberam, e a es-
tes ele deu o direito de se tornarem fi-
lhos de Deus. 13 Eles não se tornaram fi-
lhos de Deus pelos meios naturais, isto é,
não nasceram como nascem os filhos de

um pai humano; o próprio Deus é quem
foi o Pai deles.
14 A Palavra se tornou um ser humano
e morou entre nós, cheia de amor e de
verdade. E nós vimos a revelação da sua
natureza divina, natureza que ele recebeu
como Filho único do Pai.
15 João disse o seguinte a respeito de
Jesus:
— Este é aquele de quem eu disse: "Ele
vem depois de mim, mas é mais impor-
tante do que eu, pois antes de eu nascer
ele já existia."
16 Porque todos nós temos sido aben-
çoados com as riquezas do seu amor, com
bênçãos e mais bênçãos. 17 A *lei foi dada
por meio de Moisés, mas o amor e a ver-
dade vieram por meio de Jesus Cristo.
18 Ninguém nunca viu Deus. Somente o
Filho único, que é Deus e está ao lado do
Pai, foi quem nos mostrou quem é Deus.

A mensagem de João Batista

19 Os líderes judeus enviaram de Jeru-
salém alguns sacerdotes e *levitas para
perguntarem a João quem ele era. 20 João
afirmou claramente:
— Eu não sou o *Messias.
21 Eles tornaram a perguntar:
— Então, quem é você? Você é Elias?
— Não, eu não sou! — respondeu João.
— Você é o *Profeta que estamos es-
perando?
— Não! — respondeu ele.
22 Aí eles disseram a João:
— Diga quem é você para podermos le-
var uma resposta aos que nos enviaram.
O que é que você diz a respeito de você
mesmo?
23 João respondeu, citando o *profeta
Isaías:
— "Eu sou aquele que grita assim no
deserto: preparem o caminho para o Se-
nhor passar."
24 Os que foram enviados eram do grupo
dos *fariseus; 25 eles perguntaram a João:
— Se você não é o Messias, nem Elias,
nem o Profeta que estamos esperando,
por que é que você batiza?
26 João respondeu:
— Eu batizo com água, mas no meio
de vocês está alguém que vocês não co-
nhecem. 27 Ele vem depois de mim, mas
eu não mereço a honra de desamarrar as
correias das sandálias dele.
28 Isso aconteceu no povoado de
Betânia, no lado leste do rio Jordão, onde
João estava batizando.

O Cordeiro de Deus

29 No dia seguinte, João viu Jesus vindo
na direção dele e disse:
— Aí está o Cordeiro de Deus, que tira
o pecado do mundo! 30 Eu estava falan-
do a respeito dele quando disse: "De-
pois de mim vem um homem que é mais
importante do que eu, pois antes de eu
nascer ele já existia." 31 Eu mesmo não
sabia quem ele era, mas vim, batizando
com água para que o povo de Israel sai-
ba quem ele é.
32 João continuou:
— Eu vi o Espírito descer do céu como
uma pomba e parar sobre ele. 33 Eu não
sabia quem ele era, mas Deus, que me
mandou batizar com água, me disse:
"Você vai ver o Espírito descer e parar so-
bre um homem. Esse é quem batiza com
o Espírito Santo." 34 E eu vi isso e por esse
motivo tenho declarado que ele é o Fi-
lho de Deus.

Os primeiros discípulos de Jesus

35 No dia seguinte, João estava outra vez
ali com dois dos seus discípulos. 36 Quan-
do viu Jesus passar, disse:
— Aí está o Cordeiro de Deus!
37 Quando os dois discípulos de João ou-
viram isso, saíram seguindo Jesus. 38 En-
tão Jesus olhou para trás, viu que eles o
seguiam e perguntou:
— O que é que vocês estão procurando?
Eles perguntaram:
— Rabi, onde é que o senhor mora?
("Rabi" quer dizer "mestre".)
39 — Venham ver! — disse Jesus.
Então eles foram, viram onde Jesus es-
tava morando e ficaram com ele o resto
daquele dia. Isso aconteceu mais ou me-
nos às quatro horas da tarde.
40 André, irmão de Simão Pedro, era um
dos dois homens que tinham ouvido João
falar a respeito de Jesus e por isso o ha-
viam seguido. 41 A primeira coisa que An-
dré fez foi procurar o seu irmão Simão e
dizer a ele:
— Achamos o *Messias. ("Messias" quer
dizer "Cristo".)
42 Então André levou o seu irmão a Je-
sus. Jesus olhou para Simão e disse:
— Você é Simão, filho de João, mas de
agora em diante o seu nome será Cefas.
("Cefas" é o mesmo que "Pedro" e quer
dizer "pedra".)

Jesus chama Filipe e Natanael

43 No dia seguinte, Jesus resolveu ir para
a região da Galileia. Antes de ir, foi pro-
curar Filipe e disse:
— Venha comigo!
44 Filipe era de Betsaida, de onde eram
também André e Pedro. 45 Filipe foi pro-
curar Natanael e disse:
— Achamos aquele a respeito de quem
Moisés escreveu no *Livro da Lei e sobre
quem os *profetas também escreveram. É
Jesus, filho de José, da cidade de Nazaré.
46 Natanael perguntou:
— E será que pode sair alguma coisa
boa de Nazaré?
— Venha ver! — respondeu Filipe.
47 Quando Jesus viu Natanael chegando,
disse a respeito dele:
— Aí está um verdadeiro israelita, um
homem realmente sincero.
48 Então Natanael perguntou a Jesus:
— De onde o senhor me conhece?
Jesus respondeu:
— Antes que Filipe chamasse você, eu
já tinha visto você sentado debaixo da-
quela figueira.
49 Então Natanael exclamou:
— Mestre, o senhor é o Filho de Deus!
O senhor é o Rei de Israel!
50 Jesus respondeu:
— Você crê em mim só porque eu dis-
se que tinha visto você debaixo da figuei-
ra? Pois você verá coisas maiores do que
esta. 51 Eu afirmo a vocês que isto é ver-
dade: vocês verão o céu aberto e os an-
jos de Deus subindo e descendo sobre o
*Filho do Homem.

Jesus vai a um casamento

2 Dois dias depois, houve um casamen-
to no povoado de Caná, na região da
Galileia, e a mãe de Jesus estava ali. 2 Je-
sus e os seus discípulos também tinham
sido convidados para o casamento. 3 Quan-
do acabou o vinho, a mãe de Jesus lhe
disse:
— O vinho acabou.
4 Jesus respondeu:
— Não é preciso que a senhora diga
o que eu devo fazer. Ainda não chegou a
minha hora.
5 Então ela disse aos empregados:
— Façam o que ele mandar.
6 Ali perto estavam seis potes de pedra;
em cada um cabiam entre oitenta e cento
e vinte litros de água. Os judeus usavam
a água que guardavam nesses potes nas
suas cerimônias de *purificação. 7 Jesus
disse aos empregados:
— Encham de água estes potes.
E eles os encheram até a boca. 8 Em se-
guida Jesus mandou:
— Agora tirem um pouco da água des-
tes potes e levem ao dirigente da festa.
E eles levaram. 9 Então o dirigente da
festa provou a água, e a água tinha virado
vinho. Ele não sabia de onde tinha vindo
aquele vinho, mas os empregados sabiam.
Por isso ele chamou o noivo 10 e disse:
— Todos costumam servir primeiro
o vinho bom e, depois que os convida-
dos já beberam muito, servem o vinho
comum. Mas você guardou até agora o
melhor vinho.
11 Jesus fez esse seu primeiro milagre
em Caná da Galileia. Assim ele revelou a
sua natureza divina, e os seus discípulos
creram nele.
12 Depois disso, Jesus, a sua mãe, os seus
irmãos e os seus discípulos foram para
a cidade de Cafarnaum e ficaram alguns
dias ali.

Jesus vai ao Templo

Mateus 21.12-17; Marcos 11.15-19;
Lucas 19.45-48

13 Alguns dias antes da *Páscoa dos ju-
deus, Jesus foi até a cidade de Jerusalém.
14 No pátio do Templo encontrou pessoas
vendendo bois, ovelhas e pombas; e viu
também os que, sentados às suas mesas,
trocavam dinheiro para o povo. 15 Então ele
fez um chicote de cordas e expulsou toda
aquela gente dali e também as ovelhas e
os bois. Virou as mesas dos que trocavam
dinheiro, e as moedas se espalharam pelo
chão. 16 E disse aos que vendiam pombas:
— Tirem tudo isto daqui! Parem de fa-
zer da casa do meu Pai um mercado!
17 Então os discípulos dele lembraram
das palavras das *Escrituras Sagradas que
dizem: “O meu amor pela tua casa, ó Deus,
queima dentro de mim como fogo.”
18 Aí os líderes judeus perguntaram:
— Que milagre você pode fazer para
nos provar que tem autoridade para fa-
zer isso?
19 Jesus respondeu:
— Derrubem este Templo, e eu o cons-
truirei de novo em três dias!
20 Eles disseram:
— A construção deste Templo levou
quarenta e seis anos, e você diz que vai
construí-lo de novo em três dias?

21 Porém o templo do qual Jesus estava
falando era o seu próprio corpo. 22 Quan-
do Jesus foi ressuscitado, os seus discí-
pulos lembraram que ele tinha dito isso
e então creram nas Escrituras Sagradas
e nas palavras dele.

Jesus sabe o que as pessoas pensam

23 Quando Jesus estava em Jerusalém,
durante a *Festa da Páscoa, muitos cre-
ram nele porque viram os milagres que
ele fazia. 24 Mas Jesus não confiava neles,
pois os conhecia muito bem. 25 E ninguém
precisava falar com ele sobre qualquer
pessoa, pois ele sabia o que cada pessoa
pensava.

Jesus e Nicodemos

3 Havia um *fariseu chamado Nicode-
mos, que era líder dos judeus. 2 Uma
noite ele foi visitar Jesus e disse:
— Rabi, nós sabemos que o senhor é
um mestre que Deus enviou, pois nin-
guém pode fazer esses milagres se Deus
não estiver com ele.
3 Jesus respondeu:
— Eu afirmo ao senhor que isto é ver-
dade: ninguém pode ver o *Reino de Deus
se não nascer de novo.
4 Nicodemos perguntou:
— Como é que um homem velho pode
nascer de novo? Será que ele pode vol-
tar para a barriga da sua mãe e nascer
outra vez?
5 Jesus disse:
— Eu afirmo ao senhor que isto é ver-
dade: ninguém pode entrar no Reino de
Deus se não nascer da água e do Espíri-
to. 6 Quem nasce de pais humanos é um
ser de natureza humana; quem nasce do
Espírito é um ser de natureza espiritual.
7 Por isso não fique admirado porque eu
disse que todos vocês precisam nascer de
novo. 8 O vento sopra onde quer, e ouve-se
o barulho que ele faz, mas não se sabe de
onde ele vem, nem para onde vai. A mes-
ma coisa acontece com todos os que nas-
cem do Espírito.
9 — Como pode ser isso? — perguntou
Nicodemos.
10 Jesus respondeu:
— O senhor é professor do povo de Is-
rael e não entende isso? 11 Pois eu afirmo
ao senhor que isto é verdade: nós falamos
daquilo que sabemos e contamos o que te-
mos visto, mas vocês não querem aceitar
a nossa mensagem. 12 Se vocês não creem
quando falo das coisas deste mundo,
como vão crer se eu falar das coisas do
céu? 13 Ninguém subiu ao céu, a não ser
o *Filho do Homem, que desceu do céu.
14 — Assim como Moisés, no deserto,
levantou a cobra de bronze numa esta-
ca, assim também o Filho do Homem tem
de ser levantado, 15 para que todos os que
crerem nele tenham a vida eterna. 16 Por-
que Deus amou o mundo tanto, que deu
o seu único Filho, para que todo aquele
que nele crer não morra, mas tenha a vida
eterna. 17 Pois Deus mandou o seu Filho
para salvar o mundo e não para julgá-lo.
18 — Aquele que crê no Filho não é jul-
gado; mas quem não crê já está julgado
porque não crê no Filho único de Deus.
19 E é assim que o julgamento é feito: Deus
mandou a luz ao mundo, mas as pessoas
preferiram a escuridão porque fazem o
que é mau. 20 Pois todos os que fazem o
mal odeiam a luz e fogem dela, para que
ninguém veja as coisas más que eles fa-
zem. 21 Mas os que vivem de acordo com
a verdade procuram a luz, a fim de que
possa ser visto claramente que as suas
ações são feitas de acordo com a vonta-
de de Deus.

Jesus e João Batista

22 Depois disso, Jesus e os seus discípu-
los foram para a região da Judeia. Ele fi-
cou algum tempo com eles ali e batizava
as pessoas. 23 João também estava bati-
zando em Enom, perto de Salim, porque
lá havia muita água. 24 (João ainda não ti-
nha sido preso.)
25 Alguns discípulos de João tiveram
uma discussão com um judeu sobre a
cerimônia de *purificação. 26 Eles foram
dizer a João:
— Mestre, aquele homem que estava
com o senhor no outro lado do rio Jordão
está batizando as pessoas. O senhor fa-
lou sobre ele, lembra? E todos estão indo
atrás dele.
27 João respondeu:
— Ninguém pode ter alguma coisa se
ela não for dada por Deus. 28 Vocês são tes-
temunhas de que eu disse: "Eu não sou o
*Messias, mas fui enviado adiante dele."
29 Num casamento, o noivo é aquele a quem
a noiva pertence. O amigo do noivo está
ali, e o escuta, e se alegra quando ouve a
voz dele. Assim também o que está acon-
tecendo com Jesus me faz ficar completa-
mente alegre. 30 Ele tem de ficar cada vez
mais importante, e eu, menos importante.

Aquele que vem do céu

31 Aquele que vem de cima é o mais im-
portante de todos, e quem vem da terra é
da terra e fala das coisas terrenas. Quem
vem do céu é o mais importante de todos.
32 Ele fala daquilo que viu e ouviu, mas
ninguém aceita a sua mensagem. 33 Quem
aceita a sua mensagem dá prova de que
o que Deus diz é verdade. 34 Aquele que
Deus enviou diz as palavras de Deus por-
que Deus dá do seu Espírito sem medida.
35 O Pai ama o Filho e pôs tudo nas mãos
dele. 36 Por isso quem crê no Filho tem a
vida eterna; porém quem desobedece ao
Filho nunca terá a vida eterna, mas sofre-
rá para sempre o castigo de Deus.

Jesus e a mulher samaritana

4 Os *fariseus ouviram dizer que Jesus
estava ganhando mais discípulos e ba-
tizava mais pessoas do que João. 2 (De fato,
não era Jesus quem batizava, e sim os seus
discípulos.) 3 Quando Jesus ficou sabendo
disso, saiu da Judeia e voltou para a Ga-
lileia. 4 No caminho, ele tinha de passar
pela região da Samaria.

5 Ele chegou a uma cidade da Samaria,
chamada Sicar, que ficava perto das terras
que Jacó tinha dado ao seu filho José. 6 Ali
ficava o poço de Jacó. Era mais ou menos
meio-dia quando Jesus, cansado da via-
gem, sentou-se perto do poço.

7 Uma mulher *samaritana veio tirar
água, e Jesus lhe disse:

— Por favor, me dê um pouco de água.

8 (Os discípulos de Jesus tinham ido até
a cidade comprar comida.)

9 A mulher respondeu:

— O senhor é judeu, e eu sou samarita-
na. Então como é que o senhor me pede
água? (Ela disse isso porque os judeus
não se dão com os samaritanos.)

10 Então Jesus disse:

— Se você soubesse o que Deus pode
dar e quem é que está lhe pedindo água,
você pediria, e ele lhe daria a água da vida.

11 Ela respondeu:

— O senhor não tem balde para tirar
água, e o poço é fundo. Como é que vai
conseguir essa água da vida? 12 Nosso an-
tepassado Jacó nos deu este poço. Ele, os
seus filhos e os seus animais beberam
água daqui. Será que o senhor é mais im-
portante do que Jacó?

13 Então Jesus disse:

— Quem beber desta água terá sede de
novo, 14 mas a pessoa que beber da água
que eu lhe der nunca mais terá sede. Por-
que a água que eu lhe der se tornará nela
uma fonte de água que dará vida eterna.

15 Então a mulher pediu:

— Por favor, me dê dessa água! Assim
eu nunca mais terei sede e não precisarei
mais vir aqui buscar água.

16 — Vá chamar o seu marido e volte
aqui! — ordenou Jesus.

17 — Eu não tenho marido! — respon-
deu a mulher.

Então Jesus disse:

— Você está certa ao dizer que não tem
marido, 18 pois já teve cinco, e este que
você tem agora não é, de fato, seu mari-
do. Sim, você falou a verdade.

19 A mulher respondeu:

— Agora eu sei que o senhor é um *pro-
feta! 20 Os nossos antepassados adoravam
a Deus neste monte, mas vocês, judeus,
dizem que Jerusalém é o lugar onde de-
vemos adorá-lo.

21 Jesus disse:

— Mulher, creia no que eu digo: chega-
rá o tempo em que ninguém vai adorar a
Deus nem neste monte nem em Jerusa-
lém. 22 Vocês, samaritanos, não sabem o
que adoram, mas nós sabemos o que ado-
ramos porque a salvação vem dos judeus.
23 Mas virá o tempo, e, de fato, já chegou,
em que os verdadeiros adoradores vão
adorar o Pai em espírito e em verdade.
Pois são esses que o Pai quer que o ado-
rem. 24 Deus é Espírito, e por isso os que
o adoram devem adorá-lo em espírito e
em verdade.

25 A mulher respondeu:

— Eu sei que o *Messias, chamado Cris-
to, tem de vir. E, quando ele vier, vai ex-
plicar tudo para nós.

26 Então Jesus afirmou:

— Pois eu, que estou falando com você,
sou o Messias.

27 Naquele momento chegaram os seus
discípulos e ficaram admirados, pois ele
estava conversando com uma mulher. Mas
nenhum deles perguntou à mulher o que
ela queria. E também não perguntaram
a Jesus por que motivo ele estava falan-
do com ela.

28 Em seguida, a mulher deixou ali o seu
pote, voltou até a cidade e disse a todas
as pessoas:

29 — Venham ver o homem que disse
tudo o que eu tenho feito. Será que ele
é o Messias?

DEVOCIONAL

Texto para leitura: **João 4:1-42**

Conheça a Deus

Você já teve a sensação de que a fonte de suas emoções é tão profunda que nem Jesus é capaz de alcançá-la? Sua alma parece tão abatida, um desses casos de depressão em particular, que nem o próprio Jesus é capaz de chegar ao fundo das coisas e curá-la? Como a mulher no poço, você acha que seus problemas são muito difíceis para ele lhe dar algum conforto. Quando Jesus lhe diz para não deixar seu coração turbado, você se afasta dele e diz: "Impossível. Minha fonte de dor e de agonia é muito profunda".

Mas espere! Jesus não é o Deus Todo-Poderoso? Quando você diz que ele não pode ajudá-la, você está negando a parte *Todo-Poderoso* do nome de Jesus. Há uma razão para esse nome, e é porque ele é, bem, "*Todo*-Poderoso" — não poderoso em parte ou quase poderoso o suficiente, mas *Todo*-Poderoso.

Claro, é fácil se aproximar dele como o Consolador ou Solidário, talvez até Provedor.

Mas você pode chamá-lo de Todo-Poderoso, não pode? A razão pela qual muitos cristãos não sentem Cristo trabalhando na vida deles é porque se recusaram a reconhecê-lo como o Todo-Poderoso. Quando você entrar em uma situação particularmente difícil, não zombe do Todo-Poderoso, dizendo: "É claro que ele não pode fazer o que eu preciso. É muita coisa para ele consertar". Você realmente acha que seus problemas são maiores do que o Deus Todo-Poderoso? Pode parecer assim às vezes, mas simplesmente não é verdade. Então, confie sua vida aos cuidados de Deus e devolva ao Todo-Poderoso o poder em sua vida. Ele fez coisas incríveis na história e pode fazer uma obra maravilhosa em você também.

30 Muitas pessoas saíram da cidade e fo-
ram para o lugar onde Jesus estava.
31 Enquanto isso, os discípulos pediam
a Jesus:
— Mestre, coma alguma coisa!
32 Jesus respondeu:
— Eu tenho para comer uma comida
que vocês não conhecem.
33 Então os discípulos começaram a per-
guntar uns aos outros:
— Será que alguém já trouxe comida
para ele?
34 — A minha comida — disse Jesus — é
fazer a vontade daquele que me enviou e
terminar o trabalho que ele me deu para
fazer. 35 Vocês costumam dizer: "Daqui a
quatro meses teremos a colheita." Mas
olhem e vejam bem os campos: o que foi
plantado já está maduro e pronto para a
colheita. 36 Quem colhe recebe o seu salá-
rio, e o resultado do seu trabalho é a vida
eterna para as pessoas. E assim tanto o
que semeia como o que colhe se alegrarão
juntos. 37 Porque é verdade o que dizem:
"Um semeia, e outro colhe." 38 Eu mandei
vocês colherem onde não trabalharam;
outros trabalharam ali, e vocês aprovei-
taram o trabalho deles.
39 Muitos samaritanos daquela cidade
creram em Jesus porque a mulher tinha
dito: "Ele me disse tudo o que eu tenho
feito." 40 Quando os samaritanos chega-
ram ao lugar onde Jesus estava, pediram
a ele que ficasse com eles, e Jesus ficou
ali dois dias.
41 E muitos outros creram por causa da
mensagem dele. 42 Eles diziam à mulher:
— Agora não é mais por causa do que
você disse que nós cremos, mas porque
nós mesmos o ouvimos falar. E sabemos
que ele é, de fato, o Salvador do mundo.

Jesus cura o filho de um funcionário público

43 Depois de ficar dois dias ali, Jesus foi
para a região da Galileia. 44 Pois, como ele

A samaritana

Leia a história desta Garota de Deus em João 4:4-30.

Não amem o mundo, nem as coisas que há nele. Se vocês amam o mundo, não amam a Deus, o Pai. Nada que é deste mundo vem do Pai. Os maus desejos da natureza humana, a vontade de ter o que agrada aos olhos e o orgulho pelas coisas da vida, tudo isso não vem do Pai, mas do mundo. E o mundo passa, com tudo aquilo que as pessoas cobiçam; porém aquele que faz a vontade de Deus vive para sempre.

1João 2:15-17

Você pode procurar aceitação em muitos lugares. Você pode procurá-la nos braços de um menino, nos olhos de seu pai ou nos aplausos da multidão. Mas a aceitação de uma pessoa, por mais fofa ou boa que ela seja, nunca lhe dará o que você está esperando obter. Logo acontecerá algo, e essa pessoa irá decepcioná-la. Ela pode até se afastar de você por causa da própria natureza humana.

Você talvez acredite que não possa viver sem aceitação. Você se encolhe diante da possibilidade de ser rejeitada e viver só. E a aceitação pode facilmente se tornar seu principal objetivo. Você a busca e luta por ela a todo custo. Você abre mão de seus valores e compromete suas crenças, achando que o retorno da aceitação fará com que tudo valha a pena.

Foi o que aconteceu na vida da mulher samaritana. Ávida, ela buscava a aceitação nos braços de um homem após o outro. E cada um deles a deixou vazia e insatisfeita. Não conseguindo ficar sozinha, ela procurava outra emoção passageira no amor de outro homem. Mas, quando ela correu para Jesus junto ao poço, tudo isso mudou. Seu primeiro instinto foi discordar dele e defender sua postura, mas, no final, ele a conquistou, e ela descobriu uma aceitação e amor que nunca iriam abandoná-la e deixá-la. Então, toda a sua vida mudou. Antes desse encontro, ela se sentia isolada e solitária. Tinha ido buscar água na hora mais quente do dia, quando outras mulheres não estariam por perto para vê-la em sua desgraça. Mas, quando deixou Jesus, ela correu de volta para o povo e contou tudo sobre ele. Estava tão confiante e extrovertida que, aqueles que a evitavam, agora a seguiam para ver esse homem incrível.

Garota de Deus, você deve saber que nenhum homem na terra irá aceitá-la como você quer ser aceita. Deus guarda esse trabalho para si mesmo. É perigoso pôr toda a sua esperança em um rapaz quando Deus é o único que deveria ser sua esperança. O amor do rapaz certo pode ser uma coisa maravilhosa, mas, quando ele se torna sua razão de viver ou o dono de seus sentimentos ou ações, ele ocupou o lugar de Deus como o senhor de sua alma. Em Jesus, você pode encontrar todo o amor e aceitação de que precisa, e uma vez que aceitar isso, então — e só então — você será capaz de aceitar o amor de um rapaz e colocá-lo no devido lugar em sua vida.

mesmo disse: "Um *profeta não é respei-
tado na sua própria terra." 45 Quando che-
gou à Galileia, os moradores dali o recebe-
ram bem. É que eles tinham ido à *Festa
da Páscoa, em Jerusalém, e tinham visto
tudo o que Jesus havia feito lá.
46 Jesus voltou a Caná da Galileia, onde
havia transformado água em vinho. Es-
tava ali um alto funcionário público que
morava em Cafarnaum. Ele tinha em casa
um filho doente. 47 Quando ouviu dizer
que Jesus tinha vindo da Judeia para a
Galileia, foi pedir a ele que fosse a Cafar-
naum e curasse o seu filho, que estava
morrendo. 48 Jesus disse ao funcionário:
— Vocês só creem quando veem gran-
des milagres!
49 Ele respondeu:
— Senhor, venha depressa, antes que
o meu filho morra!
50 — Volte para casa! O seu filho vai vi-
ver! — disse Jesus.
Ele creu nas palavras de Jesus e foi em-
bora. 51 No caminho encontrou-se com os
seus empregados, que disseram:
— O seu filho está vivo!
52 Então ele perguntou a que horas o fi-
lho havia começado a melhorar. Os em-
pregados responderam:
— Ontem, à uma da tarde, a febre pas-
sou.
53 Aí o pai lembrou que havia sido na-
quela mesma hora que Jesus tinha dito:
"O seu filho vai viver." Então ele e toda a
família creram em Jesus.
54 Esse foi o segundo milagre que Je-
sus fez depois de ter ido da Judeia para
a Galileia.

A cura de um paralítico

5 Depois disso, houve uma festa dos ju-
deus, e Jesus foi até Jerusalém. 2 Ali
existe um tanque que tem cinco entra-
das e que fica perto do Portão das Ove-
lhas. Em *hebraico esse tanque se chama
"Betezata". 3 Perto das entradas estavam
deitados muitos doentes: cegos, aleijados
e paralíticos. [Esperavam o movimento
da água, 4 porque de vez em quando um
anjo do Senhor descia e agitava a água. O
primeiro doente que entrava no tanque
depois disso sarava de qualquer doen-
ça.] 5 Entre eles havia um homem que era
doente fazia trinta e oito anos. 6 Jesus viu o
homem deitado e, sabendo que fazia todo
esse tempo que ele era doente, perguntou:
— Você quer ficar curado?
7 Ele respondeu:
— Senhor, eu não tenho ninguém para
me pôr no tanque quando a água se mexe.
Cada vez que eu tento entrar, outro doen-
te entra antes de mim.
8 Então Jesus disse:
— Levante-se, pegue a sua cama e
ande!
9 No mesmo instante, o homem ficou
curado, pegou a cama e começou a an-
dar. Isso aconteceu no sábado. 10 Por isso
os líderes judeus disseram a ele:
— Hoje é sábado, e a nossa *Lei não
permite que você carregue a sua cama
neste dia.
11 Ele respondeu:
— O homem que me curou me disse:
"Pegue a sua cama e ande."
12 Eles perguntaram:
— Quem é o homem que mandou você
fazer isso?
13 Mas ele não sabia quem tinha sido,
pois Jesus havia ido embora por causa da
multidão que estava ali.
14 Mais tarde Jesus encontrou o homem
no pátio do Templo e disse a ele:
— Escute! Você agora está curado. Não
peque mais, para que não aconteça com
você uma coisa ainda pior.
15 O homem saiu dali e foi dizer aos lí-
deres judeus que quem o havia curado ti-
nha sido Jesus. 16 Então eles começaram
a perseguir Jesus porque ele havia feito
essa cura no sábado.
17 Então Jesus disse a eles:
— O meu Pai trabalha até agora, e eu
também trabalho.
18 E, porque ele disse isso, os líderes ju-
deus ficaram ainda com mais vontade de
matá-lo. Pois, além de não obedecer à lei
do sábado, ele afirmava que Deus era o
seu próprio Pai, fazendo-se assim igual
a Deus.

A autoridade do Filho de Deus

19 Então Jesus disse a eles:
— Eu afirmo a vocês que isto é verda-
de: o Filho não pode fazer nada por sua
própria conta, pois ele só faz o que vê o
Pai fazer. Tudo o que o Pai faz o Filho faz
também, 20 pois o Pai ama o Filho e lhe
mostra tudo o que está fazendo. E vai
mostrar a ele coisas ainda maiores do
que essas, e vocês vão ficar admirados.
21 Porque, assim como o Pai ressuscita os
mortos e lhes dá vida, assim também o Fi-
lho dá vida aos que ele quer. 22 O Pai não

julga ninguém, mas deu ao Filho todo o
poder para julgar 23 a fim de que todos
respeitem o Filho, assim como respeitam
o Pai. Quem não respeita o Filho também
não respeita o Pai, que o enviou.
24 — Eu afirmo a vocês que isto é ver-
dade: quem ouve as minhas palavras e
crê naquele que me enviou tem a vida
eterna e não será julgado, mas já passou
da morte para a vida. 25 Eu afirmo a vo-
cês que isto é verdade: vem a hora, e ela
já chegou, em que os mortos vão ouvir a
voz do Filho de Deus, e os que a ouvirem
viverão. 26 Assim como o Pai é a fonte da
vida, assim também fez o Filho ser a fonte
da vida. 27 E ele deu ao Filho autoridade
para julgar, pois ele é o *Filho do Homem.
28 — Não fiquem admirados por causa
disso, pois está chegando a hora em que
todos os mortos ouvirão a voz do Filho
do Homem 29 e sairão das suas sepulturas.
Aqueles que fizeram o bem vão ressusci-
tar e viver, e aqueles que fizeram o mal
vão ressuscitar e ser condenados.

Testemunhos a favor de Jesus

30 Jesus continuou a falar a eles. Ele
disse:
— Eu não posso fazer nada por minha
própria conta, mas julgo de acordo com
o que o Pai me diz. O meu julgamento é
justo porque não procuro fazer a minha
própria vontade, mas a vontade daquele
que me enviou.
31 — Se eu dou testemunho a favor de
mim mesmo, então o que digo não tem
valor. 32 Mas existe outro que testemu-
nha a meu favor, e eu sei que o que ele
diz a respeito de mim é verdade. 33 Vocês
mandaram fazer perguntas a João, e o tes-
temunho que ele deu é verdadeiro. 34 Eu
não preciso que ninguém dê testemunho
a meu favor, mas digo essas coisas para
que vocês sejam salvos.
35 — João era como uma lamparina
que estava acesa e brilhava, e por algum
tempo vocês se alegraram com a luz dele.
36 Mas eu tenho um testemunho a meu fa-
vor ainda mais forte do que o que João
deu: são as coisas que eu faço, as quais o
meu Pai me mandou fazer. Elas dão tes-
temunho a favor de mim e provam que o
Pai me enviou. 37 Também o Pai, que me
enviou, testemunha a meu favor. Vocês
nunca ouviram a voz dele, nem viram o
seu rosto. 38 As palavras dele não estão no
coração de vocês porque vocês não creem
naquele que ele enviou. 39 Vocês estudam
as *Escrituras Sagradas porque pensam
que vão encontrar nelas a vida eterna. E
são elas mesmas que dão testemunho a
meu favor. 40 Mas vocês não querem vir
para mim a fim de ter vida.
41 — Eu não procuro ser elogiado pelas
pessoas. 42 Quanto a vocês, eu os conheço
e sei que não amam a Deus com sinceri-
dade. 43 Eu vim com a autoridade do meu
Pai, e vocês não me recebem. Quando al-
guém vem com a sua própria autoridade,
esse vocês recebem. 44 Como é que vocês
podem crer, se aceitam ser elogiados pe-
los outros e não tentam conseguir os elo-
gios que somente o único Deus pode dar?
45 Não pensem que sou eu que vou acusá-
-los diante do Pai; quem vai acusá-los é
Moisés, que é aquele em quem vocês con-
fiam. 46 Se vocês acreditassem em Moisés,
acreditariam também em mim, pois ele
escreveu a meu respeito. 47 Mas, se vocês
não acreditam no que ele escreveu, como
vão acreditar no que eu digo?

Jesus alimenta uma multidão

Mateus 14.13-21; Marcos 6.30-44;
Lucas 9.10-17

6 Depois disso, Jesus atravessou o lago
da Galileia, que também é chamado
de Tiberíades. 2 Uma grande multidão o
seguia porque eles tinham visto os mi-
lagres que Jesus tinha feito, curando os
doentes. 3 Ele subiu um monte e sentou-
-se ali com os seus discípulos. 4 A *Páscoa,
a festa principal dos judeus, estava perto.
5 Jesus olhou em volta de si e viu que uma
grande multidão estava chegando perto
dele. Então disse a Filipe:
— Onde vamos comprar comida para
toda esta gente?
6 Ele sabia muito bem o que ia fazer,
mas disse isso para ver qual seria a res-
posta de Filipe.
7 Filipe respondeu assim:
— Para cada pessoa poder receber um
pouco de pão, nós precisaríamos gastar
mais de duzentas moedas de prata.
8 Então um dos discípulos, André, irmão
de Simão Pedro, disse:
9 — Está aqui um menino que tem cin-
co pães de *cevada e dois peixinhos. Mas
o que é isso para tanta gente?
10 Jesus disse:
— Digam a todos que se sentem no
chão.
Então todos se sentaram. (Havia muita

grama naquele lugar.) Estavam ali qua-
se cinco mil homens. 11 Em seguida Jesus
pegou os pães, deu graças a Deus e os
repartiu com todos; e fez o mesmo com
os peixes. E todos comeram à vontade.
12 Quando já estavam satisfeitos, ele dis-
se aos discípulos:
— Recolham os pedaços que sobraram
a fim de que não se perca nada.
13 Eles ajuntaram os pedaços e enche-
ram doze cestos com o que sobrou dos
cinco pães.
14 Os que viram esse milagre de Jesus
disseram:
— De fato, este é o *Profeta que devia
vir ao mundo!
15 Jesus ficou sabendo que queriam le-
vá-lo à força para o fazerem rei; então vol-
tou sozinho para o monte.

Jesus anda em cima da água

Mateus 14.22-33; Marcos 6.45-52

16 De tardinha, os discípulos de Jesus
desceram até o lago. 17 Subiram num bar-
co e começaram a atravessar o lago na di-
reção da cidade de Cafarnaum. Quando já
estava escuro, Jesus ainda não tinha vindo
se encontrar com eles. 18 De repente, um
vento forte começou a soprar e a levantar
as ondas. 19 Os discípulos já tinham rema-
do uns cinco ou seis quilômetros, quando
viram Jesus andando em cima da água e
chegando perto do barco. E ficaram com
muito medo.
20 Mas Jesus disse:
— Não tenham medo, sou eu!
21 Então eles o receberam com prazer
no barco e logo chegaram ao lugar para
onde estavam indo.

O povo procura Jesus

22 No dia seguinte a multidão que estava
no lado leste do lago viu que ali só havia
um barco pequeno. Sabiam que Jesus não
tinha embarcado com os discípulos, pois
estes haviam saído sozinhos. 23 Enquan-
to isso, outros barcos chegaram da cida-
de de Tiberíades e encostaram perto do
lugar onde a multidão tinha comido pão
depois de o Senhor Jesus ter dado gra-
ças. 24 Quando viram que Jesus e os seus
discípulos não estavam ali, subiram nos
barcos e saíram para Cafarnaum a fim de
procurá-lo.

Jesus, o pão da vida

25 A multidão encontrou Jesus no lado
oeste do lago, e perguntaram a ele:
— Mestre, quando foi que o senhor
chegou aqui?
26 Jesus respondeu:
— Eu afirmo a vocês que isto é verda-
de: vocês estão me procurando porque
comeram os pães e ficaram satisfeitos
e não porque entenderam os meus mi-
lagres. 27 Não trabalhem a fim de conse-
guir a comida que se estraga, mas a fim
de conseguir a comida que dura para a
vida eterna. O *Filho do Homem dará essa
comida a vocês porque Deus, o Pai, deu
provas de que ele tem autoridade.
28 — O que é que Deus quer que a gente
faça? — perguntaram eles.
29 — Ele quer que vocês creiam naquele
que ele enviou! — respondeu Jesus.
30 Eles disseram:
— Que milagre o senhor vai fazer para
a gente ver e crer no senhor? O que é que
o senhor pode fazer? 31 Os nossos antepas-
sados comeram o *maná no deserto, como
dizem as *Escrituras Sagradas: "Do céu ele
deu pão para eles comerem."
32 Jesus disse:
— Eu afirmo a vocês que isto é verda-
de: não foi Moisés quem deu a vocês o
pão do céu, pois quem dá o verdadeiro
pão do céu é o meu Pai. 33 Porque o pão
que Deus dá é aquele que desce do céu e
dá vida ao mundo.
34 — Queremos que o senhor nos dê
sempre desse pão! — pediram eles.
35 Jesus respondeu:
— Eu sou o pão da vida. Quem vem a
mim nunca mais terá fome, e quem crê
em mim nunca mais terá sede. 36 Mas eu já
disse que vocês não creem em mim, em-
bora estejam me vendo. 37 Todos aqueles
que o Pai me dá virão a mim; e de modo
nenhum jogarei fora aqueles que vierem
a mim. 38 Pois eu desci do céu para fazer
a vontade daquele que me enviou e não
para fazer a minha própria vontade. 39 E
a vontade de quem me enviou é esta: que
nenhum daqueles que o Pai me deu se
perca, mas que eu ressuscite todos no úl-
timo dia. 40 Pois a vontade do meu Pai é
que todos os que veem o Filho e creem
nele tenham a vida eterna; e no último
dia eu os ressuscitarei.
41 Eles começaram a criticar Jesus por-
que ele tinha dito: "Eu sou o pão que des-
ceu do céu." 42 E diziam:
— Este não é Jesus, filho de José? Por
acaso nós não conhecemos o pai e a mãe

DEVOCIONAL

Texto para leitura: **João 6:32-58**

Conheça a si mesma

"Comer com os olhos." "De encher os olhos." "Um banquete para os olhos." Todas estas expressões fazem com que os olhos pareçam o lugar no rosto onde se coloca o alimento. E isso não está tão longe da verdade. Você ingere coisas não só com a boca, mas também com os olhos. Talvez seja isso que Jesus quis dizer quando disse: "Eu sou o pão da vida" (João 6:48) e "quem se alimenta de mim..." (João 6:57). Afinal de contas, você não pode comê-lo literalmente. Então, qual é o lance nessa escolha de palavras?

Ao se alimentar de alguma coisa, você obtém sua força dela. Coma legumes e carne, e você obterá a força que vêm deles. Sem alimento, você fica fraca e irritadiça e, por fim, muito cansada para pensar ou até mesmo se mover. O alimento é necessário para a vida. Mas outro tipo de alimento é essencial para o espírito, e esse é Jesus. Em João 1, ele é chamado de Palavra, e é também assim que chamamos as Escrituras: a Palavra de Deus. Não há coincidência aqui. Você se alimenta de Jesus ao comer com os olhos a Palavra de Deus, a Bíblia.

Quando sua vida emocional estiver inquieta, quando você se sentir fraca espiritualmente ou sua mente estiver fraca e cansada, alimente-se da Palavra de Deus. Obtenha sua força ao devorar a verdade. Quando você faz isso, a verdade da Palavra entra em sua mente e penetra seu coração até alimentá-la e ensiná-la tudo aquilo de que você precisa para viver uma vida santa, e isso significa uma vida boa. Quando você devora a Palavra de Deus, em vez de elevar o nível de açúcar ou ganhar uns pneuzinhos na cintura, você recebe coisas como paz, esperança, contentamento e amor. Uma vez que sua vida espiritual ganha alimento por meio da Palavra, sua alma fica satisfeita. Então, dê uma bela mordida e aproveite!

dele? Como é que agora ele diz que des-
ceu do céu?
43 Jesus respondeu:
— Parem de resmungar contra mim.
44 Só poderão vir a mim aqueles que fo-
rem trazidos pelo Pai, que me enviou, e
eu os ressuscitarei no último dia. 45 Nos
*Profetas está escrito: "Todos serão ensi-
nados por Deus." E todos os que ouvem o
Pai e aprendem com ele vêm a mim. 46 Isso
não quer dizer que alguém já tenha visto
o Pai, a não ser aquele que vem de Deus;
ele já viu o Pai.
47 — Eu afirmo a vocês que isto é ver-
dade: quem crê tem a vida eterna. 48 Eu
sou o pão da vida. 49 Os antepassados de
vocês comeram o maná no deserto, mas
morreram. 50 Aqui está o pão que desce do
céu; e quem comer desse pão nunca mor-
rerá. 51 Eu sou o pão vivo que desceu do
céu. Se alguém comer desse pão, viverá
para sempre. E o pão que eu darei para
que o mundo tenha vida é a minha carne.
52 Aí eles começaram a discutir entre si.
E perguntavam:
— Como é que este homem pode dar
a sua própria carne para a gente comer?
53 Então Jesus disse:
— Eu afirmo a vocês que isto é verda-
de: se vocês não comerem a carne do *Fi-
lho do Homem e não beberem o seu san-
gue, vocês não terão vida. 54 Quem come a
minha carne e bebe o meu sangue tem a
vida eterna, e eu o ressuscitarei no último
dia. 55 Pois a minha carne é a comida ver-
dadeira, e o meu sangue é a bebida verda-
deira. 56 Quem come a minha carne e bebe
o meu sangue vive em mim, e eu vivo nele.
57 O Pai, que tem a vida, foi quem me en-
viou, e por causa dele eu tenho a vida. As-
sim, também, quem se alimenta de mim
terá vida por minha causa. 58 Este é o pão

que desceu do céu. Não é como o pão
que os antepassados de vocês comeram
e mesmo assim morreram. Quem come
deste pão viverá para sempre.
59 Jesus disse isso quando estava ensi-
nando na *sinagoga de Cafarnaum.

As palavras de vida eterna

60 Muitos seguidores de Jesus ouviram
isso e reclamaram:
— O que ele ensina é muito difícil!
Quem pode aceitar esses ensinamentos?
61 Não disseram nada a Jesus, mas ele
sabia que eles estavam resmungando con-
tra ele. Por isso perguntou:
— Vocês querem me abandonar por
causa disso? 62 E o que aconteceria se vo-
cês vissem o *Filho do Homem subir para
onde estava antes? 63 O Espírito de Deus
é quem dá a vida, mas o ser humano não
pode fazer isso. As palavras que eu lhes
disse são espírito e vida, 64 mas mesmo
assim alguns de vocês não creem.
Jesus disse isso porque já sabia desde
o começo quem eram os que não iam crer
nele e sabia também quem ia traí-lo.
65 Jesus continuou:
— Foi por esse motivo que eu disse a
vocês que só pode vir a mim a pessoa que
for trazida pelo Pai.
66 Por causa disso muitos seguidores
de Jesus o abandonaram e não o acom-
panhavam mais. 67 Então ele perguntou
aos doze discípulos:
— Será que vocês também querem ir
embora?
68 Simão Pedro respondeu:
— Quem é que nós vamos seguir? O se-
nhor tem as palavras que dão vida eterna!
69 E nós cremos e sabemos que o senhor
é o Santo que Deus enviou.
70 Jesus disse:
— Fui eu que escolhi todos vocês, os
doze. No entanto um de vocês é um diabo!
71 Ele estava falando de Judas, filho de
Simão Iscariotes. Pois Judas, embora fos-
se um dos doze discípulos, ia trair Jesus.

Jesus e os seus irmãos

7 Depois disso, Jesus começou a andar
pela Galileia; ele não queria *andar pela
Judeia*, pois os líderes judeus dali estavam
querendo matá-lo. 2 Aconteceu que a festa
dos judeus chamada *Festa das Barracas
estava perto. 3 Então os irmãos de Jesus
disseram a ele:
— Saia daqui e vá para a Judeia a fim
de que os seus seguidores vejam o que
você está fazendo. 4 Pois quem quer ser
bem conhecido não deve esconder o que
está fazendo. Já que você faz essas coisas,
deixe que todos o conheçam.
5 Até os irmãos de Jesus não criam nele.
6 Ele respondeu:
— A minha hora ainda não chegou, mas
para vocês qualquer hora serve. 7 O mun-
do não pode ter ódio de vocês, mas tem
ódio de mim porque eu afirmo que o que
o mundo faz é mau. 8 Vão vocês à festa,
mas eu não vou porque a minha hora ain-
da não chegou.
9 Jesus disse isso e ficou na Galileia.

Jesus na Festa das Barracas

10 Depois que os seus irmãos foram à
festa, Jesus também foi, mas fez isso em
segredo e não publicamente. 11 Os líde-
res judeus o procuravam na festa e per-
guntavam:
— Onde é que está aquele homem?
12 Na multidão havia muita gente co-
mentando sobre ele. Alguns diziam:
— Ele é bom.
— Não é não; ele engana o povo! —
afirmavam outros.
13 Mas ninguém falava abertamente so-
bre ele porque todos tinham medo dos
líderes judeus.
14 Quando a festa já estava no meio, Je-
sus foi ao Templo e começou a ensinar.
15 Os líderes judeus ficaram muito admi-
rados e diziam:
— Como é que ele sabe tanto sem ter
estudado?
16 Jesus disse:
— O que eu ensino não vem de mim,
mas vem de Deus, que me enviou. 17 Quem
quiser fazer a vontade de Deus saberá se
o meu ensino vem de Deus ou se falo em
meu próprio nome. 18 Quem fala em seu
próprio nome está procurando ser elo-
giado. Mas quem quer conseguir louvo-
res para aquele que o enviou, esse é ho-
nesto, e não há falsidade nele. 19 Foi Moi-
sés quem deu a *Lei a vocês, não foi? No
entanto nenhum de vocês obedece à Lei.
Por que é que vocês estão querendo me
matar?
20 A multidão respondeu:
— Você está dominado por um demô-
nio! Quem é que está querendo matá-lo?
21 Então Jesus disse:
— Eu fiz um milagre, e todos vocês es-
tão admirados por causa disso. 22 Vocês

DEVOCIONAL

Texto para leitura: **João 7:37-39**

Conheça a si mesma

Jesus não disse: "Rios de água viva vão encher o coração de quem crê em mim". Não, ele não está falando de um lago verde, parado, coberto de vitórias-régias e insetos, onde toda a bondade e bênção permanecem confortavelmente dentro de você, indiferentes à corrente. Ele está falando de um rio com uma corrente de bênção e de bondade que flui por meio de você e vai a todos os que a cercam.

Ao contrário da crença popular, os ensinamentos de Jesus nunca falaram de "descobrir-se a si mesmo", mas sim da vida que vem de você. Não é uma vida para seu próprio conforto e prazer, mas para servir ao resto do mundo. Quando você sempre se concentra em si mesma, você faz exatamente o oposto do que Cristo ensinou. Em nenhuma passagem da Bíblia você é chamada a se exaltar. Em vez disso, as Escrituras dizem que você deve viver para os outros e não se admirar mais do que deveria. A vida de Jesus é o modelo; ele não viveu para se descobrir, mas deu-se totalmente como uma oferta ao Pai. E morreu naquela cruz porque amou o mundo.

Em sua vida, isso significa que você pode, e deve deixar, que o que Deus lhe dá flua livremente para a vida dos outros. Ao fazer isso, você verá que sua vida não está mais estagnada e turva, mas está se tornando uma grande fonte de água viva — de esperança para o mundo à sua volta.

*circuncidam um menino até no sábado
porque Moisés mandou fazer isso. Mas a
verdade é que a circuncisão não começou com Moisés, mas com os *patriarcas.
23 Para não deixarem de cumprir a Lei de
Moisés, vocês circuncidam um menino,
mesmo no sábado. Então por que ficam
com raiva de mim quando eu curo completamente uma pessoa no sábado? 24 Parem de julgar pelas aparências e julguem
com justiça.

É Jesus o Messias?

25 Algumas pessoas que moravam em
Jerusalém perguntavam:
— Não é este o homem que estão querendo matar? 26 Vejam! Ele está falando
em público, e ninguém diz nada contra
ele! Será que as autoridades sabem mesmo que ele é o *Messias? 27 No entanto,
quando o Messias vier, ninguém saberá
de onde ele é; e nós sabemos de onde este
homem vem.
28 Quando estava ensinando no pátio do
Templo, Jesus disse bem alto:
— Será que vocês me conhecem mesmo e sabem de onde eu sou? Eu não vim
por minha própria conta. Aquele que me
enviou é verdadeiro, porém vocês não o
conhecem. 29 Mas eu o conheço porque
venho dele e fui mandado por ele.
30 Então quiseram prender Jesus, mas
ninguém fez isso porque a sua hora ainda
não tinha chegado. 31 Porém muitas pessoas que estavam na multidão creram
nele e perguntavam:
— Quando o Messias vier, será que vai
fazer milagres maiores do que este homem tem feito?

Guardas mandados para prender Jesus

32 Os *fariseus ouviram a multidão comentando essas coisas sobre Jesus, e por
isso eles e os chefes dos sacerdotes mandaram guardas para o prenderem.
33 Jesus disse:
— Eu vou ficar com vocês só mais um
pouco e depois irei para aquele que me
enviou. 34 Vocês vão me procurar e não
vão me achar, pois não podem ir para
onde eu vou.
35 Então os líderes judeus começaram
a comentar:
— Para onde será que ele vai que não o

poderemos achar? Será que ele vai morar com os judeus que moram no estrangeiro? Será que vai ensinar os não judeus? 36 O que será que ele quis dizer quando afirmou: "Vocês vão me procurar e não vão me achar, pois não podem ir para onde eu vou"?

A fonte de água viva

37 O último dia da festa era o mais importante. Naquele dia Jesus se pôs de pé e disse bem alto:

— Se alguém tem sede, venha a mim e beba. 38 Como dizem as *Escrituras Sagradas: "Rios de água viva vão jorrar do coração de quem crê em mim".

39 Jesus estava falando a respeito do Espírito Santo, que aqueles que criam nele iriam receber. Essas pessoas não tinham recebido o Espírito porque Jesus ainda não havia voltado para a presença *gloriosa de Deus.

O povo se divide

40 Muitas pessoas que ouviram essas palavras afirmavam:

— De fato, este homem é o *Profeta!

41 Outros diziam:

— Ele é o *Messias!

E ainda outras pessoas perguntavam:

— Mas será que o Messias virá da Galileia? 42 As *Escrituras Sagradas dizem que o Messias será descendente de Davi e vai nascer em Belém, onde Davi morou.

43 Então o povo se dividiu por causa dele. 44 Alguns queriam prender Jesus, mas ninguém fez isso.

Os líderes judeus não creem

45 Os guardas voltaram para o lugar onde estavam os chefes dos sacerdotes e os *fariseus, e eles perguntaram:

— Por que vocês não trouxeram aquele homem?

46 Eles responderam:

— Nunca ninguém falou como ele!

47 Então os fariseus disseram aos guardas:

— Será que vocês também foram enganados? 48 Por acaso alguma autoridade ou algum fariseu creu nele? 49 Essa gente *que não conhece* a *Lei está amaldiçoada por Deus.

50 Mas Nicodemos, que era um deles e que certa ocasião havia falado com Jesus, disse:

51 — De acordo com a nossa Lei não podemos condenar um homem sem ouvi-lo primeiro e descobrir o que ele fez.

52 — Por acaso você também é da Galileia? — perguntaram eles. — Estude as *Escrituras Sagradas e verá que da Galileia nunca surgiu nenhum *profeta.

Jesus perdoa uma mulher apanhada em adultério

8 [Depois todos foram para casa, mas Jesus foi para o monte das Oliveiras. 2 De madrugada ele voltou ao pátio do Templo, e o povo se reuniu em volta dele. Jesus estava sentado, ensinando a todos. 3 Aí alguns *mestres da Lei e *fariseus levaram a Jesus uma mulher que tinha sido apanhada em adultério e a obrigaram a ficar de pé no meio de todos. 4 Eles disseram:

— Mestre, esta mulher foi apanhada no ato de adultério. 5 De acordo com a *Lei que Moisés nos deu, as mulheres adúlteras devem ser mortas a pedradas. Mas o senhor, o que é que diz sobre isso?

6 Eles fizeram essa pergunta para conseguir uma prova contra Jesus, pois queriam acusá-lo. Mas ele se abaixou e começou a escrever no chão com o dedo. 7 Como eles continuaram a fazer a mesma pergunta, Jesus endireitou o corpo e disse a eles:

— Quem de vocês estiver sem pecado, que seja o primeiro a atirar uma pedra nesta mulher!

8 Depois abaixou-se outra vez e continuou a escrever no chão. 9 Quando ouviram isso, todos foram embora, um por um, começando pelos mais velhos. Ficaram só Jesus e a mulher, e ela continuou ali, de pé. 10 Então Jesus endireitou o corpo e disse:

— Mulher, onde estão eles? Não ficou ninguém para condenar você?

11 — Ninguém, senhor! — respondeu ela.

Jesus disse:

— Pois eu também não condeno você. Vá e não peque mais!]

Jesus, a luz do mundo

12 De novo Jesus começou a falar com eles e disse:

— Eu sou a luz do mundo; quem me segue nunca andará na escuridão, mas terá a luz da vida.

13 Os *fariseus disseram a Jesus:

— Agora você está falando a favor de você mesmo. Por isso o que você diz não tem valor.

14 Jesus respondeu:

— Embora eu esteja falando a favor de
mim mesmo, o que digo tem valor por-
que é a verdade. Pois eu sei de onde vim
e para onde vou, mas vocês não sabem
de onde vim, nem para onde vou. 15 Vo-
cês julgam de modo puramente humano;
mas eu não julgo ninguém. 16 E, se eu jul-
gar, o meu julgamento é verdadeiro por-
que não julgo sozinho, pois o Pai, que me
enviou, está comigo. 17 Na *Lei de vocês
está escrito que, quando duas testemu-
nhas concordam, o que dizem é verdade.
18 Eu dou testemunho a respeito de mim
mesmo, e o Pai, que me enviou, também
dá testemunho a meu respeito.
19 — Onde está o seu pai? — pergun-
taram.
Jesus respondeu:
— Vocês não me conhecem e também
não conhecem o meu Pai. Se, de fato, me
conhecessem, conheceriam também o
meu Pai.
20 Jesus disse essas coisas quando es-
tava ensinando no pátio do Templo, per-
to da caixa das ofertas. Ninguém o pren-
deu porque ainda não tinha chegado a
sua hora.

Quem é Jesus?

21 Jesus disse outra vez:
— Eu vou embora, e vocês vão me pro-
curar, porém morrerão sem o perdão dos
seus pecados. Para onde eu vou vocês não
podem ir.
22 Os líderes judeus disseram:
— Ele diz que nós não podemos ir para
onde ele vai! Será que ele vai se matar?
23 Jesus continuou:
— Vocês são daqui debaixo, e eu sou lá
de cima. Vocês são deste mundo, mas eu
não sou deste mundo. 24 Por isso eu disse
que vocês vão morrer sem o perdão dos
seus pecados. De fato, morrerão sem o
perdão dos seus pecados se não crerem
que "Eu Sou Quem Sou".
25 — Quem é você? — perguntaram a
Jesus.
Ele respondeu:
— Desde o começo eu disse quem sou.
26 Existem muitas coisas a respeito de vo-
cês das quais eu preciso falar e as quais
eu preciso julgar. Porém quem me enviou
é verdadeiro, e eu digo ao mundo somen-
te o que ele me disse.
27 Eles não entenderam que ele estava
falando a respeito do Pai. 28 Por isso Je-
sus disse:
— Quando vocês levantarem o *Filho
do Homem, saberão que "Eu Sou Quem
Sou". E saberão também que não faço
nada por minha conta, mas falo somente
o que o meu Pai me ensinou. 29 Quem me
enviou está comigo e não me deixou so-
zinho, pois faço sempre o que lhe agrada.
30 Quando Jesus disse isso, muitos cre-
ram nele.

Os escravos e os livres

31 Então Jesus disse para os que cre-
ram nele:
— Se vocês continuarem a obedecer
aos meus ensinamentos, serão, de fato,
meus discípulos 32 e conhecerão a verda-
de, e a verdade os libertará.
33 Eles responderam:
— Nós somos descendentes de Abraão
e nunca fomos escravos de ninguém.
Como é que você diz que ficaremos livres?
34 Jesus disse a eles:
— Eu afirmo a vocês que isto é verda-
de: quem peca é escravo do pecado. 35 O
escravo não fica sempre com a família,
mas o filho sempre faz parte da família.
36 Se o Filho os libertar, vocês serão, de
fato, livres. 37 Eu sei que vocês são descen-
dentes de Abraão; porém estão tentando
me matar porque não aceitam os meus
ensinamentos. 38 Eu falo das coisas que
o meu Pai me mostrou, mas vocês fazem
o que aprenderam com o pai de vocês.
39 — O nosso pai é Abraão! — respon-
deram eles.
Então Jesus disse:
— Se vocês fossem, de fato, filhos de
Abraão, fariam o que ele fez. 40 Mas eu lhes
tenho dito a verdade que ouvi de Deus, e
assim mesmo vocês estão tentando me
matar. Abraão nunca fez uma coisa as-
sim! 41 Vocês estão fazendo o que o pai
de vocês fez.
Eles responderam:
— Nós não somos filhos ilegítimos; nós
temos um Pai, que é Deus!
42 Jesus disse a eles:
— Se Deus fosse, de fato, o Pai de vo-
cês, então vocês me amariam, pois eu vim
de Deus e agora estou aqui. Eu não vim
por minha própria conta, mas foi Deus
que me enviou. 43 Por que é que vocês não
entendem o que eu digo? É porque não
querem ouvir a minha mensagem. 44 Vo-
cês são filhos do Diabo e querem fazer
o que o pai de vocês quer. Desde a cria-
ção do mundo ele foi assassino e nunca

esteve do lado da verdade porque nele
não existe verdade. Quando o Diabo men-
te, está apenas fazendo o que é o seu cos-
tume, pois é mentiroso e é o pai de todas
as mentiras. 45 Mas, porque eu digo a ver-
dade, vocês não creem em mim. 46 Qual de
vocês pode provar que eu tenho algum
pecado? Se digo a verdade, por que não
creem em mim? 47 A pessoa que é de Deus
escuta as palavras de Deus. Vocês não es-
cutam as palavras de Deus porque vocês
não são dele.

Jesus e Abraão

48 Eles disseram a Jesus:
— Por acaso não temos razão quando
dizemos que você é *samaritano e está
dominado por um demônio?
49 Jesus respondeu:
— Eu não estou dominado por nenhum
demônio. Respeito o meu Pai, mas vocês
me desrespeitam. 50 Não procuro conse-
guir elogios para mim mesmo; mas exis-
te alguém que procura consegui-los para
mim, e ele é o Juiz. 51 Eu afirmo a vocês
que isto é verdade: quem obedecer aos
meus ensinamentos não morrerá nunca.
52 Então eles disseram:
— Agora temos a certeza de que você
está dominado por um demônio! Abraão
e todos os *profetas morreram, mas você
diz: "Quem obedecer aos meus ensina-
mentos não morrerá nunca." 53 Será que
você é mais importante do que Abraão, o
nosso pai, que morreu? E os profetas tam-
bém morreram! Quem você pensa que é?
54 Ele respondeu:
— Se eu elogiasse a mim mesmo, os
meus elogios não valeriam nada. Quem
me elogia é o meu Pai, o mesmo que vo-
cês dizem que é o Deus de vocês. 55 Vo-
cês nunca conheceram a Deus, mas eu o
conheço. Se eu disser que não o conhe-
ço, serei mentiroso como vocês; mas eu
o conheço e obedeço ao que ele manda.
56 Abraão, o pai de vocês, ficou alegre ao
ver o tempo da minha vinda. Ele viu esse
tempo e ficou feliz.
57 — Você não tem nem cinquenta anos
e viu Abraão? — perguntaram eles.
58 — Eu afirmo a vocês que isto é ver-
dade: antes de Abraão nascer, "Eu Sou"!
— respondeu Jesus.
59 Então eles pegaram pedras para ati-
rar em Jesus, mas ele se escondeu e saiu
do pátio do Templo.

Jesus e um cego

9 Jesus ia caminhando quando viu um
homem que tinha nascido cego. 2 Os
seus discípulos perguntaram:
— Mestre, por que este homem nas-
ceu cego? Foi por causa dos pecados dele
ou por causa dos pecados dos pais dele?
3 Jesus respondeu:
— Ele é cego, sim, mas não por causa
dos pecados dele nem por causa dos pe-
cados dos pais dele. É cego para que o po-
der de Deus se mostre nele. 4 Precisamos
trabalhar enquanto é dia, para fazer as
obras daquele que me enviou. Pois está
chegando a noite, quando ninguém pode
trabalhar. 5 Enquanto estou no mundo, eu
sou a luz do mundo.
6 Depois de dizer isso, Jesus cuspiu no
chão, fez um pouco de lama com a saliva,
passou a lama nos olhos do cego 7 e disse:
— Vá lavar o rosto no tanque de Siloé.
(Este nome quer dizer "Aquele que Foi
Enviado".)
O cego foi, lavou o rosto e voltou ven-
do. 8 Os seus vizinhos e as pessoas que
costumavam vê-lo pedindo esmola per-
guntavam:
— Não é este o homem que ficava sen-
tado pedindo esmola?
9 — É! — diziam alguns.
— Não, não é. Mas é parecido com ele!
— afirmavam outros.
Porém ele dizia:
— Sou eu mesmo.
10 — Como é que agora você pode ver?
— perguntaram.
11 Ele respondeu:
— O homem chamado Jesus fez um
pouco de lama, passou a lama nos meus
olhos e disse: "Vá ao tanque de Siloé e
lave o rosto." Então eu fui, lavei o rosto
e fiquei vendo.
12 — Onde está esse homem? — per-
guntaram.
— Não sei! — respondeu ele.

Os fariseus fazem perguntas

13 Então levaram aos *fariseus o homem
que havia sido cego. 14 O dia em que Je-
sus havia feito lama e curado o homem
da cegueira era um sábado. 15 Aí os fari-
seus também perguntaram como ele ti-
nha sido curado.
— Ele pôs lama nos meus olhos, eu la-
vei o rosto e agora estou vendo — res-
pondeu o homem.
16 Alguns fariseus disseram:

— O homem que fez isso não é de Deus
porque não respeita a *lei do sábado.
E outros perguntaram:
— Como pode um pecador fazer mila-
gres tão grandes?
E por causa disso houve divisão entre
eles. 17 Então os fariseus tornaram a per-
guntar ao homem:
— Você diz que ele curou você da ce-
gueira. E o que é que você diz dele?
— Ele é um *profeta! — respondeu o
homem.
18 Os líderes judeus não acreditavam
que ele tinha sido cego e que agora po-
dia ver. Por isso chamaram os pais dele
19 e perguntaram:
— Esse homem é filho de vocês? Vocês
dizem que ele nasceu cego. E como é que
agora ele está vendo?
20 Os pais responderam:
— Sabemos que ele é nosso filho e que
nasceu cego. 21 Mas não sabemos como
é que ele agora pode ver e não sabe-
mos também quem foi que o curou. Ele é
maior de idade; perguntem, e ele mesmo
poderá explicar.
22 Os pais disseram isso porque esta-
vam com medo, pois os líderes judeus ti-
nham combinado expulsar da *sinagoga
quem afirmasse que Jesus era o *Messias.
23 Foi por isso que os pais disseram: "Ele é
maior de idade; perguntem a ele."
24 Então os líderes judeus chamaram
pela segunda vez o homem que tinha sido
cego e disseram:
— Jure por Deus que você vai dizer a
verdade. Nós sabemos que esse homem
é pecador.
25 Ele respondeu:
— Se ele é pecador, eu não sei. De uma
coisa eu sei: eu era cego e agora vejo!
26 — O que foi que ele fez a você? Como
curou você da cegueira? — tornaram a
perguntar.
27 O homem respondeu:
— Eu já disse, e vocês não acreditaram.
Por que querem ouvir isso outra vez? Por
acaso vocês também querem ser segui-
dores dele?
28 Então eles o xingaram e disseram:
— Você é que é seguidor dele! Nós so-
mos seguidores de Moisés. 29 Sabemos que
Deus falou com Moisés; mas este homem,
nós nem mesmo sabemos de onde ele é.
30 Ele respondeu:
— Que coisa esquisita! Vocês não
sabem de onde ele é, mas ele me curou.
31 Sabemos que Deus não atende peca-
dores, mas ele atende os que o respei-
tam e fazem a sua vontade. 32 Desde que
o mundo existe, nunca se ouviu dizer que
alguém tivesse curado um cego de nas-
cença. 33 Se esse homem não fosse envia-
do por Deus, não teria podido fazer nada.
34 Eles disseram:
— Você nasceu cheio de pecado e é
você que quer nos ensinar?
E o expulsaram da sinagoga.

A cegueira espiritual

35 Jesus ficou sabendo que tinham expul-
sado o homem da *sinagoga. Foi procurá-lo
e, quando o encontrou, perguntou:
— Você crê no *Filho do Homem?
36 Ele respondeu:
— Senhor, quem é o Filho do Homem
para que eu creia nele?
37 Jesus disse:
— Você já o viu! É ele que está falan-
do com você!
38 — Eu creio, Senhor! — disse o ho-
mem. E se ajoelhou diante dele.
39 Então Jesus afirmou:
— Eu vim a este mundo para julgar as
pessoas, a fim de que os cegos vejam e
que fiquem cegos os que veem.
40 Alguns *fariseus que estavam com ele
ouviram isso e perguntaram:
— Será que isso quer dizer que nós
também somos cegos?
41 — Se vocês fossem cegos, não teriam
culpa! — respondeu Jesus. — Mas, como
dizem que podem ver, então continuam
tendo culpa.

Jesus, o pastor verdadeiro

10 Jesus disse:
— Eu afirmo a vocês que isto é
verdade: quem não entra no curral das
ovelhas pela porta, mas pula o muro é um
ladrão e bandido. 2 Mas quem entra pela
porta é o pastor do rebanho. 3 O porteiro
abre a porta para ele. As ovelhas reconhe-
cem a sua voz quando ele as chama pelo
nome, e ele as leva para fora do curral.
4 Quando todas estão do lado de fora, ele
vai na frente delas, e elas o seguem por-
que conhecem a voz dele. 5 Mas de jeito
nenhum seguirão um estranho! Pelo con-
trário, elas fugirão, pois não conhecem a
voz de estranhos.
6 Jesus fez esta comparação, mas nin-
guém entendeu o que ele queria dizer.

Uma oração para...

Descansar em Deus

Ó Deus Altíssimo, o mais glorioso, a ideia de tua serenidade infinita me deixa feliz, porque estou acuada e agitada, perturbada e angustiada, mas tu estás para sempre em perfeita paz. Teus planos não causam nenhum medo ou preocupação; são tão certos e permanentes como as colinas eternas. Teu poder não conhece limites; tua bondade não tem fim. Tu crias ordem em meio à confusão, e minhas derrotas são tuas vitórias. O Senhor Deus onipotente reina!

Eu te busco como uma pecadora, com ansiedades e tristezas, para deixar cada preocupação totalmente em tuas mãos e todo pecado para o sangue precioso de Cristo. Reaviva a profunda espiritualidade em meu coração; deixa-me viver perto do Bom Pastor, ouvir sua voz, reconhecê-la e seguir ao seu chamado. Guarda-me do engano, fazendo-me viver na verdade; e do mal, ajudando-me a andar no poder do Espírito. Dá-me muita fé nas verdades eternas, imprimindo em mim, pela experiência, as coisas que sei. Nunca me deixes ter vergonha da verdade do evangelho, para que eu possa suportar o desprezo que ela recebe, justificá-la, ver Jesus como sua essência e conhecer nela o poder do Espírito.

Senhor, ajuda-me, pois sou muitas vezes morna; a dúvida enfraquece minha confiança, e o pecado me faz esquecer de ti. Que as ervas daninhas que crescem em minha alma sejam cortadas pela raiz; permite-me saber que eu realmente vivo apenas quando vivo para ti, e que todas as demais coisas não têm valor. Somente tua presença pode me fazer santa, piedosa, forte e feliz. Vive em mim, bondoso Deus.

Amém.

Jesus, a porta

7 *Então Jesus continuou:*
— Eu afirmo a vocês que isto é verda-
de: eu sou a porta por onde as ovelhas
passam. 8 Todos os que vieram antes de
mim são ladrões e bandidos, mas as ove-
lhas não deram atenção à voz deles. 9 Eu
sou a porta. Quem entrar por mim será
salvo; poderá entrar e sair e achará comi-
da. 10 O ladrão só vem para roubar, matar e
destruir; mas eu vim para que as ovelhas
tenham vida, a vida completa.

Jesus, o bom pastor

11 — Eu sou o bom pastor; o bom pastor
dá a vida pelas ovelhas. 12 Um empregado
trabalha somente por dinheiro; ele não é
pastor, e as ovelhas não são dele. Por isso,
quando vê um lobo chegando, ele abando-
na as ovelhas e foge. Então o lobo ataca e
espalha as ovelhas. 13 O empregado foge
porque trabalha somente por dinheiro e
não se importa com as ovelhas. 14-15 Eu sou
o bom pastor. Assim como o Pai me co-
nhece, e eu conheço o Pai, assim também
conheço as minhas ovelhas, e elas me co-
nhecem. E estou pronto para morrer por
elas. 16 Tenho outras ovelhas que não es-
tão neste curral. Eu preciso trazer essas
também, e elas ouvirão a minha voz. En-
tão elas se tornarão um só rebanho com
um só pastor.
17 — O Pai me ama porque eu dou a mi-
nha vida para recebê-la outra vez. 18 Nin-
guém tira a minha vida de mim, mas eu
a dou por minha própria vontade. Tenho
o direito de dá-la e de tornar a recebê-la,
pois foi isso o que o meu Pai me man-
dou fazer.
19 Quando ouviu isso, o povo se dividiu
outra vez. Muitos diziam:
20 — Ele está dominado por um demô-
nio! Está louco! Por que é que vocês es-
cutam o que ele diz?
21 Outros afirmavam:
— Quem está dominado por um demô-
nio não fala assim! Será que um demônio
pode dar vista aos cegos?

O povo rejeita Jesus

22 Era inverno, e em Jerusalém estavam
comemorando a *Festa da Dedicação. 23 Je-
sus estava andando pelo pátio do Templo,
perto da entrada chamada "*Alpendre de
Salomão". 24 Então o povo se ajuntou em
volta dele e perguntou:
— Até quando você vai nos deixar na
dúvida? Diga com franqueza: você é ou
não é o *Messias?
25 Jesus respondeu:
— Eu já disse, mas vocês não acredita-
ram. As obras que eu faço pelo poder do
nome do meu Pai falam a favor de mim,
26 mas vocês não creem porque não são
minhas ovelhas. 27 As minhas ovelhas

escutam a minha voz; eu as conheço, e
elas me seguem. 28 Eu lhes dou a vida eter-
na, e por isso elas nunca morrerão. Nin-
guém poderá arrancá-las da minha mão.
29 O poder que o Pai me deu é maior do
que tudo, e ninguém pode arrancá-las da
mão dele. 30 Eu e o Pai somos um.
31 Então eles tornaram a pegar pedras
para matar Jesus. 32 E ele disse:
— Eu fiz diante de vocês muitas coisas
boas que o Pai me mandou fazer. Por cau-
sa de qual delas vocês querem me matar?
33 Eles responderam:
— Não é por causa de nenhuma coisa
boa que queremos matá-lo, mas porque,
ao dizer isso, você está *blasfemando con-
tra Deus. Pois você, que é apenas um ser
humano, está se fazendo de Deus.
34 Então Jesus afirmou:
— Na *Lei de vocês está escrito que
Deus disse: "Vocês são deuses." 35 Sabe-
mos que as *Escrituras Sagradas sempre
dizem a verdade, e sabemos que, de fato,
Deus chamou de deuses aqueles que rece-
beram a sua mensagem. 36 Quanto a mim,
o Pai me escolheu e me enviou ao mun-
do. Então por que vocês dizem que blas-
femo contra Deus quando afirmo que sou
Filho dele? 37 Se não faço o que o meu Pai
manda, não creiam em mim. 38 Mas, se eu
faço, e vocês não creem em mim, então
creiam pelo menos nas coisas que faço.
E isso para que vocês fiquem sabendo de
uma vez por todas que o Pai vive em mim
e que eu vivo no Pai.
39 A essa altura tentaram novamente
prendê-lo, mas Jesus escapou das mãos
deles.
40 Ele voltou de novo para o lado leste
do rio Jordão, foi para o lugar onde João
Batista tinha batizado antes e ficou lá. 41 E
muita gente ia vê-lo, dizendo:
— João não fez nenhum milagre, mas
tudo o que ele disse sobre Jesus é ver-
dade.
42 *E naquele lugar muita gente creu em*
Jesus.

A morte de Lázaro

11 Um homem chamado Lázaro esta-
va doente. Ele era do povoado de
Betânia, onde Maria e a sua irmã Marta
moravam. 2 (Esta Maria era a mesma que
pôs perfume nos pés do Senhor Jesus e
os enxugou com os seus cabelos. Era o
irmão dela, Lázaro, que estava doente.)
3 As duas irmãs mandaram dizer a Jesus:
— Senhor, o seu querido amigo Láza-
ro está doente!
4 Quando Jesus recebeu a notícia, disse:
— O resultado final dessa doença não
será a morte de Lázaro. Isso está acon-
tecendo para que Deus revele o seu po-
der *glorioso; e assim, por causa dessa
doença, a natureza divina do Filho de
Deus será revelada.
5 Jesus amava muito Marta, e a sua irmã,
e também Lázaro. 6 Porém quando sou-
be que Lázaro estava doente, ainda ficou
dois dias onde estava. 7 Então disse aos
seus discípulos:
— Vamos voltar para a Judeia.
8 Mas eles disseram:
— Mestre, faz tão pouco tempo que o
povo de lá queria matá-lo a pedradas, e
o senhor quer voltar?
9 Jesus respondeu:
— Por acaso o dia não tem doze ho-
ras? Se alguém anda de dia não tropeça
porque vê a luz deste mundo. 10 Mas, se
anda de noite, tropeça porque nele não
existe luz.
11 Jesus disse isso e depois continuou:
— O nosso amigo Lázaro está dormin-
do, mas eu vou lá acordá-lo.
12 — Senhor, se ele está dormindo, isso
quer dizer que vai ficar bom! — disse-
ram eles.
13 Mas o que Jesus queria dizer era que
Lázaro estava morto. Porém eles pensa-
vam que ele estivesse falando do sono
natural. 14 Então Jesus disse claramente:
— Lázaro morreu, 15 mas eu estou ale-
gre por não ter estado lá com ele, pois as-
sim vocês vão crer. Vamos até a casa dele.
16 Então Tomé, chamado "o Gêmeo", dis-
se aos outros discípulos:
— Vamos nós também a fim de morrer
com o Mestre!

Jesus é a ressurreição e a vida

17 Quando Jesus chegou, já fazia qua-
tro dias que Lázaro havia sido sepultado.
18 Betânia ficava a menos de três quilôme-
tros de Jerusalém, 19 e muitas pessoas ti-
nham vindo visitar Marta e Maria para as
consolarem por causa da morte do irmão.
20 Quando Marta soube que Jesus estava
chegando, foi encontrar-se com ele. Po-
rém Maria ficou sentada em casa. 21 En-
tão Marta disse a Jesus:
— Se o senhor estivesse aqui, o meu ir-
mão não teria morrido! 22 Mas eu sei que,

mesmo assim, Deus lhe dará tudo o que
o senhor pedir a ele.
23 — O seu irmão vai ressuscitar! — dis-
se Jesus.
24 Marta respondeu:
— Eu sei que ele vai ressuscitar no úl-
timo dia!
25 Então Jesus afirmou:
— Eu sou a ressurreição e a vida. Quem
crê em mim, ainda que morra, viverá; 26 e
quem vive e crê em mim nunca morrerá.
Você acredita nisso?
27 — Sim, senhor! — disse ela. — Eu
creio que o senhor é o *Messias, o Filho
de Deus, que devia vir ao mundo.

Jesus chora

28 Depois de dizer isso, Marta foi, cha-
mou Maria, a sua irmã, e lhe disse em par-
ticular:
— O Mestre chegou e está chamando
você.
29 Quando Maria ouviu isso, levantou-
-se depressa e foi encontrar-se com Jesus.
30 Pois ele não tinha chegado ao povoado,
mas ainda estava no lugar onde Marta o
havia encontrado. 31 As pessoas que es-
tavam na casa com Maria, consolando-a,
viram que ela se levantou e saiu depres-
sa. Então foram atrás dela, pois pensa-
vam que ela ia ao túmulo para chorar ali.
32 Maria chegou ao lugar onde Jesus es-
tava e logo que o viu caiu aos pés dele e
disse:
— Se o senhor tivesse estado aqui, o
meu irmão não teria morrido!
33 Jesus viu Maria chorando e viu as pes-
soas que estavam com ela chorando tam-
bém. Então ficou muito comovido e aflito
34 e perguntou:
— Onde foi que vocês o sepultaram?
— Venha ver, senhor! — responderam.
35 Jesus chorou.
36 Então as pessoas disseram:
— Vejam como ele amava Lázaro!
37 Mas algumas delas disseram:
— Ele curou o cego. Será que não po-
deria ter feito alguma coisa para que Lá-
zaro não morresse?

A ressurreição de Lázaro

38 Jesus ficou outra vez muito comovi-
do. Ele foi até o túmulo, que era uma gru-
ta com uma pedra colocada na entrada,
39 e ordenou:
— Tirem a pedra!
Marta, a irmã do morto, disse:
— Senhor, ele está cheirando mal, pois
já faz quatro dias que foi sepultado!
40 Jesus respondeu:
— Eu não lhe disse que, se você crer,
você verá a revelação do poder *glorio-
so de Deus?
41 Então tiraram a pedra. Jesus olhou
para o céu e disse:
— Pai, eu te agradeço porque me ouvis-
te. 42 Eu sei que sempre me ouves; mas eu
estou dizendo isso por causa de toda esta
gente que está aqui, para que eles creiam
que tu me enviaste.
43 Depois de dizer isso, gritou:
— Lázaro, venha para fora!
44 E o morto saiu. Os seus pés e as suas
mãos estavam enfaixados com tiras de
pano, e o seu rosto estava enrolado com
um pano. Então Jesus disse:
— Desenrolem as faixas e deixem que
ele vá.

O plano para matar Jesus

Mateus 26.1-5; Marcos 14.1-2;
Lucas 22.1-2

45 Muitas pessoas que tinham ido visi-
tar Maria viram o que Jesus tinha feito e
creram nele. 46 Mas algumas pessoas vol-
taram e contaram aos *fariseus o que ele
havia feito. 47 Então os fariseus e os chefes
dos sacerdotes se reuniram com o *Con-
selho Superior e disseram:
— O que é que nós vamos fazer? Esse
homem está fazendo muitos milagres!
48 Se deixarmos que ele continue fazen-
do essas coisas, todos vão crer nele. Aí as
autoridades romanas agirão contra nós e
destruirão o Templo e o nosso país.
49 Então Caifás, que naquele ano era o
*Grande Sacerdote, disse:
— Vocês não sabem nada! 50 Será que
não entendem que para vocês é melhor
que morra apenas um homem pelo povo
do que deixar que o país todo seja des-
truído?
51 Naquele momento Caifás não estava
falando por si mesmo. Mas, como ele era
o Grande Sacerdote naquele ano, estava
*profetizando que Jesus ia morrer pela
nação. 52 E não somente pela nação, mas
também para reunir em um só corpo to-
dos os filhos de Deus que estão espalha-
dos por toda parte.
53 Então, daquele dia em diante, os líde-
res judeus fizeram planos para matar Je-
sus. 54 Por isso ele já não andava publica-
mente na Judeia, mas foi para uma região

Marta

Leia a história desta Garota de Deus em Lucas 10:38-42 e João 11:1-44; 12:1-2.

Façam tudo sem queixas nem discussões.

Filipenses 2:14

O problema de Marta não era exatamente trabalhar muito, mas sim se queixar disso. O verdadeiro problema não era sua ética de trabalho, mas o fato de que ela estava ressentida de sua irmã Maria, a qual, em sua cabeça, não estava fazendo nada que valesse para ninguém (veja Lucas 10:38-42). Portanto, o problema não estava em suas ações, mas em seus pensamentos e em suas palavras. Se ela tivesse ficado de boca fechada e concentrada no trabalho que estava fazendo, ela teria ouvido uma repreensão dura como essa de Jesus? Talvez não.

Na vida de fé, às vezes, há muito trabalho para ser feito. Você pode ser chamada a servir, trabalhar e suar a camisa enquanto parece que outras pessoas estão fugindo da responsabilidade e se divertindo. Mas, no momento em que você se queixa disso, não está mais servindo a ninguém além de si mesma. Queixar-se é pecado. Por que você lamentaria para Deus sobre o egoísmo de outras pessoas quando, ao se lamentar, você prova seu próprio egoísmo? Quando você trabalha para Deus, não pode culpar os outros pelo chamado de Deus ou pelo trabalho duro que sua resposta exige. Seu serviço é entre você e Deus, e o que os outros à sua volta estão fazendo é irrelevante. Queixar-se é julgar a posição espiritual daqueles de quem você se queixa, e quem é você para julgar o servo de outra pessoa (veja Romanos 14:4)?

Como uma Garota de Deus, você precisa manter seu compromisso com Deus entre você e ele, e não entre você e os outros. Ao começar a comparação, você começa a descer a ladeira escorregadia do ressentimento. Deixe que os outros respondam ao chamado de Deus, seja qual for o destino deles. Não espere que sirvam como você e não pense que seu trabalho duro, de alguma forma, a torna melhor. Marta será conhecida para sempre como a mulher viciada em trabalho que só reclamava. Ela será vista para sempre como a chorona, enquanto sua irmã Maria será vista para sempre como a mulher meiga e inteligente que aproveitou a presença de Jesus enquanto pôde. Como você será lembrada?

perto do deserto, a uma cidade chamada
Efraim, e ficou ali com os seus discípulos.
55 Faltava pouco tempo para a *Festa da
Páscoa. Muitos judeus foram a Jerusalém
antes da festa para tomar parte na ceri-
mônia de *purificação. 56 Eles procuravam
Jesus e, no pátio do Templo, perguntavam
uns aos outros:
— O que é que vocês acham? Será que
ele vem à festa?
57 Os chefes dos sacerdotes e os fariseus
queriam prender Jesus. Por isso tinham
dado ordem para que, se alguém soubes-
se, contasse onde ele estava.

Jesus em Betânia

Mateus 26.6-13; Marcos 14.3-9

12 Seis dias antes da *Páscoa, Jesus foi
ao povoado de Betânia, onde mo-
rava Lázaro, a quem ele tinha ressuscita-
do. 2 Prepararam ali um jantar para Jesus.
Marta ajudava a servir, e Lázaro era um
dos que estavam à mesa com ele. 3 Então
Maria pegou um frasco cheio de um per-
fume muito caro, feito de *nardo puro. Ela
derramou o perfume nos pés de Jesus e
os enxugou com os seus cabelos; e toda
a casa ficou perfumada. 4 Mas Judas Isca-
riotes, o discípulo que ia trair Jesus, disse:
5 — Este perfume vale mais de trezen-
tas moedas de prata. Por que não foi ven-
dido, e o dinheiro, dado aos pobres?
6 Judas disse isso, não porque tivesse
pena dos pobres, mas porque era ladrão.
Ele tomava conta da bolsa de dinheiro e
costumava tirar do que punham nela.
7 Então Jesus respondeu:
— Deixe Maria em paz! Que ela guarde
isso para o dia do meu sepultamento. 8 Os
pobres estarão sempre com vocês, mas eu
não estarei sempre com vocês.

O plano para matar Lázaro

9 Muitas pessoas ficaram sabendo que
Jesus estava em Betânia. Então foram
até lá não só por causa dele, mas tam-
bém para ver Lázaro, o homem que Jesus
tinha ressuscitado. 10 Então os chefes dos
sacerdotes resolveram matar Lázaro tam-
bém; 11 pois, por causa dele, muitos judeus
estavam abandonando os seus líderes e
crendo em Jesus.

Jesus entra em Jerusalém

Mateus 21.1-11; Marcos 11.1-11;
Lucas 19.28-40

12 No dia seguinte, a grande multidão
que tinha ido à *Festa da Páscoa ouviu
dizer que Jesus estava chegando a Jerusa-
lém. 13 Então eles pegaram ramos de pal-
meiras e saíram para se encontrar com
ele, gritando:

— *Hosana a Deus!
Que Deus abençoe aquele que vem
em nome do Senhor!
Que Deus abençoe o Rei de Israel!

14 Jesus procurou um jumentinho e o
montou, como dizem as *Escrituras Sa-
gradas:

15 "Povo de Jerusalém, não tenha
medo!
Veja! Aí vem o seu Rei,
montado num jumentinho!"

16 Naquela ocasião os discípulos não en-
tenderam isso. Mas, depois de Jesus ter
voltado para a presença *gloriosa de Deus,
eles lembraram que isso estava escrito a
respeito dele e também que era isso o que
tinha acontecido.
17 A multidão que estava com Jesus
quando ele havia chamado Lázaro para
fora do túmulo e o tinha ressuscitado es-
palhou a notícia do que tinha aconteci-
do. 18 E o povo foi encontrar-se com Jesus,
pois ficou sabendo que ele tinha feito esse
milagre. 19 Então os *fariseus disseram uns
aos outros:
— Não estamos conseguindo nada! Ve-
jam! Todos estão indo com ele!

Alguns não judeus vão ver Jesus

20 Entre o povo que tinha ido a Jerusa-
lém para tomar parte na festa, estavam
alguns não judeus. 21 Eles foram falar com
Filipe, que era da cidade de Betsaida, na
Galileia, e pediram:
— Senhor, queremos ver Jesus.
22 Filipe foi dizer isso a André, e os dois
foram falar com Jesus. 23 Então ele res-
pondeu:
— Chegou a hora de ser revelada a na-
tureza divina do *Filho do Homem. 24 Eu
afirmo a vocês que isto é verdade: se um
grão de trigo não for jogado na terra e
não morrer, ele continuará a ser apenas
um grão. Mas, se morrer, dará muito tri-
go. 25 Quem ama a sua vida não terá a vida
verdadeira; mas quem não se apega à sua
vida, neste mundo, ganhará para sempre
a vida verdadeira. 26 Quem quiser me ser-
vir siga-me; e, onde eu estiver, ali também
estará esse meu *servo. E o meu Pai hon-
rará todos os que me servem.

Jesus anuncia a sua morte

27 Jesus continuou:
— Agora estou sentindo uma grande
aflição. O que é que vou dizer? Será que
vou dizer: Pai, livra-me desta hora de so-
frimento? Não! Pois foi para passar por
esta hora que eu vim. 28 Pai, revela a tua
presença *gloriosa!
Então do céu veio uma voz, que dizia:
— Eu já a revelei e a revelarei de novo.
29 A multidão que estava ali ouviu a voz
e dizia que era um trovão. Outros afirma-
vam que um anjo tinha falado com Jesus.
30 Mas ele disse:
— Não foi por minha causa que veio
esta voz, mas por causa de vocês. 31 Che-
gou a hora de este mundo ser julgado, e
aquele que manda nele será expulso. 32 E,
quando eu for levantado da terra, atrairei
todas as pessoas para mim.
33 Ele dizia isso para indicar de que ma-
neira ia morrer.
34 A multidão perguntou:
— A nossa *Lei diz que o *Messias vai
viver para sempre. Como é que o senhor
diz que o *Filho do Homem precisa ser le-
vantado da terra? Quem é esse Filho do
Homem?
35 Jesus respondeu:
— A luz estará com vocês ainda um
pouco mais. Vivam a sua vida enquanto
vocês têm esta luz, para que a escuridão
não caia de repente sobre vocês. Quem
anda na escuridão não sabe para onde vai.
36 Enquanto vocês têm a luz, creiam na luz
para que possam viver na luz.

O povo não crê

Depois que Jesus disse isso, foi embora
e se escondeu do povo. 37 Eles tinham vis-
to Jesus fazer todos esses milagres, mas
não criam nele, 38 para que se cumprisse
o que disse o *profeta Isaías:

"Senhor, quem creu na nossa
mensagem?
E quem viu que era o Senhor
que estava agindo?"

39 Não podiam crer porque, como dis-
se Isaías:

40 "Deus cegou os olhos deles
e fechou a mente deles,
para que não vejam, e não
entendam,
e não se voltem para ele,
e sejam curados por ele."

41 Isaías disse isso porque viu a revela-
ção da natureza divina de Jesus e falou a
respeito dele.
42 No entanto, muitos líderes judeus cre-
ram em Jesus, mas não falavam publica-
mente a favor dele para que os *fariseus
não os expulsassem da *sinagoga. 43 Eles
gostavam mais de ser elogiados pelas pes-
soas do que de ser elogiados por Deus.

As palavras de Jesus julgam

44 Jesus disse bem alto:
— Quem crê em mim crê não somente
em mim, mas também naquele que me
enviou. 45 Quem me vê vê também aquele
que me enviou. 46 Eu vim ao mundo como
luz para que quem crê em mim não fique
na escuridão. 47 Se alguém ouvir a minha
mensagem e não a praticar, eu não o jul-
go. Pois eu vim para salvar o mundo e
não para julgá-lo. 48 Quem me rejeita e não
aceita a minha mensagem já tem quem
vai julgá-lo. As palavras que eu tenho dito
serão o juiz dessa pessoa no último dia.
49 — Eu não tenho falado em meu pró-
prio nome, mas o Pai, que me enviou, é
quem me ordena o que devo dizer e anun-
ciar. 50 E eu sei que o seu mandamento dá
a vida eterna. O que eu digo é justamente
aquilo que o Pai me mandou dizer.

Jesus lava os pés dos discípulos

13 Faltava somente um dia para a *Fes-
ta da Páscoa. Jesus sabia que tinha
chegado a hora de deixar este mundo e
ir para o Pai. Ele sempre havia amado os
seus que estavam neste mundo e os amou
até o fim.
2 Jesus e os seus discípulos estavam jan-
tando. O Diabo já havia posto na cabeça
de Judas, filho de Simão Iscariotes, a ideia
de trair Jesus. 3 Jesus sabia que o Pai lhe
tinha dado todo o poder. E sabia também
que tinha vindo de Deus e ia para Deus.
4 Então se levantou, tirou a sua *capa, pe-
gou uma toalha e amarrou na cintura.
5 Em seguida pôs água numa bacia e co-
meçou a lavar os pés dos discípulos e a
enxugá-los com a toalha. 6 Quando chegou
perto de Simão Pedro, este lhe perguntou:
— Vai lavar os meus pés, Senhor?
7 Jesus respondeu:
— Agora você não entende o que estou
fazendo, porém mais tarde vai entender!
8 — O senhor nunca lavará os meus pés!
— disse Pedro.
— Se eu não lavar, você não será mais
meu discípulo! — respondeu Jesus.

9 — Então, Senhor, não lave somente os
meus pés; lave também as minhas mãos
e a minha cabeça! — pediu Simão Pedro.
10 Aí Jesus disse:
— Quem já tomou banho está comple-
tamente limpo e precisa lavar somente
os pés. Vocês todos estão limpos, isto é,
todos menos um.
11 Jesus sabia quem era o traidor. Foi
por isso que disse: "Todos menos um."
12 Depois de lavar os pés dos seus discí-
pulos, Jesus vestiu de novo a capa, sentou-
-se outra vez à mesa e perguntou:
— Vocês entenderam o que eu fiz? 13 Vo-
cês me chamam de "Mestre" e de "Se-
nhor" e têm razão, pois eu sou mesmo.
14 Se eu, o Senhor e o Mestre, lavei os pés
de vocês, então vocês devem lavar os pés
uns dos outros. 15 Pois eu dei o exemplo
para que vocês façam o que eu fiz. 16 Eu
afirmo a vocês que isto é verdade: o em-
pregado não é mais importante do que
o patrão, e o mensageiro não é mais im-
portante do que aquele que o enviou. 17 Já
que vocês conhecem esta verdade, serão
felizes se a praticarem.
18 — Não estou falando de vocês todos;
eu conheço aqueles que escolhi. Pois tem
de se cumprir o que as *Escrituras Sagra-
das dizem: "Aquele que toma refeições
comigo se virou contra mim". 19 Digo isso
a vocês agora, antes que aconteça, para
que, quando acontecer, vocês creiam que
"Eu Sou Quem Sou". 20 Eu afirmo a vocês
que isto é verdade: quem receber aquele
que eu enviar estará também me rece-
bendo; e quem me recebe recebe aquele
que me enviou.

Jesus aponta o traidor

Mateus 26.17-25; Marcos 14.12-21;
Lucas 22.7-13,21-23

21 Depois de dizer isso, Jesus ficou mui-
to aflito e declarou abertamente aos dis-
cípulos:
— Eu afirmo a vocês que isto é verda-
de: um de vocês vai me trair.
22 Então eles olharam uns para os ou-
tros, sem saber de quem ele estava falan-
do. 23 Ao lado de Jesus estava sentado um
deles, a quem *Jesus amava.* 24 *Simão* Pedro
fez um sinal para ele e disse:
— Pergunte de quem o Mestre está fa-
lando.
25 Então aquele discípulo chegou mais
perto de Jesus e perguntou:
— Senhor, quem é ele?
26 — É aquele a quem vou dar um pe-
daço de pão passado no molho! — res-
pondeu Jesus.
Em seguida pegou um pedaço de pão,
passou no molho e deu a Judas, filho de
Simão Iscariotes. 27 E assim que Judas re-
cebeu o pão, Satanás entrou nele. Então
Jesus disse a Judas:
— O que você vai fazer faça logo!
28 Nenhum dos que estavam à mesa en-
tendeu por que Jesus disse isso. 29 Como
era Judas que tomava conta da bolsa do
dinheiro, alguns pensaram que Jesus ti-
nha mandado que ele comprasse alguma
coisa para a festa ou desse alguma ajuda
aos pobres.
30 Judas recebeu o pão e saiu logo. E era
noite.

O novo mandamento

31 Quando Judas saiu, Jesus disse:
— Agora a natureza divina do *Filho
do Homem é revelada, e por meio dele
é revelada também a natureza *gloriosa
de Deus. 32 E, se por meio dele a nature-
za gloriosa de Deus for revelada, então
Deus revelará em si mesmo a natureza di-
vina do Filho do Homem. E Deus fará isso
agora mesmo. 33 Meus filhos, não vou ficar
com vocês por muito tempo. Vocês vão
me procurar, mas eu digo agora o que já
disse aos líderes judeus: vocês não podem
ir para onde eu vou. 34 Eu lhes dou este
novo mandamento: amem uns aos outros.
Assim como eu os amei, amem também
uns aos outros. 35 Se tiverem amor uns pe-
los outros, todos saberão que vocês são
meus discípulos.

Pedro é avisado

Mateus 26.31-35; Marcos 14.27-31;
Lucas 22.31-34

36 Simão Pedro perguntou a Jesus:
— Senhor, para onde é que o senhor
vai?
Jesus respondeu:
— Você não pode ir agora para onde
eu vou. Um dia você poderá me seguir!
37 Pedro tornou a perguntar:
— Senhor, por que eu não posso segui-
-lo agora? Eu estou pronto para morrer
pelo senhor!
38 — Está mesmo? — perguntou Jesus.
— Pois eu afirmo a você que isto é verda-
de: antes que o galo cante, você dirá três
vezes que não me conhece.

DEVOCIONAL

Texto para leitura: **João 13:34-35**

Conheça o amor

Amar não é apenas uma sugestão; é o mandamento sobre o qual todos os outros estão fundamentados. Como cristã, você não tem nada sem amor — mas isso não tem nada a ver com o amor que você está recebendo, e sim com o amor que você está dando. É extremamente importante que você ame os outros cristãos, e, muitas vezes, isso significa ceder, perder e dar o outro lado da cara. Se você não está disposta a fazer essas coisas, você não está disposta a amar. O amor é altruísta; ele prefere dar, não importa o que receba em troca. Quando o cristão ama só as pessoas que o amam, ele não prova nada a ninguém sobre quem é Deus. Ele só prova sua hipocrisia. Não faz sentido aceitarmos o amor de Deus, que não nos deve nada e de quem nos afastamos diariamente, e depois nos recusarmos a amar os outros quando eles nos machucam ou nos rejeitam. O amor cristão é um sinal para o mundo de que Deus é maior do que nossas necessidades e sentimentos e um sinal de seu grande poder em nossa vida.

Se seu amor a define, então quem é você? Você se parece com o Deus que a ama ou com o mundo que a cerca? Quando você entender o poder do amor e o mandamento em que Deus diz que você deve amar, então você estará verdadeiramente livre das algemas da rejeição, do medo e da solidão. Você será capaz de ver tudo à luz do amor, e, por causa disso, virão bênçãos para você e para aqueles que você ama.

Coragem! O amor nunca falha. Ele pode ser rejeitado e pode lhe causar dor, mas isso não o torna menos valioso ou gratificante para sua alma. A Garota de Deus será conhecida por seu amor. E o amor que ela oferece causará um impacto não só no coração daqueles que o recebem, mas também no coração da menina que o oferece.

Jesus, o caminho para o Pai

14 Jesus disse:
— Não fiquem aflitos. Creiam em
Deus e creiam também em mim. 2 Na casa
do meu Pai há muitos quartos, e eu vou
preparar um lugar para vocês. Se não fosse assim, eu já lhes teria dito. 3 E, depois
que eu for e preparar um lugar para vocês, voltarei e os levarei comigo para que
onde eu estiver vocês estejam também. 4 E
vocês conhecem o caminho para o lugar
aonde eu vou.
5 Então Tomé perguntou:
— Senhor, nós não sabemos aonde é que o senhor vai. Como podemos saber o caminho?
6 Jesus respondeu:
— Eu sou o caminho, a verdade e a vida; ninguém pode chegar até o Pai a
não ser por mim. 7 Agora que vocês me
conhecem, conhecerão também o meu Pai. E desde agora vocês o conhecem e o têm visto.
8 Filipe disse a Jesus:
— Senhor, mostre-nos o Pai, e assim não precisaremos de mais nada.
9 Jesus respondeu:
— Faz tanto tempo que estou com vocês, Filipe, e você ainda não me conhece?
Quem me vê vê também o Pai. Por que é
que você diz: "Mostre-nos o Pai"? 10 Será
que você não crê que eu estou no Pai e que o Pai está em mim?
Então Jesus disse aos discípulos:
— O que eu digo a vocês não digo em meu próprio nome; o Pai, que está em
mim, é quem faz o seu trabalho. 11 Creiam
no que lhes digo: eu estou no Pai e o Pai está em mim. Se vocês não creem por causa das minhas palavras, creiam pelo menos por causa das coisas que eu faço.
12 Eu afirmo a vocês que isto é verdade:

quem crê em mim fará as coisas que eu
faço e até maiores do que estas, pois eu
vou para o meu Pai. 13 E tudo o que vocês
pedirem em meu nome eu farei, a fim de
que o Filho revele a natureza *gloriosa do
Pai. 14 Eu farei qualquer coisa que vocês
me pedirem em meu nome.

Jesus promete o Espírito Santo

15 Jesus continuou:
— Se vocês me amam, obedeçam aos
meus mandamentos. 16 Eu pedirei ao Pai,
e ele lhes dará outro Auxiliador, o Espíri-
to da verdade, para ficar com vocês para
sempre. 17 O mundo não pode receber
esse Espírito porque não o pode ver, nem
conhecer. Mas vocês o conhecem porque
ele está com vocês e viverá em vocês.
18 — Não vou deixá-los abandonados,
mas voltarei para ficar com vocês. 19 Daqui
a pouco o mundo não me verá mais, mas
vocês me verão. E, porque eu vivo, vocês
também viverão. 20 Quando chegar aquele
dia, vocês ficarão sabendo que eu estou
no meu Pai e que vocês estão em mim,
assim como eu estou em vocês.
21 — A pessoa que aceita e obedece aos
meus mandamentos prova que me ama.
E a pessoa que me ama será amada pelo
meu Pai, e eu também a amarei e lhe mos-
trarei quem sou.
22 Então Judas, não o Judas Iscariotes,
perguntou:
— Senhor, como será possível que o se-
nhor mostre somente a nós e não ao mun-
do quem o senhor é?
23 Jesus respondeu:
— A pessoa que me ama obedecerá à
minha mensagem, e o meu Pai a amará.
E o meu Pai e eu viremos viver com ela.
24 A pessoa que não me ama não obedece
à minha mensagem. E a mensagem que
vocês estão escutando não é minha, mas
do Pai, que me enviou.
25 — Tenho dito isso enquanto estou
com vocês. 26 Mas o Auxiliador, o Espí-
rito Santo, que o Pai vai enviar em meu
nome, ensinará a vocês todas as coisas e
fará com que lembrem de tudo o que eu
disse a vocês.
27 — Deixo com vocês a paz. É a minha
paz que eu lhes dou; não lhes dou a paz
como o mundo a dá. Não fiquem aflitos,
nem tenham medo. 28 Vocês ouviram o
que eu disse: "Eu vou, mas voltarei para
ficar com vocês." Se vocês me amassem,
ficariam alegres, sabendo que vou para o
Pai, pois o Pai é mais poderoso do que eu.
29 Digo isso agora, antes que essas coisas
aconteçam, para que, quando acontece-
rem, vocês creiam. 30 Não posso continuar
a falar com vocês por muito tempo, pois
está chegando aquele que manda neste
mundo. Ele não tem poder sobre mim;
31 mas o mundo precisa saber que eu amo
o Pai e que, por isso, faço tudo o que ele
manda.
— Levantem-se, vamos sair daqui!

Jesus, a videira

15 Jesus disse:
— Eu sou a *videira verdadeira,
e o meu Pai é o lavrador. 2 Todos os ramos
que não dão uvas ele corta, embora eles
estejam em mim. Mas os ramos que dão
uvas ele poda a fim de que fiquem limpos
e deem mais uvas ainda. 3 Vocês já estão
limpos por meio dos ensinamentos que
eu lhes tenho dado. 4 Continuem unidos
comigo, e eu continuarei unido com vo-
cês. Pois, assim como o ramo só dá uvas
quando está unido com a planta, assim
também vocês só podem dar fruto se fi-
carem unidos comigo.
5 — Eu sou a videira, e vocês são os ra-
mos. Quem está unido comigo e eu com
ele, esse dá muito fruto porque sem mim
vocês não podem fazer nada. 6 Quem não
ficar unido comigo será jogado fora e se-
cará; será como os ramos secos que são
juntados e jogados no fogo, onde são
queimados. 7 Se vocês ficarem unidos co-
migo, e as minhas palavras continuarem
em vocês, vocês receberão tudo o que pe-
direm. 8 E a natureza *gloriosa do meu Pai
se revela quando vocês produzem muitos
frutos e assim mostram que são meus dis-
cípulos. 9 Assim como o meu Pai me ama,
eu amo vocês; portanto, continuem uni-
dos comigo por meio do meu amor por
vocês. 10 Se obedecerem aos meus man-
damentos, eu continuarei amando vocês,
assim como eu obedeço aos mandamen-
tos do meu Pai e ele continua a me amar.
11 — Eu estou dizendo isso para que a
minha alegria esteja em vocês, e a alegria
de vocês seja completa. 12 O meu manda-
mento é este: amem uns aos outros como
eu amo vocês. 13 Ninguém tem mais amor
pelos seus amigos do que aquele que dá a
sua vida por eles. 14 Vocês são meus ami-
gos se fazem o que eu mando. 15 Eu não
chamo mais vocês de empregados, pois o
empregado não sabe o que o seu patrão

DEVOCIONAL

Texto para leitura: **João 15:1-10**

Conheça a Deus

Jesus ordena que você fique unida com ele. Mas como você faz isso? O que isso significa? Como você fica unida "com" alguém? Como você fica unida com quem não está fisicamente com você?

O modo como você fica unida com Jesus e permanece ligada à videira se dá por meio de seus pensamentos. Isso significa que, quanto mais tempo você passa estudando, lendo, orando e pensando em Jesus, mais forte é sua ligação. Quando você descobrir que há momentos em que está sobrecarregada ou simplesmente não tem força para obedecer, é preciso olhar para seus pensamentos. Qual é a parte de seus pensamentos que você realmente dá ao seu Deus? Ele fica com dez minutos ininterruptos em um dia? Uma hora?

Sem dedicar uma boa parte de seus pensamentos a Jesus, você não ficará unida com ele. É claro que você está ocupada. Há tantas exigências para atender e tanta coisa para fazer, mas, sem tempo com Jesus, você não terá a energia necessária para fazer tudo isso. E você, sem dúvida, não terá poder para lidar com as tentações que surgem em seu caminho todos os dias. A verdade é que você nunca tem tempo suficiente para *não* passar tempo com Jesus.

Quanto mais coisas você tem para fazer, de mais tempo precisa para passar com ele. Jesus é sua fonte de força. Ele é quem fará com que você dê frutos e seja produtiva. Se você está se sentindo insuficiente, então é hora de examinar em que anda pensando. Você está ficando unida com Jesus ou o está deixando por outras "coisas mais importantes"? Você não tem força para fazer tudo sozinha. Você precisa ficar unida com ele para fazer o que lhe foi dado para fazer.

faz; mas chamo vocês de amigos, pois tenho dito a vocês tudo o que ouvi do meu
Pai. 16 Não foram vocês que me escolheram; pelo contrário, fui eu que os escolhi para que vão e deem fruto e que esse fruto não se perca. Isso a fim de que o Pai lhes dê tudo o que pedirem em meu
nome. 17 O que eu mando a vocês é isto: amem uns aos outros.

Os seguidores de Jesus serão perseguidos

18 Jesus continuou:

— Se o mundo odeia vocês, lembrem
que ele me odiou primeiro. 19 Se vocês fossem do mundo, o mundo os amaria por vocês serem dele. Mas eu os escolhi entre as pessoas do mundo, e vocês não são mais dele. Por isso o mundo odeia vocês.
20 Lembrem do que eu disse: "O empregado não é mais importante do que o patrão". Se as pessoas que são do mundo me perseguiram, também perseguirão vocês; se elas obedeceram aos meus ensinamentos, também obedecerão aos
ensinamentos de vocês. 21 Por causa de mim, essas pessoas vão lhes fazer tudo isso porque não conhecem aquele que
me enviou. 22 Elas não teriam nenhum pecado se eu não tivesse vindo e falado a elas. Mas agora essas pessoas não têm
desculpa para o seu pecado. 23 Quem me
odeia odeia também o meu Pai. 24 Se eu
não tivesse feito entre elas essas coisas que nenhum outro fez, elas não teriam nenhum pecado. Mas agora viram o que eu fiz e continuam a odiar tanto a mim
como o meu Pai. 25 Mas isso é para que se cumpra o que está escrito na *Lei deles: "Eles me odiaram sem motivo."

26 — Quando chegar o Auxiliador, o Espírito da verdade, que vem do Pai, ele falará a respeito de mim. E sou eu quem enviará

esse Auxiliador a vocês da parte do Pai.
27 E vocês também falarão a meu respei-
to porque estão comigo desde o começo.
16 E Jesus disse ainda:
— Eu digo isso para que vocês
não abandonem a sua fé. 2 Vocês serão ex-
pulsos das *sinagogas, e chegará o tempo
em que qualquer um que os matar pen-
sará que está fazendo a vontade de Deus.
3 Eles vão fazer essas coisas porque não
conhecem nem o Pai nem a mim. 4 Mas eu
digo isso para que, quando essas coisas
acontecerem, vocês lembrem que eu já
os tinha avisado.

O trabalho do Espírito Santo

E Jesus continuou:
— Eu não disse isso antes, porque ain-
da estava com vocês. 5 Porém agora eu vou
para junto daquele que me enviou. E ne-
nhum de vocês me pergunta: "Aonde é
que o senhor vai?" 6 Mas, porque eu dis-
se isso, o coração de vocês ficou cheio de
tristeza. 7 Eu falo a verdade quando digo
que é melhor para vocês que eu vá. Pois,
se não for, o Auxiliador não virá; mas, se
eu for, eu o enviarei a vocês. 8 Quando o
Auxiliador vier, ele convencerá as pessoas
do mundo de que elas têm uma ideia erra-
da a respeito do pecado e do que é direito
e justo e também do julgamento de Deus.
9 As pessoas do mundo estão erradas a
respeito do pecado porque não creem em
mim; 10 estão erradas a respeito do que é
direito e justo porque eu vou para o Pai,
e vocês não vão me ver mais. 11 E também
estão erradas a respeito do julgamento
porque aquele que manda neste mundo
já está julgado.
12 — Ainda tenho muitas coisas para
lhes dizer, mas vocês não poderiam su-
portar isso agora. 13 Porém, quando o Es-
pírito da verdade vier, ele ensinará toda
a verdade a vocês. O Espírito não falará
por si mesmo, mas dirá tudo o que ouviu
e anunciará a vocês as coisas que estão
para acontecer. 14 Ele vai ficar sabendo o
que tenho para dizer, e dirá a vocês, e as-
sim ele trará *glória para mim. 15 Tudo o
que o Pai tem é meu. Por isso eu disse que
o Espírito vai ficar sabendo o que eu lhe
disser e vai anunciar a vocês.

Tristeza e alegria

16 E Jesus disse:
— Daqui a pouco vocês não vão me ver
mais; porém, pouco depois, vão me ver
novamente.
17 Alguns dos seus discípulos comen-
taram:
— O que será que ele quer dizer? Ele
afirma: "Daqui a pouco vocês não vão me
ver mais; porém, pouco depois, vão me
ver novamente". E diz também: "É porque
vou para o meu Pai". 18 O que quer dizer
"pouco depois"? Não entendemos o que
isso quer dizer.
19 Jesus, sabendo que eles queriam lhe
fazer perguntas, disse:
— Eu afirmei que daqui a pouco vocês
não vão me ver mais e que pouco depois
vão me ver novamente. Por acaso não é
a respeito disso que vocês estão fazen-
do perguntas uns aos outros? 20 Pois eu
afirmo a vocês que isto é verdade: vocês
vão chorar e ficar tristes, mas as pessoas
do mundo ficarão alegres. Vocês ficarão
tristes, mas essa tristeza virará alegria.
21 Quando uma mulher está para dar à luz,
ela fica triste porque chegou a sua hora de
sofrer. Mas, depois que a criança nasce, a
mulher fica tão alegre, que nem lembra
mais do seu sofrimento. 22 Assim acontece
também com vocês: agora estão tristes,
mas eu os verei novamente. Aí vocês fica-
rão cheios de alegria, e ninguém poderá
tirar essa alegria de vocês.
23 — Quando chegar aquele dia, vocês
não me pedirão nada. E eu afirmo a vo-
cês que isto é verdade: se vocês pedirem
ao Pai alguma coisa em meu nome, ele
lhes dará. 24 Até agora vocês não pedi-
ram nada em meu nome; peçam e rece-
berão para que a alegria de vocês seja
completa.

Vencendo o mundo

25 E Jesus terminou, dizendo:
— Eu digo essas coisas a vocês por
meio de comparações. Mas chegará o
tempo em que não falarei mais por meio
de comparações, pois falarei claramente
a vocês a respeito do Pai. 26 Naquele dia
vocês pedirão coisas em meu nome. E eu
digo que não precisarei pedir ao Pai em
favor de vocês, 27 pois o próprio Pai os
ama. Ele os ama porque vocês, de fato,
me amam e creem que vim de Deus. 28 Eu
vim do Pai e entrei no mundo. E agora
deixo o mundo e vou para o Pai.
29 Então os seus discípulos disseram:
— Agora, sim, o senhor está falando
claramente e não por meio de compara-
ções. 30 Sabemos agora que o senhor co-
nhece tudo e não precisa que ninguém

DEVOCIONAL

Texto para leitura: **João 16:31-33**

Conheça a si mesma

Você já teve a impressão de que tudo e todos estão contra você? Sua vida, às vezes, é uma luta? Isso é normal e até bom. O estado natural das coisas em um mundo caído não é ordem e paz, mas bagunça e conflito. As coisas naturalmente se deterioram, assim como, se você ignorar seu quarto, por fim a bagunça tomará conta dele. Então, não fique chocada quando a vida ficar difícil; basta decidir se você quer que a luta a destrua ou a deixe melhor.

Seu estado natural é uma bagunça também — pecaminoso, não santo. Ninguém é santo porque não há o que fazer. A pessoa é santa porque ela fica e luta. Ela se recusa a deixar que o mundo vença e a torne parecida com ele. Jesus deixou isso claro: “No mundo vocês vão sofrer” (João 16:33). Quando você sente que o mundo está contra você, diga: “Ah, claro! O que mais eu poderia esperar?” Então, decida se você vai se entregar e aceitar os ataques ou se recusar a deixar que eles a derrubem. Quando você escolhe a santidade, você escolhe dizer: “Pode vir com seu melhor golpe. Eu tenho um Rei que venceu, por isso não tenho medo”. Toda vez que sua carne grita de medo, mas sua mente prefere crer em Deus e confiar na palavra dele, você está vencendo a batalha contínua em busca da santidade. Então, lembre-se das palavras de Jesus: “Eu digo isso para que, por estarem unidos comigo, vocês tenham paz. No mundo vocês vão sofrer; mas tenham coragem. Eu venci o mundo” (João 16:33).

lhe faça perguntas. Por isso nós cremos
que o senhor veio de Deus.
31 E Jesus respondeu:
— Então agora vocês creem? 32 Pois
chegou a hora de vocês todos serem es-
palhados, cada um para a sua casa; e as-
sim vão me deixar sozinho. Mas eu não
estou só, pois o Pai está comigo. 33 Eu digo
isso para que, por estarem unidos comi-
go, vocês tenham paz. No mundo vocês
vão sofrer; mas tenham coragem. Eu ven-
ci o mundo.

Jesus ora em favor dos seus seguidores

17 Depois de dizer essas coisas, Jesus
olhou para o céu e disse:
— Pai, chegou a hora. Revela a natureza
divina do teu Filho a fim de que ele revele
a tua natureza *gloriosa. 2 Pois tens dado
ao Filho autoridade sobre todos os seres
humanos para que ele dê a vida eterna a
todos os que lhe deste. 3 E a vida eterna
é esta: que eles conheçam a ti, que és o
único Deus verdadeiro; e conheçam tam-
bém Jesus Cristo, que enviaste ao mundo.
4 Eu revelei no mundo a tua natureza glo-
riosa, terminando assim o trabalho que
me deste para fazer. 5 E agora, Pai, dá-me
na tua presença a mesma grandeza divi-
na que eu tinha contigo antes de o mun-
do existir.
6 — Eu mostrei quem tu és para aque-
les que tiraste do mundo e me deste. Eles
eram teus, e tu os deste para mim. Eles
têm obedecido à tua mensagem 7 e agora
sabem que tudo o que me tens dado vem
de ti. 8 Pois eu lhes entreguei a mensagem
que tu me deste, e eles a receberam, e fi-
caram sabendo que é verdade que eu vim
de ti, e creram que tu me enviaste.
9 — Eu peço em favor deles. Não peço
em favor do mundo, mas por aqueles que
me deste, pois são teus. 10 Tudo o que é
meu é teu, e tudo o que é teu é meu; e a
minha natureza divina se revela por meio
daqueles que me deste. 11 Agora estou
indo para perto de ti. Eles continuam no
mundo, mas eu não estou mais no mun-
do. Pai santo, pelo poder do teu nome, o
nome que me deste, guarda-os para que
sejam um, assim como tu e eu somos um.
12 Quando estava com eles no mundo, eu
os guardava pelo poder do teu nome, o

Pergunte a si mesma...

Como estou sofrendo agora?
O que Deus está tentando me ensinar com isso?
Quando o assunto é sofrimento, do que tenho medo?
Como posso reagir ao sofrimento de maneira diferente de como reagi no passado?
Como Deus poderia usar meu sofrimento para seu benefício e até mesmo para o meu?

mesmo nome que me deste. Tomei con-
ta deles; e nenhum se perdeu, a não ser
aquele que já ia se perder para que se
cumprisse o que as *Escrituras Sagradas
dizem. 13 E agora estou indo para perto de
ti. Mas digo isso enquanto estou no mun-
do para que o coração deles fique cheio
da minha alegria. 14 Eu lhes dei a tua men-
sagem, mas o mundo ficou com ódio deles
porque eles não são do mundo, como eu
também não sou. 15 Não peço que os tires
do mundo, mas que os guardes do Malig-
no. 16 Assim como eu não sou do mundo,
eles também não são. 17 Que eles sejam
teus por meio da verdade; a tua mensa-
gem é a verdade. 18 Assim como tu me en-
viaste ao mundo, eu também os enviei.
19 Em favor deles eu me entrego comple-
tamente a ti. Faço isso para que, de fato,
eles também sejam completamente teus.
20 — Não peço somente por eles, mas
também em favor das pessoas que vão
crer em mim por meio da mensagem de-
les. 21 E peço que todos sejam um. E as-
sim como tu, meu Pai, estás unido comi-
go, e eu estou unido contigo, que todos os
que crerem também estejam unidos a nós
para que o mundo creia que tu me envias-
te. 22 A natureza divina que tu me deste eu
reparti com eles a fim de que possam ser
um, assim como tu e eu somos um. 23 Eu
estou unido com eles, e tu estás unido co-
migo, para que eles sejam completamente
unidos, a fim de que o mundo saiba que
me enviaste e que amas os meus segui-
dores como também me amas.
24 — Pai, quero que, onde eu estiver,
aqueles que me deste estejam comigo a
fim de que vejam a minha natureza divi-
na, que tu me deste; pois me amaste an-
tes da criação do mundo. 25 Pai justo, o
mundo não te conhece, mas eu te conhe-
ço; e aqueles que me deste sabem que tu
me enviaste. 26 Eu fiz com que eles te co-
nheçam e continuarei a fazer isso para
que o amor que tens por mim esteja ne-
les e para que eu também esteja unido
com eles.

Jesus é preso

Mateus 26.47-56; Marcos 14.43-50;
Lucas 22.47-54a

18 Depois de fazer essa oração, Jesus
saiu com os discípulos e foi para
o outro lado do riacho de Cedrom. Ha-
via ali um jardim, onde Jesus entrou com
eles. 2 Judas, o traidor, conhecia aquele lu-
gar porque Jesus tinha se reunido muitas
vezes ali com os discípulos. 3 Então Judas
foi ao jardim com um grupo de soldados
e alguns guardas do Templo mandados
pelos chefes dos sacerdotes e pelos *fa-
riseus. Eles estavam armados e levavam
lanternas e tochas. 4 Jesus sabia de tudo
o que lhe ia acontecer. Por isso caminhou
na direção deles e perguntou:
— Quem é que vocês estão procurando?
5 — Jesus de Nazaré! — responderam.
— Sou eu! — disse Jesus.
Judas, o traidor, estava com eles. 6 Quan-
do Jesus disse: "Sou eu", eles recuaram
e caíram no chão. 7 Jesus perguntou ou-
tra vez:
— Quem é que vocês estão procurando?
— Jesus de Nazaré! — tornaram a res-
ponder.
8 Jesus disse:
— Já afirmei que sou eu. Se é a mim que
vocês procuram, então deixem que estes
outros vão embora!
9 Jesus disse isso para que se cumprisse
o que ele tinha dito antes: "Pai, de todos
aqueles que me deste, nenhum se per-
deu."
10 Aí Simão Pedro tirou a espada, atacou
um empregado do *Grande Sacerdote e
cortou a orelha direita dele. O nome do
empregado era Malco. 11 Mas Jesus dis-
se a Pedro:
— Guarde a sua espada! Por acaso você
pensa que eu não vou beber o cálice de
sofrimento que o Pai me deu?

Jesus diante de Anás

12 Em seguida os soldados, o coman-
dante e os guardas do Templo prenderam

DEVOCIONAL

Texto para leitura: **João 18:10-11**

Conheça a verdadeira felicidade

Pedro opôs-se categoricamente ao sofrimento de Cristo. Ele queria que Jesus o evitasse totalmente. Mas não se pode evitar o sofrimento; por mais que você lute contra, ele vai vir. Todo mundo sofre neste mundo. Por exemplo, muitas meninas são alvos de insultos e da mesquinhez de outras. Mas o que é importante não é o sofrimento, mas o *resultado* desse sofrimento. Você deixará que ele a destrua ou deixará que Deus o use para seu bem?

Como a atleta que exercita os músculos para deixá-los mais fortes, às vezes você tem de sofrer em áreas nas quais é fraca, para que sua força seja completa. Deus usa o sofrimento para atraí-la a ele, para torná-la mais forte, para purificá-la e para produzir resistência e caráter. Quando você puder aceitar isso, então o sofrimento será algo com o qual você não só poderá lidar, mas algo do qual poderá se colocar acima. Ele não terá esse poder agonizante sobre você, porque você terá se tornado mais forte por causa dele.

O sofrimento tem um propósito na vida da Garota de Deus. Ele nunca é em vão desde que você lhe dê atenção espiritual, a fim de que ele a torne mais santa. Então, quando você tiver vontade de lutar contra o sofrimento ou mesmo contra a pessoa que supostamente está causando, pegue sua espada e siga o exemplo de Jesus.

Jesus e o amarraram. 13 Então o levaram
primeiro até a casa de Anás. Anás era o
sogro de Caifás, que naquele ano era o
*Grande Sacerdote. 14 Caifás era quem tinha dito aos líderes judeus que era melhor para eles que morresse apenas um homem pelo povo.

Pedro nega Jesus

Mateus 26.69-70; Marcos 14.66-68; Lucas 22.54b-57

15 Simão Pedro foi seguindo Jesus, junto com outro discípulo. Esse discípulo era conhecido do *Grande Sacerdote e por isso conseguiu entrar no pátio da
casa dele junto com Jesus. 16 Mas Pedro
ficou do lado de fora, perto da porta. O outro discípulo, que era conhecido do Grande Sacerdote, saiu e falou com a empregada que tomava conta da porta. Então ela deixou Pedro entrar
17 e lhe perguntou:

— Você não é um dos seguidores daquele homem?

— Eu, não! — respondeu ele.

18 Por causa do frio, os empregados e os guardas tinham feito uma fogueira e estavam se aquecendo de pé, em volta dela. Pedro estava de pé, no meio deles, aquecendo-se também.

Jesus diante do Grande Sacerdote

Mateus 26.57-68; Marcos 14.53-65; Lucas 22.54,66-71

19 O *Grande Sacerdote fez algumas perguntas a Jesus a respeito dos seus seguidores e dos seus ensinamentos.
20 E Jesus respondeu:

— Eu sempre falei a todos publicamente. Ensinava nas *sinagogas e no pátio do Templo, onde o povo se reúne, e nunca
disse nada em segredo. 21 Então, por que o
senhor está me fazendo essas perguntas? Pergunte aos que me ouviram, pois eles sabem muito bem o que eu disse a eles.

22 Quando Jesus disse isso, um dos guardas do Templo que estavam ali deu-lhe uma bofetada e disse:

— Isso é maneira de falar com o Grande Sacerdote?

23 — Se eu disse alguma mentira, prove que menti! — respondeu Jesus. — Mas, se eu falei a verdade, por que é que você está me batendo?

24 Depois Anás mandou Jesus, ainda amarrado, para Caifás, o Grande Sacerdote.

Pedro nega Jesus outra vez

Mateus 26.71-75; Marcos 14.69-72;
Lucas 22.58-62

25 Pedro ainda estava lá, de pé, aque-
cendo-se perto do fogo. Então lhe per-
guntaram:
— Você não é um dos seguidores da-
quele homem?
— Não, eu não sou! — respondeu ele.
26 Um dos empregados do *Grande Sa-
cerdote, parente do homem de quem Pe-
dro tinha cortado a orelha, perguntou:
— Será que eu não vi você com ele no
jardim?
27 E outra vez Pedro disse que não.
E no mesmo instante o galo cantou.

Jesus diante de Pilatos

Mateus 27.1-2,11-14; Marcos 15.1-5;
Lucas 23.1-5

28 Depois levaram Jesus da casa de Cai-
fás para o palácio do Governador romano.
Já era de manhã cedo. Os líderes judeus
não entraram no palácio porque queriam
continuar *puros, conforme a religião de-
les; pois só assim poderiam comer o jan-
tar da *Páscoa. 29 Então o governador Pi-
latos saiu, foi encontrar-se com eles e
perguntou:
— Que acusação vocês têm contra este
homem?
30 Eles responderam:
— O senhor acha que nós lhe entre-
garíamos este homem se ele não tivesse
cometido algum crime?
31 Pilatos disse:
— Levem este homem e o julguem vo-
cês mesmos, de acordo com a *lei de vo-
cês.
Então eles responderam:
— Nós não temos o direito de matar
ninguém.
32 Isso aconteceu assim para que se
cumprisse o que Jesus tinha dito quando
falou a respeito de como ia morrer.
33 Pilatos tornou a entrar no palácio,
chamou Jesus e perguntou:
— Você é o rei dos judeus?
34 Jesus respondeu:
— Esta pergunta é do senhor mesmo
ou foram outras pessoas que lhe disseram
isso a meu respeito?
35 — Por acaso eu sou judeu? — disse
Pilatos. — A sua própria gente e os che-
fes dos sacerdotes é que o entregaram a
mim. O que foi que você fez?
36 Jesus respondeu:
— O meu *Reino não é deste mundo!
Se o meu Reino fosse deste mundo, os
meus seguidores lutariam para não dei-
xar que eu fosse entregue aos líderes ju-
deus. Mas o fato é que o meu Reino não
é deste mundo!
37 — Então você é rei? — perguntou Pi-
latos.
— É o senhor que está dizendo que eu
sou rei! — respondeu Jesus. — Foi para
falar da verdade que eu nasci e vim ao
mundo. Quem está do lado da verdade
ouve a minha voz.
38 — O que é a verdade? — perguntou
Pilatos.

Jesus é condenado à morte

Mateus 27.15-31; Marcos 15.6-20;
Lucas 23.13-25

Depois de dizer isso, Pilatos saiu ou-
tra vez para falar com a multidão e disse:
— Não vejo nenhum motivo para con-
denar este homem. 39 Mas, de acordo com
o costume de vocês, eu sempre solto um
prisioneiro na ocasião da *Páscoa. Vocês
querem que eu solte para vocês o rei dos
judeus?
40 Todos começaram a gritar:
— Não, ele não! Nós queremos que sol-
te Barrabás!
Acontece que esse Barrabás era um cri-
minoso.

19 Aí Pilatos mandou chicotear Jesus.
2 Depois os soldados fizeram uma
coroa de ramos cheios de espinhos, e a
puseram na cabeça dele, e o vestiram com
uma *capa vermelha. 3 Chegavam perto
dele e diziam:
— Viva o rei dos judeus!
E davam bofetadas nele. 4 Aí Pilatos saiu
outra vez e disse para a multidão:
— Escutem! Vou trazer o homem aqui
para que vocês saibam que não encontro
nenhum motivo para condená-lo!
5 Então Jesus saiu com a coroa de es-
pinhos na cabeça e vestido com a capa
vermelha.
— Vejam! Aqui está o homem! — dis-
se Pilatos.
6 Quando os chefes dos sacerdotes e os
guardas do Templo viram Jesus, começa-
ram a gritar:
— Crucifica! Crucifica!
— Vocês que o levem e o crucifiquem!
Eu não encontro nenhum motivo para
condenar este homem! — repetiu Pilatos.
7 A multidão respondeu:

— Nós temos uma *Lei, e ela diz que
este homem deve morrer porque afirma
que é o Filho de Deus.
8 Quando Pilatos ouviu isso, ficou com
mais medo ainda. 9 Entrou outra vez no
palácio e perguntou a Jesus:
— De onde você é?
Mas Jesus não respondeu nada. 10 En-
tão Pilatos disse:
— Você não quer falar comigo? Lem-
bre que eu tenho autoridade tanto para
soltá-lo como para mandar crucificá-lo.
11 Jesus respondeu:
— O senhor só tem autoridade sobre
mim porque ela lhe foi dada por Deus. Por
isso aquele que me entregou ao senhor é
culpado de um pecado maior.
12 Depois disso Pilatos quis soltar Jesus.
Mas a multidão gritou:
— Se o senhor soltar esse homem, não
é amigo do Imperador! Pois quem diz
que é rei é inimigo do Imperador!
13 Quando Pilatos ouviu isso, trouxe Je-
sus para fora e sentou-se no tribunal, no
lugar chamado "Calçada de Pedra". (Em
*hebraico o nome desse lugar é "Gabatá".)
14 Era quase meio-dia da véspera da *Pás-
coa. Pilatos disse para a multidão:
— Aqui está o rei de vocês!
15 Mas eles gritaram:
— Mata! Mata! Crucifica!
Então Pilatos perguntou:
— Querem que eu crucifique o rei de
vocês?
Mas os chefes dos sacerdotes respon-
deram:
— O nosso único rei é o Imperador!
16 Então Pilatos entregou Jesus aos
soldados para ser crucificado, e eles o
levaram.

A crucificação de Jesus

Mateus 27.32-44; Marcos 15.21-32;
Lucas 23.26-43

17 Jesus saiu carregando ele mesmo a
cruz para o lugar chamado *Calvário. (Em
*hebraico o nome desse lugar é "Gólgota".)
18 Ali os soldados pregaram Jesus na
cruz. E crucificaram também outros dois
homens, um de cada lado dele. 19-20 Pilatos
mandou escrever um letreiro e colocá-lo
na parte de cima da cruz. Nesse letreiro
estava escrito em hebraico, latim e *grego:
"Jesus de Nazaré, Rei dos Judeus". Muitas
pessoas leram o letreiro porque o lugar
em que Jesus foi crucificado ficava perto
da cidade. 21 Então os chefes dos sacerdo-
tes disseram a Pilatos:
— Não escreva: "Rei dos Judeus"; es-
creva: "Este homem disse: Eu sou o Rei
dos Judeus".
22 — O que escrevi escrevi! — respon-
deu Pilatos.
23 Depois que os soldados crucificaram
Jesus, pegaram as roupas dele e dividi-
ram em quatro partes, uma para cada um.
Mas a *túnica era sem costura, toda tecida
numa só peça de alto a baixo. 24 Por isso os
soldados disseram uns aos outros:
— Não vamos rasgar a túnica. Vamos
tirar a sorte para ver quem fica com ela.
Isso aconteceu para que se cumpris-
se o que as *Escrituras Sagradas dizem:

> "Repartiram entre si as minhas
> roupas
> e fizeram *sorteio da minha túnica."

E foi isso o que os soldados fizeram.
25 Perto da cruz de Jesus estavam a
sua mãe, e a irmã dela, e Maria, a espo-
sa de Clopas, e também Maria Madalena.
26 Quando Jesus viu a sua mãe e perto dela
o discípulo que ele amava, disse a ela:
— Este é o seu filho.
27 Em seguida disse a ele:
— Esta é a sua mãe.
E esse discípulo levou a mãe de Jesus
para morar dali em diante na casa dele.

A morte de Jesus

Mateus 27.45-56; Marcos 15.33-41;
Lucas 23.44-49

28 Agora Jesus sabia que tudo estava
completado. Então, para que se cum-
prisse o que dizem as *Escrituras Sagra-
das, disse:
— Estou com sede!
29 Havia ali uma vasilha cheia de vinho
comum. Molharam no vinho uma espon-
ja, puseram a esponja num bastão de
*hissopo e a encostaram na boca de Je-
sus. 30 Quando ele tomou o vinho, disse:
— Tudo está completado!
Então baixou a cabeça e morreu.

Um soldado fura o lado de Jesus

31 Então os líderes judeus pediram a
Pilatos que mandasse quebrar as per-
nas dos que tinham sido crucificados e
mandasse tirá-los das cruzes. Pediram
isso porque era sexta-feira e não que-
riam que, no sábado, os corpos ainda es-
tivessem nas cruzes. E aquele sábado era

especialmente santo. 32 Os soldados fo-
ram e quebraram as pernas do primeiro
homem que tinha sido crucificado com
Jesus e depois quebraram as pernas do
outro. 33 Mas, quando chegaram perto de
Jesus, viram que ele já estava morto e não
quebraram as suas pernas. 34 Porém um
dos soldados furou o lado de Jesus com
uma lança. No mesmo instante saiu san-
gue e água.
35 Quem viu isso contou o que aconte-
ceu para que vocês também creiam. O que
ele disse é verdade, e ele sabe que fala
a verdade. 36 Isso aconteceu para que se
cumprisse o que as *Escrituras Sagradas
dizem: "Nenhum dos seus ossos será que-
brado." 37 E em outro lugar as Escrituras
Sagradas dizem: "Eles olharão para aque-
le a quem atravessaram com a lança."

O sepultamento de Jesus

Mateus 27.57-61; Marcos 15.42-47;
Lucas 23.50-56

38 Depois disso, José, da cidade de Ari-
mateia, pediu licença a Pilatos para levar
o corpo de Jesus. (José era seguidor de Je-
sus, mas em segredo porque tinha medo
dos líderes judeus.) Pilatos deu licença,
e José foi e retirou o corpo de Jesus. 39 Ni-
codemos, aquele que tinha ido falar com
Jesus à noite, foi com José, levando uns
trinta e cinco quilos de uma mistura de
*aloés e *mirra. 40 Os dois homens pega-
ram o corpo de Jesus e o enrolaram em
lençóis nos quais haviam espalhado essa
mistura. Era assim que os judeus prepa-
ravam os corpos dos mortos para serem
sepultados.
41 No lugar onde Jesus tinha sido cruci-
ficado havia um jardim com um túmulo
novo onde ninguém ainda tinha sido colo-
cado. 42 Puseram ali o corpo de Jesus por-
que o túmulo ficava perto e também por-
que o sábado dos judeus ia começar logo.

> **Uma oração sobre...**
>
> **A cruz**
>
> Louvado seja Deus pela dádiva do Espírito Santo, que me ensinará o segredo da cruz de Cristo! O Espírito fortaleceu Cristo para se oferecer a Deus na cruz. A cruz deu a Cristo o direito de receber a plenitude do Espírito do Pai e de derramá-lo sobre toda a carne. A cruz me dá o direito de receber o Espírito. E o Espírito me ensina a amar a cruz e a viver uma vida crucificada com Cristo.
>
> Ah, meu Pai, eu te agradeço porque deste a obra imediata e contínua do Espírito ao meu coração, porque o Cristo crucificado pode ser formado dentro de mim, e porque sua vida pode se manter viva dentro de mim. Pai, peço-te *humildemente,* ensina-me a mim e ao teu povo a conhecer essa obra do Espírito e a nos entregar para que ele tenha plena posse de nós, para que o Senhor Jesus crucificado possa ser glorificado em nós.
>
> Amém.

O túmulo vazio

Mateus 28.1-8; Marcos 16.1-8;
Lucas 24.1-12

20 Domingo bem cedo, quando ainda
estava escuro, Maria Madalena foi
até o túmulo e viu que a pedra que tapa-
va a entrada tinha sido tirada. 2 Então foi
correndo até o lugar onde estavam Simão
Pedro e outro discípulo, aquele que Jesus
amava, e disse:
— Tiraram o Senhor Jesus do túmulo,
e não sabemos onde o puseram!
3 Então Pedro e o outro discípulo foram
até o túmulo. 4 Os dois saíram correndo
juntos, mas o outro correu mais depres-
sa do que Pedro e chegou primeiro. 5 Ele
se abaixou para olhar lá dentro e viu os
lençóis de linho; porém não entrou no tú-
mulo. 6 Mas Pedro, que chegou logo de-
pois, entrou. Ele também viu os lençóis
colocados ali 7 e a faixa que tinham posto
em volta da cabeça de Jesus. A faixa não
estava junto com os lençóis, mas estava
enrolada ali ao lado. 8 Aí o outro discípu-
lo, que havia chegado primeiro, também
entrou no túmulo. Ele viu e creu. 9 (Eles
ainda não tinham entendido as *Escritu-
ras Sagradas, que dizem que era preciso
que Jesus ressuscitasse.) 10 E os dois vol-
taram para casa.

Jesus aparece a Maria Madalena

Mateus 28.9-10; Marcos 16.9-11

11 Maria Madalena tinha ficado perto da
entrada do túmulo, chorando. Enquanto
chorava, ela se abaixou, olhou para den-
tro 12 e viu dois anjos vestidos de branco,
sentados onde tinha sido posto o corpo
de Jesus. Um estava na cabeceira, e o ou-
tro, nos pés. 13 Os anjos perguntaram:

— Mulher, por que você está chorando?
Ela respondeu:
— Levaram embora o meu Senhor, e eu
não sei onde o puseram!
14 Depois de dizer isso, ela virou para
trás e viu Jesus ali de pé, mas não o reco-
nheceu. 15 Então Jesus perguntou:
— Mulher, por que você está choran-
do? Quem é que você está procurando?
Ela pensou que ele era o jardineiro e
por isso respondeu:
— Se o senhor o tirou daqui, diga onde
o colocou, e eu irei buscá-lo.
16 — Maria! — disse Jesus.
Ela virou e respondeu em *hebraico:
— "Rabôni!" (Esta palavra quer dizer
"Mestre".)
17 Jesus disse:
— Não me segure, pois ainda não subi
para o meu Pai. Vá se encontrar com os
meus irmãos e diga a eles que eu vou su-
bir para aquele que é o meu Pai e o Pai
deles, o meu Deus e o Deus deles.
18 Então Maria Madalena foi e disse aos
discípulos de Jesus:
— Eu vi o Senhor!
E contou o que Jesus lhe tinha dito.

Jesus aparece aos discípulos

Mateus 28.16-20; Marcos 16.14-18;
Lucas 24.36-49

19 Naquele mesmo domingo, à tarde, os
discípulos de Jesus estavam reunidos de
portas trancadas, com medo dos líderes
judeus. Então Jesus chegou, ficou no meio
deles e disse:
— Que a paz esteja com vocês!
20 Em seguida lhes mostrou as suas
mãos e o seu lado. E eles ficaram muito
alegres ao verem o Senhor. 21 Então Jesus
disse de novo:
— Que a paz esteja com vocês! Assim
como o Pai me enviou, eu também envio
vocês.
22 Depois soprou sobre eles e disse:
— *Recebam o Espírito Santo.* 23 Se vocês
perdoarem os pecados de alguém, esses
pecados são perdoados; mas, se não per-
doarem, eles não são perdoados.

Jesus e Tomé

24 Acontece que Tomé, um dos discí-
pulos, que era chamado de "o Gêmeo",
não estava com eles quando Jesus che-
gou. 25 Então os outros discípulos disse-
ram a Tomé:
— Nós vimos o Senhor!
Ele respondeu:
— Se eu não vir o sinal dos pregos nas
mãos dele, e não tocar ali com o meu
dedo, e também se não puser a minha
mão no lado dele, não vou crer!
26 Uma semana depois, os discípulos de
Jesus estavam outra vez reunidos ali com
as portas trancadas, e Tomé estava com
eles. Jesus chegou, ficou no meio deles
e disse:
— Que a paz esteja com vocês!
27 Em seguida disse a Tomé:
— Veja as minhas mãos e ponha o seu
dedo nelas. Estenda a mão e ponha no
meu lado. Pare de duvidar e creia!
28 Então Tomé exclamou:
— Meu Senhor e meu Deus!
29 — Você creu porque me viu? — dis-
se Jesus. — Felizes são os que não viram,
mas assim mesmo creram!

A finalidade deste Evangelho

30 Jesus fez diante dos discípulos mui-
tos outros milagres que não estão escri-
tos neste livro. 31 Mas estes foram escritos
para que vocês creiam que Jesus é o *Mes-
sias, o Filho de Deus. E para que, crendo,
tenham vida por meio dele.

Jesus aparece a sete discípulos

21 Depois disso, Jesus apareceu outra
vez aos seus discípulos, na beira do
lago da Galileia. Foi assim que aconteceu:
2 Estavam juntos Simão Pedro e Tomé,
chamado "o Gêmeo"; Natanael, que era
de Caná da Galileia; os filhos de Zebedeu
e mais dois discípulos. 3 Simão Pedro dis-
se aos outros:
— Eu vou pescar.
— Nós também vamos pescar com
você! — disseram eles.
Então foram todos e subiram no barco,
mas naquela noite não pescaram nada.
4 De manhã, quando começava a clarear,
Jesus estava na praia. Porém eles não sa-
biam que era ele. 5 Então Jesus perguntou:
— Moços, vocês pescaram alguma coi-
sa?
— Nada! — responderam eles.
6 — Joguem a rede do lado direito do
barco, que vocês acharão peixe! — dis-
se Jesus.
Eles jogaram a rede e logo depois já não
conseguiam puxá-la para dentro do barco,
por causa da grande quantidade de peixes
que havia nela. 7 Aí o discípulo que Jesus
amava disse a Pedro:

— É o Senhor Jesus!
Quando Simão Pedro ouviu dizer que
era o Senhor, vestiu a *capa, pois havia ti-
rado a roupa, e se jogou na água. 8 Os ou-
tros discípulos foram no barco, puxando a
rede com os peixes, pois estavam somen-
te a uns cem metros da praia. 9 Quando
saíram do barco, viram ali uma peque-
na fogueira, com alguns peixes em cima
das brasas. E também havia pão. 10 Então
Jesus disse:
— Tragam alguns desses peixes que vo-
cês acabaram de pescar.
11 Aí Simão Pedro subiu no barco e ar-
rastou a rede para a terra. Ela estava
cheia, com cento e cinquenta e três pei-
xes grandes, e mesmo assim não se re-
bentou. 12 Jesus disse:
— Venham comer!
Nenhum deles tinha coragem de per-
guntar quem ele era, pois sabiam que era
o Senhor. 13 Então Jesus veio, pegou o pão
e deu a eles. E fez a mesma coisa com os
peixes.
14 Foi esta a terceira vez que Jesus, de-
pois de ter sido ressuscitado, apareceu
aos seus discípulos.

Jesus e Pedro

15 Quando eles acabaram de comer, Je-
sus perguntou a Simão Pedro:
— Simão, filho de João, você me ama
mais do que estes outros me amam?
— Sim, o senhor sabe que eu o amo,
Senhor! — respondeu ele.
Então Jesus lhe disse:
— Tome conta das minhas ovelhas!
16 E perguntou pela segunda vez:
— Simão, filho de João, você me ama?
Pedro respondeu:
— Sim, o senhor sabe que eu o amo,
Senhor!
E Jesus lhe disse outra vez:
— Tome conta das minhas ovelhas!
17 E perguntou pela terceira vez:
— Simão, filho de João, você me ama?
Então Pedro ficou triste por Jesus ter
perguntado três vezes: "Você me ama?"
E respondeu:
— O senhor sabe tudo e sabe que eu o
amo, Senhor!
E Jesus ordenou:
— Tome conta das minhas ovelhas.
18 Quando você era moço, você se apron-
tava e ia para onde queria. Mas eu afirmo
a você que isto é verdade: quando for ve-
lho, você estenderá as mãos, alguém vai
amarrá-las e o levará para onde você não
vai querer ir.
19 Ao dizer isso, Jesus estava dando a
entender de que modo Pedro ia morrer e
assim fazer com que Deus fosse louvado.
Então Jesus disse a Pedro:
— Venha comigo!

Jesus e o outro discípulo

20 Então Pedro virou para trás e viu
que o discípulo que Jesus amava vinha
atrás dele. Este era o mesmo que esta-
va ao lado de Jesus durante o jantar da
*Páscoa e que havia chegado para mais
perto dele e perguntado: "Senhor, quem
é o traidor?" 21 Quando Pedro viu aquele
discípulo, perguntou a Jesus:
— O que diz, Senhor, a respeito des-
te aqui?
22 Jesus respondeu:
— Se eu quiser que ele viva até que eu
volte, o que é que você tem com isso? Ve-
nha comigo!
23 Então se espalhou entre os seguido-
res de Jesus a notícia de que aquele dis-
cípulo não ia morrer. Mas Jesus não disse
isso. Ele apenas disse: "Se eu quiser que
ele viva até que eu volte, o que é que você
tem com isso?"
24 Este é o discípulo que falou destas
coisas e as escreveu. E nós sabemos que
o que ele disse é verdade.

Final

25 Ainda há muitas outras coisas que Je-
sus fez. Se todas elas fossem escritas, uma
por uma, acho que nem no mundo inteiro
caberiam os livros que seriam escritos.

Atos dos Apóstolos

Conheça o Espírito Santo

Porém, quando o Espírito Santo descer sobre vocês, vocês receberão poder e serão minhas testemunhas em Jerusalém, em toda a Judeia e Samaria e até nos lugares mais distantes da terra.
Atos 1:8

Autor ♥ Lucas, médico e autor do Evangelho de Lucas
Data ♥ Entre 60 e 80 d. C.
Local ♥ Talvez na Antioquia, Éfeso ou Roma
Público-alvo ♥ Teófilo e outros cristãos

Quando Jesus foi preso, todos os homens que o seguiam fugiram como crianças assustadas. Eles não estavam preparados para essa súbita mudança de acontecimentos. Muitos deles começaram a questionar sua fé em Jesus. Como ele poderia morrer se era, de fato, o Filho de Deus? Eles se esconderam e tentaram descobrir o que fazer em seguida. Mas, então, algo mudou, e esses meninos assustados, de repente, se tornaram homens valentes e destemidos. O que aconteceu? Como esses homens medrosos se transformaram em pessoas confiantes e fortes de uma hora para outra? Foi assim: eles viram Jesus. Antes de Jesus voltar à vida, esses homens estavam com medo e escondidos, mas, uma vez que viram o Jesus ressurreto, convenceram-se de que ele era Deus, e, desse momento em diante, nada poderia detê-los.

Como uma Garota de Deus, você precisa se convencer de que Jesus é quem ele disse ser. Nada em você pode ter medo de estar associada com ele, como foi o caso de Pedro. Quando as coisas parecem ruins, quando parece que a Palavra de Deus está falhando, a Garota de Deus não vira as costas e sai correndo, mas permanece forte e destemida, porque viu o Rei ressurreto e lhe ofereceu sua total fidelidade.

Ponto essencial
Lucas queria mostrar como a Igreja primitiva se espalhou rapidamente após a ressurreição de Jesus. Atos mostra-nos a vontade de Deus de que a Igreja seja formada *tanto de judeus* como de gentios. Você perceberá uma ênfase na conversão de Paulo e nos ministérios dele e de Pedro.

O livro de Atos é a história dos primeiros cristãos. Embora corressem perigo de todos os lados, eles continuaram a servir àquele que tinham certeza de que era, é e sempre será o Deus de todos.

Enquanto você lê este livro sobre a transição pela qual os discípulos passaram — da vida com Cristo para a vida depois da ressurreição —, dê uma olhada em Pedro, o *homem medroso* que negou Cristo três vezes (veja Mateus 26:69-75). Agora ele está cheio do Espírito Santo e falando de Jesus para todo mundo, como um homem totalmente diferente. Quando Jesus se torna real para você, e sua vida começa a mudar por causa da presença dele, sua coragem aumenta e você tem vontade de falar de Cristo para todo mundo. Observe também como os primeiros cristãos amaram e cuidaram uns dos outros e como nada, nem mesmo a ameaça de morte, pôde arrancá-los da missão que tinham de anunciar Jesus ao mundo.

Coisas para procurar

- A importância do Espírito Santo em Atos (mais de quarenta referências)
- Os ministérios de Paulo e de Pedro
- Como a Igreja primitiva cuidava de seus membros, e estes apoiavam uns aos outros

Conselho Superior: O conselho judicial e administrativo da fé judaica, também conhecido como Sinédrio, era composto pelo sumo sacerdote, escribas e anciãos. Eles foram os responsáveis por acusar Jesus do crime de blasfêmia.

Pentecostes: Conhecida como Festa da Colheita, ficou conhecido depois como o dia em que o Espírito Santo desceu sobre os cristãos, e Pedro levou milhares de pessoas à fé em Cristo (veja Atos 2).

Termos e versículos que você deve saber

Todos ficaram cheios do Espírito Santo e começaram a falar em outras línguas, de acordo com o poder que o Espírito dava a cada pessoa.

(Atos 2:4)

— Arrependam-se, e cada um de vocês seja batizado em nome de Jesus Cristo para que os seus pecados sejam perdoados, e vocês receberão de Deus o Espírito Santo.

(Atos 2:38)

Quando terminaram de fazer essa oração, o lugar onde estavam reunidos tremeu. Então todos ficaram cheios do Espírito Santo e começaram a anunciar corajosamente a palavra de Deus.

(Atos 4:31)

Meus irmãos, todos vocês precisam saber com certeza que é por meio de Jesus que a mensagem do perdão de pecados é anunciada a vocês. Precisam saber também que quem crê é libertado de todos os pecados dos quais a Lei de Moisés não pode livrar.

(Atos 13:38-39)

E Deus, que conhece o coração de todos, mostrou que aceita os não judeus, pois deu o Espírito Santo também a eles, assim como tinha dado a nós.

(Atos 15:8)

Mas eu não dou valor à minha própria vida. O importante é que eu complete a minha missão e termine o trabalho que o Senhor Jesus me deu para fazer. E a missão é esta: anunciar a boa notícia da graça de Deus.

(Atos 20:24)

1 Prezado Teófilo,
No primeiro livro que escrevi, contei tudo o que Jesus fez e ensinou, desde
o começo do seu trabalho 2 até o dia em
que ele foi levado para o céu. Antes de ir para o céu, ele deu ordens, pelo poder do Espírito Santo, aos homens que ele havia escolhido como *apóstolos. 3 Depois
da sua morte, Jesus apareceu a eles de muitas maneiras, durante quarenta dias, provando, sem deixar dúvida nenhuma, que estava vivo. Os apóstolos viram Jesus, e ele conversava com eles a respeito do
*Reino de Deus. 4 Um dia, quando estava
com os apóstolos, Jesus deu esta ordem:
— Fiquem em Jerusalém e esperem até que o Pai lhes dê o que prometeu, confor-
me eu disse a vocês. 5 Pois, de fato, João
batizou com água, mas daqui a poucos dias vocês serão batizados com o Espírito Santo.

Jesus é levado para o céu

6 Certa vez, os *apóstolos estavam reunidos com Jesus. Então lhe perguntaram:
— É agora que o senhor vai devolver o *Reino para o povo de Israel?
7 Jesus respondeu:
— Não cabe a vocês saber a ocasião ou o dia que o Pai marcou com a sua própria
autoridade. 8 Porém, quando o Espírito
Santo descer sobre vocês, vocês receberão poder e serão minhas testemunhas em Jerusalém, em toda a Judeia e Samaria e até nos lugares mais distantes da terra.
9 Depois de ter dito isso, Jesus foi levado
para o céu diante deles. Então uma nuvem
o cobriu, e eles não puderam vê-lo mais.
10 Eles ainda estavam olhando firme para
o céu enquanto Jesus subia, quando dois homens vestidos de branco apareceram
perto deles 11 e disseram:
— Homens da Galileia, por que vocês estão aí olhando para o céu? Esse Jesus que estava com vocês e que foi levado *para o céu voltará do mesmo modo* que vocês o viram subir.

A escolha de Matias

12 Então os *apóstolos desceram o monte das Oliveiras e voltaram para Jerusalém (o monte fica mais ou menos a um
quilômetro da cidade). 13 Quando chega-
ram à cidade, eles foram até a sala onde estavam hospedados, a qual ficava no andar de cima da casa. Os apóstolos eram estes: Pedro, João, Tiago, André, Filipe, Tomé, Bartolomeu, Mateus, Tiago, filho de Alfeu, Simão, o nacionalista, e Judas,
filho de Tiago. 14 Eles sempre se reuniam
todos juntos para orar com as mulheres, a mãe de Jesus e os irmãos dele.
15 Num desses dias de reunião, estavam presentes mais ou menos cento e vinte seguidores de Jesus. Nessa reunião Pedro se levantou e disse:
16 — Meus irmãos, tinha de acontecer aquilo que o Espírito Santo, por meio de Davi, disse nas *Escrituras Sagradas a respeito de Judas, que foi o guia daqueles
que prenderam Jesus. 17 Judas era do nos-
so grupo e foi escolhido para tomar parte no nosso trabalho.
18 (Com o dinheiro que tinha recebido pelo seu crime, Judas comprou um terreno. Nesse terreno ele caiu e se arrebentou, e os seus intestinos se esparrama-
ram. 19 Todos os moradores de Jerusalém
ficaram sabendo disso. Por isso deram àquele terreno o nome de "Aceldama", que na língua deles quer dizer "Campo
de Sangue.") 20 E Pedro continuou:
— Isto é o que está escrito no Livro dos Salmos:

"Que a casa dele fique abandonada,
e ninguém mais more nela!"

— E também diz:

"Que outra pessoa faça
o trabalho que ele fazia!"

21-22 — Portanto, precisamos escolher outro homem para pertencer ao nosso grupo e ser testemunha junto conosco da ressurreição do Senhor Jesus. Deve ser um daqueles que nos acompanharam durante o tempo em que o Senhor Jesus andou entre nós, desde que foi batizado por João até o dia em que foi levado para o céu.
23 E foram apresentados dois homens: José, chamado Barsabás, que tinha o ape-
lido de Justo, e Matias. 24 Em seguida ora-
ram, dizendo:
— Senhor, tu conheces o coração de todos. Mostra agora qual dos dois escolhes-
te 25 para trabalhar conosco como apósto-
lo, pois Judas abandonou este trabalho e foi para o lugar que ele merecia.
26 Depois fizeram um *sorteio para escolher um dos dois. O nome sorteado foi o de Matias, que se juntou ao grupo dos onze apóstolos.

A vinda do Espírito Santo

2 Quando chegou o dia de *Pentecostes,
todos os seguidores de Jesus estavam
reunidos no mesmo lugar. 2 De repente,
veio do céu um barulho que parecia o de
um vento soprando muito forte e esse ba-
rulho encheu toda a casa onde estavam
sentados. 3 Então todos viram umas coisas
parecidas com chamas, que se espalharam
como línguas de fogo; e cada pessoa foi to-
cada por uma dessas línguas. 4 Todos fica-
ram cheios do Espírito Santo e começaram
a falar em outras línguas, de acordo com o
poder que o Espírito dava a cada pessoa.
5 Estavam morando ali em Jerusalém
judeus religiosos vindos de todas as na-
ções do mundo. 6 Quando ouviram aquele
barulho, uma multidão deles se ajuntou,
e todos ficaram muito admirados porque
cada um podia entender na sua própria
língua o que os seguidores de Jesus esta-
vam dizendo. 7 A multidão ficou admirada
e espantada e comentava:
— Estas pessoas que estão falando as-
sim são da Galileia! 8 Como é que cada um
de nós as ouvimos falar na nossa própria
língua? 9 Nós somos da Pártia, da Média,
do Elão, da Mesopotâmia, da Judeia, da
Capadócia, do Ponto, da *província da
Ásia, 10 da Frígia, da Panfília, do Egito e
das regiões da Líbia que ficam perto de
Cirene. Alguns de nós são de Roma. 11 Uns
são judeus, e outros, convertidos ao Ju-
daísmo. Alguns são de Creta, e outros, da
Arábia. E como é que todos estamos ou-
vindo essa gente falar em nossa própria
língua a respeito das grandes coisas que
Deus tem feito?
12 Todos estavam admirados, sem sa-
berem o que pensar, e perguntavam uns
aos outros:
— O que será que isso quer dizer?
13 Mas outros zombavam, dizendo:
— Esse pessoal está bêbado!

A mensagem de Pedro

14 Então Pedro se levantou, junto com
os outros onze *apóstolos, e em voz bem
alta começou a dizer à multidão:
— Meus amigos judeus e todos vocês
que moram em Jerusalém, prestem aten-
ção e escutem o que eu vou dizer! 15 Estas
pessoas não estão bêbadas, como vocês
estão pensando, pois são apenas nove ho-
ras da manhã. 16 O que, de fato, está acon-
tecendo é o que o *profeta Joel disse:

17 "É isto o que eu vou fazer
nos últimos dias — diz Deus —:
Derramarei o meu Espírito
sobre todas as pessoas.
Os filhos e as filhas de vocês
anunciarão a minha mensagem;
os moços terão visões,
e os velhos sonharão.
18 Sim, eu derramarei o meu Espírito
sobre os meus *servos e as minhas
servas,
e naqueles dias eles também
anunciarão
a minha mensagem.
19 Em cima, no céu, farei com que
apareçam coisas espantosas;
e embaixo, na terra, farei milagres.
Haverá sangue, e fogo,
e nuvens de fumaça;
20 o sol ficará escuro,
e a lua se tornará cor de sangue,
antes que chegue o grande e
*glorioso
Dia do Senhor.
21 Então todos os que pedirem
a ajuda do Senhor serão salvos."

22 Pedro continuou:
— Homens de Israel, escutem o que eu
vou dizer. Deus mostrou a vocês que Jesus
de Nazaré era um homem aprovado por

Uma oração pela...

Morada do Espírito Santo em mim

Ó, Senhor de amor, cria um lugar para ti em meu coração. Esvazia-o de qualquer sentimento, pensamento, emoção, desejo, propósito, ansiedade e medo que possam interferir em teu amor. Abre-o inteiramente para deixar-te entrar; não deixes que nada te exclua.

Somente tu podes fazer meu coração adequado para ti: limpa-o por completo através de teu Espírito para que ele te ame totalmente; seja cheio de ti por inteiro; torne-se completamente convencido, iluminado e aquecido por ti; para que tu possas viver nele para sempre, e ele possa te amar com teu próprio amor nele eternamente.

Amém.

ele. Pois, por meio de Jesus, Deus fez mi-
lagres, maravilhas e coisas extraordiná-
rias no meio de vocês, como vocês sabem
muito bem. 23 Deus, por sua própria von-
tade e sabedoria, já havia resolvido que
Jesus seria entregue nas mãos de vocês.
E vocês mesmos o mataram por mãos de
homens maus, que o crucificaram. 24 Mas
Deus ressuscitou Jesus, livrando-o do po-
der da morte, porque não era possível que
a morte o dominasse. 25 Pois Davi disse a
respeito de Jesus o seguinte:

"Eu via sempre o Senhor comigo
porque ele está ao meu lado
direito,
para que nada me deixe abalado.
26 Por isso o meu coração está feliz,
e as minhas palavras são palavras
de alegria;
e eu, um ser mortal, vou descansar
cheio de esperança,
27 pois tu, Senhor, não me
abandonarás
no *mundo dos mortos.
Eu tenho te servido fielmente,
e por isso não deixarás
que eu apodreça na sepultura.
28 Tu me tens ensinado os caminhos
que levam à vida,
e a tua presença me encherá de
alegria."

29 E Pedro disse mais isto:
— Meus irmãos, eu preciso falar clara-
mente com vocês a respeito do *patriarca
Davi. Esse grande líder morreu e foi se-
pultado, e o seu túmulo se encontra aqui
até hoje. 30 Ele era profeta e sabia que
Deus lhe havia jurado que um dos seus
descendentes seria rei, como ele. 31 Davi
sabia o que Deus ia fazer e por isso falou
a respeito da ressurreição do *Messias.
Davi disse:

"Ele não foi abandonado
no mundo dos mortos,
nem o seu corpo apodreceu na
sepultura."

32 Deus ressuscitou este Jesus, e todos nós
somos testemunhas disso. 33 Pois Jesus foi
levado para sentar-se ao lado direito de
Deus, o seu Pai, o qual lhe deu o Espíri-
to Santo, como havia prometido. E Jesus
derramou sobre nós esse Espírito, con-
forme vocês estão vendo e ouvindo ago-
ra. 34 Pois Davi não subiu para o céu, mas
ele mesmo afirmou:

"O Senhor Deus disse ao meu Senhor:
'Sente-se do meu lado direito,
35 até que eu ponha os seus inimigos
como estrado debaixo dos seus
pés.' "

36 Todo o povo de Israel deve ficar bem
certo de que este Jesus que vocês cruci-
ficaram é aquele que Deus tornou Senhor
e Messias.
37 Quando ouviram isso, todos ficaram
muito aflitos e perguntaram a Pedro e aos
outros apóstolos:
— Irmãos, o que devemos fazer?
38 Pedro respondeu:
— Arrependam-se, e cada um de vo-
cês seja batizado em nome de Jesus Cristo
para que os seus pecados sejam perdoa-
dos, e vocês receberão de Deus o Espírito
Santo. 39 Pois essa promessa é para vocês,
para os seus filhos e para todos os que es-
tão longe, isto é, para todos aqueles que
o Senhor, nosso Deus, *chamar.
40 Pedro continuou a dar o seu teste-
munho e, com muitas outras explicações,
procurou convencê-los, dizendo:
— Saiam do meio dessa gente má e sal-
vem-se!
41 Muitos acreditaram na mensagem
de Pedro e foram batizados. Naquele dia
quase três mil se juntaram ao grupo dos
seguidores de Jesus. 42 E todos continua-
vam firmes, seguindo os ensinamentos
dos apóstolos, vivendo em amor cristão,
partindo o pão juntos e fazendo orações.

A vida dos primeiros cristãos

43 Os *apóstolos faziam muitos milagres
e maravilhas, e por isso todas as pessoas
estavam cheias de *temor. 44 Todos os que
criam estavam juntos e unidos e repar-
tiam uns com os outros o que tinham.
45 Vendiam as suas propriedades e outras
coisas e dividiam o dinheiro com todos,
de acordo com a necessidade de cada um.
46 Todos os dias, unidos, se reuniam no pá-
tio do Templo. E nas suas casas partiam o
pão e participavam das refeições com ale-
gria e humildade. 47 Louvavam a Deus por
tudo e eram estimados por todos. E cada
dia o Senhor juntava ao grupo as pessoas
que iam sendo salvas.

A cura de um coxo

3 Certo dia de tarde, Pedro e João es-
tavam indo ao Templo para a oração
das três horas. 2 Estava ali um homem que
tinha nascido coxo. Todos os dias ele era

levado para um dos portões do Templo,
chamado "Portão Formoso", a fim de pe-
dir esmolas às pessoas que entravam no
pátio do Templo. 3 Quando o coxo viu Pe-
dro e João entrando, pediu uma esmola.
4 Eles olharam firmemente para ele, e Pe-
dro disse:
— Olhe para nós!
5 O homem olhou para eles, esperando
receber alguma coisa. 6 Então Pedro disse:
— Não tenho nenhum dinheiro, mas
o que tenho eu lhe dou: pelo poder do
nome de Jesus Cristo, de Nazaré, levan-
te-se e ande.
7 Em seguida Pedro pegou a mão direi-
ta do homem e o ajudou a se levantar. No
mesmo instante os pés e os tornozelos
dele ficaram firmes. 8 Então ele deu um
pulo, ficou de pé e começou a andar. De-
pois entrou no pátio do Templo com eles,
andando, pulando e agradecendo a Deus.
9 Toda a multidão viu o homem pulando e
louvando a Deus. 10 Quando perceberam
que aquele era o mendigo que ficava sen-
tado perto do Portão Formoso do Templo,
ficaram admirados e espantados com o
que havia acontecido.

A mensagem de Pedro no Templo

11 O homem que havia sido curado
acompanhou Pedro e João. Todas as
pessoas estavam admiradas e correram
para a parte do pátio do Templo chama-
da "*Alpendre de Salomão", onde eles es-
tavam. 12 Quando Pedro viu isso, disse
ao povo:
— Israelitas, por que vocês estão admi-
rados? Por que estão olhando firmemen-
te para nós como se tivéssemos feito este
homem andar por causa do nosso próprio
poder ou por causa da nossa dedicação a
Deus? 13 O Deus dos nossos antepassados,
o Deus de Abraão, o Deus de Isaque e o
Deus de Jacó, foi quem deu *glória ao seu
*Servo Jesus. Mas vocês o entregaram às
autoridades e o rejeitaram diante de Pila-
tos; e, quando ele resolveu soltá-lo, vocês
não quiseram. 14 Jesus era bom e dedica-
do a Deus, mas vocês o rejeitaram. Em
vez de pedirem a liberdade para ele, pe-
diram que Pilatos soltasse um criminoso.
15 Assim vocês mataram o Autor da vida;
mas Deus o ressuscitou, e nós somos tes-
temunhas disso. 16 Foi o poder do nome
de Jesus que deu forças a este homem. O
que vocês estão vendo e sabendo foi fei-
to pela fé no seu nome, pois foi a fé em
Jesus que curou este homem em frente
de todos vocês.
17 — Agora, meus irmãos, eu sei que o
que vocês e os seus líderes fizeram com
Jesus foi sem saber o que estavam fazen-
do. 18 Mas Deus cumpriu assim o que ha-
via anunciado há muito tempo pelos *pro-
fetas, isto é, que o *Messias, que ele es-
colheu, tinha de sofrer. 19 Portanto, arre-
pendam-se e voltem para Deus, a fim de
que ele perdoe os pecados de vocês. 20 E
também para que tempos de nova força
espiritual venham do Senhor, e ele man-
de Jesus, que ele já tinha escolhido para
ser o Messias de vocês. 21 Jesus precisa fi-
car no céu até chegar o tempo em que to-
das as coisas serão renovadas, como Deus
anunciou há muito tempo pelos seus fiéis
mensageiros, os profetas. 22 Pois Moisés
disse: "Do meio de vocês o Senhor Deus
escolherá e enviará para vocês um profe-
ta, assim como ele me enviou. Obedeçam
a tudo o que ele lhes disser. 23 Aquele que
não obedecer será separado do povo de
Deus e destruído." 24 Samuel e todos os
profetas que vieram depois dele falaram a
respeito destes dias. 25 As promessas que
Deus fez por meio dos seus profetas são
para vocês. E vocês fazem parte da *alian-
ça que Deus fez com os seus antepassa-
dos, quando disse para Abraão: "Por meio
dos seus descendentes, eu abençoarei to-
das as nações do mundo."
26 — Assim Deus escolheu o seu Ser-
vo e o mandou primeiro a vocês, para
abençoá-los, e para que cada um de vo-
cês abandone os seus pecados.

Pedro e João diante do Conselho Superior

4 Pedro e João ainda estavam falando
ao povo quando chegaram alguns sa-
cerdotes, o chefe da guarda do Templo
e alguns *saduceus. 2 Eles ficaram muito
aborrecidos porque os dois *apóstolos es-
tavam ensinando ao povo que Jesus havia
ressuscitado e que isso provava que os
mortos vão ressuscitar. 3 Então prenderam
os dois e os puseram na cadeia para fica-
rem lá até o dia seguinte, pois já era muito
tarde. 4 Porém muitas pessoas que ouvi-
ram a mensagem creram, e os homens que
creram foram mais ou menos cinco mil.
5 No dia seguinte reuniram-se em Jeru-
salém as autoridades dos judeus, os líde-
res do povo e os *mestres da Lei. 6 Nessa
reunião estavam também Anás, que era o
*Grande Sacerdote, Caifás, João, Alexandre

e os outros que eram da família do Gran-
de Sacerdote. 7 As autoridades puseram os
apóstolos em frente deles e perguntaram:
— Com que poder ou em nome de
quem vocês fizeram isso?
8 Então Pedro, cheio do Espírito Santo,
respondeu:
— Autoridades e líderes do povo! 9 Os
senhores estão nos perguntando hoje so-
bre o bem que foi feito a este homem e
como ele foi curado. 10 Pois então os se-
nhores e todo o povo de Israel fiquem sa-
bendo que este homem está aqui comple-
tamente curado pelo poder do nome de
Jesus Cristo, de Nazaré — aquele que os
senhores crucificaram e que Deus ressus-
citou. 11 Jesus é aquele de quem as *Escri-
turas Sagradas dizem:

"A pedra que vocês, os construtores,
rejeitaram
veio a ser a mais importante de
todas."

12 A salvação só pode ser conseguida por
meio dele. Pois não há no mundo inteiro
nenhum outro que Deus tenha dado aos
seres humanos, por meio do qual possa-
mos ser salvos.
13 Os membros do *Conselho Superior
ficaram admirados com a coragem de Pe-
dro e de João, pois sabiam que eram ho-
mens simples e sem instrução. E reconhe-
ceram que eles tinham sido companhei-
ros de Jesus. 14 Mas não podiam dizer nada
contra os dois, pois o homem que havia
sido curado estava ali de pé, junto com
eles. 15 Em seguida mandaram que Pedro e
João saíssem da sala do Conselho e come-
çaram a discutir o assunto. 16 Eles diziam:
— O que vamos fazer com estes ho-
mens? Pois todos os moradores de Jeru-
salém sabem que eles fizeram um grande
milagre, e nós não podemos negar isso.
17 Mas, para não deixar que a notícia se
espalhe ainda mais entre o povo, vamos
ameaçá-los, a fim de que nunca mais fa-
lem com ninguém a respeito de Jesus.
18 Então os chamaram e ordenaram du-
ramente que não falassem nem ensinas-
sem nada a respeito de Jesus. 19 Mas Pedro
e João responderam:
— Os senhores mesmos julguem diante
de Deus: devemos obedecer aos senhores
ou a Deus? 20 Pois não podemos deixar de
falar daquilo que temos visto e ouvido.
21 Aí o Conselho Superior os amea-
çou com mais dureza ainda e depois os
mandou embora. O Conselho não pôde
castigá-los porque todo o povo louvava a
Deus por causa do que havia acontecido.
22 O homem que foi curado por esse mila-
gre tinha mais de quarenta anos.

A oração dos seguidores de Jesus

23 Quando Pedro e João foram soltos,
voltaram para o seu grupo e contaram
tudo o que os chefes dos sacerdotes e os
líderes do povo haviam dito. 24 Assim que
eles ouviram isso, adoraram todos juntos
a Deus, dizendo:
— Senhor, tu és o Criador do céu, da
terra, do mar e de tudo o que existe neles!
25 Tu falaste por meio do Espírito Santo e
do nosso antepassado Davi, teu *servo,
quando ele disse:

"Por que as nações pagãs
ficaram furiosas?
Por que os povos fizeram planos
tão tolos?
26 Os seus reis se prepararam,
e os seus governantes se ajuntaram
contra o Senhor Deus
e contra o *Messias, que ele
escolheu."

27 — De fato, Herodes e Pôncio Pilatos
se juntaram aqui nesta cidade, com os não
judeus e com o povo de Israel, contra Je-
sus, o teu dedicado Servo que escolhes-
te para ser o Messias. 28 Eles se reuniram
para fazer tudo o que, pelo teu poder e
pela tua vontade, já havias resolvido que
ia acontecer. 29 Agora, Senhor, olha para
a ameaça deles. Dá aos teus servos con-
fiança para anunciarem corajosamente a
tua palavra. 30 Estende a mão para curar,
a fim de que, por meio do poder do nome
do teu dedicado Servo Jesus, milagres e
maravilhas sejam feitos.
31 Quando terminaram de fazer essa
oração, o lugar onde estavam reunidos
tremeu. Então todos ficaram cheios do
Espírito Santo e começaram a anunciar
corajosamente a palavra de Deus.

Tudo era de todos

32 Todos os que creram pensavam e sen-
tiam do mesmo modo. Ninguém dizia que
as coisas que possuía eram somente suas,
mas todos repartiam uns com os outros
tudo o que tinham. 33 Com grande poder
os *apóstolos davam testemunho da res-
surreição do Senhor Jesus, e Deus derra-
mava muitas bênçãos sobre todos. 34 Não
havia entre eles nenhum necessitado,

pois todos os que tinham terras ou casas
as vendiam, traziam o dinheiro 35 e o en-
tregavam aos apóstolos. E cada pessoa
recebia uma parte, de acordo com a sua
necessidade.
36-37 Foi assim que José vendeu um ter-
reno dele e entregou o dinheiro aos após-
tolos. José era *levita e havia nascido na
ilha de Chipre. Os apóstolos o chamavam
de Barnabé, que quer dizer "Aquele que
dá ânimo".

Ananias e Safira

5 Mas um homem chamado Ananias, ca-
sado com uma mulher que se chamava
Safira, vendeu um terreno 2 e só entregou
uma parte do dinheiro aos *apóstolos, fi-
cando com o resto. E Safira sabia disso.
3 Então Pedro disse a Ananias:
— Por que você deixou Satanás domi-
nar o seu coração? Por que mentiu para
o Espírito Santo? Por que você ficou com
uma parte do dinheiro que recebeu pela
venda daquele terreno? 4 Antes de você
vendê-lo, ele era seu; e, depois de ven-
der, o dinheiro também era seu. Então por
que resolveu fazer isso? Você não mentiu
para seres humanos — mentiu para Deus!
5 Assim que ouviu isso, Ananias caiu
morto; e todos os que souberam do que
havia acontecido ficaram com muito
medo. 6 Então vieram alguns moços, co-
briram o corpo de Ananias, levaram para
fora e o sepultaram.
7 A mulher de Ananias chegou umas
três horas depois, sem saber do que ha-
via acontecido com o marido. 8 Aí Pedro
perguntou a ela:
— Me diga! Foi por este preço que você
e o seu marido venderam o terreno?
— Foi! — respondeu ela.
9 Então Pedro disse:
— Por que você e o seu marido resol-
veram pôr à prova o Espírito do Senhor?
Os moços que acabaram de sepultar o seu
marido já estão lá na porta e agora vão le-
var você também.
10 No mesmo instante ela caiu morta aos
pés de Pedro. Os moços entraram e, ven-
do que ela estava morta, levaram o corpo
dela e o sepultaram ao lado do marido.
11 E toda a igreja e todos aqueles que sou-
beram disso ficaram apavorados.

Milagres e maravilhas

12 Os *apóstolos faziam muitos milagres
e maravilhas entre o povo, e os seguido-
res de Jesus se reuniam no *Alpendre de
Salomão. 13 Ninguém de fora tinha cora-
gem de se juntar ao grupo deles, mas o
povo falava muito bem deles. 14 Uma mul-
tidão de homens e mulheres também creu
no Senhor e veio aumentar ainda mais o
grupo. 15 Por causa dos milagres que os
apóstolos faziam, as pessoas punham os
doentes nas ruas, em camas e esteiras.
Faziam isso para que, quando Pedro pas-
sasse, pelo menos a sua sombra cobrisse
alguns deles. 16 Multidões vinham das ci-
dades vizinhas de Jerusalém trazendo os
seus doentes e os que eram dominados
por espíritos maus, e todos eram curados.

Os apóstolos são perseguidos

17 Então o *Grande Sacerdote e todos os
seus companheiros, que eram do parti-
do dos *saduceus, ficaram com inveja dos
*apóstolos e resolveram fazer alguma coi-
sa. 18 Prenderam os apóstolos e os puse-
ram na cadeia. 19 Mas naquela noite um
anjo do Senhor abriu os portões da ca-
deia, levou os apóstolos para fora e disse:
20 — Vão para o Templo e anunciem ao
povo tudo a respeito desta nova vida.
21 Os apóstolos obedeceram e no dia se-
guinte, bem cedo, entraram no pátio do
Templo e começaram a ensinar.
Então o Grande Sacerdote e os seus
companheiros chamaram os líderes do
povo para uma reunião do *Conselho
Superior. Depois mandaram que alguns
guardas do Templo fossem buscar os
apóstolos na cadeia. 22 Porém, quando os
guardas chegaram lá, não encontraram
os apóstolos. Então voltaram para o lu-
gar onde o Conselho estava reunido 23 e
disseram:
— Nós fomos até lá e encontramos a ca-
deia bem fechada, e os guardas vigiando
os portões; mas, quando os abrimos, não
achamos ninguém lá dentro.
24 Quando os chefes dos sacerdotes e
o chefe da guarda do Templo ouviram
isso, ficaram sem saber o que pensar so-
bre o que havia acontecido com os após-
tolos. 25 Nesse momento chegou alguém,
dizendo:
— Escutem! Os homens que vocês
prenderam estão lá no pátio do Templo
ensinando o povo!
26 Então o chefe da guarda do Templo
e os seus homens saíram e trouxeram os
apóstolos. Mas não os maltrataram por-
que tinham medo de serem apedrejados
pelo povo. 27 Depois puseram os apóstolos

DEVOCIONAL

Texto para leitura: **Atos 5:26-32**

Conheça a Deus

Quando você pode escolher entre fazer o que quer ou o que seus amigos, ou até mesmo seus inimigos, querem, qual é sua opção? E se fazer o que Deus quer for lhe custar caro? E se isso significar que as pessoas não vão gostar de você ou, pior ainda, vão odiá-la e machucá-la? Como você decide a quem vai obedecer nessas situações?

Sua fé exige obediência. Agir de outra forma e fazer o que as pessoas querem, e não o que Deus quer, é pecado. Quando disseram aos apóstolos que eles teriam de parar de falar de Jesus, "se não...", eles não deram a mínima para a parte do "se não...". Eles simplesmente fizeram o que deveriam fazer: pregar a verdade. Se você quer ter certeza de que sempre preferirá Deus a qualquer outra pessoa, então precisa descobrir o que ele quer que você faça, e isso começa com a leitura da Palavra de Deus. Você talvez não seja chamada a pregar, mas é chamada a amar seus inimigos, a ajudar àqueles que passam necessidade e a respeitar a autoridade.

Sua vida será muito mais fácil e implicará em muito menos suposições uma vez que você descobrir mais sobre a vontade de Deus para ela: os mandamentos, pensamentos e planos de Deus. A Bíblia foi escrita para instruí-la sobre como viver melhor sua vida, por isso lê-la não deve ser uma possibilidade maçante. Então, mergulhe nela hoje e descubra algo que você não sabia sobre Deus e a vontade dele para sua vida.

em frente do Conselho. E o Grande Sacerdote disse:
28 — Nós ordenamos que vocês não ensinassem nada a respeito daquele homem. E o que foi que vocês fizeram? Espalharam esse ensinamento por toda a cidade de Jerusalém e ainda querem nos culpar pela morte dele!
29 Então Pedro e os outros apóstolos responderam:
— Nós devemos obedecer a Deus e não às pessoas.
30 Os senhores crucificaram Jesus, mas o Deus dos nossos antepassados o ressuscitou.
31 E Deus o colocou à sua direita como Líder e Salvador, *para* dar *ao povo de Israel* oportunidade de se arrepender e receber o perdão dos seus pecados.
32 Nós somos testemunhas de tudo isso — nós e o Espírito Santo, que Deus dá aos que lhe obedecem.
33 Quando os membros do Conselho ouviram isso, ficaram com tanta raiva, que resolveram matar os apóstolos.
34 Mas levantou-se um dos membros do Conselho, um *fariseu chamado Gamaliel, que era um *mestre da Lei respeitado por todos. Ele mandou que levassem os apóstolos para fora e os deixassem ali um pouco.
35 Então disse ao Conselho:
— Homens de Israel, cuidado com o que vão fazer com estes homens.
36 Há pouco tempo apareceu um homem chamado Teudas, que se dizia muito importante e que com isso conseguiu reunir quatrocentos seguidores. Mas ele foi morto, todos os seus seguidores foram espalhados, e a revolta dele fracassou.
37 Depois disso apareceu Judas, o Galileu, na época do recenseamento. Este também conseguiu juntar muita gente, mas foi *morto*, e todos os seus seguidores foram espalhados.
38 Portanto, neste caso de agora, não façam nada contra estes homens. Deixem que vão embora porque, se este plano ou este trabalho vem de seres humanos, ele desaparecerá.
39 Mas, se vem de Deus, vocês não poderão destruí-lo, pois neste caso estariam lutando contra Deus.

E o Conselho aceitou a opinião de Gamaliel.
40 Então chamaram os apóstolos e os chicotearam; e aí mandaram que nunca

mais falassem nada a respeito de Jesus.
Depois os soltaram. 41 Os apóstolos saí-
ram do Conselho muito alegres porque
Deus havia achado que eles eram dignos
de serem insultados por serem seguido-
res de Jesus. 42 E, todos os dias, no pátio do
Templo e de casa em casa, eles continua-
vam a ensinar e a anunciar a boa notícia
a respeito de Jesus, o *Messias.

Sete auxiliares para os apóstolos

6 Algum tempo depois, o número de ju-
deus que se tornaram seguidores de
Jesus aumentou muito, e os que tinham
sido criados fora da terra de Israel come-
çaram a se queixar dos que tinham sido
criados em Israel. A queixa deles era que
as viúvas do seu grupo estavam sendo es-
quecidas na distribuição diária de dinhei-
ro. 2 Então os doze *apóstolos reuniram
todo o grupo de seguidores e disseram:
— Não está certo nós deixarmos de
anunciar a palavra de Deus para tratar-
mos de dinheiro. 3 Por isso, irmãos, es-
colham entre vocês sete homens de con-
fiança, cheios do Espírito Santo e de sa-
bedoria, e nós entregaremos esse servi-
ço a eles. 4 Assim nós poderemos conti-
nuar usando todo o nosso tempo na ora-
ção e no trabalho de anunciar a palavra
de Deus.
5 Todos concordaram com a proposta
dos apóstolos. Então escolheram Estê-
vão, um homem cheio de fé e do Espíri-
to Santo, e também Filipe, Prócoro, Nica-
nor, Timom, Pármenas e Nicolau de An-
tioquia, um não judeu que antes tinha se
convertido ao Judaísmo. 6 Esses homens
foram levados aos apóstolos, que oraram
e puseram as mãos sobre a cabeça deles.
7 A palavra de Deus continuava a se es-
palhar. Em Jerusalém o número dos se-
guidores de Jesus crescia cada vez mais,
e era grande o número de sacerdotes ju-
deus que aceitavam a fé cristã.

A prisão de Estêvão

8 Estêvão, um homem muito abençoa-
do por Deus e cheio de poder, fazia gran-
des maravilhas e milagres entre o povo.
9 Mas ficaram contra ele alguns membros
da "*Sinagoga dos Homens Livres*", que era
a *sinagoga dos judeus que tinham vindo
das cidades de Cirene e Alexandria. Estes
e outros judeus da região da Cilícia e da
*província da Ásia começaram a discutir
com Estêvão. 10 Mas o Espírito de Deus
dava tanta sabedoria a Estêvão, que ele
ganhava todas as discussões. 11 Então eles
pagaram algumas pessoas para dizerem:
— Nós ouvimos este homem dizer
*blasfêmias contra Moisés e contra Deus!
12 Dessa maneira eles atiçaram o povo,
os líderes e os *mestres da Lei. Depois fo-
ram, agarraram Estêvão e o levaram ao
*Conselho Superior. 13 Então arranjaram
alguns homens para dizerem mentiras a
respeito dele. Essas pessoas afirmaram
o seguinte:
— Este homem não para de falar contra
o nosso santo Templo e contra a *Lei de
Moisés. 14 Nós o ouvimos quando ele di-
zia que esse Jesus de Nazaré vai destruir
o Templo e mudar todos os costumes que
Moisés nos deu.
15 Todos os que estavam sentados na
sala do Conselho Superior olhavam firme-
mente para Estêvão e viram que o rosto
dele parecia o rosto de um anjo.

A defesa de Estêvão

7 O *Grande Sacerdote perguntou a Es-
têvão:
— O que essas pessoas estão dizendo
é verdade?
2 Estêvão respondeu:
— Irmãos e pais, escutem! O *glorio-
so Deus apareceu ao nosso antepassado
Abraão quando este morava na região da
Mesopotâmia, antes de ir morar na cida-
de de Harã. 3 E Deus lhe disse: "Saia da
sua terra e do meio dos seus parentes e
vá para uma terra que eu lhe mostrarei."
4 Então ele saiu da Caldeia e foi morar em
Harã. Depois que o pai dele morreu, Deus
trouxe Abraão para esta terra onde vo-
cês agora estão morando. 5 Ele não deu a
Abraão nem mesmo um palmo desta ter-
ra, mas prometeu que ia lhe dar toda esta
terra e que depois ela seria dos seus des-
cendentes. Quando Deus fez essa promes-
sa, Abraão ainda não tinha filhos. 6 Ele dis-
se a Abraão: "Os seus descendentes vão
viver como estrangeiros em outra terra.
Ali eles serão escravos e serão maltrata-
dos durante quatrocentos anos."
7 — E Deus disse ainda: "Eu castigarei
a nação que os escravizar. Depois dis-
so eles voltarão daquela terra e me ado-
rarão neste lugar." 8 Deus deu a Abraão
a cerimônia da *circuncisão como pro-
va da *aliança que fez com ele. Por isso
Abraão circuncidou o seu filho Isaque
uma semana depois do seu nascimen-
to. Isaque circuncidou o seu filho Jacó,

e Jacó fez o mesmo com os seus doze fi-
lhos, os *patriarcas.
9 Estêvão continuou:
— Os irmãos de José tinham inveja dele
e o venderam para ser escravo no Egito.
Mas Deus estava com ele 10 e o livrou de
todas as suas aflições. Quando José apa-
receu diante de Faraó, rei do Egito, Deus
lhe deu sabedoria e modos agradáveis. E
Faraó o nomeou governador do Egito e
do palácio do rei. 11 Depois houve falta de
alimentos e muito sofrimento no Egito e
em Canaã, e os nossos antepassados não
tinham mais o que comer. 12 Mais tarde,
Jacó ouviu dizer que no Egito havia trigo
e mandou pela primeira vez os nossos an-
tepassados até lá. 13 Na segunda vez José
contou aos seus irmãos quem ele era, e
Faraó ficou sabendo da família de José.
14 Então José mandou buscar o seu pai
Jacó e todos os seus parentes, a fim de
irem para o Egito; eram setenta e cinco
pessoas ao todo. 15 Jacó foi para o Egito, e
ali ele e os nossos antepassados ficaram
morando até o dia da morte deles. 16 De-
pois os corpos deles foram trazidos para
Siquém e postos no túmulo que Abraão
tinha comprado dos descendentes de Ha-
mor por um certo preço.
17 — Quando estava chegando o tem-
po de Deus cumprir o juramento que ha-
via feito a Abraão, o nosso povo tinha au-
mentado muito no Egito. 18 Então um rei
que não sabia nada a respeito de José co-
meçou a governar o Egito. 19 Esse rei en-
ganou e maltratou os nossos antepassa-
dos, a ponto de obrigá-los a abandonar as
suas próprias criancinhas para que elas
morressem. 20 Nesse tempo nasceu Moi-
sés, que era uma linda criança, e duran-
te três meses os seus pais cuidaram dele
em casa. 21 Mas, quando tiveram de aban-
doná-lo, a filha do rei o adotou e criou
como seu próprio filho. 22 E assim ele foi
instruído em toda a ciência dos egípcios
e se tornou um homem que falava e agia
com autoridade.
23 Estêvão disse ainda:
— Quando Moisés já estava com qua-
renta anos, resolveu ir ver a sua gente,
os israelitas. 24 Ali viu um egípcio maltra-
tando um homem do seu povo. Então de-
fendeu o israelita e o vingou, matando o
egípcio. 25 Moisés pensava que os israeli-
tas entenderiam que Deus ia libertá-los
por meio dele, mas eles não entenderam.
26 No dia seguinte Moisés viu dois israe-
litas brigando. E, tentando apartar a bri-
ga, disse: "Homens, escutem! Vocês são
irmãos; por que estão brigando?"
27 — Mas aquele que estava maltratan-
do o outro empurrou Moisés para um
lado e disse: "Quem pôs você como nos-
so chefe ou nosso juiz? 28 Você está que-
rendo me matar como matou o egípcio
ontem?" 29 Quando Moisés ouviu isso, fu-
giu do Egito e foi morar na terra de Midiã,
e ali nasceram dois filhos dele.
30 — Quarenta anos mais tarde, quando
Moisés estava no deserto, perto do monte
Sinai, um anjo apareceu a ele, no meio do
fogo de um espinheiro que estava quei-
mando. 31 Moisés ficou admirado com o
que estava vendo e chegou perto para ver
melhor. Então ouviu a voz do Senhor, que
disse: 32 "Eu sou o Deus dos seus antepas-
sados, o Deus de Abraão, de Isaque e de
Jacó." Moisés tremia de medo e não tinha
coragem de olhar. 33 Então o Senhor disse:
"Tire as sandálias, pois o lugar onde você
está é um lugar sagrado. 34 Eu tenho visto
como o meu povo está sendo maltratado
no Egito; tenho ouvido os gemidos deles
e desci para libertá-los. Agora vou man-
dar você para o Egito."
35 E Estêvão continuou:
— Esse mesmo Moisés foi rejeitado
pelo povo de Israel. Eles lhe pergunta-
ram: "Quem pôs você como nosso chefe
ou nosso juiz?" Deus enviou esse Moisés
como líder e libertador, com a ajuda do
anjo que apareceu no espinheiro. 36 Foi
ele quem tirou os israelitas do Egito, fa-
zendo milagres e maravilhas naquela ter-
ra, e também no mar Vermelho, e no de-
serto, durante quarenta anos. 37 Foi esse
mesmo Moisés quem disse aos israelitas:
"Do meio de vocês Deus escolherá e en-
viará para vocês um *profeta, assim como
ele me enviou." 38 Foi Moisés quem esteve
com os israelitas reunidos no deserto; ele
esteve lá com os nossos antepassados e
com o anjo que falou com ele no monte
Sinai. E foi Moisés quem recebeu e nos
entregou as mensagens vivas de Deus.
39 — Os nossos antepassados não quise-
ram obedecer a Moisés, mas o rejeitaram
e queriam voltar para o Egito. 40 Eles dis-
seram a Arão: "Faça para nós deuses que
irão à nossa frente. Não sabemos o que
aconteceu com Moisés, aquele homem
que nos tirou do Egito." 41 Então fizeram

uma imagem em forma de bezerro e ma-
taram animais para oferecer a ela como
*sacrifício. Depois deram uma festa em
honra da imagem que eles mesmos ti-
nham feito. 42 Mas Deus se afastou deles e
deixou que adorassem as estrelas do céu,
como está escrito no Livro dos Profetas:

"Ó povo de Israel, não foi para mim
que vocês mataram e ofereceram
  animais em *sacrifício
durante quarenta anos no deserto.
43 Vocês carregaram a barraca
  do deus *Moloque
e também a imagem da estrela de
    Raifã,
  o deus de vocês.
Esses eram ídolos que vocês tinham
    feito
  para adorar.
Por isso vou mandar vocês
  para além da Babilônia."

44 — No deserto, os nossos antepassa-
dos tinham consigo a *Tenda da Presença
de Deus. Essa Tenda foi feita como Deus
tinha mandado Moisés fazer, de acordo
com o modelo que Deus lhe havia mos-
trado. 45 Eles tinham recebido a Tenda dos
seus antepassados e a levaram quando fo-
ram com Josué e conquistaram as terras
das nações que Deus expulsou de diante
deles. A Tenda ficou lá com eles até o tem-
po de Davi. 46 Davi recebeu a aprovação
de Deus e pediu licença para construir
uma casa para o Deus de Jacó. 47 Mas foi
Salomão quem construiu a casa de Deus.
48 — Porém o Altíssimo não mora em
casas construídas por seres humanos.
Como disse o profeta:

49 "O céu é o meu trono, diz o
    Senhor,
e a terra é o estrado onde descanso
  os meus pés.
Que tipo de casa vocês poderiam
    construir para mim?
Como conseguiriam construir um
    lugar
  onde eu pudesse morar?
50 Por acaso não fui eu quem fez
  todas as coisas?"

51 E Estêvão terminou, dizendo:
— Como vocês são teimosos! Como são
duros de coração e surdos para ouvir a
mensagem de Deus! Vocês sempre têm
rejeitado o Espírito Santo, como os seus
antepassados rejeitaram. 52 Qual foi o pro-
feta que os antepassados de vocês não
perseguiram? Eles mataram os mensagei-
ros de Deus que no passado anunciaram
a vinda do Bom *Servo. E agora vocês o
traíram e o mataram. 53 Vocês receberam
a *lei por meio de anjos e não têm obede-
cido a essa lei.

A morte de Estêvão

54 Quando os membros do *Conselho Su-
perior acabaram de ouvir o que Estêvão
tinha dito, ficaram furiosos e rangeram
os dentes contra ele. 55 Mas Estêvão, cheio
do Espírito Santo, olhou firmemente para
o céu e viu a *glória de Deus. E viu tam-
bém Jesus em pé, ao lado direito de Deus.
56 Então disse:
— Olhem! Eu estou vendo o céu aberto
e o *Filho do Homem em pé, ao lado di-
reito de Deus.
57 Mas eles taparam os ouvidos e, gri-
tando bem alto, avançaram todos juntos
contra Estêvão. 58 Depois o jogaram para
fora da cidade e o apedrejaram. E as tes-
temunhas deixaram um moço chamado
Saulo tomando conta das suas *capas.
59 Enquanto eles atiravam as pedras, Es-
têvão chamava Jesus, dizendo:
— Senhor Jesus, recebe o meu espírito!
60 Depois, ajoelhou-se e gritou com voz
bem forte:
— Senhor, não condenes esta gente por
causa deste pecado!
E, depois que disse isso, ele morreu.
8 E Saulo aprovou a morte de Estêvão.

Saulo persegue a igreja

Naquele mesmo dia a igreja de Jerusa-
lém começou a sofrer uma grande per-
seguição. E todos os cristãos, menos os
*apóstolos, foram espalhados pelas re-
giões da Judeia e da Samaria. 2 Alguns
homens religiosos sepultaram Estêvão e
choraram muito por causa da sua morte.
3 Porém Saulo se esforçava para acabar
com a igreja. Ele ia de casa em casa, ar-
rastava homens e mulheres e os jogava
na cadeia.

O evangelho em Samaria

4 Aqueles que tinham sido espalha-
dos anunciavam o *evangelho por toda
parte. 5 *Filipe foi até a capital da Sama-*
ria e anunciava Cristo às pessoas *dali*, 6 e
as multidões ouviam com atenção o que
ele dizia. Todos o escutavam e viam os mi-
lagres que ele fazia. 7 Os espíritos maus,

gritando, saíam de muitas pessoas, e mui-
tos coxos e paralíticos eram curados. 8 E
assim o povo daquela cidade ficou mui-
to alegre.
9 Morava ali um homem chamado Si-
mão, que desde algum tempo atrás fazia
feitiçaria entre os *samaritanos e os ha-
via deixado muito admirados. Ele se fa-
zia de importante, 10 e os moradores de
Samaria, desde os mais importantes até
os mais humildes, escutavam com muita
atenção o que ele dizia. Eles afirmavam:
— Este homem é o poder de Deus! Ele
é "o Grande Poder"!
11 Eles davam atenção ao que Simão
fazia porque durante muito tempo ele
os havia deixado assombrados com as
suas feitiçarias. 12 Mas eles acreditaram
na mensagem de Filipe a respeito da boa
notícia do *Reino de Deus e a respeito de
Jesus Cristo e foram batizados, tanto ho-
mens como mulheres. 13 O próprio Simão
também creu. E, depois de ser batizado,
acompanhava Filipe de perto, muito ad-
mirado com os grandes milagres e mara-
vilhas que ele fazia.
14 Os *apóstolos, que estavam em Jeru-
salém, ficaram sabendo que o povo de
Samaria também havia recebido a pala-
vra de Deus e por isso mandaram Pedro
e João para lá. 15 Quando os dois chega-
ram, oraram para que a gente de Sama-
ria recebesse o Espírito Santo, 16 pois o
Espírito ainda não tinha descido sobre
nenhum deles. Eles apenas haviam sido
batizados em nome do Senhor Jesus. 17 Aí
Pedro e João puseram as mãos sobre eles,
e assim eles receberam o Espírito Santo.
18 Simão viu que, quando os apóstolos
punham as mãos sobre as pessoas, Deus
dava a elas o Espírito Santo. Por isso ofe-
receu dinheiro a Pedro e a João, 19 dizendo:
— Quero que vocês me deem também
esse poder. Assim, quando eu puser as
mãos sobre alguém, essa pessoa recebe-
rá o Espírito Santo.
20 Então Pedro respondeu:
— Que Deus mande você e o seu di-
nheiro para o inferno! Você pensa que
pode conseguir com dinheiro o *dom de
Deus? 21 Você não tem direito de tomar
parte no nosso trabalho porque o seu co-
ração não é honesto diante de Deus. 22 Ar-
rependa-se, deixe o seu plano perverso e
peça ao Senhor que o perdoe por essa má
intenção. 23 Vejo que você está cheio de
inveja, uma inveja amarga como fel, e vejo
também que você está preso pelo pecado.
24 Aí Simão disse a Pedro e a João:
— Por favor, peçam ao Senhor por mim
para que não aconteça comigo nada do
que vocês disseram.
25 Depois de terem dado o seu testemu-
nho e de terem pregado a palavra do Se-
nhor, Pedro e João voltaram para Jerusa-
lém. No caminho eles espalhavam o *evan-
gelho em muitos povoados da Samaria.

Filipe e o alto funcionário da Etiópia

26 Um anjo do Senhor disse a Filipe:
— Apronte-se e vá para o Sul, pelo ca-
minho que vai de Jerusalém até a cida-
de de Gaza.
(Pouca gente passava por aquele ca-
minho.)
27-28 Filipe se aprontou e foi. No caminho
ele viu um *eunuco da Etiópia, que estava
voltando para o seu país. Esse homem era
alto funcionário, tesoureiro e adminis-
trador das finanças da rainha da Etiópia.
Ele tinha ido a Jerusalém para adorar a
Deus. Na volta, sentado na sua carruagem,
ele estava lendo o livro do *profeta Isaías.
29 Então o Espírito Santo disse a Filipe:
— Chegue perto dessa carruagem e
acompanhe-a.
30 Filipe correu para perto da carrua-
gem e ouviu o funcionário lendo o livro
do profeta Isaías. Aí perguntou:
— O senhor entende o que está lendo?
31 — Como posso entender se ninguém
me explica? — respondeu o funcionário.
Então convidou Filipe para subir e sen-
tar-se com ele na carruagem. 32 A parte
das *Escrituras Sagradas que o funcioná-
rio estava lendo era esta:

"Ele era como um cordeiro que é
levado
para ser morto;
era como uma ovelha que fica muda
quando cortam a sua lã.
Ele não disse nada.
33 Foi humilhado, e foram injustos
com ele.
Ninguém poderá falar
a respeito de descendentes dele,
já que a sua vida na terra chegou
ao fim."

34 O funcionário perguntou a Filipe:
— Por favor, me explique uma coisa! De
quem é que o profeta está falando isso? É
dele mesmo ou de outro?

35 Então, começando com aquela parte
das Escrituras, Filipe anunciou ao fun-
cionário a boa notícia a respeito de Jesus.
36 Enquanto estavam viajando, chega-
ram a um lugar onde havia água. Então o
funcionário disse:
— Veja! Aqui tem água. Será que eu não
posso ser batizado?
37 [Filipe respondeu:
— Se o senhor crê de todo o coração, é
claro que pode.
E o funcionário disse:
— Sim, eu creio que Jesus Cristo é o
Filho de Deus.]
38 Ele mandou parar a carruagem, os
dois entraram na água, e Filipe o bati-
zou ali.
39 Quando eles estavam saindo da água,
o Espírito do Senhor levou Filipe embora.
O funcionário não viu mais Filipe, porém
continuou a sua viagem, cheio de alegria.
40 De repente, Filipe se encontrou na cida-
de de Azoto e seguiu viagem, anuncian-
do o *evangelho por todas as cidades até
chegar a Cesareia.

A conversão de Saulo

Atos 22.6-16; 26.12-18

9 Enquanto isso, Saulo não parava de
ameaçar de morte os seguidores do
Senhor Jesus. Ele foi falar com o *Grande
Sacerdote 2 e pediu cartas de apresenta-
ção para as *sinagogas da cidade de Da-
masco. Com esses documentos Saulo po-
deria prender e levar para Jerusalém os
seguidores do *Caminho do Senhor que
moravam ali, tanto os homens como as
mulheres.
3 Mas na estrada de Damasco, quando
Saulo já estava perto daquela cidade, de
repente, uma luz que vinha do céu brilhou
em volta dele. 4 Ele caiu no chão e ouviu
uma voz que dizia:
— Saulo, Saulo, por que você me per-
segue?
5 — Quem é o senhor? — perguntou ele.
A voz respondeu:
— Eu sou Jesus, aquele que você per-
segue. 6 Mas levante-se, entre na cidade, e
ali dirão a você o que deve fazer.
7 Os homens que estavam viajando com
Saulo ficaram parados sem poder dizer
nada. Eles ouviram a voz, mas não viram
ninguém. 8 Saulo se levantou do chão e
abriu os olhos, mas não podia ver nada.
Então eles o pegaram pela mão e o leva-
ram para Damasco. 9 Ele ficou três dias
sem poder ver e durante esses dias não
comeu nem bebeu nada.
10 Em Damasco morava um seguidor de
Jesus chamado Ananias. Ele teve uma vi-
são, e nela apareceu o Senhor, chamando:
— Ananias!
Ele respondeu:
— Aqui estou, Senhor!
11 E o Senhor lhe disse:
— Apronte-se, e vá até a casa de Judas,
na rua Direita, e procure um homem cha-
mado Saulo, da cidade de Tarso. Ele está
orando 12 e teve uma visão. Nela apareceu
um homem chamado Ananias, que entrou
e pôs as mãos sobre ele a fim de que ele
pudesse ver de novo.
13 Ananias respondeu:
— Senhor, muita gente tem me falado a
respeito desse homem e de todas as mal-
dades que ele fez em Jerusalém com os
que creem no Senhor. 14 E agora ele veio
aqui a Damasco com autorização dos che-
fes dos sacerdotes para prender todos os
que te adoram.
15 Mas o Senhor disse a Ananias:
— Vá, pois eu escolhi esse homem
para trabalhar para mim, a fim de que
ele anuncie o meu nome aos não judeus,
aos reis e ao povo de Israel. 16 Eu mesmo
vou mostrar a Saulo tudo o que ele terá
de sofrer por minha causa.
17 Então Ananias foi, entrou na casa de
Judas, pôs as mãos sobre Saulo e disse:
— Saulo, meu irmão, o Senhor que me
mandou aqui é o mesmo Jesus que você
viu na estrada de Damasco. Ele me man-
dou para que você veja de novo e fique
cheio do Espírito Santo.
18 No mesmo instante umas coisas pa-
recidas com escamas caíram dos olhos de
Saulo, e ele pôde ver de novo. Ele se le-
vantou e foi batizado; 19 depois ele comeu
alguma coisa e ficou forte como antes.

Saulo em Damasco

Saulo ficou alguns dias com os segui-
dores de Jesus em Damasco. 20 E começou
imediatamente a anunciar Jesus nas *si-
nagogas, dizendo:
— Jesus é o Filho de Deus.
21 Todos os que ouviam Saulo ficavam
admirados e perguntavam:
— Não é este o homem que em Jerusa-
lém estava matando todos os seguidores
de Jesus? Não foi ele que veio até aqui
para prender e levar essa gente aos che-
fes dos sacerdotes?

Tabita

Leia a história desta Garota de Deus em Atos 9:36-42.

Trabalhem com prazer, como se vocês estivessem trabalhando para o Senhor e não para pessoas.

Efésios 6:7

Você não estará "pronta para servir" em algum momento no futuro. Seu serviço começa hoje, no momento em que você fica sabendo do chamado de Deus para sua vida. Você vai deixar sua idade impedi-la de servir ao seu Deus? Claro que não! Até uma criança pode servir aos seus pais em algum sentido.

Servir a Deus é servir ao seu povo. Não fique protelando o serviço até que aconteça um momento mágico em que você estará "mais qualificada"; aproveite as oportunidades conforme elas forem surgindo. Por mais humilhante que seja, o serviço nunca é em vão. Se Deus lhe deu algum dom especial, não esconda seus talentos, esperando obter um grande retorno. Você precisa investir seus talentos na vida dos outros. Se seu coração é compassivo para com aqueles que passam necessidade, sirva a eles como se sua vida dependesse disso. Nunca se recuse a cuidar dos necessitados porque não está preparada. Onde há necessidade, é preciso que haja trabalhadores.

Tabita foi uma mulher que deu sua vida para os outros. Sua vida significava tanto para as pessoas à sua volta que, quando ela morreu, todas estavam lá, chorando e sentindo falta dela. Elas falavam sobre tudo o que Tabita lhes havia feito, dando-lhes suas roupas e seu amor.

Sua vida é importante, assim como a de Tabita, não importa o quanto você saiba ou não. Continue a buscar mais sabedoria e mais fé, mas também continue a servir aos outros, não importa o conhecimento que você tenha ou não, nem se sua vida está "redondinha" agora. O tempo nunca vai ser perfeito para servir, mas o momento perfeito é agora. Descubra onde há uma necessidade e a supra, e você se sentirá realizada.

22 Mas as mensagens de Saulo se torna-
vam cada vez mais poderosas. E as pro-
vas que ele apresentava de que Jesus era
o *Messias eram tão fortes, que os judeus
que moravam em Damasco não sabiam
o que dizer.
23 Muitos dias depois, os judeus de Da-
masco se reuniram e resolveram matá-lo,
24 mas Saulo ficou sabendo do plano deles.
Eles vigiavam os portões da cidade dia e
noite para o matar. 25 Mas certa noite os
seguidores de Saulo o puseram dentro de
um cesto e o desceram por uma abertura
que havia na muralha da cidade.

Saulo em Jerusalém

26 Saulo foi para Jerusalém e tentou jun-
tar-se aos seguidores de Jesus. Porém to-
dos tinham medo dele porque não acre-
ditavam que ele também era seguidor de
Jesus. 27 Então Barnabé veio ajudá-lo e o
apresentou aos *apóstolos. E lhes con-
tou como Saulo tinha visto o Senhor no
caminho e como o Senhor havia falado
com ele. Barnabé também contou como,
em Damasco, Saulo, pelo poder do nome
de Jesus, havia anunciado corajosamen-
te o *evangelho. 28 Depois disso Saulo fi-
cou com eles, andando por toda parte
em Jerusalém; e, pelo poder do nome do
Senhor, ele anunciava corajosamente o
evangelho. 29 Ele também conversava e
discutia com os judeus que tinham sido
criados fora da terra de Israel, mas eles
procuravam um jeito de matá-lo. 30 Quan-
do os irmãos souberam disso, levaram
Saulo até a cidade de Cesareia e depois o
mandaram para a cidade de Tarso.
31 Em toda a região da Judeia, Galileia
e Samaria, a Igreja estava em paz. Ela fi-
cava cada vez mais forte, crescia em nú-
mero de pessoas com a ajuda do Espíri-
to Santo e mostrava grande respeito pelo
Senhor Jesus.

Pedro nas cidades de Lida e Jope

32 Pedro viajava por toda parte. Um dia
foi visitar o povo de Deus que morava na
cidade de Lida. 33 Encontrou ali um ho-
mem chamado Eneias, que era paralíti-
co e fazia oito anos que não saía da cama.
34 *Pedro lhe disse:*
— Eneias, Jesus Cristo já curou você.
Levante-se e arrume a sua cama.
Na mesma hora Eneias se levantou.
35 Então todos os moradores da cidade
de Lida e da região de Sarom viram isso
e se *converteram ao Senhor.
36 Na cidade de Jope havia uma seguido-
ra de Jesus chamada Tabita. (Este nome
em *grego é Dorcas.) Ela usava todo o
seu tempo fazendo o bem e ajudando os
pobres.
37 Naqueles dias Dorcas ficou doente e
morreu. Lavaram o corpo dela e depois o
puseram num quarto do andar de cima.
38 Jope ficava perto de Lida. Quando os se-
guidores de Jesus em Jope souberam que
Pedro estava em Lida, enviaram dois ho-
mens para levar-lhe o seguinte recado:
— Por favor, venha depressa até Jope!
39 Então Pedro se aprontou e foi com
eles. Quando chegou lá, eles o levaram
para o quarto de cima. Todas as viúvas
ficaram em volta dele, chorando e mos-
trando os vestidos e as outras roupas que
Dorcas havia feito quando ainda vivia.
40 Então Pedro mandou que todos saís-
sem do quarto e em seguida se ajoelhou
e orou. Depois virou-se para o corpo de
Dorcas e disse:
— Tabita, levante-se!
Ela abriu os olhos e, quando viu Pedro,
sentou-se. 41 Pedro pegou-a pela mão e
ajudou-a a ficar de pé. Em seguida cha-
mou toda a gente da igreja, inclusive as
viúvas, e a entregou a eles viva.
42 As notícias a respeito disso se espa-
lharam por toda a cidade de Jope, e mui-
tos creram no Senhor. 43 E Pedro ficou lá
muitos dias, na casa de um curtidor de
couros chamado Simão.

Pedro e Cornélio

10 Na cidade de Cesareia havia um ho-
mem chamado Cornélio, que era
comandante de um batalhão romano cha-
mado "Batalhão Italiano". 2 Ele era um ho-
mem religioso; ele e todas as pessoas da
sua casa adoravam a Deus. Cornélio aju-
dava muito os judeus pobres e orava sem-
pre a Deus. 3 Um dia, ali pelas três horas
da tarde, Cornélio teve uma visão. Ele viu
claramente um anjo de Deus, que chegou
perto dele e disse:
— Cornélio!
4 Ele ficou olhando para o anjo e, com
muito medo, perguntou:
— O que é, senhor?
O anjo respondeu:
— Deus aceitou as suas orações e a aju-
da que você tem dado aos pobres e ele
não esqueceu você. 5 Agora mande alguns
homens até a cidade de Jope para bus-
carem o homem chamado Simão Pedro.

6 Ele está hospedado na casa de outro Si-
mão, um curtidor de couros que mora na
beira do mar.
7 Quando o anjo foi embora, Cornélio
imediatamente chamou dois empregados
e um soldado que estava a seu serviço e
que era um homem religioso. 8 Cornélio
contou a eles tudo o que havia aconteci-
do e mandou que fossem a Jope.
9 No dia seguinte, ao meio-dia, Pedro
subiu ao terraço para orar. Enquanto isso,
os homens vinham pelo caminho, já perto
de Jope. 10 Pedro ficou com fome e quis co-
mer alguma coisa. Enquanto o almoço es-
tava sendo feito, ele teve uma visão. 11 Viu
o céu aberto e uma coisa parecida com
um grande lençol amarrado pelas quatro
pontas, que descia até o chão. 12 Dentro
daquilo havia todos os tipos de animais
de quatro patas, de animais que se arras-
tam pelo chão e de aves. 13 Então Pedro
ouviu uma voz, que dizia:

— Pedro, levante-se! Mate e coma!

14 Pedro respondeu:

— De jeito nenhum, Senhor! Eu nunca
comi nenhuma coisa que a *lei considera
suja ou *impura!

15 A voz falou de novo com ele:

— Não chame de impuro aquilo que Deus purificou.

16 Isso aconteceu três vezes. Em seguida
a coisa que parecia um lençol foi levada
de volta para o céu.
17 Pedro começou a perguntar a si mes-
mo o que aquela visão queria dizer. E na-
quele momento os homens que Cornélio
havia mandado já tinham se informado
sobre onde ficava a casa de Simão e es-
tavam na porta. 18 Eles chamaram alguém
da casa e perguntaram:

— Por acaso um homem chamado Simão Pedro está hospedado aqui?

19 Pedro ainda estava pensando na vi-
são, quando o Espírito Santo disse:

— Escute! Estão aí três homens pro-
curando você. 20 Agora apronte-se, desça
e vá com eles. Vá tranquilo porque fui eu
que mandei que eles viessem aqui.

21 Então Pedro desceu e disse aos homens:

— Eu sou a pessoa que vocês estão procurando. Por que vieram aqui?

22 Eles responderam:

— Nós fomos mandados pelo comandante Cornélio. Ele é um homem bom, *teme a Deus e é muito respeitado por todos os judeus. Um anjo de Deus mandou que ele pedisse a você que fosse até a casa dele para que ele ouvisse o que você vai dizer.

23 Então Pedro convidou os homens
para entrarem, e os hospedou ali naque-
la noite.

No dia seguinte Pedro se aprontou e foi
com eles, e alguns irmãos que moravam
em Jope também foram. 24 No outro dia
chegaram à cidade de Cesareia. Cornélio
e os parentes e amigos mais íntimos que
ele tinha convidado já estavam esperando
Pedro. 25 Quando Pedro ia entrando, Cor-
nélio veio ao seu encontro, ajoelhou-se
e curvou a cabeça diante dele. 26 Mas Pe-
dro fez com que ele se levantasse e disse:

— Fique de pé, pois eu sou apenas um homem como você.

27 Enquanto conversava com Cornélio,
Pedro entrou na casa e encontrou muita
gente reunida ali. 28 Então disse a todos:

— Vocês sabem muito bem que a reli-
gião dos judeus não permite que eles fa-
çam amizade com não judeus ou entrem
nas casas deles. Mas Deus me mostrou
que eu não devo chamar ninguém de im-
puro ou de sujo. 29 Por isso, quando vocês
me chamaram, eu vim de boa vontade.
Agora quero saber por que foi que vocês
mandaram me chamar.

30 Cornélio respondeu:

— Três dias atrás, às três horas da tar-
de, eu estava orando aqui em casa. De re-
pente, um homem vestido com roupas
brancas apareceu na minha frente 31 e dis-
se: "Cornélio, Deus ouviu as suas orações
e lembrou do que você tem feito para aju-
dar os pobres. 32 Mande alguém até Jope a
fim de buscar Simão, que também é cha-
mado de Pedro. Ele está hospedado na
casa de Simão, o curtidor, que mora na
beira do mar." 33 Então eu mandei chamar
você logo, e você fez muito bem em vir.
Agora estamos todos reunidos aqui na
presença de Deus, prontos para ouvir o
que o Senhor mandou você dizer.

A explicação de Pedro

34 Então Pedro começou a falar. Ele disse:

— Agora eu sei que, de fato, Deus trata
a todos de modo igual, 35 pois ele aceita
todos os que o *temem e fazem o que é
direito, seja qual for a sua raça. 36 Vocês
conhecem a mensagem que Deus man-
dou ao povo de Israel, anunciando a boa
notícia de paz por meio de Jesus Cristo,

que é o Senhor de todos. 37 Vocês sabem
o que aconteceu em toda a terra de Is-
rael, começando na Galileia, depois que
João pregou a sua mensagem a respeito
do batismo. 38 Sabem também como Deus
derramou o Espírito Santo sobre Jesus
de Nazaré e lhe deu poder. Jesus andou
por toda parte fazendo o bem e curando
todos os que eram dominados pelo Dia-
bo, porque Deus estava com ele. 39 Nós
somos testemunhas de tudo o que ele
fez na terra de Israel, inclusive em Jeru-
salém. E depois o mataram, pregando-o
numa cruz.

40 Pedro continuou:

— Porém Deus ressuscitou Jesus no
terceiro dia e também fez com que ele
aparecesse a nós. 41 Ele não foi visto por
todo o povo, mas somente por nós, que
somos as testemunhas que Deus já havia
escolhido. Nós comemos e bebemos com
ele depois que Deus o ressuscitou. 42 Je-
sus nos mandou anunciar o *evangelho
ao povo e testemunhar que ele foi posto
por Deus como Juiz dos vivos e dos mor-
tos. 43 Todos os *profetas falaram a res-
peito de Jesus, dizendo que os que creem
nele recebem, por meio dele, o perdão
dos pecados.

Os não judeus recebem o Espírito Santo

44 Quando Pedro ainda estava falando,
o Espírito Santo desceu sobre todos os
que estavam ouvindo a mensagem. 45 Os
judeus seguidores de Jesus que tinham
vindo de Jope com Pedro ficaram admi-
rados por Deus ter derramado o *dom do
Espírito Santo sobre os não judeus. 46 Pois
eles ouviam os não judeus falarem em lín-
guas estranhas e louvarem a grandeza de
Deus. Então Pedro disse:

47 — Estas pessoas receberam o Espí-
rito Santo como nós também recebemos.
Será que alguém vai proibir que sejam
batizadas com água?

48 Então mandou que aquelas pessoas
fossem batizadas em nome de Jesus Cris-
to. E elas pediram a Pedro que ficasse ali
alguns dias.

O relatório de Pedro

11 Os *apóstolos e os outros segui-
dores de Jesus em toda a região
da Judeia souberam que os não judeus
também haviam recebido a palavra de
Deus. 2 Quando Pedro voltou para Jeru-
salém, aqueles que queriam que os não
judeus fossem *circuncidados o critica-
ram, 3 dizendo:

— Você ficou hospedado na casa de ho-
mens que não são circuncidados e até to-
mou refeições com eles!

4 Então Pedro deu um relatório comple-
to de tudo o que havia acontecido, desde
o começo. Ele disse:

5 — Eu estava na cidade de Jope e lá,
enquanto estava orando, tive uma visão.
Vi uma coisa parecida com um grande
lençol, que baixou do céu, amarra-
do pelas quatro pontas, e parou perto
de mim. 6 Eu olhei para dentro daquilo
com atenção e vi animais domésticos,
animais selvagens, animais que se ar-
rastam pelo chão e aves. 7 Depois ouvi
uma voz, que me dizia: "Pedro, levante-
-se! Mate e coma!" 8 Eu respondi: "Isso
não, Senhor! Eu nunca comi nenhuma
coisa que a *lei considera suja ou *impu-
ra!" 9 Então a voz falou de novo do céu:
"Não chame de impuro aquilo que Deus
purificou." 10 Isso aconteceu três vezes,
e depois tudo aquilo voltou para o céu.
11 Justamente naquela hora três homens
que tinham sido mandados de Cesareia
para me buscar chegaram à casa onde
eu estava hospedado. 12 E o Espírito de
Deus me disse que fosse com eles, sem
duvidar. Estes seis irmãos da cidade de
Jope também foram comigo, e todos nós
entramos na casa de Cornélio. 13 Então
ele nos contou como viu na casa dele
um anjo, em pé, que lhe disse: "Mande
alguém a Jope para buscar Simão, que
também é chamado de Pedro. 14 Ele vai
dizer como você e toda a sua família po-
dem ser salvos."

15 E Pedro continuou:

— Quando comecei a falar, o Espírito
Santo veio sobre eles, como tinha vindo
sobre nós no princípio. 16 Aí eu lembrei
que o Senhor Jesus tinha dito: "É verdade
que João batizou com água, mas vocês se-
rão batizados com o Espírito Santo." 17 De
fato, os não judeus receberam de Deus o
mesmo *dom que nós recebemos quando
cremos no Senhor Jesus Cristo. E quem
era eu para ir contra Deus?

18 Quando ouviram isso, eles ficaram
sem ter o que dizer e louvaram a Deus,
dizendo:

— Então Deus deu também aos não ju-
deus a oportunidade de se arrependerem
e ganharem a vida eterna!

A igreja de Antioquia

19 Os seguidores de Jesus foram espa-
lhados pela perseguição que havia come-
çado com a morte de Estêvão. Alguns fo-
ram até a região da Fenícia, a ilha de Chi-
pre e a cidade de Antioquia e anunciavam
a palavra de Deus somente aos judeus.
20 Mas outros, que eram de Chipre e da
cidade de Cirene, foram até Antioquia e
falaram também aos não judeus, anun-
ciando a eles a boa notícia a respeito do
Senhor Jesus. 21 O poder do Senhor esta-
va com eles, e muitas pessoas creram e
se *converteram ao Senhor.
22 Essas notícias chegaram à igreja de
Jerusalém, que resolveu mandar Barna-
bé para Antioquia. 23 Quando chegou lá
e viu como Deus tinha abençoado aque-
la gente, Barnabé ficou muito alegre. E
animou todos a continuarem fiéis ao Se-
nhor, de todo o coração. 24 Barnabé era
um homem bom, cheio do Espírito San-
to e de fé. E muitos se converteram ao
Senhor.
25 Depois Barnabé foi até a cidade de
Tarso a fim de buscar Saulo. 26 Quando o
encontrou, ele o levou para Antioquia.
Eles se reuniram durante um ano com a
gente daquela igreja e ensinaram muitas
pessoas. Foi em Antioquia que, pela pri-
meira vez, os seguidores de Jesus foram
chamados de cristãos.
27 Naquele tempo alguns *profetas fo-
ram de Jerusalém para Antioquia. 28 Um
deles, chamado Ágabo, levantou-se e, pelo
poder do Espírito Santo, anunciou:

— Haverá uma grande falta de alimentos no mundo inteiro.

Isso aconteceu quando Cláudio era o Imperador romano.

29 Então os cristãos resolveram mandar
ajuda aos irmãos que moravam na região
da Judeia, e cada um deu de acordo com o
que tinha. 30 E mandaram o dinheiro por
meio de Barnabé e Saulo, para que eles
o entregassem aos *presbíteros da igreja.

Mais perseguições

12 Por essa época o rei Herodes come-
çou a perseguir algumas pessoas
da igreja. 2 Ele mandou matar à espada
Tiago, o irmão de João. 3 Quando viu que
isso agradou os judeus, mandou também
prender Pedro. Isso aconteceu durante a
*Festa dos Pães sem Fermento. 4 Depois
que prendeu Pedro, Herodes o colocou na
cadeia e pôs quatro grupos de soldados,
com quatro em cada grupo, para guardá-
-lo. É que Herodes queria apresentá-lo ao
povo depois do dia da *Páscoa. 5 E assim
Pedro estava preso e era vigiado pelos
guardas; mas a igreja continuava a orar
com fervor por ele.

Pedro é libertado

6 Na noite antes do dia em que Herodes
ia apresentá-lo ao povo, Pedro estava dor-
mindo, preso com duas correntes, entre
dois soldados; e havia guardas de vigia
no portão da cadeia. 7 De repente, apare-
ceu um anjo do Senhor, e uma luz brilhou
dentro da cela. O anjo tocou no ombro de
Pedro, acordou-o e disse:

— Levante-se depressa!

Então as correntes caíram das mãos dele.

8 — Aperte o cinto e amarre as sandá-
lias! — disse o anjo.

E Pedro fez o que o anjo mandou.

— Ponha a *capa e venha comigo! — ordenou o anjo.

9 Pedro saiu da cadeia e foi seguindo o
anjo. Porém não sabia se, de fato, o anjo o
estava libertando. Ele pensava que aqui-
lo era uma visão. 10 Eles passaram pelo
primeiro e pelo segundo posto da guarda
e chegaram ao portão de ferro que dava
para a rua. O portão se abriu sozinho, e
eles saíram. Andaram por uma rua, e, de
repente, o anjo foi embora. 11 Então Pe-
dro compreendeu o que estava aconte-
cendo e disse:

— Agora sei que, de fato, o Senhor mandou o seu anjo e me livrou do poder de Herodes e de tudo o que os judeus tinham a intenção de me fazer.

12 Quando Pedro entendeu o que ha-
via acontecido, foi para a casa de Maria,
a mãe de João Marcos. Muitas pessoas es-
tavam reunidas ali, orando. 13 Ele bateu
na porta da frente, e a empregada, que se
chamava Rode, foi ver quem era. 14 Quan-
do reconheceu a voz de Pedro, ficou tão
contente, que, em vez de abrir a porta,
voltou correndo para contar que Pedro
estava lá fora. 15 Então eles disseram:

— Você está maluca!

Porém ela insistiu que era verdade. Aí eles disseram:

— É o anjo dele!

16 Enquanto isso, Pedro continuava ba-
tendo. Finalmente eles abriram a porta
e, quando viram que era Pedro mesmo,
ficaram muito assustados. 17 Ele fez um

DEVOCIONAL

Texto para leitura: **Atos 12:1-11**

Conheça a verdadeira felicidade

A dúvida deixa você sem saída? Você está vivendo isolada e com medo do que as outras meninas estão pensando ou dizendo sobre você? Ao se sentir como se as paredes estivessem se fechando e tudo e todos estivessem contra você deste modo, você chegou a uma prisão imaginária que você mesma criou. As paredes parecem tão reais quanto as de qualquer prisão jamais poderiam ser. Você está tão paralisada e tão presa como ficaria se alguém realmente tivesse trancado uma porta e jogado a chave fora. Mas as paredes não são reais. Como um mímico que simula estar preso em uma caixa, você luta para se libertar de uma cela que não existe. Enquanto se lamenta de sua incapacidade de sair dessa confusão, você reforça as paredes, as barras e o chão duro e frio onde, inquieta, dorme toda noite.

Como é trágico se sentenciar a uma prisão que não existe de verdade! Como é louco acreditar que tudo está perdido e que todo mundo está contra você! Ainda que todos à sua volta se oponham, seu Deus é tudo de que você precisa para sustentá-la, aconteça o que acontecer, não é?

Para o filho de Deus, há liberdade. As paredes podem prendê-la somente pelo tempo em que você mantiver os olhos nelas. Uma vez que deixar de pensar em suas dificuldades e começar a considerar a verdade de Deus, você encontrará uma porta aberta para sair. Para ser livre, você só precisa reconhecer que nada importa, a não ser o chamado de Deus para sua vida, e que nada lhe acontece a menos que Deus permita a fim de ensinar-lhe algo. Deixe de lado sua necessidade de ter medo do mundo lá fora, e caminhe livre, assim como Pedro saiu da prisão na noite em que as paredes tremeram e o libertaram.

sinal com a mão para que ficassem quietos e contou como o Senhor o tinha tirado da prisão.

— Contem isso a Tiago e aos outros irmãos! — disse ele.

Em seguida saiu dali e foi para outro lugar.

18 Quando amanheceu, houve uma grande confusão entre os soldados, pois eles não sabiam o que tinha acontecido com
Pedro. 19 Herodes mandou que o procurassem, mas não o acharam. Então, depois de fazer perguntas aos guardas, mandou matá-los.

Depois disso, Herodes saiu da região da Judeia e ficou algum tempo na cidade de Cesareia.

A morte de Herodes

20 O rei Herodes estava com muita raiva dos moradores das cidades de Tiro e de Sidom. Então eles formaram um grupo e foram falar com Herodes. Primeiro conseguiram o apoio de Blasto, que era um alto funcionário do palácio. Aí pediram ao rei Herodes que fizesse as pazes com eles, pois os alimentos que a região deles
recebia vinham do país do rei. 21 Herodes
marcou um dia com eles e nesse dia vestiu a sua roupa de rei, sentou-se no trono e começou a fazer um discurso. 22 E o
povo gritava:

— É um deus e não um homem que está falando!

23 No mesmo instante um anjo do Senhor feriu Herodes, pois ele aceitou a honra que só Deus merece. E ele morreu, comido por vermes.

24 Porém a palavra de Deus era anunciada em toda parte e ia se espalhando.

25 Barnabé e Saulo terminaram o seu trabalho e voltaram de Jerusalém, trazendo João Marcos consigo.

A PRIMEIRA VIAGEM MISSIONÁRIA DE PAULO
13.1—14.28

Barnabé e Saulo começam o seu trabalho

13 Na igreja de Antioquia havia os seguintes *profetas e mestres: Barnabé; Simeão, chamado "o Negro"; Lúcio, de Cirene; Manaém, que havia sido criado junto com o governador Herodes; e Saulo. 2 Certa vez, quando eles estavam adorando o Senhor e jejuando, o Espírito Santo disse:

— Separem para mim Barnabé e Saulo a fim de fazerem o trabalho para o qual eu os tenho chamado.

3 Então eles jejuaram, e oraram, e puseram as mãos sobre Barnabé e Saulo. E os enviaram na sua missão.

Em Chipre

4 Barnabé e Saulo, tendo sido enviados pelo Espírito Santo, foram até a cidade de Selêucia e dali embarcaram para a ilha de Chipre. 5 Quando chegaram à cidade de Salamina, começaram a anunciar a palavra de Deus nas *sinagogas. E eles tinham João Marcos para ajudá-los no trabalho missionário. 6 Eles atravessaram toda a ilha, chegando até a cidade de Pafos.

Ali encontraram um judeu que era mágico e falso *profeta, chamado Barjesus. 7 Ele era amigo de Sérgio Paulo, o governador da ilha, que era um homem muito inteligente. O Governador mandou chamar Barnabé e Saulo, pois queria ouvir a palavra de Deus. 8 Mas o mágico Elimas (este é o nome dele em *grego) era contra os *apóstolos. Ele não queria que o Governador aceitasse a fé cristã. 9 Então Saulo, também conhecido como Paulo, cheio do Espírito Santo, olhou firmemente para Elimas 10 e disse:

— Filho do Diabo! Inimigo de tudo o que é bom! Homem mau e mentiroso! Por que é que você não para de torcer o verdadeiro ensinamento do Senhor? 11 Agora escute! O Senhor vai castigá-lo. Você ficará cego e não verá a luz do sol por algum tempo.

No mesmo instante Elimas sentiu uma nuvem escura cobrir os seus olhos e ele começou a se virar para todos os lados, procurando alguém que o guiasse pela mão. 12 Quando o Governador viu isso, creu e ficou muito admirado com os ensinamentos a respeito do Senhor Jesus.

Em Antioquia da Pisídia

13 Paulo e os seus companheiros navegaram da cidade de Pafos até Perge, uma cidade da *província da Panfília. Porém João Marcos os deixou e voltou para Jerusalém. 14 Eles continuaram a viagem, indo de Perge até a cidade de Antioquia, no distrito da Pisídia. No sábado entraram na *sinagoga e sentaram-se. 15 Depois da leitura da *Lei de Moisés e dos livros dos *Profetas, os chefes da sinagoga mandaram dizer a eles:

— Irmãos, se vocês têm alguma palavra para animar o povo, podem falar agora.

16 Então Paulo se levantou, fez um sinal com a mão, pedindo silêncio, e começou a dizer:

— Homens de Israel e todos vocês não judeus que *temem a Deus, escutem! 17 O Deus do povo de Israel escolheu os nossos antepassados quando moravam na terra do Egito e fez deles um grande povo. Ele os tirou de lá com grande poder 18 e, no deserto, aguentou aquela gente durante quarenta anos. 19 Ele destruiu sete povos na terra de Canaã, e o povo de Israel se tornou dono das terras deles. 20 Tudo isso levou uns quatrocentos e cinquenta anos.

— Depois disso Deus lhes deu juízes, até o tempo de Samuel. 21 Quando o povo pediu um rei, ele lhes deu Saul, filho de Quis, da *tribo de Benjamim, para ser rei deles durante quarenta anos. 22 Depois que tirou Saul, Deus pôs Davi como rei e disse isto a respeito dele: "Encontrei em Davi, filho de Jessé, o tipo de pessoa que eu quero e que vai fazer tudo o que eu desejo." 23 Um dos descendentes de Davi foi Jesus, a quem Deus pôs como Salvador de Israel, como havia prometido. 24 Antes da vinda de Jesus, João Batista anunciou a sua mensagem a todo o povo de Israel, dizendo que eles deviam se arrepender e ser batizados. 25 Mas, quando João estava terminando a sua missão, disse ao povo: "Quem é que vocês pensam que eu sou? Eu não sou aquele que vocês estão esperando. Mas escutem! Ele vem depois de mim, porém eu não mereço a honra de tirar as sandálias dos pés dele."

26 Paulo continuou:

— Meus irmãos, descendentes de Abraão, e também vocês não judeus que temem a Deus, escutem! Essa mensagem de salvação foi mandada para todos nós.

27 De fato, os moradores de Jerusalém e os
seus líderes não entenderam que Jesus é
o Salvador. E também não compreende-
ram as palavras dos livros dos Profetas,
que são lidos todos os sábados. Mesmo
assim, ao condenarem Jesus, eles estavam
cumprindo essas *profecias. 28 E, embora
não encontrassem nenhuma razão para
condená-lo à morte, pediram a Pilatos
que mandasse matá-lo. 29 Depois de faze-
rem tudo o que as *Escrituras Sagradas fa-
lam a respeito dele, eles o tiraram da cruz
e o puseram num túmulo. 30 Mas Deus o
ressuscitou, 31 e durante muitos dias ele
apareceu às pessoas que o tinham acom-
panhado da Galileia até Jerusalém. Agora
essas pessoas são testemunhas que fa-
lam a respeito de Jesus ao povo de Israel.
32 — E nós estamos aqui para trazer o
*evangelho a vocês. 33 Deus fez agora para
nós o que havia prometido aos nossos an-
tepassados: ele ressuscitou Jesus, como
está escrito no Salmo número dois:

"Você é o meu Filho;
hoje eu me tornei o seu Pai."

34 — E foi isto o que Deus disse a res-
peito da ressurreição de Jesus, afirmando
que ele nunca seria destruído pela morte:

"Eu vou dar a vocês as bênçãos
sagradas e certas
que prometi a Davi."

35 E em outra parte das Escrituras le-
mos também:

"Tu não deixarás que o teu
dedicado servo apodreça na
sepultura."

36 E Paulo disse ainda:
— Na verdade, Davi, no seu tempo,
cumpriu os planos de Deus. Depois mor-
reu, foi sepultado ao lado dos seus ante-
passados e apodreceu na sepultura. 37 Mas
isso não aconteceu com aquele que Deus
ressuscitou. 38-39 Meus irmãos, todos vo-
cês precisam saber com certeza que é
por meio de Jesus que a mensagem do
perdão de pecados é anunciada a vocês.
Precisam saber também que quem crê é
libertado de *todos os pecados* dos quais a
*Lei de Moisés não pode livrar. 40 Portanto,
tenham cuidado para que não aconteça o
que os profetas disseram:

41 "Prestem atenção,
vocês que zombam de Deus!
Fiquem espantados e morram.
Pois o que vou fazer agora é uma
coisa
em que vocês não acreditariam,
mesmo que alguém explicasse."

42 Quando Paulo e Barnabé estavam
saindo da reunião, as pessoas pediram
com insistência que eles voltassem no
sábado seguinte a fim de falarem sobre
o mesmo assunto. 43 Depois da reunião,
muitos judeus e outras pessoas conver-
tidas ao Judaísmo acompanharam Paulo
e Barnabé, que falavam com eles e anima-
vam todos para que continuassem firmes
na *graça de Deus.
44 No sábado seguinte quase todos os
moradores da cidade foram ouvir a pala-
vra do Senhor. 45 Quando os judeus viram
aquela multidão, ficaram com muita inve-
ja. Então começaram a dizer o contrário
do que Paulo dizia e o insultaram. 46 Po-
rém Paulo e Barnabé falaram com mais
coragem ainda. Eles disseram:
— Era necessário que a palavra de
Deus fosse anunciada primeiro a vocês
que são judeus. Mas, como vocês não que-
rem aceitá-la e acham que não merecem
receber a vida eterna, então agora nós va-
mos anunciar a palavra aos não judeus.
47 Pois esta é a ordem que o Senhor Deus
deu a nós, o seu povo:

"Eu coloquei você como luz
para os outros povos,
a fim de que você leve a salvação
ao mundo inteiro."

48 Quando os não judeus ouviram isso,
ficaram muito alegres e começaram a di-
zer que a palavra do Senhor era boa. E
creram todos os que tinham sido esco-
lhidos para ter a vida eterna.
49 A palavra do Senhor se espalhou por
toda aquela região. 50 Mas os judeus atiça-
ram as mulheres não judias da alta socie-
dade convertidas ao Judaísmo e também
os homens mais importantes da cidade.
E começaram a perseguir Paulo e Barna-
bé e os expulsaram daquela região. 51 En-
tão os *apóstolos sacudiram a poeira das
suas sandálias, em sinal de protesto con-
tra eles, e foram para a cidade de Icônio.
52 E os cristãos de Antioquia continuaram
muito alegres e cheios do Espírito Santo.

Em Icônio

14 A mesma coisa aconteceu na ci-
dade de Icônio. Paulo e Barnabé

entraram na *sinagoga e falaram de tal
maneira, que muitos judeus e não judeus
creram. 2 Mas os judeus que não creram
atiçaram os não judeus contra os cristãos.
3 Os *apóstolos ficaram muito tempo em
Icônio, falando com coragem a respeito do
Senhor Jesus. E o Senhor mostrava que a
mensagem deles sobre a sua *graça era
verdadeira, pois ele dava a eles o poder
de fazer milagres e maravilhas. 4 Os mo-
radores da cidade estavam divididos: al-
guns apoiavam os judeus, e outros eram
a favor dos apóstolos.
5 Então os não judeus e os judeus, jun-
tos com os seus chefes, resolveram mal-
tratar os apóstolos e matá-los a pedradas.
6 Quando Paulo e Barnabé souberam dis-
so, fugiram para Listra e Derbe, cidades
do distrito da Licaônia, e para as regiões
vizinhas. 7 E ali anunciaram o *evangelho.

Em Listra e Derbe

8 Na cidade de Listra havia um homem
que estava sempre sentado porque era
aleijado dos pés. Ele havia nascido alei-
jado e nunca tinha andado. 9 Esse homem
ouviu as palavras de Paulo, e Paulo viu
que ele cria que podia ser curado. Então
olhou firmemente para ele 10 e disse em
voz alta:

— Levante-se e fique de pé!

O homem pulou de pé e começou a an-
dar. 11 Quando o povo viu o que Paulo ha-
via feito, começou a gritar na sua própria
língua:

— Os deuses tomaram a forma de ho-
mens e desceram até nós!

12 Eles deram o nome de Júpiter a Bar-
nabé e o de Mercúrio a Paulo, porque era
Paulo quem falava. 13 O templo de Júpi-
ter ficava na entrada da cidade, e o sa-
cerdote desse deus trouxe bois e coroas
de flores para o portão da cidade. Ele e
o povo queriam matar os animais numa
cerimônia religiosa e oferecê-los em *sa-
crifício a Barnabé e a Paulo. 14 Quando *os
dois *apóstolos* souberam disso, rasgaram
as suas roupas, correram para o meio da
multidão e gritaram:

15 — Amigos, por que vocês estão fazen-
do isso? Nós somos apenas seres huma-
nos, como vocês. Estamos aqui anuncian-
do o *evangelho a vocês para que aban-
donem essas coisas que não servem para
nada. Convertam-se ao Deus vivo, que fez
o céu, a terra, o mar e tudo o que exis-
te neles. 16 No passado Deus deixou que
todos os povos andassem nos seus pró-
prios caminhos. 17 Mas Deus sempre mos-
tra quem ele é por meio das coisas boas
que faz: é ele quem manda as chuvas do
céu e as colheitas no tempo certo; é ele
quem dá também alimento para vocês e
enche o coração de vocês de alegria.

18 Mesmo depois de terem dito isso, os
apóstolos tiveram muita dificuldade para
evitar que o povo matasse os animais em
sacrifício a eles. 19 Alguns judeus que ti-
nham vindo das cidades de Antioquia e de
Icônio conseguiram o apoio da multidão,
apedrejaram Paulo e o arrastaram para
fora da cidade, porque pensavam que ele
tinha morrido. 20 Mas, quando os cristãos
se ajuntaram em volta dele, ele se levan-
tou e entrou na cidade de novo. E no dia
seguinte Paulo e Barnabé partiram para
a cidade de Derbe.

A volta para Antioquia da Síria

21 Paulo e Barnabé anunciaram o *evan-
gelho em Derbe, e muitos moradores da-
quela cidade se tornaram seguidores de
Jesus. Depois voltaram para as cidades
de Listra, Icônio e Antioquia da Pisídia.
22 Eles animavam os cristãos e lhes davam
coragem para ficarem firmes na fé. E tam-
bém ensinavam que era preciso passar
por muitos sofrimentos para poder en-
trar no *Reino de Deus. 23 Em cada igreja
os *apóstolos escolhiam *presbíteros. Eles
oravam, jejuavam e entregavam os pres-
bíteros à proteção do Senhor, em quem
estes haviam crido.
24 Então Paulo e Barnabé atravessaram
o distrito da Pisídia e chegaram até a *pro-
víncia da Panfília. 25 Anunciaram a pala-
vra em Perge e depois foram para o porto
de Atália. 26 Dali foram de navio para An-
tioquia da Síria, onde eles haviam sido
entregues aos cuidados de Deus, para o
trabalho que agora estavam terminan-
do. 27 Quando chegaram lá, reuniram as
pessoas da igreja e contaram tudo o que
Deus havia feito por meio deles. E con-
taram como ele tinha aberto o caminho
para que os não judeus também cressem.
28 E ficaram muito tempo ali com os segui-
dores de Jesus.

A reunião em Jerusalém

15 Alguns homens foram da região
da Judeia para a cidade de Antio-
quia e começaram a ensinar aos irmãos
que eles não poderiam ser salvos se não

fossem *circuncidados, como manda a *Lei
de Moisés.
2 Paulo e Barnabé não concordaram e
tiveram uma discussão muito forte com
eles a respeito disso. Aí foi resolvido que
Paulo e Barnabé e mais alguns irmãos fos-
sem para Jerusalém, a fim de estudar esse
assunto com os *apóstolos e os *presbíte-
ros da igreja. 3 Então a igreja de Antioquia
mandou que eles fossem. Eles passaram
pelas regiões da Fenícia e da Samaria,
contando como os não judeus estavam
se *convertendo a Deus. E todos os irmãos
ficaram muito alegres com essa notícia.
4 Quando chegaram a Jerusalém, foram
recebidos pela igreja, pelos apóstolos e
pelos presbíteros e lhes contaram tudo o
que Deus havia feito por meio deles. 5 Mas
alguns membros do partido dos *fariseus
que também haviam crido se levantaram
e disseram:

— Os não judeus têm de ser circunci-
dados e têm de obedecer à Lei de Moisés.
6 Então os apóstolos e os presbíteros
se reuniram para estudar o assunto. 7 De-
pois de muita discussão, Pedro se levan-
tou e disse:

— Meus irmãos, vocês sabem que há
muito tempo Deus me escolheu entre vo-
cês para anunciar o *evangelho aos não
judeus a fim de que eles pudessem ouvir
e crer. 8 E Deus, que conhece o coração de
todos, mostrou que aceita os não judeus,
pois deu o Espírito Santo também a eles,
assim como tinha dado a nós. 9 Deus não
fez nenhuma diferença entre nós e eles;
ele perdoou os pecados deles porque eles
creram. 10 Então por que é que vocês es-
tão querendo pôr Deus à prova, colocan-
do uma carga nas costas dos que agora
estão crendo? E essa carga nem nós nem
os nossos antepassados pudemos carre-
gar. 11 Pelo contrário, por meio da *gra-
ça do Senhor Jesus, nós, judeus, cremos
e somos salvos do mesmo modo que os
não judeus.

12 Então todos os que estavam ali fica-
ram calados e escutaram Barnabé e Paulo
contarem todos os milagres e maravilhas
que Deus tinha feito por meio deles entre
os não judeus. 13 Quando eles terminaram
de falar, Tiago disse:

— Meus irmãos, escutem! 14 Simão aca-
bou de explicar como Deus primeiro mos-
trou o seu cuidado pelos não judeus, esco-
lhendo do meio deles um povo que seria
dele. 15 As palavras dos *profetas estão
bem de acordo com isso, pois as *Escri-
turas Sagradas dizem:

16 "Depois disso eu voltarei
— diz o Senhor —
e construirei de novo o reino de
Davi,
que é como uma casa que caiu.
Juntarei de novo os pedaços dela
e tornarei a levantá-la.
17 Assim todas as outras pessoas,
todos os outros povos que eu
chamei
para serem meus,
vão procurar conhecer o Senhor.
Assim diz o Senhor,
18 que anunciou essas coisas
desde os tempos antigos."

19 E Tiago continuou:
— A minha opinião é esta: eu acho que
não devemos atrapalhar os não judeus
que estão se convertendo a Deus. 20 Penso
que devemos escrever a eles uma carta,
dizendo que não comam a carne de ani-
mais que foram oferecidos em *sacrifício
aos ídolos, que não pratiquem imorali-
dade sexual, que não comam a carne de
nenhum animal que tenha sido estran-
gulado e que não comam sangue. 21 Pois,
desde os tempos antigos, a Lei de Moisés
tem sido lida todos os sábados nas *sina-
gogas, e as suas palavras são anunciadas
em todas as cidades.

A carta para os não judeus

22 Então os *apóstolos e os *presbíteros,
com o apoio de toda a igreja, resolveram
escolher entre eles alguns homens e man-
dá-los para Antioquia com Paulo e Bar-
nabé. Os escolhidos foram Judas, chama-
do Barsabás, e Silas. Esses dois homens
eram muito respeitados pelos membros
da igreja. 23 E mandaram por eles a se-
guinte carta:

"Nós, os apóstolos e os presbíteros, ir-
mãos de vocês, mandamos saudações aos
nossos irmãos não judeus que vivem em
Antioquia e na *província da Síria e na re-
gião da Cilícia.

24 "Soubemos que alguns do nosso gru-
po foram até aí e disseram coisas que
criaram problemas para vocês. Porém
não foi com a nossa autorização que eles
fizeram isso. 25 Portanto, nós todos resol-
vemos, sem nenhum voto contra, escolher
alguns homens e mandá-los a vocês. Eles

vão com os nossos queridos irmãos Bar-
nabé e Paulo, 26 que têm arriscado a sua
vida a serviço do nosso Senhor Jesus Cris-
to. 27 Estamos enviando, então, Judas e Si-
las para falarem pessoalmente com vocês
sobre estas coisas que estamos escreven-
do. 28 Porque o Espírito Santo e nós mes-
mos resolvemos não pôr nenhuma carga
sobre vocês, a não ser estas proibições
que são, de fato, necessárias: 29 não co-
mam a carne de nenhum animal que te-
nha sido oferecido em *sacrifício aos ído-
los; não comam o sangue nem a carne de
nenhum animal que tenha sido estrangu-
lado; e não pratiquem imoralidade sexual.
Vocês agirão muito bem se não fizerem
essas coisas. Saúde a todos!"

30 Então mandaram que os quatro par-
tissem, e eles foram para Antioquia. Lá
reuniram os cristãos e entregaram a car-
ta. 31 Quando estes a leram, ficaram mui-
to alegres com as palavras de ânimo que
havia nela. 32 Judas e Silas, que eram *pro-
fetas, falaram muito com os irmãos, dan-
do-lhes assim ânimo e força. 33 Eles pas-
saram algum tempo ali, e depois os ir-
mãos, fazendo votos de boa viagem, os
mandaram de volta para aqueles que os
tinham enviado. 34 [Porém Silas achou me-
lhor ficar ali.]

35 Mas Paulo e Barnabé ficaram algum
tempo em Antioquia. Eles e muitos ou-
tros cristãos ensinavam e anunciavam a
palavra do Senhor.

A SEGUNDA VIAGEM MISSIONÁRIA DE PAULO
15.36—18.22

Paulo e Barnabé se separam

36 Algum tempo depois, Paulo disse a
Barnabé:

— Vamos voltar e visitar os irmãos em
todas as cidades onde já anunciamos a
palavra do Senhor. Vamos ver se eles es-
tão bem.

37 Barnabé queria levar João Marcos.
38 Porém Paulo não queria, pois Marcos
não tinha ficado com eles até o fim da pri-
meira viagem missionária, mas os havia
deixado na *província da Panfília. 39 Por
isso eles tiveram uma discussão tão for-
te, que se separaram. Barnabé levou João
Marcos consigo e embarcou para a ilha de
Chipre, 40 enquanto que Paulo escolheu Si-
las e seguiu viagem, depois que os irmãos
o entregaram aos cuidados do Senhor.

41 E Paulo atravessou a província da Sí-
ria e a região da Cilícia, dando força às
igrejas.

Timóteo acompanha Paulo e Silas

16 Paulo chegou às cidades de Derbe
e Listra. Em Listra morava um cris-
tão chamado Timóteo. A mãe dele, uma
cristã, era da raça dos judeus, mas o pai
dele não era judeu. 2 Todos os irmãos que
moravam em Listra e Icônio falavam bem
de Timóteo. 3 Paulo quis levá-lo consigo e
por isso o *circuncidou, pois todos os ju-
deus que moravam naqueles lugares sa-
biam que o pai de Timóteo não era judeu.
4 Nas cidades por onde passavam, eles di-
ziam aos cristãos quais as decisões que
tinham sido tomadas pelos *apóstolos e
pelos *presbíteros da igreja de Jerusalém
e aconselhavam que eles obedecessem a
essas decisões. 5 Assim as igrejas ficavam
mais fortes na fé, e o número de cristãos
aumentava cada dia mais.

A visão que Paulo teve em Trôade

6 Como o Espírito Santo não deixou que
anunciassem a palavra na *província da
Ásia, eles atravessaram a região da Frí-
gia-Galácia. 7 Quando chegaram perto do
distrito da Mísia, tentaram ir para a pro-
víncia da Bitínia, mas o Espírito de Jesus
não deixou. 8 Então atravessaram a Mísia
e chegaram à cidade de Trôade. 9 Naque-
la noite Paulo teve uma visão. Ele viu um
homem da província da Macedônia, que
estava de pé e lhe pedia: "Venha para a
Macedônia e nos ajude!" 10 Logo depois
dessa visão, nós resolvemos partir logo
para a Macedônia, pois estávamos cer-
tos de que Deus nos havia chamado para
anunciar o *evangelho ao povo dali.

Em Filipos: a conversão de Lídia

11 Nós embarcamos em Trôade e fomos
diretamente para a ilha de Samotrácia. No
dia seguinte chegamos ao porto de Neá-
polis. 12 Dali fomos a Filipos, que é uma
cidade do primeiro distrito da *província
da Macedônia e também colônia romana,
onde ficamos vários dias. 13 No sábado saí-
mos da cidade e fomos para a beira do rio,
pois pensávamos que ali devia haver um
lugar de oração para os judeus. Sentamos
e começamos a conversar com as mulhe-
res que estavam reunidas lá. 14 Uma da-
quelas mulheres que estavam nos ouvin-
do era Lídia, uma vendedora de *púrpura,
da cidade de Tiatira. Ela adorava a Deus,

e o Senhor abriu a mente dela para que
compreendesse o que Paulo dizia. 15 Ela
e as pessoas da sua casa foram batiza-
das. Depois Lídia nos convidou, dizendo:
— Venham ficar na minha casa, se é
que vocês acham que, de fato, eu creio
no Senhor.
Assim ela nos convenceu a ficar na casa
dela.

Na cadeia de Filipos

16 Certo dia, quando estávamos indo
para o lugar de oração, veio ao nosso en-
contro uma escrava. Essa moça estava do-
minada por um espírito mau que adivi-
nhava o futuro, e os seus donos ganhavam
muito dinheiro com as adivinhações que
ela fazia. 17 A moça começou a nos seguir,
gritando assim:
— Estes homens são *servos do Deus
Altíssimo e anunciam como vocês podem
ser salvos!
18 Ela fez isso muitos dias. Por fim Pau-
lo se aborreceu, virou-se para ela e orde-
nou ao espírito:
— Pelo poder do nome de Jesus Cris-
to, eu mando que você saia desta moça!
E, no mesmo instante, o espírito saiu.
19 Quando os donos da moça viram que
não iam poder mais ganhar dinheiro com
as adivinhações dela, agarraram Paulo e
Silas e os arrastaram até a praça pública,
diante das autoridades. 20 Eles os apre-
sentaram a essas autoridades romanas
e disseram:
— Estes homens são judeus e estão
provocando desordem na nossa cidade.
21 Estão ensinando costumes que são con-
tra a nossa *lei. Nós, que somos romanos,
não podemos aceitar esses costumes.
22 Aí uma multidão se ajuntou para ata-
car Paulo e Silas. As autoridades manda-
ram que tirassem as roupas deles e os
surrassem com varas. 23 Depois de bate-
rem muito neles, as autoridades jogaram
os dois na cadeia e deram ordem ao car-
cereiro para guardá-los com toda a segu-
rança. 24 Depois de receber essa ordem, o
carcereiro os jogou numa cela que ficava
no fundo da cadeia e prendeu os pés de-
les entre *dois blocos* de madeira.
25 Mais ou menos à meia-noite, Paulo e
Silas estavam orando e cantando hinos a
Deus, e os outros presos escutavam. 26 De
repente, o chão tremeu tanto, que abalou
os alicerces da cadeia. Naquele instante
todas as portas se abriram, e as correntes
que prendiam os presos se arrebentaram.
27 Aí o carcereiro acordou. Quando viu que
os portões da cadeia estavam abertos,
pensou que os prisioneiros tinham fugi-
do. Então puxou a espada e ia se matar,
28 mas Paulo gritou bem alto:
— Não faça isso! Todos nós estamos
aqui!
29 Aí o carcereiro pediu que lhe trouxes-
sem uma luz, entrou depressa na cela e
se ajoelhou, tremendo, aos pés de Paulo
e Silas. 30 Depois levou os dois para fora
e perguntou:
— Senhores, o que devo fazer para ser
salvo?
31 Eles responderam:
— Creia no Senhor Jesus e você será
salvo — você e as pessoas da sua casa.
32 Então eles anunciaram a palavra do
Senhor ao carcereiro e a todas as pessoas
da casa dele. 33 Naquela mesma hora da
noite, o carcereiro começou a cuidar de-
les, lavando os ferimentos da surra que
haviam levado. Logo depois ele e todas
as pessoas da sua casa foram batizados.
34 Em seguida ele levou Paulo e Silas para
a sua casa e lhes deu comida. O carce-
reiro e as pessoas da sua casa ficaram
cheios de alegria porque agora criam
em Deus.
35 Quando amanheceu, as autoridades
romanas mandaram alguns policiais com
a seguinte ordem para o carcereiro: "Solte
esses homens." 36 Então o carcereiro dis-
se a Paulo:
— As autoridades mandaram soltá-los.
Podem ir embora em paz.
37 Mas Paulo disse aos policiais:
— Eu e Silas somos cidadãos romanos
e, mesmo assim, sem termos sido julga-
dos, fomos surrados em público. E depois
nos jogaram na cadeia. E agora querem
nos mandar embora assim em segredo?
Isso não! Que as próprias autoridades ro-
manas venham aqui e nos soltem!
38 Os policiais foram contar às autori-
dades romanas o que Paulo tinha dito.
Quando as autoridades souberam que
Paulo e Silas eram cidadãos romanos,
ficaram com medo 39 e foram lhes pedir
desculpas. Então os tiraram da prisão e
pediram que fossem embora da cidade.
40 Paulo e Silas saíram da cadeia e foram
para a casa de Lídia. Ali encontraram-se
com os irmãos, animaram a todos e de-
pois foram embora.

Lídia

Leia a história desta Garota de Deus em Atos 16:13-15,40.

Repartam com os irmãos necessitados o que vocês têm e recebam os estrangeiros nas suas casas.

Romanos 12:13

Hospitalidade não é apenas boa etiqueta, mas sim um mandamento. É fé em ação, porque ela usa a Palavra de Deus e a torna real na vida de pessoas necessitadas. Quando você é hospitaleira, coloca as necessidades dos outros acima das suas. Em vez de se preocupar com o que as pessoas vão pensar de sua vida confusa, você as convida a fazer parte dela e as ama, as aceita e lhes dá descanso. Sua vida não precisa ser perfeita para você ser hospitaleira. Você não precisa provar que tem tudo sob controle para poder ajudar os outros a ter isso também. A única coisa de que a hospitalidade precisa é um coração disposto e amoroso. A Garota de Deus, por sua natureza, será hospitaleira porque seu coração alcança as carências dos outros, e isso significa que, quando ela vê uma necessidade, ela tem o desejo de supri-la. Você vê esse tipo de atitude e amparo na vida de Lídia, que insistiu em cuidar de Paulo e de Silas, acolhendo-os na casa dela (veja Atos 16:15).

A hospitalidade atrai os outros a você. Ao deixá-los à vontade, você lhes dá a dádiva da aceitação. Hospitalidade é ver necessidades práticas e encontrar uma maneira de supri-las. É dizer oi para estranhos e fazê-los se sentirem em casa. É convidar alguém que você mal conhece para jantar. É descobrir de que as pessoas à sua volta precisam, e suprir isso, mesmo que elas nunca tenham lhe suprido nada. Hospitalidade não tem a ver com amigos e entes queridos, mas com estranhos e pessoas difíceis de amar. Ela exige que você deixe sua zona de conforto e decida que, mesmo que não possa ganhar nada com isso, você vai servir aos outros no nome de Jesus.

As meninas mais hospitaleiras não são as que têm muitos amigos, mas as que não consideram ninguém como um estranho. Quando sua vida tem mais a ver com dar do que com receber, então você aprendeu o segredo da hospitalidade. Ao olhar para a vida de Lídia, veja como ela usou os dons que Deus lhe deu para melhorar a vida daqueles à volta dela, abrindo-lhes a casa e o coração.

Em Tessalônica

17 Paulo e Silas passaram pelas cidades de Anfípolis e Apolônia e chegaram a Tessalônica, onde havia uma *sinagoga. 2 Conforme o seu costume, Paulo foi lá e nos três sábados seguintes falou sobre as *Escrituras Sagradas com as pessoas que estavam ali na sinagoga. 3 Paulo lhes explicava e provava que o *Messias precisava sofrer e que, depois de morrer, tinha de ressuscitar. Ele dizia:

— Este Jesus que estou anunciando a vocês é o Messias.

4 Paulo e Silas conseguiram convencer disso algumas daquelas pessoas, as quais se juntaram a eles. Um grande número de não judeus convertidos ao Judaísmo e muitas senhoras da alta sociedade também se juntaram ao grupo.

5 Mas os judeus ficaram com inveja. Eles foram buscar alguns homens maus entre os malandros das ruas e formaram um grupo de desordeiros. Estes fizeram muita confusão na cidade e atacaram a casa de Jasão, procurando Paulo e Silas a fim de os levar para o meio do povo. 6 Mas, como não os encontraram, levaram à força Jasão e alguns outros irmãos até a presença das autoridades da cidade, gritando:

— Aqueles homens têm provocado desordens em todos os lugares! Agora chegaram até a nossa cidade, 7 e Jasão os hospedou na casa dele. Eles estão desobedecendo às *leis do Imperador romano, dizendo que existe outro rei, chamado Jesus.

8 Tanto a multidão como as autoridades ficaram agitadas quando ouviram essas palavras. 9 E as autoridades soltaram Jasão e os outros, depois que eles pagaram a quantia exigida para isso.

Em Bereia

10 Logo que anoiteceu, os irmãos enviaram Paulo e Silas para a cidade de Bereia. Quando chegaram lá, eles foram à *sinagoga. 11 As pessoas dali eram mais bem educadas do que as de Tessalônica e ouviam a mensagem com muito interesse. *Todos os dias* estudavam as *Escrituras Sagradas para saber se o que Paulo dizia era mesmo verdade. 12 Assim muitos judeus naquela cidade creram, e também não judeus, tanto mulheres da alta sociedade como também muitos homens. 13 Mas, quando os judeus de Tessalônica souberam que Paulo tinha anunciado a palavra de Deus também em Bereia, foram até lá e começaram a agitar e atiçar o povo contra eles. 14 Então os irmãos enviaram Paulo imediatamente para o litoral; porém Silas e Timóteo ficaram em Bereia. 15 Os irmãos que protegiam Paulo o levaram até a cidade de Atenas. Depois voltaram para Bereia, levando um recado de Paulo; ele pedia que Silas e Timóteo fossem encontrá-lo em Atenas o mais depressa possível.

Em Atenas

16 Enquanto estava esperando Silas e Timóteo em Atenas, Paulo ficou revoltado ao ver a cidade tão cheia de ídolos. 17 Ele ia para a *sinagoga e ali falava com os judeus e com os não judeus convertidos ao Judaísmo. E todos os dias, na praça pública, ele falava com as pessoas que se encontravam ali. 18 Alguns professores epicureus e alguns estoicos discutiam com ele e perguntavam:

— O que é que esse ignorante está querendo dizer?

Outros comentavam:

— Parece que ele está falando de deuses estrangeiros.

Diziam isso porque Paulo estava anunciando Jesus e a ressurreição. 19 Então eles o levaram a uma reunião da Câmara Municipal e disseram:

— Gostaríamos de saber que novo ensinamento é esse que você está trazendo para nós. 20 Pois você diz algumas coisas que nos parecem esquisitas, e nós gostaríamos de saber o que elas querem dizer.

21 É que todos os moradores de Atenas e os estrangeiros que viviam ali gostavam de passar o tempo contando e ouvindo as últimas novidades.

22 Então Paulo ficou de pé diante deles, na reunião da Câmara Municipal, e disse:

— Atenienses! Vejo que em todas as coisas vocês são muito religiosos. 23 De fato, quando eu estava andando pela cidade e olhava os lugares onde vocês adoram os seus deuses, encontrei um altar em que está escrito: "Ao Deus Desconhecido". Pois esse Deus que vocês adoram sem conhecer é justamente aquele que eu estou anunciando a vocês.

24 — Deus, que fez o mundo e tudo o que nele existe, é o Senhor do céu e da terra e não mora em templos feitos por seres humanos. 25 E também não precisa

que façam nada por ele, pois é ele mes-
mo quem dá a todos vida, respiração e
tudo mais. 26 De um só homem ele criou
todas as raças humanas para viverem na
terra. Antes de criar os povos, Deus mar-
cou para eles os lugares onde iriam mo-
rar e quanto tempo ficariam lá. 27 Ele fez
isso para que todos pudessem procurá-
-lo e talvez encontrá-lo, embora ele não
esteja longe de cada um de nós. 28 Porque,
como alguém disse: "Nele vivemos, nos
movemos e existimos." E alguns dos poe-
tas de vocês disseram: "Nós também so-
mos filhos dele." 29 E, já que somos filhos
dele, não devemos pensar que Deus é pa-
recido com um ídolo de ouro, de prata ou
de pedra, feito pela arte e habilidade das
pessoas. 30 No passado Deus não levou em
conta essa ignorância. Mas agora ele man-
da que todas as pessoas, em todos os lu-
gares, se arrependam dos seus pecados.
31 Pois ele marcou o dia em que vai julgar
o mundo com justiça, por meio de um ho-
mem que escolheu. E deu prova disso a
todos quando ressuscitou esse homem.

32 Quando ouviram Paulo falar a res-
peito de ressurreição, alguns zombaram
dele, mas outros disseram:

— Em outra ocasião queremos ouvir
você falar sobre este assunto.

33 Então Paulo foi embora dali. 34 Mas
algumas pessoas creram e se juntaram
a ele. Entre essas estavam Dionísio, que
era membro da Câmara Municipal, uma
mulher chamada Dâmaris e mais outras
pessoas.

Em Corinto

18 Depois disso, Paulo saiu de Atenas
e foi para a cidade de Corinto. 2 En-
controu ali um judeu chamado Áquila, que
era da *província do Ponto. Fazia pouco
tempo que ele tinha chegado da Itália com
Priscila, a sua esposa. Eles tinham saído
de lá porque o imperador Cláudio havia
mandado que todos os judeus fossem em-
bora de Roma. Paulo foi visitá-los 3 e aca-
bou ficando ali para trabalhar com eles,
porque a profissão de Paulo e a deles era a
mesma, isto é, fazer barracas. 4 E todos os
sábados ele falava na *sinagoga e procu-
rava convencer os judeus e os não judeus.

5 Depois que Silas e Timóteo chegaram
da província da Macedônia, Paulo come-
çou a dar todo o seu tempo para anun-
ciar a mensagem. Ele afirmava aos judeus
que Jesus é o *Messias. 6 Mas alguns deles
ficaram contra Paulo e o xingaram. Então,
em sinal de protesto, ele sacudiu o pó das
suas roupas e disse:

— Se vocês se perderem, os culpados
serão vocês mesmos. A responsabilida-
de não será minha. De agora em diante
vou anunciar a mensagem aos não judeus.

7 Então ele saiu de lá e foi morar na casa
de um homem chamado Tício Justo, um
não judeu que adorava a Deus. A casa dele
ficava ao lado da sinagoga. 8 Crispo, que
era o chefe da sinagoga, também creu no
Senhor Jesus, e todas as pessoas da sua
casa também creram. Muitas pessoas da
cidade de Corinto ouviram a mensagem,
creram e foram batizadas.

9 Certa noite Paulo teve uma visão, e
nela o Senhor disse:

— Não tenha medo, continue falando e
não se cale, 10 porque eu estou com você.
Ninguém poderá lhe fazer nenhum mal,
pois muitas pessoas desta cidade são mi-
nhas.

11 E Paulo ficou ali um ano e meio, en-
sinando a palavra de Deus àquela gente.

12 Quando Gálio se tornou o governador
da província da Acaia, os judeus se jun-
taram contra Paulo. Eles o agarraram, o
levaram ao tribunal 13 e disseram ao Go-
vernador:

— Este homem está querendo conven-
cer o povo a adorar a Deus de um modo
que é contra a nossa *lei.

14 Quando Paulo ia falar, Gálio disse aos
judeus:

— Judeus, se isso fosse alguma falta
grave ou um grande crime, seria justo
que eu tivesse paciência para escutá-los.
15 Mas, como é só uma questão de pala-
vras, de nomes e da própria lei de vocês,
resolvam vocês mesmos. Eu não vou ser
juiz nesses assuntos.

16 Em seguida os expulsou do tribunal.
17 Então eles agarraram Sóstenes, o che-
fe da sinagoga, e o surraram diante do
tribunal. Porém Gálio não se importou
com isso.

A volta para Antioquia

18 Paulo ficou muitos dias com os cris-
tãos em Corinto. Depois se despediu deles
e embarcou num navio para a *província
da Síria, junto com Priscila e o seu marido
Áquila. Antes de embarcar em Cencreia,
ele rapou a cabeça como sinal de que ha-
via cumprido uma promessa que tinha
feito a Deus. 19 Eles chegaram à cidade

Priscila

Leia a história desta Garota de Deus em Atos 18:1-3,18-19,24-26; Romanos 16:3; 1Coríntios 16:19 e 2Timóteo 4:19.

Pregue a mensagem e insista em anunciá-la, seja no tempo certo ou não. Procure convencer, repreenda, anime e ensine com toda a paciência.
2Timóteo 4:2

Erros espirituais não podem simplesmente ser ignorados. Muitas vezes, você ouve amigos, familiares e até professores falarem mentiras espirituais ou vê o pecado na vida deles, mas, em vez de fazer uma cena, você fica com a boca fechada para manter a paz. Embora seja importante estar pronta para ouvir e demorar para falar (Tiago 1:19), também é importante não criar o hábito de ignorar o pecado para deixar todo mundo feliz. Se seu motivo para não dizer nada é ser aceita ou ser "legal", então ele é egoísta e não santo. A decisão de quando falar sobre o pecado não deveria estar baseada em como você se sente, mas em como Deus se sente em relação ao pecado.

Ninguém tem a aprovação de Deus; todos nós nos afastamos e o decepcionamos em inúmeras ocasiões (veja Romanos 3:10-12). Mas você não seria uma amiga de verdade se permitisse que alguém que conhece continuasse a viver uma mentira, enquanto você mesma acreditasse ou pregasse que essa pessoa está vivendo a verdade. O pecado *habitual* é diferente do pecado *ocasional* ou da "pisada na bola". Na vida de Priscila, vemos uma mulher temente a Deus, uma líder na igreja, que, em vez de manter a paz a qualquer preço, preferiu confrontar um mestre nos erros que ele cometeu, com a esperança de ajudá-lo a se tornar um mestre melhor (veja Atos 18:24-26). Mas veja como ela cuidou do assunto: ela e Áquila, seu marido, levaram o homem para a casa deles, longe dos olhos do público. Eles não o criticaram na frente dos outros. Não fizeram um escândalo, mas, com discrição, chamaram-no de lado para lhe mostrar o que ele não estava entendendo.

Como uma Garota de Deus, você também pode e deve amar os outros o suficiente para correr o risco de deixá-los furiosos com você ou ferir seu relacionamento, ajudando-os em problemas de crescimento espiritual. Quando você fizer isso com amor e humildade, seus esforços serão apreciados pelas pessoas que realmente querem amar e servir a Deus, mas só não estavam cientes do erro que estavam cometendo. Siga o exemplo de Priscila, e você também estará ajudando o povo de Deus a crescer na verdade.

de Éfeso, e Priscila e Áquila ficaram ali.
Paulo entrou na *sinagoga e falou com os
judeus. 20 Então lhe pediram que ficasse
com eles mais tempo, porém ele não quis.
21 E, quando foi embora, disse:
— Eu voltarei, se Deus quiser.
Então Paulo embarcou e partiu de Éfe-
so. 22 Quando desembarcou em Cesareia,
foi logo para Jerusalém. Ali ele fez uma
curta visita à igreja e depois seguiu para
Antioquia da Síria.

A TERCEIRA VIAGEM MISSIONÁRIA DE PAULO

18.23—21.16

Apolo em Éfeso e Corinto

23 Depois de ficar algum tempo em An-
tioquia, ele foi embora. Atravessou a pro-
víncia da Galácia e o distrito da Frígia,
indo de um lugar para outro e animando
todos os cristãos.
24 Um judeu chamado Apolo, nascido
na cidade de Alexandria, havia chegado
a Éfeso. Ele falava muito bem e tinha um
conhecimento profundo das *Escrituras
Sagradas. 25 Era também instruído no *Ca-
minho do Senhor, falava com grande en-
tusiasmo, e o seu ensinamento a respeito
de Jesus era correto; porém conhecia so-
mente o batismo de João. 26 Ele começou a
falar com coragem na *sinagoga. Priscila e
o seu marido Áquila o ouviram falar; então
o levaram para a casa deles e lhe explica-
ram melhor o Caminho de Deus. 27 Quan-
do Apolo resolveu ir para a *província da
Acaia, os cristãos de Éfeso o animaram e
escreveram cartas para os irmãos de lá, pe-
dindo que o recebessem bem. Chegando lá,
ele ajudou muito aqueles que, pela *graça
de Deus, haviam crido. 28 Pois Apolo, com
argumentos fortes, derrotava os judeus
nas discussões públicas, provando pelas
Escrituras Sagradas que Jesus é o *Messias.

Paulo em Éfeso

19 *Enquanto Apolo* estava na cidade de
Corinto, Paulo viajou pelo interior
da *província da Ásia e chegou a Éfeso. Ali
encontrou alguns cristãos 2 e perguntou:
— Quando vocês creram, vocês rece-
beram o Espírito Santo?
Eles responderam:
— Nós nem mesmo sabíamos que exis-
te o Espírito Santo.
3 — Então que tipo de batismo vocês
receberam? — perguntou Paulo.
— O batismo de João Batista! — res-
ponderam.
4 Então Paulo disse:
— João batizava aqueles que se arre-
pendiam dos seus pecados. E também di-
zia ao povo de Israel que eles deviam crer
naquele que havia de vir depois dele, isto
é, em Jesus.
5 Depois de ouvirem isso, aqueles ho-
mens foram batizados em nome do Se-
nhor Jesus. 6 Aí Paulo pôs as mãos sobre
eles, e o Espírito Santo veio sobre eles.
Então começaram a falar em línguas es-
tranhas e a anunciar também a mensa-
gem de Deus. 7 Esses homens eram mais
ou menos doze.
8 Durante três meses Paulo foi à *sinago-
ga e falou com coragem ao povo. Ele con-
versava com eles e tentava convencê-los a
respeito do *Reino de Deus. 9 Mas alguns
eram teimosos, não acreditavam e, em
frente de todos, ainda falavam mal do *Ca-
minho do Senhor. Então Paulo abandonou
a sinagoga, levando os cristãos consigo,
e começou a falar diariamente na escola
de um homem chamado Tirano. 10 Ele fez
isso durante dois anos, até que todos os
moradores da *província da Ásia, tanto
os judeus como os não judeus, ouviram
a mensagem do Senhor.

Os filhos de Ceva

11 Deus fazia milagres extraordinários
por meio de Paulo, 12 tanto que as pessoas
pegavam lenços e aventais que ele usava
e os levavam para os doentes tocarem.
E, quando estes tocavam neles, ficavam
curados; e de outras pessoas saíam os es-
píritos maus. 13 Alguns judeus que anda-
vam de um lugar para outro, expulsando
espíritos maus, quiseram usar também o
nome do Senhor Jesus para expulsar os
espíritos maus, dizendo a eles:
— Pelo poder do nome de Jesus, o mes-
mo que Paulo anuncia, eu mando que vo-
cês saiam!
14 Os homens que faziam isso eram os
sete filhos de um judeu chamado Ceva,
que era *Grande Sacerdote. 15 Mas certa
vez um espírito mau disse a eles:
— Eu conheço Jesus e sei quem é Pau-
lo. Mas vocês, quem são?
16 Então o homem que estava dominado
pelo espírito mau os atacou e bateu neles
com tanta violência, que eles fugiram da-
quela casa feridos e com as roupas rasga-
das. 17 E todos os que moravam em Éfeso,

judeus e não judeus, souberam disso. Eles
ficaram com muito medo, e o nome do
Senhor Jesus se tornou mais respeitado
ainda. 18 Então muitos dos que creram
vinham e confessavam publicamente as
coisas más que haviam feito. 19 E muitos
daqueles que praticavam feitiçaria ajun-
taram os seus livros e os trouxeram para
queimar diante de todos. Quando calcula-
ram o preço dos livros queimados, o total
chegou a cinquenta mil moedas de prata.
20 Assim, de maneira poderosa, a mensa-
gem do Senhor era anunciada e se espa-
lhava cada vez mais.

A desordem em Éfeso

21 Depois desses acontecimentos, Pau-
lo resolveu passar pelas *províncias da
Macedônia e da Acaia e ir até Jerusalém.
Ele dizia:
— Depois que eu visitar Jerusalém, pre-
ciso ir a Roma.
22 Então Paulo enviou para a Macedô-
nia dois dos seus ajudantes, Timóteo e
Erasto, mas ele ficou mais algum tempo
na província da Ásia.
23 Foi nessa ocasião que houve na cida-
de de Éfeso uma grande desordem por
causa do *Caminho do Senhor. 24 Um ou-
rives chamado Demétrio fazia pequenos
modelos de prata do templo da deusa
Diana, e o seu negócio dava muito lucro
aos que trabalhavam com ele. 25 Então ele
chamou estes e outros da mesma profis-
são e disse:
— Meus amigos, vocês sabem que a
nossa riqueza vem deste nosso ofício.
26 Vocês mesmos podem ver e ouvir o que
esse tal de Paulo está fazendo. Ele afirma
que os deuses feitos por mãos humanas
não são deuses de verdade. E está con-
seguindo convencer muita gente, tanto
daqui como de quase toda a província
da Ásia. 27 Assim nós estamos correndo
o perigo de ver o povo rejeitar o nosso
negócio. E não é só isso. Existe o perigo
de o templo da grande deusa Diana não
ficar valendo mais nada e também de ser
destruída a grandeza dessa deusa adora-
da por todos na Ásia e no mundo inteiro.
28 Quando a multidão ouviu isso, ficou
furiosa e começou a gritar:
— Viva a grande Diana de Éfeso!
29 E a confusão se espalhou por toda a
cidade. A multidão agarrou Gaio e Aris-
tarco, dois macedônios que viajavam com
Paulo, e os arrastou até o teatro. 30 Paulo
queria falar ao povo, mas os irmãos não
deixaram. 31 Alguns altos funcionários da-
quela província, que eram amigos de Pau-
lo, mandaram a ele um recado, pedindo
que não fosse ao teatro. 32 Naquela altu-
ra dos acontecimentos a multidão que se
achava no teatro estava em completa de-
sordem: uns gritavam uma coisa, e ou-
tros gritavam outra, pois a maioria nem
sabia por que estava ali. 33 Algumas pes-
soas ficaram pensando que Alexandre era
o culpado, pois os judeus o obrigaram a
ir e ficar lá na frente. Aí Alexandre fez um
sinal com a mão e tentou falar para se
defender diante do povo. 34 Mas, quando
perceberam que ele era judeu, ficaram
gritando todos juntos a mesma coisa du-
rante duas horas:
— Viva a grande Diana de Éfeso!
35 Finalmente o secretário da prefeitura
da cidade conseguiu acalmar o povo. Ele
disse o seguinte:
— Cidadãos de Éfeso! Todos sabem que
a nossa cidade é a guardadora do tem-
plo da grande Diana e da pedra sagrada
que caiu do céu. 36 Ninguém pode negar
isso. Assim fiquem calmos e não façam
nada sem pensar bem. 37 Vocês trouxeram
aqui estes homens, mas eles não assal-
taram o templo, nem ofenderam a nossa
deusa. 38 Se Demétrio e os seus ajudan-
tes têm alguma acusação contra alguém,
eles podem apresentar suas acusações
no tribunal, pois para isso há dias cer-
tos de reunião, e também existem os go-
vernadores. 39 Porém, se vocês querem
mais alguma coisa, isso será tratado na
reunião do povo, convocada de acordo
com a *lei. 40 Pois corremos o risco de ser-
mos acusados de revolta, por causa do
que está acontecendo hoje. Não há mo-
tivo para toda esta confusão. E nós não
poderíamos justificar tudo isso.
41 Depois de dizer essas palavras, ele
terminou a reunião.

Paulo na Macedônia e na Acaia

20 Quando acabou a confusão, Paulo
mandou chamar os irmãos e falou
com eles para animá-los. Então se despe-
diu deles e foi para a *província da Mace-
dônia. 2 Atravessou aquelas regiões, ani-
mando muito com as suas mensagens os
cristãos. Aí chegou à província da Acaia,
3 onde ficou três meses. Quando já estava
pronto para ir à província da Síria, sou-
be que os judeus estavam fazendo planos

contra ele. Então resolveu voltar pela Macedônia. 4 Foram com ele as seguintes pessoas: Sópatro, filho de Pirro, da cidade de Bereia; Aristarco e Segundo, de Tessalônica; Gaio, de Derbe; Timóteo; e também Tíquico e Trófimo, que eram da província da Ásia. 5 Eles foram na frente e nos esperaram na cidade de Trôade. 6 Depois da *Festa dos Pães sem Fermento, nós partimos da cidade de Filipos. Cinco dias depois nos encontramos com eles em Trôade e ficamos ali uma semana.

Paulo em Trôade

7 No sábado à noite nós nos reunimos com os irmãos para partir o pão. Paulo falou nessa reunião e continuou falando até a meia-noite, pois ia viajar no dia seguinte. 8 Havia muitas lamparinas acesas na sala onde nós estávamos reunidos, a qual ficava no terceiro andar da casa. 9 Um moço chamado Êutico estava sentado numa janela. E, como Paulo continuasse falando durante muito tempo, o sono do moço foi aumentando. De repente, ele dormiu e caiu da janela. Quando o levantaram, estava morto. 10 Então Paulo desceu, abaixou-se, abraçou o moço e disse:

— Não se assustem, pois ele está vivo.

11 Em seguida Paulo subiu de novo, partiu o pão e comeu. Falou ainda muito tempo, até de manhã, e depois foi embora. 12 Aí levaram o moço, vivo, para a casa dele, e isso os deixou muito animados.

De Trôade a Mileto

13 Nós fomos na frente e embarcamos no navio que nos levou até o porto de Assôs, onde devíamos esperar Paulo. Ele mandou que fizéssemos isso porque queria ir por terra até lá. 14 Quando ele se encontrou conosco em Assôs, nós o recebemos no navio e seguimos viagem até a cidade de Mitilene. 15 Então partimos dali e, no dia seguinte, passamos perto da ilha de Quios. No outro dia já estávamos na ilha de Samos e um dia depois chegamos ao porto de Mileto. 16 Paulo tinha resolvido não parar na cidade de Éfeso para não ficar muito tempo na *província da Ásia. Ele estava com pressa, pois queria chegar a Jerusalém, se possível, antes do dia de *Pentecostes.

A mensagem de Paulo

17 Em Mileto Paulo mandou chamar os *presbíteros da igreja de Éfeso para se encontrarem com ele. 18 Quando eles chegaram, Paulo disse:

— Vocês sabem como foi que passei todo o tempo que estivemos juntos, desde o primeiro dia em que cheguei à *província da Ásia. 19 Fiz o meu trabalho como *servo do Senhor, com toda a humildade e com lágrimas. E isso apesar dos tempos difíceis que tive, por causa dos judeus que se juntavam contra mim. 20 Vocês também sabem que fiz tudo para ajudar vocês, anunciando o *evangelho e ensinando publicamente e nas casas. 21 Eu disse com firmeza aos judeus e aos não judeus que eles deviam se arrepender dos seus pecados, voltar para Deus e crer no nosso Senhor Jesus. 22 Agora eu vou para Jerusalém, obedecendo ao Espírito Santo, sem saber o que vai me acontecer lá. 23 Sei somente que em todas as cidades o Espírito Santo tem me avisado que prisões e sofrimentos estão me esperando. 24 Mas eu não dou valor à minha própria vida. O importante é que eu complete a minha missão e termine o trabalho que o Senhor Jesus me deu para fazer. E a missão é esta: anunciar a boa notícia da *graça de Deus.

25 — Eu tenho estado entre vocês, anunciando o *Reino de Deus, e agora sei que vocês não vão me ver mais. 26 Por isso, com toda a certeza eu afirmo hoje que, se algum de vocês se perder, eu não sou o responsável. 27 Pois não deixei de lhes anunciar todo o plano de Deus. 28 Cuidem de vocês mesmos e de todo o rebanho que o Espírito Santo entregou aos seus cuidados, como pastores da Igreja de Deus, que ele comprou por meio do sangue do seu próprio Filho. 29 Pois eu sei que, depois que eu for, aparecerão lobos ferozes no meio de vocês e eles não terão pena do rebanho. 30 E chegará o tempo em que alguns de vocês contarão mentiras, procurando levar os irmãos para o seu lado. 31 Portanto, fiquem vigiando e lembrem que durante três anos, de dia e de noite, eu, chorando, não parei de ensinar cada um de vocês.

32 — E agora eu os entrego aos cuidados de Deus e da palavra da sua graça. Pois ele pode ajudá-los a progredir espiritualmente e pode dar-lhes as bênçãos que guarda para todo o seu povo. 33 Não cobicei nem a prata, nem o ouro, nem as roupas de ninguém. 34 Pelo contrário, vocês sabem que eu trabalhei com as minhas próprias

DEVOCIONAL

Texto para leitura: **Atos 20:17-24**

Conheça a si mesma

Quando a vida começa a fugir ao controle, quando você acha que não conseguirá continuar e quando nada está dando certo, há algo que você pode fazer: lembrar-se do que é crucial. Reveja os fatos — é só dos fatos que você precisa. Responda a estas perguntas:

1. Deus é quem ele diz ser?
2. Ele a ama ou não?
3. A vontade de Deus é boa ou ruim?
4. Acontece alguma coisa com você sem que ele permita?
5. Ele realmente age para que todas as coisas trabalhem juntas para o bem das pessoas que o amam?
6. Você quer a vontade de Deus ou a sua?

Se você puder honestamente responder a essas perguntas, então pode superar qualquer trauma em sua vida e chegar à verdade do problema.

Afinal de contas, seus sentimentos são apenas uma interpretação simples da situação, muitas vezes sem considerar os fatos. Quando você entra em pânico com relação à vida, perde o que é essencial: a verdade sobre Deus e o papel dele em sua vida. Para o verdadeiro cristão, a vida nunca foge ao controle e nunca se aproxima do desastre. Ela está sempre edificada na rocha e segura debaixo das asas de Deus. Quando você permite que suas emoções se tornem sua verdade sagrada, você perde toda a esperança, e a preocupação começa. Se você quiser ser livre do medo e da angústia, precisa se lembrar dos fatos. Quando puder olhar para sua vida pela realidade do amor e da vontade de Deus para você, então você encontrará toda uma vida nova cheia de paz e de tranquilidade.

mãos e consegui tudo o que eu e os meus
companheiros de trabalho precisávamos.
35 Em tudo tenho mostrado a vocês que é
trabalhando assim que podemos ajudar
os necessitados. Lembrem das palavras
do Senhor Jesus: "É mais feliz quem dá
do que quem recebe."
36 Quando Paulo acabou de falar, ajoe-
lhou-se com os irmãos e orou. 37 Então to-
dos choraram muito e abraçaram e bei-
jaram Paulo. 38 Estavam tristes, especial-
mente porque ele lhes tinha dito que nun-
ca mais iam vê-lo. Então eles o acompa-
nharam até o navio.

Paulo vai para Jerusalém

21 Nós nos despedimos deles e fomos
embora, navegando diretamente
para a ilha de Cós. No dia seguinte para-
mos no porto de Rodes e dali continuamos
até a cidade de Pátara, 2 onde encontra-
mos um navio que ia para a Fenícia. En-
tão embarcamos nele e seguimos viagem.
3 Quando já podíamos ver a ilha de Chi-
pre, navegamos ao sul daquela ilha e se-
guimos em direção à *província da Síria.
Chegamos à cidade de Tiro, onde desem-
barcamos, pois o navio precisava ser des-
carregado. 4 Naquela cidade encontramos
alguns cristãos e ficamos com eles uma
semana. Então, avisados pelo Espírito San-
to, eles disseram a Paulo que não fosse
para Jerusalém. 5 Mas, quando chegou o
dia de irmos embora, nós continuamos
a nossa viagem. Aí aqueles irmãos, com
as esposas e filhos, nos acompanharam
até fora da cidade; e todos nós nos ajoe-
lhamos ali na praia e oramos. 6 Depois de
nos despedirmos, embarcamos no navio,
e eles voltaram para casa.

7 Seguimos viagem, navegando da cida-
de de Tiro para Ptolemaida. Ali encontra-
mos e cumprimentamos os irmãos e pas-
samos um dia com eles. 8 No dia seguinte
partimos e chegamos à cidade de Cesa-
reia. Ali fomos para a casa do evangelis-
ta Filipe e ficamos com ele. Filipe era um
dos sete homens que haviam sido esco-
lhidos em Jerusalém. 9 Ele tinha quatro fi-
lhas solteiras que profetizavam. 10 Alguns
dias depois da nossa chegada, um *profeta
chamado Ágabo veio da região da Judeia.
11 Ele chegou perto de nós, pegou o cinto
de Paulo, amarrou os próprios pés e as
próprias mãos e disse:

— O Espírito Santo diz isto: em Jeru-
salém o dono deste cinto será amarrado
assim pelos judeus e será entregue nas
mãos dos não judeus.

12 Quando ouvimos isso, nós e os ir-
mãos de Cesareia pedimos com insistên-
cia a Paulo que não fosse para Jerusalém.
13 Mas ele respondeu:

— Por que vocês choram assim e me
deixam tão triste? Eu estou pronto não
somente para ser amarrado, mas até para
morrer em Jerusalém pela causa do Se-
nhor Jesus.

14 E não conseguimos convencê-lo a não
ir. Então desistimos e dissemos:

— Que seja feita a vontade do Senhor!

15 Depois de passarmos alguns dias ali,
juntamos as nossas coisas e fomos para
Jerusalém. 16 Alguns irmãos da cidade de
Cesareia nos acompanharam e nos leva-
ram à casa onde íamos ficar hospedados.
O dono da casa era Menasom, natural da
ilha de Chipre. Fazia muito tempo que ele
era cristão.

Paulo visita Tiago

17 Quando chegamos a Jerusalém, os ir-
mãos nos receberam com muita alegria.
18 No dia seguinte Paulo foi conosco até a
casa de Tiago para se encontrar com ele.
E todos os *presbíteros da igreja estavam
presentes ali. 19 Então Paulo os cumpri-
mentou e deu um relatório completo de
tudo o que Deus tinha feito por meio dele
entre os não judeus. 20 Depois de o ouvi-
rem, todos eles deram graças a Deus e
disseram a Paulo:

— Veja bem, irmão! Há milhares de
judeus que se tornaram cristãos e todos
eles são fiéis à *Lei de Moisés. 21 Eles ouvi-
ram dizer que você ensina os judeus que
moram em outros países a abandonarem
a Lei, dizendo a eles que não *circunci-
dem os seus filhos, nem respeitem os
costumes dos judeus. 22 O que vamos fa-
zer? Com certeza eles já ouviram dizer
que você chegou. 23 Portanto, faça o que
vamos dizer: estão aqui entre nós qua-
tro homens que têm de cumprir uma
promessa a Deus. 24 Então vá, tome par-
te com eles na cerimônia de *purificação
e pague a despesa para que eles possam
rapar a cabeça. Assim todos saberão que
não é verdade o que se diz de você. Pelo
contrário, vão ficar sabendo que, de fato,
você vive de acordo com a Lei de Moisés.
25 Mas, quanto aos não judeus que se tor-
naram cristãos, nós já mandamos uma
carta a eles, dizendo o seguinte: "Não co-
mam carne de animais que foram ofereci-
dos em *sacrifício aos ídolos, nem sangue,
nem carne de nenhum animal que tenha
sido estrangulado. E também não prati-
quem imoralidade sexual."

26 Então Paulo falou com os quatro ho-
mens e, no dia seguinte, tomou parte com
eles na cerimônia de purificação. Depois
entrou na área do Templo para avisar
quando iam terminar os dias da purifi-
cação, isto é, a ocasião em que cada um
dos quatro homens deveria oferecer o seu
sacrifício.

Paulo é preso no Templo

27 Quando os sete dias da *purificação
estavam para acabar, alguns judeus da
*província da Ásia viram Paulo na área
do Templo. Então atiçaram a multidão,
agarraram Paulo 28 e começaram a gritar:

— Israelitas, nos ajudem! Este é o ho-
mem que vai pelo mundo inteiro falan-
do a todas as pessoas e dizendo mentiras
contra o povo de Israel, a *Lei de Moisés
e este Templo. E agora ele está trazendo
não judeus para dentro da área do Tem-
plo, *profanando assim este lugar santo.

29 Eles disseram isso porque tinham vis-
to Trófimo, que era de Éfeso, na cidade
com Paulo. E pensavam que Paulo o ha-
via levado para dentro da área do Templo.
30 A confusão se espalhou por toda a ci-
dade, e o povo veio correndo de todos os
lados. Eles agarraram Paulo, e o arrasta-
ram para fora da área do Templo, e fecha-
ram os portões. 31 Quando a multidão já
ia matar Paulo, o comandante das tropas
romanas recebeu a notícia de que toda a
cidade de Jerusalém estava em revolta.
32 Então reuniu depressa alguns oficiais

e soldados e correu para o meio do povo. Quando a multidão viu o comandante e os soldados, parou logo de bater em Paulo. 33 Aí o comandante chegou perto de Paulo, prendeu-o e mandou amarrá-lo com duas correntes. Depois perguntou:

— Quem é este homem? O que foi que ele fez?

34 Mas na multidão uns gritavam uma coisa, outros gritavam outra. A desordem era tão grande, que o comandante não pôde descobrir o que havia acontecido. Então mandou que os soldados levassem Paulo para dentro da fortaleza. 35 Quando chegaram perto da escada, os soldados tiveram de carregar Paulo por causa da violência da multidão 36 que vinha atrás, gritando:

— Mata! Mata!

Paulo se defende

37 Quando iam levar Paulo para dentro da fortaleza, ele disse ao comandante:

— Me dê licença para falar uma coisa com o senhor.

O comandante perguntou:

— Você sabe falar *grego? 38 Por acaso você é aquele egípcio que algum tempo atrás começou uma revolução e levou quatro mil terroristas armados para o deserto?

39 Paulo respondeu:

— Eu sou judeu, nascido em Tarso, cidade muito importante da região da Cilícia. Por favor, me deixe falar com o povo.

40 Então o comandante deixou. Paulo ficou de pé na escadaria e fez um sinal com a mão para o povo, pedindo silêncio. Quando todos ficaram calados, Paulo começou a falar em *hebraico. Ele disse:

22 — Meus senhores, irmãos e pais, escutem o que eu vou dizer a vocês em minha defesa!

2 Quando o ouviram falar em *hebraico, eles ficaram mais quietos ainda. Então Paulo disse:

3 — Eu sou judeu, nascido em Tarso, na região da Cilícia, mas fui criado aqui em Jerusalém como aluno de Gamaliel. Fui educado muito rigorosamente dentro da *lei dos nossos antepassados. Eu era muito dedicado a Deus, como todos vocês aqui também são. 4 Persegui os que seguiam este *Caminho e fiz com que alguns fossem condenados à morte. Prendi homens e mulheres e os joguei na cadeia. 5 O *Grande Sacerdote e todo o *Conselho Superior podem provar que estou dizendo a verdade, pois eu recebi cartas deles, escritas para os irmãos judeus que moram em Damasco. E fui até lá para prender os seguidores deste Caminho e trazê-los presos com correntes a Jerusalém, a fim de serem castigados.

Paulo conta a sua conversão

Atos 9.1-19; 26.12-18

6 E Paulo continuou:

— Eu estava viajando, já perto de Damasco, e era mais ou menos meio-dia. De repente, uma forte luz que vinha do céu brilhou em volta de mim. 7 Eu caí no chão e ouvi uma voz que me dizia: "Saulo, Saulo, por que você me persegue?"

8 — Então eu perguntei: "Quem é o senhor?"

— "Eu sou Jesus de Nazaré, aquele que você persegue!" — respondeu ele.

9 — Os homens que viajavam comigo viram a luz, porém não ouviram a voz de quem falava comigo. 10 Eu perguntei: "Senhor, o que devo fazer?"

— E o Senhor respondeu: "Levante-se e entre na cidade de Damasco. Ali alguém vai lhe dizer tudo o que Deus quer que você faça."

11 — Aquela luz brilhante tinha me deixado cego. Por isso os meus companheiros me pegaram pela mão e me levaram até Damasco. 12 Havia ali um homem chamado Ananias. Ele era religioso, obedecia à nossa *Lei, e todos os judeus que moravam em Damasco o respeitavam. 13 Esse homem veio me procurar, chegou perto de mim e disse: "Irmão Saulo, veja de novo!"

— No mesmo instante comecei a ver de novo e olhei para ele. 14 Então ele disse: "Saulo, o Deus dos nossos antepassados escolheu você para conhecer a vontade dele, para ver o seu Bom *Servo e para ouvir o Servo falar com você pessoalmente. 15 Pois você será testemunha dele para dizer a todos aquilo que você tem visto e ouvido. 16 E agora não espere mais. Levante-se, peça a ajuda do Senhor e seja batizado, e os seus pecados serão perdoados."

A missão de Paulo

17 E Paulo terminou, dizendo:

— Então eu voltei para Jerusalém. Quando estava orando no Templo, tive uma visão. 18 Vi o Senhor, e ele me disse: "Saia depressa de Jerusalém porque as

DEVOCIONAL

Texto para leitura: **Atos 22:1-21**

Conheça a Deus

Não há nada que você possa fazer que não possa ser perdoado, exceto negar que Deus é Deus. Se você o fez Senhor de sua vida, então tem o perdão para todos os pecados. Todos! Não há lugar escuro, não há passado sórdido, não há erro terrível que não possa ser limpo. Se Deus pôde perdoar Paulo, que perseguiu os cristãos, e transformá-lo em um homem santo que escreveu grande parte do Novo Testamento, então, sem dúvida, seu pecado não é terrível demais para ser perdoado também.

Se você acha que seu pecado é muito grande para ser perdoado pelo sangue de Cristo, então você está dizendo que Cristo morreu por nada. Mas você sabe que não é verdade. A morte de Jesus foi suficiente para dar perdão a quem o quiser, incluindo você. Você não é a criatura mais repugnante a pedir perdão. Você não é um caso especial; é um ser humano. E todos nós somos iguais: pecadores sujos e corruptos que precisam de salvação. Concorde com Deus que seu pecado foi um mal contra ele, e toda parte de seu passado será perdoada e purificada. Isso significa que você não precisa mais se apegar ao passado. Não precisa se preocupar, se lamentar ou pensar nisso. Ele foi para longe, assim como o oriente está longe do ocidente (veja Salmos 103:12).

Uma vez aceito o perdão de Jesus, você se tornará uma nova criatura. Sua vida poderá ser resgatada para transformar o mundo, assim como foi a de Paulo. Você poderá ser liberta de seu estilo de vida velho e vazio e colocada em um novo caminho para se tornar a mulher que Deus quer que você seja.

pessoas daqui não aceitarão o que você
vai dizer a meu respeito."
19 — Eu respondi: "Senhor, eles sabem muito bem que eu ia às *sinagogas,
e prendia os que criam em ti, e batia neles.
20 Quando estavam matando Estêvão,
que falava a respeito de ti, ó Senhor, eu
estava ali, concordando com aquele crime. E até tomei conta das *capas dos assassinos dele."
21 — Aí o Senhor disse: "Vá, pois eu vou
enviá-lo para bem longe; vou enviá-lo aos
não judeus."
22 *A multidão* ficou ouvindo Paulo até
que ele disse isso, mas aí eles começaram
a gritar com toda a força:
— Matem esse homem!
— Ele não merece viver!
23 Eles gritavam, sacudiam as capas no
ar e jogavam poeira para cima.
24 Então o
comandante mandou que os seus soldados levassem Paulo para dentro da fortaleza. Mandou também que o chicoteassem
para que ele contasse por que a multidão
estava gritando contra ele.
25 Porém, quando o estavam amarrando para chicoteá-lo, Paulo perguntou ao oficial romano
que estava perto dele:
— Será que vocês têm o direito de chicotear um cidadão romano, especialmente um que não foi condenado por nenhum
crime?
26 Quando o oficial ouviu isso, foi falar
com o comandante e disse:
— O que é que o senhor vai fazer?
Aquele homem é cidadão romano!
27 *Então o comandante* foi falar com
Paulo e perguntou:
— Me diga uma coisa: você é mesmo
cidadão romano?
— Sou! — respondeu Paulo.
28 Aí o comandante disse:
— Eu também sou, e isso me custou
muito dinheiro.
Paulo respondeu:
— Pois eu sou cidadão romano de nascimento.
29 Imediatamente os homens que iam

chicoteá-lo recuaram. E o próprio coman-
dante ficou com medo ao saber que Paulo
era cidadão romano e ele tinha mandado
amarrá-lo.

Paulo diante do Conselho Superior

30 O comandante queria saber com cer-
teza por que os judeus estavam acusan-
do Paulo. Então, no dia seguinte, mandou
que tirassem as correntes que o prendiam
e ordenou que os chefes dos sacerdotes e
todo o *Conselho Superior se reunissem.
Depois mandou que trouxessem Paulo e
o colocassem em frente deles.

23 Então Paulo olhou firmemente para
os membros do Conselho e disse:
— Meus irmãos, tenho vivido até hoje
com a consciência limpa diante de Deus.
2 Mas Ananias, o *Grande Sacerdote,
mandou que os homens que estavam per-
to de Paulo dessem um tapa na boca dele.
3 Aí Paulo disse a Ananias:
— Hipócrita, Deus o castigará por isso!
Você está sentado aí para me julgar de
acordo com a *Lei, não é? Então como é
que mandou bater em mim? Isso é con-
tra a Lei!
4 Os homens que estavam perto de Pau-
lo perguntaram:
— Você está insultando o Grande Sa-
cerdote, o *servo de Deus?
5 Paulo respondeu:
— Meus irmãos, eu não sabia que ele
é o Grande Sacerdote. Pois as *Escrituras
Sagradas dizem: "Não fale mal de nenhu-
ma das autoridades do seu povo."
6 Quando Paulo percebeu que alguns do
Conselho eram do partido dos *saduceus
e outros do partido dos *fariseus, disse
bem alto:
— Meus irmãos, eu sou fariseu e filho
de fariseus. Estou aqui sendo julgado por-
que creio que os mortos vão ressuscitar.
7 Assim que ele disse isso, os fariseus
e os saduceus começaram a discutir, e o
Conselho se dividiu. 8 É que os saduceus
não creem que os mortos vão ressuscitar,
nem que existem anjos ou espíritos; mas
os fariseus creem nessas coisas. 9 E assim
a gritaria aumentou ainda mais. Então al-
guns *mestres da Lei que pertenciam ao
partido dos fariseus se levantaram e pro-
testaram. Eles disseram:
— Não vemos nenhum mal neste ho-
mem. Pode ser mesmo que um anjo ou
um espírito tenha falado com ele.
10 A briga chegou a tal ponto, que o
comandante ficou com medo de que Pau-
lo fosse despedaçado por eles. Por isso
mandou os guardas descerem para tirar
Paulo do meio deles e o levar de volta
para a fortaleza.
11 Na noite seguinte o Senhor Jesus apa-
receu a Paulo e disse:
— Tenha coragem, Paulo! Você falou a
meu respeito aqui em Jerusalém e vai fa-
lar também em Roma.

O plano para matar Paulo

12 Na manhã seguinte alguns judeus se
ajuntaram e juraram que não iam comer
nem beber nada enquanto não matassem
Paulo. 13 Os homens que combinaram fa-
zer isso eram mais de quarenta. 14 Eles fo-
ram falar com os chefes dos sacerdotes e
com os líderes do povo e disseram:
— Nós fizemos o seguinte juramento:
"Que Deus nos amaldiçoe se comermos
ou bebermos qualquer coisa enquanto
não matarmos Paulo." 15 Agora vocês e o
*Conselho Superior, mandem pedir ao co-
mandante que traga Paulo aqui. Digam
que estão querendo examinar melhor o
caso dele. Então, antes que ele chegue,
nós estaremos prontos para matá-lo.
16 Mas o filho da irmã de Paulo ficou sa-
bendo do plano; ele entrou na fortaleza e
contou tudo a Paulo. 17 Então Paulo cha-
mou um dos oficiais e disse:
— Leve este moço ao comandante. Ele
tem uma coisa para contar a ele.
18 O oficial levou o moço ao comandan-
te e disse:
— Aquele preso que se chama Paulo
mandou me chamar e pediu que eu trou-
xesse este moço porque ele tem uma in-
formação para o senhor.
19 O comandante pegou o moço pela
mão, levou-o para um lado e perguntou:
— O que é que você tem para me
contar?
20 Ele respondeu:
— Alguns judeus combinaram pedir ao
senhor que leve Paulo amanhã ao Conse-
lho Superior, com a desculpa de quererem
examinar melhor o caso dele. 21 Mas não
acredite nisso, pois mais de quarenta de-
les vão ficar escondidos esperando Pau-
lo para o matar. Todos eles fizeram este
juramento: "Que Deus nos amaldiçoe se
comermos ou bebermos qualquer coisa
antes de termos matado Paulo." Eles es-
tão prontos para cumprir o juramento e

esperam apenas saber o que o senhor vai
resolver.
22 Então o comandante respondeu:
— Não diga a ninguém que você me
contou isso.
E mandou que o moço fosse embora.

Paulo é mandado para o governador Félix

23 Então o comandante chamou dois ofi-
ciais e disse:
— Arranjem duzentos soldados, e mais
setenta cavaleiros, e duzentos lanceiros
para ir até a cidade de Cesareia. Estejam
prontos para sair daqui às nove horas da
noite. 24 Preparem também cavalos para
Paulo montar e o levem com toda a segu-
rança para o governador Félix.
25 Depois o comandante escreveu uma
carta que dizia o seguinte:
26 "Excelentíssimo Governador Félix,
"Saudações.
27 "Alguns judeus agarraram este ho-
mem e quase o mataram. Quando soube
que ele era cidadão romano, eu fui com os
meus soldados e não deixei que ele fosse
morto. 28 Eu queria saber por que o esta-
vam acusando e por isso resolvi levá-lo
diante do *Conselho Superior dos judeus.
29 Então descobri que ele não tinha feito
nada para merecer a prisão ou a morte.
A acusação contra ele era a respeito da
própria *lei deles. 30 Quando fui informa-
do de que havia um plano para matá-lo,
resolvi mandá-lo ao senhor. E disse para
aqueles judeus que fizessem as acusações
na sua presença.
"Saúde.
"Cláudio Lísias."
31 Então os soldados cumpriram as or-
dens. Pegaram Paulo e o levaram durante
a noite até a cidade de Antipátride. 32 No
dia seguinte os soldados voltaram para a
fortaleza, deixando que os cavaleiros con-
tinuassem a viagem com Paulo. 33 Eles o
levaram para a cidade de Cesareia, deram
a carta ao Governador e lhe entregaram
Paulo. 34 O Governador leu a carta e per-
guntou a Paulo de onde ele era. Quando
soube que era da região da Cilícia, 35 disse:
— Quando os seus acusadores chega-
rem, eu ouvirei o que você tem para dizer.
Em seguida mandou que ele ficasse
preso no palácio do Governador.

Paulo é acusado

24 Cinco dias depois o *Grande Sacer-
dote Ananias foi até Cesareia com
alguns líderes do povo e com um advoga-
do chamado Tértulo. Eles se apresentaram
ao governador Félix para fazer acusações
contra Paulo. 2 Depois que Paulo foi cha-
mado, Tértulo começou a acusação, di-
zendo:
— Excelentíssimo Senhor Governa-
dor, o seu governo nos tem trazido um
longo tempo de paz, e graças à sua sá-
bia administração muitas reformas ne-
cessárias estão sendo feitas para o bem
deste povo. 3 Somos muito agradecidos
por tudo aquilo que temos recebido em
todas as ocasiões e em todos os lugares.
4 Mas não quero tomar muito do seu tem-
po e por isso peço que tenha a bondade
de nos escutar apenas um pouco mais.
5 Nós achamos, de fato, que este homem
é uma peste. Ele provoca desordens entre
os judeus do mundo inteiro e é também
o líder do partido dos nazarenos. 6 Além
disso tentou *profanar o Templo, e então
nós o prendemos. Nós íamos julgá-lo de
acordo com a nossa *Lei, 7 mas o coman-
dante Lísias veio e o tirou de nós à for-
ça. 8 Aí o próprio Lísias mandou que os
acusadores viessem até aqui e fizessem
a acusação diante do senhor. Se o senhor
fizer perguntas a este homem, ele mesmo
confirmará todas as acusações que esta-
mos fazendo contra ele.
9 Então os judeus concordaram, dizen-
do que tudo era verdade.

Paulo se defende diante de Félix

10 O Governador fez sinal para que Pau-
lo falasse. Então ele disse:
— Eu sei que há muitos anos o senhor
é juiz do povo judeu e por isso eu me sin-
to à vontade para fazer a minha defesa
na sua presença. 11 Como o senhor mes-
mo pode comprovar, faz apenas doze dias
que fui a Jerusalém para adorar a Deus.
12 Os judeus não me viram discutindo com
ninguém nos pátios do Templo, nem agi-
tando o povo nas suas *sinagogas ou em
qualquer outro lugar da cidade. 13 E eles
não podem provar nenhuma das acusa-
ções que agora estão fazendo contra mim.
14 Porém uma coisa confesso ao senhor:
eu sigo o *Caminho que os judeus dizem
ser falso; mas é desse modo que sirvo ao
Deus dos nossos antepassados. Creio em
tudo o que está escrito na *Lei de Moisés
e nos livros dos *Profetas. 15 Eu e os meus
acusadores temos esta mesma esperança
em Deus: todos vão ressuscitar, tanto os

bons como os maus. 16 Por isso faço tudo
para sempre ter a consciência limpa dian-
te de Deus e das pessoas.
17 E Paulo continuou:
— Depois de ter ficado fora de Jerusa-
lém durante alguns anos, voltei para lá a
fim de levar algum dinheiro para o meu
próprio povo e para oferecer *sacrifícios.
18 Quando estava fazendo isso, depois de
eu ter acabado a cerimônia de *purifica-
ção, alguns judeus me encontraram na
área do Templo. Não havia muita gente
comigo nem desordem. 19 Porém alguns
judeus da *província da Ásia estavam lá.
São eles que devem se apresentar diante
do senhor e fazer as acusações, se é que
têm alguma coisa contra mim. 20 Ou en-
tão que estes homens que estão aqui di-
gam se, quando eu estive diante do *Con-
selho Superior, eles me acharam culpado
de qualquer crime. 21 Quando estava de pé
diante deles, eu apenas disse em voz alta:
"Hoje estou sendo julgado por vocês por-
que creio que os mortos vão ressuscitar."
22 Então Félix, que estava bem informa-
do a respeito do Caminho, deixou a ques-
tão para depois, dizendo a eles:
— Quando o comandante Lísias chegar,
eu resolverei o caso de vocês.
23 Ele mandou que o oficial pusesse um
guarda para tomar conta de Paulo e or-
denou que lhe dessem alguma liberdade
e licença para receber ajuda dos amigos.

Paulo diante de Félix e Drusila

24 Alguns dias mais tarde Félix veio com
Drusila, a sua esposa, que era judia. Man-
dou chamar Paulo e o ouviu falar a res-
peito da fé em Cristo Jesus. 25 Mas, quan-
do Paulo começou a falar sobre uma vida
correta, o domínio próprio e o Dia do Juí-
zo Final, Félix ficou com medo e disse:
— Agora pode ir. Quando eu puder, cha-
marei você de novo.
26 Além disso Félix esperava que Paulo
lhe desse algum dinheiro. Por isso o cha-
mava muitas vezes e conversava com ele.
27 Dois anos depois Pórcio Festo ficou
no lugar de Félix como governador. Félix
queria agradar os judeus; por isso, ao sair,
deixou Paulo na prisão.

Paulo apela para o Imperador

25 Três dias depois de chegar àque-
la *província, Festo saiu da cida-
de de Cesareia e foi até Jerusalém. 2 Os
chefes dos sacerdotes e os líderes judeus
apresentaram lá as suas acusações contra
Paulo e pediram a Festo 3 o favor de man-
dar trazer Paulo para Jerusalém. É que
eles tinham combinado matar Paulo no
caminho. 4 Mas Festo respondeu:
— Paulo está preso em Cesareia, e eu
logo voltarei para lá. 5 Que os líderes de
vocês me acompanhem até lá e o acusem,
se é que ele fez algum mal.
6 Festo passou oito ou dez dias entre
eles e depois voltou para Cesareia. No
dia seguinte sentou-se no tribunal e man-
dou que trouxessem Paulo. 7 Quando Pau-
lo chegou, os judeus que tinham vindo de
Jerusalém ficaram em volta dele e come-
çaram a fazer muitas acusações graves,
mas não conseguiram provar nada. 8 En-
tão Paulo se defendeu, dizendo:
— Eu não fiz nada contra a *lei dos ju-
deus, nem contra o Templo, nem contra
o Imperador.
9 Festo, querendo agradar os judeus,
perguntou a Paulo:
— Você não quer ir a Jerusalém e ser
julgado lá por mim a respeito destas coi-
sas?
10 Paulo respondeu:
— Estou diante do tribunal do Impera-
dor romano, e é aqui que devo ser julga-
do. Não fiz mal nenhum aos judeus, como
o senhor sabe muito bem. 11 Se não respei-
tei a lei ou se fiz alguma coisa que mereça
a pena de morte, estou pronto para mor-
rer. Mas, se o que dizem contra mim não
é verdade, ninguém pode me entregar a
eles. Portanto, apelo para o Imperador.
12 Então Festo, depois de conversar com
os seus conselheiros, disse:
— Já que você apelou para o Imperador,
então irá para o Imperador.

Paulo diante de Agripa e Berenice

13 Alguns dias depois o rei Agripa e Be-
renice, sua irmã, chegaram a Cesareia
para cumprimentar Festo. 14 Quando já
fazia alguns dias que eles estavam lá, Fes-
to contou ao rei o caso de Paulo. Ele disse:
— Está aqui um homem que Félix dei-
xou como prisioneiro. 15 Quando fui a Je-
rusalém, os chefes dos sacerdotes e os lí-
deres dos judeus fizeram acusações con-
tra ele e me pediram que o condenasse.
16 Mas eu lhes disse que os romanos não
costumam condenar ninguém sem pri-
meiro colocar os acusadores diante do
acusado, dando a este a oportunidade
de se defender. 17 Por isso, quando eles

vieram até aqui, não perdi tempo, e, logo no dia seguinte, sentei no tribunal, e mandei que trouxessem o homem. 18 Os seus inimigos chegaram, mas não o acusaram de nenhum crime grave como pensei que iam fazer. 19 A única acusação que tinham contra ele era a respeito da própria religião deles e também sobre um homem que já morreu, chamado Jesus. Paulo afirma que esse homem está vivo. 20 Eu não sabia como conseguir informações sobre esse assunto. Por isso perguntei a Paulo se queria ir a Jerusalém para ser julgado lá a respeito dessas acusações. 21 Mas Paulo apelou para o Imperador e pediu para ficar preso até que o Imperador resolvesse o seu caso. Então mandei os guardas tomarem conta dele até que eu pudesse mandá-lo para o Imperador.

22 Aí Agripa disse a Festo:

— Eu gostaria de ouvir esse homem.

— Amanhã o senhor vai ouvi-lo! — respondeu Festo.

23 No dia seguinte Agripa e Berenice chegaram com grande cerimônia e pompa. Entraram na sala de audiências com os chefes militares e os homens mais importantes da cidade. Festo mandou que trouxessem Paulo 24 e disse:

— Rei Agripa e todos os que estão aqui, vejam este homem! É contra ele que todos os judeus, tanto daqui como de Jerusalém, estão fazendo acusações diante de mim. Eles insistem em dizer que este homem deve morrer, 25 mas eu acho que ele não fez nada para ser condenado à morte. Como ele mesmo pediu para ser julgado pelo Imperador, resolvi atendê-lo. 26 Porém até agora não sei bem o que escrever a respeito dele ao Imperador. Então eu o trouxe aqui, diante dos senhores — e especialmente do senhor, rei Agripa — a fim de lhe fazer perguntas. Assim terei alguma coisa para escrever. 27 Pois acho absurdo mandar um prisioneiro sem explicar claramente as acusações que existem contra ele.

Paulo se defende diante de Agripa

26 Agripa disse a Paulo:

— Você pode apresentar a sua defesa.

Então Paulo estendeu a mão e fez a sua defesa, dizendo o seguinte:

2 — Rei Agripa, eu me sinto muito feliz em poder estar hoje diante do senhor para me defender de tudo o que os judeus me acusam. 3 E especialmente feliz porque o senhor conhece muito bem todos os costumes e questões dos judeus. Portanto, peço que o senhor me escute com paciência.

4 — Todos os judeus sabem como tenho vivido no meio do meu povo e também em Jerusalém, desde a minha juventude até hoje. 5 Eles sempre souberam — e podem confirmar isso se quiserem — que desde o começo fui membro do partido dos *fariseus, o mais rigoroso da nossa religião. 6 E agora estou aqui sendo julgado porque tenho esperança na promessa que Deus fez aos nossos antepassados. 7 Todas as *tribos do nosso povo, que adoram a Deus dia e noite, também esperam ver o cumprimento dessa promessa. É por causa dessa esperança, ó rei, que estou sendo acusado pelos judeus. 8 Por que é que vocês, judeus, acham impossível crer que Deus ressuscita os mortos?

9 E Paulo disse ainda:

— Eu mesmo pensava que devia fazer tudo o que pudesse contra a causa de Jesus de Nazaré. 10 E foi o que fiz em Jerusalém. Recebi autorização dos chefes dos sacerdotes e prendi muitos seguidores de Jesus. Quando eram condenados à morte, eu também votava contra eles. 11 Durante muito tempo eu os castiguei em todas as *sinagogas e os forcei a negar a sua fé. Tinha tanto ódio deles, que até fui a outras cidades para persegui-los.

Paulo conta a sua conversão

Atos 9.1-19; 22.6-16

12 E Paulo continuou:

— Foi por isso que viajei para a cidade de Damasco, levando autorização e ordens dos chefes dos sacerdotes. 13 Mas aconteceu, ó rei, que na estrada, ao meio-dia, veio do céu uma luz mais brilhante do que o sol, a qual brilhou em volta de mim e dos homens que estavam viajando comigo. 14 Todos nós caímos no chão, e eu ouvi uma voz me dizer em *hebraico: "Saulo, Saulo! Por que você me persegue? Não adianta você se revoltar contra mim."

15 — Então eu perguntei: "Quem é o senhor?"

— E o Senhor respondeu: "Eu sou Jesus, aquele que você persegue. 16 Mas levante-se e fique de pé. Eu apareci a você para o escolher como meu *servo, a fim de que você conte aos outros o que viu hoje e anuncie o que lhe vou mostrar depois.

DEVOCIONAL

Texto para leitura: **Atos 26:9-23**

Saiba como se comunicar

O que você está fazendo que prova que sua vida mudou? Ao ser salva, você se tornou uma nova pessoa. Mas, às vezes, você ainda recorre às suas velhas maneiras de pensar, de agir, de falar e até de crer. Isso não adianta nada. Você não pode se agarrar a quem era. Seu velho eu, com todos os caminhos egoístas, orientavam sua vida, mas agora um Deus maior faz isso, então você precisa abrir mão de sua natureza velha e se agarrar à nova natureza como se sua vida dependesse disso. Prove para si mesma, para Deus e para os outros que você não é a mesma pessoa que era.

Como uma Garota de Deus, você está crescendo, mudando e se tornando para sempre uma pessoa nova e melhor. À medida que vai crescendo, precisa escolher entre o velho e o novo. Você vai voltar aos seus velhos hábitos ou vai continuar a seguir em direção a um estilo de vida mais santo? Tornar-se mais parecida com Cristo é difícil, mas é um mandamento (veja Romanos 13:14; 1Coríntios 11:1). Não deixe que o mundo lhe diga que não há problema algum em fazer concessões, porque a santidade é muito difícil. Você precisa imitar a perfeição de Cristo, não responder às suas falhas, dizendo: "Eu sou assim, então aceite isso". Não, você não é assim; você *era* assim. Agora você é uma pessoa nova — mudando, crescendo, tornando-se uma menina melhor e uma mulher incrível.

Observe a vida de Paulo. Ele era uma pessoa violenta, que perseguia os cristãos primitivos (veja Atos 26:11), mas ele mudou quando recebeu uma nova natureza em Cristo. Você precisa fazer o mesmo. Você pode se tornar mais parecida com Cristo todos os dias. E, quando fizer isso, terá coisas boas como recompensa, tais como esperança, alegria e paz — tudo que vem da obediência à Palavra do Deus vivo.

17 Vou livrar você dos judeus e também
dos não judeus, a quem vou enviá-lo.
18 Você vai abrir os olhos deles a fim de
que eles saiam da escuridão para a luz
e do poder de Satanás para Deus. Então,
por meio da fé em mim, eles serão perdoados dos seus pecados e passarão a ser
parte do povo escolhido de Deus."

Paulo fala sobre o seu trabalho

19 E Paulo terminou, dizendo:
— Portanto, ó rei Agripa, eu não desobedeci à visão que veio do céu. 20 Anunciei a mensagem primeiro em Damasco
e depois em Jerusalém, em toda a região
da Judeia e entre os não judeus. *Eu dizia*
a todos que eles precisavam abandonar
os seus pecados, voltar para Deus e fazer coisas que mostrassem que estavam,
de fato, arrependidos. 21 Foi por isso que
alguns judeus me agarraram quando eu
estava no pátio do Templo e quiseram
me matar. 22 Mas até hoje Deus tem me
ajudado, e por isso estou aqui trazendo a
sua mensagem a todos, tanto aos humildes como aos importantes. Pois eu digo
a mesma coisa que os *profetas e Moisés
disseram que ia acontecer. 23 Eles afirmaram que o *Messias precisava sofrer e ser
o primeiro a ressuscitar, para anunciar
a luz da salvação tanto aos judeus como
aos não judeus.

24 Quando Paulo estava se defendendo
assim, Festo gritou:
— Paulo, você está louco! Estudou tanto, que acabou perdendo o juízo!
25 *Paulo respondeu:*
— Eu não estou louco, Excelência; estou em perfeito juízo e digo a verdade.
26 Eu posso falar diante do rei Agripa com
toda a coragem porque tenho a certeza de
que ele conhece todas essas coisas muito

bem, pois não aconteceram em nenhum
lugar escondido.
27 Então Paulo disse ao rei:
— Rei Agripa, o senhor crê nos profe-
tas? Eu sei que crê!
28 Agripa respondeu:
— Você pensa que assim, em tão pouco
tempo, vai me tornar cristão?
29 Paulo disse:
— Pois eu pediria a Deus que, em pou-
co ou muito tempo, não somente o senhor,
mas todos os que estão me ouvindo hoje
chegassem a ser como eu, mas sem es-
tas correntes.
30 Aí o rei Agripa, o Governador, Bere-
nice e todos os que estavam com eles se
levantaram 31 e saíram, comentando:
— Este homem não fez nada para me-
recer a morte, nem para estar preso.
32 Então Agripa disse a Festo:
— Ele já podia estar solto se não tivesse
pedido para ser julgado pelo Imperador.

Paulo viaja para Roma

27 Ficou resolvido que devíamos em-
barcar para a Itália. Então entre-
garam Paulo e os outros presos a Júlio,
um oficial romano que era do batalhão
chamado "Batalhão do Imperador". 2 Nós
embarcamos num navio da cidade de
Adramítio, que estava pronto para nave-
gar para os portos da *província da Ásia.
E assim começamos a viagem. Aristarco,
um macedônio da cidade de Tessalônica,
estava conosco. 3 No dia seguinte chega-
mos ao porto de Sidom. Júlio tratava Pau-
lo com bondade e lhe deu licença para ir
ver os seus amigos e receber deles o que
precisava. 4 Depois de sairmos de Sidom,
navegamos ao norte da ilha de Chipre a
fim de evitar os ventos que estavam so-
prando contra nós. 5 Atravessamos o mar
em frente ao litoral da região da Cilícia e
província da Panfília e chegamos a Mir-
ra, uma cidade da província da Lícia. 6 Ali
o oficial romano encontrou um navio da
cidade de Alexandria, que ia para a Itália,
e nos fez embarcar nele.
7 Navegamos bem devagar vários dias
e com grande dificuldade chegamos em
frente da cidade de Cnido. Como o vento
não nos deixava continuar naquela dire-
ção, passamos pelo cabo Salmona da ilha
de Creta e seguimos pelo lado sul daquela
ilha, o qual é protegido dos ventos. 8 As-
sim fomos navegando bem perto do lito-
ral e, ainda com dificuldade, chegamos a
um lugar chamado "Bons Portos", perto
da cidade de Laseia.
9 Ficamos ali muito tempo, e tornou-
-se perigoso continuar a viagem porque
o inverno estava chegando. Então Pau-
lo avisou:
10 — Homens, estou vendo que daqui
para diante a nossa viagem será perigo-
sa. Haverá grandes prejuízos não somente
com o navio e com a sua carga, mas tam-
bém haverá perda de vidas.
11 Mas o oficial romano tinha mais con-
fiança no capitão e no dono do navio do
que em Paulo. 12 O porto não era bom para
passar o inverno. Por isso a maioria acha-
va que devíamos sair dali e tentar chegar
a Fênix. Essa cidade é um porto de Creta
que tem um lado para o sudoeste e o ou-
tro para o noroeste. E eles achavam que
poderíamos passar o inverno ali.

A tempestade no mar

13 Começou a soprar do sul um vento
fraco, e por isso eles pensaram que po-
diam fazer o que tinham planejado. Le-
vantamos âncora e fomos navegando o
mais perto possível do litoral de Creta.
14 Mas, de repente, um vento muito for-
te, chamado "Nordeste", veio da ilha 15 e
arrastou o navio de tal maneira, que não
pudemos fazer com que ele seguisse na
direção certa. Por isso desistimos e dei-
xamos que o vento nos levasse. 16 Para es-
caparmos do vento, passamos ao sul de
uma pequena ilha chamada Cauda. Ali,
com muita dificuldade, conseguimos re-
colher o bote do navio. 17 Os marinheiros
levantaram o bote para dentro do navio
e amarraram o casco do navio com cor-
das grossas. Estavam com medo de que
o navio fosse arrastado para os bancos
de areia que ficam perto do litoral da Lí-
bia. Então desceram as velas e deixaram
que o navio fosse levado pelo vento 18 E a
terrível tempestade continuou. No dia se-
guinte começaram a jogar a carga no mar.
19 E, no outro dia, os marinheiros, com as
próprias mãos, jogaram no mar uma par-
te do equipamento do navio.
20 Durante muitos dias não pudemos
ver o sol nem as estrelas, e o vento conti-
nuava soprando forte. Finalmente perde-
mos toda a esperança de nos salvarmos.
21 Fazia muito tempo que eles não co-
miam nada. Então Paulo ficou de pé no
meio deles e disse:
— Homens, vocês deviam ter dado

atenção ao que eu disse e ter ficado em
Creta; e assim não teríamos tido toda
esta perda e este prejuízo. 22 Mas ago-
ra peço que tenham coragem. Ninguém
vai morrer; vamos perder somente o na-
vio. 23 Digo isso porque, na noite passada,
um anjo do Deus a quem pertenço e sirvo
apareceu a mim 24 e disse: "Paulo, não te-
nha medo! Você precisa ir até a presença
do Imperador. E Deus, na sua bondade,
já lhe deu a vida de todos os que estão
viajando com você." 25 Por isso, homens,
tenham coragem! Eu confio em Deus e
estou certo de que ele vai fazer o que me
disse. 26 Porém vamos ser arrastados para
alguma ilha.

27 Duas semanas depois, à noite, conti-
nuávamos sendo levados pela tempestade
no mar Mediterrâneo. Mais ou menos à
meia-noite, os marinheiros começaram a
sentir que estávamos chegando perto de
terra. 28 Então jogaram no mar uma corda
com um peso na ponta e viram que a água
ali tinha trinta e seis metros de fundu-
ra. Mais adiante tornaram a medir, e deu
vinte e sete metros. 29 Eles ficaram com
muito medo de que o navio fosse bater
contra as rochas. Por isso jogaram quatro
âncoras da parte de trás do navio e ora-
ram para que amanhecesse logo. 30 Aí os
marinheiros tentaram escapar do navio.
Baixaram o bote no mar, fingindo que iam
jogar âncoras da parte da frente do navio.
31 Então Paulo disse ao oficial romano e
aos soldados:

— Se os marinheiros não ficarem no
navio, vocês não poderão se salvar.

32 Aí os soldados cortaram as cordas
que prendiam o bote e o largaram no mar.

33 De madrugada Paulo pediu a todos
que comessem alguma coisa e disse:

— Já faz catorze dias que vocês estão
esperando e durante este tempo não co-
meram nada. 34 Agora comam alguma coi-
sa, por favor. Vocês precisam se alimen-
tar para poder continuar vivendo. Pois
ninguém vai perder nem mesmo um fio
de cabelo.

35 Em seguida Paulo pegou pão e deu
graças a Deus diante de todos. Depois
partiu o pão e começou a comer. 36 Então
eles ficaram com mais coragem e também
comeram. 37 No navio éramos ao todo du-
zentas e setenta e seis pessoas. 38 Depois
que todos comeram, jogaram o trigo no
mar para que o navio ficasse mais leve.

Todos chegam sãos e salvos

39 Quando amanheceu, os marinheiros
não reconheceram a terra, mas viram
uma baía onde havia uma praia. Então
resolveram fazer o possível para enca-
lhar o navio lá. 40 Eles cortaram as cordas
das âncoras, e as largaram no mar, e de-
samarraram os lemes. Em seguida sus-
penderam a vela do lado dianteiro, para
que pudessem seguir na direção da praia.
41 Mas o navio bateu num banco de areia
e ficou encalhado. A parte da frente ficou
presa, e a de trás começou a ser arreben-
tada pela força das ondas.

42 Os soldados combinaram matar to-
dos os prisioneiros, para que nenhum pu-
desse chegar até a praia e fugir. 43 Mas o
oficial romano queria salvar Paulo e não
deixou que fizessem isso. Pelo contrário,
mandou que todos os que soubessem
nadar fossem os primeiros a se jogar na
água e a nadar até a praia. 44 E mandou
também que os outros se salvassem, se-
gurando-se em tábuas ou em pedaços do
navio. E foi assim que todos nós chega-
mos a terra sãos e salvos.

Em Malta

28 Quando já estávamos em terra, sãos
e salvos, soubemos que a ilha se
chamava Malta. 2 Os moradores dali nos
trataram com muita bondade. Como esta-
va chovendo e fazia frio, acenderam uma
grande fogueira. 3 Paulo ajuntou um feixe
de gravetos e os estava jogando no fogo,
quando uma cobra, fugindo do calor, agar-
rou-se na mão dele. 4 Os moradores da ilha
viram a cobra pendurada na mão de Pau-
lo e comentaram:

— Este homem deve ser um assassino.
Pois ele escapou do mar, mas mesmo as-
sim a justiça divina não vai deixá-lo viver.

5 Mas Paulo sacudiu a cobra para den-
tro do fogo e não sentiu nada. 6 Eles pen-
savam que ele ia ficar inchado ou que ia
cair morto de repente. Porém, depois de
esperar bastante tempo, vendo que não
acontecia nada, mudaram de ideia e co-
meçaram a dizer que ele era um deus.

7 Perto daquele lugar havia algumas ter-
ras que pertenciam a Públio, o chefe da-
quela ilha. Ele nos recebeu muito bem, e
durante três dias nós fomos seus hóspe-
des. 8 O pai dele estava de cama, doente
com febre e disenteria. Paulo entrou no
quarto, fez uma oração, pôs as mãos so-
bre ele e o curou. 9 Depois disso os outros

Coisas para procurar

- A mensagem de salvação (veja Romanos 10)
- A resposta que explica por que você continua a cometer erros (veja Romanos 7)
- O alívio oferecido às pessoas que creem (veja Romanos 8:1)
- O significado e a importância da cruz (veja Romanos 1:18—11:36)

Termos e versículos que você deve saber

Justificação: Ato em que Deus considera justos os cristãos, não com base em nossa capacidade de cumprir a lei, mas com base na fé em Jesus. Deus aceita e trata todos os que creem em Cristo como justos aos olhos da lei ou, em outras palavras, como quem tem vivido à altura das exigências da lei.

Lei: A vontade escrita de Deus encontrada nas Escrituras. Na maioria das vezes se refere à Torá, a lei mosaica do Antigo Testamento.

Pois ninguém é aceito por Deus por fazer o que a lei manda, porque a lei faz com que as pessoas saibam que são pecadoras.
(Romanos 3:20)

Agora já não existe nenhuma condenação para as pessoas que estão unidas com Cristo Jesus.
(Romanos 8:1)

Eu penso que o que sofremos durante a nossa vida não pode ser comparado, de modo nenhum, com a glória que nos será revelada no futuro.
(Romanos 8:18)

Pois sabemos que todas as coisas trabalham juntas para o bem daqueles que amam a Deus, daqueles a quem ele chamou de acordo com o seu plano.
(Romanos 8:28)

Se você disser com a sua boca: "Jesus é Senhor" e no seu coração crer que Deus ressuscitou Jesus, você será salvo.
(Romanos 10:9)

Não vivam como vivem as pessoas deste mundo, mas deixem que Deus os transforme por meio de uma completa mudança da mente de vocês.
(Romanos 12:2)

A boa notícia para todos

1 Eu, Paulo, *servo de Cristo Jesus, es-
crevo esta carta. Deus me *chamou e
me separou para ser seu *apóstolo, a fim
de que eu anuncie a boa notícia do *evan-
gelho de Deus.
2 Há muito tempo essa boa notícia foi
prometida por Deus, por meio dos seus
*profetas, e escrita nas *Escrituras Sagra-
das. 3-4 Ela fala a respeito do Filho de Deus,
o nosso Senhor Jesus Cristo, o qual, como
ser humano, foi descendente do rei Davi.
E, quanto à sua santidade divina, a sua
ressurreição provou, com grande poder,
que ele é o Filho de Deus. 5 Por meio de
Cristo, Deus me deu a honra de ser após-
tolo no serviço de Cristo para levar pes-
soas de todas as nações a crerem em Cris-
to e a serem obedientes a ele. 6 Entre es-
sas pessoas estão vocês que moram em
Roma, a quem Deus tem chamado para
pertencerem a Jesus Cristo.
7 Por isso eu escrevo a todos vocês que
estão em Roma, todos vocês a quem Deus
ama e a quem tem chamado para serem
o seu próprio povo.
Que a *graça e a paz de Deus, o nos-
so Pai, e do Senhor Jesus Cristo estejam
com vocês!

Oração de agradecimento

8 Em primeiro lugar, por meio de Jesus
Cristo dou graças ao meu Deus por todos
vocês, pois no mundo inteiro se ouve falar
a respeito da fé que vocês têm. 9 Eu sirvo a
Deus com todo o meu coração, anuncian-
do a boa notícia a respeito do seu Filho;
Deus é testemunha de que digo a verdade.
Ele sabe que eu sempre lembro de vocês
10 e oro por vocês. E peço a Deus que, se
for da sua vontade, ele faça com que agora
eu possa ir visitá-los. 11 Pois eu quero mui-
to vê-los, a fim de repartir bênçãos espiri-
tuais com vocês para fortalecê-los, 12 quer
dizer, para que nos animemos uns aos ou-
tros por meio da fé que vocês e eu temos.
13 Meus irmãos, quero que saibam que
muitas vezes resolvi ir visitá-los, mas fui
impedido até agora de fazer isso. Pois eu
gostaria que o meu trabalho produzisse
resultados entre vocês também, como tem
acontecido entre outros não judeus. 14 Pois
é meu dever pregar a todos, tanto aos ci-
vilizados como aos não civilizados, tanto
aos instruídos como aos sem instrução. 15 É
por isso que eu quero anunciar o *evange-
lho também a vocês que moram em Roma.

O poder do evangelho

16 Eu não me envergonho do evangelho,
pois ele é o poder de Deus para salvar to-
dos os que creem, primeiro os judeus e
também os não judeus. 17 Pois o evangelho
mostra como é que Deus nos aceita: é por
meio da fé, do começo ao fim. Como di-
zem as *Escrituras Sagradas: "Viverá aque-
le que, por meio da fé, é aceito por Deus."

A culpa da humanidade

18 Do céu Deus revela a sua *ira contra
todos os pecados e todas as maldades
das pessoas que, por meio das suas más
ações, não deixam que os outros conhe-
çam a verdade a respeito de Deus. 19 Deus
castiga essas pessoas porque o que se
pode conhecer a respeito de Deus está
bem claro para elas, pois foi o próprio
Deus que lhes mostrou isso. 20 Desde que
Deus criou o mundo, as suas qualidades
invisíveis, isto é, o seu poder eterno e a
sua natureza divina, têm sido vistas cla-
ramente. Os seres humanos podem ver
tudo isso nas coisas que Deus tem feito
e, portanto, eles não têm desculpa nenhu-
ma. 21 Eles sabem quem Deus é, mas não
lhe dão a *glória que ele merece e não lhe
são agradecidos. Pelo contrário, os seus
pensamentos se tornaram tolos, e a sua
mente vazia está coberta de escuridão.
22 Eles dizem que são sábios, mas são to-
los. 23 Em vez de adorarem ao Deus *imor-
tal, adoram ídolos que se parecem com
seres humanos, ou com pássaros, ou com
animais de quatro patas, ou com animais
que se arrastam pelo chão.
24 Por isso Deus entregou os seres hu-
manos aos desejos do coração deles para
fazerem coisas sujas e para terem rela-
ções vergonhosas uns com os outros.
25 Eles trocam a verdade sobre Deus pela
mentira e adoram e servem as coisas que
Deus criou, em vez de adorarem e servi-
rem o próprio Criador, que deve ser lou-
vado para sempre. *Amém!
26 Por causa das coisas que essas pes-
soas fazem, Deus as entregou a paixões
vergonhosas. Pois até as mulheres trocam
as relações naturais pelas que são contra
a natureza. 27 E também os homens dei-
xam as relações naturais com as mulheres
e se queimam de paixão uns pelos outros.
Homens têm relações vergonhosas uns
com os outros e por isso recebem em si
mesmos o castigo que merecem por cau-
sa dos seus erros.

28 E, como não querem saber do verda-
deiro conhecimento a respeito de Deus,
ele entregou os seres humanos aos seus
maus pensamentos, de modo que eles fa-
zem o que não devem. 29 Estão cheios de
todo tipo de perversidade, maldade, ga-
nância, vícios, ciúmes, crimes de morte,
brigas, mentiras e malícia. Caluniam 30 e
falam mal uns dos outros. Têm ódio de
Deus e são atrevidos, orgulhosos e vai-
dosos. Inventam maneiras de fazer o
mal, desobedecem aos pais, 31 são imo-
rais, não cumprem a palavra, não têm
amor por ninguém e não têm pena dos
outros. 32 Eles sabem que o mandamento
de Deus diz que aqueles que fazem essas
coisas merecem a morte. Mas mesmo as-
sim continuam a fazê-las e, pior ainda,
aprovam os que fazem as mesmas coisas
que eles fazem.

Deus julga as pessoas

2 Meu amigo, não importa quem você
seja, você não tem desculpa quando
julga os outros. Pois, quando você os julga,
mas faz as mesmas coisas que eles fazem,
você está condenando a você mesmo. 2 Nós
sabemos que Deus é justo quando conde-
na os que fazem essas coisas. 3 Mas você,
que faz as mesmas coisas que condena nos
outros, será que você pensa que escapará
do julgamento de Deus? 4 Ou será que você
despreza a grande bondade, a tolerância
e a paciência de Deus? Você sabe muito
bem que ele é bom e que quer fazer com
que você mude de vida. 5 Mas o seu cora-
ção é duro e teimoso. Por isso você está
aumentando ainda mais o castigo que vai
sofrer no dia em que forem revelados a
*ira e os julgamentos justos de Deus, 6 pois
ele recompensará cada um de acordo com
o que fez. 7 Deus dará a vida eterna às pes-
soas que perseveram em fazer o bem e
buscam a *glória, a honra e a vida *imor-
tal. 8 Mas fará cair a sua ira e o seu castigo
sobre os egoístas e sobre os que rejeitam
o que é justo a fim de seguir o que é mau.
9 Haverá sofrimentos e aflições para todos
os que fazem o mal, primeiro para os ju-
deus e também para os não judeus. 10 Mas
Deus dará glória, honra e paz a todos os
que fazem o bem, primeiro aos judeus e
também aos não judeus. 11 Pois ele trata
a todos com igualdade.

12 Todos aqueles que pecam sem conhe-
cer a *lei de Deus se perderão sem essa lei;
mas todos aqueles que pecam conhecendo
a lei serão julgados por ela. 13 Porque as
pessoas que Deus aceita não são aquelas
que somente ouvem a lei, mas aquelas que
fazem o que a lei manda. 14 Os não judeus
não têm a lei. Mas, quando fazem pela sua
própria vontade o que a lei manda, eles
são a sua própria lei, embora não tenham
a lei. 15 Eles mostram, pela sua maneira
de agir, que têm a lei escrita no seu cora-
ção. A própria consciência deles mostra
que isso é verdade, e os seus pensamen-
tos, que às vezes os acusam e às vezes os
defendem, também mostram isso. 16 E, de
acordo com o *evangelho que eu anuncio,
assim será naquele dia em que Deus, por
meio de Cristo Jesus, julgará os pensamen-
tos secretos de todas as pessoas.

Os judeus e a lei

17 O que dizer de você? Você diz que é
judeu, confia na *lei e se orgulha do Deus
que você adora. 18 Você sabe o que Deus
quer que você faça e aprende na lei a es-
colher o que é certo.

19 Você tem a certeza de que é guia dos
cegos, luz para os que estão na escuri-
dão, 20 orientador dos que não têm ins-
trução e professor dos jovens. Você está
certo de que encontra na lei a apresenta-
ção completa do conhecimento e da ver-
dade. 21 Você, que ensina os outros, por
que é que não ensina a você mesmo? Se
afirma que não se deve roubar, por que
é que você mesmo rouba? 22 Se você diz
que não se deve cometer adultério, por
que é que você mesmo comete adultério?
Você odeia os ídolos, mas rouba as coisas
dos templos. 23 Você se orgulha de ter a lei
de Deus, mas você é uma vergonha para
Deus porque desobedece à sua lei. 24 Pois
as *Escrituras Sagradas dizem: "Os não
judeus falam mal de Deus por causa de
vocês, os judeus."

Pergunte a si mesma...

Eu vivo pela fé ou pelo que sinto?
Em que áreas de minha vida me falta fé?
Minha vida de oração reflete minha fé?
Como eu poderia mudar minha vida de oração para melhorar minha fé?

25 A *circuncisão tem valor se você,
que é judeu, obedecer à lei; porém, se
não obedecer, é como se você não tives-
se sido circuncidado. 26 E, se um homem
que não foi circuncidado obedecer aos
mandamentos da lei, Deus o tratará como
se ele fosse circuncidado. 27 Assim vocês,
judeus, serão condenados pelos não ju-
deus, pois vocês desobedecem à lei ape-
sar de terem essa lei escrita e de serem
circuncidados, enquanto que os não ju-
deus obedecem à lei, embora não sejam
circuncidados. 28 Portanto, eu pergunto:
quem é judeu de fato e circuncidado de
verdade? É claro que não é aquele que é
judeu somente por fora e circuncidado só
no corpo. 29 Pelo contrário, o verdadeiro
judeu é aquele que é judeu por dentro,
aquele que tem o coração circuncidado;
e isso é uma coisa que o Espírito de Deus
faz e que a lei escrita não pode fazer. E o
louvor que essa pessoa recebe não vem
de seres humanos, mas vem de Deus.

3 Então qual é a vantagem de ser judeu?
Será que ser *circuncidado tem algum
valor? 2 Tem, sim, e de muitas maneiras!
E a primeira vantagem é que Deus entre-
gou a sua mensagem aos cuidados dos
judeus. 3 Mas, se alguns não foram fiéis,
será que por isso Deus vai ser infiel? 4 De
modo nenhum! Que Deus continue a ser
verdadeiro, mesmo que todas as pessoas
sejam mentirosas. Como dizem as *Escri-
turas Sagradas a respeito dele:

"Que fique provado que tu tens
razão
quando falas
e que sejas vencedor
quando fores julgado."

5 Mas, se as injustiças que cometemos
servem para mostrar que Deus age com
justiça, o que é que podemos dizer? Que
Deus é injusto quando nos castiga? (Eu
falo aqui como as pessoas costumam fa-
lar.) 6 É claro que não! Se Deus não fos-
se justo, como poderia julgar o mundo?
7 Mas digamos que a minha mentira faz
com que a verdade de Deus fique mais
clara, aumentando assim a *glória dele.
Nesse caso, por que é que devo ainda ser
condenado como pecador? 8 Então por
que não dizer: "Façamos o mal para que
desse mal venha o bem"? Na verdade al-
guns têm me caluniado, dizendo que eu
afirmo isso. Porém eles serão condenados
como merecem.

Todos somos culpados

9 Então será que nós, os judeus, esta-
mos em melhor situação do que os não
judeus? De modo nenhum! Já mostrei que
todos, judeus e não judeus, estão debai-
xo do poder do pecado. 10 Como dizem as
Escrituras Sagradas:

"Não há uma só pessoa que faça
o que é certo;
11 não há ninguém que tenha juízo;
não há ninguém que adore a Deus.
12 Todos se desviaram do caminho
certo,
todos se perderam.
Não há mais ninguém que faça o bem,
não há ninguém mesmo.
13 Todos mentem e enganam sem
parar.
Da língua deles
saem mentiras perversas,
e dos seus lábios
saem palavras de morte,
como se fossem veneno de cobra.
14 A boca deles está cheia
de terríveis maldições.
15 Eles se apressam para matar.
16 Por onde passam, deixam a
destruição
e a desgraça.
17 Não conhecem o caminho da paz
18 e não aprenderam a *temer a Deus."

19 Nós sabemos que tudo o que a *lei diz
é dito para os que vivem debaixo da lei.
Isso a fim de que todos parem de se jus-
tificar e a fim de que todas as pessoas do
mundo fiquem debaixo do julgamento de
Deus. 20 Pois ninguém é aceito por Deus
por fazer o que a lei manda, porque a lei
faz com que as pessoas saibam que são
pecadoras.

Salvação por meio da fé

21 Mas agora Deus já mostrou que o
meio pelo qual ele aceita as pessoas não
tem nada a ver com *lei. A Lei de Moisés
e os *Profetas dão testemunho do seguin-
te: 22 Deus aceita as pessoas por meio da
fé que elas têm em Jesus Cristo. É assim
que ele trata todos os que creem, pois não
existe nenhuma diferença entre as pes-
soas. 23 Todos pecaram e estão afastados
da presença *gloriosa de Deus. 24 Mas, pela
sua *graça e sem exigir nada, Deus acei-
ta todos por meio de Cristo Jesus, que os
salva. 25-26 Deus ofereceu Cristo como *sa-
crifício para que, pela sua morte na cruz,

Cristo se tornasse o meio de as pessoas
receberem o perdão dos seus pecados,
pela fé nele. Deus quis mostrar com isso
que ele é justo. No passado ele foi pacien-
te e não castigou as pessoas por causa dos
seus pecados; mas agora, pelo sacrifício
de Cristo, Deus mostra que é justo. Assim
ele é justo e aceita os que creem em Jesus.
27 Será que temos motivo para ficarmos
orgulhosos? De modo nenhum! E por que
não? Será que é porque obedecemos à lei?
Não; não é. É porque cremos em Cristo.
28 Assim percebemos que a pessoa é aceita
por Deus pela fé e não por fazer o que a
lei manda. 29 Ou será que Deus é somen-
te Deus dos judeus? Será que não é tam-
bém Deus dos não judeus? Claro que é!
30 Deus é um só e aceitará os judeus na
base da sua fé e também aceitará os não
judeus por meio da fé que eles têm. 31 Será
que isso quer dizer que, por causa da fé,
nós tratamos a lei como se ela não va-
lesse nada? Não; de modo nenhum! Pelo
contrário, afirmamos que a lei tem valor.

O exemplo de Abraão

4 Então o que é que podemos dizer de
Abraão, o antepassado de nossa raça?
O que foi que ele conseguiu? 2 Se foi por
causa das coisas que ele fez que Deus o
aceitou, então ele teria motivo para se or-
gulhar, mas não para se orgulhar diante
de Deus. 3 Pois o que é que as *Escrituras
Sagradas dizem? Elas dizem: "Abraão creu
em Deus, e por isso Deus o aceitou." 4 O
salário que o trabalhador recebe não é
um presente, mas é o pagamento a que
ele tem direito por causa do trabalho que
fez. 5 Porém a pessoa que não põe a sua
esperança nas coisas que faz, mas simples-
mente crê em Deus, é a fé dessa pessoa
que faz com que ela seja aceita por Deus, o
Deus que trata o culpado como se ele fos-
se inocente. 6 E isso foi o que Davi queria
dizer quando falou da felicidade daque-
les que Deus aceita, sem levar em conta
o que *eles fazem.* 7 *Davi disse:*

"Feliz aquele cujas maldades
  Deus perdoa
e cujos pecados ele apaga!
8 Feliz aquele que o Senhor não acusa
  de cometer pecado!"

9 Será que essa felicidade de que
Davi falou existe somente para os que
são *circuncidados? É claro que não!
Ela existe também para os que não são
circuncidados. Pois já citamos as Escritu-
ras Sagradas, que dizem: "Abraão creu em
Deus, e por isso Deus o aceitou." 10 Quan-
do foi que isso aconteceu? Foi antes ou

Uma oração para...

Aceitar o perdão

Pai eterno, fico completamente maravilhada por teres enviado teu Filho para sofrer em meu lugar; por teres dado teu Espírito para ensinar, consolar e guiar; por teres permitido o ministério dos anjos para me proteger, e por todo o céu servir ao bem-estar de alguém tão sem importância como eu. Oro para que teus servos invisíveis fiquem atentos ao me proteger, e felizes, quando tua bondade crescer em mim. Não os deixa descansar até que meu conflito tenha acabado e eu me levante vitoriosa na terra da salvação.

Por favor, não deixes que minha tendência para o pecado, minha indiferença ao bem ou minha resistência aos movimentos de teu Espírito te levem a me abandonar. Que minha natureza pecaminosa te leve à compaixão, não à ira. E se o inimigo levar vantagem por causa de minha pecaminosidade, mostra a todos que o céu é mais forte do que o inferno, que aqueles que são *por mim* são maiores dos que os que estão contra mim. Levanta-te para me ajudar sob a bênção da nova aliança; continua a me alimentar nos pastos de tua Palavra que me fortalece; e a buscar as Escrituras para te encontrar ali.

Se meu egoísmo me levar à disciplina, ajuda-me a aceitar a correção com mansidão, a bendizer tua mão que me repreende, a compreender o motivo para a repreensão e a responder de forma rápida e fazer a primeira coisa que me pedires. Que todas as tuas ações como Pai me tornem participante de tua santidade. Ajuda-me a me curvar mais toda vez que cair de joelhos, e se eu me levantar, ajuda para que seja às alturas mais elevadas da devoção. Que minha cruz seja santificada, que cada perda seja ganha, que cada negação seja uma vantagem espiritual, que cada dia escuro seja uma luz do Espírito Santo e que cada noite de provação seja uma canção.

Amém.

depois de Abraão ser circuncidado? Foi
antes e não depois. 11 Ele foi circunci-
dado mais tarde. E a sua circuncisão foi
um sinal para provar que Deus aceitou
Abraão porque ele tinha fé; e isso acon-
teceu quando ele ainda não havia sido
circuncidado. Assim Abraão é o pai espi-
ritual de todos os que creem em Deus e
são aceitos por ele, mesmo que não sejam
circuncidados. 12 Ele é também o pai dos
que são circuncidados. Não apenas por-
que são circuncidados, mas porque vivem
a mesma vida de fé que Abraão, o nosso
pai, viveu antes de ter sido circuncidado.

Promessa e fé

13 Deus prometeu a Abraão e aos seus
descendentes que o mundo ia pertencer
a eles. Essa promessa foi feita não porque
Abraão tinha obedecido à *lei, mas por-
que ele havia crido em Deus e havia sido
aceito por ele. 14 Pois, se aqueles que obe-
decem à lei vão receber o que Deus pro-
meteu, então a fé é inútil, e a promessa
de Deus não tem valor. 15 Pois a lei traz o
castigo de Deus. Mas, onde não existe lei,
também não existe desobediência à lei.

16 Portanto, a promessa de Deus depen-
de da fé, a fim de que a promessa seja
garantida como presente de Deus a to-
dos os descendentes de Abraão. Ela não
é somente para os que obedecem à lei,
mas também para os que creem em Deus
como Abraão creu, pois ele é o pai espiri-
tual de todos nós. 17 Como dizem as *Es-
crituras Sagradas: "Eu fiz de você o pai de
muitas nações." Assim a promessa depen-
de de Deus, em quem Abraão creu, o Deus
que ressuscita os mortos e faz com que
exista o que não existia. 18 Abraão teve fé
e esperança, mesmo quando não havia
motivo para ter esperança, e por isso ele
se tornou "o pai de muitas nações". Como
dizem as Escrituras: "Os seus descenden-
tes serão muitos." 19 Abraão tinha quase
cem anos. Mas, mesmo quando ele pen-
sou a respeito do seu corpo, que já esta-
va como morto, ou quando lembrou que
Sara não podia ter filhos, a sua fé não en-
fraqueceu. 20 Abraão não perdeu a fé, nem
duvidou da promessa de Deus. A sua fé
o encheu de poder, e ele louvou a Deus
21 porque tinha toda a certeza de que Deus
podia fazer o que havia prometido. 22 Por
isso Abraão, por meio da fé, "foi aceito
por Deus." 23 As palavras "foi aceito" não
falam somente dele. 24 Falam também de
nós, que seremos aceitos, nós os que cre-
mos em Deus, o qual ressuscitou Jesus, o
nosso Senhor. 25 Jesus foi entregue para
morrer por causa dos nossos pecados e
foi ressuscitado a fim de que nós fôsse-
mos aceitos por Deus.

Aceitos por Deus

5 Agora que fomos aceitos por Deus pela
nossa fé nele, temos paz com ele por
meio do nosso Senhor Jesus Cristo. 2 Foi
Cristo quem nos deu, por meio da nossa fé,
esta vida na *graça de Deus. E agora conti-
nuamos firmes nessa graça e nos alegra-
mos na esperança de participar da *glória
de Deus. 3 E também nos alegramos nos
sofrimentos, pois sabemos que os sofri-
mentos produzem a paciência, 4 a paciência
traz a aprovação de Deus, e essa aprovação
cria a esperança. 5 Essa esperança não nos
deixa decepcionados, pois Deus derramou
o seu amor no nosso coração, por meio do
Espírito Santo, que ele nos deu.

6 De fato, quando não tínhamos força
espiritual, Cristo morreu pelos maus, no
tempo escolhido por Deus. 7 Dificilmente
alguém aceitaria morrer por uma pessoa
que obedece às *leis. Pode ser que alguém
tenha coragem para morrer por uma pes-
soa boa. 8 Mas Deus nos mostrou o quanto
nos ama: Cristo morreu por nós quando
ainda vivíamos no pecado. 9 E, agora que
fomos aceitos por Deus por meio da morte
de Cristo na cruz, é mais certo ainda que
ficaremos livres, por meio dele, do castigo
de Deus. 10 Nós éramos inimigos de Deus,
mas ele nos tornou seus amigos por meio
da morte do seu Filho. E, agora que somos
amigos de Deus, é mais certo ainda que se-
remos salvos pela vida de Cristo. 11 E não
somente isso, mas também nós nos ale-
gramos por causa daquilo que Deus fez
por meio do nosso Senhor Jesus Cristo,
que agora nos tornou amigos de Deus.

Adão e Cristo

12 O pecado entrou no mundo por meio
de um só homem, e o seu pecado trouxe
consigo a morte. Como resultado, a mor-
te se espalhou por toda a raça humana
porque todos pecaram. 13 Antes de a *lei
ser dada, *já existia* o pecado no mundo;
porém, quando não existe lei, Deus não
leva em conta o pecado. 14 Mas, desde o
tempo de Adão até Moisés, a morte do-
minou todos os seres humanos, mesmo
os que não pecaram como Adão, quando
ele desobedeceu à ordem de Deus.

DEVOCIONAL

Texto para leitura: **Romanos 5:1-5**

Conheça a si mesma

Você gosta de ser a protetora, sempre ajudando os necessitados, salvando-os de provações e tentações? Se você acha que não está ouvindo a voz de Deus ou que você quer mais do que está recebendo de sua vida espiritual, então pode ser que esteja tentando brincar de ser Deus na vida de seus amigos.

O sofrimento é uma ferramenta poderosa na mão de Deus. Ele a usa para moldar as pessoas e trazê-las para si mesmo. Se você vê a necessidade de parar o sofrimento dos outros e dar-lhes um conselho que você não tem o direito de dar, então é possível que esteja colocando alguma coisa entre eles e a voz de Deus. É claro que você pode aconselhar os outros, mas precisa ser um conselho dado por meio de discernimento e oração constante. Não deve ser algo de improviso com o único objetivo de aliviar a dor da outra pessoa.

Sempre recorra à Palavra de Deus. As pessoas estão sofrendo porque se recusam a obedecer? Deus pode promover algo no sofrimento delas? O que elas precisam aprender com essa experiência? Nem sempre pense que cabe a você ajudá-las a fugir do juízo. Às vezes, a coisa mais importante é que elas fiquem assim e caiam de joelhos em sinal de total entrega à única pessoa que pode realmente salvá-las. Deixe que os outros precisem de Deus mais do que precisam de você, e pare de brincar de Deus na vida deles.

Adão era a figura daquele que havia de
vir, 15 mas existe uma diferença entre o pe-
cado de Adão e o presente que Deus nos
dá. De fato, muitos morreram por causa
do pecado de um só homem; mas a *graça
de Deus é muito maior, e ele dá a salva-
ção gratuitamente a muitos, por meio da
graça de um só homem, que é Jesus Cris-
to. 16 E existe uma diferença entre aquilo
que Deus dá e o pecado de um só homem.
Porque, no caso do pecado, a condenação
veio por causa de um só pecado. Porém,
no caso da salvação, Deus perdoa os que
têm cometido muitos pecados, embora
não mereçam esse perdão. 17 É verdade
que, por causa de um só homem e por
meio do seu pecado, a morte começou a
dominar a raça humana. Mas o resulta-
do do que foi feito por um só homem, Je-
sus Cristo, é muito maior! E todos aque-
les que Deus aceita e que recebem como
presente a sua imensa graça reinarão na
nova vida, por meio de Cristo.

18 Portanto, assim como um só pecado
condenou todos os seres humanos, as-
sim também um só ato de salvação liberta
todos e lhes dá vida. 19 E assim como mui-
tos seres humanos se tornaram pecado-
res por causa da desobediência de um só
homem, assim também muitos serão acei-
tos por Deus por causa da obediência de
um só homem.

20 A lei veio para aumentar o mal. Mas,
onde aumentou o pecado, a graça de
Deus aumentou muito mais ainda. 21 E
isso aconteceu a fim de que, assim como
o pecado dominou e trouxe a morte, as-
sim também a graça de Deus, que o leva a
aceitar as pessoas, dominasse e trouxesse
a vida eterna. Essa vida é nossa por meio
do nosso Senhor Jesus Cristo.

A nova vida em Cristo

6 *Portanto*, o que vamos dizer? Será que
devemos continuar vivendo no pecado
para que a *graça de Deus aumente ainda
mais? 2 É claro que não! Nós já morremos
para o pecado; então como podemos con-
tinuar vivendo nele? 3 Com certeza vocês
sabem que, quando fomos batizados para
ficarmos unidos com Cristo Jesus, fomos
batizados para ficarmos unidos também
com a sua morte. 4 Assim, quando fomos

Pergunte a si mesma...

Você quer ficar livre das algemas que estão lhe prendendo? Então vamos chegar ao xis do problema e ver se a verdade não a libertará. Pergunte a si mesma:

Que emoção me controla? Preocupação, medo, depressão, amargura, ódio?
É justo dizer que eu sou uma escrava dessa emoção (veja Romanos 6:16)?
Já tentei me libertar e não consegui?
Eu realmente quero ser livre?

A realidade é que qualquer coisa que a controla como escrava é chamada de ídolo (veja Êxodo 20:4-5; Mateus 6:24; Efésios 5:5-8; Colossenses 3:5; 1João 5:21). Qual é o perigo da idolatria de acordo com esses versículos?

Se você estiver pronta para se livrar de seus ídolos, busque a verdade, e a verdade irá libertá-la. Continue a ler e a memorizar a Palavra de Deus, e a verdade dela quebrará suas algemas. Você só precisa optar por crer.

batizados, fomos sepultados com ele por
termos morrido junto com ele. E isso para
que, assim como Cristo foi ressuscitado
pelo poder *glorioso do Pai, assim também nós vivamos uma vida nova.
5 Pois, se fomos unidos com ele por uma
morte igual à dele, assim também seremos
unidos com ele por uma ressurreição igual
à dele. 6 Pois sabemos que a nossa velha
natureza pecadora já foi morta com Cristo
na cruz a fim de que o nosso eu pecador
fosse morto, e assim não sejamos mais escravos do pecado. 7 Pois quem morre fica
livre do poder do pecado. 8 Se já morremos com Cristo, cremos que também viveremos com ele. 9 Sabemos que Cristo foi
ressuscitado e nunca mais morrerá, pois a
morte não tem mais poder sobre ele. 10 A
sua morte foi uma morte para o pecado e
valeu de uma *vez por todas. E a vida que*
ele vive agora é uma vida para Deus. 11 Assim também vocês devem se considerar
mortos para o pecado; mas, por estarem
unidos com Cristo Jesus, devem se considerar vivos para Deus.
12 Portanto, não deixem que o pecado
domine o corpo mortal de vocês e faça
com que vocês obedeçam aos desejos pecaminosos da natureza humana. 13 E também não entreguem nenhuma parte do
corpo de vocês ao pecado, para que ele a
use a fim de fazer o que é mau. Pelo contrário, como pessoas que foram trazidas
da morte para a vida, entreguem-se completamente a Deus, para que ele use vocês a fim de fazerem o que é direito. 14 O
pecado não dominará vocês, pois vocês
não são mais controlados pela *lei, mas
pela graça de Deus.

Escravos de Deus

15 O que é que isso quer dizer? Vamos
continuar pecando porque não somos
mais controlados pela *lei, mas pela *graça de Deus? É claro que não! 16 Pois vocês
sabem muito bem que, quando se entregam a alguma pessoa para serem escravos
dela, são, de fato, escravos dessa pessoa a
quem vocês obedecem. Assim sendo, vocês podem obedecer ao pecado, que produz a morte, ou podem obedecer a Deus e
ser aceitos por ele. 17 Mas damos graças a
Deus porque vocês, que antes eram escravos do pecado, agora já obedecem de todo
o coração às verdades que estão nos ensinamentos que receberam. 18 Vocês foram
libertados do pecado e se tornaram escravos de Deus para fazer o que é direito.
19 Falo com palavras bem simples porque
vocês ainda são fracos. No passado vocês se entregaram inteiramente como escravos da imoralidade e da maldade para
servir o mal. Entreguem-se agora inteiramente como escravos daquilo que é direito para viver uma vida dedicada a Deus.
20 Quando eram escravos do pecado,
vocês não faziam o que é direito. 21 Porém o que é que vocês receberam de bom
quando faziam aquelas coisas de que agora têm vergonha? Pois o resultado de tudo
aquilo é a morte. 22 Mas agora vocês foram libertados do pecado e são escravos
de Deus. Com isso vocês ganham uma
vida completamente dedicada a ele, e o
resultado é que vocês terão a vida eterna. 23 Pois o salário do pecado é a morte,
mas o presente gratuito de Deus é a vida
eterna, que temos em união com Cristo
Jesus, o nosso Senhor.

Uma comparação com o casamento

7 Meus irmãos, vocês todos podem compreender muito bem o que vou dizer.

DEVOCIONAL

Texto para leitura: **Romanos 6:8-18**

Conheça a Deus

Você não pode servir a dois senhores, mas servirá a um. A quem você serve? Se você é uma Garota de Deus, então é uma serva dele, e não só isso, mas escrava também. A escrava serve apenas à vontade de seu senhor e nada mais. Ela se dedica ao seu senhor e às necessidades dele. Um *empregado* pode servir a dois patrões, como alguém que trabalha de manhã com um chefe, e de noite, com outro. Mas, como uma Garota de Deus, você não tem esse luxo. Você não pode obedecer ao senhor pecado e ao senhor Deus — você deve obedecer a um ou ao outro. Quem é seu senhor? Encontrar a resposta é fácil: você se entrega ao chamado de Deus, e somente dele, ou você, às vezes, serve a outros deuses, como o deus do conforto, da popularidade, do sexo ou da comida?

Se você serve a outro deus, então não é ainda uma serva de Jesus Cristo. Servir a ele anula a escravidão do pecado. Você quer ser livre da escravidão do pecado em sua vida? Então, entregue sua vida, suas escolhas e seus dias ao Senhor. Pense em você como uma pessoa morta para o pecado, e ele deixará de ser seu senhor. Como uma Garota de Deus, você não precisa ser controlada por nada mais. Você encontra sua liberdade quando chama o pecado de *pecado*. A ressurreição de Jesus comprou sua liberdade (veja Romanos 6:8-11), e, por causa disso, você pode ter a certeza de que Deus está ao seu lado, ajudando-a a se libertar de qualquer poder que ameace controlá-la. Sim, todos nós pecamos e continuaremos a pecar, mas o pecado não precisa mais ser nosso senhor. Tome a decisão de não deixar sua vida ser controlada por nada que não seja Deus, e de servir apenas a ele.

Vocês conhecem as *leis e sabem que elas só têm poder sobre uma pessoa enquanto essa pessoa está viva. 2 Por exemplo, a mulher casada está ligada pela lei ao marido enquanto ele estiver vivo; mas, se ele morrer, ela estará livre da lei que a liga ao marido. 3 De modo que, se ela viver com outro homem enquanto o marido estiver vivo, ela será chamada de adúltera. Mas, se o marido morrer, ela estará legalmente livre e não cometerá adultério se casar com outro homem. 4 O mesmo acontece com vocês, meus *irmãos*. *Do ponto* de vista da lei, vocês também já morreram, pois são parte do corpo de Cristo. E agora pertencem a ele, que foi ressuscitado para que nós possamos viver uma vida útil no serviço de Deus. 5 Pois, quando vivíamos de acordo com a nossa natureza humana, os maus desejos despertados pela lei agiam em todo o nosso ser e nos levavam para a morte. 6 Porém agora estamos livres da lei porque já morremos para aquilo que nos mantinha prisioneiros. Por isso somos livres para servir a Deus não da maneira antiga, obedecendo à lei escrita, mas da maneira nova, obedecendo ao Espírito de Deus.

A lei e o pecado

7 O que vamos dizer então? Que a própria *lei é pecado? É claro que não! Mas foi a lei que me fez saber o que é pecado. Pois eu não saberia o que é a cobiça se a lei não tivesse dito: "Não cobice." 8 Porém o pecado se aproveitou dessa lei para despertar em mim todo tipo de cobiça. Porque, se não existe a lei, o pecado é uma coisa morta. 9 Pois houve um tempo em que eu não conhecia a lei e estava vivo. Mas, quando fiquei conhecendo o mandamento, o pecado começou a viver, 10 e eu morri. E o próprio mandamento que me devia trazer a vida me trouxe a morte. 11 Porque o pecado, aproveitando a oportunidade dada pelo mandamento, me enganou e, por meio do mandamento, me matou.

DEVOCIONAL

Texto para leitura: **Romanos 7:14-25**

Conheça a si mesma

A verdade já a libertou? Ou há algo em sua vida que controla você, suas emoções, seu medo, sua preocupação e sua felicidade? A verdade é que você será escrava das mentiras em que acredita até estar disposta a ouvir a verdade. Em algum momento de sua vida você se entregou a si mesma, cedeu a algo que queria muito, e, consequentemente, tornou-se escrava disso. Quando você é escrava de seus caprichos, fica muito difícil ver suas algemas, porque, afinal de contas, você as colocou por livre e espontânea vontade e guardou a chave.

No momento em que cedeu ao seu desejo profundo ou cobiça por algo, você se tornou escrava disso. E mesmo que possa odiá-lo agora, nada que faça para tentar se livrar irá livrá-la. Você não tem força para se libertar, mas há esperança, e você a encontra quando conhece a verdade. É preciso olhar honestamente para si mesma e para a Palavra de Deus e descobrir se está acreditando em alguma mentira. Então, se houver algo em sua vida que a escraviza, de que você queira se livrar, leia versículos sobre o assunto e descubra onde sua mente está em desacordo com a Palavra de Deus. Pense no que você acredita sobre isso e depois examine as Escrituras para descobrir se isso é verdade ou mentira. Liberdade exige verdade, e a verdade irá libertá-la (veja João 8:32).

12 Assim a lei vem de Deus; e o mandamento também vem de Deus, diz o que é
certo e é bom. 13 Então será que o que é
bom me levou à morte? É claro que não! Foi o pecado que fez isso. Pois o pecado, usando o que é bom, me trouxe a morte para que ficasse bem claro aquilo que o pecado realmente é. E assim, por meio do mandamento, o pecado se mostrou mais terrível ainda.

A luta interior

14 Sabemos que a *lei é divina; mas eu sou humano e fraco e fui vendido ao pecado para ser seu escravo.
15 Eu não entendo o que faço, pois não faço o que gostaria de fazer. Pelo contrário, faço justamente aquilo que odeio.
16 Se faço o que não quero, isso prova que reconheço que a lei diz o que é certo.
17 E isso mostra que, de fato, já não sou eu quem faz isso, mas o pecado que vive em mim é que faz.
18 Pois eu sei *que aquilo que é bom não vive* em *mim, isto é,* na minha natureza humana. Porque, mesmo tendo dentro de mim a vontade de fazer o bem, eu não consigo fazê-lo.
19 Pois não faço o bem que quero, mas justamente o mal que não quero fazer é que eu faço.
20 Mas, se faço o que não quero, já não sou eu quem faz isso, mas o pecado que vive em mim é que faz.

21 Assim eu sei que o que acontece comigo é isto: quando quero fazer o que é bom, só consigo fazer o que é mau.
22 Dentro de mim eu sei que gosto da lei de Deus.
23 Mas vejo uma lei diferente agindo naquilo que faço, uma lei que luta contra aquela que a minha mente aprova. Ela me torna prisioneiro da lei do pecado que age no meu corpo.
24 Como sou infeliz! Quem me livrará deste corpo que me leva para a morte?
25 Que Deus seja louvado, pois ele fará isso por meio do nosso Senhor Jesus Cristo!

Portanto, esta é a minha situação: no meu pensamento eu sirvo à lei de Deus, mas na prática sirvo à lei do pecado.

A vida dominada pelo Espírito Santo

8 *Agora já não existe* nenhuma condenação para as pessoas que estão unidas com Cristo Jesus.
2 Pois a lei do Espírito de Deus, que nos trouxe vida por estarmos unidos com Cristo Jesus, livrou você da lei do pecado e da morte.
3 Deus fez o que a *lei não pôde fazer porque a natureza

humana era fraca. Deus condenou o pecado na natureza humana, enviando o seu próprio Filho, que veio na forma da nossa natureza pecaminosa a fim de acabar com o pecado. 4 Deus fez isso para que as ordens justas da lei pudessem ser completamente cumpridas por nós, que vivemos de acordo com o Espírito de Deus e não de acordo com a natureza humana. 5 Porque as pessoas que vivem de acordo com a natureza humana têm a sua mente controlada por essa mesma natureza. Mas as que vivem de acordo com o Espírito de Deus têm a sua mente controlada pelo Espírito. 6 As pessoas que têm a mente controlada pela natureza humana acabarão morrendo espiritualmente; mas as que têm a mente controlada pelo Espírito de Deus terão a vida eterna e a paz. 7 Por isso as pessoas que têm a mente controlada pela natureza humana se tornam inimigas de Deus, pois não obedecem à lei de Deus e, de fato, não podem obedecer a ela. 8 As pessoas que vivem de acordo com a sua natureza humana não podem agradar a Deus.

9 Vocês, porém, não vivem como manda a natureza humana, mas como o Espírito de Deus quer, se é que o Espírito de Deus vive realmente em vocês. Quem não tem o Espírito de Cristo não pertence a ele. 10 Mas, se Cristo vive em vocês, então, embora o corpo de vocês vá morrer por causa do pecado, o Espírito de Deus é vida para vocês porque vocês foram aceitos por Deus. 11 Se em vocês vive o Espírito daquele que ressuscitou Jesus, então aquele que ressuscitou Jesus Cristo dará também vida ao corpo mortal de vocês, por meio do seu Espírito, que vive em vocês.

12 Portanto, meus irmãos, nós temos uma obrigação, que é a de não vivermos de acordo com a nossa natureza humana. 13 Porque, se vocês viverem de acordo com a natureza humana, vocês morrerão *espiritualmente*; mas, se pelo Espírito de Deus vocês matarem *as suas ações* pecaminosas, vocês viverão espiritualmente. 14 Pois aqueles que são guiados pelo Espírito de Deus são filhos de Deus. 15 Porque o Espírito que vocês receberam de Deus não torna vocês escravos e não faz com que tenham medo. Pelo contrário, o Espírito torna vocês filhos de Deus; e pelo poder do Espírito dizemos com fervor a Deus: "Pai, meu Pai!" 16 O Espírito de Deus se une com o nosso espírito para afirmar que somos filhos de Deus. 17 Nós somos seus filhos, e por isso receberemos as bênçãos que ele guarda para o seu povo, e também receberemos com Cristo aquilo que Deus tem guardado para ele. Porque, se tomamos parte nos sofrimentos de Cristo, também tomaremos parte na sua *glória.

A glória futura

18 Eu penso que o que sofremos durante a nossa vida não pode ser comparado, de modo nenhum, com a *glória que nos será revelada no futuro. 19 O *Universo todo espera com muita impaciência o momento em que Deus vai revelar o que os seus filhos realmente são. 20 Pois o Universo se tornou inútil, não pela sua própria vontade, mas porque Deus quis que fosse assim. Porém existe esta esperança: 21 Um dia o próprio Universo ficará livre do poder destruidor que o mantém escravo e tomará parte na *gloriosa liberdade dos filhos de Deus. 22 Pois sabemos que até agora o Universo todo geme e sofre como uma mulher que está em trabalho de parto. 23 E não somente o Universo, mas nós, que temos o Espírito Santo como o primeiro presente que recebemos de Deus, nós também gememos dentro de nós mesmos enquanto esperamos que Deus faça com que sejamos seus filhos e nos liberte completamente. 24 Pois foi por meio da esperança que fomos salvos. Mas, se já estamos vendo aquilo que esperamos, então isso não é mais uma esperança. Pois quem é que fica esperando por alguma coisa que está vendo? 25 Porém, se estamos esperando alguma coisa que ainda não podemos ver, então esperamos com paciência.

26 Assim também o Espírito de Deus vem nos ajudar na nossa fraqueza. Pois não sabemos como devemos orar, mas o Espírito de Deus, com gemidos que não podem ser explicados por palavras, pede a Deus em nosso favor. 27 E Deus, que vê o que está *dentro do* coração, sabe qual é o pensamento do Espírito. Porque o Espírito pede em favor do povo de Deus e pede de acordo com a vontade de Deus. 28 Pois sabemos que todas as coisas trabalham juntas para o bem daqueles que amam a Deus, daqueles a quem ele *chamou de acordo com o seu plano. 29 Porque aqueles que já tinham sido escolhidos por Deus ele também separou a fim de se tornarem

DEVOCIONAL

Texto para leitura: **Romanos 8:28-39**

Conheça a verdadeira felicidade

Uma vida livre de preocupações é uma vida mais santa? Não necessariamente. Não vale a pena ter a vida do jeito que você quer, mas vale muito ter algo em sua vida que você gostaria que não estivesse ali. Por quê? Bem, porque é por meio da angústia, da aflição e do perigo que você começa a conhecer o poder do amor de Deus.

Deus não promete livrá-la de toda aflição, mas promete mantê-la perto dele em meio à dor. Ele nunca prometeu para a Garota de Deus que a vida dela estaria livre de sofrimentos ou provas. Quando as provações surgirem, você pode confiar que o poder de Deus irá ajudá-la a atravessá-las. Alguns problemas acontecerão por causa de sua própria natureza pecaminosa e de seus próprios erros, e esses problemas precisam ser aceitos como disciplina, com confissão e arrependimento. Mas, quando as coisas que fogem ao seu controle a atormentam, você não pode deixar que se tornem sua destruição. Quando há algo em sua vida que você gostaria que não estivesse ali, nunca pode deixar que isso a separe do fato de que Deus está com você.

Problemas, angústias, demônios, governantes, pessoas mesquinhas, até mesmo a morte violenta, não podem separá-la do amor de Deus. Isso significa que quando você estiver diante de perigos, pode esperar encontrar mais de Deus. Quanto mais provações você superar e quanto mais se apegar a ele por meio delas, mais seu caráter crescerá com sua total confiança de que ele é quem diz ser. Então, não fique triste com os problemas em sua vida, mas deixe que sejam usados para seu bem, não para sua destruição. Deixe que eles sempre a aproximem mais de Deus.

parecidos com o seu Filho. Ele fez isso
para que o Filho fosse o primeiro entre
muitos irmãos. 30 Assim Deus chamou os
que havia separado. Não somente os chamou, mas também os aceitou; e não somente os aceitou, mas também repartiu
a sua glória com eles.

O amor de Deus, que é nosso por meio de Cristo

31 Diante de tudo isso, o que mais podemos dizer? Se Deus está do nosso lado,
quem poderá nos vencer? Ninguém!
32 Porque ele nem mesmo deixou de entregar o próprio Filho, mas o ofereceu por
todos nós! Se ele nos deu o seu Filho, será
que não nos dará também todas as coisas? 33 Quem acusará aqueles que Deus
escolheu? Ninguém! Porque o próprio
Deus declara que eles não são culpados.
34 Será que alguém poderá condená-los?
Ninguém! Pois foi Cristo Jesus quem morreu, ou melhor, quem foi ressuscitado e
está à direita de Deus. E ele pede a Deus
em favor de nós. 35 Então quem pode nos
separar do amor de Cristo? Serão os sofrimentos, as dificuldades, a perseguição,
a fome, a pobreza, o perigo ou a morte?
36 Como dizem as *Escrituras Sagradas:

"Por causa de ti
estamos em perigo de morte
o dia inteiro;
somos tratados como ovelhas
que vão para o matadouro."

37 Em todas essas situações temos a vitória completa por meio daquele que nos
amou. 38 Pois eu tenho a certeza de que
nada pode nos separar do amor de Deus:
nem a morte, nem a vida; nem os anjos,
nem *outras autoridades* ou poderes celestiais; nem o presente, nem o futuro;
39 nem o mundo lá de cima, nem o mundo lá de baixo. Em todo o *Universo não
há nada que possa nos separar do amor
de Deus, que é nosso por meio de Cristo
Jesus, o nosso Senhor.

Deus e o seu povo

9 O que eu digo é verdade. Sou de Cristo
e não minto; pois a minha consciência,
que é controlada pelo Espírito Santo, tam-
bém me afirma que não estou mentindo.
2 Sinto uma grande tristeza e uma dor sem
fim no coração 3 por causa do meu povo,
que é minha raça e meu sangue. Para o
bem desse povo, eu mesmo poderia de-
sejar receber a maldição de Deus e ficar
separado de Cristo. 4 Eles são o povo es-
colhido por Deus; ele os tornou seus fi-
lhos e repartiu a sua *glória com eles. Deus
fez suas *alianças com eles e lhes deu a
*lei, a verdadeira maneira de adorar e as
promessas. 5 Eles são descendentes dos
*patriarcas; e, como ser humano, Cristo
pertence à raça deles. Que Cristo, que é
o Deus que governa todos, seja louvado
para sempre! *Amém!
6 Eu não estou dizendo que a promes-
sa de Deus tenha falhado. De fato, nem
todos os israelitas fazem parte do povo
de Deus. 7 Nem todos os descendentes de
Abraão são filhos de Deus. Pois Deus disse
a Abraão: "Por meio de Isaque é que você
terá os descendentes que eu lhe prometi."
8 Isso quer dizer que os que são conside-
rados como os verdadeiros descenden-
tes de Abraão são aqueles que nasceram
como resultado da promessa de Deus, e
não os que nasceram de modo natural.
9 Pois, quando fez a promessa, Deus disse
a Abraão o seguinte: "No tempo certo eu
voltarei, e Sara, sua mulher, terá um filho."
10 E mais ainda: os dois filhos de Rebeca
tinham o mesmo pai, o nosso antepassa-
do Isaque. 11-12 Mas, para que a escolha de
um deles fosse completamente de acor-
do com o plano de Deus, o próprio Deus
disse a Rebeca: "O mais velho será do-
minado pelo mais moço." Disse isso an-
tes de eles nascerem e antes de fazerem
qualquer coisa, boa ou má. Assim ficou
confirmado que é de acordo com o seu
plano que Deus escolhe aqueles que ele
quer *chamar, sem levar em conta o que
eles tenham feito. 13 Como dizem as *Es-
crituras Sagradas: "Eu escolhi Jacó, mas
rejeitei Esaú."
14 O que vamos dizer, então? Que Deus é
injusto? De modo nenhum! 15 Pois ele dis-
se a Moisés: "Terei misericórdia de quem
eu quiser; terei pena de quem eu dese-
jar." 16 Portanto, tudo isso depende não
do que as pessoas querem ou fazem, mas
somente da misericórdia de Deus. 17 Por-
que, como está escrito nas Escrituras Sa-
gradas, Deus disse a Faraó: "Foi para isto
mesmo que eu pus você como rei, para
mostrar o meu poder e fazer com que o
meu nome seja conhecido no mundo in-
teiro." 18 Portanto, Deus tem misericórdia
de quem ele quer e endurece o coração
de quem ele quer.

A ira e a misericórdia de Deus

19 Algum de vocês vai me dizer: "Se é
assim, como é que Deus pode encontrar
culpa nas pessoas? Quem pode ir contra
a vontade de Deus?" 20 Mas quem é você,
meu amigo, para discutir com Deus? Será
que um pote de barro pode perguntar a
quem o fez: "Por que você me fez assim?"
21 Pois o homem que faz o pote tem o di-
reito de usar o barro como quer. Do mes-
mo barro ele pode fazer dois potes: um
pote para uso especial e outro para uso
comum.
22 E foi isso o que Deus fez. Ele quis
mostrar a sua *ira e tornar bem conheci-
do o seu poder. Assim suportou com mui-
ta paciência os que mereciam o castigo e
que iam ser destruídos. 23 Ele quis tam-
bém mostrar como é grande a sua *glória,
que ele derramou sobre nós, que somos
aqueles de quem ele teve pena e a quem
ele já havia preparado para receberem a
sua glória. 24 Pois nós somos aqueles que
Deus *chamou, não somente os que são
judeus, mas também os não judeus. 25 Isso
é o que ele diz no Livro de Oseias:

"Aqueles que não eram meu povo
eu chamarei de 'meu Povo'.
A nação que eu não amava
chamarei de 'minha Amada'.
26 E no mesmo lugar onde foi dito:
'Vocês não são o meu povo',
ali eles serão chamados de
'os filhos do Deus vivo'."

27 E Isaías disse a respeito de Israel:

"Mesmo que o povo de Israel
seja tão numeroso
como os grãos de areia da praia do
mar,
somente alguns deles serão salvos.
28 Pois o Senhor julgará logo e de
uma vez
o mundo inteiro."

29 Como o próprio Isaías tinha dito antes:

"Se o Senhor Todo-Poderoso
não nos tivesse deixado
alguns descendentes,
seríamos agora
como a cidade de Sodoma,
estaríamos destruídos
como Gomorra."

O povo de Israel e o evangelho

30 O que vamos dizer, então? Vamos di-
zer isto: os não judeus, que não procura-
vam ser aceitos por Deus, foram aceitos
por meio da fé. 31 Porém o povo de Israel,
que procurava uma *lei para ser acei-
to por Deus, não encontrou o que esta-
va procurando. 32 E por que não? Porque
eles procuravam alcançar isso por meio
das suas ações e não por meio da fé. Eles
tropeçaram na "pedra de tropeço", 33 como
dizem as *Escrituras Sagradas:

"Vejam! Estou colocando em *Sião
uma pedra em que eles vão
tropeçar,
a rocha que vai fazê-los cair.
Mas quem crer nela
não ficará desiludido."

10 Meus irmãos, desejo de todo o co-
ração que o meu próprio povo seja
salvo. E peço a Deus em favor deles 2 por-
que eu sou testemunha de que eles são
muito dedicados a Deus. Mas a dedica-
ção deles não está baseada no verdadeiro
conhecimento, 3 pois eles não conhecem
a maneira como Deus aceita as pessoas
e assim têm procurado conseguir isso da
sua própria maneira. Eles rejeitaram o
modo de Deus aceitar as pessoas. 4 Porque,
com Cristo, a *lei chegou ao fim, e assim
os que creem é que são aceitos por Deus.

A salvação é para todos

5 Pois o que Moisés escreveu a respei-
to de as pessoas serem aceitas por Deus
pela obediência à *lei foi isto: "Viverá
aquele que fizer o que a lei manda." 6 Po-
rém, quanto a ser aceito por Deus por
meio da fé, Moisés diz o seguinte: "Não
fique pensando assim: quem vai subir até
o céu?", isto é, para trazer Cristo do céu.
7 "Nem pergunte: quem descerá ao mun-
do lá de baixo?", isto é, para fazer com
que Cristo suba do *mundo dos mortos.
8 O que Moisés diz é isto: "A mensagem
de Deus está perto de você, nos seus lá-
bios e no seu coração" — isto é, a mensa-
gem de fé que anunciamos. 9 Se você dis-
ser com a sua boca: "Jesus é Senhor" e no
seu coração crer que Deus ressuscitou
Jesus, você será salvo. 10 Porque nós cre-
mos com o coração e somos aceitos por
Deus; falamos com a boca e assim somos
salvos. 11 Porque as *Escrituras Sagradas
dizem: "Quem crer nele não ficará desi-
ludido." 12 Isso vale para todos, pois não
existe nenhuma diferença entre judeus e
não judeus. Deus é o mesmo Senhor de
todos e abençoa generosamente todos os
que pedem a sua ajuda. 13 Como dizem as
Escrituras Sagradas: "Todos os que pe-
direm a ajuda do Senhor serão salvos."

14 Mas como é que as pessoas irão pedir,
se não crerem nele? E como poderão crer,
se não ouvirem a mensagem? E como po-
derão ouvir, se a mensagem não for anun-
ciada? 15 E como é que a mensagem será
anunciada, se não forem enviados men-
sageiros? As Escrituras Sagradas dizem:
"Como é bonito ver os mensageiros tra-
zendo boas notícias!"

16 Mas nem todos aceitam a boa notícia
do *evangelho. Foi Isaías quem disse: "Se-
nhor, quem creu na nossa mensagem?"
17 Portanto, a fé vem por ouvir a mensa-
gem, e a mensagem vem por meio da pre-
gação a respeito de Cristo.

18 Mas eu pergunto: será que eles não
ouviram a mensagem? É claro que ouvi-
ram! Como dizem as Escrituras:

"A voz deles se espalhou
pelo mundo inteiro;
as suas palavras alcançaram
a terra toda."

19 Eu pergunto ainda: será que o povo
de Israel não soube disso? Moisés foi o
primeiro a dar uma resposta. Ele disse:

"Eu farei com que vocês
fiquem com ciúmes de um povo
que não é uma nação;
farei com que fiquem com raiva
de uma nação de gente sem juízo."

20 E Isaías foi mais corajoso ao anunciar o
que Deus disse:

"Eu fui achado por aqueles
que não me procuravam
e apareci aos que não perguntavam
por mim."

21 Mas, a respeito de Israel, Deus disse:

"O dia inteiro eu abri os braços,
pronto para receber um povo
desobediente e rebelde."

DEVOCIONAL

Texto para leitura: **Romanos 10:1-11**

Conheça a Deus

A salvação vem em um piscar de olhos: "Se você disser com a sua boca: 'Jesus é Senhor' e no seu coração crer que Deus ressuscitou Jesus, você será salvo" (Romanos 10:9). No momento em que você declara e crê, sua vida muda, e tudo o que você faz e pensa considera à luz da Palavra de Deus. Muitas vezes, você pode olhar para sua vida e começar a questionar sua salvação. Ela foi real? Eu realmente falei sério? A resposta para essa pergunta não é difícil de encontrar. Quando Deus a salva, ele a transforma. Você não é mais a mesma; está sempre mudando, sempre melhorando. Como uma árvore produzindo cestos de frutas, você começará a produzir frutos espirituais. Coisas que antes eram difíceis para você se tornarão mais fáceis — não todas, mas muitas delas. E você encontrará cada vez mais evidências da obra de Deus em sua vida.

Quando uma menina faz de Jesus seu Senhor, ela o faz seu mestre (veja Romanos 6:16). Isso significa que ela aceita as ordens dele e não de outra pessoa (a menos que ele tenha dado a essa pessoa autoridade sobre sua filha aqui na terra). E essa posição de escrava de Jesus é a que prova que sua salvação não foi um capricho passageiro, uma semente plantada no solo rochoso e sufocada pelas provações da vida (veja Mateus 13:18-23), mas uma salvação real que não pode se perder. A Garota de Deus tem certeza de sua salvação porque *quer o que Deus quer*. Ela quer conhecê-lo mais, conhecer a Palavra dele e obedecê-la, mesmo que cometa erros de vez em quando. O perdão é gratuito para aqueles que concordam com Deus que pecaram e que podem aceitar o perdão que está à disposição de todos os que creem. Esse perdão e seu desejo de acertar da próxima vez deveriam provar para *você* que você é salva. E é sua obediência cada vez maior que demonstra ao *mundo* e para *Deus* que você realmente fez dele Senhor de sua vida (veja João 15:14; 1João 2:3-4; 5:3).

A misericórdia de Deus para com Israel

11 Então eu pergunto: será que Deus
rejeitou o seu próprio povo? É claro
que não! Eu mesmo sou israelita, descen-
dente de Abraão e membro da *tribo de
Benjamim. 2 Deus não rejeitou o seu povo,
que ele havia escolhido desde o princípio.
Vocês sabem muito bem o que as *Escri-
turas Sagradas dizem naquele trecho em
que Elias acusa o povo de Israel diante de
Deus. Elias diz assim: 3 "Senhor, eles ma-
taram os teus *profetas e destruíram os
teus altares. Eu sou o único que sobrou,
e eles estão querendo me matar!" 4 O que
foi que Deus disse a ele? Ele disse: "Eu
guardei para mim sete mil homens que
não adoraram o deus *Baal." 5 A mesma
coisa também acontece agora, isto é, por
causa da *graça de Deus, ainda existe um
pequeno número daqueles que ele esco-
lheu. 6 Essa escolha se baseia na graça de
Deus e não no que eles fizeram. Porque,
se a escolha de Deus se baseasse no que
as pessoas fazem, então a sua graça não
seria a verdadeira graça.

7 E isso quer dizer que não foi o povo
de Israel que encontrou o que estava pro-
curando. *Quem encontrou foi apenas* um
pequeno grupo que Deus escolheu; os ou-
tros não quiseram ouvir o *chamado de
Deus. 8 Como dizem as Escrituras Sagradas:

"Deus endureceu o coração
e a mente deles;
deu-lhes olhos que não podem ver
e ouvidos que não podem ouvir
até o dia de hoje."

9 E Davi disse:

"Que nas suas festas eles sejam
apanhados e enganados,
que eles caiam e sejam castigados!
10 Ó Deus, faze com que eles
fiquem cegos
e que fiquem sempre curvados
debaixo do peso das suas
dificuldades!"

11 Agora eu pergunto: quando os ju-
deus tropeçaram, será que eles caíram
para nunca mais se levantarem? É claro
que não! Mas, porque eles pecaram, a sal-
vação veio para os não judeus, para fa-
zer com que os judeus ficassem com ciú-
mes deles. 12 O pecado dos judeus trouxe
grandes bênçãos para o mundo, e a sua
pobreza espiritual trouxe ricas bênçãos
para os não judeus. Então, quando se
completar o número de judeus que vol-
tarão para Deus, as bênçãos serão muito
maiores ainda.

A salvação dos que não são judeus

13 Agora estou falando a vocês que não
são judeus. Enquanto eu for o *apósto-
lo dos não judeus, terei orgulho do meu
trabalho. 14 Talvez eu possa fazer com que
os que são da minha própria raça fiquem
com ciúmes, e assim seja possível salvar
alguns deles. 15 Porque, quando os judeus
foram rejeitados, o resto do mundo se tor-
nou amigo de Deus. O que acontecerá en-
tão quando eles forem aceitos? Os que es-
tiverem mortos receberão a vida!
16 Pois, se o primeiro pão assado depois
da colheita é dedicado a Deus, isso quer
dizer que todos os outros pães também
são dedicados a ele. E, se as raízes de uma
árvore são oferecidas a Deus, os galhos
também são dele. 17 Alguns galhos da oli-
veira cultivada foram quebrados, e um ga-
lho de oliveira brava foi enxertado nela.
Pois vocês, os não judeus, são como aque-
la oliveira brava e agora tomam parte na
força e na riqueza espiritual dos judeus.
18 Portanto, vocês não devem desprezar
os galhos que foram quebrados. Como é
que vocês podem estar orgulhosos? Vo-
cês são somente galhos. Não são vocês
que sustentam a raiz — é a raiz que sus-
tenta vocês.
19 Porém vocês dirão: "Sim, mas os ga-
lhos foram quebrados a fim de darem lu-
gar para nós." 20 Isso é verdade. Mas lem-
brem que eles foram quebrados porque
não creram; no entanto vocês continuam
na oliveira porque creem. E não tenham
orgulho disso; pelo contrário, tenham
medo. 21 Se Deus não deixou de castigar
os judeus, que são como galhos naturais,
vocês acham que ele vai deixar de castigar
vocês? 22 Vejam como Deus é bom e tam-
bém é duro. Ele é duro para os que caíram
e bom para vocês, se continuarem sempre
confiando na bondade dele. Se não, vocês
também serão cortados. 23 E, se os judeus
abandonarem a sua descrença, serão en-
xertados na oliveira cultivada, pois Deus
pode enxertá-los de novo. 24 Vocês, os não
judeus, são como aquele galho de oliveira
brava que foi cortado e enxertado, con-
tra a natureza, na oliveira cultivada. Os
judeus são como essa oliveira cultivada.
Portanto, para Deus será muito mais fácil
enxertar de novo, na própria árvore deles,
esses galhos quebrados.

A bondade de Deus para com todos

25 Meus irmãos, quero que vocês conhe-
çam uma verdade secreta para que não
pensem que são muito sábios. A verdade
é esta: a teimosia do povo de Israel não
durará para sempre, mas somente até que
o número completo de não judeus venha
para Deus. 26 É assim que todo o povo de
Israel será salvo. Como dizem as *Escri-
turas Sagradas:

"O Redentor virá de *Sião
e tirará toda a maldade
dos descendentes de Jacó.
27 Eu, o Senhor, farei esta *aliança
com eles,
quando tirar os seus pecados."

28 Os judeus rejeitaram o *evangelho e
por isso são inimigos de Deus, para o bem
de vocês, os não judeus. Mas, pela escolha
de Deus, eles são amigos dele, por causa
dos *patriarcas. 29 Porque Deus não muda
de ideia a respeito de quem ele escolhe e
abençoa. 30 Mas no passado vocês, que não
são judeus, desobedeceram a Deus. Porém
agora vocês receberam a misericórdia de
Deus por causa da desobediência dos ju-
deus. 31 Assim, por causa da misericórdia
que vocês receberam, os judeus agora de-
sobedecem a Deus para que eles também
possam receber agora a misericórdia dele.
32 Pois Deus fez com que todos se tornas-
sem prisioneiros da desobediência a fim
de mostrar misericórdia a todos.

Louvor a Deus

33 Como são grandes as riquezas de
Deus! Como são profundos o seu conhe-

cimento e a sua sabedoria! Quem pode
explicar as suas decisões? Quem pode en-
tender os seus planos? 34 Como dizem as
*Escrituras Sagradas:

"Quem pode conhecer a mente do
Senhor?
Quem é capaz de lhe dar conselhos?
35 Quem já deu alguma coisa a Deus
para receber dele algum
pagamento?"

36 Pois todas as coisas foram criadas por
ele, e tudo existe por meio dele e para
ele. *Glória a Deus para sempre! *Amém!

A nova vida no serviço de Deus

12 Portanto, meus irmãos, por causa
da grande misericórdia divina, peço
que vocês se ofereçam completamente a
Deus como um *sacrifício vivo, dedicado ao
seu serviço e agradável a ele. Esta é a ver-
dadeira adoração que vocês devem ofere-
cer a Deus. 2 Não vivam como vivem as pes-
soas deste mundo, mas deixem que Deus
os transforme por meio de uma completa
mudança da mente de vocês. Assim vocês
conhecerão a vontade de Deus, isto é, aqui-
lo que é bom, perfeito e agradável a ele.
3 Por causa da bondade de Deus para
comigo, me *chamando para ser *apóstolo,
eu digo a todos vocês que não se achem
melhores do que realmente são. Pelo con-
trário, pensem com humildade a respeito
de vocês mesmos, e cada um julgue a si
mesmo conforme a fé que Deus lhe deu.
4 Porque, assim como em um só corpo te-
mos muitas partes, e todas elas têm fun-
ções diferentes, 5 assim também nós, em-
bora sejamos muitos, somos um só corpo
por estarmos unidos com Cristo. E todos
estamos unidos uns com os outros como
partes diferentes de um só corpo. 6 Por-
tanto, usemos os nossos diferentes *dons
de acordo com a *graça que Deus nos deu.
Se o dom que recebemos é o de anunciar
a mensagem de Deus, façamos isso de
acordo com a fé que temos. 7 Se é o dom
de servir, então devemos servir; se é o de

DEVOCIONAL

Texto para leitura: **Romanos 12:14-21**

Conheça a Deus

Ao lutar de forma egoísta por seus direitos, você apunhala o coração de Jesus. Ao exigir que as coisas sejam desse ou daquele jeito, você pode não machucar outra pessoa, mas o persegue e o leva a sofrer por causa de sua incredulidade. Você diz que ama o Senhor e até ensina coisas sobre ele para os outros, mas seu comportamento diz algo diferente quando você defende outra coisa que não o próprio Jesus Cristo.

Lembre-se, o chamado de Jesus para você é a humildade. Ele diz: "Aprendam comigo porque sou bondoso e tenho um coração humilde" (Mateus 11:29). Ele nunca exigiu respeito nem defendeu os direitos dele. Pelo contrário, ele "pôs a sua esperança em Deus, o justo Juiz" (1Pedro 2:23). Não exija mais direitos do que o próprio Filho de Deus exigiria. Quando você for maltratada, defenda o que é certo, mas não se vingue. Deixe que o Senhor cuide do assunto (veja Romanos 12:19). Quando outra pessoa receber algo melhor que você, diga com humildade: "Tudo bem, eu recebi muito mais do que mereço quando Cristo me salvou". Confie tudo a Deus e concentre-se nas necessidades das outras pessoas, não nas suas.

Ao viver sua vida como Jesus viveu, você não se preocupará com coisas como ser menosprezada, usada ou ignorada, porque todos os seus pensamentos e esperanças estarão em Deus. Essas coisas são liberdade e fé real. Não deixe que pensamentos do que você quer ou "merece" dominem a vida de Cristo em você. Em vez disso, adquira a prática de ser uma com ele em mansidão e humildade.

ensinar, então ensinemos; 8 se é o dom de
animar os outros, então animemos. Quem
reparte com os outros o que tem, que faça
isso com generosidade. Quem tem autori-
dade, que use a sua autoridade com todo
o cuidado. Quem ajuda os outros, que aju-
de com alegria.

9 Que o amor de vocês não seja fingi-
do. Odeiem o mal e sigam o que é bom.
10 Amem uns aos outros com o amor de ir-
mãos em Cristo e se esforcem para tratar
uns aos outros com respeito. 11 Trabalhem
com entusiasmo e não sejam preguiçosos.
Sirvam o Senhor com o coração cheio de
fervor. 12 Que a esperança que vocês têm
os mantenha alegres; aguentem com pa-
ciência os sofrimentos e orem sempre.
13 Repartam com os irmãos necessitados
o que vocês têm e recebam os estrangei-
ros nas suas casas.

14 Peçam que Deus abençoe os que per-
seguem vocês. Sim, peçam que ele aben-
çoe e não que amaldiçoe. 15 Alegrem-se
com os que se alegram e chorem com os
que choram. 16 Tenham por todos o mes-
mo cuidado. Não sejam orgulhosos, mas
aceitem serviços humildes. Que nenhum
de vocês fique pensando que é sábio!

17 Não paguem a ninguém o mal com
o mal. Procurem agir de tal maneira que
vocês recebam a aprovação dos outros.
18 No que depender de vocês, façam todo
o possível para viver em paz com todas as
pessoas. 19 Meus queridos irmãos, nunca
se vinguem de ninguém; pelo contrário,
deixem que seja Deus quem dê o castigo.
Pois as *Escrituras Sagradas dizem:

> "Eu me vingarei,
> eu acertarei contas com eles,
> diz o Senhor."

20 Mas façam como dizem as Escrituras:

> "Se o seu inimigo estiver com fome,
> dê comida a ele;
> se estiver com sede, dê água.
> Porque assim você o fará queimar
> de remorso e vergonha."

21 Não deixem que o mal vença vocês, mas
vençam o mal com o bem.

Obediência às autoridades

13 Obedeçam às autoridades, todos
vocês. Pois nenhuma autoridade
existe sem a permissão de Deus, e as que
existem foram colocadas nos seus lugares
por ele. 2 Assim quem se revolta contra as
autoridades está se revoltando contra o
que Deus ordenou, e os que agem desse
modo serão condenados. 3 Somente os que
fazem o mal devem ter medo dos gover-
nantes, e não os que fazem o bem. Se você
não quiser ter medo das autoridades, en-
tão faça o que é bom, e elas o elogiarão.
4 Porque as autoridades estão a serviço
de Deus para o bem de você. Mas, se você
faz o mal, então tenha medo, pois as au-
toridades, de fato, têm poder para casti-
gar. Elas estão a serviço de Deus e trazem
o castigo dele sobre os que fazem o mal.
5 É por isso que você deve obedecer às
autoridades; não somente por causa do
castigo de Deus, mas também porque a
sua consciência manda que você faça isso.

6 É por isso também que vocês pagam
impostos. Pois, quando as autoridades
cumprem os seus deveres, elas estão a
serviço de Deus. 7 Portanto, paguem ao
governo o que é devido. Paguem todos
os seus impostos e respeitem e honrem
todas as autoridades.

Amar uns aos outros

8 Não fiquem devendo nada a ninguém.
A única dívida que vocês devem ter é a de
amar uns aos outros. Quem ama os ou-
tros está obedecendo à *lei. 9 Os seguintes
mandamentos: "Não cometa adultério,
não mate, não roube, não cobice" — esses
e ainda outros mais são resumidos num
mandamento só: "Ame os outros como
você ama a você mesmo." 10 Quem ama os

Pergunte a si mesma...

Quem é responsável por você? Há alguém a quem você tem de se submeter? Pais, chefe, governo? Pergunte a si mesma sobre a autoridade:

- Eu tenho problemas com autoridade?
- Eu nunca discuto com pessoas que têm autoridade sobre mim?
- O que eu penso sobre pessoas que têm autoridade?
- Eu me submeto bem a Deus?
- Submissão é algo que Deus quer de mim?
- Como posso praticar a obediência à autoridade?

outros não faz mal a eles. Portanto, amar
é obedecer a toda a lei.

Viver na luz do dia

11 Vocês precisam fazer todas essas coi-
sas porque sabem em que tempo nós es-
tamos vivendo; chegou a hora de vocês
acordarem, pois o momento de sermos
salvos está mais perto agora do que quan-
do começamos a crer.
12 A noite está terminando, e o dia vem
chegando. Por isso paremos de fazer o
que pertence à escuridão e peguemos as
armas espirituais para lutar na luz. 13 Vi-
vamos decentemente, como pessoas que
vivem na luz do dia. Nada de farras ou be-
bedeiras, nem imoralidade ou indecência,
nem brigas ou ciúmes. 14 Mas tenham as
qualidades que o Senhor Jesus Cristo tem
e não procurem satisfazer os maus dese-
jos da natureza humana de vocês.

Não julgue os seus irmãos na fé

14 Aceitem entre vocês quem é fraco
na fé sem criticar as opiniões des-
sa pessoa. 2 Por exemplo, algumas pessoas
creem que podem comer de tudo, mas
quem é fraco na fé come somente verduras
e legumes. 3 Quem come de tudo não deve
desprezar quem não faz isso, e quem só
come verduras e legumes não deve conde-
nar quem come de tudo, pois Deus o acei-
tou. 4 Quem é você para julgar o escravo
de alguém? Se ele vai vencer ou fracassar,
isso é da conta do dono dele. E ele vai ven-
cer porque o Senhor pode fazê-lo vencer.
5 Algumas pessoas pensam que certos
dias são mais importantes do que ou-
tros, enquanto que outras pessoas pen-
sam que todos os dias são iguais. Cada
um deve estar bem firme nas suas opi-
niões. 6 Quem dá mais valor a certo dia
faz isso para honrar o Senhor. E também
quem come de tudo faz isso para honrar
o Senhor, pois agradece a Deus o alimen-
to. E quem evita comer certas coisas faz
isso para honrar o Senhor e dá graças a
Deus. 7 Porque nenhum de nós vive para
si mesmo e nenhum de nós morre para
si mesmo. 8 Se vivemos, é para o Senhor
que vivemos; e, se morremos, também é
para o Senhor que morremos. Assim, tan-
to se vivemos como se morremos, somos
do Senhor. 9 Pois Cristo morreu e viveu de
novo para ser o senhor tanto dos mortos
como dos vivos. 10 Portanto, por que é que
você, que só come verduras e legumes,
condena o seu irmão? E, você, que come
de tudo, por que despreza o seu irmão?
Pois todos nós estaremos diante de Deus
para sermos julgados por ele. 11 É isto o
que as *Escrituras Sagradas dizem:

> "Juro pela minha vida, diz o Senhor,
> que todos se ajoelharão diante de
> mim
> e todos afirmarão que eu sou Deus."

12 Assim, cada um de nós prestará con-
tas de si mesmo a Deus.

Não faça os seus irmãos caírem

13 Por isso paremos de criticar uns aos
outros. Pelo contrário, cada um de vocês
resolva não fazer nada que leve o seu ir-
mão a tropeçar ou cair em pecado. 14 Por
estar unido com o Senhor Jesus, eu es-
tou convencido de que nada é *impuro
em si mesmo. Mas, se alguém pensa que
alguma coisa é impura, então ela fica im-
pura para ele. 15 Se você faz com que um
irmão fique triste por causa do que você
come, então você não está agindo com
amor. Não deixe que a pessoa por quem
Cristo morreu se perca por causa da co-
mida que você come. 16 Não deem motivo
para os outros falarem mal daquilo que
vocês acham bom. 17 Pois o *Reino de Deus
não é uma questão de comida ou de be-
bida, mas de viver corretamente, em paz
e com a alegria que o Espírito Santo dá.
18 E quem serve a Cristo dessa maneira
agrada a Deus e é aprovado por todos.
19 Por isso procuremos sempre as coi-
sas que trazem a paz e que nos ajudam
a fortalecer uns aos outros na fé. 20 Por
uma questão de comida, não destrua o
que Deus fez. Todos os alimentos podem
ser comidos, mas é errado comer alguma
coisa quando isso faz com que outra pes-
soa caia em pecado. 21 O que está certo é
não comer carne, não beber vinho, nem
fazer qualquer outra coisa que leve um
irmão a cair em pecado. 22 Mas guarde en-
tre você mesmo e Deus o que você crê a
respeito desse assunto. Feliz a pessoa que
não é condenada pela consciência quan-
do faz o que acha que deve fazer! 23 Mas
quem tem dúvidas a respeito do que come
é condenado por Deus quando come, pois
aquilo que ele faz não se baseia na fé. E o
que não se baseia na fé é pecado.

O dever de agradar os outros

15 Nós que somos fortes na fé deve-
mos ajudar os fracos a carregarem

DEVOCIONAL

Texto para leitura: **Romanos 14:19-23**

Conheça a Deus

Você já teve dúvidas de que se o que está fazendo é agradável a Deus ou não? Toda vez que as tiver, você deve parar imediatamente. Dúvida é sinal de problema. É uma bandeira vermelha na vida do cristão, um sinal que lhe permite saber que tomou um desvio. Não vá muito longe nessa ponte instável.

A regra de ouro é, em caso de dúvida, não fazer o que você está para fazer, porque, se duvidar e fizer isso de qualquer maneira, você corre o perigo de cair em pecado. Dedique um tempo ao estudo das Escrituras para que possa se informar mais. Não mergulhe tão rápido em coisas em que você duvida a ponto de aceitar áreas nebulosas como sendo boas para você. Descubra a verdade. Tenha certeza de que o que você faz, como age e o que diz estão de acordo com o que Deus quer de sua vida. A dúvida é como os medidores no painel de um carro — eles avisam quando você está para ter problemas. Por isso, leia o manual e descubra o que os sinais significam e o que fazer em seguida. Se você tiver dúvida depois de ler a Palavra de Deus, ou se alguém lhe deu algum motivo para acreditar que Deus é contra o que você está fazendo, então vá devagar e estude mais a Bíblia.

Se você conseguir observar a Bíblia inteira e não ver ordem alguma que tornaria pecado o que você quer fazer, então não há motivo para a dúvida permanecer. Tantas vezes nós nos preocupamos se Deus quer que façamos isso ou aquilo quando a Bíblia não discute a questão de forma alguma. Se não for contra a Palavra de Deus, então pare de se preocupar para saber se é a coisa certa ou não e esteja segura naquilo que está fazendo.

as suas cargas e não devemos agradar a
nós mesmos. 2 Pelo contrário, cada um de
nós deve agradar o seu irmão, para o bem
dele, a fim de que ele cresça na fé. 3 Pois
nem o próprio Cristo procurou agradar
a si mesmo; pelo contrário, como dizem
as *Escrituras Sagradas: "As ofensas daqueles que te insultaram caíram sobre
mim." 4 Porque tudo o que está nas Escrituras foi escrito para nos ensinar, a fim
de que tenhamos esperança por meio da
paciência e da coragem que as Escrituras nos dão. 5 Que Deus, que é quem dá
paciência e coragem, ajude vocês a viverem bem uns com os outros, seguindo o
exemplo de Cristo Jesus! 6 E isso para que
vocês, todos juntos, como se fossem uma
só pessoa, louvem ao Deus e Pai do nosso
Senhor Jesus Cristo.

A boa notícia para todos os povos

7 Portanto, aceitem uns aos outros para
a *glória de Deus, assim como Cristo aceitou vocês. 8 Pois eu lhes digo que Cristo se tornou *servo dos judeus a fim de
mostrar que Deus é fiel, para fazer com que se cumprissem as promessas feitas por Deus aos *patriarcas 9 e para
fazer com que os não judeus louvassem a Deus pela sua bondade. Como dizem as *Escrituras Sagradas:

"Por isso eu te louvarei
entre os que não são judeus
e cantarei louvores a ti."

10 Elas dizem também:

"Vocês que não são judeus,
alegrem-se com o povo escolhido
de Deus!"

11 E dizem ainda:

"Todos os que não são judeus,
louvem o Senhor!
Que todos os povos o louvem!"

12 E também Isaías diz:

"Virá um descendente do rei Davi,
filho de Jessé;

ele aparecerá para governar
os que não são judeus,
e eles terão esperança nele."

13 Que Deus, que nos dá essa esperança,
encha vocês de alegria e de paz, por meio
da fé que vocês têm nele, a fim de que a
esperança de vocês aumente pelo poder
do Espírito Santo!

A franqueza de Paulo

14 Meus irmãos, estou certo de que vo-
cês estão cheios de bondade, sabem tudo
o que é preciso saber e são capazes de dar
conselhos uns aos outros. 15 Porém nes-
ta carta me atrevi a escrever com toda
a franqueza para fazer com que vocês
lembrem de coisas que já sabem. Eu es-
crevi assim por causa do privilégio que
Deus me deu 16 de ser *servo de Cristo Je-
sus para trabalhar em favor dos que não
são judeus. Eu sirvo como sacerdote ao
anunciar o *evangelho que vem de Deus.
E faço isso para que os não judeus sejam
uma oferta que Deus aceite, dedicada a
ele pelo Espírito Santo. 17 Portanto, por
estar unido com Cristo Jesus, posso me
orgulhar do serviço que faço para Deus.
18 Eu me atreverei a falar somente do que
Cristo tem feito por meio de mim a fim
de levar os não judeus a obedecerem a
Deus. E isso tem sido feito por meio de
palavras e de ações, 19 pelo poder de si-
nais e milagres e pelo poder do Espírito
de Deus. Assim, viajando desde Jerusa-
lém até a *província da Ilíria, tenho anun-
ciado de modo completo o evangelho a
respeito de Cristo. 20 Para não construir
sobre alicerces colocados por outros, te-
nho me esforçado sempre para anunciar
o evangelho nos lugares onde ainda não
se falou de Cristo. 21 Como dizem as *Es-
crituras Sagradas:

"Aqueles que nunca ouviram falar
a respeito dele o verão,
e os que não tinham ouvido falar
sobre ele
o entenderão."

O plano de Paulo para visitar Roma

22 Por essa razão muitas vezes eu quis
visitá-los, mas isso não me foi possível.
23 Porém, já que terminei o meu trabalho
nessas regiões e como há muitos anos te-
nho pensado em ver vocês, 24 espero fa-
zer isso agora. Gostaria de vê-los quan-
do fizer a minha viagem para a Espanha.

Pergunte a si mesma...

Aqui estão sete coisas que você deve se perguntar quando não tiver certeza do que fazer:

1. Estou em dúvida sobre o que quero fazer? (Veja Romanos 14:23.)
2. É compatível com as Escrituras ou vai contra elas? (Veja 2Timóteo 3:16.)
3. Honrará a Cristo? (Veja 1Coríntios 10:31.)
4. Como afetará alguém que é mais fraco do que eu? (Veja 1Coríntios 8:9.)
5. É puro e, ao fazê-lo, serei irrepreensível? (Veja Filipenses 1:10.)
6. Os outros cristãos aprovam? (Veja Romanos 14:18-19.)
7. Edificará os outros? (Veja Romanos 15:1-2; 1Tessalonicenses 5:11.)

Gostaria também que vocês me ajudas-
sem a ir até lá, depois de eu ter o pra-
zer de estar com vocês por algum tempo.
25 Mas agora vou a Jerusalém a serviço do
povo de Deus que vive ali. 26 Pois as igrejas
das *províncias da Macedônia e da Acaia
resolveram dar uma oferta para ajudar
as pessoas do povo de Deus em Jerusa-
lém que estão necessitadas. 27 Os próprios
cristãos da Macedônia e da Acaia resol-
veram fazer isso; mas, de fato, eles têm a
obrigação de ajudar aqueles necessita-
dos. Os judeus repartiram os seus bens
espirituais com os que não são judeus,
e por isso os não judeus devem prestar,
com os seus bens materiais, esse serviço
cristão aos judeus. 28 Depois que eu ter-
minar esse trabalho e que entregar toda
a oferta que foi recolhida para eles, viaja-
rei para a Espanha e no caminho visitarei
vocês. 29 E sei que, quando for visitá-los,
levarei comigo muitas *bênçãos de Cristo*.

30 Eu peço, irmãos, pelo nosso Senhor
Jesus Cristo e pelo amor que o Espíri-
to dá, que me ajudem, orando com fer-
vor por mim. 31 Orem para que eu escape
das pessoas da Judeia que não creem em
Cristo e também para que a ajuda que eu
vou levar a Jerusalém seja bem aceita pelo
povo de Deus que vive ali. 32 E assim, se
Deus quiser, chegarei aí em Roma cheio

Febe

Leia a história desta Garota de Deus em Romanos 16:1-2.

Todos os que criam estavam juntos e unidos e repartiam uns com os outros o que tinham. Vendiam as suas propriedades e outras coisas e dividiam o dinheiro com todos, de acordo com a necessidade de cada um. Todos os dias, unidos, se reuniam no pátio do Templo. E nas suas casas partiam o pão e participavam das refeições com alegria e humildade.

Atos 2:44-46

Como cristãos, somos uma família. Todos nós temos o mesmo Pai, os mesmos valores e o mesmo objetivo: o céu. E como uma família, cuidamos uns dos outros porque isso é a coisa certa a fazer. Na verdade, na família de cristãos, ninguém deveria estar desabrigado, desamparado ou com fome. Tudo o que temos vem diretamente da mão de Deus, então nunca podemos tê-lo como se fosse nosso. Somos apenas administradores das coisas de Deus, cuidando das dádivas dele até o momento em que ele nos pede para entregá-las a outra pessoa. Na Igreja primitiva, os cristãos viviam assim. Eles não tinham necessidade de acumular bens ou mesmo de se apegar a eles, mas vendiam tudo o que tinham para dar aos necessitados. Que família maravilhosa!

Quando você tem algo de que não pode — e não irá — se desfazer, você tem um ídolo em sua vida: algo que se coloca entre você e seu serviço a Deus. As coisas deveriam nos servir, não serem servidas, e apegar-se a elas como se a vida dependesse delas ensina seu coração a servir àquilo que você tem medo de perder. Cultive sua natureza de doar. Doar talvez não seja algo natural para você, mas deve ser uma das principais formas pelas quais os outros a descrevem como uma Garota de Deus. Ser dadivosa atrai as pessoas à sua presença e mostra-lhes as mãos e os pés de Deus na vida delas. Paulo orgulhava-se de Febe, uma de suas colaboradoras, por causa do quanto ela se importava com os outros cristãos.

Como Febe, a Garota de Deus deve conduzir sua família de cristãos, aprendendo o segredo de *aceitar* as dádivas deles quando ela tem uma necessidade e também de *dar* quando ela tem de sobra. Maus momentos vêm e vão. Você nem sempre poderá dar e nem sempre terá de receber, mas as duas ações são necessárias para que todos nós tenhamos a chance de ajudar uns aos outros. Sua necessidade ocasional permitirá que outros pratiquem a arte de dar sem orgulho, mas com humildade e bondade. E quando chegar a hora de você poder devolver, faça isso espontaneamente. Você veio a este mundo sem nada e irá *deixá-lo da mesma forma. Não acumule* o que, no final, nem é seu.

de alegria e lhes farei uma visita que me
dará um novo ânimo. 33 E que Deus, a nos-
sa fonte de paz, esteja com todos vocês!
*Amém!

Saudações pessoais

16 Eu recomendo a vocês a nossa irmã
Febe, que é *diaconisa da igreja de
Cencreia. 2 Recebam essa irmã em nome
do Senhor, como deve fazer o povo de
Deus. Deem a ela toda a ajuda que pre-
cisar, pois ela tem ajudado muita gente e
a mim também.
3 Mando saudações a Priscila e ao seu
marido Áquila, meus companheiros no
serviço de Cristo Jesus. 4 Eles arriscaram
a sua vida por mim. Sou muito agradeci-
do a eles; e não somente eu, mas também
todas as igrejas dos que não são judeus.
5 Saudações também à igreja que se reú-
ne na casa deles.
Saudações ao meu querido amigo Epê-
neto, que foi o primeiro a crer em Cristo
na *província da Ásia. 6 Saudações a Ma-
ria, que tem trabalhado muito por vocês.
7 Saudações a Andrônico e à irmã Júnia,
meus patrícios judeus, que estiveram co-
migo na prisão. Eles são *apóstolos bem
conhecidos e se tornaram cristãos antes
de mim.
8 Saudações a Amplíato, meu querido
irmão no Senhor. 9 E também a Urbano,
nosso companheiro de trabalho no ser-
viço de Cristo, e ao meu querido amigo
Estáquis. 10 Saudações a Apeles, um irmão
que tem dado muitas provas da sua fé em
Cristo. Saudações ao pessoal da família de
Aristóbulo. 11 Saudações a Herodião, meu
patrício judeu, e aos irmãos no Senhor da
família de Narciso.
12 Saudações a Trifena e a Trifosa, irmãs
que trabalham no serviço do Senhor, e à
minha querida amiga Pérside, que tam-
bém tem trabalhado muito para o Senhor.
13 Mando saudações a Rufo, trabalhador
que tem se destacado no serviço do Se-
nhor, e à mãe dele, que sempre me tratou
como filho. 14 Saudações aos irmãos Asín-
crito, Flegonte, Hermes, Pátrobas, Her-
mas e a todos os irmãos que estão com
eles. 15 Saudações a Filólogo e a Júlia; a
Nereu e à sua irmã; ao irmão Olimpas e
a todas as pessoas do povo de Deus que
estão com eles.
16 Cumprimentem uns aos outros com
um beijo de irmão. Todas as igrejas de
Cristo mandam saudações a vocês.

Conselhos finais

17 Meus irmãos, peço que tomem cui-
dado com as pessoas que provocam di-
visões, que atrapalham os outros na fé e
que vão contra o ensinamento que vocês
receberam. Afastem-se dessas pessoas
18 porque os que fazem essas coisas não
estão servindo a Cristo, o nosso Senhor,
mas a si mesmos. Por meio de conversa
macia e com bajulação, eles enganam o
coração das pessoas simples. 19 Todos sa-
bem como vocês têm sido fiéis ao *evan-
gelho, e por isso eu me alegro por causa
de vocês. Quero que sejam sábios a res-
peito do que é bom e não tenham nada a
ver com o que é mau. 20 E Deus, a nossa
fonte de paz, logo esmagará Satanás de-
baixo dos pés de vocês.
Que a *graça do nosso Senhor Jesus es-
teja com vocês!
21 Timóteo, meu companheiro de tra-
balho, manda saudações a vocês. Lúcio,
Jasão e Sosípatro, meus patrícios judeus,
também mandam saudações.
22 Eu, Tércio, que escrevi esta carta que
Paulo ditou para mim, mando saudações
a vocês.
23 O meu hospedeiro Gaio, em casa de
quem a igreja daqui se reúne, manda sau-
dações a vocês. Erasto, o tesoureiro da
cidade, e o nosso irmão Quarto também
mandam saudações. 24 [Que a graça do
nosso Senhor Jesus Cristo esteja com to-
dos vocês. *Amém.]

Louvor a Deus

25 Louvemos a Deus! Pois ele pode
conservar vocês firmes na fé, de acordo
com o *evangelho que eu anuncio, isto é,
a mensagem a respeito de Jesus Cristo.
E de acordo também com a verdade se-
creta que nunca foi revelada no passado.
26 Porém essa verdade foi revelada agora
por meio daquilo que os *profetas escre-
veram. E, por ordem do Deus eterno, ela
se tornou conhecida em todas as nações,
para que todos creiam e obedeçam.
27 Ao Deus único e sábio seja dada *gló-
ria para sempre, por meio de Jesus Cris-
to! *Amém!

1Coríntios

Ame ao próximo o suficiente para ser honesta

O que eu digo é que vocês não devem ter nada a ver com ninguém que se diz irmão na fé, mas é imoral, ou avarento, ou adora ídolos, ou é bêbado, ou difamador, ou ladrão. Com gente assim vocês não devem nem comer uma refeição.
1Coríntios 5:11

Autor ♥ O apóstolo Paulo
Data ♥ Por volta de 55
Local ♥ Éfeso
Público-alvo ♥ A igreja em Corinto

O amor firme pode parecer qualquer coisa, menos amor. É o tipo de amor que diz "Não" aos gritos de socorro de um ente querido quando o pecado dele o colocou em uma confusão da qual somente o arrependimento poderá tirá-lo. E o amor toma uma posição porque sabe que um pecado que continua a ser adorado e protegido não pode ser perdoado.

Em sua carta aos coríntios, Paulo advertiu aquela igreja a não mais fechar os olhos para os pecados de seus irmãos. Isso porque quem aceita o outro a despeito do desejo dele de *continuar a viver em pecado* peca com ele. E isso não é amor; é codependência, e incentiva o pecador a enganar a si mesmo. Este tipo de falso amor é sempre egoísta, porque tem medo de confrontar uma pessoa sobre o pecado dela e sofrer constrangimento ou rejeição, e isso coloca o medo acima de Deus e do bem-estar espiritual da outra pessoa. Ser uma Garota de Deus significa ser destemida na fé, sem medo de confrontar e de se distanciar de cristãos que preferem viver em pecado sem confessá-lo ou sem se arrepender.

Ponto essencial
A igreja de Corinto era jovem em uma cidade tumultuada e, por causa disso, ela se misturou um pouco à decadência da cidade e se esqueceu do caminho da fé. Paulo escreveu esta carta para ajudá-la a entrar nos eixos novamente.

Embora não devamos estar na ofensiva, atacando o pecado de todo ser humano que encontrarmos, você deve saber que suas amizades mais próximas precisam de muita honestidade, e se você ou seus amigos estiverem rejeitando a lei do Senhor, escolhendo conscientemente insistir em algum tipo de pecado, então você é chamada a confrontá-los. Você talvez tenha até de dizer que não poderá sair mais com eles se optarem por continuar a pecar, em vez de confessar os pecados. Um pecado aceito é um pecado cometido. Preste atenção na advertência de 1Coríntios e não deixe que a aprovação dos hábitos pecaminosos de seus amigos torne-se uma conspiração para o pecado.

Coisas para procurar

- O que a Bíblia tem a dizer sobre relacionamentos amorosos (veja 1Coríntios 7)
- Conselho sobre a adoração (veja 1Coríntios 11)
- Uma descrição de seu novo corpo (1Coríntios 15:35-58)

Versículos que você deve saber

De fato, a mensagem da morte de Cristo na cruz é loucura para os que estão se perdendo; mas para nós, que estamos sendo salvos, é o poder de Deus.

(1Coríntios 1:18)

Certamente vocês sabem que são o templo de Deus e que o Espírito de Deus vive em vocês. Assim, se alguém destruir o templo de Deus, Deus destruirá essa pessoa. Pois o templo de Deus é santo, e vocês são o seu templo.

(1Coríntios 3:16-17)

O que eu digo é que vocês não devem ter nada a ver com ninguém que se diz irmão na fé, mas é imoral, ou avarento, ou adora ídolos, ou é bêbado, ou difamador, ou ladrão. Com gente assim vocês não devem nem comer uma refeição.

(1Coríntios 5:11)

Sou um homem livre; não sou escravo de ninguém. Mas eu me fiz escravo de todos a fim de ganhar para Cristo o maior número possível de pessoas.

(1Coríntios 9:19)

As tentações que vocês têm de enfrentar são as mesmas que os outros enfrentam; mas Deus cumpre a sua promessa e não deixará que vocês sofram tentações que vocês não têm forças para suportar. Quando uma tentação vier, Deus dará forças a vocês para suportá-la, e assim vocês poderão sair dela.

(1Coríntios 10:13)

Quem ama é paciente e bondoso. Quem ama não é ciumento, nem orgulhoso, nem vaidoso. Quem ama não é grosseiro nem egoísta; não fica irritado, nem guarda mágoas.

(1Coríntios 13:4-5)

Saudação

1 1-2 Eu, Paulo, que fui chamado pela
vontade de Deus para ser *apóstolo
de Cristo Jesus, escrevo, junto com o ir-
mão Sóstenes, esta carta à igreja de Deus
que está na cidade de Corinto. Escrevo a
todos os que, pela sua união com Cristo Je-
sus, foram chamados para pertencerem ao
povo de Deus. Esta carta é também para
aqueles que em todos os lugares adoram
o nosso Senhor Jesus Cristo, Senhor de-
les e nosso.
3 Que a *graça e a paz de Deus, o nos-
so Pai, e do Senhor Jesus Cristo estejam
com vocês!

Bênçãos por meio de Cristo

4 Eu sempre agradeço ao meu Deus por
causa da *graça que ele tem dado a vo-
cês por meio de Cristo Jesus. 5 Por esta-
rem unidos com Cristo Jesus, vocês foram
enriquecidos em tudo, tanto no *dom de
anunciar o *evangelho como no dom da
sabedoria espiritual. 6 A mensagem a res-
peito de Cristo está tão firme em vocês,
7 que vocês não têm deixado de receber
nenhum dom espiritual enquanto espe-
ram a vinda do nosso Senhor Jesus Cristo.
8 Cristo vai conservá-los firmes até o fim
para que no dia da volta do nosso Senhor
Jesus Cristo vocês não tenham culpa de
nada. 9 Deus é fiel e *chamou vocês para
que vivam em união com o seu Filho Je-
sus Cristo, o nosso Senhor.

Divisões na igreja de Corinto

10 Irmãos, peço, pela autoridade do nos-
so Senhor Jesus Cristo, que vocês estejam
de acordo no que dizem e que não haja di-
visões entre vocês. Sejam completamen-
te unidos num só pensamento e numa só
intenção. 11 Pois, meus irmãos, algumas
pessoas da família de Cloé me contaram
que há brigas entre vocês. 12 O que eu que-
ro dizer é isto: cada um de vocês diz uma
coisa diferente. Um diz: "Eu sou de Paulo";
outro, "Eu sou de Apolo"; outro, "Eu sou
de Pedro"; e ainda outro, "Eu sou de Cris-
to". 13 Por acaso Cristo foi dividido em vá-
rias partes? Será que Paulo morreu cruci-
ficado em favor de vocês? Ou será que vo-
cês foram batizados em nome de Paulo?
14 Graças a Deus que eu não batizei ne-
nhum de vocês, a não ser Crispo e Gaio.
15 Assim ninguém pode dizer que vocês fo-
ram batizados em meu nome. 16 (Ah! Sim.
Batizei também Estéfanas e a família dele,
mas não lembro de ter batizado mais nin-
guém.) 17 Pois Cristo não me enviou para
batizar, mas para anunciar o *evangelho
e anunciá-lo sem usar a linguagem da sa-
bedoria humana, para não tirar o poder
da morte de Cristo na cruz.

Cristo — o poder e a sabedoria de Deus

18 De fato, a mensagem da morte de
Cristo na cruz é loucura para os que estão
se perdendo; mas para nós, que estamos
sendo salvos, é o poder de Deus. 19 Pois as
*Escrituras Sagradas dizem:

> "Destruirei a sabedoria dos sábios
> e acabarei com o conhecimento
> dos instruídos."

20 Então, o que poderão dizer os sábios
e os instruídos? O que vão dizer os gran-
des oradores deste mundo? Deus tem
mostrado que a sabedoria deste mundo
é loucura.
21 Pois Deus, na sua sabedoria, não dei-
xou que os seres humanos o conheces-
sem por meio da sabedoria deles. Pelo
contrário, resolveu salvar aqueles que
creem e fez isso por meio da mensa-
gem que anunciamos, a qual é chamada
de "louca". 22 Os judeus pedem milagres
como prova, e os não judeus procuram a
sabedoria. 23 Mas nós anunciamos o Cristo
crucificado — uma mensagem que para
os judeus é ofensa e para os não judeus
é loucura. 24 Mas para aqueles que Deus
tem chamado, tanto judeus como não ju-
deus, Cristo é o poder de Deus e a sabe-
doria de Deus. 25 Pois aquilo que parece
ser a loucura de Deus é mais sábio do que
a sabedoria humana, e aquilo que pare-
ce ser a fraqueza de Deus é mais forte do
que a força humana.
26 Agora, meus irmãos, lembrem do que
vocês eram quando Deus os chamou. Do
ponto de vista humano poucos de vocês
eram sábios ou poderosos ou de famílias
importantes. 27 Para envergonhar os sá-
bios, Deus escolheu aquilo que o mundo
acha que é loucura; e, para envergonhar
os poderosos, ele escolheu o que o mundo
acha fraco. 28 Para destruir o que o mun-
do pensa que é importante, Deus esco-
lheu aquilo que o mundo despreza, acha
humilde e diz que não tem valor. 29 Isso
quer dizer que ninguém pode ficar or-
gulhoso, pois sabe que está sendo visto
por Deus. 30 Porém Deus uniu vocês com
Cristo Jesus e fez com que Cristo seja a

DEVOCIONAL

Texto para leitura: **1Coríntios 1:26-30**

Conheça a Deus

No momento em que você fez de Jesus o Senhor de sua vida, tudo mudou. Com essa decisão, houve não só uma transformação em sua vontade, mas também em seu modo de ser. Agora você não é mais sua, mas está cheia do próprio Cristo na pessoa do Espírito Santo. As Escrituras dizem que Deus uniu vocês com Cristo Jesus (1Coríntios 1:30). Estar unido com outra pessoa significa que ambos estão dispostos a fazer algo juntos; trabalham juntos para um objetivo comum. Isso é muito importante, porque significa que, mesmo quando você acha que não pode fazer o que é certo, isso é bom, porque Jesus pode. Significa que, mesmo que você não possa perceber ou ter vontade disso agora, você tem a sabedoria de Jesus ao seu lado — e não só isso, mas a justiça e a santidade dele também. Isso significa que ele é suficiente. Você pode vir a falhar e a cometer erros terríveis, mas foi unida com Cristo e, portanto, ele irá tirá-la de sua confusão se você estiver disposta a deixar que ele o faça. Você só precisa confiar que ele fará isso.

Como uma Garota de Deus, você não está simplesmente lá fora, levando a vida como bem entende. Você foi resgatada, comprada do pecado, e isso significa que o pecado não mais a controla e agora você faz parte de uma equipe santa. Você pode se esquecer disso de vez em quando e ceder às ordens do pecado, pois ele não a domina mais. Agora você tem a sabedoria de Jesus ao seu lado, e isso significa que pode ser livre do pecado e de por suas consequências. Quanto mais você ler a Palavra de Deus, mais entende o Senhor, mas não subestime a sabedoria que já é sua só porque você foi unida com Jesus e aceitou o Espírito Santo de Deus em sua vida.

nossa sabedoria. E é por meio de Cristo que somos aceitos por Deus, nos tornamos o povo de Deus e somos salvos.
31 Portanto, como as Escrituras Sagradas dizem: "Quem quiser se orgulhar, que se orgulhe daquilo que o Senhor faz."

A mensagem a respeito do Cristo crucificado

2 Meus irmãos, quando fui anunciar a vocês a verdade secreta de Deus, não usei muitas palavras nem grande sabedoria.
2 Porque, quando estive com vocês, resolvi esquecer tudo, a não ser Jesus Cristo e principalmente a sua morte na cruz.
3 Quando visitei vocês, eu estava fraco e tremia de medo.
4 O meu ensinamento e a minha mensagem não foram dados com a linguagem da sabedoria humana, mas com provas firmes do poder do Espírito de Deus.
5 Portanto, a fé que vocês têm não se baseia na sabedoria humana, mas no poder de Deus.

A sabedoria de Deus

6 Porém, para os que são espiritualmente maduros, anunciamos uma mensagem de sabedoria. Mas não é de uma sabedoria deste mundo nem a dos poderes que o governam e que estão perdendo o seu poder.
7 A sabedoria que anunciamos é a sabedoria secreta de Deus, escondida dos seres humanos, a sabedoria que o próprio Deus, antes mesmo da criação do mundo, já havia escolhido para a nossa *glória.
8 Nenhum dos poderes que agora governam o mundo conheceu essa sabedoria. Pois, se a tivessem conhecido, não teriam crucificado o *glorioso Senhor.
9 Porém, como dizem as *Escrituras Sagradas:

"O que ninguém nunca viu nem
ouviu,
e o que jamais alguém pensou
que podia acontecer,
foi isso o que Deus preparou
para aqueles que o amam."

10 Mas foi a nós que Deus, por meio do Espírito, revelou o seu segredo. O Espírito Santo examina tudo, até mesmo os planos mais profundos e escondidos de Deus. 11 Quanto ao ser humano, somente o espírito que está nele é que conhece tudo a respeito dele. E, quanto a Deus, somente o seu próprio Espírito conhece tudo a respeito dele. 12 Não foi o espírito deste mundo que nós recebemos, mas o Espírito mandado por Deus, para que possamos entender tudo o que Deus nos tem dado.

13 Portanto, quando falamos, nós usamos palavras ensinadas pelo Espírito de Deus e não palavras ensinadas pela sabedoria humana. Assim explicamos as verdades espirituais aos que são espirituais. 14 Mas quem não tem o Espírito de Deus não pode receber os *dons que vêm do Espírito e, de fato, nem mesmo pode entendê-los. Essas verdades são loucura para essa pessoa porque o sentido delas só pode ser entendido de modo espiritual. 15 A pessoa que tem o Espírito Santo pode julgar o valor de todas as coisas, porém ela mesma não pode ser julgada por ninguém. 16 Como dizem as Escrituras Sagradas: "Quem pode conhecer a mente do Senhor? Quem é capaz de lhe dar conselhos?" Mas nós pensamos como Cristo pensa.

Servidores de Deus

3 Na verdade, irmãos, eu não pude falar com vocês como costumo fazer com as pessoas que têm o Espírito de Deus. Tive de falar com vocês como se vocês fossem pessoas do mundo, como se fossem crianças na fé cristã. 2 Tive de alimentá-los com leite e não com comida forte, pois vocês não estavam prontos para isso. E ainda não estão prontos, 3 porque vivem como se fossem pessoas deste mundo.

Quando existem ciumeiras e brigas entre vocês, será que isso não prova que vocês são pessoas deste mundo e fazem o que todos fazem? 4 Quando alguém diz: "Eu sou de Paulo", e outro: "Eu sou de Apolo", será que assim não estão agindo como pessoas deste mundo?

5 *Afinal de contas, quem é* Apolo? E quem é Paulo? Somos somente servidores de Deus, e foi por meio de nós que vocês creram no Senhor. Cada um de nós faz o trabalho que o Senhor lhe deu para fazer: 6 Eu plantei, e Apolo regou a planta, mas foi Deus quem a fez crescer. 7 De modo que não importa nem o que planta nem o que rega, mas sim Deus, que dá o crescimento. 8 Pois não existe diferença entre a pessoa que planta e a pessoa que rega. Deus dará a recompensa de acordo com o trabalho que cada um tiver feito. 9 Porque nós somos companheiros de trabalho no serviço de Deus, e vocês são o terreno no qual Deus faz o seu trabalho.

Vocês são também o edifício de Deus. 10 Usando o *dom que Deus me deu, eu faço o trabalho de um construtor competente. Ponho o alicerce, e outro constrói em cima dele; porém cada um deve construir com cuidado. 11 Porque Deus já pôs Jesus Cristo como o único alicerce, e nenhum outro alicerce pode ser colocado.

Uma oração para...

Servir a Deus

Ó meu Rei e Amigo, eu venho a ti para dizer que te amo. Mesmo sendo totalmente indigna, cheia de dúvidas e de medos, com pensamentos impuros e motivos pecaminosos, ainda confio em ti e em teu amor redentor. Somente tu podes me tornar digna, e eu venho assim como estou. Posso encontrar pureza e paz somente aos teus pés. Posso ver a luz somente quando me coloco perante tua face. E eu te agradeço porque estás disposto e esperando para me receber e porque estás pronto para aceitar o amor de meu pobre coração.

Segura minha mão na tua e me leva para onde vais. O caminho pode ser longo, e as sombras, escuras, mas não posso ter medo quando estás por perto. Deixa-me servir-te como uma serva obedece ao seu senhor. E, como tua serva, deixa-me levar as pessoas a ti e lutar em tua batalha por justiça. Meu Senhor, eu sou completamente indigna de tal honra. Mas, quando me chamares, irei. Tudo o que sou e tudo o que tenho é teu. Não há lugar para mim neste mundo, exceto na tua obra. Somente em ti posso encontrar força e conhecer o sentido da vida. Enche-me de alegria enquanto eu viver e trabalhar para promover teu reino.

Amém.

12 Alguns usam ouro ou prata ou pedras
preciosas para construírem em cima do
alicerce. E ainda outros usam madeira ou
capim ou palha. 13 O Dia de Cristo vai mos-
trar claramente a qualidade do trabalho
de cada um. Pois o fogo daquele dia mos-
trará o trabalho de cada pessoa: o fogo vai
mostrar e provar a verdadeira qualidade
do trabalho. 14 Se aquilo que alguém cons-
truir em cima do alicerce resistir ao fogo,
então o construtor receberá a recompen-
sa. 15 Mas, se o trabalho de alguém for des-
truído pelo fogo, então esse construtor
perderá a recompensa. Porém ele mesmo
será salvo, como se tivesse passado pelo
fogo para se salvar. 16 Certamente vocês
sabem que são o templo de Deus e que
o Espírito de Deus vive em vocês. 17 As-
sim, se alguém destruir o templo de Deus,
Deus destruirá essa pessoa. Pois o templo
de Deus é santo, e vocês são o seu templo.
18 Que ninguém engane a si mesmo! Se
algum de vocês pensa que é sábio confor-
me a sabedoria humana, então precisa se
tornar louco para ser, de fato, sábio. 19 Pois
aquilo que este mundo acha que é sabe-
doria Deus acha que é loucura. Como di-
zem as *Escrituras Sagradas: "Deus pega
os sábios nas suas espertezas." 20 E tam-
bém: "O Senhor sabe que os pensamentos
dos sábios não valem nada." 21 Ninguém
deve se orgulhar daquilo que as pessoas
podem fazer. Pois tudo é de vocês, 22 isto
é, Paulo, Apolo, Pedro, este mundo, a vida
e a morte, o presente e o futuro. Tudo isso
pertence a vocês, 23 e vocês pertencem a
Cristo, e Cristo pertence a Deus.

Apóstolos de Cristo

4 Vocês nos devem tratar como servido-
res de Cristo, que foram encarregados
de administrar a realização dos planos se-
cretos de Deus. 2 O que se exige de quem
tem essa responsabilidade é que seja fiel
ao seu Senhor. 3 Mas para mim não tem a
menor importância ser julgado por vocês
ou por um tribunal humano. Eu não julgo
nem a mim mesmo. 4 A minha consciên-
cia está limpa, mas isso não prova que
sou, de fato, inocente. Quem me julga é o
Senhor. 5 Portanto, não julguem ninguém
antes da hora; esperem o julgamento fi-
nal, quando o Senhor vier. Ele trará para
a luz os segredos escondidos no escuro e
mostrará as intenções que estão no cora-
ção das pessoas. Então cada um receberá
de Deus os elogios que merece.
6 Meus irmãos, é para instruir vocês
que eu tenho aplicado essas lições a mim
mesmo e a Apolo. Usei nós dois como um
exemplo, para que vocês aprendam o que
quer dizer o ditado: "Obedeça ao que está
escrito." Ninguém deve se orgulhar de
uma pessoa e desprezar outra. 7 Quem é
que fez você superior aos outros? Por aca-
so não foi Deus quem lhe deu tudo o que
você tem? Então por que é que você fica
todo orgulhoso como se o que você tem
não fosse dado por Deus?
8 Pelo que parece, vocês já têm tudo o
que precisam! Já são ricos! Vocês já se tor-
naram reis, e nós, não! Que bom se vocês
fossem reis de verdade, para que nós pu-
déssemos reinar junto com vocês! 9 Por-
que me parece que Deus pôs a nós, os
*apóstolos, no último lugar. Somos como
as pessoas condenadas a morrer em pú-
blico, como espetáculo para o mundo in-
teiro, tanto para os anjos como para os
seres humanos. 10 Por causa de Cristo nós
somos loucos, mas vocês são sábios por
estarem unidos com ele. Nós somos fra-
cos, e vocês são fortes; vocês são respeita-
dos, e nós somos desprezados. 11 Até ago-
ra temos passado fome e sede. Temos nos
vestido com trapos, temos recebido bofe-
tadas e não temos lugar certo para morar.
12 Temos nos cansado de trabalhar para
nos sustentar. Quando somos amaldi-
çoados, nós abençoamos. Quando somos
perseguidos, aguentamos com paciência.
13 Quando somos insultados, responde-
mos com palavras delicadas. Somos con-
siderados como lixo, e até agora somos
tratados como a imundície deste mundo.
14 Não estou escrevendo essas coisas
para envergonhar vocês, mas para ensi-
ná-los como se vocês fossem meus pró-
prios filhos queridos. 15 Mesmo que vocês
tivessem milhares de mestres na fé cristã,
não poderiam ter mais de um pai. Pois,
quando levei a vocês o *evangelho, eu me
tornei o pai de vocês na vida que vivem
em união com Cristo Jesus. 16 Portanto,
eu peço que sigam o meu exemplo. 17 Por
isso estou enviando para vocês Timóteo,
que é meu querido e fiel filho no Senhor.
Ele vai ajudá-los a lembrarem dos cami-
nhos que sigo na nova vida que tenho em
união com Cristo Jesus, caminhos esses
que ensino em todas as igrejas.
18 Alguns de vocês ficaram orgulho-
sos, certos de que eu não iria visitá-los.

19 Porém, se o Senhor quiser, eu vou visi-
tá-los logo. Então vou saber o que esses
orgulhosos são capazes de fazer e não so-
mente o que eles são capazes de dizer.
20 Pois o *Reino de Deus não é coisa de
palavras, mas de poder. 21 O que é que vo-
cês preferem: que eu vá até vocês com um
chicote ou com o coração cheio de amor
e bondade?

Imoralidade na igreja de Corinto

5 Agora estão dizendo que há entre vo-
cês uma imoralidade sexual tão grande,
que nem mesmo os pagãos seriam capa-
zes de praticar. Fiquei sabendo que certo
homem está tendo relações com a própria
madrasta! 2 Como é que vocês podem es-
tar tão orgulhosos? Pelo contrário, vocês
deviam ficar muito tristes e expulsar do
meio de vocês quem está fazendo uma
coisa dessas. 3-4 Quanto a mim, ainda que
não esteja presente aí pessoalmente, estou
com vocês em espírito. E, agindo como se
eu estivesse aí, já julguei, pela autorida-
de do nosso Senhor Jesus, o homem que
está fazendo essa coisa horrível. Quando
vocês se reunirem, estarei com vocês em
espírito. Então, pelo poder do nosso Se-
nhor Jesus, que estará presente conosco,
5 entreguem esse homem a Satanás, para
que o seu corpo seja destruído, mas o seu
espírito seja salvo no Dia do Senhor.

6 Não está certo que vocês estejam or-
gulhosos! Vocês conhecem aquele ditado:
"Um pouco de fermento fermenta toda a
massa." 7 Joguem fora o velho fermento
do pecado para ficarem completamente
puros. Aí vocês serão como massa nova
e sem fermento, como vocês, de fato, já
são. Porque a nossa *Festa da Páscoa está
pronta, agora que Cristo, o nosso Cordeiro
da Páscoa, já foi oferecido em sacrifício.
8 Então vamos comemorar a nossa Páscoa,
não com o pão que leva fermento, o fer-
mento velho do pecado e da imoralidade,
mas com o *pão sem fermento, o pão da
pureza e da verdade.

9 Na outra carta que escrevi a vocês, eu
recomendei que vocês não tivessem nada
a ver com gente imoral. 10 Eu não quis di-
zer que neste mundo vocês devem ficar
separados dos pagãos que são imorais,
avarentos, ladrões ou que adoram ído-
los. Pois, para evitar essas pessoas, vo-
cês teriam de sair deste mundo. 11 O que
eu digo é que vocês não devem ter nada
a ver com ninguém que se diz irmão na
fé, mas é imoral, ou avarento, ou adora
ídolos, ou é bêbado, ou difamador, ou la-
drão. Com gente assim vocês não devem
nem comer uma refeição.

12-13 Afinal de contas eu não tenho o di-
reito de julgar os que não são cristãos.
Deus os julgará. Mas será que vocês não
devem julgar os seus irmãos na fé? Como
dizem as *Escrituras Sagradas: "Expulsem
do meio de vocês esse homem imoral."

Processos contra irmãos na fé

6 Quando algum de vocês tem uma
queixa contra um irmão na fé, como
se atreve a pedir justiça a juízes pagãos,
em vez de pedir ao povo de Deus que re-
solva o caso? 2 Será que vocês não sabem
que o povo de Deus julgará o mundo? En-
tão, se vocês vão julgar o mundo, será que
não são capazes de julgar essas coisas pe-
quenas? 3 Por acaso vocês não sabem que
nós julgaremos até mesmo os anjos? Mui-
to mais, então, devemos julgar as coisas
desta vida! 4 Portanto, se surgir alguma
questão dessas, será que vocês vão pro-
curar pessoas que são desprezadas na
igreja para julgarem esses casos? 5 Que
vergonha! Será que entre vocês não existe
alguém com bastante sabedoria para re-
solver uma questão entre irmãos? 6 É cla-
ro que existe. Mas o que acontece é que
um irmão em Cristo leva ao tribunal a sua
queixa contra outro irmão e deixa que juí-
zes pagãos julguem o caso.

7 Só o fato de existirem questões en-
tre vocês já mostra que vocês estão fa-
lhando completamente. Não seria melhor
aguentar a injustiça? Não seria melhor fi-
car com o prejuízo? 8 Pelo contrário, vocês
cometem injustiça, e roubam, e fazem isso
tudo contra os seus próprios irmãos! 9 Vo-
cês sabem que os maus não terão parte
no *Reino de Deus. Não se enganem, pois
os imorais, os que adoram ídolos, os adúl-
teros, os homossexuais, 10 os ladrões, os
avarentos, os bêbados, os caluniadores e
os assaltantes não terão parte no Reino
de Deus. 11 Alguns de vocês eram assim.
Mas foram lavados do pecado, separados
para pertencer a Deus e aceitos por ele
por meio do Senhor Jesus Cristo e pelo
Espírito do nosso Deus.

O uso do corpo para a glória de Deus

12 Alguém vai dizer: "Eu posso fazer
tudo o que quero." Pode, sim, mas nem
tudo é bom para você. Eu poderia dizer:

"Posso fazer qualquer coisa." Mas não vou deixar que nada me escravize. 13 Outro vai dizer: "O alimento existe para o estômago, e o estômago existe para o alimento." Sim, mas Deus acabará com os dois. O nosso corpo não existe para praticar a imoralidade, mas para servir o Senhor; e o Senhor cuida do nosso corpo. 14 Pelo seu poder Deus ressuscitou o Senhor e também nos ressuscitará a nós.

15 Será que vocês não sabem que o corpo de vocês faz parte do corpo de Cristo? Será que eu vou pegar uma parte do corpo de Cristo e fazer com que ela seja parte do corpo de uma prostituta? É claro que não! 16 Ou será que vocês não sabem que o homem que se une com uma prostituta se torna uma só pessoa com ela? As *Escrituras Sagradas afirmam: "Os dois se tornam uma só pessoa." 17 Porém quem se une com o Senhor se torna, espiritualmente, uma só pessoa com ele.

18 Fujam da imoralidade sexual! Qualquer outro pecado que alguém comete não afeta o corpo, mas a pessoa que comete imoralidade sexual peca contra o seu próprio corpo. 19 Será que vocês não sabem que o corpo de vocês é o templo do Espírito Santo, que vive em vocês e lhes foi dado por Deus? Vocês não pertencem a vocês mesmos, mas a Deus, 20 pois ele os comprou e pagou o preço. Portanto, usem o seu corpo para a *glória dele.

Conselhos sobre o casamento

7 Agora vou tratar dos assuntos a respeito dos quais vocês me escreveram. Vocês dizem que o homem faz bem em não casar. 2 Mas eu digo: já que existe tanta imoralidade sexual, cada homem deve ter a sua própria esposa, e cada mulher, o seu próprio marido. 3 O homem deve cumprir o seu dever como marido, e a mulher também deve cumprir o seu dever como esposa. 4 A esposa não manda no seu próprio corpo; quem manda é o seu marido. Assim também o marido não manda no seu próprio corpo; quem manda é a sua esposa. 5 Que os dois não se neguem um ao outro, a não ser que concordem em não ter relações por algum tempo a fim de se dedicar à oração. Mas depois devem voltar a ter relações, a fim de não caírem nas tentações de Satanás por não poderem se dominar.

6 Não digo isso como uma ordem, mas como uma sugestão. 7 Realmente, eu gostaria que todos fossem como eu. Porém cada um tem o *dom que Deus lhe deu: um tem este dom, e outro, aquele.

8 Aos solteiros e às viúvas eu digo que seria melhor para eles ficarem sem casar, como eu. 9 Mas, se vocês não podem dominar o desejo sexual, então casem, pois é melhor casar do que ficar queimando de desejo.

10 Para os que já estão casados tenho um mandamento, que não é meu, mas do Senhor: que a mulher não se separe do seu marido. 11 Porém, se ela se separar, que não case de novo ou então que faça as pazes com o marido. E que o homem não se divorcie da sua esposa.

12 Aos outros digo eu mesmo, e não o Senhor: se um homem cristão é casado com uma mulher que não é cristã, e ela concorda em continuar vivendo com ele, que ele não se divorcie dela. 13 E, se uma mulher cristã é casada com um homem que não é cristão, e ele concorda em continuar vivendo com ela, que ela não se divorcie dele. 14 Pois Deus aceita o homem que não é cristão por ele estar unido com a sua esposa cristã; e aceita a mulher que não é cristã por ela estar unida com o seu marido cristão. Se não fosse assim, os filhos deles não pertenceriam a Deus. Mas, sendo assim, eles pertencem. 15 Porém, se o marido não cristão ou a esposa não cristã quiser o divórcio, então que se divorcie. Nesses casos o marido cristão ou a esposa cristã está livre para fazer como quiser, pois Deus *chamou vocês para viverem em paz. 16 Esposa cristã, como é que você pode ter a certeza de que não vai salvar o seu marido? E você, marido cristão, como é que você pode ter a certeza de que não vai salvar a sua esposa?

Uma vida de obediência a Deus

17 Cada um deve continuar vivendo de acordo com o *dom que o Senhor lhe deu e na condição em que se encontrava quando Deus o *chamou. É essa a regra que eu ensino em todas as igrejas. 18 Se um homem judeu, que é *circuncidado, aceita o chamado de Deus, ele não deve tirar as marcas da circuncisão. E, se um homem não judeu, que não é circuncidado, aceita o chamado de Deus, ele não deve circuncidar-se. 19 Não faz diferença estar circuncidado ou não; o que importa é obedecer aos mandamentos de Deus. 20 Cada um deve continuar como

era quando aceitou o chamado de Deus.
21 Você era escravo quando Deus o cha-
mou? Não se preocupe com isso. Mas, se
você pode se tornar livre, então aprovei-
te a oportunidade. 22 Pois o escravo que
foi chamado pelo Senhor é agora um ho-
mem livre que pertence ao Senhor. Assim
também o homem livre que foi chama-
do por Cristo é escravo de Cristo. 23 Deus
comprou vocês por um preço; portanto,
não se tornem escravos de seres huma-
nos. 24 Irmãos, cada um deve continuar na
presença de Deus assim como era quando
Deus o chamou.

Conselhos para pessoas solteiras e para viúvas

25 Para os solteiros, eu não tenho ne-
nhum mandamento do Senhor; porém
dou a minha opinião como uma pessoa
que, pela misericórdia do Senhor, me-
rece confiança. 26 Por causa dos tempos
difíceis em que vivemos, eu penso que
é melhor para o homem ficar como está.
27 Você tem esposa? Então não procure se
separar dela. Você é solteiro? Então não
procure esposa. 28 Porém, se você casar,
não estará cometendo pecado. E, se uma
moça solteira casar, também não estará
cometendo pecado. Mas eu gostaria de
poupar vocês dos problemas de cada dia
que terão na vida de casados.

29 Irmãos, o que eu quero dizer é isto:
não nos resta muito tempo, e daqui em
diante os casados devem viver como se
não tivessem casado; 30 os que choram,
como se não estivessem chorando; os que
estão rindo, como se não estivessem rin-
do; os que compram, como se não fos-
se deles aquilo que compraram; 31 os que
tratam das coisas deste mundo, como se
não estivessem ocupados com elas. Pois
este mundo, como está agora, não vai du-
rar muito.

32 Eu quero livrá-los de preocupações.
O solteiro se interessa pelas coisas do
Senhor porque quer agradá-lo. 33 Mas o
homem casado se interessa pelas coisas
deste mundo porque quer agradar a sua
esposa 34 e por isso é puxado para duas
direções diferentes.

Quanto às mulheres, tanto as viúvas quanto as solteiras, elas estão interessadas nas coisas do Senhor porque querem se dedicar de corpo e alma a ele. Mas a mulher casada se interessa pelas coisas deste mundo porque quer agradar o marido.

35 Eu estou dizendo isso porque quero
ajudá-los. Não estou querendo obrigar
ninguém a nada. Pelo contrário, quero
que façam o que é direito e certo e que
se entreguem ao serviço do Senhor com
toda a dedicação.

36 Aos que ficaram noivos, mas resolve-
ram não casar mais, eu digo o seguinte: se
o rapaz sente que assim não está agindo
certo com a sua noiva e acha que a sua
paixão por ela ainda é muito forte e que
devem casar, então que casem. Não existe
pecado nisso. 37 Mas se, pelo contrário, o
rapaz não se sente na obrigação de casar,
se está mesmo resolvido a ficar solteiro
e se é capaz de dominar a sua vontade
e já resolveu o que deve fazer, então faz
bem em não casar com a moça. 38 Assim
quem casa faz bem, mas quem não casa
faz melhor ainda.

39 A mulher não está livre enquanto o
seu marido estiver vivo. Caso o marido
morra, ela fica livre para casar com quem
quiser, contanto que case com um cristão.
40 Porém ela será mais feliz se ficar como
está. Essa é a minha opinião, e eu acho
que também tenho o Espírito de Deus.

Os alimentos oferecidos aos ídolos

8 Agora vou tratar do problema dos ali-
mentos oferecidos aos ídolos. Na ver-
dade, como se diz, "todos nós temos co-
nhecimento." Porém esse tipo de conhe-
cimento enche a pessoa de orgulho; mas
o amor nos faz progredir na fé. 2 A pessoa
que pensa que sabe alguma coisa ainda
não tem a sabedoria que precisa. 3 Mas
quem ama a Deus é conhecido por ele.

4 Quanto a comer alimentos que tenham
sido oferecidos aos ídolos, nós sabemos
que um ídolo representa alguma coisa
que realmente não existe. E sabemos que
existe somente um Deus. 5 Pois existem os
que são chamados de "deuses", tanto no
céu como na terra, como também exis-
tem muitos "deuses" e muitos "senhores".
6 Porém para nós existe somente um Deus,
o Pai e Criador de todas as coisas, para
quem nós vivemos. E existe somente um
Senhor, que é Jesus Cristo, por meio de
quem todas as coisas foram criadas e por
meio de quem nós existimos. 7 Mas nem
todos conhecem essa verdade. Existem
pessoas tão acostumadas com os ídolos,
que até agora comem desses alimentos,

pensando que eles pertencem aos ídolos.
A consciência dessas pessoas é fraca, e
por isso elas se sentem *impuras quan-
do comem desses alimentos. 8 Não é esta
ou aquela comida que vai fazer com que
Deus nos aceite. Nós não perderemos
nada se não comermos e não ganhare-
mos nada se comermos desse alimento.

9 Mas tenham cuidado para que essa li-
berdade de vocês não faça com que os fra-
cos na fé caiam em pecado. 10 Porque, se
uma pessoa que tem a consciência fraca
neste assunto vir você, que tem "conhe-
cimento", comendo alimentos no templo
de um ídolo, será que essa pessoa não vai
querer também comer alimentos oferecí-
dos aos ídolos? 11 Assim este cristão fraco,
este seu irmão por quem Cristo morreu,
vai se perder por causa do "conhecimen-
to" que você tem. 12 Desse modo, pecando
contra o seu irmão e ferindo a consciência
dele, você estará pecando contra Cristo.
13 Portanto, se o alimento faz com que o
meu irmão peque, nunca mais vou comer
carne a fim de que eu não seja a causa do
pecado dele.

Direitos e deveres de um apóstolo

9 Será que eu não sou um homem livre?
Por acaso não sou um *apóstolo? Será
que eu não vi Jesus, o nosso Senhor? Por
acaso vocês não são o resultado do traba-
lho que faço para o Senhor? 2 Mesmo que
outros não me aceitem como apóstolo,
vocês me aceitam! Vocês mesmos, pelo
fato de estarem unidos com o Senhor, são
a prova de que sou um apóstolo.

3 Quando as pessoas me criticam, eu me
defendo, dizendo assim: 4 Será que eu não
tenho o direito de receber comida e be-
bida pelo meu trabalho? 5 Será que nas
minhas viagens eu não tenho o direito de
levar comigo uma esposa cristã, como fa-
zem os outros apóstolos, os irmãos do Se-
nhor Jesus e também Pedro? 6 Ou será que
Barnabé e eu somos os únicos que temos
de trabalhar para nos sustentar? 7 Quem
já ouviu falar de algum soldado que pa-
gou as suas próprias despesas no exérci-
to? Ou qual é o fazendeiro que não come
das uvas da sua própria plantação? Ou
qual é o pastor que não toma do leite do
seu gado?

8 Não pensem que eu me apoio somen-
te nesses exemplos da vida diária, pois a
*lei diz a mesma coisa. 9 Na Lei de Moisés
está escrito assim: "Não amarre a boca
do boi quando ele estiver pisando o tri-
go." Por acaso Deus está interessado nos
bois? 10 Ou foi a nosso respeito que ele dis-
se isso? É claro que isso está escrito em
nosso favor! Tanto a pessoa que planta
como a que colhe fazem o seu trabalho
na esperança de receber a sua parte da
colheita. 11 Se temos semeado entre vo-
cês a semente espiritual, será demais se
recebermos de vocês alguma recompen-
sa material? 12 Se outros têm o direito de
esperar isso de vocês, será que nós não
temos muito mais direito do que eles?

No entanto, nós não temos usado esse
direito. Pelo contrário, temos aguentado
tudo para não atrapalhar o *evangelho de
Cristo. 13 Certamente vocês sabem que os
que trabalham no Templo é do Templo
que recebem os seus alimentos. E sabem
também que os que oferecem *sacrifícios
no altar recebem uma parte da carne dos
animais que são sacrificados ali. 14 Assim o
Senhor mandou também que aqueles que
anunciam o evangelho vivam do trabalho
de anunciar o evangelho.

15 Mas eu não tenho usado nenhum des-
ses direitos, nem estou escrevendo isso
agora para exigir esses direitos para mim
mesmo. Eu preferiria morrer a fazer isso!
E ninguém vai me tirar o orgulho que eu
tenho de agir assim! 16 Eu não tenho o di-
reito de ficar orgulhoso por anunciar o
evangelho. Afinal de contas, fazer isso é
minha obrigação. Ai de mim se não anun-
ciar o evangelho! 17 Por isso, se eu faço o
meu trabalho por minha própria vonta-
de, então posso esperar algum pagamen-
to. Porém, se faço como um dever, é por-
que é um trabalho que Deus me deu para
fazer. 18 Nesse caso, qual é o pagamento
que recebo? É a satisfação de anunciar o
evangelho sem cobrar nada e sem exigir
os direitos que tenho como pregador do
evangelho.

19 Sou um homem livre; não sou escra-
vo de ninguém. Mas eu me fiz escravo de
todos a fim de ganhar para Cristo o maior
número possível de pessoas. 20 Quando
trabalho entre os judeus, vivo como judeu
a fim de ganhá-los para Cristo. Não estou
debaixo da *Lei de Moisés; mas, quando
trabalho entre os judeus, vivo como se
estivesse debaixo dessa Lei para ganhar
os judeus para Cristo. 21 Assim também,
quando estou entre os não judeus, vivo
fora da Lei de Moisés a fim de ganhar os

não judeus para Cristo. Isso não quer di-
zer que eu não obedeço à lei de Deus, pois
estou, de fato, debaixo da lei de Cristo.
22 Quando estou entre os fracos na fé, eu
me torno fraco também a fim de ganhá-
-los para Cristo. Assim eu me torno tudo
para todos a fim de poder, de qualquer
maneira possível, salvar alguns.

23 Faço tudo isso por causa do evange-
lho a fim de tomar parte nas suas bên-
çãos. 24 Vocês sabem que numa corrida,
embora todos os corredores tomem par-
te, somente um ganha o prêmio. Portan-
to, corram de tal maneira que ganhem o
prêmio. 25 Todo atleta que está treinando
aguenta exercícios duros porque quer re-
ceber uma coroa de folhas de louro, uma
coroa que, aliás, não dura muito. Mas nós
queremos receber uma coroa que dura
para sempre. 26 Por isso corro direto para
a linha final.

Também sou como um lutador de boxe
que não perde nenhum golpe. 27 Eu trato
o meu corpo duramente e o obrigo a ser
completamente controlado para que, de-
pois de ter chamado outros para entra-
rem na luta, eu mesmo não venha a ser
eliminado dela.

Conselhos contra a adoração de ídolos

10 Irmãos, eu quero que vocês lem-
brem do que aconteceu com os
nossos antepassados que seguiram Moi-
sés. Todos foram protegidos pela nuvem
e passaram pelo mar Vermelho. 2 Como
seguidores de Moisés, eles foram batiza-
dos na nuvem e no mar. 3 Todos comeram
da mesma comida espiritual 4 e beberam
da mesma bebida espiritual. Pois bebiam
daquela rocha espiritual que ia com eles;
e a rocha era Cristo. 5 Mas Deus não ficou
contente com a maioria deles, e por isso
eles morreram, e os seus corpos ficaram
espalhados no deserto.

6 Tudo isso aconteceu a fim de nos ser-
vir de exemplo, para nós não querermos
coisas más como eles quiseram, 7 nem
adorarmos ídolos, como alguns deles
adoraram. Como dizem as *Escrituras
Sagradas: "O povo sentou-se para comer
e beber e se levantou para se divertir."
8 Não devemos cometer imoralidade se-
xual, como alguns deles fizeram. E, por-
que eles fizeram isso, vinte e três mil de-
les caíram mortos num dia só. 9 Não de-
vemos pôr à prova a paciência de Cris-
to, como alguns deles fizeram, e por isso
foram mortos pelas cobras. 10 Vocês não

DEVOCIONAL

Texto para leitura: **1Coríntios 10:1-4**

Conheça a Deus

Por mais solitária que você se sinta, ou por piores que as coisas pareçam, nunca caia no engano de pensar que Deus não está ao seu lado, esperando que você se volte para ele e seja consolada. Ele é chamado de Provedor, e isso não é apenas um trabalho de meio período. Ele sempre provê. Mesmo quando tudo parece estar perdido, você pode confiar nele.

Quando os israelitas vagavam pelo deserto, eles não tinham esperança de encontrar comida ou bebida, mas Deus proveu tudo aquilo que precisavam na forma do maná vindo do céu e da água das pedras (veja Êxodo 16:4,31; 17:6). O mesmo Deus que lhes deu exatamente aquilo que precisavam está com você hoje. Como uma menina, você pode facilmente deixar que suas emoções lhe digam que tudo está perdido, mas, uma vez salva, você nunca mais está perdida, mesmo que se sinta assim. Você não pode deixar que suas circunstâncias tentem ditar o caráter de Deus. Ou ele é Deus, regente de tudo, ou não é. Quando as coisas ficam difíceis, você precisa ser forte o suficiente para confessar que ele ainda é Deus e você ainda pode confiar nele, agora mais do que nunca. Porque se você não puder confiar nele nos momentos difíceis, quando poderá?

devem se queixar, como fizeram alguns
deles, e por isso foram destruídos pelo
Anjo da Morte.
11 Tudo isso aconteceu com os nossos
antepassados a fim de servir de exemplo
para os outros, e aquelas coisas foram es-
critas a fim de servirem de aviso para nós.
Pois estamos vivendo no fim dos tempos.
12 Portanto, aquele que pensa que está
de pé é melhor ter cuidado para não cair.
13 As tentações que vocês têm de enfren-
tar são as mesmas que os outros enfren-
tam; mas Deus cumpre a sua promessa e
não deixará que vocês sofram tentações
que vocês não têm forças para suportar.
Quando uma tentação vier, Deus dará for-
ças a vocês para suportá-la, e assim vocês
poderão sair dela.
14 Por isso, meus queridos amigos, fu-
jam da adoração de ídolos. 15 Eu falo com
vocês como com pessoas que têm capaci-
dade para entender o que estou afirman-
do. Julguem vocês mesmos o que eu es-
tou dizendo. 16 Pensem no cálice pelo qual
damos graças a Deus na Ceia do Senhor.
Será que, quando bebemos desse cálice,
não estamos tomando parte no sangue de
Cristo? E, quando partimos e comemos o
pão, não estamos tomando parte no corpo
de Cristo? 17 Mesmo sendo muitos, todos
comemos do mesmo pão, que é um só; e
por isso somos um só corpo.
18 Pensem no povo de Israel. Aqueles
que comem as coisas oferecidas em *sa-
crifícios tomam parte juntos no sacrifí-
cio que é oferecido a Deus no altar. 19 O
que é que eu quero dizer com isso? Que
o ídolo ou o alimento que é oferecido a
ele tem algum valor? 20 É claro que não!
O que estou dizendo é que aquilo que é
sacrificado nos altares pagãos é ofereci-
do aos demônios e não a Deus. E eu não
quero que vocês tomem parte nas coisas
dos demônios. 21 Vocês não podem beber
do cálice do Senhor e também do cálice
dos demônios. Vocês não podem comer
na mesa do Senhor e também na mesa
dos demônios. 22 Ou será que queremos
provocar o Senhor, fazendo com que ele
fique com ciúmes? Por acaso vocês pen-
sam que somos mais fortes do que ele?

Respeito pela opinião dos outros

23 Alguns dizem assim: "Podemos fazer
tudo o que queremos." Sim, mas nem tudo
é bom. "Podemos fazer tudo o que que-
remos", mas nem tudo é útil. 24 Ninguém
deve buscar os seus próprios interesses
e sim os interesses dos outros.
25 Vocês podem comer de tudo o que se
vende no açougue, sem terem nenhuma
dúvida de consciência. 26 Pois, como dizem
as *Escrituras Sagradas: "A terra e tudo
o que nela existe pertencem ao Senhor."
27 Se alguém que não é cristão convi-
dá-los para comer, e vocês resolverem ir,
comam o que for posto na frente de vo-
cês e não façam perguntas por motivo de
consciência. 28 Mas, se alguém disser a vo-
cês: "Esta comida foi oferecida aos ídolos",
neste caso não comam, por causa daquele
que disse isso e também por motivo de
consciência. 29 Não estou falando da sua
própria consciência, mas da consciência
do outro.
Mas alguém pode perguntar: "Por que
é que a minha liberdade deve ser dimi-
nuída pela consciência dos outros? 30 Se
eu agradeço a Deus o alimento que como,
por que é que sou criticado, se já o agra-
deci a Deus?"
31 Portanto, quando vocês comem, ou
bebem, ou fazem qualquer outra coisa, fa-
çam tudo para a *glória de Deus. 32 Vivam
de tal maneira que não prejudiquem os
judeus, nem os não judeus, nem a Igreja
de Deus. 33 Façam como eu. Procuro agra-
dar a todos em tudo o que faço, não pen-
sando no meu próprio bem, mas no bem
de todos, a fim de que eles possam ser
salvos.
11 Sigam o meu exemplo como eu sigo
o exemplo de Cristo.

As mulheres na igreja

2 Eu os elogio porque vocês sempre
lembram de mim e seguem as instruções
que eu passei para vocês. 3 Mas quero que
entendam que Cristo tem autoridade so-
bre todo marido, que o marido tem au-
toridade sobre a esposa e que Deus tem
autoridade sobre Cristo. 4 Se um homem
cobre a cabeça quando ora ou anuncia a
mensagem de Deus nas reuniões de ado-
ração, ele está ofendendo a honra de Cris-
to. 5 E, se uma mulher não cobre a cabeça
quando ora ou anuncia a mensagem de
Deus nas reuniões de adoração, ela está
ofendendo a honra do seu marido. Nes-
se caso, não há nenhuma diferença entre
ela e a mulher que tem a cabeça rapada.
6 Se a mulher não cobre a cabeça, então
é melhor que ela corte o cabelo de uma
vez. Já que é vergonhoso para a mulher

rapar a cabeça ou cortar o cabelo, então ela deve cobrir a cabeça. 7 O homem não precisa cobrir a cabeça, pois ele reflete a imagem e a *glória de Deus. Mas a mulher reflete a glória do homem, 8 pois o homem não foi feito da mulher, mas a mulher foi feita do homem. 9 O homem não foi criado por causa da mulher, mas sim a mulher por causa do homem. 10 Portanto, por causa dos anjos, a mulher deve pôr um véu na cabeça para mostrar que está debaixo da autoridade do marido. 11 No entanto, por estarmos unidos com o Senhor, nem a mulher é independente do homem, nem o homem é independente da mulher. 12 Porque assim como a mulher foi feita do homem, assim também o homem nasce da mulher. E tudo vem de Deus.

13 Julguem vocês mesmos: será que é certo que, num culto de adoração, a mulher ore a Deus sem estar com a cabeça coberta? 14 Pois a própria natureza ensina que o cabelo comprido é uma desonra para o homem, 15 mas para a mulher o cabelo comprido é motivo de orgulho. O cabelo foi dado a ela para lhe servir de véu. 16 Mas, se alguém quer discutir sobre esse assunto, o que eu posso dizer é que nem nós nem as igrejas de Deus temos outro costume nas reuniões de adoração.

A Ceia do Senhor

17 Nas instruções que agora vou dar a vocês, eu não posso elogiá-los, pois as suas reuniões de adoração fazem mais mal do que bem. 18 Para começar, me contaram que nessas reuniões há grupos de pessoas que estão brigando, e eu creio que em parte isso é verdade. 19 Não há dúvida de que é preciso haver divisões entre vocês para que fique claro quem são os que estão certos. 20 Quando vocês se reúnem, não é a Ceia do Senhor que vocês comem. 21 Pois, na hora de comer, cada um trata de tomar a sua própria refeição. E assim, enquanto uns ficam com fome, outros chegam até a ficar bêbados. 22 Por acaso vocês não têm as suas próprias casas onde podem comer e beber? Ou será que preferem desprezar a Igreja de Deus e envergonhar os que são pobres? O que é que vocês esperam que eu lhes diga? Querem que os elogie? É claro que não vou elogiá-los!

23 Porque eu recebi do Senhor este ensinamento que passei para vocês: que o Senhor Jesus, na noite em que foi traído, pegou o pão 24 e deu graças a Deus. Depois partiu o pão e disse: "Isto é o meu corpo, que é entregue em favor de vocês. Façam isto em memória de mim." 25 Assim também, depois do jantar, ele pegou o cálice e disse: "Este cálice é a nova *aliança feita por Deus com o seu povo, aliança que é garantida pelo meu sangue. Cada vez que vocês beberem deste cálice, façam isso em memória de mim." 26 De maneira que, cada vez que vocês comem deste pão e bebem deste cálice, estão anunciando a morte do Senhor, até que ele venha.

27 Por isso aquele que comer do pão do Senhor ou beber do seu cálice de modo que ofenda a honra do Senhor estará pecando contra o corpo e o sangue do Senhor. 28 Portanto, que cada um examine a sua consciência e então coma do pão e beba do cálice. 29 Pois, a pessoa que comer do pão ou beber do cálice sem reconhecer que se trata do corpo do Senhor, estará sendo julgada ao comer e beber para o seu próprio castigo. 30 É por isso que muitos de vocês estão doentes e fracos, e alguns já morreram. 31 Se examinássemos primeiro a nossa consciência, nós não seríamos julgados pelo Senhor. 32 Mas somos julgados e castigados pelo Senhor, para não sermos condenados junto com o mundo.

33 Portanto, meus irmãos, quando vocês se reunirem para a Ceia do Senhor, esperem uns pelos outros. 34 E, se alguém estiver com fome, que coma em casa, para que Deus não castigue vocês por causa dessas reuniões.

Os outros assuntos eu resolverei quando chegar aí.

Os dons do Espírito Santo

12 Meus irmãos, quero que vocês saibam a verdade a respeito dos *dons que o Espírito Santo dá. 2 Vocês sabem que, quando ainda eram pagãos, vocês eram desviados, de várias maneiras, para a adoração dos ídolos, os quais não têm vida. 3 Por isso precisam compreender que ninguém que diz "Que Jesus seja maldito!" pode estar falando pelo poder do Espírito de Deus. E que ninguém pode dizer "Jesus é Senhor", a não ser que seja guiado pelo Espírito Santo.

4 Existem tipos diferentes de dons espirituais, mas é um só e o mesmo Espírito quem dá esses dons. 5 Existem maneiras

diferentes de servir, mas o Senhor que
servimos é o mesmo. 6 Há diferentes ha-
bilidades para realizar o trabalho, mas é
o mesmo Deus quem dá a cada um a ha-
bilidade para fazê-lo. 7 Para o bem de to-
dos, Deus dá a cada um alguma prova da
presença do Espírito Santo. 8 Para uma
pessoa o Espírito dá a mensagem de sa-
bedoria e para outra o mesmo Espírito
dá a mensagem de conhecimento. 9 Para
uma pessoa o mesmo Espírito dá fé e para
outra dá o poder de curar. 10 Uma pessoa
recebe do Espírito poder para fazer mi-
lagres, e outra recebe o dom de anunciar
a mensagem de Deus. Ainda outra pessoa
recebe a capacidade para saber a diferen-
ça entre os dons que vêm do Espírito e
os que não vêm dele. Para uma pessoa o
Espírito dá a capacidade de falar em lín-
guas estranhas e para outra ele dá a ca-
pacidade de interpretar o que essas lín-
guas querem dizer. 11 Porém é um só e o
mesmo Espírito quem faz tudo isso. Ele
dá um dom diferente para cada pessoa,
conforme ele quer.

Um corpo e muitas partes

12 Cristo é como um corpo, o qual tem
muitas partes. E todas as partes, mesmo
sendo muitas, formam um só corpo. 13 As-
sim, também, todos nós, judeus e não ju-
deus, escravos e livres, fomos batizados
pelo mesmo Espírito para formar um só
corpo. E a todos nós foi dado de beber do
mesmo Espírito.

14 Pois o corpo não é feito de uma só
parte, mas de muitas. 15 Se o pé disser:
"Já que não sou mão, não sou do corpo",
nem por isso deixa de ser do corpo. 16 Se
o ouvido disser: "Já que não sou olho, não
sou do corpo", nem por isso deixa de ser
do corpo. 17 Se o corpo todo fosse olho,
como poderíamos ouvir? E, se o corpo
todo fosse ouvido, como poderíamos
cheirar? 18 Assim Deus colocou cada par-
te diferente do corpo conforme ele quis.
19 Se o corpo todo fosse uma parte só, não
existiria corpo. 20 De fato, existem muitas
partes, mas um só corpo.

21 Portanto, o olho não pode dizer para
a mão: "Eu não preciso de você." E a ca-
beça não pode dizer para os pés: "Não
preciso de vocês." 22 O fato é que as partes
do corpo que parecem ser as mais fracas
são as mais necessárias, 23 e aquelas que
achamos menos honrosas são as que tra-
tamos com mais honra. E as partes que
parecem ser feias recebem um cuidado
especial, 24 que as outras mais bonitas não
precisam. Foi assim que Deus fez o corpo,
dando mais honra às partes menos hon-
rosas. 25 Desse modo não existe divisão
no corpo, mas todas as suas partes têm o
mesmo interesse umas pelas outras. 26 Se
uma parte do corpo sofre, todas as outras
sofrem com ela. Se uma é elogiada, todas
as outras se alegram com ela.

27 Pois bem, vocês são o corpo de Cris-
to, e cada um é uma parte desse corpo.
28 Na Igreja, Deus pôs tudo no lugar cer-
to: em primeiro lugar, os *apóstolos; em
segundo, os *profetas; e, em terceiro, os
mestres. Em seguida pôs os que fazem
milagres; depois os que têm o *dom de
curar, ou de ajudar, ou de liderar, ou de
falar em línguas estranhas. 29 Nem todos
são apóstolos, ou profetas, ou mestres.
Nem todos têm o dom de fazer milagres,
30 nem de curar doenças, nem de falar em
línguas estranhas, nem de explicar o que
essas línguas querem dizer. 31 Por isso se
esforcem para ter os melhores dons.

Porém eu vou mostrar a vocês o cami-
nho que é o melhor de todos.

Hino ao amor cristão

13 Eu poderia falar todas as línguas
que são faladas na terra e até
no céu,
mas, se não tivesse amor,
as minhas palavras seriam
como o som de um gongo
ou como o barulho de um sino.
2 Poderia ter o *dom de anunciar
mensagens de Deus,
ter todo o conhecimento,
entender todos os segredos
e ter tanta fé, que até poderia tirar
as montanhas do seu lugar,
mas, se não tivesse amor,
eu não seria nada.
3 Poderia dar tudo o que tenho
e até mesmo entregar o meu corpo
para ser queimado,
mas, se eu não tivesse amor,
isso não me adiantaria nada.

4 Quem ama é paciente e bondoso.
Quem ama não é ciumento,
nem orgulhoso, nem vaidoso.
5 Quem ama não é grosseiro nem
egoísta;
não fica irritado, nem guarda
mágoas.

Pergunte a si mesma...

Pergunte a si mesma até onde você ama os outros:

Eu sou paciente?
Eu sou boa?
Eu tenho ciúmes?
Eu estou mais focada em mim mesma ou nos outros?
Eu fico de olho nas vezes em que as pessoas me fizeram mal?
Eu continuo a amar os outros mesmo quando é difícil?

Leia 1Coríntios 13 e veja se seu amor pelos outros pode ser descrito ali ou se você tem alguns ajustes para fazer.

6 Quem ama não fica alegre quando alguém
faz uma coisa errada,
mas se alegra quando alguém
faz o que é certo.
7 Quem ama nunca desiste,
porém suporta tudo com fé,
esperança
e paciência.

8 O amor é eterno.
Existem mensagens espirituais,
porém elas durarão pouco.
Existe o dom de falar
em línguas estranhas,
mas acabará logo.
Existe o conhecimento,
mas também terminará.
9 Pois os nossos dons de
conhecimento
e as nossas mensagens espirituais
são imperfeitos.
10 Mas, quando vier o que é perfeito,
então o *que é imperfeito*
desaparecerá.

11 Quando eu era criança,
falava como criança, sentia como
criança e pensava como criança.
Agora que sou adulto,
parei de agir como criança.
12 O que agora vemos
é como uma imagem imperfeita
num espelho embaçado,
mas depois veremos face a face.
Agora o meu conhecimento é
imperfeito,
mas depois conhecerei
perfeitamente,
assim como sou conhecido por
Deus.
13 Portanto, agora existem
estas três coisas:
a fé, a esperança e o amor.
Porém a maior delas é o amor.

Ainda os dons do Espírito

14 Portanto, esforcem-se para ter
amor. Procurem também ter *dons
espirituais, especialmente o de anunciar
a mensagem de Deus. 2 Quem fala em lín-
guas estranhas fala a Deus e não às pes-
soas, pois ninguém o entende. Pelo poder
do Espírito Santo ele diz verdades secre-
tas. 3 Porém quem anuncia a mensagem
de Deus fala para as pessoas, ajudando-as
e dando-lhes coragem e consolo. 4 Quem
fala em línguas estranhas ajuda somente
a si mesmo, mas quem anuncia a mensa-
gem de Deus ajuda a igreja toda.
5 Eu gostaria que vocês todos falassem
em línguas estranhas, mas gostaria ainda
mais que tivessem o dom de anunciar a
mensagem de Deus. Porque quem anun-
cia a mensagem de Deus tem mais valor
do que quem fala em línguas estranhas,
a não ser que esteja ali alguém que pos-
sa interpretar o que está sendo dito, para
que toda a igreja seja ajudada espiritual-
mente. 6 Por isso, irmãos, quando eu os vi-
sitar, que proveito vocês terão se eu lhes
falar em línguas estranhas? É claro que
nenhum, a não ser que leve a vocês algu-
ma revelação de Deus, ou algum conheci-
mento, ou alguma mensagem inspirada,
ou algum ensinamento.
7 Por exemplo, além da voz humana,
existem os instrumentos musicais, como
a flauta e a *harpa. Se os sons não saí-
rem com toda a clareza, como poderá al-
guém saber o que está sendo tocado em
um ou outro desses instrumentos? 8 Se
quem toca a corneta não der um som bem
claro, quem se preparará para a batalha?
9 Assim, também, como é que os outros
vão entender o que vocês estão dizendo
se a mensagem por meio de línguas es-
tranhas não for clara? Vocês estariam fa-
lando para o vento! 10 No mundo há mui-
tas línguas diferentes, mas cada uma faz
sentido. 11 Porém, se eu não entendo a lín-
gua na qual alguém está falando comigo,

então quem fala essa língua é estrangeiro para mim, e eu sou um estrangeiro para ele. 12 Por isso, já que vocês estão com tanta vontade de ter os dons do Espírito, procurem acima de tudo ter os dons que fazem com que a igreja cresça espiritualmente.

13 Portanto, quem fala em línguas estranhas deve orar pedindo a Deus que lhe dê o dom de interpretar o que elas querem dizer. 14 Porque, se eu orar em línguas estranhas, o meu espírito, de fato, estará orando, mas a minha inteligência não tomará parte nisso. 15 O que vou fazer, então? Vou orar com o meu espírito, mas também vou orar com a minha inteligência; vou cantar com o meu espírito, mas também vou cantar com a minha inteligência. 16 Se você dá graças a Deus em línguas estranhas, como é que uma pessoa simples, que estiver na reunião, poderá dizer "*amém" à oração de agradecimento que você fez? Ela não vai conseguir entender nada do que você está dizendo. 17 Mesmo que a sua oração seja muito boa, essa pessoa não receberá nenhuma ajuda. 18 Eu agradeço a Deus porque falo em línguas estranhas muito mais do que vocês. 19 Porém nas reuniões da igreja prefiro dizer cinco palavras que possam ser entendidas, para assim ensinar os outros, do que dizer milhares de palavras em línguas estranhas.

20 Irmãos, não pensem como crianças. Sejam como crianças para o que é mau, mas sejam adultos no seu modo de pensar. 21 Nas *Escrituras Sagradas está escrito:

"Por meio de pessoas que falam
em línguas estranhas
eu falarei a este povo — diz o
Senhor. —
Falarei por meio de lábios
estrangeiros,
mas assim mesmo o meu povo
não me dará atenção."

22 Portanto, o dom de falar em línguas estranhas é um sinal de Deus para os descrentes e não para os cristãos. Mas o dom de anunciar a mensagem de Deus é um sinal para os cristãos e não para os descrentes. 23 Imaginem que a igreja esteja reunida e todos comecem a falar em línguas estranhas. Se chegarem ali algumas pessoas simples ou descrentes, será que não vão dizer que vocês estão loucos? 24 Mas, se todos estiverem anunciando mensagens de Deus, e entrar ali um descrente ou alguém que seja simples, ele vai ouvir o que vocês estão dizendo e se convencer do seu pecado. E ele será julgado pelo que ouvir, 25 os seus pensamentos secretos serão revelados, e ele vai se ajoelhar e adorar a Deus, dizendo: "Deus está mesmo no meio de vocês!"

A ordem na igreja

26 Portanto, meus irmãos, o que é que deve ser feito? Quando vocês se reúnem na igreja, um irmão tem um hino para cantar; outro, alguma coisa para ensinar; outro, uma revelação de Deus; outro, uma mensagem em línguas estranhas; e ainda outro, a interpretação dessa mensagem. Que tudo seja feito para o crescimento espiritual da igreja. 27 Se algum de vocês falar em línguas estranhas, então que apenas dois ou três falem, um depois do outro, e que alguém interprete o que está sendo dito. 28 Mas, se não houver ninguém que possa interpretar, então fiquem calados e falem somente consigo mesmos e com Deus. 29 No caso de dois ou três receberem a mensagem de Deus, estes devem falar, e os outros que pensem bem no que eles estão dizendo. 30 Se uma outra pessoa que estiver ali sentada receber a mensagem de Deus, quem estiver falando deve se calar. 31 Vocês todos podem anunciar a mensagem de Deus, um de cada vez, para que todos aprendam e fiquem animados. 32 Quem fala deve controlar o *dom de anunciar a mensagem de Deus, 33 pois Deus não quer que nós vivamos em desordem e sim em paz.

Como em todas as igrejas do povo de Deus, 34 as mulheres devem ficar caladas nas reuniões de adoração. Elas não têm permissão para falar. Como diz a *Lei, elas não devem ter cargos de direção. 35 Se quiserem saber alguma coisa, que perguntem em casa ao marido. É vergonhoso que uma mulher fale nas reuniões da igreja.

36 Por acaso a mensagem de Deus veio de vocês? Ou será que veio somente para vocês? 37 Se alguém pensa que é mensageiro de Deus ou que tem algum dom espiritual, deve saber que o que estou escrevendo é mandamento do Senhor. 38 Mas, se alguém não der atenção a isso, que ninguém dê atenção a essa pessoa.

39 Assim, meus irmãos, procurem sem-
pre anunciar a mensagem de Deus, mas
não proíbam que se fale em línguas es-
tranhas. 40 Portanto, façam tudo com de-
cência e ordem.

A ressurreição de Cristo

15 Agora, irmãos, quero que lembrem
do *evangelho que eu anunciei a vo-
cês, o qual vocês aceitaram e no qual con-
tinuam firmes. 2 A mensagem que anunciei
a vocês é o evangelho, por meio do qual
vocês são salvos, se continuarem firmes
nele. A não ser que não tenha adiantado
nada vocês crerem nele.
3 Eu passei para vocês o ensinamento
que recebi e que é da mais alta importân-
cia: Cristo morreu pelos nossos pecados,
como está escrito nas *Escrituras Sagra-
das; 4 ele foi sepultado e, no terceiro dia,
foi ressuscitado, como está escrito nas
Escrituras; 5 e apareceu a Pedro e depois
aos doze *apóstolos. 6 Depois apareceu,
de uma só vez, a mais de quinhentos se-
guidores, dos quais a maior parte ainda
vive, mas alguns já morreram. 7 Em se-
guida apareceu a Tiago e, mais tarde, a
todos os apóstolos.
8 Por último, depois de todos, ele apa-
receu também a mim, como para alguém
nascido fora de tempo. 9 De fato, eu sou
o menos importante dos apóstolos e até
nem mereço ser chamado de apóstolo,
pois persegui a Igreja de Deus. 10 Mas pela
*graça de Deus sou o que sou, e a graça
que ele me deu não ficou sem resultados.
Pelo contrário, eu tenho trabalhado muito
mais do que todos os outros apóstolos. No
entanto não sou eu quem tem feito isso,
e sim a graça de Deus que está comigo.
11 Assim, não importa se a mensagem foi
entregue por mim ou se foi entregue por
eles; o importante é que foi isso que to-
dos nós anunciamos, e foi nisso que vo-
cês creram.

A nossa ressurreição

12 Se a nossa mensagem é que Cristo foi
ressuscitado, como é que alguns de vocês
dizem que os mortos não vão ressuscitar?
13 Se não existe a ressurreição de mortos,
então _quer dizer que Cristo não foi res-
suscitado_. 14 E, se Cristo não foi ressusci-
tado, nós não temos nada para anunciar,
e vocês não têm nada para crer. 15 E mais
ainda: nesse caso estaríamos mentindo
contra Deus, porque afirmamos que ele
ressuscitou Cristo. Mas, se é verdade que
os mortos não são ressuscitados, então
Deus não ressuscitou Cristo. 16 Porque, se
os mortos não são ressuscitados, Cristo
também não foi ressuscitado. 17 E, se Cris-
to não foi ressuscitado, a fé que vocês têm
é uma ilusão, e vocês continuam perdidos
nos seus pecados. 18 Se Cristo não ressus-
citou, os que morreram crendo nele es-
tão perdidos. 19 Se a nossa esperança em
Cristo só vale para esta vida, nós somos
as pessoas mais infelizes deste mundo.
20 Mas a verdade é que Cristo foi ressus-
citado, e isso é a garantia de que os que
estão mortos também serão ressuscita-
dos. 21 Porque, assim como por meio de
um homem veio a morte, assim também
por meio de um homem veio a ressurrei-
ção. 22 Assim como, por estarem unidos
com Adão, todos morrem, assim também,
por estarem unidos com Cristo, todos res-
suscitarão. 23 Porém cada um será ressus-
citado na sua vez: Cristo, o primeiro de to-
dos; depois os que são de Cristo, quando
ele vier; 24 e então virá o fim. Cristo des-
truirá todos os governos espirituais, to-
das as autoridades e poderes e entregará
o *Reino a Deus, o Pai. 25 Pois Cristo tem
de reinar até que Deus faça com que ele
domine todos os inimigos. 26 O último ini-
migo que será destruído é a morte. 27 As
*Escrituras Sagradas dizem: "Deus pôs to-
das as coisas debaixo do domínio dele." É
claro que dentro das palavras "todas as
coisas" não está o próprio Deus, que põe
tudo debaixo do domínio de Cristo. 28 Mas,
quando tudo for dominado por Cristo, en-
tão o próprio Cristo, que é o Filho, se co-
locará debaixo do domínio de Deus, que
pôs todas as coisas debaixo do domínio
dele. Então Deus reinará completamen-
te sobre tudo.
29 Pensem agora nas pessoas que são
batizadas em favor dos mortos: o que é
que elas esperam conseguir? Se os mor-
tos não são ressuscitados, por que é que
essas pessoas se batizam em favor deles?
30 E, quanto a nós, por que é que nos colo-
camos em perigo a toda hora? 31 Irmãos,
eu enfrento a morte todos os dias. Se afir-
mo isso, é pelo orgulho que tenho de vo-
cês, pois estamos todos unidos com Cris-
to Jesus, o nosso Senhor. 32 Aqui em Éfeso
eu lutei contra inimigos como se lutasse
contra animais selvagens. E, se fiz isso so-
mente por interesses humanos, o que foi

que eu consegui com isso? Se é verdade
que os mortos não são ressuscitados, fa-
çamos o que diz o ditado: "Comamos e
bebamos porque amanhã morreremos."
33 Não se enganem: "As más companhias
estragam os bons costumes." 34 Comecem
de novo a viver uma vida séria e direita e
parem de pecar. Para fazer com que vocês
fiquem envergonhados, eu digo o seguin-
te: alguns de vocês não conhecem a Deus.

A ressurreição do corpo

35 Mas alguém perguntará: "Como é que
os mortos são ressuscitados? Que tipo de
corpo eles vão ter?" 36 Seu tolo! Quando
você semeia uma semente na terra, ela só
brota se morrer. 37 E o que foi semeado é
apenas uma semente, talvez um grão de
trigo ou outra semente qualquer e não o
corpo já formado da planta que vai cres-
cer. 38 Deus dá a essa semente o corpo que
ele quer e dá a cada semente um corpo
próprio.
39 E a carne dos seres vivos não é toda
do mesmo tipo. Os seres humanos têm
um tipo de carne; os animais, outro; os
pássaros, outro; e os peixes, ainda outro.
40 Há também corpos do céu e corpos da
terra. Existe um tipo de beleza que per-
tence aos corpos celestes, e há outro que
pertence aos corpos terrestres. 41 O sol
tem o seu próprio brilho; a lua, outro bri-
lho; e as estrelas têm um brilho diferen-
te. E mesmo as estrelas têm diferentes
tipos de brilho.
42 Pois será assim quando os mortos
ressuscitarem. Quando o corpo é sepul-
tado, é um corpo mortal; mas, quando for
ressuscitado, será *imortal. 43 Quando ele é
sepultado, é feio e fraco; mas, quando for
ressuscitado, será bonito e forte. 44 Quan-
do é sepultado, é um corpo material; mas,
quando for ressuscitado, será um corpo
espiritual. É claro que, se existe um cor-
po material, então tem de haver também
um corpo espiritual. 45 Porque as *Escri-
turas Sagradas dizem: "Adão, o primeiro
homem, foi criado como ser vivo." Mas o
último Adão, Jesus Cristo, é o Espírito que
dá vida. 46 Não é o espiritual que vem pri-
meiro, mas sim o material; depois é que
vem o espiritual. 47 O primeiro homem
foi feito do pó da terra; o segundo veio
do céu. 48 Os que pertencem à terra são
como aquele que foi feito do pó da terra;
os que pertencem ao céu são como aque-
le que veio do céu. 49 Assim como somos
parecidos com o homem feito do pó da
terra, assim também seremos parecidos
com o Homem do céu.
50 Meus irmãos, o que eu quero dizer
é isto: o que é feito de carne e de sangue
não pode ter parte no *Reino de Deus, e o
que é mortal não pode ter a imortalidade.
51 Escutem bem este segredo: nem to-
dos vamos morrer, mas todos nós vamos
ser transformados, num instante, 52 num
abrir e fechar de olhos, quando tocar a úl-
tima trombeta. Ela tocará, os mortos se-
rão ressuscitados como seres imortais, e
todos nós seremos transformados. 53 Pois
este corpo mortal precisa se vestir com
o que é imortal; este corpo que vai mor-
rer precisa se vestir com o que não pode
morrer. 54 Assim, quando este corpo mor-
tal se vestir com o que é imortal, quando
este corpo que morre se vestir com o que
não pode morrer, então acontecerá o que
as Escrituras Sagradas dizem:

"A morte está destruída!
A vitória é completa!"
55 "Onde está, ó morte, a sua vitória?
Onde está, ó morte,
o seu poder de ferir?"

56 O que dá à morte o poder de ferir é o
pecado, e o que dá ao pecado o poder de
ferir é a *lei. 57 Mas agradeçamos a Deus,
que nos dá a vitória por meio do nosso
Senhor Jesus Cristo!
58 Portanto, queridos irmãos, continuem
fortes e firmes. Continuem ocupados no
trabalho do Senhor, pois vocês sabem que
todo o seu esforço nesse trabalho sempre
traz proveito.

A oferta para os cristãos da Judeia

16 Agora vou tratar do dinheiro para
ajudar o povo de Deus da Judeia.
Façam o que eu disse às igrejas da *provín-
cia da Galácia. 2 Todos os domingos cada
um de vocês separe e guarde algum di-
nheiro, de acordo com o que cada um ga-
nhou. Assim não haverá necessidade de
recolher ofertas quando eu chegar. 3 De-
pois que chegar, eu enviarei, com cartas
de apresentação, aqueles que vocês esco-
lherem para levarem a oferta até Jerusa-
lém. 4 Se for conveniente que eu também
vá, eles farão a viagem comigo.

Os planos de Paulo

5 Eu visitarei vocês depois que tiver
passado pela *província da Macedônia,

pois vou passar por lá. 6 Pode ser que eu fique algum tempo com vocês, talvez todo o inverno, e assim vocês poderão me ajudar a continuar a minha viagem para onde quer que eu for. 7 Pois eu não quero ver vocês apenas de passagem. Se o Senhor permitir, espero ficar bastante tempo com vocês.

8 Resolvi ficar aqui em Éfeso até o dia de *Pentecostes. 9 Pois encontrei aqui ótimas oportunidades para um grande e proveitoso trabalho, embora muita gente esteja contra mim.

10 Se Timóteo chegar aí, façam tudo para que ele se sinta bem entre vocês; pois, assim como eu, ele também está trabalhando para o Senhor. 11 Não deixem que ninguém o despreze. Pelo contrário, vocês devem ajudá-lo a continuar a sua viagem em paz, a fim de que ele volte para cá. Pois estou esperando que ele volte junto com os outros irmãos.

12 Quanto ao irmão Apolo, tenho recomendado muitas vezes que vá visitar vocês com os outros irmãos, mas ele acha que não deve ir agora. Ele irá na primeira oportunidade.

Palavras finais

13 Estejam alertas, fiquem firmes na fé, sejam corajosos, sejam fortes. 14 Que tudo o que vocês fizerem seja feito com amor.

15 Vocês conhecem Estéfanas e a família dele. Vocês sabem que eles foram os primeiros cristãos convertidos na *província da Acaia e que eles têm se dedicado ao serviço do povo de Deus. Peço a vocês, meus irmãos, 16 que sigam a orientação deles e dos outros que os ajudam e trabalham com eles.

17 Eu estou alegre com a vinda de Estéfanas, de Fortunato e de Acaico, pois eles fizeram o que vocês, por estarem ausentes, não podiam fazer. 18 Eles me animaram muito, e sei que animaram vocês também. Gente como essa merece elogios.

19 As igrejas da província da Ásia mandam saudações. Áquila e a sua esposa Priscila e a igreja que se reúne na casa deles mandam saudações cristãs a vocês. 20 Todos os irmãos daqui mandam saudações.

Cumprimentem uns aos outros com um beijo de irmão.

21 Escrevo isto com a minha própria mão: Saudações de Paulo.

22 Quem não ama o Senhor, que seja amaldiçoado!

"Marana tá" — Vem, nosso Senhor!

23 Que a *graça do nosso Senhor Jesus esteja com vocês! 24 E que o meu amor esteja com todos vocês, pois estamos unidos com Cristo Jesus!

2Coríntios

Seja restaurada

A nossa mensagem é esta: Deus não leva em conta os pecados dos seres humanos e, por meio de Cristo, ele está fazendo com que eles sejam seus amigos. E Deus nos mandou entregar a mensagem que fala da maneira como ele faz com que eles se tornem seus amigos. Portanto, estamos aqui falando em nome de Cristo, como se o próprio Deus estivesse pedindo por meio de nós. Em nome de Cristo nós pedimos a vocês que deixem que Deus os transforme de inimigos em amigos dele.

2Coríntios 5:19-20

Autor ♥ O apóstolo Paulo
Data ♥ Provavelmente 56
Local ♥ Macedônia
Público-alvo ♥ A igreja em Corinto

O objetivo de Deus para a vida de seus filhos é a restauração. Ele quer que sejam reconciliados, ou restaurados, consigo mesmo e uns com os outros. Restauração significa deixar de ser inimigo e voltar a ser amigo. Antes de aceitar a Cristo, você era inimiga de Deus, mas, uma vez que se voltou para ele e confessou sua necessidade de que ele perdoasse todas as coisas erradas que você fez no passado, você se tornou amiga de Deus.

Mas a reconciliação não tem a ver só com você e Deus. Se um amigo ou parente estiver em sua "lista negra" por causa de alguma coisa entre vocês, ele precisa de reconciliação também. Alguma outra coisa e você estará rejeitando o chamado de Deus para que você ame seu próximo como a si mesma e até mesmo ame seus inimigos. Algo terrível, e até pecaminoso, pode estar entre vocês, mas o perdão é necessário na vida de um cristão (veja Mateus 6:15; Marcos 11:25; Lucas 17:3).

Ponto essencial

Esta é a segunda carta de Paulo aos coríntios. Na primeira, o apóstolo estava um pouco indignado e frustrado com a jovem igreja por ser tão tola. E, por não terem gostado disso, algumas pessoas estavam acusando Paulo de ser um falso mestre. A segunda carta aos coríntios é a tentativa de Paulo de restaurar seu relacionamento com a igreja e de recuperar sua autoridade. Paulo explica suas provações, seu trabalho árduo e tudo o que acontece em seu trabalho missionário, mas, no final, tudo isso vem do poder de Cristo que vive nele. E, por isso, este livro não só tem a ver com a vida de Paulo; mas também com a vida de todos os cristãos que lutam e sofrem.

A reconciliação é como retirar um curativo: é melhor tirar rápido. Não espere muito para falar com alguém que tem alguma coisa contra você, mas procure essa pessoa o mais rápido possível quando você perceber o problema. Resolva as coisas antes que seja tarde demais. Quando uma irmã na fé estiver brava ou magoada com você, não há tempo a perder; você tem de fazer tudo o que estiver ao seu alcance, com humildade, para falar com ela e resolver as coisas. Como uma Garota de Deus, você deve saber que, se alguém a machucou, a difamou, falou mal de você ou a julgou, você é chamada a procurar essa sua irmã ou irmão e fazer o possível para acertar as coisas. Às vezes, isso pode significar pedir desculpas quando, na verdade, é a outra pessoa que deveria se desculpar. Afinal de contas, o que é mais importante: obedecer a Deus ou provar que você estava certa? Uma Garota de Deus nunca deve contar com seus direitos ou provar seu valor a todo custo — isso é desobediência. Quando as pessoas contam com seus direitos, elas partem para discussões e brigas, e Deus não se agrada disso. Ele quer que os membros da família dele estejam unidos e amem uns aos outros, sejam quais forem as diferenças. Ele quer a reconciliação entre seus filhos e ele, e entre todos os filhos. Não deixe que o pecado do orgulho a impeça de procurar o cristão que tem algo contra você e de resolver as coisas; de acordo com a Palavra de Deus, isso é mais importante até que a adoração (veja Mateus 5:23-24).

Coisas para procurar

- A verdade sobre os relacionamentos com descrentes (veja 2Coríntios 6:14-18)
- Como enfrentar o sofrimento (veja 2Coríntios 1:9-11; 6:3-10; 7:8-11; 11:16-33; 12:7-10)
- O relacionamento de Paulo com a igreja em Corinto — o que ele disse aos coríntios e aonde ele foi enquanto escrevia as duas cartas (veja 2Coríntios 1:12-14,19; 4:5; para obter outras informações, veja Atos 18:1-18; 20:1-2; 1Coríntios 1:10-17; 3:1-6,10; 4:17-19; 5:9; 16:5-7,10-12)

Versículos que você deve saber

Ele nos auxilia em todas as nossas aflições para podermos ajudar os que têm as mesmas aflições que nós temos. E nós damos aos outros a mesma ajuda que recebemos de Deus.
(2Coríntios 1:4)

Como dono ele pôs a sua marca em nós e colocou no nosso coração o Espírito Santo, que é a garantia das coisas que ele guarda para nós.
(2Coríntios 1:22)

Porque nós não prestamos atenção nas coisas que se veem, mas nas que não se veem. Pois o que pode ser visto dura apenas um pouco, mas o que não pode ser visto dura para sempre.
(2Coríntios 4:18)

Não se juntem com descrentes para trabalhar com eles. Pois como é que o certo pode ter alguma coisa a ver com o errado? Como é que a luz e a escuridão podem viver juntas? Como podem Cristo e o Diabo estar de acordo? O que é que um cristão e um descrente têm em comum?
(2Coríntios 6:14-15)

Lembrem disto: quem planta pouco colhe pouco; quem planta muito colhe muito.
(2Coríntios 9:6)

Dominamos todo pensamento humano e fazemos com que ele obedeça a Cristo.
(2Coríntios 10:5)

Três vezes orei ao Senhor, pedindo que ele me tirasse esse sofrimento. Mas ele me respondeu: "A minha graça é tudo o que você precisa, pois o meu poder é mais forte quando você está fraco." Portanto, eu me sinto muito feliz em me gabar das minhas fraquezas, para que assim a proteção do poder de Cristo esteja comigo.
(2Coríntios 12:8-9)

E isso não é de admirar, pois até Satanás pode se disfarçar e ficar parecendo um anjo de luz. Portanto, não é nada demais que os servidores dele se disfarcem, apresentando-se como pessoas que fazem o bem. Mas no fim eles receberão exatamente o que as suas ações merecem.
(2Coríntios 11:14-15)

Saudação

1 Eu, Paulo, *apóstolo de Cristo Jesus pela
vontade de Deus, escrevo junto com o
nosso irmão Timóteo esta carta à igreja
de Deus que está na cidade de Corinto e
também a todo o povo de Deus espalhado
por toda a *província da Acaia.
2 Que a *graça e a paz de Deus, o nos-
so Pai, e do Senhor Jesus Cristo estejam
com vocês!

A ajuda de Deus nos sofrimentos

3 Louvado seja o Deus e Pai do nosso Se-
nhor Jesus Cristo, o Pai bondoso, o Deus
de quem todos recebem ajuda! 4 Ele nos
auxilia em todas as nossas aflições para
podermos ajudar os que têm as mesmas
aflições que nós temos. E nós damos aos
outros a mesma ajuda que recebemos de
Deus. 5 Porque, assim como tomamos par-
te nos muitos sofrimentos de Cristo, as-
sim também, por meio dele, participamos
da sua grande ajuda. 6 Se sofremos, é para
que vocês recebam ajuda e salvação. Se
somos ajudados, então vocês também são
e recebem forças para suportar com pa-
ciência os mesmos sofrimentos que nós
suportamos. 7 Desse modo a esperança
que temos em vocês está firme. Pois sabe-
mos que, assim como vocês tomam parte
nos nossos sofrimentos, assim também
recebem a ajuda que Deus dá.
8 Irmãos, queremos que saibam das afli-
ções pelas quais passamos na *província
da Ásia. Os sofrimentos que suportamos
foram tão grandes e tão duros, que já não
tínhamos mais esperança de escapar de
lá com vida. 9 Nós nos sentíamos como
condenados à morte. Mas isso aconteceu
para que aprendêssemos a confiar não
em nós mesmos e sim em Deus, que res-
suscita os mortos. 10 Ele nos salvou e con-
tinuará a nos salvar desses terríveis peri-
gos de morte. Sim, nós temos posto nele
a nossa esperança, na certeza de que ele
continuará a nos salvar, 11 enquanto vocês
nos ajudam, orando por nós. Assim Deus
responderá às muitas orações feitas em
nosso favor e nos abençoará; e muitos lhe
agradecerão as bênçãos que ele nos dará.

Paulo muda os seus planos

12 É disto que temos orgulho: a nossa
consciência nos afirma que a nossa ma-
neira de viver no mundo, e especialmente
em relação a vocês, tem sido dirigida pela
franqueza e sinceridade que Deus nos dá
e também pelo poder da sua *graça e não
pela sabedoria humana. 13-14 Pois escreve-
mos a vocês somente o que vocês podem
ler e entender. Agora vocês nos entendem
só em parte, mas espero que cheguem a
nos compreender completamente, para
que, no Dia do nosso Senhor Jesus, vocês
tenham orgulho de nós, como nós temos
de vocês.
15 Eu estava tão certo de tudo isso, que
no início fiz planos para ir visitar vocês
a fim de que vocês pudessem ser aben-
çoados mais uma vez. 16 De fato, eu esta-
va pensando em visitá-los na minha ida
para a *província da Macedônia e também
na volta, a fim de conseguir ajuda para a
minha viagem à Judeia. 17 Será que fui ir-
responsável quando resolvi fazer isso?
Será que, ao fazer os meus planos, penso
somente nos meus próprios interesses e
por isso digo "sim, sim" e "não, não" ao
mesmo tempo? 18 Em nome de Deus, que
é verdadeiro, o que prometi a vocês não
foi um "sim" e um "não" ao mesmo tempo.
19 Pois Jesus Cristo, o Filho de Deus, que
foi anunciado entre vocês por Silas, por
Timóteo e por mim mesmo, não é "sim"
e "não" ao mesmo tempo. Pelo contrário,
ele é o "sim" de Deus 20 porque é o "sim"
de todas as promessas de Deus. Por isso
dizemos "*amém", por meio de Jesus Cris-
to, para a *glória de Deus. 21 Pois é o pró-
prio Deus que nos dá, a nós e a vocês, a
certeza de que estamos unidos com Cris-
to. E foi Deus quem nos separou para si
mesmo. 22 Como dono ele pôs a sua marca
em nós e colocou no nosso coração o Es-
pírito Santo, que é a garantia das coisas
que ele guarda para nós.
23 Eu chamo Deus como minha testemu-
nha; ele conhece o meu coração. A fim de
evitar aborrecimentos para vocês, resolvi
não ir até Corinto. 24 Não estamos queren-
do mandar na sua fé, pois vocês estão fir-
mes na fé. Pelo contrário, queremos tra-
balhar com vocês para que vocês sejam
mais felizes ainda.

2 Portanto, para não entristecê-los de
novo, eu resolvi não ir ver vocês. 2 Pois,
se eu entristeço vocês, então quem vai me
alegrar? Somente vocês, a quem tenho en-
tristecido! 3 Foi por isso que escrevi aque-
la carta. O motivo foi que eu não queria ir
e ser entristecido pelas próprias pessoas
que deveriam me alegrar. Pois eu tenho a
certeza de que, quando estou feliz, vocês
todos também estão. 4 Eu escrevi aquela
carta muito preocupado e triste e derra-
mando muitas lágrimas. Porém não escre-
vi para fazer com que vocês ficassem tris-
tes, mas para que soubessem do grande
amor que tenho por todos vocês.

O perdão para o arrependido

5 Mas, se alguém fez com que alguma
pessoa ficasse triste, não fez isso a mim,
mas sim a vocês ou, pelo menos, a alguns
de vocês. Escrevo assim para não ser mui-
to duro com esse homem. 6 Basta o casti-
go que a maioria já deu a ele. 7 Agora vo-
cês devem perdoá-lo e animá-lo para que
ele não fique tão triste, que acabe caindo
no desespero. 8 Por isso peço que façam
com que ele tenha a certeza de que vocês
o amam. 9 E foi por isso também que es-
crevi aquela carta. Eu queria pôr vocês à
prova e saber se estão sempre prontos a
obedecer aos meus ensinos. 10 Quando vo-
cês perdoam alguém, eu também perdoo.
Porque, quando eu perdoo, se é que, de
fato, tenho alguma coisa a perdoar, faço
isso por causa de vocês, na presença de
Cristo, 11 a fim de que Satanás não se apro-
veite de nós; pois conhecemos bem os
planos dele.

A preocupação de Paulo em Trôade

12 Quando cheguei à cidade de Trôade
para anunciar o *evangelho de Cristo, vi
que o Senhor me havia aberto o caminho
para o trabalho ali. 13 Mas eu estava muito
preocupado porque não tinha consegui-
do encontrar o nosso irmão Tito. Por isso
me despedi dos irmãos dali e fui para a
*província da Macedônia.

Vitória por meio de Cristo

14 Mas dou graças a Deus porque, uni-
dos com Cristo, somos sempre conduzi-
dos por Deus como prisioneiros no desfi-
le de vitória de Cristo. Como um perfume
que se espalha por todos os lugares, so-
mos usados por Deus para que Cristo seja
conhecido por todas as pessoas. 15 Porque
somos como o cheiro suave do *sacrifício
que Cristo oferece a Deus, cheiro que se
espalha entre os que estão sendo salvos
e os que estão se perdendo. 16 Para os que

Pergunte a si mesma...

O que a Palavra de Deus diz sobre sofrimento?
Quais são os benefícios dele?
De que forma Deus me confortou quando sofri?
Já usei esse conforto para ajudar os outros?
O que eu poderia fazer com o que sei agora para servir a Deus com minha experiência?

estão se perdendo, é um mau cheiro que
mata; mas, para os que estão sendo sal-
vos, é um perfume muito agradável que
dá vida. Então, quem é capaz de realizar
um trabalho como esse? 17 Nós não so-
mos como muitas pessoas que entregam
a mensagem de Deus como se estivessem
fazendo um negócio qualquer. Pelo con-
trário, foi Deus quem nos enviou, e por
isso anunciamos a sua mensagem com
sinceridade na presença dele, como men-
sageiros de Cristo.

A nova aliança

3 Quando dizemos isso, será que esta-
mos começando a nos elogiar a nós
mesmos? Por acaso, como acontece com
alguns, nós precisamos entregar cartas
de recomendação para vocês ou pedi-
-las a vocês? 2 Vocês mesmos são a nossa
carta, escrita no nosso coração, para ser
conhecida e lida por todos. 3 Sim, é claro
que vocês são uma carta escrita pelo pró-
prio Cristo e entregue por nós. Ela não foi
escrita com tinta, mas com o Espírito do
Deus vivo; ela não está gravada em pla-
cas de pedra, mas em corações humanos.
4 Dizemos isso por causa da confiança
que temos em Deus, por meio de Cristo.
5 Em nós não há nada que nos permita
afirmar que somos capazes de fazer esse
trabalho, pois a nossa capacidade vem
de Deus. 6 É ele quem nos torna capazes
de servir à nova *aliança, que tem como
base não a lei escrita, mas o Espírito de
Deus. A *lei escrita mata, mas o Espírito
de Deus dá a vida.
7 Quando a lei, que traz a morte, foi gra-
vada em placas de pedra, a *glória de Deus
apareceu, e o rosto de Moisés ficou bri-
lhando. O brilho do seu rosto já estava
desaparecendo quando ele entregou as
placas ao povo de Israel; mas mesmo as-
sim esse brilho era tão forte, que os israe-
litas não podiam fixar os olhos em Moisés.
Se o domínio da lei veio com tanta glória,
8 quanto maior ainda é a glória que acom-
panha o domínio do Espírito de Deus! 9 A
lei, que condena as pessoas, teve glória;
porém muito mais glória tem o Espírito,
que traz a salvação. 10 Pois a glória que
antes era tão grande não é mais nada
por causa da glória de agora, que é mui-
to maior. 11 De modo que, se houve glória
naquilo que durou somente um pouco de
tempo, muito mais glória tem aquilo que
dura para sempre.
12 E, porque temos essa esperança, agi-
mos com toda a confiança. 13 Nós não fa-
zemos como Moisés, que cobria o rosto
com um véu para que os israelitas não pu-
dessem ver que o seu brilho estava desa-
parecendo. 14 Mas eles não queriam com-
preender e, até hoje, quando eles leem os
livros da antiga *aliança, a mente deles
está coberta com o mesmo véu. E esse
véu só é tirado quando a pessoa se une
com Cristo. 15 Mesmo agora, quando eles
leem a Lei de Moisés, o véu ainda cobre
a mente deles. 16 Mas o véu pode ser ti-
rado, como dizem as *Escrituras Sagra-
das: "O véu de Moisés foi tirado quando
ele se voltou para o Senhor." 17 Aqui a pa-
lavra "Senhor" quer dizer o Espírito. E
onde o Espírito do Senhor está presen-
te, aí existe liberdade. 18 Portanto, todos
nós, com o rosto descoberto, refletimos a
glória que vem do Senhor. Essa glória vai
ficando cada vez mais brilhante e vai nos
tornando cada vez mais parecidos com o
Senhor, que é o Espírito.

Tesouros espirituais em potes de barro

4 Deus, na sua misericórdia, nos deu
essa tarefa, e é por isso que nunca fi-
camos desanimados. 2 Nós rejeitamos tudo
o que é feito escondido e tudo o que é
vergonhoso. Não agimos de má-fé, nem
falsificamos a mensagem de Deus. Pelo
contrário, agimos sempre abertamente,
de acordo com a verdade, e assim as pes-
soas têm uma boa impressão de nós, que
vivemos na presença de Deus. 3 Porque,
se o *evangelho que anunciamos está es-
condido, está escondido somente para os
que estão se perdendo. 4 Eles não podem

DEVOCIONAL

Texto para leitura: **2Coríntios 4:15-18**

Conheça o amor

Seu pior medo se tornou realidade, e agora você está diante daquilo que pensou que nunca poderia enfrentar. Como você fica quando seguir em frente parece muito difícil? O que você faz quando sua vida parece estar a ponto de acabar?

Você tem de fazer o oposto do que seu instinto diz: não lute, apenas se renda. Entregue sua vontade a Deus e pare de lutar pelo que você quer, pela sua própria sobrevivência. Parece ilógico? Impossível? Bem, não é nenhum dos dois. O lugar em que você está agora, no limite de seus recursos, é só onde você deveria estar. Nada lhe acontece a menos que Deus permita. E se o Senhor permitiu, então você pode ter certeza de que é a melhor coisa que lhe poderia ter acontecido. Mas seu coração só consegue entender esse fato quando se entrega completamente a Deus. Você só pode ganhar a batalha quando se submete a ela.

Enfrente sua provação sem medo e se recuse a deixar que ela a leve ao pecado. Entregue seu coração, sua alma e sua mente àquele que a ama e nunca irá deixá-la. A dor só pode torná-la mais forte se você não tiver medo dela, por isso a entregue a Deus, e então, ela será usada para seu bem, não para sua destruição. Pare de perguntar: "Por que eu?", e comece a dizer: "Sim, Deus, seja feita sua vontade, não a minha. Estou contente por sofrer se essa for sua vontade, sabendo que tudo isso é apenas temporário, mas a vida com o Senhor é eterna".

crer, pois o deus deste mundo conservou a mente deles na escuridão. Ele não os deixa ver a luz que brilha sobre eles, a luz que vem da boa notícia a respeito da *glória de Cristo, o qual nos mostra como Deus realmente é. 5 Pois nós não anunciamos a nós mesmos; nós anunciamos Jesus Cristo como o Senhor e a nós como *servos de vocês, por causa de Jesus. 6 O Deus que disse: "Que da escuridão brilhe a luz" é o mesmo que fez a luz brilhar no nosso coração. E isso para nos trazer a luz do conhecimento da glória de Deus, que brilha no rosto de Jesus Cristo.

7 Porém nós que temos esse tesouro espiritual somos como potes de barro para que fique claro que o poder supremo pertence a Deus e não a nós. 8 Muitas vezes ficamos aflitos, mas não somos derrotados. Algumas vezes ficamos em dúvida, mas nunca ficamos desesperados. 9 Temos muitos inimigos, mas nunca nos falta um amigo. Às vezes somos gravemente feridos, mas não somos destruídos. 10 Levamos sempre no nosso corpo mortal a morte de Jesus para que também a vida dele seja vista no nosso corpo. 11 Durante a vida inteira estamos sempre em perigo de morte por causa de Jesus, para que a vida dele seja vista neste nosso corpo mortal. 12 De modo que a morte está agindo em nós, e a vida está agindo em vocês.

13 As *Escrituras Sagradas dizem: "Eu cri e por isso falei." Pois assim nós, que temos a mesma fé em Deus, também falamos porque cremos. 14 Pois sabemos que Deus, que ressuscitou o Senhor Jesus, também nos ressuscitará com ele e nos levará, junto com vocês, até a presença dele. 15 Tudo isso aconteceu para o bem de vocês, a fim de que a *graça de Deus alcance um número cada vez maior de pessoas, e estas façam mais orações de agradecimento, para a glória de Deus.

Viver pela fé

16 Por isso nunca ficamos desanimados. Mesmo que o nosso corpo vá se gastando, o nosso espírito vai se renovando dia a dia. 17 E essa pequena e passageira aflição

que sofremos vai nos trazer uma *glória
enorme e eterna, muito maior do que o
sofrimento. 18 Porque nós não prestamos
atenção nas coisas que se veem, mas nas
que não se veem. Pois o que pode ser vis-
to dura apenas um pouco, mas o que não
pode ser visto dura para sempre.
5 De fato, nós sabemos que, quando for
destruída esta barraca em que vive-
mos, que é o nosso corpo aqui na ter-
ra, Deus nos dará, para morarmos nela,
uma casa no céu. Essa casa não foi fei-
ta por mãos humanas; foi Deus quem a
fez, e ela durará para sempre. 2 Por isso
gememos enquanto vivemos nesta casa
de agora, pois gostaríamos de nos mu-
darmos já para a nossa nova casa no céu.
Aquela casa será o nosso corpo celestial,
3 e, quando nos vestirmos com ele, não
ficaremos sem corpo. 4 Gememos aflitos
enquanto vivemos nesta barraca, que é o
nosso corpo. Isso não é porque queiramos
ficar livres do nosso corpo terreno; o que
desejamos é receber o corpo celestial para
que a vida faça com que o que é mortal
desapareça. 5 E foi Deus quem nos prepa-
rou para essa mudança e nos deu o seu
Espírito como garantia de tudo o que ele
tem para nos dar.
6 Estamos sempre muito animados, pois
sabemos que, enquanto vivemos neste
corpo, estamos longe do lar do Senhor.
7 Porque vivemos pela fé e não pelo que
vemos. 8 Estamos muito animados e gos-
taríamos de deixar de viver neste corpo
para irmos viver com o Senhor. 9 Porém,
acima de tudo, o que nós queremos é
agradar o Senhor, seja vivendo no nos-
so corpo aqui, seja vivendo lá com o Se-
nhor. 10 Porque todos nós temos de nos
apresentar diante de Cristo para sermos
julgados por ele. E cada um vai receber o
que merece, de acordo com o que fez de
bom ou de mau na sua vida aqui na terra.

Amizade com Deus por meio de Cristo

11 Sabemos o que quer dizer *temer o
Senhor e por isso procuramos levar as

DEVOCIONAL

Texto para leitura: **2Coríntios 5:14-17**

Conheça a Deus

Você quer se identificar com Cristo? Você quer ser tão parecida com ele, estar tão sincronizada com ele, a ponto de tudo o que não for dele deixá-la enjoada e fazê-la correr na direção oposta? É hora de você tomar a decisão, e isso significa que você tem de escolher o que dizer a Jesus: que você não quer que o pecado morra em você ou que você quer imitar a Cristo e morrer para tudo o que não é santo.

Quando você escolher a segunda opção, sua vida mudará. O velho eu começará a morrer e o novo eu ocupará seu lugar. Quando isso acontecer, toda a doença causada pelo pecado em seu coração começará a desaparecer. Seu fardo ficará mais leve, e o poder do pecado em sua vida começará a ser anulado. Você ficará livre do medo e da dor se estiver disposta a encontrar o pecado em sua vida, confessá-lo e optar por se afastar dele. É um processo bastante simples que requer uma decisão muito difícil: enfrentar a verdade de que o pecado se tornou seu amigo, e optar por torná-lo seu *inimigo*. Quando você se tornou uma Garota de Deus, transformou-se em uma nova criatura, uma que *já não vive mais para si mesma*, mas para Deus. E isso não é tão assustador quanto parece; na verdade, é libertador. Quando você se torna uma nova criatura, os efeitos de seu velho pecado ainda poderão permanecer, mas seu coração e sua mente estarão livres para agradecer a Deus por resgatá-la do caminho em que você estava. Deixe a vida e a morte de Jesus fazerem diferença em seu modo de vida, e você encontrará uma maneira de se livrar de todos os seus hábitos e escolhas pecaminosos.

pessoas à verdade. Deus nos conhece
completamente, e espero que no seu co-
ração vocês me conheçam também. 12 Não
estamos querendo nos elogiar a nós mes-
mos outra vez para vocês. Pelo contrário,
queremos lhes dar motivo para terem or-
gulho de nós a fim de que tenham o que
responder aos que se sentem orgulhosos
por causa da aparência de uma pessoa e
não por causa do que ela é. 13 Pois, se es-
tamos loucos, é em favor de Deus; e, se te-
mos juízo, é em favor de vocês. 14 Porque
somos dominados pelo amor que Cristo
tem por nós, pois reconhecemos que um
homem, Jesus Cristo, morreu por todos,
o que quer dizer que todos tomam par-
te na sua morte. 15 Ele morreu por todos
para que os que vivem não vivam mais
para si mesmos, mas vivam para aque-
le que morreu e foi ressuscitado para a
salvação deles.

16 Por isso, daqui em diante, não vamos
mais usar regras humanas quando julgar-
mos alguém. E, se antes de nos termos
tornado cristãos julgamos Cristo de acor-
do com regras humanas, agora não faze-
mos mais isso. 17 Quem está unido com
Cristo é uma nova pessoa; acabou-se o
que era velho, e já chegou o que é novo.
18 Tudo isso é feito por Deus, o qual, por
meio de Cristo, nos transforma de ini-
migos em amigos dele. E Deus nos deu a
tarefa de fazer com que os outros tam-
bém sejam amigos dele. 19 A nossa men-
sagem é esta: Deus não leva em conta os
pecados dos seres humanos e, por meio
de Cristo, ele está fazendo com que eles
sejam seus amigos. E Deus nos mandou
entregar a mensagem que fala da manei-
ra como ele faz com que eles se tornem
seus amigos.

20 Portanto, estamos aqui falando em
nome de Cristo, como se o próprio Deus
estivesse pedindo por meio de nós. Em
nome de Cristo nós pedimos a vocês que
deixem que Deus os transforme de ini-
migos em amigos dele. 21 Em Cristo não
havia pecado. Mas Deus colocou sobre
Cristo a culpa dos nossos pecados para
que nós, em união com ele, vivamos de
acordo com a vontade de Deus.

6 Portanto, nós, como companheiros de
trabalho no serviço de Deus, pedimos
o seguinte: não deixem que fique sem pro-
veito a *graça de Deus, a qual vocês rece-
beram. 2 Escutem o que Deus diz:

"Quando chegou o tempo de
mostrar
a minha bondade,
eu atendi o seu pedido
e o socorri quando chegou
o dia da salvação."

Escutem! Este é o tempo em que Deus
mostra a sua bondade. Hoje é o dia de
ser salvo.

3 Não queremos que alguém ache defei-
to no nosso trabalho e por isso fazemos
o possível para não atrapalhar ninguém.
4 Pelo contrário, em tudo mostramos que
somos *servos de Deus, suportando com
muita paciência as aflições, os sofrimen-
tos e as dificuldades. 5 Temos sido chico-
teados, presos e agredidos nas agitações
populares. Temos trabalhado demais, te-
mos ficado sem dormir e sem comer. 6 Por
meio da nossa pureza, conhecimento, pa-
ciência e delicadeza, mostramos que so-
mos servos de Deus. Por meio do Espíri-
to Santo, temos mostrado isso pelo nos-
so amor verdadeiro, 7 pela mensagem da
verdade e pelo poder de Deus. Por viver-
mos em obediência à vontade de Deus,
temos as armas que usamos tanto para
atacar como para nos defender. 8 Somos
elogiados e caluniados; alguns nos insul-
tam, outros falam bem de nós. Somos tra-
tados como mentirosos, mas falamos a
verdade; 9 somos tratados como desco-
nhecidos, embora sejamos bem conhe-
cidos de todos; somos tratados como se
estivéssemos mortos, mas, como vocês
estão vendo, continuamos vivos. Temos
sido castigados, mas não fomos mortos.
10 Às vezes ficamos tristes, outras vezes
ficamos alegres. Parecemos pobres, mas
enriquecemos muitas pessoas. Parece que
não temos nada, mas na verdade possuí-
mos tudo.

11 Queridos amigos de Corinto, temos
falado francamente e temos aberto com-
pletamente o nosso coração para vocês.
12 Não temos fechado o nosso coração; vo-
cês é que têm fechado o coração de vocês
para nós. 13 Eu falo com vocês como se vo-
cês fossem meus filhos. Tenham por nós
os mesmos sentimentos que temos para
com vocês e abram completamente o co-
ração de vocês para nós.

Conselho contra a influência dos pagãos

14 Não se juntem com descrentes para
trabalhar com eles. Pois como é que o

certo pode ter alguma coisa a ver com o
errado? Como é que a luz e a escuridão
podem viver juntas? 15 Como podem Cris-
to e o Diabo estar de acordo? O que é que
um cristão e um descrente têm em co-
mum? 16 Que relação pode haver entre o
Templo de Deus e os ídolos? Pois nós so-
mos o templo do Deus vivo, como o pró-
prio Deus já disse:

"Eu vou morar e viver com eles.
Serei o Deus deles,
e eles serão o meu povo."

17 E o Senhor Todo-Poderoso diz:

"Saiam do meio dos pagãos
e separem-se deles.
Não toquem em nada que seja
*impuro,
e então eu aceitarei vocês.
18 Eu serei o pai de vocês,
e vocês serão meus filhos
e minhas filhas."

7 Meus queridos amigos, todas essas
promessas são para nós. Por isso *pu-
rifiquemos a nós mesmos de tudo o que
torna *impuro o nosso corpo e a nossa
alma. E, *temendo a Deus, vivamos uma
vida completamente dedicada a ele.

A alegria de Paulo

2 Deem um lugar para nós no coração
de vocês. Nós não prejudicamos ninguém,
não causamos a desgraça de ninguém e
não procuramos tirar vantagem de nin-
guém. 3 Não digo isso para condenar vo-
cês. Pois, como eu disse antes, vocês são
tão amados por nós, que estamos sempre
juntos, tanto para morrer como para vi-
ver. 4 Tenho muita confiança em vocês e
me orgulho de vocês. No meio de todas
as nossas aflições, eu continuo muito ani-
mado e cheio de alegria.
5 Mesmo depois de termos chegado à
*província da Macedônia, não descansa-
mos nada. Em todos os lugares houve pro-
blemas, lutas com os de fora e medo no
nosso coração. 6 Porém Deus, que anima
os desanimados, nos animou com a che-
gada de Tito. 7 E não foi somente a chegada
dele que nos animou, mas também a in-
formação dada por ele de que vocês o ani-
maram. Ele contou que vocês estão com
saudade de mim e disse que estão muito
tristes e estão prontos para me defender.
Por isso agora estou mais feliz ainda.
8 Não me arrependo de ter escrito aque-
la carta, embora vocês tenham ficado

DEVOCIONAL

Texto para leitura: **2Coríntios 7:1**

Conheça a si mesma

Você já orou para ser santa, mas continua a pecar. Por quê? Não se trata de oração, mas sim de ação. Não peça a Deus para tirar seu desejo de pecar e, depois, continue a levar uma vida normal. Comece a fazer algo a respeito. Se há algo que parece não afrouxar as garras sobre sua vida, e a está deixando infeliz, então o passo lógico é abrir mão disso. Deixe para lá. Não só peça a Deus para fazer isso — *você* tem de fazer algo também. o Senhor lhe dá a capacidade para fazer isso e lhe dá o poder da Palavra e a proteção dele, mas ele não o faz por você.

Deus nunca quis que ninguém pecasse. Mas ele quer que você seja santa. Então, por que você precisaria convencê-lo de sua necessidade de ser *santa* quando esse é o objetivo dele desde o início? A única pessoa que não se mostrou disposta até agora *é você. Deus não faz esse* lance de santidade por você; ele faz isso *com* você. A única pessoa que não está cumprindo sua parte aqui é você. Deus está esperando que você concorde com ele no sentido de que manter seu pecado é mais difícil do que abrir mão dele. Até que isso aconteça, você tomará o caminho fácil e manterá o pecado vivo. Então, levante-se e erga as mangas. Quanto mais cedo você agir, mais cedo estará livre.

tristes por causa dela. Quando soube que
a carta os deixou tristes por algum tempo,
eu poderia ter ficado arrependido. 9 Mas
agora estou alegre, não porque vocês fi-
caram tristes, mas porque aquela triste-
za fez com que vocês se arrependessem.
Aquela tristeza foi usada por Deus, e as-
sim nós não causamos nenhum mal a vo-
cês. 10 Pois a tristeza que é usada por Deus
produz o arrependimento que leva à sal-
vação; e nisso não há motivo para alguém
ficar triste. Mas as tristezas deste mundo
produzem a morte. 11 Vocês suportaram a
tristeza da maneira que agrada a Deus. E
vejam agora os resultados: isso fez com
que vocês levassem a sério o assunto e re-
solvessem se defender. Fez também com
que vocês ficassem zangados e com medo.
Depois ficaram com vontade de me ver e
resolveram castigar o culpado. Em tudo
isso vocês mostraram que não tiveram
nenhuma culpa naquele caso.

12 Portanto, embora tivesse escrito
aquela carta, eu não a escrevi por cau-
sa de quem ofendeu, nem por causa da
pessoa que foi ofendida. Pelo contrário,
escrevi a carta para tornar claro a vocês
que Deus sabe do grande cuidado que vo-
cês têm por nós. 13 Foi por isso que fica-
mos animados.

Além do ânimo que recebemos, ficamos
mais contentes ainda vendo a alegria de
Tito; pois todos vocês o têm ajudado a
sentir-se bem. 14 Eu havia falado muito
bem de vocês a ele, e vocês não me desa-
pontaram. Temos sempre dito a verda-
de a vocês. Assim também é verdadeiro
o elogio que fizemos a Tito a respeito de
vocês. 15 E o amor dele por vocês cresce
cada vez mais quando ele lembra como
vocês todos estavam prontos para obede-
cer e como o receberam com humildade e
respeito. 16 Estou alegre por poder confiar
completamente em vocês.

Generosidade nas ofertas

8 Irmãos, queremos que vocês saibam
o que a *graça de Deus tem feito nas
igrejas da *província da Macedônia. 2 Os
irmãos dali têm sido muito provados pe-
las aflições por que têm passado. Mas a
alegria deles foi tanta, que, embora sen-
do muito pobres, eles deram ofertas com
grande generosidade. 3 Afirmo a vocês que
eles fizeram tudo o que podiam e mais
ainda. E, com toda a boa vontade, 4 pedi-
ram com insistência que os deixássemos
participar da ajuda para o povo de Deus da
Judeia e eles insistiram nisso. 5 E fizeram
muito mais do que esperávamos. Primei-
ro, eles deram a si mesmos ao Senhor e
depois, pela vontade de Deus, eles se de-
ram a nós também. 6 De modo que pedi-
mos a Tito, que começou a recolher essas
ofertas, que continuasse e ajudasse vocês
a completarem esse serviço especial de
amor. 7 Vocês mostram que, em tudo, são
mais ricos do que os outros: na fé, na pala-
vra, no conhecimento, na vontade de aju-
dar os outros e no nosso amor por vocês.
E nesse novo serviço de amor queremos
também que façam mais do que os outros.

8 Não estou querendo mandar em vo-
cês. O que eu estou querendo é que co-
nheçam o entusiasmo com que as igrejas
da Macedônia deram ofertas, para que
assim vocês vejam se o amor de vocês é
verdadeiro ou não. 9 Porque vocês já co-
nhecem o grande amor do nosso Senhor
Jesus Cristo: ele era rico, mas, por amor
a vocês, ele se tornou pobre a fim de que
vocês se tornassem ricos por meio da po-
breza dele.

10 Minha opinião sobre o assunto é esta:
é melhor para vocês que terminem agora
o que começaram no ano passado. Vocês
foram os primeiros não somente a ajudar,
mas também a querer ajudar. 11 Portanto,
continuem e completem o trabalho. Fa-
çam isso com o mesmo entusiasmo que
tiveram no princípio, dando de acordo
com o que têm. 12 Porque, se alguém quer
dar, Deus aceita a oferta conforme o que
a pessoa tem. Deus não pede o que a pes-
soa não tem.

13-14 Não estou querendo aliviar os ou-
tros e pôr um peso sobre vocês. Já que
agora vocês têm bastante, é justo que aju-
dem os que estão necessitados. Em algu-
ma outra ocasião, se vocês precisarem,
e eles tiverem bastante, aí eles poderão
ajudá-los. Assim todos são tratados com
igualdade. 15 Como dizem as *Escrituras
Sagradas:

> "Ao que muito pegou, nada sobrou;
> ao que pouco pegou, nada faltou."

Tito e os seus companheiros de trabalho

16 Agradecemos muito a Deus porque
pôs no coração de Tito o mesmo desejo
que nós temos de ajudar vocês. 17 Ele acei-
tou o nosso pedido e, como quer ajudá-
-los, resolveu ir com toda a boa vontade

encontrar-se com vocês. 18 Junto com ele estamos enviando o irmão que é muito respeitado em todas as igrejas pelo seu trabalho de anunciar o *evangelho. 19 Além disso esse irmão foi escolhido e indicado pelas igrejas para viajar conosco a fim de nos ajudar nesse serviço de amor que fazemos para a *glória do Senhor e também para mostrar que, de fato, queremos ajudar.

20 Queremos evitar assim que outros nos critiquem por causa da maneira pela qual estamos recolhendo essa grande oferta. 21 A nossa vontade é fazer aquilo que tanto o Senhor como as pessoas acham certo.

22 Com eles, estamos enviando outro irmão nosso. Muitas vezes o pusemos à prova e assim sabemos que ele está sempre pronto para ajudar. E, agora que ele tem tanta confiança em vocês, está com muito mais vontade ainda de auxiliar. 23 A respeito de Tito afirmo que ele é meu companheiro de trabalho na ajuda que dou a vocês. E, quanto aos outros irmãos que vão com ele, são representantes das igrejas e trazem glória para Cristo. 24 Por isso, para que as outras igrejas fiquem sabendo, mostrem a esses irmãos que vocês os amam e que nós temos razão de elogiar vocês.

Ofertas para os cristãos da Judeia

9 A respeito do auxílio que vocês estão mandando ao povo de Deus na Judeia, de fato, não tenho nada que escrever a vocês. 2 Sei que estão querendo ajudar, e por isso eu os tenho elogiado para os irmãos da *província da Macedônia. Eu disse que vocês, os irmãos que moram na província da Acaia, já estavam dispostos a ajudar desde o ano passado. A maioria deles ficou muito animada com a boa vontade de vocês. 3 Agora estou enviando estes irmãos para que não fique sem valor o elogio que fiz a respeito de vocês sobre esse assunto. Mas, como eu disse, vocês estarão prontos para ajudar. 4 Porém, se alguns irmãos da Macedônia forem comigo e não os encontrarem preparados, isso vai ser uma vergonha para nós, que tivemos tanta confiança em vocês. E sem falar na vergonha que vocês mesmos vão sentir. 5 Por isso achei que era preciso pedir aos irmãos que fossem antes de mim para preparar a oferta que vocês prometeram. E assim, quando eu chegar aí, ela já estará pronta, e todos ficarão sabendo que vocês deram ofertas porque quiseram e não porque foram obrigados.

6 Lembrem disto: quem planta pouco colhe pouco; quem planta muito colhe muito. 7 Que cada um dê a sua oferta conforme resolveu no seu coração, não com tristeza nem por obrigação, pois Deus ama quem dá com alegria. 8 E Deus pode dar muito mais do que vocês precisam para que vocês tenham sempre

Uma oração para...

Servir com temor

Senhor da imortalidade, diante de quem os anjos se curvam e os arcanjos cobrem o rosto, ajuda-me a servi-te com reverência e temor. Tu, que és Espírito e requer verdade no íntimo, ajuda-me a adorar-te em espírito e em verdade. Tu, que és justo, não me deixes amar o pecado em meu coração, nem me permitas ter uma disposição mundana ou buscar satisfação nas coisas que não duram.

Espero ansiosa pelo momento em que as coisas e os sonhos terrenos vão parecer inúteis para mim e não me importarei se sou rica ou pobre, bem-sucedida ou frustrada, admirada ou desprezada. Vou me importar com as coisas que terão relevância para a eternidade: o arrependimento pelos meus pecados, ter tido fome e sede de justiça, amado ao Senhor Jesus com sinceridade e me gloriado em sua cruz.

Que esses objetivos tenham toda a minha atenção! Dá-me o que preciso para fazer com que teu serviço seja perfeita liberdade e alegria. Tira todo o medo e vergonha pecaminosos de minha mente para que, com firmeza e coragem, eu possa confessar o Redentor diante dos homens, avançando com ele, ouvindo sua repreensão, sendo apaixonada por seu conhecimento, sendo cheia de sua sabedoria, andando com sua atenção cuidadosa, pedindo-lhe conselhos em todas as coisas, examinando as Escrituras para conhecer suas ordens, mantendo minha mente em sua paz e sabendo que nada pode me acontecer sem sua permissão, ordem e administração.

Amém.

tudo o que necessitam e ainda mais do
que o necessário para fazerem todo tipo
de boas obras. 9 Como dizem as *Escritu-
ras Sagradas:

"Ele dá generosamente aos pobres,
e a sua bondade dura para sempre."

10 E Deus, que dá a semente para se-
mear e o pão para comer, também dará a
vocês todas as sementes que vocês pre-
cisam. Ele fará com que elas cresçam e
deem uma grande colheita, como resul-
tado da generosidade de vocês. 11 Ele fará
com que vocês sejam sempre ricos para
que possam dar com generosidade. E as-
sim muitos agradecerão a Deus a oferta
que vocês estão mandando por meio de
nós. 12 Porque isso que vocês fazem não
somente ajuda o povo de Deus que está
necessitado, mas também faz com que
eles façam muitas orações de gratidão
a Deus. 13 Eles darão *glória a Deus, pois
esse serviço que vocês estão prestando
mostra a eles como vocês são dedicados
ao *evangelho de Cristo, que vocês acei-
tam e seguem. E eles também darão gló-
ria a Deus pela oferta generosa que vocês
estão dando a eles e a todos os outros. 14 E
eles orarão com muito carinho por vocês,
por causa do imenso amor que Deus tem
mostrado a vocês. 15 Agradeçamos a Deus
o presente que ele nos dá, um presente
que palavras não podem descrever.

A autoridade de Paulo como apóstolo

10 Dizem que eu sou humilde quando
estou com vocês, mas duro quan-
do estou longe. Pois eu, Paulo, faço este
apelo a vocês em nome de Cristo, que foi
carinhoso e bondoso. 2 Quando eu for aí,
não me obriguem a ser duro. Pois eu te-
nho certeza de que posso agir com dure-
za contra os que afirmam que fazemos
as coisas por motivos humanos. 3 É claro
que somos humanos, mas não lutamos
por motivos humanos. 4 As armas que
usamos na nossa luta não são do mun-
do; são armas poderosas de Deus, capazes

DEVOCIONAL

Texto para leitura: **2Coríntios 10:4-6**

Conheça a Deus

Você está espiritualmente confusa? Existe algo em sua vida espiritual que a deixa desnorteada, uma área em que você não consegue ouvir a voz de Deus nem saber o que fazer? Então a resposta para sua confusão é esta: faça. Faça o que Deus lhe pede para fazer na Palavra dele. Você nunca entenderá todas as coisas da vida nem "se encontrará" em meio a todo choro e exame de consciência que possa fazer. Mas quando você está confusa em relação à vida, leve cativo todo pensamento confuso e torne-o obediente à Palavra de Deus, fazendo o que diz a Palavra. Na Bíblia, você encontrará a resposta de que precisa para seu dilema. A resposta é que a vontade de Deus deve ser executada por você neste exato momento. Você precisa fazer o que Deus a está chamando para fazer agora. Talvez não faça sentido algum para sua mente, mas, quando você começar a fazer o que deveria, então a confusão desaparecerá.

Ele está lhe pedindo para superar algo ou dar o outro lado da cara? É preciso que isso seja feito, e agora. Ele está lhe pedindo apenas para confiar nele? Então, confie. O primeiro passo na disposição de fazer o que Deus pede será para superar qualquer confusão espiritual que você possa ter. Mas não deixe ninguém lhe dizer que tudo o que você precisa fazer é "pensar muito bem nas coisas", porque, quando você estiver sentindo qualquer tipo de pressão espiritual, *a única coisa que deve fazer é* cumprir imediatamente o que Deus está lhe pedindo, e não se preocupar com isso. O simples fato de agir traz cura imediata e esperança.

de destruir fortalezas. E assim destruímos ideias falsas 5 e também todo orgulho humano que não deixa que as pessoas conheçam a Deus. Dominamos todo pensamento humano e fazemos com que ele obedeça a Cristo. 6 E, quando vocês provarem que são obedientes, estaremos prontos para castigar qualquer desobediência.

7 Vocês julgam as coisas pela aparência. Se uma pessoa tem certeza de que pertence a Cristo, deve pensar de novo a respeito disso, pois nós também pertencemos a Cristo, tanto quanto essa pessoa. 8 O Senhor Jesus me deu autoridade sobre vocês, não para destruí-los, mas para fazê-los crescer espiritualmente. E, embora eu tenha me orgulhado um pouco demais da minha autoridade, não tenho nada de que me envergonhar. 9 Não quero que pareça que estou tentando assustar vocês com as minhas cartas. 10 Alguém vai dizer: "As cartas de Paulo são severas e duras; mas, quando ele está conosco, é tímido e, quando fala, é um fracasso." 11 Porém essa pessoa deve saber que não existe diferença entre o que escrevemos nas cartas, quando estamos longe, e o que fazemos, quando estamos aí com vocês.

12 É claro que não nos atrevemos a nos igualar ou a nos comparar com aqueles que pensam que são tão importantes. Como são ignorantes! Primeiro eles resolvem quais as medidas que irão usar para se medir e depois eles se julgam de acordo com essas mesmas medidas. 13 Nós não vamos nos orgulhar além de certos limites. Deus é quem põe os limites no nosso campo de trabalho, e ele nos deixou chegar até vocês em Corinto. 14 Desde que vocês estão dentro desses limites, não fomos além deles quando chegamos até aí levando o *evangelho de Cristo. 15 Assim não nos orgulhamos do trabalho que outros têm feito em lugares que vão além dos limites que Deus nos deu. Pelo contrário, esperamos que a *fé* que vocês têm possa crescer e que nós possamos fazer um trabalho ainda maior entre vocês, sempre dentro dos limites que Deus tem posto para nós. 16 Então poderemos anunciar o evangelho em outras regiões além daquela onde vocês moram. Isso sem entrar em campos de outras pessoas, para não nos orgulharmos do trabalho feito por elas.

17 Como dizem as *Escrituras Sagradas: "Quem quiser se orgulhar, que se orgulhe daquilo que o Senhor faz." 18 Pois a pessoa só é aprovada quando o Senhor a aprova e não quando é aprovada por si mesma.

Paulo e os falsos apóstolos

11 Eu gostaria que vocês me suportassem mesmo quando sou um tanto louco. Por favor, me suportem! 2 O mesmo zelo que Deus tem por vocês eu também tenho. Porque vocês são como uma virgem pura que eu prometi dar em casamento somente a um homem, que é Cristo. 3 Pois, assim como Eva foi enganada pelas mentiras da cobra, eu tenho medo de que a mente de vocês seja corrompida e vocês abandonem a devoção sincera e pura a Cristo. 4 Porque vocês suportam com alegria qualquer um que chega e anuncia um Jesus diferente daquele que nós anunciamos. E aceitam um espírito e um *evangelho completamente diferentes do Espírito de Deus e do evangelho que receberam de nós.

5 Eu não acho que tenho menos valor do que esses tais "superapóstolos"! 6 Talvez eu seja um principiante no falar, mas no conhecimento não sou. Sempre e em todas as situações temos dado provas disso a vocês.

7 Quando anunciei a vocês a boa notícia de Deus, fiz isso completamente de graça. Eu me humilhei para engrandecer vocês. Será que houve algum mal nisso? 8 Enquanto estive trabalhando entre vocês, fui pago por outras igrejas. Por assim dizer, eu estava roubando delas para ajudar vocês. 9 E, durante o tempo em que estive com vocês, quando precisava de alguma coisa, não incomodava ninguém; pois os irmãos que vieram da Macedônia me trouxeram tudo o que eu precisava. O que aconteceu no passado e acontecerá no futuro é isto: eu nunca exigirei que vocês me ajudem. 10 Pela verdade de Cristo, a qual está em mim, eu garanto que ninguém, em nenhum lugar da Acaia, tirará de mim este orgulho de anunciar o evangelho sem cobrar nada. 11 Por que estou dizendo isso? Será que é porque não amo vocês? Deus sabe que os amo!

12 O que estou fazendo agora vou continuar a fazer a fim de evitar que aqueles tais "*apóstolos" tenham motivo para se gabar e dizer que fazem um trabalho igual ao nosso. 13 Aqueles homens são apóstolos falsos e não verdadeiros. Eles mentem a respeito dos seus trabalhos e

se disfarçam, apresentando-se como verdadeiros apóstolos de Cristo. 14 E isso não é de admirar, pois até Satanás pode se disfarçar e ficar parecendo um anjo de luz. 15 Portanto, não é nada demais que os servidores dele se disfarcem, apresentando-se como pessoas que fazem o bem. Mas no fim eles receberão exatamente o que as suas ações merecem.

Os sofrimentos de Paulo como apóstolo

16 Repito: ninguém deve pensar que eu estou louco. Mas, se vocês pensam isso, então me recebam como louco para que assim eu tenha alguma pequena coisa de que me gabar. 17 De fato, o que estou dizendo agora não é o que o Senhor me mandou dizer. Quanto a eu me gabar, estou realmente falando como louco. 18 Já que existem tantas pessoas que se gabam por motivos apenas humanos, eu também vou me gabar de mim mesmo. 19 Vocês são tão sábios e suportam de boa vontade os loucos. 20 Toleram os que mandam em vocês e exploram vocês; toleram os que os enganam, os que os tratam com desprezo e os que lhes dão bofetadas. 21 Tenho até vergonha de confessar que nós fomos tímidos demais e não fomos capazes de fazer coisas como essas.

Mas, se os outros se atrevem a se gabar de alguma coisa, eu também vou me atrever, embora isso seja uma loucura. 22 Eles são hebreus? Eu também sou. Eles são israelitas? Eu também sou. Eles são descendentes de Abraão? Eu também sou. 23 Eles são *servos de Cristo? Mas eu sou um servo melhor do que eles, embora, ao dizer isso, eu esteja falando como se fosse louco. Pois eu tenho trabalhado mais do que eles e tenho estado mais vezes na cadeia. Tenho sido chicoteado muito mais do que eles e muitas vezes estive em perigo de morte. 24 Em cinco ocasiões os judeus me deram trinta e nove chicotadas. 25 Três vezes os romanos me bateram com porretes, e uma vez fui apedrejado. Três vezes o navio em que eu estava viajando afundou, e numa dessas vezes passei vinte e quatro horas boiando no mar. 26 Nas muitas viagens que fiz, tenho estado em perigos *de inundações e de ladrões; em perigos* causados pelos meus patrícios, os judeus, e também pelos não judeus. Tenho estado no meio de perigos nas cidades, nos desertos e em alto mar; e também em perigos causados por falsos irmãos. 27 Tenho tido trabalhos e canseiras. Muitas vezes tenho ficado sem dormir. Tenho passado fome e sede; têm me faltado casa, comida e roupas. 28 Além dessas e de outras coisas, ainda pesa diariamente sobre mim a preocupação que tenho por todas as igrejas. 29 Quando alguém está fraco, eu também me sinto fraco; e, quando alguém cai em pecado, eu fico muito aflito.

30 Se existe motivo para eu me gabar, então vou me gabar das coisas que mostram a minha fraqueza. 31 O Deus e Pai do Senhor Jesus, o Deus que é bendito para sempre, sabe que não estou mentindo. 32 Quando estive na cidade de Damasco, o governador nomeado pelo rei Aretas pôs guardas nos portões da cidade para me prenderem. 33 Porém os meus amigos fizeram com que eu descesse num grande cesto, por uma abertura da muralha, e assim escapei do Governador.

As visões e revelações de Paulo

12 Embora não adiante nada, eu preciso me gabar de mim mesmo. Agora vou falar a respeito das visões e revelações que o Senhor me tem dado. 2 Conheço um cristão que há catorze anos foi levado, de repente, até o mais alto céu. Não sei se isso, de fato, aconteceu ou se ele teve uma visão; somente Deus sabe. 3-4 Repito: sei que esse homem foi levado, de repente, ao *paraíso. Não sei se isso, de fato, aconteceu ou se foi uma visão; somente Deus sabe. E ali ele ouviu coisas que palavras humanas não conseguem contar. 5 Eu me gabarei desse homem. Mas não me gabarei de mim mesmo, a não ser das coisas que mostram as minhas fraquezas. 6 No entanto, se eu quisesse me gabar de mim mesmo, isso não seria uma loucura, porque estaria dizendo a verdade. Mas eu não me gabarei, pois quero que a opinião que as pessoas têm de mim se baseie naquilo que me viram fazer e me ouviram dizer.

7 Mas, para que não ficasse orgulhoso demais por causa das coisas maravilhosas que vi, eu recebi uma doença dolorosa, que é como um espinho no meu corpo. Ela veio como um mensageiro de Satanás para me dar bofetadas e impedir que eu ficasse orgulhoso. 8 Três vezes orei ao Senhor, pedindo que ele me tirasse esse sofrimento. 9 Mas ele me respondeu: "A minha *graça é tudo o que você precisa, pois o meu poder é mais forte quando você está fraco." Portanto, eu me sinto muito

feliz em me gabar das minhas fraquezas, para que assim a proteção do poder de Cristo esteja comigo.
[10] Eu me alegro também com as fraquezas, os insultos, os sofrimentos, as perseguições e as dificuldades pelos quais passo por causa de Cristo. Porque, quando perco toda a minha força, então tenho a força de Cristo em mim.

A preocupação de Paulo pela igreja de Corinto

[11] Eu estou agindo como um louco, mas foram vocês que me obrigaram a isso. Porque vocês é que deviam falar bem de mim. Pois, mesmo que eu não valha nada, não sou inferior, de modo nenhum, a esses tais "superapóstolos" de vocês.
[12] As coisas que provam que, de fato, sou *apóstolo foram feitas entre vocês com muita paciência. Foram sinais, maravilhas e milagres.
[13] Como é que vocês foram tratados pior do que as outras igrejas? A única diferença é que eu não exigi que vocês me ajudassem. Por favor, perdoem essa injustiça!

[14] Já estou preparado para fazer a minha terceira visita a vocês e novamente não vou exigir que vocês me ajudem. Eu quero vocês e não o dinheiro de vocês. Afinal de contas, são os pais que devem juntar dinheiro para os filhos, e não os filhos, para os pais.
[15] Vou ficar contente em gastar tudo o que tenho e até a mim mesmo para ajudá-los. Será que vocês me amarão menos só porque eu os amo tanto?

[16] Portanto, vocês vão concordar que eu não exigi nada de vocês. Porém alguém poderá dizer que os enganei e tapeei com mentiras.
[17] Por acaso explorei vocês por meio de algum mensageiro que lhes mandei?
[18] Eu pedi a Tito que fosse visitá-los e mandei com ele o outro irmão na fé. Por acaso Tito os explorou? Será que nós dois não temos agido do mesmo modo e com o mesmo espírito?

[19] Talvez vocês pensem que estamos querendo nos *defender diante de vocês*, mas não é isso. Falamos como Cristo nos mandaria falar, na presença de Deus. E tudo o que fazemos, queridos amigos, é para ajudar vocês.
[20] Tenho medo de que, quando chegar aí, eu os encontre diferentes do que eu gostaria que fossem e que vocês me achem diferente do que gostariam que eu fosse. Tenho medo também de encontrar brigas e ciumeiras, ódio e egoísmo, insultos, falatório, orgulho e

Uma oração para que...

Eu me entregue a Deus

Pai, eu te trago anos manchados de pecado e fracasso. Tua voz dentro de mim, há muito abafada por causa de falsos prazeres e sonhos vazios, finalmente penetrou meu coração, e eu tenho vergonha de todo o mal que fiz.

Quando penso na confusão de minha vida, temo o aspecto de tua santidade; contudo, sou levada a ti por um desejo que medo nenhum pode esfriar e pecado nenhum pode enfraquecer. Tu és a virtude de minha alma — entra em mim e me prepara para ti de tal forma que, desse momento em diante, eu possa ser totalmente tua. Não peço que diminuas a dor que o pecado me causou. Que minha fraqueza venha de ti, pois sei que, nesse momento, ela será minha força.

Apenas fica comigo, Senhor de minha consciência, aquele que fortalece minha vontade, que cumpre minhas expectativas, e eu não mais terei medo. Dá-me a glória da mente iluminada para que, de agora em diante, eu possa me ver como alguém que deve a cada pessoa e não considera nenhum sacrifício muito penoso, nenhuma carga muito pesada, se, com isso, eu puder servir ao mais humilde de teus filhos. Não me deixes afundar no desânimo diante da grandeza de minha dívida, mas me ajuda a reunir todas as minhas forças e só me dá descanso quando eu tiver feito a tua vontade. Amém.

desordens.
[21] Receio ainda que na minha próxima visita o meu Deus me humilhe diante de vocês e que eu tenha de chorar por muitos de vocês que continuam a cometer os mesmos pecados que cometiam no passado e não se arrependeram da sua imoralidade sexual, nem das *relações sexuais proibidas*, nem de outras coisas indecentes que faziam.

Últimos conselhos e saudações

[13] Esta já é a terceira vez que vou visitá-los. Como dizem as *Escrituras Sagradas: "Qualquer acusação precisa ser confirmada pela palavra de pelo menos duas testemunhas."
[2] Quero dizer

Pergunte a si mesma...

Quando você tiver uma provação em sua vida, faça estas perguntas para si mesma:

O que Deus quer que eu aprenda sobre mim com isso?
O que Deus quer me ensinar sobre si mesmo com isso?
Este tipo de coisa já aconteceu antes em minha vida?
Se sim, então por que está acontecendo de novo? Faço parte da causa dessa provação?
Como Deus pode usar isso para meu bem?

uma coisa a vocês que pecaram no passa-
do e a todos os outros. Durante a minha
segunda visita, eu já tinha dito isto e, ago-
ra que estou longe, repito: na próxima vez
que eu for, não vou ter pena de ninguém.
3 Então vocês terão todas as provas que
quiserem de que Cristo fala por meio de
mim. Quando trata com vocês, Cristo não
é fraco; pelo contrário, mostra o seu po-
der entre vocês. 4 Porque, embora tenha
sido crucificado em estado de fraqueza,
Cristo vive pelo poder de Deus. Assim nós
também, unidos com ele, somos fracos;
porém, em nossa convivência com vocês,
estaremos ligados com o Cristo vivo e te-
remos o poder de Deus para agir.
5 Examinem-se para descobrir se vocês
estão firmes na fé. Com certeza vocês sa-
bem que Jesus Cristo está unido com vo-
cês, a não ser que vocês tenham falhado
completamente. 6 E espero que vocês sai-
bam que nós não temos falhado. 7 Oramos
a Deus pedindo que vocês não façam nada
que seja mau, não para mostrar que nós
somos um sucesso, mas para que vocês
façam o que é certo. E não importa que
fique parecendo que nós falhamos. 8 Pois
nós não podemos fazer nada contra a ver-
dade, mas somente a favor da verdade.
9 Por isso ficamos alegres quando estamos
fracos, contanto que vocês estejam fortes.
E também oramos para que vocês se tor-
nem mais fortes na fé. 10 Escrevo esta carta
antes de ir vê-los para que, quando eu for,
não tenha de ser tão duro no uso da auto-
ridade que o Senhor me deu. Essa autori-
dade é para fazer com que vocês cresçam
espiritualmente e não para destruí-los.
11 E agora, irmãos, até logo. Procurem
ser corretos em tudo. Escutem bem o que
eu digo. Tenham todos o mesmo modo de
pensar e vivam em paz. E o Deus de amor
e de paz estará com vocês.
12 Cumprimentem uns aos outros com
um beijo de irmão.
Todo o povo de Deus manda saudações.
13 Que a *graça do Senhor Jesus Cristo,
o amor de Deus e a presença do Espírito
Santo estejam com todos vocês!

Gálatas

Seja aceita por Deus

Pois, se é por meio da lei que as pessoas são aceitas por Deus, então a morte de Cristo não adiantou nada!
Gálatas 2:21

Autor ♥ O apóstolo Paulo
Data ♥ Por volta de 48
Local ♥ Antioquia da Síria
Público-alvo ♥ As igrejas na Galácia

Ninguém se reconcilia com Deus por ser muito bom, mas por crer na ressurreição de Cristo e torná-lo Senhor de sua vida. Quando você diz: "Deus não pode me perdoar; eu fiz algo terrível" ou "Eu não sou boa o suficiente para Deus", você desvaloriza a cruz. Você está dizendo que é um caso difícil e que a morte de Cristo simplesmente não foi suficiente para você, porque seu pecado precisa de mais trabalho, mais esforço de sua parte, para que você consiga se acertar com Deus. Mas isso é absurdo. Se fosse preciso mais trabalho para você ser salva, então Cristo morreu por nada, uma morte sem sentido.

Você pode ter certeza de que a morte de Cristo foi tudo, menos inútil. Ela teve um propósito supremo: salvar pecadores ao assumir os pecados deles. Nenhum pecado fica sem perdão; *todos* os pecados dos filhos de Deus são perdoados. E você é filha dele se crer nele e torná-lo Senhor de sua vida. A Garota de Deus não pode deixar que seus sentimentos a convençam de que sua salvação exige mais do que Cristo fez na cruz.

Ponto essencial

Gálatas fala sobre a liberdade que é fruto da vida de fé. A fé em Jesus Cristo é a única maneira de alguém ser salvo, mas alguns dos adversários de Paulo estavam exigindo todos os tipos de coisas para que a pessoa recebesse a salvação. Paulo quer que seus leitores entendam que Jesus nos liberta para que não tenhamos de trabalhar para receber o amor de Deus, mas isso não nos dá passe livre para pecar. É claro que não! A liberdade e a obediência existem na vida de fé. Você está livre da necessidade de fazer algo para ser salva, mas agora não quer obedecer para *salvar a própria vida*, mas para provar seu amor.

A carta de Paulo aos gálatas tem tudo a ver com a bondade e a graça de Deus, e como aceitá-la e viver com ela. Depois de aceitar essa dádiva de Deus por amor, e não por obrigação, você começa a se aproximar mais dele. E é o amor, levando à obediência, que prova para Deus, para você mesma e para todos ao seu redor que você é, de fato, uma Garota de Deus. Mas tenha certeza disto: são o amor e a obediência de Cristo que a salvam! *O que você faz* como uma Garota de Deus não salva; só prova que você tem deixado o Espírito trabalhar em você e por seu intermédio. Não conte com o que você faz para salvá-la, mas saiba que isso provará sua fidelidade. Eu a incentivo a ler Gálatas de uma só vez, e, durante a leitura, mergulhar na liberdade que é fruto de uma vida de fé em Cristo.

Coisas para procurar

- A história de salvação de Paulo (veja Gálatas 1)
- O princípio da justificação pela fé (veja Gálatas 3—4)
- Como viver na liberdade que Cristo lhe dá (veja Gálatas 5)
- A descrição que Paulo faz de uma vida vivida com o Espírito (veja Gálatas 5:16,18,22-23,25; 6:8)

Termos e versículos que você deve saber

- **Fruto do Espírito:** Refere-se às nove características de caráter vistas na vida dos cristãos, como fruto da fé deles, listadas em Gálatas 5:22-23. São elas: amor, alegria, paz, paciência, delicadeza, bondade, fidelidade, humildade e domínio próprio.
- **Gentio:** Um termo geral que significa não judeu.

Por acaso eu procuro a aprovação das pessoas? Não! O que eu quero é a aprovação de Deus. Será que agora estou querendo agradar as pessoas? Se estivesse, eu não seria servo de Cristo.
(Gálatas 1:10)

Pois, se é por meio da lei que as pessoas são aceitas por Deus, então a morte de Cristo não adiantou nada!
(Gálatas 2:21)

Respondam somente isto: vocês receberam o Espírito de Deus por terem feito o que a lei manda ou por terem ouvido a mensagem do evangelho e terem crido nela? Como é que vocês podem ter tão pouco juízo? Vocês começaram a sua vida cristã pelo poder do Espírito de Deus e agora querem ir até o fim pelas suas próprias forças?
(Gálatas 3:2-3)

Lembrem do que as Escrituras Sagradas dizem a respeito de Abraão: "Ele creu em Deus, e por isso Deus o aceitou".
(Gálatas 3:6)

Mas o Espírito de Deus produz o amor, a alegria, a paz, a paciência, a delicadeza, a bondade, a fidelidade, a humildade e o domínio próprio. E contra essas coisas não existe lei.
(Gálatas 5:22-23)

Saudação

1 Eu, Paulo, escrevo esta carta — eu que
fui *chamado para ser *apóstolo, não
por pessoas ou por meio de uma pessoa,
mas por Jesus Cristo e por Deus, o Pai,
que ressuscitou Jesus da morte. 2 Todos os
irmãos que estão aqui comigo mandam
saudações às igrejas da Galácia.
3 Que a *graça e a paz de Deus, o nos-
so Pai, e do Senhor Jesus Cristo estejam
com vocês!
4 Em obediência à vontade do nosso
Deus e Pai, Cristo se entregou para ser
morto a fim de tirar os nossos pecados
e assim nos livrar deste mundo mau. 5 A
Deus seja a *glória para todo o sempre!
*Amém!

O outro evangelho

6 Estou muito admirado com vocês, pois
estão abandonando tão depressa aque-
le que os *chamou por meio da *graça de
Cristo e estão aceitando outro evange-
lho. 7 Na verdade não existe outro evan-
gelho, porém eu falo assim porque há al-
gumas pessoas que estão perturbando
vocês, querendo mudar o *evangelho de
Cristo. 8 Mas, se alguém, mesmo que se-
jamos nós ou um anjo do céu, anunciar
a vocês um evangelho diferente daquele
que temos anunciado, que seja amaldi-
çoado! 9 Pois já dissemos antes e repeti-
mos: se alguém anunciar um evangelho
diferente daquele que vocês aceitaram,
que essa pessoa seja amaldiçoada! 10 Por
acaso eu procuro a aprovação das pes-
soas? Não! O que eu quero é a aprovação
de Deus. Será que agora estou querendo
agradar as pessoas? Se estivesse, eu não
seria *servo de Cristo.

Como Paulo se tornou apóstolo

11 Meus irmãos, eu afirmo a vocês que o
*evangelho que eu anuncio não é uma in-
venção humana. 12 Eu não o recebi de nin-
guém, e ninguém o ensinou a mim, mas
foi o próprio Jesus Cristo que o revelou
para mim.
13 Vocês ouviram falar de como eu cos-
tumava agir quando praticava a religião
dos judeus. Sabem como eu perseguia
sem dó nem piedade a Igreja de Deus e
fazia tudo para destruí-la. 14 Quando pra-
ticava essa religião, eu estava mais adian-
tado do que a maioria dos meus patrí-
cios da minha idade e seguia com mais
zelo do que eles as tradições dos meus
antepassados.

Pergunte a si mesma...

A quem eu estava tentando impressionar hoje quando escolhi minhas roupas?
Eu me visto para os meninos ou para Deus?
O que é mais importante para mim: o que um menino quer ou o que Deus quer?
Em quem eu penso mais: em meninos ou em Deus?
Com quem eu prefiro passar mais tempo: com um menino ou com Deus?

Hoje, toda vez que você começar a se perguntar o que um menino pensa de você, lembre-se de que é o que Deus pensa que realmente importa.

15 Porém Deus, na sua *graça, me esco-
lheu antes mesmo de eu nascer e me *cha-
mou para servi-lo. E, quando ele resolveu
16 revelar para mim o seu Filho a fim de
que eu anunciasse aos não judeus a boa
notícia a respeito dele, eu não fui pedir
conselhos a ninguém. 17 E também não fui
até Jerusalém para falar com aqueles que
eram *apóstolos antes de mim. Pelo con-
trário, fui para a região da Arábia e depois
voltei para Damasco. 18 Três anos depois,
fui até Jerusalém para pedir informações
a Pedro e fiquei duas semanas com ele.
19 E não falei com nenhum outro apósto-
lo, a não ser com Tiago, irmão do Senhor.
20 O que estou escrevendo a vocês é ver-
dade. Deus sabe que não estou mentindo.
21 Depois fui para as regiões da Síria e
da Cilícia. 22 Durante esse tempo as pes-
soas das igrejas da Judeia não me co-
nheciam pessoalmente. 23 Elas somen-
te tinham ouvido o que outros diziam:
"Aquele que antes nos perseguia está
anunciando agora a fé que no passado
tentava destruir!" 24 E louvavam a Deus
por minha causa.

Paulo e os outros apóstolos

2 Catorze anos depois, eu voltei para Je-
rusalém com Barnabé e levei Tito co-
migo. 2 Voltei para lá porque Deus me re-
velou que eu devia fazer isso. Ali, numa

reunião particular com os líderes da igre-
ja, eu expliquei a eles a mensagem do
*evangelho que anuncio aos não judeus.
Eu não queria que o trabalho que tinha
feito e estava fazendo fosse um trabalho
perdido. 3 Tito estava comigo, mas ele não
foi obrigado a *circuncidar-se, embora ele
não seja judeu. 4 Porém alguns tinham se
juntado ao nosso grupo, fazendo de conta
que eram irmãos na fé, e queriam circun-
cidá-lo. Eram homens que tinham entrado
para o grupo como espiões a fim de es-
piar a liberdade que temos por estarmos
unidos com Cristo Jesus e para nos tornar
escravos de novo. 5 Mas em nenhum mo-
mento nós cedemos, pois queríamos que
vocês tivessem o verdadeiro evangelho.

6 E aqueles que pareciam ser os líde-
res da igreja — digo isso porque para
mim não importa o que eles eram, pois
Deus não julga pela aparência — aque-
les líderes, repito, não me deram nenhu-
ma ideia nova. 7 Pelo contrário, eles viram
que Deus me tinha dado a responsabi-
lidade de anunciar o evangelho aos não
judeus, assim como tinha dado a Pedro
a responsabilidade de anunciá-lo aos ju-
deus. 8 Pois pelo poder de Deus fui feito
*apóstolo para anunciar o evangelho aos
não judeus, assim como Pedro foi feito
apóstolo para anunciar o evangelho aos
judeus. 9 Por isso Tiago, Pedro e João, que
eram considerados os líderes da igreja,
reconheceram que Deus me tinha dado
essa tarefa especial. E, como sinal de que
éramos todos companheiros, eles deram
a mim e a Barnabé um aperto de mãos. E
todos nós combinamos que eu e Barnabé
iríamos trabalhar entre os não judeus e
eles, entre os judeus. 10 Eles nos pediram
só uma coisa: que lembrássemos dos po-
bres das igrejas deles, e isso eu sempre
tenho procurado fazer.

Paulo fica contra Pedro em Antioquia

11 Porém, quando Pedro veio para An-
tioquia da Síria, eu fiquei contra ele em
público porque ele estava completamente
errado. 12 De fato, antes de chegarem ali
alguns homens mandados por Tiago, Pe-
dro tomava refeições com os irmãos não
judeus. Mas, depois que aqueles homens
chegaram, ele não queria mais tomar re-
feições com os não judeus porque tinha
medo dos que eram a favor de *circunci-
dar os não judeus. 13 E também os outros
irmãos judeus começaram a agir como
hipócritas, do mesmo modo que Pedro.
E até Barnabé se deixou levar pela hi-
pocrisia deles. 14 Quando vi que eles não
estavam agindo direito, de acordo com a
verdade do *evangelho, eu disse a Pedro
na presença de todos: "Você é judeu, mas
não está vivendo como judeu e sim como
não judeu. Então, como é que você quer
obrigar os não judeus a viverem como
judeus?"

Os judeus e os não judeus são salvos pela fé

15 O fato é que nós somos judeus de nas-
cimento e não "pecadores não judeus",
como eles são chamados. 16 Mas sabemos
que todos são aceitos por Deus somente
pela fé em Jesus Cristo e não por faze-
rem o que a *lei manda. Assim nós tam-
bém temos crido em Cristo Jesus a fim
de sermos aceitos por Deus pela nossa

Pergunte a si mesma...

Considerar-se sem valor algum é tão errado quanto se considerar muito valiosa. Seu valor está no Espírito do Cristo que vive dentro de você. Dizer: "Eu não valho nada e não posso ser resgatada, nem mesmo pelo sangue de Jesus" é dizer que a morte de Cristo foi inútil porque você é ruim demais até para ser salva, não importa o que ele tenha feito. Mas isso é uma mentira deslavada. Nenhum pecado é imperdoável. Pergunte a si mesma:

Tenho agido como se a morte de Cristo fosse inútil ao acreditar que, para ser salva, tenho de fazer algo além de aceitar o que Cristo fez na cruz?
Eu acredito que não posso ser perdoada?
Existe algo que parece que não posso fazer o qual, em minha opinião, está me impedindo de ter a salvação?
O que a Palavra de Deus diz sobre a salvação e como ela é alcançada?
Existe alguma "obra" que eu acredito que deva fazer para preservar minha salvação? O que a Palavra de Deus diz sobre isso?

fé em Cristo e não por fazermos o que
a lei manda. Pois ninguém é aceito por
Deus por fazer o que a lei manda. 17 Ao
procurarmos ser aceitos por Deus por es-
tarmos unidos com Cristo, fica claro que
somos "pecadores" como os não judeus.
Mas será que isso quer dizer que Cristo
trabalha em favor do pecado? Claro que
não! 18 Se eu, depois de ter destruído a lei,
começar a construí-la de novo como meio
de ser aceito por Deus, aí, sim, fica claro
que eu havia quebrado a lei. 19 Pois, quan-
to à lei, estou morto, morto pela própria
lei, a fim de viver para Deus. Eu fui mor-
to com Cristo na cruz. 20 Assim já não sou
eu quem vive, mas Cristo é quem vive em
mim. E esta vida que vivo agora, eu a vivo
pela fé no Filho de Deus, que me amou e
se deu a si mesmo por mim. 21 Eu me re-
cuso a rejeitar a *graça de Deus. Pois, se
é por meio da lei que as pessoas são acei-
tas por Deus, então a morte de Cristo não
adiantou nada!

Lei ou fé

3 Ó gálatas sem juízo! Quem foi que en-
feitiçou vocês? Na minha pregação a
vocês eu fiz uma descrição perfeita da
morte de Jesus Cristo na cruz; por assim
dizer, vocês viram Jesus na cruz. 2 Respon-
dam somente isto: vocês receberam o Es-
pírito de Deus por terem feito o que a *lei
manda ou por terem ouvido a mensagem
do *evangelho e terem crido nela? 3 Como
é que vocês podem ter tão pouco juízo?
Vocês começaram a sua vida cristã pelo
poder do Espírito de Deus e agora que-
rem ir até o fim pelas suas próprias for-
ças? 4 Será que as coisas pelas quais vocês
passaram não serviram para nada? Não
é possível! 5 Será que, quando Deus dá o
seu Espírito e faz milagres entre vocês,
é porque vocês fazem o que a lei man-
da? Não será que é porque vocês ouvem
a mensagem e creem nela?
6 Lembrem do que as *Escrituras Sa-
gradas dizem a *respeito de Abraão*: "Ele
creu em Deus, e por isso Deus o aceitou."
7 Portanto, vocês devem saber que os ver-
dadeiros descendentes de Abraão são os
que têm fé. 8 Antes que isso acontecesse,
as Escrituras viram que Deus ia aceitar os
não judeus por meio da fé. Por isso, an-
tes de chegar o tempo, elas anunciaram a
boa notícia a Abraão, dizendo: "Por meio
de você, Deus abençoará todos os povos."
9 Abraão creu e foi abençoado; portanto,
todos os que creem são abençoados como
ele foi.
10 Os que confiam na sua obediên-
cia à lei estão debaixo da maldição de
Deus. Pois as Escrituras Sagradas dizem:
"Quem não obedece sempre a tudo o que
está escrito no *Livro da Lei está debaixo
da maldição de Deus." 11 É claro que nin-
guém é aceito por Deus por meio da lei,
pois as Escrituras dizem: "Viverá aquele
que, por meio da fé, é aceito por Deus."
12 Mas a lei não tem nada a ver com a fé.
Pelo contrário, como dizem as Escritu-
ras: "Viverá aquele que fizer o que a lei
manda."
13 Porém Cristo, tornando-se maldição
por nós, nos livrou da maldição imposta
pela lei. Como dizem as Escrituras: "Mal-
dito todo aquele que for pendurado numa
cruz!" 14 Cristo fez isso para que a bênção
que Deus prometeu a Abraão seja dada,
por meio de Cristo Jesus, aos não judeus
e para que todos nós recebamos por meio
da fé o Espírito que Deus prometeu.

A lei e a promessa

15 Meus irmãos, vou usar um exemplo
da vida diária: quando duas pessoas com-
binam alguma coisa e assinam um contra-
to, ninguém pode quebrá-lo ou acrescen-
tar qualquer coisa a ele. 16 Pois Deus fez as
suas promessas a Abraão e ao seu descen-
dente. Quando as *Escrituras dizem que
Deus fez as suas promessas a Abraão "e
à sua descendência", elas não querem di-
zer que se trata de muitas pessoas, mas
de uma só, isto é, Cristo. 17 O que eu quero
dizer é o seguinte: Deus fez uma *aliança
com Abraão e prometeu cumpri-la. A *lei,
que foi dada quatrocentos e trinta anos
depois, não pode quebrar aquela aliança,
nem anular a promessa de Deus. 18 Por-
que, se aquilo que Deus dá depende da lei,
então o que ele dá já não depende da sua
promessa. Mas o que Deus deu a Abraão,
ele deu porque havia prometido.
19 *Então, por que* é que foi dada a lei?
Ela foi dada para mostrar as coisas que
são contra a vontade de Deus. A lei de-
via durar até que viesse o descendente
de Abraão, pois a promessa foi feita a esse
descendente. A lei foi entregue por an-
jos, e um homem serviu de intermediá-
rio. 20 Porém não é preciso haver interme-
diário quando se está falando de uma só
pessoa; e Deus é um só.

DEVOCIONAL

Texto para leitura: **Gálatas 3:1-5**

Conheça a si mesma

A lei é inútil para salvá-la. Antes da chegada de Cristo, esperava-se que as pessoas fizessem exatamente o que a lei dizia, mas, uma vez que ninguém podia fazer isso de forma perfeita, sacrifícios precisavam ser realizados. Os pecados das pessoas eram grandes e frequentes demais para que fossem santas sem algum tipo de sacrifício. E nada é diferente agora: você foi salva não porque era muito perfeita e santa, mas porque Jesus foi seu sacrifício. Quando aceitou esse fato, você foi imediatamente salva. Nada do que tenha feito, além de aceitá-lo, a salvou. Aceitá-lo como Senhor de sua vida é o fundamento de toda a sua fé.

Quando ele se tornou seu Senhor, também lhe deu o Espírito dele, e esse Espírito é o que transforma sua vida. Muitas vezes, você comete erros, faz o que não quer fazer e se sente terrível. Você se pergunta como corrigir isso, como acertar as coisas. E às vezes sente-se impotente para mudar, e isso é verdade: às vezes, você é impotente, mas o Espírito não é. Lembre-se de que foi por meio do Espírito que você foi salva. E se ele tem poder para salvá-la, tem poder para transformá-la.

Quando você fracassar, não se odeie, não se irrite e não desista. Apenas se lembre do que você fez quando foi salva e faça isso novamente: volte-se para Jesus, confesse seu pecado e aceite o perdão e a purificação dele. A capacidade de saber a coisa certa a ser feita e a força para fazê-la vêm do Espírito Santo, que habita em você. Não tente fazer tudo isso sozinha. Invoque-o, suplique a ele e confie que ele irá fazê-la mais parecida com Cristo a cada dia. Quando você fracassar, levante-se, limpe a poeira e siga em frente. Você pode fazer todas as coisas por meio dele (veja Filipenses 4:13). Confie nisso e aceite o perdão de Jesus.

O objetivo da lei

21 Será que isso quer dizer que a *lei é
contra as promessas de Deus? É claro que
não! Porque, se tivesse sido dada uma lei
que pudesse dar vida às pessoas, então
elas seriam aceitas por Deus por obede-
cerem a ela. 22 Porém as *Escrituras Sa-
gradas afirmam que o mundo inteiro está
dominado pelo pecado, e isso para que as
pessoas que creem recebam o que Deus
promete aos que têm fé em Jesus Cristo.
23 Mas, antes que chegasse o tempo da
fé, nós éramos prisioneiros da lei, até que
fosse revelada a fé que devia vir. 24 Assim,
a lei ficou tomando conta de nós até *que
Cristo viesse para poder*mos ser aceitos
por Deus por meio da fé. 25 Agora que che-
gou o tempo da fé, não precisamos mais
da lei para tomar conta de nós.
26 Pois, por meio da fé em Cristo Jesus,
todos vocês são filhos de Deus. 27 Porque
vocês foram batizados para ficarem uni-
dos com Cristo e assim se revestiram com
as qualidades do próprio Cristo. 28 Desse
modo não existe diferença entre judeus
e não judeus, entre escravos e pessoas
livres, entre homens e mulheres: todos
vocês são um só por estarem unidos com
Cristo Jesus. 29 E, já que vocês pertencem a
Cristo, então são descendentes de Abraão
e receberão aquilo que Deus prometeu.
4 Digo mais isto: enquanto é menor de
idade, o filho que vai herdar a proprie-
dade do pai é tratado como escravo, mes-
mo sendo, de fato, o dono de tudo. 2 En-
quanto é menor, há pessoas que tomam
conta dele e cuidam dos seus negócios até
o tempo marcado pelo pai. 3 Assim tam-
bém nós, antes de ficarmos adultos espi-
ritualmente, fomos escravos dos pode-
res espirituais que dominam o mundo.
4 Mas, quando chegou o tempo certo, Deus

enviou o seu próprio Filho, que veio como
filho de mãe humana e viveu debaixo da
lei 5 para libertar os que estavam debaixo
da lei, a fim de que nós pudéssemos nos
tornar filhos de Deus.
6 E, para mostrar que vocês são seus fi-
lhos, Deus enviou o Espírito do seu Filho
ao nosso coração, o Espírito que excla-
ma: "Pai, meu Pai." 7 Assim vocês não são
mais escravos; vocês são filhos. E, já que
são filhos, Deus lhes dará tudo o que ele
tem para dar aos seus filhos.

A preocupação de Paulo pelos gálatas

8 No passado vocês não conheciam a
Deus e por isso eram escravos de deuses
que, de fato, não são deuses. 9 Mas, agora
que vocês conhecem a Deus, ou melhor,
agora que Deus os conhece, como é que
vocês querem voltar para aqueles pode-
res espirituais fracos e sem valor? Por que
querem se tornar escravos deles outra
vez? 10 Por que dão tanta importância a
certos dias, meses, estações e anos? 11 Es-
tou muito preocupado com vocês! Será
que todo o trabalho que tive com vocês
não valeu nada?
12 Meus irmãos, peço que sejam como
eu. Afinal eu sou como vocês, e vocês não
me ofenderam em nada. 13 Lembram por
que foi que lhes anunciei pela primeira
vez o *evangelho? Foi porque eu estava
doente. 14 Mas vocês não me desprezaram,
nem me rejeitaram, embora o meu esta-
do de saúde fosse uma dura prova para
vocês. Pelo contrário, vocês me recebe-
ram como se eu fosse um anjo de Deus
ou mesmo como se eu fosse Cristo Jesus.
15 E como vocês estavam felizes! Eu posso
afirmar que, se pudessem, vocês teriam
arrancado os seus próprios olhos para
me dar! O que foi que aconteceu? 16 Será
que agora, por ter dito a verdade, eu me
tornei inimigo de vocês?
17 Esses homens mostram grande inte-
resse por vocês, mas a intenção deles não
é boa. O que *eles querem é separar vocês*
de mim para que vocês sintam por eles
o mesmo interesse que eles sentem por
vocês. 18 É bom vocês terem um interesse
sincero sempre e não somente quando es-
tou com vocês. 19 Meus queridos filhos, eu
estou sofrendo por vocês, como uma mu-
lher que tem dores de parto. E continua-
rei sofrendo até que Cristo esteja viven-
do em vocês. 20 Como eu gostaria de estar
aí agora para poder falar com vocês de
modo diferente! Estou muito preocupado
com vocês.

Agar e Sara

21 Vocês que querem estar debaixo da
*lei, me digam uma coisa: vocês não es-
tão ouvindo o que a Lei diz? 22 Ela diz que
Abraão teve dois filhos: um, de uma es-
crava, Agar; e outro, de uma mulher livre,
Sara. 23 O filho da escrava foi gerado como
todas as crianças são geradas, mas o fi-
lho da mulher livre foi gerado por causa
da promessa de Deus. 24 Isto serve como
um símbolo: as duas mulheres represen-
tam as duas *alianças. Uma aliança é a do
monte Sinai e está representada por Agar.
Os que são dessa aliança nascem escra-
vos. 25 Pois Agar representa o monte Sinai,
na Arábia, e Agar é o símbolo da Jerusa-
lém atual, que é escrava com todo o seu
povo. 26 Mas a Jerusalém celestial é livre
e ela é a nossa mãe. 27 Pois as *Escrituras
Sagradas dizem:

"Você, mulher que nunca teve
filhos,
fique alegre!
Você que nunca sentiu dores de
parto,
grite de alegria!
Pois a mulher abandonada terá
mais filhos do que a que mora
com o marido."

28 Meus irmãos, vocês são como Isaque;
são filhos de Deus por causa da promes-
sa divina. 29 Naquela época o filho que ha-
via sido gerado como todas as crianças
são geradas perseguiu o que havia sido
gerado por causa do Espírito de Deus; e
a mesma coisa está acontecendo agora.
30 Mas o que é que as Escrituras Sagra-
das dizem? Elas dizem: "Mande embora
a escrava e o filho dela, pois o filho da es-
crava não herdará a propriedade do pai,
junto com o filho da mulher livre." 31 Por-
tanto, meus irmãos, nós não somos filhos
de uma escrava, mas de uma mulher livre.

Firmes na liberdade

5 Cristo nos libertou para que nós seja-
mos realmente livres. Por isso, conti-
nuem firmes como pessoas livres e não
se tornem escravos novamente.
2 Prestem atenção! Eu, Paulo, afirmo
que, se vocês deixarem que os *circun-
cidem, então Cristo não tem nenhum va-
lor para vocês. 3 Repito isto mais uma vez

para qualquer homem que deixar que o
circuncidem: esse homem é obrigado a
obedecer a toda a *lei. 4 Vocês que querem
que Deus os aceite porque obedecem à
lei estão separados de Cristo e não têm a
*graça de Deus. 5 Mas nós temos a espe-
rança de que Deus nos aceitará, e é isso o
que esperamos pelo poder do Espírito de
Deus, que age por meio da nossa fé. 6 Pois,
quando estamos unidos com Cristo Jesus,
não faz diferença nenhuma estar ou não
estar circuncidado. O que importa é a fé
que age por meio do amor.

7 Vocês estavam indo tão bem! Quem
convenceu vocês a deixarem de seguir a
verdade? 8 É claro que quem os conven-
ceu não foi Deus, que os *chamou. 9 Como
dizem por aí: "Um pouco de fermento fer-
menta toda a massa." 10 Mas eu ainda te-
nho confiança em vocês. A nossa união
com o Senhor me dá a certeza de que
vocês voltarão a pensar da maneira cer-
ta. E também tenho certeza de que o ho-
mem que está perturbando vocês, seja ele
quem for, será castigado por Deus.

11 Porém, irmãos, se é verdade que eu
continuo a anunciar que a circuncisão é
necessária, por que é que sou persegui-
do? Se eu anunciasse isso, então a minha
pregação a respeito da cruz de Cristo não
causaria dificuldade para ninguém. 12 E,
quanto a esses homens que andam per-
turbando vocês, eu gostaria que se cas-
trassem de uma vez!

Pergunte a si mesma...

Você quer algo. Você quer isso *de verdade*. Não, você precisa disso! Mas, quanto mais você pede, mais parece se afastar de seu sonho. É possível que Deus esteja fazendo algo mais importante em sua vida neste momento? É possível que seja algo que mudará tudo em você ou à sua volta, mas você está tão focada nessa coisinha que deseja a ponto de não conseguir ver mais nada? *Pense nisso por um instante.* É possível que haja algo maior que Deus queira para você? Para ter as respostas, leia a Bíblia e veja o que Deus quer mais de sua vida. Gálatas 5:22-23 é um bom ponto de partida.

13 Porém vocês, irmãos, foram chama-
dos para serem livres. Mas não deixem
que essa liberdade se torne uma descul-
pa para permitir que a natureza huma-
na domine vocês. Pelo contrário, que o
amor faça com que vocês sirvam uns aos
outros. 14 Pois a lei inteira se resume em
um mandamento só: "Ame os outros como
você ama a você mesmo." 15 Mas, se vocês
agem como animais selvagens, ferindo e
prejudicando uns aos outros, então cuida-
do para não acabarem se matando!

O Espírito de Deus e a natureza humana

16 Quero dizer a vocês o seguinte: dei-
xem que o Espírito de Deus dirija a vida
de vocês e não obedeçam aos desejos da
natureza humana. 17 Porque o que a nos-
sa natureza humana quer é contra o que
o Espírito quer, e o que o Espírito quer
é contra o que a natureza humana quer.
Os dois são inimigos, e por isso vocês não
podem fazer o que vocês querem. 18 Po-
rém, se é o Espírito de Deus que guia vo-
cês, então vocês não estão debaixo da *lei.

19 As coisas que a natureza humana pro-
duz são bem conhecidas. Elas são: a imo-
ralidade sexual, a impureza, as ações in-
decentes, 20 a adoração de ídolos, as feiti-
çarias, as inimizades, as brigas, as ciumei-
ras, os acessos de raiva, a ambição egoís-
ta, a desunião, as divisões, 21 as invejas, as
bebedeiras, as farras e outras coisas pa-
recidas com essas. Repito o que já disse:
os que fazem essas coisas não receberão
o *Reino de Deus.

22 Mas o Espírito de Deus produz o
amor, a alegria, a paz, a paciência, a de-
licadeza, a bondade, a fidelidade, 23 a hu-
mildade e o domínio próprio. E contra
essas coisas não existe lei. 24 As pessoas
que pertencem a Cristo Jesus crucificaram
a natureza humana delas, junto com to-
das as paixões e desejos dessa natureza.
25 Que o Espírito de Deus, que nos deu a
vida, controle também a nossa vida! 26 Nós
não devemos ser orgulhosos, nem pro-
vocar ninguém, nem ter inveja uns dos
outros.

Ajudem uns aos outros

6 *Meus irmãos*, se alguém for apanha-
do em alguma falta, vocês que são es-
pirituais devem ajudar essa pessoa a se
corrigir. Mas façam isso com humildade
e tenham cuidado para que vocês não se-
jam tentados também. 2 Ajudem uns aos
outros e assim vocês estarão obedecendo

à lei de Cristo. 3 A pessoa que pensa que é
importante, quando, de fato, não é, está
enganando a si mesma. 4 Que cada pessoa
examine o seu próprio modo de agir! Se
ele for bom, então a pessoa pode se or-
gulhar do que fez, sem precisar compa-
rar o seu modo de agir com o dos outros.
5 Porque cada pessoa deve carregar a sua
própria carga.

6 A pessoa que está aprendendo o
*evangelho de Cristo deve repartir todas
as suas coisas boas com quem a estiver
ensinando.

7 Não se enganem: ninguém zomba de
Deus. O que uma pessoa plantar, é isso
mesmo que colherá. 8 Se plantar no terre-
no da sua natureza humana, desse terre-
no colherá a morte. Porém, se plantar no
terreno do Espírito de Deus, desse terre-
no colherá a vida eterna. 9 Não nos canse-
mos de fazer o bem. Pois, se não desani-
marmos, chegará o tempo certo em que
faremos a colheita. 10 Portanto, sempre
que pudermos, devemos fazer o bem a
todos, especialmente aos que fazem parte
da nossa família na fé.

Últimos conselhos e saudações

11 Vejam as letras grandes que estou
escrevendo com a minha própria mão!
12 Os que estão forçando vocês a se *cir-
cuncidarem são pessoas que querem fi-
car orgulhosas de coisas de pouca impor-
tância. Eles fazem isso somente para não
serem perseguidos por causa da cruz de
Cristo. 13 Pois nem mesmo os que prati-
cam a circuncisão obedecem à *lei. Po-
rém eles querem que vocês se circunci-
dem para que eles possam se gabar de
terem colocado o sinal da *circuncisão no
corpo de vocês. 14 Mas eu me orgulharei
somente da cruz do nosso Senhor Jesus
Cristo. Pois, por meio da cruz, o mundo
está morto para mim, e eu estou morto
para o mundo. 15 Não faz nenhuma dife-
rença se o homem é circuncidado ou não;
o importante é que ele seja uma nova
pessoa. 16 E, para todos os que seguem
essa regra na sua vida, que a paz e a mi-
sericórdia estejam com eles e com todo
o povo de Deus!

17 Para terminar: que mais ninguém
crie dificuldades para mim, pois as mar-
cas no meu corpo mostram que sou es-
cravo de Jesus.

Bênção

18 Que a *graça do nosso Senhor Jesus
Cristo esteja com todos vocês, meus ir-
mãos! *Amém!

Efésios

Imite a Deus

Pois pela graça de Deus vocês são salvos por meio da fé. Isso não vem de vocês, mas é um presente dado por Deus. A salvação não é o resultado dos esforços de vocês; portanto, ninguém pode se orgulhar de tê-la.
Efésios 2:8-9

Autor O apóstolo Paulo
Data Por volta de 60
Local Muito provavelmente em Roma, enquanto Paulo estava preso
Público-alvo A igreja em Éfeso

Um dos grandes mistérios da fé é a salvação: um Deus perfeito não só aceita você, imperfeita, mas leva embora todas as coisas idiotas e pecaminosas que você fez no passado e a torna filha dele. A beleza do livro de Efésios é a mensagem de que você não foi salva por algo que tenha feito, mas somente pelo sangue de Cristo dado por causa da bondade de Deus. Paulo quer que seus leitores sejam encorajados na fé. Ele quer que encontrem força na profundidade absoluta do amor de Deus por eles.

Ele também quer que seus leitores entendam que Deus os escolheu para serem santos e perfeitos. Ele não a escolheu para que você continuasse como estava antes de conhecê-lo, mas para torná-la uma pessoa melhor, mais santa, mais parecida com Jesus. Deus faz o trabalho mais difícil de todos: salvar. Ele a aceita e a perdoa por tudo o que você já fez, mas o trabalho não para por aí. Ele tem mais planos para você — mais trabalho, sim, mas também mais bondade.

Ponto essencial
Você foi adotada, sabia disso? Leia o livro de Efésios, e você verá como Deus a amou tanto a ponto de torná-la dele. Se você estiver se sentindo para baixo com relação à vida e à fé, leia este livro e inspire-se.

Nesta carta, Paulo encoraja a santidade e a unidade com Cristo. E nessa unidade, você pode encontrar tudo aquilo de que precisa para não só sobreviver neste mundo, mas prosperar. Você precisa se lembrar, Garota de Deus, de que sua vida não é uma luta contra um oponente humano, embora esses seres humanos irritantes possam ser seus inimigos mais óbvios. A verdadeira luta é contra o *inimigo de Deus* e as forças do mal desse inimigo. Mas não tenha medo: Deus provê tudo aquilo de que você precisa para se opor aos ataques. Neste belo livro, você descobrirá como vestir toda a armadura de Deus, uma armadura espiritual que pode protegê-la contra todos os "dardos de fogo do Maligno" (Efésios 6:16).

Como uma Garota de Deus, você não segue sem rumo neste mundo, perdida e solitária. Você foi salva para um propósito especial: imitar a Cristo *e, ao fazer isso, tornar-se mais pacífica*, fiel, confiante, amorosa e santa. Leia o livro de Efésios e estude tudo o que Deus lhe deu para encontrar toda a força necessária para vencer o mal neste mundo.

Coisas para procurar

- O quanto Deus a ama (veja Efésios 2:4-10)
- O que significa o "corpo" de cristãos (veja Efésios 4—6)
- Como lidar com seus pais de forma bíblica (veja Efésios 6:1-3)
- Como vestir toda a armadura de Deus (veja Efésios 6:10-18)

Versículos que você deve saber

Pois, pela morte de Cristo na cruz, nós somos libertados, isto é, os nossos pecados são perdoados.

(Efésios 1:7)

De acordo com a sua vontade e com aquilo que ele havia resolvido desde o princípio, Deus nos escolheu para sermos o seu povo, por meio da nossa união com Cristo. Portanto, digo que nós, que fomos os primeiros a pôr a nossa esperança em Cristo, louvemos a glória de Deus.

(Efésios 1:11-12)

Mas a misericórdia de Deus é muito grande, e o seu amor por nós é tanto, que, quando estávamos espiritualmente mortos por causa da nossa desobediência, ele nos trouxe para a vida que temos em união com Cristo.

(Efésios 2:4-5)

Vistam-se com a nova natureza, criada por Deus, que é parecida com a sua própria natureza e que se mostra na vida verdadeira, a qual é correta e dedicada a ele.

(Efésios 4:24)

Pois pela graça de Deus vocês são salvos por meio da fé. Isso não vem de vocês, mas é um presente dado por Deus. A salvação não é o resultado dos esforços de vocês; portanto, ninguém pode se orgulhar de tê-la.

(Efésios 2:8-9)

Vocês são filhos queridos de Deus e por isso devem ser como ele.

(Efésios 5:1)

Esposa, obedeça ao seu marido, como você obedece ao Senhor.

(Efésios 5:22)

Para terminar: tornem-se cada vez mais fortes, vivendo unidos com o Senhor e recebendo a força do seu grande poder. Vistam-se com toda a armadura que Deus dá a vocês, para ficarem firmes contra as armadilhas do Diabo.

(Efésios 6:10-11)

Saudação

1 Eu, Paulo, *apóstolo de Cristo Jesus pela
vontade de Deus, escrevo esta carta ao
povo de Deus da cidade de Éfeso, o povo
que é fiel por estar unido com Cristo Jesus.
2 Que a *graça e a paz de Deus, o nos-
so Pai, e do Senhor Jesus Cristo estejam
com vocês!

Bênçãos espirituais

3 Agradeçamos ao Deus e Pai do nos-
so Senhor Jesus Cristo, pois ele nos tem
abençoado por estarmos unidos com
Cristo, dando-nos todos os *dons espiri-
tuais do mundo celestial. 4 Antes da cria-
ção do mundo, Deus já nos havia esco-
lhido para sermos dele por meio da nos-
sa união com Cristo, a fim de pertencer-
mos somente a Deus e nos apresentarmos
diante dele sem culpa.
Por causa do seu amor por nós, 5 Deus
já havia resolvido que nos tornaria seus
filhos, por meio de Jesus Cristo, pois este
era o seu prazer e a sua vontade. 6 Por-
tanto, louvemos a Deus pela sua *glorio-
sa *graça, que ele nos deu gratuitamente
por meio do seu querido Filho. 7 Pois, pela
morte de Cristo na cruz, nós somos liber-
tados, isto é, os nossos pecados são per-
doados. Como é maravilhosa a graça de
Deus, 8 que ele nos deu com tanta fartura!
Deus, em toda a sua sabedoria e en-
tendimento, 9 fez o que havia resolvido e
nos revelou o plano secreto que tinha de-
cidido realizar por meio de Cristo. 10 Esse
plano é unir, no tempo certo, debaixo da
autoridade de Cristo, tudo o que existe
no céu e na terra.
11 Todas as coisas são feitas de acordo
com o plano e com a decisão de Deus. De
acordo com a sua vontade e com aqui-
lo que ele havia resolvido desde o prin-
cípio, Deus nos escolheu para sermos o
seu povo, por meio da nossa união com
Cristo. 12 Portanto, digo que nós, que fo-
mos os primeiros a pôr a nossa esperan-
ça em Cristo, louvemos a *glória de Deus.
13 A mesma coisa aconteceu também
com vocês. Quando ouviram a verdadeira
mensagem, a boa notícia que trouxe para
vocês a salvação, vocês creram em Cristo.
E Deus pôs em vocês a sua marca de pro-
prietário quando lhes deu o Espírito San-
to, que ele havia prometido. 14 O Espírito

DEVOCIONAL

Texto para leitura: **Efésios 1:7-12**

Conheça a si mesma

Cuidado para não se aproveitar do perdão de Deus. Se você está quase fazendo algo errado e pensa: “Bom, pelo menos eu sei que Deus me perdoará”, você entendeu muito mal a Palavra de Deus. Lembre-se de que a única razão pela qual você foi perdoada é por causa da morte horrível do Filho de Deus na cruz. Aproveitar-se disso como um passe livre para pecar é escolher a morte para Jesus. Eu sei que essa não é sua intenção, mas essa é a consequência. Nunca se esqueça de que o perdão, que é tão fácil para você receber de Deus, custou uma terrível agonia para o Filho dele. Nunca se esqueça do preço pelo qual você foi comprada.

Deus é bom e manso. Ele a ama. Ele está ao seu lado, mas nunca pense que é só por causa deste amor que ele é capaz de perdoá-la. Seu pecado exigiu algo mais: ele exigiu que esse pagamento ou resgate fosse feito em troca de suas transgressões. É só por causa do sangue e do sofrimento de Cristo que ele pode dizer: “Seus pecados estão perdoados”. Essa dádiva incomensurável de Deus — a perseguição, tortura e morte de seu Filho — é o que lhe dá acesso imediato ao perdão. Nunca veja o perdão divino como *algo comum, porque ele vem* até você por meio do sangue do Filho de Deus. Cristo ficou pendurado na cruz para que você pudesse ter perdão. Lembre-se disso da próxima vez que estiver para se aproveitar dessa dádiva incrível.

Santo é a garantia de que receberemos o
que Deus prometeu ao seu povo, e isso
nos dá a certeza de que Deus dará liber-
dade completa aos que são seus. Portan-
to, louvemos a sua glória.

Oração de agradecimento

15 Por isso, desde que ouvi falar da fé
que vocês têm no Senhor Jesus e do amor
que vocês têm por todos os irmãos na fé,
16 não paro de agradecer a Deus por causa
de vocês. Eu sempre lembro de vocês nas
minhas orações. 17 E peço ao Deus do nos-
so Senhor Jesus Cristo, o Pai *glorioso, que
dê a vocês o seu Espírito, o Espírito que
os tornará sábios e revelará Deus a vocês,
para que assim vocês o conheçam como
devem conhecer. 18 Peço que Deus abra
a mente de vocês para que vejam a luz
dele e conheçam a esperança para a qual
ele os *chamou. E também para que sai-
bam como são maravilhosas as bênçãos
que ele prometeu ao seu povo 19 e como
é grande o seu poder que age em nós, os
que cremos nele. Esse poder que age em
nós é a mesma força poderosa 20 que ele
usou quando ressuscitou Cristo e fez com
que ele se sentasse ao seu lado direito no
mundo celestial. 21 Cristo reina sobre to-
dos os governos celestiais, autoridades,
forças e poderes. Ele tem um título que
está acima de todos os títulos das auto-
ridades que existem neste mundo e no
mundo que há de vir. 22 Deus colocou to-
das as coisas debaixo da autoridade de
Cristo e deu Cristo à Igreja como o único
Senhor de tudo. 23 A Igreja é o corpo de
Cristo; ela completa Cristo, o qual com-
pleta todas as coisas em todos os lugares.

Da morte para a vida

2 Antigamente, por terem desobedeci-
do a Deus e por terem cometido pe-
cados, vocês estavam espiritualmente
mortos. 2 Naquele tempo vocês seguiam
o mau caminho deste mundo e faziam a
vontade daquele que governa os poderes
espirituais do espaço, o espírito que ago-
ra controla os que desobedecem a Deus.
3 De fato, todos nós éramos como eles e
vivíamos de acordo com a nossa natureza
humana, fazendo o que o nosso corpo e a
nossa mente queriam. Assim, porque so-
mos seres humanos como os outros, nós
também estávamos destinados a sofrer o
castigo de Deus.

4 Mas a misericórdia de Deus é mui-
to grande, e o seu amor por nós é tanto,
5 que, quando estávamos espiritualmente
mortos por causa da nossa desobediên-
cia, ele nos trouxe para a vida que temos
em união com Cristo. Pela *graça de Deus
vocês são salvos. 6 Por estarmos unidos
com Cristo Jesus, Deus nos ressuscitou
com ele para reinarmos com ele no mun-
do celestial. 7 Deus fez isso para mostrar,
em todos os tempos do futuro, a imensa
grandeza da sua graça, que é nossa por
meio do amor que ele nos mostrou por
meio de Cristo Jesus.

8 Pois pela graça de Deus vocês são sal-
vos por meio da fé. Isso não vem de vo-
cês, mas é um presente dado por Deus. 9 A
salvação não é o resultado dos esforços
de vocês; portanto, ninguém pode se or-
gulhar de tê-la. 10 Pois foi Deus quem nos
fez o que somos agora; em nossa união
com Cristo Jesus, ele nos criou para que
fizéssemos as boas obras que ele já havia
preparado para nós.

Unidos por meio de Cristo

11 Lembrem que vocês, os não judeus,
eram chamados de *incircuncidados pe-
los judeus, que chamam a si mesmos de
circuncidados por praticar a *circuncisão.
Lembrem do que vocês eram no passado.
12 Naquele tempo vocês estavam separa-
dos de Cristo; eram estrangeiros e não
pertenciam ao povo escolhido de Deus.
Não tinham parte nas suas *alianças, que
eram baseadas nas promessas de Deus
para o seu povo. E neste mundo viviam
sem esperança e sem Deus.

13 Mas agora, unidos com Cristo Jesus,
vocês, que estavam longe de Deus, foram
trazidos para perto dele pela morte de
Cristo na cruz. 14 Pois foi Cristo quem nos
trouxe a paz, tornando os judeus e os não
judeus um só povo. Por meio do *sacrifí-
cio do seu corpo, ele derrubou o muro
de inimizade que separava os judeus dos
não judeus. 15 Ele acabou com a *lei, jun-
tamente com os seus mandamentos e re-
gulamentos; e dos dois povos formou um
só povo, novo e unido com ele. Foi assim
que ele trouxe a paz. 16 Pela sua morte na
cruz, Cristo destruiu a inimizade que ha-
via entre os dois povos. Por meio da cruz,
ele os uniu em um só corpo e os levou
de volta para Deus. 17 Assim Cristo veio
e anunciou a todos a boa notícia de paz,
tanto a vocês, os não judeus, que estavam
longe de Deus, como aos judeus, que es-
tavam perto dele. 18 É por meio de Cristo

que todos nós, judeus e não judeus, podemos ir, pelo poder de um só Espírito, até a presença do Pai.

19 Portanto, vocês, os não judeus, não são mais estrangeiros nem visitantes. Agora vocês são cidadãos que pertencem ao povo de Deus e são membros da família dele. 20 Vocês são como um edifício e estão construídos sobre o alicerce que os *apóstolos e os *profetas colocaram. E a pedra fundamental desse edifício é o próprio Cristo Jesus. 21 Ele mantém o edifício todo bem firme e faz com que cresça como um templo dedicado ao Senhor. 22 Assim vocês também, unidos com Cristo, estão sendo construídos, junto com os outros, para se tornarem uma casa onde Deus vive por meio do seu Espírito.

O trabalho de Paulo entre os não judeus

3 Por essa razão eu oro a Deus, eu, Paulo, que estou preso por causa de Cristo Jesus para o bem de vocês, os não judeus. 2 Com certeza vocês já sabem que Deus, por causa da sua *graça, me deu esse trabalho para o bem de vocês. 3 Deus me revelou o seu plano secreto e fez com que eu o conhecesse. (Eu escrevi isso em poucas palavras, 4 e, se vocês lerem o que escrevi, poderão saber como entendo o segredo de Cristo.) 5 No passado esse segredo não foi contado aos seres humanos, mas agora, por meio do seu Espírito, Deus o revelou aos seus santos *apóstolos e *profetas. 6 O segredo é este: por meio do *evangelho os não judeus participam com os judeus das bênçãos divinas. Eles são membros do mesmo corpo e participam da promessa que Deus fez por meio de Cristo Jesus.

7 Graças ao *dom que Deus, na sua bondade, me deu, e, pela ação do seu poder, eu fui colocado como *servo do evangelho. 8 Eu sou menos do que o menor de todos os que pertencem a Deus, mas mesmo assim ele me deu este privilégio de anunciar aos não judeus a boa notícia das imensas riquezas de Cristo. 9 E também me deu o privilégio de fazer com que todos vejam como se realiza o plano secreto de Deus. Deus, que criou tudo, escondeu esse segredo durante os tempos passados. 10 E isso aconteceu a fim de que agora, por meio da Igreja, as autoridades e os poderes angélicos do mundo celestial conheçam a sabedoria de Deus em todas as suas diferentes formas. 11 Deus fez isso de acordo com o seu propósito eterno, que ele realizou por meio de Cristo Jesus, o nosso Senhor. 12 Por estarmos unidos com Cristo, por meio da nossa fé nele, nós temos a coragem de nos apresentarmos na presença de Deus com toda a confiança. 13 Portanto, eu lhes peço que não desanimem por causa dos meus sofrimentos por vocês, pois eles lhes trazem benefício.

Oração em favor do povo de Deus

14 Por esse motivo, eu me ajoelho diante do Pai, 15 de quem todas as famílias no céu e na terra recebem o seu verdadeiro nome. 16 E peço a Deus que, da riqueza da sua *glória, ele, por meio do seu Espírito, dê a vocês poder para que sejam espiritualmente fortes. 17 Peço também que, por meio da fé, Cristo viva no coração de vocês. E oro para que vocês tenham raízes e alicerces no amor, 18 para que assim, junto com todo o povo de Deus, vocês possam compreender o amor de Cristo em toda a sua largura, comprimento, altura e profundidade. 19 Sim, embora seja impossível conhecê-lo perfeitamente, peço que vocês venham a conhecê-lo, para que assim Deus encha completamente o ser de vocês com a sua natureza.

20 E agora, que a glória seja dada a Deus, o qual, por meio do seu poder que age em nós, pode fazer muito mais do que nós pedimos ou até pensamos! 21 Glória a Deus por meio da Igreja e por meio de Cristo Jesus, por todos os tempos e para todo o sempre! *Amém!

A Igreja é o corpo de Cristo

4 Por isso eu, que estou preso porque sirvo o Senhor Jesus Cristo, peço a vocês que vivam de uma maneira que esteja de acordo com o que Deus quis quando *chamou vocês. 2 Sejam sempre humildes, bem educados e pacientes, suportando uns aos outros com amor. 3 Façam tudo para conservar, por meio da paz que une vocês, a união que o Espírito dá. 4 Há um só corpo, e um só Espírito, e uma só esperança, para a qual Deus chamou vocês. 5 Há um só Senhor, uma só fé e um só batismo. 6 E há somente um Deus e Pai de todos, que é o Senhor de todos, que age por meio de todos e está em todos.

7 Porém cada um de nós recebeu um *dom especial, de acordo com o que Cristo deu. 8 Como dizem as *Escrituras Sagradas:

DEVOCIONAL

Texto para leitura: **Efésios 3:14-21**

Conheça o amor

A árvore recebe das raízes grande parte do que precisa para viver. E as raízes crescem proporcionais ao solo em que estão: em solos rasos, as plantas crescem pouco e fracas, e, em solos profundos, crescem muito e fortes.

O lugar em que você finca suas raízes determinará seu crescimento. Finque suas raízes no solo superficial do mundo, e seu crescimento será mirrado. Uma vez que não conhece o amor, o mundo não pode alimentar sua alma nem lhe dar vida em abundância. Mas uma vida enterrada no solo do amor florescerá e se transformará em uma vida impressionante e robusta, inabalável diante dos ventos fortes e capaz de proteger qualquer pessoa que se coloque debaixo de seus galhos. Nesse momento, você é apenas uma mudinha, mas, um dia, será um poderoso carvalho. Neste momento, você está fincando cada vez mais suas raízes, buscando um solo rico, cavando para encontrar água e alimento no amor de Deus. Quanto mais você beber deste amor, quanto mais se aterrar nele e quanto mais o oferecer como sombra para os outros, mais profundas serão suas raízes e mais inabalável você se tornará.

A menina que tem as raízes de sua vida fincadas no solo do amor é a que está decidida a reagir amavelmente com todas as pessoas que encontra. Ela se recusa a deixar que o pecado de outra pessoa se torne seu pecado. Ela não considera a amargura, o ressentimento, a vingança ou a retaliação como opções, mas, em vez disso, mergulha de cabeça no significado do amor. Ela doa enquanto outros recebem. Ela sorri enquanto outros fazem caretas. Ela perdoa enquanto outros odeiam. Você, Garota de Deus, crescerá forte e se tornará uma jovem impressionante para aqueles à sua volta quando se fundamentar no amor, e somente nele. Recuse os padrões do mundo e viva apenas de acordo com os de Deus, e suas raízes serão profundas.

"Quando ele subiu aos lugares mais altos,
levou consigo muitos prisioneiros
e deu dons às pessoas."

9 O que quer dizer "ele subiu"? Quer di-
zer que ele também desceu até os lugares
mais baixos da terra, isto é, até o *mun-
do dos mortos. 10 Assim, quem desceu é
o mesmo que subiu, acima e além dos
céus, para encher todo o *Universo com
a sua presença. 11 Foi ele quem "deu dons
às pessoas". Ele escolheu alguns para se-
rem *apóstolos, outros para *profetas, ou-
tros para evangelistas e ainda outros para
pastores e mestres da Igreja. 12 Ele fez isso
para preparar o povo de Deus para o ser-
viço cristão, a fim de construir o corpo
de Cristo. 13 Desse modo todos nós che-
garemos a ser um na nossa fé e no nosso
conhecimento do Filho de Deus. E assim
seremos pessoas maduras e alcançare-
mos a altura espiritual de Cristo. 14 Então
não seremos mais como crianças, arrasta-
dos pelas ondas e empurrados por qual-
quer vento de ensinamentos de pessoas
falsas. Essas pessoas inventam mentiras
e, por meio delas, levam outros para ca-
minhos errados. 15 Pelo contrário, falan-
do a verdade com espírito de amor, cres-
çamos em tudo até alcançarmos a altura
espiritual de Cristo, que é a cabeça. 16 É
ele quem faz com que o corpo todo fique
bem ajustado e todas as partes fiquem li-
gadas entre si por meio da união de todas
elas. E, assim, cada parte funciona bem, e
o corpo todo cresce e se desenvolve por
meio do amor.

A antiga vida e a nova vida

17 Portanto, em nome do Senhor eu digo
e insisto no seguinte: não vivam mais

como os pagãos, pois os pensamentos de-
les não têm valor, 18 e a mente deles está
na escuridão. Eles não têm parte na vida
que Deus dá porque são completamente
ignorantes e teimosos. 19 Eles perderam
toda a vergonha e se entregaram total-
mente aos vícios; eles não têm nenhum
controle e fazem todo tipo de coisas in-
decentes.

20 Mas não foi essa a maneira de viver
que vocês aprenderam como seguidores
de Cristo. 21 Com certeza vocês ouviram
falar dele e, como seus seguidores, apren-
deram a verdade que está em Jesus. 22 Por-
tanto, abandonem a velha natureza de
vocês, que fazia com que vocês vivessem
uma vida de pecados e que estava sendo
destruída pelos seus desejos enganosos.
23 É preciso que o coração e a mente de
vocês sejam completamente renovados.
24 Vistam-se com a nova natureza, criada
por Deus, que é parecida com a sua pró-
pria natureza e que se mostra na vida ver-
dadeira, a qual é correta e dedicada a ele.

Como viver a nova vida

25 Por isso não mintam mais. Que cada
um diga a verdade para o seu irmão na
fé, pois todos nós somos membros do
corpo de Cristo! 26 Se vocês ficarem com
raiva, não deixem que isso faça com que
pequem e não fiquem o dia inteiro com
raiva. 27 Não deem ao Diabo oportunida-
de para tentar vocês.

28 Quem roubava que não roube mais,
porém comece a trabalhar a fim de viver
honestamente e poder ajudar os pobres.

Pergunte a si mesma...

Estou fazendo coisas que agradam a Deus?
O que estou fazendo que talvez não esteja agradando a Deus?
Eu gosto de falar sobre o pecado de *outras pessoas*?
Como tento *descobrir* o que Deus quer de mim?
Existem outras coisas que posso fazer para saber mais sobre o que agrada a Deus?

29 Não digam palavras que fazem mal
aos outros, mas usem apenas palavras
boas, que ajudam os outros a crescer na
fé e a conseguir o que necessitam, para
que as coisas que vocês dizem façam bem
aos que ouvem. 30 E não façam com que o
Espírito Santo de Deus fique triste. Pois
o Espírito é a marca de propriedade de
Deus colocada em vocês, a qual é a ga-
rantia de que chegará o dia em que Deus
os libertará. 31 Abandonem toda amargu-
ra, todo ódio e toda raiva. Nada de grita-
rias, insultos e maldades! 32 Pelo contrá-
rio, sejam bons e atenciosos uns para com
os outros. E perdoem uns aos outros, as-
sim como Deus, por meio de Cristo, per-
doou vocês.

Pureza de vida

5 Vocês são filhos queridos de Deus e
por isso devem ser como ele. 2 Que a
vida de vocês seja dominada pelo amor,
assim como Cristo nos amou e deu a sua
vida por nós, como uma oferta de perfu-
me agradável e como um *sacrifício que
agrada a Deus!

3 Vocês fazem parte do povo de Deus;
portanto, qualquer tipo de imoralidade
sexual, indecência ou cobiça não pode ser
nem mesmo assunto de conversa entre
vocês. 4 Não usem palavras indecentes,
nem digam coisas tolas ou sujas, pois isso
não convém a vocês. Pelo contrário, di-
gam palavras de gratidão a Deus. 5 Fiquem
certos disto: jamais receberá uma parte
no *Reino de Cristo e de Deus qualquer
pessoa que seja imoral, indecente ou cobi-
çosa (pois a cobiça é um tipo de idolatria).

Vivendo na luz

6 Não deixem que ninguém engane vo-
cês com conversas tolas, pois é por cau-
sa dessas coisas que o castigo de Deus
cairá sobre os que não obedecem a ele.
7 Portanto, não tenham nada a ver com
esse tipo de gente. 8 Antigamente vocês
mesmos viviam na escuridão; mas, ago-
ra que pertencem ao Senhor, vocês estão
na luz. Por isso vivam como pessoas que
pertencem à luz, 9 pois a luz produz uma
grande colheita de todo tipo de bondade,
honestidade e verdade. 10 Procurem des-
cobrir quais são as coisas que agradam o
Senhor. 11 Não participem das coisas sem
valor que os outros fazem, coisas que per-
tencem à escuridão. Pelo contrário, tra-
gam todas essas coisas para a luz. 12 Pois

é vergonhoso até falar sobre o que essas
pessoas fazem em segredo. 13 E, quando
qualquer coisa é trazida para a luz, en-
tão a sua verdadeira natureza é revelada.
14 Porque o que é claramente revelado se
torna luz. E é por isso que se diz:

"Você que está dormindo, acorde!
Levante-se da morte,
e Cristo o iluminará."

15 Portanto, prestem atenção na sua ma-
neira de viver. Não vivam como os igno-
rantes, mas como os sábios. 16 Os dias em
que vivemos são maus; por isso aprovei-
tem bem todas as oportunidades que vo-
cês têm. 17 Não ajam como pessoas sem
juízo, mas procurem entender o que o Se-
nhor quer que vocês façam.
18 Não se embriaguem, pois a bebida le-
vará vocês à desgraça; mas encham-se
do Espírito de Deus. 19 Animem uns aos
outros com salmos, hinos e canções espi-
rituais. Cantem, de todo o coração, hinos
e salmos ao Senhor. 20 Em nome do nosso
Senhor Jesus Cristo, agradeçam sempre
todas as coisas a Deus, o Pai.

Esposas e maridos

21 Sejam obedientes uns aos outros,
pelo respeito que têm por Cristo.
22 Esposa, obedeça ao seu marido, como
você obedece ao Senhor. 23 Pois o mari-
do tem autoridade sobre a esposa, assim
como Cristo tem autoridade sobre a Igre-
ja. E o próprio Cristo é o Salvador da Igre-
ja, que é o seu corpo. 24 Portanto, assim
como a Igreja é obediente a Cristo, assim
também a esposa deve obedecer em tudo
ao seu marido.
25 Marido, ame a sua esposa, assim
como Cristo amou a Igreja e deu a sua
vida por ela. 26 Ele fez isso para dedicar a

DEVOCIONAL

Texto para leitura: **Efésios 5:8-20**

Conheça a si mesma

Quando seus planos são interrompidos, quando seu descanso acaba de repente, quando seu conforto não pode ser alcançado, o modo como você reage prova sua fé. Quando o inesperado acontece e o indesejável vem, o que você faz reflete seu coração e seu compromisso de amar e servir ao Senhor, não importa o que ele peça. Você não prova sua obediência nos dias bons ou nas coisas que você esperava, mas nas noites escuras e nas situações chocantes. A Palavra de Deus é para esses momentos, como também para os que foram planejados.

Você não tem passe livre para pecar quando a vida é muito difícil. Claro, Deus oferece perdão por tudo o que a Garota de Deus faz, mas a beleza da fé está em sua determinação pura de crer, não importa o que esteja acontecendo à sua volta, e fazer o que é certo, não importa como você se sinta. Decida o que agrada a Deus e faça isso. Ao se comprometer com esse tipo de confiança e de obediência, você passa a ter perseverança, caráter, paz e esperança. Toda vez que você rejeita sua natureza escura e pecaminosa e faz o oposto do que suas emoções estão gritando para que seja feito, você fica mais forte, e fazer a coisa certa da próxima vez fica mais fácil.

Mas a essência da obediência não é o dever; é, na verdade, o amor verdadeiro. É algo que você faz por amor à sua vida. E assim como um bônus, ela traz a verdadeira libertação daquelas emoções e desafios dolorosos da vida! Os mandamentos de Deus têm por objetivo tornar a vida melhor, e não mais triste. Por mais loucos ou contraditórios que possam parecer para o mundo, eles, na verdade, são para seu bem. Ao confiar em Deus, você confia no que ele diz — em tudo. Até que ponto você confia na Palavra de Deus? Se a resposta for "totalmente", então você é uma Garota de Deus de verdade.

Igreja a Deus, lavando-a com água e *pu-
rificando-a com a sua palavra. 27 E fez isso
para também poder trazer para perto de
si a Igreja em toda a sua beleza, pura e
perfeita, sem manchas, ou rugas, ou qual-
quer outro defeito. 28 O homem deve amar
a sua esposa assim como ama o seu pró-
prio corpo. O homem que ama a sua es-
posa ama a si mesmo. 29 Porque ninguém
odeia o seu próprio corpo. Pelo contrá-
rio, cada um alimenta e cuida do seu cor-
po, como Cristo faz com a Igreja, 30 pois
nós somos membros do corpo de Cristo.
31 Como dizem as *Escrituras Sagradas: "É
por isso que o homem deixa o seu pai e
a sua mãe para se unir com a sua esposa,
e os dois se tornam uma só pessoa." 32 Há
uma verdade imensa revelada nessa pas-
sagem das Escrituras, e eu entendo que
ela está falando a respeito de Cristo e da
Igreja. 33 Mas também está falando a res-
peito de vocês: cada marido deve amar a
sua esposa como ama a si mesmo, e cada
esposa deve respeitar o seu marido.

Filhos e pais

6 Filhos, o dever cristão de vocês é obe-
decer ao seu pai e à sua mãe, pois isso
é certo. 2 Como dizem as *Escrituras: "Res-
peite o seu pai e a sua mãe." E esse é o pri-
meiro mandamento que tem uma promes-
sa, a qual é: 3 "Faça isso a fim de que tudo
corra bem para você, e você viva muito
tempo na terra."
4 Pais, não tratem os seus filhos de um
jeito que faça com que eles fiquem irri-
tados. Pelo contrário, vocês devem criá-
-los com a disciplina e os ensinamentos
cristãos.

Escravos e seus donos

5 Escravos, obedeçam com medo e res-
peito àqueles que são seus donos aqui
na terra. E façam isso com sinceridade,
como se estivessem servindo a Cristo.

DEVOCIONAL

Texto para leitura: **Efésios 6:10-20**

Conheça a Deus

Quantas vezes por semana você se sente abatida, atacada, esgotada? Quantas vezes você perde a força e quer desistir? E quantas vezes por semana você veste a armadura de Deus? Se você quer paz, se quer domínio próprio, esperança e força, então você tem de vestir a armadura que Deus preparou para você.

Todos os dias, ao se levantar, faça de seu primeiro objetivo pedir a Deus para vesti-la com o capacete da salvação, a couraça da justiça (a aprovação de Deus), o cinturão da verdade e os sapatos da boa notícia da paz, e para colocar o escudo da fé e a espada do Espírito em suas mãos. Enquanto você se imagina colocando de verdade cada uma dessas coisas, lembre-se do que cada peça faz por você. O capacete faz você se lembrar de sua salvação e da certeza da mão de Deus em sua vida. A couraça da justiça está ali para cobri-la com a justiça que não vem de sua força, mas do poder de Cristo. O cinturão da verdade está ali para fazer você se lembrar de tudo o que Deus lhe mostrou e mostrará. Os sapatos da boa notícia da paz representam o poder do evangelho em você e sua capacidade e seu chamado para compartilhá-lo com as pessoas em sua vida. O escudo da fé a protege de todos os dardos inflamados que o maligno atira contra você. E a espada do Espírito, a Palavra de Deus, a Bíblia, é sua arma mais poderosa contra os ataques do inimigo. Com ela, você pode combater os ataques e trespassar corações com a verdade de Deus. Você precisa segurá-la firme na mão todos os dias.

Se você quiser começar a experimentar o poder e a proteção de Deus em sua vida, então ore enquanto veste a armadura divina e lembre-se da proteção que é sua!

6 Não obedeçam aos seus donos só quan-
do eles estiverem vendo vocês, somente
para conseguir a aprovação deles. Mas,
como escravos de Cristo, façam de todo o
coração o que Deus quer. 7 Trabalhem com
prazer, como se vocês estivessem traba-
lhando para o Senhor e não para pessoas.
8 Lembrem que cada pessoa, seja escrava
ou livre, será recompensada pelo Senhor
de acordo com o que fizer.

9 Donos de escravos, tratem os seus es-
cravos também com respeito e parem de
ameaçá-los com castigos. Lembrem que
vocês e os seus escravos pertencem ao
mesmo Senhor, que está no céu, o qual
trata a todos igualmente.

A armadura do cristão

10 Para terminar: tornem-se cada vez
mais fortes, vivendo unidos com o Senhor
e recebendo a força do seu grande po-
der. 11 Vistam-se com toda a *armadura
que Deus dá a vocês, para ficarem firmes
contra as armadilhas do Diabo. 12 Pois nós
não estamos lutando contra seres huma-
nos, mas contra as forças espirituais do
mal que vivem nas alturas, isto é, os go-
vernos, as autoridades e os poderes que
dominam completamente este mundo de
escuridão. 13 Por isso peguem agora a ar-
madura que Deus lhes dá. Assim, quando
chegar o dia de enfrentarem as forças do
mal, vocês poderão resistir aos ataques
do inimigo e, depois de lutarem até o fim,
vocês continuarão firmes, sem recuar.

14 Portanto, estejam preparados. Usem
a verdade como cinturão. Vistam-se com
a *couraça da justiça 15 e calcem, como sa-
patos, a prontidão para anunciar a boa
notícia de paz. 16 E levem sempre a fé
como *escudo, para poderem se prote-
ger de todos os *dardos de fogo do Malig-
no. 17 Recebam a salvação como capacete
e a palavra de Deus como a espada que o
Espírito Santo lhes dá. 18 Façam tudo isso
orando a Deus e pedindo a ajuda dele.
Orem sempre, guiados pelo Espírito de
Deus. Fiquem alertas. Não desanimem e
orem sempre por todo o povo de Deus.
19 E orem também por mim, a fim de que
Deus me dê a mensagem certa para que,
quando eu falar, fale com coragem e torne
conhecido o segredo do *evangelho. 20 Eu
sou embaixador a serviço desse evange-
lho, embora esteja agora na cadeia. Por-
tanto, orem para que eu seja corajoso e
anuncie o evangelho como devo anunciar.

Saudações finais

21 Tíquico, nosso querido irmão e fiel
*servo no trabalho do Senhor, lhes dará
todas as notícias a meu respeito, para que
vocês possam saber como estou passan-
do. 22 Eu o estou enviando a vocês para
que ele conte como todos nós aqui es-
tamos passando, a fim de que vocês fi-
quem animados com as informações que
ele vai dar.

Bênção

23 Que Deus, o Pai, e o Senhor Jesus Cris-
to deem a todos os irmãos paz e amor,
com fé! 24 E que a *graça de Deus este-
ja com todos os que amam o nosso Se-
nhor Jesus Cristo com um amor que não
tem fim!

Filipenses

Tenha alegria

Tenham sempre alegria, unidos com o Senhor! Repito: tenham alegria!
Filipenses 4:4

Alguns dizem que a felicidade é baseada em circunstâncias, enquanto a alegria é baseada no foco. Quando seu foco é sua felicidade, na maioria das vezes, você acaba decepcionada, mas, quando seu foco for servir e agradar a Deus, fique atenta, porque o trem da alegria está chegando. No meio das provações mais terríveis, você pode ser feliz, ou melhor, *ter alegria* ao saber que a mão de Deus está em sua vida. Considere a vida do apóstolo Paulo. Enquanto trancado na prisão por pregar a Palavra de Deus, Paulo escreveu esta carta aos filipenses. Nela, você descobrirá mais sobre a capacidade de encontrar alegria, sejam quais forem as circunstâncias. O segredo para ser feliz ou ter alegria não é receber o que você quer, mas se contentar com o que você tem, e Paulo aprendeu esse segredo.

Autor ♥ O apóstolo Paulo
Data ♥ Muito provavelmente por volta de 60-62
Local ♥ Provavelmente Roma, mas pode ter sido Cesareia ou Éfeso
Público-alvo ♥ Os cristãos em Filipos

Ponto essencial
O fato de Paulo escrever na prisão é só um dos exemplos nesta carta de como você pode ser feliz (ou ter alegria) a despeito do que esteja acontecendo à sua volta. Filipenses ensina-nos que o modo como você se sente em relação a uma situação pode mudar, dependendo daquilo em que você passa tempo pensando.

Nesta carta aos filipenses, Paulo quer que seus amigos entendam esta verdade importante e valiosa: aquilo em que você se foca afetará o modo como se sente. Concentre-se no negativo, e você se sentirá ruim, mas se concentre no positivo, e você se sentirá muito melhor. Se você deixar sua mente divagar por áreas de negatividade, medo e preocupação, então sua fé sofrerá, mas, se você se recusar a ficar preocupada, confiando em Deus em tudo, então sua alegria não poderá ser contida. Sua fé, seu futuro e todos os seus sentimentos encontram alicerce em seus pensamentos. Considere aquilo em que você mais pensa, e direcione seus pensamentos para o alto. Veja como o apóstolo Paulo não só mantém a fé, mas também a alegria em meio às provações, e você mesma encontrará uma resposta.

Coisas para procurar

- A descrição feita por Paulo da humildade de Cristo (veja Filipenses 2:1-11)
- O que podemos aprender sobre o segredo da verdadeira felicidade, ou alegria, ao observarmos a vida de Paulo (veja Filipenses 1:4,12-26; 2:14; 3:1,7-14; 4:4-13)

para defender e anunciar com firmeza o
evangelho. 8 Deus é testemunha de que es-
tou dizendo a verdade quando afirmo que
o meu grande amor por todos vocês vem
do próprio coração de Cristo Jesus.
9 O que eu peço a Deus é que o amor de
vocês cresça cada vez mais e que tenham
sabedoria e um entendimento comple-
to, 10 a fim de que saibam escolher o me-
lhor. Assim, no dia da vinda de Cristo, vo-
cês estarão livres de toda impureza e de
qualquer culpa. 11 A vida de vocês estará
cheia das boas qualidades que só Jesus
Cristo pode produzir, para a *glória e o
louvor de Deus.

A vida é Cristo

12 Meus irmãos, eu quero que vocês sai-
bam que as coisas que me aconteceram
ajudaram, de fato, o progresso do *evan-
gelho. 13 Pois foi assim que toda a guar-
da do palácio do Governador e todas as
outras pessoas daqui ficaram sabendo
que estou na cadeia porque sou *servo de
Cristo. 14 E a maioria dos irmãos, vendo
que estou na cadeia, tem mais confiança
no Senhor. Assim eles têm cada vez mais
coragem para anunciar a mensagem de
Deus. 15 É verdade que alguns deles anun-
ciam Cristo porque são ciumentos e bri-
guentos; mas outros anunciam com boas
intenções. 16 Estes fazem isso por amor,
pois sabem que Deus me deu o trabalho
de defender o evangelho. 17 Os outros não
anunciam Cristo com sinceridade, mas
por interesse pessoal. Eles pensam que
assim aumentarão os meus sofrimentos
enquanto estou na cadeia.
18 Mas isso não tem importância. O que
importa é que Cristo está sendo anuncia-
do, seja por maus ou por bons motivos.
Por isso estou alegre e vou continuar as-
sim. 19 Pois eu sei que, por meio das ora-
ções de vocês e com a ajuda do Espírito
de Jesus Cristo, eu serei posto em liber-
dade. 20 O meu grande desejo e a minha
esperança são de nunca falhar no meu de-
ver, para que, sempre e agora ainda mais,
eu tenha muita coragem. E assim, em tudo
o que eu disser e fizer, tanto na vida como
na morte, eu poderei levar outros a re-
conhecerem a grandeza de Cristo. 21 Pois
para mim viver é Cristo, e morrer é lucro.
22 Mas, se eu continuar vivendo, poderei
ainda fazer algum trabalho útil. Então não
sei o que devo escolher. 23 Estou cercado
pelos dois lados, pois quero muito deixar
esta vida e estar com Cristo, o que é bem
melhor. 24 Porém, por causa de vocês, é
muito mais necessário que eu continue
a viver. 25 E, como estou certo disso, sei
que continuarei vivendo e ficarei com to-
dos vocês para ajudá-los a progredirem
e a terem a alegria que vem da fé. 26 As-
sim, quando eu for visitar vocês outra vez,
vocês terão muito mais razão ainda para
ficarem orgulhosos de mim, na vida que
vocês têm em união com Cristo Jesus.

Firmeza e coragem

27 Agora, o mais importante é que vocês
vivam de acordo com o *evangelho de Cris-
to. Desse modo, tanto se eu puder ir visi-
tar vocês como se não puder, eu saberei
que vocês continuam firmes e unidos. E
saberei também que vocês, por meio da fé
que se baseia no evangelho, estão lutando
juntos, com um só desejo. 28 Não tenham
medo dos seus inimigos. Sejam sempre co-
rajosos, pois isso será uma prova para eles
de que serão derrotados e de que vocês
serão vencedores. Porque é Deus quem dá
a vitória a vocês. 29 Pois ele tem dado a vo-
cês o privilégio de servir a Cristo, não so-
mente crendo nele, mas também sofrendo
por ele. 30 Agora vocês podem tomar parte
comigo na luta. Como vocês sabem, a luta
que vocês viram que tive no passado é a
mesma que ainda continua.

A humildade e a grandeza de Cristo

2 Por estarem unidos com Cristo, vo-
cês são fortes, o amor dele os anima,
e vocês participam do Espírito de Deus. E
também são bondosos e misericordiosos
uns com os outros. 2 Então peço que me
deem a grande satisfação de viverem em
harmonia, tendo um mesmo amor e sendo
unidos de alma e mente. 3 Não façam nada
por interesse pessoal ou por desejos tolos
de receber elogios; mas sejam humildes e
considerem os outros superiores a vocês
mesmos. 4 Que ninguém procure somente
os seus próprios interesses, mas também
os dos outros.
5 Tenham entre vocês o mesmo modo
de pensar que Cristo Jesus tinha:

6 Ele tinha a natureza de Deus,
mas não tentou ficar igual a Deus.
7 Pelo contrário, ele abriu mão
de tudo o que era seu
e tomou a natureza de *servo,
tornando-se assim
igual aos seres humanos.

Versículos que você deve saber

Pois eu estou certo de que Deus, que começou esse bom trabalho na vida de vocês, vai continuá-lo até que ele esteja completo no Dia de Cristo Jesus.
(Filipenses 1:6)

Pois para mim viver é Cristo, e morrer é lucro.
(Filipenses 1:21)

Pois ele tem dado a vocês o privilégio de servir a Cristo, não somente crendo nele, mas também sofrendo por ele.
(Filipenses 1:29)

Não façam nada por interesse pessoal ou por desejos tolos de receber elogios; mas sejam humildes e considerem os outros superiores a vocês mesmos. Que ninguém procure somente os seus próprios interesses, mas também os dos outros.
(Filipenses 2:3-4)

Ele tinha a natureza de Deus, mas não tentou ficar igual a Deus. Pelo contrário, ele abriu mão de tudo o que era seu e tomou a natureza de servo, tornando-se assim igual aos seres humanos. E, vivendo a vida comum de um ser humano, ele foi humilde e obedeceu a Deus até a morte — morte de cruz.
(Filipenses 2:6-8)

Por último, meus irmãos, encham a mente de vocês com tudo o que é bom e merece elogios, isto é, tudo o que é verdadeiro, digno, correto, puro, agradável e decente. Ponham em prática o que vocês receberam e aprenderam de mim, tanto com as minhas palavras como com as minhas ações. E o Deus que nos dá a paz estará com vocês.
(Filipenses 4:8-9)

Saudação

1 Eu, Paulo, e Timóteo, *servos de Cristo Jesus, escrevemos esta carta para todos os moradores da cidade de Filipos que pertencem ao povo de Deus e que creem em Cristo Jesus e também para os *bispos e *diáconos da igreja.
2 Que a *graça e a paz de Deus, o nosso Pai, e do Senhor Jesus Cristo estejam com vocês!

Oração de Paulo em favor dos filipenses

3 Sempre que penso em vocês, eu agra-
deço ao meu Deus. 4 E, todas as vezes que
oro em favor de vocês, oro com alegria
5 por causa da maneira como vocês me aju-
daram no trabalho de anunciar o *evange-
lho, desde o primeiro dia até hoje. 6 Pois
eu estou certo de que Deus, que começou esse bom trabalho na vida de vocês, vai continuá-lo até que ele esteja completo no
Dia de Cristo Jesus. 7 Vocês estão sempre
no meu coração. E é justo que eu me sinta assim a respeito de vocês, pois vocês têm participado comigo desse privilégio que Deus me deu. É isso o que vocês estão fazendo agora que estou na cadeia e foi o mesmo que fizeram quando eu estava livre

E, vivendo a vida comum de um ser
humano,
8 ele foi humilde e obedeceu a Deus
até a morte
— morte de cruz.
9 Por isso Deus deu a Jesus
a mais alta honra
e pôs nele o nome que é
o mais importante de todos os
nomes,
10 para que, em homenagem
ao nome de Jesus,
todas as criaturas no céu,
na terra e no *mundo dos mortos,
caiam de joelhos
11 e declarem abertamente
que Jesus Cristo é o Senhor,
para a *glória de Deus, o Pai.

Brilhar como as estrelas no céu

12 Portanto, meus queridos amigos, vo-
cês que me obedeceram sempre quando
eu estava aí, devem me obedecer muito
mais agora que estou ausente. Continuem
trabalhando com respeito e *temor a Deus
para completar a salvação de vocês. 13 Pois
Deus está sempre agindo em vocês para
que obedeçam à vontade dele, tanto no
pensamento como nas ações.
14 Façam tudo sem queixas nem dis-
cussões 15 para que vocês não tenham
nenhuma falha ou mancha. Sejam filhos
de Deus, vivendo sem nenhuma culpa no
meio de pessoas más, que não querem sa-
ber de Deus. No meio delas vocês devem
brilhar como as estrelas no céu, 16 entre-
gando a elas a mensagem da vida. Se agi-
rem assim, eu terei motivo de sentir or-
gulho de vocês no Dia de Cristo, pois isso
mostrará que todo o meu esforço e todo o
meu trabalho não foram inúteis.
17 Talvez o meu sangue, isto é, a minha
vida, seja apresentado como uma oferta

DEVOCIONAL

Texto para leitura: **Filipenses 2:14-18**

Conheça o amor

Não se queixe, é pecado. Já ouviu isso? Em se tratando de tempo, roupas, amigos, família, notas na escola, trabalho — quantas vezes por dia você diria que comete esse pecado? E já que estamos no assunto, e você está sendo sincera consigo mesma, como todas estas queixas a fazem se sentir? Melhor? Elas fazem as pessoas à sua volta se sentirem melhor em relação à vida? É só algo para se pensar.

Mas espere aí, tem mais. Este pequeno versículo de Filipenses (2.14) também diz que você não deve *discutir*, pois isso também é pecado. Puxa! Sério? Então, em se tratando de seus amigos, familiares, políticos, inimigos e chefes, quantas vezes por semana você diria que comete esse pecado? E como a discussão funciona? Ela normalmente acontece como você imaginou ou piora as coisas? Ela deixa as pessoas felizes com você ou mais irritadas?

Queixar-se e discutir são atitudes que prometem melhorar as coisas, ou pelo menos fazer com que você se sinta melhor, mas a verdade é que elas não só pioram as coisas, mas também a afastam de Deus, porque o pecado a separa dele. A boa notícia é que Jesus promete libertá-la de seu pecado quando você o confessa e o deixa. Então, aqui está sua chance. Se as coisas não estiverem maravilhosas em sua vida e você quiser mais de Deus nela, então diga "Não" para as queixas e discussões. O tempo todo. Todos os dias. Sempre. Confesse aqueles momentos em que você quis realmente praticar aquelas coisas erradas e, então, assuma o compromisso de não as fazer de novo — e eu falo sério quando digo para você realmente assumir esse compromisso, e não apenas dizer que o assumiu.

Quando a Palavra de Deus começa a ser mais importante para você do que falar, você se torna mais santa e, por fim, mais feliz. Tente e veja se não é assim.

Pergunte a si mesma...

Do que eu me queixo mais, tanto em voz alta como para mim mesma?
Por que me queixo?
O que eu acho que mereço que não estou recebendo?
O que me faz merecer isso?
Por que Deus talvez não esteja me dando o que quero?
Como eu me sinto quando estou me queixando?
Como me sinto quando outras pessoas se queixam?
O que faz da queixa algo ruim?

junto com o *sacrifício que vocês, por meio da sua fé, oferecem a Deus. Se isso acontecer, ficarei contente e me alegrarei com todos vocês. 18 Do mesmo modo vocês também devem ficar contentes e se alegrar comigo.

Planos de Timóteo e de Epafrodito

19 Se for da vontade do Senhor Jesus, espero poder logo lhes enviar Timóteo para que eu fique animado quando receber notícias de vocês. 20 Pois Timóteo é o único que se preocupa com vocês como eu me preocupo e é o único que, de fato, se interessa pelo bem-estar de vocês. 21 Pois todos os outros se preocupam com os seus próprios interesses e não com os de Jesus Cristo. 22 E vocês sabem muito bem como Timóteo provou o seu valor. Ele e eu, como se fôssemos filho e pai, temos trabalhado juntos no serviço do *evangelho. 23 Portanto, espero enviá-lo a vocês logo que eu souber como vão ficar as coisas aqui para mim. 24 E, confiado no Senhor, penso que eu mesmo poderei ir logo até aí.

25 Também acho que é preciso enviar a vocês o nosso irmão Epafrodito, meu companheiro de trabalho e de lutas, o qual vocês enviaram para me trazer a ajuda que eu precisava. 26 Ele tem tido muitas saudades de todos vocês e tem andado muito preocupado por vocês terem sabido que ele estava doente. 27 De fato, ele esteve doente e quase morreu. Mas Deus teve pena dele e não somente dele, mas também de mim; e assim evitou que eu tivesse uma tristeza ainda maior. 28 Por isso vou mandá-lo de volta a vocês o mais depressa possível para que vocês sintam a alegria de vê-lo novamente e para que eu não fique preocupado. 29 Portanto, recebam Epafrodito com toda a alegria, como se recebe um irmão no Senhor. Respeitem pessoas como ele, 30 pois ele arriscou a sua vida e quase morreu por causa do trabalho de Cristo. Ele fez isso para me dar a ajuda que vocês não podiam me dar pessoalmente.

Completamente unidos com Cristo

3 Para terminar: meus irmãos, sejam alegres por estarem unidos com o Senhor. Não me aborreço de escrever, repetindo o que já escrevi, pois isso contribuirá para a segurança de vocês. 2 Cuidado com os que fazem coisas más, esses cachorros, que insistem em cortar o corpo! 3 Porque os que receberam a verdadeira *circuncisão fomos nós, e não eles. Nós adoramos a Deus por meio do seu Espírito e nos alegramos na vida que temos em união com Cristo Jesus em vez de pormos a nossa confiança em cerimônias religiosas como a circuncisão. 4 É verdade que eu também poderia pôr a minha confiança nessas coisas. Se alguém pensa que pode confiar nelas, eu tenho ainda mais motivos para pensar assim. 5 Fui circuncidado quando tinha oito dias de vida. Sou israelita de nascimento, da *tribo de Benjamim, de sangue hebreu. Quanto à prática da *lei, eu era *fariseu. 6 E era tão fanático, que persegui a Igreja. Quanto ao cumprimento da vontade de Deus por meio da obediência à lei, ninguém podia me acusar de nada.

7 No passado, todas essas coisas valiam muito para mim; mas agora, por causa de Cristo, considero que não têm nenhum valor. 8 E não somente essas coisas, mas considero tudo uma completa perda, comparado com aquilo que tem muito mais valor, isto é, conhecer completamente Cristo Jesus, o meu Senhor. Eu joguei tudo fora como se fosse lixo, a fim de poder ganhar a Cristo 9 e estar unido com ele. Eu já não procuro mais ser aceito por Deus por causa da minha obediência à lei. Pois agora *é por meio* da minha fé em Cristo que eu sou aceito; essa aceitação vem de Deus e se baseia na fé. 10 Tudo o que eu quero é conhecer a Cristo e sentir em mim o poder da sua ressurreição. Quero também tomar parte nos seus sofrimentos e me tornar como ele na sua morte, 11 com

a esperança de que eu mesmo seja ressuscitado da morte para a vida.

A corrida do cristão

12 Não estou querendo dizer que já
consegui tudo o que quero ou que já fiquei perfeito, mas continuo a correr para
conquistar o prêmio, pois para isso já fui
conquistado por Cristo Jesus. 13 É claro, ir-
mãos, que eu não penso que já consegui
isso. Porém uma coisa eu faço: esqueço
aquilo que fica para trás e avanço para o
que está na minha frente. 14 Corro direto
para a linha de chegada a fim de conseguir o prêmio da vitória. Esse prêmio é a
nova vida para a qual Deus me *chamou
por meio de Cristo Jesus.
15 Todos nós que somos espiritualmente maduros devemos ter essa maneira de
pensar. Porém, se alguns de vocês pensam
de maneira diferente, Deus vai tornar as
coisas claras para vocês. 16 Portanto, va-
mos em frente, na mesma direção que temos seguido até agora.
17 Meus irmãos, continuem a ser meus
imitadores. E olhem com atenção também
os que vivem de acordo com o exemplo
que temos dado a vocês. 18 Já disse isto
muitas vezes e agora repito, chorando:
existem muitos que, pela sua maneira
de viver, se tornam inimigos da mensagem da morte de Cristo na cruz. 19 Eles
vão para a destruição no inferno porque
o deus deles são os desejos do corpo. Eles
têm orgulho daquilo que devia ser uma
vergonha para eles e pensam somente
nas coisas que são deste mundo. 20 Mas
nós somos cidadãos do céu e estamos esperando ansiosamente o nosso Salvador,
o Senhor Jesus Cristo, que virá de lá. 21 Ele
transformará o nosso corpo fraco e mortal e fará com que fique igual ao seu próprio corpo *glorioso, usando para isso o mesmo poder que ele tem para dominar todas as coisas.

Conselhos

4 Meus queridos irmãos, sinto muitas
saudades de vocês. Vocês me fazem
tão feliz, e eu me orgulho muito de vocês!
Portanto, continuem todos firmes, vivendo unidos com o Senhor.
2 Evódia e Síntique, peço, por favor,
que procurem viver bem uma com a outra, como irmãs na fé. 3 E a você, meu
fiel companheiro de trabalho, peço que
ajude essas duas irmãs. Pois elas, junto
com Clemente e todos os outros meus

> **Uma oração por...**
>
> **Um coração sereno**
>
> Por favor, querido Deus, dá-me a paz que vai além de qualquer coisa que eu possa imaginar, para que, mesmo nas tempestades e problemas desta vida, eu possa descansar em ti, sabendo que todas as coisas não só estão debaixo de teus olhos, mas também sob teu cuidado e controladas por tua vontade. Guarda-me por teu amor, para que, com o coração sereno, eu possa ver através das tempestades da vida, e até das nuvens e da densa escuridão, sempre feliz em saber que as trevas e a luz são iguais para ti.
>
> Guia-me, guarda-me e governa-me até o fim, para que eu não perca a eternidade contigo, por meio de Jesus Cristo, meu Senhor.
>
> Amém.

companheiros, trabalharam muito para
espalhar o *evangelho. Os nomes deles estão no Livro da Vida, que pertence a Deus.
4 Tenham sempre alegria, unidos com o
Senhor! Repito: tenham alegria!
5 Sejam amáveis com todos. O Senhor
virá logo. 6 Não se preocupem com nada,
mas em todas as orações peçam a Deus o
que vocês precisam e orem sempre com o
coração agradecido. 7 E a paz de Deus, que
ninguém consegue entender, guardará o
coração e a mente de vocês, pois vocês
estão unidos com Cristo Jesus.
8 Por último, meus irmãos, encham a
mente de vocês com tudo o que é bom e
merece elogios, isto é, tudo o que é verdadeiro, digno, correto, puro, agradável e
decente. 9 Ponham em prática o que vocês
receberam e aprenderam de mim, tanto com as minhas palavras como com as minhas ações. E o Deus que nos dá a paz estará com vocês.

Agradecimento de Paulo

10 Na minha vida em união com o Se-
nhor, fiquei muito alegre porque vocês
mostraram de novo o cuidado que têm
por mim. Não quero dizer que vocês tivessem deixado de cuidar de mim; é que
não tiveram oportunidade de mostrar
esse cuidado. 11 Não estou dizendo isso
por me sentir abandonado, pois aprendi

DEVOCIONAL

Texto para leitura: **Filipenses 4:10-14**

Conheça a verdadeira felicidade

Há algo que você está pedindo a Deus? Um pedido que você fez de todo o coração, mas sobre o qual não ouviu nem um pio dos céus? Quando você pede veementemente a Deus para fazer algo, mas não o vê mexer um dedo para atender seu pedido, você pode achar que ele não está ouvindo. Mas não é assim. Lembre-se de que ele tem um propósito maior em mente do que qualquer propósito humano.

A única coisa que você deve lembrar é que o problema não é tão importante quanto seu relacionamento com Deus. O que você está pedindo talvez seja algo que esteja se colocando entre seu relacionamento com ele, e o Senhor quer que você deseje mais a *ele* do que o alívio de seu problema. Na verdade, ele permite que muitos problemas surjam em seu caminho para que você se aproxime dele, confie nele e creia nele. E quando o que você quer é só sair da confusão, você pode deixar de ver a rocha à frente que irá protegê-la das ondas de tempestade. Deus nunca prometeu que as águas agitadas parariam — apenas que você encontraria paz no meio delas. Se acabar com o estresse é mais importante para você do que encontrar Deus, é provável que o estresse irá acompanhá-la até você acertar suas prioridades.

Então, em vez de pedir a Deus para fazer isso ou aquilo, tente dizer a ele que, seja qual for a situação, seja qual for o problema, você ainda confiará nele, irá buscá-lo e descansará nele. Pare de fazer com que o problema seja maior que Deus. Quando você confiar nele de verdade, nem a pior tempestade irá abalá-la. E quanto mais você confiar, mais verá as tempestades se acalmarem.

a estar satisfeito com o que tenho. 12 Sei
o que é estar necessitado e sei também
o que é ter mais do que é preciso. Aprendi o segredo de me sentir contente em
todo lugar e em qualquer situação, quer
esteja alimentado ou com fome, quer tenha muito ou tenha pouco. 13 Com a força
que Cristo me dá, posso enfrentar qualquer situação.

14 Mesmo assim vocês fizeram bem em
me ajudar nas minhas aflições. 15 Vocês,
filipenses, sabem muito bem que, quando eu saí da *província da Macedônia,
nos primeiros tempos em que anunciei
o *evangelho, a igreja de vocês foi a única que me ajudou. Vocês foram os únicos
que participaram dos meus lucros e dos
meus prejuízos. 16 Em Tessalônica, mais de
uma vez precisei de auxílio, e vocês o enviaram. 17 Não é que eu só pense em receber ajuda. Pelo contrário, quero ver mais
lucros acrescentados à conta de vocês.
18 Aqui está o meu recibo de tudo o que
vocês me enviaram e que foi mais do que
o necessário. Tenho tudo o que preciso,
especialmente agora que Epafrodito me
trouxe as coisas que vocês mandaram, as
quais são como um perfume suave oferecido a Deus, um *sacrifício que ele aceita e
que lhe agrada. 19 E o meu Deus, de acordo com as *gloriosas riquezas que ele tem
para oferecer por meio de Cristo Jesus,
lhes dará tudo o que vocês precisam. 20 Ao
Deus e Pai seja dada *glória para todo o
sempre! *Amém!

Últimas saudações

21 Saudações a todo o povo de Deus que
pertence a Cristo Jesus. Os irmãos que estão aqui comigo mandam saudações para
vocês. 22 Todo o povo de Deus daqui manda saudações, especialmente os do palácio do Imperador.

Bênção

23 Que a *graça do Senhor Jesus Cristo
esteja com todos vocês!

Colossenses

Mantenha os olhos nas coisas espirituais

Ele [Cristo] domina todos os poderes e autoridades espirituais.
Colossenses 2:10

É muito fácil ouvir a voz do mundo, ver todas as coisas bonitas que ele tem a oferecer e se apaixonar por elas. É tão fácil se apropriar do modo de pensar do mundo, porque, bem, todo mundo faz isso. Mas o estilo de vida do mundo é completamente diferente da vida de fé. O mundo se contenta com o que pode descobrir sozinho, porque não põe esperança alguma na ressurreição de Jesus. Mas a verdade é que a Garota de Deus só precisa de uma esperança e uma salvação, e isso se encontra em Jesus Cristo, a representação plena de Deus na terra.

Autor ♥ O apóstolo Paulo
Data ♥ Por volta de 60
Local ♥ Na prisão em Roma
Público-alvo ♥ A igreja em Colossos

Em sua carta aos colossenses, Paulo confronta uma igreja que adotou as ideias do mundo. Tradições judaicas e práticas não cristãs estavam tendo prioridade na vida dos colossenses. Eles estavam colocando a confiança nas coisas erradas, colocando a própria fé em risco. Paulo quer que seus leitores compreendam a natureza de Jesus e a vida deles com Cristo. O apóstolo não quer que eles saiam dos eixos com histórias supersticiosas e tradições tolas, mas quer manter o que é importante.

Muita gente dizia que Jesus era apenas um profeta ou um mestre sábio, mas isso é uma mentira que leva à destruição da fé. Se Jesus fosse apenas um profeta, então ele era um profeta louco, porque afirmava ser o Filho de Deus. Paulo estava lutando a mesma batalha contra o mundo que travamos hoje. Ele nos alertou a não deixar que nossa fé fosse diluída com as meias verdades deste mundo. Como uma Garota de Deus, você não pode deixar que os pensamentos do mundo sobre Jesus sejam os seus também. Você tem de entender a divindade de Jesus e a necessidade que você tem dele. Muitas outras ideias podem lhe aparecer todos os dias, mas, assim como a Igreja primitiva, você precisa rejeitar aos falsos ensinos e se apegar à verdade de quem Jesus é.

Ponto essencial
Paulo queria que os colossenses e todos os leitores entendessem a liberdade que têm em Cristo e deixassem de se entusiasmar com os falsos ensinos que dizem que outras coisas precisam ser feitas para se ter acesso a Deus. Neste pequeno livro, ele dá aos colossenses confusos uma teologia simples para ajudá-los a entenderem a fé pura.

O objetivo de Paulo ao ensinar seus leitores era torná-los cristãos maduros que não seriam facilmente enganados e distraídos por tudo o que o mundo tem a oferecer. Durante a leitura deste livro, lembre-se de que você não é tão diferente daqueles primeiros cristãos. Você é inundada por vozes e visões de beleza do mundo. Então, não mantenha os olhos focados no físico, mas no espiritual. Confie na verdade da Palavra de Deus e desvie os olhos das mentiras deste mundo.

Coisas para procurar

- O que Deus fez por meio de Cristo (veja Colossenses 1:13-23)
- Todas as referências à gratidão (veja Colossenses 1:3,12; 2:7; 3:15-17; 4:2)

Versículos que você deve saber

É ele quem nos liberta, e é por meio dele que os nossos pecados são perdoados.
(Colossenses 1:14)

Antes, vocês estavam longe de Deus e eram inimigos dele por causa das coisas más que vocês faziam e pensavam. Mas agora, por meio da morte do seu Filho na cruz, Deus fez com que vocês ficassem seus amigos a fim de trazê-los à sua presença para serem somente dele, não tendo mancha nem culpa.
(Colossenses 1:21-22)

Esse segredo é Cristo, o qual é a chave que abre todos os tesouros escondidos do conhecimento e da sabedoria que vêm de Deus.
(Colossenses 2:2-3)

Mas agora Deus os ressuscitou junto com Cristo. Deus perdoou todos os nossos pecados.
(Colossenses 2:13)

Vocês morreram com Cristo e por isso estão livres dos espíritos maus que dominam o Universo. Então, por que é que vocês estão vivendo como se fossem deste mundo?
(Colossenses 2:20)

Pensem nas coisas lá do alto e não nas que são aqui da terra.
(Colossenses 3:2)

Mas agora livrem-se de tudo isto: da raiva, da paixão e dos sentimentos de ódio. E que não saia da boca de vocês nenhum insulto e nenhuma conversa indecente.
(Colossenses 3:8)

Saudação

1 Eu, Paulo, *apóstolo de Cristo Jesus pela vontade de Deus, escrevo junto com o irmão Timóteo esta carta 2 ao povo de Deus que mora na cidade de Colossos, os nossos fiéis irmãos em Cristo.

Que a *graça e a paz de Deus, o nosso Pai, estejam com vocês!

Oração em favor dos colossenses

3 Sempre que oramos por vocês, damos graças a Deus, o Pai do nosso Senhor Jesus Cristo. 4 Pois ficamos sabendo da fé que vocês têm em Cristo Jesus e também do amor que vocês têm por todo o povo de Deus. 5 Quando a verdadeira mensagem, a boa notícia do *evangelho, chegou a vocês pela primeira vez, vocês ouviram falar a respeito da esperança que o evangelho oferece. Por isso, a fé e o amor que vocês têm são baseados naquilo que esperam e que está guardado para vocês no céu. 6 Essa boa notícia que vocês receberam está trazendo muitas bênçãos e vai se espalhando pelo mundo inteiro. E foi isso mesmo que aconteceu com vocês, desde o dia em que pela primeira vez ouviram falar a respeito da *graça de Deus e a conheceram de verdade. 7 Tudo isso vocês aprenderam com Epafras, nosso querido companheiro de trabalho, o qual presta serviço em favor de vocês como um fiel servidor de Cristo. 8 Foi ele quem nos contou do amor que o Espírito de Deus deu a vocês.

9 Por esse motivo, desde o dia em que ficamos sabendo de tudo isso, nunca paramos de orar em favor de vocês. Pedimos a Deus que encha vocês com o conhecimento da sua vontade e com toda a sabedoria e compreensão que o Espírito de Deus dá. 10 Desse modo, vocês poderão viver como o Senhor quer e fazer sempre o que agrada a ele. Vocês vão fazer todo tipo de boas ações e também vão conhecer a Deus cada vez mais. 11 Pedimos a Deus que vocês se tornem fortes com toda a força que vem do *glorioso poder dele, para que possam suportar tudo com paciência. 12 E agradeçam, com alegria, ao Pai, que os tornou capazes de participar daquilo que ele guardou no *Reino da luz para o seu povo. 13 Ele nos libertou do poder da escuridão e nos trouxe em segurança para o Reino do seu Filho amado. 14 É ele quem nos liberta, e é por meio dele que os nossos pecados são perdoados.

Cristo e sua missão

15 Ele, o primeiro Filho, é a revelação visível do Deus invisível; ele é superior a todas as coisas criadas. 16 Pois, por meio dele, Deus criou tudo, no céu e na terra, tanto o que se vê como o que não se vê, inclusive todos os poderes espirituais, as forças, os governos e as autoridades. Por meio dele e para ele, Deus criou todo o *Universo. 17 Antes de tudo, ele já existia, e, por estarem unidas com ele, todas as coisas são conservadas em ordem e harmonia. 18 Ele é a cabeça do corpo, que é a Igreja, e é ele quem dá vida ao corpo. Ele é o primeiro Filho, que foi ressuscitado para que somente ele tivesse o primeiro lugar em tudo. 19 Pois é pela própria vontade de Deus que o Filho tem em si mesmo a natureza completa de Deus. 20 Portanto, por meio do Filho, Deus resolveu trazer o Universo de volta para si mesmo. Ele trouxe a paz por meio da morte do seu Filho na cruz e assim trouxe de volta para si mesmo todas as coisas, tanto na terra como no céu.

Sempre fiéis

21 Antes, vocês estavam longe de Deus e eram inimigos dele por causa das coisas más que vocês faziam e pensavam. 22 Mas agora, por meio da morte do seu Filho na cruz, Deus fez com que vocês ficassem seus amigos a fim de trazê-los à sua presença para serem somente dele, não tendo mancha nem culpa. 23 Mas é preciso que vocês continuem fiéis, firmados sobre um alicerce seguro, sem se afastar da esperança que receberam quando ouviram a boa notícia do *evangelho. Foi desse evangelho que eu, Paulo, me tornei *servo, e é esse evangelho que tem sido anunciado no mundo inteiro.

A missão e a mensagem de Paulo

24 Agora eu me sinto feliz pelo que tenho sofrido por vocês. Pois o que eu sofro no meu corpo pela Igreja, que é o corpo de Cristo, está ajudando a completar os sofrimentos de Cristo em favor dela. 25 E Deus me escolheu para ser *servo da Igreja e me deu uma missão que devo cumprir em favor de vocês. Essa missão é anunciar, de modo completo, a mensagem dele. 26 Essa mensagem é o segredo que ele escondeu de toda a humanidade durante os séculos passados, porém que agora ele revelou ao seu povo. 27 O plano de Deus é fazer com que o seu povo conheça esse

maravilhoso e *glorioso segredo que ele
tem para revelar a todos os povos. E o se-
gredo é este: Cristo está em vocês, o que
lhes dá a firme esperança de que vocês
tomarão parte na *glória de Deus.
28 Assim nós anunciamos Cristo a todas
as pessoas. Com toda a sabedoria possí-
vel, aconselhamos e ensinamos cada pes-
soa, a fim de levar todos à presença de
Deus como pessoas espiritualmente adul-
tas e unidas com Cristo. 29 É para realizar
essa tarefa que eu trabalho e luto com a
força de Cristo, que está agindo podero-
samente em mim.

2 Pois quero que saibam o quanto eu
tenho trabalhado por vocês, e pelos
que moram em Laodiceia, e por muitos
outros que não me conhecem pessoal-
mente. 2 Eu trabalho para que o coração
deles se encha de coragem e eles sejam
unidos em amor e assim fiquem comple-
tamente enriquecidos com a segurança
que é dada pela verdadeira compreen-
são do segredo de Deus. Esse segredo é
Cristo, 3 o qual é a chave que abre todos
os tesouros escondidos do conhecimento
e da sabedoria que vêm de Deus.
4 Eu digo isso a vocês para que não dei-
xem que ninguém os engane com expli-
cações falsas, mesmo que pareçam muito
boas. 5 Porque, embora no corpo eu esteja
longe, em espírito eu estou com vocês. E
fico alegre em saber que vocês estão uni-
dos e firmes na fé em Cristo.

A vida em união com Cristo

6 Portanto, já que vocês aceitaram Cris-
to Jesus como Senhor, vivam unidos com
ele. 7 Estejam enraizados nele, construam
a sua vida sobre ele e se tornem mais for-
tes na fé, como foi ensinado a vocês. E
deem sempre graças a Deus.
8 Tenham cuidado para que ninguém
os torne escravos por meio de argumen-
tos sem valor, que vêm da sabedoria hu-
mana. Essas coisas vêm dos ensinamen-
tos de criaturas humanas e dos espíritos
que dominam o *Universo e não de Cristo.
9 Pois em Cristo, como ser humano, está
presente toda a natureza de Deus, 10 e, por
estarem unidos com Cristo, vocês tam-
bém têm essa natureza. Ele domina to-
dos os poderes e autoridades espirituais.
11 Por estarem unidos com Cristo, vo-
cês foram *circuncidados não com a

DEVOCIONAL

Texto para leitura: **Colossenses 2:9-10**

Conheça o amor

Quando uma pessoa tem autoridade sobre você, ela a tem por uma razão. Seja um pai ou uma mãe, um professor ou um policial, ninguém é colocado em uma posição de autoridade sem a aprovação do próprio Cristo. Embora a obediência a pessoas em posição de poder possa parecer impossível, quando você pensa nisso como obediência ao Deus que as colocou no comando, obedecer fica mais fácil. Pode parecer exagero, mas, ao obedecer às pessoas em posição de autoridade em sua vida, você prova a autoridade de Deus sobre si. E embora muitas autoridades possam ser duras e até mesmo cruéis, isso não muda o fato de que Deus ordena a obediência a elas (veja Efésios 6:5). Por mais loucas que sejam as exigências que essas pessoas lhe façam, desde que não estejam em conflito com os mandamentos de Deus, você precisa fazer o que elas querem.

Quando o que dizem para fazer se torna quase insuportável, a Garota de Deus tem um caminho para a liberdade. Ela tem de reconhecer como suas ações se relacionam com sua fé em Deus e que sua decisão de obedecer à autoridade resultará em bênçãos, mesmo que, por um tempo, tenha de suportar as dificuldades de fazer o que lhe foi dito, sem discutir. Depois de um tempo, esse tipo de resposta compensará, se não neste mundo presente, certamente no mundo que há de vir.

circuncisão que é feita no corpo, mas com a circuncisão feita por Cristo, pela qual somos libertados do poder da natureza pecadora. [12] Pois, quando vocês foram batizados, foram sepultados com Cristo; e no batismo também foram ressuscitados com ele por meio da fé que vocês têm no grande poder de Deus, o mesmo Deus que ressuscitou Cristo. [13] Antigamente vocês estavam espiritualmente mortos por causa dos seus pecados e porque eram não judeus e não tinham a *lei. Mas agora Deus os ressuscitou junto com Cristo. Deus perdoou todos os nossos pecados [14] e anulou a conta da nossa dívida, com os seus regulamentos que nós éramos obrigados a obedecer. Ele acabou com essa conta, pregando-a na cruz. [15] E foi na cruz que Cristo se livrou do poder dos governos e das autoridades espirituais. Ele humilhou esses poderes publicamente, levando-os prisioneiros no seu desfile de vitória.

[16] Portanto, que ninguém faça para vocês leis sobre o que devem comer ou beber, ou sobre os dias santos, e a *Festa da Lua Nova, e o sábado. [17] Tudo isso é apenas uma sombra daquilo que virá; a realidade é Cristo. [18] Não deixem que ninguém os humilhe, afirmando que é melhor do que vocês porque diz ter visões e insiste numa falsa humildade e na adoração de anjos. Essas pessoas não têm nenhum motivo para estarem cheias de si, pois estão pensando como qualquer outra criatura humana pensa. [19] Elas não estão ligadas a Cristo, que é a cabeça. Cristo controla o corpo todo, o alimenta e mantém unido por meio das juntas e ligamentos, e assim o corpo cresce como Deus quer que cresça.

Morrer e viver com Cristo

[20] Vocês morreram com Cristo e por isso estão livres dos espíritos maus que dominam o *Universo. Então, por que é que vocês estão vivendo como se fossem deste mundo? Não obedeçam mais a regras como estas: [21] "Não toque nesta coisa", "não prove aquela", "não pegue naquela". [22] Todas essas proibições têm a ver com coisas que se tornam inúteis depois de usadas. São apenas regras e ensinamentos que as pessoas inventam. [23] De fato, essas regras parecem ser sábias, ao exigirem a adoração forçada dos anjos, a falsa humildade e um modo duro de tratar o corpo. Mas tudo isso não tem nenhum valor para controlar as paixões que levam à imoralidade.

3 Vocês foram ressuscitados com Cristo. Portanto, ponham o seu interesse nas coisas que são do céu, onde Cristo está sentado ao lado direito de Deus. [2] Pensem nas coisas lá do alto e não nas que são aqui da terra. [3] Porque vocês já morreram, e a vida de vocês está escondida com Cristo, que está unido com Deus. [4] Cristo é a verdadeira vida de vocês, e, quando ele aparecer, vocês aparecerão com ele e tomarão parte na sua *glória.

A vida velha e a vida nova

[5] Portanto, matem os desejos deste mundo que agem em vocês, isto é, a imoralidade sexual, a indecência, as paixões más, os maus desejos e a cobiça, porque a cobiça é um tipo de idolatria. [6] Pois é por causa dessas coisas que o castigo de Deus cairá sobre os que não lhe obedecem. [7] Antigamente a vida de vocês era dominada por esses desejos, e vocês viviam de acordo com eles.

[8] Mas agora livrem-se de tudo isto: da raiva, da paixão e dos sentimentos de ódio. E que não saia da boca de vocês nenhum insulto e nenhuma conversa indecente. [9] Não mintam uns para os outros, pois vocês já deixaram de lado a natureza velha com os seus costumes [10] e se vestiram com uma nova natureza. Essa natureza é a nova pessoa que Deus, o seu criador, está sempre renovando para que ela se torne parecida com ele, a fim de fazer com que vocês o conheçam completamente. [11] Como resultado disso, já não existem mais judeus e não judeus, *circuncidados e não circuncidados, não civilizados, selvagens, escravos ou pessoas livres, mas Cristo é tudo e está em todos.

[12] Vocês são o povo de Deus. Ele os amou e os escolheu para serem dele. Portanto, vistam-se de misericórdia, de bondade, de humildade, de delicadeza e de paciência. [13] Não fiquem irritados uns com os outros e perdoem uns aos outros, caso alguém tenha alguma queixa contra outra pessoa. Assim como o Senhor perdoou vocês, perdoem uns aos outros. [14] E, acima de tudo, tenham amor, pois o amor une perfeitamente todas as coisas. [15] E que a paz que Cristo dá dirija vocês nas suas decisões, pois foi para essa paz que Deus os chamou a fim de formarem

DEVOCIONAL

Texto para leitura: **Colossenses 3:1-11**

Conheça a si mesma

Quando alguém apontou um de seus pontos fracos ou traços de caráter ruins, você já disse: "Bom, é assim que eu sou. Eu não posso mudar isso"? Se algo parece muito difícil ou até impossível para mudar, você simplesmente o aceita, convive com isso e diz ser uma tendência inata? Por exemplo, você pode dizer: "Eu não me preocupo, eu sou esquentada, então pode me processar" ou "Sou propensa a me irritar porque minha família toda é assim".

A verdade é que o pecado (ou seu ponto fraco) estará sempre lhe perturbando, puxando seu braço, implorando para você ouvi-lo, mas isso não significa que você tem de aceitar esta natureza pecaminosa como parte de sua alma. Você realmente prefere o chamado da voz do pecado ao da voz de Deus? Bem, é isso que você faz toda vez que diz: "Eu simplesmente sou assim". Essa maneira de ceder aos seus pontos fracos não só é rebelião contra Deus, mas também se preparar para o fracasso. Você quer ser vítima de seus pontos fracos ou quer vencê-los?

Não deixe que sua natureza pecaminosa seja uma desculpa para o pecado. Todos nós a temos; é por isso que precisamos de Jesus. Você não é um caso particularmente difícil, mas terá de escolher o que vai seguir: a voz de Deus ou a de sua natureza pecaminosa. E você terá de escolher não só uma vez, mas todos os dias, e até de hora em hora.

Nunca se sinta à vontade com a parte de sua natureza que a faz pecar. E lembre-se de que ela não manda mais em você. Talvez mandasse, mas Jesus veio para libertá-la de tudo isso, então aceite o presente generoso que ele lhe oferece e diga não para seu velho eu.

um só corpo. E sejam agradecidos. [16]Que
a mensagem de Cristo, com toda a sua riqueza, viva no coração de vocês! Ensinem e instruam uns aos outros com toda a sabedoria. Cantem salmos, hinos e canções espirituais; louvem a Deus, com gratidão no coração. [17]E tudo o que vocês fizerem ou disserem, façam em nome do Senhor Jesus e por meio dele agradeçam a Deus, o Pai.

Viver bem com os outros

[18]Esposa, obedeça ao seu marido, pois é o que você deve fazer por ser cristã.

[19]Marido, ame a sua esposa e não seja grosseiro com ela.

[20]Filhos, o dever cristão de vocês é obedecer sempre ao seu pai e à sua mãe porque Deus gosta disso.

[21]Pais, não irritem os seus filhos, para que eles não fiquem desanimados.

[22]Escravos, em tudo obedeçam àqueles que são seus donos aqui na terra. Não obedeçam só quando eles estiverem vendo vocês, procurando com isso conseguir a aprovação deles. Mas obedeçam com sinceridade, por causa do *temor que vocês têm pelo Senhor.
[23]O que vocês fizerem façam de todo o coração, como se estivessem servindo o Senhor e não as pessoas.
[24]Lembrem que o Senhor lhes dará como recompensa aquilo que ele tem guardado para o seu povo, pois o verdadeiro Senhor que vocês servem é Cristo.
[25]E quem faz o mal, seja quem for, pagará pelo mal que faz. Pois, quando Deus julga, ele não faz diferença entre pessoas.

4 Donos de escravos, sejam justos e honestos na maneira de tratar os seus escravos. Lembrem que vocês também têm um Senhor no céu.

Conselhos

[2]Continuem firmes na oração, sempre alertas ao orarem e dando graças a Deus.
[3]Orem também por nós a fim de

DEVOCIONAL

Texto para leitura: **Colossenses 3:18—4:1**

Saiba como se comunicar

Você acha que Deus fala com outras pessoas além de você?

Você acha que Deus está no controle?

Se você acha que sim, então por que discute quando as pessoas que têm autoridade lhe dizem para fazer algo que você não quer?

A Bíblia é clara quando diz que você deve obedecer à autoridade em sua vida. Imagine-se em um tribunal de justiça, defendendo um caso. Então a oposição se levanta para apresentar a versão dela, e você também se levanta e começa a gritar: "Isso não é justo! Ele está errado! Ele está errado!". O que você acha que o juiz faria? Ele bateria o martelo e diria: "Ordem no tribunal!" E se você não fechasse a boca nem respeitasse a oposição, você seria presa por desacato ao juiz. Então, por que você se comportaria com tanto desdém no tribunal de Deus para sua vida? Por que você discute com seus pais quando Deus os colocou em posição de autoridade sobre você?

Viver bem sob a autoridade é um mandamento tão importante para sua vida quanto amar a Deus e servir aos outros. Você não pode escolher a dedo os mandamentos do Senhor, ficando apenas com os que servem para você. Você tem de obedecer a Deus em todos os momentos, e obedecer com respeito à autoridade em sua vida faz parte dos mandamentos de Deus.

Viver sob a autoridade também é uma oportunidade de confiar em Deus. Você precisa crer que ele pode corrigir qualquer situação, que está sempre no controle e que fala com outras pessoas além de você. Por mais que discorde de seus pais, você tem de concordar com Deus, respeitando a autoridade que ele deu a eles. Se você lutou contra isso no passado, agora é sua chance de mudar as coisas. Em vez de lutar, ore e obedeça.

Fale com Deus sobre a situação, confie que ele dará uma boa solução e, então, siga em frente com obediência.

que Deus nos dê uma boa oportunidade
para anunciar a sua mensagem, que tra-
ta do segredo de Cristo. Pois é por cau-
sa dessa mensagem que estou na cadeia.
4 Portanto, orem para que eu faça com que
o segredo de Cristo seja bem conhecido,
como é o meu dever.
5 Sejam sábios na sua maneira de agir
com os que não creem e aproveitem bem
o tempo que passarem com eles. 6 Que as
suas conversas sejam sempre agradáveis
e de bom gosto, e que vocês saibam tam-
bém como responder a cada pessoa!

Últimas saudações

7 Tíquico, nosso querido irmão, traba-
lhador fiel e companheiro no serviço do
Senhor, levará a vocês todas as notícias
minhas. 8 Eu o estou enviando para con-
tar como todos nós vamos indo e assim
animar vocês. 9 Com ele vai Onésimo, o
querido e fiel irmão, que é da igreja de vo-
cês. Eles vão lhes contar tudo o que está
acontecendo aqui.
10 Aristarco, que está na cadeia comigo,
lhes manda saudações; e também Mar-
cos, o primo de Barnabé. Vocês já têm
orientação a respeito de Marcos, para
recebê-lo bem, se ele passar por aí. 11 Jo-
sué, chamado "o Justo", também manda
saudações. Esses três são os únicos ju-
deus *convertidos que trabalham comi-
go para o *Reino de Deus e eles têm me
ajudado muito.
12 Epafras, outro que é da igreja de vo-
cês e é *servo de Cristo Jesus, também
manda saudações. Ele sempre ora com
fervor por vocês. Ele pede a Deus que faça
com que vocês sejam sempre firmes, es-
piritualmente maduros e prontos para

DEVOCIONAL

Texto para leitura: **Colossenses 4:5-6**

Saiba como se comunicar

É necessário sabedoria quando você está lidando com pessoas que não têm a fé cristã. Você não pode agir da mesma forma com elas como age com os cristãos. Elas não entendem sua fé, não amam a Deus e, por isso, precisam ser tratadas de forma diferente.

Vamos usar a amizade como exemplo. Os melhores amigos compartilham seus pensamentos e emoções mais íntimos uns com os outros. Eles confiam uns nos outros para pedir conselhos e direção, e ajudam uns aos outros a avançar na vida. Mas os descrentes não conseguem entender as coisas do Espírito; os conselhos e os pensamentos deles não são de Deus. E, assim, a Garota de Deus tem de ficar esperta com relação às suas amigas descrentes. Elas nunca vão ser as melhores amigas porque ela não pode compartilhar coisas com elas da mesma forma que compartilha com as irmãs na fé. Uma vez que suas ações se baseiam em sua fé em Deus, ela nem sempre pode esperar bons conselhos de alguém que rejeita a Deus. Ela não pode despejar suas emoções ou preocupações nessas amigas; goste ou não, ela tem de ser a mais forte, aquela a quem elas podem recorrer para obter direção e esperança. Ela representa Deus na vida delas, por isso tem de representá-lo bem.

"Sejam sábios na sua maneira de agir com os que não creem" (Colossenses 4:5), porque seu modo de agir pode levá-los à salvação ou a acreditar que seu Deus é muito fraco para cuidar de suas necessidades emocionais, espirituais e até de relacionamento. Você, Garota de Deus, pode ser a única Bíblia que suas amigas vão ler, por isso seja sábia em seu relacionamento com elas. Seja forte, oriente-as, conforte-as e lhes dê esperança, mas guarde suas necessidades para os cristãos que são mais fortes que você e podem levantá-la segundo a verdade.

cumprir tudo o que Deus quer. 13 Eu posso
afirmar que ele tem trabalhado muito em
favor de vocês e pela gente de Laodiceia
e de Hierápolis.

14 Lucas, o nosso querido médico, e o
irmão Demas mandam saudações.

15 Mandamos saudações aos irmãos
que moram em Laodiceia. Saudações
também para Ninfa e para a igreja que
se reúne na casa dela. 16 Peço que, depois
de lerem esta carta, vocês a mandem para
Laodiceia a fim de que os irmãos de lá
também a leiam. E vocês leiam a carta que
vai chegar de Laodiceia. 17 E digam isto a
Arquipo: procure cumprir bem a tarefa
que você recebeu no serviço do Senhor.

18 Com a minha própria mão escrevo
isto: Saudações de Paulo. Não esqueçam
que estou na cadeia.

Bênção

Que a *graça de Deus esteja com vocês!

1 e 2 Tessalonicenses

Viva para agradar a Deus

Pois vocês sabem muito bem que o Dia do Senhor virá como um ladrão, na calada da noite.
1Tessalonicenses 5:2

Quando você é nova na fé, precisa de direção — pessoas para ensiná-la, dar conselhos, protegê-la e orientá-la no caminho que você deve seguir. Mas nem todo mundo tem o luxo de ter uma família por perto que conheça a Deus e possa dar conselhos sábios na área da fé. No entanto, o Senhor não a deixa sem resposta. Ele lhe dá outras fontes das quais você pode receber conselho e direção, incluindo sua Palavra, como também cartas, livros e textos de outras pessoas que já passaram por isso e entendem suas dúvidas e preocupações. É muito importante ouvir a sabedoria dos outros que são mais velhos e mais sábios que você e que conhecem a Palavra de Deus melhor do que você.

Autor ♥ O apóstolo Paulo
Data ♥ No início da década de 50
Local ♥ Corinto
Público-alvo ♥ A igreja em Tessalônica

Os cristãos da cidade de Tessalônica eram novos na fé. Eles tinham aprendido coisas sobre Jesus por meio de Paulo, Silas e Timóteo, mas, uma vez que os judeus ficaram com ciúmes do número de pessoas convertidas por Paulo e seus amigos, eles os expulsaram da cidade antes que a igreja pudesse ter todo o ensinamento necessário. E assim, depois de uma breve visita de Timóteo para checar as coisas, Paulo sentiu a necessidade de enviar à igreja certo incentivo e ensinamento que iriam ajudá-la a continuar nos eixos.

Ponto essencial
Tessalônica era lar de uma igreja muito jovem, e em sua primeira carta aos tessalonicenses, Paulo os está ensinando os princípios básicos da fé e do evangelho. Eles também estavam um pouco confusos sobre a segunda vinda de Cristo. Então, Paulo enviou a segunda carta para esclarecer algumas coisas sobre isso e para incentivá-los a manter a fé, mesmo que estivessem sendo perseguidos.

Um dos ensinamentos fundamentais nos dois livros é a segunda vinda de Cristo. No primeiro livro, Paulo ensina que Cristo virá como um ladrão, na calada da noite. Ao que parece, depois de ouvirem isso, muitos dos tessalonicenses pararam de trabalhar e simplesmente ficaram sentados à espera da volta de Jesus. Eles exageraram um pouco. E por isso, em sua segunda carta, Paulo esclarece que você não pode ficar sentada de braços cruzados, esperando a volta de Cristo, mas deve estar sempre preparada.

Quando você é nova convertida, pode ter dificuldade para saber a quem ouvir e em que acreditar. Mas há esperança para sua fé na Bíblia. Assim como você, outros cristãos ao longo dos séculos confiaram na Palavra de Deus para ter as respostas às suas perguntas mais urgentes: "O que acontece depois que você morre?", "Quando será a segunda vinda?" Todas as respostas de que você precisa são encontradas na Palavra de Deus. Você tem perguntas, assim como a Igreja primitiva tinha, e nestes livros Paulo dá as respostas.

Coisas para procurar

- Muitas referências à segunda vinda de Cristo
- Instruções sobre o modo como os cristãos deveriam viver (veja 1Tessalonicenses 4:1-12)
- O que você pode aprender sobre a oração e pelo que deve orar (veja 2Tessalonicenses 1:3,11; 3:1-2,16)

Termos e versículos que você deve saber

Dia do Senhor: Refere-se à segunda vinda de Cristo.

Quando levamos a vocês a mensagem de Deus, vocês a ouviram e aceitaram. Não a aceitaram como uma mensagem que vem de pessoas, mas como a mensagem que vem de Deus, o que, de fato, ela é. Pois Deus está agindo em vocês, os que creem.
(1Tessalonicenses 2:13)

O que Deus quer de vocês é isto: que sejam completamente dedicados a ele e que fiquem livres da imoralidade.
(1Tessalonicenses 4:3)

Mas nós, que somos do dia, devemos estar em nosso perfeito juízo. Nós devemos usar a fé e o amor como couraça e a nossa esperança de salvação como capacete. Deus não nos escolheu para sofrermos o castigo da sua ira, mas para nos dar a salvação por meio do nosso Senhor Jesus Cristo.
(1Tessalonicenses 5:8-9)

Pois vocês sabem muito bem que o Dia do Senhor virá como um ladrão, na calada da noite.
(1Tessalonicenses 5:2)

[...] no meio de chamas de fogo, para castigar os que rejeitam a Deus e não obedecem ao evangelho do nosso Senhor Jesus.
(2Tessalonicenses 1:8)

Irmãos, sempre temos de dar graças a Deus por vocês. Para nós é certo fazer isso porque a fé que vocês têm está crescendo cada vez mais, e o amor que vocês têm uns pelos outros está se tornando cada vez maior.
(2Tessalonicenses 1:3)

É por isso que sempre oramos por vocês, pedindo que o nosso Deus, que chamou vocês para a nova vida, faça com que sejam merecedores dela. Pedimos também que ele, pelo seu poder, realize todos os desejos que vocês têm de fazer o bem e complete o trabalho que fazem com fé.
(2Tessalonicenses 1:11)

Irmãos, em nome do nosso Senhor Jesus Cristo, ordenamos a vocês que se afastem de todos os irmãos que vivem sem trabalhar e que não seguem os ensinamentos que demos a eles.
(2Tessalonicenses 3:6)

1 Tessalonicenses

Saudação

1 Eu, Paulo, e Silas, e Timóteo escreve-
mos esta carta aos irmãos da igreja da
cidade de Tessalônica, a vocês que estão
unidos com Deus, o Pai, e com o Senhor
Jesus Cristo.
Que a *graça e a paz estejam com vocês!

A fé e a vida dos tessalonicenses

2 Nas nossas orações sempre damos
graças a Deus por todos vocês e nunca
deixamos de pedir em favor de vocês.
3 Pois lembramos, na presença do nosso
Deus e Pai, como vocês puseram em prá-
tica a sua fé, como o amor de vocês os
fez trabalhar tanto e como é firme a es-
perança que vocês têm no nosso Senhor
Jesus Cristo. 4 Irmãos, sabemos que Deus
os ama e os escolheu para serem dele.
5 Pois temos anunciado o *evangelho a vo-
cês não somente com palavras, mas tam-
bém com poder, com o Espírito Santo e
com a certeza de que esta mensagem é
a verdade. Vocês sabem de que manei-
ra nos comportamos no meio de vocês,
para o próprio bem de vocês. 6 E vocês
seguiram o nosso exemplo e o exemplo
do Senhor Jesus.
Embora tenham sofrido muito, vocês
receberam a mensagem com aquela ale-
gria que vem do Espírito Santo. 7 Desse
modo vocês se tornaram um exemplo
para todos os cristãos das *províncias da
Macedônia e da Acaia. 8 Pois a mensagem
a respeito do Senhor partiu de vocês e se
espalhou pela Macedônia e pela Acaia, e
as notícias sobre a fé que vocês têm em
Deus chegaram a todos os lugares. Por-
tanto, sobre isso não é preciso falarmos
mais nada. 9 Todas as pessoas desses luga-
res falam da nossa visita a vocês e contam
como vocês nos receberam bem e como
vocês deixaram os ídolos para seguir e
servir ao Deus vivo e verdadeiro. 10 Elas
contam também como vocês estão espe-
rando que Jesus, o Filho de Deus, a quem
Deus ressuscitou, volte do céu, esse Je-
sus que nos salva do castigo divino que
está para vir.

O trabalho de Paulo e dos seus companheiros em Tessalônica

2 Vocês sabem muito bem, irmãos, que
a nossa visita não ficou sem proveito.
2 Sabem também como fomos maltratados
e insultados na cidade de Filipos, antes
de chegarmos aí em Tessalônica. Fomos
muito combatidos, mas o nosso Deus nos
deu coragem para anunciar a vocês a boa
notícia que vem dele. 3 Aquilo que anun-
ciamos a vocês não se baseia em erros ou
em má intenção; e também não tentamos
enganar ninguém. 4 Pelo contrário, sem-
pre falamos como Deus quer que falemos,
porque ele nos aprovou e nos deu a tarefa
de anunciar o *evangelho. Não queremos
agradar as pessoas, mas a Deus, que põe
à prova as nossas intenções.
5 Pois vocês sabem muito bem que não
usamos palavras bonitas para enganar vo-
cês, nem procuramos tapear vocês para
conseguir dinheiro. Deus é testemunha
disso. 6 Nunca procuramos elogios de nin-
guém, nem de vocês nem de outros. 7 No
entanto, tínhamos o direito de exigir de
vocês alguma coisa, por sermos *apóstolos
de Cristo. Mas, quando estivemos com vo-
cês, nós fomos como crianças, fomos como

Pergunte a si mesma...

Imitar significa seguir como um padrão, modelo ou exemplo. Como uma Garota de Deus, você é chamada a obedecer a um determinado modelo (veja 1Tessalonicenses 1:6). A que modelo você obedece? Pergunte a si mesma:

A quem eu mais imito?
Como quem eu quero ser um dia?
Essa pessoa a quem quero imitar teme a Deus?
Eu imito pessoas diferentes, dependendo se estou feliz ou triste?
Como eu poderia ser mais consistente?

DEVOCIONAL

Texto para leitura: **1Tessalonicenses 2:7-12**

Saiba como se comunicar

Até que ponto você é mansa em se tratando de sua fé? Quando você conversa com outras pessoas sobre Jesus, você é generosa e gentil ou frustrada e nervosa? O modo como você age com pessoas que, para você, simplesmente não entendem isso diz muito para essas mesmas pessoas sobre quem é Jesus. Então, o modo como você fala sobre Jesus é tão importante quanto o que você diz. E não se engane: se você está julgando alguém, mas acha que está sendo boazinha ao falar para essa pessoa sobre o pecado dela, ela sabe a verdade. Ela pode perceber seu julgamento e se afastar.

Como uma Garota de Deus, você deve julgar o certo do errado, ver o pecado e instruir as pessoas quanto aos erros delas, mas não deve julgá-las como se houvesse nelas algo peculiar que não há em você. Lembre-se de que você é uma pecadora também, só que de outras maneiras — afinal de contas, você *conhece* a Deus e, ainda assim, peca contra ele! Alguém que não conhece a Deus talvez nem perceba que está fazendo algo errado. Dar testemunho para um descrente pode ser algo desconfortável, e pode ficar ainda mais desconfortável quando você não demonstra muita bondade, compaixão ou gentileza.

Se você tiver dificuldade para falar com as pessoas sobre Jesus, talvez seja porque você quer que elas concordem tanto com você a ponto de esquecer que não é sua a missão de salvá-las, mas sim de Deus. Cabe a você amá-las e mostrar-lhes como ser cristão pode melhorá-la como pessoa, tornando-a mais compassiva e amável.

uma mãe ao cuidar dos seus filhos. 8 Nós
os amávamos tanto, que gostaríamos de ter dado a vocês não somente a boa notícia que vem de Deus, mas até mesmo a nossa própria vida. Como nós os amávamos!
9 Irmãos, vocês com certeza lembram
de como trabalhamos e lutamos para ganhar o nosso sustento. Trabalhávamos de dia e de noite a fim de não sermos uma carga para vocês, enquanto anunciávamos a vocês a boa notícia que vem de Deus.

10 Vocês são nossas testemunhas e Deus
também de que o nosso comportamento entre vocês que creram foi limpo, correto e sem nenhuma falha.
11 Vocês sabem que
tratamos cada um como um pai trata os seus filhos.
12 Nós os animamos e aconse-
lhamos para que vocês vivessem de uma maneira que agrade a Deus, que os *chama para terem parte no seu *Reino e na sua *glória.

Perseguidos por causa do evangelho

13 E existe outra razão pela qual sempre
damos graças a Deus. Quando levamos a vocês a mensagem de Deus, vocês a ouviram e aceitaram. Não a aceitaram como uma mensagem que vem de pessoas, mas como a mensagem que vem de Deus, o que, de fato, ela é. Pois Deus está agindo em vocês, os que creem.
14 Meus irmãos, o
que aconteceu com vocês já havia acontecido também com as igrejas de Deus na Judeia, com o povo dali que pertence a Cristo Jesus. Vocês foram perseguidos pelos seus próprios patrícios do mesmo modo que os cristãos da Judeia foram perseguidos pelos judeus.
15 Foram os judeus que ma-
taram o Senhor Jesus e os *profetas e também nos perseguiram. Eles desagradam a Deus e são inimigos de todos.
16 Tentam até
nos impedir de anunciarmos a mensagem de salvação aos não judeus. Com isso eles completam o total dos pecados que eles têm cometido. Mas agora o castigo de Deus caiu finalmente sobre eles.

Planos para visitar Tessalônica outra vez

17 Irmãos, nós tivemos de nos separar
de vocês por algum tempo. Estamos longe

dos olhos, mas perto do coração. Senti-
mos muitas saudades de vocês e gosta-
ríamos de vê-los outra vez. 18 Por isso qui-
semos ir até aí e fazer uma visita a vo-
cês. Pelo menos eu, Paulo, quis fazer isso
mais de uma vez, mas Satanás não nos
deixou. 19 Afinal, quando o nosso Senhor
Jesus vier, vocês e ninguém mais são de
modo todo especial a nossa esperança,
a nossa alegria e o nosso motivo de sa-
tisfação, diante dele, pela nossa vitória.
20 Sim, vocês são o nosso orgulho e a nos-
sa alegria!

3 Então não pudemos aguentar mais sem
ter notícias de vocês. Por isso Silas e
eu resolvemos ficar sozinhos em Atenas
2 e enviar a vocês o nosso irmão Timóteo.
Ele tem trabalhado conosco no serviço de
Deus, anunciando o *evangelho de Cris-
to. Nós o enviamos para animar e ajudar
vocês na fé, 3 a fim de que ninguém fique
desanimado por causa das perseguições.
Vocês mesmos sabem muito bem que elas
fazem parte daquilo que Deus quer para
nós. 4 Pois, quando estávamos com vocês,
nós os avisamos que íamos ser persegui-
dos; e, como vocês sabem, isso aconteceu
mesmo. 5 Por isso não pude aguentar mais
sem ter notícias de vocês e enviei Timóteo
para saber como vai a fé que vocês têm.
É que eu tinha medo de que o Diabo os
tivesse tentado de tal modo, que todo o
nosso trabalho tivesse ficado inútil.

6 Agora Timóteo já voltou daí de Tes-
salônica e nos trouxe boas notícias a res-
peito da fé que vocês têm em Deus e do
amor que vocês têm uns pelos outros. Ele
nos contou que vocês sempre lembram
de nós com carinho e que têm tanta von-
tade de nos ver como nós temos de ver
vocês. 7 Assim, irmãos, em todas as nos-
sas dificuldades e sofrimentos o que nos
animou foi a fé que vocês têm. 8 Agora nós
nos sentimos com mais vida porque sabe-
mos que vocês continuam a viver firmes
por estarem unidos com o Senhor. 9 E as-
sim podemos dar graças a Deus por vocês.
Agradecemos a alegria que temos diante
do nosso Deus por causa de vocês. 10 Dia
e noite pedimos a ele de todo o coração
que nos deixe ir vê-los pessoalmente para
podermos completar o que ainda falta na
fé que vocês têm.

11 Que o próprio Deus, o nosso Pai, e
o nosso Senhor Jesus preparem o nosso
caminho para podermos ir visitar vocês!
12 Que o Senhor faça com que cresça cada
vez mais o amor que vocês têm uns pelos
outros e por todas as pessoas, e que esse
amor se torne igual ao nosso amor por
vocês! 13 Desse modo Deus dará força ao
coração de vocês, e vocês serão comple-
tamente dedicados a ele e estarão sem
culpa na presença do nosso Deus e Pai,
quando o nosso Senhor Jesus vier com
todos os que são dele. *Amém!

A vida que agrada a Deus

4 Finalmente, irmãos, vocês aprenderam
de nós como devem viver para agradar
a Deus; e é assim mesmo que vocês têm
vivido. E agora pedimos e aconselhamos,
em nome do Senhor Jesus, que façam ain-
da mais. 2 Pois vocês conhecem os ensina-
mentos que demos pela autoridade do
Senhor Jesus. 3 O que Deus quer de vocês
é isto: que sejam completamente dedica-
dos a ele e que fiquem livres da imorali-
dade. 4 Que cada um saiba viver com a sua
esposa de um modo que agrade a Deus,
com todo o respeito 5 e não com paixões
sexuais baixas, como fazem os incrédulos,
que não conhecem a Deus. 6 Nesse assun-
to, que ninguém prejudique o seu irmão,
nem desrespeite os seus direitos! Pois,
como nós já lhes dissemos e avisamos,
o Senhor castigará duramente os que fa-
zem essas coisas. 7 Deus não nos chamou
para vivermos na imoralidade, mas para
sermos completamente dedicados a ele.
8 Portanto, quem rejeita esse ensinamento
não está rejeitando um ser humano, mas a
Deus, que dá a vocês o seu Espírito Santo.

9 Não há necessidade de lhes escrever
a respeito do amor pelos irmãos na fé,
pois o próprio Deus lhes ensinou que vo-
cês devem amar uns aos outros. 10 Pois
é esse o amor que vocês têm mostrado
a todos os irmãos que vivem em toda a
*província da Macedônia. Portanto, meus
irmãos, pedimos que façam ainda mais:
11 procurem viver em paz, tratem dos seus
próprios assuntos e vivam do seu próprio
trabalho, como já dissemos antes. 12 As-
sim, aqueles que não são cristãos os res-
peitarão, e vocês não precisarão viver às
custas de ninguém.

A vinda do Senhor Jesus Cristo

13 Irmãos, queremos que vocês saibam a
verdade a respeito dos que já morreram,
para que não fiquem tristes como ficam
aqueles que não têm esperança. 14 Nós

cremos que Jesus morreu e ressuscitou;
e assim cremos também que, depois que
Jesus vier, Deus o levará de volta e, junto
com ele, levará os que morreram cren-
do nele.
15 De acordo com o ensinamento do Se-
nhor, afirmamos a vocês o seguinte: nós,
os que estivermos vivos no dia da vin-
da do Senhor, não iremos antes daque-
les que já morreram. 16 Porque haverá o
grito de comando, e a voz do *arcanjo, e o
som da trombeta de Deus, e então o pró-
prio Senhor descerá do céu. Aqueles que
morreram crendo em Cristo ressuscitarão
primeiro. 17 Então nós, os que estivermos
vivos, seremos levados nas nuvens, jun-
to com eles, para nos encontrarmos com
o Senhor no ar. E assim ficaremos para
sempre com o Senhor. 18 Portanto, ani-
mem uns aos outros com essas palavras.

Prontos para a vinda do Senhor

5 Irmãos, vocês não precisam que eu lhes
escreva a respeito de quando e como
essas coisas vão acontecer. 2 Pois vocês
sabem muito bem que o Dia do Senhor
virá como um ladrão, na calada da noite.
3 Quando as pessoas começarem a dizer:
"Tudo está calmo e seguro", então é que,
de repente, a destruição cairá sobre elas.
As pessoas não poderão escapar, pois será
como uma mulher que está sentindo as
dores de parto.
4 Mas vocês, irmãos, não estão na es-
curidão, e o Dia do Senhor não deverá
pegá-los como um ladrão, que ataca de
surpresa. 5 Todos vocês são da luz e do
dia. Nós não somos da noite nem da es-
curidão. 6 Por isso não vamos ficar dor-
mindo, como os outros, mas vamos es-
tar acordados e em nosso perfeito juízo.
7 Os que dormem dormem de noite, e os
que bebem é de noite que ficam bêbados.
8 Mas nós, que somos do dia, devemos es-
tar em nosso perfeito juízo. Nós devemos
usar a fé e o amor como *couraça e a nos-
sa esperança de salvação como capacete.
9 Deus não nos escolheu para sofrermos
o castigo da sua *ira, mas para nos dar a
salvação por meio do nosso Senhor Jesus
Cristo, 10 que morreu por nós para poder-
mos viver com ele, tanto se estivermos

DEVOCIONAL

Texto para leitura: **1Tessalonicenses 5:12-22**

Conheça a Deus

Não existe esse negócio de oração sem resposta. É fácil acreditar que Deus está muito ocupado ou simplesmente não está interessado no que você quer e precisa, em especial quando você ora e ora e nunca recebe o que pede. Mas a verdade é que ele não a está ignorando. Ele ouve cada palavra e conhece todas as necessidades, e ele já lhe respondeu — foi você que simplesmente não ouviu a voz de Deus.

Deus nunca deixa de responder à oração quando ela sai da boca de seus filhos. A única oração que ele rejeita é a daqueles que ignoram sua lei e não o amam de verdade (veja Provérbios 28:9; João 9:31). Para a Garota de Deus, isso significa ter certeza de que todas as suas orações estão sendo respondidas. Nem sempre é a resposta que você queria; às vezes, ele diz "Não". E ele talvez não lhe mostre a resposta de imediato; às vezes, ele diz "Espere". Mas ela virá. E quando tem certeza desse fato, você pode descansar com confiança e não se preocupar com cada detalhe.

Deus sempre responde da melhor forma — não de vez em quando, mas *sempre*. Deus sabe do que você precisa, e ele lhe dará exatamente isso. E quando fizer isso, será a melhor coisa no melhor tempo possível. Então, não desista de orar por tudo em sua vida. Nunca deixe de orar (veja 1Tessalonicenses 5:17), sabendo que ele ouve cada palavra e responderá da maneira certa na hora certa.

vivos como se estivermos mortos quan-
do ele vier. 11 Portanto, animem e ajudem
uns aos outros, como vocês têm feito até
agora.

Últimos conselhos e saudações

12 Irmãos, pedimos a vocês que respei-
tem aqueles que trabalham entre vocês,
isto é, aqueles que foram escolhidos pelo
Senhor para guiá-los e ensiná-los. 13 Tra-
tem essas pessoas com o maior respeito e
amor, por causa do trabalho que fazem. E
vivam em paz uns com os outros.

14 Pedimos a vocês, irmãos, que aconse-
lhem com firmeza os preguiçosos, deem
coragem aos tímidos, ajudem os fracos
na fé e tenham paciência com todos. 15 To-
mem cuidado para que ninguém pague o
mal com o mal. Pelo contrário, procurem
em todas as ocasiões fazer o bem uns aos
outros e também aos que não são irmãos
na fé.

16 Estejam sempre alegres, 17 orem sem-
pre 18 e sejam agradecidos a Deus em to-
das as ocasiões. Isso é o que Deus quer
de vocês por estarem unidos com Cris-
to Jesus.

19 Não atrapalhem a ação do Espírito
Santo. 20 Não desprezem as *profecias.
21 Examinem tudo, fiquem com o que é
bom 22 e evitem todo tipo de mal.

23 Que Deus, que nos dá a paz, faça com
que vocês sejam completamente dedica-
dos a ele. E que ele conserve o espírito,
a alma e o corpo de vocês livres de toda
mancha, para o dia em que vier o nosso
Senhor Jesus Cristo. 24 Aquele que os *cha-
ma é fiel e fará isso.

25 Irmãos, lembrem de nós nas suas
orações.

26 Cumprimentem todos os cristãos com
um beijo de irmão.

27 Peço com insistência, pela autorida-
de do Senhor, que esta carta seja lida para
todos os irmãos.

Bênção

28 Que a *graça do nosso Senhor Jesus
Cristo esteja com vocês!

2Tessalonicenses

Saudação

1 Eu, Paulo, e Silas, e Timóteo escreve-
mos esta carta aos irmãos da igreja da
cidade de Tessalônica, irmãos que estão
unidos com Deus, o nosso Pai, e com o
Senhor Jesus Cristo.

2 Que a *graça e a paz de Deus, o nos-
so Pai, e do Senhor Jesus Cristo estejam
com vocês!

O Juízo Final

3 Irmãos, sempre temos de dar graças a
Deus por vocês. Para nós é certo fazer isso
porque a fé que vocês têm está crescen-
do cada vez mais, e o amor que vocês têm
uns pelos outros está se tornando cada
vez maior. 4 É por isso que nas igrejas de
Deus falamos com orgulho sobre vocês.
Nós temos orgulho de vocês por causa
da paciência e da fé que vocês mostram
no meio de todas as perseguições e sofri-
mentos. 5 Esta é uma prova de que Deus é
justo na sua maneira de julgar.

Como resultado disso, vocês se torna-
rão merecedores do seu *Reino, pelo qual
estão sofrendo. 6 Deus fará o que é justo:
ele trará sofrimento para aqueles que fa-
zem com que vocês sofram 7 e dará des-
canso a vocês e também a nós, que sofre-
mos. Ele fará isso quando o Senhor Jesus
vier do céu e aparecer junto com os seus
anjos poderosos, 8 no meio de chamas de
fogo, para castigar os que rejeitam a Deus
e não obedecem ao *evangelho do nosso
Senhor Jesus. 9 Eles serão castigados com
a destruição eterna e ficarão longe da pre-
sença do Senhor e do seu *glorioso poder.
10 Isso acontecerá naquele dia, o dia em
que ele vier para ser louvado por todo o
seu povo e para receber homenagens de

todos os que creem. Vocês também esta-
rão entre eles, pois creram na mensagem
que nós anunciamos.
11 É por isso que sempre oramos por vo-
cês, pedindo que o nosso Deus, que *cha-
mou vocês para a nova vida, faça com que
sejam merecedores dela. Pedimos tam-
bém que ele, pelo seu poder, realize todos
os desejos que vocês têm de fazer o bem
e complete o trabalho que fazem com fé.
12 Assim Jesus, o nosso Senhor, será lou-
vado por causa do comportamento de vo-
cês, e vocês serão elogiados por ele, por
meio da *graça do nosso Deus e do Senhor
Jesus Cristo.

A Revolta, o Perverso e a Misteriosa Maldade

2 Agora, irmãos, a respeito da vinda de
Jesus Cristo, o nosso Senhor, e do nos-
so encontro com ele, pedimos a vocês o
seguinte: 2 Não se perturbem facilmente,
nem fiquem assustados se alguém afirmar
que o Dia do Senhor já chegou. Talvez al-
guém diga que nós tenhamos afirmado
isso enquanto *profetizávamos ou anun-
ciávamos o *evangelho ou que escreve-
mos isso em alguma carta. 3 Não deixem
que ninguém os engane com nada disso.
Pois, antes desse dia, terá de acontecer
a Revolta contra Deus, e terá de apare-
cer o Perverso, que está condenado a ir
para o inferno. 4 Ele será contra tudo o
que as pessoas adoram e contra tudo o
que elas acham que é divino. Ele vai se
colocar acima de todos e até mesmo vai
entrar e sentar-se no Templo de Deus e
afirmar que é Deus!
5 Por acaso vocês não lembram que eu
lhes disse tudo isso quando estava com
vocês? 6 E vocês sabem também que existe
alguma coisa que não deixa que isso acon-
teça agora; porém, no tempo certo, o Per-
verso aparecerá. 7 A Misteriosa Maldade
já está agindo, mas o que está para acon-
tecer acontecerá somente depois que for
afastado aquele que não deixa que isso
aconteça. 8 Então o Perverso aparecerá,
e o Senhor Jesus, quando vier, o matará
com um sopro e o destruirá com a sua
*gloriosa presença. 9 O Perverso chegará
com o poder de Satanás e fará todo tipo
de falsos milagres e maravilhas. 10 E en-
ganará com todo tipo de maldade os que
vão ser destruídos. Eles vão ser destruí-
dos porque não aceitaram nem amaram a
verdade que os poderia salvar. 11 Por isso
Deus envia o poder do erro para agir ne-
les a fim de que acreditem naquilo que é
falso. 12 O resultado disso é que serão con-
denados todos os que não creem na ver-
dade, mas têm prazer no pecado.

Firmeza e fidelidade

13 Irmãos, sempre devemos dar graças
a Deus por vocês, a quem o Senhor ama.
Pois Deus os escolheu como os primei-
ros a serem salvos pelo poder do Espírito
Santo e pela fé que vocês têm na verdade,
a fim de tornar vocês o seu povo dedica-
do a ele. 14 Foi para isso que Deus os *cha-
mou, por meio do *evangelho que anun-
ciamos, a fim de que vocês tomem parte
na *glória do nosso Senhor Jesus Cristo.
15 Portanto, irmãos, fiquem firmes e guar-
dem aquelas verdades que ensinamos a
vocês tanto nas nossas mensagens como
na nossa carta.
16 Que o próprio Jesus Cristo, o nosso
Senhor, e Deus, o nosso Pai, que nos ama
e que na sua bondade nos dá uma cora-
gem que não acaba e uma esperança fir-
me, 17 encham o coração de vocês de âni-
mo e os tornem fortes para fazerem e di-
zerem tudo o que é bom!

Orem por nós

3 Finalmente, irmãos, orem por nós para
que a mensagem do Senhor continue a
se espalhar rapidamente e seja bem aceita,
como aconteceu entre vocês. 2 Orem tam-
bém para que Deus nos livre das pessoas
más e perversas, pois nem todos creem
na mensagem.
3 Mas o Senhor Jesus é fiel. Ele lhes dará
forças e os livrará do Maligno. 4 E o Senhor
faz com que confiemos em vocês; temos
a certeza de que estão fazendo e conti-
nuarão a fazer o que lhes recomendamos.
5 Que o Senhor os faça compreender
melhor o amor de Deus por vocês e a fir-
meza que ele, Cristo, dá!

Trabalhar e fazer o bem

6 Irmãos, em nome do nosso Senhor
Jesus Cristo, ordenamos a vocês que se
afastem de todos os irmãos que vivem
sem trabalhar e que não seguem os en-
sinamentos que demos a eles. 7 Vocês sa-
bem muito bem que devem seguir o nos-
so exemplo, pois não temos vivido entre
vocês sem trabalhar. 8 Não temos recebi-
do nada de ninguém, sem pagar; na ver-
dade trabalhamos e nos cansamos. Tra-
balhamos sem parar, dia e noite, a fim de

DEVOCIONAL

Texto para leitura: **2Tessalonicenses 3:6**

Conheça o amor

"Animigas": aquelas meninas que você acha que são suas amigas, mas, em alguns dias, você realmente tem de perguntar se são mesmo. Antes elas eram boazinhas, mas agora são meio mesquinhas. Quando você tem uma amiga que mudou e agora o comportamento dela é pecaminoso, o que você faz?

A Palavra de Deus tem uma receita para você: se sua amiga é cristã e se tornou mesquinha, vingativa, fofoqueira ou caluniadora, se ela está abusando de você ou tem ódio de você, então é hora de acabar com a amizade. Você não pode deixar que o pecado dela seja contagioso. Você não pode assumir a desobediência dela como se fosse sua.

O problema em ficar perto de cristãos que abandonam a verdade de Deus é que isso pode levá-la ao pecado. Você peca quando retribui o ódio deles, revida, quer vingança, começa a ter pensamentos negativos ou a se queixar.

A Garota de Deus confia na Palavra de Deus e tenta vivê-la todos os dias. Uma amiga temente ao Senhor pode estragar tudo, pode cometer erros e até machucá-la, mas há sempre redenção, confissão e reconciliação. Mas, no caso de algumas meninas, não há nada disso porque, verdade seja dita, elas se esquecem da Palavra de Deus. A Bíblia já não mais faz parte da vida delas; em vez disso, elas vivem de acordo com as próprias emoções e desejos. Esse tipo de menina não é bom para você.

Então, pense em sua grande "animiga": você vai confrontar o que ela faz? Pode haver reconciliação ou é hora de cortar os laços que unem vocês? Não tenha medo de se afastar se for preciso. Isso não faz de você uma perdedora, mas sim uma seguidora de Jesus. Você precisa obedecer à Palavra de Deus, não importa o que os outros pensem ou digam.

não sermos um peso para nenhum de vo-
cês. 9 É claro que temos o direito de re-
ceber sustento; mas não temos pedido
nada a fim de que vocês seguissem o nos-
so exemplo. 10 Porque, quando estávamos
aí, demos esta regra: "Quem não quer tra-
balhar que não coma."
11 Estamos afirmando isso porque ou-
vimos dizer que há entre vocês algumas
pessoas que vivem como os preguiçosos:
não fazem nada e se metem na vida dos
outros. 12 Em nome do Senhor Jesus Cris-
to, ordenamos com insistência a essas
pessoas que vivam de um modo correto e
trabalhem para se sustentar. 13 Mas vocês,
irmãos, não se cansem de fazer o bem.
14 Se alguém não quiser obedecer ao
que estamos mandando nesta carta,
vejam bem quem está fazendo isso e se
afastem dele para que fique envergonha-
do. 15 No entanto não o tratem como ini-
migo, mas o aconselhem como se acon-
selha um irmão.

Saudações

16 Que o Senhor da paz dê a vocês a paz,
sempre e de todas as maneiras! E que o
Senhor esteja com todos vocês!
17 Com a minha própria mão escrevo
isto: Saudações de Paulo. É assim que
assino todas as minhas cartas; é assim
que escrevo.

Bênção

18 Que a *graça do nosso Senhor Jesus
Cristo esteja com todos vocês!

1 e 2Timóteo

Seja um exemplo

Não deixe que ninguém o despreze por você ser jovem. Mas, para os que creem, seja um exemplo na maneira de falar, na maneira de agir, no amor, na fé e na pureza.
1Timóteo 4:12

Autor ♥ O apóstolo Paulo
Data ♥ 62 e 67
Local ♥ A Macedônia, para a primeira carta, e provavelmente uma prisão romana, para a segunda
Público-alvo ♥ Timóteo

Muitos cristãos jovens têm "pais espirituais": pessoas que não são do mesmo sangue, mas os levantam em sua fé e lhes ensinam o que precisam saber para levar outros ao mesmo tipo de fé. Essas mães e pais espirituais são realmente importantes e, muitas vezes, podem nos dar muita sabedoria e esperança, assim como nossos pais terrenos, se não mais. A família espiritual é uma parte valiosa da vida do cristão, como tem sido há séculos. O apóstolo Paulo poderia ser considerado o pai espiritual de Timóteo, a quem amava como se fosse um filho (veja 1Timóteo 1:2). E essas duas cartas endereçadas a ele são lições e inspirações finais de Paulo que têm por objetivo incentivar e ensinar Timóteo a carregar a tocha do ministério de Paulo.

Ponto essencial
Timóteo era discípulo de Paulo e seu representante na igreja em Éfeso. Na primeira carta, Paulo prepara Timóteo para o sucesso e lhe ensina a ser um líder temente a Deus e a servir aos cristãos de sua cidade. Na segunda carta, enquanto Paulo esperava o veredito de seu julgamento, ele deu a Timóteo algumas instruções finais sobre a vida cristã.

Estas cartas foram escritas quase no fim da vida do apóstolo. Ele sabia que a fé de Timóteo era forte, mas que ele era propenso a ficar doente, e era um pouco tímido. Paulo queria encorajar Timóteo e prepará-lo para continuar seu ministério em Éfeso depois de sua morte. Embora Timóteo fosse jovem, ele tinha sido muito útil no serviço com Paulo durante anos. Paulo tinha aprendido a confiar nele e a amá-lo. Agora ele logo morreria nas mãos de seus perseguidores, por isso queria preparar o amigo e deixá-lo com as informações de que precisaria para manter a fé viva.

Como uma Garota de Deus, você não está sozinha neste mundo. Outros que são mais experientes e mais sábios vieram antes de você e agora estão lhe deixando sentido e direção, como fez Paulo. Você deve aprender com os sábios, procurar o conselho deles e aprender com as experiências que têm na fé. Como Timóteo, você pode ter um desafio pela frente, mas mantenha a fé, sabendo que outros, que vieram antes, podem ajudar. Procure-os, aprenda com eles e saiba que você não está sozinha.

Coisas para procurar

- O relacionamento entre Paulo e Timóteo (veja 1Timóteo 1:2; 3:14; 4:12-16; 5:23; 2Timóteo 1:2-6,13-14; 2:1-2; para obter outras informações, leia Atos 16:3; 17:10-15; 19:22; 20:4-5; Romanos 16:21; 1Coríntios 4:17; Filipenses 1:1; 2:19-23; Colossenses 1:1; Filemom 1)
- O chamado do cristão à coragem (veja 2Timóteo 1:8-12; 2:1-10; 3:10-13; 4:17-18)
- A fé de Paulo em tempos de sofrimento (veja 2Timóteo 1:8,16; 4:6-8)

- **Bispo:** Um líder ou ancião da igreja.
- **Diácono:** Um ministro ou líder secundário da igreja.

Termos e versículos que você deve saber

O ensinamento verdadeiro e que deve ser crido e aceito de todo o coração é este: Cristo Jesus veio ao mundo para salvar os pecadores, dos quais eu sou o pior.

(1Timóteo 1:15)

Em primeiro lugar peço que sejam feitos orações, pedidos, súplicas e ações de graças a Deus em favor de todas as pessoas. Orem pelos reis e por todos os outros que têm autoridade, para que possamos viver uma vida calma e pacífica, com dedicação a Deus e respeito aos outros.

(1Timóteo 2:1-2)

Ele se tornou um ser humano, foi aprovado pelo Espírito de Deus, foi visto pelos anjos, foi anunciado entre as nações, foi aceito com fé por muitos no mundo inteiro e foi levado para a glória.

(1Timóteo 3:16)

Não deixe que ninguém o despreze por você ser jovem. Mas, para os que creem, seja um exemplo na maneira de falar, na maneira de agir, no amor, na fé e na pureza.

(1Timóteo 4:12)

Pois o Espírito que Deus nos deu não nos torna medrosos; pelo contrário, o Espírito nos enche de poder e de amor e nos torna prudentes.

(2Timóteo 1:7)

Como fiel soldado de Cristo Jesus, tome parte no meu sofrimento. Pois o soldado, quando está servindo, quer agradar o seu comandante e por isso não se envolve em negócios da vida civil. O atleta que toma parte numa corrida não recebe o prêmio se não obedecer às regras da competição.

(2Timóteo 2:3-5)

1 Timóteo

Saudação

1 Eu, Paulo, *apóstolo de Cristo Jesus por ordem de Deus, o nosso Salvador, e de Cristo Jesus, a nossa esperança, 2 escrevo a você, Timóteo, meu verdadeiro filho na fé.

Que a *graça, a misericórdia e a paz de Deus, o Pai, e de Cristo Jesus, o nosso Senhor, estejam com você!

Falsas doutrinas

3 Peço que você continue na cidade de Éfeso, como já pedi quando estava indo para a *província da Macedônia. Existem aí nessa cidade alguns que estão ensinando doutrinas falsas, e você precisa fazer com que eles parem com isso. 4 Diga a essa gente que deixe de lado as lendas e as longas listas de nomes de antepassados, pois essas coisas só produzem discussões. Elas não têm nada a ver com o plano de Deus, que é conhecido somente por meio da fé. 5 Essa ordem está sendo dada a fim de que amemos uns aos outros com um amor que vem de um coração puro, de uma consciência limpa e de uma fé verdadeira. 6 Alguns abandonaram essas coisas e se perderam em discussões inúteis. 7 Eles querem ser *mestres da Lei de Deus, mas não entendem nem o que eles mesmos dizem, nem aquilo que falam com tanta certeza.

8 Sabemos que a lei de Deus é boa, se for usada como se deve. 9 Devemos lembrar, é claro, que as leis são feitas não para as pessoas corretas, mas para os marginais e os criminosos, os ateus e os que praticam o mal e para os que não respeitam a Deus nem a religião. São feitas também para os que matam os seus pais e para outros assassinos. 10 E para os imorais, os homossexuais, os sequestradores, os mentirosos, os que dão falso testemunho e para os que fazem qualquer outra coisa que é contra o verdadeiro ensinamento. 11 Esse ensinamento se encontra no *evangelho que Deus me encarregou de anunciar, isto é, na boa notícia que vem do Deus bendito e *glorioso.

Gratidão pela misericórdia de Deus

12 Agradeço a Cristo Jesus, o nosso Senhor, que me tem dado forças para cumprir a minha missão. Eu lhe agradeço porque ele achou que eu era merecedor e porque me escolheu para servi-lo. 13 Ele fez isso apesar de eu ter dito *blasfêmias contra ele no passado e de o ter perseguido e insultado. Mas Deus teve misericórdia de mim, pois eu não tinha fé e por isso não sabia o que estava fazendo. 14 E o nosso Senhor derramou a sua imensa *graça sobre mim e me deu a fé e o amor que temos por estarmos unidos com Cristo Jesus. 15 O ensinamento verdadeiro e que deve ser crido e aceito de todo o coração é este: Cristo Jesus veio ao mundo para salvar os pecadores, dos quais eu sou o pior. 16 Mas foi por esse mesmo motivo que Deus teve misericórdia de mim, para que Cristo Jesus pudesse mostrar toda a sua paciência comigo. E isso ficará como exemplo para todos os que, no futuro, vão crer nele e receber a vida eterna. 17 Ao Rei eterno, *imortal e invisível, o único Deus — a ele sejam dadas a honra e a *glória, para todo o sempre! *Amém!

18 Timóteo, meu filho, eu entrego essa ordem a você. Ela está de acordo com as palavras da *profecia, ditas há muito tempo a respeito de você. Que essas palavras sejam as suas armas para que você possa combater bem! 19 Conserve a sua fé e mantenha a sua consciência limpa. Algumas

Pergunte a si mesma...

- O que é fé?
- Onde eu coloco minha fé?
- Em uma escala de 1 a 10, até que ponto minha fé em Deus é forte?
- Como minha fé me faz diferente dos outros?
- Como minha fé afeta minhas decisões?
- Como minha fé está me mudando?
- Onde me falta fé?

pessoas não têm escutado a sua própria
consciência, e isso tem causado a destrui-
ção da sua fé. 20 Entre elas estão Himeneu
e Alexandre, que eu já entreguei a Sata-
nás para que aprendessem a não *blas-
femar mais.

Conselhos sobre a oração

2 Em primeiro lugar peço que sejam fei-
tos orações, pedidos, súplicas e ações
de graças a Deus em favor de todas as pes-
soas. 2 Orem pelos reis e por todos os ou-
tros que têm autoridade, para que possa-
mos viver uma vida calma e pacífica, com
dedicação a Deus e respeito aos outros.
3 Isso é bom, e Deus, o nosso Salvador, gos-
ta disso. 4 Ele quer que todos sejam salvos
e venham a conhecer a verdade.
5 Pois existe um só Deus e uma só pes-
soa que une Deus com os seres humanos
— o ser humano Cristo Jesus, 6 que deu a
sua vida para que todos fiquem livres dos
seus pecados. Esta foi a prova, dada no
tempo certo, de que Deus quer que todos
sejam salvos. 7 E eu fui escolhido como
*apóstolo e mestre dos não judeus para
anunciar a mensagem da fé e da verdade.
Eu não estou mentindo; estou dizendo
a verdade.
8 Quero que em todos os lugares os ho-
mens orem, homens dedicados a Deus; e
que, ao orarem, eles levantem as mãos,
sem ódio e sem brigas.

A mulher cristã

9 Quero também que as mulheres sejam
sensatas e usem roupas decentes e sim-
ples. Que elas se enfeitem, mas não com
penteados complicados, nem com joias
de ouro ou de pérolas, nem com roupas
caras! 10 Que se enfeitem com boas ações,
como devem fazer as mulheres que dizem
que são dedicadas a Deus!
11 As mulheres devem aprender em si-
lêncio e com toda a humildade. 12 Não per-
mito que as mulheres ensinem ou tenham
autoridade sobre os homens; elas devem
ficar em silêncio. 13 Pois Adão foi criado
primeiro, e depois Eva. 14 E não foi Adão
quem foi enganado; a mulher é que foi
enganada e desobedeceu à *lei de Deus.
15 Mas a mulher será salva tendo filhos se
ela, com pureza, continuar na fé, no amor
e na dedicação a Deus.

DEVOCIONAL

Texto para leitura: **1Timóteo 2:1-3**

Conheça a Deus

Deus nos manda repetidamente orar por nós mesmos e pelos outros. Mas, muitas vezes, você pode pensar que esse tipo de oração é algo reservado para cristãos megaespirituais. Então você desiste por causa de sua incapacidade. Mas a oração não é só para o supersanto; ela é necessária e possível para todos, e é o modo como você vence o mundo. A oração move a mão que move o mundo. Por que você não teria acesso ao poder de Deus nos desafios da vida? Por que você não gostaria de ter mais de Deus?

A oração libera o poder de Deus, especialmente quando sua oração é feita em favor de outras pessoas. Isso se chama oração intercessora: pedir a Deus para ajudar, guiar e salvar outras pessoas. Se você confia sua vida a Deus, então sua oração pode se focar nas necessidades dos outros, e não nas suas. Isso não significa que você não possa pedir aquilo de que precisa, *mas* a Garota de Deus nunca é egoísta. Ela não acumula a bênção de Deus para si, mas pensa nos outros todo santo dia.

Quando sua oração está intencionalmente focada em algo além de si, e você está sempre pensando nas necessidades dos outros, sua fé, sua esperança e sua felicidade aumentam. Sua vida começa a significar mais enquanto passa a ter menos a ver com você e mais a ver com os outros. Assim, pratique a oração intercessora. Não é preciso nenhum dom especial, apenas um coração que deseja servir a Deus e aos outros.

Os bispos

3 Este ensinamento é verdadeiro: se al-
guém quer muito ser *bispo na Igreja,
está desejando um trabalho excelente. 2 O
bispo deve ser um homem que ninguém
possa culpar de nada. Deve ter somente
uma esposa, ser moderado, prudente e
simples. Deve estar disposto a hospedar
pessoas na sua casa e ter capacidade para
ensinar. 3 Não pode ser chegado ao vinho
nem briguento, mas deve ser pacífico e
calmo. Não deve amar o dinheiro. 4 Deve
ser um bom chefe da sua própria família
e saber educar os seus filhos de maneira
que eles lhe obedeçam com todo o respei-
to. 5 Pois, se alguém não sabe governar a
sua própria família, como poderá cuidar
da Igreja de Deus? 6 O bispo não deve ser
alguém *convertido há pouco tempo; se
for, ele ficará cheio de orgulho e será con-
denado como o Diabo foi. 7 É preciso que
o bispo seja respeitado pelos de fora da
Igreja, para que não fique desmoralizado
e não caia na armadilha do Diabo.

Os diáconos

8 Do mesmo modo, os *diáconos devem
ser homens de palavra e sérios. Não de-
vem beber muito vinho, nem ser ganan-
ciosos. 9 Eles devem se apegar à verdade
revelada da fé e ter sempre a consciência
limpa. 10 Primeiro devem ser provados e
depois, se forem aprovados, que sirvam
a Igreja. 11 A esposa do diácono também
deve ser respeitável e não deve ser fala-
deira. Ela precisa ser moderada e fiel em
tudo. 12 O diácono deve ter somente uma
esposa e ser capaz de governar bem os
seus filhos e toda a sua família. 13 Pois os
diáconos que fazem um bom trabalho
conquistam o respeito dos irmãos na fé
e são capazes de falar com coragem sobre
a sua fé em Cristo Jesus.

Jesus Cristo, a verdade revelada de Deus

14 Escrevo essas coisas a você, esperan-
do ir vê-lo logo. 15 Mas, se eu demorar, esta
carta vai lhe dizer como devemos agir na
família de Deus, que é a Igreja do Deus
vivo, a qual é a coluna e o alicerce da ver-
dade. 16 Sem nenhuma dúvida, é grandio-
sa a verdade revelada da *nossa religião.*
Essa verdade é a seguinte:

"Ele se tornou um ser humano,
foi aprovado pelo Espírito de Deus,
foi visto pelos anjos,
foi anunciado entre as nações,
foi aceito com fé por muitos
no mundo inteiro
e foi levado para a *glória."

Os falsos mestres

4 O Espírito de Deus diz claramente que,
nos últimos tempos, alguns abando-
narão a fé. Eles darão atenção a espíri-
tos enganadores e a ensinamentos que
vêm de demônios. 2 Esses ensinamentos
são espalhados por pessoas hipócritas e
mentirosas, pessoas cuja consciência está
morta como se tivesse sido queimada com
ferro em brasa. 3 Essas pessoas ensinam
que é errado casar e que é errado comer
certos alimentos. Mas Deus criou esses
alimentos para que aqueles que creem e
conhecem a verdade os comam depois de
terem feito uma oração de agradecimento.
4 Tudo o que Deus criou é bom, e, portanto,
nada deve ser rejeitado. Que tudo seja re-
cebido com uma oração de agradecimento
5 porque a palavra de Deus e a oração tor-
nam todos os alimentos aceitáveis a ele!

O bom servo de Cristo Jesus

6 Se der esses conselhos aos irmãos na
fé, você será um bom *servo de Cristo Je-
sus, alimentando-se espiritualmente com
as doutrinas da fé e com o verdadeiro en-
sinamento que você tem seguido. 7 Mas
não tenha nada a ver com as lendas pa-
gãs e tolas. Para progredir na vida cristã,
faça sempre exercícios espirituais. 8 Pois
os exercícios físicos têm alguma utilida-
de, mas o exercício espiritual tem valor
para tudo porque o seu resultado é a vida,
tanto agora como no futuro. 9 Esse ensi-
namento é verdadeiro e deve ser crido
e aceito de todo o coração. 10 É por isso
que lutamos e trabalhamos muito, pois
temos posto a nossa esperança no Deus
vivo, que é o Salvador de todos, especial-
mente dos que creem.

11 Recomende e ensine estas coisas.
12 Não deixe que ninguém o despreze por
você ser jovem. Mas, para os que creem,
seja um exemplo na maneira de falar, na
maneira de agir, no amor, na fé e na pure-
za. 13 Enquanto você espera a minha che-
gada, dedique-se à leitura em público das
*Escrituras Sagradas, à pregação do *evan-
gelho e ao ensino cristão. 14 Não se des-
cuide do *dom que você tem, que Deus
lhe deu quando os *profetas da Igreja fa-
laram, e o grupo de *presbíteros pôs as

DEVOCIONAL

Texto para leitura: **1Timóteo 4:11-16**

Saiba como se comunicar

Você já se sentiu como se estivesse sendo desprezada pelos adultos? Que seja porque eles não a conheçam, não o contrário. Suas ações, suas palavras e seu amor são formas pelas quais os outros sabem que você é, de fato, uma Garota de Deus. Se eles a consideram má com base em alguma ideia falsa de quem você é, então agradeça por ser algo falso. Em vez disso, você preferiria que eles a desprezassem por causa de como você age, fala ou ama? Não, sua vida deve ser a prova de sua fé. As pessoas saberão que você é uma cristã pelo seu modo de agir, por isso aja como uma.

Você não pode deixar que as pessoas a desprezem porque você age de forma imatura. O simples fato de ser jovem não pode ser uma desculpa para se comportar mal. Juntar-se à multidão e fazer coisas só porque todos os outros estão fazendo faz de você uma seguidora, não um exemplo. A Garota de Deus é uma líder das pessoas e uma seguidora de Deus, não o contrário. Então, siga a liderança de Deus em tudo. Muita gente pode achar que você não tem idade suficiente para fazer a diferença neste mundo, mas lembre que algumas das pessoas que causaram o maior impacto espiritual no mundo na história eram adolescentes. A juventude só é um obstáculo quando você escolhe se comportar de forma imatura. Desfrute de sua juventude, mas esteja acima da loucura de desafiar Deus só para se entrosar ou se divertir. Lembre-se de que as pessoas a veem com bons olhos porque, mesmo sendo jovem, você já age de forma santa e madura. Quando você pensa no fato de que outras pessoas a estão observando e tomando decisões sobre quem é Deus com base no modo como você age, isso é sério. Não deixe que elas a desprezem, mas as ajude a olharem para Deus.

mãos sobre a sua cabeça para dedicá-lo
ao serviço do Senhor.
15 Pratique essas coisas e se dedique a
elas a fim de que o seu progresso seja vis-
to por todos. 16 Cuide de você mesmo e te-
nha cuidado com o que ensina. Continue
fazendo isso, pois assim você salvará tan-
to você mesmo como os que o escutam.

Como tratar os que creem

5 Não repreenda um homem mais ve-
lho, mas o aconselhe como se ele fos-
se o seu pai. Trate os homens mais jovens
como irmãos, 2 as mulheres idosas, como
mães e as mulheres jovens, como irmãs,
com toda a pureza.
3 Cuide das viúvas que não tenham nin-
guém para ajudá-las. 4 Mas, se alguma viú-
va tem filhos ou netos, são eles que de-
vem primeiro aprender a cumprir os seus
deveres religiosos, cuidando da sua pró-
pria família. Assim eles pagarão o que
receberam dos seus pais e avós, pois Deus
gosta disso. 5 A verdadeira viúva, aquela
que não tem ninguém para cuidar dela,
põe a sua esperança em Deus e ora, de
dia e de noite, pedindo a ajuda dele. 6 Po-
rém a viúva que se entrega ao prazer está
morta em vida. 7 Timóteo, mande que as
viúvas façam o que eu aconselho para que
ninguém possa culpá-las de nada. 8 Porém
aquele que não cuida dos seus parentes,
especialmente dos da sua própria famí-
lia, negou a fé e é pior do que os que não
creem.
9 Coloque na lista das viúvas somente a
que tiver mais de sessenta anos e que ti-
ver casado uma vez só. 10 Ela deve ser co-
nhecida como uma mulher que sempre
praticou boas ações, criou bem os filhos,
hospedou pessoas na sua casa, prestou
serviços humildes aos que pertencem ao
povo de Deus, ajudou os necessitados, en-
fim, fez todo tipo de coisas boas.

11 Mas não ponha na lista as viúvas mais
jovens; porque, quando os seus desejos
fazem com que queiram casar de novo,
elas abandonam a Cristo. 12 E assim elas
se tornam culpadas de quebrar a primeira
promessa que fizeram a ele. 13 Além dis-
so, elas se acostumam a não fazer nada
e a andar de casa em casa; e, pior ainda,
aprendem a ser mexeriqueiras, meten-
do-se em tudo e falando coisas que não
devem. 14 Por isso, eu quero que as viú-
vas mais novas casem, tenham filhos e
cuidem da sua casa, para que os nossos
inimigos não tenham motivos para falar
mal de nós. 15 Pois algumas viúvas já se
desviaram e seguiram Satanás.

16 Se alguma mulher cristã tem viúvas
na sua família, ela deve ajudá-las. Que ela
não ponha essa carga sobre a igreja, para
que a igreja possa cuidar das viúvas que
não tenham ninguém que as ajude!

17 Os *presbíteros que fazem um bom
trabalho na igreja merecem pagamento
em dobro, especialmente os que se esfor-
çam na pregação do *evangelho e no ensi-
no cristão. 18 Pois as *Escrituras Sagradas
dizem: "Não amarre a boca do boi quan-
do ele estiver pisando o trigo." E dizem
ainda: "O trabalhador merece o seu salá-
rio." 19 Não aceite nenhuma acusação con-
tra qualquer presbítero, a não ser que ela
seja feita por duas testemunhas, pelo me-
nos. 20 Repreenda publicamente os pres-
bíteros que cometem pecados, para que
os outros fiquem com medo.

21 Na presença de Deus, de Cristo Jesus
e dos santos anjos, eu peço e insisto no
seguinte: em tudo o que você fizer, obe-
deça a estas instruções, sem preconceito
contra ninguém e sem favorecer nenhu-
ma pessoa. 22 Não tenha pressa de colocar
as mãos sobre alguém para dedicá-lo ao
serviço do Senhor. Não tome parte nos
pecados dos outros. Conserve-se puro.

23 Já que muitas vezes você tem ficado
doente do estômago, não beba somen-
te água, mas beba também um pouco de
vinho.

24 Os pecados de algumas pessoas po-
dem ser vistos claramente, antes mesmo
de elas serem julgadas. Mas os pecados
de outras pessoas só são vistos depois.
25 Assim também as boas ações são vis-
tas claramente e mesmo aquelas que são
difíceis de ver não poderão ficar escondi-
das para sempre.

Pergunte a si mesma...

Você consome (ou gasta) muito? Pergun-te a si mesma sobre suas necessidades:

- Há algo que consumo que eu não preciso consumir?
- Quando muita coisa é demais?
- O que meu consumo diz sobre minha fé em Deus?
- Qual é o valor da renúncia?
- Em que áreas eu poderia considerar o uso ou consumo reduzido hoje para dar glória a Deus por meio de meu ato de domínio próprio?

6 Aqueles que são escravos devem tratar
o seu dono com todo o respeito, para
que ninguém fale mal do nome de Deus e
dos nossos ensinamentos. 2 E os escravos
que têm dono cristão não devem perder o
respeito por ele por ser seu irmão na fé.
Pelo contrário, devem trabalhar para ele
melhor ainda, pois o dono, que recebe os
seus serviços, é cristão e irmão amado.

Os falsos ensinamentos e a verdadeira riqueza

Ensine e recomende estas coisas: 3 Se
alguém ensina alguma doutrina diferente
e não concorda com as verdadeiras pala-
vras do nosso Senhor Jesus Cristo e com
os ensinamentos da nossa religião, 4 essa
pessoa está cheia de orgulho e não sabe
nada. Discutir e brigar a respeito de pala-
vras é como uma doença nessas pessoas.
E daí vêm invejas, brigas, insultos, des-
confianças maldosas 5 e discussões sem
fim, como costumam fazer as pessoas que
perderam o juízo e não têm mais a verda-
de. Essa gente pensa que a religião é um
meio de enriquecer. 6 É claro que a reli-
gião é uma fonte de muita riqueza, mas
só para a pessoa que se contenta com o
que tem. 7 O que foi que trouxemos para
o mundo? Nada! E o que é que vamos le-
var do mundo? Nada! 8 Portanto, se te-
mos comida e roupas, fiquemos conten-
tes com isso. 9 Porém os que querem ficar
ricos caem em pecado, ao serem tentados,
e ficam presos na armadilha de muitos
desejos tolos, que fazem mal e levam as
pessoas a se afundarem na desgraça e na

destruição. 10 Pois o amor ao dinheiro é
uma fonte de todos os tipos de males. E
algumas pessoas, por quererem tanto ter
dinheiro, se desviaram da fé e encheram
a sua vida de sofrimentos.

Uma vida dedicada a Deus

11 Mas você, homem de Deus, fuja de
tudo isso. Viva uma vida correta, de dedi-
cação a Deus, de fé, de amor, de perseve-
rança e de respeito pelos outros. 12 Corra
a boa corrida da fé e ganhe a vida eterna.
Pois foi para essa vida que Deus o *cha-
mou quando você deu o seu belo teste-
munho de fé na presença de muitas tes-
temunhas. 13 Agora, diante de Deus, que
dá vida a todas as criaturas, e diante de
Cristo Jesus, que deu o seu belo teste-
munho de fé em frente de Pôncio Pilatos,
eu ordeno a você o seguinte: 14 Cumpra a
sua missão com fidelidade, para que nin-
guém possa culpá-lo de nada, e continue
assim até o dia em que o nosso Senhor
Jesus Cristo aparecer. 15 Quando chegar
o tempo certo, Deus fará com que isso
aconteça, o mesmo Deus que é o bendi-
to e único Rei, o Rei dos reis e o Senhor
dos senhores, 16 o único que é *imortal.
Ele vive na luz, e ninguém pode chegar
perto dela. Ninguém nunca o viu, nem
poderá ver. A ele pertencem a honra e o
poder eterno! *Amém!
17 Aos que têm riquezas neste mundo
ordene que não sejam orgulhosos e que
não ponham a sua esperança nessas ri-
quezas, pois elas não dão segurança ne-
nhuma. Que eles ponham a sua esperança
em Deus, que nos dá todas as coisas em
grande quantidade, para o nosso prazer!
18 Mande que façam o bem, que sejam ri-
cos em boas ações, que sejam generosos
e estejam prontos para repartir com os
outros aquilo que eles têm. 19 Desse modo
eles juntarão para si mesmos um tesouro
que será uma base firme para o futuro. E
assim conseguirão receber a vida, a ver-
dadeira vida.
20 Timóteo, guarde bem aquilo que foi
entregue aos seus cuidados. Evite os fa-
latórios que ofendem a Deus e as discus-
sões tolas a respeito daquilo que alguns,
de modo errado, chamam de "conheci-
mento". 21 Algumas pessoas, afirmando
que tinham esse "conhecimento", se des-
viaram do caminho da fé.

Bênção

Que a *graça de Deus esteja com vocês!

2Timóteo

Saudação

1 Eu, Paulo, *apóstolo de Cristo Jesus
pela vontade de Deus, que fui man-
dado para anunciar a promessa da vida
que temos por estarmos unidos com Cris-
to Jesus, 2 escrevo a você, Timóteo, meu
querido filho na fé.

Que a *graça, a misericórdia e a paz de
Deus, o Pai, e de Cristo Jesus, o nosso Se-
nhor, estejam com você!

Ação de graças e conselhos

3 Todas as vezes que lembro de você
nas minhas orações, de dia e de noite,
eu agradeço a Deus, a quem sirvo com a
consciência limpa, como também os meus
antepassados serviram. 4 Lembro das suas
lágrimas e quero muito ver você outra vez
para que eu possa ficar cheio de alegria.
5 Lembro da sua fé sincera, a mesma fé
que a sua avó Loide e Eunice, a sua mãe,
tinham. E tenho a certeza de que é a mes-
ma fé que você tem. 6 Por isso quero que
você lembre de conservar vivo o *dom de
Deus que você recebeu quando coloquei
as mãos sobre você. 7 Pois o Espírito que
Deus nos deu não nos torna medrosos;
pelo contrário, o Espírito nos enche de
poder e de amor e nos torna prudentes.
8 Portanto, não se envergonhe de dar o
seu testemunho a favor do nosso Senhor,
nem se envergonhe de mim, que estou na

cadeia porque sou *servo dele. Pelo con-
trário, com a força que vem de Deus, este-
ja pronto para sofrer comigo por amor ao
*evangelho. 9 Deus nos salvou e nos *cha-
mou para sermos o seu povo. Não foi por
causa do que temos feito, mas porque este
era o seu plano e por causa da sua *graça.
Ele nos deu essa graça por meio de Cristo
Jesus, antes da criação do mundo. 10 Mas
agora ela foi revelada a nós por meio do
*glorioso aparecimento de Cristo Jesus, o
nosso Salvador. Ele acabou com o poder
da morte e, por meio do evangelho, reve-
lou a vida que dura para sempre.

11 Deus me escolheu como *apóstolo e
mestre para anunciar o evangelho. 12 É por
isso que sofro essas coisas. Mas eu ainda
tenho muita confiança, pois sei em quem
tenho crido e estou certo de que ele é po-
deroso para guardar, até aquele dia, aqui-
lo que ele me confiou. 13 Tome como mo-
delo os ensinamentos verdadeiros que eu
lhe dei e fique firme na fé e no amor que
temos por estarmos unidos com Cristo Je-
sus. 14 Por meio do poder do Espírito San-
to, que vive em nós, guarde esse precioso
tesouro que foi entregue a você.

15 Você já sabe que todos os irmãos da
*província da Ásia, inclusive Fígelo e Her-
mógenes, me abandonaram. 16 Que o Se-
nhor seja bondoso com a família de One-
síforo, pois muitas vezes ele me animou e
não teve vergonha de mim por eu estar na
cadeia! 17 Pelo contrário, logo que cheguei
a Roma, ele me procurou até me encon-
trar. 18 Que o Senhor dê a ele a certeza de
que naquele dia ele receberá a sua mise-
ricórdia! E você sabe melhor do que eu o
quanto ele me ajudou em Éfeso.

Firmeza e fidelidade no serviço de Deus

2 E você, meu filho, seja forte por meio
da *graça que é nossa por estarmos
unidos com Cristo Jesus. 2 Tome os ensi-
namentos que você me ouviu dar na pre-
sença de muitas testemunhas e entregue-
-os aos cuidados de homens de confian-
ça, que sejam capazes de ensinar outros.

3 Como fiel soldado de Cristo Jesus,
tome parte no meu sofrimento. 4 Pois o
soldado, quando está servindo, quer agra-
dar o seu comandante e por isso não se
envolve em negócios da vida civil. 5 O atle-
ta que toma parte numa corrida não re-
cebe o prêmio se não obedecer às regras
da competição. 6 E o lavrador que trabalha
no pesado deve ser o primeiro a receber a
sua parte na colheita. 7 Pense no que estou
dizendo, pois o Senhor fará com que você
compreenda todas as coisas.

8 Lembre de Jesus Cristo, que foi ressus-
citado e que era descendente de Davi, de
acordo com o *evangelho que eu anun-
cio. 9 E é por causa disso que eu sofro e
até estou acorrentado como se fosse um

DEVOCIONAL

Texto para leitura: **2Timóteo 1:6-11**

Conheça a si mesma

Antes do começo do mundo, Deus planejou enviar Jesus Cristo para morrer na cruz a fim de salvá-la de seu pecado, para que você pudesse ser dele. Seu pecado não surpreende a Deus. Ele não fica chocado quando você falha; ele sabia que você pecaria, assim como ele sabia que todos nós pecaríamos. Sabendo desde o início que seu Filho teria de morrer por nossos erros e más escolhas, ele criou a terra e toda a humanidade para mostrar sua bondade.

Nunca subestime o amor de Deus por você. Ele a amou o suficiente para trazê-la a este mundo, mesmo sabendo que você falharia. Ele sabia que você pecaria contra ele, mas também sabia o quanto estava disposto a pagar por você. A bondade de Deus deve ser sua inspiração, sua esperança. Você nunca é um caso perdido — nunca! Sua natureza de pecado não é novidade alguma. Milhões de pessoas antes de você pecaram terrivelmente da mesma forma, se não pior, e foram perdoadas. Deus não a salvou porque você era perfeitamente santa. Deus a salvou porque *ele* é santo.

criminoso. Mas a mensagem de Deus não
está presa, 10 e por isso eu suporto tudo
com paciência por amor ao povo escolhi-
do de Deus. Faço isso para que eles pos-
sam ganhar a salvação que está em Cris-
to Jesus e que traz a *glória eterna. 11 Este
ensinamento é verdadeiro:

“Se já morremos com Cristo,
também viveremos com ele.
12 Se continuarmos a suportar o
sofrimento com paciência,
também reinaremos com Cristo.
Se nós o negarmos,
ele também nos negará.
13 Se não formos fiéis,
Cristo continua sendo fiel,
pois ele não pode ser falso
para si mesmo.”

Um trabalhador aprovado

14 Recomende essas coisas aos que você
dirige e ordene severamente, na presença
de Deus, que não briguem por causa de
palavras. Brigar não é bom, pois somente
prejudica os que estão presentes. 15 Faça
todo o possível para conseguir a completa
aprovação de Deus, como um trabalhador
que não se envergonha do seu trabalho,
mas ensina corretamente a verdade do
*evangelho. 16 Evite os falatórios contrá-
rios aos ensinamentos cristãos, pois eles
fazem com que as pessoas se afastem de
Deus. 17 As coisas que os falsos mestres
ensinam se espalham como a gangrena.
Dois desses mestres são Himeneu e File-
to, 18 os quais abandonaram o caminho
da verdade. Eles afirmam que a nossa
ressurreição já aconteceu e assim estão
atrapalhando a fé cristã de alguns. 19 Mas
o firme alicerce que Deus colocou não
pode ser abalado, e sobre esse alicerce
estão escritas estas palavras: “O Senhor
conhece as pessoas que são dele.” E tam-
bém: “Toda pessoa que diz que pertence
ao Senhor precisa abandonar o pecado.”
20 Numa casa grande não existem so-
mente vasilhas de ouro e de prata, mas
também de madeira e de barro. Algumas
são para ocasiões especiais, e outras, para
todos os dias. 21 Quem se purificar de to-
dos esses erros de que tenho falado será
usado para fins especiais porque é dedi-
cado e útil ao seu Mestre e está pronto
para fazer tudo o que é bom. 22 E você,
Timóteo, fuja das paixões da mocidade e
procure viver uma vida correta, com fé,
amor e paz, junto com os que com um
coração puro pedem a ajuda do Senhor.
23 Fique longe das discussões tolas e sem
valor, pois você sabe que elas sempre aca-
bam em brigas. 24 O *servo do Senhor não
deve andar brigando, mas deve tratar to-
dos com educação. Deve ser um mestre
bom e paciente, 25 que corrige com deli-
cadeza aqueles que são contra ele. Pois
pode ser que Deus dê a eles a oportuni-
dade de se arrependerem e de virem a
conhecer a verdade. 26 E assim voltarão
ao seu perfeito juízo e escaparão da ar-
madilha do Diabo, que os prendeu para
fazerem o que ele quer.

Os últimos dias

3 Lembre disto: nos últimos dias have-
rá tempos difíceis. 2 Pois muitos serão
egoístas, avarentos, orgulhosos, vaidosos,
xingadores, ingratos, desobedientes aos
seus pais e não terão respeito pela reli-
gião. 3 Não terão amor pelos outros e se-
rão duros, caluniadores, incapazes de se
controlarem, violentos e inimigos do bem.
4 Serão traidores, atrevidos e cheios de or-
gulho. Amarão mais os prazeres do que a
Deus; 5 parecerão ser seguidores da nossa
religião, mas com as suas ações negarão o
verdadeiro poder dela. Fique longe dessa
gente! 6 Alguns deles entram nas casas e
conseguem dominar mulheres fracas, que
estão cheias de pecados e que são levadas
por todo tipo de desejos. 7 São mulheres
que estão sempre tentando aprender, mas
nunca chegam a conhecer a verdade. 8 As-
sim como Janes e Jambres foram contra
Moisés, assim também esses homens são
contra a verdade. Eles perderam o juízo
e fracassaram na fé. 9 Mas não irão longe,
pois todos verão como eles são tolos. Foi
isso que aconteceu com Janes e Jambres.

Avisos e conselhos

10 Mas você tem seguido os meus en-
sinamentos, a minha maneira de agir e
o propósito que tenho na minha vida. E
tem seguido também a minha fé, a minha
paciência, o meu amor, a minha perse-
verança, 11 as minhas perseguições e os
meus sofrimentos. Você sabe tudo o que
me aconteceu nas cidades de Antioquia,
de Icônio e de Listra. Que terríveis per-
seguições eu sofri! Porém o Senhor me
livrou de todas elas. 12 Todos os que que-
rem viver a vida cristã unidos com Cris-
to Jesus serão perseguidos. 13 Porém as
pessoas más e fingidas irão de mal a pior,
enganando e sendo enganadas. 14 Quanto

DEVOCIONAL

Texto para leitura: **2Timóteo 3:10-17**

Conheça a Deus

A Palavra de Deus: boa para viver ou só boa para sua alma? Você confia em Deus e lê a Palavra dele, mas é possível que ele, na verdade, espere que você viva dessa maneira? Dar o outro lado da face quando alguém bater em você? Amar as pessoas que a odeiam e lhe fazem mal? Morrer para si mesma e dizer "Não" para as coisas que você quer de verdade? É claro que Deus não quer que você viva sua vida como se toda a Bíblia se aplicasse ao seu mundo moderno. Afinal, você não é uma santa. As coisas são diferentes agora. Sua situação é ímpar. A Bíblia é boa para você ler e meditar nela, mas você tem de viver e se proteger. Certo?

Sim, algumas das coisas que Deus pede parecem ir contra cada medida de autoproteção que você tem. E é exatamente por isso que elas têm de ser feitas. Se você considera a Palavra de Deus verdadeira, tem de considerá-la verdadeira em cada ponto. Tudo isso não é só útil, mas essencial para sua vida como Garota de Deus. Você não pode escolher as partes de sua vida às quais irá aplicá-la.

No momento em que você não estiver a fim de tornar a Palavra de Deus uma parte de sua vida cotidiana, você atravessou a ponte que leva à "Vila do Pecado". Por mais arriscado que pareça obedecer à Palavra de Deus, por mais difícil que possa ser, isso tem de ser feito. Você não pode simplesmente decidir que certas ordens não se aplicam a você; isso é só uma desculpa para desobedecer. O perdão dos pecados não é para aqueles que se recusam a obedecer à Palavra de Deus, mas para aqueles que querem obedecer e não conseguem. Saiba o que agrada ao Senhor e faça isso, e sua vida será cheia de fé, esperança e amor. Quando você estragar as coisas e errar, reconheça e, então, agradeça a Deus por sua bondade e seu rápido perdão.

a você, continue firme nas verdades que
aprendeu e em que creu de todo o cora-
ção. Você sabe quem foram os seus mes-
tres na fé cristã. 15 E, desde menino, você
conhece as *Escrituras Sagradas, as quais
lhe podem dar a sabedoria que leva à sal-
vação, por meio da fé em Cristo Jesus.
16 Pois toda a Escritura Sagrada é inspi-
rada por Deus e é útil para ensinar a ver-
dade, condenar o erro, corrigir as faltas e
ensinar a maneira certa de viver. 17 E isso
para que o *servo de Deus esteja comple-
tamente preparado e pronto para fazer
todo tipo de boas ações.

4 Na presença de Deus e de Cristo Jesus,
que julgará todos os seres humanos,
tanto *os que estiverem vivos* como os que
estiverem mortos, eu ordeno a você, com
toda a firmeza, o seguinte: por causa da
vinda de Cristo e do seu *Reino, 2 pregue
a mensagem e insista em anunciá-la, seja
no tempo certo ou não. Procure convencer,
repreenda, anime e ensine com toda a pa-
ciência. 3 Pois vai chegar o tempo em que
as pessoas não vão dar atenção ao ver-
dadeiro ensinamento, mas seguirão os
seus próprios desejos. E arranjarão para
si mesmas uma porção de mestres, que
vão dizer a elas o que elas querem ouvir.
4 Essas pessoas deixarão de ouvir a verda-
de para dar atenção às lendas. 5 Mas você,
seja moderado em todas as situações. Su-
porte o sofrimento, faça o trabalho de um
pregador do *evangelho e cumpra bem o
seu dever de *servo de Deus.

6 Quanto a mim, a hora já chegou de
eu ser *sacrificado, e já é tempo de dei-
xar esta vida. 7 Fiz o melhor que pude na
corrida, cheguei até o fim, conservei a fé.
8 E agora está me esperando o prêmio da
vitória, que é dado para quem vive uma
vida correta, o prêmio que o Senhor, o jus-
to Juiz, me dará naquele dia, e não somen-
te a mim, mas a todos os que esperam,
com amor, a sua vinda.

DEVOCIONAL

Texto para leitura: **2Timóteo 4:1-4**

Conheça a verdadeira felicidade

Cuidado para não querer ouvir só o que a faz se sentir bem. A Palavra de Deus exorta, repreende, chama você em sua escuridão. Mas é fácil querer mestres e pregadores que dizem só coisas que a inspiram, e falam só sobre a bondade e o perdão de Deus. Embora essas coisas sejam boas, tê-las como uma dieta constante irá deixá-la espiritualmente doente. Sua alma precisa ser moldada para estar em forma, não flácida, e isso significa fazer o esforço de olhar no espelho e ver onde ela precisa de certa verdade, correção e direção.

Dói quando a verdade é aplicada às suas partes sombrias. As luzes se acendem e o brilho pode sensibilizar seus olhos, mas isso não é motivo para apertar o interruptor e apagar a luz. Querer apenas notícias boas de Deus e não a convicção do pecado é uma doença espiritual. Quando você estiver sendo ensinada, não se afaste das notícias difíceis, mas as aceite. Embora você possa sentir a dor por um tempo, o resultado final é a liberdade. Aqueles que temem a picada inicial da verdade não crescem e nunca vencem o pecado que os controla. Mas aqueles que, com coragem, aceitam o que a Palavra de Deus diz sobre o pecado na vida deles tornam-se cada vez mais parecidos com Cristo a cada dia.

A amiga de verdade não só diz o que você quer ouvir; ela diz a verdade. Tenha em excesso aquilo que a faz se sentir bem, e você ficará espiritualmente preguiçosa. Mas você nunca consegue ter a verdade em excesso. Quando encontrar alguém disposto a lhe dizer a dura verdade, você encontrou um amigo. Abrace aqueles que amam mais a Deus do que a você e que não tenham medo de machucá-la com a verdade a fim de ajudá-la.

Assuntos pessoais

9 Venha me ver logo que puder. 10 Pois
Demas se apaixonou por este mundo, me
abandonou e foi para a cidade de Tessa-
lônica. Crescente foi para a *província da
Galácia, e Tito, para a região da Dalmá-
cia. 11 Somente Lucas está aqui comigo.
Procure Marcos e traga-o com você por-
que ele pode me ajudar no trabalho. 12 Eu
mandei Tíquico para a cidade de Éfeso.
13 Quando você vier, traga a minha *capa
que deixei na cidade de Trôade, na casa
de Carpo. Traga *os livros* também, prin-
cipalmente os de couro.
14 Alexandre, o ferreiro, me prejudicou
muito; o Senhor lhe dará a sua recompen-
sa de acordo com o que ele fez. 15 Tome
cuidado com ele, pois combateu com mui-
ta violência a nossa mensagem.
16 Na primeira vez em que fiz a minha
defesa diante das autoridades, ninguém
ficou comigo; todos me abandonaram. Es-
pero que Deus não ponha isso na conta
deles! 17 Mas o Senhor ficou comigo, me
deu força para que eu pudesse anunciar
a mensagem completa a todos os não ju-
deus e me livrou de ser condenado à mor-
te. 18 O Senhor me livrará de todo mal e
me levará em segurança para o seu *Rei-
no celestial. A ele seja dada a *glória para
todo o sempre! *Amém!

Saudações

19 Saudações a Priscila e ao seu mari-
do Áquila e também à família de Onesí-
foro. 20 Erasto ficou na cidade de Corinto,
e eu deixei Trófimo na cidade de Mileto
porque ele *estava* doente. 21 Faça o possí-
vel para vir antes do inverno. Os irmãos
Êubulo, Pudente, Lino, e a irmã Cláudia
e todos os outros irmãos mandam sau-
dações.
22 Timóteo, que o Senhor esteja com o
seu espírito!

Bênção

Que a *graça de Deus esteja com vocês!

Tito

Reconheça a doutrina verdadeira

Ensine o que está de acordo com a doutrina verdadeira.
Tito 2:1

Autor O apóstolo Paulo
Data 63-65
Local Desconhecido, possivelmente Corinto
Público-alvo Tito

Na época em que Paulo estava viajando pelo mundo, ensinando coisas sobre Jesus, a Igreja estava dando os primeiros passos e os cristãos não sabiam muita coisa sobre como viver como seguidores de Cristo, mas Paulo pôde ensinar aqueles que continuariam na liderança da Igreja depois de sua partida. Tito era um desses homens. Ele tinha sido parceiro de Paulo, ajudando-o ao longo de suas viagens, enviando mensagens, ensinando, viajando e sofrendo pelo evangelho. Paulo confiava nele, e agora, quase no fim da vida do apóstolo, ele estava deixando para Tito a continuidade de seu ministério. Em suas cartas para Timóteo, Paulo enfatizou a sã doutrina, mas, nesta carta para Tito, ele salienta as boas obras — não para a salvação, mas para provar que você foi salva (veja Tito 2:14; 3:8,14).

Tito ficou responsável pela igreja em Creta, de modo que esta carta oferece muitos ensinamentos sobre o papel dos homens e das mulheres e sobre como lidar com falsos mestres. Como cristãos, precisamos entender como Deus quer que ajamos. Salvação não tem só a ver com ir para o céu, mas também com permitir que Cristo viva dentro de você. Quando isso acontece, sua vida muda: você não quer mais o que o mundo quer, mas o que Deus quer, e isso afeta toda a sua existência. Como uma Garota de Deus, você tem de saber como o Senhor espera que seus filhos vivam, descobrir o que o agrada e, então, fazê-lo. Assim, você provará que seu amor por ele e sua salvação são reais. Lembre-se de que Deus a salvou não só *para* o céu, mas *do* pecado. Isso significa que o pecado não é mais seu senhor. Confie agora na Palavra de Deus para que você possa servi-lo com força e esperança. Talvez você não seja responsável por uma igreja, mas deve saber o que Deus espera da Igreja, a fim de julgar se aqueles que servem na igreja que você frequenta a estão guiando por um caminho de justiça ou a estão desviando para um território perigoso. Durante a leitura do livro de Tito, saiba que toda Garota de Deus deve se esforçar para poder julgar, por si mesma, a diferença entre uma doutrina verdadeira e uma falsa.

Ponto essencial
A carta para Tito é uma epístola fundamental que ensina sobre o papel dos líderes na Igreja. Tito era o braço direito de Paulo, por isso Paulo queria que ele soubesse tudo o que fosse possível sobre como liderar a Igreja depois de sua partida.

Coisas para procurar

- A verdade sobre a graça (veja Tito 2:11-14; 3:3-7)
- Instrução sobre como as igrejas devem lidar com falsos mestres (veja Tito 1:9—2:1; 2:7-8,15; 3:9-11)
- A importância de praticar o bem (veja Tito 1:16; 2:7,14; 3:1,5,8,14)

Versículos que você deve saber

Deus, que não mente, nos prometeu essa vida, antes da criação do mundo.

(Tito 1:2)

[...] para que as mulheres mais jovens aprendam a amar o marido e os filhos e a ser prudentes, puras, boas donas de casa e obedientes ao marido.

(Tito 2:4-5)

Recomende aos irmãos que respeitem as ordens dos que governam e das autoridades, que sejam obedientes e estejam prontos a fazer tudo o que é bom. Aconselhe que não falem mal de ninguém, mas que sejam calmos e pacíficos e tratem todos com educação.

(Tito 3:1-2)

Ele nos salvou porque teve compaixão de nós, e não porque nós tivéssemos feito alguma coisa boa.

(Tito 3:5)

Saudação

1 Eu, Paulo, *servo de Deus e *apósto-
lo de Jesus Cristo, escrevo esta carta.
Eu fui escolhido e mandado para aju-
dar a tornar mais forte a fé que o povo de
Deus tem e para fazer com que eles co-
nheçam a verdade ensinada pela nossa
religião, 2 que se baseia na esperança de
recebermos a vida eterna. Deus, que não
mente, nos prometeu essa vida, antes da
criação do mundo, 3 e no tempo certo ele
a revelou na sua mensagem. Essa men-
sagem foi entregue a mim, e eu a anun-
cio por ordem de Deus, o nosso Salvador.
4 Escrevo a você, Tito, meu verdadei-
ro filho na fé, esta fé que é sua e minha.
Que a *graça e a paz de Deus, o Pai, e
de Cristo Jesus, o nosso Salvador, este-
jam com você!

Responsabilidades dos dirigentes da Igreja

5 Eu o deixei na ilha de Creta para que
você pusesse em ordem o que ainda fal-
tava fazer e para nomear em cada cidade
os *presbíteros das igrejas. Lembre das
minhas ordens: 6 O presbítero deve ser
um homem que ninguém possa culpar de
nada; deve ter somente uma esposa; os
seus filhos devem ser cristãos e não ter
fama de maus ou desobedientes.
7 Pois aquele que tem a responsabili-
dade do trabalho de Deus, como *bispo,

deve ser um homem que não possa ser culpado de nada. Não deve ser orgulhoso, nem ter mau gênio, não deve ser chegado ao vinho, nem violento, nem ganancioso. 8 Deve estar disposto a hospedar pessoas na sua casa e deve amar o bem. Deve ser prudente, justo, dedicado a Deus e disciplinado. 9 Deve se manter firme na mensagem que merece confiança e que está de acordo com a doutrina. Assim ele poderá animar os outros com o verdadeiro ensinamento e também mostrar o erro dos que são contra esse ensinamento.

10 Pois existem muitos, principalmente os que vieram do Judaísmo, que são revoltados e enganam os outros com as suas tolices. 11 É preciso fazer com que eles parem de falar, pois estão atrapalhando famílias inteiras por ensinarem o que não devem, com a intenção vergonhosa de ganhar dinheiro. 12 Foi justamente um deles, um *profeta da ilha de Creta, quem disse: "Os cretenses só dizem mentiras. São como animais selvagens, são uns preguiçosos que só pensam em comida." 13 E ele tinha razão quando disse isso. Portanto, você tem de repreender duramente esses falsos mestres para que sejam sadios na fé 14 e parem de dar atenção a histórias inventadas por judeus e a ensinamentos humanos que vêm de pessoas que rejeitam a verdade. 15 Tudo é puro para os que são puros; mas nada é puro para os *impuros e descrentes, pois a mente e a consciência deles estão sujas. 16 Eles dizem que conhecem a Deus, mas o que eles fazem mostra que isso não é verdade. Estão cheios de ódio, são rebeldes e não são capazes de fazer nenhuma coisa boa.

A doutrina verdadeira

2 Mas você, Tito, ensine o que está de acordo com a doutrina verdadeira. 2 Ensine os mais velhos a serem moderados, sérios, prudentes e firmes na fé, no amor e na perseverança. 3 Aconselhe também as mulheres mais idosas a viverem como devem viver as mulheres dedicadas a Deus. Que elas não sejam caluniadoras, nem muito chegadas ao vinho! Que *elas ensinem o que é bom*, 4 para que as mulheres mais jovens aprendam a amar o marido e os filhos 5 e a ser prudentes, puras, boas donas de casa e obedientes ao marido, a fim de que ninguém fale mal da mensagem de Deus!

6 Aconselhe também os homens mais jovens a serem prudentes. 7 Você mesmo deve ser, em tudo, um exemplo de boa conduta. Seja sincero e sério quando estiver ensinando. 8 Use palavras certas, para que ninguém possa criticá-lo e para que os inimigos fiquem envergonhados por não terem nada de mau a dizer a nosso respeito.

9 Que os escravos obedeçam aos seus donos e os agradem em tudo! Que não sejam respondões, 10 nem roubem os seus donos! Pelo contrário, que eles mostrem que são sempre bons e fiéis em tudo o que fazem. Desse modo, por causa das coisas que eles fizerem, todos falarão bem da doutrina a respeito de Deus, o nosso Salvador.

11 Pois Deus revelou a sua *graça para dar a salvação a todos. 12 Essa graça nos ensina a abandonarmos a descrença e as paixões mundanas e a vivermos neste mundo uma vida prudente, correta e dedicada a Deus, 13 enquanto ficamos esperando o dia feliz em que aparecerá a *glória do nosso grande Deus e Salvador Jesus Cristo. 14 Foi ele quem se deu a si mesmo por nós, a fim de nos livrar de toda maldade e de nos *purificar, fazendo de nós um povo que pertence somente a ele e que se dedica a fazer o bem.

15 Ensine essas coisas e use toda a sua autoridade para animar e também para repreender os seus ouvintes. E que ninguém despreze você!

A maneira de agir dos cristãos

3 Recomende aos irmãos que respeitem as ordens dos que governam e das autoridades, que sejam obedientes e estejam prontos a fazer tudo o que é bom. 2 Aconselhe que não falem mal de ninguém, mas que sejam calmos e pacíficos e tratem todos com educação. 3 Pois antigamente nós mesmos não tínhamos juízo e éramos rebeldes e maus. Éramos escravos das paixões e dos prazeres de todo tipo e passávamos a nossa vida no meio da malícia e da inveja. Os outros tinham ódio de nós, e nós tínhamos ódio deles. 4 Porém, quando Deus, o nosso Salvador, mostrou a sua bondade e o seu amor por todos, 5 ele nos salvou porque teve compaixão de nós, e não porque nós tivéssemos feito alguma coisa boa. Ele nos salvou por meio do Espírito Santo, que nos lavou, fazendo com que nascêssemos de novo e dando-nos

DEVOCIONAL

Texto para leitura: **Tito 3:2**

Saiba como se comunicar

O modo como você se comunica diz muito sobre você. A maioria das meninas gosta de falar, não há dúvida, mas o modo como você fala diz muita coisa. Suas palavras são meigas, compassivas, generosas e amorosas? Ou sarcásticas, amargas, frustradas ou desafiadoras? Não importa com quem você esteja interagindo e não importa o que as pessoas digam, façam ou a mandem fazer, em sua reação, você não pode pecar. Se o que elas dizem é irracional, vingativo, indignado ou calunioso, suas palavras não podem ser iguais. As ações ou pecados delas não são desculpas para você, por sua vez, pecar.

Em vez disso, seu papel é amar e ser generosa. Seu papel é falar com mansidão e com educação com todos. Suas palavras revelam quem você é para aqueles que ouvem. Quando eles a ouvem, você se parece uma Garota de Deus ou uma menina que só sabe reclamar? Você reclama daqueles que têm autoridade sobre você? Você é briguenta ou está menos preocupada em estar certa do que em ser fiel?

Brigar não é uma característica de uma Garota de Deus. Brigar é um hábito irritante que normalmente só serve para frustrar e incomodar aqueles que estão à sua volta e, consequentemente, só lhe dá menos poder de barganha nas negociações da vida. Se você quiser ser obediente à Palavra de Deus e se quiser sucesso em seus relacionamentos, então mude seu modo de falar. Torne-o mais amável, mais manso. Ao fazer isso, você provará seu amor por Deus e pelas pessoas que ele pôs à sua volta.

uma nova vida. 6 Deus derramou com ge-
nerosidade o seu Espírito Santo sobre nós,
por meio de Jesus Cristo, o nosso Salva-
dor. 7 E fez isso para que, pela sua *graça,
nós sejamos aceitos por Deus e recebamos a vida eterna que esperamos. 8 Esse
ensinamento é verdadeiro.

Quero que você, Tito, insista nesses assuntos, para que os que creem em Deus se interessem em usar o seu tempo fazendo o bem. Isso é bom e útil para to-
dos. 9 Mas evite as discussões tolas, as
longas listas de nomes de antepassados, as brigas e os debates a respeito da *lei dos judeus. Essas coisas são inú-
teis e sem valor. 10 Se uma pessoa causar
divisões entre os irmãos na fé, aconselhe essa pessoa uma ou duas vezes; mas depois disso não tenha nada mais a ver
com ela. 11 Pois você sabe que uma pessoa
como esta abandonou completamente o *evangelho, e os seus pecados provam que ela está errada.

Últimas recomendações

12 Quando eu lhe mandar o irmão Ártemas ou o irmão Tíquico, faça o possível para ir se encontrar comigo na cidade de Nicópolis, pois resolvi passar o inverno lá.
13 Ajude o advogado Zenas e também Apolo em tudo o que você puder a fim de que eles tenham o que precisarem para a via-
gem. 14 Que a nossa gente aprenda a usar
o seu tempo fazendo o bem e ajudando os outros em caso de necessidade, para que assim a vida da nossa gente seja útil!
15 Todos os que estão comigo mandam saudações a você. Dê saudações aos nossos amigos na fé.

Bênção

Que a *graça de Deus esteja com todos vocês!

Filemom

Perdoe os outros

Pode ser que Onésimo tenha sido afastado de você por algum tempo a fim de que você o tenha de volta para sempre. Pois agora ele não é mais um escravo, porém muito mais do que isso: é um querido irmão em Cristo.
Filemom 15-16

Autor ♥ O apóstolo Paulo
Data ♥ Por volta de 60
Local ♥ Provavelmente em uma prisão romana
Público-alvo ♥ Filemom, Áfia, Arquipo e a igreja

É muito fácil criticar as pessoas que lhe magoaram ou pisaram em seus direitos. E pode ser igualmente fácil querer se vingar delas ou encontrar a justiça, mas a justiça não pode ser encarada por uma perspectiva humana. Muitas vezes, a justiça de Deus, a verdadeira justiça, parece injustiça. O simples fato de que duas meninas — uma que é cristã desde que tinha idade suficiente para entender a fé, e outra, no leito de morte, que levou a vida mais pecaminosa que se pode imaginar — podem encontrar salvação e plena aceitação do Pai é confuso, se não inquietante, para a mente humana. Em nossa vida aqui na terra, formamos nossas próprias ideias de justiça e do que é certo e errado, mas Deus, muitas vezes, tem uma ideia diferente. Os caminhos de Deus são muito melhores do que os seus caminhos, os pensamentos deles, muito melhores do que os seus pensamentos. Por isso, quando as coisas parecem injustas e a justiça não parece ser feita, lembre-se de que o plano de Deus não é fazê-la feliz, mas torná-la santa. Sua santidade será determinada da maneira que você *reage* às situações da vida que exigem justiça, e não da forma que você *se sente* em relação a essas situações.

Ponto essencial
Onésimo era um escravo que tinha fugido de seu senhor, Filemom, e se tornado amigo de Paulo. Nesta carta, Paulo está pedindo a Filemom para perdoar Onésimo e aceitá-lo como irmão em Cristo.

Nesta pequena carta para Filemom, vemos o apelo de Paulo para convencer seu irmão na fé a aceitar de volta alguém que o menosprezou, um escravo fugitivo — e não só aceitá-lo de volta, mas aceitá-lo como um irmão, uma pessoa querida. Durante a leitura deste pequeno livro, pense no quanto seria difícil para você ouvir algo parecido em sua vida. Pense em quem a ofendeu ou tentou machucá-la e, então, pense em qual deveria ser a resposta adequada de uma Garota de Deus.

Coisas para procurar

- Os ensinamentos de Paulo sobre o amor fraternal (veja Filemom 7,9,17,20)

Onésimo: Ex-escravo de Filemom e ajudador de Paulo.

Onésimo significa "útil".

Fatos, termos e versículos que você deve saber

Sempre que eu oro, lembro de você e agradeço ao meu Deus.

(Filemom 4)

Pode ser que Onésimo tenha sido afastado de você por algum tempo a fim de que você o tenha de volta para sempre. Pois agora ele não é mais um escravo, porém muito mais do que isso: é um querido irmão em Cristo.

(Filemom 15-16)

Peço a Deus que a fé que une você a nós faça com que compreendamos mais profundamente todas as bênçãos que temos recebido na nossa vida, por estarmos unidos com Cristo.

(Filemom 6)

Saudação

1 Eu, Paulo, prisioneiro por causa de
Cristo Jesus, junto com o irmão Timóteo,
escrevo a você, Filemom, nosso amigo e
companheiro de trabalho, 2 e à igreja que
se reúne na sua casa. Esta carta vai também para a nossa irmã Áfia e para Arquipo, nosso companheiro de lutas.
3 Que a *graça e a paz de Deus, o nosso Pai, e do Senhor Jesus Cristo estejam com vocês!

A fé e o amor de Filemom

4 Meu caro Filemom, sempre que eu
oro, lembro de você e agradeço ao meu
Deus 5 porque tenho ouvido falar do seu
amor por todo o povo de Deus e da fé que
você tem no Senhor Jesus. 6 Peço a Deus
que a fé que une você a nós faça com que compreendamos mais profundamente todas as bênçãos que temos recebido na nossa vida, por estarmos unidos com
Cristo. 7 Meu caro irmão, o seu amor tem
me dado grande alegria e muita coragem, pois você tem animado o coração de todo o povo de Deus.

Um apelo em favor de Onésimo

8 Por isso, como seu irmão em Cristo,
eu sei que tenho o direito de exigir o que
você deve fazer. 9 Mas o amor que tenho
por você me obriga a lhe fazer apenas um pedido. E faço isso, embora eu seja Paulo, o representante de Cristo Jesus e agora
também prisioneiro por causa dele. 10 Portanto, eu lhe faço um pedido em favor de Onésimo, que é meu filho por estarmos unidos com Cristo, pois, enquanto eu estava na cadeia, tornei-me o pai espiritual
dele. 11 Antes ele era inútil para você, mas agora é útil para você e para mim.
12 Eu estou mandando Onésimo de volta para você, e com ele vai o meu cora-
ção. 13 Gostaria de obrigá-lo a ficar aqui comigo, enquanto estou nesta cadeia por causa do *evangelho, a fim de que ele me
ajudasse em lugar de você. 14 Porém não vou fazer nada sem a aprovação de você, para que o favor que eu lhe estou pedindo não seja feito por obrigação, mas por sua livre vontade.
15 Pode ser que Onésimo tenha sido afastado de você por algum tempo a fim de que você o tenha de volta para
sempre. 16 Pois agora ele não é mais um escravo, porém muito mais do que isso: é um querido irmão em Cristo. De fato, para mim ele é muito querido. E para você agora ele é mais querido ainda, não só como escravo, mas também como irmão no Senhor.

17 Por isso, se você me considera seu
companheiro de trabalho, receba Onési-
mo de volta como se estivesse recebendo
a mim mesmo. 18 Se ele deu algum pre-
juízo a você ou lhe deve alguma coisa,
ponha isso na minha conta. 19 Aqui, com
a minha própria mão escrevo isto: Eu,
Paulo, pagarei tudo. É claro que não pre-
ciso fazer com que você lembre que me
deve a sua própria vida. 20 Portanto, meu
irmão, me faça esse favor, por causa do
Senhor. Anime o meu coração, como ir-
mão em Cristo.

21 Ao escrever isso, estou certo de que
você vai fazer o que lhe estou pedindo e
sei até que você fará ainda mais. 22 Peço
também que prepare um quarto para
mim, pois espero que Deus responda às
orações de todos vocês e me deixe ir ou-
tra vez até aí.

Saudações

23 Epafras, o irmão que está na cadeia
comigo por causa de Cristo Jesus, envia
saudações a você. 24 E Marcos, Aristarco,
Demas e Lucas, meus companheiros de
trabalho, também enviam saudações.

Bênção

25 Que a *graça do Senhor Jesus Cristo
esteja com vocês!

Hebreus

Tenha fé no sangue

Por isso, irmãos, por causa da morte de Jesus na cruz nós temos completa liberdade de entrar no Lugar Santíssimo. Por meio da cortina, isto é, por meio do seu próprio corpo, ele nos abriu um caminho novo e vivo. Nós temos um Grande Sacerdote para dirigir a casa de Deus. Portanto, cheguemos perto de Deus com um coração sincero e uma fé firme, com a consciência limpa das nossas culpas e com o corpo lavado com água pura.

Hebreus 10:19-22

Autor ♥ Desconhecido
Data ♥ Por volta de 64
Local ♥ Desconhecido
Público-alvo ♥ Provavelmente os cristãos judeus em Roma

Eu não sou boa o suficiente. Eu não consigo fazer todas essas coisas cristãs. Eu não sou perfeita. Às vezes, parece haver tantas regras, tanta coisa a ser feita para ser santa — como você consegue fazer tudo isso? A resposta é que *você* não pode, mas *Deus* pode.

Durante séculos, os judeus tentaram ser bons, fazendo o que Deus ordenava que fizessem, mas eles simplesmente não podiam ser perfeitos. Assim, Deus fez algo nesse sentido: ele enviou seu Filho para ser o sacrifício final por todo pecado. Agora, deste lado da cruz, os mandamentos ainda estão em pé, mas a fé em Jesus é a resposta à sua incapacidade de ser perfeita em sua tentativa de obedecer à Palavra de Deus. E assim, como cristã, quando você tem um desejo de seguir e obedecer a todos os mandamentos de Deus, mas não consegue, até mesmo diariamente, você pode ter certeza de que ainda é aceita por Deus por causa do sacrifício de seu Filho.

Ponto essencial
Hebreus foi escrito para ajudar as pessoas que estavam começando a questionar sua fé. Acostumadas com a fé judaica, elas começaram a ceder ao velho modo de pensar de que, para ser salvo, era preciso guardar a lei e oferecer sacrifícios. Hebreus aponta para a fé em Cristo como o caminho para a salvação.

Sua fé aumentará em relação direta ao seu acesso a Deus, e Cristo é seu passe livre para o Pai. Antes do sacrifício de Cristo, a única forma pela qual as pessoas podiam ter acesso a Deus era por meio do ato de sacrifício. Mas agora, por meio do perdão dos pecados concedido pelo sangue de Cristo, todos nós temos acesso ao Pai todos os minutos do dia.

O livro de Hebreus lembra àqueles que querem perdão e aceitação de Deus que esses vêm por meio da supremacia de Cristo e de nossa fé nele como Salvador. E o livro foi escrito em parte para confirmar que o cristianismo é o sucessor do judaísmo. Enquanto você estiver lendo este livro, procure todas as referências ao Antigo Testamento e como suas profecias se cumpriram na época de Cristo.

Coisas para procurar

- A verdade sobre a superioridade de Cristo sobre os anjos (veja Hebreus 1:4—7:28)
- Ensinamento sobre a fé (veja Hebreus 11—12)

Termos e versículos que você deve saber

Melquisedeque: Rei e sacerdote de Salém (provavelmente Jerusalém) que prenunciou a vinda do Messias (veja Gênesis 14:17-20; Salmos 110:4; Hebreus 5—7).

E agora Jesus pode ajudar os que são tentados, pois ele mesmo foi tentado e sofreu.

(Hebreus 2:18)

Quando se diz que Deus pôs "todas as coisas debaixo do domínio dele", isso quer dizer que nada ficou de fora.

(Hebreus 2:8)

Pois a palavra de Deus é viva e poderosa e corta mais do que qualquer espada afiada dos dois lados. Ela vai até o lugar mais fundo da alma e do espírito, vai até o íntimo das pessoas e julga os desejos e pensamentos do coração delas.

(Hebreus 4:12)

Que coisa terrível é cair nas mãos do Deus vivo!

(Hebreus 10:31)

A fé é a certeza de que vamos receber as coisas que esperamos e a prova de que existem coisas que não podemos ver.

(Hebreus 11:1)

Não deixem de receber bem aqueles que vêm à casa de vocês; pois alguns que foram hospitaleiros receberam anjos, sem saber.

(Hebreus 13:2)

Jesus Cristo, a perfeita revelação de Deus

1 Antigamente, por meio dos *profetas,
Deus falou muitas vezes e de muitas
maneiras aos nossos antepassados, 2 mas
nestes últimos tempos ele nos falou por
meio do seu Filho. Foi ele quem Deus es-
colheu para *possuir todas as coisas* e foi
por meio dele que Deus criou o *Univer-
so. 3 O Filho brilha com o brilho da *gló-
ria de Deus e é a perfeita semelhança do
próprio Deus. Ele sustenta o Universo com
a sua palavra poderosa. E, depois de ter
*purificado os seres humanos dos seus
pecados, sentou-se no céu, do lado direi-
to de Deus, o Todo-Poderoso.

O Filho e os anjos

4 Assim Deus fez com que o Filho fosse
superior aos anjos e lhe deu um nome
que é superior ao nome deles. 5 Pois
Deus nunca disse a nenhum dos seus
anjos:

> "Você é o meu Filho;
> hoje eu me tornei o seu Pai."

E também não disse a respeito de ne-
nhum anjo:

"Eu serei o Pai dele,
e ele será o meu Filho."

6 Porém, quando Deus enviou ao mundo
o seu primeiro Filho, ele disse:

"Que todos os anjos de Deus o
adorem."

7 A respeito dos anjos Deus disse:

"Deus faz com que os seus anjos
se tornem ventos
e os seus servidores, chamas de fogo."

8 Mas a respeito do Filho ele disse:

"O teu *Reino, ó Deus, vai durar
para todo o sempre.
Tu governarás o teu povo com
justiça.
9 Tu amas o bem e odeias o mal.
Foi por isso que Deus, o teu Deus,
te escolheu
e te deu a alegria de receber
uma honra muito maior
do que a dos teus companheiros."

10 E as *Escrituras também dizem:

"Tu, Senhor, no começo criaste a
terra
e, com as tuas próprias mãos,
fizeste os céus.
11 A terra e o céu vão acabar,
mas tu viverás para sempre.
Eles ficarão velhos como roupa;
12 tu os dobrarás como se dobra um
casaco,
e serão trocados como se troca de
roupa.
Mas tu és sempre o mesmo,
e a tua vida não tem fim."

13 Deus nunca disse a nenhum dos seus
anjos:

"Sente-se do meu lado direito,
até que eu ponha os seus inimigos
como estrado debaixo dos seus pés."

14 Então, o que são os anjos? Todos eles
são espíritos que servem a Deus, os quais
ele envia para ajudar os que vão receber
a salvação.

A grande salvação

2 Por isso devemos prestar mais atenção
nas verdades que temos ouvido, para
não nos desviarmos delas. 2 Não há dúvida
de que a mensagem que foi dada por meio
dos anjos é verdadeira; e aqueles que não
a seguiram nem foram obedientes a ela
receberam o castigo que mereciam. 3 Sen-
do assim, como é que nós escaparemos do
castigo se desprezarmos uma salvação tão
grande? Primeiro, o próprio Senhor Jesus
anunciou essa salvação; e depois aqueles
que a ouviram nos provaram que ela é
verdadeira. 4 Ao mesmo tempo, por meio
de sinais de poder, maravilhas e muitos
tipos de milagres, Deus confirmou o tes-
temunho deles. E, de acordo com a sua
vontade, distribuiu também os *dons do
Espírito Santo.

Jesus Cristo, o Salvador

5 Pois Deus não deu aos anjos o poder
de governar o mundo novo que está por
vir, o mundo do qual estamos falando.
6 Pelo contrário, em alguma parte das *Es-
crituras Sagradas alguém afirma:

"Que é um simples ser humano, ó
Deus,
para que penses nele?
Que é o ser mortal
para que te preocupes com ele?
7 Tu o colocaste por pouco tempo
em posição inferior à dos anjos,
tu lhe deste a *glória e a honra
de um rei
8 e puseste todas as coisas
debaixo do domínio dele."

Quando se diz que Deus pôs "todas as
coisas debaixo do domínio dele", isso quer
dizer que nada ficou de fora. Porém não
vemos o ser humano governando hoje to-
das as coisas. 9 Mas nós vemos Jesus fa-
zendo isso. Por um pouco de tempo ele foi
colocado em posição inferior à dos anjos,
para que, pela *graça de Deus, ele morres-
se por todas as pessoas. Agora nós o ve-
mos coroado de glória e de honra por cau-
sa da morte que ele sofreu. 10 Pois Deus,
que cria e sustenta todas as coisas, fez o
que era apropriado e tornou Jesus perfei-
to por meio do sofrimento. Deus fez isso
a fim de que muitos, isto é, os seus filhos,
tomassem parte na glória de Jesus. Pois é
Jesus quem os guia para a salvação.

11 Jesus *purifica as pessoas dos seus pe-
cados; e todos, tanto ele como os que são
purificados, têm o mesmo Pai. É por isso
que Jesus não se envergonha de chamá-
-los de irmãos. 12 Como ele diz:

Pergunte a si mesma...

Hebreus 2:14-15 diz-nos que, uma vez que Jesus morreu por nossos pecados, não precisamos ter medo da morte. Pergunte a si mesma:

Tenho medo de morrer?
Se sim, por quê?
Qual é meu destino após a morte?
Eu confio minha eternidade a Deus?
Se não, por quê?

"Ó Deus, eu falarei a respeito de ti
aos meus irmãos
e te louvarei na reunião do povo."

13 Diz também: "Eu confiarei nele." E diz
ainda: "Aqui estou eu com os filhos que
Deus me deu."
14 Os filhos, como ele os chama, são pes-
soas de carne e sangue. E por isso o pró-
prio Jesus se tornou igual a eles, toman-
do parte na natureza humana deles. Ele
fez isso para que, por meio da sua morte,
pudesse destruir o Diabo, que tem poder
sobre a morte. 15 E também para libertar
os que foram escravos toda a sua vida por
causa do medo da morte. 16 É claro que ele
não veio para ajudar os anjos. Em vez dis-
so, como dizem as Escrituras: "Ele ajuda
os descendentes de Abraão." 17 Isso quer
dizer que foi preciso que Jesus se tornas-
se em tudo igual aos seus irmãos a fim de
ser o *Grande Sacerdote deles, bondoso
e fiel no seu serviço a Deus, para que os
pecados do povo fossem perdoados. 18 E
agora Jesus pode ajudar os que são tenta-
dos, pois ele mesmo foi tentado e sofreu.

Jesus e Moisés

3 Meus irmãos na fé, vocês que também
foram *chamados por Deus, olhem para
Jesus, que Deus enviou para ser o *Grande
Sacerdote da fé que professamos. 2 Pois ele
foi fiel a Deus, que o escolheu para esse
serviço, assim como Moisés foi fiel no seu
trabalho em toda a casa de Deus. 3 Assim
como a pessoa que constrói uma casa é
mais importante do que a casa, assim, tam-
bém, Jesus é mais importante do que Moi-
sés. 4 Uma casa tem de ser construída por
alguém, mas Deus é o construtor de tudo o
que existe. 5 E Moisés foi um *servo fiel no
seu trabalho na casa de Deus e falou das
coisas que Deus ia dizer no futuro. 6 Mas
Cristo é fiel como Filho, que dirige a casa
de Deus. E nós seremos a sua casa se con-
servarmos a nossa coragem e a nossa con-
fiança naquilo que esperamos.

O descanso do povo de Deus

7 Por isso, como diz o Espírito Santo:

"Se hoje vocês ouvirem a voz de
Deus,
8 não sejam teimosos
como foram os seus antepassados
quando se revoltaram contra ele,
no dia em que eles o puseram à
prova
no deserto.
9 Ali os antepassados de vocês
me desafiaram e me puseram à
prova,
embora eles tivessem visto o que
eu fiz
durante quarenta anos.
10 Por isso fiquei irritado com
aquela gente
e disse:
'Eles são gente de coração perverso
e não querem obedecer
aos meus mandamentos.'
11 Eu fiquei *irado e fiz este
juramento:
'Eles nunca entrarão na *Terra
Prometida,
onde eu lhes teria dado descanso!' "

12 Meus irmãos, cuidado para que ne-
nhum de vocês tenha um coração tão
mau e descrente, que o leve a se afastar
do Deus vivo. 13 Pelo contrário, enquanto
esse "hoje" de que falam as *Escrituras
Sagradas se aplicar a nós, animem uns
aos outros, a fim de que nenhum de vo-
cês se deixe enganar pelo pecado, nem
endureça o seu coração. 14 Pois seremos
companheiros de Cristo se continuarmos
firmes até o fim na confiança que temos
tido desde o princípio.
15 É isso o que as Escrituras Sagradas
dizem:

"Se hoje vocês ouvirem a voz de Deus,
não sejam teimosos
como foram os seus antepassados
quando se revoltaram contra ele."

16 Quem foi que ouviu a voz de Deus e se
revoltou contra ele? Foram todos os que
Moisés tirou do Egito. 17 Com quem foi que

7 Deus abençoa a terra que recebe a chuva, a qual muitas vezes cai sobre ela e produz plantas úteis para aqueles que trabalham nela. 8 Mas a terra que produz mato e espinhos não serve para nada; ela corre o perigo de ser amaldiçoada por Deus e acaba sendo queimada.

9 Porém, ainda que falemos dessa maneira, meus queridos irmãos, estamos certos de que vocês têm as melhores bênçãos que vêm da salvação. 10 Deus não é injusto. Ele não esquece o trabalho que vocês fizeram nem o amor que lhe mostraram na ajuda que deram e ainda estão dando aos seus irmãos na fé. 11 O nosso profundo desejo é que cada um de vocês continue com entusiasmo até o fim, para que, de fato, recebam o que esperam. 12 Não queremos que se tornem preguiçosos, mas que sejam como os que creem e têm paciência, para que assim recebam o que Deus prometeu.

A certeza da promessa de Deus

13 Deus fez a promessa a Abraão e jurou cumpri-la. E, como não havia ninguém maior do que ele mesmo, Deus jurou pelo seu próprio nome. 14 Ele disse a Abraão: "Eu prometo que abençoarei você ricamente e lhe darei muitos descendentes." 15 Abraão teve paciência e por isso recebeu o que Deus havia prometido. 16 Quando alguém jura, usa o nome de uma pessoa que é maior do que ele, e o juramento acaba com qualquer discussão. 17 Deus quis deixar bem claro aos que iam receber o que ele havia prometido que jamais mudaria a sua decisão. Por isso, junto com a promessa, fez o juramento. 18 Portanto, há duas coisas que não podem ser mudadas, e a respeito delas Deus não pode mentir. E assim nós, que encontramos segurança nele, nos sentimos muito encorajados a nos manter firmes na esperança que nos foi dada. 19 Essa esperança mantém segura e firme a nossa vida, assim como a âncora mantém seguro o barco. Ela passa pela cortina do templo do céu e entra no *Lugar Santíssimo celestial. 20 Foi lá que, para o nosso bem, Jesus entrou antes de nós. E ele se tornou para sempre o *Grande Sacerdote, na ordem do sacerdócio de Melquisedeque.

Melquisedeque, rei e sacerdote

7 Esse Melquisedeque era rei da cidade de Salém e sacerdote do Deus Altíssimo. Quando Abraão estava voltando da batalha em que matou os reis, Melquisedeque foi ao encontro dele e o abençoou. 2 Abraão lhe deu a décima parte de tudo o que ele havia tomado dos inimigos na batalha. O nome de Melquisedeque quer dizer primeiramente "Rei da Justiça". E, porque ele era rei de Salém, o seu nome também quer dizer "Rei da Paz". 3 Não se conhece o pai, nem a mãe, nem qualquer antepassado de Melquisedeque. E também não se sabe nada sobre o seu nascimento ou sobre a sua morte. Por ser como o Filho de Deus, ele continua sacerdote para sempre.

4 Vejam como Melquisedeque era grande: Abraão, o *patriarca, lhe deu a décima parte de tudo o que havia tomado dos inimigos na batalha. 5 Conforme a *Lei de Moisés, os sacerdotes, que são descendentes de Levi, têm a obrigação de receber do povo a décima parte de tudo. Eles recebem dos seus próprios patrícios, embora estes também sejam descendentes de Abraão. 6 Melquisedeque não era descendente de Levi, mas recebeu a décima parte daquilo que Abraão havia tomado na batalha e o abençoou. Sim, abençoou o próprio Abraão, que havia recebido as promessas de Deus. 7 Não há dúvida de que aquele que abençoa é mais importante do que aquele que é abençoado. 8 No caso dos sacerdotes, a décima parte é recebida por homens que um dia vão morrer. Mas, no caso de Melquisedeque, como dizem as *Escrituras Sagradas, a décima parte foi recebida por alguém que continua vivo. 9 Portanto, quando Abraão pagou a décima parte, Levi, cujos descendentes recebem a décima parte, também pagou. 10 Pois Levi não tinha nascido, e, por assim dizer, ainda estava no corpo do seu antepassado Abraão quando este se encontrou com Melquisedeque.

11 A lei que o povo de Israel recebeu se baseava no sacerdócio dos *levitas. Ora, se o trabalho dos sacerdotes levitas tivesse sido perfeito, não haveria necessidade de aparecer outro tipo de sacerdote, da ordem do sacerdócio de Melquisedeque e não da ordem de Arão. 12 Pois, quando se muda o sacerdócio, a lei também precisa ser mudada. 13 E o nosso Senhor Jesus, a respeito de quem são ditas essas coisas, pertencia a outra *tribo. E nenhum membro dessa tribo jamais serviu como

sacerdote. 14 É sabido que, por nascimen-
to, Jesus, o nosso Senhor, pertencia à tri-
bo de Judá, e Moisés não disse nada des-
sa tribo quando falou a respeito de sa-
cerdotes.

Outro sacerdote como Melquisedeque

15 E tudo isso se torna bem mais claro,
pois surgiu um sacerdote diferente, pa-
recido com Melquisedeque. 16 Ele não foi
feito sacerdote pelas *leis ou regras huma-
nas, porém se tornou sacerdote por meio
do poder de uma vida que não tem fim.
17 Porque as *Escrituras Sagradas dizem:

"Você será sacerdote para sempre,
na ordem do sacerdócio de
Melquisedeque."

18 Assim a regra antiga foi anulada por-
que era fraca e inútil. 19 Pois a lei não po-
dia aperfeiçoar nada. Mas agora Deus nos
deu uma esperança melhor, por meio da
qual chegamos perto dele.
20 Além disso, há o juramento de Deus.
Não houve juramento quando os outros
se tornaram sacerdotes. 21 Porém houve
juramento quando Jesus se tornou sacer-
dote, pois Deus lhe disse:

"O Senhor jurou e não voltará atrás.
Ele disse:
'Você será sacerdote para sempre.' "

22 Portanto, essa diferença também faz
com que Jesus seja a garantia de uma
*aliança melhor.
23 Há ainda outra diferença: os outros
sacerdotes foram muitos porque mor-
riam e não podiam continuar o seu tra-
balho. 24 Mas Jesus vive para sempre, e o
seu sacerdócio não passa para ninguém.
25 E por isso ele pode, hoje e sempre, sal-
var as pessoas que vão a Deus por meio
dele, porque Jesus vive para sempre a fim
de pedir a Deus em favor delas.
26 Por isso Jesus é o *Grande Sacerdo-
te de que necessitamos. Ele é perfeito e
não tem nenhum pecado ou falha. Ele foi
separado dos pecadores e elevado aci-
ma dos céus. 27 Ele não é como os outros
Grandes Sacerdotes; não precisa oferecer
*sacrifícios todos os dias, primeiro pelos
seus próprios pecados e depois pelos pe-
cados do povo. Ele ofereceu um sacrifício,
uma vez por todas, quando se ofereceu
a si mesmo. 28 A Lei de Moisés escolheu
homens, que são imperfeitos, para serem
Grandes Sacerdotes. Mas, pela promessa
feita com juramento, a qual veio depois da
Lei de Moisés, Deus escolhe o Filho, que
se tornou perfeito para sempre.

Jesus, o Grande Sacerdote da nova aliança

8 A coisa mais importante de tudo o que
estamos dizendo tem a ver com o sa-
cerdote que nós temos: ele é o *Grande Sa-
cerdote que está sentado no céu, do lado
direito do trono de Deus, o Todo-Podero-
so. 2 Ele faz o seu serviço no *Lugar Santís-
simo, na verdadeira *Tenda, que foi arma-
da pelo Senhor e não por seres humanos.
3 Todo Grande Sacerdote é escolhido
para apresentar a Deus as ofertas e os
*sacrifícios de animais, e por isso é ne-
cessário que o nosso Grande Sacerdote
tenha também alguma coisa para ofere-
cer. 4 Se ele estivesse na terra, não seria
sacerdote, pois existem sacerdotes que
apresentam as ofertas de acordo com a
*Lei de Moisés. 5 O trabalho que esses sa-
cerdotes fazem é, de fato, somente uma
cópia e uma sombra do que está no céu.
Foi isso que aconteceu quando Deus fa-
lou com Moisés. Quando Moisés estava
para construir a Tenda, Deus disse: "Te-
nha cuidado para fazer tudo de acordo
com o modelo que eu lhe mostrei no mon-
te." 6 Mas, de fato, Jesus foi encarregado
de um serviço sacerdotal que é superior
ao dos sacerdotes. Pois a *aliança que ele
conseguiu é melhor porque ela se baseia
em promessas de coisas melhores.
7 Pois, se a primeira aliança tivesse sido
perfeita, não seria necessária uma nova
aliança. 8 Mas Deus vê que o seu povo é
culpado e diz:

"Está chegando o tempo, diz o
Senhor,
em que farei uma nova aliança
com o povo de Israel
e com o povo de Judá.
9 Essa aliança não será como aquela
que eu fiz com os antepassados
deles,
no dia em que os peguei pela mão
e os tirei da terra do Egito.
Não foram fiéis à aliança
que fiz com eles,
e por isso, diz o Senhor,
eu os desprezei.
10 Quando esse tempo chegar, diz o
Senhor,
farei com o povo de Israel esta
aliança:

Eu porei as minhas leis na mente
deles
e no coração deles as escreverei.
Eu serei o Deus deles,
e eles serão o meu povo.
11 Ninguém vai precisar ensinar
o seu patrício nem o seu parente,
dizendo:
'Procure conhecer o Senhor.'
Porque todos me conhecerão,
tanto as pessoas mais humildes
como as mais importantes.
12 Pois eu perdoarei os seus pecados
e nunca mais lembrarei
das suas maldades."

13 E, quando Deus fala da nova aliança,
é porque ele já tornou velha a primeira.
E o que está ficando velho e gasto vai de-
saparecer logo.

O novo santuário

9 A primeira *aliança tinha *leis sobre a
adoração e tinha também um santuá-
rio construído por seres humanos, onde se
adorava a Deus. 2 Foi armada uma *Tenda,
dividida em duas partes. Na parte da fren-
te, chamada *Lugar Santo, ficavam o *can-
delabro e a mesa com os pães oferecidos
a Deus. 3 Atrás da segunda cortina ficava a
parte que era chamada de *Lugar Santís-
simo. 4 Ali estava colocado o altar de ouro
onde era queimado o incenso, e também
estava colocada a *arca da aliança, toda
coberta de ouro. Dentro da arca estavam
a vasilha de ouro com o *maná, o bastão
de Arão, do qual tinham saído brotos, e
as duas placas de pedra com os manda-
mentos escritos nelas. 5 Em cima da arca,
representando a Presença Divina, estavam
os *querubins, com as suas asas abertas
sobre o lugar onde os pecados eram per-
doados. Mas agora não é o momento de
explicar os detalhes dessas coisas.

6 Depois de tudo isso ter sido prepara-
do, os sacerdotes entram todos os dias
na parte da frente da Tenda, que é o Lu-
gar Santo, para cumprir os seus deveres
religiosos. 7 Mas somente o *Grande Sa-
cerdote entra na parte de trás, que é o
Lugar Santíssimo, e isso apenas uma vez
por ano. Ele oferece a Deus o sangue de
animais, em favor de si mesmo e tam-
bém pelos pecados que o povo cometeu
sem saber que estava pecando. 8 Por meio
disso tudo, o Espírito Santo nos ensina,
de modo bem claro, que a entrada para
o Lugar Santíssimo ainda não foi aberta
enquanto a parte da frente, que é o Lugar
Santo, continuar sendo usada. 9 Isso é um
símbolo para hoje. Quer dizer que as ofer-
tas e os *sacrifícios de animais oferecidos
a Deus não tornam perfeito o coração das
pessoas que o adoram. 10 Essas ofertas e
sacrifícios têm a ver somente com comi-
da, com bebida e com várias cerimônias
de *purificação. São regras externas que
têm valor somente até que Deus renove
todas as coisas.

11 Mas Cristo veio como o Grande Sacer-
dote das coisas boas que já estão aqui. A
Tenda em que ele serve é melhor e mais
perfeita e não foi construída por seres hu-
manos, isto é, não é deste mundo. 12 Quan-
do Cristo veio e entrou, uma vez por to-
das, no Lugar Santíssimo, ele não levou
consigo sangue de bodes ou de bezerros
para oferecer como sacrifício. Pelo con-
trário, ele ofereceu o seu próprio sangue e
conseguiu para nós a salvação eterna. 13 O
sangue de bodes e de touros e as cinzas
da bezerra queimada são espalhados so-
bre as pessoas *impuras, e elas ficam pu-
rificadas por fora. 14 Se isso é assim, ima-
ginem então quanto maior ainda é o po-
der do sangue de Cristo! Por meio do Es-
pírito eterno ele se ofereceu a si mesmo a
Deus como sacrifício sem defeito. E o seu
sangue nos purifica por dentro, tirando
as nossas culpas; assim podemos servir
ao Deus vivo, pois já não praticamos ce-
rimônias que não valem nada.

A morte de Cristo e a nova aliança

15 Portanto, é Cristo quem consegue fa-
zer uma nova *aliança, para que os que fo-
ram *chamados por Deus possam receber
as bênçãos eternas que o próprio Deus
prometeu. Isso pode ser feito porque hou-
ve uma morte que livrou as pessoas dos
pecados que praticaram enquanto a pri-
meira aliança estava em vigor.

16 Onde há um testamento, é necessá-
rio provar que a pessoa que o fez já mor-
reu. 17 Pois o testamento não vale nada
enquanto estiver vivo quem o fez; só de-
pois da morte dessa pessoa é que o tes-
tamento tem valor. 18 É por isso que a pri-
meira aliança entrou em vigor somente
com o uso do sangue de animais. 19 Em
primeiro lugar, Moisés anunciou ao povo
todos os mandamentos conforme esta-
vam na *lei. Depois pegou o sangue dos
bezerros e dos bodes, misturou com água

e borrifou o livro da lei e todo o povo,
usando lã tingida de vermelho e *hisso-
po. 20 Então disse: "Este é o sangue que
*sela a aliança, que Deus mandou vocês
obedecerem." 21 Da mesma forma Moisés
também borrifou sangue sobre a Tenda e
sobre todos os objetos usados na adora-
ção. 22 De fato, de acordo com a lei, quase
tudo é purificado com sangue. E, não ha-
vendo derramamento de sangue, não há
perdão de pecados.

O sacrifício de Cristo tira os pecados

23 Essas coisas, que eram cópias das rea-
lidades celestiais, deviam ser *purificadas
desse modo; mas as próprias coisas ce-
lestiais exigem *sacrifícios bem melho-
res. 24 Cristo não entrou num *Lugar San-
to feito por seres humanos, que é a cópia
do verdadeiro Lugar. Ele entrou no pró-
prio céu, onde agora aparece na presen-
ça de Deus para pedir em nosso favor. 25 O
*Grande Sacerdote entra, todos os anos,
no *Lugar Santíssimo, levando consigo
sangue de um animal. Porém Cristo não
entrou para se oferecer muitas vezes. 26 Se
fosse assim, ele teria de sofrer muitas ve-
zes desde a criação do mundo. Pelo con-
trário, uma vez por todas ele apareceu
agora, quando os tempos estão chegan-
do ao fim, para tirar os pecados por meio
do sacrifício de si mesmo. 27 Cada pessoa
tem de morrer uma vez só e depois ser
julgada por Deus. 28 Assim também Cris-
to foi oferecido uma só vez em sacrifício,
para tirar os pecados de muitas pessoas.
Depois ele aparecerá pela segunda vez,
não para tirar pecados, mas para salvar
as pessoas que estão esperando por ele.

10 A *lei dada por Moisés não é um
modelo completo e fiel das coisas
verdadeiras; é apenas uma sombra das
coisas boas que estão para vir. Os mes-
mos *sacrifícios são oferecidos sempre,
ano após ano. Portanto, como pode a lei,
por meio desses sacrifícios, aperfeiçoar as
pessoas que chegam perto de Deus? 2 Se
as pessoas que adoram a Deus tivessem
sido *purificadas dos seus pecados, não se
sentiriam mais culpadas de nenhum pe-
cado, e todos os sacrifícios terminariam.
3 *Em vez disso esses sacrifícios*, realizados
ano após ano, servem para fazer com que
as pessoas lembrem dos seus pecados.
4 Pois o sangue de touros e de bodes não
pode, de modo nenhum, tirar os pecados
de ninguém.

5 Por isso Cristo, ao entrar no mundo,
disse:

> "Tu, ó Deus, não queres animais
> oferecidos em sacrifícios
> nem ofertas de cereais,
> mas preparaste um corpo para
> mim.
> 6 Não te agradam as ofertas de
> animais
> queimados inteiros no altar
> nem os sacrifícios oferecidos
> para tirar pecados.
> 7 Então eu disse:
> — Estou aqui, ó Deus;
> venho fazer a tua vontade,
> assim como está escrito a meu
> respeito
> no *Livro da Lei."

8 Primeiro ele disse: "Tu não queres sa-
crifícios ou ofertas de animais, e não te
agradam as ofertas dos animais queima-
dos inteiros no altar nem os sacrifícios
oferecidos para tirar pecados." Ele dis-
se isso embora todos os sacrifícios sejam
oferecidos de acordo com a lei. 9 Depois
ele disse: "Estou aqui, ó Deus, para fazer
a tua vontade." Assim Deus acabou com
todos os antigos sacrifícios e pôs no lu-
gar deles o sacrifício de Cristo. 10 E, por-
que Jesus Cristo fez o que Deus quis, nós
somos purificados do pecado pela ofer-
ta que ele fez, uma vez por todas, do seu
próprio corpo.
11 Todo sacerdote judeu cumpre todos
os dias os seus deveres religiosos e ofe-
rece muitas vezes os mesmos sacrifícios,
mas estes nunca poderão tirar pecados.
12 Porém Jesus Cristo ofereceu só um sa-
crifício para tirar pecados, uma oferta que
vale para sempre, e depois sentou-se do
lado direito de Deus. 13 Ali Jesus está es-
perando até que Deus ponha os seus ini-
migos como estrado debaixo dos pés dele.
14 Assim, com um sacrifício só, ele aper-
feiçoou para sempre os que são purifica-
dos do pecado.
15 E o Espírito Santo também nos dá o
seu testemunho sobre isso. Primeiro ele
diz:

> 16 "Quando esse tempo chegar, diz o
> Senhor,
> eu farei com o povo de Israel
> esta *aliança:
> Porei as minhas leis no coração deles
> e na mente deles as escreverei."

DEVOCIONAL

Texto para leitura: **Hebreus 10:8-10**

Conheça o amor

O sangue de Jesus a santifica. No momento em que você o aceitou como Salvador, você já deixou de ser uma pecadora perdida, mas se tornou uma santa, porque coube a ele ser seu sacrifício. Mas o que isso significa? Você se sente santa? Você agora está livre do pecado? A santidade exige perfeição? Parece que a Bíblia se contradiz quando diz "não há uma só pessoa que faça o que é certo" (Romanos 3:10) e, logo em seguida, que você "é purificada" pelo sacrifício de Jesus (Hebreus 10:10). Como você pode ser pecadora e santa ao mesmo tempo?

A resposta é esta: a morte e a ressurreição de Jesus a santificam aos olhos de Deus. Elas lhe dão acesso ao Pai e a justificam. Neste sentido, você é inocente diante de Deus, porque Jesus levou seu castigo de você. Mas isso não torna seu *caráter* santo. Você ainda tem tendência ao pecado. Você ainda cai e se levanta. Seu caráter irá tornar-se mais santo à medida que você o confrontar em sua vida e escolher, pela força de sua vontade, não fazer o que quer muito fazer. Quanto mais força você mostra para controlar sua vontade, mais preciosa você é para o Reino, porque é quando você aceita as coisas de Deus e nega as coisas desta terra que suas ações se tornam santas e, portanto, úteis para render glória a Deus.

Não se permita acomodar com a ideia de que Jesus a santifica para que você não tenha de se esforçar para ter santidade. Santidade sempre requer determinação da vontade, e praticá-la desenvolverá o caráter de Cristo em você. Sua batalha não é apenas contra o pecado — Jesus lutou e venceu essa batalha por você. Sua batalha também é contra sua própria vontade, aquela parte de você que discute e chora para ser deixada em paz e não ser controlada ou negada. Assuma o controle de sua vontade, e você revelará a santidade de seu caráter.

17 Depois ele diz:

"Não lembrarei mais dos seus
pecados
nem das suas maldades."

18 Assim, quando os pecados são perdoados, já não há mais necessidade de oferta para tirá-los.

Cheguemos perto de Deus

19 Por isso, irmãos, por causa da morte
de Jesus na cruz nós temos completa liberdade de entrar no *Lugar Santíssimo.
20 Por meio da cortina, isto é, por meio
do seu próprio corpo, ele nos abriu um
caminho novo e vivo. 21 Nós temos um
*Grande Sacerdote para dirigir a casa de
Deus. 22 Portanto, cheguemos perto de
Deus com um coração sincero e uma fé
firme, com a consciência limpa das nossas
culpas e com o corpo lavado com água
pura. 23 Guardemos firmemente a esperança da fé que professamos, pois podemos confiar que Deus cumprirá as suas
promessas. 24 Pensemos uns nos outros
a fim de ajudarmos todos a terem mais
amor e a fazerem o bem. 25 Não abandonemos, como alguns estão fazendo, o costume de assistir às nossas reuniões. Pelo contrário, animemos uns aos outros e ainda mais agora que vocês veem que o dia está chegando.
26 Pois, se continuarmos a pecar de propósito, depois de conhecer a verdade, já
não há mais *sacrifício que possa tirar os
nossos pecados. 27 Pelo contrário, resta
apenas o medo do que acontecerá: medo
do Julgamento e do fogo violento que destruirá os que são contra Deus. 28 Quem desobedece à *lei de Moisés é condenado

sem dó à morte, se for julgado culpado
depois de ouvido o testemunho de duas
pessoas, pelo menos. 29 Então, o que será
que vai acontecer com os que despre-
zam o Filho de Deus e consideram como
coisa sem valor o sangue da *aliança de
Deus, que os *purificou? E o que aconte-
cerá com quem insulta o Espírito do Deus,
que o ama? Imaginem como será pior ain-
da o castigo que essa pessoa vai merecer!
cer! 30 Pois sabemos quem foi que disse:
"Eu me vingarei, eu acertarei contas com
eles." E quem também disse: "O Senhor
julgará o seu povo." 31 Que coisa terrível
é cair nas mãos do Deus vivo!

32 Lembrem do que aconteceu no pas-
sado. Naqueles dias, depois que a luz de
Deus os iluminou, vocês sofreram muitas
coisas, mas não foram vencidos na luta.
33 Alguns foram insultados e maltratados
publicamente, e em outras ocasiões vocês
estavam prontos para tomar parte no so-
frimento dos que foram tratados assim.
34 Vocês participaram do sofrimento dos
prisioneiros. E, quando tudo o que vocês
tinham foi tirado, vocês suportaram isso
com alegria porque sabiam que possuíam
uma coisa muito melhor, que dura para
sempre. 35 Portanto, não percam a cora-
gem, pois ela traz uma grande recompen-
sa. 36 Vocês precisam ter paciência para
poder fazer a vontade de Deus e receber
o que ele promete. 37 Pois, como ele diz
nas *Escrituras Sagradas:

"Um pouco mais de tempo, um
pouco mesmo,
e virá aquele que tem de vir;
ele não vai demorar.
38 E todos aqueles que eu aceito
terão fé em mim e viverão.
Mas, se uma pessoa voltar atrás,
eu não ficarei contente com ela."

39 Nós não somos gente que volta atrás
e se perde. Pelo contrário, temos fé e so-
mos salvos.

Heróis da fé

11 A fé é a certeza de que vamos re-
ceber as coisas que esperamos e a
prova de que existem coisas que não po-
demos ver. 2 Foi pela fé que as pessoas do
passado conseguiram a aprovação de Deus.

3 É pela fé que entendemos que o *Uni-
verso foi criado pela palavra de Deus e
que aquilo que pode ser visto foi feito da-
quilo que não se vê.

4 Foi pela fé que Abel ofereceu a Deus
um *sacrifício melhor do que o de Caim.
Pela fé ele conseguiu a aprovação de Deus
como homem correto, tendo o próprio
Deus aprovado as suas ofertas. Por meio
da sua fé, Abel, mesmo depois de morto,
ainda fala.

5 Foi pela fé que Enoque escapou da
morte. Ele foi levado para Deus, e nin-
guém o encontrou porque Deus mesmo
o havia levado. As *Escrituras Sagradas di-
zem que antes disso ele já havia agradado
a Deus. 6 Sem fé ninguém pode agradar a
Deus, porque quem vai a ele precisa crer
que ele existe e que recompensa os que
procuram conhecê-lo melhor.

7 Foi pela fé que Noé ouviu os avisos de
Deus sobre as coisas que iam acontecer e
que não podiam ser vistas. Noé obedeceu
a Deus e construiu uma barca em que ele
e a sua família foram salvos. Assim Noé
condenou o mundo e recebeu de Deus a
aprovação que vem por meio da fé.

8 Foi pela fé que Abraão, ao ser *chama-
do por Deus, obedeceu e saiu para uma
terra que Deus lhe prometeu dar. Ele dei-
xou o seu próprio país, sem saber para
onde ia. 9 Pela fé ele morou como estran-
geiro na terra que Deus lhe havia pro-
metido. Viveu em barracas com Isaque
e Jacó, que também receberam a mesma
promessa de Deus. 10 Porque Abraão espe-
rava a cidade que Deus planejou e cons-
truiu, a cidade que tem alicerces que não
podem ser destruídos.

11 Foi pela fé que Abraão se tornou pai,
embora fosse velho demais e a própria
Sara não pudesse ter filhos. Ele creu que
Deus ia cumprir a sua promessa. 12 Assim,
de um só homem, que estava praticamen-
te morto, nasceram tantos descendentes
como as estrelas do céu, tão numerosos
como os grãos de areia da praia do mar.

13 Todos esses morreram cheios de fé.
Não receberam as coisas que Deus tinha
prometido, mas as viram de longe e fica-
ram contentes por causa delas. E declara-
ram que eram estrangeiros e refugiados,
de passagem por este mundo. 14 E aque-
les que dizem isso mostram bem claro
que estão procurando uma pátria para
si mesmos. 15 Não ficaram pensando em
voltar para a terra de onde tinham saí-
do. Se quisessem, teriam a oportunidade
de voltar. 16 Mas, pelo contrário, estavam
procurando uma pátria melhor, a pátria

DEVOCIONAL

Texto para leitura: **Hebreus 11:1-2**

Conheça a si mesma

Sua vida está cheia de tantas coisas que são tidas como certas e tantas pessoas que têm tudo planejado para você — seus pais, professores, amigos. Mas o que acontece quando você se vê diante do desconhecido? Quando o futuro não é certo, mas um grande ponto de interrogação? Você enlouquece?

Viver com tudo planejado é muito fácil, mas não ter ideia do que vai acontecer em seguida não lhe deixa com outra coisa senão fé. Seu futuro pode ser desconhecido, mas seu Deus é bem conhecido. Não deixe que um amanhã incerto apague o que você sabe sobre Deus e que ele está no controle de tudo. Não importa o que você sabe ou não sabe e não importa quem tente intervir, ele ainda é a autoridade máxima na vida do cristão. Você pode não ter certeza do que está por vir na jornada da vida, mas... uhuuuu! Você tem certeza de Deus. E isso significa que você pode ter certeza da proteção e da paz dele.

A evidência da vida espiritual em você mostra-se quando seu coração não tem dificuldade em conviver com o desconhecido, porque é no desconhecido que está a fé. Sem alguns mistérios da vida, sua fé seria fraca e em vão, porque não seria "a prova de que existem coisas que não podemos ver". Portanto, não enlouqueça quando a vida parecer completamente nebulosa e incerta, porque são nesses momentos em que você não sabe o que está por vir que sua fé fica mais forte e sua crença recebe uma dose de encorajamento. Sem fé, você seria como o descrente, completamente preocupado com o amanhã e usando toda a sua energia para ter certeza de que nunca haveria nada desconhecido. Seja diferente! Aceite a ideia de incerteza em sua vida, confie naquele que é certo, e a vida será uma grande aventura.

celestial. E Deus não se envergonha de
ser chamado de o Deus deles, porque ele
mesmo preparou uma cidade para eles.
17 Foi pela fé que Abraão, quando Deus o
quis pôr à prova, ofereceu o seu filho Isa-
que em *sacrifício. Deus tinha prometido
muitos descendentes a Abraão, mas mes-
mo assim ele estava pronto para oferecer
o seu único filho em sacrifício. 18 Deus lhe
tinha dito: "Por meio de Isaque é que você
terá descendentes." 19 Abraão reconhecia
que Deus era capaz de ressuscitar Isaque,
e, por assim dizer, Abraão tornou a rece-
ber da morte o seu filho Isaque.
20 Foi pela fé que Isaque prometeu bên-
çãos para o futuro a Jacó e a Esaú.
21 Foi pela fé que Jacó, pouco antes de
morrer, abençoou os filhos de José. Ele se
apoiou na sua bengala e adorou a Deus.
22 Foi pela fé que José, quando estava
para morrer, falou da saída dos israelitas
do Egito e deu ordens sobre o que deve-
ria ser feito com o seu corpo.
23 Foi pela fé que os pais de Moisés,
quando ele nasceu, o esconderam durante
três meses. Eles viram que o menino era
bonito e não tiveram medo de desobede-
cer à ordem do rei.
24 Foi pela fé que Moisés, quando já era
adulto, não quis ser chamado de filho da
filha de Faraó. 25 Ele preferiu sofrer com o
povo de Deus em vez de gozar, por pouco
tempo, os prazeres do pecado. 26 Ele achou
que era muito melhor sofrer o desprezo
por causa do *Messias do que possuir to-
dos os tesouros do Egito. É que ele tinha
os olhos fixos na recompensa futura.
27 Foi pela fé que Moisés saiu do Egi-
to, sem ter medo da raiva do rei, e con-
tinuou firme, como se estivesse vendo o
Deus invisível. 28 Pela fé Moisés começou o
costume de celebrar a *Páscoa e mandou
marcar com sangue as portas das casas

dos israelitas para que o Anjo da Morte
não matasse os filhos mais velhos deles.
29 Foi pela fé que os israelitas atraves-
saram o mar Vermelho como se fosse ter-
ra seca. E, quando os egípcios tentaram
atravessar, o mar os engoliu.
30 Foi pela fé que caíram as muralhas
de Jericó, depois que os israelitas mar-
charam em volta delas durante sete dias.
31 Foi pela fé que Raabe, a prostituta, não
morreu com os que tinham desobedeci-
do a Deus, pois ela havia recebido bem os
espiões israelitas.
32 O que mais posso dizer? O tempo é
pouco para falar de Gideão, de Baraque,
de Sansão, de Jefté, de Davi, de Samuel e
dos *profetas. 33 Pela fé eles lutaram con-
tra nações inteiras e venceram. Fizeram
o que era correto e receberam o que Deus
lhes havia prometido. Fecharam a boca
de leões, 34 apagaram incêndios terríveis
e escaparam de serem mortos à espa-
da. Eram fracos, mas se tornaram fortes.
Foram poderosos na guerra e venceram
exércitos estrangeiros. 35 Pela fé mulheres
receberam de volta os seus mortos, que
ressuscitaram.

Outros foram torturados até a morte;
eles recusaram ser postos em liberdade
a fim de ressuscitar para uma vida me-
lhor. 36 Alguns foram insultados e surra-
dos; e outros, acorrentados e jogados na
cadeia. 37 Outros foram mortos a pedra-
das; outros, serrados pelo meio; e outros,
mortos à espada. Andaram de um lado
para outro vestidos de peles de ovelhas
e de cabras; eram pobres, perseguidos e
maltratados. 38 Andaram como refugiados
pelos desertos e montes, vivendo em ca-
vernas e em buracos na terra. O mundo
não era digno deles!
39 Porque creram, todas essas pessoas
foram aprovadas por Deus, mas não rece-
beram o que ele havia prometido. 40 Pois
Deus tinha preparado um plano ainda
melhor para nós, a fim de que, somente
conosco, elas fossem aperfeiçoadas.

Deus, o nosso Pai

12 Assim nós temos essa grande mul-
tidão de testemunhas ao nosso re-
dor. Portanto, *deixemos de lado tudo* o que
nos atrapalha e o pecado que se agarra fir-
memente em nós e continuemos a correr,
sem desanimar, a corrida marcada para
nós. 2 Conservemos os nossos olhos fixos
em Jesus, pois é por meio dele que a nossa
fé começa, e é ele quem a aperfeiçoa. Ele
não deixou que a cruz fizesse com que
ele desistisse. Pelo contrário, por causa
da alegria que lhe foi prometida, ele não
se importou com a humilhação de mor-
rer na cruz e agora está sentado do lado
direito do trono de Deus.
3 Pensem no sofrimento dele e como su-
portou com paciência o ódio dos pecado-
res. Assim, vocês, não desanimem, nem
desistam. 4 Porque na luta contra o pecado
vocês ainda não tiveram de combater até
à morte. 5 Será que vocês já esqueceram
as palavras de encorajamento que Deus
lhes disse, como se vocês fossem filhos
dele? Pois ele disse:

> "Preste atenção, meu filho,
> quando o Senhor o castiga,
> e não se desanime
> quando ele o repreende.
> 6 Pois o Senhor corrige quem ele ama
> e castiga quem ele aceita como
> filho."

7 Suportem o sofrimento com paciência
como se fosse um castigo dado por um
pai, pois o sofrimento de vocês mostra
que Deus os está tratando como seus fi-
lhos. Será que existe algum filho que nun-
ca foi corrigido pelo pai? 8 Se vocês não
são corrigidos como acontece com todos
os filhos de Deus, então não são filhos de
verdade, mas filhos ilegítimos. 9 No caso
dos nossos pais humanos, eles nos corri-
giam, e nós os respeitávamos. Então deve-
mos obedecer muito mais ainda ao nosso
Pai celestial e assim viveremos. 10 Os nos-
sos pais humanos nos corrigiam duran-
te pouco tempo, pois achavam que isso
era certo; mas Deus nos corrige para o
nosso próprio bem, para que participe-
mos da sua santidade. 11 Quando somos
corrigidos, isso no momento nos parece
motivo de tristeza e não de alegria. Po-
rém, mais tarde, os que foram corrigidos
recebem como recompensa uma vida cor-
reta e de paz.

Conselhos e avisos

12 Portanto, levantem as suas mãos can-
sadas e *fortaleçam* os seus joelhos enfra-
quecidos. 13 Andem por caminhos aplana-
dos para que o pé aleijado não manque,
mas seja curado.
14 Procurem ter paz com todos e se es-
forcem para viver uma vida completa-
mente dedicada ao Senhor, pois sem isso

DEVOCIONAL

Texto para leitura: **Hebreus 12:7-11**

Conheça a verdadeira felicidade

Quando você pede ajuda a Deus sobre algo que simplesmente não desaparece, e você não vê mudança, talvez seja porque você está procurando no lugar errado. Muitas vezes, o problema não está fora, mas dentro de você. Muitas vezes, o pecado se disfarça de problema, fingindo ser um ataque contra você ou um desejo incontrolável sobre o qual você não tem poder. Se você orou e orou e esse problema em sua vida não está mudando, é preciso começar a olhar para dentro de si mesma.

Muitas vezes, os problemas em sua vida são coisas enviadas por Deus como disciplina para seu pecado. Como diz Hebreus 12:7-8: "Suportem o sofrimento com paciência como se fosse um castigo dado por um pai, pois o sofrimento de vocês mostra que Deus os está tratando como seus filhos. Será que existe algum filho que nunca foi corrigido pelo pai? Se vocês não são corrigidos como acontece com todos os filhos de Deus, então não são filhos de verdade, mas filhos ilegítimos". Então, seja grata pelas provações em sua vida, especialmente quando dizem respeito a disciplinas que apontam para um pecado específico que antes estava esquecido.

Não ignore mais essas coisas. Se sua fé avança a passos de tartaruga, então você tem de procurar seus pecados ocultos e se esforçar para se livrar deles. Peça a Deus para lhe mostrar o pecado que está escondido, esteja pronta para ver coisas que você não sabia que estavam ali e esteja disposta a chamar o pecado de pecado. Descubra por meio da oração e da leitura da Bíblia qual pecado você tem em si que está mostrando a língua para Deus e dizendo: "Você não pode comigo!", e decida parar de agir como uma menininha desobediente. Acerte suas ações ao mergulhar fundo na verdade de Deus, e você vai correr esta corrida com o melhor dos recursos (veja Hebreus 12:1).

ninguém o verá. 15 Tomem cuidado para
que ninguém abandone a *graça de Deus.
Cuidado, para que ninguém se torne como
uma planta amarga que cresce e prejudi-
ca muita gente com o seu veneno. 16 E to-
mem cuidado também para que ninguém
se torne imoral ou perca o respeito pelas
coisas sagradas, como Esaú, que, por cau-
sa de um prato de comida, vendeu os seus
direitos de filho mais velho. 17 Como vocês
sabem, depois ele quis receber a bênção
do seu pai. Mas foi rejeitado porque não
encontrou um modo de mudar o que ha-
via feito, embora procurasse fazer isso
até mesmo com lágrimas.

18 Vocês não foram como o povo de
Israel. Vocês não chegaram perto de
alguma coisa que se pode tocar, como
o monte Sinai com o seu fogo destrui-
dor, a escuridão e as trevas, a tempesta-
de, 19 o barulho de trombeta e o som de
uma voz. Quando os israelitas ouviram a
voz, pediram que ela não dissesse mais
nada, 20 pois eles não podiam suportar a
ordem que dizia: "Até um animal, se to-
car o monte, deverá ser morto a pedra-
das." 21 O que estavam vendo era tão ter-
rível, que Moisés disse: "Estou tremendo
de medo!"

22 Pelo contrário, vocês chegaram ao
*monte Sião e à cidade do Deus vivo, a
Jerusalém celestial com os seus milhares
de anjos. 23 Vocês chegaram à reunião ale-
gre dos filhos mais velhos de Deus, isto
é, daqueles que têm o nome deles escrito
no céu. Vocês chegaram até Deus, que é o
juiz de todos, e chegaram também aos es-
píritos dos que são corretos e que foram
aperfeiçoados. 24 Vocês chegaram até Je-
sus, que fez a nova *aliança e que borrifou
o sangue que fala de coisas muito melho-
res do que o sangue de Abel.

DEVOCIONAL

Texto para leitura: **Hebreus 13:1-3**

Conheça o amor

Estranhos são estranhos. Você não os conhece, eles não a conhecem, e quem sabe como eles são ou o que vão responder se você disser "Oi" ou — Deus me livre — começar a falar com eles. Ai! Sim, o medo do desconhecido pode impedi-la de se aproximar dos outros. Você vê a necessidade deles, mas tem medo da presença deles, assim você se afasta e todos nós acabamos sozinhos no meio da multidão. E você deixa de fazer o que Deus diz que é a melhor coisa que você poderia fazer: amar aos outros como a si mesma.

Mas adivinhe? Há estranhos à sua volta por uma razão. E você nunca saberá qual é essa razão se não tirar os olhos do chão e observá-los, mas não só observá-los, mas também convidá-los para entrar em sua vida. Como você pode compartilhar o amor de Deus com uma pessoa com quem você tem medo de conversar? Como você pode ajudar quando tem medo de estender a mão? Você não pode fazer amizade com todo mundo, obviamente, mas pode correr o risco de se aproximar de outras meninas que cruzam seu caminho regularmente, como aquela menina que se senta ao seu lado no ônibus, mas nunca olha para você, ou aquela vizinha que você vê quando vai levar o lixo para fora, mas com quem nunca conversa.

Se você quer ser uma ponte entre Deus e um mundo que está agonizando, então precisa se abrir e oferecer bondade e compaixão aos estranhos. Esta não é só uma boa ideia; é uma ordem: "Não deixem de receber bem aqueles que vêm à casa de vocês" (Hebreus 13:2). Esteja disposta a confiar em Deus e saia por aí, mesmo que você esteja totalmente com medo da reação das pessoas. Esta vida não tem a ver com o modo como elas vão responder, mas com o modo como você responde ao chamado que Deus lhe faz em amor. Seja corajosa, Garota de Deus, e você, com certeza, será recompensada!

25 Portanto, tenham cuidado e não re-
cusem ouvir aquele que fala. Aqueles que
recusaram ouvir a pessoa que entregou a
mensagem divina na terra não puderam
escapar. Por isso muito menos escapare-
mos nós se rejeitarmos aquele que lá do
céu nos fala. 26 Naquele tempo a voz de
Deus fez com que a terra estremecesse,
mas agora ele prometeu isto: "Mais uma
vez farei com que trema não somente a
terra, mas também o céu." 27 As palavras
"mais uma vez" mostram bem que as coi-
sas criadas serão abaladas e mudadas,
para que as que não podem ser abaladas
continuem como estão.

28 *Por isso sejamos agradecidos*, pois já
recebemos um *Reino que não pode ser
abalado. Sejamos agradecidos e adore-
mos a Deus de um modo que o agrade,
com respeito e *temor. 29 Porque, na ver-
dade, o nosso Deus é um fogo destruidor.

Como agradar a Deus

13 Continuem a amar uns aos outros
como irmãos em Cristo. 2 Não dei-
xem de receber bem aqueles que vêm
à casa de vocês; pois alguns que foram
hospitaleiros receberam anjos, sem sa-
ber. 3 Lembrem dos presos, como se vocês
estivessem na cadeia com eles. Lembrem
dos que sofrem, como se vocês estivessem
sofrendo com eles.

4 Que o casamento seja respeitado por
todos, e que os maridos e as esposas se-
jam fiéis um ao outro. Deus julgará os
imorais e os que cometem adultério.

5 *Não se deixem dominar pelo amor ao
dinheiro e fiquem satisfeitos com o que
vocês têm, pois Deus disse: "Eu nunca os
deixarei e jamais os abandonarei." 6 Por-
tanto, sejamos corajosos e afirmemos:

"O Senhor é quem me ajuda,

e eu não tenho medo.
Que mal pode alguém me fazer?"

7 Lembrem dos seus primeiros líderes espirituais, que anunciaram a mensagem de Deus a vocês. Pensem como eles viveram e morreram e imitem a fé que eles tinham. 8 Jesus Cristo é o mesmo ontem, hoje e sempre. 9 Não se deixem levar por ensinamentos diferentes e estranhos que tiram vocês do caminho certo. É bom sermos espiritualmente fortes por meio da *graça de Deus e não por meio da obediência a regras sobre alimentos. Pois os que obedecem a essas regras não têm sido ajudados por elas.

10 Os sacerdotes que servem no Templo não têm o direito de comer do *sacrifício que é oferecido sobre o nosso altar. 11 O *Grande Sacerdote leva o sangue de animais para dentro do *Lugar Santíssimo a fim de oferecê-lo como sacrifício pelos pecados. Mas os corpos dos animais são queimados fora do acampamento. 12 Por isso Jesus também morreu fora da cidade de Jerusalém para, com o seu próprio sangue, *purificar o povo dos seus pecados. 13 Portanto, vamos para perto de Jesus, fora do acampamento, e soframos a mesma desonra que ele sofreu. 14 Porque neste mundo não temos nenhuma cidade que dure para sempre; pelo contrário, procuramos a cidade que virá depois. 15 Por isso, por meio de Jesus Cristo, ofereçamos sempre louvor a Deus. Esse louvor é o sacrifício que apresentamos, a oferta que é dada por lábios que confessam a sua fé nele. 16 Não deixem de fazer o bem e de ajudar uns aos outros, pois são esses os sacrifícios que agradam a Deus.

17 Obedeçam aos seus líderes e sigam as suas ordens, pois eles cuidam sempre das necessidades espirituais de vocês porque sabem que vão prestar contas disso a Deus. Se vocês obedecerem, eles farão o trabalho com alegria; mas, se vocês não obedecerem, eles trabalharão com tristeza, e isso não ajudará vocês em nada.

18 Continuem a orar por nós. Temos certeza de que a nossa consciência está limpa, pois sempre queremos fazer o que é correto. 19 E peço a vocês, de modo todo especial, que orem para que Deus me mande de volta a vocês o mais depressa possível.

Uma oração

20-21 Deus ressuscitou o nosso Senhor Jesus, que, por causa da sua morte na cruz, é o Grande Pastor do rebanho. E é por meio do sangue de Jesus que a *aliança eterna é *selada. Que o Deus de paz lhes dê tudo de bom que vocês precisam para fazer a sua vontade. E que ele, por meio de Jesus Cristo, faça em nós tudo o que lhe agrada. E a Cristo seja dada a *glória para todo o sempre! *Amém!

Saudações

22 Meus irmãos, peço que escutem com paciência essas palavras de ânimo, pois esta carta que escrevi não é muito longa. 23 Quero que saibam que o nosso irmão Timóteo já saiu da cadeia. Se ele vier logo, eu o levarei comigo quando for ver vocês.

24 Saudações a todos os líderes da igreja daí e a todo o povo de Deus. Os irmãos da Itália também mandam saudações a vocês.

Bênção

25 Que a *graça de Deus esteja com todos vocês!

Tiago

Mostre suas boas obras

Assim, vocês veem que a pessoa é aceita por Deus por meio das suas ações e não somente pela fé.
Tiago 2:24

Autor ♥ Tiago, meio-irmão de Jesus
Data ♥ Possivelmente em 46, embora alguns considerem mais tarde
Local ♥ Desconhecido
Público-alvo ♥ Os judeus cristãos espalhados pelo mundo

Ao contrário da crença popular, Jesus não era metade humano e metade divino; ele era totalmente humano e totalmente divino. Ele era igual a Deus, mas "não tentou ficar igual a Deus", mas, como humano, "abriu mão de tudo o que era seu e tomou a natureza de servo" (Filipenses 2:6-7). Ao olhar para a vida de Jesus e os mandamentos das Escrituras, você não pode usar sua humanidade como desculpa para não ser correta. Jesus nunca usou a divindade dele para superar as partes difíceis da vida. Ele não venceu a tentação no deserto nem desceu da cruz por virtude de sua natureza divina. Quando as provações humanas surgiram no caminho dele, Jesus sobreviveu a elas como ser humano, para que você não tivesse só um Deus compreensivo, mas também um exemplo perfeito de santidade na terra, com estilo humano.

Ponto essencial
A principal lição encontrada em Tiago é sobre fé *versus* obras. Tiago ensina como a fé se revela por meio de obras. Este é um livro muito prático para a vida cristã, apresentando todos os tipos de instrução essencial para ajudá-la a atravessar a vida como uma Garota de Deus.

A boa notícia para você é esta: a vida de Jesus prova que você *pode* fazer isso também. Você *pode* vencer a tentação; você *pode* amar a Deus, aconteça o que acontecer; você *pode* resistir ao diabo — pois, se Jesus pôde fazer isso, você também pode.

Um tema recorrente em Tiago é que "a fé sem ações não vale nada" (Tiago 2:20). Agora, isso não contradiz o fato de que sua fé a salvou, mas contradiz a ideia de que tudo o que você precisa é ser salva. Não! A questão não é só crer. Como diz Tiago: "Você crê que há somente um Deus? Ótimo! Os demônios também creem e tremem de medo. Seu tolo! Vou provar-lhe que a fé sem ações não vale nada" (Tiago 2:19-20). Ai! Tiago é bem firme aqui quando diz que a fé é apenas o primeiro passo, e, depois disso, é preciso que haja resultados, e isso é algo que você faz. Ao ler Tiago, procure todas as formas pelas quais a fé é despertada em um cristão.

Coisas para procurar

- A sabedoria resumida nos títulos das seções deste livro
- Ensinamento sobre quando você é provada (veja Tiago 1:2-15; 5:7-11)
- Conselho sobre o dinheiro (veja Tiago 1:9-11; 4:1-3; 5:1-6)
- Instrução sobre como falar com sabedoria (Tiago 1:19-26; 3:1-12; 4:11-16)

Obras: São as coisas que você faz, suas ações, aquelas coisas que as pessoas podem ver. São consideradas boas obras se forem feitas pelo motivo de amar e servir a Deus, ou seja, obediência. Obras más são coisas que as pessoas fazem por desobediência. Você pode reconhecer a fé de uma pessoa pelas obras dela (veja Mateus 5:16; 1Coríntios 3:14; Efésios 2:10; 5:11; 2Timóteo 2:21; 1João 2:4-5).

Termos e versículos que você deve saber

Meus irmãos, sintam-se felizes quando passarem por todo tipo de aflições. Pois vocês sabem que, quando a sua fé vence essas provações, ela produz perseverança. Que essa perseverança seja perfeita a fim de que vocês sejam maduros e corretos, não falhando em nada!
(Tiago 1:2-4)

Mas as pessoas são tentadas quando são atraídas e enganadas pelos seus próprios maus desejos. Então esses desejos fazem com que o pecado nasça, e o pecado, quando já está maduro, produz a morte.
(Tiago 1:14-15)

Cada um esteja pronto para ouvir, mas demore para falar e ficar com raiva.
(Tiago 1:19)

Você crê que há somente um Deus? Ótimo! Os demônios também creem e tremem de medo. Seu tolo! Vou provar-lhe que a fé sem ações não vale nada.
(Tiago 2:19-20)

[Vocês] não conseguem o que querem porque não pedem a Deus.
(Tiago 4:2)

Portanto, confessem os seus pecados uns aos outros e façam oração uns pelos outros, para que vocês sejam curados.
(Tiago 5:16)

Saudação

1 Eu, Tiago, *servo de Deus e do Senhor
Jesus Cristo, envio saudações a todo
o povo de Deus espalhado pelo mundo
inteiro.

Fé e sabedoria

2 Meus irmãos, sintam-se felizes quando
passarem por todo tipo de aflições. 3 Pois
vocês sabem que, quando a sua fé vence
essas provações, ela produz perseveran-
ça. 4 Que essa perseverança seja perfei-
ta a fim de que vocês sejam maduros e
corretos, não falhando em nada! 5 Mas,
se alguém tem falta de sabedoria, peça a
Deus, e ele a dará porque é generoso e dá
com bondade a todos. 6 Porém peçam com
fé e não duvidem de modo nenhum, pois
quem duvida é como as ondas do mar,
que o vento leva de um lado para o outro.
7 Quem é assim não pense que vai receber
alguma coisa do Senhor, 8 pois não tem
firmeza e nunca sabe o que deve fazer.

Pobreza e riqueza

9 O irmão que é pobre deve ficar con-
tente quando Deus faz com que melho-
re de vida; 10 e quem é rico deve sentir o
mesmo quando Deus faz com que piore
de vida. Pois quem é rico desaparecerá
como a flor da erva do campo. 11 Quan-
do o sol brilha forte, e o seu calor quei-
ma a planta, aí a flor cai, e a sua beleza é
destruída. Do mesmo modo, quem é rico
será destruído no meio dos seus negócios.

Provas e tentações

12 Feliz é aquele que nas aflições conti-
nua fiel! Porque, depois de sair aprovado
dessas aflições, receberá como prêmio a
vida que Deus promete aos que o amam.
13 Quando alguém for tentado, não diga:
"Esta tentação vem de Deus." Pois Deus
não pode ser tentado pelo mal e ele mes-
mo não tenta ninguém. 14 Mas as pessoas
são tentadas quando são atraídas e enga-
nadas pelos seus próprios maus desejos.
15 Então esses desejos fazem com que o
pecado nasça, e o pecado, quando já está
maduro, produz a morte.
16 Não se enganem, meus queridos ir-
mãos. 17 Tudo de bom que recebemos e
tudo o que é perfeito *vêm do céu*, vêm
*de Deus, o Cria*dor das luzes do céu. Ele
não muda, nem varia de posição, o que
causaria a escuridão. 18 Pela sua própria
vontade ele fez com que nós nascêsse-
mos, por meio da palavra da verdade, a
fim de ocuparmos o primeiro lugar entre
todas as suas criaturas.

Pergunte a si mesma...

Seu objetivo é a felicidade? Quem não quer ser feliz? A felicidade é algo bom; é o oposto da tristeza, e ela atrai as pessoas a você e prova que sua fé é inabalável. Mas a felicidade não é a primeira preocupação de Deus para sua vida. Às vezes, a felicidade pode se tornar um ídolo: "Eu não posso viver sem felicidade", dizemos. Até que ponto a felicidade é importante para você? Pergunte a si mesma:

Eu preferiria ser feliz ou ser santa?
Sou feliz quando sou provada (veja Tiago 1:2)?
Que tipos de pecados tenho cometido para encontrar a felicidade?
"Porque isso me deixará feliz" é sempre uma desculpa para o pecado?
O que Deus tem a dizer sobre a felicidade?
O que ele tem a dizer sobre a persistência e o sofrimento?
Por que a felicidade é como uma obsessão?

Ouvir e fazer

19 Lembrem disto, meus queridos ir-
mãos: cada um esteja pronto para ouvir,
mas demore para falar e ficar com rai-
va. 20 Porque a raiva humana não produz
o que Deus aprova. 21 Portanto, deixem
todo costume imoral e toda má conduta.
Aceitem com humildade a mensagem que
Deus planta no coração de vocês, a qual
pode salvá-los.
22 Não se enganem; não sejam apenas
ouvintes dessa mensagem, mas a po-
nham em prática. 23 Porque aquele que
ouve a mensagem e não a põe em prática
é como uma pessoa que olha no espelho
e *vê como é.* 24 Dá uma boa olhada, depois
vai embora e logo esquece a sua aparên-
cia. 25 O *evangelho é a *lei perfeita que dá
liberdade às pessoas. Se alguém examina
bem essa lei e não a esquece, mas a põe
em prática, Deus vai abençoar tudo o que
essa pessoa fizer.

DEVOCIONAL

Texto para leitura: **Tiago 2:12-13**

Conheça a Deus

Como a lei pode libertá-la? Você já se fez esta pergunta? Quero dizer, a "lei" parece algo que a detém. É a famosa frase do mundo espiritual: "Não toque nisso" ou "Eu disse não". Se tudo o que você faz é ler a lei, mas não o que ela diz, é exatamente isso que ela é: um monte de deveres e proibições. Mas algo engraçado acontece quando você realmente faz o que a Palavra de Deus diz e evita o que Deus lhe diz para não fazer: você se liberta.

Você tem todas essas coisas em sua vida as quais você permitiu que a controlassem sem mesmo perceber, e todas essas coisas são, na verdade, pecados, pois deixar que elas a controlem contradiz a Palavra de Deus. Fazer o que você quiser, ceder às suas paixões e se abrir para uma mudança pode parecer liberdade, mas dê uma olhada em seu coração. Essa coisa que a faz tirar os olhos de Deus realmente lhe dá a recompensa que promete? Ou ela, no final, a leva ao medo, à depressão, à preocupação, à solidão ou à raiva?

Quando você desobedece, olhando para a Palavra de Deus e depois decidindo fazer o que ela diz que não vale a pena, você perde a oportunidade de se libertar de tudo o que a machuca. Todas as coisas ruins em sua vida são resultado do pecado. Se você quisesse se recusar a pecar e optasse por obedecer à Palavra de Deus, você veria que tem tudo o que sempre quis. A liberdade seria sua, porque a Palavra de Deus a liberta da escravidão de necessidades não supridas, da preocupação e do medo. Ela abre seu coração e sua mente e a liberta daquilo que sua natureza corrupta deseja. Então, seja o que for que você fizer, lembre-se de que você será livre pela lei, se optar por segui-la.

26 Alguém está pensando que é religio-
so? Se não souber controlar a língua, a
sua religião não vale nada, e ele está en-
ganando a si mesmo. 27 Para Deus, o Pai, a
religião pura e verdadeira é esta: ajudar
os órfãos e as viúvas nas suas aflições e
não se manchar com as coisas más des-
te mundo.

Tratamento igual para todos

2 Meus irmãos, vocês que creem no nos-
so *glorioso Senhor Jesus Cristo, nunca
tratem as pessoas de modo diferente por
causa da aparência delas. 2 Por exemplo,
entra na reunião de vocês um homem com
anéis de ouro e bem vestido, e entra tam-
bém outro, pobre e vestindo roupas ve-
lhas. 3 Digamos que vocês tratam melhor
o que está bem vestido e dizem: "Este é o
melhor lugar; sente-se aqui", mas dizem
ao pobre: "Fique de pé" ou "Sente-se aí no
chão, perto dos meus pés." 4 Nesse caso vo-
cês estão fazendo diferença entre vocês
mesmos e estão se baseando em maus
motivos para julgar o valor dos outros.
5 Escutem, meus queridos irmãos! Deus
escolheu os pobres deste mundo para se-
rem ricos na fé e para possuírem o *Reino
que ele prometeu aos que o amam. 6 No
entanto, vocês desprezam os pobres. Por
acaso, não são os ricos que exploram vo-
cês e os arrastam para serem julgados
nos tribunais? 7 São eles que falam mal
do bom nome que Deus deu a vocês.
8 Se vocês obedecerem à *lei do Reino,
estarão fazendo o que devem, pois nas
*Escrituras Sagradas está escrito: "Ame
os outros como você ama a você mesmo."
9 Mas, se vocês tratam as pessoas pela
aparência, estão pecando, e a lei os conde-
na como culpados. 10 Porque quem quebra
um só mandamento da lei é culpado de
quebrar todos. 11 Pois o mesmo que dis-
se: "Não cometa adultério" também disse:
"Não mate". Mesmo que você não cometa
adultério, será culpado de quebrar a lei

Uma oração sobre...

A corrupção do coração

Ó Deus, que teu Espírito fale em mim para que eu possa falar contigo. Não tenho valor algum, a não ser o valor de Jesus em mim. Eu sou indigna, mas confio em tua afável misericórdia. Sou cheia de fraquezas, vontades, pecados; tu és cheio de graça.

Confesso meu pecado — tão frequente e voluntário. Todas as forças do corpo e da alma estão destruídas; um rio poluído corre por minha natureza. Há cômodos de imagens horríveis em minha alma; passo de um cômodo repulsivo para outro, ando na terra de ninguém de imaginações perigosas, me envolvo nos segredos de minha natureza caída.

Estou completamente envergonhada de ser o que sou em mim mesma; não tenho em mim brotos nem frutos, mas só espinhos e cardos; sou uma folha murcha que o vento leva embora; vivo nua e estéril como uma árvore no inverno, infrutífera, boa para ser cortada e queimada. Senhor, sei que terás misericórdia de mim.

Tu acertaste em cheio em meu orgulho, no falso deus de mim mesma, e eu me coloco em pedaços diante de ti. Mas tu me deste teu Filho, Jesus, como Mestre e Senhor, e agora meu coração está voltado para a santidade; minha vida corre como um cavalo de corrida rumo à vitória em total obediência a ti. Ajuda-me em tudo o que faço para acabar com o pecado e humilhar o orgulho. Livra-me do amor do mundo e do orgulho da vida, de tudo o que é natural para o homem caído, e deixa que a natureza de Cristo seja vista em mim todos os dias. Dá-me graça para cumprir tua vontade sem ressentimento e para ter o prazer de ser não só cinzelada, esculpida e quebrada, mas separada da velha pedra onde estive entalhada por tanto tempo e levada da pedreira para o alto, onde posso ser *edificada em Cristo para sempre.*

Amém.

se matar. 12 Falem e vivam como pessoas
que serão julgadas pela lei que nos dá a
liberdade. 13 Quando Deus julgar, não terá
misericórdia das pessoas que não tiveram
misericórdia dos outros. Mas as pessoas
que tiveram misericórdia dos outros não
serão condenadas no Dia do Juízo Final.

Fé e ação

14 Meus irmãos, que adianta alguém di-
zer que tem fé se ela não vier acompa-
nhada de ações? Será que essa fé pode
salvá-lo? 15 Por exemplo, pode haver ir-
mãos ou irmãs que precisam de roupa e
que não têm nada para comer. 16 Se vocês
não lhes dão o que eles precisam para vi-
ver, não adianta nada dizer: "Que Deus
os abençoe! Vistam agasalhos e comam
bem." 17 Portanto, a fé é assim: se não vier
acompanhada de ações, é coisa morta.
18 Mas alguém poderá dizer: "Você tem
fé, e eu tenho ações." E eu respondo: "En-
tão me mostre como é possível ter fé sem
que ela seja acompanhada de ações. Eu
vou lhe mostrar a minha fé por meio das
minhas ações." 19 Você crê que há somente
um Deus? Ótimo! Os demônios também
creem e tremem de medo. 20 Seu tolo! Vou
provar-lhe que a fé sem ações não vale
nada. 21 Como é que o nosso antepassa-
do Abraão foi aceito por Deus? Foi pelo
que fez quando ofereceu o seu filho Isa-
que sobre o altar. 22 Veja como a sua fé e
as suas ações agiram juntas. Por meio das
suas ações, a sua fé se tornou completa.
23 Assim aconteceu o que as *Escrituras
Sagradas dizem: "Abraão creu em Deus,
e por isso Deus o aceitou." E Abraão foi
chamado de "amigo de Deus". 24 Assim, vo-
cês veem que a pessoa é aceita por Deus
por meio das suas ações e não somen-
te pela fé.
25 Foi o que aconteceu com a prostituta
Raabe, quando hospedou os espiões is-
raelitas e os ajudou a sair da cidade por
outro caminho. Deus a aceitou pelo que
ela fez.
26 Portanto, assim como o corpo sem o
espírito está morto, assim também a fé
sem ações está morta.

Dominar a língua

3 Meus irmãos, somente poucos de vocês
deveriam se tornar mestres na Igre-
ja, pois vocês sabem que nós, os que en-
sinamos, seremos julgados com mais ri-
gor do que os outros. 2 Todos nós sempre

cometemos erros. Quem não comete ne-
nhum erro no que diz é uma pessoa ma-
dura, capaz de controlar todo o seu cor-
po. 3 Até na boca dos cavalos colocamos
um freio para que nos obedeçam e assim
fazemos com que vão aonde queremos.
4 Pensem no navio: grande como é, em-
purrado por ventos fortes, ele é guiado
por um pequeno leme e vai aonde o pi-
loto quer. 5 É isto o que acontece com a
língua: mesmo pequena, ela se gaba de
grandes coisas.

Vejam como uma grande floresta pode
ser incendiada por uma pequena chama!
6 A língua é um fogo. Ela é um mundo de
maldade, ocupa o seu lugar no nosso cor-
po e espalha o mal em todo o nosso ser.
Com o fogo que vem do próprio inferno,
ela põe toda a nossa vida em chamas. 7 O
ser humano é capaz de dominar todas as
criaturas e tem dominado os animais sel-
vagens, os pássaros, os animais que se ar-
rastam pelo chão e os peixes. 8 Mas nin-
guém ainda foi capaz de dominar a lín-
gua. Ela é má, cheia de veneno mortal,
e ninguém a pode controlar. 9 Usamos a
língua tanto para agradecer ao Senhor
e Pai como para amaldiçoar as pessoas,
que foram criadas parecidas com Deus.
10 Da mesma boca saem palavras tanto de
agradecimento como de maldição. Meus
irmãos, isso não deve ser assim. 11 Por
acaso pode a mesma fonte jorrar água
doce e água amarga? 12 Meus irmãos, por
acaso pode uma figueira dar azeitonas ou
um pé de uva dar figos? Assim, também,
uma fonte de água salgada não pode dar
água doce.

A verdadeira sabedoria

13 Existe entre vocês alguém que seja
sábio e inteligente? Pois então que prove
isso pelo seu bom comportamento e pelas
suas ações, praticadas com humildade e
sabedoria. 14 Mas, se no coração de vocês
existe inveja, amargura e egoísmo, então
não mintam contra a verdade, gabando-se
de serem sábios. 15 Essa espécie de sabe-
doria não vem do céu; ela é deste mundo,
é da nossa natureza humana e é diabólica.
16 Pois, onde há inveja e egoísmo, há tam-
bém confusão e todo tipo de coisas más.
17 A sabedoria que vem do céu é antes de
tudo pura; e é também pacífica, bondo-
sa e amigável. Ela é cheia de misericór-
dia, produz uma colheita de boas ações,
não trata os outros pela sua aparência e
é livre de fingimento. 18 Pois a bondade é
a colheita produzida pelas sementes que
foram plantadas pelos que trabalham em
favor da paz.

Amizade com o mundo

4 De onde vêm as lutas e as brigas entre
vocês? Elas vêm dos maus desejos que
estão sempre lutando dentro de vocês.
2 Vocês querem muitas coisas; mas, como
não podem tê-las, estão prontos até para
matar a fim de consegui-las. Vocês as de-
sejam ardentemente; mas, como não con-
seguem possuí-las, brigam e lutam. Não
conseguem o que querem porque não pe-
dem a Deus. 3 E, quando pedem, não re-
cebem porque os seus motivos são maus.
Vocês pedem coisas a fim de usá-las para
os seus próprios prazeres. 4 Gente infiel!
Será que vocês não sabem que ser amigo
do mundo é ser inimigo de Deus? Quem
quiser ser amigo do mundo se torna ini-
migo de Deus. 5 Não pensem que não quer
dizer nada esta passagem das *Escrituras
Sagradas: "O espírito que Deus pôs em nós
está cheio de desejos violentos." 6 Porém
a bondade que Deus mostra é ainda mais
forte, pois as Escrituras Sagradas dizem:
"Deus é contra os orgulhosos, mas é bon-
doso com os humildes."

7 Portanto, obedeçam a Deus e enfren-
tem o Diabo, que ele fugirá de vocês.
8 Cheguem perto de Deus, e ele chegará
perto de vocês. Lavem as mãos, pecado-
res! Limpem o coração, hipócritas! 9 Fi-
quem tristes, gritem e chorem. Mudem as
suas risadas em choro e a sua alegria em
tristeza. 10 Humilhem-se diante do Senhor,
e ele os colocará numa posição de honra.

Pergunte a si mesma...

Leia Tiago 4:1-7 e pergunte a si mesma:

Eu já briguei com uma pessoa porque foi "ela que começou"?
As brigas vão contra a lei de Deus?
Por que Tiago diz que nós lutamos?
Isso se aplica às brigas que tive?
Minhas orações foram feitas por motivos santos ou egoístas?
Como Deus gostaria que eu orasse por meu inimigo?

DEVOCIONAL

Texto para leitura: **Tiago 4:7-10**

Conheça a si mesma

Quando você estiver no meio de uma fase sombria, não tenha pressa de sair. Não grite para ter direção nem a ajuda de alguém. Apenas ouça. O que Deus está tentando lhe ensinar? Se olhar para outro lugar, você só abafará a voz de Deus com suas queixas. Os tempos sombrios são momentos para ouvir, não para lamentar e se queixar. Se você estiver disposta a deixar de procurar uma resposta rápida, e estiver pronta para esperar a resposta de Deus, e somente essa resposta, então você encontrará a verdade e a esperança. E no final de suas trevas, você encontrará duas coisas: felicidade e humildade.

Uma vez que você realmente ouvir Deus, terá vontade de dizer: "Eu sou uma idiota! Ele estava falando esse tempo todo, e eu não ouvi!". Você verá sua natureza de pecado e ficará constrangida por isso. Essa é a parte da humildade, e ela amolecerá seu coração e irá deixá-lo preparado para a semente da verdade de Deus. Então, você estará pronta para receber a paz e a esperança que lhe foram prometidas. Assim, sua perspectiva deixará de ser de tristeza para ser expectativa, e seu foco não estará mais em si mesma, mas em seu Deus poderoso — e que visão maravilhosa!

A humildade liberta-a de sua escravidão emocional. Ela a traz de volta a uma avaliação correta de quem você é e de quem é Cristo em sua vida. É estranho, mas é verdade: quando você realmente deixa de lutar por si mesma e por seus direitos, é aí que você recebe tudo aquilo de que precisa. O que você acha que pode levantá-la mais: seu próprio esforço ou a mão de Deus? Deus promete levantá-la!

O hábito de julgar os outros

11 Meus irmãos, não falem mal uns dos
outros. Quem fala mal do seu irmão em
Cristo ou o julga está falando mal da *lei
e julgando-a. Pois, se você julga a lei, en-
tão já não é uma pessoa que obedece à
lei, mas é alguém que a julga. 12 Deus é o
único que faz as leis e o único juiz. Só ele
pode salvar ou destruir. Quem você pen-
sa que é, para julgar os outros?

O futuro a Deus pertence

13 Agora escutem, vocês que dizem:
"Hoje ou amanhã iremos a tal cidade e ali
ficaremos um ano fazendo negócios e ga-
nhando muito dinheiro!" 14 Vocês não sa-
bem como será a sua vida amanhã, pois vo-
cês são como uma neblina passageira, que
aparece por algum tempo e logo depois
desaparece. 15 O que vocês deveriam dizer
é isto: "Se Deus quiser, estaremos vivos e
faremos isto ou aquilo." 16 Porém vocês são
orgulhosos e vivem se gabando. Todo esse
orgulho é mau. 17 Portanto, comete pecado
a pessoa que sabe fazer o bem e não faz.

Aviso aos ricos

5 Agora, ricos, escutem! Chorem e gritem
pelas desgraças que vocês vão sofrer!
2 As suas riquezas estão podres, e as suas
roupas finas estão comidas pelas traças.
3 O seu ouro e a sua prata estão cobertos
de ferrugem, e essa ferrugem será teste-
munha contra vocês e, como fogo, comerá
o corpo de vocês. Nestes últimos tempos
vocês têm amontoado riquezas 4 e não têm
pago os salários das pessoas que traba-
lham nos seus campos. Escutem as suas
reclamações! Os gritos dos que trabalham
nas colheitas têm chegado até os ouvidos
de Deus, o Senhor Todo-Poderoso. 5 Vocês
têm tido uma vida de luxo e prazeres aqui
na terra e estão gordos como gado pronto
para o matadouro. 6 Vocês têm condenado
e matado os inocentes, e eles não podem
fazer nada contra vocês.

Vários conselhos

7 Por isso, irmãos, tenham paciência
até que o Senhor venha. Vejam como o
lavrador espera com paciência que a sua

terra dê colheitas preciosas. Ele espera
pacientemente pelas chuvas do outono e
da primavera. 8 Vocês também precisam
ter paciência. Não desanimem, pois o Se-
nhor virá logo.

9 Irmãos, não se queixem uns dos ou-
tros para não serem julgados por Deus.
O Juiz está perto, pronto para vir. 10 Lem-
brem dos *profetas que falaram em nome
do Senhor e os tomem como exemplo de
paciência nos momentos de sofrimento.
11 E nós achamos que eles foram felizes
por terem suportado o sofrimento com
paciência. Vocês têm ouvido a respeito
da paciência de Jó e sabem como no fi-
nal Deus o abençoou. Porque o Senhor é
cheio de bondade e de misericórdia.

12 Acima de tudo, meus irmãos, quan-
do vocês prometerem alguma coisa, não
jurem pelo céu, nem pela terra, nem por
nada mais. Digam somente "sim", quando
for sim, e "não", quando for não, para que
Deus não os condene.

13 Se algum de vocês está sofrendo, ore.
Se alguém está contente, cante hinos de
agradecimento. 14 Se algum de vocês es-
tiver doente, que chame os *presbíteros
da igreja, para que façam oração e po-
nham azeite na cabeça dessa pessoa em
nome do Senhor. 15 Essa oração, feita com
fé, salvará a pessoa doente. O Senhor lhe
dará saúde e perdoará os pecados que
tiver cometido. 16 Portanto, confessem
os seus pecados uns aos outros e façam
oração uns pelos outros, para que vocês
sejam curados. A oração de uma pessoa
obediente a Deus tem muito poder. 17 O
profeta Elias era um ser humano como
nós. Ele orou com fervor para que não
chovesse, e durante três anos e meio não
choveu sobre a terra. 18 Depois orou ou-
tra vez, e então choveu, e a terra deu a
sua colheita.

19 Meus irmãos, se algum de vocês se
desviar da verdade, e outro o fizer vol-
tar para o bom caminho, 20 lembrem dis-
to: quem fizer um pecador voltar do seu
mau caminho salvará da morte esse pe-
cador e fará com que muitos pecados se-
jam perdoados.

1Pedro

Sofra com um propósito

Pois foi para isso que ele os chamou. O próprio Cristo sofreu por vocês e deixou o exemplo, para que sigam os seus passos. Ele não cometeu nenhum pecado, e nunca disse uma só mentira. Quando foi insultado, não respondeu com insultos. Quando sofreu, não ameaçou, mas pôs a sua esperança em Deus, o justo Juiz.
1Pedro 2:21-23

Autor ♥ O apóstolo Pedro
Data ♥ Por volta de 64
Local ♥ Provavelmente em Roma
Público-alvo ♥ Os cristãos na Ásia menor

O apóstolo Pedro sabia o que era sofrer nas mãos de pessoas desprezíveis, mas também sabia que Deus estava no controle de tudo. Assim, ele escreveu para dizer às pessoas que o sofrimento, por mais que doa, tem um propósito muito maior. Ele também queria que elas soubessem que o pecado dos outros nunca era desculpa para o pecado delas, mas sim uma oportunidade para provarem quem eram, tanto para aqueles que as estavam observando como para o próprio Deus.

O sofrimento pode parecer impossível de suportar, mas, no final das contas, é apenas temporário. E quando você passa por ele com a fé de que Deus irá usá-lo para o bem, você aprende mais do que poderia aprender nos momentos bons. Não tenha medo do sofrimento, Garota de Deus, mas saiba que é muito melhor sofrer por fazer o bem do que por fazer o mal (veja 1Pedro 3:17).

Ponto essencial
Os cristãos desta igreja primitiva rapidamente descobriram que viver para Deus nem sempre era fácil. Pedro ajudou-os a entender por que o sofrimento acontece e como os cristãos devem lidar com ele. Por fim, ele queria que todos os seus leitores soubessem que, no final, Deus julgaria a todos de forma justa, por isso deixar os pecados dos outros para Deus é sempre uma forma de fé.

Pedro também quer que seus leitores entendam o tema difícil da submissão. Ele chega a dizer que, mesmo que você não goste das pessoas que têm autoridade sobre você, você é ordenada a obedecer a elas. É outra maneira de mostrar fé para aqueles que estão observando e de provar que fazer o que Deus ordena é sempre a escolha certa, por mais louca que ela possa parecer. Revoltar-se nunca é uma opção para o cristão, porque isso só serve para atrapalhar algo que se chama longanimidade, ou paciência, que é suportar, sem revidar, as coisas que as pessoas desprezíveis fazem.

Pense na vida de Cristo: ele sofreu de forma inacreditável no dia em que foi pendurado naquela cruz, mas nunca revidou nem resistiu. Ele nunca defendeu sua posição, mas fez o que agora pede que façamos: que enfrentemos as dificuldades com fé, sabendo que podemos confiar em Deus. Você precisa se lembrar de que o sofrimento dura só um tempo e depois vem a recompensa. E que recompensa será! Você não tem nada a temer, porque ninguém pode prejudicar sua alma ou levá-la para longe do Pai. Apenas confie nisso e obedeça à Palavra de Deus, não importa o que o mundo lance contra você, e você terá a certeza de que vencerá.

Coisas para procurar

- Como Jesus sofreu para salvá-la (veja 1Pedro 1:19; 2:21-24; 3:18-22)
- O que fazer quando as pessoas forem más com você (veja 1Pedro 1:13-16,22; e muitas outras)

Termos e versículos que você deve saber

Boas-novas: Referem-se à mensagem do poder salvador de Cristo. Também podem ser chamadas de *evangelho*.

Nascer de novo: Submeter-se a uma renovação espiritual que a torna nova criatura com base em sua fé na morte vivificante e ressurreição de Jesus e em sua aceitação delas (veja João 3:3,7; 1Pedro 1:23).

Pedra principal: A pedra angular de uma fundação; o lugar onde duas paredes de um edifício se encontram. Ela alinha todo o prédio e ajuda a mantê-lo em pé.

Santo: Termo usado para expressar perfeição moral e uma parte essencial da natureza de Deus. Também descreve alguém ou algo que é santificado e separado para o serviço divino.

Vocês foram escolhidos de acordo com o propósito de Deus, o Pai. E pelo Espírito de Deus vocês foram feitos um povo dedicado a ele a fim de obedecerem a Jesus Cristo e ficarem purificados pelo seu sangue.

(1Pedro 1:2)

Por causa do Senhor, sejam obedientes a toda autoridade humana: ao Imperador, que é a mais alta autoridade.

(1Pedro 2:13)

Sejam obedientes a Deus e não deixem que a vida de vocês seja dominada por aqueles desejos que vocês tinham quando ainda eram ignorantes. Pelo contrário, sejam santos em tudo o que fizerem, assim como Deus, que os chamou, é santo. Porque as Escrituras Sagradas dizem: "Sejam santos porque eu sou santo".

(1Pedro 1:14-16)

Estejam alertas e fiquem vigiando porque o inimigo de vocês, o Diabo, anda por aí como um leão que ruge, procurando alguém para devorar.

(1Pedro 5:8)

Saudação

1 Eu, Pedro, *apóstolo de Jesus Cristo, es-
crevo esta carta ao povo de Deus que
vive espalhado nas *províncias do Ponto,
Galácia, Capadócia, Ásia e Bitínia. 2 Vocês
foram escolhidos de acordo com o pro-
pósito de Deus, o Pai. E pelo Espírito de
Deus vocês foram feitos um povo dedicado
a ele a fim de obedecerem a Jesus Cristo
e ficarem *purificados pelo seu sangue.

Que vocês tenham, mais e mais, a *gra-
ça e a paz de Deus!

Esperança no meio das provações

3 Louvemos ao Deus e Pai do nosso Se-
nhor Jesus Cristo! Por causa da sua gran-
de misericórdia, ele nos deu uma nova
vida pela ressurreição de Jesus Cris-
to. Por isso o nosso coração está cheio
de uma esperança viva. 4 Assim espera-
mos possuir as ricas bênçãos que Deus
guarda para o seu povo. Ele as guarda no
céu, onde elas não perdem o valor e não
podem se estragar, nem ser destruídas.
5 Essas bênçãos são para vocês que, por
meio da fé, são guardados pelo poder de
Deus para a salvação que está pronta para
ser revelada no fim dos tempos.

6 Alegrem-se por isso, se bem que ago-
ra é possível que vocês fiquem tristes por
algum tempo, por causa dos muitos tipos
de provações que vocês estão sofrendo.
7 Essas provações são para mostrar que a
fé que vocês têm é verdadeira. Pois até o
ouro, que pode ser destruído, é provado
pelo fogo. Da mesma maneira, a fé que
vocês têm, que vale muito mais do que o
ouro, precisa ser provada para que conti-
nue firme. E assim vocês receberão apro-
vação, *glória e honra, no dia em que Jesus
Cristo for revelado. 8 Vocês o amam, mes-
mo sem o terem visto, e creem nele, mes-
mo que não o estejam vendo agora. As-
sim vocês se alegram com uma alegria tão
grande e *gloriosa, que as palavras não
podem descrever. 9 Vocês têm essa alegria

DEVOCIONAL

Texto para leitura: **1Pedro 1:2**

Saiba como se comunicar

Deus escolheu você. Ele escolheu você! Dá para acreditar nisso? Você não apenas apareceu à porta de Deus, toda molhada e com mau cheiro; ele a escolheu e a fez dele. Mas por quê? Para que Deus a escolheu? De acordo com 1Pedro 1:2, foi para que você fosse santa. Muitos jovens querem um propósito na vida. Eles querem saber por que foram criados. Mas você não precisa mais pedir a resposta, porque ela está aqui, escrita neste livro: você foi escolhida "a fim de [obedecer] a Jesus Cristo" (1Pedro 1:2).

Você foi criada para ser santa. Nossa! Eu aposto que você não sabia disso. E aí? Você está se sentindo santa hoje? Se não, não tenha medo. Você pode alcançar seu objetivo; na verdade, você irá alcançá-lo. Quando Deus diz que você deve ser santa, ele não está esperando o impossível. Isso seria cruel. Seria como pedir a uma criança de 6 anos para resolver um problema usando o teorema de Pitágoras e depois castigá-la por não ter conseguido. Loucura! Mas Deus não é louco. Ele tem um plano e ele faz parte desse plano.

A primeira carta de Pedro 1:2 diz como você fará isso: "Pelo Espírito de Deus". Tudo o que você tem de fazer é estar disposta a deixar que o Espírito trabalhe em você, ensinando-a e orientando-a. E você começa a fazer isso pelo processo de disciplina espiritual: oração, confissão, arrependimento, estudo e mais oração. A santidade pode ser sua, sua vida pode ser transformada e você pode ser uma nova criação ao confiar sua vida a Deus e se dispor a fazer o que ele diz, *por mais difícil que* possa parecer. Se você estiver *pronta, então peça a Deus* o poder para fazer isso e creia que ele irá ajudá-*la*. É mais fácil do que contar até três.

porque estão recebendo a sua salvação,
que é o resultado da fé que possuem.
10 Foi a respeito dessa salvação que os
*profetas perguntaram e procuraram sa-
ber com muito cuidado. Eles profetiza-
ram a respeito da salvação que Deus ia
dar a vocês 11 e procuraram saber em que
tempo e como essa salvação ia acontecer.
O Espírito de Cristo, que estava neles, in-
dicava esse tempo, ao predizer os sofri-
mentos que Cristo teria de suportar e a
glória que viria depois. 12 Quando os pro-
fetas falaram a respeito das verdades que
vocês têm ouvido agora, Deus revelou a
eles que o trabalho que faziam não era
para o benefício deles, mas para o bem
de vocês. Os mensageiros do *evangelho,
que falaram pelo poder do Espírito San-
to, mandado do céu, anunciaram a vocês
essas verdades. Essas são coisas que até
os anjos gostariam de entender.

Uma vida santa

13 Portanto, estejam prontos para agir.
Continuem alertas e ponham toda a sua
esperança na bênção que será dada a
vocês quando Jesus Cristo for revelado.
14 Sejam obedientes a Deus e não deixem
que a vida de vocês seja dominada por
aqueles desejos que vocês tinham quando
ainda eram ignorantes. 15 Pelo contrário,
sejam santos em tudo o que fizerem, as-
sim como Deus, que os *chamou, é santo.
16 Porque as *Escrituras Sagradas dizem:
"Sejam santos porque eu sou santo."
17 Quando oram a Deus, vocês o cha-
mam de Pai, ele que julga com igualda-
de as pessoas, de acordo com o que cada
uma tem feito. Portanto, durante o resto
da vida de vocês aqui na terra tenham
respeito a ele. 18 Pois vocês sabem o pre-
ço que foi pago para livrá-los da vida inú-
til que herdaram dos seus antepassados.
Esse preço não foi uma coisa que perde
o seu valor como o ouro ou a prata. 19 Vo-
cês foram libertados pelo precioso san-
gue de Cristo, que era como um cordeiro
sem defeito nem mancha. 20 Ele foi esco-
lhido por Deus antes da criação do mun-
do e foi revelado nestes últimos tempos
em benefício de vocês. 21 Por meio dele
vocês creem em Deus, que o ressuscitou
e lhe deu *glória. Assim a fé e a esperança
que vocês têm estão firmadas em Deus.
22 Agora que vocês já se *purificaram
pela obediência à verdade e agora que já
têm um amor sincero pelos irmãos na fé,
amem uns aos outros com todas as for-
ças e com um coração puro. 23 Pois vocês,
pela viva e eterna palavra de Deus, nas-
ceram de novo como filhos de um Pai que
é *imortal e não de pais mortais. 24 Como
dizem as Escrituras Sagradas:

"Todos os seres humanos são como
a erva
do campo,

Uma oração por...

Consagração e adoração

Meu Deus, sinto que é o céu agradar a ti e ser o que tu queres que eu seja. Eu quero ser santa como tu és santo, pura como Cristo é puro, perfeita como teu Espírito é perfeito! Estes são os melhores mandamentos em teu livro, então devo desobedecê-los? Devo quebrá-los? Estarei em um verdadeiro caos enquanto viver aqui nesta terra caída?

Odeio o fato de ser pecadora, de desobedecer-te com tanta frequência. Ó, se me punisses por meus pecados, isso não feriria tanto meu coração quanto te ofender; mas, embora eu peque continuamente, tu sempre usas tua bondade para comigo. Tu és infinito em bondade e graça!

Às vezes, acho que poderia suportar qualquer sofrimento; como eu poderia te honrar, Deus glorioso, se não fizesse isso? O que posso fazer para te glorificar e adorar, tu que és o melhor dos seres? Meu desejo é poder consagrar meu corpo e minha alma ao teu serviço, sem restrição, para sempre! Quero entregar-me a ti para que eu nunca mais viva para mim mesma nem tenha qualquer desejo ou afeição que não esteja perfeitamente de acordo com tua vontade e teu amor! Mas não posso viver sem pecar.

Que os anjos te glorifiquem incessantemente e, se possível, prostrem-se diante do bendito Rei do céu! Eu me junto a eles no louvor incessante, mas, quando eu tiver feito tudo o que posso pela eternidade, não terei oferecido mais do que uma pequena fração do respeito e da honra que tu, Deus glorioso, mereces. Dá-me um coração cheio do amor divino e celestial. Amém.

e a grandeza deles é como a flor da
erva.
A erva seca, e a flor cai,
25 mas a palavra do Senhor
dura para sempre."

Esta é a palavra que o *evangelho trouxe
para vocês.

A pedra viva e a nação dedicada a Deus

2 Portanto, abandonem tudo o que é
mau, toda mentira, fingimento, inve-
ja e críticas injustas. 2 Sejam como crian-
cinhas recém-nascidas, desejando sempre
o puro leite espiritual, para que, bebendo
dele, vocês possam crescer e ser salvos.
3 Pois, como dizem as *Escrituras Sagradas:
"Vocês já descobriram por vocês mesmos
que o Senhor é bom."
4 Cheguem perto dele, a pedra viva que
os seres humanos rejeitaram como inútil,
mas que Deus escolheu como de grande
valor. 5 Vocês, também, como pedras vivas,
deixem que Deus os use na construção de
um templo espiritual onde vocês servi-
rão como sacerdotes dedicados a Deus.
E isso para que, por meio de Jesus Cristo,
ofereçam *sacrifícios que Deus aceite.
6 Pois as Escrituras Sagradas dizem:

"Eu escolhi uma pedra de muito valor,
que agora ponho em *Sião
como a pedra principal do alicerce.
Quem crer nela não ficará desiludido."

7 Essa pedra é de muito valor para vo-
cês, os que creem. Mas, para os que não
creem, "A pedra que os construtores re-
jeitaram veio a ser a mais importante de
todas." 8 E em outra parte as Escrituras
Sagradas dizem:

"Esta é a pedra em que as pessoas
vão tropeçar,
a rocha que vai fazê-las cair."

Essas pessoas tropeçaram porque não
creram na mensagem, de acordo com a
vontade de Deus para elas.
9 Mas vocês são a raça escolhida, os sa-
cerdotes do Rei, a nação completamente
dedicada a Deus, o povo que pertence a
ele. Vocês foram escolhidos para anun-
ciar os atos poderosos de Deus, que os
*chamou da escuridão para a sua mara-
vilhosa luz. 10 Antes, vocês não eram o
povo de Deus, mas agora são o seu povo;
antes, não conheciam a misericórdia
de Deus, mas agora já receberam a sua
misericórdia.

A conduta do cristão

11 Queridos amigos, lembrem que vocês
são estrangeiros de passagem por este
mundo. Peço, portanto, que evitem as pai-
xões carnais que estão sempre em guerra
contra a alma. 12 A conduta de vocês entre
os pagãos deve ser boa, para que, quando
eles os acusarem de criminosos, tenham
de reconhecer que vocês praticam boas
ações, e assim louvem a Deus no dia da
sua vinda.
13 Por causa do Senhor, sejam obedien-
tes a toda autoridade humana: ao Impera-
dor, que é a mais alta autoridade; 14 e aos
governadores, que são escolhidos por ele
para castigar os criminosos e elogiar os
que fazem o bem. 15 Pois Deus quer que
vocês façam o bem para que os ignorantes
e tolos não tenham nada que dizer con-
tra vocês. 16 Vivam como pessoas livres.
Não usem a liberdade para encobrir o
mal, mas vivam como escravos de Deus.
17 Respeitem todas as pessoas, amem os
seus irmãos na fé, *temam a Deus e res-
peitem o Imperador.

Pergunte a si mesma...

As "paixões carnais" (1Pedro 2:11), aquelas coisas que você quer que não são as que Deus quer, irão afastá-la da fé e levá-la ao medo, à preocupação, à tensão, às contendas, ao ciúmes e à luta. Pergunte a si mesma:

O que eu passo a maior parte do tempo desejando ter?
Essas coisas são santas ou mundanas?
O que é mais importante para mim: o que o mundo diz que preciso ou o que Deus diz que preciso?
Quais desejos levam a todas as minhas emoções ruins, como medo, preocupação, tensão e ciúmes?
O que Deus quer para mim nessas áreas? (Veja o índice de Ajuda rápida no final desta Bíblia.)
Que versículos posso memorizar para parar de pensar naquilo de que não preciso?

DEVOCIONAL

Texto para leitura: **1Pedro 2:21-25**

Conheça o amor

Esqueça esse negócio de briga justa — nunca é santo revidar, ponto, fim de papo. Nunca é de Deus discutir com raiva ou ressentimento. A vingança não é para a Garota de Deus. Em se tratando de seus amigos e inimigos, você tem de confiar que Deus julgará a situação com justiça e fará com que todas as coisas cooperem para o que ele sabe ser o melhor, não o que você acha que é melhor. Por pior que seja o meio, por mais difícil que seja o teste, a Garota de Deus que quer imitar a Cristo (veja Efésios 5:1) não retalia, não se vinga nem revida.

O mundo tenta convencer até os cristãos fortes que a batalha deles é contra pessoas de carne e osso e que eles têm de revidar, quando, na verdade, o oposto é verdadeiro. A batalha não é nossa; é do Pai. Quando as pessoas a atacam, caluniam ou derrubam, sua reação natural é querer vingança, mas isso nunca é um ato de obediência. Se Cristo, cuja vida estava sendo atacada e arrancada dele, não achou necessário retaliar nem revidar, então por que nós, que não estamos diante de nada tão terrível assim, pensamos ter uma luta em nossas mãos?

A lição do amor de Deus é a que lhe ensina a morrer para si mesma. Quando seus amigos, sua família ou seus inimigos atacarem, você tem de resistir à vontade de revidar violentamente. Você tem de conhecer a Palavra de Deus e confiar nela, optando por viver de acordo com ela, em vez de negá-la e viver segundo sua própria força e razão. Fique muito feliz quando os outros a atacarem, porque a prova de sua fé desenvolve resistência e maturidade (veja Tiago 1:2-4). Você pode confiar que essas palavras são verdadeiras e que o poder de Deus é suficiente.

Cristo, exemplo para os sofredores

18 Vocês, empregados, sejam obedien-
tes aos seus patrões e os respeitem, não
somente os que são bons e compreensi-
vos, mas também aqueles que os tratam
mal. 19 Se vocês suportarem sofrimentos
injustos, sabendo que esta é a vontade
de Deus, ele abençoará vocês por causa
disso. 20 Pois, se vocês fazem o mal e são
castigados, qual é o merecimento de su-
portarem com paciência o castigo? Mas,
se vocês sofrem por terem feito o bem e
suportam esse sofrimento com paciência,
Deus os abençoará por causa disso, 21 pois
foi para isso que ele os * chamou.

O próprio Cristo sofreu por vocês e dei-
xou o exemplo, para que sigam os seus
passos. 22 Ele não cometeu nenhum peca-
do, e nunca disse uma só mentira. 23 Quan-
do foi insultado, não respondeu com in-
sultos. Quando sofreu, não ameaçou, mas
pôs a sua esperança em Deus, o justo Juiz.
24 O próprio Cristo levou os nossos peca-
dos no seu corpo sobre a cruz a fim de
que morrêssemos para o pecado e vivês-
semos uma vida correta. Por meio dos fe-
rimentos dele vocês foram curados. 25 Vo-
cês eram como ovelhas que haviam perdi-
do o caminho, mas agora foram trazidos
de volta para seguir o Pastor, que cuida
da vida espiritual de vocês.

A vida dos casados

3 Assim também você, esposa, deve obe-
decer ao seu marido a fim de que, se
ele não crê na mensagem de Deus, seja le-
vado a crer pelo modo de você agir. Não
será preciso dizer nada 2 porque ele verá
como a conduta de você é honesta e res-
peitosa. 3 Não procure ficar bonita usando
enfeites, penteados exagerados, joias ou
vestidos caros. 4 Pelo contrário, a beleza de
você deve estar no coração, pois ela não
se perde; ela é a beleza de um espírito cal-
mo e delicado, que tem muito valor para

DEVOCIONAL

Texto para leitura: **1Pedro 3:13-17**

Saiba como se comunicar

Você provavelmente tem pessoas mesquinhas em sua vida, pessoas que a odeiam e querem sua destruição. Isso a surpreende? Você acredita que todos devem adorá-la? Por quê? Você sabia que o mundo odiou Cristo também? Você não deve se surpreender quando as pessoas forem más ou rancorosas com você, especialmente quando for para fazer a coisa certa. Isso deve lhe dar fé na Palavra de Deus, porque ele prometeu que você teria problemas (veja João 16:33).

Não tenha medo daqueles que querem prejudicá-la, e não fique chateada. O pecado é deles, e você não pode torná-lo seu. Mas o que você pode fazer é orar por eles e amá-los. Obedeça aos mandamentos de Deus, especialmente os que estiverem relacionados com aqueles que a odeiam, e você provará ser fiel. De que adianta obedecer nas partes fáceis da vida? Isso não prova nada. Mas a obediência em amar aos seus inimigos, fazer o bem aos que a odeiam e não temer o que os outros temem prova sua fé e a livra de todo o mal.

Sempre haverá pessoas más, mas a Garota de Deus não pode permitir que a maldade delas se torne sua maldade. Pelo contrário, ela tem de agir como Cristo agiu e se recusar a retaliar ou revidar. Não fique chateada. Confie em Deus e afaste-se dos pecados e da desobediência dessas pessoas, recusando-se a se juntar a elas. A obediência à Palavra de Deus exige amor, e você deve oferecê-lo sem medo aos outros, em nome daquele que primeiro o ofereceu para salvá-la. Sua liberdade e sua fé estão em suas mãos e nas de mais ninguém. Sofra por fazer o bem. Prove que a Palavra de Deus é confiável ao fazer o que ela diz, e sua fé ficará mais forte do que você já imaginou.

Deus. 5 Porque era assim que costumavam
se enfeitar as mulheres do passado, as mu-
lheres que eram dedicadas a Deus e que
punham a sua esperança nele. Elas eram
obedientes ao seu marido. 6 Sara foi as-
sim; ela obedecia a Abraão e o chamava de
"meu senhor". Você será agora sua filha se
praticar o bem e não tiver medo de nada.
7 Também você, marido, na vida em
comum com a esposa, reconheça que
a mulher é o sexo mais fraco e que por
isso deve ser tratada com respeito. Por-
que a esposa também vai receber, junto
com você, o *dom da vida, que é dado por
Deus. Aja assim para que nada atrapalhe
as orações de vocês.

O dever de fazer o bem

8 Finalmente, *que todos vocês ten*ham
o mesmo modo de pensar e de sentir.
Amem uns aos outros e sejam educados
e humildes uns com os outros. 9 Não pa-
guem mal com mal, nem ofensa com ofen-
sa. Pelo contrário, paguem a ofensa com
uma bênção porque, quando Deus os *cha-
mou, ele prometeu dar uma bênção a vo-
cês. 10 Como dizem as *Escrituras Sagradas:

"Quem quiser gozar a vida
  e ter dias felizes
não fale coisas más
  e não conte mentiras.
11 Afaste-se do mal e faça o bem;
procure a paz e faça tudo
  para alcançá-la.
12 Pois o Senhor olha com atenção
  as pessoas honestas
e ouve os seus pedidos,
porém é contra os que fazem o mal."

Sofrendo como seguidores de Cristo

13 Se, de fato, *vocês* quiserem fazer o
bem, quem lhes fará o mal? 14 Como vo-
cês serão felizes se tiverem de sofrer por
fazerem o que é certo! Não tenham medo
de ninguém, nem fiquem preocupados.
15 Tenham no coração de vocês respei-
to por Cristo e o tratem como Senhor.

Estejam sempre prontos para responder
a qualquer pessoa que pedir que expli-
quem a esperança que vocês têm. 16 Porém
façam isso com educação e respeito. Te-
nham sempre a consciência limpa. Assim,
quando vocês forem insultados, os que fa-
larem mal da boa conduta de vocês como
seguidores de Cristo ficarão envergonha-
dos. 17 Porque é melhor sofrer por fazer
o bem, se for esta a vontade de Deus, do
que por fazer o mal. 18 Pois o próprio Cris-
to sofreu uma vez por todas pelos peca-
dos, um homem bom em favor dos maus,
para levar vocês a Deus. Ele morreu no
corpo, mas foi ressuscitado no espírito,
19 e no espírito foi e pregou aos espíritos
que estavam presos. 20 Estes eram os es-
píritos daqueles que não tinham obede-
cido a Deus, quando ele ficou esperando
com paciência nos dias em que Noé esta-
va construindo a barca. As poucas pessoas
que estavam nela, oito ao todo, foram sal-
vas pela água. 21 Aquela água representa-
va o batismo, que agora salva vocês. Esse
batismo não é lavar a sujeira do corpo,
mas é o compromisso feito com Deus, o
qual vem de uma consciência limpa. Essa
salvação vem por meio da ressurreição de
Jesus Cristo, 22 que foi para o céu e está do
lado direito de Deus, governando os an-
jos, as autoridades e os poderes do céu.

Vidas transformadas

4 Por isso, assim como Cristo sofreu
no corpo, vocês também devem es-
tar prontos, como ele estava, para sofrer.
Porque aquele que sofre no corpo deixa
de ser dominado pelo pecado. 2 Então, de
agora em diante, vivam o resto da sua vida
aqui na terra de acordo com a vontade
de Deus e não se deixem dominar pelas
paixões humanas. 3 No passado vocês já
gastaram bastante tempo fazendo o que
os pagãos gostam de fazer. Naquele tem-
po vocês viviam na imoralidade, nos de-
sejos carnais, nas bebedeiras, nas orgias,
na embriaguez e na nojenta adoração de
ídolos. 4 E agora os pagãos ficam admira-
dos quando vocês não se juntam com eles
nessa vida louca e imoral e por isso os
insultam. 5 Porém eles vão ter de prestar
contas a Deus, que está pronto para jul-
gar os vivos e os mortos. 6 Pois o *evange-
lho foi anunciado também aos mortos, os
quais morreram por causa do julgamen-
to de Deus, como morrem todos os seres
humanos. O evangelho foi anunciado a
eles a fim de que pudessem viver a vida
espiritual como Deus quer que eles vivam.

Bons administradores dos dons de Deus

7 O fim de todas as coisas está perto.
Sejam prudentes e estejam alertas para
poder orar. 8 Acima de tudo, amem sin-
ceramente uns aos outros, pois o amor
perdoa muitos pecados. 9 Hospedem uns
aos outros, sem reclamar. 10 Sejam bons
administradores dos diferentes *dons que
receberam de Deus. Que cada um use o
seu próprio dom para o bem dos outros!
11 Quem prega pregue a palavra de Deus;
quem serve sirva com a força que Deus
dá. Façam assim para que em tudo Deus
seja louvado por meio de Jesus Cristo, a
quem pertencem a *glória e o poder para
todo o sempre! *Amém!

Tomando parte nos sofrimentos de Cristo

12 Meus queridos amigos, não fiquem
admirados com a dura prova de aflição
pela qual vocês estão passando, como se
alguma coisa fora do comum estivesse
acontecendo a vocês. 13 Pelo contrário,
alegrem-se por estarem tomando parte
nos sofrimentos de Cristo, para que fi-
quem cheios de alegria quando a *glória
dele for revelada. 14 Vocês serão felizes
se forem insultados por serem seguido-
res de Cristo, porque isso quer dizer que
o *glorioso Espírito de Deus veio sobre
vocês. 15 Se algum de vocês tiver de so-
frer, que não seja por ser assassino, la-
drão, criminoso ou por se meter na vida
dos outros. 16 Mas, se alguém sofrer por
ser cristão, não fique envergonhado, mas
agradeça a Deus o fato de ser chamado
por esse nome.
17 Pois o tempo de começar o julgamento
já chegou, e os que pertencem ao povo de
Deus serão os primeiros a serem julgados.
Se esse julgamento vai começar conosco,
qual será o fim daqueles que não creem
no *evangelho de Deus? 18 Como dizem as
*Escrituras Sagradas: "Se é difícil os bons
serem salvos, o que será daqueles pecado-
res que não querem saber de Deus?"
19 Por isso os que sofrem porque esta é
a vontade de Deus para eles devem, por
meio das suas boas ações, entregar-se
completamente aos cuidados do Criador,
que sempre cumpre as suas promessas.

Conselhos para o povo de Deus

5 Eu, que também sou *presbítero, dou
agora conselhos aos outros presbíteros

DEVOCIONAL

Texto para leitura: **1Pedro 5:7-11**

Conheça a Deus

Como cristã, você tem de estar ciente do fato de que a obsessão pelas coisas deste mundo — sucesso, dinheiro, roupas — arrancará de você qualquer coisa que Deus lhe tenha dado. O mundo está sempre a ponto de invadir sua alma e sobrecarregá-la com preocupações do tipo "não é suficiente". O dinheiro, a comida, os amigos, seja o que for, não são suficientes. A lista nunca para. E se você se deixar levar por essas coisas que lhe faltam, você irá para águas perigosas. É aí que sua mente se afasta da verdade e mergulha nas mentiras deste mundo. O próximo passo é se afogar nelas.

Mas Jesus lhe oferece uma tábua de salvação. Ele diz: "Não se preocupe com isso. Tenha obsessão apenas por uma coisa: seu relacionamento comigo, e então todo o resto ficará em seu devido lugar". O mundo dirá que isso é ridículo. Você tem de se preocupar com as necessidades da vida, não tem? Mas Jesus diz: "Não, você não tem. Eu cuidarei de todas essas coisas. Confie em mim. Apenas mantenha a mente em minha provisão, e nunca lhe faltará nada".

Seus pensamentos oscilam? Você já deixou a preocupação se tornar sua obsessão? Afaste-se dela agora e coloque seus pensamentos naquele que salva. Você não se decepcionará.

que estão entre vocês. Sou uma testemu-
nha dos sofrimentos de Cristo e vou to-
mar parte na *glória que será revelada.
2 Aconselho que cuidem bem do rebanho
que Deus lhes deu e façam isso de boa
vontade, como Deus quer, e não de má
vontade. Não façam o seu trabalho para
ganhar dinheiro, mas com o verdadeiro
desejo de servir. 3 Não procurem dominar
os que foram entregues aos cuidados de
vocês, mas sejam um exemplo para o re-
banho. 4 E, quando o Grande Pastor apa-
recer, vocês receberão a coroa *gloriosa,
que nunca perde o seu brilho.
5 E vocês, jovens, sejam obedientes aos
mais velhos. Que todos prestem serviços
uns aos outros com humildade, pois as
*Escrituras Sagradas dizem: "Deus é con-
tra os orgulhosos, mas é bondoso com os
humildes!" 6 Portanto, sejam humildes de-
baixo da poderosa mão de Deus para que
ele os honre no tempo certo. 7 Entreguem
todas as suas *preocupações a Deus*, pois
ele cuida de vocês.
8 Estejam alertas e fiquem vigiando por-
que o inimigo de vocês, o Diabo, anda por
aí como um leão que ruge, procurando al-
guém para devorar. 9 Fiquem firmes na fé
e enfrentem o Diabo porque vocês sabem
que no mundo inteiro os seus irmãos na
fé estão passando pelos mesmos sofri-
mentos. 10 Mas, depois de sofrerem por
um pouco de tempo, o Deus que tem por
nós um amor sem limites e que *chamou
vocês para tomarem parte na sua eterna
glória, por estarem unidos com Cristo, ele
mesmo os aperfeiçoará e dará firmeza,
força e verdadeira segurança. 11 A ele seja
o poder para sempre! *Amém!

Saudações

12 Escrevo para vocês esta pequena car-
ta com a ajuda de Silas, a quem eu con-
sidero um fiel irmão na fé. Quero animá-
-los e dar o meu testemunho de que as
bênçãos que vocês têm recebido são uma
prova verdadeira da *graça de Deus. Con-
tinuem firmes, pois, nessa graça.
13 A igreja que está em Babilônia, esco-
lhida também por Deus, manda sauda-
ções. O meu filho Marcos também man-
da saudações. 14 Cumprimentem uns aos
outros com um beijo de irmão.

Bênção

Que a paz esteja com todos vocês que
pertencem a Cristo!

2Pedro

Cuidado com os falsos mestres

Em sua ambição pelo dinheiro, esses falsos mestres vão explorar vocês, contando histórias inventadas.
2Pedro 2:3

A segunda carta de Pedro é importante. Ela nos faz lembrar que a perseguição dos de fora é uma coisa, mas o perigo que existe *dentro* da Igreja é outra. A perseguição dos descrentes nem sempre é o único perigo para a Igreja, mas, às vezes, o perigo são as pessoas de dentro da Igreja que carregam a verdade e a mudam para que se conforme com seus próprios ideais e experiências. É por isso que o conhecimento da verdade é tão essencial para todos os cristãos. Sem ele, você pode facilmente ser levada por pessoas que fingem ensinar coisas sobre a verdadeira fé, mas, na verdade, ensinam uma mentira. Como uma Garota de Deus, você não pode simplesmente aceitar o que lhe é ensinado sem considerar como esse ensino se alinha com a Palavra de Deus.

Autor ♥ O apóstolo Pedro
Data ♥ Por volta de 65
Local ♥ Provavelmente em Roma
Público-alvo ♥ Todos os cristãos

Muitas vezes, os mestres da Palavra de Deus permitem que as ideias do mundo se infiltrem na maneira de pensar deles e, então, com o tempo, esquecem o que é o mundo e o que é a Palavra. Você nunca é muito jovem para julgar a verdade por si mesma, e a única desculpa que você pode ter é não saber o suficiente. Mas você não pode deixar que isso a pare. A Palavra está à disposição de todos os que se dispõem a examiná-la. O conhecimento é algo poderoso e um elemento essencial para a vida de fé. Não podemos deixar que as pessoas nos levem com argumentos atraentes que apelam ao nosso desejo de sermos felizes e satisfeitos. Precisamos comparar tudo com a Palavra de Deus. Pergunte a si mesma: "O que estou ouvindo ou pensando é consistente com a Palavra de Deus?". Se não for, então você deve rejeitá-lo.

Ponto essencial
Esta carta é um lembrete a todos os cristãos para que não se entusiasmem com as distrações e tentações dos falsos mestres, mas se apeguem ao que sabem ser verdadeiro sobre Deus. Pedro quer que seus leitores estejam preparados para o momento em que Jesus voltará, e, por isso, ele quer que todos evitem cair na tentação de se tornarem escravos novamente das coisas que os controlavam antes da salvação.

Como uma Garota de Deus, você não pode deixar que o mundo se infiltre em sua fé, mesmo que ele tenha se infiltrado na vida daqueles que parecem saber mais do que você. É fácil deixar que mentiras penetrem sua mente e se tornem uma parte de sua visão de mundo (suas crenças sobre a fé e o modo de viver), mas, quando o mundo começa a fazer com que as mentiras dele se pareçam com a verdade de Deus, sua fé pode ficar distorcida. Se você acredita que algo é verdadeiro, compare isso com a Palavra de Deus. Você pode se surpreender com o número de "verdades" que são puras e grandes mentiras. Não deixe que o mundo a engane. Passe tudo pelo crivo de Deus e da Palavra dele antes de acreditar em uma só palavra. Seja esperta e seja uma fiel Garota de Deus!

Coisas para procurar

- Como é a vida piedosa (veja 2Pedro 1:3-10; 3:10-18)
- Lições sobre os falsos mestres (veja 2Pedro 2)
- A verdade sobre a segunda vinda de Cristo (veja 2Pedro 3)

Termos e versículos que você deve saber

Dia do Senhor: Um tempo no futuro em que Deus julgará a todos na terra, em que os inimigos de Deus serão destruídos e seu povo será exaltado. No novo Testamento, refere-se também à segunda vinda de Cristo (veja 2Pedro 3:10).

Falso mestre: Qualquer pessoa que ensine algo inconsistente com as Escrituras ou contrário a elas. Os falsos mestres podem ser aqueles que ensinam coisas sobre um falso deus ou aqueles que dizem ensinar coisas sobre o — ou em nome do — Deus verdadeiro, mas não falam a verdade. Eles não convencem as pessoas do pecado, mas lhes oferecem falsa esperança em algo diferente de Deus.

Novo céu e nova terra: Referem-se a um momento em que esta terra será destruída e Deus criará uma nova para todos os seus filhos viverem por toda a eternidade (veja Isaías 65:17; Mateus 24:35; 2Pedro 3:13). Acontecerá logo depois do juízo final e será tão maravilhoso que ninguém se lembrará da velha terra (veja Isaías 65:17).

Por isso mesmo façam todo o possível para juntar a bondade à fé que vocês têm. À bondade juntem o conhecimento e ao conhecimento, o domínio próprio. Ao domínio próprio juntem a perseverança e à perseverança, a devoção a Deus. A essa devoção juntem a amizade cristã e à amizade cristã juntem o amor.

(2Pedro 1:5-7)

Prometem liberdade a essas pessoas, mas eles mesmos são escravos de hábitos imorais. Pois cada pessoa é escrava daquilo que a domina.

(2Pedro 2:19)

No passado apareceram falsos profetas no meio do povo, e assim também vão aparecer falsos mestres entre vocês. Eles ensinarão doutrinas destruidoras e falsas e rejeitarão o Mestre que os salvou. E isso fará com que caia sobre eles uma rápida destruição.

(2Pedro 2:1)

DEVOCIONAL

Texto para leitura: **2Pedro 3:17-18**

Conheça a si mesma

Todo mundo tocado por Deus muda. Se sua vida não está mudando, então você não a entregou a ele. Uma vez que você se encontra cara a cara com o Criador do Universo, você já não é mais a mesma. Toda vez que você o encontra, você se acalma, aprende, ganha sabedoria, domínio próprio e força. A cada dia, você cresce e se torna mais como o próprio Jesus Cristo.

Sua vida está mudando? Você tem encontros com Deus por meio da Palavra dele que a moldam e aparam suas arestas? Ser a mesma pessoa nunca deve ser o objetivo da Garota de Deus. Muitas meninas não têm vontade alguma de crescer e amadurecer, mas a Garota de Deus sabe que a mudança é uma parte fundamental do crescimento espiritual. Uma planta que deixa de crescer não vive, e nenhuma menina que deixa de crescer está extraindo vida do ramo (João 15:4; Tiago 2:26). O crescimento, incluindo até sua perseverança diária nos momentos bons e ruins, é um lembrete público e pessoal de sua salvação.

Você quer ganhar vida, vencer seus pecados e fraquezas, superar desafios e ganhar força para fazer mais do que já fez antes? Ao querer isso, você já deu o primeiro passo para a maturidade. Aceitar o *status quo* não ajuda ninguém, mas uma sede irresistível de mergulhar fundo revela não só sua maturidade espiritual, mas sua maturidade emocional também.

Cresça como certas plantas. Agarre-se ao ramo, aceite o poder revigorante que ele lhe dá e cresça como se sua vida dependesse disso, porque ela depende. Se Deus a estiver transformando, então agradeça-lhe, abrace o futuro e a esperança de Deus, renuncie à velha menina e acolha a nova: você como uma pessoa nova e melhor!

que todos se arrependam dos seus pe-
cados. 10 Porém o Dia do Senhor chegará
como um ladrão. Naquele dia os céus vão
desaparecer com um barulho espantoso, e
tudo o que há no *Universo será queimado.
A terra e tudo o que existe nela vão sumir.

Esperando a vinda do Dia de Deus

11 Sabendo que tudo isso vai ser destruí-
do assim, então que tipo de gente vocês
precisam ser? A vida de vocês deve ser
agradável a Deus e dedicada a ele. 12 Es-
perem a vinda do Dia de Deus e façam
o possível para que venha logo. Naquele
dia os céus serão destruídos com fogo, e
tudo o que há no Universo ficará derre-
tido. 13 Porém Deus prometeu, e nós esta-
mos esperando um novo céu e uma nova
terra, onde tudo será feito de acordo com
a vontade dele.

14 Por isso, meus amigos, enquanto vo-
cês esperam aquele dia, façam o possível
para estar em paz com Deus, sem mancha
e sem culpa diante dele. 15 Lembrem que
a paciência do nosso Senhor é uma opor-
tunidade para vocês serem salvos. Pois o
nosso querido irmão Paulo, com a sabe-
doria que Deus lhe deu, escreveu a vo-
cês sobre esse assunto. 16 E foi isso mes-
mo que ele disse em todas as suas cartas
quando escreveu a respeito disso. Nas
cartas dele há algumas coisas difíceis de
entender, que os ignorantes e os fracos
na fé explicam de maneira errada, como
fazem também com outras partes das *Es-
crituras Sagradas. E assim eles causam a
sua própria destruição.

17 Mas vocês, meus amigos, já sabem
disso. Portanto, tomem cuidado para
não serem levados pelos erros de pessoas
imorais e para não caírem da sua posição
segura. 18 Porém continuem a crescer na
*graça e no conhecimento do nosso Se-
nhor e Salvador Jesus Cristo. *Glória a ele,
agora e para sempre! *Amém!

1, 2 e 3João

Admita seu pecado

Mas, se confessarmos os nossos pecados a Deus, ele cumprirá a sua promessa e fará o que é correto: ele perdoará os nossos pecados e nos limpará de toda maldade. Se dizemos que não temos cometido pecados, fazemos de Deus um mentiroso, e a sua mensagem não está em nós.
1João 1:9-10

Autor ♥ O apóstolo João
Data ♥ Por volta de 85 a 95
Local ♥ Provavelmente Éfeso
Público-alvo ♥ Os cristãos, incluindo uma igreja local (2João) e Gaio (3João)

Você não pode ser salva se diz: "Eu nunca pequei". Por que você diria isso? Você não precisa de salvação se não fez nada que iria condená-la. Mas, como uma Garota de Deus, você está plenamente ciente de seu próprio pecado, e é por isso que você veio para a cruz implorando perdão. É tentador viver segundo suas próprias regras sobre o que é certo e o que é errado, porque aí você nunca entende mal — afinal, foi você que fez as regras. Mas isso não é vida de fé. A vida de fé sempre aceita a oferta de perdão de Deus. Todos os dias, a vida de fé reconhece mais um pecado que não é coerente com a fé, mas, uma vez que Deus deixa claro que isso acontece com todos, a fé não se agita.

A primeira epístola de João faz algumas declarações muito fortes sobre pecado e obediência. É um ótimo lugar para buscar inspiração para ser obediente. É um grande lembrete de que o que prova seu amor por Deus não são suas palavras, mas suas ações — fazer o que ele pede. Qualquer outra coisa é rebelião, não amor. Mas, graças a Deus, o amor de Deus é maior do que o nosso e, por causa disso, ele nunca nos deixa, mas está sempre ao nosso lado, esperando nossa próxima confissão.

Ponto essencial
A primeira epístola de João ensina sobre a obediência à Palavra de Deus, a confissão e o perdão. Em 2João, ele incentiva seus leitores a amarem uns aos outros, mas também faz com que se lembrem da verdade sobre quem era Jesus. A última carta, para Gaio, incentiva-o a mostrar hospitalidade aos cristãos viajantes, especialmente aqueles enviados pelo próprio João.

Durante a leitura desses livros, sublinhe trechos, faça anotações e mergulhe neles. Pregue a verdade para si mesma. Veja o que Deus pensa, entenda o que o mundo pensa, e então, escolha obedecer a Deus. A primeira epístola de João pode parecer maciça, mas não esqueça que, embora seu objetivo seja a perfeição, você não pode alcançá-lo deste lado do céu. Isso não torna seu objetivo menos *importante, mas significa que é* importante não se condenar quando não o alcançar. E é igualmente importante saber que você tem alguém que fala em seu nome com o Pai, e o nome desse alguém é Jesus (1João 2:1). O que mais você poderia pedir nesta vida?

Coisas para procurar

- Versículos importantes sobre obediência (veja 1João 1:6; 2:4-6, 9-11 e muitos outros)
- Versículos importantes sobre perdão (veja 1João 1:8-10; 3:21; 4:18)
- Muitos empregos feitos por João da palavra *verdade*
- Outras instruções sobre como lidar com falsos mestres (veja 2João 9-11)
- Um exemplo de problemas na igreja (veja 3João 9-10)

- **Inimigo de Cristo:** Pode referir-se a uma pessoa em particular que virá no final desta era, fazendo a obra de Satanás e afirmando ser Deus (também chamado de "homem do pecado" por Paulo), mas, em 1João 2:22, "Inimigo de Cristo" é quem se opõe a Cristo.
- **Heresia:** Falsa doutrina que ensina qualquer coisa diferente da verdade bíblica que possa enganar os cristãos. O engano causado por ela pode destruir a fé das pessoas ao dar-lhes confiança em uma mentira, e não na verdade.
- **Palavra da vida:** Outro nome usado para Jesus, que é chamado de "a Palavra" (João 1:1) e "a vida" (João 14:6), ou possivelmente uma referência ao evangelho da vida eterna (veja 1João 1:1).
- **Pureza:** A qualidade de estar livre de qualquer contaminação, moral ou física. É o estado de seu coração quando você está totalmente dedicada a Deus.

Termos e versículos que você deve saber

Portanto, se dizemos que estamos unidos com Deus e ao mesmo tempo vivemos na escuridão, então estamos mentindo com palavras e ações.

(1João 1:6)

Mas, se confessarmos os nossos pecados a Deus, ele cumprirá a sua promessa e fará o que é correto: ele perdoará os nossos pecados e nos limpará de toda maldade. Se dizemos que não temos cometido pecados, fazemos de Deus um mentiroso, e a sua mensagem não está em nós.

(1João 1:9-10)

Se obedecemos aos mandamentos de Deus, então temos certeza de que o conhecemos. Se alguém diz: "Eu o conheço", mas não obedece aos seus mandamentos, é mentiroso, e não há verdade nele.

(1João 2:3-4)

Quem não fica com o ensinamento de Cristo, mas vai além dele, não tem Deus. Porém quem fica com o ensinamento de Cristo, esse tem tanto o Pai como o Filho.

(2João 9)

Imite o que é bom e não o que é mau. Quem faz o bem é de Deus, e quem faz o mal nunca viu Deus.

(3João 11)

1 João

A Palavra da vida

1 Estamos escrevendo a vocês a respeito
da Palavra da vida, que existiu desde a
criação do mundo. Nós a ouvimos e com
os nossos próprios olhos a vimos. De fato,
nós a vimos, e as nossas mãos tocaram
nela. 2 Quando essa vida apareceu, nós a
vimos. É por isso que agora falamos dela
e anunciamos a vocês a vida eterna que
estava com o Pai e que nos foi revelada.
3 Contamos a vocês o que vimos e ouvi-
mos para que vocês estejam unidos co-
nosco, assim como nós estamos unidos
com o Pai e com Jesus Cristo, o seu Filho.
4 Escrevemos isso para que a nossa ale-
gria seja completa.

Deus é luz

5 A mensagem que Cristo nos deu e que
anunciamos a vocês é esta: Deus é luz, e
não há nele nenhuma escuridão. 6 Portan-
to, se dizemos que estamos unidos com
Deus e ao mesmo tempo vivemos na es-
curidão, então estamos mentindo com
palavras e ações. 7 Porém, se vivemos na
luz, como Deus está na luz, então esta-
mos unidos uns com os outros, e o san-
gue de Jesus, o seu Filho, nos limpa de
todo pecado.

8 Se dizemos que não temos pecados,
estamos nos enganando, e não há ver-
dade em nós. 9 Mas, se confessarmos os
nossos pecados a Deus, ele cumprirá a
sua promessa e fará o que é correto: ele
perdoará os nossos pecados e nos lim-
pará de toda maldade. 10 Se dizemos que
não temos cometido pecados, fazemos de
Deus um mentiroso, e a sua mensagem
não está em nós.

Cristo nos ajuda

2 Meus filhinhos, escrevo isso a vocês
para que não pequem. Porém, se al-
guém pecar, temos Jesus Cristo, que faz o
que é correto; ele nos defende diante do
Pai. 2 É por meio do próprio Jesus Cristo
que os nossos pecados são perdoados. E
não somente os nossos, mas também os
pecados do mundo inteiro.

3 Se obedecemos aos mandamentos
de Deus, então temos certeza de que o
conhecemos. 4 Se alguém diz: "Eu o co-
nheço", mas não obedece aos seus man-
damentos, é mentiroso, e não há verdade
nele. 5 Porém, se obedecemos aos ensina-
mentos de Deus, sabemos que amamos
a Deus de todo o nosso coração. É assim
que podemos ter certeza de que estamos
vivendo unidos com Deus: 6 Quem diz que
vive unido com Deus deve viver como Je-
sus Cristo viveu.

O novo mandamento

7 Meus queridos amigos, este manda-
mento que estou dando a vocês não é
novo. É o mandamento antigo, aquele que
vocês receberam lá no começo. O manda-
mento antigo é a mensagem que vocês já
ouviram. 8 Porém o mandamento que eu
estou dando a vocês é novo porque a sua
verdade é vista em Cristo e também em
vocês. Pois a escuridão está passando, e
já está brilhando a verdadeira luz.

9 Quem diz que vive na luz e odeia o
seu irmão está na escuridão até agora.
10 Quem ama o seu irmão vive na luz, e não
há nessa pessoa nada que leve alguém a
pecar. 11 Mas quem odeia o seu irmão está
na escuridão, anda nela e não sabe para
onde está indo, porque a escuridão não
deixa que essa pessoa enxergue.

12 Filhinhos, escrevo a vocês
porque os seus pecados são
perdoados
por causa de Cristo.
13 Pais, escrevo a vocês
porque conhecem aquele que existiu
desde a criação do mundo.
Jovens, escrevo a vocês
porque vocês têm vencido o Maligno.

14 Escrevo a vocês, filhinhos,
porque conhecem o Pai.
Escrevo a vocês, pais,
porque conhecem aquele que existiu
desde a criação do mundo.
Escrevo a vocês, jovens,
porque são fortes.
A mensagem de Deus vive em
vocês,
e vocês já venceram o Maligno.

DEVOCIONAL

Texto para leitura: **1João 2:3-6**

Conheça a Deus

Existe alguma escuridão espiritual em sua vida? Você gostaria de poder sentir a presença de Deus, mas ele parece distante e desatento às suas súplicas? Então, faça um exame de si mesma. Você está adiando algo que precisa ser feito? Há algo que você não está a fim de fazer por medo de não ser a vontade de Deus ou por você não ser forte o suficiente? Fazer o que Deus quer que você faça é sua maneira de viver na presença de Deus (veja João 15:10), e se você não tem essa presença, talvez seja simplesmente por causa de sua falta de vontade de fazer algo que você sabe que deveria ou sua falta de vontade de abandonar o que você sabe que não deveria fazer.

Na vida de fé, você vai ter dias bons e dias maus, dias no topo da montanha e dias no velho deserto seco. Você não pode deixar que nenhum desses dias se torne uma obsessão para você. Não se preocupe nem se aflija com o modo como você se sente; apenas faça o que tem de ser feito. Quando você é uma Garota de Deus, seu melhor exemplo de como viver é o modo como Jesus viveu. É claro que isso não significa andar sobre as águas e curar os cegos, mas significa ter compaixão, mostrar misericórdia, ser generosa, amar os outros, ser humilde e carinhosa. Você pode acrescentar à sua vida, hoje, um monte de coisas que vê na vida de Jesus. Mas você sabe agora quais são elas? Se quer mais de Deus, então aprenda mais sobre Jesus. Aprenda como ele andou, o que fez e como amou, e você se verá mais perto de Deus do que poderia ter imaginado.

15 Não amem o mundo, nem as coisas
que há nele. Se vocês amam o mundo, não
amam a Deus, o Pai. 16 Nada que é deste
mundo vem do Pai. Os maus desejos da
natureza humana, a vontade de ter o que
agrada aos olhos e o orgulho pelas coisas
da vida, tudo isso não vem do Pai, mas
do mundo. 17 E o mundo passa, com tudo
aquilo que as pessoas cobiçam; porém
aquele que faz a vontade de Deus vive
para sempre.

O Inimigo de Cristo

18 Meus filhinhos, o fim está perto. Vo-
cês ouviram dizer que o Inimigo de Cristo
vem. Pois agora muitos inimigos de Cris-
to já têm aparecido, e por isso sabemos
que o fim está chegando. 19 De fato, essas
pessoas nos deixaram porque não eram
do nosso grupo. Se fossem do nosso gru-
po, teriam ficado conosco. Mas elas nos
deixaram para que ficasse bem claro que
nenhuma delas pertencia mesmo ao nos-
so grupo.
20 Porém sobre vocês Cristo tem derra-
mado o Espírito Santo, e por isso todos
vocês conhecem a verdade. 21 Portanto, eu
escrevo a vocês, mas não é porque não co-
nhecem a verdade. Pelo contrário, é por-
que a conhecem e sabem que nunca ne-
nhuma mentira vem da verdade.
22 Então quem é mentiroso? É aquele
que diz que Jesus não é o *Messias. Quem
diz isso é o Inimigo de Cristo; ele rejeita
tanto o Pai como o Filho. 23 Pois quem re-
jeita o Filho rejeita também o Pai; e quem
aceita o Filho tem também o Pai.
24 Por isso guardem no coração a men-
sagem que ouviram desde o começo. Se
aquilo que ouviram desde o começo ficar
no coração de vocês, então viverão sem-
pre unidos com o Filho e com o Pai. 25 E o
que o próprio Cristo prometeu dar a to-
dos nós foi isto: a vida eterna.
26 Eu estou escrevendo isso a vocês a
respeito dos que estão tentando enganá-
-los. 27 Mas sobre vocês Cristo tem der-
ramado o seu Espírito. Enquanto o seu
Espírito estiver em vocês, não é preci-
so que ninguém os ensine. Pois o Espí-
rito ensina a respeito de tudo, e os seus

ensinamentos não são falsos, mas verda-
deiros. Portanto, obedeçam aos ensina-
mentos do Espírito e continuem unidos
com Cristo.

Filhos de Deus

28 Sim, meus filhinhos, continuem uni-
dos com Cristo, para que possamos estar
cheios de coragem no dia em que ele vier.
Assim não precisaremos ficar com vergo-
nha e nos esconder dele naquele dia. 29 Já
que vocês sabem que Cristo sempre fez o
que é correto, devem saber também que
quem faz o que é correto é filho de Deus.

3 Vejam como é grande o amor do Pai
por nós! O seu amor é tão grande,
que somos chamados de filhos de Deus
e somos, de fato, seus filhos. É por isso
que o mundo não nos conhece, pois não
conheceu a Deus. 2 Meus amigos, agora
nós somos filhos de Deus, mas ainda não
sabemos o que vamos ser. Porém sabemos
isto: quando Cristo aparecer, ficaremos
parecidos com ele, pois o veremos como
ele realmente é. 3 E todo aquele que tem
essa esperança em Cristo *purifica-se a si
mesmo, assim como Cristo é puro.

4 Quem peca é culpado de quebrar a
*lei de Deus, porque o pecado é a quebra
da lei. 5 Vocês já sabem que Cristo veio
para tirar os pecados e que ele não tem
nenhum pecado. 6 Assim, quem vive uni-
do com Cristo não continua pecando. Po-
rém quem continua pecando nunca o viu
e nunca o conheceu.

7 Meus filhinhos, não deixem que nin-
guém os engane. Aquele que faz o que é
correto é correto, assim como Cristo é
correto. 8 Quem continua pecando per-
tence ao Diabo porque o Diabo peca des-
de a criação do mundo. E o Filho de Deus

DEVOCIONAL

Texto para leitura: **1João 3:4-6**

Conheça a si mesma

Encare o fato: todo mundo peca. Não há exceções. Mas Jesus veio para libertá-la do pecado, e foi exatamente isso que ele fez. A Bíblia diz que ninguém continua a pecar se conhecer Jesus. "O quê?", você pergunta alto. "Como isso é possível? Significa que eu não conheço Jesus se ainda estiver pecando?". Não, não significa isso, mas significa que, uma vez que você entregou seu coração e sua vontade a Jesus, algo muda dentro de você.

Veja as coisas assim: você está em uma rodovia, a rodovia da fé, e vê uma saída. Essa saída parece ter todos os tipos de atrações e serviços interessantes, por isso você a toma. Você não estava pensando em sair; você só perdeu o controle e, antes que pudesse perceber, estava parada em um semáforo, esperando para entrar nas ruas da cidade. Mas, de repente, você percebe que não é um bom lugar e que não deveria estar ali — que Deus lhe disse para não sair da rodovia, mas, mesmo assim, você saiu —, então você imediatamente volta para a rodovia. Ufa! Pecado reconhecido e rapidamente confessado!

Mas suponhamos que, um dia, você tome uma saída de novo, e, dessa vez, você não só saia, mas também fique passeando pelos bairros até, finalmente, se mudar para lá. Você não volta para a rodovia; você simplesmente fica no lugar que não é seu. Neste cenário, você continua no pecado, em vez de pecar e, em seguida, voltar para a estrada que leva à redenção.

Todo mundo peca. Todos nós estragamos as coisas — todos os dias, na verdade. É por isso que precisamos da confissão e do arrependimento: voltar para Deus. Porém há uma diferença entre cair em tentação e confessá-la quando você percebe isso, e decidir que o pecado é aceitável e continuar a viver nele. Por isso, olhe para os sinais e não pegue a saída para um terreno perigoso, mas fique na estrada em que Deus a quer.

Pergunte a si mesma...

Leia 1João 3:14-15 e pergunte a si mesma:

O que odeio?
A quem odeio?
Por que odeio?
O que a Palavra de Deus diz sobre o ódio?
Como posso começar a amar aqueles a quem odeio?

veio para isto: para destruir o que o Diabo tem feito.

9 Quem é filho de Deus não continua pecando, porque a vida que Deus dá permanece nessa pessoa. E ela não pode continuar pecando, porque Deus é o seu Pai. 10 A diferença clara que existe entre os filhos de Deus e os filhos do Diabo é esta: quem não faz o que é correto ou não ama o seu irmão não é filho de Deus.

Amem uns aos outros

11 A mensagem que vocês ouviram desde o princípio é esta: que nos amemos uns aos outros. 12 Não sejamos como Caim, que pertencia ao Maligno e matou o próprio irmão. E por que o matou? Porque o que Caim fazia era mau, e o que o seu irmão fazia era bom.

13 Meus irmãos, não estranhem se as pessoas do mundo os odeiam. 14 Nós sabemos que já passamos da morte para a vida e sabemos isso porque amamos os nossos irmãos. Quem não ama está ainda morto. 15 Quem odeia o seu irmão é assassino, e vocês sabem que nenhum assassino tem em si a vida eterna. 16 Sabemos o que é o amor por causa disto: Cristo deu a sua vida por nós. Por isso nós também devemos dar a nossa vida pelos nossos irmãos. 17 Se alguém é rico e vê o seu irmão passando necessidade, mas fecha o seu coração para essa pessoa, como pode afirmar que, de fato, ama a Deus? 18 Meus filhinhos, o nosso amor não deve ser somente de palavras e de conversa. Deve ser um amor verdadeiro, que se mostra por meio de ações.

Coragem diante de Deus

19 É assim, então, que saberemos que pertencemos à verdade de Deus e que o nosso coração se sente seguro na presença dele. 20 Pois, se o nosso coração nos condena, sabemos que Deus é maior do que o nosso coração e conhece tudo. 21 Portanto, meus queridos amigos, se o nosso coração não nos condena, temos coragem na presença de Deus. 22 Recebemos dele tudo o que pedimos porque obedecemos aos seus mandamentos e fazemos o que agrada a ele. 23 E o que ele manda é isto: que creiamos no seu Filho, Jesus Cristo, e que nos amemos uns aos outros, como Cristo nos mandou fazer. 24 Quem obedece aos mandamentos de Deus vive unido com Deus, e Deus vive unido com ele. E, por causa do Espírito que ele nos deu, sabemos que Deus vive unido conosco.

O Espírito de Deus e o espírito do Inimigo de Cristo

4 Meus queridos amigos, não acreditem em todos os que dizem que têm o Espírito de Deus. Ponham à prova essas pessoas para saber se o espírito que elas têm vem mesmo de Deus; pois muitos falsos *profetas já se espalharam por toda parte. 2 É assim que vocês poderão saber se, de fato, o espírito é de Deus: quem afirma que Jesus Cristo veio como um ser humano tem o Espírito que vem de Deus. 3 Mas quem nega isso a respeito de Jesus não tem o Espírito de Deus; o que ele tem é o espírito do Inimigo de Cristo. Vocês ouviram dizer que esse espírito viria, e agora ele já está no mundo.

4 Meus filhinhos, vocês são de Deus e têm derrotado os falsos profetas. Porque o Espírito que está em vocês é mais forte do que o espírito que está naqueles que pertencem ao mundo. 5 Eles falam das coisas do mundo, e o mundo os ouve porque eles pertencem ao mundo. 6 Mas nós somos de Deus. Quem conhece a Deus nos ouve, mas quem não pertence a Deus não nos ouve. É desse modo, então, que podemos saber a diferença que existe entre o Espírito da verdade e o espírito do erro.

Deus é amor

7 Queridos amigos, amemos uns aos outros porque o amor vem de Deus. Quem ama é filho de Deus e conhece a Deus. 8 Quem não ama não o conhece, pois Deus é amor. 9 Foi assim que Deus mostrou o seu amor por nós: ele mandou o seu único Filho ao mundo para que pudéssemos ter vida por meio dele. 10 E o amor é isto:

não fomos nós que amamos a Deus, mas
foi ele que nos amou e mandou o seu Fi-
lho para que, por meio dele, os nossos
pecados fossem perdoados.
11 Amigos, se foi assim que Deus nos
amou, então nós devemos nos amar uns
aos outros. 12 Nunca ninguém viu Deus.
Se nos amamos uns aos outros, Deus vive
unido conosco, e o seu amor enche com-
pletamente o nosso coração. 13 A razão por
que podemos ter a certeza de que vivemos
unidos com Deus e de que ele vive unido
conosco é esta: ele nos deu o seu Espíri-
to. 14 E nós vimos e anunciamos aos outros
que o Pai enviou o Filho para ser o Sal-
vador do mundo. 15 Todo aquele que afir-
ma que Jesus é o Filho de Deus, Deus vive
unido com ele, e ele vive unido com Deus.
16 E nós mesmos conhecemos o amor que
Deus tem por nós e cremos nesse amor.
Deus é amor. Aquele que vive no amor
vive unido com Deus, e Deus vive unido
com ele. 17 Assim o amor em nós é total-
mente verdadeiro para que tenhamos
coragem no Dia do Juízo, porque a nossa
vida neste mundo é como a vida de Cris-
to. 18 No amor não há medo; o amor que
é totalmente verdadeiro afasta o medo.
Portanto, aquele que sente medo não tem
no seu coração o amor totalmente verda-
deiro, porque o medo mostra que existe
castigo.
19 Nós amamos porque Deus nos amou
primeiro. 20 Se alguém diz: "Eu amo a
Deus", mas odeia o seu irmão, é menti-
roso. Pois ninguém pode amar a Deus, a
quem não vê, se não amar o seu irmão, a
quem vê. 21 O mandamento que Cristo nos
deu é este: quem ama a Deus, que ame
também o seu irmão.

Vitória sobre o mundo

5 Todos aqueles que creem que Jesus é
o *Messias são filhos de Deus. E quem
ama um pai ama também os filhos desse
pai. 2 Nós sabemos que amamos os filhos
de Deus quando amamos a Deus e obede-
cemos aos seus mandamentos. 3 Pois amar
a Deus é obedecer aos seus mandamentos.

DEVOCIONAL

Texto para leitura: **1João 5:1-5**

Conheça a Deus

Se você ama a Deus, vai querer fazer o que ele diz. Mas, se você não só não quer fazer o que ele diz, mas *se recusa* a fazer o que ele diz e se sente bem com isso, então, de acordo com a Palavra de Deus, não resta sacrifício para você (veja Hebreus 10:26). Como uma Garota de Deus, você prova seu amor por ele ao fazer o que ele diz. Parece uma ordem exagerada. A obediência não é normalmente apresentada como uma parte da história de salvação. A bondade, o perdão e a restauração, sim, mas a obediência? Até que ponto isso é difícil? Mas a Palavra de Deus é clara: você deve torná-lo Senhor de sua vida, e isso significa mais do que uma expressão verbal de que ele é Deus; é uma escolha voluntária de obedecer à Palavra dele (veja Romanos 10:9; Tiago 2:14-26; 1João 2:3-4).

Isso não significa que você não vai cometer erros ou que Deus não a perdoa quando você erra — ah, sim, ele perdoa (veja 1João 1:9)! Mas significa que, como uma Garota de Deus, você vai querer amá-lo, e o amor obedece. O amor não quer o que Deus não dá; ele não se afasta da verdade; ele não faz as coisas do próprio jeito; ele permanece fiel. Ele pode cair, pode ficar tentado ou até distraído, mas nunca desobedece por livre e espontânea vontade. Quando o amor comete um erro, ele o corrige; ele não se esconde do erro.

Como uma Garota *de Deus, se você quer* a *bênção* do Espírito de Deus, *então* vai querer fazer o que ele diz. E para fazer isso, você tem de conhecer a Palavra de Deus. Estude-a, memorize-a, ensine-a. Torne-a parte de cada célula de seu ser. Ao fazer isso, você verá que as bênçãos fluirão.

E os seus mandamentos não são difíceis
de obedecer 4 porque todo filho de Deus
pode vencer o mundo. Assim, com a nossa
fé conseguimos a vitória sobre o mundo.
5 Quem pode vencer o mundo? Somente
aquele que crê que Jesus é o Filho de Deus.

O testemunho sobre Jesus Cristo

6 Jesus Cristo é aquele que veio com a
água do seu batismo e com o sangue da
sua morte. Ele veio com a água e com o
sangue e não somente com a água. E o
próprio Espírito Santo é testemunha de
que isso é verdade porque o Espírito é a
verdade. 7 Há três testemunhas: 8 o Espí-
rito, a água e o sangue; e esses três estão
de pleno acordo. 9 Nós aceitamos o tes-
temunho dos seres humanos, mas o tes-
temunho de Deus tem mais valor. E esse
é o testemunho que Deus deu a respeito
do seu Filho. 10 Aquele que crê no Filho de
Deus tem esse testemunho no seu próprio
coração. Mas quem não crê em Deus faz
de Deus um mentiroso, porque não crê no
testemunho que Deus deu a respeito do
seu Filho. 11 E este é o testemunho: Deus
nos deu a vida eterna, e essa vida é nos-
sa por meio do seu Filho. 12 Quem tem o
Filho tem a vida; quem não tem o Filho
de Deus não tem a vida.

A certeza da vida eterna

13 Eu escrevo essas coisas a vocês que
creem no Filho de Deus, para que vocês
saibam que têm a vida eterna. 14 Quando
estamos na presença de Deus, temos co-
ragem por causa do seguinte: se pedimos
alguma coisa de acordo com a sua vonta-
de, temos a certeza de que ele nos ouve.
15 Assim sabemos que ele nos ouve quan-
do lhe pedimos alguma coisa. E, como sa-
bemos que isso é verdade, sabemos tam-
bém que ele nos dá o que lhe pedimos.

16 Se alguém vê o seu irmão cometer al-
gum pecado que não traz a morte, deve
orar a Deus, e ele dará a vida a essa pes-
soa. Isso, no caso de pecados que não tra-
zem a morte. Mas há pecado que traz a
morte, e eu não digo que vocês orem a
respeito desse pecado. 17 Toda maldade é
pecado; porém há pecados que não tra-
zem a morte.

18 Sabemos que os filhos de Deus não
continuam pecando, porque o Filho de
Deus os guarda, e o Maligno não pode to-
car neles.

19 Sabemos que somos de Deus e que
o mundo todo está debaixo do poder do
Maligno.

20 Sabemos também que o Filho de Deus
já veio e nos deu entendimento para co-
nhecermos o Deus verdadeiro. A nossa
vida está unida com o Deus verdadeiro,
unida com o seu Filho, Jesus Cristo. Este é
o Deus verdadeiro, e esta é a vida eterna.

21 Meus filhinhos, cuidado com os fal-
sos deuses!

2João

Saudação

1 Do *presbítero para a querida Senhora
e os seus filhos, a quem amo de verdade.
Não somente eu, mas todos os que co-
nhecem a verdade amam vocês. 2 Nós os
amamos por causa da verdade que conti-
nua em nós e estará conosco para sempre.

3 Que a *graça, a misericórdia e a paz
de Deus, o nosso Pai, e de Jesus Cristo,
o seu Filho, estejam conosco em verda-
de e amor!

Verdade, amor e erro

4 Eu fiquei muito feliz quando sou-
be que alguns dos seus filhos vivem de
acordo com a verdade, como o Pai nos
mandou viver. 5 E agora, querida Senhora,
eu lhe peço que nos amemos uns aos ou-
tros. Não lhe dou um mandamento novo,
mas o mesmo que temos tido desde o co-
meço. 6 Esse amor quer dizer isto: viver
uma vida de obediência aos mandamen-
tos de Deus. Como vocês ouviram desde o

Pergunte a si mesma...

Eu sei o que significa amar?
O que a Palavra de Deus tem a dizer sobre o amor?
Existem pessoas que não estou a fim de amar?
Em que sentidos eu não amo a Deus, de acordo com 2João 5-6?

começo, o mandamento é este: continuem a amar uns aos outros.
[7] Muitos enganadores têm se espalhado pelo mundo, afirmando que Jesus Cristo não veio como um ser humano. Quem faz isso é o Enganador e o Inimigo de Cristo.
[8] Tomem cuidado com vocês mesmos para que não percam o trabalho que já fizemos, mas recebam a recompensa completa.
[9] Quem não fica com o ensinamento de Cristo, mas vai além dele, não tem Deus. Porém quem fica com o ensinamento de Cristo, esse tem tanto o Pai como o Filho.
[10] Se alguém for até vocês e não levar o ensinamento de Cristo, não recebam essa pessoa na casa de vocês, nem lhe digam: "Que a paz esteja com você!"
[11] Pois quem deseja paz a essa pessoa é seu companheiro no mal que ela faz.

Palavras finais

[12] Ainda tenho muitas coisas a dizer a vocês, mas não quis fazer isso por carta. Pois espero visitá-los e falar com vocês pessoalmente, para que assim a nossa alegria seja completa.
[13] Os filhos da sua querida Irmã mandam saudações.

3João

[1] Do *presbítero ao querido Gaio, a quem amo de verdade.

Elogio a Gaio

[2] Meu querido amigo, tenho pedido a Deus que você vá bem em tudo e que esteja com boa saúde, assim como está bem espiritualmente.
[3] Fiquei muito contente quando alguns irmãos chegaram e me contaram como você é fiel à verdade e como sempre vive na verdade.
[4] Nada me alegra mais do que ouvir que os meus filhos vivem de acordo com a verdade.
[5] Meu querido amigo, você tem sido fiel naquilo que faz pelos irmãos, mesmo quando são estrangeiros.
[6] Eles têm falado à igreja daqui a respeito do amor de você. Por favor, ajude essa gente a continuar a sua viagem de um modo que agrade a Deus.
[7] Pois eles começaram a sua viagem a serviço de Cristo sem aceitar nenhum auxílio dos pagãos.
[8] Portanto, nós, os cristãos, precisamos ajudar essas pessoas, pois assim poderemos tomar parte no seu trabalho de anunciar a verdade.

Condenação de Diótrefes e elogio a Demétrio

[9] Eu escrevi uma pequena carta à igreja, mas Diótrefes, que deseja ser o líder, não quer dar atenção ao que eu disse.
[10] Portanto, quando eu chegar aí, vou chamar a atenção dele a respeito de tudo o que ele tem feito: as coisas horríveis que diz de nós e as mentiras que conta. Porém ele não fica satisfeito só em fazer isso; pois, quando os irmãos chegam aí, ele não os recebe. E, se alguma pessoa quer recebê-los, ele não deixa e até a expulsa da igreja!
[11] Gaio, meu querido amigo, imite o que é bom e não o que é mau. Quem faz o bem é de Deus, e quem faz o mal nunca viu Deus.
[12] Todos falam bem de Demétrio, e a própria verdade fala bem dele. Nós

DEVOCIONAL

Texto para leitura: **3João 11**

Conheça a verdadeira felicidade

“Se ela se jogasse de um penhasco, você se jogaria?” Ir atrás da multidão pode, às vezes, parecer o caminho mais seguro. Ninguém a nota, ninguém a chama, ninguém a julga. Mas quando a multidão está se jogando de um penhasco, até que ponto é inteligente mergulhar para a destruição só para fazer parte do grupo?

O mundo não conhece Jesus, por isso acha que ele é louco. As pessoas criam os próprios valores e regras. Elas se concentram no que os olhos podem ver e evitam o que não pode ser visto. Mas, como uma Garota de Deus, você sabe que há mais do que o mundo físico. Você está ciente do mundo espiritual, aquele mundo invisível que a cerca e completa. A felicidade passageira pode ser encontrada quando você nega a existência de Deus e os mandamentos da sua lei, mas a felicidade permanente vem quando você renuncia àquilo em que o mundo acredita e confia apenas no que Deus diz.

É da natureza humana querer se entrosar, mas, quando você age, se parece e pensa como o resto do mundo, você não prova sua fé, mas sua desconfiança. A Garota de Deus de verdade não segue o mundo, mas o Salvador. Nadar contra a maré e fazer o que Deus quer que você faça não só prova que você crê, mas também aumenta sua fé. Toda vez que você corre o risco de desobedecer ao mundo ao fazer o que é certo, sua fé aumenta.

também falamos bem a respeito dele, e você sabe que o que dizemos é verdade.

Palavras finais

13 Tenho ainda muitas coisas para contar a você, mas não quero fazer isso por carta.
14 Espero vê-lo em breve, e então conversaremos pessoalmente.

15 A paz esteja com você! Os seus amigos mandam saudações. Dê saudações, pessoalmente, a cada um dos nossos amigos.

Judas

Tenha misericórdia

Tenham misericórdia dos que têm dúvidas; salvem outros, tirando-os do fogo; e para com outros mostrem misericórdia com medo, odiando até as roupas deles, manchadas pelos seus desejos pecaminosos.
Judas 22-23

Autor ♥ Judas, irmão de Tiago
Data ♥ Por volta de 60-70
Local ♥ Desconhecido
Público-alvo ♥ Uma igreja local

O livro de Judas nos faz lembrar que só porque alguém diz ser cristão não significa que seja assim. A melhor maneira de descobrir isso se dá pelos frutos na vida dessa pessoa. Ela age como cristã? Ela ensina coisas que são consistentes com a Palavra de Deus? É fácil dizer que você é cristã, mas é mais difícil provar isso pela forma como age e pelo que diz. Quando você encontra cristãos que não conseguem viver a fé que professam, você tem de ter boa vontade e misericórdia para ajudá-los a entender que eles estão vivendo uma mentira, para que não continuem a viver na escuridão.

Ponto essencial
Judas queria incentivar os cristãos para que tivessem cuidado com pessoas no meio deles que permitiam e até encorajavam o pecado. Ele também queria ajudá-los a crescer na fé e a entender o propósito que Deus tinha para eles.

Como uma Garota de Deus, você não tem de salvar o mundo, mas deve ter cuidado com cristãos que talvez estejam acreditando de forma equivocada e até pregando uma mentira. Você não pode deixar que um irmão na fé seja enganado porque acha que ele não está sob sua responsabilidade. Cabe a você, como uma Garota de Deus, fazê-lo se lembrar da verdade que ele pode ter esquecido ou nunca conhecido, mas não cabe a você salvar esse irmão. O próprio Deus fará isso. Você não precisa se preocupar nem ficar ansiosa pelos pecados dos outros; apenas compartilhe a verdade e depois confie que Deus trabalhará no coração e na vida deles.

Coisas para procurar

- Referências aos falsos cristãos — pessoas que se infiltram em um grupo de cristãos e o enganam
- As formas pelas quais Judas encoraja os leitores a crescer (veja Judas 20-24)

✿ **O grande dia do juízo:** O dia em que Jesus voltará para julgar a terra e todos os que estão nela (veja Judas 6; Apocalipse 20:7-15).

Termos e versículos que você deve saber

Pois alguns homens que não temem a Deus entraram no meio da nossa gente sem serem notados. Eles torcem a mensagem a respeito da graça do nosso Deus a fim de arranjar uma desculpa para a sua vida imoral. E também rejeitam Jesus Cristo, o nosso único Mestre e Senhor.

(Judas 4)

Do mesmo modo esses homens têm visões que os fazem pecar contra o próprio corpo deles. Desprezam a autoridade de Deus e insultam os gloriosos seres celestiais.

(Judas 8)

Tenham misericórdia dos que têm dúvidas; salvem outros, tirando-os do fogo; e para com outros mostrem misericórdia com medo, odiando até as roupas deles, manchadas pelos seus desejos pecaminosos.

(Judas 22-23)

Saudação

1 Eu, Judas, *servo de Jesus Cristo e irmão de Tiago, escrevo esta carta aos que foram *chamados, isto é, aqueles a quem Deus, o Pai, ama e a quem Jesus Cristo protege.

2 Que vocês tenham mais e mais a misericórdia, a paz e o amor de Deus!

Os falsos mestres

2Pedro 2.1-22

3 Meus queridos amigos, eu estava fazendo todo o possível para escrever a vocês a respeito da salvação que temos em comum. Então senti que era necessário escrever agora para animá-los a combater a favor da fé que, uma vez por todas, Deus deu ao seu povo.
4 Pois alguns homens que não *temem a Deus entraram no meio da nossa gente sem serem notados. Eles torcem a mensagem a respeito da *graça do nosso Deus a fim de arranjar uma desculpa para a sua vida imoral. E também rejeitam Jesus Cristo, o nosso único Mestre e Senhor. Há muito tempo que as *Escrituras Sagradas anunciaram a condenação que eles já receberam.

5 Embora vocês conheçam tudo isso, quero lembrar que o Senhor salvou o povo de Israel, tirando-o da terra do Egito, mas depois destruiu aqueles que não creram.
6 Lembrem dos anjos que não ficaram dentro dos limites da sua própria autoridade, mas abandonaram o lugar onde moravam. Eles estão amarrados com correntes eternas, lá embaixo na escuridão, onde Deus os está guardando para aquele grande dia em que serão condenados.
7 Lembrem dos moradores de Sodoma, de Gomorra e das cidades vizinhas, que agiram como aqueles anjos e cometeram imoralidades e pecados sexuais. Eles sofreram o castigo do fogo eterno, o que é um aviso claro para todos.

8 Do mesmo modo esses homens têm visões que os fazem pecar contra o próprio corpo deles. Desprezam a autoridade de Deus e insultam os *gloriosos seres celestiais.
9 Nem mesmo o *arcanjo Miguel fez isso. Na discussão que teve com o Diabo,

DEVOCIONAL

Texto para leitura: **Judas 22-25**

Saiba como amar

A misericórdia não pode ter medo de se sujar. Ao estender a mão para ajudar aqueles que estão sofrendo e deram as costas para Deus, você não pode ter medo de ficar um pouco confusa. É claro que você tem de guardar seu coração contra a amizade com o mundo. Você não pode sair por aí dando seu coração, por bem ou por mal, àqueles que odeiam a Deus e não fizeram dele o seu Senhor, mas você pode lhes dar a mão. Você pode se oferecer para ajudar.

A misericórdia demonstra o desejo de apresentar aos outros o Deus que salva. Como eles vão conhecê-lo se não ouviram falar dele? Como vão ouvir se você não fala? A misericórdia requer sua audácia. O alvo da misericórdia é a tristeza — a tristeza daqueles que sofrem, porque eles não conhecem a Deus nem entendem o seu amor. Por causa dessa escuridão na alma, eles não entendem o que fazem; não conhecem as profundezas do pecado que cometem. Perdoe essas pessoas, pois elas não sabem o que estão fazendo (veja Lucas 23:34). Tenha misericórdia delas, porque estão sofrendo.

Quando as pessoas a insultarem, falarem sobre sua vida ou, de outra forma, provarem que estão distante do Pai, você, como uma Garota de Deus, deve ter misericórdia delas, pois a alma dessas pessoas está angustiada. Você deve encontrar maneiras de servir, em vez de criticar. As marcas de sua reação devem ser sempre a misericórdia e a compaixão para com aqueles que são mais fracos que você. "Deus pode evitar que vocês caiam e pode apresentá-los sem defeito e cheios de alegria na sua gloriosa presença" (Judas 24), mas você deve colocar toda a sua esperança nele e voltar todos os seus pensamentos para ele. Nunca se concentre tanto no sofrimento das outras pessoas a ponto de tirar os olhos de Deus. Obedeça a ele, ame as pessoas, tenha misericórdia e compaixão delas e ore por elas, mas nunca tenha medo delas nem dê as costas com indiferença ou ódio.

para decidir quem ia ficar com o corpo de
Moisés, Miguel não se atreveu a condenar
o Diabo com insultos, mas apenas disse:
"Que o Senhor repreenda você!" 10 Mas es-
ses homens xingam aquilo que não enten-
dem. E as coisas que eles conhecem por
instinto, como os animais selvagens, são
estas que os destroem. 11 Ai deles! Seguem
o mesmo caminho de Caim. Por causa de
dinheiro, eles se entregam ao mesmo erro
de Balaão. E, como Corá se revoltou e foi
destruído, eles também se revoltam e se-
rão *destruídos*. 12 *Com as suas* vergonho-
sas bebedeiras, eles são como manchas
de sujeira nas refeições de amizade que
vocês realizam. Eles cuidam somente de
si mesmos. São como nuvens levadas pelo
vento, que não trazem nenhuma chuva;
são como árvores que, mesmo no outono,
não produzem nenhuma fruta; são como
árvores que foram arrancadas pela raiz e
estão completamente mortas. 13 Eles são
como as ondas bravas do mar, jogando
para cima a espuma das suas ações ver-
gonhosas; são como estrelas sem rumo,
para as quais Deus reservou, para sem-
pre, um lugar na mais profunda escuridão.
14 Foi Enoque, da sétima *geração a par-
tir de Adão, quem há muito tempo *profe-
tizou isto a respeito deles: "Olhem! O Se-
nhor *virá com* muitos milhares dos seus
anjos 15 para julgar todos. Ele virá a fim de
condenar todos os que não querem saber
de Deus, por causa de todas as más ações
que praticaram e por causa de todas as
palavras terríveis que esses pecadores in-
crédulos disseram contra Deus!"
16 Esses homens estão sempre

resmungando e acusando os outros. Eles
seguem os seus próprios maus desejos,
vivem se gabando e bajulam os outros
porque são interesseiros.

Avisos e conselhos

17 Mas vocês, meus amigos, lembrem do
que foi *profetizado pelos *apóstolos do
nosso Senhor Jesus Cristo. 18 Eles disse-
ram a vocês: "Quando chegarem os últi-
mos tempos, aparecerão pessoas que vão
zombar de vocês, pessoas que não que-
rem saber de Deus e seguem os seus pró-
prios desejos." 19 São essas pessoas que
causam divisões, pois são dominadas pe-
los seus desejos naturais e não têm o Es-
pírito de Deus. 20 Porém vocês, meus ami-
gos, continuem a progredir na sua fé, que
é a fé mais sagrada que existe. Orem guia-
dos pelo Espírito Santo. 21 E continuem
vivendo no amor de Deus, esperando que
o nosso Senhor Jesus Cristo, na sua mise-
ricórdia, dê a vocês a vida eterna.
22 Tenham misericórdia dos que têm
dúvidas; 23 salvem outros, tirando-os do
fogo; e para com outros mostrem mise-
ricórdia com medo, odiando até as rou-
pas deles, manchadas pelos seus desejos
pecaminosos.

Oração de louvor

24 Deus pode evitar que vocês caiam e
pode apresentá-los sem defeito e cheios
de alegria na sua *gloriosa presença. 25 Por
meio de Jesus Cristo, o nosso Senhor, lou-
vemos o único Deus, o nosso Salvador, a
quem pertencem a *glória, a grandeza, o
poder e a autoridade, desde todos os tem-
pos, agora e para sempre! *Amém!

Apocalipse

Não tenha medo

Foi permitido que ele lutasse contra o povo de Deus e o vencesse. E também recebeu autoridade sobre todas as tribos, nações, línguas e raças.
Apocalipse 13:7

Autor Provavelmente o apóstolo João, filho de Zebedeu
Data Por volta de 95
Local A ilha de Patmos
Público-alvo Sete igrejas na província da Ásia

Quem está no comando da terra? Satanás. Mas ele só tem controle na medida em que Deus permite. Essa é uma das razões pelas quais não precisamos temer. O inimigo pode conspirar contra você, pode planejar ataques, pode até ter sucesso, mas ele não vence. O que você deve lembrar é que ninguém tem controle ou autoridade a menos que Deus dê permissão. Então, quando Satanás guerreia contra o povo santo de Deus, é porque o Senhor permitiu (veja Apocalipse 13:7). O motivo pelo qual Deus permite que o inimigo faça essas coisas é um mistério, mas é um pelo qual temos de confiar em Deus.

Se o Senhor permite que algo aconteça, ele deve ter uma boa razão. A Garota de Deus está livre do medo e cheia de paz por causa disso. Ela sabe quem está no comando e quem vence. Ela sabe de que lado está e conhece a proteção que Deus oferece. Mesmo que ele permita que algo aparentemente terrível aconteça em sua vida, não tenha medo, mas confie que é para seu bem. Tudo o que você precisa fazer é escolher buscá-lo, e você encontrará na Palavra de Deus a resposta de como reagir às provações e ao sofrimento. Quando você obedecer voluntariamente e se recusar a acusar Deus de não cumprir as promessas dele, você se verá, com o tempo, exatamente onde precisa estar. E a paz será sua companheira constante.

Ponto essencial
Apocalipse foi escrito para revelar as coisas que aconteceriam antes, durante e após a segunda vinda de Jesus.

Durante a leitura do livro de Apocalipse, não tenha medo — todas essas coisas irão e deverão acontecer para o bem do povo de Deus. Por causa disso, você pode descansar, certa de que você, querida Garota de Deus, pode ter paz enquanto pensa no futuro. Deixe que este livro sirva como um alerta contra a indiferença e uma oportunidade para ver quem vence quando tudo estiver dito e feito.

Coisas para procurar

- Apocalipse fala sobre a segunda vinda de Jesus (veja Apocalipse 4—19)
- A descrição do novo céu e da nova terra (veja Apocalipse 21:1—22:5)

✽ **Coroa da vida:** Alguns acreditam que se refira à vida eterna, e outros, que seja uma coroa real que os cristãos recebem quando morrem e vão para o céu. O tipo de coroa que recebem depende do que fizeram. Eles, então, irão colocá-las diante de Deus enquanto o adorarem. Acredita-se que a coroa da vida será dada àqueles que suportarem as provas por causa do nome de Jesus (veja Filipenses 4:1; 2Timóteo 4:8; Tiago 1:12; 1Pedro 5:4; Apocalipse 2:10; 3:11; 4:4,10).

Termos e versículos que você deve saber

Mas, porque são apenas mornos, nem frios nem quentes, vou logo vomitá-los da minha boca.
(Apocalipse 3:16)

Escutem! Eu estou à porta e bato. Se alguém ouvir a minha voz e abrir a porta, eu entrarei na sua casa, e nós jantaremos juntos.
(Apocalipse 3:20)

E dia e noite não paravam de cantar assim: "Santo, santo, santo é o Senhor Deus, o Todo-Poderoso, que era, que é e que há de vir".
(Apocalipse 4:8)

Depois disso olhei e vi uma multidão tão grande, que ninguém podia contar. Eram de todas as nações, tribos, raças e línguas. Estavam de pé diante do trono e do Cordeiro, vestidos de roupas brancas, e tinham folhas de palmeira nas mãos. E gritavam bem alto: – Do nosso Deus, que está sentado no trono, e do Cordeiro vem a nossa salvação.
(Apocalipse 7:9-10)

1 Neste livro estão escritas as coisas que Jesus Cristo revelou. Deus lhe deu esta revelação para mostrar aos seus *servos o que precisa acontecer logo. Cristo enviou o seu anjo para que, por meio dele, o seu servo João soubesse dessas coisas. 2 João contou tudo o que viu, e aqui está o que ele contou a respeito da mensagem de Deus e da verdade revelada por Jesus Cristo. 3 Feliz quem lê este livro, e felizes aqueles que ouvem as palavras desta mensagem *profética e obedecem ao que está escrito neste livro! Pois está perto o tempo em que todas essas coisas acontecerão.

Saudação às sete igrejas

4 Eu, João, escrevo às sete igrejas que estão na *província da Ásia.

Que a *graça e a paz lhes sejam dadas da parte de Deus, aquele que é, que era e que há de vir; da parte dos sete espíritos que estão diante do seu trono 5 e da parte de Jesus Cristo, a testemunha fiel! Ele é o primeiro Filho, que foi ressuscitado e que governa os reis do mundo inteiro.

Ele nos ama, e pela sua morte na cruz nos livrou dos nossos pecados, 6 e fez de nós um reino de sacerdotes a fim de servirmos ao seu Deus e Pai. A Jesus Cristo sejam dados a *glória e o poder para todo o sempre! *Amém!

7 Olhem! Ele vem com as nuvens! Todos o verão, até mesmo os que o atravessaram com a lança. Todos os povos do mundo chorarão por causa dele. Certamente será assim. *Amém!

8 Eu sou o *Alfa e o Ômega, diz o Senhor
Deus, o Todo-Poderoso, que é, que era e
que há de vir.

Uma visão de Cristo

9 Eu sou João, irmão de vocês; e, unido
com Jesus, tomo parte com vocês no *Rei-
no e também em aguentar o sofrimento
com paciência. Eu estava na ilha de Pat-
mos, para onde havia sido levado por ter
anunciado a mensagem de Deus e a ver-
dade que Jesus revelou. 10 No dia do Se-
nhor fui dominado pelo Espírito de Deus
e ouvi atrás de mim uma voz forte como
o som de uma trombeta, 11 que me disse:
— Escreva num livro o que você vai ver
e mande esse livro às igrejas que estão
nestas sete cidades: Éfeso, Esmirna, Pérga-
mo, Tiatira, Sardes, Filadélfia e Laodiceia.
12 Eu virei para ver quem falava comi-
go e vi sete *candelabros de ouro. 13 No
meio deles estava um ser parecido com
um homem, vestindo uma roupa que che-
gava até os pés e com uma faixa de ouro
em volta do peito. 14 Os seus cabelos eram
brancos como a lã ou como a neve, e os
seus olhos eram brilhantes como o fogo.
15 Os seus pés brilhavam como o bronze
refinado na fornalha e depois polido, e a
sua voz parecia o barulho de uma grande
cachoeira. 16 Na mão direita ele segurava
sete estrelas, e da sua boca saía uma es-
pada afiada dos dois lados. O seu rosto
brilhava como o sol do meio-dia.
17 Quando eu o vi, caí aos seus pés,
como morto. Porém ele pôs a mão direi-
ta sobre mim e disse:
— Não tenha medo. Eu sou o Primeiro
e o Último. 18 Eu sou aquele que vive. Esti-
ve morto, mas agora estou vivo para todo
o sempre. Tenho autoridade sobre a mor-
te e sobre o *mundo dos mortos. 19 Portan-
to, escreva as coisas que você vai ver, tan-
to as que estão acontecendo agora como
as que vão acontecer depois. 20 O sentido
secreto das sete estrelas que você viu na
minha mão direita e dos sete candelabros
de ouro é este: as sete estrelas são os an-
jos das sete igrejas, e os sete candelabros
são as sete igrejas.

Mensagem à igreja de Éfeso

2 — Ao anjo da igreja de Éfeso escreva
o seguinte:
"Esta é a mensagem daquele que está
segurando as sete estrelas na mão direita
e que anda no meio dos sete *candelabros
de ouro. 2 Eu sei o que vocês têm feito. Sei
que trabalharam muito e aguentaram o
sofrimento com paciência. Sei que vocês
não podem suportar pessoas más e sei
que puseram à prova os que dizem que
são *apóstolos, mas não são, e assim vo-
cês descobriram que eles são mentiro-
sos. 3 Vocês aguentaram a situação com
paciência e sofreram por minha causa,
sem desanimarem. 4 Porém tenho uma
coisa contra vocês: é que agora vocês não
me amam como me amavam no princípio.
5 Lembrem do quanto vocês caíram! Ar-
rependam-se dos seus pecados e façam
o que faziam no princípio. Se não se arre-
penderem, eu virei e tirarei o candelabro
de vocês do seu lugar. 6 Mas vocês têm a
seu favor isto: odeiam o que os nicolaítas
fazem, como eu também odeio.
7 "Portanto, se vocês têm ouvidos para
ouvir, então ouçam o que o Espírito de
Deus diz às igrejas.
"Aos que conseguirem a vitória eu darei
o direito de comerem da fruta da árvore
da vida, que cresce no jardim de Deus."

Mensagem à igreja de Esmirna

8 — Ao anjo da igreja de Esmirna escre-
va o seguinte:
"Esta é a mensagem daquele que é o
Primeiro e o Último, que morreu e tor-
nou a viver. 9 Eu sei o que vocês estão so-
frendo. Sei que são pobres, mas, de fato,
são ricos. Sei como aqueles que afirmam
que são judeus, mas não são, falam mal de
vocês. Eles são um grupo que pertence a
Satanás. 10 Não tenham medo do que vo-
cês vão sofrer. Escutem! O Diabo vai pôr
na prisão alguns de vocês para que se-
jam provados e sofram durante dez dias.
Sejam fiéis, mesmo que tenham de mor-
rer; e, como prêmio da vitória, eu lhes da-
rei a vida.
11 "Portanto, se vocês têm ouvidos para
ouvir, então ouçam o que o Espírito de
Deus diz às igrejas.
"Aqueles que conseguirem a vitória não
sofrerão o castigo da segunda morte."

Mensagem à igreja de Pérgamo

12 — Ao anjo da igreja de Pérgamo es-
creva o seguinte:
"Esta é a mensagem daquele que tem
a espada afiada dos dois lados. 13 Eu sei
que vocês moram aí onde está o trono
de Satanás. Vocês são fiéis e não abando-
naram a fé que têm em mim, até mesmo
quando Antipas, minha testemunha fiel,
foi morto aí em Pérgamo, onde Satanás

mora. 14 Mas tenho algumas coisas contra
vocês: há entre vocês alguns que seguem
o ensinamento de Balaão, que mostrou a
Balaque como fazer com que o povo de
Israel pecasse, dizendo que os israelitas
deviam comer alimentos oferecidos aos
ídolos e cometer imoralidades. 15 Assim
também estão entre vocês alguns que
seguem os ensinamentos dos nicolaítas.
16 Arrependam-se! Se não, eu logo irei até
aí e, com a espada que sai da minha boca,
lutarei contra essa gente.
17 "Portanto, se vocês têm ouvidos para
ouvir, então ouçam o que o Espírito de
Deus diz às igrejas.

"Aos que conseguirem a vitória eu darei do *maná escondido. E a cada um deles darei uma pedra branca, na qual está escrito um nome novo que ninguém conhece, a não ser quem o recebe."

Mensagem à igreja de Tiatira

18 — Ao anjo da igreja de Tiatira escre-
va o seguinte:

"Esta é a mensagem do Filho de Deus,
que tem olhos que brilham como o fogo e
pés brilhantes como o bronze polido. 19 Eu
sei o que vocês estão fazendo. Sei que têm
amor, são fiéis, trabalham e aguentam o
sofrimento com paciência. Eu sei que vo-
cês estão fazendo mais agora do que no
princípio. 20 Porém tenho contra vocês
uma coisa: é que toleram Jezabel, aquela
mulher que diz que é *profetisa. Ela leva
os meus *servos para o mau caminho, en-
sinando-os a cometer imoralidade sexual
e a comerem alimentos que foram ofere-
cidos aos ídolos. 21 Eu lhe dei tempo para
abandonar os seus pecados, porém ela
não quer deixar a imoralidade. 22 Portan-
to, eu a jogarei numa cama, onde ela e os
que com ela cometem adultério sofrerão
horrivelmente. Farei isso agora, a não ser
que eles se arrependam das coisas más
que fizeram junto com ela. 23 Matarei os
seguidores dela, e então todas as igrejas
saberão que eu sou aquele que conhece
os pensamentos e os desejos de todos.
Eu pagarei a cada um de vocês de acordo
com o que tiver feito.
24 "Porém aí em Tiatira o resto de vo-
cês não seguiu esse mau ensinamento.
Vocês não aprenderam o que alguns cha-
mam de 'os segredos profundos de Sata-
nás'. Afirmo que não porei mais nenhuma
carga sobre vocês. 25 Mas, até que eu ve-
nha, guardem bem aquilo que vocês têm.

26-28 "Aos que conseguirem a vitória e continuarem a fazer até o fim a minha vontade eu darei a mesma autoridade que recebi do meu Pai: autoridade sobre as nações para governá-las com uma barra de ferro e quebrá-las em pedaços como se fossem potes de barro. Eu lhes darei a estrela da manhã.

29 "Portanto, se vocês têm ouvidos para ouvir, então ouçam o que o Espírito de Deus diz às igrejas."

Mensagem à igreja de Sardes

3 — Ao anjo da igreja de Sardes escre-
va o seguinte:

"Esta é a mensagem daquele que tem
os sete espíritos de Deus e as sete estre-
las. Eu sei o que vocês estão fazendo. Vo-
cês dizem que estão vivos, mas, de fato,
estão mortos. 2 Acordem e fortaleçam
aquilo que ainda está vivo, antes que mor-
ra completamente; pois sei que o que vo-
cês fizeram não está ainda de acordo com
aquilo que o meu Deus exige. 3 Portanto,
lembrem do que aprenderam e ouviram.
Obedeçam e se arrependam. Se não acor-
darem, eu os atacarei de surpresa, como
um ladrão, e vocês não ficarão sabendo
nem mesmo a hora da minha vinda. 4 Mas
alguns de vocês de Sardes têm conserva-
do limpas as suas roupas. Vocês andarão
comigo vestidos de roupas brancas, pois
merecem esta honra.
5 "Aqueles que conseguirem a vitória
serão vestidos de branco, e eu não tirarei
o nome dessas pessoas do Livro da Vida.
Eu declararei abertamente, na presença
do meu Pai e dos seus anjos, que elas per-
tencem a mim.
6 "Portanto, se vocês têm ouvidos para
ouvir, então ouçam o que o Espírito de
Deus diz às igrejas."

Mensagem à igreja de Filadélfia

7 — Ao anjo da igreja de Filadélfia es-
creva o seguinte:

"Esta é a mensagem daquele que é santo
e verdadeiro. Ele tem a chave que perten-
cia ao rei Davi; quando ele abre, ninguém
fecha, e quando ele fecha, ninguém abre.
8 "Eu sei o que vocês estão fazendo. Sei
que têm pouca força. Vocês têm seguido
os meus ensinamentos e têm sido fiéis a
mim. Eu abri diante de vocês uma por-
ta que ninguém pode fechar. 9 Escutem!
Quanto àquela gente que pertence a Sa-
tanás, aqueles mentirosos que afirmam
que são judeus, mas não são, eu farei com

DEVOCIONAL

Texto para leitura: **Apocalipse 3:7-11**

Conheça a Deus

Se você só tem um pouco de força, use-a para a glória de Deus. Quando você está muito fraca para se mover e muito cansada para continuar, tudo o que tem de fazer é obedecer. Você não sabe ao certo o que Deus quer que você faça? Então, faça o que ele lhe diz para fazer em sua Palavra. Não se preocupe em ouvir a voz de Deus agora. Não se aflija para descobrir a vontade dele para sua vida hoje. Tudo o que você precisa saber hoje é encontrado nas páginas da Bíblia. A verdade está escrita para quem quiser. Com o pouco de força que você tem, tente alcançar a verdade.

É preciso muito menos energia para receber ordens do que para se esforçar e lutar contra a indecisão.

Uma menina inteligente usa os recursos que tem e os aplica à sua vida. Ao seguir para a fase adulta, você se deparará com todo tipo de escolhas diferentes que somente você poderá fazer. Quando você era criança, seus pais faziam as escolhas por você, mas agora cabe a você fazer as escolhas. E por causa disso, você será responsabilizada. Você não pode continuar a culpar outra pessoa por sua vida senão a si mesma agora. Você está disposta a confiar na Palavra de Deus e fazer o que ele manda ou você irá se queixar, discordar e fazer as coisas do seu jeito? Se você só tem um pouquinho de força, preste atenção na Palavra de Deus e não negue o nome de Deus.

que eles venham e caiam de joelhos dian-
te de vocês. E todos eles saberão que eu
amo vocês. 10 Vocês têm obedecido à mi-
nha ordem para aguentar o sofrimento
com paciência, e por isso eu os protege-
rei no tempo da aflição que virá sobre o
mundo inteiro para pôr à prova os povos
da terra. 11 Eu venho logo. Guardem o que
vocês têm, para que ninguém roube de
vocês o prêmio da vitória.

12 "A pessoa que conseguir a vitória,
eu farei com que ela seja uma coluna no
templo do meu Deus, e essa pessoa nunca
mais sairá dali. E escreverei nela o nome
do meu Deus e o nome da cidade do meu
Deus, a nova Jerusalém, que virá do céu,
da parte do meu Deus. E também escre-
verei nela o meu novo nome.

13 "Portanto, se vocês têm ouvidos para
ouvir, então ouçam o que o Espírito de
Deus diz às igrejas."

Mensagem à igreja de Laodiceia

14 — Ao anjo da igreja de Laodiceia es-
creva o seguinte:

"Esta é a mensagem do *Amém, da tes-
temunha fiel e verdadeira, daquele por
meio de quem Deus criou todas as coisas.
15 Eu sei o que vocês têm feito. Sei que
não são nem frios nem quentes. Como
gostaria que fossem uma coisa ou outra!
16 Mas, porque são apenas mornos, nem
frios nem quentes, vou logo vomitá-los da
minha boca. 17 Vocês dizem: 'Somos ricos,
estamos bem de vida e temos tudo o que
precisamos.' Mas não sabem que são mi-
seráveis, infelizes, pobres, nus e cegos.
18 Portanto, aconselho que comprem de
mim ouro puro para que sejam, de fato,
ricos. E comprem roupas brancas para se
vestir e cobrir a sua nudez vergonhosa.
Comprem também colírio para os olhos
a fim de que possam ver. 19 Eu corrijo e
castigo todos os que amo. Portanto, le-
vem as coisas a sério e se arrependam.
20 Escutem! Eu estou à porta e bato. Se
alguém ouvir a minha voz e abrir a por-
ta, eu entrarei na sua casa, e nós jantare-
mos juntos.

21 "Aos que conseguirem a vitória eu da-
rei o direito de se sentarem ao lado do
meu trono, assim como eu consegui a vi-
tória e agora estou sentado ao lado do
trono do meu Pai.

22 "Portanto, se vocês têm ouvidos para

ouvir, então ouçam o que o Espírito de
Deus diz às igrejas."

Adoração no céu

4 Depois disso, tive outra visão e vi uma
porta aberta no céu. E a voz que pare-
cia o som de uma trombeta e que antes
havia falado comigo disse:
— Suba aqui, e eu mostrarei a você o
que precisa acontecer depois disso.
2 Num instante fui dominado pelo Espí-
rito de Deus. E ali no céu estava um tro-
no com alguém sentado nele. 3 O seu rosto
brilhava como brilham as pedras de *jas-
pe e sárdio, e em volta do trono havia um
arco-íris que brilhava como uma esmeral-
da. 4 Ao redor do trono havia outros vinte e
quatro tronos, nos quais estavam sentados
vinte e quatro líderes, vestidos de branco
e com coroas de ouro na cabeça. 5 Do tro-
no saíam relâmpagos, estrondos e trovões.
Diante dele havia sete tochas acesas, que
são os sete espíritos de Deus. 6 E em frente
do trono havia uma coisa parecida com um
mar de vidro, claro como cristal.
Em volta do trono, em cada um dos
seus lados, estavam quatro seres vivos,
cobertos de olhos, na frente e atrás. 7 O
primeiro desses seres parecia um leão.
O segundo parecia um touro. O terceiro
tinha a cara parecida com a de um ser
humano. E o quarto parecia uma águia
voando. 8 Cada um desses quatro seres vi-
vos tinha seis asas, que estavam cobertas
de olhos nos dois lados. E dia e noite não
paravam de cantar assim:

"Santo, santo, santo
é o Senhor Deus, o Todo-Poderoso,
que era, que é e que há de vir."

9 Cada vez que os quatro seres vivos
cantavam hinos de *glória, honra e agra-
decimento ao que está sentado no trono
e que vive para todo o sempre, 10 os vinte
e quatro líderes caíam de joelhos diante
dele e o adoravam. Atiravam as suas co-
roas diante do trono e diziam:

11 "Senhor nosso e nosso Deus!
Tu és digno de receber glória,
honra e poder,
pois criaste todas as coisas;
por tua vontade elas foram criadas
e existem."

O livro e o Cordeiro

5 Na mão direita daquele que estava sen-
tado no trono eu vi um livro em forma
de rolo. Estava escrito dos dois lados e *se-
lado com sete *selos. 2 Vi também um anjo
forte, que perguntava bem alto:
— Quem é digno de quebrar os selos
e abrir o livro?
3 Mas não havia ninguém, nem no céu,
nem na terra, nem debaixo da terra que
pudesse abrir o livro e ver o que lá esta-
va escrito. 4 Eu chorava muito porque não
se podia achar ninguém que fosse digno
de abrir o livro ou de ver o que lá estava
escrito. 5 Então um dos líderes me disse:
— Não chore. Olhe! O Leão da *tribo de
Judá, o famoso descendente do rei Davi,
conseguiu a vitória e pode quebrar os
sete selos e abrir o livro.
6 Então vi um Cordeiro de pé no meio
do trono, rodeado pelos quatro seres vi-
vos e pelos líderes. Parecia que o Cordei-
ro havia sido oferecido em *sacrifício. Ele
tinha sete chifres e sete olhos, que são os
sete espíritos de Deus que foram enviados
ao mundo inteiro. 7 O Cordeiro foi e pegou
o livro da mão direita daquele que estava
sentado no trono. 8 Quando ele fez isso, os
quatro seres vivos e os vinte e quatro lí-
deres caíram de joelhos diante dele. Cada
um tinha nas mãos uma *harpa e algumas
taças de ouro cheias de incenso, que são
as orações do povo de Deus. 9 Eles canta-
vam esta nova canção:

"Tu és digno de pegar o livro
e de quebrar os selos.
Pois foste morto na cruz
e, por meio da tua morte,
compraste para Deus
pessoas de todas as tribos, línguas,
nações e raças.
10 Tu fizeste com que essas pessoas
fossem um reino de sacerdotes
que servem ao nosso Deus;
e elas governarão o mundo inteiro."

11 Olhei outra vez e ouvi muitos anjos,
milhões e milhões deles! Estavam de pé
em volta do trono, dos quatro seres vivos
e dos líderes 12 e cantavam com voz forte:

"O Cordeiro que foi morto
é digno de receber poder,
riqueza, sabedoria e força,
honra, *glória e louvor."

13 Então ouvi todas as criaturas que há
no céu, na terra, debaixo da terra e no
mar, isto é, todas as criaturas do *Univer-
so, que cantavam:

"Ao que está sentado no trono
e ao Cordeiro
pertencem o louvor, a honra, a glória
e o poder para todo o sempre!"

[14]Os quatro seres respondiam: "*Amém!"
E os líderes caíram de joelhos e o adoraram.

Os selos

6 Então vi o Cordeiro quebrar o primei-
ro dos sete*selos e ouvi um dos qua-
tro seres vivos dizer com voz forte como
o barulho de um trovão:
— Venha!
[2]Olhei e vi um cavalo branco. O seu ca-
valeiro tinha um arco, e lhe deram uma
coroa de rei. E ele saiu vencendo e con-
quistando.
[3]Depois o Cordeiro quebrou o segun-
do selo. E ouvi o segundo ser vivo dizer:
— Venha!
[4]Aí saiu outro cavalo, que era verme-
lho. O seu cavaleiro recebeu o poder de
trazer a guerra ao mundo a fim de que as
pessoas matassem umas às outras. E ele
recebeu uma grande espada.
[5]Então o Cordeiro quebrou o terceiro
selo. E ouvi o terceiro ser vivo dizer:
— Venha!
Olhei e vi um cavalo preto. O seu cava-
leiro tinha uma balança na mão. [6]Ouvi o
que parecia ser uma voz, que vinha do
meio dos quatro seres vivos e dizia:
— Meio quilo de trigo custa o que vo-
cês ganham num dia inteiro de trabalho;
e um quilo e meio de*cevada custa a mes-
ma coisa. E não misturem água no vinho,
nem falsifiquem o azeite.
[7]Depois o Cordeiro quebrou o quarto
selo. E ouvi o quarto ser vivo dizer:
— Venha!
[8]Olhei e vi um cavalo amarelo. O seu ca-
valeiro se chamava Morte, e o*mundo dos
mortos o seguia. Estes receberam poder
sobre a quarta parte da terra, para ma-
tar por meio de guerras, fome, doenças
e animais selvagens.
[9]Então o Cordeiro quebrou o quinto
selo. E vi debaixo do altar as almas dos
que tinham sido mortos porque haviam
anunciado a mensagem de Deus e tinham
sido fiéis no seu testemunho. [10]Eles gri-
tavam com voz bem forte:
— Ó Todo-Poderoso, santo e verdadei-
ro! Quando julgarás e condenarás os que
na terra nos mataram?
[11]Cada um deles recebeu uma roupa
branca. E foi dito a eles que descansassem
um pouco mais, até que se completasse o
número dos seus companheiros no traba-
lho de Cristo, que eram seus irmãos e que
iam ser mortos como eles tinham sido.
[12]Em seguida vi o Cordeiro quebrar o
sexto selo. Houve um violento terremo-
to, o sol se tornou negro como uma roupa
de luto, e a lua ficou toda vermelha como
sangue. [13]As estrelas caíram do céu sobre a
terra, como os figos verdes caem da figuei-
ra sacudida por um vento forte. [14]O céu de-
sapareceu como um rolo de papel que se
enrola de novo, e todos os montes e ilhas
foram tirados dos seus lugares. [15]Então os
reis do mundo inteiro, os governadores e
os chefes militares, os ricos e os poderosos

Uma oração para...

A hora de dormir

Doador de tudo, outro dia está chegando ao fim, e eu ocupo meu lugar ao pé da cruz de meu grande Redentor, onde rios de cura fluem continuamente, onde o bálsamo é derramado sobre cada ferida, onde eu me lavo todos os dias no sangue que purifica todas as coisas, certa de que tu não vês manchas de pecado em mim. Um dia, vou voltar para ti em teu lar e não estarei mais neste mundo; ajuda-me a fortalecer meu coração e minha mente, a revigorar meus passos, a agir como se cada momento fosse o último, para que minha vida seja alegria e minha morte, glória.

Eu te agradeço por tuas bênçãos terrenas — o ar refrescante, a luz do sol, a comida que me dá força, as roupas que me aquecem, a casa que me abriga, o sono que me dá descanso, o firmamento estrelado da noite, a brisa de verão, a doçura das flores, a música dos riachos, a felicidade de familiares e amigos. Agradeço-te por coisas animadas e inanimadas que me dão conforto. Meu cálice transborda. Ajuda-me a não estar alheia a estas misericórdias diárias. Tua mão dá bênçãos; teu poder afasta o mal. Eu te agradeço pelas graças espirituais, pela presença alegre de teu Espírito, pela força de tua vontade que me controla e por teu poder contra as forças do inimigo. Bendito sejas, meu Senhor soberano!

Amém.

e todas as outras pessoas, escravas ou li-
vres, se esconderam nas cavernas e debai-
xo das rochas das montanhas. 16 E gritavam
para os montes e para as rochas:
— Caiam sobre nós e nos escondam
dos olhos daquele que está sentado no
trono e nos protejam da *ira do Cordeiro!
17 Pois já chegou o grande dia da ira deles,
e quem poderá aguentá-la?

Os cento e quarenta e quatro mil do povo de Israel

7 Depois disso vi nos quatro cantos do
mundo quatro anjos em pé. Eles esta-
vam segurando os quatro ventos da terra
a fim de que nenhum vento soprasse so-
bre ela, nem sobre o mar, nem sobre ne-
nhuma árvore. 2 Então vi outro anjo, que
subia do lado leste e que tinha na mão o
*sinete do Deus vivo. Ele gritou com voz
bem forte para os quatro anjos que tinham
recebido o poder de fazer estragos na ter-
ra e no mar. 3 O anjo disse:
— Não façam estragos na terra, nem
no mar, nem nas árvores, até que mar-
quemos com o sinete a testa dos *servos
do nosso Deus.
4 Aí me foi dito o número dos que foram
marcados: eram cento e quarenta e qua-
tro mil. Eles pertenciam a todas as *tri-
bos do povo de Israel, 5-8 doze mil de cada
tribo: de Judá, Rúben, Gade, Aser, Naftali,
Manassés, Simeão, Levi, Issacar, Zebulom,
José e Benjamim.

A grande multidão

9 Depois disso olhei e vi uma multidão
tão grande, que ninguém podia contar.
Eram de todas as nações, *tribos, raças e
línguas. Estavam de pé diante do trono e
do Cordeiro, vestidos de roupas brancas,
e tinham folhas de palmeira nas mãos. 10 E
gritavam bem alto:
— Do nosso Deus, que está sentado no
trono, e do Cordeiro vem a nossa salvação.
11 Todos os anjos estavam de pé em vol-
ta do trono, dos líderes e dos quatro se-
res vivos. Então eles se jogaram diante
do trono, encostaram o rosto no chão e
adoraram a Deus, 12 dizendo:
— *Amém! Ao nosso Deus pertencem
para todo o sempre o louvor, a *glória, a
sabedoria, a gratidão, a honra, o poder e
a força! Amém!
13 Um dos líderes me perguntou:
— Quem são estes que estão vestidos
de branco? De onde foi que vieram?
14 — Eu não sei. O senhor sabe! — res-
pondi.
Então ele me disse:
— Estes são os que atravessaram sãos
e salvos a grande perseguição. São as pes-
soas que lavaram as suas roupas no san-
gue do Cordeiro, e elas ficaram brancas.
15 É por isso que essas pessoas estão de
pé diante do trono de Deus e o servem
de dia e de noite no seu templo. E aquele
que está sentado no trono as protegerá
com a sua presença. 16 Elas nunca mais
terão fome nem sede. Nem o sol nem
qualquer outro calor forte as castigará.
17 Pois o Cordeiro, que está no meio do
trono, será o pastor dessas pessoas e as
guiará para as fontes das águas da vida.
E Deus enxugará todas as lágrimas dos
olhos delas.

O sétimo selo

8 Quando o Cordeiro quebrou o sétimo
*selo, houve silêncio no céu por mais
ou menos meia hora. 2 Então vi os sete an-
jos que estavam de pé diante de Deus, e
eles receberam sete trombetas.
3 Outro anjo veio com um vaso de ouro
no qual se queima incenso e ficou de pé ao
lado do altar. Ele recebeu muito incenso
para juntar com as orações de todo o povo
de Deus e oferecê-lo no altar de ouro que
está diante do trono. 4 E das mãos do anjo
que estava diante de Deus subiu a fumaça
do incenso queimado, junto com as ora-
ções do povo de Deus. 5 Então o anjo pegou
o vaso de incenso, o encheu com fogo do
altar e jogou sobre a terra. Houve trovões,
estrondos, relâmpagos e um terremoto.

As trombetas

6 Em seguida os sete anjos que tinham as
sete trombetas se prepararam para tocar.
7 O primeiro anjo tocou a sua trombe-
ta, e foi lançada sobre a terra uma chuva
de pedra e fogo, misturados com sangue.
E foi destruída pelo fogo a terça parte da
terra, das árvores e também de toda erva
verde.
8 Depois o segundo anjo tocou a sua
trombeta, e uma coisa que parecia uma
grande montanha pegando fogo foi jogada
no mar. A terça parte do mar virou san-
gue, 9 morreu a terça parte dos animais
do mar, e foi destruída a terça parte de
todos os navios e barcos.
10 Então o terceiro anjo tocou a
sua trombeta, e uma grande estrela,

queimando como uma tocha, caiu do céu
sobre a terça parte dos rios e sobre as
fontes de águas. 11 O nome dessa estrela
é Amargura. A terça parte das águas se
tornou amarga, e por isso muitas pessoas
morreram ao beberem daquelas águas.
12 Aí o quarto anjo tocou a sua trombe-
ta, e foi ferida a terça parte do sol, da lua
e das estrelas, de modo que perderam a
terça parte do seu brilho. Não houve luz
durante a terça parte do dia e também
da noite.
13 Depois olhei e vi uma águia que voa-
va bem alto no céu. E ouvi a águia dizer
com voz forte:
— Ai de vocês! Ai de vocês! Ai de vocês
que estiverem morando na terra quando
se ouvir o som das trombetas que os ou-
tros três anjos vão tocar!

9 Depois o quinto anjo tocou a sua trom-
beta, e eu vi uma estrela que tinha caí-
do do céu na terra, e ela recebeu a chave
do *abismo. 2 A estrela abriu o poço do
abismo, e dele saiu fumaça, como se fos-
se de uma grande fornalha. E o sol e o
ar escureceram com a fumaça que saía
do abismo. 3 De dentro da fumaça saíram
gafanhotos, que desceram sobre a terra e
receberam o mesmo poder que os escor-
piões têm. 4 Foi dito aos gafanhotos que
não fizessem estragos nas ervas, nem nas
árvores, nem em qualquer outra planta;
somente podiam ferir as pessoas que não
tivessem a marca do *sinete de Deus na
testa. 5 Os gafanhotos não tiveram permis-
são para matar essas pessoas; eles podiam
apenas torturá-las durante cinco meses. A
dor que causavam nessa tortura era como
a dor da picada de um escorpião. 6 Naque-
les cinco meses as pessoas procurarão a
morte, mas não a encontrarão; vão querer
morrer, mas a morte fugirá delas.
7 Os gafanhotos pareciam cavalos pron-
tos para a batalha. Na cabeça tinham uma
coisa parecida com uma coroa de ouro, e
a cara deles era como o rosto de um ser
humano. 8 Os seus cabelos eram como ca-
belos de mulher, e os dentes eram como
dentes de leão. 9 As suas *couraças eram
parecidas com couraças de ferro, e o ba-
rulho das suas asas era como o barulho
de carros puxados por muitos cavalos
quando correm para a batalha. 10 Os ga-
fanhotos tinham rabos e ferrões como

DEVOCIONAL

Texto para leitura: **Apocalipse 8:7-13**

Conheça a verdadeira felicidade

A preocupação pode ser sua primeira reação quando as coisas ficam difíceis. Quando todos ao seu redor veem o desastre se aproximando e temem o pior, é fácil embarcar no trem da preocupação. Mas a preocupação não tem por objetivo ser uma parte da vida de uma Garota de Deus. É claro que as coisas podem parecer sombrias. A dificuldade pode estar à sua volta, pode parecer que a terra esteja prestes a parar de girar, mas, por piores que as coisas pareçam, você pode ter certeza de uma coisa: Deus tem tudo sob controle. O medo só é útil quando você está se referindo ao temor de Deus. Ele é o único a quem você precisa temer. Ninguém e nada podem tirá-la do Senhor. Então, não tenha medo e não se preocupe quando as coisas parecerem trágicas. Sua vida está nas mãos de Deus, e, mesmo que o céu caia e todos os oceanos sequem, ele não irá abandoná-la.

Quando as coisas ficarem difíceis, não deixe que a preocupação prove sua falta de fé. Em vez disso, prove o quanto você confia em Deus recusando-se a acreditar que ele não está no controle. A preocupação chama Deus de mentiroso, mas a confiança prova sua fé nele. Então, não tema o futuro, não tema o que o Senhor ordenou, não tema o que os outros temem. Sua vida está nas mãos de Deus do início ao fim. Ele sabe seu destino, sabe como o mundo acabará e sabe como protegê-la e cuidar de você.

os de escorpiões, e era com os rabos que tinham o poder de ferir as pessoas por cinco meses. 11 Eles tinham um rei que os governava, que era o anjo que toma conta do abismo. O seu nome em *hebraico é Abadom e em *grego é Apolião (isso quer dizer "O Destruidor").

12 O primeiro "ai" já passou. Depois disso dois outros "ais" devem vir ainda.

13 Então o sexto anjo tocou a sua trombeta, e eu ouvi uma voz que vinha dos quatro cantos do altar de ouro que está diante de Deus. 14 E ao sexto anjo, que tinha nas mãos a trombeta, a voz disse:

— Solte os quatro anjos que estão amarrados perto do grande rio Eufrates!

15 Os quatro anjos foram soltos. Eles estavam preparados para essa hora, dia, mês e ano a fim de matar a terça parte da humanidade. 16 E me foi dito que os soldados a cavalo eram duzentos milhões. 17 Na minha visão vi os cavalos e os seus cavaleiros. Os cavaleiros tinham no peito *couraças vermelhas como fogo, azuis como *safira e amarelas como enxofre. A cabeça dos cavalos era como cabeça de leão, e da boca deles saía fogo, fumaça e enxofre. 18 A terça parte da humanidade foi morta por estas três pragas: o fogo, a fumaça e o enxofre que saíam da boca dos cavalos. 19 Pois o poder dos cavalos está na boca deles e também no rabo. O rabo parecia uma cobra com a cabeça na ponta dele, e com ele os cavalos feriam o povo.

20 O resto da humanidade, isto é, todos os que não tinham sido mortos por essas pragas, não abandonou aquilo que eles haviam feito com as suas próprias mãos: eles não pararam de adorar os demônios e os ídolos de ouro, de prata, de bronze, de pedra e de madeira, que não podem ver, nem ouvir, nem andar. 21 Também não se arrependeram dos seus crimes de morte, nem das suas feitiçarias, nem da sua imoralidade sexual, nem dos seus roubos.

O anjo e o livrinho

10 Então vi outro anjo forte, que estava descendo do céu. A sua roupa era uma nuvem, e ele tinha um arco-íris na cabeça. O seu rosto era como o sol, e as pernas eram como colunas de fogo. 2 O anjo tinha um livrinho aberto na mão. Ele pôs o pé direito sobre o mar e o esquerdo, sobre a terra 3 e gritou com voz muito forte, que parecia o rugido de leões. Depois que gritou, os sete trovões responderam com um estrondo. 4 No momento em que eles falaram, eu ia escrever, mas ouvi uma voz do céu que dizia:

— Guarde em segredo o que os sete trovões disseram. Não escreva nada.

5 Depois o anjo que vi em pé sobre o mar e sobre a terra levantou a mão direita para o céu 6 e fez um juramento em nome de Deus, que vive para todo o sempre, que criou o céu, a terra, o mar e tudo o que existe neles. O juramento foi este:

— Não vai demorar mais. 7 Quando o sétimo anjo tocar a trombeta, Deus cumprirá o seu plano secreto, como anunciou aos seus *servos, os *profetas.

8 Então a voz do céu que eu tinha ouvido falou outra vez comigo, dizendo:

— Vá até o anjo que está em pé sobre o mar e sobre a terra e pegue o livro aberto que ele tem na mão.

9 Eu fui e pedi ao anjo o livrinho, e ele me disse:

— Pegue o livrinho e coma-o. No seu estômago ele ficará azedo, mas na sua boca será doce como mel.

10 Aí peguei o livrinho da mão do anjo e o comi, e na minha boca ele era doce como mel. Mas, depois que o engoli, o meu estômago ficou azedo. 11 Então me disseram:

— Você precisa anunciar outra vez a mensagem de Deus a respeito de muitas nações, raças, línguas e reis.

As duas testemunhas

11 Depois disso recebi uma régua de medir, parecida com um caniço, e me disseram:

— Levante-se, tire as medidas do Templo de Deus e do altar e conte as pessoas que estão adorando no Templo. 2 Porém não tire as medidas do pátio exterior do Templo, pois esse pátio foi dado aos pagãos, que pisarão a Cidade Santa durante quarenta e dois meses. 3 Eu enviarei as minhas duas testemunhas, vestidas com roupa feita de pano grosseiro, e elas anunciarão a mensagem de Deus durante mil duzentos e sessenta dias.

4 As duas testemunhas são as duas oliveiras e os dois *candelabros que estão em pé diante do Senhor do mundo inteiro. 5 Se os seus inimigos tentam maltratá-las, sai fogo da boca dessas duas testemunhas e acaba com eles. Assim, quem quiser maltratá-las precisa ser morto. 6 Elas têm autoridade para fechar o céu

a fim de que não chova durante o tempo
em que anunciam a mensagem de Deus.
Têm autoridade também sobre as águas
para que virem sangue. Têm autoridade
ainda para ferir a terra com todo tipo de
pragas, quantas vezes quiserem.
7 Quando as duas testemunhas aca-
barem de anunciar a sua mensagem, o
monstro que vem do *abismo lutará con-
tra elas. Ele vencerá e as matará, 8 e os
seus corpos ficarão na rua principal da
grande cidade onde o Senhor delas foi
crucificado. O nome simbólico daquela
cidade é Sodoma ou Egito. 9 Durante três
dias e meio, os povos de todas as nações,
tribos, línguas e raças olharão para es-
ses dois corpos e não deixarão que se-
jam sepultados. 10 Os povos da terra fi-
carão felizes com a morte dessas duas
testemunhas. Vão comemorar e mandar
presentes uns aos outros porque esses
dois *profetas trouxeram muito sofrimen-
to para a humanidade. 11 Mas depois des-
ses três dias e meio um sopro de vida veio
de Deus e entrou neles, e eles se levanta-
ram. E todas as pessoas que os viram fi-
caram com um medo terrível. 12 Aí os dois
profetas ouviram uma voz forte, que vi-
nha do céu e lhes dizia:
— Subam aqui!
Enquanto os seus inimigos olhavam, os
dois profetas subiram ao céu numa nu-
vem. 13 Naquele momento houve um vio-
lento terremoto. A décima parte da cidade
foi destruída, e morreram sete mil pes-
soas. As outras ficaram com muito medo
e louvaram a grandeza do Deus do céu.
14 O segundo "ai" já passou. Mas olhem!
O terceiro "ai" virá logo.

A sétima trombeta

15 Então o sétimo anjo tocou a sua trom-
beta, e houve no céu vozes fortes, que di-
ziam:
— O poder para governar o mundo per-
tence agora a Deus, que é o Senhor nos-
so, e ao *Messias que ele escolheu. E Deus
reinará para todo o sempre!
16 Aí os vinte e quatro líderes, que esta-
vam sentados nos seus tronos diante de
Deus, ajoelharam-se, encostaram o rosto
no chão *e adoraram a Deus,* *17 dizendo:*

— Ó Senhor Deus, Todo-Poderoso,
que és e que eras!
Nós te damos graças
porque tu tens usado o teu grande
poder
e começaste a reinar.
18 Os pagãos estão muito furiosos
porque já chegou o momento
de mostrares a tua *ira
e a hora de os mortos serem
julgados.
Chegou o momento de
recompensares
os teus *servos, os *profetas,
e todo o teu povo,
e todos os que te *temem,
tanto os importantes como os
humildes.
Chegou o momento de destruíres
os que matam pessoas na terra!

19 Então se abriu o templo de Deus, que
está no céu, e a *arca da aliança foi vista
lá dentro. E houve relâmpagos, estron-
dos, trovões, um terremoto e uma forte
chuva de pedra.

A mulher e o dragão

12 Então apareceu no céu um gran-
de e misterioso sinal. Era uma mu-
lher. O seu vestido era o sol, debaixo dos
seus pés estava a lua, e ela usava na ca-
beça uma coroa que tinha doze estrelas.
2 A mulher estava grávida e gritava com
dores de parto.
3 E apareceu no céu outro sinal: era
um enorme dragão vermelho com sete
cabeças e dez chifres e com uma coroa
em cada cabeça. 4 Com a cauda ele arras-
tou do céu a terça parte das estrelas e as
jogou sobre a terra. Depois parou dian-
te da mulher grávida a fim de comer a
criança logo que ela nascesse. 5 Então a
mulher deu à luz um filho, que gover-
nará todas as nações com uma barra de
ferro. Mas a criança foi tirada e levada
para perto de Deus e do seu trono. 6 A
mulher fugiu para o deserto, onde Deus
havia preparado um lugar para ela. Ali
ela será sustentada durante mil duzen-
tos e sessenta dias.
7 Depois houve guerra no céu. Miguel
e os seus anjos lutaram contra o dragão,
que combateu junto com os seus anjos.
8 Mas o dragão foi vencido, e por isso ele
e os seus anjos não puderam mais ficar
no céu. 9 O enorme dragão foi lançado fora
do céu. Ele é aquela velha cobra, chama-
da Diabo ou Satanás, que leva todas as
pessoas do mundo a pecar. Ele foi joga-
do sobre a terra, e os seus anjos também
foram jogados junto com ele.

10 Então ouvi uma voz forte no céu, que
dizia:
— Agora chegou a salvação de Deus!
Agora Deus mostrou o seu poder como
rei! Agora o *Messias que ele escolheu
mostrou a sua autoridade! Pois o acusa-
dor dos nossos irmãos, que estava dian-
te de Deus para acusá-los dia e noite, foi
jogado fora do céu. 11 Os nossos irmãos o
derrotaram por meio do sangue do Cor-
deiro e da mensagem que anunciaram.
Eles estavam prontos para dar a sua vida
e morrer. 12 Portanto, ó céu e todos vo-
cês que vivem nele, alegrem-se! Mas ai
da terra e do mar! Pois o Diabo desceu
até vocês e ele está muito furioso porque
sabe que tem somente um pouco mais de
tempo para agir.
13 Quando o dragão viu que tinha sido
jogado sobre a terra, começou a perse-
guir a mulher que tinha dado à luz o me-
nino. 14 Porém a mulher recebeu as duas
asas de uma grande águia para poder
voar para o seu lugar no deserto, onde
ela será sustentada durante três anos e
meio, livre do ataque do dragão. 15 En-
tão o dragão lançou água da sua boca,
como se fosse um rio, atrás da mulher,
para que ela fosse arrastada pelas águas.
16 Mas a terra ajudou a mulher, pois a
própria terra abriu a boca e engoliu a
água que tinha saído da boca do dragão.
17 O dragão ficou furioso com a mulher
e foi combater contra o resto dos des-
cendentes dela, isto é, aqueles que obe-
decem aos mandamentos de Deus e são
fiéis à verdade revelada por Jesus. 18 E o
dragão ficou de pé na praia.

Os dois monstros

13 Depois vi um monstro que su-
bia do mar. Ele tinha dez chifres
e sete cabeças, uma coroa em cada um
dos chifres e nomes, que eram *blasfê-
mias, escritos nas cabeças. 2 O monstro
que vi parecia um leopardo; *os seus pés*
eram *como os de um* urso, e a sua boca
era como a de um leão. E ao monstro o
dragão deu o seu poder, o seu trono e
grande autoridade. 3 Uma das cabeças do
monstro parecia que tinha recebido um
golpe mortal, mas a ferida havia sarado.
O mundo inteiro ficou admirado e seguiu
o monstro. 4 Todos adoravam o dragão
porque ele tinha dado a sua autoridade
ao monstro. Eles adoravam também o
monstro, dizendo:
— Quem é tão forte como o monstro?
Quem pode lutar contra ele?
5 Foi permitido ao monstro se gabar da
sua autoridade e dizer blasfêmias contra
Deus. E ele recebeu autoridade para agir
durante quarenta e dois meses. 6 Ele co-
meçou a blasfemar contra Deus, contra o
seu nome, contra o lugar onde ele mora
e contra todos os que vivem no céu. 7 Foi
permitido que ele lutasse contra o povo
de Deus e o vencesse. E também recebeu
autoridade sobre todas as tribos, nações,
línguas e raças. 8 Todos os que vivem na
terra o adorarão, menos aqueles que,
desde antes da criação do mundo, têm
o nome escrito no Livro da Vida, o qual
pertence ao Cordeiro, que foi morto. 9 Por-
tanto, se vocês quiserem ouvir, escutem
bem isto: 10 Quem tem de ser preso será
preso; quem tem de ser morto pela espa-
da será morto pela espada.
Isso exige que o povo de Deus aguen-
te o sofrimento com paciência e seja fiel.
11 Então vi outro monstro, que subia da
terra. Ele tinha dois chifres parecidos com
os de um carneiro, mas falava como um
dragão. 12 Usava toda a autoridade do pri-
meiro monstro, na sua presença. Forçava
a terra e todos os que moram nela a ado-
rarem o primeiro monstro, aquele cuja
ferida mortal havia sido curada. 13 Esse
segundo monstro fez coisas espantosas.
Fez com que caísse fogo do céu sobre a
terra, na presença de todas as pessoas.
14 E enganou todos os povos da terra, por
meio das coisas que lhe foi permitido fa-
zer na presença do primeiro monstro. O
segundo monstro disse a todos os povos
do mundo que fizessem uma imagem em
honra ao outro monstro, que havia sido
ferido pela espada e não havia morrido.
15 O segundo monstro recebeu poder de
soprar vida na imagem do primeiro, para
que ela pudesse falar e matar todos os
que não a adorassem. 16 Ele obrigou todas
as pessoas, importantes e humildes, ricas
e pobres, escravas e livres, a terem um si-
nal na mão direita ou na testa. 17 Ninguém
podia comprar ou vender, a não ser que
tivesse esse sinal, isto é, o nome do mons-
tro ou o número do nome dele.
18 Isso exige sabedoria. Quem é inteli-
gente pode descobrir o que o número do
monstro quer dizer, pois o número repre-
senta o nome de um ser humano. O seu
número é seiscentos e sessenta e seis.

A canção dos cento e quarenta e quatro mil

14 Depois olhei e vi o Cordeiro em pé
no monte *Sião. Com ele estavam
cento e quarenta e quatro mil pessoas que
tinham o nome dele e o nome do Pai dele
escritos na testa delas. 2 Então ouvi uma
voz do céu, que parecia o barulho de uma
grande cachoeira ou o som de um forte
trovão. A voz que ouvi era como a músi-
ca de harpistas tocando as suas *harpas.
3 Os cento e quarenta e quatro mil esta-
vam diante do trono, e dos quatro seres
vivos, e dos líderes e cantavam uma nova
canção, que somente eles podiam apren-
der. De toda a humanidade eles eram os
únicos que tinham sido comprados por
Deus. 4 Eram os que se conservaram pu-
ros porque não haviam tido relações com
mulheres. Seguem o Cordeiro aonde ele
vai. Entre todos os seres humanos eles
foram comprados e foram os primeiros
a serem oferecidos a Deus e ao Cordeiro.
5 Eles nunca mentiram, nem cometeram
nenhuma falta.

As mensagens dos três anjos

6 Então vi outro anjo voando muito alto,
com uma mensagem eterna do *evange-
lho para anunciar aos povos da terra, a
todas as raças, tribos, línguas e nações.
7 Ele disse com voz forte:

— *Temam a Deus e louvem a sua *gló-
ria, pois já chegou a hora de Deus julgar
a humanidade. Adorem aquele que fez o
céu, a terra, o mar e as fontes das águas!

8 Um segundo anjo seguiu o primeiro,
dizendo:

— Caiu! Caiu a grande Babilônia! Ela
embriagou todos os povos, dando-lhes
o seu vinho, o vinho forte da sua terrível
imoralidade!

9 Um terceiro anjo seguiu o segundo,
dizendo com voz forte:

— Aqueles que adorarem o monstro e a
sua imagem e receberem o sinal na testa
ou na mão 10 beberão o vinho de Deus, o
vinho da sua *ira, que ele derramou puro
na taça do seu furor. Eles serão atormen-
tados no fogo e no enxofre diante dos san-
tos anjos e do Cordeiro. 11 A fumaça do
fogo que os atormenta sobe para todo o
sempre. Ali não há *alívio, nem* de dia nem
de noite, para os que adoram o monstro
e a sua imagem, nem para qualquer um
que tenha o sinal do nome dele.

12 Isso exige que o povo de Deus aguen-
te o sofrimento com paciência. Esse povo
são aqueles que obedecem aos manda-
mentos de Deus e são fiéis a Jesus.

13 Então ouvi uma voz do céu, que disse:

— Escreva isto: felizes as pessoas que
desde agora morrem no serviço do Se-
nhor!

— Sim, isso é verdade! — responde o
Espírito de Deus. — Elas descansarão do
seu duro trabalho porque levarão consigo
o resultado dos seus serviços.

A colheita do fim dos tempos

14 Então olhei e vi uma nuvem branca,
na qual estava sentado alguém que pa-
recia um ser humano, com uma coroa de
ouro na cabeça e uma foice afiada na mão.
15 Outro anjo saiu do templo e gritou bem
forte para aquele que estava sentado na
nuvem:

— Use a sua foice e faça a colheita por-
que já chegou a hora de colher. A terra
está pronta para a colheita!

16 Depois o que estava sentado na nu-
vem passou a foice sobre a terra e fez a
colheita.

17 Aí outro anjo saiu do templo que está
no céu e ele também tinha uma foice afia-
da.

18 Depois outro anjo, que era o encarre-
gado do fogo, saiu de perto do altar. Com
voz forte ele gritou para o anjo que tinha
a foice afiada:

— Use a foice e corte os cachos de uvas
da *videira da terra, pois as uvas estão
maduras!

19 Então o anjo passou a foice sobre a
terra, cortou os cachos de uvas da videi-
ra e os jogou no tanque da violenta *ira
de Deus, onde as uvas são pisadas. 20 As
uvas foram pisadas no tanque que fica-
va fora da cidade, e o rio de sangue que
saiu desse tanque tinha trezentos quilô-
metros de comprimento por um metro e
meio de fundura.

Os anjos e as últimas pragas

15 Depois disso vi no céu outro sinal
misterioso, grande e espantoso.
Eram sete anjos com sete pragas, que são
as últimas, pois são o fim da *ira de Deus.

2 Então vi o que parecia ser um mar de
vidro misturado com fogo. Vi também
as pessoas que conseguiram derrotar o
monstro e a sua *imagem*, isto é, o mons-
tro cujo nome é representado por *um nú-
mero*. Elas estavam de pé, perto do mar
de vidro, e tocavam as *harpas que Deus

lhes tinha dado. 3 Cantavam a Canção de
Moisés, *servo de Deus, e a Canção do Cor-
deiro. Cantavam assim:

"Ó Senhor Deus, Todo-Poderoso,
como são grandes e maravilhosas
as tuas obras!
Rei das nações,
como são justos e verdadeiros
os teus planos!
4 Quem não terá medo de ti, Senhor?
Quem não vai querer anunciar
a tua *glória?
Pois só tu és santo.
Todas as nações virão
e te adorarão
porque as tuas obras justas
são vistas por todos."

5 Em seguida, vi que se abriu no céu o
templo, isto é, a *Tenda da Presença de
Deus. 6 Os sete anjos que tinham as sete
pragas saíram do *Lugar Santo. Estavam
vestidos com roupas de linho branco e
brilhante e tinham faixas de ouro em vol-
ta do peito. 7 Então um dos quatro seres
vivos deu aos sete anjos sete taças de
ouro cheias da *ira de Deus, aquele que
vive para todo o sempre. 8 O templo fi-
cou cheio da fumaça da *glória e do po-
der de Deus, e ninguém podia entrar nele
até que chegassem ao fim as sete pragas
trazidas pelos sete anjos.

As taças da ira de Deus

16 Depois ouvi uma voz forte falan-
do de dentro do templo, dizendo
aos sete anjos:
— Vão e derramem sobre a terra as
sete taças da *ira de Deus!
2 O primeiro anjo foi e derramou a sua
taça sobre a terra. Feridas abertas, terrí-
veis e dolorosas, apareceram naqueles
que tinham o sinal do monstro e que ha-
viam adorado a sua imagem.
3 Aí o segundo anjo derramou a sua taça
sobre o mar. A água ficou como o sangue
de uma pessoa morta, e morreram todos
os seres vivos do mar.
4 Então o terceiro anjo derramou a sua
taça sobre os rios e nas fontes de água, e
eles viraram sangue. 5 Eu ouvi o anjo que
tinha autoridade sobre as águas dizer:
— Tu és justo nos teus julgamentos, ó
Deus santo, que és e que eras! 6 Os maus
derramaram o sangue do povo de Deus
e dos *profetas, e por isso tu lhes deste
sangue para beber. Eles estão recebendo
o que merecem.
7 Aí ouvi uma voz que vinha do altar.
A voz dizia:
— Ó Senhor Deus, Todo-Poderoso! Os
teus julgamentos são, de fato, verdadei-
ros e justos!
8 Depois o quarto anjo derramou a sua
taça sobre o sol, e ele recebeu licença
para queimar as pessoas com fogo. 9 Elas
sofreram queimaduras dolorosas cau-
sadas por esse fogo e amaldiçoaram o
nome de Deus, que tem autoridade so-
bre essas pragas. Mas não se arrepende-
ram dos seus pecados, nem louvaram a
*glória de Deus.
10 Então o quinto anjo derramou a sua
taça sobre o trono do monstro, cujo reino
ficou na escuridão, e as pessoas mordiam
a língua de dor 11 e, por causa das suas
dores e feridas, amaldiçoavam o Deus do
céu. Porém não abandonaram as coisas
más que faziam.
12 Em seguida o sexto anjo derramou
a sua taça no grande rio Eufrates. O rio
secou a fim de se abrir um caminho para
os reis que vêm do Oriente. 13 Então vi
três espíritos imundos que pareciam rãs,
que saíam da boca do dragão, da boca do
monstro e da boca do falso profeta. 14 Eles
são os espíritos maus que fazem milagres.
Esses três espíritos vão aos reis do mun-
do inteiro a fim de os ajuntar para a ba-
talha do grande Dia de Deus, o Todo-Po-
deroso.
15 "Escutem! Eu venho como um ladrão.
Feliz aquele que vigia e toma conta da sua
roupa, a fim de não andar nu e não ficar
envergonhado em público!"
16 Depois os espíritos ajuntaram os reis
no lugar que em *hebraico é chamado de
"Armagedom".
17 E por último o sétimo anjo derramou
a sua taça no ar. Então uma voz forte veio
do trono, no templo, dizendo:
— Está feito!
18 Houve relâmpagos, estrondos, tro-
vões e um violento terremoto, tão vio-
lento como nunca houve igual desde a
criação dos seres humanos. Foi o pior de
todos! 19 A grande cidade se quebrou em
três partes, e as cidades de todos os paí-
ses foram destruídas. Deus lembrou da
grande Babilônia e lhe deu o vinho da sua
taça — o vinho do furor da sua *ira. 20 To-
das as ilhas desapareceram, e todos os

montes sumiram. 21 Chuvas de pedra caí-
ram do céu sobre as pessoas. Eram gran-
des pedras, que pesavam mais de trinta
quilos. E as pessoas amaldiçoaram a Deus
por causa da praga de chuvas de pedra,
pois ela era terrível.

A famosa prostituta e o monstro

17 Então um dos sete anjos que tinham
as sete taças veio me dizer:
— Venha, e eu vou lhe mostrar como
será castigada a famosa prostituta, aquela
grande cidade que está construída perto
de muitos rios. 2 Os reis do mundo inteiro
cometeram imoralidade sexual com ela, e
os povos do mundo ficaram bêbados com
o vinho da sua imoralidade.
3 Então o Espírito de Deus me domi-
nou, e o anjo me levou para um deserto,
onde vi uma mulher montada num mons-
tro vermelho. Havia muitas *blasfêmias
escritas nele, e ele tinha sete cabeças e
dez chifres. 4 A mulher usava um vestido
cor de *púrpura e vermelho vivo e esta-
va coberta de enfeites de ouro, de pedras
preciosas e pérolas. Na mão ela segurava
uma taça de ouro cheia de vinho, que re-
presentava as suas práticas indecentes e
a imundícia da sua imoralidade. 5 Na sua
testa estava escrito um nome que tem um
significado secreto: "A grande Babilônia,
mãe de todas as prostitutas e de todas
as pessoas imorais do mundo." 6 Então vi
que a mulher estava embriagada com o
sangue do povo de Deus e das pessoas
que haviam sido mortas porque tinham
sido fiéis a Jesus.
Quando a vi, fiquei muito espantado.
7 E o anjo me perguntou:
— Por que é que você está assim, tão
espantado? Vou lhe contar o significado
secreto da mulher e do monstro que a
carrega, o qual tem sete cabeças e dez chi-
fres. 8 O monstro que você viu estava vivo,
mas agora não vive mais. Ele está para
subir do *abismo, e dali sairá, e será des-
truído. Os moradores da terra que desde
a criação do mundo não têm os seus no-
mes escritos no Livro da Vida ficarão es-
pantados quando olharem para o mons-
tro. *Ele estava vivo; agora não* vive mais,
porém tornará a aparecer.
9 — Isto exige sabedoria e entendi-
mento: as sete cabeças são sete montes
onde a mulher está sentada. Elas tam-
bém são sete reis: 10 Cinco já morreram,
um está governando, e o outro ainda não
apareceu. E, quando aparecer, precisará
governar por pouco tempo. 11 E o mons-
tro que já esteve vivo, mas que agora não
vive mais, é o oitavo rei, que faz parte dos
primeiros sete e que vai ser destruído.
12 — Os dez chifres que você viu são dez
reis que ainda não começaram a governar,
mas vão receber autoridade para reinar
com o monstro durante uma hora. 13 Es-
ses dez estão todos de acordo entre si e
dão ao monstro o poder e a autoridade
que possuem. 14 Eles lutarão contra o Cor-
deiro, e ele os vencerá porque é o Senhor
dos senhores e o Rei dos reis. E com ele
vencerão os seus seguidores, aqueles que
são *chamados e fiéis.
15 Então o anjo também me disse:
— As águas que você viu, onde a prosti-
tuta está sentada, são nações, povos, raças
e línguas. 16 Os dez chifres que você viu e o
monstro odiarão a prostituta. Eles tirarão
tudo o que ela tem e a deixarão nua. De-
vorarão a sua carne e queimarão o resto
no fogo. 17 Os dez reis farão isso porque
Deus colocou no coração deles o desejo
de fazerem o que ele quer. Assim entre
si concordarão em entregar ao monstro
a autoridade que eles têm para governar.
Isso acontecerá até que se cumpram as
palavras de Deus.
18 — A mulher que você viu é a gran-
de cidade que domina os reis do mun-
do inteiro.

A queda de Babilônia

18 Depois disso vi outro anjo descendo
do céu. Ele tinha um grande poder,
e o seu brilho iluminava toda a terra. 2 E
gritava com voz forte:
— Caiu! Caiu a grande Babilônia! Agora
quem vive ali são os demônios e todos os
espíritos imundos. Todos os tipos de aves
e feras imundas e nojentas vivem nela.
3 Pois todas as nações beberam do seu
vinho, o vinho forte do seu desejo imo-
ral. Os reis do mundo inteiro cometeram
imoralidade sexual com ela, e os homens
de negócio deste mundo se enriquece-
ram à custa das práticas sexuais sujas da
prostituta.
4 Então ouvi outra voz do céu, que disse:

— Saia dessa cidade, meu povo!
Saiam todos dela
para não tomarem parte
  nos seus pecados
e para não participarem

dos seus castigos!
5 Pois os seus pecados
estão amontoados até o céu,
e Deus lembra das suas maldades.
6 Deem a ela o mesmo
que ela deu a vocês;
paguem em dobro o que ela fez.
Encham a taça dela
com bebida duas vezes mais forte
do que a bebida
que ela preparou para vocês.
7 Deem a ela tanto sofrimento
e tristeza
quanto luxo e *glória
ela deu a si mesma.
Porque ela pensa assim:
"Estou sentada aqui como rainha!
Não sou viúva
e nunca mais vou sofrer!"
8 Por isso num mesmo dia
cairão sobre ela estas pragas:
doenças, dor e fome,
e ela será queimada no fogo.
Pois o Senhor Deus, que a julga,
é poderoso.

9 Os reis do mundo inteiro que tomaram
parte na imoralidade e na corrupção dela
vão gritar e chorar quando virem a fuma-
ça do seu incêndio. 10 Eles ficam de longe
porque têm medo de tomar parte no cas-
tigo que ela vai sofrer e dizem:

— Ai de você! Ai de você, Babilônia, grande e poderosa cidade! Em apenas uma hora você já foi castigada!

11 Os comerciantes do mundo inteiro
também gritam e se lamentam por cau-
sa dela porque ninguém mais compra os
produtos deles. 12 Ninguém compra o seu
ouro, prata, pedras preciosas e pérolas;
nem o seu linho finíssimo, a sua *púrpura,
a sua seda e a sua lã vermelha; nem qual-
quer espécie de madeira rara ou qualquer
tipo de objetos feitos de marfim e de ma-
deira cara, de bronze, ferro e mármore;
*13 nem canela, *cardamomo, incenso,* *mir-
ra ou perfumes. Ninguém compra o seu
vinho, azeite, farinha de trigo e trigo em
grão; nem gado e ovelhas, cavalos e car-
ruagens, nem escravos ou outros seres hu-
manos. 14 Os comerciantes dizem à cidade:

— Acabaram todas aquelas coisas boas que você tanto desejava, e você perdeu para sempre toda a riqueza e toda a fama que possuía e não as encontrará mais.

15 E os comerciantes, que se tornaram
ricos negociando naquela cidade, ficarão
de longe, com medo de serem castigados
junto com ela. Eles vão gritar e lamen-
tar assim:

16 — Ai da grande cidade! Ai da cidade
que estava vestida de linho finíssimo, de
púrpura e de lã vermelha e que se enfei-
tava com joias de ouro, com pedras pre-
ciosas e com pérolas! 17 Em somente uma
hora ela perdeu toda a sua riqueza!

Todos os capitães de navios e todos os passageiros, marinheiros e outros que ganham a vida no mar ficaram de longe.
18 Então, vendo a fumaça do incêndio da
cidade, gritaram:

— Nunca houve uma cidade igual a esta grande cidade!

19 Em sinal de tristeza eles jogaram
pó sobre a cabeça, choraram e gritaram
assim:

— Ai da grande cidade! Ai da cidade onde, à custa da sua grande riqueza, se enriqueceram todos os que tinham navios no mar! E em apenas uma hora ela perdeu tudo!

20 Alegrem-se, ó céus, por causa da des-
truição dessa cidade! Alegrem-se, povo de
Deus, *apóstolos e *profetas! Pois Deus a
condenou pelo que ela fez a vocês!

21 Então um anjo forte levantou uma pe-
dra do tamanho de uma grande pedra de
moinho e a jogou no mar. E disse:

— É assim que a grande cidade de Ba-
bilônia será jogada fora com violência e
nunca mais será vista. 22 A música dos to-
cadores de *harpa, de flauta e de trom-
beta e as vozes dos cantores nunca mais
serão ouvidas em você, e em você nunca
mais será encontrado nenhum trabalha-
dor de qualquer ofício, e nunca mais se
ouvirá em você o barulho das pedras de
moinho! 23 Em você jamais brilhará a luz
de uma lamparina, e nunca mais se ouvi-
rá em você a voz dos noivos e das noivas.
Os seus comerciantes foram os mais po-
derosos do mundo, e com feitiçaria você
enganou todos os povos da terra.

24 A grande Babilônia foi castigada
porque nela foi encontrado o sangue
dos profetas, o sangue do povo de Deus
e o de todos os que foram assassinados
na terra.

19 Depois disso ouvi no céu uma voz
forte como se fosse a de uma gran-
de multidão, que dizia:

— *Aleluia! A salvação, a *glória e o po-
der pertencem ao nosso Deus! 2 Os seus

julgamentos são verdadeiros e justos. Ele
condenou a famosa prostituta que cor-
rompia a terra com a sua imoralidade.
Deus a castigou porque ela havia mata-
do os *servos dele.
3 E a multidão disse outra vez:
— Aleluia! A fumaça do incêndio da
grande cidade sobe para todo o sempre.
4 Então os vinte e quatro líderes e os
quatro seres vivos caíram de joelhos e
adoraram a Deus, que estava sentado no
trono, e disseram:
— *Amém! Aleluia!

A festa de casamento do Cordeiro

5 Então veio do trono o som de uma voz,
que dizia:
— Louvem o nosso Deus, todos os seus
*servos, todos os que o *temem, tanto as
pessoas importantes como as humildes!
6 Aí ouvi um som que parecia a voz de
uma grande multidão, como o barulho
de uma grande cachoeira ou como fortes
trovões, que dizia:
— *Aleluia! Pois o Senhor, nosso Deus, o
Todo-Poderoso, é Rei! 7 Fiquemos alegres
e felizes! Louvemos a sua *glória! Porque
chegou a hora da festa de casamento do
Cordeiro, e a noiva já se preparou para
recebê-lo. 8 A ela foi dado linho finíssimo,
linho brilhante e puro para se vestir.
O linho são as boas ações do povo de
Deus.
9 Então o anjo me disse:
— Escreva isto: "Felizes os que foram
convidados para a festa de casamento do
Cordeiro!"
E o anjo disse ainda:
— São essas as verdadeiras palavras
de Deus.
10 Aí eu me ajoelhei aos pés do anjo para
adorá-lo, mas ele me disse:
— Não faça isso! Pois eu sou servo de
Deus, assim como são você e os seus ir-
mãos que continuam fiéis à verdade re-
velada por Jesus. Adore a Deus!
Pois a verdade revelada por Jesus é a
mensagem que o Espírito entrega aos
*profetas.

O cavaleiro montado no cavalo branco

11 Em seguida vi o céu aberto, e apa-
receu um cavalo branco. O seu cavalei-
ro se chama Fiel e Verdadeiro. Ele julga
e combate com justiça. 12 Os seus olhos
eram como chamas de fogo, e ele tinha
muitas coroas na cabeça. Havia escrito
nele um nome que ninguém conhece, a
não ser ele mesmo. 13 A sua *capa estava
encharcada de sangue. Ele se chama "A
Palavra de Deus". 14 Os exércitos do céu o
seguiam, montados em cavalos brancos
e vestidos de linho branco e puro. 15 Da
sua boca saía uma espada afiada, com a
qual ele vencerá as nações. Ele as gover-
nará com uma barra de ferro e pisará as
uvas no tanque do furor da *ira do Deus
Todo-Poderoso. 16 Na capa e na perna dele
estava escrito este nome: "Rei dos reis e
Senhor dos senhores."
17 Então vi um anjo que estava de pé so-
bre o sol. Ele gritou com voz forte, dizen-
do o seguinte para todas as aves que es-
tavam voando bem alto:
— Venham e se ajuntem para o grande
banquete de Deus! 18 Venham e comam a
carne de reis, de generais e de soldados,
de cavalos e de cavaleiros e de todas as
pessoas, sejam escravas ou livres, sejam
importantes ou humildes.
19 Depois vi o monstro e os reis do mun-
do inteiro e os seus exércitos reunidos
para lutar contra aquele que estava mon-
tado no cavalo e contra o seu exército. 20 O
monstro foi feito prisioneiro junto com
o falso profeta, que havia feito coisas es-
pantosas na sua presença. Com aquelas
coisas ele havia enganado os que tinham
o sinal do monstro e os que haviam ado-
rado a imagem do monstro. O monstro

Pergunte a si mesma...

Alguma vez você disse: "Isso não é justo"? Quando as coisas não parecem justas, o que você faz? Faça estas perguntas para si mesma e descubra a resposta para as partes injustas da vida:

O que é injusto em minha vida?
De quem é a definição de justiça que estou usando?
Deus é injusto ou justo (veja Apocalipse 19:2)?
Deus pode resolver tudo para o bem daqueles que o amam (veja Romanos 8:28)?
Como o que é injusto em minha vida pode ser usado para o bem?

e o falso profeta foram jogados vivos no
lago de fogo que queima com enxofre.
21 Os seus exércitos foram mortos pela
espada que saía da boca daquele que es-
tava montado no cavalo branco. E todas
as aves comeram da carne deles até não
quererem mais.

Os mil anos

20 Então vi descendo do céu um
anjo que tinha nas mãos a chave
do *abismo e uma corrente pesada. 2 Ele
agarrou o dragão, aquela velha cobra que
é o Diabo ou Satanás, e o amarrou por
mil anos. 3 Então o anjo jogou o Diabo no
abismo e trancou e *selou a porta para
que ele não enganasse mais as nações até
terminarem os mil anos. Depois desses
mil anos é preciso que ele seja solto por
um pouco de tempo.
4 Em seguida vi alguns tronos, e os que
estavam sentados neles receberam o
poder de julgar. Vi também as almas das
pessoas que tinham sido degoladas por-
que haviam anunciado a mensagem de
Deus e a verdade que Jesus revelou. Elas
não tinham adorado o monstro nem a
sua imagem, nem tinham recebido o seu
sinal na testa ou na mão. Essas pessoas
tornaram a viver e reinaram com Cris-
to durante os mil anos. 5 Os outros mor-
tos não tornaram a viver até que os mil
anos terminaram. Esta é a primeira res-
surreição. 6 Felizes e abençoadas as pes-
soas que forem incluídas nessa primeira
ressurreição, pois a segunda morte não
tem poder sobre elas! Serão sacerdotes
de Deus e de Cristo e reinarão com ele
durante os mil anos.

A derrota de Satanás

7 Depois que os mil anos terminarem,
Satanás será solto da sua prisão 8 e sairá
para enganar os povos de todas as na-
ções do mundo, isto é, *Gogue e Mago-
gue. Satanás os juntará para a batalha, e
eles serão tantos como os grãos de areia
da praia do mar.
9 Eles se espalharam pelo mundo e cer-
caram o acampamento do povo de Deus
e a cidade que ele ama, mas um fogo des-
ceu do céu e os destruiu. 10 Aí o Diabo, que
os havia enganado, foi jogado no lago de
fogo e enxofre, onde o monstro e o falso
*profeta já haviam sido lançados. E lá eles
serão atormentados para todo o sempre,
de dia e de noite.

O julgamento final

11 Então vi um grande trono branco e
aquele que está sentado nele. A terra e o
céu fugiram da sua presença e não foram
vistos mais. 12 Vi também os mortos, tanto
os importantes como os humildes, que es-
tavam de pé diante do trono. Foram aber-
tos livros, e também foi aberto outro livro,
o Livro da Vida. Os mortos foram julga-
dos de acordo com o que cada um havia
feito, conforme estava escrito nos livros.
13 Aí o mar entregou os mortos que esta-
vam nele. A morte e o *mundo dos mortos
também entregaram os que eles tinham
em seu poder. E todos foram julgados de
acordo com o que cada um tinha feito.
14 Então a morte e o mundo dos mortos
foram jogados no lago de fogo. Esse lago
de fogo é a segunda morte. 15 Quem não
tinha o seu nome escrito no Livro da Vida
foi jogado no lago de fogo.

O novo céu e a nova terra

21 Então vi um novo céu e uma nova
terra. O primeiro céu e a primeira
terra desapareceram, e o mar sumiu. 2 E
vi a Cidade Santa, a nova Jerusalém, que
descia do céu. Ela vinha de Deus, enfeitada
e preparada, vestida como uma noiva que
vai se encontrar com o noivo. 3 Ouvi uma
voz forte que vinha do trono, a qual disse:
— Agora a morada de Deus está entre
os seres humanos! Deus vai morar com
eles, e eles serão os povos dele. O próprio
Deus estará com eles e será o Deus deles.
4 Ele enxugará dos olhos deles todas as
lágrimas. Não haverá mais morte, nem
tristeza, nem choro, nem dor. As coisas
velhas já passaram.
5 Aquele que estava sentado no trono
disse:
— Agora faço novas todas as coisas!
E também me disse:
— Escreva isto, pois estas palavras são
verdadeiras e merecem confiança.
6 E continuou:
— Tudo está feito! Eu sou o *Alfa e o
Ômega, o Princípio e o Fim. A quem tem
sede darei água para beber, de graça, da
fonte da água da vida. 7 Aqueles que con-
seguirem a vitória receberão de mim este
presente: eu serei o Deus deles, e eles se-
rão meus filhos. 8 Mas os covardes, os trai-
dores, os que cometem pecados nojentos,
os assassinos, os imorais, os que praticam
a feitiçaria, os que adoram ídolos e todos
os mentirosos, o lugar dessas pessoas é o

lago onde queima o fogo e o enxofre, que é a segunda morte.

A nova Jerusalém

9 Um dos sete anjos que tinham as sete taças cheias das últimas sete pragas veio e me disse:

— Venha, e eu lhe mostrarei a Noiva, a Esposa do Cordeiro.

10 Então o Espírito de Deus me dominou, e o anjo me levou para uma montanha grande e muito alta. Ele me mostrou Jerusalém, a Cidade Santa, que descia do céu e vinha de Deus, 11 brilhando com a *glória de Deus. A cidade brilhava como uma pedra preciosa, como uma pedra de *jaspe, clara como cristal. 12 Ela era cercada por uma muralha muito alta e grande, com doze portões, guardados por doze anjos. Nos portões estavam escritos os nomes das doze *tribos do povo de Israel. 13 Havia três portões de cada lado: três ao norte, três ao sul, três a leste e três a oeste. 14 A muralha da cidade estava construída sobre doze rochas, nas quais estavam escritos os nomes dos doze *apóstolos do Cordeiro.

15 O anjo que falou comigo levava consigo uma vara de ouro para medir a cidade, os seus portões e a muralha. 16 A cidade era quadrada, pois o seu comprimento era igual à sua largura. O anjo mediu a cidade com a vara de ouro e viu que media dois mil e duzentos quilômetros. O seu comprimento, largura e altura eram iguais. 17 O anjo mediu também a muralha e viu que tinha sessenta e quatro metros de largura, conforme as medidas comuns que o anjo estava usando. 18 A muralha era de jaspe, e a própria cidade era de ouro puro, claro como vidro. 19 As rochas do alicerce da muralha estavam enfeitadas de todo tipo de pedras preciosas. A primeira rocha estava enfeitada de jaspe; a segunda, de *safira; a terceira, de *ágata; a quarta, de esmeralda; 20 a quinta, de sardônica; a sexta, de sárdio; a sétima, de *crisólito; a oitava, de *berilo; a nona, de *topázio; a décima, de *crisópraso; a décima primeira, de *jacinto; e a décima segunda, de **ametista.* 21 *Os doze portões são doze pé*rolas. E cada um desses portões era feito de uma só pérola. A rua principal era de ouro puro, claro como vidro.

22 Não vi nenhum templo na cidade, pois o seu templo é o Senhor Deus, o Todo-Poderoso, e o Cordeiro. 23 A cidade não precisa de sol nem de lua para a iluminarem, pois a glória de Deus brilha sobre ela, e o Cordeiro é o seu *candelabro. 24 Os povos do mundo andarão na luz dela, e os reis da terra vão lhe trazer as suas riquezas. 25 Os portões da cidade estarão sempre abertos o dia inteiro. Não se fecharão porque ali não haverá noite. 26 As nações vão trazer os seus tesouros e as suas riquezas para a cidade. 27 Porém nela não entrará nada que seja *impuro nem ninguém que faça coisas vergonhosas ou que conte mentiras. Entrarão na cidade somente as pessoas que têm o seu nome escrito no Livro da Vida, o qual pertence ao Cordeiro.

22 O anjo também me mostrou o rio da água da vida, brilhante como cristal, que sai do trono de Deus e do Cordeiro 2 e que passa no meio da rua principal da cidade. Em cada lado do rio está a árvore da vida, que dá doze frutas por ano, isto é, uma por mês. E as suas folhas servem para curar as nações. 3 E não haverá na cidade nada que esteja debaixo da maldição de Deus.

O trono de Deus e do Cordeiro estará na cidade, e os seus *servos o adorarão. 4 Verão o seu rosto, e na testa terão escrito o nome de Deus. 5 Ali não haverá mais noite, e não precisarão nem da luz de *candelabros nem da luz do sol, pois o Senhor Deus brilhará sobre eles. E reinarão para todo o sempre.

A vinda de Jesus

6 Então o anjo me disse:

— Essas palavras são verdadeiras e merecem confiança. O Senhor Deus, que dá o seu Espírito aos *profetas, enviou o seu anjo para mostrar aos seus *servos as coisas que precisam acontecer logo.

7 — Escutem! — diz Jesus. — Eu venho logo! Felizes os que obedecem às palavras *proféticas deste livro!

8 Eu, João, ouvi e vi todas essas coisas. E, quando acabei de ouvir e ver, caí de joelhos aos pés do anjo que me mostrou essas coisas e ia adorá-lo. 9 Mas ele me disse:

— Não faça isso! Pois eu sou servo de Deus, assim como são você e os seus irmãos, os profetas, e todas as pessoas que obedecem às palavras deste livro. Adore a Deus!

10 E o anjo continuou:

— Não faça segredo das palavras

proféticas deste livro, pois o tempo de
acontecerem essas coisas está perto.
11 Quem é mau, que continue a fazer o
mal, e quem é imundo, que continue a
ser imundo. Quem é bom, que continue
a fazer o bem, e quem é dedicado a Deus,
que continue a ser dedicado a Deus.

12 — Escutem! — diz Jesus. — Eu venho logo! Vou trazer comigo as minhas
recompensas, para dá-las a cada um de
acordo com o que tem feito. 13 Eu sou o
*Alfa e o Ômega, o Primeiro e o Último, o
Princípio e o Fim.

14 Felizes as pessoas que lavam as suas
roupas, pois assim terão o direito de comer a fruta da árvore da vida e de entrar
na cidade pelos seus portões! 15 Mas fora
da cidade estão os que cometem pecados
nojentos, os feiticeiros, os imorais e os assassinos, os que adoram ídolos e os que
gostam de mentir por palavras e ações.

16 — Eu, Jesus, enviei o meu anjo para
anunciar essas coisas a vocês nas igrejas.
Eu sou o famoso descendente do rei Davi.
Sou a brilhante estrela da manhã.

17 O Espírito e a Noiva dizem:
— Venha!
Aquele que ouve isso diga também:
— Venha!
Aquele que tem sede venha. E quem
quiser receba de graça da água da vida.

Final

18 Eu, João, aviso solenemente aos que
ouvem as palavras *proféticas deste livro: se alguma pessoa acrescentar a elas
alguma coisa, Deus acrescentará ao castigo dela as pragas descritas neste livro.
19 E, se alguma pessoa tirar alguma coisa
das palavras proféticas deste livro, Deus
tirará dela as bênçãos descritas neste
livro, isto é, a sua parte da fruta da árvore da vida e também a sua parte da
Cidade Santa.

20 Aquele que dá testemunho de tudo
isso diz:
— Certamente venho logo!
*Amém! Vem, Senhor Jesus!
21 E que a *graça do Senhor Jesus esteja com todos.

DEVOCIONAL

Texto para leitura: **Apocalipse 22:18-19**

Conheça a Deus

Você já ouviu a voz de Deus? Ele lhe disse para fazer alguma coisa? Para ir a algum lugar? O que você fará? Esses são os momentos em que conhecer a Palavra de Deus é fundamental, porque, se você não estiver familiarizada com os caminhos de Deus, com a voz e a verdade dele, você poderá facilmente ser vítima de impostores e acrescentar coisas às Escrituras que, na verdade, não estão ali. A Palavra de Deus diz que você deve provar todo espírito que ouvir, porque nem todo espírito que afirma ser *o* Espírito (com *E* maiúsculo) realmente o é (1João 4:1). Satanás finge ser Deus quando se veste como um "anjo de luz" (2Coríntios 11:14), por isso você não pode ser muito rápida para dizer "Deus me disse" quando houver a possibilidade de que quem lhe disse estar apenas fingindo ser alguém que não é.

Então, como você sabe quem está falando? Se o que "Deus lhe disse" contradiz a Palavra de Deus, você pode ter certeza de que o que ouviu não foi a voz de Deus. Quantas vezes você teve certeza de que o Senhor queria que você fizesse ou tivesse alguma coisa e acabou por descobrir que aquilo não iria acontecer? Você culpa a Deus? Ou você para e acha que talvez tenha sido muito rápida para identificar a voz em sua cabeça como a voz de Deus? Só porque você ouve algo que parece incrível e maravilhoso não significa que seja o Pai falando com você. Então, resista à tentação de dizer "Deus me disse", porque a única coisa de que você pode ter certeza que o Senhor lhe disse é o que ele disse ao mundo na Palavra dele

Recursos adicionais

Glossário da Garota de Deus

adultério: Relações sexuais com uma pessoa com a qual não se é casado.

aliança: Um acordo formal feito entre duas pessoas ou grupos de pessoas, o qual as partes têm a obrigação de cumprir.

aliança abraâmica: A aliança feita por Deus com Abraão por meio da qual Deus prometeu dar a Abraão muitos descendentes e torná-los seu povo (veja Gênesis 12:1-3; 15:18; 22:15-18). O sinal dessa aliança é a circuncisão (veja Gênesis 17:11-12).

aliança davídica: A aliança que Deus fez com Davi de que seu reino continuaria pelas gerações futuras (veja 2Samuel 7:12; 22:51). Essa aliança era considerada incondicional e se cumpriu na vida de Cristo (veja Mateus 1:1; 2:4-6; Lucas 1:30-33).

aliança mosaica: A aliança dada a Moisés no monte Sinai, incluindo os dez mandamentos. O sinal dessa aliança deveria ser a observância do sábado (veja Êxodo 31:13). Também é conhecida como aliança do Sinai.

aliança noética: A aliança que Deus fez com Noé, por meio da qual o Senhor prometeu nunca mais inundar a terra (veja Gênesis 9:11).

amonitas: Os descendentes de Ben-Ami, que era filho de Ló e de sua filha mais nova (veja Gênesis 19:30-38). Eles não deram assistência alguma aos israelitas quando esses saíram do Egito (veja Deuteronômio 23:3-4).

apóstata: Alguém que se diz cristão, mas nunca foi salvo de verdade. Os apóstatas podem ser uma parte ativa da Igreja, mas negam a divindade de Cristo e ensinam mentiras que são inconsistentes com as Escrituras (veja Judas 4,7-10,16 e 2Pedro 2:1-3,10-12,18).

Arão: Irmão de Moisés, que foi seu assistente para falar em seu nome (veja Êxodo 4:16), e também o primeiro sumo sacerdote.

arca: "A arca da aliança" ou "a arca que contém as palavras de minha promessa" era um recipiente em forma de caixa usado para guardar e levar as duas tábuas da aliança — os dez mandamentos.

arrepender-se: Afastar-se do pecado e concordar que os mandamentos de Deus são bons. Arrependimento implica uma mudança de atitude e de ações.

bispo: Um líder ou ancião da igreja.

blasfêmia: Falar mal de Deus, incluindo amaldiçoá-lo, odiá-lo ou dizer mentiras sobre ele. Também pode incluir difamar ou zombar de pessoas, anjos ou demônios (veja Tito 3:2; Judas 1:8-10).

boas-novas (boas notícias): Referem-se à mensagem do poder salvador de Cristo. Também podem ser chamadas de *evangelho*.

caminho, o: No Novo Testamento, Jesus se refere a si mesmo como "o caminho", o meio para se chegar a Deus (veja João 14:6).

censo (recenseamento): Uma contagem das pessoas, normalmente em preparação para a guerra ou tributação.

cidade de Davi: A cidade real que Davi conquistou e chamou de Jerusalém (também conhecida como Sião). Também pode se referir à cidade de Belém onde nasceu Jesus (veja João 7:42).

cisterna: Um tanque ou compartimento subterrâneo para armazenar água. Uma cisterna seca foi usada como cela para prisioneiros em Jeremias 38:6.

cobiça: Veja **ganância**.

Conselho Superior: O conselho judicial e administrativo da fé judaica, também conhecido como Sinédrio, era composto pelo sumo sacerdote, escribas e anciãos. Eles foram os responsáveis por acusar Jesus do crime de blasfêmia.

coroa da vida: Alguns acreditam que se refira à vida eterna, e outros, que seja uma coroa real que os cristãos recebem quando morrem e vão para o céu. O tipo de coroa que recebem depende do que fizeram. Eles, então, irão colocá-las diante de Deus enquanto o adorarem. Acredita-se que a coroa da vida será dada àqueles que suportarem as provas por causa do nome de Jesus (veja Filipenses 4:1; 2Timóteo 4:8; Tiago 1:12; 1Pedro 5:4; Apocalipse 2:10; 3:11; 4:4,10).

Descendente (renovo) de Davi: Um nome que refere ao Messias, que viria da linhagem de Davi (veja Jeremias 23:5-6).

descendentes de Jacó: Refere-se à família dos israelitas, começando com os doze filhos de Jacó.

destruidor: O inimigo que destrói Israel, e/ou um agente de Deus usado para executar o juízo de Deus (veja Êxodo 12:23; Isaías 49:17; Jeremias 22:7; 50:11).

diácono: Líder da igreja local que auxilia o pastor.

Dia do Senhor: Um tempo no futuro em que Deus julgará a todos na terra, em que os inimigos de Deus serão destruídos e seu povo será exaltado. No novo Testamento, refere-se também à segunda vinda de Cristo (veja 2Pedro 3:10).

disciplina: Correção ou castigo pela má conduta. Também pode significar o ato de exercitar a obediência e o autocontrole.

dormir: Esse verbo muitas vezes é usado como metáfora para a morte (ver João 11:11).

edomitas: Edom foi o nome dado a Esaú, irmão de Jacó, que abriu mão de sua herança por uma tigela de sopa. Seus descendentes, os edomitas, recusaram-se a deixar Israel passar por sua terra (veja Números 20:14-21).

El: Uma palavra hebraica que significa Deus.

falso mestre: Qualquer pessoa que ensine algo inconsistente com as Escrituras ou contrário a elas. Os falsos mestres podem ser aqueles que ensinam coisas sobre um falso deus ou aqueles que dizem ensinar coisas sobre o — ou em nome do — Deus verdadeiro, mas não falam a verdade. Eles não convencem as pessoas do pecado, mas lhes oferecem falsa esperança em algo diferente de Deus.

fariseus: Um grupo de judeus que observavam rigorosamente a lei do Antigo Testamento. Muitos deles eram metidos a santos e arrogantes, desprezando qualquer um que não cumprisse cada letra da lei, especialmente em se tratando de dízimo e pureza.

Festa da Colheita: Uma festa de um dia para comemorar o fim da colheita. Nessa festa, os israelitas ofereciam dois pães e dez animais em sacrifício. Também conhecida como "Festa das Semanas", "o dia dos primeiros frutos" ou "Pentecostes".

festas: Momentos de adoração coletiva programados com frequência para o povo de Israel.

fruto do Espírito: Refere-se às nove características de caráter vistas na vida dos cristãos, como fruto da fé deles, listadas em Gálatas 5:22-23. São elas: amor, alegria, paz, paciência, delicadeza, bondade, fidelidade, humildade e domínio próprio.

ganância: Um forte desejo de possuir algo, normalmente dinheiro, que você acha que precisa ter mais, incluindo comida, roupas e assim por diante. É considerada a pior idolatria, na qual você adora a si mesmo ao se dar aquilo que deseja. Também conhecida como cobiça.

genealogia: Um registro da linhagem dos antepassados de uma família ou grupo.

gentio: Um termo geral que significa não ser judeu.

Glorioso Deus de Israel: *Netsah Yisrael* — também traduzido em outras Bíblias como "Glória de Israel" ou "Força de Israel" — é outro nome do Senhor (veja 1Samuel 15:29).

hedonismo: *A crença de que a única coisa* boa na vida é a busca de seu próprio prazer.

heresia: Falsa doutrina que ensina qualquer coisa diferente da verdade bíblica que possa enganar os cristãos. O engano causado por ela pode destruir a fé das pessoas ao dar-lhes confiança em uma mentira, e não na verdade.

holocausto: Uma oferta em que o animal inteiro usado para o sacrifício devia ser queimado como oferta ao Senhor. Essa era uma exigência permanente aos judeus e deveria acontecer de dia e noite (veja Levítico 6:8-23).

hospitalidade: Ato de ser acolhedor e amigável com os irmãos cristãos e com os estranhos, convidando-os a fazer coisas com você, servindo-lhes e cuidando deles.

humildade: A falta de orgulho em si mesmo ou em sua capacidade de fazer coisas sem Deus. Acreditar que você não está competindo com o mundo para ter sucesso, mas que pode confiar em Deus para ter tudo.

idolatria: Obsessão, apego ou adoração a algo que não seja Deus.

impuro: Quem ou o que não era apto para a adoração cerimonial; contaminado, profano, sujo, imundo ou moralmente inaceitável. O Antigo Testamento ensina o que Deus considera impuro, portanto, não espiritualmente puro.

Inimigo de Cristo: Pode referir-se a uma pessoa em particular que virá no final desta era, fazendo a obra de Satanás e afirmando ser Deus (também chamado de "homem do pecado" por Paulo), mas, em 1João 2:22, "Inimigo de Cristo" é quem se opõe a Cristo.

Jerusalém: A cidade central de Israel e capital do reino do sul de Judá. O nome significa "lugar de paz".

Judá: Judá é o nome de uma área dentro da Palestina, mas também é o nome de uma tribo. Em Miqueias, refere-se ao reino do sul, cuja capital é Jerusalém. É formado pelas tribos de Judá e Benjamim.

justificação: Ato em que Deus considera justos os cristãos, não com base em nossa capacidade de cumprir a lei, mas com base na fé em Jesus. Deus aceita e trata todos os que creem em Cristo como justos aos olhos da lei ou, em outras palavras, como quem tem vivido à altura das exigências da lei.

koinonia: Um termo grego que se refere aos relacionamentos espirituais.

Lei: As instruções de Deus para seu povo sobre como levar uma vida que honra e ama a Deus.

levitas: Descendentes de Levi separados como trabalhadores religiosos. Eles tinham de servir ao nome do Senhor para sempre (veja Deuteronômio 18:1-8).

Lugar Santíssimo: A parte do tabernáculo e do templo onde a arca era mantida.

lugares altos: Altares ou lugares de adoração erguidos para adorar deuses pagãos.

luz: Muitas vezes usada nas Escrituras como referência a Jesus (veja João 1:9).

Melquisedeque: Rei e sacerdote de Salém (provavelmente Jerusalém) que prenunciou a vinda do Messias (veja Gênesis 14:17-20; Salmos 110:4; Hebreus 5—7).

misericórdia: Não receber o castigo que você, de fato, merece. É a compaixão de Deus por nós, mesmo depois de o termos ofendido — ele nos vê em nossa angústia e pecado e nos ama de qualquer maneira.

moabitas: Os descendentes de Moabe, que era filho de Ló e de sua filha mais velha (veja Gênesis 19:30-38). Eles também não deram assistência alguma aos israelitas quando estes saíram do Egito (veja Deuteronômio 23:3-4).

morte (punição) eterna: Descreve o destino eterno daqueles que vão para o inferno.

nascer de novo: Nascer de novo é submeter-se a uma renovação espiritual que a torna nova criatura com base em sua fé na morte vivificante e ressurreição de Jesus e em sua aceitação delas (veja João 3:3,7; 1Pedro 1:23).

nazireus: Homens ou mulheres "dedicados" ou "consagrados". Eles eram separados, às vezes antes do nascimento, para o serviço de Deus. Não podiam beber vinho, cortar o cabelo nem chegar perto de um cadáver. Veja as histórias de Sansão, Samuel, João Batista e Paulo.

Nínive: A capital da nação pagã da Assíria. Considerada uma das cidades mais perversas de seu tempo. É mencionada nos livros de Jonas, Naum, 2Reis 17—19 e 2Crônicas 32—33.

obras: São as coisas que você faz, suas ações, aquelas coisas que as pessoas podem ver. São consideradas boas obras se forem feitas pelo motivo de amar e servir a Deus, ou seja, obediência. Obras más são coisas que as pessoas fazem por desobediência. Você pode reconhecer a fé de uma pessoa pelas obras dela (veja Mateus 5:16; 1Coríntios 3:14; Efésios 2:10; 5:11; 2Timóteo 2:21; 1João 2:4-5).

oferta: Aquilo que é sacrificado a Deus como ato de adoração. Pode ser alimento, animal ou dinheiro.

oferta de paz: Também conhecida como oferta de comunhão, essa oferta era feita a Deus, e, em seguida, parte dela servia de alimento para os adoradores em serviço.

"o grande terror": Muitas vezes chamado de *"abominação desoladora", trata-se de algo fei*to ao templo de Jerusalém que irá profaná-lo, como colocar altares para outros deuses ou sacrificar animais impuros (veja Daniel 11:31; 12:11; Mateus 24:15).

oração: O ato de se comunicar com Deus. Acontece quando alguém que crê e confia nele (veja João 4:24) suplica a ele (veja Êxodo 32:11), derrama o coração para ele (veja 1Samuel 1:15), chama por ele (veja 2Crônicas 32:20), se une a ele (veja Salmos 73:28) ou se ajoelha diante dele (Efésios 3:14).

orgulho: Autoestima excessiva, o oposto de humildade. Colocar-se no trono acima de Deus. É o fundamento de todo pecado.

"O Senhor é a minha bandeira". Um dos nomes de Deus (veja Êxodo 17:15).

o Senhor está aqui (Yahweh Shammah): expressão usada por Ezequiel para descrever a cidade santa de Jerusalém (veja Ezequiel 48:35).

Palavra: Um termo usado em João para se referir a Jesus.

Palavra da vida: Outro nome usado para Jesus, que é chamado de "a Palavra" (João 1:1) e "a vida" (João 14:6), ou possivelmente uma referência ao evangelho da vida eterna (veja 1João 1:1).

parousia: Termo grego que significa "vinda" ou "presença", usado para se referir à segunda vinda de Cristo, como vemos em 2Pedro 3:10.

Páscoa: Também conhecida como "Festa dos Pães sem Fermento" (veja Êxodo 12:17), é uma importante festa judaica que relembra o Anjo do Senhor passando pelas casas dos israelitas, quando ele matou os primogênitos dos egípcios. Durante a festa, somente pão sem fermento (pão ázimo) era permitido na casa.

pecado: Qualquer coisa que você faça que vai contra as coisas que Deus ordenou na Bíblia. Pecado também é conhecido como desobediência.

pedra principal: A pedra angular de uma fundação; o lugar onde duas paredes de um edifício se encontram. Ela alinha todo o prédio e ajuda a mantê-lo em pé.

Pentecostes: Conhecida como Festa da Colheita, ficou conhecido depois como o dia em que o Espírito Santo desceu sobre os cristãos, e Pedro levou milhares de pessoas à fé em Cristo (veja Atos 2).

pontas do altar: Quatro grandes chifres ou saliências que se projetavam para fora de ambos os lados do altar para manter a madeira e o sacrifício no lugar. Cortá-las significava que nenhum outro sacrifício poderia ser feito (veja Amós 3:14).

profeta: Alguém que fala por Deus. Esta pessoa revela às pessoas a vontade de Deus para a vida delas, e, às vezes, isso pode até incluir informações sobre o futuro, embora nem sempre.

profeta menor: Os livros de Oseias a Malaquias são chamados de profetas menores. Refere-se ao tamanho dos livros, não à importância dos profetas.

provérbio: Uma pequena verdade geral escrita de um modo fácil de lembrar e considerada um ditado popular.

providência: O envolvimento ativo de Deus com sua criação e seu controle sobre ela. A crença na providência de Deus afirma que nada acontece pelo acaso ou destino, mas tudo é aprovado ou desaprovado por Deus para o bem de seu povo. Também afirma que Deus tem um propósito para o mundo, e aponta para sua vontade divina.

pureza: A qualidade de estar livre de qualquer contaminação moral ou física. É o estado de seu coração quando você está totalmente dedicada a Deus.

redenção: Pagamento de um preço para ter de volta algo que foi levado ou perdido. Refere-se ao preço que Jesus pagou na cruz para a salvação dos que creem nele.

resgate: A soma paga para libertar alguém da escravidão ou do cativeiro, também conhecido como redenção. Jesus pagou o resgate por nós ao morrer na cruz, o que nos libertou do pecado e do medo da morte.

sabedoria: A capacidade de lidar com a vida e decidir pela conduta moral adequada em todas as situações.

sacrifício: Devolver a Deus o que ele deu; uma dádiva oferecida a Deus no altar, seja como símbolo de adoração ou como expiação pelo pecado. Muitas vezes, o sacrifício refere-se a uma oferta que envolve derramamento de sangue.

saduceus: Membros de uma seita aristocrática do judaísmo que rejeitava Jesus, e também a ideia da ressurreição dos mortos.

salmos: Cânticos ou poemas espirituais usados na adoração.

Samaria: A capital do reino do norte de Israel.

santificação: A obra da graça de Deus em nossa vida, que nos aproxima mais da imagem de Deus e torna-nos cada vez mais capazes de morrer para o pecado e viver em retidão.

santo: Termo usado para expressar perfeição moral e uma parte essencial da natureza de Deus. Também descreve alguém ou algo que é santificado e separado para o serviço divino.

segundo êxodo: A volta dos israelitas do cativeiro na Babilônia.

Selá: Um termo musical que aparece em algumas traduções do livro de Salmos. Seu significado é incerto, mas pode ser "pausa", "silêncio", "fim" ou até "mais alto".

SENHOR Todo-Poderoso: *Yahweh Tsebaoth* — também traduzido como "Senhor dos Exércitos" — descreve Deus como líder e comandante de todos os exércitos do mundo, tanto espiritual como terreno (*exércitos* pode significar também anjos bons ou maus ou as estrelas do céu).

Sião: Pode significar muitas coisas, entre elas: fortaleza, cidadela, o templo do monte, o monte santo de Deus, a cidade de Davi, a cidade de Deus, a cidade de Jerusalém, a terra de Judá e toda a nação de Israel.

Sodoma e Gomorra: Cidades conhecidas pelo mal, destruídas por Deus, por causa dos pecados (veja Gênesis 18—19; Isaías 1:9-10; 3:9; 13:19; Ezequiel 16:49).

temor do SENHOR: Refere-se a admiração, respeito, amor e reverência que devemos ter por Deus. É temer a reação ou o juízo dele mais do que os de qualquer outra pessoa.

trono de misericórdia: A tampa de ouro da arca da aliança, também conhecida como propiciatório, que significa "lugar de propiciação" ou seja, remoção da ira. Ele aponta para a dádiva salvadora de Cristo.

ungir: Derramar óleo sobre alguém, como na unção de um rei como símbolo do poder que ele teria (veja Êxodo 29:7; 1Samuel 16:13; Lucas 4:18). Também pode ser uma unção espiritual feita pela presença do Espírito Santo. "Ungido do Senhor" em hebraico é *Messias*.

Vale da Decisão: O vale onde todas as pessoas que rejeitaram a Deus, um dia, serão julgadas por ele.

vida eterna: Refere-se à vida após a morte e à vida nova que vivemos assim que somos salvos. A vida eterna com Deus é a recompensa de todos os que são salvos (veja João 3:16; 5:24).

vidente: outra palavra para profeta. Muitas vezes se refere aos falsos profetas que estavam desviando o povo do caminho.

Ajuda rápida

ADIVINHADORES
Levítico 20:6
Levítico 20:27
Deuteronômio 18:10-14
2Reis 23:24
Isaías 2:6
Isaías 8:19
Isaías 44:25
Jeremias 27:9-11
Zacarias 10:2
Tiago 4:13-15

ADULTÉRIO
Êxodo 20:14
Mateus 5:28
Mateus 19:7-9
1Coríntios 6:9-10
2Coríntios 12:21
Gálatas 5:19
Hebreus 13:4

ALEGRIA
Salmos 30:11
Salmos 119:162
Eclesiastes 2:26
Habacuque 3:17-18
Romanos 12:12
Romanos 15:13
2Coríntios 6:10
Gálatas 5:22-23
Filipenses 4:4
1Tessalonicenses 5:16-18
1Pedro 1:3-6

AMAR O MUNDO
Mateus 13:22
Marcos 4:18-19
Lucas 21:34-35
João 5:44
João 12:48
João 15:19
Romanos 12:2
Colossenses 3:2
Colossenses 3:5
2Timóteo 2:3-5
Tiago 2:1-4
Tiago 4:4
Tiago 5:5
1Pedro 2:11
1Pedro 4:3-4
1João 2:15-17

AMAR SEUS INIMIGOS
Mateus 5:39
Mateus 5:48-44
Mateus 5:46
Lucas 6:27-29
Lucas 6:32-34
Lucas 6:35

AMARGURA
Provérbios 14:30
Provérbios 17:9
Efésios 4:31
Hebreus 12:15
Tiago 3:14

AMIGOS
Deuteronômio 13:6-8
Salmos 1:1
Salmos 119:63
Provérbios 13:20
Provérbios 17:17
Provérbios 18:24
Provérbios 27:6
Amós 3:3
Marcos 9:50
1Coríntios 15:33
Tiago 4:4

ANJOS
Gênesis 19:1-22
Josué 5:13-15
Jó 38:4-7
Salmos 34:7
Salmos 91:9-13
Salmos 103:20
Daniel 9:20-23
Mateus 1:20-21
Mateus 4:11
Mateus 22:30
Mateus 24:31
Mateus 28:5-7
Lucas 15:10
Lucas 20:36
Atos 12:23
Hebreus 1:13-14
Judas 9

ANOREXIA. Veja IDOLATRIA

ASTROLOGIA
Deuteronômio 4:19
Deuteronômio 17:2-4
Isaías 47:12-14
Colossenses 2:8

BLASFÊMIA
Êxodo 20:7
Levítico 24:11-14
2Crônicas 32:17
Salmos 73:9-11
Salmos 74:18
Isaías 37:17
Isaías 52:5
Romanos 2:24
Tito 3:2
Tiago 2:7
Judas 1:8-10

BLASFÊMIA CONTRA O ESPÍRITO SANTO
Mateus 12:31-32
Marcos 3:28-29
Lucas 12:10

BULIMIA. Veja IDOLATRIA

CALÚNIA. Veja MENTIRA, AMOR

CASAMENTO
Gênesis 2:18-24
Mateus 19:5-6
Romanos 7:2-3
1Coríntios 7:1-5
1Coríntios 7:25-28
2Coríntios 6:14
Efésios 5:21-33
Hebreus 13:4

CÉU
Mateus 25:34
Marcos 12:25-27
Lucas 23:48
João 3:12-13
João 14:2-3
Romanos 8:18-25
1Coríntios 13:12
1Coríntios 15:35-37
1Coríntios 15:42-44
2Coríntios 5:1-8
Filipenses 3:20
1Tessalonicenses 4:16-17
2Pedro 3:13
Apocalipse 11:15
Apocalipse 21:1

CIÚMES
Provérbios 14:30
Provérbios 23:17
Provérbios 27:4
1Coríntios 3:3
1Coríntios 13:4
Gálatas 5:19-21
Gálatas 5:25-26
Romanos 13:13
Tiago 3:13-18

COBIÇA. Veja GANÂNCIA

COMUNICAÇÃO
Salmos 141:3
Provérbios 6:16-17
Provérbios 10:19
Provérbios 15:28
Provérbios 16:32
Provérbios 18:13
Provérbios 21:23
Provérbios 25:11
Provérbios 26:4-5
Mateus 5:34-37
Mateus 12:34
Mateus 12:36
Efésios 4:2-3
Efésios 4:25
Efésios 4:29-32
Colossenses 4:6
Tiago 3:2-10
Tiago 4:11

CONFIANÇA
Salmos 22:4-5
Salmos 25:2-3
Salmos 31:14
Salmos 32:10
Salmos 33:21
Salmos 37:3-5
Salmos 52:8
Salmos 56:3-4
Salmos 84:12
Salmos 146:3
Provérbios 3:5
Provérbios 29:25
Jeremias 17:7
Jeremias 48:7
Ezequiel 33:13
2Timóteo 1:12

CONFISSÃO
Levítico 5:5
Levítico 16:20-22
Josué 7:19
2Samuel 24:10
Jó 33:27-28
Salmos 25:11
Salmos 32:5
Salmos 38:18
Salmos 51:1-12
Provérbios 28:13
Jeremias 3:13
Daniel 9:20-23
Oseias 5:15
Mateus 3:6
Marcos 1:5
Lucas 5:8
Tiago 5:16
1João 1:8-10
1João 2:1

CONTENTAMENTO
Eclesiastes 7:14
Filipenses 4:8-9
Filipenses 4:11-13
1Timóteo 6:6-8
Hebreus 13:5

CORAGEM
Êxodo 14:13-14
2Crônicas 15:7
2Crônicas 32:6-7
Salmos 112:7-8
Salmos 138:3
Isaías 41:10
Isaías 50:7
Isaías 52:1
2Coríntios 1:10
Efésios 3:12
2Timóteo 1:7
Hebreus 13:6

CURA
Isaías 53:5
Mateus 10:1
Marcos 16:17-18
João 11:4
Atos 3:16
2Coríntios 12:8-10
Tiago 5:13-15

DAR
Deuteronômio 15:7-11
Esdras 2:68-69
Malaquias 3:8
Mateus 5:42
Mateus 6:1-4
Mateus 19:21
Lucas 3:11
Lucas 12:33
Atos 2:44-45
Romanos 12:6-8
Romanos 12:13
2Coríntios 8:3-5
2Coríntios 8:11-14
2Coríntios 9:6-7
2Coríntios 9:12-13
Gálatas 2:10
Gálatas 6:10
1Timóteo 6:18
Hebreus 6:10
Hebreus 13:16

DEPRESSÃO. Veja também CONFIANÇA
Salmos 34:18
Provérbios 15:13-15
2Coríntios 4:8-9
2Coríntios 11:23-30
2Coríntios 12:9-10
Filipenses 4:8-9
Filipenses 4:13
Hebreus 12:11
1Pedro 1:4-6
1Pedro 2:19

DESCANSO
Gênesis 2:2-3
Êxodo 20:10
Salmos 23:1-3
Isaías 30:15
Isaías 57:18-21
Jeremias 6:16
Mateus 11:28-30
Marcos 6:31-32
João 14:27
João 16:33
Romanos 5:1
Romanos 8:6
Hebreus 4:1-11
Apocalipse 14:13

DESCONTENTAMENTO. Veja CONTENTAMENTO

DESOBEDECER AOS SEUS PAIS. Veja PAIS

DESOBEDIÊNCIA. Veja OBEDIÊNCIA

DIVÓRCIO
Gênesis 2:24
Mateus 5:32
Mateus 19:3-9
Marcos 10:11-12
Lucas 16:18
1Coríntios 7:10-11

DOMÍNIO PRÓPRIO
Salmos 39:1
Provérbios 25:28
Provérbios 29:11
Mateus 23:25
Romanos 8:12-14
1Coríntios 9:24-27
2Coríntios 5:14-15
2Coríntios 10:5
Gálatas 5:17
Gálatas 5:22-23
Tiago 1:19-20
1Pedro 4:7
2Pedro 1:5-9

DÚVIDA. Veja CONFIANÇA

EGOÍSMO. Veja MORRER PARA SI MESMA

EMBRIAGUEZ
Provérbios 20:1
Isaías 5:22
Lucas 21:34-35

Romanos 13:13
1Coríntios 5:11
1Coríntios 6:9-10
1Tessalonicenses 5:6-8

ESCRITURAS
Salmos 119:105
Salmos 119:160
João 17:17
2Timóteo 3:16
Hebreus 4:12
2Pedro 1:20-21
Apocalipse 22:18-19

ESPERANÇA
Lamentações 3:21-25
1Coríntios 2:9
2Coríntios 5:1-2
Efésios 1:18

ESPÍRITO SANTO
Gênesis 1:2
Gênesis 6:3
Salmos 51:11
Salmos 139:7-12
Isaías 32:14-15
Isaías 61:1
Isaías 63:10
Zacarias 12:10
Mateus 3:11
Marcos 13:11
João 3:8
João 14:15-17
João 14:26
João 15:26
João 16:7-8
João 16:13-15
João 20:22
Atos 1:8
Atos 2:38
Atos 2:4
Atos 4:25
Atos 5:32
Atos 10:44
Atos 11:16
Romanos 5:5
Romanos 8:26
Romanos 9:1
1Coríntios 6:19
Efésios 1:14
2Pedro 1:21
Judas 20

ESPOSA
Gênesis 3:16
Provérbios 19:14
1Coríntios 7:3-4
Efésios 5:22-26
Efésios 5:33
Colossenses 3:18-19
1Timóteo 3:11
Tito 2:3-5
1Pedro 3:1
1Pedro 3:3-6

ESTUDO BÍBLICO
Salmos 19:8
Salmos 119:11
Salmos 119:97
Salmos 119:105
Salmos 119:130
Isaías 55:11
Jeremias 15:16
João 8:32
Atos 17:11
Efésios 6:17
2Timóteo 2:15
2Timóteo 3:15-17
2Timóteo 4:2
Hebreus 4:12
Tiago 1:21-25
1Pedro 2:2
2Pedro 1:21
Apocalipse 22:18-19

FAMÍLIA. Veja também PAIS
Salmos 133:1
Provérbios 6:16-19
1Timóteo 5:8

FEITIÇARIA
Deuteronômio 18:10-12
2Crônicas 33:6
Isaías 2:6
Miqueias 3:7
Apocalipse 21:8
Apocalipse 22:15

FOFOCA
Levítico 19:16
Provérbios 11:13
Provérbios 16:28
Provérbios 20:19
Romanos 1:29-31
2Coríntios 12:20
1Timóteo 5:13

FRUTO DO ESPÍRITO
João 15:1-8
Gálatas 5:22-23
Gálatas 5:25
Filipenses 1:6
Filipenses 1:11
2Pedro 1:5-8

GANÂNCIA
Salmos 39:6
Provérbios 1:18-19
Habacuque 2:9
Lucas 12:13-21
Atos 5:1-10
1Coríntios 6:9-10
Efésios 5:5
Colossenses 3:5
1Timóteo 6:9-11

GRAÇA
Lucas 18:13
Romanos 4:5
Romanos 4:8
Romanos 5:1-2
Romanos 5:5-6
Romanos 5:8
Romanos 8:1
Gálatas 3:24
Efésios 2:4-8
Colossenses 2:13
Tito 3:4-7
Hebreus 9:14
Hebreus 10:19-20
1Pedro 2:24

GRATIDÃO
Salmos 35:18
Salmos 50:14
Salmos 100:4
Salmos 106:1
Salmos 116:17
1Coríntios 15:57
Efésios 1:16
Efésios 5:20
Filipenses 1:3
Filipenses 4:6
1Tessalonicenses 1:2
1Tessalonicenses 5:18
2Tessalonicenses 2:13
1Timóteo 1:12
Hebreus 12:28

GUERRA ESPIRITUAL
2Reis 6:17
Isaías 54:17
Marcos 9:29
Romanos 8:26
Romanos 8:38-39
2Coríntios 10:4-5
Efésios 6:10-18
Tiago 4:7
1Pedro 5:8-9
1João 5:4-5

HIPOCRISIA
Isaías 29:13
Isaías 65:5
Ezequiel 33:31-32
Mateus 6:2
Mateus 6:5
Mateus 6:16
Mateus 15:1-9
Mateus 23:23-26
Lucas 11:39

Mateus 26:38-39
Marcos 8:34
Lucas 9:23
Lucas 14:26-27
Romanos 6:2-7
Romanos 6:11
Romanos 8:13
Romanos 12:1
Romanos 15: 3
2Coríntios 5:14-15
Gálatas 6:14
Efésios 4:22-24
Filipenses 2:3-4
Filipenses 3:8-11
Colossenses 3:5
2Timóteo 2:19

NAMORAR COM UM DESCRENTE
2Coríntios 6:14

OBEDIÊNCIA
Êxodo 15:26
Êxodo 19:5
Êxodo 23:20-22
Êxodo 23:25
Deuteronômio 11:26-28
Deuteronômio 13:4
Deuteronômio 28
1Samuel 12:14
1Samuel 15:22
Provérbios 15:32
Provérbios 29:18
Isaías 1:19
Jeremias 7:23
Mateus 6:24
Mateus 7:21
Mateus 7:24-27
Mateus 12:30
Marcos 3:35
Lucas 6:46
Lucas 11:28
Lucas 12:47
João 8:31
João 9:31
João 14:15
João 14:21
João 15:10
João 15:14
Romanos 6:16
Romanos 6:19
Romanos 10:3-11
Efésios 5:10
2Timóteo 2:4
2Timóteo 2:15
2Timóteo 2:19
Tito 2:1
Tito 2:11-14
Tiago 1:22-25
Tiago 2:14-26
1Pedro 1:22
2Pedro 1:10
1João 2:3-6
1João 3:9-10
1João 5:3-4
2João 6

OBSESSÃO. Veja IDOLATRIA

ÓDIO. Veja AMOR

ÓDIO PRÓPRIO. Veja PERDÃO DE DEUS; GRAÇA

ORAÇÃO. Veja também INTERCESSÃO
Êxodo 32:11
1Samuel 1:10-18
2Crônicas 32:20
Salmos 18:6
Salmos 66:18
Provérbios 28:9
Isaías 62:6-7
Mateus 6:7-13
Mateus 18:19
Mateus 26:39
Lucas 22:40
João 14:13-14
João 15:7
Atos 1:24-25
Romanos 8:15
Romanos 8:26-27
2Coríntios 12:8-9
Gálatas 4:6
Efésios 3:14-20
Efésios 6:18
1Tessalonicenses 5:17
Hebreus 4:16
Hebreus 5:7
Tiago 1:6-7
Tiago 4:3
1Pedro 3:7
1Pedro 3:12
1Pedro 4:7
1João 5:14-15

ORGULHO
Deuteronômio 8:11-18
2Crônicas 26:16-21
Salmos 119:21
Provérbios 3:7
Provérbios 8:13
Provérbios 11:2
Provérbios 13:10
Provérbios 16:18
Provérbios 29:23
Eclesiastes 7:8
Jeremias 13:8-17
Daniel 4:30-32
Daniel 4:37
Oseias 13:4-6
Lucas 18:9-14
Atos 12:21-23
Filipenses 2:3
1Pedro 5:5-6

PAIS
Êxodo 20:12
Êxodo 21:17
Levítico 19:3
Números 30:3-5
Provérbios 17:6
Romanos 1:28-32
Efésios 6:1

PECADO (DEFINIÇÃO DE)
Gênesis 6:5
Salmos 14:1-3
Salmos 36:1-4
Mateus 15:10-11
Mateus 15:16-20
Marcos 7:20-23
Romanos 1:21-32
Romanos 3:10-18
Romanos 8:3-8
Romanos 14:23
2Coríntios 12:20
Gálatas 5:19-21
Tiago 4:17
1João 3:4
1João 5:17

PECADO (LIBERTAÇÃO DO)
João 1:29
Romanos 6:6-7
Romanos 6:12-18
Romanos 8:2
2Coríntios 5:15
Gálatas 1:4
Gálatas 6:1
Efésios 1:7
Hebreus 10:10
1Pedro 2:24
1João 1:7
1João 5:18-20

PECADO (SEPARANDO-NOS DE DEUS)
Isaías 59:2
Habacuque 1:13
Mateus 7:23
Lucas 13:27
Romanos 3:23
Romanos 8:7-8
Hebreus 10:26-29
Hebreus 12:14

PERDÃO DE DEUS
Êxodo 34:6
2Crônicas 7:14

Neemias 9:17-18
Salmos 79:9
Salmos 86:15
Isaías 55:6-7
Jeremias 3:22
Jeremias 33:8
Miqueias 7:18
Mateus 6:12
Mateus 6:14-15
Mateus 9:6
Mateus 18:21-35
Mateus 26:28
Marcos 1:4
Mark 2:7-11
Marcos 11:25
Lucas 1:86
Lucas 3:3
Lucas 5:21-24
Lucas 7:49
Lucas 11:4
Lucas 17:3
Lucas 23:34
Lucas 24:47
Atos 2:38
Atos 5:31
Atos 10:48
Atos 13:38
Atos 26:18
Efésios 1:7
Efésios 4:32
Colossenses 1:14
Colossenses 3:13
Tito 3:5
Hebreus 9:14
Hebreus 9:22
Hebreus 10:18-22
1João 1:9

PERDOANDO OS OUTROS
Mateus 5:23-24
Mateus 6:12
Mateus 6:14-15
Mateus 7:3-5
Mateus 18:21-35
Marcos 11:25
Lucas 17:3-4
João 20:23
2Coríntios 2:7-10
Efésios 4:32
Colossenses 3:13

PERFECCIONISMO. Veja ORGULHO; PERDÃO DE DEUS; GRAÇA

PRÁTICAS OCULTAS. Veja ASTROLOGIA; ADIVINHADORES; FEITIÇARIA

PREDETERMINAÇÃO
João 6:37
João 6:44
João 6:65
João 15:16
João 17:2
João 17:9
João 17:20
Romanos 9:11-13
Romanos 9:16
Romanos 9:17-18
Romanos 11:6-8
1Pedro 5:10

PREOCUPAÇÃO
Salmos 37:5-11
Provérbios 12:25
Mateus 6:25-34
Mateus 13:22
Lucas 21:34-35
Filipenses 4:6
1Pedro 5:7

PROTEÇÃO
Números 14:9
Esdras 8:21-23
Salmos 18:2
Salmos 91:4
Salmos 105:4
Provérbios 18:10
Cântico dos Cânticos 2:4
Lucas 21:36
Lucas 22:40
João 17:11-12
2Tessalonicenses 3:3
Hebreus 13:5-6
1Pedro 1:5

PROVAÇÕES
Salmos 23:1
Salmos 46:1-3
Salmos 65:5-7
Salmos 89:9
Salmos 91:2-7
Salmos 91:11-15
Isaías 41:10
Mateus 6:25-34
Lucas 12:7
Romanos 8:28
Romanos 8:31
Tiago 1:2-4
1Pedro 1:6-7

PUREZA
Salmos 18:20-22
Salmos 51:7
Salmos 51:10
Salmos 119:9
Provérbios 22:11
Mateus 5:8
Gálatas 5:16
1Timóteo 1:5
2Timóteo 2:22
Tito 1:15
1Pedro 1:22
1João 3:3

QUEBRANDO SUAS PROMESSAS
Provérbios 25:14
Eclesiastes 5:4-5
Romanos 1:30-31
1Timóteo 1:10

QUEIXA
Números 11:1
Lamentações 3:39
Lucas 10:40
1Coríntios 10:10
Filipenses 2:14-15
Filipenses 4:11-12
1Tessalonicenses 5:16-18
Hebreus 13:5
Judas 16

RAIVA
Salmos 37:8
Provérbios 14:17
Provérbios 15:1
Provérbios 19:19
Provérbios 25:28
Mateus 5:22
2Coríntios 12:20
Efésios 4:26-27
Efésios 4:31
Colossenses 3:8
Tiago 1:19-20

RECONCILIAÇÃO
Jeremias 31:33
Oseias 2:14-23
Oseias 14
Mateus 5:23-24
Mateus 23:37
Romanos 5:8-11
2Coríntios 5:18-20
Efésios 2:11-19
Colossenses 1:20-22
Tiago 4:8

RESSENTIMENTO
Levítico 19:18
Provérbios 14:10
Provérbios 14:30
Provérbios 17:9
Isaías 45:9
Romanos 3:14
Efésios 4:31
Hebreus 12:15
Tiago 3:14

SALVAÇÃO
Isaías 61:10
Mateus 13:18-23
João 3:3-18
João 5:24
João 6:40
João 6:44
João 6:47
João 6:53-54
Atos 2:38
Atos 4:12
Atos 16:31
Romanos 3:23-26
Romanos 8:38-39
Romanos 10:9-10
Romanos 10:13
Efésios 2:4-6
Colossenses 2:13
1Timóteo 1:15
Tito 3:5
Hebreus 10:20
1Pedro 1:8-9
1João 5:11-12

SATANÁS
Gênesis 3:1-6,14-15
Jó 2:1-6
Mateus 4:1-11
Lucas 10:18
João 8:44
João 16:11
Efésios 4:27
Efésios 6:11
Tiago 4:7
1Pedro 5:8
1João 3:8
1João 5:19

SENTIMENTOS
Gálatas 5:19-21
Gálatas 5:22-23
Efésios 4:31
Colossenses 3:8-10
1Pedro 2:1

SESSÕES ESPÍRITAS. Veja FEITIÇARIA

SEXO
Gênesis 2:24
Atos 15:20
Atos 15:29
Romanos 1:24
Romanos 6:19
Romanos 13:13
1Coríntios 5:9
1Coríntios 6:9-11
1Coríntios 6:18
1Coríntios 7:3-4
2Coríntios 12:21
Gálatas 5:19-21
Efésios 5:3
Colossenses 3:5
1Tessalonicenses 4:3
Hebreus 13:4
1João 3:9

SILÊNCIO
Salmos 62:1
Salmos 62:5-6
Salmos 131:2
Provérbios 11:12
Provérbios 17:28
Eclesiastes 3:7
Eclesiastes 4:6
Isaías 30:15
Isaías 53:7
Lamentações 3:25-28
Habacuque 2:20
Sofonias 1:7
Zacarias 2:13
Marcos 6:31
Lucas 6:12
Tiago 1:19
1Pedro 3:4

SOFRIMENTO (PESSOAL)
Deuteronômio 26:6-7
Jó 30:16
Salmos 25:18
Salmos 69:29
Salmos 88:1-9
Salmos 88:14-18
Salmos 94:12-14
Salmos 116:10
Salmos 119:71
Salmos 119:75
Eclesiastes 4:1
Eclesiastes 8:14
Lamentações 3:1-38
Romanos 8:20-23
Romanos 8:28
Tiago 5:11

SOFRIMENTO (POR CAUSA DA FÉ)
Mateus 16:24
João 12:24
Atos 5:41
Romanos 5:3-5
Romanos 8:17-18
2Coríntios 4:17
2Coríntios 6:7-10
Filipenses 1:29
Filipenses 3:10-11
Colossenses 1:24
2Tessalonicenses 1:5
2Timóteo 1:8
2Timóteo 2:3-6
2Timóteo 2:9-12
Hebreus 5:8
Hebreus 12:11
Tiago 5:10-11
1Pedro 2:19-23
1Pedro 4:1-2
1Pedro 4:12-13
1Pedro 5:9-10

SUICÍDIO (RAZÕES PARA VIVER)
Salmos 71:19-21
Salmos 119:50
Isaías 40:11
Isaías 40:28-31
Isaías 48:18-19
Isaías 44:22
Isaías 61:1
Jeremias 29:11
Jeremias 31:13
Mateus 11:28-30
Marcos 9:23
João 8:32
João 8:36
João 14:27
1Coríntios 6:19-20
1Coríntios 10:13
Gálatas 2:20
Efésios 2:4-6
Filipenses 1:6
Colossenses 1:13
Colossenses 2:11-13
Tito 3:5
Hebreus 4:15
2Pedro 1:4
1João 3:1
1João 4:4
1João 5:5

TEMOR
Êxodo 14:13-14
Deuteronômio 1:30-31
Deuteronômio 3:22
Deuteronômio 31:6-8
Josué 1:9
Salmos 27:1
Salmos 56:3
Salmos 118:6
Provérbios 1:33
Provérbios 3:24
Provérbios 28:1
Provérbios 29:25
Isaías 8:12
Isaías 12:2
Isaías 44:8
Isaías 51:12
Isaías 54:4
Jeremias 1:8
Mateus 14:27

Autoexame espiritual

Às vezes é fácil ignorar o pecado em sua vida. Mas saber o que é e o que não é pecado é um bom ponto de partida para abrir espaço para Deus em sua vida. A confissão e o arrependimento rapidamente irão curá-la do pecado e dos efeitos emocionais, mentais e físicos causados por ele. Reconhecer seu próprio pecado é uma das melhores maneiras de tornar sua vida melhor, ganhar domínio próprio e encontrar poder para redirecionar seu caminho. Então, não tenha medo de seu pecado; em vez disso, localize-o e depois abandone-o rapidamente. Ao fazer isso, você encontrará uma liberdade incrível. Um pecado reconhecido, confessado e abandonado é algo que transforma e fortalece a vida. Não deixe ninguém lhe dizer que você é um caso perdido ou que você não pode mudar — você pode, e só é preciso coragem para examinar sua vida e concordar com Deus sobre seu próprio pecado.

Segue uma lista de áreas que abrem a porta para o pecado em sua vida. Dê uma olhada nela e, em seguida, considere sua própria vida em oração. Onde há pecado e o que você precisa fazer, de acordo com a Palavra de Deus, para se afastar dele?

Ao examinar esta lista, circule os pecados que você tem em si. Depois disso, é hora de concordar com Deus, confessando seus pecados e tomando a decisão de se afastar deles e nunca mais cometê-los. Saiba que Deus lhe dará força para fazer isso. Ele nunca ordena algo que ele não irá ajudá-la a fazer. A liberdade está a uma confissão de distância. Conscientize-se das áreas nas quais você tem deixado o pecado entrar em sua vida, estude a Palavra de Deus para combater a presença deles e escolha dar um pontapé no pecado! (Comece sua cura examinando a seção Ajuda rápida.)

Adultério
Amargura
Amar o mundo
Anorexia
Blasfêmia
Bulimia
Calúnia
Cobiça/Ganância
Consulta a médiuns/adivinhadores
Dar crédito a Satanás pelo que Deus fez
Depressão
Descontentamento
Desobedecer aos pais
Desobediência
Dúvida
Egoísmo
Embriaguez
Falta de domínio próprio
Falta de misericórdia
Falta de oração
Hipocrisia
Incesto
Ingratidão
Inveja
Marcas no corpo
Maus hábitos
Medo
Mentira
Mexerico
Negar a Cristo
Obsessão
Ódio
Ódio próprio
Orgulho
Práticas ocultas (astrologia, sessões espíritas, feitiçaria)
Perfeccionismo
Preocupação
Quebrar promessas
Queixas
Raiva
Ressentimento
Sexo fora do casamento
Vanglória
Vício
Vingança

Planos de leitura da Bíblia

Use estes planos de leitura bíblica como ponto de partida para conhecer sua Bíblia e seu Deus de maneira mais profunda. Tente começar com um plano curto, como um de 25 ou 31 dias, e depois avance para um de noventa dias ou um ano. O que importa lembrar é que você deve dedicar tempo à Palavra de Deus diariamente. A Bíblia é a história de Deus e do povo dele, e o herói da história é Jesus.

25 Garotas de Deus em 25 dias

1. **Eva:** perfil p. 6. Gênesis 2:18—4:2; 4:25.
2. **Sara:** perfil p. 16. Gênesis 11:27—12:20; 16; 18:1-15; 21:1-13; 1Pedro 3:5-6.
3. **Rebeca:** perfil p. 31. Gênesis 24:11-67; 25:19-28; 26:6-11; 26:34—27:46; Romanos 9:9-12.
4. **Joquebede:** perfil p. 69. Êxodo 2:1-10; 6:20; Números 26:59.
5. **Míriam:** perfil p. 165. Êxodo 2:1-10; 15:20-21; Números 12:1-15; 20:1.
6. **Raabe:** perfil p. 239. Josué 2; 6:15-25; Mateus 1:5; Hebreus 11:31; Tiago 2:25.
7. **Débora:** perfil p. 269. Juízes 4:4—5:31.
8. **Rute:** perfil p. 295. Rute 1—4; Mateus 1:5.
9. **Ana:** perfil p. 302. 1Samuel 1:1—2:10,18-21.
10. **Abigail:** perfil p. 330. 1Samuel 25.
11. **A pequena serva de Naamã:** perfil p. 410. 2Reis 5:1-4.
12. **Ester:** perfil p. 543. Ester 1—12.
13. **A mulher de Provérbios 31:** perfil p. 730. Provérbios 31:10-31.
14. **Raquel:** perfil p. 867. Gênesis 29:1—33:20; 35:16-20; 46:19-22; Jeremias 31:15; Mateus 2:18.
15. **Maria, mãe de Jesus:** perfil p. 1060. Mateus 1—2; Lucas 1—2; João 2:1-12; 19:25-27; Atos 1:14.
16. **A mulher com hemorragia crônica:** perfil p. 1071. Mateus 9:20-22; Marcos 5:25-34; Lucas 8:43-48.
17. **Isabel:** perfil p. 1134. Lucas 1:5-25,36-45,57-63.
18. **Maria Madalena:** perfil p. 1148. Mateus 27:55-56,61; 28:1-10; Marcos 15:40,47; 16:1-11; Lucas 8:1-3; 24:1-12; João 19:25; 20:1-2,11-18.
19. **A viúva com duas moedas:** perfil p. 1172, Lucas 21:1-4.
20. **A samaritana:** perfil p. 1187. João 4:4-30.
21. **Marta:** perfil p. 1201. Lucas 10:38-42; João 11:1-44; 12:1-2.
22. **Tabita:** perfil p. 1231. Atos 9:36-42.
23. **Lídia:** perfil p. 1243. Atos 16:13-15,40.
24. **Priscila:** perfil p. 1246. Atos 18:1-3,18-19,24-26; Romanos 16:3; 1Coríntios 16:19; 2Timóteo 4:19.
25. **Febe:** perfil p. 1284. Romanos 16:1-2.

31 dias para conhecermos o plano de Deus para nós

1. **A queda da humanidade:** Gênesis 3:1-19.
2. **Um povo separado para Deus:** Gênesis 12:1-3; 28:10-15; 32:22-28.
3. **Os dez mandamentos:** Êxodo 20:1-17.
4. **Sacrifícios e a lei:** Levítico 5:14-19.
5. **Lidando com o pecado debaixo da lei:** Levítico 20:7-27.
6. **A obediência que é fruto do amor:** Deuteronômio 6:1-9; 11:13-21.
7. **A desobediência da humanidade:** Juízes 2:10-19.
8. **O povo exige um rei:** 1Samuel 8.
9. **Saul falha e é rejeitado:** 1Samuel 15:17-23.
10. **Muitos reis não dão ouvidos a Deus:** Jeremias 1—7.
11. **Os pecados do povo machucam Deus:** Ezequiel 20:5-26.
12. **Um Rei eterno é prometido:** Jeremias 23:1-6; Isaías 9:6-7; Zacarias 9:9-10.
13. **Nasce o Cristo prometido:** Lucas 2:1-20.
14. **A Palavra faz-se carne:** João 1:1-18.
15. **Os sinais e maravilhas de Jesus:** Mateus 9:1-8; Lucas 13:10-17.
16. **Jesus cumpre a lei:** Mateus 5:17-20; Romanos 8:1-4.
17. **Jesus ensina sobre nossa nova vida:** João 3.
18. **Jesus é preso:** João 18:1-11.
19. **A morte e ressurreição de Jesus:** Lucas 23:44—24:12.
20. **Cristo, um sacrifício para todos:** Hebreus 10:1-18; 11:1-3; 12:1-3.
21. **A ira justa de Deus é explicada:** Romanos 1:18-32.

22. **O juízo de Deus é explicado:** Romanos 2:5-11.
23. **Salvos somente pela graça:** Efésios 2.
24. **A justificação pela fé:** Romanos 3:9-26.
25. **A vida por meio de Cristo:** Romanos 5:12-21.
26. **A vida pelo Espírito:** Romanos 8:1-17, Gálatas 5:16-26.
27. **Sacrifícios vivos:** Romanos 12.
28. **Andando na luz:** 1João 1—2.
29. **Vivendo para Deus:** 1Pedro 1—11.
30. **Amando uns aos outros:** 1João 3:11-24.
31. **A promessa da eternidade:** 2Coríntios 5:1-10; Apocalipse 21:1-4.

31 dias para conhecermos Jesus

1. **Jesus é prenunciado:** Isaías 53.
2. **O nascimento de Jesus:** Mateus 1:18-25.
3. **João Batista prepara o caminho para Jesus:** Mateus 3:1—4:11.
4. **O primeiro milagre (a água transformada em vinho) de Jesus e a mulher samaritana:** João 2:1-11; João 4:1-26.
5. **Jesus é rejeitado em sua cidade natal:** Lucas 4:14-30.
6. **Jesus chama seus discípulos:** Lucas 5:1-11; Mateus 9:9-13.
7. **O sermão da Montanha:** Lucas 6:17-46.
8. **O centurião, o filho da viúva e uma mulher pecadora:** Mateus 8:1-13; Lucas 7:11-17,36-50.
9. **Jesus encontra os fariseus:** Mateus 12:1-13,22-45.
10. **As parábolas do semeador, do joio e das sementes:** Mateus 13:1-43.
11. **Jesus acalma a tempestade e anda sobre as águas:** Lucas 8:22-25; Marcos 6:45-56.
12. **Jesus cura um homem, uma mulher e uma menina:** Marcos 5:1-43.
13. **Jesus alimenta cinco mil pessoas:** João 6:1-14.
14. **A confissão de Pedro e a transfiguração de Jesus:** Lucas 9:18-27; Lucas 17:1-8.
15. **A cura pela fé:** Marcos 9:14-32
16. **Outros ensinos e parábolas:** Mateus 17:24—18:20.
17. **Outros ensinos e parábolas:** Mateus 18:21—19:15.
18. **O jovem rico:** Marcos 10:17-31.
19. **Os discípulos são enviados ao mundo:** Lucas 10:1-24.
20. **O grande mandamento:** Marcos 12:28-44.
21. **A parábola do bom samaritano:** Lucas 10:25-37.
22. **A oração do Senhor/Jesus nos ensina a orar:** Lucas 11:1-13.
23. **Jesus ressuscita Lázaro dentre os mortos:** João 11:1-44.
24. **A entrada triunfal em Jerusalém:** Mateus 21:1-27.
25. **A última ceia:** João 13:1-17; Mateus 26:17-35.
26. **O amor de Jesus pelos discípulos:** João 14—15.
27. **Jesus é preso e traído:** Mateus 26:36-75.
28. **Jesus é julgado injustamente:** João 18:19—19:16.
29. **A crucificação e morte de Jesus:** João 19:17-42.
30. **A ressurreição e aparições de Jesus:** João 20—21.
31. **A grande comissão e a ascensão de Jesus:** Mateus 28:16-20; Lucas 24:50-53.

90 dias pelo Novo Testamento

1. Mateus 1—4
2. Mateus 5—7
3. Mateus 8—10
4. Mateus 11—13
5. Mateus 14—16
6. Mateus 17—19
7. Mateus 20—22
8. Mateus 23—25
9. Mateus 26—28
10. Marcos 1—3
11. Marcos 4—6
12. Marcos 7—9
13. Marcos 10—12
14. Marcos 13—16
15. Lucas 1—3
16. Lucas 4—6
17. Lucas 7—9
18. Lucas 10—12
19. Lucas 13—15
20. Lucas 16—18
21. Lucas 19—21
22. Lucas 22—24

23. João 1—3
24. João 4—6
25. João 7—9
26. João 10—12
27. João 13—16
28. João 17—18
29. João 19—21
30. Atos 1—3
31. Atos 4—6
32. Atos 7—9
33. Atos 10—12
34. Atos 13—15
35. Atos 16—18
36. Atos 19—21:36
37. Atos 21:37—25:22
38. Atos 25:23—28
39. Romanos 1—3
40. Romanos 4—6
41. Romanos 7—8
42. Romanos 9—11
43. Romanos 12—13
44. Romanos 14—16
45. 1Coríntios 1—4
46. 1Coríntios 5—7
47. 1Coríntios 8—11
48. 1Coríntios 12—14
49. 1Coríntios 15—16
50. 2Coríntios 1—3
51. 2Coríntios 4—6
52. 2Coríntios 7—9
53. 2Coríntios 10—13
54. Gálatas 1—2
55. Gálatas 3—4
56. Gálatas 5—6
57. Efésios 1—3
58. Efésios 4—6
59. Filipenses 1—2
60. Filipenses 3—4
61. Colossenses 1—2
62. Colossenses 3—4
63. 1Tessalonicenses 1—3
64. 1Tessalonicenses 4—5
65. 2Tessalonicenses 1—3
66. 1Timóteo 1—3
67. 1Timóteo 4—6
68. 2Timóteo 1—4
69. Tito 1—3
70. Filemom
71. Hebreus 1—2
72. Hebreus 3—4:13
73. Hebreus 4:14—7
74. Hebreus 8—10
75. Hebreus 11—13
76. Tiago 1—3:12
77. Tiago 3:13—5
78. 1Pedro 1—3:7
79. 1Pedro 3:8—5
80. 2Pedro 1—3
81. 1João 1—3:10
82. 1João 3:11—5:21
83. 2João, 3João, Judas
84. Apocalipse 1—3
85. Apocalipse 4—6
86. Apocalipse 7—9
87. Apocalipse 10—12
88. Apocalipse 13—15
89. Apocalipse 16—18
90. Apocalipse 19—22

A Bíblia do começo ao fim em um ano

1. Gênesis 1:1—2:17; Mateus 1:1-25; Salmos 1:1-6
2. Gênesis 2:18—4:16; Mateus 2:1-18; Salmos 2:1-12
3. Gênesis 4:17—6:22; Mateus 2:19—3:17; Salmos 3:1-8
4. Gênesis 7:1—9:17; Mateus 4:1-22; Provérbios 1:1-7
5. Gênesis 9:18—11:9; Mateus 4:23—5:20; Salmos 4:1-8
6. Gênesis 11:10—13:18; Mateus 5:21-42; Salmos 5:1-12
7. Gênesis 14—16; Mateus 5:43—6:24; Salmos 6
8. Gênesis 17—18; Mateus 6:25—7:23; Provérbios 1:8-19
9. Gênesis 19—20; Mateus 7:24—8:22; Salmos 7:1-9
10. Gênesis 21—23; Mateus 8:23—9:13; Salmos 7:10-17
11. Gênesis 24; Mateus 9:14-38; Salmos 8:1-9
12. Gênesis 25—26; Mateus 10:1-31; Provérbios 1:20-33
13. Gênesis 27—28; Mateus 10:32—11:15; Salmos 9:1-6
14. Gênesis 29—30; Mateus 11:16-30; Salmos 9:7-12
15. Gênesis 31; Mateus 12:1-21; Salmos 9:13-20
16. Gênesis 32—33; Mateus 12:22-45; Provérbios 2:1-11
17. Gênesis 34—35; Mateus 12:46—13:17; Salmos 10:1-11
18. Gênesis 36—37; Mateus 13:18-35; Salmos 10:12-18
19. Gênesis 38—39; Mateus 13:36-58; Salmos 11:1-7
20. Gênesis 40:1—41:40; Mateus 14:1-21; Provérbios 2:12-22
21. Gênesis 41:41—42:38; Mateus 14:22—15:9; Salmos 12:1-8

22. Gênesis 43—44; Mateus 15:10-39; Salmos 13:1-6
23. Gênesis 45—47:12; Mateus 16:1-20; Salmos 14:1-7
24. Gênesis 47:13—48:22; Mateus 16:21—17:13; Provérbios 3:1-10
25. Gênesis 49—50; Mateus 17:14—18:9; Salmos 15:1-5
26. Jó 1—3; Mateus 18:10-35; Salmos 16:1-11
27. Jó 4—7; Mateus 19:1-15; Salmos 17:1-5
28. Jó 8—10; Mateus 19:16-30; Provérbios 3:11-20
29. Jó 11—14; Mateus 20:1-19; Salmos 17:6-12
30. Jó 15—18; Mateus 20:20-34; Salmos 17:13-15
31. Jó 19—21; Mateus 21:1-17; Salmos 18:1-6
32. Jó 22—24; Mateus 21:18-32; Provérbios 3:21-35
33. Jó 25—29; Mateus 21:33—22:14; Salmos 18:7-15
34. Jó 30—32; Mateus 22:15-46; Salmos 18:16-24
35. Jó 33—34; Mateus 23; Salmos 18:25-36
36. Jó 35—37; Mateus 24:1-31; Provérbios 4:1-9
37. Jó 38:1—40:2; Mateus 24:32—25:13; Salmos 18:37-42
38. Jó 40:3—42:17; Mateus 25:14-46; Salmos 18:43-50
39. Êxodo 1—3; Mateus 26:1-30; Salmos 19:1-6
40. Êxodo 4:1—6:13; Mateus 26:31-46; Provérbios 4:10-19
41. Êxodo 6:14—8:32; Mateus 26:47-68; Salmos 19.7-14
42. Êxodo 9—10; Mateus 26:69—27:10; Salmos 20:1-9
43. Êxodo 11—12; Mateus 27:11-44; Salmos 21:1-7
44. Êxodo 13—14; Mateus 27:45-66; Provérbios 4:20-27
45. Êxodo 15—16; Mateus 28; Salmos 21:8-13
46. Êxodo 17—18; Marcos 1:1-28; Salmos 22:1-11
47. Êxodo 19—20; Marcos 1:29—2:17; Salmos 22:12-21
48. Êxodo 21—22; Marcos 2:18—3:30; Provérbios 5:1-14
49. Êxodo 23—24; Marcos 3:31—4:29; Salmos 22:22-31
50. Êxodo 25—26; Marcos 4:30—5:20; Salmos 23:1-6
51. Êxodo 27—28; Marcos 5:21—6:6; Salmos 24:1-10
52. Êxodo 29—30; Marcos 6:6-29; Provérbios 5:15-23
53. Êxodo 31:1—33:6; Marcos 6:30-56; Salmos 25:1-7
54. Êxodo 33:7—34:35; Marcos 7:1-30; Salmos 25:8-15
55. Êxodo 35—36; Marcos 7:31—8:13; Salmos 25:16-22
56. Êxodo 37—38; Marcos 8:14—9:1; Provérbios 6:1-11
57. Êxodo 39—40; Marcos 9:2-32; Salmos 26:1-12
58. Levítico 1—3; Marcos 9:33—10:12; Salmos 27:1-6
59. Levítico 4:1—5:14; Marcos 10:13-31; Salmos 27:7-14
60. Levítico 5:14—7:10; Marcos 10:32-52; Provérbios 6:12-19
61. Levítico 7:11—8:36; Marcos 11:1-25; Salmos 28
62. Levítico 9—10; Marcos 11:27—12:12; Salmos 29
63. Levítico 11—12; Marcos 12:13-27; Salmos 30:1-7
64. Levítico 13; Marcos 12:28-44; Provérbios 6:20-29
65. Levítico 14; Marcos 13:1-31; Salmos 30:8-12
66. Levítico 15—16; Marcos 13:32—14:16; Salmos 31:1-8
67. Levítico 17—18; Marcos 14:17-42; Salmos 31:9-18
68. Levítico 19—20; Marcos 14.43-72; Provérbios 6:30-35
69. Levítico 21—22; Marcos 15:1-32; Salmos 31:19-24
70. Levítico 23—24; Marcos 15:33-47; Salmos 32
71. Levítico 25:1—26:13; Marcos 16:1-20; Salmos 33:1-11
72. Levítico 26:14—27:34; Lucas 1:1-25; Provérbios 7:1-5
73. Números 1:1—2:9; Lucas 1:26-38; Salmos 33:12-22
74. Números 2:10—3:51; Lucas 1:39-56; Salmos 34:1-10
75. Números 4:1—5:10; Lucas 1:57-80; Salmos 34:11-22
76. Números 5:11—6:27; Lucas 2:1-20; Provérbios 7:6-20
77. Números 7:1-65; Lucas 2:21-40; Salmos 35:1-10
78. Números 7:66—9:14; Lucas 2:41-52; Salmos 35:11-18
79. Números 9:15—11:3; Lucas 3:1-22; Salmos 35:19-28
80. Números 11:4—13:25; Lucas 3:23—4:13; Provérbios 7:21-27
81. Números 13:26—14:45; Lucas 4:14-37; Salmos 36:1-12
82. Números 15:1—16:35; Lucas 4:38—5:16; Salmos 37:1-9
83. Números 16:36—18:32; Lucas 5:17-32; Salmos 37:10-20

84. Números 19:1—21:3; Lucas 5:33—6:11; Provérbios 8:1-11
85. Números 21:4—22:20; Lucas 6:12-36; Salmos 37:21-31
86. Números 22:21—23:26; Lucas 6:37—7:10; Salmos 37:32-40
87. Números 23:27—25:18; Lucas 7:11-35; Salmos 38:1-11
88. Números 26:1—27:11; Lucas 7:36-50; Provérbios 8:12-21
89. Números 27:12—29:11; Lucas 8:1-18; Salmos 38:12-22
90. Números 29:12—31:24; Lucas 8:19-39; Salmos 39:1-13
91. Números 31:25—32:42; Lucas 8:40—9:9; Salmos 40:1-8
92. Números 33—34; Lucas 9:10-27; Provérbios 8:22-31
93. Números 35:1—36:12; Lucas 9:28-56; Salmos 40:9-17
94. Deuteronômio 1:1—2:23; Lucas 9:57—10:24; Salmos 41:1-6
95. Deuteronômio 2:24—4:14; Lucas 10:25—11:4; Salmos 41:7-13
96. Deuteronômio 4:15—5:33; Lucas 11:5-32; Provérbios 8:32-36
97. Deuteronômio 6—8; Lucas 11:33-54; Salmos 42:1-6
98. Deuteronômio 9—10; Lucas 12:1-34; Salmos 42:7-11
99. Deuteronômio 11—12; Lucas 12:35-59; Salmos 43:1-5
100. Deuteronômio 13—14; Lucas 13:1-30; Provérbios 9:1-12
101. Deuteronômio 15:1—16:20; Lucas 13:31—14:14; Salmos 44:1-12
102. Deuteronômio 16:21—18:22; Lucas 14:15-35; Salmos 44:13-26
103. Deuteronômio 19—20; Lucas 15:1-32; Salmos 45:1-9
104. Deuteronômio 21—22; Lucas 16:1-18; Provérbios 9:13-18
105. Deuteronômio 23—25; Lucas 16:19—17:10; Salmos 45:10-17
106. Deuteronômio 26:1—28:14; Lucas 17:11-37; Salmos 46:1-11
107. Deuteronômio 28:15-68; Lucas 18:1-30; Salmos 47:1-9
108. Deuteronômio 29:1—30:10; Lucas 18:31—19:10; Provérbios 10:1-10
109. Deuteronômio 30:11—31:29; Lucas 19:11-44; Salmos 48:1-8
110. Deuteronômio 31:30—32:52; Lucas 19:45—20:26; Salmos 48:9-14
111. Deuteronômio 33—34; Lucas 20:27—21:4; Salmos 49:1-20
112. Josué 1—2; Lucas 21:5-38; Provérbios 10:11-20
113. Josué 3:1—5:12; Lucas 22:1-38; Salmos 50:1-15
114. Josué 5:13—7:26; Lucas 22:39-62; Salmos 50:16-23
115. Josué 8:1—9:15; Lucas 22:63-23:25; Salmos 51:1-9
116. Josué 9:16—10:43; Lucas 23:26-56; Provérbios 10:21-30
117. Josué 11—12; Lucas 24:1-35; Salmos 51:10-19
118. Josué 13—14; Lucas 24:36-53; Salmos 52:1-9
119. Josué 15—16; João 1:1-28; Salmos 53:1-6
120. Josué 17—18; João 1:29-51; Provérbios 10:31—11:8
121. Josué 19:1—21:19; João 2:1-25; Salmos 54:1-7
122. Josué 21:20—22:34; João 3:1-21; Salmos 55:1-11
123. Josué 23—24; João 3:22-36; Salmos 55:12-23
124. Juízes 1:1—2:5; João 4:1-26; Provérbios 11:9-18
125. Juízes 2:6—3:31; João 4:27-42; Salmos 56:1-13
126. Juízes 4—5; João 4:43—5:15; Salmos 57:1-6
127. Juízes 6:1—7:8; João 5:16-30; Salmos 57:7-11
128. Juízes 7:8—8:35; João 5:31-47; Provérbios 11:19-28
129. Juízes 9; João 6:1-24; Salmos 58:1-11
130. Juízes 10—11; João 6:25-59; Salmos 59:1-8
131. Juízes 12—13; João 6:60—7:13; Salmos 59:9-19
132. Juízes 14—15; João 7:14-44; Provérbios 11:29—12:7
133. Juízes 16—17; João 7:45—8:11; Salmos 60:1-4
134. Juízes 18—19; João 8:12-30; Salmos 60:5-12
135. Juízes 20—21; João 8.31-59; Salmos 61:1-8
136. Rute 1—2; João 9:1-34; Provérbios 12:8-17
137. Rute 3—4; João 9:35—10:21; Salmos 62:1-12
138. 1Samuel 1:1—2:26; João 10:22-42; Salmos 63:1-11
139. 1Samuel 2:27—4:22; João 11:1-44; Salmos 64:1-10
140. 1Samuel 5—7; João 11:45—12:11; Provérbios 12:18-28
141. 1Samuel 8:1—10:8; João 12:12-26; Salmos 65:1-13
142. 1Samuel 10:9—12:25; João 12:37—13:17; Salmos 66:1-12
143. 1Samuel 13:1—14:23; João 13:18-38; Salmos 66:13-20
144. 1Samuel 14:24—15:35; João 14:1-31; Provérbios 13:1-9

145. 1Samuel 16:1—17:37; João 15:1—16:4; Salmos 67:1-7
146. 1Samuel 17:38—18:30; João 16:5—17:5; Salmos 68:1-6
147. 1Samuel 19—20; João 17:6-26; Salmos 68:7-14
148. 1Samuel 21—23; João 18:1-24; Provérbios 13:10-19
149. 1Samuel 24—25; João 18:25-40; Salmos 68:15-20
150. 1Samuel 26—28; João 19:1-27; Salmos 68:21-27
151. 1Samuel 29—31; João 19:28—20:9; Salmos 68:28-35
152. 2Samuel 1:1—2:7; João 20:10-31; Provérbios 13:20—14:4
153. 2Samuel 2:8—3:21; João 21:1-25; Salmos 69:1-12
154. 2Samuel 3:22—5:5; Atos 1:1-22; Salmos 69:13-28
155. 2Samuel 5:6—6:23; Atos 1:23—2:21; Salmos 69:29-36
156. 2Samuel 7—8; Atos 2:22-47; Provérbios 14:4-14
157. 2Samuel 9—10; Atos 3; Salmos 70:1-5
158. 2Samuel 11—12; Atos 4:1-22; Salmos 71:1-8
159. 2Samuel 13; Atos 4:23—5:11; Salmos 71:9-18
160. 2Samuel 14:1—15:12; Atos 5:12-42; Provérbios 14:15-24
161. 2Samuel 15:13—16:14; Atos 6:1—7:19; Salmos 71:19-24
162. 2Samuel 16:15—18:18; Atos 7:20-43; Salmos 72:1-20
163. 2Samuel 18:19—19:43; Atos 7:44—8:3; Salmos 73:1-14
164. 2Samuel 20—21; Atos 8:4-40; Provérbios 14:25-35
165. 2Samuel 22:1—23:7; Atos 9:1-31; Salmos 73:15-28
166. 2Samuel 23:8—24:25; Atos 9:32—10:23; Salmos 74:1-9
167. 1Reis 1:1—2:12; Atos 10:23—11:18; Salmos 74:10-17
168. 1Reis 2:13—3:15; Atos 11:19—12:19; Provérbios 15:1-10
169. 1Reis 3:16—5:18; Atos 12:19—13:12; Salmos 74:18-23
170. 1Reis 6:1—7:22; Atos 13:13-41; Salmos 75:1-10
171. 1Reis 7:23—8:21; Atos 13:42—14:7; Salmos 76:1-12
172. 1Reis 8:22—9:9; Atos 14:8-28; Provérbios 15:11-20
173. 1Reis 9:10—11:13; Atos 15:1-21; Salmos 77:1-9
174. 1Reis 11:14—12:24; Atos 15:22-41; Salmos 77:10-20
175. 1Reis 12:25—14:20; Atos 16:1-15; Salmos 78:1-8
176. 1Reis 14:21—16:7; Atos 16:16-40; Provérbios 15:21-30
177. 1Reis 16:8—18:15; Atos 17:1-21; Salmos 78:9-16
178. 1Reis 18:16—19:21; Atos 17:22—18:8; Salmos 78:17-31
179. 1Reis 20—21; Atos 18:9—19:13; Salmos 78:32-39
180. 1Reis 22:1-53; Atos 19:14-41; Provérbios 15:31—16:7
181. 2Reis 1—2; Atos 20:1-38; Salmos 78:40-55
182. 2Reis 3:1—4:37; Atos 21:1-26; Salmos 78:56-72
183. 2Reis 4:38—6:23; Atos 21:27—22:22; Salmos 79:1-13
184. 2Reis 6:24—8:15; Atos 22:22—23:11; Provérbios 16:8-17
185. 2Reis 8:16—9:37; Atos 23:12-35; Salmos 80:1-7
186. 2Reis 10—11; Atos 24; Salmos 80:8-19
187. 2Reis 12:1—14:22; Atos 25:1-22; Salmos 81:1-7
188. 2Reis 14:23—15:38; Atos 25:23—26:23; Provérbios 16:18-27
189. 2Reis 16—17; Atos 26:24—27:12; Salmos 81:8-16
190. 2Reis 18:1—19:13; Atos 27:13-44; Salmos 82:1-8
191. 2Reis 19:14—20:21; Atos 28:1-16; Salmos 83:1-18
192. 2Reis 21—22; Atos 28:17-31; Provérbios 16:28—17:4
193. 2Reis 23:1—24:7; Romanos 1:1-17; Salmos 84:1-7
194. 2Reis 24:8—25:30; Romanos 1:18-32; Salmos 84:8-12
195. Jonas 1—4; Romanos 2:1-16; Salmos 85:1-7
196. Amós 1—2; Romanos 2:17—3:8; Provérbios 17:5-14
197. Amós 3—4; Romanos 3:9-31; Salmos 85:8-13
198. Amós 5; Romanos 4:1-15; Salmos 86:1-10
199. Amós 6—7; Romanos 4:16—5:11; Salmos 86:11-17
200. Amós 8—9; Romanos 5:12-21; Provérbios 17:15-24
201. Oseias 1—2; Romanos 6:1-14; Salmos 87:1-7
202. Oseias 3—5; Romanos 6:15—7:6; Salmos 88:1-9
203. Oseias 6—7; Romanos 7:7-25; Salmos 88:10-19
204. Oseias 8—9; Romanos 8:1-17; Provérbios 17:25—18:6
205. Oseias 10—11; Romanos 8:18-39; Salmos 89:1-8

206. Oseias 11—14; Romanos 9:1-21; Salmos 89:9-13
207. 1Crônicas 1:1—2:17; Romanos 9:22—10:4; Salmos 89:14-18
208. 1Crônicas 2:18—4:8; Romanos 10:5—11:10; Provérbios 18:7-16
209. 1Crônicas 4:9—5:26; Romanos 11:11-32; Salmos 89:19-29
210. 1Crônicas 6; Romanos 11:33—12:21; Salmos 89:30-37
211. 1Crônicas 7—8; Romanos 13:1-14; Salmos 89:38-45
212. 1Crônicas 9:1—10:14; Romanos 14:1-18; Provérbios 18:17—19:2
213. 1Crônicas 11:1—12:22; Romanos 14:19—15:13; Salmos 89:46-52
214. 1Crônicas 12:23—14:17; Romanos 15:14-33; Salmos 90:1-10
215. 1Crônicas 15:1—16:36; Romanos 16; Salmos 90:11-17
216. 1Crônicas 16:37—18:17; 1Coríntios 1:1-17; Provérbios 19:3-12
217. 1Crônicas 19—21; 1Coríntios 1:18—2:5; Salmos 91:1-8
218. 1Crônicas 22—23; 1Coríntios 2:6-16; Salmos 91:9-16
219. 1Crônicas 24:1—26:19; 1Coríntios 3; Salmos 92:1-15
220. 1Crônicas 26:20—27:34; 1Coríntios 4; Provérbios 19:13-22
221. 1Crônicas 28—29; 1Coríntios 5; Salmos 93:1-5
222. 2Crônicas 1:1-17; 1Coríntios 6; Salmos 94:1-11
223. Eclesiastes 1—3; 1Coríntios 7:1-16; Salmos 94:12-23
224. Eclesiastes 4—6; 1Coríntios 7:17-35; Provérbios 19:23—20:4
225. Eclesiastes 7:1—9:12; 1Coríntios 7:36—8:13; Salmos 95:1-11
226. Eclesiastes 9:13—12:13; 1Coríntios 9:1-18; Salmos 96:1-13
227. 2Crônicas 2:1—5:1; 1Coríntios 9:19—10:13; Salmos 97:1-12
228. 2Crônicas 5:2—7:10; 1Coríntios 10:14—11:1; Provérbios 20:5-14
229. 2Crônicas 7:11—9:31; 1Coríntios 11:2-34; Salmos 98:1-9
230. Cântico dos Cânticos 1—4; 1Coríntios 12:1-26; Salmos 99:1-9
231. Cântico dos Cânticos 5—8; 1Coríntios *12:27—13:13; Salmos 100:1-5*
232. 2Crônicas 10—12; 1Coríntios 14:1-19; Provérbios 20:15-24
233. 2Crônicas 13—15; 1Coríntios 14:20-40; Salmos 101:1-8
234. 2Crônicas 16:1—18:27; 1Coríntios 15:1-34; Salmos 102:1-11
235. 2Crônicas 18:28—20:37; 1Coríntios 15:35-49; Salmos 102:12-17
236. 2Crônicas 21—23; 1Coríntios 15:50—16:4; Provérbios 20:25—21:4
237. 2Crônicas 24—25; 1Coríntios 16:5-24; Salmos 102:18-28
238. 2Crônicas 26—28; 2Coríntios 1:1-11; Salmos 103:1-12
239. 2Crônicas 29:1—31:1; 2Coríntios 1:12-22; Salmos 103:13-22
240. 2Crônicas 31:2—33:20; 2Coríntios 1:23—2:11; Provérbios 21:5-16
241. 2Crônicas 33:21—35:19; 2Coríntios 2:12—3:6; Salmos 104:1-18
242. 2Crônicas 35:20—36:23; 2Coríntios 3:7-18; Salmos 104:19-30
243. Miqueias 1—4; 2Coríntios 4; Salmos 104:31-35
244. Miqueias 5—7; 2Coríntios 5:1-10; Provérbios 21:17-26
245. Isaías 1-2; 2Coríntios 5:11—6:2; Salmos 105:1-11
246. Isaías 3:1—5:7; 2Coríntios 6:3—7:1; Salmos 105:12-22
247. Isaías 5:8—8:10; 2Coríntios 7:2-16; Salmos 105:23-36
248. Isaías 8:11—10:19; 2Coríntios 8:1-15; Provérbios 21:27—22:6
249. Isaías 10:20—13:22; 2Coríntios 8:16—9:5; Salmos 105:37-45
250. Isaías 14—16; 2Coríntios 9:6-15; Salmos 106:1-15
251. Isaías 17—19; 2Coríntios 10; Salmos 106:16-31
252. Isaías 20—23; 2Coríntios 11:1-15; Provérbios 22:7-16
253. Isaías 24—26; 2Coríntios 11:16-33; Salmos 106:32-39
254. Isaías 27—28; 2Coríntios 12:1-10; Salmos 106:40-48
255. Isaías 29:1—30:18; 2Coríntios 12:11-21; Salmos 107:1-9
256. Isaías 30:19—32:20; 2Coríntios 13; Provérbios 22:17-27
257. Isaías 33—35; Gálatas 1; Salmos 107:10-22
258. Isaías 36—37; Gálatas 2:1-10; Salmos 107:23-32
259. Isaías 38—40; Gálatas 2:11—3:9; Salmos 107:33-43
260. Isaías 41—42; Gálatas 3:10-25; Provérbios 22:28—23:9
261. Isaías 43:1—44:23; Gálatas 3:26—4:20; Salmos 108:1-5
262. Isaías 44:24—46:13; Gálatas 4:21—5:6; Salmos 108:6-13
263. Isaías 47—49:7; Gálatas 5:7-26; Salmos 109:1-20
264. Isaías 49:8—51:16; Gálatas 6; Provérbios 23:10-18

265. Isaías 51:17—54:17; Efésios 1; Salmos 109:21-31
266. Isaías 55—57:13; Efésios 2; Salmos 110:1-7
267. Isaías 57:14—59:21; Efésios 3; Salmos 111:1-10
268. Isaías 60—62; Efésios 4:1-16; Provérbios 23:19-28
269. Isaías 63:1—65:16; Efésios 4:17—5:7; Salmos 112:1-10
270. Isaías 65:17—66:24; Efésios 5:8-33; Salmos 113:1-9
271. Naum 1—3; Efésios 6; Salmos 114:1-8
272. Sofonias 1—3; Filipenses 1:1-26; Provérbios 23:29—24:4
273. Jeremias 1:1—2:30; Filipenses 1:27—2:11; Salmos 115:1-11
274. Jeremias 2:31—4:9; Filipenses 2:12-30; Salmos 115:12-18
275. Jeremias 4:10—5:31; Filipenses 3; Salmos 116:1-11
276. Jeremias 6:1—7:29; Filipenses 4; Provérbios 24:5-14
277. Jeremias 7:30—9:16; Colossenses 1:1-23; Salmos 116:12-19
278. Jeremias 9:17—11:17; Colossenses 1:24—2:5; Salmos 117:1-2
279. Jeremias 11:18—13:27; Colossenses 2:6-23; Salmos 118:1-16
280. Jeremias 14—15; Colossenses 3:1—4:1; Provérbios 24:15-22
281. Jeremias 16—17; Colossenses 4:2-18; Salmos 118:17-29
282. Jeremias 18—20; 1Tessalonicenses 1:1—2:16; Salmos 119:1-8
283. Jeremias 21:1—23:8; 1Tessalonicenses 2:17—3:13; Salmos 119:9-16
284. Jeremias 23:9—25:14; 1Tessalonicenses 4; Provérbios 24:23-34
285. Jeremias 25:15—26:24; 1Tessalonicenses 5; Salmos 119:17-24
286. Jeremias 27:1—29:23; 2Tessalonicenses 1; Salmos 119:25-32
287. Jeremias 29:24—31:14; 2Tessalonicenses 2; Salmos 119:33-40
288. Jeremias 31:15—32:25; 2Tessalonicenses 3; Provérbios 25:1-10
289. Jeremias 32:26—34:22; 1Timóteo 1; Salmos 119:41-48
290. Jeremias 35—37; 1Timóteo 2; Salmos 119:49-56
291. Jeremias 38—40:6; 1Timóteo 3; Salmos 119:57-64
292. Jeremias 40:7—42:22; 1Timóteo 4; Provérbios 25:11-20
293. Jeremias 43—45; 1Timóteo 5:1—6:2; Salmos 119:65-72
294. Jeremias 46—47; 1Timóteo 6:3-21; Salmos 119:73-80
295. Jeremias 48:1—49:6; 2Timóteo 1; Salmos 119:81-88
296. Jeremias 49:7—50:10; 2Timóteo 2; Provérbios 25:21—26:2
297. Jeremias 50:11—51:14; 2Timóteo 3; Salmos 119:89-96
298. Jeremias 51:15-64; 2Timóteo 4; Salmos 119:97-104
299. Jeremias 52; Tito 1; Salmos 119:105-112
300. Habacuque 1:1—3:19; Tito 2; Provérbios 26:3-12
301. Lamentações 1:1—2:6; Tito 3; Salmos 119:113-120
302. Lamentações 2:7—3:39; Filemom; Salmos 119:121-128
303. Lamentações 3:40—5:22; Hebreus 1; Salmos 119:129-136
304. Obadias; Hebreus 2; Provérbios 26:13-22
305. Joel 1:1—2:17; Hebreus 3; Salmos 119:137-144
306. Joel 2:18—3:21; Hebreus 4:1-13; Salmos 119:145-152
307. Ezequiel 1—3; Hebreus 4:14—5:10; Salmos 119:153-160
308. Ezequiel 4—6; Hebreus 5:11—6:12; Provérbios 26:23—27:4
309. Ezequiel 7—9; Hebreus 6:13—7:10; Salmos 119:161-168
310. Ezequiel 10—12; Hebreus 7:11-28; Salmos 119:169-176
311. Ezequiel 13—15; Hebreus 8; Salmos 120:1-7
312. Ezequiel 16; Hebreus 9:1-15; Provérbios 27:5-14
313. Ezequiel 17—18; Hebreus 9:16-28; Salmos 121:1-8
314. Ezequiel 19:1—20:44; Hebreus 10:1-18; Salmos 122:1-9
315. Ezequiel 20:45—22:22; Hebreus 10:19-39; Salmos 123:1-4
316. Ezequiel 22:23—23:49; Hebreus 11:1-16; Provérbios 27:15-22
317. Ezequiel 24—25; Hebreus 11:17-40; Salmos 124:1-8
318. Ezequiel 26—27; Hebreus 12:1-13; Salmos 125:1-5
320. Ezequiel 28—29; Hebreus 12:14-29; Salmos 126:1-6
320. Ezequiel 30—31; Hebreus 13; Provérbios 27:23—28:6
321. Ezequiel 32:1—33:20; Tiago 1; Salmos 127:1-5
322. Ezequiel 33:21—35:15; Tiago 2; Salmos 128:1-6
323. Ezequiel 36—37; Tiago 3; Salmos 129:1-8
324. Ezequiel 38—39; Tiago 4; Provérbios 28:7-17
325. Ezequiel 40; Tiago 5; Salmos 130:1-8

326. Ezequiel 41—42; 1Pedro 1:1—2:3; Salmos 131:1-3
327. Ezequiel 43—44; 1Pedro 2:4-45; Salmos 132:1-18
328. Ezequiel 45—46; 1Pedro 3; Provérbios 28:18-28
329. Ezequiel 47—48; 1Pedro 4; Salmos 133:1-3
330. Daniel 1:1—2:23; 1Pedro 5; Salmos 134:1-3
331. Daniel 2:24—3:12; 2Pedro 1; Salmos 135:1-12
332. Daniel 3:13—4:18; 2Pedro 2; Provérbios 29:1-9
333. Daniel 4:19—5:16; 2Pedro 3; Salmos 135:13-21
334. Daniel 5:17—6:28; 1João 1—2; Salmos 136:1-12
335. Daniel 7:1—8:14; 1João 2:12-27; Salmos 136:13-26
336. Daniel 8:15—9:19; 1João 2:28—3:10; Provérbios 29:10-18
337. Daniel 9:20—11:1; 1João 3:11—4:6; Salmos 137:1-9
338. Daniel 11:2-35; 1João 4:7-21; Salmos 138:1-8
339. Daniel 11:36—12:13; 1João 5:1-21; Salmos 139:1-10
340. Ageu 1—2; 2João; Provérbios 29:19-27
341. Zacarias 1—4; 3João; Salmos 139:11-16
342. Zacarias 5—8; Judas; Salmos 139:17-24
343. Zacarias 9—11; Apocalipse 1; Salmos 140:1-5
344. Zacarias 12—14; Apocalipse 2:1-17; Provérbios 30:1-10
345. Ester 1:1—2:18; Apocalipse 2:18—3:6; Salmos 140:6-13
346. Ester 2:19—5:14; Apocalipse 3:7-22; Salmos 141:1-10
347. Ester 6—8; Apocalipse 4; Salmos 142:1-11
348. Ester 9—10; Apocalipse 5; Provérbios 30:11-23
349. Malaquias 1:1—2:16; Apocalipse 6; Salmos 143:1-12
350. Malaquias 2:17—4:6; Apocalipse 7; Salmos 144:1-8
351. Esdras 1:1—2:67; Apocalipse 8:1—9:12; Salmos 144:9-15
352. Esdras 2:68—4:5; Apocalipse 9:13—10:11; Provérbios 30:24-33
353. Esdras 4:6—5:17; Apocalipse 11; Salmos 145:1-7
354. Esdras 6:1—7:10; Apocalipse 12; Salmos 145:8-13
355. Esdras 7:11—8:14; Apocalipse 13; Salmos 145:13-21
356. Esdras 8:15—9:15; Apocalipse 14:1-13; Provérbios 31:1-9
357. Esdras 10; Apocalipse 14:14—15:8; Salmos 146:1-10
358. Neemias 1—2; Apocalipse 16; Salmos 147:1-11
359. Neemias 3—4; Apocalipse 17; Salmos 147:12-20
360. Neemias 5:1—7:3; Apocalipse 18:1-17; Provérbios 31:10-20
361. Neemias 7:4—8:18; Apocalipse 18:17—19:10; Salmos 148:1-6
362. Neemias 9:1-37; Apocalipse 19:11-21; Salmos 148:7-14
363. Neemias 9:38—11:21; Apocalipse 20; Salmos 149:1-9
364. Neemias 11:22—12:47; Apocalipse 21; Provérbios 31:21-31
365. Neemias 13; Apocalipse 22; Salmos 150:1-56

Índice remissivo